Gemeinnützigkeits- und Spendenrecht

von

Prof. Dr. iur. Rainer Hüttemann
Dipl.-Volksw.

Direktor des Instituts für Steuerrecht
der Universität Bonn

4. neu bearbeitete Auflage

2018

ottoschmidt

Zitierempfehlung:

Hüttemann, Gemeinnützigkeits- und Spendenrecht,
4. Aufl., Rz. 1.1 ff.

*Bibliografische Information
der Deutschen Nationalbibliothek*

Die Deutsche Nationalbibliothek verzeichnet diese
Publikation in der Deutschen Nationalbibliografie;
detaillierte bibliografische Daten sind im Internet
über http://dnb.d-nb.de abrufbar.

Verlag Dr. Otto Schmidt KG
Gustav-Heinemann-Ufer 58, 50968 Köln
Tel. 02 21/9 37 38-01, Fax 02 21/9 37 38-943
info@otto-schmidt.de
www.otto-schmidt.de

ISBN 978-3-504-06260-6

©2018 by Verlag Dr. Otto Schmidt KG, Köln

Das verwendete Papier ist aus chlorfrei gebleichten
Rohstoffen hergestellt, holz- und säurefrei, alterungs-
beständig und umweltfreundlich.

Einbandgestaltung: Lichtenford, Mettmann
Satz: WMTP, Birkenau
Druck und Verarbeitung: Kösel, Krugzell
Printed in Germany

Vorwort zur vierten Auflage

Die vorliegende Neuauflage war ursprünglich für Anfang des Jahres geplant, hat sich aber wegen meines Gutachtens für den 72. Deutschen Juristentag in Leipzig verzögert. Auf diese Weise konnten zentrale Einsichten des DJT-Gutachtens – wie z.B. die „übergreifende" Funktion des steuerlichen Gemeinnützigkeitsrechts – noch in die Neuauflage einfließen.

Seit dem Erscheinen der letzten Auflage Ende 2014 hat sich der Rechtsstand – sieht man von den Änderungen des Spendenrechts durch das Gesetz zur Modernisierung des Besteuerungsverfahrens und anderen kleineren Anpassungen ab – kaum geändert. Gleichzeitig zeigt allein die Zahl der über 200 neuen Urteile (insbesondere des BFH), wie sich das Recht des Dritten Sektors dynamisch weiterentwickelt hat. Zudem ist es beim Bundesfinanzhof 2016 zu einem „Besetzungswechsel" gekommen, denn der seit Jahrzehnten für das Gemeinnützigkeitsrecht verantwortliche I. Senat hat die „Hauptrolle" an den V. Senat abgegeben. Es bleibt abzuwarten, wie die Zusammenführung mit der Umsatzsteuer mittel- und langfristig die Entwicklung der Rechtsprechung beeinflussen wird.

Neben neueren finanzgerichtlichen Entscheidungen berücksichtigt die Neuauflage auch ausgewählte Entwicklungen des zivilrechtlichen NPO-Rechts wie z.B. den grundlegenden Kita-Beschluss des BGH und die außersteuerlichen Wirkungen der Gemeinnützigkeit. Darüber hinaus sind die Änderungen des Anwendungserlasses zur AO durch das BMF-Schreiben vom 26. Januar 2016 und zahlreiche weitere BMF-Schreiben – z.B. zum Gewinnstreben im Wohlfahrtsbereich und aus dem Spendenrecht – eingearbeitet worden. Das Gleiche gilt für die weiter gewachsene Literatur zum „gesamten" Gemeinnützigkeitsrecht. Schließlich haben – wie in den Vorauflagen – wieder verschiedene Anregungen Eingang in den Text gefunden, die ich auf Tagungen und Seminaren aus der Praxis erhalten habe. Der Verlag Dr. Otto Schmidt hat durch ein neues Lexikonformat dafür gesorgt, dass das Werk trotz zahlreicher Ergänzungen „in Form" geblieben ist. Im Ganzen befindet sich das Manuskript nun auf dem Stand von Juli 2018.

Meinen Mitarbeiterinnen und Mitarbeitern am Bonner Institut für Steuerrecht danke ich für ihre tatkräftige Unterstützung bei den Korrektur- und Registerarbeiten.

Bonn, im August 2018   Rainer Hüttemann

Vorwort zur ersten Auflage

Diese Darstellung des Gemeinnützigkeits- und Spendenrechts beruht auf den Veröffentlichungen und Vorträgen, die ich – beginnend mit meiner von Brigitte Knobbe-Keuk angeregten Dissertation – zu Fragen des Gemeinnützigkeits- und Spendenrechts verfasst und gehalten habe. Gesetzgebung und Rechtsprechung, Finanzverwaltung und Schrifttum auf diesen Gebieten haben sich in den letzten Jahren so schnell entwickelt, dass eine systematische Gesamtdarstellung dringend geboten erscheint. Auch wenn das Buch eine große Zahl von Einzelproblemen behandelt, stehen deshalb die gesetzlichen Grundprinzipien und ihr Zusammenwirken immer im Vordergrund.

Das Buch wendet sich vor allem an die Mitarbeiter gemeinnütziger Einrichtungen und ihre steuerlichen Berater, die in der Praxis mit dem Gemeinnützigkeits- und Spendenrecht befasst sind. Ihnen soll es nicht nur verlässliche Informationen über die geltende Rechtslage vermitteln, sondern auch die Grundstrukturen aufzeigen, ohne deren Kenntnis neue Entwicklungen nicht sachgerecht eingeordnet werden können. Darüber hinaus ist das Buch auch als Hilfe für diejenigen gedacht, die sich erstmals in das Gemeinnützigkeits- und Spendenrecht einarbeiten wollen. Schließlich will das Buch auch Anregungen für eine systematische Weiterentwicklung dieser Rechtsgebiete geben, die als „Sondersteuerrecht des Dritten Sektors" eine erhebliche Bedeutung für diesen Teil unserer Gesellschaft haben. Es richtet sich deshalb auch an den Gesetzgeber, die Finanzgerichtsbarkeit und die Finanzverwaltung, denen die Fortentwicklung des Steuerrechts aufgetragen ist.

Rechtsprechung und Finanzverwaltung sind – schon wegen ihrer praktischen Bedeutung für die Rechtsanwendung – nahezu vollständig verarbeitet worden. Auch das in den letzten Jahren erheblich gewachsene steuerrechtliche Schrifttum wurde weitgehend berücksichtigt. Die Darstellung befindet sich auf dem Stand 1.1.2008, enthält also bereits die letzten Änderungen durch das Gesetz zur weiteren Stärkung des bürgerschaftlichen Engagements vom 10.10.2007.

Meinen Mitarbeitern und Hilfskräften am Bonner Institut danke ich herzlich für ihre tatkräftige Unterstützung bei den Korrekturen.

Ich widme das Buch meiner lieben Frau Kirsten, die mich seit vielen Jahren auf meinem Weg in der Wissenschaft begleitet. Sie hat mich auch darin bestärkt, dieses Buch zu schreiben.

Bonn, im Januar 2008   Rainer Hüttemann

Inhaltsübersicht

1. Teil
Grundlagen der Gemeinnützigkeit

2. Teil
Gemeinnütziges Handeln

3. Teil
Wirtschaftliche Betätigung

4. Teil
Steuerbegünstigte Zuwendungen und andere Leistungen

Inhaltsverzeichnis

1. Teil
Grundlagen der Gemeinnützigkeit

2. Teil
Gemeinnütziges Handeln

3. Teil
Wirtschaftliche Betätigung

4. Teil
Steuerbegünstigte Zuwendungen und andere Leistungen

Abkürzungsverzeichnis

a.A.	andere(r) Ansicht
abl.	ablehnend
ABl.EG	Amtsblatt der Europäischen Gemeinschaften
ABl.EU	Amtsblatt der Europäischen Union
Abs.	Absatz
Abschn.	Abschnitt
AcP	Archiv für die civilistische Praxis (Zeitschrift)
AdVermiG	Gesetz über die Vermittlung der Annahme als Kind und über das Verbot der Vermittlung von Ersatzmüttern
a.E.	am Ende
AEAO	Anwendungserlass zur Abgabenordnung
AEUV	Vertrag über die Arbeitsweise der Europäischen Union
a.F.	alte Fassung
AfA	Absetzung für Abnutzung
AFuG	Gesetz über den Amateurfunk
AG	Aktiengesellschaft, auch „Die Aktiengesellschaft" (Zeitschrift)
AktG	Aktiengesetz
Alt.	Alternative
a.M.	andere(r) Meinung
Anm.	Anmerkung
AO	Abgabenordnung
Art.	Artikel
AsylbLG	Asylbewerberleistungsgesetz
Aufl.	Auflage
Az.	Aktenzeichen
BAFöG	Bundesausbildungsförderungsgesetz
BayObLG	Bayerisches Oberstes Landesgericht
BayObLGZ	Sammlung der Entscheidungen des Bayerischen Obersten Landesgerichts in Zivilsachen
BayStiftG	Bayerisches Stiftungsgesetz
BB	Der Betriebs-Berater (Zeitschrift)
BdF	Bundesminister(ium) der Finanzen
BewG	Bewertungsgesetz
BFDG	Gesetz über den Bundesfreiwilligendienst
BFH	Bundesfinanzhof
BFH/NV	Sammlung der amtlich nicht veröffentlichten Entscheidungen des BFH (Zeitschrift)
BFH/PR	Entscheidungen des BFH für die Praxis der Steuerberatung (Zeitschrift)
BGB	Bürgerliches Gesetzbuch
BGBl.	Bundesgesetzblatt
BGH	Bundesgerichtshof

BGHSt	Sammlung der Entscheidungen des Bundesgerichtshofs in Strafsachen
BGHZ	Sammlung der Entscheidungen des Bundesgerichtshofs in Zivilsachen
BMF	Bundesminister(ium) der Finanzen
BNatSchG	Gesetz über Naturschutz und Landschaftspflege
BPflV	Bundespflegesatzverordnung
BR-Drucks.	Bundesrats-Drucksache
BSHG	Bundessozialhilfegesetz
BStBl.	Bundessteuerblatt
BT-Drucks.	Bundestags-Drucksache
Buchst.	Buchstabe
BVerfG	Bundesverfassungsgericht
BVerfGE	Sammlung der Entscheidungen des Bundesverfassungsgerichts
BVerfSchG	Bundesverfassungsschutzgesetz
BVersG	Bundesversorgungsgesetz
BVerwG	Bundesverwaltungsgericht
BVerwGE	Sammlung von Entscheidungen des Bundesverwaltungs- gerichts
bzw.	beziehungsweise
CSR	Corporate Social Responsibility
DAAD	Deutscher Akademischer Austauschdienst
DB	Der Betrieb (Zeitschrift)
DBA	Doppelbesteuerungsabkommen
DFG	Deutsche Forschungsgemeinschaft
DGStZ	Deutsche Gemeindesteuer-Zeitung
d.h.	das heißt
dies.	dieselbe
Diss.	Dissertation
DJT	Deutscher Juristentag
DNotZ	Deutsche Notar-Zeitschrift
DStBl.	Deutsches Steuerblatt
DStJG	Veröffentlichungen der Deutschen Steuerjuristischen Gesellschaft (Tagungsbände)
DStR	Deutsches Steuerrecht (Zeitschrift)
DStRE	Deutsches Steuerrecht Entscheidungsdienst
DStZ	Deutsche Steuer-Zeitung
DStZ-B	Deutsche Steuer-Zeitung/Ausgabe B
DStZ/E	Deutsche Steuer-Zeitung/Eildienst
DSZ	Deutsches Stiftungszentrum
DurchfVO	Durchführungsverordnung
DV	Durchführungsverordnung
DZI	Deutsches Zentralinstitut für soziale Fragen

EFG	Entscheidungen der Finanzgerichte (Zeitschrift)
EG	Europäische Gemeinschaft
EGAO	Einführungsgesetz zur Abgabenordnung
EGV	Vertrag zur Gründung der Europäischen Gemeinschaft
ErbStB	Der Erbschaft-Steuerberater (Zeitschrift)
ErbStG	Erbschaft- und Schenkungsteuergesetz
ErbStR	Erbschaftsteuer-Richtlinien
EStDV	Einkommensteuer-Durchführungsverordnung
EStG	Einkommensteuergesetz
EStH	Einkommensteuer-Hinweise
EStR	Einkommensteuerrichtlinien
etc.	et cetera
EU	Europäische Union
EuGH	Europäischer Gerichtshof
EuZW	Europäische Zeitschrift für Wirtschaftsrecht
e.V.	eingetragener Verein
EWR	Europäischer Wirtschaftsraum
EWS	Europäisches Wirtschafts- und Steuerrecht (Zeitschrift)
f.	folgende (Seite)
FA	Finanzamt
ff.	folgende (Seiten)
FG	Finanzgericht, Festgabe
FGO	Finanzgerichtsordnung
FinMin	Finanzminister(ium)
FinSen.	Finanzsenator
Fn.	Fußnote
FN-IDW	Fachnachrichten des IDW
FR	Finanzrundschau (Zeitschrift)
FS	Festschrift
FVG	Finanzverwaltungsgesetz
GbR	Gesellschaft bürgerlichen Rechts
GemVO	Gemeinnützigkeitsverordnung
GenG	Genossenschaftsgesetz
GeS	(österreichische) Zeitschrift für Gesellschafts- und Steuerrecht
GewStDV	Gewerbesteuer-Durchführungsverordnung
GewStG	Gewerbesteuergesetz
GewStR	Gewerbesteuer-Richtlinien
GG	Grundgesetz
ggf.	gegebenenfalls
gGmbH	gemeinnützige GmbH
GKKB	Gemeinsame Konsolidierte Körperschaftsteuer-Bemessungs-grundlage
GmbH	Gesellschaft mit beschränkter Haftung
GmbHG	GmbH-Gesetz
GmbHR	GmbH-Rundschau (Zeitschrift)

GmbH-StB	Der GmbH-Steuerberater (Zeitschrift)
GNotKG	Gesetz über Kosten der freiwilligen Gerichtsbarkeit für Gerichte und Notare
GPR	Zeitschrift für Gemeinschaftsprivatrecht
GrS	Großer Senat
GrStG	Grundsteuergesetz
GrStR	Grundsteuer-Richtlinien
GS	Gedächtnisschrift
GuV	Gewinn- und Verlustrechnung
GVBl.	Gesetz- und Verordnungsblatt
h.A.	herrschende Ansicht
Halbs.	Halbsatz
HeimG	Heimgesetz
HFA	Hauptfachausschuss
HFR	Höchstrichterliche Finanzrechtsprechung (Zeitschrift)
HGB	Handelsgesetzbuch
h.L.	herrschende Lehre
h.M.	herrschende Meinung
Hrsg.	Herausgeber
i.d.F.	in der Fassung
i.d.R.	in der Regel
IDW	Institut der Wirtschaftsprüfer
i.e.S.	im engeren Sinne
INF	Die Information für Steuerberater und Wirtschaftsprüfer (Zeitschrift)
InsO	Insolvenzordnung
Intertax	International Tax Review (Zeitschrift)
InvZulG	Investitionszulagengesetz
i.S.	im Sinne
ISR	Internationale Steuer-Rundschau (Zeitschrift)
IStR	Internationales Steuerrecht (Zeitschrift)
i.V.m.	in Verbindung mit
JbFStR	Jahrbuch der Fachanwälte für Steuerrecht
JKG	Justizkostengesetz
JM	Ministerium der Justiz
JMBl.	Justizministerialblatt
JöR	Jahrbuch für öffentliches Recht
JStG	Jahressteuergesetz
JustG	Justizgesetz
JZ	Juristenzeitung
Kfz	Kraftfahrzeug
KG	Kommanditgesellschaft
KGaA	Kommanditgesellschaft auf Aktien

KHEntG	Gesetz über die Entgelte für voll- und teilstationäre Krankenhausleistungen
KHG	Krankenhausfinanzierungsgesetz
Kita	Kindertagesstätte
Komm.	Kommission/Kommentar
KostO	Kostenordnung
KraftStG	Kraftfahrzeugsteuergesetz
KStDV	Körperschaftsteuer-Durchführungsverordnung
KStG	Körperschaftsteuergesetz
KSt-Kartei	Körperschaftsteuer-Kartei
KStR	Körperschaftsteuer-Richtlinien
KSzW	Kölner Schrift zum Wirtschaftsrecht (Zeitschrift)
KVStG	Kapitalverkehrsteuergesetz
LfSt	Landesamt für Steuern
LG	Landgericht
Lit.	Litera
LStR	Lohnsteuer-Richtlinien
Ltd.	Private Company Limited by Shares, Limited
MDR	Monatszeitschrift für Deutsches Recht (Zeitschrift)
MoMiG	Gesetz zur Modernisierung des GmbH-Rechts und zur Bekämpfung von Missbräuchen
MünchKomm	Münchener Kommentar
m.w.N.	mit weiteren Nachweisen
MwStR	MehrwertSteuerrecht (Zeitschrift)
MwStRL	Mehrwertsteuerrichtlinie
MwStSystRL	Richtlinie über das gemeinsame Mehrwertsteuersystem
n.F.	neue Fassung
NJW	Neue Juristische Wochenschrift
NJW-RR	NJW-Rechtsprechungs-Report Zivilrecht
NK-GemnR	Nomos Kommentar Gesamtes Gemeinnützigkeitsrecht
NPO	Non Profit Organisation
npoR	Zeitschrift für das Recht der Non Profit Organisationen
Nr.	Nummer
n.v.	nicht veröffentlicht
NVwZ	Neue Zeitschrift für Verwaltungsrecht
Nvwz_RR	Rechtsprechungs-Report Verwaltungsrecht
NWB	Neue Wirtschafts-Briefe (Zeitschrift)
NZG	Neue Zeitschrift für Gesellschaftsrecht
o.Ä.	oder Ähnliches
OFD	Oberfinanzdirektion
OFH	Oberfinanzhof
OFHE	Sammlung der Entscheidungen des Oberfinanzhofs
OHG	Offene Handelsgesellschaft

OLG	Oberlandesgericht
OLGR	Oberlandesgerichts-Report
öRdW	Recht der Wirtschaft (österreichische Zeitschrift)
ÖStZ	Österreichische Steuerzeitung
OVG	Oberverwaltungsgericht
PartG	Parteiengesetz
Pkw	Personenkraftwagen
preuß.	preußisch
PrOVG	Preußisches Oberverwaltungsgericht
R	Richtlinie
RAO	Reichsabgabenordnung
REITG	Gesetz über deutsche Immobilien-Aktiengesellschaften mit börsennotierten Anteilen
RennwLottG	Rennwett- und Lotteriegesetz
Rev.	Revision
RFH	Reichsfinanzhof
RFHE	Sammlung der Entscheidungen des Reichsfinanzhofs
RG	Reichsgericht
RGBl.	Reichsgesetzblatt
RGZ	Sammlung der Entscheidungen des Reichsgerichts in Zivilsachen
RIW	Recht der internationalen Wirtschaft (Zeitschrift)
rkr.	rechtskräftig
RMBl.	Reichsministerialblatt
Rs.	Rechtssache
RStBl.	Reichssteuerblatt
RundfbStV	Rundfunkbeitragsstaatsvertrag
Rz.	Randzahl
S.	Seite
s.	siehe
SCE	Europäische Genossenschaft
SEStEG	Gesetz über steuerliche Begleitmaßnahmen zur Einführung der Europäischen Gesellschaft
SGB III	Sozialgesetzbuch Drittes Buch – Arbeitsförderung
SGB VII	Sozialgesetzbuch Siebtes Buch – Gesetzliche Unfallversicherung
SGB VIII	Sozialgesetzbuch Achtes Buch – Kinder- und Jugendhilfe
SGB IX	Sozialgesetzbuch Neuntes Buch – Rehabilitation und Teilhabe behinderter Menschen
SGB XI	Sozialgesetzbuch Elftes Buch – Soziale Pflegeversicherung
SGB XII	Sozialgesetzbuch Zwölftes Buch – Sozialhilfe
Slg.	Sammlung der Rechtsprechung des EuGH und des Gerichts erster Instanz
s.o.	siehe oben

sog.	so genannt(e)
SolzG	Solidaritätszuschlagsgesetz
st.	ständig(e)
StAnpG	Steueranpassungsgesetz
StbJb	Steuerberater-Jahrbuch (Tagungsbände)
StBp	Die steuerliche Betriebsprüfung (Zeitschrift)
StEd	Steuer-Eildienst (Zeitschrift)
StEK	Steuer-Erlasse in Karteiform
StEStG	Staatseinkommensteuergesetz
StiftG	Stiftungsgesetz
StNG	Steuerneuordnungsgesetz
StPO	Strafprozessordnung
str.	strittig
StuB	Steuern und Bilanzen (Zeitschrift)
StuW	Steuer und Wirtschaft (Zeitschrift)
StVj	Steuerliche Vierteljahresschrift
StWa	Die Steuer-Warte (Zeitschrift)
SWI	Steuer und Wirtschaft International (Zeitschrift)
TFG	Transfusionsgesetz
TierSchG	Tierschutzgesetz
u.a.	und andere, unter anderem
u.Ä.	und Ähnliches
Ubg	Die Unternehmensbesteuerung (Zeitschrift)
UG	Unternehmergesellschaft
UmwG	Umwandlungsgesetz
UmwRG	Gesetz über ergänzende Vorschriften zu Rechtsbehelfen in Umweltangelegenheiten nach der EG-Richtlinie 2003/35/EG
UmwStG	Umwandlungssteuergesetz
UR	Umsatzsteuer-Rundschau (Zeitschrift)
Urt.	Urteil
USA	Vereinigte Staaten von Amerika
UStAE	Umsatzsteuer-Anwendungserlass
UStDV	Umsatzsteuer-Durchführungsverordnung
UStG	Umsatzsteuergesetz
UStR	Umsatzsteuer-Richtlinien
usw.	und so weiter
u.U.	unter Umständen
UVR	Umsatzsteuer- und Verkehrsteuer-Recht (Zeitschrift)
UWG	Gesetz gegen den unlauteren Wettbewerb
v.	vom, von
VAG	Versicherungsaufsichtsgesetz
VAT	Value Added Tax (Umsatzsteuer)
VereinsG	Vereinsgesetz
VG	Verwaltungsgericht

vGA	verdeckte Gewinnausschüttung
vGH	Verwaltungsgerichtshof
vgl.	vergleiche
v.H.	vom Hundert (Prozent)
VJStFR	Vierteljahresschrift für Steuer- und Finanzrecht
Vorbem	Vorbemerkung
VSt	Vermögensteuer
VStG	Vermögensteuergesetz
v.T.	vom Tausend (Promille)
VVaG	Versicherungsverein auf Gegenseitigkeit
VwVfG	Verwaltungsverfahrensgesetz
VZ	Veranlagungszeitraum
WiGBl.	Gesetzblatt der Wirtschaftszonen
WissR	Wissenschaftsrecht (Zeitschrift)
WM	Wertpapiermitteilungen (Zeitschrift)
WPg	Die Wirtschaftsprüfung (Zeitschrift)
WRP	Wettbewerb in Recht und Praxis (Zeitschrift)
WRV	Weimarer Reichsverfassung
z.B.	zum Beispiel
ZDG	Gesetz über den Zivildienst der Kriegsdienstverweigerer
ZErb	Zeitschrift für die Steuer- und Erbrechtspraxis
ZEV	Zeitschrift für Erbrecht und Vermögensnachfolge
ZEW	Schriftenreihe des (Bonner) Zentrums für Europäisches Wirtschaftsrecht
ZfB	Zeitschrift für Betriebswirtschaft
ZfbF	Schmalenbachs Zeitschrift für betriebswirtschaftliche Forschung
Zfhr	(österreichische) Zeitschrift für Hochschulrecht, Hochschulmanagement und Hochschulpolitik
ZGR	Zeitschrift für Unternehmens- und Gesellschaftsrecht
ZHR	Zeitschrift für das gesamte Handels- und Wirtschaftsrecht
Ziff.	Ziffer
ZInsO	Zeitschrift für das gesamte Insolvenzrecht
ZIP	Zeitschrift für Wirtschaftsrecht und Insolvenzpraxis
ZiviZ	Zivilgesellschaft in Zahlen
ZKF	Zeitschrift für Kommunalfinanzen
ZRP	Zeitschrift für Rechtspolitik
ZSt	Zeitschrift zum Stiftungswesen
ZStV	Zeitschrift für Stiftungs- und Vereinswesen
z.T.	zum Teil
zzgl.	zuzüglich

Literaturverzeichnis

Baumbach/Hueck	GmbHG, 21. Aufl., München 2017
Becker/Riewald/Koch	Reichsabgabenordnung, Band I, 9. Aufl., Köln 1963
Bender/Kaemmel	Körperschaftsteuergesetz, 2. Aufl., München/Berlin 1941
Bertelsmann-Stiftung/ Maecenata-Institut (Hrsg.)	Expertenkommission zur Reform des Stiftungs- und Gemeinnützigkeitsrechts, 2. Aufl., Gütersloh 2000
Biedermann	Gemeinnützigkeitsverordnung, Stuttgart 1955
Birkenfeld	Mehrwertsteuer der EU, 5. Aufl., Berlin 2003
Blümich	EStG, KStG, GewStG und Nebengesetze, Kommentar, Loseblatt, München
Boettcher/Leibrecht	Gemeinnützigkeitsverordnung, 2. Aufl., München 1971
Boruttau	Grunderwerbsteuergesetz, Kommentar, 18. Aufl., München 2016
Buchna/Leichinger/ Seeger/Brox	Gemeinnützigkeit im Steuerrecht, 11. Aufl., Achim 2015
Bundesministerium der Finanzen (Hrsg.)	Gutachten der Unabhängigen Sachverständigenkommission zur Prüfung des Gemeinnützigkeits- und Spendenrecht, Bonn 1988
Bunjes	Umsatzsteuergesetz, Kommentar, 17. Aufl., München 2018
von Campenhausen/ Richter	Stiftungsrechts-Handbuch, 4. Aufl., München 2014
Dötsch/Pung/ Möhlenbrock	Die Körperschaftsteuer, Kommentar, Loseblatt, Stuttgart
Droege	Gemeinnützigkeit im offenen Steuerstaat, Tübingen 2010
Emmerich/Habersack	Konzernrecht, 10. Aufl., München 2013
Endres/Jacob/Gohr/ Klein	DBA Deutschland-USA, Doppelbesteuerungsabkommen, München 2009
Enquete-Kommission „Zukunft des Bürgerschaftlichen Engagements" (Hrsg.)	Bürgerschaftliches Engagement: auf dem Weg in eine zukunftsfähige Bürgergesellschaft, Opladen 2002
Erle/Sauter	Körperschaftsteuergesetz, Kommentar, 3. Aufl., Heidelberg 2010
Erman	Bürgerliches Gesetzbuch, Handkommentar, 15. Aufl., Köln 2017

Ernst&Young	Körperschaftsteuergesetz, Kommentar, Loseblatt, Bonn
Evers	Körperschaftsteuergesetz, Kommentar, 2. Aufl., Berlin 1927
Flume	Allgemeiner Teil des Bürgerlichen Rechts, Erster Band, Zweiter Teil: Die juristische Person, Berlin 1983
Frotscher/Maas	Körperschaft-, Gewerbe- und Umwandlungssteuergesetz, Kommentar, Loseblatt, Freiburg
Glanegger/Güroff	Gewerbesteuergesetz, Kommentar, 9. Aufl., München 2017
Gosch	Körperschaftsteuergesetz, Kommentar, 3. Aufl., München 2015
Gosch	Abgabenordnung, Kommentar, Loseblatt, Bonn
Hartmann/Metzenmacher	Umsatzsteuergesetz, Kommentar, Loseblatt, Berlin
Herrmann/Heuer/Raupach	Einkommen- und Körperschaftsteuergesetz, Kommentar, Loseblatt, Köln
Herzig	Organschaft, 2003
Hopt/von Hippel/Walz	Nonprofit-Organisationen in Recht, Wirtschaft und Gesellschaft, Tübingen 2005
Hübschmann/Hepp/Spitaler	Abgabenordnung, Finanzgerichtsordnung, Kommentar, Loseblatt, Köln
Hüttemann	Die Besteuerung der öffentlichen Hand, Köln 2002
Hüttemann	Wirtschaftliche Betätigung und steuerliche Gemeinnützigkeit, Köln 1991
Igl/Jachmann/Eichenhofer	Rechtliche Rahmenbedingungen bürgerschaftlichen Engagements, Wiesbaden 2002
Isensee/Kirchhof	Handbuch des Staatsrechts, 3. Aufl., Heidelberg 2003 ff.
Isensee/Knobbe-Keuk	Reform des Gemeinnützigkeits- und Spendenrechts-Alternativentwurf und Begründung, in BMF (Hrsg.) Gutachten der Unabhängigen Sachverständigenkommission zur Prüfung des Gemeinnützigkeits- und Spendenrechts, Bonn 1988
Kirchhof	Einkommensteuergesetz, Kommentar, 17. Aufl., Köln 2018
Kirchhof/Söhn/Mellinghoff	Einkommensteuergesetzbuch, Loseblatt, Heidelberg
Kläschen	Körperschaftsteuergesetz, Kommentar, Loseblatt, Bonn
Klein	Abgabenordnung, Kommentar, 13. Aufl., München 2016
Knobbe-Keuk	Bilanz- und Unternehmenssteuerrecht, 9. Aufl., Köln 1993

Koch/Scholtz	Abgabenordnung, Kommentar, 5. Aufl., Köln 1996
Lenski/Steinberg	Kommentar zum Gewerbesteuergesetz, Loseblatt, Köln
Maunz/Dürig/Herzog	Grundgesetz, Kommentar, Loseblatt, München
Meincke/Hannes/ Holtz	Erbschaftsteuer- und Schenkungsteuergesetz, Kommentar, 17. Aufl., München 2018
Münchener Kommentar	Bürgerliches Gesetzbuch, 7. Aufl., München 2015 ff.
NK-GemnR	Gesamtes Gemeinnützigkeitsrecht, NomosKommentar, Baden-Baden 2017
von Oertzen/Loose	ErbStG mit Bewertung und ErbSt-DBA, Köln 2017
Palandt	Bürgerliches Gesetzbuch, 77. Aufl., München 2018
Popitz	Kommentar zum Umsatzsteuergesetz, 3. Aufl., Berlin 1928
Rau/Dürrwächter	Kommentar zum Umsatzsteuergesetz, Loseblatt, Köln
Rödder/Herlinghaus/ van Lishaut	Umwandlungssteuergesetz, Kommentar, 2. Aufl., Köln 2013
Schauhoff	Handbuch der Gemeinnützigkeit, 3. Aufl., München 2010
Schaumburg/Englisch	Europäisches Steuerrecht, Köln 2015
Schiffer	Die Stiftung in der Beratungspraxis, 4. Aufl., Bonn 2015
Schleder	Steuerrecht der Vereine, 11. Aufl., Herne 2015
Schmidt, K.	Gesellschaftsrecht, 4. Aufl., Köln 2002
Schmidt, L.	Einkommensteuergesetz, Kommentar, 37. Aufl., München 2018
Schmitt/Hörtnagl/ Stratz	Umwandlungsgesetz – Umwandlungssteuergesetz, 5. Aufl., München 2009
Schwarz/Pahlke	Abgabenordnung, Kommentar, Loseblatt, Freiburg
Simsa/Meyer/Badelt	Handbuch der Nonprofit-Organisation, 5. Aufl., Stuttgart 2013
Sölch/Ringleb	Umsatzsteuergesetz, Loseblatt, München
Stadie	Umsatzsteuergesetz, 3. Aufl., Köln 2015
Staub	Handelsgesetzbuch, Großkommentar, 5. Aufl., Berlin 2014
Staudinger	Kommentar zum Bürgerlichen Gesetzbuch, Erstes Buch, Stiftungsrecht (§§ 80–89 BGB), Bearbeitung 2017, Berlin
Streck	Körperschaftsteuergesetz, Kommentar, 9. Aufl., München 2018
Strutz	Preußisches Einkommensteuergesetz vom 24. Juni 1891, 7. Aufl., Berlin 1919

Thiel/Eversberg	Die neue Vereinsbesteuerung, Kommentar, 4. Aufl., Köln 1998
Tipke/Kruse	Abgabenordnung – Finanzgerichtsordnung, Loseblatt, Köln
Tipke/Lang	Steuerrecht, 23. Aufl., Köln 2018
Ulmer/Habersack/ Löbbe	GmbHG, Großkommentar, 2. Aufl., Berlin 2013 ff.
Wallenhorst/ Halaczinsky	Die Besteuerung gemeinnütziger und öffentlich-rechtlicher Körperschaften, 7. Aufl., München 2017
Wallis/Steinhardt	Steuerbegünstigte Zwecke nach der AO 1977, Herne 1977
Weitemeyer/ Schauhoff/Achatz	Umsatzsteuerrecht für den Nonprofitsektor, Köln 2018
Widmann/Mayer	Umwandlungsrecht, Kommentar, Loseblatt, Bonn
Wissenschaftlicher Beirat beim BMF	Die abgabenrechtliche Privilegierung gemeinnütziger Zwecke auf dem Prüfstand, 2006

1. Teil
Grundlagen der Gemeinnützigkeit

Kapitel 1
Steuerliche Förderung der Gemeinnützigkeit

Literatur: *Achatz,* Umsatzsteuer und Gemeinnützigkeit, DStJG 26 (2003), 279; *Achleitner/Pöllath/Stahl,* Finanzierung von Sozialunternehmen, 2007; *Anheier,* Nonprofit Organizations, 2. Aufl., London und New York 2014; *Armbrüster/Hohendorf,* Die Privilegierung gemeinnützigen Handelns im Privatrecht, JZ 2017, 221; *von Auer/Kalusche,* Spendenaufkommen, Steueraufkommen und Staatsausgaben: Eine empirische Analyse, in Walz/von Auer/von Hippel (Hrsg.), Spenden- und Gemeinnützigkeitsrecht in Europa, Tübingen 2007, S. 13; *Becker,* Vergleich der Aufgabenverteilung zwischen öffentlichem und privaten Bereich – Spendenrecht und Spiegel der Staats- und Verfassungsrechtsentwicklung, in Walz/von Auer/von Hippel (Hrsg.), Spenden- und Gemeinnützigkeitsrecht in Europa, Tübingen 2007, S. 637; *Chesterman,* Charities, Trusts and Social Welfare, London 1979; *Crezelius/Rawert,* Das Gesetz zur weiteren steuerlichen Förderung von Stiftungen, ZEV 2000, 421; *Däubler,* Der gemeinnützig handelnde Mensch, NJW 2003, 3319; *De la Feria,* VAT Exemptions, Consequences and Design Alternatives, Amsterdam 2013; *Droege,* Gemeinnützigkeit im Wettbewerb – Determinanten der Gemeinwohlförderung im offenen Steuerstaat, Non Profit Law Yearbook 2010/2011 (2011), 9; *Drüen/Liedtke,* Die Reform des Gemeinnützigkeits- und Zuwendungsrechts und seine europarechtliche Flanke, FR 2008, 1; *Engelsing/Lüke,* Praxishandbuch der Berufs- und Wirtschaftsverbände, Freiburg 2008; *Etzoni,* The Third Sector and Domestic Missions, Public Administration Review 1973, 314; *Fischer,* Gemeinnutz und Eigennutz am Beispiel der steuerlichen Sportförderung, in Kirchhof/Jakob/Beermann (Hrsg.), Steuerrechtsprechung. Steuergesetze. Steuerreform. Festschrift für Klaus Offerhaus zum 65. Geburtstag, Köln 1999, S. 597; *Fischer,* Grundfragen der Bewahrung und einer Reform des Gemeinnützigkeitsrechts, FR 2006, 1001; *Fischer,* Ausstieg aus dem Dritten Sektor, 2005; *Fischer,* Das Almunia-Paket. Keine Neuerungen für den Dritten Sektor beim EU-Beihilfenrecht, Stiftung&Sponsoring 2/2013, 32; *Fischer,* Staatliche Beihilfen für Kletteranlagen des Deutschen Alpenvereins – Die EU-Kommission erklärt mit Beschluss vom 5.12.2012 Zuschüsse für den gemeinnützigkeitsrechtlichen Zweckbetrieb als vereinbar mit Art. 107 Abs. 3 Buchst. c AEUV, npoR 2013, 58; *Förster,* Immer Ärger mit den Nachweisen – Verfahrensprobleme bei grenzüberschreitenden Spenden, DStR 2013, 1516; *Frischen/Lawaldt,* Social Entrepreneurship – Theorie und Praxis des Sozialunternehmertums, Stiftung&Sponsoring, Rote Seiten zu 6/2008; *Gastl,* Betriebe gewerblicher Art im Körperschaftsteuerrecht, Frankfurt a.M. 2002; *Geserich,* Privater, gemeinwohlwirksamer Aufwand im System der deutschen Einkommensteuer und des europäischen Rechts, Heidelberg 1999; *Geserich,* Auslandsspenden leicht gemacht?, NWB 2011, 2188; *Graffe,* Der neue AO-Anwendungserlass zum Bereich „steuerbegünstigte Zwecke" (§§ 51–68 AO), Non Profit Law Yearbook 2011/2012 (2012), 147; *Graffe,* Die Konsequenzen der Neuregelungen des Ehrenamtsstärkungsgesetzes im neuen AO-Anwendungserlass, Non Profit Law Yearbook 2013/2014 (2014), 93; *Häck,* Die öffentliche Hand im Körperschaft- und Umsatzsteuerrecht, Stuttgart 2004; *Hammer,* Die Gemeinnützigkeitsregelungen des Steuerrechts im Spiegel der deutschen Staats- und Verfassungsentwicklung, StuW 2001, 19; *Helios,* Steuerliche Gemeinnützigkeit und EG-Beihilfenrecht, Hamburg 2005; *Helios/Strehlke,* Aktuelle europarechtliche Aspekte des grenzüberschreitenden Spendenabzugs – unter Berücksichtigung von FG Düsseldorf, Urteil vom 14.1.2013, npoR 2013, 209; *Helmig/Boenigk,* Nonprofit Management, 2012; *Hidien/Jürgens* (Hrsg.), Die Besteuerung der öffentlichen Hand, München 2017; *von Hippel*, Grundprobleme von Non Profit Organisationen, Tübingen 2007; *von Hippel/Walz*, Rechtsvergleichender Generalbericht, in Walz/ von Auer/von Hippel (Hrsg.), Spenden- und Gemeinnützigkeitsrecht in Europa, 2007, S. 89; *Hüttemann*, Besteuerung gemeinnütziger Körperschaften und Konkurrentenklage, in StbJb 1998/99, S. 323; *Hüttemann*, Das Gesetz zur weiteren steuerlichen Förderung von Stiftungen, DB 2000, 1584; *Hüttemann*, Grundprinzipien des steuerlichen Gemeinnützigkeitsrechts, DStJG 26 (2003), 49; *Hüttemann*, „Hilfen für Helfer" – Zum Entwurf eines Gesetzes zur weiteren Stärkung des bürgerschaftlichen Engagements, DB 2007, 127; *Hüttemann*, Gesetz zur weiteren Stärkung des bürgerschaftlichen Engagements und seine Auswirkungen auf das Gemeinnützigkeits- und Spendenrecht, DB 2007, 2053; *Hüttemann*, Grundfragen der partiellen Steuerpflicht, in Kohl/Kübler/Ott/Schmidt (Hrsg.), Zwischen Markt und Staat, Gedächtnisschrift für Rainer Walz, Köln 2008, S. 267; *Hüttemann*, Die steuerliche Förderung gemeinnütziger Tätigkeiten im Ausland – eine Frage des „Ansehens"? – Anmerkungen zum gemeinnützigkeitsrechtlichen Inlandsbezug im Entwurf eines Jahressteuergesetzes 2009 –, DB 2008, 1061; *Hüttemann*, Das Buchwertprivileg bei Sachspenden nach § 6 Abs. 1 Nr. 4 Satz 5 EStG, DB 2008, 1590; *Hüttemann*, Der Steuerstatus der politischen Parteien, in Tipke/Seer/Hey/ Englisch (Hrsg.), Festschrift für Joachim Lang: Gestaltung der Steuerrechtsordnung, Köln 2010, S. 321; *Hüttemann*, Rechtsfragen des grenzüberschreitenden Spendenabzugs, IStR 2010, 118; *Hüttemann*, Nationale Spielräume und europarechtliche Grenzen im Gemeinnützigkeitsrecht der EU-Staaten, Finanzgerichtstag 2011, 143; *Hüttemann*, Der neue Anwendungserlass zum Abschnitt „Steuerbegünstigte Zwecke", DB 2012, 250; *Hüttemann*, Bessere Rahmenbedingungen für den Dritten Sektor, DB 2012, 2592; *Hüttemann*, Die EU entdeckt die Zivilgesellschaft – zum Vorschlag der Kommission für eine Europäische Stiftung, EuZW 2012, 441; *Hüttemann*, Das Gesetz zur Stärkung des Ehrenamts, DB 2013, 774; *Hüttemann*, Der geänderte Anwendungserlass zur Gemeinnützigkeit, DB 2014, 442; *Hüttemann*, Anmerkungen zu BFH v. 17.9.2013 – I R 16/12, ISR 2014, 133; *Hüttemann*, Zur Anwendung des ermäßigten Steuersatzes auf Leistungen gemeinnütziger Beschäftigungsgesellschaften, MwStR 2014, 115; *Hüttemann*, Das Steuerrecht des Non Profit Sektors, KSzW, 2014, 158; *Hüttemann*, Steuerliche Gemeinnützigkeit und politische Betätigung, DB 2015, 821; *Hüttemann*, Gemeinnützigkeit als organisationsbezogener Fördertatbestand – Funktion, Stand und Reformfragen, FR 2016, 969; *Hüttemann*, Anmerkungen zum geänderten Anwendungserlass zur AO, DB 2016, 1338; *Hüttemann*, Gemeinnützigkeitsrecht als organisationsrecht des Dritten Sektors, in Siekmann u.a. (Hrsg.), Festschrift für Theodor Baums, Tübingen 2017, S. 623; *Hüttemann*, Empfiehlt es sich, die rechtlichen Rahmenbedingungen für die Gründung und Tätigkeit von Non-Profit-Organisationen übergreifend zu regeln?, in 72. DJT, Bd. I Gutachten, München 2018, Teil G; *Hüttemann/Herzog*, Steuerfragen bei gemeinnützigen nichtrechtsfähigen Stiftungen, DB 2004, 1001; *Hüttemann/Rawert*, Pflichtteil und Gemeinwohl – Privilegien für gute Zwecke?, ZEV 2007, 107; *Hüttemann/Schauhoff*, Umsatzsteuerbefreiung für soziale Dienstleistungen – was erlaubt das europäische Mehrwertsteuerrecht?, MwStR 2013, 426; *Isensee*, Steuerstaat als Staatsform, in Stödter/Thieme (Hrsg.), Hamburg. Deutschland. Europa. Beiträge zum deutschen und europäischen Verfassungs-, Verwaltungs- und Wirtschaftsrecht. Festschrift für Hans Peter Ipsen zum 70. Geburtstag, Tübingen 1977, S. 409; *Isensee*, Gemeinwohl und Bürgersinn im Steuerstaat des Grundgesetzes – Gemeinnützigkeit als Bewährungsprobe des Steuerrechts vor der Verfassung, in Maurer/Häberle/Schmitt-Glaeser/Graf Vitzthum (Hrsg.), Das akzeptierte Grundgesetz. Festschrift für Günter Dürig zum 70. Geburtstag, München 1990, S. 33; *Isensee*, Gemeinnützigkeit und Europäisches Gemeinschaftsrecht, DStJG 26 (2003), 93; *Ismer/Kaul/Reiß/Rath*, Analyse und Bewertung der Strukturen von Regel- und ermäßigten Sätzen bei der Umsatzbesteuerung unter sozial-, wirtschafts-, steuer- und haushaltspolitischen Gesichtspunkten, DStR 2010, 1970; *Jachmann*, Steuerrecht, in Igl/ Jachmann/Eichenhofer (Hrsg.), Rechtliche Rahmenbedingungen bürgerschaftlichen Engagements, Opladen 2002; *Jachmann* (Hrsg.), Gemeinnützigkeit. Veröffentlichungen der Deutschen Steuerjuristischen Gesellschaft (DStJG), Band 26, 2003; *Jachmann*, Zivilgesellschaft und Steuern, in Tipke/Seer/Hey/Englisch (Hrsg.), Festschrift für Joachim Lang: Gestaltung der Steuerrechtsordnung, Köln 2010, S. 295; *Jacobs*, Umsatzsteuer und Gemeinnützigkeit, Hamburg 2009; *Jakob*, Der Kommissionsvorschlag für eine Europäische Stiftung (Fundatio Europaea), npoR 2013, 1; *Jones*, History of the Law of Charity, 1969; *Kirchhain*, Neue Verwaltungsrichtlinien für NPO – Der neue Anwendungserlass im Lichte des Ehrenamtsstärkungsgesetzes, DStR 2014, 289; *Kirchhain, Der neue Anwendungserlass zur AO: Neue Herausforderungen für gemeinnützige Körperschaften, DStR 2016, 505; Kirchhof*, Gemeinnützigkeit – Erfüllung staatsähnlicher Aufgaben durch selbstlose Einkommensverwendung, DStJG 26 (2003), 1; *Kraft*, Die steuerrechtliche Gemeinnützigkeit, VJStFR 1932, 315; *Krause/Kindler*, Brauchen wir neue Rechtsformen für NPO's?; KG, Low Profit Limited, Europäische Privatgesellschaft, wirtschaftlicher Verein oder kleine Genossenschaft?, Non Profit Law Yearbook 2010/2011 (2011), 85; *Krimmer/Weitemeyer/Vogt/Kleinpeter/von Schönfeld*, Transparenz im Dritten Sektor 2014; *Krieger*, Unechte Umsatzsteuerbefreiungen im Unionsrecht, Köln 2017; *Kühner*, Die Steuerbefreiung der Berufsverbände, Münster 2008; *Kühner*, Unbeschränkte wirtschaftliche Betätigung für Berufsverbände, DStR 2009, 1786; *Krumm*, Geldbußenzuweisung im Strafverfahren – Oder wer bekommt das Geld des Angeklagten?, NJW 2008, 1420; *Lang*, Gemeinnützigkeitsabhängige Steuervergünstigungen, StuW 1987, 221; *Lang*, Neuordnung der Vereinsbesteuerung? – Zum Gutachten der Unabhängigen Sachverständigenkommission zur Prüfung des Gemeinnützigkeitsrechts, StbJb 1988/89, 251; *Leisner-Egensperger*, Verfassungsrecht der steuerlichen Gemeinnützigkeit, in Depenheuer/Heintzen/Jestaedt (Hrsg.), Staat im Wort. Festschrift für Josef Isensee, Heidelberg 2007, S. 895; *Lissner*, Das Gemeinnützigkeits- und Spendenrecht unter dem Einfluss der europäischen Grundfreiheiten, Hamburg 2009; *Luxton*, The Law of Charities, 2001; *Michel*, Unionsrechtswidrige Steuersatzermäßigungen, DB 2012, 2007; *Momberger*, Social Entrepreneurship, Hamburg 2015; *Mußfeld*, Zur Körperschaftsteuerveranlagung für 1941, DStZ 1942, 181; *Orth*, Stiftungssteuerrecht: Änderungen durch die Unternehmenssteuerreform 2008 und die Reform des Spendenrechts, WPg 2007, 969; *Paqué*, Philanthropie und Steuerpolitik. Eine ökonomische Analyse der Förderung privater Wohltätigkeit, Tübingen 1986; *Paqué*, Gemeinnützigkeit und Spenden im deutschen Steuerrecht – einige grundsätzliche Gedanken, in Bertelsmann Stiftung/Maecenata-Institut (Hrsg.), Expertenkommission zur Reform des Stiftungs- und Gemeinnützigkeitsrechts, Gütersloh 2000, S. 110; *Paqué*, Gemeinnützigkeit und Steuerbegünstigung: Neue ökonomische Gedanken zu einem alten rechtlichen Problem, Non Profit Law Yearbook 2007 (2008), 1; *Powell/Steinberg*, The Nonprofit Sector: A Research Handbook, 2. Edition, New Haven 2006; *Rasenack*, Die Theorie der Körperschaftsteuer, Berlin 1974; *Richter/Eichler*, Änderungen des Spendenrechts aufgrund des Gesetzes zur weiteren Stärkung des bürgerschaftlichen Engagements, FR 2007, 1037; *Richter/Gollan*, Fundatio Europaea – Der Kommissionsvorschlag für eine Europäische Stiftung (FE), ZGR 2013, 551; *Rose-Ackerman*, The Economics of Nonprofit Institutions, Cambridge 1986; *Ruppe*, „Unechte" Umsatzsteuerbefreiungen, in Lang (Hrsg.), Die Steuerrechtsordnung in der Diskussion. Festschrift für Klaus Tipke zum 70. Geburtstag, Köln 1995, S. 457; *Schauhoff*, Begründung und Verlust des Gemeinnützigkeitsstatus, in DStJG 26 (2003), 133; *Schauhoff*, Für ein europäisches Gemeinnützigkeits- und Stiftungsrecht als Basis für eine europäische Zivilgesellschaft, npoR 2013, 128; *Schauhoff/Kirchhain*, Das Gesetz zur weiteren Stärkung des bürgerschaftlichen Engagements, DStR 2007, 1985; *Schauhoff/Kirchhain*, Was bringt der neue AO-Anwendungserlass für gemeinnützige Körperschaften?, DStR 2012, 261; *Schauhoff/Kirchhain*, Steuer- und zivilrechtliche Neuerungen für gemeinnützige Körperschaften und ihre Förderer – Zum Gesetz zur Stärkung des Ehrenamtes, FR 2013, 301; *Scheffler/Köstler*, Harmonisierung der steuerlichen Gewinnermittlung: Kompromissvorschlag zur G(K)KB führt zur Annäherung an das deutsche Steuerrecht, DStR 2013, 2235; *Schmidt*, Steuerliche Aspekte der Rechtsformwahl bei privaten gemeinnützigen Organisationen, Baden-Baden 2001; *Scholtz*, Steuerbegünstigte Zwecke, FR 1976, 181; *Scholtz*, Das Gesetz zur Änderung der Abgabenordnung und des Einkommensteuergesetzes – Vereinsbesteuerungsgesetz –, DStZ 1980, 403; *Seer*, Gemeinwohlzwecke und steuerliche Entlastung, DStJG 26 (2003), 11; *Seer*, Entnahme zum Buchwert bei unentgeltlicher Übertragung von Wirtschaftsgütern auf eine gemeinnützige GmbH oder Stiftung. Zur Reichweite des sog. Buchwertprivilegs des § 6 Abs. 1 Nr. 4 S. 5 EStG, GmbHR 2008, 785; *Seer/Wolsztynski*, Steuerrechtliche Gemeinnützigkeit der öffentlichen Hand, Berlin 2002; *Söhn*, Die Umsatzsteuer als Verkehrsteuer und/oder Verbrauchsteuer, StuW 1975, 1; *Steffen*, Der Betrieb gewerblicher Art, Sinzheim 2001; *Stöber*, Die geplante Europäische Stiftung, DStR 2012, 804; *Stückemann*, Transparenz der Vergabe von Geldbußen an gemeinnützige Organisationen – Eine Dokumentation anhand der Praxis der Bundesländer, Non Profit Law Yearbook 2009 (2010), 21; *Thiel*, Die Neuordnung des Spendenrechts, DB 2000, 392; *Thiel/Eversberg*, Das Vereinsförderungsgesetz und seine Auswirkungen auf das Gemeinnützigkeits- und Spendenrecht, DB 1990, 290, 344, 395; *Thiel/Eversberg*, Gesetz zur steuerlichen Förderung von Kunst, Kultur und Stiftung sowie zur Änderung steuerlicher Vorschriften, DB 1991, 118; *Tipke*, Die Steuerrechtsordnung, Bd. II: Steuerrechtfertigungstheorie, Anwendung auf alle Steuerarten, sachgerechtes Steuersystem, Köln 2003; *Trzaskalik*, Inwieweit ist die Verfolgung ökonomischer, ökologischer und anderer öffentlicher Zwecke durch Instrumente des Abgabenrechts zu empfehlen?, in 63. DJT, Bd. I Gutachten, München 2000, Teil E; *Vogel*, Die Abschichtung von Rechtsfragen im Steuerrecht, StuW 1977, 97; *Wäger*, Sportvereine in der Umsatzsteuer – steuerbare, steuerfreie und steuerermäßigte Umsätze, DStR 2014, 1517; *Waldhoff*, Regelungsstrukturen des deutschen Gemeinnützigkeits- und Spendenrechts – Kritik und Reform, Non Profit Law Yearbook 2005 (2006), 75; *Walz*, Sinn und Zweck der partiellen Steuerpflicht für Erträge aus wirtschaftlichen Geschäftsbetrieben, Non Profit Law Yearbook 2001 (2002), 197; *Walz*, Die Selbstlosigkeit gemeinnütziger Non-Profit-Organisationen im Dritten Sektor zwischen Staat und Macht, JZ 2002, 268; *Walz* (Hrsg.), Rechnungslegung und Transparenz im Dritten Sektor, 2004; *Weidmann/Kohlhepp*, Rechtsprechung zum Gemeinnützigkeitsrecht 2013 – Entscheidungen der Finanzgerichte und des Bundesfinanzhofs, DStR 2014, 1197; *Weitemeyer*, Der Kommissionsvorschlag zum Statut der Europäischen Stiftung, NZG 2012, 1001; *Weitemeyer*, Innovative Formen der Philanthrophie – ein Problemaufriss zu den Grenzen des geltenden Gemeinnützigkeits- und Zivilrechts, Non Profit Law Yearbook 2011/2012 (2012), 91; *Weitemeyer/Kamp*, Politische Betätigung durch Gemeinnützige, ZRP 2015, 72; *Winheller*, Nonprofit-Organisationen in Deutschland und in den USA – Historische Wurzeln der Nonprofit-Sektoren in Deutschland und den USA, ZStV 2010, 41; *Zimmer*, Der deutsche Nonprofit-Sektor. Ein empirischer Beitrag zur Bedeutung von Nonprofit-Organisationen in der Bundesrepublik Deutschland, Non Profit Law Yearbook, 2001 (2002), 7; *Zimmer/Hallmann*, Nonprofit-Sektor, Zivilgesellschaft und Sozialkapital, in Hopt/von Hippel/Walz (Hrsg.), Nonprofit-Organisationen in Recht, Wirtschaft und Gesellschaft, 2005, S. 103; *Zimmer/Priller*, Gemeinnützige Organisationen im gesellschaftlichen Wandel, Wiesbaden 2004.

A. Einführung

I. Begriff der Gemeinnützigkeit

Mit dem Begriff der Gemeinnützigkeit wird gemeinhin der **steuerliche Tatbestand** 1.1 bezeichnet, an den die Einzelsteuergesetze die Gewährung bestimmter steuerlicher Vergünstigungen knüpfen. So sind z.B. gemäß § 5 Abs. 1 Nr. 9 Satz 1 KStG von der Körperschaftsteuer befreit.

„Körperschaften, Personenvereinigungen und Vermögensmassen, die nach der Satzung, dem Stiftungsgeschäft oder der sonstigen Verfassung und nach der tatsächlichen Geschäftsführung ausschließlich und unmittelbar gemeinnützigen, mildtätigen oder kirchlichen Zwecken dienen (§§ 51 bis 68 der Abgabenordnung)."

1.2 Wie das Beispiel der Körperschaftsteuerbefreiung zeigt, ist das Gemeinnützigkeitsrecht durch ein **Nebeneinander von AO und Einzelsteuergesetz** gekennzeichnet: Während die verschiedenen steuerlichen Vergünstigungen (z.B. persönliche oder sachliche Befreiungen, Steuersatzermäßigungen, Sonderausgabenabzug bei Zuwendungen, Vereinfachungen bei der Ermittlung von Besteuerungsgrundlagen) in den Einzelsteuergesetzen (insbesondere KStG, EStG, GewStG, UStG) enthalten sind, regelt die AO in den §§ 51 bis 68 nur den *Allgemeinen Teil* der steuerlichen Gemeinnützigkeit. Das steuerliche Gemeinnützigkeitsrecht ist somit nicht auf die Vorschriften des dritten Abschnitts der AO beschränkt. Sein *Besonderer Teil* besteht aus den Normen der Einzelsteuergesetze, die die näheren Voraussetzungen und Rechtsfolgen von Steuervergünstigungen wegen der Verfolgung steuerbegünstigter Zwecke bestimmen[1].

1.3 Die AO verwendet den Begriff „**gemeinnützig**" nur im Zusammenhang mit der Definition der „gemeinnützigen Zwecke." Nach § 52 Abs. 1 AO verfolgt eine Körperschaft „gemeinnützige Zwecke, wenn ihre Tätigkeit darauf gerichtet ist, die Allgemeinheit auf materiellem, geistigem oder sittlichem Gebiet zu fördern." Der Begriff „gemeinnützig" meint nach der gesetzlichen Regelung also nur einen von mehreren steuerbegünstigten Zwecken (dazu Rz. 3.1 ff.). Weitere steuerbegünstigte Zwecke sind die mildtätigen Zwecke (§ 53 AO) und die kirchlichen Zwecke (§ 54 AO).

1.4 Der **Oberbegriff der steuerbegünstigten Zwecke** wurde zwar schon vor der AO 1977 verwendet[2], hat sich aber bis heute weder im allgemeinen Sprachgebrauch noch im steuerrechtlichen Fachschrifttum durchsetzen können. Wenn dort von „Gemeinnützigkeit"[3], vom „gemeinnützigen Sektor" oder von „gemeinnützigen Organisationen" die Rede ist, dann sind damit in der Regel alle steuerbegünstigten Körperschaften im Sinne der §§ 51 bis 68 AO gemeint. Die Begriffe „gemeinnützig" und „steuerbegünstigt" werden in der Rechtspraxis also zumeist synonym verwendet.

Dieser Sprachgebrauch dürfte zum einen darauf zurückgehen, dass der Begriff der Gemeinnützigkeit – anders als der eher technisch anmutende Begriff des steuerbegünstigten Zwecks – in der **Öffentlichkeit einen guten Klang** hat. Zum anderen spricht in rechtstatsächlicher Hinsicht für das tradierte Begriffsverständnis, dass die gemeinnützigen Zwecke im Sinne von § 52 AO den praktisch häufigsten Fall der steuerbegünstigten Zwecke darstellen. Auch der Normgeber selbst hat in der Vergangenheit die von ihm geschaffene Terminologie nicht konsequent eingehalten. So hatte z.B. die Verordnung zur Durchführung der §§ 17 bis 19 des Steueranpassungsgesetzes[4], die in § 1 den Oberbegriff der steuerbegünstigten Zwecke

---

1 Zur Regelungsstruktur des Gemeinnützigkeits- und Spendenrechts vgl. auch *Waldhoff* in Non Profit Law Yearbook 2005, 75.

2 Vgl. § 1 GemVO 1941.

3 Siehe nur den Titel des Tagungsbandes der DStJG zur 27. Jahrestagung in Erfurt 2002, DStJG 26 (2003): „Gemeinnützigkeit".

4 Vgl. die Verordnung zur Durchführung der §§ 17 bis 19 des Steueranpassungsgesetzes (Gemeinnützigkeitsverordnung) v. 24.12.1953, BGBl. I, 1952.

eingeführt hat, die offizielle Kurzbezeichnung „**Gemeinnützigkeitsverordnung**" und wurde in der Folgezeit auch nur als solche bezeichnet[1].

Aus Gründen der besseren Verständlichkeit folgt auch die nachfolgende Darstellung dem überkommenen Begriffsverständnis und **verwendet die Begriffe „gemeinnützig" und „steuerbegünstigt" weitgehend synonym**, soweit nicht der jeweilige Sachzusammenhang (z.B. bei der Behandlung der einzelnen Zwecke) eine ausdrückliche Differenzierung erforderlich macht.

Die gemeinnützigen Einrichtungen bilden den wohl wichtigsten **Teil des sog. Non-Profit-Sektors**[2]. Der Begriff der Non-Profit-Organisation[3] ist gesetzlich nicht geregelt. Non-Profit-Organisationen unterscheiden sich von For-Profit-Organisationen vor allem durch ein Gewinnausschüttungsverbot, d.h. sie können zwar zugunsten ihres Verbandszwecks mit Gewinnerzielungsabsicht tätig werden, dürfen aber keine Gewinne an ihre Gesellschafter oder Mitglieder ausschütten[4]. „Non-Profit" meint also nicht unbedingt „No-Profit", sondern lediglich „Not-for-Profit". In den Sozialwissenschaften werden NPO vor allem als Phänomen der „Zivilgesellschaft" verstanden, die als „Dritter Sektor" zwischen Markt und Staat verortet wird[5]. Gemeinnützige Körperschaften unterliegen zwar ebenfalls einem gesetzlichen Gewinnausschüttungsverbot (vgl. § 55 Abs. 1 Nr. 1 AO) und gehören deshalb auch zu den Non-Profit-Organisationen. Sie unterscheiden sich aber von anderen Non-Profit-Einrichtungen durch die Verfolgung eines bestimmten, qualifizierten Gemeinwohlzwecks (§§ 52 bis 54 AO) und sind deshalb Adressat besonderer steuerlicher För-

1.5

---

1 Vgl. etwa die Schrift von *Biedermann*, Die Gemeinnützigkeitsverordnung, 1955.

2 Zu Begriff und Struktur des Non-Profit-Sektors vgl. eingehend *Hopt/von Hippel/Walz* (Hrsg.), Nonprofit-Organisationen in Recht, Wirtschaft und Gesellschaft, 2005 mit zahlreichen Nachweisen; ferner *von Hippel*, Grundprobleme von Nonprofit-Organisationen, 2007; *Zimmer/Priller*, Gemeinnützige Organisationen im gesellschaftlichen Wandel, 2004; *Zimmer* in Non Profit Law Yearbook, 2001, 7; Enquete-Kommission „Zukunft des Bürgerschaftlichen Engagements," Bürgerschaftliches Engagement: auf dem Weg in eine zukunftsfähige Bürgergesellschaft, 2004; aus dem US-amerikanischen Schrifttum vgl. etwa *Powell/Steinberg* (ed.), The Nonprofit Sector: A Research Handbook, 2d. Edition, 2006; *Rose-Ackerman* (ed.), The Economics of Nonprofit Institutions, 1986.

3 Vgl. dazu näher aus rechtlicher Sicht *von Hippel*, Grundprobleme von Non Profit Organisationen, 2007; *Hüttemann*, Gutachten G zum 72. DJT, 2018, G 1 ff.; aus wirtschaftswissenschaftlicher Sicht siehe etwa *Simsa/Meyer/Badelt* (Hrsg.), Handbuch der Nonprofit Organisation, 5. Aufl. 2012; *Helmig/Boenigk*, Nonprofit Management, 2012; rechtsvergleichend *Winheller*, ZStV 2010, 41 ff., 81 ff.; für aktuelle Daten zum (gemeinnützigen) Dritten Sektor in Deutschland siehe den ZiviZ-Survey 2017 sowie *Krimmer/Weitemeyer/Vogt/Kleinpeter/von Schönfeld*, Transparenz im Dritten Sektor 2014.

4 Statt vieler *von Hippel*, Grundprobleme von Non Profit Organisationen, 2007, S. 12 („kleinster gemeinsamer Nenner"); *Anheier*, Nonprofit Organizations, 2. Aufl. 2014, S. 60 ff.; vgl. aus dem US-Recht die Definition im *Model Nonprofit Corporation Act*: „A corporation non part of the income or profit is distributed to its members, directors or officers".

5 Vgl. etwa *Zimmer*, Non Profit Law Yearbook 2001, 7 ff.; *Zimmer/Hallmann* in Hopt/von Hippel/Walz (Hrsg.), Nonprofit-Organisationen in Recht, Wirtschaft und Gesellschaft, 2005, S. 103 ff.; zum Begriff des „Dritten Sektors" vgl. grundlegend *Etzoni*, Public Administration Review 1973, 314.

derung. Dagegen rechtfertigt ein Gewinnausschüttungsverbot für sich genommen noch keine steuerliche Sonderbehandlung, weil die Gewinnausschüttung nur die Ebene der steuerlich unbeachtlichen Einkommensverwendung und nicht die steuerbare Einkommenserzielung betrifft.[1]

Beispiel Nr. 1: Wenn sich mehrere Familien zur gemeinsamen Verfolgung von Freizeitinteressen in einem (nichtrechtsfähigen) „Erholungsverein" zusammenschließen, der seine Tätigkeit durch Handel mit gebrauchten Gegenständen auf Trödelmärkten finanziert, dann unterliegt dieser Verein nach § 1 Abs. 1 Nr. 5 KStG der Körperschaftsteuer. Dies gilt auch dann, wenn der Gewinn aus dem Handelsgeschäft nicht an die Mitglieder ausgeschüttet, sondern zur Finanzierung von gemeinsamen Reisen verwendet wird (vgl. auch § 10 Nr. 1 KStG). Unternimmt der Verein keine Tätigkeiten mit Gewinnerzielungsabsicht, wird er also z.B. nur gegen kostendeckende Entgelte gegenüber seinen Mitgliedern tätig, fehlt es an einer sachlichen Körperschaftsteuerpflicht[2]. Finanziert sich der Verein ausschließlich aus echten Mitgliedsbeiträgen, kommt u.U. eine Steuerbefreiung nach § 8 Abs. 5 KStG in Betracht. Eine Steuerbefreiung wegen Gemeinnützigkeit scheidet hingegen mangels Verfolgung eines steuerbegünstigten Zwecks und einer selbstlosen Förderung der Allgemeinheit aus[3].

1.6 Außerhalb des steuerlichen Gemeinnützigkeitsrechts gewährt das geltende Steuerrecht nur vereinzelt besondere Steuervorteile für Non-Profit-Organisationen mit Rücksicht auf ihre besonderen Zwecke. So sind z.B. **Berufsverbände**[4] (§ 5 Abs. 1 Nr. 5 KStG) und **politische Parteien**[5] (§ 5 Abs. 1 Nr. 7 KStG) von der Körperschaftsteuer befreit, ohne dass auf sie die Vorgaben des Gemeinnützigkeitsrechts (z.B. das Gebot der zeitnahen Mittelverwendung) unmittelbar anzuwenden sind. Dies bedeutet allerdings nicht, dass diese und die anderen in § 5 Abs. 1 Nr. 1 bis 23 KStG genannten Einrichtungen keinen besonderen steuerlichen Beschränkungen oder Bindungen unterworfen sind. Vielmehr ist zu unterscheiden:

– Bestimmte Körperschaften – wie z.B. die in § 5 Nr. 1 und 2 KStG genannten **Staatsbetriebe und Banken** – sind als solche persönlich befreit. Hier bedarf es keiner weiteren „tätigkeitsbezogenen" Einschränkungen.

– Bei anderen Körperschaften wird ausdrücklich gefordert, dass sich die Tätigkeit der begünstigten Einrichtung **auf bestimmte Aktivitäten „beschränkt"** (vgl. z.B. § 5 Nr. 17 und 18 KStG). Daraus folgt eine Art „Ausschließlichkeitsgebot". So hat z.B. der BFH entschieden, dass eine Körperschaft nur dann die Steuerbefreiung als Wirtschaftsförderungsgesellschaft nach § 5 Abs. 1 Nr. 18 KStG in An-

---

1 Zum Steuerrecht des Non-Profit-Sektors näher *Hüttemann*, KSzW 2014, 158 ff.

2 Zur Gewinnerzielungsabsicht als Voraussetzung steuerbarer Einkünfte vgl. BFH v. 25.6.1984 – GrS 4/82, BStBl. II 1984, 751; zur Gewinnerzielungsabsicht bei einem Verein vgl. BFH v. 16.12.1998 – I R 36/98, BStBl. II 1999, 366.

3 Vgl. schon BFH v. 28.10.1960 – III 134/56 U, BStBl. III 1961, 109. Ferner wäre eine Beschränkung auf die Angehörigen bestimmter Familien nach § 52 Abs. 1 Satz 2 AO schädlich.

4 Zur steuerlichen Behandlung von Berufsverbänden vgl. *Kühner*, Die Steuerbefreiung der Berufsverbände, 2008; *Kühner*, DStR 2009, 1786; *Engelsing/Lüke*, Praxishandbuch der Berufs- und Wirtschaftsverbände, 2. Aufl. 2013; *Hakert* in NK-GemnR, Exkurs Befreiung von Berufsverbänden, § 5 Abs. 1 Nr. 5 KStG.

5 Dazu *Hüttemann* in FS Lang, 2010, S. 321 ff.

spruch nehmen darf, wenn sie „ausschließlich" die im Gesetz genannten Zwecke verfolgt[1].

- Einige **sachliche Befreiungen** (z.B. § 5 Nr. 10 KStG) beziehen sich lediglich auf bestimmte Tätigkeiten, so dass Einnahmen aus anderen (nicht begünstigten) Tätigkeiten der normalen Steuerpflicht zu unterwerfen sind[2].

- Bei einzelnen Befreiungen – wie z.B. bei **Berufsverbänden** – enthält das Gesetz sogar punktuelle Regelungen in Hinsicht auf die Mittelverwendung. So verliert ein Berufsverband seine Steuerbefreiung schon dann, wenn er mehr als 10 Prozent seiner Einnahmen für politische Zwecke verwendet (§ 5 Abs. 1 Nr. 5 Satz 2 Buchst. b KStG). Dies bedeutet aber nicht, dass Berufsverbände im Übrigen hinsichtlich ihrer Mittelverwendung völlig frei wären. Vielmehr lassen sich schon aus dem Begriff des „Berufsverbandes" weitere Anforderungen in Hinsicht auf satzungsmäßige Vorgaben und tatsächliche Geschäftsführung ableiten[3]. Schließlich gebieten auch Sinn und Zweck des Befreiungstatbestandes gewisse steuerliche Mindestanforderungen an die Mittelverwendung. Wer nur Mittel anspart, verdient noch keine steuerliche Förderung. Auch Berufsverbände müssen daher ihr Ausgabeverhalten und die Bildung von Rücklagen an den Erfordernissen einer (zeitnahen) Verwirklichung von berufsständischen Interessen messen lassen[4].

- Bei **politischen Parteien** ist wegen der Verweisung auf das Parteiengesetz vorrangig auf die Begriffsbestimmung des § 2 PartG abzustellen. Im Übrigen ist jedoch – was die entsprechende Anwendung gemeinnützigkeitsrechtlicher Grundsätze anbetrifft – eher Zurückhaltung geboten[5].

Das Gemeinnützigkeitsrecht richtet sich in erster Linie an privatrechtliche Körperschaften (Vereine, Stiftungen etc.), findet in bestimmten Fällen aber auch auf **juristische Personen des öffentlichen Rechts** Anwendung. Die Besteuerung der öffentlichen Hand ist ein eigenständiges Steuerrechtsgebiet[6]. Körperschaften des öffentlichen Rechts sind in der Regel[7] zugleich Steuergläubiger und unterliegen daher im   1.7

---

1 Vgl. BFH v. 26.2.2003 – I R 49/01, BStBl. II 2003, 723.
2 Vgl. dazu BFH v. 25.8.2010 – I R 95/09, BFH/NV 2011, 311.
3 Vgl. näher BFH v. 7.6.1988 – VIII R 76/85, BStBl. II 1989, 97; gegen ein Satzungserfordernis analog § 60 AO bei Berufsverbänden BFH v. 13.3.2012 – I R 46/11, BFH/NV 2012, 1181.
4 Weitergehend *Kühner*, Die Steuerbefreiung der Berufsverbände, 2008, S. 172 ff.: analoge Anwendung der §§ 55 ff. AO; a.A. BFH v. 13.3.2012 – I R 46/11, BFH/NV 2012, 1181.
5 Vgl. dazu *Hüttemann* in FS Lang, 2010, S. 321 (327 ff.); zum wirtschaftlichen Geschäftsbetrieb einer politischen Partei vgl. FG Thüringen v. 23.4.2015 – 1 K 743/12, juris.
6 Siehe dazu eingehend *Hidien/Jürgens* (Hrsg.), Die Besteuerung der öffentlichen Hand, 2017, sowie die Monographien von *Häck*, Die öffentliche Hand im Körperschaft- und Umsatzsteuerrecht, 2004; *Steffen*, Der Betrieb gewerblicher Art, 2001; *Gastl*, Betriebe gewerblicher Art im Körperschaftsteuerrecht, 2001; weitere Nachweise zum älteren Schrifttum bei *Hüttemann*, Besteuerung der öffentlichen Hand, 2002.
7 Das Fiskalargument gilt aber z.B. nicht für Religionsgemeinschaften in der Rechtsform einer Körperschaft des öffentlichen Rechts.

Grundsatz aus fiskalischen Gründen nicht der Besteuerung. Dieser Grundsatz bedarf allerdings immer dann aus Wettbewerbsgründen einer Einschränkung, wenn juristische Personen des öffentlichen Rechts durch die Unterhaltung von Wirtschaftsbetrieben in tatsächliche oder potentielle Konkurrenz zu privaten Betrieben treten[1]. Deshalb unterliegen juristische Personen des öffentlichen Rechts mit ihren Betrieben gewerblicher Art nach § 1 Abs. 1 Nr. 6 KStG der Körperschaftsteuer. Soweit aber die öffentliche Hand aus Wettbewerbsgründen wie eine private Körperschaft behandelt wird, ist auch eine Anwendung der Steuerbefreiungen wegen Gemeinnützigkeit möglich und geboten, soweit **der Betrieb gewerblicher Art den Tatbestand der Gemeinnützigkeit erfüllt** (vgl. auch § 55 Abs. 3 AO; s. ferner Rz. 2.76 ff.)[2]. Dagegen besteht im Bereich der steuerfreien Hoheitssphäre für eine Anwendung der Steuervergünstigungen wegen Gemeinnützigkeit kein Bedarf. Im Unterschied zum Gemeinnützigkeitsrecht findet das Spendenrecht auf alle Bereiche von Körperschaften des öffentlichen Rechts Anwendung (vgl. etwa § 10b Abs. 1 Satz 1 EStG). Zuwendungen für gemeinnützige Zwecke an juristische Personen des öffentlichen Rechts werden also genauso begünstigt wie entsprechende Zuwendungen an gemeinnützige Körperschaften (vgl. Rz. 8.10 ff.).

Beispiel Nr. 2: Wenn die Stadt S ein Krankenhaus betreibt, dann unterhält sie damit einen Betrieb gewerblicher Art im Sinne von § 1 Abs. 1 Nr. 6 KStG. Will sie die damit verbundene (partielle) Körperschaftsteuerpflicht vermeiden, kann sie für das Krankenhaus unter den in §§ 51 ff. AO bestimmten Voraussetzungen die Steuerbefreiung nach § 5 Abs. 1 Nr. 9 Satz 1 KStG in Anspruch nehmen. Dies setzt zum einen eine entsprechende Satzung nach § 60 AO voraus[3]. Zum anderen muss – da das Krankenhaus gemeinnützigkeitsrechtlich als wirtschaftlicher Geschäftsbetrieb anzusehen ist – zusätzlich die Steuerbefreiung des § 67 AO zur Anwendung kommen, damit die Steuerbefreiung eingreift. Möchten Patienten die Arbeit des Krankenhauses durch private Spenden fördern oder sogar einen gemeinnützigen Klinikförderverein ins Leben rufen, bedarf es insoweit nach § 58 Nr. 1 AO bzw. § 10b Abs. 1 EStG zwar keiner satzungsmäßigen Gemeinnützigkeit des geförderten Krankenhauses, aber die geförderten Aktivitäten müssen gleichwohl materiell nach den §§ 52, 53 AO als steuerbegünstigt anzusehen sein (z.B. als Förderung des öffentlichen Gesundheitswesens).

II. Sinn des steuerlichen Gemeinnützigkeitsrechts

1.8 Dem steuerlichen Gemeinnützigkeitsrecht liegt die <u>gesetzgeberische Entscheidung zugrunde</u>, **<u>freiwilliges gemeinwohlbezogenes Engagement mit den Mitteln des Steuerrechts anzuregen und anzuerkennen</u>**[4]. Das Steuerrecht trägt damit der Tatsache Rechnung, dass nicht nur der Staat, sondern auch die Bürger vielfältige und

---

1 Zur Wettbewerbsneutralität als Leitgedanke der §§ 1 Abs. 1 Nr. 6, 4 KStG statt vieler nur BFH v. 4.12.1991 – I R 74/89, BStBl. II 1992, 432, 433; *Hüttemann*, Die Besteuerung der öffentlichen Hand, S. 8 ff.

2 Zuletzt BFH v. 18.10.2017 – V R 46/16, DB 2018, 22; dazu näher *Hey*, StuW 2000, 467; *Hüttemann*, Besteuerung der öffentlichen Hand, 2002, S. 179; *Seer/Wolsztynski*, Steuerrechtliche Gemeinnützigkeit der öffentlichen Hand, 2002.

3 Dazu BFH v. 31.10.1984 – I R 21/81, BStBl. II 1985, 162.

4 Vgl. zur Funktion und Legitimation des Gemeinnützigkeitsrechts zuletzt eingehend *Droege*, Gemeinnützigkeit im offenen Steuerstaat, 2010, S. 316; *Jachmann* in FS Lang, 2010, S. 295; ferner *Isensee* in FS Dürig, 1990, S. 35; *Seer* in DStJG 26 (2003), 11; Gutachten der

nachhaltige Beiträge zum Gemeinwohl leisten. <u>Ein solches gemeinwohlförderndes Engagement „von unten" entlastet den Staat im Bereich der sog. konkurrierenden Gemeinwohlaufgaben, deren Erfüllung auch den Privaten offensteht</u> (z.B. der Wohlfahrtspflege und dem Gesundheitswesen). Im Bereich der pluralistischen Gemeinwohlaufgaben (z.B. der Religion oder der Kunst und Kultur), in dem der Staat selbst nicht oder nur sehr zurückhaltend tätig werden darf, sind steuerliche Anreize für privates Engagement ein wirkungsvolles Mittel, die Grundlagen der freiheitlichen Rechtsordnung zu fördern, über die der Staat mit direkten Mitteln nicht disponieren kann. Diese Überlegungen bilden zugleich den Ausgangspunkt für die verfassungsrechtliche Rechtfertigung der gemeinnützigkeitsabhängigen Steuervergünstigungen (vgl. Rz. 1.80 ff.).

Angesichts seiner Verankerung im Steuerrecht liegt es nahe, das Gemeinnützigkeitsrecht vor allem als steuerlichen „Subventionstatbestand" zu begreifen. Diese Sichtweise übersieht allerdings, dass auch **viele begünstigende Vorschriften außerhalb des Steuerrechts an den Gemeinnützigkeitsbegriff anknüpfen** (vgl. dazu auch Rz. 1.47 f.)[1]. Zwar liegt der tatbestandlichen Anknüpfung an die Gemeinnützigkeit zumeist kein einheitliches Konzept zugrunde[2]. Dies ändert aber nichts daran, <u>dass das Gemeinnützigkeitsrecht längst über das Steuerrecht hinausweist und die §§ 51 ff. AO – weitgehend rechtsformunabhängig – ein „übergreifendes Organisationsstatut für förderungswürdige NPO" definieren.</u>   1.9

Schließlich hat das Gemeinnützigkeitsrecht – vor allem wegen seines organisationsbezogenen Förderkonzepts (dazu näher Rz. 1.11 ff.) – auch eine über das Steuerrecht hinausgehende **„organisationsrechtliche" Bedeutung**[3]. Zwar ist das deutsche Gemeinnützigkeitsrecht nach seiner historischen Entwicklung ein Teilgebiet des Steuerrechts (vgl. Rz. 1.16 ff.) und unterscheidet sich dadurch vom englischen *charity law*, das auf eine lange zivilrechtliche Tradition im *Law of Trusts* zurückblicken kann[4]. Dies ändert aber nichts daran, dass dem steuerrechtlichen Gemeinnützigkeitsbegriff und den satzungsmäßigen und tatsächlichen Vorgaben für gemeinnützige Organisationen eine „gesellschaftsrechtliche Ersatzfunktion"[5] im „Dritten Sektor" zukommt. Der Gemeinnützigkeitsstatus **definiert allgemeine rechtliche Vorgaben für „altruistisch" tätige Non-Profit-Organisationen**, die eine rechtsformübergreifende Bedeutung für Vereine, Stiftungen, Kapitalgesellschaften und andere Rechtsträger haben und die über die Pflicht zur satzungsmäßigen Verankerung (§§ 59, 60 AO) auf eine zivilrechtliche Bindungswirkung entfalten. Das Gemeinnüt-   1.10

Unabhängigen Sachverständigenkommission zur Prüfung des Gemeinnützigkeits- und Spendenrechts, S. 92, sowie das Minderheitsvotum von *Isensee/Knobbe-Keuk*, S. 344.
1 Vgl. etwa *Droege*, Gemeinnützigkeit im offenen Steuerstaat, 2010, S. 74 ff.
2 Dazu *Hüttemann*, Gutachten G zum 72. DJT, 2018, G 96 ff.
3 Zum Gemeinnützigkeitsrecht als „Organisationsrecht des Dritten Sektors" vgl. eingehend *Hüttemann*, FR 2016, 969 sowie *Hüttemann* in FS Baums, 2017, S. 623.
4 Zum englischen Gemeinnützigkeitsrecht s. nur *Luxton*, The Law of Charities, 2001; zur geschichtlichen Entwicklung des englischen Charity Law vgl. *Chesterman*, Charities, Trusts and Social Welfare, 1979; *Jones*, History of the Law of Charity, 1969.
5 So treffend *Walz*, JZ 2002, 268 (271).

zigkeitsrecht prägt damit rechtsformübergreifend den „Rechtstypus" der gemeinnützigen NPO (zur zivilrechtlichen Dimension der satzungsmäßigen Gemeinnützigkeit vgl. näher Rz. 4.123)[1]. Die Signalwirkung des Gemeinnützigkeitsstatus wird noch dadurch erhöht, dass die Einhaltung der satzungsmäßigen und tatsächlichen Voraussetzungen von den Finanzbehörden laufend überwacht wird. Vor diesem Hintergrund überrascht es nicht, dass das durch den Steuerverzicht des Staates bekräftigte Prädikat „gemeinnützig" für die breite Öffentlichkeit eine Art staatliches „Gütesiegel" für die Gemeinwohlorientierung einer NPO darstellt. Rechtsökonomisch betrachtet erspart die finanzamtliche „gesonderte Feststellung" der satzungsmäßigen Gemeinnützigkeit (§ 60a AO) und die laufende staatliche Überwachung sowohl den betreffenden Einrichtungen als auch ihren potentiellen Förderern nicht unerhebliche Transaktionskosten, die anderenfalls für den Aufbau einer Vertrauensbeziehung aufgewendet werden müssten[2]. So gesehen hat das Gemeinnützigkeitsrecht nicht nur eine Subventionsfunktion, sondern ist zugleich ein Organisationsstatut für den wichtigsten Teilbereich des Dritten Sektors.

Diese institutionellen Zusammenhänge übersieht, wer – wie z.B. *Gosch*[3] – das Gemeinnützigkeitsrecht auf die Formel „Gutes tun und Steuern sparen" reduziert und – ohne Rücksicht auf die organisationsrechtlichen Bezüge und historisch gewachsenen Strukturen – für seine Streichung zugunsten von „offenen Subventionen" plädiert. Zwar mag man ausgehend von der Utopie eines von Lenkungszwecken „befreiten" Steuerrechts das Gemeinnützigkeitsrecht für einen „Fremdkörper" halten, zumal der Finanzrichter hier mit für ihn ungewohnten Fragen – z.B. was ist Kunst? Wie viel Gewinn darf ein Zweckbetrieb erwirtschaften? – konfrontiert wird. Und sicher wäre es – wie ein Blick nach England und Wales zeigt – zumindest theoretisch auch möglich, die organisationsbezogenen Vorgaben für gemeinnützige NPO und ihre behördliche Überwachung auch außerhalb des Steuerrechts in einem „Bundesgemeinnützigkeitsgesetz" zu regeln. Solange aber niemand ernsthaft darüber nachdenkt, die steuerliche und außersteuerliche Förderung von gemeinnützigen Einrichtungen – die sich in vergleichbarer Form in praktisch allen entwickelten Staaten findet[4] – abzuschaffen, sprechen **die besseren Gründe für einen Verbleib beim status quo**[5]. Ohnehin ist der Vorschlag, die steuerliche Entlastung gemeinnütziger Einrichtungen durch staatliche Direktsubventionen zu ersetzen, eine Scheinlösung, weil sich die gegenwärtig in den §§ 51 ff. AO geregelten Fragen (welche organisationsrechtlichen und tatsächlichen Anforderungen müssen „förderungswürdige" Organisationen erfüllen?) auch im Rahmen eines „Subventionsmodells" stellen würden und das Steuerrecht weiterhin durch Steuerbefreiungen gewährleisten müsste, dass eine aus staatlichen Subventionen gespeiste Leistungsfähigkeit (z.B. im Bereich der Vermögensanlage oder im Zweckbetrieb) nicht „wegbesteuert" wird. Schließlich müsste auch ein – gleich wirkungsvoller – Ersatz für den steuerlichen Spendenabzug gefunden werden.

---

1 Zu Vorschlägen de lege ferenda vgl. *Hüttemann*, Gutachten G zum 72. DJT, 2018, G 102 ff.

2 Zum öffentlichen Vertrauen als Funktionsbedingung des Non-Profit-Sektors vgl. nur *Walz*, JZ 2002, 268; *Walz* in Walz (Hrsg.), Rechnungslegung und Transparenz im Dritten Sektor, 2004, S. 5 ff.

3 *Gosch* in FS Haarmann, 2015, S. 516.

4 Vgl. dazu den rechtsvergleichenden Generalbericht in Walz/von Auer/von Hippel, Spenden- und Gemeinnützigkeitsrecht in Europa, S. 89 ff.

5 Vgl. dazu auch *Hüttemann*, Gutachten G zum 72. DJT, 2018, G 81 f.

III. Steuerliche Förderung von Organisationen

Grundsätzlich kann jeder einzelne Bürger einen Beitrag zum Gemeinwohl leisten. 1.11
Auch die unmittelbare **Hilfe von Mensch zu Mensch** (z.B. die milde Gabe an den
Bettler) fördert das Gemeinwohl. Daher könnte man daran denken, jedem Steuerpflichtigen, der sich für Gemeinwohlzwecke einsetzt, eine steuerliche Entlastung zu
gewähren[1].

Beispiel Nr. 3: Wer einem Bettler am Straßenrand eine Zuwendung macht oder Bürger-
kriegsflüchtlinge in sein Haus aufnimmt, verhält sich sicherlich „mildtätig." Deshalb könnte
man überlegen, auch solche Taten steuermindernd zu berücksichtigen. Der Steuerpflichtige,
der einen Teil seines Einkommens auf ein gesondertes Konto einzahlt, um die Erträge laufend für gute Zwecke zu verwenden, ist ebenfalls insoweit „gemeinnützig" tätig. Gleichwohl
ist zweifelhaft, ob der Staat wegen des geplanten Verwendungszwecks die Zinserträge des
Kontos von der Einkommensteuer freistellen sollte. Wer unentgeltlich für eine gemeinnützige Einrichtung tätig ist, fördert zwar das Gemeinwohl, hat aber überhaupt keine Ausgaben,
sondern nur einen Zeitverlust erlitten. Auch hier ist fraglich, ob das Steuerrecht solche „Zeitspenden" begünstigen sollte. Wer schließlich nebenberuflich alte Menschen gegen eine Aufwandsentschädigung pflegt, ist ebenfalls karitativ tätig. Fraglich ist aber, ob er deshalb auch
dann eine Steuerbefreiung erhält, wenn er unmittelbar im Auftrag des pflegebedürftigen
Menschen tätig wird[2].

Ein sehr weites Verständnis von Gemeinnützigkeit, das alle gemeinwohldienlichen 1.12
Handlungen der Bürger einbezieht und steuerlich fördert, sieht sich aber einem entscheidenden Einwand ausgesetzt: Individuen müssen zur Sicherung ihrer Existenz
immer auch eigennützig handeln, sie können also immer nur „**partiell gemeinnützig**" sein[3]. Das unterscheidet natürliche Personen von rechtsfähigen und nichtrechtsfähigen Verbänden (z.B. Vereinen und Kapitalgesellschaften), die gegenüber
ihren Mitgliedern und Gesellschaftern organisatorisch und vermögensrechtlich verselbständigt sind und einem überindividuellen Zweck dienen. Besonders ausgeprägt
ist eine solche Verselbständigung des Zwecks bei der Stiftung, die als Zweckvermögen im Gegensatz zu Körperschaften überhaupt keine Mitglieder hat und – im
Fall der rechtsfähigen Stiftung – nach ihrer Anerkennung dem Zugriff des Stifters
auf Dauer entzogen ist. Wenn der Gesetzgeber sicherstellen will, dass sich Steuervergünstigungen wegen Gemeinnützigkeit nur „zweckgebunden" auswirken, d.h.
die steuerliche Entlastung nicht auch dem privatnützigen Bereich der Mitglieder zugute kommt, dann ist es sinnvoll, die Steuervergünstigungen wegen Gemeinnützigkeit **auf Organisationen mit ausschließlich steuerbegünstigten Zwecken zu beschränken** (vgl. § 56 AO).

Ein solches **organisationsbezogenes Förderkonzept**[4] hat verschiedene Vorteile: 1.13
Zunächst dürfte die Überwachung von Organisationen regelmäßig weniger aufwen-

---

1 Dafür *Däubler*, NJW 2003, 3319.
2 Ablehnend FG Hamburg v. 19.7.2012 – 3 K 33/11, zitiert nach juris.
3 Vgl. *Droege*, Gemeinnützigkeit im offenen Steuerstaat, 2010, S. 169.
4 Dazu *Hüttemann* in DStJG 26 (2003), 49; vgl. auch *Droege*, Gemeinnützigkeit im offenen
Steuerstaat, 2010, S. 165 ff.; *Hüttemann*, FR 2016, 969.

dig sein als die Überprüfung individueller Fördermaßnahmen einzelner Steuerbürger. Ferner kann der Gesetzgeber durch das Erfordernis der satzungsmäßigen Gemeinnützigkeit die steuerlichen Vorgaben der Gemeinnützigkeit in der Satzung der Körperschaft verankern. Damit wird nicht nur die Feststellung der Gemeinnützigkeit im Steuerverfahren erleichtert (zur gesonderten Feststellung der satzungsmäßigen Gemeinnützigkeit nach § 60a AO vgl. Rz. 7.5 ff.), sondern die satzungsmäßige Verankerung hat zur Folge, dass die handelnden Organe auch mit den Mitteln des Zivil- und Gesellschaftsrechts zur Einhaltung der gemeinnützigkeitsrechtlichen Standards verpflichtet werden. Für eine Beschränkung der Gemeinnützigkeit auf bestimmte Körperschaften spricht schließlich auch, dass solche Einrichtungen (z.B. Kapitalgesellschaften) bereits nach allgemeinem Handels- und Steuerrecht verschiedenen Aufzeichnungs- und Erklärungspflichten unterliegen, auf die bei der Überprüfung der Gemeinnützigkeit zurückgegriffen werden kann.

Eine Beschränkung der steuerlichen Entlastung auf Organisationen hat allerdings den Nachteil, dass sie zunächst nur die betreffenden Einrichtungen durch direkte Steuervorteile begünstigt, aber dem einzelnen Bürger keine steuerlichen Anreize für gemeinwohlförderndes Handeln vermittelt. Daher bedarf die Steuerentlastung gemeinnütziger Einrichtungen stets eines komplementären Förderinstruments auf der Ebene des einzelnen Steuerpflichtigen. Diese Ergänzungsfunktion leistet der **steuerliche Spendenabzug**, der eine finanzielle Unterstützung gemeinnütziger Organisationen durch die Bürger anregen soll (§ 10b EStG, § 9 Abs. 1 Nr. 2 KStG, § 9 Nr. 5 GewStG). Durch die steuerliche Abziehbarkeit wird der „Preis" der Spende im Vergleich zu anderen Einkommensverwendungen herabgesetzt. Die steuermindernde Berücksichtigung von Zuwendungen an gemeinnützige Einrichtungen knüpft also an die gemeinwohlfördernde Aktivität der Empfängerorganisation an und findet darin ihre Rechtfertigung. Das Spendenrecht ergänzt und vervollständigt das organisationsgebundene Förderkonzept und sichert den gemeinnützigen Einrichtungen eine gewisse Finanzausstattung. Die Beschränkung der steuerlich abzugsfähigen Gemeinwohlausgaben auf Zuwendungen an gemeinnützige Einrichtungen erleichtert schließlich den Verwaltungsvollzug und trägt zur Verhinderung von Missbräuchen bei (zum Spendenabzug vgl. Rz. 8.1 ff.).

1.14   Auch das geltende Gemeinnützigkeitsrecht ist durch ein organisationsbezogenes Förderkonzept gekennzeichnet. Die AO beschränkt die Gewährung von Steuervergünstigungen wegen Gemeinnützigkeit auf **Körperschaften, Personenvereinigungen und Vermögensmassen im Sinne des KStG**. Sie sind, soweit sie die Voraussetzungen der §§ 51 bis 68 AO erfüllen, Adressat verschiedener direkter Steuervergünstigungen, und nur Geld- und Sachzuwendungen an solche Einrichtungen sind z.B. nach § 10b EStG im Rahmen der Einkommensteuer abzugsfähig. Dies bedeutet zugleich, dass nicht jedes gemeinwohlfördernde Handeln steuerlich begünstigt ist. Der einzelne Bürger, der ohne Einschaltung einer gemeinnützigen Einrichtung notleidenden Mitmenschen hilft, kann folglich keine steuerliche Berücksichtigung seiner Aufwendungen verlangen. Es handelt sich bei solchen Aufwendungen weder um abziehbare Spenden, noch liegen außergewöhnliche Belastungen im Sinne von §§ 33 ff. EStG vor.

Im **Beispiel Nr. 3** (Rz. 1.11) können also die milden Gaben an den Bettler ebenso wenig als „Spende" steuerlich berücksichtigt werden wie die Aufwendungen für die Unterbringung von Flüchtlingen[1]. Auch die Zinserträge müssen normal versteuert werden, weil die Separierung auf einem Sonderkonto noch nicht zu einem (steuerlich) ausreichend verselbständigten Zweckvermögen führt[2]. Erst die spätere Zuwendung der Erträge an eine gemeinnützige Einrichtung wird über den Spendenabzug berücksichtigt. Auch die Zeitspende ist nicht steuerlich begünstigt, weil nach geltendem Recht nur Geld- und Sachspenden abziehbar sind. Der Grund dafür liegt zum einen darin, dass es an „Aufwendungen" des Steuerpflichtigen fehlt. Zum anderen wäre eine Zeitspende verwaltungsaufwendig (was ist der gerechte Lohn?) und missbrauchsanfällig (vgl. zur Zeitspende näher unten Rz. 8.36). Eine Steuerbefreiung wegen nebenberuflicher Pflegetätigkeit setzt schließlich voraus, dass die Tätigkeit im Dienst oder Auftrag einer öffentlichen oder gemeinnützigen Einrichtung erbracht wird. Die „Direktpflege" ist somit nicht begünstigt[3].

Im Rahmen seines organisationsbezogenen Förderkonzepts lässt das geltende Recht allerdings gewisse Spielräume für „**Mischformen**": 1.15

– Zum einen ist darauf hinzuweisen, <u>dass das Ausschließlichkeitsgebot einer partiell gewinnorientierten – aus Wettbewerbsgründen aber steuerpflichtigen – **Mittelbeschaffungstätigkeit gemeinnütziger Einrichtungen** nicht im Wege steht</u> (zum Sphärenmodell eingehend Rz. 6.1 ff.). <u>Allerdings muss auch hier die ausschließlich gemeinnützige Zielsetzung das übergeordnete Hauptziel der erwerbswirtschaftlichen Tätigkeit bilden</u>, so dass z.B. eine Gewinnausschüttung an Gesellschafter oder Mitglieder untersagt ist (vgl. § 55 Abs. 1 Nr. 1 AO). Zulässig ist allerdings eine „Gewinnabführung" an andere gemeinnützige Einrichtungen im Rahmen von § 58 Nr. 1 und 2 AO (dazu Rz. 3.182 ff. und Rz. 4.61 ff.).

– Umgekehrt kann auch ein steuerpflichtiges erwerbswirtschaftliches Unternehmen über den Spendenabzug teilweise auf steuerbegünstigte Ziele ausgerichtet werden. Man denke an den Fall, dass sich ein Unternehmer dauerhaft verpflichtet, im Rahmen der steuerlichen Höchstgrenzen (dazu Rz. 8.141 ff.) **einen Teil des Gewinns für gemeinnützige Zwecke abzuführen**. Allerdings – und dies ist entscheidend – rechtfertigt eine partielle gemeinnützige Einkommensverwendung noch keine Steuerbefreiung, sondern ist eben nur in den Grenzen des Spendenabzugs steuerlich berücksichtigungsfähig.

– Schließlich bleibt noch der Fall übrig, dass sich die „gemeinwohlorientierte" Gesinnung eines Unternehmens darin äußert, dass **Güter und Leistungen des täglichen Bedarfs zu Selbstkostenpreisen angeboten werden**. Ein solcher Gewinnverzicht rechtfertigt ebenfalls noch keine Steuerbefreiung wegen Gemeinnützigkeit (dazu Rz. 3.61 ff.). Eine Steuerbefreiung ist in diesen Fällen aber regelmäßig entbehrlich, weil eine rein kostendeckende Tätigkeit schon mangels Gewinnerzielungsabsicht steuerrechtlich irrelevant ist (sog. Liebhaberei). Ausnahmen gelten nur dann, wenn sich hinter dem Gewinnverzicht eine Entnahme bzw. verdeckte Gewinnausschüttung zugunsten des Unternehmers oder der Gesellschafter verbirgt.

---

1 So auch OFD Frankfurt/M. v. 14.10.2003, DB 2003, 2678 betreffend Aufwendungen im Zusammenhang mit der Aufnahme von Personen aus Kriegs- und Katastrophengebieten.
2 Vgl. dazu näher *Hüttemann/Herzog*, DB 2004, 1001.
3 OFD Frankfurt/M. v. 4.2.1993, FR 1993, 342.

Die vorstehenden Überlegungen bilden zugleich den steuerrechtlichen Rahmen, wenn es darum geht, sog. **„Sozialunternehmen"** („Social entrepreneurs") steuerrechtlich einzuordnen[1]. Hier bedarf es zwar bei der Rechtsformwahl einer Entscheidung für einen bestimmten Ausgangspunkt (erwerbswirtschaftliche oder gemeinnützige Zielsetzung). In beiden „Welten" lassen sich dann aber gewisse Mischformen gestalten. In diesem Zusammenhang ist auch an die Möglichkeit zu denken, gemeinnützige oder nicht gemeinnützige Engagements jeweils durch Ausgliederung in eine Kapitalgesellschaft rechtlich zu verselbständigen, um auf diese Weise verschiedene Zielsetzungen „unter einem Dach" zu verfolgen.

IV. Entwicklung des Gemeinnützigkeits- und Spendenrechts

1. Gemeinnützigkeitsrecht

1.16 Die historische Entwicklung des heutigen steuerlichen Gemeinnützigkeitsrechts[2] nimmt ihren Ausgangspunkt in der **Ausdehnung der Einkommensteuer auf juristische Personen** in der zweiten Hälfte des 19. Jahrhunderts[3]. Hinzuweisen ist etwa auf § 6 Nr. 10 des Sächsischen StEStG von 1878. Diese Regelung befreite von der Staatseinkommensteuer die

„ausschließlich kirchlichen, gemeinnützigen, wohltätigen Besoldungs- und Pensionszwecken dienenden juristischen Personen und mit dem Recht zum Vermögenserwerb ausgestatteten Personenvereinigungen und Vermögensmassen."

Ganz ähnlich führte in **Preußen** 1906 die Ausweitung der subjektiven Einkommensteuerpflicht auf GmbH zur Einführung eines Befreiungstatbestandes für solche GmbH, „deren Einkünfte satzungsgemäß ausschließlich zu gemeinnützigen, wissenschaftlichen oder künstlerischen Zwecken zu verwenden sind" (§ 1 Abs. 2 preußisches EStG). Auf dieser Grundlage entwickelte dann die Rechtsprechung des PrOVG die Voraussetzungen und die sonstigen Einzelheiten der steuerlichen Begünstigungen wegen Gemeinnützigkeit. Auch die Einkommensteuergesetze anderer Bundesstaaten des Kaiserreichs kannten bereits vergleichbare Befreiungsregelungen. Sie bildeten später die Grundlage für entsprechende Vergünstigungen in den Kriegssteuergesetzen[4], in § 3 Abs. 1 Nr. 3 UStG 1919 und in § 35 Nr. 2 ErbStG 1919.

---

1 Zu „Social Entrepreneurship" vgl. eingehend *Momberger*, Social Entrepreneurship, 2015; *Weitemeyer* in Non Profit Law Yearbook 2011/2012, 91; *Krause/Kindler* in Non Profit Law Yearbook 2010/2011, 85; *Achleitner* in FS Wildemann, 2007, S. 57; *Achleitner/Pöllath/Stahl*, Finanzierung von Sozialunternehmen, 2007; *Frischen/Lawaldt*, Stiftung&Sponsoring, Rote Seiten 6/2008 m.w.N.

2 Vgl. eingehend *Droege*, Gemeinnützigkeit im offenen Steuerstaat, 2010, S. 13 ff.; *Hammer*, StuW 2001, 19; *Kraft*, Die steuerrechtliche Gemeinnützigkeit, VJStFR 1932, 315.

3 Zur Geschichte der Körperschaftsbesteuerung vgl. *Rasenack*, Die Theorie der Körperschaftsteuer, 1974; *Hey* in Herrmann/Heuer/Raupach, Dok. 1 KSt Rz. 1 ff.

4 Vgl. § 11 Nr. 1 des Reichssteuergesetzes über einen einmaligen außerordentlichen Wehrbeitrag v. 13.7.1913, RGBl. 1913, 505. § 5 Abs. 1 Nr. 10 des Gesetzes über das Reichsnotopfer v. 31.12.1919, RGBl. 1919, 2189. § 22 des Kriegssteuergesetzes v. 21.6.1916, RGBl. 1916, 561.

Nachdem die Gesetzgebungskompetenz für die direkten Steuern mit dem Ende des Ersten Weltkriegs von den Ländern auf das Reich übergegangen war, fanden die Steuervergünstigungen wegen Gemeinnützigkeit Eingang in die **neuen Reichssteuergesetze** (vgl. etwa § 2 Nr. 4 des KStG 1920). Auf der Grundlage der bisherigen Rechtsprechung des PrOVG und des RFH wurden die Voraussetzungen dieser und ähnlicher Steuerbefreiungen (vgl. das VStG 1922) in der „Verordnung über die Anerkennung der Gemeinnützigkeit und Mildtätigkeit im Sinne des KStG" vom 22.4.1922 erstmals zusammengefasst. Später trat die KStDV an die Stelle dieser Verordnung. Durch die Notverordnung vom 1.12.1930 wurden die Steuervergünstigungen durch eine sog. partielle Steuerpflicht eingeschränkt, um den zunehmenden Wettbewerbsverzerrungen zwischen gemeinnützigen und steuerpflichtigen Unternehmen zu begegnen[1].

1.17

Mit der Befreiungsvorschrift des **§ 4 Abs. 1 Nr. 6 KStG 1934** war im Bereich der Körperschaftsteuer bereits weitestgehend der heutige Rechtszustand erreicht. Danach waren von der Körperschaftsteuer befreit:

1.18

„Körperschaften, Personenvereinigungen und Vermögensmassen, die nach der Satzung, Stiftung oder sonstigen Verfassung und nach ihrer tatsächlichen Geschäftsführung ausschließlich und unmittelbar kirchlichen, gemeinnützigen oder mildtätigen Zwecken dienen. Unterhalten sie einen wirtschaftlichen Geschäftsbetrieb, der über den Rahmen einer Vermögensverwaltung hinausgeht, so sind sie insoweit steuerpflichtig."

Mit den **§§ 17 bis 19 des Steueranpassungsgesetzes** vom 16.10.1934 kam es erstmals zu einer einheitlichen Zusammenfassung der Voraussetzungen der Gemeinnützigkeit für alle Steuerarten[2]. Diese Vorschriften traten an die Stelle der bisherigen Regelungen in der KStDV und wurden durch die „Verordnung zur Durchführung der §§ 17 bis 19 des StAnpG (Gemeinnützigkeitsverordnung)" vom 16.12.1941 ergänzt[3]. Diese ging aber – z.B. in Hinsicht auf die Unterhaltung wirtschaftlicher Geschäftsbetriebe – über die gesetzlichen Grundlagen hinaus und wurde deshalb nach dem Krieg teilweise für unwirksam erklärt[4]. 1953 kam es zu einer Neufassung der Gemeinnützigkeitsverordnung[5].

1.19

1977 traten die **§§ 51 bis 68 AO**[6] an die Stelle der bisherigen §§ 17 bis 19 StAnpG und der GemVO[6]. Gleichzeitig wurde der Einführungserlass zur AO veröffentlicht[7], der als allgemeine Verwaltungsvorschrift verbindliche Auslegungshinweise für die Finanzbehörden enthielt und später durch den Anwendungserlass zur AO (AEAO) vom 24.9.1987[8] ersetzt wurde. Dieser wurde in der Folgezeit vielfach geändert und

1.20

---

1 Zur historischen Entwicklung der partiellen Steuerpflicht vgl. *Hüttemann*, Wirtschaftliche Betätigung, S. 113 ff.
2 Dazu näher *Becker/Riewald/Koch*, Reichsabgabenordnung, Bd. I, S. 758 ff.
3 RStBl. 1941, 937; dazu *Mußfeld*, DStZ 1942, 37.
4 Vgl. OFH v. 25.2.1950 – I 8/49, OFHE 54, 449.
5 BStBl. I 1954, 6; dazu *Biedermann*, Die Gemeinnützigkeitsverordnung, 1955; *Boettcher/Leibrecht*, Gemeinnützigkeitsverordnung, 2. Aufl. 1971.
6 Dazu näher *Scholtz*, FR 1976, 181.
7 Einführungserlass zur AO v. 1.10.1976, BStBl. I 1976, 576.
8 Vgl. BStBl. I 1987, 664.

zuletzt vor allem durch die BMF-Schreiben vom 31.1.2014[1] und vom 26.1.2016[2] eingehend überarbeitet. Auch die §§ 51 ff. AO und die damit zusammenhängenden Regelungen in den Einzelsteuergesetzen sind seit 1977 mehrfach geändert worden. Die wichtigen Änderungsgesetze waren das Vereinsbesteuerungsgesetz vom 25.6.1980[3], das Vereinsförderungsgesetz vom 18.12.1989[4], das Kultur- und Stiftungsförderungsgesetz vom 13.12.1990[5], das Gesetz zur weiteren steuerlichen Förderung von Stiftungen vom 14.7.2000[6], das Gesetz zur Stärkung des bürgerschaftlichen Engagements vom 10.10.2007[7] sowie das Gesetz zur Stärkung des Ehrenamtes vom 21.3.2013[8].

2. Spendenrecht

1.21 Die steuerliche Abzugsfähigkeit von Spenden an gemeinnützige Einrichtungen war den Einkommensteuergesetzen der Länder vor 1919 noch unbekannt[9]. Lediglich im Rahmen der preußischen Gewerbesteuer hatte das PrOVG die Abzugsfähigkeit gemeinnütziger Zuwendungen als „Betriebskosten" zugelassen[10]. Gesetzliche Abzugstatbestände für gemeinnützige Zuwendungen finden sich dagegen erstmals in den Reichskriegssteuergesetzen (vgl. etwa § 22 Abs. 1 des Kriegssteuergesetzes vom 21.6.1916[11]). Die Abzugsfähigkeit gemeinnütziger Zuwendungen fand dann auch Eingang in das **Reichseinkommensteuergesetz vom 29.3.1920**[12]. Nach § 13 Abs. 1 Nr. 7 EStG 1920 waren Beiträge an kulturfördernde, mildtätige, gemeinnützige und politische Vereinigungen, soweit ihr Gesamtbetrag 10 Prozent des Einkommens nicht überschreitet, als Werbungskosten vom Gesamtbetrag der Einkünfte zum Abzug zugelassen. Die Vorschrift war aber bereits bei ihrer Einführung heftig umstritten[13] und hatte nur wenige Jahre Bestand. Im EStG 1925 war sie nicht mehr erhalten. Zu Beginn der NS-Zeit wurde die „Spende zur Förderung der nationalen Arbeit" vorübergehend (1933 bis 1934) steuermindernd berücksichtigt. Auf Grund der faktischen Spendenpflicht hielt der Gesetzgeber des EStG 1934 steuerliche Anreize

---

1 Vgl. BStBl. I 2014, 290; dazu *Hüttemann*, DB 2014, 442; *Kirchhain*, DStR 2014, 289; *Graffe* in Non Profit Law Yearbook 2013/2014, 93.

2 Vgl. BStBl. I 2016, 155; dazu *Hüttemann*, DB 2016, 1338; *Kirchhain*, DStR 2016, 505.

3 BGBl. I 1980, 731; dazu *Scholtz*, DStZ 1980, 403.

4 BGBl. I 1989, 2221; vgl. dazu *Thiel/Eversberg*, DB 1990, 290, 344, 395.

5 BGBl. I 1991, 2775; näher *Thiel/Eversberg*, DB 1991, 118.

6 BGBl. I 2000, 1034; dazu *Hüttemann*, DB 2000, 1584.

7 BGBl. I 2007, 2332; *Schauhoff/Kirchhain*, DStR 2007, 1985; *Drüen/Liedtke*, FR 2008, 1; *Hüttemann*, DB 2007, 127; *Hüttemann*, DB 2007, 2053.

8 BGBl. I 2013, 566; dazu *Hüttemann*, DB 2012, 2592; *Hüttemann*, DB 2013, 774; *Schauhoff/Kirchhain*, FR 2013, 301.

9 Zur Entwicklung des Spendenrechts vgl. *Geserich* in Kirchhof/Söhn/Mellinghoff, § 10b EStG Rz. A 170 ff.

10 PrOVG v. 24.5.1898 – Rep VI G 435/97, PrOVGSt 7, 399; dazu näher *Geserich* in Kirchhof/Söhn/Mellinghoff, § 10b EStG Rz. A 170 ff.

11 RGBl. 1916, 561.

12 RGBl. 1920, 359.

13 Vgl. etwa die Kritik bei *Strutz*, EStG 1920, § 13 Anm. 111: systemwidrige Berücksichtigung der Einkommensverwendung.

nicht mehr für erforderlich und führte daher ein ausdrückliches Abzugsverbot für Spenden ein (§ 12 Nr. 4 KStG 1934).

Der steuerliche Spendenabzug wurde erst **nach Kriegsende** durch das Gesetz Nr. 64   1.22
vom 20.6.1948 (I. StNG)[1] wieder eingeführt. Nach § 10 Abs. 1 Nr. 2e EStG waren
Ausgaben zur Förderung gemeinnütziger, mildtätiger, kirchlicher, religiöser und
wissenschaftlicher Zwecke, wenn sie als steuerbegünstigt anerkannt waren, als Sonderausgaben abzugsfähig. Später wurde der Abzugstatbestand in § 10b EStG übernommen und die Höchstgrenzen neu festgelegt (5 Prozent des Gesamtbetrags der
Einkünfte oder alternativ 2 Promille der Umsätze, Löhne und Gehälter; für wissenschaftliche Zwecke gilt eine Höchstgrenze von 10 Prozent)[2]. In der Folgezeit ist der
erhöhte Abzugsrahmen auf Zuwendungen für kulturelle und mildtätige Zwecke
ausgedehnt und 1990 ein Spendenvor- und Spendenrücktrag eingeführt worden.
Seit 2000 gibt es auch rechtsformspezifische Höchstgrenzen für Zuwendungen an
Stiftungen. Die Abzugsgrenzen sind durch das Gesetz zur Stärkung des bürgerschaftlichen Engagements vom 10.10.2007 deutlich angehoben worden[3]. Durch das
Gesetz zur Umsetzung steuerlicher EU-Vorgaben vom 8.4.2010 ist der Spendenabzug für grenzüberschreitende Zuwendungen geöffnet worden[4]. Im Rahmen des
Gesetzes zur Modernisierung des Besteuerungsverfahrens vom 18.7.2016 ist die für
den Nachweis der Zuwendung wesentliche Vorschrift des § 50 Abs. 1 EStDV neu
gefasst worden[5].

frei   1.23–1.24

B. Die Steuervergünstigungen wegen Gemeinnützigkeit

I. Überblick

Innerhalb der Steuervergünstigungen wegen Gemeinnützigkeit lassen sich **zwei Ar-**   1.25
ten von Begünstigungsregelungen unterscheiden:

– Die **direkten Steuervergünstigungen** richten sich an die gemeinnützigen Körperschaften selbst und enthalten bestimmte Steuerbefreiungen, Steuerermäßi-
  gungen oder sonstige Sonderregelungen (z.B. Erleichterungen bei der Ermittlung
  der steuerlichen Bemessungsgrundlage). Dazu gehören z.B. die persönlichen Befreiungen von der Körperschaftsteuer (§ 5 Abs. 1 Nr. 9 Satz 1 KStG) und von der
  Gewerbesteuer (§ 3 Nr. 6 Satz 1 GewStG), die Abstandnahme vom Steuerabzug
  auf Kapitalerträge (§ 44a EStG), die Anwendung des ermäßigten Umsatzsteuersatzes auf Lieferungen und Leistungen gemeinnütziger Körperschaften (§ 12
  Abs. 2 Nr. 8 Buchst. a UStG), die Steuerfreiheit von freigebigen Zuwendungen an

---

1 WiGBl. 1948, Beilage Nr. 4 S. 1, Gesetze der Militärregierung (Amerikanische Zone),
  Bd. 1, D 64.
2 Vgl. § 10b EStG i.d.F. v. 27.6.1951, BStBl. I 1951, 223.
3 BGBl. I 2007, 2332; dazu *Hüttemann*, DB 2007, 2053.
4 BGBl. I 2010, 836; dazu auch *Hüttemann*, IStR 2010, 118.
5 BGBl. I 2016, 1679.

gemeinnützige Körperschaften (§ 13 Abs. 1 Nr. 16 Buchst. b ErbStG), die Freigrenze und die Gewinnermittlungswahlrechte bei der Körperschaft- und Gewerbesteuer (§ 64 Abs. 3, 5 und 6 AO) und die Vorsteuerpauschalierung nach § 23a UStG.

– Die **indirekten Steuervergünstigungen** richten sich hingegen an Dritte (Spender, Stifter, Mitglieder, ehrenamtliche Helfer und Mitarbeiter). Sie alle erhalten gewisse Steuerentlastungen, wenn sie gemeinnützige Einrichtungen durch Geld- oder Sachzuwendungen sowie durch nebenberufliche ehrenamtliche Arbeit unterstützen. Durch diese Entlastungen werden mittelbar zugleich die gemeinnützigen Empfängereinrichtungen gefördert. Zu der Gruppe der indirekten Steuervergünstigungen sind etwa der steuerliche Spendenabzug (z.B. § 10b EStG), das Buchwertprivileg (§ 6 Abs. 1 Nr. 4 Satz 4 EStG) und der Übungsleiterfreibetrag (§ 3 Nr. 26 EStG) bzw. die Ehrenamtspauschale (§ 3 Nr. 26a EStG) zu rechnen.

Trotz dieser zahlreichen Befreiungsregelungen ist festzuhalten, dass **nicht alle Einzelsteuergesetze Vergünstigungen für gemeinnützige Einrichtungen vorsehen.** Hinzuweisen ist insbesondere auf die **Grunderwerbsteuer**, wo die frühere Befreiung für Grundstücksübertragungen zwischen gemeinnützigen Einrichtungen (zusammen mit anderen Befreiungstatbeständen) im Rahmen der Reform 1983 zur Finanzierung einer Steuersatzsenkung aufgehoben wurde, so dass entsprechende Übertragungen heute – trotz zwischenzeitlicher Anhebung des Steuersatzes – ungemildert der Grunderwerbsteuer unterliegen[1]. Weitere Beispiele sind die **Energiesteuer**, die keine besondere Befreiung für den „gemeinnützigen" Energieverbrauch enthält[2], oder die in zahlreichen Städten eingeführte kommunale „**Bettensteuer**", die – wenn keine Befreiung vorgesehen ist – z.B. auch auf Übernachtungen in gemeinnützigen Jugendherbergen anfällt[3]. Schließlich stellt sich die Frage, ob das kommunale Abgabenrecht überhaupt eine entsprechende Ermächtigung in Hinsicht auf Steuerbefreiungen für gemeinnützige Einrichtungen vorsieht[4].

II. Direkte Steuervergünstigungen

1.26 Die verschiedenen Steuerbefreiungen für gemeinnützige Körperschaften sind in den **jeweiligen Einzelsteuergesetzen** enthalten (*Besonderer Teil* des Gemeinnützigkeitsrechts). Ihre Bedeutung und Auslegung erschließt sich erst im Kontext der einzelnen Steuerart. Soweit es um den Tatbestand der Gemeinnützigkeit als Voraussetzung der Steuerbefreiung geht, verweisen die Einzelsteuergesetze auf die *allgemeinen* Vorschriften des Gemeinnützigkeitsrechts in den §§ 51 bis 68 AO.

---

1 Zur Verfassungsmäßigkeit vgl. FG Hamburg v. 31.8.2012 – 3 V 129/12, EFG 2013, 140.

2 Vgl. BFH v. 29.10.2013 – VII R 25/12, BFH/NV 2013, 1342; BFH v. 14.5.2014 – VII B 117/13, BFH/NV 2014, 1379; FG Düsseldorf v. 30.11.2016 – 4 K 3856/14 VE, zitiert nach juris; FG Hamburg v. 26.3.2014 – 4 K 74/13, zitiert nach juris; dazu *Weidmann/Kohlhepp*, DStR 2014, 1197 (1205).

3 Siehe etwa OVG Schleswig-Holstein v. 6.2.2014 – 4 KN 2/13, zitiert nach juris.

4 Vgl. OVG Schleswig-Holstein v. 11.1.2018 – 2 LB 24/16, NVwZ-RR 2018, 498.

1. Körperschaftsteuer

Gemeinnützige Körperschaften sind nach § 5 Abs. 1 Nr. 9 Satz 1 KStG **persönlich** 1.27
von der Körperschaftsteuer befreit. Die Befreiung von der Körperschaftsteuer setzt
nach § 5 Abs. 2 Nr. 2 KStG im Grundsatz eine unbeschränkte Körperschaftsteuerpflicht voraus. Folglich können beschränkt steuerpflichtige Körperschaften (z.B.
ausländische gemeinnützige Stiftungen mit wirtschaftlichen Aktivitäten im Inland)
selbst dann, wenn sie die sonstigen Voraussetzungen der §§ 51 bis 68 AO erfüllen,
keine Befreiung nach § 5 Abs. 1 Nr. 9 Satz 1 KStG in Anspruch nehmen. Das Erfordernis der unbeschränkten Körperschaftsteuerpflicht gilt aber seit dem JStG 2009
nicht mehr für Körperschaften, die nach dem Recht eines EU/EWR-Staates gegründet worden sind (zu Einzelheiten vgl. Rz. 1.134, Rz. 2.98 ff.).

Die persönliche Befreiung gemeinnütziger Körperschaften von der Körperschaft- 1.28
steuer ist aus Wettbewerbsgründen nach § 5 Abs. 1 Nr. 9 Satz 2 KStG insoweit ausgeschlossen, als ein **wirtschaftlicher Geschäftsbetrieb** unterhalten wird (zur partiellen Steuerpflicht vgl. näher Rz. 6.61 ff.). Die Unterhaltung eines wirtschaftlichen
Geschäftsbetriebs begründet also eine partielle Körperschaftsteuerpflicht der gemeinnützigen Organisation. Ein wirtschaftlicher Geschäftsbetrieb ist nach § 14 Satz 1
AO jede selbständige nachhaltige Tätigkeit, durch die Einnahmen erzielt werden und
die über den Rahmen einer Vermögensverwaltung hinausgeht. Von der partiellen
Steuerpflicht ausgenommen sind nach § 64 Abs. 1 AO die sog. steuerbegünstigten
Zweckbetriebe im Sinne von §§ 65 bis 68 AO. Ferner gilt für gemeinnützige Körperschaften eine besondere Besteuerungsfreigrenze: Nach § 64 Abs. 3 AO unterliegt der
Gewinn aus den wirtschaftlichen Geschäftsbetrieben erst dann der Körperschaftsteuer, wenn die Einnahmen einschließlich Umsatzsteuer die Grenze von 35 000 Euro
übersteigen. Darüber hinaus wird die partielle Steuerpflicht durch weitere Sonderregelungen abgemildert: Hinzuweisen ist auf die Verrechnungsmöglichkeiten zwischen den Ergebnissen mehrerer wirtschaftlicher Geschäftsbetriebe[1] sowie das
Wahlrecht, den Gewinn aus bestimmten Geschäftsbetrieben (z.B. Werbung) pauschal zu ermitteln (§ 64 Abs. 5 und 6 AO). Zu erwähnen ist auch die weitreichende
Steuerbefreiung für Einnahmen aus Sponsoringverträgen[2]. Grundsätzlich steuerfrei
sind schließlich auch die Einkünfte aus selbst bewirtschafteten Forstbetrieben (§ 5
Abs. 1 Nr. 9 Satz 3 KStG).

Beispiel Nr. 4: Unterhält ein gemeinnütziger Museumsverein neben einem Museum einen
Museumsshop und eine Cafeteria, und finanziert er sich darüber hinaus aus den Mieteinnahmen einer eigenen Immobilie sowie durch Sponsoringverträge mit örtlichen Unternehmen, dann unterliegt der Verein nur mit einem Teil der Einnahmen aus diesen wirtschaftlichen Tätigkeiten der Körperschaftsteuer. Dazu ist zunächst zu prüfen, welche dieser
Tätigkeiten die **Merkmale eines wirtschaftlichen Geschäftsbetriebs** im Sinne des § 14 AO
erfüllen (§ 5 Abs. 1 Nr. 9 Satz 2 KStG, §§ 14, 64 AO). Dies ist für den Shop und die Cafeteria
ohne Weiteres zu bejahen, nicht aber für die Vermietung von Grundbesitz (vgl. § 14 Satz 3
AO). Die Steuerpflicht der Sponsoringeinnahmen hängt davon ab, welche Art von kommunikativen Gegenleistungen erbracht wird. Beschränkt sich der Verein auf bloße „Dank-

---

1 Dazu AEAO Nr. 12 zu § 64 Abs. 2 AO.
2 Vgl. AEAO Nr. 7 ff. zu § 64 Abs. 1 AO.

hinweise" in den Ausstellungsräumen („X-Saal") oder auf der Rückseite der Eintrittskarten („Wir danken der Fa. F für ..."), sind die Einnahmen steuerfrei. Das Museum ist zwar auch ein wirtschaftlicher Geschäftsbetrieb, erfüllt aber zugleich die Merkmale eines steuerbegünstigten Zweckbetriebs (§ 68 Nr. 7 AO). Im Rahmen der Einkommensermittlung ist sodann zu beachten, dass der Verein etwaige Verluste aus einer steuerpflichtigen Tätigkeit (z.B. dem Shop) mit Gewinnen aus einem anderen steuerpflichtigen Geschäftsbetrieb (Cafeteria) verrechnen kann. Dagegen bleiben Verluste aus dem Museumsbetrieb (Zweckbetrieb) nach § 8 KStG, § 3c EStG außer Betracht. Schließlich tritt eine Steuerpflicht nur ein, wenn die Gesamtumsätze aus Shop und Cafeteria die Freigrenze des § 64 Abs. 3 AO in Höhe von 35 000 Euro übersteigen.

1.29 Im Ganzen gesehen liegt die **praktische Bedeutung der Körperschaftsteuerbefreiung** nach § 5 Abs. 1 Nr. 9 KStG also vor allem im Bereich der Einkünfte aus Vermögensverwaltung (z.B. Einkünfte aus Vermietung und Verpachtung) sowie der Einkünfte aus steuerbegünstigten Zweckbetrieben im Sinne von §§ 65 bis 68 AO (z.B. aus einem Krankenhaus), soweit diese mit Gewinnerzielungsabsicht betrieben werden (zur Gewinnermittlung vgl. Rz. 7.31 ff.). Darüber hinaus ist zu beachten, dass wichtige Einnahmen gemeinnütziger Körperschaften wie z.B. Spenden und Mitgliedsbeiträge schon nach allgemeinen ertragsteuerlichen Grundsätzen nicht der Körperschaftsteuer unterliegen, weil es an steuerbaren Einkünften im Sinne von § 8 Abs. 1 KStG i.V.m. § 2 Abs. 1 EStG fehlt, ohne dass es auf die Steuerbefreiung wegen Gemeinnützigkeit ankäme (vgl. auch § 8 Abs. 5 KStG).

1.30 Die persönliche Steuerbefreiung gemeinnütziger Körperschaften gilt nach § 5 Abs. 2 Nr. 1 KStG nicht für **inländische Einkünfte, die dem Steuerabzug unterliegen**. Dazu gehören zum einen Kapitalerträge, die nach § 43 EStG dem Steuerabzug vom Kapitalertrag zu unterwerfen sind (z.B. Dividenden- und Zinserträge), ferner die Nachbelastung bei „Ausschüttungen" aus einem wirtschaftlichen Geschäftsbetrieb nach § 20 Abs. 1 Nr. 9, 10 EStG. Im Rahmen des § 5 Abs. 2 Nr. 1 KStG unterliegen gemeinnützige Körperschaften also einer besonderen partiellen Steuerpflicht, die aber – anders als im Bereich der wirtschaftlichen Geschäftsbetriebe – nicht zu einer besonderen Veranlagung der gemeinnützigen Einrichtung führt. Denn die Körperschaftsteuer ist nach § 32 Abs. 1 Nr. 1 KStG mit dem Steuerabzug abgegolten, d.h. der Steuerabzug hat definitive Wirkung. Für gemeinnützige Körperschaften gelten allerdings weitreichende Ausnahmen vom Steuerabzug (Abstandnahme vom Steuerabzug nach § 44a Abs. 4 und 7 EStG). Auf Grund dieser Vergünstigungen hat die partielle Steuerpflicht nach § 5 Abs. 2 Nr. 1 KStG für gemeinnützige Körperschaften im Ergebnis keine praktische Bedeutung.

2. Gewerbesteuer

1.31 Gemeinnützige Körperschaften sind nach § 3 Nr. 6 Satz 1 GewStG von der **Gewerbesteuer befreit** (dazu näher Rz. 7.100 ff.). Die persönliche Befreiung ist aus Wettbewerbsgründen wiederum ausgeschlossen, soweit ein wirtschaftlicher Geschäftsbetrieb – ausgenommen Land- und Forstwirtschaft – unterhalten wird (§ 3 Nr. 6 Satz 2 GewStG). Im Rahmen der partiellen Gewerbesteuerpflicht gemeinnütziger Körperschaften sind auch die Gewerbebetriebsfiktionen des § 2 Abs. 2 GewStG (für Kapitalgesellschaften) und des § 2 Abs. 3 GewStG (für sonstige juristische Personen des privaten Rechts und nichtrechtsfähige Vereine) zu beachten. Ferner gilt für gemeinnützige Körperschaften der besondere Freibetrag nach § 11 Abs. 1 Nr. 2 GewStG.

Die Befreiung von der Gewerbesteuer hat zunächst **praktische Bedeutung** bei wirtschaftlichen Geschäftsbetrieben unterhalb der Besteuerungsgrenze des § 64 Abs. 3 AO sowie bei steuerbegünstigten Zweckbetrieben im Sinne von §§ 65 ff. AO, soweit diese mit Gewinnerzielungsabsicht unterhalten werden. Für gemeinnützige Kapitalgesellschaften ist ferner zu beachten, dass die Gewerbebetriebsfiktion des § 2 Abs. 2 GewStG die gesamten Einkünfte erfasst. Auch Einkünfte einer gemeinnützigen GmbH aus einer vermögensverwaltenden Tätigkeit unterliegen also im Grundsatz der Gewerbesteuer und werden erst durch die Befreiungsvorschrift des § 3 Nr. 6 Satz 1 GewStG von der Gewerbesteuer befreit, während solche Einkünfte bei Vereinen oder Stiftungen von vornherein nicht der Gewerbesteuer unterliegen würden. | 1.32

3. Erbschaft- und Schenkungsteuer

Zuwendungen an inländische gemeinnützige Körperschaften sind nach § 13 Abs. 1 Nr. 16 Buchst. b ErbStG von der Erbschaft- und Schenkungsteuer befreit (dazu näher Rz. 9.1 ff.). Die Befreiung ist von erheblicher praktischer Bedeutung für gemeinnützige Körperschaften, weil ansonsten Spenden und Zuwendungen von Todes wegen in Steuerklasse III (Steuersatz bis zu 50 Prozent) erbschaft- und schenkungsteuerpflichtig wären, was die Finanzierungsmöglichkeiten gemeinnütziger Organisationen erheblich beeinträchtigen würde. Nach Ansicht der Finanzverwaltung ist die Steuerbefreiung allerdings nicht auf Zuwendungen anwendbar, die einem steuerpflichtigen wirtschaftlichen Geschäftsbetrieb zugute kommen[1]. Hinzuweisen ist ferner auf die weiteren Befreiungen für Zuwendungen an ausländische gemeinnützige Einrichtungen (§ 13 Abs. 1 Nr. 16 Buchst. c ErbStG) sowie für gemeinnützige Zweckzuwendungen (§ 13 Abs. 1 Nr. 17 ErbStG). | 1.33

Eine weitere Steuerbegünstigung für **Zuwendungen an steuerbegünstigte Stiftungen** enthält § 29 Abs. 1 Nr. 4 ErbStG: Wird ein steuerpflichtiger Erwerb innerhalb von zwei Jahren nach dem Zeitpunkt der Entstehung der Erbschaftsteuer einer steuerbegünstigten Stiftung zugewendet, so erlischt die Steuer mit Wirkung für die Vergangenheit. Dies gilt allerdings nur dann, wenn weder Leistungen nach § 58 Nr. 6 AO erbracht werden sollen noch für die Zuwendung ein Spendenabzug nach dem EStG, KStG oder GewStG geltend gemacht wird. | 1.34

4. Grundsteuer

Grundbesitz, der **unmittelbar** von einer inländischen gemeinnützigen Körperschaft für gemeinnützige oder mildtätige Zwecke genutzt wird, ist nach § 3 Abs. 1 Nr. 3 Buchst. b GrStG von der Grundsteuer befreit (vgl. näher Rz. 7.230 ff.). Die Befreiung gilt nicht für solchen Grundbesitz, der im Rahmen eines steuerpflichtigen wirtschaftlichen Geschäftsbetriebs (§§ 14, 64 AO) genutzt wird[2]. | 1.35

---

1 R E 13.8 ErbStR 2011.
2 Abschn. 12 Abs. 6 Nr. 2 GrStR.

5. Umsatzsteuer

1.36 Die **Umsatzsteuerpflicht gemeinnütziger Körperschaften** richtet sich nach den allgemeinen Vorschriften des UStG, insbesondere dem Unternehmerbegriff des § 2 Abs. 1 UStG (dazu näher Rz. 7.117 ff.). Im Unterschied zu Körperschaften des öffentlichen Rechts (vgl. § 2 Abs. 3 UStG) beschränkt sich der unternehmerische Bereich von gemeinnützigen Einrichtungen also nicht von vornherein auf eine bestimmte Sphäre (z.B. den wirtschaftlichen Geschäftsbetrieb), sondern umfasst – wie bei anderen privatrechtlichen Körperschaften auch – die gesamte berufliche und gewerbliche Tätigkeit. Auch die Besteuerungsfreigrenze des § 64 Abs. 3 AO gilt nicht für Zwecke der Umsatzsteuer.

1.37 Das UStG kennt auch **keine allgemeine Steuerbefreiung** für Lieferungen und Leistungen gemeinnütziger Einrichtungen. Allerdings enthält der Befreiungskatalog des § 4 UStG eine Reihe von speziellen sachlichen Befreiungstatbeständen, die gerade auch gemeinnützige Organisationen betreffen. Hinzuweisen ist etwa auf die Befreiungen für

– Krankenhausbehandlungen (§ 4 Nr. 14 Buchst. b UStG),

– den Betrieb von Pflegeeinrichtungen (§ 4 Nr. 16 UStG),

– Wohlfahrtsverbände und deren Mitglieder (§ 4 Nr. 18 UStG),

– kulturelle Einrichtungen wie Theater, Orchester, Museen, zoologische Gärten, Tierparks u. Ä. (§ 4 Nr. 20 UStG),

– private Schulen und Bildungseinrichtungen (§ 4 Nr. 21 Buchst. a UStG),

– Vorträge, Kurse sowie kulturelle und sportliche Veranstaltungen (§ 4 Nr. 22 UStG),

– Beherbergung, Bewirtungsleistungen und Naturalleistungen für Jugendliche zu Erziehungs-, Ausbildungs- und Fortbildungszwecken (§ 4 Nr. 23 UStG),

– Jugendherbergen (§ 4 Nr. 24 UStG),

– Leistungen der Jugendhilfe (§ 4 Nr. 25 UStG),

– ehrenamtliche Tätigkeit (§ 4 Nr. 26 UStG),

– Personalgestellung geistlicher Genossenschaften und Mutterhäuser (§ 4 Nr. 27 UStG).

1.38 Die wichtigste Steuervergünstigung für gemeinnützige Körperschaften bei der Umsatzsteuer ist der **ermäßigte Umsatzsteuersatz**. Nach § 12 Abs. 2 Nr. 8 Buchst. a Satz 1 UStG findet auf die Lieferungen und Leistungen gemeinnütziger Körperschaften der ermäßigte Steuersatz von 7 Prozent Anwendung. Ausgeschlossen sind aber nach § 12 Abs. 2 Nr. 8 Buchst. a Satz 2 UStG Leistungen, die im Rahmen eines wirtschaftlichen Geschäftsbetriebs ausgeführt werden. Der ermäßigte Umsatzsteuersatz hat somit vor allem bei Lieferungen und Leistungen im Rahmen eines Zweckbetriebs Bedeutung (vorbehaltlich der Einschränkung nach § 12 Abs. 2 Nr. 8 Buchst. a Satz 3 UStG). Seine tatsächliche wirtschaftliche Relevanz hängt dagegen vor allem vom Kreis der Abnehmer ab: Erbringt die gemeinnützige Einrichtung überwiegend Lieferungen und Leistungen an andere Unternehmer, ist der ermäßigte Umsatzsteuersatz ohne Relevanz, da die Umsatzsteuer aus Sicht der Abnehmer wegen der Möglichkeit des Vorsteuerabzugs keine zusätzliche Belastung darstellt. Werden dagegen überwiegend Leistungen an private Abnehmer oder den Hoheitsbereich der öffentlichen Hand erbracht, führt der ermäßigte Steuersatz aus Sicht der Leistungsempfänger zu einer Kostenersparnis und kann gemeinnützigen Anbietern einen Wettbewerbsvorteil verschaffen.

Beispiel Nr. 5: Bei der umsatzsteuerlichen Behandlung gemeinnütziger Einrichtungen geht es – anders als im Ertragssteuerrecht – weniger um die Abgrenzung von steuerfreier und steuerpflichtiger Sphäre, sondern zunächst um die Abgrenzung von unternehmerischer und nichtunternehmerischer Sphäre. Im Beispiel Nr. 4 (Rz. 1.28) wäre also im ersten Schritt zu prüfen, welche der wirtschaftlichen Betätigungen des Museumsvereins (Museum, Shop, Cafeteria, Vermietung und Sponsoring) seiner unternehmerischen Sphäre zuzuordnen sind. Dies ist z.B. für die Sponsoring-Einnahmen zweifelhaft, weil es – je nach vertraglicher Ausgestaltung – an einem Leistungsaustausch fehlen kann (vgl. näher Rz. 7.142). Sodann müsste weiter unterschieden werden, welche der an sich steuerbaren Tätigkeiten nach § 4 UStG steuerbefreit sind. Im Beispiel Nr. 4 könnten etwa die Eintrittsgelder für das Museum nach § 4 Nr. 20 UStG von der Umsatzsteuer befreit sein, während für die im Shop und der Cafeteria erzielten Einnahmen eine Steuerbefreiung offensichtlich nicht in Betracht kommt. Hier stellt sich lediglich die Frage, ob der ermäßigte Steuersatz Anwendung findet, was aber daran scheitert, dass die Leistungen im Rahmen von steuerpflichtigen wirtschaftlichen Geschäftsbetrieben ausgeführt werden (vgl. § 12 Abs. 2 Nr. 8 Buchst. a UStG). Schließlich ist zu beachten, dass eine Steuerbefreiung im UStG keineswegs nur begünstigende Wirkung haben muss. Denn mit der Steuerbefreiung entfällt nach § 15 Abs. 2 Nr. 1 UStG auch das Recht zum Vorsteuerabzug, weshalb in der Praxis manche Museen versuchen, eine Umsatzsteuerbefreiung zu vermeiden, um – z.B. bei geplanten baulichen Maßnahmen – den Vorsteuerabzug zu erhalten.

Neben dem ermäßigten Umsatzsteuersatz gewährt das UStG gemeinnützigen Körperschaften noch **weitere Vorteile**, z.B. die Möglichkeit der Vorsteuerpauschalierung (§ 23a UStG) und auch die Vergütung von Vorsteuern nach § 4a UStG.   1.39

6. Sonstige Befreiungen

Die vorstehende Aufzählung der direkten Steuervergünstigungen ist noch nicht erschöpfend. Vielmehr finden sich auch in **anderen Einzelsteuergesetzen** Befreiungsregelungen für gemeinnützige Einrichtungen: 1.40

- So sind im Rahmen der **Lotteriesteuer** nach § 18 Nr. 2 Buchst. a Rennwett- und LotterieG Lotterien und Ausspielungen zu ausschließlich gemeinnützigen, mildtätigen oder kirchlichen Zwecken, bei denen der Gesamtpreis der Lose den Wert von 40 000 Euro nicht übersteigt, von der Besteuerung ausgenommen.

- Darüber hinaus sind gemeinnützige Körperschaften nach § 3 Nr. 5 und 5a KraftStG von der **Kraftfahrzeugsteuer** befreit, soweit Fahrzeuge zu bestimmten gemeinnützigen Zwecken (z.B. im Feuerwehrdienst, im Katastrophenschutz, für Zwecke des zivilen Luftschutzes, bei Unglücksfällen, im Rettungsdienst oder zur

Krankenbeförderung sowie für humanitäre Hilfsgütertransporte in das Ausland) eingesetzt werden[1].

– Schließlich enthalten die **Vergnügungssteuergesetze** der Länder bzw. die entsprechenden kommunalen Satzungen verschiedene Befreiungsregelungen, die auch für Veranstaltungen gemeinnütziger Körperschaften gelten.

III. Indirekte Steuervergünstigungen

1.41 Die steuerliche Förderung der Gemeinnützigkeit beschränkt sich nicht auf die gemeinnützigen Organisationen, sondern wird durch **weitere steuerliche Förderinstrumente auf der Ebene der Bürger** und Unternehmen sinnvoll erweitert und ergänzt. So wird insbesondere durch die beschränkte steuerliche Abzugsfähigkeit von Spenden im Rahmen der Einkommen-, Körperschaft- und Gewerbesteuer die finanzielle und sachliche Unterstützung gemeinnütziger Organisationen durch die Steuerpflichtigen steuerlich angeregt. Zu erwähnen ist auch das Buchwertprivileg. Schließlich wird die nebenberufliche Mitarbeit in gemeinnützigen Organisationen durch Freibeträge steuerlich gefördert.

1. Spendenabzug bei Einkommen-, Körperschaft- und Gewerbesteuer

1.42 Nach § 10b Abs. 1 Satz 1 EStG können bei der Einkommensteuer **Ausgaben zur Förderung steuerbegünstigter Zwecke** bis zu 20 Prozent des Gesamtbetrags der Einkünfte (vgl. § 2 Abs. 3 EStG) oder 4 Promille der Summe der Umsätze und der im Kalenderjahr aufgewendeten Löhne und Gehälter als Sonderausgaben abgezogen werden (dazu näher Rz. 8.1 ff.). Ferner besteht die Möglichkeit eines zeitlich unbeschränkten Spendenvortrags (§ 10b Abs. 1 Satz 9 EStG). Vergleichbare Abzugsregelungen enthalten auch das **Körperschaft- und Gewerbesteuerrecht** (vgl. § 9 Abs. 1 Nr. 2 KStG und § 9 Nr. 5 GewStG).

1.43 § 10b EStG, § 9 Abs. 1 Nr. 2 KStG und § 9 Nr. 5 GewStG regeln nur die Abzugsmöglichkeit bei den jeweiligen Ertragsteuern. Die **weiteren Voraussetzungen des Spendenabzugs** (z.B. nähere Bestimmungen über den Zuwendungsnachweis) sind in § 50 EStDV normiert.

1.44 Während die vorstehend genannten Abzugsmöglichkeiten für Zuwendungen an alle gemeinnützigen Körperschaften gelten, wird für **Zuwendungen an steuerbegünstigte Stiftungen** ein zusätzlicher Höchstbetrag gewährt. So können Zuwendungen in den Vermögensstock einer steuerbegünstigten Stiftung über die allgemeinen Höchstgrenzen hinaus bis zu 1 Million Euro über zehn Jahre als Sonderausgaben abgezogen werden (§ 10b Abs. 1a EStG). Entsprechendes gilt nach § 9 Nr. 5 GewStG auch bei der Gewerbesteuer. Im Rahmen der Körperschaftsteuer fehlt ein entsprechender Abzugsbetrag, offenbar um eine (unerwünschte) Verdoppelung des Spendenabzugsvorkommens (Gesellschaft und Gesellschafter) zu verhindern.

---

1 Vgl. dazu FG Rheinland-Pfalz v. 24.4.2009 – 4 K 2597/08, EFG 2009, 1338.

2. Buchwertprivileg

Der Spendenabzug wird für Zuwendungen von Wirtschaftsgütern aus dem Be-   1.45
triebsvermögen durch das Buchwertprivileg des § 6 Abs. 1 Nr. 4 Sätze 4 und 5 EStG
ergänzt (dazu Rz. 8.188 ff.). Danach können Wirtschaftsgüter **ohne eine Entnahmebesteuerung** auf gemeinnützige Körperschaften unentgeltlich übertragen werden. Durch den Verzicht auf die Besteuerung der stillen Reserven sollen zusätzliche
Anreize für die Zuwendung von Wirtschaftsgütern des Betriebsvermögens an gemeinnützige Einrichtungen gesetzt werden. Ein weiteres Buchwertprivileg enthält
§ 13 Abs. 4 KStG beim Wechsel in die (partielle) Steuerfreiheit.

3. Freibeträge für Einnahmen aus nebenberuflicher Tätigkeit

Nach § 3 Nr. 26a EStG sind Einnahmen aus **nebenberuflichen Tätigkeiten** im   1.46
Dienst oder im Auftrag einer inländischen juristischen Person des öffentlichen
Rechts oder einer gemeinnützigen Körperschaft bis zur Höhe von 720 Euro im Jahr
von der Einkommensteuer befreit. Für bestimmte nebenberufliche Tätigkeiten (z.B.
als Übungsleiter, Ausbilder, Erzieher, Betreuer o.Ä., künstlerische und pflegerische
Tätigkeiten) wird sogar ein Freibetrag von 2 400 Euro gewährt (§ 3 Nr. 26 EStG).
Übersteigen die Einnahmen die steuerfreien Beträge, wirken sich die Freibeträge als
Werbungskostenpauschale aus. Durch die Freibeträge soll das ehrenamtliche Enga-
gement in gemeinnützigen Einrichtungen gefördert werden (dazu näher Rz. 9.18 ff.).

IV. Weitere Vorteile der Gemeinnützigkeit

Über die aufgezählten steuerlichen Vergünstigungen hinaus ist der Gemeinnützig-   1.47
keitsstatus regelmäßig mit vielen weiteren **außersteuerlichen Vorteilen** verbunden[1]. Denn er bildet in zahlreichen Gesetzen den gesetzlichen Anknüpfungspunkt
für begünstigende Rechtsfolgen:

- Hinzuweisen ist zunächst auf die Möglichkeit der **Einstellung eines Strafverfah-
  rens nach § 153a Abs. 1 Satz 2 Nr. 2 StPO gegen „Zahlung an eine gemeinnützige Einrichtung"**[2]. Angesichts der großen Zahl von Verfahrenseinstellungen und
  der erheblichen Summen, die Staatsanwaltschaften und Gerichte auf diese Weise
  verteilen[3], hat sich das sog. „Bußgeldmarketing" längst zu einer wichtigen Finanzierungsquelle gemeinnütziger Einrichtungen entwickelt[4].

- Finanziell weniger bedeutsam, aber ebenfalls relevant sind die **Gebührenbefrei-
  ungen und -ermäßigungen**, die sich z.B. beim Rundfunkbeitrag[5], bei Justizkos-

---

1 Für einen Überblick über zivilrechtliche Privilegierungen gemeinnützigen Handelns siehe
  Armbrüster/Hohendorf, JZ 2017, 221.
2 Vergleichbare Zahlungen können auch als Bewährungsauflagen nach § 56b StGB, §§ 15,
  23 JGG verhängt werden.
3 Allein in 2013 sollen ca. 80 Mio. Euro an Geldauflagen verhängt worden sein.
4 Dazu *Stückemann*, Non Profit Law Yearbook 2009, 21; *Krumm*, NJW 2008, 1420.
5 § 5 Abs. 3 RundfbStV; dazu näher BVerwG v. 27.9.2017 – 6 C 34/16, HFR 2018, 242.

ten[1] oder Notargebühren[2] (dort allerdings beschränkt auf „mildtätige und kirchliche" NPO)[3] finden, wobei allerdings Geschäfte, die den steuerpflichtigen wirtschaftlichen Geschäftsbetrieb betreffen, regelmäßig von der Begünstigung ausgenommen sind[4].

– Eine **dritte – weniger homogene – Gruppe von Regelungen** gewährt keine finanziellen Vorteile, sondern nimmt gemeinnützige Rechtsträger von bestimmten Pflichten aus oder gewährt ihnen einen privilegierten Status. In diese Gruppe fallen etwa die vergaberechtliche Begünstigung von gemeinnützigen Einrichtungen im Bereich des Katastrophen- und Zivilschutzes[5], das Absehen von einer Unterschutzstellung bei Verfügungsgewalt eines gemeinnützigen Rechtsträgers nach dem Bundesnaturschutzgesetz[6], der Verzicht auf eine Barabfindung nach dem Umwandlungsgesetz bei der Verschmelzung gemeinnütziger Vereine[7], die Anerkennung von gemeinnützigen Einrichtungen nach dem Umwelt-Rechtsbehelfsgesetz[8], nach dem Adoptionsvermittlungsgesetz[9] und dem Asylbewerberleistungsgesetz[10], die Gewährung von Finanzhilfen an gemeinnützige Ersatzschulen[11] sowie die verschiedenen sozialrechtlichen Kooperations- und Subsidiaritätsgebote im Verhältnis zu „freigemeinnützigen" Leistungsanbietern[12].

1.48 Betrachtet man diese Vorschriften aus rechtlicher Sicht, so fällt auf, dass **der tatbestandlichen Anknüpfung an die Gemeinnützigkeit kein einheitliches Konzept zugrunde liegt**, sondern die Vorschriften ganz unterschiedlich ausgestaltet sind. Einige Regelungen knüpfen ausdrücklich an die behördliche Anerkennung als gemeinnützig durch Freistellungsbescheid[13] oder an die Steuerbefreiung nach § 5 Abs. 1 Nr. 9 KStG[14] an, während in anderen Vorschriften lediglich von „gemeinnützigen Einrichtungen"[15] oder „gemeinnützigen Trägern"[16] die Rede ist. Hier bleibt unklar,

---

1 Vgl. aus dem Landesrecht etwa § 122 Abs. 2 JustG NRW; zur Befreiung nach § 6 Abs. 2 JKGBrbg OLG Brandenburg v. 13.3.2014 – 5 W 140/13, juris.

2 § 91 Abs. 2 GNotKG.

3 Vgl. dazu BGH v. 19.6.2013 – V ZB 130/12, MDR 2013, 1135 betreffend § 144 Abs. 2 KostO a.F.

4 Vgl. etwa § 91 Abs. 2 Nr. 3 GNotKG.

5 Zu Art. 10 lit.h der Richtlinie 2014/24/EU vgl. OLG Düsseldorf v. 12.6.2017 – VII-Verg 34/16, juris; aus dem nationalen Recht siehe § 107 Abs. 1 Nr. 4 1. Hs. GWB.

6 § 32 BNatSchG.

7 § 104a UmwG.

8 § 3 UmwRG.

9 § 4 AdVermiG.

10 § 5 Abs. 1 AsylbLG.

11 Vgl. zur Rückforderung von Finanzhilfen bei fehlendem Nachweis der Gemeinnützigkeit des Schulträgers OVG Sachsen-Anhalt v. 19.5.2015 – 3 L 207/13, juris; OVG Berlin-Brandenburg v. 3.3.2016 – OVG 3 B 5.15, juris.

12 Vgl. § 17 Abs. 3 SGB I, § 4 Abs. 1 Satz 1 SGB VIII, § 5 Abs. 2 Satz 1 SGB XII.

13 So etwa § 91 Abs. 2 Nr. 2 GNotGK.

14 § 104a UmwG.

15 § 153a Abs. 1 S. 2 Nr. 2 StPO; § 5 Abs. 3 RundfbStV.

16 § 3 Abs. 1 AsylbLG.

ob der Begriff „gemeinnützig" im steuerrechtlichen Sinne zu verstehen ist[1] und ob es eine verfahrensrechtliche Bindung an die Anerkennung durch die Finanzbehörden gibt[2]. In der Praxis kommt der steuerrechtlichen Anerkennung allerdings regelmäßig eine entscheidende Bedeutung zu, wie sich am Beispiel des § 153a StPO zeigen lässt. So knüpft die für die nordrhein-westfälische Justiz maßgebliche Verwaltungsvorschrift[3] die Aufnahme einer Einrichtung in die bei den Gerichten vorhandenen „Listen" an verschiedene Voraussetzungen. Dazu gehört nicht nur die Vorlage einer gesonderten Feststellung nach § 60a AO bzw. eines Freistellungsbescheides, sondern u.a. auch ein Verzicht auf das Steuergeheimnis, so dass die Finanzbehörde die Justiz über einen Verlust des Gemeinnützigkeitsstatus informieren darf. Angesichts der Summen, die durch § 153a StPO „bewegt" werden, erscheint eine solche verfahrensrechtliche Abstimmung mehr als naheliegend. Eine vergleichbare Bindung an die Entscheidungen der Finanzbehörden wäre auch bei anderen Tatbeständen sinnvoll[4].

V. Gesamtbewertung des Gemeinnützigkeitsstatus

Der Umstand, dass über 90 Prozent aller Non-Profit-Organisationen in Deutschland (insbesondere Vereine und Stiftungen) als gemeinnützig anerkannt sind[5] und sich freiwillig dem Regelwerk des Gemeinnützigkeitsrechts unterwerfen, deutet bereits darauf hin, dass der Gemeinnützigkeitsstatus in der Praxis von den allermeisten Einrichtungen als erstrebenswert angesehen wird. In diesem Zusammenhang ist daran zu erinnern, dass das geltende Recht – abgesehen vom „e.V." – keine speziellen NPO-Rechtsformen kennt und die Anerkennung als gemeinnützig folglich die einzige – rechtlich normierte – Möglichkeit darstellt, den eigenen Status als „förderungswürdige" NPO im Rechtsverkehr nach außen zu dokumentieren. Die Entscheidung zugunsten der **Gemeinnützigkeit hat mithin eine „statusklärende" Funktion**, weil das steuerliche Gemeinnützigkeitsrecht ein gesetzlich normiertes Organisationsstatut für NPO zur Verfügung stellt, auf das Gründer und Stifter bei der Satzungsgestaltung zurückgreifen können. Die Signalwirkung des Gemeinnützigkeitsstatus wird zudem dadurch erhöht, dass die Einhaltung der satzungsmäßigen und tatsächlichen Voraussetzungen von den Finanzbehörden laufend überwacht wird. Der Anerkennung als gemeinnützig kommt daher in der Öffentlichkeit sowie bei der Ansprache von potentiellen Förderern und ehrenamtlichen Helfern eine wichtige „vertrauensbildende" Funktion zu. Als staatliches „Gütesiegel" für die

1.49

---

1 Weiter wäre zu prüfen, ob „gemeinnützig" als Synonym zu „steuerbegünstigt" zu verstehen ist, d.h. auch mildtätige und kirchliche Einrichtungen erfasst, oder nur auf § 52 AO verweist. Daher ist z.B. § 5 Abs. 3 Satz 3 RundfbStV missverständlich formuliert, wenn dort von „Gemeinnützigkeit im Sinne der Abgabenordnung" gesprochen wird.
2 Nach § 5 Abs. 3 Satz 3 RundfbStV ist die Gemeinnützigkeit „auf Verlangen nachzuweisen".
3 Vgl. die allgemeine Verwaltungsvorschrift des JM NRW v. 20.6.2011, JMBl. NRW 2011, 140.
4 Siehe de lege ferenda *Hüttemann*, Gutachten G zum 72. DJT, 2018, G 102 ff.
5 Vgl. dazu ZiviZ-Survey 2017; ferner *Krimmer/Weitemeyer/Vogt/Kleinpeter/v. Schönfeld*, Transparenz im Dritten Sektor, 2014, S. 25, 31.

Förderungswürdigkeit einer Organisation erleichtert der Gemeinnützigkeitsstatus Kooperationen mit anderen gemeinnützigen Einrichtungen, eröffnet den Zugang zu privaten und öffentlichen Fördermitteln und erhöht die Bereitschaft zu freiwilligem Engagement. Anders ausgedrückt: Die Anerkennung als gemeinnützig hat für das eigene Selbstverständnis einer Einrichtung und im Wettbewerb der NPO um private und öffentliche Unterstützung einen eigenständigen Wert, der häufig ganz unabhängig davon ist, ob und welche steuerlichen Vergünstigungen tatsächlich in Anspruch genommen werden.

1.50   Auch wenn der Weg in die Gemeinnützigkeit für die meisten NPO letztlich „alternativlos" sein dürfte, sollten die steuerlichen Vor- und Nachteile des Gemeinnützigkeitsstatus bei der Gründung einer neuen Einrichtung durchaus bedacht werden. Denn aus rein steuerlicher Perspektive hängt die wirtschaftliche Vorteilhaftigkeit der Gemeinnützigkeit in erster Linie von der geplanten Finanzierungsstruktur einer Einrichtung ab:

Beispiel Nr. 6: So sind z.B. die Steuerbefreiungen im Bereich der Körperschaft- und Gewerbesteuer nur relevant, wenn auch mit nennenswerten Erträgen aus einer steuerbegünstigten Vermögensverwaltung zu rechnen sind oder steuerbegünstigte Zweckbetriebe unterhalten werden sollen, die größere Überschüsse erwirtschaften. Auch die Anwendung des ermäßigten Umsatzsteuersatzes ist nur dann von Vorteil, wenn die Körperschaft überhaupt eine unternehmerische Sphäre hat, in erster Linie Lieferungen und Leistungen gegenüber privaten Endverbrauchern erbracht werden und diese nicht schon (wie z.B. bei Bildungseinrichtungen) auf Grund spezieller gemeinnützigkeitsunabhängiger Befreiungstatbestände von der Umsatzsteuer ausgenommen sind. Schließlich sind die Befreiungen bei der Erbschaft- und Schenkungsteuer und der steuerliche Spendenabzug nur bedeutend, wenn auch entsprechende Zuwendungen erwartet werden.

1.51   Darüber hinaus ist zu berücksichtigen, dass der Gemeinnützigkeitsstatus nicht nur Vorteile bringt, sondern zugleich bedeutet, dass sich die Einrichtung **den Vorgaben des steuerlichen Gemeinnützigkeitsrechts unterwirft.** So müssen nicht nur die satzungsmäßigen Voraussetzungen beachtet werden (vgl. Anlage 1 zu § 60 AO), sondern auch die tatsächliche Geschäftsführung muss den Anforderungen des steuerlichen Gemeinnützigkeitsrechts entsprechen (dazu gehört z.B. das Gebot der zeitnahen Mittelverwendung). Dabei ist ferner zu berücksichtigen, dass die Komplexität der gesetzlichen Vorgaben in den letzten Jahren ebenso zugenommen hat wie die Prüfungsdichte der Finanzverwaltung. Schließlich darf nicht übersehen werden, dass der Weg in die Gemeinnützigkeit in der Praxis vielfach eine „**Einbahnstraße**" ist, weil zumindest dann, wenn in größerem Umfang steuerliche Vorteile in Anspruch genommen worden sind, ein „Ausstieg" häufig nur mit erheblichen Steuerfolgen möglich ist[1].

1.52–1.54   frei

---

[1] Siehe dazu *Schauhoff* in DStJG 26 (2003), 133; *Fischer,* Ausstieg aus dem Dritten Sektor, 2005.

C. Systematische Einordnung der Steuervergünstigungen

Für das Verständnis des steuerlichen Gemeinnützigkeitsrechts und als Grundlage 1.55
für die weiteren Überlegungen zur Rechtfertigung der Steuervergünstigungen ist es
zunächst erforderlich, die einzelnen Befreiungstatbestände **im Kontext der jeweiligen Einzelsteuergesetze systematisch einzuordnen**[1]. Denn nur mit Blick auf den
konkreten Belastungsgrund einer Einzelsteuer lässt sich sagen, ob es sich bei einer
Befreiung tatsächlich um eine echte Vergünstigung handelt oder ob die Befreiung
ganz oder teilweise nur deklaratorische Bedeutung hat bzw. sogar durch den Belastungsgrund des Einzelsteuergesetzes geboten ist.

I. Befreiungen bei Ertrags- und Substanzsteuern

Die Steuerbefreiung für gemeinnützige Körperschaften bei der **Körperschaftsteuer** 1.56
(§ 5 Abs. 1 Nr. 9 Satz 1 KStG) betrifft wegen der partiellen Steuerpflicht im Bereich
der wirtschaftlichen Geschäftsbetriebe nur Einkünfte aus einer steuerfreien Vermögensverwaltung sowie aus steuerbegünstigten Zweckbetrieben. Insoweit handelt
es sich – gemessen am Leistungsfähigkeitsprinzip – um **echte Steuervergünstigungen (Sozialzwecknormen)**, die einer Rechtfertigung durch besondere Gemeinwohl-
gründe bedürfen.

Im Schrifttum findet sich allerdings die Ansicht, die Ertragsteuerbefreiungen für ge- 1.57
meinnützige Einrichtungen hätten **nur „klarstellenden Charakter"**, weil gemeinnützige Körperschaften außerhalb ihrer wirtschaftlichen Geschäftsbetriebe regelmäßig ohne Gewinnerzielungsabsicht tätig seien und folglich auch keine steuerbaren Einkünfte im Sinne von § 2 Abs. 1 EStG erwirtschafteten[2]. Daran ist zutreffend, dass von einer echten Befreiung nur dort gesprochen werden kann, wo nach
den allgemeinen Grundsätzen ein Steuertatbestand verwirklicht wird. Nun kann
aber etwa im Bereich der **Einkünfte aus Vermögensverwaltung** kein Zweifel daran
bestehen, dass gemeinnützige Körperschaften bei der Anlage ihres Vermögens mit
„Einkünfteerzielungsabsicht" tätig werden[3]. Dem lässt sich auch nicht entgegenhalten, dass der Vermögensbestand vielfach auf Zuwendungen Dritter beruht und die
Vermögenserträge ausschließlich wiederum für gemeinnützige Zwecke verwendet
werden sollen[4]. Zwar ist richtig, dass eine steuerliche Begünstigung von Spenden
ohne die gleichzeitige Befreiung von Vermögenserträgen bei der Empfängerorgani-

---

1 Dazu auch *Droege*, Gemeinnützigkeit im offenen Steuerstaat, 2010, S. 348 ff.; *Hüttemann*,
  KSzW 2014, 158 ff.
2 Zuerst *Lang*, StuW 1987, 221 (229); *Lang* in StbJb 1988/89, S. 251 (256, 265 f.); zustimmend *Jachmann*, Rechtliche Rahmenbedingungen, S. 197 f.; *Seer* in DStJG 26 (2003), 33 f.:
  „in ihrem Kern ... deklaratorisch".
3 Vgl. nur *Isensee/Knobbe-Keuk*, Gutachten, S. 367 ff. in Auseinandersetzung mit den Vorschlägen der Kommissionsmehrheit zur Steuerbefreiung von „Idealkörperschaften"; auch
  die Kommissionsmehrheit ging hinsichtlich der Befreiung von Vermögenserträgen von einer echten (d.h. rechtfertigungsbedürftigen) Steuerbefreiung aus.
4 Vgl. *Lang*, StuW 1987, 221 (236); *Seer* in DStJG 26 (2003), 35 f.

sation in sich widersprüchlich wäre[1]. Diese zutreffende Feststellung betrifft aber nur die – ertragsteuerlich unbeachtliche (vgl. § 10 Nr. 1 KStG) – Ebene der Einkommensverwendung und spricht nicht gegen eine Einkünfteerzielungsabsicht bei der Vermögensanlage von Stiftungskapitalien und Spenden[2]. Würde man die spätere Verwendungsabsicht für die Befreiung ausreichen lassen, müsste man auch bei Privatleuten die Erträge eines unkündbaren Sparbuches auf den Todesfall zugunsten einer gemeinnützigen Einrichtung von der Einkommensteuer ausnehmen. Im Bereich der **steuerbegünstigten Zweckbetriebe** liegt die Annahme einer einkommensteuerrechtlichen Liebhaberei[3] bei gemeinnützigen Einrichtungen zwar durchaus näher, da manche Zweckbetriebstätigkeiten (z.B. Kinder- oder Studentenheime) schon ihrer Art nach wenig geeignet sind, dauerhaft erhebliche Überschüsse abzuwerfen. Bei den meisten Zweckbetrieben (§§ 65 bis 68 AO) ist eine Gewinnerzielung aber durchaus möglich (z.B. sportliche Veranstaltungen oder die Auftragsforschung). Vor allem ist zu beachten, dass **sich Gewinnerzielung und Zweckbetriebsbegünstigung keineswegs ausschließen** (vgl. Rz. 6.181 ff.)[4]. So verbietet das Gemeinnützigkeitsrecht sicher nicht die planmäßige Erzielung von (buchhalterischen) Überschüssen zur Finanzierung von Ersatz- und Erweiterungsinvestitionen im Zweckbetrieb[5]. Vor diesem Hintergrund ist die Steuerbefreiung für Zweckbetriebseinkünfte gerade nicht „überflüssig"[6], sondern hat vielfach konstitutive Bedeutung. Sie ist darüber hinaus auch deshalb sinnvoll, weil sie den betroffenen Einrichtungen und der Finanzverwaltung schwierige Abgrenzungsfragen dazu erspart, ob ein bestimmter Zweckbetrieb mit stark schwankenden Ergebnissen mit oder ohne Gewinnerzielungsabsicht betrieben wird.

1.58 Für die Befreiung von Zweckbetrieben von der **Gewerbesteuer** nach § 3 Nr. 6 GewStG gilt Entsprechendes. Geht man davon aus, dass auch Zweckbetriebe im Einzelfall mit Gewinnerzielungsabsicht unterhalten werden können, dann fordert der allgemeine Belastungsgrund der Gewerbesteuer (Äquivalenzgedanke) eigentlich auch eine Beteiligung solcher gemeinnützigen Gewerbetriebe an den Infrastrukturlasten der Kommunen. Die Bedeutung dieser Frage wird indes dadurch erheblich entschärft, dass das GewStG für bestimmte Arten gemeinwohldienlicher Unternehmen (Krankenhäuser, Bildungseinrichtungen etc.) ohnehin zusätzliche sachliche Steuerbefreiungen vorsieht (vgl. etwa § 3 Nr. 20 GewStG).

1.59 Den Charakter von echten Steuervergünstigungen haben auch die **Befreiungen von der Erbschaft- und Schenkungsteuer** in § 13 Abs. 1 Nr. 16 Buchst. b, c und Nr. 17

---

1 Zutreffend *Paqué*, Philanthropie und Steuerpolitik, 1986, S. 370.

2 Anders *Walz* in Non Profit Law Yearbook 2001, 197 (208), für den eine Gewinnerzielungsabsicht die „Privatnützigkeit" der Einkommensverwendung voraussetzt; dazu *Hüttemann*, KSzW 2014, 158 (159 f.).

3 Vgl. zu den Voraussetzungen einer Liebhaberei statt aller BFH v. 25.6.1984 – GrS 4/82, BStBl. II 1984, 751 (766).

4 So auch BFH v. 27.11.2013 – I R 17/12, BStBl. II 2016, 68; tendenziell anders *Seer* in DStJG 26 (2003), 37; vgl. auch OFD Rostock v. 26.2.2003, DStR 2003, 936.

5 Dazu BFH v. 27.11.2013 – I R 17/12, BStBl. II 2016, 68; AEAO Nr. 2 zu § 66 AO.

6 A.A. *Seer* in DStJG 26 (2003), 37.

ErbStG, denn die gemeinnützigen Zwecke der Empfängerkörperschaft und ihre Pflicht zur satzungsgemäßen Verwendung der erhaltenen Mittel ändern nichts daran, dass sie durch die Zuwendung wirtschaftlich bereichert ist[1]. Auch diese Tatbestände bedürfen somit erst der Legitimation durch die gemeinwohlfördernde Zielsetzung der Empfängerorganisation. Darüber hinaus ist es natürlich auch ein Gebot der Folgerichtigkeit, den ertragsteuerliche Spendenabzug durch eine entsprechende Freistellung von Erbschaft- und Schenkungsteuer zu ergänzen[2].

Auch bei der **Befreiung von der Grundsteuer** (§ 3 Abs. 1 Nr. 3 Buchst. b GrStG) handelt es sich um echte Vergünstigung. Nach anderer Ansicht soll es sich um eine Fiskalzwecknorm handeln, die sich aus der steuersystematischen Rechtfertigung der Grundsteuer als Sollertragsteuer ableiten lässt: Eine Besteuerung sei nicht gerechtfertigt, wenn ein Grundstück zu anderen als Ertragszwecken genutzt wird[3]. Indes ist auch hier wieder zu berücksichtigen, dass die Ertraglosigkeit des Grundbesitzes keineswegs bei allen Zweckbetriebstätigkeiten ausgemacht ist und zudem nicht in dem Grundbesitz selbst ihre Ursache findet, sondern in der vom Grundeigentümer gewählten „gemeinwohldienlichen" Art der Nutzung. 1.60

II. Vergünstigungen bei der Umsatzsteuer

Bei den Steuervergünstigungen im Umsatzsteuerrecht ist zunächst **eine Unterscheidung geboten**. Denn die Befreiungen nach § 4 Nr. 14 ff. UStG sind dadurch gekennzeichnet, dass sie nicht bzw. nur mittelbar (vgl. § 4 Nr. 18 UStG) an die Gemeinnützigkeit des Unternehmers, sondern vorrangig an eine bestimmte Art von Umsätzen (z.B. Betrieb eines Pflegeheimes) anknüpfen. Dagegen kommt der ermäßigte Steuersatz nach § 12 Abs. 2 Nr. 8 Buchst. a UStG unterschiedslos allen gemeinnützigen Unternehmern außerhalb eines wirtschaftlichen Geschäftsbetriebs und ohne Rücksicht auf die konkrete Art der ausgeführten Lieferung oder Leistung zugute. 1.61

Für die **steuersystematische Einordnung** der umsatzsteuerlichen Begünstigungen ist vom besonderen Belastungsgrund der Umsatzsteuer auszugehen. Auch wenn die harmonisierte Umsatzsteuer als Verkehrsteuer ausgestaltet ist, handelt es sich doch steuersystematisch um eine allgemeine Verbrauchsteuer[4]. Sie soll nicht den Unternehmer, sondern den Verbraucher belasten. Daraus folgt zugleich, dass auch über die Rechtfertigung einer Steuerermäßigung richtigerweise nicht aus der Sicht des Unternehmers, sondern aus der Sicht des Endverbrauchers zu entscheiden ist[5]. Zu Recht stellt deshalb z.B. der EuGH bei der Auslegung von Art. 13 Teil A der 1.62

---

1 Vgl. dazu BFH v. 16.1.2002 – II R 82/99, BStBl. II 2002, 303; für das Zivilrecht gilt nichts anderes, vgl. BGH v. 10.12.2003 – IV ZR 249/02, BGHZ 157, 178.
2 Vgl. *Seer* in DStJG 26 (2003), 34.
3 So etwa *Seer* in DStJG 26 (2003), 34.
4 Vgl. dazu nur *Söhn*, StuW 1975, 1; *Tipke*, Steuerrechtsordnung, Bd. II, S. 893 ff.; *Englisch* in Tipke/Lang, § 17 Rz. 10 ff. m.w.N.
5 Dazu näher *Seer* in DStJG 26 (2003), 38 ff.; *Achatz* in DStJG 26 (2003), 279; *Ruppe* in FS Tipke, 1995, S. 457; eingehend *Jacobs*, Umsatzsteuer und Gemeinnützigkeit, 2009.

6. MwStRL (heute: Art. 132 Abs. 1 MwStSystRL), auf dem die Befreiungen in § 4 Nr. 16 ff. UStG beruhen, den Gedanken der Entlastung des Verbrauchers in den Vordergrund[1]. Die Entlastungswirkung solcher „unechten" Umsatzsteuerbefreiungen[2] ist indes unsicher, weil die Befreiung nach § 15 Abs. 2 Nr. 1 UStG zugleich zum Wegfall des Vorsteuerabzugs führt[3]. Die tatsächliche Entlastung des Verbrauchers hängt folglich davon ab, wie viele mit Umsatzsteuer belastete Vorleistungen die gemeinnützigen Einrichtungen bei der Leistungserstellung eingesetzt haben (und inwieweit eine Steuerersparnis tatsächlich über eine Preissenkung weitergegeben wird). Die Anwendung eines ermäßigten Steuersatzes oder eines Nullsatzes wäre deshalb systematisch vorzugswürdig, würde aber gegen die zwingenden Vorgaben der MwStSystRL verstoßen, deren Änderung gegenwärtig nicht zu erwarten ist[4].

1.63 Betrachtet man zunächst die **Befreiungen nach § 4 Nr. 14 ff. UStG**, so handelt es sich im Kern um sachliche Befreiungen, die an eine bestimmte Art von Umsätzen anknüpfen. Insoweit bedürfen diese Befreiungen zwar einer Rechtfertigung durch die Bedürftigkeit der Leistungsempfänger, sind aber grundsätzlich mit dem Belastungsgrund der Umsatzsteuer vereinbar. Als bedenklich wird jedoch vielfach die Befreiungsregelung für die Umsätze der Wohlfahrtspflege (vgl. § 4 Nr. 18 UStG) angesehen, da das europäische Mehrwertsteuerrecht eine Einschränkung der Befreiung für soziale Dienstleistungen auf „Wohlfahrtsverbände" nicht vorsehe[5]. Allerdings ist zu beachten, dass die Richtlinie dem nationalen Gesetzgeber einen gewissen Gestaltungsspielraum in Hinsicht auf die Frage eröffnet, welche „Einrichtungen ohne Gewinnstreben" bzw. „private Einrichtungen sozialer Art" in den Anwendungsbereich der Befreiung einbezogen werden[6].

1.64 Steuersystematische und unionsrechtliche Bedenken werden auch gegen den **ermäßigten Umsatzsteuersatz nach § 12 Abs. 2 Nr. 8 Buchst. a Satz 1 UStG** erhoben[7]. Insoweit ist zum einen daran zu erinnern, dass eine Steuersatzermäßigung wegen des fortbestehenden Vorsteuerabzugs im Vergleich zu einer sachlichen Steuerbefreiung steuersystematisch vorzugswürdig ist. Richtig ist aber auch, dass eine rein auf die Person des Unternehmers bezogene Ermäßigung im Kontext einer Ver-

---

1 Vgl. etwa EuGH v. 26.5.2005 – Rs. C-498/03 *Kingscrest Associates Ltd.*, Slg. 2005, I-4427 Rz. 30: Senkung der „Kosten dieser Leistungen", damit sie „dem Einzelnen, der sie in Anspruch nehmen könnte, zugänglicher" gemacht würden.

2 Dazu grundlegend *Ruppe* in FS Tipke, 1995, S. 457; monographisch *Krieger*, Unechte Umsatzsteuerbefreiungen im Unionsrecht, 2017.

3 Vgl. näher *Achatz* in DStJG 26 (2003), 303 ff.; *Jacobs*, Umsatzsteuer und Gemeinnützigkeit, 2009, S. 48 ff.

4 Zur Reform des europäischen Umsatzsteuerrechts in Bezug auf Steuerbefreiungen s. *De la Feria*, VAT Exemptions, Consequences and Design Alternatives, 2013.

5 Statt vieler *Achatz* in DStJG 26 (2003), 302.

6 Vgl. dazu EuGH v. 10.9.2002 – Rs. C-141/00 *Kügler*, Slg. 2002, I-6833 Rz. 54; EuGH v. 15.11.2012 – Rs. C-174/11 *Zimmermann*, UR 2013, 35; Vorschläge für eine EU-konforme Reform des § 4 Nr. 18 UStG bei *Hüttemann/Schauhoff*, MwStR 2013, 426.

7 S. bereits *Achatz* in DStJG 26 (2003), 302 f.; *Reiß* in Non Profit Law Yearbook 2005, 66 f.; *Ismer/Kaul/Reiß/Rath*, DStR 2010, 1970.

brauchsteuer als Fremdkörper erscheint[1]. Allerdings ist zu bedenken, dass Anhang III Nr. 15 zu Art. 98 Abs. 2 MwStSystRL die Steuerermäßigung in sachlicher Hinsicht einschränkt („[...] durch von den Mitgliedstaaten anerkannte gemeinnützige Einrichtungen für wohltätige Zwecke und im Bereich der sozialen Sicherheit"), so dass es sich letztlich doch eher um eine sachliche Steuerermäßigung handelt. Was die unionsrechtlichen Bedenken gegen § 12 Abs. 2 Nr. 8 Buchst. a Satz 1 UStG angeht[2], ist darauf hinzuweisen, dass die MwStSystRL ein entsprechendes Mitgliedstaatenwahlrecht ausdrücklich vorsieht. Daher stellt sich nur die Frage, ob der deutsche Gesetzgeber mit der Ausdehnung der Ermäßigung auf alle Leistungen gemeinnütziger Körperschaften „zu weit gegangen" ist, was derzeit mangels einschlägiger Rechtsprechung des EuGH nicht abschließend beurteilt werden kann[3].

III. Steuersystematische Einordnung des Spendenabzugs

Über die systematische Einordnung des steuerlichen Spendenabzugs ist viel gestritten geworden. Nach der wohl immer noch vorherrschenden traditionellen Ansicht handelt es sich beim Spendenabzug um eine **echte Steuervergünstigung** (Sozialzwecknorm), die den Bürger zu freiwilligen Zuwendungen an gemeinnützige Einrichtungen anregen soll[4]. Nach dieser Auffassung ist der Spendenabzug eine Ausnahme vom Grundsatz, dass freiwillige Akte der Einkommensverwendung die steuerliche Bemessungsgrundlage nicht mindern dürfen. Auch der Gesetzgeber hat den Spendenabzug früher als eine Steuersubvention verstanden[5].

1.65

Demgegenüber begreift eine – insbesondere von *K. Vogel* begründete – neuere Ansicht die steuerliche Abzugsfähigkeit von Spenden als „**Lastenausteilungsnorm**"[6]. Dieser Auffassung hat sich auch die Unabhängige Sachverständigenkommission angeschlossen. Im Gutachten heißt es dazu[7]:

1.66

„Spenden für gemeinnützige Zwecke sind keine beliebigen Aufwendungen, sondern eine Art Steuerersatz oder Steuersurrogat. Sie unterscheiden sich von der Steuer nur dadurch, dass sie keinen Zwangscharakter haben. ... Was entsprechend den Wünschen des Staates und im

---

1 So hat die Unabhängige Sachverständigenkommission, Gutachten, S. 194 ff., die Streichung der Regelung vorgeschlagen. Ebenso z.B. *Seer* in DStJG 26 (2003), 38.

2 Dazu auch BFH v. 8.3.2012 – V R 14/11, BStBl. II 2012, 630; BFH v. 20.3.2014 – V R 4/13, BFH/NV 2014, 1470; *Michel*, DB 2012, 2007; *Wäger*, DStR 2014, 1517.

3 Eingehend *Hüttemann*, MwStR 2014, 115.

4 So etwa *Lang*, StuW 1987, 221 (230); *Hey* in Tipke/Lang, § 20 Rz. 17; *Seer* in DStJG 26 (2003), 41; *Thiel/Eversberg*, DB 1991, 118 (119); *Droege*, Gemeinnützigkeit im offenen Steuerstaat, 2010, S. 359.

5 Vgl. dazu den 5. Subventionsbericht, BT-Drucks. 7/4203, S. 5 f.

6 Vgl. grundlegend *K. Vogel*, StuW 1977, 97 (103, 108 f.); *Tipke*, Steuerrechtsordnung, Bd. II, 2. Aufl. 2003, S. 833; *Kirchhof* in DStJG 26 (2003), 5; *Geserich*, Privater, gemeinwohlwirksamer Aufwand im System der deutschen Einkommensteuer und des europäischen Rechts, 1999, S. 44 f.; *Geserich* in Kirchhof/Söhn/Mellinghoff, § 10b EStG Rz. A 30 ff.; *Geserich* in DStJG 26 (2003), 245 ff.; *Jachmann*, Rechtliche Rahmenbedingungen, S. 261 ff.

7 Gutachten, S. 228 f.

Gemeinwohlinteresse gespendet worden ist, kann zum Steuerzahlen nicht mehr verwendet werden." ʼ

Nach dieser Ansicht anerkennt der Staat mit dem Spendenabzug die geminderte Leistungsfähigkeit des Zuwendenden und verdeutlicht auf diese Weise – über das subjektive Nettoprinzip hinaus – das **Leistungsfähigkeitsprinzip**. Zuwendungen für steuerbegünstigte Zwecke mindern danach die finanzielle Leistungsfähigkeit, weil es sich um einen Akt privater Einkommensverwendung ohne privatnützigen Ertrag handelt. Auf der Grundlage dieser Sichtweise ist es auch folgerichtig, Spenden durch den Abzug von der Bemessungsgrundlage von der progressiven Besteuerung auszunehmen[1].

1.67 Die praktische **Bedeutung des Meinungsstreits** betrifft weniger die Rechtfertigung des Spendenabzugs als solche, sondern vor allem seine nähere Ausgestaltung[2]. Denn beide Ansichten stimmen darin überein, dass die steuerliche Abzugsfähigkeit von Spenden zwar grundsätzlich gerechtfertigt, aber keineswegs von Verfassungs wegen notwendig ist[3]. Die unterschiedlichen Sichtweisen wirken sich indes bei der Frage aus, auf welcher Ebene des Steuertatbestands – Bemessungsgrundlage oder Steuerschuld – die Spende zu berücksichtigen ist. Dies ist keineswegs nur ein theoretisches Problem, sondern hat Auswirkungen auf die Anordnung des Spendenabzugs innerhalb des Steuertatbestands[4].

Wer entsprechend der traditionellen Ansicht den Spendenabzug als Steuersubvention versteht, muss sich fragen lassen, warum der Gesetzgeber die gute Tat nach den Einkommensverhältnissen des Spenders unterschiedlich belohnt[5]. In der Tat ist der **Regressionseffekt des geltenden Spendenabzugs** bei der Einkommensteuer schwer zu erklären, wenn die Entlastung eine Subvention darstellt[6]. Der Spendenabzug müsste vielmehr – wie z.B. die frühere Eigenheimförderung – als Zulage oder als einheitlicher Abzugsbetrag von der Steuerschuld ausgestaltet werden, damit eine Gleichheit in der Subventionswirkung hergestellt wird. Dagegen wären der Abzug der Spende von der steuerlichen Bemessungsgrundlage und der damit verbundene Regressionseffekt konsequent, wenn man die Spendenzahlung systematisch als Minderung der steuerlichen Leistungsfähigkeit begreift[7]. Die ökonomischen Wirkungen beider Modelle werden aber dadurch wieder einander angenähert, dass der Staat den Spendenabzug schon aus fiskalischen Gründen regelmäßig quantitativ beschränken wird. Sind solche Obergrenzen nicht nur absoluter Natur, sondern auch von subjektbezogenen Merkmalen abhängig (z.B. Gesamtbetrag der Einkünfte oder Höhe der Steuerschuld), ergeben sich zwangsläufig wieder einkommensabhängige Ungleichbehandlungen zwischen einzelnen Steuerpflichtigen[8].

---

1 Vgl. *Kirchhof* in DStJG 26 (2003), 5; *Jachmann* in FS Lang, 2010, S. 295 (311 ff.).
2 Dazu eingehend *Seer* in DStJG 26 (2003), 41 ff.
3 Vgl. *Kirchhof* in Kirchhof/Söhn/Mellinghoff, § 10b EStG Rz. 1.
4 Zum Spendenabzug aus ökonomischer Sicht grundlegend *Paqué*, Philanthropie und Steuerpolitik, 1986.
5 Dazu kritisch auch *Trzaskalik*, Gutachten E zum 63. DJT, 2000, E 87.
6 Vgl. *Seer* in DStJG 26 (2003), 42 f.
7 Dazu etwa *Jachmann*, Rechtliche Rahmenbedingungen, S. 261.
8 Zutreffend *Paqué* in Bertelsmann Stiftung/Maecenata (Hrsg.), Expertenkommission, S. 110 (116).

Gegen die Einordnung des steuerlichen Spendenabzugs als „Lastenausteilungs- 1.68
norm" spricht zunächst, dass Spenden ein Akt der **freiwilligen Einkommensverwendung** sind, d.h. nach allgemeinen Grundsätzen die Leistungsfähigkeit des Steuerpflichtigen nicht mindern[1]. Ihre Abzugsfähigkeit lässt sich auch nicht damit
rechtfertigen, dass es sich um eine uneigennützige Einkommensverwendung handelt. Die „Uneigennützigkeit" ist nur eine notwendige, aber keine hinreichende Bedingung für die Abzugsfähigkeit der Spende. Entscheidend ist letztlich nur der steuerbegünstigte Zweck der Zuwendung. Der Spendenabzug soll die Bürger zur Förderung steuerbegünstigter Organisationen im Sinne der §§ 51 ff. AO anregen. Eine
solche Lenkungsnorm bedarf der Rechtfertigung durch übergeordnete Gemein-
wohlgründe. Der Hinweis auf das freiwillige und altruistische Vermögensopfer des
Zuwendenden reicht insoweit nicht aus, sondern nur die Qualität des geförderten
Zwecks rechtfertigt die Steuerentlastung.

Versteht man § 10b EStG somit als **Lenkungsnorm**, bleibt zu überlegen, ob diese 1.69
Einordnung mit einem Abzug von der Bemessungsgrundlage vereinbar ist. Dagegen
spricht der Regressionseffekt, der eine Gleichbehandlung der Steuerpflichtigen nach
dem „Verdienstprinzip" verhindert: Wenn zwei Steuerpflichtige jeweils die gleiche
Summe im Jahr an gemeinnützige Einrichtungen spenden, hängt die tatsächliche
Entlastungswirkung von der Höhe ihres zu versteuernden Einkommens ab. Zwar
mag man einwenden, dieser Effekt sei dadurch gerechtfertigt, dass der Spender –
anders als der Hausbauer bei der Eigenheimförderung – keinen eigenen Vorteil aus
der Subvention zieht[2]. Stellt man aber richtigerweise allein auf den Subventions-
zweck ab, lässt sich eine unterschiedlich hohe Entlastung der Steuerpflichtigen in
Abhängigkeit von ihren Einkommensverhältnissen nicht erklären[3]. Ein Abzug von
der Bemessungsgrundlage ist auch nicht mit dem Schlagwort von der „Spende als
Steuersurrogat" zu rechtfertigen. Denn ein „Steuersurrogat" ist richtigerweise auf
der Ebene der Steuerzahlung, die sie ersetzen soll, zu berücksichtigen, d.h. durch
einen Abzug von der Steuerschuld[4]. Schließlich spricht noch ein weiteres Argument
für einen Systemwechsel: Versteht man den Spendenabzug als Anreizinstrument,
sollte auch der steuerliche Vorteil für potentielle Spender möglichst einfach erkennbar sein. Der gegenwärtige Entlastungsmechanismus zwingt jedoch zur Ermittlung
individueller Grenzsteuersätze, was bei einem Steuergutschriftsystem unnötig würde[5]. Im Ergebnis ist somit festzustellen, dass der steuerliche Spendenabzug erstens
eine Steuervergünstigung darstellt, die der Rechtfertigung durch den Zweck der geförderten Einrichtungen bedarf. Zweitens spricht alles dafür, den Abzug de lege ferenda auf die Ebene der Steuerschuld zu verlagern.

---

1 So auch *Seer* in DStJG 26 (2003), 41.

2 So etwa *Geserich* in Kirchhof/Söhn/Mellinghoff, § 10b EStG Rz. A 30 ff.; *Geserich* in DStJG
26 (2003), 245 ff.

3 Vgl. *Trzaskalik*, Gutachten E zum 63. DJT, 2000, E 87; *Droege*, Gemeinnützigkeit im offenen Steuerstaat, 2010, S. 409.

4 Ebenso *Seer* in DStJG 26 (2003), 43; *Paqué* in Non Profit Law Yearbook 2007, 1, 17 f.

5 Vgl. *von Auer/Kalusche* in Walz/von Auer/von Hippel, Spenden- und Gemeinnützigkeitsrecht in Europa, S. 28.

1.70 Ein solcher Systemwechsel könnte in der Weise erfolgen, dass künftig Spenden über eine **Steuergutschrift** von der Steuerschuld abgezogen werden können („Spende statt Steuer"). Allerdings ist zu beachten, dass Spenden nach dem derzeitigen Recht nur mit einem gewissen Anteil (entsprechend dem Grenzsteuersatz des Zuwendenden) steuermindernd berücksichtigt werden. Vor diesem Hintergrund dürfte es naheliegen, nur in Höhe eines bestimmten Anteils der Spende (z.B. 50 Prozent) eine Steuergutschrift zu erteilen (vergleichbar der Steuerermäßigung für Parteizuwendungen nach § 34g EStG). Denkbar ist auch, dass der Subventionsanteil für bestimmte steuerbegünstigte Zwecke verschieden hoch festgesetzt wird, um die unterschiedliche Gemeinwohlrelevanz der Zwecke oder eine gewisse Nähe bestimmter Zwecke zur Freizeitgestaltung pauschal zu berücksichtigen[1].

1.71 Von einem solchen Systemwechsel unberührt bleibt die Frage nach einer **Beschränkung des Spendenabzugs aus fiskalischen Erwägungen**. Um den laufenden Finanzbedarf des Staates abzusichern und eine angemessene finanzielle Beteiligung jedes Bürgers an der staatlichen und parlamentarisch kontrollierten Gemeinwohlförderung zu gewährleisten, müsste auch der Abzug von Spenden von der Steuerschuld auf einen bestimmten Anteil der Steuerlast des Steuerpflichtigen beschränkt werden[2]. Eine solche quotale Beschränkung hat allerdings zwei Nachteile: Zum einen geht die durch den Abzug von der Steuerschuld gewonnene Transparenz teilweise wieder verloren, weil die Ermittlung des Höchstbetrages individuelle Berechnungen der zu erwartenden Steuerschuld erfordert. Zum anderen führt eine quotale Grenze zwangsläufig zu gewissen Ungleichbehandlungen zwischen Steuerpflichtigen mit unterschiedlichem Einkommen. Dieser Effekt ist aber unausweichlich, wenn man erreichen will, dass sich auch künftig *alle* Bürger mit einem bestimmten Teil ihres Einkommens an der Finanzierung staatlicher Aufgaben beteiligen. Zudem wirken sich solche Höchstgrenzen ohnehin nur in wenigen Fällen aus[3]. Um ihre Wirkung zusätzlich abzumildern, sollten der zeitlich unbegrenzte Spendenvortrag und zusätzliche Abzugsbeträge bei Stiftungsdotationen beibehalten werden.

1.72 Da der steuerliche Spendenabzug verfassungsrechtlich nicht zwingend ist, könnte man ihn auch ganz abschaffen oder durch andere Förderinstrumente ersetzen. So hat *P. Kirchhof* vorgeschlagen, den Spendenabzug nach britischem Vorbild durch ein **Zuschussmodell** zu ersetzen, wonach die Empfängerkörperschaft vom Staat für jeden empfangenen Spenden-Euro einen Zuschuss in Höhe eines Drittels der Zuwendung erhält[4]. Ein solches Modell hat zwar den scheinbaren Vorteil, das Einkommensteuerrecht von steuerlichen Ausnahmetatbeständen freizuhalten. Es wür-

---

1 Entsprechende Vorschläge bei *Paqué*, Philanthropie und Steuerpolitik, 1986, S. 344 ff.; *Seer* in DStJG 26 (2003), 43 ff.; vgl. auch *von Auer/Kalusche* in Walz/von Auer/von Hippel, Spenden- und Gemeinnützigkeitsrecht in Europa, S. 13 ff.; *von Hippel/Walz* in Walz/von Auer/von Hippel, Spenden- und Gemeinnützigkeitsrecht in Europa, S. 250 ff.

2 Vgl. *Seer* in DStJG 26 (2003), 44.

3 Vgl. *Paqué* in Bertelsmann Stiftung/Maecenata (Hrsg.), Expertenkommission, S. 116.

4 Vgl. *Kirchhof*, Bundessteuergesetzbuch, 2011, § 32 Zuwendungen, S. 288 ff.; zum Gemeinnützigkeits- und Spendenrecht in Großbritannien vgl. *Selbig* in Walz/von Auer/von Hippel, Spenden- und Gemeinnützigkeitsrecht in Europa, S. 321.

de aber nicht nur einen zusätzlichen Verwaltungsaufwand für ein Zuschusssystem erfordern, sondern dürfte auch die individuelle Bereitschaft der Bürger zum Spenden eher verringern, da es dem Zuwendenden mangels einer individuellen steuerlichen Abzugsmöglichkeit nicht mehr das subjektive Gefühl einer Steuerersparnis vermittelt.

IV. Weitere Steuervorteile

Das **Buchwertprivileg** nach § 6 Abs. 1 Nr. 4 Satz 4 EStG ist dann ein echtes Privileg, wenn die Sachspende (wie z.B. bei Zuwendung von wertvollen Immobilien) im Rahmen des Spendenabzugs wegen der Überschreitung der Höchstgrenzen nicht zeitnah steuermindernd berücksichtigt werden kann. In diesem Fall kann der sofortige Steuervorteil aus dem Verzicht auf die Entnahmebesteuerung den Barwert einer späteren Entlastung durch den Spendenabzug bei Versteuerung der stillen Reserven erheblich übersteigen[1]. In den anderen Fällen handelt es sich in erster Linie um eine Vereinfachungsregelung, da dem Verzicht des Fiskus auf die Besteuerung der stillen Reserven beim Zuwendenden die Verminderung des Spendenabzugs auf den Buchwert gegenübersteht (vgl. § 10b Abs. 3 EStG).   1.73

Zum **Freibetrag für nebenberufliche gemeinnützige Tätigkeit** (§ 3 Nr. 26a EStG) und zum **Übungsleiterfreibetrag** (§ 3 Nr. 26 EStG) ist festzustellen, dass eine Freistellung von Einkünften in der gegenwärtigen Höhe nicht mehr nur Vereinfachungscharakter hat, sondern eine Subventionierung gemeinnütziger Nebentätigkeit (Freistellung von an sich steuerpflichtigen Einnahmen) darstellt, durch die zusätzliche Anreize zur Mitarbeit in gemeinnützigen Einrichtungen gesetzt werden sollen[2]. Eine solche Sozialzwecknorm bedarf der Rechtfertigung durch übergeordnete Gemeinwohlbelange[3].   1.74

frei   1.75–1.79

D. Rechtfertigung der Steuervergünstigungen

I. Gleichwertigkeit privater und staatlicher Gemeinwohlförderung

Jede Rechtfertigung der steuerlichen Vergünstigungen wegen Gemeinnützigkeit muss bei der Tätigkeit steuerbegünstigter Organisationen ansetzen[4]. Ein gemeinnütziges Handeln ist nicht schon durch den Verzicht auf Ausschüttungen, sondern   1.80

---

1 Vgl. näher *Hüttemann*, DB 2008, 1590 ff.
2 BT-Drucks. 14/2070, S. 16.
3 Ebenso *Jachmann*, Rechtliche Rahmenbedingungen, S. 159 zu § 3 Nr. 26 EStG.
4 Vgl. zur Legitimation der Steuervergünstigungen wegen Gemeinnützigkeit Unabhängige Sachverständigenkommission, Gutachten, S. 92 ff.; *Isensee/Knobbe-Keuk*, Gutachten, S. 341 ff.; *Isensee* in FS Dürig, 1990, S. 35; *Lang*, StuW 1987, 221; *Kirchhof* in DStJG 26 (2003), 1; *Jachmann*, Rechtliche Rahmenbedingungen, S. 68 ff.; *Jachmann* in FS Lang, 2010, S. 295; *Musil* in Hübschmann/Hepp/Spitaler, Vor §§ 51–68 AO Rz. 35 ff.; *Leisner-Egensperger* in FS Isensee, 2007, S. 895; *Heintzen*, FR 2008, 737; *Seer* in DStJG 26 (2003),

erst durch die **selbstlose und ausschließliche Verfolgung bestimmter Gemein-wohlbelange** gekennzeichnet. Gemeinnützige Organisationen, die auf dem Gebiet der konkurrierenden Staatsaufgaben tätig sind, erfüllen „staatsähnliche Aufgaben"[1] und entlasten damit den Staat von seiner eigenen Gemeinwohlverpflichtung[2]. Dies gilt insbesondere in den Bereichen der privaten Wohlfahrtspflege und der Mild-tätigkeit, aber auch etwa für die Pflege der Wissenschaften, der Erziehung sowie den Natur- und Umweltschutz. Der Staatsentlastung entspricht aber die Steuerent-lastung: Die steuerlichen Vergünstigungen für gemeinnützige Einrichtungen scho-nen deren finanzielle Kapazität, erweitern ihren Handlungsspielraum und wirken darauf hin, dass sich die staatliche Leistungspflicht nicht aktualisieren muss[3]. Die-sen Grundgedanken hat die Unabhängige Sachverständigenkommission im Jahre 1988 wie folgt umschrieben[4]:

„Die Steuern, die zugunsten von Staat und Kommunen erhoben werden, sollen diese Ge-meinwesen in die Lage versetzen, ihre öffentlichen Aufgaben, ihre Gemeinwohlaufgaben zu erfüllen. Soweit ihnen solche Aufgaben entsprechend dem Subsidiaritätsprinzip von privaten Körperschaften oder von den Kirchen abgenommen werden oder soweit solche Körperschaf-ten durch ihre Tätigkeit die Lebensgrundlagen des Staates oder der Kommunen festigen, si-chern oder erhalten, ist es gerechtfertigt, auf Steuern ganz oder teilweise zu verzichten. Die gemeinnützigen Körperschaften verwenden ihre Mittel bereits für Zwecke, für die sonst Staat oder Kommunen notwendigerweise oder zweckmäßigerweise Mittel einsetzen müssten. ... Besonders der Sozialstaat ist bis zu einem gewissen Grade in Bereichen, die nicht dem Staat allein vorbehalten sind, auf privaten oder kirchlichen Gemeinwohleinsatz angewiesen. Jeden-falls entspricht dieser Einsatz dem Subsidiaritätsprinzip. Nach diesem Prinzip soll der Staat nur eingreifen, wenn und soweit das Individuum, die Familie, private Gruppen und Organi-sationen gesellschaftliche Aufgaben nicht zu bewältigen vermögen."

1.81   Der Gedanke der Staatsentlastung darf indes – worauf bereits *Isensee* und *Knobbe-Keuk*[5] hingewiesen haben – nicht dahin missverstanden werden, dass eine steuer-liche Förderung nur in solchen Bereichen gerechtfertigt wäre, in denen der Staat anderenfalls selbst tätig werden müsste[6]. So sind bestimmte in § 52 Abs. 2 Satz 1 AO genannte Bereiche – z.B. die Religion, die Weltanschauung, die Erziehung und Bildung, die Kunst und Kultur – der „Regie des Staates" mehr oder weniger entzo-gen, da der Staat zur Neutralität gegenüber pluralistischen Kräften verpflichtet ist (sog. **pluralistische Gemeinwohlaufgaben**). In diesen Bereichen kann der Staat pri-vate Initiativen überhaupt nicht durch eigene Aktivitäten (z.B. eine „Staatsreligion")

11; *Seer* in Tipke/Kruse, Vor § 51 AO Rz. 4 f.; eingehend auch *Droege*, Gemeinnützigkeit im offenen Steuerstaat, 2010, S. 315 ff.

1 So *Kirchhof* in DStJG 26 (2003), 1.

2 Eingehend *Isensee* in FS Dürig, 1990, S. 61.

3 So *Isensee* in FS Dürig, 1990, S. 61.

4 Gutachten, S. 92 f.

5 Gutachten, S. 346 ff., 356 ff.

6 Dieses Missverständnis liegt zum Teil auch dem Gutachten des Wissenschaftlichen Beirats beim BMF vom August 2006 „Die abgabenrechtliche Privilegierung gemeinnütziger Zwe-cke auf dem Prüfstand" zugrunde. Vgl. dagegen dezidiert *Fischer*, FR 2006, 1001; *Paqué* in Non Profit Law Yearbook 2007, 1 ff.; *Droege*, Gemeinnützigkeit im offenen Steuerstaat, 2010, S. 302 ff.

ersetzen und mithin auch nicht unmittelbar „entlastet" werden. Von einer Entlastung kann man hier – wie *Seer* zutreffend feststellt – allenfalls in Bezug auf die *Finanzierungsverantwortung* des Staates sprechen[1]: Durch eine steuerliche Förderung privater Kulturorganisationen wird der Bedarf an direkten Finanzzuweisungen und Subventionen im Kulturbereich gemindert. Ein prägnantes Beispiel bildet die Begünstigung kirchlicher Einrichtungen (§ 54 AO), die ihre Rechtfertigung in der staatlichen Finanzierungsverantwortung für die Kirchen findet (vgl. Art. 137 ff. WRV). Die steuerliche Förderung gemeinnütziger Einrichtungen setzt allerdings keine staatliche Finanzierungspflicht voraus. Vielmehr reicht es aus, dass der Staat die entsprechende Tätigkeit auch durch Direktsubventionen fördern dürfte, weil Gemeinwohlbelange betroffen sind[2].

Der „Entlastungsgedanke" bedarf allerdings noch einer weiteren Präzisierung: Selbst bei solchen Aufgaben, die der Staat durch eigene Einrichtungen erfüllen könnte (z.B. Gesundheitswesen, Wohlfahrtspflege und Bildung), geht es bei der steuerlichen Förderung gemeinnütziger Einrichtungen nicht nur schlicht um „Staatsentlastung", sondern auch und vor allem um eine qualitative **Ergänzung und Bereicherung des staatlichen Leistungsangebots**. Eine solche Ergänzung durch private Organisationen ist schon deshalb sinnvoll, weil der Staat nur unvollständig über die Präferenzen seiner Bürger in Hinsicht auf Leistungen der Daseinsvorsorge etc. informiert ist. Das staatliche Altenheim, der staatliche Kindergarten, die staatliche Universität können – weil staatlich finanziert und organisiert – vielfach nur eine Art „Grundversorgung" bieten, die bestimmte staatlich vorgegebene Leistungsstandards erfüllt, aber durchaus nicht den Bedürfnissen aller Bürger gerecht werden muss. Daneben besteht Bedarf für ergänzende Leistungsangebote privater Organisationen, die von bestimmten weltanschaulichen oder religiösen Überzeugungen getragen sind, auf alternativen Methoden und Konzepten beruhen oder neuzeitliche Organisationsformen umsetzen. Solche Initiativen wirken weniger „staatsentlastend", sondern vor allem bereichernd und anregend.

1.82

Darüber hinaus ist zu beachten, dass staatliche Daseinsvorsorge vielfältigen Restriktionen unterliegt: Der Staat ist von Verfassungs wegen zur Gleichbehandlung verpflichtet, bei der Bewirtschaftung von Mitteln hat er die Vorgaben des staatlichen Haushaltsrechts zu beachten, bei der Entlohnung seiner Mitarbeiter ist er an das öffentliche Tarifrecht gebunden. Private gemeinnützige Initiativen sind von solchen Bindungen weitgehend frei: Sie können bei ihren Förderentscheidungen und Projekten bewusst nach ihren Erfahrungen, Einschätzungen und Anschauungen differenzieren und auswählen, in den Grenzen des Gemeinnützigkeitsrechts durch Rücklagen Vorsorge für die Zukunft treffen und die Vergütung ihrer Mitarbeiter im Rahmen des Arbeitsrechts eigenständig regeln. Gemeinnützige Einrichtungen können also anders als staatliche Einrichtungen schnell und flexibel auf neue Entwicklungen und Bedürfnisse reagieren, innovative Konzepte erproben und neue Wege gehen. Damit trägt der private gemeinnützige Sektor entscheidend zur **Vielfalt des gesellschaftlichen und sozialen Lebens** und den Grundlagen einer freiheit-

1.83

---

1 *Seer* in DStJG 26 (2003), 25.
2 Vgl. *Musil* in Hübschmann/Hepp/Spitaler, Vor §§ 51–68 AO Rz. 38.

lichen Ordnung bei. Er erbringt Leistungen, die staatliche Einrichtungen nicht oder nicht in gleicher Weise hervorbringen könnten, und kann Gemeinwohlziele u.U. auch effizienter erfüllen. Schließlich wird privaten gemeinnützigen Initiativen – z.B. wegen ihrer weltanschaulichen Ausrichtung – von vielen Bürgern ein größeres Vertrauen entgegengebracht als staatlichen Stellen oder privatwirtschaftlichen Unternehmen.

1.84 Zusammenfassend ist festzustellen, dass sich die steuerliche Entlastung gemeinnütziger Körperschaften aus der **Gleichwertigkeit von privater und staatlicher Gemeinwohlförderung** rechtfertigt. Soweit die Bürger in Initiativen „von unten" Gemeinwohlaufgaben wahrnehmen, gebietet es das Subsidiaritätsprinzip, solche bürgerschaftlichen Initiativen auch steuerlich zu fördern. Dafür spricht auch, dass die steuerliche Entlastung gemeinnütziger Körperschaften den Staat in der Regel sehr viel weniger kostet, als wenn er die entsprechenden Leistungen selbst erbrächte oder wenn er privaten Leistungsanbietern direkte Subventionen gewähren müsste. Das Gemeinnützigkeitsrecht ist insoweit ein Instrument „arbeitsteiliger Gemeinwohlförderung"[1].

II. Konkretisierung der begünstigungsfähigen Gemeinwohlzwecke

1.85 Aus dem Rechtfertigungsgedanken der Staatsentlastung und dem Subsidiaritätsprinzip lässt sich ein **allgemeiner Leitgedanke für die Konkretisierung der begünstigungsfähigen Gemeinwohlzwecke** ableiten: Eine steuerliche Entlastung gemeinnütziger Körperschaften ist gerechtfertigt, wenn diese konkurrierende oder pluralistische Gemeinwohlaufgaben erfüllen. Dies bedeutet konkret, dass der Katalog der steuerbegünstigten Zwecke (vgl. §§ 52 bis 54 AO) am Gemeinwohlbegriff zu messen ist, wie er sich insbesondere aus den Wertentscheidungen der Verfassung – z.B. Menschenwürde, Umwelt, Sozialstaatlichkeit, Kultur – sowie aus den vom parlamentarisch legitimierten Gesetzgeber definierten Staatsaufgaben ableiten lässt[2]. Legt man diesen Maßstab an das geltende Recht an, so ist zumindest im traditionellen Kernbereich gemeinnütziger Tätigkeit ein hohes Maß an Rechtfertigung festzustellen: Dies gilt zunächst für die im Katalogzwecke im Sinne des § 52 Abs. 2 Satz 1 Nr. 1 bis 20, 22, 24 und 25 AO, die sich als Wahrnehmung von konkurrierenden oder pluralistischen Gemeinwohlaufgaben, d.h. als „Förderung der Allgemeinheit" qualifizieren lassen. Durch das Sozialstaatsgebot gerechtfertigt ist auch die Begünstigung der mildtätigen Zwecke (§ 53 AO). Eine Sonderstellung nimmt die Steuerentlastung für kirchliche Zwecke (§ 54 AO) ein, die sich erst aus dem Zusammenhang mit den staatsrechtlichen Gewährleistungen für die kirchlichen Körperschaften des öffentlichen Rechts erklären lässt (Art. 140 GG i.V.m. Art. 137 WRV).

---

1 So treffend *Becker* in Walz/von Auer/von Hippel, Spenden- und Gemeinnützigkeitsrecht in Europa, S. 642.

2 Vgl. statt vieler *Jachmann*, Rechtliche Rahmenbedingungen, S. 74 ff.; *Seer* in DStJG 26 (2003), 21 ff.; *Seer* in Tipke/Kruse, Vor § 51 AO Rz. 4; zu den verfassungsrechtlichen Quellen und Grenzen gemeinnütziger Zwecke eingehend *Droege*, Gemeinnützigkeit im offenen Steuerstaat, 2010, S. 367 ff.

Hingegen werden im Bereich des Sports (§ 52 Abs. 2 Satz 1 Nr. 21 AO) und der 1.86
sog. Freizeitzwecke (§ 52 Abs. 2 Satz 1 Nr. 23 AO) seit jeher **Legitimationsdefizite**
geltend gemacht. So hat die Unabhängige Sachverständigenkommission die Streichung des Sports aus dem Katalog der steuerbegünstigten Zwecke vorgeschlagen[1],
was die politische Akzeptanz ihrer sonstigen Vorschläge nicht gerade gefördert hat.
Der Gesetzgeber ist dieser Empfehlung nicht gefolgt, sondern hat – genau umgekehrt – die Steuervergünstigung 1989 sogar noch auf bestimmte Freizeitbetätigungen wie Tier- und Pflanzenzucht, Karneval, Amateurfunken, Modellflug und Hundesport ausgedehnt. Diese Entscheidung ist im steuerrechtlichen Schrifttum damals
auf Unverständnis und einhellige Ablehnung gestoßen. So stellte etwa *Knobbe-Keuk*
fest[2]:

„Wenn schon Sport, dann auch Hundesport; wenn schon Fußball, dann auch Tischfußball;
wenn schon Golf, dann auch Minigolf; wenn schon Schach, dann auch Skat oder Poker;
wenn schon Flugzeug, dann auch Modellflugzeug; wenn schon Pferdezucht, dann auch
Meerschweinchenzucht. Nach dem Gesetzentwurf ist es ein dringendes Gebot steuerlicher
Gerechtigkeit, dass endlich auch Skatvereine spendenbegünstigt in Hawaii die Kunde vom
deutschen Spiel und deutscher Gemütlichkeit verbreiten und der Meerschweinchenzüchter-
Verein in den Pampas die neueste Minizüchtung in Chipsgröße besichtigt. Dies alles in einem Steuerrecht, das die Minderung der steuerlichen Leistungsfähigkeit durch bürgerlich-
rechtliche Unterhaltsverpflichtungen nicht – wie es das Bundesverfassungsgericht fordert –
berücksichtigt. Die Verschiebung der Werte-Relation in den Prioritäten der Politiker (hier
Kinder und pflegebedürftige Alte – dort Meerschweinchen) ist beängstigend."

Auch bei der Reform in 2007 hat der Gesetzgeber nicht die Kraft gefunden, diese 1.87
Ausdehnung rückgängig zu machen. Die Einbeziehung einzelner Freizeitzwecke
führt nicht nur zu einer Ungleichbehandlung von vergleichbaren Freizeitbetätigungen, sondern ist auch **steuersystematisch bedenklich**: Kollektive Freizeitgestaltung
von Erwachsenen hat weniger Gemeinwohlqualität, sondern ist vorrangig die Sache
des einzelnen Bürgers[3]. Zudem bedürfte es zunächst eines überzeugenden Leitgedan-
kens, weshalb und bei welchen „Freizeitzwecken" ein besonderer Nutzen für die Allgemeinheit gegeben ist, der eine steuerliche Privilegierung rechtfertigen könnte[4].
Auch der Gesetzgeber sieht offenbar einen Differenzierungsbedarf und versagt die
Abziehbarkeit der Mitgliedsbeiträge (vgl. § 10b Abs. 1 Satz 8 EStG).

---

1 Vgl. die sehr kritischen Ausführungen zur Förderungswürdigkeit des Sports im Gutachten, S. 127 ff., mit wörtlichen Auszügen aus den verschiedenen Stellungnahmen der Sport-
verbände einschließlich eines wissenschaftlichen Gutachtens zur Förderungswürdigkeit
des „Hundesports" (S. 137) und Bemerkungen wie „Spitzensport ist Spritzensport"
(S. 142).

2 So *Knobbe-Keuk* in einem Brief an den Vorsitzenden des Finanzausschusses, in dem sie
die Einladung zur Teilnahme an der Anhörung zum Vereinsförderungsgesetz zurückweist,
abgedruckt in StVj 1990, 196 f.; vgl. auch *Tipke*, StuW 1989, 165: „Geistig und sittlich auf
dem Hund"; *Isensee* in DStJG 26 (2003), 40: „biedermeierliches Steueridyll".

3 So auch bereits BFH v. 22.11.1972 – I R 21/71, BStBl. II 1973, 251.

4 Gegen die „Förderung vereinsmäßig organisierter privater Freizeitaktivität" auch die
Empfehlung des 57. Deutschen Juristentages, Verhandlungen des 57 DJT, Bd. II, 1988, N
212.

1.88 Bei der Bewertung der **Gemeinnützigkeit des Vereinssports** (§ 52 Abs. 2 Satz 1 Nr. 21 AO) hat sich allerdings inzwischen ein gewisser Meinungswandel vollzogen[1]. Unproblematisch ist zunächst die steuerliche Begünstigung des Jugend-, Alten- und Behindertensports, bei denen die Förderung von Bevölkerungsgruppen im Vordergrund steht, die bereits nach den Wertungen der §§ 52, 53 AO allgemein begünstigt sind[2]. Auch die steuerliche Förderung des Hochleistungssports lässt sich mit Hinweis auf die olympische Außendarstellung und die staatliche Sportförderung kaum in Frage stellen[3]. Damit bleibt als Kern des Problems der normale Breitensport übrig („Im Verein ist Sport am schönsten"), bei dem sich der Wunsch nach sinnvoller Freizeitgestaltung mit der Verfolgung bestimmter Gemeinwohlbelange (Gesundheitsvorsorge, Integration verschiedener gesellschaftlicher Gruppen, Sportkultur) überschneidet. Die Entscheidung über die steuerliche Förderungswürdigkeit hängt hier davon ab, ob man den vereinsmäßigen Breitensport überwiegend (schon) als privatnützige Freizeitgestaltung einordnet oder wegen seines Nutzens für die Allgemeinheit (noch) als Gemeinwohlaufgabe betrachtet. Bei dieser Bewertung wird man dem Gesetzgeber einen erheblichen Beurteilungsspielraum einräumen müssen[4], so dass verfassungsrechtliche Bedenken gegen die gegenwärtige Regelung nicht begründet sein dürften.

1.89 Dagegen liegt der **Bereich der privatnützigen erwerbswirtschaftlichen Betätigung** außerhalb der förderungsfähigen Gemeinwohlzwecke. Denn die Versorgung der Bürger mit Gütern und Dienstleistungen ist in einem marktwirtschaftlichen System vorrangig eine Aufgabe der privaten Wirtschaftssubjekte. Treffend hat schon der RFH im Jahr 1921 festgestellt[5]:

„Der freihändige Verkauf und Weiterverkauf von Nahrungsmitteln kann nicht als ausschließlich gemeinnützig anerkannt werden. Zwar ist die von der Verkaufsstelle mit dieser Tätigkeit angestrebte Versorgung der städtischen Bevölkerung mit billigen Lebensmitteln an sich zweifellos ein gemeinnütziger Zweck. Diesem Zweck zu dienen, ist aber in erster Linie Aufgabe des Lebensmittelhandels, der damit seinerseits eine wichtige und unentbehrliche volkswirtschaftliche Aufgabe zu erfüllen hat und sich kraft der preisregulierenden Wirkung der Konkurrenz unter normalen Verhältnissen dieser Aufgabe als gewachsen zeigt."

1.90 Der Staat greift nur dort ein, wo der Markt versagt oder das Sozialstaatsgebot dies zum Schutz der Schwächeren erfordert. Bei dieser Bewertung ist auch zu berücksichtigen, dass der moderne Steuerstaat zur Finanzierung seiner Tätigkeit auf die **Teilhabe am Erfolg seiner Bürger** über die Besteuerung angewiesen ist[6]. Würde

---

1 Vgl. eingehend *Jachmann*, Rechtliche Rahmenbedingungen, S. 211 ff.; *Jachmann* in GS Trzaskalik, 2005, S. 31; *Jachmann* in Non Profit Law Yearbook 2008, 11 ff.; *Fischer* in FS Offerhaus, 1999, S. 597; weitere Nachweise bei *Droege*, Gemeinnützigkeit im offenen Steuerstaat, 2010, S. 152 ff.

2 Vgl. *Hüttemann*, Expertenkommission zur Reform des Stiftungs- und Gemeinnützigkeitsrechts, 2000, S. 178.

3 Dazu näher *Jachmann* in GS Trzaskalik, 2005, S. 38 ff.

4 Zutreffend *Jachmann* in GS Trzaskalik, 2005, S. 45.

5 RFH v. 15.3.1921 – I B 37/21, RFHE 5, 194.

6 Grundlegend *Isensee* in FS Ipsen, 1977, S. 409 (421 ff.).

man weite Bereiche der Wirtschaft in die Gemeinnützigkeit einbeziehen, hätte dies nicht nur eine Gefährdung des Steueraufkommens, sondern auch zusätzliche Wohlfahrtsverluste durch Wettbewerbsverzerrungen zulasten steuerpflichtiger Anbieter zur Folge. Wer sich unternehmerisch betätigt und z.B. Arbeitsplätze schafft, fördert zwar auch das Gemeinwohl, verdient aber deshalb noch keine Steuervergünstigung[1]. Dies ist nicht erst eine Frage des Selbstlosigkeitsgebots (§ 55 Abs. 1 Satz 1 AO), sondern schon der fehlenden „Förderung der Allgemeinheit," d.h. der Gemeinnützigkeit des Zwecks. Nichts anderes gilt für solche Einrichtungen, die die berufliche oder gewerbliche Tätigkeit Privater unterstützen[2]. Mit Recht hat die Rechtsprechung deshalb auch bei der Prüfung der Gemeinnützigkeit von sog. Beschäftigungsgesellschaften eher strenge Maßstäbe angelegt. Sie können nur dann eine steuerliche Förderung beanspruchen, wenn sie der Unterstützung besonders hilfsbedürftiger Personenkreise dienen[3]. Zurückhaltung ist auch bei Wirtschaftsförderungsgesellschaften geboten, für die der Gesetzgeber, nachdem der BFH ihre Gemeinnützigkeit bezweifelte[4], inzwischen einen eigenen Befreiungstatbestand geschaffen hat (§ 5 Nr. 18 KStG).

Die Verfolgung von Gemeinwohlzwecken bedarf des Weiteren der **Abgrenzung zur Verfolgung politischer Zwecke**[5]. Für die steuerliche Förderung politischer Parteien gelten von Verfassungs wegen besondere Regelungen (vgl. § 5 Abs. 1 Nr. 5 und 6 KStG, § 10b Abs. 2 EStG). Als gemeinnützig kann deshalb nur die „allgemeine Förderung des demokratischen Staatswesens" anerkannt werden (§ 52 Abs. 2 Satz 1 Nr. 24 AO). Die Unterscheidung zwischen gemeinnützigen und politischen Zwecken ist schon wegen des Gebots der politischen Chancengleichheit notwendig, das sich im Bereich des Spendenabzugs in den vom BVerfG geforderten absoluten Höchstgrenzen niederschlägt (§§ 10b Abs. 2, 34g EStG)[6]. Um Umgehungen zu verhindern, dürfen politische Aktivitäten von gemeinnützigen Einrichtungen nur eine den steuerbegünstigten Satzungszwecken untergeordnete Bedeutung haben (vgl. dazu näher Rz. 3.51 ff.).

1.91

III. Selbstlosigkeit

Die Konkretisierung der steuerbegünstigten Gemeinwohlzwecke betrifft vorrangig den „objektiven" Tatbestand der Gemeinnützigkeit. Die objektive Gemeinnützigkeit einer Tätigkeit ist nach richtiger Ansicht nur eine notwendige, aber keine hinreichende Voraussetzung der steuerlichen Förderung. Kommt die verbandsmäßige Tä-

1.92

---

1 Zutreffend BFH v. 26.4.1995 – I R 35/93, BStBl. II 1995, 767 (769).

2 Vgl. dazu die Erholungsheim-Entscheidung des BFH v. 22.11.1972 – I R 21/71, BStBl. II 1973, 251; s. auch BFH v. 28.10.1960 – III 134/56 U, BStBl. III 1961, 109. Bedenklich daher die Ausnahmeregelung des § 58 Nr. 9 AO, die die Gewährung von Zuschüssen an gewerbliche Unternehmen durch eine gemeinnützige Stiftung ermöglicht.

3 Vgl. BFH v. 26.4.1995 – I R 35/93, BStBl. II 1995, 767; s. auch BFH v. 13.6.2012 – I R 71/11, BFH/NV 2013, 89.

4 BFH v. 21.5.1997 – I R 38/96, BFH/NV 1997, 904.

5 Dazu näher *Hüttemann*, DB 2015, 821; *Weitemeyer/Kamp*, ZRP 2015, 72.

6 Vgl. BVerfG v. 14.7.1986 – 2 BvE 2/84, 2 BvR 442/84, BVerfGE 73, 40; BVerfG v. 9.4.1992 – 2 BvE 2/89, BVerfGE 85, 264 (297).

tigkeit einer Organisation „in erster Linie" den Initiatoren zugute, ist zwar die Organisation objektiv gemeinnützig, es fehlt jedoch an der **„subjektiven" Gemeinnützigkeit der Mitglieder, d.h. am „Gemeinsinn"**[1]. Die Einführung eines solchen, zusätzlichen Kriteriums ergibt aus mehreren Gründen einen Sinn[2]: Zunächst einmal ist festzustellen, dass es steuerlicher Anreize nicht bedarf, wenn die Beteiligten bereits durch die Erwartung eigenwirtschaftlicher Vorteile zu einem bestimmten Handeln angeregt werden. Zweitens müssen steuerliche Entlastungen in Hinsicht auf den Gleichheitssatz durch ein Allgemeininteresse gerechtfertigt sein, d.h. sie dürfen also nicht überwiegend privatnützigen Interessen dienen. Drittens gefährden wirtschaftliche Eigeninteressen der Mitglieder das Vertrauen der Spender und Mitarbeiter in eine unabhängige und ausschließlich gemeinnützige Verbandstätigkeit. Insgesamt ist die Einführung eines subjektiven Elements also geeignet, die verfassungsrechtliche Legitimation der Gemeinnützigkeit zu stärken und zusätzliche Anreize für die Spendenbereitschaft zu setzen.

1.93 Auch das geltende Gemeinnützigkeitsrecht verlangt neben der ausschließlich steuerbegünstigten Zielsetzung der gemeinnützigen Körperschaft zusätzlich ein **„selbstloses Handeln"**. Eine Förderung geschieht nach § 55 Abs. 1 Satz 1 Halbs. 1 AO selbstlos, wenn dadurch nicht in erster Linie „eigenwirtschaftliche Zwecke – z.B. gewerbliche Zwecke oder sonstige Erwerbszwecke – verfolgt werden". Wie sich aus dem Merkmal „in erster Linie" ergibt, ist nur eine vorrangige Verfolgung wirtschaftlicher Eigeninteressen schädlich. Es bedarf also einer Abwägung im Einzelfall, ob die wirtschaftlichen Vorteile der Mitglieder im Interesse des Gemeinwohls hinzunehmen sind, weil die gemeinwohlfördernde Tätigkeit der Körperschaft im Vordergrund steht (dazu eingehend Rz. 4.69 ff.).

IV. Wettbewerbsneutralität der Besteuerung als Grenze der Steuervergünstigungen

1.94 Die Steuervergünstigungen wegen Gemeinnützigkeit finden ihre Grenze im Prinzip der **Wettbewerbsneutralität der Besteuerung**. Tritt die gemeinnützige Organisation am Markt in Konkurrenz zu steuerpflichtigen privatnützigen Anbietern, so gebieten die in Art. 3 Abs. 1 GG verankerte Wettbewerbsgleichheit sowie die in den Art. 2 Abs. 1, 12 und 14 GG geschützte Wettbewerbsfreiheit der Mitbewerber im Grundsatz die Schaffung vergleichbarer steuerlicher Rahmenbedingungen[3]. Für ge-

---

1 Vgl. RFH v. 27.4.1932 – III A 929/31, RStBl. 1932, 970 (971): „Gemeinsinn ist der Beweggrund, Gemeinwohl das Ergebnis". Zum „objektiven Begriff der ausschließlichen Gemeinnützigkeit" auch RFH v. 11.7.1932 – V A 239/32, RStBl. 1932, 281; *Evers*, § 6 DurchfVO Anm. 5, S. 194. Aus dem neueren Schrifttum *Musil* in Hübschmann/Hepp/Spitaler, § 55 AO Rz. 20; näher *Hüttemann*, Wirtschaftliche Betätigung, S. 59 f. Zur „subjektiven Gemeinnützigkeit" vgl. ferner *Kraft*, VJStFR 1932, 308, 362 ff.; *Seer/Wolsztynski*, Steuerrechtliche Gemeinnützigkeit der öffentlichen Hand, S. 73.

2 Zur Selbstlosigkeit aus neuerer Zeit *Walz*, JZ 2002, 268 ff.

3 Vgl. nur Unabhängige Sachverständigenkommission, Gutachten, S. 151 ff.; *Hüttemann*, Wirtschaftliche Betätigung, S. 198 ff.; *Seer* in DStJG 26 (2003), 35; *Droege*, Gemeinnützig-

meinnützige Körperschaften ergibt sich daraus die Forderung nach einer Besteuerung wirtschaftlicher Tätigkeiten, soweit diese wettbewerbsrelevant und für die Verwirklichung steuerbegünstigter Zwecke nicht notwendig sind[1]. Das geltende Recht trägt dieser Forderung vor allem dadurch Rechnung, dass es die Steuervergünstigungen wegen Verfolgung gemeinnütziger Zwecke insoweit ausschließt, als ein wirtschaftlicher Geschäftsbetrieb im Sinne von § 14 AO unterhalten wird (vgl. z.B. § 5 Abs. 1 Nr. 9 Satz 2 KStG). Diese partielle Steuerpflicht gemeinnütziger Körperschaften im Bereich ihrer wirtschaftlichen Geschäftsbetriebe soll – wie insbesondere ihre Entstehungsgeschichte zeigt[2] – nicht begünstigte Betriebe derselben oder ähnlicher Art vor einem steuerlich verfälschten Wettbewerb schützen. Für diese Regelung streitet aber auch ein ordnungspolitischer Gesichtspunkt: Es wären Einbußen an gesamtwirtschaftlicher Effizienz zu befürchten, wenn man den gemeinnützigen Sektor durch steuerliche Vergünstigungen dazu anregen würde, mehr als notwendig in den marktwirtschaftlichen Sektor vorzudringen[3].

Der Grundsatz der Wettbewerbsneutralität bildet aber nicht nur die Rechtfertigung für die partielle Steuerpflicht des wirtschaftlichen Geschäftsbetriebs, sondern lässt sich auch fruchtbar machen, wenn es um die **nähere Ausgestaltung der partiellen Steuerpflicht** geht. Dies gilt zunächst für die Abgrenzung zwischen dem steuerpflichtigen wirtschaftlichen Geschäftsbetrieb und dem steuerbegünstigten Zweckbetrieb, wo der Wettbewerbsgedanke in der Wettbewerbsklausel des § 65 Nr. 3 AO einen ausdrücklichen gesetzlichen Niederschlag gefunden hat. Insoweit ist abzuwägen, wann der Schutz der Wettbewerber hinter den Interessen der Allgemeinheit an der gemeinwohlfördernden Tätigkeit des Zweckbetriebs zurückzustehen hat[4]. Der Wettbewerbsgedanke lässt sich des Weiteren heranziehen, wenn es um die Auslegung des Begriffs der steuerfreien Vermögensverwaltung in § 14 AO geht, deren Ausklammerung aus der partiellen Steuerpflicht sich ebenfalls vorrangig mit Wettbewerbsgründen erklären lässt[5]. Der Grundsatz der gleichmäßigen Besteuerung von gemeinnützigen und nicht begünstigten Betrieben liefert ferner einen wichtigen Anhaltspunkt für die nähere Ausgestaltung der Gewinnermittlung im wirtschaftlichen Geschäftsbetrieb. Die partielle Steuerpflicht soll nur zu einer steuerlichen Gleichbehandlung von gemeinnützigen und nicht gemeinnützigen Anbietern führen. Sie rechtfertigt folglich keine steuerliche Schlechterstellung gemeinnütziger Einrichtungen, z.B. durch zusätzliche Einschränkungen beim Betriebsausgabenabzug (zur Gewinnermittlung Rz. 7.48 ff.). Schließlich folgt aus dem individualschützenden Charakter der partiellen Steuerpflicht die Zulässigkeit einer steuerrechtlichen Konkur-

1.95

---

keit im offenen Steuerstaat, 2010, S. 413 ff.; *Droege* in Non Profit Law Yearbook 2010/2011, 9.

1 Vgl. *Hüttemann* in DStJG 26 (2003), 73 f.

2 Dazu näher *Hüttemann*, Wirtschaftliche Betätigung, S. 113 ff.

3 Ausführlich zur partiellen Steuerpflicht *Walz* in Non Profit Law Yearbook 2001, 197, 208 mit rechtsvergleichenden Hinweisen; *Hüttemann* in GS Walz, 2008, S. 267.

4 So auch BFH v. 27.10.1993 – I R 60/91, BStBl. II 1994, 573, 575; zu aktuellen Entwicklungen vgl. *Hüttemann/Schauhoff*, DB 2011, 319 ff.

5 Eingehend *Hüttemann*, Wirtschaftliche Betätigung, S. 148 ff.

rentenklage, wenn die Finanzbehörden eine wirtschaftliche Aktivität gemeinnütziger Anbieter zu Unrecht von der Besteuerung freistellen[1].

V. Rechtsformneutralität des Gemeinnützigkeitsrechts

1.96 Der Gleichheitssatz ist nicht nur von Bedeutung, wenn es um die Rechtfertigung der Steuervergünstigungen wegen Gemeinnützigkeit geht, sondern spielt auch eine wichtige Rolle bei der näheren Ausgestaltung des Förderinstrumentariums. Geht man davon aus, dass die Steuerentlastung gemeinnütziger Körperschaften allein durch deren selbstlose gemeinwohlbezogene Tätigkeit gerechtfertigt wird, dann weist dieser Entlastungsgrund noch keinen unmittelbaren Bezug zur Rechtsform auf. Nach den Maßstäben der Schwarzwald-Klinik-Entscheidung des BVerfG[2] ergibt sich daraus, dass das Gemeinnützigkeitsrecht **grundsätzlich rechtsformneutral auszugestalten** ist. Rechtsformbezogene Unterschiede sind nur insoweit zulässig, als sich die Rechtsform zugleich auf die gemeinwohlfördernde Tätigkeit der Organisation auswirkt[3].

1.97 Dieser Maßstab ist nicht nur auf den rechtsformbezogenen Ausschluss von Personengesellschaften anzuwenden (dazu Rz. 2.93). An ihm sind etwa auch die Sonderregelungen zu messen, durch die der Gesetzgeber **gemeinnützige Stiftungen** besonders fördert[4]. Zu erwähnen sind der erhöhte Sonderausgabenabzug für Zuwendungen an Stiftungen (§ 10b Abs. 1a EStG, § 9 Nr. 5 GewStG), die Ausnahmeregelung betreffend die Versorgung des Stifters und seiner Angehörigen in § 58 Nr. 6 AO, die Ansparrücklage (§ 62 Abs. 4 AO) sowie die rückwirkende Erbschaftsteuerbefreiung nach § 29 Abs. 1 Nr. 4 Satz 1 ErbStG. Darüber hinaus profitieren vor allem Stiftungen von der Möglichkeit zur Bildung von freien Rücklagen aus Vermögenserträgen nach § 62 Abs. 1 Nr. 3 AO, da sie – im Unterschied zu anderen gemeinnützigen Einrichtungen – typischerweise über ein erheblich größeres Vermögen als Vereine oder Kapitalgesellschaften verfügen. Alle diese Sonderregelungen sind rechtssystematisch nicht unbedenklich, da durch sie die Rechtsformwahl im Non-Profit-Sektor beeinflusst wird[5]. Sie lassen sich indes durch **rechtsformbedingte Besonderheiten rechtfertigen**[6]. Rechtsfähige und nichtrechtsfähige Stiftungen sind – im Unterschied zu Vereinen und Kapitalgesellschaften – auf eine ausreichende Vermögens-

---

1 Dazu BFH v. 15.10.1997 – I R 10/92, BStBl. II 1998, 63; BFH v. 18.9.2007 – I R 30/06, BStBl. II 2009, 126; *Hüttemann* in StbJb 1998/99, S. 323 ff. m.w.N.

2 BVerfG v. 10.11.1999 – 2 BvR 2861/93, BVerfGE 101, 151 (155 ff.).

3 Zur Rechtsformneutralität im Gemeinnützigkeits- und Spendenrecht vgl. näher *Hüttemann* in Non Profit Law Yearbook 2001, 145 ff.; *Droege*, Gemeinnützigkeit im offenen Steuerstaat, 2010, S. 410 ff.

4 Vgl. dazu kritisch *Crezelius/Rawert*, ZEV 2000, 421 ff.; *Thiel*, DB 2000, 392 (395 f.); *Kirchhof* in Kirchhof, § 10b EStG Rz. 53.

5 Zur Rechtsformwahl im gemeinnützigen Sektor vgl. eingehend *Schmidt*, Steuerliche Aspekte der Rechtsformwahl bei privaten gemeinnützigen Organisationen, 2001.

6 S. näher *Hüttemann* in Non Profit Law Yearbook 2001, 145, 157; zustimmend *Droege*, Gemeinnützigkeit im offenen Steuerstaat, 2010, S. 172; tendenziell enger (nur rechtsfähige Stiftungen) *Crezelius/Rawert*, ZEV 2000, 421 (425); *Kirchhof* in Kirchhof, § 10b EStG Rz. 56.

ausstattung angewiesen, weil sie ihre Zweckverfolgung typischerweise aus Vermögenserträgen finanzieren müssen und mangels Mitgliedern nicht auf Mitgliederleistungen etc. zurückgreifen können. Darüber hinaus ist bei rechtsfähigen Stiftungen eine ausreichende Vermögensdotation sogar Voraussetzung für die Anerkennung als juristische Person (vgl. § 80 Abs. 2 BGB). Daher ist es dem Gesetzgeber im Rahmen seines Gestaltungsspielraums erlaubt, den (dauerhaften) Vermögensaufbau in gemeinnützigen Stiftungen z.B. durch einen erhöhten Spendenabzug oder zusätzliche Rücklagenmöglichkeiten zu fördern. Auch der BFH hat gleichheitsrechtliche Bedenken gegen die spendenrechtliche Privilegierung von Stiftungen zurückgewiesen. In seinem Urteil vom 15.9.2010 hat der X. Senat festgestellt[1]:

„Die Förderung der Stiftungen wird durch den besonderen finanziellen Bedarf der Stiftungen gerechtfertigt, der seinerseits auf der Rechtsform und dem damit verbundenen Fehlen von Mitgliedern beruht. Dieser steuerliche Entlastungsgrund weist damit, anders als die Kläger meinen, den vom BVerfG in dem Beschluss in BVerfGE 101, 151 geforderten sachlichen Bezug zur Rechtsform auf."

Diese Rechtfertigung gilt – wie der BFH zu Recht ausgeführt hat[2] – gleichermaßen für rechtsfähige und für nichtrechtsfähige Stiftungen.

frei   1.98– 1.109

E. Einwirkungen des europäischen Rechts auf das nationale Gemeinnützigkeitsrecht

Literatur: *Becker/Schön* (Hrsg.), Steuer- und Sozialstaat im europäischen Systemwettbewerb, Tübingen 2005; *Balbinot*, Beihilfenverbot und Rechtsformneutralität, Köln 2018; *Benicke*, Die Bedeutung des EG-Rechts für gemeinnützige Einrichtungen, EuZW 1996, 165; *Bode*, Steuerliche Begünstigungen als staatliche Beihilfe i.S.d. Art. 107 AEUV – Folgerungen für die Praxis der Fachgerichte, FR 2011, 1034; *Droege*, Europäisierung des Gemeinnützigkeitsrechts – Der offene Steuerstaat im europäischen Gemeinwohlverbund, StuW 2012, 256; *Drüen/Liedtke*, Die Reform des Gemeinnützigkeits- und Zuwendungsrechts und seine europarechtliche Flanke, FR 2008, 1; *Ecker*, Taxation of Non-Profit Organizations with Multinational Activities – The Stauffer Aftermath and Tax Treaties, Intertax 2007, 450; *Eicker*, Grenzüberschreitende gemeinnützige Tätigkeit, Frankfurt/M. 2004; *Fischer*, Europa macht mobil – bleibt der Verfassungsstaat auf der Strecke?, FR 2005, 457; *Fischer*, Gemeinwohl, Daseinsvorsorge und bürgerschaftliches Engagement – eine Gedankenskizze zum Zweckbetrieb (§ 65 AO), in Tipke/Söhn (Hrsg.), Gedächtnisschrift für Christoph Trzaskalik, Köln 2005, S. 49; *Fischer*, Unorthodoxe Überlegungen zur Verfassungsarchitektur Europas am Beispiel des Falles „Stauffer", FR 2007, 361; *Fischer*, Das EuGH-Urteil Persche zu Auslandsspenden – die Entstaatlichung des Steuerstaates geht weiter, FR 2009, 249; *Fischer*, Gemeinnützigkeitsrechtliche Förderung der Allgemeinheit in Deutschland und Europa, in Tipke/Seer/Hey/Englisch (Hrsg.), Festschrift für Joachim Lang: Gestaltung der Steuerrechtsordnung, Köln 2010, S. 281; *Fischer*, Staatliche Beihilfen für Kletteranlagen des Deutschen Alpenvereins. Die EU-Kommission erklärt mit Beschluss vom 5.12.2012 Zuschüsse für den gemeinnützigkeitsrechtlichen Zweckbetrieb als vereinbar mit Art. 107 Abs. 3 Buchst. C AEUV, npoR 2013, 58; *Fischer*, Gemeinnützige Da-

---

1 BFH v. 15.9.2010 – X R 11/08, BFH/NV 2011, 769 Rz. 23.
2 BFH v. 15.9.2010 – X R 11/08, BFH/NV 2011, 769 Rz. 33.

seinsvorsorge und Wettbewerbsordnung, Hamburg 2016; *Fischer*, Zur Beihilfesache BLSV-Sportcamp Nordbayern – Entsteht eine Bereichsausnahme für gemeinnützige Vereine?, npoR 2017, 140; *Förster*, Grenzüberschreitende Gemeinnützigkeit – Spenden schwer gemacht?, BB 2011, 663; *Förster*, Immer Ärger mit den Nachweisen – Verfahrensprobleme bei grenzüberschreitenden Spenden, DStR 2013, 1516; *Geibel*, Freier Spendenverkehr durch steuerliche Abzugsfähigkeit von Zuwendungen an gemeinnützige Einrichtungen mit Sitz in einem anderen Mitgliedstaat – Anmerkung zu EuGH, Urt. vom 27.1.2009 – C-318/07 (Hein Persche/Finanzamt Lüdenscheid), GPR 2010, 61; *Geserich*, Privater, gemeinwohlwirksamer Aufwand im System der deutschen Einkommensteuer und des europäischen Rechts, Heidelberg 1999; *Geserich*, Die Abzugsfähigkeit von Spenden in anderen EU-Staaten, DStR 2009, 1173; *Gilberg*, Die Förderung gemeinnütziger Körperschaften durch öffentliche Aufträge und Dienstleistungskonzessionen, 2011; *Gilberg*, Anmerkung zu einer Entscheidung des VG Berlin vom 21.2.2012 – zur beihilferechtlichen Beurteilung der institutionellen Förderung des Goethe-Instituts, npoR 2012, 160; *Grube*, Der Einfluss des EG-Beihilfenrechts auf das deutsche Steuerrecht, DStZ 2007, 371; *Grube*, Der Einfluss des unionsrechtlichen Beihilfeverbots auf das deutsche Steuerrecht, Frankfurt 2014; *Hafner*, Stationäre Einrichtungen im Wettbewerb, Frankfurt/M. 2004; *Heger*, Gemeinnützigkeit und Gemeinschaftsrecht, FR 2004, 1154; *Heidenbauer*, Charity Crossing Borders, 2011; *Helios*, Das deutsche Gemeinnützigkeitsrecht innerhalb der Schranken des Europarechts, BB 2002, 1893; *Helios*, Steuerliche Gemeinnützigkeit und EG-Beihilfenrecht, Hamburg 2005; *Helios*, EG-beihilfenrechtliche Vereinbarkeit von gemeinnützigkeitsabhängigen Steuervergünstigungen, EWS 2006, 61; *Helios*, Abzugsfähigkeit von Direktspenden an gemeinnützige Einrichtungen im EU-Ausland und struktureller Inlandsbezug?, Non Profit Law Yearbook 2008 (2009), 89; *Helios/Müller*, Vereinbarkeit des steuerlichen Gemeinnützigkeitsrechts mit dem EG-Vertrag, BB 2004, 2332; *Helios/Schlotter*, Spendenabzug und EU-Recht – Zugleich Anm. zu FG Münster, Urteil vom 28.10.2005, IStR 2006, 483; *Helios/Strehlke*, Aktuelle europarechtliche Aspekte des grenzüberschreitenden Spendenabzugs, npoR 2013, 209; *von Hippel*, Fremdnützige Vermögenstransfers – ein Anwendungsfall der Kapitalverkehrsfreiheit?, EuZW 2005, 7; *von Hippel*, Steuerliche Diskriminierung ausländischer gemeinnütziger Nonprofit-Organisationen: ein Verstoß gegen die EG-Grundfreiheiten, in Walz/von Auer/von Hippel (Hrsg.), Spenden- und Gemeinnützigkeitsrecht in Europa, Tübingen 2007, S. 677; *von Hippel/Walz*, Rechtsvergleichender Generalbericht, in Walz/von Auer/von Hippel (Hrsg.), Spenden- und Gemeinnützigkeitsrecht in Europa, Tübingen 2007, S. 89; *Hopt/Walz/von Hippel/Then*, The European Foundation: A New Legal Approach, Gütersloh 2006; *Hüttemann*, Steuervergünstigungen wegen Gemeinnützigkeit und europäisches Beihilfenverbot, DB 2006, 914; *Hüttemann*, Gemeinnützigkeit im Lichte des EG-Beihilfenrechts, in Deutscher Verein e.V. (Hrsg.), Gemeinnützigkeit im Lichte des EG-Beihilfenrechts, Berlin 2009, S. 13; *Hüttemann*, Rechtsfragen des grenzüberschreitenden Spendenabzugs, IStR 2010, 118; *Hüttemann*, Die EU entdeckt die Zivilgesellschaft – zum Vorschlag der Kommission für eine Europäische Stiftung, EuZW 2012, 441; *Hüttemann*, Nationale Spielräume und europarechtliche Grenzen im Gemeinnützigkeitsrecht der EU-Staaten, in Brandt (Hrsg.), Europäische Perspektiven im Steuerrecht – Steuergerechtigkeit und Steuervereinfachung, 8. und 9. Deutscher Finanzgerichtstag 2011/2012, Stuttgart 2013, S.143; *Hüttemann*, Anmerkung zu BFH v. 17.9.2013 – I R 16/12, ISR 2014, 133; *Hüttemann/Helios*, Gemeinnützige Zweckverfolgung im Ausland nach der „Stauffer"-Entscheidung des EuGH, DB 2006, 2481; *Hüttemann/Helios*, Abzugsfähigkeit von Direktspenden an gemeinnützige Einrichtungen im EU-Ausland – zugleich Anmerkung zu BFH-Beschluss v. 9.5.2007, IStR 2007, 599, IStR 2008, 39; *Hüttemann/Helios*, Steuerfreie Aufwandsentschädigungen nach § 3 Nr. 26 EStG bei nebenberuflicher gemeinnütziger Tätigkeit im EU-Ausland – Anmerkung zum EuGH-Urteil vom 18.12.2007, Jundt, Rs. C-281/06, IStR 2008, 220; *Hüttemann/Helios*, Zum grenzüberschreitenden Spendenabzug in Europa nach dem EuGH-Urteil vom 27.1.2009, Persche, DB 2009, 701; *Ipsen*, Soziale Dienstleistungen und EG-Recht, Berlin 1997; *Ipsen*, Gemeinschaftsrechtliche Tendenzen und Gemeinnützigkeit, in Drenseck/Seer (Hrsg.), Festschrift für Heinrich Wilhelm Kruse zum 70. Geburtstag, Köln 2001, S. 557; *Isensee*, Gemeinnützigkeit und Europäisches Gemeinschaftsrecht, DStJG 26 (2003), 93; *Jachmann*, Steuerrecht, in Igl/Jachmann/Eichenhofer (Hrsg.), Rechtliche Rahmenbedingungen bürgerschaftlichen Engagements, Opladen 2002; *Jachmann*, Die Europarechtswidrigkeit des § 5 Abs. 2 Nr. 2 KStG, BB 2003, 990; *Jachmann*, Die Entscheidung des EuGH im Fall Stauffer – Nationale Gemeinnützigkeit in Europa, BB 2006, 2607; *Jachmann/Meier-Behringer*, Gemeinnützigkeit in Europa: Steuer- und europarechtliche Rahmenbedingungen, BB 2006, 1823; *Jakob*, Der Kommissionsvorschlag für eine Europäische Stiftung (Fundatio Europaea), npoR 2013, 1; *Jakob/Studen*, Die European Foundation – Phantom oder Zukunft des europäischen Stiftungsrechts? ZHR 174 (2010), 61; *Jochum*, Gemeinnützigkeit in Europa: National oder europäisch gedacht?, in Ipsen/Stüer (Hrsg.), Europa im Wandel. Festschrift für Hans-Werner Rengeling, Köln 2008, S. 545; *Kirchhof*, Gemeinnützigkeit – Erfüllung staatsähnlicher Aufgaben durch selbstlose Einkommensverwendung, DStJG 26 (2003), 1; *Koele*, How Will International Philanthropy Be Freed from Landlocked Tax Barriers?, European Taxation 2010, 409; *Kube*, Die Zukunft des Gemeinnützigkeitsrechts in der europäischen Marktordnung, IStR 2005, 469; *Kühbacher*, Die Spendenbegünstigung des § 4a Z 1 lit a und c EStG auf dem Prüfstand des EuGH, ÖStZ 2010, 51; *Kühling/Pisal*, Der Zweckbetrieb im Gemeinnützigkeitsrecht und staatliche Beihilfen – Marktliberalismus contra Europäisches Sozialmodell?, Non Profit Law Yearbook 2009 (2010), 115; *Leippe*, Umsatzsteuerrisiken aus EU-Beihilfe, ZKF 2011, 217; *Lissner*, Das Gemeinnützigkeits- und Spendenrecht unter dem Einfluss der europäischen Grundfreiheiten, Münster 2009; *Mamut/Stürzlinger*, Gemeinnützigkeit und Gemeinschaftsrecht: EuGH zur Rs. Stauffer, SWI 2006, 550; *Marchgraber*, Steuerliche Forschungsförderung im Lichte des Unionsrechts, Zfhr 2010, 47; *Martini*, Der Gemeinnützigkeitsstatus beschränkt steuerpflichtiger Körperschaften, ISR 2015, 97; *Möllmann*, Die steuerliche Privilegierung gemeinnütziger Körperschaften im Spannungsfeld von Verfassungsrecht und europäischen Grundfreiheiten, Würzburg 2007; *Münder/von Boetticher*, Gemeinnützigkeit und Gemeinschaftsrecht, Berlin 2003; *Freiherr von Proff*, Grenzüberschreitende Gemeinnützigkeit nach dem Persche-Urteil des EuGH, IStR 2009, 371; *Reimer*, Grenzüberschreitende Gemeinnützigkeit? – Vor der Entscheidung des EuGH im Fall „Centro di Musicologia Walter Stauffer", SWI 2006, 197; *Reimer/Ribbrock*, Gemeinnützigkeit auch für ausländische Körperschaften?, RIW 2005, 612; *Richter/Gollan*, Entscheidung des EuGH in der Rechtssache Persche – Spenden an EU-ausländische gemeinnützige Organisationen, npoR 2009, 19; *Richter/Gollan*, Fundatio Europaea – Der Kommissionsvorschlag für eine Europäische Stiftung, ZGR 2013, 551; *Runte*, Sonderausgabenabzug für Auslandsspenden. Zum grenzüberschreitenden Spendenabzug nach dem Urteil des EuGH, RIW 2009, 170 – Persche, RIW 2009, 461; *Schäfers*, Zur steuerlichen Gemeinnützigkeit ausländischer Körperschaften, IStR 2004, 755; *Schäfers*, Die steuerrechtliche Behandlung gemeinnütziger Stiftungen in grenzüberschreitenden Fällen, Baden-Baden 2005; *Schauhoff*, Für ein europäisches Gemeinnützigkeits- und Stiftungsrecht als Basis für eine europäische Zivilgesellschaft, npoR 2013, 128; *Schauhoff/Kirchhain*, Steuer- und zivilrechtliche Neuerungen für gemeinnützige Körperschaften und ihre Förderer – Zum Gesetz zur Stärkung des Ehrenamtes, FR 2013, 301; *Scheffler/Köstler*, Harmonisierung der steuerlichen Gewinnermittlung: Kompromissvorschlag zur G(K)KB führt zur Annäherung an das deutsche Steuerrecht (Teil II), DStR 2013, 2235; *Schienke-Ohletz*, Internationales Gemeinnützigkeits- und Spendenrecht unerwünscht?, BB 2018, 221; *Schön*, Aktuelle Fragen des EG-Beihilfenrechts, ZHR Beiheft 69, 2001, 106; *Schön*, Die Auswirkungen des gemeinschaftsrechtlichen Beihilferechts auf das Steuerrecht, in Österreichischer Juristentag (Hrsg.), Verhandlungen des Siebzehnten Österreichischen Juristentages Wien 2009, IV/2 Steuerrecht, Wien 2010, S. 21; *Stöber*, Die geplante Europäische Stiftung, DStR 2012, 804; *Sutter*, Das EG-Beihilfenverbot und sein Durchführungsverbot in Steuersachen, Wien 2005; *Thömmes*, Aktuelle Fragen zum Europäischen Handels- und Steuerrecht: Gemeinnützigkeit und EG-Recht – Zur EG-Rechtswidrigkeit der § 5 Abs. 2 Nr. 3 KStG, in JbFStR 1999/2000, 123; *Thömmes*, Sonderausgabenabzug für Spenden an gemeinnützige Organisationen im Ausland, IWB 2009, 1227; *Thömmes/Nakhai*, Gemeinnützigkeitsrecht – Förderung der Allgemeinheit und Satzungsbestimmungen zur Ausschließlichkeit und Unmittelbarkeit, DB 2005, 2259; *Thömmes/ Nakhai*, Aktuelle EG-rechtliche Entwicklungen auf dem Gemeinnützigkeitssektor, IStR 2006, 164; *Tiedtke/Möllmann*, Gemeinnützigkeit und Europäische Grundfreiheiten – Zu den Auswirkungen des EuGH-Urteils in der Rs. „Stauffer" auf das deutsche Gemeinnützigkeitsrecht, DStZ 2008, 69; *Unger*, Mittelbeschaffung und Mittelverwendung gemeinnütziger Körperschaften, DStZ 2010, 141; *Unger*, Steuerbegünstigung grenzüberschreitender Gemeinnützigkeit im Binnenmarkt – Vorgaben des Gemeinnützigkeits- und Spendenrechts im Lichte der unionalen Grundfreiheiten, DStZ 2010; 154; *Wachter*, Gemeinnützigkeit einer Stiftung mit Sitz im EU-Ausland, ZSt 2005, 75; *Waldhoff*, Kann es im europäischen Steuerrecht ein Anerkennungsprinzip geben?, IStR 2009, 386; *Walz*, Diskussionsbeitrag, DStJG 26 (2003), 75; *Walz*, Non-Profit-Organisationen im Europäischen Zugwind, in Walz/von Auer/von Hippel (Hrsg.), Spenden- und Gemeinnützigkeitsrecht in Europa, Tübingen 2007, S. 653; *Weitemeyer*, Der Kommissionsvorschlag zum Statut der Europäischen Stiftung, NZG 2012, 1001; *Weitemeyer/Bornemann*, Problemstellungen gemeinnütziger Tätigkeit mit Auslandsbezug, FR 2016, 437; *Winheller/Klein*, Spendenabzug für Zuwendungen ins EU-Ausland – ein Schritt nach vorne, zwei zurück, DStZ 2009, 193; *Wünschig*, Perspektiven eines europarechtskonformen Gemeinnützigkeits- und Zuwendungsrechts, 2011; *Zimmer/Raab*, Inspire Art und Stiftungen, Non Profit Law Yearbook 2004 (2005), 105.

I. Überblick

1.110 In den letzten Jahren hat **die Bedeutung des EU-Rechts für das deutsche Gemeinnützigkeitsrecht erheblich zugenommen**. Auch wenn – nicht zuletzt wegen der historisch überkommenen kulturellen Unterschiede zwischen den Mitgliedstaaten – wohl auf absehbare Zeit nicht mit einer Harmonisierung der Regelungen über die Gemeinnützigkeit und den Spendenabzug auf europäischer Ebene zu rechnen ist[1], nimmt das EU-Recht doch zunehmend Einfluss auf die Entwicklung der nationalen Gemeinnützigkeitsrechte. Dabei sind – außerhalb des harmonisierten Umsatzsteuerrechts (dazu Rz. 7.107 ff.) – vor allem zwei Bereiche anzusprechen.

– Zum einen ist zu prüfen, ob das deutsche Gemeinnützigkeitsrecht mit seinen weitreichenden Steuervergünstigungen im Bereich der wirtschaftlichen Betätigung (vgl. den Katalog der Zweckbetriebe in §§ 66 bis 68 AO) den strengen Vorgaben des **EU-Beihilfenrechts** genügt (vgl. Rz. 1.111 ff.). Denn eine Vielzahl von gemeinnützigen Betätigungen (z.B. der Bereich der Wohlfahrtspflege) ist beihilferechtlich als unternehmerische Tätigkeit anzusehen. Ihre steuerliche Begünstigung bedarf

---

1 Vgl. die „Mitteilung der Kommission über die Förderung der Rolle gemeinnütziger Vereine und Stiftungen in Europa" v. 6.6.1997, KOM (1997) 241 endg.; zur Schaffung europäischer Rechtsformen im Vereins- und Stiftungsrechts vgl. die Mitteilung der Kommission an den Rat und das europäische Parlament v. 21.5.2003 (KOM [2003] 284 endg.). Zum Modell einer Europäischen Stiftung vgl. die Vorschläge der Expertengruppe in *Hopt/ Walz*, European Foundation, 2006; ferner *Jakob/Studen*, ZHR 174 (2010), 61 ff.; zum – inzwischen wieder zurückgezogenen – Vorschlag der EU-Kommission v. 8.2.2012, KOM (2012) 35 endg. vgl. *Stöber*, DStR 2012, 804; *Hüttemann*, EuZW 2012, 441; *Weitemeyer*, NZG 2012, 1001; *Richter/Gollan*, ZGR 2013, 551; *Jakob*, npoR 2013, 1.

somit, wenn sie geeignet ist, den grenzüberschreitenden Wettbewerb zu verfälschen, einer besonderen Rechtfertigung nach den Art. 107 ff. AEUV.

– Zum anderen ist festzustellen, dass sich ausländische gemeinnützige Einrichtungen, aber auch inländische Steuerpflichtige gegenüber dem nationalen Steuergesetzgeber auf die **Grundfreiheiten des EU-Vertrages** berufen können, soweit sie durch das geltende Recht bei grenzüberschreitenden Sachverhalten steuerlich behindert werden (dazu sogleich Rz. 1.122 ff.). Dies hat dazu geführt, dass die traditionelle Beschränkung der Steuervergünstigungen wegen Gemeinnützigkeit auf inländische Organisationen aufgegeben werden musste (vgl. dazu auch Rz. 2.98 ff.).

II. EU-Beihilfenrecht und Gemeinnützigkeit

1. Keine Bereichsausnahme

Für die Frage nach den Einwirkungen des EU-Beihilfenrechts auf das deutsche Gemeinnützigkeitsrecht[1] ist zunächst festzustellen, dass das Unionsrecht – entgegen früherer vereinzelter Aussagen im Schrifttum[2] – **keine ungeschriebenen Bereichsausnahmen für soziale Dienstleistungen kennt**[3]. Die Anwendbarkeit des Beihilfenrechts auf gemeinnützige Einrichtungen hängt vielmehr allein vom funktionalen Unternehmensbegriff ab.

1.111

In seiner Entscheidung vom 10.1.2006[4] hat sich der Gerichtshof erstmals konkret zur Anwendung des Beihilfenrechts auf Steuervergünstigungen an gemeinnützige Einrichtungen geäußert. Im Ausgangsrechtsstreit ging es um die Frage, ob eine aus der **Privatisierung des italienischen Bankensystems** hervorgegangene Bankstiftung wegen der Dividenden, die ihr aus einer Mehrheitsbeteiligung an einer Sparkassenaktiengesellschaft zugeflossen waren, eine Befreiung von der Quellensteuer wegen Verfolgung gemeinnütziger Zwecke beanspruchen durfte. Das zuständige italienische Gericht hatte Bedenken, ob eine solche Steuervergünstigung mit dem Beihil-

---

1 Dazu *Benicke*, EuZW 1996, 165; *Fischer* in GS Trzaskalik, 2005, S. 49; *Fischer*, FR 2009, 929; *Grube*, DStZ 2007, 371; *Helios*, BB 2002, 1893; *Helios*, Steuerliche Gemeinnützigkeit und EG-Beihilfenrecht, 2005; *Helios in* Schauhoff, § 22 Rz. 58 ff.; *Droege*, Gemeinnützigkeit im offenen Steuerstaat, 2010, S. 512 ff.; *Hüttemann*, DB 2006, 914; *Hüttemann*, Gemeinnützigkeit im Lichte des EG-Beihilfenrechts, 2009; *Ipsen* in FS Kruse, 2001, S. 557; *Isensee* in DStJG 26 (2003), 93; *Jachmann*, Steuerliche Rahmenbedingungen, S. 84; *Münder/von Boetticher*, Gemeinnützigkeit und Gemeinschaftsrecht, 2003; *Kühling/Pisal* in Non Profit Law Yearbook 2009, 115; allgemein zu steuerlichen Beihilfen *Schön*, ZHR Beiheft 69, 2001, 106; *Schön*, Verhandlungen des 17. ÖJT Band IV/2, 21 ff.; *Becker/Schön*, Steuer- und Sozial-Staat im europäischen Systemwettbewerbe, 2005; *Sutter*, Das EG-Beihilfenverbot und sein Durchführungsverbot in Steuersachen, 2005; *Walz* in Walz/von Auer/von Hippel, Spenden- und Gemeinnützigkeitsrecht in Europa, S. 653 ff.; aus dem neueren Schrifttum *Bode*, FR 2011, 1034; *Droege* in NK-GemnR, Grundprinzipien Rz. 70 ff.; *Fischer*, Gemeinnützige Daseinsvorsorge und Wettbewerbsordnung, 2016, S. 107 ff.; *Fischer*, npoR 2017, 140.

2 So aber noch *Ipsen*, Soziale Dienstleistungen und EG-Recht, 1997.

3 Eingehend *Helios*, Steuerliche Gemeinnützigkeit und EG-Beihilfenrecht, S. 47 ff.

4 EuGH v. 10.1.2006 – Rs. C-222/04 *Cassa di Risparmio di Firenze SpA*, Slg. 2006, I-289.

fenverbot des Art. 87 EGV (heute: Art. 107 AEUV) vereinbar sei. Der EuGH hat sich diesen Bedenken grundsätzlich angeschlossen und gemeinnützigkeitsrechtliche Steuervorteile an den allgemeinen Maßstäben des Beihilfenrechts gemessen[1].

2. Funktionaler Unternehmensbegriff

1.112　Der funktionale Unternehmensbegriff ergibt sich aus dem Sinn und Zweck der Beihilfenregeln. Unternehmen ist nach der ständigen Rechtsprechung des EuGH im Kontext des Wettbewerbsrechts **jede eine wirtschaftliche Tätigkeit ausübende Einheit, unabhängig von ihrer Rechtsform und der Art ihrer Finanzierung**[2]. Eine wirtschaftliche Tätigkeit ist jede Tätigkeit, die darin besteht, Güter oder Dienstleistungen auf einem bestimmten Markt anzubieten[3]. Dass Güter oder Dienstleistungen ohne Gewinnerzielungsabsicht angeboten werden, steht der Einstufung als Unternehmen nicht entgegen, wenn ihr Angebot mit dem anderer Wirtschaftsteilnehmer konkurriert, die einen Erwerbszweck verfolgen[4]. Für den wirtschaftlichen Charakter einer Tätigkeit reicht es somit aus, dass sie zumindest auch von einem privaten Anbieter mit der Absicht der Gewinnerzielung ausgeübt werden könnte[5]. In diesem Sinne sind Dienstleistungen, die in der Regel gegen Entgelt erbracht werden, als „wirtschaftliche Tätigkeiten" zu qualifizieren[6]. Hingegen handelt eine Stiftung, deren Tätigkeit sich auf Zuwendungen an Einrichtungen ohne Erwerbszweck beschränkt, als wohltätige oder karitative Einrichtung und nicht als Unternehmen[7].

1.113　Wendet man diese Grundsätze auf die **verschiedenen gemeinnützigkeitsrechtlichen „Sphären"** an, so ergibt sich Folgendes[8]:

– Gemeinnützige Einrichtungen erfüllen im Bereich ihrer **wirtschaftlichen Geschäftsbetriebe und Zweckbetriebe** regelmäßig die Voraussetzungen des funktionellen Unternehmensbegriffs, weil hier Güter und Dienstleistungen gegen Entgelt und im Wettbewerb zu anderen Unternehmen angeboten werden[9]. So hat der EuGH bereits in seinem Urteil vom 10.1.2006 festgestellt, dass wirtschaftliche Tä-

---

1 Dazu näher *Hüttemann*, DB 2006, 914.
2 Vgl. EuGH v. 10.1.2006 – Rs. C-222/04 *Cassa di Risparmio di Firenze SpA*, Slg. 2006, I-289; EuGH v. 27.6.2017 – Rs. C-74/16 *Congregacion de Escuelas Pias Provincia Betania gegen Ayuntamiento de Getafe*, ECLI:EU:C:2017:496.
3 EuGH v. 10.1.2006 – Rs. C-222/04 *Cassa di Risparmio di Firenze SpA*, Slg. 2006, I-289.
4 EuGH v. 27.6.2017 – Rs. C-74/16 *Congregacion de Escuelas Pias Provincia Betania gegen Ayuntamiento de Getafe*, ECLI:EU:C:2017:496; EuGH v. 1.7.2008 – C-49/07 *MOTOE*, Slg. 2008, I-486.
5 Vgl. EuGH v. 25.10.2001 – Rs. C-475/99 *Ambulanz Glöckner*, Slg. 2001, I-8089.
6 Siehe EuGH v. 27.6.2017 – Rs. C-74/16 *Congregacion de Escuelas Pias Provincia Betania gegen Ayuntamiento de Getafe*, ECLI:EU:C:2017:496 (privat finanzierte Bildungsleistungen als „wirtschaftliche Tätigkeit").
7 So ausdrücklich EuGH v. 10.1.2006 – Rs. C-222/04 *Cassa di Risparmio di Firenze SpA*, Slg. 2006, I-289.
8 Zum Folgenden vgl. eingehend *Helios*, Steuerliche Gemeinnützigkeit und EG-Beihilfenrecht, S. 87 ff.; *Hüttemann*, DB 2006, 918 ff.
9 Ebenso *Kühling/Pisal*, Non Profit Law Yearbook 2009, 120; *Helios*, Steuerliche Gemeinnützigkeit und EG-Beihilferecht, S. 96 f.

tigkeiten „zur Durchführung der satzungsmäßigen Zwecke" (z.B. in Bereichen wie der Forschung, der Bildung oder dem Gesundheitswesen) als unternehmerische Tätigkeiten anzusehen sind[1]. Zuvor hatte bereits die EG-Kommission die Gemeinnützige Abfallverwertung GmbH (GAV) in Aachen als Unternehmen im Sinne des Beihilfenrechts qualifiziert[2]. Hinzuweisen ist ferner auf die Entscheidungen der EU-Kommission zur staatlichen Förderung von Kletterhallen des Deutschen Alpenvereins[3] und zu einem tschechischen Förderprogramm für gemeinnützige Sportvereine[4]. In beiden Fällen hat die Kommission ein „Unternehmen" bejaht, weil die Sportstätten nicht nur den Mitgliedern, sondern auch Dritten gegen Entgelt überlassen wurden[5]. Auch bei der Flächenübertragung auf Naturschutzorganisationen wie die Deutsche Bundesstiftung Umwelt (DBU) handelt es sich nach Ansicht des Gerichtshofs nicht nur um eine soziale, sondern auch um eine wirtschaftliche Aktivität (z.B. Holzverkauf)[6].

– Auch **vermögensverwaltende Tätigkeiten** (z.B. die Verpachtung von Grundbesitz) können unternehmerische Tätigkeiten im Sinne des Beihilfenrechts sein, weil sich der steuerliche Begriff der Vermögensverwaltung (§ 14 Satz 3 AO) und der Unternehmensbegriff nicht ausschließen[7]. Der EuGH hat sich zu dieser Frage bislang nur in Hinsicht auf die Beteiligung an einer Kapitalgesellschaft äußern müssen und insoweit eine unternehmerische Tätigkeit für den Regelfall verneint[8].

Im Ausgangsrechtsstreit des EuGH-Urteils vom 10.1.2006 war vor allem fraglich, ob auch das Halten und Verwalten von Beteiligungen durch eine Stiftung eine wirtschaftliche Tätigkeit darstellt und deshalb in den Anwendungsbereich des europäischen Wettbewerbsrechts fällt. **Der EuGH will insoweit unterscheiden:** Das bloße Halten von Beteiligungen (auch von Mehrheitsbeteiligungen) stelle für sich genommen noch keine unternehmerische Tätigkeit dar. Übe dagegen eine Stiftung, die eine Kontrollbeteiligung an einer Kapitalgesellschaft hält, diese Kontrolle tatsächlich durch unmittelbare oder mittelbare Einflussnahme auf die Verwaltung der Gesellschaft aus, dann sei die Stiftung „als an der wirtschaftlichen Tätigkeit des kontrollierten Unternehmens beteiligt anzusehen". Der Gerichtshof hält eine solche Differenzierung vor allem deshalb für notwendig, damit die Anwendung des Beihilfenrechts nicht durch eine Ausgliederung von wirtschaftlichen Tätig-

---

1 EuGH v. 10.1.2006 – Rs. C-222/04 *Cassa di Risparmio di Firenze SpA*, Slg. 2006, I-289 Rz. 22 f.
2 Vgl. ABl. EG 1998, Nr. L 159, S. 58 (62).
3 EU-Kommission v. 5.12.2012 – C (2012) 876 endg.; dazu *Fischer*, npoR 2013, 58; die Klage eines privaten Konkurrenten hat das EuG zwischenzeitlich zurückgewiesen, vgl. EuG v. 9.6.2016 – T-162/13 *Magic Mountain Kletterhallen GmbH/Kommission*, ECLI:EU:T:2016:341 = DÖV 2016, 733.
4 EU-Kommission v. 11.6.2014 – C(2014) 3602 endg.
5 Dazu näher *Fischer*, npoR 2017, 140.
6 EuGH v. 12.9.2013 – Rs. T-347/09 *Bundesrepublik Deutschland/Kommission*, npoR 2013, 248.
7 Zutreffend *Helios*, Gemeinnützigkeit und EG-Beihilferecht, 2005, S. 93 ff.; anders noch 3. Aufl. 2015.
8 EuGH v. 10.1.2006 – Rs. C-222/04 *Cassa di Risparmio di Firenze SpA*, Slg. 2006, I-289.

keiten auf selbständige Kapitalgesellschaften umgangen werden könne. Nach Ansicht des EuGH ist es Sache des vorlegenden Gerichts, eine schädliche Einflussnahme im Einzelfall festzustellen. Als ein mögliches Indiz nennen die Entscheidungsgründe die Erteilung von Weisungen an die Geschäftsführung der Beteiligungsgesellschaft. Geht man vom Sinn und Zweck des Beihilfenverbots aus, so müsste es aber vor allem darauf ankommen, ob sich die Stiftung wie ein normaler Investor verhält oder ihren Steuervorteil (z.B. durch den Verzicht auf angemessene Gewinnausschüttungen) zur wirtschaftlichen Förderung des Beteiligungsunternehmens einsetzt[1]. Die Lösung des EuGH ähnelt der vom BFH zu § 14 Satz 3 AO entwickelten Abgrenzungsformel zwischen steuerfreier Vermögensverwaltung und wirtschaftlichem Geschäftsbetrieb bei Beteiligungen an Kapitalgesellschaften (vgl. dazu Rz. 6.130 ff.). Auch der BFH hat in der Einflussnahme auf die Geschäftsführung ein wichtiges Indiz dafür gesehen, dass die Grenzen einer privaten Vermögensverwaltung überschritten sind[2].

– Der **ideelle Bereich** – also unentgeltliche Tätigkeiten, die nur durch Spenden, Mitgliedsbeiträge oder öffentliche Zuschüsse finanziert werden – wird regelmäßig außerhalb des Fokus des Beihilfenrechts liegen, weil es hier an einer „wirtschaftlichen Tätigkeit" fehlt. So soll z.B. eine vollständig oder vorwiegend aus öffentlichen Mitteln finanzierte Unterrichtstätigkeit keine „wirtschaftliche" Tätigkeit darstellen[3]. Bei der Abgrenzung ist allerdings zu beachten, dass das Kriterium „Angebot von Gütern und Dienstleistungen gegen Entgelt" nicht ganz eindeutig ist. So hat der EuGH z.B. in einer Entscheidung zum Umsatzsteuerrecht eine entgeltliche Leistung auch dann bejaht, wenn ein Sportverein seinen Mitgliedern gegen laufende Mitgliedsbeiträge die Nutzung von Sportanlagen ermöglicht[4]. Ein solches Tätigwerden wurde nach deutschem Gemeinnützigkeitsrecht früher noch der ideellen Sphäre zugerechnet[5]. Auch im Kontext des Beihilfenverbots ist fraglich, ob die Ausübung von Amateursport in einem gemeinnützigen Verein eine „wirtschaftliche" Tätigkeit darstellt[6].

3. Steuervergünstigungen als staatliche Beihilfe

1.114 Soweit gemeinnützige Einrichtungen – insbesondere im Bereich ihrer Zweckbetriebe – unternehmerische Tätigkeiten ausüben, ist weiter zu prüfen, ob Steuervergünstigungen eine unzulässige **Beihilfe nach Art. 107 Abs. 1 AEUV** darstellen. Nach

---

1 S. dazu auch *Hüttemann*, DB 2006, 914; *Hüttemann*, Wirtschaftliche Betätigung, S. 148 ff.

2 BFH v. 30.6.1971 – I R 57/70, BStBl. II 1971, 753; BFH v. 27.3.2001 – I R 78/99, BStBl. II 2001, 449; BFH v. 25.8.2010 – I R 97/09, BFH/NV 2011, 312; vgl. näher *Hüttemann*, DB 2006, 918.

3 EuGH v. 27.6.2017 – Rs. C-74/16 *Congregacion de Escuelas Pias Provincia Betania gegen Ayuntamiento de Getafe*, ECLI:EU:C:2017:496; siehe auch VG Berlin v. 21.2.2012 – 20 K 369.08, npoR 2012, 155, betreffend den Sprachunterricht durch das Goethe-Institut; kritisch *Gilberg*, npoR 2012, 160.

4 Vgl. EuGH v. 21.3.2002 – Rs. C-174–00 *Kennemer Golf- & Countryclub*, Slg. 2002, I-3293.

5 Vgl. aber BFH v. 2.8.2006 – XI R 6/03, BStBl. II 2007, 8; BFH v. 9.8.2007 – V R 27/04, BFH/NV 2007, 2213.

6 Ablehnend *Fischer*, npoR 2017, 140 ff. mit weiterführenden Nachweisen zu neueren Kommissionsentscheidungen.

der Rechtsprechung des EuGH[1] müssen folgende Voraussetzungen erfüllt sein, damit eine Maßnahme als Beihilfe qualifiziert werden kann:

(1) Die Maßnahme muss einigen Unternehmen oder einigen Produktionszweigen einen „selektiven" Vorteil gewähren,

(2) der Vorteil muss unmittelbar oder mittelbar aus staatlichen Mitteln gewährt werden,

(3) die Maßnahme muss den Wettbewerb verfälschen oder zu verfälschen drohen, und

(4) sie muss den Handel zwischen Mitgliedstaaten beeinträchtigen können.

Im Fall des Gemeinnützigkeitsrechts geht es nicht um direkte Subventionen, sondern um die **Zulässigkeit steuerlicher Vergünstigungen**, d.h. um direkte steuerliche Befreiungen und Ermäßigungen für gemeinnützige Organisationen nach § 5 Abs. 1 Nr. 9 KStG, § 3 Nr. 6 GewStG, § 12 Abs. 2 Nr. 8 UStG einerseits und den Spendenabzug (vgl. z.B. § 10b EStG) sowie andere mittelbare Vorteile (§ 3 Nr. 26 EStG) andererseits. Grundsätzlich ist der Begriff der staatlichen Beihilfe weiter als der der Subvention, so dass auch begünstigende steuerliche Regelungen beihilferelevant sein können. Voraussetzung für die Annahme eines selektiven Vorteils ist eine begünstigende Abweichung vom Regelsteuertatbestand oder von der „Normalbelastung"[2]. Für die „Selektivität" einer Steuerregelung kommt es ferner darauf an, ob die Steuerbefreiungen „durch die Natur oder den inneren Aufbau" des nationalen Steuersystems bedingt sind, „d.h., ob sie sich also unmittelbar aus den Grund- oder Leitprinzipien des Steuersystems des betreffenden Mitgliedsstaats ergeben"[3]. Im Fall der Befreiung italienischer Bankstiftungen von der Kapitalertragsteuer hat der EuGH eine „selektive" begünstigende Abweichung ohne Weiteres bejaht[4]. In einer späteren Entscheidung zu Steuervergünstigungen zu italienischen Arbeits- und Produktionsgenossenschaften hat es der Gerichtshof indes für möglich gehalten, dass

1.115

---

1 Vgl. zuletzt EuGH v. 27.6.2017 – Rs. C-74/16 *Congregacion de Escuelas Pias Provincia Betania gegen Ayuntamiento de Getafe*, ECLI:EU:C:2017:496; EuGH v. 24.7.2003 – Rs. C-280/00 *Altmark Trans und Regierungspräsidium Magdeburg*, Slg. 2003, I-7747 Rz. 75; EuGH v. 3.5.2005 – Rs. C-172/03 *Heiser*, Slg. 2005, I-01627 Rz. 27; EuGH v. 15.12.2005 – Rs. C-66/02 *Italienische Republik/Komm.*, Slg. 2005, I-10901; siehe auch die Bekanntmachung der Kommission zum Begriff der staatlichen Beihilfe im Sinne des Artikels 107 AEUV v. 19.6.2016 (2016/ C 262/01).

2 Dazu EuGH v. 15.12.2005 – Rs. C-66/02 *Italienische Republik/Komm.*, Slg. 2005, I-10901 Rz. 78; EuGH v. 10.1.2006 – Rs. C-222/04 *Cassa di Risparmio di Firenze SpA*, Slg. 2006, I-289.

3 So bereits die Kommission in ihrer Mitteilung über die Anwendung der Vorschriften über staatliche Beihilfen auf Maßnahmen im Bereich der direkten Unternehmensbesteuerung, ABl. EG 1998, Nr. C 384, S. 3; aus der Rechtsprechung EuGH v. 10.1.2006 – Rs. C-222/04 *Cassa di Risparmio di Firenze SpA*, Slg. 2006, I-289.

4 Vgl. EuGH v. 10.1.2006 – Rs. C-222/04 *Cassa di Risparmio di Firenze SpA*, Slg. 2006, I-289.

rechtsformbezogene Steuervorteile[1] durch „die Natur und den inneren Aufbau des Steuersystems" gerechtfertigt sind[2].

1.116　Ausgehend von diesen Maßstäben sind verschiedene **Einwände gegen die Annahme eines selektiven Vorteils** bei Steuervergünstigungen für gemeinnützige Einrichtungen erhoben worden. So hat die Kommission die Befreiung von gemeinnützigen Institutionen von der Körperschaftsteuerpflicht früher „aus der Natur ihrer auf Gewinnerzielung nicht angelegten Tätigkeiten" für gerechtfertigt gehalten[3]. Diese Sichtweise greift allerdings zu kurz, weil die Ertragsteuerbefreiungen eben nicht nur deklaratorische Bedeutung haben (zur steuersystematischen Einordnung der Befreiungsregelungen vgl. Rz. 1.56 ff.)[4]. Auch der Versuch, die Steuerbefreiung gemeinnütziger Einrichtungen und den Spendenabzug mit der Überlegung zu rechtfertigen, sie seien „**Ausfluss leistungsfähigkeitsgerechter Besteuerung**"[5], ist nicht überzeugend. Denn es bleibt die Frage, weshalb eine „gemeinwohlorientierte" Einkommensverwendung die steuerliche Leistungsfähigkeit mindern soll. Ferner darf nicht übersehen werden, dass dem nationalen Gesetzgeber nach diesem Ansatz ein erheblicher Entscheidungsspielraum bei der Gewährung von Steuererleichterungen verbleibt, der schon aus Wettbewerbsgründen eine Beihilfenkontrolle erfordert[6]. Schließlich dürfte auch die Berufung auf die Grundsätze des EuGH-Urteils in der Rechtssache *Altmark Trans*[7] nicht allgemein weiterhelfen[8]. Abgesehen von der fehlenden „Betrauung" gemeinnütziger Einrichtungen im Sinne von Art. 106 Abs. 2 AEUV (früher Art. 86 Abs. 2 EGV) fehlt es auch an den anderen im Urteil *Altmark Trans* aufgestellten Bedingungen, insbesondere einer Berechnung des Ausgleichs anhand objektiver und transparenter Parameter[9].

1.117　Das Merkmal der „**staatlichen Maßnahme oder einer Maßnahme unter Inanspruchnahme staatlicher Mittel**" ist bei den direkten gesetzlichen Steuervergünstigungen immer erfüllt, da sie zu einem Verzicht auf Steuereinnahmen führen[10].

---

1 Dazu eingehend *Balbinot*, Beihilfenverbot und Rechtsformneutralität, 2018.
2 EuGH v. 8.9.2011 – Rs. C-78/08 bis 80/08 *Paint Graphos*, Slg. 2011, I-7611.
3 Kommission, ABl. EG 1998, Nr. C 384, S. 3.
4 Kritisch zur Auffassung der Kommission auch *Schön*, ZHR Beiheft 69 (2001), 106.
5 *Kirchhof* in DStJG 26 (2003), 1; *Jachmann*, BB 2003, 990; *Kube*, IStR 2005, 469; zum Spendenrecht eingehend auch *Geserich*, Privater, gemeinwohlwirksamer Aufwand im System der deutschen Einkommensteuer und des europäischen Rechts, 1999.
6 Zutreffend *Walz*, Diskussionsbeitrag in DStJG 26 (2003), 75 f.
7 EuGH v. 24.7.2003 – Rs. C-280/00 *Altmark Trans*, Slg. 2003, I-7747 Rz. 87; vgl. auch EuGH v. 22.11.2001 – Rs. C-53/00 *Ferring*, Slg. 2001, I-9067.
8 A.A. *Kube*, IStR 2005, 475; vgl. auch zur Rechtsansicht der Kommission in Hinsicht auf die Umsetzung von *Altmark Trans* KommE v. 28.11.2005, ABl. EU 2005, Nr. L 312, S. 67 ff.; ABl. EU 2005, Nr. C 297, S. 4 ff.
9 Vgl. dazu eingehend *Kühling/Pisal* in Non Profit Law Yearbook 2009, 125 ff.; *Droege* in NK-GemnR, Grundprinzipien Rz. 75 f.; kritisch zur mangelnden Kompatibilität mit dem Gemeinnützigkeitsrecht *Fischer*, Gemeinnützige Daseinsvorsorge und Wettbewerbsordnung, 2016, S. 121 ff.
10 Vgl. auch EuGH v. 15.12.2005 – Rs. C-66/02 *Komm./Italienische Republik*, Slg. 2005, I-10901 Rz. 76 ff.

Fraglich ist aber, ob auch der Spendenabzug eine „staatliche Maßnahme" darstellt. Insoweit ist zwar im Ausgangspunkt zu berücksichtigen, dass es sich bei den Spenden um private Mittel handelt[1]. Durch die steuerliche Abzugsfähigkeit verzichtet der Staat jedoch ebenfalls auf Steuereinnahmen, die letztlich den Empfängereinrichtungen zugute kommen. Es handelt sich mithin um „mittelbare" Beihilfen zugunsten gemeinnütziger Einrichtungen[2]. Ähnliches gilt für die anderen genannten Vorteile, z.B. § 3 Nr. 26 EStG. Eine beihilferelevante Maßnahme unter Inanspruchnahme staatlicher Mittel liegt daher zumindest in Höhe der Steuerersparnis des Zuwendenden vor[3]. Besondere Fragen der Zurechenbarkeit stellen sich schließlich bei Steuervergünstigungen auf unionsrechtlicher Grundlage. So stellen z.B. die in der MwStSystRL enthaltenen unbedingten Steuerbefreiungen keine „staatlichen" Beihilfen dar[4]. Gleiches sollte gelten, wenn die Begünstigung – wie der ermäßigte Umsatzsteuersatz nach § 12 Abs. 2 Nr. 8 Buchst. a UStG – auf einer unionsrechtlichen Ermächtigung der Mitgliedstaaten beruht (vgl. Art. 98 MwStSystRL), so dass der Unionsgesetzgeber die begünstigte Wirkung zumindest in Kauf genommen hat.

Die Steuervergünstigungen wegen Gemeinnützigkeit müssen schließlich auch **wettbewerbsrelevant** und darüber hinaus zumindest grundsätzlich **geeignet sein, den Handel zwischen Mitgliedstaaten zu beeinträchtigen**. Durch die partielle Steuerpflicht von wirtschaftlichen Geschäftsbetrieben und die Wettbewerbsklausel in § 65 Nr. 3 AO wird die Wettbewerbsrelevanz des Gemeinnützigkeitsrechts zwar erheblich gemindert, aber nicht gänzlich beseitigt (vgl. §§ 66 bis 68 AO)[5]. Ferner lässt sich nicht völlig ausschließen, dass Steuervergünstigungen im gemeinnützigen Sektor im Einzelfall auch Auswirkungen auf den Handel zwischen den Mitgliedstaaten haben können. Gleichzeitig ist davon auszugehen, dass viele gemeinnützige Projekte lediglich „Vorhaben von lokaler Bedeutung"[6] betreffen, so dass auf eine Anwendung des Art. 107 Abs. 1 AEUV verzichtet werden kann. So hat die EU-Kommission z.B. bei einer nichtgewinnorientierten „National Outdoor Training Centre Glenmore Lodge" im schottischen Hochland eine grenzüberschreitende Beeinträchtigung des Wettbewerbs ausgeschlossen[7]. Schließlich dürften die meisten (kleinen) Vereine und Stiftungen auch deshalb nicht der Beihilfenaufsicht unterliegen, weil die ihnen gewährten Steuervorteile die von der Kommission festgelegten Schwellenwerte nicht überschreiten (sog. De-Minimis-Beihilfen).

1.118

---

1 Statt vieler *Kube*, IStR 2005, 475.
2 So auch *Kühling/Pisal* in Non Profit Law Yearbook 2009, 124 f.; a.A. aber *Isensee* in DStJG 26 (2003), 116 f.
3 Ebenso *Benicke*, EuZW 1996, 169; *Helios*, Steuerliche Gemeinnützigkeit und EG-Beihilfenrecht, S. 173 ff.; *Kühling/Pisal* in Non Profit Law Yearbook 2009, 124 f.; a.A. aber etwa *Kube*, IStR 2005, 475.
4 Vgl. zur Steuerbefreiung von Jugendherbergen nach Art. 132 Abs. 1 Buchst. h MwStSystRL EU-Kommission v. 26.10.2015 – C (2015) 7225 endg.
5 Zum Krankenhaussektor *Kühling/Pisal* in Non Profit Law Yearbook 2009, 132 f.
6 Siehe dazu die Pressemitteilung der EU-Kommission IP/15/4889 und dazu *Fischer*, Gemeinnützige Daseinsvorsorge und Wettbewerbsordnung, 2016, S.161 ff.
7 EU-Kommission v. 29.4.2015 – C(2015) 2799 endg.

1.119 Als **Zwischenergebnis** bleibt damit festzuhalten, dass die Steuervergünstigungen wegen Gemeinnützigkeit **durchaus unter den Beihilfentatbestand fallen können**. Insoweit bedarf es einer differenzierenden Betrachtung, die ausgehend von den verschiedenen Tatbestandsmerkmalen prüft, ob einzelne Steuervorteile die Merkmale einer Beihilfe erfüllen. Eine Beihilferelevanz dürfte vor allem bei steuerbegünstigten Zweckbetrieben zu bejahen sein, und zwar insbesondere dort, wo der Gesetzgeber ohne Rücksicht auf mögliche Wettbewerbsverzerrungen ganze Sektoren dem steuerfreien Bereich zugeordnet hat (vgl. den Zweckbetriebskatalog in §§ 66 bis 68 AO).

4. Mögliche Rechtfertigungsgründe

1.120 Die Feststellung, dass bestimmte steuerliche Vorteile – insbesondere die Zweckbetriebsbefreiungen – als Beihilfen im Sinne von Art. 107 AEUV qualifiziert werden, bedeutet noch nicht, dass die Steuervergünstigungen stets unzulässig sind. Vielmehr bleibt zu prüfen, ob einer der **Ausnahmetatbestände in Art. 107 Abs. 2 und 3 AEUV** eingreift[1]. In seiner Entscheidung vom 10.1.2006 musste der EuGH zu diesen Ausnahmen nicht Stellung nehmen, weil es sich um eine „Neubeihilfe" handelte, die noch nicht nach Art. 108 AEUV notifiziert worden war. Inzwischen gibt es aber erste Entscheidungen der EU-Kommission[2], so dass sich einige allgemeine Aussagen zu möglichen Rechtfertigungsgründen treffen lassen:

– Die Legalausnahmen nach **Art. 107 Abs. 2 Buchst. a und b AEUV** (soziale Verbraucherbeihilfen, Katastrophenbeihilfe) erscheinen zur Rechtfertigung nicht geeignet, weil die Steuervorteile allen gemeinnützigen Einrichtungen gewährt werden und die Katastrophenhilfe nur einen sehr kleinen Teil der Mildtätigkeit ausmacht[3].

– Im Unterschied zu Art. 107 Abs. 2 AEUV unterliegen die **Ausnahmen nach Art. 107 Abs. 3 AEUV** der Ermessensentscheidung der Europäischen Kommission („können"). Sie hat ihre diesbezüglichen Ermessens- und Abwägungsvorgänge zum Gegenstand von Leitlinien und Gemeinschaftsrahmen gemacht, die die Kommission selbst binden. Für den gemeinnützigen Sektor fehlen spezielle Leitlinien, so dass vorrangig auf die vorhandenen Leitlinien zurückgegriffen werden muss[4]. Darüber hinaus kann die Kommission im Rahmen ihres Ermessens aber auch weitere Beihilfen im Einzelfall genehmigen[5]. Im Schrifttum ist insbesondere auf **Art. 107 Abs. 3 Buchst. b AEUV** als mögliche Rechtsgrundlage für Beihilfen im gemeinnützigen Sektor hingewiesen worden[6]. Danach können Beihilfen als mit dem Gemeinsamen Markt vereinbar angesehen werden, die „wichtige Vorhaben von gemeinsamem europäischem Interesse" fördern. In der

---

1 Eingehend dazu *Helios*, Steuerliche Gemeinnützigkeit und EG-Beihilfenrecht, S. 194 ff.
2 Für einen Überblick – insbesondere zur Förderung des Sports – siehe *Fischer*, Gemeinnützige Daseinsvorsorge und Wettbewerbsordnung, 2016, S. 131 ff.
3 Ablehnend auch *Kühling/Pisal* in Non Profit Law Yearbook 2009, 142.
4 So etwa im Fall der Gemeinnützigen Abfallverwertung GmbH, vgl. ABl. EG 1998, Nr. L 159, S. 58.
5 So auch *Kühling/Pisal* in Non Profit Law Yearbook 2009, 142.
6 Siehe etwa *Benecke*, EuZW 1996, 165 (172); *Isensee* in DStJG 26 (2003), 124 f.

Praxis der Kommission steht indes der Ausnahmetatbestand des **Art. 107 Abs. 3 Buchst. c AEUV** im Vordergrund. Diese Vorschrift erlaubt Beihilfen zur Förderung der Entwicklung gewisser Wirtschaftszweige oder Wirtschaftsgebiete, „soweit sie die Handelsbedingungen nicht in einer Weise verändern, die dem gemeinsamen Interesse zuwiderläuft". Der Begriff der „Wirtschaftszweige" wird dabei weit verstanden, so dass nicht nur sektorale Beihilfen erlaubt sind. Als „gemeinsames Interesse" werden etwa die Förderung von Forschung, Entwicklung und Innovation[1], aber auch die Förderung von kleinen und mittleren Unternehmen (KMU), von Ausbildung und Beschäftigung sowie des Umweltschutzes verstanden.[2]. In jüngster Zeit hat die EU-Kommission Art. 107 Abs. 3 Buchst. c AEUV auch herangezogen, um staatliche Fördermaßnahmen für gemeinnützige Sportvereine unter Hinweis auf das in Art. 165 AEUV verankerte Förderziel („Förderung des Amateur- und Breitensports") zu rechtfertigen[3]. Hinzuweisen ist insbesondere auf die Entscheidung zu den Kletterhallen des Deutschen Alpenvereins[4], die das EuG inzwischen bestätigt hat[5]. In seiner Begründung betont das EuG nicht nur den weiten Ermessensspielraum der Kommission bei der Anwendung des Art. 107 Abs. 3 Buchst. c AEUV, sondern stellt auch fest, dass ein „Marktversagen" keine zwingende Voraussetzung sei, da eine staatliche Beihilfe auch durch ein Allgemeininteresse – hier: die Förderung des Amateursports – gerechtfertigt werden könne. Ferner folgt das EuG der Erwägung der Kommission, dass „die Förderung des Breitensports über gemeinnützige Vereine pädagogische und soziale Vorteile aufweist und positive Nebeneffekte mit sich bringt, u.a. dadurch, dass sie die Durchführung zusätzlicher Aktivitäten ermöglicht, wie die Benutzung der Anlagen durch Schulen und andere öffentliche Einrichtungen." Auch in einer weiteren vom EuG bestätigten Entscheidung hat die EU-Kommission direkte Subventionen an gemeinnützige Sportvereine zum Ausbau von Sportanlagen auf Art. 107 Abs. 3 Buchst. c AEUV gestützt[6].

– Schließlich ist an eine Vereinbarkeit nach **Art. 106 Abs. 2 AEUV** (früher Art. 86 Abs. 2 EGV) zu denken. Die Kommission hat mit der Veröffentlichung des sog. Monti-Pakets den Rahmen für die Anwendung dieser Regelung im Bereich der öffentlichen Daseinsvorsorge abgesteckt[7]. Danach ist entsprechend der EuGH-Entscheidung in Sachen *Altmark Trans* keine Beihilfe anzunehmen, wenn ein staatlicher Betrauungsakt vorliegt, die Parameter für die Berechnung der Aus-

---

1 Siehe etwa den Unionsrahmen für staatliche Beihilfen zur Förderung von Forschung, Entwicklung und Innovation v. 27.6.2014 (2014 C 198/01).
2 Dazu näher *Helios*, Steuerliche Gemeinnützigkeit und EG-Beihilfenrecht, S. 219 ff.
3 Eingehende Nachweise zur Entscheidungspraxis bei *Fischer*, Gemeinnützige Daseinsvorsorge und Wettbewerbsordnung, 2016, S. 131 ff.
4 EU-Kommission v. 5.12.2012 – C (2012) 876 endg.; dazu *Fischer*, npoR 2013, 58.
5 EuG v. 9.6.2016 – T-162/13 *Magic Mountain Kletterhallen GmbH/Kommission*, ECLI:EU: T:2016:341 = DÖV 2016, 733.
6 Siehe EuG v. 12.5.2016 – T 693/14, ECLI:EU:T:2016:92; dazu *Fischer*, Gemeinnützige Daseinsvorsorge und Wettbewerbsordnung, 2016, S. 168 f.
7 S. Daseinsvorsorge-Entscheidung v. 28.11.2005, ABl. EU 2005, Nr. L 312, S. 67 ff.; Daseinsvorsorge-Gemeinschaftsrahmen v. 28.11.2005, ABl. EU 2005, Nr. C 297, S. 4 ff. Zum sog. Almunia-Paket vgl. *Fischer*, Stiftung&Sponsoring 2/2013, 32.

gleichsleistung von vornherein festgelegt sind und Vorkehrungen zur Vermeidung einer Überkompensation getroffen worden sind. Im Unterschied zur *Altmark-Trans*-Entscheidung stellt die Kommission dabei auf die Ist-Kosten ab und nicht auf die Kosten einer „effizienten" Leistungserbringung.

– Ein frühes Beispiel für die Anwendung von Art. 106 Abs. 2 AEUV im Gemeinnützigkeitsbereich ist die **Entscheidung der Kommission im Fall AWO SANO gGmbH**[1], in der es um die Steuerbegünstigung als Zweckbetrieb ging. Hier bestand allerdings die Besonderheit, dass das von der AWO SANO gGmbH betriebene Feriendorf auf Rügen in den betreffenden Jahren stets nur Verluste erwirtschaftet hatte, so dass eine „Überkompensation" durch steuerliche Vorteile von vornherein ausgeschlossen werden konnte. Auf eine nähere Überprüfung der Verlustentstehungsgründe (z.B. die Angemessenheit der Geschäftsführervergütungen) hat die Kommission verzichtet[2]. Der Ansatz bei Art. 106 Abs. 2 AEUV enthält allerdings wegen des Erfordernisses eines Betrauungsaktes ein **umsatzsteuerrechtliches Restrisiko**: Wenn – insbesondere im Krankenhauswesen – die gemeinnützige Einrichtung kraft eines Betrauungsaktes „für" die öffentliche Hand tätig wird und zusätzlich bestimmte Finanzierungshilfen erhält, liegt die Annahme eines umsatzsteuerbaren Leistungsaustauschs nahe[3].

Da die wenigen bisher vorliegenden Entscheidungen jeweils nur Einzelfälle betrafen und eine „allgemeine" Leitlinie für die Vereinbarkeit von Steuervergünstigungen wegen Gemeinnützigkeit mit dem europäischen Wettbewerbsrecht weiterhin fehlt, wird die **weitere Entwicklung** vor allem davon abhängen, wie die EU-Kommission in Zukunft das ihr eingeräumte Ermessen bei der Beihilfenaufsicht im Dritten Sektor ausüben wird.

5. Altbeihilfen

1.121 Im vorliegenden Zusammenhang ist schließlich die Feststellung wichtig, dass es sich bei den meisten Steuerbefreiungen wegen Gemeinnützigkeit um „Altbeihilfen" handeln dürfte, die bereits bei Abschluss der EG-Verträge zum 1.1.1958 in Kraft waren. Für die Prüfung der Vereinbarkeit solcher „bestehenden Beihilferegelungen" im Sinne des Art. 108 Abs. 1 AEUV ist ausschließlich die EU-Kommission zuständig. Insbesondere finden die bei „Neubeihilfen" geltende Notifikationspflicht und das Durchführungsverbot nach Art. 108 Abs. 3 AEUV auf „Altbeihilfen" keine Anwendung, so dass die Behörden und Gerichte der Mitgliedstaaten die betreffenden Regelungen anwenden können, solange die Kommission ihre Unvereinbarkeit mit dem Binnenmarkt nicht festgestellt hat. So hat der I. Senat des BFH im Urteil vom 31.7.2013 beihilfenrechtliche Bedenken gegen die Anwendung der **Steuerbefreiung für Krankenhauszweckbetriebe** nachE § 67 AO unter Hinweis auf Art. 108 Abs. 3

---

1 Dazu *Kühling/Pisal* in Non Profit Law Yearbook 2009, 139 f.

2 Kritisch deshalb *Kühling/Pisal* in Non Profit Law Yearbook 2009, 139 f.; noch anders *Fischer*, FR 2009, 929 ff., der der Kommission eine überzogene marktliberale Grundhaltung vorwirft.

3 Zu diesem Folgeproblem vgl. Ministerium für Wirtschaft, Mittelstand und Energie NRW, Leitfaden EG-Beihilfenrechtskonforme Finanzierung von kommunalen Leistungen der Daseinsvorsorge, 2009; *Leippe*, ZKF 2011, 217.

AEUV zurückgewiesen[1]. Mit Recht hat der BFH darauf abgestellt, dass die Steuerbefreiung für Krankenhäuser als solche schon in § 10 Abs. 1 Nr. 1 GemVO 1953 vorgesehen war[2]. Diese Argumentation hat der I. Senat des BFH wenig später auch auf die Steuerbegünstigung von Einrichtungen der Wohlfahrtspflege (§ 66 AO)[3] übertragen. Der V. Senat hat sich dieser Rechtsprechung für Krankenhauszweckbetriebe inzwischen ausdrücklich angeschlossen[4]. Auch die EU-Kommission hat in ihrer Entscheidung zu Steuerbegünstigungen für das Deutsche Jugendherbergswerk (DJH) festgestellt, dass es sich bei der Zweckbetriebsbegünstigung von Jugendherbergen (vgl. § 68 Nr. 1 Buchst. b AO) – ungeachtet redaktioneller Änderungen durch die AO 1977 – um eine „bestehende Beihilfe" handelt[5].

III. Einwirkungen der Grundfreiheiten auf das nationale Gemeinnützigkeitsrecht

1. Problemstellung

Die Einwirkungen der europäischen Grundfreiheiten auf das deutsche Gemeinnützigkeitsrecht betreffen in erster Linie die Frage, ob der deutsche Gesetzgeber **die Steuervergünstigungen wegen Gemeinnützigkeit auf unbeschränkt steuerpflichtige Körperschaften beschränken darf**. Das deutsche Recht enthielt bis 2008 durchweg solche Beschränkungen: So stand der Gemeinnützigkeitsstatus nur unbeschränkt körperschaftsteuerpflichtigen Einrichtungen offen. Auch der steuerliche Spendenabzug war auf Zuwendungen an unbeschränkt steuerpflichtige gemeinnützige Einrichtungen beschränkt. Das Gleiche sollte auch für den Übungsleiterfreibetrag gelten. In allen diesen Fällen stellte sich jedoch die Frage, ob der Ausschluss ausländischer bzw. beschränkt steuerpflichtiger gemeinnütziger Einrichtungen aus anderen Mitgliedstaaten eine verbotene (verdeckte) Diskriminierung darstellte.

1.122

Zwar ist im Schrifttum schon früh auf mögliche Verstöße des deutschen Gemeinnützigkeitsrechts gegen die Grundfreiheiten aufmerksam gemacht worden[6], aber erst seit dem **Vorlagebeschluss des I. Senats des BFH in der Rechtssache** *Stauffer* ist das Problem in der Fachöffentlichkeit breiter diskutiert worden[7]. Im Urteilsfall

1.123

1 BFH v. 31.7.2013 – I R 82/12, BStBl. II 2015, 123; BFH v. 31.7.2013 – I R 31/12, BFH/NV 2014, 185.

2 Zum Begriff der „Altbeihilfe" vgl. EuGH v. 9.8.1994 – Rs. C-44/93 *Namur-Les assurances de crédit*, Slg. 1994, I-3829.

3 BFH v. 27.11.2013 – I R 17/12, BStBl. II 2016, 68.

4 BFH v. 18.10.2017 – V R 46/16, BFH/NV 2018, 293.

5 EU-Kommission v. 26.10.2015 – C (2015) 7225 endg.

6 Vgl. *Thömmes* in JbFStR 1999/2000, S. 123, 125.

7 Vgl. dazu *Droege*, Gemeinnützigkeit im offenen Steuerstaat, 2010, S. 480 ff.; *Drüen/Liedtke*, FR 2008, 1; *Ecker*, Intertax 2007, 450; *Eicker*, Grenzüberschreitende gemeinnützige Tätigkeit, 2004; *Fischer*, FR 2005, 457; *Fischer*, FR 2007, 361; *Fischer*, FR 2009, 249; *Fischer* in FS Lang, 2010, S. 281; *Geibel*, GPR 2010, 61; *Geserich*, DStR 2009, 1173; *Heger*, FR 2004, 1154; *Helios*, Steuerliche Gemeinnützigkeit und EG-Beihilfenrecht, 2005; *Helios*, BB 2002, 1893; *Helios* in Non Profit Law Yearbook 2008, 89; *Helios/Müller*, BB 2004, 2332; *Helios/ Schlotter*, IStR 2006, 483; *Hüttemann*, IStR 2010, 118; *Hüttemann/Helios*, DB 2006, 2481;

begehrte eine Stiftung italienischen Rechts, die in Deutschland Einkünfte aus Vermietung und Verpachtung erzielte, die Befreiung von der beschränkten Steuerpflicht nach § 5 Abs. 1 Nr. 9 KStG. Mit Beschluss vom 14.7.2004 hat der I. Senat des BFH dem EuGH nach Art. 234 EGV folgende Frage vorgelegt:

„Widerspricht es Art. 52 i.V.m. Art. 58, Art. 59 i.V.m. Art. 66 und 58 sowie Art. 73b EGV, wenn eine gemeinnützige Stiftung privaten Rechts eines anderen Mitgliedstaates, die im Inland mit Vermietungseinkünften beschränkt steuerpflichtig ist, anders als eine Inland gemeinnützige unbeschränkt steuerpflichtige Stiftung mit entsprechenden Einkünften nicht von der Körperschaftsteuer befreit ist?"

Mit Urteil vom 14.9.2006[1] hat der **EuGH die Vorlagefrage bejaht** und die Gemeinschaftsrechtswidrigkeit von § 5 Abs. 2 Nr. 2 KStG festgestellt.

1.124 Das Urteil in der Rechtssache *Stauffer* bildete den Auftakt für **weitere Verfahren**, durch die die Bedeutung der Grundfreiheiten für den gemeinnützigen Sektor wesentlich geklärt worden ist. Hinzuweisen ist zum einen auf das Urteil in der Rechtssache *Jundt* vom 18.12.2007[2] betreffend eine Vorlage des XI. Senats vom 1.3.2006[3]. Darin hat der Gerichtshof festgestellt, dass die Diskriminierung von Nebentätigkeiten für Körperschaften des öffentlichen Rechts aus anderen EU/EWR-Staaten gemäß § 3 Nr. 26 EStG a.F. gegen die Dienstleistungsfreiheit verstieß. Noch größere Aufmerksamkeit wurde der Entscheidung im Verfahren *Hein Persche* zuteil, das ebenfalls durch einen Vorlagebeschluss des XI. Senats angestoßen worden ist[4]. In seinem Urteil vom 27.1.2009[5] stellte der Gerichtshof fest, dass der deutsche

---

Hüttemann/Helios, IStR 2008, 39; *Hüttemann/Helios*, IStR 2008, 220; *Hüttemann/Helios*, DB 2009, 701; *Isensee* in DStJG 26 (2003), 93; *Jachmann*, BB 2003, 990; *Jachmann/Meier-Behringer*, BB 2006, 1823; *Jochum* in FS Rengeling, 2008, S. 545; *Kube*, IStR 2005, 469; *Lissner*, Das Gemeinnützigkeits- und Spendenrecht unter dem Einfluss der europäischen Grundfreiheiten, 2008; *Möllmann*, Die steuerliche Privilegierung gemeinnütziger Körperschaften, 2007; *Neumann*, FR 2008, 745; *Reimer*, SWI 2006, 197; *Reimer/Ribbrock*, RIW 2005, 609; *Richter/Gollan*, npoR 2009, 19; *Runte*, RIW 2009, 461; *Schäfers*, Die steuerrechtliche Behandlung gemeinnütziger Stiftungen in grenzüberschreitenden Fällen, 2005; *Schäfers*, IStR 2004, 755; *Schienke-Ohletz*, BB 2018, 221; *Thömmes* in JbFStR 1999/2000, S. 123; *Thömmes/Nakhai*, DB 2005, 2259; *Thömmes/Nakhai*, IStR 2006, 164; *Tiedtke/Möllmann*, DStZ 2008, 69; *Tiedtke/Möllmann*, IStR 2007, 837; *Unger*, DStZ 2010, 154; *von Hippel*, EuZW 2005, 7; *von Hippel* in Walz/von Auer/von Hippel, Spenden- und Gemeinnützigkeitsrecht in Europa, S. 677; *von Proff*, IStR 2009, 371; *Wachter*, ZSt 2005, 75; *Winheller/Klein*, DStZ 2009, 193.

1 EuGH v. 14.9.2006 – Rs. C-386/04 *Stauffer*, Slg. 2006, I-8203; vgl. dazu *Hüttemann/Helios*, DB 2006, 2481; *Jachmann*, BB 2006, 2607; *Mamut/Stürzlinger*, SWI 2006, 550; *Reimer/Ribbrock*, IStR 2006, 679; *Schäfers*, ZEV 2006, 459; *Sutter*, EuZW 2006, 629; *von Hippel*, EuZW 2006, 614; *Fischer*, FR 2007, 361.

2 EuGH v. 18.12.2007 – Rs. C-281/06 *Jundt*, Slg. 2007, I-12331; dazu *Hüttemann/Helios*, IStR 2008, 200.

3 BFH v. 1.3.2006 – XI R 43/02, BStBl. II 2006, 685.

4 BFH v. 9.5.2007 – XI R 56/05, BStBl. II 2010, 260; dazu *Tiedtke/Möllmann*, IStR 2007, 837; *Drüen/Liedtke*, FR 2008, 1; *Hüttemann/Helios*, IStR 2008, 39.

5 EuGH v. 27.1.2009 – Rs. C-318/07 *Persche*, Slg. 2009, I-359; dazu *Fischer*, FR 2009, 249; *Geserich*, DStR 2009, 193; *Hüttemann/Helios*, DB 2009, 701; *Hüttemann*, IStR 2010, 118;

Gesetzgeber mit dem in § 10b Abs. 1 EStG a.F. bestimmten vollständigen Ausschluss des Spendenabzugs für Direktspenden an ausländische gemeinnützige Einrichtungen in anderen EU/EWR-Staaten gegen die Kapitalverkehrsfreiheit verstoßen hat. Diese Rechtsprechungsgrundsätze hat der EuGH inzwischen in weiteren Entscheidungen bekräftigt. In der Rechtssache *Missionswerk Werner Heukelbach e.V.* erklärte der Gerichtshof eine Regelung des belgischen Erbschaftsteuerrechts für gemeinschaftswidrig, die den Vorteil eines ermäßigten Erbschaftsteuersatzes auf Zuwendungen von Todes wegen an gemeinnützige Einrichtungen mit Sitz in Belgien beschränkte[1]. In seinem Urteil vom 16.6.2011 im Vertragsverletzungsverfahren gegen Österreich[2] hat der EuGH noch einmal bestätigt, dass ein Mitgliedstaat gegen die Kapitalverkehrsfreiheit verstößt, wenn er nur Zuwendungen an im Inland ansässige Forschungseinrichtungen steuerlich zum Abzug zulässt[3]. Mit Urteil vom 21.9.2016 hat der Gerichtshof in der Rechtssache *Radgen* die Grundsätze des *Jundt*-Urteils auf der Grundlage des zwischen der EU und der Schweiz bestehenden Freizügigkeitsabkommen auch auf eine Lehrtätigkeit an einer schweizerischen Hochschule angewandt[4]. Die Rechtsprechung des EuGH zur Anwendung der Grundfreiheiten im grenzüberschreitenden gemeinnützigen Sektor hat ferner den BFH veranlasst, die Diskriminierung von Stipendien aus dem EU-Ausland nach § 3 Nr. 44 EStG ohne eine Vorlage an den Gerichtshof im Wege richtlinienkonformer Auslegung zu beseitigen[5]. Auch die EU-Kommission ist in den letzten Jahren verstärkt gegen die Diskriminierung von ausländischen Wohlfahrtsorganisationen in den EU-Mitgliedstaaten vorgegangen[6].

2. Anwendbare Grundfreiheiten

Welche Bedeutung das Unionsrecht für die Ausgestaltung des nationalen Gemeinnützigkeitsrechts hat, hängt zunächst davon ab, in welchem Umfang sich gemeinnützige Einrichtungen aus anderen EU-Staaten und ihre inländischen Förderer (z.B. Spender in Deutschland) wegen möglicher Diskriminierungen auf die **europäischen Wirtschaftsfreiheiten** (Warenverkehrsfreiheit, Arbeitnehmerfreizügigkeit, Niederlassungsfreiheit, Dienstleistungsfreiheit, Freizügigkeit der Arbeitnehmer, Kapitalverkehrsfreiheit) berufen können[7]. Dafür ist insbesondere zu klären, ob die Grundfreiheiten nur „wirtschaftliche Betätigungen" im engeren Sinne erfassen.

1.125

---

von *Proff*, IStR 2009, 371; *Thömmes*, IWB 2009, 385; *Unger*, DStZ 2010, 154; *Förster*, BB 2011, 663.

1 EuGH v. 10.2.2011 – Rs. C-25/10 *Missionswerk Werner Heukelbach e.V.*, Slg. 2011, I-497.
2 Vgl. dazu auch *Marchgraber*, Zfhr 2010, 47; *Kühbacher*, ÖStZ 2010, 51.
3 EuGH v. 16.6.2011 – Rs. C-10/10 *Komm./Republik Österreich*, Slg. 2011, I-5389.
4 EuGH v. 21.9.2016 – Rs. C-478/15 *Radgen*, ECLI:EU:C:2016:705.
5 BFH v. 15.9.2010 – X R 33/08, BStBl. II 2011, 637.
6 Vgl. beispielsweise die Mitteilungen der EU-Kommission IP/09/1764, IP/10/300, IP/10/1252, IP/11/429, IP/14/808 und IP/15/4674.
7 Vgl. näher *Lissner*, Das Gemeinnützigkeits- und Spendenrecht unter dem Einfluss der europäischen Grundfreiheiten, 2008, S. 37 ff.; *Heidenbauer*, Charity Crossing Borders, 2011, S. 99 ff.

1.126 So bezieht sich z.B. die **Niederlassungsfreiheit** nach Art. 49 AEUV nur auf die „Aufnahme und Ausübung selbständiger Erwerbstätigkeit". Und nach Art. 54 Abs. 2 AEUV sind „sonstige juristische Personen des öffentlichen und privaten Rechts" von den Freizügigkeitsregeln ausgeschlossen, die „keinen Erwerbszweck verfolgen". Inzwischen hat sich allerdings die Ansicht durchgesetzt, dass der Begriff der wirtschaftlichen Tätigkeit auch im Kontext der Grundfreiheiten weit zu verstehen ist und „jede Art wirtschaftlicher Tätigkeit im Sinne einer entgeltlichen Tätigkeit" erfasst. Eine Gewinnerzielungsabsicht ist dagegen nicht erforderlich[1]. Dies bedeutet für gemeinnützige Einrichtungen, dass zumindest im wirtschaftlichen Bereich (Vermögensverwaltung, wirtschaftlicher Geschäftsbetrieb, Zweckbetrieb) stets eine Berufung auf die Niederlassungsfreiheit sowie die anderen Wirtschaftsfreiheiten eröffnet ist, weil dort Tätigkeiten gegen Entgelt ausgeübt werden[2]. Dem steht auch nicht entgegen, dass die erwerbswirtschaftliche Tätigkeit wegen § 56 AO den gemeinnützigen Zwecken untergeordnet sein muss[3]. So wäre z.B. die Niederlassungsfreiheit betroffen, wenn eine ausländische gemeinnützige Stiftung eine Zweigniederlassung ihres Buchverlags im Inland eröffnen würde[4]. Erwirbt sie im Inland – wie im Fall *Stauffer* – dagegen eine Immobilie, die ohne Repräsentanz vom Ausland aus vermietet wird, ist nach Ansicht des EuGH lediglich die objektbezogene Kapitalverkehrsfreiheit berührt[5]. Vereinzelt wird sogar – aber wohl zu Unrecht – angenommen, dass auch eine Spendeneinwerbung zur Finanzierung wirtschaftlicher Tätigkeiten vom Schutzbereich der Niederlassungsfreiheit mit umfasst sei[6].

1.127 Damit bleibt die Frage übrig, ob sich gemeinnützige Einrichtungen auch **im rein ideellen Bereich** auf die besonderen Grundfreiheiten berufen können oder auf das allgemeine Diskriminierungsverbot nach Art. 18 AEUV zurückgeworfen sind. Die Beantwortung dieser Frage hat vor allem Bedeutung für die unionsrechtliche Beurteilung des Spendenabzugs, der als (rein) unentgeltliche Tätigkeit regelmäßig außerhalb der wirtschaftlichen Sphäre liegt. Im Mittelpunkt steht dabei die Frage, ob Spenden an gemeinnützige Einrichtungen jedenfalls in den Anwendungsbereich der Kapitalverkehrsfreiheit nach Art. 63 AEUV (Art. 56 EGV) fallen. Dagegen ist geltend gemacht worden, dass die Kapitalverkehrsfreiheit als wirtschaftliche Freiheit nur Investitionen schütze, die einer Vermögensanlage dienen[7]. Die Gegenauffas-

---

1 Vgl. dazu *Zimmer/Raab* in Non Profit Law Yearbook 2004, 105 ff.
2 So auch im Kontext von § 5 Abs. 2 Nr. 2 KStG n.F. BFH v. 25.10.2016 – I R 54/14, BStBl. II 2017, 1216; *Helios/Müller*, BB 2004, 2334; *Reimer/Wittbrock*, RIW 2005, 612; *Tiedtke/Möllmann*, DStZ 2008, 69; *Unger*, DStZ 2010, 154; ebenso bereits BFH v. 14.7.2004 – I R 94/02, BStBl. II 2005, 721; a.A. für den Bereich der Vermögensverwaltung FG München v. 30.10.2002 – 7 K 1384/00, EFG 2003, 481; dagegen *Helios*, BB 2002, 1893.
3 So aber *Martini*, ISR 2015, 97 (100).
4 Vgl. *Schäfers*, Die steuerrechtliche Behandlung gemeinnütziger Stiftungen in grenzüberschreitenden Fällen, S. 316.
5 EuGH v. 14.9.2006 – Rs. C-386/04 *Stauffer*, Slg. 2006, I-8803; a.A. noch BFH v. 14.7.2004 – I R 94/02, BStBl. II 2005, 721.
6 So etwa *Eicker*, Grenzüberschreitende gemeinnützige Tätigkeit, S. 199.
7 Vgl. etwa *Eicker*, Grenzüberschreitende gemeinnützige Tätigkeit, S. 215.

sung – insbesondere die EU-Kommission – hielt dem hingegen den Wortlaut der Richtlinie 88/361/EWG entgegen, deren Anhang auch Schenkungen erwähnt[1].

In seiner Entscheidung vom 27.1.2009[2] in der Rechtssache *Persche* hat sich der EuGH für ein weites Verständnis der Kapitalverkehrsfreiheit ausgesprochen. Danach fallen nicht nur grenzüberschreitende Investitionen mit Anlageabsicht, sondern auch **Geld- und Sachspenden in den Schutzbereich der Kapitalverkehrsfreiheit**. Zur Begründung verweist der Gerichtshof – wie bereits in früheren Urteilen zur Erbschaftsteuer[3] – auf die Nomenklatur im Anhang der RL 88/361/EWG des Rats vom 24.6.1988, in dem unter der Überschrift „Kapitalverkehr mit persönlichem Charakter" auch Schenkungen und Stiftungen aufgeführt sind. Ferner sei es für die Anwendung der Kapitalverkehrsfreiheit unerheblich, ob es sich um Geldspenden oder – wie im Ausgangsfall – um eine Sachspende „in Form von Gegenständen des täglichen Gebrauchs" handele. Geht man somit davon aus, dass auch der ideelle Bereich (Spenden, echte Mitgliedsbeiträge) in den Anwendungsbereich der Kapitalverkehrsfreiheit fällt, bedarf es keines Rückgriffs auf das allgemeine Diskriminierungsverbot mehr[4]. Diese weite Auslegung der Kapitalverkehrsfreiheit führt allerdings dazu, dass der Prüfungsmaßstab der Grundfreiheiten erheblich **weiter reicht als derjenige der Beihilfenaufsicht**. Denn für die Art. 107 ff. AEUV ist unbestritten, dass nur eine entgeltliche Tätigkeit unter den funktionalen Unternehmensbegriff fällt (dazu Rz. 1.113).

1.128

Auch soweit es um **mittelbare Steuervergünstigungen** für gemeinnützige Einrichtungen geht, die sich nicht an die Organisation selbst, sondern an Dritte richten (Spendenabzug, Übungsleiterpauschale), sind ebenfalls Grundfreiheiten anwendbar. So kann sich z.B. ein deutscher Mitarbeiter einer ausländischen Einrichtung wegen der Versagung des Übungsleiterfreibetrages auf die Dienstleistungsfreiheit oder die Arbeitnehmerfreizügigkeit berufen[5]. Daran ändert auch der Umstand nichts, dass die Tätigkeit „quasi ehrenamtlich" ausgeübt wird[6]. Im Fall einer Spende aus Deutschland an eine ausländische Wohlfahrtsorganisation wäre zunächst wiederum die Kapitalverkehrsfreiheit eines deutschen Spenders berührt. Auch der EuGH hat im *Persche*-Urteil[7] festgestellt, dass das deutsche Abzugsverbot für Direktspenden ins Ausland geeignet sei,

1.129

„sich negativ auf die Bereitschaft deutscher Steuerpflichtiger auszuwirken, an solche Einrichtungen zu spenden, da die Möglichkeit des Spendenabzugs das Verhalten des Spenders er-

---

1 So die EU-Kommission in einem Schreiben an das Vereinigte Königreich v. 10.7.2006 – IP/06/964; ebenso *von Hippel*, EuZW 2005, 7 ff.
2 EuGH v. 27.1.2009 – Rs. C-318/07 *Persche*, Slg. 2009, I-359.
3 Vgl. etwa EuGH v. 23.2.2006 – Rs. C-513/03 *van Hilten-van der Heijden*, Slg. 2006, I-1957.
4 So noch *Eicker*, Grenzüberschreitende gemeinnützige Tätigkeit, S. 221 ff.; *Helios*, Steuerliche Gemeinnützigkeit und EG-Beihilfenrecht, S. 257 ff.; gegen eine Anwendung von Art. 12 EGV aber z.B. FG Berlin v. 4.8.1995 – III 318/94, EFG 1995, 1066 f.
5 Dazu EuGH v. 18.12.2007 – Rs. C-281/06 *Jundt*, Slg. 2007, I-12231; anders noch BFH v. 1.3.2006 – XI R 43/02, BStBl. II 2006, 685.
6 Vgl. EuGH v. 18.12.2007 – Rs. C-281/06 *Jundt*, Slg. 2007, I-12231.
7 EuGH v. 27.1.2009 – Rs. C-318/07 *Persche*, Slg. 2009, I-359.

heblich beeinflussen kann. Eine solche Regelung stellt daher eine Beschränkung des freien Kapitalverkehrs dar, die gemäß Art. 56 EG grundsätzlich verboten ist."

Im Übrigen ist auch an die **Arbeitnehmerfreizügigkeit** zu denken, weil ein Abzugsverbot für Direktspenden ins Ausland EU-Bürger, die in Deutschland arbeiten und gemeinnützigen Einrichtungen in ihrem Heimatland Zuwendungen machen wollen, gegenüber Inländern benachteiligt[1].

3. Diskriminierung

1.130   Die Feststellung einer (verdeckten) Diskriminierung ausländischer gemeinnütziger Einrichtungen (bzw. ihrer Förderer) setzt voraus, dass sich diese in einer **vergleichbaren Situation wie inländische Einrichtungen** befinden. Insoweit ist von zentraler Bedeutung, dass die Verfolgung steuerbegünstigter Zwecke nach §§ 52 ff. AO seit jeher nicht auf das Inland beschränkt gewesen ist, sondern auch Tätigkeiten im Ausland erfasste. Zwar waren die genauen Gründe und Grenzen einer begünstigten Auslandtätigkeit umstritten[2]. Im Kern war aber anerkannt, dass eine in Deutschland unbeschränkt steuerpflichtige Stiftung, die im Ausland mildtätige Zwecke verfolgte (z.B. durch Unterhaltung eines Waisenhauses), als steuerbegünstigt anzusehen war. Zwar ist im Schrifttum verschiedentlich festgestellt worden, das Gemeinnützigkeitsrecht sei „auf das Gemeinwohl der Bundesrepublik Deutschland zugeschnitten"[3]. Solange der deutsche Gesetzgeber die Verfolgung steuerbegünstigter Zwecke aber nicht ausdrücklich auf inländische Sachverhalte begrenzte, blieb das Gemeinnützigkeitsrecht im Kern „auslandsoffen". Vor diesem Hintergrund konnte im *Stauffer*-Fall eine Diskriminierung ausländischer gemeinnütziger Einrichtungen nicht bestritten werden: Denn der einzig verbleibende Unterschied – fehlender Sitz im Inland – war jedenfalls nicht geeignet, eine Vergleichbarkeit auszuschließen. Ebenso hat die Generalanwältin *Stix-Hackl* in ihren Schlussanträgen in der Rechtssache *Stauffer* ausgeführt[4]:

„Die Artikel 56 EG und 58 EG über den freien Kapitalverkehr in der Gemeinschaft stehen einer nationalen Regelung entgegen, nach der eine – nach nationalem Recht anerkannte – gemeinnützige Stiftung privaten Rechts eines anderen Mitgliedstaats, die im Inland mit Vermietungseinkünften beschränkt steuerpflichtig ist, anders als eine im Inland gemeinnützige unbeschränkt steuerpflichtige Stiftung mit entsprechenden Einkünften, nicht von der Körperschaftsteuer befreit ist. Artikel 56 und 58 EG über den freien Kapitalverkehr in der Gemeinschaft stehen einer nationalen Regelung nicht entgegen, die Einrichtungen mit Sitz im Ausland, deren Gemeinnützigkeit nach nationalem Recht nicht anerkannt ist, anders behandelt, als gemeinnützige Einrichtungen mit Sitz im Inland."

1.131   Diesen Ausführungen hat sich der EuGH im *Stauffer*-Urteil vom 14.9.2006 angeschlossen. Nachdem der EuGH zunächst feststellt, dass die Mitgliedstaaten bei

---

1 So EU-Kommission v. 10.7.2006 – IP/06/964.

2 Vgl. zur Rechtslage vor Einführung des § 51 Abs. 2 AO eingehend *Hüttemann/Helios*, DB 2006, 2481.

3 So etwa *Isensee* in DStJG 26 (2003), 111.

4 Vgl. Schlussanträge der GA *Stix-Hackl* v. 15.12.2005 – Rs. C-386/04 *Stauffer*, Slg. 2006, I-8203 Rz. 121.

der Frage, welche Allgemeininteressen sie fördern wollen, über ein **Ermessen** verfügen, führt er dann weiter aus[1]:

„Gleichwohl können, wenn eine in einem Mitgliedstaat als gemeinnützig anerkannte Stiftung auch die dafür nach dem Recht eines anderen Mitgliedstaats vorgeschriebenen Voraussetzungen erfüllt und ihr Ziel die Förderung identischer Interessen der Allgemeinheit ist, was die nationalen Stellen des letztgenannten Staates einschließlich der Gerichte zu beurteilen haben, die Stellen dieses Mitgliedstaates dieser Stiftung das Recht auf Gleichbehandlung nicht allein aus dem Grund verwehren, dass sie nicht im Inland niedergelassen ist."

An dieser Sichtweise hat der EuGH auch in der *Persche*-Entscheidung vom 27.1.2009[2] festgehalten. Danach ist es grundsätzlich Sache jedes einzelnen Mitgliedstaates, „festzulegen, ob er, um bestimmte als gemeinnützig anerkannte Tätigkeiten zu fördern, für private oder öffentliche Einrichtungen, die solche Tätigkeiten ausüben, wie auch für Steuerpflichtige, die ihnen Spenden zukommen lassen, Steuervergünstigungen vorsieht". Allerdings dürfen die Mitgliedstaaten solche Vergünstigungen nicht nur Einrichtungen vorbehalten, die in ihrem Hoheitsgebiet ansässig sind. Eine unterschiedliche Behandlung von in- und ausländischen Einrichtungen durch einen Mitgliedstaat ist nach Ansicht des EuGH vielmehr nur dann zulässig, „wenn Letztere andere Ziele als die in seiner eigenen Regelung vorgegebenen verfolgen"[3]. Für die Frage, ob eine Spende an eine in einem anderen Mitgliedstaat ansässige Einrichtung im Wohnsitzstaat des Spenders steuerlich berücksichtigt werden muss, kommt es mithin allein darauf an, ob dieser Wohnsitzstaat einen Spendenabzug vorsieht und die ausländische Empfängereinrichtung alle Voraussetzungen erfüllt, die auch eine im Wohnsitzstaat ansässige Einrichtung erfüllen muss, damit der Spender in den Genuss des steuerlichen Vorteils gelangt. Es gibt also **kein „Gegenseitigkeitsprinzip"**[4] und auch keine europarechtlich vorgegebene Gemeinwohldefinition.

Auch die frühere Beschränkung des **Übungsleiterfreibetrags** nach § 3 Nr. 26 EStG a.F. auf eine nebenberufliche Lehrtätigkeit für inländische juristische Personen des öffentlichen Rechts enthielt – wie der EuGH in der *Jundt*-Entscheidung vom 18.12.2007[5] festgestellt hat – eine Beschränkung der Dienstleistungsfreiheit. Denn die Beschränkung des Freibetrags auf inländische Lehrtätigkeiten benachteiligte den klagenden Rechtsanwalt insoweit, als sie ihm eine Steuervergünstigung vorenthielt, in deren Genuss er gekommen wäre, „wenn er die gleichen Dienstleistungen in seinem eigenen Mitgliedstaat erbracht hätte". Nichts anderes gilt – wie der Gerichtshof in der Rechtssache *Radgen*[6] festgestellt hat – auf Grund des Freizügigkeitsabkommens auch im Verhältnis zur Schweiz.

1.132

---

1 Vgl. EuGH v. 14.9.2006 – Rs. C-386/04 *Stauffer*, Slg. 2006, I-8203 Rz. 40.
2 EuGH v. 27.1.2009 – Rs. C-318/07 *Persche*, Slg. 2009, I-359 Rz. 43 ff.
3 EuGH v. 27.1.2009 – Rs. C-318/07 *Persche*, Slg. 2009, I-359 Rz. 47.
4 Vgl. auch *Waldhoff*, IStR 2009, 386 (390).
5 EuGH v. 18.12.2007 – Rs. C-281/06 *Jundt*, Slg. 2007, I-12231.
6 EuGH v. 21.9.2016 – Rs. C-478/15 *Radgen*, ECLI:EU:C:2016:705.

4. Mögliche Rechtfertigungsgründe

1.133   In der Vergangenheit sind verschiedene Gesichtspunkte vorgebracht worden, um den Ausschluss ausländischer gemeinnütziger Körperschaften von den Steuervergünstigungen wegen Gemeinnützigkeit zu rechtfertigen[1]. Diese haben den EuGH bisher nicht beeindruckt. Im Einzelnen:

- **Fiskalische Erwägungen** („Rückgang der Steuereinnahmen") gehören nach der ständigen Rechtsprechung des EuGH nicht zu den zwingenden Gründen des Allgemeininteresses, die eine Beschränkung einer vom EU-Vertrag eingeräumten Freiheit rechtfertigen können[2].

- Zurückgewiesen hat der EuGH in der *Jundt*-Entscheidung auch das deutsche Vorbringen, die Bundesrepublik Deutschland sei **nicht verpflichtet, Universitäten ausländischer Mitgliedstaaten zu fördern**, da die Ausgestaltung des Bildungssystems ebenso wie die direkte Besteuerung weiterhin in die Zuständigkeit der Mitgliedstaaten falle. Denn eine nationale Beschränkung des Übungsleiterfreibetrags laufe jedenfalls dem in Art. 165 Abs. 2 AEUV (Art. 149 Abs. 2 EGV) formulierten Ziel der „Förderung der Mobilität von Lernenden und Lehrenden" zuwider. Dabei verwies der Gerichtshof auch auf seine frühere Rechtsprechung zur Forschungsförderung[3].

- Auch mit dem **„Kohärenz-Kriterium"**, das der EuGH[4] zum ersten Mal in der Rechtssache *Bachmann* entwickelt hat, lässt sich keine Ungleichbehandlung ausländischer gemeinnütziger Einrichtungen rechtfertigen. Nach ständiger Rechtsprechung kann ein darauf gestütztes Argument nur dann Erfolg haben, wenn ein unmittelbarer Zusammenhang zwischen dem betreffenden steuerlichen Vorteil und dem Ausgleich dieses Vorteils durch eine bestimmte steuerliche Belastung nachgewiesen ist[5]. Wie der EuGH schon in der *Stauffer*-Entscheidung zutreffend festgestellt hat, steht der Steuervergünstigung für gemeinnützige Einrichtungen aber keine bestimmte Belastung gegenüber. Auch der im Schrifttum[6] vielfach bemühte Gedanke der „Staatsentlastung" durch gemeinnützige Einrichtungen genügt den Anforderungen der „Kohärenz"-Formel nicht. Denn dieser Zusammenhang ist letztlich ganz allgemeiner und mittelbarer Natur[7].

- Damit bleibt vor allem der Hinweis auf das **Erfordernis der wirksamen Steueraufsicht** übrig, auf das vor allem der XI. Senat in seinem Vorlagebeschluss im

---

1 Für einen Überblick über die verschiedenen Rechtfertigungsstrategien vgl. zuletzt *Droege*, Gemeinnützigkeit im offenen Steuerstaat, 2010, S. 498 ff.

2 Vgl. EuGH v. 14.9.2006 – Rs. C-386/04 *Stauffer*, Slg. 2006, I-8203 Rz. 59; EuGH v. 27.1.2009 – Rs. C-318/07 *Persche*, Slg. 2009, I-359 Rz. 46; zuletzt EuGH v. 16.6.2011 – Rs. C-10/10 *Komm./Republik Österreich*, Slg. 2011, I-5389 und die Anm. *Hüttemann*, EuZW 2011, 641.

3 EuGH v. 10.3.2005 – Rs. C-39/04 *Laboratoires Fournier*, Slg. 2005, I-2057.

4 EuGH v. 28.1.1992 – Rs. C-204/90 *Bachmann*, Slg. 1992, I-249 Rz. 28.

5 So etwa EuGH v. 18.12.2007 – Rs. C-281/06 *Jundt*, Slg. 2007, I-12231 Rz. 68.

6 Statt vieler nur *Jachmann*, BB 2003, 990 (992).

7 Ebenso EuGH v. 18.12.2007 – Rs. C-281/06 *Jundt*, Slg. 2007, I-12231 Rz. 70.

Persche-Verfahren wesentlich abgestellt hat[1]. Darin hatte der Senat vor allem Bedenken in Hinsicht auf die unzureichenden Überprüfungsmöglichkeiten im Ausland geäußert. Er hielt z.B. die Vorlage schriftlicher Unterlagen und die Möglichkeiten der Amtshilfe für unzureichend, um eine zweckentsprechende Verwendung der Spende im Ausland zu verifizieren. Ferner würde der Grundsatz der Verhältnismäßigkeit verletzt, wenn die deutschen Finanzbehörden wegen einer einzelnen Spende die steuerlichen Verhältnisse eines in Deutschland nicht steuerpflichtigen Rechtsträgers überprüfen müssten.

Den EuGH hat dieses Vorbringen – zu Recht – nicht überzeugt[2]. Nach seiner Ansicht ist ein vollständiges Abzugsverbot für Spenden ins EU-Ausland in jedem Fall **unverhältnismäßig**. Denn es lasse sich – so die zentrale Überlegung des Gerichtshofs – nicht von vornherein ausschließen, „dass der Steuerpflichtige Belege vorlegen könne, anhand deren die Steuerbehörden des Besteuerungsmitgliedstaats eindeutig und genau prüfen können, welche Ausgaben in anderen Mitgliedstaaten tatsächlich getätigt worden sind."[3] Insbesondere sei es dem Spender normalerweise möglich, von der Empfängereinrichtung entsprechende Unterlagen zu erhalten. Auch die weiteren Bedenken des BFH – Überlastung der Finanzbehörden durch eine Pflicht zu Amtshilfeersuchen und die fehlenden Kontrollmöglichkeiten im Tätigkeitsstaat – hat der EuGH zurückgewiesen. So sei auch im Inland eine Außenprüfung eher die Ausnahme und zudem könnten die Finanzämter im Mitgliedstaat des Spenders auf entsprechende Feststellungen der ausländischen Finanzverwaltung zurückgreifen. Ferner seien die Finanzbehörden nicht gehindert, „bei Nichtvorlage der Nachweise den beantragten Steuerabzug zu verweigern"[4]. Ergänzend ist auf die erhöhte Mitwirkungspflicht bei Auslandssachverhalten hinzuweisen (§ 90 Abs. 2 AO).

Die Argumentation des XI. Senats war schließlich noch aus einem anderen – vom EuGH nicht aufgegriffenen – Gesichtspunkt unzutreffend[5]. Denn schon heute werden erhebliche Spendenmittel über **inländische Förderkörperschaften ins Ausland weitergeleitet**, ohne dass die Finanzverwaltung die Mittelverwendung durch eigene Mitarbeiter vor Ort (also im Ausland) überprüfen könnte. Vielmehr muss sie auch hier auf die Angaben vertrauen, die ihr von der in Deutschland eingeschalteten Mittelbeschaffungskörperschaft im Sinne des § 58 Nr. 1 AO gemacht werden[6]. Zwar besteht insoweit ein gewisser Unterschied zur Direktspende, weil die Finanzverwaltung bei einem Fehlverhalten der Mittelbeschaffungskörperschaft im Rahmen der Spendenhaftung auf deren Vermögen und das der verantwortlichen Geschäftsleiter zugreifen kann. Indes ist nicht gewährleistet, dass im Ernstfall eine ausreichende „Haftungsmasse" vorhanden ist[7]. Demgegenüber kann im Fall der Direktspende ein Steuerausfall durch Versagung des Steuerabzugs vollständig vermieden werden.

---

1 BFH v. 9.5.2007 – XI R 56/05, BStBl. II 2010, 260; dazu *Hüttemann/Helios*, IStR 2008, 39.
2 Deutliche Kritik bei *Fischer*, FR 2009, 249.
3 EuGH v. 27.1.2009 – Rs. C-318/07 *Persche*, Slg. 2009, I-359 Rz. 53.
4 EuGH v. 27.1.2009 – Rs. C-318/07 *Persche*, Slg. 2009, I-359 Rz. 69.
5 Zum Folgenden *Hüttemann/Helios*, IStR 2008, 39 ff.; ebenso *Jachmann/Unger* in Gosch, § 51 AO Rz. 79.
6 Zum Nachweis einer satzungsgemäßen Mittelverwendung im Ausland vgl. FG Niedersachsen v. 8.4.2010 – 6 K 139/09, zitiert nach juris.
7 Dies vernachlässigt *Fischer* in FS Lang, 2010, S. 281 (291 f.).

Im Ganzen ist also festzustellen, dass eine europarechtlich tragfähige Begründung für die Diskriminierung ausländischer gemeinnütziger Einrichtungen bisher nicht gefunden worden ist[1].

5. Reaktionen des deutschen Gesetzgebers

a) Umsetzung der EuGH-Rechtsprechung

1.134 Der deutsche Gesetzgeber hat auf die EuGH-Entscheidungen in den Rechtssachen *Stauffer*, *Jundt*, *Persche* und *Missionswerk Heukelbach* reagiert und die betreffenden Vorschriften geändert:

– Als Antwort auf die Entscheidung *Stauffer* wurde im Rahmen des JStG 2009 vom 19.12.2008[2] in § 5 Abs. 2 Nr. 2 KStG ein Vorbehalt eingefügt, durch den die Steuerbefreiung nach § 5 Abs. 1 Nr. 9 Satz 1 KStG auch **für bestimmte beschränkt steuerpflichtige Einrichtungen im Sinne des § 2 Nr. 1 KStG geöffnet** worden ist. Durch diese Rückausnahme sind nach den Rechtsvorschriften eines EU-Mitgliedstaates oder eines EWR-Staates gegründete Gesellschaften im Sinne des Art. 54 AEUV bzw. Art. 34 EWR-Abkommen[3] begünstigt, deren Sitz und Ort der Geschäftsleitung sich innerhalb des Hoheitsgebietes einer dieser Staaten befindet. Ferner muss mit diesen Staaten ein Amtshilfeabkommen bestehen. Mit dieser Änderung wurde nicht nur die Körperschaftsteuerbefreiung nach § 5 Abs. 1 Nr. 9 Satz 1 KStG um ausländische Einrichtungen aus EU/EWR-Staaten erweitert. Da mehrere Begünstigungsnormen unmittelbar auf § 5 Abs. 1 Nr. 9 Satz 1 KStG Bezug nehmen, wurden damit – bewusst oder unbewusst – beschränkt steuerpflichtige Einrichtungen aus EU/EWR-Staaten zugleich in den Anwendungsbereich des Übungsleiterfreibetrags und der Ehrenamtspauschale (§ 3 Nr. 26 und 26a EStG), des Buchwertprivilegs (§ 6 Abs. 1 Nr. 4 Satz 5 EStG) sowie des Spendenabzugs einbezogen. Voraussetzung für die Gewährung der Steuervergünstigung ist allerdings stets, dass die im Inland beschränkt steuerpflichtige ausländische Einrichtung im Rahmen der Veranlagung durch das zuständige Finanzamt als steuerbegünstigt anerkannt wird. Letzteres setzt voraus, dass die tatsächlichen und satzungsmäßigen Voraussetzungen der §§ 51 ff. AO erfüllt sind.

– Auch die im *Jundt*-Fall beanstandete Regelung des § 3 Nr. 26 EStG sowie die parallele Regelung in § 3 Nr. 26a EStG wurden im Rahmen des JStG 2009 geändert und um **ausländische juristische Personen des öffentlichen Rechts, die in einem EU/EWR-Mitgliedstaat belegen sind, erweitert**. Die – an sich naheliegende – Einbeziehung ausländischer privatrechtlicher Einrichtungen, die in Deutschland nicht beschränkt steuerpflichtig sind (also nicht bereits über § 5 Abs. 1 Nr. 9 Satz 1 i.V.m. Abs. 2 KStG begünstigte Einrichtung sind), wurde hingegen nicht erwogen.

---

1 A.A. *Fischer*, FR 2009, 249; *Fischer* in FS Lang, 2010, S. 281 (287 ff.).
2 BGBl. I 2008, 2794.
3 Dazu näher BFH v. 25.10.2016 – I R 54/14, BStBl. II 2017, 1216; kritisch zur einschränkenden Bezugnahme auf Art. 54 AEUV *Martini*, ISR 2015, 97 (100).

– Die Vorgaben des *Persche*-Urteils sind erst mit dem „Gesetz zur Umsetzung steuerlicher EU-Vorgaben sowie zur Änderung steuerlicher Vorschriften" vom 8.4.2010[1] umgesetzt worden. Dies geschah durch eine Erweiterung des **Kreises der spendenbegünstigten Körperschaften in § 10b EStG, § 9 Abs. 1 Nr. 2 KStG und § 9 Nr. 5 GewStG** in Gestalt eines „doppelten Konjunktivs": Nunmehr sind auch Zuwendungen abziehbar, die

„an eine Körperschaft, Personenvereinigung oder Vermögensmasse, die in einem Mitgliedstaat der Europäischen Union oder in einem Staat belegen ist, auf den das Abkommen über den Europäischen Wirtschaftsraum (EWR-Abkommen) Anwendung findet, und die nach § 5 Absatz 1 Nummer 9 des Körperschaftsteuergesetzes steuerbefreit wäre, wenn sie inländische Einkünfte erzielen würde".

Ferner muss durch die Staaten Amtshilfe und Unterstützung bei der Beitreibung gewährleistet sein. Darüber hinaus ist der Spendenabzug auch auf **Zuwendungen an juristische Personen des öffentlichen Rechts aus EU/EWR-Staaten** ausgedehnt worden. Ferner gilt § 10b Abs. 1a EStG auch für Zustiftungen in den Vermögensstock einer nach dem Recht eines EU/EWR-Staates errichteten Stiftung (im Einzelnen vgl. Rz. 8.160 ff.). Wie diese gesetzlichen Vorgaben allerdings praktisch umgesetzt werden sollen, ist bislang nicht wirklich geklärt[2]. Die Finanzverwaltung hat 2011 – ein Jahr nach Inkrafttreten des Gesetzes zur Umsetzung steuerlicher EU-Vorgaben und der Ankündigung eines BMF-Schreibens[3] – ein erstes BMF-Schreiben zur Anwendung des EuGH-Urteils vom 27.1.2009 herausgegeben[4]. In diesem – recht knappen – Schreiben heißt es nur lapidar:

„Den Nachweis, dass der ausländische Zuwendungsempfänger die deutschen gemeinnützigkeitsrechtlichen Vorgaben erfüllt, hat der inländische Spender gegenüber dem für ihn zuständigen Finanzamt durch Vorlage geeigneter Belege – dies wären insbesondere Satzung, Tätigkeitsbericht, Aufstellung der Einnahmen und Ausgaben, Kassenbericht, Vermögensübersicht mit Nachweisen über die Bildung und Entwicklung der Rücklagen, Aufzeichnung über die Vereinnahmung von Zuwendungen und deren zweckgerechte Verwendung, Vorstandsprotokolle – zu erbringen (§ 90 Abs. 2 AO). Bescheinigungen über Zuwendungen von nicht im Inland steuerpflichtigen Organisationen reichen als alleiniger Nachweis nicht aus."

– Schließlich hat der Gesetzgeber nach Einleitung eines Vertragsverletzungsverfahrens durch die EU-Kommission die **erbschaftsteuerrechtliche Befreiung von Zuwendungen** an ausländische gemeinnützige Einrichtungen in EU/EWR-Staaten im Steueränderungsgesetz 2015[5] an die Vorgaben des EuGH-Urteils in der Rechtssache *Missionswerk Heukelbach*[6] angepasst. Dazu ist das bisher geltende Gegenseitigkeitsprinzip aufgegeben worden und die Steuerfreiheit in § 13 Abs. 1 Nr. 16 Buchst. c ErbStG auf Zuwendungen an Einrichtungen ausgedehnt wor-

---

1 BGBl. I 2010, 836.
2 Ebenso *Geserich*, NWB 2011, 2188; *Förster*, BB 2011, 663; *Hüttemann*, IStR 2010, 118; *Helios/Strehlke*, npoR 2013, 209; *Förster*, DStR 2013, 1516.
3 BMF v. 6.4.2010, BStBl. I 2010, 386; dazu *Hüttemann*, DB 2010, M 20 f.
4 BMF v. 16.5.2011, BStBl. I 2011, 559.
5 BGBl. I 2015, 1834.
6 EuGH v. 10.2.2011 – Rs. C-25/10 *Missionswerk Werner Heukelbach e.V.*, Slg. 2011, I-497.

den, die nach § 5 Abs. 1 Nr. 9 i.V.m. § 5 Abs. 2 Nr. 2 KStG „steuerbefreit wären, wenn sie inländische Einkünfte erzielten würden". Ferner muss durch den Staat, in dem der Zuwendungsempfänger belegen ist, Amtshilfe und Unterstützung bei der Beitreibung gewährleistet werden[1].

1.135 Inzwischen hat die finanzgerichtliche Rechtsprechung **erste Erfahrungen mit der Anerkennung beschränkt steuerpflichtiger Einrichtungen und dem grenzüberschreitenden Spendenabzug** sammeln können.

So hat der I. Senat im Urteil vom 25.10.2016[2] **allgemeine Maßstäbe für die Anerkennung ausländischer Einrichtungen als gemeinnützig** nach § 5 Abs. 1 Nr. 9 KStG i.V.m. § 5 Abs. 2 Nr. 2 KStG formuliert. Erforderlich sei zunächst, dass die ausländische Einrichtung nach ihrer wirtschaftlichen und rechtlichen Struktur einem Körperschaftsteuersubjekt entspreche, was regelmäßig einen näheren Typenvergleich erfordere, so dass z.B. ein „immerwährendes englisches College" nicht ohne Weiteres einer Stiftung des deutschen Rechts gleichgestellt werden könne[3]. Ferner müssten die satzungsmäßigen Voraussetzungen (§§ 59, 60 AO) geprüft werden, was insbesondere bei älteren Einrichtungen mit fremdsprachigen Statuten zusätzliche Schwierigkeiten bereiten dürfte. Da im Streitfall die Beachtung der Mustersatzung nach Anlage 1 zu § 60 AO noch nicht erforderlich war, konnte es der I. Senat bei dem zurückhaltenden allgemeinen Hinweis belassen, der „Satzungstext und dessen Auslegung müssten zumindest entsprechende Anhaltspunkte dafür bieten", dass ausschließlich und unmittelbar steuerbegünstigte Zwecke verfolgt werden. Allerdings hielt der Senat auch insoweit die tatrichterlichen Feststellungen der Vorinstanz für ungenügend. Dabei bedurfte es im Streitfall eigentlich keiner Vermögensbindungsklausel, weil diese – wenn es sich um eine mit einer deutschen rechtsfähigen „Stiftung" vergleichbare Einrichtung handelte – nach § 62 AO a.F. entbehrlich war. Indes vermisste der Senat auch in diesem Punkt eine ausreichende Sachverhaltsaufklärung in Hinsicht auf die Frage, ob die Aufsicht durch die „Charity-Commission" von England und Wales mit der deutschen Stiftungsaufsicht vergleichbar ist. Insgesamt bietet das Urteil reichlich Anschauung für die tatsächlichen und rechtlichen Schwierigkeiten, denen sich beschränkt steuerpflichtige Einrichtungen gegenübersehen, wenn sie sich nach den Grundsätzen der *Stauffer*-Entscheidung in Deutschland um eine Steuerfreiheit wegen Gemeinnützigkeit nach § 5 Abs. 1 Nr. 9 i.V.m. § 5 Abs. 2 Nr. 2 KStG bemühen.

In den Fällen des **grenzüberschreitenden Spendenabzugs** stellen sich – wie die neuere Rechtsprechung zeigt – vergleichbare Nachweisprobleme. Hier ist es jedoch der deutsche Spender selbst, der gegenüber seinem Wohnsitzfinanzamt die fiktive Gemeinnützigkeit der ausländischen Empfängereinrichtung nach deutschem Recht nachweisen und zusätzlich noch die weiteren Voraussetzungen des Spendenabzugs darlegen muss. Dies ist bisher in keinem entschiedenen Fall gelungen.

– So hat das **FG Münster** bereits 2012 im Ausgangsfall der Rechtssache *Persche* am Ende dem Kläger den begehrten Spendenabzug aus verschiedenen Gründen (u.a. wegen fehlender satzungsmäßiger Vermögensbindung der portugiesischen Empfängereinrichtung und mangels ausreichender Verwendungsnachweise) endgültig versagt[4].

---

1 Zur Neuregelung vgl. *Schienke-Ohletz*, BB 2018, 221 (225 f.).
2 BFH v. 25.10.2016 – I R 54/14, BStBl. II 2017, 1216.
3 So aber die Vorinstanz FG Berlin-Brandenburg v. 24.7.2014 – 4 K 12276/11, EFG 2014, 2168.
4 FG Münster v. 8.3.2012 – 2 K 2608/09 E, EFG 2012, 1539.

– Die Abzugsfähigkeit einer Zuwendung an einen Verein italienischen Rechts für den Bau einer russisch-orthodoxen Kirche hat der **I. Senat mit Urteil vom 17.9.2013** an der fehlenden satzungsmäßigen Vermögensbindung des italienischen Empfängervereins scheitern lassen[1]. Im Gegensatz zur Vorinstanz[2] hielt der I. Senat ein „Entgegenkommen" in Hinsicht auf die formellen Anforderungen unionsrechtlich nicht für geboten und begründete dies mit zwei Überlegungen: Zum einen sei das Erfordernis der satzungsmäßigen Vermögensbindung – gemessen an der bisherigen Rechtsprechung des Gerichtshofs zu grenzüberschreitend tätigen gemeinnützigen Einrichtungen[3] – nicht zu beanstanden, weil der EuGH lediglich eine Diskriminierung ausländischer Empfängerorganisationen untersagt habe. Alleiniger Maßstab für die Gemeinnützigkeit der ausländischen Empfängereinrichtung bleibe aber das jeweilige innerstaatliche Recht. Zum anderen führe ein Festhalten an der strengen Satzungskonformität auch nicht zu einem Verstoß gegen den unionsrechtlichen Effektivitätsgrundsatz. Da der Senat die Unionsrechtslage als eindeutig erachtete, bedurfte es seiner Ansicht nach auch keiner erneuten Vorlage an den EuGH.

– Auch im Fall einer Zuwendung an eine Stiftung spanischen Recht lehnte der **X. Senat mit Urteil vom 21.1.2015**[4] ebenso wie die Vorinstanz[5] einen Spendenabzug ab, weil die Spender keine Unterlagen vorgelegt hatten, die eine Überprüfung der tatsächlichen Geschäftsführung der Empfängereinrichtung ermöglicht hätten. Die Vorlage der Öffentlichkeitsarbeit dienender Publikationen hielt der Senat regelmäßig für nicht ausreichend (dies wird man anders sehen müssen, wenn diese Publikationen z.B. auf Grund eines beigefügten Jahresabschlusses hinreichende Rückschlüsse auf die Mittelverwendung zulassen[6]). Ferner sei das Finanzamt auch nicht verpflichtet, entsprechende Informationen im Rahmen eines Amtshilfeersuchens einzuholen. Zwar hielt es der X. Senat aus unionsrechtlichen Gründen nicht für erforderlich, dass die – nach damaligen Recht noch erforderliche – Zuwendungsbestätigung der ausländischen Empfängereinrichtung dem amtlich vorgeschriebenen Vordruck entspricht[7]. Aber selbst nach diesem Maßstab war die vorgelegte Zuwendungsbestätigung unzureichend, weil die Angabe fehlte, dass die Zuwendungsempfängerin die Spende nur für die satzungsmäßigen Zwecke verwende. Mit ähnlicher Begründung hat auch das **FG Berlin-Brandenburg** im Jahr 2015 den Abzug einer Spende an einen österreichischen Verein abgelehnt[8].

– In seinem **Urteil vom 22.3.2018** betreffend eine Direktspende an eine rumänische Kirchengemeinde[9] brauchte der **X. Senat** nicht zu den einzelnen Voraussetzungen des Spendenabzugs Stellung zu nehmen, weil diese entweder zwischen den Beteiligten unstreitig waren oder in revisionsrechtlich bindender Weise festgestellt waren. Der X. Senat folgte der Vorinstanz[10] auch in der Annahme, dass der nach § 10b Abs. 1 Satz 6 EStG erforderliche strukturelle Inlandsbezug im Streitfall erfüllt sei. Letztlich kam es auch in diesem Verfahren zu einer Zurückverweisung, weil der X. Senat die nach ausländischem Recht zu

---

1 BFH v. 17.9.2013 – I R 16/12, BStBl. II 2014, 440; dazu *Hüttemann*, ISR 2014, 133.

2 FG Bremen v. 8.6.2011 – 1 K 63/10, DStRE 2012, 1321.

3 Vgl. zuletzt EuGH v. 16.6.2011 – Rs. C-10/10 *Komm./Österreich*, Slg. 2011, I-5389; EuGH v. 10.2.2011 – Rs. C-25/10 *Missionswerk Werner Heukelbach*, Slg. 2011, I-497.

4 BFH v. 21.1.2015 – X R 7/13, BStBl. II 2015, 588.

5 FG Düsseldorf v. 14.1.2013 – 11 K 2439/10 E, EFG 2013, 678; dazu *Helios/Strehlke*, npoR 2013, 209.

6 Zutreffend *Kirchhain* in Rödder/Herlinghaus/Neumann, § 9 KStG Rz. 215.

7 BFH v. 21.1.2015 – X R 7/13, BStBl. II 2015, 588.

8 FG Berlin-Brandenburg v. 3.9.2015 – 1 K 1004/14, zitiert nach juris.

9 BFH v. 22.3.2018 – X R 5/16, BFH/NV 2018, 877.

10 FG Köln v. 20.1.2016 – 9 K 3177/14, EFG 2016, 653.

treffenden tatrichterlichen Feststellungen dazu, ob es sich bei der rumänischen Kirchengemeinde um eine „juristische Person des öffentlichen Rechts" handelte, für nicht ausreichend hielt.

Der Gesetzgeber hat die Anerkennung ausländischer Einrichtungen als gemeinnützig sowie den grenzüberschreitenden Spendenabzug auf Einrichtungen aus EU/EWR-Staaten beschränkt und überdies von der Möglichkeit der Amtshilfe und der Beitreibung von Steuerforderungen abhängig gemacht. Damit sind **gemeinnützige Einrichtungen aus Drittstaaten wie z.B. der Schweiz** nicht erfasst[1]. Zwar gilt die unionsrechtliche Kapitalverkehrsfreiheit auch im Verhältnis zu Drittstaaten, allerdings dürfte die Beschränkung der Kapitalverkehrsfreiheit in diesen Fällen – mangels entsprechender Vereinbarungen zu Drittstaaten – regelmäßig durch das Erfordernis einer wirksamen Steueraufsicht und der fehlenden Beitreibungsabkommen gerechtfertigt sein[2]. Der BFH hat zu dieser Frage bisher nicht Stellung nehmen müssen, weil im Sachverhalt des Urteils vom 15.11.2017[3] bereits die Satzung der schweizerischen Stiftung nach Ansicht des I. Senats nicht den Bestimmtheitsanforderungen des deutschen Gemeinnützigkeitsrechts genügte (dazu Rz. 4.134 ff.).

b) Einführung eines „strukturellen Inlandsbezugs" und weitere Abwehrmaßnahmen

1.136 Der deutsche Gesetzgeber hat sich nicht damit begnügt, die EuGH-Rechtsprechung „Punkt für Punkt" umzusetzen. Gleichzeitig sind – offenbar auf Drängen der Finanzverwaltung – mehrere **„Abwehrmaßnahmen"** ergriffen worden, um die praktischen Folgen der EuGH-Rechtsprechung möglichst zu minimieren. Insoweit ist auf drei Änderungen in den §§ 51 ff. AO hinzuweisen:

– Als erste Reaktion auf das EuGH-Urteil in der Rechtssache *Stauffer* hat der Gesetzgeber im JStG 2007[4] die bisher in § 62 AO enthaltene **Befreiung staatlich beaufsichtigter Stiftungen vom Erfordernis der satzungsmäßigen Vermögensbindung** mit Wirkung für neu errichtete Stiftungen gestrichen. Auf diese Weise sollte offenbar die vom EuGH geforderte „Vergleichbarkeitsprüfung" für ausländische Stiftungen „vereinfacht" werden, denn der I. Senat hatte im Verfahren *Stauffer* mit Urteil vom 20.12.2006[5] dem FG München noch die Prüfung aufgegeben, ob die klagende Stiftung mit Rücksicht auf die italienische Stiftungsaufsicht vom Erfordernis der Vermögensbindung befreit ist. Dies wiederum würde eine

---

1 FG Baden-Württemberg v. 23.4.2015 – 3 K 1766/13, zitiert nach juris.
2 Vgl. dazu FG Baden-Württemberg v. 23.4.2015 – 3 K 1766/13, zitiert nach juris; FG Köln v. 15.1.2014 – 13 K 3735/10, EFG 2014, 667; vgl. aus der Rechtsprechung des EuGH Urteil v. 18.12.2007 – Rs. C-101/05 *Rechtssache „A"*, Slg. 2007, I-11531; aus dem Schrifttum *von Proff*, IStR 2009, 371; *Förster*, BB 2011, 663; *Kulosa* in Herrmann/Heuer/Raupach, § 10b EStG Rz. 47.
3 BFH v. 15.11.2017 – I R 39/15, BFH/NV 2018, 611.
4 Gesetz v. 13.12.2006, BGBl. I 2006, 2878.
5 BFH v. 20.12.2006 – I R 94/02, BStBl. II 2010, 331.

materielle Vergleichbarkeit der italienischen mit der deutschen Stiftungsaufsicht voraussetzen[1].

– Nachdem der I. Senat in seiner Entscheidung vom 20.12.2006[2] – entgegen der Auffassung der Finanzverwaltung[3] – daran festgehalten hat, dass das deutsche Gemeinnützigkeitsrecht „auslandsoffen" ist, hat der Gesetzgeber im JStG 2009 einen sog. **strukturellen Inlandsbezug** in § 51 Abs. 2 AO eingefügt (zu Einzelheiten vgl. Rz. 3.9 ff.). Danach ist die Verwirklichung steuerbegünstigter Zwecke im Ausland nur begünstigt, wenn

„natürliche Personen, die ihren Wohnsitz oder ihren gewöhnlichen Aufenthalt im Geltungsbereich dieses Gesetzes haben, gefördert werden oder die Tätigkeit der Körperschaft neben der Verwirklichung der steuerbegünstigten Zwecke auch zum Ansehen der Bundesrepublik Deutschland im Ausland beitragen kann".

Durch die vom Finanzausschuss gewählte Formulierung „beitragen *kann*" ist der Inlandsbezug gegenüber der ursprünglich geplanten Fassung („dient") erheblich abgeschwächt worden. Diese Relativierung war schon deshalb geboten, weil die Finanzämter überhaupt nicht in der Lage sein dürften, eine „Ansehenssteigerung" im Ausland (!) festzustellen[4]. Ausweislich der Gesetzesbegründung zu § 51 Abs. 2 AO soll bei inländischen Körperschaften die Möglichkeit einer „Ansehenssteigerung" zu vermuten sein[5]. Bei diesem Verständnis begründet der Inlandsbezug aber letztlich nur **eine neue unionswidrige Diskriminierung** ausländischer Körperschaften[6]. Vor diesem Hintergrund hat das FG Köln[7] es im Rahmen des spendenrechtlichen Inlandsbezugs (§ 10b Abs. 1 Satz 6 EStG) aus verfassungs- und europarechtsrechtlichen Gründen für ausreichend gehalten, wenn die Möglichkeit, „dass die Tätigkeit des ausländischen Zuwendungsempfängers zur Ansehenssteigerung Deutschlands beitragen kann, nicht evident ausgeschlossen ist"[8]. Der X. Senat musste im Revisionverfahren auf diese verfassungs- und unionsrechtlichen Bedenken nicht eingehen, weil er im Streitfall (es ging um eine Spende an eine rumänische Kirchengemeinde für einen Kirchenbau) auf Grund der konkreten tatsächlichen Verhältnisse (u.a. Namensgravur am Altar, Nennung der Spenderin in den Fürbitten sowie Berichterstattung in der Presse) eine Ansehenssteigerung Deutschlands bejaht hat[9].

– Um ausländischen Körperschaften den Zugang zum deutschen Gemeinnützigkeitsprivileg noch weiter zu erschweren, hat der Gesetzgeber schließlich die Anforderungen an die satzungsmäßige Gemeinnützigkeit durch eine **gesetzliche**

---

1 Ebenso nun für eine englische Stiftung BFH v. 25.10.2016 – I R 54/14, BStBl. II 2017, 1216.
2 BFH v. 20.12.2006 – I R 94/02, BStBl. II 2010, 331.
3 Vgl. BMF v. 20.9.2005, BStBl. I 2005, 902.
4 Vgl. nur *Hüttemann*, DB 2008, 1061.
5 BT-Drucks. 16/11108, S. 57.
6 Ebenso *Unger*, DStZ 2010, 154 (164); siehe auch *Förster*, DStR 2013, 1516 (1517); *Weitemeyer/Bornemann*, FR 2016, 437 (439).
7 FG Köln v. 20.1.2016 – 9 K 3177/14, EFG 2016, 653.
8 Ebenso *Seer* in Tipke/Kruse, § 51 AO Rz. 8.
9 BFH v. 22.3.2018 – X R 5/16, BFH/NV 2018, 877.

Mustersatzung in Anlage 1 zu § 60 AO verschärft. Diese Verschärfung der formellen Anforderungen richtet sich nicht nur gegen die in der Vergangenheit eher moderate Rechtsprechung des I. Senats zur satzungsmäßigen Gemeinnützigkeit[1], sondern dürfte auch von der Überlegung getragen sein, die „Latte" bei der Gleichwertigkeitsprüfung ausländischer Einrichtungen noch etwas „höher zu hängen". Allerdings ist bereits im Inlandsfall umstritten, ob die Mustersatzung „wörtlich" zu übernehmen ist (dazu näher Rz. 4.129). Bei ausländischen Einrichtungen muss es genügen, wenn die – fremdsprachige – Satzung „vergleichbare" Festlegungen enthält[2].

– Schließlich hat der Gesetzgeber im Rahmen des Gesetzes zur Stärkung des Ehrenamtes[3] darauf verzichtet, gemeinnützige Einrichtungen aus EU/EWR-Staaten ohne unbeschränkte oder beschränkte inländische Steuerpflicht verpflichtend in das **gesonderte Feststellungsverfahren** nach § 60a AO einzubeziehen[4]. Jedenfalls fehlt eine ausdrückliche Zuständigkeitsregelung[5]. Zwar setzt der Abzug einer Direktspende an solche Einrichtungen nach § 50 Abs. 1 Satz 2 EStDV keine Zuwendungsbestätigung nach amtlichem Vordruck voraus und auch § 63 Abs. 5 AO (keine Ausstellung von Zuwendungsbestätigungen ohne gesonderte Feststellung) ist hier nicht anwendbar, so dass die fehlende gesonderte Feststellung den Spendenabzug über die Grenze nicht ausschließt. Dies ändert aber nichts daran, dass gemeinnützige Einrichtungen aus EU/EWR-Staaten durch diese Ungleichbehandlung faktisch diskriminiert werden, weil mangels einer für die Wohnsitzfinanzämter bindenden Feststellung die „Gleichwertigkeit" der Einrichtung nach § 10b Abs. 1 Satz 2 Nr. 3 EStG bei jeder Einzelveranlagung durch das Wohnsitzfinanzamt des Spenders geprüft werden muss[6]. Mangels Anerkennungsverfahren fehlt auch eine gesetzliche Grundlage für einen Vertrauensschutz zugunsten der Spender nach § 10b Abs. 4 EStG[7]. All das macht Direktspenden ins Ausland für potentielle inländische Spender ganz unattraktiv.

1.137 Immerhin hat der deutsche Gesetzgeber bisher – zu Recht – davon abgesehen, über **zusätzliche territoriale Einschränkungen des Gemeinnützigkeitsbegriffs** nachzudenken[8]. Solche räumlichen Grenzen finden sich im geltenden Recht nur bei ganz

---

1 Vgl. etwa BFH v. 13.8.1997 – I R 19/96, BStBl. II 1997, 794.

2 Ebenso *Schauhoff/Kirchhain*, FR 2013, 301 (305); *Förster*, DStR 2013, 1516 (1518); *Weitemeyer/Bornemann*, FR 2016, 437 (440).

3 Gesetz v. 21.3.2013, BGBl. 2013, 566.

4 Dazu kritisch *Schauhoff/Kirchhain*, FR 2013, 301, 305; *Hüttemann*, DB 2013, 774 (776); *Hüttemann*, DB 2014, 442 (445); *Helios/Strehlke*, npoR 2013, 209 (214); *Förster*, DStR 2013, 1516 (1519).

5 Vgl. zur Begründung einer Zuständigkeit nach § 20 AO *Schauhoff/Kirchhain*, FR 2013, 301 (305).

6 Der I. Senat hat sich in seinem Urteil v. 17.9.2013 – I R 16/12, BStBl. II 2014, 440 zur Unionswidrigkeit des § 60a AO nicht geäußert.

7 Anders *Brandl* in Blümich, § 10b EStG Rz. 142, der die Vorschrift aus europarechtlichen Gründen rechtsanalog anwenden will.

8 Dazu auch *Hüttemann*, Finanzgerichtstag 2011, S. 143 ff.; *Lissner*, Das Gemeinnützigkeits- und Spendenrecht unter dem Einfluss der europäischen Grundfreiheiten, 2009, S. 259 ff.

wenigen Zwecken (vgl. § 52 Abs. 2 Satz 1 Nr. 8 und 24 AO). Der EuGH hat sich zur Zulässigkeit solcher Einschränkungen bisher nicht konkret äußern müssen, sondern nur allgemein festgestellt, dass die Mitgliedstaaten ihr Ermessen bei der Festlegung der steuerbegünstigten Zwecke „im Einklang mit dem Gemeinschaftsrecht" ausüben müssen. Nach den **Schlussanträgen von Generalanwältin** *Trstenjak* im Vertragsverletzungsverfahren Kommission/Republik Österreich

„könnte die Republik Österreich sich dafür entscheiden, die Steuerbegünstigung auf Zuwendungen an Einrichtungen zu beschränken, die in **für das inländische Gemeinwohl besonders bedeutungsvollen Bereichen** forschen, wie etwa dem der Lawinenforschung. Wenn diese Eingrenzung der steuerlich förderungswürdigen Forschungsbereiche dazu führen sollte, dass faktisch nur Zuwendungen an inländische Einrichtungen in den Geltungsbereich der Spendenbegünstigung fielen, wäre dies grundsätzlich mit der Kapitalverkehrsfreiheit vereinbar"[1].

Der Gerichtshof brauchte dazu nicht Stellung zu nehmen, weil die streitige Regelung des § 4a Z 1 öEStG ausschließlich auf die Ansässigkeit der Empfängereinrichtung abstellte, was in jedem Fall unzulässig ist, weil die Ansässigkeit der Einrichtung nichts darüber aussagt, ob sich eine ausländische Einrichtung gemessen an den konkreten Förderzwecken (z.B. Förderung der Wissenschaft und Forschung) in einer objektiv vergleichbaren Situation befindet. Das von der Generalanwältin gebildete Beispiel entspricht aber insoweit der bisherigen Rechtsprechung, als der Gerichtshof stets betont hat, dass es den Mitgliedstaaten freistehe, „welche Interessen der Allgemeinheit sie dadurch fördern wollen, dass sie Vereinigungen und Einrichtungen Vergünstigungen gewähren." Die Mitgliedstaaten müssten dieses Ermessen allerdings „im Einklang mit dem Gemeinschaftsrecht ausüben"[2].

Ob damit nur solche territoriale Einschränkungen untersagt sind, die – wie im Bereich der grenzüberschreitenden Forschung (vgl. Art. 179 AEUV) – den Zielen der Union zuwiderlaufen oder ob grundsätzlich alle „willkürlich" erscheinenden Einschränkungen verboten sind, hat der EuGH bisher nicht entscheiden müssen. So sind z.B. nach deutschem Recht (vgl. § 52 Abs. 2 Satz 1 Nr. 8 AO) Zuwendungen zur Förderung des „Umweltschutzes" auch dann abzugsfähig, wenn sie zur Förderung von Umweltschutzmaßnahmen im Ausland bestimmt sind, während Zuwendungen zur Förderung des „Naturschutzes" auf Fördermaßnahmen im Geltungsbereich der Naturschutzgesetze des Bundes und der Länder beschränkt sind (vgl. Rz. 3.103 f.). Diese Unterscheidung erscheint zumindest dann unionsrechtlich unbedenklich, wenn man davon ausgeht, dass der Naturschutz – anders als der grenzüberschreitende Umweltschutz – außerhalb der unionsrechtlichen Ziele nach den Art. 131 ff. AEUV liegt[3] und die örtliche Belegenheit eines Grundstücks im Inland kein willkürliches Kriterium darstellt. In die gleiche Richtung weisen **auch zwei neuere Entscheidungen des EuGH zur steuerlichen Begünstigung von Denkmälern**[4]. Nach Ansicht des Gerichtshofs verstößt es nicht gegen Grundfreiheiten, wenn das niederländische Einkommen- und Schenkungsteuergesetz

---

1 Schlussanträge v. 8.3.2011 – Rs. C-10/10 *Komm./Republik Österreich*, Rz. 55.
2 EuGH v. 27.1.2009 – Rs. C-10/10 *Persche*, Slg. 2009, I-359 Rz. 48.
3 So *Lissner*, Das Gemeinnützigkeits- und Spendenrecht unter dem Einfluss der europäischen Grundfreiheiten, 2008, S. 273 ff.
4 EuGH v. 18.12.2014 – Rs. C-133/13 *Q*, IStR 2015, 104: EuGH v. 18.12.2014 – Rs. C-87/13 *X*, IStR 2015, 70.

bestimmte steuerliche Vorteile auf in den Niederlanden belegene Landgüter beschränkt. Denn gemessen an dem Zweck der Befreiung – Schutz des kulturhistorischen nationalen Erbes – seien in einem anderen Mitgliedstaat belegene Landgüter grundsätzlich nicht vergleichbar. Etwas anderes gelte nur bei Anwesen, die ungeachtet ihrer Belegenheit zum kulturhistorischen Erbe dieses Mitgliedstaats gehören.

6. Verbleibende Verstöße gegen das Unionsrecht

1.138 Mit der Umsetzung der drei EuGH-Entscheidungen in den Rechtssachen *Stauffer*, *Jundt* und *Persche* hat der deutsche Gesetzgeber zwar einige wesentliche Rechtsverstöße beseitigt. Der Gesetzgeber hat sich aber darauf beschränkt, nur die vom EuGH konkret beanstandeten Regelungen nachzubessern. Andere – teils offensichtliche – Verstöße des deutschen Gemeinnützigkeitsrechts gegen die Grundfreiheiten bestehen dagegen fort. Dazu sind zu zählen:

– Die **Ausnahmen vom Unmittelbarkeitsgrundsatz** in § 58 Nr. 2 bis 5 AO gelten anders als § 58 Nr. 1 AO nur für Kooperationen mit (inländischen) steuerbegünstigten Körperschaften.

– Gemeinnützige Einrichtungen aus EU/EWR-Staaten werden von der Finanzverwaltung[1] nicht in das **gesonderte Feststellungsverfahren nach § 60a AO** einbezogen, so dass Direktspender ins Ausland mit erheblichen Nachweispflichten belastet werden und wegen § 50 Abs. 1 Satz 2 EStDV keinen Vertrauensschutz nach § 10b Abs. 4 EStG genießen[2].

– Die **Freibeträge** nach § 3 Nr. 26 und 26a EStG sind zwar auf Tätigkeiten für ausländische juristische Personen des öffentlichen Rechts ausgedehnt worden. Eine Tätigkeit für eine – in Deutschland nicht beschränkt steuerpflichtige – ausländische Einrichtung im Sinne des § 10b Abs. 1 Satz 2 Nr. 3 EStG (z.B. eine ausländische gemeinnützige Privatuniversität) ist aber nicht begünstigt.

– Das **Buchwertprivileg** in § 6 Abs. 1 Nr. 4 Satz 4 EStG ist bei der Übertragung von Wirtschaftsgütern auf ausländische Einrichtungen im Sinne des § 10b Abs. 1 Satz 2 Nr. 3 EStG nicht anwendbar.

– Die **Abstandnahme von der Kapitalertragsteuer** nach § 44a Abs. 4 und 7 EStG gilt nur für „inländische" Körperschaften im Sinne von § 5 Abs. 1 Nr. 9 KStG.

– Die **rückwirkende Steuerbefreiung** nach § 29 Abs. 1 Nr. 4 ErbStG setzt eine Zuwendung an eine „inländische" Stiftung voraus.

– Die **Grundsteuerbefreiung** nach § 3 Abs. 1 Nr. 3 GrStG erfasst nur Grundbesitz von „inländischen" juristischen Personen des öffentlichen Rechts und „inländischen" steuerbegünstigten Körperschaften.

---

1 Vgl. AEAO Nr. 3 zu § 60a AEAO; kritisch dazu *Förster*, DStR 2013, 1516 (1519).
2 Siehe nur *Hüttemann*, DB 2014, 442 (445).

7. Ausblick

Das deutsche Gemeinnützigkeits- und Spendenrecht befindet sich seit längerem – wie es *Rainer Walz* ausgedrückt hat[1] – im „europarechtlichen Zugwind". Allerdings hat die „Windstärke" erheblich nachgelassen. Denn – wie die neueren Entscheidungen des BFH zur Anerkennung ausländischer Einrichtungen und zum grenzüberschreitenden Spendenabzug zeigen[2] – sind die **europäischen Grundfreiheiten als Diskriminierungsverbote nur bedingt geeignet, einen funktionierenden „Binnenmarkt" für grenzüberschreitend tätige gemeinnützige Einrichtungen zu schaffen.** Da die Grundfreiheiten lediglich eine Inländergleichbehandlung fordern, können die Mitgliedstaaten – zumindest nach der bisherigen Rechtsprechung des EuGH (vgl. Rz. 1.124) – die Anerkennung ausländischer Einrichtungen und die Abziehbarkeit grenzüberschreitender Spenden von der Einhaltung ihres innerstaatlichen Gemeinnützigkeitsrechts abhängig machen. Eine europaweit agierende gemeinnützige Einrichtung, die in mehreren EU-Staaten beschränkt steuerpflichtige Einkünfte erzielt oder Spenden einwerben will, muss ihre Satzung und tatsächliche Geschäftsführung also praktisch auf den „kleinsten gemeinsamen Nenner" der betroffenen Rechtsordnungen ausrichten, was wegen der vielen materiellen und formellen Unterschiede zwischen den nationalen Gemeinnützigkeitsrechten schnell an praktische Grenzen stößt[3]. Der EuGH könnte an dieser Stelle weiterhelfen, wenn er – seine bisherige Rechtsprechung weiterführend – beispielsweise im Rahmen der Vergleichbarkeitsprüfung die Definitionskompetenz des Wohnsitzstaates bei grenzüberschreitenden Spenden auf die steuerlich „wesentlichen" Aspekte der Zuwendung (d.h. ihren Zweck und die tatsächliche Verwendung) beschränken und die Mitgliedstaaten bei den – für Einzelspenden regelmäßig weniger bedeutsamen – institutionellen Voraussetzungen der Empfängerorganisation zu einer gegenseitigen Anerkennung gemeinnütziger Körperschaften verpflichten würde. Für diese Lösung spricht nicht nur, dass die entscheidende Rechtfertigung des Spendenabzugs der gemeinwohlrelevante Zweck der Zuwendung ist (vgl. Rz. 1.68), sondern auch, dass die nationalen Gemeinnützigkeitsrechte der Mitgliedstaaten in institutioneller Hinsicht (z.B. durch die Beschränkung auf Körperschaften und Vermögensmassen, Ausschließlichkeitsgebot, staatliche Überwachung der Mittelverwendung) viele Gemeinsamkeiten aufweisen. Vor allem erscheint es schlicht **unverhältnismäßig**, dass eine im EU-Ausland ansässige Einrichtung, die ihrem Spender aus Deutschland für eine Zuwendung zugunsten eines nach deutschem Recht begünstigten Zweck in Höhe von 500 Euro einen Spendenabzug eröffnen möchte, zuvor auch noch ihre Satzung an die Vorgaben der deutschen „Mustersatzung" nach Anlage 1 zu § 60 AO anpassen muss (und dadurch möglicherweise die steuerliche Anerkennung im Sitzstaat gefährdet). Dies gilt insbesondere für das deutsche Erfordernis der satzungsmäßigen Vermögensbindung, dem in Hinsicht auf zeitnah zu verwendende Spenden ohnehin nur eine theoretische Bedeutung zukommt, weil die Spende aus Deutschland längst verbraucht sein wird, bevor es zur Auflösung der Körperschaft kommt. Für derart

1.139

---

1 *Walz*, Non-Profit-Organisationen im europarechtlichen Zugwind, ZEW, Nr. 156, 2006.
2 Vgl. BFH v. 17.9.2013 – I R 16/12, BStBl. II 2014, 440; BFH v. 21.1.2015 – X R 7/13, BStBl. II 2015, 588; BFH v. 25.10.2016 – I R 54/14, BStBl. II 2017, 1216.
3 Dazu auch *Helios/Strehlke*, npoR 2013, 209 ff.; *Schauhoff*, npoR 2013, 128.

weitgehende formale Anforderungen besteht umso weniger Anlass, als die deutsche Finanzverwaltung ausländischen Spendenorganisationen eine wirkliche institutionelle Gleichstellung mangels gesonderter Feststellung nach § 60a AO verwehrt. Es wäre daher zu begrüßen, wenn der BFH – wie seinerzeit in der Rs. *Stauffer* – durch eine Vorlage an den EuGH zumindest einen **neuen Anstoß zur Fortentwicklung des europäischen Spendenrechts** geben würde.

1.140   Ein solcher Vorstoß wäre auch deshalb wünschenswert, weil der Versuch der EU-Kommission, mit dem Vorschlag für ein **Statut der Europäischen Stiftung (FE)** vom 8.2.2012[1] nach Art eines „Trojanischen Pferdes" zugleich auch ein Instrument für den grenzüberschreitenden Spendenabzug zu schaffen, inzwischen gescheitert ist. Denn die Mitgliedstaaten haben die gemeinnützigkeitsrechtliche Sprengkraft dieses Vorschlags schnell erkannt und sich dem Vorhaben so lange widersetzt, bis sich die EU-Kommission zunächst zur Streichung der steuerlichen Vorschriften (Art. 49 ff. FE-VO) bereit erklärte[2] und den Vorschlag Ende 2014 dann ganz zurückgezogen hat[3]. Andere Regelungsansätze wie die Schaffung einheitlicher Regelungen über den Spendenabzug bei Körperschaften in Art. 12 und 16 des Vorschlags für eine Richtlinie über eine „Gemeinsame konsolidierte Körperschaftsteuer-Bemessungsgrundlage (GKKB)" vom 16.3.2011[4] sind ebenfalls nicht weiterverfolgt worden. Mit Rücksicht auf die Mitgliedstaaten enthält der aktuelle Richtlinienvorschlag für eine „**Gemeinsame Körperschaftsteuer-Bemessungsgrundlage (GKB)**" vom 25.10.2016[5] in Art. 9 Abs. 4 nur noch ein Mitgliedstaatenwahlrecht[6], so dass der Spendenabzug bei Körperschaften auch künftig in der nationalen Regelungskompetenz verbleiben dürfte.

1.141   Angesichts der zahlreichen praktischen Probleme, denen grenzüberschreitend operierende gemeinnützige Einrichtungen ungeachtet der neueren Rechtsprechung des EuGH gegenwärtig immer noch ausgesetzt sind, scheint die **Schaffung eines gemeinsamen Rechtsrahmens für gemeinnützige Einrichtungen auf EU-Ebene** dringend geboten[7]. Dabei geht es weder um eine gemeinschaftsweite Harmonisierung des Vereins- oder Stiftungsrechts noch um eine Angleichung der nationalen Steuervergünstigungen wegen Gemeinnützigkeit. Erforderlich ist vielmehr ein (optionales) Regelungsinstrument, auf dessen Grundlage sich die Mitgliedstaaten zu einer gegenseitigen Anerkennung von gemeinnützigen Einrichtungen aus anderen Mitgliedstaaten bereitfinden könnten. Dies setzt voraus, dass – aufbauend auf den überraschend großen Gemeinsamkeiten in den nationalen Gemeinnützigkeitsrech-

---

1 KOM (2012) 35 endg.; dazu etwa *Stöber*, DStR 2012, 804; *Hüttemann*, EuZW 2012, 441; *Weitemeyer*, NZG 2012, 1001; *Richter/Gollan*, ZGR 2013, 551; *Jakob*, npoR 2013, 1.
2 Vgl. dazu die Nachweise bei *Droege* in NK-GemnR, Grundprinzipien Rz. 78 in Fn. 216.
3 Siehe EU-Kommission v. 16.12.2014 COM (2014) 910 final Annex 2, S. 13: „Aufgrund der erforderlichen Einstimmigkeit besteht keine Aussicht auf Erzielen einer Einigung."
4 KOM (2011) 121/4.
5 Siehe KOM (2016) 685 endg.
6 Vgl. bereits zu einem früheren Kompromissvorschlag *Scheffler/Köstler*, DStR 2013, 2235 f.
7 Ebenso *Schauhoff*, npoR 2013, 128 ff.; *Hüttemann*, EuZW 2012, 441 f.

ten der Mitgliedstaaten[1] – ein europäischer Mindeststandard für grenzüberschreitend tätige gemeinnützige Einrichtungen formuliert wird. Gemeinnützige Einrichtungen, die – zusätzlich zu den Anforderungen ihres Sitzstaates – diese satzungsmäßigen und tatsächlichen Anforderungen freiwillig einhalten, müssten dann von den anderen Mitgliedstaaten ebenfalls als „steuerbegünstigt" anerkannt werden. Im Unterschied zum gescheiterten Statut einer Europäischen Stiftung wäre ein solcher Rechtsrahmen „rechtsformneutral" auszugestalten und könnte – wenn eine Beteiligung aller Mitgliedstaaten zunächst nicht zu erwarten ist – auch im Wege der verstärkten Zusammenarbeit zwischen einer Gruppe von Mitgliedstaaten (Art. 326 AEUV) entwickelt werden. Es erscheint jedenfalls anachronistisch, dass einerseits einer „europäischen Zivilgesellschaft" ständig das Wort geredet wird, andererseits aber – anders als im unternehmerischen Bereich – auf politischer Ebene keinerlei Anstrengungen unternommen werden, um die nachhaltige Entwicklung eines grenzüberschreitend tätigen „Europäischen Dritten Sektors" zu unterstützen. Schließlich könnte Deutschland natürlich auch „mit gutem Beispiel vorangehen" und – nach dem Beispiel der Niederlande – ausländische gemeinnützige Einrichtungen aus EU/EWR-Staaten in das gesonderte Feststellungsverfahren nach § 60a AO einbeziehen. Zwar hatte die EU-Kommission gegen ein verpflichtendes Registrierungsverfahren für ausländische Wohlfahrtsorganisationen, wie es in den Niederlanden eingeführt worden war, zunächst gemeinschaftsrechtliche Bedenken geäußert und deshalb ein Vertragsverletzungsverfahren eingeleitet[2]. Dieses ist aber 2012 eingestellt worden, ohne dass das niederländische Recht geändert worden ist[3].

---

1 Vgl. dazu den rechtsvergleichenden Generalbericht von *von Hippel/Walz* in Walz/von Auer/von Hippel (Hrsg.), Spenden- und Gemeinnützigkeitsrecht in Europa, 2007, S. 89.
2 Vgl. IP/11/429 v. 6.4.2011.
3 Vgl. dazu näher *Förster*, DStR 2013, 1516 (1519).

Kapitel 2
Steuerbegünstigte Körperschaften

Literatur: *Andrick/Suerbaum*, Das Gesetz zur Modernisierung des Stiftungsrechts, NJW 2002, 2905; *Armbrüster*, Der Dritte Sektor als Teilnehmer am Markt: Zur Privilegierung gemeinnützigen Handelns im Privatrecht, Non Profit Law Yearbook 2002 (2003), 87; *Arnold*, Die geplante Vereinsrechtsreform – Fortschritt oder Irrweg?, DB 2004, 2143; *Arnold*, Die Organhaftung in Verein und Stiftung (unter besonderer Berücksichtigung des neuen § 31a BGB), Non Profit Law Yearbook 2009 (2010), 89; *Arnold*, Satzungsvorbehalt für die Vorstandsvergütung bei Vereinen und Stiftungen, in Martinek/Rawert/Weitemeyer (Hrsg.), Festschrift für Dieter Reuter zum 70. Geburtstag, Berlin 2010, S. 3; *Autenrieth*, Die Vorstiftung im Rechtskleid der unselbständigen Stiftung, in Dauner-Lieb/Freudenberg/Werner (Hrsg.), Festschrift für Mark Binz, München 2014, S. 14; *Bayer/Hoffmann*, Gemeinnützige Aktiengesellschaften, AG 2007, R 347; *Bayer/Hoffmann*, Neue gemeinnützige Aktiengesellschaften, AG 2008, R 531; *Becker*, Das Recht auf Scheitern einer gemeinnützigen Körperschaft, FR 2008, 909; *Becker/Meining*, Auswirkungen des Scheiterns einer Körperschaft auf deren gemeinnützigkeitsrechtlichen Status, FR 2006, 686; *Beuthien*, Künftig alles klar beim nichteingetragenen Verein? – Zur Grundlagenscheu des Gesetzgebers, NZG 2005, 493; *Beuthien*, Wie ideell muss ein Verein sein? – Zum Sinn des Nebenzweckprivilegs, NZG 2016, 449; *Beuthien*, Endlich grünes Licht für Vereinszweckbetriebe, npoR 2017, 137; *Beuthien*, Was macht einen Verein wirtschaftlich? – Zur typologischen Rechtsfindung ohne das typischste Merkmal, WM 2017, 645; *Beuthien*, Was dem einen sein Ideal, ist dem anderen sein Geschäft – Zur Grundordnung des Vereinsrechts, ZGR 2018, 1; *Bracksiek*, Die Neuregelung des steuerlichen Querverbunds durch das JStG 2009, FR 2009, 15; *Burgard*, Das neue Stiftungsprivatrecht, NZG 2002, 697; *Burgard*, Gestaltungsfreiheit im Stiftungsrecht, Köln 2006; *Burgard*, Reform des Stiftungsrechts, ZStV 2016, 81; *Carstensen*, Die ungeschmälerte Erhaltung des Stiftungsvermögens, WPg 1996, 781; *Carstensen*, Vermögensverwaltung, Vermögenserhaltung und Rechnungslegung gemeinnütziger Stiftungen, 2. Aufl., Frankfurt/M. 1996; *Crezelius*, Die werdende Kapitalgesellschaft im Körperschaftsteuerrecht, in Gocke/Gosch/Lang (Hrsg.), Körperschaftsteuer. Internationales Steuerrecht. Doppelbesteuerung. Festschrift für Franz Wassermeyer zum 65. Geburtstag, München 2005, S. 15; *Dehesselles*, Gemeinnützige Körperschaften in der Insolvenz – Zugleich Besprechung des BFH-Urteils vom 16.5.2007, I R 14/06, DStR 2008, 2050; *Dehesselles*, Insolvenz, Liquidation und Gemeinnützigkeit, in Wachter (Hrsg.), Festschrift für Sebastian Spiegelberger zum 70. Geburtstag: Vertragsgestaltung im Zivil- und Steuerrecht, Bonn 2009, S. 1255; *Dehesselles*, Das Ende des Zweckbetriebs?, DStR 2012, 2309; *Denkhaus/Mühlenkamp*, Auswirkungen eines Insolvenz(plan)verfahrens auf die steuerlichen Gemeinnützigkeit eines Vereins, ZInsO 2002, 956; *Döring/Fischer*, Steuer- und gemeinnützigkeitsrechtliche Behandlung von Gewinnausschüttungen unter Beteiligung gemeinnütziger Körperschaften am Beispiel eines Krankenkonzerns, DB 2007, 1831; *Eicker*, Grenzüberschreitende gemeinnützige Tätigkeit, 2004; *Eversberg/Baldauf*, Der gemeinnützige Betrieb gewerblicher Art als steuerbegünstigter wirtschaftlicher Geschäftsbetrieb (Zweckbetrieb) einer juristischen Person des öffentlichen Rechts, DStZ 2011, 597; *Fischer*, Vermögensverwaltung für nicht rechtsfähige Stiftungen und Genehmigungspflicht nach dem KWG, npoR 2012, 7; *Fischer/Ihle*, Satzungsgestaltung bei gemeinnützigen Stiftungen, DStR 2008, 1692; *Geibel*, Die Treuhandstiftung im Zivilrecht, in Deutsches Stiftungszentrum (Hrsg.), Die Treuhandstiftung: Ein Traditionsmodell mit Zukunft, 2012, S. 32;

Geibel, Dachstiftungen, Stiftungszentren und Treuhandstiftungen, Non Profit Law Yearbook 2011/2012 (2012), 29; *Gietz/Sommerfeld*, Zulässigkeit von Gewinnausschüttungen steuerbegünstigter Kapitalgesellschaften, BB 2001, 1501; *Gosch*, KSt-Befreiung der Abgabe von Zytostatika durch eine Krankenhausapotheke trotz EU-Beihilfeverstoß, BFH/PR 2014, 86; *Grabau*, Die gemeinnützige GmbH im Steuerrecht, DStR 1994, 1032; *Hadding*, Zu einer geplanten Änderung des Vereinsrechts, ZGR 2006, 137; *Hamm*, Vorgesellschaften im Steuerrecht, 2013; *Helios/Geschwandtner*, Neues Recht für die eingetragene Genossenschaft, NZG 2006, 691; *Herbert*, Der wirtschaftliche Geschäftsbetrieb des gemeinnützigen Vereins, Köln 1988; *Herzog*, Die unselbständige Stiftung des bürgerlichen Rechts, Baden-Baden 2006; *Heuel*, Die Treuhandstiftung – Grenzen und Möglichkeiten, Stiftung&Sponsoring, Rote Seiten zu 4/2012; *Hey*, Die Steuerbegünstigung der gemeinnützigen Tätigkeit der öffentlichen Hand, StuW 2000, 467; *Hey*, Spezialgesetzgebung und Typologie zum Gestaltungsmissbrauch, DStJG 33 (2010), 139; *von Holt/Koch*, Nonprofit Governance in der Wohlfahrtspflege – zeitgemäße Strukturen am Beispiel der gemeinnützigen GmbH, DStR 2009, 2492; *Hopt/Reuter* (Hrsg.), Stiftungsrecht in Europa, Köln 2001; *Hüttche*, Zur Rechnungslegung der gemeinnützigen GmbH, GmbHR 1997, 1095; *Hüttemann*, Der Grundsatz der Vermögenserhaltung im Stiftungsrecht, in Jakobs/Picker/Wilhelm (Hrsg.), Festgabe für Werner Flume zum 90. Geburtstag, Berlin 1998, S. 59; *Hüttemann*, Zeitnahe Mittelverwendung und Erhaltung des Stiftungsvermögens nach zivilem Stiftungs- und steuerlichem Gemeinnützigkeitsrecht, in von Campenhausen u.a. (Hrsg.), Deutsches Stiftungswesen 1988–1998. Wissenschaft und Praxis, Tübingen 2000, S. 191; *Hüttemann*, Verfassungsrechtliche Grenzen der rechtsformbezogenen Privilegierung von Stiftungen im Spenden- und Gemeinnützigkeitsrecht, Non Profit Law Yearbook 2001 (2002), 145; *Hüttemann*, Das Gesetz zur Modernisierung des Stiftungsrechts, ZHR 167 (2003), 35; *Hüttemann*, Der Beginn der subjektiven Körperschaftsteuerpflicht, in Gocke/Gosch/Lang (Hrsg.), Körperschaftsteuer. Internationales Steuerrecht. Doppelbesteuerung. Festschrift für Franz Wassermeyer zum 65. Geburtstag, München 2005, S. 27; *Hüttemann*, Abschied vom kommunalen Querverbund, DB 2007, 2508; *Hüttemann*, Das Buchwertprivileg bei Sachspenden nach § 6 Abs. 1 Nr. 4 Satz 5 EStG, DB 2008, 1590; *Hüttemann*, Die Besteuerung der öffentlichen Hand, FR 2009, 308; *Hüttemann*, Rechtsprobleme des „neuen" Querverbundes nach dem JStG 2009, DB 2009, 2629; *Hüttemann*, Die Vorstiftung – ein zivil- und steuerrechtliches Phantom, in Wachter (Hrsg.), Festschrift für Sebastian Spiegelberger zum 70. Geburtstag: Vertragsgestaltung im Zivil- und Steuerrecht, Bonn 2009, S. 1292; *Hüttemann*, Ehrenamt, Organvergütung und Gemeinnützigkeit, DB 2009, 1205; *Hüttemann*, Gemeinnützige Stiftungen in der Nachfolgeplanung, in Bar/Hellwege/Mössner (Hrsg.), Gedächtnisschrift für Malte Schindhelm, Köln 2009, S. 377; *Hüttemann*, Rechtsfragen des grenzüberschreitenden Spendenabzugs, IStR 2010, 118; *Hüttemann*, Anwendung des EuGH-Urteils Persche, Kurzkommentar zum BMF-Schreiben v. 6.4.2010, DB 2010, M 20; *Hüttemann*, Der Stiftungszweck nach dem BGB, in Martinek/Rawert/Weitemeyer (Hrsg.), Festschrift für Dieter Reuter zum 70. Geburtstag, Berlin 2010, S. 121; *Hüttemann*, Bessere Rahmenbedingungen für den Dritten Sektor, DB 2012, 2592; *Hüttemann*, Die Treuhandstiftung im Steuerrecht, in Deutsches Stiftungszentrum (Hrsg.), Die Treuhandstiftung – ein Traditionsmodell mit Zukunft, 2012, S. 48; *Hüttemann*, Das Gesetz zur Stärkung des Ehrenamts, DB 2013, 774; *Hüttemann*, Transparenz und Rechnungslegung bei Stiftungen – Brauchen wir mehr Publizität und Bilanzrecht für Stiftungen?, Non Profit Law Yearbook 2012/13 (2013), 81; *Hüttemann*, Zur Rechnungslegung von Stiftungen – Anmerkungen zu IDW ERS HFA 5, DB 2013, 1561; *Hüttemann*, Der geänderte Anwendungserlass zur Gemeinnützigkeit, DB 2014, 442; *Hüttemann*, Non-Profit-Organisationen als Kaufleute, in Festschrift für Wulf-Henning Roth, München 2015, S. 241; *Hüttemann*, Stiftungs- und gemeinnützigkeitsrechtliche Rahmenbedingungen der Vermögensanlage steuerbegünstigter Stiftungen, Teil I WM 2016, 625, Teil II WM 2016, 673; *Hüttemann*, Neuregelung der Umsatzbesteuerung der öffentlichen Hand – Alles wird gut?, UR 2017, 129; *Hüttemann*, Anmerkung zu BFH v. 16.5.2017 – II ZB 7/16, JZ 2017, 894; *Hüttemann/Herzog*,

Steuerfragen bei gemeinnützigen nichtrechtsfähigen Stiftungen, DB 2004, 1001; *Hüttemann/Rawert*, Der Modellentwurf eines Landesstiftungsgesetzes, ZIP 2002, 2019; *Hüttemann/Rawert*, Die notleidende Stiftung, ZIP 2013, 2136; *Hüttemann/Richter/Weitemeyer* (Hrsg.), Landesstiftungsrecht, Köln 2011; *Hüttemann/Schön*, Vermögensverwaltung und Vermögenserhaltung im Stiftungs- und Gemeinnützigkeitsrecht, Köln 2007; *Isensee*, Gemeinwohl und Bürgersinn im Steuerstaat des Grundgesetzes – Gemeinnützigkeit als Bewährungsprobe des Steuerrechts vor der Verfassung, in Maurer/Häberle/Schmitt-Glaeser/Graf Vitzthum (Hrsg.), Das akzeptierte Grundgesetz. Festschrift für Günter Dürig zum 70. Geburtstag, München 1990, S. 33; *Ismer/Kaiser*, Umsatzbesteuerung der öffentlichen Hand, UR 2011, 81; *Jakob*, Schutz der Stiftung, Tübingen 2006; *Jakob/Studen*, Die European Foundation – Phantom oder Zukunft des europäischen Stiftungsrechts?, ZHR 174 (2010), 61; *Jost*, Ausgewählte Aspekte der gemeinnützigen GmbH, in Poll (Hrsg.), Bilanzierung und Besteuerung der Unternehmen. Das Handels- und Steuerrecht auf dem Weg ins 21. Jahrhundert. Festschrift für Herbert Brönner zum 70. Geburtstag, Stuttgart 2000, S. 179; *Kahlert/Eversberg*, Insolvenz und Gemeinnützigkeit, ZIP 2010, 260; *Kaper*, Bürgerstiftungen: Die Stiftung bürgerlichen Rechts und die unselbständige Stiftung als Organisationsformen für Bürgerstiftungen, Baden-Baden 2006; *Koele*, Taxation of charities, European Taxation 1997, 331; *Kirchhain/Lorenz*, Erbschaftsteuer- und bewertungsrechtliche Behandlung von Anteilen an gemeinnützigen Kapitalgesellschaften, DStR 2014, 1941; *Koele*, International Taxation of Philanthropy, Amsterdam 2007; *Kohlhepp*, Gemeinnützige GmbH: Aberkennung der Gemeinnützigkeit aufgrund verdeckter Gewinnausschüttungen, DB 2011, 92; *Kraeusel*, Richtlinienkonforme Besteuerung der öffentlichen Hand, UR 2010, 480; *Lange*, Die unselbstständige Stiftung von Todes wegen, ZErb 2013, 324; *Leippe/Baldauf*, Geplante gesetzliche Verankerung des kommunalen steuerlichen Querverbundes durch das Jahressteuergesetz 2009, DStZ 2008, 568; *Leippe/Baldauf*, Änderungen beim kommunalen steuerlichen Querverbund nach dem Jahressteuergesetz 2009, DStZ 2009, 67; *Leuschner*, Das Konzernrecht des Vereins, Tübingen 2011; *Leuschner*, Zwischen Gläubigerschutz und Corporate Governance: Reformperspektiven des Vereinsrechts, npoR 2016, 99; *Leuschner*, Der Zweck heiligt doch die Mittel – Vereinsklassenabgrenzung nach dem Kita-Beschluss des BGH, NJW 2017, 1919; *Lettl*, Wirtschaftliche Betätigung und Umstrukturierung von Ideal-Vereinen, DB 2000, 1449; *von Löwe*, Die steuerliche Behandlung der Familienstiftung, in Wachter (Hrsg.), Festschrift für Sebastian Spiegelberger zum 70. Geburtstag: Vertragsgestaltung im Zivil- und Steuerrecht, Bonn 2009, S. 1370; *Luger*, Die steuerlichen Besonderheiten der Dachverbände und Untergliederungen gemeinnütziger Vereine, StWa 1995, 161; *Lunk/Rawert*, Bestellung, Abberufung, Anstellung und Kündigung von Stiftungsvorständen, Non Profit Law Yearbook, 2001 (2002), 91; *Mannek*, Anteile an gemeinnützigen Kapitalgesellschaften bei der Erbschaft-/Schenkungsteuer, NWB 2013, 3449; *Märkle*, Der Verein im Zivil- und Steuerrecht, Stuttgart 1999; *Meyer*, Haftungsprivilegien bei Idealverbänden ohne Rechtspersönlichkeit?, ZGR 2008, 702; *Möhlenkamp*, Vereinsrechtsreform stutzt Nebenzweckprivileg der Vereine: Welche wirtschaftliche Tätigkeit wird in Zukunft noch zulässig sein?, DB 2004, 2737; *Neumayer*, Einsatzmöglichkeiten und -risiken für eine GmbH im Gemeinnützigkeitsrecht, GmbH-StB 1998, 72; *Neumayer*, Die gemeinnützige GmbH, GmbH-StB 1998, 146; *Oberbeck/Winheller*, Die gemeinnützige Unternehmergesellschaft – Die Pflichtrücklage nach § 5a Abs. 3 GmbHG als Stolperstein, DStR 2009, 516; *Pinkos*, Erläuterungen zum BMF-Schreiben zum steuerlichen Querverbund, DStZ 2010, 96; *Priester*, Die Nonprofit-GmbH – Satzungsgestaltung und Satzungsvollzug, GmbHR 1999, 149; *Prütting*, Insolvenz von Vereinen und Stiftungen, Non Profit Law Yearbook 2002 (2003), 137; *Raupach*, Einführung in die Möglichkeiten der Rechtsformwahl, Umwandlung und Kooperation anhand einer Fallstudie, Non Profit Law Yearbook 2003 (2004), 195; *Rawert*, Stiftungen und Unternehmen, Non Profit Law Yearbook 2003 (2004), 1; *Rawert*, Kapitalerhöhung zu guten Zwecken – Die Zustiftung in der Gestaltungspraxis, DNotZ 2008, 5; *Reichert/Schimke/Dauernheim*, Vereins- und Verbandsrecht, 14. Aufl., Berlin 2018; *Reimer/Waldhoff*, Mitgliedervergünstigungen bei gemeinnützigen Kapitalgesellschaften, FR 2002, 318; *Reuter*, Die Reform des Vereinsrechts, NZG 2005, 738; *Reuter*, Das Verhältnis der Vereinsklassenabgrenzung zur den Grenzen wirtschaftlicher Betätigung nach Gemeinnützigkeitsrecht, npoR 2008, 881; *Reuter*, Die Zustiftung im Recht der unselbständigen Stiftung, npoR 2009, 55; *Reuter*, Zur Vereinsrechtsreform 2009, NZG 2009, 1368; *Reuter*, Zu den Voraussetzungen der Eintragung eines regionalen Zweigvereins in das Vereinsregister, npoR 2013, 16; *Reuter*, Änderungen des Vereins- und Stiftungsrechts durch das Ehrenamtsstärkungsgesetz, npoR 2013, 41; *Richter*, Rechtsfähige Stiftung und Charitable Corporation, Berlin 2001; *Richter*, Aktuelle Änderungen in den Landesstiftungsgesetzen, ZEV 2005, 517; *Richter/Sturm*, Stiftungsreform und Novellierung der Landesstiftungsgesetze, NZG 2005, 655; *Richter/Wachter*, Handbuch des internationalen Stiftungsrechts, Bonn 2007; *Riehmer*, Körperschaften als Stiftungsorganisation, Baden-Baden 1993; *Römer*, Die Eignung der GmbH als Rechtsform für Stiftungszwecke, Diss. Gießen 1990; *Roth*, Verbandszweck und Gläubigerschutz, Habilitationsschrift, 2013 (noch nicht veröffentlicht); *Roth/Knof*, Die Stiftung in Krise und Insolvenz, KTS 2009, 163; *Rücker*, Die Vereinsklassenabgrenzung, Münster 2012; *Sachs*, Kein Recht auf Stiftungsgenehmigung, in Isensee/Lecheler (Hrsg.), Freiheit und Eigentum. Festschrift für Walter Leisner zum 70. Geburtstag, Berlin 1999, S. 955; *Sauter/Schweyer/Waldner*, Der eingetragene Verein, 12. Aufl., München 2016; *Schäfers*, Die steuerrechtliche Behandlung gemeinnütziger Stiftungen in grenzüberschreitenden Fällen, Baden-Baden 2005; *Schauhoff*, Der unternehmerisch tätige Idealverein in Existenznot, npoR 2016, 241; *Schauhoff*, Rechtssicherheit für den Idealverein, npoR 2017, 62; *Schauhoff/Kirchhain*, Steuer- und zivilrechtliche Neuerungen für gemeinnützige Körperschaften und deren Förderer, FR 2013, 301; *Schauhoff/Kirchhain*, Der wirtschaftlich tätige gemeinnützige Verein – Zur Auslegung des § 21 BGB, ZIP 2016, 1857; *Schiffer*, Die Stiftung in der Beraterpraxis, 4. Aufl., Bonn 2016; *Schiffer/Pruns*, Höchstrichterlicher Abschied von der Vorstellung einer Vorstiftung, BB 2015, 1756; *Schindler*, Vermögensanlage von Stiftungen im Zielkonflikt zwischen Rendite, Risiko und Erhaltung der Leistungskraft, DB 2003, 297; *Schlüter*, Die gemeinnützige GmbH, GmbHR 2002, 535, 578; *Schlüter*, Stiftungsrecht zwischen Privatautonomie und Gemeinwohlbindung, München 2004; *K. Schmidt*, Die Abgrenzung der beiden Vereinsklassen. Bestandsaufnahme, Kritik und Neuorientierung, Rpfleger 1972, 286 und 343; *K. Schmidt*, Der bürgerlich-rechtliche Verein mit wirtschaftlicher Tätigkeit, AcP 182 (1982), 1; *K. Schmidt*, Verbandszweck und Rechtsfähigkeit im Vereinsrecht, Heidelberg 1984; *K. Schmidt*, Eintragungsfähige und eintragungsunfähige Vereine, Rpfleger 1988, 45 ff.; *K. Schmidt*, Anmerkung zu BFH v. 16.5.2017 – II ZB 7/16, JuS 2017, 776; *M. Schmidt*, Steuerliche Aspekte der Rechtsformwahl bei privaten gemeinnützigen Organisationen, Baden-Baden 2001; *O. Schmidt*, Vermögenszuwendung und Festlegung des Stiftungszwecks bei der Errichtung unselbständiger Stiftungen von Todes wegen, ZEV 2003, 316; *Schmidt/Fritz*, Die gemeinnützige nichtrechtsfähige Stiftung – Gestaltungsmöglichkeiten, Stiftung&Sponsoring 5/2003, 16; *Schockenhoff*, Der wirtschaftlich tätige Idealverein, NZG 2017, 931; *Schön*, Der Gewinnanteil des Personengesellschafters und das Einkommen der Personengesellschaft, StuW 1988, 253; *Schön*, Der Einfluss öffentlich-rechtlicher Zielsetzung auf das Statut privatrechtlicher Eigengesellschaften der öffentlichen Hand, ZGR 1996, 429; *Schön*, Bilanzkompetenzen und Ausschüttungsrechte in der Personengesellschaft, in Budde/Moxter/Offerhaus (Hrsg.), Handelsbilanzen und Steuerbilanzen. Festschrift für Heinrich Beisse, Berlin 1997, S. 471; *Schöplin*, Gemeinnützigkeitsrechtlich geprägte Vereinsklassenabgrenzung – Die Kita-Entscheidung des BGH, ZStV 2018, 6; *Schotenroehr/Bergedick*, Kooperationen zwischen gemeinnützigen Stiftungen, Non Profit Law Yearbook 2014/2015 (2015), 125; *Schröder*, Die steuerpflichtige und steuerbegünstigte GmbH im Gemeinnützigkeitsrecht, DStR 2008, 1069; *Schwab*, Die Haftung bei verbundenen Non-Profit-Vereinen, Berlin 2013; *Schwarz*, Zur Neuregelung des Stiftungsprivatrechts (Teil I), DStR 2002, 1718, (Teil II), DStR 2002, 1767; *Sdorra*, Die Kita-Rechtsprechung des Kammergerichts, npoR 2017, 45; *Seer/Klemke*, Abgrenzung des Betriebes gewerblicher Art vom Hoheitsbetrieb, BB 2010, 2015; *Seer/Wendt*, Strukturprobleme der Besteuerung der öffentlichen Hand, DStR 2001, 825; *Seer/Wolsztynski*, Steuerrechtliche Gemeinnützigkeit der öffentlichen Hand, Berlin 2002; *Segna*, Vereinsrechtsreform, NZG 2002, 1048; *Segna*, Vorstandskontrolle in Großvereinen, Berlin 2002; *Segna*, Die Verbrauchsstiftung – ein Fremdkörper im Stiftungsrecht?, JZ 2014, 126; *Segna*, Wann ist ein Verein ein nichtwirtschaftlicher Verein? – Ein Blick auf die Vereinsklassenabgrenzung aus Anlass der „Kita"-Rechtsprechung des Kammergerichts und der Diskussion über den ADAC, Non Profit Law Yearbook 2014/2015 (2015), 47; *Segna*, Vereinsklassenabgrenzung nach Art des Hauses – Kritische Anmerkungen zu den Kita-Beschlüssen des BGH vom 16.5.2017, ZIP 2017, 1881; *Smith*, Section 30 of and Schedule 6 to the Finance Act 2010: Charity re-defined, British Tax Review 2010, 415; *Stöber/Otto*, Handbuch zum Vereinsrecht, 11. Aufl., Köln 2016; *Strahl*, Betriebe gewerblicher Art und Gemeinnützigkeit – Gedanken zu einem schwierigen Verhältnis in Lüdicke/Mellinghoff/Rödder (Hrsg.), Festschrift für Dietmar Gosch, 2016, S. 403; *Streck*, Die Steuerpflicht nichtrechtsfähiger Stiftungen und anderer Zweckvermögen, StuW 1975, 135; *Strickrodt*, Der rechtsfähige Verein stiftungsartiger Struktur, NJW 1964, 2085; *Terner*, Der Zweck heiligt die Mittel – Die Vereinsklassenabgrenzung des BGH, RNotZ 2017, 508; *Thiel*, Die gemeinnützige GmbH, GmbHR 1997, 10; *Thiel*, Die gemeinnützige GmbH. Wesensmerkmale – Erscheinungsformen – Steuerpflicht, DStJG 20 (1997), 103; *Thieme/Dorenkamp*, Auswirkungen des Gemeinnützigkeitsrechts auf die öffentliche Hand im Hinblick auf das Subjekt der Gemeinnützigkeit und die Zulässigkeit eines Ergebnisausgleichs, FR 2003, 693; *Thole*, Die Stiftung in Gründung, Münster 2009; *Tichy*, Gemeinnützigkeitsrechtliche und ertragsteuerliche Besonderheiten gemeinnütziger Kapitalgesellschaften bei der Gewinnermittlung, der Gewinnausschüttung und der Einbeziehung in Konzernstrukturen, Frankfurt/M. 2007; *Tyarks*, Körperschaftsteuerrechtliche Zweckvermögen des privaten Rechts und ihre Behandlung im Umsatzsteuerrecht, Baden-Baden 2010; *Ullrich*, Firmenrechtliche Zulässigkeit des Firmenbestandteils „gGmbH", NZG 2007, 656; *Ullrich*, Die gemeinnützige GmbH nach dem MoMiG, GmbHR 2009, 750; *Ullrich*, Praxisfragen der gesetzlichen Mustersatzung für gemeinnützige Körperschaften, DStR 2009, 2471; *Ullrich*, Gesellschaftsrecht und steuerliche Gemeinnützigkeit, Köln 2011; *Ullrich*, Zielkonflikte in gemeinnützigen GmbHs – strukturell niedriger Schutz der Gläubiger gemeinnütziger GmbHs?, Non Profit Law Yearbook 2011/2012 (2012), 115; *Vogt*, Publizität im Stiftungsrecht, Hamburg 2013; *Wachter*, Steuerliche Behandlung von Stiftungen zwischen Errichtung und Anerkennung, ZEV 2003, 445; *Wachter*, Änderungen im Firmenrecht der GmbH, GmbHR 2013, R 145; *Wacker*, Vermögensverwaltende Gesamthand und Bruchteilsbetrachtung – eine Zwischenbilanz, DStR 2005, 2014; *Wagner/Walz*, Zweckerfüllung gemeinnütziger Stiftungen durch zeitnahe Mittelverwendung und Vermögenserhaltung, Baden-Baden 1997; *Wallenhorst*, Die Nachversteuerung in § 61 Abs. 3 AO bei Verstößen gegen die Vermögensbindung durch die tatsächliche Geschäftsführung, DStR 2011, 698; *Walz*, Non-Profit-Organisationen im europarechtlichen Zugwind, ZEW, Nr. 156, Bonn 2006; *Walz/von Auer/von Hippel* (Hrsg.), Spenden- und Gemeinnützigkeitsrecht in Europa, Tübingen 2007; *Walz/Fischer*, Grund und Grenzen von Thesaurierungsverboten im Stiftungs- und Gemeinnützigkeitsrecht, Non Profit Law Yearbook 2004 (2005), 159; *Walz/von Hippel*, Rechtsvergleichender Generalbericht, in Walz/von Auer/von Hippel (Hrsg.), Spenden- und Gemeinnützigkeitsrecht in Europa, Tübingen 2007, S. 89; *Weber*, Die gemeinnützige Aktiengesellschaft, Hamburg 2014; *Wedemann*, Gemeinnützige Personengesellschaften?, NZG 2016, 645; *Weitemeyer*, Die Gemeinnützigkeitsfähigkeit des Staates, in Kohl/Kübler/Ott/Schmidt (Hrsg.), Zwischen Markt und Staat, Gedächtnisschrift für Rainer Walz, Köln 2007, S. 783; *Weitemeyer*, Verdeckte Gewinnausschüttungen bei der öffentlichen Hand nach dem JStG 2009 und die Schranken des europäischen Beihilfenrechts, FR 2009, 1; *Weitemeyer*, Der Kommissionsvorschlag zum Statut der Europäischen Stiftung, NZG 2012, 1001; *Weitemeyer/Vogt*, Verbesserte Transparenz und Non-Profit Governance Kodex für NPOs, NZG 2014, 12; *Werner*, Die Zustiftung, Baden-Baden 2003; *Werner*, Wirtschaftliche Selbständigkeit und Vermögenstrennung – steuerliche und zivilrechtliche Perspektiven auf die „Eigenständigkeit" unselbständiger Stiftungen, ZStV 2012, 129; *Werner/Saenger*, Die Stiftung, Berlin 2008; *Westebbe*, Die

Stiftungstreuhand, Baden-Baden 1993; *Winheller*, Kindergärten sind Unternehmen!, DStR 2012, 1562; *Winheller*, Idealverein oder Wirtschaftsverein? Kita-Vereine zwischen Eintragungsfähigkeit und Rechtsformverfehlung, DStR 2013, 2009; *Winheller*, Totgesagte leben länger – wie steht es wirklich um den eV?, npoR 2017, 59; *Winkler*, Die BGB-Stiftungsreform – Eine Zwischenbilanz, ZStV 2017, 165; *Wochner*, Die Stiftungs-GmbH, DStR 1998, 1835; *Wochner*, Rechtsformwahl von Nonprofit-Organisationen, Stiftung&Sponsoring, Rote Seiten zu 2/1999; *Wolff*, Rechtsträgerschaft und Rechtswahrnehmung im gegliederten Verein, Non Profit Law Yearbook 2008 (2009), 21; *Wolff*, Ein passendes Rechtskleid für kleinkorporative Vereinigungen? – Zum Referentenentwurf eines Gesetzes zur Einführung der Kooperationsgesellschaft und zum weiteren Bürokratieabbau bei Genossenschaften, Non Profit Law Yearbook 2013/2014 (2014), 19.

A. Überblick

Die Einzelsteuergesetze (vgl. § 5 Abs. 1 Nr. 9 Satz 1 KStG, § 3 Nr. 6 GewStG, § 3   **2.1** Abs. 1 Nr. 3 Buchst. a GrStG, § 13 Nr. 16 Buchst. b ErbStG, § 12 Abs. 2 Nr. 8 Buchst. a UStG) nennen als Adressaten der direkten Steuervergünstigungen wegen Gemeinnützigkeit „**Körperschaften, Personenvereinigungen und Vermögensmassen**", die nach der Satzung, dem Stiftungsgeschäft oder der sonstigen Verfassung und nach der tatsächlichen Geschäftsführung ausschließlich und unmittelbar gemeinnützigen, mildtätigen oder kirchlichen Zwecken dienen (§§ 51 bis 68 der Abgabenordnung)". Aus § 51 Abs. 1 Satz 2 AO ergibt sich weiter, dass nur „Körperschaften, Personenvereinigungen und Vermögensmassen im Sinne des Körperschaftsteuergesetzes" steuerbegünstigt sein können. Der Begriff der steuerbegünstigten Körperschaften ist somit auf Körperschaftsteuersubjekte im Sinne des § 1 KStG beschränkt (zur Behandlung ausländischer [beschränkt steuerpflichtiger] Körperschaften vgl. näher Rz. 2.98 ff.). Aus dem Katalog des § 1 KStG kommen vor allem in Betracht[1]:

– **Kapitalgesellschaften** (z.B. gemeinnützige GmbH),

– sonstige **juristische Personen des privaten Rechts** (gemeinnützige rechtsfähige Vereine und rechtsfähige Stiftungen),

– **nichtrechtsfähige Körperschaften und Vermögensmassen** (z.B. gemeinnützige nichtrechtsfähige Vereine, Stiftungen sowie andere Zweckvermögen des privaten Rechts),

– **juristische Personen des öffentlichen Rechts** mit ihren Betrieben gewerblicher Art (z.B. gemeinnützige städtische Theater oder Museen).

Für die Zwecke des steuerlichen Spendenabzugs im Einkommen-, Körperschaft- und   **2.2** Gewerbesteuerrecht bestimmt sich der **Kreis der spendenempfangsberechtigten Organisationen** abschließend nach § 10b Abs. 1 Satz 1 EStG, § 9 Abs. 1 Nr. 2 Satz 1

---

1 Zum Rechtsformvergleich im Non-Profit-Sektor vgl. näher *Randenborgh* in Schauhoff, § 1 Rz. 1 ff.; *Raupach* in Non Profit Law Yearbook 2003, 195; *Schmidt*, Steuerliche Aspekte der Rechtsformwahl bei privaten gemeinnützigen Organisationen, 2001; *Wochner*, Stiftung&Sponsoring, Rote Seiten 2/1999.

KStG, § 9 Nr. 5 Satz 1 GewStG (dazu näher Rz. 8.9 ff.). Zuwendungsempfänger können danach zum einen juristische Personen des öffentlichen Rechts oder öffentliche Dienststellen sein. Zum anderen sind die „in § 5 Abs. 1 Nr. 9 des Körperschaftsteuergesetzes bezeichneten Körperschaften, Personenvereinigungen und Vermögensmassen" zum Empfang von Spenden berechtigt. Im Rahmen des Gesetzes zur Umsetzung steuerlicher EU-Vorgaben[1] ist der Spendenabzug auf juristische Personen des öffentlichen Rechts bzw. Körperschaften des privaten Rechts aus EU/EWR-Staaten ausgedehnt worden (dazu näher Rz. 8.17).

2.3 Die **Anknüpfung des Gemeinnützigkeitsrechts an den Kreis der Körperschaftsteuersubjekte** ist historisch überkommen (zur historischen Entwicklung vgl. Rz. 1.16 ff.). Nachdem seit Mitte des 19. Jahrhunderts juristische Personen verstärkt zur Einkommensbesteuerung herangezogen wurden, kam es auch zu ersten Befreiungsregelungen für gemeinnützige Einrichtungen (z.B. gemeinnützige Stiftungen). Die Anbindung des Gemeinnützigkeitsrechts an die Ertragsbesteuerung blieb auch nach der Verselbständigung der Körperschaftsteuer durch das KStG 1920 erhalten. Sie erweist sich in einem **organisationsbezogenen Förderkonzept** (dazu Rz. 1.11 ff.) als folgerichtig, auch wenn die rechtliche Verselbständigung nicht bei allen Steuersubjekten im Sinne von § 1 Abs. 1 KStG gleichermaßen stark ausgeprägt ist (zum Ausschluss von Personengesellschaften vgl. Rz. 2.93). So sind zwar bei Kapitalgesellschaften und Vereinen die gemeinnützige Verbands- und die privatnützige Mitgliederebene klar getrennt. Eine noch stärkere Verselbständigung des steuerbegünstigten Zwecks findet man bei (rechtsfähigen) Stiftungen, die überhaupt keine Mitglieder haben und dem Einfluss des Stifters nach ihrer Anerkennung als Rechtsperson weitgehend entzogen sind. Bei anderen Körperschaftsteuersubjekten ist dagegen die organisatorische Verselbständigung nur noch schwach ausgeprägt, so etwa bei sonstigen Zweckvermögen nach § 1 Abs. 1 Nr. 5 KStG, bei denen es sich letztlich nur um ein Sondervermögen kraft schuldrechtlicher Abreden handelt (z.B. Treuhandstiftung). An einer organisatorischen und vermögensrechtlichen Verselbständigung kann es bei gemeinnützigen Betrieben gewerblicher Art sogar ganz fehlen, da diese nur ein rechtlich unselbständiger Teil einer Körperschaft des öffentlichen Rechts sind. Die Einbeziehung der Betriebe gewerblicher Art in das Gemeinnützigkeitsrecht lässt sich allerdings damit erklären, dass Körperschaften des öffentlichen Rechts gar keine „privatnützige" Sphäre haben[2] und daher auch eine partielle Gemeinnützigkeit unschädlich ist.

B. Gemeinnützige Kapitalgesellschaften

I. Überblick

2.4 Kapitalgesellschaften im Sinne von § 1 Abs. 1 Nr. 1 KStG können steuerbegünstigte Körperschaften sein, wenn sie die Voraussetzungen der §§ 51 bis 68 AO erfüllen.

---

1 Gesetz v. 8.4.2010, BGBl. I 2010, 386.

2 Dazu eingehend *Seer/Wolsztynski*, Steuerrechtliche Gemeinnützigkeit der öffentlichen Hand, S. 130 ff.

Kapitalgesellschaften sind nach dem Wortlaut des § 1 Abs. 1 Nr. 1 KStG insbesondere **Europäische Gesellschaften, Aktiengesellschaften, Kommanditgesellschaften auf Aktien und Gesellschaften mit beschränkter Haftung**. Es handelt sich um eine nicht abschließende Aufzählung, sodass auf der Grundlage der neueren Rechtsprechung des EuGH zur Niederlassungsfreiheit auch Kapitalgesellschaften aus anderen EU-Staaten mit Sitz im Inland (z.B. eine in Deutschland ansässige englische *„Ltd"*) als „Kapitalgesellschaft" im Sinne von § 1 Abs. 1 Nr. 1 KStG anzusehen sind. Sie können gemeinnützig sein, wenn sie die Voraussetzungen der §§ 51 ff. AO erfüllen.

Auch wenn die Rechtsform der Kapitalgesellschaft nach der Vorstellung des Gesetzgebers vorrangig für erwerbswirtschaftliche Unternehmen gedacht ist (vgl. §§ 29 ff. GmbHG, §§ 57 ff. AktG), eignet sie sich gleichwohl als **Rechtskleid für körperschaftlich strukturierte „Non-Profit-Organisationen"**, da Kapitalgesellschaften (z.B. die GmbH) nach deutschem Gesellschaftsrecht grundsätzlich zu jedem gesetzlich zulässigen Zweck errichtet werden können (vgl. nur § 1 GmbHG)[1].   **2.5**

II. Gemeinnützige Gesellschaften mbH

Unter den verschiedenen Kapitalgesellschaftsformen kommt nur der gemeinnützigen GmbH eine **größere praktische Bedeutung** zu[2]. Denn die Gründung einer gemeinnützigen GmbH kann eine sinnvolle Rechtsformalternative gegenüber der Gründung eines gemeinnützigen Vereins oder der Errichtung einer gemeinnützigen Stiftung darstellen[3].   **2.6**

Die Rechtsform der GmbH ist **im Vergleich zum Verein** insbesondere dann vorzugswürdig, wenn der Kreis der Gesellschafter zahlenmäßig klein ist und geschlossen bleiben soll, da die Übertragung der Beteiligung auf Dritte im Gesellschaftsvertrag eingeschränkt werden kann (§ 15 Abs. 5 GmbHG). Zudem haben die Gesellschafter einer GmbH stets die rechtliche Möglichkeit, direkten Einfluss auf die Geschäftspolitik zu nehmen und den Geschäftsführern bis hinein in Einzelfragen konkrete Vorgaben zu machen, auch wenn im Außenverhältnis nur die Geschäftsführer auftreten. Solche Einflussmöglichkeiten sind insbesondere dann sinnvoll, wenn die gemeinnützige GmbH sich vor allem wirtschaftlich betätigen (z.B. durch den Betrieb eines Krankenhauses oder einer Beschäftigungsgesellschaft)[4] oder dem Zusam-   **2.7**

---

1 Zur teilweise abweichenden Rechtslage im Ausland vgl. *Walz/von Hippel* in Walz/von Auer/von Hippel, Spenden- und Gemeinnützigkeitsrecht in Europa, S. 107 ff.

2 Vgl. *Grabau*, DStR 1994, 1032; *Hüttche*, GmbHR 1997, 1095; *Neumayer*, GmbH-StB 1998, 72; *Neumayer*, GmbH-StB 1998, 146; *Jost* in FS Brönner, 2000, S. 179; *Priester*, GmbHR 1999, 149; *Schlüter*, GmbHR 2002, 535, 578; *Thiel*, GmbHR 1997, 10; *Thiel* in DStJG 20 (1994), 103; *Tichy*, Gemeinnützigkeitsrechtliche und ertragsteuerliche Besonderheiten gemeinnütziger Kapitalgesellschaften, 2007; *Schröder*, DStR 2008, 1069; *Ullrich*, Gesellschaftsrecht und steuerliche Gemeinnützigkeit, 2011.

3 Zur „Nonprofit Governance" in der gemeinnützigen GmbH vgl. *von Holt/Koch*, DStR 2009, 2492.

4 Zu typischen Erscheinungsformen gemeinnütziger GmbH s. *Thiel* in DStJG 20 (1994), 108.

menschluss mehrerer gemeinnütziger Rechtsträger in einem *joint venture* dienen soll (z.B. einer gemeinsamen Forschungseinrichtung mehrerer Universitäten). Die Rechtsform der GmbH ist auch dann vorzuziehen, wenn die Gesellschafter erhebliche Einlagen leisten und im Fall des Ausscheidens zumindest in Höhe ihrer Einlage einen Abfindungsanspruch erhalten sollen, was bei einem Verein grundsätzlich ausgeschlossen ist. Schließlich ist die „gGmbH" die klassische Rechtsform der gemeinnützigen Tochtergesellschaften in gemeinnützigen Konzernstrukturen (z.B. im Bereich der Wohlfahrtspflege) und findet sich – als gemeinnützige „Eigengesellschaft" – auch im hoheitlichen Bereich.

2.8 **Im Vergleich zur Stiftung** ist die gemeinnützige GmbH körperschaftlich strukturiert, d.h. sie bleibt auf Dauer der Willensbildung der Gesellschafter unterworfen. Diese können den Zweck der GmbH jederzeit ändern und die GmbH auch wieder auflösen. Dagegen hat eine Stiftung als bloßes Zweckvermögen keine Mitglieder und ist zumindest im Grundsatz „auf Dauer" angelegt, d.h. nach ihrer Entstehung der Disposition der Stifter entzogen. Auch ist der Stiftungsvorstand nur dem Stiftungszweck verpflichtet. Ein weiterer wichtiger Unterschied betrifft die Errichtung und staatliche Aufsicht. Die Gründung einer rechtsfähigen Stiftung bedarf der Anerkennung durch eine Landesbehörde, wenn auch seit 2002 ein Rechtsanspruch auf Anerkennung gesetzlich anerkannt ist[1]. Die Errichtung einer rechtsfähigen Stiftung setzt ebenso wie die Gründung einer GmbH ein gewisses Mindestkapital voraus, wobei allerdings bei einer GmbH nur ein Teil des Mindestkapitals eingezahlt werden muss, damit eine Registereintragung erfolgt. Im Gegensatz zur rechtsfähigen Stiftung unterliegt die GmbH jedoch keiner staatlichen Aufsicht, sondern nur der Kontrolle ihrer Gesellschafter. Schließlich eignet sich die Stiftung – anders als eine GmbH – nicht als aufnehmender Rechtsträger im Umwandlungsrecht (vgl. § 3 UmwG). In steuerlicher Hinsicht hat die GmbH gegenüber der gemeinnützigen Stiftung jedoch den Nachteil, dass sie nicht von den verschiedenen rechtsformbezogenen Sonderregelungen für Stiftungen (vgl. etwa § 10b Abs. 1a EStG, § 29 Abs. 1 Nr. 4 ErbStG) profitiert. Schließlich ist zu bedenken, dass ein Übergang von Anteilen an einer gGmbH bei nicht steuerbegünstigten Anteilseignern zu Erbschaftsteuererbelastungen führen kann[2] (vgl. Rz. 2.20).

III. Insbesondere: Gemeinnützige Stiftungs-GmbH

2.9 Angesichts der Unterschiede zwischen GmbH und Stiftung ist in der Kautelarpraxis als Ersatzform für die Stiftung die (gemeinnützige) **Stiftungs-GmbH** entwickelt worden[3]. Sie ist keine eigenständige neue Rechtsform, sondern eine GmbH, die stiftungsähnlich ausgestaltet ist, also insbesondere mit einem Vermögen ausgestattet

---

1 Vgl. zur Stiftungsrechtsmodernisierung nur *Hüttemann/Rawert* in Staudinger, Vorbem 87 f. zu §§ 80 ff. BGB; *Hüttemann*, ZHR 167 (2003), 35.

2 Zur Bewertung von Anteilen an gemeinnützigen Kapitalgesellschaften vgl. Finanzbehörde Hamburg v. 9.10.2013, BStBl. I 2013, 1362.

3 Vgl. *Hüttemann/Rawert* in Staudinger, Vorbem 397 ff. zu §§ 80 ff. BGB; *Priester*, GmbHR 1999, 149; *Riehmer*, Körperschaften als Stiftungsorganisation, 1993; *Römer*, Die Eignung der GmbH als Rechtsform für Stiftungszwecke, 1990; *Wochner*, DStR 1998, 1835.

wird, aus dessen Erträgen die satzungsmäßige Tätigkeit vorrangig finanziert wird. Prominente Beispiele für große Stiftungs-GmbH sind z.B. die *Robert Bosch Stiftung gGmbH* oder die *Landesstiftung Baden-Württemberg gGmbH*. Die gemeinnützige Stiftungs-GmbH verbindet die Vorteile der gemeinnützigen GmbH (keine Stiftungsaufsicht, Dispositionsbefugnis der Gesellschafter, Einflussmöglichkeiten auf die Geschäftsführung) mit dem Auftreten der GmbH als Stiftung nach außen. Soweit dies gewünscht wird, kann der gemeinnützige Zweck in der Satzung der Stiftungs-GmbH dadurch „perpetuiert" werden, dass die Anforderungen an eine spätere Zweckänderung oder eine Auflösung der Gesellschaft (z.B. durch ein Einstimmigkeitserfordernis) deutlich angehoben werden. Ein vollständiger Ausschluss der Gesellschafterbefugnisse zur Zweckänderung oder Auflösung ist allerdings ausgeschlossen, da die Kompetenz der Gesellschafterversammlung zum Beschluss von Grundlagenänderungen ein zwingendes Element des Verbandsrechts darstellt[1].

Bei der Verwendung des Begriffs „Stiftung" in der **Gesellschaftsfirma** der Stiftungs-GmbH sind die Grenzen des § 18 Abs. 2 HGB zu beachten[2]. Nach bisher h.M. setzt eine Firmierung als „Stiftungs-GmbH" zumindest voraus, dass die GmbH „stiftungsähnlich" ausgestaltet ist, d.h. über ein gewisses Vermögen verfügt, dessen Erträge zur Erfüllung der Satzungszwecke dienen sollen[3]. Fraglich ist aber, ob diese Rechtsprechungsgrundsätze auch nach der Modifizierung des Irreführungsgebots in § 18 Abs. 2 HGB noch weiter anwendbar sind oder ob heute großzügigere Maßstäbe gelten. Es wäre zu begrüßen, wenn die Rechtsprechung an der bisherigen Praxis festhalten würde, um den Stiftungsbegriff in der Öffentlichkeit nicht zu entwerten[4]. Auf der anderen Seite ist nicht zu übersehen, dass in den letzten Jahren z.B. durch das verstärkte Auftreten von Bürgerstiftungen und zuwendungsfinanzierter Stiftungen der öffentlichen Hand das klassische Leitbild der selbständigen kapitalfundierten Stiftung selbst eine gewisse Verwässerung erfahren hat.

2.10

IV. Gemeinnützige Unternehmergesellschaft

Im Rahmen des MoMiG[5] hat der Gesetzgeber die „Unternehmergesellschaft" geschaffen. Diese ist eine GmbH, auf die – vorbehaltlich der in § 5a GmbHG bestimmten Besonderheiten – sämtliche Regelungen des GmbH-Rechts Anwendung finden. Zu den Eckpunkten der „UG" zählen neben der Herabsetzung des Haftkapitals auf bis zu 1 Euro („**Mini-GmbH**") die besondere Bezeichnung „Unternehmergesellschaft (haftungsbeschränkt)", das Volleinzahlungsgebot vor Anmeldung und

2.11

---

1 Statt vieler nur *Ulmer* in Hachenburg, § 60 GmbHG Rz. 1; *Haas* in Baumbach/Hueck, § 60 GmbHG Rz. 22.

2 Vgl. *Fastrich* in Baumbach/Hueck, § 4 GmbHG Rz. 8 ff.

3 Vgl. dazu OLG Stuttgart v. 12.2.1964 – 8 W 229/63, NJW 1964, 1231; BayObLG v. 25.10.1972 – BReg 2 Z 56/72, NJW 1973, 249; OLG Frankfurt/M. v. 20.11.2000 – 20 W 192/00, NJW-RR 2002, 176; *Strickrodt*, NJW 1964, 2085 f.; *Hüttemann/Rawert* in Staudinger, Vorbem 401 zu §§ 80 ff. BGB.

4 Dazu eingehend zuletzt *Schiffer* in Schiffer, § 2 Rz. 90.

5 Gesetz zur Modernisierung des GmbH-Rechts und zur Bekämpfung von Missbräuchen v. 23.10.2008, BGBl. I 2008, 2026.

die Pflicht zur Bildung einer Rücklage in Höhe eines Viertels des um einen Verlust-vortrag geminderten Jahresüberschusses bis zur Erreichung eines Stammkapitals von 25 000 Euro. Aus gemeinnützigkeitsrechtlicher Sicht stellt sich die Frage nach der Eignung der UG als Rechtsform für „kleine" gemeinnützige Körperschaften. Da es sich bei der UG um eine GmbH handelt, ist sie nach § 1 Abs. 1 Nr. 1 KStG i.V.m. § 51 AO grundsätzlich gemeinnützigkeitsfähig[1]. Entgegen einer vereinzelt geblie-benen Ansicht[2] kann auch eine UG steuerbegünstigte Zwecke verfolgen. Dem steht die Pflichtrücklage nach § 5a Abs. 3 GmbHG nicht entgegen[3]. Allerdings stellt sich die Frage nach der Vereinbarkeit der Pflichtrücklage mit dem Gebot der zeitnahen Mittelverwendung[4]. Die Finanzverwaltung ist insoweit großzügig. In der Verfügung des Bayerischen Landesamtes für Steuern vom 31.3.2009 heißt es:[5] „Mit der Bildung dieser Rücklage verstößt die Mini-GmbH grundsätzlich nicht gegen das Gebot der zeitnahen Mittelverwendung." Diese Beurteilung ist keineswegs selbstverständlich. Denn ebenso wie bei der Admassierung im Stiftungsrecht[6] müsste eigentlich auch bei der UG im Einzelfall geprüft werden, ob die gesellschaftsrechtlich angeordnete Rücklagenbildung auch den gemeinnützigkeitsrechtlichen Anforderungen ent-spricht. Insoweit ist neben den § 62 Abs. 1 Nr. 1 und 3 AO vor allem an die Bildung nutzungsgebundenen Vermögens nach § 55 Abs. 1 Nr. 5 Satz 2 AO zu denken[7]. Die weitergehende Ansicht der Finanzverwaltung[8] beruht offenbar auf einer Gleichbe-handlung der Pflichtrücklage nach § 5a Abs. 3 GmbHG mit dem Stammkapital einer gemeinnützigen GmbH[9], das nach wohl allgemeiner Ansicht von der Pflicht zur zeit-nahen Mittelverwendung ausgenommen ist[10]. Letzteres folgt indes – da das Stamm-kapital durch Gesellschaftereinlagen aufgebracht wird – bereits aus § 62 Abs. 3 AO, während eine nachfolgende Kapitalerhöhung aus (gemeinnützigkeitsrechtlich ge-bundenen) Gesellschaftsmitteln wiederum nach den allgemeinen Grundsätzen der §§ 55, 62 AO zu beurteilen ist[11].

---

1 Zu Bedenken der Praxis gegen die Firmierung als „gUG" entsprechend § 4 Satz 2 GmbHG vgl. *Eifert* in NK-GemnR, Anhang zu § 51 AO Rz. 199.
2 Siehe *Veil*, GmbHR 2007, 1080 (1084): Pflichtrücklage setze satzungsmäßige Gewinn-erzielung voraus.
3 Eingehend *Ullrich*, GmbHR 2009, 750 (753).
4 Dazu *Oberbeck/Winheller*, DStR 2009, 516; *Ullrich*, GmbHR 2009, 750.
5 Bayerisches Landesamt für Steuern v. 31.3.2009, DB 2009, 934.
6 Zum Verhältnis von Stiftungs- und Gemeinnützigkeitsrecht eingehend *Hüttemann*, Deutsches Stiftungswesen 1988–1998, 191 ff.
7 Eingehend *Ullrich*, GmbHR 2009, 750.
8 Ebenso jetzt AEAO Nr. 22 zu § 55 Abs. 1 Nr. 1 AO.
9 Dafür auch *Oberbeck/Winheller*, DStR 2009, 516 (519).
10 Vgl. *Buchna/Leichinger/Seeger/Brox*, S. 175 f.; s. bereits *Hüttemann*, Wirtschaftliche Be-tätigung, S. 81.
11 Dazu nur *Ullrich*, S. 335.

V. Gemeinnützige Aktiengesellschaften

Gemeinnützige Aktiengesellschaften[1] sind in der Praxis **nur selten anzutreffen**[2]. 2.12
Sie sind in erster Linie als Alternative zum gemeinnützigen Verein in Betracht zu
ziehen, wenn über die Ausgabe von Aktien ein größerer Kapitalstock von einem
größeren Kreis von „Mitgliedern" eingeworben werden soll[3]. Ein Nachteil dürfte allerdings die Satzungsstrenge der AG darstellen, die eine individuelle Satzungsgestaltung weitgehend ausschließt[4]. Ihre eigentliche Funktion im Wirtschaftsleben als ein
„Sammelbecken für Risikokapital"[5] kann die gemeinnützige AG schon deshalb
nicht erfüllen, weil das Gemeinnützigkeitsrecht (§ 55 Abs. 1 Nr. 1 Satz 2 AO) jede
Form von Gewinnausschüttungen an die (nicht gemeinnützigen) Aktionäre untersagt, sodass sich die Anteile aus der Sicht des Kapitalmarktes nicht als klassische
(d.h. renditeorientierte) Kapitalanlage eignen. Als Alternative zur gemeinnützigen
GmbH könnte im Einzelfall bei einem geschlossenen Gesellschafterkreis noch am
ehesten die „kleine AG" in Betracht kommen[6].

Eine **gemeinnützige KGaA** dürfte – wenn überhaupt[7] – nur in Gestalt einer Kapitalgesellschaft & Co. KGaA praktisch vorkommen, weil für den „Gewinnanteil" einer als Komplementär beteiligten natürlichen Person (vgl. § 15 Abs. 1 Nr. 3 EStG) keine Steuerbefreiungs-
regelung im EStG besteht.

VI. Gemeinnützigkeit und Gesellschaftsrecht

Gemeinnützige Kapitalgesellschaften unterliegen ungeachtet ihrer besonderen Ziel- 2.13
setzung den **allgemeinen Vorschriften des Handels- und Gesellschaftsrechts**[8].
Das Gesellschaftsrecht kennt (abgesehen von § 4 Abs. 2 GmbHG n.F.) keine Sonderregelungen für gemeinnützige Einrichtungen[9].

Beispiel Nr. 1: Betreibt eine Elterninitiative einen gemeinnützigen Kindergarten in der
Rechtsform einer GmbH (z.B. unter der Firma „Kidsclub GmbH"), dann ist diese GmbH
nach § 13 Abs. 3 GmbHG, § 6 Abs. 1 HGB Formkaufmann und unterliegt mithin den Son-
dervorschriften des Handelsrechts. Sie muss also z.B. bei der Lieferung mangelhafter Spiel-

---

1 Dazu eingehend *Weber*, Die gemeinnützige Aktiengesellschaft, 2014.
2 Vgl. aber z.B. die Berliner Zoologischer Garten AG, dazu näher *Reimer/Waldhoff*, FR
  2002, 318; vgl. aus rechtstatsächlicher Sicht *Bayer/Hoffmann*, AG 2007, R 347; *Bayer/Hoff-
  mann*, AG 2008, R 531.
3 Näher *Weber*, S. 125 ff.
4 Siehe nur *Priester*, GmbHR 1999, 150.
5 Dazu statt vieler *K. Schmidt*, Gesellschaftsrecht, § 26 II.
6 Vgl. Gesetz für kleine Aktiengesellschaften und zur Deregulierung des Aktienrechts v.
  2.8.1994, BGBl. I, 1961.
7 Nach *Alber* in Dötsch/Pung/Möhlenbrock, § 5 Abs. 1 Nr. 9 KStG Rz. 5 soll eine KGaA
  wegen ihrer Doppelnatur als Kapital- und Personengesellschaft grundsätzlich nicht gemeinnützig sein können. Diese Auffassung verkennt, dass eine KGaA gesellschafts- und
  steuerrechtlich *nur* Kapitalgesellschaft ist.
8 Dazu eingehend *Ullrich*, Gesellschaftsrecht und steuerliche Gemeinnützigkeit, 2011.
9 Allerdings sind nach § 1 Abs. 2 Nr. 2 Drittbeteiligungsgesetz nur Unternehmen von der
  Mitbestimmung befreit, die einer „unmittelbar und überwiegend karitativen Bestimmung
  dienen", vgl. dazu LG Düsseldorf v. 30.4.2013 – 33 0 126/12, ZIP 2013, 1626.

waren ihrer kaufmännischen Rügelast obliegen und Jahresabschlüsse nach den §§ 238 ff., 264 ff. HGB aufstellen[1]. Für die gemeinnützige GmbH gelten darüber hinaus auch die allgemeinen Regelungen über das Mindestkapital, die Kapitalaufbringung und die Kapitalerhaltung.

2.14 Die Gemeinnützigkeit kann allerdings zum Tragen kommen, wenn es um die **Anwendung allgemeiner zivil- und gesellschaftsrechtlicher Rechtsinstitute** im Einzelfall geht. So ist z.B. die Rechtsprechung des BGH zur Sittenwidrigkeit von Gesellschafterbürgschaften[2] auf Bürgschaften von Gesellschaftern gemeinnütziger GmbH nicht ohne Weiteres anwendbar. Während eine Sittenwidrigkeit der Gesellschafterbürgschaft bei erwerbswirtschaftlichen Gesellschaften regelmäßig am eigenen wirtschaftlichen Interesse des Bürgen scheitert, fehlt es bei gemeinnützigen Gesellschaften wegen des Selbstlosigkeitsgebots an einem solchen Eigeninteresse des Gesellschafterbürgen[3].

Vereinzelt wird auch diskutiert, ob aus Gründen des Gläubigerschutzes bei gemeinnützigen Kapitalgesellschaften (und anderen nicht erwerbswirtschaftlich ausgerichteten Kapitalgesellschaften wie z.B. den Unternehmen der öffentlichen Daseinsvorsorge) ein zivilrechtliches **Verbot der materiellen Unterkapitalisierung** besteht, weil z.B. die §§ 30 ff. GmbHG keinen ausreichenden institutionellen Gläubigerschutz bieten[4]. Dafür könnte sprechen, dass bei gemeinnützigen Gesellschaften mit dauerdefizitären Zweckbetrieben die Erhaltung des Gesellschaftskapitals von vornherein nur durch laufende Zuschüsse der Gesellschafter oder durch Ausstattung mit anderen Ertragsquellen gewährleistet ist und die §§ 30 ff. GmbHG auf Verluste nicht anwendbar sind, die in Verfolgung des Gesellschaftszwecks eintreten[5]. Auf der anderen Seite ist zu berücksichtigen, dass die Gesellschafter zumindest ein starkes „ideelles" Interesse an der dauerhaften Verfolgung der steuerbegünstigten Zwecke und folglich auch am Bestand der Gesellschaft haben. Ferner setzt das gemeinnützige Ausschüttungs- und Begünstigungsverbot (§ 55 Abs. 1 Nr. 1 und 3 AO) einem opportunistischen Verhalten der Gesellschafter zulasten der Gläubiger weitere Grenzen[6].

2.15 Dem Nebeneinander von Gesellschaftsrecht und Gemeinnützigkeit ist insbesondere bei der Gestaltung der Satzung einer gemeinnützigen Kapitalgesellschaft Rechnung zu tragen[7]. Die Satzung einer gemeinnützigen GmbH muss daher nicht nur den gesetzlichen Vorschriften des GmbH-Rechts entsprechen, sondern auch den steuer-

---

1 Zur Rechnungslegung bei der gemeinnützigen GmbH vgl. etwa *Hüttche*, GmbHR 1997, 1095.

2 Vgl. BGH v. 14.11.2000 – XI ZR 248/99, BGHZ 146, 37; BGH v. 14.5.2002 – XI ZR 50/01, BGHZ 151, 34.

3 Richtig OLG Naumburg v. 21.3.2000 – 9 U 63/99, OLGReport Naumburg 2001, 60; a.A. aber BGH v. 28.2.2002 – IX ZR 153/00, NJW-RR 2002, 1130 (eigenes persönliches Interesse sei ausreichend); dagegen treffend *Armbrüster* in Non Profit Law Yearbook 2002, 87 (92 f.).

4 In diese Richtung *Schön*, ZGR 1996, 429.

5 Vgl. näher *Schön*, ZGR 1996, 429 (454 ff.).

6 Vgl. dazu grundlegend *Ullrich*, S. 105 ff.; *Ullrich* in Non Profit Law Yearbook 2011/2012, 115; eingehend zur gemeinnützigen GmbH auch *Roth*, Verbandszweck und Gläubigerschutz, Habilitationsschrift, 2013 (noch nicht veröffentlicht).

7 Zur Satzungsgestaltung vgl. *Priester*, GmbHR 1999, 149; *Jost* in FS Brönner, 2000, S. 179 ff.; *Schlüter*, GmbHR 2002, 535; *Ullrich*, DStR 2009, 2471.

lichen Vorgaben der §§ 51 ff. AO genügen. Dabei ist auch zu beachten, dass Gesellschafts- und Gemeinnützigkeitsrecht bei der **Angabe des Gesellschaftszwecks und des Unternehmensgegenstandes** im Ausgangspunkt voneinander abweichen. Das Gesellschaftsrecht fordert zwar nur die Angabe des Unternehmensgegenstandes (vgl. § 3 Abs. 1 Nr. 2 GmbHG, § 23 Abs. 3 Nr. 2 AktG), d.h. des Sachbereichs, dem das Unternehmen zugeordnet ist (z.b. der Betrieb eines Theaters). Soll eine Kapitalgesellschaft aber anderen als erwerbswirtschaftlichen (also z.B. gemeinnützigen) Zwecken dienen, muss dies – als Abweichung vom gesetzlichen Regelfall (§§ 58 Abs. 4, 174 AktG, § 29 GmbHG) – nach ganz h.M. in der Satzung bestimmt sein[1]. Unstreitig ist auch, dass eine Änderung des Verbandsziels – also z.B. ein Wechsel von der erwerbswirtschaftlichen zur gemeinnützigen Zielsetzung – entsprechend § 33 Abs. 1 Satz 2 BGB nur mit Zustimmung aller Gesellschafter möglich ist[2]. Gemeinnützigkeitsrechtlich sind immer der steuerbegünstigte Zweck (§ 60 Abs. 1 AO)[3] sowie die Art seiner Verwirklichung (d.h. der Unternehmensgegenstand) so genau anzugeben, dass auf Grund der Satzung die Voraussetzungen der Steuervergünstigungen überprüft werden können[4]. Hinsichtlich der Gewinnverwendung sollte bereits in der Satzung die rechtliche Zulässigkeit der Bildung von Gewinnrücklagen an die steuerlichen Vorgaben des § 62 Abs. 1 Nr. 1 bis 3 AO geknüpft werden[5].

Beispiel Nr. 2: So könnte z.B. die betreffende Bestimmung in der Satzung einer gemeinnützigen Museums-GmbH lauten: „Gesellschaftszweck ist die Förderung von Kunst und Kultur. Er wird durch den Betrieb eines Museums für Gegenwartskunst verwirklicht." Vor zu engen Festlegungen hinsichtlich des Unternehmensgegenstandes ist allerdings zu warnen. Um die Satzung „entwicklungsoffen" zu halten (das Museum soll z.B. später um eine Malschule für Kinder erweitert werden), könnte der Unternehmensgegenstand auch wie folgt festgelegt werden: „Der Gesellschaftszweck wird insbesondere verwirklicht durch. ..."

Eine Kapitalgesellschaft, die nach ihrer Satzung und tatsächlichen Geschäftsführung gemeinnützige Zwecke verfolgt, kann als Zusatz den Begriff „gemeinnützig" in ihre **Firma** aufnehmen[6]. Dies ist aber nicht Voraussetzung für die steuerliche Anerkennung als gemeinnützig. Vor dem Gesetz zur Stärkung des Ehrenamtes[7] war umstritten, ob auch die Kurzbezeichnung „gGmbH" zulässig ist. Nach Ansicht des OLG München sollte darin eine irreführende Angabe liegen, weil im Rechtsverkehr der Eindruck einer besonderen Rechtsform erweckt werde[8]. Dieser Auffassung war nicht zu folgen[9]. § 4 GmbHG wurde durch den Rechtsformzusatz „gGmbH" nicht verletzt, weil die Abkürzung „GmbH" unberührt blieb. Ferner verstieß die Kurz-

2.16

---

1 Siehe nur *Fleischer* in MünchKommGmbHG, § 1 GmbHG Rz. 13; *Pentz* in MünchKommAktG, § 23 AktG Rz. 76.
2 Vgl. nur *K. Schmidt*, Gesellschaftsrecht, § 4 II.
3 Zu den Anforderungen an einen Gesellschaftsvertrag nach den Gemeinnützigkeitsvorschriften vgl. eingehend BFH v. 20.7.1988 – I R 244/83, BFH/NV 1989, 479 ff.
4 Vgl. dazu BFH v. 20.7.1988 – I R 244/83, BFH/NV 1989, 479 ff.
5 Vgl. dazu näher *Ullrich*, S. 333 ff.
6 Zur wettbewerbswidrigen Irreführung durch eine unzulässige Firmierung als „gemeinnützig" vgl. BGH v. 27.2.2003 – I ZR 25/01, WRP 2003, 640.
7 Gesetz v. 21.3.2013, BGBl. I 2013, 566.
8 Vgl. OLG München v. 13.12.2006 – 31 Wx 84/06, GmbHR 2007, 267.
9 Zutreffend *Ullrich*, NZG 2007, 656.

bezeichnung auch nicht gegen den Grundsatz der Firmenwahrheit (§ 18 Abs. 2 HGB), weil der Betrachter nicht zu einer „wesentlichen" Fehlvorstellung (z.B. über die Haftungsverhältnisse) verleitet wurde. Dieser Auffassung hat sich inzwischen auch der Gesetzgeber angeschlossen. § 4 Satz 2 GmbHG i.d.F. des Gesetzes zur Stärkung des Ehrenamtes[1] erlaubt nun steuerbegünstigten Gesellschaften ausdrücklich die abgekürzte Firmierung als „gGmbH". Im **Beispiel Nr. 1** (Rz. 2.13) bestehen somit keine Bedenken gegen die Firmierung als „Kidsclub *gGmbH*". Die Regelung ist auf gemeinnützige Aktiengesellschaften entsprechend anzuwenden („gAG")[2].

2.17 Die steuerlichen Vorgaben der Gemeinnützigkeit wirken sich insbesondere bei der satzungsmäßigen Ausgestaltung der **Vermögensrechte der Gesellschafter** aus[3]: Grundsätzlich untersagt § 55 Abs. 1 Nr. 1 AO jede offene und verdeckte Gewinnausschüttung an Gesellschafter. Dem ist auch in der Satzung durch einen Ausschluss des Gewinnrechts der Gesellschafter zu entsprechen. Um die Steuervergünstigung nicht zu gefährden, müssen auch Abfindungsansprüche der Gesellschafter bei Ausscheiden oder Einziehung des Gesellschaftsanteils entweder ganz ausgeschlossen oder zumindest auf den nach § 55 Abs. 1 Nr. 2 AO gemeinnützigkeitsrechtlich unschädlichen Umfang beschränkt werden[4]. Für den Fall der Liquidation ist auch eine Satzungsregelung über die Vermögensbindung (§ 61 Abs. 1 AO) aufzunehmen. Aus gemeinnützigkeitsrechtlicher Sicht ist schließlich auch eine Bestimmung über die Übernahme von Gründungskosten erforderlich (vgl. § 55 Abs. 1 Nr. 1 AO), wenn diese von der Gesellschaft getragen werden sollen[5].

2.18 Eine Ausnahme vom Gewinnausschüttungsverbot greift allerdings für den Fall, dass **die GmbH-Gesellschafter selbst wiederum gemeinnützige Körperschaften sind.** In diesem Fall sind Gewinnausschüttungen in Gestalt einer gemeinnützigkeitsrechtlichen „Mittelweitergabe" nach § 58 Nr. 1 bis 3 AO zulässig, weil das Gemeinnützigkeitsrecht die Weitergabe von Mitteln an andere steuerbegünstigte Körperschaften unter gewissen Voraussetzungen zulässt[6]. In diesem Zusammenhang ist zu beachten, dass die gesetzliche Mustersatzung in Anlage 1 zu § 60 AO keine Ausnahmen vom Ausschüttungs- und Begünstigungsverbot für diesen Fall vorsieht[7]. Da aber „Gewinnausschüttungen" einer gemeinnützigen GmbH an ihren gemeinnützigen Gesellschafter nach § 58 Nr. 1 und 2 AO eindeutig zulässig sind, kann die Aufnah-

---

1 Gesetz v. 21.3.2013, BGBl. I 2013, 566.

2 Ebenso *Wachter*, GmbHR 2013, R 145; ablehnend aber *Bachmann* in GroßkommAktG, § 4 AktG Rz. 19.

3 Vgl. etwa *Thiel*, GmbHR 1997, 10; *Priester*, GmbHR 1999, 149; s. auch die weiteren Hinweise zur Mustersatzung für andere Körperschaften in Anlage 1 zu § 60 AO.

4 Zum Abfindungsausschluss bei einer GbR mit rein ideeller Zielsetzung vgl. BGH v. 2.6.1997 – II ZR 81/96, NJW 1997, 2592; zur Unternehmensbewertung bei der Abfindungsbemessung einer – vormals gemeinnützigen – Wohnungsbaugesellschaft vgl. OLG Rostock v. 6.4.2016 – 1 U 131/13 und 1 U 21/14; zitiert nach juris.

5 Dazu *Jost* in FS Brönner, 2000, S. 179 (184 f.); *Ullrich*, S. 262 ff.

6 Zutreffend *Thiel* in DStJG 17 (1994), 147; *Jost* in FS Brönner, 2000, S. 179; zu Gewinnausschüttungen zwischen steuerbegünstigten Gesellschaften vgl. auch *Gietz/Sommerfeld*, BB 2001, 1501; *Döring/Fischer*, DB 2007, 1831; ferner *Ullrich*, DStR 2009, 2471.

7 Dazu eingehend *Ullrich*, DStR 2009, 2471.

me dieser Bestimmungen in die Satzung die Gemeinnützigkeit nicht in Frage stellen[1].

Beispiel Nr. 3: Gründen mehrere gemeinnützige Vereine eine gemeinnützige GmbH, in der sie ihre Bildungsaktivitäten zusammenfassen, dann ist dem Umstand, dass alle Gesellschafter ihrerseits gemeinnützig sind, bei der Abfassung der Satzung Rechnung zu tragen. In diesem Fall nähert sich die GmbH-Satzung wieder der Satzung einer „Normal-GmbH" an, da eine Einlagerückgewähr bei Auflösung, eine quotale Verteilung des Liquidationsgewinns auf die Gesellschafter und laufende „Gewinnausschüttungen" gemeinnützigkeitsrechtlich durch § 58 Nr. 1 und 2 AO möglich werden.

Fraglich ist, welche Bedeutung dem Gewinnausschüttungsverbot nach § 55 Abs. 1 Nr. 1 und 2 AO **in Fällen der Anteilsveräußerung** durch einen steuerpflichtigen Gesellschafter zukommt.   **2.19**

Beispiel Nr. 4: Sind an einer gemeinnützigen GmbH sowohl steuerpflichtige Privatpersonen als auch gemeinnützige Körperschaften beteiligt, dann könnten die gemeinnützigen Anteilseigner, wenn die Privatpersonen „aussteigen" wollen, bereit sein, diesen unter Berücksichtigung der vorhandenen Rücklagen einen höheren Preis als den Nennwert der Anteile zu zahlen. Fraglich ist, ob darin eine „Umgehung" des Gewinnausschüttungsverbotes liegt und welche Konsequenzen eine solche Kaufpreiszahlung hätte.

Der I. Senat des BFH hat sich erstmals im Beschluss vom 12.10.2010 zu dieser Problematik geäußert[2]. Nach seiner Ansicht liegt regelmäßig eine Mittelfehlverwendung im Sinne des § 55 Abs. 1 Nr. 1 Satz 1 AO vor, wenn eine steuerbegünstigte Körperschaft für Anteile an einer gemeinnützigen Kapitalgesellschaft einem steuerpflichtigen Anteilseigner ein über dem Nennwert der Anteile liegendes Entgelt bezahlt. Denn dem bisherigen Anteilseigner würde mehr als der Wert entgolten, der den Anteilen bei der Fortführung des steuerbegünstigten Zwecks zukommt. Nach Ansicht des I. Senats liegt eine **„Umgehung" des Gewinnausschüttungsverbotes** vor, wenn der ausscheidende steuerpflichtige Gesellschafter für seinen Anteil mehr erhält, als die gemeinnützige Körperschaft an ihn hätte zurückgewähren dürfen. Ein solches Verhalten soll zudem nicht nur die Gemeinnützigkeit des steuerbegünstigten Erwerbers gefährden, sondern auch den Gemeinnützigkeitsstatus der steuerbegünstigten Kapitalgesellschaft selbst, die ihre Rücklagen nach § 58 Nr. 2 AO an den Erwerber weiterleitet.

Man darf bezweifeln, **ob dieser – rechtspolitisch nachvollziehbare – Standpunkt** *de lege lata* begründet ist. Denn im Fall des Anteilserwerbs ist es dem gemeinnützigen Erwerber nach § 55 Abs. 1 Nr. 3 AO nur verboten, einen „unangemessenen" Kaufpreis zu zahlen. Aus der Sicht des gemeinnützigen Erwerbers, für den das Gewinnausschüttungsverbot wegen § 58 Nr. 2 AO nicht gilt, haben die Rücklagen aber einen wirtschaftlichen Wert, für den folglich auch ein zusätzliches Entgelt gezahlt werden darf. Man wird allenfalls bei der „Preisbildung" zu berücksichtigen haben, dass die Rücklagen für den steuerpflichtigen Gesellschafter einen geringeren Wert haben, weil dieser sie nur um den Preis eines vorherigen Ausstiegs aus der Gemeinnützigkeit (mit einer zehnjährigen Nachversteuerung) realisieren kann. Diese latente Steuerlast dürfte daher – unter fremden Dritten – zu einem „Preisabschlag" führen. Für die

---

1 Ebenso jetzt auch AEAO Nr. 2 zu § 60 AO.
2 BFH v. 12.10.2010 – I R 59/09, BFH/NV 2011, 329; zustimmend *Kohlhepp*, DB 2011, 92; *Wallenhorst*, DStR 2011, 698.

weitergehende Lösung des I. Senats gibt es hingegen – solange der Gesetzgeber § 55 Abs. 1 Nr. 3 AO nicht um einen entsprechenden Zusatz ergänzt – keine gesetzliche Grundlage. Denn eine steuerliche Gleichbehandlung von Gewinnausschüttungen und Veräußerungsgewinnen ist – wie man z.B. einem Umkehrschluss aus § 8b Abs. 1 und 2 KStG entnehmen kann – keineswegs selbstverständlich. Nach der hier vertretenen Lösung ist auch – anders als nach der Ansicht des I. Senats – die Gemeinnützigkeit des Veräußerungsobjektes niemals berührt, weil die Zahlung eines angemessenen Kaufpreises durch den Erwerber eine zulässige Mittelverwendung darstellt, für die auch Mittel nach § 58 Nr. 2 AO weitergeleitet werden können. Ferner ist zu beachten, dass ein steuerpflichtiger Veräußerer den Veräußerungsgewinn regelmäßig nach § 17 EStG versteuern muss (sofern es nicht unter Berücksichtigung der Art der Tätigkeit der Gesellschaft und des gesetzlichen Gewinnausschüttungsverbots von vornherein an der auch im Rahmen von § 17 EStG erforderlichen Einkünfteerzielungsabsicht fehlt)[1]. Von der BFH-Entscheidung unberührt ist schließlich die Veräußerung einer Beteiligung an einer gGmbH durch einen nicht gemeinnützigen Anteilseigner an einen anderen nicht gemeinnützigen Anteilseigner für ein über dem Buchwert liegendes Entgelt, da hier von vornherein kein „gemeinnütziges" Vermögen berührt wird.

VII. Besteuerung gemeinnütziger Kapitalgesellschaften und ihrer Gesellschafter

2.20 Gemeinnützige Kapitalgesellschaften werden abgesehen von den Befreiungen wegen Gemeinnützigkeit steuerlich **wie normale Kapitalgesellschaften behandelt**[2] (zur Körperschaftsbesteuerung vgl. näher Rz. 7.16 ff.). Sie unterliegen der Körperschaftsteuer und ihre Einkünfte gelten nach § 8 Abs. 2 KStG als Einkünfte aus Gewerbebetrieb. Zu beachten ist auch die Gewerbebetriebsfiktion des § 2 Abs. 2 GewStG. Soweit die gemeinnützige Kapitalgesellschaft nach § 5 Abs. 1 Nr. 9 KStG partiell körperschaftsteuerpflichtig ist, richtet sich die Gewinnermittlung nach den §§ 7 ff. KStG. Daher ist z.B. auch die Steuerfreistellung von Dividenden und Veräußerungsgewinnen nach § 8b KStG anwendbar, wenn die Beteiligung an einer anderen steuerpflichtigen Kapitalgesellschaft bei der gemeinnützigen Körperschaft im Rahmen eines steuerpflichtigen wirtschaftlichen Geschäftsbetriebs gehalten wird. Anders als z.B. Vereinen und Stiftungen steht gemeinnützigen Kapitalgesellschaften aber nicht der besondere Freibetrag nach § 24 KStG zu.

2.21 Sind an einer gemeinnützigen Kapitalgesellschaft **steuerpflichtige Anteilseigner** beteiligt, so ist zu unterscheiden (zum Spendenabzug der Einlageleistung vgl. Rz. 8.45): Wegen des Gewinnausschüttungsverbots nach § 55 Abs. 1 Nr. 1 und 2 AO kommt bei natürlichen Personen allenfalls eine Steuerpflicht der Anteilsveräußerung nach § 17 EStG in Betracht. Insoweit ist allerdings zu beachten, dass auch die Steuerpflicht nach § 17 EStG eine Einkünfteerzielungsabsicht voraussetzt. Daran fehlt es aber jedenfalls dann, wenn die gGmbH selbst ohne Gewinnerzielungsabsicht tätig ist. Darüber hinaus dürfte eine Einkünfteerzielungsabsicht auch bereits wegen des Gewinnausschüttungsverbots nach § 55 Abs. 1 Nr. 1 und 2 AO nicht vorliegen[3]. Dies gilt insbesondere, wenn man eine Anteilsveräußerung zu einem über

---

1 Vgl. *Hüttemann*, DB 2008, 1590.

2 Siehe näher *Thiel*, GmbHR 1997, 10; *Thiel* in DStJG 20 (1994), 147.

3 Vgl. auch *Hüttemann*, DB 2008, 1590.

dem Buchwert liegenden Betrag an einen gemeinnützigen Erwerber mit dem I. Senat des BFH für unzulässig hält. Bei der Beteiligung juristischer (nicht steuerbefreiter) Personen an einer steuerbegünstigten Körperschaft gilt für Veräußerungsgewinne ohnehin die Befreiung des § 8b Abs. 2 KStG.

Besondere Fragen stellen sich im Rahmen der **Erbschaft- und Schenkungsteuer** in Hinsicht auf den Übergang von Anteilen an einer gGmbH, die von steuerpflichtigen Anteilseignern gehalten werden. Hier kommt es – mangels Steuerbefreiung – zu einer „Normalbesteuerung". Allerdings ist – gerade nach Abschaffung des Stuttgarter Verfahrens – fraglich, ob und **wie sich die gemeinnützigkeitsrechtlichen Bindungen auf die Wertermittlung auswirken** (vgl. auch § 9 Abs. 2 Satz 3 BewG). Hierzu vertritt die Finanzverwaltung nun die Ansicht, dass die „sich aus den gemeinnützigkeitsrechtlichen Bindungen für den Erwerber der Anteile ergebenden Beschränkungen" im Rahmen der Bewertung „nach § 10 Abs. 1 Satz 1 ErbStG als auflösend bedingte Last zu berücksichtigen" sind[1]. Im Ergebnis hat der Erwerber folglich nur den Betrag zu versteuern, den er (z.B. durch eine Einlagerückgewähr bei Ausscheiden) auch tatsächlich realisieren kann, ohne die Gemeinnützigkeit der Kapitalgesellschaft zu beeinträchtigen (dies entspricht dem Wert nach § 55 Abs. 1 Nr. 1 Satz 2 und Nr. 2 AO)[2]. Dies bedeutet aber auch, dass die Steuerfestsetzung zu berichtigen ist, wenn der Erwerber später tatsächlich mehr erhält (z.B. durch eine Veräußerung an einen gemeinnützigen Erwerber). Auch wenn die Lösung über die „auflösend bedingte Last" etwas konstruiert erscheint (und zu relativ langen Überwachungsfristen führt), sollte man für die gefundene Lösung Verständnis haben, weil die gGmbH in der Vergangenheit offenbar auch als Vehikel für missbräuchliche Gestaltungen genutzt worden ist. Immerhin könnte der Gesetzgeber solche Schwierigkeiten auch dadurch lösen, dass er die Gemeinnützigkeit einer gGmbH einfach davon abhängig macht, dass auch sämtliche Anteilseigner gemeinnützige Körperschaften sind.

2.22

VIII. Beginn und Ende der Steuerbefreiung

Eine Kapitalgesellschaft entsteht als juristische Person erst mit Eintragung in das Handelsregister (vgl. § 11 Abs. 1 GmbHG, § 41 Abs. 1 Satz 1 AktG). Mit dem formgerechten Abschluss des Gesellschaftsvertrags wird aber eine Vorgesellschaft errichtet, die bereits Trägerin von Rechten und Pflichten ist und nach ganz h.M. mit der künftigen Kapitalgesellschaft identisch ist[3]. Auch das Steuerrecht geht davon aus, dass die unbeschränkte Körperschaftsteuerpflicht der später eingetragenen Gesellschaft bereits mit Entstehung der Vorgesellschaft beginnt[4]. Daraus folgt für gemein-

2.23

---

1 Vgl. den bundeseinheitlich abgestimmten Erlass der Finanzbehörde Hamburg v. 9.10.2013, BStBl. I 2013, 1362.
2 Zu Einzelfragen siehe näher *Mannek*, NWB 2013, 3449; *Kirchhain/Lorenz*, DStR 2014, 1941.
3 Statt aller nur *K. Schmidt*, Gesellschaftsrecht, § 11 II.
4 Vgl. BFH v. 13.12.1989 – I R 174/86, BStBl. II 1990, 90; BFH v. 14.10.1992 – I R 17/92, BStBl. II 1993, 352; BFH v. 3.9.2009 – IV R 38/07, BStBl. II 2010, 60; BFH v. 18.3.2010 – IV R 88/06, BStBl. II 2010, 991; eingehend *Hüttemann* in FS Wassermeyer, 2005, S. 27;

nützige Kapitalgesellschaften, dass sie bereits **ab Errichtung der Vorgesellschaft die Steuervergünstigungen wegen Gemeinnützigkeit in Anspruch nehmen können**, wenn es später zur Eintragung kommt[1]. Auch eine Vor-GmbH kann somit schon gemeinnützig sein, wenn ihre Satzung von Anfang an den Vorgaben der §§ 51 ff. AO genügt und die GmbH später eingetragen wird. Deshalb ist auch schon eine gesonderte Feststellung nach § 60a AO möglich[2].

Beispiel Nr. 5: Die „Rückwirkung" der Gemeinnützigkeit ist etwa für den Spendenabzug bei Einlagen von entscheidender Voraussetzung, da ein Teil der Geldeinlagen (sowie alle Sacheinlagen) bereits im Gründungsstadium geleistet werden müssen, damit es überhaupt zur Eintragung kommt (§ 7 Abs. 2 und 3 GmbHG). Aber auch bei der – in der Praxis häufigeren – Errichtung einer gGmbH durch andere gemeinnützige Einrichtungen ist die Gemeinnützigkeit der Vor-GmbH entscheidend, weil ansonsten in der Einlageleistung an eine steuerpflichtige GmbH u.U. eine unzulässige Mittelverwendung (vgl. § 58 Abs. 1 Nr. 3 AO) gesehen werden könnte.

Dagegen unterliegt die **Vorgründungsgesellschaft** – zumindest im Regelfall[3] – als Gesellschaft bürgerlichen Rechts nicht der Körperschaftsteuer und kann deshalb nach § 51 Satz 2 AO auch nicht steuerbegünstigt sein[4]. Ihre Einkünfte sind folglich entweder nach § 15 Abs. 1 Satz 1 Nr. 2 EStG oder nach § 39 Abs. 2 Nr. 2 AO bei den Gesellschaftern steuerlich zu erfassen (vgl. Rz. 2.93 ff.).

2.24 Die Steuerbefreiung endet spätestens mit dem **Erlöschen der Kapitalgesellschaft**. In der Liquidation sind also weiterhin die Vorgaben der §§ 51 ff. AO zu beachten. Allerdings ist das Restvermögen, das nach einer etwaigen, zulässigen Einlagerückgewähr nach § 55 Abs. 1 Nr. 2 AO noch bei der Gesellschaft verbleibt, entweder für satzungsmäßige Zwecke zu verwenden oder – sofern die Satzung dies vorsieht – auf eine andere steuerbegünstigte Körperschaft zu übertragen (§ 55 Abs. 1 Nr. 4 AO).

2.25 Fraglich ist, ob die **Eröffnung eines Insolvenzverfahrens** über das Vermögen der GmbH automatisch zum Verlust der Steuerbefreiung führt[5].

Beispiel Nr. 6: Die gemeinnützige X-GmbH betreibt ein Altenheim und gerät in eine Krise. Nachdem die Geschäftsführung die Überschuldung oder Zahlungsunfähigkeit festgestellt und Insolvenzantrag gestellt hat, wird das Insolvenzverfahren eröffnet. Darin bemüht sich der Insolvenzverwalter mit den Gläubigern um eine Sanierung der GmbH. Nachdem die Bemühungen endgültig scheitern, wird das Altenheim verkauft und der Erlös zur (teilweisen)

---

abweichend *Crezelius* in FS Wassermeyer, 2005, S. 15; eingehend *Hamm*, Vorgesellschaften im Steuerrecht, 2013.

1 Ebenso *Bott* in Schauhoff, § 8 Rz. 17.

2 Vgl. dazu AEAO Nr. 4 zu § 60a; *Hüttemann*, DB 2014, 442 (446).

3 Eine Ausnahme gilt nur dann, wenn die Vorgründungsgesellschaft als nichtrechtsfähiger Verein zu qualifizieren ist, vgl. dazu BFH v. 6.5.1952 - I 8/52 U, BStBl. III 1952, 172; Abschn. 2 Abs. 4 Satz 6 KStR.

4 So auch *Alber* in Dötsch/Pung/Möhlenbrock, § 5 Abs. 1 Nr. 9 KStG Rz. 306.

5 Vgl. zur Gemeinnützigkeit in der Insolvenz *Denkhaus/Mühlenkamp*, ZInsO 2002, 956; *Becker/Meining*, FR 2006, 686; *Dehesselles*, DStR 2008, 2050; *Dehesselles* in FS Spiegelberger, 2009, S. 1255; *Becker*, FR 2008, 909; *Roth/Knof*, KTS 2009, 163; *Kahlert/Eversberg*, ZIP 2010, 260.

Befriedigung der Gläubiger verwendet. Das Finanzamt will bereits ab dem Zeitpunkt der Eröffnung des Insolvenzverfahrens die Gemeinnützigkeit versagen.

Für einen Verlust der Gemeinnützigkeit in der Insolvenz könnte auf den ersten Blick der Umstand sprechen, dass die Verfügungsgewalt über das Gesellschaftsvermögen auf den Insolvenzverwalter übergeht, der das Vermögen nunmehr zugunsten der Gläubiger verwertet. Indes ist die **Befriedigung der (nicht gemeinnützigen) Gläubiger eine legitime Maßnahme**, die für sich genommen die Gemeinnützigkeit nicht in Frage stellt. Denn die Ansprüche der Gläubiger beruhen auf Verpflichtungen, die die GmbH zur Verwirklichung ihrer satzungsmäßigen Zwecke in der Vergangenheit wirksam eingegangen ist. Soweit die Begründung der Verpflichtungen aber eine zulässige Mittelbindung darstellte, kann gegen die Befriedigung der Gläubiger im Insolvenzverfahren aus gemeinnützigkeitsrechtlicher Sicht nichts eingewendet werden[1]. Dem steht auch nicht der Umstand entgegen, dass möglicherweise die gesamten zeitnah zu verwendenden Mittel für diesen Zweck eingesetzt werden. Wie immer bei der Aufnahme von Darlehen kommt es auf den ursprünglichen Anlass der Kreditaufnahme, nicht aber auf die späteren Auswirkungen der Darlehensaufnahme auf das Vermögen der Körperschaft an. Dies spricht dafür, steuerbegünstigten Körperschaften ähnlich einer Anlaufphase auch eine Abwicklungsphase zuzubilligen, innerhalb derer trotz Beendigung der eigentlichen steuerbegünstigten Tätigkeit ihre Geschäftsführung noch als auf die Erfüllung steuerbegünstigter Zwecke gerichtet angesehen werden kann und die Körperschaftsteuerbefreiung daher fortbesteht[2]. Denn in der Gläubigerbefriedigung liegt noch keine Verfolgung eines anderen nicht steuerbegünstigten Zwecks.

2.26

Der **BFH hat aber einen strengeren Standpunkt eingenommen**: Danach soll die Körperschaftsteuerbefreiung enden, „wenn die eigentliche steuerbegünstigte Tätigkeit eingestellt und über das Vermögen der Körperschaft das Konkurs- oder Insolvenzverfahren eröffnet wird"[3]. Im Urteilssachverhalt hatte die Körperschaft allerdings bereits unmittelbar vor Eröffnung des Insolvenzverfahrens ihre eigentliche Tätigkeit durch Ausgliederung und Verpachtung eingestellt. Für den Regelfall, dass die satzungsmäßige Tätigkeit – wenn auch eingeschränkt – im Insolvenzverfahren zunächst weitergeführt und Sanierungspläne mit den Gläubigern besprochen werden, darf die Gemeinnützigkeit also nicht einfach versagt werden. Die Auffassung des BFH ist im Schrifttum zu Recht auf allgemeine Ablehnung gestoßen[4].

2.27

Es bleibt zu hoffen, dass die Finanzverwaltung diese Rechtsprechung nicht auch noch auf das „normale" Liquidationsstadium überträgt, das – ebenso wie die Gründungsphase – ein

---

1 Ebenso *Denkhaus/Mühlenkamp*, ZInsO 2002, 956; a.A. FG Niedersachsen v. 15.9.2005 – 6 K 609/00, EFG 2006, 1195.

2 So *Becker/Meining*, FR 2006, 686; offengelassen von BFH v. 16.5.2007 – I R 14/06, BStBl. II 2007, 808.

3 BFH v. 16.5.2007 – I R 14/06, BStBl. II 2007, 808; zustimmend AEAO Nr. 6 zu § 51 Abs. 1 AO.

4 Vgl. zuletzt eingehend *Kahlert/Eversberg*, ZIP 2010, 260; *Buchna/Leichinger/Seeger/Brox*, S. 58 f. sowie die Nachweise bei Rz. 2.25.

rechtlich notwendiger Teil des Lebens einer juristischen Person ist[1]. Gegen einen Verlust der Gemeinnützigkeit in der Liquidationsphase spricht zudem die gemeinnützige Vermögensbindung. Sie gewährleistet, dass die nach Befriedigung der Gläubiger verbleibenden Mittel der Körperschaft für steuerbegünstigte Zwecke eingesetzt werden. In der Sache wandelt sich eine operativ tätige Körperschaft in der Liquidation daher in eine Art „Förderkörperschaft" im Sinne von § 58 Nr. 1 AO. Vor diesem Hintergrund ist nicht einzusehen, weshalb die Einstellung der operativen Tätigkeit in der Auseinandersetzungsphase die Steuerbegünstigung gefährden sollten. Dabei spielt es richtigerweise auch keine Rolle, ob die Insolvenz- oder Liquidationsursache aus der ideellen oder wirtschaftlichen Tätigkeit der Körperschaft herrührt[2], denn die Erfüllung von finanziellen Verpflichtungen, die eine gemeinnützige Körperschaft zulässigerweise eingegangen ist, darf die Steuerbegünstigung grundsätzlich nicht gefährden.

2.28–2.30   frei

C. Gemeinnützige Vereine

I. Überblick

2.31   Der rechtsfähige (Ideal-)Verein (§§ 21 ff. BGB) und der nichtrechtsfähige Verein (§ 54 BGB) sind die am **häufigsten verwendeten Rechtsformen im gemeinnützigen Sektor**[3]. Rechtsfähige Vereine gehören nach § 51 Satz 2 AO, § 1 Abs. 1 Nr. 4 KStG zu den Körperschaften, die die Steuervergünstigungen wegen Gemeinnützigkeit in Anspruch nehmen können. Gleiches gilt nach § 51 Satz 2 AO, § 1 Abs. 1 Nr. 5 KStG für nichtrechtsfähige Vereine. In steuerlicher und gemeinnützigkeitsrechtlicher Hinsicht werden rechtsfähige und nichtrechtsfähige Vereine praktisch gleich behandelt.

2.32   Die zivilrechtlichen Grundlagen des Vereinsrechts sind in den §§ 21 ff. BGB geregelt[4]. Schon vor einigen Jahren wurde im Bundesministerium der Justiz an einer **Reform des Vereinsrechts** gearbeitet, durch die das seit Inkrafttreten des BGB weitgehend unveränderte Vereinsrecht „moderner gestaltet, vereinfacht und den heutigen Bedürfnissen angepasst" werden soll[5]. U.a. sollten ein verlässlicher Rahmen für eine angemessene wirtschaftliche Nebenbetätigung von Idealvereinen geschaffen, die Rechtsformkontrolle verbessert und die Vorschrift des § 54 BGB über den nicht-

---

1 Ebenso *Buchna/Leichinger/Seeger/Brox*, S. 59; zur Gemeinnützigkeit einer „Abwicklungsphase" beim Rückbau einer kerntechnischen Anlage vgl. auch FG Sachsen v. 19.3.2013 – 3 K 1143/09, EFG 2014, 584.

2 A.A. aber *Märtens* in Gosch, § 5 KStG Rz. 254.

3 Vgl. dazu *Märkle*, Der Verein im Zivil- und Steuerrecht, 1999; *Reichert/Schimke/Dauernheim*, Vereins- und Verbandsrecht, 14. Aufl. 2018; *Sauter/Schweyer/Waldner*, Der eingetragene Verein, 20. Aufl. 2016; *Stöber/Otto*, Handbuch zum Vereinsrecht, 12. Aufl. 2016; *Segna*, Vorstandskontrolle in Großvereinen, 2002.

4 Zum Vereinszivilrecht vgl. etwa den Überblick bei *K. Schmidt*, Gesellschaftsrecht, §§ 24, 25.

5 Vgl. dazu den Referentenentwurf eines Gesetzes zur Änderung des Vereinsrechts (Stand 25.8.2004).

rechtsfähigen Verein der neueren Rechtsentwicklung bei der Gesellschaft bürgerlichen Rechts angepasst werden. Nachdem der im August 2004 vorgelegte Referentenentwurf allerdings in Wissenschaft und Praxis auf erhebliche Kritik gestoßen war[1], wurde das Anliegen zunächst zurückgestellt. Im Jahr 2009 erfolgten einige kleinere Änderungen[2]. Insbesondere ist die Haftung für ehrenamtliche Vorstände auf Vorsatz und grobe Fahrlässigkeit beschränkt worden (vgl. § 31a BGB)[3]. Im Rahmen des Ehrenamtsstärkungsgesetzes sind weitere punktuelle Änderungen erfolgt[4]. Die geplante Änderung des § 22 BGB zur „Erleichterung unternehmerischer Initiativen aus bürgerschaftlichem Engagement" (z.B. für Dorfläden und Kitas)[5] hat der Bundestag unter dem Eindruck des Kita-Beschlusses des BGH v. 16.5.2017[6] nicht mehr verabschiedet[7]. Der Koalitionsvertrag von CDU/CSU/SPD v. 12.3.2018 sieht sogar eine „Weiterentwicklung des Vereinsrechts" auf der Grundlage des Kita-Rechtsprechung vor.

II. Nichtwirtschaftlicher und wirtschaftlicher Verein

Das bürgerliche Recht unterscheidet bei den rechtsfähigen Vereinen zwischen dem **nichtwirtschaftlichen Idealverein** und dem sog. **wirtschaftlichen Verein**. Nichtwirtschaftliche Vereine erlangen nach § 21 BGB ihre Rechtsfähigkeit durch Eintragung in das Vereinsregister. Hingegen können wirtschaftliche Vereine nach § 22 BGB („in Ermangelung besonderer Vorschriften") nur durch staatliche Verleihung Rechtsfähigkeit erlangen. Für die Unterscheidung zwischen nichtwirtschaftlichen und wirtschaftlichen Vereinen kommt es nach den §§ 21, 22 BGB darauf an, ob der Zweck des Vereins auf einen „wirtschaftlichen Geschäftsbetrieb" gerichtet ist. Um den Registergerichten die Prüfung der Eintragungsfähigkeit zu erleichtern, verlangt § 57 Abs. 1 BGB – abweichend von § 23 AktG, § 3 GmbHG und § 6 GenG – die Angabe des Vereinszwecks in der Satzung.

2.33

Die Frage, nach welchen Maßstäben nichtwirtschaftliche Idealvereine von wirtschaftlichen Vereinen abzugrenzen sind, war **bereits bei Inkrafttreten des BGB umstritten**, denn der Wortlaut der §§ 21, 22 BGB lässt offen, ob es insoweit auf die Unterhaltung eines wirtschaftlichen Geschäftsbetrieb („objektive" Sicht) oder auf den ideellen Zweck des Vereins („subjektive" Sicht) ankommt[8]. Unter dem Eindruck der Arbeiten von *K. Schmidt*[9] setzte sich später –

1 Aus dem Schrifttum *Arnold*, DB 2004, 2143; *Beuthien*, NZG 2005, 493; *Segna*, NZG 2002, 1048; *Hadding*, ZGR 2006, 137; *Möhlenkamp*, DB 2004, 2737; *Reuter*, NZG 2004, 738.
2 Zur Vereinsrechtsreform 2009 vgl. nur *Reuter*, NZG 2009, 1368.
3 Dazu eingehend *Arnold* in Non Profit Law Yearbook 2009, 89.
4 Gesetz v. 21.3.2013, BGBl. I 2013, 566; dazu *Hüttemann*, DB 2013, 774; *Schauhoff/Kirchhain*, FR 2013, 301.
5 Vgl. den Gesetzentwurf in BT-Drucks. 18/11506 v. 13.3.2017.
6 BGH v. 16.5.2017 – II ZB 7/16, NJW 2017, 1943
7 Vgl. Bericht des Rechtsausschusses, BT-Drucks. 18/12998, S. 19.
8 Vgl. dazu nur die Nachweise zur Rechtsentwicklung bei *Segna*, Non Profit Law Yearbook 2014/2015, 47 (57 ff.); *Rücker*, Die Vereinsklassenabgrenzung, 2012, S. 23.
9 *K. Schmidt*, Rpfleger 1972, 286 ff.; *K. Schmidt*, AcP 182 (1982), 1 ff.; *K. Schmidt*, Verbandszweck und Rechtsfähigkeit im Vereinsrecht, 1984; *K. Schmidt*, Rpfleger 1988, 45 ff.

insbesondere im vereinsrechtlichen Schrifttum[1] – eine „teleologisch-typologische" Vereins-klassenabgrenzung durch. Nach dieser Auffassung ist eine „vollunternehmerische" Tätigkeit am Markt wegen der abstrakten Gläubigergefährdung grundsätzlich eintragungsschädlich, es sei denn, sie fällt unter das sog. Nebenzweckprivileg, weil sie der nichtwirtschaftlichen Tätig-keit des Vereins „funktional untergeordnet" ist[2]. Während eine solche Unterordnung bei typi-schen Mittelbeschaffungsaktivitäten wie z.B. einer Vereinsgaststätte regelmäßig unproblema-tisch ist[3], stößt das „Nebenzweckprivileg" – zumindest wenn man es mit der „modernen" Vereinsklassenabgrenzung auf die Vereinstätigkeit bezieht – an praktische Grenzen, wenn sich die Aktivitäten eines Vereins in einem entgeltlichen Zweckverwirklichungsbetrieb er-schöpfen und nennenswerte nichtwirtschaftliche – d.h. unentgeltliche – Tätigkeiten ganz feh-len[4].

2.34 Die **vereinsrechtliche Praxis** der Registergerichte hat die „teleologisch-typologische" Vereinsklassenabgrenzung" lange Zeit ignoriert und unter Verweis auf ältere Recht-sprechung und das Nebenzweckprivileg auch Vereine mit umfangreichen wirt-schaftlichen Aktivitäten eingetragen und geduldet, ohne allzu hohe Anforderungen an die „Unterordnung" der wirtschaftlichen Tätigkeit unter den ideellen Satzungs-zweck zu stellen. In den letzten Jahren wurde diese großzügige Eintragungspraxis allerdings – insbesondere durch das KG Berlin[5] – zunehmend in Frage gestellt[6]. Von dieser Rechtsprechungsentwicklung waren auch gemeinnützige Initiativen be-troffen, weil der steuerliche Gemeinnützigkeitsstatus im Rahmen einer streng tätig-keitsbezogenen „teleologisch-typologischen Vereinsklassenabgrenzung" nichts an der – grundsätzlich eintragungsschädlichen – „Wirtschaftlichkeit" einer entgeltli-chen Vereinsbetätigung ändert[7].

Beispiel 7: Eine Elterninitiative möchte in Vereinsform mehrere **Kindertagesstätten** betrei-ben. Die Betriebskosten sollen durch Elternbeiträge, öffentliche Zuschüsse und private Zu-wendungen gedeckt werden. Nach Prüfung der Satzung durch das zuständige FA beantragt die Initiative beim Registergericht die Eintragung als „e.V.". Hier hängt die Eintragungs-fähigkeit des Vereins entscheidend davon ab, ob man den Betrieb einer Kita mit dem KG

---

1 Vgl. *Reuter* in MünchKommBGB, §§ 21, 22 BGB Rz. 7 ff.; *Hadding* in Soergel, BGB, 13. Aufl. 2000, §§ 21, 22 BGB Rz. 24 ff.; *Weick* in Staudinger, Neubearbeitung 2005, § 21 BGB Rz. 7 ff.; *Schöpflin* in Bamberger/Roth, 3. Aufl. 2012, § 21 BGB Rz. 93 ff.

2 Siehe nur *Reuter* in MünchKommBGB, §§ 21, 22 BGB Rz. 7 f.

3 Schon in der Reichstagsdebatte wurde der Fall eines „Restaurationsbetriebs" als Beispiel für einen zulässigen Geschäftsbetrieb erwähnt, *Mugdan*, Die gesamten Materialien zum Bürgerlichen Gesetzbuch für das Deutsche Reich, Bd. I, S. 997.

4 Dazu etwa *Beuthien*, NZG 2016, 449 (456); siehe auch bereits *Reuter*, npoR 2008, 881 (886 f.).

5 Beginnend mit KG Berlin v. 18.1.2011 – 25 W 14/10, DNotZ 2011, 632; KG Berlin v. 21.2.2011 – 25 W 32/10, DNotZ 2011, 634; zuletzt KG Berlin v. 16.2.2016 – 22 W 71/15, npoR 2016, 158; zur Rechtsprechung des KG näher *Sdorra*, npoR 2017, 45.

6 Vgl. auch *Dehesselles*, DStR 2012, 2309; *Winheller*, DStR 2012, 1562; *Winheller*, DStR 2013, 2009.

7 Siehe nur KG v. 16.2.2016 – 22 W 71/15, npoR 2016, 158; *Sdorra*, npoR 2017, 45 (47); ebenso bereits *K. Schmidt*, RPfleger 1972, 286 (293); *Segna*, Non Profit Law Yearbook 2014/2015, 47 (63); auch die Ausführungen in Rz. 2.30 der Vorauflage waren allein in die-sem Sinne zu verstehen.

Berlin[1] als eine schlichte „wirtschaftliche" Tätigkeit ansieht, die mangels einer weiteren ideellen Haupttätigkeit auch nicht mehr unter das Nebenzweckprivileg fällt, oder ob man Elterninitiativen wegen der ideellen Hauptzielsetzung bzw. aus anderen Gründen – z.B. wegen der geringen Größe der Kita oder der Einbindung der Eltern in die Organisation – den Vereinsstatus eröffnet[2]. Ähnliche Fragen stellen sich z.B. auch bei Vereinen zur Fortführung kommunaler Einrichtungen[3], bei einem (Sport-)Verein zur Unterhaltung eines „Fitnessstudios"[4] oder bei kulturellen Initiativen, wenn die Musikverwertung in den Vordergrund tritt[5]. Damit entwickelte sich das Vereinsrecht – nach der Öffnung des Steuerrechts durch die Abkehr von der Geprägetheorie (vgl. Rz. 4.95 ff.) – zunehmend zum „Nadelöhr" für die Zulässigkeit von wirtschaftlichen Tätigkeiten und unternehmerisch tätige gemeinnützige Idealvereine gerieten zunehmend „in Existenznot"[6]. Gleichzeitig nahm die Kritik an der Kita-Rechtsprechung des KG und der „typologisch-teleologischen Vereinsklassenabgrenzung" zu[7] und es wurde – auch im Interesse der Rechtssicherheit für bereits eingetragene gemeinnützige Vereine – eine bessere Abstimmung von Vereins- und Gemeinnützigkeitsrecht gefordert[8].

Mit **Beschluss vom 16.5.2017**[9] hat der II. Senat des BGH grundsätzlich zur Eintragungsfähigkeit wirtschaftlich tätiger gemeinnütziger Vereine Stellung genommen, nachdem das KG Berlin wegen der abweichenden Rechtsprechung der Oberlandesgerichte die Rechtsbeschwerde zugelassen hatte[10]. Der Leitsatz der Entscheidung lautet: 2.35

„Die Anerkennung eines Vereins als gemeinnützig im Sinne der §§ 51 ff. AO hat Indizwirkung dafür, dass er nicht auf einen wirtschaftlichen Geschäftsbetrieb gerichtet ist und in das Vereinsregister eingetragen werden kann."

Während die Vorinstanz – das KG Berlin – die Amtslöschung eines Kita-Vereins noch ausdrücklich auf die „teleologisch-typologische" Vereinsklassenabgrenzung gestützt hatte, vermeidet der Beschluss des BGH jede inhaltliche Auseinandersetzung mit den im Schrifttum vertretenen Ansichten. Gestützt auf frühere Urteile des RG und BGH geht der II. Senat von der Feststellung aus, dass ein Verein auch dann ein nichtwirtschaftlicher Verein sein könne, „wenn er zur Erreichung seiner ideellen Ziele unternehmerische Tätigkeiten entfaltet, sofern diese dem nichtwirtschaftlichen Hauptzweck zu- und untergeordnet und Hilfsmittel zu dessen Erreichung sind

---

1 KG Berlin v. 18.1.2011 – 25 W 14/10, DNotZ 2011, 632; KG Berlin v. 21.2.2011 – 25 W 32/10, DNotZ 2011, 634; zuletzt KG v. 16.2.2016 – 22 W 71/15, npoR 2016, 158.

2 Vgl. dazu OLG Schleswig-Holstein v. 18.9.2012 – 2 W 152/11, ZStV 2013, 142; OLG Stuttgart v. 3.12.2014 – 8 W 447/14, npoR 2015, 27; OLG Brandenburg v. 23.6.2015 – 7 W 23/15, npoR 2015, 199; dazu wiederum kritisch *Reuter*, npoR 2015, 200.

3 OLG Karlsruhe v. 30.8.2011 – 14 Wx 51/11, RPfleger 2012, 213.

4 OLG Zweibrücken v. 3.9.2013 – 3 W 34/13, ZStV 2014, 97.

5 KG Berlin v. 7.3.2012 – 25 W 95/11, DStR 2012, 1195.

6 So der prägnante Titel des Aufsatzes von *Schauhoff*, npoR 2016, 241; dagegen *Winheller*, npoR 2017, 59 mit Replik von *Schauhoff*, npoR 2017, 62.

7 Siehe *Beuthien*, NZG 2016, 449; *Leuschner*, npoR 2016, 99; *Schauhoff/Kirchhain*, ZIP 2016, 1857.

8 Dafür vor allem *Schauhoff/Kirchhain*, ZIP 2016, 1857.

9 BGH v. 16.5.2017 – II ZB 7/16, NJW 2017, 1943; unter dem gleichen Datum hat der BGH noch zwei weitere – weitgehend gleichlautende – Beschlüsse in den Parallelverfahren II ZB 6/16 und II ZB 9/16 erlassen.

10 Vgl. KG v. 16.2.2016 – 22 W 71/15, npoR 2016, 158.

(sog. Nebenzweckprivileg)"[1]. Die weiteren Ausführungen betreffen sodann – zumindest vordergründig – nur noch die Frage, ob sich der Betrieb der Kindertagesstätten im Rahmen des Nebenzweckprivilegs bewegt hat. Tatsächlich aber bedeutet der Kita-Beschluss nicht weniger als eine **„Neuausrichtung der Vereinsklassenabgrenzung"**[2], denn der BGH stellt nunmehr – ähnlich wie die ältere „subjektive" Lehre[3] – vorrangig auf den Endzweck des Vereins ab und sieht – auf dieser Grundlage folgerichtig – nicht nur in der Anerkennung als gemeinnützig ein „Indiz" für die Eintragungsfähigkeit, sondern hält es auch für unbedenklich, dass sich die Vereinstätigkeit in einem wirtschaftlichen Geschäftsbetrieb erschöpft, sofern dieser unmittelbar der Erfüllung des nichtwirtschaftlichen Hauptzwecks dient.

Der Beschluss stützt sich zunächst auf ein historisches Argument. Der Gesetzgeber des BGB habe gewollt, dass „Vereine zu gemeinnützigen, wohlthätigen, geselligen, wissenschaftlichen, künstlerischen oder anderen nicht auf einen wirthschaftlichen Geschäftsbetrieb gerichteten Zwecken"[4] die Rechtsfähigkeit durch Eintragung in das Vereinsregister erlangen. In der Tat spricht wenig für die Annahme, der historische Gesetzgeber habe „gemeinnützige oder wohlthätige" Vereine, die sich in Erfüllung ihrer ideellen Zwecke wirtschaftlich betätigen, zwingend auf die Rechtsform der GmbH oder der AG verweisen wollen. Mit Recht führt der II. Senat in diesem Zusammenhang aus, dass Kapitalgesellschaften – wie sich auch aus den §§ 29 ff. GmbHG ableiten lässt – auf die Verfolgung von Erwerbszwecken zugeschnitten sind und vom historischen Gesetzgeber daher „als Gegenstück" zum Idealverein verstanden wurden[5]. Im Mittelpunkt der Überlegungen des BGH steht indes die für die Eintragungsfähigkeit als Idealverein erforderliche **Unterordnung einer wirtschaftlichen Tätigkeit unter einen ideellen Hauptzweck**. In dieser Hinsicht misst der Senat – zu Recht – der steuerlichen Anerkennung als gemeinnützig im Sinne der §§ 51 ff. AO eine erhebliche „Indizwirkung" zu. Denn ein gemeinnütziger Verein verfolgt ausschließlich (§ 56 AO) „ideelle" Zwecke, verwendet auf Grund des Selbstlosigkeitsgebots seine Mittel nur für diese satzungsmäßigen steuerbegünstigten Zwecke (§ 55 Abs. 1 Nr. 1 AO) und darf mithin keine Gewinne an die Mitglieder ausschütten (§ 55 Abs. 1 Nr. 2 AO). Der BGH spricht in diesem Zusammenhang von „tatsächlichen Umständen, die für die Anerkennung als gemeinnützig […] von Bedeutung sind" und weist an anderer Stelle darauf hin, dass die Einhaltung der gemeinnützigkeitsrechtlichen Vorgaben durch die Finanzverwaltung überwacht werde. Richtigerweise kommt es aber weniger auf die Überprüfung der tatsächlichen Geschäftsführung im nachlaufenden Veranlagungsverfahren an. Für die Prüfung der Eintragungsfähigkeit ist vielmehr entscheidend, dass die steuerlichen Voraussetzungen der Gemeinnützigkeit nach §§ 59, 60 AO in der Satzung des Vereins verankert werden müssen[6] und die satzungsmäßige Gemeinnützigkeit durch einen gesonderten Bescheid nach § 60a AO behördlich festgestellt wird, an den das Registergericht bei seiner Prüfung anknüpfen kann. Ein Gleichlauf von Zivil- und Steuerrecht bei der Behandlung von wirtschaftlich tätigen gemeinnützigen Vereinen ist – wie der II. Senat zutreffend feststellt – auch deshalb sinnvoll, weil der Gesetzgeber mit den

---

1 Siehe zuletzt BGH v. 29.9.1982 – I ZR 88/80, BGHZ 85, 84 (92 f.).

2 Zutreffend *Leuschner*, NJW 2017, 1919 (1924).

3 Nachweise bei *K. Schmidt*, Rpfleger 1972, 286 (289).

4 Siehe *Mugdan*, Die gesamten Materialien zum Bürgerlichen Gesetzbuch für das Deutsche Reich, Bd. I, S. LIX.

5 Der II. Senat verweist insoweit auf die Ausführungen in *Mugdan*, Die gesamten Materialien zum Bürgerlichen Gesetzbuch für das Deutsche Reich, Bd. I, S. 401.

6 Zum Gemeinnützigkeitsrecht als Organisationsrecht des Dritten Sektors näher *Hüttemann* in FS Baums, 2017, S. 623 ff.

§§ 51 ff. AO ein „besonderes gesellschaftliches Interesse an der Verwirklichung der dort genannten Aufgaben besteht" dokumentiert habe.

Der Kita-Beschluss ist **im Schrifttum ganz überwiegend positiv aufgenommen** 2.36
worden[1] und hat den Bundestag veranlasst, auf die geplante Neuregelung des „wirtschaftlichen Vereins" in § 22 BGB zu verzichten[2]. Auch der Koalitionsvertrag von CDU/CSU/SPD vom 12.3.2018 sieht vor, das Vereinsrecht auf der Grundlage der Kita-Rechtsprechung „weiterzuentwickeln". Rechtspolitisch wäre eine Rückkehr zur „typologisch-teleologischen" Vereinsklassenabgrenzung in der Tat nicht zu empfehlen, denn für einen strikten Rechtsformzwang zugunsten der Kapitalgesellschaft fehlen überzeugende Gründe. Wie nicht zuletzt der hartnäckige Widerstand der Praxis gezeigt hat, ist die Kapitalgesellschaft in vielen Fällen keine sinnvolle Rechtsformalternative für wirtschaftlich tätige NPO[3]. Die Mitglieder eines „ideellen" Verbandes möchten sich keiner „kapitalistischen" Binnenstruktur unterwerfen, „Stammeinlagen" leisten und beim Eintritt „Geschäftsanteile" erwerben, nur weil der Verein – wie im Fall des Kita-Vereins – seine satzungsmäßigen Leistungen gegen ein Entgelt anbietet, da die Vereinstätigkeit nicht ausschließlich aus Mitgliedsbeiträgen, Spenden und öffentlichen Zuschüssen finanziert werden kann[4]. Auch eine Ausgründung der wirtschaftlichen Tätigkeit auf eine eigenständige Tochterkapitalgesellschaft, die in der Praxis auf der Grundlage des ADAC-Urteils[5] häufig als einfaches Mittel zur Erhaltung des Vereinsstatus empfohlen wurde[6], wird den Interessen der Vereinsmitglieder vielfach nicht gerecht, weil damit die wirtschaftlichen Aktivitäten ihrem direkten Einfluss noch weiter entzogen werden. Vor allem aber führte die „typologisch-teleologische" Vereinsklassenabgrenzung zu einem Wertungswiderspruch zwischen Zivil- und Steuerrecht, weil sie die Unterhaltung steuerbegünstigter Zweckbetriebe bei typischerweise in Vereinsform organisierten Bereichen der Gemeinnützigkeit (z.B. Wohlfahrtspflege, Gesundheitswesen und Bildung) deutlich erschwerte[7].

In der Sache rechtfertigen auch **Gesichtspunkte des Gläubigerschutzes** es nicht, überwiegend wirtschaftlich tätige Idealvereine auf die Rechtsform der Kapitalgesellschaft zu verweisen. Dabei kann offenbleiben, ob – wie der BGH ausgeführt hat[8] – dem gemeinnützigkeitsrechtlichen Gewinnausschüttungsverbot tatsächlich eine gläubigerschützende Funktion zukommt[9]. Jedenfalls spricht die Insolvenzstatistik gegen die Annahme, dass von wirtschaftlich tätigen Idealvereinen eine erhöhte Gefahr für Gläubiger ausgeht, zumal der NPO-Status

---

1 *Leuschner*, NJW 2017, 1919; *Hüttemann*, JZ 2017, 897; *Schöpflin*, ZStV 2018, 6; trotz Kritik an der Begründung im Ergebnis zustimmend auch *Beuthien*, npoR 2017, 137; *Schockenhoff*, NZG 2017, 931; *Terner*, RNotZ 2017, 509 (514); *K. Schmidt*, JuS 2017, 776 (777); ablehnend *Segna*, ZIP 2017, 1881.
2 Vgl. den Bericht des Rechtsausschusses, BT-Drucks. 18/12998, S. 19.
3 Vgl. *Schauhoff*, npoR 2017, 62.
4 Dazu nur *Schauhoff/Kirchhain*, ZIP 2016, 1857 (1863 f.).
5 BGH v. 29.9.1982 – I ZR 88/80, BGHZ 85, 84; dazu näher *Leuschner*, Das Konzernrecht des Vereins, 2011, S. 132 ff. m.w.N. zum Streitstand.
6 Siehe etwa *Winheller*, DStR 2012, 1562 (1564).
7 Zutreffend BGH v. 16.5.2017 – II ZB 7/16, NJW 2017, 1943; *Schauhoff/Kirchhain*, ZIP 2016, 1857 (1864 ff.).
8 BGH v. 16.5.2017 – II ZB 7/16, NJW 2017, 1943.
9 Dafür *Schauhoff/Kirchhain*, ZIP 2016, 1857 (1862); *Leuschner*, npoR 2016, 99 (100).

für die Gläubiger regelmäßig erkennbar ist („e.V.“)[1]. Ferner haben NPO weniger Zugang zum Kreditmarkt und weisen deshalb zwangsläufig eine höhere Eigenkapitalquote als Erwerbsunternehmen auf. Aus gesellschaftsrechtlicher Sicht ist zudem darauf hinzuweisen, dass das Kapitalschutzsystem der GmbH (§§ 30, 31 GmbH) auf gewinnorientierte Gesellschaften zugeschnitten ist und vor Minderungen des Gesellschaftskapitals durch defizitäre Tätigkeiten und Zuwendungen in Verfolgung eines ideellen Zwecks ohnehin keinen Schutz bietet[2], was ebenfalls gegen einen strikten Rechtsformzwang für wirtschaftlich tätige Idealvereine spricht. Auch im Bereich der Rechnungslegung unterliegen wirtschaftlich tätige Idealvereine schon heute – jedenfalls in den Grenzen des § 241a HGB – der kaufmännischen Pflicht zur Aufstellung von Jahresabschlüssen[3]. Eine andere Frage ist, ob man den insolvenzrechtlichen Gläubigerschutz bei Vereinen – z.B. durch eine Strafbewehrung der Insolvenzantragspflicht und ein Zahlungsverbot – de lege ferenda an kapitalgesellschaftsrechtliche Standards angleicht.

2.37 Für die große Zahl wirtschaftlich tätiger gemeinnütziger Vereine schafft der Kita-Beschluss des BGH zunächst **Rechtssicherheit in Hinsicht auf ihren Status als „Idealverein“**. Die Registergerichte können künftig bereits im Gründungsstadium für die Eintragungsfähigkeit eines Vereins auf die gesonderte Feststellung der satzungsmäßigen Gemeinnützigkeit nach § 60a AO zurückgreifen. Auch nach der Eintragung in das Vereinsregister kommt der steuerlichen Anerkennung eines Vereins als gemeinnützig weiterhin „Indizwirkung“ für die Eintragungsfähigkeit zu. Selbst ein vorübergehender Verlust der Gemeinnützigkeit – z.B. auf Grund einer Mittelfehlverwendung – stellt die Eintragungsfähigkeit richtigerweise noch nicht in Frage, weil es für die nach §§ 21, 22 BGB entscheidende „Unterordnung der wirtschaftlichen Tätigkeit unter den ideellen Hauptzweck“ auf die Grundausrichtung des Vereins ankommt, die vorrangig durch die Satzung dokumentiert wird. Für die Annahme einer Rechtsformverfehlung – und ein Amtslöschungsverfahren – ist somit erst dann Raum, wenn ein Verein offen – durch Änderung des Vereinszwecks – oder verdeckt – durch nachhaltige satzungswidrige Maßnahmen der Geschäftsführung – seinen gemeinnützigen ideellen Zweck aufgibt und fortan Erwerbszwecken seiner Mitglieder dient, was zugleich den dauerhaften Verlust des Gemeinnützigkeitsstatus zur Folge hat. Zwar sind die Registergerichte verfahrensrechtlich nicht an die Feststellungen der Finanzbehörden gebunden, aus der „Indizwirkung“ des Gemeinnützigkeitsstatus folgt aber, dass sie fachlich begründete Entscheidungen der – sachnäheren – Finanzämter nicht grundlos in Frage stellen können. Schließlich sei angemerkt, dass die Grundsätze der Kita-Rechtsprechung natürlich nicht nur für „operative“ gemeinnützige Vereine gelten, sondern in gleicher Weise auch auf gemeinnützige „Fördervereine“ (§ 58 Nr. 1 AO) anwendbar sind, die sich durch wirtschaftliche Tätigkeiten die erforderlichen Mittel beschaffen, um andere operativ tätige gemeinnützige Einrichtungen zu unterstützen.

---

1 Dazu nur *Schauhoff/Kirchhain*, ZIP 2016, 1857 (1858).

2 Vgl. bereits *Schön*, ZGR 1996, 429 (454 ff.) für gemeinwirtschaftliche Kapitalgesellschaften; näher *Ullrich*, S. 121 ff.; *Roth*, Verbandszweck und Gläubigerschutz, Habilitationsschrift, 2013 (noch nicht veröffentlicht), S. 413 ff.

3 Zur Kaufmannseigenschaft von Vereinen vgl. OLG Frankfurt v. 24.1.2017 – 20 W 290/14, zitiert nach juris; OLG Köln v. 24.5.2016 – 2 Wx 78/16, zitiert nach juris; eingehend *Hüttemann* in FS Roth, 2015, S. 241.

Auch wenn sich der BGH nur zur Eintragungsfähigkeit eines gemeinnützigen Vereins geäußert hat, wird man seine Ausführungen in der Sache als Bekenntnis zur „subjektiven" Vereinsklassenabgrenzung verstehen dürfen[1]. Für die Frage, ob der Zweck eines Vereins i.S. von § 21 BGB „nicht auf einen wirtschaftlichen Geschäftsbetrieb gerichtet ist" kommt es mithin nicht auf eine überwiegend ideelle Vereinstätigkeit, sondern auf den „nichtgewinnorientierten" Vereinszweck an, der sich vor allem in einem Gewinnausschüttungsverbot manifestiert[2]. Die Abgrenzung zwischen Idealverein und wirtschaftlichem Verein (§§ 21, 22 BGB) verläuft demnach zwischen **„Non-Profit"** und **„For-Profit"**, so dass dem NPO-Charakter nunmehr im Vereinsrecht eine zivilrechtliche Bedeutung zukommt[3]. Dies bedeutet, dass auch nicht gemeinnützige Vereine weiterhin als „Idealvereine" eintragungsfähig sind, wenn sie lediglich „ideelle" Zwecke verfolgen (z.B. Berufsverbände oder Freizeitvereine). Daraus folgt, dass ein „Ausstieg aus der Gemeinnützigkeit" nicht zwangsläufig den Status als Idealverein gefährden muss, wenn weiterhin nur „ideelle" (aber keine steuerbegünstigten) Zwecke verfolgt werden. Etwas anderes gilt jedoch, wenn ein Verein seinen Zweck – im Zweifel durch einstimmigen Beschluss nach § 33 Abs. 1 Satz 2 BGB – von „Non-Profit" auf „For-Profit" ändert und damit zum „wirtschaftlichen Verein" wird, für den grundsätzlich der Rechtsformzwang der Handelsgesellschaften gilt und der lediglich nach § 22 BGB als „Verein" Rechtsfähigkeit erlangen kann. Ein solcher Verein kann – schon mangels Selbstlosigkeit (§ 55 Abs. 1 Nr. 1 Satz 2 AO) – nicht gemeinnützig sein. Hingegen war es auf der Grundlage der „typologisch-teleologischen Vereinsklassenabgrenzung" keineswegs ausgemacht, dass – wie im Schrifttum zu lesen war[4] – wirtschaftliche Vereine für steuerliche Begünstigungen i.S. der §§ 51 ff. AO nicht in Betracht kommen. Vielmehr hätten – wenn sich die Rechtsprechung des KG Berlin durchgesetzt und der Gesetzgeber den Zugang zum wirtschaftlichen Verein i.S. des § 22 BGB wie geplant erleichtert hätte[5] – viele gemeinnützige Vereine nur in der Rechtsform des „wirtschaftlichen Vereins" fortbestehen können.

III. Gemeinnützigkeit und Vereinsrecht

Das Vereinszivilrecht enthält keine besonderen Regelungen für gemeinnützige Vereine. Diese unterliegen also grundsätzlich den §§ 21 ff. BGB. Darüber hinaus müssen sie aber auch den **steuerlichen Vorgaben des Gemeinnützigkeitsrechts**, insbesondere den Anforderungen der §§ 59, 60 BGB an die satzungsmäßige Gemeinnützigkeit entsprechen[6]. Da die Mitgliedschaft in einem nichtwirtschaftlichen Idealverein nach der gesetzlichen Regelung nicht den Charakter eines Wertrechtes hat[7], bedarf es – anders bei Kapitalgesellschaften – keiner besonderen Regelungen über ein Verbot von Gewinnausschüttungen und den Ausschluss von Abfindungsrechten[8].

2.38

---

1 Ebenso *Leuschner*, NJW 2017, 1919 (1922); *Hüttemann*, JZ 2017, 897 (901); a.A. *Terner*, RNotZ 2017, 508 (513).

2 A.A. *Beuthien*, npoR 2017, 137; *Beuthien*, WM 2017, 645; *Beuthien*, ZGR 2018, 1: „Kostenwirtschaftung" als Abgrenzungsmerkmal.

3 *Hüttemann*, JZ 2017, 897 (901).

4 So aber *Buchna/Leichinger/Seeger/Brox*, S. 36; *Alber* in Dötsch/Pung/Möhlenbrock, § 5 Abs. 1 Nr. 9 KStG Rz. 5.

5 Vgl. dazu BT-Drucks. 18/11506 v. 13.3.2017.

6 Zur Satzungsgestaltung bei gemeinnützigen Vereinen vgl. als Orientierungshilfe die Mustersatzung in Anlage 1 zu § 60.

7 Dazu statt aller nur *Flume*, Allgemeiner Teil des Bürgerlichen Rechts, Bd. I/2 Die juristische Person, § 8 IV 1.

8 So auch *Buchna/Leichinger/Seeger/Brox*, S. 231.

Gemeinnützige Vereine müssen auch deshalb besondere Sorgfalt auf die Satzungsgestaltung verwenden, weil satzungswidrige – verbotene – Vorteilsgewährungen nach § 55 Abs. 1 Nr. 3 AO die Gemeinnützigkeit gefährden können. So waren manche Vereine nach der Einführung des Ehrenamtsfreibetrags nach § 3 Nr. 26a EStG dazu übergegangen, ihren Organmitgliedern eine Vergütung in entsprechender Höhe zu gewähren. Die Finanzverwaltung hatte nach 2007 in mehreren – sich teilweise korrigierenden – BMF-Schreiben zur gemeinnützigkeitsrechtlichen Zulässigkeit solcher **„Organvergütungen"** Stellung genommen[1]. Danach bedurfte die Zahlung einer Organvergütung bei Vereinen einer satzungsrechtlichen Ermächtigung. Vereine, die ohne eine solche Ermächtigung ihren Organen Vergütungen gezahlt hatten, konnten diesen Verstoß durch eine Anpassung der Satzung bis zum 31.12.2010 „heilen"[2]. Ob die Auffassung der Finanzverwaltung sachlich berechtigt gewesen ist, hängt allein von der (zivilrechtlichen) Vorfrage ab, unter welchen Voraussetzungen Vorstands- oder sonstigen Organmitgliedern eine Vergütung zugesagt werden kann[3]. Unstreitig ist zunächst, dass eine Vergütung zivilrechtlich (und folglich auch gemeinnützigkeitsrechtlich) unzulässig ist, wenn die Satzung ausdrücklich eine „ehrenamtliche" (im Sinne von unentgeltliche) Aufgabenwahrnehmung vorsieht[4]. Damit blieb vor allem der Fall übrig, dass eine Vergütungsregelung ohne Satzungsregelung getroffen wird. Hier kam es in der Vergangenheit darauf an, ob man aus § 40 BGB einen vereinsrechtlichen „Satzungsvorbehalt" für Organvergütungen ableitete oder nicht[5]. Diese Zweifelsfrage ist durch das **Gesetz zur Stärkung des Ehrenamtes**[6] mit Wirkung vom 1.1.2015 im ersteren Sinne entschieden worden, sodass Vereine, die ihren Organen abweichend von § 27 Abs. 3 BGB n.F. ein Entgelt für ihre Organtätigkeit zahlen wollen, ihre Satzung bis Ende 2014 anpassen mussten (§ 40 Satz 1 BGB n.F.). Aus dieser Übergangsregelung wird man folgern müssen, dass Zahlungen an Organe ohne Satzungsvorbehalt auch gemeinnützigkeitsrechtlich – abweichend von der Ansicht der Finanzverwaltung[7] – bis Ende 2014 grundsätzlich unschädlich gewesen sind[8].

IV. Beginn und Ende der Steuerbefreiung

2.39 Auch der rechtsfähige Idealverein erlangt seine Rechtsfähigkeit erst mit der Eintragung in das Vereinsregister. Ab dem Zeitpunkt der Beschlussfassung über die Satzung besteht aber – als „e.V. in Gründung" – bereits ein **Vorverein**, der – ganz entsprechend der Vorgesellschaft – mit dem künftigen Verein identisch ist. Die unbeschränkte Körperschaftsteuerpflicht entsteht daher bereits mit der Beschlussfassung

---

1 BMF v. 25.11.2008, BStBl. I 2008, 895; BMF v. 9.3.2009, BStBl. I 2009, 445; BMF v. 22.4.2009, DB 2009, 987; BMF v. 14.10.2009, BStBl. I 2009, 1318; BMF v. 28.12.2009, npoR 2010, 28.

2 Vgl. auch AEAO Nr. 24 zu § 55 Abs. 1 Nr. 3 AO.

3 Vgl. dazu *Hüttemann*, DB 2009, 1205; *Arnold* in FS Reuter, 2010, S. 3.

4 Vgl. BGH v. 14.12.1987 – II ZR 53/87, NJW-RR 1988, 745 ff.; BGH v. 3.12.2007 – II ZR 22/07, WM 2008, 736.

5 Für einen solchen Vorbehalt *Hüttemann*, DB 2009, 1205 (1207); *Kolbe*, DStR 2009, 2465; anders mit beachtlichen Erwägungen *Arnold* in FS Reuter, 2010, S. 1 ff.

6 Gesetz v. 21.3.2013, BGBl. 2013, 566.

7 Auch der AEAO enthält weiterhin in Nr. 24 zu § 55 Abs. 1 Nr. 3 AO einen Verweis auf das (überholte) BMF-Schreiben.

8 Siehe *Hüttemann*, DB 2013, 774 (779); *Hüttemann*, DB 2014, 442 (443); *Reuter*, npoR 2013, 41 (42).

über die Satzung[1]. Von diesem Zeitpunkt an kann auch die satzungsmäßige Gemeinnützigkeit nach § 60a AO festgestellt werden[2], wenn die Voraussetzungen der §§ 51 ff. AO vorliegen[3]. Vor dem Zeitpunkt des Satzungsbeschlusses existiert dagegen nur eine Vorgründungsgesellschaft, die im Regelfall noch keine Körperschaft im Sinne von § 1 Abs. 1 Nr. 5 KStG darstellt und mithin auch nicht begünstigt sein kann. Hinsichtlich der Gemeinnützigkeit in der Liquidation und Insolvenz eines Vereins kann auf die Ausführungen zur GmbH verwiesen werden[4] (vgl. Rz. 2.25 ff.).

V. Gemeinnützige nichtrechtsfähige Vereine

Der Begriff des nichtrechtsfähigen Vereins im Sinne von § 1 Abs. 1 Nr. 5 KStG ist 2.40
mit dem des Zivilrechts identisch[5]. Es handelt sich um eine **Vereinigung ohne Rechtspersönlichkeit**, zu der sich Personen für längere Zeit zu einem gemeinsamen Zweck freiwillig zusammenschließen und einer organisierten Willensbildung unterwerfen[6]. Nichtrechtsfähige Idealvereine unterscheiden sich von der Gesellschaft bürgerlichen Rechts (§ 705 BGB) durch eine körperschaftliche Organisation und die Unabhängigkeit vom Mitgliederwechsel[7]. Auf sie finden die Regelungen des rechtsfähigen Vereins insoweit Anwendung, als diese nicht die Rechtsfähigkeit kraft Eintragung voraussetzen. Sie entstehen – auch mit steuerlicher Wirkung – mit dem Tag des Satzungsbeschlusses[8].

VI. Gemeinnützige Dachverbände

Rechtsfähige und nichtrechtsfähige Vereine können sich zu einem Verband auf 2.41
überörtlicher, z.B. Landes- oder Bundesebene, zusammenschließen, um die gemeinsamen Interessen wirkungsvoller vertreten zu können. Ein solcher **Vereinsverband (Dachverband)**[9] kann sowohl die Rechtsform eines rechtsfähigen eingetragenen Vereins als auch eines nichtrechtsfähigen Vereins haben. Gemeinnützigkeitsrechtlich ergibt sich bei Dachverbänden das Problem, dass die Gewährung der Steuervergünstigung nach § 57 Abs. 1 Satz 1 AO eine operative gemeinnützige Tätigkeit voraussetzt. Da die gemeinsame Interessenvertretung und die organisatorische Unter-

---

1 Vgl. BFH v. 24.1.2001 – I R 33/00, BFH/NV 2001, 1300; BFH v. 12.6.2002 – XI R 28/01, BFH/NV 2003, 18; näher *Hüttemann* in FS Wassermeyer, 2005, S. 41 ff.
2 AEAO Nr. 4 zu § 60a.
3 Vgl. zum früheren Recht BFH v. 24.1.2001 – I R 33/00, BFH/NV 2001, 1300; *Alber* in Dötsch/Pung/Möhlenbrock, § 5 Abs. 1 Nr. 9 KStG Rz. 6.
4 Zur Insolvenz von Vereinen und Stiftungen vgl. *Prütting* in Non Profit Law Yearbook 2002, 137 ff.
5 BFH v. 18.12.1996 – I R 16/96, BStBl. II 1997, 361; zur Abgrenzung von einem öffentlich-rechtlichen Sondervermögen (Kameradschaftskasse der Freiwilligen Feuerwehr) vgl. eingehend FG Hamburg v. 31.1.2014 – 5 K 122/11, EFG 2014, 786.
6 Vgl. § 2 Abs. 1 VereinsG.
7 Dazu *K. Schmidt*, Gesellschaftsrecht, § 25 I 2.
8 Vgl. etwa *Alber* in Dötsch/Pung/Möhlenbrock, § 5 Abs. 1 Nr. 9 KStG Rz. 6.
9 Vgl. dazu *Reuter* in MünchKommBGB, Vor § 21 BGB Rz. 118; ferner *Segna*, Vorstandskontrolle in Großvereinen, 2002; zu steuerrechtlichen Aspekten s. *Luger*, StWa 1995, 161 ff.

stützung der Mitgliedsvereine für sich genommen nicht zugleich eine originär gemeinnützige Zielsetzung im Sinne des § 52 Abs. 2 AO darstellen muss, könnten bloße Dachverbände, die nicht zugleich selbst steuerbegünstigte Zwecke verfolgen, nach allgemeinen Grundsätzen nicht gemeinnützig sein. Jedoch eröffnet die Ausnahmevorschrift des § 57 Abs. 2 AO auch solchen Dachverbänden den Weg in die Gemeinnützigkeit. Danach wird eine Körperschaft, in der steuerbegünstigte Körperschaften zusammengefasst sind, einer unmittelbar gemeinnützigen Körperschaft gleichgestellt. § 57 Abs. 2 AO gilt dem Wortlaut nach aber nur für Dachverbände, deren Mitglieder ausnahmslos selbst steuerbegünstigt sind. Verliert also ein Mitgliedsverband seine Gemeinnützigkeit, kann dies auch zum Verlust der Gemeinnützigkeit des Dachverbandes führen[1]. Diese Rechtsfolge lässt sich dadurch vermeiden, dass in der Satzung des Dachverbandes eine Regelung darüber aufgenommen wird, dass ein Mitgliedsverband automatisch ausscheidet, wenn ihm seine Gemeinnützigkeit aberkannt wird[2].

VII. Untergliederungen gemeinnütziger Vereine

2.42 Gesamtvereine haben regelmäßig **regionale Untergliederungen** (z.B. Landes-, Bezirks- oder Ortsgruppen), in denen die Mitglieder des Vereins gebietsweise zusammengefasst sind. Die Feststellung, ob eine Untergliederung ihrerseits **zivilrechtlich** als selbständiger Verein anzusehen ist oder nur einen unselbständigen Teil des Gesamtvereins darstellt, kann im Einzelfall erhebliche Schwierigkeiten aufwerfen[3]. Unproblematisch ist nur der Fall, dass auch die Untergliederungen als rechtsfähige Vereine ausgestaltet sind, sodass ihre Rechtsfähigkeit auf Grund der Konstitutivwirkung der Eintragung außer Frage steht. In allen anderen Fällen ist im Einzelfall zu prüfen, ob die Untergliederungen als selbständige nichtrechtsfähige Vereine zu qualifizieren sind. Dies setzt voraus, dass sie auf Dauer nach außen Aufgaben im eigenen Namen durch eine eigene, dafür handlungsfähige körperschaftliche Organisationen wahrnehmen[4]. Nicht notwendig ist, dass die Untergliederung über eine eigene Satzung verfügt, vielmehr kann sich ihre Verfassung auch aus der Satzung des Gesamtvereins ergeben[5].

2.43 **Steuerrechtlich** geht es bei der Frage der Selbständigkeit einer Untergliederung um die Frage der eigenständigen Körperschaftsteuerpflicht der Untergliederung nach

---

1 Vgl. AEAO Nr. 3 zu § 57 AO.

2 So etwa *Schauhoff* in Schauhoff, § 9 Rz. 64.

3 Zu Gesamtvereinen vgl. *Reuter* in MünchKommBGB, Vor § 21 BGB Rz. 138 ff.; *Wolff* in Non Profit Law Yearbook 2008, 21; *Schwab*, Haftung bei verbundenen Non-Profit-Vereinen, 2013.

4 Dazu zuletzt OLG Karlsruhe v. 17.1.2012 – 14 Wx 21/11, npoR 2012, 197 mit Anm. *Reuter*, npoR 2013, 16; aus der älteren Rechtsprechung s. BGH v. 19.3.1984 – II ZR 168/83, BGHZ 90, 331, 333; OLG Bamberg v. 8.7.1981 – 3 U 53/81, NJW 1982, 895; *Ellenberger* in Palandt, Einf. Vor § 21 BGB Rz. 21; *Segna*, Vorstandskontrolle in Großvereinen, 2002, S. 45 ff.

5 BGH v. 19.3.1984 – II ZR 168/83, BGHZ 90, 331, 333; OLG Bamberg v. 8.7.1981 – 3 U 53/81, NJW 1982, 895; *Ellenberger* in Palandt, Einf. Vor § 21 BGB Rz. 21.

§ 1 Abs. 1 Nr. 5 KStG. Nach Ansicht der Finanzverwaltung[1] sind regionale Unter-gliederungen von Großvereinen als nichtrechtsfähige Vereine selbständige Subjekte im Sinne des Körperschaftsteuerrechts, wenn sie erstens über eigene satzungsmäßi-ge Organe verfügen, die auf Dauer nach außen im eigenen Namen auftreten, und zweitens eine eigene Kassenführung haben. Eine eigene Satzung ist dagegen nicht erforderlich. Liegen die Voraussetzungen vor, sollen die regionalen Untergliederun-gen auch umsatzsteuerlich – neben dem Hauptverein – selbständige Unternehmer sein[2].

Bei regionalen Untergliederungen von **gemeinnützigen Vereinen** stellt sich noch ein weiteres Problem: Anders als die steuerliche Selbständigkeit setzt die Gewäh-rung einer Steuervergünstigung voraus, dass die regionale Untergliederung über eine **eigene Satzung** verfügt, die den Anforderungen der §§ 59, 60 AO entspricht[3]. Das Fehlen einer eigenen Satzung kann somit, wenn die steuerliche Selbständigkeit einer Untergliederung erst bei einer späteren Betriebsprüfung vom Finanzamt „ent-deckt" wird, zum partiellen Verlust der Gemeinnützigkeit führen. Allerdings ging die Finanzverwaltung in der Vergangenheit zu Recht davon aus, dass in solchen Fäl-len aus dem Fehlen eigener Satzungen nach Treu und Glauben keine nachteiligen Folgerungen für die Vergangenheit gezogen werden sollen[4]. Soll den Untergli-ederungen eine eigene Satzung gegeben werden, so reicht es aus, wenn diese Satzung von der Mitgliederversammlung des Hauptvereins beschlossen wird[5]. Nicht ausrei-chend ist dagegen nach Ansicht der Finanzverwaltung, dass die Untergliederung die Satzung des gemeinnützigen Hauptvereins durch Beschluss für sich als verbind-lich erklärt. Zur Begründung wird darauf verwiesen, dass die Satzung des Hauptver-eins auf dessen Belange zugeschnitten sei und daher nicht der tatsächlichen Struk-tur der Untergliederungen entspreche. Eine eigene Satzung soll nur vorliegen, wenn der Hauptverein entweder eine verkürzte Satzung für alle Untergliederungen be-schließt, die von diesen dann als verbindlich erklärt wird, oder eine den Anfor-derungen der Untergliederungen entsprechende Mustersatzung ausarbeitet, die von diesen übernommen und beschlossen wird[6].

2.44

frei

2.45–2.50

D. Gemeinnützige Stiftungen des privaten Rechts

I. Überblick

Eine größere Zahl gemeinnütziger Einrichtungen ist in der Rechtsform der Stiftung organisiert. Stiftungen können – je nach Entstehungstatbestand – als Stiftung des

2.51

---

1 AEAO Nr. 2 zu § 51 AO; dazu auch BMF v. 18.10.1988, BStBl. I 1988, 443.
2 BMF v. 18.10.1988, BStBl. I 1988, 443.
3 AEAO Nr. 2 zu § 51 AO; siehe auch BMF v. 18.10.1988, BStBl. I 1988, 443.
4 FinMin Nordrhein-Westfalen v. 18.9.1990, DB 1990, 2096.
5 BMF v. 22.5.1989, DB 1989, 1166.
6 FinMin Nordrhein-Westfalen v. 18.9.1990, DB 1990, 2096.

bürgerlichen Rechts und als Stiftung des öffentlichen Rechts errichtet werden[1]. Die **Unterscheidung zwischen Stiftungen des bürgerlichen und des öffentlichen Rechts** ist insbesondere in steuerlicher Hinsicht von entscheidender Bedeutung, denn unbeschränkt körperschaftsteuerpflichtig sind nur „Stiftungen des privaten Rechts" (§ 1 Abs. 1 Nr. 4 und 5 KStG). Dagegen beschränkt sich die Körperschaftsteuerpflicht von Stiftungen des öffentlichen Rechts nach § 1 Abs. 1 Nr. 6 KStG von vornherein auf den Bereich ihrer „Betriebe gewerblicher Art" (vgl. dazu Rz. 2.76 ff.). Die Abgrenzung zwischen privat- und öffentlich-rechtlicher Stiftung kann – gerade bei sehr alten Stiftungen – Schwierigkeiten bereiten. Ferner ist zu beachten, dass es keine Bindung der steuerrechtlichen Beurteilung durch das Finanzamt an die stiftungsaufsichtsrechtliche Einordnung gibt, sodass es in der Praxis auch zu einer unterschiedlichen Behandlung derselben Stiftung im Verwaltungs- und Steuerrecht kommen kann[2]. An dieser Stelle täte eine gewisse Zurückhaltung der Finanzgerichte gegenüber den – sachnäheren – Verwaltungsgerichten gut[3].

2.52 Im Stiftungsrecht unterscheidet man weiter zwischen **rechtsfähigen und nichtrechtsfähigen (treuhänderischen oder unselbständigen) Stiftungen**[4]. Steuerlich werden nichtrechtsfähige Stiftungen im Regelfall wie rechtsfähige Stiftungen behandelt[5]. So sind nichtrechtsfähige Stiftungen des privaten Rechts nach § 1 Abs. 1 Nr. 5 KStG ebenfalls unbeschränkt körperschaftsteuerpflichtig. Nichtrechtsfähige Stiftungen des öffentlichen Rechts fallen unter § 1 Abs. 1 Nr. 6 KStG.

2.53 Das Stiftungswesen in Deutschland hat in den letzten Jahren weiter an Bedeutung gewonnen. Die Zahl der Stiftungserrichtungen wächst stetig. Zu dieser positiven Entwicklung haben auch die **Reformen der Jahre 2000, 2002 und 2007 beigetragen**, durch die die rechtlichen Rahmenbedingungen für Stiftungen in Deutschland verbessert worden sind. So wurde der Spendenabzug für Zuwendungen an Stiftungen mit dem Gesetz zur weiteren steuerlichen Förderung von Stiftungen vom 14.7.2000 und dem Gesetz zur weiteren Stärkung bürgerschaftlichen Engagements vom 10.10.2007 um rechtsformspezifische Abzugtatbestände (vgl. etwa § 10b Abs. 1a EStG) ergänzt. Durch das Gesetz zur Modernisierung des Stiftungsrechts vom 15.7.2002 sind die privatrechtlichen Entstehungsvoraussetzungen für rechtsfähige Stiftungen abschließend in den §§ 80 ff. BGB geregelt worden[6]. Die Reform war für die Bundesländer Anlass für eine weitgehende Reform und Deregulierung ihrer Landesstiftungsgesetze[7]. Alle Bundesländer haben ihre Landesstiftungsgesetze in-

---

1 Zur Abgrenzung privatrechtlicher und öffentlich-rechtlicher Stiftungen vgl. BFH v. 29.1.2003 – I R 106/00, FR 2003, 678; *Hüttemann/Rawert* in Staudinger, Vorbem 407 zu §§ 80 ff. BGB Rz. 301.

2 Vgl. den Sachverhalt des Urteils BFH v. 29.1.2003 – I R 106/00, FR 2003, 678.

3 Anders aber BFH v. 29.1.2003 – I R 106/00, FR 2003, 678.

4 Zur nichtrechtsfähigen Stiftung des privaten Rechts vgl. *Herzog*, Die unselbständige Stiftung des bürgerlichen Rechts, 2006; *Westebbe*, Die Stiftungstreuhand, 1993; *Hüttemann/Rawert* in Staudinger, Vorbem 319 ff zu §§ 80 ff. BGB.

5 Vgl. *Hüttemann/Herzog*, DB 2004, 1001.

6 Übersichten dazu bei *Schwarz*, DStR 2002, 1718 (1767); *Burgard*, NZG 2002, 697; *Andrick/Suerbaum*, NJW 2002, 2095; *Hüttemann*, ZHR 167 (2003), 35 ff.

7 Rechtspolitische Vorschläge bei *Hüttemann/Rawert*, ZIP 2002, 2019 ff.

zwischen grundlegend überarbeitet und gleichzeitig die Stifterautonomie gestärkt sowie die präventive Aufsicht (Anzeige- und Genehmigungsvorbehalte) zurückgenommen[1]. Auch die Transparenz des Stiftungssektors hat sich in den letzten Jahren verbessert. So gibt es inzwischen in allen Bundesländern Stiftungsverzeichnisse, die Auskunft über rechtsfähige Stiftungen geben, deren Eintragungen allerdings – anders als z.B. das Vereinsregister – keinen öffentlichen Glauben genießen[2]. Gegenwärtig wird an einer erneuten Reform des Stiftungszivilrechts gearbeitet, für die eine Bund-Länder-Arbeitsgruppe 2016 erste Überlegungen vorgelegt hat[3].

II. Gemeinnützige rechtsfähige Stiftungen des privaten Rechts

Rechtsfähige Stiftungen des privaten Rechts erlangen ihre Rechtsfähigkeit durch **Anerkennung seitens der zuständigen Landesbehörde** (§ 80 Abs. 1 BGB). Die Anerkennung ist nach § 80 Abs. 2 BGB auszusprechen, wenn die in den §§ 80 und 81 BGB bestimmten Voraussetzungen vorliegen (es besteht also ein gesetzlich anerkanntes „Recht auf Stiftung")[4]. Dazu gehört neben einer Satzung mit den gesetzlich geforderten Mindestangaben ein für die nachhaltige Zweckverwirklichung ausreichendes Vermögen. Die Zulässigkeit von unternehmensverbundenen Stiftungen bestimmt sich nunmehr allein nach dem Gemeinwohlvorbehalt des § 80 Abs. 2 BGB, der vor allem mittels des Stiftungsbegriffs (insbesondere des Verbotes der Selbstzweckstiftung) sowie weiterer gesetzlicher Wertungen zu konkretisieren ist[5].

2.54

Einzelne Landesstiftungsgesetze[6] unterscheiden nach dem Stiftungszweck innerhalb der Gruppe der rechtsfähigen Stiftungen zwischen **öffentlichen und privaten Stiftungen**. Als öffentliche Stiftungen werden dabei solche Stiftungen bezeichnet, die zumindest auch bzw. überwiegend öffentliche Zwecke (also der Allgemeinheit dienende Zwecke) verfolgen. Der Begriff der öffentlichen Stiftung deckt sich nicht mit der Definition des gemeinnützigen Zwecks nach § 52 Abs. 1 AO. Er entspricht auch nicht dem Begriff der Stiftung des öffentlichen Rechts, weil es nicht um den Entste-

2.55

---

1 Zum Landesstiftungsrecht vgl. *Hüttemann/Richter/Weitemeyer*, Landesstiftungsrecht, 2011; zur Rechtsentwicklung vgl. die Übersichten bei *Richter/Sturm*, NZG 2005, 655; *Richter*, ZEV 2005, 517.

2 Zur Transparenz im Stiftungssektor vgl. zuletzt *Hüttemann* in Non Profit Yearbook 2012/ 2013, 81; *Hüttemann*, DB 2013, 1561; *Weitemeyer/Vogt*, NZG 2014, 12; *Vogt*, Publizität der Stiftung – Analyse der geltenden Rechtslage und Reformvorschläge de lege ferenda, 2013; *Walz* (Hrsg.), Rechnungslegung und Transparenz im Dritten Sektor, 2004.

3 Zur Reformdebatte und zum Bericht der Bund-Länder-Arbeitsgruppe Stiftungsrecht v. 9.9.2016, vgl. *Hüttemann/Rawert* in Staudinger, Vorbem 94 ff. zu §§ 80 ff. BGB; *Burgard*, ZStV 2016, 81; *Winkler*, ZStV 2017, 165.

4 Vgl. dazu näher *Hüttemann*, ZHR 167 (2003), 35; zur weitergehenden Frage eines Grundrechts auf Stiftung vgl. bejahend *Weitemeyer* in MünchKommBGB, Vor § 80 BGB Rz. 31 ff.; ablehnend z.B. *Sachs* in FS Leisner, 1999, S. 955; *Hüttemann/Rawert* in Staudinger, Vorbem 26 ff. zu §§ 80 ff. BGB.

5 Vgl. näher zum Diskussionsstand *Hüttemann/Rawert* in Staudinger, Vorbem 208 ff. zu §§ 80 ff. BGB.

6 So Art. 1 Abs. 3 StiftG Bayern, § 2 Abs. 2 und 3 StiftG Rheinland-Pfalz.

hungsgrund, sondern den Stiftungszweck geht[1]: Stiftungen des öffentlichen Rechts sind zwar stets „öffentliche" Stiftungen, dies gilt aber nicht umgekehrt. Rechtsfähige Stiftungen des privaten Rechts, die ausschließlich oder überwiegend privaten Zwecken dienen (z.B. Familienstiftungen), zählen dagegen zu den privaten Stiftungen. Die Unterscheidung zwischen öffentlichen und privaten Stiftungen hat insbesondere Bedeutung für die Reichweite der Stiftungsaufsicht.

2.56   Zu den rechtsfähigen Stiftungen des privaten Rechts gehören auch die sog. **Bürgerstiftungen**[2]. Sie weisen jedoch die rechtstatsächliche Besonderheit auf, dass sie von einer größeren Zahl von Bürgern (Gründungsstiftern) errichtet werden und darauf angelegt sind, durch eine wachsende Zahl von weiteren Zustiftungen über lange Zeit hinweg ein größeres Vermögen zur Verfolgung von bestimmten Zwecken im Bereich einer Kommune oder Region aufzubauen, das unabhängig von der Gebietskörperschaft für die vorgesehenen Zwecke verwaltet wird[3]. Durch die in der Stiftungssatzung verankerte Gewährung von Mitspracherechten an alle Stifter („Stifterparlamente") bei der Entscheidung über die Mittelverwendung und die regelmäßig sehr breit angelegten Stiftungszwecke weisen Bürgerstiftungen eine typologische Nähe zu Vereinen auf. Im Unterschied zur klassischen Stiftung verfügen Bürgerstiftungen bei ihrer Gründung regelmäßig nur über ein kleines Vermögen, das sie erst im Laufe ihrer weiteren Tätigkeit durch laufende Zustiftungen weiter vermehren. Nicht zuletzt die Rücksicht auf die „Bürgerstiftungsbewegung" hat den Gesetzgeber des Stiftungsmodernisierungsgesetzes bewogen, auf ein gesetzlich vorgeschriebenes Mindestvermögen als Anerkennungsvoraussetzung zu verzichten. Vielmehr soll die (begründete) Aussicht auf weitere Zustiftungen ausreichen[4].

2.57   Als Körperschaften im Sinne von § 1 Abs. 1 Nr. 4 KStG können rechtsfähige Stiftungen des privaten Rechts gemeinnützig sein, wenn sie die Anforderungen der §§ 51 ff. AO erfüllen[5]. Dazu müssen vor allem die Stiftungszwecke zu den steuerbegünstigten Zwecken im Sinne der §§ 52 bis 54 AO zählen. Dies ist regelmäßig nicht der Fall bei privatnützigen Stiftungen, insbesondere sog. **Familienstiftungen**[6], deren Zwecke überwiegend auf die Unterstützung eines abgeschlossenen Personenkreises ausgerichtet sind (vgl. auch § 52 Abs. 1 AO; zur steuerlichen Anerkennung von mildtätigen Familienstiftungen vgl. Rz. 3.161). Dagegen kann die Versorgung des Stifters und seiner nächsten Angehörigen unter den Voraussetzungen des § 58

---

1 Vgl. *Hüttemann/Rawert* in Staudinger, Vorbem 176 zu §§ 80 ff. BGB.

2 Dazu näher *Hüttemann/Rawert* in Staudinger, Vorbem 276 ff. zu §§ 80 ff. BGB; *Rawert* in Bertelsmann Stiftung (Hrsg.), Handbuch Bürgerstiftungen, S. 151; *Kaper*, Bürgerstiftungen: Die Stiftung bürgerlichen Rechts und die unselbständige Stiftung als Organisationsformen für Bürgerstiftungen, 2006.

3 Vgl. näher *Rawert* in Bertelsmann Stiftung (Hrsg.), Handbuch Bürgerstiftungen, S. 151.

4 Vgl. *Hüttemann* in FS Werner, 2009, S. 85 ff.

5 Vgl. näher *Hüttemann* in GS Schindhelm, 2009, S. 377 ff.

6 Dazu *Hüttemann/Rawert* in Staudinger, Vorbem 257 ff. zu §§ 80 ff. BGB m.w.N.; zur Besteuerung vgl. etwa *von Löwe* in FS Spiegelberger, 2009, S. 1370.

Nr. 6 AO (dazu Rz. 4.20 ff.) einen steuerlich zulässigen Nebenzweck darstellen, wenn die Stiftung im Übrigen einem gemeinnützigen Hauptzweck dient[1].

Durch das Ehrenamtsstärkungsgesetz[2] hat der Gesetzgeber die stiftungsrechtliche Zulässigkeit von **Verbrauchsstiftungen** ausdrücklich anerkannt (vgl. §§ 80 Abs. 2, 81 Abs. 1 BGB). Voraussetzung ist allerdings, dass die Stiftung für einen Mindestzeitraum von zehn Jahren bestehen soll[3]. Diese pauschale Regelung lässt sich mit der Überlegung rechtfertigen, dass für ganz kurzfristige Engagements alternative rechtliche Instrumente (z.B. ein Sammelvermögen oder eine nichtrechtsfähige Stiftung) zur Verfügung stehen. Denkbar ist auch die nachträgliche Umwandlung einer auf Dauer errichteten Stiftung in eine Verbrauchsstiftung[4]. Hinsichtlich der Gemeinnützigkeit gelten für Verbrauchsstiftungen keine Besonderheiten. Lediglich im Spendenrecht sind Zuwendungen an Verbrauchsstiftungen vom zusätzlichen Spendenabzug nach § 10b Abs. 1a EStG ausgenommen (vgl. näher Rz. 8.165 f.).

III. Gemeinnützige nichtrechtsfähige Stiftungen des privaten Rechts

Zu den eigenständigen Körperschaftsteuersubjekten gehören nach § 1 Abs. 1 Nr. 5   2.58
KStG auch die nichtrechtsfähigen Stiftungen des privaten Rechts[5]. Darunter versteht man die Zuwendung von Vermögenswerten an eine juristische oder natürliche Person mit der Maßgabe, die ihr zugewendeten Vermögenswerte dauerhaft zur Verwirklichung des vom Stifter bestimmten Zwecks zu verwenden[6]. Das BGB enthält keine besonderen Regelungen über nichtrechtsfähige Stiftungen, sodass die **allgemeinen Vorschriften des Vertrags- und Erbrechts** Anwendung finden. Die zivilrechtliche Einordnung des Vertrages zwischen Stifter und Stiftungsträger ist zumindest bei der nichtrechtsfähigen Stiftung unter Lebenden nach wie vor umstritten[7]. Während es sich nach einer Ansicht um eine Schenkung unter Auflage (§§ 516 ff. BGB) handeln soll, ist das Rechtsverhältnis nach anderer Auffassung als

---

1 Vgl. näher *Kirchhain*, Die gemeinnützige Familienstiftung, 2006.

2 Gesetz v. 21.3.2013, BGBl. I 2013, 566.

3 Dazu näher *Segna*, JZ 2014, 126.

4 Dazu *Hüttemann/Rawert*, ZIP 2013, 2136.

5 Vgl. dazu auch BFH v. 29.1.2003 – I R 106/00, FR 2003, 678; aus dem Schrifttum vgl. *Herzog*, Die unselbständige Stiftung des bürgerlichen Rechts, 2006; *Hüttemann/Herzog*, DB 2004, 1001; *Hüttemann* in DSZ (Hrsg.), Die Treuhandstiftung – ein Traditionsmodell mit Zukunft, S. 48 ff.; *Reuter* in von Campenhausen (Hrsg.), Stiftungen in Deutschland und Europa, 1998, S. 203; *K. Schmidt* in Hopt/Reuter (Hrsg.), Stiftungsrecht in Europa, 2001, S. 175; *O. Schmidt*, ZEV 2003, 316; *Streck*, StuW 1975, 135; *Westebbe*, Die Stiftungstreuhand, 1993.

6 Vgl. *Weitemeyer* in MünchKommBGB, § 80 BGB Rz. 199; *Hüttemann/Rawert* in Staudinger, Vorbem 319 ff. zu §§ 80 ff. BGB; zum Begriff der nichtrechtsfähigen Stiftungen vgl. auch BFH v. 29.1.2003 – I R 106/00, FR 2003, 678; BFH v. 24.3.1993 – I R 27/92, BStBl. II 1993, 637.

7 Vgl. dazu BGH v. 12.3.2009 – III ZR 142/08, ZEV 2009, 410; *Hüttemann/Rawert* in Staudinger, Vorbem 332 ff. zu §§ 80 ff. BGB; *Reuter* in MünchKommBGB, § 80 BGB Rz. 206 ff.; eingehend *Herzog*, Die unselbständige Stiftung des bürgerlichen Rechts, 2006, S. 37 ff.; *Geibel* in DSZ (Hrsg.), Die Treuhandstiftung – ein Traditionsmodell mit Zukunft, S. 32; *Heuel*, Stiftung&Sponsoring Rote Seiten 4/2012.

Treuhandvertrag (Auftrag, Geschäftsbesorgung) zu qualifizieren[1]. Richtigerweise ist es eine Frage des Parteiwillens, welche Gestaltung gewählt worden ist[2]. Bei einem Stiftungsgeschäft von Todes wegen handelt es sich entweder um eine Erbeinsetzung oder um ein Vermächtnis unter Auflage. Die verschiedenen Ansichten wirken sich insbesondere bei der Frage der Formbedürftigkeit des Stiftungsgeschäfts (vgl. § 518 BGB), einer möglichen Inhaltskontrolle nach §§ 307 ff. BGB sowie dem Recht zur vorzeitigen Vertragsbeendigung (Widerruf oder Kündigung) aus[3].

2.59 Nichtrechtsfähige Stiftungen des privaten Rechts **unterscheiden sich von rechtsfähigen Stiftungen** zum einen durch die fehlende Rechtspersönlichkeit. Daher bedarf ihre Errichtung nicht einer besonderen staatlichen Anerkennung, sondern beruht – bei der Stiftung unter Lebenden – allein auf einem Vertrag zwischen dem Stifter und dem Stiftungsträger. Die fehlende Rechtspersönlichkeit hat indes zur Folge, dass das Stiftungsvermögen zivilrechtlich Teil des Vermögens des Stiftungsträgers wird. Dadurch ist das Stiftungsvermögen zwar (vorbehaltlich der Regelungen des Schenkungs- und Anfechtungsrechts) dem Zugriff der Gläubiger des Stifters entzogen. Nach bislang ganz h.M. teilt das Stiftungsvermögen aber – ungeachtet seiner treuhänderischen Bindung – das insolvenz- und vollstreckungsrechtliche Schicksal des Eigenvermögens des Stiftungsträgers, d.h. es haftet auch für sonstige Verbindlichkeiten des Stiftungsträgers[4]. Ein wichtiger Unterschied gegenüber der rechtsfähigen Stiftung besteht gleichfalls darin, dass die nichtrechtsfähige Stiftung nicht der Rechtsaufsicht der Stiftungsaufsichtsbehörden unterliegt. In sonstiger Hinsicht sind nichtrechtsfähige Stiftungen mit rechtsfähigen Stiftungen vergleichbar: Sie sind nicht verbandsmäßig organisiert (haben also keine Mitglieder) und verfügen über ein zweckgebundenes Stiftungsvermögen, eine Stiftungsorganisation und eine Stiftungsverfassung (Satzung). In der Praxis werden sie auch als Vorstufe für die Errichtung einer rechtsfähigen Stiftung genutzt[5].

2.60 Als Träger einer nichtrechtsfähigen Stiftung kommen auch gemeinnützige rechtsfähige Stiftungen oder andere gemeinnützige Körperschaften in Betracht[6]. In dieser Fallkonstellation handelt es sich zivilrechtlich regelmäßig um Auflagenschenkungen[7]. Insoweit bedarf die nichtrechtsfähige Stiftung allerdings der **Abgrenzung**

1 Noch anders – Treuhand als BGB-Gesellschaft – *Geibel* in DSZ (Hrsg.), Die Treuhandstiftung – ein Traditionsmodell mit Zukunft, S. 32, 41 f.
2 Zu Indizien vgl. *Hüttemann/Rawert* in Staudinger, Vorbem 344 ff. zu § 80 ff. BGB.
3 Zur außerordentlichen „Kündigung" eines Vertrags über eine nichtrechtsfähige Stiftung vgl. OLG Celle v. 10.3.2016 – 16 U 60/15, npoR 2016, 166; OVG Münster v. 31.5.2016 – 16 A 172/13, npoR 2016, 257.
4 Vgl. *Hüttemann/Rawert* in Staudinger, Vorbem 354 ff. zu §§ 80 ff. BGB; anders – für eine haftungsrechtliche Verselbständigung des Stiftungsvermögens – aber *Herzog*, Die unselbständige Stiftung des bürgerlichen Rechts, 2006, S. 100 ff.
5 Zur „Umwandlung" (besser: Überführung) einer nichtrechtsfähigen Stiftung in eine rechtsfähige Stiftung vgl. BGH v. 22.1.2015 – III ZR 434/13, ZIP 2015, 923; aus dem Schrifttum *Hüttemann/Rawert* in Staudinger, Vorbem 362 zu §§ 80 ff. BGB; *Möller*, ZEV 2007, 565.
6 Näher *Geibel* in Non Profit Law Yearbook 2011/2012, 29.
7 Dazu näher *Hüttemann/Rawert* in Staudinger, Vorbem 344 ff. zu §§ 80 ff. BGB.

gegenüber einer bloßen Zustiftung[1] oder Zuwendung in das sonstige Vermögen für bestimmte Zwecke innerhalb des Satzungszwecks der Trägerkörperschaft (z.B. Fonds). Für die Abgrenzung zwischen einer – auch steuerrechtlich – eigenständigen nichtrechtsfähigen Stiftung und einem unselbständigen Teilvermögen des Stiftungsträgers kommt es vor allem auf das Verhältnis der Zwecke von Stiftungsträger und unselbständiger Stiftung sowie auf das Vorhandensein einer besonderen Stiftungsorganisation (eigene Organe, die nicht mehrheitlich durch Vertreter des Stiftungsträger besetzt sind) bei der unselbständigen Stiftung an. Fehlen eigenständige Organe (Vorstand, Beirat o.Ä.), die autonom über die Verwendung der Stiftungserträge entscheiden, und deckt sich auch der Zweck des Sondervermögens mit dem Zweck der verwaltenden gemeinnützigen Einrichtung, so ist die nach § 1 Abs. 1 Nr. 5 KStG erforderliche steuerliche Selbständigkeit regelmäßig zu verneinen[2].

Beispiel Nr. 8: Wer einer gemeinnützigen Stiftung weiteres Stiftungskapital zuwendet, leistet eine Zustiftung, die das Stiftungskapital erhöht. Denkbar ist auch, dass Zustiftungen mit einer besonderen Zwecksetzung geleistet werden, deren Erträge nur für einen bestimmten Teilzweck verwendet werden (Stiftungsfonds). Solche Zustiftungen werden seit 2007 als „Spenden in den Vermögensstock" durch einen erhöhten Spendenabzug begünstigt (§ 10b Abs. 1a EStG). Vor 2007 war der zusätzliche Spendenhöchstbetrag hingegen auf Spenden in den Vermögensstock einer neu gegründeten Stiftung beschränkt. Dies führte in der Praxis dazu, dass viele gemeinnützige Stiftungen sich um die Einwerbung neuer unselbständiger Stiftungen bemüht haben, die von ihnen verwaltet wurden. Dieser „Gründungsboom" ist nun zumindest aus spendenrechtlicher Sicht unnötig geworden, da auch Zustiftungen in das Kapital einer bereits bestehenden Stiftung begünstigt sind, sofern es sich nicht um eine Verbrauchsstiftung handelt (näher Rz. 8.165 ff.).

Werden steuerlich selbständige nichtrechtsfähige Stiftungen von gemeinnützigen Einrichtungen verwaltet, handelt es sich – anders als bei der Verwaltung von Stiftungsfonds – nicht mehr um eine bloße Verwaltung „eigenen Vermögens", weil das Vermögen der nichtrechtsfähigen Stiftungen ertragsteuerlich fremdes Vermögen darstellt[3]. Eine solche **Verwaltungstätigkeit** ist im Verhältnis zwischen gemeinnützigen Einrichtungen nach § 58 Nr. 2 AO als bloße „Mittelweitergabe" steuerlich unschädlich, soweit sie unentgeltlich erfolgt. Werden dagegen für die Verwaltungstätigkeit besondere Entgelte erhoben, ist körperschaftsteuerlich ein Leistungsaustausch anzunehmen, d.h. ein steuerpflichtiger wirtschaftlicher Geschäftsbetrieb begründet (§§ 14, 64 AO). Die Annahme eines Zweckbetriebs scheitert spätestens an der Wettbewerbsklausel des § 65 Nr. 3 AO[4]. Fraglich ist, ob das Verwaltungsentgelt auch der Umsatzsteuer unterliegt[5]. Dagegen könnte sprechen, dass zivilrechtlich mangels eige-

2.61

---

1 Dazu *Hüttemann/Rawert* in Staudinger, Vorbem 366 ff. zu §§ 80 ff. BGB; *Rawert*, DNotZ 2008, 5 ff.; *Reuter*, npoR 2009, 55; *Werner*, Die Zustiftung, 2003.

2 Vgl. dazu auch OFD München v. 7.3.2003, ZEV 2003, 240; OFD Frankfurt/M. v. 30.8.2011, npoR 2011, 145; *Hüttemann/Herzog*, DB 2004, 1001; *Schmidt/Fritz*, Stiftung&Sponsoring 5/2003, 16; *Werner*, ZStV 2012, 129.

3 Zur Genehmigungspflicht einer Verwaltungstätigkeit nach dem Kreditwesengesetz vgl. *Fischer*, npoR 2012, 7 ff.

4 Vgl. dazu *Hüttemann/Herzog*, DB 2004, 1001.

5 Dafür *Hüttemann/Herzog*, DB 2004, 1001; ebenso *Tyarks*, Körperschaftsteuerrechtliche Zweckvermögen des privaten Rechts und ihre Behandlung im Umsatzsteuerrecht, 2010.

ner Rechtsträgerschaft kein Vertrag zwischen Stiftungsträger und der nichtrechtsfähigen Stiftung vorliegt. Denkbar erscheint auch die Annahme eines Leistungsaustausches zwischen Stiftungsträger und Stifter. Eine finanzgerichtliche Entscheidung oder eine Stellungnahme der Finanzverwaltung fehlt bislang.

2.62   Körperschaftsteuerpflichtig nach § 1 Abs. 1 Nr. 5 KStG sind nur die nichtrechtsfähigen Stiftungen des privaten Rechts. **Nichtrechtsfähige Stiftungen des öffentlichen Rechts** werden im Katalog des § 1 Abs. 1 KStG nicht erwähnt. Ihre Körperschaftsteuerpflicht ergibt sich auch nicht aus § 1 Abs. 1 Nr. 6 KStG, weil danach nur die Betriebe gewerblicher Art von juristischen Personen des öffentlichen Rechts körperschaftsteuerpflichtig sind. Mangels besonderer Körperschaftsteuerpflicht wird das Einkommen von nichtrechtsfähigen Stiftungen des öffentlichen Rechts folglich nach § 3 KStG bei den Destinatären erfasst[1].

IV. Beginn und Ende der Steuerbefreiung

1. Entstehung der rechtsfähigen Stiftung

2.63   Eine **rechtsfähige Stiftung unter Lebenden** entsteht erst mit der Anerkennung der Stiftung als rechtsfähig durch die zuständige Landesbehörde (§ 80 Abs. 1 BGB). Zwischen dem Zeitpunkt der Vornahme des Stiftungsgeschäfts und dem Tag der Anerkennung besteht nach zutreffender h.M. – schon mangels eines Registrierungsverfahrens und einer Dotationspflicht vor Anerkennung (vgl. § 82 BGB) – keine der Vorgesellschaft oder dem Vorverein vergleichbare „Vorstiftung"[2]. Aus diesem zivilrechtlichen Befund folgt – wie der BFH mit Urteil v. 11.2.2015[3] festgestellt hat – ertragsteuerlich, dass erst mit Anerkennung ein eigenes Körperschaftsteuersubjekt im Sinne von § 1 Abs. 1 Nr. 4 KStG entsteht, welches unter den Voraussetzungen der §§ 51 ff. AO Steuervergünstigungen in Anspruch nehmen kann[4]. Dies bedeutet insbesondere, dass steuermindernde Zuwendungen an eine rechtsfähige Stiftung vor deren Anerkennung nicht als Sonderausgaben abziehbar sind[5]. Soweit die Finanzverwaltung in der Vergangenheit aus Billigkeitsgründen unter bestimmten Voraussetzungen eine begrenzte steuerliche Rückwirkung der Anerkennung für mög-

---

1   Zur Abgrenzung von nichtrechtsfähigen Stiftungen des privaten und des öffentlichen Rechts vgl. – in Ergebnis und Begründung nicht überzeugend – BFH v. 29.1.2003 – I R 106/00, FR 2003, 678.
2   Vgl. dazu *Weitemeyer* in MünchKommBGB, §81 BGB Rz. 52 ff.; *Hüttemann/Rawert* in Staudinger, § 80 BGB Rz. 47 ff.; *Hüttemann* in FS Spiegelberger, 2009, S. 1292; *K. Schmidt*, Gesellschaftsrecht, § 7 II 2; *Burgard*, Gestaltungsfreiheit im Stiftungsrecht, S. 87 ff.; *Schiffer/Pruns*, BB 2015, 1756; *Thole*, Die Stiftung in Gründung, 2009; *O. Schmidt*, ZEV 1998, 81. A.A. *Ellenberger* in Palandt, § 80 BGB Rz. 2; *Schwinge*, BB 1978, 527 f.; *Wachter*, ZEV 2003, 445; *Autenrieth* in FS Binz, 2014, S. 14.
3   BFH v. 11.2.2015 – X R 36/11, BStBl. II 2015, 545.
4   Ebenso bereits *Hüttemann* in FS Wassermeyer, 2005, S. 44 f.; vgl. auch FG Schleswig-Holstein v. 4.6.2009 – 1 K 156/04, EFG 2009, 1486.
5   Siehe BFH v. 11.2.2015 – X R 36/11, BStBl. II 2015, 545.

lich gehalten hat[1], sind diese Grundsätze heute nicht mehr anwendbar[2]. Eine andere Gestaltungsmöglichkeit zur Vorwegnahme der Steuervergünstigung kann darin bestehen, für den Zeitraum des Anerkennungsverfahrens zunächst eine nichtrechtsfähige gemeinnützige Stiftung mit dem Zweck der „Errichtung einer gemeinnützigen rechtsfähigen Stiftung" zu errichten (vgl. § 58 Nr. 1 AO), deren Vermögen nach Anerkennung der rechtsfähigen Stiftung auf diese übertragen wird. Eine solche Gestaltung setzt aber einen entsprechenden Vertrag zwischen dem Stifter und einem Dritten als Rechtsträger der nichtrechtsfähigen Stiftung sowie die Übertragung der Vermögenswerte auf diesen Rechtsträger voraus[3].

Eine rechtsfähige Stiftung **von Todes wegen** entsteht mit dem Todestag des Stifters, vorbehaltlich der (späteren) Anerkennung durch die Stiftungsbehörde. Die Anerkennung wirkt nach § 84 BGB auf den Todestag des Stifters zurück, sodass die Stiftung „für die Zuwendungen des Stifters als schon vor dessen Tode entstanden gilt." Es handelt sich dabei aber nicht um eine „Vorstiftung"[4], sondern um eine Rückwirkung der späteren Anerkennung. Diese gilt – wie der BFH[5] inzwischen anerkannt hat – auch körperschaftsteuerrechtlich, d.h. die subjektive Steuerpflicht der Stiftung beginnt in diesen Fällen rückwirkend unmittelbar vor dem Tod des Stifters. Nach Ansicht des BFH soll sich die Rückwirkung aber nur auf die vermögensmäßige Zuordnung beziehen, nicht jedoch auf die Voraussetzungen der Steuerbefreiung wegen Gemeinnützigkeit[6].

2.64

Beispiel Nr. 9: Hat Erblasser E von Todes wegen eine gemeinnützige Stiftung errichtet und diese zur Erbin eingesetzt, dann gilt die später von der Aufsichtsbehörde anerkannte Stiftung nach § 84 BGB „als schon vor dessen Tod entstanden," d.h. die Stiftung wird rückwirkend Vollerbin. Auch steuerlich gilt die Stiftung „als schon vor dessen Tod entstanden", d.h. ihre Körperschaftsteuerpflicht beginnt unmittelbar vor dem Todeszeitpunkt. Nach Ansicht des BFH kommt es aber nicht zu einer „rückwirkenden" Anerkennung als gemeinnützige Einrichtung, sondern die Stiftung muss auch „materiell" von Anfang an die Voraussetzungen der §§ 51 ff. AO erfüllen. Dies bedeutet zum einen, dass die letztwillige Verfügung den Anforderungen an die satzungsmäßige Gemeinnützigkeit genügen muss, insbesondere bedarf es auch einer Vermögensbindungsklausel nach § 61 Abs. 1 AO (im Streitfall hielt der BFH wegen § 62 AO a.F. eine solche Bestimmung für entbehrlich[7], was zweifelhaft erscheint, da es keine „rückwirkende" Stiftungsaufsicht gibt). Zum anderen muss das „Stiftungsvermögen" in der Zeit zwischen dem Tod des E und der Anerkennung der Stiftung auch tatsächlich entsprechend den §§ 51 ff. AO verwaltet worden sein. Fehlt es an einer dieser Voraussetzungen, sind die zwischenzeitlich erzielten Vermögenserträge steuerpflichtig. Dagegen ist die Erb-

---

1 Vgl. zum – nicht veröffentlichten – Erlass des FinMin NRW v. 30.11.2000 – S 2223 – 1040 – V B 2 die Nachweise *Buchna/Seeger/Brox*, 10. Aufl. 2010, S. 49 f.
2 Vgl. *Buchna/Leichinger/Seeger/Brox*, S. 49.
3 Dazu BFH v. 11.2.2015 – X R 36/11, BStBl. II 2015, 545 unter Hinweis auf *Thole*, Die Stiftung in Gründung, 2009, S. 127; a.A. *Autenrieth* in FS Binz, 2014, S. 15.
4 Vgl. *Hüttemann* in FS Spiegelberger, 2009, S. 1292 (1297 f.); anders *Wachter*, ZEV 2003, 445 (446).
5 BFH v. 17.9.2003 – I R 85/92, BStBl. II 2005, 149.
6 BFH v. 17.9.2003 – I R 85/92, BStBl. II 2005, 149; ebenso FG Hessen v. 16.4.2015 – 4 K 1685, zitiert nach juris; FG Münster v. 13.10.2017 – 13 K 641/14 K, NZG 2018, 264.
7 BFH v. 17.9.2003 – I R 85/92, BStBl. II 2005, 149.

schaftsteuerfreiheit nach § 13 Abs. 1 Nr. 16 Buchst. b ErbStG nicht in Frage gestellt, wenn die Stiftung bei Anerkennung als gemeinnützig anzusehen ist, weil § 84 BGB – jedenfalls nach Ansicht des BFH – durch die Sonderregelung des § 3 Abs. 2 Nr. 1 ErbStG verdrängt wird, es also insoweit nicht zu einem rückwirkenden Erwerb kommt[1].

2.65 Die Auffassung des BFH begegnet **Bedenken**, weil sie die Steuerbefreiung für Vermögenserträge in der Zeit zwischen dem Tod des Erblassers und der Anerkennung der Stiftung vom Geschick des Erblassers und seiner Berater abhängig macht[2]. Deshalb sollte die Stiftung von Todes wegen auch dann „rückwirkend" als gemeinnützig anerkannt werden, wenn – z.B. durch den Testamentsvollstrecker oder auf Grund einer Ergänzung nach § 83 BGB – erst im Laufe des Anerkennungsverfahrens eine den §§ 59, 60 AO entsprechende Satzung vorgelegt wird. Dies lässt sich damit begründen, dass es vor Anerkennung der Stiftung als Rechtsperson keine rechtlich verbindliche Stiftungssatzung im Sinne des § 59 AO gibt. Mit anderen Worten: Die Rückwirkung des § 84 BGB muss auch Bedeutung für die satzungsmäßigen Grundlagen haben[3]. Dafür spricht zudem, dass anderenfalls die „Heilungsmöglichkeiten" nach § 83 BGB steuerrechtlich regelmäßig leerlaufen würden. Auch hinsichtlich der tatsächlichen Geschäftsführung sollte es allein auf das Verhalten der Organe der „rückwirkend" entstandenen Stiftung ankommen, zumal § 84 BGB bewirkt, dass abweichende Verfügungen des „Scheinerben" unwirksam werden. Insoweit ist schließlich § 62 Abs. 4 AO zu beachten. Danach reicht es für die tatsächliche Gemeinnützigkeit aus, dass die Vermögenserträge der ersten vier Jahre seit dem Tod des Stifters einfach dem Kapital zugeschlagen worden sind.

Aus der Sicht der **Nachfolgeplanung**[4] ist die Rechtsprechung des BFH nur ein weiterer Gesichtspunkt, der gegen die Errichtung einer Stiftung von Todes wegen spricht. Denn eine lebzeitige Stiftungserrichtung hat nicht nur den Vorzug, dass der Stifter den Sonderausgabenabzug für die Erstkapitalausstattung erhält (§ 10b EStG), der auf lebzeitige Zuwendungen beschränkt ist[5]. Die lebzeitige Stiftung gibt dem Stifter auch die Möglichkeit, selbst die Gründung und den Aufbau der Stiftungsarbeit zu begleiten. Ferner kann man die Stiftung zunächst mit einem kleineren Kapital ausstatten, um sich die Verfügungsmöglichkeit über das restliche Vermögen bis zum Tod zu erhalten. Die endgültige Kapitalausstattung erfolgt dann durch Einsetzung der Stiftung als Erbin oder Vermächtnisnehmerin.

2. Entstehung der nichtrechtsfähigen Stiftung

2.66 **Nichtrechtsfähige Stiftungen des privaten Rechts unter Lebenden** entstehen zivil- und steuerrechtlich mit Wirksamwerden des Schenkungsvertrags zwischen dem Stifter und dem Stiftungsträger[6], nichtrechtsfähige Stiftungen des privaten Rechts **von Todes wegen**[7] im Fall der Erbeinsetzung unter Auflage mit dem Todestag des

---

1 Vgl. dazu BFH v. 25.10.1995 – II R 20/92, BStBl. II 1996, 99.
2 Zu Recht kritisch *Schauhoff* in Schauhoff, § 3 Rz. 39; *Hüttemann/Rawert* in Staudinger, § 84 BGB Rz. 17.
3 Dafür auch *Schauhoff* in Schauhoff, § 3 Rz. 39.
4 Vgl. dazu *Schauhoff*, Ubg 2008, 309; *Hüttemann* in GS Schindhelm, 2009, S. 377.
5 Dazu zuletzt BFH v. 16.2.2011 – X R 46/09, BStBl. II 2011, 685.
6 Vgl. nur *Hüttemann* in FS Wassermeyer, 2005, S. 47.
7 Zum Zivilrecht vgl. *Lange*, ZErb 2013, 324.

Stifters, sofern der Erbe die Erbschaft nicht ausschlägt, sodass die Bindung durch die Auflage nicht wirksam wird[1].

3. Ende der Steuerbefreiung

Hinsicht des Endes der Steuerbefreiung gilt das zu Kapitalgesellschaften Ausgeführte entsprechend (s. Rz. 2.25 ff.). Die Steuerbefreiung endet also spätestens mit dem Erlöschen der Stiftung. Die Eröffnung eines Insolvenzverfahrens[2] führt dagegen nicht ohne Weiteres zum Verlust der Gemeinnützigkeit[3].

V. Gemeinnützigkeit und Stiftungsrecht

Bei der Errichtung und Verwaltung einer rechtsfähigen oder nichtrechtsfähigen gemeinnützigen Stiftung sind neben den Vorschriften des Stiftungszivilrechts auch die steuerlichen Voraussetzungen der Gemeinnützigkeit zu beachten[4]. Dazu gehört insbesondere das Erfordernis der **satzungsmäßigen Gemeinnützigkeit** (§§ 59, 60 AO; dazu näher Rz. 4.122 ff.). So müssen die steuerbegünstigten Zwecke und die Art ihrer Verwirklichung in der Satzung so genau bestimmt werden, dass (allein) auf Grund der Satzung geprüft werden kann, ob die Voraussetzungen für Steuervergünstigungen gegeben sind[5]. Ferner ist eine Vermögensbindungsklausel erforderlich (§ 61 Abs. 1 AO). Früher bedurfte es bei „staatlich beaufsichtigten Stiftungen" nach § 62 AO a.F. keiner ausdrücklichen satzungsmäßigen Vermögensbindung. Diese Ausnahme für rechtsfähige Stiftungen des bürgerlichen Rechts beruhte auf der Überlegung, dass die staatliche Stiftungsaufsicht im Fall der Aufhebung der Stiftung auf eine zweckentsprechende Verwendung des Vermögens für steuerbegünstigte Zwecke achten werde[6]. Die Vorschrift wurde 2006 als Reaktion auf das Verfahren in der Rechtssache *Stauffer* (dazu Rz. 1.123) gestrichen, um künftig auch bei ausländischen Stiftungen eine entsprechende Vermögensbindungsklausel fordern zu können[7].

Hinsichtlich der **stiftungsrechtlichen Kapitalerhaltung und Rücklagenbildung** ist darauf zu achten, dass die stiftungsrechtlichen Möglichkeiten zur Admassierung von Vermögenserträgen schon bei der Formulierung der Satzung mit den steuerlichen Grenzen bei der Rücklagenbildung (§ 62 Abs. 1 Nr. 1 und 3 AO) abgestimmt werden. Entgegen einer vereinzelt gebliebenen Ansicht im Schrifttum[8] werden die gemeinnützigkeitsrechtlichen Vorgaben in §§ 55, 62 AO nicht durch das stiftungs-

2.67

2.68

2.69

---

1 Vgl. BFH v. 16.11.2011 – I R 31/10, BFH/NV 2012, 786.
2 Dazu näher *Hüttemann/Rawert* in Staudinger, § 86 BGB Rz. 49 ff.
3 Ebenso *Roth/Knof*, KTS 2009, 163.
4 Zur Satzungsgestaltung bei gemeinnützigen Stiftungen vgl. *Fischer/Ihle*, DStR 2008, 1692.
5 Vgl. zum Verhältnis von Stiftungs- und Steuerrecht bei der Angabe des Stiftungszwecks *Hüttemann* in FS Reuter, 2010, S. 121.
6 Vgl. *Fischer* in Hübschmann/Hepp/Spitaler, § 62 AO a.F. Rz. 2 (Stand 11/1995).
7 Vgl. zum alten Recht BFH v. 20.12.2006 – I R 94/02, BStBl. II 2010, 331.
8 *Carstensen*, Vermögensverwaltung, Vermögenserhaltung und Rechnungslegung gemeinnütziger Stiftungen, 2. Aufl. 1996; *Carstensen*, WPg 1996, 781.

rechtliche Prinzip der Vermögenserhaltung verdrängt[1]. Vielmehr ist es richtigerweise genau umgekehrt: Durch das Erfordernis der satzungsmäßigen Gemeinnützigkeit werden die Stiftungsvorstände auch mit den Mitteln des Stiftungsrechts auf die Einhaltung der steuerlichen Rahmenbedingungen verpflichtet. Diese „zivilrechtliche Dimension" der Gemeinnützigkeit[2] hat auch Rückwirkungen auf die Auslegung von Stiftungssatzungen. Eine steuerlich unzulässige Rücklagenbildung ist daher auch von den Stiftungsbehörden als satzungswidrig zu beanstanden. Die Vermögenserhaltungsstrategie muss sich also an den Vorgaben der §§ 55 Abs. 1 Nr. 5, 62 Abs. 1, 3 und 4 AO orientieren (zur Mittelverwendung und Rücklagenbildung vgl. näher Rz. 5.1 ff.). Eine gemeinnützige Stiftung kann in den Grenzen des § 58 Nr. 6 AO einen Teil ihres Einkommens für die **Versorgung des Stifters und seiner nächsten Angehörigen** verwenden. Auch insoweit ist die Aufnahme einer entsprechenden Satzungsregelung sinnvoll, wenn von dieser Möglichkeit Gebrauch gemacht werden soll.

Für den Fall, dass Stiftungsorganen über einen Aufwendungsersatz nach §§ 86, 27 Abs. 3, 670 BGB hinaus eine **Vergütung** gezahlt werden soll[3], forderte die Finanzverwaltung eine satzungsmäßige Regelung[4]. Dieser Ansicht war zivilrechtlich zu widersprechen, da das Stiftungsrecht keinen „Satzungsvorbehalt" entsprechend § 40 BGB kannte. Eine Vergütung war daher auch ohne besondere satzungsrechtliche Ermächtigung zulässig, wenn sie dem mutmaßlichen Stifterwillen entsprach[5]. Seit dem 1.1.2015 gilt wegen der Änderung der §§ 27 Abs. 3, 86 BGB durch das Gesetz zur Stärkung des Ehrenamtes[6] auch für Stiftungen ein Satzungsvorbehalt, sodass alle Stiftungen, die ihren Organen künftig ein Entgelt für die Organtätigkeit zahlen möchten, ihre Satzung entsprechend anpassen müssen[7]. Eine solche Satzungsänderung muss dem Stifterwillen entsprechen und bedarf der Genehmigung durch die Stiftungsaufsicht[8].

2.70 Im geltenden Gemeinnützigkeits- und Spendenrecht findet sich eine Reihe von Sonderregelungen für **gemeinnützige Stiftungen**. Hinzuweisen ist auf den erhöhten Sonderausgabenabzug für Zuwendungen in den Vermögensstock einer Stiftung

---

1 Vgl. dazu näher *Hüttemann*, WM 2016, 625, 673; *Hüttemann/Schön*, Vermögensverwaltung und Vermögenserhaltung im Stiftungs- und Gemeinnützigkeitsrecht, 2007; *Hüttemann* in FG Flume, 1998, S. 59; *Hüttemann* in von Campenhausen (Hrsg.), Deutsches Stiftungswesen 1988–1998, 2000, S. 197; zur Ertragsverwendung und Vermögenserhaltung vgl. ferner *Arnold*, NZG 2007, 805; *Burgard*, Gestaltungsfreiheit im Stiftungsrecht, S. 478 ff.; *Weitemeyer* in MünchKommBGB, § 85 BGB Rz. 15 ff.; *Schindler*, DB 2003, 297; *Walz/Fischer* in Non Profit Law Yearbook 2004, 159; *Wagner/Walz*, Zweckerfüllung gemeinnütziger Stiftungen durch zeitnahe Vermögensverwendung und Vermögensverwaltung, 1997.

2 Zu den zivilrechtlichen Wirkungen der Gemeinnützigkeit vgl. näher *Hüttemann* in FS Baums, 2017, S. 623.

3 Zur Organstellung des Stiftungsvorstands eingehend *Lunk/Rawert* in Non Profit Law Yearbook 2001, 91.

4 AEAO Nr. 24 zu § 55 Abs. 1 Nr. 3 AO.

5 Vgl. *Hüttemann*, DB 2009, 1205; *Arnold* in FS Reuter, 2010, S. 3.

6 Gesetz v. 21.3.2013, BGBl. I 2013, 566.

7 Dazu näher *Hüttemann*, DB 2013, 774, 777 ff.

8 Zu den Voraussetzungen einer Satzungsänderung bei Stiftungen vgl. *Hüttemann/Rawert* in Staudinger, § 85 BGB Rz. 9 ff.

(§ 10b Abs. 1a EStG, § 9 Nr. 6 Satz 3 GewStG), die Ausnahmeregelung betreffend die Versorgung des Stifters und seiner Angehörigen (§ 58 Nr. 6 AO), die Ansparrücklage (§ 62 Abs. 4 AO) sowie die rückwirkende Erbschaftsteuerbefreiung nach § 29 Abs. 1 Nr. 4 Satz 1 ErbStG. Diese Sonderregelungen gelten grundsätzlich für alle Arten von Stiftungen und nicht nur, wie dies teilweise für den erhöhten Spendenabzug vertreten worden ist[1], für rechtsfähige Stiftungen. Für ein weites Verständnis spricht bereits der Wortlaut der Vorschriften. So gilt z.B. der erhöhte Sonderausgabenabzug für „Stiftungen des öffentlichen Rechts und ... nach § 5 Abs. 1 Nr. 9 des Körperschaftsteuergesetzes steuerbefreite Stiftungen des privaten Rechts." Zu den „nach § 5 Abs. 1 Nr. 9" steuerbefreiten Stiftungen des privaten Rechts gehören aber unstreitig auch nichtrechtsfähige Stiftungen. Auch nach dem Sinn und Zweck der Sonderregelungen gibt es keinen Grund, sie auf rechtsfähige Stiftungen zu beschränken[2]. Denn die entscheidende rechtsformabhängige Besonderheit – die im Stiftungsbegriff angelegte Notwendigkeit einer Vermögensausstattung – gilt gleichermaßen für alle Arten von Stiftungen[3]. Deshalb begegnet auch eine rechtsformbezogene Privilegierung von nichtrechtsfähigen Stiftungen unter Gleichheitsgesichtspunkten keinen Bedenken[4].

frei   2.71–2.75

E. Steuerbegünstigte Betriebe gewerblicher Art von juristischen Personen des öffentlichen Rechts

I. Gemeinnützigkeit und öffentliche Hand

Juristische Personen des öffentlichen Rechts (Bund, Länder und Gemeinden, Körperschaften, Anstalten und Stiftungen[5] des öffentlichen Rechts sowie die Kirchen) können auf zweifache Weise Adressat des steuerlichen Gemeinnützigkeitsrechts sein[6]:   2.76

- Soweit es um **direkte Steuervergünstigungen** geht, kommt eine Anwendung auf juristische Personen des öffentlichen Rechts naturgemäß nur in Betracht, wenn

---

1 So etwa *Kirchhof* in Kirchhof, § 10b EStG Rz. 54; *Geserich* in Kirchhof/Söhn/Mellinghoff, § 10b EStG Rz. Ba 35; *Crezelius/Rawert*, ZEV 2000, 425.
2 So auch BMF v. 21.3.2000 – IV C 6 – S 0171 – 54/00; ebenso die h.M. im Schrifttum, vgl. *Starke* in Herrmann/Heuer/Raupach, Steuerreform 1999/2000/2002, § 10b EStG Rz. R 10; *Heinicke* in L. Schmidt, § 10b EStG Rz. 28; *Hüttemann*, DB 2000, 1584 (1587); *Schindler*, BB 2000, 2078.
3 Eingehend *Hüttemann* in Non Profit Law Yearbook 2001, 145 ff.
4 BFH v. 15.9.2010 – X R 11/08, BFH/NV 2011, 769 a.E.
5 Zu nichtrechtsfähigen Stiftungen des öffentlichen Rechts vgl. Rz. 2.62.
6 Dazu näher *Hey*, StuW 2000, 467; *Hüttemann*, Besteuerung der öffentlichen Hand, 2002, S. 179 ff.; *Seer/Wolsztynski*, Steuerrechtliche Gemeinnützigkeit der öffentlichen Hand, 2002; *Droege*, Gemeinnützigkeit im offenen Steuerstaat, 2010, S. 275 ff.; *Palm* in NK-GemnR, Anhang zu § 51 AO Rz. 375 ff.; *Thieme/Dorenkamp*, FR 2003, 693; *Eversberg/Baldauf*, DStZ 2011, 597.

die öffentliche Hand ausnahmsweise selbst einer Besteuerung unterliegt. Dies ist bei der **Körperschaftsteuer** nach §§ 1 Abs. 1 Nr. 6, 4 KStG insoweit der Fall, als ein sog. Betrieb gewerblicher Art (vgl. § 4 KStG) unterhalten wird. Außerhalb einer solchen wirtschaftlichen Betätigung sind Körperschaften des öffentlichen Rechts grundsätzlich nicht unbeschränkt steuerpflichtig, sodass eine weitere Steuerbefreiung nach § 5 Abs. 1 Nr. 9 KStG keinen praktischen Sinn ergibt und deshalb ausscheidet. Für den Bereich der **Umsatzsteuer** ist mit Blick auf eine mögliche Anwendung des ermäßigten Umsatzsteuersatzes (§ 12 Abs. 2 Nr. 8 Buchst. a UStG) zu beachten, dass die in § 2 Abs. 3 UStG a.F. enthaltene Verweisung auf § 4 KStG in der Rechtsprechung des BFH schon länger durch eine „richtlinienkonforme" Auslegung[1] nach Art. 13 MwStSystRL[2] verdrängt und inzwischen mit der Einführung des § 2b Abs. 1 UStG ganz aufgegeben wurde[3]. Somit können auch vermögensverwaltende Tätigkeiten, die bei der Körperschaftsteuer begrifflich aus dem Betrieb gewerblicher Art ausgeklammert werden, der Umsatzsteuer unterliegen[4].

– Neben der Anwendung von direkten Steuervergünstigungen stellt sich die weitere Frage nach der Einbeziehung der öffentlichen Hand in den **steuerlichen Spendenabzug**. Wenn Körperschaften des öffentlichen Rechts freiwillige Zuwendungen für steuerbegünstigte Zwecke erhalten, ist zu prüfen, ob solche Zuwendungen beim Spender steuerlich begünstigt sind.

Beispiel Nr. 10: Unterhält die Stadt S eine „Stadtmuseum-GmbH", gelten für die Gemeinnützigkeit dieser Eigengesellschaft die allgemeinen Regelungen, d.h. die GmbH kann bei Einhaltung der Anforderungen der §§ 51 ff. AO die Steuervergünstigungen wegen Gemeinnützigkeit („Förderung von Kunst und Kultur") in Anspruch nehmen und auch spendenbegünstigte Zuwendungen erhalten. Hat die Stadt S ihr Museum aber in eine rechtsfähige „Stiftung Stadtmuseum" des öffentlichen Rechts ausgegliedert, so unterliegt die Stiftung als juristische Person des öffentlichen Rechts von vornherein nur insoweit der Körperschaftsteuer, als sie einen Betrieb gewerblicher Art unterhält (§ 1 Abs. 1 Nr. 6 KStG). Dies ist hinsichtlich des Museums zu bejahen, wenn Eintrittsgelder erhoben werden (vgl. § 4 Abs. 1 KStG: „… nachhaltige Tätigkeit zur Erzielung von Einnahmen …"). Nur in Hinsicht auf diesen steuerpflichtigen Bereich kann sich (z.B. für etwaige Überschüsse aus dem Museumsbetrieb) die Frage stellen, ob und auf welche Weise die Stiftung eine Steuerbefreiung wegen Gemeinnützigkeit nach § 5 Abs. 1 Nr. 9 KStG erlangen kann. Beim Spendenabzug ist dagegen zunächst allgemein zu fragen, ob auch eine Stiftung des öffentlichen Rechts tauglicher Zuwendungsempfänger sein kann. Erst in einem zweiten Schritt ist dann zu überlegen, ob dies auch für Spenden in einen steuerpflichtigen Betrieb gewerblicher Art (Museum) gilt. Beides ist nach geltenden Recht zu bejahen (vgl. näher Rz. 8.9 ff.).

2.77　Das geltende Recht geht von dem Grundsatz aus, dass auch juristische Personen des öffentlichen Rechts, **soweit sie** aus Wettbewerbsgründen bzw. Gründen des Fiskal-

---

1 Soweit diese Rechtsprechung auch zulasten der öffentlichen Hand wirkt, dürfte die Wortlautgrenze überschritten sein. Ebenso *Englisch* in Tipke/Lang, § 17 Rz. 53; a.A. *Ismer/Keyser*, UR 2011, 81.

2 Vgl. nur BFH v. 17.3.2010 – XI R 17/08, BFH/NV 2010, 2359; BFH v. 15.4.2010 – V R 10/09, BFH/NV 2010, 1574; dazu etwa *Kraeusel*, UR 2010, 480; *Seer/Klemke*, BB 2010, 2015.

3 Dazu nur *Hüttemann*, UR 2017, 129.

4 Für Zwecke des ermäßigten Steuersatzes müssten somit auch diese Tätigkeiten in die „gemeinnützige Sphäre" der Körperschaft des öffentlichen Rechts einbezogen werden.

ausgleichs[1] **der Besteuerung unterworfen werden**, unter den allgemeinen Voraussetzungen die direkten Steuervergünstigungen wegen Gemeinnützigkeit in Anspruch nehmen können[2]. Dies ergibt sich nicht nur aus dem Verweis in § 51 Abs. 1 Satz 2 AO auf den Katalog der Körperschaftsteuersubjekte in § 1 Abs. 1 KStG, sondern wird auch ausdrücklich durch § 55 Abs. 3 AO (und früher auch noch § 62 AO a.F.) bestätigt, der für „Betriebe gewerblicher Art von Körperschaften des öffentlichen Rechts" gemeinnützigkeitsrechtliche Sonderregelungen trifft. Im Bereich ihrer Betriebe gewerblicher Art können Körperschaften des öffentlichen Rechts also unter den allgemeinen Voraussetzungen der §§ 51 ff. AO als gemeinnützig anerkannt werden und die entsprechenden steuerlichen Vorteile in Anspruch nehmen. Zwar soll das Gemeinnützigkeitsrecht in erster Linie privates freiwilliges Engagement anregen und honorieren, sodass die Einbeziehung der hoheitlichen Aufgabenerfüllung nicht selbstverständlich ist[3]. Für die steuerpflichtigen Betriebe gewerblicher Art greift dieser Einwand aber nicht durch. Denn eine Gemeinnützigkeitsfähigkeit solcher Betriebe ist bereits nach dem Sinn und Zweck der Besteuerung von Körperschaften des öffentlichen Rechts geboten[4], da die Steuerpflicht der Betriebe gewerblicher Art auf eine steuerliche Gleichstellung von juristischen Personen des öffentlichen Rechts mit privatrechtlichen Körperschaften zielt. Der Gedanke der Gleichstellung gilt aber nicht nur für die Steuerbelastung, sondern muss in gleicher Weise auch für Steuervergünstigungen gelten.

Was den **Spendenabzug** anbetrifft, so ergibt sich aus § 10b Abs. 1 Satz 1 EStG, § 9 Abs. 1 Nr. 2 Satz 1 KStG und § 9 Nr. 5 Satz 1 GewStG, dass auch juristische Personen des öffentlichen Rechts und inländische öffentliche Dienststellen zu den spendenempfangsberechtigten Organisationen gehören[5]. Anders als bei Körperschaften des privaten Rechts setzt die Abziehbarkeit von Zuwendungen auch nicht voraus, dass die Empfängerkörperschaft als steuerbegünstigt anerkannt ist. Dieser Unterschied erklärt sich daraus, dass Körperschaften des öffentlichen Rechts außerhalb des Bereichs ihrer steuerpflichtigen Betriebe gewerblicher Art mangels persönlicher Steuerpflicht auch keine „Steuerbefreiung" wegen Gemeinnützigkeit erlangen können.

2.78

---

1 Zur ratio legis der Besteuerung der öffentlichen Hand vgl. *Hüttemann*, Besteuerung der öffentlichen Hand, 2002, S. 6 ff.
2 Statt aller BFH v. 18.10.2017 – V R 46/16, BFH/NV 2018, 293; BFH v. 27.11.2013 – I R 17/12, BStBl. II 2016, 68; ebenso BFH v. 12.7.2012 – I R 106/10, BStBl. II 2012, 837; AEAO Nr. 1 zu § 51 Abs. 1 AO; zu den Folgerungen aus der Steuerpflicht kommunaler Kindertagesstätten vgl. OFD Niedersachsen v. 15.1.2013 – S 2706 - 182 - St 241, zitiert nach juris.
3 Vgl. dazu *Isensee/Knobbe-Keuk*, Gutachten, S. 404 ff.; *Isensee* in FS Dürig, 1990, S. 57 f.; aus neuerer Zeit eingehend *Seer/Wolsztynski*, Steuerrechtliche Gemeinnützigkeit der öffentlichen Hand, S. 51 ff.; *Weitemeyer* in GS Walz, 2008, S. 783.
4 Ebenso *Isensee* in FS Dürig, 1990, S. 57 f.; vgl. auch *Hüttemann*, Besteuerung der öffentlichen Hand, 2002, S. 180 ff.; *Palm* in NK-GemnR, Anhang zu § 51 AO Rz. 375.
5 Kritisch dazu für staatliche Einrichtungen de lege ferenda *Isensee/Knobbe-Keuk*, Gutachten, S. 490: Die Einwerbung von Spenden durch staatliche Stellen schaffe Konflikte mit dem Haushaltsrecht.

Für **Spenden in einen steuerpflichtigen Betrieb gewerblicher Art** müsste man hingegen – im Sinne des Gleichstellungsgedankens – eine Steuerbefreiung verlangen, d.h. ein Spendenabzug wäre streng genommen nur möglich, wenn die Körperschaft im Bereich des empfangenden Betriebs gewerblicher Art die Voraussetzungen der §§ 51 ff. AO erfüllt[1]. Die Finanzverwaltung hat sich nach der Änderung des § 58 Nr. 1 AO im Jahr 1999 zunächst dieser Auffassung angeschlossen und wollte den Spendenabzug bei Zuwendungen an Betriebe gewerblicher Art von deren Gemeinnützigkeit abhängig machen[2]. Dies hätte allerdings zur Folge gehabt, dass sich städtische Einrichtungen (z.B. Museen, Theater oder Kindergärten) durch eine entsprechende Satzung als steuerbegünstigte Betriebe gewerblicher Art hätten organisieren müssen, was viele Kommunen ablehnten, da sie eine dauerhafte Mittelbindung im gemeinnützigen Bereich verhindern wollten. Nachdem § 58 Nr. 1 AO auf Druck einiger Bundesländer durch das Gesetz zur Änderung der Abgabenordnung und weiterer Gesetze vom 21.7.2004[3] wieder geändert worden ist und eine Mittelweitergabe an Körperschaften des öffentlichen Rechts nicht mehr die Gemeinnützigkeit der Empfängereinrichtung voraussetzt, hat auch die Finanzverwaltung – im Interesse einer Gleichbehandlung von Direktspenden und „Durchlaufspenden" – „rückwirkend" zu ihrer früheren Rechtsansicht zurückgefunden[4]. Danach soll es für die Spendenempfangsberechtigung einer Körperschaft des öffentlichen Rechts nicht mehr darauf ankommen, ob die Spende im hoheitlichen Bereich oder in einem Betrieb gewerblicher Art vereinnahmt wird.

2.79 Da die tatbestandlichen Voraussetzungen des § 4 Abs. 1 KStG und der §§ 14, 64 AO weitestgehend übereinstimmen, setzt die Gewährung einer Steuervergünstigung wegen Gemeinnützigkeit bei Betrieben gewerblicher Art von Körperschaften des öffentlichen Rechts stets voraus, dass der Betrieb gewerblicher Art die weitergehenden **Voraussetzungen eines steuerbegünstigten Zweckbetriebs** nach den §§ 65 bis 68 AO erfüllt. Fehlt es daran, ist die Steuervergünstigung wegen Gemeinnützigkeit nach den Einzelsteuergesetzen (vgl. z.B. § 5 Abs. 1 Nr. 9 Satz 2 KStG) „insoweit ausgeschlossen".

II. Subjekt der Gemeinnützigkeit und Abgrenzung der gemeinnützigen Sphäre

2.80 Es entspricht der ständigen Rechtsprechung des BFH und der wohl h.M. im Schrifttum, dass – abweichend vom Wortlaut des § 1 Abs. 1 Nr. 6 KStG – nicht der Betrieb gewerblicher Art, sondern die jeweilige Trägerkörperschaft „Zuordnungssubjekt" der Körperschaftsteuer ist[5]. Daran sollte ungeachtet der Steuerpflicht fiktiver „Ausschüttungen" des Betriebs gewerblicher Art an die Trägerkörperschaft nach § 20

---

1 Ebenso bereits BFH v. 5.6.1962 – I 31/61 S, BStBl. III 1962, 355; vgl. näher *Hüttemann*, Besteuerung der öffentlichen Hand, 2002, S. 194 ff.

2 Vgl. OFD Nürnberg v. 17.4.2002, DB 2002, 1081.

3 BGBl. I 2004, 1753.

4 Siehe FinMin Nordrhein-Westfalen v. 11.10.2004, ZKF 2005, 12 unter Hinweis auf die Gesetzesbegründung.

5 Grundlegend BFH v. 13.3.1974 – I R 7/71, BStBl. II 1974, 391; *Bott* in Ernst & Young, § 4 KStG Rz. 19; *Heger* in Gosch, § 4 KStG Rz. 28; *Krämer* in Dötsch/Pung/Möhlenbrock, § 4 KStG Rz. 10; *Wenk/Stein*, FR 1999, 573 ff.; *Hüttemann*, Besteuerung der öffentlichen Hand, 2002, S. 25 ff.; *Hüttemann*, DB 2007, 1603; *Palm* in NK-GemnR, Anhang zu § 51 AO Rz. 364 ff.; a.A. aber etwa *Seer/Wendt*, DStR 2001, 825 (834); *Hey* in Tipke/Lang, § 11 Rz. 29.

Abs. 1 Nr. 10 Buchst. b EStG festgehalten werden[1]. Wenn aber nicht der einzelne Betrieb, sondern die Trägerkörperschaft selbst das Steuerrechtssubjekt ist, dann läge es eigentlich nahe, diese – wie bei privatrechtlichen Körperschaften – nur mit dem Gesamtergebnis ihrer Betriebe gewerblicher Art der Steuer zu unterwerfen. Diese Konsequenz hat der BFH aber bis heute nicht gezogen. Nach seiner Ansicht ist die Trägerkörperschaft zwar „Subjekt" der Körperschaftsteuer, aber nur **„wegen jedes einzelnen Betriebs"**[2]. Daraus hat der BFH gefolgert, dass eine steuerliche Zusammenfassung von mehreren Betrieben gewerblicher Art derselben Körperschaft nur unter engen Voraussetzungen zulässig ist[3]. Dieser Rechtsprechung war – wie an anderer Stelle näher dargelegt worden ist[4] – nicht zu folgen, da sie weder gesetzlich begründet noch sachlich geboten war. Denn Verluste aus dauerdefizitären Betrieben gewerblicher Art waren bereits nach alter Rechtslage körperschaftsteuerlich irrelevant[5]. Nachdem der sog. kommunale Verlustausgleich durch das Grundsatzurteil des I. Senats vom 22.8.2007 in Frage gestellt worden ist[6], hat der Gesetzgeber im Rahmen der gesetzlichen Verankerung des **Querverbundes** (vgl. § 8 Abs. 7 bis 9 KStG) durch das JStG 2008[7] auch die Zusammenfassungsrechtsprechung des BFH in § 4 Abs. 6 Nr. 1 bis 3 KStG festgeschrieben[8]. Darüber hinaus sind nunmehr auch Verluste aus dauerdefizitären Betrieben gewerblicher Art nach § 8 Abs. 1 Nr. 2 KStG im Rahmen der Einkommensermittlung zu berücksichtigen. Damit ist das KStG für die öffentliche Hand endgültig zu einem Instrument der finanzstaatlichen Alimentierung umfunktioniert worden.

Gerichtlich weiterhin nicht geklärt ist, ob der Querverbund nach § 8 Abs. 7 bis 9 KStG als steuerliche Subvention den **Tatbestand einer staatlichen Beihilfe** im Sinne des Art. 107 AEUV erfüllt[9] bzw. zumindest als eine kraft Richterrechts[10] bereits am 1.1.1958 bestehende Altbeihilfe von der Anwendungssperre des Art. 108 Abs. 3 AEUV ausgenommen ist[11].

Der Streit um die Zusammenfassung von mehreren Betrieben gewerblicher Art ist nicht nur ein Grundsatzproblem der Besteuerung der öffentlichen Hand, sondern auch von Interesse, wenn es um die Gemeinnützigkeit von Körperschaften des öffentlichen Rechts geht. Denn auf der Grundlage der h.M. ist die **Gemeinnützigkeit einer Körperschaft** des öffentlichen Rechts **„für jeden einzelnen Betrieb gesondert zu prüfen"**[12]. Demgegenüber hat eine Körperschaft des öffentlichen Rechts nach

2.81

---

1 *Hüttemann*, DB 2007, 1603; zweifelnd *Gosch* in Gosch, § 8 KStG Rz. 634.
2 BFH v. 13.3.1974 – I R 7/71, BStBl. II 1974; BFH v. 11.2.1997 – I R 161/94, BFH/NV 1997, 625.
3 Vgl. etwa BFH v. 4.9.2002 – I R 42/01, BFH/NV 2003, 511.
4 Siehe näher *Hüttemann*, Besteuerung der öffentlichen Hand, S. 112 ff.
5 Zuletzt eingehend *Hüttemann*, DB 2007, 1603.
6 Vgl. dazu *Hüttemann*, DB 2007, 2508.
7 Gesetz v. 19.12.2008, BGBl. I 2008, 2794.
8 Dazu etwa *Weitemeyer*, FR 2009, 1; *Bracksiek*, FR 2009, 15; *Leippe/Baldauf*, DStZ 2008, 568; *Leippe/Baldauf*, DStZ 2009, 67; *Hüttemann*, DB 2009, 2629; *Pinkos*, DStZ 2010, 96.
9 Dazu eingehend *Weitemeyer*, FR 2009, 1 ff.
10 Vgl. dazu BFH v. 20.3.1956 – I 317/55 U, BStBl. III 1956, 166.
11 So FG Köln v. 9.3.2010 – 13 K 3181/05, EFG 2010, 1345.
12 So in der Tat BFH v. 11.2.1997 – I R 161/94, BFH/NV 1997, 625 (626).

der hier vertretenen Gegenansicht nur eine einzige gemeinnützige Sphäre. Soweit also eine juristische Person des öffentlichen Rechts im Rahmen ihrer Betriebe gewerblicher Art die Voraussetzungen der §§ 51 ff. AO erfüllt, ist sie in diesem Bereich „partiell gemeinnützig". Die Entscheidung darüber, welche Betriebe gewerblicher Art der gemeinnützigen Sphäre zugeordnet werden, trifft die Körperschaft des öffentlichen Rechts mittels ihrer Satzung, die sich – abweichend von der bisher ganz h.M.[1] – nicht auf den einzelnen Betrieb gewerblicher Art, sondern auf die „einheitliche gemeinnützige Sphäre" bezieht[2]. Entgegen der Ansicht des BFH[3] ist daher innerhalb dieses gemeinnützigen Bereichs auch die Vorschrift des § 64 Abs. 2 AO uneingeschränkt anwendbar, sodass Gewinne oder Verluste aus mehreren Mittelbeschaffungsbetrieben verrechenbar sind[4]. Demgegenüber wäre nach der Prämisse der Rechtsprechung eine Anwendung des § 64 Abs. 2 AO nur insoweit denkbar, als zunächst mehrere Betriebe gewerblicher Art nach § 4 Abs. 6 KStG „einen" Betrieb gewerblicher Art bilden, der allerdings nur zum Teil als steuerbegünstigter Zweckbetrieb anzusehen ist.

Beispiel Nr. 11: Betreibt die Stadt S ein Krankenhaus mit Cafeteria, Parkhaus und Krankenhausapotheke sowie ein Museum mit Museumsshop, dann bestehen nach der hier vertretenen Auffassung keine Bedenken, dass S alle wirtschaftlichen Aktivitäten (Krankenhaus, Museum und die anderen wirtschaftlichen Aktivitäten) durch eine entsprechende Satzung einem gemeinnützigen Bereich zuordnet. Da nur das Krankenhaus und das Museum nach § 67 bzw. § 68 Nr. 8 AO als Zweckbetrieb anzusehen sind, würde die Steuerbefreiung auch nur „insoweit" gewährt. Die Ergebnisse der anderen Aktivitäten (Cafeteria, Parkhaus, Apotheke, Museumsshop) wären dagegen nach § 64 Abs. 2 AO zu saldieren. Nach der Lösung des BFH und der Finanzverwaltung müsste zunächst gefragt werden, welche Aktivitäten als „ein" Betrieb gewerblicher Art anzusehen sind. Da es sich beim Krankenhaus und dem Museum um ungleichartige Betriebe handelt (vgl. § 4 Abs. 6 Nr. 1 KStG), wären insoweit zwei Betriebe gewerblicher Art gegeben. Innerhalb dieser Betriebe gewerblicher Art wäre die Steuerbefreiung auf den eigentlichen Zweckbetrieb zu beschränken, sodass eine Anwendung des § 64 Abs. 2 AO nur in Hinsicht auf die Cafeteria, das Parkhaus und die Krankenhausapotheke in Betracht käme, wenn man diese Tätigkeiten wegen ihrer engen betrieblichen Verbindung zum einheitlichen Betrieb gewerblicher Art „Krankenhaus" zählen würde.

III. Satzungserfordernis

2.82 Nach §§ 59, 60 AO setzt die Inanspruchnahme von Steuervergünstigungen wegen Verfolgung gemeinnütziger Zwecke die sog. satzungsmäßige Gemeinnützigkeit voraus. Zwar kann es bei einem rechtlich unselbständigen Regie- oder Eigenbetrieb gewerblicher Art **keine Satzung im eigentlichen Sinne** wie bei einem rechtsfähigen Verein geben, da es schon an entsprechenden Mitgliedern fehlt, die eine solche verbandsmäßige Regelung treffen könnten. Gleichwohl halten Rechtsprechung und Fi-

---

1 BFH v. 31.10.1984 – I R 21/81, BStBl. II 1985, 162; BFH v. 11.2.1997 – I R 161/94, BFH/ NV 1997, 625 (626); AEAO Nr. 2 zu § 59 AO; *Buchna/Leichinger/Seeger/Brox*, S. 54.

2 Zustimmend *Palm* in NK-GemnR, Anhang zu § 51 AO Rz. 376; sympathisierend auch *Droege*, Gemeinnützigkeit im offenen Steuerstaat, 2010, S. 274 f.; siehe auch *Strahl* in FS Gosch, 2016, S. 408 ff.

3 BFH v. 11.2.1997 – I R 161/94, BFH/NV 1997, 625, 626.

4 Näher *Hüttemann*, Besteuerung der öffentlichen Hand, S. 184 ff.

nanzverwaltung auch bei Betrieben gewerblicher Art am Satzungserfordernis fest[1]. Dem ist aus mehreren Gründen zuzustimmen: Zum einen bildet eine solche Satzung als Buchnachweis die Grundlage für die Prüfung der Gemeinnützigkeit durch die zuständige Finanzbehörde. Ferner handelt es sich um eine Art „Selbstbindung", durch die die Einhaltung der §§ 51 ff. AO auf der Ebene des öffentlichen Organisationsrechts abgesichert wird. Dabei geht es insbesondere um die dauerhafte Mittelbindung im gemeinnützigen Bereich. Nach der hier vertretenen Ansicht hätte die Satzung noch eine weitere Funktion. Denn durch die Satzung würde die Trägerkörperschaft entscheiden, ob und welche Betriebe gewerblicher Art sie ihrer (einheitlichen) gemeinnützigen Sphäre zuordnet und den §§ 51 ff. AO unterstellt. Betriebe gewerblicher Art von Körperschaften des öffentlichen Rechts bedurften früher keiner satzungsmäßigen Vermögensbindung (§ 62 AO a.F.). Dieser Ausnahme lag die Überlegung zugrunde, dass bei Körperschaften des öffentlichen Rechts wegen der staatlichen Mitwirkung und Aufsicht die dauerhafte Verwendung des Vermögens zu steuerbegünstigten Zwecken auch ohne Satzungsklausel gesichert erschien[2]. Darüber hinaus ist zu beachten, dass das im rechtlich unselbständigen Betrieb gewerblicher Art gebundene Vermögen auch nach dessen „Auflösung" Vermögen der Trägerkörperschaft bleibt, die z.B. gegenüber Spendern zivilrechtlich zur Verwendung für steuerbegünstigte Zwecke verpflichtet bleibt.

frei   2.83–2.84

F. Sonstige gemeinnützige Körperschaften, Personenvereinigungen und Vermögensmassen

I. Zweckvermögen

Zu den gemeinnützigen Körperschaften im Sinne von § 51 Satz 2 AO gehören auch sonstige **„nichtrechtsfähige Zweckvermögen des privaten Rechts"** (vgl. § 1 Abs. 1 Nr. 5 KStG)[3]. Ihre steuerliche Selbständigkeit setzt voraus, dass das Vermögen und die Erträge einer rechtlichen oder tatsächlichen Vermögensbindung unterliegen, sodass kein anderes einkommen- oder körperschaftsteuerpflichtiges Subjekt darüber wie ein Eigentümer verfügen und die Zweckbindung auch nicht einseitig aufheben kann[4]. Erlässt das Finanzamt gegenüber einem nach § 1 Abs. 1 Nr. 5 KStG steuerpflichtigen Zweckvermögen einen Steuerbescheid, so ist nur das Zweckvermögen selbst (handelnd durch den Träger), nicht aber der Träger selbst zur Anfechtung dieses Bescheids berechtigt[5].   2.85

---

1 Vgl. BFH v. 31.10.1984 – I R 21/81, BStBl. II 1985, 162; FG Münster v. 7.12.2010 – 15 K 3110/06 U, EFG 2011, 341 rkr.; AEAO Nr. 2 zu § 59 AO.
2 So *Buchna/Seeger/Brox*, 10. Aufl. 2010, S. 267.
3 Dazu eingehend *Streck*, StuW 1975, 135.
4 Vgl. RFH v. 18.12.1937 – VI a 76/37, RStBl. 1938, 284; RFH v. 7.4.1936 – I A 227/35, RStBl. 1936, 442; RFH v. 16.4.1943 – III 84/42, RStBl. 1943, 658; vgl. auch *Streck*, StuW 1975, 135; *Hüttemann/Herzog*, DB 2004, 1001.
5 BFH v. 31.1.2007 – I B 110/06, BFH/NV 2007, 1069.

II. Genossenschaften

2.86   Fraglich ist, ob auch **eingetragene Genossenschaften** (vgl. § 1 Abs. 1 Nr. 2 KStG) gemeinnützig sein können. Dies wurde im Schrifttum verneint, da Genossenschaften nach § 1 Abs. 1 GenG zur Förderung der Mitglieder durch „gemeinschaftliche Geschäftsbetriebe" errichtet werden[1]. Diese Auffassung ist aber nicht zwingend, weil das Gemeinnützigkeitsrecht durchaus die Unterhaltung wirtschaftlicher Geschäftsbetriebe erlaubt, insbesondere wenn diese in Form eines steuerbegünstigten Zweckbetriebs betrieben werden[2]. Soweit also die gemeinschaftliche Tätigkeit als Zweckbetrieb zu qualifizieren ist und – was die eigentliche Hürde sein dürfte – auch das Selbstlosigkeitsgebot in Bezug auf eigenwirtschaftliche Vorteile der Mitglieder gewahrt ist, können auch Genossenschaften den Gemeinnützigkeitsstatus erhalten. Ferner ist zu beachten, dass sich der Zweck einer Genossenschaft seit der Reform von 2006 in der Förderung sozialer oder kultureller Belange der Mitglieder erschöpfen kann (z.B. Theatergenossenschaft)[3]. In Zukunft wird sich darüber hinaus die Frage stellen, ob die europäische Genossenschaft SCE (*Societas Cooperativa Europaea*)[4] den Gemeinnützigkeitsstatus erlangen kann[5]. Die geplante Einführung einer „kleinen" Genossenschaft (Kooperationsgesellschaft)[6] ist zwar unterblieben. Stattdessen sind durch das Gesetz zum Bürokratieabbau und zur Förderung der Transparenz bei Genossenschaften verschiedene Erleichterungen für „kleinere" Genossenschaften geschaffen worden[7].

2.87–2.89   frei

G. Funktionale Untergliederungen

2.90   Nach § 51 Abs. 1 Satz 3 AO gelten „funktionale Untergliederungen (Abteilungen)" von Körperschaften nicht als selbständige Steuersubjekte. Die Regelung ist durch das Vereinsförderungsgesetz vom 18.12.1989 eingeführt worden und – wie viele Missbrauchsverhinderungsnormen[8] – aus sich heraus kaum verständlich. Der Gesetzgeber des Vereinsförderungsgesetzes wollte durch diese Vorschrift verhindern, dass steuerbegünstigte Körperschaften, insbesondere Vereine, bestimmte Vorteile – vor allem die seinerzeit neu eingeführte Besteuerungsgrenze des § 64 Abs. 3 AO –

---

1 Vgl. etwa *Lettl*, DB 2000, 1449 (1453).

2 Eingehend zur Gemeinnützigkeit von Genossenschaften *Helios* in Beck'sches Handbuch der Genossenschaft, 2009, § 9 Rz. 16 ff.; ferner *Rulle*, Die gemeinnützige eingetragene Genossenschaft, Stiftung&Sponsoring, Rote Seiten 4/2011.

3 Dazu nur *Hirte*, DStR 2007, 2166.

4 Dazu *Korte* in Beck'sches Handbuch der Genossenschaft, 2009, § 16 Rz. 1 ff.

5 Dazu näher *Helios/Geschwandtner*, NZG 2006, 691; *Helios/Geschwandtner*, Genossenschaftsrecht – Das neue Genossenschaftsgesetz und die Einführung der Europäischen Genossenschaft, 2007.

6 Vgl. *Wolff* in Non Profit Law Yearbook 2013/2014, 19 ff.; *Krause/Kindler* in Non Profit Law Yearbook 2010/2011, 85, 92 f.

7 Gesetz v. 17.7.2017, BGBl. I 2017, 2434.

8 Dazu allgemein *Hey* in DStJG 33 (2010), 139.

durch „**Zellteilungen**" mehrfach in Anspruch nehmen[1]. Ob dieses Misstrauen gegenüber dem dritten Sektor begründet war, ist zweifelhaft, da über die Anwendung der Regelung in der Praxis bis heute nichts bekannt geworden sind. Zu beachten ist auch, dass § 51 Abs. 1 Satz 3 AO nur für „funktionale" Untergliederungen gilt (also z.B. Jugend- und Altensport). Die steuerliche Selbständigkeit von „regionalen" Untergliederungen wird dadurch nicht berührt[2].

frei   2.91–2.92

H. Personengesellschaften

I. Gemeinnützigkeitsunfähigkeit von Personengesellschaften

Eine wichtige Konsequenz der Verweisung des § 51 Abs. 1 Satz 2 AO auf das KStG   2.93 ist, dass **Personengesellschaften nach geltendem Steuerrecht gemeinnützigkeitsunfähig** sind. Dies gilt nicht nur für Gesellschaften des bürgerlichen Rechts (§ 705 BGB), sondern auch für Personengesellschaften des Handelsrechts wie z.B. die Kapitalgesellschaft & Co. KG, da auch diese Typenvermischungen steuerrechtlich keine Körperschaftsteuersubjekte sind[3]. Der Ausschluss von Personengesellschaften aus dem Kreis der steuerbegünstigten Körperschaften wird üblicherweise damit begründet, dass ein selbstloses Handeln „praktisch nur bei Körperschaften sichergestellt werden" könne[4]. Diese Auffassung verkennt aber, dass zumindest zivilrechtlich bei allen Außengesellschaften eine organisatorische und vermögensrechtliche Verselbständigung der Gesellschaftssphäre gegenüber der Gesellschaftersphäre möglich ist[5]. Zudem ist die Selbstlosigkeit weniger eine Frage der zivilrechtlichen Konstruktion der Gesellschaft als vielmehr der inhaltlichen Überschneidung von Gesellschafts- und Gesellschafterinteressen. Insoweit ist z.B. eine Einmann-GmbH kaum weniger anfällig für schädliches mitgliedernütziges Handeln (vgl. § 55 Abs. 1 Satz 1 AO) als eine GmbH & Co. KG, die von einer Einzelperson errichtet wird. Zweifelhaft ist allerdings, ob Privatpersonen überhaupt bereit wären, als Komplementär einer OHG oder KG eine unbeschränkte persönliche Haftung für gemeinnütziges Engagement zu übernehmen. Für die „Ideal-GbR" ist schließlich umstritten, ob die Gesellschafter unbeschränkt für die Verbindlichkeiten der Gesellschaft analog § 128 HGB einstehen müssen[6]. Vor diesem Hintergrund ist ein praktischer Bedarf für die Einbeziehung von Personengesellschaften nicht erkennbar[7].

---

1 Vgl. Gesetzesbegründung BT-Drucks. 11/5582, S. 31; s. auch *Thiel/Eversberg*, DB 1990, 395; eingehend *Jachmann/Unger* in Gosch, § 51 AO Rz. 60 ff.

2 Für eine einschränkende Auslegung des § 51 Abs. 1 Satz 3 AO zutreffend *Schauhoff* in Schauhoff, § 6 Rz. 11.

3 Grundlegend BFH v. 25.6.1984 – GrS 4/82, BStBl. II 1984, 751.

4 So *Buchna/Leichinger/Seeger/Brox*, S. 19.

5 Zur Rechtsfähigkeit der Außengesellschaft vgl. nur BGH v. 29.1.2001 – II ZR 331/00, BGHZ 146, 341.

6 Vgl. dazu *Meyer*, ZGR 2008, 702.

7 A.A. *Wedemann*, NZG 2016, 645.

2.94 Zwar ist der Ausschluss von Personengesellschaften aus der Gemeinnützigkeit unter dem Gesichtspunkt der **Rechtsformneutralität des Gemeinnützigkeitsrechts** (dazu Rz. 1.96 f.) begründungsbedürftig. Vor dem Hintergrund der ohnehin zurückhaltenden Rechtsprechung des BVerfG zur Rechtsformneutralität der Unternehmensbesteuerung[1] ist der Gesetzgeber allerdings nicht gehindert, an der historisch gewachsenen – und auch im Rechtsvergleich üblichen[2] – Beschränkung des Gemeinnützigkeitsbegriffs auf „Körperschaften" im Sinne des KStG festzuhalten, solange Personengesellschaften ertragsteuerlich transparent behandelt werden.

De lege ferenda wäre die Einbeziehung von Personengesellschaften in den Kreis der steuerbegünstigten Organisationen mithin erst dann angezeigt, wenn man die transparente Besteuerung von Personenunternehmen aufgeben und eine allgemeine Unternehmensteuer einführen würde[3]. Im geltenden Besteuerungsmodell wäre eine Gemeinnützigkeit von Personengesellschaften hingegen nur mit erheblichen Modifikationen denkbar[4]. Dazu müsste § 15 Abs. 1 Satz 1 Nr. 2 EStG um eine dem § 5 Abs. 1 Nr. 9 KStG entsprechende Befreiungsregelung ergänzt werden, nach der den Mitunternehmern nur die Gewinne und Verluste aus einem steuerpflichtigen wirtschaftlichen Geschäftsbetrieb der Gesellschaft im Sinne von §§ 14, 64 AO zugerechnet werden. Ferner müsste in den § 55 Abs. 1 Nr. 1 Satz 2 AO klargestellt werden, dass ein vertraglich vereinbartes Steuerentnahmerecht der Gesellschafter nicht gegen das Mittelverwendungsgebot verstößt. Schließlich müsste gewährleistet sein, dass Einlagen in die Gesellschaft und spätere Verlustübernahmen bei den Gesellschaftern als steuerlich abzugsfähige Spenden behandelt werden.

II. Personengesellschaften als Kooperationsform

2.95 Aus der Gemeinnützigkeitsunfähigkeit von Personengesellschaften darf nicht geschlossen werden, dass diese Rechtsform im gemeinnützigen Sektor funktionslos wäre. Vielmehr können sie – insbesondere in Gestalt von Gesellschaften des bürgerlichen Rechts – ein sinnvolles gesellschaftsrechtliches Instrument für Kooperationen zwischen gemeinnützigen Organisationen darstellen[5], weil die Tätigkeiten der Personengesellschaft auf Grund des ertragsteuerlichen Transparenzprinzips (§ 39 Abs. 2 Nr. 2 AO, § 15 Abs. 1 Satz 1 Nr. 2 EStG) auf der Ebene der Gesellschafter gemeinnützigkeitsrechtlich gewürdigt werden müssen. So ist z.B. erst auf der Ebene der steuerbegünstigten Gesellschafter zu entscheiden, ob die Beteiligung an einer Personengesellschaft bei ihnen einen steuerpflichtigen wirtschaftlichen Geschäftsbetrieb oder einen Zweckbetrieb darstellt[6]. Diese gemeinnützigkeitsrechtliche Beurteilung ist aber

---

1 Dazu BVerfG v. 21.6.2006 – 2 BvL 2/99, BVerfGE 116, 164.

2 Vgl. dazu *von Hippel/Walz* in Walz/von Auer/von Hippel, Spenden- und Gemeinnützigkeitsrecht in Europa, S. 110.

3 Ebenso *von Hippel/Walz* in Walz/von Auer/von Hippel, Spenden- und Gemeinnützigkeitsrecht in Europa, S. 228; für eine Einbeziehung von Personengesellschaften in eine einheitliche Unternehmenssteuer *Hennrichs*, FR 2010, 721.

4 Dafür etwa *Musil* in Hübschmann/Hepp/Spitaler, § 51 AO Rz. 27.

5 Vgl. dazu *Schauhoff* in Schauhoff, § 9 Rz. 45; *Orth*, Stiftung&Sponsoring, Rote Seiten 5/99; FG Hamburg v. 8.12.1997 – II 98/95, EFG 1998, 916; *Schotenroehr/Bergedick*, Non Profit Law Yearbook 2014/2015 (2015), 133 ff.

6 AEAO Nr. 3 zu § 64 Abs. 1 AO; BFH v. 25.5.2011 – I R 60/10, BStBl. II 2011, 858; aus der älteren Rechtsprechung zu § 17 Abs. 1 StAnpG vgl. BFH v. 4.3.1976 – IV R 189/71, BStBl. II 1976, 472.

nur möglich, wenn insbesondere die Wirtschaftsgüter der Personengesellschaft den Gesellschaftern für gemeinnützigkeitsrechtliche Zwecke unmittelbar zugerechnet werden (vgl. § 39 Abs. 2 Nr. 2 AO)[1]. Bei einer solchen „transparenten" Behandlung sind auch die Vermögenswerte einer Personengesellschaft anteilig als „eigene" Mittel der steuerbegünstigten Gesellschafter anzusehen, so dass es weder einer Mittelweiterleitung nach § 58 Nr. 1 und 2 AO noch der Behandlung der Personengesellschaft als Hilfsperson nach § 57 Abs. 1 Satz 2 AO bedarf (vgl. dazu näher Rz. 4.42; 6.126 ff.). Bei Kooperationen in Form von Personengesellschaften ist allerdings zu beachten, dass Personengesellschaften im Gewerbe- und Umsatzsteuerrecht eigene Steuerrechtssubjekte sind. Während der Gesetzgeber dieser Tatsache in § 12 Abs. 2 Nr. 8 Buchst. b UStG durch eine gesonderte Befreiungsvorschrift für Personengesellschaften Rechnung getragen hat (vgl. Rz. 7.207), fehlt für gewerbliche Personengesellschaften eine entsprechende Vorschrift in § 3 GewStG (dazu Rz. 7.105).

frei   2.96–2.97

J. Ausländische Körperschaften

I. Problemstellung

Mit der zunehmenden „Globalisierung" haben auch die grenzüberschreitenden Aktivitäten gemeinnütziger Einrichtungen zugenommen. Dies führt zu der Frage, ob und unter welchen Voraussetzungen ausländische gemeinnützige Organisationen, die **weder Sitz noch Geschäftsleitung im Inland** haben, die inländischen Steuervergünstigungen wegen Gemeinnützigkeit in Anspruch nehmen können. Dabei sind folgende Fallkonstellationen zu unterscheiden[2]:

2.98

- Erstens geht es darum, ob ausländische Einrichtungen im Rahmen der **beschränkten Steuerpflicht** für inländische Einkünfte, Vermögen etc. direkte Steuerbefreiungen in Anspruch nehmen können. Diese Fallgestaltung betraf auch das EuGH-Urteil in der Rechtssache *Stauffer*[3].

- Zweitens ist zu überlegen, ob die verschiedenen **mittelbaren Vergünstigungen** für gemeinnützige Einrichtungen (z.B. der Spendenabzug oder der Freibetrag für nebenberufliche Tätigkeiten) auch auf Leistungen an ausländische Einrichtungen anwendbar sind. Konkret geht es um die Frage, ob auch für Direktspenden ins

---

1 Ebenso – für die Anwendung der Gewichtigkeitsgrenze bei der Beteiligung an einer Personengesellschaft – auch AEAO Nr. 18 zu § 64 Abs. 3 AO.

2 Vgl. dazu die Monographien von *Koele*, International Taxation of Philanthropy, 2007; *Schäfers*, Die steuerrechtliche Behandlung gemeinnütziger Stiftungen in grenzüberschreitenden Fällen, 2005; *Eicker*, Grenzüberschreitende gemeinnützige Tätigkeit, 2004. S. auch die rechtsvergleichenden Übersichten zum ausländischen Gemeinnützigkeitsrechten bei *von Hippel/Walz* in Walz/von Auer/von Hippel, Spenden und Gemeinnützigkeitsrecht in Europa, S. 13 sowie die Länderberichte in IFA (Hrsg.), Cahiers de droit fiscal international Volume LXXXIVa, Taxation of Non-Profit Organizations, 1999, und *Koele*, European Taxation 1997, 331 ff.

3 EuGH v. 14.9.2006 – Rs. C-386/04 *Stauffer*, Slg. 2006, I-8803.

Ausland ein Sonderausgabenabzug nach § 10b EStG gewährt wird und die Freibeträge nach § 3 Nr. 26 und 26a EStG auch für eine nebenberufliche Tätigkeit für eine ausländische gemeinnützige Einrichtung gelten. Beide Fragen bildeten – jeweils bezogen auf Sachverhalte innerhalb der EU – den Gegenstand der Verfahren *Jundt, Persche, Missionswerk Werner Heukelbach e.V.* und *Kommission/Republik Österreich*[1].

– Drittens ist zu überlegen, welche Rolle die internationalen **Doppelbesteuerungsabkommen (DBA)** in Hinsicht auf eine gegenseitige Anerkennung von gemeinnützigen Einrichtungen des anderen Vertragsstaats spielen.

Beispiel Nr. 12: Gründet eine niederländische gemeinnützige Stiftung zur Förderung von Kunst und Kultur (Museumsstiftung) in Deutschland eine Niederlassung (Museum) und erzielt ferner noch Einkünfte aus der Vermietung einer in Deutschland belegenen Immobilie, so unterliegen die inländischen Einkünfte aus dem Museum und der Immobilie in Deutschland nach den allgemeinen Grundsätzen der beschränkten Körperschaftsteuerpflicht, wenn die Stiftung weder Sitz noch Geschäftsleitung in Deutschland hat (§ 2 Nr. 1 KStG). Fraglich ist aber, ob die Stiftung für die inländischen Einkünfte die Befreiung nach § 5 Abs. 1 Nr. 9 KStG beanspruchen kann. Wirbt die Stiftung in Deutschland um (Direkt-)Spenden, so stellt sich für die deutschen Spender die Frage nach dem Sonderausgabenabzug in Deutschland. Wird die niederländische Stiftung von einem Deutschen zur Alleinerbin eingesetzt, ist zu klären, ob der Erwerb der deutschen Erbschaftsteuer unterliegt. Führt ein deutscher Kunststudent nebenberuflich Führungen in der Niederlassung oder Museum durch, wird er sich fragen, ob der Freibetrag nach § 3 Nr. 26 EStG auch für diese Einkünfte gilt. Soweit alle diese Fragen nach geltendem Recht zu verneinen sind, bleibt noch zu prüfen, ob sich die niederländische Stiftung, der inländische Spender und der nebenberuflich Tätige erfolgreich auf die Grundfreiheiten des AEUV berufen können.

Im Folgenden wird zunächst die Rechtslage nach nationalem Recht dargestellt, wobei nach den Änderungen durch das JStG 2009 vom 19.12.2008[2] und das Gesetz zur Umsetzung steuerlicher EU-Vorgaben vom 8.4.2010[3] zwischen Körperschaften aus EU/EWR-Staaten und anderen ausländischen Körperschaften zu unterscheiden ist. Sodann soll auf die vereinzelten Regelungen betreffend gemeinnützige Körperschaften in DBA eingegangen werden.

2.99–2.101 frei

II. Direkte Steuervergünstigungen

1. Körperschaften aus EU/EWR-Staaten

2.102 Als Reaktion auf das EuGH-Urteil in der Rechtssache *Stauffer* hat der deutsche Gesetzgeber im Rahmen des JStG 2009 vom 19.12.2008 die Befreiungsregelung in § 5 Abs. 1 Nr. 9 Satz 1 KStG für

---

1 Vgl. EuGH v. 18.12.2007 – Rs. C-281/06 *Jundt*, Slg. 2007, I-12231; EuGH v. 27.1.2009 – Rs. C-318/07 *Persche*, Slg. 2009, I-359; EuGH v. 10.2.2011 – Rs. C-25/10 *Missionswerk Werner Heukelbach e.V.*, Slg. 2011, I-497; EuGH v. 16.6.2011 – Rs. C-10/10 *Kommission/Republik Österreich*, Slg. 2011, I-5389.

2 BGBl. I 2008, 2794.

3 BGBl. I 2010, 386.

„nach den Rechtsvorschriften eines Mitgliedstaats der Europäischen Union oder nach den Rechtsvorschriften eines Staates, auf den das Abkommen über den Europäischen Wirtschaftsraum vom 3. Januar 1994 [...] in der jeweiligen Fassung Anwendung findet, gegründete Gesellschaften im Sinne des Artikels 54 des Vertrags zur Gründung der Europäischen Gemeinschaft oder des Artikels 34 des Abkommens über den Europäischen Wirtschaftsraum sind, deren Sitz und Ort der Geschäftsleitung sich innerhalb des Hoheitsgebiets eines dieser Staaten befindet, und mit diesen Staaten ein Amtshilfeabkommen besteht,"

durch einen entsprechenden Vorbehalt in § 5 Abs. 2 Nr. 2 KStG geöffnet. Damit können nunmehr auch beschränkt steuerpflichtige Körperschaften aus EU/EWR-Staaten die Befreiung von der Körperschaftsteuer wegen Gemeinnützigkeit für inländische Einkünfte (z.B. Einkünfte aus der Vermietung einer in Deutschland belegenen Immobilie) in Anspruch nehmen, **wenn sie den satzungsmäßigen und tatsächlichen Anforderungen der §§ 51 ff. AO genügen**[1]. Die Einbeziehung beschränkt steuerpflichtiger Körperschaften aus EU/EWR-Staaten hat zugleich auch Auswirkungen auf solche Steuervergünstigungen, die auf § 5 Abs. 1 Nr. 9 KStG verweisen, wie z.B. § 3 Nr. 26 und Nr. 26a EStG, § 10b EStG, § 9 Abs. 1 Nr. 2 KStG und § 9 Nr. 5 GewStG. Auch ohne spezielle Verweisung auf § 5 Abs. 1 Nr. 9 KStG wird man Gleiches für die Befreiung von der Gewerbesteuer (§ 3 Nr. 6 GewStG) und die Anwendung des ermäßigten Steuersatzes bei der Umsatzsteuer (§ 12 Abs. 2 Nr. 8 Buchst. a UStG) annehmen müssen, deren persönlicher Anwendungsbereich bisher im Einklang mit der Körperschaftsteuer ausgelegt worden ist[2].

Ausländische Körperschaften aus EU/EWR-Staaten, die im Inland Kapitalerträge erzielen, sind hingegen weiterhin von der **Abstandnahme vom Steuerabzug** nach § 44a EStG ausgenommen. Auch inländischer **Grundbesitz** von ausländischen gemeinnützigen Einrichtungen, der für steuerbegünstigte Zwecke genutzt wird, ist nicht nach § 3 Abs. 1 Nr. 3 Buchst. a GrStG befreit. In diesen Fällen ist die Steuerbefreiung auch heute noch „inländischen" Körperschaften, Personenvereinigungen oder Vermögensmassen vorbehalten. Gemeinnützige Einrichtungen aus anderen EU/EWR-Staaten, die die Voraussetzungen der §§ 51 ff. AO erfüllen, haben somit nur die Möglichkeit, sich – entsprechend dem EuGH-Urteil in der Rechtssache *Stauffer*[3] – gegenüber dem Finanzamt unmittelbar auf die Grundfreiheiten (Kapitalverkehrsfreiheit) zu berufen (vgl. auch Rz. 1.125 ff.). 2.103

2. Andere ausländische Körperschaften

Beschränkt steuerpflichtige ausländische Körperschaften aus anderen Staaten außerhalb der EU/EWR sind auch weiterhin – vorbehaltlich etwaiger Sonderregelungen in DBA (dazu Rz. 2.107 ff.) – **vom Anwendungsbereich der Steuervergünstigungen wegen Gemeinnützigkeit ausgenommen** (vgl. etwa § 5 Abs. 2 Nr. 2 KStG)[4]. Ihnen 2.104

---

1 Zu diesen Voraussetzungen vgl. näher BFH v. 25.10.2016 – I R 54/14, BStBl. II 2017, 1216; *Martini*, ISR 2015, 97.
2 *Glanegger/Güroff*, § 3 GewStG Rz. 13.
3 EuGH v. 14.9.2006 – Rs. C-386/04 *Stauffer*, Slg. 2006, I-8803.
4 Vgl. FG Baden-Württemberg v. 23.4.2015 – 3 K 1766/13, zitiert nach juris; wegen Satzungsmängeln offen gelassen in BFH v. 15.11.2017 – I R 39/15, BFH/NV 2018, 611.

bleibt also nur die Möglichkeit, durch Zwischenschaltung einer unbeschränkt steuerpflichtigen Tochterorganisation in Deutschland in den Genuss der Steuerbefreiungen zu kommen und ggf. im Inland erwirtschaftete Mittel unter den Voraussetzungen des § 58 Nr. 1 AO an die ausländische Mutterorganisation weiterzuleiten.

III. Indirekte Steuervergünstigungen

1. Körperschaften aus EU/EWR-Staaten

2.105 In Umsetzung des EuGH-Urteils in den Rechtssache *Jundt* hat der deutsche Gesetzgeber durch das JStG 2009 vom 19.12.2008[1] den Anwendungsbereich der Freibeträge nach § 3 Nr. 26 und Nr. 26a EStG um Tätigkeiten für ausländische Körperschaften des öffentlichen Rechts aus EU/EWR-Staaten erweitert. Durch das Gesetz zur Umsetzung steuerlicher EU-Vorgaben vom 8.4.2010[2] ist dann – wie vom EuGH in der Rechtssache *Persche* gefordert – auch der Spendenabzug nach § 10b EStG, § 9 Abs. 1 Nr. 2 KStG und § 9 Nr. 5 GewStG auf Direktspenden an Körperschaften aus EU/EWR-Staaten ausgedehnt worden. Zuwendungen an ausländische privatrechtliche Körperschaften sind allerdings nur abziehbar, sofern diese Körperschaften, wenn sie inländische Einkünfte erzielen „würden", nach § 5 Abs. 2 Nr. 2 KStG steuerbefreit „wären". Mit anderen Worten müssen die Körperschaften also nach ihrer Satzung und Geschäftsführung die materiellen Anforderungen der §§ 51 ff. AO erfüllen[3]. Ferner muss die Möglichkeit der Amtshilfe in Steuersachen und der Beitreibung von Steuerforderungen (Spendenhaftung) bestehen (näher dazu Rz. 8.23). Wie man sich eine praktische Anwendung dieser gesetzlichen Vorgaben durch die Wohnsitzfinanzämter vorzustellen hat, ist derzeit noch offen. Die Finanzverwaltung hat 2011 ein erstes BMF-Schreiben zur Anwendung des EuGH-Urteils vom 27.1.2009 herausgegeben[4] (dazu näher Rz. 1.134). Inzwischen ist auch die Erbschaftsteuerbefreiung für gemeinnützige Zuwendungen nach § 13 Abs. 1 Nr. 16 Buchst. b ErbStG auf der Grundlage des EuGH-Urteils in der Rechtssache *Missionswerk Heukelbach e.V.*[5] auf Zuwendungen an vergleichbare gemeinnützige Einrichtungen in EU/EWR-Staaten erweitert worden[6].

2. Andere ausländische Körperschaften

2.106 Tätigkeiten für und Zuwendungen an Körperschaften aus Nicht-EU/EWR-Staaten sind – vorbehaltlich einer Sonderregelung nach dem Freizügigkeitsabkommen zwischen der EU und der Schweiz[7] – weiterhin vom Anwendungsbereich des § 3 Nr. 26 und Nr. 26a EStG sowie vom Spendenabzug ausgeschlossen.

---

1 BGBl. I 2008, 2794.
2 BGBl. I 2010, 386.
3 Dazu BFH v. 21.1.2015 – X R 7/13, BStBl. II 2015, 588; BFH v. 17.9.2013 – I R 16/12, BStBl. II 2014, 440.
4 BMF v. 16.5.2011, BStBl. I 2011, 559.
5 EuGH v. 10.2.2011 – Rs. C-25/10 *Missionswerk Werner Heukelbach e.V.*, Slg. 2011, I-497.
6 Gesetz v. 2.11.2015, BGBl. I 2015, 1834.
7 Vgl. dazu – betreffend den Übungsleiterfreibetrag – EuGH v. 21.9.2016 – Rs. C-478/15 *Radgen*, ECLI:EU:C:2016:705.

Beispiel Nr. 13: Wenn ein deutsches Unternehmen die katholische Kirche bei der Durchführung des Weltjugendtages in Brasilien unterstützen möchte, dann kann es z.B. einem deutschen Bistum eine Zuwendung mit einer entsprechenden Auflage machen. Entscheidet man sich hingegen dafür, die Spende im Vatikan unmittelbar „an den Papst" zu leisten, dann ist zunächst zu klären, wer genau Zuwendungsempfänger ist. Ordnet man die Zuwendung dem Vatikan oder dem Bistum von Rom zu, ist Empfänger eine ausländische Körperschaft des öffentlichen Rechts außerhalb der EU/EWR, sodass ein Spendenabzug nach dem Wortlaut des § 9 Abs. 1 Nr. 2 Buchst. a KStG grundsätzlich ausscheidet[1]. Zwar findet die unionsrechtliche Kapitalverkehrsfreiheit (Art. 63 AEUV) auch auf Beschränkungen im Verhältnis zu Drittstaaten Anwendung[2]. Dies ändert aber nichts daran, dass es sich beim Empfänger um eine nach den Maßstäben des deutschen Steuerrechts „begünstigungsfähige" Einrichtung handeln muss. Insoweit dürfte es beim Vatikan nicht nur an den satzungsmäßigen Voraussetzungen fehlen, sondern auch an einem begünstigten Zweck, weil sich der Begriff der „kirchlichen Zwecke" nach § 54 AO auf die Unterstützung inländischer Körperschaften des öffentlichen Rechts bezieht (dazu Rz. 3.177). Unabhängig davon dürfte aber der Ausschluss von Einrichtungen in Drittstaaten schon dadurch gerechtfertigt sein, dass eine Amtshilfe bzw. die Beitreibung von Steuerforderungen außerhalb der EU/EWR nicht gesichert ist[3].

IV. Gemeinnützigkeit und Doppelbesteuerungsabkommen (DBA)

Die internationalen DBA regeln die Besteuerung grenzüberschreitender Sachverhalte durch Aufteilung der Steueransprüche unter den Vertragsstaaten. Im Vordergrund stehen dabei die Steuern vom Einkommen und Vermögen sowie die Erbschaft- und Schenkungsteuer. Die Regelungen der DBA gelten grundsätzlich auch für gemeinnützige Einrichtungen, soweit sie z.B. Einkünfte aus grenzüberschreitenden Tätigkeiten erzielen. Einige wenige DBA enthalten darüber hinaus auch Regelungen über die Gewährung von Steuervergünstigungen an gemeinnützige Einrichtungen des jeweils anderen Vertragsstaates[4].   2.107

1. Steuern vom Einkommen und Vermögen

Im Bereich der Steuern von Einkommen und Vermögen enthält allein Art. 27 DBA-USA eine Befreiungsregelung für gemeinnützige Einrichtungen des anderen Vertragsstaats. Die Vorschrift lautet[5]:   2.108

„Artikel 27 Befreite Organisationen

(1) Ungeachtet des Artikels 28 (Schranken für die Abkommensvergünstigungen) sind Einkünfte einer deutschen Gesellschaft oder Organisation, die ausschließlich religiöse, mildtätige, wissenschaftliche, erzieherische oder öffentliche Zwecke verfolgt, in den Vereinigten Staaten steuerbefreit, wenn und soweit sie

---

1 Ebenso FG Köln v. 15.1.2014 – 13 K 3735/10, EFG 2014, 667; FG Baden-Württemberg v. 23.4.2015 – 3 K 1766/13, zitiert nach juris.
2 EuGH v. 18.12.2007 – Rs. C-101/05 *Rechtssache „A"*, Slg. 2007, I-11531.
3 EuGH v. 18.12.2007 – Rs. C-101/05 *Rechtssache „A"*, Slg. 2007, I-11531.
4 Dazu näher *Martini* in NK-GemnR, Anhang zu § 5 KStG Rz. 1 ff.; *Schäfers*, Die steuerrechtliche Behandlung gemeinnütziger Stiftungen in grenzüberschreitenden Fällen, S. 163 ff.
5 Dazu näher *Schauhoff* in Schauhoff, § 5 Rz. 16 ff.; *Martini* in NK-GemnR, Anhang zu § 5 KStG Rz. 17 ff.

a) in der Bundesrepublik Deutschland steuerbefreit ist und

b) bezüglich dieser Einkünfte in den Vereinigten Staaten steuerbefreit wäre, sofern sie in den Vereinigten Staaten errichtet worden und ausschließlich dort tätig wäre.

(2) Ungeachtet des Artikels 28 (Schranken für die Abkommensvergünstigungen) sind Einkünfte einer Gesellschaft oder Organisation in den Vereinigten Staaten, die ausschließlich religiöse, mildtätige, wissenschaftliche, erzieherische oder öffentliche Zwecke verfolgt, in der Bundesrepublik Deutschland steuerbefreit, wenn und soweit sie

a) in den Vereinigten Staaten steuerbefreit ist und

b) bezüglich dieser Einkünfte in der Bundesrepublik Deutschland steuerbefreit wäre, sofern sie eine deutsche Gesellschaft oder Organisation wäre, die ausschließlich in der Bundesrepublik Deutschland tätig ist."

Die Bedeutung des Art. 27 DBA-USA besteht somit darin, dass die Vertragsstaaten unabhängig von den Voraussetzungen der besonderen Verteilungsartikel (z.B. für Unternehmensgewinne etc.) auf die Ausübung ihres Besteuerungsrechts verzichten. So ist z.B. eine Organisation aus den USA, wenn und soweit sie in den USA steuerbefreit ist und – wäre sie eine ausschließlich in Deutschland tätige deutsche Organisation – bezüglich dieser Einkünfte auch in Deutschland steuerbefreit wäre, nach dem Abkommen von der Steuer befreit. Diese Voraussetzungen sind z.B. bei Zweckbetriebseinnahmen erfüllt, die eine US-amerikanische Stiftung aus einer in Deutschland ausgeführten Zweckbetriebstätigkeit erzielt, oder bei inländischen Einkünften aus Vermietung und Verpachtung. Hingegen hat das DBA keine Bedeutung für den Spendenabzug, da dieser nicht Gegenstand des Abkommens ist[1].

2. Erbschaft- und Schenkungsteuer bei grenzüberschreitenden Zuwendungen

2.109 Verschiedene Regelungen in den deutschen DBA enthalten besondere Regelungen über grenzüberschreitende Zuwendungen an gemeinnützige Einrichtungen. Diese verfolgen das Ziel, bestimmten in einem Vertragsstaat steuerbegünstigten Organisationen auch die Steuervergünstigungen des anderen Vertragsstaates zugutekommen zu lassen. Hinzuweisen ist insoweit auf Art. 10 Abs. 2 DBA-USA, Art. 21 Abs. 7 Buchst. b DBA-Frankreich sowie Art. 28 Abs. 2 DBA-Schweden[2].

---

1 Vgl. nur *Martini* in NK-GemnR, Anhang zu § 5 KStG Rz. 37; *Wunderlich* in Endres/Jacob/Gohr/Klein, Art. 27 DBA Deutschland/USA Rz. 14.

2 Siehe *Schäfers*, Die steuerrechtliche Behandlung gemeinnütziger Stiftungen in grenzüberschreitenden Fällen, S. 261 ff.

Kapitel 3
Steuerbegünstigte Zwecke

Literatur: *Arndt/Immel*, Zur Gemeinnützigkeit des organisierten Sports, BB 1987, 1153; *Bauer*, Die Steuerpflicht gemeinnütziger Körperschaften nach der Rechtsprechung des Bundesfinanzhofs, FR 1989, 61; *Brill*, Der Verlust der Gemeinnützigkeit aufgrund von Verstößen gegen die Rechtsordnung und aufgrund des Verzichts, Hamburg 2006; *Droege*, Religionsgemeinschaftliche Organisationsautonomie und der Schutz des Zivilrechtsverkehrs, npoR 2013, 216; *Dudde*, Die Umsatzbesteuerung gemeinnütziger Sportvereine, Frankfurt/M. 2010; *Felix*, Förderung der Allgemeinheit als Voraussetzung der Gemeinnützigkeit, FR 1961, 236; *Felix/Streck*, Inhalte und Tragweite der Reform der ertragsteuerlichen Abzugsfähigkeit staatspolitischer und staatsdemokratischer Ausgaben aufgrund der Novelle 1983 des Parteiengesetzes, DStZ 1984, 79; *Fischer*, Gemeinnutz und Eigennutz am Beispiel der steuerlichen Sportförderung, in Kirchhof/Jakob/Beermann (Hrsg.), Steuerrechtsprechung. Steuergesetze. Steuerreform – Festschrift für Klaus Offerhaus zum 65. Geburtstag, Köln 1999, S. 597; *Fi-*

scher, Europa macht mobil – bleibt der Verfassungsstaat auf der Strecke?, FR 2005, 457; *Fischer*, Das EuGH-Urteil Persche zu Auslandsspenden – die Entstaatlichung des Steuerstaats geht weiter, FR 2009, 249; *Fischer*, Gemeinnützigkeitsrechtliche Förderung der Allgemeinheit in Deutschland und Europa, in Tipke/Seer/Hey/Englisch (Hrsg.), Festschrift für Joachim Lang: Gestaltung der Steuerrechtsordnung, Köln 2010, S. 281; *Fischer*, Gemeinnützigkeit und Zeitgeist, DStR 2018, 1394; *Fritz*, Aktuelle Finanzrechtsprechung zum Gemeinnützigkeits- und Spendenrecht, DStZ 2017, 190; *Gast-de Haan*, Die Förderung der „Allgemeinheit" als Voraussetzung für die steuerliche Anerkennung der Gemeinnützigkeit von Vereinen, DStR 1996, 405; *Heintzen/Musil*, Das Steuerrecht des Gesundheitswesens, 2. Aufl., Berlin 2012; *Herbert*, Die Mittel- und Vermögensbindung gemeinnütziger Körperschaften, BB 1991, 178; *Herrnkind*, Steuerliche Förderung von Sportvereinen, Diss. Köln 1995; *Heuermann*, Gemeinnützigkeitsrecht: Grundrechtekatalog maßgebend für die „Förderung der Allgemeinheit", DStR 2017, 1754; *Hüttemann*, Die Neuregelung des Spendenrechts, NJW 2000, 638; *Hüttemann*, Das Gesetz zur weiteren steuerlichen Förderung von Stiftungen, DB 2000, 1584; *Hüttemann*, Neuere Entwicklungen des Spendenrechts, Stiftung&Sponsoring, Rote Seiten zu 1/2002; *Hüttemann*, Grundprinzipien des steuerlichen Gemeinnützigkeitsrechts, DStJG 26 (2003), 49; *Hüttemann*, Organschaft und Gemeinnützigkeit, in Herzig (Hrsg.), Organschaft, Stuttgart 2003, S. 399; *Hüttemann*, Gesetz zur weiteren Stärkung des bürgerschaftlichen Engagements und seine Auswirkungen auf das Gemeinnützigkeits- und Spendenrecht, DB 2007, 2053; *Hüttemann*, Das Buchwertprivileg bei Sachspenden nach § 6 Abs. 1 Nr. 4 Satz 5 EStG, DB 2008, 1590; *Hüttemann*, Der Steuerstatus der politischen Parteien, in Tipke/Seer/Hey/Englisch (Hrsg.), Festschrift für Joachim Lang: Gestaltung der Steuerrechtsordnung, 2010, S. 321; *Hüttemann*, Der Stiftungszweck nach dem BGB, in Martinek/Rawert/Weitemeyer (Hrsg.), Festschrift für Dieter Reuter zum 70. Geburtstag, Berlin 2010, S. 121; *Hüttemann*, Das Gesetz zur Stärkung des Ehrenamts, DB 2013, 774; *Hüttemann*, Anmerkung zu BFH v. 17.9.2013 – I R 16/12, ISR 2014, 133; *Hüttemann*, Der geänderte Anwendungserlass zur Gemeinnützigkeit, DB 2014, 442; *Hüttemann*, Steuerliche Gemeinnützigkeit und politische Betätigung, DB 2015, 821; *Hüttemann*, Gemeinnützigkeitsrecht als Organisationsrecht des Dritten Sektors, in Siekmann u.a. (Hrsg.), Festschrift für Theodor Baums zum 70. Geburtstag, Tübingen 2016, S. 623; *Hüttemann/Helios*, Gemeinnützige Zweckverfolgung im Ausland nach der „Stauffer"-Entscheidung des EuGH, DB 2006, 2481; *Jachmann*, Steuerrecht, in Igl/Jachmann/Eichenhofer (Hrsg.), Rechtliche Rahmenbedingungen bürgerschaftlichen Engagements, Opladen 2002; *Jachmann* (Hrsg.), Gemeinnützigkeit. Veröffentlichungen der Deutschen Steuerjuristischen Gesellschaft (DStJG), Band 26, Köln 2003; *Jachmann*, Die Europarechtswidrigkeit des § 5 Abs. 2 Nr. 2 KStG, BB 2003, 990; *Jachmann*, Gemeinnütziger Sport versus subventionierte Freizeitbetätigung, in Tipke/Söhn (Hrsg.), Gedächtnisschrift für Christoph Trzaskalik, Köln 2005, S. 31; *Jachmann*, Die Entscheidung des EuGH im Fall Stauffer – Nationale Gemeinnützigkeit in Europa, BB 2006, 2607; *Jachmann/Meier-Behringer*, Gemeinnützigkeit in Europa: Steuer- und europarechtliche Rahmenbedingungen, BB 2006, 1823; *Jansen*, Verlust der Gemeinnützigkeit bei Verstoß gegen die Rechtsordnung, insbesondere bei Steuerverkürzungen?, FR 2002, 996; *Jäschke*, Verstöße gegen die Rechtsordnung und Extremismus im Gemeinnützigkeitsrecht – Zur neuen Regelung des § 51 Abs. 3 AO, DStR 2009, 1669; *Jost*, Ausgewählte Aspekte der gemeinnützigen GmbH, in Poll (Hrsg.), Bilanzierung und Besteuerung der Unternehmen. Das Handels- und Steuerrecht auf dem Weg ins 21. Jahrhundert. Festschrift für Herbert Brönner zum 70. Geburtstag, Stuttgart 2000, S. 179; *Kirchhain*, Zum maßgeblichen Zeitpunkt für die gemeinnützigkeitsrechtliche Beurteilung einer Mittel(fehl)verwendung – Dargestellt am Beispiel der Gewährung und Besicherung von Darlehen, DStR 2012, 2313; *Kirchhain*, Vom Fördern und Gefördertsein: Auslegungsfragen zur Mittelweitergabe gemeinnütziger Förderkörperschaften, DStR 2013, 2141; *Kirchhartz*, Kommunale Wirtschaftsförderung – steuerlich gemeinnützig?, DB 1982, 2158; *Klaßmann/Notz/Schmidbauer*, Die Besteuerung der Krankenhäuser und anderer humanmedizinischer Leistungserbringer, 5. Aufl., Düsseldorf 2017; *Knobbe-Keuk*, Eine klare Antwort, StVj 1990, 196; *Kohlhepp,* Rechtsprechung zum Gemeinnützigkeitsrecht 2016/2017, DStR 2017, 2577; *Koller,* Ein wichtiger Meilenstein in der Entwicklung des Grillrechts: Das Grillsteuerrecht als weiteres Subsystem in diesem transdisziplinären Rechtsgebiet, npoR 2017, 57; *Kube,* Die Zukunft des Gemeinnützigkeitsrechts in der europäischen Marktordnung, IStR 2005, 469; *Lang,* Zur steuerlichen Förderung gemeinnütziger Körperschaften, DStZ 1988, 18; *Leisner-Egensperger,* Zweckkollisionen im steuerlichen Gemeinnützigkeitsrecht, in Kirchhof/Papier/Schäffer (Hrsg.), Rechtsstaat und Grundrechte. Festschrift für Detlef Merten, Heidelberg 2007, S. 277; *Lissner,* Das Gemeinnützigkeits- und Spendenrecht unter dem Einfluss der europäischen Grundfreiheiten, Hamburg 2009; *Märkle/Alber,* Das Vereinsförderungsgesetz, BB 1990, Beilage 2; *Märtens,* Gemeinnützigkeit einer Förderkörperschaft, DB 2015, 523; *Möller,* Mitgliedsbeiträge, Aufnahmegebühren und Spenden an Sportvereine, DB 1997, 949; *Mösbauer,* Die Unterstützung von körperlich, geistig und seelisch Hilfebedürftigen als steuerbegünstigter mildtätiger Zweck sozialer Rehabilitation, ZfSH/SGB 1988, 514; *Müller-Gatermann,* Gemeinnützigkeit und Sport, FR 1995, 261; *Mummenhoff,* Gründungssysteme und Rechtsfähigkeit, München 1979; *Musil,* Steuerliche Fragen der Gesundheitsreform, Bd. 1: Strukturreformen im Krankenhausbereich, Tübingen 2010; Bd. 2: Neue Versorgungsformen, Tübingen 2011; *Oppermann,* Steuerbefreiung für Wirtschaftsförderungsgesellschaften (§ 5 Abs. 1 Nr. 18 KStG), DB 1994, 1489; *Prugger,* Höchstgrenzen für Mitgliedsbeiträge und Aufnahmegebühren bei gemeinnützigen Sportvereinen unter besonderer Berücksichtigung selbstfinanzierter Sportarten, DB 1996, 496; *Rackow,* Grenzen der politischen Betätigung gemeinnütziger Organisationen im deutschen und US-amerikanischen Recht – ein Rechtsvergleich, npoR 2016, 145; *Rawert,* Charitable Correctness – Das OLG Dresden zu Spenden- und Pflichtteilsergänzung, NJW 2002, 3151; *Reuter,* Die Änderung des Vereinszwecks, ZGR 1987, 475; *Reuter,* Der Einfluss des AGG auf die Gründung und Tätigkeit von gemeinnützigen Stiftungen und Vereinen, in Hanau/Thau/Westermann (Hrsg.), Gegen den Strich. Festschrift für Klaus Adomeit, Köln 2008, S. 595; *Schäfers,* Die steuerrechtliche Behandlung gemeinnütziger Stiftungen in grenzüberschreitenden Fällen, Baden-Baden 2005; *Schauhoff/Fischer,* Der Sportverein im Steuerrecht, Non Profit Law Yearbook 2002 (2003), 199; *Schauhoff/Kirchhain,* Das Gesetz zur weiteren Stärkung des bürgerschaftlichen Engagements, DStR 2007, 1985; *Schauhoff/Kirchhain,* Gemeinnützigkeit im Umbruch durch Rechtsprechung – Anm. zu BFH vom 18.9.2007, I R 30/06, und zu BFH vom 19.2.2007, I R 15/07 sowie Replik zu Heger, DStR 2008, 807und 1713; *Schauhoff/Kirchhain,* Steuer- und zivilrechtliche Neuerungen für gemeinnützige Körperschaften und deren Förderer – Zum Gesetz zur Stärkung des Ehrenamtes, FR 2013, 301; *Schienke-Ohletz,* Besonderheiten des Gemeinnützigkeitsrechts bei Förderung der Entwicklungszusammenarbeit, FR 2012, 616; *Schienke-Ohletz,* Internationales Gemeinnützigkeits- und Spendenrecht unerwünscht?, BB 2018, 221; *K. Schmidt,* Der Vereinszweck nach dem Bürgerlichen Gesetzbuch, BB 1987, 556; *Schmidt/Fritz,* Besteuerung stiller Reserven bei wirtschaftlichen Geschäftsbetrieben gemeinnütziger Körperschaften, DB 2002, 2509; *Scholtz,* Steuerbegünstigte Zwecke, FR 1976, 181; *Schön,* Kirchliche Hoheitsbetriebe, DStZ 1999, 701; *Schöner,* Car-Sharing zwischen Vereins- und Steuerrecht, BB 1996, 438; *Seeger/Thier,* Cash-Pooling – Ein sinnvolles Finanzinstrument zur Nutzung von Kostensenkungspotenzialen auch im gemeinnützigen Konzern, DStR 2011, 184; *Seer,* Gemeinwohlzwecke und steuerliche Entlastung, DStJG 26 (2003), 11; *Segna,* Die Scientology Church: (k)ein wirtschaftlicher Verein, NVwZ 2004, 1446; *Strahl,* Die Besteuerung von privaten und öffentlichen Forschungseinrichtungen und ihrer Kooperationen, Non Profit Law Yearbook 2013/2014 (2014), 63; *Suck,* Alaaf und Helau – Zur Besteuerung von Karnevalsvereinen, NWB 2013, 428; *Theiner,* Stiftungszweck Völkerverständigung. Robert Bosch und die Robert Bosch Stiftung, Stiftung&Sponsoring, Rote Seiten zu 5/2009; *Thiel/Eversberg,* Das Vereinsförderungsgesetz und seine Auswirkungen auf das Gemeinnützigkeits- und Spendenrecht, DB 1990, 290, 344 und 395; *Thiel/Eversberg,* Die neue Vereinsbesteuerung, Köln 1997; *Thömmes,* Aktuelle Fragen zum Europäischen Handels- und Steuerrecht: Gemeinnützigkeit und EG-Recht – Zur EG-Rechtswidrigkeit der § 5

Abs. 2 Nr. 3 KStG, in JbfStR 1999/2000, 123; *Thömmes/Nakhai*, Aktuelle EG-rechtliche Entwicklungen auf dem Gemeinnützigkeitssektor, IStR 2006, 164; *Thüsing*, Was ist eine Religionsgemeinschaft? – Eine rechtsvergleichende Darstellung am Beispiel der Scientology Church, in Hanau/Lenze/Löwer/Schiedermair (Hrsg.), Wissenschaftsrecht im Umbruch. Gedächtnisschrift für Hartmut Krüger, Berlin 2001, S. 351; *Tipke*, Die deklassierte Gemeinnützigkeit, StuW 1989, 165; *Trzaskalik*, Die steuerliche Förderung des Sports, StuW 1986, 219; *Ullrich*, „Extremismus": ein Rechtsbegriff und seine Bedeutung, JZ 2016, 169; *Unger*, Steuerbegünstigung grenzüberschreitender Gemeinnützigkeit im Binnenmarkt – Vorgaben des Gemeinnützigkeits- und Spendenrechts im Lichte der unionalen Grundfreiheiten, DStZ 2010, 154; *Urselmann*, Fundraising – Professionelle Mittelbeschaffung für steuerbegünstigte Organisationen, 6. Aufl., Wiesbaden 2014; *Volkmann/Wittke*, NPO 2.0 – Internetspendenportale, virtuelle Marktplätze und Online-Fördernetzwerke auf dem Prüfstand des Gemeinnützigkeitsrechts, BB 2010, 859; *Wachter*, Voraussetzungen für die Anerkennung steuerbegünstigter Zwecke, ZEV 2005, 524; *Wallenhorst*, Mitgliederbeiträge der Sportvereine und die Förderung der Allgemeinheit nach § 52 AO, DStR 1997, 479; *Weidmann/Kohlhepp*, Rechtsprechung zum Gemeinnützigkeitsrecht 2014, DStR 2015, 1273; *Weidmann/Kohlhepp*, Rechtsprechung zum Gemeinnützigkeitsrecht 2015/2016, DStR 2016, 2673; *Weitemeyer/Kamp*, Politische Betätigung durch Gemeinnützige, ZRP 2015, 75; *Weitemeyer/Kamp*, Zulässigkeit politischer Betätigungen durch gemeinnützige Körperschaften, DStR 2016, 2623; *Weitemeyer/Wrede*, Genderfragen in Non-Profit-Organisationen, npoR 2018, 3; *Widmann*, Aktuelle Fragen zum Europäischen Handels- und Steuerrecht: Gemeinnützigkeit und EG-Recht – Zur EG-Rechtswidrigkeit der § 5 Abs. 2 Nr. 3 KStG, in JbfStR 1999/2000, 123; *Wolsztynski/Hüsgen*, Kritische Anmerkungen zur Reform des Spenden- und des Stiftungssteuerrechts, BB 2000, 1809.

A. Verfolgung steuerbegünstigter Zwecke (§ 51 AO)

I. Steuerbegünstigte Zwecke als Oberbegriff

Die AO verwendet den Begriff der steuerbegünstigten Zwecke in den §§ 51 bis 68 als **Oberbegriff für gemeinnützige, mildtätige und kirchliche Zwecke** (vgl. § 51 Satz 1 AO). Er findet vor allem in den §§ 51 ff. AO Verwendung, die sich auf alle „steuerbegünstigten" Körperschaften beziehen und den „Allgemeinen Teil" des steuerlichen Gemeinnützigkeitsrechts bilden. Außerhalb der AO ist der Oberbegriff der steuerbegünstigten Zwecke überwiegend bedeutungslos. Denn in den Einzelsteuergesetzen (vgl. z.B. § 5 Abs. 1 Nr. 9 KStG) werden die einzelnen steuerbegünstigten Zwecke (gemeinnützige, mildtätige und kirchliche Zwecke) zumeist direkt in Bezug genommen. Etwas anderes gilt hingegen für das Spendenrecht, weil seit 2007 alle steuerbegünstigten Zwecke zugleich spendenbegünstigt sind. Deshalb ist dort nunmehr von „Zuwendungen zu steuerbegünstigten Zwecken" die Rede (vgl. § 10b Abs. 1 Satz 1 EStG).

3.1

Der Begriff der steuerbegünstigten Zwecke findet sich bereits in der GemVO 1941. Er hat sich gleichwohl im allgemeinen Sprachgebrauch nicht durchsetzen können. Vielmehr wird der **Begriff der „Gemeinnützigkeit"** auch heute noch vielfach als Synonym für alle steuerbegünstigten Zwecke verwendet[1]. Darin liegt eine Abweichung von der gesetzlichen Terminologie. Die AO versteht unter gemeinnützigen Zwecken nur die besonderen, in § 52 AO

---

1 Vgl. etwa den Tagungsband der DStJG 26 (2003): „Gemeinnützigkeit".

149

definierten Zwecke und stellt diesen in §§ 53 und 54 AO die mildtätigen und kirchlichen Zwecke gegenüber. Besonderes Merkmal der „Gemeinnützigkeit" ist dabei vor allem die Förderung der Allgemeinheit, die bei mildtätigen und kirchlichen Zwecken gerade nicht Voraussetzung ist[1].

II. Verfolgung steuerbegünstigter Zwecke (§ 51 Abs. 1 AO)

1. Steuerbegünstigter Zweck als konstituierendes Element

3.2 Die Gewährung der Steuervergünstigung wegen Gemeinnützigkeit setzt die Verfolgung eines steuerbegünstigten Zwecks voraus. Dieser ist ein konstituierendes Merkmal der steuerlichen Gemeinnützigkeit einer Körperschaft und verknüpft den Steuerstatus der Gemeinnützigkeit mit dem zivilen Organisationsrecht, weil durch den Zweck der Körperschaft **die Richtlinien der Geschäftspolitik für die willensbildenden und ausführenden Organe in der Satzung verbindlich festlegt werden**[2]. Nach § 60 Abs. 1 AO müssen die Satzungszwecke und die Art ihrer Verwirklichung so genau bestimmt sein, dass eine Nachprüfung der satzungsmäßigen Voraussetzungen der Steuervergünstigungen (allein) auf Grund der Satzung möglich ist (zum Verhältnis der formalen Anforderungen des Gemeinnützigkeitsrechts zu den Satzungsanforderungen im Gesellschaftsrecht vgl. Rz. 2.15 f.).

3.3 Das **Verhältnis von Verbandszweck und verbandsmäßiger Betätigung** (bei Gesellschaften spricht man vom Unternehmensgegenstand) wird im Gesellschaftsrecht gemeinhin wie folgt umschrieben: Der Unternehmensgegenstand bildet einen wesentlichen Bestandteil und die Haupterkenntnisquelle[3] des begrifflich übergeordneten Gesellschaftszwecks, der als weiteres Element das allgemein leitende Ziel des Verbands beinhaltet, welches in der Herbeiführung eines bestimmten Erfolges besteht und durch den Gegenstand der Verbandtätigkeit verwirklicht wird[4]. Bei einem Erwerbsunternehmen besteht dieses „leitende Ziel" mithin in der Gewinnerzielung zugunsten der Mitglieder und der Unternehmensgegenstand (z.B. „Kauf und Verkauf von Waren aller Art") beschreibt lediglich die Tätigkeit, mit der dieses Ziel erreicht werden soll. Soll der „For-Profit-Charakter" aufgegeben werden, bedarf es mithin einer einstimmigen Zweckänderung (vgl. § 33 Abs. 1 Satz 2 BGB), während die Änderung des Unternehmensgegenstandes durch Satzungsänderung erfolgen kann[5]. Bei **Vereinen und Stiftungen mit „ideellen" Zwecken** stellt sich die Situation hingegen anders dar. Auch hier hat die satzungsmäßige Festlegung des Vereins- bzw. Stiftungszwecks (vgl. §§ 57 Abs. 1, 81 Abs. 1 Satz 3 Nr. 3 BGB) die Funktion,

---

1 Zur Unterscheidung zwischen gemeinnützigen und mildtätigen bzw. kirchlichen Zwecken im Rahmen von § 144 Abs. 2 KostO a.F. vgl. BGH v. 19.6.2013 – V ZB 130/12, MDR 2013, 1135.

2 Zur Funktion des Verbandszwecks vgl. nur *K. Schmidt*, Gesellschaftsrecht, § 4 II.

3 RG v. 4.6.1940 – II 171/39, RGZ 164, 129 (140).

4 Zum Verhältnis von Verbandszweck und Unternehmensgegenstand vgl. *Ulmer* in Hachenburg, § 1 GmbHG Rz. 5; *Fastrich* in Baumbach/Hueck, § 1 GmbHG Rz. 5; *K. Schmidt*, Gesellschaftsrecht, § 4 II 3; monographisch *Tieves*, Der Unternehmensgegenstand der Kapitalgesellschaft, 1998.

5 Statt vieler nur *K. Schmidt*, Gesellschaftsrecht, § 4 II 3.

die „große Linie" zu bestimmen, die den Charakter des Vereins bzw. der Stiftung verbindlich vorgibt[1]. Dazu reicht die satzungsmäßige Verankerung des Non-Profit-Charakters (insbesondere durch ein Gewinnausschüttungsverbot) aber regelmäßig nicht aus, sondern es bedarf zusätzlich der Festlegung eines konkreten Lebensbereichs, auf dem die Allgemeinheit gefördert werden soll[2]. Dieser Lebensbereich – z.B. die Förderung der darstellenden Kunst oder die Förderung des Sports – prägt dann ebenfalls den maßgeblichen Stiftungs- bzw. Vereinszweck, dem nach dem Willen des Stifters bzw. der Vereinsgründer eine konstitutive Bedeutung (§§ 33 Abs. 1 Satz 2, 87 BGB) zukommt. Soweit die Satzung zusätzliche Angaben über die Art seiner Verwirklichung enthält (z.B. „durch den Betrieb eines Museums" oder „auf dem Gebiet der Leichtathletik"), ist durch Auslegung zu ermitteln, ob es sich lediglich um satzungsmäßige Festlegungen der Vereins- bzw. Stiftungstätigkeit handelt oder ob damit zugleich auch der eigentliche Vereins- bzw. Stiftungszweck näher konkretisiert wird[3]. Im Ergebnis ist eine Zweckänderung bei ideellen Vereinen und Stiftungen somit nicht erst dann anzunehmen, wenn der „Non-Profit-Charakter" zugunsten einer erwerbswirtschaftlichen Zielsetzung aufgegeben wird. Auch die Auswechselung des zu fördernden Lebensbereichs (z.B. „Förderung des Sports" statt „Förderung der Kultur") stellt regelmäßig bereits eine Zweckänderung dar, weil sie den Charakter des Vereins bzw. der Stiftung grundlegend wandelt[4].

Überträgt man die vorstehende zivilrechtliche Begriffsbildung auf die Unterscheidung des § 60 Abs. 1 AO, so ist unter dem Satzungszweck im Sinne dieser Vorschrift das verbandsmäßig verfolgte Ziel (d.h. der eigentliche Vereins- und Stiftungszweck) und unter der Art der Verwirklichung die Verbandstätigkeit als das Mittel zu seiner Verwirklichung zu verstehen[5]. Indes muss bei der **Auslegung von Satzungen** beachtet werden, dass die steuerliche Angabepflicht nach § 60 Abs. 1 AO vorrangig der Feststellung dient, ob die Körperschaft ausschließlich steuerbegünstigte Zwecke im Sinne der §§ 52 bis 54 AO verfolgt. Die durch die Mustersatzung geforderte satzungsmäßige Nennung eines (oder mehrerer) bestimmten steuerbegünstigten Zwecks (z.B. „Förderung von Wissenschaft und Forschung") lässt daher nicht immer den Schluss zu, dass die relativ weit gefasste steuerliche Zweckangabe zugleich den zivilrechtlich bindenden Vereins- oder Stiftungszweck zutreffend wiedergibt. Vielmehr kann sich aus weiteren Satzungsregelungen – z.B. den nach § 60 Abs. 1 AO geforderten Angaben zur Art und Weise der Verwirklichung der Satzungszwecke – im Einzelfall auch eine engere Festlegung des Zwecks (z.B. in Hinsicht auf eine bestimmte Wissenschaft) ergeben. Ähnliche Fragen stellen sich auch bei der satzungsmäßigen Nennung mehrerer steuerbegünstigter Zwecke. Auch hier kann die Auslegung der Satzung ergeben, dass nicht die Summe,

---

1 Zum Begriff des Vereinszwecks vgl. BGH v. 11.11.1985 – II ZB 5/85, BGHZ 96, 245; BayObLG v. 25.1.2000 – 3 Z RB 319/00, NJW-RR 2001, 1260; OLG Nürnberg v. 17.11.2015 – 12 W 2249/15, NZG 2016, 155; aus dem Schrifttum siehe *K. Schmidt*, BB 1987, 556; *Reuter*, ZGR 1987, 475; *Arnold* in MünchKommBGB, 7. Aufl. 2016, § 33 BGB Rz. 3; zum Stiftungszweck vgl. *Hüttemann* in FS Reuter, 2010, S. 121.
2 Siehe dazu *Hüttemann* in FS Baums, 2016, S. 623.
3 Zur Konkretisierung des Stiftungszwecks vgl. *Hüttemann* in FS Reuter, 2010, S. 121 (134 ff.).
4 Dazu näher *Hüttemann* in FS Baums, S. 623, 628 ff.
5 Vgl. näher *Hüttemann*, Wirtschaftliche Betätigung, S. 17 ff.; *Hüttemann* in FS Reuter, 2010, S. 121.

sondern lediglich eine „Schnittmenge" dieser Zwecke den eigentlichen Vereins- oder Stiftungszweck bildet[1].

2. „Gerichtetsein" der Tätigkeit

3.4 Die Unterscheidung von Verbandszweck, Verbandsziel und verbandsmäßiger Tätigkeit liegt auch der gesetzlichen Definition der Verfolgung steuerbegünstigter Zwecke in den §§ 52 bis 54 AO zugrunde. In § 52 Abs. 1 Satz 1 AO heißt es dazu: Eine Körperschaft verfolgt gemeinnützige Zwecke, wenn „ihre Tätigkeit darauf gerichtet ist", die Allgemeinheit auf materiellem, geistigem oder sittlichem Gebiet zu fördern. „Förderung der Allgemeinheit" meint also den steuerbegünstigten Erfolg (z.B. „die Förderung von Wissenschaft und Forschung"), der durch **ein finales Handeln der Körperschaft** erreicht werden soll[2]. Nichts anderes gilt für die Verfolgung mildtätiger und kirchlicher Zwecke (§§ 53, 54 AO). Das Erfordernis eines finalen Handelns wird auch durch § 63 Abs. 1 Satz 1 AO bestätigt. Danach muss die tatsächliche Geschäftsführung der Körperschaft „auf die ausschließliche und unmittelbare Erfüllung der steuerbegünstigten Zwecke gerichtet sein". Mit „Erfüllung der steuerbegünstigten Zwecke" ist nichts anderes als die Verwirklichung der steuerbegünstigten Zielsetzung gemeint.

3.5 Versteht man unter der Verfolgung steuerbegünstigter Zwecke ein finales Tätigwerden mit Richtung auf die Erfüllung der steuerbegünstigten Zielsetzung, dann ist auch selbstverständlich, dass die Gewährung der Steuervergünstigung nicht unbedingt die „Erfüllung der steuerbegünstigten Zwecke" voraussetzt. Vielmehr genügen – wie auch der BFH festgestellt hat – u.U. schon „**vorbereitende Handlungen**"[3]. Dies ist insbesondere für neu gegründete gemeinnützige Körperschaften wichtig, die sich in der Aufbauphase befinden[4]. Ihnen kann die Steuervergünstigung nicht einfach solange versagt werden, bis sie nennenswerte und substantielle Aktivitäten entfalten. Vielmehr reichen bei einer neu gegründeten Körperschaft auch solche Tätigkeiten für die Erlangung der Steuervergünstigung aus, die die Verwirklichung der steuerbegünstigten Tätigkeiten nur vorbereiten (z.B. der Aufbau einer Vereinsorganisation, das Einsammeln von Mitteln zur Erfüllung der Satzungszwecke o.Ä.)[5].

3.6 Die Aussage des BFH darf aber nicht dahin missverstanden werden, dass sich die Tätigkeit einer gemeinnützigen Körperschaft dauerhaft in „vorbereitenden Handlungen" erschöpfen könne. Vielmehr verlangt das Gesetz – wie nunmehr in § 55 Abs. 1 Nr. 5 AO für die Mittelverwendung ausdrücklich ausgesprochen wird – eine **„gegenwartsnahe" Verfolgung steuerbegünstigter Zwecke**[6] (dazu näher Rz. 4.110 ff.). Damit ist gemeint, dass sich eine gemeinnützige Körperschaft um eine zeitnahe Ver-

---

1 Dazu näher *Hüttemann/Rawert* in Staudinger, § 81 BGB Rz. 49 ff.

2 Ebenso *Seer* in Tipke/Kruse, § 52 AO Rz. 5.

3 BFH v. 13.12.1978 – I R 39/78, BStBl. II 1979, 482, 486; *Musil* in Hübschmann/Hepp/Spitaler, § 52 AO Rz. 45; *Geibel* in NK-GemnR, § 52 AO Rz. 11.

4 Dazu BFH v. 23.7.2003 – I R 29/02, BStBl. II 2003, 930; AEAO Nr. 5 zu § 51 AO.

5 So BFH v. 23.7.2003 – I R 29/02, BStBl. II 2003, 930.

6 Zum Grundsatz der „Gegenwartsnähe" gemeinnützigen Handelns vgl. zuerst *Hüttemann*, Wirtschaftliche Betätigung, S. 23 ff.

wirklichung ihrer steuerbegünstigten Zwecke bemühen muss. Das Gebot der Gegenwartsnähe wird verletzt, wenn gegenwärtig mögliche Maßnahmen zur Erfüllung der steuerbegünstigten Zwecke unterlassen werden. Dies entspricht auch der Rechtsansicht des BFH. Dazu führt der I. Senat im Urteil vom 23.7.2003[1] aus:

„Die bloße Absicht, zu einem unbestimmten Zeitpunkt einen der Satzungszwecke zu verwirklichen, genügt nicht. Vielmehr muss die Körperschaft sich aktiv und nachweisbar bemühen, alsbald die organisatorischen und wirtschaftlichen Voraussetzungen für die Verwirklichung der steuerbegünstigten Zwecke zu schaffen. Die Vorbereitungs- und Planungsphase darf somit einen – von den Umständen des Einzelfalls abhängigen – angemessenen Zeitraum nicht überschreiten."

Darüber hinaus ist in der Rechtsprechung anerkannt, dass es grundsätzlich für die Steuerbegünstigung unschädlich ist, wenn die Erfüllung der steuerbegünstigten Zwecke längere Zeit **durch außergewöhnliche von der Körperschaft nicht zu beeinflussende Umstände verhindert wird**. Allerdings darf sich die Körperschaft – wie der BFH zu Recht festgestellt hat – „nicht anderweitig betätigen und die Erreichung der steuerbegünstigten Zwecke nicht endgültig aufgeben"[2]. Eine endgültige Einstellung der satzungsmäßigen Tätigkeit führt also zum Verlust der Steuerbefreiung[3]. Sonderfragen stellen sich schließlich in der Liquidation bzw. Insolvenz (dazu näher Rz. 2.25 ff.).

3.7

Beispiel Nr. 1: Gründen einige Eltern einer Grundschule einen gemeinnützigen Schulförderverein (vgl. § 52 Abs. 2 Satz 1 Nr. 7 AO), dann ist die Steuerbefreiung auch dann von der Gründung an zu gewähren, wenn der Verein die ersten beiden Jahre nur damit verbringt, eine ausreichend große Zahl von Eltern als Mitglieder zu gewinnen, zusätzliche Spenden einzuwerben und ein Förderkonzept zu erarbeiten. Alle diese Vorbereitungshandlungen sind solange unschädlich, wie der ernsthafte Wille erkennbar ist, alsbald mit der „tatsächlichen" Förderung zu beginnen.

Aus dem Merkmal des „Gerichtetseins" folgt auch, dass allein das **ernsthafte Bemühen** um eine „Förderung der Allgemeinheit" für die Steuervergünstigung ausreicht. Unerheblich ist, ob es tatsächlich zu einer „Förderung" kommt.

Beispiel Nr. 2: Kann eine Wissenschaftsstiftung zwei Jahre hintereinander ihren Preis nicht vergeben, weil es nach Ansicht der Jury in dem betreffenden Fach keine preiswürdigen Kandidaten gibt, dann ist die Gemeinnützigkeit nicht gefährdet. Nichts anderes gilt, wenn ein zur Erforschung einer neuen Krankheit gegründetes gemeinnütziges Forschungsinstitut nach langjähriger Suche nach einem Impfstoff die Arbeit ergebnislos einstellt.

Die Einsicht, dass es allein auf das ernsthafte Bemühen und weniger auf das Ergebnis einer Tätigkeit ankommt, ist schließlich auch im Zusammenhang mit der **Gründung von Zweckbetrieben** von Bedeutung. Scheitert die Gründung eines steuerbegünstigten Zweckbetriebs, weil es auf Grund unvorhersehbarer Umstände nicht gelingt, die Voraussetzungen der §§ 65 ff. AO zu erfüllen, dann sind entsprechende Anlaufverluste nach hier vertretener Ansicht grundsätzlich gemeinnützigkeitsunschädlich und nicht nach den allgemeinen Grundsätzen über den steuerlichen

---

1 BFH v. 23.7.2003 – I R 29/02, BStBl. II 2003, 930.
2 BFH v. 11.12.1974 – I R 104/73, BStBl. II 1975, 458.
3 Insoweit zutreffend BFH v. 16.5.2007 – I R 14/06, BStBl. II 2007, 808.

Verlustausgleich zu behandeln (vgl. zum Verlustausgleich bei steuerpflichtigen wirtschaftlichen Geschäftsbetrieben näher Rz. 6.13 ff.).

Beispiel Nr. 3: Eröffnet z.B. eine Wohlfahrtseinrichtung ein neues Krankenhaus und gelingt es entgegen den Planungen – z.B. wegen einer Änderung der krankenhausrechtlichen Rahmenbedingungen – nicht, die 40-Prozent-Grenze des § 67 AO zu erfüllen, dann sind entsprechende Anlaufverluste grundsätzlich steuerlich unschädlich. Denn für die gemeinnützigkeitsrechtliche Würdigung einer Aufbauphase kann es keinen Unterschied machen, ob es um zweckverwirklichende Maßnahmen im ideellen Bereich oder im Zweckbetriebsbereich geht.

Die Anerkennung einer gemeinnützigen „**Anlaufphase**" ändert indes nichts daran, dass die gemeinnützigkeitsrechtlichen Grundsätze (insbesondere Ausschließlichkeit, Unmittelbarkeit, Selbstlosigkeit) von Anfang an beachtet werden müssen[1].

III. Zweckverfolgung im Ausland (§ 51 Abs. 2 AO)

1. Rechtsentwicklung

3.8 „Charity begins at home, but should not end there". Diese – dem englischen Geistlichen *Thomas Fuller* (1608 bis 1661) zugeschriebene – Aussage trifft grundsätzlich auch für das deutsche Gemeinnützigkeitsrecht zu. Zwar hat der BFH im Jahr 1966 betreffend eine Spende an die schwedische Akademie der Wissenschaften noch allgemein festgestellt, es sei „kein vernünftiger Grund ersichtlich, weshalb der deutsche Steuergesetzgeber ausländische Körperschaften des öffentlichen Rechts oder ausländische öffentliche Dienststellen durch einen Steuerverzicht hätte begünstigen sollen"[2]. Gleichwohl entsprach es in der Vergangenheit wohl allgemeiner Ansicht, dass jedenfalls eine Verfolgung steuerbegünstigter Zwecke im Ausland durch *inländische* Körperschaften gemeinnützigkeitsrechtlich zulässig war[3]. Die Problematik ist erst im Zusammenhang mit dem *Stauffer*-Verfahren intensiver diskutiert worden[4]. Dabei fanden sich auch Gegenstimmen, die – unter Hinweis auf die staatsentlastende Funktion des Gemeinnützigkeitsrechts – eine Begrenzung auf das inländische Gemeinwohl befürworteten[5]. Dies hätte aber bedeutet, dass eine Zweckverfolgung im Ausland nur dann begünstigt gewesen wäre, wenn sie zugleich „positive Rückwirkungen" auf die inländische Allgemeinheit hat[6].

Beispiel Nr. 4: Veranstaltet z.B. eine deutsche Wissenschaftsorganisation eine internationale Tagung in Peking, an der auch deutsche Wissenschaftler teilnehmen, dann liegt die Annahme einer solchen „Rückwirkung" auch dann nahe, wenn nur Know-how exportiert wird (Aufbau wissenschaftlicher Beziehungen, Völkerverständigung). Wie sieht es aber aus, wenn

---

1 Ebenso BFH v. 23.2.2017 – V R 51/15, BFH/NV 2017, 882.
2 BFH v. 11.11.1966 – VI R 45/66, BStBl. III 1967, 116.
3 Vgl. dazu nur OFD Frankfurt/M., Verfügung v. 11.12.1996, KSt-Kartei Hessen § 5 Karte H 103; aus dem Schrifttum nur *Scholtz*, FR 1976, 181 (184); *Thömmes* in JbFStR 1999/2000, S. 123, 125; *Widmann* in JbFStR 1999/2000, S. 128.
4 Vgl. die eingehenden Nachweise bei *Hüttemann/Helios*, DB 2006, 2481 (2484 ff.).
5 Vgl. etwa *Jachmann*, BB 2003, 990; *Kube*, IStR 2005, 469, 473.
6 Repräsentativ *Leisner-Egensperger* in Hübschmann/Hepp/Spitaler, § 52 AO Rz. 35 (Stand 2009): „Gemeinnützig ist, was der deutschen Allgemeinheit nutzt".

eine deutsche Wissenschaftseinrichtung zusammen mit Organisationen aus anderen Ländern eine Konferenz fördert, an der überhaupt kein deutscher Forscher teilnimmt? Soll die Gemeinnützigkeit der Veranstaltung davon abhängen, ob zumindest die Themenstellung für die deutsche Allgemeinheit „nützlich" ist? Ähnliche Fragen können sich bei allen Zwecken stellen: Ist einem deutschen Fußballclub die Unterstützung eines europäischen Fußballturniers in Italien untersagt, wenn seine eigene Mannschaft in der Vorrunde ausgeschieden ist? Meint § 52 Abs. 2 Satz 1 Nr. 4 AO nur die Förderung „deutscher" Kinder? Ist der Denkmalschutz im Ausland davon abhängig, ob es sich bei dem geförderten Objekt um „deutsches" Kulturgut oder um „Weltkulturerbe" handelt?

Der **BFH** hat sich erstmals in seinem Vorlagebeschluss vom 14.7.2004[1] in der Rechtssache *Stauffer* eingehend mit dieser Frage befasst und festgestellt, es schade nicht, „wenn die Stiftungszwecke ausnahmslos oder jedenfalls ganz überwiegend im Ausland erfüllt werden." Das deutsche Steuerrecht erkenne die Verfolgung gemeinnütziger Zwecke unabhängig davon an, ob „dies im Inland oder im Ausland geschieht". Eine Förderung der Allgemeinheit setze auch nicht voraus, „dass die Fördermaßnahmen den Bewohnern oder Staatsangehörigen Deutschlands zugute kommen." Das Urteil ist im Schrifttum unterschiedlich aufgenommen worden[2]. Die Finanzverwaltung ist der Auffassung des I. Senats nicht gefolgt. Nach dem BMF-Schreiben vom 20.9.2005[3] soll unter dem Begriff der „Allgemeinheit" die Bevölkerung von Deutschland bzw. ein Ausschnitt daraus zu verstehen sein. Die Verwirklichung steuerbegünstigter Zwecke im Ausland sei allein wegen der „positiven Rückwirkungen auf das Ansehen Deutschlands" steuerlich begünstigt. Daher soll die Steuerbegünstigung u.a. davon abhängen, ob Deutschland mehr Steuermittel aufwenden müsste, wenn sich inländische Organisationen nicht engagieren würden. Den I. Senat haben diese Ausführungen nicht beeindruckt. Er hat in der Folgeentscheidung zum *Stauffer*-Fall – zu Recht[4] an seiner „weltoffenen" Sicht festgehalten[5].

2. Struktureller Inlandsbezug

Nachdem die Finanzverwaltung mit ihrer Auffassung beim I. Senat keinen Erfolg gehabt hat, wurde mit dem JStG 2009 in § 51 Abs. 2 AO ein sog. „struktureller Inlandsbezug" gesetzlich verankert. Dieser gilt – wie sich systematisch aus der Einfügung in § 51 AO entnehmen lässt – nicht nur für die Verfolgung gemeinnütziger Zwecke im Sinne des § 52 AO, sondern auch für mildtätige und kirchliche Körperschaften. Damit ist die Problematik des „Inlandsbezugs" auf eine andere Ebene verlagert worden. Während sich der I. Senat in erster Linie noch mit der Frage auseinandergesetzt hat, ob die „Allgemeinheit" im Sinne des § 52 Abs. 1 AO auch

3.9

1 BFH v. 14.7.2004 – I R 94/02, BStBl. II 2005, 721.
2 Vgl. etwa die Kritik am I. Senat bei *Fischer*, FR 2005, 457; *Jachmann*, BB 2003, 990; *Jachmann*, BB 2006, 2607; *Jachmann/Meier-Behringer*, BB 2006, 1823; *Kube*, IStR 2005, 469; zustimmend hingegen *Hüttemann/Helios*, DB 2006, 2481; *Thömmes/Nakhai*, IStR 2006, 164; *Wachter*, ZEV 2005, 524.
3 BMF v. 20.9.2005, BStBl. I 2005, 902; vgl. auch OFD München v. 23.11.2001, DStR 2002, 806.
4 Dazu näher *Hüttemann/Helios*, DB 2006, 2481.
5 BFH v. 20.12.2006 – I R 94/02, BStBl. II 2010, 331.

durch eine Tätigkeit im Ausland gefördert werden kann[1], enthält § 51 Abs. 2 AO ein **allgemeines Merkmal der Verfolgung steuerbegünstigter Zwecke**. Die Einfügung des Inlandsbezugs ist auch eine Reaktion auf das EuGH-Urteil in der Rechtssache *Stauffer*. Denn der EuGH hatte die Vergleichbarkeit von in- und ausländischen Einrichtungen unter Hinweis auf die Rechtsprechung des vorlegenden I. Senats des BFH vor allem damit begründet, dass das deutsche Steuerrecht die Verfolgung gemeinnütziger Zwecke unabhängig davon anerkennen würde, ob die Förderung im Inland oder im Ausland geschieht. Künftig soll dagegen zu unterscheiden sein: Kommen die Fördermaßnahmen nicht nur „Steuerinländern" zugute, hängt die Steuerbegünstigung davon ab, ob zumindest das Ansehen der Bundesrepublik Deutschland im Ausland gefördert wird.

3.10 Nach § 51 Abs. 2 AO ist eine Zweckverfolgung im Ausland ab dem VZ 2009[2] nur unter **zwei (alternativen) Voraussetzungen** steuerlich begünstigt:

– Es werden natürliche Personen, die „ihren Wohnsitz oder ihren gewöhnlichen Aufenthalt im Geltungsbereich dieses Gesetzes haben", gefördert.

– Die Tätigkeit der Körperschaft „kann" neben der Verwirklichung der steuerbegünstigten Zwecke „auch zum Ansehen der Bundesrepublik Deutschland im Ausland beitragen".

Beide Merkmale sind Ausdruck des gesetzgeberischen Willens, dass zweckverwirklichende Maßnahmen im Ausland nur dann steuerlich begünstigt sind, wenn sie sich auf ein inländisches Gemeinwohlinteresse zurückführen lassen. Das **politische Signal**, das von dieser Regelung ausgeht, ist klar: Wer im Ausland Entwicklungshilfe aus Deutschland empfängt oder als ausländischer Student ein Stipendium für ein Studium in Deutschland erhält, soll nicht glauben, dass sich die deutsche Allgemeinheit für sein persönliches Schicksal wirklich interessiert. Vielmehr kommt es – so muss man § 51 Abs. 2 AO verstehen – nur darauf an, dass diese Fördermaßnahmen das „Ansehen Deutschlands in der Welt" verbessern helfen. Anders ausgedrückt: Die Steuerbegünstigung rechtfertigt sich nicht durch die tatsächliche Hilfe „von Mensch zu Mensch", sondern entscheidend ist vor allem der öffentlichkeitswirksame Hinweis auf die „Hilfe aus Deutschland". Bemerkenswert ist auch die Einschränkung des Kreises der Begünstigten anhand von Wohnsitz und gewöhnlichen Aufenthalt. Offenbar wollte man sich von § 17 StAnpG 1934 („Wohl der Deutschen Volksgemeinschaft") absetzen und hat deshalb nicht an die Staatsangehörigkeit, sondern die unbeschränkte Steuerpflicht in Deutschland angeknüpft. Auch dieses Merkmal spricht eine klare (fiskalische) Sprache: Begünstigt ist nur die Hilfe für unbeschränkt Steuerpflichtige („deutsche Steuerzahler"), während z.B. die Unterstützung verarmter deutscher Staatsangehöriger im Ausland („Steuerflüchtlinge") die Gemeinnützigkeit gefährdet.

---

1 Ebenso noch der Ansatz des Referentenentwurfs zum JStG 2009, der eine Änderung des § 52 Abs. 1 AO vorsah. Dazu kritisch *Hüttemann*, DB 2008, 1061 ff.

2 Vgl. AEAO Nr. 7 zu § 51 Abs. 2 AO.

Wichtiger als die rechtspolitische Kritik am Inlandsbezug[1] ist die Feststellung, dass 3.11 – jedenfalls für inländische Körperschaften – die **praktischen Auswirkungen des Inlandsbezugs** eher gering sein dürften. Denn noch während der Beratungen des Finanzausschusses ist die Regelung deutlich entschärft worden[2]. Während nach dem ursprünglich geplanten Wortlaut noch eine tatsächliche „Förderung des Ansehens der Bundesrepublik" verlangt wurde, reicht es heute aus, dass die Tätigkeit im Ausland „auch" zur Ansehenssteigerung beitragen „kann". Ergänzend dazu hat der Finanzausschuss festgestellt[3]:

„Die Verwirklichung förderungswürdiger Zwecke im Ausland wird folglich nicht erschwert. [...] Falls der Bezug zu Deutschland dabei nicht schon durch die Förderung der hier lebenden natürlichen Personen – unabhängig von deren Staatsangehörigkeit – gegeben sein sollte, ist die Alternative des ‚möglichen Beitrags zum Ansehen der Bundesrepublik Deutschland im Ausland' bei in Deutschland ansässigen Organisationen – ohne besonderen Nachweis – bereits dadurch erfüllt, dass sie sich personell, finanziell, planend, schöpferisch oder anderweitig an der Förderung gemeinnütziger, mildtätiger oder kirchlicher Zwecke im Ausland beteiligen (Indizwirkung)."

Mit dieser „Indizwirkung" hat der deutsche Gesetzgeber zumindest für im Inland ansässige Organisationen eingeräumt, dass das **Merkmal der „Ansehenssteigerung" inhaltsleer und für die praktische Rechtsanwendung ungeeignet ist**[4]. Ob eine Fördermaßnahme außerhalb Deutschlands geeignet ist, das Ansehen Deutschlands „im Ausland" (!) zu verbessern, kann niemand sagen, und es wäre auch eine Verschwendung von Zeit und Geld, die ohnehin völlig überlastete deutsche Finanzverwaltung mit derart unsinnigen Feststellungen zu beauftragen. Für die zahlreichen betroffenen Organisationen in Deutschland (z.B. im Bereich der internationalen Wissenschaftsförderung, der Entwicklungshilfe und des Katastrophenhilfe etc.) kann somit fürs Erste „Entwarnung" gegeben werden. Für sie ändert sich praktisch nichts. Dies gilt auch für solche Körperschaften, deren Zweck sich darin erschöpft, deutsche Spenden ins Ausland zu transferieren. Auch dies wird im Bericht des Finanzausschusses ausdrücklich hervorgehoben[5]:

„§ 51 Abs. 2 AO-E steht folglich – anders als vom Bundesrat angenommen – auch der weiteren Begünstigung von so genannten Mittelbeschaffungskörperschaften, die ausländische Körperschaften unterstützen (§ 58 Nr. 1 AO), nicht entgegen, da beim Inlandsbezug allein auf die Mittelbeschaffungskörperschaft selbst abgestellt wird, sodass es insoweit keiner besonderen Regelung bedarf."

Der X. Senat des BFH hat in seinem **Urteil vom 22.3.2018**[6] unter Berücksichtigung dieser Vorgaben festgestellt, dass im Streitfall – Spende an eine rumänische Kirchengemeinde zur Finanzierung eines Kirchengebäudes – nach den bindenden Feststellungen der Vorinstanz (Gravur des Namens der Klägerin im Fuße des Altars, ihre

---

1 Dazu stellvertretend *Fischer*, FR 2009, 249 (257).
2 Vgl. nunmehr auch AEAO Nr. 7 zu § 51 Abs. 2 AO.
3 BT-Drucks. 16/11108, S. 45 f.
4 Ebenso *Seer* in Tipke/Kruse, § 51 AO Rz. 8; vgl. auch die Beispiele bei *Schienke-Ohletz*, BB 2018, 221 (223).
5 BT-Drucks. 16/11108, S. 46.
6 BFH v. 22.3.2018 – X R 5/16, BFH/NV 2018, 877.

Nennung in den Fürbitten, Einladung zur Weihe, namentliche Erwähnung in der Presse) die gemeinnützige Tätigkeit dieser ausländischen Kirchengemeinde „auch zum Ansehen Deutschlands beitragen kann". Vor diesem Hintergrund brauchte der Senat zu möglichen verfassungs- und unionsrechtlichen Bedenken gegen den Inlandsbezug nicht Stellung zu nehmen.

3.12 Angesichts des dargelegten praktischen Befundes liegt die Frage nahe, weshalb der deutsche Gesetzgeber überhaupt einen Inlandsbezug eingeführt hat, wenn dieser bei im Inland ansässigen Einrichtungen immer ohne nähere Prüfung als erfüllt angesehen wird. Die Antwort ist einfach: Man wollte dem *Stauffer*-Urteil des EuGH gleichsam den „Boden unter den Füßen wegziehen" und **den deutschen Gemeinnützigkeitsbegriff „renationalisieren"**. Die Verfasser des JStG 2009 sind offenbar der Ansicht gewesen, dass der deutsche Gesetzgeber bei der Ausgestaltung des Fördertatbestandes mehr oder weniger beliebig zwischen in- und ausländischen Körperschaften unterscheiden könne. Dem ist zu widersprechen. Zwar hat der EuGH in den Urteilen *Stauffer*, *Jundt* und *Persche* betont, dass es grundsätzlich Sache jedes einzelnen Mitgliedstaates ist, über das Ob und Wie der Steuervergünstigungen wegen Gemeinnützigkeit zu entscheiden[1]. Die Mitgliedstaaten dürfen ihr Ermessen bei der Entscheidung über den Gemeinnützigkeitstatbestand aber nur „**entsprechend dem Gemeinschaftsrecht**" ausüben[2]. Dies bedeutet insbesondere, dass eine Ungleichbehandlung von in- und ausländischen Einrichtungen durch sachliche Gründe gerechtfertigt sein muss (dazu auch Rz. 1.137). Insoweit bestehen schon Zweifel, ob das – ohnehin von niemandem objektiv feststellbare – Kriterium der „Ansehenssteigerung" überhaupt ein taugliches Differenzierungskriterium darstellen kann[3]. Selbst wenn man dies bejaht, läge doch zumindest in der vom Finanzausschuss betonten „Indizwirkung" bei inländischen Einrichtungen eine offensichtliche gemeinschaftswidrige Diskriminierung ausländischer Einrichtungen[4]. Das Ergebnis ist somit klar: Eine verfahrensmäßige Ungleichbehandlung in- und ausländischer Einrichtungen im Rahmen von § 51 Abs. 2 AO ist gemeinschaftsrechtswidrig. Eine wortlautgetreue gleichmäßige Anwendung des § 51 Abs. 2 AO auf alle gemeinnützigen Einrichtungen ist aber schon aus verwaltungspraktischen Gründen nicht denkbar. § 51 Abs. 2 AO ist also ein steuerliches „Placebo"[5].

---

1 Vgl. nur EuGH v. 27.1.2009 – Rs. C-318/07 *Persche*, Slg. 2009, I-359 Rz. 43 ff.

2 EuGH v. 27.1.2009 – Rs. C-318/07 *Persche*, Slg. 2009, I-359 Rz. 47.

3 Nach *Seer* in Tipke/Kruse, § 51 AO Rz. 8 soll es daher ausreichen, dass die Möglichkeit, zum Ansehen beizutragen, „nicht evident ausgeschlossen ist". Ebenso nun FG Köln v. 20.1.2016 – 9 K 3177/11, EFG 2016, 653.

4 Ebenso *Unger*, DStZ 2010, 154 (164); *Seer* in Tipke/Kruse, § 51 AO Rz. 8; *Jachmann/Unger* in Gosch, § 51 AO Rz. 88; *Musil* in Hübschmann/Hepp/Spitaler, § 51 AO Rz. 54; *Helios* in Schauhoff, § 22 Rz. 47; *Droege*, S. 512.

5 Zustimmend *Musil* in Hübschmann/Hepp/Spitaler, § 51 AO Rz. 55.

IV. Ausschluss extremistischer Körperschaften

Im Rahmen des JStG 2009 ist § 51 AO um einen Absatz 3 betreffend extremistische   3.13
Körperschaften ergänzt worden[1]. Danach setzt die Steuerbegünstigung auch voraus,
dass „die Körperschaft nach ihrer Satzung und bei ihrer tatsächlichen Geschäftsführung keine Bestrebungen im Sinne des § 4 des Bundesverfassungsschutzgesetzes fördert und dem Gedanken der Völkerverständigung nicht zuwiderhandelt." § 4
Abs. 1 BVerfSchG lautet:

„Im Sinne dieses Gesetzes sind

– Bestrebungen gegen den Bestand des Bundes oder eines Landes solche politisch bestimmten, ziel- und zweckgerichteten Verhaltensweisen in einem oder für einen Personenzusam-
  menschluss, der darauf gerichtet ist, die Freiheit des Bundes oder eines Landes von fremder
  Herrschaft aufzuheben, ihre staatliche Einheit zu beseitigen oder ein zu ihm gehörendes
  Gebiet abzutrennen;

– Bestrebungen gegen die Sicherheit des Bundes oder eines Landes solche politisch bestimmten, ziel- und zweckgerichteten Verhaltensweisen in einem oder für einen Personenzusam-
  menschluss, der darauf gerichtet ist, den Bund, Länder oder deren Einrichtungen in ihrer
  Funktionsfähigkeit erheblich zu beeinträchtigen;

– Bestrebungen gegen die freiheitliche demokratische Grundordnung solche politisch bestimmten, ziel- und zweckgerichteten Verhaltensweisen in einem oder für einen Per-
  sonenzusammenschluss, der darauf gerichtet ist, einen der in Absatz 2 genannten Verfas-
  sungsgrundsätze zu beseitigen oder außer Geltung zu setzen."

Der Vorbehalt des § 51 Abs. 3 AO ist – wie auch der Bericht des Finanzausschusses
zutreffend feststellt[2] – in der Sache nicht neu[3]. Schon bisher hatte der BFH angenommen, dass Bestrebungen, **die sich gegen verfassungsrechtliche Grundentscheidungen richten**, nicht als eine „Förderung der Allgemeinheit" nach § 52 Abs. 1 AO anerkannt werden könnten[4]. Gegen diese Praxis sind zwar vereinzelt[5] verfassungsrechtliche Bedenken unter dem Gesichtspunkt der Vereinigungsfreiheit (Art. 9 Abs. 1
GG) erhoben worden. Sie sind indes nicht begründet gewesen, da sich aus der Vereinigungsfreiheit kein Anspruch auf Steuerbefreiung oder ein Vorbehalt des Ver-
einsverbots ableiten lässt[6]. Auch die Glaubens- und Bekenntnisfreiheit (Art. 4 GG)
gewährleistet keinen Anspruch auf Teilhabe an bestimmten steuerlichen Privilegien
wie der Steuerfreiheit oder des Spendenabzugs[7].

---

1 Dazu eingehend *Jäschke*, DStR 2009, 1669; zu „Extremismus" als Rechtsbegriff näher *Ullrich*, JZ 2016, 169.
2 BT-Drucks. 16/11108, S. 45.
3 Ebenso AEAO Nr. 9 zu § 51 Abs. 3 AO: „Die Ergänzung soll klarstellen, [...]".
4 BFH v. 16.10.1991 – I B 16/91, BFH/NV 1992, 505; BFH v. 11.4.2012 – I R 11/11, BStBl. II
  2013, 146; zuletzt BFH v. 17.5.2017 – V R 52/15, BStBl. II 2018, 218; weitere Nachweise
  bei *Jäschke*, DStR 2009, 1670.
5 Siehe *Leisner-Egensperger* in FS Isensee, 2007, S. 901.
6 Zutreffend *Droege*, S. 387 f.; vgl. auch *Jachmann/Unger* in Gosch, § 51 AO Rz. 96.
7 Vgl. BFH v. 14.3.2018 – V R 36/16, BStBl. II 2018, 422; ebenso bereits BFH v. 30.6.2010 –
  II R 12/09, BStBl. II 2011, 48.

3.14 Die Regelung des § 51 Abs. 3 AO geht allerdings über die bisherige Praxis noch hinaus: Bisher mussten die Finanzämter darlegen und beweisen, dass eine Organisation nach ihrer Satzung oder Geschäftsführung extremistischen Zielen diente und deshalb nicht gemeinnützig sein konnte. Demgegenüber kommt es nunmehr zu einer **Umkehr der Darlegung- und Beweislast**. Denn nach § 51 Abs. 3 Satz 2 AO ist bei Organisationen, die im Verfassungsschutzbericht des Bundes oder eines Landes als extremistische Organisation aufgeführt sind, widerleglich davon auszugehen, dass sie wegen Verfolgung extremistischer Bestrebungen[1] nicht steuerbegünstigt sind[2]. Die Finanzbehörde hat ihrerseits entsprechende Beobachtungen den Verfassungsschutzbehörden mitzuteilen[3]. Nachdem die Finanzverwaltung zunächst der Ansicht war, dass bereits „belegbare Hinweise für eine Einstufung als extremistisch ausreichen", hat der BFH entschieden, dass die Vermutung nur bei einer **ausdrücklichen Einstufung** der Körperschaft als extremistisch in einem Verfassungsschutzbericht eingreift[4]. Will sich eine Organisation, die in einem Verfassungsschutzbericht ausdrücklich als verfassungsfeindlich eingeordnet wird, gegen einen drohenden Verlust der Gemeinnützigkeit wehren, muss sie entweder – mit einer Klage vor dem Verwaltungsgericht – gegen ihre Erwähnung im Verfassungsschutzbericht vorgehen[5] oder im finanzgerichtlichen Verfahren nachweisen, dass sie tatsächlich keine extremistischen Ziele fördert und damit gemeinnützig ist[6]. Dabei handelt es sich in erster Linie um eine Frage der tatsächlichen Geschäftsführung und mithin um eine Tatfrage, deren Feststellung dem FG als Tatsachengericht obliegt[7]. Im Rahmen der Prüfung des § 51 Abs. 3 AO ist – da es sich bei der Anerkennung als gemeinnützig um eine gebundene Entscheidung handelt – für eine Ermessensentscheidung oder eine Abwägung zwischen förderndem und förderungsschädlichem Verhalten kein Raum[8]. Allerdings wird – wie allgemein bei der Beurteilung der tatsächlichen Geschäftsführung[9] (dazu Rz. 4.163) – bei kleineren, einmaligen Verstößen eine Entziehung der Steuervergünstigung regelmäßig aus Gründen der Verhältnismäßigkeit ausscheiden[10] (zu den Rechtsfolgen anderer Rechtsverstöße[11] vgl. Rz. 3.71 ff.).

---

1 Zum Verständnis von „extremistisch" als „verfassungsfeindlich" eingehend *Ullrich*, JZ 2016, 169 (171 f.).

2 Zur Einordnung des § 51 Abs. 3 Satz 2 AO als widerlegliche Vermutung vgl. nun BFH v. 14.3.2018 – V R 36/16, BStBl. II 2018, 422.

3 Dazu näher *Jäschke*, DStR 2009, 1675 ff.

4 BFH v. 11.4.2012 – I R 11/11, BStBl. II 2013, 146; ebenso BFH v. 14.3.2018 – V R 36/16, BStBl. II 2018, 422; vgl. auch *Jäschke*, DStR 2009, 1670 (1674).

5 Vgl. beispielhaft für eine Klage gegen die Erwähnung im Verfassungsschutzbericht VG Düsseldorf v. 28.5.2013 – 22 K 2532/11, zitiert nach juris.

6 So BFH v. 14.3.2018 – V R 36/16, BStBl. II 2018, 422.

7 BFH v. 14.3.2018 – V R 36/16, BStBl. II 2018, 422.

8 Zutreffend BFH v. 14.3.2018 – V R 36/16, BStBl. II 2018, 422.

9 So etwa *Seer* in Tipke/Kruse, § 63 AO Rz. 12, *Jäschke*, DStR 2009, 1669.

10 Offen gelassen von BFH v. 14.3.2018 – V R 36/16, BStBl. II 2018, 422.

11 Zum Verlust der Gemeinnützigkeit wegen Zahlung eines Mitgliedsbeitrag an einen verfassungsfeindlichen Dachverband vgl. FG Baden-Württemberg v. 11.8.2014 – 6 K 1449/12, EFG 2015, 1851.

Die Regelung ist in allen offenen Fällen anzuwenden[1]. Im Rahmen des **JStG 2013** sollte § 51 Abs. 3 AO durch Einführung einer unwiderleglichen Vermutung verschärft werden, was aber am parlamentarischen Widerstand scheiterte[2].

frei   3.15

B. Gemeinnützige Zwecke (§ 52 AO)

I. Überblick

1. Definition der Gemeinnützigkeit

Nach § 52 Abs. 1 Satz 1 AO verfolgt eine Körperschaft „gemeinnützige Zwecke, 3.16 wenn ihre Tätigkeit darauf gerichtet ist, **die Allgemeinheit auf materiellem, geistigem oder sittlichem Gebiet selbstlos zu fördern**". Kennzeichnend für die Gemeinnützigkeit sind danach zwei Merkmale: Die „Förderung auf materiellem, geistigem oder sittlichem Gebiet" und die „Förderung der Allgemeinheit". Letztere wird in § 52 Abs. 1 Sätze 2 und 3 AO beispielhaft erläutert.

Welche Betätigungen unter den Voraussetzungen des § 52 Abs. 1 AO als eine För- 3.17 derung der Allgemeinheit anzuerkennen sind, bestimmt sich nach dem detaillierten **Zweckkatalog des § 52 Abs. 2 Satz 1 AO**. Der Zweckkatalog des § 52 Abs. 2 Satz 1 AO ist durch das Gesetz zur weiteren Stärkung der bürgerschaftlichen Engagements vom 10.10.2007[3] neu gefasst worden. § 52 Abs. 2 Satz 1 AO hat seitdem abschließende Bedeutung. Um eine gewisse Entwicklungsoffenheit zu gewährleisten, enthält § 52 Abs. 2 Satz 2 AO allerdings eine Öffnungsklausel. Danach kann ein Zweck, der nicht unter § 52 Abs. 2 Satz 1 Nr. 1 bis 25 fällt, aber die Allgemeinheit auf materiellem, geistigem oder sittlichem Gebiet entsprechend fördert, für gemeinnützig erklärt werden (dazu Rz. 3.150 ff.).

Vor 2007 war der Zweckkatalog des § 52 Abs. 2 AO a.F. weit weniger umfangreich, aber nicht abschließend. Gleichwohl kam der beispielhaften Aufzählung bestimmter Zwecke i.V.m. den in Anlage 1 zu § 48 Abs. 2 EStDV a.F. aufgeführten spendenbegünstigten Zwecken auch damals eine erhebliche praktische Bedeutung bei der Prüfung der Gemeinnützigkeit zu. So ging z.B. der BFH[4] davon aus, dass die in § 52 Abs. 2 AO a.F. genannten Betätigungen schon kraft gesetzlicher Regelung als Förderung der Allgemeinheit im Sinne von Abs. 1 anzusehen waren und ihnen nur beim Vorliegen besonderer Umstände eine Förderung der Allgemeinheit abgesprochen werden könne. Umgekehrt wurde dem Umstand, dass ein Zweck nicht einer in § 52 Abs. 2 AO a.F. erwähnten Zielsetzung zugeordnet werden

---

1 Vgl. AEAO Nr. 10 bis 12 zu § 51 Abs. 3 AO; Zweifel hinsichtlich der Rückwirkung äußert BFH v. 11.4.2012 – I R 11/11, BStBl. II 2013, 146.
2 Vgl. die Beschlussempfehlung des Finanzausschusses BT-Drucks. 17/11190, S. 58.
3 BGBl. I 2007, 2332; dazu *Schauhoff/Kirchhain*, DStR 2007, 1895; *Hüttemann*, DB 2007, 2053.
4 Vgl. BFH v. 29.10.1997 – I R 13/97, BStBl. II 1998, 9 (11).

konnte, eine negative Indizwirkung beigelegt[1]. Im Ganzen hatte also auch der alte Beispielskatalog zumindest faktisch abschließenden Charakter.

Für die praktische Rechtsanwendung ergibt sich aus der überragenden Bedeutung des Zweckkatalogs, dass – abweichend von der nachfolgenden, vorrangig aus systematischen Gründen gewählten Darstellung – bei der Prüfung der Gemeinnützigkeit einer Körperschaft **immer vom Zweckkatalog in § 52 Abs. 2 Satz 1 AO** auszugehen ist, bevor die allgemeinen Voraussetzungen des Absatzes 1 geprüft werden.

2. Gemeinnützigkeit und Spendenabzug

3.18 Zu den Eckpunkten des Gesetzes zur weiteren Stärkung des bürgerschaftlichen Engagements gehörte auch eine Vereinheitlichung der gemeinnützigen Förderzwecke. Seit dem Veranlagungszeitraum 2007 sind nicht nur Zuwendungen für mildtätige und kirchliche Zwecke, sondern auch Ausgaben für **alle gemeinnützigen Zwecke zugleich spendenbegünstigt**. Diese Änderung hat wesentlich zur Vereinfachung des Gemeinnützigkeits- und Spendenrechts beigetragen, weil sich jedenfalls für den Sonderausgabenabzug von Spenden eine genauere Abgrenzung zwischen den verschiedenen gemeinnützigen Zwecken, wie sie früher wegen der unterschiedlichen Abzugsmöglichkeiten erforderlich war, erübrigt hat. Eine gewisse Differenzierung besteht weiterhin bei der Abziehbarkeit von Mitgliedsbeiträgen (vgl. § 10b Abs. 1 Satz 2 EStG; dazu näher Rz. 8.70 ff.).

II. Förderung

3.19 Nach der allgemeinen Definition in § 52 Abs. 1 Satz 1 AO verfolgt eine Körperschaft gemeinnützige Zwecke, wenn ihre Tätigkeit „darauf gerichtet ist, die Allgemeinheit auf materiellem, geistigem oder sittlichem Gebiet selbstlos zu fördern" (§ 52 Abs. 1 Satz 1 AO). „Förderung auf materiellem, geistigem oder sittlichem Gebiet" meint nach der Rechtsprechung des BFH, dass etwas „**vorangebracht, vervollkommnet oder verbessert wird**"[2]. Förderung der Wissenschaft und Forschung im Sinne von § 52 Abs. 1 Nr. 1 AO meint somit, dass die Wissenschaft und Forschung „vorangebracht wird". Nach Ansicht des BFH decken materielle Werte den Bereich des wirtschaftlichen Lebensstandards ab, während mit Geistigem oder Sittlichem der ideelle Bereich der Vernunft und des Schöngeistigen angesprochen werde[3]. Die Förderung auf bestimmten gemeinwohlrelevanten Gebieten ist das Ziel, welches steuerbegünstigte Körperschaften nach ihrer Satzung und der tatsächlichen Geschäftsführung anstreben müssen, um die Steuervergünstigung erhalten zu können. Während § 52 Abs. 1 Satz 1 AO ganz allgemein eine Förderung der Allgemeinheit auf „materiellem, geistigem oder sittlichem Gebiet" verlangt, enthält der Katalog in

---

1 Vgl. als Beispiel für diese Vorgehensweise das Urteil des FG Schleswig-Holstein v. 22.3.1996 – I 535/92, EFG 1996, 940 ff. betreffend die Gemeinnützigkeit eines Astrologievereins.

2 BFH v. 23.11.1988 – I R 11/88, BStBl. II 1989, 391 (392).

3 So BFH v. 23.11.1988 – I R 11/88, BStBl. II 1989, 391 (392); vgl. auch *Seer* in Tipke/Kruse, § 52 AO Rz. 7.

§ 52 Abs. 2 Satz 1 AO eine Aufzählung von gemeinwohlrelevanten Zielen, die der Gesetzgeber als gemeinnützige Zwecke anerkannt hat.

Versteht man **„Förderung" als das anzustrebende Ziel**, die Mehrung des Gemein-   3.20
wohls, dann erweist sich die vom BFH geprägte Formel, dem Begriff der Förderung sei „ein Hinwirken zum Positiven immanent"[1] als missverständlich, weil sie nicht hinreichend zwischen der Zielsetzung und der zielverwirklichenden Tätigkeit unterscheidet. Gleiches gilt auch für den Satz des BFH, „Förderung setze ein eigenes Handeln, ein eigenes Tätigwerden der Körperschaft ... voraus"[2]. Würde man den Begriff der „Förderung" als ein eigenes Tätigwerden der Körperschaft verstehen, wäre der Wortlaut des § 52 Abs. 1 Satz 1 AO unverständlich[3]: Die Tätigkeit der Körperschaft müsste darauf gerichtet sein, zum Nutzen der Allgemeinheit tätig zu werden. Eine solche „doppelte Finalität" ist aber nur geeignet, den Blick für das Entscheidende zu verstellen: Hinreichend für die Anerkennung einer Körperschaft als gemeinnützig ist, dass die von der Körperschaft entfaltete Tätigkeit ein geeignetes Mittel zur Erreichung des in § 52 Abs. 2 Satz 1 AO genannten Gemeinwohlzwecks darstellt[4].

Beispiel Nr. 5: Wenn eine Stiftung zur „Förderung von Wissenschaft und Forschung" eine Bibliothek betreibt, dann besteht das gemeinnützige Ziel der Einrichtung darin, die wissenschaftliche Erkenntnis zu vermehren und die Suche nach neuen Erkenntnissen zu erleichtern. Dieses Ziel ist erreicht, wenn die Bibliothek von Forschern tatsächlich mit Gewinn genutzt wird. Für die Gewährung der Steuervergünstigung kommt es aber nicht auf den tatsächlichen Erfolg an. Hinreichend ist vielmehr, dass die Bibliothek ein geeignetes Mittel zur Forschungsförderung ist und den interessierten Forschern zur Benutzung offensteht.

III. Förderung des Gemeinwohls

1. „Förderung der Allgemeinheit" als Förderung des Gemeinwohls

Da nahezu jedes menschliche Handeln auf einen bestimmten Erfolg „auf materiel-   3.21
lem, geistigem oder sittlichem Gebiet" gerichtet ist, gewinnt der Begriff der Gemeinnützigkeit seine eigentliche Konturierung erst durch die Verknüpfung mit dem Begriff der „Allgemeinheit". Es reicht nicht aus, dass irgendein Nutzen gestiftet wird, sondern die Betätigung der Körperschaft muss darauf gerichtet sein, „dem allgemeinen Besten auf materiellem, geistigem oder sittlichem Gebiet zu nützen". Förderung der Allgemeinheit meint somit eine Förderung „im Interesse der Allgemeinheit und des gemeinen Wohls"[5], d.h. Förderung des Gemeinwohls[6].

Das Verständnis der Förderung der Allgemeinheit als Förderung des Gemeinwohls   3.22
kommt in § 52 Abs. 1 Satz 2 AO nur mittelbar dadurch zum Ausdruck, dass eine Förderung der Allgemeinheit nicht vorliegt, wenn der geförderte Personenkreis

---

1 BFH v. 13.12.1978 – I R 39/78, BStBl. II 1979, 482 (484).
2 BFH v. 13.12.1978 – I R 39/78, BStBl. II 1979, 482 (484).
3 S. *Hüttemann*, Wirtschaftliche Betätigung, S. 20 f.
4 BFH v. 20.3.2017 – X R 13/15, BStBl. II 2017, 1110.
5 So auch BFH v. 13.12.1978 – I R 39/78, BStBl. II 1979, 482 (484).
6 Ebenso *Seer* in Tipke/Kruse, § 52 AO Rz. 3.

„fest abgeschlossen ist" oder „dauernd nur klein sein kann". Die Orientierung der Gemeinnützigkeit am geförderten Personenkreis darf aber nicht missverstanden werden. Entscheidend für die Anerkennung der Gemeinnützigkeit ist nicht, dass ein möglichst großer Personenkreis gefördert wird[1], sondern es kommt darauf an, ob das Wirken der Körperschaft dem Interesse der Allgemeinheit und nicht nur den Belangen bestimmter Personen, d.h. einem partikulären Gruppeninteresse dient[2]. Die Definition der Allgemeinheit in § 52 Abs. 1 Satz 2 AO schließt also eine **„wertbezogene Konkretisierung"** nicht aus[3]. Denn nur eine solche wertbezogene Konkretisierung des Gemeinnützigkeitsbegriffs wird dem Legitimationsgrund der Steuervergünstigungen wegen Gemeinnützigkeit gerecht und liegt auch dem Zweckkatalog des § 52 Abs. 2 Satz 1 AO zugrunde[4].

2. Konkretisierung des Gemeinnützigkeitsbegriffs

3.23   Fraglich ist, nach welchen Kriterien im Einzelfall zu entscheiden ist, ob eine bestimmte Tätigkeit die Allgemeinheit, d.h. das Gemeinwohl fördert. Der RFH wollte hierbei noch vor allem die Auffassung der „Allgemeinheit", d.h. der Mehrheit des Volkes berücksichtigt wissen[5]. Der BFH hat diesen Maßstab zu Recht verworfen[6]. Ebenso wie es für die Feststellung des Allgemeinwohlbezuges nicht auf die zahlenmäßige Größe des geförderten Personenkreises ankommt, können auch nicht die – ohnehin ständig wechselnden – Anschauungen der Bevölkerungsmehrheit für den Gemeinnützigkeitsbegriff ausschlaggebend sein. Dies zeigt ein Blick auf den Katalog des § 52 Abs. 2 Satz 1 AO, der auch Zwecke (z.B. die Förderung bestimmter Kunstrichtungen) umfasst, deren Förderungswürdigkeit nicht unbedingt von der Mehrheit der Bürger geteilt würde. Nach Ansicht des BFH ist deshalb „zur objektiven Qualifizierung und Wertung des unbestimmten Rechtsbegriffs Förderung der Allgemeinheit an eine Vielzahl von Faktoren (Werten) anzuknüpfen"[7]. Diese sollen sich nach dem Inhalt des Gesetzesbegriffs bestimmen, der im Wesentlichen geprägt werde **„durch die herrschende Staatsverfassung, wie sie der Bundesrepublik Deutschland als einem demokratischen und sozialen Bundesstaat durch das Grundgesetz (GG) gegeben ist**, durch die sozialethischen und religiösen Prinzipien, wie sie gelehrt und praktiziert werden, durch die bestehende geistige und kulturelle Ordnung, durch Forschung, Wissenschaft und Technik, wie sie auf Grund ihrer Entwicklungen dem neueren Wissens- und Erkenntnisstand entsprechen, durch die vorhande-

---

1 So etwa de lege ferenda Bertelsmann-Stiftung/Maecenata (Hrsg.), Expertenkommission, S. 87; dagegen zutreffend *Jachmann*, Rechtliche Rahmenbedingungen, S. 202.

2 Ebenso *Seer* in Tipke/Kruse, § 52 AO Rz 5.

3 So aber *Lang*, DStZ 1988, 18 (21).

4 Dazu zuletzt *Seer* in DStJG 26 (2003), 11 ff.; *Jachmann*, Rechtliche Rahmenbedingungen, S. 74 ff.

5 Vgl. RFH v. 5.11.1929 – I A a 547/29, RStBl. 1929, 670; RFH v. 19.12.1929 – III A 2/28, RStBl. 1930, 52; RFH v. 10.7.1934 – I A 42/34, RStBl. 1935, 324.

6 Tendenziell anders wohl *Musil* in Hübschmann/Hepp/Spitaler, § 52 AO Rz. 61 für den Fall, dass eine eindeutige gesetzliche Entscheidung fehlt: „Allgemeinheit als Mehrheit". Dagegen zutreffend *Droege*, S. 127.

7 BFH v. 13.12.1978 – I R 39/78, BStBl. II 1979, 482, 485.

ne Wirtschaftsstruktur und die wirtschaftlichen und sozialen Verhältnisse wie schließlich durch die Wertvorstellungen und die Anschauungen der Bevölkerung"[1]. In neuerer Zeit nimmt der BFH insbesondere Bezug auf den Grundrechtskatalog der Art. 1 bis 19 GG und betont, dass eine Tätigkeit, die mit diesen Wertvorstellungen nicht vereinbar ist, keine „Förderung der Allgemeinheit" sei[2]. Mit dieser Begründung ist z.B. Bestrebungen, die sich gegen die freiheitlich demokratische Grundordnung Deutschlands richten, die Gemeinnützigkeit versagt worden[3]. Auch bei einer sachlich nicht gerechtfertigten Ungleichbehandlung von Männern und Frauen soll nach Ansicht des BFH ein gemeinnützigkeitsschädlicher Verstoß gegen die Wertordnung des Grundgesetzes vorliegen[4] (zu Beschränkungen des geförderten Personenkreises siehe auch Rz. 3.35 ff.). Allerdings ist zu beachten, dass ein solcher Rückgriff auf die verfassungsrechtliche Wertordnung in vielen Fällen entbehrlich ist, weil die entsprechenden Wertungen bereits auf der Ebene des einfachen Rechts umgesetzt und – soweit ein gesetzgeberischer Spielraum besteht – auch konkretisiert worden sind. Hinzuweisen ist z.B. auf den Ausschluss extremistischer Organisationen (§ 51 Abs. 3 AO), aber auch auf Beschränkungen des geförderten Personenkreises (§ 52 Abs. 1 Satz 2 AO) und die Konkretisierung von „Allgemeininteressen" im Rahmen des Zweckkatalogs (§ 52 Abs. 2 Satz 1 AO)[5].

Im Rahmen der Reformdiskussion der letzten Jahre ist unter Hinweis auf ausländische Vorbilder vorgeschlagen worden, die Entscheidung über die Inhalte der Gemeinnützigkeit einer **„Unabhängigen Kommission"** zu übertragen, da der Fiskus nicht entscheiden könne, was gemeinnützig sei[6]. Dieser Vorschlag ist vom Gesetzgeber zu Recht nicht aufgegriffen worden. Er ist schon deshalb abzulehnen, weil er den verfassungsrechtlichen Anforderungen an die Tatbestandsmäßigkeit der Abgabenerhebung nicht genügt[7]. Ebenso wie über die Voraussetzungen der Steuerpflicht muss auch über die Merkmale einer Steuervergünstigung der Gesetzgeber entscheiden. Dabei kann er sich allerdings von einem „Sachverständigenrat" beraten lassen[8].

3.24

---

1 BFH v. 13.12.1978 – I R 39/78, BStBl. II 1979, 482, 485.

2 So ausdrücklich BFH v. 11.4.2012 – I R 11/11, BStBl. II 2013, 146; BFH v. 17.5.2017 – V R 52/15, BStBl. II 2018, 218; dazu auch *Heuermann*, DStR 2017, 1754.

3 BFH v. 11.4.2012 – I R 11/11, BStBl. II 2013, 146.

4 Siehe näher BFH v. 17.5.2017 – V R 52/15, BStBl. II 2018, 218; ebenso bereits BFH v. 31.5.2005 – I R 105/04, BFH/NV 2005, 1741.

5 Für einen instruktiven Überblick über aktuelle gemeinnützigkeitsrechtliche Fragestellungen vgl. *Fischer*, DStR 2018, 1394.

6 So etwa Bertelsmann-Stiftung/Maecenata (Hrsg.), Expertenkommission, S. 59.

7 Zutreffend *Jachmann*, Rechtliche Rahmenbedingungen, S. 203; *Seer* in DStJG 26 (2003), 45; *Geibel* in NK-GemnR, § 52 AO Rz. 3.

8 In diesem Sinne hat die Enquetekommission die Einsetzung eines „Sachverständigenrates bürgerschaftliches Engagement" vorgeschlagen, der durch den Bundesminister der Finanzen eingesetzt wird.

IV. Zweckkatalog

1. Rechtsentwicklung

3.25 Die relative Unbestimmtheit der allgemeinen Gemeinnützigkeitsdefinition in § 52 Abs. 1 Satz 1 AO hat schon in der Vergangenheit dazu geführt, dass sich die **Finanzgerichte** bei der Rechtsanwendung vor allem am Beispielskatalog des § 52 Abs. 2 AO a.F. orientiert haben. So hat der BFH mehrfach „zur Beurteilung und Bewertung" der allgemeinen Definition regelmäßig auf die in § 52 Abs. 2 AO a.F. genannten Zwecke zurückgegriffen[1]. Selbst in relativ eindeutigen Fällen – z.B. bei der Prüfung der Frage, ob die „Förderung des Friedens" ein gemeinnütziger Zweck sei (wer will das bestreiten?) – argumentierte der BFH mit dem Beispielskatalog: Der Begriff „Frieden" sei im Begriff der „Völkerverständigung" enthalten und Gegenstand wissenschaftlicher Forschung[2]. Umgekehrt erschöpfte sich in Fällen, in denen die Gemeinnützigkeit eines Zwecks verneint wurde, die Begründung der Finanzgerichte zumeist in dem Hinweis, dass ein Katalogzweck nicht vorliege. So hat der BFH die Gemeinnützigkeit der Zauberkunst nur unter dem Gesichtspunkt erörtert, ob es sich um „Kunst" im Sinne von § 52 Abs. 2 Nr. 1 AO handele, ohne die allgemeine Definition des § 52 Abs. 1 AO überhaupt zu prüfen[3]. Auch das FG Schleswig-Holstein[4] setzte sich in seiner ablehnenden Entscheidung zur Gemeinnützigkeit eines Astrologievereins zwar eingehend mit verschiedenen Katalogzwecken auseinander (Wissenschaft und Forschung, Bildung und Erziehung, Kunst und Kultur, Religion). Eine Gemeinnützigkeit „außerhalb des Katalogs" wurde aber letztlich mit Hinweis darauf abgelehnt, dass der Gesetzgeber seine Wertvorstellungen dazu, was gemeinnützig sei, in dieser „umfangreichen Aufzählung" niedergelegt habe. Im Ansatz ähnlich gelagert – kein Sport im Sinne von § 52 Abs. 2 AO a.F. – war auch die Begründung des FG Niedersachsens für die Ablehnung der Gemeinnützigkeit eines „FKK-Vereins mit Sportsparte"[5].

3.26 Auch die **Finanzverwaltung** hat bisher die Gemeinnützigkeit einer Betätigung nahezu ausschließlich unter dem Gesichtspunkt geprüft, ob diese Tätigkeit einem Katalogzweck zugeordnet werden konnte oder diesem zumindest ähnlich war. So sollen z.B. die Tätigkeit von „Bürgernetzvereinen"[6] und die Arbeit von „Präventionsräten"[7] als Förderung der Volksbildung gemeinnützig sein, „Jugendweihe-Vereine" der Förderung der Jugendhilfe dienen[8] und „Oldtimer-Vereine" als Förderung der technischen Kultur anzusehen sein[9].

---

1 Vgl. etwa BFH v. 13.12.1978 – I R 2/77, BStBl. II 1979, 495 (Hundesport sei keine „Ertüchtigung des Volkes durch Leibesübungen" im Sinne des § 17 Abs. 3 Nr. 1 StAnpG).

2 BFH v. 23.11.1988 – I R 11/88, BStBl. II 1989, 391.

3 BFH v. 2.8.1989 – I R 72/87, BFH/NV 1990, 146; treffende Kritik an dem Urteil bei *Rawert*, NJW 2002, 3151 (3153).

4 FG Schleswig Holstein v. 22.3.1996 – I 535/92, EFG 1996, 940 ff.

5 FG Niedersachsen v. 18.2.1997 – VI 54/91, VI 37/92, EFG 1997, 1340.

6 FinMin Bayern v. 5.3.1997, DB 1997, 652.

7 OFD Hannover v. 3.11.1997, DB 1997, 2407; vgl. jetzt § 52 Abs. 2 Nr. 20 AO.

8 OFD Frankfurt/M. v. 6.1.1999, DB 1999, 460.

9 AEAO Nr. 9 zu § 52 AO.

2. Funktion des Zweckkatalogs

Die Bedeutung des Zweckkatalogs für das Verständnis des § 52 Abs. 1 AO hat   3.27
durch das **Gesetz zur weiteren Stärkung des bürgerschaftlichen Engagements**[1]
noch zugenommen. Seit 2007 bestimmt sich die Frage, ob eine Betätigung als Förderung der Allgemeinheit nach § 52 Abs. 1 AO anzusehen ist, vorrangig danach, ob
der von der Körperschaft verfolgte Zweck unter die in § 52 Abs. 2 Satz 1 Nr. 1 bis
25 AO genannten Zielsetzungen fällt. Ist dies zu verneinen, kann ein Zweck nach
der neuen Öffnungsklausel des § 52 Abs. 2 Satz 2 AO gleichwohl für gemeinnützig
erklärt werden, „wenn die Allgemeinheit auf materiellem, geistigem oder sittlichem
Gebiet entsprechend selbstlos gefördert wird".

Die Neuregelung ist das Ergebnis eines **politischen Kompromisses** im Finanzausschuss. Die
Koalitionsfraktionen hatten – ebenso wie zuvor der Bundesrat[2] – den von der Bundesregierung aus Gründen der Rechtssicherheit und zur Vereinheitlichung der Rechtsanwendung
vorgeschlagenen abschließenden Zweckkatalog abgelehnt. Hauptgrund war, dass ein fester
gesetzlicher Katalog nicht flexibel genug sei, um auf sich ändernde gesellschaftliche Verhältnisse reagieren zu können. Deshalb einigte man sich schließlich auf eine Kombination aus
einem abschließenden Katalog und einer Öffnungsklausel[3]. Um gleichwohl auf eine gewisse
einheitliche Auslegung hinzuwirken, wurde die Entscheidung über die Gemeinnützigkeit
sonstiger Zwecke einer besonderen Stelle übertragen.

Dem Zweckkatalog in § 52 Abs. 2 Satz 1 AO kommt somit eine **doppelte Funktion**   3.28
bei der Feststellung der Gemeinnützigkeit zu[4]: Zum einen ist vorrangig zu prüfen,
ob eine Betätigung unter einen der in § 52 Abs. 2 Satz 1 Nr. 1 bis 25 AO genannten
Zwecke fällt. Ist dies nicht der Fall, ist in einem zweiten Schritt zu prüfen, ob der
Zweck zumindest den Anforderungen der „Entsprechensklausel" in § 52 Abs. 2
Satz 1 Satz 2 AO genügt. Dies setzt voraus, dass der Zweck das Gemeinwohl „entsprechend", d.h. in gleicher Weise wie die in § 52 Abs. 2 Satz 1 AO genannten Betätigungen, fördert[5]. Die Neuregelung hat also zu keiner materiellen Änderung gegenüber der bisherigen Rechtslage geführt. Der Zweckkatalog des § 52 Abs. 2 Satz 1
AO ist zwar nicht abschließender Natur, hat aber doch eine präjudizielle Bedeutung
für die Gemeinnützigkeitsprüfung. Geändert hat sich allein die Zuständigkeit für
die Entscheidung, ob auch im Gesetz nicht genannte Zwecke gemeinnützig sind
oder nicht (zu § 52 Abs. 2 Sätze 2 und 3 AO vgl. Rz. 3.150 ff.).

Beispiel Nr. 6: Bemüht sich etwa ein magischer Zirkel um die Anerkennung als gemeinnützige Körperschaft, so hat zunächst das zuständige Betriebsfinanzamt zu prüfen, ob die Förderung der Zauberkunst unter einen in § 52 Abs. 2 Satz 1 AO ausdrücklich genannten Zwecke fällt (insbesondere „Förderung von Kunst und Kultur"). Lehnt es dies ab, weil es der
Ansicht ist, dass die Zauberkunst nicht unter den Kunstbegriff fällt[6], dann wäre u.U. eine
Entscheidung nach § 52 Abs. 2 Satz 2 AO durch die zuständige Stelle einzuholen.

---

1 BGBl. I 2007, 2332.
2 BR-Drucks. 117/07.
3 Vgl. die Beschlussempfehlung des Finanzausschusses BT-Drucks. 16/5985.
4 Ebenso *Musil* in Hübschmann/Hepp/Spitaler, § 52 AO Rz. 11.
5 Dazu näher BFH v. 9.2.2017 – V R 70/14, BStBl. II 2017, 1106.
6 So BFH v. 2.8.1989 – I R 72/87, BFH/NV 1990, 246.

3. Auslegung des Zweckkatalogs

3.29 Auch nach der Änderung des § 52 Abs. 2 Satz 1 AO ist die Verfolgung eines der Katalogzwecke nur „unter den Voraussetzungen des Absatzes 1" als Förderung der Allgemeinheit anzuerkennen. Dies führt zu der Frage, welche Bedeutung der allgemeinen Gemeinnützigkeitsdefinition in § 52 Abs. 1 Satz 1 AO für die Auslegung des Zweckkatalogs zukommt.

Beispiel Nr. 7 (nach BFH vom 29.10.1997[1]): Zweck des M e.V. ist der „freiwillige Zusammenschluss der an der Kraftfahrt interessierten Personen zur Förderung des Motorsports, der Verkehrssicherheit und der internationalen Beziehungen auf motorsportlicher Basis". Zur Verwirklichung dieser Zwecke führt der Verein eigene Motorsportveranstaltungen durch und beteiligt sich an solchen. Das zuständige Finanzamt versagt dem Verein die Gemeinnützigkeit, da Motorsportveranstaltungen zu „Beeinträchtigungen der Allgemeinheit" führten. Der Verein verweist hingegen auf § 52 Abs. 2 Satz 1 Nr. 21 AO, wonach die Förderung des Sports grundsätzlich gemeinnützig sei. Kann die Gemeinnützigkeit gleichwohl versagt werden, weil es an den Voraussetzungen des § 52 Abs. 1 Satz 1 AO („Förderung" des Gemeinwohls) fehlt bzw. die Tätigkeit des Vereins anderen gemeinnützigen Zielen (Förderung des Umweltschutzes) widerspricht?

3.30 Der BFH hat es in der vorstehend genannten Entscheidung abgelehnt, den Begriff des Sports in § 52 Abs. 2 Satz 1 Nr. 2 AO für bestimmte Sportarten mit Rücksicht auf die allgemeinen Voraussetzungen der Gemeinnützigkeit („Förderung …") einschränkend auszulegen[2]. Diese richterliche Zurückhaltung ist auf Kritik gestoßen. Die Rechtsprechung müsse auch bei der Auslegung des Zweckkatalogs die Vor- und Nachteile einer Tätigkeit für das Gemeinwohl abwägen[3]. Für die Auffassung des BFH spricht jedoch, dass die **Finanzgerichte an den im Wortlaut des Gesetzes zum Ausdruck gekommenen Willen des Gesetzgebers gebunden sind**[4]. Hat aber der Gesetzgeber im Rahmen des zulässigen Gestaltungsspielraums bei der Ausgestaltung des Beispielskatalogs eine bestimmte Betätigung für gemeinnützig erklärt, so kann diese Entscheidung nicht unter Rückgriff auf die allgemeine Gemeinnützigkeitsdefinition des § 52 Abs. 1 Satz 1 AO in Frage gestellt werden. Daran ändert auch der gesetzliche Vorbehalt (… „unter den Voraussetzungen des Absatzes 1 …") nichts, der sich vor allem auf solche Fälle bezieht, in denen es an einer Förderung „der Allgemeinheit" fehlt, z.B. weil der geförderte Personenkreis zu klein ist. Abzulehnen ist auch den Versuch, einzelne Katalogzwecke (z.B. die Förderung des Sports) unter Hinweis auf andere Katalogzwecke (z.B. Förderung des Umweltschutzes) einschränkend auszulegen[5]. Angesichts der Vielfalt der in § 52 Abs. 2 Satz 1 AO genannten Lebensbereiche wäre die Rechtsprechung mit der Aufgabe, eine

---

1 BFH v. 29.10.1997 – I R 13/97, BStBl. II 1998, 9.

2 So aber FG Hessen v. 29.10.1996 – 4 K 1842/94 u.a., EFG 1997, 514; FG Nürnberg v. 17.3.1986 – I 264/83, EFG 1986, 621; *Seer* in Tipke/Kruse, § 52 AO Rz. 9; *Arndt/Immel*, BB 1987, 1153 (1155); *Leisner-Egensperger* in FS Merten, 2007, S. 277; zurückhaltend *Droege*, S. 392.

3 S. *Seer* in Tipke/Kruse, § 52 AO Rz. 9; *Seer* in DStJG 26 (2003), 31.

4 Ebenso *Schauhoff* in Schauhoff, § 6 Rz. 30.

5 Vgl. BFH v. 29.10.1997 – I R 13/97, BStBl. II 1998, 9; a.A. aber noch BFH v. 5.8.1992 – X R 165/88, BStBl. II 1992, 1048, 1049; *Seer* in Tipke/Kruse, § 52 AO Rz. 9.

„praktische Konkordanz" zwischen allen diesen verschiedenen Wertungen herzustellen, wohl überfordert[1]. Man denke nur an mögliche Konflikte zwischen Wissenschaftsförderung und Tierschutz, Kunstfreiheit und Religion, Landschaftsschutz und Tierzucht etc. Maßgebend ist also, ob eine (rechtlich zulässige)[2] Betätigung unter einen Katalogzweck fällt, nicht aber, ob ihre steuerliche Förderung der steuerlichen Förderung anderer Katalogzwecke widerspricht. Eine Gemeinwohlförderung liegt natürlich nicht vor bei gesetzlich verbotenen Betätigungen (dazu näher Rz. 3.71 ff.).

frei   3.31–3.32

V. Keine Förderung von Einzel- oder Gruppeninteressen

1. Negativdefinition in § 52 Abs. 1 Satz 2 AO

Nach § 52 Abs. 1 Satz 2 AO ist eine Förderung der Allgemeinheit nicht gegeben,   3.33
wenn der Kreis der Personen, dem die Förderung zugute kommt, fest abgeschlossen
ist, z.B. durch die Zugehörigkeit zu einer Familie oder zur Belegschaft eines Unternehmens, oder infolge seiner Abgrenzung, insbesondere nach räumlichen oder beruflichen Merkmalen, dauernd nur klein sein kann. Diese **Negativdefinition der
Förderung der Allgemeinheit** ist missverständlich, weil sie den Eindruck erweckt,
als sei nur die Förderung einer großen Zahl von Personen gemeinnützig[3]. Richtigerweise ist die Zahl der tatsächlich geförderten Personen ganz unerheblich, es kommt
nur darauf an, dass die Förderung nicht von vornherein nur „den Belangen bestimmter Personen", d.h. partikulären Interessen dient[4].

Beispiel Nr. 8: So ist die Arbeit eines medizinischen Forschungsinstituts auch dann als gemeinnützig anzusehen, wenn sie der Erforschung einer seltenen Krankheit dient, denn es macht unter Gemeinwohlgesichtspunkten keinen Unterschied, ob wenige oder viele Menschen erkranken können[5].

Anders ist dagegen zu entscheiden, wenn die Förderung von vornherein auf eine   3.34
bestimmte Personengruppe beschränkt wird, um sich **gegenüber der Allgemeinheit abzugrenzen.** Dient die Förderung nur einer fest abgeschlossenen Personengruppe, so beruht sie – wie der BFH treffend bemerkt hat[6] – „in erster Linie auf
dem Gedanken der Selbsthilfe, nicht aber auf dem Gedanken der Gemeinnützig-

---

1 Anders *Seer* in Tipke/Kruse, § 52 AO Rz. 9; ähnlich *Leisner-Egensperger* in FS Merten, 2007, S. 288, die sogar für eine „spezielle Abwägungsmethodik" im Gemeinnützigkeitsrecht plädiert, und zwar unter „Einbeziehung möglichst vieler Abwägungsmomente".

2 Zu Recht weist *Droege*, S. 396 darauf hin, dass bei Einhaltung der „Rechtsordnungskonformität" die Brisanz möglicher Zweckkollisionen deutlich entschärft sein dürfte; ähnlich *Musil* in Hübschmann/Hepp/Spitaler, § 52 AO Rz. 48.

3 Zutreffend *Gast-de Haan*, DStR 1996, 405 ff.; *Seer* in Tipke/Kruse, § 52 AO Rz. 10; *Seer* in DStJG 26 (2003), 31.

4 Vgl. BFH v. 13.12.1978 – I R 39/78, BStBl. II 1979, 482 (484 f.); vgl. auch *Felix*, FR 1961, 236.

5 Statt aller *Gast-de Haan*, DStR 1996, 405 ff.

6 BFH v. 13.12.1978 – I R 39/78, BStBl. II 1979, 482 (484 f.).

keit." Schädlich ist also nicht eine Beschränkung des Wirkungskreises als solche, sondern schädlich ist eine Beschränkung auf einen Personenkreis, der nicht mehr als „Ausschnitt der Allgemeinheit" angesehen werden kann[1]. Förderung der Allgemeinheit meint also nicht Förderung der Gesamtheit der Bürger, sondern **Förderung im Interesse der Allgemeinheit**. Denn die Förderung von partikulären Einzel- oder Gruppeninteressen, der kollektive Eigennutz, ist das Gegenteil einer Förderung des Gemeinwohls.

2. Fest abgeschlossener Personenkreis

3.35 Eine Förderung der Allgemeinheit im Sinne einer Förderung des Gemeinwohls kann nicht angenommen werden, wenn der Kreis der geförderten Personen von vornherein fest abgeschlossen ist (§ 52 Abs. 1 Satz 2 Alt. 1 AO). Das Gesetz nennt als Beispiele für eine solche feste Abgrenzung die **Zugehörigkeit zu einer Familie oder zu einem Unternehmen**. Dabei ist es unerheblich, ob die Zahl der Familienangehörigen oder der zum Unternehmen gehörenden Personen sehr groß oder eher klein ist[2]. Auch ein multinationaler Konzern mit vielen Tausend Beschäftigten bildet danach einen fest abgeschlossenen Personenkreis, da durch das Erfordernis der Betriebszugehörigkeit alle anderen Personen (und damit zugleich „die Allgemeinheit") von der Förderung ausgeschlossen werden[3].

Beispiel Nr. 9: Gründen sieben Mitglieder einer Großfamilie einen Segelverein, um sich die Kosten der Anschaffung und des Betriebs eines Segelbootes zu teilen, dann ist dieser „Sportverein" nicht als gemeinnützig anzuerkennen, wenn die Mitgliedschaft nur Familienmitgliedern offensteht[4].

3.36 Wenn das Gesetz in § 52 Abs. 1 Satz 2 AO eine „feste Abgeschlossenheit" für gemeinnützigkeitsschädlich erklärt, so richtet sich dies nicht gegen jede Art von Beschränkungen des geförderten Personenkreises, sondern – wie im Schrifttum zutreffend angemerkt wird[5] – gegen **„sachfremde" Beschränkungen**, die sich nicht an dem gemeinnützigen Zweck selbst, sondern an anderen Kriterien orientieren[6]. Wenn z.B. die Mitgliedschaft in einem Sportverein nur den Angehörigen eines bestimmten Betriebs offensteht (Betriebssportverein), dann dient der Verein dem Interesse eines Kollektivs, nicht aber dem Allgemeininteresse. Zulässig ist es dagegen, wenn ein Sportverein die Zahl der Mitglieder aus Kapazitätsgründen (Sportgeräte, Trainer, Spielplätze) begrenzt. Gegen eine solche Zugangsbeschränkung ist dann nichts einzuwenden, wenn sie – wie der BFH festgestellt hat[7] – „im Hinblick auf die Notwendigkeit eines ordnungsmäßigen Spielbetriebs durch sachliche Erwägungen gerechtfertigt ist." Auch Beschränkungen der Förderung nach der politischen Über-

---

1 Vgl. statt vieler nur BFH v. 13.12.1978 – I R 39/78, BStBl. II 1979, 482 (484 f.); *Felix*, FR 1961, 236.
2 BFH v. 5.8.1992 – X R 165/88, BStBl. II 1992, 1048.
3 *Buchna/Leichinger/Seeger/Brox*, S. 63.
4 Vgl. den Sachverhalt in BFH v. 23.7.2003 – I R 29/02, BStBl. II 2003, 930.
5 *Seer* in Tipke/Kruse, § 52 AO Rz. 10; *Buchna/Leichinger/Seeger/Brox*, S. 62.
6 Sehr restriktiv BFH v. 13.12.1978 – I R 36/76, BStBl. II 1979, 492 für einen Orden.
7 BFH v. 13.12.1978 – I R 64/77, BStBl. II 1979, 488 (490).

zeugung oder der Mitgliedschaft in einer anderen Organisation[1] sind gemeinnützigkeitsrechtlich nur dann zulässig, wenn sie durch den verfolgten Zweck gerechtfertigt sind[2]. Dies ist z.b. zu bejahen, wenn sich eine Fortbildungsmaßnahme oder Prüfungstätigkeit nur an Absolventen mit einer entsprechenden Ausbildung richtet[3],
ein historischer Schützenverein auf christlicher Grundlage keine Atheisten aufnimmt[4] oder die Teilnahme an einem Tauchlehrgang von dem Bestehen einer medizinischen Prüfung abhängig gemacht wird[5]. Umgekehrt ist die Beschränkung der
Förderung auf Mitglieder einer anderen, nicht gemeinnützigen Organisation regelmäßig sachwidrig und damit unzulässig[6]. Nach einer Entscheidung des BFH aus
dem Jahr 1955 soll eine Beschränkung nach der Religionszugehörigkeit zumindest
dann unschädlich sein, wenn es sich um eine große Religionsgemeinschaft wie die
Katholische oder Evangelische Kirche handelt[7].

Auch **geschlechterbezogene Einschränkungen** sind an den Vorgaben des § 52   3.37
Abs. 1 Satz 2 AO zu messen. Zwar hat der BFH die Zulässigkeit solcher Beschränkungen im Freimaurerurteil vom 17.5.2017[8] unmittelbar anhand der Wertordnung
des Grundgesetzes und nach Art. 3 Abs. 2 und 3 GG beurteilt, weil der Senat –
ohne nähere Begründung – der Ansicht war, dass geschlechterbezogene Beschränkungen nicht „unter die speziellen Ausschlussvoraussetzungen des § 52 Abs. 1
Satz 2 AO fallen". In der Sache dürfte dieser direkte Rückgriff auf verfassungsrechtliche Vorgaben aber zu keinen anderen Ergebnissen führen, weil es letztlich darauf
ankommt, ob sich eine geschlechterbezogene Einschränkung des geförderten Personenkreises durch den verfolgten Zweck sachlich rechtfertigen lässt. Dies war im
Streitfall zu verneinen, weil sich die Fördertätigkeit der Freimaurerloge auf den
Kreis der Mitglieder beschränkte und der konkrete Vereinszweck – die Mitglieder
„durch eine stufenweise fortschreitende Lehr- und Übungsart weiterzubilden und
zur Entfaltung zu bringen" – keinen Anhaltspunkt für eine Beschränkung auf Männer bot[9].

Mit einer vergleichbaren Begründung hatten die Finanzgerichte schon früher Freimaurerlo-
gen die Gemeinnützigkeit versagt[10], so dass die Entscheidung selbst lediglich eine langjährige
Rechtsprechung bestätigte. Sie löste gleichwohl ein großes Medienecho aus[11], weil der BFH
in einer Pressemitteilung verlautbarte, das Urteil könne sich auch auf Vereine auswirken, die
„wie z.B. Schützenbruderschaften, Männergesangsvereine oder Frauenchöre, Männer oder

---

1 BFH v. 5.8.1992 – X R 165/88, BStBl. II 1992, 1048.
2 Zur Anwendung des AGG auf gemeinnützige Vereine und Stiftungen *Reuter* in FS Adomeit, 2008, S. 595.
3 Vgl. dazu BFH v. 23.6.1988 – IV R 21/86, BStBl. II 1988, 890 (Steuerberaterexamen).
4 OFD Koblenz v. 28.1.1999, KSt-Kartei § 5 K H 70 (n.v.).
5 *Buchna/Leichinger/Seeger/Brox*, S. 62.
6 Vgl. dazu BFH v. 5.8.1992 – X R 165/88, BStBl. II 1992, 1048.
7 BFH v. 2.12.1955 – III 99/55 U, BStBl. III 1956, 22.
8 BFH v. 17.5.2017 – V R 52/15, BStBl. II 2018, 218; dazu auch *Weitemeyer/Wrede*, npoR
2018, 3; *Fischer*, DStR 2018, 1394 (1397 f.).
9 Ebenso BFH v. 17.5.2017 – V R 52/15, BStBl. II 2018, 218.
10 Vgl. bereits FG Bremen v. 9.7.1982 – I 37/81 K, EFG 1983, 194; BFH v. 26.1.1973 – III R
40/72, BStBl. II 1973, 430; ablehnend aber *Alber* in NK-GemnR, § 52 AO Rz. 191.
11 Dazu etwa *Weitemeyer/Wrede*, npoR 2018, 3.

Frauen ohne sachlichen Grund von der Mitgliedschaft ausschließen". So wurde der Eindruck erweckt, als seien geschlechterbezogene Ungleichbehandlungen – und insbesondere jede Beschränkung der Mitgliedschaft auf Männer oder Frauen – mit dem Gemeinnützigkeitsstatus schlechthin unvereinbar.

Richtigerweise ist wie folgt zu unterscheiden: Im Ausgangspunkt ist zunächst zu fragen, „wer" nach den Satzungszwecken der Adressat der Förderung sein soll, denn § 52 Abs. 1 Satz 2 AO betrifft nicht den Zugang zum Verein, sondern den Kreis der geförderten Personen[1]. Dies bedeutet zunächst, dass die Zusammensetzung des Mitgliederkreises bei sog. Fördervereinen, die ausschließlich „fremdnützig" tätig sind, eigentlich keine Rolle spielen kann (vgl. auch Rz. 3.41). Hingegen bedürfen geschlechtsbezogene Einschränkungen der Fördertätigkeit stets einer Rechtfertigung, die sich aber (wie z.B. die Beschränkung eines „Frauenhauses" auf Frauen zum Schutz vor männlicher Gewalt oder die Förderung von Müttern durch das Müttergenesungswerk[2]) aus einem geschlechtsbezogenen Förderbedarf oder den Bedingungen der Förderung ergeben kann. Insoweit wäre auch zu überlegen, ob das Ziel der Gleichberechtigung (vgl. auch § 52 Abs. 2 Satz 1 Nr. 18 AO) auch eine gezielte Förderung („affirmative action") von Frauen in solchen Lebensbereichen rechtfertigt, in denen bisher vor allem Männer dominieren[3]. Ist die Fördertätigkeit – wie im Fall der Freimaurerloge[4] – auf den Kreis der Mitglieder beschränkt, bedarf auch eine geschlechtsbezogene Beschränkung der Vereinsmitgliedschaft eines sachlichen Grundes[5]. Insoweit scheinen die vom BFH gewählten Beispiele (z.B. Männergesangsvereine) allerdings eher zweifelhaft zu sein, denn bereits die unterschiedlichen Stimmlagen (und das darauf bezogene Liedgut) stellen einen hinreichenden Grund für die Gründung von getrennten Männer- und Frauenchören dar. Auch im Fall der Schützenbrüderschaften ist eine differenzierte Prüfung geboten, die nicht nur berücksichtigt, in welchem Maße die Fördertätigkeit nur den Mitgliedern oder vor allem der breiten Öffentlichkeit zugute kommt, sondern auch welche Zwecke (Förderung des Sports oder des traditionellen Brauchtums[6]) tatsächlich gefördert werden. Schließlich hat der BFH die Frage offen gelassen, inwieweit sich Vereine zur Rechtfertigung von Aufnahmebeschränkungen auf die Vereinigungsfreiheit (Art. 9 Abs. 1 GG) als kollidierendes Verfassungsrecht berufen können[7]. Insgesamt bleibt zu hoffen, dass die Finanzverwaltung mit der Entscheidung in der Praxis zurückhaltend umgehen wird.

Wie sich im Umkehrschluss aus § 52 Abs. 1 Satz 2 Alt. 2 AO ergibt, sind insbesondere **„räumliche" Beschränkungen** für sich genommen stets unschädlich. Daher wäre es unbe-

---

1 Ebenso *Geibel* in NK-GemnR § 52 AO Rz. 26; *Weitemeyer/Wrede*, npoR 2018, 4.

2 Vgl. zum Müttergenesungswerk *Seer* in Tipke/Kruse, § 52 AO Rz. 10.

3 Ablehnend für ein „Frauennetzwerk in IT-Berufen" FG München v. 19.7.2010 – 7 K 472/08, EFG 2010, 1921 (keine Förderung der Allgemeinheit und fehlende Selbstlosigkeit).

4 Jedenfalls nach den tatrichterlichen Feststellungen des FG, vgl. BFH v. 17.5.2017 – V R 52/15, BStBl. II 2018, 218.

5 Ferner war hier – worauf *Fischer*, DStR 2018, 1394 (1398) zutreffend hinweist – zweifelhaft, ob eine Freimaurerloge mangels Ausstrahlung des satzungsmäßigen Wirkens auf die Öffentlichkeit überhaupt die „Allgemeinheit fördert".

6 Vgl. AEAO Nr. 6 zu § 52 AO.

7 Dazu auch *Weitemeyer/Wrede*, npoR 2018, 4 f.

denklich, wenn eine Bibliothek nur den Einwohnern einer bestimmten Gemeinde zugänglich ist oder die Aufnahme in eine Schule nach Wohnbezirken geregelt ist.

3. Dauernd kleiner Personenkreis

Auch wenn der geförderte Personenkreis nicht fest abgeschlossen ist, liegt eine Förderung der Allgemeinheit nach § 52 Abs. 1 Satz 2 Alt. 2 AO dann nicht vor, wenn der geförderte Personenkreis infolge seiner Abgrenzung „dauernd nur klein sein kann". Im Unterschied zur Familien- oder Betriebszugehörigkeit sind die Beschränkungen hier nicht „fest", sondern können – wie z.B. im Fall räumlicher Abgrenzungen – durch Wohnortwechsel umgangen werden. Räumliche oder berufliche Beschränkungen sind deshalb nicht schon für sich genommen schädlich, sondern gleichsam „neutral": Sie lassen sich zwar nicht durch den geförderten Zweck rechtfertigen, sind aber auch kein Ausdruck bestimmter Gruppenbildungen. Vielmehr sind die Einwohner einer Gemeinde oder die Angehörigen einer Berufsgruppe regelmäßig noch ein „Ausschnitt aus der Allgemeinheit". Etwas anderes soll nur gelten, wenn die Beschränkungen im Einzelfall dazu führen, dass der geförderte Personenkreis so klein wird, dass **ein Allgemeininteresse an der Förderung nicht mehr anzuerkennen ist**. Beispielsfälle dafür sind Sportvereine, die nur der kleinen Gruppe von Bewohnern einer bestimmten Wohnsiedlung oder Straße offenstehen[1]. Praktische Bedeutung erlangt § 52 Abs. 1 Satz 2 Alt. 2 AO vor allem in Hinsicht auf Aufnahmeregelungen sowie die Höhe von Aufnahmegebühren und Mitgliedsbeiträge bei Vereinen[2] (dazu sogleich Rz. 3.41 ff.).

3.38

4. Aufnahmeregelungen bei Vereinen

Insbesondere bei Vereinen (z.B. Sportvereinen) kommt die satzungsmäßige Förderung häufig nur oder in erster Linie den Mitgliedern zugute. In diesem Fall stellt sich die Frage, ob der Zugang zur Vereinsmitgliedschaft – abgesehen von kapazitätsbedingten Beschränkungen (z.B. Wartelisten) – nach der Satzung allen Interessierten offenstehen muss, um die Steuervergünstigung wegen Gemeinnützigkeit nicht zu gefährden. Der BFH hat wiederholt zur **Zulässigkeit spezieller Aufnahmeverfahren**, insbesondere bei Golfvereinen, Stellung genommen und dabei folgende Grundsätze aufgestellt[3]: Eine Gemeinnützigkeit sei nicht allein deswegen aus formalen Gründen ausgeschlossen, weil in der Satzung nicht geregelt ist, „aus welchen Gründen Personen die Aufnahme verwehrt werden kann"[4]. Auch sonst fordere das Gesetz keine satzungsmäßigen Regelungen über die Voraussetzungen für die Aufnahme in einen Verein. Nach Ansicht des BFH können Satzungsklauseln über die Aufnahme die Gemeinnützigkeit nur dann in Frage stellen, wenn sie „inhaltlich darauf gerichtet sein, die Allgemeinheit von der satzungsmäßigen Förderung auszuschließen und folglich eine Förderung der Allgemeinheit im Rahmen der tatsäch-

3.39

---

1 *Buchna/Leichinger/Seeger/Brox*, S. 62.
2 Vgl. grundlegend BFH v. 20.1.1982 – I R 256/78, BStBl. II 1982, 336.
3 BFH v. 13.12.1978 – I R 64/77, BStBl. II 1979, 488; BFH v. 13.8.1997 – I R 19/96, BStBl. II 1997, 794.
4 BFH v. 13.8.1997 – I R 19/96, BStBl. II 1997, 794.

lichen Geschäftsführung nicht mehr gewährleistet werden kann"[1]. Für unbedenklich gehalten hat der BFH daher z.B. Satzungsklauseln, wonach allein der erste Vorsitzende über Aufnahmegesuche nach freiem Ermessen entscheidet[2] oder Aufnahmegesuche zumindest von zwei stimmberechtigten Vereinsmitgliedern befürwortet werden müssen[3]. Auch eine Regelung, wonach jedes Mitglied der Aufnahme eines Bewerbers widersprechen kann und dieser Widerspruch nur durch einen einstimmigen Beschluss des Vorstandes überwunden werden kann, ist nach Ansicht des BFH für sich genommen noch nicht ausreichend, um die Gemeinnützigkeit zu versagen. Vielmehr bedürfe es konkreter Anhaltspunkte dafür, dass die tatsächliche Handhabung dieser Regelung zu einem Ausschluss der Allgemeinheit geführt habe[4].

3.40 Diese zurückhaltende Auffassung des BFH verdient – auch im Lichte der verfassungsrechtlich geschützten Vereinigungsfreiheit (Art. 9 Abs. 1 GG) – Zustimmung[5]. Grundsätzlich hat jeder Verein das Recht, sich in freier Selbstbestimmung eine eigene innere Ordnung zu geben und z.B. in der Satzung die Modalitäten für die Aufnahme neuer Mitglieder festzulegen. Solche Regelungen sind grundsätzlich empfehlenswert, wenn die Altmitglieder einen Einfluss auf die Zusammensetzung der Mitglieder behalten wollen und z.B. eine unerwünschte Unterwanderung durch Personen, die weniger an den Vereinszwecken, als an der Mitgliedschaft selbst interessiert sind, verhindert werden soll. Da das Zivilrecht einen Aufnahmezwang (§ 826 BGB) nur bei Vereinen mit Monopolstellung kennt, sind Aufnahmebeschränkungen grundsätzlich zulässig. Auch **das Gemeinnützigkeitsrecht kennt keinen „Aufnahmezwang"**, sondern fordert nur, dass ein Verein, der in erster Linie seine Mitglieder fördert, für die Allgemeinheit „potenziell" offensteht. Solange also eine Aufnahmebestimmung nicht darauf abzielt, den Verein gegenüber der Allgemeinheit abzuschotten, sondern nur ein funktionierendes Vereinslebens ermöglichen soll, ist sie auch gemeinnützigkeitsrechtlich nicht zu beanstanden. Etwas anderes gilt nur dann, wenn durch eine Satzungsklausel (z.B. durch das Erfordernis eines einstimmigen Beschlusses der Mitgliederversammlung) die Aufnahme in den Verein für Dritte praktisch unmöglich gemacht wird[6].

5. Aufnahmegebühren und Mitgliedsbeiträge

a) Problemstellung

3.41 Wie viele andere Körperschaften erheben auch gemeinnützige Organisationen, insbesondere Sportvereine, zur Finanzierung ihrer satzungsmäßigen Aufgaben von ihren Mitgliedern Mitgliedsbeiträge und Aufnahmegebühren. Fraglich ist, ob solche

---

1 BFH v. 13.8.1997 – I R 19/96, BStBl. II 1997, 794.
2 BFH v. 13.8.1997 – I R 19/96, BStBl. II 1997, 794.
3 BFH v. 13.12.1978 – I R 64/77, BStBl. II 1979, 488.
4 BFH v. 13.8.1997 – I R 19/96, BStBl. II 1997, 794.
5 Ebenso *Gast-de Haan*, DStR 1996, 405 ff.; *Musil* in Hübschmann/Hepp/Spitaler, § 52 AO Rz. 79.
6 FG Hamburg v. 8.12.1997 – II 98/95, EFG 1998, 916, rkr.

Beitragspflichten die Gemeinnützigkeit einer Körperschaft gefährden können, wenn sie bestimmte Größenordnungen überschreiten und dadurch den Erwerb einer Mitgliedschaft erschweren. Insoweit ist zu unterscheiden:

– Wird eine gemeinnützige Körperschaft **in erster Linie gegenüber Dritten tätig**, ist die Höhe der Beiträge ohne steuerrechtliche Relevanz. So ist auch ein „exklusiver" Förderverein („Club der Millionäre"), dessen Mitglieder sich zu jährlichen Förderbeitragen von mindestens 100 000 Euro für soziale Projekte verpflichten, nach der hier vertretenen Ansicht als gemeinnützig anzuerkennen, auch wenn die Mitgliedschaft wegen der Höhe der versprochenen Förderleistungen sicher nur einem (sehr) kleinen Kreis von Bürgern offenstehen würde[1].

– Problematisch wird die Höhe der Aufnahmegebühren und Mitgliedsbeiträge erst dann, **wenn der Verein überwiegend oder ausschließlich seine eigenen Mitglieder fördert.** Hier könnte es an einer Förderung der Allgemeinheit fehlen, wenn wegen der Höhe der Beitragspflichten die Mitgliedschaft nur für wenige Personen finanziell erschwinglich ist, der geförderte Personenkreis wegen der finanziellen Beschränkungen also nach § 52 Abs. 1 Satz 2 AO voraussichtlich „dauernd nur klein" sein wird.

b) Meinungsstand

Der RFH hat Mitgliedsbeiträge ausschließlich unter dem Gesichtspunkt beurteilt, ob ihre Erhebung für die Erfüllung der satzungsmäßigen gemeinnützigen Zwecke notwendig war[2]. Demnach hinderte auch die absolute Höhe der Beiträge die Gemeinnützigkeit nicht, soweit nach der „Eigenart" des verfolgten Zwecks (z.B. Golf oder Segeln) erhebliche Summen für die Zweckverfolgung erforderlich waren. Der **BFH** hat demgegenüber eine restriktivere Haltung eingenommen. Er geht davon aus, dass ein Sportverein dann nicht mehr die Allgemeinheit fördert, wenn „auf Grund der Höhe der Beiträge anzunehmen ist, dass nur Angehörige eines exklusiven Personenkreises Mitglieder werden sollen"[3]. Als Vergleichsmaßstab will die Rechtsprechung vor allem die durchschnittlichen Jahresaufwendungen breiter Bevölkerungskreise für die Anschaffung und Unterhaltung von Kfz, für Urlaubsreisen und sonstige Hobbys heranziehen[4]. So hat der BFH bei einem Golf-Club für das Streitjahr 1969 eine erwartete „Eintrittsspende" von 3 500 DM als noch vereinbar mit der Gemeinnützigkeit angesehen[5]. In einer späteren Entscheidung wurde eine

3.42

---

1 Zustimmend *Seer* in Tipke/Kruse, § 52 AO Rz. 11; *Geibel* in NK-GemnR, § 52 AO Rz. 26.
2 RFH v. 28.5.1931 – I A 148/31, RStBl. 1931, 553.
3 So BFH v. 13.11.1996 – I R 152/93, BStBl. II 1998, 711; vgl. ferner BFH v. 13.12.1978 – I R 64/77, BStBl. II 1979, 490; BFH v. 20.1.1982 – I R 256/80, BStBl. II 1982, 336; BFH v. 13.8.1997 – I R 19/96, BStBl. II 1997, 794; BFH v. 23.7.2003 – I R 41/03, BStBl. II 2005, 443.
4 BFH v. 13.12.1978 – I R 64/77, BStBl. II 1979, 490; BFH v. 20.1.1982 – I R 256/80, BStBl. II 1982, 336.
5 BFH v. 13.12.1978 – I R 64/77, BStBl. II 1979, 490.

Gesamtbelastung von 5 000 DM (für das Jahr 1990) als unbedenklich beurteilt[1]. An dieser Rechtsprechung hat der BFH bis heute festgehalten[2].

3.43 Die **Finanzverwaltung** hat im Anwendungserlass zur AO (vgl. Nr. 1.1. bis 1.3.2 zu § 52 AO) allgemeine Höchstgrenzen für Aufnahmegebühren und Mitgliedsbeiträge festgelegt[3]. Danach dürfen die Mitgliedsbeiträge und Mitgliedsumlagen zusammen im Durchschnitt 1 023 Euro je Mitglied und Jahr sowie die Aufnahmegebühren im Durchschnitt 1 534 Euro nicht übersteigen.

– Für die **Durchschnittsberechnung** sind grundsätzlich alle Geld- und geldwerten Leistungen, die ein Bürger aufwenden muss, um in den Verein aufgenommen zu werden oder in ihm verbleiben zu können, zu berücksichtigen. Sonderumlagen und Zusatzentgelte sind ebenfalls einzubeziehen. Leistungen auf Grund von Firmenmitgliedschaften bleiben außer Betracht. Bei zinslosen oder zinsgünstigen Mitgliederdarlehen ist nur der Zinsvorteil zu berücksichtigen[4]. Ebenso ist auch eine Pflicht zur Zeichnung von Gesellschaftsbeteiligungen zu beurteilen. Ist die Einlage werthaltig und kann sie beim Austritt aus dem Verein weiterveräußert werden, so sind nur die Refinanzierungsaufwendungen als zusätzliche Aufnahmegebühren zu behandeln[5].

– **Freiwillige Spenden** bleiben bei der Ermittlung der durchschnittlichen Aufnahmegebühren und Mitgliedsbeiträge außer Betracht. Abweichend von der Rechtsprechung[6] will die Finanzverwaltung allerdings Leistungen auf Grund einer „faktischen Verpflichtung" in die Berechnung einzubeziehen. Eine solche „**faktische Verpflichtung**" soll immer dann vermutet werden, wenn mehr als 75 Prozent der neu eingetretenen Mitglieder neben der Aufnahmegebühr eine gleiche oder ähnlich hohe Sonderzahlung leisten.

– Bei der Berechnung des Durchschnitts sind **alle Personen (einschließlich der fördernden oder passiven, jugendlichen und auswärtigen Mitglieder) einzubeziehen**, die im Veranlagungszeitraum Mitglieder waren. Die nicht aktiven Mitglieder sollen aber dann nicht zu berücksichtigen sein, wenn der Verein ihre Einbeziehung in die Durchschnittsberechnung „missbräuchlich ausnutzt". Letzteres ist nach Ansicht der Finanzverwaltung immer dann der Fall, wenn die Zahl der nicht aktiven Mitglieder „ungewöhnlich hoch ist" oder nicht aktive Mitglieder z.B. im Hinblick auf die Durchschnittsberechnung beitragsfrei aufgenommen worden sind.

---

1 BFH v. 13.8.1997 – I R 19/96, BStBl. II 1997, 796.

2 BFH v. 23.7.2003 – I R 41/03, BStBl. II 2005, 443.

3 S. auch BMF v. 21.4.2008, BStBl. I 2008, 582; BMF v. 19.5.2005, BStBl. I 2005, 786; zu den früher geltenden Grenzen vgl. BMF v. 11.12.1980, BStBl. I 1980, 786; BMF v. 7.8.1991, BStBl. I 1991, 792; BMF v. 22.12.1995, BStBl. I 1996, 51; BMF v. 20.10.1998, BStBl. I 1998, 1424.

4 Ebenso BFH v. 13.11.1996 – I R 152/93, BStBl. II 1998, 711.

5 So BFH v. 23.7.2003 – I R 41/03, BStBl. II 2005, 443; zum Erwerb von Nutzungsrechten vgl. FG Baden-Württemberg v. 20.8.2002 – 2 K 1046/01, EFG 2002, 1355.

6 BFH v. 13.8.1997 – I R 19/96, BStBl. II 1997, 794. Vgl. auch FG Hamburg v. 17.12.2001 – II 657/99, EFG 2002, 545, rkr.

– Damit die betroffenen Vereine trotz der dargelegten Höchstgrenzen größere Investitionen durch Leistungen der Mitglieder finanzieren können, lässt die Finanzverwaltung schließlich unter bestimmten Voraussetzungen die Erhebung
sog. **Investitionsumlagen** zu. Diese dürfen aber nur höchstens 5 113 Euro innerhalb von zehn Jahren je Mitglied betragen, wobei eine ratenweise Leistung zulässig sein muss. Ferner muss die Umlage zur Finanzierung eines konkreten Investitionsvorhabens dienen. Spendenrechtlich werden Investitionsumlagen wie Mitgliedsbeiträge behandelt, sind also nicht abziehbar.

Die Praxis der Finanzverwaltung wird **im Schrifttum unterschiedlich beurteilt**[1].   3.44
So wird einerseits beanstandet, dass starre Beitragsgrenzen zu unbilligen Ergebnissen führen, weil sie zu Ungleichbehandlungen zwischen teuren und billigen Sportarten führten[2]. Andere wiederum halten selbst die von der Finanzverwaltung festgelegten Höchstgrenzen – insbesondere nach Einführung der Investitionsumlage –
für zu hoch angesetzt, weil in der Realität die „Allgemeinheit" durch solche überhöhten Anforderungen ausgeschlossen werde[3].

c) Stellungnahme

Man darf bezweifeln, ob eine Gemeinnützigkeit des Vereins tatsächlich voraussetzt,   3.45
dass sich praktisch jedermann die Mitgliedschaft leisten kann. Geht man davon aus,
dass § 52 Abs. 1 Satz 2 AO nur „sachfremde" Beschränkungen untersagt, so ist –
wie bereits der RFH festgestellt hat[4] – gegen die Erhebung von Beiträgen solange
nichts einzuwenden, wie diese zur Zweckerfüllung notwendig sind. Die Notwendigkeit einer Beitragserhebung bestimmt sich jedoch nach den **Eigenarten des jeweiligen Zwecks**. Die Praxis der Finanzverwaltung lässt diese Besonderheiten – abgesehen von der Investitionsumlage, bei der ein konkreter Investitionsbedarf nachgewiesen werden muss – außer Betracht und beschränkt sich auf die Festlegung absoluter Höchstgrenzen. Auf den ersten Blick scheint eine solche Beschränkung
durch § 52 Abs. 1 Satz 2 Alt. 2 AO zwar gerechtfertigt. Wie bereits oben gezeigt, ist
aber die absolute Zahl der geförderten Mitglieder letztlich nicht ausschlaggebend.
Entscheidend ist vielmehr, ob aus der Tatsache, dass die Förderung dauernd nur einem sehr kleinen Personenkreis zugute kommt, geschlossen werden kann, dass die
Förderung nicht mehr im Allgemeininteresse liegt[5]. An die Stelle starrer Höchstgrenzen, deren Berechnungsmodalitäten ihrerseits wiederum neue Gestaltungsmöglichkeiten erlauben, muss somit eine wertende Entscheidung treten, ob die Verfolgung

---

1 Vgl. *Fischer* in FS Offerhaus, 1999, S. 596; *Fischer* in FS Lang, 2010, S. 281; *Gast-de Haan*,
  DStR 1996, 405; *Musil* in Hübschmann/Hepp/Spitaler, § 52 AO Rz. 74 ff.; *Möller*, DB
  1997, 949; *Prugger*, DB 1996, 496; *Schauhoff/D. Fischer* in Non Profit Law Yearbook 2002,
  199; *Seer* in Tipke/Kruse, § 52 AO Rz. 10; *Wallenhorst*, DStR 1997, 479.
2 Siehe *Seer* in Tipke/Kruse, § 52 AO Rz. 9; *Wallenhorst*, DStR 1997, 479.
3 So *Fischer* in FS Offerhaus, 1999, S. 596 (612), der allerdings insoweit auf die wirtschaftlichen Verhältnisse einer „in München lebenden vierköpfigen Durchschnittsfamilie" mit einem Alleinverdiener abstellen will.
4 RFH v. 28.5.1931 – I A 148/31, RStBl. 1931, 553.
5 Richtig *Seer* in Tipke/Kruse, § 52 AO Rz. 11a.

bestimmter Zwecke – insbesondere bestimmter Sportarten – angesichts des damit verbundenen Kostenaufwands überhaupt noch als „gemeinwohlfördernd" anzusehen sind. Dies kann nicht allein von der Höhe der durchschnittlichen Mitgliedsbeiträge abhängig gemacht werden, sondern muss nach qualitativen Kriterien, d.h. nach dem Allgemeininteresse an einer Sportart entschieden werden. Dabei ist auch zu berücksichtigen, dass der Gesetzgeber bisher (bewusst) von einer Einschränkung des Sportbegriffs (z.B. durch Ausklammerung von Segeln und Golfspielen) abgesehen hat.

6. Schulträgervereine

3.46   Die von der Finanzverwaltung für Sportvereine aufgestellten Höchstgrenzen passen nicht auf Körperschaften, die Privatschulen betreiben oder unterstützen. Insoweit bedarf es eigener Kriterien bei der Beantwortung der Frage, wann eine Förderung der Allgemeinheit nicht mehr vorliegt[1]. Die Finanzverwaltung will insoweit zwischen **Ersatz- und Ergänzungsschulen** differenzieren. Bei Ersatzschulen soll grundsätzlich eine Förderung der Allgemeinheit zu bejahen sein, weil die zuständigen Landesbehörden die Errichtung und den Betrieb einer Ersatzschule nur dann genehmigen dürfen, wenn eine Sonderung der Schüler nach den Besitzverhältnissen der Eltern nicht gefördert wird (vgl. Art. 7 Abs. 4 Satz 3 GG). Bei Ergänzungsschulen soll eine Förderung der Allgemeinheit hingegen nur dann angenommen werden, wenn in der Satzung der Körperschaft festgelegt ist, dass bei mindestens 25 Prozent keine Sonderung nach den Besitzverhältnissen der Eltern vorgenommen werden darf.

3.47–3.49   frei

VI. Abgrenzung gegenüber nicht gemeinnützigen Zwecken

3.50   Die allgemeine Definition der Gemeinnützigkeit in § 52 Abs. 1 AO bedarf über den Beispielskatalog des Absatzes 2 hinaus auch einer **Negativabgrenzung** gegenüber solchen Betätigungen, die aus übergeordneten Gesichtspunkten nicht als gemeinnützig anerkannt werden können. Grundlage dieser Konkretisierung sind zum einen die allgemeinen Wertungen des § 52 Abs. 1 AO („Gemeinwohlförderung"), zum anderen solche spezialgesetzlichen Regelungen, aus denen sich im Wege eines Umkehrschlusses ableiten lässt, dass eine bestimmte Tätigkeit als nicht gemeinnützig anzusehen ist (vgl. etwa § 52 Abs. 2 Satz 1 Nr. 24 AO).

1. Politische Zwecke

3.51   Nach § 52 Abs. 2 Satz 1 Nr. 24 Halbs. 2 AO sind nicht gemeinnützig „Bestrebungen, die nur bestimmte Einzelinteressen staatsbürgerlicher Art verfolgen oder die auf den kommunalpolitischen Bereich beschränkt sind". § 55 Abs. 1 Nr. 1 Satz 3 AO untersagt gemeinnützigen Einrichtungen jede unmittelbar und mittelbare finanzielle Unterstützung politischer Parteien. Zudem enthält § 5 Abs. 1 Nr. 7 KStG eine

---

1 Vgl. AEAO Nr. 4 zu § 52 AO.

eigenständige Steuerbefreiung für politische Parteien im Sinne des Parteiengesetzes[1]. Schließlich gelten für Parteispenden grundsätzlich andere Abzugstatbestände als für Spenden an gemeinnützige Einrichtungen (vgl. § 10b Abs. 2 EStG). Aus allen diesen Regelungen ergibt sich, dass „politische Zwecke" (**d.h. die Beeinflussung der politischen Meinungsbildung oder die Förderung politischer Parteien**) keine gemeinnützigen Zwecke sind[2]. Rechtsprechung und Finanzverwaltung versagen daher zu Recht die Steuervergünstigung wegen Gemeinnützigkeit, wenn „ein politischer Zweck als alleiniger oder überwiegender Zweck in der Satzung der Körperschaft festgelegt ist oder die Körperschaft tatsächlich oder überwiegend einen politischen Zweck verfolgt"[3]. Fraglich ist, ob gemeinnützigen Körperschaften damit jede Einwirkung auf die politischen Parteien und die staatliche Willensbildung untersagt ist.

Beispiel Nr. 10 (nach BFH vom 23.9.1999[4]): Ein Verein zur Förderung der Volksbildung führt nach einer Bundestagswahl eine Anzeigenkampagne unter dem Titel „Du sollst nicht lügen" durch. Im Wahlkampf hatten die Regierungsparteien eine Steuererhöhung ausgeschlossen, die sie nach der Wahl aber doch durchgeführt hatten. Dagegen wandte sich der Verein in seiner Kampagne mit dem Untertitel „Steuer ja, Wahlbetrug nein. Wir verlangen Neuwahlen!" Das Finanzamt sah in den Anzeigenkosten zweckfremde Ausgaben und erließ einen Haftungsbescheid wegen Spendenfehlverwendung. Dem hat der BFH zu Recht widersprochen, da der Verein keine „parteipolitischen" Ziele verfolgte, sondern nur die Bevölkerung über die Wahlkampfmethoden aufklären wollte (Volksbildung).

Von der überwiegenden Verfolgung politischer Zwecke ist der Fall zu unterscheiden, dass eine Körperschaft **in Verfolgung ihrer satzungsmäßigen Zwecke** (z.B. des Umweltschutzes) **Einfluss auf die politische Willensbildung nimmt**. Allein die Tatsache, dass ein Verein seine Auffassung der Öffentlichkeit und auch Politikern nahe bringt, macht ihn nach zutreffender Ansicht des BFH[5] und der Finanzverwaltung[6] noch nicht zu einem politischen Verein, denn in solchen Fällen trete die unmittelbare Einwirkung auf die politischen Parteien und die staatliche Willensbildung gegenüber der Verfolgung der satzungsmäßigen Zwecke „weit in den Hintergrund"[7]. Ein gemeinnütziger Verein könne sich daher auch gelegentlich zur Tagespolitik äußern, solange die Tagespolitik nicht zum Mittelpunkt der Tätigkeit wird, sondern die Äußerung der Vermittlung der Ziele der Tätigkeit dient[8]. Ferner müsse

3.52

---

1 Dazu näher *Hüttemann* in FS Lang, 2010, S. 321 ff.

2 So der AEAO Nr. 15 zu § 52 AO; eingehend zur Abgrenzung politischer und gemeinnütziger Zwecke *Weitemeyer/Kamp*, ZRP 2015, 75; *Weitemeyer/Kamp*, DStR 2016, 2623; *Hüttemann*, DB 2015, 821.

3 BFH v. 29.8.1984 – I R 203/81, BStBl. II 1984, 844; BFH v. 20.3.2017 – X R 12/15, BStBl. II 2017, 1110; AEAO Nr. 15 zu § 52 AO.

4 BFH v. 23.9.1999 – XI R 63/98, BStBl. II 2000, 200.

5 Vgl. BFH v. 29.8.1984 – I R 203/81, BStBl. II 1984, 844; BFH v. 23.11.1988 – I R 11/88, BStBl. II 1989, 391; BFH v. 23.9.1999 – XI R 63/98, BStBl. II 2000, 200; BFH v. 9.2.2011 – I R 19/10, BFH/NV 2011, 1113; zuletzt BFH v. 20.3.2017 – X R 13/15, BStBl. II 2017, 1110.

6 AEAO Nr. 15 zu § 52 AO.

7 So BFH v. 29.8.1984 – I R 203/81, BStBl. II 1984, 844; AEAO Nr. 15 zu § 52 AO.

8 BFH v. 23.11.1988 – I R 11/88, BStBl. II 1989, 391; BFH v. 23.9.1999 – XI R 63/98, BStBl. II 2000, 200; AEAO Nr. 15 zu § 52 AO.

die Tätigkeit des Vereins parteipolitisch neutral sein[1]. Im Urteil vom 20.3.2017 hat der X. Senat diese Rechtsprechungsgrundsätze im Kern bestätigt. Eine politische Betätigung hält sich demnach noch in den Grenzen einer „ausschließlichen" Gemeinnützigkeit (§ 56 AO), „wenn die Beschäftigung mit politischen Vorgängen im Rahmen dessen liegt, das das Eintreten für die satzungsmäßigen Ziele und deren Verwirklichung erfordert und zulässt, die von der Körperschaft zu ihren satzungsmäßigen Zielen vertretenen Auffassungen objektiv und sachlich fundiert sind und die Körperschaft sich parteipolitisch neutral verhält"[2]. Nach Ansicht des Senats gilt für die Prüfung, ob sich eine Körperschaft in einer die Gemeinnützigkeit ausschließenden Weise allgemeinpolitisch betätigt, folgende „**Grundsystematik**":

„(1) Das Betreiben oder Unterstützen von Parteipolitik ist immer gemeinnützigkeitsschädlich. ...

(2) Äußerungen, die zwar in dem Sinne als ‚politisch' anzusehen sind, als sie das Gemeinwesen betreffen, die aber zugleich parteipolitisch neutral bleiben, stehen der Gemeinnützigkeit einer Körperschaft nicht grundsätzlich entgegen. ... Auch diese Betätigungen müssen aber durch den Satzungszweck gedeckt sein.

(3) Die politische Einflussnahme darf die anderen von der Körperschaft entfalteten Tätigkeiten jedenfalls nicht ‚weit überwiegen'. ..."

3.53   Nach diesen Grundsätzen haben die **Finanzgerichte** es in der Vergangenheit z.B. für zulässig gehalten, dass eine Bürgerinitiative öffentlich (z.B. durch Teilnahme an einer Demonstration und Veranstaltung von Diskussionsveranstaltungen unter Teilnahme von Politikern) gegen die Errichtung einer Wiederaufbereitungsanlage eintritt[3], eine Umweltschutzorganisation ein Volksbegehren zur „Rekommunalisierung" des Strom- und Energienetzes unterstützt[4] oder ein Verein zur Förderung des Friedens u.a. Veranstaltungen zu tagespolitischen Themen durchführt[5]. Aus den gleichen Gründen hat der BFH in dem oben geschilderten Fall nicht beanstandet, dass sich ein Verein zur Förderung der politischen Bildung nicht nur auf theoretische Unterweisung beschränkt, sondern auch zu einer konkreten Handlung („Neuwahlen") aufruft[6]. Zur politischen Bildung soll ferner nicht nur die Darstellung des status quo, sondern auch das Aufgreifen gesellschaftspolitischer Themen und das Aufzeigen von Alternativen gehören[7]. Nicht mehr zur gemeinnützigen politischen Bildung rechnet der BFH hingegen die einseitige Agitation, die unkritische Indoktrination oder die parteipolitische Einflussnahme[8]. Bei der konkreten Beurteilung, ob eine bestimmte Aktion noch als Verfolgung des Satzungszwecks anzusehen ist, kommt es

---

1 BFH v. 23.11.1988 – I R 11/88, BStBl. II 1989, 391; BFH v. 9.2.2011 – I R 19/10, BFH/NV 2011, 1113.

2 BFH v. 20.3.2017 – X R 13/15, BStBl. II 2017, 1110.

3 BFH v. 29.8.1984 – I R 203/81, BStBl. II 1984, 844.

4 BFH v. 20.3.2017 – X R 13/15, BStBl. II 2017, 1110 („Unser Hamburg – Unser Netz").

5 BFH v. 23.11.1988 – I R 11/88, BStBl. II 1989, 391.

6 BFH v. 23.9.1999 – XI R 63/98, BStBl. II 2000, 200.

7 So FG Hessen v. 10.11.2016 – 4 K 179/16 („ATTAC"), zitiert nach juris (Rev. BFH V R 60/17).

8 So BFH v. 23.9.1999 – XI R 63/98, BStBl. II 2000, 200, 202 unter Hinweis auf *Seer* in Tipke/Kruse, § 52 AO Rz. 13.

nach Ansicht der Rechtsprechung auch auf die Veranlassung und die Motivation der Aktion sowie die näheren Begleitumstände und Hintergründe an[1]. Nicht mehr gemeinnützig ist z.B. die allgemeinpolitische Betätigung eines Studentenverbandes[2]. Auch ein Jugendverband, der nach seiner Satzung u.a. „die Idee des Sozialismus an junge Menschen herantragen und zu sozialistischer Tätigkeit erziehen" will, ist nicht als gemeinnützig anzuerkennen[3]. Gemeinnützigkeitsschädlich ist auch der Anspruch, umfassend zu allgemeinpolitischen Themen und Fragen Stellung zu nehmen („Weg mit der Agenda 2010 und Hartz IV, Kein Abbau von Sozialleistungen, Keine EU-Verfassung" usw.)[4].

Die eher großzügige Haltung der Rechtsprechung **verdient Zustimmung**[5]. Würde man jedes Wirken im politischen Raum bereits als Verfolgung politischer Zwecke ansehen, müssten wegen des weiten Bereichs der Politik viele Vereine steuerrechtlich als (u.U. steuerpflichtige) politische Vereine (vgl. auch § 5 Abs. 1 Nr. 7 KStG a.F.) behandelt werden. Denn die meisten gemeinnützigen Betätigungsfelder sind auch Gegenstand der politischen Diskussion[6]. Daher lässt es sich nicht vermeiden, dass gemeinnützige Einrichtungen bei der Verfolgung ihrer satzungsmäßigen Ziele auch zu politischen Entwicklungen Stellung nehmen bzw. ihren Standpunkt in die öffentliche Diskussion einbringen. Dies ist solange unschädlich, wie es der gemeinnützigen Einrichtung nur um die Verfolgung der eigenen Zwecke, nicht aber um die Förderung bestimmter politischer Richtungen geht. Zulässig ist daher z.B. auch die Veröffentlichung von „Wahlprüfsteinen" im Vorfeld einer Wahl, auch wenn dies naturgemäß nur solchen Parteien zugute kommt, deren Programm den Vorstellungen der betreffenden Körperschaft entgegenkommt. Nicht zu beanstanden ist es auch, wenn sich eine Umweltschutzorganisation vor einem Volksbegehren über die zukünftige Energieversorgung öffentlich für eine bestimmte Handlungsoption ausspricht oder dieses Begehren aktiv unterstützt[7]. Unzulässig ist dagegen der Einsatz zugunsten einer bestimmten Partei, selbst wenn man damit nur das Ziel verfolgt, die eigenen Satzungszwecke besser erreichen zu können.

3.54

Für die Frage, ob eine bestimmte politische Aktion im Einzelfall gemeinnützigkeitsrechtlich unschädlich ist, kommt es mithin – wie bei allen Maßnahmen der tatsächlichen Geschäftsführung (vgl. § 63 Abs. 1 AO) – auf die Finalität der Maßnahme in Hinsicht auf die Satzungszwecke der Körperschaft an. Dies ist vorrangig eine **Frage der Tatsachenwürdigung** (vgl. § 118 FGO). Indizien dafür, dass eine konkrete politische Betätigung lediglich ein Mittel zur Verwirklichung der satzungsmäßigen Zwecke darstellt, sind insbesondere ein inhaltlicher Bezug zu den eigenen Satzungszwecken, parteipolitische Neutralität, ein sachliches

---

1 BFH v. 23.9.1999 – XI R 63/98, BStBl. II 2000, 200.

2 FG Köln v. 19.5.1998 – 13 K 521/93, EFG 1998, 1665.

3 BFH v. 14.3.1990 – I B 79/89, BFH/NV 1991, 485.

4 BFH v. 9.2.2011 – I R 19/10, BFH/NV 2011, 1113.

5 Vgl. näher *Hüttemann*, DB 2015, 821; ebenso *Weitemeyer/Kamp*, ZRP 2015, 72; rechtsvergleichend *Rackow*, npoR 2016, 145.

6 Ebenso BFH v. 9.2.2011 – I R 19/10, BFH/NV 2011, 1113.

7 Ebenso nun auch BFH v. 20.3.2017 – X R 13/15, BStBl. II 2017, 1110.

Auftreten (das aber durchaus polemische Aussagen umfassen kann) sowie Anlass und Intensität der politischen Aktion[1].

2. Private Freizeit- und Lebensgestaltung

3.55 Eine Förderung der „Allgemeinheit" im Sinne des § 52 Abs. 1 Satz 1 AO ist nach allgemeiner Ansicht nicht gegeben, wenn vorrangig Individual- oder Gruppeninteressen gefördert werden[2]. In diesem Fall fehlt regelmäßig ein „Allgemeininteresse", d.h. ein Nutzen für die Allgemeinheit, der über den Nutzen für den Einzelnen hinausgeht. Dies gilt insbesondere für den Bereich der privaten Freizeitgestaltung. Auch der BFH hat in der **Erholungsheim-Entscheidung** festgestellt, dass ein Verein, der mit seiner Tätigkeit „die allgemeine Erholung arbeitender Menschen bezweckt", nicht als gemeinnützig anzuerkennen ist[3]. Zur Begründung heißt es dort weiter:

„Aus der Bezeichnung der Heime als ‚Kur- und Erholungsheime' lässt sich entnehmen, dass der Kläger den begünstigten Personen allgemein Erholung ermöglichen will, damit sie danach den Belastungen des Arbeitsalltags wieder gewachsen sind. Dieser Zweck ist indes, für sich allein genommen, nicht gemeinnützig. … Aus den in § 17 Abs. 3 Nr. 1 StAnpG angeführten Beispielsfällen (Gesundheitspflege, Jugendpflege, Ertüchtigung durch Leibesübungen) ergibt sich, dass das Gewähren von Erholung nur dann begünstigt sein kann, wenn es einem besonders schutzbedürftigen Personenkreis (wie z.B. Kranken und der Jugend) zugute kommt oder in einer bestimmten Art und Weise (z.B. auf sportlicher Grundlage) vorgenommen wird. Die Erholung arbeitender Menschen ist **in erster Linie Angelegenheit dieser Menschen selbst**".

3.56 Diesen Ausführungen ist zuzustimmen. Natürlich können „Angelegenheiten des einzelnen Menschen" auch Gemeinwohlbelange darstellen, wenn es etwa um die Gesundheit, Bildung und soziale Sicherheit der Bürger geht[4]. Soweit aber nach der herrschenden Rechts- und Wirtschaftsverfassung, die auch für die Konkretisierung des § 52 Abs. 1 Satz 1 AO maßgebend ist[5], eine bestimmte Aufgabe primär dem Eigennutz der einzelnen Bürger überlassen ist, besteht kein Grund für eine steuerliche Prämierung. Dies gilt auch und erst recht, wenn Einzelinteressen im Kollektiv verfolgt werden („kollektiver Eigennutz"). Daher ist die **allgemeine Freizeitgestaltung erwachsener Menschen grundsätzlich kein gemeinnütziger Zweck**[6]. Diese Einschränkung findet eine Bestätigung in § 52 Abs. 2 Nr. 21 und 23 AO, der mit dem Sport und anderen Freizeitbetätigungen wie Tierzucht, Amateurfunken oder Hundesport nur bestimmte (sog. „privilegierte") Freizeitzwecke für gemeinnützig erklärt. Nichts anderes ergibt sich auch aus § 58 Nr. 8 AO, wonach die Durchführung von geselligen Veranstaltungen nur dann steuerlich unschädlich ist, wenn sie

---

1 Dazu näher *Hüttemann*, DB 2015, 821.
2 Vgl. statt aller *Seer* in Tipke/Kruse, § 52 AO Rz. 10 f.; *Seer* in DStJG 26 (2003), 31; *Jachmann*, Rechtliche Rahmenbedingungen, S. 202.
3 BFH v. 22.11.1972 – I R 21/71, BStBl. II 1973, 251. Vgl. auch schon BFH v. 28.10.1960 – III 134/56 U, BStBl. III 1961, 109.
4 Vgl. auch *Musil* in Hübschmann/Hepp/Spitaler, § 52 AO Rz. 57.
5 BFH v. 13.12.1978 – I R 39/78, BStBl. II 1979, 482.
6 Ebenso AEAO Nr. 14 zu § 52 AO; OFD Münster, Verfügung v. 24.6.1994, DB 1994, 1755.

im Vergleich zu sonstigen Tätigkeit der Körperschaft von untergeordneter Bedeutung sind. Dagegen dient die Freizeitgestaltung bei Jugendlichen der Erziehung und ist daher nach § 52 Abs. 2 Satz 1 Nr. 7 AO steuerbegünstigt[1]. Gleiches wird man im Bereich der Altenhilfe annehmen können.

Als nicht gemeinnützige Freizeitgestaltung ist z.B. die Tätigkeit von **FKK-Vereinen** 3.57 anzusehen, wenn zu den satzungsmäßigen Vereinszwecken neben der Förderung des Sports auch die „gesunde und harmonische Freizeitgestaltung für die gesamte Familie" gehört[2]. Zwar erweist sich hier die Abgrenzung zwischen sportlicher Betätigung und Freizeitgestaltung im Einzelfall als schwierig, weil auch der vereinsmäßig betriebene Sport der Freizeitgestaltung im weiteren Sinne zuzurechnen ist. Geht man aber de lege lata davon aus, dass der Sportbegriff des § 52 Abs. 2 Satz 1 Nr. 21 AO nach dem Willen des Gesetzgebers durch das Merkmal der „körperlichen Ertüchtigung" konstituiert wird, dann erweist sich die vom BFH entwickelte Unterscheidung zwischen „planmäßigem (Wettkampf-)Schwimmen" einerseits und bloßem „Baden" andererseits als unausweichlich[3]. In diesem Sinne ist die Tätigkeit der FKK-Vereine[4] zumindest auch der allgemeinen Freizeitgestaltung zuzurechnen und schon mit Rücksicht auf das Ausschließlichkeitsgebot nicht als steuerbegünstigt anzuerkennen[5].

Außerhalb des Sports hängt die Gemeinnützigkeit einer konkreten Freizeitgestaltung vor allem davon ab, ob sie zu den nach § 52 Abs. 2 Satz 1 Nr. 23 AO als gemeinnützig anerkannten privilegierten Freizeitzwecken zu rechnen ist (dazu näher Rz. 3.128 ff.). Vereine, bei denen die **Geselligkeit und Unterhaltung der Mitglieder eine ausschlaggebende Rolle spielt**, sind in jedem Fall nicht begünstigt (vgl. auch § 58 Nr. 7 AO)[6]. Als nicht gemeinnützig sind daher z.B. studentische Verbindungen (Burschenschaften und Altherrenclubs), Landjugendvereine sowie Country- und Westernvereine[7] anzusehen. Das Gleiche gilt regelmäßig für Vereine, deren Hauptzweck die Veranstaltung von örtlichen Volksfesten (z.B. Kirmes oder Schützenfest) ist[8]. Auch bei einem Verein zur „Pflege der Grillkultur" steht die Veranstaltung geselliger Zusammenkünfte der Vereinsmitglieder und damit die private Freizeitgestaltung regelmäßig im Vordergrund, so dass es an einer „Förderung der Allgemeinheit" fehlt[9]. Dagegen ist es unschädlich, wenn bei einer gemeinnützigen Körperschaft die

---

1 Vgl. BFH v. 30.9.1981 – III R 2/80, BStBl. II 1982, 148, 149.
2 BFH v. 30.9.1981 – III R 2/80, BStBl. II 1982, 148; vgl. auch BFH v. 31.10.1963 – I 122/62 U, BStBl. III 1964, 83; BFH v. 20.11.1969 – I B 34/69, BStBl. II 1970, 133; BFH v. 22.10.1971 – III R 81/70, BStBl. II 1972, 197.
3 Ebenso *Jachmann*, Rechtliche Rahmenbedingungen, S. 214 ff.
4 Instruktiv zur Rechtsentwicklung *Wallenhorst/Halaczinsky*, Rz. D 31.
5 Vgl. FG Niedersachsen v. 18.2.1997 – VI 54/91, VI 37/92, EFG 1997, 1340, rkr., betreffend einen FKK-Verein mit Sportsparte.
6 S. bereits RFH v. 27.9.1933 – I A 97/32, StRK Nr. 7 zu § 4 Abs. 1 Nr. 6 KStG; BFH v. 31.10.1963 – I 320/61 U, BStBl. III 1964, 20.
7 Vgl. OFD Hannover v. 1.4.1998, DB 1998, 1062.
8 AEAO Nr. 11 zu § 52 AO.
9 FG Baden-Württemberg v. 7.6.2016 – 6 K 2803/15, EFG 2017, 1; dazu *Koller*, npoR 2017, 57; *Fritz*, DStZ 2017, 190 (193).

Geselligkeit nur als untergeordneter Nebenzweck verfolgt wird oder in der Satzung eines Gesangsvereins auf die vereinsinterne Pflege der Geselligkeit und Kameradschaft hingewiesen wird[1].

3.59 Auch **Selbsthilfegruppen** (z.B. auch Netzwerke, Freundeskreise o.Ä.) alleinstehender Menschen können nach Ansicht der Finanzverwaltung in der Regel nicht als gemeinnützigen Zwecken dienend anerkannt werden, da diese Vereine regelmäßig auch die gemeinsame Freizeitgestaltung der Alleinstehenden fördern[2]. Dem ist zu grundsätzlich folgen. Nichts anderes kann im Übrigen gelten, wenn die Selbsthilfegruppe weniger der gemeinsamen Freizeitgestaltung als z.B. dem beruflichen Fortkommen des Einzelnen durch Herstellung von Kontakten oder dem preisgünstigen Erwerb von Haushaltsgegenständen durch gemeinschaftlichen Einkauf[3] etc. dient. Ebenso zu beurteilen ist die Nachbarschaftshilfe[4].

Nach den vorstehenden Grundsätzen sind auch sog. „**Car-Sharing-Vereine**" nicht als gemeinnützig anzuerkennen[5]. Hier steht richtigerweise nicht die Förderung des Umweltschutzes, sondern die kollektive Befriedigung des Mobilitätsbedürfnisses der Vereinsmitglieder im Vordergrund[6]. Darüber hinaus ist schon aus Wettbewerbsgründen eine Gemeinnützigkeit nicht gegeben, da entsprechende Angebote auch von erwerbswirtschaftlichen Unternehmen unterbreitet werden[7].

3.60 Wie schon der Begriff „Selbsthilfe bzw. Nachbarschaftshilfe" zeigt, steht bei solchen Bestrebungen der **kollektive Eigennutz** im Vordergrund, sodass es – unabhängig vom konkreten Gegenstand der Betätigung – an einem Allgemeininteresse fehlt. Dies ergibt sich nicht erst aus dem Selbstlosigkeitsgrundsatz des § 55 Abs. 1 Satz 1 AO[8], sondern bereits aus dem Merkmal der Förderung der Allgemeinheit nach § 52 Abs. 1 Satz 1 AO[9]. Denn der Selbstlosigkeitsgrundsatz soll nur dazu dienen, einer an sich (objektiv) gemeinnützigen Tätigkeit wegen der überwiegenden wirtschaftlichen Eigeninteressen der Beteiligten die Steuervergünstigung zu versagen. In den hier angesprochenen Fällen fehlt es aber bereits an einer objektiven Förderung der Allgemeinheit, weil „eigennützige" Interessen gefördert werden. Selbsthilfegruppen können daher ausnahmsweise nur dann als gemeinnützig anerkannt werden, wenn ihre Betätigungen nach der Satzung und der tatsächlichen Geschäftsführung in erster Linie einem besonders schutzwürdigen Personenkreis (z.B. Behinderten, Alte

---

1 Vgl. dazu BFH v. 11.3.1999 – V R 57, 58/96, BStBl. II 1999, 331.
2 OFD Münster v. 24.6.1994, DB 1994, 1755.
3 Zu Einkaufsgemeinschaften vgl. schon RFH v. 17.7.1930 – III A 6/30, RStBl. 1930, 702.
4 AEAO Nr. 5 zu § 52 AO.
5 Vgl. BFH v. 12.6.2008 – V R 33/05, BStBl. II 2009, 221, der allerdings die Versagung auf § 64 AO stützt und die Gemeinnützigkeit nach §§ 52, 55 AO offenlässt; a.A. – für Gemeinnützigkeit – *Schöner*, BB 1996, 438.
6 Ebenso *Geserich* in Kirchhof/Söhn/Mellinghoff, § 10b EStG Rz. B 367; *Buchna/Leichinger/Seeger/Brox*, S. 91.
7 Ebenso BFH v. 12.6.2008 – V R 33/05, BStBl. II 2009, 221.
8 So aber AEAO Nr. 5 zu § 52 AO betreffend die Nachbarschaftshilfe; vgl. auch OFD Frankfurt/M. v. 29.5.2000, DB 2000, 1371.
9 So auch *Jachmann*, Rechtliche Rahmenbedingungen, S. 220.

oder Kinder) zugute kommen sollen[1]. In diesen Fällen ergibt sich auch aus Beispielskatalog des § 52 Abs. 2 Satz 1 AO, dass die Unterstützung bestimmter Personenkreise im Allgemeininteresse liegt. Schließen sich z.b. die **Betroffenen einer
bestimmten Krankheit** oder deren Angehörige in einem Verein zusammen, um
den Betroffenen einen besseren Zugang zu medizinischer Behandlung zu eröffnen
oder die Folgen der Erkrankung zu lindern, können solche Einrichtungen unter
dem Gesichtspunkt der Förderung des Gesundheitswesens oder der Wohlfahrtspflege sowie u.U. auch wegen Verfolgung mildtätiger Zwecke als steuerbegünstigt anerkannt werden.

3. Versorgung der Bevölkerung mit preisgünstigen Gütern und Dienstleistungen

Der Gedanke, dass nicht alle Bestrebungen, die dem Einzelnen nützen, zugleich als   3.61
gemeinnützig anzuerkennen sind, ist auch maßgebend, wenn es um die Versorgung
der Bevölkerung mit preisgünstigen Gütern und Dienstleistungen geht. Schon der
RFH hat sich sehr früh mit der Gemeinnützigkeit solcher Zwecke auseinandergesetzt und z.B. die steuerliche Begünstigung kommunaler Verkaufsstellen mit folgender Begründung verneint[2]:

„Der freihändige Verkauf und Weiterverkauf von Nahrungsmitteln kann nicht als ausschließlich gemeinnützig anerkannt werden. Zwar ist die von der Verkaufsstelle mit dieser
Tätigkeit angestrebte Versorgung der städtischen Bevölkerung mit billigen Lebensmitteln an
sich zweifellos ein gemeinnütziger Zweck. Diesem Zweck zu dienen, ist aber in erster Linie
Aufgabe des Lebensmittelhandels, der damit seinerseits eine wichtige und unentbehrliche
volkswirtschaftliche Aufgabe zu erfüllen hat und sich kraft der preisregulierenden Wirkung
der Konkurrenz unter normalen Verhältnissen dieser Aufgabe auch gewachsen zeigt. Inwieweit unter abnormen Zeitverhältnissen dem Handel diese Aufgabe zu entziehen und öffentlichen Organen zu übertragen ist, ist eine grundsätzliche Frage von so weitgehender volkswirt-
schaftlicher und politischer Bedeutung, dass ihre Entscheidung dem Gesetzgeber vorbehalten
werden muss. … Würden alle Gemeinden zur Verbilligung der Deckung des Bedarfs ihrer Ge-
meindeangehörigen deren Versorgung mit Lebensmitteln und anderen Bedürfnissen unter
Verzicht auf eigenen Gewinn in die Hand nehmen, so wäre damit ein Handel mit diesen Din-
gen völlig unmöglich gemacht."

Diese Überlegungen sind auch heute noch uneingeschränkt gültig. Da bei der Aus-   3.62
legung des § 52 Abs. 1 AO auch die „herrschende Rechts- und Wirtschaftsverfassung" zu berücksichtigen ist[3], kann in der preisgünstigen Versorgung der Bevölkerung mit Gütern und Dienstleistungen grundsätzlich kein gemeinnütziger Zweck
gesehen werden. Dagegen spricht nicht nur, dass in einer marktwirtschaftlichen
Wirtschaftsordnung die Produktion und der Vertrieb von Gütern und Dienstleistungen vorrangig eine Aufgabe der **privatwirtschaftlichen Betätigung der Unternehmen** darstellt. Vielmehr ist auch zu beachten, dass die Steuervergünstigungen
wegen Gemeinnützigkeit ihre Grenze im Wettbewerbsgedanken finden[4]. Soweit

---

1 Ebenso OFD Münster v. 24.6.1994, DB 1994, 1755.
2 RFH v. 15.3.1921 – I B 37/21, RFHE 5, 194.
3 BFH v. 13.12.1978 – I R 39/78, BStBl. II 1979, 482.
4 So auch bereits *Felix*, FR 1961, 238.

aber nicht begünstigte Betriebe derselben oder ähnlicher Art vergleichbare Produkte anbieten, fehlt ein sachlicher Grund für die Gewährung von Steuervergünstigungen (vgl. § 65 Nr. 3 AO). Allgemein lässt sich daher festhalten, dass eine „typische gewerbliche Betätigung" im Allgemeinen nicht gemeinnützig sein kann[1]. Eine Förderung der Allgemeinheit ist deshalb nur dann anzuerkennen, wenn das privatwirtschaftliche Güter- und Dienstleistungsangebot bestimmte Bevölkerungsschichten, z.B. wegen ihrer finanziellen oder wirtschaftlichen Hilfebedürftigkeit, nicht erreicht (vgl. auch §§ 53, 66, 68 AO) oder es sich um Güter und Dienstleistungen z.B. im Bereich der Bildung oder Kultur handelt, die von erwerbswirtschaftlichen Unternehmen nur unzureichend angeboten werden (vgl. § 68 Nr. 7 und 8 AO)[2].

Beispiel Nr. 11: Ein Verein zur „Durchführung von Erd-, Feuer- und Seebestattungen nebst aller damit zusammenhängenden Lieferungen und Nebenleistungen zu Selbstkosten für jedermann"[3], dessen Tätigkeit sich auf den Betrieb eines Krematoriums beschränkt, kann nach diesen Maßstäben nicht als gemeinnützig anerkannt werden, weil es sich um eine „normale" Dienstleistung handelt. Das Gleiche gilt für die Tätigkeit von Internet- oder Bürgernetzvereinen („Bayern Online"), wenn sie nur einen unentgeltlichen oder kostengünstigen Zugang zu Kommunikationsnetzwerken eröffnen soll[4], und für einen Verein zur „Zugänglichmachung informationeller Infrastruktur" durch „Open Source" und Eintreten gegen die Software-Patentrichtlinie[5]. Ebenfalls nicht gemeinnützig sind auch eine ohne Gewinnerzielungsabsicht betriebene Eheanbahnung und Ehevermittlung[6], die Vermietung einer Stadthalle zu Selbstkosten für kulturelle Veranstaltungen[7], die „Unterhaltung eines Friedhofs mit einer Trauerhalle" für die Mitglieder eines Vereins[8] oder eine „Vereinigung zur Hebung des Sparsinns"[9].

4. Arbeitsplatzbeschaffung und Beschäftigungsgesellschaften

3.63   Die hohe Arbeitslosigkeit in den 80er und 90er Jahren hatte zur Gründung zahlreicher Gesellschaften geführt, die – zumeist mit öffentlicher Förderung – Arbeitsbeschaffungsmaßnahmen durchführten oder berufliche Qualifizierungen und Umschulungen anboten. Dies führte zu der Frage, ob solche Beschäftigungsgesellschaften als gemeinnützige Einrichtungen anerkannt werden können. Rechtsprechung und Finanzverwaltung gehen im Grundsatz übereinstimmend davon aus, dass die

---

1 So auch BFH v. 28.8.1968 – I 242/65, BStBl. II 1969, 145 betreffend eine GmbH, die eine private Eheanbahnung und Ehevermittlung betrieb.

2 Allgemein zum Wettbewerbsschutz *Hüttemann*, Wirtschaftliche Betätigung und steuerliche Gemeinnützigkeit, S. 116 ff.

3 Vgl. dazu BFH v. 20.7.1988 – I R 244/83, BFH/NV 1989, 479, wo eine Steuervergünstigung schon mangels satzungsmäßiger Gemeinnützigkeit verneint wird. Zur Gemeinnützigkeit eines Vereins zur (allgemeinen) Förderung der Feuerbestattung vgl. auch BFH v. 13.12.1978 – I R 122/76, BStBl. II 1979, 491; vgl. auch OFD Frankfurt/M. v. 11.12.1996, DB 1997, 205; siehe aber auch BFH v. 5.6.2006 – VII R 24/03, BStBl. II 2007, 243.

4 OFD Münster v. 6.2.1996, DB 1996, 656; FinMin Bayern v. 5.3.1997, DB 1997, 652.

5 FG München v. 25.7.2016 – 7 K 2859/14, zitiert nach juris; anders – Verfolgung von Bildungszwecken – BFH v. 21.6.2017 – V R 34/16, BStBl. II 2018, 55.

6 BFH v. 28.8.1968 – I 242/65, BStBl. II 1969, 145.

7 BFH v. 19.6.1974 – I R 14/72, BStBl. II 1974, 664.

8 FG Münster v. 19.2.2018 – 13 K 3313/15 F, EFG 2018, 897.

9 RFH v. 17.11.1936 – I A 213/35, RStBl. 1936, 1206.

Schaffung von Arbeitsplätzen durch Beschäftigungsgesellschaften für sich genommen kein gemeinnütziger Zweck ist[1]. Zur Begründung heißt es zumeist, dass die Erhaltung und Schaffung von Arbeitsplätzen mit jeder wirtschaftlichen Tätigkeit verbunden sei[2]. Entscheidender ist jedoch, dass in einer marktwirtschaftlichen Wirtschaftsordnung die Schaffung und Erhaltung von Arbeitsplätzen keine unmittelbare Aufgabe des Staates sein kann, sondern vorrangig eine Angelegenheit der Unternehmen ist, die ebenfalls keine steuerliche Begünstigung erfahren. Zu Recht hat der BFH deshalb allgemein festgestellt[3]:

„Der Begriff der Gemeinnützigkeit des Steuerrechts ist … enger als der des allgemeinen Wohls. … Auch die vernünftige privatwirtschaftliche Betätigung dient letztlich dem allgemeinen Wohl, ohne dass sich hieraus ein Anspruch auf die Steuerbegünstigung wegen Gemeinnützigkeit ableiten ließe."

Beschäftigungsgesellschaften können aber als gemeinnützig anerkannt werden, wenn das Schwergewicht ihrer Tätigkeit auf der **beruflichen Qualifizierung, der Umschulung oder der sozialen Betreuung** liegt[4]. Dies gilt insbesondere für solche Beschäftigungsgesellschaften, in denen schwer vermittelbare und von der Arbeitslosigkeit bedrohte Personen (Jugendliche, Langzeitarbeitslose, Suchtkranke, Behinderte) beruflich qualifiziert oder sozialpädagogisch betreut werden, um sie auf eine spätere Tätigkeit im normalen Arbeitsprozess vorzubereiten. Unter diesen Voraussetzungen ist die Tätigkeit der Beschäftigungsgesellschaft – je nach Schwerpunkt – als Förderung der Jugendhilfe (insbesondere Lehrwerkstätten)[5], Bildung, Altenhilfe oder Wohlfahrtspflege anzuerkennen[6]. Nimmt eine solche Beschäftigungsgesellschaft, um den von ihr betreuten Personen sinnvolle Arbeitsmöglichkeiten bieten zu können, Lohnaufträge an, handelt es sich bei diesen Fremdleistungen gegenüber Dritten um einen steuerbegünstigten Zweckbetrieb (§ 65 AO), soweit die Lohnaufträge den zur Beschäftigung der betreuten Personen notwendigen Umfang nicht überschreiten[7] (zum Zweckbetrieb vgl. näher Rz. 6.165 ff.).

3.64

Die vorstehenden Grundsätze gelten für eine **Arbeitnehmerüberlassung** entsprechend. Auch sie kann grundsätzlich nicht als gemeinnütziger Zweck angesehen werden, es sei denn, das Schwergewicht ihrer Tätigkeit liegt im ideellen Bereich

3.65

---

1 BFH v. 26.4.1995 – I R 35/93, BStBl. II 1995, 767; BMF v. 11.3.1992, BStBl. I 1993, 214; OFD Frankfurt/M. v. 18.7.1997, DB 1997, 2055; OFD Cottbus v. 26.6.1991, DB 1991, 1601. A.A. *Dehesselles*, DB 2005, 72.

2 So etwa BMF v. 11.3.1992, BStBl. I 1993, 214.

3 BFH v. 31.1.1973 – II R 51, 58, 62/69, BStBl. II 1973, 690 (691); BFH v. 5.7.1972 – II R 133/68, BStBl. II 1972, 911.

4 BMF v. 11.3.1992, BStBl. I 1993, 214; FinMin Hessen v. 27.6.1997, KSt-Kartei Hessen § 5 KStG Karte H 64.

5 Vgl. noch ausdrücklich § 9 Nr. 6 GemVO: „Einrichtungen zur Behebung der Berufsnot der Jugendlichen".

6 Vgl. auch BFH v. 26.4.1995 – I R 35/93, BStBl. II 1995, 767; BFH v. 13.6.2012 – I R 71/11, BFH/NV 2013, 89.

7 S. näher BFH v. 26.4.1995 – I R 35/93, BStBl. II 1995, 767.

(Qualifizierung und therapeutische Betreuung)[1]. Dagegen sind „Schülerfirmen" wegen ihrer vorrangigen pädagogischen Zielsetzung als gemeinnützig anzuerkennen[2].

5. Förderung von Unternehmen und Wirtschaftsförderung

3.66 Eine Förderung der Allgemeinheit liegt auch dann nicht vor, wenn vorrangig Einzelinteressen von Unternehmen oder Gewerbetreibenden gefördert werden. Für die verbandsmäßige Förderung gewerblicher Einzelinteressen gilt also nichts anderes als für die kollektive Förderung der privaten, nicht wirtschaftlichen Lebensgestaltung. Auch insoweit gilt der Satz des BFH[3], dass sich aus der „vernünftigen privatwirtschaftlichen Betätigung" kein Anspruch auf eine Steuerbegünstigung wegen Gemeinnützigkeit ableiten lässt. Zwar steht einer vorrangigen Förderung „einzelwirtschaftlicher Interessen" auch das Selbstlosigkeitsgebot des § 55 Abs. 1 Satz 1 AO entgegen (dazu Rz. 4.69 ff.). Die Frage nach der Gemeinnützigkeit einer „Wirtschaftsförderung" hat aber systematisch Vorrang vor der Prüfung der Uneigennützigkeit[4]. Darüber hinaus ist festzustellen, dass eine steuerliche Begünstigung der Unterstützung gewerblicher Unternehmen dem Allgemeininteresse an einem unverfälschten und funktionierenden Wettbewerb zuwiderlaufen würde. Der Erfolg am Markt ist Sache des einzelnen Unternehmens und seiner Inhaber. Zudem sind durch die Eigennützigkeit der unternehmerischen Tätigkeit ausreichende Anreize für solche Betätigungen vorhanden. Die **finanzielle und sonstige Unterstützung (z.B. durch Beratung oder Gewährung von Zuschüssen) gewerblicher Unternehmen** ist deshalb grundsätzlich kein gemeinnütziger Zweck[5]. Diese Auffassung wird de lege lata zum einen durch die Einzelfallregelung in § 58 Nr. 9 AO bestätigt, die die Vergabe von Zuschüssen an Wirtschaftsunternehmen unter bestimmten Voraussetzungen für steuerlich unschädlich erklärt. Zum anderen ist auf den besonderen Befreiungstatbestand für Wirtschaftsförderungsgesellschaften in § 5 Abs. 1 Nr. 18 KStG zu verweisen.

Die **Ausnahmevorschrift des § 58 Nr. 9 AO** (vgl. auch Rz. 4.33) ist ein gemeinnützigkeitsrechtliches „Unikum". Sie geht zurück auf die Gründung der *Deutschen Bundesstiftung Umwelt*, bei deren Errichtung 1990 die beteiligten Ministerien offenbar übersehen hatten, dass die Vergabe von Zuschüssen an Wirtschaftsunternehmen für Forschungs- und Entwicklungsarbeiten (noch) keine gemeinnützige Tätigkeit darstellt. Denn nach § 58 Nr. 1 und 2 AO sind nur Zuwendungen an andere steuerbegünstigte Einrichtungen begünstigt, sodass eine Zusammenarbeit mit gewerblichen Unternehmen allenfalls über die Einschaltung als Hilfsperson (§ 57 Abs. 1 Satz 2 AO) möglich gewesen wäre. Um die Steuervergünstigung der (bereits errichteten) Deutschen Bundesstiftung Umwelt zu retten, änderte der Stifter einfach das Gesetz. Um die Ausnahme möglichst auf den konkreten Fall zu beschränken, gilt § 58 Nr. 9 AO nur für „von einer Gebietskörperschaft errichtete Stiftungen".

---

1 OFD Frankfurt/M. v. 18.7.1997, DB 1997, 2055.

2 OFD Koblenz v. 20.11.2003, DB 2003, 2572.

3 BFH v. 31.1.1973 – II R 51, 58, 62/69, BStBl. II 1973, 690 (691).

4 Im Grundsatz auch BFH v. 6.10.2009 – I R 55/08, BStBl. II 2010, 335, wo die Frage nach der „Förderung der Allgemeinheit" durch einen Abmahnverein offengelassen und die Versagung der Steuerbegünstigung allein auf die fehlende Selbstlosigkeit gestützt wird.

5 Statt vieler *Buchna/Leichinger/Seeger/Brox*, S. 63.

Die Einsicht, dass die finanzielle und sonstige Unterstützung von Unternehmen kei- 3.67
ne gemeinnützige Zielsetzung darstellt, gilt auch für **Unternehmen der mittelständischen Wirtschaft.** Eine Gemeinnützigkeit lässt sich hier auch nicht mit der Überlegung begründen, kleine und mittlere Unternehmen seien z.B. wegen unzureichen-
der Kapitalausstattung oder Innovationskraft allgemein „förderungsbedürftiger" als
Großunternehmen. Eine solche Wertung ist insbesondere dem Beispielskatalog des
§ 52 AO nicht zu entnehmen. Vielmehr ergibt sich im Umkehrschluss aus § 5
Abs. 1 Nr. 17 KStG (Steuerbefreiung für Bürgschaftsbanken), dass auch die Unterstützung von mittelständischen Unternehmen durch die Gewährung von Krediten
an sich nicht gemeinnützig ist[1]. Die Befreiungsregelung des § 5 Abs. 1 Nr. 17 KStG
ist deshalb eingeführt worden, weil nach neuerer Ansicht Bürgschaftsbanken auch
im Bereich der mittelständischen Wirtschaft nicht mehr als gemeinnützig anzusehen sind.

Die Feststellung, dass eine Förderung wirtschaftlicher Einzelinteressen regelmäßig 3.68
nicht im Allgemeininteresse liegt und daher auch nicht als „gemeinnützig" im Sinne
von § 52 Abs. 1 AO anzuerkennen ist, steht regelmäßig auch der Gemeinnützigkeit
von **Wirtschaftsförderungsgesellschaften** entgegen[2]. Solche Gesellschaften sollen
die Ansiedlung von Gewerbebetrieben in einer bestimmten Region fördern. Geht
man davon aus, dass die Schaffung von Arbeitsplätzen als solches keine gemeinnützige Zielsetzung darstellt, so kann die bloße Unterstützung der Ansiedlung von Unternehmen ebenfalls keine steuerbegünstigte Tätigkeit sein. Die „mittelbare" Förderung kann also steuerlich nicht besser behandelt werden als z.B. die Tätigkeit
einer Beschäftigungsgesellschaft[3]. Auch die Rechtsprechung hat festgestellt, dass
eine Gesellschaft, deren Unternehmensgegenstand in der Entwicklung und dem
Betrieb eines Industriegebiets besteht, die Allgemeinheit nicht dadurch „unmittelbar" fördert, dass sie zum Zwecke der Arbeitsplatzbeschaffung und -erhaltung ein
Gewerbegebiet erschließt, Gewerbegrundstücke an- und verkauft sowie Gewerbebetriebe anwirbt[4]. Wenn Wirtschaftsförderungsgesellschaften in erster Linie der Beratung der Betriebe bei der Beschaffung behördlicher Genehmigungen und öffentlicher Zuschüsse dienen, handelt es sich ebenfalls nicht um eine Förderung der Allgemeinheit, sondern um eine Förderung wirtschaftlicher Einzelinteressen[5]. Der Gesetzgeber hat diese Entwicklung zum Anlass für die Schaffung eines eigenständigen
Befreiungstatbestandes bei der Körperschaftsteuer genommen. Nach § 5 Abs. 1
Nr. 18 KStG sind ab dem Veranlagungszeitraum 1993 von der Körperschaftsteuer
befreit „Wirtschaftsförderungsgesellschaften, deren Tätigkeit sich auf die Verbes-

---

1 Zum Begriff der Bürgschaftsbank im Sinne von § 5 Abs. 1 Nr. 17 KStG vgl. BFH v.
  21.10.1999 – I R 14/98, BStBl. II 2000, 325.
2 BFH v. 21.5.1997 – I R 38/96, BFH/NV 1997, 904; *Buchna/Leichinger/Seeger/Brox*, S. 104;
  Schauhoff in Schauhoff, § 6 Rz. 42; a.A. noch *Kirchhartz*, DB 1982, 2158.
3 Die fehlende „Unmittelbarkeit" der Förderung wird z.B. hervorgehoben bei OFD Rostock
  v. 5.5.1993, StEK AO § 51 Nr. 20.
4 Vgl. FG Niedersachsen v. 24.9.1980 – VI 551/78, EFG 1981, 202; bestätigt durch BFH v.
  23.4.1986 – I R 234/80, nv.
5 BFH v. 21.5.1997 – I R 38/96, BFH/NV 1997, 904; OFD Frankfurt/M. v. 18.7.1983, DB
  1983, 2156.

serung der sozialen und wirtschaftlichen Struktur einer bestimmten Region durch Förderung der Wirtschaft … beschränkt, wenn an ihnen überwiegend Gebietskörperschaften beteiligt sind"[1]. Diese Befreiung ist ein weiteres Indiz dafür, dass solche Einrichtungen zumindest im Regelfall nicht die Voraussetzungen des § 5 Abs. 1 Nr. 9 KStG erfüllen[2].

3.69 Die Ausklammerung der Wirtschaftsförderung aus dem Gemeinnützigkeitsbegriff ist nicht ohne Folge für andere, ähnliche Einrichtungen geblieben. So hat die Finanzverwaltung – entgegen früherer Praxis[3] – auch **örtlichen Fremdenverkehrsvereinen** ab 1996 die Gemeinnützigkeit aberkannt[4]. Dafür spricht, dass solche Vereine in erster Linie die Interessen ihrer Mitglieder, bei denen es sich überwiegend um Städte und Gemeinden einer bestimmten Region handelt, zu fördern und zu vertreten haben und den Fremdenverkehr innerhalb ihres Bereichs stärken und entwickeln sollen, insbesondere durch Gemeinschaftswerbung und Beratung der Mitglieder in Fragen des Fremdenverkehrs. Von diesen Aktivitäten profitieren vorrangig die in der Region ansässigen Fremdenverkehrseinrichtungen (insbesondere Hotels, Gaststätten usw.), d.h. es werden gewerbliche Einzelinteressen gefördert. Sowcit die Fremdenverkehrsvereine zugleich Interessen der Gäste wahrnehmen, fördern sie die (nicht gemeinnützige) Freizeitgestaltung.

3.70 Problematisch ist die gemeinnützigkeitsrechtliche Behandlung von **Technologie- und Gründerzentren**. Solche Einrichtungen, die zumeist unter Beteiligung einer Hochschule errichtet werden, sollen Kontakte zwischen den Wissenschaftlern und der örtlichen Wirtschaft herstellen und darüber hinaus auch die Selbständigkeit von jungen Nachwuchswissenschaftlern („Ich-AG") fördern. Zu diesem Zweck wird der Wissenstransfer zwischen Wissenschaft und Praxis (Auftragsforschung, Erteilung von Verwertungsrechten etc.) durch Veranstaltungen, Beratungen und Informationsmitteln unterstützt und Hilfestellung bei der Lösung von rechtlichen Fragen im Zusammenhang mit der Verwertung des Wissens (Lizenzierung, Patentierung, Urheberrechtsschutz) gegeben. Darüber hinaus werden häufig auch Einzelberatungen und Schulungen zum Thema Selbständigkeit angeboten. Für die steuerliche Beurteilung solcher Einrichtungen sind zunächst die genauen Tätigkeitsschwerpunkte zu ermitteln. Soweit es um die Förderung gewerblicher Unternehmen, insbesondere auf dem Gebiet der Innovation (Verbesserung von Produktionsprozessen, Entwicklung neuer Produkte, Qualitätssicherung etc.) geht, liegt eine Förderung der „Allgemeinheit" in der Regel nicht vor, weil vorrangig das einzelne Unternehmen (bzw. der Unternehmensträger) gefördert wird. Anders wird man entscheiden müssen, wenn es um sog. „Pilotstudien" geht, die nur mittelbar dem beteiligten Unternehmen nützen, vorrangig aber der praktischen Erprobung neuer Technologien oder Verfahren dienen. Zumindest dann, wenn die Ergebnisse dieser Studien der Allgemeinheit zugänglich gemacht werden, handelt es sich um „anwendungsbezogene

---

1 Vgl. dazu *Oppermann*, DB 1994, 1489; zur Auslegung des § 5 Abs. 1 Nr. 18 vgl. BFH v. 26.2.2003 – I R 49/01, BStBl. II 2003, 723; BMF v. 4.1.1996, BStBl. I 1996, 54.
2 BFH v. 21.5.1997 – I R 38/96, BFH/NV 1997, 904.
3 Vgl. dazu die Nachweise in OFD Frankfurt/M v. 27.10.1995, FR 1996, 42.
4 OFD Frankfurt/M. v. 27.10.1995, DB 1995, 2500.

Forschung". In diesem Zusammenhang ist allerdings, soweit eine solche Forschung gegen Entgelt betrieben wird, inzwischen die Sonderregelung des § 68 Nr. 9 AO betreffend die Auftragsforschung zu beachten (dazu Rz. 6.271 ff.).

6. Verstöße gegen die verfassungsmäßige Ordnung und die allgemeine Rechtsordnung

Eine Förderung der Allgemeinheit liegt nach Ansicht des BFH nicht vor, wenn die satzungsmäßigen Ziele und Zwecke einer Körperschaft mit dem Grundgesetz nicht in Einklang stehen oder sich die tatsächliche Geschäftsführung nicht im Rahmen der verfassungsmäßigen Ordnung bewegt[1]. Ausreichend, aber auch erforderlich sei es, dass sich eine gemeinnützige Körperschaft „**im Rahmen der verfassungsmäßigen Ordnung im Sinne des Art. 2 Abs. 1 GG betätigt**, d.h. im Rahmen der allgemeinen Rechtsordnung, die die materiellen und formellen Normen der Verfassung beachtet, also eine verfassungsgemäße Rechtsordnung ist"[2]. Umgekehrt soll die Gemeinnützigkeit zu versagen sein, wenn eine Körperschaft Tätigkeiten nachgeht, die gegen die Rechtsordnung verstoßen[3]. Auf dieser Grundlage ist z.B. eine Gemeinnützigkeit versagt worden wegen der missbräuchlichen Ausstellung von Spendenquittungen[4], der nachhaltigen bzw. wiederholten Missachtung steuerlicher Erklärungspflichten[5], der Zahlung „inoffizieller" Gehälter an Vereinsspieler durch ein Vorstandsmitglied[6], der Verfolgung neonazistischer und rassistischer Ziele[7], die Betätigung der Vertriebenenverbände[8], der Erlangung von Geldmitteln für kommunale Einrichtungen unter Umgehung gesetzlicher Verbote[9], der Betätigung von Sekten[10] und der Ankündigung gewaltfreien Widerstandes gegen behördliche Maßnahmen[11]. Nach dieser Ansicht ist also praktisch jedes rechts- oder gesetzeswidrige Verhalten einer Körperschaft geeignet, ihre Gemeinnützigkeit zu gefährden.

3.71

---

1 BFH v. 13.12.1978 – I R 39/78, BStBl. II 1979, 482; BFH v. 29.8.1984 – I R 215/81, BStBl. II 1985, 106; BFH v. 16.10.1991 – I B 16/91, BFH/NV 1992, 505; BFH v. 13.7.1994 – I R 5/93, BStBl. II 1995, 134; BFH v. 3.12.1996 – I R 67/95, BStBl. II 1997, 474; BFH v. 27.9.2001 – V R 17/99, BStBl. II 2002, 169; BFH v. 31.5.2005 – I R 105/04, BFH/NV 2005, 1741; BFH v. 15.1.2015 – I R 48/13, BStBl. II 2015, 713; BFH v. 17.5.2017 – V R 52/15, BStBl. II 2018, 218.

2 So BFH v. 13.12.1978 – I R 39/78, BStBl. II 1979, 482 (487).

3 Vgl. BFH v. 27.9.2001 – V R 17/99, BStBl. II 2002, 169; BFH v. 15.1.2015 – I R 48/13, BStBl. II 2017, 713.

4 BFH v. 3.12.1996 – I R 67/95, BStBl. II 1997, 474; vgl. auch AEAO Nr. 2 zu § 63 AO.

5 BFH v. 15.1.2015 – I R 48/13, BStBl. II 2015, 713; siehe auch FG Berlin v. 24.2.1997 – 8435/96, EFG 1997, 1006, rkr.; einschränkend FG Münster v. 30.6.2011 – 9 K 2649/10, EFG 2012, 492.

6 BFH v. 27.9.2001 – V R 17/99, BStBl. II 2002, 169.

7 BFH v. 31.5.2005 – I R 105/04, BFH/NV 2005, 1741; FG Hamburg v. 8.12.1997 – II 98/95, EFG 1998, 916; FG Hamburg v. 7.4.2004 – VII 16/01, EFG 2005, 158.

8 FinMin Niedersachsen v. 14.11.1995, DB 1996, 356.

9 BFH v. 13.7.1994 – I R 5/93, BStBl. II 1995, 134.

10 BFH v. 16.10.1991 – I B 16/91, BFH/NV 1992, 505; OFD Erfurt v. 4.7.1994, DB 1994, 1956.

11 BFH v. 29.8.1984 – I R 215/81, BStBl. II 1985, 106.

3.72 Dem BFH ist darin zuzustimmen, dass **Bestrebungen, die sich gegen verfassungs-rechtliche Grundentscheidungen richten**, nicht als Förderung der Allgemeinheit anerkannt werden können[1]. Ein solcher Vorbehalt ergibt sich heute aus § 51 Abs. 3 AO (vgl. Rz. 3.13). Ein Verein, der z.B. für die Abschaffung der Mehrparteiendemo-kratie eintritt, kann daher nicht gemeinnützig sein[2]. Allerdings ist hier vorrangig die Frage zu stellen, ob der Zweck des Vereins nicht vorrangig politischer Natur ist und schon deshalb eine Gemeinnützigkeit ausscheidet[3]. Aus demselben Grund ist auch die Gemeinnützigkeit von Vertriebenenverbänden zu verneinen, soweit ihre Tätigkeit nicht nur die Fürsorge für Vertriebene umfasst (vgl. § 52 Abs. 2 Satz 1 Nr. 10 AO), sondern auch außenpolitischen Zwecken dient. Besondere Relevanz ge-winnt ein Verstoß gegen die verfassungsrechtliche Ordnung dagegen bei der Prü-fung der Gemeinnützigkeit von Sekten und Religionsgemeinschaften, deren Lehren im offenen Gegensatz zur verfassungsmäßigen Ordnung des Grundgesetzes (ins-besondere die Neutralität des Staates in religiösen Angelegenheiten oder die Gleich-berechtigung von Mann und Frau) stehen[4]. Solche Religionsgemeinschaften können sich gegenüber einer Versagung der Gemeinnützigkeit auch nicht auf Art. 4 Abs. 1 GG berufen, da die Religionsfreiheit keinen Anspruch auf steuerliche Vorteile be-gründet[5]. Der Begriff der „verfassungsmäßigen Ordnung" im Sinne des Art. 2 Abs. 1 GG umfasst über die verfassungsrechtlichen Grundfreiheiten und Wertent-scheidungen hinaus aber auch alle Rechtsnormen, die formell und materiell mit der Verfassung übereinstimmen[6]. Eine Förderung der Allgemeinheit liegt deshalb auch dann nicht vor, wenn sich der Zweck der Körperschaft zwar nicht gegen Verfas-sungsgebote, aber doch gegen Gesetze richtet, die zur „verfassungsmäßigen Ord-nung" gehören. In diesem Sinne ist auch die Gemeinnützigkeit einer Einrichtung zu verneinen, die unter Umgehung eines gesetzlichen Verbots von Bauwilligen zusätz-liche Geldmittel in Gestalt von „Spenden" an die zuständige Kommune eintreiben soll[7].

3.73 Rechtsprechung und Verwaltung gehen aber darüber hinaus und versagen die Ge-meinnützigkeit nicht nur im Fall eines verfassungs- oder gesetzwidrigen Zwecks, sondern schon dann, wenn eine Körperschaft **bei der Verfolgung eines an sich ge-meinnützigen Zwecks gegen die allgemeine Rechtsordnung verstößt**[8]. Diese Auf-fassung ist im Schrifttum zu Recht kritisiert worden[9]. Denn sie übersieht zum einen, dass die Rechtsordnung nicht nur Ver- und Gebote aufstellt, sondern auch für den

---

1 BFH v. 16.10.1991 – I B 16/91, BFH/NV 1992, 505.

2 So etwa FG Hamburg v. 8.12.1997 – II 98/95, EFG 1998, 916.

3 Ebenso *Schauhoff* in Schauhoff, § 6 Rz. 49.

4 BFH v. 16.10.1991 – I B 16/91, BFH/NV 1992, 505.

5 BFH v. 16.10.1991 – I B 16/91, BFH/NV 1992, 505.

6 Vgl. näher *Dreier* in Dreier, Art. 2 I GG Rz. 53 ff.

7 BFH v. 13.7.1994 – I R 5/93, BStBl. II 1995, 134.

8 Siehe nur BFH v. 29.8.1984 – I R 215/81, BStBl. II 1985, 106; BFH v. 27.9.2001 – V R 17/99, BStBl. II 2002, 169; BFH v. 15.1.2015 – I R 48/13, BStBl. II 2015, 713.

9 Vgl. auch *Seer* in Tipke/Kruse, § 52 AO Rz. 15, § 63 AO Rz. 4; *Jansen*, FR 2002, 996; *Musil* in Hübschmann/Hepp/Spitaler, § 52 AO Rz. 34; *Schauhoff* in Schauhoff, § 6 Rz. 50; *Wolsz-tynski/Hüsgen*, BB 2000, 1809; *Droege*, S. 130; eingehend *Brill*, Der Verlust der Gemeinnüt-

Fall der Zuwiderhandlung unterschiedliche Sanktionen vorsieht. So hat das Finanzamt z.b. im Fall der Nichtabgabe von Steuererklärungen die Möglichkeit, die Erfüllung der Erklärungspflichten mit den gesetzlich vorgesehenen Mitteln zu erzwingen (§§ 152, 328 ff. AO)[1] und die verantwortlichen Geschäftsleiter auch persönlich in Haftung zu nehmen (§§ 34, 69 AO). Es gibt keinen Grund, dieses abgestufte Sanktionssystem bei gemeinnützigen Einrichtungen einfach durch die Versagung der Steuervergünstigung zu ergänzen. Zum anderen kann die These des BFH, ein Verstoß gegen die Rechtsordnung bei Verfolgung der satzungsmäßigen Zwecke rechtfertige die Aberkennung der Steuervergünstigung, im Einzelfall zu unverhältnismäßigen Konsequenzen führen. So dürften z.B. die steuerliche Mehrbelastung aus der Besteuerung, der Verlust an Spendengeldern und die Auswirkungen der Vermögensbindung bei Verlust der Steuervergünstigung gemeinnützige Körperschaften wirtschaftlich viel härter treffen als die gesetzlich vorgesehenen Zwangsmittel und Sanktionen. Eine solche Schlechterstellung gemeinnütziger Einrichtungen gegenüber anderen Körperschaften lässt sich aber nicht bereits mit der Steuerbegünstigung begründen. Die Überlegung, wer steuerliche Privilegien beanspruche, müsse sich in besonderer Weise rechtstreu verhalten[2], verkennt den Sinn und Zweck der Steuerbefreiungen wegen Gemeinnützigkeit: Sie sind nicht als Gegenleistung für besondere „Rechtstreue" gedacht, sondern sollen die besondere gemeinwohlfördernde Tätigkeit der Körperschaft fördern. Ein Verein fördert aber z.B. den Sport auch dann noch, wenn der Vorstand einzelne Steuererklärungen nicht fristgemäß abgibt, der Verein in der Vereinsgaststätte einen Schwarzarbeiter beschäftigt oder seine Spieler den Schiedsrichter beleidigen. Auch eine Forschungseinrichtung dient selbst dann noch der Wissenschaft, wenn es bei der Forschungstätigkeit zu Patentverletzungen kommt oder wissenschaftliche Standards und Sicherheitsvorschriften übertreten werden. Alle diese Verstöße sind zwar mit den jeweiligen Sanktionen zu ahnden, gefährden aber – entgegen der Ansicht des BFH – noch nicht die Steuervergünstigung als solche.

Von Rechtsverstößen bei Gelegenheit einer gemeinnützigen Zweckverfolgung ist schließlich der Fall zu unterscheiden, dass eine Körperschaft ihre **satzungsmäßigen Zwecke gerade auch mit gesetzwidrigen Mitteln zu verwirklichen gedenkt**. Insoweit ist der Satz zutreffend, „der gemeinnützige Zweck rechtfertigt nicht illegale Mittel"[3]. Wer z.B. Umweltschutzbelange mit Gewalt durchsetzen will und zum offenen Widerstand gegen polizeiliche Anordnungen aufruft, stellt sich außerhalb des Rechts und kann keine Gemeinnützigkeit beanspruchen[4]. Gleiches gilt für eine

3.74

---

zigkeit aufgrund von Verstößen gegen die Rechtsordnung und aufgrund des Verzichts, 2006; a.A. aber *Jäschke*, DStR 2009, 1669.

1 *Seer* in Tipke/Kruse, § 52 AO Rz. 15, § 63 AO Rz. 4.
2 So etwa *Jäschke*, DStR 2009, 1673.
3 *Isensee/Knobbe-Keuk*, Gutachten, S. 407; ebenso *Seer* in Tipke/Kruse, § 52 AO Rz. 15.
4 BFH v. 29.8.1984 – I R 215/81, BStBl. II 1985, 106; einschränkend AEAO Nr. 5 zu § 63 AO unter Hinweis auf BVerfG v. 10.1.1995 – 1 BvR 718/89, 1 BvR 719/89, 1 BvR 722/89, 1 BvR 723/89, BVerfGE 92, 1: „Gewaltfreier Widerstand, z.B. Sitzblockaden, gegen geplante Maßnahmen des Staates, verstößt grundsätzlich nicht gegen die verfassungsmäßige Ordnung".

Weltanschauungsgemeinschaft, die mit Repressionen (Morddrohungen etc.) gegen Andersgläubige oder ehemalige Mitglieder vorgeht, oder einen Spendensammelverein, der durch irreführende Angaben über den Verwendungszweck in betrügerischer Absicht Spenden einwirbt. Die vorstehende Unterscheidung bewährt sich z.B. in Fällen der Ausstellung von unrichtigen Spendenquittungen: Allein die vorsätzliche oder grob fahrlässige Ausstellung von unrichtigen Spendenquittungen („Gefälligkeitsbescheinigungen") im Einzelfall rechtfertigt noch nicht den Verlust der Gemeinnützigkeit. Vielmehr sieht das Gesetz für diesen Fall mit der Spendenhaftung nach § 10b Abs. 4 EStG eine spezielle Sanktion vor. Etwas anderes gilt nur dann, wenn die Körperschaft die Spendenempfangsberechtigung für eigene oder fremde Zwecke systematisch bewusst missbraucht[1].

7. Mittelweiterleitung an die öffentliche Hand

3.75 Nach § 52 Abs. 1 Satz 3 AO liegt eine Förderung der Allgemeinheit „nicht allein deswegen vor, weil eine Körperschaft ihre Mittel einer Körperschaft des öffentlichen Rechts zuführt". Vielmehr ist die **Mittelbeschaffung für eine Körperschaft des öffentlichen Rechts** nur unter den besonderen Voraussetzungen des § 58 Nr. 1 AO als steuerbegünstigter Zweck anzuerkennen. Daneben ist eine finanzielle, personelle oder sachliche Unterstützung einer Körperschaft des öffentlichen Rechts unter den in § 58 Nr. 2 bis 4 AO genannten Voraussetzungen zulässig. Ferner ist darauf hinzuweisen, dass nicht jede Tätigkeit einer Körperschaft des öffentlichen Rechts zugleich gemeinnützig ist. Körperschaften des öffentlichen Rechts nehmen vielmehr im Rahmen der Daseinsvorsorge in vielfältiger Weise am allgemeinen wirtschaftlichen Verkehr teil. Diese Tätigkeiten sind überwiegend wirtschaftlicher Natur und werden deshalb auch nach § 1 Abs. 1 Nr. 6, § 4 KStG – insbesondere aus Wettbewerbsgründen[2] – der Besteuerung unterworfen. Durch § 52 Abs. 1 Satz 3 AO wird insbesondere verhindert, dass solche steuerpflichtigen Betriebe gewerblicher Art schon allein auf Grund der Tatsache, dass sie ihre Erträge an die öffentlich-rechtliche Trägerkörperschaft abführen, die Steuerbefreiung wegen Gemeinnützigkeit beanspruchen können, sodass die Steuerpflicht weitgehend leerlaufen würde. Die Steuervergünstigung solcher Betriebe gewerblicher Art ist vielmehr nach allgemeinen Kriterien zu beurteilen. Darüber hinaus gilt § 52 Abs. 1 Satz 3 AO auch für andere selbständige Körperschaften (z.B. Stadtwerke), die ihre Überschüsse an eine juristische Person des öffentlichen Rechts abführen müssen.

3.76–3.78 frei

---

1 So wohl auch AEAO Nr. 3 zu § 63 AO.
2 Zur ratio legis der Besteuerung der öffentlichen Hand vgl. *Hüttemann*, Besteuerung der öffentlichen Hand, S. 6 ff.

VII. Gesetzlich anerkannte gemeinnützige Zwecke

1. Überblick

Der Zweckkatalog des § 52 Abs. 2 Satz 1 AO ist zuletzt durch das Gesetz zur weiteren   3.79
Stärkung des bürgerschaftlichen Engagements neu gefasst worden. § 52 Abs. 2 Satz 1
AO hat nunmehr – wenn auch ergänzt um eine Öffnungsklausel – **abschließenden
Charakter hinsichtlich der Feststellung der Gemeinnützigkeit**[1]. Gleichzeitig ist der
Katalog der gemeinnützigen Zwecke um die bisher schon in der Anlage 1 zu § 48
Abs. 2 EStDV a.F. als „besonders förderungswürdig" anerkannten gemeinnützigen
Zwecke ergänzt und mit einer neuen Reihenfolge versehen worden. Er umfasst nun
– einschließlich des neu aufgenommenen Zwecks „Förderung des bürgerschaftli-
chen Engagements" – insgesamt 25 verschiedene Zielsetzungen. Unter den Voraussetzungen des § 52 Abs. 1 AO sind nunmehr als Förderung der Allgemeinheit anzuerkennen:

1. die Förderung von Wissenschaft und Forschung;

2. die Förderung der Religion;

3. die Förderung des öffentlichen Gesundheitswesens und der öffentlichen Gesundheitspflege, insbesondere die Verhütung und Bekämpfung von übertragbaren Krankheiten, auch durch Krankenhäuser im Sinne von § 67, und von Tierseuchen;

4. die Förderung der Jugend- und Altenhilfe;

5. die Förderung von Kunst und Kultur;

6. die Förderung des Denkmalschutzes und der Denkmalpflege;

7. die Förderung der Erziehung, Volks- und Berufsbildung einschließlich der Stu-
   dentenhilfe;

8. die Förderung des Naturschutzes und der Landschaftspflege im Sinne des Bundesnaturschutzgesetzes und der Naturschutzgesetze der Länder; des Umweltschutzes, des Küstenschutzes und des Hochwasserschutzes;

9. die Förderung des Wohlfahrtswesens, insbesondere der Zwecke der amtlich anerkannten Verbände der freien Wohlfahrtspflege (§ 23 UStDV), ihrer Unterver-
   bände und ihrer angeschlossenen Einrichtungen und Anstalten;

10. die Förderung der Hilfe für politisch, rassisch oder religiös Verfolgte, für Flücht-
    linge, Vertriebene, Aussiedler, Spätaussiedler, Kriegsopfer, Kriegshinterbliebene,
    Kriegsbeschädigte und Kriegsgefangene, Zivilbeschädigte und Behinderte sowie
    Hilfe für Opfer von Straftaten; Förderung des Andenkens an Verfolgte, Kriegs-
    und Katastrophenopfer, Förderung des Suchdienstes für Vermisste;

11. die Förderung der Rettung aus Lebensgefahr;

---

1 Das Wort „insbesondere" im Eingangssatz ist weggefallen.

12. die Förderung des Feuer-, Arbeits-, Katastrophen- und Zivilschutzes sowie der Unfallverhütung;

13. die Förderung internationaler Gesinnung, der Toleranz auf allen Gebieten der Kultur und des Völkerverständigungsgedankens;

14. die Förderung des Tierschutzes;

15. die Förderung der Entwicklungszusammenarbeit;

16. die Förderung von Verbraucherberatung und Verbraucherschutz;

17. die Förderung der Fürsorge für Strafgefangene und ehemalige Strafgefangene;

18. die Förderung der Gleichberechtigung von Frauen und Männern;

19. die Förderung des Schutzes von Ehe und Familie;

20. die Förderung der Kriminalprävention;

21. die Förderung des Sports (Schach gilt als Sport);

22. die Förderung der Heimatpflege und Heimatkunde;

23. die Förderung der Tierzucht, der Pflanzenzucht, der Kleingärtnerei, des traditionellen Brauchtums einschließlich des Karnevals, der Fastnacht und des Faschings, der Soldaten und Reservistenbetreuung, des Amateurfunkens, des Modellflugs und des Hundesports;

24. die allgemeine Förderung des demokratischen Staatswesens im Geltungsbereich dieses Gesetzes; hierzu gehören nicht Bestrebungen, die nur bestimmte Einzelinteressen staatsbürgerlicher Art verfolgen oder die auf den kommunalpolitischen Bereich beschränkt sind;

25. die Förderung des bürgerschaftlichen Engagements zugunsten gemeinnütziger, mildtätiger und kirchlicher Zwecke.

3.80 Fällt der von einer Körperschaft verfolgte Zweck nicht unter die Aufzählung in § 52 Abs. 2 Satz 1 AO, kann er gleichwohl „für gemeinnützig erklärt werden", wenn die Allgemeinheit auf materiellem, geistigem oder sittlichem Gebiet entsprechend selbstlos gefördert wird (§ 52 Abs. 2 Satz 2 AO). Für diese Entscheidung ist eine besondere Finanzbehörde zuständig, die jeweils von den obersten Finanzbehörden der Länder bestimmt wird (§ 52 Abs. 2 Satz 3 AO). Mit dieser **Öffnungsklausel** wird der Tatsache Rechnung getragen, dass schon bisher andere als die in § 52 Abs. 2 AO und Anlage 1 zu § 48 Abs. 2 EStDV a.F. genannten Zwecke als gemeinnützig anerkannt waren (vgl. näher Rz. 3.150 ff.).

3.81–3.82 frei

2. Wissenschaft und Forschung (§ 52 Abs. 2 Satz 1 Nr. 1 AO)

3.83 Unter **Wissenschaft** ist der Inbegriff menschlichen Wissens einer Epoche zu verstehen, das systematisch gesammelt, aufbewahrt, gelehrt und tradiert wird. Es handelt sich um eine Gesamtheit von Erkenntnissen, die sich auf einen Gegenstandsbereich beziehen und in einem Begründungszusammenhang stehen[1]. Das BVerfG versteht unter wissenschaftlicher Tätigkeit alles, „was nach Inhalt und Form als ernsthafter planmäßiger Versuch zur Ermittlung der Wahrheit anzusehen ist"[2]. **Forschung** ist die systematische Suche nach Neuem mit wissenschaftlichen Methoden[3]. Wissenschaftlich tätig ist, wer schöpferische oder forschende Arbeit leistet oder wer das aus der Forschung hervorgegangene Wissen und Erkennen auf konkrete Vorgänge anwendet[4]. Grundsätzlich sind alle Einzelwissenschaften steuerbegünstigt, also Geistes- und Naturwissenschaften, rein theoretische Wissenschaften ebenso wie praktisch angewandte Wissenschaften. Erforderlich ist aber stets eine wissenschaftliche Methodik, die die Auseinandersetzung mit Gegenauffassungen sucht und in der Ergebnisse in einem rational nachvollziehbaren Prozess irrtumsoffen ermittelt und zur Überprüfung gestellt werden[5]. Die Tätigkeit muss mithin von der Methodik her nachprüfbar und nachvollziehbar sein[6]. Dies ist z.B. zu verneinen bei einem Verein zur Förderung der Astrologie[7] oder der Tätigkeit einer Hellseherin[8].

Der Wissenschaft und Forschung dienen vor allem die **Forschung und Lehre an wissenschaftlichen Hochschulen** (Universitäten und Fachhochschulen). Im Unterschied zur schulischen Ausbildung, die gemeinnützigkeitsrechtlich als Förderung der Bildung und Erziehung nach § 52 Abs. 2 Satz 1 Nr. 2 AO zu qualifizieren ist, gehört die Abhaltung von Lehrveranstaltungen nach richtiger Ansicht zur wissenschaftlichen Tätigkeit[9]. Entscheidend ist aber, dass die Wissensvermittlung nach Inhalt, Systematik und Methodik auf einem entsprechenden Niveau erfolgt, das auch zur Forschung befähigt. Diese Voraussetzung ist auch bei Fachhochschulen gegeben[10]. Neben den wissenschaftlichen Hochschulen sind insbesondere private und staatliche Wissenschafts- und Forschungseinrichtungen begünstigt, die selbst forschen oder wissenschaftlich tätig sind, z.B. durch eigene Forschungsprojekte, die Herausgabe wissenschaftlicher Werke oder den Aufbau und die Unterhaltung wissenschaftlicher Sammlungen[11]. Steuerbegünstigt ist insbesondere auch die Veranstaltung wissenschaftlicher Tagungen und Kongresse. Dazu gehört auch die Ge-

3.84

---

1 Brockhaus-Enzyklopädie, 20. Aufl. 2001, Stichwort Wissenschaft; ebenso FG Schleswig-Holstein v. 22.3.1996 – I 535/92, EFG 1996, 940, 941.
2 BVerfG v. 1.3.1978 – 1 BvR 333/75, BVerfGE 47, 327; zum verfassungsrechtlichen Wissenschaftsbegriff siehe auch *Musil* in Hübschmann/Hepp/Spitaler, § 52 AO Rz. 110.
3 Brockhaus-Enzyklopädie, 20. Aufl. 2001, Stichwort Forschung.
4 So BFH v. 7.3.2007 – I R 90/04, BStBl. II 2007, 628.
5 *Geserich* in Kirchhof/Söhn/Mellinghoff, § 10b EStG Rz. B 171; vgl. auch *Oppermann* in Isensee/Kirchhof, Handbuch des Staatsrechts, Bd. VI, § 145 Rz. 10.
6 BFH v. 30.3.1976 – VIII R 137/75, BStBl. II 1976, 464.
7 FG Schleswig-Holstein v. 22.3.1996 – I 503/92, EFG 1996, 940.
8 BFH v. 30.3.1976 – VIII R 137/75, BStBl. II 1976, 464.
9 Ebenso *Geserich* in Kirchhof/Söhn/Mellinghoff, § 10b EStG Rz. B 171; *Buchna/Leichinger/Seeger/Brox*, S. 71; a.A. FG Schleswig-Holstein v. 22.3.1996 – I 535/92, EFG 1996, 940 (941): Studium als „Bildung"; ebenso *Schauhoff* in Schauhoff, § 6 Rz. 54.
10 So auch *Musil* in Hübschmann/Hepp/Spitaler, § 52 AO Rz. 110; siehe auch FinMin Niedersachsen v. 8.3.1978, FR 1978, 272.
11 Zur Forschungstätigkeit im Bereich der Kernenergie – Rückbau eines Forschungsreaktors – FG Sachsen v. 19.3.2013 – 3 K 1143/09, EFG 2014, 584.

währung der „üblichen" Annehmlichkeiten (Erfrischungsgetränke etc.)[1]. Nicht zur Wissenschaft und Forschung zählen Tätigkeiten, die sich auf die Anwendung gesicherter Erkenntnisse beschränken (z.B. Blutalkoholtests), die Übernahme von Projektträgerschaften sowie wirtschaftliche Tätigkeiten ohne Forschungsbezug (vgl. § 68 Nr. 9 AO). Dagegen sind z.B. die Anfertigung von Prototypen oder die gutachterliche Beurteilung neuartiger Sachverhalte und Fragen, zu denen es noch keine „gesicherten Erkenntnisse" gibt, noch zur Forschung zu rechnen[2].

3.85 Eine Förderung der Wissenschaft und Forschung ist nur dann gemeinnützig, wenn sie auch der Allgemeinheit zugute kommt, d.h. das Gemeinwohl fördert. Nach Ansicht des BFH fehlt es an einer Förderung der Allgemeinheit im Fall der **Auftragsforschung**[3]: Die Durchführung von Forschungsaufträgen gegen Entgelt diene in erster Linie der Erfüllung der Zwecke der Auftraggeber und damit nicht der Verwirklichung steuerbegünstigter Zwecke. Insbesondere sei die Auftragsforschung als „Forschung im Interesse einzelner Auftraggeber" keine als Förderung der Allgemeinheit anzuerkennende Förderung von Wissenschaft und Forschung. Der BFH hat es allerdings versäumt, den Begriff der „Auftragsforschung" näher zu bestimmen. Das Kriterium „Forschung gegen Entgelt" reicht richtigerweise noch nicht aus, um eine Förderung der Allgemeinheit zu versagen[4]. Vielmehr kommt es entscheidend darauf an, ob die Forschungsergebnisse der Allgemeinheit zugute kommen (z.B. durch Veröffentlichungen oder durch Einstellung ins Internet) oder ob sich der Auftraggeber exklusive Verwertungsrechte ausbedungen hat und diese auch beachtet werden sollen[5]. Die Argumentation des BFH passt schließlich nicht für eine Auftragsforschung gegenüber der öffentlichen Hand[6]. Da der Staat und seine Untergliederung keine individualnützigen Interessen verfolgen, sondern die Allgemeinheit verkörpern[7], ist eine Auftragsforschung für den Staat (z.B. ein Ministerium oder eine Behörde) immer als „gemeinwohlfördernd" anzusehen. Dies gilt richtigerweise selbst dann, wenn der öffentlich-rechtliche Auftraggeber – im Allgemeininteresse (z.B. aus Sicherheitsgründen bei Erkenntnissen der Atomforschung) – einen Veröffentlichungsvorbehalt vereinbart. Der Gesetzgeber hat auf die Rechtsprechung des BFH mit der Einführung einer besonderen Zweckbetriebsfiktion betreffend die Auftragsforschung in § 68 Nr. 9 AO[8] reagiert (dazu näher Rz. 6.271 ff.). Für die Auftragsforschung von staatlichen Forschungseinrichtungen, die nach § 4

---

1 Zu eng OFD Nürnberg v. 20.12.1996, StEK § 10b Nr. 233; mit Recht großzügiger *Geserich* in Kirchhof/Söhn/Mellinghoff, § 10b EStG Rz. B 175.

2 Vgl. BMF-Schreiben v. 22.9.1999, BStBl. I 1999, 944; *Geserich* in Kirchhof/Söhn/Mellinghoff, § 10b EStG Rz. 177.

3 BFH v. 30.11.1995 – V R 29/91, BStBl. II 1997, 189; *Seer*, DStR 1997, 436; dazu auch *Thiel*, DB 1996, 1944; *Strahl* in Non Profit Law Yearbook 2013/2014, 63.

4 Ebenso *Schauhoff* in Schauhoff, § 6 Rz. 53; vgl. auch FG Berlin v. 4.9.2006 – 8 K 8390/02, EFG 2007, 291.

5 So noch die frühere Auffassung der Finanzverwaltung vgl. OFD Münster v. 16.5.1990, StEK AO 1977, § 52 Nr. 57.

6 A.A. BFH v. 30.11.1995 – V R 29/91, BStBl. II 1997, 189.

7 Vgl. dazu allgemein *Seer/Wolsztynski*, Gemeinnützigkeit der öffentlichen Hand, 2002.

8 Dazu BMF-Schreiben v. 22.9.1999, BStBl. I 1999, 944.

Abs. 1 KStG einen steuerpflichtigen Betrieb gewerblicher Art begründet, gilt nunmehr hinsichtlich der Körperschaftsteuer die besondere Befreiungsregelung des § 5 Abs. 1 Nr. 23 KStG[1].

Eine Förderung der Wissenschaft und Forschung im Sinne des § 52 Abs. 2 Satz 1 Nr. 1 AO setzt nicht zwingend eine aktive Forschungs- und Lehrtätigkeit voraus. „Förderung" meint nach Ansicht des BFH, dass etwas „vorangebracht, vervollkommnet oder verbessert wird"[2]. Für eine Förderung der Wissenschaft und Forschung im Sinne von § 52 Abs. 2 Satz 1 Nr. 1 AO reicht es somit aus, dass die Wissenschaft und Forschung „vorangebracht wird". Dies kann auch dadurch erreicht werden, dass **die Arbeit von Wissenschaftlern und Forschern bzw. von Forschungseinrichtungen unterstützt wird**. In diesem Sinne ist als steuerliche Förderung der Wissenschaft und Forschung auch die Unterhaltung einer Bibliothek[3], der Betrieb eines Rechenzentrums für Forschungseinrichtungen und die Schaffung von Gelegenheiten zum wissenschaftlichen Austausch (Wissenschaftskolleg u.ä.) anzusehen[4]. In diesen Fällen liegt die Förderung bereits in der Bereitstellung von wissenschaftlichen Werken, Rechnerkapazität bzw. geeigneten Begegnungsräumen für Wissenschaftler.

Auch die **finanzielle Unterstützung von Wissenschaftlern und Forschungseinrichtungen** fällt unter § 52 Abs. 2 Satz 1 Nr. 1 AO. Dazu zählt z.B. die finanzielle Förderung von Forschungsprojekten, die Gewährung von Druckkostenzuschüssen, sowie die Verleihung von Preisen und Stipendien (zur steuerlichen Behandlung beim Empfänger vgl. näher Rz. 9.40 ff.). Insbesondere die Auslobung von Preisen ist als „unmittelbare" Förderung von Wissenschaft und Forschung anzuerkennen, weil dadurch Wissenschaftler zu forschender Tätigkeit angeregt werden[5]. Daher ist es auch unschädlich, wenn sich die Tätigkeit einer Wissenschaftseinrichtung im Wesentlichen auf die Vergabe von Preisen beschränkt[6]. Allerdings verlangt die Finanzverwaltung, dass die Förderbedingungen eindeutig sind und offengelegt werden[7]. Zudem müssen die Förderleistungen so bemessen werden, dass sie die tatsächlichen Aufwendungen für Forschung und Lehre nicht übersteigen. Die kostengünstige Unterbringung von (in- und ausländischen) Gastwissenschaftlern ist ebenfalls begünstigt, wenn dadurch nicht nur die Lebensführung, sondern vor allem die wissenschaftliche Arbeit und der fachliche oder interdisziplinäre Austausch gefördert

3.86

3.87

---

1 Zur Drittmittelforschung der Hochschulen eingehend *Stalleiken*, Drittmittelforschung im Einkommen- und Körperschaftsteuerrecht, 2010.
2 BFH v. 22.11.1988 – I R 11/88, BStBl. II 1989, 391.
3 *Geserich* in Kirchhof/Söhn/Mellinghoff, § 10b EStG Rz. B 173; vgl. auch BFH v. 23.11.1988 – I R 11/88, BStBl. II 1989, 391, 392.
4 Einen Wissenschaftsbezug bei einer Solaranlage auf dem Dach einer Hochschule verneinend FG Hamburg v. 29.8.2007 – 5 K 145/05, EFG 2008, 100; dazu mit Recht kritisch *Seer* in Tipke/Kruse, § 63 AO Rz. 1.
5 *Buchna/Leichinger/Seeger/Brox*, S. 189.
6 OFD Kiel v. 23.3.1978, StEK § 52 Nr. 7.
7 FinMin Thüringen v. 25.4.1996, DStR 1996, 921.

werden[1]. Wird nicht ein einzelner Wissenschaftler gefördert, sondern ist eine andere gemeinnützige Einrichtung Adressat der finanziellen Förderung, ist zu prüfen, ob eine Mittelweitergabe nach § 58 Nr. 1 und 2 AO vorliegt.

3. Religion (§ 52 Abs. 2 Satz 1 Nr. 2 AO)

3.88 Der Begriff der Religion umfasst alle Erscheinungen, denen ein spezifischer Bezug zwischen dem „Transzendenten" einerseits und den Menschen andererseits in einer deren Verhalten normativ bestimmenden Weise zugrunde liegt[2]. **Religion beinhaltet die Frage nach Gott, nach der Deutung der Welt, nach Lebenssinn und Wert, nach Normen sittlichen Handelns**[3]. Die Begünstigung religiöser Zwecke ist im Zusammenhang mit der Religionsfreiheit des Art. 4 GG zu sehen, die den Staat zu Neutralität in religiösen Angelegenheiten verpflichtet[4].

3.89 Religiöse Zwecke sind von kirchlichen Zwecken im Sinne des § 54 AO zu unterscheiden. **Religionsgemeinschaften in der Rechtsform der Körperschaft des öffentlichen Rechts** (insbesondere die katholische und evangelische Kirche und die anderen als juristische Personen des öffentlichen Rechts anerkannten Religionsgemeinschaften) sind – wie sich im Umkehrschluss aus § 1 Abs. 1 Nr. 6, § 4 KStG ergibt – als juristische Personen des öffentlichen Rechts von der Körperschaftsteuer befreit[5]. Einer Befreiung nach § 5 Abs. 1 Nr. 9 KStG bedarf es daher nicht. Soweit ihre Tätigkeit von anderen privatrechtlichen Körperschaften unterstützt wird, kommt eine Befreiung wegen Verfolgung kirchlicher Zwecke nach § 54 AO in Betracht. Wegen Verfolgung religiöser Zwecke sind demnach nur solche Gemeinschaften begünstigt, die nicht als Körperschaften des öffentlichen Rechts anerkannt sind, z.B. die Neuapostolische Gemeinde[6] oder islamische Vereine[7].

3.90 Nach Art. 4 Abs. 1 GG ist neben der Freiheit des religiösen auch das weltanschauliche Bekenntnis unverletzlich. Religion und **Weltanschauung** werden von der Verfassung also grundsätzlich gleich behandelt. Dieser Gleichstellung ist auch bei der

---

1 Ebenso *Geserich* in Kirchhof/Söhn/Mellinghoff, § 10b EStG Rz. B 173, 174; a.A. BFH v. 8.5.1974 – II R 157/66, BStBl. II 1974, 663 betreffend die besondere Befreiungsvorschrift des § 1 Abs. 2 GrEStG a.F.

2 So Brockhaus-Enzyklopädie, 20. Aufl. 2001, Stichwort Religion. Zum Religionsbegriff vgl. auch *Geserich* in Kirchhof/Söhn/Mellinghoff, § 10b EStG Rz. B 151; *Seer* in Tipke/Kruse, § 52 AO Rz. 20 f.; *Musil* in Hübschmann/Hepp/Spitaler, § 52 AO Rz. 119.

3 BFH v. 23.9.1999 – XI R 66/98, BStBl. II 2000, 533; *Geserich* in Kirchhof/Söhn/Mellinghoff, § 10b EStG Rz. B 151.

4 Ebenso BFH v. 23.9.1999 – XI R 66/98, BStBl. II 2000, 533.

5 Zur Verfassungsmäßigkeit der Beschränkung der Steuerfreiheit auf „korporierte" Religionsgemeinschaften vgl. BFH v. 30.6.2010 – II R 12/09, BStBl. II 2010, 2011, 48 (Islamischer Verein); allgemein zum Status der Religionsgemeinschaft als Körperschaft des öffentlichen Rechts BVerfG v. 19.12.2000 – 2 BvR 1500/97, BVerfGE 102, 370 (Zeugen Jehovas).

6 FG Berlin v. 19.10.1977 – VI 197/77, EFG 1978, 278.

7 Vgl. zur Satzung eines islamischen Vereins OFD Düsseldorf v. 3.2.2003 – S 2729 ASt 132, zitiert nach juris.

Auslegung von § 52 Abs. 2 Satz 1 Nr. 2 AO Rechnung zu tragen[1]. Dem Begriff der Weltanschauung kommt dabei gegenüber der Religion eine Ergänzungsfunktion zu, über den alle Bekenntnisse ohne diskriminierende Unterscheidung erfasst werden, deren Grund und Ziel eine sinnstiftende Überzeugung im umfassenden Sinn ist[2].

Bei der Frage, was im Einzelfall unter Religion und Weltanschauung zu verstehen ist, kommt es vorrangig auf das **Selbstverständnis der Religions- und Weltanschauungsgemeinschaften** an. Eine Einschränkung auf christliche Religionen ist weder geboten noch zulässig. Auch der Buddhismus ist daher eine Religion im Sinne des § 52 Abs. 2 Satz 1 Nr. 2 AO[3], nicht aber die Förderung der Astrologie[4], der Esoterik[5] oder der Yoga-Psychologie[6]. Auch die Scientology-Church ist richtigerweise nicht gemeinnützig, da sie sich wesentlich auf psychotherapeutische Methoden stützt und erwerbswirtschaftlichen Zwecken dient[7]. Als nicht gemeinnützig ist auch die Universale Kirche beurteilt worden[8]. Soweit die Finanzverwaltung eine Förderung der Religion nur dann anerkennen will, wenn die Ziele der betreffenden Religion „nicht den abendländischen Kulturauffassungen zuwiderlaufen", liegt darin eine unzulässige Einschränkung[9]. Nicht schon der Widerspruch zu abendländischen Kulturauffassungen, sondern erst die Unvereinbarkeit der Ziele und Mittel mit der verfassungsmäßigen Ordnung (vgl. auch § 51 Abs. 3 AO) rechtfertigt eine Versagung der Steuervergünstigung[10]. Insoweit bedarf es einer Abgrenzung zwischen „Sekten", die insbesondere bei Jugendlichen zu Gefährdungen und Schädigungen der geistig-seelischen Gesundheit führen können oder deren Totalitätsanspruch mit Grundwerten der Verfassung nicht in Einklang steht, einerseits und steuerbegünstigten religiösen Vereinigungen andererseits. Die Finanzverwaltung hält dazu eine zentrale Sammlung und Auswertung von Informationen beim Bundesamt für Finanzen vor[11]. Gerade weil vielen religiösen Bestrebungen kein begrifflich fest umrissenes Konzept zugrunde liegt, stellen Rechtsprechung und Finanzverwaltung an den Nachweis der satzungsmäßigen Gemeinnützigkeit erhöhte Anforderungen[12].

3.91

---

1 BFH v. 23.9.1999 – XI R 66/98, BStBl. II 2000, 533.
2 BFH v. 23.9.1999 – XI R 66/98, BStBl. II 2000, 533.
3 So auch *Seer* in Tipke/Kruse, § 52 AO Rz. 20 („Weltreligionen"); vgl. auch BFH v. 15.6.1973 – VI R 35/70, BStBl. II 1973, 850.
4 FG Schleswig-Holstein v. 22.3.1996 – I 535/92, EFG 1996, 940.
5 FG Baden-Württemberg v. 4.2.1988 – X K 196/85, EFG 1988, 270.
6 BFH v. 9.7.1986 – I R 14/82, BFH/NV 1987, 632.
7 Vgl. *Geserich* in Kirchhof/Söhn/Mellinghoff, § 10b EStG Rz. 165; *Seer* in Tipke/Kruse, § 52 AO Rz. 21; FG Münster v. 25.5.1994 – 15 K 5247/87 U, EFG 1994, 810; s. auch *Thüsing* in GS Krüger, 2001, S. 351; *Segna*, NVwZ 2004, 1446.
8 FG Nürnberg v. 29.8.2000 – I 78/1999, EFG 2000, 1351.
9 OFD Erfurt v. 4.7.1994, DB 1994, 1956; vgl. BFH v. 6.6.1951 – III 69/51 U, BStBl. III 1951, 148.
10 Vgl. dazu BFH v. 16.10.1991 – I B 16/91, BFH/NV 1992, 505.
11 OFD Erfurt v. 4.7.1994, DB 1994, 1956.
12 Dazu BFH v. 16.10.1991 – I B 16/91, BFH/NV 1992, 505.

Beispiel Nr. 12: Wenn es in der Satzung eines Vereins heißt, der Verein erstrebe „ausschließlich und unmittelbar die Förderung der Allgemeinheit durch Verbreitung der folgenden geistig-seelischen Werte: Innerer Friede, Auflösung von Spannungen, Lösung von Stress etc.", und diese Ziele sollen mit Hilfe der „Wissenschaft der Schöpferischen Intelligenz" nach „[...] aus [...], Indien, dem Begründer der [...]" erreicht werden, dann stellt sich nicht nur die Frage, ob der verfolgte Zweck einen eher religiösen Charakter hat oder dem Bereich des öffentlichen Gesundheitswesens zuzuordnen ist. Vorrangig dürfte die Gemeinnützigkeit des Vereins daran scheitern, dass die Satzung nicht hinreichend konkret ist, weil der Verweis auf die „Wissenschaft der Schöpferischen Intelligenz" kein „jedermann bekanntes, begrifflich fest umrissenes gedankliches Konzept" in Bezug nimmt und auch die Gefahr besteht, dass sich hinter dieser Beschreibung eine nicht gemeinnützige Zielsetzung („Jugendsekte") verbirgt[1].

4. Öffentliches Gesundheitswesen und öffentliche Gesundheitspflege (§ 52 Abs. 2 Satz 1 Nr. 3 AO)

3.92 Die Förderung des öffentlichen Gesundheitswesens[2] und der öffentlichen Gesundheitspflege umfasst insbesondere die Verhütung und Bekämpfung von übertragbaren Krankheiten und Tierseuchen (vgl. § 52 Abs. 2 Satz 1 Nr. 3 AO)[3]. Dazu gehören etwa die Bekämpfung von Zivilisationskrankheiten (Krebs, Aids), des Drogen- und Rauschgiftmissbrauchs sowie die Förderung der Jugendzahnpflege[4]. Die Tätigkeiten müssen nach Ansicht des BFH eine „von der individuellen Hilfe gegenüber dem einzelnen Patienten losgelöste, auf das öffentliche Gesundheitswesen bezogene, übergreifende Funktion haben"[5]. Die Hilfe in individuellen Krankheitsfällen und damit z.B. die Notfallrettung sollen deshalb nach Ansicht des BFH nicht dazu gehören[6]. Richtigerweise wird man hier aber zwischen der (übergreifenden) Organisation einer Notfallrettung in einer Region (sofern nicht § 52 Abs. 2 Satz 1 Nr. 11 AO eingreift) und der (individuellen) Rettung des einzelnen Patienten unterscheiden müssen. Zu den Einrichtungen, die die Gesundheitspflege fördern, gehören insbesondere **Krankenhäuser**[7] im Sinne von § 67 AO (§ 52 Abs. 2 Satz 1 Nr. 3 AO). Sie verfolgen im Bereich der individuellen Behandlung und Betreuung von Kranken zwar auch mildtätige Zwecke, nehmen aber zugleich Aufgaben der vorbeugenden Gesundheitspflege war und werden deshalb insoweit wegen der Förderung des Gesundheitswesens als gemeinnützig anerkannt[8]. Auch Kurmittel-, Kneipp- und Na-

---

1 BFH v. 26.2.1992 – I R 47/89, BFH/NV 1992, 695.
2 Zum Steuerrecht des Gesundheitswesen vgl. *Heintzen/Musil*, Das Steuerrecht des Gesundheitswesens, 2. Aufl. 2012; *Musil*, Steuerliche Fragen der Gesundheitsreform, Bd. 1: Strukturreformen im Krankenhausbereich, 2010; Bd. 2: Neue Versorgungsformen, 2011.
3 Vgl. dazu auch BFH v. 7.3.2007 – I R 90/04, BStBl. II 2007, 628; BFH v. 6.2.2013 – I R 59/11, BStBl. II 2013, 603; eingehend zum Begriff des öffentlichen Gesundheitswesens *Fischer*, jurisPR-SteuerR 26/2009, Anm. 3.
4 Unabhängige Sachverständigenkommission, Gutachten, S. 110.
5 So BFH v. 6.2.2013 – I R 59/11 BStBl. II 2013, 603.
6 BFH v. 27.11.2013 – I R 17/12, BStBl. II 2016, 68.
7 Dazu eingehend aus steuerlicher Sicht *Klaßmann/Notz/Schmidbauer*, Die Besteuerung der Krankenhäuser und anderer humanmedizinischer Leistungserbringer, 5. Aufl. 2017.
8 *Buchna/Leichinger/Seeger/Brox*, S. 77.

turheilvereine fallen unter die Gesundheitspflege[1]. Arbeitsmedizinische Zentren dienen ebenfalls der vorbeugenden Gesundheitspflege[2]. Dagegen sollen die Entwicklung eines Vergütungssystems für die allgemeinen Krankenhausleistungen nach Maßgabe des KHG und ein rechtlich verselbständigtes Krankenhauslabor, das für andere gemeinnützige Krankenhäuser tätig wird, mangels „unmittelbarer" Förderung des Gesundheitswesens nicht begünstigt sein[3] (eingehende Kritik dazu in Rz. 4.39 f.). Auch sog. biochemische Gesundheitsvereine[4] sowie „Reiki" (Heilen durch Handauflegen) sind nicht gemeinnützig[5].

5. Jugend- und Altenhilfe (§ 52 Abs. 2 Satz 1 Nr. 4 AO)

Unter **Jugendhilfe** ist nach § 2 Abs. 2 SGB VIII insbesondere die Jugendarbeit, die Jugendsozialarbeit, der erzieherische Jugendschutz, die Förderung der Erziehung in der Familie, die Förderung von Kindern in Tageseinrichtungen und Tagespflege, die Erziehungshilfe und die Hilfe für seelisch behinderte Kinder und Jugendliche zu verstehen. Jugendliche sind Personen, die das 27. Lebensjahr noch nicht vollendet haben (vgl. § 4 Nr. 23 UStG, § 7 Abs. 1 Nr. 4 SGB VIII)[6]. Einrichtungen der Jugendhilfe sind z.B. Kindergärten, Jugend-, Schul- und Lehrlingsheime sowie Jugendherbergen[7]. Zur Jugendhilfe gehören auch die Förderung der Freizeitgestaltung von Jugendlichen[8], die Beschäftigung bzw. Ausbildung von Jugendlichen in Lehrwerkstätten[9], Vereine zur Durchführung der „Jugendweihe" in der ehemaligen DDR[10], die Erteilung von Nachhilfeunterricht und die Kinderbetreuung durch Nachbarschaftshilfevereine[11]. Die Förderung der Jugendhilfe weist gewisse Überschneidungen zur Förderung der Bildung und Erziehung auf. Die Unterstützung hilfebedürftiger Jugendlicher im Sinne des § 53 AO ist dagegen als mildtätiges Engagement anzusehen.

3.93

Auch für den Begriff der Altenhilfe bietet sich eine Orientierung am sozialrechtlichen Verständnis an[12]. Maßnahmen der **Altenhilfe** sollen „dazu beitragen, Schwierigkeiten, die durch das Alter entstehen, zu verhüten, zu überwinden oder zu mildern und alten Menschen die Möglichkeit zu erhalten, am Leben in der Gemeinschaft teilzunehmen" (vgl. § 71 Abs. 1 SGB XII). Adressat der Förderung sind mithin solche

3.94

---

1 FG Niedersachsen v. 23.7.1974 – VI Kö 10/74, EFG 1974, 588.
2 Vgl. BFH v. 26.4.1989 – I R 209/85, BStBl. II 1989, 670.
3 BFH v. 7.3.2007 – I R 90/04, BStBl. II 2007, 628; BFH v. 6.2.2013 – I R 59/11 BStBl. II 2013, 603.
4 Vgl. OFD Frankfurt/M. v. 2.4.2009, npoR 2009, 23; dazu näher *Fischer*, jurisPR-SteuerR 26/2009, Anm. 3.
5 OFD Frankfurt/M. v. 20.7.2006, StEK § 52 Nr. 164.
6 Ebenso jetzt AEAO Nr. 2.1 zu § 52 AO; zu einzelnen Leistungen und Förderbereichen vgl. näher auch *Musil* in Hübschmann/Hepp/Spitaler, § 52 AO Rz. 133 ff.
7 *Schauhoff* in Schauhoff, § 6 Rz. 63.
8 BFH v. 21.11.1974 – II R 107/68, BStBl. II 1975, 389.
9 Vgl. *Buchna/Leichinger/Seeger/Brox*, S. 98; s. auch § 9 Nr. 6 GemVO: „Einrichtungen zur Behebung der Berufsnot von Jugendlichen".
10 Vgl. OFD Frankfurt/M. v. 6.1.1999, DB 1999, 460.
11 Dazu AEAO Nr. 5 zu § 52 AO.
12 Ebenso *Musil* in Hübschmann/Hepp/Spitaler, § 52 AO Rz. 136.

Personen, bei denen altersbedingte Beschwerden und Anpassungsschwierigkeiten auftreten[1]. Eine solche Bedürftigkeit sollte aus Vereinfachungsgründen beim Überschreiten gewisser Altersgrenzen (ab dem 65. Lebensjahr bei Männern und ab dem 60. Lebensjahr bei Frauen) vermutet werden[2]. Als Maßnahmen der Altenhilfe kommen z.B. in Betracht: Hilfe bei der Beschaffung und zur Erhaltung einer Wohnung, Hilfe in allen Fragen der Aufnahme in eine Einrichtung, die der Betreuung alter Menschen dient, Hilfe in allen Fragen der Inanspruchnahme altersgerechter Dienste[3]. Unter den Voraussetzungen des § 53 AO (persönliche oder wirtschaftliche Hilfebedürftigkeit) können Maßnahmen der Altenhilfe auch als Verfolgung mildtätiger Zwecke anerkannt werden (dazu Rz. 3.157 ff.).

6. Kunst und Kultur (§ 52 Abs. 2 Satz 1 Nr. 5 AO)

3.95 Die Förderung der Kunst umfasst die Bereiche der Musik, der Literatur, der darstellenden und bildenden Kunst und schließt die Förderung von kulturellen Einrichtungen, wie Theater und Museen, sowie von kulturellen Veranstaltungen, wie Konzerte und Kunstausstellungen, ein[4]. Nach der Rechtsprechung des BVerfG ist das Wesentliche der künstlerischen Betätigung „die **freie schöpferische Gestaltung**, in der Eindrücke, Erfahrungen, Erlebnisse des Künstlers durch das Medium einer bestimmten Formsprache zu unmittelbarer Anschauung gebracht werden"[5]. Ein bestimmtes „Kunstniveau" wird nicht vorausgesetzt[6]. Auch auf die Anschauung der Mehrheit der Bevölkerung darüber, was Kunst ist, kommt es nicht an[7]. Entgegen der Ansicht des BFH ist auch die Zauberkunst als gemeinnützige Kunst anzusehen[8]. Als Maßnahmen der Kunstförderung kommen die Veranstaltung von Kunstausstellungen, Führungen und Vorträgen, die Herausgabe von Zeitschriften, die Durchführung kultureller Veranstaltungen wie Konzerte, Schau- und Festspiele, Lesungen, Kinovorführungen[9] sowie die finanzielle und sonstige Unterstützung der Künstler selbst durch Stipendien, Preise oder Aufträge in Betracht[10].

3.96 Der Begriff der **Kultur** umfasst nicht nur die Kunst, sondern auch Wissenschaft, Philosophie, Ethik, Religion, Sprache, Staat, Politik, Recht, Technik, d.h. letztlich al-

---

1 *Geserich* in Kirchhof/Söhn/Mellinghoff, § 10b EStG Rz. B 222.
2 Zutreffend *Buchna/Leichinger/Seeger/Brox*, S. 76.
3 Vgl. § 71 Abs. 2 SGB XII.
4 So AEAO Nr. 2.2 zu § 52 AO.
5 BVerfG v. 24.2.1971 – 1 BvR 435/68, BVerfGE 30, 173, 188 f.; dazu näher *Musil* in Hübschmann/Hepp/Spitaler, § 52 AO Rz. 139.
6 FG Schleswig-Holstein v. 22.3.1996 – I 535/92, EFG 1996, 940; *Seer* in Tipke/Kruse, § 52 AO Rz. 25.
7 Ebenso *Sauer* in NK-GemnR, § 52 AO Rz. 58.
8 Zutreffend *Rawert*, NJW 2002, 3151; ebenso *Seer* in Tipke/Kruse, § 52 AO Rz. 25; *Musil* in Hübschmann/Hepp/Spitaler, § 52 AO Rz. 142. A.A. BFH v. 2.8.1989 – I R 72/87, BFH/NV 1990, 146.
9 Einschränkend zur Gemeinnützigkeit kommunaler Kinos vgl. BMF v. 31.7.1987 – IV B4-S 0170–143/87, zitiert nach juris.
10 Vgl. näher *Wallenhorst/Halaczinsky*, Rz. D 80.

les das, was der Mensch geschaffen hat, was also nicht naturgegeben ist[1]. Der weite Kulturbegriff ist im Rahmen des § 52 Abs. 2 Satz 1 Nr. 1 AO einschränkend auszulegen[2], da anderenfalls nahezu jede Betätigung – z.B. auch die Astrologie – als gemeinnützig anzusehen wäre[3]. Auch wenn der Gesetzgeber die früher in Abschn. A Nr. 3 der Anlage 1 zu § 48 Abs. 2 EStDV a.F. enthaltenen Erläuterungen nicht in § 52 Abs. 2 Satz 1 Nr. 5 AO übernommen hat, können diese weiterhin als Auslegungshilfen für die Ermittlung des Kerngehaltes gemeinnütziger Kunst und Kultur herangezogen werden. Danach umfasst die Förderung kultureller Zwecke neben der Förderung der Kunst die Förderung der Pflege und Erhaltung von Kulturwerten (insbesondere Kunstsammlungen und künstlerische Nachlässe, Bibliotheken, Archive und vergleichbare Einrichtungen)[4]. Die Bestände müssen ferner für die (interessierte) Allgemeinheit zugänglich sein (§ 52 Abs. 1 Satz 1 AO). Allerdings wird man angesichts der begrenzten Ausstellungsflächen in den öffentlichen und privaten Museen die Anforderungen an die „Zugänglichkeit" nicht überspannen dürfen. Als ausreichend ist es z.B. anzusehen, wenn Kunstgegenstände in öffentlich zugänglichen Archiven und Magazinen für die Öffentlichkeit aufbewahrt werden, um sie bei sich bietender Gelegenheit im eigenen Museum auszustellen oder anderen Museen als Leihgabe zu überlassen. Eine Förderung der Allgemeinheit im Sinne von § 52 Abs. 1 Satz 1 AO kann auch darin liegen, dass Kunstwerke wissenschaftlichen Einrichtungen für Forschungszwecke zur Verfügung gestellt werden. Werden Kunstwerke in privaten – und nicht der Allgemeinheit zugänglichen – Räumlichkeiten des Stifters untergebracht und nur gelegentlich öffentlich ausgestellt, kann es an der Selbstlosigkeit der Förderung (§ 55 Abs. 1 Satz 1 AO) fehlen, wenn im Einzelfall das eigennützige Interesse des Stifters am privaten Kunstgenuss gegenüber dem Nutzen der Allgemeinheit in den Vordergrund tritt[5]. Insoweit ist nicht nur die Art und Weise der Unterbringung der Kunstwerke zu berücksichtigen, sondern auch festzustellen, mit welcher Intensität sich die Stiftung um eine „gemeinwohldienliche" Verwendung der Kunstwerke bemüht hat. Im Einzelfall dürfte die Grenzziehung in der Praxis nicht einfach sein[6]. Besonders in der Aufbauphase sollten daher die Anforderungen an eine gemeinnützige Verwendung nicht überspannt werden. Zur Förderung der Kultur zählt auch die Erhaltung „technischer" Kulturgegenstände, z.B. die Sammlung alter Maschinen und Geräte. Unter diesem Gesichtspunkt können auch Oldtimer-Vereine steuerlich begünstigt werden[7]. Der Einsatz

---

1 FG Schleswig-Holstein v. 22.3.1996 – I 535/92, EFG 1996, 940; Brockhaus-Enzyklopädie, 20. Aufl. 2001, Stichwort Kultur; FG Münster v. 19.2.2018 – 13 K 3313/15 F, juris; *Seer* in Tipke/Kruse, § 52 AO Rz. 25.

2 Zur Steuerbegünstigung pornographischer Kunst vgl. *Musil* in Hübschmann/Hepp/Spitaler, § 52 AO Rz. 140.

3 FG Schleswig-Holstein v. 22.3.1996 – I 535/92, EFG 1996, 940.

4 Ebenso AEAO Nr. 2.2 zu § 52 AO.

5 Vgl. BFH v. 23.2.2017 – V R 51/15, BFH/NV 2017, 882; zur BFH-Entscheidung im einstweiligen Rechtsschutz – BFH v. 24.5.2016 – V B 123/15, BFH/NV 2016, 1253 – sehr kritisch *Weidmann/Kohlhepp*, DStR 2016, 2673 f.

6 Auch die BFH-Entscheidung v. 23.2.2017 – V R 51/15, BFH/NV 2017, 882 ist in diesem Punkt – wie *Kohlhepp*, DStR 2017, 2577 (2580 f.) zutreffend feststellt – wenig präzise.

7 AEAO Nr. 9 zu § 52 AO.

für nationale Minderheiten und Regional- und Minderheitensprachen (z.B. Dänisch oder Sorbisch) kann als Förderung der Kunst und Kultur anerkannt werden, aber auch als Förderung der Heimatpflege (§ 52 Abs. 2 Satz 1 Nr. 22 AO) oder des traditionellen Brauchtums (§ 52 Abs. 2 Satz 1 Nr. 23 AO) begünstigt sein[1].

3.97 Künstlerische und kulturelle Betätigungen sind auch dann gemeinnützig, wenn sie zugleich oder in erster Linie der eigenen Freizeitgestaltung dienen (z.B. Laienchöre oder -orchester, Laientheater). Die Nähe zur Freizeitgestaltung führt aber zur **Nichtabziehbarkeit** von Mitgliedsbeiträgen, vgl. etwa § 10b Abs. 1 Satz 8 EStG (vgl. dazu Rz. 8.70 ff.).

7. Denkmalschutz und Denkmalpflege (§ 52 Abs. 2 Satz 1 Nr. 6 AO)

3.98 **Denkmalschutz und Denkmalpflege** sind Teil der Kulturförderung[2] und meinen die Bewahrung und Pflege von Gegenständen, deren Erhaltung wegen ihrer geschichtlichen, künstlerischen, städtebaulichen oder wissenschaftlichen Bedeutung im öffentlichen Interesse liegt[3]. Denkmalschutz umfasst insbesondere die Erhaltung und Wiederherstellung von Bau- und Bodendenkmälern (z.B. Schlösser, Kirchen, Ruinen, Stadtbefestigungen, Bürgerhäuser, Brunnen, technische Denkmäler und Naturdenkmäler)[4]. Die Anerkennung ist durch eine Bescheinigung der zuständigen Stelle nachzuweisen[5]. Eine Förderung des Denkmalschutzes kann auch durch Gewährung von Zuschüssen für die Pflege von Objekten fremder Eigentümer erfolgen[6].

8. Erziehung, Volks- und Berufsbildung (§ 52 Abs. 2 Satz 1 Nr. 7 AO)

3.99 **Bildung** ist die Vermehrung der Kenntnisse und Fähigkeiten des Einzelnen[7]. Als **Erziehung** ist die „planmäßige Tätigkeit zur körperlichen, geistigen und sittlichen Formung junger Menschen" anzusehen[8]. Die Begriffe Bildung und Erziehung gehen ineinander über[9]. Im Unterschied zur Erziehung ist die Bildung aber nicht auf Jugendliche beschränkt, sondern umfasst auch die Erwachsenenbildung[10]. Zur Bildung gehört neben der Allgemeinbildung auch die Berufs- und Fortbildung[11]. Die

---

1 Vgl. AEAO Nr. 2.4 zu § 52 AO.
2 So noch Abschn. A Nr. 3c der Anlage 1 zu § 48 Abs. 2 EStDV a.F.
3 Brockhaus-Enzyklopädie, 20. Aufl. 2001, Stichwort Denkmalpflege.
4 Vgl. AEAO Nr. 2.3 zu § 52 AO; *Buchna/Leichinger/Seeger/Brox*, S. 75 f.
5 So AEAO Nr. 2.3 zu § 52 AO.
6 OFD Köln v. 23.2.1984, StEK § 52 Nr. 28; vgl. aber BFH v. 20.2.1991 – X R 191/87, BStBl. II 1991, 690.
7 FG Schleswig-Holstein v. 22.3.1996 – I 535/92, EFG 1996, 940.
8 BFH v. 21.12.1965 – V 24/62 U, BStBl. III 1966, 182; BFH v. 17.5.1990 – IV R 14/87, BStBl. II 1990, 1018.
9 *Geserich* in Kirchhof/Söhn/Mellinghoff, § 10b EStG Rz. B 250; *Seer* in Tipke/Kruse, § 52 AO Rz. 27 f.
10 *Wallenhorst/Halaczinsky*, Rz. D 88; vgl. auch BFH v. 10.3.1976 – II R 163/70, BStBl. II 1976, 469.
11 BFH v. 23.6.1988 – IV R 21/86, BStBl. II 1988, 890.

Förderung der Bildung ist von der Förderung der Wissenschaft abzugrenzen[1]. Maßgebend sind insoweit Inhalt, Systematik und Methodik der Wissensvermittlung. Im Unterschied zur schulischen Ausbildung basiert die wissenschaftliche Lehre an Hochschulen auf der – auch anwendungsbezogenen – Forschung.

Viele gemeinnützige Einrichtungen verfolgen **Bildungszwecke im Zusammenhang**   3.100
mit anderen gemeinnützigen Zwecken: So dient z.B. die Vermittlung von Kenntnissen über die alternative Landwirtschaft durch Vortrags- und Informationstätigkeiten zugleich dem Umwelt- und Landschaftsschutz als auch dem Zweck Bildung[2]. Nichts anderes gilt für die Aufklärung über Kriminalprävention[3], die Tätigkeit von Internetvereinen (Volksbildung)[4] oder Trägervereinen des nichtkommerziellen Rundfunks (Medienpädagogik)[5]. Auch Einrichtungen zur Förderung eines unabhängigen Journalismus können hierunter fallen, wenn nicht „in erster Linie" (§ 55 Abs. 1 Nr. 1 AO) kommerzielle Interessen der Beteiligten verfolgt werden[6]. Dagegen ist die „normale" Öffentlichkeitsarbeit gemeinnütziger Einrichtungen unmittelbar als Verfolgung des jeweiligen Zwecks, für den geworben wird, anzusehen (s. auch Rz. 5.43). Daher dient auch die Informationstätigkeit eines Vereins über die eigene Tätigkeit keinen gemeinnützigen Bildungszwecken[7].

Nach vereinzelter Ansicht setzt eine gemeinnützige Bildungsarbeit voraus, dass sie   3.101
„innerhalb eines erkennbaren und überprüfbaren Konzeptes stattfindet, das sich an allgemein gültigen Regeln der Wissensvermittlung und Charakterbildung orientiert"[8]. Eine zufällige und ungeordnete Vermittlung von Wissen, z.B. durch zusammenhanglose Vorträge, soll nicht genügen[9]. Diese Auffassung verkennt, dass auch ein einzelner Vortrag „bildend und erziehend" wirken kann[10]. Das **Fehlen eines pädagogischen Konzepts** kann allenfalls als Indiz dafür gewertet werden, dass durch die betreffenden Veranstaltungen vorrangig nicht die Bildung, sondern die Geselligkeit gefördert wird[11]. Eine Bildung und Erziehung muss grundsätzlich auch die Allgemeinheit fördern. Ein solcher Gemeinwohlbezug fehlt nach Ansicht des BFH, wenn ein Orden seine Lehrtätigkeit auf Grund besonderer Lehrbriefe vermittelt und das vertrauliche Lehrmaterial ausschließlich seinen Mitgliedern zugute kommt[12].

---

1 Beispielhaft für „INSTI-Erfinderclubs" BMF v. 4.2.2000, zitiert nach juris.
2 Vgl. BFH v. 23.10.1991 – I R 19/91, BStBl. II 1992, 62.
3 OFD Hannover v. 3.11.1997, DB 1997, 2407.
4 OFD Münster v. 6.2.1996, DB 1996, 656.
5 OFD Hannover v. 11.3.2002, DB 2002, 661; OFD Frankfurt/M. v. 27.9.1995, FR 1995, 873.
6 Vgl. dazu den Antrag der Fraktion der FDP im Landtag Nordrhein-Westfalen v. 24.6.2014, LT-Drucks. 16/6130.
7 Vgl. FG München v. 25.7.2016 – 7 K 2859/14, zitiert nach juris.
8 FG Hamburg v. 8.12.1997 – II 98/95, EFG 1998, 916, 918.
9 FG Hamburg v. 8.12.1997 – II 98/95, EFG 1998, 916, 918.
10 Zutreffend *Seer* in Tipke/Kruse, § 52 AO Rz. 27.
11 Ebenso auch *Musil* in Hübschmann/Hepp/Spitaler, § 52 AO Rz. 150.
12 BFH v. 13.12.1978 – I R 36/76, BStBl. II 1979, 492 (494).

3.102 Als Förderung der Bildung ist **beispielsweise**[1] eine berufliche Qualifizierung von Langzeitarbeitslosen im Rahmen von Beschäftigungsgesellschaften anerkannt[2], aber auch eine Qualifizierung in sog. Freiwilligenagenturen[3]. Als Bildungsarbeit ist gleichfalls die Veranstaltung von Bildungs- oder Studienreisen anzusehen, sofern die Vermittlung von Kenntnissen im Vordergrund steht. Bildung besteht nicht nur in theoretischer Unterweisung, sondern kann auch durch den Aufruf zu konkreter Handlung ergänzt werden[4]. Dies gilt insbesondere für die politische Bildung, die ebenfalls vom Begriff der Volksbildung mit umfasst ist[5]. Gemeinnützigen Bildungszwecken dienen u.a. Kongresse[6], Volkshochschulen, Akademien und sonstige Bildungsstätten (vgl. auch § 68 Nr. 8 AO). Zur Erziehung gehört das gesamte Schulwesen (insbesondere Grundschulen und weiterführende Schulen, Musikschulen, Kindergärten, Schullandheime), ferner auch Schulförder-[7] und Schulbetreuungsvereine[8]. Bei Jugendlichen gehört auch die Freizeitgestaltung zur Erziehung[9]. Überschneidungen ergeben sich insbesondere zum Zweck der Jugendhilfe (§ 52 Abs. 2 Satz 1 Nr. 4 AO), der dann eingreift, wenn betreuende Maßnahmen ohne pädagogischen Anspruch durchgeführt werden („Jugendtreff" oder Jugendweiheverein[10]).

9. Natur-, Landschafts- und Umweltschutz (§ 52 Abs. 2 Satz 1 Nr. 8 AO)

3.103 Die Förderung des Umweltschutzes umfasst alle Maßnahmen, die darauf abzielen, die **natürlichen Lebensgrundlagen** des Menschen zu sichern, den Naturhaushalt (Boden, Wasser, Luft, Klima, Tiere, Pflanzen) zu schützen und eingetretene Schäden zu beheben[11]. Er umfasst damit insbesondere auch den Klimaschutz[12]. Der Umweltschutz ist 1994 als Staatszielbestimmung in Art. 20a GG aufgenommen worden. Als Förderung des Umweltschutzes sind z.B. der Immissionsschutz, die Abfallbeseitigung und Bestrebungen zur Entwicklung des Umweltbewusstseins anzusehen[13]. Auch ein Verein, der eine „kritische Information und Diskussion über Vor- und Nachteile, Bedarf, Alternativen und Risiken der Kernenergie" anstrebt, fördert den Umweltschutz. Dem steht nicht entgegen, dass sich das satzungsmäßige Wirken gegen Maßnahmen der staatlichen Energiepolitik richtet[14]. Eine Einrichtung zur Verbesserung der Sicherheit kerntechnischer Anlagen dient ebenfalls dem Umwelt-

---

1 Ausführliche Beispiele bei *Roeder* in NK-GemnR, § 52 AO Rz. 93 ff., 106 ff.
2 Vgl. OFD Frankfurt/M. v. 15.12.1994, FR 1995, 287.
3 BMF v. 15.9.2003, BStBl. I 2003, 446.
4 BFH v. 23.9.1999 – XI R 63/98, BStBl. II 2000, 200.
5 BFH v. 23.9.1999 – XI R 63/98, BStBl. II 2000, 200.
6 Vgl. BFH v. 21.6.2017 – V R 34/16, BStBl. II 2018, 55.
7 Vgl. OFD Münster v. 7.1.2011, DStR 2011, 222.
8 OFD Düsseldorf v. 11.11.1996, StEK AO § 52 Nr. 96.
9 BFH v. 21.11.1974 – II R 107/68, BStBl. II 1975, 389.
10 OFD Frankfurt/M. v. 6.1.1999, DB 1999, 460.
11 BFH v. 20.3.2017 – X R 13/15, BStBl. II 2017, 1110; vgl. auch Brockhaus-Enzyklopädie, 20. Aufl. 2001, Stichwort Umweltschutz.
12 BFH v. 20.3.2017 – X R 13/15, BStBl. II 2017, 1110 im Anschluss an *Musil* in Hübschmann/Hepp/Spitaler, § 52 AO Rz. 158.
13 *Seer* in Tipke/Kruse, § 52 AO Rz. 30.
14 BFH v. 29.8.1984 – I R 203/81, BStBl. II 1984, 844.

schutz. Zum Umweltschutz gehört auch der Landschaftsschutz einschließlich des Küsten- und Hochwasserschutzes[1]. Als Landschaftsschutz ist auch die Veranstaltung einer Bundes- oder Landesgartenschau anzuerkennen[2]. Vereine, deren satzungsmäßiger Zweck die Förderung der nichtgewerblichen Fischerei ist (Anglervereine), können unter dem Gesichtspunkt der Förderung des Naturschutzes und der Landschaftspflege als gemeinnützig anerkannt werden[3].

Nach § 52 Abs. 2 Satz 1 Nr. 8 AO ist nur eine Förderung des Naturschutzes und der Landschaftspflege „im Sinne des Bundesnaturschutzgesetzes und der Naturschutzgesetze der Länder begünstigt". Daraus wird man schließen müssen, dass im Rahmen der Zwecke „Naturschutz und Landschaftspflege" eigentlich **nur eine inländische Förderung** („Deutscher Wald") erfasst ist[4]. Dagegen ist der Zweck „Umweltschutz" grundsätzlich auslandsoffen, d.h. auch Umweltschutzprojekte im Ausland (Erhaltung des Regenwaldes etc.) sind jedenfalls als Förderung des Umweltschutzes begünstigt. Welchen praktischen Sinn diese „Deutschtümelei" im Naturschutzbereich[5] haben soll, ist nicht erkennbar[6]. 3.104

10. Wohlfahrtswesen (§ 52 Abs. 2 Satz 1 Nr. 9 AO)

Zur Förderung des Wohlfahrtswesens gehört – neben der öffentlichen Fürsorge – vor allem die private bzw. „freie" **Wohlfahrtspflege** im Sinne des § 66 Abs. 2 AO (dazu Rz. 6.225 ff.)[7]. Danach ist Wohlfahrtspflege „die planmäßige, zum Wohle der Allgemeinheit und nicht des Erwerbes wegen ausgeübte Sorge für notleidende oder gefährdete Mitmenschen. Die Sorge kann sich auf das gesundheitliche, sittliche, erzieherische oder wirtschaftliche Wohl erstrecken und Vorbeugung oder Abhilfe bezwecken"[8]. Dazu zählen insbesondere die Familienhilfe, Kranken- und Behindertenhilfe, Gefährdeten- und Suchtkrankenhilfe, Asylantenhilfe[9], ferner z.B. auch die 3.105

---

1 Zu den verschiedenen Bereichen siehe auch *Musil* in Hübschmann/Hepp/Spitaler, § 52 AO Rz. 158.
2 OFD Frankfurt/M. v. 15.5.2002, DB 2002, 1246.
3 BMF v. 25.9.1991, DB 1991, 2518.
4 Vgl. BR-Drucks. 418/99, S. 16; ebenso OFD Hannover v. 15.6.2001, BB 2001, 1724; a.A. offenbar OFD Frankfurt/M. v. 3.6.1992, DStR 1992, 1245 für einen Verein zum Ankauf von Regenwald.
5 Für Naturschutzmaßnahmen in der ehemaligen DDR und Berlin Ost hat das BMF die steuerliche Wiedervereinigung auf den 1.11.1989 vorgezogen, vgl. BMF v. 20.3.1990, BStBl. I 1990, 179.
6 Für eine Bereinigung etwa *Jachmann*, Rechtliche Rahmenbedingungen, S. 220; aus europarechtlicher Sicht vgl. *Lissner*, Das Gemeinnützigkeits- und Spendenrecht unter dem Einfluss der europäischen Grundfreiheiten, 2009, S. 273 ff.
7 Eingehend zur Unterscheidung zwischen „Wohlfahrtswesen" und „Wohlfahrtspflege" *Sauer* in NK-GemnR, § 52 AO Rz. 130 ff.
8 Einschränkend unter Wettbewerbsgesichtspunkten aber BFH v. 18.9.2007 – I R 30/06, BStBl. II 2009, 126; dagegen BMF v. 20.1.2009, BStBl. I 2009, 339; *Schauhoff/Kirchhain*, DStR 2008, 1713 (1715 f.).
9 Unabhängige Sachverständigenkommission, Gutachten, S. 105.

Heimdialyse[1]. Weitere Einrichtungen der Wohlfahrtspflege sind in § 68 AO bei-spielhaft aufgezählt, z.B. Erholungsheime, Mahlzeitendienste, Werkstätten für Be-hinderte, Einrichtungen zur Durchführung der Blindenfürsorge und der Fürsorge für Körperbehinderte. Zur Wohlfahrtspflege gehört auch die Mildtätigkeit im enge-ren Sinne des § 53 AO (vgl. Rz. 3.163). Die Wohlfahrtspflege reicht aber auch über den § 53 AO hinaus, weil sie nicht auf die Unterstützung persönlich und wirtschaft-lich Hilfebedürftiger beschränkt ist und auch z.B. die Vorbeugung erfasst. Träger der Wohlfahrtspflege sind insbesondere die amtlich anerkannten Verbände der frei-en Wohlfahrtspflege (vgl. § 23 UStDV).

11. Hilfe für Verfolgte u.a. (§ 52 Abs. 2 Satz 1 Nr. 10 AO)

3.106 In § 52 Abs. 2 Satz 1 Nr. 10 AO sind Tätigkeiten zusammengefasst, die die **Fürsorge für bestimmte Personengruppen** betreffen (vgl. Abschn. A Nr. 7 Anlage 1 zu § 48 Abs. 2 EStDV a.F.). Dazu gehören die Förderung der Hilfe für Verfolgte, Flüchtlin-ge, Vertriebene[2], Aussiedler, Spätaussiedler[3], Kriegsopfer, Kriegshinterbliebene, Kriegsbeschädigte, Kriegsgefangene, Zivilbeschädigte und Behinderte sowie die Hil-fe für Opfer von Straftaten. Ferner ist auch begünstigt die Förderung des Anden-kens an Verfolgte, Kriegs- und Katastrophenopfer (z.B. durch die Errichtung von Ehrenmalen und Gedenkstätten)[4] sowie die Förderung des Suchdienstes für Ver-misste. Im Zusammenhang mit der Unterbringung von Bürgerkriegsflüchtlingen und Asylbewerbern haben die Finanzbehörden in den letzten Jahren verschiedene Verfügungen erlassen[5].

12. Rettung aus Lebensgefahr (§ 52 Abs. 2 Satz 1 Nr. 11 AO)

3.107 Die Förderung der Rettung aus Lebensgefahr war früher in Abschn. A Nr. 8 Anlage 1 zu § 48 Abs. 2 EStDV a.F. enthalten. Sie umfasst zunächst die Rettung Ertrinkender oder Schiffbrüchiger, sowie die Tätigkeit der Bergwacht. Ferner fallen unter § 52 Abs. 2 Satz 1 Nr. 11 AO auch die Notfallrettung, Flugrettungsdienste und Kranken-transporte[6].

13. Feuer-, Arbeits- und Katastrophenschutz (§ 52 Abs. 2 Satz 1 Nr. 12 AO)

3.108 Die Förderung des Feuer-, Arbeits-, Katastrophen- und Zivilschutzes sowie der Un-fallverhütung gehört im weiteren Sinne zum öffentlichen Gesundheitswesen, wird aber nunmehr als selbständiger gemeinnütziger Zweck genannt (vgl. auch Abschn. A Nr. 9 Anlage 1 zu § 48 Abs. 2 EStDV a.F.). Der Feuerschutz obliegt in erster Linie den Feuerwehren. Arbeitsschutz dient primär der öffentlichen Arbeitssicherheit, ins-

---

1 OFD Frankfurt/M. v. 30.3.1993, DB 1993, 1116.
2 BMF v. 26.10.1995, StEK § 52 Nr. 88.
3 Vgl. BMF v. 19.12.1989, StEK § 65 Nr. 31.
4 Siehe AEAO Nr. 2.4 zu § 52 AO.
5 Vgl. BMF v. 20.11.2014, BStBl. I 2014, 1613; BMF v. 22.9.2015, BStBl. I 2015, 745; BMF v. 9.2.2016, BStBl. I 2016, 223.
6 Siehe näher *Geserich* in Kirchhof/Söhn/Mellinghoff, § 10b EStG Rz. B 288 f.

besondere dem Schutz der Arbeitnehmer vor gefährlichen Arbeitsstoffen. Aufgabe des Zivilschutzes ist es, die Bevölkerung, Wohnungen, wichtige Betriebe sowie Kulturgüter durch nichtmilitärische Maßnahmen vor Kriegseinwirkungen zu schützen. Katastrophenschutz gehört zum Zivilschutz. Er hat das Ziel, den Bürger im Fall von Katastrophen vor Schäden zu schützen und ihn aus Gefahren zu retten und zu versorgen[1].

14. Internationale Gesinnung und Völkerverständigung (§ 52 Abs. 2 Satz 1 Nr. 13 AO)

Die Völkerverständigung soll zur Entwicklung und Stärkung **freundschaftlicher** **Beziehungen zwischen den Völkern** und damit zur Friedenssicherung und Entspannung beitragen[2]. Dem Fernziel[3] Völkerverständigung dienen alle Aktivitäten, die zur zwischenmenschlichen Begegnung der Angehörigen verschiedener Völker beitragen, das Wissen über andere Völker mehren und die Einsicht in die Vorteile friedlichen Zusammenlebens fördern[4]. Dazu gehört auch eine Förderung im Ausland (dazu Rz. 3.8 ff.). Der Begriff der Völkerverständigung umfasst zudem die Förderung des Friedens, da sich das Zusammenleben der Völkergemeinschaft auch auf den gemeinsamen Willen zum Frieden gründet[5]. Auch das Projekt einer Stadt, in der „Männer und Frauen aller Länder in Frieden und fortschreitender Harmonie über alle Unterschiede des Glaubens, politischer Vorstellungen und Nationalitäten hinweg mit dem Ziel der Einheit der Menschheit zusammenleben", dient der Völkerverständigung[6]. Unter dem Gesichtspunkt der Völkerverständigung sind auch Vereine zur Betreuung ausländischer Studierender oder von Gastarbeitern als gemeinnützig anzuerkennen[7]. Weitere mögliche Aktivitäten sind z.B. Austauschprogramme oder Städtepartnerschaften[8].

3.109

Die weite Auslegung begründet die Gefahr, dass unter dem Deckmantel der Völkerverständigung **touristische oder subversive Tätigkeiten** begünstigt werden[9]. Der zwischenzeitliche Versuch der Finanzverwaltung, die Spendenbegünstigung nach Anlage 1 zu § 48 Abs. 2 EStDV a.F. auf bestimmte konkrete Tätigkeiten zu beschränken[10], musste wieder zurückgenommen worden. Aber auch ohne besondere Einschränkung ist die Steuerbegünstigung zu versagen, wenn „nach dem Satzungszweck

3.110

---

1 Vgl. Unabhängige Sachverständigenkommission, Gutachten, S. 111.
2 Vgl. Unabhängige Sachverständigenkommission, Gutachten, S. 124; *Seer* in Tipke/Kruse, § 52 AO Rz. 36.
3 Zu Recht kritisch gegenüber der Aufnahme von Fernzielen in den Beispielskatalog *Isensee/Knobbe-Keuk*, S. 348 f., 414 f.
4 So *Buchna/Leichinger/Seeger/Brox*, S. 74; *Seer* in Tipke/Kruse, § 52 AO Rz. 36; näher *Theiner*, Stiftung&Sponsoring, Rote Seiten 5/2009.
5 BFH v. 23.11.1988 – I R 11/88, BStBl. II 1989, 391, 392.
6 FG Bremen v. 29.10.1998 – 497162K 1, EFG 1999, 526.
7 *Wallenhorst/Halaczinsky*, Rz. D 113.
8 Weitere Beispiele bei *Roeder* in NK-GemnR, § 52 AO Rz. 174.
9 Vgl. auch *Isensee/Knobbe-Keuk*, Gutachten, S. 414 f.
10 Zur Neuregelung des Spendenrechts vgl. *Hüttemann*, NJW 2000, 638; ebenso bereits der Vorschlag von *Isensee/Knobbe-Keuk*, S. 519. Demgegenüber hatte die Sachverständigen-

und tatsächlicher Geschäftsführung mit der Verfassung unvereinbare oder überwiegend touristische Aktivitäten verfolgt werden"[1]. Demnach sind insbesondere sog. „Bildungsreisen", bei denen die Freizeitgestaltung der Mitreisenden im Vordergrund steht, nicht begünstigt[2].

15. Tierschutz (§ 52 Abs. 2 Satz 1 Nr. 14 AO)

3.111 Mit dem Tierschutz (bisher Abschn. A Nr. 11 Anlage 1 zu § 48 Abs. 2 EStDV a.F.) sucht der Mensch das Tier vor Schmerzen, Leiden oder Schäden zu bewahren (s. auch § 1 TierSchG). Der Förderung des Tierschutzes dienen z.B. Tierheime, zoologische Gärten[3] und die Tätigkeit der Tierschutzvereine.

16. Entwicklungszusammenarbeit (§ 52 Abs. 2 Satz 1 Nr. 15 AO)

3.112 Unter Entwicklungszusammenarbeit (früher: Entwicklungshilfe) sind alle Übertragungen von Kapital und Wissen in Entwicklungsländer zu verstehen[4]. Sie umfasst u.a. Beratungshilfe und technische Hilfe, Handelshilfe, finanzielle Unterstützungsmaßnahmen sowie die Nahrungsmittelhilfe und humanitäre Hilfe in Notsituation[5]. Entwicklungshilfe zielt auf die **Förderung der wirtschaftlichen und gesellschaftlichen Entwicklung** in Ländern, die dazu aus eigener Kraft und zu den üblichen internationalen Austauschverhältnissen nicht in der Lage sind[6]. Nach Ansicht der Finanzverwaltung sind bei der Konkretisierung des steuerlichen Begriffs der Entwicklungshilfe die Grundlinien der Entwicklungspolitik der Bundesregierung heranzuziehen. Demnach ist es vorrangiges Ziel der Entwicklungshilfe, „den Entwicklungsländern zu helfen, ihre eigene Ernährung aus eigener Kraft zu sichern, insbesondere im ländlichen Raum den Aufbau einer leistungsfähigen sozialen und wirtschaftlichen Infrastruktur einschließlich des Gesundheits- und Verkehrswesens zu fördern, die Umwelt zu schützen, die Energieversorgung zu verbessern und das Bildungswesen und bevölkerungspolitische Maßnahmen zu fördern"[7]. Im Rahmen der Entwicklungshilfe sind vor allem Tätigkeiten im Ausland begünstigt (dazu Rz. 3.8 ff.).

---

kommission eine Anhörung des zuständigen Ministeriums vorgeschlagen, vgl. Unabhängige Sachverständigenkommission, Gutachten, S. 125.

1 Zu dieser Einschränkung in Anlage 1 zu § 48 Abs. 2 EStDV a.F. näher *Hüttemann*, DB 2000, 1584 (1591 f.).

2 *Buchna/Leichinger/Seeger/Brox*, S. 74; vgl. auch BFH v. 12.6.2012 – I B 160/11, BFH/NV 2012, 1478.

3 Vgl. dazu OFD Frankfurt/M. v. 28.7.1994, FR 1994, 688 f.; zu Gemeinnützigkeitsfragen der Berliner Zoo gAG vgl. *Reimer/Waldhoff*, FR 2002, 318.

4 Eingehend zu Besonderheiten des Gemeinnützigkeitsrechts bei Förderung der Entwicklungszusammenarbeit *Schienke-Ohletz*, FR 2012, 616.

5 Vgl. Brockhaus-Enzyklopädie, 20. Aufl. 2001, Stichwort Entwicklungshilfe.

6 So OFD Köln v. 9.12.1991, DB 1992, 68.

7 OFD Köln v. 9.12.1991, DB 1992, 68.

Entwicklungsländer sind solche Staaten, deren Entwicklungsstand im Vergleich zu   3.113
dem der Industrieländer niedriger ist[1]. Indikatoren dafür sind z.B. ein niedriges
Pro-Kopf-Einkommen, geringe Arbeitsproduktivität, hohe Arbeitslosigkeit, geringer Bildungsstand, unzulängliche Infrastruktur und Verschuldungsprobleme. Ferner müssen noch spezifische Entwicklungshemmnisse hinzu kommen, wie z.B. un-
günstige klimatische Verhältnisse, geographische Benachteiligungen, Armut an Ressourcen, zu hohe Bevölkerungsdichte, Mangel an Kapital und qualifizierten Arbeitskräften sowie unzulängliche politische Rahmenbedingungen[2]. Die steuerbegünstigte
Entwicklungshilfe ist nicht auf die Länder der sog. „Dritten Welt" beschränkt, sondern kann auch – zumindest nach den Verhältnissen der 90er Jahre – die Förderung
der Länder Mittel-, Südost- und Osteuropas umfassen[3].

Wegen der unterschiedlichen Spendenhöchstgrenzen bedurfte es früher, insbeson-   3.114
dere bei Hilfsaktionen nach Katastrophen und kriegerischen Konflikten, einer Abgrenzung der Entwicklungshilfe **gegenüber der Verfolgung mildtätiger Zwecke.**
Da sich die Hilfebedürftigkeit nach § 53 AO u.a. auch nach den wirtschaftlichen
Verhältnissen bestimmt, ist fraglich, ob die dort nach Maßgabe des Sozialhilferechts
festgelegten Einkommensgrenzen auch bei Aktivitäten im Ausland gelten. Dies hätte praktisch zur Folge, dass jedwedes Tätigwerden in der „Dritten Welt" als mildtätig anzusehen ist. Dem steht aber entgegen, dass das Gesetz die Entwicklungshilfe
von der Mildtätigkeit unterscheidet. Zudem lassen sich die Einkommensgrenzen
des § 53 AO nicht einfach auf andere Länder übertragen, weil sie sich an den wirtschaftlichen Verhältnissen im Inland orientieren[4]. Eine humanitäre Hilfe kann aber
als Unterstützung von persönlich hilfebedürftigen Menschen mildtätig sein. Dies ist
– in Abgrenzung zu einer allgemeinen Verbesserung des Entwicklungsstandes (Entwicklungshilfe) – immer dann anzunehmen, wenn Soforthilfe in Notsituationen geleistet wird[5].

17. Verbraucherberatung (§ 52 Abs. 2 Satz 1 Nr. 16 AO)

Gemeinnützig sind auch die Verbraucherberatung und der Verbraucherschutz (frü-   3.115
her Abschn. A Nr. 13 Anlage 1 zu § 48 Abs. 2 EStDV a.F.). Verbraucherberatung
soll die **Stellung des Verbrauchers im Rechts- und Wirtschaftsverkehr** durch Beratung und Aufklärung verbessern. Dazu gehören auch die Schuldner- und Kredit-
beratung. Der Verbraucherschutz geht über die Beratung hinaus und umfasst auch
die Verbreitung von Informationen über das Marktgeschehen, Qualitäts- und Leis-
tungsvergleiche sowie die Vertretung der Verbraucherinteressen[6]. Fraglich ist, ob
auch Vereine zur Bekämpfung unlauteren Wettbewerbs nach § 8 Abs. 3 Nr. 2

---

1 Vgl. OFD Köln v. 9.12.1991, DB 1992, 68.
2 Nach Ansicht von *Alber* in NK-GemnR, § 52 AO Rz. 182 kann als Anhaltspunkt auch auf
   die Liste der Entwicklungsländer in § 6 Entwicklungsländer-Steuergesetz zurückgegriffen
   werden.
3 OFD Köln v. 9.12.1991, DB 1992, 68.
4 Ebenso *Geserich* in Kirchhof/Söhn/Mellinghoff, § 10b EStG Rz. B 125.
5 Vgl. auch *Hüttemann*, Stiftung&Sponsoring, Rote Seiten 1/2002, 4.
6 Ebenso auch *Musil* in Hübschmann/Hepp/Spitaler, § 52 AO Rz. 178.

UWG (§ 13 Abs. 2 Nr. 2 UWG a.F.) wegen Förderung des Verbraucherschutzes als gemeinnützig anzusehen sind[1]. Dies setzt aber voraus, dass die Förderung selbstlos erfolgt. Dies ist nach Ansicht des BFH zu versagen, wenn eines Vereins nach seiner Satzung „im Interesse der Allgemeinheit, der gewerblichen Unternehmen, der freiberuflich Tätigen sowie der Mitglieder" tätig ist und deshalb nicht ausgeschlossen ist, dass der Verein „in erster Linie" (vgl. § 55 Abs. 1 Satz 1 AO) gewerbliche Interessen verfolgt[2]. Zudem müssten, da es sich um eine entgeltliche Tätigkeit handelt, die Voraussetzungen des § 65 AO vorliegen[3].

18. Fürsorge für Strafgefangene (§ 52 Abs. 2 Satz 1 Nr. 17 AO)

3.116   Die Fürsorge für Strafgefangene und ehemalige Strafgefangene ist aus der Anlage 1 zu § 48 Abs. 2 EStDV a.F. (Abschn. 1 Nr. 14) in den Zweckkatalog übernommen worden. Zur Gefangenenfürsorge gehören insbesondere die Freizeitgestaltung und die Hilfe zur Entlassung. Der Fürsorge für ehemalige Strafgefangene dienen alle Maßnahmen der Resozialisierung[4].

19. Gleichberechtigung von Frauen und Männern (§ 52 Abs. 2 Satz 1 Nr. 18 AO)

3.117   Die Aufnahme der Gleichberechtigung von Frauen und Männern (früher Abschn. 1 Nr. 15 Anlage 1 zu § 48 Abs. 2 EStDV a.F.) in den Katalog der gemeinnützigen Zwecke entspricht dem **Verfassungsauftrag des Art. 3 Abs. 2 Satz 2 GG**. Dieser bezieht sich nicht nur auf staatseigenes Handeln, sondern erlaubt auch die Förderung privater Einrichtungen, die die Stellung der Frau in Familie, Beruf, Politik und Gesellschaft im Sinne einer Chancengleichheit verbessern wollen (z.B. der Deutsche Frauenrat)[5].

20. Schutz von Ehe und Familie (§ 52 Abs. 2 Satz 1 Nr. 19 AO)

3.118   Der Schutz von Ehe und Familie war früher in Abschn. A Nr. 16 der Anlage 1 zu § 48 Abs. 2 EStDV a.F. als besonders förderungswürdiger gemeinnütziger Zweck anerkannt. Die Steuerbegünstigung ist im Zusammenhang mit dem **Verfassungsauftrag des Art. 6 Abs. 1 GG** zu sehen. Begünstigt sind Vereinigungen, die sich allgemein für die Interessen von Verheirateten und Familien als „Keimzelle der Gesellschaft" einsetzen. Familienvereine können hingegen nach § 52 Abs. 1 Satz 2 AO nicht als gemeinnützig anerkannt werden (dazu auch Rz. 3.35).

---

1 Dazu BFH v. 6.10.2009 – I R 55/08, BStBl. II 2010, 335; FG Mecklenburg-Vorpommern v. 28.8.1999 – 2 K 363/97, DStRE 2000, 88, rkr.; OFD Rostock v. 10.5.2001, StEd 2001, 431.
2 BFH v. 6.10.2009 – I R 55/08, BStBl. II 2010, 335.
3 Vgl. auch BFH v. 16.1.2003 – V R 92/01, BStBl. II 2003, 732.
4 Vgl. näher *Geserich* in Kirchhof/Söhn/Mellinghoff, § 10b EStG Rz. B 321 ff.
5 Unabhängige Sachverständigenkommission, Gutachten, S. 121.

21. Kriminalprävention (§ 52 Abs. 2 Satz 1 Nr. 20 AO)

Die Kriminalprävention gehörte früher zur Volksbildung, ist aber seit einigen Jahren als eigenständiger besonders förderungswürdiger gemeinnütziger Zweck anerkannt (vgl. Abschn. A Nr. 17 der Anlage 1 zu § 48 Abs. 2 EStDV a.F.). Gefördert werden alle Maßnahmen **zur Verhinderung von Straftaten**[1]. Dazu gehören z.B. Maßnahmen zur Eigentumssicherung, zur Vorbeugung vor Gewalt, kommunale Präventionsprojekte usw. Die Hilfe für Opfer von Straftaten fällt unter § 52 Abs. 2 Satz 1 Nr. 10 AO.

3.119

22. Sport (§ 52 Abs. 2 Satz 1 Nr. 21 AO)

Nach § 52 Abs. 2 Satz 1 Nr. 21 AO ist auch die Förderung des Sports ein gemeinnütziger Zweck[2]. Im Allgemeinen versteht man unter Sport die an spielerischer Selbstentfaltung sowie am Leistungsstreben ausgerichteten vielgestaltigen Formen körperlicher Betätigung, die sowohl der geistigen und körperlichen Beweglichkeit als auch dem allgemeinen Wohlbefinden dienen sollen[3]. Im Unterschied zu § 17 Abs. 3 Nr. 1 StAnpG fordert das Gesetz nicht mehr eine „körperliche Ertüchtigung des Volkes durch Leibesübungen (Turnen, Spiel, Sport)"[4], sondern verlangt nur noch eine „Förderung des Sports". Gleichwohl geht der BFH davon aus, dass wesentliches Merkmal des Sportbegriffs im Sinne des § 52 Abs. 2 Satz 1 Nr. 21 AO die **körperliche Ertüchtigung** ist[5]: Erfasst sind danach Tätigkeiten, „die die allgemeine Definition des Sports erfüllen und der körperlichen Ertüchtigung dienen"[6]. Allerdings sind die Anforderungen an das Kriterium der „körperlichen Ertüchtigung" gegenüber § 17 Abs. 3 Nr. 1 StAnpG erheblich abgesenkt worden[7]: Erforderlich ist nur noch eine „körperliche, über das ansonsten übliche Maß hinausgehende Aktivität, die durch äußerlich zu beobachtende Anstrengungen oder durch die einem persönlichen Können zurechenbare Kunstbewegung gekennzeichnet ist"[8]. Nach diesem Maßstab hat der BFH wohl zu Recht auch den Motorsport zum Sport im Sinne des § 52 Abs. 2 Satz 1 Nr. 21 AO gerechnet. Der Rechtsprechung des BFH haben sich

3.120

---

1 Vgl. auch OFD Hannover v. 12.1.2000, DB 2000, 252.
2 Vgl. dazu *Arndt/Immel*, BB 1987, 1135; *Bauer*, FR 1989, 69; *Dudde*, S. 79 ff.; *Fischer* in FS Offerhaus, 1999, S. 596; *Jachmann* in GS Trzaskalik, 2005, S. 31; *Jachmann* in Non Profit Law Yearbook 2008, 11; *Herrnkind*, Steuerliche Förderung von Sportvereinen, 1995; *Müller-Gatermann*, FR 1995, 261; *Schauhoff/Fischer* in Non Profit Law Yearbook 2002, 199; *Trzaskalik*, StuW 1986, 219.
3 Brockhaus-Enzyklopädie, 20. Aufl. 2001, Stichwort Sport.
4 Dazu etwa BFH v. 13.12.1978 – I R 2/77, BStBl. II 1979, 495: keine Leibesertüchtigung durch „Hundesport".
5 BFH v. 29.10.1997 – I R 13/97, BStBl. II 1998, 9; BFH v. 9.2.2017 – V R 69/14, BStBl. II 2017, 1221; ebenso zu Art. 132 Abs. 1 Buchst. m MwStSystRL EuGH v. 26.10.2017 – Rs. C-90/16 *English Bridge Union*, ECLI:EU:C:2017:814.
6 BFH v. 29.10.1997 – I R 13/97, BStBl. II 1998, 9; s. auch BFH v. 12.11.1986 – I R 204/85, BFH/NV 1987, 705.
7 Anders noch BFH v. 12.11.1986 – I R 204/85, BFH/NV 1987, 705.
8 BFH v. 29.10.1997 – I R 13/97, BStBl. II 1998, 9; ebenso BFH v. 17.2.2000 – I R 108/98, BFH/NV 2000, 1071.

Finanzverwaltung[1] und die überwiegende Ansicht im Schrifttum angeschlossen[2]. Sie verdient auf der Grundlage des geltenden Rechts Zustimmung, weil der Gesetzgeber – wie insbesondere die Ausnahmeregelung für Schach zeigt[3] – trotz des gegenüber § 17 Abs. 3 Nr. 1 StAnpG geänderten Wortlauts am Merkmal der „körperlichen Ertüchtigung" hat festhalten wollen, um sog. Denksportarten aus der Steuerbegünstigung auszuklammern[4]. Da der Gesetzgeber zugleich aber – wie den Gesetzesmaterialien zu entnehmen ist[5] – den Motorsport entgegen der bis 1977 vertretenen Ansicht ausdrücklich in den Sportbegriff hat einbeziehen wollen, spricht dies dafür, das Merkmal der „körperlichen Ertüchtigung" im Sinne einer „überdurchschnittlichen körperlichen Aktivität" zu verstehen. Daher sind auch Sportarten, bei denen es weniger auf die Bewegung ankommt, die aber eine besondere Körperbeherrschung verlangen, wie z.B. der Schießsport, in die Begünstigung einzubeziehen[6].

Entscheidende Bedeutung kommt dem Merkmal der „körperlichen Ertüchtigung" auch in Hinsicht auf die Gemeinnützigkeit von „**E-Sport**" zu. Darunter werden sportliche Wettkämpfe zwischen Menschen mit Hilfe von Computerspielen bezeichnet[7]. Solche Betätigungen wurden in der Vergangenheit zumeist als Freizeitbeschäftigung angesehen, finden inzwischen aber immer größeren Zuspruch, so dass sich auch Verbände und Ligen herausgebildet haben. Aus gemeinnützigkeitsrechtlicher Perspektive dürfte es sich mangels „körperlicher Ertüchtigung" nicht um Sport i.S. des § 52 Abs. 2 Satz 1 Nr. 21 AO handeln. Daraus folgt zum einen, dass gemeinnützige Sportvereine durch die Einrichtung einer E-Sport-Abteilung u.U. ihre Steuerbegünstigung gefährden (fehlende „Ausschließlichkeit"). Zum anderen können reine E-Sport-Vereine – bis zu einer Anerkennung von E-Sport als gemeinnütziger Zweck nach § 52 Abs. 2 Satz 2 AO – nur unter einem anderen Katalogzweck eine Steuerbegünstigung erlangen[8].

3.121　Das Merkmal der „körperlichen Ertüchtigung" gewinnt schließlich auch bei der **Abgrenzung zur bloßen Erholung und Freizeitgestaltung** Bedeutung[9]. In diesem Sinne ist auch die vom BFH geprägte Unterscheidung zwischen „Baden" und „planmäßigem Schwimmen" zu verstehen[10]. In diesem Sinne ist es auch folgerichtig, dass z.B. Tanzen nur dann als „Sport" begünstigt wird, wenn es „turniermäßig" betrieben wird[11]. Der Umstand, dass eine bestimmte Betätigung in Form von Wettkämp-

---

1　AEAO Nr. 6 zu § 52 AO.

2　*Buchna/Leichinger/Seeger/Brox*, S. 79; *Jachmann*, Rechtliche Rahmenbedingungen, S. 214.

3　BFH v. 17.2.2000 – I R 108/98, BFH/NV 2000, 1071.

4　Missverständlich daher AEAO Nr. 6 zu § 52 AO, wo der – falsche – Eindruck erzeugt wird, dass „Gotcha, Paintball und IPSC-Schießen" mangels körperlicher Ertüchtigung kein Sport im Sinne von § 52 Abs. 2 Satz 1 Nr. 21 AO seien. Vgl. dazu auch *Hüttemann*, DB 2014, 442.

5　BT-Drucks. 7/4292, S. 20.

6　So bereits BFH v. 12.11.1986 – I R 204/85, BFH/NV 1987, 705.

7　Vgl. zum Sachstand das Gutachten der Wissenschaftlichen Dienste des Deutschen Bundestages v. 9. 6.2017 - WD 10 – 3000 – 036/17.

8　So verfolgt der Verein „Leipzig eSports e.V." beispielsweise als Satzungszweck die „Förderung der Jugendhilfe".

9　Dazu insbesondere *Buchna/Leichinger/Seeger/Brox*, S. 79.

10　BFH v. 30.9.1981 – III R 2/80, BStBl. II 1982, 148.

11　FinMin Nordrhein-Westfalen v. 8.12.1972, DB 1973, 30.

fen erfolgt, ist aber nur dann von Bedeutung, wenn die Betätigung zugleich eine gewisse körperliche Anstrengung erfordert. In diesem Fall liegt in der „turniermäßigen" Ausübung ein Indiz dafür, dass „überdurchschnittliche körperliche Aktivitäten" entfaltet werden. Fehlt es dagegen – wie z.b. beim Skat oder Bridge[1] – an jeder körperlichen Anstrengung, dann handelt es sich auch dann nicht um Sport im Sinne des § 52 Abs. 2 Satz 1 Nr. 21 AO, wenn die Ausführung dieser Tätigkeit „in Form von Wettkämpfen und unter einer besonderen Organisation" erfolgt[2] (s. aber Rz. 3.124).

Auch wenn eine bestimmte Betätigung als „Sport" im Sinne von § 52 Abs. 2 Satz 1 Nr. 21 AO anzusehen ist, bleibt noch zu prüfen, ob durch diese Betätigung zugleich die Allgemeinheit gefördert wird (§ 52 Abs. 1 Satz 1 AO). Eine solche **Förderung der Allgemeinheit** ist nicht schon deshalb zu verneinen, weil die Ausübung einer bestimmten Sportart mit schädlichen Folgen, insbesondere Gefahren für die Sportler verbunden ist[3]. Auch der Umstand, dass eine Sportart (z.B. der Motorsport) in einem gewissen Zielkonflikt mit anderen steuerbegünstigten Zielen steht (z.B. dem Umweltschutz), rechtfertigt noch keine Einschränkung der Steuervergünstigung[4] (zu solchen Zweckkollisionen näher Rz. 3.29 f.). Nur beim Vorliegen besonderer Umstände kann eine Förderung der Allgemeinheit verneint werden. Dies ist z.B. beim Paintball und Gotcha der Fall, die – sofern man sie überhaupt als Sport ansieht – als wettkampfmäßige Kriegsspiele nicht förderungswürdig sind[5]. Fraglich ist, ob daran auch die Gemeinnützigkeit von IPSC-Schießen scheitert[6]. **3.122**

Als Förderung des Sports sind u.a. **folgende Betätigungen** anzuerkennen[7]: **3.123**

– Turnen, Gymnastik, Leichtathletik, Fußball und andere Ballspiele (Handball, Faustball, Volleyball u.a.),

– Tennis, Squash, Federball[8], Tischtennis,

– Schwimmen,

---

1 BFH v. 9.2.2017 – V R 69/14, BStBl. II 2017, 1221; ebenso zu Art. 132 Abs. 1 Buchst. m MwStSystRL EuGH v. 26.10.2017 – Rs. C-90/16 *English Bridge Union*, ECLI:EU: C:2017:814.
2 BFH v. 17.2.2000 – I R 108/98, BFH/NV 2000, 1071; *Wallenhorst/Halaczinsky*, Rz. D 125.
3 BFH v. 29.10.1997 – I R 13/97, BStBl. II 1998, 9.
4 BFH v. 29.10.1997 – I R 13/97, BStBl. II 1998, 9; ebenso *Schauhoff* in Schauhoff, § 6 Rz. 67; anders *Jachmann*, Rechtliche Rahmenbedingungen, S. 215; *Seer* in Tipke/Kruse, § 52 AO Rz. 45; *Arndt/Immel*, BB 1987, 1153.
5 AEAO Nr. 6 zu § 52 AO; OFD Nürnberg v. 22.4.1999, DB 1999, 986; FG Niedersachsen v. 8.9.1998 – VI 366/94, EFG 1998, 1667; FG Rheinland-Pfalz v. 19.2.2014 – 1 K 2423/11, juris.
6 So AEAO Nr. 6 zu § 52 AO; a.A. FG Niedersachsen v. 4.8.2016 – 6 K 418/15, juris.
7 Siehe auch die Übersichten bei *Geserich* in Kirchhof/Söhn/Mellinghoff, § 10b EStG Rz. B 351; *Musil* in Hübschmann/Hepp/Spitaler, § 52 AO Rz. 191 f.
8 BFH v. 12.11.1986 – I R 204/85, BFH/NV 1987, 705.

- Segelsport[1], Segelflug[2], Drachenfliegen[3], Ballonfahren[4],

- Rudersport[5],

- Angelsport[6],

- Eislaufen[7],

- Sport- und Bogenschießen[8],

- Golf[9],

- Wandern[10],

- Skifahren,

- das turniermäßig betriebene Tanzen[11],

- Dart[12], Pool- und Carambolage-Billard[13],

- ein wettkampfmäßig betriebenes Minigolf[14],

- turniermäßiger Drehstangen-Tischfußball[15].

Die Finanzverwaltung berücksichtigt bei der steuerlichen Beurteilung einer Sportart auch, ob dieser Sport über einen Dachverband Mitglied im Deutschen Sportbund ist[16].

3.124   Nach § 52 Abs. 2 Satz 1 Nr. 21 AO **„gilt" Schach als Sport**. Die gesetzliche Fiktion bestätigt die These der Rechtsprechung, dass der Sportbegriff der AO durch ein gewisses Maß an körperlicher Ertüchtigung gekennzeichnet ist. Die Ausnahmerege-

---

1 BFH v. 20.1.1982 – I R 256/78, BStBl. II 1982, 336.
2 BFH v. 17.2.2000 – I R 108, 109/98, BFH/NV 2000, 1071.
3 FinMin Nordrhein-Westfalen v. 10.1.1997, StEK § 52 Nr. 98.
4 AEAO Nr. 6 zu § 52 AO; vgl. auch BFH v. 1.8.2002 – V R 21/01, BStBl. II 2003, 438.
5 RFH v. 28.5.1931 – I A 148/31, RStBl. 1931, 553; RFH v. 27.4.1932 – III A 96/32, RStBl. 1932, 572.
6 BMF v. 25.9.1991, DB 1991, 2518; BMF v. 19.9.1995, StEK § 52 Nr. 85.
7 BFH v. 30.3.2000 – V R 30/99, DB 2000, 1547.
8 RFH v. 20.12.1938 – I 295/38, RStBl. 1939, 688; BFH v. 12.11.1986 – I R 204/85, BFH/ NV 1987, 705; BFH v. 17.2.2000 – I R 108, 109/98, BFH/NV 2000, 1071.
9 BFH v. 13.12.1978 – I R 64/77, BStBl. II 1979, 488.
10 BFH v. 30.9.1981 – III R 2/80, BStBl. II 1982, 148.
11 FinMin Nordrhein-Westfalen v. 8.12.1972, DB 1973, 30.
12 OFD Hannover v. 25.7.1994, StEK § 52 Nr. 78.
13 BFH v. 17.2.2000 – I R 108, 109/98, BFH/NV 2000, 1071; OFD Frankfurt/M. v. 9.7.1981, DB 1983, 2156.
14 Dazu näher OVG Lüneburg v. 15.6.1967 – VII A 24/67, DVBl. 1968, 308.
15 FG Hessen v. 23.6.2010 – 4 K 501/09, juris; ebenso jetzt auch AEAO Nr. 6 zu § 52 AO, wo Tischfussball – im Unterschied zum „Tipp-Kick" – nicht mehr in Satz 3 erwähnt wird.
16 Vgl. *Wallenhorst/Halaczinsky*, Rz. D 128.

lung zugunsten des Schachs ist 1980 eingefügt worden. Sie ist damit gerechtfertigt worden, dass Schach Elemente der Bildungsförderung und Erziehung aufweist[1]. Ob diese Begründung im Kontext von § 52 Abs. 2 Satz 1 Nr. 21 AO tatsächlich eine Sonderregelung des Schachs im Vergleich zu anderen Denksportarten (z.B. Skat, Bridge, Go) rechtfertigt, erscheint zweifelhaft. Der BFH hat für Skat einen Gleichheitsverstoß verneint[2] und auch eine analoge Anwendung für Turnierbridge abgelehnt[3]. Auch die Finanzverwaltung geht davon aus, dass Skat, Bridge, Go und ähnliche Betätigungen kein Sport im Sinne des § 52 Abs. 2 Satz 1 Nr. 21 sind[4]. Dies ist insoweit zutreffend, als es bei allen diesen Betätigungen an der erforderlichen körperlichen Ertüchtigung fehlt[5].

Nachdem der BFH Turnierbridge über die Öffnungsklausel nach § 52 Abs. 2 Sätze 2 und 3 AO für gemeinnützig erklärt hat[6], stellt sich de lege ferenda umso mehr die Frage, ob an der singulären Fiktion zugunsten des Schachs festgehalten werden sollte. Zum einen dürfte es nur eine Frage der Zeit sein, bis weitere „**Denksportarten**" über die Öffnungsklausel in die Gemeinnützigkeit drängen. Zum anderen gerät der historisch gewachsene Sportbegriff auch wegen der zunehmenden Verbreitung des „**E-Sport**" (also des elektronischen Sports am Computer) unter Druck. Da die Öffnungsklausel den Rechtsanwender nicht zu einer beliebigen Ausdehnung des Gemeinnützigkeitsbegriffs, sondern nur zu einer folgerichtigen (vgl. Art. 3 Abs. 1 GG) Übertragung der gesetzgeberischen Wertungen des § 52 Abs. 1 und 2 AO auf im Zweckkatalog nicht enthaltene Zwecke berechtigt (vgl. Rz. 3.150 ff.), ist letztlich der Gesetzgeber gefordert, wenn es darum geht, den Sportbegriff auf wettkampfmäßige Aktivitäten jenseits der „körperlichen Anstrengung" auszudehnen.

Eine Förderung des Sports ist nicht nur gegeben, wenn sich Personen selbst sportlich betätigen. Der Begriff der „Förderung" meint ein „Hinwirken zum Positiven"[7] und daher können nicht nur Sportvereine, deren Mitglieder aktiv Sport betreiben, sondern auch **Sport-, Fach- bzw. Dachverbände**, die sich um die Förderung und Pflege einer bestimmten Sportart kümmern, nach § 52 Abs. 2 Satz 1 Nr. 21 Satz 1 AO wegen „unmittelbarer" Förderung des Sports als gemeinnützig anerkannt werden[8]. Wer nationale Wettkämpfe organisiert, ein einheitliches Regelwerk für die wettkampfmäßige Sportausübung aufstellt, weiterentwickelt und durchsetzt, Schiedsrichter und Betreuer ausbildet und einsetzt sowie eine Sportart auf der internationalen Ebene vertritt, fördert ebenfalls „selbst" den Sport. Beschränkt sich hingegen die Tätigkeit eines Sportverbandes auf die bloße Interessenvertretung der Mitgliedsorganisationen, kann ein Sportverband nur als Dachverband nach § 57 Abs. 2 AO gemein-

3.125

---

1 *Buchna/Leichinger/Seeger/Brox*, S. 80.
2 BFH v. 17.7.2000 – I R 108, 109/98, BFH/NV 2000, 1071; a.A. *Seer* in Tipke/Kruse, § 52 AO Rz. 47, allerdings müsse der Gleichheitsverstoß durch Einschränkung der Steuervergünstigung behoben werden.
3 BFH v. 9.2.2017 – V R 69/14, BStBl. II 2017, 1221.
4 AEAO Nr. 6 zu § 52 AO.
5 So auch BFH v. 9.2.2017 – V R 69/14, BStBl. II 2017, 1221 für das Turnierbridge.
6 BFH v. 9.2.2017 – V R 70/14, BStBl. II 2017, 1106.
7 BFH v. 13.12.1978 – I R 39/78, BStBl. II 1979, 482.
8 Vgl. BFH v. 24.6.2015 – I R 13/13, BStBl. II 2016, 971; *Martens*, Die Besteuerung wirtschaftlicher Aktivitäten im Amateursport, S. 156; einschränkend *Fein*, ZStV 2017, 47 (48): Sportdachverbände als „Dachverbände" im Sinne von § 57 Abs. 2 AO.

nützig sein, wenn ihm nur gemeinnützige Körperschaften angehören (dazu Rz. 3.199 ff.). Die Förderung des Sports umfasst – auch unter Berücksichtigung der Wertungen der §§ 52 Abs. 1, 55 Abs. 1 Satz 1 AO – grundsätzlich nur den **unbezahlten Amateursport**, der nicht in erster Linie den beruflichen Interessen der Sportler dient[1]. Allerdings lässt es § 58 Nr. 8 AO zu, dass „ein Sportverein neben dem unbezahlten auch den bezahlten Sport fördert". Diese Ausnahme vom Ausschließlichkeitsgrundsatz steht im Zusammenhang mit § 67a AO (vgl. dazu Rz. 4.32). Als (unmittelbare) Förderung des Sports ist auch die finanzielle Förderung von Sportlern durch sog. **Sporthilfe-Fördervereine** anzusehen (z.B. durch die Stiftung Deutsche Sporthilfe). Die Finanzverwaltung fordert allerdings, dass die Förderung nach leistungsabhängigen und offenzulegenden Förderrichtlinien vergeben wird, die geförderten Sportler keine ausreichenden anderen Möglichkeiten zur Finanzierung haben und die Förderleistungen die tatsächlichen Aufwendungen für die sportliche Betätigung nicht übersteigen[2].

3.126 Wie kaum ein anderer gemeinnütziger Zweck ist die steuerliche Förderung des Sports **rechtssystematisch und rechtspolitisch umstritten**[3]. Gegen die Förderungswürdigkeit des Sports ist insbesondere eingewandt worden, dass der Sport – und insbesondere der vereinsmäßige Breitensport – zugleich der Freizeitgestaltung und der Geselligkeit diene[4]. Zudem wurden vor allem die negativen Begleiterscheinungen im Hochleistungssport herausgestellt („Spitzensport ist Spritzensport")[5]. Die Unabhängige Sachverständigenkommission hatte daher vorgeschlagen, den Sport aus der Gemeinnützigkeit auszuklammern. Der Gesetzgeber hat diese Vorschläge – wie angesichts der ca. 20 Millionen Mitglieder in Sportvereinen nicht anders zu erwarten war – zurückgewiesen[6]. Auch der Vorschlag der sog. *Bareis*-Kommission, den Sport zumindest vom Spendenabzug auszunehmen, ist nicht aufgegriffen worden[7]. In neuerer Zeit mehren sich allerdings die Stimmen im steuerrechtlichen Schrifttum, die die positiven Auswirkungen des Breitensports hervorheben (Gesundheitserziehung, Förderung sozialintegrativen Verhaltens)[8]. Zugunsten der Gemeinnützigkeit des Sports wird ferner geltend gemacht, dass die Sportförderung inzwischen in den meisten Landesverfassungen als Staatsziel verankert sei, der Sport

---

1 Ebenso AEAO Nr. 7 zu § 52 AO; *Seer* in Tipke/Kruse, § 52 AO Rz. 49.

2 OFD Frankfurt/M. v. 29.7.1997, DB 1997, 1692.

3 Vgl. etwa die Kritik der Sachverständigenkommission, Gutachten, S. 127 ff.; *Isensee/Knobbe-Keuk*, Gutachten, S. 355, 365 ff.

4 S. Sachverständigenkommission, Gutachten, S. 127; eingehende Nachweise bei *Droege*, S. 150 ff.

5 So die Formulierung im Gutachten der Unabhängigen Sachverständigenkommission, S. 142. Nicht ganz zu Unrecht spricht *Fischer* in FS Offerhaus, 1999, S. 601 von einer „emotionalen sportfreundlichen Abwehrhaltung" des Gutachtens; kritisch auch *Seer* in DStJG 26 (2003), 30: „einseitige Sichtweise".

6 Vgl. zur Debatte über das Gutachten der Unabhängigen Sachverständigenkommission *Thiel/Eversberg*, DB 1990, 290 ff.

7 Vgl. BB 1994 Beilage 24.

8 Eingehend vor allem *Jachmann*, Rechtliche Rahmenbedingungen, S. 211 ff.; *Jachmann* in GS Trzaskalik, 2005, S. 31; *Jachmann* in Non Profit Law Yearbook 2008, 11; abwägend *Seer* in Tipke/Kruse, § 52 AO Rz. 44 ff.

mithin nach heutigem Verständnis eine Staatsaufgabe darstelle[1]. Gleichzeitig wird aber gefordert, den Spendenabzug für Zuwendungen an den eigenen Verein mangels Selbstlosigkeit generell auszuschließen[2]. Dies geht über das geltende Recht hinaus, das in § 10b Abs. 1 Satz 8 EStG nur für Mitgliedsbeiträge an Sportvereine den Spendenabzug versagt[3]. In der Tat ist es richtig, bei der Frage der Gemeinnützigkeit des Sports vor allem den Spendenabzug in den Blick zu nehmen. Es ist vor allem die Nähe zur eigennützigen Freizeitgestaltung, die die Förderungswürdigkeit des vereinsmäßig betriebenen Breitensports in Frage stellt. Dieses Legitimationsdefizit könnte dadurch entschärft werden, dass Zuwendungen an den „eigenen" Verein (und damit für die eigene Freizeitgestaltung) nicht mehr steuerlich abzugsfähig wären (dazu Rz. 8.70 ff.). Umgekehrt erscheint die geltende Regelung insoweit überschießend, als sie auch Mitgliedsbeiträge zu Fördervereinen umfasst, bei denen die Zuwendung nicht dem Zuwendenden selbst mittelbar zugute kommt. So ist z.B. bei Sporthilfevereinen, die die Tätigkeit von Sportlern fördern, nicht erkennbar, weshalb Mitgliedsbeiträge oder Spenden zu solchen Einrichtungen eine „eigennützige" Einkommensverwendung darstellen sollen. Darauf ist im Zusammenhang mit dem Spendenrecht zurückzukommen (Rz. 8.73 ff.).

23. Pflege des Heimatgedankens (§ 52 Abs. 2 Satz 1 Nr. 22 AO)

Die Heimatpflege ist die Pflege der **Verbundenheit mit der Heimat** als sozialem   3.127
Erfahrungs- und Zugehörigkeitsraum[4]. Dazu gehören insbesondere die Förderung der historischen Landesforschung, die Landes-, Volks- und Heimatkunde und die Unterhaltung von Heimatmuseen[5]. Zur Heimatpflege zählt auch die regionale Brauchtumspflege einschließlich der regionalen Sprache (Mundart), Musik und Kleidung[6]. Auch Freizeitwinzervereine können, soweit nicht in erster Linie eine gewerbliche Tätigkeit der Mitglieder gefördert wird oder die Veranstaltung von Winzerfesten im Vordergrund steht, unter dem Gesichtspunkt der Heimatpflege als gemeinnützig anerkannt werden[7]. Da der Gesetzgeber in § 52 Abs. 2 Satz 1 Nr. 23 AO den Begriff des „traditionellen Brauchtums" auf den Karneval etc. beschränkt hat, können sonstige Brauchtumsvereine (Trachten- oder Heimatvereine) wegen Förderung des Heimatgedankens begünstigt werden[8]. Mitgliedsbeiträge für Heimatpflegevereine sind anders als Spenden vom Spendenabzug ausgeschlossen (zu § 10b Abs. 1 Satz 8 EStG vgl. Rz. 8.72 ff.).

---

1 S. etwa *Jachmann*, Rechtliche Rahmenbedingungen, S. 212; ebenso *Seer* in DStJG 26 (2003), 30.
2 *Fischer* in FS Offerhaus, 1999, S. 603; *Jachmann*, Rechtliche Rahmenbedingungen, S. 216; *Seer* in DStJG 26 (2003), 32.
3 Weiter gehend BFH v. 2.8.2006 – XI R 6/03, BStBl. II 2007, 8 (dazu näher Rz. 8.44 ff.).
4 Unabhängige Sachverständigenkommission, Gutachten, S. 115.
5 So Unabhängige Sachverständigenkommission, Gutachten, S. 115.
6 Vgl. BFH v. 21.8.1985 – I R 3/82, BStBl. II 1986, 92.
7 FinMin Sachsen v. 16.7.1998, DStR 1998, 1306; AEAO Nr. 11 zu § 52 AO.
8 AEAO Nr. 11 zu § 52 AO.

24. Privilegierte Freizeitzwecke (§ 52 Abs. 2 Satz 1 Nr. 23 AO)

a) Allgemeines

3.128 Durch das **Vereinsförderungsgesetz** wurde der frühere Beispielskatalog des § 52 Abs. 2 AO a.f. um eine neue Nummer 4 ergänzt[1]. Danach waren als Förderung der Allgemeinheit auch anzuerkennen „die Förderung der Tierzucht, der Pflanzenzucht, der Kleingärtnerei, des traditionellen Brauchtums einschließlich des Karnevals, der Fastnacht und des Faschings, der Soldaten- und Reservistenbetreuung, des Amateurfunkens, des Modellflugs und des Hundesports". Obwohl durch die Aufnahme dieser sog. „privilegierten Freizeitzwecke" der Gemeinnützigkeitsbegriff erheblich in den Bereich der Freizeitgestaltung hinein ausgedehnt worden ist, hat der Gesetzgeber bis heute an der Anerkennung dieser Zwecke festgehalten. Seit 2007 sind sie in § 52 Abs. 2 Satz 1 Nr. 23 AO enthalten.

3.129 Die Erweiterung des Beispielskatalogs um bestimmte Freizeitzwecke durch das Vereinsförderungsgesetz ist vor dem Hintergrund des **Gutachtens der Unabhängigen Sachverständigenkommission** zu sehen. Das Mehrheitsvotum hatte vorgeschlagen, den Sport und andere Freizeitzwecke ganz aus der Gemeinnützigkeit auszuklammern und als „Idealkörperschaften" in einen eigenen Befreiungstatbestand aufzunehmen[2]. Der Gesetzgeber folgte dieser Empfehlung nicht, sondern trat die „Flucht nach vorn an"[3] und nahm – genau umgekehrt zu den Empfehlungen der Kommission – die Kritik an der Gemeinnützigkeit des Sports zum Anlass, auch anderen „sinnvollen Freizeitbetätigungen" die Steuerbefreiung zu gewähren[4]. Nachdem zunächst vorgesehen war, die Gemeinnützigkeit auf „die Förderung dem Sport nahestehender Tätigkeiten, die Förderung der Pflanzen- und Kleintierzucht und ähnlicher Zwecke" zu erweitern, hatte man sich im weiteren Gesetzgebungsverfahren auf einen festen Katalog bestimmter begünstigter Freizeitzwecke geeinigt, um eine „unvertretbare Ausdehnung" zu verhindern[5]. Herausgekommen ist eine „bunte Palette"[6], ein „Weltunikum"[7], das „keinen Leitgedanken erkennen" lässt[8].

3.130 Die Aufnahme der Freizeitzwecke ist auf **breite Kritik im steuerrechtlichen Schrifttum** gestoßen. Nach *Tipke* ist die Gemeinnützigkeit „deklassiert" worden, „geistig und sittlich auf den Hund gekommen"[9]. *Brigitte Knobbe-Keuk*[10] hat die Hauptstoßrichtung des Vereinsförderungsgesetzes in einem offenen Brief an den Vorsitzenden des Finanzausschusses wie folgt beschrieben:

---

1 Vgl. dazu *Thiel/Eversberg*, DB 1990, 290; *Gmach*, FR 1996, 308; *Tipke*, StuW 1989, 165.
2 Sachverständigenkommission, Gutachten, S. 274 ff.
3 Treffend *Thiel/Eversberg*, DB 1990, 290 (291).
4 Vgl. Regierungsentwurf, BT-Drucks. 11/4176, S. 4.
5 Beschlussempfehlung des Finanzausschusses, BT-Drucks. 11/5582, S. 25.
6 *Seer* in Tipke/Kruse, § 52 AO Rz. 55.
7 *Seer* in Tipke/Kruse, § 52 AO Rz. 58.
8 *Thiel/Eversberg*, Die neue Vereinsbesteuerung, S. 14.
9 *Tipke*, StuW 1989, 166 ff.
10 *Knobbe-Keuk*, StVj 1990, 196.

„Wenn schon Sport, dann auch Hundesport; ... wenn schon Flugzeug, dann auch Modellflugzeug; wenn schon Pferdezucht, dann auch Meerschweinchenzucht."

Insbesondere die **Spendenbegünstigung** von Freizeitzwecken ist – vor dem Hintergrund der damals noch unzureichenden steuerlichen Anerkennung des Existenzminimums und der Kindererziehung – zu Recht kritisiert worden. So sprach *Knobbe-Keuk* von einer „beängstigenden Verschiebung der Werte-Relation in den Prioritäten der Politiker (hier Kinder und pflegebedürftige Alte – dort Meerschweinchen)"[1]. Die Kritik an der Steuerbegünstigung von Freizeitbeschäftigungen ist bis heute nicht verstummt[2]. Sie verdient nach wie vor Zustimmung, vor allem auch deshalb, weil die steuerliche Förderung bestimmter Formen der Freizeitgestaltung – insbesondere durch den Spendenabzug – die Sachgesetzlichkeit des Gemeinnützigkeitsbegriffs durchbricht. Darüber hinaus ist ein „roter Faden" innerhalb des Katalogs der Freizeitzwecke nicht zu erkennen. Warum z.B. das „Amateurfunken" begünstigt ist, das „Amateurfilmen" aber nicht, ist für den einfachen Rechtsanwender kaum nachvollziehbar. Weshalb die „Betreuung von Soldaten" begünstigt ist, nicht aber z.B. die „Betreuung von Krankenhauspersonal" bleibt ebenfalls im Dunkeln.

b) Ausdehnung der Steuerbegünstigung auf „identische" Zwecke

Anders als die Bundesregierung hatte der Finanzausschuss 1989 darauf gedrängt, der Erweiterung der Gemeinnützigkeit um „sinnvolle Freizeitbetätigungen" von vornherein Grenzen zu setzen. Dies war der Grund dafür, dass man im weiteren Gesetzgebungsverfahren von einer generalklauselartigen Ergänzung Abstand genommen und sich auf einen **festen Katalog** der privilegierten Freizeitzwecke verständigt hatte. Dieser Katalog sollte den Charakter einer abschließenden Aufzählung haben[3]. Allerdings war schon in den Beratungen im Finanzausschuss deutlich geworden, dass die beschlossene Fassung mit Rücksicht auf den Einleitungssatz in Absatz 2 „sind ... insbesondere anzuerkennen" letztlich doch nicht abschließend war[4]. Man hielt aber eine „sehr detaillierte Aufzählung" für ausreichend, um eine unvertretbare Ausdehnung der Gemeinnützigkeit zu verhindern[5]. 3.131

Wie zu erwarten, hat die Finanzverwaltung – im Gegensatz zum steuerrechtlichen Schrifttum[6] – zunächst versucht, § 52 Abs. 2 Nr. 4 AO a.F. restriktiv im Sinne einer abschließenden Aufzählung zu handhaben[7]. Demgegenüber hat der BFH[8] entschieden, dass die Aufzählung in § 52 Abs. 2 Nr. 4 AO a.F. nicht abschließend ist. Als Förderung der Allgemeinheit dürfe „jedoch nur die Förderung solcher Freizeitaktivitäten außerhalb des Bereichs des Sports anerkannt werden, die hinsichtlich der 3.132

---

1 *Knobbe-Keuk*, StVj 1990, 196.
2 Zuletzt nur *Jachmann*, Rechtliche Rahmenbedingungen, S. 206; *Seer* in DStJG 26 (2003), 28.
3 BT-Drucks. 11/5582, S. 24, 25.
4 Vgl. den Hinweis der Bundesregierung, BT-Drucks. 11/5582, S. 25.
5 BT-Drucks. 11/5582, S. 24, 25.
6 Statt aller nur *Märkle/Alber*, BB 1990, Beilage 2; *Thiel/Eversberg*, DB 1990, 290 (295).
7 Vgl. dazu die Nachweise in BFH v. 14.9.1994 – I R 153/93, BStBl. II 1995, 499.
8 BFH v. 14.9.1994 – I R 153/93, BStBl. II 1995, 499.

ihre steuerrechtliche Förderung rechtfertigenden Merkmale mit den im Katalog des § 52 Abs. 2 Nr. 4 AO 1977 **genannten Freizeitgestaltungen identisch**" seien. Dagegen sei es nicht ausreichend, dass die Freizeitgestaltung „sinnvoll und einer der in § 52 Abs. 2 Nr. 4 AO 1977 genannten ähnlich ist". Als „identisch" hat der BFH z.B. die Förderung des Modellbaus und des Modellsports angesehen[1]. Diese restriktive Rechtsprechung verdient im Ergebnis Zustimmung und gilt auch zu § 52 Abs. 2 Satz 1 Nr. 23 AO weiter. Da die Gerichte an die Gesetze gebunden sind, stand – ungeachtet etwaiger Missverständnisse bei den Mitgliedern des Finanzausschusses – angesichts des klaren Einleitungssatz des früheren Absatzes 2 außer Zweifel, dass der Katalog des § 52 Abs. 2 Nr. 4 AO a.F. grundsätzlich analogiefähig war. Andererseits fehlt ein klares Konzept, welches allgemein für die Beurteilung der „Ähnlichkeit" anderer Freizeitzwecke herangezogen werden kann. Das Sammelsurium des heutigen § 52 Abs. 2 Satz 1 Nr. 23 AO ist daher allenfalls in dem Sinne analogiefähig, dass man konkret an die einzelnen Zwecke anknüpft. Nichts anderes meint auch der BFH, wenn er die „Identität" der Zwecke verlangt. Da niemand weiß, warum z.B. das Amateurfunken steuerbegünstigt sein soll, kann auch niemand geltend machen, dass ausgehend von der „ratio legis" der Befreiung z.B. auch Amateurfilmen befreit sein müsste. Damit bleibt nur der Weg, solche Tätigkeiten zu finden, die praktisch „gleich" sind (z.B. CB-Funk statt Amateurfunk). Gleichwohl sollte man den Begriff der „Identität" vermeiden, weil er nach dem allgemeinen Sprachgebrauch eine „völlige Übereinstimmung" verlangt (dasselbe ist nicht das Gleiche)[2]. Dies ist aber nicht gemeint, vielmehr handelt es sich methodisch immer noch um eine „Analogie", wenn auch unter Berücksichtigung der sehr eingeschränkten Analogiefähigkeit der in § 52 Abs. 2 Satz 1 Nr. 23 AO genannten Zwecke.

3.133 Die **Finanzverwaltung** hat in der Folgezeit ihren Widerstand gegen die Einbeziehung anderer Freizeitzwecke in die Steuerbegünstigung aufgegeben und im Anwendungserlass weitere „identische" Zwecke als gemeinnützig anerkannt[3]: So soll die Förderung von Schiffs-, Auto-, Eisenbahn- und Drachenflugmodellen identisch sein mit der Förderung des Modellflugs (entscheidend ist also das „modellhafte" der Betätigung, nicht aber, ob das Modell fliegt, schwebt, fährt oder schwimmt); die Förderung des CB-Funkens ist „identisch" mit der Förderung des Amateurfunkens (entscheidend ist somit, dass es funkt, dagegen ist die Frequenz irrelevant). Die Förderung der Bonsaikunst ist Pflanzenzucht (es kommt also nicht auf die Größe der Pflanzen an); die Förderung der Aquarien- und Terrarienkunde ist Tierzucht (auch ein Fisch ist also im steuerlichen Sinne ein Tier). Ausgeschlossen aus der Gemeinnützigkeit sind aber weiterhin die Förderung des Amateurfilmens und -fotografierens, des Kochens, des Brett- und Kartenspiels und des Sammelns von Gegenständen wie Briefmarken, Münzen und Autogrammkarten, sowie die Tätigkeit von Reise- und Touristik-, Sauna-, Geselligkeits-, Kosmetik- und Oldtimervereinen, soweit letztere nicht als Förderung der „technischen Kultur" (!) begünstigt sind.

---

1 BFH v. 14.9.1994 – I R 153/93, BStBl. II 1995, 499.
2 Ebenso *Seer* in Tipke/Kruse, § 52 AO Rz. 67.
3 AEAO Nr. 9, 10 zu § 52 AO.

Durch das Gesetz zur weiteren Stärkung des bürgerschaftlichen Engagements hat sich an der bisherigen Rechtslage nichts geändert. Zwar ist das Wort „insbesondere" im Einleitungssatz des § 52 Abs. 2 AO entfallen. Auf Grund der Öffnungsklausel des § 52 Abs. 2 Satz 2 AO sind aber Zwecke, durch die die Allgemeinheit „entsprechend" gefördert wird, weiterhin in den Grenzen der bisherigen BFH-Rechtsprechung als gemeinnützig anzuerkennen.

3.134

c) Einzelne Freizeitzwecke

Für den Begriff der **Tierzucht** kann auf § 1 Abs. 2 Tierzuchtgesetz zurückgegriffen werden, wonach durch die Tierzucht vor allem die „Leistungsfähigkeit der Tiere unter Berücksichtigung der Tiergesundheit erhalten und verbessert wird"[1]. Die Förderung der Tierzucht ist nicht auf bestimmte Tierarten beschränkt. Begünstigt ist neben der Pferdezucht auch die Kleintierzucht (Vogel-, Brieftauben- und Kaninchenzucht)[2] sowie die Aquarien- und Terrarienkunde[3]. Auch der Pferderennsport ist – anders als der Reitsport – nicht wegen Förderung des Sports, sondern wegen der Förderung der Tierzucht steuerbegünstigt[4]. Dementsprechend sind Pferderennen auch keine „sportlichen Veranstaltungen" im Sinne des § 67a AO[5]. Zur Förderung der Tier- bzw. Pflanzenzucht (vgl. Rz. 3.136) gehört auch die Förderung der Erhaltung vom Aussterben bedrohter Nutztierrassen und Nutzpflanzen[6].

3.135

Pflanzenzucht fördern u.a. die Obst- und Gartenbauvereine. Auch Bonsaikunst ist Pflanzenzucht[7]. Bei Tier- und Pflanzenzuchtvereinen ist besonders auf die Selbstlosigkeit und die Ausschließlichkeit zu achten[8]. Verfolgt der Verein in erster Linie eigenwirtschaftliche Zwecke der Mitglieder, fehlt es an der Selbstlosigkeit. Dies ist z.B. anzunehmen bei einem Interessenverband gewerblicher Züchter[9].

3.136

Die **Kleingärtnerei** war schon vor Inkrafttreten des Vereinsförderungsgesetzes wegen „Förderung der Volksgesundheit und der Erziehung der Jugend zur Naturverbundenheit" als gemeinnützig anerkannt[10]. Dabei wird auch vermutet, dass derartige Vereine nicht in erster Linie eigenwirtschaftliche Zwecke verfolgen[11].

3.137

---

1 Zur Tierzucht vor dem Vereinsförderungsgesetz vgl. BFH v. 28.11.1990 – I R 38/86, BFH/NV 1992, 90.

2 OFD Frankfurt/M. v. 7.9.1995, StEK § 52 Nr. 83.

3 Näher *Geserich* in Kirchhof/Söhn/Mellinghoff, § 10b EStG Rz. 380 ff.

4 Dazu FinMin Nordrhein-Westfalen v. 21.11.1994, FR 1995, 293; OFD Frankfurt/M. v. 7.9.1995, StEK § 52 Nr. 83; *Geserich* in Kirchhof/Söhn/Mellinghoff, § 10b EStG Rz. 380 ff.

5 Eine Zweckbetriebseigenschaft – zu Unrecht – ablehnend BFH v. 22.4.2009 – I R 15/07, BFHE 224, 405; dazu kritisch *Schauhoff/Kirchhain*, DStR 2008, 1713.

6 AEAO Nr. 2.4 zu § 52 AO.

7 AEAO Nr. 10 zu § 52 AO.

8 Vgl. auch AEAO Nr. 12 zu § 52 AO.

9 *Thiel/Eversberg*, DB 1990, 290, 294; *Buchna/Leichinger/Seeger/Brox*, S. 81.

10 Kritisch *Wallenhorst/Halaczinsky*, Rz. D 144: „Aktive Lobby".

11 *Buchna/Leichinger/Seeger/Brox*, S. 96.

3.138 Die Förderung des **traditionellen Brauchtums** umfasst nicht den gesamten Bereich der Brauchtumspflege, sondern nur das „traditionelle" Brauchtum wie z.B. Karneval, Fastnacht und Fasching[1]. Diese einschränkende Definition hat dazu geführt, dass nur bestimmte Brauchtumsvereine unter § 52 Abs. 2 Satz 1 Nr. 23 AO fallen, wie z.B. historische Schützenbruderschaften. Erfasst sind auch Junggesellen- oder Burschenvereine, die das „traditionelle Brauchtum einer bestimmten Region" fördern, z.B. durch das Setzen von Maibäumen[2]. Für andere Brauchtumsvereine (Trachtenvereine etc.) bleibt allerdings zu prüfen, ob sie wegen Förderung des Heimatgedankens als gemeinnützig anerkannt werden können. Die Abgrenzung zwischen „Heimatpflege" und „Brauchtumspflege" hat kaum praktische Bedeutung, da beide Zwecke spendenrechtlich gleich behandelt werden, insbesondere Mitgliedsbeiträge vom Spendenabzug ausgeschlossen sind (§ 10b Abs. 1 Satz 8 EStG). Nicht gemeinnützig sollen dagegen studentische Verbindungen (z.B. Burschenschaften) oder ähnliche Vereinigungen (Landjugend-, Country- und Westernvereine) sein, die zwar (auch) das Brauchtum fördern, deren Hauptzweck aber in der Veranstaltung von örtlichen Volksfesten besteht[3]. Schützenvereine sind wegen Verfolgung sportlicher Zwecke steuerbefreit, die Förderung des Schützenbrauchtums ist insoweit Bestandteil des sportlichen Hauptzwecks[4].

3.139 Maßnahmen zur **Betreuung der Soldaten und Reservisten** sind z.B. Angebote zu „sinnvoller Freizeitgestaltung" oder die „Hilfe beim Übergang in das Zivilleben"[5]. Keine steuerbegünstigte Betätigung – auch keine Brauchtumspflege – ist die Pflege der Tradition durch Soldaten- und Reservistenverbände.

3.140 Unter **Amateurfunken** ist nach § 2 Nr. 2 des Amateurfunkgesetzes ein Funkdienst zu verstehen, der von „Funkamateuren untereinander, zu experimentellen und technisch-wissenschaftlichen Studien, zur eigenen Weiterbildung, zur Völkerverständigung und zur Unterstützung von Hilfsaktionen in Not- und Katastrophenfällen wahrgenommen wird"[6]. CB-Funken ist nach Ansicht der Finanzverwaltung mit Amateurfunken identisch[7].

3.141 Kennzeichnend für den **Modellflug** ist die Herstellung und Vorführung verkleinerter, detailgetreuer und möglichst flugfähiger Nachbildungen von Fluggeräten (Modelle), die technisch und historisch von Interesse sind[8]. Als „identische" Zwecke werden auch der Auto- und Schiffsmodellbau anerkannt, ferner auch der Modelldrachenflug und die Tätigkeit von Modelleisenbahnvereinen[9].

---

1 Zur Besteuerung von Karnevalsvereinen siehe *Suck*, NWB 2013, 428.
2 AEAO Nr. 11 zu § 52 AO; OFD Frankfurt/M. v. 12.1.1999, DB 1999, 460.
3 AEAO Nr. 11 zu § 52 AO.
4 AEAO Nr. 6 zu § 52 AO; FinMin Niedersachsen v. 28.3.2000, DB 2000, 900.
5 AEAO Nr. 13 zu § 52 AO.
6 So § 2 Nr. 2 AFuG 1997.
7 AEAO Nr. 9 zu § 52 AO.
8 BFH v. 14.9.1994 – I R 153/93, BStBl. II 1995, 499.
9 AEAO Nr. 9 zu § 52 AO.

Hundesport meint Sport mit dem Hund. Ziel soll die „Herausbildung und Abstim- 3.142
mung der koordinativen und konditionellen Fähigkeiten des Menschen in Bezug
auf die Fähigkeiten des Tieres" sein[1]. Der Hundesport erfüllt nicht die Voraussetzungen des steuerlichen Sportbegriffs, weil es an der erforderlichen körperlichen Ertüchtigung des Menschen fehlt[2].

25. Förderung des demokratischen Staatswesens (§ 52 Abs. 2 Satz 1 Nr. 24 AO)

Die allgemeine Förderung des demokratischen Staatswesens ist im Rahmen der Re- 3.143
form der Parteienfinanzierung 1983 in den Beispielskatalog aufgenommen worden[3].
Begünstigt ist nur die **„allgemeine Förderung des demokratischen Staatswesens"**
im Inland. Ausdrücklich ausgeschlossen sind dagegen „Bestrebungen, die nur die
Förderung bestimmter Einzelinteressen staatsbürgerlicher Art verfolgen oder die
auf den kommunalpolitischen Bereich beschränkt sind." Eine „allgemeine" Förderung liegt nach Ansicht des BFH nur vor, wenn sich eine Körperschaft umfassend
mit den demokratischen Grundprinzipien befasst und diese objektiv und neutral
würdigt[4]. Wie sich aus § 55 Abs. 1 Nr. 1 Satz 3 AO ergibt, fällt die Förderung einer
oder mehrerer politischer Parteien nicht unter § 52 Abs. 2 Satz 1 Nr. 24 AO[5]. Die
Unterscheidung zwischen gemeinnützigen Körperschaften zur allgemeinen Förderung des demokratischen Staatswesens einerseits und politischen Parteien andererseits ist vor allem wegen der unterschiedlichen Behandlung beim Spendenabzug
geboten[6]. Während Parteispenden nach § 10b Abs. 2 EStG in bestimmten engen
Grenzen steuerlich abziehbar sind, war die allgemeine Förderung des demokratischen Staatswesens mangels Erwähnung in Anlage 1 zu § 48 Abs. 2 EStDV a.F. bisher kein spendenbegünstigter „besonders förderungswürdiger" gemeinnütziger
Zweck. Da mit der Reform 2007 die Spendenbegünstigung einfach auf alle gemeinnützigen Zwecke ausgedehnt wurde, sind nunmehr – ohne besondere Begründung
für diese Änderung – auch Zuwendungen im Sinne des § 52 Abs. 2 Satz 1 Nr. 24
AO steuerlich abziehbar.

Die Förderung des demokratischen Staatswesens ist in der Praxis eng verbunden 3.144
mit der **politischen Bildungsarbeit.** In diesem Fall tritt auch die Verfolgung von
Bildungszwecken nach § 52 Abs. 2 Satz 1 Nr. 7 AO hinzu[7]. Im Rahmen einer solchen Bildungsarbeit ist es auch unschädlich, wenn eine Körperschaft gelegentlich
zu tagespolitischen Themen Stellung nimmt, solange nicht die Tagespolitik im Mit-

---

1 Siehe Unabhängige Sachverständigenkommission, Gutachten, S. 137 ff.
2 Dazu BFH v. 13.12.1978 – I R 2/77, BStBl. II 1979, 495.
3 Vgl. dazu *Felix/Streck*, DStZ 1984, 79; für eine Streichung der Demokratieförderung aus
  dem Katalog der gemeinnützigen Zwecke *Jachmann*, Rechtliche Rahmenbedingungen,
  S. 203.
4 BFH v. 23.9.1999 – XI R 63/98, BStBl. II 2000, 200 (202).
5 BFH v. 23.9.1999 – XI R 63/98, BStBl. II 2000, 200 (202).
6 Zum Steuerstatus der politischen Parteien vgl. *Hüttemann* in FS Lang, 2010, S. 321.
7 BFH v. 23.9.1999 – XI R 63/98, BStBl. II 2000, 200 (202).

telpunkt ihrer Arbeit steht[1]. Bildung muss nicht in theoretischer Unterweisung bestehen, sondern kann auch durch den Aufruf zu konkreter Handlung ergänzt werden (z.B. eine Anzeigenkampagne wegen nicht gehaltener Wahlversprechen mit der Überschrift „Du sollst nicht lügen")[2]. Die Abgrenzung zur Bildung ist auch wegen der Inlandsbeschränkung bedeutsam.

Da eine Zweckverfolgung nach § 52 Abs. 2 Satz 1 Nr. 24 AO auf das Inland beschränkt ist („im Geltungsbereich dieses Gesetzes"), können **Maßnahmen zur Förderung der politischen Bildung im Ausland** nicht auf diese Vorschrift gestützt werden. Allerdings können entsprechende Aktivitäten auch als Verfolgung anderer – „auslandsoffener" – Zwecke begründet werden. Zu denken ist dabei insbesondere an § 52 Abs. 2 Satz 1 Nr. 7 AO („Volksbildung") und an § 52 Abs. 2 Satz 1 Nr. 13 AO („Völkerverständigung"), wenn es in erster Linie darum geht, durch Bildungs- und Informationstätigkeiten für ein demokratisches Miteinander zu werben. De lege ferenda könnte darüber nachgedacht werden, die Inlandsbeschränkung bei § 52 Abs. 2 Satz 1 Nr. 24 AO aufzugeben, soweit es um die politische Bildungsarbeit geht.

3.145 Der **Ausschluss kommunaler Wählervereinigungen** von der Steuervergünstigung nach § 52 Abs. 2 Satz 1 Nr. 24 AO wird damit gerechtfertigt, dass bei derartigen Vereinigungen vielfach wegen der unmittelbaren Betroffenheit der Beteiligten die Selbstlosigkeit des Engagements fehlt[3]. Demgegenüber ist zu Recht eingewandt worden, dass damit die sog. Rathausparteien „durch das Sieb der steuerlichen Förderung fallen", weil sie früher weder als Partei (§ 5 Abs. 1 Nr. 7 KStG) gefördert wurden noch den Status der Gemeinnützigkeit beanspruchen konnten[4]. Allerdings hat das BVerfG entschieden, dass das Recht auf Chancengleichheit verletzt ist, wenn kommunale Wählervereinigungen und ihre Dachverbände zur Körperschaft- und Vermögensteuer herangezogen werden[5]. Der Gesetzgeber hat sie daher in den Anwendungsbereich des § 5 Abs. 1 Nr. 7 KStG einbezogen. Auch die Erbschaftsteuerbefreiung nach § 13 Abs. 1 Nr. 18 ErbStG ist inzwischen auf kommunale Wählervereinigungen erstreckt worden, nachdem die frühere Ungleichbehandlung vom BVerfG beanstandet worden ist[6]. Beim Ausschluss von § 52 Abs. 2 Satz 1 Nr. 24 AO ist es allerdings bis heute geblieben[7]. Auch die Gewährung des Spendenabzugs nach § 10b Abs. 2 EStG hat der BFH versagt[8].

26. Bürgerschaftliches Engagement (§ 52 Abs. 2 Satz 1 Nr. 25 AO)

3.146 Durch das Gesetz zur weiteren Stärkung des bürgerschaftlichen Engagements ist seit 2007 auch gemeinnützig „die Förderung des bürgerschaftlichen Engagements zugunsten gemeinnütziger, mildtätiger und kirchlicher Zwecke". Die Bundesregie-

---

1 Vgl. BFH v. 23.9.1999 – XI R 63/98, BStBl. II 2000, 200 (202); FinMin Thüringen v. 23.6.1993, StEK § 52 Nr. 73.

2 BFH v. 23.9.1999 – XI R 63/98, BStBl. II 2000, 200 (202).

3 Dazu *Seer* in Tipke/Kruse, § 52 AO Rz. 54.

4 *Isensee/Knobbe-Keuk*, Gutachten, S. 362.

5 BVerfG v. 30.9.1998 – 2 BvR 1818/91, BVerfGE 99, 69.

6 BVerfG v. 17.4.2008 – 2 BvL 4/05, BVerfGE 121, 108.

7 Vgl. dazu näher *Droege*, S. 382 f., der § 52 Abs. 2 Nr. 24 AO deshalb für verfassungswidrig hält.

8 BFH v. 20.3.2017 – X R 55/14, BStBl. II 2017, 1122.

rung hatte zunächst eine engere Formulierung vorgeschlagen. Die Förderung des bürgerschaftlichen Engagements sollte nur begünstigt sein, „wenn es sich auf gemeinnützige, mildtätige oder kirchliche Zwecke beschränkt". Nach der Gesetzesbegründung soll mit der Aufnahme in den Zweckkatalog die Bedeutung hervorgehoben werden, „die **ehrenamtlicher Einsatz für unsere Gesellschaft** hat. Eine Erweiterung der vorstehenden gemeinnützigen Zwecke ist damit nicht verbunden"[1]. Die Finanzverwaltung hat diese Passage in den Anwendungserlass übernommen[2]. Diese Ausführungen sind missverständlich[3]. Richtig ist, dass nur ein Engagement zugunsten der in § 52 Abs. 2 Satz 1 Nr. 1 bis 24, §§ 53 und 54 AO genannten Zwecken begünstigt sein kann. Andererseits enthält § 52 Abs. 2 Satz 1 Nr. 25 AO insoweit eine Erweiterung, als bereits die bloße Förderung des „bürgerschaftlichen Engagements" auf einem der genannten Gebiete ausreicht. Nicht erforderlich ist hingegen, dass sich die Körperschaft selbst („unmittelbar") gemeinnützig im Sinne der § 52 Abs. 2 Satz 1 Nr. 1 bis 24 AO bzw. mildtätig oder kirchlich betätigt. Diese Auslegung wird auch durch den vom Finanzausschuss „zur Präzisierung" gewählten Wortlaut bestätigt („… zugunsten"). Im Unterschied zu § 58 Nr. 1 bis 5 AO bedarf es also keiner materiellen Unterstützung anderer steuerbegünstigter Einrichtungen, sondern es genügt, dass sich die Körperschaft ganz allgemein dafür einsetzt, das öffentliche Bewusstsein für den Sinngehalt und die Notwendigkeit bürgerschaftlichen Engagements in steuerbegünstigten Bereichen zu fördern. Denkbar ist aber auch, dass eine Körperschaft sowohl als Mittelbeschaffungskörperschaft nach § 58 Nr. 1 AO tätig ist als auch Zwecke nach § 52 Abs. 2 Satz 1 Nr. 25 AO verfolgt. Unerheblich ist, welche Form des bürgerschaftlichen Engagements (Spenden, ehrenamtliche Mitarbeit) gefördert wird. Deshalb fällt nicht nur eine „Stiftung zur Förderung des Ehrenamts", sondern – entgegen der Aussicht der Finanzverwaltung – auch ein Verein zur „Förderung des gemeinnützigen Stiftungswesens" unter die Regelung, da die Gründung von gemeinnützigen Stiftungen eine – sogar steuerlich besonders geförderte[4] – Form bürgerschaftlichen Engagements ist. Auch Freiwilligenagenturen können nach der hier vertretenen Ansicht die Gemeinnützigkeit nach § 52 Abs. 2 Satz 1 Nr. 25 AO erhalten[5].

frei   3.147–3.149

VIII. Andere gemeinnützige Zwecke (§ 52 Abs. 2 Sätze 2 und 3 AO)

Fällt der von einer Körperschaft verfolgte Zweck nicht unter eines der in § 52   3.150
Abs. 2 Satz 1 Nr. 1 bis 25 AO genannten Ziele, dann kann dieser Zweck nach § 52

---

1 BT-Drucks. 16/5400, S. 26.
2 Vgl. AEAO Nr. 2.5 zu § 52 AO.
3 Nach *Seer* in Tipke/Kruse, § 52 AO Rz. 69 handelt es sich um eine „überflüssige Vorschrift", mit der sich der Gesetzgeber „blamiert" habe. Diese Ansicht übersieht, dass der Gesetzgeber bestimmte Aktivitäten – z.B. Freiwilligendienste – im Blick hatte, vgl. BR-Drucks. 663/1/12, S. 2.
4 Vgl. § 10b Abs. 1a EStG.
5 Vgl. zum früheren Recht („Förderung der Bildung") BMF v. 15.9.2003, BStBl. I 2003, 446; zur Gemeinnützigkeit von Internetspendenportalen vgl. *Volkmann/Wittke*, BB 2010, 859.

Abs. 2 Satz 2 AO gleichwohl für gemeinnützig erklärt werden, „wenn er die Allgemeinheit auf materiellem, geistigem oder sittlichem Gebiet entsprechend selbstlos fördert". Diese **Öffnungsklausel** war im ursprünglichen Entwurf eines Gesetzes zur weiteren Stärkung des bürgerschaftlichen Engagements noch nicht enthalten. Sie ist erst während der Beratungen im Finanzausschuss eingefügt worden und soll „den Finanzbehörden die Gelegenheit geben, auf sich ändernde gesellschaftliche Verhältnisse zu reagieren"[1]. Gleichzeitig ist die Zuständigkeit für eine solche Entscheidung bei jeweils einer Stelle innerhalb der Landesfinanzverwaltungen konzentriert worden. Darüber hinaus sieht der Anwendungserlass zur AO vor, dass die Anerkennung weiterer Zwecke bundeseinheitlich abgestimmt wird[2]. Neben der Entwicklungsoffenheit sollte durch die Öffnungsklausel wohl auch verhindert werden, dass Körperschaften, die vor der Reform in 2007 nach § 52 Abs. 1 Satz 1 AO zwar als gemeinnützig, aber nicht als spendenbegünstigt anerkannt waren, ihre Gemeinnützigkeit verlieren. Dies wäre in der Tat kein Beitrag „zur weiteren Stärkung des bürgerschaftlichen Engagements" gewesen.

Im **Urteil vom 9.2.2017**[3] hat der BFH erstmals zum Verfahren nach § 52 Abs. 2 Sätze 2 und 3 AO Stellung genommen. Im Streitfall hatte ein Dachverband von Bridge-Vereinen beim zuständigen Finanzamt beantragt, den Bridgesport nach der Öffnungsklausel für gemeinnützig zu erklären, was sowohl das Finanzamt als auch das Finanzministerium des betreffenden Bundeslandes abgelehnt hatten. Mit seiner dagegen gerichteten Verpflichtungsklage gegen das Finanzministerium hatte der Kläger vor dem FG[4] und dem BFH Erfolg.

3.151 In materieller Hinsicht setzt eine Anwendung der Öffnungsklausel voraus, dass ein Zweck zwar nicht unter § 52 Abs. 2 Satz 1 AO fällt, die Allgemeinheit aber auf materiellem, geistigem oder sittlichem Gebiet „entsprechend" selbstlos fördert. Wie der BFH zutreffend feststellt, bedeutet „entsprechend", dass der gemäß § 52 Abs. 2 Satz 2 AO zu prüfende Zweck „die Allgemeinheit in vergleichbarer Weise fördert wie die in § 52 Abs. 2 Satz 1 Nr. 1 bis 25 AO genannten Zwecke". Dies verlange keine Zweckidentität, sondern eine „**Gleichartigkeit (Vergleichbarkeit) der Zwecke**"[5]. Diese Entscheidung sei auf der Grundlage der Wertungen des § 52 Abs. 2 Satz 1 AO zu treffen und müsse sich auch an Art. 3 Abs. 1 GG messen lassen. Nicht erforderlich ist nach Ansicht des BFH hingegen, dass sich der Zweck erst aufgrund einer neuen gesellschaftlichen Entwicklung herausgebildet hat, denn veränderte gesellschaftliche Voraussetzungen gehören – wie der V. Senat zu Recht feststellt – nicht zu den tatbestandlichen Voraussetzungen für die Anerkennung[6]. Entgegen dem missverständlichen Wortlaut des § 52 Abs. 2 Satz 2 AO – „kann" – räumt die Öffnungsklausel der zuständigen Stelle **kein Ermessen** im eigentlichen Sinne ein, sondern drückt nur ihre tatbestandliche Öffnung für weitere, im Gesetz nicht expli-

1 BT-Drucks. 16/5985, S. 26.
2 Vgl. AEAO Nr. 2.6 zu § 52 AO; siehe auch OFD Koblenz v. 11.1.2010, KSt-Kartei RP § 5 KStG Karte H 122.
3 BFH v. 9.2.2017 – V R 70/14, BStBl. II 2017, 1106.
4 FG Köln v. 17.10.2013 – 13 K 3949/09, EFG 2014, 484
5 BFH v. 9.2.2017 – V R 70/14, BStBl. II 2017, 1106.
6 BFH v. 9.2.2017 – V R 70/14, BStBl. II 2017, 1106; ebenso *Seer* in Tipke/Kruse, § 52 AO Rz. 70; a.A. OFD Koblenz v. 11.1.2010, KSt-Kartei RP § 5 KStG Karte H 122.

zit genannte Zwecke aus. Erfüllt der von der Körperschaft verfolgte Zweck die Voraussetzungen des § 52 Abs. 2 Satz 2 AO, ist er folglich gemeinnützig und muss als solcher erklärt werden[1]. Diese Entscheidung unterliegt auch in vollem Umfang der richterlichen Überprüfung[2].

Im Streitfall hat der BFH eine „entsprechende" Förderung zum einen damit begründet, dass Turnierbridge erhebliche Ähnlichkeiten zum Schach aufweist, weil es aufgrund der Spielmodalitäten weitestgehend von Zufallselementen befreit ist und ebenso wie Schach erhebliche intellektuelle Anstrengungen sowie hohe Merk-, Konzentrations- und Kombinationsfähigkeiten erfordert. Zum anderen weise Turnierbridge Elemente zahlreicher anderer Katalogzwecke auf, ohne unmittelbar unter einen subsumiert werden zu können. Insbesondere ähnele Turnierbridge dem Sport, weil es ebenso wie viele Sportarten in einem deutschen Ligasystem sowie weiteren nationalen und internationalen Wettbewerben betrieben werde.

In prozessualer Hinsicht ist der BFH der ganz h.M. im Schrifttum gefolgt, dass es sich bei dem Verfahren nach § 52 Abs. 2 Sätze 2 und 3 AO um ein **eigenständiges Verfahren mit Verwaltungsaktqualität** handelt[3]. Schon das verfassungsrechtlich verankerte Gebot eines effektiven Rechtsschutzes (Art. 19 Abs. 4 GG) gebiete es, dem Steuerpflichtigen die Möglichkeit zu eröffnen, die Anerkennung unmittelbar gegenüber der zuständigen Behörde durchzusetzen. Kommt ein Bundesland seiner in § 52 Abs. 2 Satz 3 AO geregelten rechtlichen Verpflichtung nicht nach, eine Zentralbehörde zu bestimmen, bleibe es mangels ausgeübter Delegation bei der Zuständigkeit des Finanzministeriums als oberster Finanzbehörde[4].

3.152

Letztlich führt die Öffnungsklausel zu einer „gespaltenen" Zuständigkeit hinsichtlich der Anerkennung als gemeinnütziger Körperschaft[5]. Während das „normale" Finanzamt für eine Anerkennung auf der Grundlage des § 52 Abs. 2 Satz 1 Nr. 1 bis 25 AO zuständig bleibt, ist für die Anerkennung anderer Zwecke – ggf. nach bundeseinheitlicher Abstimmung – die besondere Stelle nach § 52 Abs. 2 Satz 3 AO zuständig. Welche praktische Bedeutung die Öffnungsklausel künftig haben wird, hängt vor allem davon ab, wie Finanzverwaltung und Gerichte bei der Auslegung des Zweckkatalogs künftig verfahren werden. Angesichts des Umstands, dass die viele gemeinnützige Zwecke (z.B. „Wissenschaft", „Bildung" oder „Kultur") tatbestandlich eher weit gefasst sind und daher hinreichende Auslegungsspielräume eröffnen, dürfte eine Entscheidung nach § 52 Abs. 2 Satz 2 und 3 AO vor allem dort in Betracht kommen, wo der Gesetzgeber – wie z.B. bei der punktuellen Fiktion zugunsten von Schach – prekäre Ungleichbehandlungen oder offensichtliche Lücken

3.153

---

1 BFH v. 9.2.2017 – V R 70/14, BStBl. II 2017, 1106; ebenso bereits *Seer* in Tipke/Kruse, § 52 AO Rz. 72; *Hüttemann*, DB 2007, 2053 (2055); *Schauhoff/Kirchhain*, DStR 2007, 1985 (1990); auch *Musil* in Hübschmann/Hepp/Spitaler, § 52 AO Rz. 257; *Droege*, S. 164 f.
2 BFH v. 9.2.2017 – V R 70/14, BStBl. II 2017, 1106; *Seer* in Tipke/Kruse, § 52 AO Rz. 73.
3 BFH v. 9.2.2017 – V R 70/14, BStBl. II 2017, 1106; ebenso bereits *Seer* in Tipke/Kruse, § 52 AO Rz. 72; *Hüttemann*, DB 2007, 2053 (2055); *Schauhoff/Kirchhain*, DStR 2007, 1985 (1990); *Droege*, S. 164.
4 BFH v. 9.2.2017 – V R 70/14, BStBl. II 2017, 1106.
5 Zum mehrstufigen Verfahren bei der Anerkennung weiterer Zwecke eingehend *Seer* in Tipke/Kruse, § 52 AO Rz. 72.

aufweist. Hingegen erscheint es angesichts der Bindung an die Wertungen des § 52 Abs. 2 Satz 1 AO ausgeschlossen, den Zweckkatalog über die Öffnungsklausel grundlegend zu erweitern.

3.154–3.156   frei

C. Mildtätige Zwecke (§ 53 AO)

I. Allgemeines

3.157   Nach § 53 AO verfolgt eine Körperschaft mildtätige Zwecke, wenn „ihre Tätigkeit darauf gerichtet ist, Personen selbstlos zu unterstützen". Die Verfolgung mildtätiger Zwecke gehört seit jeher zum **Kernbereich selbstloser Gemeinwohlförderung**[1]. Der Gesetzgeber hat die Mildtätigkeit schon früh gegenüber den gemeinnützigen Zwecken verselbständigt[2]. Die Unterscheidung zwischen mildtätigen und gemeinnützigen Zwecken hat durch die Reform von 2007 weitgehend an Bedeutung verloren, weil alle steuerbegünstigten Zwecke nun gleichbehandelt werden[3].

3.158   Die gesetzliche Unterscheidung zwischen Gemeinnützigkeit (§ 52 AO) und Mildtätigkeit (§ 53 AO) ist im Schrifttum verschiedentlich als überflüssig kritisiert worden. Materiell sei die Mildtätigkeit nichts anderes als ein besonderer Fall von Gemeinnützigkeit[4]. Daran ist richtig, dass mildtätiges Handeln unstreitig dem Gemeinwohl dient und insoweit im „weiteren Sinne" gemeinnützig ist. Daraus folgt aber noch nicht, dass die Mildtätigkeit nur einen weiteren besonderen gemeinnützigen Zweck im Sinne des § 52 AO darstellt. Vielmehr handelt es sich nach der Systematik der §§ 51 ff. AO bei der Verfolgung mildtätiger Zwecke um einen gegenüber § 52 AO **tatbestandlich verselbständigten steuerbegünstigten Zweck**.

3.159   Diese Einsicht ist keineswegs nur begrifflicher Natur, sondern hat grundsätzliche Bedeutung für die Auslegung des § 53 AO. Aus ihr ergibt sich, dass sich die Verfolgung mildtätiger Zwecke ausschließlich nach den in § 53 AO bestimmten Voraussetzungen bestimmt. Zu Recht gehen Rechtsprechung und ganz h.M. im steuerlichen Schrifttum davon aus, dass die Verfolgung mildtätiger Zwecke im Unterschied zu § 52 AO **keine „Förderung der Allgemeinheit auf materiellem, geistigem oder sittlichem Gebiet"** voraussetzt[5]. Für § 53 AO gilt die Einschränkung des

---

1 Vgl. Unabhängige Sachverständigenkommission, Gutachten, S. 101; *Seer* in Tipke/Kruse, § 53 AO Rz. 1; zur Entwicklung der Unterscheidung zwischen kirchlichen, mildtätigen und gemeinnützigen Zwecken auch *Geserich* in Kirchhof/Söhn/Mellinghoff, § 10b EStG Rz. A 177.

2 Zur Entstehungsgeschichte z.B. *Fischer* in Hübschmann/Hepp/Spitaler, § 53 AO Rz. 1 (Stand 7/1996).

3 Vgl. aber die Verweisung auf § 53 AO in § 3 Nr. 20 Buchst. c GewStG.

4 *Seer* in DStJG 26 (2003), 11, 27.

5 Vgl. RFH v. 20.1.1940 – VIa 96/39, RStBl. 1940, 190; BFH v. 2.12.1955 – III 99/55 U, BStBl. III 1956, 22; *Seer* in Tipke/Kruse, § 53 AO Rz. 1; *Buchna/Leichinger/Seeger/Brox*, S. 105; *Wallenhorst/Halaczinsky*, Rz. D 6; *Schauhoff* in Schauhoff, § 6 Rz. 81. Anders wohl

§ 52 Abs. 2 Satz 1 AO („unter den Voraussetzungen des Absatzes 1 …") nicht. Daher kann der unterstützte Personenkreis auch fest abgeschlossen oder dauernd nur klein sein[1]. Dieser Unterschied zwischen Gemeinnützigkeit und Mildtätigkeit lässt sich damit erklären, dass der Gesetzgeber mildtätiges Handeln stets als dem Gemeinwohl dienend ansieht[2]. Eine Unterstützung von persönlich oder wirtschaftlich hilfebedürftigen Menschen liegt folglich ohne Rücksicht auf die konkret geförderten Personen oder die Zahl der Geförderten immer „im Allgemeininteresse".

Auch wenn es bei § 53 AO einer Förderung der Allgemeinheit nicht bedarf, so ist die Verfolgung mildtätiger Zwecke nur dann steuerbegünstigt, wenn die Körperschaft „**selbstlos**" handelt. Selbstlosigkeit setzt nach § 55 Abs. 1 Satz 1 AO voraus, dass „nicht in erster Linie eigenwirtschaftliche Zwecke – z.B. gewerbliche oder sonstige Erwerbszwecke – verfolgt werden". Ein selbstloses Handeln kann z.B. zu verneinen sein, wenn eine von einem Unternehmen gegründete Einrichtung die Unterstützung bedürftiger aktiver oder früherer Mitarbeiter und ihrer Familien zum Zweck hat. Hier ist im Einzelfall zu prüfen, ob es sich bei der Unterstützung um einen Akt der Mildtätigkeit oder – wie der RFH[3] angenommen hat – vor allem um eine „besondere Art des Entgelts" handelt[4]. Das Beispiel zeigt, dass die Beschränkung des unterstützten Personenkreises bei § 53 AO im Unterschied zu § 52 AO nicht schon als solches schädlich ist, sondern nur dann die Steuervergünstigung ausschließt, wenn die Beschränkung „in erster Linie" eigenwirtschaftlichen Interessen im Sinne des § 55 AO dient.

3.160

Unter Hinweis auf § 55 AO ist die Finanzverwaltung der Ansicht, dass eine Körperschaft, „zu deren Satzungszwecken die **Unterstützung von hilfebedürftigen Verwandten** der Mitglieder, Gesellschafter, Genossen oder Stifter gehört", nicht als steuerbegünstigt anerkannt werden könne[5]. Bei derartigen Körperschaften stehe nicht die Verfolgung mildtätiger Zwecke, sondern „die Förderung der Verwandtschaft im Vordergrund"[6]. Diese Auffassung ist zu Recht auf Kritik gestoßen[7]. Nach § 55 Abs. 1 Satz 1 AO fehlt die Selbstlosigkeit nur dann, wenn in erster Linie „eigenwirtschaftliche" Zwecke verfolgt werden. Die „Förderung der Verwandtschaft" ist aber für sich genommen kein „eigenwirtschaftlicher" Zweck, sondern nur Ausdruck einer steuerlich unschädlichen verwandtschaftlichen Verbundenheit. Nur soweit eine mildtätige Körperschaft in erster Linie dazu dient, die Beteiligten (z.B. Mitglieder oder Stifter)

3.161

Fischer in Hübschmann/Hepp/Spitaler, § 53 AO Rz. 14 (Stand 7/1996), der § 52 Abs. 1 Satz 2 AO auch im Rahmen von § 53 AO für anwendbar hält.

1 A.A. *Fischer* in Hübschmann/Hepp/Spitaler, § 53 AO Rz. 14 (Stand 7/1996).
2 Ebenso *Seer* in Tipke/Kruse, § 53 AO Rz. 1.
3 RFH v. 20.1.1940 – VIa 96/39, RStBl. 1940, 190.
4 Vgl. dazu auch *von Cube* in NK-GemnR, § 53 AO Rz. 47.
5 AEAO Nr. 3 zu § 53 AO.
6 AEAO Nr. 3 zu § 53 AO.
7 Vgl. *Schiffer*, DStR 2003, 14 (18); *Leisner*, DB 2005, 2434; *Kirchhain*, Gemeinnützige Familienstiftung, 2006, S. 46 ff.; *Schauhoff* in Schauhoff, § 6 Rz. 81; *von Cube* in NK-GemnR, § 53 AO Rz. 43 ff.

von eigenen Unterhaltspflichten zu entlasten (und damit zu eigenen wirtschaftlichen Vorteilen führt), ist eine Selbstlosigkeit zu versagen[1].

3.162 Im Anwendungserlass zu § 53 AO heißt es in Nr. 2: „Völlige Unentgeltlichkeit der mildtätigen Zuwendung wird nicht verlangt. Die mildtätige Zuwendung darf nur nicht des Entgelts wegen erfolgen". Daraus könnte man den Schluss ziehen, dass die Entgelte für mildtätige Leistungen nicht über den Selbstkosten liegen dürfen, sonst fehle es an der Selbstlosigkeit. Andere halten sogar die Erhebung eines Gewinnaufschlags oder einer anteiligen Eigenkapitalverzinsung für unvereinbar mit der Annahme eines mildtätigen Handelns[2]. Wie indessen der BFH klargestellt hat, gelten für eine Mildtätigkeit nach § 53 AO **keine über die allgemeinen Grundsätze (z.B. § 55 AO) hinausgehenden Anforderungen**. Die abweichende Auffassung des RFH[3] und des älteren Schrifttums[4], die noch aus dem Begriff der „Mildtätigkeit" das Merkmal einer besonderen „Opferbereitschaft" abgeleitet haben, betraf die Vorgängerregelung des § 18 StAnpG und ist mit Inkrafttreten der AO 1977 überholt[5]. Die Frage, ob eine mildtätige Körperschaft für ihre Leistungen nur kostendeckende Entgelte erheben darf, ist somit – entgegen der Aussage in Nr. 2 des Anwendungserlasses zu § 53 AO – kein besonderes Problem der Mildtätigkeit, sondern nach den gleichen Grundsätzen zu entscheiden, wie z.B. bei gemeinnützigen Körperschaften. Ihre Beantwortung richtet sich – entgegen der h.M.[6] – vorrangig nicht nach § 55 AO, sondern nach den §§ 65 ff. AO[7]. Zu den Grenzen wirtschaftlicher Tätigkeiten vgl. Rz. 6.1 ff.

3.163 Die Verfolgung mildtätiger Zwecke weist gewisse **Überschneidungen mit der Verfolgung gemeinnütziger Zwecke** (insbesondere Förderung des Wohlfahrtswesens, des Gesundheitswesens, der Entwicklungshilfe) auf. Einer Abgrenzung bedurfte es bis 2007 vor allem wegen des erhöhten Abzugsrahmens für mildtätige Zwecke. Von der Förderung der Wohlfahrtspflege unterscheidet sich die Mildtätigkeit vor allem dadurch, dass zur Wohlfahrtspflege nicht nur die Sorge für „notleidende" Mitmenschen gehört, sondern auch die Sorge für „gefährdete Mitmenschen"[8]. Auch die Förderung des Gesundheitswesens[9] reicht über die Mildtätigkeit insoweit hinaus, als sie auch die vorbeugende Gesundheitspflege und die allgemeine Verbesserung der Rahmenbedingungen im Gesundheitswesen (Ausstattung von Krankenhäusern mit medizinischen Geräten etc.) umfasst (s. Rz. 3.92). Als mildtätig ist auch das Blaue Kreuz in Deutschland anzusehen[10]. Die Abgrenzung zwischen Mildtätigkeit und Ent-

---

1 *Hüttemann*, FR 2002, 1337; *Seer* in Tipke/Kruse, § 52 AO Rz. 10.
2 So *Buchna/Leichinger/Seeger/Brox*, S. 106.
3 RFH v. 7.3.1942 – VI a 92/41, RStBl. 1942, 349.
4 *Becker/Riewald/Koch*, § 18 StAnpG Anm. 2c.
5 § 18 StAnpG enthielt noch kein Erfordernis „selbstlosen" Handelns.
6 Statt aller BFH v. 26.4.1989 – I R 209/85, BStBl. II 1989, 670; BFH v. 24.7.1996 – I R 35/94, BStBl. II 1996, 583; *Buchna/Leichinger/Seeger/Brox*, S. 106.
7 Ebenso *Fischer* in Hübschmann/Hepp/Spitaler, § 53 AO Rz. 16 (Stand 7/1996); *Seer* in Tipke/Kruse, § 53 AO Rz.10.
8 Vgl. *Schauhoff* in Schauhoff, § 6 Rz. 82.
9 S. BFH v. 6.2.2013 – I R 59/11, BStBl. II 2013, 603.
10 FinMin Niedersachsen v. 25.1.1994, FR 1994, 206.

wicklungshilfe hängt vor allem davon ab, wonach sich die wirtschaftliche Hilfebedürftigkeit im Ausland bestimmt (dazu Rz. 3.172). Jedenfalls sind humanitäre Einsätze in Katastrophen- oder Kriegsgebieten regelmäßig schon nach § 53 Nr. 1 AO bzw. § 53 Nr. 2 Satz 2 AO als mildtätig anzusehen, wenn konkrete Hilfe vor Ort geleistet wird und nicht nur allgemein der Wiederaufbau der Infrastruktur gefördert wird[1].

Mildtätige Zwecke können auch **neben gemeinnützigen Zwecken** verfolgt werden (z.B. im Bereich des öffentlichen Gesundheitswesens). Eine ausschließlich mildtätige Betätigung ist – anders als nach § 18 StAnpG[2] – nicht mehr erforderlich[3]. Unschädlich ist es auch, wenn eine mildtätige Körperschaft neben der Unterstützung hilfebedürftiger Personen ihre Einrichtungen aus Gründen der Kapazitätsauslastung auch nichtbedürftigen Personen gegen ein angemessenes Entgelt zur Verfügung stellt[4] (zur Zulässigkeit von Mittelbeschaffungstätigkeiten eingehend Rz. 6.1 ff.).

3.164

II. Körperliche, geistige oder seelische Hilfebedürftigkeit

Nach § 53 Nr. 1 AO sind Personen hilfebedürftig, wenn sie „infolge ihres **körperlichen, geistigen oder seelischen Zustandes auf die Hilfe anderer angewiesen sind**".

3.165

Durch das Gesetz zur Stärkung des Ehrenamtes[5] sind nicht nur die Maßstäbe für eine wirtschaftliche Bedürftigkeit durch Verweisungen auf das Sozialrecht teilweise neu gefasst worden, sondern der Gesetzgeber hat auch aus § 9 SGB II den Begriff der „**Hilfebedürftigkeit**" in das Gemeinnützigkeitsrecht übernommen (§ 53 Nr. 2 Satz 6 AO). Ebenso wie in Nr. 1 ff. des Anwendungserlasses zu § 53 AO wird deshalb auch in den weiteren Ausführungen nicht mehr – wie umgangssprachlich üblich – von „Hilfsbedürftigkeit", sondern von „Hilfebedürftigkeit" gesprochen.

Die Hilfebedürftigkeit nach § 53 Nr. 1 AO wird bisweilen – in Abgrenzung zur „wirtschaftlichen Hilfebedürftigkeit" nach Nr. 2 – als „**persönliche Hilfebedürftigkeit**" bezeichnet[6]. Körperliche Hilfebedürftigkeit meint jede Einschränkung der Bewegungsfähigkeit oder körperlichen Leistungsfähigkeit (z.B. auf Grund von Alter, Krankheit oder Behinderung). Eine geistige oder seelische Hilfebedürftigkeit liegt bei Personen vor, deren Leistungsvermögen durch geistige Gebrechen oder seelische Krankheiten (z.B. Psychosen, Gehirnverletzungen, Suchtkrankheiten, Neurosen oder sonstige Persönlichkeitsveränderungen) beeinträchtigt ist[7]. Auch eine Pflegebedürftigkeit nach § 61 Abs. 1 SGB XII begründet eine persönliche Hilfebedürftigkeit im Sinne des § 53 Nr. 1 AO[8]. § 53 Nr. 1 AO setzt keine dauernde persönliche Hilfebedürftigkeit voraus. Entscheidend ist nur, dass im Zeitpunkt der Hilfeleistung

---

1 Vgl. *Hüttemann*, Stiftung&Sponsoring, Rote Seiten 1/2002, 4.
2 Vgl. *Becker/Riewald/Koch*, § 18 StAnpG Anm. 3 (3).
3 Vgl. zum früheren Recht RFH v. 26.2.1038 – VI a 5/38, RStBl. 1938, 322; RFH v. 7.3.1942 – VI a 92/41, RStBl. 1942, 349.
4 BFH v. 24.7.1996 – I R 35/94, BStBl. II 1996, 583.
5 Gesetz v. 21.3.2013, BGBl. I 2013, 566.
6 Vgl. nur *Buchna/Leichinger/Seeger/Brox*, S. 106.
7 *Wallenhorst/Halaczinsky*, Rz. D 11 ff.
8 *Buchna/Leichinger/Seeger/Brox*, S. 107.

eine solche vorgelegen hat, mag sie auch nur vorübergehender Natur (z.B. infolge Krankheit) gewesen sein[1]. Zu den Hilfeleistungen nach § 53 Nr. 1 AO gehören z.B.[2] die Kranken- und Altenpflege, die Blindenfürsorge, die Gestellung von Pflegekräften, die Vermietung von Wohnungen[3], der Betrieb von Pflegeheimen, der Fahrdienst für Kranke und Behinderte, Begleitung von hilfebedürftigen Personen, Einrichtungen wie „Essen auf Rädern", die Telefonseelsorge[4] oder Frauenhäuser.

3.166   Nach ganz h.M.[5] – insbesondere auch der Finanzverwaltung – dürfen Hilfen nach § 53 Nr. 1 AO **ohne Rücksicht auf die wirtschaftliche Unterstützungsbedürftigkeit** gewährt werden[6]. Demnach sind z.B. Altenpflegeheime mit Rücksicht auf die altersbedingte persönliche Hilfebedürftigkeit der Bewohner stets mildtätige Einrichtungen[7]. Dem ist entgegengehalten worden, der „depressive Millionär solle eine erforderliche Therapie aus eigener Tasche bezahlen". Vermögende Hilfebedürftige seien nur auf solche Leistungen „angewiesen" im Sinne des § 53 Nr. 1 AO, die sie, wie z.B. eine Betreuung durch die Telefonseelsorge oder in Therapiegruppen, nicht am Markt erlangen könnten[8]. Richtig ist, dass Hilfeleistungen nach § 53 Nr. 1 AO nur solche Unterstützungsmaßnahmen sind, die gerade dazu bestimmt sind, die persönliche Hilfebedürftigkeit zu lindern[9]. Dazu zählen – wie ein Blick in § 53 Nr. 2 AO zeigt – keine finanziellen Zuwendungen. Eine bloß finanzielle Zuwendung liegt auch dann vor, wenn z.B. Zuschüsse für Medikamente oder Hilfsmittel (z.B. Rollstühle oder behindertengerechte Wohnungsausstattungen) gegeben werden[10]. Solche Zuwendungen können folglich nur unter der Voraussetzung einer wirtschaftlichen Bedürftigkeit gegeben werden. Umgekehrt kann aber nicht schon jede Pflege- und Betreuungsleistung mit Hinweis auf das Angebot privater Pflegedienste einer finanziellen Zuwendung nach § 53 Nr. 2 AO gleich gestellt werden. Liegt der Schwerpunkt auf der persönlichen Betreuung (z.B. Krankenpflege, Hilfe bei Besorgungen, Versorgung mit Essen, Fahrdienste), so ist eine Mildtätigkeit im Sinne des § 53 Nr. 1 AO auch dann gegeben, wenn „vermögende Pensionäre" versorgt werden. Soweit bestimmte Leistungen wegen eines ausreichenden privatwirtschaftlichen Angebots als „marktgängig" anzusehen sind, ist dem u.U. bei der Auslegung der Zweckbetriebsdefinition §§ 65 Nr. 3, 66 AO Rechnung zu tragen[11].

---

1 AEAO Nr. 4 zu § 53 AO.
2 Vgl. etwa *Buchna/Leichinger/Seeger/Brox*, S. 107.
3 BFH v. 24.7.1996 – I R 35/94, BStBl. II 1996, 583.
4 AEAO Nr. 1 zu § 53 AO.
5 BFH v. 2.12.1955 – III 99/50 U, BStBl. III 1956, 22; *Buchna/Leichinger/Seeger/Brox*, S. 107; *Mösbauer*, ZfSG/SGB 1988, 514; *Wallenhorst/Halaczinsky*, Rz. D 11; *Seer* in Tipke/Kruse, § 53 AO Rz. 3; *von Cube* in NK-GemnR, § 53 AO Rz. 14.
6 AEAO Nr. 4 zu § 53 AO.
7 Vgl. auch Gesetzesbegründung BT-Drucks. 7/4292, S. 20.
8 So *Fischer* in Hübschmann/Hepp/Spitaler, § 53 AO Rz. 3, 18 (Stand 7/1996).
9 Ebenso *Buchna/Leichinger/Seeger/Brox*, S. 107.
10 *Fischer* in Hübschmann/Hepp/Spitaler, § 53 AO Rz. 20 (Stand 7/1996).
11 So auch *Fischer* in Hübschmann/Hepp/Spitaler, § 53 AO Rz. 19 (Stand 7/1996); die in BFH v. 18.9.2007 – I R 30/06, BStBl. II 2009, 126 vertretene Ansicht, das Vorhandensein privater Anbieter schließe Wohlfahrtspflege aus, hat der I. Senat mit Urteil v. 27.11.2013

Grundsätzlich muss die Körperschaft die persönliche Hilfebedürftigkeit der unter- 3.167
stützten Personen durch geeignete Unterlagen (z.B. ärztliches Attest) nachweisen.
Bei Personen, die das **75. Lebensjahr vollendet** haben, unterstellt die Finanzverwaltung aber eine altersbedingte körperliche Hilfebedürftigkeit[1]. Diese Typisierung ist
kein Akt der (verbotenen) Altersdiskriminierung, sondern dient der Verwaltungsvereinfachung[2] und erspart insbesondere Altersheimen und anderen Hilfsdiensten
für Senioren eine aufwendige Überprüfung der persönlichen oder wirtschaftlichen
Hilfebedürftigkeit der unterstützen Personen im Einzelfall. In ähnlicher Weise wird
man auch (Klein-)Kinder[3] und – je nach persönlichem Entwicklungsstand – auch
Jugendliche als hilfebedürftig ansehen können[4].

III. Wirtschaftliche Hilfebedürftigkeit

Eine wirtschaftliche Hilfebedürftigkeit setzt nach § 53 Nr. 2 AO voraus, dass die 3.168
Bezüge der unterstützten Personen „nicht höher sind als das **Vierfache des Regelsatzes der Sozialhilfe** im Sinne des § 28 des SGB XII". Bei Alleinstehenden und
Alleinerziehenden (der Begriff des „Haushaltsvorstands" findet im Sozialrecht seit
2011 keine Entsprechung mehr und ist mit Wirkung zum 1.1.2014 entfallen)[5] tritt
an die Stelle des Vierfachen das Fünffache des Regelsatzes. Damit hat der Steuergesetzgeber die wirtschaftliche Bedürftigkeit in Anlehnung an das Sozialhilferecht
festgesetzt. Die Regelsätze werden regelmäßig an die wirtschaftliche Entwicklung
angepasst[6]. Er beträgt seit dem 1.1.2018 für alleinstehende oder alleinerziehende Erwachsene 416 Euro. Zum Ausgleich dafür, dass Zuschläge wegen Mehrbedarfs sowie Leistungen für Unterkunft bei § 53 Nr. 2 AO außer Betracht bleiben[7], ist als Bedürftigkeitsgrenze bei Alleinstehenden und Alleinerziehenden pauschal das Fünffache des Regelsatzes maßgebend. Durch den Wegfall der Privilegierung von „**Haus-
haltsvorständen**" (also der Personen, die bei zusammenlebenden Partnern den überwiegenden Teil der Kosten des Haushalts tragen) ist die Bedürftigkeitsgrenze für
„normale" Familien zum 1.1.2014 leicht abgesenkt worden. Im Ganzen ergeben sich
damit aber immer noch relativ großzügige Schwellenwerte[8]. Diese Beträge dürften
regelmäßig über den durchschnittlichen Bruttoverdiensten von Arbeitnehmerhaus-
halten liegen.

   – I R 17/12, BStBl. II 2016, 68 aufgegeben; dagegen bereits BMF v. 20.1.2009, BStBl. I 2009,
   339; *Schauhoff/Kirchhain*, DStR 2008, 1713.
1 AEAO Nr. 4 zu § 53 AO.
2 Kritisch dazu FG Schleswig-Holstein v. 21.10.1992 – IV 530/92, EFG 1993, 347.
3 So auch *Buchna/Leichinger/Seeger/Brox*, S. 107; *Unger* in Gosch, § 53 AO Rz. 18.
4 *Von Cube* in NK-GemnR, § 53 AO Rz. 13 ff; eine generelle persönliche Hilfebedürftigkeit
   bei Jugendlichen im Alter zwischen 16 und 18 Jahren ablehnend FG Köln v. 19.1.2017 –
   13 K 1160/13, zitiert nach juris (Rev. V R 10/17).
5 Vgl. Gesetz zur Umsetzung der Amtshilferichtlinie sowie zur Änderung steuerlicher Vorschriften v. 26.6.2013, BGBl. I 2013, 1809.
6 Vgl. Gesetz zur Ermittlung der Regelbedarfe nach § 28 SGB XII v. 24.3.2011, BGBl. I 2011,
   453.
7 Vgl. AEAO Nr. 5 zu § 53 AO.
8 Schon die Unabhängige Sachverständigenkommission hatte 1988 (!) daher eine Überprüfung auf „Eingrenzungsmöglichkeiten" angeregt, vgl. Gutachten, S. 101.

Beispiel Nr. 13: Wenn eine mildtätige Stiftung eine **Familie mit zwei Kindern** (10 und 12 Jahre) im Jahr 2018 wirtschaftlich unterstützen möchte, dürfen die „Bezüge" im Sinne von § 53 Nr. 2 AO folgenden Schwellenwert nicht überschreiten (vgl. Anlage zu § 28 SGB XII): Da zwei leistungsberechtigte Erwachsene einen gemeinsamen Haushalt führen, gilt hier für beide (nur) Regelbedarfsstufe 2 (374 Euro). Für die Kinder gilt altersbedingt Regelbedarfsstufe 5 (296 Euro). Die zulässigen monatlichen Bezüge für die Familie betragen somit insgesamt 5360 Euro = (2 × 4 × 374 Euro) + (2 × 4 × 296 Euro).

Die vergleichsweise hohen Eckwerte haben auch zur Folge, dass z.B. Altersheime – wie auch vom Gesetzgeber beabsichtigt[1] – regelmäßig als mildtätig anzusehen sind, weil die **Rentenbezüge** der allermeisten Bewohner die Grenze des § 53 Nr. 2 AO nicht erreichen[2]. Gleichwohl wird man eine Hilfebedürftigkeit der Leistungsempfänger nicht einfach ohne konkrete statistische Erhebungen generell schätzungsweise unterstellen dürfen[3].

3.169   Zu den **Bezügen im Sinne des § 53 Nr. 2 Satz 4 AO**[4] gehören neben den Einkünften im Sinne des § 2 Abs. 1 EStG auch alle anderen für die Bestreitung des Unterhalts bestimmten oder geeigneten Bezüge aller Haushaltsangehörigen[5]. Für die Begriffe „Einkünfte" und „Bezüge" verweist der Anwendungserlass auf die einkommensteuerlichen Grundsätze über außergewöhnliche Belastungen in R 33a. 1 EStR[6]. Unter **Einkünften** nach § 53 Nr. 2 Satz 4 Buchst. a AO sind demnach die einkommensteuerlich ermittelten (d.h. um Werbungskostenpauschbetrag, Arbeitnehmerpauschbetrag, Versorgungsfreibetrag oder Sparerfreibetrag verminderten) Einkünfte zu verstehen. Maßgebend sind die Nettoeinkünfte, jedoch vor Abzug von Sonderausgaben (einschließlich § 10d EStG), außergewöhnlichen Belastungen und Steuern[7]. **Bezüge** nach § 53 Nr. 2 Satz 4 Buchst. b AO sind alle anderen zur Bestreitung des Unterhalts bestimmten oder geeigneten Bezüge aller Haushaltsangehörigen. Hierbei sind auch die bei § 53 Nr. 2 Satz 4 Buchst. a AO nicht erfassten Einnahmen zu berücksichtigen, insbesondere nicht steuerbare Einnahmen oder solche, die nach §§ 3, 3b EStG für steuerfrei erklärt sind (z.B. auch nach § 3 Nr. 40 EStG teilweise steuerfreie Beteiligungserträge)[8]. Ferner sind z.B. anzurechnen steuerfreie Teile der Versorgungsbezüge nach § 19 Abs. 2 EStG, der Arbeitnehmerpauschbetrag, Kapitalerträge, pauschal versteuerter Arbeitslohn, die Arbeitnehmersparzulage, Kinder- und Wohngeld[9]. Bei Leibrenten zählt der über den von § 53 Nr. 2 Satz 4 Buchst. a AO erfasste Ertragsanteil hinausgehende Teil der Rente zu den Bezügen im Sinne des § 53 Nr. 2 Satz 4 Buchst. b AO[10]. Bei der Ermittlung der Bezüge im Sinne des § 53 Nr. 2 Satz 4 Buchst. b AO lässt die Finanzverwaltung aus Vereinfachungsgründen den Abzug

---

1 BT-Drucks. 7/4292, S. 20.
2 Ebenso *Wallenhorst/Halaczinsky*, Rz. D 14.
3 FG Köln v. 19.1.2017 – 13 K 1160/13, zitiert nach juris (Rev. V R 10/17).
4 Zum Folgenden auch *Buchna/Leichinger/Seeger/Brox*, S. 109 ff.; *von Cube* in NK-GemnR, § 53 AO Rz. 24 ff.
5 AEAO Nr. 6 zu § 53 AO.
6 Vgl. AEAO Nr. 5 zu § 53 AO; dazu näher *Loschelder* in L. Schmidt, § 33a EStG Rz. 25 ff.
7 *Wallenhorst/Halaczinsky*, Rz. D 16.
8 Vgl. auch BFH v. 2.8.1974 – VI R 148/71, BStBl. II 1975, 139.
9 Vgl. *Fischer* in Hübschmann/Hepp/Spitaler, § 53 AO Rz. 24 (Stand 7/1996).
10 AEAO Nr. 7 zu § 53 AO.

von 180 Euro im Kalenderjahr zu, wenn nicht höhere Aufwendungen, die in wirtschaftlichem Zusammenhang mit den entsprechenden Einnahmen stehen, nachgewiesen oder glaubhaft gemacht werden[1]. Nicht anzurechnen sind steuerfreie Aufwandsentschädigungen und Vergütungen nach § 3 Nr. 12, 13 und 26 EStG, die einen tatsächlichen Aufwand abgelten[2].

Durch das Gesetz zur Stärkung des Ehrenamtes ist die Berücksichtigung von **Sozial- und Unterhaltsleistungen** neu geregelt worden. Die bisher in § 53 Nr. 2 Satz 5 AO a.F. geregelte Nichtberücksichtigung von Sozialleistungen nach SGB II und SGB XII konnte entfallen, da Sozialleistungsempfänger nach § 53 Nr. 2 Satz 6 AO nunmehr kraft Gesetzes als bedürftig angesehen werden[3], sodass es einer Ermittlung der Bezüge im Sinne von § 53 Nr. 2 Satz 4 AO nicht mehr bedarf. Ferner sind seit der Neuregelung des § 53 Nr. 2 Satz 5 AO auch nur noch (tatsächlich) gezahlte und empfangene Unterhaltsleistungen bei der Beurteilung der wirtschaftlichen Hilfebedürftigkeit des Empfängers zu berücksichtigen, sodass fiktive Unterhaltsansprüche nicht geprüft werden müssen[4].

Die nach den Regelsätzen der Sozialhilfe zu bemessende Bedürftigkeitsgrenze gilt nach § 53 Nr. 2 Satz 2 AO nicht für Personen, deren **Vermögen** zur nachhaltigen Verbesserung ihres Unterhalts ausreicht und denen zugemutet werden kann, es dafür zu verwenden. Die Finanzverwaltung lässt geringfügige Vermögen (in der Regel bis zu einem Verkehrswert von 15 500 Euro) unberücksichtigt. Bei der Berechnung sind darüber hinaus bestimmte Vermögensgegenstände nicht zu berücksichtigen[5]. Dazu gehören nach Nr. 9 des Anwendungserlasses zu § 53 AO: 3.170

– Vermögensgegenstände, deren Veräußerung „offensichtlich eine Verschleuderung bedeuten würde oder die einen besonderen Wert, z.B. Erinnerungswert, für die unterstützte Person haben oder zu seinem Hausrat gehören",

– ein „angemessenes Hausgrundstück im Sinne des § 90 Abs. 2 Nr. 8 SGB XII, das die unterstützte Person allein oder zusammen mit Angehörigen, denen es nach dem Tod der unterstützten Person weiter als Wohnraum dienen soll, bewohnt".

Zu beachten ist allerdings, dass sich die Grenze auch bei einem Mehrpersonenhaushalt auf jede unterstützte Person bezieht[6].

Nach § 53 Nr. 2 Satz 3 AO sind die Bezüge und das Vermögen bei Personen, deren wirtschaftliche Lage aus besonderen Gründen zu einer Notlage geworden ist, nicht zu berücksichtigen. Diese Ausnahme soll insbesondere bei **Katastrophenfällen** (z.B. Flutopfer) eine angemessene Soforthilfe ermöglichen[7]. 3.171

---

1 AEAO Nr. 8 zu § 53 AO.

2 Siehe auch *Fischer* in Hübschmann/Hepp/Spitaler, § 53 AO Rz. 25 (Stand 7/1996); *Loschelder* in L. Schmidt, § 33a EStG Rz. 29.

3 Vgl. auch BT-Drucks. 17/11316, S. 17.

4 Siehe nur *Schauhoff/Kirchhain*, FR 2013, 301 (302).

5 AEAO Nr. 9 zu § 53 AO; vgl. näher *Buchna/Leichinger/Seeger/Brox*, S. 110 f.; zu den anzuwendenden Rechtsgrundsätzen vgl. auch *Fischer* in Hübschmann/Hepp/Spitaler, § 53 AO Rz. 27 (Stand 7/1996).

6 AEAO Nr. 9 zu § 53 AO.

7 Dazu *von Cube* in NK-GemnR, § 53 AO Rz. 37.

3.172 Fraglich ist, ob die Einkommens- und Vermögensgrenzen auch bei **Hilfeleistungen im Ausland** zugrunde zu legen sind, sodass praktisch alle humanitären Hilfsaktionen in der sog. zweiten und dritten Welt mildtätig wären[1]. Dagegen spricht aber, dass die Regelsätze der Sozialhilfe nach den wirtschaftlichen Verhältnissen im Inland festgelegt werden. Die Einkommensgrenzen des § 53 Nr. 2 AO sind daher zur Feststellung einer Hilfebedürftigkeit in Afrika oder Lateinamerika offensichtlich ungeeignet. Zumindest in Katastrophenfällen (z.B. bei Kriegen oder Seuchen etc.) bedarf es allerdings schon nach § 53 Nr. 2 Satz 3 AO keiner besonderen Feststellung der wirtschaftlichen Hilfebedürftigkeit. Im Übrigen wird man die Beträge unter Berücksichtigung der Lebenshaltungskosten vor Ort entsprechend anpassen müssen oder muss eine persönliche Hilfebedürftigkeit feststellen.

3.173 **Hilfeleistungen** im Sinne des § 53 Nr. 2 AO sind vor allem finanzielle Zuwendungen an wirtschaftlich Bedürftige. Diese können zum einen in direkten finanziellen Hilfen bestehen. Daneben kommt auch die Gewährung von zinslosen oder zinsgünstigen Darlehen in Betracht (z.B. im Zusammenhang mit der Schuldnerberatung)[2]. Schließlich kann z.B. auch in einer kostendeckenden Vermietung von Wohnungen eine Unterstützung gesehen werden[3], wenn die Bewohner auf dem normalen Wohnungsmarkt z.B. wegen mangelnder Kreditwürdigkeit nur schwer vermittelbar sind.

IV. Nachweispflicht und vereinfachter Nachweis

3.174 Grundsätzlich muss eine mildtätige Körperschaft nachweisen, dass die von ihr unterstützten Personen persönlich oder wirtschaftlich hilfebedürftig gewesen sind. Persönliche Hilfebedürftigkeit kann z.B. durch ärztliche Atteste, wirtschaftliche Hilfebedürftigkeit durch Einkommens- und Vermögensnachweise etc. nachgewiesen werden. Bloße Angaben zur Berufszugehörigkeit reichen nicht aus[4]. Nicht ausreichend ist nach Ansicht der Finanzverwaltung auch eine Erklärung der unterstützten Person, dass sie die Grenzen unterschreitet. Vielmehr soll stets eine Berechnung der maßgeblichen Einkünfte und Bezüge sowie des Vermögens beigefügt sein[5]. Bei Senioreneinrichtungen genügt allerdings im Hinblick auf die typisierende Altersgrenze der Finanzverwaltung von 75 Jahren[6] die Altersangabe. Im Unterschied zu den besonderen Zweckbetriebsvorschriften in § 66 Abs. 3, § 68 Nr. 1 Buchst. a AO reicht es nicht aus, dass die Leistungen zumindest zu zwei Dritteln den in § 53 AO genannten Personen zugute kommen. Unschädlich ist es aber, wenn eine mildtätige Körperschaft z.B. Wohnungen, die gegenwärtig nicht an Bedürftige vermietet werden können, aus Gründen der Kapazitätsauslastung am freien Wohnungsmarkt zu angemessenen Bedingungen an Nichtbedürftige vermietet[7].

---

1 Vgl. dazu *Hüttemann*, Stiftung&Sponsoring, Rote Seiten 1/2002, 4.
2 AEAO Nr. 15 zu § 55 Abs. 1 Nr. 1 AO.
3 Vgl. dazu BFH v. 24.7.1996 – I R 35/94, BStBl. II 1996, 583.
4 BFH v. 28.10.1960 – III 134/56 U, BStBl. III 1961, 109.
5 So AEAO Nr. 10 zu § 53 AO; dazu *Hüttemann*, DB 2012, 250.
6 AEAO Nr. 4 zu § 53 AO.
7 BFH v. 24.7.1996 – I R 35/94, BStBl. II 1996, 583.

Die Finanzverwaltung hat in der Vergangenheit verschiedentlich auch bei **Schülern und Studenten** eine wirtschaftliche Hilfebedürftigkeit aus Vereinfachungsgründen generell unterstellt[1]. Bei dieser vereinfachenden Sicht bleibt außer Betracht, dass Kinder und Jugendliche regelmäßig unterhaltsberechtigt sind, so dass es auf die Einkommens- und Vermögensverhältnisse der Eltern ankommen muss[2].

Der Nachweis der wirtschaftlichen Hilfebedürftigkeit der unterstützten Personen ist   **3.175** für die mildtätigen Einrichtungen (und die Finanzämter) mit erheblichen Verwaltungskosten verbunden. Im Sinne einer „Entbürokratisierung" hat der Gesetzgeber deshalb mit dem Gesetz zur Stärkung des Ehrenamtes[3] **zwei sinnvolle Vereinfachungen** eingeführt:

– Nach § 53 Nr. 2 Satz 6 AO ist die wirtschaftliche Hilfebedürftigkeit bei **Empfängern von bestimmten Sozialleistungen** (nach dem SGB II, dem SGB XII, dem Wohngeldgesetz, nach § 27a Bundesversorgungsgesetz oder § 6a Bundeskindergeldgesetz) „als nachgewiesen anzusehen". Soweit diese Vermutung eingreift, kann eine Ermittlung der Bezüge im Sinne von § 53 Nr. 2 Satz 4 AO zur Feststellung der wirtschaftlichen Hilfebedürftigkeit entfallen. Die Körperschaft kann den vereinfachten Nachweis nach § 53 Nr. 2 Satz 7 AO „mit Hilfe des jeweiligen Leistungsbescheids, der für den Unterstützungszeitraum maßgeblich ist, oder mit Hilfe der Bestätigung des Sozialleistungsträgers führen". Diese Anknüpfung an das Sozialrecht vermeidet unnötige Verwaltungskosten und eine „doppelte" Bedürftigkeitsprüfung[4]. Die Körperschaft hat eine Ablichtung des Bescheides oder der Bestätigung aufzubewahren[5].

– Eine zweite Vereinfachung betrifft solche Einrichtungen, bei denen – wie z.B. im Rahmen der Essensausgabe durch eine „Tafel" – der Nachweis der wirtschaftlichen Hilfebedürftigkeit durch Einkommens- und Vermögensnachweise schon bisher faktisch unmöglich war. Nach § 53 Nr. 2 Satz 8 AO kann auf Antrag der Körperschaft auf einen Nachweis der wirtschaftlichen Hilfebedürftigkeit verzichtet werden, wenn „auf Grund **der besonderen Art der gewährten Unterstützungsleistung** sichergestellt ist, dass nur wirtschaftlich hilfebedürftige Personen im vorstehenden Sinne unterstützt werden". Diese – erst auf Anregung des Bundesrates[6] – eingefügte Vereinfachung trägt in typisierender Weise dem Umstand Rechnung, dass der Kreis der unterstützten Personen bei vielen mildtätigen Einrichtungen in der Regel nicht über wirtschaftlich Bedürftige hinausgehen wird[7]. Soweit diese Voraussetzung erfüllt ist, ersetzt die Feststellung des Finanzamts

---

1 Vgl. etwa OFD Münster v. 7.11.2011, DStR 2011, 222.
2 So *Seer* in Tipke/Kruse, § 53 AO Rz. 8; FG Köln v. 19.1.2017 – 13 K 1160/13, zitiert nach juris (Rev. V R 10/17).
3 Gesetz v. 21.3.2013, BGBl. I 2013, 566.
4 Die Neuregelung vertieft allerdings die bereits zu § 53 Nr. 2 Satz 5 AO im Schrifttum kritisierte Ungleichbehandlung von Sozialhilfeempfängern und Selbstzahlern, vgl. dazu *Seer* in Tipke/Kruse, § 53 AO Rz. 6
5 AEAO Nr. 11 zu § 53 AO.
6 BR-Drucks. 663/1/12, S. 3.
7 Dazu näher *Schauhoff/Kirchhain*, FR 2013, 301 (302 f.); *Hüttemann*, DB 2013, 774; *Hüttemann*, DB 2014, 442 (443).

den konkreten Nachweis der Hilfebedürftigkeit der unterstützten Personen. Die Vereinfachung gilt nicht nur bei § 53 AO, sondern – wegen der Bezugnahme auf § 53 AO in § 66 Abs. 3 AO – auch für die Prüfung der Zwei-Drittel-Grenze von Wohlfahrtseinrichtungen nach § 66 Abs. 3 AO[1]. Zwar verlangt § 53 Nr. 2 Satz 8 AO, dass „sichergestellt" ist, dass nur hilfebedürftige Personen unterstützt werden. Damit der vom Gesetzgeber erstrebte Bürokratieabbau in der Praxis auch tatsächlich erreicht wird, dürfen die Anforderungen an eine „Sicherstellung" jedoch nicht überzogen werden. Es muss daher ausreichen, wenn nach der Art der Unterstützungsleistung (und dazu wird man neben der Qualität der Leistung sicher auch die tatsächlichen Umstände der Leistungsgewährung und das örtliche Umfeld der Einrichtung rechnen müssen)[2] bei einer Beurteilung ex ante davon auszugehen ist, dass lediglich wirtschaftlich Bedürftige die Unterstützungsleistungen der Körperschaft nachfragen werden[3]. Nach Ansicht der Finanzverwaltung trifft dies z.B. auf Kleiderkammern, Suppenküchen, Obdachlosenasyle und die sog. „Tafeln" zu[4]. Für den auf Antrag der Körperschaft darüber ausgestellten Bescheid gilt § 60a Abs. 3 bis 5 AO entsprechend. Der Bescheid entfaltet also nur solange Bindungswirkung, wie sich das tatsächliche Leistungsangebot gegenüber der Sachlage bei Beurteilung durch das Finanzamt nicht wesentlich verändert hat[5]. Die Neuregelung gilt zwar erst seit dem 1.1.2013, sollte aber aus Billigkeitsgründen auch schon auf vorhergehende Veranlagungszeiträume angewandt werden[6].

3.176   frei

D. Kirchliche Zwecke (§ 54 AO)

I. Allgemeines

3.177   Nach § 54 AO verfolgt eine Körperschaft kirchliche Zwecke, „wenn ihre Tätigkeit darauf gerichtet ist, eine Religionsgemeinschaft, die Körperschaft des öffentlichen Rechts ist, selbstlos zu fördern". Die Regelung des § 54 AO ergänzt einerseits die persönliche Steuerbefreiung der Kirchen als Körperschaften des öffentlichen Rechts außerhalb ihrer Betriebe gewerblicher Art (vgl. § 1 Abs. 1 Nr. 6 KStG) und ist andererseits gegenüber § 52 Abs. 2 Satz 1 Nr. 2 AO – „Förderung religiöser Zwecke" – abzugrenzen. Was den ersten Gesichtspunkt anbetrifft, so ist zu beachten, dass § 54 AO nicht die Tätigkeit der Kirchen selbst betrifft, da diese bereits als juristische Personen des öffentlichen Rechts im „hoheitlichen Bereich" persönlich von der Steuerpflicht

---

1 AEAO Nr. 7 zu § 66 AO.
2 Ähnlich AEAO Nr. 12 zu § 53 AO.
3 Für eine einschränkende Auslegung auch *Schauhoff/Kirchhain*, FR 2013, 301 (302 f.).
4 AEAO Nr. 12 zu § 53 AO.
5 RFH v. 28.5.1931 – I A 148/31, RStBl. 1931, 553; RFH v. 27.4.1932 – III A 96/32, RStBl. 1932, 572.
6 Ebenso *Graffe* in Non Profit Law Yearbook 2013/2014, 93, 94.

befreit sind[1]. Sie bedürfen folglich der Befreiung nach den §§ 51 ff. AO i.V.m. den Einzelsteuergesetzen nur, soweit sie einen steuerpflichtigen Betrieb gewerblicher Art im Sinne des § 4 KStG unterhalten[2]. § 54 AO ergänzt diese Steuerbefreiung, in dem auch privatrechtliche Körperschaften, die die Tätigkeiten der Kirchen fördern, selbst wegen Verfolgung kirchlicher Zwecke steuerbefreit sind[3]. Was das Verhältnis von § 54 AO zu § 52 Abs. 2 Satz 1 Nr. 2 AO betrifft, so ist zu beachten, dass § 54 AO auf einen **„bestimmten Organisationszusammenhang"** abstellt[4]. § 54 AO betrifft nur „Fördereinrichtungen"[5], und zwar nur solche, die Religionsgemeinschaften in der Rechtsform der Körperschaft des öffentlichen Rechts fördern. Einer Förderung der Allgemeinheit (§ 52 Abs. 1 Satz 1 AO) bedarf es hingegen nicht[6]. Soweit eine Religions- oder Weltanschauungsgemeinschaft nicht als juristische Person des öffentlichen Rechts organisiert ist, kann sie selbst nur über § 52 Abs. 2 Satz 1 Nr. 2 AO (Förderung der Religion) die Steuerbegünstigung erlangen[7]. Ebenso wären Förderkörperschaften von solchen Religionsgemeinschaften nicht nach § 54 AO, sondern nach § 58 Nr. 1 AO zu behandeln[8]. Die steuerliche Unterscheidung nach dem Organisationsstatus der Religionsgemeinschaften ist durch Art. 140 GG i.V.m. Art. 137 Abs. 5 WRV gerechtfertigt, der insoweit dem Gleichheitssatz vorgeht[9]. Auch Art. 4 GG begründet keinen Anspruch auf steuerliche Privilegien[10].

Aus dem spezifischen religionsverfassungsrechtlichen Kontext des § 54 AO folgt zugleich, dass der Begriff der „kirchlichen Zwecke" auf die Unterstützung einer **inländischen Religionsgemeinschaft** in der Rechtsform einer Körperschaft des öffentlichen Rechts zu beschränken ist. Eine Spende an eine Körperschaft, die eine ausländische Religionsgemeinschaft unterstützt, dient folglich selbst dann nicht kirchlichen Zwecken im Sinne von § 54 AO, wenn diese Religionsgemeinschaft nach dem Recht ihres Sitzstaates Rechtsfähigkeit besitzt[11]. Daraus folgt, dass eine Direktspende „an den Papst" – anders als eine Spende an eine als Körperschaft des öffentlichen Rechts organisierte deutsche katholische Diözese – steuerlich nicht abzugsfähig ist[12].

---

1 Vgl. zu kirchlichen Hoheitsbetrieben näher *Schön*, DStZ 1999, 701.

2 Zur Abgrenzung zwischen hoheitlicher und wirtschaftlicher Tätigkeit vgl. aus jüngster Zeit FG Hamburg v. 5.2.2013 – 3 K 74/12, EFG 2013, 956 evangelisch-lutherischer Kindergarten als BgA (zweifelhaft). Das Revisionsverfahren (Az. BFH II R 11/13) ist nach Klagerücknahme beendet worden.

3 Eingehend zu Normzweck und Entstehungsgeschichte *von Cube* in NK-GemnR, § 54 AO Rz. 1 ff.

4 Unabhängige Sachverständigenkommission, Gutachten, S. 102.

5 Siehe BFH v. 22.3.2018 – I R 39/15, juris: Kirchengemeinde fördert keine „kirchlichen Zwecke".

6 Dazu auch *von Cube* in NK-GemnR, § 54 AO Rz. 30.

7 Vgl. auch BFH v. 30.6.2010 – II R 12/09, BStBl. II 2011, 48.

8 *Fischer* in Hübschmann/Hepp/Spitaler, § 54 AO Rz. 10 (Stand 8/1996).

9 Eingehend *Fischer* in Hübschmann/Hepp/Spitaler, § 54 AO Rz. 17 m.w.N. (Stand 8/1996); *Seer* in Tipke/Kruse, § 54 AO Rz. 4 f.

10 Vgl. BFH v. 16.10.1991 – I B 16/91, BFH/NV 1992, 505.

11 Ebenso FG Köln v. 15.1.2014 – 13 K 3735/10, EFG 2014, 667; *Seer* in Tipke/Kruse, § 54 AO Rz. 4; a.A. FG Bremen v. 8.6.2011 – 1 K 63/10 (6), DStRE 2012, 1321 (aus anderen Gründen aufgehoben durch BFH v. 17.9.2013 – I R 16/12, DB 2014, 575).

12 FG Köln v. 15.1.2014 – 13 K 3735/10, EFG 2014, 667.

3.178 Zu den **Religionsgemeinschaften mit Körperschaftsstatus** gehören insbesondere die Diözesen der Römisch-Katholischen Kirche, die Evangelisch-Lutherischen, Reformierten und Unierten Landeskirchen, das Bistum der Altkatholiken, die Zeugen Jehovas[1], die meisten israelitischen Kultusgemeinden[2], nicht aber rein islamische Glaubensvereine[3]. Öffentlich-rechtliche Rechtssubjekte sind auch die Untergliederungen und Zusammenschlüsse, die diese Religionsgemeinschaften kraft ihrer Organisationskompetenz bilden[4]. Andere Religionsgemeinschaften können unter den Voraussetzungen des Art. 137 Abs. 5 Satz 2 WRV den Status einer Körperschaft des öffentlichen Rechts erhalten. Ob eine Religionsgemeinschaft des öffentlichen Rechts vorliegt, richtet sich nach dem öffentlichen Recht der Bundesländer[5]. Zu den privatrechtlich verfassten Körperschaften, die Religionsgemeinschaften in der Rechtsform der Körperschaft des öffentlichen Rechts fördern, also kirchliche Zwecke im Sinne von § 54 AO verfolgen, zählen z.B. Kirchbauvereine, Priesterseminare, kirchliche Unterstützungskassen, Stiftungen zur Versorgung von Geistlichen oder eine GmbH, die kirchliches Vermögen verwaltet[6]. Steht dagegen – wie z.B. bei den kirchlichen Verbänden der freien Wohlfahrtspflege – nicht die Unterstützung der Kirchen, sondern die unmittelbare Förderung von Dritten im Vordergrund, bestimmt sich die Gemeinnützigkeit nicht nach § 54 AO, sondern nach § 52 AO[7].

II. Einzelfragen

3.179 § 54 Abs. 2 AO enthält eine erläuternde und **nicht abschließende** („… insbesondere") **Aufzählung von Fördermaßnahmen**, die als Verfolgung kirchlicher Zwecke anzusehen sind. Diese Zwecke lassen sich in den Kultusbereich, den Verkündigungs- und Unterweisungsbereich und den Organisations- und Verwaltungsbereich der entsprechenden Religionsgemeinschaften unterteilen[8]. Das Gesetz nennt insbesondere die „Errichtung, Ausschmückung und Unterhaltung von Gotteshäusern und kirchlichen Gemeindehäusern, die Abhaltung von Gottesdiensten, die Ausbildung von Geistlichen, die Erteilung von Religionsunterricht, die Beerdigung und die Pflege des Andenkens der Toten, ferner die Verwaltung des Kirchenvermögens, die Besoldung der Geistlichen, Kirchenbeamten und Kirchendiener, die Alters- und Behindertenversorgung für diese Personen und die Versorgung ihrer Witwen und Waisen"[9]. Die Verwaltung des Kirchenvermögens setzt nicht voraus, dass das Kir-

---

1 BVerfG v. 19.12.2000 – 2 BvR 1500/97, BVerfGE 102, 370.
2 Vgl. die Aufzählung bei *Kirchhof*, Handbuch des Staatsrechts, Bd. I, § 22, S. 687.
3 BFH v. 30.6.2010 – II R 12/09, BStBl. II 2011, 48; zur Anerkennung islamisch geprägter Bewegungen in Hessen und Hamburg vgl. *von Cube* in NK-GemnR, § 53 AO Rz. 12.
4 Dazu nur *Fischer* in Hübschmann/Hepp/Spitaler, § 54 AO Rz. 18 (Stand 8/1996); *Droege*, npoR 2013, 216.
5 BFH v. 2.12.1955 – III 99/50 U, BStBl. III 1956, 22.
6 Vgl. BFH v. 24.7.1996 – I R 35/94, BStBl. II 1996, 583.
7 Zutreffend *Fischer* in Hübschmann/Hepp/Spitaler, § 54 AO Rz. 24 (Stand 8/1996).
8 So OVG Münster v. 14.12.2006 – 9 A 2477/04, NWVBl. 2007, 232, 233 im Anschluss an *Seer* in Tipke/Kruse, § 54 AO Rz. 7; ebenso *von Cube* in NK-GemnR, § 54 AO Rz. 16.
9 Vgl. näher zu den Regelbeispielen *von Cube* in NK-GemnR, § 54 AO Rz. 20 ff.; *Fischer* in Hübschmann/Hepp/Spitaler, § 54 AO Rz. 26 f. (Stand 8/1996).

chenvermögen gemeinnützig (also zum Nutzen der Allgemeinheit) oder mildtätig (z.B. durch Vermietung an Bedürftige) verwendet wird[1]. Voraussetzung ist aber stets, dass „kirchliches Vermögen" verwaltet wird. Dazu ist erforderlich, dass eine Religionsgemeinschaft in der Rechtsform einer Körperschaft des öffentlichen Rechts Inhaberin des verwalteten Vermögens ist[2]. Als weitere im Gesetz nicht genannte kirchliche Zwecke sind z.B. anerkannt die Verkündigung im In- und Ausland[3] sowie die Durchführung von Kirchentagen[4]. Die Verfolgung kirchlicher Zwecke ist nicht auf Fördermaßnahmen im Inland beschränkt, sondern umfasst z.B. auch die Missionsarbeit im Ausland, die Tätigkeit der kirchlichen Auslandsgemeinden oder die Verwaltung von Kirchenvermögen im Ausland[5]. Mangels einer unmittelbaren Förderung der Kirchen sind bloße Mittelbeschaffungsaktivitäten, wie z.B. der entgeltlichen Durchführung von Kirchenbesichtigungen oder Kirchturmbesteigungen[6] bzw. der Verkauf von Messwein[7], keine kirchlichen Zwecke im Sinne des § 54 AO[8]. Für wirtschaftliche Tätigkeiten von kirchlichen Körperschaften gelten hinsichtlich der Steuerpflicht die allgemeinen Regelungen der §§ 14, 64, 65 ff. AO[9].

frei   3.180–3.181

E. Mittelbeschaffung für steuerbegünstigte Körperschaften (§ 58 Nr. 1 AO)

I. Mittelbeschaffung als eigenständiger steuerbegünstigter Zweck

Nach § 58 Nr. 1 AO wird die Steuervergünstigung „nicht dadurch ausgeschlossen,   3.182
dass eine Körperschaft Mittel für die Verwirklichung der steuerbegünstigten Zwecke einer anderen Körperschaft oder für die Verwirklichung steuerbegünstigter Zwecke durch eine Körperschaft des öffentlichen Rechts beschafft; die Beschaffung von Mitteln für eine unbeschränkt steuerpflichtige Körperschaft setzt voraus, dass diese selbst steuerbegünstigt ist". Zu den nach § 58 Nr. 1 AO steuerlich begünstigten Körperschaften zählen insbesondere die **Förder- und Spendensammelvereine**[10]. Mit der gemeinnützigkeitsrechtlichen Gleichstellung von nur fördernden Einrichtungen mit operativen Körperschaften hat der Gesetzgeber die besondere

---

1 Dazu BFH v. 24.7.1996 – I R 35/94, BStBl. II 1996, 583.
2 *Buchna/Leichinger/Seeger/Brox*, S. 114 f.
3 Vgl. auch *Seer* in Tipke/Kruse, § 54 AO Rz. 7; überholt daher RFH v. 20.1.1938 – VIa 10/38, RStBl. 1938, 1164.
4 OFD Düsseldorf v. 1.7.1982, DB 1982, 1596.
5 Eingehend *Geserich* in Kirchhof/Söhn/Mellinghoff, § 10b EStG Rz. B 142.
6 RFH v. 6.9.1938 – VI a 7/38, RStBl. 1938, 1189; RFH v. 27.8.1939 – I 131/38, RStBl. 1939, 910.
7 OFH v. 12.2.1946 – I 1/46 S, FR 1946, 6.
8 Zur Abgrenzung kirchlicher und gewerblicher Zwecke vgl. auch *Schön*, DStZ 1999, 701 ff.
9 Vgl. BFH v. 13.8.1986 – II R 246/81, BStBl. II 1986, 831.
10 Vgl. auch *Fischer* in Hübschmann/Hepp/Spitaler, § 58 AO Rz. 29 (Stand 6/2003).

Gemeinwohlrelevanz der Mittelbeschaffung anerkannt[1]. In der Tat ist die 1977 eingeführte Steuerbegünstigung von Förderkörperschaften heute nicht mehr wegzudenken[2], denn das arbeitsteilige Zusammenwirken von fördernden und operativen Einrichtungen im Dritten Sektor hat in den letzten Jahren immer mehr zugenommen. Diese Entwicklung ist rechtspolitisch zu begrüßen, weil eine Arbeitsteilung zwischen Mittelbeschaffung und operativer Tätigkeit die Effizienz erhöhen kann und (rein) operativen Einrichtungen eine Konzentration auf ihre Kernaufgaben erlaubt.

Auch die Finanzverwaltung hat schon bei der Änderung des Anwendungserlasses zur AO im Jahr 2008[3] zu erkennen gegeben, dass sie von einem weiten Anwendungsbereich des § 58 Nr. 1 AO ausgeht. Dies ergibt sich zum einen daraus, dass die in Nr. 1 zu § 58 Nr. 1 AO früher enthaltene einschränkende Formulierung („diese Ausnahmeregelung ermöglicht, so genannte Fördervereine und Spendensammelvereine als steuerbegünstigte Körperschaften anzuerkennen") durch eine offenere Formulierung ersetzt worden ist. In Nr. 1 des Anwendungserlasses zu § 58 Nr. 1 AO heißt es seitdem:

„Diese Ausnahmeregelung ermöglicht es, Körperschaften als steuerbegünstigt anzuerkennen, die andere Körperschaften fördern und dafür Spenden sammeln **oder auf andere Art Mittel beschaffen (Mittelbeschaffungskörperschaften)**".

Ferner ist in Nr. 15 zu § 55 Abs. 1 Nr. 1 AO ausdrücklich klargestellt, dass auch die Vergabe von Darlehen eine im Rahmen des § 58 Nr. 1 und 2 zulässige Form der „mittelbaren Zweckverwirklichung" darstellt. Der Anwendungserlass lässt an dieser Stelle zwar offen, ob dies auch bei Hingabe von marktgerecht verzinslichen Darlehen gilt. Richtigerweise sind hier – ebenso wie bei der Vergabe von Darlehen im Rahmen der unmittelbaren steuerbegünstigten Tätigkeit (z.B. Studienstipendien) nach Nr. 15 zu § 55 Abs. 1 Nr. 1 AO – nur solche Finanzierungsmaßnahmen als Mittelbeschaffung gemeint, die zu günstigeren Bedingungen erfolgen als am allgemeinen Kapitalmarkt.

3.183   Der Gesetzgeber hat die Steuerbegünstigung der Mittelbeschaffung in § 58 AO geregelt, d.h. als eine „steuerlich unschädliche Betätigung". Diese Zuordnung zu § 58 AO ist **systematisch verfehlt** und missverständlich[4]. Es handelt sich nicht um einen steuerunschädlichen „Nebenzweck"[5]. Vielmehr kann die Mittelbeschaffung im Gegensatz zu den anderen in § 58 AO aufgezählten steuerlich unschädlichen Betätigungen auch alleiniger Zweck einer Körperschaft sein[6]. Darin liegt ein wichtiger Unterschied zu § 58 Nr. 2 AO, der nur eine „teilweise" Weitergabe von Mitteln an andere steuerbegünstigte Körperschaften erlaubt.

1 Zur Mittelbeschaffung aus betriebswirtschaftlicher Sicht *Urselmann*, Fundraising, 6. Aufl. 2014.
2 Die Unabhängige Sachverständigenkommission hat ihre Beibehaltung empfohlen, vgl. Gutachten, S. 98 f.
3 BMF v. 21.4.2008, BStBl. I 2008, 582.
4 Vgl. *Hüttemann* in DStJG 26 (2003), 49.
5 So noch die Überschrift der Vorgängerregelung des § 5 GemVO.
6 Statt aller nur AEAO Nr. 1 zu § 58 Nr. 1 AO.

§ 58 Nr. 1 AO wird gemeinhin als gesetzliche **Ausnahme vom Unmittelbarkeits-** **3.184** **grundsatz** des § 57 AO verstanden[1]. Dies erscheint nur auf den ersten Blick richtig. Nach § 57 Abs. 1 Satz 1 AO verfolgt eine Körperschaft ihre steuerbegünstigten Zwecke unmittelbar, wenn sie selbst diese Zwecke verwirklicht. Nur ein *eigenes* gemeinnütziges Handeln rechtfertigt mithin eine steuerliche Entlastung[2]. Seine eigentliche Bedeutung entfaltet der Unmittelbarkeitsgrundsatz erst im Zusammenspiel mit der Definition der steuerbegünstigten Zwecke in den §§ 52 bis 54 AO. Denn die entscheidende Frage, ob das „eigene" Wirken einer Körperschaft als Verfolgung eines Gemeinwohlzwecks anzusehen ist, beurteilt sich nicht nach § 57 AO, sondern nach den §§ 52 bis 54 AO. So verlangt z.B. § 53 AO eine „Unterstützung von Personen". Daraus folgt, dass die finanzielle Unterstützung einer mildtätigen Einrichtung für sich genommen noch keine mildtätige Betätigung ist. Für § 52 AO gilt nichts grundsätzlich anderes: Die Beschaffung von Mitteln für eine gemeinnützige Einrichtung fördert nicht „selbst" die Allgemeinheit, sondern eben nur die Körperschaft, für die die Mittel beschafft werden.

Wenn man erkennt, dass das Unmittelbarkeitserfordernis nur die Notwendigkeit **3.185** eines „eigenen" Handelns der Körperschaft betrifft, dann lässt sich auch die Regelung des § 58 Nr. 1 AO systematisch zutreffend einordnen. Die Vorschrift befreit gerade nicht vom Erfordernis „eigenen" Handelns, sondern erweitert – ebenso wie § 52 Abs. 2 Satz 1 Nr. 25 AO (vgl. dazu Rz. 3.146) – den Katalog der steuerbegünstigten Zwecke. Durch § 58 Nr. 1 AO wird die Mittelbeschaffung für andere steuerbegünstigte Körperschaften **als eigenständiger steuerbegünstigter Zweck** anerkannt. Systematisch handelt es sich um eine Ergänzung der §§ 52 bis 54 AO. Zu Recht verlangt die Finanzverwaltung daher, dass der Zweck der Mittelbeschaffung – wie bei den anderen steuerbegünstigten Zwecken auch – in der Satzung der Körperschaft selbst verankert werden muss[3]. Dem kann nicht entgegengehalten werden, dass § 59 AO nur auf die §§ 52 bis 55 AO verweise[4]. Versteht man in Übereinstimmung mit dem Willen des Gesetzgebers und der heute allgemeinen Praxis die Mittelbeschaffung zugunsten anderer steuerbegünstigt tätiger Körperschaften als eigenständigen steuerbegünstigten Zweck, dann muss auch das Gebot der satzungsmäßigen Gemeinnützigkeit auf § 58 Nr. 1 AO ausgedehnt werden.

Eine Mittelbeschaffung nach § 58 Nr. 1 AO ist gegenüber einer **Mittelweitergabe** **3.186** **nach § 58 Nr. 2 AO und einer Raumüberlassung nach § 58 Nr. 5 AO abzugren-** **zen.** Von einer Mittelweitergabe nach § 58 Nr. 2 AO unterscheidet sich die Mittelbeschaffung vor allem dadurch, dass sie als eigenständiger steuerbegünstigter Zweck in der Satzung der Förderkörperschaft enthalten sein muss. Zugleich bestehen – anders als bei § 58 Nr. 2 AO („teilweise") – keine quantitativen Grenzen: Es können

---

1 Statt aller nur BFH v. 13.9.1989 – I R 19/85, BStBl. II 1990, 28; *Buchna/Leichinger/Seeger/ Brox*, S. 196; *Schauhoff* in Schauhoff, § 9 Rz. 6; *Seer* in Tipke/Kruse, § 58 AO Rz. 2; *von Cube* in NK-GemnR, § 58 AO Rz. 3.
2 *Becker/Riewald/Koch*, § 17 StAnpG Anm. 6 (5).
3 AEAO Nr. 1 zu § 58 AO; s. auch FG Niedersachsen v. 8.4.2010 – 6 K 139/09, zitiert nach juris; FG Rheinland-Pfalz v. 29.1.2009 – 6 K 1351/06, DStRE 2010, 549.
4 So aber *Herbert*, BB 1991, 178 (181).

also auch sämtliche Mittel der Körperschaft weitergegeben werden. Ähnliches gilt auch hinsichtlich der Abgrenzung zu einer Raumüberlassung nach § 58 Nr. 5 AO. Bezieht man die unentgeltliche oder verbilligte Überlassung von Sachvermögen (z.B. die Nutzungsüberlassung eines Hauses) in den Anwendungsbereich des § 58 Nr. 1 AO ein (dazu sogleich Rz. 3.189 ff.), dann liegt der entscheidende Unterschied wiederum in der satzungsmäßigen Verankerung und der Tatsache, dass die Nutzungsüberlassung nach § 58 Nr. 1 AO auch die gesamten Sachwerte der Körperschaft betreffen kann.

Begrifflich unterscheidet das Gesetz in § 58 Nr. 1 und 2 AO zwischen einer „Mittelbeschaffung" und einer „Mittelweitergabe". Diese terminologischen Unterschiede sind insoweit **missverständlich**, als einerseits die Mittelbeschaffung nach § 58 Nr. 1 AO auch die „Weitergabe" der beschafften Mittel an die Empfängerkörperschaft einschließt und andererseits die „Mittelweitergabe" auch dann erlaubt ist, wenn sich die Körperschaft die (teilweise) weitergegebenen Mittel zunächst – z.B. durch eine wirtschaftliche Tätigkeit – „beschafft" hat. Am besten wäre es, wenn man die Unterscheidung zwischen § 58 Nr. 1 und 2 AO ganz aufgeben und beide Tatbestände in einer Norm zusammenfassen würde[1]. Zugleich könnte dann angeordnet werden, dass jede Form der Mittelweitergabe als eigenständiger Zweck einer satzungsmäßigen Grundlage bedarf.

Eine Mittelbeschaffung und Mittelweitergabe nach § 58 Nr. 1 AO unterscheidet sich von einer **unmittelbaren Zweckverwirklichung unter Einschaltung von Hilfspersonen (§ 57 Abs. 1 Satz 2 AO)** zunächst dadurch, dass die Tätigkeit als Hilfsperson nicht selbst steuerbegünstigt sein muss. Darüber hinaus trägt eine Förderkörperschaft nur eine begrenzte Verantwortung für die korrekte Mittelverwendung bei der Empfängerkörperschaft. Anders als bei der Einschaltung von Hilfspersonen, deren Verhalten der einschaltenden Körperschaft gemeinnützigkeitsrechtlich „wie eigenes Wirken" zugerechnet wird, beschränkt sich die Verantwortung der Förderkörperschaft auf den Akt der Mittelbeschaffung und Mittelweitergabe nach § 58 Nr. 1 AO. Der Unterschied zeigt sich insbesondere in Fällen einer Mittelfehlverwendung. Während ein Fehlverhalten einer Hilfsperson die einschaltende Körperschaft betrifft, liegt (nur) eine Mittelfehlverwendung bei der Empfängerkörperschaft vor, wenn die weitergeleiteten Mittel bei dieser für andere Zwecke verwendet werden[2].

3.187 Der Zweck der Mittelverwendung muss – wie bereits dargelegt – **in der Satzung** der Körperschaft festgelegt sein (§ 59 AO). Dabei reicht es aus, dass die Zwecke, für die Mittel beschafft werden sollen, in der Satzung angegeben werden[3]. Eine namentliche Festlegung der Empfängerkörperschaft ist unschädlich, aber nicht notwendig[4]. Die Mittelbeschaffung muss nicht alleiniger Zweck einer Körperschaft sein, sondern kann auch neben anderen „unmittelbar" verfolgten steuerbegünstigten Zwecken verfolgt werden. Um die Satzungen gemeinnütziger Einrichtungen „zukunftsoffen" zu halten, sollte mit Rücksicht auf die Begrenzung einer Mittelweitergabe nach § 58

---

1 Vgl. auch BT-Drucks. 17/12323, S. 20.

2 Ebenso *Kirchhain*, DStR 2013, 2141 (2147); so jetzt auch AEAO Nr. 3 zu § 58 Nr. 3 AO (das Gleiche muss aber auch bei § 58 Nr. 1 AO gelten).

3 AEAO Nr. 1 zu § 58 Nr. 1 AO.

4 AEAO Nr. 1 zu § 58 Nr. 1 AO; vgl. auch FinMin Bayern v. 25.6.1997, DB 1997, 1746.

Nr. 2 AO zusätzlich auch eine Mittelbeschaffung nach § 58 Nr. 1 AO als weiterer (Vorrats-)Zweck aufgenommen werden, sofern auch größere Mittelweitergaben an andere Körperschaften beabsichtigt sind.

Eine Mittelbeschaffungskörperschaft im Sinne von § 58 Nr. 1 AO darf Mittel nur   3.188
für solche steuerbegünstigten Zwecke einer anderen Körperschaft beschaffen und
weitergeben, die in ihrer Satzung angegeben sind. Fraglich ist, ob es für die Zulässigkeit einer Mittelweitergabe darauf ankommt, dass die satzungsmäßigen Förderzwecke der Mittelbeschaffungskörperschaft mit den Satzungszwecken der Empfängerkörperschaft übereinstimmen[1]. Dies erscheint deshalb zweifelhaft, weil sich verschiedene steuerbegünstigte Zwecke in manchen Bereichen auch „überschneiden"
können.

Beispiel Nr. 14: Eine Wissenschaftsstiftung möchte einem akademischen Lehrkrankenhaus
in der Rechtsform einer gGmbH Gelder für die Durchführung eines medizinischen For-
schungsprojekts zuwenden. Diese Zuwendung erscheint auf den ersten Blick „satzungskon-
form", weil das konkrete Projekt unstreitig als Förderung von „Wissenschaft und Forschung" anzusehen ist, also die satzungsmäßigen Förderzwecke der Wissenschaftsstiftung
erfüllt. Verfolgt das Lehrkrankenhaus allerdings – weil man bei der Satzungsgestaltung die
„akademische" Komponente vernachlässigt hat – nach seiner Satzung nur die Zwecke „Förderung des öffentlichen Gesundheitswesens" bzw. „Mildtätigkeit", wäre eine satzungskonfor-
me Mittelverwendung zu verneinen, wenn man für die Zulässigkeit der Mittelweitergabe allein auf die (ggf. nur partielle) satzungsmäßige Übereinstimmung der steuerbegünstigten
Zwecke von Förder- und Empfängerkörperschaft abstellen würde[2]. Hält man es hingegen für
ausreichend, dass das konkret geförderte Projekt bei der Förder- und der Empfängerkörperschaft unter die jeweiligen satzungsmäßigen Zwecke fällt, wären auch Mittelweitergaben bei
„verschiedenen" Zwecken möglich, sofern sich die Satzungszwecke von Förder- und Empfängerkörperschaft inhaltlich zumindest überschneiden, wie dies im vorliegenden Beispiel
der Fall sein dürfte: Die medizinische Forschung im Rahmen eines Lehrkrankenhauses ist –
wenn sie im Rahmen der Patientenversorgung stattfindet – noch Teil der Förderung des öffentlichen Gesundheitswesens und dient zugleich der Wissenschaft.

Im Urteil vom 25.6.2014[3] **hat der BFH offengelassen, ob bei einer Mittelweiterleitung nach § 58 Nr. 1 AO die satzungsmäßigen Zwecke der geförderten Körperschaft denen der fördernden Körperschaft entsprechen müssen**, denn im Streitfall war eine solche Übereinstimmung nach Ansicht des I. Senats bereits in der Satzung der klagenden Förderkörperschaft festgeschrieben[4]. Sie verfolgte ihren Satzungszweck durch die finanzielle Förderung anderer steuerbegünstigter Körperschaften, „die der selbstlosen Förderung der Wissenschaft und/oder des Sports
dienen". Nach Ansicht des I. Senat waren deshalb Zuwendungen an eine Körperschaft, die nach dem Freistellungsbescheid wegen anderer Zwecke (u.a. „öffentliche
Gesundheitspflege") als gemeinnützig anerkannt waren, nicht zulässig. Ausgehend
von dieser Satzungsauslegung kam es – so der BFH weiter – auch auf „mögliche
Schnittmengen" zwischen verschiedenen gemeinnützigen Zwecken nicht an[5]. Der

---

1 FG Hessen v. 26.4.2012 – 4 K 2239/09, DStRE 2013, 434.
2 So FG Hessen v. 26.4.2012 – 4 K 2239/09, DStRE 2013, 434.
3 BFH v. 25.6.2014 – I R 41/12, BFH/NV 2015, 235.
4 Vgl. *Märtens*, DB 2015, 523; *von Cube* in NK-GemnR, § 58 AO Rz. 20.
5 BFH v. 25.6.2014 – I R 41/12, BFH/NV 2015, 235.

BFH begründet seine Auslegung der Satzung vor allem mit der „Form- und Inhalts-strenge" des Gemeinnützigkeitsrechts und verwaltungspraktischen Gesichtspunk-ten, denn bei reinen Fördergesellschaften solle der Förderzweck „nur auf der Ebene der (letztlich) mittelverwendenden Körperschaft und nicht zusätzlich auf der Ebene der Förderkörperschaft zu prüfen sein".

Dem BFH ist darin zu folgen, dass die Frage, welchen Zwecken eine gemeinnützige Empfänger-körperschaft im Sinne der Satzungsregelung „dient", im Zweifel anhand des Freistellungs-bescheids oder der Feststellung nach § 60a AO zu beurteilen ist. Diese Sichtweise hat für die Geschäftsleiter von Förderkörperschaften auch **eine entlastende Wirkung**, weil sie sich – so wird man die Ausführungen des I. Senats verstehen müssen – bei der Prüfung der Zulässig-keit einer Mittelweitergabe auf die entsprechenden Angaben in diesen Bescheiden verlassen dürfen. Dies ist insbesondere dann relevant, wenn Mittel ohne nähere Verwendungsauflagen nach § 58 Nr. 1 AO an eine andere Körperschaft weitergegeben werden sollen. Hier reicht es dann aus, wenn die Mittel für einen Zweck gegeben werden, der nach den im Zeitpunkt der Mittelweitergabe gültigen Freistellungsbescheiden bzw. Feststellungen nach § 60a AO so-wohl von der Förder- als auch von der Empfängerkörperschaft verfolgt wird[1]. Indes liegen die Fälle nicht immer so klar, weshalb das Erfordernis einer satzungsmäßigen „Zweckkongruenz" im Rahmen von § 58 Nr. 1 AO zu Recht in der Praxis auf Widerstand stößt[2]. Denn es bleibt das – vom BFH ausgeblendete – Problem, dass sich viele steuerbegünstigte Zwecke in Rand-bereichen tatsächlich überschneiden und die Entscheidung, welche Zwecke in die Satzung auf-genommen und im Freistellungsbescheid benannt werden, nicht immer mit der notwendigen Weitsicht getroffen werden.

Solange die Voraussetzungen einer zulässigen Mittelbeschaffung nach § 58 Nr. 1 AO nicht höchstrichterlich näher geklärt sind, wird man gemeinnützigen Förder-körperschaften **rein vorsorglich raten müssen**, anhand der Freistellungsbescheide bzw. der Feststellung nach § 60a AO auf eine – zumindest partielle – Überstim-mung der Zwecke von Förder- und Empfängerkörperschaft zu achten. Zwar ergibt sich dieses Erfordernis nicht zwingend aus § 58 Nr. 1 AO und das Gesetz schreibt auch keinen bestimmten Nachweis für Mittelweitergaben vor, weshalb sich die Pra-xis mit „Zuwendungsbestätigungen" nach § 50 EStDV behilft. Aus Sicht der Praxis dürfte es vor allem darum gehen, wie die Geschäftsleiter einer Förderkörperschaft bei einer späteren Betriebsprüfung nachweisen können, dass die tatsächliche Ge-schäftsführung nach § 63 Abs. 1 AO auf die Erfüllung der satzungsmäßigen steuer-begünstigten Zwecke gerichtet war. Insoweit muss es – entsprechend den zum Spendenrecht (vgl. § 10b Abs. 4 EStG) geltenden Grundsätzen – regelmäßig ausrei-chen, wenn sich die Verantwortlichen anhand des im Zeitpunkt der Mittelweiterga-be geltenden Freistellungsbescheids bzw. einer Feststellung nach § 60a AO davon überzeugen, dass die Empfängerkörperschaft auch einen Zweck verfolgt, der zu den Förderzwecken der Mittelbeschaffungskörperschaft gehört, und ihnen die Unrich-tigkeit der entsprechenden Bescheide nicht bekannt ist[3]. Ein solcher Vertrauens-schutz ist vor allem dann wichtig, wenn der Empfängerkörperschaft nachträglich die Steuerbegünstigung aberkannt wird oder die Mittel tatsächlich fehlverwendet

---

1 Ebenso AEAO zu § 58 Nr. 3 AO; *Buchna/Leichinger/Seeger/Brox*, S. 197.

2 Vgl. etwa *Kirchhain*, DStR 2013, 2141; *von Cube* in NK-GemnR, § 58 AO Rz. 20; *Weid-mann/Kohlhepp*, DStR 2015, 1273 (1274).

3 Ebenso *Kirchhain*, DStR 2013, 2141 (2147).

worden sind[1]. Abschließend ist daran zu erinnern, dass eine (teilweise) Mittelweitergabe bei Zweifeln hinsichtlich einer „Zweckkongruenz" auch immer auf § 58 Nr. 2 AO gestützt werden kann[2].

II. Beschaffung von Mitteln

Das Gesetz enthält keine Definition der Mittelbeschaffung im Sinne des § 58 Nr. 1 AO. Legt man den allgemeinen Mittelbegriff zugrunde, den der BFH geprägt hat, und versteht als Mittel „sämtliche Vermögenswerte", dann meint Mittelbeschaffung die **Beschaffung von Vermögenswerten zur Weiterleitung an andere steuerbegünstigte Körperschaften.** Darunter fällt unstreitig die Sammlung von Geld- oder Sachspenden für andere steuerbegünstigte Körperschaften, z.B. durch Förder- oder Spendensammelvereine. Der Begriff der Mittelbeschaffung reicht aber weiter. Dies gilt zunächst für die Frage, auf welche Weise Mittel beschafft werden. Unter § 58 Nr. 1 AO fällt nicht nur die Einwerbung von Spenden und Beiträgen, sondern jede Art der Mittelbeschaffung[3], also auch z.B. durch die Veranstaltung von steuerpflichtigen Basaren oder die Unterhaltung eines anderen steuerpflichtigen wirtschaftlichen Geschäftsbetriebs (zu den Grenzen einer wirtschaftlichen Tätigkeit Rz. 6.1 ff.). Ist die Weitergabe der Mittel Satzungszweck, kommt ein Spendenabzug nach § 10 Nr. 1 KStG aber nicht in Betracht[4]. Ein praktisch wichtiger Fall der Mittelbeschaffung ist die Vermögensverwaltung, z.B. durch die verzinsliche Anlage von Kapital, die Vermietung von Grundbesitz oder die Beteiligung an Kapitalgesellschaften. Zu den Fördereinrichtungen nach § 58 Nr. 1 AO gehören also auch sog. Förderstiftungen („grant-makers"), die die Erträge ihres Stiftungsvermögens an andere steuerbegünstigte Einrichtungen weiterleiten[5].

Im Anwendungserlass hat die Finanzverwaltung in Nr. 1 zu § 56 AO inzwischen ausdrücklich anerkannt, dass eine Mittelbeschaffung **vollständig aus Mitteln eines steuerpflichtigen wirtschaftlichen Geschäftsbetriebs oder aus der Vermögensverwaltung** erfolgen kann, ohne dass dadurch die Ausschließlichkeit (und auch die Selbstlosigkeit – vgl. dazu Rz. 6.7 f.) gefährdet wird. Diese Aussage enthält allerdings in der Sache keine Änderung, sondern entspricht – wie schon das Beispiel der „normalen" Förderstiftung zeigt – seit langem gängiger Praxis.

Eine Mittelbeschaffung für andere steuerbegünstigte Körperschaften setzt neben der Beschaffung der Mittel auch eine Mittelweiterleitung an diese voraus. Der häufigste Fall der Mittelweitergabe ist die **unentgeltliche Übertragung** von Geld und Sachen auf die Empfängerkörperschaft. Dies entspricht der typischen Tätigkeit von Förder-

3.189

3.190

---

1 Ebenso *Buchna/Leichinger/Seeger/Brox*, S. 198; *Schauhoff* in Schauhoff, § 9 Rz. 54; *Kirchhain*, DStR 2013, 2141 (2147); *Hüttemann*, DB 2014, 442 (444).

2 Richtig *von Cube* in NK-GemnR, § 58 AO Rz. 20.

3 Ebenso im Grundsatz *Fischer* in Hübschmann/Hepp/Spitaler, § 58 AO Rz. 36 (Stand 6/2003).

4 A.A. *Fischer* in Hübschmann/Hepp/Spitaler, § 58 AO Rz. 36 (Stand 6/2003).

5 Statt aller nur *Buchna/Leichinger/Seeger/Brox*, S. 202; *Hüttemann/Schauhoff/Kirchhain*, DStR 2016, 633 (635).

oder Spendensammelvereinen, die die vereinnahmten Spenden oder Beiträge an die geförderte Einrichtung weiterreichen.

Während § 58 Nr. 2 AO schon seinem Wortlaut nach („Mittelweitergabe") nicht danach unterscheidet, ob es um bereits vorhandene oder für die Weitergabe „beschaffte" Mittel der Geberkörperschaft geht, besteht auch bei § 58 Nr. 1 AO kein Grund, die Mittelweiterleitung auf solche Mittel zu beschränken, die nur zu dem Zweck der Weiterleitung „beschafft" worden sind. Deshalb bestehen z.B. bei einer nachträglichen Aufnahme des Zwecks „Mittelbeschaffung" nach § 58 Nr. 1 AO keine Bedenken, die **in der Vergangenheit bereits angesammelten Mittel** weiterzuleiten. Zivil- und organisationsrechtlich ist allerdings darauf zu achten, dass durch eine solche „Umwidmung" keine Rechte Dritter (z.B. von Spendern oder Mitgliedern) verletzt werden.

3.191 Ausgehend vom Wortlaut und der gesetzgeberischen Intention, die materielle Unterstützung von steuerbegünstigten Körperschaften einer eigenen operativen Tätigkeit gleichzustellen, sind auch andere Formen der Mittelweitergabe im Rahmen von § 58 Nr. 1 AO begünstigt, wenn sie zu einem **Werttransfer** zwischen der Förderkörperschaft und der Empfängerkörperschaft führen[1]. Ein solcher Werttransfer setzt nicht zwingend voraus, dass Geld oder geldwerte Sachen übertragen werden. Auch die Zuwendung eines geldwerten Vorteils ist als „Mittelweitergabe" anzuerkennen. Dazu ist z.B. der Fall zu rechnen, dass eine Mittelbeschaffungskörperschaft unentgeltliche **Dienstleistungen** gegenüber einer anderen gemeinnützigen Körperschaft erbringt. Denn es macht wirtschaftlich keinen Unterschied, ob eine Körperschaft solche Leistungen zunächst in Rechnung stellt und erst später – ähnlich einer „Aufwandsspende" – auf das Entgelt ganz oder teilweise verzichtet, oder ob die (objektiv werthaltige) Dienstleistung sogleich unentgeltlich oder zu einem niedrigeren Entgelt erbracht wird[2]. An einer Mittelweitergabe im Sinne des § 58 Nr. 1 und 2 AO fehlt es allerdings, wenn Dienstleistungen gegen ein marktübliches Entgelt (d.h. einschließlich eines Gewinnaufschlags) erbracht werden. Eine weitere denkbare Form der Mittelweitergabe im Sinne des § 58 Nr. 1 und 2 AO ist ferner auch die **Gewährung von Darlehen** an andere steuerbegünstigte Einrichtungen. Hierzu heißt es im Anwendungserlass[3]:

„Die Vergabe von Darlehen aus Mitteln, die zeitnah für die steuerbegünstigten Zwecke zu verwenden sind, ist unschädlich für die Gemeinnützigkeit, wenn die Körperschaft damit selbst unmittelbar ihre steuerbegünstigten satzungsmäßigen Zwecke verwirklicht. ... Die Vergabe von Darlehen aus zeitnah für die steuerbegünstigten Zwecke zu verwendenden Mitteln an andere steuerbegünstigte Körperschaften ist im Rahmen des § 58 Nr. 1 und 2 zulässig (mittelbare Zweckverwirklichung), wenn die andere Körperschaft die darlehensweise erhaltenen Mittel unmittelbar für steuerbegünstigte Zwecke innerhalb der für eine zeitnahe Mittelverwendung vorgeschriebenen Frist verwendet."

3.192 Dieser Auffassung ist darin zuzustimmen, dass die darlehensweise Weitergabe von Mitteln an eine andere steuerbegünstigte Körperschaft für deren zeitnahe Zweckverwirklichung ebenfalls eine „Mittelweitergabe" im Sinne von § 58 Nr. 1 und 2 AO dar-

---

1 Vgl. *Hüttemann/Schauhoff/Kirchhain*, DStR 2016, 633 (636); zustimmend *Seer* in Tipke/Kruse, § 58 AO Rz. 3.
2 Dazu näher *Hüttemann/Schauhoff/Kirchhain*, DStR 2016, 633 (636 f.).
3 AEAO Nr. 15 zu § 55 Abs. 1 Nr. 1 AO.

stellen kann[1]. Im Rahmen des § 58 Nr. 1 AO ist allerdings eine Einschränkung hinsichtlich der Finanzierungsbedingungen zu machen. Wer ausschließlich zu marktüblichen Bedingungen anderen steuerbegünstigten Körperschaften Kredite einräumt, verdient keine Steuervergünstigung, sondern betreibt ein „normales" Bankgeschäft. Daher kann eine Kreditgewährung nur dann ein tauglicher Zweck nach § 58 Nr. 1 AO sein, wenn die **Darlehen zinslos oder zumindest niedrigverzinslich oder ohne ausreichende Sicherheiten gewährt werden**[2].

Stellt man allein auf den wirtschaftlichen „Werttransfer" ab, stellt nicht nur die Gewährung von Darlehen, sondern auch die **Überlassung von Sachkapital** (Grundstücke, Gerätschaften etc.) eine Mittelweitergabe im Sinne von § 58 Nr. 1 AO dar[3]. Die Finanzverwaltung hat sich dazu – soweit ersichtlich – noch nicht geäußert. Aus wirtschaftlicher Sicht macht es aber auch hier keinen Unterschied, ob die Empfängereinrichtung ein Darlehen zur Finanzierung notwendiger Anschaffungen erhält oder ob ihr die benötigten Gegenstände unmittelbar überlassen werden. Eine Einbeziehung von beweglichen und unbeweglichen Wirtschaftsgütern widerspricht auch nicht § 58 Nr. 5 AO, da diese Regelung nur die teilweise, nicht satzungsmäßig verankerte Überlassung betrifft. Ebenso wie bei der Darlehensgewährung ist aber auch bei einer Nutzungsüberlassung im Rahmen von § 58 Nr. 1 AO zu verlangen, dass die Überlassung unentgeltlich oder zumindest unter dem Marktpreis erfolgt.

3.193

Geht man mit der hier vertretenen Ansicht davon aus, dass jede wirtschaftliche Vorteilsgewährung eine steuerbegünstigte „Mittelweitergabe" darstellt, dann stellt § 58 Nr. 1 AO auch eine geeignete gesetzliche Grundlage für die **Gemeinnützigkeit von sog. Holdingkörperschaften** dar[4]. Insoweit kommt es entscheidend darauf an, dass die Holding durch die (verbilligte) Überlassung von Sachkapital, die Organisation eines „Cashpools"[5] oder durch andere Dienstleistungen unter dem Marktpreis (z.B. Buchführung, Lohn- und Gehaltsabrechnung) die operativen gemeinnützigen Aktivitäten ihrer steuerbegünstigten Konzerngesellschaften unterstützt. Um den wirtschaftlichen Wert der Mittelweitergabe messen zu können, müssen die wirtschaftlichen Vorteile ermittelt werden, die die Holding den steuerbegünstigten Konzerngesellschaften durch Lieferungen und Leistungen unter dem Marktpreis gewährt hat. Die Annahme einer Mittelbeschaffungskörperschaft wird auch nicht dadurch ausgeschlossen, dass die Konzernunternehmen ihrerseits einen Teil ihrer Mittel nach § 58 Nr. 2 AO an die Holding abführen, sofern die wechselseitigen Leistungen nach einer Art „Solidaritätsprinzip" erfolgen, also die erfolgreichen Konzerngesellschaften über die Mittelabführung andere – verlustträchtige – Konzerngesellschaften subventionieren. Im Anwendungserlass fehlt weiterhin eine ausdrückliche Stellungnahme der Finanzverwaltung zu diesem Problemkreis (vgl. auch Rz. 4.66)[6].

Durch eine Mittelbeschaffung nach § 58 Nr. 1 AO (und eine Mittelweitergabe nach § 58 Nr. 2 AO) darf der **Grundsatz der zeitnahen Mittelverwendung** nicht unterlau-

3.194

---

1 Dazu eingehend *Kirchhain*, DStR 2012, 2313.

2 Zum „Cash-Pooling" in gemeinnützigen Konzernen vgl. *Seeger/Thier*, DStR 2011, 184.

3 Dazu näher *Hüttemann/Schauhoff/Kirchhain*, DStR 2016, 636 ff.

4 Zu den praktischen Konsequenzen dieser Sichtweise – z.B. für die Ebene der Mittelverwendung – siehe *Hüttemann/Schauhoff/Kirchhain*, DStR 2016, 638 ff.

5 Dazu *Buchna/Leichinger/Seeger/Brox*, S. 511 ff.

6 Vgl. aber *Hüttemann* in Herzig (Hrsg.), Organschaft, S. 399, 412 f.

fen werden. Mittel, die bei der Förderkörperschaft der zeitnahen Mittelverwendung unterlegen haben, sind deshalb vorbehaltlich § 58 Nr. 3 AO (dazu Rz. 5.171 ff.) auch bei der Empfängerkörperschaft zeitnah zu verwenden. Soweit eine Förderkörperschaft ein (verbilligtes) Darlehen aus zeitnah zu verwendenden Mitteln vergibt, unterliegen die Mittel beim Empfänger wieder der zeitnahen Verwendungspflicht[1]. Sie müssen also entweder verbraucht oder zur Anschaffung oder Herstellung von Wirtschaftsgütern verwendet werden, die den steuerbegünstigten Zwecken dienen[2].

Sind allerdings die Mittel der Förderkörperschaft zu dem Zweck zugewendet worden, sie dem Vermögen der Empfängerkörperschaft zuzuführen (vgl. § 62 Abs. 3 AO), besteht keine Pflicht zur zeitnahen Mittelverwendung. In diesem Sinne kann auch eine Körperschaft als Mittelbeschaffungskörperschaft nach § 58 Nr. 1 AO anerkannt werden, die z.B. das Stiftungskapital für eine noch zu errichtende gemeinnützige Stiftung einwirbt[3]. Bis zur Errichtung der Stiftung können die vereinnahmten Stiftungsgelder einer Zweckrücklage (§ 62 Abs. 1 Nr. 1 AO) zugeführt werden.

Durch das Gesetz zur Stärkung des Ehrenamtes hat der Grundsatz der zeitnahen Mittelverwendung durch § 58 Nr. 3 AO eine weitere Einschränkung erfahren. Nach § 58 Nr. 3 AO dürfen zeitnah zu verwendende Mittel nun in einem gewissen Umfang für die Ausstattung einer anderen Körperschaft mit Vermögen eingesetzt werden (dazu näher Rz. 5.171 ff.). § 58 Nr. 3 AO regelt aber selbst nur die Vermögensbildung bei der Empfängerkörperschaft, während sich die Zulässigkeit der Mittelweitergabe auf Seiten der Geberkörperschaft richtigerweise nach § 58 Nr. 1 und 2 AO bestimmt[4]. Eine Körperschaft, die mehr als die Hälfte ihrer Mittel für „**Endowments**" im Sinne von § 58 Nr. 3 AO einsetzen möchte, bedarf also einer satzungsmäßigen Grundlage nach § 58 Nr. 1 AO[5]. Unabhängig von § 58 Nr. 3 AO kann das nicht zeitnah zu verwendende Vermögen einer Körperschaft immer unter den Voraussetzungen des § 58 Nr. 1 und 2 AO einer anderen steuerbegünstigten Körperschaft zur Vermögensausstattung zugewendet werden[6].

Beispiel Nr. 15: Wenn sich eine Stiftung als Gesellschafterin an einer gGmbH beteiligen möchte, dann stehen ihr im Rahmen von § 58 AO somit verschiedene Möglichkeiten zur Verfügung, wie die Einlage „mittelverwendungstechnisch" dargestellt werden kann: Soweit zeitnah zu verwendende Mittel (z.B. Stiftungserträge) eingesetzt werden sollen, die weniger als die Hälfte der (laufenden) Mittel betragen, können diese im Rahmen von § 58 Nr. 2 und 3 AO zur Finanzierung der Einlage verwendet werden. Über die Grenze des § 58 Nr. 2 AO hinaus ist ein Endowment nach § 58 Nr. 3 AO – nach hier vertretener Ansicht – nur zulässig, wenn die Mittelweitergabe nach § 58 Nr. 1 AO zu den Satzungszwecken gehört. Sollen nicht zeitnah zu verwendende Mittel (z.B. Teile des Stiftungsvermögens oder Mittel der freien Rücklage nach § 62 Abs. 1 Nr. 2 AO) zur Finanzierung der Einlage eingesetzt werden, bedarf es des Rückgriffs auf § 58 Nr. 3 AO nicht, aber es ist gleichwohl zu prüfen, ob die Grenze des § 58 Nr. 2 AO überschritten ist.

---

1 AEAO Nr. 5 zu § 55 Abs. 1 Nr. 1 AO.
2 So auch AEAO Nr. 27 zu § 55 Abs. 1 Nr. 5 AO a.F.
3 *Alber* in Dötsch/Pung/Möhlenbrock, § 5 Abs. 1 Nr. 9 KStG Rz. 113.
4 Ebenso *Kirchhain*, DStR 2013, 2141 (2144).
5 Ebenso *Schauhoff/Kirchhain*, FR 2013, 301 (304); a.A. *von Cube* in NK-GemnR, § 58 AO Rz. 95.
6 So auch *Kirchhain*, DStR 2013, 2141 (2144).

III. Empfängerkörperschaften

§ 58 Nr. 1 AO erlaubt nur eine Mittelbeschaffung für die Verwirklichung der steuer-   3.195
begünstigten Zwecke einer anderen Körperschaft oder für die Verwirklichung steuerbegünstigter Zwecke durch eine Körperschaft des öffentlichen Rechts. Eine Beschaffung von Mitteln für eine unbeschränkt steuerpflichtige Körperschaft des privaten
Rechts setzt allerdings voraus, dass diese selbst steuerbegünstigt ist (§ 58 Nr. 1
2. Halbs. AO). Mit anderen Worten:

– Ist die Empfängerkörperschaft – wie im Regelfall – eine unbeschränkt steuerpflichtige, d.h. **inländische Körperschaft des privaten Rechts** (z.B. ein Verein
oder eine Stiftung mit Sitz oder Geschäftsleitung im Inland), dann muss diese
selbst steuerbegünstigt sein. Auf die Einhaltung dieser Voraussetzung muss die
Förderkörperschaft (z.B. durch Vorlage einer gesonderten Feststellung nach § 60a
AO oder eines Freistellungsbescheides) achten. Durch die Einschränkung für
inländische Körperschaften[1] sollte vor allem verhindert werden, dass nicht gemeinnützige Körperschaften über die Gründung von Fördervereinen weiterhin
eine **mittelbare Spendenabzugsberechtigung** erhalten. Die Gesetzesbegründung[2]
erwähnt z.B. den Fall eines Golfvereins, der selbst wegen zu hoher Aufnahmegebühren nicht gemeinnützig ist, aber für seine Jugendabteilung Spenden über einen gemeinnützigen Förderverein einwirbt.

– Sind die Mittel für eine **Körperschaft des öffentlichen Rechts** bestimmt, so bedarf
es keiner Anerkennung als steuerbegünstigt. Dies ist – wenn die Mittel für den
steuerfreien Hoheitsbereich bestimmt sind – selbstverständlich. Das Gesetz geht
aber darüber hinaus und lässt auch eine Mittelweitergabe an einen steuerpflichtigen Betrieb gewerblicher Art für dessen steuerbegünstigte Zwecke (z.B. Theater)
zu, wenn dieser nicht als Zweckbetrieb steuerbegünstigt ist (vgl. Rz. 2.78).

– Eine Mittelweitergabe an eine nicht unbeschränkt steuerpflichtige **ausländische
Körperschaft** setzt nicht voraus, dass diese selbst steuerbegünstigt ist. Eine solche
Einschränkung wäre schon deshalb unsinnig, weil eine ausländische Einrichtung
– zumindest gegenwärtig – nicht in Deutschland als steuerbegünstigt anerkannt
werden kann. Allerdings muss es sich um eine Körperschaft handeln. Ferner
müssen die Mittel für steuerbegünstigte Zwecke im Sinne der AO verwendet werden[3]. Die Einschaltung einer inländischen Mittelbeschaffungskörperschaft im
Sinne von § 58 Nr. 1 AO stellt gegenwärtig den „Normalfall" dar, wenn es um
die Beschaffung und Weiterleitung von Mitteln aus Deutschland für ausländische
gemeinnützige Einrichtungen geht. Dieser Weg ist auch nicht auf Mittelweiterleitungen in das EU/EWR-Ausland beschränkt, sondern gilt „weltweit". Er ist auch
durch den „strukturellen Inlandsbezug" im Sinne von § 51 Abs. 2 AO unberührt
geblieben, weil bei einer Mittelweitergabe aus dem Inland durch eine inländische
Körperschaft ein Beitrag zur „Ansehenssteigerung" vermutet wird (Rz. 3.11).
Schließlich sind die Anforderungen an die ausländische Empfängerkörperschaft

---

1 Vgl. dazu *Schmidt/Fritz*, DB 2002, 2509.
2 BT-Drucks. 14/3273.
3 Vgl. auch FG Niedersachsen v. 8.4.2010 – 6 K 139/09, zitiert nach juris.

hier geringer als bei der „Gleichwertigkeit" nach § 10b Abs. 1 Satz 2 Nr. 3 EStG[1]. So soll es ausreichen, dass „der Empfänger im Ausland einer Körperschaft, Personenvereinigung oder Vermögensmasse im Sinne des KStG entspricht", was im Zweifel durch Rechtsformvergleich festzustellen ist[2]. Allerdings reicht der Nachweis einer Mittelweitergabe an die Empfängerkörperschaft nicht aus, sondern auch die **satzungsmäßige Mittelverwendung im Ausland** ist durch geeignete Unterlagen (z.B. Verträge mit der Empfängerkörperschaft, Belege und Bestätigungen des Zahlungsempfängers, Tätigkeitsbeschreibungen etc.) nachzuweisen. Dabei ist einerseits zu berücksichtigen, dass die Körperschaften bei Auslandssachverhalten eine erhöhte Mitwirkungs- und Beweisvorsorgepflicht trifft (§ 90 Abs. 2 AO)[3]. Andererseits sind auch die Finanzämter aufgefordert „nach Lage und Bedeutung des Falles unter Berücksichtigung der Verhältnismäßigkeit zu entscheiden, welche Nachweise gefordert werden"[4].

3.196–3.198   frei

F. Dachverbände (§ 57 Abs. 2 AO)

3.199   Nach § 57 Abs. 2 AO wird eine Körperschaft, in der (ausschließlich) steuerbegünstigte Körperschaften zusammengefasst sind, einer „Körperschaft, die unmittelbar steuerbegünstigte Zwecke verfolgt, gleichgestellt". Mit dieser **Fiktion** erkennt der Gesetzgeber die Förderungswürdigkeit von Dachverbänden an. Sie findet ihre Rechtfertigung im steuerbegünstigten Wirken der beteiligten Körperschaften. § 57 Abs. 2 AO ist – wie § 58 Nr. 1 AO – weniger eine Ausnahme vom Unmittelbarkeitsprinzip[5], sondern enthält eine Erweiterung zu §§ 52 bis 54 AO. Mit ihr wird die Tätigkeit eines Dachverbandes von steuerbegünstigten Körperschaften als steuerbegünstigte Tätigkeit anerkannt. Denn eine Steuerbegünstigung nach § 57 Abs. 2 AO setzt voraus, dass die Körperschaft ausschließlich „allgemeine, aus der Tätigkeit und Aufgabenstellung der Mitgliederkörperschaften erwachsene Interessen" wahrnimmt, also nicht selbst noch andere steuerbegünstigte Zwecke verfolgt[6]. Deshalb sollte man – wie bei § 58 Nr. 1 AO – verlangen, dass der Dachverbandszweck in der Satzung festgelegt ist, damit das Erfordernis der satzungsmäßigen Gemeinnützigkeit (§ 59 AO) gewahrt ist.

3.200   § 57 Abs. 2 AO gilt nur für Dachorganisationen, die selbst keine steuerbegünstigten Zwecke im Sinne der §§ 52 bis 54 AO verfolgen, also nicht – auch nicht teilweise – „unmittelbar" gemeinnützige, mildtätige oder kirchliche Zwecke. Bei solchen Verbänden setzt die Steuerbegünstigung nach § 57 Abs. 2 AO voraus, dass **ausschließ-**

---

1 Dazu *Hüttemann*, ISR 2014, 133 (135).
2 OFD Frankfurt v. 5.9.2013 – S 0170 A - 50 - St 53, IStR 2014, 80.
3 Siehe nur FG Niedersachsen v. 8.4.2010 – 6 K 139/09, zitiert nach juris.
4 So OFD Frankfurt v. 5.9.2013 – S 0170 A - 50 - St 53, IStR 2014, 80.
5 So aber die ganz h.M., vgl. nur *Alber* in Dötsch/Pung/Möhlenbrock, § 5 Abs. 1 Nr. 9 KStG Rz. 105; *Seer* in Tipke/Kruse, § 57 AO Rz. 5.
6 AEAO Nr. 3 zu § 57 AO; vieler *Buchna/Leichinger/Seeger/Brox*, S. 194.

lich steuerbegünstigte Körperschaften Mitglied sind. Der Verlust der Gemeinnützigkeit auch nur eines Mitglieds hat daher den Verlust der Gemeinnützigkeit des Dachverbandes zur Folge, sofern nicht in der Satzung Vorkehrungen (z.B. durch ein automatisches Erlöschen der Mitgliedschaft bei Verlust der Gemeinnützigkeit) getroffen worden sind. Bei Dachorganisationen, die nicht nach § 57 Abs. 2 AO, sondern wegen Verfolgung eigener steuerbegünstigter Zwecke nach §§ 52 bis 54 AO befreit sind, hängt die Steuervergünstigung dagegen nicht von der Gemeinnützigkeit der Mitgliedsorganisationen ab[1]. Steuerschädlich soll dagegen – offenbar unter dem Gesichtspunkt des Begünstigungsverbots – eine (unentgeltliche) Unterstützung der nicht gemeinnützigen Einrichtung durch Rat und Tat sein[2].

Die Regelung des § 57 Abs. 2 AO ist nicht – auch nicht im Wege der Analogie – auf sog. **„Holdingkörperschaften"** anwendbar, die sich darauf beschränken, Anteile an steuerbegünstigten Tochterkapitalgesellschaften zu halten[3]. Einer unmittelbaren Anwendung steht der Wortlaut der Regelung entgegen, da die Tochtergesellschaften nicht in der Mutterkörperschaft „zusammengefasst" sind, sondern umgekehrt gerade die Mutter an der Tochter beteiligt ist. Aus denselben Gründen scheitert auch eine analoge Anwendung des § 57 Abs. 2 AO, da die gesellschaftsrechtliche Beteiligung einer Körperschaft an steuerbegünstigten Tochtergesellschaften mit der verbandsmäßigen Zusammenfassung von steuerbegünstigten Körperschaften in einem Dachverband nicht vergleichbar ist[4]. § 57 Abs. 2 AO ist auch nicht auf Kapitalgesellschaften anwendbar, die im Wege eines **Outsourcing** von bestimmten Servicebereichen entstanden sind (z.B. zentrale Gehalts- und Abrechnungsstellen, Gemeinschaftswäscherei). Solche Einrichtungen dienen in erster Linie der Erfüllung bestimmter wirtschaftlicher Aufgaben. Daher fehlt es bereits an der in § 57 Abs. 2 AO vorausgesetzten Wahrnehmung allgemeiner Dachverbandsaufgaben.

3.201

Für den steuerbegünstigten Dachverband gelten die **allgemeinen Grundsätze**, einschließlich der Regelungen über die Mittelverwendung. Da der Dachverband einer unmittelbar gemeinnützigen Einrichtung nach § 57 Abs. 2 AO „gleichgestellt" wird, besteht auch die Möglichkeit des Spendenabzugs.

3.202

---

1 AEAO Nr. 3 zu § 57 AO.
2 AEAO Nr. 3 zu § 57 AO.
3 A.A. *Schauhoff* in Schauhoff, § 9 Rz. 64.
4 Vgl. *Hüttemann* in Herzig (Hrsg.), Organschaft, S. 399 (411); *Jost* in FS Brönner, 2000, S. 179 (203).

2. Teil
Gemeinnütziges Handeln

Kapitel 4
Grundsätze des Gemeinnützigkeitsrechts

Literatur: *Becker*, Der Wegfall des gemeinnützigkeitsrechtlichen Status – Eine Bestandsaufnahme und Hilfestellung für die Praxis, DStR 2010, 953; *Bettenburg/Hunnius*, Die „Stifterrente" oder die Versorgung des Stifters und seiner nächsten Angehörigen durch eine gemeinnützige Stiftung, ZStV 2012, 187; *Brill*, Der Verlust der Gemeinnützigkeit aufgrund von Verstößen gegen die Rechtsordnung und aufgrund des Verzichts, Hamburg 2006; *Buchna*, Unterhaltsleistungen an den Stifter und/oder seine nächsten Angehörigen, Stiftung&Sponsoring 4/2003, 18; *Bühring*, Ausschließlich gemeinnützige Zwecke, DStZ-A 1958, 306; *Döring/Fischer*, Steuer- und gemeinnützigkeitsrechtliche Behandlung von Gewinnausschüttungen unter Beteiligung gemeinnütziger Körperschaften am Beispiel eines Krankenkonzerns, DB 2007, 1831; *Eversberg*, Der steuerpflichtige wirtschaftliche Geschäftsbetrieb – besondere Problemstellungen, Stiftung&Sponsoring, Rote Seiten zu 5/2001; *Eversberg*, Besonderheiten des Ausstiegs bzw. Teilausstiegs aus dem Dritten Sektor, Non Profit Law Yearbook 2003 (2004), 59; *Franz*, Grundlagen der Besteuerung gemeinnütziger Körperschaften bei wirtschaftlicher Betätigung, Berlin 1991; *Gehringhoff*, Das Stiftungssteuerrecht in den USA und Deutschland, Baden-Baden 2008; *Gietz/Sommerfeld*, Zulässigkeit von Gewinnausschüttungen steuerbegünstigter Kapitalgesellschaften, BB 2001, 1501; *Gmach*, Neue Rechtsprechung zum Recht der steuerbegünstigten Zwecke, FR 1995, 85; *Heidenbauer*, Gemeinnützigkeitsrechtliche Ausschließlichkeit und Unmittelbarkeit, SWI 2015, 283; *Herbert*, Der wirtschaftliche Geschäftsbetrieb des gemeinnützigen Vereins, Köln 1988; *Hofmeister*, Wirtschaftliche Betätigung gemeinnütziger Organisationen – Freiheiten und Grenzen, DStJG 26 (2003), 159; *Holland*, Hilfspersonenregelung – eine Zwischenbilanz, DStR 2006, 1783; *Holland*, Kooperationen zwischen gemeinnützigen Organisationen – Neues zur Hilfsperson, DStR 2010, 2057; *Hushahn*, Unternehmensverbundene Stiftungen, Köln 2009; *Hüttemann*, Der Grundsatz der Vermögenserhaltung im Stiftungsrecht, in Jakobs/Picker/Wilhelm (Hrsg.), Festgabe für Werner Flume zum 90. Geburtstag, Berlin 1998, S. 59; *Hüttemann*, Der neue Anwendungserlass zum Gemeinnützigkeitsrecht (§§ 51 bis 68 AO), FR 2002, 1337; *Hüttemann*, Verfassungsrechtliche Grenzen der rechtsformbezogenen Privilegierung von

Stiftungen im Spenden- und Gemeinnützigkeitsrecht, Non Profit Law Yearbook 2001 (2002), 145; *Hüttemann*, Grundprinzipien des steuerlichen Gemeinnützigkeitsrechts, DStJG 26 (2003), 49; *Hüttemann*, Organschaft und Gemeinnützigkeit, in Herzig (Hrsg.), Organschaft, Stuttgart 2003, S. 399; *Hüttemann*, Interorganisationelle Strukturen und Gemeinnützigkeitsrecht, Non Profit Law Yearbook 2003 (2004), 85; *Hüttemann*, Die Reform des Gemeinnützigkeits- und Spendenrechts – Inhalt, Kritik und verbleibende Desiderate Non Profit Law Yearbook 2007 (2008), 231; *Hüttemann*, Der neue Anwendungserlass zum Abschnitt „Steuerbegünstigte Zwecke", DB 2012, 250; *Hüttemann*, Das Gesetz zur Stärkung des Ehrenamts, DB 2013, 774; *Hüttemann*, Anmerkung zu BFH v. 6.2.2013 – I R 59/11, npoR 2013, 182; *Hüttemann*, Der geänderte Anwendungserlass zur Gemeinnützigkeit, DB 2014, 442; *Hüttemann*, Anmerkungen zum neuen Anwendungserlass zur Gemeinnützigkeit, DB 2016, 1338; *Hüttemann*, Rechtsfragen der sozialen Verantwortung von Vereinen und Stiftungen, DB 2016, 429; *Hüttemann*, Gemeinnützigkeitsrecht als organisationsbezogener Fördertatbestand – Funktion, Stand und Reformfragen, FR 2016, 969; *Hüttemann*, Die gemische Stiftung, in Jakob (Hrsg.), Universum Stiftung, 2017, S. 29; *Hüttemann/Herzog*, Steuerfragen bei gemeinnützigen nichtrechtsfähigen Stiftungen, DB 2004, 1001; *Hüttemann/Schauhoff*, Die „unmittelbare Gemeinnützigkeit" – eine unmittelbare Gefahr für gemeinnützige Körperschaften, FR 2007, 1133; *Hüttemann/Schauhoff/Kirchhain*, Fördertätigkeiten gemeinnütziger Körperschaften und Konzerne, DStR 2016, 633; *Hüttemann/Schön*, Vermögensverwaltung und Vermögenserhaltung im Stiftungs- und Gemeinnützigkeitsrecht, Köln 2007; *Isensee*, Gemeinwohl und Bürgersinn im Steuerstaat des Grundgesetzes – Gemeinnützigkeit als Bewährungsprobe des Steuerrechts vor der Verfassung, in Maurer/Häberle/Schmitt-Glaeser/Graf Vitzthum (Hrsg.), Das akzeptierte Grundgesetz. Festschrift für Günter Dürig zum 70. Geburtstag, München 1990, S. 33; *Jachmann* (Hrsg.), Gemeinnützigkeit. Veröffentlichungen der Deutschen Steuerjuristischen Gesellschaft (DStJG), Band 26, Köln 2003; *Jansen*, Verlust der Gemeinnützigkeit bei Verstoß gegen die Rechtsordnung, insbesondere bei Steuerverkürzungen?, FR 2002, 996; *Jost*, Ausgewählte Aspekte der gemeinnützigen GmbH, in Poll (Hrsg.), Bilanzierung und Besteuerung der Unternehmen. Das Handels- und Steuerrecht auf dem Weg ins 21. Jahrhundert. Festschrift für Herbert Brönner zum 70. Geburtstag, Stuttgart 2000, S. 179; *Kiefer*, Die Abgrenzung von Vermögensverwaltung und wirtschaftlichem Geschäftsbetrieb, Frankfurt/M. 2000; *Kirchhain*, Die gemeinnützige Familienstiftung, Frankfurt/M. 2006; *Kirchhain*, Vom Fördern und Gefördertsein – Auslegungsfragen zur Mittelweitergabe gemeinnütziger Förderkörperschaften, DStR 2013, 2141; *Kirchhain*, Rücklagen- und Vermögensbildung bei gemeinnützigen Körperschaften – Überprüfung zurück bis in anno tobak?, DStR 2016, 104; *Kirchhain*, Gewinnausschüttungen und -abführungen gemeinnütziger Kapitalgesellschaften – die Finanzverwaltung in der Zwickmühle, DStR 2017, 2317; *Köster*, Bindende Mustersatzung für gemeinnützige Körperschaften? DStZ 2010, 166; *Kraft*, Die steuerrechtliche Gemeinnützigkeit, VJStFR 1932, 315; *Kümpel*, Anforderungen an die tatsächliche Geschäftsführung bei steuerbegünstigten (gemeinnützigen) Körperschaften, DStR 2001, 152; *Kümpel*, Leistungsbeziehungen zwischen verbundenen gemeinnützigen Körperschaften, FR 2014, 51; *Lang*, Gemeinnützigkeitsabhängige Steuervergünstigungen, StuW 1987, 221; *Lang/Seer*, Der Betriebsausgabenabzug im Rahmen eines wirtschaftlichen Geschäftsbetriebes gemeinnütziger Körperschaften, FR 1994, 521; *Lehr*, Wenn „Fördervereine" weniger fördern sollen – Die Auslegung des Selbstlosigkeitsgebots durch die Finanzverwaltung ist nicht haltbar, DStR 2010, 795; *Leisner*, Kann das bloße Nützen eines gesetzlich gewährten Steuervorteils gemeinnützigkeitsschädlich sein?, DStR 2012, 1123; *Leisner-Egensperger*, Die Selbstlosigkeit im Gemeinnützigkeitsrecht, DStZ 2008, 292; *Martens*, Die Besteuerung wirtschaftlicher Aktivitäten im Amateursport, Berlin 1989; *Möhlenbrock/Obermair*, Die wirtschaftliche Tätigkeit gemeinnütziger Körperschaften – Ist das Gemeinnützigkeitsrecht noch zeitgemäß?, FR 2016, 975; *Möllmann*, Haftungsfalle Ehrenamt – Persönliche Haftung des ehrenamtlichen Vereinsvorstands für Steuerschulden des gemeinnützigen Vereins, DStR 2009, 2125; *Momberger*, Social Entrepreneurship, Hamburg 2015; *Musil*, Reformbedarf bei der wirtschaftlichen Betätigung gemeinnütziger Körperschaften, DStR 2009, 2453; *Musil*, Steuerliche Fragen der Gesundheitsreform, Teil I, Tübingen 2010; *Oenings/Kemcke*, Bedürftigkeitsprüfung im Rahmen des § 58 Nr. 5 AO? – Kritische Anmerkung zur Verfügung der OFD Magdeburg v. 18.5.2004, ZSt 2005, 117; *Orth*, Outsourcing durch gemeinnützige Einrichtungen, Stiftung&Sponsoring, Rote Seiten zu 5/1999; *Orth*, Stiftungen und Unternehmenssteuerreform, DStR 2001, 325; *Raupach*, Einführung in die Möglichkeiten der Rechtsformwahl, Umwandlung und Kooperation anhand einer Fallstudie, Non Profit Law Yearbook 2003 (2004), 195; *Rösch/Woitschell*, Zur Reichweite des Gebots der zeitnahen Mittelverwendung im Gemeinnützigkeitsrecht, DB 2007, 1434; *Schauhoff*, Gemeinnützige Stiftung und Versorgung des Stifters und seiner Nachkommen, DB 1996, 1693; *Schauhoff*, Begründung und Verlust des Gemeinnützigkeitsstatus, DStJG 26 (2003), 133; *Schauhoff/Kirchhain*, Das Gesetz zur weiteren Stärkung des bürgerschaftlichen Engagements, DStR 2007, 1985; *Schauhoff/ Kirchhain*, Steuer- und zivilrechtliche Neuerungen für gemeinnützige Körperschaften und deren Förderer, FR 2013, 301; *Scherff*, Gemeinnützigkeitsrechtliche Aspekte in Holding-Strukturen, DStR 2003, 727; *Schick*, Die Beteiligung einer steuerbegünstigten Körperschaft an Personen- und Kapitalgesellschaften, DB 1999, 1187; *Schick*, Die gemeinnützige Stiftung als Holding im Gesundheits- und Sozialwesen, in Wachter (Hrsg.), Festschrift für Sebastian Spiegelberger zum 70. Geburtstag: Vertragsgestaltung im Zivil- und Steuerrecht, Bonn 2009, S. 1351; *Schiffer/Sommer*, Mittelbeschaffung bei gemeinnützigen Körperschaften: Ein Ruf gegen die Rechtsunsicherheit durch die Geprägetheorie, BB 2008, 2432; *Scholtz*, Steuerbegünstigte Zwecke, FR 1976, 181; *Schröder*, Ausgliederungen aus gemeinnützigen Organisationen auf gemeinnützige und steuerpflichtige Kapitalgesellschaften, DStR 2001, 1415; *Schröder*, Die steuerpflichtige und steuerbegünstigte GmbH im Gemeinnützigkeitsrecht, DStR 2008, 1069; *Schunk*, Kooperationen zwischen gemeinnützigen Körperschaften und das Unmittelbarkeitsgebot nach § 57 AO, Hamburg 2014; *Schunk*, Kooperationen zwischen gemeinnützigen Körperschaften und § 57 AO – das BFH-Urteil zur Ausgliederung von Laborbetrieben vom 6.2.2013, DStR 2014, 934; *Seer*, Gemeinwohlzwecke und steuerliche Entlastung, DStJG 26 (2003), 11; *Seer/Wolsztynski*, Steuerrechtliche Gemeinnützigkeit der öffentlichen Hand, 2002; *Theobald*, Finanzierung öffentlicher Aufgaben durch gemeinnützige Körperschaften: Hilft das Gemeinnützigkeitsrecht bei der Abwehr von Begehrlichkeiten?, DStR 2010, 1464; *Thiel/Eversberg*, Gesetz zur steuerlichen Förderung von Kunst, Kultur und Stiftung sowie zur Änderung steuerlicher Vorschriften, DB 1991, 118; *Thiel/Eversberg*, Zur Reichweite des Gebots der zeitnahen Mittelverwendung im Gemeinnützigkeitsrecht, DB 2007, 191; *Ullrich*, Die gemeinnützige GmbH nach dem MoMiG, GmbHR 2009, 750; *Ullrich*, Praxisfragen der gesetzlichen Mustersatzung für gemeinnützige Körperschaften, DStR 2009, 2471; *Ullrich*, Gesellschaftsrecht und steuerliche Gemeinnützigkeit, Köln 2011; *Wagner/Walz*, Zweckerfüllung gemeinnütziger Stiftungen durch zeitnahe Mittelverwendung und Vermögenserhaltung, Baden-Baden 1997; *Wallenhorst*, Gemeinnützigkeit: Ist die Geprägetheorie überholt?, DStR 2009, 717; *Wallenhorst*, Die Nachversteuerung in § 61 Abs. 3 AO bei Verstößen gegen die Vermögensbindung durch die tatsächliche Geschäftsführung, DStR 2011, 698; *Walz*, Stiftungsreform in Deutschland: Stiftungssteuerrecht, in Hopt/Reuter (Hrsg.), Stiftungsrecht in Europa, Köln 2001, S. 197; *Walz*, Die Selbstlosigkeit gemeinnütziger Non-Profit-Organisationen im Dritten Sektor zwischen Staat und Macht, JZ 2002, 268; *Walz/Schäfers*, Stiftungssteuerreform, Unternehmenssteuerreform und Reformperspektiven im Gemeinnützigkeitsrecht, FR 2002, 499; *Wegehenkel*, Die Auslagerung eines wirtschaftlichen Geschäftsbetriebs einer gemeinnützigen Körperschaft durch Einbringung in eine Kapitalgesellschaft und die steuerlichen Folgen, DB 1986, 2514; *Wohltmann*, Besonderheiten bei der Vermögensbindung eines Fördervereins: Gemeinnützigkeit von ausländischen Körperschaften des öffentlichen Rechts, IStR 2010, 453.

A. Überblick

Das geltende Steuerrecht knüpft die Gewährung von Steuervergünstigungen wegen   4.1
Gemeinnützigkeit nicht nur an die Verfolgung bestimmter Zwecke, sondern verlangt auch eine ganz bestimmte **Art und Weise der gemeinnützigen Zweckverfolgung.** Gemeinnützige Körperschaften müssen also bestimmte Grundsätze beachten,
wenn sie steuerliche Vergünstigungen in Anspruch nehmen wollen. Eine solche
Konkretisierung des Gemeinnützigkeitstatbestandes dient dazu, die Rechtfertigung
der Steuervergünstigungen – insbesondere im Vergleich zu nicht begünstigten Einrichtungen – zu erhalten und zu stärken[1]. Darüber hinaus kommt den Grundsätzen
des Gemeinnützigkeitsrechts auch eine wichtige Funktion zu, soweit es um das Vertrauen der Öffentlichkeit, der Spender und der ehrenamtlichen Helfer in die Leistungsfähigkeit gemeinnütziger Einrichtungen geht[2]. Die **Grundprinzipien des Gemeinnützigkeitsrechts** sind in den §§ 55 bis 57 AO geregelt: Dazu zählen die Grundsätze der „Selbstlosigkeit" (§ 55 AO), der „Ausschließlichkeit" (§ 56 AO) und der
„Unmittelbarkeit" (§ 57 AO). Darüber hinaus enthält das Gesetz noch gewisse zeitliche Anforderungen an die Verwirklichung steuerbegünstigter Zwecke, das Gebot der
Gegenwartsnähe (§ 55 Abs. 1 Nr. 5 Satz 1 AO). Die Grundsätze der Gemeinnützigkeit
haben folgenden Regelungsgehalt:

– Das **Selbstlosigkeitsgebot** verlangt nach § 55 Abs. 1 AO, dass die Körperschaft
  „nicht in erster Linie eigenwirtschaftliche Zwecke" verfolgt. Zu den Ausprägungen
  der Selbstlosigkeit gehört nach der Systematik der AO auch der Grundsatz der
  (zeitnahen) gemeinnützigen Mittelverwendung (vgl. § 55 Abs. 1 Nr. 1 bis 5, Abs. 2
  und 3 AO).

– Der Grundsatz der **Ausschließlichkeit** fordert, dass eine Körperschaft „nur" ihre
  steuerbegünstigten satzungsmäßigen Zwecke verfolgt (§ 56 AO). Eine partielle
  Gemeinnützigkeit gibt es also nicht.

– Das **Unmittelbarkeitsprinzip** ist erfüllt, wenn die steuerbegünstigte Körperschaft
  ihre Zwecke „selbst" verwirklicht (§ 57 Abs. 1 Satz 1 AO). Grundlage der Steuervergünstigung ist also nur das eigene Handeln der Körperschaft.

– Das Gebot der **Gegenwartsnähe** fordert schließlich, dass gemeinnützige Einrichtungen ihre Zwecke möglichst zeitnah verwirklichen (vgl. § 55 Abs. 1 Nr. 5 Satz 1
  AO). Die Verwendung von Mitteln zum Aufbau eines Vermögens oder zur Bildung von Rücklagen (vgl. § 62 AO) ist also eine Ausnahme.

Die Grundsätze des Gemeinnützigkeitsrechts sind auf unterschiedlichen Ebenen **ge-**   4.2
setzlich verankert: Das Merkmal der „ausschließlichen und unmittelbaren" Verfolgung steuerbegünstigter Zwecke findet sich bereits in den jeweiligen Begünstigungs-
tatbeständen der Einzelsteuergesetze (z.B. § 5 Abs. 1 Nr. 9 Satz 1 KStG oder § 12
Abs. 2 Nr. 8 Buchst. a UStG). Über die Verweisung in § 51 Abs. 1 Satz 1 AO gelten
insoweit die Begriffsbestimmungen der §§ 56 und 57 AO sowie die in § 58 AO ent-

---

1 Vgl. dazu *Hüttemann* in DStJG 26 (2003), 57 f.
2 Speziell zur Funktion der Selbstlosigkeit siehe *Walz*, JZ 2002, 268.

haltenen Ausnahmen. Das Erfordernis einer „selbstlosen" Tätigkeit ist nicht in den Einzelsteuergesetzen enthalten, sondern ergibt sich erst aus der Definition der steuerbegünstigten Zwecke in den §§ 52 bis 54 AO. So setzt etwa ein gemeinnütziges Wirken im Sinne von § 52 Abs. 1 Satz 1 AO voraus, dass die Körperschaft die Allgemeinheit „selbstlos" fördert. Der Inhalt des Selbstlosigkeitsgebotes wird sodann in § 55 AO näher bestimmt. Ausnahmen vom Selbstlosigkeitsgrundsatz finden sich wiederum in § 58 AO. Das Gebot der Gegenwartsnähe ist gesetzlich nur im Rahmen der Mittelverwendung und Rücklagenbildung (§§ 55 Abs. 1 Nr. 5 Satz 1, 62 AO) normiert, ist aber darüber hinaus als allgemeiner Grundsatz anzuerkennen.

4.3 Die Einhaltung der gemeinnützigkeitsrechtlichen Grundsätze ist eine unabdingbare Voraussetzung für die Gewährung der Steuervergünstigungen. Das geltende Recht begnügt sich allerdings nicht mit dem Nachweis, dass die tatsächliche Geschäftsführung den Anforderungen der §§ 55 ff. AO entspricht (vgl. § 63 Abs. 1 AO). Vielmehr bedarf es stets auch einer **satzungsmäßigen Verankerung**. Denn nach § 59 AO wird die Steuervergünstigung nur gewährt, wenn sich „aus der Satzung, dem Stiftungsgeschäft oder der sonstigen Verfassung (Satzung im Sinne dieser Vorschriften) ergibt, welchen Zweck die Körperschaft verfolgt, dass dieser Zweck den Anforderungen der §§ 52 bis 55 AO entspricht und dass er ausschließlich und unmittelbar verfolgt wird". Ein weiteres Element der Satzung ist die sog. Vermögensbindung (§§ 55 Abs. 1 Nr. 4, 61 AO).

Beispiel Nr. 1: Schließt sich eine Gruppe von Personen zu einer „Hilfsgemeinschaft Afrika" zusammen, um über eine längere Zeit Entwicklungshilfeprojekte in Afrika durch finanzielle Zuwendungen an andere Organisationen zu fördern, dann können die Mitglieder ihre Beiträge an die Gemeinschaft nur dann als Spende geltend machen, wenn es sich bei der „Hilfsgemeinschaft" um eine steuerbegünstigte Körperschaft handelt. Dies setzt nicht nur voraus, dass die Gemeinschaft als Körperschaft zu qualifizieren ist (vgl. § 1 Abs. 1 Nr. 5 KStG: nichtrechtsfähiger Verein). Darüber hinaus bedarf es auch einer Satzung, die den Anforderungen der §§ 59 ff. AO entspricht. Der Umstand, dass nachweislich gemeinnützige (Förderung der Entwicklungszusammenarbeit) oder mildtätige Zwecke verfolgt worden sind, reicht also nicht aus. Hat sich die Hilfsgemeinschaft eine entsprechende Satzung gegeben, in der als einziger Zweck die Mittelbeschaffung für andere Einrichtungen der Entwicklungshilfe (§ 58 Nr. 1 AO) angegeben ist, dann folgt aus dem ebenfalls in die Satzung aufzunehmenden „Ausschließlichkeitsgrundsatz", dass die Mittel nur für diesen Zweck verwendet werden dürfen. Sollen auch andere Zwecke verfolgt werden, muss die Satzung also geändert werden. Steuerlich unschädlich ist es dagegen, wenn die Hilfsgemeinschaft einen Teil ihrer Mittel einer anderen steuerbegünstigten Körperschaft (z.B. dem örtlichen Kreisverband des Deutschen Roten Kreuzes) für dessen steuerbegünstigte Zwecke weitergibt (vgl. § 58 Nr. 2 AO).

4.4 – 4.5 frei

B. Ausschließlichkeit

I. Regelungsgehalt

4.6 Nach den Einzelsteuergesetzen werden Steuervergünstigungen wegen Gemeinnützigkeit nur gewährt, wenn die Körperschaft „ausschließlich" steuerbegünstigte Zwecke verfolgt. Nach § 56 AO liegt Ausschließlichkeit vor, wenn eine Körperschaft

„**nur ihre steuerbegünstigten satzungsmäßigen Zwecke**" verfolgt. Ausschließliche Gemeinnützigkeit bedeutet folglich, dass die verbandsmäßige Zielsetzung der Körperschaft nur steuerbegünstigte Ziele im Sinne der §§ 52 bis 54 AO umfasst. Die Steuervergünstigung entfällt, wenn auch nur ein nicht begünstigter Zweck verfolgt wird, die Körperschaft also zum Teil gemeinnützigen, zum Teil nicht gemeinnützigen Zwecken dient[1]. Der Regelungsgehalt des § 56 AO erschöpft sich somit in einem **Aufspaltungsverbot**[2]: Die Tätigkeit der Körperschaft kann nicht in eine steuerfreie und in eine steuerpflichtige Betätigung aufgespalten werden.

Das Merkmal der „ausschließlichen Gemeinnützigkeit" findet sich bereits in den ersten Befreiungsregelungen für gemeinnützige Körperschaften[3] und hat die Entwicklung des Gemeinnützigkeitsrechts wesentlich beeinflusst[4]. Das Merkmal der Ausschließlichkeit ist im Zusammenhang mit der **Organisationsbezogenheit des Gemeinnützigkeitsrechts** zu sehen[5]. Der Steuergesetzgeber beschränkt die Steuervergünstigung auf solche Organisationen, die nach ihrer Satzung (vgl. §§ 59, 60 AO) nicht nur partiell, sondern in ihrer „Totalität" gemeinnützig sind[6]. Eine solche ausschließliche Gemeinwohlbindung vermeidet Zielkonflikte zwischen privat- und gemeinnützigen Bestrebungen und stellt zugleich sicher, dass die Steuervergünstigungen wegen Gemeinnützigkeit nur den begünstigten Zwecken zugute kommen. Der Ausschließlichkeitsgrundsatz stärkt deshalb die Legitimation der steuerlichen Privilegierung gemeinnütziger Einrichtungen, insbesondere im Vergleich zu solchen Steuerpflichtigen, die nur partiell steuerbegünstigten Zwecken dienen[7].

4.7

II. Ausschließlich steuerbegünstigte Ziele

Das Ausschließlichkeitsgebot betrifft nach dem Wortlaut des § 56 AO nur die „satzungsmäßigen steuerbegünstigten Zwecke". Es bezieht sich also auf die verfolgten Ziele, nicht aber auf die Mittel zu ihrer Verwirklichung[8]. Nur die **Ziele einer Körperschaft** müssen jedes für sich gemeinnützig sein, nicht aber die Mittel, derer sich die Körperschaft zur Erfüllung der Zwecke bedient. Schon der RFH hat in der Gesangsverein-Entscheidung vom 9.7.1923 bei der Frage, ob die Durchführung von geselligen Veranstaltungen die ausschließliche Gemeinnützigkeit eines Gesangsvereins verletze, zutreffend darauf abgestellt, ob die Geselligkeit lediglich ein regelmäßig nicht zu entbehrendes Mittel zur Erreichung des gemeinnützigen Zwecks

4.8

---

1 Vgl. nur BFH v. 20.12.1978 – I R 21/76, BStBl. II 1979, 495, 496.
2 Zutreffend *von Holt* in NK-GemnR, § 56 AO Rz. 4; *Musil* in Hübschmann/Hepp/Spitaler, § 56 AO Rz. 4.
3 Vgl. schon § 6 Nr. 10 des Sächsischen StEinkStG v. 2.7.1878 i.d.F. v. 24.7.1900.
4 So hat z.B. der RFH den Grundsatz der „Unmittelbarkeit" aus dem Ausschließlichkeitsgebot abgeleitet, vgl. RFH v. 14.1.1921 – II B 35/20, RFHE 4, 120. Vgl. auch *Kraft*, VjStFR 1932, 315.
5 Vgl. näher *Hüttemann* in Universum Stiftung, 2017, S. 29.
6 Dazu *Becker/Riewald/Koch*, § 17 StAnpG Anm. 1 (2).
7 Vgl. *Hüttemann*, Wirtschaftliche Betätigung, S. 196 f.
8 Statt aller *Hüttemann*, Wirtschaftliche Betätigung, S. 30 ff.; *Musil* in Hübschmann/Hepp/Spitaler, § 56 AO Rz. 4; *Seer* in Tipke/Kruse, § 56 AO Rz. 2.

sei[1]. Nichts anderes ist auch gemeint, wenn im Schrifttum mitunter zwischen dem begünstigten Hauptzweck und einem unschädlichen nicht gemeinnützigen Nebenzweck unterschieden wird[2]. Diese Terminologie sollte aber vermieden werden, weil der Begriff des „Nebenzwecks" letztlich unscharf ist: So bleibt offen, ob es sich um einen – wenn auch nur unbedeutenden – nicht begünstigten „Endzweck" handelt (z.B. die teilweise Verwendung von Mitteln für einen nicht begünstigten Zweck) oder nur um ein Mittel zur Erreichung eines begünstigten Zwecks (z.B. eine Tätigkeit zur Mittelbeschaffung). Entscheidend ist allein, dass die von der Körperschaft verfolgten Endzwecke ausnahmslos steuerbegünstigter Natur sind.

4.9 Aus den vorstehenden Überlegungen folgt für die Prüfung der **satzungsmäßigen ausschließlichen Gemeinnützigkeit**, dass es einzig auf die satzungsmäßig festgelegten Ziele der Körperschaft ankommt: Sie müssen, unabhängig von ihrer Gewichtung als Haupt- oder Nebenzwecke, jedes für sich nach §§ 52 bis 54 AO gemeinnützig sein[3].

Beispiel Nr. 2: Ist in der Satzung einer Unternehmensträgerstiftung als Nebenzweck die finanzielle Unterstützung des Beteiligungsunternehmens oder dessen Pensions- und Unterstützungsvereins vorgesehen, ist eine ausschließlich gemeinnützige Zweckverfolgung zu verneinen[4]. Ist die Stiftung nach der Satzung auch verpflichtet, aus ihrem Einkommen an den Stifter und seine Angehörigen bestimmte Zahlungen zu leisten oder werden solche Zahlungen freiwillig auf Grund einer entsprechenden Satzungsklausel geleistet, so ist die Ausschließlichkeit ebenfalls nicht erfüllt, wenn nicht die Ausnahmeregelung des § 58 Nr. 6 AO eingreift[5] (zu § 58 Nr. 6 AO vgl. Rz. 4.20 ff.).

Da es nur auf die „**Endzwecke**" ankommt, ist immer zu prüfen, ob eine bestimmte nicht begünstigte Tätigkeit nur ein „Mittel zum Zweck" ist oder einem (schädlichen) „Endzweck" dient.

Beispiel Nr. 3: Wird in der Satzung eines gemeinnützigen Gesangsvereins als weiterer Satzungszweck die „Förderung der Kameradschaft" erwähnt, steht dies dem Ausschließlichkeitsgebot nicht zwingend entgegen[6]: Da der Verein die Kameradschaft gerade durch das gemeinnützige Handeln, die gemeinsame musikalische Betätigung, anstrebt, ist der weitere Zweck der Kameradschaft steuerlich unschädlich. Soll dagegen die Kameradschaft vor allem durch gesellige Veranstaltungen vertieft werden, ist eine Ausschließlichkeit – vorbehaltlich der gesetzlichen Ausnahme in § 58 Nr. 7 AO (dazu Rz. 4.29 ff.) – zu verneinen, da die Förderung der Geselligkeit für sich genommen kein steuerbegünstigter Zweck ist[7].

---

1 RFH v. 9.7.1923 – V A 117/23, RFHE 12, 308, 309.

2 In dieser Richtung etwa noch *Buchna/Seeger/Brox*, 10. Aufl. 2010, S. 197.

3 Vgl. FG Hessen v. 28.6.2017 – 4 K 917/16, npoR 2018, 19: Förderung der beruflichen Interessen als schädlicher weiterer Satzungszweck.

4 Vgl. BFH v. 29.1.1964 – I 192/62, HFR 1964, 218.

5 Vgl. AEAO Nr. 13 f. zu § 55 Abs. 1 Nr. 1 AO; a.A. BFH v. 21.1.1998 – II R 16/95, BStBl. II 1998, 758.

6 Zutreffend BFH v. 11.3.1999 – V R 57, 58/96, BStBl. II 1999, 331.

7 Vgl. BFH v. 31.10.1963 – I 320/61 U, BStBl. III 1964, 20 betreffend einen Verein ehemaliger Wehrmachtsangehöriger.

III. Ausschließlichkeit und tatsächliche Geschäftsführung

Das Ausschließlichkeitsgebot hat auch Auswirkungen auf die tatsächliche Geschäfts-   4.10
führung einer steuerbegünstigten Körperschaft. Sie muss nach § 63 Abs. 1 AO auf die
ausschließliche Verfolgung der satzungsmäßigen steuerbegünstigten Zwecke „gerichtet sein". Dies bedeutet aber nicht, dass jede einzelne Betätigung einen steuerbegünstigten Erfolg herbeiführen muss. Vielmehr reicht es aus, dass das Handeln der
Körperschaft **auf die Verwirklichung der ausschließlich steuerbegünstigten Zwecke final ausgerichtet** ist. Die Gesamttätigkeit der Körperschaft muss – wie es der
BFH[1] ausdrückt – den steuerbegünstigten Zielen dienen und sich auf deren Erfüllung
beschränken. Das Ausschließlichkeitsgebot regelt mithin nicht den Inhalt der zweckverwirklichenden Tätigkeit, sondern nur ihre konsequente Ausrichtung auf die Verwirklichung steuerbegünstigter Zwecke. Daraus folgt zugleich, dass mit dem Ausschließlichkeitsgrundsatz auch solche Betätigungen vereinbar sind, durch die eine
Gemeinwohlförderung vorbereitet und ermöglicht werden soll[2]. Dazu gehören z.B.
die Einrichtung einer Verwaltung[3] (näher Rz. 5.41), eine Öffentlichkeitsarbeit (vgl.
auch Rz. 5.43), soweit sie nicht ohnehin Satzungszweck ist, die aktive Einwerbung
von Spendern und neuen Mitgliedern[4] (vgl. Rz. 5.48 ff.) sowie sonstige Mittelbeschaffungsaktivitäten wie die rentierliche Anlage des vorhandenen Vermögens[5] (vgl.
Rz. 6.38 ff.) und die Unterhaltung von wirtschaftlichen Geschäftsbetrieben zur Mittelbeschaffung[6] (näher Rz. 6.47 ff.). Maßgebend ist stets, dass das Handeln der Körperschaft in allen diesen Bereichen noch als bloßes Mittel angesehen werden kann,
das die Verwirklichung der steuerbegünstigten Zwecke voranbringt.

Nichts anderes meint auch der **BFH**, wenn er im Zusammenhang mit der Zulässig-   4.11
keit von Verwaltungskosten allgemein zur Wirtschaftsführung von gemeinnützigen
Körperschaften feststellt[7]:

„Die Steuerbefreiung gemäß § 5 Abs. 1 Nr. 9 KStG und die Steuervergünstigung gemäß
§ 10b EStG werden gewährt, um steuerbegünstigte Zwecke zu fördern. Dieses Ziel wird verfehlt, wenn die Körperschaft die Spenden weitgehend nicht für ihre satzungsmäßigen steuerbegünstigten Zwecke, sondern für die eigene Verwaltung und die Spendenwerbung einsetzt.
Das Gesetz enthält jedoch keine absoluten oder prozentualen Obergrenzen für die Verwaltungskosten und die Aufwendungen für die Spendenwerbung. Entscheidendes Kriterium ist
deshalb, ob bei Berücksichtigung aller Umstände des Einzelfalls das Ausgabeverhalten der
Körperschaft angemessen ist. ... Angemessen ist ein Ausgabeverhalten, wenn es wirtschaftlich sinnvoll ist und dazu beiträgt, dass ein möglichst hoher Anteil der Mittel unmittelbar

---

1 BFH v. 20.12.1978 – I R 21/76, BStBl. II 1979, 495 (496).
2 Zur Zulässigkeit vorbereitender Handlungen vgl. BFH v. 23.7.2003 – I R 29/02, BStBl. II
  2003, 930.
3 Zur Problematik der Angemessenheit von Verwaltungsausgaben vgl. BFH v. 23.9.1998 – I
  B 82/98, BStBl. II 2000, 320; AEAO Nr. 18 zu § 55 Abs. 1 Nr. 1 AO.
4 Zur Spenden- und Mitgliederwerbung vgl. BFH v. 23.9.1998 – I B 82/98, BStBl. II 2000,
  320.
5 Vgl. BFH v. 23.10.1991 – I R 19/91, BStBl. II 1992, 62.
6 Zu den Grenzen einer zulässigen wirtschaftlichen Betätigung vgl. BFH v. 15.7.1998 – I R
  156/94, BStBl. II 2002, 162; AEAO Nr. 1 ff. zu § 55 Abs. 1 Nr. 1 AO.
7 BFH v. 23.9.1998 – I B 82/98, BStBl. II 2000, 320.

und effektiv den hilfsbedürftigen Personen zugute kommt. Zu berücksichtigen ist auch, ob sich die Körperschaft noch in der Aufbauphase befindet, in der sie zunächst und in der Regel unvermeidbar einen sehr hohen Anteil ihrer Mittel für die Verwaltung und Spendenwerbung verwenden muss."

4.12 Die gleiche Zurückhaltung ist angebracht, wenn es um die Beurteilung von **Mittelbeschaffungsaktivitäten** geht. Denn die AO enthält weder konkrete Vorgaben zur „Mindestsicherheit" von Kapitalanlagen noch über eine erforderliche „Mindestrendite". Solange es an solchen Vorgaben fehlt, muss den handelnden Organen schon mit Rücksicht auf die natürliche Unsicherheit unternehmerischer Entscheidungen ein weiter Ermessensspielraum eingeräumt werden[1]. Auch in diesem Bereich wird sich die Prüfung der Zweck-Mittel-Relation durch die Finanzbehörden deshalb darauf beschränken müssen, solche Investitionsentscheidungen zu beanstanden, die im Zeitpunkt der Investition auch bei Anlegung eines großzügigen Maßstabs als wirtschaftlich unvertretbar anzusehen waren[2].

4.13 Eine solche **Zweck-Mittel-Relation** ist etwa zu verneinen, wenn das vorhandene Vermögen in Anlageformen investiert wird, die ex ante auch auf längere Sicht betrachtet keine oder – im Vergleich zu alternativen Anlagen mit vertretbarem Risiko – viel zu geringe Überschüsse abzuwerfen versprechen (zur Vermögensanlage Rz. 6.38 ff.).

Diese **Grenze einer ex ante wirtschaftlich vertretbaren Entscheidung** dürfte z.B. überschritten sein, wenn das Vermögen einer gemeinnützigen Stiftung vollständig in ungesicherte Darlehen an mittelständische Unternehmen umgeschichtet wird[3] oder eine Stiftung den einzigen ertragbringenden Vermögensgegenstand gegen eine praktisch renditelose Anlage eintauscht[4].

An einem ausschließlich gemeinnützigen Handeln fehlt es auch, wenn eine gemeinnützige Einrichtung einen Verwaltungsapparat unterhält, dessen Größe ganz offensichtlich außer Verhältnis zu den satzungsmäßigen Aufgaben steht und dessen Mitarbeiter dauerhaft nicht ausgelastet sind (vgl. näher Rz. 5.41). In diesen Fällen wird das „Mittel" zum „Selbstzweck", weil es nicht mehr der Erfüllung satzungsmäßiger Zwecke dient, sondern beim Handeln offenbar andere nicht steuerbegünstigte Motive eine Rolle gespielt haben. So mag z.B. der Erwerb einer ertraglosen Immobilie auf einer privaten Beziehung des Vorstands zum Verkäufer beruhen oder die Unterhaltung der Geschäftsstelle vor allem dem Zweck dienen, langjährigen Mitarbeitern einen Arbeitsplatz zu sichern. In der Wirklichkeit dürften die Fälle zwar häufig nicht so eindeutig liegen. Dies ändert aber nichts daran, dass das Ausschließlich-

---

1 Vgl. *Hüttemann* in DStJG 26 (2003), 49, 60 ff.; *Hüttemann/Schön*, Vermögensverwaltung und Vermögenserhaltung im Stiftungs- und Gemeinnützigkeitsrecht, 2007; zum Anwendung der Business-Judgment-Rule im Stiftungsrecht vgl. *Hüttemann/Rawert* in Staudinger, § 86 BGB Rz. 68.

2 Zu Beispielen für „selbstzweckorientierte" Geschäftstätigkeiten siehe *von Holt* in NK-GemnR, § 56 AO Rz. 10.

3 Vgl. FG Münster v. 11.12.2014 – 3 K 323/12 Erb, EFG 2015, 739.

4 FG München v. 15.1.2016 – 7 V 2906/15, npoR 2017, 27.

keitsgebot die gemeinnützigen Einrichtungen zu einer auf die Erfüllung ihrer steuerbegünstigten Zwecke gerichteten Wirtschaftsführung verpflichtet.

frei   4.14

IV. Ausschließlichkeit und Gegenwartsnähe

Das Finalitätsgebot beschränkt sich auf die Feststellung, dass eine bestimmte Maß-   4.15
nahme geeignet und erforderlich ist, um die steuerbegünstigten Zwecke zu verwirklichen. Damit ist noch nicht die Frage beantwortet, ob sich die Aktivitäten einer steuerbegünstigten Körperschaft auch über einen **längeren Zeitraum auf vorbereitende Maßnahmen beschränken dürfen**.

Beispiel Nr. 4: Schließen sich die Alumni einer Universität zu einem Förderverein zusammen, der nach seiner Satzung aus den laufenden Zuwendungen und Zinserträgen zunächst einen Kapitalstock von 1 000 000 Euro aufbauen soll, bevor Ausschüttungen an die Universität erfolgen sollen, dann verfolgt dieser Verein zwar ausschließlich steuerbegünstigte Zwecke. Gleichwohl kann eine Steuerbegünstigung nicht gewährt werden, weil es an einer gegenwartsnahen Förderung fehlt, wenn bis zum Aufbau des Kapitalstocks auch die laufenden Zinserträge vollständig dem Kapital zugeführt werden sollen. Denn aus § 62 Abs. 1 Nr. 3 AO lässt sich entnehmen, dass Vermögenserträge nur zu einem bestimmten Teil zurückgelegt werden dürfen.

Insoweit ist also zu beachten, dass das Gemeinnützigkeitsrecht in § 55 Abs. 1 Nr. 5 Satz 1 AO eine „zeitnahe Mittelverwendung" vorschreibt und die Bildung von Rücklagen auf ein bestimmtes Maß beschränkt (vgl. § 62 Abs. 1 Nr. 1 bis 3 AO). Dieses Gebot der „Gegenwartsnähe" (eingehend dazu Rz. 4.110) enthält eine notwendige **zeitliche Ergänzung** des Ausschließlichkeitsgebots. Allgemein gilt daher, dass steuerbegünstigte Körperschaften sich um eine alsbaldige Verwirklichung ihrer steuerbegünstigten Zwecke bemühen müssen[1].

V. Ausschließlichkeit und Mittelverwendung

Eine Körperschaft, die nach ihrer Satzung ausschließlich steuerbegünstigte Zwecke   4.16
verfolgt, muss notwendigerweise auch ihre gesamten personellen, sachlichen und finanziellen Ressourcen für die Verwirklichung ihrer satzungsmäßigen steuerbegünstigten Zwecke einsetzen. Das Gesetz spricht diese **Selbstverständlichkeit** an anderer Stelle, nämlich im Rahmen des Selbstlosigkeitsgrundsatzes in § 55 Abs. 1 Nr. 1 AO, ausdrücklich aus: „Mittel der Körperschaft dürfen nur für die satzungsmäßigen Zwecke verwendet werden".

Das Gesetz konkretisiert das Gebot der gemeinnützigen Mittelverwendung in § 55   4.17
Abs. 1 Nr. 1 bis 4 AO in verschiedener Hinsicht[2]. Diese Regelungen lassen sich vorrangig aus **der ausschließlichen Gemeinwohlbindung steuerbegünstigter Körperschaften ableiten** (zum Verhältnis von Selbstlosigkeit und Mittelverwendung vgl. Rz. 4.68): Dies gilt z.B. für das Verbot von Gewinnausschüttungen an die Mitglieder

---

1 Vgl. BFH v. 23.7.2003 – I R 29/02, BStBl. II 2003, 930.
2 § 55 Abs. 1 Nr. 5 AO betrifft dagegen das Gebot der Gegenwartsnähe.

bzw. das Verbot einer Beteiligung am Liquidationserlös (§ 55 Abs. 1 Nr. 1 Satz 2 und Nr. 2 AO)[1], das Verbot der Unterstützung politischer Parteien (§ 55 Abs. 1 Nr. 1 Satz 3 AO), das Verbot zweckfremder oder überhöhter Ausgaben (§ 55 Abs. 1 Nr. 3 AO), sowie den Grundsatz der gemeinnützigen Vermögensbindung.

Die inhaltliche Verknüpfung von Ausschließlichkeitsgebot und Mittelverwendung war den Verfassern der **GemVO 1953** noch so selbstverständlich, dass sie die Bestimmungen über die Mittelverwendung in § 4 Abs. 2 GemVO an die Spitze des Abschnitts über die Ausschließlichkeit gestellt haben[2]. Erst bei den Beratungen zur AO 1977 sind die Regelungen dann dem Gebot der Selbstlosigkeit zugeschlagen worden, weil man offenbar mit *Riewald* der Meinung war, dass erst die „Selbstlosigkeit" die Begünstigung wegen Gemeinnützigkeit „innerlich" rechtfertige, während der Ausschließlichkeitsgrundsatz lediglich einem „technischen Zweck" diene[3]. Dabei wurde aber übersehen, dass es sich insoweit um unterschiedliche Rechtssätze handelt. Selbstlosigkeit der Handelnden allein – also der Verzicht auf eigene wirtschaftliche Vorteile – kann niemals für sich genommen eine Steuervergünstigung rechtfertigen. Entscheidend ist zunächst die ausschließliche Verfolgung eines bestimmten gemeinwohlfördernden Zwecks. Bei einer zukünftigen Reform sollte die gemeinnützige Mittelverwendung daher wieder in § 56 AO geregelt werden, um den inneren Zusammenhang von Ausschließlichkeit und Mittelverwendung deutlich werden zu lassen.

4.18 Den Zusammenhang zwischen Ausschließlichkeit und Mittelverwendung verdeutlicht auch eine **jüngere Entscheidung** des V. Senats des BFH vom 23.2.2012[4]. Im Urteilssachverhalt kooperierte eine (gemeinnützige) GmbH zur Beschäftigung Behinderter im Rahmen eines Integrationsprojekts als Vertriebspartner mit einer gewerblichen Leasinggesellschaft. Der Leitsatz des Urteils lautet:

„Eine Körperschaft dient nicht ausschließlich gemeinnützigen Zwecken, wenn die Beschäftigung Behinderter im Rahmen eines Integrationsprojekts nach der Vertragsgestaltung erkennbar dazu dient, den ermäßigten Umsatzsteuersatz zugunsten einer nicht gemeinnützigen Körperschaft zu nutzen."

Nun kann man sich in der Tat fragen, ob das Steuerrecht die Beschäftigung von lediglich zwei Behinderten im Rahmen eines Integrationsprojekts im Sinne von § 68 Nr. 3 Buchst. c AO durch die als „Subleasingunternehmen" eingeschaltete gGmbH mit einem Umsatzsteuervorteil von ca. 850 000 Euro (!) belohnen sollte. Dies ist aber letztlich eine Frage der – möglicherweise zu weit geratenen – Zweckbetriebsdefinition des § 68 Nr. 3 Buchst. c AO (dazu Rz. 6.263). Es wäre allerdings verfehlt, wenn man solche missbräuchlichen Gestaltungen zum Anlass nehmen würde, um aus § 56 AO ein allgemeines „Abwägungsgebot" zwischen dem Steuervorteil und dem tatsächlichen „Nutzen" der Allgemeinheit abzuleiten[5]. Das Problem des konkreten Falles lag – wenn man einmal das Vorliegen eines Zweckbetriebs unterstellt – in dem Umstand,

---

1 Denkbar und mit der ausschließlichen Gemeinnützigkeit vereinbar wäre allerdings eine mäßige Festverzinsung des Eigenkapitals, wie sie nach § 8 Abs. 3 Nr. 1 GemVO 1941 zulässig war. Die Kapitalaufwendungen wären danach „notwendiger" Finanzierungsaufwand. Vgl. näher *Hüttemann*, Wirtschaftliche Betätigung, S. 72 ff.

2 Vgl. § 4 Abs. 2 GemVO.

3 *Becker/Riewald/Koch*, § 17 StAnpG Anm. 4 (3).

4 BFH v. 23.2.2012 – V R 59/09, BStBl. II 2012, 544.

5 Kritisch auch *Leisner*, DStR 2012, 1123.

dass der Umsatzsteuervorteil über die zwischen den Beteiligten getroffene Vergütungsregelung praktisch an den nicht gemeinnützigen Kooperationspartner weitergeleitet wurde. Dies ist aber keine Frage der Ausschließlichkeit, sondern vorrangig – und hier zeigt sich die Verknüpfung zwischen Ausschließlichkeit und Mittelverwendung – ein Problem des § 55 Abs. 1 Nr. 3 AO: Es geht um die Frage, ob die vereinbarte Vergütung für die Vermittlungsleistung des Kooperationspartners als „angemessen" anzusehen war oder eine steuerlich unzulässige „Begünstigung" darstellte.

VI. Gesetzliche Ausnahmen vom Ausschließlichkeitsgebot

1. Überblick

Der Ausschließlichkeitsgrundsatz unterliegt – wie die meisten „Grundprinzipien" des Gemeinnützigkeitsrechts – gewissen Ausnahmen. So kann z.B. eine Stiftung nach § 58 Nr. 6 AO einen Teil ihres Einkommens zur Unterstützung des Stifters und seiner nächsten Angehörigen verwenden. Dann verfolgt die Stiftung „partiell" auch privatnützige Endzwecke. Eine teilweise Verfolgung privatnütziger Zwecke gestatten auch § 58 Nr. 7 und 8 AO betreffend gesellige Zusammenkünfte und einer Förderung des bezahlten Sports. Alle diese Ausnahmebestimmungen enthalten gewisse **Einschränkungen des Ausschließlichkeitsgebots**, die der Gesetzgeber mit Rücksicht auf den steuerbegünstigten Hauptzweck zugelassen hat. Weitere Ausnahmen von § 56 AO finden sich auch in §§ 58 Nr. 2 bis 5 AO, da dort bestimmte Betätigungen zugelassen werden, die nicht der Verwirklichung der eigenen satzungsmäßigen Zwecke dienen, sondern der Unterstützung der steuerbegünstigten Zwecke anderer Körperschaften[1].

4.19

2. Versorgung der Stifterfamilie (§ 58 Nr. 6 AO)

Nach § 58 Nr. 6 AO wird die Steuervergünstigung nicht dadurch ausgeschlossen, dass „eine Stiftung einen Teil, jedoch höchstens ein Drittel ihres Einkommens dazu verwendet, um in angemessener Weise den Stifter und seine nächsten Angehörigen zu unterhalten, ihre Gräber zu pflegen und ihr Andenken zu ehren"[2]. Die Regelung geht auf § 5 Nr. 3 GemVO zurück. Mit dieser Regelung reagierte der Verordnungsgeber auf eine uneinheitliche Rechtsprechung des RFH, wonach keine „ausschließliche Gemeinnützigkeit" gegeben sei, wenn eine Stiftung – auch auf Grund einer satzungsmäßigen Auflage – Leistungen an den Stifter oder seine Verwandten erbringt[3]. Die Ausnahmeregelung soll durch die Absicherung des Stifters und seiner Angehörigen zusätzliche **Anreize zu Stiftungserrichtungen** vermitteln[4].

4.20

---

1 Zutreffend *Schleder*, Rz. 544.
2 Vgl. zu § 58 Nr. 6 AO die Untersuchung von *Kirchhain*, Gemeinnützige Familienstiftung, 2006.
3 Vgl. RFH v. 8.1.1929 – I Aa 801/28, RStBl. 1929, 143; RFH v. 26.7.1929 – I Aa 440/29, RStBl. 1929, 519; RFH v. 12.1.1933 – III A 399/32, RStBl. 1933, 193; RFH v. 24.9.1937 – VI aA 28/37, RStBl. 1937, 1104; zur Entstehungsgeschichte vgl. *Schauhoff*, DB 1996, 1693.
4 Statt aller *Kirchhain*, S. 75 ff.

4.21   § 58 Nr. 6 AO ist eine **rechtsformabhängige Sonderregelung** für – rechtsfähige
und nichtrechtsfähige – steuerbegünstigte Stiftungen[1]. Bei anderen gemeinnützigen
Körperschaften (Vereinen, Kapitalgesellschaften) sind entsprechende Leistungen
grundsätzlich unzulässig, da sie den Ausschließlichkeitsgrundsatz verletzen würden.
Die Privilegierung von Stiftungen rechtfertigt sich aus der Überlegung, dass die Errichtung einer Stiftung im Unterschied zur Gründung eines Vereins bzw. einer Kapitalgesellschaft typischerweise eine vergleichsweise große Vermögensdotation voraussetzt. Wer sein ganzes Vermögen oder einen Teil davon steuerbegünstigten Zwecken widmet, soll nicht zu einer wesentlichen Einschränkung seines Lebensunterhal-
tes gezwungen werden, wenn sein restliches Vermögen für einen angemessenen Unterhalt nicht mehr ausreicht[2].

4.22   Der **sachliche Anwendungsbereich** des § 58 Nr. 6 AO ist umstritten[3]. Nach Ansicht
des II. Senats des BFH betrifft die Vorschrift nur freiwillige Leistungen von Stiftungen an den Stifter und seine nächsten Angehörigen, nicht aber Leistungen zur Erfüllung von Ansprüchen dieses Personenkreises aus der Übertragung von Vermögen[4]. Verbindlichkeiten, die in Ausführung des Stiftungsgeschäfts auf die Stiftung übergehen, mindern nach Ansicht des BFH von vornherein das der Stiftung
zugewandte Vermögen. Ihre Erfüllung sei daher auch kein Verstoß gegen das Ausschließlichkeitsgebot. Dagegen wenden die Finanzverwaltung und ein Teil des
Schrifttums § 58 Nr. 6 AO auch auf Leistungen an, die eine Stiftung in Erfüllung
von übergegangenen Verbindlichkeiten aus ihrem Einkommen erbringt[5]. Für letztere Ansicht spricht nicht nur die Entstehungsgeschichte[6], sondern auch der Sinn
und Zweck der „Ein-Drittel-Grenze". Der Gesetzgeber will verhindern, dass das laufende Einkommen einer steuerbegünstigten Stiftung ganz oder überwiegend für
nicht steuerbegünstigte Zwecke eingesetzt wird. Insoweit kann es keinen Unterschied machen, ob die Leistungen freiwillig oder kraft Rechtspflicht erfolgen. Dagegen ist § 58 Nr. 6 AO von vornherein nicht anwendbar, wenn die Leistungen –
wie im Fall des Nießbrauchvorbehalts – aus Mitteln erfolgen, die nicht der Stiftung,
sondern dem Begünstigten als steuerliches Einkommen zugerechnet werden[7].

---

1 Zur – m.E. zweifelhaften – Anwendung auf Verbrauchsstiftungen vgl. *Theuffel-Werhahn*
   in NK-GemnR, § 58 AO Rz. 179 ff.
2 Vgl. *Hüttemann* in Non Profit Law Yearbook 2002, 145, 162 f.; *Schauhoff*, DB 1996, 1693;
   Kirchhain, Gemeinnützige Familienstiftung, 2006, S. 68; abweichend *Musil* in Hübsch-
   mann/Hepp/Spitaler, § 58 AO Rz. 72: Rechtsgedanke der „vorbehaltenen Vermögenserträge".
3 Ausführlich *Kirchhain*, S. 79 ff.; *Teuffel-Werhahn* in NK-GemnR, § 58 AO Rz. 190 ff.
4 BFH v. 21.1.1998 – II R 16/95, BStBl. II 1998, 758.
5 AEAO Nr. 13 zu § 55 Abs. 1 Nr. 1 AO, Nr. 6 zu § 58 Nr. 6 AO; vgl. auch BMF v. 6.11.1998,
   BStBl. I 1998, 1446; *Schauhoff*, DB 1996, 1693 (1694); *Fischer* in Hübschmann/Hepp/Spi-
   taler, § 58 AO Rz. 72 (Stand 6/2003); *Kirchhain*, S. 79 ff., 121.
6 Dazu *Schauhoff*, DB 1996, 1693 f.
7 Zutreffend *Schauhoff*, DB 1996, 1693 f.; vgl. auch BT-Drucks. 11/4176, S. 10; a.A. wohl
   AEAO Nr. 12 zu § 55 Abs. 1 Nr. 1 AO, wo nicht zwischen Nießbrauch und Grund- und
   Rentenschulden unterschieden wird.

Nach Ansicht der Finanzverwaltung unproblematisch ist **die Erfüllung von vor der Vermögensübertragung begründeten Ansprüchen** (z.B. einer Rentenschuld) **aus dem zugewendeten Vermögen**[1]. Insoweit soll es auch keine Rolle spielen, ob der Begünstigte zum begünstigten Personenkreis des § 58 Nr. 6 AO gehört. Dem ist mit der Überlegung zu folgen, dass die entsprechenden Vermögenswerte der Stiftung nicht als Vermögen für steuerbegünstigte Zwecke dauerhaft zugewandt worden sind, sodass ihre Verwendung für „privatnützige" Zwecke das Ausschließlichkeitsgebot nicht verletzt. Reichen allerdings die vorhandenen „liquiden" Vermögensmittel (z.B. Bankguthaben) für die Erfüllung der Ansprüche nicht aus, wendet die Finanzverwaltung – abweichend von der Ansicht des BFH[2] – die Ein-Drittel-Grenze des § 58 Nr. 6 AO analog an[3]. Im Grunde handelt es sich um eine Billigkeitsregelung, weil die der Stiftung ertragsteuerlich zuzurechnenden (und steuerbefreiten) Vermögenserträge nach § 56 AO eigentlich vollständig für die steuerbegünstigten Zwecke verwendet werden müssten[4].

Als **Einkommen** im Sinne von § 58 Nr. 6 AO ist die Summe der Einkünfte aus den einzelnen Einkunftsarten des § 2 Abs. 1 EStG zu verstehen, unabhängig davon, ob die Einkünfte steuerpflichtig sind oder nicht[5]. Spenden und echte Zuschüsse sind daher nicht einzubeziehen. Positive und negative Einkünfte sind zu saldieren. Die mit den Einnahmen zusammenhängenden Aufwendungen einschließlich der Abschreibungsbeträge sind abzuziehen[6]. Eine Unterscheidung danach, ob das Einkommen aus dem vom Stifter zugewendeten Grundstockvermögen oder aus Zustiftungen Dritter etc. stammt, ist nicht geboten[7].   4.23

Nach Ansicht der Finanzverwaltung gehören zu den **nächsten Angehörigen** neben den Ehegatten und Lebenspartnern[8], Eltern bzw. Pflegeeltern, Großeltern, Geschwistern und Kindern bzw. Pflegekindern nur die Enkel[9]. Damit wären nur zwei nachfolgende Generationen abgesichert, was die Bereitschaft zur Stiftungserrichtung sicher nicht befördern dürfte. Deshalb wird im Schrifttum eine erweiternde Auslegung vorgeschlagen, nach der zumindest sämtliche Angehörige in direkter Linie als „nächste" Angehörige aufgefasst werden sollen[10].   4.24

Zweifelhaft ist schließlich, was unter einer „**angemessenen**" Unterstützung des Stifters und seiner Angehörigen zu verstehen ist[11]. Das Merkmal der Angemessenheit ergänzt die relative Grenze von einem Drittel des Einkommens um eine absolute Grenze. Während die Finanzverwaltung auf den (gegenwärtigen) Lebensstandard   4.25

---

1 AEAO Nr. 12 zu § 55 Abs. 1 Nr. 1 AO.
2 BFH v. 21.1.1998 – II R 16/95, BStBl. II 1998, 758.
3 AEAO Nr. 13 zu § 55 Abs. 1 Nr. 1 AO; zustimmend *Schauhoff* in Schauhoff, § 9 Rz. 110.
4 Vgl. auch *Kirchhain*, S. 109 ff.
5 AEAO Nr. 6 zu § 58 Nr. 6 AO.
6 Vgl. AEAO Nr. 6 zu § 58 Nr. 6 AO.
7 Ebenso *Kirchhain*, S. 200; a.A. *Buchna*, Stiftung&Sponsoring 4/2003, 18 ff.
8 Siehe AEAO Nr. 7 zu § 58 i.d.F. des BMF-Schreibens v. 1.8.2014, BStBl. I 2014, 1067.
9 So AEAO Nr. 7 zu § 58 Nr. 6 AO.
10 *Schauhoff*, DB 1996, 1693; *Seer* in Tipke/Kruse, § 58 AO Rz. 9; eingehend *Theuffel-Werhahn* in NK-GemnR, § 58 AO Rz. 140 m.w.N.
11 Dazu ausführlich *Kirchhain*, S. 227 ff.; *Theuffel-Werhahn* in NK-GemnR, § 58 AO Rz. 158 ff. m.w.N.

des Zuwendungsempfängers abstellt[1], wird im Schrifttum teilweise die Lebensführung des Stifters bei Errichtung der Stiftung für maßgebend gehalten[2]. Stellt man auf den Zweck der Regelung ab, so soll durch die Regelung zwar nicht dem Stifter und seinen Angehörigen die Fortführung des bisherigen Lebensstandards garantiert werden, aber ihnen doch ein „sorgenfreies Leben" ermöglicht werden[3].

Unabhängig von diesen verschiedenen Bezugspunkten besteht im Schrifttum aber wohl Einigkeit darüber, dass Unterhaltsleistungen nach § 58 Nr. 6 AO stets eine **entsprechende wirtschaftliche Bedürftigkeit des Leistungsempfängers** voraussetzen[4]. Diese immanente Einschränkung ergibt sich zunächst aus dem Zweck der Regelung. Mit dem auf die Absicherung des Stifters (und seiner nächsten Angehörigen) begrenzten Zweck des § 58 Nr. 6 AO und dem Gebot der ausschließlichen Gemeinnützigkeit ist es nicht zu vereinbaren, dass sich ein Stifter gleichsam ein Drittel der Stiftungserträge fest für die eigennützige Versorgung seiner Familie reserviert und die Stiftung auf dieser Grundlage losgelöst von den tatsächlichen Bedürfnissen der Stifterfamilie „regelmäßige Ausschüttungen" vornimmt[5]. Das Erfordernis einer materiellen Bedürftigkeit des Leistungsempfängers lässt sich darüber hinaus auch aus dem Wortlaut der Regelung ableiten, der eben keine „Ausschüttungen" an die Stifterfamilie erlaubt, sondern nur die „Unterhaltung" des Stifters und seiner nächsten Angehörigen „in angemessener Weise"[6]. Diese zusätzliche Einschränkung gegenüber der Ein-Drittel-Grenze würde aber praktisch leerlaufen, wenn es einer Stiftung grundsätzlich erlaubt wäre, bis zu einem Drittel der Stiftungserträge auch ohne Rücksicht auf einen tatsächlichen Unterhaltsbedarf an den Stifter und seine nächsten Angehörigen auszuschütten. Vielmehr ist davon auszugehen, dass die Gewährung von Leistungen „zum Unterhalt" immer einen entsprechenden wirtschaftlichen Bedarf der Leistungsempfänger voraussetzt. Unterhaltsleistungen sind mithin erst dann zulässig, wenn der Stifter und seine nächsten Angehörigen aus eigenen Mitteln ihren Unterhalt nicht mehr selbst bestreiten können. Denn nur in diesem Fall ist davon auszugehen, dass die gewährten Leistungen beim Empfänger auch zu dem in § 58 Nr. 6 AO bestimmten Zweck – nämlich zur Bestreitung des persönlichen Lebensbedarfs – eingesetzt werden. Für das Erfordernis der Bedürftigkeit spricht schließlich auch der in der Gesetzesbegründung zur AO 1977 ausdrücklich betonte Zusammenhang zwischen § 58 Nr. 6 AO und dem allgemeinen Begünstigungsverbot in § 55 Abs. 1 Nr. 3 AO[7]. Eine Unterhaltsleistung ohne Bedürftigkeit würde aber letztlich nichts anderes als eine unverhältnismäßige Begünstigung des Leistungsempfängers darstellen.

---

1 AEAO Nr. 8 zu § 58 Nr. 6 AO; zur Praxis der Finanzverwaltung vgl. *Oenings/Kemcke*, ZSt 2005, 117.

2 So *Schauhoff* in Schauhoff, § 9 Rz. 109; anders noch *Schauhoff*, DB 1996, 1693, 1694 (Maßstab des § 1610 BGB).

3 So *Schauhoff*, DB 1996, 1693, 1694; enger *Buchna/Leichinger/Seeger/Brox*, S. 218 f.; *Buchna*, Stiftung&Sponsoring 4/2003, 18; nach Personen differenzierend *Kirchhain*, S. 227 ff.

4 Vgl. etwa *Bettenburg/Hunnius*, ZStV 2012, 187; *Buchna/Leichinger/Seeger/Brox*, S. 219; eingehend *Kirchhain*, S. 221; a.A. *Oenings/Kemcke*, ZSt 2005, 117.

5 So jetzt auch AEAO Nr. 8 zu § 58 Nr. 6 AO; ebenso *Kirchhain*, S. 75, 221; zustimmend *Buchna/Leichinger/Seeger/Brox*, S. 219.

6 A.A. *Theuffel-Werhahn* in NK-GemnR, § 58 AO Rz. 165.

7 Vgl. dazu BT-Drucks. 7/4292: „Der Hinweis auf die Angemessenheit des Unterhalts, der Grabpflege und der Ehrung des Andenkens trägt dem allgemeinen, in § 55 Abs. 1 Nr. 3 niedergelegten Grundsatz Rechnung, dass die Körperschaft keine Person durch Ausgaben, die dem Zweck der Körperschaft fremd sind, oder durch unverhältnismäßig hohe Vergütungen begünstigen darf".

§ 58 Nr. 6 AO ist eine rein steuerliche Regelung. Sie betrifft nur die gemeinnützig-   4.26
keitsrechtliche Zulässigkeit von Zuwendungen der Stiftung an den Stifter und seine
Angehörigen. Das Gesetz fordert keine **satzungsmäßige Verankerung** solcher Zuwendungen. Sie sind steuerlich folglich immer zulässig[1]. Dies ändert aber stiftungsrechtlich nichts daran, dass entsprechende Zuwendungen regelmäßig einer satzungsmäßigen Grundlage bedürfen, weil der Stiftungsvorstand die Erträge des Stiftungsvermögens nur für die satzungsmäßigen Zwecke verwenden darf. Auch für freiwillige
Leistungen, auf die der Stifter und seine Angehörigen keinen Rechtsanspruch haben,
bedarf es daher einer Regelung in der Stiftungssatzung[2].

Die Regelung des § 58 Nr. 6 AO hat nur Bedeutung für die gemeinnützigkeitsrecht-   4.27
liche Behandlung von Zuwendungen an den Stifter und seine Angehörigen. Daneben sind die **ertrag- und erbschaftsteuerlichen Konsequenzen** solcher Leistungen zu beachten[3]. Dies gilt insbesondere für die Begründung von Rechtsansprüchen
gegenüber der Stiftung. Der Begünstigte hat Leistungen einer steuerbegünstigten
Stiftung im Sinne von § 58 Nr. 6 AO nach § 22 Nr. 1 Satz 2 EStG zu versteuern[4]. § 3
Nr. 40 Buchst. i EStG findet insoweit (mangels steuerlicher Vorbelastung) keine
Anwendung[5]. Zu Rückwirkungen bei § 29 Abs. 1 Nr. 4 ErbStG vgl. Rz. 9.15.

frei   4.28

3. Gesellige Veranstaltungen (§ 58 Nr. 7 AO)

Nach § 58 Nr. 7 AO darf eine Körperschaft gesellige Zusammenkünfte veranstalten,   4.29
die im Vergleich zu ihrer steuerbegünstigten Tätigkeit von untergeordneter Bedeutung sind. Es handelt sich um eine **Ausnahmebestimmung zu § 56 AO**, da sie eine
– wenn auch untergeordnete – Verfolgung nicht begünstigter geselliger Zwecke zulässt. Zwar hat bereits der RFH in seiner Gesangsverein-Entscheidung festgestellt,
dass die Pflege der Geselligkeit nicht in Widerspruch zum Ausschließlichkeitsgebot
stehen muss, wenn die Veranstaltung geselliger Zusammenkünfte ein „nicht zu entbehrendes Mittel" zur Erreichung der steuerbegünstigten Zwecke ist. § 58 Nr. 7 AO
weicht aber insoweit davon ab, als die Unschädlichkeit der geselligen Zusammenkünfte nicht von einer Zweck-Mittel-Relation, sondern nur davon abhängig ist,
dass solche Betätigungen im Verhältnis zur steuerbegünstigten Aktivität von „untergeordneter Bedeutung" sind[6]. Wo allerdings genau die Grenze der „untergeordneten Bedeutung" verläuft, lassen Gesetz und Anwendungserlass offen. Als Faust-

---

1 Insoweit zutreffend *Buchna/Leichinger/Seeger/Brox*, S. 220 f.
2 *Schauhoff*, DB 1996, 1693, 1694.
3 Dazu eingehend *Schauhoff*, DB 1996, 1693 (1695 f.).
4 Vgl. BFH v. 15.7.2014 – X R 41/12, BFH/NV 2014, 1945; *Buchna/Leichinger/Seeger/Brox*,
   S. 221; *Orth*, DStR 2001, 325; zur steuerlichen Behandlung von Destinatzahlungen aus
   (nicht gemeinnützigen) Stiftungen vgl. auch BFH v. 14.7.2010 – X R 62/08, BStBl. II 2014,
   320; BFH v. 3.11.2010 – I R 98/09, BStBl. II 2011, 417 mit Anm. *Kessler/Müller*, DStR
   2011, 614; BFH v. 21.1.2015 – X R 31/13, BStBl. II 2015, 540.
5 *Weber-Grellet* in L. Schmidt, § 22 EStG Rz. 68.
6 Ebenso AEAO Nr. 10 zu § 58 Nr. 7 AO.

regel wird man annehmen können, dass solche Veranstaltungen nicht mehr als 10 Prozent der gesamten Aktivitäten ausmachen dürfen[1].

4.30 Fraglich ist, ob § 58 Nr. 7 AO nur die Durchführung geselliger Veranstaltungen als solches erlaubt oder auch die **Verwendung von Mitteln für solche Veranstaltungen** gestattet. Eine Auffassung geht dahin, dass gesellige Veranstaltungen nur „geduldet" seien, sodass z.B. die kostenlose Abgabe von Essen und Getränken an Mitglieder durch die Körperschaft eine schädliche Mittelverwendung darstelle[2]. Nach anderer Ansicht soll § 58 Nr. 7 AO der Rechtsgedanke zu entnehmen sein, dass zumindest Aufwendungen von „untergeordneter Bedeutung" unschädlich seien. Dies sei der Fall, wenn nicht mehr als 10 Prozent der Mitgliedsbeiträge für solche Veranstaltungen eingesetzt werden[3]. Der Anwendungserlass enthält keine direkte Aussage dazu, sondern regelt an anderer Stelle nur ganz allgemein, dass Mitglieder aus Mitteln der Körperschaft nur solche „Annehmlichkeiten" erhalten dürfen, wie sie „im Rahmen der Betreuung von Mitgliedern allgemein üblich und nach allgemeiner Verkehrsauffassung als angemessen anzusehen sind"[4]. Allerdings fehlen nähere Angaben dazu, was nach Ansicht der Finanzverwaltung noch als „angemessen" anzusehen ist. Somit kann man gemeinnützigen Organisationen nur raten, dass sie sich bei der Bewirtung von Mitgliedern eine gewisse Zurückhaltung auferlegen sollten. So ist es sicher nicht zu beanstanden, wenn gemeinnützige Körperschaften sich durch gelegentliche Feiern bei ihren ehrenamtlichen Mitgliedern für das gezeigte Engagement bedanken. Eine solche Praxis ist immer noch sinnvoller, als aus Mangel an ehrenamtlichen Kräften zusätzliche hauptamtliche Mitarbeiter einzustellen oder auf bestimmte Aktivitäten ganz zu verzichten.

4.31 Soweit im Rahmen von geselligen Zusammenkünften Eintrittsgelder verlangt werden oder Essen und Getränke gegen Entgelt abgegeben werden, wird – vorbehaltlich der Gewichtigkeitsgrenze des § 64 Abs. 3 AO – ein **steuerpflichtiger wirtschaftlicher Geschäftsbetrieb** begründet. Das geltende Recht enthält – anders als früher § 68 Nr. 7 Buchst. b AO a.F. – keine besondere Zweckbetriebsvorschrift mehr.

4. Förderung des bezahlten Sports (§ 58 Nr. 8 AO)

4.32 Nach § 58 Nr. 8 AO ist es steuerlich unschädlich, wenn ein Sportverein neben dem unbezahlten auch den bezahlten Sport fördert. Die Regelung ist vom Gesetzgeber als **Ergänzung zu § 67a AO** gedacht, wonach sportliche Veranstaltungen eines Sportvereins ein Zweckbetrieb sind, wenn die Einnahmen einschließlich Umsatzsteuer insgesamt 45 000 Euro im Jahr nicht übersteigen[5]. Für diesen Fall soll durch § 58 Nr. 8 AO erreicht werden, dass der Verein auf Grund der Bezahlung bezahlter

---

1 Für eine 10-Prozent-Grenze – allerdings bezogen auf den finanziellen Aufwand – *Schauhoff* in Schauhoff, § 9 Rz. 18.
2 So *Buchna/Leichinger/Seeger/Brox*, S. 221.
3 Dafür *Schauhoff* in Schauhoff, § 9 Rz. 18.
4 AEAO Nr. 10 zu § 55 Abs. 1 Nr. 1 AO.
5 Vgl. BT-Drucks. 11/4176, S. 10.

Sportler mit gemeinnützigen Mitteln nicht die Steuervergünstigung verliert[1]. Diese Absicht des Gesetzgebers kommt allerdings im Wortlaut der Vorschrift nur unzureichend zum Ausdruck, insbesondere fehlt eine Bezugnahme auf § 67a AO. Geht man vom Wortlaut – „neben dem ...“ – aus, wäre sogar eine überwiegende Förderung des bezahlten Sports erlaubt[2].

5. Vergabe von Zuschüssen an Wirtschaftsunternehmen (§ 58 Nr. 9 AO)

§ 58 Nr. 9 AO erlaubt es, dass eine „**von einer Gebietskörperschaft errichtete Stiftung** zur Erfüllung ihrer steuerbegünstigten Zwecke Zuschüsse an Wirtschaftsunternehmen vergibt“. Die Vorschrift ist eine recht singuläre Ausnahme von dem Grundsatz, dass die Förderung gewerblicher Unternehmen nicht gemeinnützig ist (zur interessanten Entstehungsgeschichte der Norm vgl. näher Rz. 3.66). Die mittelbare Zweckverwirklichung muss nach Ansicht der Finanzverwaltung in der Satzung festgelegt sein[3], was systematisch nur dann geboten erscheint, wenn die Vergabe von Zuschüssen die wesentliche Form der Förderung darstellt.   4.33

frei   4.34

C. Unmittelbarkeit

I. Regelungsgehalt des § 57 AO

Die Inanspruchnahme von Steuervergünstigungen wegen Gemeinnützigkeit setzt voraus, dass eine Körperschaft ausschließlich und „unmittelbar“ steuerbegünstigte Zwecke verfolgt. Nach § 57 Abs. 1 Satz 1 AO verfolgt eine Körperschaft ihre Zwecke unmittelbar, wenn sie diese „**selbst verwirklicht**“[4]. Nach dem Willen des Gesetzgebers verdient nur diejenige Körperschaft eine steuerliche Entlastung, die „selbst“ die Allgemeinheit fördert (§ 52 AO), hilfsbedürftige Personen (§ 53 AO) oder Religionsgemeinschaften (§ 54 AO) unterstützt („persönliche Unmittelbarkeit“)[5]. Das Unmittelbarkeitsprinzip betrifft also „die Zurechnung eines bewirkten Erfolges zu einem Tätigwerden der Körperschaft“[6]. Wer eine Steuervergünstigung wegen Gemeinnützigkeit begehrt, muss darlegen, dass er selbst Tätigkeiten vorgenommen hat, durch die die Allgemeinheit auf materiellem, geistigem oder sittlichem Gebiet gefördert werden sollte. Seine eigentliche Bedeutung erhält der Unmittelbarkeitsgrundsatz erst im Zusammenwirken mit der Definition der Gemeinwohlzwecke in den §§ 52 bis 54 AO. Denn die entscheidende Frage, ob das „eigene Wirken“ einer   4.35

---

1 So auch das Schrifttum, vgl. nur *Buchna/Leichinger/Seeger/Brox*, S. 227.
2 Enger *Fischer* in Hübschmann/Hepp/Spitaler, § 58 AO Rz. 84 (Stand 6/2003): Unbezahlter Sport muss im Vordergrund stehen; ebenso *Buchna/Leichinger/Seeger/Brox*, S. 227.
3 So AEAO Nr. 11 zu § 58 Nr. 9 AO.
4 Zum Unmittelbarkeitsgrundsatz vgl. *Hüttemann*, Wirtschaftliche Betätigung, S. 26 ff.; *Hüttemann/Schauhoff*, FR 2007, 1133.
5 Vgl. auch *Seer/Wolsztynski*, Steuerrechtliche Gemeinnützigkeit der öffentlichen Hand, S. 156: „Persönliche Unmittelbarkeit“.
6 Treffend *Fischer* in Hübschmann/Hepp/Spitaler, § 57 AO Rz. 19 (Stand 4/1993).

Körperschaft als unmittelbare Verfolgung eines Gemeinwohlzwecks anzusehen ist, beurteilt sich richtigerweise nicht nach § 57 AO, sondern danach, ob das „eigene" Wirken unter §§ 52 bis 54 AO fällt. Dabei ist vor allem zu berücksichtigen, dass – wie aus § 57 Abs. 2 und § 58 Nr. 1 AO zu schließen ist – die bloße finanzielle, sachliche oder organisatorische Unterstützung des Wirkens einer anderen steuerbegünstigten Körperschaft kein steuerbegünstigter Zweck ist.

Beispiel Nr. 5 (nach BFH vom 25.2.1981[1]): Befasst sich eine GmbH mit dem Betrieb der dem Sportverband S gehörenden Sportschule, insbesondere mit der „Betreuung bezüglich Unterkunft und Verpflegung aller jugendlichen Aktiven, Funktionäre des S, die zur Durchführung von Kursen in die Sportschule entsandt werden, sowie mit der Betreuung und Verpflegung von Gästen und Sportfreunden des S", dann fördert die GmbH durch ihre Tätigkeit auch irgendwie den Sport. Ihre Tätigkeit erschöpft sich aber darin, gegenüber einer gemeinnützigen Einrichtung marktübliche Dienstleistungen gegen Entgelt zu erbringen (Betriebsführung, Beherbergung und Verpflegung von Lehrgangsteilnehmern). Dagegen verfolgt sie selbst keinen gemeinnützigen Zweck, da sie weder selbst Lehrgänge abhält noch über eigene Sportler verfügt. Der BFH verneinte daher zu Recht für diesen Fall eine „unmittelbare" Verfolgung gemeinnütziger Zwecke[2]. Denn die GmbH verfolgt „selbst" keinen steuerbegünstigten Zweck.

4.36 Das Unmittelbarkeitsgebot betrifft **nur die Ebene der satzungsmäßig verfolgten Zwecke**, nicht aber die Maßnahmen zu ihrer Verwirklichung. Daher liegt kein Verstoß gegen § 57 Abs. 1 AO vor, wenn eine Körperschaft z.B. Spenden einwirbt, eine allgemeine Verwaltung unterhält oder Rücklagen für zukünftige Vorhaben bildet. Solche Maßnahmen fördern zwar die satzungsmäßigen Zwecke nur „mittelbar" in dem Sinne, dass sie zukünftige zweckverwirklichende Maßnahmen vorbereiten. § 57 AO steht dem aber nicht entgegen, weil die Körperschaft selbst tätig wird und eine Förderung der Allgemeinheit keine Vollendung der Förderung voraussetzt, sondern nach allgemeiner Ansicht auch vorbereitende Maßnahmen umfasst, wenn diese auf eine Verwirklichung des steuerbegünstigten Zwecks durch die betreffende Körperschaft selbst gerichtet sind (vgl. Rz. 3.4 ff.)[3].

4.37 Die Unterscheidung zwischen **„mittelbarer" und „unmittelbarer" Verfolgung** steuerbegünstigter Zwecke sollte auch vermieden werden, wenn es um die steuerliche Beurteilung der satzungsmäßigen Zwecke der Körperschaft geht[4]. So geht z.B. die Aussage, die Schaffung von Arbeitsplätzen fördere die Allgemeinheit lediglich „mittelbar" und sei daher nicht gemeinnützig[5], am Kernproblem vorbei[6]: Nach § 57 AO

---

1 BFH v. 25.2.1981 – II R 110/77, BStBl. II 1981, 478.
2 Vgl. BFH v. 25.2.1981 – II R 110/77, BStBl. II 1981, 478.
3 Vgl. BFH v. 23.7.2003 – I R 29/02, BStBl. II 2003, 930; vgl. auch *Hüttemann*, Wirtschaftliche Betätigung, S. 26 ff.; *Franz*, Grundlagen der Besteuerung gemeinnütziger Körperschaften, S. 77 f.
4 Dazu eingehend *Seer/Wolsztynski*, Steuerrechtliche Gemeinnützigkeit der öffentlichen Hand, S. 157 ff.
5 So etwa *Gmach*, FR 1995, 85; ähnlich auch BFH v. 21.8.1974 – I R 81/73, BStBl. II 1975, 121 betreffend die Gemeinnützigkeit eines Regionalflughafen-Vereins.
6 Kritisch zum Begriff der „mittelbaren Förderung der Allgemeinheit" auch *Gmach*, FR 1995, 85 (89).

liegt in der Schaffung von Arbeitsplätzen dann ein „unmittelbares" Wirken, wenn die Körperschaft – z.B. durch Unterhaltung einer Beschäftigungsgesellschaft – selbst Arbeitsplätze anbietet (*persönliche* Unmittelbarkeit). Es fehlt aber an der Verfolgung eines steuerbegünstigten Zwecks im Sinne des § 52 AO, weil die Schaffung von Arbeitsplätzen in einer marktwirtschaftlichen Rechts- und Wirtschaftsordnung vorrangig eine Angelegenheit der privaten Wirtschaft ist, die für sich genommen noch keine Steuerbegünstigung rechtfertigen kann (vgl. Rz. 3.61 ff.)[1]. Etwas anderes gilt nur bei der Förderung besonderer Bevölkerungsgruppen (z.B. Langzeitarbeitslose, arbeitslose Jugendliche, Behinderte)[2]. Wie fehlsam die begriffliche Unterscheidung zwischen mittelbarer und unmittelbarer Förderung sein kann, zeigt auch das Beispiel der Wissenschaftsförderung. So wird die Vergabe von Stipendien an Wissenschaftler (vgl. dazu auch Rz. 9.40 ff.), die Auslobung von Preisen für besondere Leistungen oder die Unterhaltung einer Bibliothek seit jeher zu Recht als eine „unmittelbare" Förderung der Wissenschaft beurteilt[3]. Auch diese Aussage lässt sich nicht mit § 57 AO begründen, der bereits dann erfüllt ist, wenn die Körperschaft „selbst" die Stipendien vergibt oder eine Bibliothek betreibt. Entscheidend dafür ist vielmehr die wertende Auslegung des Begriffs „Förderung" im Sinne von § 52 Abs. 1 Satz 1 AO: Versteht man darunter mit dem BFH, dass etwas „vorangebracht oder verbessert" wird[4], so ist die Ermöglichung von Wissenschaft durch eine Verbesserung der Arbeitsbedingungen von Wissenschaftlern als (unmittelbare) Förderung der Wissenschaft zu qualifizieren. Ähnliche Fragen können sich auch im Bereich der Förderung von Kultur oder Religion stellen[5]. Umgekehrt folgt z.B. aus der Definition der mildtätigen Zwecke in § 53 AO, dass noch nicht jede Förderung des Wohlfahrtswesens zugleich auch „mildtätig" ist. Denn das Gesetz fordert – anders als in § 52 AO – eine „Unterstützung von hilfsbedürftigen Personen" durch persönliche oder finanzielle Hilfestellung. Die Förderung der Hilfeleistung durch Dritte (z.B. die Ausstattung eines Krankenhauses mit medizinischen Geräten) ist daher noch kein mildtätiger Zweck, ohne dass für dieses Ergebnis der Unmittelbarkeitsgrundsatz § 57 AO bemüht werden müsste.

Diese Zusammenhänge werden in der **Rechtsprechung des BFH** leider zu wenig berücksichtigt. So hat z.B. der I. Senat die Gemeinnützigkeit einer Regionalflughafen-GmbH mit dem Hinweis versagt, die Schaffung und Unterhaltung eines Flughafens fördere die Allgemeinheit nicht „unmittelbar", da es zur Verbesserung der Infrastruktur zusätzlich eines Tätigwerdens der Fluggesellschaften und anderer Privat- 4.38

---

1 Siehe auch BFH v. 31.1.1973 – II R 51, 58, 62/69, BStBl. II 1973, 690 (691): „Auch die vernünftige privatwirtschaftliche Betätigung dient dem allgemeinen Wohl, ohne dass sich hieraus ein Anspruch auf die Steuerbegünstigung wegen Gemeinnützigkeit ableiten ließe".
2 Vgl. BFH v. 26.4.1995 – I R 35/93, BStBl. II 1995, 767; BFH v. 13.6.2012 – I R 71/11, BFH/NV 2013, 89.
3 Vgl. zu Stipendien und Preisen nur *Buchna/Leichinger/Seeger/Brox*, S. 90.
4 BFH v. 21.11.1988 – I R 11/88, BStBl. II 1989, 391.
5 Vgl. FG Münster v. 19.2.2018 – 13 K 3313/15 F, EFG 2018, 897: Unterhaltung eines Friedhofs sei keine „unmittelbare" Förderung von Religion oder Kultur.

flieger bedürfe[1]. Diese begriffsjuristisch anmutende Begründung geht aber am eigentlichen Problem vorbei. Entscheidend kann doch nur sein, ob in der „verkehrstechnischen Mittlerfunktion" eines Flughafens eine gemeinnützige Betätigung liegt. Dies hat mit mittelbarer oder unmittelbarer Gemeinnützigkeit nichts zu tun, sondern hängt davon ab, ob man in der Schaffung einer Verkehrsinfrastruktur (Straßenbau, Eisenbahn, Flughäfen etc.) eine gemeinnützige oder eine vorrangig privatwirtschaftliche Aufgabe sieht.

4.39 Auch in neueren **Entscheidungen** zur Unmittelbarkeit ist der I. Senat diesem grundsätzlichen Wertungsproblem ausgewichen und hat sich auf die Feststellung einer bloß „mittelbaren" Förderung der Allgemeinheit zurückgezogen:

Beispiel Nr. 6 (nach BFH vom 7.3.2007[2]): Im Rahmen der Reform der gesetzlichen Krankenversicherung war eine gemeinnützige GmbH zur „Förderung des Gesundheitswesens sowie Förderung von Wissenschaft und Forschung" gegründet worden. Sie sollte ein Vergütungssystem für die allgemeinen vollstationären und teilstationären Krankenhausleistungen auf der Grundlage von Diagnosis Related Groups (DRG) zur Regelung der Krankenpflegesätze (KHG) entwickeln, errichten und pflegen. Die GmbH sollte damit eine Aufgabe übernehmen, die ihren Gesellschaftern (den Selbstverwaltungspartnern) nach § 17b KHG oblag.

Der I. Senat hat der GmbH die Gemeinnützigkeit versagt. Der Leitsatz des Urteils lautet:

„Ein Unternehmen, das kraft Satzung durch wirtschaftsberatende Tätigkeit (hier: Entwicklung eines Krankenhausfinanzierungssystems) für seine Gesellschafter und die von diesen zu verwirklichenden gemeinnützigen Zwecke tätig wird, fördert jene Zwecke nicht unmittelbar im Sinne von § 57 Abs. 1 Satz 1 AO. Dies gilt auch dann, wenn die Tätigkeit nach Maßgabe gesetzlicher Vorgaben erbracht wird."

4.40 Dieser Begründung ist **zu widersprechen**[3]. Dass die GmbH ihre eigenen Zwecke „unmittelbar" im Sinne von § 57 Abs. 1 Satz 1 AO verfolgte, stand außer Zweifel. Entscheidend war allein, ob man die satzungsmäßige Tätigkeit als eine Förderung der Allgemeinheit auf dem Gebiet des öffentlichen Gesundheitswesens bzw. der Wissenschaft und Forschung ansehen konnte. Dazu finden sich in der Entscheidung praktisch keine Ausführungen. Lediglich mit dem Satz, die Klägerin werde „funktional für ihre Gesellschafter in unternehmensberatender Weise („Consulting") tätig", nähert sich die Entscheidung dem eigentlichen Sachproblem: Ebenso wie bei der Gemeinnützigkeit von Infrastruktureinrichtungen geht es auch im Gesundheitswesen darum, welche Tätigkeiten man als Gemeinwohlaktivitäten in die Steuerbegünstigung einbezieht oder als „typisch gewerbliche" Tätigkeiten dem freien Markt überlässt. An dieser Stelle hätte man sich präzisere Überlegungen dazu gewünscht, ob die vom Gesetzgeber in § 17b KHG geforderte Entwicklung von Abrechnungssystemen als quasi-hoheitliche Aufgabe nur durch eine besonders geeignete unabhängige Stelle erfolgen konnte, deren Tätigkeit folglich auch als (unmittelbare) Förderung des Gesundheitswesens anzusehen ist, weil die durch sie bewirkten

---

1 BFH v. 21.8.1974 – I R 81/73, BStBl. II 1975, 121.

2 BFH v. 7.3.2007 – I R 90/04, BStBl. II 2007, 628.

3 Vgl. näher *Hüttemann/Schauhoff*, FR 2007, 1133.

Effizienzgewinne allen Beteiligten des Gesundheitswesens (Krankenkassen, Patienten etc.) zugute kommen.

Ähnliche Fragen stellten sich auch in der jüngsten Entscheidung des BFH vom 6.2.2013[1] betreffend die Gemeinnützigkeit eines von gemeinnützigen Krankenhausträgern **auf eine GmbH ausgegliederten Krankenhauslabors**. Auch hier wurde die Gemeinnützigkeit mangels einer „unmittelbaren" Verfolgung steuerbegünstigter Zwecke (hier: Förderung des öffentlichen Gesundheitswesens bzw. des Wohlfahrtswesens) verneint:

> „Die Laborleistungen sind … Vorbereitungshandlungen, die die Krankenhäuser dabei unterstützen sollen, ihre Patienten medizinisch zu betreuen."

Richtigerweise geht es aber weniger um die „Unmittelbarkeit", sondern die Steuerbegünstigung scheitert hier daran, dass die „eigene" Tätigkeit der Labor-GmbH eine „typische gewerbliche Tätigkeit" darstellt, die – wie die große Zahl steuerpflichtiger Anbieter von Laborleistungen zeigt – für sich genommen keine „Gemeinwohlqualität" hat[2]. Ohnehin wäre die Steuerbefreiung hier auch an § 65 Nr. 3 AO gescheitert. Das eigentliche Problem des Falles liegt woanders: Es geht um die Frage der „Organisationsneutralität" bei gemeinnützigen Einrichtungen, die im geltenden Recht wegen der rechtsformabhängigen Anknüpfung der Gemeinnützigkeit nur unzureichend verwirklicht ist. Hätten die Krankenhäuser die Laboruntersuchungen „inhouse" erledigt, wäre diese Tätigkeit ein unselbständiger Teil der steuerbegünstigten Krankenhaustätigkeit gewesen, während erst die rechtliche Verselbständigung in einer Labor-GmbH zur Steuerpflicht führt (dazu Rz. 4.66).

II. Zusammenwirken mit Dritten

§ 57 AO verlangt eine „eigene", aber keine ausschließlich eigenständige Verfolgung steuerbegünstigter Zwecke. Steuerbegünstigte Zwecke können grundsätzlich auch **gemeinschaftlich mit anderen steuerbegünstigten oder nicht steuerbegünstigten Körperschaften verfolgt werden**[3]. Auch hier ist die für ein unmittelbares Tätigwerden im Sinne des § 57 Abs. 1 Satz 1 AO notwendige persönliche Zurechenbarkeit des Erfolgs gegeben. Dies gilt jedenfalls dann, wenn der gemeinnützige Gesellschafter „auch die Verantwortung für die Beiträge der anderen Organisationen trägt und über deren Inhalt informiert ist"[4].

Fraglich ist, wie die Verfolgung steuerbegünstigter Zwecke **im Rahmen einer Personengesellschaft** (Gesellschaft bürgerlichen Rechts, oHG oder KG) gemeinnützigkeitsrechtlich zu beurteilen ist. Nach wohl h.M. soll die Tätigkeit der Personengesellschaft wegen des Transparenzprinzips nicht nur ertragsteuerlich (vgl. § 39 Abs. 2 Nr. 2 AO, § 15 Abs. 1 Satz 1 Nr. 2

4.41

4.42

---

1 BFH v. 6.2.2013 – I R 59/11, BStBl. II 2013, 603.

2 Vgl. auch *Hüttemann*, npoR 2013, 182.

3 Zum Folgenden vgl. auch *Schunk*, Kooperationen zwischen gemeinnützigen Körperschaften und das Unmittelbarkeitsgebot nach § 57 AO, 2014; *Hakert* in NK-GemnR, Anhang zu § 57 AO Rz. 1 ff.

4 Vgl. zur „Mitverantwortlichkeit" FG Hamburg v. 8.12.1997 – II 98/95, EFG 1998, 916; *Schauhoff* in Schauhoff, § 9 Rz. 45.

EStG), sondern auch gemeinnützigkeitsrechtlich den Gesellschaftern zugerechnet werden[1]. Dies bedeutet, dass auch die auf der Ebene der Personengesellschaft eingesetzten Vermögenswerte anteilig den gemeinnützigen Gesellschaftern als eigene „Mittel" zuzurechnen sind. Ginge man von der zivilrechtlichen Beurteilung aus (vgl. § 14 BGB)[2], könnte man das Handeln einer Personengesellschaft hingegen ihren Gesellschaftern nur unter den Voraussetzungen des § 57 Abs. 1 Satz 2 AO (d.h. als Hilfsperson) zurechnen[3], was entsprechende gesellschaftsrechtliche Einflussmöglichkeiten voraussetzen würde. Höchstrichterlich geklärt ist allerdings, dass zumindest die Beteiligung an einer gewerblich tätigen Personengesellschaft beim steuerbegünstigten Gesellschafter zur Begründung eines steuerpflichtigen wirtschaftlichen Geschäftsbetriebs führt[4]. Ferner kann die Beteiligung an einer Personengesellschaft unter den Voraussetzungen der §§ 65 ff. AO auch einen steuerbegünstigten Zweckbetrieb begründen[5]. Letzteres spricht wiederum dafür, Beteiligungen an Personengesellschaften im gemeinnützigen Kontext grundsätzlich „transparent" zu behandeln.

4.43–4.44   frei

III. Einschaltung von Hilfspersonen

1. Allgemeines

4.45   Eine unmittelbare Verfolgung steuerbegünstigter Zwecke kann nach § 57 Abs. 1 Satz 2 AO „auch durch Hilfspersonen geschehen, wenn nach den Umständen des Falles, insbesondere nach den rechtlichen und tatsächlichen Beziehungen, die zwischen der Körperschaft und der Hilfsperson bestehen, das Wirken der Hilfsperson wie eigenes Wirken der Körperschaft anzusehen ist". § 57 Abs. 1 Satz 2 AO ist ebenso wie § 57 Abs. 1 Satz 1 AO eine **steuerliche Zurechnungsnorm**[6]. Ihrer Anwendung bedarf es nicht, wenn das Verhalten einer Person der Körperschaft schon nach allgemeinen Grundsätzen zurechenbar ist. Dies ist insbesondere bei Organen und verfassungsmäßigen Vertretern der Fall, deren Handeln daher von § 57 Abs. 1

---

1 Vgl. aus der Praxis der Finanzverwaltung OFD Frankfurt/M. v. 31.3.1993, DB 1993, 1217 betreffend die Durchführung von Altmaterialsammlungen durch eine BGB-Gesellschaft, an der gemeinnützige Körperschaften beteiligt sind. Für transparente Behandlung von Personengesellschaften im Gemeinnützigkeitsrecht auch *Orth*, Stiftung&Sponsoring, Rote Seiten 5/1999, 15 f.

2 Zur Rechtsfähigkeit von der Gesellschaft bürgerlichen Rechts vgl. BGH v. 29.1.2001 – II ZR 331/00, BGHZ 146, 341.

3 So wohl *Jost* in Dötsch/Jost/Pung/Witt, § 5 Abs. 1 Nr. 9 KStG Rz. 113 (Voraufl.): BGB-Gesellschaft zur Durchführung einer größeren Sportveranstaltung als Hilfsperson der Gesellschafter; *Schunk*, Kooperationen zwischen gemeinnützigen Körperschaften und das Unmittelbarkeitsgebot nach § 57, 2014, S. 128.

4 BFH v. 27.7.1988 – I R 113/84, BStBl. II 1989, 134; AEAO Nr. 3 zu § 64 Abs. 1 AO; *Jost* in Dötsch/Jost/Pung/Witt, Anh. 2 zu § 5 Abs. 1 Nr. 9 KStG (Voraufl.) „Beteiligung an Personengesellschaft".

5 BFH v. 4.3.1976 – IV R 189/71, BStBl. II 1976, 472.

6 Vgl. *Hüttemann* in DStJG 26 (2003), 49, 55; *Musil* in Hübschmann/Hepp/Spitaler, § 57 AO Rz. 12; *Seer* in Tipke/Kruse, § 53 AO Rz. 3; a.A. *Raupach* in Non Profit Law Yearbook 2002, 195 (216).

Satz 2 AO nicht erfasst wird[1]. § 57 Abs. 1 Satz 2 AO stellt vielmehr klar, dass sich gemeinnützige Körperschaften bei der Erfüllung ihrer satzungsmäßigen Zwecke nicht nur ihrer Organe, sondern auch beliebiger Dritter bedienen können[2].

2. Voraussetzungen der Zurechnung

Fraglich ist, unter welchen Voraussetzungen eine Person als „Hilfsperson" im Sinne des § 57 Abs. 1 Satz 2 AO anzusehen ist. Der **BFH** hat dazu bislang nicht grundsätzlich Stellung genommen[3], sondern – zumeist ohne nähere Ausführungen – das Handeln von selbständigen Fachkräften, Angestellten eines Gesellschafters, die im Wege der Personalgestellung eingesetzt wurden[4], oder von Vereinsmitgliedern[5] der jeweiligen Körperschaft zugerechnet.   4.46

Nach Ansicht der **Finanzverwaltung**[6] setzt eine Zurechnung nach § 57 Abs. 1 Satz 2 AO voraus, dass die Hilfsperson „nach den Weisungen der Körperschaft einen konkreten Auftrag ausführt". Weiter heißt es im geänderten Anwendungserlass zur AO (Nr. 2 zu § 57):   4.47

„Die Körperschaft hat durch Vorlage entsprechender Vereinbarungen nachzuweisen, dass sie den Inhalt und den Umfang der Tätigkeit der Hilfsperson im Innenverhältnis bestimmen kann."

Dieser Auffassung haben sich auch Teile des **steuerrechtlichen Schrifttums** angeschlossen[7]: Die Hilfsperson müsse „in besonderer Abhängigkeit zur weisungsbefugten Körperschaft stehen"[8].

Fragt man nach dem Grund für diese einschränkende Auslegung des § 57 Abs. 1 Satz 2 AO, so bleiben Finanzverwaltung und steuerrechtliches Schrifttum eine überzeugende Antwort schuldig[9]. Soll z.B. ein Handeln kraft Gefälligkeit (die Freunde eines Naturschutzvereins helfen bei der Vogelbeobachtung) mangels vertraglicher Beziehung nicht als Hilfspersonentätigkeit qualifiziert werden? Warum erwähnte der frühere Anwendungserlass als zulässige Vertragsform ausgerechnet den Werkvertrag, obwohl ein Werkunternehmer im Verhältnis zum Besteller nach Zivilrecht   4.48

---

1 Statt aller *Fischer* in Hübschmann/Hepp/Spitaler, § 57 AO Rz. 19 Fn. 7 (Stand 4/1993): „Es dürfte kaum der Sinn des Gemeinnützigkeitsrechts sein, die Zurechnung des Organhandelns zu statuieren". Anders noch *Becker/Riewald/Koch*, RAO, 9. Aufl. 1963, § 17 StAnpG Anm. 6 (3).

2 Vgl. auch *Seer* in Tipke/Kruse, § 53 AO Rz. 3.

3 BFH v. 31.10.1957 – III 158/57 U, BStBl. III 1958, 170 (174) verlangt bei Übertragung der Führung eines Krankenhauses auf eine Schwesternschaft eine „hinreichende unmittelbare Einwirkung auf die Geschäftsführung".

4 BFH v. 26.4.1995 – I R 35/93, BStBl. II 1995, 767 (Psychologen und Therapeuten als Hilfspersonen einer Beschäftigungsgesellschaft).

5 BFH v. 23.10.1991 – I R 19/91, BStBl. II 1992, 62 (63 f.).

6 AEAO Nr. 2 zu § 57 AO.

7 Der Finanzverwaltung folgend z.B. *Buchna/Leichinger/Seeger/Brox*, S. 191 f.; *Wallenhorst/Halaczinsky*, Rz. C 47; kritisch aber *Schauhoff* in Schauhoff, § 9 Rz. 48, 52.

8 So noch *Fischer* in Hübschmann/Hepp/Spitaler, § 57 AO Rz. 35 (Stand 4/1993).

9 Vgl. auch *Hüttemann* in Non Profit Law Yearbook 2003, 85 ff.

gerade nicht „weisungsabhängig" ist[1]? Diese Unklarheiten haben ihre Ursache darin, dass **ein eindeutiger teleologischer Ausgangspunkt fehlt.** So bleibt auch offen, warum die „Ausführung eines konkreten Auftrags nach den Weisungen der Körperschaft" eine notwendige Voraussetzung für die Annahme einer Hilfsperson sein soll. In diesem Zusammenhang bietet sich ein Vergleich mit den zivilrechtlichen Figuren des Erfüllungsgehilfen (§ 278 BGB) und des Verrichtungsgehilfen (§ 831 BGB) an. Auch wenn § 57 AO keine haftungsrechtliche Regelung ist, so zeigt doch der Blick auf die §§ 278, 831 BGB, dass z.B. das Merkmal einer Weisungsgebundenheit nur dort überzeugt, wo es sich auch – wie bei § 831 BGB – teleologisch begründen lässt. Eine solche Begründung ist bei § 57 Abs. 1 Satz 2 AO nicht erkennbar. Das Gesetz knüpft die Zurechnung nicht an eine Weisungsabhängigkeit, sondern spricht nur allgemein von „rechtlichen und tatsächlichen Beziehungen", die eine Zurechnung des Handelns der Hilfsperson rechtfertigen. Versteht man § 57 Abs. 1 Satz 2 AO als Zurechnungsnorm, die klarstellt, dass sich gemeinnützige Organisationen bei der Erfüllung ihrer satzungsmäßigen Zwecke Dritter bedienen können, dann ist der entscheidende Zurechnungsgrund nicht die „Beherrschung" des Dritten, sondern – ebenso wie bei § 278 BGB – die willentliche Einschaltung des Dritten in die Verwirklichung der eigenen Zwecke[2].

Beispiel Nr. 7: So kann es z.B. für die steuerliche Zurechnung eines Forschungsprojektes auch keinen Unterschied machen, ob eine Forschungseinrichtung das Projekt mit eigenen (weisungsabhängigen) Mitarbeitern durchgeführt oder mit der Durchführung einen selbständigen Wissenschaftler im Rahmen eines Werkvertrages (weisungsunabhängig) beauftragt hat. Ebenso ist es unter **Zurechnungsgesichtspunkten** ohne Relevanz, ob die eingeschalteten Hilfspersonen kraft vertraglicher Beziehungen (Auftragnehmer) oder nur auf Grund einer tatsächlichen Beziehung (z.B. aus reiner Gefälligkeit)[3] für die Körperschaft tätig werden, ob sie für die Tätigkeit ein Entgelt erhalten oder unentgeltlich[4] tätig werden. Entscheidend ist allein, dass sich die Körperschaft der Hilfsperson zur Verwirklichung eigener Zwecke bedient, die Tätigkeit der Hilfsperson also auf einer willentlichen Einschaltung durch die Körperschaft in deren Zweckverwirklichung beruht. Diese Voraussetzung ist beim Einsatz von Arbeitnehmern, Auftragnehmern, Werkunternehmern oder Vereinsmitgliedern regelmäßig erfüllt, ohne dass es auf die weiteren im Anwendungserlass genannten Voraussetzungen ankäme[5]. Auch der BFH hat in solchen Fällen eine Zurechnung des Handelns der Hilfsperson ohne Weiteres bejaht[6].

4.49 Die eigentlichen Abgrenzungsschwierigkeiten in der Praxis betreffen denn auch nicht solche Fälle, in denen die Einschaltung des Dritten in die eigene Zweckerfüllung nach den Umständen offensichtlich ist, sondern die **Zusammenarbeit von gemeinnützigen Einrichtungen mit anderen Organisationen**, die gleichartige oder

---

1 Zutreffende Kritik bei FG Niedersachsen v. 8.4.2010 – 6 K 139/09, zitiert nach juris.

2 Zustimmend *Seer* in Tipke/Kruse, § 57 AO Rz. 3; *Hakert* in NK-GemnR, § 57 AO Rz. 24 ff.; *Musil* in Hübschmann/Hepp/Spitaler, § 57 AO Rz. 30.

3 Zum Tätigwerden kraft Gefälligkeit bei § 278 BGB vgl. etwa BGH v. 21.4.1954 – VI ZR 55/53, BGHZ 13, 111 (113).

4 Der alte Anwendungserlass – Nr. 2 zu § 57 AO – erwähnte merkwürdigerweise nur entgeltliche Vertragsformen.

5 Richtig *Schauhoff* in Schauhoff, § 8 Rz. 49.

6 Vgl. nur BFH v. 26.4.1995 – I R 35/93, BStBl. II 1995, 767.

ähnliche Zwecke verfolgen. Hier ist der Fall einer bloßen finanziellen, sachlichen oder organisatorischen Unterstützung des Wirkens einer anderen Körperschaft von deren Einschaltung als Hilfsperson zu unterscheiden, was angesichts der Ähnlichkeit der verfolgten Zwecke schwierig sein kann[1]. Dazu lässt sich aus § 58 Nr. 1, 2, 4 und 5 AO ableiten, dass die bloße Zuwendung von Mitteln oder die Überlassung von Personal und Räumen für sich genommen noch keine Hilfspersoneneigenschaft der Empfängerkörperschaft begründet. Vielmehr ist davon auszugehen, dass die empfangende Körperschaft die erhaltenen Mittel nur zur Verwirklichung ihrer eigenen Zwecke einsetzt. In diesem Fall fehlt es an der für § 57 Abs. 1 Satz 2 AO erforderlichen Einschaltung in die Zweckverwirklichung der unterstützenden Körperschaft. Wird die Empfängerkörperschaft nur zur Verwirklichung ihrer eigenen satzungsmäßigen Zwecke gegenüber der Allgemeinheit tätig, handelt sie – ungeachtet der finanziellen oder sonstigen Unterstützung – nicht als Hilfsperson der unterstützenden Körperschaft.

Schon der **RFH** hat in den Fällen, in denen sich die Tätigkeit einer Körperschaft darauf beschränkte, das Wirken anderer gemeinnütziger Körperschaften finanziell oder durch Überlassung von Räumlichkeiten zu unterstützen, eine „unmittelbare" Gemeinnützigkeit immer verneint[2]. Eine Ausnahme hat er nur in dem Fall zugelassen, dass sich die Körperschaft „des geförderten Unternehmens nur als seines Mittelmanns bedient, um seine eigenen gemeinnützigen Zwecke ... durchzusetzen"[3]. Diese Voraussetzungen hat er etwa in dem Fall als erfüllt angesehen, dass eine Stiftung ein von ihr errichtetes Jugendheim der NS-Volkswohlfahrt (NSV) zur Betreuung überlassen und sich dabei eine „wesentliche Mitwirkung" – insbesondere bei der Auswahl der zu betreuenden Kinder – und ein „Aufsichtsrecht" gesichert hatte[4]. Dieser Rechtsprechung ist darin zu folgen, dass die **bloße Überlassung eines gemeinnützigen Betriebs** (Betriebspacht) den gemeinnützigen Pächter noch nicht zur Hilfsperson macht. Vielmehr ist davon auszugehen, dass dieser den Betrieb zur Verwirklichung eigener satzungsmäßiger Zwecke und auf eigene Rechnung fortführt.

An dieser Beurteilung ändert sich grundsätzlich auch dann nichts, wenn der Verpächter – z.B. auf Grund **gesellschaftsrechtlicher Einwirkungsmöglichkeiten** – gegenüber dem Pächter weisungsberechtigt ist. Gliedert eine steuerbegünstigte Körperschaft ihre operative Tätigkeit auf eine steuerbegünstigte Tochterkapitalgesellschaft in der Weise aus, dass die wesentlichen Betriebsgrundlagen bei der Mutter verbleiben und der Tochter überlassen werden (sog. Betriebsaufspaltung), dann ist die Tochter auch dann nicht „Hilfsperson" der Mutter, wenn diese kraft Gesellschaftsrechts (z.B. kraft Weisungsrechts bei der GmbH oder Beherrschungsvertrag bei der AG) auf die laufende Geschäftstätigkeit Einfluss nimmt. Denn Weisungsrechte können eine Zurechnung nach § 57 Abs. 1 Satz 2 AO für sich genommen

4.50

---

1 Zutreffend *Schauhoff* in Schauhoff, § 9 Rz. 48, der darauf hinweist, dass sich die „scharfe Unterscheidung, die zwischen einer operativen und einer fördernden Tätigkeit in der Rechtstheorie möglich ist", in der Praxis vielfach als fließend erweise.
2 Vgl. dazu etwa RFH v. 25.11.1927 – I A 439/27, RFHE 22, 204 (205); RFH v. 29.11.1938 – VI a 45/38, RStBl. 1939, 63; RFH v. 16.5.1942 – VI a 79/41, RStBl. 1942, 853.
3 RFH v. 29.11.1938 – VI a 45/38, RStBl. 1939, 63; vgl. auch RFH v. 25.11.1927 – I A 439/27, RFHE 22, 204 (205), wo erstmals die Möglichkeit erwähnt wird, dass sich ein Verein „eines anderen Vereins nur als seines Mittelmanns bediente".
4 RFH v. 16.5.1942 – VI a 70/41, RStBl. 1942, 853.

nicht begründen, wenn es an einer Einschaltung der Tochter in die satzungsmäßige Zweckverfolgung der Muttergesellschaft fehlt[1]. Die Überlassung der Betriebsgrundlagen oder eine Einflussnahme auf die laufende Geschäftsführung[2] ändert nichts daran, dass die steuerbegünstigte Tochter mit dem Betrieb des Krankenhauses eigene steuerbegünstigte Zwecke gegenüber der Allgemeinheit verfolgt und sich die Tätigkeit der Mutter darauf beschränkt, das gemeinnützige Wirken der Tochter zu unterstützen oder zu koordinieren. Die Gemeinnützigkeit der Holding kann daher nicht über § 57 Abs. 1 Satz 2 AO, sondern allenfalls über § 58 Nr. 1 AO begründet werden (dazu Rz. 4.66 und Rz. 3.182 ff.).

Von den Fällen der bloßen Überlassung von Mitteln und Betriebsgrundlagen sind die Fälle zu unterscheiden, in denen eine gemeinnützige Einrichtung ihren Betrieb durch eine andere Einrichtung führen lässt (**Betriebsführungsvertrag**)[3]. Hier soll der Betrieb weiterhin zur Erfüllung der eigenen Zwecke des Eigentümers eingesetzt werden und es wird – wie im Fall des BFH-Urteils vom 31.10.1957[4] – lediglich die Betriebsführung der anderen Einrichtung im Rahmen eines Geschäftsbesorgungsvertrages übertragen (Managementvertrag). Anders als bei der Betriebsüberlassung ist der Betriebsführer hier also in die Erfüllung der satzungsmäßigen Zwecke der Eigentümerkörperschaft eingeschaltet und wird für deren Rechnung sowie (in der Regel) in deren Namen tätig[5].

4.51 **Zusammenfassend** bleibt festzuhalten, dass nicht die Weisungsabhängigkeit, sondern die Einschaltung des Dritten in die Erfüllung der eigenen satzungsmäßigen Zwecke der Körperschaft das entscheidende Kriterium für die Annahme einer Hilfsperson ist. Dieses Merkmal liegt ohne Weiteres vor im Fall von Arbeitnehmern, Vereinsmitgliedern, Auftragnehmern und Werkunternehmern, bei denen die Einschaltung als Hilfsperson nach den Umständen regelmäßig nicht zweifelhaft ist. Schwieriger ist die Beurteilung, wenn es um die Zusammenarbeit mit anderen steuerbegünstigten Einrichtungen mit gleichartigen Zwecken geht. Hier reicht die Überlassung von Mitteln, Personal oder Räumen noch nicht aus, um die Empfängerkörperschaft zur Hilfsperson zu machen (vgl. auch § 58 Nr. 1, 2, 4 und 5 AO). Eine Hilfspersonentätigkeit setzt vielmehr voraus, dass eine gemeinnützige Körperschaft nicht nur in Verfolgung ihrer eigenen Zwecke, sondern zugleich auch „für" eine andere steuerbegünstigte Körperschaft tätig wird. Dies ist der Fall, wenn im Rahmen von unentgeltlichen Aufträgen und entgeltlichen Geschäftsbesorgungsverträgen[6] bestimmte Dienstleistungen für eine andere steuerbegünstigte Körperschaft erbracht werden. Solche Kooperationen können sich sowohl auf die Übertragung von Servicefunktionen (z.B. Beschaffung, Einkauf, EDV) als auch auf die Erledigung steuerbegünstigter Tätigkeiten beziehen. Beruft sich eine Körperschaft darauf, dass

---

1 Ebenso *Seer* in Tipke/Kruse, § 57 AO Rz. 3; *Hakert* in NK-GemnR, § 58 AO Rz. 46; a.A. *Scherff*, DStR 2003, 727 (728); *Schick*, DB 1999, 1187 (1190); *Schröder*, DStR 2001, 1415 (1417); *Schröder*, DStR 2008, 1069 (1071 ff.).

2 A.A. *Schick*, DB 1999, 1187 (1190) unter Hinweis auf BFH v. 30.6.1971 – I R 57/70, BStBl. II 1971, 753.

3 Zum Betriebsführungsvertrag vgl. § 291 Abs. 1 Satz 2 AktG.

4 BFH v. 31.10.1957 – III 158/57 U, BStBl. III 1958, 170.

5 Auch nach Nr. 2 des AEAO zu § 57 AO setzt die Tätigkeit als Hilfsperson kein Handeln im Namen der Körperschaft voraus.

6 Dazu näher *Orth*, Stiftung&Sponsoring, Rote Seiten 5/1999, 5.

eine Hilfsperson für sie tätig geworden ist, so hat sie die Voraussetzungen des § 57 Abs. 1 Satz 2 AO nachzuweisen[1].

3. Rechtsfolgen einer Einschaltung von Hilfspersonen

Nach § 57 Abs. 1 Satz 2 AO wird die Tätigkeit der Hilfsperson der Körperschaft steuerlich **„wie eigenes Wirken" zugerechnet.** Dies bedeutet zugleich, dass auch bei der Prüfung der tatsächlichen Geschäftsführung das Verhalten der Hilfspersonen mit zu berücksichtigen ist. Daher können z.B. Mittelfehlverwendungen durch Hilfspersonen grundsätzlich die Gemeinnützigkeit der Körperschaft gefährden. Allgemein ist dabei aber zu beachten, dass es für den Verlust der Gemeinnützigkeit nach § 63 Abs. 1 AO nicht auf das einzelne Fehlverhalten der jeweils handelnden Person ankommt, sondern entscheidend ist, ob die „tatsächliche Geschäftsführung" auf die Erfüllung der steuerbegünstigten Zwecke „gerichtet ist"[2]. Insoweit wird vor allem auf das Verhalten der vertretungsberechtigten Organe, die über die zweckverwirklichenden Maßnahmen entscheiden, abzustellen sein[3] (vgl. auch Rz. 4.152 ff.). | 4.52

Im Regelfall werden Hilfspersonen nur gegen Entgelt tätig. Die Zahlung solcher Vergütungen oder Aufwandsentschädigungen ist eine Mittelverwendung nach § 55 Abs. 1 Nr. 1 AO. Da die Tätigkeit der Hilfsperson der Körperschaft „wie eigenes Wirken" zugerechnet wird, sind Vermögenswerte, die die Körperschaft der Hilfsperson zur Ausführung der Hilfspersonentätigkeit überlässt, als **„nutzungsgebundenes Vermögen"** im Sinne von § 55 Abs. 1 Nr. 5 AO anzusehen. Denn gemeinnützigkeitsrechtlich kann es keinen Unterschied machen, ob die Körperschaft die Vermögenswerte selbst zur Verwirklichung ihrer satzungsmäßigen Zwecke einsetzt oder der Hilfsperson überlässt. Diese Einsicht ist insbesondere in solchen Fällen hilfreich, in denen gemeinnützige Einrichtungen bestimmte Tätigkeitsbereiche „outsourcen" (dazu Rz. 5.169). | 4.53

Beispiel Nr. 8: Ein Krankenhaus gliedert die Küche auf eine selbständige steuerpflichtige Service-GmbH aus, die ausschließlich die Patienten im Krankenhaus beliefert. Der bisherige Küchentrakt und die Kücheneinrichtung werden der GmbH im Rahmen der Lieferbeziehung zur Nutzung überlassen. Der Nutzungsvorteil wird mit dem Entgelt für die Essenslieferung verrechnet. Die Überlassung von Wirtschaftsgütern an eine steuerpflichtige GmbH ist normalerweise dem vermögensverwaltenden Bereich zuzurechnen, sodass es eigentlich zu einer „Entnahme" der Gegenstände aus dem nutzungsgebundenen Vermögen käme. In dem Fall der Überlassung an eine Hilfsperson bleibt aber der bisherige Nutzungszusammenhang erhalten, da die Kücheneinrichtung weiterhin zur Verwirklichung satzungsmäßiger Zwecke eingesetzt wird[4]. Dies gilt unabhängig davon, ob die GmbH selbst steuerbegünstigt ist oder nicht.

---

1 Sehr weitgehend allerdings OFD Frankfurt/M. v. 2.7.1997, DB 1997, 1745.
2 Vgl. dazu auch *Schauhoff* in DStJG 26 (2003), 133 ff.
3 Eingehender zur Zurechnung von Fehlverhalten *Bott* in Schauhoff, § 10 Rz. 125 ff.
4 Ebenso *Thiel/Eversberg*, DB 2007, 191; im Ergebnis auch OFD Koblenz v. 7.10.2003, DB 2003, 2412; a.A. *Rösch/Woitschell*, DB 2007, 1434; OFD Frankfurt/M. v. 8.12.2004, DStR 2005, 600.

4. Hilfspersonentätigkeit als steuerbegünstigte Tätigkeit

4.54 Die AO regelt in § 57 Abs. 1 Satz 2 AO nur die gemeinnützigkeitsrechtliche Zurechnung des Handelns von Hilfspersonen zur einschaltenden Körperschaft. Davon ist die Frage zu trennen, **ob die Tätigkeit als Hilfsperson selbst eine steuerbegünstigte Tätigkeit darstellt.** Die Rechtsprechung musste zu dieser Frage in der Vergangenheit nicht Stellung nehmen, weil regelmäßig nur die Zurechnung des Handelns der Hilfsperson, nicht aber deren eigene Steuerbegünstigung entscheidungsrelevant war[1]. Die Finanzverwaltung hatte sich erstmals 2002 im neu gefassten Anwendungserlass zur AO eine einheitliche Auffassung gebildet. Danach sollte ein Handeln als Hilfsperson keine steuerbegünstigte Tätigkeit begründen[2]. Diese Rechtsauffassung war ab dem Veranlagungszeitraum 2004 anzuwenden[3]. Ihr hatte sich zwischenzeitlich auch der I. Senat des BFH angeschlossen. Nach dieser Ansicht verwirklichte eine Hilfsperson stets „fremde gemeinnützige Zwecke ihres Auftragsgebers, sie verwirklicht diese Zwecke … jedoch nicht selbst"[4]. Diese Beurteilung führte zu einer erheblichen Erschwerung arbeitsteiliger Kooperationen im gemeinnützigen Sektor. Sie ist inzwischen wieder aufgegeben worden (vgl. Rz. 4.57).

Beispiel Nr. 9: Angenommen, eine städtische gemeinnützige Theater-GmbH beauftragt ein anderes gemeinnütziges Ensemble im Rahmen eines Gastspielvertrages mit zehn Aufführungen einer bestimmten Inszenierung gegen ein bestimmtes Honorar. Beide Einrichtungen verfolgen mit dieser Kooperation ihre eigenen steuerbegünstigten künstlerischen und kulturellen Zwecke: Die Theater-GmbH verwirklicht ihre kulturellen Zwecke durch die Übernahme der Inszenierung in den eigenen Spielbetrieb, das Ensemble verwirklicht seine kulturellen Zwecke durch die Übernahme des Gastspiels. Die Frage ist nun, ob allein der Umstand, dass das Ensemble nicht im eigenen Theater auftritt, sondern für andere Theater als „Subunternehmer" – d.h. gemeinnützigkeitsrechtlich als „Hilfsperson" – auftritt, dazu führt, dass die Aufführung nicht mehr steuerbegünstigt ist bzw. zur Annahme eines steuerpflichtigen wirtschaftlichen Geschäftsbetriebs führt (zu umsatzsteuerlichen Folgen bei § 4 Nr. 20 UStG vgl. Rz. 7.177).

4.55 Geht man von den Grundwertungen der §§ 52 bis 54 AO aus, dann ist zwar festzustellen, dass eine **Hilfspersonentätigkeit** für sich genommen noch keine Gemeinnützigkeit der Hilfsperson begründet. Allein der Umstand, dass eine Körperschaft die steuerbegünstigte Tätigkeit einer anderen Körperschaft unterstützt, begründet noch keine eigene Steuerbegünstigung. Dies zeigt auch ein Blick auf die Ausnahmeregelungen der § 57 Abs. 2 AO und § 58 Nr. 1, 2, 4 und 5 AO. Allerdings ist auch der Umkehrschluss falsch: Die These, dass eine Hilfspersonentätigkeit für eine andere steuerbegünstigte Körperschaft niemals steuerbegünstigt sein könne, weil sie unmittelbar nicht der „Allgemeinheit", sondern (nur) der anderen Körperschaft zugute kommt, ist vom Regelungsgehalt des § 57 AO nicht gedeckt. Vielmehr ist jeweils im Einzelfall festzustellen, ob eine Hilfspersonentätigkeit für eine steuer-

---

1 So in den Fällen des RFH v. 16.5.1942 – VI a 70/41, RStBl. 1942, 853; BFH v. 31.10.1957 – III 158/57 U, BStBl. III 1958, 170.

2 AEAO Nr. 2 zu § 57 AO.

3 BMF v. 17.12.2002, BStBl. I 2003, 107.

4 BFH v. 7.3.2007 – I R 90/04, BStBl. II 2007, 628.

begünstigte Körperschaft zugleich der Verwirklichung eigener steuerbegünstigter Zwecke dient. Insoweit ist zu unterscheiden:

– Erschöpft sich die Tätigkeit der Hilfsperson in der Erbringung von „marktgängigen" Dienstleistungen, **die typischerweise auch von privatwirtschaftlichen Unternehmen angeboten werden** (z.B. Betriebsführung, EDV-Leistungen oder zentrale Beschaffung), kann eine solche entgeltliche Tätigkeit schon mangels Gemeinwohlqualität nicht als steuerbegünstigt angesehen werden. Auch der BFH geht davon aus, dass eine „typische gewerbliche Betätigung im Allgemeinen nicht gemeinnützig sein kann"[1]. Vielfach wird in solchen Fällen eine Steuerbegünstigung auch wegen fehlender „Unmittelbarkeit" verneint, so z.B. bei der Durchführung von Projektträgerschaften für die öffentliche Hand[2], der Bearbeitung von Förderanträgen für ein Bundesland[3] beim Betrieb zentraler Serviceeinrichtungen[4] oder bei Laborleistungen für gemeinnützige Krankenhäuser[5]. Diese Begründung ist aber nicht ganz zutreffend, weil es nicht an einer „eigenen" Tätigkeit, sondern an einer eigenen „steuerbegünstigten" Tätigkeit im Sinne der §§ 52 bis 54 AO fehlt. Bei entgeltlichen Kooperationen ergibt sich der Wegfall der Steuerbegünstigung der Hilfsperson auch aus § 65 Nr. 3 AO. Eine im Wettbewerb zu anderen steuerpflichtigen Betrieben unternommene Hilfspersonentätigkeit begründet somit regelmäßig einen steuerpflichtigen wirtschaftlichen Geschäftsbetrieb[6].

– Anders ist dagegen zu entscheiden, wenn die Hilfsperson eine steuerbegünstigte Tätigkeit ausführt, die **zugleich der Erfüllung ihrer eigenen satzungsmäßigen Zwecke dient**. Wie das oben gebildete Beispiel der Theateraufführung zeigt, verliert eine Tätigkeit nicht dadurch ihren Charakter als steuerbegünstigte Betätigung, dass sie im Auftrag eines Dritten oder gegen Entgelt ausgeführt wird. Vielmehr zeigen die §§ 65 bis 68 AO, dass auch eine entgeltliche Zweckverfolgung begünstigt sein kann. Der Umstand, dass eine gemeinnützige Körperschaft in Verfolgung ihrer eigenen Satzungszwecke zugleich auch als Auftragnehmer oder im Rahmen eines Dienst- bzw. Werkvertrags für eine andere gemeinnützige Körperschaft tätig wird, führt also nicht zum Verlust der Steuervergünstigung[7]. Dem lässt sich auch nicht entgegenhalten, § 57 Abs. 1 Satz 2 AO erlaube keine „doppelte" Zurechnung[8], da eine gemeinnützige Aktivität immer „nur einmal einer

---

1 Vgl. allgemein BFH v. 31.1.1973 – II R 51, 58, 62/69, BStBl. II 1973, 690 (691).
2 BFH v. 30.11.1995 – V R 29/91, BStBl. II 1997, 189.
3 FG Niedersachsen v. 8.7.1999 – V 362/97, EFG 1999, 1256.
4 Vgl. BFH v. 26.11.1996 – VIII R 58/93, BStBl. II 1997, 390; BFH v. 15.10.1997 – II R 94/94, BFH/NV 1998, 150.
5 BFH v. 6.2.2013 – I R 59/11, BStBl. II 2013, 603, mit Anmerkung *Hüttemann*, npoR 2013, 182; ferner *Schunk*, DStR 2014, 934.
6 Vgl. auch FG Niedersachsen v. 8.7.1999 – V 362/97, EFG 1999, 1256.
7 Zutreffend *Schauhoff* in Schauhoff, § 9 Rz. 45; *Schauhoff*, Stiftung&Sponsoring 5/2004, 15 ff.
8 So aber *Eversberg*, Stiftung&Sponsoring, Rote Seiten 5/2001; zustimmend noch *Hüttemann*, FR 2002, 1337 (1341 f.).

gemeinnützigen Einrichtung zugerechnet" werden könne[1]. Aus § 57 Abs. 1 Satz 2 AO ergibt sich nur, dass das Handeln eines Dritten dem Auftraggeber „wie eigenes Wirken" zugerechnet wird. Diese Zurechnung schließt aber eine eigene Steuerbegünstigung der Hilfsperson nicht aus, wenn die Tätigkeit als Hilfsperson zugleich der Verwirklichung eigener steuerbegünstigter Zwecke dient[2]. Wird die Hilfsperson gegen Entgelt tätig, sind zusätzlich die Voraussetzungen der §§ 65 bis 68 AO zu prüfen[3].

4.56 Die **Finanzverwaltung** hatte schon bald erkannt, dass ihre frühere restriktive Haltung zur Steuerbegünstigung einer Hilfspersonentätigkeit in vielen Fällen praktisch nicht durchführbar war. Dies galt insbesondere im wichtigen Bereich der Kooperation gemeinnütziger Einrichtungen mit der öffentlichen Hand. Bereits 2005 hatten die OFD Rheinland und Münster insoweit eine abweichende Auffassung vertreten[4]. 2008 wurde dann – unmittelbar im Anschluss an die pauschale Aussage, dass ein Handeln als Hilfsperson keine eigene steuerbegünstigte Tätigkeit begründet – folgende **einschränkende Passage in den Anwendungserlass** aufgenommen[5]:

„Eine Hilfspersonentätigkeit in diesem Sinne liegt nicht vor, wenn der auftraggebenden Person dadurch nicht nach § 57 Abs. 1 Satz 2 die Gemeinnützigkeit vermittelt wird, z.B. Tätigkeiten im Auftrag von juristischen Personen des öffentlichen Rechts (Hoheitsbereich), voll steuerpflichtigen Körperschaften oder natürlichen Personen."

4.57 Auch der I. Senat des BFH hat seinen restriktiven Standpunkt aus dem Urteil vom 7.3.2007 später deutlich relativiert. In der **Entscheidung vom 17.2.2010** heißt es nun[6]:

„Das Handeln als Hilfsperson allein begründet allerdings keine eigene steuerbegünstigte Tätigkeit; denn die Hilfsperson verwirklicht fremde gemeinnützige Zwecke ihres Auftraggebers [...]. Sie fördert damit nur mittelbar steuerbefreite Zwecke im Sinne der §§ 52 bis 54 AO, was für die Steuerbefreiung nicht ausreicht. Dies gilt jedoch nicht, wenn die Körperschaft mit ihrer Hilfstätigkeit nicht nur die steuerbegünstigte Tätigkeit einer anderen Körperschaft unterstützt, sondern zugleich eigene steuerbegünstigte Satzungsziele verfolgt [...]. Hiervor in jedenfalls dann auszugehen, wenn mehrere nach § 5 Abs. 1 Nr. 9 KStG steuerbefreite Körperschaften arbeitsteilig zur Verwirklichung eines steuerbegünstigten Zwecks zusammenwirken."

Damit hat sich der I. Senat der in den Vorauflagen und an anderer Stelle vertretenen Ansicht[7] angeschlossen und diesen Standpunkt in neueren Entscheidungen be-

---

1 So BFH v. 7.3.2007 – I R 90/04, BStBl. II 2007, 628; dagegen aber *Hüttemann/Schauhoff*, FR 2007, 1133.

2 Meine insoweit abweichende frühere Auffassung (vgl. *Hüttemann*, FR 2002, 1337 [1341 f.] sowie *Hüttemann* in Non Profit Law Yearbook 2003, 85 ff.) gebe ich auf.

3 A.A. *Eversberg*, Stiftung&Sponsoring, Rote Seiten 5/2001; *Buchna/Seeger/Brox*, 10. Aufl. 2010, S. 206.

4 OFD Rheinland und Münster v. 15.8.2005 – S 2729 A - St 132 (D), n.v.; *Holland*, DStR 2006, 1783; *Buchna/Seeger/Brox*, 10. Aufl. 2010, S. 206.

5 BMF v. 17.7.2008, BStBl. I 2008, 694.

6 BFH v. 17.2.2010 – I R 2/08, BStBl. II 2010, 1006; dazu *Holland*, DStR 2010, 2057.

7 Vgl. vor allem *Hüttemann/Schauhoff*, FR 2007, 1133; zustimmend im Schrifttum *Seer* in Tipke/Kruse, § 55 AO Rz. 4; *Musil* in Hübschmann/Hepp/Spitaler, § 55 AO Rz. 35.

kräftigt[1]. Auch die **Finanzverwaltung hat den Anwendungserlass entsprechend angepasst**[2]. In der aktuellen Fassung[3] heißt es nun:

„Die Steuerbegünstigung einer Hilfsperson ist nicht ausgeschlossen, wenn die Körperschaft mit ihrer Hilfspersonentätigkeit nicht nur die steuerbegünstigte Tätigkeit einer anderen Körperschaft unterstützt, sondern zugleich eigene steuerbegünstigte Satzungszwecke verfolgt und ihren Beitrag im Außenverhältnis selbständig und eigenverantwortlich erbringt."

frei   4.58

IV. Ausnahmen vom Unmittelbarkeitsgebot

1. Unschädliche Betätigungen

Im Unterschied zu einer Mittelbeschaffung nach § 58 Nr. 1 AO, die als steuer-   4.59
begünstigter Zweck in der Satzung der Körperschaft verankert sein muss (dazu
Rz. 3.182 ff.), lässt das Gesetz in § 58 Nr. 2, 4 und 5 AO bestimmte Unterstützungs-
maßnahmen zwischen gemeinnützigen Einrichtungen und gegenüber juristischen
Personen des öffentlichen Rechts auch ohne satzungsmäßige Grundlage zu. Zu die-
sen „steuerlich unschädlichen Betätigungen" gehören eine Mittelweitergabe (§ 58
Nr. 2 AO), die Überlassung von Personal (§ 58 Nr. 4 AO) und die Überlassung von
Räumen (§ 58 Nr. 5 AO). Im Unterschied zur Mittelweitergabe und Raumüberlas-
sung setzt eine Personalgestellung nicht die Steuerbefreiung der empfangenden
Körperschaft voraus (zum Erfordernis der Steuerbegünstigung vgl. auch Rz. 1.138).
In allen Fällen muss die Unterstützung aber zu steuerbegünstigten Zwecken erfolgen. Es handelt sich um **Ausnahmebestimmungen zu § 57 AO**, durch die be-
stimmte „mittelbare" Fördermaßnahmen erlaubt werden[4].

Wie sich aus dem Wortlaut des § 58 Nr. 2 AO („teilweise") und darüber hinaus   4.60
auch aus der Überschrift („steuerlich unschädliche Betätigungen") ergibt, darf sich
das Handeln einer Körperschaft **nicht in solchen Betätigungen erschöpfen**. Diese
Einschränkung hat vor allem für die Abgrenzung zu § 58 Nr. 1 AO Bedeutung:
Dort kann die „mittelbare" Förderung auch der einzige Satzungszweck der Körperschaft sein, während es in § 58 Nr. 2, 4 und 5 AO vor allem darum geht, wechselsei-
tige Unterstützungen zwischen steuerbegünstigten Einrichtungen zuzulassen, insbesondere um vorhandene (Über-)Kapazitäten im Dritten Sektor besser auszunutzen. Dies hat nicht nur für das Verhältnis von § 58 Nr. 1 und 2 AO Bedeutung,
sondern auch z.B. für § 58 Nr. 5 AO: Bezieht man auch eine (unentgeltliche) Sach-
kapitalüberlassung in den Anwendungsbereich des § 58 Nr. 1 AO ein, könnte sie

---

1 Siehe BFH v. 6.2.2013 – I R 59/11, BStBl. II 2013, 603. In der Entscheidung BFH v.
  27.11.2013 – I R 17/12, BStBl. II 2016, 68 hat der I. Senat ausdrücklich offen gelassen, ob
  er sich der Formulierung in AEAO Nr. 2 zu § 57 AO anschließt.
2 AEAO Nr. 2 zu § 57 AO; dazu *Hüttemann*, DB 2012, 250.
3 Zuletzt geändert durch das BMF-Schreiben v. 26.1.2016, BStBl. I 2016, 155; dazu *Hüttemann*, DB 2016, 1338.
4 Vgl. auch BFH v. 30.11.1995 – V R 29/91, BStBl. II 1997, 189.

auch den Schwerpunkt der Tätigkeit bilden, wenn Satzungszweck die Mittelbeschaffung ist (vgl. Rz. 3.193)[1].

2. Mittelweitergabe (§ 58 Nr. 2 AO)

4.61 Eine Mittelweitergabe nach § 58 Nr. 2 AO darf im Unterschied zur Mittelbeschaffung nach § 58 Nr. 1 AO nur „teilweise" erfolgen. Nach Ansicht der Finanzverwaltung soll nur eine **nicht überwiegende Mittelweitergabe**[2] erlaubt sein. Eine genaue Grenzziehung fällt auch deshalb schwer, weil nach dem Mittelbegriff des BFH alle Vermögenswerte einer Körperschaft, also auch ein nicht zeitnah zu verwendendes Vermögen, zu den „Mitteln" gehören[3].Im aktuellen Anwendungserlass heißt es nunmehr[4]:

„Für die Ermittlung der maximal zulässigen Höhe der Mittelweitergabe ist das Nettovermögen (Vermögenswerte abzüglich Verbindlichkeiten) der Körperschaft im jeweiligen Veranlagungszeitraum maßgebend. Auf die im jeweiligen Veranlagungszeitraum zeitnah zu verwendenden Mittel allein kommt es nicht an."

Offenbar soll mit der Einschränkung „allein" deutlich gemacht werden, dass eine Körperschaft nicht dauerhaft ihre gesamten zeitnah zu verwendenden Mittel „weitergeben" darf, nur weil diese nicht mehr als die Hälfte des Nettovermögens ausmachen, denn anderenfalls würde die Grenze zwischen § 58 Nr. 1 und 2 AO praktisch aufgehoben werden. Richtig erscheint es deshalb, die Überwiegens-Grenze (auch) auf die zeitnah zu verwendenden Mittel zu beziehen, da sich eine Körperschaft anderenfalls durch fortlaufende Mittelweitergaben ihrer Verpflichtung zu eigener gegenwärtiger Zweckverwirklichung entziehen könnte[5]. Unschädlich ist dagegen, wenn eine Körperschaft in einzelnen Veranlagungszeiträumen ausschließlich Mittel weitergegeben hat, sie aber in anderen Veranlagungszeiträumen vorrangig ihre eigenen Zwecke selbst verwirklicht[6]. Es reicht also aus, wenn zumindest über einen gewissen Zeitraum die Grenze des § 58 Nr. 2 AO beachtet wird. Bei der Mittelweitergabe nach § 58 Nr. 2 AO ist – ebenso wie im Rahmen des § 58 Nr. 1 AO – das Gebot der zeitnahen Mittelverwendung zu beachten. Werden zeitnah zu verwendende Mittel an eine andere Körperschaft weitergegeben, sind sie durch den Empfänger zeitnah für steuerbegünstigte Zwecke zu verwenden.

Ist **Empfänger eine juristische Person des öffentlichen Rechts**, dürfen die Mittel nur für steuerbegünstigte Zwecke verwendet werden[7]. Diese Einschränkung kann insbesondere bei

---

1 Anders wohl FG Baden-Württemberg v. 31.7.1997 – 3 K 268/93, EFG 1997, 1341.
2 So AEAO Nr. 2 zu § 58 Nr. 2 AO; weitergehend *Fischer* in Hübschmann/Hepp/Spitaler, § 58 AO Rz. 37 (Stand 6/2003) (übrige Tätigkeit dürfe nicht nur von untergeordneter Bedeutung sein).
3 Vgl. BFH v. 23.10.1991 – I R 19/91, BStBl. II 1992, 62.
4 AEAO Nr. 2 zu § 58 Nr. 2 AO.
5 Siehe auch *Hüttemann*, DB 2014, 442, 444; zurückhaltender *Buchna/Leichinger/Seeger/Brox*, S. 207: Der Anteil der weitergegebenen zeitnah zu verwendenden Mittel dürfe auch überwiegen.
6 So BFH v. 15.7.1998 – I R 156/94, BStBl. II 2002, 162.
7 Vgl. dazu *Theobald*, DStR 2010, 1464.

teilentgeltlichen Leistungen gegenüber Körperschaften des öffentlichen Rechts zu Schwierig-keiten führen, wenn die Ersparnis letztlich dem Gesamthaushalt der Körperschaft des öffent-lichen Rechts zugute kommt[1]. Allerdings wird man auch hier der Körperschaft den Gegen-beweis eröffnen müssen, dass sie aus diesem Haushalt mindestens in gleicher Höhe Mittel für steuerbegünstigte Zwecke verausgabt. Eine Zuführung zum Vermögen ist nur bei solchen Mitteln zulässig, die auch bereits bei der zuwendenden Körperschaft zum Vermögen gehört haben. Nach Ansicht der Finanzverwaltung ist im Rahmen von § 58 Nr. 2 AO auch die be-schränkte Abziehbarkeit von Mitgliedsbeiträgen zu beachten (vgl. § 10b Abs. 1 Satz 8 EStG), so dass z.B. ein mildtätiger Verein nicht einfach Mittel an einen Sportverein weitergeben darf[2].

Die Regelung des § 58 Nr. 2 AO ist insbesondere für **gemeinnützige Kapitalgesell-schaften** mit gemeinnützigen Gesellschaftern von Bedeutung[3]. Denn sie erlaubt – abweichend von § 55 Abs. 1 Nr. 1 AO – Mittelweitergaben an die gemeinnützigen Anteilseigner, die gesellschaftsrechtlich als Gewinnausschüttungen behandelt wer-den (s. auch Rz. 2.18). Entgegen der Ansicht der Finanzverwaltung setzt dies nicht voraus, dass alle Gesellschafter einer gGmbH „steuerbegünstigte Körperschaften sind"[4]. Vielmehr kommt es lediglich darauf an, dass diejenigen Gesellschafter, an die Ausschüttungen nach § 58 Nr. 2 AO erfolgen, selbst steuerbegünstigt sind[5]. Al-lerdings ist zu beachten, dass – abweichend von Beteiligungen an steuerpflichtigen Kapitalgesellschaften – aus solchen Mittelweitergaben beim Anteilseigner keine Rücklagen nach § 62 Abs. 1 Nr. 3 Alt. 1 AO gebildet werden dürfen (dazu auch Rz. 5.133 ff.), sondern nur sonstige Rücklagen in Höhe von 10 Prozent (§ 62 Abs. 1 Nr. 3 Alt. 2 AO)[6].

4.62

Unter § 58 Nr. 2 AO fallen nicht nur unentgeltliche Mittelweitergaben, sondern auch **Unterpreislieferungen und Unterpreisleistungen** zwischen gemeinnützigen Körperschaften[7]. Dazu gehört z.B. die Gewährung eines zinsgünstigen Darlehens[8] oder die verbilligte Abgabe von Essen durch eine Krankenhauskantine an ein be-nachbartes Altenheim. In diesem Zusammenhang ist allerdings zu beachten, dass § 58 Nr. 2 AO nur die Ebene der Mittelverwendung betrifft, nicht aber die Gewinn-ermittlung[9]. Daraus folgt, dass solche verbilligten Lieferungen und Leistungen ge-gen Entgelt steuerpflichtige wirtschaftliche Geschäftsbetriebe sind, soweit nicht (ausnahmsweise) die §§ 65 ff. AO eingreifen. Dies hat vor allem Bedeutung für die Umsatzsteuer.

4.63

---

1 Dazu BFH v. 27.11.2013 – I R 17/12, BStBl. II 2016, 68; AEAO Nr. 2 zu § 58 Nr. 2 AO.
2 Vgl. dazu OFD Frankfurt/M. v. 27.5.2014, StEd 2014, 459.
3 Dazu *Jost* in FS Brönner, 2000, S. 197 ff.; *Döring/Fischer*, DB 2007, 1831; *Gietz/Sommer-feld*, BB 2001, 1501; eingehend *Ullrich*, GmbHR 2009, 750; *Kirchhain*, DStR 2017, 2317.
4 So aber wohl AEAO Nr. 2 zu § 58 Nr. 2 AO.
5 Ebenso *Kirchhain*, DStR 2013, 2141 (2146).
6 Dazu näher *Kirchhain*, DStR 2017, 2317.
7 Zum Folgenden vgl. näher *Buchna/Leichinger/Seeger/Brox*, S. 205 ff.; siehe auch *Kümpel*, FR 2014, 51.
8 Vgl. AEAO Nr. 15 zu § 55 Abs. 1 Nr. 1 AO.
9 So auch *Kümpel*, FR 2014, 51.

Ebenso wie bei Endowments nach § 58 Nr. 3 AO (dazu Rz. 5.171 f.) ist auch für Mittelweitergaben nach § 58 Nr. 2 AO zu beachten, dass § 58 Nr. 2 AO lediglich die gemeinnützigkeitsrechtliche Behandlung regelt, aber keine **vereins- oder stiftungsrechtliche Erlaubnis** für solche Mittelweitergaben statuiert. Die Organe einer Körperschaft haben also stets gesondert zu prüfen, ob eine Weitergabe von Mitteln an eine andere Körperschaft nach Vereins- bzw. Stiftungsrecht erlaubt ist. Insoweit ist zu beachten, dass § 58 Nr. 2 AO – im Unterschied zu § 58 Nr. 3 AO – keine Zweckidentität verlangt, sodass z.B. eine gemeinnützige Kulturstiftung auch Mittel an einen gemeinnützigen Sportverein weitergeben könnte, was mit Blick auf die eigenen Satzungszwecke einer sachlichen Begründung im Einzelfall bedarf (z.B. weil der Sportverein mit den Mitteln eine Skulptur auf dem Sportgelände erhalten will). Zwar wird man vereinsrechtlich wohl keine Bedenken haben, wenn z.B. der Vorstand eines Sportvereins unter dem Eindruck einer Naturkatastrophe beschließt, einen kleinen Teil der Mitgliedsbeiträge einer Nothilfeorganisation zu überweisen, um ein „Zeichen der Nächstenliebe zu setzen"[1]. Der Vorstand kann sich aber nicht einfach unter Hinweis auf § 58 Nr. 2 AO über die durch die Vereinszwecke gezogenen Grenzen hinwegsetzen. Gleiches gilt für einen Stiftungsvorstand, wenn der Stifter seiner Stiftung ausdrücklich nur eine „eigene" operative Tätigkeit erlaubt hat. Auch in diesem Fall sind Zuwendungen an andere Einrichtungen im Regelfall ausgeschlossen, wenn diese nicht als „Hilfsperson" (§ 57 Abs. 1 Satz 2 AO) tätig werden sollen[2].

3. Personal- und Raumüberlassung (§ 58 Nr. 4 und 5 AO)

4.64 Auch eine Personal- und Raumüberlassung nach § 58 Nr. 4 und 5 AO darf nur neben einer „unmittelbar" gemeinnützigen Betätigung erfolgen. Bei der Abgrenzung sind die zu § 58 Nr. 2 dargelegten Maßstäbe (insbesondere eine Mehrjahresbetrachtung) anwendbar. Das Gesetz lässt nicht nur eine unentgeltliche Personal- und Raumüberlassung zu, sondern erlaubt auch eine teilentgeltliche Überlassung. In diesem Fall wird aber, soweit Entgelte erhoben werden, in der Regel ein steuerpflichtiger wirtschaftlicher Geschäftsbetrieb begründet. Etwas anderes kann im Fall der Raumüberlassung[3] gelten, wenn die Grenzen einer steuerfreien Vermögensverwaltung (vgl. näher Rz. 6.141 ff.) nicht überschritten werden[4]. Die Annahme eines Zweckbetriebs wird bei § 58 Nr. 4 und 5 AO regelmäßig daran scheitern, dass die Tätigkeit nicht der Verwirklichung satzungsmäßiger Zwecke dient (§ 65 Nr. 1 AO)[5].

4.65 frei

---

1 Zu Rechtsfragen der sozialen Verantwortung von Vereinen und Stiftungen vgl. näher *Hüttemann*, DB 2016, 429.

2 Vgl. auch *Hüttemann*, DB 2013, 774.

3 Zur Überlassung von Sportstätten als Raumüberlassung im Sinne von § 58 Nr. 4 AO vgl. FG Bremen v. 12.11.2008 – 2 K 28/08 (1), EFG 2010, 527.

4 Vgl. dazu auch BFH v. 17.12.1957 – I 182/55 U, BStBl. III 1958, 96.

5 BFH v. 30.11.1995 – V R 29/91, BStBl. II 1997, 189; vgl. aber auch FG Bremen v. 12.11.2008 – 2 K 28/08 (1), EFG 2010, 527.

V. Gemeinnützige Konzernstrukturen und Unmittelbarkeit

Nach wie vor nicht befriedigend gelöst ist die Frage, unter welchen Voraussetzungen eine „unmittelbare" Gemeinnützigkeit in Konzernstrukturen gewährleistet werden kann[1]. Werden sämtliche operativen Einheiten (Zweckbetriebe) in selbständige gemeinnützige Tochtergesellschaften ausgegliedert, ergibt sich das Problem, dass es **auf der Ebene der Holding an einer unmittelbaren gemeinnützigen Betätigung fehlt**, weil sich die Tätigkeit der Holding auf die bloße Verwaltung von Beteiligungen an anderen gemeinnützigen Körperschaften beschränkt. In der Praxis wird deshalb bisweilen auf eine vollständige Ausgliederung verzichtet, um auch nach der Umstrukturierung noch eine gewisse „eigene" operative Tätigkeit der Holding darstellen zu können. Ob ein solches gemeinnütziges „Feigenblatt" ausreicht, wird indes bestritten[2]. Deshalb werden weitere Begründungsansätze diskutiert, um die Gemeinnützigkeit der bloßen Holding[3] zu „retten" (vgl. dazu auch Rz. 4.45 ff. und Rz. 3.193 und 3.201):

4.66

– Die Holding ist unmittelbar gemeinnützig, wenn ihr die Tätigkeiten der Tochtergesellschaften als **Hilfspersonentätigkeiten** zugerechnet werden. Dafür reicht es – zumindest nach der hier vertretenen Ansicht[4] – nicht aus, dass die Tochtergesellschaften von der Holding gesellschaftsrechtlich beherrscht werden, sondern die Tochtergesellschaften müssen von der Holding in die Erfüllung deren steuerbegünstigten Zwecke eingeschaltet sein (vgl. Rz. 4.50).

– Nach anderer Ansicht soll sich die Gemeinnützigkeit der Holding aus **§ 57 Abs. 2 AO** ergeben, weil die gemeinnützigen Tochtergesellschaften in der Holding „zusammengefasst" seien[5]. Diese Auslegung begegnet deshalb Bedenken, weil die Tochtergesellschaften nicht (wie bei einem klassischen Dachverband) in der Holding zusammengeschlossen sind, sondern – gesellschaftsrechtlich genau umgekehrt – die Holding (Mehrheits- oder Allein-)Gesellschafterin der Tochtergesellschaften ist. Es käme daher nur eine analoge Anwendung des § 57 Abs. 2 AO in Betracht, deren methodischen Voraussetzungen aber nicht vorliegen (vgl. auch Rz. 3.201).

– Bisher ungeklärt ist, ob man die Gemeinnützigkeit der Holding auf der Grundlage der BFH-Entscheidung vom 29.3.2006[6] auch mit den **Grundsätzen über die Betriebsaufspaltung** begründen kann. In diesem Urteil hat der BFH – in Abkehr von seiner bisherigen Rechtsprechung – die Steuerbefreiung nach § 3 Nr. 20

---

1 Eingehend dazu *Hüttemann/Schauhoff/Kirchhain*, DStR 2016, 633.
2 Vgl. etwa *Buchna/Leichinger/Seeger/Brox*, S. 185: Vermögensverwaltung nur als „Nebentätigkeit" zulässig; ähnlich *Jost* in FS Brönner, 2000, S. 204: Holdingtätigkeiten dürfen nicht überwiegen.
3 Zur gemeinnützigen Stiftung als Holding im Gesundheits- und Sozialwesen vgl. *Schick* in FS Spiegelberger, 2009, S. 1351; siehe auch *Schunk*, Kooperationen zwischen gemeinnützigen Körperschaften und das Unmittelbarkeitsgebot nach § 57 AO, S. 135 ff.
4 A.A. z.B. *Schröder*, DStR 2008, 1069 m.w.N.
5 So etwa *Schauhoff* in Schauhoff, § 9 Rz. 64.
6 BFH v. 29.3.2006 – X R 59/00, BStBl. II 2006, 661; vgl. auch BFH v. 19.10.2006 – IV R 22/02, DB 2006, 2664; BFH v. 20.8.2015 – IV R 26/13, BStBl. II 2016, 408.

GewStG im Wege einer Merkmalsübertragung auch auf das Besitzunternehmen eines steuerfreien Pflegeheims ausgedehnt. Würde man diese Aussage verallgemeinern, wäre eine Holding jedenfalls dann „originär" gemeinnützig, wenn zwischen ihr und einer operativ tätigen Gesellschaft eine Betriebsaufspaltung besteht. Insoweit bedürfte es aber einer sachlichen und personellen Verflechtung. Die Finanzverwaltung steht dieser Lösung nach wie vor ablehnend gegenüber. Nach dem Anwendungserlass zur AO[1] sind die Grundsätze über die Betriebsaufspaltung nicht anzuwenden, „wenn sowohl das Betriebs- als auch das Besitzunternehmen steuerbegünstigt sind". Diese ablehnende Haltung bezieht sich aber offensichtlich nur auf die „normalen" ertragsteuerlichen Folgen (Gewerblichkeit des Besitzunternehmens), die in der Tat zwischen steuerbegünstigten Gesellschaften keinen Sinn ergeben. Zu der weitergehenden Frage, ob über eine „gemeinnützige" Betriebsaufspaltung die Gemeinnützigkeit des Besitzunternehmens begründet werden kann[2], hat sich die Finanzverwaltung demgegenüber noch nicht geäußert.

– Damit bleibt nach der hier vertretenen Ansicht nur der Weg, die Gemeinnützigkeit der Holding über **§ 58 Nr. 1 AO** zu begründen[3]. Dies setzt allerdings nicht nur voraus, dass die Holding nach ihrer Satzung als Mittelbeschaffungskörperschaft ausgestaltet ist, sondern sie muss auch tatsächlich „Mittel" – über direkte Zuweisungen, unentgeltliche oder verbilligte Sach- und Dienstleistungen sowie Darlehensgewährung (z.B. ein *Cash-Pooling*) – an die Tochtergesellschaften weiterleiten, die die Holding aus ihrem Vermögen generiert (vgl. auch Rz. 3.193).

Die mangelnde „Konzernneutralität" des Gemeinnützigkeitsrechts betrifft aber nicht nur die Steuerbegünstigung der Holding, sondern kann bei Ausgliederungen von Zweckbetriebstätigkeiten auch umgekehrt die **Steuerbegünstigung der Tochtergesellschaft** betreffen:

– Wenn z.B. eine steuerbegünstigte Krankenhaus-GmbH die Krankenhauswäscherei oder das Krankenhauslabor auf eine rechtlich selbständige Tochtergesellschaft ausgliedert, die ihre Laborleistungen weiterhin überwiegend an die Krankenhaus-GmbH erbringt, dann kann diese Tochtergesellschaft in der Regel nicht als steuerbegünstigt anerkannt werden, weil sie lediglich „marktgängige Dienstleistungen" an den gemeinnützigen Gesellschafter erbringt und es – bei isolierter Betrachtung – insoweit an der Gemeinwohlqualität mangelt[4]. Eine andere Beurteilung wäre nur möglich, wenn man beide Einrichtungen weiterhin steuerrechtlich als Einheit behandeln würde. Dem steht allerdings entgegen, dass die Tätigkeit als Hilfsperson für eine andere steuerbegünstigte Körperschaft für sich genommen noch keine Steuerbegünstigung begründet (vgl. Rz. 4.54 ff.).

Der vorstehende Befund stellt **dem geltenden Gemeinnützigkeitsrecht kein gutes Zeugnis aus**. Denn es gibt keinen sachlichen Grund, weshalb man gemeinnützigen

---

1 Vgl. AEAO Nr. 3 zu § 64 Abs. 1 AO.
2 Dafür etwa *Jost*, DB 2007, 1664; *Schröder*, DStR 2008, 1071; *Alber* in Dötsch/Pung/Möhlenbrock, § 5 Abs. 1 Nr. 9 KStG Rz. 101.
3 Dazu näher *Hüttemann/Schauhoff/Kirchhain*, DStR 2016, 633.
4 Zuletzt BFH v. 6.2.2013 – I R 59/11, BStBl. II 2013, 603.

Organisationen den betriebswirtschaftlich sinnvollen Aufbau von Konzernstrukturen unnötig erschwert[1]. Es ist deshalb an der Zeit, dass sich die Finanzverwaltung oder – noch besser – der Gesetzgeber der Lösung dieses Problems annimmt[2]. Dabei sind verschiedene Lösungen denkbar:

– Eine Möglichkeit könnte darin bestehen, dass die Finanzverwaltung in Anwendung des BFH-Urteils vom 29.3.2006 eine **„gemeinnützige Betriebsaufspaltung"** anerkennt und der Praxis damit einen sicheren Weg zur Begründung der Gemeinnützigkeit einer Holding (Besitzunternehmen) weist.

– Demgegenüber ist im Schrifttum vorgeschlagen worden, auch im Gemeinnützigkeitsrecht in Anlehnung an die Voraussetzungen des § 2 Abs. 2 Nr. 2 UStG eine **„Organschaft im steuerfreien Raum"** anzuerkennen[3]. Bei dieser Lösung wären die Holding und die Organgesellschaften als „eine" gemeinnützige Körperschaft zu betrachten. Eine solche Organschaft hätte wegen der wechselseitigen Zurechnung der Tätigkeiten den Vorzug, dass nicht nur die Gemeinnützigkeit der Holding, sondern auch die Steuerbegünstigung der Tochtergesellschaften bei der Ausgliederung von Zweckbetriebstätigkeiten gesichert wäre. Allerdings bliebe das ertragsteuerliche Problem (die steuerliche Selbständigkeit bleibt bestehen), wie mit den Zwischenumsätzen innerhalb des Organkreises zu verfahren wäre. Insoweit bedürfte die „gemeinnützige Organschaft" einer Ergänzung um eine Regelung, nach der ein entgeltlicher Leistungsaustausch innerhalb der Organkreises als Zweckbetrieb („Selbstversorgung") anzusehen ist.

– Eine andere Möglichkeit bestände darin, dass der Gesetzgeber § 58 Nr. 1 AO dahin gehend erweitern würde, dass auch bereits die **schlichte (Mehrheits-)Beteiligung an einer steuerbegünstigten Körperschaft als steuerbegünstigte Tätigkeit** fingiert wird und – ebenso wie die Mittelbeschaffung – auch einziger Zweck einer Körperschaft sein kann. Für eine solche Erweiterung spricht der Gedanke, dass auch die (überwiegende) Ausstattung einer anderen gemeinnützigen Körperschaft mit Grund- oder Stammkapital letztlich eine „Mittelweitergabe" darstellt[4].

– Denkbar wäre auch eine Art **„gemeinnützige Gruppenbesteuerung"**, bei der sich mehrere Körperschaften durch Erklärung gegenüber dem Finanzamt für einen bestimmten Zeitraum zur „gemeinschaftlichen" Verfolgung steuerbegünstigter Zwecke zusammenschließen mit der Folge, dass die Tätigkeiten der Gruppenmitglieder allen Gruppenmitgliedern als eigene steuerbegünstigte Tätigkeit zuge-

---

1 Ebenso auch *Musil*, Steuerliche Fragen der Gesundheitsreform, Teil I, S. 164 ff.; *Schauhoff/Kirchhain*, DStR 2007, 1985, 1991; *Fischer*, FR 2008, 755.

2 Ebenso z.B. *Musil*, DStR 2009, 2457; *Hüttemann*, FR 2016, 969; siehe auch *Möhlenbrock/Obermair*, FR 2016, 975.

3 So *Jost* in FS Brönner, 2000, S. 206 ff.; zustimmend *Hüttemann* in Herzig (Hrsg.), Organschaft, S. 414 f.; *Hüttemann* in Non Profit Law Yearbook 2007, 231 (248 f.).

4 Der an anderer Stelle – DStJG 26 (2003), 49 (57) – unterbreitete Vorschlag, die Steuerbegünstigung der Hilfspersonentätigkeit gesetzlich in § 58 Nr. 1 AO festzuschreiben, hat sich nach der Änderung der Rechtsprechung des I. Senats (vgl. dazu Rz. 4.57) erledigt.

rechnet werden. Eine solche Regelung hätte gegenüber einer Organschaftslösung den Vorzug, dass sie auch eine horizontale Kooperation erfassen würde.

– Man könnte auch **bei § 57 Abs. 2 AO ansetzen** und diese Regelung ausdrücklich auf den Fall erstrecken, dass mehrere Körperschaften einen begünstigten Zweck im Rahmen eines Gesamtkonzepts durch gemeinsame Tätigkeiten verfolgen oder eine Holdinggesellschaft gemeinnützige Tochtergesellschaften führt[1].

– Schließlich ist auch an eine **Aufgabe des Unmittelbarkeitsgrundsatzes** zu denken[2], der im Rechtsvergleich einen deutschen Sonderweg darstellt[3] und ohnehin durch zahlreiche Ausnahmen durchbrochen wird.

Entscheidend ist vor allem, dass **überhaupt etwas passiert**. Die Finanzverwaltung hat vor einiger Zeit eine Arbeitsgruppe eingesetzt, deren Ergebnisse aber immer noch nicht vorliegen.

D. Selbstlosigkeit

I. Überblick

4.67 Das Merkmal der Selbstlosigkeit gehört zu den Grundvoraussetzungen steuerbegünstigter Zweckverfolgung. Das Erfordernis „selbstlosen" Handelns ergibt sich aus den Definitionen der steuerbegünstigten Zwecke in den §§ 52 bis 54 AO. So verfolgt eine Körperschaft nach § 52 Abs. 1 Satz 1 AO gemeinnützige Zwecke, wenn ihre Tätigkeit darauf gerichtet ist, die Allgemeinheit „... selbstlos" zu fördern. Der Grundsatz der **Selbstlosigkeit ist in § 55 AO näher definiert**. Nach § 55 Abs. 1 Satz 1 AO geschieht eine Förderung oder Unterstützung selbstlos, „wenn dadurch nicht in erster Linie eigenwirtschaftliche Zwecke – z.B. gewerbliche Zwecke oder sonstige Erwerbszwecke – verfolgt werden und wenn die folgenden Voraussetzungen gegeben sind." Mit dem zweiten Halbsatz verweist § 55 Abs. 1 Satz 1 AO auf die Vorschriften über die gemeinnützige Mittelverwendung in § 55 Abs. 1 Nr. 1 bis 5, Abs. 2 und 3 AO. Hinsichtlich des Regelungsgehaltes des Selbstlosigkeitsgrundsatzes sind folglich **zwei Aussagen** zu unterscheiden: Selbstlosigkeit meint zum einen das Verbot einer vorrangigen Verfolgung eigenwirtschaftlicher Zwecke („Selbstlosigkeit im engeren Sinne"), wobei richtigerweise zwischen eigenwirtschaftlichen Zwecken der Mitglieder einerseits und eigenwirtschaftlichen Zwecken der Körperschaft andererseits zu unterscheiden ist. Zum anderen umfasst das Selbstlosigkeitsgebot auch die steuerrechtlichen Vorgaben über die gemeinnützige Mittelverwendung.

Während das Verbot der Verfolgung eigenwirtschaftlicher Zwecke nahezu wortlautgleich bereits in § 17 Abs. 5 StAnpG enthalten gewesen ist, hat der Gesetzgeber die Vorschriften über die Mittelverwendung, die in der GemVO noch Bestandteil der Ausschließlichkeit ge-

---

1 Vgl. dazu *Schauhoff/Kirchhain*, DStR 2007, 1985 (1991).

2 Vgl. *Hüttemann*, Gutachten G zum 72. DJT, 2018, G 31 f.; dafür de lege ferenda auch *Kirchhof*, Bundessteuergesetzbuch, 2011, S. 267; a.A. *Schunk*, Kooperationen zwischen gemeinnützigen Körperschaften und das Unmittelbarkeitsgebot nach § 57 AO.

3 *Heidenbauer*, SWI 2015, 283.

wesen sind (vgl. § 4 Abs. 2 GemVO), erst im Rahmen der **AO-Reform 1977** dem Merkmal der Selbstlosigkeit zugeordnet. Damit folgte er dem Vorschlag des Arbeitskreises zur Reform der RAO und zugleich der Systematisierung, die *Riewald* in seiner Kommentierung zum StAnpG entwickelt hatte[1]. Eine sachliche Änderung sollte dadurch nicht eintreten.

II. Selbstlosigkeit und Mittelverwendung

Die Regelungen über die Mittelverwendung sind von zentraler Bedeutung für die Arbeitsweise gemeinnütziger Einrichtungen und verdienen daher eine eigenständige Darstellung (dazu ausführlich Kapitel 5). An dieser Stelle ist nur das **systematische Verständnis der Regelungen** in § 55 Abs. 1 Nr. 1 bis 5, Abs. 2 und 3 AO von Interesse. Fraglich ist, ob man in den Vorschriften über die Mittelverwendung und Vermögensbindung eine Konkretisierung der Ausschließlichkeit zu sehen hat, oder ob sie zugleich auch einen Bezug zur Selbstlosigkeit im engeren Sinne aufweisen. Zutreffend erscheint es, ihnen einen doppelten Regelungszweck beizulegen:

4.68

– Auf der einen Seite handelt es sich – entsprechend ihrer Anordnung in der Gem-VO – überwiegend um **Konkretisierungen des Ausschließlichkeitsgebots**. So lassen sich aus der ausschließlich gemeinnützigen Zielsetzung solche Regelungen ableiten, die eine ausschließliche Verwendung der Mittel für gemeinnützige Zwecke vorsehen und die Ausgaben der Höhe nach auf das zur Erreichung dieser Zwecke notwendige und angemessene Maß beschränken. Dies trifft für die in § 55 Abs. 1 Nr. 1 Sätze 1 und 3, Nr. 2, 3 und 4 AO enthaltenen Rechtssätze zu.

– Dagegen beziehen sich § 55 Abs. 1 Nr. 1 Satz 2, Nr. 3 und 4 AO **zugleich auf die Selbstlosigkeit im engeren Sinne**. Ihnen ist für die Auslegung des § 55 Abs. 1 Satz 1 AO (keine vorrangige Verfolgung „eigenwirtschaftlicher Zwecke" der Mitglieder) zum einen zu entnehmen, dass Vorteile aus Leistungsbeziehungen mit der Körperschaft die Selbstlosigkeit nicht berühren, soweit der Vorteil des Mitglieds oder der nahestehenden Person nur in der Erlangung einer angemessenen Gegenleistung besteht. Daher begründet z.B. die Beschäftigung von Mitgliedern durch die Körperschaft gegen eine übliche Vergütung für sich genommen noch keine gemeinnützigkeitsschädliche Verfolgung eigenwirtschaftlicher Zwecke (zu Ausnahmen vgl. Rz. 4.70). Soweit es um die Überlassung von Eigenkapital geht, enthalten § 55 Abs. 1 Nr. 1 Satz 2, Nr. 4 AO ein striktes Verbot von Gewinnausschüttungen an die Mitglieder. Wie der Blick auf die frühere Rechtslage (§ 4 Abs. 2 Nr. 1 GemVO) zeigt, ist ein solches Gewinnausschüttungsverbot keineswegs selbstverständlich und insbesondere nicht durch den Ausschließlichkeitsgrundsatz geboten, da eine gewisse Kapitalverzinsung die Einwerbung des zur Zweckverwirklichung notwendigen Eigenkapitals durchaus erleichtern könnte. So gesehen stellt die Unverzinslichkeit von Gesellschaftereinlagen eine Ausprägung des Selbstlosigkeitsgebots im engeren Sinne dar und ist folglich dort näher zu behandeln[2].

---

1 Vgl. *Becker/Riewald/Koch*, § 17 StAnpG Anm. 4.
2 Vgl. dazu auch *Hüttemann*, Wirtschaftliche Betätigung, S. 74 ff.

III. Eigenwirtschaftliche Zwecke der Mitglieder

1. Objektive und subjektive Gemeinnützigkeit

4.69 Nach § 55 Abs. 1 Satz 1 AO geschieht eine Förderung oder Unterstützung „selbstlos", wenn dadurch „nicht in erster Linie eigenwirtschaftliche Zwecke – zum Beispiel gewerbliche Zwecke oder sonstige Erwerbszwecke – verfolgt werden." Auf den ersten Blick erscheint das Merkmal der Selbstlosigkeit im **Verhältnis zum Ausschließlichkeitsgrundsatz** ganz überflüssig. Denn nach § 56 AO dürfen gemeinnützige Einrichtungen ohnehin „nur" steuerbegünstigte Zwecke verfolgen. Eigenwirtschaftliche Zwecke der Mitglieder sind aber regelmäßig keine steuerbegünstigten Zwecke, da es entweder an der Förderung der Allgemeinheit (§ 52 AO) oder an der Hilfsbedürftigkeit (§ 53 AO) fehlen wird. So gesehen würde sich das Selbstlosigkeitsgebot auf die inhaltsleere, weil im Grunde selbstverständliche Aussage beschränken, dass gemeinnützige Körperschaften, die ausschließlich gemeinnützige Ziele verfolgen, nicht vorrangig gewerbliche Zwecke oder sonstige Erwerbszwecke ihrer Mitglieder verfolgen dürfen. Betrachtet man also allein die Ebene der verbandsmäßigen Zielsetzung, so ist mit der Verpflichtung zur ausschließlichen Verfolgung steuerbegünstigter Zwecke die „**objektive Gemeinnützigkeit**", wie sie durch den Verbandszweck der Körperschaft bestimmt wird, ausreichend und abschließend konkretisiert.

4.70 Fraglich ist aber, ob es auf der Ebene der beteiligten Individuen, also der Mitglieder, der Gesellschafter oder der Stifter zusätzlicher Anforderungen bedarf, um die steuerliche Entlastung der Organisation zu rechtfertigen. Insoweit ist zu beachten, dass auch eine ausschließlich gemeinnützige Tätigkeit den Beteiligten durchaus persönliche wirtschaftliche Vorteile verschaffen kann. Es geht um die Fälle „**mittelbaren Eigennutzes**", in den eine gemeinnützige Zweckverfolgung zugleich den wirtschaftlichen Interessen der Mitglieder einer Einrichtung dient.

Beispiel Nr. 10: Gründet z.B. eine Gruppe Schauspieler eine Theater-GmbH[1], die den Gesellschaftern ein berufliches Engagement verschafft, so ist eine „objektive Gemeinnützigkeit" dieser GmbH nicht zu bestreiten. Gleichwohl stellt sich die Frage, ob eine Steuervergünstigung zu versagen ist, weil „durch die Förderung" der Allgemeinheit auf kulturellem Gebiet „in erster Linie eigenwirtschaftliche Zwecke" der Mitglieder verfolgt werden. Dies hängt nach § 55 Abs. 1 Satz 1 AO davon ab, ob die Gesellschafter mit der Gründung und Unterhaltung der Theater-Gesellschaft „in erster Linie" eigenwirtschaftliche Interessen verfolgen. Insoweit ist aus § 55 Abs. 1 Nr. 3 AO abzuleiten, dass eine angemessene Vergütung der Schauspieler für sich genommen unschädlich ist, so dass man allenfalls in der Verschaffung eines Arbeitsplatzes selbst einen „eigenwirtschaftlichen" Vorteil sehen kann, wenn die Gesellschafter anderenfalls arbeitslos wären. Doch selbst unter dieser Voraussetzung müsste der „eigenwirtschaftliche" Vorteil der Gesellschafter noch gegen die von der Theater-GmbH bewirkte Förderung der Allgemeinheit abgewogen werden, weil nur ein „vorrangiges" Erwerbsstreben schädlich ist.

4.71 Diesen Kerngehalt des Selbstlosigkeitsgebots hat schon der **RFH** im Jahr 1930 wie folgt gekennzeichnet:

---

1 Vgl. *Bühring*, DStZ-A 1958, 305 (306).

„Eine Privatperson, die für ihr eigenes Wohlergehen tätig ist, kann nicht als selbstlos gelten. Schließen sich viele Personen zusammen, um ihre Wirtschaft zu fördern, so ist auch das keine Selbstlosigkeit. Geschieht der Zusammenschluss in der Form eines rechtsfähigen Vereins, so empfängt diese Vereinigung ihre Zielrichtung, also ihren Willen, durch den Willen ihrer Mitglieder. Die zusammengeschlossenen Mitglieder wollen nur ihren eigenen wirtschaftlichen Interessen dienen. Darin kann keine Gemeinnützigkeit gefunden werden"[1].

Auch heute entspricht es allgemeiner Ansicht, dass eine vorrangige Verfolgung ei-   **4.72**
genwirtschaftlicher Zwecke der Mitglieder nach § 55 Abs. 1 Satz 1 AO gemeinnützigkeitsschädlich ist[2]. Das Selbstlosigkeitsgebot ist, soweit es um eigenwirtschaftliche Interessen der Mitglieder geht, eine notwendige Ergänzung der „objektiven" ausschließlichen Gemeinnützigkeit auf der Ebene der Körperschaft um ein **„subjektives" Element** auf der Ebene der Mitglieder. Dadurch sollen solche Sachverhalte aus der steuerlichen Förderung ausgeschlossen werden, in denen – wie es der Wortlaut des § 55 Abs. 1 Satz 1 AO treffend ausdrückt – „durch" die Förderung der Allgemeinheit zugleich vorrangig eigenwirtschaftliche Zwecke verfolgt werden. Dabei lassen sich zwei Fallgestaltungen unterscheiden: Zum einen können die Mitglieder – wie z.B. im Theater-Fall (Rz. 4.70) – von der Art und Weise der Zweckverwirklichung (Einstellung als Schauspieler) profitieren. Zum anderen können die Mitglieder selbst den überwiegenden Teil der geförderten Allgemeinheit darstellen. So hat der BFH einer GmbH, die als Eigentümerin einer Ausstellungshalle die Förderung der landwirtschaftlichen Erzeugung und Verwertung landwirtschaftlicher Erzeugnisse einer Region betrieb und deren Gesellschafter überwiegend Zuchtverbände waren, im Hinblick auf die eigenwirtschaftlichen Interessen der Mitglieder die Gemeinnützigkeit zu Recht versagt[3]. Beide Fälle sind dadurch gekennzeichnet, dass die verbandsmäßige Tätigkeit „in erster Linie" den Initiatoren der gemeinnützigen Organisation zugute kommt. Zwar ist die Tätigkeit der Organisation für sich betrachtet „objektiv" gemeinnützig, es fehlt aber an der „subjektiven" Gemeinnützigkeit der Mitglieder, am **„Gemeinsinn"**.

Ein solches „Gemeinsinn-Kriterium" als selbständiges Systemelement des Gemein-   **4.73**
nützigkeitsrechts[4] hat aus **mehreren Gründen** einen guten Sinn. Zunächst einmal bedarf es keiner steuerlichen Anreize, wenn die Beteiligten bereits durch die Erwartung überwiegender eigenwirtschaftlicher Vorteile zu einem bestimmten Handeln angeregt werden. Ferner müssen steuerliche Entlastungen durch ein Allgemeininteresse gerechtfertigt sein, d.h. dürfen nicht überwiegend privatnützigen Zwecken dienen. Drittens – und vor allem – gefährden vorrangige wirtschaftliche Eigeninteressen der Mitglieder das Vertrauen der Öffentlichkeit und insbesondere der Spender in eine unabhängige und ausschließlich gemeinwohlorientierte Verbandstätigkeit[5].

---

1 RFH v. 31.10.1930 – III A 176/30, RFHE 25, 285.
2 Vgl. BFH v. 26.4.1989 – I 209/85, BStBl. II 1989, 670, 672; AEAO Nr. 1 zu § 55 Abs. 1 Nr. 1 AO; aus dem Schrifttum statt aller nur *Musil* in Hübschmann/Hepp/Spitaler, § 55 AO Rz. 46 ff.; *Buchna/Leichinger/Seeger/Brox*, S. 117 ff., 121 ff.
3 BFH v. 22.8.1952 – III 256/51 U, BStBl. III 1952, 270.
4 So auch *Musil* in Hübschmann/Hepp/Spitaler, § 55 AO Rz. 19.
5 Vgl. dazu näher auch *Walz*, JZ 2002, 268 ff.

4.74 Versteht man das Selbstlosigkeitsgebot im vorstehenden Sinne als zusätzliches „Gemeinsinn-Kriterium", so ergibt sich in **systematischer Hinsicht**, dass die Gebote der Selbstlosigkeit und der Ausschließlichkeit selbständig nebeneinander bestehen. Damit erweist sich die gelegentlich vertretene Auffassung, die Selbstlosigkeit schränke die Ausschließlichkeit als lex specialis ein[1], als haltlos und überflüssig. Sie ist auch sachlich falsch, wie sich insbesondere aus den Regelungen über die Mittelverwendung erschließt[2]. So verbietet z.B. § 55 Abs. 1 Nr. 1 Satz 2 AO jede Art von „Zuwendungen" an die Mitglieder, die nicht von der satzungsmäßigen Zielsetzung gedeckt sind. Wie dieses Beispiel zeigt, gilt auch im Verhältnis zu den Mitgliedern das Gebot der ausschließlichen Gemeinnützigkeit. Eine „Einschränkung" in dem Sinne, dass Zuwendungen an die Mitglieder erlaubt wären, solange die Körperschaft nicht „in erster Linie" ihre Mitglieder fördert, ist dem Gesetz also fremd. Vielmehr bezieht sich § 55 Abs. 1 Satz 1 AO nur auf „mittelbare Vorteile" der Mitglieder aus einer ausschließlich gemeinnützigen Tätigkeit.

4.75 Das Selbstlosigkeitskriterium ist schließlich im Bereich der gemeinnützigen Zwecke nach § 52 AO gegenüber dem Erfordernis der **„Förderung der Allgemeinheit"** abzugrenzen. Wie oben dargelegt, fordert § 52 Abs. 1 Satz 1 AO eine Tätigkeit „im Allgemeininteresse". Daher sind solche satzungsmäßigen Zwecke ausgeschlossen, die nach der Satzung von vornherein nur Partikularinteressen dienen, z.B. weil der geförderte Personenkreis dauernd nur klein ist oder sich von der Allgemeinheit durch ein festes Band (z.B. die Zugehörigkeit zu einer Familie) abgrenzt. Während sich das Kriterium des Allgemeininteresses auf die Förderungswürdigkeit eines bestimmten Zwecks bezieht, betrifft § 55 Abs. 1 Satz 1 AO vor allem die konkrete Art der Zweckverwirklichung. Es geht um die Frage, ob eine Körperschaft „in erster Linie" den eigenwirtschaftlichen Zwecken der Mitglieder dient. So fehlt es bei einem Verein zur Förderung der Angehörigen eines Unternehmens an dem notwendigen „Allgemeinwohlbezug" (vgl. auch § 52 Abs. 1 Satz 2 AO). Gründen einige Unternehmen eine Bildungseinrichtung, die nach der Satzung grundsätzlich allen Interessierten offensteht, so ist ein Allgemeininteresse gegeben. Jedoch kann eine steuerliche Förderung mangels Selbstlosigkeit ausgeschlossen sein, wenn die Bildungseinrichtung tatsächlich „in erster Linie" eigenwirtschaftlichen Interessen der Mitgliedsunternehmen dient, z.B. weil die Bildungsinhalte durch den ganz spezifischen Fortbildungsbedarf der Mitgliedsunternehmen bestimmt werden. Umgekehrt dürfte die „Förderung der Allgemeinheit" im Vordergrund stehen, wenn vor allem allgemeine Fort- und Weiterbildungsmaßnahmen angeboten werden und die Teilnehmer die erlernten Fähigkeiten und Kenntnisse auch außerhalb einer Tätigkeit für die Mitgliedsunternehmen nutzen können.

2. Mitglieder

4.76 In den bisherigen Überlegungen war nur allgemein davon die Rede, dass gemeinnützige Einrichtungen nach § 55 Abs. 1 Satz 1 AO nicht in erster Linie eigenwirt-

---

1 So etwa *Herbert*, S. 120.

2 Ebenso *Fischer* in Hübschmann/Hepp/Spitaler, § 55 AO Rz. 15 (Stand 4/1993).

schaftliche Zwecke „ihrer Mitglieder" verfolgen dürfen, ohne dass der Begriff der „Mitglieder" näher erläutert worden wäre. Das Gesetz verwendet im Zusammenhang mit den Regelungen über die Mittelverwendung den Begriff der Mitglieder als Oberbegriff für **Mitglieder und Gesellschafter** (§ 55 Abs. 1 Nr. 1 Satz 2 AO), bei Stiftungen der **Stifter und seine Erben** (§ 55 Abs. 3 AO) sowie – im Fall eines gemeinnützigen Betriebs gewerblicher Art – der **Trägerkörperschaft** (§ 55 Abs. 3 AO). Sind an einer Körperschaft Personenvereinigungen beteiligt, gehören deren Mitglieder zu den Mitgliedern im Sinne von § 55 Abs. 1 Satz 1 AO[1]. Fraglich ist, ob darüber hinaus weitere Personen unter das Selbstlosigkeitsgebot fallen, die durch irgendwelche Beziehungen Einfluss auf das Unternehmen haben[2]. Dies ist zu bejahen für die vertretungsberechtigten Organe der Körperschaft[3]. Ferner sind – entsprechend den Grundsätzen über verdeckte Gewinnausschüttungen – auch solche Personen einzubeziehen, die den Mitgliedern „nahestehen"[4]. Dem steht der Wortlaut des § 55 Abs. 1 Satz 1 AO nicht entgegen. Zwar fordert das Gesetz „eigen"-wirtschaftliche Zwecke, aber keine unmittelbare Begünstigung. Soweit also die wirtschaftlichen Vorteile der nahestehenden Person selbst einen wirtschaftlichen Vorteil des Mitglieds bedeuten, greift das Selbstlosigkeitsgebot ein[5].

3. Eigenwirtschaftliche Zwecke

Der Begriff der „eigenwirtschaftlichen" Zwecke umfasst nach der gesetzlichen Definition in § 55 Abs. 1 Satz 1 AO zunächst gewerbliche Zwecke und sonstige Erwerbszwecke. Darunter ist die Absicht der Gewinnerzielung in der **erwerbswirtschaftlichen Sphäre der Mitglieder** – Gewerbebetrieb, Land- und Forstwirtschaft, selbständige oder unselbständige Arbeit – zu verstehen. Die Entstehung wirtschaftlicher Vorteile – insbesondere eine Ersparnis von Aufwendungen – in diesem Bereich stellt immer eine eigenwirtschaftliche Zielsetzung dar[6]. In diesem Sinne werden z.B. eigenwirtschaftliche Zwecke verfolgt, wenn sich Gewerbetreibende in einem Verein zusammenschließen, um ihre unternehmerische Tätigkeit durch Gründung von Lieferungs- und Einkaufsverbänden[7] oder den gemeinsamen Betrieb einer Ausstellungshalle[8] zu fördern.

4.77

Nach Ansicht des RFH[9] spricht sogar eine **Vermutung gegen die Selbstlosigkeit** einer Körperschaft, wenn die „Mehrheit der Gesellschafter" Gewerbetreibende, In-

4.78

---

1 So BFH v. 22.8.1952 – III 256/51 U, BStBl. III 1952, 270.
2 In diese Richtung etwa *Becker/Riewald/Koch*, § 17 StAnpG Anm. 4b (3).
3 So auch *Musil* in Hübschmann/Hepp/Spitaler, § 55 AO Rz. 177.
4 *Hüttemann*, Wirtschaftliche Betätigung, S. 66.
5 Vgl. *Hüttemann*, Wirtschaftliche Betätigung, S. 66.
6 Vgl. *Becker/Riewald/Koch*, § 17 StAnpG Anm. 4b (1–4).
7 RFH v. 3.12.1920 – II B 22/20, RFHE 4, 120; RFH v. 17.7.1930 – III A 6/30, RFHE 21, 371.
8 BFH v. 22.8.1952 – III 256/51 U, BStBl. III 1952, 270.
9 RFH v. 26.7.1929 – I Aa 238/29, RFHE 25, 284.

dustriefirmen, Landwirte oder Freiberufler sind[1]. Zur Begründung stellte der RFH in einer anderen Entscheidung[2] überzeugend fest:

„Selbstlosigkeit stellt stets eine Ausnahme dar. Sie ist insbesondere nicht bei Handlungen im Betrieb eines Kaufmanns zu vermuten, dessen Zweck doch ein privatwirtschaftlicher ist. Wer bei bestimmten Handlungen eines Kaufmanns das Gegenteil behaupten will, muss den Nachweis führen".

In der Tat gilt für das Gemeinnützigkeitsrecht nichts anderes als für das Handelsrecht, wo nach § 344 Abs. 1 HGB vermutet wird, dass Rechtsgeschäfte eines Kaufmanns zum Betrieb seines Handelsgeschäfts gehören, d.h. betrieblich und nicht altruistisch motiviert sind. Aus diesem Grund ist eine Gemeinnützigkeit bei Fremdenverkehrsvereinen[3] oder Wirtschaftsförderungsgesellschaften[4], deren Mitglieder überwiegend Gewerbetreibende sind, regelmäßig zu verneinen (vgl. auch Rz. 3.66 ff.).

4.79 Wie sich aus der Formulierung „zum Beispiel gewerbliche Zwecke ..." ergibt, ist der Selbstlosigkeitsgrundsatz nicht auf wirtschaftliche Vorteile der Mitglieder in ihrer Erwerbssphäre beschränkt. Vielmehr können auch **wirtschaftliche Vorteile im privaten Bereich** schädlich sein, also auch ersparte Aufwendungen[5]. Erstreben die Mitglieder einer Körperschaft durch ihre Beteiligung an der Gründung oder durch den Erwerb der Mitgliedschaft in erster Linie eine „Ausgabenersparnis", fehlt der nötige Altruismus ebenso wie bei der Verfolgung erwerbswirtschaftlicher Ziele. Daher sind auch Vereine in die Prüfung der Selbstlosigkeit einzubeziehen, deren Zweck überwiegend darauf gerichtet ist, den Mitgliedern bestimmte wirtschaftliche Vorteile zu verschaffen. Insoweit sind allerdings alle Umstände des Einzelfalls zu berücksichtigen (Höhe des Mitgliedsbeitrags, der Sonderleistungen und Umlagen, Umfang der ehrenamtlichen Mitarbeit, Umfang und Werte der in Anspruch genommenen Vereinsleistungen, sonstige geldwerte Vorteile).

4.80 Aus der Formulierung eigen-„wirtschaftlich" ist weiter zu schließen, dass **immaterielle Vorteile** *de lege lata* vom Selbstlosigkeitsgrundsatz nicht umfasst sind. Der Gesetzgeber des Vereinsförderungsgesetzes hat anderslautende Vorschläge der Unabhängigen Sachverständigenkommission[6] nicht aufgegriffen. Diese Entscheidung hat der Rechtsanwender zu respektieren. Im Übrigen ist darauf hinzuweisen, dass die Erweiterung der Selbstlosigkeit auf immaterielle Vorteile einschneidende Konsequenzen für den Gemeinnützigkeitsbegriff hätte[7]. Gemeinnütziges Engagement lebt (auch) von dem Wunsch nach sinnvoller Freizeitgestaltung. Der soziale Kon-

---

1 Ebenso *Fischer* in Hübschmann/Hepp/Spitaler, § 55 AO Rz. 45 (Stand 4/1993); *Buchna/Leichinger/Seeger/Brox*, S. 123.

2 RFH v. 3.6.1929 – I Aa 664/28, RStBl. 1929, 493.

3 Dazu OFD Frankfurt/M. v. 27.10.1995, DB 1995, 2500.

4 BFH v. 21.5.1997 – I R 38/96, BFH/NV 1997, 904.

5 Ebenso *Musil* in Hübschmann/Hepp/Spitaler, § 55 AO Rz. 24; *Jachmann*, Rechtliche Rahmenbedingungen, S. 125; *Seer* in DStJG 26 (2003), 32.

6 Unabhängige Sachverständigenkommission, Gutachten, S. 95 ff.; zustimmend *Lang*, StuW 1987, 221 (232); *Seer* in DStJG 26 (2003), 11 (32 f.).

7 Zutreffend *Seer* in DStJG 26 (2003), 11 (32 f.).

takt im Sportverein, die geistigen Anregungen in einer wissenschaftlichen Gesellschaft, die kulturellen Genüsse in einem Theater- oder Museumsverein sind wichtige Motive für eine Mitgliedschaft. Würde man solche Vorteile als schädlich ansehen, ergäben sich nicht nur schwierige Bewertungsprobleme („in erster Linie"), sondern es würden einige gesetzlich anerkannte gemeinnützige Zwecke über das Selbstlosigkeitsmerkmal weitgehend aus der Gemeinnützigkeit herausdefiniert. Insoweit ist aber zu beachten, dass der Gesetzgeber durch die Aufnahme bestimmter Zwecke in § 52 Abs. 2 AO zugleich eine Aussage darüber getroffen hat, dass diese Zielsetzungen im Regelfall die Voraussetzungen der Gemeinnützigkeit erfüllen. Dieser Wertentscheidung müsste auch bei einer Änderung des § 55 Abs. 1 Satz 1 AO Rechnung getragen werden[1].

4. „In erster Linie"

Da § 55 Abs. 1 Satz 1 AO nur solche eigenwirtschaftlichen Vorteile erfasst, die nicht der ausschließlich gemeinnützigen Zielsetzung zuwiderlaufen, ist nicht jeder wirtschaftliche Vorteil der Mitglieder oder eines Mitglieds schädlich, sondern nur der „in erster Linie" verfolgte eigenwirtschaftliche Zweck. Zumeist wird die Selbstlosigkeit dann verneint, wenn das Entstehen von eigenwirtschaftlichen Vorteilen für die Beteiligten oder wenigstens einen wesentlichen Teil der Beteiligten mitentscheidend gewesen ist[2]. Diese Formulierung verdeckt jedoch die eigentliche Wertung des § 55 Abs. 1 Satz 1 AO. Der Wortlaut „in erster Linie" deutet auf eine **Abwägung zwischen den eigenwirtschaftlichen Vorteilen und der Förderung der Allgemeinheit hin**[3]: Entscheidend ist, welche Folge des Wirkens der Körperschaft im Vordergrund steht. Die Beschränkung der zulässigen wirtschaftlichen Vorteile auf solche von ganz untergeordneter Bedeutung erscheint demgegenüber nicht nur unvereinbar mit dem Gesetzeswortlaut, sondern auch sachlich nicht geboten. Denn die Körperschaft darf ohnehin nur ausschließlich ihre gemeinnützigen Zwecke verfolgen, weshalb im Rahmen von § 55 Abs. 1 Satz 1 AO nur Vorteile in Betracht kommen, deren Entstehung keine Verletzung dieser Zielsetzung bedeutet. Solche eigenwirtschaftlichen Vorteile können einerseits durch die Identität von Mitgliedern und dem unmittelbar oder mittelbar geförderten Personenkreis und andererseits durch die Mitwirkung der Mitglieder im Rahmen der Zweckverwirklichung entstehen.

In beiden Fallgruppen wäre es verfehlt, der Körperschaft die Gemeinnützigkeit unter Berufung auf den Eigennutz ihrer Mitglieder zu entziehen, wenn einzelne Mitglieder zugleich wirtschaftlich von der gemeinnützigen Tätigkeit profitieren, weil sie durch ihre Beteiligung einen Arbeitsplatz erhalten oder selbst zum geförderten Personenkreis gehören. Hier ist im Einzelfall abzuwägen, ob die wirtschaftlichen Vorteile im Interesse des Allgemeinwohls hinzunehmen sind, weil die allgemeinwohlfördernde Tätigkeit der Körperschaft im Vordergrund steht, oder ob **der Nut-**

4.81

4.82

---

1 Vgl. auch *Hüttemann* in DStJG 26 (2003), 83.
2 So *Becker/Riewald/Koch*, § 17 StAnpG Anm. 4b (3); *von Wallis/Steinhardt*, Rz. 50.
3 Ebenso *Musil* in Hübschmann/Hepp/Spitaler, § 55 AO Rz. 50 unter Hinweis auf BFH v. 13.12.1978 – I R 39/78, BStBl. II 1979, 482.

zen für das Allgemeinwohl hinter dem Eigennutz der Beteiligten zurückbleibt[1]. Dabei sind Art und Ausmaß des eigenwirtschaftlichen Vorteils des einzelnen Mitglieds ebenso zu berücksichtigen wie die Anzahl der wirtschaftlich geförderten Mitglieder im Verhältnis zur Gesamtzahl der Mitglieder und der geförderten Personen insgesamt. Daher kann der Vorteil eines einzigen Mitglieds – wenn dieser im Verhältnis zur Förderung der Allgemeinheit durch die Körperschaft dominierend erscheint – zur Versagung der Gemeinnützigkeit ausreichen[2]. Anderseits können auch untergeordnete wirtschaftliche Vorteile der Mitglieder schädlich sein, wenn eine überwiegende Identität der Mitglieder und der geförderten Personengruppe gegeben ist. Der Ansicht, dass bei Personenvereinigungen für die Selbstlosigkeit grundsätzlich auf die wirtschaftlichen Interessen der Mehrzahl der Beteiligten abzustellen ist[3], kann deshalb nicht ausnahmslos gefolgt werden. Eigenwirtschaftliche Zwecke der Mitglieder werden somit „in erster Linie" verfolgt, wenn die bewirkte Förderung der Allgemeinheit im Vergleich zu den eigenwirtschaftlichen Vorteilen der Mitglieder oder ihnen nahestehender Personen nicht überwiegt.

Nach den vorstehenden Grundsätzen **ist die Selbstlosigkeit insbesondere zu verneinen** bei Marketing-Clubs[4], Fremdenverkehrsvereinen[5], Börsenvereinen[6], Einrichtungen zur anwendungsbezogenen Forschung, die von Unternehmensträgern der gleichen oder einer verwandten Branche gegründet werden[7], Selbsthilfevereinen zur Arbeitsplatzbeschaffung für einen wesentlichen Teil der Mitglieder, Gesellschaften zur Infrastrukturverbesserung, die von Gewerbetreibenden der Region gegründet werden[8] (vgl. auch Rz. 3.66 ff.), Abmahnvereinen, die in erster Linie den gewerblichen Interessen ihrer unternehmerisch tätigen Mitglieder die-

---

1 Ebenso *Fischer* in Hübschmann/Hepp/Spitaler, § 55 AO Rz. 32 (Stand 4/1993).

2 Weiter gehend *Martens*, Die Besteuerung wirtschaftlicher Aktivitäten im Amateursport, 1991, S. 82, der jeden Fall der Förderung eigenwirtschaftlicher Interessen auch nur eines Mitglieds ohne eine Abwägung für unvereinbar mit § 55 Abs. 1 Satz 1 AO hält. Er begründet diese Ansicht mit der unzutreffenden Prämisse, dass § 55 Abs. 1 Satz 1 AO nur die Unterhaltung wirtschaftlicher Geschäftsbetriebe ermöglichen soll und § 56 AO jede Verfolgung nicht gemeinnütziger Zwecke untersage. *Martens* übersieht damit den Regelungszusammenhang der §§ 55, 56 AO, der ohnehin nur solche eigenwirtschaftlichen Vorteile der Selbstlosigkeit zuordnet, welche die ausschließlich gemeinnützige Zielsetzung nicht gefährden.

3 Auf die Mehrzahl der Mitglieder abstellend BFH v. 21.3.1952 – III 271/51 S, BStBl. III 1952, 112; FG Saarland v. 21.8.1981 – I 74-75/78, EFG 1982, 214; ebenso *Scholtz* in Koch/Scholtz, § 55 AO Rz. 4; *von Wallis/Steinhardt*, Rz. 50.

4 Vgl. *von Wallis/Steinhardt*, Rz. 50.

5 Vgl. RFH v. 20.5.1941 – I 480/40, RStBl. 1941, 506; OFD Frankfurt/M. v. 27.10.1995, DB 1995, 2500.

6 Vgl. BFH v. 16.11.1954 – I 114/53 U, BStBl. III 1955, 12.

7 Vgl. auch *Buchna/Leichinger/Seeger/Brox*, S. 130.

8 BFH v. 21.3.1952 – III 271/51 S, BStBl. III 1952, 112 (betreffend eine Regionalflughafen-GmbH) verneint mangels „Unmittelbarkeit" die Gemeinnützigkeit als solche (anders noch RFH v. 20.10.1929 – III A 37/28, RStBl. 1930, 140 und RFH v. 16.10.1930 – III A 70/29, RStBl. 1931, 858) sowie – als wohl eigentlich tragende Erwägung – auch die Selbstlosigkeit, wenn mehrheitlich Unternehmer der Region Gesellschafter sind.

nen[1], und Entwicklungsgesellschaften, an denen überwiegend örtliche Kreditinstitute beteiligt sind[2]. Zweifelhaft ist die Selbstlosigkeit gleichfalls bei Dialyse-Vereinen, deren Mitglieder mehrheitlich – z.b. als Ärzte – beruflich mit der Dialyse befasst sind, bei Technologie- und Existenzgründungszentren mit überwiegender Beteiligung der Unternehmen[3], bei einer Stiftung, deren Kunstbestand in den Privaträumen des Stifters untergebracht und nur eingeschränkt der Öffentlichkeit zugänglich gemacht wird[4] sowie bei Tier- und Pflanzenzuchtvereinen, sofern die wirtschaftliche Verwertung der gezüchteten Tiere und Pflanzen nicht auf das unbedingt notwendige Maß beschränkt wird[5].

5. Sonderfragen

a) Körperschaften in staatlicher oder kommunaler Trägerschaft

Fraglich ist, ob das Selbstlosigkeitsgebot auch berührt ist, wenn die öffentliche Hand 4.83 bestimmte Aufgaben auf von ihr gegründete Körperschaften (z.B. eine GmbH) überträgt. Die Finanzverwaltung ist bisher der Ansicht gewesen, dass eine privatrechtliche Gesellschaft, die ein Hoheitsträger zur Erfüllung der ihm gesetzlich zugewiesenen Pflichtaufgaben (z.B. im Bereich der Müll- und Abwasserbeseitigung) eingeschaltet hat, wegen fehlender Selbstlosigkeit nicht gemeinnützig ist[6]. In der älteren Literatur ist sogar vereinzelt die Ansicht vertreten worden, dass der Staat als solcher „gemeinnützigkeitsunfähig" sei, da die Steuervergünstigungen wegen Gemeinnützigkeit auf die Förderung des privaten Altruismus zu beschränken seien[7]. Diese Auffassung ist im neueren Schrifttum auf Widerspruch gestoßen[8]. Der BFH hat die Frage lange offengelassen. Im Urteil vom 15.12.1993 betreffend die Gemeinnützigkeit einer kommunalen Abfallbeseitigungs-GmbH hat es der X. Senat dahinstehen lassen, ob „der Staat und die von ihm getragenen Körperschaften Steuervergünstigungen wegen Gemeinnützigkeit grundsätzlich nicht in Anspruch nehmen können"[9]. Auch brauche nicht entschieden zu werden, ob eine solche Körperschaft selbstlos handelt, wenn und soweit sie Aufgaben übernehme, die ihren Mitgliedern als Pflichtaufgaben obliegen. Auch der I. Senat hat zwar in einem Beschluss aus dem Jahr 2005 gewisse Zweifel an der Selbstlosigkeit einer **GmbH, die öffentlich-rechtliche Pflichtaufgaben ihrer Gesellschafter erfüllt**, geäußert[10]. Da die Gemeinnützigkeit im Endurteil aber aus anderen Gründen versagt worden ist, hat er sich zu der Problematik nicht weiter geäußert[11]. In seinem Urteil vom 27.11.2013[12] hat der I. Senat die Frage dahin beantwortet, dass „eine Eigengesellschaft einer juristischen Person des öffent-

---

1 Vgl. BFH v. 6.10.2009 – I R 55/08, BStBl. II 2010, 335.
2 Vgl. FG Saarland v. 21.8.1981 – I 74-75/78, EFG 1982, 214.
3 Vgl. *Buchna/Leichinger/Seeger/Brox*, S. 63.
4 BFH v. 23.2.2017 – V R 51/15, BFH/NV 2017, 882.
5 Vgl. AEAO Nr. 12 zu § 52 AO.
6 BMF v. 27.12.1990, BStBl. I 1991, 81.
7 So *Isensee/Knobbe-Keuk*, Gutachten, S. 404 ff.; *Isensee* in FS Dürig, 1990, S. 35 (57 f.).
8 Eingehend *Seer/Wolsztynski*, Steuerrechtliche Gemeinnützigkeit der öffentlichen Hand, S. 84 ff.; vgl. auch *Droege*, S. 275 ff.
9 BFH v. 15.12.1993 – X R 115/91, BStBl. II 1994, 314.
10 BFH v. 27.4.2005 – I R 90/04, BStBl. II 2006, 198.
11 Vgl. BFH v. 7.3.2007 – I R 90/04, BStBl. II 2007, 628.
12 BFH v. 27.11.2013 – I R 17/12, BStBl. II 2016, 68.

lichen Rechts grundsätzlich auch dann, wenn sie in die Erfüllung gesetzlicher Pflichtaufgaben ihres Gesellschafters eingebunden ist, ... steuerbegünstigt sein kann". Der Staat sei nicht per se „gemeinnützigkeitsunfähig" und auch das Erfordernis der Selbstlosigkeit des gemeinnützigen Handelns könne dann gewahrt sein, wenn die Eigengesellschaft in die Erfüllung gesetzlicher Pflichtaufgaben der Trägerkörperschaft einbezogen wird. Die Finanzverwaltung hat sich dieser Entscheidung inzwischen angeschlossen[1].

4.84   Der neueren Ansicht des BFH ist zu folgen. Gegen die These von der „Gemeinnützigkeitsunfähigkeit des Staates" spricht bereits de lege lata der Umstand, dass das Gesetz selbst in § 55 Abs. 3 AO (und früher auch § 62 AO) davon ausgeht, dass (rechtlich unselbständige) Betriebe gewerblicher Art von Körperschaften des öffentlichen Rechts gemeinnützig sein können[2]. Vor diesem Hintergrund ist es nicht einzusehen, weshalb für rechtlich verselbständigte Einheiten (AG, GmbH) etwas anderes gelten soll. Richtig ist allerdings, dass die öffentliche Hand im Hoheitsbereich schon deshalb keine Steuervergünstigungen wegen Gemeinnützigkeit in Anspruch nehmen kann, weil sie – wie sich im Umkehrschluss aus §§ 1 Abs. 1 Nr. 6, 4 KStG ergibt – persönlich steuerbefreit ist. Geht man davon aus, dass der steuerfreie Hoheitsbereich durch solche Aufgaben bestimmt wird, die der öffentlichen Hand „eigentümlich und vorbehalten" sind, müsste konsequenterweise auch eine Aufgabenübertragung auf privatrechtliche Gesellschaften scheitern[3]. Insoweit erweist sich die Frage der Gemeinnützigkeitsfähigkeit des Staates vorrangig als Problem der Besteuerung der öffentlichen Hand[4]. Soweit es aber um die Wahrnehmung von (freiwilligen) öffentlichen Aufgaben durch (an sich steuerpflichtige) Betriebe gewerblicher Art oder durch Eigengesellschaften geht, gibt es **keinen überzeugenden Grund, Körperschaften des öffentlichen Rechts den Zugang zu den Steuervergünstigungen wegen Gemeinnützigkeit zu versagen**[5]. Denn soweit die öffentliche Hand nach den allgemeinen Grundsätzen der Besteuerung unterworfen wird, muss sie – schon aus Gründen der steuerlichen Gleichbehandlung – auch die Möglichkeit haben, Steuervergünstigungen in Anspruch zu nehmen[6].

4.85   Was schließlich den Gedanken der fehlenden Selbstlosigkeit des Staates anbetrifft, so ist zunächst darauf hinzuweisen, dass der Staat – zumindest im Bereich seiner Pflichtaufgaben – keine „gewerblichen oder sonstigen Erwerbszwecke" verfolgt. Der moderne Steuerstaat ist gerade dadurch gekennzeichnet, dass er sich einer eigenen Wirtschaftstätigkeit enthält und nur über die Steuern am wirtschaftlichen Erfolg

---

1 Vgl. AEAO Nr. 3 zu § 55 Abs. 1 Nr. 1 AO.

2 Ebenso BFH v. 27.11.2013 – I R 17/12, BStBl. II 2016, 68.

3 Auf diese Weise käme es auch zu einer steuerlichen Gleichbehandlung von Betrieben gewerblicher Art und Eigengesellschaften, vgl. *Hüttemann*, Besteuerung der öffentlichen Hand, 2002, S. 95 f.

4 Dazu eingehend *Hüttemann*, Besteuerung der öffentlichen Hand, 2002, passim.

5 An meiner früheren gegenteiligen Auffassung – vgl. *Hüttemann*, Wirtschaftliche Betätigung, S. 71 – halte ich nicht mehr fest.

6 Ähnlich *Seer/Wolsztynski*, Steuerrechtliche Gemeinnützigkeit der öffentlichen Hand, 2002, S. 86.

seiner Bürger partizipiert[1]. Aber auch der Gedanke der „Ausgabenersparnis" durch Übertragung von Pflichtaufgaben greift nicht durch. Denn der Selbstlosigkeitsgrundsatz soll nur vorrangige „eigen- oder privatnützige" Vorteile ausschließen. Zwar stellt „Selbstlosigkeit stets eine Ausnahme dar"[2]. Diese Sichtweise betrifft aber nur private Individuen, insbesondere Gewerbetreibende. Für die hoheitliche Tätigkeit des Staates gilt – worauf insbesondere *Seer/Wolsztynski* hingewiesen haben[3] – jedoch das Gegenteil: „**Der Staat und seine Einrichtungen handeln a priori uneigennützig** und erfüllen damit zwangsläufig die subjektiven Voraussetzungen der steuerlichen Gemeinnützigkeit". Daraus folgt: Eine etwaige „Ausgabenersparnis" durch Organisationsprivatisierung steht der Gemeinnützigkeit nicht entgegen, weil der erzielte wirtschaftliche Vorteil keinen „eigennützigen" Zielen der Mitglieder dient, sondern wiederum ausschließlich der Allgemeinheit zugute kommt, da der Staat ausschließlich Gemeinwohlbelangen verpflichtet ist[4]. Etwas anderes gilt nur dann, wenn die Ausgabenersparnis gerade in der erwerbswirtschaftlichen Sphäre einer Körperschaft des öffentlichen Rechts erzielt wird[5]. Insoweit besteht kein Unterschied gegenüber Einrichtungen von privatwirtschaftlichen Unternehmen.

b) Verbot von Gewinnausschüttungen und die Verzinsung von Gesellschafterdarlehen

Eine unbegrenzte Beteiligung der Gesellschafter an Überschüssen der gemeinnützigen Körperschaft ist unvereinbar mit der ausschließlich gemeinnützigen Zielsetzung. Denn diese lässt nur die Verwendung der Mittel für solche Zwischenziele zu, deren Verwirklichung zur Erreichung der gemeinnützigen Zielsetzung notwendig ist. Dies kennzeichnet den **wesentlichen Unterschied gemeinnütziger Einrichtungen zu erwerbswirtschaftlichen Unternehmen**, deren Zweck sich in der eigennützigen Gewinnerzielung zugunsten der Gesellschafter als Endziel erschöpft. Gemäß § 55 Abs. 1 Nr. 1 Satz 2 AO dürfen die Mitglieder oder Gesellschafter gemeinnütziger Körperschaften hingegen keine Gewinnanteile und in ihrer Eigenschaft als Mitglieder auch keine sonstigen Zuwendungen aus Mitteln der Körperschaft erhalten. Fraglich ist in diesem Zusammenhang, ob diese Regelung auch der Vereinbarung einer festen Kapitalverzinsung auf die Einlagen der Gesellschafter entgegensteht.

Der **Steuergesetzgeber** hat vor der Einführung der Gemeinnützigkeitsverordnung 1953 die Vereinbarung eines Gewinnanteils, welcher der Höhe nach auf eine mäßige Kapitalverzinsung beschränkt war, für unschädlich gehalten. Der zugelassene Zinssatz lag mit 4 bzw. 5 v.H.[6] unter dem damals marktüblichen Zinssatz und war daher in gewisser Weise „selbstlos", da die

4.86

1 Grundlegend *Isensee* in FS Ipsen, 1977, S. 409.
2 RFH v. 3.6.1929 – I Aa 664/28, RStBl. 1929, 493.
3 *Seer/Wolsztynski*, Steuerrechtliche Gemeinnützigkeit der öffentlichen Hand, S. 103 ff., 132.
4 So auch BFH v. 27.11.2013 – I R 17/12, BStBl. II 2016, 68.
5 Ebenso *Droege*, S. 280.
6 Vgl. § 16 Abs. 2 DurchfVO z. KörpStG 1925 (5 v.H. bei Personenvereinigungen); § 10 Abs. 1 Nr. 1 DurchfVO z. KStG 1935 (4 v.H.); § 8 Abs. 3 Nr. 1 GemVO 1941.

Gesellschafter bessere Anlagemöglichkeiten ungenutzt ließen[1]. Gemäß § 4 Abs. 2 Nr. 1 Gem-VO 1953 durften demgegenüber die Mitglieder keine Gewinnanteile und in ihrer Eigenschaft als Mitglieder keine sonstigen Zuwendungen erhalten. Diese Neuregelung wurde im Schrifttum zunächst einhellig dahin gehend verstanden, dass auch die Vereinbarung fester Zinsen auf die Einlagen untersagt sei[2]. In der Folgezeit wurde diese Ansicht überwiegend aufgegeben[3]. Demgegenüber wendet die h. L. zu § 55 Abs. 1 Nr. 1 Satz 2 AO diese Vorschrift auch auf eine feste Kapitalverzinsung der Anteile an[4].

4.87 Bedenken gegen eine Kapitalverzinsung der Anteile lassen sich aus der ausschließlich gemeinnützigen Zielsetzung nicht herleiten[5]. Denn die Aufbringung von Einlagen wird durch die Gewährung einer angemessenen Verzinsung erheblich erleichtert. Hingegen zeigt die historische Entwicklung des Verbots von Gewinnanteilen, dass der Gesetzgeber gerade auch „angemessene" Gewinnbeteiligungen untersagen wollte. Dies wird man bei aktuellen Reformüberlegungen betreffend „Social Entrepreneurship" im Blick behalten müssen[6]. § 55 Abs. 1 Nr. 1 Satz 2 AO enthält somit ein **besonderes Gebot der Selbstlosigkeit der Mitglieder** im Hinblick auf die Gewährung von Eigenkapital. Die Unverzinslichkeit der Einlagen stärkt die Leistungsfähigkeit der Körperschaft, indem sie diese von der Notwendigkeit entbindet, durch Tätigkeit zumindest eine Kapitalverzinsung zu „verdienen". § 55 Abs. 1 Nr. 1 Satz 2 AO ist daher in Übereinstimmung mit der h. A. auf die Vereinbarung einer festen Kapitalverzinsung zu erstrecken. Dieses Ergebnis ist von erheblicher praktischer Bedeutung, wie gerade auch die Entscheidung des BFH vom 26.4.1989 beweist[7].

Beispiel Nr. 11: Der klagende Verein zur Förderung des Arbeitsschutzes finanzierte sich ausschließlich aus Darlehen seiner Mitglieder, die er aus seinen jährlichen Einnahmen zu verzinsen und zu tilgen hatte. Während sich der I. Senat vorrangig mit der Frage beschäftigte, ob ein übermäßiges Gewinnstreben gemeinnützigkeitsschädlich ist, hätte es näher gelegen, die Verzinsung der Darlehen zu prüfen.

4.88 Dazu ist zunächst festzustellen, dass nach allgemeiner und zutreffender Ansicht die **Verzinsung und Rückzahlung von Darlehen der Mitglieder** nicht gegen § 55 Abs. 1 Nr. 1 Satz 2 AO verstößt, soweit das Darlehen zu marktüblichen Bedingungen gewährt wird[8]. Das Mitglied tritt in einem solchen Fall wie jeder andere Dritte auch in

---

1 Vgl. *Jacoby*, Die Gemeinnützigkeit, 1934, S. 64 Fn. 131, der darauf verweist, dass die Bestimmungen aus einer Zeit verhältnismäßig hoher Zinsfüße stammten und eine Anlage zu einer solchen Verzinsung unter anderen Zeitumständen eine eigennützige Tätigkeit darstellen könnte.

2 Vgl. *Boettcher/Leibrecht*, 1. Aufl., § 4 GemVO Anm. 3; *Lademann* in Hübschmann/Hepp/Spitaler (Stand 1956), § 4 GemVO Anm. 3.

3 So *Boettcher/Leibrecht*, 2. Aufl., § 4 GemVO Anm. 3 unter Berufung auf *Spanner* in Hübschmann/Hepp/Spitaler (Stand 1971), § 4 GemVO Anm. 7; gegen eine Verzinsung aber *Becker/Riewald/Koch*, § 17 StAnpG Anm. 4c (3).

4 *Fischer* in Hübschmann/Hepp/Spitaler, § 55 AO Rz. 130 (Stand 4/1993); *Scholtz* in Koch/Scholtz, § 55 AO Rz. 8; *von Wallis/Steinhardt*, Rz. 51.

5 Vgl. auch *Becker/Riewald/Koch*, § 17 StAnpG Anm. 4c.

6 Dazu näher *Momberger*, Social Entrepreneurship, 2015, S. 317 ff.

7 BFH v. 26.4.1989 – I R 209/85, BStBl. II 1989, 670.

8 Vgl. *Becker/Riewald/Koch*, § 17 StAnpG Anm. 4c (3); *Scholtz* in Koch/Scholtz, § 55 AO Rz. 8.

einen Leistungsaustausch mit der Körperschaft und erhält folglich keine Zuwendungen „in seiner Eigenschaft als Mitglied", sondern als Darlehensgläubiger. In dem vom BFH entschiedenen Fall war es aber fraglich, ob die gewährten Darlehen zu marktüblichen Bedingungen gegeben wurden. Zwar ist nicht mitgeteilt, dass die Verzinsung über dem marktüblichen Kreditzins gelegen hat. Die Frage ist jedoch, ob einem vermögenslosen gemeinnützigen Verein überhaupt ein Darlehen von dritter Seite gewährt worden wäre. Denn § 55 Abs. 1 Nr. 1 Satz 2 AO ist nach seinem Regelungszweck auch dann verletzt, wenn solche Darlehen verzinst werden, die im Gesellschaftsrecht früher als „eigenkapitalersetzende Gesellschafterdarlehen" bezeichnet wurden. Solche Darlehen haben wirtschaftlich die Funktion von Kapitaleinlagen und wurden daher vor dem MoMiG[1] gesellschafts- und insolvenzrechtlich diesen gegenüber gleich behandelt[2]. Dem würde es eigentlich entsprechen, ihre Verzinsung wie eine unerlaubte Gewinnbeteiligung oder Kapitalverzinsung gemäß § 55 Abs. 1 Nr. 1 Satz 2 AO zu beurteilen[3]. Auf der anderen Seite ist zu berücksichtigen, dass der Gesetzgeber auf eine ausdrückliche Einbeziehung solcher Darlehen in das Verzinsungsverbot verzichtet hat[4].

IV. Eigenwirtschaftliche Zwecke der Körperschaft

§ 55 Abs. 1 Satz 1 AO enthält keinen ausdrücklichen Hinweis darauf, **„wessen" eigenwirtschaftliche Zwecke** gemeint sind. Dies führt zu der Frage, ob neben den Zwecken der Mitglieder auch eigenwirtschaftliche Zwecke der Körperschaft selbst schädlich sein können und welche Konsequenzen sich daraus für die Zulässigkeit einer wirtschaftlichen Betätigung von gemeinnützigen Organisationen ergeben.   4.89

Beispiel Nr. 12: Wenn ein Sportverein eine Vereinsgaststätte unterhält, die erfolgreicher ist als seine Fußballmannschaft, so kann man zwar mit Rücksicht auf die erzielten Überschüsse davon sprechen, es würden hier „eigenwirtschaftliche" Zwecke verfolgt. Auf der anderen Seite ist die Gaststätte nur ein Mittel zur Verwirklichung der eigentlichen sportlichen Vereinszwecke, solange diese Überschüsse abwirft und die Überschüsse dazu verwendet werden, die Aufwendungen für den Spielerbetrieb zu decken.

Beispiel Nr. 13: Gelingt es der Vermögensanlageabteilung einer gemeinnützigen Stiftung, das Stiftungskapital in einigen Jahren zu verdoppeln, dann wird wohl kaum jemand auf den Gedanken kommen, die Gemeinnützigkeit infrage zu stellen, weil sich die Stiftung „in erster Linie" eigenwirtschaftlich betätigt. Dies dürfte aber nur daran liegen, dass die wirtschaftliche Tätigkeit der Stiftung der (steuerfreien) Vermögensverwaltung (§ 14 Satz 3 AO) zugeordnet wird. Allerdings ist nicht einzusehen, weshalb die Rechtslage grundsätzlich anders sein soll, wenn sich eine neu gegründete Museumsstiftung zu über 90 Prozent aus den Überschüssen steuerpflichtiger Mittelbeschaffungsaktivitäten (Museumsshop, Benefizgala, „hartes" Sponsoring) finanziert.

---

1 Nach dem Gesetz zur Modernisierung des GmbH-Rechts und zur Bekämpfung von Missbräuchen (MoMiG) v. 23.10.2008, BGBl. I 2008, 2026, sind nunmehr alle Gesellschafterdarlehen nachrangige Verbindlichkeiten (vgl. § 39 Abs. 1 Nr. 5 InsO).
2 Vgl. nur *K. Schmidt*, Gesellschaftsrecht, § 37 IV m.w.N.
3 Ebenso *Seer* in Tipke/Kruse, § 55 AO Rz. 19.
4 Ablehnend auch *von Holt* in NK-GemnR, § 55 AO Rz. 22 f.

Die Frage, welche Bedeutung das Selbstlosigkeitsgebot für die gemeinnützigkeitsrechtliche Zulässigkeit wirtschaftlicher Betätigungen hat, war lange umstritten und zählte wegen ihrer **erheblichen praktischen Bedeutung** zu den wichtigsten Rechtsproblemen des Gemeinnützigkeitsrechts.

1. Wirtschaftliche Betätigung und Geprägetheorie

4.90　Der **BFH** war in der Vergangenheit der Ansicht, dass sich die Grenzen einer wirtschaftlichen Betätigung gemeinnütziger Körperschaften vorrangig aus dem Grundsatz der Selbstlosigkeit ergeben. In der Entscheidung vom 26.4.1989 hatte der I. Senat des BFH dazu noch ausgeführt:

„Eine Körperschaft verfolgt eigenwirtschaftliche Zwecke in diesem Sinne, **wenn ihre Tätigkeit darauf gerichtet ist, ihr Vermögen und ihre Einkünfte zu erhöhen**. Allerdings ist nicht jede auf Verbesserung der Einkünfte gerichtete Tätigkeit als Verstoß gegen das Gebot der Selbstlosigkeit anzusehen. Die Körperschaft kann auf Gewinnerzielung gerichtete wirtschaftliche Geschäftsbetriebe unterhalten, ohne dadurch das Gebot der Selbstlosigkeit im Sinne des § 55 Abs. 1 AO 1977 zu verletzen (vgl. § 64 AO 1977). Die Körperschaft darf die im Rahmen eines wirtschaftlichen Geschäftsbetriebs verfolgten eigenwirtschaftlichen Zwecke jedoch nicht ‚in erster Linie‘ verfolgen (§ 55 Abs. 1 Satz 1 AO 1977)“.

4.91　Im konkreten Urteilsfall **verneinte der BFH ein selbstloses Handeln**, weil der klagende Verein zur Förderung des Arbeitsschutzes von seinen Mitgliedern vollständig fremdfinanziert worden war und sich nach der Satzung verpflichtet hatte, die Gründungsdarlehen in Höhe von 10 Millionen DM aus den Einnahmen seiner Tätigkeit zu verzinsen und zu tilgen. Der Verein habe deshalb seine Gesamttätigkeit von der Gründung an auf die Erzielung von Einnahmen zur Tilgung seiner Schulden ausrichten müssen[1].

4.92　Der **I. Senat des BFH** hat in der Folgezeit einen Verstoß gegen die Selbstlosigkeit auch dann bejaht, wenn ein Förderverein Rücklagen bildet, ohne dass die Voraussetzungen des § 58 Nr. 6 und 7 AO a.F. erfüllt sind[2]. Hinsichtlich des zulässigen Umfangs einer wirtschaftlichen Betätigung hat der I. Senat in seinem Urteil vom 15.7.1998 allerdings recht großzügige Maßstäbe angelegt und festgestellt[3], dass eine Körperschaft noch nicht allein deshalb in erster Linie eigenwirtschaftliche Zwecke verfolgt, „weil sie einen wirtschaftlichen Geschäftsbetrieb unterhält und die unternehmerischen Aktivitäten die gemeinnützigen übersteigen“. Auch die Tatsache, dass die klagende Stiftung nahezu ihre gesamten Überschüsse aus den wirtschaftlichen Geschäftsbetrieben über mehrere Jahre wieder im Unternehmen reinvestiert hatte, sah der I. Senat noch nicht als schädlich an, wenn die betriebliche Mittelverwendung zur Sicherung der Existenz der Geschäftsbetriebe geboten war[4]. Es liefe auch dem Ziel der steuerlichen Förderung gemeinnütziger Zwecke zuwider, „Kör-

---

1 BFH v. 26.4.1989 – I R 209/85, BStBl. II 1989, 670 (672); eingehende Kritik an dieser Begründung bei *Hüttemann*, Wirtschaftliche Betätigung, S. 76 ff.
2 BFH v. 13.9.1989 – I R 19/85, BStBl. II 1990, 28.
3 BFH v. 15.7.1998 – I R 156/94, BStBl. II 2002, 162.
4 Zur Rechtsprechung des BFH vgl. auch *Hofmeister* in DStJG 26 (2003), 159 ff.

perschaften allein wegen der Größe der von ihnen unterhaltenen wirtschaftlichen Geschäftsbetriebe die Möglichkeit gemeinnütziger Tätigkeiten vorzuenthalten"[1]. Im Ganzen war damit die praktische Bedeutung des Selbstlosigkeitsgrundsatzes erheblich relativiert worden. Im Urteil vom 4.4.2007 hat sich der BFH, was die Zulässigkeit wirtschaftlicher Tätigkeiten anbetrifft, ganz von § 55 Abs. 1 AO gelöst und allein auf den Ausschließlichkeitsgrundsatz abgestellt[2].

Die **Finanzverwaltung** ging ebenfalls früher davon aus, dass die Grenzen einer zulässigen wirtschaftlichen Betätigung gemeinnütziger Körperschaften aus dem Selbstlosigkeitsgebot abzuleiten sind. Bei der Feststellung, ob in erster Linie eigenwirtschaftliche Zwecke verfolgt werden, sei – so der alte Anwendungserlass zur AO – zwischen der steuerbegünstigten und der wirtschaftlichen Tätigkeit zu gewichten: Eine Körperschaft sei dann nicht mehr steuerbegünstigt, wenn „ihr die wirtschaftliche Tätigkeit bei einer Gesamtbetrachtung das Gepräge gibt"[3].   **4.93**

Diese sog. **Geprägetheorie** hat in der Vergangenheit zu einer erheblichen Rechtsunsicherheit geführt, weil der Anwendungserlass völlig offen ließ, welche Kriterien bei dieser „Gesamtbetrachtung" den Ausschlag geben sollten (z.B. das Verhältnis der Überschüsse aus wirtschaftlicher Tätigkeit im Vergleich zu den Einnahmen im ideellen Bereich o.Ä.). Nach einer vereinzelten Verfügung sollten bei der Gesamtbetrachtung „nicht nur die durch die verschiedenen Tätigkeitsbereiche erzielten Einnahmen, sondern auch die Gesamtaktivitäten des Vereins, seiner Organe und Mitglieder sowie deren zeitliche Gewichtung mit einzubeziehen sein"[4]. Daher konnten auch solche Vereine als gemeinnützig anerkannt werden, die ihre Einnahmen „nahezu ausschließlich durch die Unterhaltung von wirtschaftlichen Geschäftsbetrieben erzielen, wenn der Verein selbst im Rahmen seiner steuerbegünstigten satzungsmäßigen Zwecke tätig wird und diese steuerbegünstigte Tätigkeit einen entsprechend gewichtigen Teil der Vereinsaktivitäten ausmacht". Anders sollte dagegen für „reine Fördervereine" zu entscheiden sein, die nur Mittel für andere Körperschaften beschaffen.

Im 2012 **geänderten Anwendungserlass**[5] hat sich die Finanzverwaltung von der Geprägetheorie verabschiedet (Nr. 2 zu § 55 Abs. 1 Nr. 1 AO a.F. ist aufgehoben worden). Vielmehr beurteilt sich die Zulässigkeit einer wirtschaftlichen Tätigkeit – entsprechend dem BFH-Urteil vom 4.4.2007 – nunmehr allein nach § 56 AO. Dies bedeutet aber, dass sich das Selbstlosigkeitsgebot letztlich nur noch auf eigenwirtschaftliche Interessen der *Mitglieder* bezieht, sodass man konsequenterweise im AEAO auch Nr. 1 zu § 55 Abs. 1 Nr. 1 AO entsprechend hätte einschränken müssen.

Im **gemeinnützigkeitsrechtlichen Schrifttum** hat früher noch die Auffassung überwogen, dass das Selbstlosigkeitsgebot und das Merkmal des „in erster Linie" über den zulässigen Umfang wirtschaftlicher Tätigkeiten entscheiden[6]. Allerdings fanden sich zu der Frage, wann eine Körperschaft „in erster Linie" eigenwirtschaftlich tätig   **4.94**

---

1 BFH v. 15.7.1998 – I R 156/94, BStBl. II 2002, 162.
2 BFH v. 4.4.2007 – I R 76/05, BStBl. II 2007, 631.
3 So die Formulierung im AEAO Nr. 2 zu § 55 Abs. 1 Nr. 1 AO a.F.
4 So OFD Koblenz v. 26.4.2002, DB 2002, 1585.
5 Vgl. BMF v. 17.1.2012, BStBl. I 2012, 83; dazu *Hüttemann*, DB 2012, 250.
6 Zuerst *Scholtz*, FR 1976, 181 (187); *Scholtz* in Koch/Scholtz, § 55 AO Rz. 5; *Buchna/Seeger/Brox*, 10. Aufl. 2010, S. 125 ff.; *Herbert*, S. 118 ff.; *Herrnkind*, DStZ 1988, 581; *Lang/Seer*, FR 1994, 521, 527; *Leisner-Egensperger*, DStZ 2008, 292 ff.; im Ausgangspunkt eben-

ist, unterschiedliche Abgrenzungsformeln[1]: Teilweise wurde gefordert, der Geschäftsbetrieb dürfe nicht „Selbstzweck"[2] bzw. nur von „untergeordneter Bedeutung"[3] sein. Andere Autoren stellten darauf ab, dass die Körperschaft insgesamt keine Gewinnerzielungsabsicht und langfristig nur ein ausgeglichenes wirtschaftliches Ergebnis haben dürfe[4]. Schließlich fanden sich im Schrifttum auch quantitative Abgrenzungsmaßstäbe. So sollte z.B. maßgebend sein, ob die Einnahmen aus wirtschaftlicher Tätigkeit – ohne die Einnahmen aus Zweckbetrieben und Vermögensverwaltung – nicht mehr als 50 Prozent der Gesamteinnahmen der Körperschaft einschließlich Spenden, Zuschüssen und Mitgliederbeiträgen erreichen[5].

2. Kritik der Geprägetheorie und Stellungnahme

4.95   In den zurückliegenden Jahren hat die **Geprägetheorie im steuerrechtlichen Schrifttum zunehmende Kritik erfahren**[6]. So teilen zwar einige Autoren den Grundansatz der früheren h.M. und wenden § 55 Abs. 1 Satz 1 AO nicht nur auf Mitgliederinteressen, sondern auch auf eigenwirtschaftliche Zwecke der Körperschaft an. Sie bestreiten indes, dass dem Selbstlosigkeitsgebot eine konkrete Aussage hinsichtlich des Umfangs wirtschaftlicher Geschäftsbetriebe zu entnehmen sei[7]. Dieser Ansatz geht indes nicht weit genug, weil er das eigentliche Grundproblem – das Verhältnis von § 55 und § 56 AO – nicht löst. Denn es bleibt die Frage, weshalb der Regelungsgehalt des § 55 Abs. 1 Satz 1 AO überhaupt auf „eigenwirtschaftliche Zwecke" der Körperschaft erstreckt werden soll, wenn in § 56 AO die ausschließlich gemeinnützige verbandsmäßige Zielsetzung der Körperschaft abschließend bestimmt wird.

---

so, aber mit abweichenden Konsequenzen *Tipke* in Tipke/Kruse, § 55 AO Rz. 4 (Stand 10/2005); *Wallenhorst/Halaczinsky*, Rz. C 61; *Wallenhorst*, DStR 2009, 717.

1 Vgl. etwa die zusammenhanglose Aufzählung von verschiedenen Gesichtspunkten, die für oder gegen eine „Prägung" sprechen sollten, bei *Leisner-Egensperger*, DStZ 2008, 295 f.

2 So *Glanegger/Güroff*, § 3 GewStG Rz. 46 ff.; zustimmend *Herbert*, S. 119.

3 *Koch* in Koch/Scholtz, § 55 AO Rz. 55.

4 So *Wallenhorst/Halaczinsky*, Rz. C 61 b.

5 Vgl. *Wegehenkel*, DB 1986, 2514, 2515. Nach *Schleder*, Rz. 425 ist die Selbstlosigkeit gewahrt, wenn die Einnahmen im ideellen Bereich (einschließlich Einnahmen aus Zweckbetrieben) höher sind als die Einnahmen aus den steuerpflichtigen wirtschaftlichen Geschäftsbetrieben. Ist diese Voraussetzung nicht erfüllt, soll es aber zusätzlich auf den Umfang der jeweiligen Betätigungen ankommen.

6 Zuerst *Hüttemann*, Wirtschaftliche Betätigung, S. 53 ff.; *Hüttemann*, FR 2002, 1337 (1340); *Hüttemann* in DStJG 26 (2003), 49 (69 f.); für die Aufgabe der Geprägetheorie auch *Eversberg*, Stiftung&Sponsoring 5/2001, 6; *Fischer* in Hübschmann/Hepp/Spitaler, § 55 AO Rz. 93 ff. (Stand 4/1993); *Musil* in Hübschmann/Hepp/Spitaler, § 55 AO Rz. 100; *Jachmann*, Gemeinnützigkeit, in DStJG 26 (2003), 222; *Schauhoff* in Schauhoff, § 7 Rz. 112; eingehende Kritik an der Geprägetheorie bei *Seer/Wolsztynski*, Steuerrechtliche Gemeinnützigkeit der öffentlichen Hand, S. 214 ff.; *Schiffer/Sommer*, BB 2008, 2432; *Weitemeyer/Mager* in Non Profit Law Yearbook 2008, 69; *Hushahn*, 2009, 196; ablehnend auch *Droege*, S. 207.

7 *Tipke* in Tipke/Kruse, § 55 AO Rz. 4 (Stand 10/2005) wollte deshalb steuerpflichtige wirtschaftliche Geschäftsbetriebe bei der Prüfung der Selbstlosigkeit nicht einbeziehen; gegen eine „Überwiegensgrenze" auch *Lang/Seer*, FR 1994, 521 (527).

Richtigerweise ist der Regelungsgehalt der Selbstlosigkeit auf eigenwirtschaftliche   4.96
Mitgliederinteressen zu beschränken und die Frage nach den zulässigen Grenzen
einer wirtschaftlichen Tätigkeit systematisch dem Ausschließlichkeitsgrundsatz in
§ 56 AO zuzuordnen. Für diese **Gegenthese zur Geprägetheorie**, die an anderer
Stelle eingehend begründet worden ist[1] spricht zunächst, dass nur eine funktionale
Betrachtung von Mittelbeschaffungsaktivitäten die schematischen Lösungen der
Geprägetheorie vermeiden kann, die die Finanzverwaltung früher aus der starren
„Überwiegensregel" des § 55 Abs. 1 Satz 1 AO abgeleitet hat. Wer § 55 Abs. 1 Satz 1
AO auf wirtschaftliche Tätigkeiten von gemeinnützigen Körperschaften anwendet,
provoziert nur das Missverständnis, Mittelbeschaffungsaktivitäten dürften nicht „in
erster Linie" auf Gewinnerzielung gerichtet sein. Natürlich ist es genau umgekehrt[2]:
Die Unterhaltung von Mittelbeschaffungsaktivitäten findet ihre Rechtfertigung gerade in der Tatsache, dass möglichst hohe Gewinne zur Finanzierung der satzungsmäßigen Zwecke erwirtschaftet werden. Es ist daher nach richtiger Ansicht unbedenklich, wenn sich eine steuerbegünstigte Körperschaft überwiegend oder sogar
ausschließlich durch Überschüsse aus steuerpflichtigen wirtschaftlichen Geschäftsbetrieben finanziert, solange die erwirtschafteten Mittel zeitnah für steuerbegünstigte
Zwecke verwendet werden[3]. Diese Überlegung liegt auch der Entscheidung des BFH
vom 15.7.1998 zugrunde, in der der I. Senat – wenn auch ausgehend von § 55 Abs. 1
Satz 1 AO – anerkannt hat, dass die Größe der unterhaltenen Geschäftsbetriebe die
Steuervergünstigung nicht gefährden kann. Mittelbeschaffungsaktivitäten sind also
zulässig, wenn sie die gegenwartsnahe Verwirklichung der steuerbegünstigten Zwecke voranbringen.

Beispiel Nr. 14: Wenn z.B. die Mitglieder eines Fördervereins sich nicht darauf beschränken,
jährliche Mitgliedsbeiträge zu leisten und Spenden einzuwerben, sondern über 90 Prozent der
Vereinseinnahmen durch die Veranstaltung eines Weihnachtsbasars (steuerpflichtiger Geschäftsbetrieb) erwirtschaften, dann kann darin – in Übereinstimmung mit der Entscheidung
des BFH vom 15.7.1998 und entgegen der früheren Ansicht der Finanzverwaltung[4] – kein ge-
meinnützigkeitsschädliches Verhalten gesehen werden[5]. Vielmehr wird hier nur ehrenamtli-
ches Engagement genutzt, um zusätzliche Mittel für den steuerbegünstigten Zweck zu beschaffen. Würde man einem solchen Verein die Gemeinnützigkeit versagen, müsste man
konsequenterweise auch Förderstiftungen, die sich ebenfalls nur aus wirtschaftlichen Tätigkeiten (Vermögensanlage) finanzieren, die Gemeinnützigkeit aberkennen, was aber zu Recht
niemand ernsthaft vertritt.

Wie das Beispiel zeigt, **führte die Geprägetheorie zu einer gravierenden Ungleich-**   4.97
behandlung von verschiedenen Mittelbeschaffungsaktivitäten. Dadurch wurden

---

1 Eingehend *Hüttemann*, Wirtschaftliche Betätigung, S. 53 ff.; *Hüttemann*, FR 2002, 1337
   (1340); *Hüttemann* in DStJG 26 (2003), 49 (69 f.); *Fischer* in Hübschmann/Hepp/Spitaler,
   § 55 AO Rz. 93 ff. (Stand 4/1993); *Schauhoff* in Schauhoff, § 7 Rz. 112; *Seer* in Tipke/Kru-
   se, § 55 AO Rz. 5; ebenso nun *Buchna/Leichinger/Seeger/Brox*, S. 120; *von Holt* in NK-
   GemnR, § 55 AO Rz. 7; anders – aber ohne neue Argumente – im neueren Schrifttum
   etwa *Leisner-Egensperger*, DStZ 2008, 294 ff.
2 Dazu eingehend *Hüttemann*, Wirtschaftliche Betätigung, S. 41 ff.
3 A.A. *Walz/Schäfers*, FR 2002, 499 (505).
4 Vgl. OFD Koblenz v. 26.4.2002, DB 2002, 1585.
5 Ebenso *Lehr*, DStR 2010, 795.

insbesondere neue und kleinere Einrichtungen benachteiligt, die sich nicht aus Vermögenserträgen finanzieren können, sondern sich – zumeist unter Einschaltung ehrenamtlicher Mitarbeiter – zusätzliche Einnahmequellen durch wirtschaftliche Aktivitäten erschließen müssen. Diese Ungleichbehandlungen lassen sich auch nicht mit Gründen des Wettbewerbsschutzes rechtfertigen. Denn durch die grundsätzliche Besteuerung der wirtschaftlichen Geschäftsbetriebe nach § 64 AO wird die Wettbewerbsgleichheit in ausreichendem Maße gewahrt[1].

4.98 Die Geprägetheorie erweist sich auch als **sachlich entbehrlich, soweit es um vermögensverwaltende Tätigkeiten und Zweckbetriebe geht**[2]. Wie insbesondere das Beispiel der gemeinnützigen Stiftung zeigt, ist die ausschließliche oder ganz überwiegende Finanzierung durch vermögensverwaltende Tätigkeiten im Rahmen des § 55 Abs. 1 Satz 1 AO noch nie als schädlich angesehen worden. So hat der BFH allgemein festgestellt, dass eine Vermögensverwaltung mit der Gemeinnützigkeit immer vereinbar sei[3]. Soweit es um die Bildung von Rücklagen geht, kommt dem Selbstlosigkeitsgebot schon deshalb keine praktische Bedeutung zu, weil die Problematik der zeitnahen Mittelverwendung und der Rücklagenbildung in §§ 55 Abs. 1 Nr. 5 Satz 1, 62 Abs. 1 Nr. 1 und 3, Abs. 3 und 4 AO besonders geregelt ist. Was die Unterhaltung von steuerbegünstigten Zweckbetrieben anbetrifft, bedarf es keiner Geprägetheorie, weil Zweckbetriebe bereits nach der allgemeinen Definition des § 65 Nr. 1 AO den steuerbegünstigten satzungsmäßigen Zwecken funktional untergeordnet sind und folglich auch die Gemeinnützigkeit nicht gefährden können. Auch soweit es um die Entgeltspolitik im Zweckbetrieb geht, sind die konkreten Wertungen der §§ 65 ff. AO gegenüber einer irgendwie gearteten Berufung auf die „Selbstlosigkeit" vorzugswürdig[4]. Die pauschale Aussage des BFH, die Tätigkeit von gemeinnützigen Einrichtungen dürfe nicht „in erster Linie" auf die Erhöhung ihrer Einkünfte gerichtet sein, ist jedenfalls viel zu undifferenziert. Nichts anderes gilt schließlich für die nicht weiter begründete Aussage, gemeinnützige Einrichtungen dürften insgesamt keine Gewinnerzielungsabsicht haben und müssten langfristig nur ein ausgeglichenes Ergebnis haben[5]. Soweit gemeinnützige Organisationen im Zweckbetrieb nachhaltig Gewinne erstreben, um die vorhandene Einrichtung zu modernisieren oder zu erweitern, ist dagegen richtigerweise nichts einzuwenden[6].

4.99 Auch **Wortlaut und Entstehungsgeschichte** des § 55 Abs. 1 Satz 1 AO sprechen schließlich dafür, das Selbstlosigkeitsgebot auf eigenwirtschaftliche Zwecke der Mitglieder zu beschränken. Schon nach dem Wortlaut des § 55 Abs. 1 Satz 1 AO – „durch

---

1 Zutreffend *Seer/Wolsztynski*, Steuerrechtliche Gemeinnützigkeit der öffentlichen Hand, S. 219.

2 Eingehend *Hüttemann*, Wirtschaftliche Betätigung, S. 36 ff., 48 ff.

3 Vgl. BFH v. 23.10.1991 – I R 19/91, BStBl. II 1992, 62. Zwar bezieht sich die Feststellung des BFH ausdrücklich nur auf eine Vereinbarkeit mit § 56 AO. Für die Selbstlosigkeit kann aber vom Standpunkt des BFH aus nichts anderes gelten.

4 Dazu *Hüttemann*, Wirtschaftliche Betätigung, S. 39.

5 So *Wallenhorst/Halaczinsky*, Rz. C 61b.

6 So im Ergebnis – wenn auch im Kontext von § 66 AO – auch BFH v. 27.11.2013 – I R 17/12, BStBl. II 2016, 68.

die Förderung" – betrifft das Selbstlosigkeitsgebot nur die Mittelverwendung, nicht aber die Mittelerzielung[1]. Entgegen der früheren Ansicht des BFH[2] legt auch das Adjektiv „eigenwirtschaftlich" keineswegs eine Auslegung im Sinne „eigener" wirtschaftlicher Zwecke der Körperschaft nahe[3]. Vielmehr ist der Begriff „eigenwirtschaftlich" vorrangig als Gegensatz zu „gemeinnützigen" Zielen zu verstehen, da man anderenfalls – entgegen der h.M. – konsequenterweise Mitgliederinteressen ganz aus § 55 Abs. 1 Satz 1 AO ausklammern müsste. Was schließlich die Entstehungsgeschichte der Norm anbetrifft, so kann keine Rede davon sein, dass der Gesetzgeber § 55 Abs. 1 Satz 1 AO „bewusst im Hinblick auf § 64 AO gestaltet habe"[4]. In den Gesetzesmaterialien lassen sich hierfür keine Anhaltspunkte finden. Vielmehr hat der Gesetzgeber mit § 55 Abs. 1 Satz 1 AO nur die nahezu gleichlautende Vorläufernorm des § 17 Abs. 5 StAnpG in die AO 1977 übernehmen wollen. Zu § 17 Abs. 5 StAnpG entsprach es aber der ganz h.M., dass als eigenwirtschaftliche Zwecke nur solche der Mitglieder anzusehen sind. Auch der RFH, auf dessen Rechtsprechung § 17 Abs. 5 StAnpG zurückgeht, hat das Selbstlosigkeitsgebot nur auf die Ebene der Mitglieder bezogen[5]. Somit gibt es keinen Grund, § 55 Abs. 1 Satz 1 AO in einer anderen Weise auszulegen als § 17 Abs. 5 StAnpG.

3. Schlussfolgerungen

Der vorstehenden Kritik an der Geprägetheorie hat sich auch der I. Senat des BFH 4.100 in seinem Urteil vom 4.4.2007[6] angeschlossen, als er für die Vereinbarkeit einer wirtschaftlichen Tätigkeit mit dem Gemeinnützigkeitsstatus nur noch auf das Ausschließlichkeitsgebot abgestellt hat. Nachdem sich nunmehr auch die Finanzverwaltung im geänderten Anwendungserlass[7] von der Geprägetheorie verabschiedet hat, kann man für die Rechtspraxis feststellen: Die Grenzen einer zulässigen wirtschaftlichen Betätigung gemeinnütziger Einrichtungen sind allein **anhand des aus § 56 AO abgeleiteten „Finalitätsgebots" zu bestimmen**[8]. Die wirtschaftliche Tätigkeit muss also darauf gerichtet sein, die gegenwartsnahe Verwirklichung steuerbegünstigter Zwecke voranzubringen. Die wesentlichen Unterschiede zur Geprägetheorie sind: Der Umfang einer wirtschaftlichen Tätigkeit ist für die Gemeinnützigkeit einer Körperschaft unerheblich. Insbesondere ist es unschädlich, wenn sich gemeinnützige Einrichtungen ausschließlich oder ganz überwiegend durch steuerpflichtige wirtschaftliche Geschäftsbetriebe finanzieren. Dies gilt – auch insoweit hat die Finanzverwaltung ihre Ansicht geändert[9] – unabhängig davon, ob es sich um „operative"

---

1 Zutreffend *Eversberg*, Stiftung&Sponsoring 5/2001, 6.
2 BFH v. 26.4.1989 – I R 209/85, BStBl. II 1989, 670, 672.
3 Entgegen *Leisner-Egensperger* in Hübschmann/Hepp/Spitaler, § 55 AO Rz. 59 (Stand 2009) wird § 55 Abs. 1 Satz 1 AO nach der hier vertretenen Ansicht auch nicht „weginterpretiert", sondern lediglich sachlich zutreffend auf Mitgliederzwecke beschränkt.
4 So aber *Scholtz*, FR 1976, 181 (187).
5 Vgl. die Nachweise bei *Hüttemann*, Wirtschaftliche Betätigung, S. 58 Fn. 152.
6 BFH v. 4.4.2007 – I R 76/05, BStBl. II 2007, 631.
7 BMF v. 17.1.2012, BStBl. I 2012, 83; dazu *Hüttemann*, DB 2012, 250.
8 Ebenso bereits BFH v. 4.4.2007 – I R 76/05, BStBl. II 2007, 631.
9 Vgl. AEAO Nr. 1 zu § 56 AO.

oder nur „fördernde" Einrichtungen handelt. Daher ist auch ein Förderverein als gemeinnützig anzuerkennen, der sich statt durch Spenden und Beiträge ausschließlich aus den Erlösen von Basaren, Lotterien oder Benefizveranstaltungen finanziert. Diese Sichtweise trägt erheblich zur Rechtssicherheit und Rechtsvereinfachung bei. Insbesondere werden die früher in der Praxis angewendeten Gestaltungen zur Umgehung der Geprägetheorie (Umwandlung von steuerpflichtigen Geschäftsbetrieben in eine steuerfreie Vermögensverwaltung durch Ausgliederung auf selbständige Tochtergesellschaften) jedenfalls steuerlich überflüssig, da der Umfang eines steuerpflichtigen wirtschaftlichen Geschäftsbetriebs die Gemeinnützigkeit nicht berührt[1].

4.101 Anders als es die Geprägetheorie nahelegte, ist nach der hier vertretenen Ansicht ein **Gewinnstreben nicht per se schädlich**. Vielmehr bedarf es auf der Grundlage des Ausschließlichkeitsgrundsatzes einer differenzierten Betrachtung (dazu eingehend Rz. 6.1 ff.):

- Im Bereich der (steuerpflichtigen) **Mittelbeschaffungsbetriebe** ist ein Gewinnstreben grundsätzlich nicht schädlich, sondern – genau umgekehrt – entscheidend für die Legitimation solcher Geschäftsbetriebe. Dagegen wird der Gemeinnützigkeitsstatus gefährdet, wenn dauerhaft ertraglose oder verlustbringende Geschäftsbetriebe unterhalten werden[2]. Für (steuerpflichtige) Zweckverwirklichungsbetriebe gelten allerdings gewisse Sonderregeln (vgl. Rz. 6.4).

- Auch eine **Vermögensverwaltung** findet ihre Rechtfertigung in der Erzielung einer gewissen Rendite. Gemeinnützigkeitsschädlich sind daher nur solche Vermögensanlagen, die – ex ante betrachtet – unwirtschaftlich sind, d.h. auf Dauer keine oder nur sehr geringe Überschüsse erwarten lassen. Besonderheiten gelten für Beteiligungen an steuerbegünstigten Kapitalgesellschaften (vgl. Rz. 6.4).

- Für ein Gewinnstreben im Bereich der **steuerbegünstigten Zweckbetriebe** gelten dagegen andere Grundsätze. Diese Betriebe dienen nach der gesetzlichen Definition der Verwirklichung der satzungsmäßigen Zwecke (vgl. dazu § 65 Nr. 1 und 2 AO). Vorrangiges Ziel muss also die Förderung der Allgemeinheit sein. § 65 Nr. 1 und 2 AO schließt – wie an anderer Stelle noch darzulegen sein wird (vgl. Rz. 6.181 f.) – ein Gewinnstreben nicht von vornherein aus. So kann die Erzielung von buchhalterischen Gewinnen z.B. notwendig sein, um Investitionen im Zweckbetrieb zu finanzieren. Auch im Zweckbetrieb bestimmt sich die Entgeltspolitik folglich nicht nach vagen Abgrenzungsformeln („nicht in erster Linie"), sondern nach den konkreten Umständen des Einzelfalls, insbesondere dem mittelfristigen Finanzierungsbedarf der Einrichtung.

4.102 Über das Finalitätsgebot des § 56 AO hinaus ergeben sich schließlich aus dem **Grundsatz der Gegenwartsnähe** deutliche Einschränkungen für Mittelbeschaffungsaktivitäten gemeinnütziger Einrichtungen. Gemeinnützige Organisationen

---

1 Eine andere Frage ist, ob bei Vereinen eine Ausgliederung wegen §§ 21, 22 BGB sinnvoll bzw. rechtlich geboten ist. Dazu näher Rz. 2.32.
2 Vgl. die Beispiele für unzulässige „selbstzweckorientierte" Geschäftstätigkeiten bei *von Holt* in NK-GemnR, § 56 AO Rz. 10 ff.

sind nach § 55 Abs. 1 Nr. 5 AO verpflichtet, ihre Mittel „zeitnah" – d.h. innerhalb eines Zeitraums von längstens drei Jahren nach Vereinnahmung – für steuerbegünstigte satzungsmäßige Zwecke zu verwenden. Die Verwendung von Mitteln für eine Rücklagen- und Vermögensbildung außerhalb der zweckverwirklichenden Sphäre bildet daher – wie das Gesetz auch in § 62 AO deutlich ausspricht – stets die Ausnahme. Darin liegt zugleich eine spürbare Restriktion, was die Finanzierung von Mittelbeschaffungsaktivitäten anbetrifft: Gemeinnützige Einrichtungen dürfen zeitnah zu verwendende Mittel nicht dauerhaft im Mittelbeschaffungsbereich einsetzen. Auch dies wird im Zusammenhang mit der Finanzierung wirtschaftlicher Aktivitäten näher auszuführen sein (vgl. näher Rz. 6.13 ff.).

frei   4.103–4.104

V. Selbstlosigkeit und Opferwilligkeit

Nach Ansicht des BFH ist ein selbstloses Handeln nicht anzunehmen, „wenn die **ihm eigene Opferwilligkeit zugunsten anderer wegfällt** oder in den Hintergrund gedrängt wird und an deren Stelle in erster Linie Eigennutz tritt"[1]. Der BFH hat diese Formel zuerst im Zusammenhang mit Vorteilen zugunsten der Mitglieder geprägt, sie aber später auch verwendet, soweit es um eigenwirtschaftliche Vorteile der Körperschaft selbst ging[2]. Im Schrifttum ist der Begriff der Opferwilligkeit dahin gehend ausgelegt worden, dass sich selbstloses Handeln „im Allgemeinen durch die freiwillige Hingabe materieller Mittel oder einer Arbeitsleistung" auszeichnet, „ohne dass dem eine angemessene Gegenleistung gegenübersteht"[3]. Diese Aussage ist missverständlich. Denn sie legt den fehlerhaften Schluss nahe, dass gemeinnütziges Handeln stets – zumindest teilweise – unentgeltlich erfolgen müsse. Auch die Finanzverwaltung vertritt verschiedentlich die Auffassung, gemeinnützige Einrichtungen müssten ihre Leistungen „wesentlich unter Marktpreisen" anbieten[4]. Demgegenüber hat der BFH in einem Fall der Vermietung von Wohnungen klargestellt, dass es für die Selbstlosigkeit ausreiche, wenn eine gemeinnützige Körperschaft ihre Leistungen zu einem Entgelt anbietet, das die tatsächlichen Aufwendungen abdeckt[5].

Richtigerweise ist das **Merkmal der „Opferwilligkeit" bei der Prüfung der Steuervergünstigung entbehrlich.** Nach der hier vertretenen Ansicht kommt dem Gebot der Selbstlosigkeit in § 55 Abs. 1 Satz 1 AO ohnehin nur Bedeutung für die eigenwirtschaftlichen Zwecke der Mitglieder zu. Auf der **Ebene der Mitglieder** der Körperschaft ist die Formel des BFH, es dürfe die „Opferwilligkeit zugunsten anderer" nicht in den Hintergrund gedrängt werden, aber letztlich nur eine Wiederholung des in § 55 Abs. 1 Satz 1 AO ausgesprochenen Grundsatzes, dass „nicht in erster

4.105

4.106

---

1 BFH v. 13.12.1978 – I R 39/78, BStBl. II 1979, 482 (487); BFH v. 26.4.1989 – I R 209/85, BStBl. II 1989, 670 (672).
2 Vgl. BFH v. 26.4.1989 – I R 209/85, BStBl. II 1989, 670 (672).
3 So *Buchna/Leichinger/Seeger/Brox*, S. 124.
4 Vgl. die Ausführungen in BFH v. 24.7.1996 – I R 35/94, BStBl. II 1996, 583 (586).
5 BFH v. 24.7.1996 – I R 35/94, BStBl. II 1996, 583 (586).

Linie" eigenwirtschaftliche Zwecke verfolgt werden dürfen. Zudem besteht die Gefahr, dass durch das unscharfe Kriterium der „Opferwilligkeit" die Wertungen des § 55 AO überspielt werden. So ist es z.B. unschädlich, wenn Vereinsmitglieder für eine hauptamtliche Tätigkeit auch angemessene Gehälter erhalten (§ 55 Abs. 1 Nr. 1 Satz 2, Nr. 3 AO). Dagegen schließt § 55 Abs. 1 Nr. 1 Satz 2 AO eine angemessene Verzinsung des von den Gesellschaftern gegebenen Eigenkapitals aus. Insoweit verlangt das Gesetz also von den Gesellschaftern einer gemeinnützigen GmbH einen wirklichen Verzicht. Im Übrigen gilt es – entsprechend dem oben Gesagten – im Einzelfall abzuwägen, ob die Mitglieder durch die Beteiligung an der gemeinnützigen Organisation in erster Linie eigene wirtschaftliche Vorteile erstreben.

4.107 Was schließlich die **Ebene der Körperschaft selbst** anbetrifft, auf der nach der hier vertretenen Ansicht das Verbot der eigenwirtschaftlichen Zwecke keine Anwendung findet, so ist das Merkmal der „Opferwilligkeit" nur die Kehrseite der aus dem Ausschließlichkeitsgebot folgenden Verpflichtung zur Verwirklichung der satzungsmäßigen steuerbegünstigten Zwecke. Insoweit enthält das Gemeinnützigkeitsrecht bereits andere ausreichende Schranken, um vorrangig gewinnorientierte Tätigkeiten aus der Steuervergünstigung auszuschließen. Zum einen ist daran zu erinnern, dass die Versorgung der Bevölkerung mit Gütern und Dienstleistungen des täglichen Bedarfs ohnehin keine steuerbegünstigte Zielsetzung darstellt. Dies gilt unabhängig davon, ob die entsprechenden Güter über oder unter dem Marktpreis angeboten werden. Wer z.B. „Bestattungsleistungen zum Selbstkostenpreis" anbietet, handelt nicht schon deshalb gemeinnützig, weil er auf einen Gewinnaufschlag verzichtet[1]. Eine „Opferwilligkeit" ist also noch kein hinreichendes Kriterium der Gemeinnützigkeit. Zum anderen gibt es auch keinen allgemeinen Grundsatz, dass gemeinnützige Einrichtungen stets ohne Gewinnerzielung handeln müssen. Wie oben bereits dargelegt worden ist, muss sich die Entgeltspolitik einer gemeinnützigen Einrichtung zwar an ihren satzungsmäßigen Zwecken orientieren. Dies schließt aber eine Gewinnerzielung nicht aus, soweit diese notwendig ist, um z.B. betriebliche Reinvestitionen oder Erweiterungsmaßnahmen zu finanzieren[2]. Nichts anderes meint auch der BFH, wenn er statt auf die regulären AfA auf die „tatsächlichen Aufwendungen" abstellt[3]. Insoweit bedarf es folglich differenzierter Überlegungen im Einzelfall, die durch ein allgemeines Merkmal der „Opferwilligkeit" nur erschwert werden.

4.108–4.109 frei

---

1 BFH v. 20.7.1988 – I R 244/83, BFH/NV 1989, 479.
2 Ebenso BFH v. 27.11.2013 – I R 17/12, BStBl. II 2016, 68.
3 BFH v. 24.7.1996 – I R 35/94, BStBl. II 1996, 583.

E. Gegenwartsnähe

I. Zeitliche Entsprechung von Entlastung und Förderung

Die Beschränkung der steuerlichen Förderung auf Organisationen mit ausschließ- 4.110
lich steuerbegünstigter Zielsetzung ist für sich genommen noch nicht ausreichend,
um eine steuerliche Privilegierung zu rechtfertigen. Denn „ausschließlich" gemeinnützig verhält sich auch eine Organisation, deren Handeln sich zunächst darauf beschränkt, einen Vermögensstock anzusammeln, aus dessen Erträgen in ferner Zukunft steuerbegünstigte Zwecke verwirklicht werden sollen. Eine solche Einrichtung
verfolgt zwar „ausschließlich" einen steuerbegünstigten Endzweck, ihre steuerliche
Förderungswürdigkeit ist aber deshalb zweifelhaft, weil es an der **zeitlichen Entsprechung** von Steuerentlastung und Gemeinwohlförderung fehlt: Wenn das Ge-
meinwesen auf gegenwärtige Steuereinnahmen verzichtet, dann erwartet es auch
eine gegenwärtige oder zumindest gegenwartsnahe Förderung des Gemeinwohls[1].
Will man aber eine zu weitgehende Verlagerung der Gemeinwohlförderung auf die
Zukunft verhindern, dann ist eine zeitliche Vorgabe erforderlich, die gemeinnützigen Einrichtungen eine gegenwartsnahe Verwirklichung steuerbegünstigter Zwecke
auferlegt.

Für die Pflicht zur gegenwartsnahen Zweckverwirklichung spricht noch ein weiterer 4.111
Gesichtspunkt. Bei der Entscheidung über die Zulässigkeit einer Rücklagenbildung
geht es – wie oben bereits dargestellt – nicht um die Verfolgung „eigenwirtschaftlicher" Zwecke, sondern nur um die **zeitliche Dimension gemeinnützigen Handelns**. Je mehr Mittel eine gemeinnützige Einrichtung für gegenwärtige Zweckverfolgungsmaßnahmen einsetzt, desto weniger Mittel stehen voraussichtlich in der
Zukunft zur Verfügung und umgekehrt. Welche Ausschüttungspolitik betrieben
wird, hängt davon ab, wie man gegenwärtige Fördermaßnahmen im Verhältnis zu
künftigen Maßnahmen bewertet (Zeitpräferenz). Fraglich ist nun, ob man diese
Entscheidung allein den Organen der betreffenden Einrichtungen überlassen sollte.
Diese werden sich in körperschaftlich organisierten Einrichtungen bei ihrer Entscheidung vor allem nach den Präferenzen der Mitglieder (Vereinsmitglieder, Gesellschafter) richten. Bei Stiftungen obliegt dem Stifter die Festlegung der „Zeit-
struktur" der Stiftung[2]. Indes leistet auch der Staat durch seinen Steuerverzicht einen Beitrag zur Finanzierung dieser Einrichtungen. Es ist verständlich, wenn er auf
eine gegenwartsnahe Verfolgung der steuerbegünstigten Zwecke drängt und der
Entscheidungsfreiheit der Organe gewisse äußere steuerliche Grenzen setzt. Bei Zuwendungen Dritter folgt das gegenwärtige Recht dagegen einem differenzierten Ansatz. So sind Spenden grundsätzlich zeitnah zu verwenden, sofern der Spender nicht
das Gegenteil erklärt hat (§ 62 Abs. 3 AO).

---

1 Siehe *Hüttemann*, Wirtschaftliche Betätigung, S. 23.
2 Eingehend dazu *Hüttemann* in FG Flume, 1998, S. 59 ff.

4.112 Darüber hinaus lassen sich **Effizienzgesichtspunkte** zugunsten einer Verpflichtung zur gegenwartsnahen Zweckverwirklichung anführen[1]. Die geschäftsführenden Organe gemeinnütziger Einrichtungen unterliegen wegen des Verbotes von Gewinnausschüttungen nicht der Kontrolle der Kapitalgeber bzw. des Kapitalmarktes. Bei Stiftungen wird die Kontrolle des Vorstandes weiterhin dadurch erschwert, dass es keine an der Zweckverwirklichung interessierten Mitglieder gibt und die Stiftungsaufsicht durch die zuständigen Landesbehörden auf eine Rechtsaufsicht beschränkt ist, die zudem regelmäßig nur ex post eingreift. Bei gemeinnützigen Körperschaften (Gesellschaften, Vereine) ist zwar eine Überwachung der Organe durch die Mitglieder möglich. Sie sieht sich aber der Schwierigkeit ausgesetzt, dass sich der „gemeinnützige Erfolg" solcher Einrichtungen – anders als der Erfolg von erwerbswirtschaftlichen Unternehmen (Jahresüberschuss etc.) – nur schwer messen lässt. Steuerliche Vorgaben zur zeitnahen Mittelverwendung können helfen, solche institutionellen Kontrolldefizite zumindest teilweise auszugleichen (vgl. auch Rz. 5.78 ff.).

II. Gebot „gegenwartsnaher" Zweckverwirklichung

4.113 Die Anerkennung der Gemeinnützigkeit setzt nach dem Wortlaut der §§ 52–54, 60 Abs. 2, 63 Abs. 1 und 2 AO die gegenwärtige Verfolgung steuerbegünstigter Zwecke voraus. Die tatsächliche Geschäftsführung muss auf die „Erfüllung" der satzungsmäßigen Zwecke, d.h. auf die Herbeiführung der in den §§ 52 bis 54 AO genannten Erfolge (Förderung der Allgemeinheit, Unterstützung hilfsbedürftiger Personen oder Unterstützung einer Kirche) gerichtet sein. Die Körperschaft muss also „gegenwärtig" mit Richtung auf die Verwirklichung der satzungsmäßigen Ziele tätig werden[2].

4.114 Jedoch ist zu berücksichtigen, dass sich viele steuerbegünstigte Ziele und Vorhaben nicht sofort verwirklichen lassen, sondern ihre Umsetzung einer längeren Vorbereitung bedarf. Für die Gewährung der Steuervergünstigung reicht es daher im Grundsatz aus, wenn sich die Körperschaft **ernsthaft um eine zeitnahe Verwirklichung ihrer steuerbegünstigten Zwecke bemüht.**

Beispiel Nr. 15 (nach BFH vom 11.12.1974[3]): Ein Spezialsportverein konnte sich in den Jahren nach dem Zweiten Weltkrieg nur gelegentlich satzungsmäßig betätigen, weil seine Anlagen von den Alliierten beschlagnahmt worden waren. Die gesetzlichen Vertreter bemühten sich in der Folgezeit um einen Ausweg aus den Schwierigkeiten. Erst Ende der 60er Jahre eröffnete sich die Möglichkeit zur Verlegung der Tätigkeit in eine andere Stadt.

Der BFH hielt diese Unterbrechung für unschädlich: „Das Gesetz verlangt lediglich, dass die Geschäftsführung auf die Erfüllung satzungsmäßiger Zwecke gerichtet sein

---

1 Vgl. dazu eingehend *Wagner/Walz*, Zweckerfüllung gemeinnütziger Stiftungen durch zeitnahe Mittelverwendung und Vermögenserhaltung, S. 86; *Walz* in Hopt/Reuter (Hrsg.), Stiftungsrecht in Europa, S. 197 (206 ff.).

2 Zum Folgenden vgl. *Hüttemann*, Wirtschaftliche Betätigung, S. 19 ff.; a.A. *Kiefer*, Die Abgrenzung von Vermögensverwaltung und wirtschaftlichem Geschäftsbetrieb, 2004, S. 35 f., die aus § 55 Abs. 1 Satz 1 AO ableiten will, dass die gemeinnützigen „Endzwecke" nicht durch nicht gemeinnützige „Vorzwecke" verdrängt werden dürfen.

3 BFH v. 11.12.1974 – I R 104/73, BStBl. II 1975, 458.

muss, d.h. dass sich die Körperschaft nicht anderweitig betätigen darf und die Erreichung der steuerbegünstigten Zwecke nicht endgültig aufgeben darf"[1]. Die tatsächliche Geschäftsführung könne deshalb auch dann noch auf die Erfüllung eines gemeinnützigen Zwecks gerichtet sein kann, „wenn die Erfüllung längere Zeit durch außergewöhnliche von der Körperschaft nicht zu beeinflussende Umstände verhindert wird".

Diese Grundsätze hat der BFH in seinem **Urteil vom 23.7.2003**[2] ausdrücklich bekräftigt. Im Leitsatz der Entscheidung heißt es: 4.115

„Tätigkeiten einer neu gegründeten Körperschaft, die die Verwirklichung der steuerbegünstigten Satzungszwecke nur vorbereiten, wie z.B. der Aufbau einer Vereinsorganisation, das Einsammeln von Mitteln zur Erfüllung der Satzungszwecke reichen aus, um die tätigkeitsbezogenen Voraussetzungen zu erfüllen. Die Tätigkeiten müssen jedoch ernsthaft auf die Erfüllung eines steuerbegünstigten satzungsmäßigen Zwecks gerichtet sein. Die bloße Absicht, zu einem unbestimmten Zeitpunkt einen der Satzungszwecke zu verwirklichen, genügt nicht."

Bezieht man solche Fallgestaltungen, in denen die Erfüllung der satzungsmäßigen Zwecke erst in der Zukunft möglich sein wird, mit ein, lässt sich allgemein feststellen, dass die verbandsmäßige Zielsetzung gemeinnütziger Körperschaften auf eine **gegenwartsnahe, d.h. gegenwärtige oder zumindest nach den Umständen möglichst frühzeitige Förderung der Allgemeinheit gerichtet sein** muss. Die Steuervergünstigung ist – in Übereinstimmung mit dem BFH[3] – folglich zu versagen, wenn die Erreichung des steuerbegünstigten Zwecks endgültig unmöglich geworden ist oder die Körperschaft den Willen zu dessen Verwirklichung endgültig aufgegeben hat[4]. Auch ein nur vorübergehender bewusster Verzicht auf satzungsmäßige Aktivitäten kann zur Versagung der Gemeinnützigkeit führen, sofern gegenwärtige Fördermaßnahmen möglich gewesen wären.   4.116

Bei der Prüfung der Gegenwartsnähe ist allerdings die von den Organen beschlossene **konkrete Art und Weise der Zweckverwirklichung** zu berücksichtigen. Nichts anderes meint auch der BFH, wenn er feststellt, dass eine „Vorbereitungs- und Planungsphase einen – von den Umständen des Einzelfalls abhängigen – angemessenen Zeitraum nicht überschreiten" darf[5]. So sind bei einer neuen operativ tätigen Einrichtung vielfach längere Vorbereitungsmaßnahmen erforderlich als bei rein fördernden Organisationen. In diesem Sinne ist es im Grundsatz richtig, wenn der BFH einem Förderverein (vgl. § 58 Nr. 1 AO) die Gemeinnützigkeit versagte, weil dieser über viele Jahre hinweg eine allmählich anwachsende Rücklage gebildet hatte, die zuletzt mehr als das Zwanzigfache der jährlichen Ausgaben betragen hatte[6]. Der nach § 58 Nr. 1 AO begünstigte Zweck ist die finanzielle Unterstützung der Tätigkeit anderer steuerbegünstigter Körperschaften. Verfügt der Förderverein über ent-   4.117

1 BFH v. 11.12.1974 – I R 104/73, BStBl. II 1975, 458.
2 BFH v. 23.7.2003 – I R 29/02, BStBl. II 2003, 930.
3 BFH v. 11.12.1974 – I R 104/73, BStBl. II 1975, 458.
4 Vgl. auch BFH v. 16.5.2007 – I R 14/06, BStBl. II 2007, 808.
5 BFH v. 23.7.2003 – I R 29/02, BStBl. II 2003, 930.
6 BFH v. 13.9.1989 – I R 19/85, BStBl. II 1990, 28.

sprechende Mittel, müssen diese – sofern keine gesetzlichen Ausnahmetatbestände eingreifen – auch an andere Einrichtungen weitergeleitet werden. Verzichtet der Verein bewusst auf solche Weiterleitungen, dann liegt darin ein Verstoß gegen den Grundsatz der Gegenwartsnähe.

4.118 Der BFH[1] hat seine Entscheidung vorrangig auf das Selbstlosigkeitsgebot („vorrangige Mehrung eigenen Vermögens") und die speziellen Vorschriften über die Rücklagenbildung in § 58 Nr. 6 und 7 AO a.F. (heute § 62 Abs. 1 Nr. 1 und 3 AO) gestützt. Dieser **Begründungsansatz** ist einerseits unrichtig und geht andererseits nicht weit genug. Das Selbstlosigkeitsgebot ist schon deshalb nicht einschlägig, weil § 55 Abs. 1 Satz 1 AO nach der hier vertretenen Ansicht auf eigenwirtschaftliche Zwecke der Körperschaft nicht anwendbar ist. Der Hinweis auf § 58 Nr. 6 und 7 AO a.F. (heute § 62 Abs. 1 Nr. 1 und 3 AO) geht nicht weit genug, weil damit der Eindruck erweckt wird, der Grundsatz der „Gegenwartsnähe" gelte nur im Bereich der Mittelverwendung. Wie andere Entscheidungen des BFH zeigen, wäre aber nicht anders zu entscheiden, wenn z.B. die Mitglieder eines Gesangsvereins über längere Zeit ohne sachlichen Grund keine musikalischen Aktivitäten entfalten[2]. Zwar sind Vereinsmitglieder sicher keine „Mittel" im Sinne des § 55 Abs. 1 Nr. 5 Satz 1 AO. Gleichwohl wäre die Gemeinnützigkeit zu versagen, weil ein Verein, der sich nicht mehr gegenwärtig um die Erfüllung der satzungsmäßigen steuerbegünstigten Zwecke bemüht, auch keine Steuervergünstigung verdient.

III. Gegenwartsnähe und Mittelverwendung

4.119 Für den Bereich der Mittelverwendung enthält das Gesetz **konkretisierende Regelungen betreffend einen gegenwartsnahen Einsatz der Vermögenswerte**. Nach § 55 Abs. 1 Nr. 5 Satz 1 AO muss eine gemeinnützige Körperschaft ihre Mittel grundsätzlich „zeitnah" für ihre steuerbegünstigten satzungsmäßigen Zwecke verwenden. § 55 Abs. 1 Nr. 5 Sätze 2 und 3 AO erläutern den Begriff der „zeitnahen Verwendung". Gesetzliche Ausnahmen vom Gebot der zeitnahen Mittelverwendung sind in § 62 Abs. 1, 3 und 4 AO enthalten. In den Fällen einer unzulässigen Rücklagenbildung hat die Finanzverwaltung nach § 63 Abs. 4 AO die Möglichkeit, statt einer Aberkennung der Gemeinnützigkeit der betroffenen Körperschaft eine Frist zur Mittelverwendung zu setzen. Die Vorschriften über die Mittelverwendung sind von zentraler Bedeutung für die Tätigkeit gemeinnütziger Einrichtungen und werden deshalb gesondert behandelt (vgl. unten Kapitel 5).

4.120–4.121 frei

---

1 BFH v. 13.9.1989 – I R 19/85, BStBl. II 1990, 28.
2 Vgl. BFH v. 11.12.1974 – I R 104/73, BStBl. II 1975, 458; BFH v. 23.7.2003 – I R 29/02, BStBl. II 2003, 930.

F. Satzungsmäßige Gemeinnützigkeit

I. Regelungsgehalt

Nach § 59 AO wird die Steuervergünstigung nur gewährt, wenn sich „aus der Satzung, dem Stiftungsgeschäft oder der sonstigen Verfassung (Satzung im Sinne dieser Vorschriften) ergibt, welchen Zweck die Körperschaft verfolgt, dass dieser Zweck den Anforderungen der §§ 52 bis 55 entspricht und dass er ausschließlich und unmittelbar verfolgt wird". § 59 AO hat eine doppelte Funktion. Die Vorschrift ist einerseits die gesetzliche Grundlage des **Grundsatzes der satzungsmäßigen Gemeinnützigkeit** und bestimmt andererseits den Mindestinhalt einer Satzung. Diese muss Regelungen enthalten über den verfolgten Zweck, seine Vereinbarkeit mit den §§ 52 bis 55 AO sowie den Ausschließlichkeits- und Unmittelbarkeitsgrundsatz (§§ 56, 57 AO). Ein weiteres notwendiges Element der Satzung bildet nach § 61 AO die Vermögensbindung.

4.122

Für das Erfordernis einer solchen satzungsmäßigen Gemeinnützigkeit sprechen verschiedene **rechtspolitische Erwägungen**: Zum einen bedarf es für Zwecke des Spendenabzugs ex ante einer Anerkennung der Empfängerkörperschaft als Empfängerorganisation durch eine gesonderte Feststellung nach § 60a AO, die naturgemäß nur auf der Grundlage einer Satzungsprüfung möglich ist (zum Verfahren vgl. Rz. 7.9 ff.). Das Satzungserfordernis hat insoweit die Funktion eines Buchnachweises[1]. Ferner hat die Verankerung der steuerlichen Gemeinnützigkeit in der Satzung aus der Sicht des Fiskus den Vorteil, dass die handelnden Organe auch mit den Mitteln des Zivil-, Gesellschafts- und öffentlichen Organisationsrechts auf die Einhaltung gemeinnützigkeitsrechtlicher Standards verpflichtet werden. Auf diese Weise kann die Effektivität der steuerlichen Förderung erhöht und Missbräuchen vorgebeugt werden, weil Verstöße gegen steuerliche Regelungen auch zivilrechtliche Sanktionen auslösen können. Das Satzungserfordernis ist somit auch ein Betrag zur Verbesserung der *Corporate Governance* gemeinnütziger Einrichtungen[2].

4.123

Über die „satzungsmäßige Gemeinnützigkeit" (§§ 59, 60 AO) prägt das Gemeinnützigkeitsrecht zugleich die Organisationsverfassung der Körperschaft und hat weitreichende zivil- und gesellschaftsrechtliche Auswirkungen. Als Frage der Satzungsgestaltung hat die **Entscheidung für den Gemeinnützigkeitsstatus „Grundlagencharakter"** und fällt in die Zuständigkeit der Mitglieder- oder Gesellschafterversammlung bzw. des Stifters[3]. Soll eine bereits bestehende Einrichtung in eine gemeinnützige NPO „umgewandelt" werden, bedarf es dazu regelmäßig einer Satzungsänderung, die – je nach Änderungsgegenstand – u.U. auch die Qualität einer Zweckänderung im Sinne von § 33 Abs. 1 Satz 2 BGB haben kann[4]. Weil § 60 AO neben der Angabe des steuerbegünstigten „Zwecks" (z.B. Förderung von Kunst und Kultur) auch nähere Festlegungen zur „Art und Weise der Zweckverwirklichung" (z.B. durch Betrieb des X-Museums) verlangt, hat die satzungsmäßige Gemeinnützigkeit auch

---

1 BFH v. 26.2.1992 – I R 47/89, BFH/NV 1992, 695; BFH v. 13.8.1997 – I R 19/96, BStBl. II 1997, 794.
2 Vgl. dazu den rechtsvergleichenden Sammelband von Hopt/v. Hippel (Hrsg.), Comparative Corporate Governance of Nonprofit-Organizations, Cambridge 2010.
3 *Hüttemann* in FS Baums, 2017, S. 623 (629).
4 *Hüttemann* in FS Baums, 2017, S. 623 (628 ff.).

Rückwirkungen auf die Ermittlung des zivilrechtlichen Vereins- bzw. Stiftungszwecks im Sinne von §§ 57 Abs. 1, 81, 87 BGB, der sich im Regelfall erst aus einer Gesamtschau der steuerlich gebotenen Angaben ergibt[1]. Schließlich hat die Entscheidung der Gründer für den Gemeinnützigkeitsstatus auch einen bestimmenden Einfluss auf die Auslegung der Satzung, die im Zweifel „gemeinnützigkeitskonform" zu verstehen ist[2]. Darüber hinaus entfalten die Festlegungen der Mustersatzung als Satzungsbestandteile zivilrechtliche Bindungswirkung und verdrängen in ihrem Anwendungsbereich die dispositiven Vorschriften des BGB, GmbHG, AktG und GenG. Diese Abweichungen betreffen z.B. bei der gemeinnützigen GmbH das Gewinnrecht (§ 29 GmbHG), das ebenso wie der Abfindungsanspruch und die Teilhabe am Liquidationserlös ausgeschlossen wird, sofern nicht die Gesellschafter ihrerseits gemeinnützige NPO und § 58 Nr. 1 und 2 AO eingreifen[3].

4.124 Nach § 60 Abs. 2 AO muss die Satzung den vorgeschriebenen Erfordernissen bei der Körperschaftsteuer und bei der Gewerbesteuer während des ganzen Veranlagungs- und Bemessungszeitraums, bei den anderen Steuern im Zeitpunkt der Entstehung der Steuer entsprechen. Diese **zeitlichen Anforderungen** sind im Zusammenhang mit den Befreiungsregelungen in den Einzelsteuergesetzen zu sehen. So ist z.B. die Körperschaftsteuer eine Jahressteuer (§ 7 Abs. 3 Satz 1 KStG). Ebenso wie die Steuerpflicht für das jeweilige Kalenderjahr festzusetzen ist, kann auch über die Befreiung nach § 5 Abs. 1 Nr. 9 KStG immer nur für einen bestimmten Veranlagungszeitraum entschieden werden. Bei der Erbschaft- und Schenkungsteuer ist dagegen der nach § 9 ErbStG maßgebende Zeitpunkt (z.B. die Ausführung der Zuwendung an die gemeinnützige Einrichtung) für die Prüfung der Gemeinnützigkeit relevant[4].

4.125 Bei der Gründung neuer gemeinnütziger Einrichtungen, aber auch bei späteren Satzungsänderungen empfiehlt es sich grundsätzlich, die Satzung vor der Beschlussfassung des zuständigen Organs dem zuständigen Finanzamt zur Durchsicht vorzulegen, um etwaige Verstöße vorher beseitigen zu können. Die Finanzverwaltung hatte früher im Anwendungserlass zur AO entsprechende **Mustersatzungen** für gemeinnützige Vereine und andere Körperschaften veröffentlicht, die zur Orientierung dienen konnten. Wie der BFH zu Recht festgestellt hat, handelte es sich um unverbindliche Muster, deren Verwendung durch keine Rechtsnorm vorgeschrieben war und von denen ohne Sanktionen abgewichen werden konnte[5]. Gleichwohl empfahl sich ihre Verwendung aus der Sicht der Praxis, wenn längere Auseinandersetzungen mit den Finanzbehörden vermieden und die Anerkennungsverfahren beschleunigt werden sollten. Seit dem JStG 2009[6] müssen Satzungen neu gegründeter Einrichtungen die in Anlage 1 zu § 60 Abs. 1 AO „bezeichneten Festlegungen enthalten". Zu beobachten ist auch, dass Streitigkeiten über Fragen der Satzungsgestaltung zwischen gemeinnützigen Einrichtungen und den Finanzämtern zugenommen ha-

---

1 Dazu *Hüttemann/Rawert* in Staudinger, § 81 BGB Rz. 49 ff.; *Hüttemann* in FS Reuter, 2010, S. 121 (131).
2 *Walz*, JZ 2002, 268, 271; *Hüttemann* in FS Baums, 2017, S. 623 (632 f.).
3 Eingehend dazu *Ullrich*, S. 288 ff.
4 Vgl. AEAO Nr. 7 zu § 60 AO.
5 BFH v. 30.4.1997 – I B 21/96, BFH/NV 1997, 732.
6 Gesetz v. 19.12.2008, BGBl. I 2008, 2794.

ben. Dies dürfte zum einen daran liegen, dass Rechtsprechung und Finanzverwaltung seit jeher eher strenge Maßstäbe an die satzungsmäßige Gemeinnützigkeit angelegt haben. Zum anderen ist die Prüfung der satzungsmäßigen Voraussetzungen immer noch weniger aufwendig als eine Überprüfung der tatsächlichen Geschäftsführung[1]. Es liegt daher nahe, dass Finanzämter in zweifelhaften Fällen zunächst nach Satzungsmängeln forschen. Darüber hinaus genießen geprüfte Satzungen seit 2004 Vertrauensschutz[2], weshalb sich Finanzämter bei neu errichteten Körperschaften mehr Zeit für die Prüfung von Satzung nehmen. Zusätzliche Probleme ergeben sich bei der Prüfung der satzungsmäßigen Gemeinnützigkeit ausländischer Körperschaften, die nach dem EuGH-Urteil in der Rechtssache *Stauffer* in die Gemeinnützigkeit einzubeziehen sind[3].

II. Satzungserfordernis

Grundsätzlich muss jede gemeinnützige Einrichtung eine Satzung nach den §§ 59 ff. AO haben. Das Satzungserfordernis ist eine **unverzichtbare gesetzliche Voraussetzung der Steuervergünstigung**. Fehlt eine entsprechende Satzung, so ist die Gemeinnützigkeit zu versagen (zum notwendigen Satzungsinhalt s. Rz. 4.129 ff.). Welches Dokument im Einzelfall als „Satzung" im Sinne der §§ 59 ff. AO anzusehen ist, bestimmt sich nach den einschlägigen Regelungen des zivilen oder öffentlich-rechtlichen Organisationsrechts. So kommt es z.B. bei einer gemeinnützigen GmbH auf den Gesellschaftsvertrag (§§ 2, 3 GmbHG), bei einer steuerbegünstigten Stiftung auf die Stiftungssatzung (§§ 80, 81 BGB) an.

4.126

Das Satzungserfordernis ist für jede steuerrechtlich selbständige gemeinnützige Einrichtung gesondert zu prüfen. Bei **zivilrechtlich unselbständigen Organisationen** des privaten Rechts (nichtrechtsfähige Untergliederungen von Vereinen, nichtrechtsfähige Stiftungen, Zweckvermögen o.Ä.) ist daher zunächst die steuerliche Selbständigkeit nach § 1 Abs. 1 Nr. 5 KStG festzustellen[4]. Handelt es sich um eine steuerlich selbständige Einheit, reicht die Satzung der Trägerkörperschaft nicht aus, sondern es bedarf einer eigenen Satzung für die selbständige Einheit. Das Satzungserfordernis erweist sich häufig dann als problematisch, wenn erst ex post – z.B. im Rahmen von Betriebsprüfungen – die steuerliche Selbständigkeit einer Einrichtung festgestellt wird. Bei Untergliederungen von Vereinen gewährt die Finanzverwaltung einen gewissen Vertrauensschutz[5]. Diese Grundsätze finden sinngemäß auch bei anderen nichtrechtsfähigen Einheiten Anwendung. Das Satzungserfordernis gilt (mit Ausnahme des Grundsatzes der Vermögensbindung) bei **Betrieben gewerblicher Art von Körperschaften des öffentlichen Rechts** nach Ansicht des BFH für jeden einzelnen steuerbegünstigten Betrieb gewerblicher Art[6] (dazu näher

4.127

---

1 Vgl. auch *Wallenhorst/Halaczinsky*, Rz. C 167.
2 Vgl. BMF v. 17.11.2004, BStBl. I 2004, 1059.
3 Vgl. dazu BFH v. 20.12.2006 – I R 94/02, BStBl. II 2010, 331; aus neuerer Zeit vgl. BFH v. 17.9.2013 – I R 16/12, BStBl. II 2014, 440.
4 Vgl. näher *Hüttemann/Herzog*, DB 2004, 1001.
5 FinMin Nordrhein-Westfalen v. 18.9.1990, DB 1990, 2096.
6 Vgl. BFH v. 31.10.1984 – I R 21/81, BStBl. II 1985, 162.

Rz. 2.80 ff.). Diese Auffassung kann aber systematisch nur überzeugen, solange man der Grundthese der isolierten Besteuerung von Betrieben gewerblicher Art folgt[1].

4.128 Besondere Fragen stellen sich in der **Gründungsphase neu errichteter gemeinnütziger Einrichtungen**. Geht man mit der ganz h.M. davon aus, dass die Eintragung einer GmbH steuerlich auf das Stadium der Vorgesellschaft zurückwirkt und die Vor-GmbH bereits nach § 1 Abs. 1 Nr. 1 KStG der Körperschaftsteuer unterliegt[2], so muss bereits die Satzung der Vorgesellschaft den Anforderungen der §§ 59 ff. AO genügen, um „von Anfang an" eine Steuerbefreiung in Anspruch nehmen zu können (s. Rz. 2.23). Bei Stiftungserrichtungen ist zu unterscheiden: Bei Stiftungen unter Lebenden gibt es nach richtiger Ansicht weder eine steuerliche Rückwirkung noch eine „Vorstiftung"[3], sodass sich ein vergleichbares Problem nicht stellt (vgl. auch Rz. 2.63 f.). Für Stiftungserrichtungen von Todes wegen hat der BFH entschieden, dass die zivilrechtliche Rückwirkung des § 84 BGB nur in vermögensrechtlicher Hinsicht Wirkung entfaltet, nicht aber auch in Hinsicht auf die Voraussetzungen der Gemeinnützigkeit. Daher kommt es nach Ansicht des BFH[4] darauf an, ob bereits die letztwillige Verfügung (also das Stiftungsgeschäft von Todes wegen) die nach § 59 AO erforderlichen Angaben enthält. Dieser Ansatz hat allerdings den Nachteil, dass er die Errichtung gemeinnütziger Stiftungen von Todes wegen mit erheblichen Unsicherheiten behaftet, wenn z.B. nur ein handschriftliches Testament vorliegt, das den Anforderungen der §§ 59 ff. AO nicht genügt. Im Schrifttum ist daher zu Recht vorgeschlagen worden, die Rückwirkung nach § 84 BGB auch auf die gemeinnützigkeitsrechtlichen Voraussetzungen (insbesondere die Satzung) zu erstrecken[5].

III. Notwendiger Satzungsinhalt

4.129 § 59 AO sieht bestimmte **Mindestangaben** für die Satzung vor. Dazu gehören Regelungen über den verfolgten Zweck, seine Vereinbarkeit mit den Anforderungen der §§ 52 bis 55 AO sowie die Ausschließlichkeit und Unmittelbarkeit (§§ 56, 57 AO). Ein weiteres notwendiges Element der Satzung bildet nach § 61 AO die Vermögensbindung. Seit dem JStG 2009[6] muss die Satzung „die in der Anlage 1 bezeichneten Festlegungen enthalten". Schon der reichlich gewundene Wortlaut des § 60 Abs. 1 AO spricht eher gegen eine Pflicht zur wörtlichen Übernahme der neu-

---

1 Eingehende Kritik bei *Hüttemann*, Besteuerung der öffentlichen Hand, 2002, S. 112 ff., 179 ff.

2 Vgl. dazu *Hüttemann* in FS Wassermeyer, 2005, S. 27.

3 So nun auch BFH v. 11.2.2015 – X R 36/11, BStBl. II 2015, 545.

4 BFH v. 17.9.2003 – I R 85/02, BStBl. II 2005, 149; ebenso FG Hessen v. 16.4.2015 – 4 K 1685/14, zitiert nach juris.

5 So *Schauhoff* in Schauhoff, § 3 Rz. 39.

6 Gesetz v. 18.12.2009, BGBl. I 2008, 2794. Die Pflicht zur Beachtung der neuen Mustersatzung gilt für alle nach dem 31.12.2008 gegründeten Körperschaften. Ferner müssen bereits bestehende Körperschaften die Festlegungen bei einer späteren Satzungsänderung übernehmen (vgl. Art. 97 § 1f Abs. 2 EGAO sowie AEAO Nr. 3 zu § 60 AO).

en (gesetzlichen) Mustersatzung[1], zumal eine derartige „Wortklauberei" angesichts der Vielfalt der tatsächlichen Verhältnisse und der Besonderheiten des Einzelfalls keinen rechten Sinn ergibt. Auch in der Finanzgerichtsbarkeit wird bisher eine Pflicht zur Übernahme der Anlage 1 zu § 60 AO „Wort für Wort" abgelehnt[2]. Für die Prüfung der satzungsmäßigen Gemeinnützigkeit kommt es auf den Inhalt der im jeweiligen Zeitraum wirksamen Satzung an. Satzungsänderungen sind deshalb grundsätzlich erst dann zu beachten, nachdem sie zivilrechtlich wirksam geworden sind (z.B. bei einer gGmbH nach Eintragung in das Handelsregister)[3]. Zu den Satzungsanforderungen bei der Anerkennung ausländischer gemeinnütziger Einrichtungen aus EU/EWR-Staaten vgl. Rz. 1.135.

Das Satzungserfordernis gilt für alle tatsächlich oder potenziell verfolgten Zwecke. **4.130** Die Angabe der steuerbegünstigten Zwecke in der Satzung hat mithin abschließenden Charakter. Die tatsächliche Verfolgung anderer als der satzungsmäßigen Zwecke kann daher gemeinnützigkeitsschädlich sein, wenn z.B. Mittel für andere als die satzungsmäßigen Zwecke verwendet werden, ohne dass eine Ausnahmevorschrift (z.B. § 58 Nr. 2 AO) eingreift. Fraglich ist, ob auch die Aufnahme von sog. **Vorratszwecken** in die Satzung zulässig ist, wenn im Zeitpunkt der Gründung noch nicht abgesehen werden kann, welche von mehreren Zwecken später tatsächlich verfolgt werden. Die Praxis der Finanzverwaltung ist offenbar unterschiedlich großzügig[4]. Geht man davon aus, dass die tatsächliche Geschäftsführung der Satzung entsprechen muss und gemeinnützige Körperschaften ihre satzungsmäßigen Zwecke „gegenwärtig" verfolgen sollen, dann verpflichtet die satzungsmäßige Nennung mehrerer Zwecke die Organe – vorbehaltlich abweichender Hinweise in der Satzung – auch dazu, sich in allen Bereichen um geeignete Zweckverwirklichungsmaßnahmen zu bemühen[5]. Mehrere Zwecke sollten also nur dann in die Satzung aufgenommen werden, wenn ihre Verfolgung auch tatsächlich in Zukunft angestrebt wird. Unschädlich ist, wenn die Satzung eine bestimmte Prioritätsskala enthält oder sich auf Grund äußerer Umstände bestimmte Tätigkeitsschwerpunkte herausbilden. So könnte z.B. in der Satzung eines Fördervereins bestimmt werden, dass die Mittel vorrangig an eine bestimmte Einrichtung gehen und nur dann, wenn diese keinen Mittelbedarf anmeldet, auch Mittel an eine andere Einrichtung mit abweichender Zwecksetzung gegeben werden sollen.

---

1 Ebenso *Ullrich*, DStR 2009, 2471; *Köster*, DStZ 2010, 166; wohl auch *Buchna/Leichinger/ Seeger/Brox*, S. 231: „sind zwingend in der Satzung aufzugreifen", allerdings bestehe keine „Pflicht zu einer wortwörtlichen Abbildung"; AEAO Nr. 2 zu § 60 AO enthält dazu keine nähere Aussage, sondern wiederholt nur den Gesetzeswortlaut.
2 So FG Hessen v. 28.6.2017 – 4 K 917/16, npoR 2018, 19.
3 Vgl. RFH v. 24.9.1937 – VIa A 33/37, RStBl. 1937, 1105; FG Niedersachsen v. 22.11.1990 – VI 605/86, EFG 1991, 362. Vgl. auch BFH v. 25.4.2001 – I R 22/00, BStBl. II 2001, 518; BFH v. 5.4.2006 – I R 20/05, BStBl. II 2007, 450; einschränkend für die satzungsmäßige Vermögensbindung *Fischer* in Hübschmann/Hepp/Spitaler, § 60 AO Rz. 22 (Stand 3/ 1995).
4 Vgl. auch FinMin Bayern v. 25.6.1997, DB 1997, 1746.
5 Zur vergleichbaren Problematik im Stiftungsrecht vgl. *Hüttemann/Rawert* in Staudinger, § 81 BGB Rz. 48.

Es liegt auf der Hand, dass die **gemeinnützigkeitsrechtlichen Anforderungen an die Formulierung und Festlegung von Satzungszwecken** nicht losgelöst von den zivilrechtlichen Rahmenbedingungen konkretisiert werden dürfen. Dies gilt insbesondere für die Frage, inwieweit die in der Satzung genannten Zwecke tatsächlich „gegenwartsnah" verfolgt werden. So mag man es bei einem gemeinnützigen Verein oder der Satzung eines Betriebs gewerblicher Art noch für sinnvoll halten, dass die Satzung bei einer vorübergehenden Änderung der tatsächlichen Verhältnisse „aktualisiert" wird. Dies ist bei einer gemeinnützigen Stiftung regelmäßig anders, da ein Stifter seine satzungsmäßigen Vorgaben nicht nur für die nächsten Jahre, sondern im Regelfall auf Dauer trifft und das Stiftungsrecht eine nachträgliche Änderung des eigentlichen Stiftungszwecks nur unter sehr engen Voraussetzungen erlaubt (vgl. § 87 BGB).

4.131 Aus der Satzung muss sich auch ergeben, dass die Körperschaft **ausschließlich** steuerbegünstigte Zwecke verfolgt[1]. Soweit die Satzung neben dem steuerbegünstigten Zweck auch andere nicht gemeinnützige Zwecke nennt, ist die Ausschließlichkeit regelmäßig nicht gewahrt. Dies soll nach Ansicht der Finanzverwaltung z.B. anzunehmen sein, wenn in der Satzung von Junggesellenvereinen die Durchführung von Festveranstaltungen als Satzungszweck genannt ist[2]. Dagegen wird die Förderung des Schützenbrauchtums neben dem Schießsport als unschädlich angesehen[3]. Nach Ansicht des BFH verstößt auch die Erwähnung der **Kameradschaft als Nebenzweck** in der Satzung eines Gesangsvereins oder eines Modellbauvereins nicht gegen das Ausschließlichkeitsgebot[4]. Zu Recht hat der BFH – gegen die bisherige Ansicht der Finanzverwaltung – entschieden, dass eine Satzungsbestimmung über die Unterhaltung von Nichtzweckbetrieben die Steuervergünstigung nicht ausschließt[5]. Denn die Unterhaltung von Mittelbeschaffungsbetrieben als „Mittel" zur Erreichung der steuerbegünstigten Zwecke ist mit dem Ausschließlichkeitsgrundsatz grundsätzlich vereinbar. Etwas anderes würde nur dann gelten, wenn eine Satzungsklausel die Unterhaltung steuerpflichtiger wirtschaftlicher Geschäftsbetriebe ausdrücklich um ihrer selbst willen, d.h. ggf. auch mit Verlusten, vorschreiben würde. Zu Recht weist der BFH in diesem Zusammenhang darauf hin, dass die Satzungen von Vereinen etc. nicht nur steuerliche Gründe haben, sondern auch und vorrangig dazu dienen, die Befugnisse der handelnden Organe festzulegen[6]. Insoweit sind aber Regelungen über die Unterhaltung wirtschaftlicher Geschäftsbetriebe schon mit Rücksicht auf die Befugnisse der Organe notwendig und sinnvoll.

4.132 Zu den in der Satzung zu verankernden Voraussetzungen gehört auch das **Unmittelbarkeitsgebot**. In der Regel genügt dabei der allgemeine Hinweis, dass die Körperschaft ihre Zwecke selbst verwirklicht. Soweit Hilfspersonen eingeschaltet werden sollen, mag ein Verweis auf § 57 Abs. 1 Satz 2 AO sinnvoll sein, um spätere Unklarheiten auszuschließen („kann sich auch Hilfspersonen bedienen ..."). Soll

---

1 Zuletzt BFH v. 7.2.2018 – V B 119/17, BFH/NV 2018, 544.
2 So AEAO Nr. 11 zu § 52 AO.
3 FinMin Niedersachsen v. 28.3.2000, DStR 2000, 1093.
4 BFH v. 11.3.1999 – V R 57,58/96, BStBl. II 1999, 331; BFH v. 14.9.1994 – I R 153/93, BStBl. II 1995, 499.
5 BFH v. 18.12.2002 – I R 15/02, BStBl. II 2003, 384.
6 BFH v. 18.12.2002 – I R 15/02, BStBl. II 2003, 384.

eine Körperschaft dagegen auch oder nur als Mittelbeschaffungskörperschaft nach § 58 Nr. 1 AO tätig werden, ist eine entsprechende Angabe in der Satzung schon deshalb notwendig, weil es sich beim Zweck der Mittelbeschaffung (anders als in den Fällen des § 58 Nr. 2, 4 und 5 AO) richtigerweise nicht um eine Ausnahme vom Unmittelbarkeitsgrundsatz[1], sondern um einen eigenständigen steuerbegünstigten Zweck handelt (vgl. Rz. 3.182). Abweichungen von der Mustersatzung sind auch sinnvoll, wenn ausschließlich gemeinnützige Körperschaften Gesellschafter einer gemeinnützigen Kapitalgesellschaft sind, sodass – abweichend von § 55 Abs. 1 Nr. 1 Satz 2 AO – „Gewinnausschüttungen" im Rahmen von § 58 Nr. 2 AO zulässig sind[2].

Bei gemeinnützigen Vereinen im Sinne von § 52 AO muss sich die **Förderung der** **Allgemeinheit** zwar aus der Satzung ergeben. Insoweit verlangt das Gesetz aber nur Angaben zum verfolgten Zweck und zur Art und Weise seiner Verwirklichung. Satzungsmäßige Regelungen über die Aufnahme in einen Verein setzt das Gesetz dagegen nicht voraus. Satzungsklauseln über die Aufnahme können daher nur unter dem Gesichtspunkt beurteilt werden, ob sie inhaltlich darauf gerichtet sind, die Allgemeinheit von der satzungsmäßigen Förderung auszuschließen. Dies gilt auch dann, wenn sich – wie bei einem Sportverein – die Förderung auf den Kreis der Mitglieder beschränkt[3].

4.133

IV. Bestimmtheit der Satzung

Nach § 60 Abs. 1 AO müssen die Satzungszwecke und die Art ihrer Verwirklichung so genau bestimmt sein, dass auf Grund der Satzung geprüft werden kann, ob die satzungsmäßigen Voraussetzungen für Steuervergünstigungen gegeben sind. Für andere Satzungsbestimmungen gilt das Bestimmtheitsgebot – anders als vor 1977 (vgl. § 12 GemVO) – nicht[4]. Durch die erhöhten Anforderungen an die satzungsmäßige Bestimmtheit des Zwecks und seiner Verwirklichung **soll den Finanzbehörden die Prüfung der Gemeinnützigkeit im Rahmen der normalen Veranlagung erleichtert** werden, weil sie schon auf Grund der Satzung prüfen können, ob die Voraussetzungen der Steuervergünstigung vorliegen[5]. Die satzungsmäßige Gemeinnützigkeit kann diese Funktion aber nur erfüllen, wenn die Satzungsangaben zu den Zwecken und der Art ihrer Verwirklichung hinreichend bestimmt genug sind. Deshalb sind der Satzungszweck und die Art seiner Verwirklichung so weit wie möglich zu konkretisieren. Dies gilt umso mehr, je weniger klar der jeweilige Zweck ist. Es reicht aber aus, wenn sich die satzungsmäßigen Voraussetzungen auf Grund einer Auslegung der gesamten Satzungsbestimmungen ergeben[6]. Verblei-

4.134

---

1 So aber AEAO Nr. 1 zu § 59 AO: Verzicht auf satzungsmäßige Angabe des Unmittelbarkeitsgebots.
2 Ebenso *Ullrich*, DStR 2009, 2471; vgl. auch AEAO Nr. 2 Buchst. c zu § 60 AO.
3 Vgl. BFH v. 13.8.1997 – I R 19/96, BStBl. II 1997, 794.
4 Vgl. BFH v. 27.9.2001 – V R 17/99, BStBl. II 2002, 169 (170).
5 Vgl. etwa *Fischer* in Hübschmann/Hepp/Spitaler, § 60 AO Rz. 2 (Stand 3/1995).
6 BFH v. 13.12.1978 – I R 39/78, BStBl. II 1979, 482; BFH v. 26.2.1992 – I R 47/89, BFH/NV 1992, 693; BFH v. 13.8.1997 – I R 19/96, BStBl. II 1997, 794; BFH v. 11.3.1999 – V R 57–

bende Unklarheiten gehen allerdings zulasten der Körperschaft, die sich auf die Steuervergünstigung beruft[1].

4.135 So reicht z.B. die bloße Angabe, dass gemeinnützige, mildtätige oder kirchliche Zwecke verfolgt werden, nicht aus[2]. Nicht genügend ist regelmäßig auch die bloße Wiederholung sämtlicher in § 52 AO angegebenen Zwecke[3]. Vielmehr muss **immer der konkret verfolgte steuerbegünstigte Zweck** in der Satzung benannt werden (z.B. die Förderung des Wohlfahrtswesens, die Förderung der Steuerrechtswissenschaft, die Förderung des Golfsports[4] u.Ä.). Wie der BFH mehrfach festgestellt hat, sind bei einem Zweck, dem kein jedermann bekanntes, begrifflich fest umrissenes gedankliches Konzept zugrunde liegt, erhöhte Anforderungen an die Satzungsregelungen zu stellen[5]. Dies gilt insbesondere bei solchen weltanschaulichen Vereinigungen, deren Ziele – wie z.B. bei Jugendsekten – auch nicht gemeinnützige Bestrebungen enthalten können[6]. Einer satzungsmäßigen Konkretisierung bedürfen regelmäßig auch religiöse Zielsetzungen, da der Begriff „religiös" offen ist und einer Konkretisierung durch die wesentlichen Glaubenslehren bedarf[7]. Gleiches gilt für den Begriff „soziale Einrichtungen"[8] oder bei der Bezugnahme auf neue Therapieansätze[9]. Als zu unbestimmt hat der BFH auch den Zweck angesehen, „günstige Voraussetzungen für eine positive Entwicklung des Menschen in einer vom gesellschaftlichen Wandel geprägten Welt" zu schaffen[10]. Zwar kann eine undeutliche Zweckangabe im Einzelfall durch weitere Angaben zur Art der Verwirklichung die erforderliche Konkretisierung erhalten. Dies setzt aber voraus, dass diese Angabe dann auch hinreichend konkret und abschließend sind[11]. Erforderlich ist schließlich, dass sich die erforderlichen Angaben zum Zweck aus der jeweiligen Satzung selbst entnehmen lassen. Nicht ausreichend ist daher, wie der BFH mehrfach fest-

---

58/96, BStBl. II 1999, 331; BFH v. 11.6.2001 – I B 30/01, BFH/NV 2001, 1223; AEAO Nr. 1 zu § 60 AO.

1 BFH v. 26.2.1992 – I R 47/89, BFH/NV 1992, 693 (695).
2 Vgl. FG Hamburg v. 8.7.1988 – II 287/85, EFG 1989, 32.
3 FG Rheinland-Pfalz v. 11.10.1993 – 5 K 1341/92, EFG 1994, 594, rkr.
4 Vgl. BFH v. 13.8.1997 – I R 19/96, BStBl. II 1997, 794.
5 Vgl. BFH v. 26.2.1992 – I R 47/89, BFH/NV 1992, 693.
6 Vgl. dazu etwa den Sachverhalt aus BFH v. 26.2.1992 – I R 47/89, BFH/NV 1992, 695 („Transzendentale Meditation"); s. auch BFH v. 9.7.1986 – I R 14/82, BFH/NV 1987, 632 („Yoga-Psychologie").
7 Vgl. dazu FG München v. 29.2.1996 – 15 K 4332/93, EFG 1996, 938 („religiöses Leben im Sinne des Werkes der heiligen Engel"), Nichtzulassungsbeschwerde verworfen durch BFH v. 12.8.1997 – I B 134/96, BFH/NV 1998, 146. Vgl. FG Nürnberg v. 24.3.1998 – I 260/94, EFG 1998, 975 („Erneuerung und Verwirklichung der Lehre Jesu Christi"), bestätigt durch BFH v. 3.9.2000 – I B 75/98, BFH/NV 2000, 301.
8 BFH v. 10.11.1998 – I R 95/97, BFN/NV 1998, 739.
9 Vgl. FG Hessen v. 28.6.2017 – 4 K 917/16, npoR 2018, 19 („Biofeedback").
10 BFH v. 15.11.2017 – I R 39/15, BFH/NV 2018, 611.
11 Dazu näher BFH v. 15.11.2017 – I R 39/15, BFH/NV 2018, 611.

gestellt hat[1], eine Bezugnahme auf fremde Quellen, z.B. auf Satzungen anderer Körperschaften[2].

§ 60 Abs. 1 AO verlangt über die Angabe des verfolgten Zwecks hinaus auch satzungsmäßige **Angaben über die konkrete Art der Verwirklichung des verfolgten Zwecks** (z.B. Betrieb eines Krankenhauses, Durchführung von wissenschaftlichen Tagungen, sportliche Veranstaltungen u.Ä.). Soweit im Zeitpunkt der Beschlussfassung über die Satzung die späteren Betätigungsfelder noch offen sind, empfiehlt es sich, zunächst nur einige Zweckverwirklichungsmaßnahmen zu nennen und durch eine entsprechende Formulierung („insbesondere durch …") die Satzung entwicklungsoffen zu halten[3]. Ein solcher Entwicklungsspielraum ist schon deshalb notwendig, weil man bis ins Einzelne gehende Angaben über die konkrete Verwirklichung der Satzungszwecke nicht erwarten kann[4].

4.136

V. Insbesondere: Satzungsmäßige Vermögensbindung

1. Überblick über die Regelung des § 61 AO

Zu den gesetzlichen Anforderungen an die Satzung gemeinnütziger Körperschaften gehört nach § 61 AO auch die satzungsmäßige Vermögensbindung. § 61 AO ist eine **Sonderregelung zu § 59 AO**. Denn bereits nach § 59 AO muss sich aus der Satzung der Körperschaft ergeben, dass der verfolgte Zweck den Anforderungen der §§ 52 bis 55 AO entspricht. Zum Gebot der Selbstlosigkeit nach § 55 AO gehört aber auch die gemeinnützige Vermögensbindung (§ 55 Abs. 1 Nr. 4 AO; zum Grundsatz der Vermögensbindung eingehend Rz. 5.175 ff.). § 61 AO konkretisiert somit die sich aus § 59 AO ergebenden formellen Anforderungen an die Satzung, in dem bereits bei Gründung einer gemeinnützigen Einrichtung die Verwendung des Vermögens im Fall der Auflösung, Aufhebung oder des Zweckwegfalls verbindlich bestimmt sein muss. Die Vorschrift ist insoweit als „formelle Bestimmung zur Sicherstellung der Selbstlosigkeit zu verstehen"[5]. Der Gesetzgeber misst dem Grundsatz der gemeinnützigen Vermögensbindung einen hohen Stellenwert bei. Daher hat er für den Fall eines nachträglichen Verstoßes gegen das Gebot der satzungsmäßigen Vermögensbindung in § 61 Abs. 3 AO gravierende Sanktionen angeordnet. Diese gelten nach § 63 Abs. 2 AO für tatsächliche Verstöße gegen die Vermögensbindung entsprechend.

4.137

---

1 Vgl. BFH v. 21.7.1999 – I R 2/98, BFH/NV 2000, 297; BFH v. 15.12.1993 – II R 44/89, BFH/NV 1994, 768; BFH v. 5.8.1992 – X R 165/88, BStBl. II 1992, 1048; BFH v. 26.2.1992 – I R 47/89, BFH/NV 1992, 695; BFH v. 19.4.1989 – I R 3/88, BStBl. II 1989, 545.

2 Ebenso AEAO Nr. 1 zu § 60 AO.

3 Ebenso *Buchna/Seeger/Brox*, 10. Aufl. 2010, S. 259 unter Hinweis auf die Mustersatzung der Finanzverwaltung.

4 So auch BFH v. 29.4.1984 – I R 203/81, BStBl. II 1984, 844 (846).

5 So BFH v. 12.8.1997 – I B 134/96, BFH/NV 1998, 146.

2. Satzungsmäßige Anforderungen

4.138   Nach § 61 Abs. 1 AO muss der Zweck, für den das Vermögen bei Auflösung oder Aufhebung der Körperschaft oder bei Wegfall ihres bisherigen Zwecks verwendet werden soll, in der Satzung so genau bestimmt sein, dass allein auf Grund der Satzung geprüft werden kann, ob der Verwendungszweck steuerbegünstigt ist. § 61 Abs. 1 AO verlangt somit bereits bei Gründung eine verbindliche satzungsmäßige Festlegung des Zwecks, für den das Vermögen der Körperschaft bei Auflösung, Aufhebung oder Zweckfortfall verwendet werden soll. Damit wird die gesetzliche **Vorgabe der Vermögensbindung zugleich auf der verbandsrechtlichen Ebene abgesichert** und werden die Organe der Körperschaft mit den Mitteln des Verbandsrechts auf die Einhaltung steuerlicher Vorgaben verpflichtet. Die Entscheidung, ob die Satzung eine ausreichende Vermögensbindung enthält, ist durch Auslegung der diesbezüglichen Bestimmungen der Satzung im Einzelfall zu treffen[1].

Nach der früheren Mustersatzung der Finanzverwaltung reichte es für § 61 Abs. 1 AO aus, wenn in der Satzung eines Vereins bestimmt war, für welche Zwecke das Vermögen bei Auflösung des Vereins oder bei Wegfall des bisherigen Zwecks verwendet werden soll[2]. Demgegenüber hat der V. Senat des BFH mit Urteil vom 23.7.2009[3] in einem obiter dictum entschieden, dass das Gebot der satzungsmäßigen Vermögensbindung nicht gewahrt ist, wenn eine Regelung für den **Fall der „Aufhebung"** des Vereins fehlt, da in §§ 55 Abs. 1 Nr. 4, 61 Abs. 1 AO auch der Fall der Aufhebung erwähnt sei. Dieses Urteil ist schon deshalb schwer nachvollziehbar, weil es eine „Aufhebung" eines Vereins zivilrechtlich nicht gibt (vgl. §§ 41 ff. BGB). Vor diesem Hintergrund ist nicht erkennbar, weshalb in der Satzung eines Vereins eine Regelung für diesen Fall getroffen werden soll. Die Finanzverwaltung wendet das Urteil zu Recht nicht über den Einzelfall hinaus an und hält an ihrer bisherigen Auffassung fest[4]. Auch der I. Senat ist dem V. Senat nicht gefolgt[5].

4.139   § 61 Abs. 1 AO ist **im Zusammenhang mit § 55 Abs. 1 Nr. 4 AO** zu sehen. Nach § 55 Abs. 1 Nr. 4 AO ist der Grundsatz der Vermögensbindung erfüllt, wenn das Vermögen entweder bei Auflösung, Aufhebung oder Zweckfortfall von der aufzulösenden Körperschaft selbst noch für steuerbegünstigte Zwecke verwendet wird oder wenn das Vermögen einer anderen steuerbegünstigten Körperschaft oder einer Körperschaft des öffentlichen Rechts für steuerbegünstigte Zwecke übertragen werden soll[6]. Dementsprechend ist auch § 61 Abs. 1 AO dahin zu verstehen, dass entweder in der Satzung der konkrete Verwendungszweck zu nennen oder die Empfängerkörperschaft im Sinne von § 55 Abs. 1 Nr. 4 Satz 2 AO festzulegen ist[7]. Im ersten Fall muss es sich um einen anderen als den nach der Satzung verfolgten steuerbegünstigten Zweck handeln, da anderenfalls eine Verwendung im Fall des Zweckfortfalls nicht

---

1 BFH v. 3.3.2009 – I B 154/08, n.v.
2 Vgl. AEAO a.F. Anlage 1 zu § 60 AO.
3 BFH v. 23.7.2009 – V R 20/08, BStBl. II 2010, 719.
4 BMF v. 7.7.2010, BStBl. I 2010, 630; vgl. auch AEAO Nr. 2 Buchst. d zu § 60 AO.
5 Vgl. BFH v. 12.1.2011 – I R 91/09, BFH/NV 2011, 1111.
6 Vgl. dazu BFH v. 12.1.2011 – I R 91/09, BFH/NV 2011, 1111; BFH v. 7.2.2018 – V B 119/17, BFH/NV 2018, 544.
7 Vgl. auch FG Hessen v. 16.6.2008 – 4 K 3773/05, EFG 2009, 1356; ferner FG Hessen v. 19.1.2009 – 4 K 2574/07, zitiert nach juris.

möglich wäre. Im zweiten Fall – Vermögensübertragung auf eine andere steuerbegünstigte Körperschaft[1] – obliegt dagegen der Empfängerkörperschaft die Entscheidung darüber, für welche ihrer satzungsmäßigen Zwecke das zugewendete Vermögen verwendet wird. Eine ausländische Einrichtung aus einem EU/EWR-Staat ohne unbeschränkte oder beschränkte Steuerpflicht im Inland sollte nach früherer Auffassung keine geeignete Empfängerkörperschaft sein[2]. Diese Auffassung begegnete unionsrechtlichen Bedenken[3], wenn die ausländische Einrichtung im Übrigen die Anforderungen des deutschen Rechts erfüllt. Die Finanzverwaltung hat deshalb ihre Ansicht inzwischen zu Recht geändert[4]. Hinsichtlich der Anforderungen an die Bestimmtheit der satzungsmäßigen Regelung kann auf die Ausführungen zur Bestimmtheit der Satzungszwecke verwiesen werden[5].

Nach § 61 Abs. 2 AO konnte **bis 2006** ausnahmsweise auf eine satzungsmäßige Festlegung des Verwendungszwecks in der Satzung verzichtet werden, wenn dieser „bei der Aufstellung der Satzung noch nicht genau angegeben werden kann". In diesem Fall genügte die Angabe, dass das Vermögen für steuerbegünstigte Zwecke verwendet werden soll und ein Beschluss über die Vermögensverwendung erst nach Einwilligung des zuständigen Finanzamts ausgeführt werden darf. Die tatsächlichen Gründe für das Fehlen eines genauen Verwendungszwecks waren darzulegen[6]. Der BFH stellte insoweit hohe Anforderungen[7]. Fallen die Gründe später weg, war die fehlende Satzungsbestimmung nach § 61 Abs. 1 AO nachzuholen. Die Regelung ist mit Wirkung zum 1.1.2007 aufgehoben worden. | 4.140

3. Ausnahmen

§ 62 AO a.F. enthielt bis zum 31.12.2008 bestimmte Ausnahmen vom Grundsatz der satzungsmäßigen Vermögensbindung. Danach war § 61 AO nicht anzuwenden bei Betrieben gewerblicher Art von Körperschaften des öffentlichen Rechts, bei den von einer Körperschaft des öffentlichen Rechts verwalteten unselbständigen Stiftungen und bei geistlichen Genossenschaften[8]. Die Ausnahme bezog sich **nur auf das formelle Erfordernis der satzungsmäßigen Vermögensbindung**. Dagegen blieb das materielle Gebot der gemeinnützigen Vermögensbindung nach § 55 Abs. 1 Nr. 4 AO unberührt. Der Rechtsgedanke des § 62 AO a.F. war darin zu sehen, dass der Gesetzgeber eine satzungsmäßige Bindung bei solchen Einrichtungen für entbehrlich hielt, | 4.141

---

1 Zur Steuerbegünstigung der Empfängerkörperschaft vgl. FG Nürnberg v. 24.4.2007 – I 175/2005, DStRE 2008, 523; FG Niedersachsen v. 19.8.1997 – VI 137/92, EFG 1998, 596.
2 Vgl. AEAO Nr. 1 zu § 61 AO; siehe ferner OFD Köln v. 16.3.1998, DStR 1998, 974.
3 Dazu *Wohltmann*, IStR 2010, 453.
4 Vgl. OFD Frankfurt v. 28.2.2017 – S 0174 A 33 St 53, zitiert nach juris.
5 Dazu auch BFH v. 12.1.2011 – I R 91/09, BFH/NV 2011, 1111.
6 Vgl. BFH v. 12.8.1997 – I B 134/96, BFH/NV 1998, 146.
7 Siehe BFH v. 25.1.2005 – I R 52/03, BStBl. II 2005, 514.
8 § 62 AO a.F. ist nach Art. 97 § 1f Abs. 1 Satz 2 EGAO letztmals anzuwenden auf Betriebe gewerblicher Art von Körperschaften des öffentlichen Rechts, bei den von einer Körperschaft des öffentlichen Rechts verwalteten unselbständigen Stiftungen und bei geistlichen Genossenschaften (Orden, Kongregationen), die vor dem 1.1.2009 errichtet wurden; vgl. dazu auch BFH v. 25.10.2016 – I R 54/14, BStBl. II 2017, 1216.

die zusätzlich noch einer öffentlich-rechtlichen Aufsicht oder Kontrolle (Haushalts-recht, staatliche Verwaltung, kirchliche Aufsicht) unterlagen. Denn die Aufsichts-behörde würde anderenfalls ihre Zustimmung zur Auflösung versagen[1]. Ob für eine solche Ausnahme ein wirkliches Bedürfnis bestanden hat, kann man schon deshalb bezweifeln, weil die Aufnahme einer Verwendungsklausel in die Satzung regelmäßig kaum Schwierigkeiten bereiten dürfte.

4.142 Bis zum 13.12.2006 waren auch **rechtsfähige Stiftungen des privaten Rechts** nach § 62 AO a.F. vom Erfordernis der satzungsmäßigen Vermögensbindung befreit[2]. Die-se Ausnahme hat der Gesetzgeber im JStG 2007[3] – wohl mit Blick auf die Rechtssache *Stauffer* – aufgehoben. Die Neuregelung gilt nur für Stiftungen, die nach dem Inkraft-treten des JStG 2007 errichtet worden sind. Ältere Stiftungen müssen ihre Satzung also nicht anpassen.

VI. Rechtsfolgen von Verstößen

1. Fehlende satzungsmäßige Gemeinnützigkeit

4.143 Genügt die Satzung einer Körperschaft nicht den Anforderungen der §§ 59, 60 AO, so ist die **Steuervergünstigung zu versagen**. Das Gesetz differenziert nicht nach Art und Schwere des Satzungsverstoßes, sondern verlangt ohne Einschränkung die Einhaltung der §§ 59, 60 AO. Folglich wäre an sich auch bei „geringfügigen" Sat-zungsmängeln (z.B. fehlt ein ausdrücklicher Hinweis auf die „Unmittelbarkeit") die Steuervergünstigung zu versagen und zwar selbst dann, wenn die tatsächliche Ge-schäftsführung nachweislich den §§ 51 ff. AO entsprochen hat. Die Finanzämter ha-ben allerdings in der Vergangenheit insoweit vielfach einen großzügigeren Maßstab angelegt[4] und – insbesondere aus Billigkeitsgründen (§§ 163, 227 AO) – auf steuer-schädliche Konsequenzen verzichtet, wenn die tatsächliche Geschäftsführung ge-meinnützigkeitsrechtlichen Grundsätzen entsprach und die Körperschaft die fest-gestellten Satzungsmängel zeitnah beseitigte[5].

4.144 In vielen Fällen blieben Satzungsverstöße auch deshalb folgenlos, weil die Finanz-verwaltung steuerbegünstigten Einrichtungen **Vertrauensschutz** gewährte[6]. Ist die Satzung einer Körperschaft vom Finanzamt geprüft worden und der Körperschaft eine vorläufige Bescheinigung über die Gemeinnützigkeit erteilt oder die Gemein-nützigkeit durch Freistellungsbescheid anerkannt worden, dann dürfen aus später

---

1 Vgl. BFH v. 17.9.2003 – I R 85/92, BStBl. II 2005, 149 (151).

2 Nach Ansicht von BFH v. 17.9.2003 – I R 85/92, BStBl. II 2005, 149 (151) soll die Befrei-ung bei von Todes wegen errichteten Stiftungen sogar „rückwirkend" gelten. Dies ist schon deshalb zweifelhaft, weil es eine „rückwirkende" Aufsicht nicht gibt.

3 BGBl. I 2006, 2878.

4 Siehe auch AEAO Nr. 4 zu § 60 AO: keine Änderung bei Bezugnahmen auf Vorschriften des StAnpG.

5 So *Buchna/Leichinger/Seeger/Brox*, S. 233; vgl. auch *Fischer* in Hübschmann/Hepp/Spi-taler, § 60 AO Rz. 25 (Stand 3/1995); *Schauhoff* in Schauhoff, § 6 Rz. 98; *Seer* in Tipke/Kruse, § 60 AO Rz. 6; siehe auch BFH v. 6.6.1951 – III 69/51 U, BStBl. III 1951, 148 (149).

6 Vgl. dazu AEAO Nr. 4 zu § 59 AO.

festgestellten Satzungsverstößen keine nachteiligen Folgen für die Vergangenheit gezogen werden. In diesen Fällen bleibt die Steuervergünstigung erhalten und der Körperschaft ist eine angemessene Frist zur Anpassung der Satzung zu setzen. Diese Grundsätze sind übergangsweise auch nach Einführung des gesonderten Feststellungsverfahrens nach § 60a AO (dazu Rz. 7.5 f.) in solchen Fällen anwendbar, in denen noch keine Feststellung nach § 60a AO erfolgt ist[1].

Durch das Ehrenamtsstärkungsgesetz ist die sog. Vorläufigkeitsbescheinigung durch die **gesonderte Feststellung der satzungsmäßigen Gemeinnützigkeit nach § 60a AO** abgelöst worden[2]. Damit wurde der bisher durch die Finanzverwaltung nach dem Grundsatz von Treu und Glauben gewährte Vertrauensschutz auf eine eindeutige verfahrensrechtliche Grundlage gestellt. Die gesonderte Feststellung entfaltet als Grundlagenbescheid nach den §§ 179 ff. AO Bindungswirkung hinsichtlich der satzungsmäßigen Voraussetzungen der Gemeinnützigkeit. Dies gilt sowohl für die Veranlagung der Körperschaft selbst als auch für den Spendenabzug (zu den verfahrensrechtlichen Aspekten näher Rz. 7.11 und Rz. 8.20 f.).

4.145

Die sachliche Reichweite der Bindungswirkung kann im Einzelfall Schwierigkeiten bereiten, wenn die Satzung auch **Fragen der Geschäftsführung** regelt. Ist z.B. in einer Stiftungssatzung bestimmt, dass der Vorstand eine Vergütung erhält, so kann die Zahlung einer Vergütung bei einer späteren Betriebsprüfung nur noch ihrer Höhe nach (Angemessenheitsgebot), nicht aber dem Grunde nach beanstandet werden. Ist in der Satzung darüber hinaus auch noch die Höhe der Vorstandsvergütung ausdrücklich geregelt (z.B. in Form eines bestimmten Prozentsatzes der jährlichen Einnahmen aus Vermögensverwaltung), dann wird man auch die Vergütungshöhe nicht beanstanden können, wenn die satzungsmäßige Gemeinnützigkeit nach § 60a AO „festgestellt worden ist".

Die Auswirkungen von Satzungsmängeln hängen **in zeitlicher Hinsicht** davon ab, um welche Einzelsteuer es sich handelt (vgl. § 60 Abs. 2 AO). Bei der Körperschaft- und Gewerbesteuer muss die Satzung den vorgeschriebenen Erfordernissen grundsätzlich während des gesamten Veranlagungs- oder Bemessungszeitraums entsprechen[3]. Folglich reicht auch ein vorübergehender Satzungsverstoß (z.B. durch eine unüberlegte Satzungsänderung) aus, um die Körperschaftsteuerbefreiung für den gesamten Veranlagungszeitraum auszuschließen. Bei den anderen Steuern (z.B. der Befreiung von der Erbschaft- und Schenkungsteuer) kommt es dagegen auf den Zeitpunkt der Entstehung der Steuer an. Darüber hinaus ist zu beachten, dass ein (vorübergehendes) Ausscheiden aus der Gemeinnützigkeit je nach Einzelsteuer unterschiedliche Konsequenzen hat. Während z.B. bei der Erbschaftsteuer nur ein während des Nichtbestehens der Gemeinnützigkeit eingetretener steuerpflichtiger Erwerb der Normalbesteuerung unterliegt, gestalten sich die Auswirkungen eines Verlustes der Gemeinnützigkeit z.B. bei der Körperschaftsteuer deutlich schwieriger, da die Gewinnermittlung nach anderen Regeln zu erfolgen hat und sich zusätzlich steuerliche Fragen beim Wechsel in die Steuerpflicht ergeben (vgl. auch § 13

---

1 AEAO Nr. 4 zu § 59 AO.
2 Dazu näher *Hüttemann*, DB 2013, 774; *Schauhoff/Kirchhain*, FR 2013, 301.
3 Zum Folgenden siehe AEAO Nr. 7 zu § 60 AO.

KStG). Bei schon länger zurückliegenden Satzungsverstößen sind ferner auch die §§ 169 ff. AO zu beachten.

2. Nachträgliche Änderung der satzungsmäßigen Vermögensbindung

4.146 Während ein anfängliches Fehlen der Vermögensbindungsklausel dazu führt, dass die Steuerbefreiung von Anfang nicht zu gewähren ist und daher auch kein steuerlich gebundenes Vermögen entsteht, stellt sich bei einer nachträglichen Aufhebung der Vermögensbindung die **Frage der angemessenen Rechtsfolge**. Hätte eine spätere Änderung der Vermögensklausel nur den ex nunc wirkenden Verlust der Gemeinnützigkeit zur Folge, könnte das steuerbegünstigt gebildete Vermögen ohne Weiteres für nicht gemeinnützige Zwecke verwendet werden, so dass die Vermögensbindung praktisch leerlaufen würde. Da der Gesetzgeber andererseits auch keine zwangsweise Verwendung des Vermögens für steuerbegünstigte Zwecke anordnen kann, bleibt nur der Weg, an den nachträglichen Wegfall der Vermögensbindung eine steuerliche Sanktion zu knüpfen, durch die einer missbräuchlichen Inanspruchnahme der Steuervergünstigung entgegengewirkt wird. Deshalb sieht § 61 Abs. 3 Satz 1 AO vor, dass die steuerliche Vermögensbindung im Fall ihrer nachträglichen Aufhebung „als von Anfang an als steuerlich nicht ausreichend" gilt. Ferner ist § 175 Abs. 1 Satz 1 Nr. 2 AO in diesem Fall mit der Maßgabe anzuwenden, „dass Steuerbescheide erlassen, aufgehoben oder geändert werden können, soweit sie Steuern betreffen, die innerhalb der letzten zehn Kalenderjahre vor der Änderung der Bestimmung über die Vermögensbindung entstanden sind". Die zehnjährige rückwirkende Besteuerung ist sozusagen der „Preis", zu dem steuerbegünstigt gebildetes Vermögen für nicht steuerbegünstigte Zwecke verwendet werden kann[1].

4.147 Die **Anwendung der Regelung** ist unabhängig davon, ob die Körperschaft im Jahr der Änderung der Vermögensbindung noch steuerbegünstigt ist[2]. Denn die Vermögensbindung besteht auch dann fort, wenn eine Körperschaft z.B. wegen Verstoßes gegen das Mittelverwendungsgebot die Gemeinnützigkeit vorübergehend verloren hat. Die Nachversteuerung kann innerhalb der Festsetzungsfrist von vier Jahren angeordnet werden. Diese beginnt mit dem Ablauf des Kalenderjahres, in dem die Vermögensbindung geändert wurde. § 61 Abs. 2 AO greift auch dann ein, wenn überhaupt kein steuerbegünstigt gebildetes Vermögen mehr vorhanden ist. Schließlich findet die Regelung auch dann Anwendung, wenn die Satzung nicht geändert wird, aber im Rahmen der tatsächlichen Geschäftsführung gegen die Vermögensbindung verstoßen wird (§ 63 Abs. 2 i.V.m. § 61 Abs. 3 AO).

4.148 Die **praktischen Auswirkungen einer zehnjährigen Nachversteuerung** hängen entscheidend von der konkreten Finanzierungsstruktur der Körperschaft ab[3]. Fi-

---

1 Zum Ausstieg aus der Gemeinnützigkeit vgl. auch näher *Schauhoff* in DStJG 26 (2003), 133.

2 AEAO Nr. 2 zu § 61 AO; *Fischer* in Hübschmann/Hepp/Spitaler, § 61 AO Rz. 8 (Stand 11/ 1995).

3 Vgl. *Schauhoff* in DStJG 26 (2003), 149; siehe auch FG Hamburg v. 13.4.2007 – 5 V 152/ 06, EFG 2007, 1543, rkr.

nanzierte sich eine Einrichtung wesentlich aus steuerpflichtigen wirtschaftlichen Geschäftsbetrieben und hat keine oder nur geringe Spenden vereinnahmt, dürften die steuerlichen Folgen einer Aufhebung der Vermögensbindung überschaubar sein. Dagegen können bei einem Spendensammelverein oder einer Anstaltsstiftung, die nur einen Zweckbetrieb unterhält, durch den Wegfall der Steuerbefreiung u.U. gravierende Steuerbelastungen eintreten. Hinzuweisen ist insbesondere auf die Körperschaftsteuerbelastung etwaiger Gewinne, die Anwendung des umsatzsteuerlichen Regelsteuersatzes, eine nachträgliche Belastung von Zuwendungen mit Erbschaft- und Schenkungsteuer sowie eine Spendenhaftung bei einer „Fehlverwendung".

3. Tatsächliche Verstöße gegen die satzungsmäßige Vermögensbindung

Die Nachversteuerung nach § 61 Abs. 3 AO umfasst auch Fälle, in denen die tatsächliche Geschäftsführung gegen die von § 61 AO geforderte Vermögensbindung verstößt (§ 63 Abs. 2 AO). Dies ist z.B. anzunehmen, wenn eine Körperschaft bei ihrer Auflösung das Vermögen entgegen der Vermögensbindungsklausel für nicht begünstigte Zwecke verwendet. Nach Ansicht der Finanzverwaltung können auch Verstöße gegen § 55 Abs. 1 Nr. 1 bis 3 AO so schwerwiegend sein, dass sie einer Verwendung des gesamten Vermögens für satzungsfremde Zwecke gleichkommen und eine Nachversteuerung nach § 61 Abs. 3 AO auslösen[1]. Dieser Ansicht hat sich nunmehr auch der I. Senat des BFH angeschlossen[2]. Der Grundsatz der Vermögensbindung solle sicherstellen, dass Vermögen, das die Körperschaft auf Grund ihrer steuerbegünstigten Tätigkeit erworben hat, auch für steuerbegünstigte Zwecke verwendet wird. Schütte eine gemeinnützige Körperschaft jedoch die aus der gemeinnützigen Tätigkeit erzielten Gewinne überwiegend verdeckt an ihre Gesellschafter aus, liege eine so gewichtige Abkehr von gemeinnützigkeitsrechtlichen Grundsätzen vor, dass von einem „Wegfall des bisherigen Zwecks" im Sinne des § 55 Abs. 1 Nr. 4 AO auszugehen sei (zu den Besonderheiten der Mittelfehlverwendung im konkreten Fall vgl. Rz. 5.61 a.E.).

4.149

frei

4.150–4.151

G. Anforderungen an die tatsächliche Geschäftsführung

I. § 63 Abs. 1 AO als Ausgangspunkt

Nach § 63 Abs. 1 AO muss die tatsächliche Geschäftsführung der Körperschaft „auf die ausschließliche und unmittelbare Erfüllung der steuerbegünstigten Zwecke gerichtet sein und den Bestimmungen entsprechen, die die Satzung über die Voraussetzungen der Steuervergünstigungen enthält". Mit dieser Regelung knüpft das Gesetz an das Erfordernis der satzungsmäßigen Gemeinnützigkeit an und verlangt zu-

4.152

---

1 AEAO Nr. 6 zu § 61 AO; *Fischer* in Hübschmann/Hepp/Spitaler, § 63 AO Rz. 22 (Stand 11/1999); *Buchna/Leichinger/Seeger/Brox*, S. 267.
2 BFH v. 12.10.2010 – I R 59/09, BStBl. II 2012, 226; dazu *Wallenhorst*, DStR 2011, 698.

sätzlich die **Übereinstimmung von Satzung und tatsächlicher Geschäftsführung**. Daher ist es nicht ausreichend, wenn sich die Tätigkeit einer Körperschaft im Einklang mit den §§ 51 ff. AO befindet, sondern es dürfen auch nur die in der Satzung bezeichneten Zwecke in der dort vorgegebenen Form verfolgt werden. Sollen neue Aktivitäten begonnen werden, ist vielmehr zunächst festzustellen, ob die neue Betätigung von der Satzung gedeckt ist[1]. Will eine gemeinnützige Einrichtung neben ihren bisherigen Zwecken auch noch andere steuerbegünstigte Zwecke fördern, bedarf es folglich zunächst einer entsprechenden Satzungsanpassung. Dies gilt nicht nur für die Zwecke und die Art ihrer Verwirklichung, sondern z.B. auch für den Übergang von einer unmittelbaren Zweckverfolgung zu einer bloßen Fördereinrichtung[2].

Beispiel Nr. 16: Will z.B. ein Sportverein mit Rücksicht auf fehlenden Nachwuchs seine Arbeit schwerpunktmäßig auf „Seniorensport" verlagern, liegt dies noch innerhalb des Zwecks „Förderung des Sports", es sei denn, der Verein hat sich ausschließlich dem Jugendsport verschrieben. Soll dagegen auch noch eine Begegnungsstätte für ältere Menschen eingerichtet werden, so müsste der Satzungszweck um die „Förderung der Altenhilfe" erweitert werden. Einer Satzungsänderung bedarf es auch in dem Fall, dass der Sportverein künftig keine „aktiven" sportlichen Veranstaltungen mehr durchführen soll, sondern sich auf die Mittelbeschaffung zugunsten anderer Vereine beschränken will. Eine solche Fördereinrichtung kann zwar nach § 58 Nr. 1 AO als steuerbegünstigte Einrichtung anerkannt werden. Dies setzt aber – anders als eine teilweise Mittelweitergabe nach § 58 Nr. 2 AO – die Änderung der Satzung voraus.

4.153 Grundsätzlich obliegt der **Nachweis**, dass die tatsächliche Geschäftsführung mit den satzungsmäßigen Vorgaben übereinstimmt, der steuerbegünstigten Körperschaft[3]. Um eine bessere Überwachung der tatsächlichen Geschäftsführung durch die Finanzämter zu ermöglichen, statuiert § 63 Abs. 3 AO ergänzend zu den allgemeinen Rechnungslegungspflichten nach Zivil-, Handels- und Steuerrecht eine spezielle Aufzeichnungspflicht für gemeinnützige Einrichtungen. Sie ist notwendig, weil sich das Merkmal der tatsächlichen Geschäftsführung auf die gesamte Tätigkeit der Körperschaft bezieht, also z.B. über den Bereich einer erwerbswirtschaftlichen Betätigung, wie sie von §§ 140, 141 AO erfasst wird, erheblich hinausgeht und insbesondere auch die Einkommensverwendung betrifft. Zur Nachweispflicht gemeinnütziger Körperschaften führt der BFH im Urteil vom 23.7.2003 betreffend einen Verein in der Gründungsphase aus:

„Entgegen der Auffassung des FG kann die Körperschaft den Nachweis, dass [...] ihre tatsächliche Geschäftsführung den Erfordernissen des § 63 Abs. 1 AO 1977 entsprach, nicht nur durch detaillierte Geschäfts- und Tätigkeitsberichte sowie Aufzeichnungen über ihre fi-

---

1 Vgl. z.B. aus der Rechtsprechung FG Saarland v. 2.10.1996 – 1 K 85/95, EFG 1997, 38: Betrieb eines Altenwohnheims als unschädliche Betätigung neben dem satzungsmäßigen Betrieb eines Altenheims.

2 Vgl. AEAO Nr. 1 zu § 58 Nr. 1 AO.

3 Vgl. BFH v. 5.11.1970 – V R 71/67, BStBl. II 1971, 220; BFH v. 24.6.1976 – IV R 101/75, BStBl. II 1976, 562; BFH v. 13.12.1978 – I R 39/78, BStBl. II 1979, 482; BFH v. 23.7.2003 – I R 29/02, BStBl. II 2003, 930; FG Berlin-Brandenburg v. 14.10.2008 – 6 K 2204/04, zitiert nach juris.

nanziellen Verhältnisse führen. § 63 Abs. 3 AO 1977 verlangt nur einen Nachweis durch ordnungsmäßige Aufzeichnungen über die Einnahmen und Ausgaben. Geschäfts- und Tätigkeitsberichte und Protokolle, wie sie die Finanzverwaltung in der Regel zur Überprüfung der Gemeinnützigkeit anfordert [...], sind zwar zur Führung des Nachweises sinnvoll. Sind Geschäfts- und Tätigkeitsberichte – wie im Streitfall – nicht angefertigt worden, kann die Körperschaft den Nachweis über ihre Tätigkeit auch durch andere Unterlagen (z.B. Schriftverkehr und Notizen über vorbereitende Maßnahmen) führen. Dass Art und Umfang der Tätigkeiten nur durch Geschäfts- oder Tätigkeitsberichte nachgewiesen werden können, lässt sich dem Gesetz nicht entnehmen."

Für die tatsächliche Geschäftsführung gilt die Regelung des § 60 Abs. 2 AO entsprechend (vgl. § 63 Abs. 2 AO). Daraus folgt, dass die tatsächliche Geschäftsführung **in zeitlicher Hinsicht** – ebenso wie die satzungsmäßige Gemeinnützigkeit – bei Jahressteuern grundsätzlich während des gesamten Veranlagungszeitraums den satzungsmäßigen Anforderungen entsprechen muss. Bei anderen Steuern (z.B. Erbschaft- und Schenkungsteuer) ist der Zeitpunkt der Entstehung der Steuer maßgebend (also z.B. der Tag des steuerpflichtigen Erwerbs)[1]. **4.154**

II. Zurechnungsfragen

Für die Feststellung, ob die tatsächliche Geschäftsführung einer Körperschaft im jeweiligen Veranlagungszeitraum den satzungsmäßigen Bestimmungen entsprochen hat, kommt es auf das Handeln der Körperschaft an. Da steuerbegünstigte Körperschaften aber nicht wie Menschen eigenverantwortlich handeln können, bedarf es insoweit gewisser Zurechnungsregeln, nach denen der Körperschaft das Handeln bestimmter natürlicher Personen als eigenes Handeln zugerechnet werden kann. **4.155**

Beispiel Nr. 17 (nach BFH vom 27.9.2001[2]): Bei einer Lohnsteueraußenprüfung stellt das Finanzamt fest, dass einzelne Spieler eines Amateurfußballvereins über die zulässigen Aufwandsentschädigungen hinaus erhebliche Zahlungen erhalten hatten. Diese Zahlungen waren aus Geldern erfolgt, die der „Obmann" ohne Wissen des Vorstandes von Sponsoren zur Weiterleitung an die Spieler erhalten hatte. Das Finanzamt ist daraufhin der Auffassung, dass die tatsächliche Geschäftsführung nicht den Anforderungen der Gemeinnützigkeit entsprochen habe. In einem solchen Fall kommt es entscheidend darauf an, ob das Verhalten des „Obmanns" dem Verein zugerechnet werden kann.

Der **BFH** hatte bislang nur vereinzelt Gelegenheit, sich zur Zurechnungsproblematik bei Verstößen gegen die Gemeinnützigkeit zu äußern. Im Zusammenhang mit Aufrufen einer Umweltschutzorganisation zu „gewaltfreiem" Widerstand hat der I. Senat die steuerrechtliche Erheblichkeit solcher Vorgänge davon abhängig gemacht, in „welcher Form (schriftlich, mündlich, in einer Vorstandssitzung oder bei einer öffentlichen Versammlung)" die Ankündigungen ergangen sind, wer (ein Vorstandsmitglied oder nur ein einfaches Mitglied) sie mit welcher Verbindlichkeit (damit betrautes Vorstandsmitglied auf Grund eines entsprechenden Vorstandsbeschlusses oder ausschließlich aus eigener Initiative) bekanntgegeben hat und schließlich in welchem Maße sie in der Öffentlichkeit (einmalige Bekanntgabe an die Mitglieder **4.156**

---

1 Vgl. AEAO Nr. 7 zu § 59 AO.
2 BFH v. 27.9.2001 – V R 17/99, BStBl. II 2002, 169.

oder öffentlich) verbreitet worden sind[1]. Daraus ist zu schließen, dass nur Handlungen von gesetzlichen Vertretern (Vorstandsmitglieder) im Rahmen ihres Zuständigkeitsbereichs ohne Weiteres als Handeln der Körperschaft anzusehen sind. In allen anderen Fällen bedarf es dagegen weiterer Zurechnungsregeln.

4.157 Im Fall des Fußballvereins hat der V. Senat – abweichend von der Vorinstanz[2] – zwar nicht unmittelbar auf die **allgemeinen zivilrechtlichen Grundsätze** zur Duldungs- und Anscheinsvollmacht zurückgegriffen, aber ähnliche Maßstäbe für die Zurechnung eines Handelns Dritter formuliert. In der Entscheidung heißt es dazu[3]:

„Ein eigenmächtiges Handeln eines nicht (einzel-)vertretungsberechtigten Geschäftsführers kann der juristischen Person grundsätzlich nur dann zugerechnet werden, wenn der Sachverhalt den anderen Geschäftsführern infolge grober Vernachlässigung der ihnen obliegenden Überwachungspflichten verborgen geblieben ist. … Keine geringeren Anforderungen werden dann zu stellen sein, wenn es nicht um das Handeln eines Vorstandsmitglieds, sondern um das einer anderen in maßgeblicher Position für einen Verein tätigen Person geht. … Dabei kann im Rahmen der Prüfung der groben Vernachlässigung von Überwachungspflichten die Art und Dauer des Handelns der für den Verein tätigen Person nicht unberücksichtigt bleiben. Erst recht in Betracht kommt die Zurechnung des Handelns einer Person für einen Verein, wenn der Vorstand dieses kennt, aber gleichwohl nicht unterbindet. Gerade bei größeren Vereinen kann auch ein entsprechendes Organisationsverschulden in Betracht kommen, so kann ein Vorstand nicht wesentliche Angelegenheiten delegieren und eine Verantwortung des Vereins dadurch vermeiden, dass er die delegierte Tätigkeit nicht (genügend) kontrolliert."

4.158 Die **Finanzverwaltung** geht von ähnlichen Grundsätzen aus, will aber Handlungen außerhalb der Vertretungsmacht nach den Grundsätzen über die Duldungs- oder Anscheinsvollmacht zurechnen. Ferner sei auch ein Organisationsverschulden zu prüfen[4]. Im **Schrifttum** ist die Zurechnungsproblematik bisher wenig behandelt worden[5]. In Hinsicht auf ein Überwachungsverschulden wird allerdings darauf hingewiesen, dass bei ehrenamtlich tätigen Vorständen (z.B. in Sportvereinen) andere Maßstäbe an die Kontrollpflichten gestellt werden müssten als bei großen Einrichtungen mit hauptamtlichen Vorständen[6].

4.159 Der Rechtsprechung des BFH ist **im Grundsatz zuzustimmen**. Dass ein Organhandeln im Rahmen ihres Zuständigkeitsbereichs der Körperschaft zuzurechnen ist, entspricht allgemeinen zivil- und steuerrechtlichen Grundsätzen (vgl. § 31 BGB, § 34 AO). Bei Kollegialorganen sind darüber hinaus auch etwaige (schriftliche) Ge-

---

1 BFH v. 29.8.1984 – I R 215/81, BStBl. II 1985, 106.

2 FG Köln v. 24.2.1999 – 13 K 242/90, EFG 1999, 746.

3 BFH v. 27.9.2001 – V R 17/99, BStBl. II 2002, 169 (170); speziell zu Überwachungspflichten bei Aufgabendelegation in Kollegialorganen und im Verhältnis zu Vereinsuntergliederungen siehe BFH v. 13.3.2003 – VII R 46/02, BStBl. II 2003, 556.

4 Vgl. OFD Frankfurt/M. v. 5.1.1993 KSt-Kartei § 5 Karte H 69 zu Unterschlagungen und Betrügereien; dazu näher *Bott* in Schauhoff, § 10 Rz. 126.

5 Vgl. aber *Brill*, Der Verlust der Gemeinnützigkeit aufgrund von Verstößen gegen die Rechtsordnung und aufgrund des Verzichts, 2006, S. 293 ff.; *Jansen*, FR 2002, 996; *Kümpel*, DStR 2001, 152.

6 So *Jansen*, FR 2002, 996.

schäftsverteilungsregeln zu beachten[1]. Darüber hinaus ist der Rechtsprechung auch darin zu folgen, dass der Körperschaft eine Verletzung der Überwachungspflichten ihrer Organe gegenüber einzelnen Organmitgliedern oder Dritten ebenfalls zuzurechnen ist. Insoweit ist allerdings, was den Umfang solcher Überwachungspflichten anbetrifft, eine Berücksichtigung der konkreten Verhältnisse erforderlich. Was schließlich die Problematik des Organisationsverschuldens anbetrifft, so geht es um die Frage, ob man Nichtorganmitglieder, die in herausgehobener Position für die Körperschaft tätig sind, „wie" Organe behandelt oder auf die Figur eines Organisationsmangels zurückgreift. Diese Frage betrifft indes weniger die Zurechnung als solche, sondern vielmehr die rechtliche Begründung[2].

III. Verstöße gegen die Anforderungen an die tatsächliche Geschäftsführung

Nach § 63 Abs. 1 AO muss die tatsächliche Geschäftsführung „auf die ausschließliche und unmittelbare Erfüllung der steuerbegünstigten Zwecke gerichtet sein und den Bestimmungen entsprechen, die die Satzung über die Voraussetzungen für Steuervergünstigungen enthält". Da die Satzung nach § 59 AO alle wesentlichen Vorgaben der §§ 51 ff. AO enthalten muss (also z.B. auch den Grundsatz der gemeinnützigen Mittelverwendung nach § 55 Abs. 1 Nr. 1 AO), muss die tatsächliche Geschäftsführung der Körperschaft den **gesamten gesetzlichen Anforderungen der §§ 51 ff. AO „entsprechen"**[3]. Für die Frage, wann ein Verstoß gegen § 63 Abs. 1 AO vorliegt, kann daher auf die Ausführungen zu den einzelnen Merkmalen der Gemeinnützigkeit verwiesen werden.

Beispiele für Verstöße nach § 63 Abs. 1 AO sind z.B. die Verfolgung anderer als der satzungsmäßigen steuerbegünstigten Zwecke (z.B. bezahlter Sport statt Amateursport[4] oder Klimaschutz statt Wissenschaft und Forschung[5]), die bewusste Verfolgung steuerbegünstigter Zwecke mit verbotenen Mitteln (z.B. durch Aufruf zu Straftaten[6] oder zur Umgehung baurechtlicher Vorschriften[7]), die vorrangige Verfolgung eigenwirtschaftlicher Zwecke nach § 55 Abs. 1 Satz 1 AO[8], satzungswidrige Mittelweitergaben nach § 58 Nr. 1 AO[9], verbotene Ausgaben für nicht steuerbegünstigte satzungsmäßige Zwecke wie z.B. überhöhte oder

4.160

---

1 Dazu BFH v. 13.3.2003 – VII R 46/02, BStBl. II 2003, 556.
2 Zur Lehre vom Organisationsmangel im Zivilrecht vgl. etwa *Reuter* in MünchKommBGB, § 31 BGB Rz. 6 ff.
3 Zur Überprüfung steuerbegünstigter Körperschaften vgl. auch OFD Rheinland v. 5.12.2008, KSt-Kartei NW § 5 KStG Karte H II 2.
4 Vgl. BFH v. 27.9.2001 – V R 17/99, BStBl. II 2002, 169; *Jansen*, FR 2002, 996.
5 Vgl. FG Hamburg v. 29.8.2007 – 5 K 145/05, EFG 2008, 100: Solaranlage auf dem Dach einer Hochschule; dazu mit Recht kritisch *Seer* in Tipke/Kruse, § 63 AO Rz. 1.
6 BFH v. 21.8.1984 – I R 215/81, BStBl. II 1985, 106.
7 BFH v. 13.7.1994 – I R 5/93, BStBl. II 1995, 134.
8 Vgl. zur früheren Geprägetheorie BFH v. 26.4.1989 – I R 209/85, BStBl. II 1989, 670; zur fehlenden Selbstlosigkeit bei der Unterbringung einer Kunstsammlung in den Privaträumen des Stifters siehe BFH v. 23.2.2017 – V R 51/15, BFH/NV 2017, 882.
9 BFH v. 25.6.2014 – I R 41/12, BFH/NV 2015, 235.

zweckwidrige Ausgaben[1], unangemessene Gehaltszahlungen[2], nicht marktgerechte Vermietungen von Grundbesitz an Gesellschafter[3], verdeckte Gewinnausschüttungen an den Vereinsvorstand[4], die Unterstützung politischer Parteien[5] oder eine unzulässige politische Betätigung[6], nachhaltige Verletzung steuerlicher Erklärungspflichten[7], die Zuwendung von unerlaubten Vorteilen an Mitglieder etc., ein evident unangemessenes Ausgabeverhalten (z.B. durch unvertretbar hohe Verwaltungsausgaben)[8], die Unterhaltung eines dauerdefizitären steuerpflichtigen wirtschaftlichen Geschäftsbetriebs[9], Investitionen in wirtschaftlich sinnlose Anlagen[10] und eine unzulässige Rücklagen- und Vermögensbildung[11]. Hinsichtlich der weiteren Einzelheiten ist auf die Ausführungen zu den einzelnen Merkmalen der steuerlichen Gemeinnützigkeit zu verweisen.

4.161 Im Zusammenhang mit Mittelfehlverwendungen ist zudem auf zwei wichtige weitere Aspekte hinzuweisen: Zum einen sollte man der Körperschaft generell eine **Heilungsmöglichkeit** gewähren, wenn Mittelfehlverwendungen durch Umlagen oder Zuwendungen Dritter, für die kein Spendenabzug bewährt wird, wieder ausgeglichen werden können. Diese Möglichkeit räumt die Finanzverwaltung zwar ausdrücklich nur beim steuerschädlichen Verlustausgleich im wirtschaftlichen Geschäftsbetrieb ein[12]. Es ist aber nicht einzusehen, weshalb dieser Ausweg bei anderen Fehlverwendungen nicht zugelassen werden soll, sofern der Ausgleich zeitnah erfolgt. Zum anderen kann bei Handlungen, die – wie z.B. Untreuehandlungen eines Angestellten trotz angemessener Überwachung durch die Organe – selbst keine schädliche Mittelfehlverwendung darstellen, in der **unterlassenen Geltendmachung von etwaigen Ersatzansprüchen** der Körperschaft gegen den Schädiger eine verbotene Zuwendung an den Schädiger liegen (§ 55 Abs. 1 Nr. 3 AO). Insoweit bedarf es zumindest einer Abwägung ex ante, ob sich eine gerichtliche Durchsetzung unter Berücksichtigung der voraussichtlichen Kosten, der Erfolgsaussichten einer Klage, der wirtschaftlichen Leistungsfähigkeit des Schädigers und eines möglichen Ansehensverlustes der Körperschaft überhaupt wirtschaftlich „lohnt" oder ob der Abschluss eines Vergleichs bzw. ein Verzicht auf die Anspruchsverfolgung sinnvoller erscheint.

---

1 Vgl. dazu BFH v. 23.9.1998 – I B 82/98, BStBl. II 2000, 320; BFH v. 8.12.2004 – I B 95/04, BFH/NV 2005, 160.
2 FG Mecklenburg-Vorpommern v. 21.12.2016 – 3 K 272/13, npoR 2017, 265.
3 FG Münster v. 11.3.2005 – 9 K 1567/00 K, EFG 2005, 1003.
4 FG Hamburg v. 19.6.2008 – 5 K 165/06, zitiert nach juris.
5 Siehe § 55 Abs. 1 Nr. 1 Satz 3 AO.
6 BFH v. 9.2.2011 – I R 19/10, BFH/NV 2011, 1113.
7 BFH v. 15.1.2015 – I R 48/13, BStBl. II 2015, 713; FG Berlin v. 24.2.1997 – 8435/96, EFG 1997, 1006; einschränkend FG Münster v. 30.6.2011 – 9 K 2649/10, StEd 2011, 695.
8 Vgl. BFH v. 23.9.1998 – I B 82/98, BStBl. II 2000, 320.
9 BFH v. 1.7.2009 – I R 6/08, BFH/NV 2009, 1837.
10 Vgl. FG Münster v. 11.12.2014 – 3 K 323/12 Erb, EFG 2015, 739; FG München v. 15.1.2016 – 7 V 2906/15, npoR 2017, 27.
11 Zur Rücklagenbildung vgl. BFH v. 13.9.1989 – I R 19/85, BStBl. II 1990, 28.
12 Vgl. AEAO Nr. 6 zu § 55 Abs. 1 Nr. 1 AO.

IV. Rechtsfolgen

1. Verlust der Gemeinnützigkeit

Das Gesetz enthält in § 63 Abs. 1 AO **keine Differenzierung nach der Art oder der** **4.162** **Schwere** des Verstoßes. Dies führt zu der Frage, ob – wie es der Gesetzeswortlaut scheinbar gebietet – jeder auch ganz geringfügige Verstoß gegen die §§ 51 ff. AO dazu führt, dass die Steuervergünstigung zu versagen ist[1].

Beispiel Nr. 18: Bei einer Außenprüfung in einer großen Wohlfahrtsorganisation (Jahresbudget 10 Millionen Euro) wird festgestellt, dass zwei Führungskräfte ohne satzungsrechtliche Grundlage eine Zusatzvergütung von jeweils 4 000 Euro (entspricht 0,8 Promille des Jahresbudgets) erhalten haben. Hier wäre eine Versagung der Gemeinnützigkeit ganz offensichtlich unverhältnismäßig.

Im Schrifttum besteht weitgehend Einigkeit darüber, dass jedenfalls bei **kleineren,** **4.163** **einmaligen Verstöße gegen Gemeinnützigkeitsvorschriften** eine Versagung der Steuervergünstigung ausscheidet. Man kann dies damit begründen, dass § 63 Abs. 1 AO nur dann verletzt ist, wenn die (gesamte) Geschäftsführung nicht mehr auf die ausschließliche und unmittelbare Verwirklichung steuerbegünstigter Zwecke „gerichtet ist"[2]. Eine andere Argumentation verweist auf das Verhältnismäßigkeitsprinzip[3]. Beide Begründungen sind grundsätzlich geeignet, bei verhältnismäßig geringfügigen Verstößen eine Entziehung der Gemeinnützigkeit auszuschließen[4]. Natürlich führt eine solche Lösung zu einer gewissen Rechtsunsicherheit, da die Beurteilung, welche Verstöße als noch verhältnismäßig geringfügig anzusehen sind, immer nur im Einzelfall getroffen werden kann. Andererseits ist ein solches Korrektiv unverzichtbar, um überzogene Reaktionen auf singuläre Verstöße auszuschließen.

Liegt allerdings ein – im obigen Sinne – relevanter Verstoß vor, so ist die Gemein- **4.164** nützigkeit **für den Zeitraum des Verstoßes nicht zu gewähren.** Nach § 60 Abs. 2 AO, auf den § 63 Abs. 3 AO ausdrücklich verweist, ist in zeitlicher Hinsicht nach den Einzelsteuergesetzen zu unterscheiden[5]. Bei der Körperschaft- und Gewerbesteuer ziehen auch einmalige, gravierende Verstöße den Verlust der Steuervergünstigung für den gesamten Veranlagungs- und Bemessungszeitraum nach sich. Im Bereich der Körperschaftsteuer bedeutet dies, dass die Körperschaft in den betreffenden Veranlagungszeiträumen als insgesamt steuerpflichtig zu behandeln ist[6]. Dies bedeutet einerseits, dass z.B. auch die Erträge aus Zweckbetrieben und Vermögensverwaltung der Steuer unterworfen werden. Gleichzeitig darf die Körperschaft auch Aufwendungen des bisher steuerbefreiten Bereichs steuermindernd geltend ma-

---

1 Zu den Folgen bei Verstößen vgl. auch *Eversberg* in Non Profit Law Yearbook 2003, 59 ff.; *Becker*, DStR 2010, 953.

2 So etwa *Schauhoff* in DStJG 26 (2003), 144.

3 Dafür etwa *Bott* in Schauhoff, § 10 Rz. 80.

4 Zum Verlust der Gemeinnützigkeit vgl. auch *Brill*, Der Verlust der Gemeinnützigkeit aufgrund von Verstößen gegen die Rechtsordnung und aufgrund des Verzichts, 2006.

5 Vgl. auch AEAO Nr. 7 zu § 60 AO.

6 Vgl. dazu *Becker*, DStR 2010, 953; FG Hamburg v. 13.4.2007 – 5 V 152/06, EFG 2007, 1543.

chen, sofern er durch die steuerpflichtige Tätigkeit mit veranlasst ist[1]. Bei bilanzierenden Körperschaften kommt es im Rahmen des Wechsels in die Steuerpflicht auch zur Anwendung des § 13 Abs. 2 KStG[2]. Bei der Umsatz- und Erbschaftsteuer kommt es hingegen darauf an, ob der Verstoß im Zeitpunkt der Entstehung der Steuer (also z.B. bei Ausführung einer Leistung) vorlag. Allgemein gilt, dass eine Nachversteuerung wegen Verlustes der Gemeinnützigkeit – anders als bei der Zehnjahresverjährung nach § 61 Abs. 3 AO – nur in den Grenzen der Festsetzungsverjährung möglich ist.

4.165   Kommt es durch den Verlust der Gemeinnützigkeit zu Steuerbelastungen[3], kann die Körperschaft zur **Begleichung der Steuerforderungen** eigene Mittel einsetzen[4]. Die Erfüllung von Steueransprüchen ist für sich genommen keine „Mittelfehlverwendung", sondern eine notwendige Maßnahme zur Fortführung der Körperschaft. Sie löst also nicht ihrerseits wiederum einen Verlust der Gemeinnützigkeit aus, sodass bei einmaligen Verstößen der Wegfall der Gemeinnützigkeit nur vorübergehender Natur ist. Auch die Vermögensbindung und die Verpflichtung zur zweckentsprechenden Verwendung von Spendengeldern werden durch den Verlust der Gemeinnützigkeit nicht aufgehoben. Darüber hinaus kann ein Verlust der Gemeinnützigkeit eine persönliche Haftung der (auch ehrenamtlichen) Vorstandsmitglieder für Steuerschulden auslösen[5].

2. Fristsetzung bei unzulässigen Mittelansammlungen

4.166   Seit dem Kultur- und Stiftungsförderungsgesetz von 1990[6] gilt für unzulässige Mittelansammlungen eine **besondere Rechtsfolgenanordnung**. Hat eine Körperschaft Mittel angesammelt, ohne dass die Voraussetzungen für eine Rücklagen- oder Vermögensbildung vorgelegen haben, kann das Finanzamt ihr eine angemessene Frist für die Verwendung der Mittel setzen. Kommt die Körperschaft der Aufforderung zur Mittelverwendung in der gesetzten Frist nach, gilt die tatsächliche Geschäftsführung nach § 63 Abs. 4 Satz 2 AO als ordnungsgemäß[7]. Diese Ausnahme von § 63 Abs. 1 AO lässt sich daraus erklären, dass die Körperschaft in diesen Fällen keine satzungsfremden Zwecke verfolgt oder Mittel zweckwidrig verwendet hat, sondern „nur" gegen das Gebot der zeitnahen Mittelverwendung verstoßen hat. Die Regelung war nach ihrem bisherigen Wortlaut unmittelbar nur auf **unzulässige Rücklagen** (§ 58 Nr. 6 und 7 AO a.F.) anwendbar, wurde aber entsprechend auch auf andere Fälle einer unerlaubten Mittelansammlung angewandt, da es für eine Un-

---

1 Dazu näher BFH v. 15.1.2015 – I R 48/13, BStBl. II 2015, 713.
2 Vgl. näher *Bott* in Schauhoff, § 10 Rz. 94 ff.
3 Zum Erlass solcher Steuerschulden vgl. FG Münster v. 9.5.1995 – 15 K 915/94 U, EFG 1995, 788.
4 Statt vieler *Buchna/Leichinger/Seeger/Brox*, S. 175.
5 Dazu *Möllmann*, DStR 2009, 2125.
6 Gesetz v. 13.12.1990, BGBl. I 1990, 2775.
7 Diese bereits früher in § 63 Abs. 4 Satz 2 AO enthaltene Aussage war vorübergehend – bis zu ihrer Wiedereinfügung durch das „Kroatien-Steueranpassungsgesetz" v. 25.7.2014, BGBl. 2014, 1266 – in AEAO Nr. 2 zu § 63 AO enthalten.

gleichbehandlung keinen sachlichen Grund gab[1]. Nachdem der Verweis auf § 58 Nr. 6 und 7 AO a.F. durch das Gesetz zur Stärkung des Ehrenamtes[2] weggefallen ist, ergibt sich dies bereits aus dem Wortlaut der Norm („ohne Vorliegen der Voraussetzungen").

§ 63 Abs. 4 AO ist deshalb **auch anzuwenden**, wenn z.B. eine Stiftung dem Vermögen Mittel zugeführt hat, ohne dass die Voraussetzungen des § 62 Abs. 3 und 4 AO vorliegen. Denn auch in diesem Fall sind die Mittel noch im Vermögen vorhanden und daher ist es ausreichend, wenn die Körperschaft angehalten wird, diese Mittel innerhalb einer Frist zeitnah zu verwenden. Darüber hinaus ist eine Fristsetzung nach § 63 Abs. 4 AO auch bei einer unzulässigen Rücklagenbildung im wirtschaftlichen Geschäftsbetrieb und einer Vermögensverwaltung geboten. Schließlich sollte die Regelung auch dann angewandt werden, wenn nutzungsgebundenes Vermögen nicht mehr für steuerbegünstigte Zwecke eingesetzt wird und deshalb die Pflicht zur zeitnahen Mittelverwendung wieder auflebt. In diesen Fällen dürfte, wenn es um größere Beträge geht (z.B. der Erlös aus der Veräußerung einer Immobilie des ideellen Bereichs), eine Fristsetzung schon deshalb geboten sein, um voreilige Mittelverwendungsentscheidungen zu verhindern[3].

§ 63 Abs. 4 AO ist eine **Ermessensvorschrift** . Das Finanzamt „kann" eine Frist setzen, muss es aber nicht. Allerdings hat das Finanzamt das Ermessen pflichtgemäß und unter Beachtung des Regelungszwecks der Vorschrift auszuüben. Der Gesetzgeber wollte mit Rücksicht auf die tatsächlichen und rechtlichen Schwierigkeiten bei der Anwendung der Mittelverwendungsvorschriften sicherstellen, dass eine unzulässige Rücklagenbildung regelmäßig noch nicht zum Verlust der Gemeinnützigkeit führt[4]. Daraus folgt, dass sich das Ermessen des Finanzamtes im Regelfall auf eine Pflicht zur Fristsetzung reduziert, sofern keine Anhaltspunkte für absichtliche oder vorsätzliche Verstöße vorliegen[5]. Ein solcher vorsätzlicher Verstoß wird zudem nur in solchen Fällen zu bejahen sein, wo die Voraussetzungen für eine Rücklagenbildung offensichtlich nicht vorlagen. Bestehende Rechtsunsicherheiten (z.B. über die Bemessungsgrundlage der freien Rücklage nach § 62 Abs. 1 Nr. 3 Satz 1 Alt. 2 AO oder über den abschließenden Charakter von § 62 Abs. 3 AO) können jedenfalls nicht zulasten der gemeinnützigen Körperschaften gehen. Darüber hinaus ist das Ermessen immer auf den konkreten Einzelfall bezogen auszuüben. Dabei sind die Gesichtspunkte der Billigkeit, Zumutbarkeit und der Verhältnismäßigkeit zu beachten. Insoweit wird z.B. auch zu berücksichtigen sein, ob das Finanzamt bei früheren Prüfungen oder Rückfragen eine bisherige Praxis stillschweigend gebilligt hat oder nicht.

4.167

Die Länge der Fristsetzung sollte nach Auffassung der Finanzverwaltung zwei bis drei Jahre nicht überschreiten[6]. Seit dem Gesetz zur Förderung des Ehrenamtes wird eine „angemessene" Frist verlangt, sodass man richtigerweise die Frist danach

4.168

---

1 Ebenso *Seer* in Tipke/Kruse, § 63 AO Rz. 15; *Kümpel*, DStR 2001, 152 f.

2 Gesetz v. 21.3.2013, BGBl. I 2013, 566.

3 Die Frage wird in AEAO Nr. 29 zu § 55 Abs. 1 Nr. 5 AO nicht behandelt.

4 Vgl. *Thiel/Eversberg*, DB 1991, 118 (126).

5 Vgl. *Seer* in Tipke/Kruse, § 63 AO Rz. 14; *Buchna/Leichinger/Seeger/Brox*, S. 277.

6 So OFD Frankfurt/M. v. 4.3.1993, DStR 1993, 1144; OFD Frankfurt/M. v. 6.8.2003, DB 2003, 2255.

bemessen muss, dass der Körperschaft eine sinnvolle Verwendung der angesammelten Beträge möglich ist. Insoweit wird, sofern es nicht um sehr große Beträge geht, eine **Fristsetzung von wenigen Jahren regelmäßig angemessen** sein[1]. Nach § 63 Abs. 4 Satz 2 AO[2] „gilt" die Geschäftsführung als ordnungsgemäß, wenn die Mittel innerhalb der Frist für steuerbegünstigte Zwecke verwendet werden. Die Körperschaft hat auch die Möglichkeit, die Mittel innerhalb der gesetzten Frist in eine neue Projektrücklage nach § 62 Abs. 1 Nr. 1 AO einzustellen. Allerdings sollte die betroffene Körperschaft in einem solchen Fall besonders sorgfältig prüfen, ob die Voraussetzungen für eine solche Rücklagenbildung tatsächlich vorliegen, insbesondere ob das künftige Vorhaben auch ernsthaft verfolgt werden soll. Fehlt es daran, hat die Rücklagendotierung auch keine heilende Wirkung nach § 63 Abs. 4 Satz 2 AO.

4.169　Fraglich ist, wie lange ein Finanzamt Verstöße gegen die Pflicht zur zeitnahen Mittelverwendung durch eine Anordnung nach § 63 Abs. 4 AO „zurückverfolgen" kann[3]. Stellt man allein auf den Akt der Rücklagenbildung als Maßnahme der tatsächlichen Geschäftsführung ab, so können nur (fehlerhafte) Beschlüsse im Prüfungszeitraum beanstandet werden, da einer **Beanstandung früherer Maßnahmen** durch die Bestandskraft der Veranlagung (vgl. §§ 169 ff. AO) Grenzen gesetzt werden[4]. Wer hingegen – ähnlich den Grundsätzen über den sog. formellen Bilanzenzusammenhang[5] – allein die im Prüfungszeitraum bei der Körperschaft noch vorhandenen Mittel betrachtet, könnte auf den Gedanken kommen, dass grundsätzlich jede (fehlerhafte) Rücklagenbildung in der Vergangenheit über § 63 Abs. 4 AO beanstandet werden kann, solange die betreffenden Mittel noch im Vermögen der Körperschaft vorhanden sind. Gegen eine solche „Prüfung zurück bis ins anno Tobak"[6] spricht aber bereits, dass dann unerlaubte endgültige Mittelansammlungen wie z.B. die Bildung einer freien Rücklage (§ 62 Abs. 1 Nr. 3 AO) oder die Zuführung von Mitteln zum Vermögen (§ 62 Abs. 3 und 4 AO) in zeitlicher Hinsicht strenger überwacht würden als unerlaubte Mittelfehlverwendungen[7]. Hingegen kann es bei lediglich vorübergehenden Mittelansammlungen – wie z.B. einer projektbezogenen Rücklage (§ 62 Abs. 1 Nr. 1 AO) – keinen „Bestandsschutz" geben, weil die Pflicht zur zeitnahen Mittelverwendung bei diesen Rücklagen stets wieder-

---

1　Im Entwurf des Ehrenamtsstärkungsgesetzes (dazu näher *Hüttemann*, DB 2012, 2592) war zunächst eine zweijährige Regelfrist vorgesehen. Daraus ist zu schließen, dass nunmehr auch längere Fristen zulässig sein sollen.

2　Wieder eingefügt durch das Kroatien-Steueranpassungsgesetz v. 25.7.2014, BGBl. I 2014, 1266.

3　Dazu nun eingehend *Kirchhain*, DStR 2016, 104.

4　Ebenso *Kirchhain*, DStR 2016, 106 f.

5　Vgl. dazu nur BFH v. 13.6.2006 – I R 58/05, BStBl. II 2006, 928; *Heinicke* in L. Schmidt, § 4 EStG Rz. 706 ff.

6　So der Titel des Aufsatzes von *Kirchhain*, DStR 2016, 104.

7　Vgl. *Kirchhain*, DStR 2016, 107 f.

auflebt, wenn die Voraussetzungen der Rücklagenbildung nicht mehr erfüllt sind[1]. Solche Rücklagen unterliegen mithin einer zeitlich unbegrenzten Überprüfung.

V. Überlegungen de lege ferenda

Die Darstellung des geltenden Rechts führt zu der **rechtspolitischen Frage**, ob die geltenden Regelungen ein angemessenes Sanktionssystem für Verstöße gegen die tatsächliche Gemeinnützigkeit enthalten. Sie ist zu verneinen. Sieht man von den Fällen einer unerlaubten Mittelansammlung einmal ab, hat das Finanzamt letztlich nur die Wahl zwischen Aberkennung der Gemeinnützigkeit und der sanktionslosen Hinnahme von Verstößen. Hinzu kommt, dass eine vorübergehende Aberkennung der Gemeinnützigkeit aus der Sicht des zuständigen Finanzamts eine wenig attraktive Konsequenz ist, weil sie viele Folgeprobleme aufwirft und die konkreten steuerlichen Folgen auch nur schwer absehbar sind. Schließlich mindern etwaige Steuerzahlungen die Mittel, die für satzungsmäßige Zwecke zur Verfügung stehen. Es ist daher nicht verwunderlich, dass in der Praxis bei Verstößen zwar häufig mit der Entziehung der Gemeinnützigkeit gedroht wird, diese Drohung aber dann doch am Ende nicht immer umgesetzt wird. Zumeist soll die Androhung des Verlustes der Gemeinnützigkeit nur dazu dienen, für die Zukunft die Einhaltung gemeinnützigkeitsrechtlicher Vorschriften sicherzustellen. **4.170**

Bisweilen ist aus der Praxis auch von „**Verständigungen**" zu hören, bei denen Verstöße gegen gemeinnützigkeitsrechtliche Vorschriften zwar nicht mit einem (vorübergehenden) Verlust der Gemeinnützigkeit, sondern mittels „Sonderausschüttungen" (z.B. an staatliche Einrichtungen des betreffenden Landes) „geahndet" werden. Für derartige Praktiken gibt es zwar – abgesehen von § 63 Abs. 4 AO – keine gesetzliche Grundlage. Darin offenbart sich aber ein Bedürfnis der Praxis nach einem sinnvollen und einzelfallgerechten Sanktionssystem.

Will man diesen Rechtszustand verbessern, so ist es notwendig, ein **abgestuftes Sanktionssystem** einzuführen, in dem die vollständige Aberkennung der Gemeinnützigkeit auf solche Verstöße beschränkt wird, bei denen eine fortgesetzte Gewährung der Steuervergünstigung unerträglich wäre[2]. Damit aber – anders als in der gegenwärtigen Praxis – „kleinere" Verstöße nicht ganz folgenlos bleiben, könnte der Gesetzgeber insbesondere für Mittelfehlverwendungen – nach ausländischem Vorbild[3] bzw. entsprechend § 16 Abs. 3 bis 6 REITG[4] – eine Art Strafzahlung[5] in Gestalt einer „Fehlverwendungsabgabe" festlegen, d.h. für jeden fehlverwendeten Euro müsste die Körperschaft zusätzlich X Euro an das Finanzamt abführen[6]. Der Einwand, dass auf diese Weise weitere steuerbegünstigte Mittel „fehlverwendet" **4.171**

---

1 Zutreffend *Kirchhain*, DStR 2016, 109 ff.
2 Vgl. *Hüttemann*, Gutachten G zum 72. DJT, 2018, G 85 f.
3 Vgl. zu sog. Excise Taxes im US-amerikanischen Stiftungssteuerrecht nur *Gehringhoff*, Das Stiftungssteuerrecht in den USA und Deutschland, 2008, S. 262 ff.
4 Gesetz über deutsche Immobilien-Aktiengesellschaften mit börsennotierten Anteilen v. 28.5.2007, BGBl. I 2007, 914.
5 Zur steuerrechtssystematischen Einordnung solcher Zahlungspflichten vgl. *Drüen* in Helios/Wewel/Wiesbrock, 2008, § 21 REITG Rz. 2 ff.
6 Zustimmend *Schauhoff* in FS Schaumburg, 2009, S. 95.

werden, trifft schon deshalb nicht zu, weil die Tätigkeit gemeinnütziger Einrichtungen gerade wegen ihrer gemeinwohlfördernden Tätigkeiten steuerlich begünstigt wird. Der Satz „Spende statt Steuer" muss deshalb auch umgekehrt gelten. Zudem ist es schon heute so, dass Steuerzahlungen bei einem vorübergehenden Verlust der Gemeinnützigkeit aus gemeinnützigen Mitteln bezahlt werden[1]. Ein System von Fehlverwendungsabgaben hätte aus der Sicht der Beteiligten (Finanzamt und Einrichtung) gegenüber dem geltenden Recht mehrere Vorteile: Zum einen könnte dann auf der Rechtsfolgenseite offen zwischen schweren Verstößen (Verlust der Gemeinnützigkeit) und weniger schweren Verstößen (Strafzahlung) differenziert werden. Das Finanzamt müsste also nicht mehr wie bisher auch bei weniger gravierenden Verstößen mit der gesetzlich an sich vorgesehenen Folge des Verlustes der Gemeinnützigkeit drohen, obwohl eine solche Maßnahme unverhältnismäßig wäre bzw. gar nicht beabsichtigt ist. Die Fehlverwendungsabgabe hätte aus der Sicht der Finanzverwaltung den Vorzug, dass Überprüfungen gemeinnütziger Einrichtungen auch „einnahmewirksam" sein können, weil die Abgabe wieder in den allgemeinen Haushalt zurückfließt. Schließlich erscheint es leichter, eine „angemessene" Zahlungspflicht festzulegen, als über die Angemessenheit eines Verlustes der Gemeinnützigkeit zu entscheiden. Für Verstöße, die nicht die Mittelverwendung betreffen und daher nicht in Geld bewertbar sind (z.B. ein unzulässiges politisches Engagement), könnte der Gesetzgeber schließlich eine Art Mindestabgabe festsetzen.

---

1 Vgl. *Buchna/Leichinger/Seeger/Brox*, S. 175.

Kapitel 5
Gemeinnützige Mittelverwendung

Literatur: *Arnold*, Satzungsvorbehalt für die Vorstandsvergütung bei Vereinen und Stiftungen, in Martinek/Rawert/Weitemeyer (Hrsg.), Festschrift Dieter Reuter zum 70. Geburtstag, Berlin 2010, S. 3; *Carstensen*, Vermögensverwaltung, Vermögenserhaltung und Rechnungslegung gemeinnütziger Stiftungen, 2. Aufl., Frankfurt/M. 1996; *Doll*, Grundsätze der Rechnungslegung Spenden sammelnder Organisationen, npoR 2011, 118; *Erhart*, Das Stiftungsvermögen in der Stiftungsbilanz, npoR 2017, 107; *Eversberg*, Der steuerpflichtige wirtschaftliche Geschäftsbetrieb – besondere Problemstellungen, Stiftung&Sponsoring, Rote Seiten zu 5/2001; *Flämig*, Die Erhaltung der Leistungskraft gemeinnütziger Stiftungen, Essen 1984; *Gehringhoff*, Das Stiftungssteuerrecht in den USA und Deutschland, Baden-Baden 2008; *Graffe*, Die Konsequenzen der Neuregelungen des Ehrenamtsstreichungsgesetzes im neuen AO-Anwendungserlass, Non Profit Law Yearbook 2013/2014 (2014), 93; *Hartnick*, Kontrollprobleme bei Spendenorganisationen, Tübingen 2006; *Herbert*, Die Mittel- und Vermögensbindung gemeinnütziger Körperschaften, BB 1991, 178; *von Hippel*, Grundprobleme von Non Profit

Organisationen, Tübingen 2007; *von Hippel*, Corporate Governance durch Steuerrecht im Nonprofitsektor: wünschenswert oder systemwidrig?, in Grundmann/Haar/Merkt (Hrsg.), Festschrift für Klaus J. Hopt, 2010, S. 817; *Hofmeister*, Tendenzen der aktuellen BFH-Rechtsprechung zum Gemeinnützigkeitsrecht, DStZ 1999, 545; *Hofmeister*, Wirtschaftliche Betätigung gemeinnütziger Organisationen – Freiheiten und Grenzen, DStJG 26 (2003), 159; *Hopt/von Hippel/Walz* (Hrsg.), Nonprofit-Organisationen in Recht, Wirtschaft und Gesellschaft – Theorien – Analysen – Corporate Governance, Tübingen 2005; *Hüttemann*, Das Gesetz zur weiteren steuerlichen Förderung von Stiftungen, DB 2000, 1584; *Hüttemann*, Der neue Anwendungserlass zum Gemeinnützigkeitsrecht (§§ 51 bis 68 AO), FR 2002, 1337; *Hüttemann*, Grundprinzipien des steuerlichen Gemeinnützigkeitsrechts, DStJG 26 (2003), 49; *Hüttemann*, Organschaft und Gemeinnützigkeit, in Herzig (Hrsg.), Organschaft, Stuttgart 2003, S. 399; *Hüttemann*, Ehrenamt, Organvergütung und Gemeinnützigkeit, DB 2009, 1205; *Hüttemann*, Der Steuerstatus der politischen Parteien, in Tipke/Seer/Hey/Englisch (Hrsg.), Festschrift für Joachim Lang: Gestaltung der Steuerrechtsordnung, Köln 2010, S. 321; *Hüttemann*, Transparenz und Rechnungslegung bei Stiftungen – Brauchen wir mehr Publizität und ein Bilanzrecht für Stiftungen?, Non Profit Law Yearbook 2012/2013 (2013), 81; *Hüttemann*, Das Gesetz zur Stärkung des Ehrenamts, DB 2013, 774; *Hüttemann*, Anmerkung zu BFH-Urt. v. 6.2.2013 – I R 59/11, npoR 2013, 182; *Hüttemann*, Zur Rechnungslegung von Stiftungen – Anwendungen zum IDW ERS HFA 5, DB 2013, 1561; *Hüttemann*, Der geänderte Anwendungserlass zur Gemeinnützigkeit, DB 2014, 442; *Hüttemann*, Anmerkung zu FG Hamburg v. 25.2.2015 – 5 K 135/12, npoR 2016, 122; *Hüttemann/Schön*, Vermögensverwaltung und Vermögenserhaltung im Stiftungs- und Gemeinnützigkeitsrecht, Köln 2007; *IDW* Stellungnahme zur Rechnungslegung „Besonderheiten der Rechnungslegung Spenden sammelnder Organisationen" (IDW RS HFA 21 v. 11.3.2010) IDW-FN 5/2010, 201; *IDW* Stellungnahme zur Rechnungslegung „Rechnungslegung von Vereinen" (IDW RS HFA 14 v. 1.3.2006), WPg 2006, 692; *IDW* Stellungnahme zur Rechnungslegung „Rechnungslegung von Stiftungen" (IDW RS HFA 5 v. 25.2.2000), WPg 2000, 391; *Jachmann*, Steuerrecht, in Igl/Jachmann/Eichenhofer (Hrsg.), Rechtliche Rahmenbedingungen bürgerschaftlichen Engagements, Opladen 2002; *Jost*, Bildung freier Rücklagen durch gemeinnützige mildtätige und kirchliche Körperschaften zur Erhaltung ihrer Leistungskraft, DB 1986, 1593; *Jost*, Betriebsaufspaltung im steuerfreien Bereich gemeinnütziger Körperschaften – Auswirkungen des BFH-Urteils vom 29.3.2006 – X R 59/00, DB 2007, 1664; *Kampermann*, Anmerkung zu FG Mecklenburg-Vorpommern v. 21.12.2016 – 3 K 272/13, npoR 2017, 271; *Kampermann*, Organvergütungen in gemeinnützigen Organisationen, 2018; *Katschinski*, Die Umwandlung von Non-Profit-Organisationen, Non Profit Law Yearbook 2001 (2002), 65; *Kirchhain*, Privatnützige Zuwendungen gemeinnütziger Körperschaften: Möglichkeiten und Grenzen vor dem Hintergrund des Gebots der Vermögensbindung – Überlegungen im Anschluss an BFH v. 12.10.2010 – I R 59/09, FR 2011, 640; *Kirchhain*, Neue Verwaltungsrichtlinien für NPOs – Der neue Anwendungserlass zur Abgabenordnung im Lichte des Ehrenamtsstärkungsgesetzes, DStR 2014, 289; *Kirchhain*, Wie viel Gewinn nötig, wie viel möglich? – Leistungsbeziehungen gemeinnütziger Unternehmen und Konzerne auf dem Prüfstand – zugleich Anmerkungen zum BFH-Urteil vom 27.11.2013 – I R 17/12, DB 2014, 1831; *Kirchhain*, Gewinnausschüttungen und -abführungen gemeinnütziger Kapitalgesellschaften – die Finanzverwaltung in der Zwickmühle, DStR 2017, 2317; *Kirchhain*, Reform des Investmentsteuergesetzes – praktische Auswirkungen für gemeinnützige Organisationen, Non Profit Law Yearbook 2017/2018 (2018); *Klaßmann*, Die Umschichtungsrücklage bei steuerbegünstigten Stiftungen, ZStV 2016, 186; *Kohl*, Ein „Foundation Governance Kodex" – ein Gebot der Zeit?, in Kohl/Kübler/Ott/Schmidt (Hrsg.), Zwischen Markt und Staat. Gedächtnisschrift für Rainer Walz, Köln 2008, S. 339; *Koss*, Das Interne Kontrollsystem der Stiftung – zugleich Anmerkungen zu OLG Oldenburg, Urteil vom 8.11.2013 – 6 U 50/13, ZStV 2014, 171; *Kümpel*, Anforderungen an die tatsächliche Geschäftsführung bei steuerbegünstigten (gemeinnützigen) Körperschaften, DB 2001, 152; *Küstermann*, Das Transparenzgebot des Art. 21 Abs. 1

Satz 4 GG und seine Ausgestaltung durch das Parteiengesetz, Göttingen 2003; *Lehmann,* Wesentliche Änderungen in der Spendenbilanzierung durch den neuen IDW-Standard RS HFA 21 – Eine kritische Würdigung im Lichte der Praxis, DB 2010, 2513; *Ley,* Fragen der handelsrechtlichen Rechnungslegung gemeinnütziger Institutionen, in StbJb 1998/99, S. 301; *Ley,* Rücklagenbildung aus zeitnah zu verwendenden Mitteln gemeinnütziger Körperschaften, BB 1999, 626; *Longree/Loos,* (Tax) Compliance – Ein zunehmend aktuelles Thema für Stiftungen und Vereine, ZStV 2016, 34; *Luxton,* The Law of Charities, Oxford 2001; *Neuhoff,* Umschichtungsgewinne und –verluste bei der Vermögensverwaltung von Stiftungen – wie damit umgehen?, ZStV 2017, 239; *Orth,* Finanzierung und Mittelverwendung gemeinnütziger Organisationen, DStJG 26 (2003), 177; *Orth,* Umstrukturierung gemeinnütziger Einrichtungen, Non Profit Law Yearbook 2007 (2008), 251; *Orth,* Zum Ausweis von Zuwendungen in das Vermögen einer gemeinnützigen Stiftung, npoR 2016, 189; *Ott,* Kontrolle und Transparenz bei Nonprofit-Organisationen, in Kohl/Kübler/Ott/Schmidt (Hrsg.), Zwischen Markt und Staat. Gedächtnisschrift für Rainer Walz, Köln 2007, S. 505; *Rawert,* Stiftungen und Unternehmen, Non Profit Law Yearbook 2003 (2004), 1; *Reiffs,* Vermögensbildung der gemeinnützigen Vereine – Überlegungen zum BFH-Urteil vom 13.9.1989 – I R 19/85, DB 1991, 1247; *Richter,* Aktuelle Änderungen in den Landesstiftungsgesetzen, ZEV 2005, 517; *Richter,* Gebot der zeitnahen Mittelverwendung oder Ausschüttungsgebot, in Kohl/Kübler/Ott/Schmidt (Hrsg.), Zwischen Markt und Staat. Gedächtnisschrift für Rainer Walz, Köln 2008, S. 559; *Rösch/Woitschell,* Zur Reichweite des Gebots der zeitnahen Mittelverwendung im Gemeinnützigkeitsrecht, DB 2007, 1434; *Saenger/Veltmann,* Corporate Governance in Stiftungen, ZSt 2005, 67; *Sandberg/Mecking,* Vergütung haupt- und ehrenamtlicher Führungskräfte in Stiftungen, Essen 2008; *Schad/Eversberg,* Bildung freier Rücklagen nach § 58 Nr. 7 AO, DB 1986, 2149; *Schauhoff,* Gemeinnützigkeitsrecht: Zum zulässigen Aufwand beim Spendensammeln, DStR 2002, 1694; *Schauhoff,* Begründung und Verlust des Gemeinnützigkeitsstatus, DStJG 26 (2003), 133; *Schauhoff,* Wertberichtigungen im Stiftungsvermögen, DStR 2004, 471; *Schauhoff,* Steuerzahlung als Sanktion für zweckwidriges Verhalten – Grundüberlegungen zu steuerrechtlichen Lenkungsnormen, in Spindler/Tipke/Rödder (Hrsg.), Steuerzentrierte Rechtsberatung. Festschrift für Harald Schaumburg, Köln 2009, S. 95; *Schauhoff/Kirchhain,* Steuer- und zivilrechtliche Neuerungen für gemeinnützige Körperschaften und deren Förderer – Zum Gesetz zur Stärkung des Ehrenamtes, FR 2013, 301; *Schick,* Die Betriebsaufspaltung unter Beteiligung steuerbegünstigter Körperschaften und ihre Auswirkungen auf die zeitnahe Mittelverwendung, DB 2008, 893; *Schindler,* Auswirkungen des Gesetzes zur weiteren steuerlichen Förderung von Stiftungen, BB 2000, 2077; *Schotenroehr/Schotenroehr,* Möglichkeiten der Eigenkapitalbildung bei steuerbegünstigten Körperschaften, DStR 2013, 1161; *Schriever,* Stiftungsfinanzierung im Niedrigzinsumfeld, npoR 2017, 111; *Schröder,* Ausgliederungen aus gemeinnützigen Organisationen auf gemeinnützige und steuerpflichtige Kapitalgesellschaften, DStR 2001, 1415; *Schröder,* Rücklagen nach § 58 AO und zeitnahe Mittelverwendung, Stiftung&Sponsoring, Rote Seiten zu 6/2007; *Schröder,* Die steuerpflichtige und steuerbegünstigte GmbH im Gemeinnützigkeitsrecht, DStR 2008, 1069; *Schruff/Busse/Hoffmann,* Zur Weiterentwicklung der Rechnungslegung Spenden sammelnder Organisationen – Neufassung des Entwurfs einer IDW Stellungnahme zur Rechnungslegung (IDW ERS HFA 21 n.F.), WPg 2009, 812; *Schruff/Busse/Wellbrock,* Konzept für eine Erfolgsrechnung spendensammelnder Organisationen, WPg 2008, 591; *Schwintek,* Vorstandskontrolle in rechtsfähigen Stiftungen bürgerlichen Rechts, Baden-Baden 2001; *Segna,* Vorstandskontrolle in Großvereinen, Berlin 2002; *Spiegel/Römer,* Die Realisierung von Spendenerträgen in der Rechnungslegung von Spenden sammelnden Organisationen, npoR 2010, 100; *Spitaler/Schröder,* Gemeinnützigkeitssteuerrecht: Neuerungen bei der zeitnahen Mittelverwendung und Rücklagenbildung, DStR 2014, 2144 (Teil I), 2194 (Teil II); *Steuber,* Corporate Governance bei Stiftungen – eine Frage der Kontrolle oder der Moral?, DStR 2006, 1182; *Thiel,* Die zeitnahe Mittelverwendung – Aufgabe und Bürde gemeinnütziger Körperschaften, DB 1992, 1900; *Thiel,* Das Gebot der zeitnahen Mittelverwendung im Gemeinnützigkeitsrecht und seine Bedeutung für die tatsächliche Geschäftsführung gemeinnütziger Stiftungen, Stiftung&Sponsoring, Rote Seiten zu 3/1998; *Thiel/Eversberg*, Zur Reichweite des Gebots der zeitnahen Mittelverwendung im Gemeinnützigkeitsrecht, DB 2007, 191; *Trzaskalik*, Die steuerliche Förderung des Sports, StuW 1986, 219; *Urselmann*, Fundraising – Professionelle Mittelbeschaffung für steuerbegünstigte Körperschaften, 6. Aufl., Wiesbaden 2014; *Wagner/ Walz*, Zweckerfüllung gemeinnütziger Stiftungen durch zeitnahe Mittelverwendung und Vermögenserhaltung, Baden-Baden 1997; *Walz*, Stiftungsreform in Deutschland: Stiftungssteuerrecht, in Hopt/Reuter (Hrsg.), Stiftungsrecht in Europa, Köln 2001, S. 197; *Wallenhorst/Wallenhorst*, Optionen und strukturierte Wertpapiere in der Vermögensverwaltung gemeinnütziger Stiftungen – mehr zeitnah zu verwendende Mittel im Zinstief?, npoR 2017, 101; *Wallenhorst/Wallenhorst*, Zur gemeinnützigen Mittelverwendung: Das Ende der „Geldscheintheorie", DStR 2018, 851; *Walz*, Diskussionsbeitrag, DStJG 26 (2003), 75; *Walz* (Hrsg.), Rechnungslegung und Transparenz im Dritten Sektor, Köln 2004; *Walz*, Lücken der Foundation Governance und ihre Auffüllung, in Arkan/Yongalik (Hrsg.), Festschrift für Tugrul Ansay, 2006, S. 497; *Walz/Fischer*, Grund und Grenzen von Thesaurierungsverboten im Stiftungs- und Gemeinnützigkeitsrecht, Non Profit Law Yearbook 2004 (2005), 159; *Weitemeyer/Hüttemann*, Flexibilisierung der Rücklagenbildung, npoR 2009, 107; *Weitemeyer/ Vogt*, Verbesserte Transparenz und Non-Profit Governance Kodex für NPOs, NZG 2014, 12; *Weitemeyer/Wrede*, Zeitgemäße Verwaltung des Stiftungsvermögens im zinslosen Umfeld, npoR 2017, 91.

A. Grundlagen

I. Überblick über die gesetzliche Regelung

1. Grundsatz der gemeinnützigen Mittelverwendung

Der Grundsatz der gemeinnützigen Mittelverwendung findet seine gesetzliche Grundlage in § 55 Abs. 1 Nr. 1 Satz 1 AO. Darin heißt es: 5.1

„Mittel der Körperschaft dürfen nur für die satzungsmäßigen Zwecke verwendet werden."

Die Mittel gemeinnütziger Körperschaften sind also **für die satzungsmäßigen steuerbegünstigten Zwecke gebunden**. Daraus folgt im Umkehrschluss, dass keine Mittel für satzungswidrige Zwecke eingesetzt werden dürfen.

Über den allgemeinen Grundsatz der gemeinnützigen Mittelbindung hinaus enthält die AO in § 55 Abs. 1 Nr. 1 bis 3 noch verschiedene **spezielle Mittelverwendungsverbote**:   5.2

– So dürfen die Mitglieder oder Gesellschafter keine Gewinnanteile und bei ihrem Ausscheiden oder bei Auflösung der Körperschaft keinen Anteil am Liquidationserlös erhalten (§ 55 Abs. 1 Nr. 1 Satz 2, Nr. 2 AO).

– Auch sonstige Zuwendungen an die Mitglieder sind untersagt (§ 55 Abs. 1 Nr. 1 Satz 2 AO).

– Da politische Zwecke keine steuerbegünstigten Zwecke im Sinne der §§ 52 bis 54 AO sind, ist auch eine unmittelbare oder mittelbare Unterstützung politischer Parteien verboten (§ 55 Abs. 1 Nr. 1 Satz 3 AO).

– Schließlich dürfen gemeinnützige Körperschaften auch keine Personen durch Ausgaben, die dem Zweck der Körperschaft fremd sind, oder durch unverhältnismäßig hohe Vergütungen begünstigen (§ 55 Abs. 1 Nr. 3 AO).

5.3 Der Grundsatz der gemeinnützigen Mittelverwendung unterliegt aber auch **gewissen Ausnahmen** (vgl. § 58 AO).

– Diese betreffen zum einen die Verwendung für eigene satzungsmäßige Zwecke und erlauben einen gewissen Mitteltransfer an andere gemeinnützige Einrichtungen (§ 58 Nr. 2, 4 und 5 AO).

– Zum anderen lässt das Gesetz auch in bestimmten Fällen eine teilweise Mittelverwendung für nicht steuerbegünstigte Zwecke zu (vgl. § 58 Nr. 6, 7 und 8 AO). So dürfen etwa gemeinnützige Stiftungen einen Teil ihrer Mittel für die Versorgung des Stifters und seiner nächsten Angehörigen verwenden.

2. Grundsatz der zeitnahen Mittelverwendung

5.4 § 55 Abs. 1 Nr. 5 Satz 1 AO ergänzt das Mittelverwendungsgebot um ein **zeitliches Element**:

„Die Körperschaft muss ihre Mittel grundsätzlich zeitnah für ihre steuerbegünstigten satzungsmäßigen Zwecke verwenden."

Der Grundsatz der zeitnahen Mittelverwendung besagt, dass eine gemeinnützige Körperschaft ihre finanziellen und sachlichen Mittel **in der Regel zeitnah**, d.h. innerhalb einer bestimmten Frist, für die Verwirklichung ihrer satzungsmäßigen Zwecke tatsächlich einsetzen muss. Eine zeitnahe Mittelverwendung ist nach § 55 Abs. 1 Nr. 5 Satz 3 AO gegeben, wenn die Mittel spätestens in den auf den Zufluss folgenden zwei Kalender- oder Wirtschaftsjahren für die steuerbegünstigten satzungsmäßigen Zwecke verwendet werden. Eine Verwendung in diesem Sinne ist nicht nur die Verausgabung von Mitteln für satzungsmäßige Zwecke (z.B. durch Bezahlung von Löhnen und Gehältern), sondern auch die Bildung von sog. „nutzungsgebundenen Vermögen". Dies ist nach § 55 Abs. 1 Nr. 5 Satz 2 AO der Fall, wenn Mittel „für die Anschaffung oder Herstellung von Vermögensgegenständen, die satzungsmäßigen Zwecken dienen", verwendet werden.

5.5 Durch den Grundsatz der zeitnahen Mittelverwendung soll verhindert werden, dass gemeinnützige Einrichtungen **ihre Mittel beliebig ansammeln** („… grundsätzlich zeitnah …")[1]. Dies schließt – wie der Blick auf die Ausnahmeregelungen in §§ 58 Nr. 10, 62 Abs. 1, 3 und 4 AO zeigt – die Bildung von Rücklagen für zukünftige Projekte oder den Aufbau eines Vermögensstocks zur Finanzierung der satzungsmäßigen Aufgaben nicht grundsätzlich aus. Eine solche zeitliche Verlagerung von Zweckerfüllungsmaßnahmen in die Zukunft ist aber nur in den gesetzlich bestimmten Grenzen zulässig. Der Grundsatz der zeitnahen Mittelverwendung darf also nicht dahin missverstanden werden, dass gemeinnützige Einrichtungen immer nur „von der Hand in den Mund" leben müssten, keine vorausschauende Wirtschafts-

---

1 Vgl. auch BFH v. 20.3.2017 – X R 13/15, BStBl. II 2017, 1110.

führung betreiben oder kein Vermögen bilden dürften. Das Gesetz will einer Vermögensbildung aber gewisse Grenzen setzen und versteht daher jede Maßnahme, durch die Mittel für künftige Ausgaben angesammelt oder dem sonstigen Vermögen der Körperschaft zugeführt werden, als begründungsbedürftige Ausnahme.

3. Rücklagen- und Vermögensbildung als Ausnahme

Im Unterschied zum nutzungsgebundenen Vermögen dienen sog. **Projektrücklagen** nach § 62 Abs. 1 Nr. 1 AO regelmäßig nur einer vorübergehenden Mittelansammlung. Nach dieser Regelung darf eine Körperschaft ihre Mittel ganz oder teilweise einer Rücklage zuführen, „soweit dies erforderlich ist, um ihre steuerbegünstigten satzungsmäßigen Zwecke nachhaltig zu erfüllen". Wie sich im Umkehrschluss aus § 62 Abs. 1 Nr. 3, Abs. 4 AO ergibt, betrifft diese Regelung nur solche Rücklagen, die für konkret absehbare künftige satzungsmäßige Aufwendungen benötigt werden. Das Gesetz lässt eine solche Rücklagenbildung zu, um auch größere Projekte, die aus den laufenden Einnahmen eines Jahres nicht finanziert werden können, zu ermöglichen. Hierzu gehört auch die Wiederbeschaffung von Gegenständen des nutzungsgebundenen Vermögens (§ 62 Abs. 1 Nr. 2 AO). 5.6

Von der Vermögensbildung im Zweckverwirklichungsbereich ist die Einstellung von Mitteln in „**freie Rücklagen**" nach § 62 Abs. 1 Nr. 3 und 4 AO bzw. **die Zuführung von Mitteln zum Vermögen** nach § 62 Abs. 4 AO zu unterscheiden. In diesen Fällen geht es nicht um die Bildung nutzungsgebundenen Vermögens, sondern um die Erhaltung und Vermehrung eines sonstigen Vermögens, das nur als Ertragsquelle zur Finanzierung der satzungsmäßigen Tätigkeit dient. Alle Maßnahmen zur Vermögensbildung nach § 62 Abs. 1 Nr. 3 und 4, Abs. 4 AO gehen zunächst zulasten der gegenwärtigen Zweckverfolgung, ermöglichen aber auf Grund der rentablen Anlage in Zukunft höhere Ausgaben für satzungsmäßige Zwecke. Es kommt also zu einer Verlagerung von Zweckverfolgungsmaßnahmen in die Zukunft. Bei dieser Betrachtung ist allerdings zu beachten, dass das geltende Recht von nominalen Größen ausgeht. Berücksichtigt man Inflationseffekte, so würde eine vollständige Pflicht zur zeitnahen Mittelverwendung bedeuten, dass eine Körperschaft mit einem nominal konstanten Zufluss an laufenden Mitteln jedes Jahr real weniger Zweckverfolgungsmaßnahmen vornehmen kann. So gesehen ist die Bildung von freien Rücklagen auch ein notwendiges Instrument für eine vorausschauende Wirtschaftsführung und der dauerhaften Leistungserhaltung[1]. 5.7

Diese Überlegung bildet zugleich den sachlichen Grund für die Rücklage nach § 62 Abs. 1 Nr. 3 AO, die auf Erträge aus einer Vermögensverwaltung (z.B. Zinsen, Mieten und Dividenden) beschränkt ist und – insbesondere bei gemeinnützigen Stiftungen – der **Erhaltung der Ertragskraft eines vorhandenen Vermögens** dienen soll. Seit 2000 dürfen zudem aus sonstigen zeitnah zu verwendenden Mittel bis zu 10 Prozent in eine freie Rücklage eingestellt werden, um auch bei Körperschaften ohne ein Vermögen eine gewisse Zukunftsvorsorge zu ermöglichen. Dagegen handelt es sich bei 5.8

---

1 Dazu grundlegend *Wagner/Walz*, Zweckerfüllung gemeinnütziger Stiftungen durch zeitnahe Mittelverwendung und Vermögenserhaltung, 1997.

§ 62 Abs. 1 Nr. 4 AO um eine (recht weitgehende) Einzelfallregelung betreffend Gesellschaftsbeteiligungen. Die vierjährige Ansparrücklage bei neu gegründeten Stiftungen (§ 62 Abs. 4 AO) soll hingegen auch einen gewissen realen Vermögensaufbau ermöglichen. Die Rücklagen nach § 62 Abs. 1 Nr. 3 und 4, Abs. 4 AO beruhen auf der Verwendung laufender Mittel und können deshalb auch als Maßnahmen der „Innenfinanzierung" bezeichnet werden. Dies ist zugleich der wesentliche Unterschied zu einer Vermögensbildung durch „Außenfinanzierung" nach § 62 Abs. 3 AO.

5.9 Während das geltende Recht die interne Vermögensbildung nur in den Grenzen der § 62 Abs. 1 Nr. 3 und 4, Abs. 4 AO zulässt, können Dritte nach § 62 Abs. 3 AO in beliebigen Umfang **„Zuwendungen zum Vermögen"** machen. Diese Unterscheidung ist sinnvoll, weil es um unterschiedliche Regelungsprobleme geht. Die interne Vermögensbildung liegt in der Hand der Organe der Körperschaft, sodass gewisse objektive Kriterien (z.B. die Ein-Drittel-Regelung) angezeigt sind, um eine zu weitgehende Aushöhlung der zeitnahen Mittelverwendung zu verhindern. Bei Zuwendungen Dritter respektiert das Gemeinnützigkeitsrecht dagegen die privatautonome Auflage des Zuwendenden (d.h. des Spenders oder Erblassers), die zugewendeten Vermögenswerte nicht für steuerbegünstigte Zwecke zu verwenden, sondern im sonstigen Vermögen dauerhaft als Ertragsquelle zur Finanzierung der satzungsmäßigen Tätigkeit zu erhalten. Eine solche Regelung ist insbesondere erforderlich, um die Vermögensausstattung einer gemeinnützigen Kapitalstiftung durch den Stifter gemeinnützigkeitsrechtlich zu ermöglichen. § 62 Abs. 3 AO ist aber nicht auf Stiftungen beschränkt, sondern erlaubt allen gemeinnützigen Einrichtungen (also auch z.B. einem Verein) den Aufbau eines Vermögens. Ein weiterer Anwendungsfall sind Einlagen in Kapitalgesellschaften (dazu näher Rz. 5.149). Angesichts der engen Grenzen für eine Rücklagenbildung nach § 62 Abs. 1 Nr. 3 AO wird man sagen können, dass Zuwendungen nach § 62 Abs. 3 AO („Zustiftungen"[1]) wohl den wirkungsvollsten Weg zum Vermögensaufbau darstellen.

5.10 Über die in § 62 AO ausdrücklich geregelten Möglichkeiten zur Vermögensbildung hinaus kennt das Gemeinnützigkeitsrecht noch **weitere Fälle**, in denen die Pflicht zur zeitnahen Mittelverwendung eingeschränkt ist. So unterliegen z.B. Gewinne aus steuerpflichtigen wirtschaftlichen Geschäftsbetrieben, die aus zwingenden betrieblichen Gründen reinvestiert werden müssen, nicht der zeitnahen Verwendungspflicht[2]. Aber auch Gewinne aus der Umschichtung eines vorhandenen Vermögens (z.B. realisierte Kursgewinne aus dem Verkauf von Aktien oder Wertpapieren) sind von der Pflicht zur zeitnahen Mittelverwendung ausgenommen, da solche Gewinne nicht zu den bestimmungsgemäßen Erträgen des Vermögens gehören und daher weiterhin der Vermögenssphäre zuzuordnen sind[3]. Die wirtschaftliche Bestimmung des veräußerten Vermögensgegenstandes setzt sich also am Surrogat (commodum ex negotiatione) fort. Schließlich erlaubt § 58 Nr. 10 AO die Verwendung von Mit-

---

1 Zur Rechtsfigur der Zustiftung im Stiftungsrecht vgl. *Hüttemann/Rawert* in Staudinger, Vorbem 366 ff. zu §§ 80 ff. BGB.
2 Vgl. BFH v. 15.7.1998 – I R 156/94, BStBl. II 2002, 162 (163 f.); ebenso AEAO Nr. 1 zu § 62 AO.
3 Vgl. AEAO Nr. 29 zu § 55 Abs. 1 Nr. 1 AO.

teln zum Erwerb von Gesellschaftsrechten zur Erhaltung der prozentualen Beteiligung an Kapitalgesellschaften im Jahr des Zuflusses.

4. Grundsatz der Vermögensbindung

Während der Grundsatz der zeitnahen Mittelverwendung und seine Ausnahmen den laufenden Einsatz von Vermögenswerten während des Bestehens der Körperschaft betreffen, bezieht sich der Grundsatz der Vermögensbindung auf **das Ende der Körperschaft oder ihr Ausscheiden aus der Gemeinnützigkeit**. Nach § 55 Abs. 1 Nr. 4 Satz 1 AO darf bei Auflösung oder Aufhebung der Körperschaft oder bei Wegfall ihres bisherigen Zwecks „das Vermögen der Körperschaft, soweit es die eingezahlten Kapitalanteile der Mitglieder und den gemeinen Wert der von den Mitgliedern geleisteten Sacheinlagen übersteigt, nur für steuerbegünstigte Zwecke verwendet werden (Grundsatz der Vermögensbindung)". Auf diese Weise wird sichergestellt, dass auch die während des Bestehens der Steuerbegünstigung erworbenen, aber noch nicht verbrauchten Vermögenswerte für steuerbegünstigte Zwecke gebunden sind. Der Grundsatz der Vermögensbindung betrifft also gewissermaßen den letzten Verwendungsakt.

5.11

II. Systematische Einordnung

Das Recht der gemeinnützigen Mittelverwendung ist ein **Kernstück des steuerlichen Gemeinnützigkeitsrechts**. Das Gesetz will mit den Regelungen in § 55 AO gewährleisten, dass die gemeinnützigkeitsrechtlich gebundenen Mittel einschließlich der wirtschaftlichen Vorteile aus den Steuervergünstigungen für gemeinnützige Körperschaften (z.B. die Steuerbefreiung von Vermögenserträgen oder die steuerliche Abzugsfähigkeit von Spenden) ausschließlich den steuerbegünstigten Zwecken zugute kommen. Daher verbietet es in § 55 Abs. 1 Nr. 1 bis 3 AO jede Verwendung zu satzungsfremden privatnützigen oder anderen nicht steuerbegünstigten Zwecken und dehnt die Mittelverwendungspflicht in § 55 Abs. 1 Nr. 4 AO auch auf den Fall der Auflösung der Körperschaft aus.

5.12

Die Vorschriften über die Mittelverwendung waren früher in § 4 Abs. 2 GemVO enthalten und damit Bestandteil des Ausschließlichkeitsgrundsatzes. Erst der Gesetzgeber der AO 1977 hat sie dem Grundsatz der Selbstlosigkeit zugeordnet. Diese Zuordnung ändert aber – wie an anderer Stelle (Rz. 4.17) bereits dargelegt worden ist – nichts daran, dass es sich nach richtiger Ansicht in erster Linie um eine **Ausprägung des Ausschließlichkeitsgebots** (§ 56 AO) handelt: Eine Körperschaft, die ausschließlich steuerbegünstigte Zwecke verfolgt, darf auch ihre Mittel „nur" – d.h. ausschließlich – für steuerbegünstigte Zwecke verwenden. Auch die besonderen Mittelverwendungsverbote sind eine Konsequenz der ausschließlich gemeinnützigen Zielsetzung, berühren aber zum Teil (z.B. das Verbot von Gewinnausschüttungen an die Gesellschafter und Mitglieder) auch das Verbot der vorrangigen Verfolgung eigenwirtschaftlicher Zwecke (§ 55 Abs. 1 Satz 1 AO) und damit den Selbstlosigkeitsgrundsatz im engeren Sinne.

Durch das Gebot der zeitnahen Mittelverwendung soll darüber hinaus erreicht werden, dass die Mittel vorrangig für eine **gegenwartsnahe Verfolgung von Gemeinwohlzwecken** eingesetzt werden (dazu auch Rz. 4.110 ff.). Dies schließt zwar Maßnahmen der Vermögensbildung und Zukunftsvorsorge nicht grundsätzlich aus, be-

5.13

gründet aber ein gesetzliches Regel-Ausnahme-Verhältnis, bei dem eine Vermögensbildung nur unter bestimmten Voraussetzungen zulässig ist.

Die Pflicht zur zeitnahen Mittelverwendung ist vor Einführung des § 55 Abs. 1 Nr. 5 Satz 1 AO im Jahr 2000 überwiegend aus einem Umkehrschluss aus § 58 Nr. 6 und 7 AO a.F. hergeleitet worden[1]. Nach der hier vertretenen Auffassung handelt es sich um eine gesetzliche **Konsequenz des allgemeinen Gebots der Gegenwartsnähe** (s. Rz. 4.110 ff.). Das Gesetz regelt in § 55 Abs. 1 Nr. 5 AO also nur den wichtigsten Fall gemeinnützigen Handelns, die Verwendung der Vermögenswerte einer Körperschaft. In anderen Bereichen, z.B. bei der ehrenamtlichen Arbeit, gilt aber nichts grundsätzlich anderes. Auch ein vermögensloser Verein, der nur vom ehrenamtlichen Engagement seiner Mitglieder lebt, verliert die Gemeinnützigkeit mangels einer auf die Erfüllung der satzungsmäßigen Zwecke gerichteten Betätigung, wenn die Mitglieder ohne sachlichen Grund über mehrere Jahre hinweg keine Aktivitäten entfalten.

5.14–5.15   frei

B. Mittel

I. Sämtliche Vermögenswerte der Körperschaft

5.16   Der I. Senat des BFH hat im Urteil vom 23.10.1991[2] entschieden, dass Mittel im Sinne des § 55 AO „nicht nur die der Körperschaft durch Spenden, Beiträge und Erträge ihres Vermögens und ihrer wirtschaftlichen Zweckbetriebe[3] zur Verfügung stehenden Geldbeträge, sondern **sämtliche Vermögenswerte der Körperschaft**" sind. Der X. Senat hat im Urteil vom 20.3.2017[4] diese Sichtweise noch einmal bekräftigt. Darin heißt es:

„Wenn in § 55 Abs. 1 Nr. 5 AO die Formulierungen ‚ihre Mittel' bzw. ‚die Mittel' verwendet werden, deutet dies darauf hin, dass eine Globalbetrachtung vorgenommen werden muss, in die sämtliche vorhandenen – bzw. zeitnah zu verwendenden – Mittel, aber auch sämtliche Mittelverwendungen (Satz 3) bzw. Investitionen (Satz 2) einzubeziehen sind. ... Wenn aber nicht nur laufende Einnahmen, sondern auch Vermögenswerte in die Prüfung einzubeziehen sind, dann spricht dies für eine Saldo- bzw. Globalbetrachtung der Mittelverwendung".

Die **Finanzverwaltung** hat sich dieser Auslegung im Anwendungserlass zur AO angeschlossen[5]. Dort findet sich im Zusammenhang mit dem Verlustausgleich bei wirtschaftlichen Geschäftsbetrieben eine (beispielhafte) Aufzählung[6]. Zu den Mitteln einer Körperschaft gehören danach „Mittel des ideellen Bereichs (insbesondere Mitgliedsbeiträge, Spenden, Zuschüsse, Rücklagen), Gewinne aus Zweckbetrieben,

---

1 Vgl. dazu *Hüttemann*, Wirtschaftliche Betätigung, S. 78 f.
2 BFH v. 23.10.1991 – I R 19/91, BStBl. II 1992, 62 (64); BFH v. 15.7.1998 – I R 156/94, BStBl. II 2002, 162 (164).
3 Wie *Fischer* in Hübschmann/Hepp/Spitaler, § 55 AO Rz. 99 Fn. 8 (Stand 4/1993) zutreffend anmerkt, sind mit dem Begriff „wirtschaftliche Zweckbetriebe" offenbar „wirtschaftliche Geschäftsbetriebe" gemeint.
4 BFH v. 20.3.2017 – X R 13/15, BStBl. II 2017, 1110.
5 Vgl. AEAO Nr. 3 zu § 55 Abs. 1 Nr. 1 AO am Anfang: „sämtliche Mittel".
6 AEAO Nr. 4 zu § 55 Abs. 1 Nr. 1 AO.

Erträge aus der Vermögensverwaltung und das entsprechende Vermögen". Auch das steuerrechtliche **Schrifttum** hat die weite Definition des BFH übernommen[1].

Mit dem weiten Mittelbegriff wollte der BFH vor allem klarstellen, dass grundsätzlich **alle Vermögenswerte** einer steuerbegünstigten Körperschaft und nicht nur einzelne Teile davon (z.B. nur die laufenden Einnahmen) nach § 55 Abs. 1 Nr. 1 Satz 1 AO für die satzungsmäßigen steuerbegünstigten Zwecke gebunden sind. Der BFH sah sich nach der Einführung der AO 1977 zu dieser Auslegung veranlasst, um zu sachgerechten Ergebnissen bei der Auslegung des § 55 AO zu gelangen. Denn der Gesetzgeber der AO hatte zunächst die frühere Regelung des § 4 Abs. 2 Nr. 1 Satz 1 GemVO unverändert übernehmen wollen. Diese lautete: „Etwaige Gewinne dürfen nur für die satzungsmäßigen Zwecke verwendet werden". Im Laufe des Gesetzgebungsverfahrens wurde dann aber der Begriff „etwaige Einkünfte" durch den Begriff „Mittel" ersetzt, um klarzustellen, dass nicht nur Einkünfte im technischen Sinn, sondern auch Spenden nur für die satzungsmäßigen Zwecke verwendet werden dürften[2]. Dieses Begriffsverständnis erschien dem BFH aber nicht ausreichend, weil es das Missverständnis hervorrufen könnte, das vorhandene Vermögen einer gemeinnützigen Körperschaft (z.B. das Stiftungskapital) unterliege keinen besonderen steuerlichen Bindungen. So ging es im Urteilsfall des BFH u.a. um die Frage, ob in der Verpachtung eines landwirtschaftlichen Betriebs durch einen gemeinnützigen Verein an ein Mitglied eine nach § 55 Abs. 1 Nr. 1 Satz 2 AO verbotene Zuwendung „aus Mitteln der Körperschaft" liegen könne[3]. Dies würde aber gedanklich voraussetzen, dass auch der verpachtete Betrieb selbst zu den „Mitteln" gehört. Denn eine Zuwendung „aus Mitteln der Körperschaft" liegt – wie es der BFH ausgedrückt hat – nur dann vor, wenn „deren Vermögenswerte eingesetzt werden, um den wirtschaftlichen Vorteil dem Dritten zukommen zu lassen"[4]. Will man also z.B. auch Vorteilsgewährungen in Gestalt einer unentgeltlichen oder verbilligten Überlassung von Vermögensgegenständen in § 55 Abs. 1 Nr. 1 Satz 2 AO erfassen, ist die Mittelbindung auch auf Vermögensgegenstände zu erstrecken, die keine Einkünfte im technischen Sinne darstellen, sondern zum Vermögen gehören.

5.17

II. Mittelbegriff und zeitnahe Verwendungspflicht

Versteht man mit dem BFH unter den „Mitteln" im Sinne von § 55 AO sämtliche Vermögenswerte der Körperschaft, dann ist **die Pflicht zur (zeitnahen) Verwendung für steuerbegünstigte Zwecke kein Merkmal des Mittelbegriffs** mehr[5]. Diese Auslegung entspricht auch der heutigen Systematik des Gesetzes, das z.B. in § 62 Abs. 3 AO die Zuführung von bestimmten „Mitteln" zum Vermögen ausdrücklich

5.18

---

1 Statt vieler nur *Thiel*, DB 1992, 1900 f.; *Buchna/Leichinger/Seeger/Brox*, S. 125; *Musil* in Hübschmann/Hepp/Spitaler, § 55 AO Rz. 122; *Herbert*, BB 1991, 178; *Schauhoff* in Schauhoff, § 9 Rz. 70; a.A. noch *Hüttemann*, Wirtschaftliche Betätigung, S. 81 f. (dazu sogleich Rz. 5.18).
2 Vgl. BT-Drucks. 7/4294, S. 21.
3 BFH v. 23.10.1991 – I R 19/91, BStBl. II 1992, 62.
4 BFH v. 23.10.1991 – I R 19/91, BStBl. II 1992, 62.
5 Ebenso BFH v. 20.3.2017 – X R 13/15, BStBl. II 2017, 1110.

zulässt. Der Begriff der „Mittel" besagt also noch nichts über eine etwaige Verwendungspflicht nach § 55 Abs. 1 Nr. 1 Satz 1 AO bzw. § 55 Abs. 1 Nr. 5 Satz 1 AO. Auch diejenigen Vermögenswerte, die für eine zeitnahe Verwendung zu steuerbegünstigten Zwecke aus rechtlichen oder tatsächlichen Gründen nicht zur Verfügung stehen (z.B. betriebsnotwendige Rücklagen in einem steuerpflichtigen wirtschaftlichen Geschäftsbetrieb)[1], gehören nach der Definition des BFH zu den „Mitteln" der Körperschaft. Für die Frage, ob bestimmte Vermögenswerte zeitnah für die steuerbegünstigten Zwecke zu verwenden sind, ist also nicht auf der Ebene des Mittelbegriffs, sondern nach der Mitteldefinition des BFH bei der Pflicht zur zeitnahen Verwendung nach § 55 Abs. 1 Nr. 1 und 5 AO anzusetzen. Soweit nicht bereits das Gesetz in § 62 AO bestimmte „Mittel" von der zeitnahen Verwendungspflicht ausdrücklich ausnimmt, ist folglich nicht der Mittelbegriff, sondern die zeitnahe Verwendungspflicht teleologisch zu reduzieren[2]. Denn eine zeitnahe Mittelverwendungspflicht kann nur dort bestehen, wo auch die rechtliche oder tatsächliche Möglichkeit einer solchen Verwendung gegeben ist[3].

III. Mittelzuordnung

5.19   Betrachtet man die gesetzliche Systematik der Mittelverwendungsvorschriften insgesamt, so lassen sich die Mittel einer Körperschaft (also ihr Eigenkapital) je nach der Zweckbestimmung **vier verschiedenen Bereichen** zuordnen[4]:

–   Die erste Gruppe umfasst solche Vermögenswerte, die der Pflicht zur zeitnahen Mittelverwendung unterliegen und noch nicht verwendet worden sind, weil die Mittelverwendungsfrist (§ 55 Abs. 1 Nr. 5 Satz 3 AO) noch nicht abgelaufen ist (**Mittelvortrag**).

–   Die zweite Gruppe besteht aus dem **nutzungsgebundenen Vermögen** (§ 55 Abs. 1 Nr. 5 Satz 2 AO), also solchen Vermögensgegenständen, die bereits satzungsmäßigen Zwecken dienen (bereits verwendete Mittel).

–   Die dritte Gruppe sind die in die **Rücklagen eingestellten Beträge** (insbesondere § 62 Abs. 1 AO), die für künftige Ausgaben oder zur Leistungserhaltung vorgehalten werden und in der Rechnungslegung gesondert auszuweisen sind.

–   Die vierte Gruppe bildet das (sonstige) **„Vermögen" der Körperschaft** (vgl. § 62 Abs. 3 und 4 AO). Es umfasst alle Vermögensgegenstände, die weder den Rücklagen zuzuordnen noch zeitnah zu verwenden sind (also z.B. das Grundstockvermögen einer Stiftung)[5].

---

1   Vgl. BFH v. 15.7.1998 – I R 156/94, BStBl. II 2002, 162, 164.
2   Vgl. *Thiel*, DB 1992, 1901.
3   An der abweichenden Ansicht in *Hüttemann*, Wirtschaftliche Betätigung, S. 81 f. (teleologische Reduktion des Mittelbegriffs) wird wegen der geänderten Gesetzessystematik nach Einführung des § 55 Abs. 1 Nr. 5 Satz 1 AO nicht festgehalten.
4   Ebenso *von Holt* in NK-GemnR, § 55 AO Rz. 59 ff.
5   Vgl. auch BFH v. 7.9.2011 – I B 36/11, BFH/NV 2011, 2013.

Bei der Zuordnung des gesamten (Rein-)Vermögens der Körperschaft zu den vier   5.20
Kategorien ist zu beachten, dass die Regelungen über die Mittelverwendung im Regelfall **nur eine wertmäßige Zuordnung** ermöglichen, nicht aber eine konkrete Zuordnung einzelner Vermögensgegenstände und Schulden zu bestimmten Arten von
Mitteln. Hält z.B. eine gemeinnützige Stiftung einen gewissen Bestand an Wertpapieren in ihrem Depot, kann dieser sowohl dem Grundstockvermögen als auch
einem Mittelvortrag zugeordnet werden. Für den Nachweis einer ordnungsgemäßen Mittelverwendung kommt es daher nicht darauf an, ob eine bestimmte Spende
(„Geldschein") tatsächlich für satzungsmäßige Zwecke verwendet worden ist, sondern darauf, ob den zeitnah zu verwendenden Mitteln im jeweiligen Wirtschaftsjahr
entsprechende zweckverwirklichende Aufwendungen bzw. Investitionen in nutzungsgebundenes Vermögen gegenübergestanden haben[1]. Dazu bedarf es vor allem
einer Zuordnung der Aufwendungen bzw. Vermögensgegenstände zum ideellen Bereich und der Zweckbetriebssphäre einerseits und einer Aufteilung des Nettovermögens einer Körperschaft auf die verschiedenen Arten von Mitteln andererseits,
nicht aber einer gegenständlichen Zuordnung einzelner Aktiva zu einzelnen Mittel-
kategorien.

Beispiel Nr. 1 (nach BFH vom 20.3.2017[2]): Wenn eine Umweltschutzorganisation um
Spenden für die Durchführung eines Volksbegehrens wirbt und die eingehenden Spendenmittel auf einem „**Projekt-Spendenkonto**" sammelt, dann handelt es sich insoweit um (zeitnah zu verwendende) Mittel der Körperschaft. Für die Frage, ob diese Mittel tatsächlich „verwendet" worden sind, kommt es indes nicht darauf an, ob die Aufwendungen für das
Volksbegehren in der Folgezeit auch tatsächlich zu Lasten dieses „Projekt-Spendenkontos" ge-
bucht worden sind[3]. Vielmehr reicht es aus, dass die Organisation für die Durchführung des
Volksbegehrens Projektaufwendungen getragen hat, die mindestens dem Betrag der vereinnahmten Spenden entsprechen. Bei der insoweit gebotenen „Globalbetrachtung" kommt es
mithin nicht darauf an, von welchem Bankkonto die Aufwendungen tatsächlich bezahlt worden sind.

Im Urteil vom 20.3.2017[4] hat der X. Senat ausdrücklich festgestellt, dass im Rahmen
der Prüfung einer (zeitnahen) Mittelverwendung grundsätzlich eine auf das Ge-
samtvermögen bezogene „**Globalbetrachtung**" vorzunehmen ist, in die sämtliche
Mittel der Körperschaft einzubeziehen sind. Gegen eine auf einzelne „Geldscheine"
oder auf einzelne Gutschriften auf einem Bankkonto bezogene Sichtweise spricht
nicht nur der damit verbundene gesetzlich nicht gewollte Verwaltungs- und Über-
prüfungsaufwand, sondern auch, dass damit Körperschaften mit einem und mehreren Bankkonten ungleich behandelt würden. Vor allem gibt es keinen vernünftigen
Grund, weshalb das Recht der gemeinnützigen Mittelverwendung die Kontenfüh-
rung gemeinnütziger Einrichtungen beeinflussen sollte[5]. Entscheidend ist mithin

---

1 Vgl. dazu *Schauhoff* in Schauhoff, § 7 Rz. 12; ebenso *Wallenhorst/Wallenhorst*, DStR 2018,
   851.
2 BFH v. 20.3.2017 – X R 13/15, BStBl. II 2017, 1110.
3 So aber FG Hamburg v. 25.2.2015 – 5 K 135/12, npoR 2016, 114; dagegen *Hüttemann*,
   npoR 2016, 122.
4 BFH v. 20.3.2017 – X R 13/15, BStBl. II 2017, 1110.
5 Zur Zulässigkeit des Mehrkontenmodells bei Gewerbetreibenden vgl. BFH v. 4.7.1990 –
   GrS 2-3/88, BStBl. II 1990, 817.

nur, ob den einer Körperschaft im Saldo zugeflossenen Mitteln in der Folgezeit auch entsprechende Mittelverwendungen gegenüberstehen.

5.21 Die dargestellte Zuordnung der Mittel darf nicht verwechselt werden mit der **Aufteilung einer gemeinnützigen Körperschaft in die „vier Sphären"** ideeller Bereich, steuerfreie Vermögensverwaltung, steuerpflichtiger wirtschaftlicher Geschäftsbetrieb und steuerbegünstigter Zweckbetrieb. Letztere orientiert sich vor allem an der ertragsteuerlichen Behandlung der verschiedenen Tätigkeitsbereiche nach § 14 AO. Versucht man gleichwohl, die oben gebildeten Kategorien von Mitteln den verschiedenen Sphären zuzuordnen, so lassen sich folgende allgemeine Feststellungen treffen:

– Ein **Mittelvortrag** kann während der Verwendungsfrist in allen Sphären einer Körperschaft eingesetzt werden. In den meisten Fällen werden die Mittel vorübergehend rentierlich angelegt und sind daher (je nach steuerlicher Qualifikation der Anlageform) entweder der steuerfreien Vermögensverwaltung oder dem wirtschaftlichen Geschäftsbetrieb zuzurechnen.

– **Nutzungsgebundenes Vermögen** kann es nur im ideellen Bereich und im Bereich der Zweckbetriebe geben, weil die im Bereich der Vermögensverwaltung und der wirtschaftlichen Geschäftsbetriebe eingesetzten Mittel in erster Linie zur Ertragserzielung und nicht zur tatsächlichen Verwendung für steuerbegünstigte Zwecke dienen.

– Die in den **Rücklagen** gebundenen Mittel werden üblicherweise in der Zwischenzeit verzinslich angelegt und gehören daher (je nach steuerlicher Qualifikation der Anlageform) entweder zur Vermögensverwaltung oder zum wirtschaftlichen Geschäftsbetrieb.

– Das sonstige **Vermögen** dient ebenfalls in erster Linie der Ertragserzielung und ist daher (je nach steuerlicher Qualifikation der Anlageform) der Vermögensverwaltung oder dem wirtschaftlichen Geschäftsbetrieb zuzuordnen.

Diese allgemeinen Aussagen unterliegen allerdings in bestimmten Bereichen **gewissen Einschränkungen**. Hinzuweisen ist z.B. auf Beteiligungen an steuerbegünstigten Kapitalgesellschaften, die nach Ansicht der Finanzverwaltung der Vermögensverwaltung zuzurechnen sind[1], obwohl es hier vielfach an einer Einkünfteerzielungsabsicht fehlen wird (vgl. dazu Rz. 6.5).

IV. Einzelfragen

1. Vermögenswerte

5.22 Der Begriff der Mittel ist – auch nach der weiten Definition des BFH[2] – auf „Vermögenswerte" zu beschränken. Dazu gehören **Geld und geldwerte Vermögensge-**

---

1 Vgl. AEAO Nr. 3 Satz 7 zu § 64 Abs. 1 AO.
2 Vgl. BFH v. 23.10.1991 – I R 19/91, BStBl. II 1992, 62 (64); BFH v. 15.7.1998 – I R 156/94, BStBl. II 2002, 162 (164).

genstände (Wirtschaftsgüter), nicht aber z.B. Nutzungen oder Leistungen[1]. Solche können zu Mitteln führen, wenn sie im Rahmen der Mittelerzielung eingesetzt werden oder – wie im Fall unentgeltlicher Leistungen – der Körperschaft Aufwendungen ersparen. Im Schrifttum findet sich darüber hinaus die Einschränkung, dass unter den Mittelbegriff nur solche Vermögenswerte fielen, die „zur Erfüllung des Satzungszwecks geeignet sind"[2]. Beschränkt man aber den Begriff des Mittels auf Geld und geldwerte Vermögensgegenstände[3], so ergibt sich eine solche Eignung schon daraus, dass man sich mit Geld regelmäßig die erforderlichen Hilfsmittel zur Erfüllung des Satzungszwecks (Personal, Sachmittel etc.) wird beschaffen können.

2. Persönliche Zurechnung

Grundsätzlich muss eine Körperschaft nur „ihre", d.h. ihre eigenen Mittel für steuerbegünstigte Zwecke verwenden (vgl. § 55 Abs. 1 Nr. 5 Satz 1 AO). Es bedarf also einer persönlichen Zurechnung der Mittel. Diese hat grundsätzlich von der **zivilrechtlichen Eigentumsordnung auszugehen**, d.h. im Regelfall kommt es darauf an, wer zivilrechtlicher Eigentümer ist. Hat die gemeinnützige Körperschaft einen Vermögensgegenstand z.B. nur gemietet, handelt es sich nicht um Mittel der Körperschaft, weil der Gegenstand im rechtlichen und wirtschaftlichen Eigentum des Vermieters verbleibt. Dies bedeutet aber nicht, dass die Körperschaft über solche Gegenstände beliebig disponieren könnte.

Beispiel Nr. 2: Hat eine gemeinnützige Bildungseinrichtung eine Immobilie gepachtet und überlässt sie diese einem Vorstandsmitglied für private Zwecke gegen ein unangemessen niedriges Entgelt, dann liegt darin eine verbotene Zuwendung „aus Mitteln der Körperschaft" im Sinne von § 55 Abs. 1 Nr. 1 Satz 2 AO. Denn die Körperschaft entrichtet für die Nutzungsmöglichkeit aus ihren Mitteln eine Pacht. Die Pachtzahlung ist aber nur dann ausschließlich für satzungsmäßige Zwecke verwendet worden, wenn auch die Immobilie „nur" für satzungsmäßige Zwecke genutzt wird. Anders wäre dagegen bei Gegenständen zu entscheiden, die nicht im Eigentum der Körperschaft stehen und für die sie auch keine Mittel aufgewendet hat, weil sie ihr von dritter Seite unentgeltlich zur Verfügung gestellt worden sind. Aber auch hier müsste geprüft werden, ob in der nicht satzungsgemäßen Verwendung eine Verletzung des Ausschließlichkeitsgebots liegt, weil die Körperschaft nicht gemeinnützige Nebenzwecke verfolgt.

3. Zeitliche Zuordnung

Insbesondere für die Anwendung der Mittelverwendungsfrist in § 55 Abs. 1 Nr. 5 Satz 1 AO ist zu klären, wann einer Körperschaft bestimmte Mittel zuzurechnen sind. Einer zeitlichen Zuordnung von Mittelzugängen und Mittelabgängen bedarf es auch für Zwecke der Mittelverwendungsrechnung, wie sie der Anwendungserlass

5.23

5.24

---

1 Diese Wertung gilt auch für das Spendenrecht (vgl. § 10b Abs. 3 Satz 1 EStG). Zum abweichenden Verständnis des § 26 Abs. 1 Satz 1 PartG – „Einnahme" ist jede von einer Partei erlangte Geld- oder geldwerte Leistung – vgl. *Küstermann*, Das Transparenzgebot des Art. 21 Abs. 1 Satz 4 GG und seine Ausgestaltung durch das Parteiengesetz, 2003, S. 125 f.
2 So *Thiel*, DB 1992, 1900.
3 In diesem Sinne zählt auch ein „Goodwill" zu den Mitteln der Körperschaft, vgl. *von Holt* in NK-GemnR, § 55 AO Rz. 57.

zur AO seit einigen Jahren fordert[1]. Geht man von §§ 55 Abs. 1 Nr. 5 Satz 3, 63 Abs. 3 AO aus, dann kommt es entscheidend darauf an, wann die Mittel zugeflossen und abgeflossen sind („Einnahmen und Ausgaben"). Zu Recht ist daher allgemein anerkannt, dass die Ordnungsmäßigkeit der Mittelverwendung bei gemeinnützigen Körperschaften **im Grundsatz nach dem Zufluss- und Abflussprinzip** zu beurteilen ist[2]. Aus der Sicht der betroffenen Körperschaften hat dieser Ansatz den Vorzug, dass die Verwendungsfrist erst zu laufen beginnt, wenn die Körperschaft tatsächliche Verfügungsgewalt über den Geldbetrag erlangt hat (Eingang auf dem Konto), während künftige Mittelabflüsse für satzungsmäßige Aufgaben über die Bildung von Projektrücklagen nach § 62 Abs. 1 Nr. 1 AO zeitlich vorverlagert werden können. Im Schrifttum ist gegen diese Auslegung der Einwand erhoben worden, Mittel im Sinne von § 55 Abs. 1 AO seien nicht nur Bargeld und liquide Geldforderungen, sondern auch Vermögenswerte. Insbesondere bei der Unterhaltung eines wirtschaftlichen Geschäftsbetriebs komme es nicht auf die tatsächlich vorhandene Liquidität an, sondern darauf, ob dem Betrieb – z.B. über eine Kreditaufnahme – Liquidität entzogen werden könne[3]. Dieser Auffassung ist darin zuzustimmen, dass jede rein liquiditätsbezogene Betrachtung gewisse Missbrauchsgefahren birgt, weil sich der „Mittelzufluss" steuern lässt. Auf der anderen Seite ist zu beachten, dass nur wenige gemeinnützige Körperschaften (z.B. gemeinnützige Kapitalgesellschaften) rechtsformbedingt zu einer handelsrechtlichen Rechnungslegung bzw. steuerlichen Gewinnermittlung durch Betriebsvermögensvergleich verpflichtet sind oder freiwillig Jahresabschlüsse aufstellen. Somit wird es bei den meisten Einrichtungen (Vereine, Stiftungen) an den erforderlichen Rechnungslegungssystemen für eine Einbeziehung von Forderungen und anderen Vermögenswerten fehlen. Darüber hinaus ist es gemeinnützigen Einrichtungen regelmäßig nicht zuzumuten, Förderprojekte „auf Kredit" zu beginnen und damit das Insolvenzrisiko ihres Schuldners (z.B. einer Fördereinrichtung, die bestimmte Projektzuschüsse zugesagt, aber noch nicht überwiesen hat) zu übernehmen. Daher ist – auch mit Blick auf §§ 55 Abs. 1 Nr. 5 Satz 3, 63 Abs. 3 AO – für Zwecke der Mittelverwendungspflicht grundsätzlich vom Zufluss-/Abflussprinzip auszugehen.

5.25 Die vorstehenden Grundsätze gelten richtigerweise auch für den „Mittelzufluss" bei **Beteiligungen an Personen- und Kapitalgesellschaften**. Ist eine gemeinnützige Körperschaft z.B. als Kommanditist an einer gewerblichen KG beteiligt, so wird zwar der auf sie entfallende Gewinnanteil nach § 15 Abs. 1 Satz 1 Nr. 2 EStG unabhängig davon bei ihr ertragsteuerlich erfasst, ob sie den Gewinn entnehmen darf oder tatsächlich entnommen hat. Ungeachtet der steuerlichen Transparenz beginnt die Mittelverwendungsfrist hingegen erst dann zu laufen, wenn die Körperschaft den Gewinnanteil entnehmen darf (Gutschrift auf einem Forderungskonto). Denn erst in diesem Moment hat die Körperschaft die Verfügungsgewalt über die in der Personengesellschaft gebundenen „Mittel" erlangt.

---

1 Vgl. AEAO Nr. 28 zu § 55 Abs. 1 Nr. 5 AO.

2 Vgl. nur *Thiel*, DB 1992, 1901; *Buchna/Leichinger/Seeger/Brox*, S. 176; *Schauhoff* in Schauhoff, § 9 Rz. 73; *Wallenhorst/Halaczinsky*, Rz. B 88 ff.

3 *Hofmeister* in DStJG 26 (2003), 159, 170 sowie 236 f.

Der **Anwendungserlass** zur Abgabenordnung ist in diesem Punkt allerdings missverständlich, weil in Nr. 3 zu § 55 AO nur davon die Rede ist, dass „der Gewinn ... aus einem steuerpflichtigen wirtschaftlichen Geschäftsbetrieb" verwendungspflichtig ist. Mit „Gewinn" kann aber bei einer Personengesellschaftsbeteiligung – wenn man das Zuflussprinzip anwendet – nur der Teil des Gewinns (also keine Kapitalrückzahlungen) gemeint sein, der von der beteiligten Körperschaft (nach Abzug von Steuern) tatsächlich entnommen werden kann, also bei ihr „ankommt". Gleiches gilt natürlich erst recht bei Kapitalgesellschaftsbeteiligungen.

Bei **Thesaurierungen in Beteiligungsgesellschaften** wird man – rechtsformunabhängig – ferner zu unterscheiden haben, ob die gemeinnützige Körperschaft auf Grund ihrer Stimmenmehrheit nach der gesetzlichen oder gesellschaftsvertraglichen Regelung Thesaurierungen auch gegen den Willen der Mitgesellschafter durchsetzen kann (dann muss die Rücklagenbildung – ebenso wie bei einer einzelkaufmännischen unternehmerischen Betätigung – entsprechend § 14 Abs. 1 Nr. 4 KStG wirtschaftlich begründet sein), oder ob die Rücklagenbildung ohne oder gegen den Willen der Körperschaft kraft Beschlusses der anderen Gesellschafter oder auf Grund satzungsrechtlicher Vorgaben erfolgt (in diesem Fall ist die Rücklagenbildung im Regelfall gemeinnützigkeitsrechtlich unabhängig von ihrer wirtschaftlichen Berechtigung unschädlich, u.U. ist aber über einen Verkauf der Beteiligung und eine Umschichtung in andere Anlageformen nachzudenken, wenn die laufenden Gewinnausschüttungen zur Finanzierung der satzungsmäßigen Zweckverfolgung nicht mehr ausreichen).

An einem Zufluss zeitnah zu verwendender Mittel fehlt es schließlich bei **Kapitalrückzahlungen** (kein „Ertrag"). Diese Einschränkung ist gerade bei der Beteiligung an Immobilienfonds mit einer festen Garantieausschüttung von Bedeutung, wenn sich hinter solchen Ausschüttungen – gerade in den Anfangsjahren – mangels Überschusserzielung lediglich eine (bei einer Kommanditbeteiligung auch haftungsschädliche) Rückzahlung des angelegten Kapitals verbirgt.

Es war zunächst umstritten, ob größere gemeinnützige Einrichtungen, die freiwillig oder kraft gesetzlicher Verpflichtung nach HGB Bücher führen, bei der Anwendung des § 55 AO auch **nach bilanziellen Grundsätzen** verfahren können. Dagegen ist eingewandt worden, dass die gemeinnützigkeitsrechtlichen Regelungen den handelsrechtlichen Regelungen über die Gewinnermittlung als *lex specialis* vorgingen[1]. Diese Auffassung hat sich zu Recht nicht durchsetzen können[2]. Die gesetzliche Regelung ist vielmehr dahin auszulegen, dass sie nur den gemeinnützigkeitsrechtlich gebotenen Mindeststandard vorgibt. Gemeinnützige Körperschaften, die freiwillig oder (wie z.B. eine gemeinnützige GmbH) kraft Gesetzes Bücher führen, können daher Mittelzugänge und Mittelabgänge nach bilanziellen Grundsätzen behandeln, müssen dies aber nicht. Für ein solches Wahlrecht spricht, dass beide Ermittlungsmethoden über die Totalperiode zu gleichen Ergebnissen gelangen und eine Perio-

5.26

---

1 So *Thiel*, DB 1992, 1901.
2 Vgl. *Ley* in StbJb 1998/1999, S. 311; *Orth* in DStJG 26 (2003), 219 f.; *Wallenhorst/Halaczinsky*, Rz. B 90; *Schauhoff* in Schauhoff, § 9 Rz. 73; für eine Entwicklung der Mittelverwendungsrechnung aus der Bilanz auch *Buchna/Leichinger/Seeger/Brox*, S. 170 ff.; auch *Thiel* hat sich inzwischen der h.M. angeschlossen, vgl. *Thiel*, Stiftung&Sponsoring, Rote Seiten 3/1998.

disierung des Mittelzugangs nach bilanziellen Grundsätzen regelmäßig zu einer – teleologisch – unbedenklichen Vorverlagerung des Mittelzugangs führt. Denn bei bilanzieller Betrachtung beginnt die Mittelverwendungsfrist nach § 55 Abs. 1 Nr. 5 Satz 1 AO schon mit Ablauf des Wirtschaftsjahres zu laufen, in dem eine Forderung realisiert worden ist, auch wenn der geschuldete Geldbetrag erst im Lauf des nächsten Jahres auf dem Konto der Einrichtung eingeht. Umgekehrt dürfte dagegen das Imparitätsprinzip gemeinnützigen Einrichtungen regelmäßig keine Vorteile bringen, weil künftige Ausgaben auch bei Anwendung des Abflussprinzips durch die Bildung von Projektrücklagen nach § 62 Abs. 1 Nr. 1 AO ohne Einschränkung vorgezogen werden können[1]. Solche Rücklagen sind bei bilanzierenden Körperschaften dagegen nur insoweit erforderlich, als es um reine Innenverpflichtungen außerhalb von § 249 Abs. 1 HGB geht. Liegt dagegen schon eine rechtlich oder faktisch verbindliche Förderverpflichtung gegenüber einem Dritten vor, muss eine Verbindlichkeit bzw. eine Rückstellung passiviert werden.

Beispiel Nr. 3: Eine Wissenschaftsstiftung vergibt jährlich bis zu zehn Stipendien für mehrjährige Forschungsaufenthalte im Ausland an deutsche Nachwuchswissenschaftler. Solange eine im Außenverhältnis verbindliche Zusage noch nicht gegeben worden ist, können für die Aufwendungen für künftige Stipendiaten Rücklagen nach § 62 Abs. 1 Nr. 1 AO gebildet werden, und zwar unabhängig davon, ob die Stiftung freiwillig bilanziert oder ihre Mittelverwendung anhand einer Einnahmen-Ausgaben-Rechnung nachweist. Sind dagegen rechtlich (oder faktisch) verbindliche Zusagen an bestimmte Personen erfolgt, müsste im Fall der Bilanzierung entweder eine Verbindlichkeit (wenn der Umfang der Stipendienaufwendungen feststeht) oder jedenfalls eine Rückstellung passiviert werden.

5.27 Im Schrifttum findet sich auch die Ansicht, Forderungen von bilanzierenden gemeinnützigen Einrichtungen nur insoweit als Mittel anzusehen, als ihnen **Verbindlichkeiten mit vergleichbaren Laufzeiten** auf der Passivseite gegenüberstehen[2]. Für eine solche Sonderregelung besteht kein Anlass. Soweit eine bilanzierende Körperschaft ihre Mittelverwendungsrechnung zulässigerweise als Nebenrechnung nach dem Zufluss-/Abflussprinzip aufstellt, sind Forderungen mangels Zuflusses grundsätzlich nicht zu berücksichtigen. Entscheidet sich die Einrichtung dagegen für eine bilanzielle Darstellung, sind Forderungen ohne Einschränkung einzubeziehen, weil sie eine realisierte Vermögensmehrung und damit verwendungsfähige Mittel repräsentieren.

Nicht für Zwecke der gemeinnützigkeitsrechtlichen Anforderungen geeignet ist schließlich der neue **Rechnungslegungsstandard IDW RS HFA 21** zu „Besonderheiten der Rechnungslegung Spenden sammelnder Organisationen", der die Erfolgswirksamkeit von Spenden auf den Zeitpunkt ihrer Verwendung hinausschiebt[3]. Gegen diese recht eigenartige Ergebnisglät-

---

1 Aus diesem Grund will *Thiel*, DB 1992, 1900 auch bei Anwendung des Abfluss-/Zuflussprinzips Verbindlichkeiten als Mittelverwendung berücksichtigen. Dies ist im Ergebnis zutreffend, sollte aber – um keine Missverständnisse auszulösen – besser in der Weise geschehen, dass für Fremdverbindlichkeiten stets Rücklagen nach § 62 Abs. 1 Nr. 1 AO gebildet werden.

2 So *Buchna/Leichinger/Seeger/Brox*, S. 178.

3 Vgl. IDW RS HFA 21 v. 11.3.2010; zum Hintergrund und zu Einzelheiten vgl. *Schruff/Busse/Hoffmann*, WPg 2009, 812; *Doll*, npoR 2011, 118.

tung (offenbar sollen potentielle Spender nicht durch einen in der Bilanz noch erkennbaren „Spendenüberhang" von neuen Zuwendungen abgehalten werden) bestehen nicht nur durchgreifende handelsrechtliche Bedenken (warum soll § 252 Abs. 1 Nr. 4 HGB für „Spenden sammelnde" Organisationen nicht gelten?)[1]. Das IDW vernachlässigt darüber hinaus, dass „Spenden sammelnde" Organisationen typischerweise gemeinnützig sind und deshalb auch ihre Rechnungslegung möglichst an den steuerlichen Vorgaben ausrichten werden. Deshalb ist ein „gemeinnützigkeitsgefährdender" Rechnungslegungsstandard für die Praxis ohne Wert.

frei   5.28

C. Mittelverwendung nur für satzungsmäßige Zwecke

I. Verwendung für satzungsmäßige Zwecke

Nach § 55 Abs. 1 Nr. 1 Satz 1 AO dürfen Mittel der Körperschaft „nur für die sat-   5.29
zungsmäßigen Zwecke verwendet werden". Eine Verwendung für satzungsmäßige Zwecke ist – wie der BFH in einem älteren Urteil zum Spendenabzug festgestellt hat – dann gegeben, wenn die Zuwendung „**tatsächlich für die steuerbegünstigten Zwecke verwendet**" wird[2]. In einer neueren Entscheidung des I. Senats heißt es ergänzend, der „Begriff der Verwendung setzt einen unmittelbaren Einsatz der zugewendeten Geld- oder Sachwerte für steuerbegünstigte Zwecke voraus"[3]. Seit der Einfügung des § 55 Abs. 1 Nr. 5 AO ist ein spezieller Fall der Mittelverwendung sogar in der AO ausdrücklich geregelt: Nach § 55 Abs. 1 Nr. 5 Satz 2 AO ist eine (zeitnahe) Verwendung „auch die Verwendung der Mittel für die Anschaffung oder Herstellung von Vermögensgegenständen, die satzungsmäßigen Zwecken dienen". Gleichzeitig lässt sich aus § 62 Abs. 1, 3 und 4 AO im Wege des Umkehrschlusses ableiten, dass die Bildung von Rücklagen für künftige Ausgaben oder die Zuführung von Mitteln zum Vermögen (noch) keine „Verwendung für satzungsmäßige Zwecke" im Sinne von § 55 Abs. 1 Nr. 5 AO darstellt. Denn die Mittel, die dem Vermögen zugeführt werden, stehen für die Verwirklichung der steuerbegünstigten Zwecke gegenwärtig nicht zur Verfügung. Zwar ist die Vermögensbildung nicht „zwecklos", sondern trägt bei erfolgreicher Vermögensanlage dazu bei, dass auch in Zukunft ausreichende Erträge für satzungsmäßige Zwecke zur Verfügung stehen. Eine Mittelverwendung für satzungsmäßige Zwecke findet aber erst statt, wenn die zurückgestellten Mittel tatsächlich für Gemeinwohlzwecke eingesetzt werden.

Die Einsicht, dass Maßnahmen der Vermögensbildung (Einstellung in Rücklagen,   5.30
Zuführung zum Vermögen) noch keine „Verwendung für satzungsmäßige Zwecke" im Sinne von § 55 Abs. 1 Nr. 1 AO darstellen, bestätigt zunächst die ganz h.A., dass unter einer Verwendung „für satzungsmäßige Zwecke" nur ein **Mitteleinsatz im ideellen Bereich und in einem Zweckbetrieb** zu verstehen ist. Dies bedeutet aber nicht, dass ein Mitteleinsatz im Rahmen der Vermögensverwaltung oder eines wirt-

---

1 Statt vieler nur *Spiegel/Römer*, npoR 2010, 100; *Lehmann*, DB 2010, 2513.
2 BFH v. 19.3.1976 – VI R 72/73, BStBl. II 1976, 338 (340).
3 BFH v. 5.2.1992 – I R 63/91, BStBl. II 1992, 748 (749).

schaftlichen Geschäftsbetriebs stets unzulässig wäre. Aber die Investition von Mitteln im Bereich der Vermögensanlagen und der Mittelbeschaffungsaktivitäten ist keine Maßnahme der Mittelverwendung, sondern der Mittelerzielung. Sie führt deshalb auch nicht zu einer „Mittelfehlverwendung", da die Mittel weiterhin im Vermögen der Körperschaft vorhanden sind[1]. Die Zulässigkeit einer solchen Investition beurteilt sich folglich nicht nach § 55 Abs. 1 Nr. 1 AO, sondern danach, ob ein solches Hinausschieben der Mittelverwendung gegen das Gebot der zeitnahen Mittelverwendung (§ 55 Abs. 1 Nr. 5 AO) verstößt. Eine „Mittelfehlverwendung" und ein Verstoß gegen § 55 Abs. 1 Nr. 1 AO liegen dagegen nur dann vor, wenn die Investitionsentscheidung aus der Perspektive ex ante zu einer endgültigen Mittelvernichtung führt. Dies wäre nur dann der Fall, wenn Mittel der Körperschaft (z.B. aus satzungsfremden Erwägungen) in unrentable oder rein spekulative Vermögensanlagen investiert werden.

5.31 Die Feststellung, dass nur ein Mitteleinsatz im ideellen Bereich und im Bereich eines Zweckbetriebs eine „Verwendung zu satzungsmäßigen Zwecken" darstellt, beantwortet noch nicht die Frage, wann ein **„unmittelbarer Einsatz" der Mittel** für steuerbegünstigte Zwecke vorliegt. Es liegt auf der Hand, dass nicht alle Maßnahmen, die eine gemeinnützige Körperschaft zur Verwirklichung ihrer satzungsmäßigen Zwecke trifft, „unmittelbar" das Gemeinwohl fördern. Wer z.B. die Not in Afrika lindern will, muss seine Maßnahmen sorgfältig vorbereiten. Dazu bedarf es der Auswahl geeigneter Mitarbeiter, der Planung des Einsatzes, des Einkaufs geeigneter Hilfsgüter etc. Auch wenn durch alle diese Maßnahmen noch keinem Menschen in Afrika tatsächlich geholfen wird, darf die Körperschaft Mittel für diese Vorbereitungshandlungen verwenden. Entscheidend ist allein, dass diese Maßnahmen ein geeignetes und notwendiges Hilfsmittel zur Verwirklichung der satzungsmäßigen Zwecke darstellen[2].

Beispiel Nr. 4: Eine spendenfinanzierte Entwicklungshilfeorganisation verwendet ca. 35 Prozent ihres Jahresbudgets zur Abdeckung der laufenden Kosten der Geschäftsstelle, für die Herausgabe eines „Spendermagazins", durch das ausgewählte Förderer und Spender über die aktuelle Arbeit informiert werden, sowie zur Finanzierung von „Mailings" zur Einwerbung neuer Spender. Bei einer anschließenden Außenprüfung kommen dem Finanzamt Bedenken, ob ein „so hoher" Verwaltungskostenanteil noch mit dem Gebot der Mittelverwendung für satzungsmäßige Zwecke übereinstimmt.

5.32 Der Rechtsprechung hat sich zu dieser Problematik vor allem im Zusammenhang mit der Zulässigkeit von **Verwaltungsausgaben und Aufwendungen für eine Spendenwerbung** geäußert. In dem grundlegenden Beschluss des I. Senats vom 23.9.1998 heißt es dazu[3]:

„Die Steuerbefreiung gemäß § 5 Abs. 1 Nr. 9 KStG und die Steuervergünstigung gemäß § 10b EStG werden gewährt, um steuerbegünstigte Zwecke zu fördern. Dies Ziel wird ver-

---

1 Dies übersieht BFH v. 23.2.1999 – XI B 128/98, DStRE 1999, 623: unzulässige Rücklagenbildung als „Fehlverwendung" im Sinne von § 10b Abs. 4 EStG; BFH v. 20.3.2017 – X R 13/15, BStBl. II 2017, 1110 geht auf dieses Problem (leider) nicht näher ein.
2 Vgl. BFH v. 23.7.2003 – I R 29/02, BStBl. II 2003, 930.
3 BFH v. 23.9.1998 – I B 82/98, BStBl. II 2000, 320 (324).

fehlt, wenn die Körperschaft die Spenden weitgehend nicht für ihre satzungsmäßigen steuerbegünstigten Zwecke, sondern für die eigene Verwaltung und die Spendenwerbung einsetzt."

Nimmt man diese Ausführungen wörtlich, so wären Ausgaben für die eigene Verwaltung und die Spendenwerbung keine Mittelverwendung „für ihre steuerbegünstigten satzungsmäßigen Zwecke". Dies würde konsequenterweise bedeuten, dass gemeinnützige Einrichtungen überhaupt keine solchen Ausgaben machen dürften. Der I. Senat kommt allerdings zu einem völlig anderen Ergebnis. Er stellt allein darauf ab, ob **„bei Berücksichtigung der Umstände des Einzelfalls das Ausgabeverhalten der Körperschaft angemessen ist".** Weiter führt der Senat aus[1]:

„Angemessen ist ein Ausgabeverhalten, wenn es wirtschaftlich sinnvoll ist und dazu beiträgt, dass ein möglichst hoher Anteil der Mittel unmittelbar und effektiv den hilfsbedürftigen Personen zugute kommt. Zu berücksichtigen ist auch, ob sich die Körperschaft noch in der Aufbauphase befindet, in der sie zunächst und in der Regel unvermeidbar einen sehr hohen Anteil ihrer Mittel für die Verwaltung und Spendenwerbung verwenden muss."

Im Ergebnis hat sich der I. Senat damit der wohl allgemeinen Ansicht im steuerrechtlichen Schrifttum angeschlossen[2], dass gemeinnützige Einrichtungen – ungeachtet aller begrifflichen Unterschiede hinsichtlich einer „Verwendung für steuerbegünstigte Zwecke" – in angemessenem Umfang auch Mittel für Verwaltungskosten oder für Spendenwerbung verwenden dürfen. Vor diesem Hintergrund ergibt es aber keinen Sinn, „angemessene" Ausgaben für Verwaltungskosten begrifflich aus dem Anwendungsbereich des § 55 Abs. 1 Nr. 1 AO auszuklammern, wenn sie gleichwohl steuerlich als „unschädlich" angesehen werden. Versteht man das Mittelverwendungsgebot in § 55 Abs. 1 Nr. 1 AO als eine abschließende Regelung für das Ausgabeverhalten gemeinnütziger Körperschaften, dann muss man folglich alle Ausgaben als **„Verwendung für satzungsmäßige Zwecke"** ansehen, die den satzungsmäßigen Zwecken „dienen" (vgl. auch § 55 Abs. 1 Nr. 5 Satz 2 AO). Entscheidend ist allein die Finalität der Ausgabe in Hinsicht auf die Erreichung der satzungsmäßigen Zwecke, nicht aber die unklare Differenzierung zwischen einer „unmittelbaren" oder „mittelbaren" Verwendung. Auch Ausgaben, die selbst nur „mittelbar" die Zweckverwirklichung fördern, sind folglich zulässige Ausgaben nach § 55 Abs. 1 Nr. 1 AO, wenn sie nach den konkreten Umständen als „angemessen" anzusehen sind.

Insoweit bedarf es einer Prüfung der Zweck-Mittel-Relation im Einzelfall, um z.B. zu entscheiden, ob eine Einrichtung mit überschaubarem Mitgliederkreis tatsächlich eine Geschäftsstelle mit zehn hauptamtlichen Mitarbeitern benötigt. Die Frage darf also nicht lauten, ob die Ausgaben für die Geschäftsstelle nur „mittelbar" oder nur „entfernt" den Zweck fördern. Entscheidend ist allein die wirtschaftliche Angemessenheit jeder einzelnen Ausgabe. Soweit aber Ausgaben für die Unterhaltung einer Geschäftsstelle, für die Betreuung von Mitgliedern oder für die Öffentlichkeits-

5.33

---

1 BFH v. 23.9.1998 – I B 82/98, BStBl. II 2000, 320 (324).
2 Statt vieler *Schauhoff* in Schauhoff, § 9 Rz. 19; *Schauhoff*, DStR 2002, 1694; *Musil* in Hübschmann/Hepp/Spitaler, § 55 AO Rz. 139; *Herbert*, BB 1991, 178 (183); *Hofmeister*, DStZ 1999, 545; *von Holt* in NK-GemnR, § 55 AO Rz. 10 f.

arbeit angemessen sind, handelt es sich um eine zulässige Mittelverwendung „für satzungsmäßige Zwecke" im Sinne von § 55 Abs. 1 Nr. 1 AO.

5.34 Im Schrifttum findet sich verschiedentlich der Satz, gemeinnützige Einrichtungen unterlägen bei ihrer Ausgabenpolitik einem **Gebot der sparsamen Mittelverwendung**[1]. Das Begünstigungsverbot des § 55 Abs. 1 Nr. 3 AO sei insoweit nur Ausdruck eines allgemeinen Grundsatzes. Ein besonderes Sparsamkeitsgebot ist aber richtigerweise entbehrlich, weil es als Wirtschaftlichkeitsprinzip im Angemessenheitsgebot, wie es der I. Senat formuliert hat, enthalten ist. Denn ein „wirtschaftlich sinnvolles" Ausgabeverhalten ist dadurch gekennzeichnet, dass entweder mit einem gegebenen Mitteleinsatz ein möglich hohes Maß an Gemeinwohlförderung erreicht wird oder ein bestimmtes Ziel mit möglichst geringen Mitteln umgesetzt wird. Dagegen wäre es verkehrt, „Sparsamkeit" bei gemeinnützigen Körperschaften zu einem Wert an sich zu erklären[2]. Gemeinnützige Einrichtungen sind nicht von Rechts wegen verpflichtet, möglichst nur mit ehrenamtlichen Kräften zu arbeiten, ihre Fahrzeuge und Gerätschaften weit über die gewöhnliche Nutzungsdauer hinaus einzusetzen oder auf eine Kreditaufnahme oder die Inanspruchnahme professioneller Berater wegen der damit verbundenen Kosten möglichst zu verzichten. Nicht Sparsamkeit „um jeden Preis", sondern ein wirtschaftlich sinnvolles Ausgabeverhalten ist geboten, um die satzungsmäßigen Zwecke möglichst effektiv und nachhaltig zu verwirklichen. Dazu bedarf es aber zumindest bei größeren Einrichtungen regelmäßig professioneller, gut ausgebildeter und motivierter Mitarbeiter, einer modernen Ausstattung und einer wirtschaftlichen Ressourcennutzung. Versteht man unter sparsamem Verhalten vor allem den Verzicht auf unnötige Ausgaben und die Ausnutzung vorhandener Wirtschaftlichkeitsreserven, dann ist ein solches Sparsamkeitsgebot nur eine Ausprägung des Gebots „wirtschaftlich sinnvollen Ausgabeverhaltens".

5.35–5.36 frei

II. Prüfung der gemeinnützigen Mittelverwendung

1. Allgemeine Maßstäbe

5.37 Ein angemessenes Ausgabeverhalten setzt zunächst voraus, dass alle Entscheidungen der Organe über die Verwendung gemeinnütziger Mittel „zielgerichtet" erfolgen. Ausgangspunkt ist dabei der **satzungsmäßige Verbandszweck der Körperschaft**, wie er z.B. in der Vereinssatzung oder im Stiftungsgeschäft niedergelegt ist. Allerdings sind die satzungsmäßigen Angaben zu den Zwecken und der Art ihrer Verwirklichung vielfach eher allgemein gehalten. Ferner haben größere Einrichtungen zumeist mehrere Zwecke, die parallel oder nach einer bestimmten Prioritätsskala verfolgt werden sollen. Bevor man über einzelne zu treffende Maßnahmen entscheiden

---

1 So noch *Fischer* in Hübschmann/Hepp/Spitaler, § 55 AO Rz. 114 (Stand 4/1993); *Buchna/Seeger/Brox*, 10. Aufl. 2010, S. 133 unter Hinweis auf *Schauhoff* in Schauhoff (1. Aufl.), § 8 Rz. 19; vgl. auch *Trzaskalik*, StuW 1986, 228 f.
2 Ebenso *von Holt* in NK-GemnR, § 55 AO Rz. 10; *Musil* in Hübschmann/Hepp/Spitaler, § 55 AO Rz. 140.

kann, müssen daher die satzungsmäßigen Zwecke und die Art ihrer Verwirklichung zunächst durch die Organe konkretisiert werden.

Beispiel Nr. 5: Hat sich z.B. ein Kunstverein der Pflege einer bestimmten Kunstrichtung verschrieben, stehen ihm zahlreiche Möglichkeiten der Zweckverwirklichung offen. Er kann seinen Satzungszweck durch den Aufbau einer eigenen Sammlung, durch die Unterstützung anderer Museen beim Aufbau einer solchen Sammlung oder durch die Veranstaltung von Führungen, Museumsbesuchen oder die Herausgabe von Publikationen fördern. Soweit die Satzung keine verbindlichen Vorgaben enthält, sondern die Art und Weise der Zweckverwirklichung – wie im Regelfall – der Entscheidung der Organe überlässt („… insbesondere durch …"), haben diese zunächst über den weiteren Weg zu beschließen. Diese Entscheidung gehört zur originären Geschäftsführungskompetenz der Organe, die – solange sie sich in den äußeren Grenzen der satzungsmäßigen Zwecke hält – auch nicht von der Finanzverwaltung beanstandet werden kann.

Entscheidet sich der Kunstverein im oben gebildeten Beispiel für den Aufbau einer 5.38
eigenen Sammlung, so kann das Finanzamt diese Art der Zweckverwirklichung nicht deshalb beanstanden, weil die Vereinsmittel nur alle zwei Jahre den Erwerb eines Kunstwerkes zulassen und durch eine Konzentration auf museumspädagogische Tätigkeiten „mehr Kunstsinn" hätte gefördert werden können. Enthält die Satzung keine zwingenden Vorgaben über die Art der Zweckverwirklichung („… insbesondere durch …"), so liegt die Entscheidung über die konkrete Verwirklichung der Satzungszwecke allein bei den Organen. Dies gilt auch z.B. für die Frage, wie man die eigene Sammlung der Öffentlichkeit präsentiert. So setzt die Verfolgung kultureller Zwecke eine – zumindest gelegentliche – öffentlich zugängliche Ausstellung einer vorhandenen Sammlung voraus, während nur bei sehr seltenen Exponaten u.U. bereits die Bewahrung des kulturellen Erbes eine Förderung der Allgemeinheit darstellt. Im Regelfall ist also eine öffentlich zugängliche Ausstellung anzustreben, die dann entweder in eigenen Räumen oder als Leihgabe in anderen Museen erfolgen kann. Auch insoweit ist es Sache der geschäftsführenden Organe, die konkrete Form der Zweckverwirklichung festzulegen. Die **Entscheidung der Organe über die Art und Weise der Zweckverwirklichung** bildet somit die Grundlage für die weitere Verbandstätigkeit und alle Mittelverwendungsentscheidungen.

Vor diesem Hintergrund wird es sich in der Praxis empfehlen, die wesentlichen 5.39
Leitentscheidungen der Organe (Langfristkonzepte, Jahrespläne etc.) zum **Zwecke der Dokumentation** schriftlich zu fixieren und in den Gremien zu kommunizieren, um bei späteren internen oder externen Überprüfungen der Mittelverwendung auf solche Konzepte verweisen zu können. Auch bei späteren Außenprüfungen dürfte der Nachweis einer „wirtschaftlich sinnvollen und effektiven" Mittelverwendung erheblich leichter fallen, wenn man entsprechende Planungen vorweisen kann.

Eine Dokumentation des Organhandelns ist im Übrigen auch schon deshalb ratsam, weil auf diese Weise **zivilrechtliche Haftungsrisiken** reduziert werden können. Denn nach der auf Vereine und Stiftungen entsprechend anwendbaren[1] Regelung des § 93 Abs. 1 Satz 2 AktG

---

1 Statt aller nur *Hüttemann/Herzog* in Non Profit Law Yearbook 2006, 33; *Arnold* in Non Profit Law Yearbook 2009, 89; eingehend zu Stiftungen *Hüttemann/Rawert* in Staudinger, § 86 BGB Rz. 68.

liegt eine Pflichtverletzung nicht vor, „wenn das Vorstandsmitglied bei einer unternehmerischen Entscheidung vernünftigerweise annehmen durfte, auf der Grundlage angemessener Information zum Wohle der Gesellschaft zu handeln". Daher liegt es im wohlverstandenen eigenen Interesse eines Vereins- oder Stiftungsvorstandes, entlastende Gesichtspunkte wie z.B. die sorgfältige Entscheidungsvorbereitung („angemessene Information") oder das Fehlen von Interessenkonflikten („zum Wohle der Gesellschaft") zu dokumentieren.

5.40 Die weiteren Mittelverwendungsentscheidungen genügen den Anforderungen des Gemeinnützigkeitsrechts, wenn sich jede einzelne Maßnahme aus der Sicht ex ante als geeignetes, notwendiges und angemessenes Mittel zur Erreichung der selbst gesetzten Ziele darstellt. Entscheidend ist die **Zweck-Mittel-Relation** zwischen der einzelnen Maßnahme und den satzungsmäßigen Zielen. Die Maßnahmen müssen auf die Verwirklichung der Satzungszwecke „gerichtet sein". Dagegen ist nicht erforderlich, dass jede einzelne Maßnahme erfolgreich gewesen ist, d.h. tatsächlich das Gemeinwohl gefördert hat. Hinreichend ist es – wie der I. Senat des BFH[1] festgestellt hat –, dass „ein möglichst hoher Anteil der Mittel unmittelbar und effektiv den satzungsmäßigen Zielen zugute kommt". Bei allen Ausgaben müssen sich die gemeinnützigen Einrichtungen um eine effektive, wirtschaftliche Haushaltsführung bemühen. Der Gemeinnützigkeitsstatus darf also kein Vorwand für planloses, unprofessionelles Handeln sein, sondern das Gesetz erwartet auch von den (ehrenamtlichen) Organen gemeinnütziger Organisationen eine wirtschaftliche Ausgabenpolitik. Dazu gehört schließlich – zumindest bei größeren Ausgaben – auch eine gewisse Evaluation der eigenen Zielerreichung. Es liegt auf der Hand, dass die Finanzbehörden bei einer späteren Überprüfung der Mittelverwendung umso weniger Bedenken haben werden, je stärker die Mittelverwendung auch innerhalb der Körperschaft regelmäßig überwacht worden sind.

Die Geschäftsleiter gemeinnütziger Einrichtungen sind im Rahmen ihrer allgemeinen Organisations- und Geschäftsführungspflichten gehalten, durch geeignete Maßnahmen ein rechtmäßiges Verhalten der Körperschaft und ihrer Mitglieder sicherzustellen („**Compliance**"). Als eine Maßnahme kann sich – je nach Größe der Organisation – u.U. auch die Einrichtung von „Innerbetrieblichen Kontrollsystemen" empfehlen, um sich im Falle von Verstößen gegen den Vorwurf eines vorsätzlichen Verhaltens zu schützen[2].

2. Verwaltungskosten

5.41 Es entspricht allgemeiner Ansicht, dass gemeinnützige Einrichtungen im Rahmen des Angemessenen ihre Mittel auch zur Deckung von Aufwendungen der inneren Verwaltung verwenden dürfen[3]. Diese Feststellung hilft aber in der Praxis kaum weiter, weil sie sich nur **schwer in konkrete Vorgaben umsetzen** lässt. In der Öffentlichkeit wird das Thema „Verwaltungskosten" zumeist auf eine bestimmte Pro-

---

1 BFH v. 23.9.1998 – I B 82/98, BStBl. II 2000, 320 (324).

2 Nach BMF v. 23.5.2016, BStBl. I 2016, 490 kann das Vorhandensein eines „Innerbetrieblichen Kontrollsystems" ein Indiz gegen die Annahme einer vorsätzlichen Steuerhinterziehung sein. Vgl. zur „Tax-Compliance" bei Stiftungen *Longree/Loos*, ZStV 2016, 34; *Koss*, ZStV 2014, 171.

3 Vgl. nur BFH v. 23.9.1998 – I B 82/98, BStBl. II 2000, 320 (324); *Buchna/Leichinger/Seeger/Brox*, S. 175; *Musil* in Hübschmann/Hepp/Spitaler, § 55 AO Rz. 146 f.

zentangabe (z.B. 15 oder 45 Prozent) verengt, über deren Angemessenheit dann in den Medien gestritten wird. Dabei wird regelmäßig übersehen, dass bereits der Begriff „Verwaltungskosten" im gemeinnützigen Sektor nicht gesetzlich geregelt ist und daher vielfach unterschiedlich verstanden wird. Ferner ist – mit dem BFH[1] – darauf hinzuweisen, dass die AO „keine absoluten oder prozentualen Obergrenzen für die Verwaltungskosten" enthält. Vor diesem Hintergrund ist es daher nur konsequent, dass sich die Rechtsprechung in diesem Bereich eher zurückgehalten hat. Nicht alles, was an Standards, Gütesiegeln und sonstigen Vorschlägen von privaten oder staatlich finanzierten *watchdogs* in die Öffentlichkeit getragen wird, kann ohne Weiteres für die Prüfung der gesetzlichen Voraussetzungen fruchtbar gemacht werden[2]. Bei der Kontrolle der Mittelverwendung gemeinnütziger Einrichtungen durch die Finanzbeamten kann es, solange der Gesetzgeber keine konkreten Vorgaben macht, immer nur um die Feststellung gehen, ob eine Einrichtung die äußerste Grenze des noch rechtlich Zulässigen überschritten hat. Auch die vom BFH aufgestellte 50-Prozent-Grenze ist sicher nicht als „Orientierungsmarke für effektives Wirtschaften" gedacht, sondern markiert nur den äußersten Rahmen für zulässige Verwaltungskosten außerhalb einer Aufbauphase. In der Tat lassen sich, wenn man willkürliche Ungleichbehandlungen zwischen kleinen und großen bzw. neuen und am Spendenmarkt bereits eingeführten Einrichtungen verhindern will, kaum genauere Vorgaben machen. Letztlich kann es nur darum gehen zu verhindern, dass gemeinnützige Einrichtungen zu „Selbstbedienungsläden" verkommen[3]. Diese Gefahr besteht insbesondere bei engen persönlichen oder familiären Beziehungen zwischen den Mitgliedern bzw. Organen. Hier liegt aber zumeist eine Anwendung des Begünstigungsverbotes nach § 55 Abs. 1 Nr. 1 Satz 2 AO oder – wenn es vorrangig um die Schaffung spendenfinanzierter Arbeitsplätze geht – des Selbstlosigkeitsgebots (§ 55 Abs. 1 Satz 1 AO) näher.

Die Praxis wird sich mangels näherer gesetzlicher Regelungen vorrangig an den **Grundsätzen der Finanzverwaltung** zu orientieren haben, die im Anwendungserlass zur AO enthalten sind[4]. Danach gilt zunächst, dass eine Körperschaft nicht als steuerbegünstigt behandelt werden kann, „wenn ihre Ausgaben für die allgemeine Verwaltung einschließlich der Werbung um Spenden einen angemessenen Rahmen übersteigen". Für die Berechnung des prozentualen Anteils solcher Ausgaben sind die Verwaltungsausgaben einschließlich Spendenwerbung „ins Verhältnis zu den gesamten vereinnahmten Mitteln (Spenden, Mitgliedsbeiträge, Zuschüsse, Gewinne aus wirtschaftlichen Geschäftsbetrieben usw.) zu setzen". Auch nach Ansicht der Finanzverwaltung kommt es für die Frage der Angemessenheit von Verwaltungsausgaben „entscheidend auf die Umstände des jeweiligen Einzelfalls an. Eine für die Steuerbegünstigung schädliche Mittelverwendung kann deshalb auch schon dann vorliegen, wenn der prozentuale Anteil der Verwaltungsausgaben einschließlich der Spendenwerbung deutlich geringer als 50 Prozent ist". Ferner muss nicht

5.42

---

1 BFH v. 23.9.1998 – I B 82/98, BStBl. II 2000, 320 (324).
2 Hinzuweisen ist z.B. auf das Spendensiegel des Deutschen Zentralinstituts für Soziale Fragen (DZI).
3 Vgl. *Seer* in Tipke/Kruse, § 55 AO Rz. 22.
4 AEAO Nr. 18 ff. zu § 55 Abs. 1 Nr. 1 AO.

nur der Anteil der Verwaltungskosten als solcher, sondern auch jede einzelne Verwaltungsausgabe (z.B. das Gehalt des Geschäftsführers) angemessen sein. Bei den Kosten für die Beschäftigung eines Geschäftsführers soll es sich nach Ansicht der Finanzverwaltung „grundsätzlich um Verwaltungsausgaben" handeln. Eine Zuordnung dieser Kosten zu der steuerbegünstigten Tätigkeit ist nur insoweit möglich, als der Geschäftsführer „unmittelbar bei steuerbegünstigten Projekten mitarbeitet". Entsprechendes soll für die Zuordnung von Reisekosten gelten.

3. Öffentlichkeitsarbeit

5.43 Es ist unbestritten, dass auch steuerbegünstigte Einrichtungen Öffentlichkeitsarbeit betreiben dürfen und u.U. sogar müssen. Das Werben für die eigenen Satzungszwecke, die Steigerung der Bekanntheit einer Einrichtung und der Aufbau eines guten Rufs sind wichtige **Faktoren für eine erfolgreiche gemeinnützige Arbeit**. Betrachtet man den Bereich der Öffentlichkeitsarbeit näher, so lassen sich unterschiedliche Motive für solche Maßnahmen ausmachen:

– Die Öffentlichkeitsarbeit kann zunächst ein **eigener Satzungszweck der Körperschaft sein oder sich aus der Art und Weise der Zweckverwirklichung notwendigerweise ergeben**. Gehört es z.B. zu den satzungsmäßigen Zwecken eines Vereins, „die Nächstenliebe und Verantwortung gegenüber notleidenden und hilfsbedürftigen Menschen zu wecken"[1], dann liegt in der Durchführung von Informationsveranstaltungen und der Verbreitung von Druckschriften, in denen auf die Not in den Entwicklungsländern hingewiesen wird, eine zweckverwirklichende Maßnahme. Nichts anderes gilt z.B. bei Umweltorganisationen, die auf öffentlichen Kundgebungen oder mit Informationsschriften für eine umweltbewusste, ressourcenschonende Lebensweise eintreten[2], oder bei einem Verein zur Förderung der politischen Bildung, der in Anzeigenkampagnen für die aktive Teilnahme an der Demokratie wirbt[3]. Ferner ist an den Fall zu denken, dass eine Einrichtung ausschließlich durch die jährliche öffentlichkeitswirksame Verleihung eines Preises die Mitmenschen zu besonderen Anstrengungen auf bestimmten Gebieten (z.B. Forschung, Literatur oder Medienarbeit) anregen will. Gehört die Öffentlichkeitsarbeit in diesem Sinne zu den satzungsmäßigen Zwecken, sind auch entsprechende Aufwendungen ohne weitere Einschränkung erlaubt.

– Dient eine Öffentlichkeitsarbeit hingegen **in erster Linie der Erwirtschaftung zusätzlicher Mittel**, weil die Einwerbung neuer Mitglieder oder Spender im Vordergrund steht, bedarf die Angemessenheit des Ausgabeverhaltens einer näheren Prüfung (dazu Rz. 5.48).

– Schließlich bleibt noch der Fall übrig, dass gemeinnützige Körperschaften **aus anderen Gründen eine gewisse Öffentlichkeitsarbeit betreiben**, ohne dazu satzungsmäßig verpflichtet zu sein oder zusätzliche Mittel einwerben zu wollen.

---

1 Vgl. den Sachverhalt des Urteils BFH v. 23.9.1998 – I B 82/98, BStBl. II 2000, 320.
2 Vgl. etwa BFH v. 29.8.1984 – I R 215/81, BStBl. II 1985, 106; BFH v. 23.10.1991 – I R 19/91, BStBl. II 1992, 62.
3 Vgl. BFH v. 23.9.1999 – XI R 63/98, BStBl. II 2000, 200.

Man denke z.B. an große Förderstiftungen, die sich aus Vermögenserträgen finanzieren, aber gleichwohl durch laufende Pressearbeit, Internetauftritte und die Versendung von Jahresberichten die interessierte Öffentlichkeit regelmäßig über ihre Arbeit informieren. Mit solchen Informationstätigkeiten verfolgen diese Stiftungen mehrere Ziele[1]. Neben der Transparenz der eigenen Arbeit geht es auch darum, im Umfeld der Einrichtung um Unterstützung zu werben, z.B. bei staatlichen Einrichtungen, bei Kooperationspartnern und in den Medien. Darüber hinaus sind solche Informationsmöglichkeiten ein wichtiges Instrument, um potentielle Antragsteller auf Förderprogramme hinzuweisen. Eine solche Öffentlichkeitsarbeit ist nicht nur zulässig, sondern wird heute in einem gewissen Umfang auch erwartet ("Transparenz im Dritten Sektor")[2].

4. Ausgaben für Verbandsmitgliedschaften

Gemeinnützige Einrichtungen sind zumeist selbst Mitglied in Bundes- und Landesverbänden, Fachgesellschaften oder ähnlichen Vereinigungen. Die Mitgliedschaft in solchen Einrichtungen ist regelmäßig mit Aufwendungen (Mitgliedsbeitrag etc.) verbunden, der zulasten der gemeinnützigen Mittel geht. Hinsichtlich der Zulässigkeit einer solchen Mittelverwendung ist zu unterscheiden:

5.44

- Handelt es sich bei der Vereinigung um einen **Dachverband** nach § 57 Abs. 2 AO, der selbst gemeinnützig ist, dann liegt in der Zahlung eines Beitrags jedenfalls eine Mittelweitergabe nach § 58 Nr. 2 AO, die ohne Weiteres zulässig ist.

- Ist die Vereinigung dagegen nicht selbst gemeinnützig, bedarf die Mitgliedschaft einer besonderen Begründung, die sich zumeist daraus ergibt, dass die Mitgliedschaft in der Vereinigung **bestimmte Vorteile für die Erfüllung der eigenen satzungsmäßigen Zwecke verschafft** (z.B. verbilligte Beschaffungsmöglichkeiten, bessere Interessenvertretung gegenüber der Politik und staatlichen Stellen, Wissens- und Erfahrungsaustausch). Hier ist die Zweck-Mittel-Relation also im Einzelfall zu prüfen. Mitgliedsbeiträge an einen nicht gemeinnützigen Dachverband, denen über die bloße Mitgliedschaft hinaus keine konkreten Gegenleistungen des Dachverbandes an die gemeinnützige Körperschaft gegenüberstehen, gefährden mithin die Gemeinnützigkeit der Mitgliedskörperschaft[3].

---

1 Wegen der Unterordnung der Öffentlichkeitsarbeit unter die Satzungszwecke der Körperschaft handelt es sich aber regelmäßig nicht um Bildungsmaßnahmen im Sinne von § 52 Abs. 1 Satz 1 Nr. 7 AO, vgl. dazu FG München v. 25.7.2016 – 7 K 2859/14, npoR 2017, 118.

2 Vgl. dazu aus neuester Zeit die „Initiative Transparente Zivilgesellschaft". Für weiterführende Überlegungen zur Transparenz im Dritten Sektor vgl. *Weitemeyer/Vogt*, NZG 2014, 12; *Hüttemann* in Non Profit Law Yearbook 2012/2013, 81; *Walz* (Hrsg.), Rechnungslegung und Transparenz im Dritten Sektor, 2004.

3 Vgl. FG Baden-Württemberg v. 11.8.2014 – 6 K 1449/12, EFG 2015, 1851.

5. Investitionen in der Vermögensverwaltung und in wirtschaftlichen Geschäftsbetrieben

5.45 Eine Mittelverwendung für gemeinnützige Zwecke setzt das Vorhandensein entsprechender Mittel voraus. Verfügt eine gemeinnützige Körperschaft über keine ausreichenden festen Einkünfte (z.B. laufende Kapitalerträge einer Stiftung aus einem Grundstockvermögen), muss sie sich in anderer Weise um entsprechende Einnahmen bemühen. Viele gemeinnützige Einrichtungen entfalten daher neben ihren eigentlichen satzungsmäßigen Tätigkeiten auch verschiedenste wirtschaftliche Aktivitäten. Da wirtschaftliche Betätigungen immer auch ein gewisses **Startkapital und Mittel für Erweiterungsinvestitionen** voraussetzen, stellt sich die Frage, ob und in welchem Umfang dafür auch gemeinnützige Mittel investiert werden können. Auf dieses Problem ist an anderer Stelle – im Zusammenhang mit der wirtschaftlichen Betätigung gemeinnütziger Einrichtungen (vgl. näher Rz. 6.9 ff.) – näher einzugehen. An dieser Stelle ist nur auf Folgendes hinzuweisen.

5.46 Investitionen in **rentable Vermögensanlagen** sind regelmäßig keine Maßnahmen der Mittelverwendung, sondern Investitionen zur Mittelerzielung. Die Verwendung im Sinne von § 55 Abs. 1 Nr. 1 AO wird dadurch also nur in die Zukunft verschoben. Ein Mitteleinsatz zur Erzielung zusätzlicher Einnahmen (z.B. eine festverzinsliche Anlage von Geld, Erwerb eines Aktienportfolios, Gründung einer Vereinsgaststätte) verstößt somit von vornherein nicht gegen § 55 Abs. 1 Nr. 1 AO, sondern wenn überhaupt nur gegen § 55 Abs. 1 Nr. 5 AO, weil eine gegenwärtige Verwendung für satzungsmäßige Zwecke nicht stattfindet[1].

5.47 Eine **Mittelfehlverwendung** liegt dagegen nur vor, wenn eine gemeinnützige Körperschaft Mittel in solche Anlagen investiert, die auch bei Anlegung eines großzügigen Ermessensspielraums ex ante wirtschaftlich unvertretbar erscheinen[2]. In diesem Fall ist der Mitteleinsatz nicht mehr wirtschaftlich sinnvoll, weil er die Verwirklichung der satzungsmäßigen Zwecke nicht voranbringt. Hinter solchen Entscheidungen verbergen sich vielfach andere, satzungsfremde Motive wie die Rücksichtnahme auf eigennützige Interessen der Mitglieder (z.B. durch Unterhaltung einer „preisgünstigen" Vereinsgaststätte)[3] oder des Stifters (z.B. durch Darlehensgewährungen der Stiftung an ein wirtschaftlich angeschlagenes Unternehmen des Stifters).

6. Ausgaben für Spenden- und Mitgliederwerbung

5.48 Viele gemeinnützige Körperschaften, insbesondere Vereine, finanzieren sich zu einem wesentlichen Teil aus Spenden und Mitgliedsbeiträgen. Spenden fallen aber nicht wie „Manna vom Himmel", sondern müssen immer mühsam eingeworben werden[4]. Nichts anderes gilt für Mitglieder als Beitragszahler, die ebenfalls nicht

---

1 Vgl. *Hüttemann/Schön*, Vermögensverwaltung und Vermögenserhaltung im Stiftungs- und Gemeinnützigkeitsrecht, S. 37 ff.; siehe auch *Schauhoff*, DStR 2004, 471.

2 Vgl. aus der neueren Rechtsprechung FG Münster v. 11.12.2014 – 3 K 323/12 Erb, EFG 2015, 739; FG München v. 15.1.2016 – 7 V 2906/15, npoR 2017, 27.

3 Vgl. auch den Sachverhalt des Urteils BFH v. 1.7.2009 – I R 6/08, BFH/NV 2009, 1837.

4 Dazu näher *Schauhoff*, DStR 2002, 1694.

von selbst kommen, sondern erst aufwendig für die Organisation und ihre Ziele gewonnen werden müssen. Mit zunehmender Konkurrenz am Spendenmarkt und der Professionalisierung des Fundraising **steigen auch die Aufwendungen gemeinnütziger Organisationen für die Mittelbeschaffung**[1]. Wer z.B. mit Spendenbriefen um Zuwendungen wirbt, benötigt nicht nur überzeugend gestaltete Briefinhalte, sondern auch ein aufwendiges Adressenmanagement, um die großen Streuverluste bei solchen Versandaktionen in erträglichen Grenzen zu halten. Nichts anderes gilt für den Einsatz anderer personalintensiver Fundraising-Instrumente wie z.B. das „Erbschaftsmarketing", bei dem durch eine gezielte und wiederholte persönliche Ansprache potentieller Erblasser um Erbeinsetzungen und Legate geworben wird. Es spricht nicht gegen, sondern eher für die wirtschaftliche Vernunft gemeinnütziger Einrichtungen, wenn sie z.B. die Entwicklung und die Durchführung neuer Fundraising-Konzepte nicht einfach den eigenen (ehrenamtlichen) Mitarbeitern überlassen, sondern sich dabei der professionellen Hilfe stark spezialisierter Dienstleistungsunternehmen bedienen.

Das Gemeinnützigkeitsrecht, das die Finanzierung gemeinnütziger Einrichtungen durch Mitgliedsbeiträge und andere Zuwendungen durch den Spendenabzug sogar steuerlich fördert, darf vor diesen wirtschaftlichen Notwendigkeiten die Augen nicht verschließen[2]. Aufwendungen für die Spenden- und Mitgliederwerbung sind deshalb für sich genommen unschädlich, solange die Aufwendungen – ex ante betrachtet – wirtschaftlich vertretbar sind und entsprechende Mehreinnahmen erwarten lassen. Auch Provisionsvereinbarungen mit professionellen Werbeagenturen sind nicht schlechthin unzulässig[3]. Im Ganzen hat der **I. Senat des BFH** deshalb zu Recht großzügige Maßstäbe angelegt und – außerhalb einer Aufbauphase – erst bei einer überwiegenden Verwendung von Mitteln für Spendenwerbung einen Verstoß gegen § 55 Abs. 1 Nr. 1 Satz 1 AO angenommen[4]. Darüber hinaus hat der BFH für die Aufbauphase auch höhere Spendenwerbungskosten für unschädlich gehalten. Wörtlich stellte der Senat zur Angemessenheit der Spendenwerbung im Beschluss vom 23.9.1998 fest[5]:

5.49

„… Ihre Angemessenheit ergibt sich aus der Tatsache, dass sich der Antragsteller in den Jahren 1995 bis 1997 noch in der Aufbauphase befand. Um in überschaubarer Zeit eine zur Finanzierung seiner satzungsmäßigen Zwecke ausreichend große Zahl von Spendern zu gewinnen, musste er zunächst erhebliche Mittel für die Spendenwerbung einsetzen. Die intensive Spendenwerbung in der Anfangsphase war wirtschaftlich sinnvoll. Der Antragsteller konnte dadurch innerhalb von nur drei Jahren über 3700 Spender gewinnen und schon

---

1 Für einen Überblick aus betriebswirtschaftlicher Sicht vgl. *Urselmann*, Fundraising, 6. Aufl. 2014.
2 Zum Folgenden vgl. auch *Schauhoff*, DStR 2002, 1694 ff.
3 Vgl. BFH v. 18.12.2002 – I R 60/01, BFH/NV 2003, 1025 (1026). Anders aber z.B. FG München v. 7.5.2001 – 7 K 815/98, EFG 2001, 1178, das in der Einschaltung einer Werbeagentur gegen Beteiligung am Mitgliederbeitrag einen Sittenverstoß gesehen hat.
4 Zur strafrechtlichen Konsequenzen von dauerhaft hohen Kosten für Spendenwerbung vgl. OLG Celle v. 23.8.2012 – 1 Ws 248/12, OLGSt StGB § 266 Nr. 15.
5 BFH v. 23.9.1998 – I B 82/98, BStBl. II 2000, 320.

innerhalb der Aufbauphase nicht unerhebliche Teile der Geldspenden und auch erhebliche Sachspenden für unmittelbare Hilfeleistungen einsetzen".

5.50 Die **Finanzverwaltung** hat sich der moderaten Rechtsprechung des I. Senats inzwischen angeschlossen und sie weitgehend in den Anwendungserlass übernommen[1]. Allerdings versteht die Finanzverwaltung die 50-Prozent-Grenze ausdrücklich als absolute Obergrenze. Das Gleiche gilt auch für die Dauer der Aufbauphase, in der höhere Aufwendungen zulässig sind. So soll die vom BFH zugestandene Vier-Jahres-Frist nach Ansicht der Verwaltung nur als Obergrenze zu verstehen und „in der Regel von einer kürzeren Aufbauphase auszugehen" sein. Die zunächst getroffene Ungleichbehandlung von Spenden und Mitgliedsbeiträgen hat die Verwaltung später zu Recht wieder aufgegeben[2]. Denn die willkürliche Beschränkung der Ausgaben für Mitgliederwerbung auf 10 Prozent der Mitgliedsbeiträge widersprach jeder wirtschaftlichen Vernunft, da die Mitglieder aus der Sicht der Körperschaft die „besseren Spender" sind, weil sie sich zu kontinuierlichen Förderleistungen verpflichten und sich dieser Verpflichtung nur durch ein aktives Tun (Kündigung etc.) wieder entziehen können[3].

5.51 In der öffentlichen Diskussion, aber auch im Fachschrifttum wird immer wieder über die **Einführung fester prozentualer Obergrenzen** für Spendenwerbung diskutiert[4]. So hat z.B. der Wissenschaftliche Beirat beim BMF aus finanzwissenschaftlicher Sicht eine Beschränkung der Aufwendungen für Spendenwerbung auf 25 Prozent der Spendeneinnahmen gefordert[5]. Ob eine solche Regelung wünschenswert ist, muss bezweifelt werden. Zunächst darf nicht übersehen werden, dass das Problem mit der Einführung einer abstrakten prozentualen Obergrenze nicht gelöst wäre. Denn der Gesetzgeber müsste, um eine flächendeckende Anwendung einer solchen Regel zu ermöglichen, auch nähere Abgrenzungsmaßstäbe entwickeln, was genau unter Aufwendungen für Spendenwerbung zu verstehen ist (z.B. eine Aufteilung von Gemeinkosten)[6]. Um diese Maßstäbe anzuwenden, bedürfte es bei allen Körperschaften einer verfeinerten Rechnungslegung (z.B. in Anlehnung an die §§ 275 ff. HGB). So gesehen hätte eine verbindliche prozentuale Obergrenze bei der Spendenwerbung zunächst nur den Effekt, die allgemeinen Verwaltungskosten von spendensammelnden Organisationen zu erhöhen. Darüber hinaus ist festzustellen, dass eine einheitliche Obergrenze für alle Körperschaften auch in der Sache problematisch ist, weil sie tendenziell große und eingeführte Einrichtungen begünstigt. Daher bedürfte es entsprechender Sonderregelungen für neu gegründete Einrich-

---

1 AEAO Nr. 18 zu § 55 Abs. 1 Nr. 1 AO.
2 Vgl. BMF v. 15.10.2003, BStBl. I 2003, 483.
3 *Hüttemann*, FR 2002, 1337; zur Gewinnung von „Dauerspendern" über Mitgliedschaften und Patenschaften vgl. auch *Urselmann*, Fundraising, 6. Aufl. 2014, S. 53 ff.
4 Vgl. zu Rechtsproblemen spendensammelnder Organisationen eingehend *Hartnick*, Kontrollprobleme bei Spendenorganisationen, 2006, mit rechtsvergleichenden Hinweisen zum US-amerikanischen Recht.
5 Wissenschaftlicher Beirat beim BMF, Die abgabenrechtliche Privilegierung gemeinnütziger Zwecke auf dem Prüfstand, August 2006.
6 So sollen nach *Schruff/Busse/Wellbrock*, WPg 2008, 591 (596) auch die Aufwendungen für Öffentlichkeitsarbeit den „Werbeaufwendungen" zuzuordnen sein.

tungen, wenn bedenkliche Marktzutrittsschranken verhindert werden sollen. Zudem würde eine Regulierung den Leistungswettbewerb am Spendenmarkt verzerren und dürfte z.B. solche Einrichtungen benachteiligen, die sich für Minderheiten engagieren und es im öffentlichen Raum schwerer haben, für ihre Ziele erfolgreich zu werben. Bemerkenswert ist schließlich auch, dass z.B. das US-amerikanische Recht auf Höchstgrenzen für Verwaltungskosten verzichtet[1].

Eine Alternative zu einer gesetzlichen Beschränkung von Fundraising-Aufwendungen könnte darin bestehen, spendensammelnde Organisationen wie Kapitalgesellschaften nach den Vorschriften des HGB zur **Aufstellung und Offenlegung von Jahresabschlüssen** zu verpflichten, um ihr Ausgabeverhalten für potentielle Spender und Dritte (z.B. die Medien) transparent zu machen[2]. Dieser Ansatz wäre weniger einschneidend als eine gesetzliche Obergrenze, führt aber ebenfalls zu höheren Transaktionskosten. Allerdings wäre zu prüfen, ob der praktische Nutzen einer solchen Offenlegungspflicht für mögliche Spender oder sog. *watchdogs* die höheren Rechnungslegungsaufwendungen für Vereine etc. rechtfertigt. Möglicherweise bedürfte es auch zusätzlicher Angabepflichten (z.B. über den Verwaltungskostenanteil), um den Informationsgehalt zu erhöhen. Insoweit wäre dann wiederum zunächst eine brauchbare gesetzliche Abgrenzung der Verwaltungskosten erforderlich, um die Vergleichbarkeit der Angaben sicherzustellen[3]. **5.52**

frei **5.53–5.54**

III. Arten der Mittelverwendung

1. Mittelverbrauch

Die häufigste Art der Mittelverwendung für steuerbegünstigte Zwecke dürfte der „Verbrauch" von Mitteln zur Deckung von Aufwendungen sein, die durch die Zweckverwirklichung veranlasst sind. Beispiele sind die Bezahlung von Löhnen oder Mieten. In diesen Fällen kommt es, da die Körperschaft keinen Vermögensgegenstand erwirbt, nur zu einem Mittelabfluss bzw. zu einer bilanziellen Vermögensminderung und damit zu einem Mittelverbrauch. **5.55**

2. Nutzungsgebundenes Vermögen

Nutzungsgebundenes Vermögen oder „nutzungsgebundenes Kapital"[4] entsteht nach § 55 Abs. 1 Nr. 5 Satz 2 AO, wenn eine steuerbegünstigte Körperschaft ihre Mittel für die **Anschaffung oder Herstellung von Vermögensgegenständen** verwendet, die satzungsmäßigen Zwecken dienen. Die gemeinnützige Mittelverwendung besteht hier also im Gebrauch des Vermögenswertes für satzungsmäßige Zwecke[5]. Zwar sind in diesem Fall die Mittel nicht verbraucht, weil nur ein Mitteltausch **5.56**

---

1 Dazu näher *Hartnick*, Kontrollprobleme bei Spendenorganisationen, 2006, S. 755 ff.
2 Für eine freiwillige Publizität wirbt die „Initiative Transparente Zivilgesellschaft".
3 Dazu auch *Hüttemann* in Non Profit Law Yearbook 2012/2013, 81.
4 So die Begriffsbildung von *Thiel*, DB 1992, 1902.
5 Vgl. bereits *Hüttemann*, Wirtschaftliche Betätigung, S. 82.

stattgefunden hat. Durch die Regelung in § 55 Abs. 1 Nr. 5 Satz 2 AO wollte der Gesetzgeber aber klarstellen, dass eine Vermögensminderung kein notwendiges Merkmal einer Mittelverwendung ist. Vielmehr ist dem Gebot der (zeitnahen) Mittelverwendung auch dann genügt, wenn die Mittel für Investitionen im zweckverwirklichenden Bereich eingesetzt werden. Nutzungsgebundenes Vermögen repräsentiert also bereits verwendete Mittel. Kein nutzungsgebundenes Vermögen liegt dagegen – wie sich im Umkehrschluss aus § 62 Abs. 1 Nr. 3 und 4, Abs. 3 AO ergibt – vor, wenn Vermögensgegenstände ausschließlich zur Ertragserzielung eingesetzt werden.

Beispiel Nr. 6: Erwirbt also z.B. eine gemeinnützige Bildungseinrichtung aus eigenen Mitteln eine Immobilie, dann liegt in dem Erwerb eine Mittelverwendung für satzungsmäßige Zwecke, wenn die Immobilie für Zwecke des Unterrichts, als Sitz der Geschäftsstelle oder für Zwecke der Öffentlichkeitsarbeit genutzt werden soll. Hingegen läge kein nutzungsgebundenes, sondern Vermögen zur Ertragserzielung vor, wenn die Einrichtung in dem Gebäude eine öffentlich zugängliche Buchhandlung betreiben will, durch die zusätzliche Mittel zur Finanzierung ihrer satzungsmäßigen Zwecke erwirtschaftet werden sollen. Eine solche Mittelverwendung ist durch § 55 Abs. 1 Nr. 5 Satz 2 AO nicht gedeckt. Vielmehr müsste der Erwerb der Immobilie entweder aus bereits vorhandenem Vermögen (z.B. aus den Mitteln der freien Rücklage oder einer Zuwendung zum Vermögen nach § 62 Abs. 3 AO) oder mit Kreditmitteln finanziert werden, zu deren Tilgung wiederum nur nicht zeitnah zu verwendende Mittel eingesetzt werden dürfen.

5.57 Nutzungsgebundenes Vermögen im Sinne von § 55 Abs. 1 Nr. 5 Satz 2 AO liegt nur solange vor, wie der erworbene oder hergestellte Vermögensgegenstand auch **tatsächlich für satzungsmäßige Zwecke genutzt** wird. Fällt die Nutzung später vollständig weg, lebt die zeitnahe Mittelverwendungspflicht nach allgemeiner Ansicht wieder auf[1].

Beispiel Nr. 7: Hat also z.B. ein Sportverein in den 90er Jahren aus den Mitgliedsbeiträgen und Spenden einen Sportplatz erworben und eingerichtet und wird der Sportplatz zwanzig Jahre später wegen schrumpfender Mitgliederzahlen geschlossen und das Grundstück verkauft, dann ist der Kaufpreis, den der Sportverein vom Erwerber erhält, grundsätzlich zeitnah für satzungsmäßige Zwecke zu verwenden. Nichts anderes würde gelten, wenn der Verein die Nutzung einfach einstellt, ohne dass eine anderweitige Verwendung für satzungsmäßige Zwecke geplant ist.

Allerdings dürfte es – ungeachtet der seit 2013 verlängerten Mittelverwendungsfrist – regelmäßig sinnvoll sein, in diesen Fällen einer erheblichen Mittelfreisetzung „auf einen Schlag" die Vorschrift des § 63 Abs. 4 AO entsprechend anzuwenden, um unsinnige kurzfristige Mittelverwendungen zu vermeiden. Das Finanzamt sollte daher dem Verein eine angemessene Frist zur Verwendung der freigesetzten Mittel setzen[2].

---

1 So jetzt auch AEAO Nr. 29 zu § 55 Abs. 1 Nr. 5 AO; aus dem Schrifttum siehe nur *Hüttemann*, Wirtschaftliche Betätigung, S. 96; *Thiel*, DB 1992, 1902.

2 A.A. offenbar AEAO Nr. 29 zu § 55 Abs. 1 Nr. 5 AO: Anwendung der normalen Mittelverwendungsfrist (so auch für die Auflösung von Rücklagen AEAO Nr. 15 zu § 62 Abs. 2 AO).

Grundsätzlich steht es der Körperschaft auch frei, die durch eine Nutzungsänderung freige-setzten Mittel in eine Rücklage nach § 62 Abs. 1 Nr. 1, 2 und 4 AO einzustellen, wenn ein entsprechender Rücklagenbedarf besteht. Eine solche „Umbuchung" auf eine Rücklage wird im Anwendungserlass zwar nur für die Auflösung von Rücklagen ausdrücklich erwähnt[1]. Es gibt aber keinen sachlichen Grund, weshalb bei Wirtschaftsgütern des nutzungsgebundenen Vermögens andere Grundsätze gelten sollten. Auf diese Weise sind im Kontext der zeit-nahen Mittelverwendung auch „**Restrukturierungsrücklagen**" denkbar[2]: Im Beispiel Nr. 7 könnte etwa der Sportverein den Erlös aus der Veräußerung des Sportplatzes vollständig in eine Rücklage nach § 62 Abs. 1 Nr. 1 AO einstellen, wenn er die Absicht hat, in drei Jahren eine Halle für die Volleyball-Sparte zu erwerben.

Fraglich ist, wie bei **teilweisen Nutzungsänderungen** zu entscheiden ist. Man den-   5.58
ke an ein Krankenhaus, das im Zuge der Gesundheitsreform erheblich verkleinert wird. Wird deshalb ein Teil des Gebäudes nicht mehr für den steuerbegünstigten Zweck der Wohlfahrtspflege genutzt, so hat dies natürlich keine Auswirkungen auf die anderen Teile. Fraglich kann nur sein, ob der Krankenhausträger gezwungen ist, den nicht mehr genutzten Gebäudeteil zu veräußern und den Erlös z.B. für den Er-werb neuer medizinischer Geräte zu verwenden. Die Beantwortung dieser Frage wird vor allem von den Umständen des Einzelfalls abhängen: Eine isolierte Ver-äußerung kommt nur in Betracht, wenn sie ohne negative Auswirkungen für das restliche nutzungsgebundene Vermögen rechtlich und tatsächlich möglich ist. Kann die Immobilie nicht geteilt werden, bleibt als *minus* zur Veräußerung nur die Ver-wendung des nicht mehr genutzten Gebäudeteils zur Ertragserzielung (z.B. als Wohnheim etc.). In diesem Fall ist weiter zu überlegen, ob die Umwidmung durch eine Art „Sonderausschüttung" von Mitteln für steuerbegünstigte Zwecke ausgegli-chen werden muss (dazu Rz. 5.169)[3]. Kommt auch eine solche Verwendung nicht in Betracht, bleibt die teilweise Nutzungsänderung ohne Auswirkung auf die ge-meinnützigkeitsrechtliche Behandlung.

frei   5.59–5.60

IV. Gesetzliche Verwendungsverbote

1. Gewinnausschüttungs- und Zuwendungsverbot für Mitglieder

Nach § 55 Abs. 1 Nr. 1 Satz 2 AO dürfen die **Mitglieder oder Gesellschafter** (Mit-   5.61
glieder im Sinne dieser Vorschriften) „keine Gewinnanteile und in ihrer Eigenschaft als Mitglieder auch keine sonstigen Zuwendungen aus Mitteln der Körperschaft er-halten". Das Verbot von Gewinnausschüttungen hat eine doppelte Funktion. Es konkretisiert einerseits den aus dem Ausschließlichkeitsgebot folgenden Grundsatz der gemeinnützigen Mittelverwendung, enthält aber andererseits eine Ausprägung des Selbstlosigkeitsgrundsatzes in § 55 Abs. 1 Satz 1 AO, weil auch eine angemesse-ne Verzinsung des Eigenkapitals verboten wird und von den Mitgliedern ein Ver-zicht auf eigenwirtschaftliche Interessen verlangt wird (dazu eingehend Rz. 4.86 f.).

---

1 Vgl. AEAO Nr. 15 zu § 62 Abs. 2 AO.
2 So bereits *Hüttemann*, DB 2014, 442 (443).
3 Dafür wohl *Buchna/Leichinger/Seeger/Brox*, S. 151 ff., 181; vgl. auch Bayerisches Landes-amt für Steuern v. 2.11.2010, DB 2010, 2647.

Das Verbot von „sonstigen Zuwendungen" ergänzt das Gewinnausschüttungsverbot und untersagt – unabhängig von einer Gewinnerzielung – die Gewährung wirtschaftlicher Vorteile an die Mitglieder[1]. Wie sich aus der tatbestandlichen Einschränkung – „in ihrer Eigenschaft als Mitglieder" – ergibt, geht es um Zuwendungen an Mitglieder, die dem Ausschließlichkeitsgebot widersprechen, weil ihnen keine angemessene Gegenleistung des Mitglieds gegenübersteht, und die ihre Rechtfertigung auch nicht in der Erfüllung der steuerbegünstigten satzungsmäßigen Zwecke finden.

Fraglich ist, welche Bedeutung dem Gewinnausschüttungsverbot nach § 55 Abs. 1 Nr. 1 und 2 AO **in Fällen der Anteilsveräußerung durch einen steuerpflichtigen Gesellschafter** zukommt. Nach Ansicht des I. Senats des BFH soll regelmäßig eine Mittelfehlverwendung im Sinne des § 55 Abs. 1 Nr. 1 Satz 1 AO vorliegen, wenn eine steuerbegünstigte Körperschaft für Anteile an einer gemeinnützigen Kapitalgesellschaft einem nicht gemeinnützigen Anteilseigner mehr als den Nennwert der Anteile zahlt[2]. Denn dem bisherigen Anteilseigner würde mehr als der Wert entgolten, der den Anteilen bei der Fortführung des steuerbegünstigten Zwecks zukommt. Gegen diese Ausweitung des Gewinnausschüttungsverbots auf Anteilsveräußerungen bestehen de lege lata erhebliche Zweifel (eingehend Rz. 2.19).

5.62 Nach § 55 Abs. 3 AO gelten die Regelungen für Mitglieder der Körperschaft (§ 55 Abs. 1 Nr. 1, 2 und 4 AO) „bei Stiftungen für die Stifter und ihre Erben, bei Betrieben gewerblicher Art von Körperschaften des öffentlichen Rechts für die Körperschaft sinngemäß". Diese **Erweiterung des Mitgliederbegriffs** ist notwendig, weil Stiftungen und Betriebe gewerblicher Art keine „Mitglieder" im gesellschaftsrechtlichen Sinne haben. Aber auch bei diesen Einrichtungen besteht die Gefahr, dass die für steuerbegünstigte Zwecke gebundenen Mittel für eigene Zwecke der hinter der Einrichtung stehenden Personen instrumentalisiert werden. Daher ordnet § 55 Abs. 3 AO eine entsprechende Anwendung der mitgliederbezogenen Mittelverwendungsverbote auf die Initiatoren solcher Einrichtungen an[3].

5.63 Die Mitglieder dürfen nach § 55 Abs. 1 Nr. 1 Satz 2 AO **„keine Gewinnanteile und in ihrer Eigenschaft als Mitglieder auch keine sonstigen Zuwendungen aus Mitteln der Körperschaft erhalten"**. Da „offene" Gewinnausschüttungen bei gemeinnützigen Einrichtungen kaum vorkommen dürften, richtet sich die Regelung vor allem gegen „verdeckte" Vorteilsgewährungen an die Mitglieder. Vor diesem Hintergrund liegt es nahe, vorrangig beim Begriff der „sonstigen Zuwendungen" anzusetzen.

Im Urteil vom 23.10.1991[4] hat der BFH eine Zuwendung im Sinne von § 55 Abs. 1 Nr. 1 Satz 2 AO definiert als **„ein Vorteil, den die Körperschaft bewusst unentgeltlich oder gegen zu geringes Entgelt"** dem Mitglied zukommen lässt. Eine solche Zuwendung erfolge aus den Mitteln der Körperschaft, „wenn deren Vermögenswerte eingesetzt werden, um den

---

1 Vgl. *Becker/Riewald/Koch*, § 17 StAnpG Anm. 4.
2 BFH v. 12.10.2010 – I R 59/09, BStBl. II 2012, 212.
3 Zur mangelnden Selbstlosigkeit bei vorrangiger Verfolgung eigenwirtschaftlicher Zwecke des Stifters vgl. BFH v. 23.2.2017 – V R 51/15, BFH/NV 2017, 882.
4 BFH v. 23.10.1991 – I R 19/91, BStBl. II 1992, 62 (64).

wirtschaftlichen Vorteil dem Dritten zukommen zu lassen"[1]. Der BFH hat damals noch aus der Beschränkung auf „bewusst" unentgeltliche Zuwendungen gefolgert, dass die Vorteilsgewährung – im Urteilsfall war die Angemessenheit des von einem Mitglied gezahlten Pachtzinses umstritten – den handelnden Vorstandsmitgliedern bekannt war oder bei sorgfältiger Prüfung hätte bekannt sein müssen.

In der Folgezeit hat der BFH diese Rechtsprechung nicht weitergeführt, sondern unmittelbar an das Gewinnausschüttungsverbot angeknüpft. Im Urteil vom 8.8.2001 betreffend die Zahlung einer Organvergütung an ein Vereinsmitglied heißt es dazu: „Gewinnanteile sind nicht nur die offen ausgeschütteten Gewinne. **Auch verdeckte Gewinnausschüttungen (vGA) im Sinne von § 8 Abs. 3 Satz 2 KStG verstoßen gegen § 55 Abs. 1 Nr. 1 Satz 2 AO**"[2]. Damit sind – wie der BFH im Urteil vom 27.11.2013[3] für Leistungsbeziehungen zwischen einer gemeinnützigen kommunalen Eigengesellschaft und ihrem Gesellschafter festgestellt hat – auch „vGA in Gestalt verhinderter Vermögensmehrungen" erfasst, wenn die gemeinnützige Einrichtung gegenüber ihrem Mitglied Leistungen erbringt, für die sie kein „angemessenes" Entgelt erhält. Ob das vereinbarte Entgelt dem Fremdvergleich standhält, hängt davon ab, ob das vereinbarte Entgelt von einem ordentlichen und gewissenhaften Geschäftsleiter auch mit einem Nichtgesellschafter (Nichtmitglied) vereinbart worden wäre[4].

Wenn man erkennt, dass über das Institut der vGA praktisch jede Form der Vorteilsgewährung an Mitglieder erfasst wird, kann man sich fragen, ob daneben für den Tatbestand der „sonstigen Zuwendung" im Sinne von § 55 Abs. 1 Nr. 1 Satz 2 AO noch ein eigenständiger Anwendungsbereich verbleibt[5]. Darüber hinaus ist zu überlegen, ob die entsprechende Anwendung von vGA-Grundsätzen im Rahmen von § 55 Abs. 1 Nr. 1 AO gewisser Modifikationen bedarf (dazu sogleich Rz. 5.64). Offen ist schließlich, ob im Rahmen von § 55 Abs. 1 Nr. 1 Satz 2 AO auch die besonderen Grundsätze über beherrschende Gesellschafter anwendbar sind.

Ob eine schädliche Zuwendung bzw. eine verdeckte Gewinnausschüttung an ein Mitglied vorliegt, hängt bei **entgeltlichen Leistungsbeziehungen** vor allem davon ab, ob das vereinbarte Entgelt dem Fremdvergleich standhält. So hat der BFH für die Angemessenheit eines Pachtzinses auf „die für vergleichbare landwirtschaftliche Betriebe marktüblichen Pachtzinsen" abgestellt[6]. Bei entgeltlichen Verträgen zwischen Körperschaft und Mitgliedern (Kauf, Dienst- und Werkverträgen) kommt es darauf an, ob die Werte von Leistung und Gegenleistung nach wirtschaftlichen Grundsätzen gegeneinander abgewogen sind[7]. Bei Leistungen einer gemeinnützigen Kapitalgesellschaft an ihren nicht steuerbegünstigten Gesellschafter soll nach Ansicht des I. Senats neben einem Kostenausgleich auch ein „marktüblicher Gewinnauf-

---

1 BFH v. 23.10.1991 – I R 19/91, BStBl. II 1992, 62 (64).
2 BFH v. 8.8.2001 – I B 40/01, BFH/NV 2001, 1536.
3 BFH v. 27.11.2013 – I R 17/12, BStBl. II 2016, 68.
4 Siehe nur BFH v. 27.11.2013 – I R 17/12, BStBl. II 2016, 68.
5 Allerdings behandelt der AEAO in Nr. 10 und 11 zu § 55 Abs. 1 Nr. 1 AO nur den Tatbestand der „Zuwendung" und spricht den Fall einer vGA nicht ausdrücklich an.
6 BFH v. 23.10.1991 – I R 19/91, BStBl. II 1992, 62 (64).
7 AEAO Nr. 11 zu § 55 Abs. 1 Nr. 1 AO; zur Vermietung von bebautem Grundbesitz vgl. FG Münster v. 11.3.2005 – 9 K 1220/00 G u.a., EFG 2005, 1003.

schlag" erforderlich sein[1]. Indes ist – wie inzwischen auch die Finanzverwaltung anerkennt[2] – gerade bei steuerbegünstigten Einrichtungen auf Grund der fehlenden Gewinnorientierung die Erhebung eines Gewinnaufschlags in der Regel nicht marktüblich[3].

Bei **Zahlungen an Organe** ist im Rahmen des Fremdvergleichs zunächst zu prüfen, ob die Organmitglieder überhaupt einen zivilrechtlich wirksamen Anspruch auf Zahlung einer Vergütung haben[4]. Insbesondere Stiftungs- und Vereinsorgane sind nach §§ 27 Abs. 3 Satz 2, 86 BGB „unentgeltlich" tätig, haben also vorbehaltlich einer abweichenden Satzungsbestimmung nur Anspruch auf Aufwendungsersatz (§ 670 BGB), nicht aber auf eine Vergütung für die aufgewandte Zeit[5] (vgl. auch Rz. 2.38, 2.69). Auch außerhalb einer Organtätigkeit ist der Ersatz von Aufwendungen an die Mitglieder einer Organisation gemeinnützigkeitsrechtlich nur dann zulässig, wenn der tatsächlich entstandene Aufwand nachgewiesen ist, dem Mitglied ein Ersatzanspruch gegen die Körperschaft zusteht und der Ersatz der Höhe nach angemessen ist[6].

5.64 Das Gewinnausschüttungsverbot und das Verbot sonstiger Zuwendungen im Sinne von § 55 Abs. 1 Nr. 1 Satz 2 AO **verbieten nicht jede Vorteilsgewährung an Mitglieder**. Verboten sind nur Zuwendungen, die das Mitglied – wie z.B. Gewinnanteile – „in seiner Eigenschaft als Mitglied" erhält[7]. Entscheidend ist mithin der konkrete Veranlassungszusammenhang. So wie bei Erwerbsunternehmen betrieblich veranlasste Zuwendungen an die Gesellschafter keine vGA darstellen, fehlt es auch bei steuerbegünstigten Körperschaften an einer schädlichen Veranlassung im Mitgliedsverhältnis, wenn die Gewährung des Vorteils gerade der Verwirklichung der satzungsmäßigen steuerbegünstigten Zwecke dient[8]. Wenn man – wie der BFH[9] – im Rahmen von § 55 Abs. 1 Nr. 1 Satz 2 AO die Grundsätze über vGA entsprechend anwendet, muss diesen Besonderheiten im Rahmen des Fremdvergleichs ausreichend Rechnung getragen werden[10]. So muss sich ein „ordentlicher und gewissenhafter Geschäftsleiter" einer steuerbegünstigten Körperschaft um die möglichst wirkungsvolle Erfüllung der steuerbegünstigten Satzungszwecke bemühen und deshalb Leistungen der Körperschaft auch gegen ein nicht kostendeckendes Entgelt ab-

---

1 So BFH v. 27.11.2013 – I R 17/12, BStBl. II 2016, 68.
2 AEAO Nr. 2 zu § 55 Abs. 1 Nr. 1 AO.
3 Treffende Kritik an der Annahme eines Gewinnaufschlags bei *Kirchhain*, DB 2014, 1831; *von Holt* in NK-GemnR, § 55 AO Rz. 25.
4 BFH v. 8.8.2001 – I B 40/01, BFH/NV 2001, 1536; FG Hamburg v. 19.6.2008 – 5 K 165/06, juris; FG Sachsen-Anhalt v. 17.10.2012 – 3 K 1574/07, juris; zu Organvergütungen und Aufwandspauschalen vgl. auch *von Holt* in NK-GemnR, § 55 AO Rz. 98 ff.
5 Der durch das Ehrenamtsstärkungsgesetz v. 21.3.2013, BGBl. I 2013, 566 eingefügte § 27 Abs. 3 Satz 2 BGB gilt ab 1.1.2015; zur früheren Rechtslage vgl. BMF v. 14.10.2009, BStBl. I 2009, 1318; AEAO Nr. 24 zu § 55 Abs. 1 Nr. 3 AO; *Hüttemann*, DB 2009, 1205; *Arnold* in FS Reuter, 2010, S. 3 ff.
6 BFH v. 3.12.1996 – I R 67/95, BStBl. II 1997, 474.
7 Eine Gewinnausschüttung an eine andere steuerbegünstigte Körperschaft kann aber nach § 58 Nr. 1 und 2 AO erlaubt sein.
8 Ebenso *Kümpel*, DStR 2001, 152; *Schauhoff* in Schauhoff, § 9 Rz. 16.
9 BFH v. 27.11.2013 – I R 17/12, BStBl. II 2016, 68.
10 Vgl. dazu *von Holt* in NK-GemnR, § 55 AO Rz. 24 ff.; zu Organvergütungen vgl. *Kampermann*, Organvergütung in gemeinnützigen Körperschaften, 2018.

geben. Zählen die Mitglieder zum geförderten Personenkreis, liegt in einem verbilligten Leistungsbezug daher regelmäßig keine gemeinnützigkeitsrechtlich verbotene „Gewinnausschüttung" oder „Zuwendung in ihrer Eigenschaft als Mitglieder", sondern lediglich eine Maßnahme zur Erfüllung der satzungsmäßigen Zwecke. Überlässt z.B. eine wissenschaftliche Vereinigung ihren Mitgliedern bestimmte Druckschriften (Tagungsbände, Jahrbücher etc.) unentgeltlich oder zu Sonderkonditionen, weil die Mitglieder den wichtigsten Teil der interessierten Fachöffentlichkeit darstellen und die Inhalte der Druckschriften auf diese Weise besonders wirkungsvoll verbreitet werden, handelt es sich nicht um eine schädliche „Zuwendung" im Sinne von § 55 Abs. 1 Nr. 1 Satz 2 AO[1]. Nichts anderes gilt für Mitgliederrabatte bei Tagungsgebühren, wenn die Veranstaltung als Zweckbetrieb anzusehen ist. Ähnliche Fragen stellen sich bei kulturellen Organisationen (hier ist zusätzlich die steuerliche Abziehbarkeit der Mitgliedsbeiträge berührt, vgl. dazu Rz. 8.70 ff.). Die vorstehenden Grundsätze gelten indes nur im Bereich der eigentlichen Zweckverwirklichung, nicht aber z.B. für eine Vorteilsgewährung im Rahmen von Mittelbeschaffungsbetrieben[2]. Darin liegt zugleich der entscheidende Unterschied zur verbilligten Abgabe von Speisen und Getränken bei Vereinsfeiern, die keine steuerbegünstigte Zielsetzung darstellt. Sie ist daher, soweit dadurch die Geselligkeit gefördert werden soll, nur im Rahmen der Bagatellgrenze des § 58 Nr. 7 AO zulässig.

Ein Sonderfall liegt schließlich vor, wenn die Zuwendung nicht in Verfolgung der satzungsmäßigen Zwecke oder zu geselligen Zwecken, sondern der **Festigung der Mitgliedschaft** als solcher dient. Geht man davon aus, dass gemeinnützige Körperschaften auch gewisse Mittel für die Mitgliederwerbung einsetzen dürfen (dazu Rz. 5.48 ff.), erscheint es inkonsequent, Ausgaben für die Mitgliederbetreuung schlechthin für unzulässig zu halten. Soweit den Mitgliedern daher im Rahmen ihrer Mitgliedschaft gelegentlich gewisse Vorteile eingeräumt oder vermittelt werden (z.B. eine „Jahresgabe" oder Mitgliederrabatte bei bestimmten Unternehmen auf Grund von Rahmenverträgen etc.), sind darin noch keine schädlichen „Zuwendungen" zu sehen, wenn sie in einem angemessenen Verhältnis zur Höhe des jährlichen Mitgliedsbeitrags stehen[3]. Auch die Finanzverwaltung hält Zuwendungen an die Mitglieder dann für zulässig, wenn „es sich um Annehmlichkeiten handelt, wie sie im Rahmen der Betreuung von Mitgliedern allgemein üblich und nach allgemeiner Verkehrsauffassung als angemessen anzusehen sind"[4]. Dabei ist richtigerweise nicht auf die Höhe aller denkbaren wirtschaftlichen Vorteile eines Mitglieds abzustellen, sondern auf die tatsächliche durchschnittliche Inanspruchnahme je Mitglied. Ferner ist zu berücksichtigen, dass eine Vorteilsgewährung nur dann schädlich ist, wenn sie „aus den Mitteln" der Körperschaft stammt. Daran wird es regelmäßig fehlen, wenn Dritte (Unternehmen etc.) auf Grund von Rahmenvereinbarungen mit der Körperschaft den Mitgliedern Rabatte einräumen[5].

---

1 Vgl. dazu bereits BFH v. 13.4.1956 – III 242/55U, BStBl. III 1956, 171 betreffend eine Vereinigung, die „die Pflege des guten und schönen Buchs, die Förderung der deutschen Buchkunst und der Wissenschaft vom Buch bezweckt".

2 Hier kann eine Vorteilsgewährung allerdings durch § 58 Nr. 1 und 2 AO erlaubt sein.

3 Dazu näher *Schauhoff* in Schauhoff, § 9 Rz. 16; *von Holt* in NK-GemnR, § 55 AO Rz. 31.

4 Vgl. AEAO Nr. 10 zu § 55 Abs. 1 Nr. 1 AO.

5 *Schauhoff* in Schauhoff, § 9 Rz. 22, 114.

2. Rückzahlung von Kapitalanteilen und Rückgewähr von Sacheinlagen

5.65 § 55 Abs. 1 Nr. 2 AO enthält eine **Ergänzung des Gewinnausschüttungsverbots.** Danach dürfen die Mitglieder bei ihrem Ausscheiden oder bei Auflösung oder Aufhebung der Körperschaft nicht mehr als ihre eingezahlten Kapitalanteile und den gemeinen Wert ihrer geleisteten Sacheinlagen zurückerhalten (zu Anteilsveräußerungen vgl. Rz. 5.61)[1]. Eingezahlte Kapitalanteile im Sinne des § 55 Abs. 1 Nr. 2 und 4 AO liegen natürlich nicht vor, soweit für die Kapitalerhöhung Gesellschaftsmittel verwendet wurden (z.B. nach § 57c GmbHG)[2]. Nach § 55 Abs. 2 AO kommt es bei der Ermittlung des gemeinen Wertes auf die Verhältnisse zu dem Zeitpunkt an, in dem die Sacheinlagen geleistet worden sind. Durch die Regelung in § 55 Abs. 1 Nr. 2 AO wird das Gewinnausschüttungsverbot auf den Fall der Liquidation und des Ausscheidens eines Mitglieds ausgedehnt und verhindert, dass über die Teilhabe an einem Liquidationserlös steuerbegünstigt gebildete Vermögenswerte an die Mitglieder oder Gesellschafter ausgeschüttet werden (vgl. auch Rz. 5.177).

5.66 § 55 Abs. 1 Nr. 2 AO betrifft nur die Mittelverwendung bei der gemeinnützigen Körperschaft. Davon ist die **Frage des Spendenabzugs beim Mitglied** im Zusammenhang mit der Errichtung der Körperschaft zu trennen (dazu Rz. 8.82 ff.). Für die Frage, ob in der Übernahme einer Geld- oder Sacheinlage bzw. der Dotation einer Stiftung eine „Ausgabe" im Sinne des § 10b EStG liegt, kommt es nach allgemeiner Ansicht darauf an, ob das Mitglied bzw. der Stifter auf eine Rückgewähr oder einen Rückfall des hingegebenen Vermögenswertes bei Ausscheiden oder bei Auflösung verzichtet hat[3]. Denn der Spendenabzug setzt eine „finale Verwendung der Zuwendung zu steuerbegünstigten Zwecken voraus". Zwar ist z.B. ein Stiftungskapital nach dem Willen des Stifters und den Regelungen der Landesstiftungsgesetze dauerhaft zu erhalten, sodass nur die Erträge aus dem Stiftungsvermögen zeitnah für steuerbegünstigte Zwecke verwendet werden können. Die dauerhafte Bindung des Stiftungsvermögens an den steuerbegünstigten Zweck reicht aber für die Gewährung des Spendenabzugs aus.

3. Allgemeines Begünstigungsverbot

a) Keine Vorteilsgewährung an Dritte

5.67 § 55 Abs. 1 Nr. 3 AO enthält ein allgemeines Begünstigungsverbot für gemeinnützige Körperschaften. Sie dürfen „keine Person durch Ausgaben, die dem Zweck der Körperschaft fremd sind, oder durch unverhältnismäßig hohe Vergütungen begünstigen." Dieses Begünstigungsverbot stellt eine Konkretisierung des allgemeinen Mittelverwendungsgebots in § 55 Abs. 1 Nr. 1 AO dar[4]. In persönlicher Hinsicht überschneidet sich die Regelung mit § 55 Abs. 1 Nr. 1 AO, weil sie auch Leistungsbeziehungen zu Dritten erfasst, die nicht zugleich Mitglied im Sinne von § 55 Abs. 1 Nr. 1,

---

1 Vgl. zu § 55 Abs. 1 Nr. 2 AO auch OLG Rostock v. 6.4.2016 – 1 U 21/14, juris.
2 AEAO Nr. 23 zu § 55 Abs. 1 Nr. 2 und 4 AO.
3 BFH v. 5.2.1992 – I R 63/91, BStBl. II 1992, 748.
4 BFH v. 8.12.2004 – I B 95/04, BFH/NV 2005, 160 bezeichnet die Vorschrift als „Ausprägung des Mittelverwendungsgebots".

Abs. 3 AO sind. Dazu gehören z.B. **Organpersonen ohne Mitgliedschaft, Arbeitnehmer und sonstige Vertragspartner, aber auch eine Tochtergesellschaft.** „Vergütungen" an solche Personen müssen entweder durch die satzungsmäßigen Zwecke gerechtfertigt sein (z.B. die finanzielle Unterstützung wirtschaftlich Bedürftiger als Maßnahme zur Verwirklichung mildtätiger Zwecke) oder eine wirtschaftlich angemessene Gegenleistung für eine Leistung des Dritten darstellen[1].

Zwar geht es beim Begünstigungsverbot des § 55 Abs. 1 Nr. 3 AO – anders als beim Gewinnausschüttungsverbot nach § 55 Abs. 1 Nr. 1 Satz 2 AO – nicht um die Feststellung einer im „Mitgliedsverhältnis" veranlassten verbotenen Zuwendung[2], sondern um ein allgemeines Verbot „zweckwidriger" und „unverhältnismäßig hoher" Ausgaben. Gleichwohl greift die h.M. für die Feststellung der Angemessenheit einer Vergütung auch bei § 55 Abs. 1 Nr. 3 AO auf die **Rechtsprechungsgrundsätze zur verdeckten Gewinnausschüttung** zurück[3]. Dafür spricht, dass der Fremdvergleich nicht nur ein geeignetes Instrument zur Veranlassungsprüfung darstellt, sondern auch zur Beurteilung der „Unverhältnismäßigkeit" einer Vergütung herangezogen werden kann[4]. Indes können z.B. die zu Erwerbsunternehmen entwickelten Maßstäbe zur Angemessenheit von Geschäftsführervergütungen nicht einfach auf „NPO" übertragen werden[5].

b) Vergütung von Mitarbeitern

Fraglich ist, welche Vorgaben sich aus § 55 Abs. 1 Nr. 3 AO für **die Vergütung von**   5.68
Mitarbeitern gemeinnütziger Einrichtungen ergeben. Geht man davon aus, dass die Mitarbeiter stets zur Verwirklichung der satzungsmäßigen Zwecke eingesetzt werden, handelt es sich bei den Vergütungen nicht um „Ausgaben, die dem Zweck der Körperschaft fremd sind". Es bleibt aber die zweite Einschränkung des § 55 Abs. 1 Nr. 3 AO zu prüfen: Die Geschäftsleiter und Mitarbeiter dürfen nicht durch „unverhältnismäßig hohe Vergütungen" begünstigt werden. Dabei geht es – anders als bei der Prüfung des Ausgabeverhaltens einer Körperschaft im Ganzen (vgl. Rz. 5.37 ff.) – nicht darum, ob „ein möglichst hoher Anteil der Mittel unmittelbar oder effektiv den steuerbegünstigten Satzungszwecken zugutekommt", sondern um die wirtschaftliche Angemessenheit der einzelnen Vergütung[6]. Dabei ist von der Einsicht auszugehen, dass es keine festen Maßstäbe für die „richtige" Vergütungsbemessung von Mitarbeitern gibt, so dass sich über den internen und externen Fremdvergleich und die Denkfigur des „ordentlichen und gewissenhaften NPO-Geschäftsleiters" immer nur gewisse Bandbreiten von „angemessenen" Vergütungen

---

1 Vgl. auch BFH v. 5.8.2011 – I B 25/11, BFH/NV 2011, 2009.
2 Zutreffend *Hofmeister* in DStJG 26 (2003), 175 f.
3 FG Mecklenburg-Vorpommern v. 21.12.2016 – 3 K 272/13, npoR 2017, 265; *Musil* in Hübschmann/Hepp/Spitaler, § 55 AO Rz. 213; *Seer* in Tipke/Kruse, § 55 AO Rz. 22; *Schauhoff* in Schauhoff, § 9 Rz. 22.
4 Zutreffend *Hofmeister* in DStJG 26 (2003), 175; *Seer* in Tipke/Kruse, § 55 AO Rz. 22.
5 Dazu eingehend *Kampermann*, Organvergütung in gemeinnützigen Körperschaften, 2018.
6 Dies übersieht FG Mecklenburg-Vorpommern v. 21.12.2016 – 3 K 272/13, npoR 2017, 265 (Rev. V R 5/17) .

werden schätzen lassen[1]. Dies alles und die große Heterogenität von gemeinnützigen NPO sprechen für eine zurückhaltende Herangehensweise an die Vergütungsthematik. Ein Gehaltsniveau ist daher nur dann als „unverhältnismäßig hoch" im Sinne von § 55 Abs. 1 Nr. 3 AO anzusehen, wenn die im Fremdvergleich ermittelten Bandbreiten klar überschritten werden, so dass die vereinbarte Vergütung als **wirtschaftlich „unvertretbar"** anzusehen ist. Bei der Prüfung der „Unverhältnismäßigkeit" sollte auch berücksichtigt werden, ob die zuständigen Organe im Rahmen ihres Handlungsermessens mit der Vergütungsthematik verantwortlich umgegangen sind. Dies ist weniger eine Frage der absoluten Höhe der Vergütung, sondern vor allem danach zu beurteilen, ob die handelnden Organe die Vergütungshöhe auf der Grundlage ausreichender Informationen und frei von Interessenkonflikten festgelegt haben. Vor diesem Hintergrund können z.B. nicht näher begründete sprunghafte Gehaltsanstiege oder widersprüchliche Angaben ein Indiz für die Unverhältnismäßigkeit der Vergütung darstellen[2]. Für einen solchen prozeduralen Ansatz spricht auch, dass das Begünstigungsverbot in erster Linie Missbrauch verhindern soll[3]. Aus Sicht der betroffenen Einrichtungen bleibt zu beachten, dass die Körperschaft die Feststellungslast für die Tatsachen trägt, aus denen sich die Voraussetzungen für die Steuerbefreiung ergeben[4].

5.69 Insgesamt ist festzustellen, dass die Grenzen der „Unverhältnismäßigkeit" von Tätigkeitsvergütungen im Dritten Sektor bisher wenig geklärt sind[5]. Dazu trägt auch bei, dass es – gerade im Bereich der Führungskräfte – **kaum verlässliche Vergütungsstudien** im Dritten Sektor gibt, so dass valides Zahlenmaterial fehlt[6]. Ferner wird man im Rahmen des externen Fremdvergleichs auch Vergütungen einbeziehen müssen, die von vergleichbaren nicht steuerbegünstigten Einrichtungen gezahlt werden, weil solche Einrichtungen auf dem Arbeitsmarkt regelmäßig mit steuerbegünstigten Körperschaften um geeignete Mitarbeiter konkurrieren[7]. Grundsätzlich verfehlt wäre es auch, die „Angemessenheit" von Vergütungen im Dritten Sektor an den Besoldungsordnungen des Öffentlichen Dienstes zu messen. Aus der Tatsache, dass gemeinnützige Einrichtungen (auch) den Staat entlasten, folgt noch nicht, dass sie auch ihre Besoldungsstrukturen nach dem Tarifvertrag der Länder (TV-L) oder des

---

1 Zutreffend FG Mecklenburg-Vorpommern v. 21.12.2016 – 3 K 272/13, npoR 2017, 265 (Rev. V R 5/17); ebenso *Kampermann*, npoR 2017, 271; *Hofmeister* in DStJG 26 (2003), 176; *Kirchhain*, DB 2014, 1831 (1836).

2 Vgl. dazu FG Mecklenburg-Vorpommern v. 21.12.2016 – 3 K 272/13, npoR 2017, 265 (Rev. V R 5/17); *Kampermann*, npoR 2017, 273.

3 So auch *Schauhoff* in Schauhoff, § 9 Rz. 24; ähnlich *Seer* in Tipke/Kruse, § 55 AO Rz. 22: Gemeinnützige Körperschaften dürften nicht zu „Selbstbedienungsläden" werden.

4 BFH v. 8.12.2004 – I B 95/04, BFH/NV 2005, 160.

5 Siehe aber nun FG Mecklenburg-Vorpommern v. 21.12.2016 – 3 K 272/13, npoR 2017, 265 (Rev. V R 5/17).

6 So beruht die Studie von *Sandberg/Mecking*, Vergütung haupt- und ehrenamtlicher Führungskräfte in Stiftungen, 2008 auf relativ wenigen Daten.

7 Ebenso FG Mecklenburg-Vorpommern v. 21.12.2016 – 3 K 272/13, npoR 2017, 265 (Rev. V R 5/17); *Schauhoff* in Schauhoff, § 8 Rz. 22.

Öffentlichen Dienstes (TVöD) ausrichten müssten. Sie stehen vielmehr zwischen „Markt" und „Staat".

Zu beachten ist ferner, dass sich die in der Rechtsprechung herausgebildeten Grundsätze zur **verdeckten Gewinnausschüttung bei Gesellschaftergeschäftsführern** nicht einfach auf die Geschäftsleitervergütung in steuerbegünstigten Körperschaften übertragen lassen, wie sich beispielhaft an der Zulässigkeit umsatzbezogener Tantiemen verdeutlichen lässt. Während nach der Rechtsprechung des I. Senats die Vereinbarung einer Umsatztantieme bei Erwerbsunternehmen mit Recht einer besonderen Begründung bedarf, weil sie mit der Gewinnorientierung nicht harmoniert[1], bestehen gegen eine (auch) umsatzbezogene Vergütung von Führungskräften in gemeinnützigen Körperschaften keine grundsätzlichen Bedenken, wenn man unter dem „Umsatz" z.B. die in einem Zweckbetrieb oder im ideellen Bereich erbrachten Fördermaßnahmen versteht. Bei den Mitarbeitern eines (steuerpflichtigen) wirtschaftlichen Geschäftsbetriebs bzw. einer (steuerfreien) Vermögensverwaltung liegen die Dinge indes eher umgekehrt. Hier dürften – gemessen am Ziel dieser Mittelbeschaffungsaktivitäten – zumeist gewinn- bzw. überschussabhängige Zusatzvergütungen „üblich" und angemessen sein[2].

c) Darlehensgewährung

Ein weiterer Anwendungsfall des Begünstigungsverbots sind **Darlehen gemeinnütziger Körperschaften an Dritte**. Hier ist für die gemeinnützigkeitsrechtliche Beurteilung im Einzelfall nach dem Grund der Darlehensgewährung zu unterscheiden[3]: 5.70

– Gewährt eine gemeinnützige Körperschaft ihren **Arbeitnehmern zinsgünstige Darlehen**, dann muss der Zinsverzicht als zusätzliches Entgelt für die Arbeitsleistung angemessen sein.

– Erfolgt die Darlehensgewährung als **rentierliche Zwischenanlage von Kapitalmitteln**, die vorübergehend nicht für satzungsmäßige Zwecke benötigt werden, so müssen sich die Zinsen in dem auf dem Kapitalmarkt für kurzfristige Anlagen üblichen Rahmen halten. Ein Verstoß gegen § 55 Abs. 1 Nr. 3 AO ist daher beispielsweise zu bejahen, wenn eine unternehmensverbundene gemeinnützige Stiftung ihrer Beteiligungsgesellschaft ein zinsloses oder zinsverbilligtes Darlehen gewährt.

– Ist die Darlehensgewährung nur **ein Mittel zur Verwirklichung der Satzungszwecke** (Ausreichung von Darlehen an wirtschaftlich Hilfsbedürftige durch eine mildtätige Einrichtung), so kann auch ganz auf eine Verzinsung verzichtet werden.

– In dem Fall schließlich, dass das **Darlehen einer anderen gemeinnützigen Einrichtung gewährt wird**, greift § 58 Nr. 1 und 2 AO ein, sodass auch eine zinslose Darlehensgewährung als „Mittelweitergabe" steuerlich unschädlich ist (vgl. auch Rz. 3.189 ff.).

---

1 Zuletzt BFH v. 12.10.2010 – I B 70/10, BFH/NV 2011, 301.
2 Vgl. näher zu variablen Vergütungselementen *Kampermann*, Organvergütung in gemeinnützigen Organisationen, 2018.
3 Zum Weiteren vgl. auch AEAO Nr. 15 zu § 55 Abs. 1 Nr. 1 AO.

4. Keine Förderung politischer Parteien

5.71 Nach § 55 Abs. 1 Nr. 1 Satz 3 AO darf eine gemeinnützige Körperschaft ihre Mittel weder für die unmittelbare noch für die mittelbare Unterstützung oder Förderung politischer Parteien verwenden. Die Regelung soll verhindern, dass gemeinnützige Einrichtungen als Durchlaufstellen zur Parteienfinanzierung dienen[1]. Da parteipolitische Zwecke grundsätzlich nicht gemeinnützig sind (vgl. dazu auch § 52 Abs. 2 Nr. 24 AO), sind Ausgaben für parteipolitische Zwecke stets „**satzungsfremde Ausgaben**". Die Regelung ist daher an sich entbehrlich, weil sie sachlich bereits in § 55 Abs. 1 Nr. 3 AO enthalten ist.

V. Zulässige Mittelverwendung für nicht satzungsmäßige Zwecke

1. Steuerlich unschädliche Betätigungen nach § 58 AO

5.72 § 58 AO bestimmt, dass die Steuervergünstigung nicht durch bestimmte „steuerlich unschädliche Betätigungen" ausgeschlossen wird. Die Ausnahmen betreffen vorrangig die Grundprinzipien des Gemeinnützigkeitsrechts (Ausschließlichkeit, Unmittelbarkeit etc.; vgl. dazu Rz. 4.19 ff., 4.59 ff.). Da sie aber auch gewisse **Auswirkungen auf das Gebot der gemeinnützigen Mittelverwendung** haben, soll auf sie auch an dieser Stelle kurz eingegangen werden.

- Anzusprechen sind zunächst die Fälle der **Mittelweitergabe** und der Überlassung von Arbeitskräften und Räumen an andere gemeinnützige Einrichtungen (§ 58 Nr. 2, 4 und 5 AO). Diese Regelungen betreffen nicht nur den Grundsatz der Unmittelbarkeit, sondern enthalten zugleich eine Ausnahme vom Gebot der Mittelverwendung für „eigene" satzungsmäßige Zwecke (§ 55 Abs. 1 Nr. 1 AO).

- § 58 Nr. 6 AO lässt eine teilweise Mittelverwendung für die Versorgung des **Stifters und seiner nächsten Angehörigen** zu und durchbricht damit nicht nur den Grundsatz der Ausschließlichkeit, sondern auch das Gebot der gemeinnützigen Mittelverwendung.

- § 58 Nr. 7 AO betrifft zwar nach seinem Wortlaut nur die Veranstaltung von **geselligen Zusammenkünften** und nicht die Mittelverwendung. Die Aussage, dass ein gewisses Maß an Geselligkeit ein sinnvolles Mittel zur besseren Verwirklichung der satzungsmäßigen Zwecke sein kann (Beispiel: Gesangsverein), hat aber auch Rückwirkungen auf die Mittelverwendung. Denn es kann nicht unterstellt werden, dass der Gesetzgeber nur kostenlose Vergnügungen im Blick hatte. Daher wird man – wie bereits an anderer Stelle ausgeführt (vgl. Rz. 4.30) – auch einen gewissen Mitteleinsatz für zulässig halten müssen.

- § 58 Nr. 8 AO enthält eine Ausnahme vom Ausschließlichkeitsgrundsatz und erlaubt die (untergeordnete) **Förderung des bezahlten Sports** durch Sportvereine. Da sich der „bezahlte Sport", wie der Begriff bereits andeutet, ohne einen gewissen Mitteleinsatz nicht fördern lässt, schließt die Ausnahmeregelung notwendigerweise auch die Verwendung von Mitteln zur Bezahlung von Sportlern mit ein.

---

1 Vgl. auch *Hüttemann* in FS Lang, 2010, S. 321 ff.

– § 58 Nr. 10 AO lässt es zu, dass eine Körperschaft Mittel zum **Erwerb von Gesellschaftsrechten zur Erhaltung der prozentualen Beteiligung an Kapitalgesellschaften** im Jahr des Zuflusses verwendet. Soweit eine Kapitalerhöhung erst in
den nächsten Jahren geplant ist, erlaubt § 62 Abs. 1 Nr. 4 AO auch die Ansammlung von Mitteln in einer Rücklage.

2. Verwendung nicht steuerbegünstigter Zuwendungen

In den bisherigen Überlegungen wurde stillschweigend unterstellt, dass grundsätz-   5.73
lich alle „Mittel" einer Körperschaft der Pflicht zur gemeinnützigen Mittelverwendung unterliegen. Allerdings hat der BFH es in seiner Entscheidung zum Verlustausgleich im steuerpflichtigen wirtschaftlichen Geschäftsbetrieb für zulässig gehalten, dass gemeinnützige Körperschaften bestimmte Vermögenswerte auch für satzungswidrige Ausgaben einsetzen dürfen[1]. Nach den Grundsätzen dieses BFH-Urteils soll der Ausgleich von Verlusten in einem wirtschaftlichen Geschäftsbetrieb
eine schädliche Mittelverwendung darstellen (dazu näher Rz. 6.13 ff.). Er hat allerdings die gemeinnützigen Körperschaften auf die Möglichkeit verwiesen, für den
Verlustausgleich von ihren Mitgliedern und Gesellschaftern gezielt Sonderumlagen
oder -zuschüsse einzufordern. Solche Zuwendungen sollen nach Ansicht des BFH
aber nicht spendenbegünstigt sein, weil es an einer Verwendung für steuerbegünstigte Zwecke fehle (dazu Rz. 8.89). Unabhängig davon, wie man die BFH-Grundsätze zum Verlustausgleich bewertet, ist im vorliegenden Zusammenhang die Feststellung wichtig, dass **nicht alle „Mittel" einer gemeinnützigen Körperschaft dem
Mittelverwendungsgebot nach § 55 Abs. 1 Nr. 1 AO unterliegen.** Vielmehr sind
solche Vermögenswerte ausgenommen, die die Körperschaft gerade zu dem Zweck
erhält, bestimmte satzungsfremde Ausgaben abzudecken. Eine solche teleologische
Einschränkung des Mittelverwendungsgebots erscheint deshalb zulässig, weil für
diese Vermögenswerte keine Steuerbegünstigung in Gestalt des Spendenabzugs gewährt worden ist und die Verwendung zu satzungsfremden Zwecken der Intention
des Zuwendenden entspricht. Darüber hinaus ist aber auch eine weitere Einschränkung zu machen. Der BFH-Fall betraf nur einen gelegentlichen Ausgleich von Verlusten in einem wirtschaftlichen Geschäftsbetrieb, die auf einer Fehlkalkulation beruhen. Insbesondere lag in der Unterhaltung eines solchen wirtschaftlichen Geschäftsbetriebs noch keine Verletzung des Ausschließlichkeitsgrundsatzes (§ 56
AO). Hiervon ist der Fall zu unterscheiden, dass eine gemeinnützige Körperschaft
von ihren Mitgliedern – wenn auch unter Verzicht auf die steuerliche Abzugsfähigkeit als Spende – Mittel einwirbt, um neben den steuerbegünstigten satzungsmäßigen Zwecken auch noch andere satzungsfremde Zwecke zu verfolgen. Hier wäre –
unabhängig davon, ob steuerbegünstigte Mittel eingesetzt werden – jedenfalls der
Ausschließlichkeitsgrundsatz verletzt, da die Verfolgung weiterer nicht steuerbegünstigter Zwecke die Gemeinnützigkeit entfallen lässt.

frei   5.74

---

1 BFH v. 13.11.1996 – I R 152/93, BStBl. II 1998, 711.

D. Zeitnahe Mittelverwendung

I. Gesetzliche Regelung

5.75 Der Grundsatz der zeitnahen Mittelverwendung ist seit 2000 **in § 55 Abs. 1 Nr. 5 AO geregelt**[1]. Nach § 55 Abs. 1 Nr. 5 Satz 1 AO muss eine gemeinnützige Körperschaft ihre Mittel „grundsätzlich zeitnah für ihre steuerbegünstigten satzungsmäßigen Zwecke verwenden". Eine zeitnahe Verwendung ist nach § 55 Abs. 1 Nr. 5 Satz 3 AO gegeben, „wenn die Mittel spätestens in den auf den Zufluss folgenden zwei Kalender- oder Wirtschaftsjahren für die steuerbegünstigten satzungsmäßigen Zwecke verwendet werden". Gemeinnützige Körperschaften haben also höchstens drei Jahre Zeit, um zugeflossene Mittel für satzungsmäßige Zwecke einzusetzen. Eine solche Verwendung kann – wie bereits dargelegt (Rz. 5.55 ff.) – entweder darin bestehen, dass die Mittel innerhalb dieser Frist für die satzungsmäßigen Zwecke verbraucht werden (z.B. Bezahlung von Löhnen und Gehältern für die Mitarbeiter). Eine Verwendung liegt aber auch dann vor, wenn die Mittel für die Anschaffung oder Herstellung von Vermögensgegenständen verwendet werden, die satzungsmäßigen Zwecken dienen (§ 55 Abs. 1 Nr. 5 Satz 2 AO). In diesem Fall findet kein Mittelverbrauch, sondern ein Aktivtausch statt, sodass der Vermögensbestand bzw. das bilanzielle Eigenkapital zunächst nicht verändert wird (z.B. durch die Anschaffung medizinischer Geräte in einem gemeinnützigen Krankenhaus).

5.76 Der Gesetzgeber will mit dem Grundsatz der zeitnahen Mittelverwendung verhindern, dass steuerbegünstigt erworbene Mittel (Spenden, Vermögenserträge, Gewinne aus wirtschaftlichen Geschäftsbetrieben etc.) **grundlos angesammelt oder zum Aufbau eines sonstigen Vermögens eingesetzt werden,** das nur über seine Erträge zur Verwirklichung satzungsmäßiger Zwecke beiträgt[2]. Eine Rücklagen- und Vermögensbildung ist also – wie auch der Blick auf die Ausnahmeregelungen in § 62 Abs. 1, 3 und 4 AO zeigt – immer nur eine Ausnahme, deren Zulässigkeit von bestimmten Voraussetzungen abhängig gemacht wird. Der Grundsatz der zeitnahen Mittelverwendung wird gemeinhin mit dem Gedanken einer **zeitlichen Entsprechung von Steuerentlastung und Gemeinwohlförderung** gerechtfertigt[3]. Der Staat verzichtet gegenwärtig auf Steuereinnahmen und erwartet deshalb mit Recht im Gegenzug auch eine möglichst gegenwartsnahe Gemeinwohlförderung. Durch die Pflicht zur zeitnahen Mittelverwendung kann zudem auch die Effizienz der Steuerbegünstigung als Mittel zur Verhaltenslenkung verbessert werden[4]. Schließlich liegt es auf der Hand, dass die bloße Ansammlung von Vermögen für Projekte, die erst in ganz ferner Zukunft durchgeführt werden sollen, auch aus Gründen der steuerlichen Gleichbehandlung keine steuerliche Entlastung verdient. Denn auch bei „normalen" Steuerpflichtigen fördert der Staat nur die konkrete Ausgabe für steuer-

---

1 Zur Neuregelung vgl. *Hüttemann*, DB 2000, 1584.
2 Zum Zweck des Gebots der zeitnahen Mittelverwendung vgl. auch BFH v. 20.3.2017 – X R 13/15, BStBl. II 2017, 1110.
3 Vgl. dazu auch *Hüttemann* in DStJG 26 (2003), 63 f.
4 Siehe dazu *Walz* in Hopt/Reuter (Hrsg.), Stiftungsrecht in Europa, S. 206 ff.

begünstigte Zwecke (Spende), nicht aber die Ansammlung von Mitteln, die erst später gespendet werden sollen[1].

II. Zur Kritik am Grundsatz der zeitnahen Mittelverwendung

Am Grundsatz der zeitnahen Mittelverwendung ist verschiedentlich **rechtspolitische Kritik** geäußert worden[2]. Die Einwände sind entweder grundsätzlicher Art oder richten sich gegen bestimmte Einzelregelungen. So wird teilweise die Notwendigkeit einer gesetzlichen Regelung bestritten: Bürokratischer Regelungs- und Kontrollbedarf sei – so z.B. *Fischer* – „jedenfalls fehl am Platze, wo die Verwendung der gebundenen Mittel einer sozialen Kontrolle durch die Mitglieder und/oder, insbesondere bei großen Stiftungen, durch die Öffentlichkeit unterliegt". Vereinsmitglieder würden es sich typischerweise „nicht bieten lassen", dass der Verein zweckfrei Beiträge und andere verwendungspflichtige Mittel horte. Ferner sei das ursprüngliche Motiv für das Gebot der zeitnahen Mittelverwendung – die Vermögensteuer – inzwischen entfallen[3]. Von anderer Seite wird zwar die Bedeutung der zeitnahen Mittelverwendung für die Effizienz der Aufgabenerfüllung gemeinnütziger Einrichtungen hervorgehoben, aber Kritik an der kasuistischen Ausgestaltung geübt. So verstieß z.B. § 58 Nr. 7 Buchst. a AO a.F. (heute § 62 Abs. 1 Nr. 3 AO) nach Ansicht von *Walz* gegen den Gleichheitssatz, weil er nicht ausreichend nach Rechtsform und Finanzierungsstruktur der Einrichtung differenziere. Ein Verein mit einem stabilen Beitragsaufkommen sei auf eine Rücklagenbildung weniger angewiesen als eine Stiftung, die u.U. wegen ihrer Anlagerichtlinien auch keine Möglichkeit zur Erzielung von Umschichtungsgewinnen habe, die zum Vermögensaufbau genutzt werden können[4]. Als Alternative zum geltenden Recht wird daher eine Generalklausel vorgeschlagen, die eine „angemessene" Rücklagenbildung zulässt und der gemeinnützigen Einrichtung die Darlegungs- und Beweislast auferlegt[5]. Ferner wird auf das US-amerikanische Recht hingewiesen, das für *private foundations* eine gesetzliche Mindestausschüttungspflicht in Höhe eines bestimmten Prozentsatzes des *fair value* des Körperschaftsvermögens bestimmt[6].

5.77

Was zunächst den Bedarf für eine gesetzliche Regelung anbetrifft, so erscheint ein **vollständiger Verzicht auf gemeinnützigkeitsrechtliche Regelungen zur zeitnahen Mittelverwendung nicht erstrebenswert.** Zwar spricht manches für die Annahme, dass bei bestimmten Einrichtungen der Kontrollbedarf geringer ausfällt, weil bereits

5.78

---

1 Vgl. *Hüttemann*, Wirtschaftliche Betätigung, S. 197 ff.
2 Vgl. aus dem Schrifttum *Fischer* in Hübschmann/Hepp/Spitaler, § 58 AO Rz. 10 ff. (Stand 6/2003); *Wagner/Walz*, Zweckerfüllung gemeinnütziger Stiftungen durch zeitnahe Mittelverwendung und Vermögenserhaltung, S. 67 ff.; *Walz* in Hopt/Reuter (Hrsg.), Stiftungsrecht in Europa, S. 209 ff.; *Walz/Fischer* in Non Profit Law Yearbook 2004, 159; *Richter* in GS Walz, 2008, S. 559.
3 *Fischer* in Hübschmann/Hepp/Spitaler, § 58 AO Rz. 10 ff. (Stand 6/2003).
4 Vgl. *Walz* in Hopt/Reuter (Hrsg.), Stiftungsrecht in Europa, S. 209 ff.
5 *Fischer* in Hübschmann/Hepp/Spitaler, § 58 AO Rz. 10 ff. (Stand 6/2003); ähnlich *Walz* in DStJG 26 (2003), 77.
6 Vgl. *Walz/Fischer* in Non Profit Law Yearbook 2004, 159; *Richter* in GS Walz, 2008, S. 559.

die Mitglieder, die Öffentlichkeit oder die staatlichen Aufsichtsbehörden (z.B. die Stiftungsaufsicht) auf eine gegenwartsnahe Mittelverwendung achten. Allerdings zeigen die Erfahrungen der Praxis, insbesondere auch aus der Finanzrechtsprechung, dass diese Kontrolle nicht überall funktioniert[1]. So ist z.B. keineswegs ausgemacht, dass die Mitglieder eines Vereins einer Vermögensbildung immer kritisch gegenüberstehen. Auch muss die interne *Corporate Governance* bei Vereinen und Stiftungen keineswegs optimal sein[2]. Insbesondere bei Stiftungen bedarf es schon wegen des Fehlens eigeninteressierter Mitglieder einer staatlichen Aufsicht. Die Stiftungsaufsichtsbehörden prüfen allerdings vorrangig die Erhaltung des Stiftungsvermögens und die Beachtung der gesetzlichen Vorgaben, kümmern sich aber erfahrungsgemäß weniger um eine effektive Mittelerzielung und Mittelverwendung.

5.79 Das Gebot der zeitnahen Mittelverwendung kann hier einen wichtigen Beitrag zur **Effektivierung des Ausgabeverhaltens** leisten. Eine gesetzliche Regelung über die zeitnahe Mittelverwendung trägt auch dem Interesse der Spender Rechnung, die – wenn sie nichts anderes bestimmen – im Zweifel eine gegenwartsnahe Verwendung ihrer Zuwendung erwarten, aber kaum über wirkungsvolle Instrumente verfügen, um eine solche Mittelverwendung auch zu kontrollieren und bei Verstößen gerichtlich durchzusetzen[3]. Die Kontrolle durch die Finanzbehörden kann also dazu beitragen, das Vertrauen der Öffentlichkeit und potentieller Spender in das Ausgabeverhalten gemeinnütziger Einrichtungen zu fördern. Schließlich ist zu bedenken, dass auch der Steuerstaat, der auf staatliche Einnahmen verzichtet, durchaus ein legitimes Interesse daran haben wird, dass gemeinnützige Einrichtungen auch gegenwärtig das Gemeinwohl fördern und sich nicht allein auf die Ansammlung von Fördermitteln für künftige Projekte beschränken.

5.80 Geht man deshalb davon aus, dass der Gesetzgeber auf Regelungen über die zeitnahe Mittelverwendung nicht verzichten sollte, weil die Verwendung der Mittel in zeitlicher Hinsicht nicht allein den Organen gemeinnütziger Einrichtungen überlassen werden kann, bleibt die **Frage nach der konkreten Ausgestaltung**. Das geltende Recht orientiert sich an der im Rahmen der Überschusseinkünfte gebräuchlichen Differenzierung zwischen laufenden Einnahmen und Veräußerungsgewinnen. So unterliegen alle Einnahmen (Spenden, Mitgliedsbeiträge, Vermögenserträge) der Pflicht zur zeitnahen Mittelverwendung. Wird dagegen ein Gegenstand des zulässigen Vermögens veräußert, darf der Veräußerungsgewinn als solcher wieder dem

---

1 Vgl. dazu das Urteil des BFH v. 13.9.1989 – I R 19/85, BStBl. II 1990, 28 betreffend einen Spendensammelverein.

2 Vgl. aus dem neueren Schrifttum etwa *von Hippel*, Grundprobleme von Non Profit-Organisationen, 2007; *von Hippel* in FS Hopt, 2010, S. 817; *Hopt/von Hippel/Walz*, Non Profit-Organisationen in Recht, Wirtschaft und Gesellschaft, 2005; aus rechtsvergleichender Sicht *Hopt/von Hippel* (Hrsg.), Comparative Corporate Governance of Nonprofit-Organizations, 2010; *Ott* in GS Walz, 2008, S. 505 ff.; *Kohl* in GS Walz, 2008, S. 339; *Saenger/Veltmann*, ZSt 2005, 67; *Steuber*, DStR 2006, 1182; *Walz* in FS Ansay, 2006, S. 497 ff.; *Schwintek*, Vorstandskontrolle in rechtsfähigen Stiftungen bürgerlichen Rechts, 2002; *Segna*, Vorstandskontrolle in Großvereinen, 2002.

3 Zu Zivilrechtsfragen des Spendens vgl. *Rawert* in Non Profit Law Yearbook 2005, 165.

Vermögen zugeführt werden[1]. Unterhalten gemeinnützige Einrichtungen wirtschaftliche Geschäftsbetriebe, so unterliegt der Gewinn (nach Steuern) der Pflicht zur zeitnahen Mittelverwendung, soweit nicht bestimmte Beträge für Reinvestitionen benötigt werden. Hinsichtlich der Rücklagenbildung kommt es, was die Anwendung der Ein-Drittel-Rücklage nach § 62 Abs. 1 Nr. 3 AO anbetrifft, auf die steuerliche Einordnung einer Vermögensanlage als Vermögensverwaltung oder wirtschaftlicher Geschäftsbetrieb an: So könnten z.B. aus Dividenden eines GmbH-Anteils nur dann Beträge bis zu einem Drittel in eine freie Rücklage eingestellt werden, wenn kein schädlicher Einfluss auf die Geschäftsführung vorliegt, der die Beteiligung zu einem wirtschaftlichen Geschäftsbetrieb werden lässt (vgl. auch Rz. 6.130).

Unabhängig aller rechtspolitischen Einwände gegen die geltende Regelung sind die **5.81** insoweit erhobenen **verfassungsrechtlichen Bedenken** – insbesondere gegen § 58 Nr. 7 Buchst. a AO a.F. (heute § 62 Abs. 1 Nr. 3 AO) – nicht begründet. Das geltende Recht eröffnet mit seiner Kombination von Rücklagenbildung und der Sonderbehandlung von Umschichtungsgewinnen ausreichende Möglichkeiten zur Kapitalerhaltung. Zwar wirken sich die Regelungen je nach Vermögenszusammensetzung unterschiedlich aus. Diese Unterschiede sind aber nicht so erheblich, dass sie den Gleichheitssatz verletzen. Denn zum einen steht es den Einrichtungen (bzw. dem Stifter bei Errichtung der Stiftung) frei, die Vermögensanlage so zu optimieren, dass im Rahmen der steuerlichen Regelungen eine Kapitalerhaltung erreicht wird. Zum anderen muss man dem Gesetzgeber zubilligen, dass er im Interesse der Praktikabilität gewisse Typisierungen vornimmt und an vorhandene steuer- und zivilrechtliche Strukturen (wie z.B. die Unterscheidung zwischen Einnahmen und Veräußerungsgewinnen) anknüpft. So ist z.B. die Differenzierung nach verschiedenen Einkunftsquellen (Überschüsse aus der Vermögensverwaltung, Gewinne aus wirtschaftlichen Geschäftsbetrieben, sonstige zeitnah zu verwendende Mittel) grundsätzlich zulässig, weil Einkünfte aus Kapitalvermögen – wie das BVerfG z.B. in seiner Entscheidung zur Zinsbesteuerung anerkannt hat[2] – besonders inflationsgefährdet sind. Darin liegt ein wesentlicher Unterschied zu anderen Einkünften wie z.B. Spenden und Mitgliedsbeiträgen sowie Einkünften aus unternehmerischer Tätigkeit. Die Möglichkeit einer Zuführung von Umschichtungsgewinnen zum Vermögen respektiert die grundsätzliche, insbesondere im Stiftungsrecht bedeutsame Unterscheidung zwischen Kapital und Erträgen[3] und ist daher jedenfalls nicht willkürlich. Soweit also die geltende Regelung im Einzelfall deshalb zu gewissen Härten führt, weil z.B. bestimmte Geldanlagen durch die Satzung der Körperschaft verwehrt sind und daher Umschichtungsgewinne nicht erzielt werden können, ist dies nicht zu beanstanden, da der Gesetzgeber schon aus verwaltungstechnischen Gründen zu einer gewissen Typisierung gezwungen ist, um eine einfache Anwendung der Regelungen durch die Finanzämter zu ermöglichen.

Nicht zu folgen ist auch dem Vorschlag, es bei einer **Generalklausel zu belassen** **5.82** („eine gemeinnützige Körperschaft kann in angemessenem Umfang Mittel einer

---

1 Vgl. AEAO Nr. 29 zu § 55 Abs. 1 Nr. 5 AO.
2 BVerfG v. 27.6.1991 – 2 BvR 1493/89, BVerfGE 84, 239.
3 Vgl. dazu *Hüttemann/Rawert* in Staudinger, § 81 BGB Rz. 54.

Rücklage zuführen")[1]. Eine solche Regelung könnte nur funktionieren, wenn es eine spezielle staatliche Stelle – wie z.B. die *charity commission* in England – geben würde, die – möglichst ex ante – die Wirtschaftspläne der gemeinnützigen Einrichtungen überprüfen und die Angemessenheit der Rücklagenbildung beurteilen würde[2]. Eine solche Stelle ist aber nicht vorhanden und die „normalen" Finanzämter wären mit einer solchen Aufgabe wohl überfordert. Zudem ist zu erwarten, dass man auch unter der Geltung einer Generalklausel sehr schnell wieder zu den bekannten Unterscheidungen des geltenden Rechts (Projektrücklagen, Leistungserhaltungsrücklagen, Umschichtungsgewinne etc.) zurückfinden würde, um die Vielzahl von Sachverhalten relativ schnell beurteilen zu können. Darüber hinaus bedürfte es auch bei einer gesetzlichen Regelung einer gesetzgeberischen Wertung, was denn im Regelfall als „angemessen" anzusehen ist und ob es eine Art Mindestausschüttungspflicht gibt.

5.83 Auch das US-amerikanische Recht, das für *private foundations* eine **Mindestausschüttungspflicht** vorsieht[3], eignet sich nicht als Referenzmodell für den gesamten gemeinnützigen Sektor, sondern könnte nur die Regelung des § 62 Abs. 1 Nr. 3 und 4 AO sowie die Behandlung der Umschichtungsgewinne ersetzen. Denn das amerikanische Recht kennt eine Mindestausschüttung nur bei solchen Einrichtungen, die sich in erster Linie aus den Erträgen privater Dotationen finanzieren („Stiftungen im funktionalen Sinne"). Durch das Ausschüttungsgebot soll insbesondere die Effizienz der Vermögensbewirtschaftung und der Mittelverwendung gefördert werden. Dabei ist auch zu berücksichtigen, dass das US-amerikanische Recht *private foundations* auch das Halten von wesentlichen Beteiligungen (über 20 Prozent) an gewerblichen Kapitalgesellschaften untersagt. Verstöße gegen das Mindestausschüttungsgebot führen nicht zum Verlust der Gemeinnützigkeit, sondern werden mit Strafabgaben geahndet. Die US-amerikanische Regelung unterscheidet sich von den Regelungen in der AO vor allem dadurch, dass sie nicht zwischen Einnahmen und Veräußerungsgewinnen unterscheidet, sondern allein auf den „fair value", also den Marktwert des Vermögens abstellt, der die Bemessungsgrundlage für die Mindestausschüttung von 5 Prozent bildet. Bei der Höhe des Ausschüttungssatzes ist allerdings zu berücksichtigen, dass die Renditen am US-amerikanischen Kapitalmarkt in der Vergangenheit über denen der Eurozone gelegen haben. Daher wäre eine Übertragung dieses Regelungsmodells auf Deutschland nur mit einem (deutlich) geringeren Ausschüttungssatz möglich. Ein solcher Systemwechsel könnte zwar bei einzelnen Einrichtungen zu einem erhöhten Ausschüttungsdruck führen, weil bestimmte in der Praxis verbreitete Gestaltungsmöglichkeiten (z.B. Thesaurierungen in Beteiligungsunternehmen etc.) dann wegfielen. Auf der anderen Seite dürfte der US-amerikanische Ansatz mit höheren Administrationsaufwendungen verbunden sein, weil neben einer Mittelverwendungsrechnung zusätzlich noch das Vermögen der Körperschaft jährlich wiederkehrend zu Marktwerten bewertet werden muss.

---

1 So aber *Walz* in DStJG 26 (2003), 76.
2 Zur Problematik der „charities' reserves" im englischen Recht vgl. *Luxton*, The Law of Charities, 2001, S. 639 ff.
3 Dazu näher *von Hippel*, Grundprobleme von Non Profit-Organisationen, 2007, S. 94 ff. m.w.N.; *Richter* in GS Walz, 2008, S. 559; *Gehringhoff*, Das Stiftungssteuerrecht in den USA und Deutschland, 2008, S. 277 ff.

Dies mag bei börsennotierten Vermögensanlagen noch relativ einfach erscheinen, weil man auf Stichtagskurse zurückgreifen kann. Bei Immobilienbesitz und nicht notierten Gesellschaftsbeteiligungen ergeben sich aber viele neue komplexe Bewertungsfragen, die nicht unerhebliche Gestaltungsspielräume eröffnen. Zudem bedürfte es besonderer Regelungen für Anstaltsstiftungen, um „nutzungsgebundenes" Vermögen angemessen zu berücksichtigen. Schließlich ist zu erwarten, dass ein an Marktwerten orientiertes Ausschüttungsgebot über die Zeit zu stärker schwankenden Zweckausgaben führt, weil sich jede Veränderung an den Wertpapierbörsen (Kursschwankungen, Konjunktur) unmittelbar auf die Ausschüttungen auswirkt. Eine solche stärkere Volatilität dürfte nachhaltige Projekte nicht erleichtern. Bei alledem ist auch zu beachten, dass sich ein Mindestausschüttungsgebot ohnehin nur für einen (sehr) kleinen Teil der gemeinnützigen Einrichtungen eignet, deren zulässiges Vermögen so umfangreich ist, dass sich derartig umfangreiche Berechnungen überhaupt lohnen. Dies sind praktisch nur einige Hundert sehr große Stiftungen. Für die Masse der gemeinnützigen Einrichtungen, die sich in erster Linie aus Spenden oder Mitgliederbeiträgen finanzieren, müssten weiterhin die bestehenden Regelungen angewendet werden, wenn man die Mittelverwendung nicht vollständig in das Ermessen der Vereinsvorstände legen will.

frei   5.84

III. Einzelfragen

1. Mittelzufluss und Mittelabfluss

Das Gesetz stellt für den **Beginn der Verwendungsfrist** auf den „Zufluss" der Mittel ab. Entsprechend wird man für den Verwendungszeitpunkt auf den „Abfluss" abstellen müssen. Wie bereits dargestellt (vgl. näher Rz. 5.24), ist die Einnahmen-Ausgaben-Rechnung aber nur der gesetzliche Mindeststandard, von dem freiwillig durch Übergang auf eine Bilanzierung nach HGB abgewichen werden kann. Im Falle der Bilanzierung ist statt des Zuflusses der Einnahmen der (regelmäßig frühere) Zeitpunkt der Ertragswirksamkeit eines Mittelzugangs maßgebend. Umgekehrt ist eine Mittelverwendung erst dann erfolgt, wenn der Aufwand bilanzwirksam wird, also z.B. mit Bezahlung von Löhnen und Gehältern. Eine Mittelverwendung liegt aber auch dann vor, wenn künftiger Aufwand durch die Bildung einer Verbindlichkeit oder einer Rückstellung bilanziell berücksichtigt wird. Eine solche Mittelbindung muss der „tatsächlichen" Verwendung schon deshalb gleichgestellt werden, weil das Gesetz in § 62 Abs. 1 Nr. 1 AO bei einer Einnahmen-Ausgaben-Rechnung ebenfalls die Bildung von Projektrücklagen zulässt. Solcher Rücklagen bedarf es bei einer Bilanzierung aber nur in dem Fall, dass es an einer wirksamen Außenverpflichtung noch fehlt, eine Schuld im bilanziellen Sinne also nicht vorliegt.   5.85

Beispiel Nr. 8: Hat also z.B. eine Förderstiftung, die freiwillig Bücher nach HGB führt, für das nächste Jahr die Vergabe von fünf Stipendien beschlossen, wäre also zunächst eine Rücklage nach § 62 Abs. 1 Nr. 1 AO zu bilden, weil der künftige Aufwand noch nicht bilanziell berücksichtigt wird und es daher (noch) an einer Mittelverwendung fehlt. Sind dagegen bereits die Stipendiaten ausgewählt und rechtsverbindliche Förderzusagen erteilt worden, wäre statt einer Rücklage eine Verbindlichkeit in gleicher Höhe auszuweisen. Dies hätte zur Folge, dass die Mittel mit Ausweis der Verbindlichkeit im Sinne von § 55 Abs. 1 Nr. 5 Satz 1 AO

„verwendet" worden sind. Würde die Stiftung ihr Jahresergebnis nicht nach HGB, sondern nur durch eine einfache Einnahmen-Ausgaben-Rechnung (§ 63 Abs. 3 AO) ermitteln, wären die Förderzusagen ausschließlich durch eine Rücklagenbildung nach § 62 Abs. 1 Nr. 1 AO zu berücksichtigen, weil eine Verwendung im Sinne des § 55 Abs. 1 Nr. 5 Satz 1 AO erst mit Mittelabfluss, d.h. mit Überweisung der Stipendien an die Empfänger eintreten würde.

Wie der BFH im Urteil vom 20.3.2017[1] ausgeführt hat, bezieht sich der Begriff der „Mittel" im Rahmen der zeitnahen Mittelverwendung nicht auf einzelne Zuwendungen (z.B. Spenden), sondern es ist immer nur eine „**Saldo- bzw. Globalbetrachtung**" vorzunehmen, bei der dem Saldo der insgesamt in einem Jahr zugeflossenen Mittel (z.B. Spenden, Mitgliedsbeiträge und Überschüsse aus wirtschaftlichen Geschäftsbetrieben und Zweckbetrieben) die entsprechenden Aufwendungen für satzungsmäßige Zwecke gegenüberzustellen sind (dazu auch Rz. 5.20). Diese Sichtweise entspricht der schon bisher allgemeinen Ansicht im Schrifttum[2]. Sie hat insbesondere zur Folge, dass es nicht entscheidend darauf ankommt, ob die Körperschaft eine konkrete Zuwendung (z.B. eine Barspende oder ein Zugang auf einem bestimmten Projekt-Konto) tatsächlich „zeitnah" verwendet hat[3].

2. Behandlung von Anschaffungs- und Herstellungskosten

5.86 Besondere Fragen stellen sich hinsichtlich der Behandlung von Anschaffungs- und Herstellungskosten. Die Anschaffung oder Herstellung eines Vermögensgegenstandes führt weder zu Ausgaben noch zu einer Minderung des bilanziellen Eigenkapitals. Dient der Vermögensgegenstand aber satzungsmäßigen Zwecken, liegt in der Anschaffung oder Herstellung nach § 55 Abs. 1 Nr. 5 Satz 2 AO eine „Verwendung für die satzungsmäßigen Zwecke". Die im sog. „**nutzungsgebundenen Vermögen**" gebundenen Mittel (Vermögenswerte) gelten also als verwendete Mittel. Fraglich ist aber, wie sich nachfolgende Wertminderungen infolge der Abnutzung solcher Vermögensgegenstände im Rahmen der zeitnahen Mittelverwendung auswirken[4].

5.87 Betrachtet man zunächst den Fall, dass eine Körperschaft – entsprechend §§ 55 Abs. 1 Nr. 5 Satz 3, 63 Abs. 3 AO – ihre zeitnah zu verwendenden Mittel durch eine Einnahmen-Ausgaben-Rechnung (also ohne Berücksichtigung der Vermögensebene) ermittelt, so ist zu überlegen, ob die zeitnah zu verwendenden Mittel zwingend um planmäßige Abschreibungen auf abnutzbare Wirtschaftsgüter des nutzungsgebundenen Vermögens zu mindern sind. Im Rahmen der Gewinnermittlung dienen Abschreibungen der Berücksichtigung von Wertminderungen (Wertverzehr) bzw. der Verteilung der Anschaffungs- bzw. Herstellungskosten über die voraus-

---

1 BFH v. 20.3.2017 – X R 13/15, BStBl. II 2017, 1110.

2 Siehe *Schauhoff* in Schauhoff, § 9 Rz 71; *Buchna/Leichinger/Seeger/Brox*, S. 165 ff.; *Thiel*, DB 1992, 1900; ferner *Nolte*, DStR 2014, 1350; *Spitaler/Schröder*, DStR 2014, 2144 (2194); *Hüttemann*, npoR 2016, 122; *Wallenhorst/Wallenhorst*, DStR 2018, 851.

3 A.A. zu Unrecht FG Hamburg v. 25.2.2015 – 5 K 135/12, npoR 2016, 114.

4 Zum Folgenden vgl. *Ley* in StbJb 1998/1999, S. 311 ff.; *Fischer* in Hübschmann/Hepp/Spitaler, § 55 AO Rz. 110a (Stand 4/1993); *Orth* in DStJG 26 (2003), 200 f.; *Schauhoff* in Schauhoff, § 9 Rz. 83 f.; *Thiel*, DB 1992, 1900.

sichtliche Nutzungsdauer (Aufwandsverteilung)[1]. Insoweit kommt es nicht darauf an, ob eine Ersatzbeschaffung tatsächlich geplant ist, auch wenn über die Berücksichtigung von Abschreibungen zugleich Liquidität für die Anschaffung von Ersatzwirtschaftsgütern freigesetzt wird[2]. Im Rahmen der Vorschriften über die Pflicht zur zeitnahen Mittelverwendung bedarf es allerdings weder einer Berücksichtigung des Wertverzehrs noch einer Aufwandsverteilung, weil die zur Anschaffung oder Herstellung des nutzungsgebundenen Vermögens eingesetzten Mittel nach § 55 Abs. 1 Nr. 5 Satz 2 AO im Jahr der Anschaffung bzw. Herstellung **in vollem Umfang als verwendet gelten**. Anschaffungs- und Herstellungskosten mindern also sofort und in voller Höhe die zeitnah zu verwendenden Mittel, was praktisch einer Sofortabschreibung gleichkommt. Der nachfolgende Wertverzehr spielt folglich keine Rolle mehr, da die Ausgaben bereits in voller Höhe im Jahr der Anschaffung bzw. Herstellung berücksichtigt worden sind. Aus dem gleichen Grund berührt auch eine spätere „außerplanmäßige" Wertminderung oder ein vollständiger Verlust des Wirtschaftsguts (das im Zweckbetrieb genutzte Fahrzeug wird beschädigt oder gestohlen) die Pflicht zur zeitnahen Mittelverwendung nicht. Lediglich in dem Fall, dass die Nutzung des Wirtschaftsguts für satzungsmäßige Zwecke endet, bevor es wirtschaftlich verbraucht ist (das Fahrzeug wird nicht mehr im Zweckbetrieb benötigt und deshalb veräußert), lebt die Pflicht zur zeitnahen Mittelverwendung in Höhe des Verkehrswertes dieses Wirtschaftsguts wieder auf[3].

Wenn man erkennt, dass das Recht der zeitnahen Mittelverwendung in § 55 Abs. 1 Nr. 5 Satz 2 AO vom Gedanken der Sofortabschreibung des nutzungsgebundenen Vermögens ausgeht, ist für eine Minderung der zeitnah zu verwendenden Mittel in den Folgejahren nur insoweit Raum, als es um die **Ansammlung von Mitteln für eine künftige Wiederbeschaffung** geht. Die Möglichkeit einer solchen Wiederbeschaffungrücklage war bereits unter der Geltung des alten Rechts (§ 58 Nr. 6 AO a.F.) grundsätzlich anerkannt[4]. Unter der Annahme, dass die Kosten der Wiederbeschaffung den historischen Anschaffungs- und Herstellungskosten entsprechen und die Ansammlung über die planmäßige Nutzungsdauer erfolgt, führt eine solche Wiederbeschaffungsrücklage praktisch zu keinen anderen Ergebnissen als eine Minderung der zeitnah zu verwendenden Mittel um planmäßige Abschreibungen auf die abnutzbaren Wirtschaftsgüter des nutzungsgebundenen Vermögens. Blickt man genauer hin, gibt es allerdings **zwei wesentliche Unterschiede**: Zum einen setzt eine Wiederbeschaffungsrücklage voraus, dass eine Wiederbeschaffung auch tatsächlich beabsichtigt ist. Zum anderen ist die Rücklagenbildung im Unterschied zur „Abschreibungslösung" nicht auf die historischen Anschaffungs- bzw. Herstellungskosten beschränkt, d.h. es können auch höhere Mittel der Rücklage zugeführt werden. Der Gesetzgeber des Ehrenamtsstärkungsgesetzes[5] hat diesen Zusammenhän-

5.88

---

1 Vgl. nur *Knobbe-Keuk*, Bilanz- und Unternehmenssteuerrecht, § 5 V 1.
2 Siehe BFH v. 26.4.1989 – I R 209/85, BStBl. II 1989, 670 (672).
3 AEAO Nr. 29 zu § 55 Abs. 1 Nr. 5 AO.
4 Siehe AEAO 2012 Nr. 10 zu § 58 Nr. 6 AO; vgl. auch 2. Aufl., § 5 Rz. 87 f. und *Orth* in DStJG 26 (2003), 200 f.
5 Gesetz v. 21.3.2013, BGBl. I 2013, 566.

gen nunmehr Rechnung getragen und in § 62 Abs. 1 Nr. 3 AO die Zulässigkeit einer Wiederbeschaffungsrücklage ausdrücklich geregelt (zu Einzelheiten vgl. Rz. 5.123).

5.89 Da der Umfang der zeitnah zu verwendenden Mittel nicht von der Gewinnermittlungsmethode abhängt, gelten die vorstehenden Überlegungen sinngemäß, wenn eine gemeinnützige Körperschaft ihre zeitnah zu verwendenden Mittel durch **Bilanzierung** ermittelt. Zwar wird nunmehr auch die Vermögensebene einbezogen, dies ändert aber wegen § 55 Abs. 1 Nr. 5 Satz 2 AO nichts daran, dass nutzungsgebundenes Vermögen nicht nur in Höhe der laufenden Wertminderung, sondern in voller Höhe als verwendet gilt, sodass der Mittelbindung der entsprechenden Wirtschaftsgüter auf der Aktivseite durch einen gleich hohen Gegenposten auf der Passivseite Rechnung zu tragen ist. Soweit es in den Folgejahren auf der Aktivseite zu planmäßigen oder außerplanmäßigen Abschreibungen kommt, ist auch der Gegenposten auf der Passivseite entsprechend zu mindern. Gleichzeitig kann unter den Voraussetzungen des § 62 Abs. 1 Nr. 3 AO eine Wiederbeschaffungsrücklage aufgebaut werden.

5.90 Planmäßige Abschreibungen auf **Vermögenswerte außerhalb des nutzungsgebundenen Vermögens** (also z.B. laufende Abschreibungen auf eine vermietete Immobilie des Grundstockvermögens einer Stiftung) sind bei der Ermittlung der zeitnah zu verwendenden Mittel stets zu berücksichtigen. Sie mindern die Überschüsse aus der Vermögensverwaltung, die zeitnah für satzungsmäßige Zwecke zu verwenden sind. Darüber hinaus sind für konkrete Erhaltungsaufwendungen auch zusätzliche Rücklagen möglich, die den Überschuss aus der Vermögensverwaltung mindern[1]. Der Verlust von Vermögensgegenständen außerhalb des nutzungsgebundenen Vermögens (z.B. die Zerstörung einer nicht versicherten Immobilie durch Brand) wirkt sich auf die Höhe der zeitnah zu verwendenden Mittel nur insoweit aus, als etwaige Mieteinnahmen wegfallen. Ein kurzfristiger Ausgleich von Vermögensverlusten aus zeitnah zu verwendenden Mitteln ist dagegen unzulässig, weil die Investition von Mitteln im Vermögensbereich keine „zeitnahe Verwendung zu steuerbegünstigten Zwecken" darstellt[2]. Dies ergibt sich aus einem Umkehrschluss aus §§ 55 Abs. 1 Nr. 5 Satz 2, 62 Abs. 1 Nr. 3, Abs. 3 und 4 AO. Verluste im Ausstattungsvermögen können also nur langfristig dadurch ausgeglichen werden, dass zulasten der zeitnah zu verwendenden Mittel in den Grenzen des § 62 Abs. 1 Nr. 3, Abs. 3 und 4 AO neues Vermögen gebildet wird.

5.91 – 5.93 frei

3. Mittelvortrag

5.94 Da das Gesetz keine sofortige, sondern nur eine zeitnahe Mittelverwendung innerhalb der gesetzlichen Verwendungsfrist fordert, verfügen gemeinnützige Körperschaften regelmäßig über einen gewissen Bestand an zeitnah zu verwendenden Mit-

---

1 AEAO Nr. 3 zu § 55 Abs. 1 Nr. 1 AO.
2 Ebenso *Thiel*, DB 1992, 1906; *Schauhoff* in Schauhoff, § 9 Rz. 82; *Schauhoff*, DStR 2004, 471; a.A. *Ley* in StbJb 1998/1999, S. 313.

teln. Dieser Bestand kann in der Rechnungslegung z.B. als Mittelvortrag ausgewiesen werden[1]. Ein solcher Mittelvortrag ist gemeinnützigkeitsrechtlich unbedenklich, solange er nur die in den letzten beiden Geschäftsjahren (vgl. § 55 Abs. 1 Satz 3 AO) neu zugeflossenen Mittel ausweist, die noch nicht verwendet worden sind, und erst in den Folgejahren verwendet werden sollen. Gemeinnützige Körperschaften dürfen also stets **einen Mittelvortrag in Höhe der Einnahmen der letzten beiden Geschäftsjahre** (Spenden, Mitgliedsbeiträge, Zuschüsse, Erträge aus wirtschaftlichen Geschäftsbetrieben und Vermögensverwaltung) ausweisen, ohne in Konflikt mit dem Gebot der zeitnahen Mittelverwendung zu geraten. Auch der Umstand, dass der Mittelvortrag im Laufe der Jahre zunimmt, ist solange unschädlich, wie auch die jährlichen Einnahmen in gleichem Umfang zugenommen haben. Übersteigt der Mittelvortrag dagegen die gesamten Einnahmen der letzten beiden Jahre, dürfte regelmäßig ein Verstoß gegen die zeitnahe Mittelverwendung vorliegen, der zur Fristsetzung nach § 63 Abs. 4 AO führen kann.

Beispiel Nr. 9: Verfügt also ein Förderverein seit Jahren über einen gleich bleibenden Mittelbestand von ca. 50 000 Euro, dann liegt darin kein Verstoß gegen das Gebot der zeitnahen Mittelverwendung, wenn dem Verein in zwei Jahren mindestens in dieser Höhe neue Mittel (Spenden, Mitgliedsbeiträge etc.) zufließen. Geht der jährliche Mittelzufluss allerdings zurück, muss auch der Mittelvortrag entsprechend angepasst werden. Auf diese Weise kann es bei gemeinnützigen Einrichtungen gerade in Jahren rückläufiger Einnahmen zu höheren Ausschüttungen für satzungsmäßige Zwecke kommen.

Da die im Mittelvortrag ausgewiesenen Mittel erst in den Folgejahren verwendet werden müssen, können sie **in der Zwischenzeit rentierlich angelegt** werden. Eine solche Zwischenanlage wird im Regelfall (anders u.U. in Zeiten von „Negativzinsen") durch die Pflicht zu einem wirtschaftlich sinnvollen und effektiven Ausgabeverhalten auch geboten sein[2], um eine inflationsbedingte Minderung der Mittel zu verhindern. Die Körperschaft sollte daher in Höhe des Mittelvortrags entsprechende renditeorientierte Vermögensanlagen erwerben (Festzinsanlagen, Wertpapiere, Beteiligungen etc.). Dabei sind kurzfristige und risikoarme Anlagen sinnvoll, wenn nicht konkret absehbar ist, ob auch in den Folgejahren ein Mittelvortrag in ähnlicher Höhe zur Verfügung steht. Bei Körperschaften mit einem relativ stabilen Einkommen (z.B. aus Mitgliedsbeiträgen) bestehen dagegen keine Bedenken, dass der Mittelvortrag auch in langfristigen Anlagen mit schwankenden Ergebnissen (z.B. einer Beteiligung an einer Kapitalgesellschaft) gebunden ist. | 5.95

4. Verwendungsüberhang

Hat eine Körperschaft in einem Jahr mehr Mittel für steuerbegünstigte Zwecke verwendet, als sie nach § 55 Abs. 1 Nr. 5 Satz 1 AO hätte zeitnah verwenden müssen, dann spricht man von einem sog. Verwendungsüberhang. Man denke etwa an den Fall, dass eine neu gegründete Körperschaft in den Anfangsjahren einen Teil ihres Ausstattungsvermögens im Sinne von § 62 Abs. 3 AO verbraucht hat, um bestimmte notwendige Anschaffungen (nutzungsgebundenes Vermögen) zu finanzieren. | 5.96

---

1 Vgl. *von Holt* in NK-GemnR, § 55 AO Rz. 60.
2 So *Buchna/Leichinger/Seeger/Brox*, S. 183.

Hier stellt sich die Frage, ob diese Körperschaft aus den laufenden Einnahmen der Folgejahre die Minderung des Ausstattungsvermögens wieder ausgleichen kann. Das Gesetz gibt dazu keine direkte Antwort. Im steuerrechtlichen Schrifttum wird aber allgemein davon ausgegangen, dass ein solcher **Verwendungsüberhang die Pflicht zur zeitnahen Mittelverwendung in den Folgejahren entsprechend vermindert**[1]. Dieser Lösung ist schon deshalb zu folgen, weil sie sinnvolle Gestaltungsspielräume eröffnet, um auf einen schwankenden Mittelbedarf zu reagieren. In der Sache handelt es sich praktisch um ein internes (fiktives) „Darlehen" des Vermögensbereichs an den zweckverwirklichenden Bereich. Da die Pflicht zur zeitnahen Mittelverwendung nur die Verlagerung von Zweckverfolgungsmaßnahmen in die Zukunft unterbinden soll, bestehen gegen ein solches Vorziehen der Mittelverwendung keine Bedenken. Allerdings darf ein solches internes Darlehen (anders als bei einer Kreditaufnahme bei einer Bank) nicht verzinst werden. Denn solche Zinsen wären, wenn sie von Dritten gezahlt würden, nicht dem Vermögen zuzuführen, sondern wiederum zeitnah für satzungsmäßige Zwecke einzusetzen. Dagegen sollte eine „fiktive" Rücklagenbildung nach § 62 Abs. 1 Nr. 3 Alt. 1 AO, wie sie ohne Verbrauch des Ausstattungsvermögens hätte vorgenommen werden können, zugelassen werden.

5. Kreditaufnahme

5.97 Zu einem wirtschaftlich sinnvollen und effektiven Ausgabeverhalten kann es auch gehören, satzungsmäßige Ausgaben wie z.B. die Anschaffung nutzungsgebundenen Vermögens oder Investitionen zur Mittelbeschaffung durch Kredite zu finanzieren. Es ist daher allgemein anerkannt, dass gemeinnützige Körperschaften zu marktgerechten Bedingungen (vgl. § 55 Abs. 1 Nr. 3 AO) auch Kredite bei Banken oder Dritten (z.B. anderen steuerbegünstigten Körperschaften) aufnehmen können[2]. Allerdings besteht grundsätzlich keine Pflicht, Ausgaben für die satzungsmäßigen Zwecke (also insbesondere zum Erwerb nutzungsgebundenen Vermögens) durch Kreditaufnahme zu finanzieren. Vielmehr ergibt sich aus § 55 Abs. 1 Nr. 5 AO, dass die Pflicht zur Mittelverwendung an den Zufluss (bzw. bei bilanzieller Gewinnermittlung an den Zugang) von Vermögenswerten anknüpft. Gemeinnützige Körperschaften müssen also nicht in größerem Umfang tätig werden, als auch entsprechende Mittel vorhanden sind. Eine Kreditaufnahme zur Finanzierung satzungsmäßiger Ausgaben (auch zur Bildung nutzungsgebundenen Vermögens) stellt demgegenüber eine **zeitliche Vorverlagerung einer Mittelverwendung** dar, die – ganz entsprechend zur Behandlung eines Verwendungsüberhangs (Rz. 5.96) – zulasten der späteren Zweckerfüllung geht, weil die Zins- und Tilgungsleistungen aus den zeitnah zu verwendenden Mitteln der Folgejahre getragen werden dürfen. Dient die Kreditaufnahme dagegen der Finanzierung von Investitionen im Bereich der Vermögensverwaltung (z.B. dem Erwerb einer Immobilie zur Erzielung von Mieteinnah-

---

1 Vgl. *Buchna/Leichinger/Seeger/Brox*, S. 169; *Thiel*, DB 1992, 1900; *Schauhoff* in Schauhoff, § 9 Rz. 105.

2 Vgl. dazu bereits BFH v. 26.4.1989 – I R 209/85, BStBl. II 1989, 670; ferner *Hüttemann*, Wirtschaftliche Betätigung, S. 93 ff.; *Fischer* in Hübschmann/Hepp/Spitaler, § 55 AO Rz. 110 (Stand 4/1993); *Orth* in DStJG 26 (2003), 188 f.

men) oder eines wirtschaftlichen Geschäftsbetriebs (Finanzierung einer Erweite-
rungsinvestition), müssen jedenfalls die Tilgungsleistungen aus nicht zeitnah zu verwendenden Mitteln erfolgen, um eine Umgehung der Vorschriften über die Rücklagenbildung etc. zu verhindern.

Die **praktische Bedeutung dieser Grundsätze** lässt sich auch am Sachverhalt des   5.98
BFH-Urteils vom 26.4.1989 verdeutlichen, in dem der I. Senat einer überwiegend mit
Fremdkapital finanzierten Einrichtung die Gemeinnützigkeit wegen Verstoßes gegen
die Selbstlosigkeit versagt hat[1].

Beispiel Nr. 10: Ein Verein zur Förderung des Arbeitsschutzes und der Unfallverhütung
hatte zur Erfüllung seiner Aufgaben eine Reihe von arbeitsmedizinischen Zentren eingerichtet. Für die erbrachten Leistungen erhob er von den betreuten Betrieben Gebühren, die der
Höhe nach denen anderer Anbieter vergleichbar waren. Bereits nach zwei Geschäftsjahren
erzielte der Verein erhebliche Gewinne, die über einen Zeitraum von sechs Jahren die Höhe
von 10 Millionen DM überschritten. Nach seiner Satzung hatte der Verein, der von Mitgliedern eines Arbeitgeberverbandes gegründet worden war, Gründungsdarlehen seiner Mitglieder in Höhe von 10 Millionen DM aus den Einnahmen seiner Tätigkeit zu verzinsen und zu
tilgen. Mitgliederbeiträge wurden nicht erhoben, Einlagen und Spenden erfolgten nicht.

Entgegen der Ansicht des BFH lag das Sachproblem nicht darin, ob der Verein „in   5.99
erster Linie" eigenwirtschaftliche Zwecke im Sinne von § 55 Abs. 1 Satz 1 AO verfolgte. Denn das Selbstlosigkeitsgebot betrifft – anders als der BFH meinte – nur
eigenwirtschaftliche Zwecke der Mitglieder, nicht aber eine Ertragserzielung durch
die Körperschaft selbst (vgl. dazu Rz. 4.89 ff.). Vielmehr ging es vor allem um die
Frage, ob die Tilgung von Darlehen aus den Überschüssen der arbeitsmedizinische
Zentren zu einer schädlichen **Vermögensbildung außerhalb der eigentlichen
Zweckverfolgung** führte, weil die arbeitsmedizinischen Zentren keine Zweckbetriebe waren. Nach heutiger Rechtslage wäre allerdings u.U. an eine Verwendungsauf-
lage nach § 63 Abs. 4 AO zu denken. Die Entscheidung verdeutlicht zugleich, dass
die steuerliche Qualifikation von wirtschaftlichen Betätigungen als Zweckbetrieb,
Vermögensverwaltung oder steuerpflichtiger wirtschaftlicher Geschäftsbetrieb regelmäßig auch für die Frage der Mittelverwendung von Bedeutung ist.

Aus der Feststellung, dass die Tilgung von Darlehen, die zur Finanzierung zweck-   5.100
verwirklichender Maßnahmen aufgenommen worden sind, eine zulässige Mittelverwendung darstellt, ergibt sich schließlich, dass – entgegen der Ansicht des I. Senats
des BFH[2] (vgl. dazu eingehend Rz. 2.25 ff.) – die **Gläubigerbefriedigung in der Insolvenz** nicht gemeinnützigkeitsschädlich sein kann, weil ihr ein entsprechender
Verwendungsüberhang voraus gegangen ist. Dies muss richtigerweise unabhängig
davon gelten, ob die satzungsmäßige Tätigkeit in der Insolvenz- bzw. Liquidationsphase fortgesetzt werden kann oder mangels verfügbarer Mittel eingestellt werden
muss[3].

---

1 BFH v. 26.4.1989 – I R 209/85, BStBl. II 1989, 670; dazu eingehend *Hüttemann*, Wirtschaftliche Betätigung, S. 7 ff.
2 BFH v. 16.5.2007 – I R 14/06, BStBl. II 2007, 808.
3 A.A. BFH v. 16.5.2007 – I R 14/06, BStBl. II 2007, 808.

6. Gewinnpauschalierung und Mittelverwendungspflicht

5.101   Abweichend von allgemeinen Gewinnermittlungsgrundsätzen gewährt § 64 Abs. 5 und 6 AO gewisse **Pauschalierungswahlrechte bei der Gewinnermittlung** in besonderen wirtschaftlichen Geschäftsbetrieben. So kann z.B. nach § 64 Abs. 6 AO der Besteuerung ein „Gewinn von 15 Prozent der Einnahmen" zugrunde gelegt werden. Mit dieser Pauschalierung sollen die (überzogenen) nachteiligen Folgen der BFH-Rechtsprechung zu gemischt veranlassten Aufwendungen vermieden werden[1] (dazu näher Rz. 7.41 ff.). Zweifelhaft ist allerdings, welche Auswirkungen das Gewinnermittlungswahlrecht auf die Pflicht zur (zeitnahen) Mittelverwendung hat. In Hinsicht auf die Steuerbelastung wird die Inanspruchnahme des Wahlrechts praktisch immer vorteilhaft sein, da sie zu einem geringeren Gewinnausweis und damit zu einer geringeren Steuerlast führt. Eine pauschalierte Gewinnermittlung nach § 64 Abs. 6 AO könnte sich aber im Bereich der Mittelverwendung u.U. nachteilig auswirken, wenn der pauschalierte Gewinn auch für Zwecke der Mittelverwendung maßgebend wäre.

Beispiel Nr. 11: Angenommen, eine gemeinnützige Museums-Stiftung hat im neu eingerichteten wirtschaftlichen Geschäftsbetrieb „Cafeteria" einen erheblichen Verlust erlitten. Dagegen ergibt sich im Bereich eines steuerpflichtigen Sponsorings (z.B. auf Grund von aktiven Links auf der Website der Stiftung zur Internetpräsenz der Sponsoren der Stiftung) nach Anwendung der Grundsätze des BFH-Urteils vom 27.3.1991 ein erheblicher Gewinn. Die Stiftung überlegt nun, ob sie vom Wahlrecht nach § 64 Abs. 6 AO Gebrauch machen soll. Hier wäre zwar unter dem Gesichtspunkt der Steuerbelastung ein Antrag nach § 64 Abs. 6 AO sinnvoll, weil er zu einer geringeren Steuerquote im wirtschaftlichen Geschäftsbetrieb „Sponsoring" führt. Die Gewinnminderung könnte aber zur Folge haben, dass in dem betreffenden Jahr im „einheitlichen wirtschaftlichen Geschäftsbetrieb" der Stiftung ein Verlust ausgewiesen wird, weil der pauschalierte Gewinn erheblich niedriger ist als der Verlust aus der Cafeteria. Ein solcher Gesamtverlust könnte aber u.U. die Gemeinnützigkeit gefährden.

5.102   Man wird bezweifeln dürfen, ob die Gewinnpauschalierung auch für Zwecke der Mittelverwendung zu berücksichtigen ist[2]. Denn dies hätte streng genommen zur Folge, dass § 64 Abs. 6 AO zu einer **Einschränkung des Grundsatzes der zeitnahen Mittelverwendung** führen würde, da nur noch 15 Prozent der Einnahmen z.B. aus Sponsoring zeitnah verwendet werden müssten. Gegen eine Koppelung von Gewinnermittlung und zeitnaher Mittelverwendung spricht ferner der Wortlaut des § 64 Abs. 6 AO, wo es ausdrücklich heißt, es könne „der Besteuerung" ein pauschaler Prozentsatz der Einnahmen zugrunde gelegt werden. Schließlich geht es bei der Gewinnermittlung für Zwecke der Ertragsteuern und bei der Ermittlung der verwendungsfähigen „Mittel" auch um unterschiedliche Sachverhalte. Bemessungsgrundlage der Körperschaftsteuer ist der Prozentsatz der Einnahmen, als verwendungsfähige Mittel kommt ohnehin nur das Handelsbilanzergebnis des wirtschaftlichen Geschäftsbetriebs in Betracht, d.h. nach Abzug der Ertragsteuern.

---

1 Vgl. BFH v. 27.3.1991 – I R 31/89, BStBl. II 1992, 103.
2 So wohl *Buchna/Leichinger/Seeger/Brox*, S. 332 f. („auch Grundlage für die Verlustprüfung"); dagegen aber *Eversberg*, Stiftung&Sponsoring, Rote Seiten 5/2001, 6; *Hüttemann*, FR 2002, 1337 (1343).

Die Frage wird im **Anwendungserlass** nicht ausdrücklich behandelt. Es findet sich   5.103
nur der Hinweis, dass auch bei Anwendung der pauschalen Gewinnermittlung „in
die Bemessungsgrundlage zur Ermittlung der Rücklage statt der geschätzten bzw.
pauschal ermittelten Gewinne die tatsächlichen Gewinne einbezogen werden können"[1]. Dies entspricht der oben dargelegten „Trennungsthese", d.h., § 64 Abs. 6 AO
kann gesondert für die Körperschaftsteuer in Anspruch genommen werden, während für die Rücklagenbildung ein – regelmäßig höherer – tatsächlicher Gewinn zugrunde gelegt wird. Ob dies umgekehrt auch für die Mittelverwendung gilt, bleibt
allerdings offen.

frei   5.104–5.105

E. Rücklagenbildung

I. Allgemeines

1. Überblick

Der Grundsatz der zeitnahen gemeinnützigen Mittelverwendung unterliegt – wie   5.106
bereits eingangs festgestellt – **gewissen Ausnahmen**. Unter den in § 62 Abs. 1 AO
genannten Voraussetzungen dürfen steuerbegünstigte Körperschaften auch zeitnah
zu verwendende Mittel in eine Rücklage einstellen und damit vorübergehend bzw.
auf Dauer ein Vermögen bilden. Dabei sind verschiedene Arten von Rücklagen zu
unterscheiden[2]:

– Die sog. **zweckgebundene Rücklage** nach § 62 Abs. 1 Nr. 1 AO (auch Projektrücklage genannt) dient der Finanzierung zukünftiger, konkreter zweckverwirk-
  lichender Projekte. Sie bereitet eine künftige Mittelverwendung für steuerbegünstigte Zwecke vor und zielt deshalb nur auf eine vorübergehende Mittelansammlung. Zu den Projektrücklagen gehört auch die sog. *Betriebsmittelrücklage* zur
  Abdeckung wiederkehrender Ausgaben für zweckverwirklichende Maßnahmen.
  Sie soll Schwankungen auf der Einnahmenseite ausgleichen.

– Zu den Projektrücklagen ist auch die mit dem Ehrenamtsstärkungsgesetz[3] gesetzlich verankerte **Wiederbeschaffungsrücklage** nach § 62 Abs. 1 Nr. 2 AO zu rechnen, die der Ansammlung von Mitteln für die Wiederbeschaffung von Wirtschaftsgütern im Bereich des nutzungsgebundenen Vermögens dient.

– Dagegen können die sog. **freien Rücklagen** (§ 62 Abs. 1 Nr. 3 AO) auch für einen dauerhaften Vermögensaufbau genutzt werden, da die angesammelten Beträge auf unbegrenzte Zeit in der Rücklage verbleiben können. Anders als bei Zuwendungen Dritter nach § 62 Abs. 3 AO, die regelmäßig auf Dauer erhalten werden müssen, ist die Körperschaft bei der Verwendung der freien Rücklage „frei".

---

1 AEAO Nr. 10 zu § 62 Abs. 1 Nr. 3 AO.
2 Zur Rücklagenbildung nach früherem Recht vgl. auch *Schröder*, Rücklagen nach § 58 AO
  und zeitnahe Mittelverwendung, Stiftung&Sponsoring, Rote Seiten 6/2007.
3 Gesetz v. 21.3.2013, BGBl. I 2013, 566.

Sie kann also die Mittel auch jederzeit wieder zeitnah für satzungsmäßige Zwecke verwenden.

– Keine „Rücklage" im technischen Sinne, sondern eine **Maßnahme der Vermögensbildung** enthält § 62 Abs. 4 AO, da die Mittel „dem Vermögen zugeführt" werden können. Daher bedarf es z.B. im Unterschied zu den Rücklagen nach § 62 Abs. 1 Nr. 1 und 3 AO auch keines gesonderten Ausweises in der Rechnungslegung der Stiftung.

– Schließlich ist auch im **Bereich der Vermögensverwaltung und eines steuerpflichtigen wirtschaftlichen Geschäftsbetriebs** die Bildung von Rücklagen zulässig. Diese sonstigen Rücklagen bedürfen besonderer Behandlung, weil sie nicht den Einsatz zeitnah zu verwendender Mittel, sondern die Ermittlung der Überschüsse aus einer Vermögensverwaltung bzw. aus den wirtschaftlichen Geschäftsbetrieben betreffen.

Durch das **Ehrenamtsstärkungsgesetz**[1] sind die bisher in § 58 Nr. 6, 7, 11 und 12 AO enthaltenen Vorschriften zur Rücklagen- und Vermögensbildung – weitestgehend wortlautgleich – in § 62 AO überführt worden. Zur Begründung heißt es etwas gewunden in den Gesetzesmaterialien:[2] „Die Verortung dieser Regelungen in § 62 AO ist die gesetzessystematische Unterstreichung dieser Einordnung als Ausnahme. Gleichzeitig wird die Bedeutung dieser Instrumentarien als Möglichkeit zur Erhaltung und Steigerung der Leistungsfähigkeit der steuerbegünstigten Körperschaften gesetzlich dokumentiert." Für die Praxis folgt aus dieser „Umbettung" vor allem die Notwendigkeit, bei künftigen Anpassungen von Satzungen gemeinnütziger Körperschaften auch die verbreiteten Verweisungen auf § 58 Nr. 6 und 7 AO a.F. entsprechend zu ändern[3].

2. Dokumentation

5.107 Unabhängig davon, nach welcher Vorschrift eine Rücklage gebildet worden ist, verlangen Rechtsprechung[4] und Finanzverwaltung[5], dass die aufgesparten Mittel in einer **„besonderen, jederzeit kontrollierbaren und nachprüfbaren Rücklage" gebunden** sind. Gemeinnützige Einrichtungen müssen also Rücklagen nach § 62 Abs. 1 AO in ihrer Rechnungslegung – ggf. in einer Nebenrechnung – gesondert ausweisen. Möglich ist es auch, die Rücklagen in der Handelsbilanz als Teil der Gewinnrücklagen auszuweisen.

Beispiel Nr. 12 (nach BFH vom 20.12.1978[6]): Eine Stiftung zur Förderung der Gesundheitspflege und Jugendfürsorge war nach ihrer Satzung gehalten, die Hälfte der Erträge in näher bezeichneter Weise anzulegen, ggf. davon 30 Prozent „zurückzustellen zur Anschaf-

---

1 Gesetz v. 21.3.2013, BGBl. I 2013, 566; dazu *Hüttemann*, DB 2013, 773.
2 BR-Drucks. 663/12, S. 18.
3 Ebenso die Empfehlung bei *Theuffel-Werhahn* in NK-GemnR, § 62 AO Rz. 161; gegen eine (sofortige) Pflicht zur Satzungsänderung auch *Buchna/Leichinger/Seeger/Brox*, S. 247.
4 BFH v. 20.12.1978 – I R 21/76, BStBl. II 1979, 496.
5 AEAO Nr. 14 zu § 62 Abs. 2 AO.
6 BFH v. 20.12.1978 – I R 21/76, BStBl. II 1979, 496.

fung von Heimen, die dem Satzungszweck dienen". In der Folgezeit erwarb die Stiftung für die Hälfte der Erträge Wertpapiere, deren Gegenwert in der Rechnungslegung der Stiftung aber nicht gesondert ausgewiesen wurde. Das Finanzamt sah in dem Erwerb der Wertpapiere eine gemeinnützigkeitsschädliche Vermögensmehrung.

Der BFH hat der Stiftung die Gemeinnützigkeit allein deshalb versagt, weil die Stiftung den Gegenwert der Wertpapiere nicht „in einer besonderen Rücklage" ausgewiesen hatte. Damit – so der BFH – seien „diese Erträgnisse aus dem Stiftungsvermögen einem Zweck zugeführt worden, der nicht als gemeinnützig angesehen und auch nicht als Rücklagenbildung im Sinne des § 5 Nr. 4 GemVO gewertet werden kann". Der Erwerb von Wertpapieren sei schon deshalb keine Rücklagenbildung nach § 5 Nr. 4 GemVO (heute § 62 Abs. 1 Nr. 1 AO), weil nach der Satzung „nur die Zinsen des Kapitals" für die Stiftungszwecke hätten verwendet werden dürfen. Der Entscheidung ist auch heute noch im Grundsatz zu folgen. Zumindest eine über die Mittelverwendungsfrist hinausgehende temporäre Rücklagenbildung nach § 62 Abs. 1 Nr. 1 AO muss als solche **aus der Buchhaltung erkennbar sein**, um sie von einer verbotenen Zuführung von Mitteln zum Vermögen zu unterscheiden[1]. Zudem ist es grundsätzlich Sache der gemeinnützigen Einrichtung, die Voraussetzungen der Steuervergünstigung darzulegen. Die Stiftung hätte daher die Rücklagenbildung und die Gründe dafür entsprechend dokumentieren müssen. Ganz unerheblich ist dagegen, in welcher Weise die Stiftung die zurückgelegten Mittel anlegt. Hinsichtlich der Rechtsfolge ist zu beachten, dass unzulässige Mittelthesaurierungen nach § 63 Abs. 4 AO nicht zwingend einen Verlust der Steuerbegünstigung zur Folge haben[2]. Andererseits folgt aus § 63 Abs. 4 AO nicht, dass ein fehlender bilanzieller Ausweis noch später nachgeholt werden kann, da eine „rückwirkende" Bildung von Rücklagen grundsätzlich nicht zulässig ist.

Für das geltende Recht ist allerdings zweifelhaft, ob auch eine **freie Rücklage nach § 62 Abs. 1 Nr. 3 AO** getrennt vom sonstigen Vermögen (insbesondere Vermögenszuführungen nach § 62 Abs. 3 und 4 AO) ausgewiesen werden muss[3]. Dagegen spricht aus gemeinnützigkeitsrechtlicher Sicht, dass die in die freie Rücklage eingestellten Mittel auf Dauer von der Pflicht zur zeitnahen Mittelverwendung ausgenommen sind[4]. Die Voraussetzungen der Rücklagenbildung müssen daher bei freien Rücklagen – anders als lediglich temporär zulässigen Rücklagen (z.B. nach § 62 Abs. 1 Nr. 1 AO) – nur im Jahr ihrer Bildung nachgewiesen werden, so dass insoweit kein wesentlicher Unterschied zu Vermögenszuführungen nach § 62 Abs. 3 und 4 AO besteht[5]. Auch nach Ansicht der Finanzverwaltung dürfen die in

5.108

5.109

---

1 Nach AEAO Nr. 15 zu § 62 Abs. 2 AO gilt dies für Rücklagen im wirtschaftlichen Geschäftsbetrieb und für Rücklagen im Bereich der Vermögensverwaltung entsprechend.
2 Zutreffend *Fischer* in Hübschmann/Hepp/Spitaler, § 58 AO Rz. 93 (Stand 6/2003).
3 So offenbar AEAO Nr. 14 zu § 62 Abs. 2 AO: Die Körperschaft müsse „die Rücklagen nach § 62 Abs. 1 AO in ihrer Rechnungslegung [...] gesondert ausweisen, damit eine Kontrolle jederzeit und ohne besonderen Aufwand möglich ist." Ähnlich *Buchna/Leichinger/Seeger/Brox*, S. 258.
4 Zutreffend *Orth*, npoR 2016, 189 (196).
5 *Orth*, npoR 2016, 189 (196).

die freie Rücklage eingestellten Mittel „dem Vermögen" zugeführt werden[1], so dass spätestens zu diesem Zeitpunkt ein weiterer Ausweis als Rücklage ausscheidet. Vor diesem Hintergrund bestehen aber keine Bedenken, die nach § 62 Abs. 1 Nr. 3 AO dotierten Mittel auch sogleich dem Vermögen zuzuführen, solange die Voraussetzungen der „Rücklagenbildung" in der Rechnungslegung hinreichend dokumentiert werden[2]. Häufig wird sich aber eine Untergliederung des Vermögens empfehlen, um die unterschiedliche Mittelherkunft und Mittelbindung deutlich zu machen. So macht es einen erheblichen Unterschied, ob freie Rücklagen im Sinne des § 62 Abs. 1 Nr. 3 AO von den geschäftsführenden Organen jederzeit wieder aufgelöst werden können oder – nach z.B. bei einer GmbH nach einer Kapitalerhöhung aus Gesellschaftsmitteln – gesellschaftsrechtlich gebunden sind. Nichts anderes gilt für Zuführungen zum Vermögen nach § 62 Abs. 3 und 4 AO, die nach allgemeiner Ansicht in der Rechnungslegung nicht gesondert ausgewiesen werden müssen. Auch wird sich eine Untergliederung empfehlen, um z.B. bei Zuwendungen nach § 62 Abs. 3 Nr. 2 AO zwischen Zustiftungen in das zu erhaltende Stiftungskapital und Zuwendungen in das verbrauchbare Vermögen zu unterscheiden. Dabei bestehen – zumindest gemeinnützigkeitsrechtlich – auch keine Bedenken, wenn Zuwendungen in das verbrauchbare Vermögen und freie Rücklagen unter einer Position ausgewiesen werden[3].

3. Zeitpunkt der Rücklagenbildung

5.110   Fraglich ist, wann die Dotation einer Rücklage erfolgen muss und ob eine Rücklagenbildung auch in späteren Wirtschaftsjahren noch „nachgeholt" werden kann. Im Rahmen des Ehrenamtsstärkungsgesetzes[4] hat der Gesetzgeber – im Kontext der Rücklagenvorschriften in § 62 AO – auch eine **Bestimmung über den Zeitpunkt der Bildung von Rücklagen** getroffen. § 62 Abs. 2 AO bestimmt: „Die Bildung von Rücklagen nach Absatz 1 hat innerhalb der Frist des § 55 Absatz 1 Nummer 5 Satz 3 zu erfolgen". Wegen der mehrjährigen Mittelverwendungsfrist löst sich die gemeinnützigkeitsrechtliche Rücklagenbildung damit vollständig von der verbandsrechtlichen Gewinnverwendungsentscheidung, die regelmäßig im Folgejahr des Mittelzuflusses getroffen wird.

Für diesen spezifisch gemeinnützigkeitsrechtlichen Lösungsansatz spricht, dass die Rücklagenbildung auf diese Weise besser mit der dreijährigen Mittelverwendungsfrist abgestimmt werden kann. Die Entscheidung darüber, ob Mittel, die im Jahr 01 zugeflossen sind, in eine Rücklage eingestellt werden sollen, kann somit bis zum Ende von Jahr 03 aufgeschoben und dann unter Berücksichtigung der in 02 (und voraussichtlich in 03) zugeflossenen Mittel getroffen werden.

Die Entscheidung über eine Rücklagenbildung kann grundsätzlich nicht nachgeholt werden, wie sich im Umkehrschluss aus dem neuen § 62 Abs. 1 Nr. 3 Satz 2 AO

---

[1] Vgl. AEAO Nr. 11 zu § 62 Abs. 1 Nr. 3 AO; siehe bereits *Thiel*, DB 1992, 1902; *Schad/Eversberg*, DB 1986, 2152.

[2] So auch *Theuffel-Werhahn* in NK-GemnR, § 62 AO Rz. 171.

[3] Dazu eingehend *Orth*, npoR 2016, 189.

[4] Gesetz v. 21.3.2013, BGBl. I 2013, 566.

ergibt. Denn der Gesetzgeber hat nur für die freie Rücklage eine **Nachholungsmöglichkeit** vorgesehen: Ist der Höchstbetrag in einem Jahr nicht ausgeschöpft worden, kann diese unterbliebene Zuführung in den folgenden Jahren nachgeholt werden[1].

Beispiel Nr. 13: Angenommen, ein Verein hat im Jahr 01 20 000 Euro an Beiträgen und Spenden erhalten, im Jahr 02 sind 16 000 Euro zugeflossen. Im Jahr 03 sind die Einnahmen rückläufig. Daraufhin beschließt der Verein Ende 03, nur 1 000 Euro (5 Prozent der in 01 zugeflossenen zeitnah zu verwendenden Mittel) in eine Rücklage nach § 62 Abs. 1 Nr. 3 AO zu stellen. In den Jahren 04 und 05 entwickeln sich die Einnahmen wieder sehr erfreulich, sodass für 02 1 600 Euro in eine freie Rücklage eingestellt werden. Während eine Projektrücklage für 01 in den Jahren 04 und 05 nicht mehr nachgeholt werden kann, würde es § 62 Abs. 1 Nr. 3 Satz 2 AO dem Vereinsvorstand erlauben, aus den nach 01 zugeflossenen Mitteln in 04 oder 05 weitere 1 000 Euro (5 Prozent der in 01 zugeflossenen zeitnah zu verwendenden Mittel) in eine freie Rücklage einzustellen, d.h. die zunächst nur zur Hälfte ausgeschöpfte Höchstgrenze von 10 Prozent der „sonstigen zeitnah zu verwendenden Mittel" voll in Anspruch zu nehmen.

Im neuen Anwendungserlass zur AO findet sich in Nr. 14 zu § 62 Abs. 2 AO die Aussage, „**nur tatsächlich vorhandene Mittel können in eine Rücklage eingestellt werden**". Was damit gemeint ist, bleibt allerdings unklar. Möglicherweise soll eine Rücklagenbildung voraussetzen, dass die Körperschaft im Zeitpunkt der Rücklagenbildung auch tatsächlich über entsprechende Mittel (im Sinne von Vermögenswerten) verfügt[2]. Ein Verein, der bereits alle ihm zugeflossenen Beiträge und Spenden im Laufe des Jahres ausgegeben hat, könnte also für dieses Jahr z.B. keine 10-Prozent-Rücklage nach § 62 Abs. 1 Nr. 3 AO mehr dotieren. Allerdings steht es gemeinnützigen Körperschaften frei, satzungsmäßige Ausgaben auf Kredit zu finanzieren oder aus anderen vorhandenen Mitteln „vorzustrecken", so dass es auch möglich wäre, zu Beginn des Jahres einen Beschluss über die Bildung einer Rücklage aus den zugeflossenen Mitteln zu fassen und dann – was zu einem „Verwendungsüberhang" zu Lasten des nächsten Jahres führen würde – „auf Kredit" (z.B. unter Verwendung liquider Vermögenswerte) weitere satzungsmäßige Ausgaben zu machen[3]. Ferner können innerhalb der verlängerten Mittelverwendungsfrist satzungsmäßige Ausgaben des Jahres 03 auch mit Einnahmen der Jahre 01 und 02 finanziert werden. Eine andere Lösung könnte darin bestehen, den Zeitpunkt der Rücklagenbildung zwingend auf das Ende des Geschäftsjahres zu verlegen, sodass eine Rücklagenbildung voraussetzt, dass noch entsprechende Mittel vorhanden sind. Allerdings widerspricht diese Lösung dem Wortlaut des § 62 Abs. 2 Satz 1 AO („innerhalb der Frist") und wäre nur dann von Relevanz, wenn man den Begriff „vorhandene Mittel" auf die „zeitnah zu verwendenden Mittel" (ohne das Vermögen) beschränken würde.

5.111

---

1 Für eine Flexibilisierung der Rücklagenbildung bereits *Weitemeyer/Hüttemann*, npoR 2009, 107.

2 So *Schotenroehr/Schotenroehr*, DStR 2013, 1161.

3 Vgl. auch *Theuffel-Werhahn* in NK-GemnR, § 62 AO Rz. 90 ff.

4. Auflösung der Rücklagen

5.112 Nach § 62 Abs. 2 Satz 2 AO in der Fassung des Ehrenamtsstärkungsgesetzes sind Rücklagen im Sinne von § 62 Abs. 1 Nr. 1, 2 und 4 AO „unverzüglich aufzulösen, sobald der Grund für die Rücklagenbildung entfallen ist". Diese Regelung hat nur klarstellende Bedeutung, da auch nach bisherigem Recht eine Rücklage nur solange gebildet werden durfte, wie die Voraussetzungen vorgelegen haben. Hat z.B. eine Körperschaft über mehrere Jahre Mittel für den Erwerb einer Immobilie nach § 62 Abs. 1 Nr. 1 AO angesammelt und entscheidet sich der Vorstand später gegen den Erwerb, dann ist die Mittelbindung entfallen und die **Mittel sind innerhalb der Frist des § 55 Abs. 1 Nr. 5 Satz 3 AO zu verwenden** (§ 62 Abs. 2 Satz 3 AO). Allerdings ist diese Rechtsfolge nicht zwingend: Zum einen ist – wie der Anwendungserlass ausdrücklich hervorhebt[1] – eine Körperschaft auch berechtigt, die freigesetzten Beträge in eine andere Rücklage nach § 62 Abs. 1 Nr. 1 und 2 AO zu überführen, wenn insoweit tatsächlich ein Rücklagenbedarf besteht. Darüber hinaus sollten Körperschaften bei sehr großen Rücklagenbeträgen ggf. das Gespräch mit dem Finanzamt suchen, um über eine „angemessene" Fristsetzung nach § 63 Abs. 4 AO einen längeren als den Drei-Jahres-Zeitraum des § 55 Abs. 1 Nr. 5 Satz 3 AO für die Verausgabung zu erhalten, damit die Mittelverwendung über einen längeren Zeitraum gestreckt werden kann.

5.113 frei

II. Rücklagen nach § 62 Abs. 1 Nr. 1 AO

1. Allgemeines

5.114 Nach § 62 Abs. 1 Nr. 1 AO wird die Steuervergünstigung nicht dadurch ausgeschlossen, „dass eine Körperschaft ihre Mittel ganz oder teilweise einer Rücklage zuführt, soweit dies erforderlich ist, um ihre steuerbegünstigten satzungsmäßigen Zwecke nachhaltig zu erfüllen"[2]. Die Rücklagenbildung nach § 62 Abs. 1 Nr. 1 AO betrifft nur eine künftige Mittelverwendung **„für satzungsmäßige Zwecke"** im Sinne von § 55 Abs. 1 Nr. 1 AO, also keine vermögensbildenden Maßnahmen wie z.B. den Aufbau eines Kapitals zur Erzielung von Vermögenserträgen. Innerhalb des § 62 Abs. 1 Nr. 1 AO unterscheidet man gemeinhin sog. Projektrücklagen und die sog. Betriebsmittelrücklage.

2. Projektrücklagen

5.115 Nach § 62 Abs. 1 Nr. 1 AO dürfen für bestimmte künftige Vorhaben gegenwärtige Mittel in eine zweckgebundene Rücklage eingestellt werden (Projektrücklagen), soweit dies zur nachhaltigen Erfüllung der satzungsmäßigen Zwecke erforderlich ist. Die Vorschrift ist Ausdruck des Grundsatzes, dass Steuervergünstigungen wegen

---

1 Nr. 14 zu § 62 Abs. 2 AO.
2 Die Änderung des Wortlauts gegenüber § 58 Nr. 6 AO („nachhaltig erfüllen zu können") ist rein redaktioneller Natur, wie sich schon daran zeigt, dass in AEAO Nr. 4 zu § 62 Abs. 1 Nr. 1 AO der alte Wortlaut wiederholt wird.

gemeinnützigen Handelns eine gegenwartsnahe Förderung der Allgemeinheit voraussetzen und die Bildung von Rücklagen daher einer Begründung bedarf. Da aber manche Projekte und Vorhaben aus den laufenden Mitteln nicht oder nicht sofort finanzierbar sind, erlaubt § 62 Abs. 1 Nr. 1 AO eine **vorübergehende Mittelansammlung**. Der Begriff „nachhaltige Erfüllung" umfasst jede die Satzungszwecke erfüllende Maßnahme, deren Durchführung von den Organen der Körperschaft in einem absehbaren Zeitraum beabsichtigt ist. Die Begrenzung auf konkrete Vorhaben, deren Durchführung bereits absehbar ist, ergibt sich aus dem Merkmal der „Erforderlichkeit"[1]. Denn nur in Bezug auf konkret umrissene Maßnahmen kann beurteilt werden, ob eine Rücklagenbildung tatsächlich notwendig ist. Allerdings wird man den Organen eine angemessene Überlegungsfrist einräumen müssen, ob ein größeres Vorhaben in Angriff genommen werden soll. Dies setzt aber zugleich voraus, dass bereits in dieser Zeit (vorsorglich) mit der Bildung einer Rücklage begonnen werden kann. Demgegenüber soll nach der restriktiven Ansicht der Finanzverwaltung die Bildung einer Rücklage nicht damit begründet werden können, „dass die Überlegungen zur Verwendung der Mittel noch nicht abgeschlossen sind"[2]. Richtig ist allerdings, dass fehlende Entschlusskraft der Organe kein Grund für eine Rücklagenbildung ist. Für spätere Überprüfungen wird es sich daher empfehlen, den Entscheidungsprozess zu dokumentieren, um Verzögerungen bei der Beschlussfassung durch äußere Umstände (z.B. auf Grund noch fehlender Zusagen Dritter, Klärung baurechtlicher Vorfragen etc.) erklären zu können. Für die Höhe und Dauer der Rücklagenbildung kommt es darauf an, in welchem Umfang die laufenden Einnahmen unter Berücksichtigung der anderen gegenwärtig bestehenden Verpflichtungen der Körperschaft zur sofortigen Umsetzung eines bestimmten Projekts nicht ausreichen. Die Rücklage hat immer nur temporären Charakter und ist aufzulösen, wenn das beabsichtigte Vorhaben realisiert werden kann bzw. seine Durchführung endgültig aufgegeben wird (vgl. Rz. 5.112).

Beispiel Nr. 14: Angenommen, eine Kulturförderstiftung verfügt jedes Jahr über Vermögenserträge und Spenden in Höhe von ca. 1 000 000 Euro, sodass nach Abzug von Verwaltungskosten und der Rücklage nach § 62 Abs. 1 Nr. 3 AO ca. 600 000 Euro für laufende Projekte ausgegeben werden können. Wenn der Stiftungsvorstand nun im Jahr 01 beschließt, dass sich die Stiftung in den Jahren 03 und 04 an einer großen Ausstellung mit einem Zuschuss in Höhe von jeweils 300 000 Euro beteiligt, dann bedarf es eigentlich keiner Rücklage nach § 62 Abs. 1 Nr. 1 AO, weil die Zuschüsse in den Jahren 03 und 04 auch aus dem laufenden Etat finanziert werden könnten. Indes ist die mittelfristige Finanzplanung letztlich Sache des Vorstandes: Deshalb bestehen richtigerweise keine Einwände dagegen, dass der Vorstand – um in den Jahren 02 bis 04 freie Hand für neue Projekte zu haben – bereits im Jahr 01 ganz auf andere Fördermaßnahmen verzichtet und die gesamten Mittel in eine Rücklage nach § 62 Abs. 1 Nr. 1 AO einstellt, die in den Jahren 03 und 04 aufgelöst wird. Dass gegen diese Vorgehensweise keine Bedenken bestehen, zeigt auch der Vergleich mit einer bilanzierenden Einrichtung, die bei einer wirksamen Außenverpflichtung – wenn der Zuschuss rechtsverbindlich zugesagt worden ist – sofort eine Verbindlichkeit in voller Höhe bilden müsste. Natürlich steht es der Stiftung auch frei, die in den Jahren 03 und 04 benötigen Mittel

---

1 Ebenso *Theuffel-Werhahn* in NK-GemnR, § 62 AO Rz. 15.
2 AEAO Nr. 2 zu § 62 Abs. 1 Nr. 1 AO.

nur teilweise in den Jahren 01 bis 03 anzusammeln. Im Bereich der Rücklagenbildung besteht also „Finanzierungsfreiheit".

5.116 Die **allgemeine Erhaltung der Vermögenssubstanz** ist – auch bei einer Stiftung – kein ausreichender Grund zur Bildung einer Rücklage nach § 62 Abs. 1 Nr. 1 AO. Zwar gefährden Inflationsverluste die reale Leistungsfähigkeit gemeinnütziger Stiftungen, weil die Mittelverwendungsregelungen auf dem Nominalwertprinzip aufbauen, d.h. ein Kaufkraftverlust nicht berücksichtigt wird[1]. Aus den Gesetzesmaterialien zur 1985 eingeführten freien Rücklage nach § 58 Nr. 7 Buchst. a AO (heute § 62 Abs. 1 Nr. 3 AO) und der Systematik des § 62 Abs. 1 Nr. 1 und 3 AO ergibt sich aber der eindeutige gesetzgeberische Wille, dass die Rücklage nach § 62 Abs. 1 Nr. 1 AO nur für konkrete projektbezogene Aufwendungen gilt[2].

5.117 Nach Ansicht der Finanzverwaltung soll ein **geplantes Endowment nach § 58 Nr. 3 AO** (dazu näher Rz. 5.170 ff.) keinen tauglichen Grund für eine Rücklagenbildung nach § 62 Abs. 1 Nr. 1 AO darstellen[3]. Dieser Ansicht ist nicht zu folgen[4]. Zwar ist richtig, dass die prozentualen Grenzen des § 58 Nr. 3 AO abschließend sind, sodass aus den Mitteln eines Jahres auch für künftige Endowments keine höheren Beträge bereitgestellt werden dürfen. Es ist aber nicht recht einzusehen, weshalb es unzulässig sein soll, für künftige Endowments in den Grenzen des § 58 Nr. 3 AO entsprechende Mittel über mehrere Jahre nach § 62 Abs. 1 Nr. 1 AO anzusammeln, wenn diese Rücklagenbildung für ein bestimmtes Endowment erforderlich ist (z.B. um das für eine Stiftungsgründung erforderliche Grundstockvermögen aufzubringen). Eine strikte Pflicht zu „zeitnahen" Endowments lässt sich aus dem Ziel des § 58 Nr. 3 AO – Verbesserung der nachhaltigen Kapitalausstattung anderer Körperschaften – jedenfalls nicht ableiten[5].

5.118 Dem Kriterium der Erforderlichkeit für die nachhaltige Zweckerfüllung kann allerdings **keine genaue zeitliche Höchstgrenze** entnommen werden. Insbesondere bei aufwendigen Großprojekten stellt sich die Frage, ob z.B. ein Verein über 20 Jahre und mehr zunächst nur Mittel ansammeln darf, bevor mit der Umsetzung begonnen wird. Im Anwendungserlass heißt es dazu nur, dass eine Rücklagenbildung ohne konkrete Zeitvorstellungen zumindest voraussetzt, dass die „Durchführung des Vorhabens glaubhaft und bei den finanziellen Verhältnissen der steuerbegünstigten Körperschaft in einem angemessenen Zeitraum möglich" sein muss[6]. Offen bleibt allerdings, wonach sich die „Angemessenheit" bestimmen soll. Ein Zeitraum von bis zu zehn Jahren wird im Einzelfall unter Berücksichtigung der Art des Vor-

---

1 Vgl. dazu *Flämig*, Die Erhaltung der Leistungskraft von gemeinnützigen Stiftungen, 1984; *Wagner/Walz*, Zweckerfüllung gemeinnütziger Stiftungen durch zeitnahe Mittelverwendung und Vermögenserhaltung, 1997.
2 Vgl. BFH v. 13.9.1989 – I R 19/85, BStBl. II 1990, 28 (30).
3 AEAO Nr. 4 zu § 62 Abs. 1 Nr. 1 AO.
4 Kritisch auch *Graffe*, Non Profit Law Yearbook 2013/2014 (2014), 93 (101); *Kirchhain*, DStR 2014, 289 (291).
5 *Hüttemann*, DB 2014, 442 (446 f.).
6 AEAO Nr. 4 zu § 62 Abs. 1 Nr. 1 AO.

habens noch angemessen sein[1]. Ob sehr umfangreichen Vorhaben noch längere Ansammlungszeiträume erlaubt sind, erscheint zweifelhaft. Dagegen könnte sprechen, dass nach der Rechtsprechung des RFH zur Rücklagenbildung, die in § 6 GemVO 1941 übernommen wurde, eine Mittelansammlung nur bis zu einem „verhältnismäßig nahegerückten Zeitpunkt" zulässig war[2]. Auch wenn § 62 Abs. 1 Nr. 1 AO eine solche Einschränkung nicht mehr enthält, sondern – wie bereits § 5 Nr. 4 GemVO 1953 – nur noch auf die „Erforderlichkeit zur nachhaltigen Erfüllung" abstellt, sollten an die Konkretisierung und Realisierungschancen des Vorhabens umso höhere Anforderungen gestellt werden, je längere Ansammlungsphasen geplant sind. Nur so kann verhindert werden, dass unter Hinweis auf großartige Zukunftsvisionen gegenwärtig mögliche Fördermaßnahmen *ad calendas graecas* vertagt werden.

Im Schrifttum ist umstritten, ob für Rücklagen nach § 62 Abs. 1 Nr. 1 AO ein **Abzinsungsgebot** gilt. Zur Begründung ist darauf hingewiesen worden, dass die Rücklagenbildung nur insoweit zulässig ist, als sie „erforderlich" ist. Da die zurückgelegten Mittel aber verzinslich angelegt werden könnten, wäre eine Rücklagenbildung nur in Höhe des abgezinsten Barwertes notwendig[3]. Die Finanzverwaltung hält sich bislang indes zurück. Im Anwendungserlass findet sich jedenfalls kein Hinweis auf eine Abzinsung, wie sie z.B. § 6 Abs. 1 Nr. 3 EStG für Verbindlichkeiten in der Steuerbilanz vorschreibt. Gegen ein Abzinsungsgebot spricht, dass gemeinnützige Einrichtungen auf diese Weise gezwungen wären, Zinserträge in entsprechender Höhe durch Kapitalanlagen zu generieren. Anders als bei For-Profit-Unternehmen, wo das Steuerbilanzrecht eine Abzinsung mit einem Zinssatz von 5,5 Prozent vorschreibt und eine entsprechende interne Verzinsung zumindest nicht undenkbar erscheint, würde eine Abzinsung in dieser Höhe bei gemeinnützigen Einrichtungen letztlich die Rücklagenbildung erheblich erschweren, da derartige Verzinsungen bei kurzfristigen Anlagen auf dem Kapitalmarkt (gerade beim gegenwärtigen wirtschaftlichen Umfeld) völlig unrealistisch sein dürften. Zudem ist in systematischer Hinsicht zu berücksichtigen, dass sich die Mittelverwendungsrechnung vorrangig an den handelsrechtlichen und nicht an steuerrechtlichen Grundsätzen orientieren sollte. Die Abzinsung erscheint schließlich auch deshalb nicht notwendig, weil die Erträge aus der Zwischenanlage ohne Einschränkung dem Gebot der zeitnahen Mittelverwendung unterliegen (§ 62 Abs. 1 Nr. 3 AO ist insoweit teleologisch zu reduzieren)[4], also gerade nicht für das geplante Projekt eingesetzt werden können[5]. Der Gesetzgeber sollte deshalb von der Einführung eines Abzinsungsgebots absehen.

5.119

---

1 Ähnlich *Fischer* in Hübschmann/Hepp/Spitaler, § 58 Rz. 107 (Stand 6/2003); *Ley*, BB 1999, 626 (630); *Schauhoff* in Schauhoff, § 9 Rz. 90; zurückhaltender – fünf bis sieben Jahre – *Theuffel-Werhahn* in NK-GemnR, § 62 AO Rz. 17.

2 Vgl. RFH v. 22.3.1941 – VIa 18/41, RStBl. 1941, 437 f. m.w.N.

3 Vgl. *Thiel*, DB 1992, 1900 (1903 f.); zustimmend *Buchna/Leichinger/Seeger/Brox*, S. 248.

4 Vgl. auch *Thiel*, DB 1992, 1900; dazu kritisch *Theuffel-Werhahn* in NK-GemnR, § 62 AO Rz. 45, 66.

5 Etwas anderes gilt – worauf *Theuffel-Werhahn* in NK-GemnR, § 62 AO Rz. 45 Fn. 147 zutreffend hinweist – in dem Fall, dass sich der Rücklagenbedarf erhöht. Hier können natürlich auch die Erträge aus der Zwischenanlage zur Dotierung einer höheren Rücklage verwendet werden.

5.120 Das Gebot der zeitnahen Mittelverwendung und die Regelung über projektbezogene Rücklagen gelten auch für **Förderkörperschaften nach § 58 Nr. 1 AO (z.B. Spendensammelvereine oder Förderstiftungen)**. Für die Praxis ist insoweit auf die Entscheidung des BFH vom 13.9.1989 hinzuweisen, in der der I. Senat die Geltung des § 58 Nr. 6 AO a.f. für Spendensammel- und Fördervereine ausdrücklich bestätigt hat[1]. Auch wenn das Gesetz in § 58 Nr. 1 AO die Mittelbeschaffung für eine andere Körperschaft als steuerbegünstigten Zweck anerkennt, ändert dies nichts daran, dass auch der Zweck der Mittelbeschaffung „zeitnah" verfolgt werden muss, indem die beschafften Mittel innerhalb der Verwendungsfrist des § 55 Abs. 1 Nr. 5 Satz 3 AO an die Empfängerkörperschaft weitergeleitet werden.

Beispiel Nr. 15 (nach BFH vom 13.9.1989[2]): Im Rahmen einer Außenprüfung hatte das Finanzamt festgestellt, dass ein Förderverein im Jahr 1977 über ein Endvermögen von ca. 226 000 DM verfügte, das sich durch die Einnahmen und Ausgaben der Jahre 1978 bis 1980 nur geringfügig auf 250 000 DM erhöhte. Das Vermögen entsprach zuletzt dem Zwanzigfachen der jährlichen Ausgaben.

Der BFH erblickte in dem Betrag von 250 000 DM eine steuerschädliche „Rücklage", die zudem nicht „erforderlich" im Sinne von § 58 Nr. 6 AO a.F. sei. Im Schrifttum ist diese rechtliche Würdigung zu Recht in Zweifel gezogen worden[3]. Zwar ist gegen die grundsätzlichen Ausführungen des I. Senats zur Anwendung des § 58 Nr. 6 AO a.F. bei Fördervereinen nichts zu erinnern. Der Senat hat aber nicht geprüft, ob es sich bei dem Betrag von 226 000 DM um ein zulässiges Vermögen handelte, das nicht der Pflicht zur zeitnahen Mittelverwendung unterlegen hat. Dafür könnte sprechen, dass selbst nach Ansicht der Finanzverwaltung die vor dem 1.1.1977 angesammelten Vermögenswerte von der mit der AO 1977 eingeführten (zeitnahen) Mittelverwendungspflicht ausgenommen sind[4]. Die Einnahmen und Ausgaben der Jahre 1978 bis 1980 konnten jedenfalls kaum beanstandet werden.

5.121 Bei **bilanzierenden Körperschaften** ist der Anwendungsbereich des § 62 Abs. 1 Nr. 1 AO deutlich eingeschränkt. Denn einer projektbezogenen Rücklage nach § 62 Abs. 1 Nr. 1 AO bedarf es nicht, wenn für zukünftige Vorhaben eine Verbindlichkeit oder eine Rückstellung passiviert worden ist. In diesem Fall kommt es bereits durch den Ansatz eines Passivpostens zu einer „Mittelverwendung", da das (zeitnah zu verwendende) Jahresergebnis gemindert wird.

Im Einzelnen ist **zu unterscheiden**: Ist die Körperschaft eine echte Drittverbindlichkeit eingegangen (d.h. es bestehen rechtlich[5] oder faktisch bindende Ansprüche eines Dritten z.B. auf Grund der verbindlichen Zusage eines Stipendiums über drei Jahre), dann muss die Körperschaft Mittel in Höhe des Nominalbetrags zur Erfüllung der Verbindlichkeit vorhalten. Insoweit besteht also eine Bindung von Mitteln. Ist dagegen die Entstehung der rechtlichen Verpflichtung noch ungewiss (die Förderzusage steht unter dem Vorbehalt einer Annahme

---

1 BFH v. 13.9.1989 – I R 19/85, BStBl. II 1990, 28.

2 BFH v. 13.9.1989 – I R 19/85, BStBl. II 1990, 28.

3 Vgl. dazu *Reiffs*, DB 1991, 1247 (1251 f.).

4 OFD Düsseldorf v. 26.6.1980 KSt-Kartei NRW § 5 KStG Karte H 20; *Buchna/Leichinger/Seeger/Brox*, S. 175.

5 Zur Formbedürftigkeit von Förderzusagen einer Stiftung vgl. BGH v. 7.10.2009 – Xa ZR 8/08, NJW 2010, 234; KG v. 3.12.2012 – 8 U 116/12, ZStV 2013, 107.

des Stipendiaten an einer ausländischen Universität) oder ist eine echte Verbindlichkeit nur der Höhe nach ungewiss (das Stipendium kann bei positiver Evaluation um ein Jahr verlängert werden), ist eine Rückstellung zu bilden. Diese mindert ebenfalls die Mittel der Körperschaft. Handelt es sich dagegen nur um eine bloße Innenverpflichtung (das Kuratorium beschließt einer Erweiterung des Stipendienprogramms für die nächsten fünf Jahre), dann bleibt es bei einer Rücklagenbildung nach § 62 Abs. 1 Nr. 1 AO.

3. Betriebsmittelrücklage

Im Rahmen von § 62 Abs. 1 Nr. 1 AO ist auch die Bildung einer sog. **Betriebsmit-** **5.122** **telrücklage** zulässig. Im Anwendungserlass heißt es dazu nur lapidar[1]:

„Die Bildung von Rücklagen für periodisch wiederkehrende Ausgaben (Löhne, Gehälter, Mieten) in Höhe des Mittelbedarfs für eine angemessene Zeitperiode zur Sicherstellung der Liquidität ist zulässig (so genannte Betriebsmittelrücklage)".

Eine Konkretisierung dieser Vorgabe setzt zunächst Klarheit über die **Funktion einer Betriebsmittelrücklage** voraus. Ein Vorhalten von Mitteln für „periodisch wiederkehrende Ausgaben" ist nur dann erforderlich, wenn die Einnahmen der Körperschaft nicht gleichbleibend sind, sondern gewissen zeitlichen Schwankungen unterliegen. Insbesondere bei spendensammelnden Organisationen dürfte der Mittelzufluss saisonal unterschiedlich sein („Weihnachtszeit ist Spendenzeit") und zudem von äußeren Ereignissen (z.B. Katastrophen, Medienecho) abhängen. Ähnliches gilt für solche Organisationen, die am Tropf staatlicher Zuschussgeber hängen. Bei solchen Einrichtungen ist es sicher sinnvoll, dass man entsprechende Mittel zurückhält, damit für einige Monate die laufenden Ausgaben für die Geschäftsstelle abgesichert sind. Zu weit geht es aber, wenn man allen gemeinnützigen Einrichtungen ohne Rücksicht auf die konkrete Finanzierungsstruktur die Bildung von Betriebsmittelrücklagen im Umfang der Zahlungsverpflichtungen eines Jahres erlaubte. Dabei würde übersehen, dass die – 2013 sogar verlängerte – gesetzliche Mittelverwendungsfrist bereits einen Mittelvortrag erlaubt, der regelmäßig zugleich ein gewisses Einnahmepolster darstellt.

III. Wiederbeschaffungsrücklage (§ 62 Abs. 1 Nr. 2 AO)

Schon zum früheren Recht war grundsätzlich anerkannt, dass eine Körperschaft für **5.123** die Wiederbeschaffung von abnutzbaren Gegenständen im nutzungsgebundenen Vermögen im Rahmen von § 58 Nr. 6 AO a.F. eine Rücklage bilden kann[2]. Der Anwendungserlass vom 17.1.2012 enthielt erstmals – wenn auch eher restriktive – Ausführungen zu dieser Wiederbeschaffungsrücklage[3]. Der Gesetzgeber des Ehrenamtsstärkungsgesetzes hat darauf mit einer Regelung in § 62 Abs. 1 Nr. 2 AO reagiert. Nach § 62 Abs. 1 Nr. 2 Satz 1 AO können Mittel „einer Rücklage für die beabsichtigte Wiederbeschaffung von Wirtschaftsgütern" zugeführt werden, „die zur Verwirklichung der steuerbegünstigten, satzungsmäßigen Zwecke erforderlich sind **(Rücklage für Wiederbeschaffung)**". Die Höhe der Rücklage bemisst sich nach den

---

1 AEAO Nr. 14 zu § 62 Abs. 1 Nr. 1 AO.
2 Vgl. dazu 2. Aufl. 2012, § 5 Rz. 87 f.
3 Dazu 2. Aufl. 2012, § 5 Rz. 88.

„regulären Absetzungen für Abnutzung eines zu ersetzenden Wirtschaftsguts. Die Voraussetzungen für eine höhere Zuführung sind nachzuweisen" (§ 62 Abs. 1 Nr. 2 Sätze 2 und 3 AO). Die Bildung dieser Rücklage kommt praktisch einer Minderung der zeitnah zu verwendenden Mittel um die Regel-AfA gleich, allerdings gibt es zwei wesentliche Unterschiede (siehe auch Rz. 5.87 f.): Zum einen setzt die Wiederbeschaffungsrücklage eine „Wiederbeschaffungsabsicht" voraus, weil es nicht um die Verteilung der historischen Anschaffungs- bzw. Herstellungskosten geht, sondern um die Liquiditätsvorsorge in Hinsicht auf die Wiederbeschaffung. Zum anderen ist es – anders als bei einer Abschreibung – auch möglich, über die voraussichtliche Nutzungsdauer einen höheren Betrag als die historischen Anschaffungs- bzw. Herstellungskosten anzusammeln.

5.124 Zur **erforderlichen Wiederbeschaffungsabsicht** heißt es jetzt im Anwendungserlass[1]: „Eine Wiederbeschaffungsabsicht liegt nur vor, wenn tatsächlich eine Neuanschaffung des einzelnen Wirtschaftsguts geplant und in einem angemessenen Zeitraum möglich ist. Im Regelfall ist als Nachweis für die Wiederbeschaffungsabsicht ausreichend, dass die Rücklage gebildet wurde. Diese Nachweiserleichterung gilt nicht für Immobilien." Da der Anwendungserlass nichts darüber sagt, wie man ohne „Erleichterung" die Absicht belegen kann, ein vor fünf Jahre fertiggestelltes Gebäude in 30 Jahren von Grund auf zu sanieren, wird in der Praxis der Streit um die Zulässigkeit von Wiederbeschaffungsrücklagen (der sich vor allem an Immobilien von Wohlfahrtseinrichtungen entzündet hat)[2] zumindest im Gebäudebereich weitergehen. In der Sache erscheint es unbefriedigend, wenn gemeinnützigen Körperschaften nicht die Möglichkeit gegeben wird, ausreichende Vorsorge für die „Wiederbeschaffung" (man spräche besser von „Neuherstellung") ihrer nutzungsgebundenen Immobilien zu treffen. Allerdings ist zu beachten, dass Projektrücklagen für kurz- und mittelfristigen Sanierungs- und Erhaltungsaufwand im Bereich des nutzungsgebundenen Vermögens im Rahmen von § 62 Abs. 1 Nr. 1 AO stets zulässig sind. Laufende Erhaltungsmaßnahmen stehen auch der Zulässigkeit von Wiederbeschaffungsrücklagen nicht grundsätzlich entgegen[3], sondern können allenfalls dazu führen, dass sich der voraussichtliche Zeitpunkt der Wiederbeschaffung in die Zukunft verschiebt, was aber lediglich den Ansammlungszeitraum verlängert.

Weshalb im Anwendungserlass[4] davon die Rede ist, dass auch **Mittelbeschaffungskörperschaften** im Sinne von § 58 Nr. 1 AO eine „Wiederbeschaffungsrücklage" sollen bilden können, ist nicht unmittelbar einsichtig (gibt es auch „Wiederbeschaffungskörperschaften"?). Ohnehin ist die – aus AEAO Nr. 11 zu § 58 Nr. 6 a.F. einfach übernommene – Textpassage mit dem Verweis auf das BFH-Urteil vom 13.9.1989[5] ganz missverständlich, weil sie dem unbefangenen Leser den Eindruck vermittelt, als dürften Mittelbeschaffungskörperschaften nur Projektrücklagen nach § 62 Abs. 1 Nr. 1 und 2 AO bilden, während ihnen das Recht zur Bildung freier Rücklagen nach § 62 Abs. 1 Nr. 3 AO versagt bliebe. Wie ein Blick in das

---

1 AEAO Nr. 6 zu § 62 Abs. 1 Nr. 2 AO.
2 Dazu bereits 2. Aufl. 2012, § 5 Rz. 88.
3 Anders – Verrechnung – wohl noch *Buchna/Seeger/Brox*, 10. Aufl. 2010, S. 236 f.
4 AEAO Nr. 7 zu § 62 Abs. 1 Nr. 2 AO.
5 BFH v. 13.9.1989 – I R 19/85, BStBl. II 1990, 28.

zitierte BFH-Urteil vom 13.9.1989 ergibt, betraf diese Entscheidung lediglich Zeiträume vor Einführung der freien Rücklage im Jahr 1986, sodass es sich zur freien Rücklage gar nicht äußern konnte. Es wäre besser gewesen, diese Textpassage ganz zu streichen.

IV. Freie Rücklagen nach § 62 Abs. 1 Nr. 3 AO

1. „Freie" Rücklage

Die freien Rücklagen unterscheiden sich von der sog. zweckgebundenen Rücklage dadurch, dass sie nicht der Finanzierung konkreter zukünftiger Projekte dienen, sondern die Körperschaft **hinsichtlich der Verwendung der in die Rücklagen eingestellten Mittel „frei" ist**. Sie kann die Mittel also dafür nutzen, um dauerhaft das Vermögen der Körperschaft zu vermehren (Leistungserhaltung). Ebenso steht es der Körperschaft aber auch frei, eine in früheren Jahren gebildete freie Rücklage später wieder aufzulösen und die zurückgelegten Mittel zeitnah für satzungsmäßige Zwecke zu verwenden. Die Freiheit geht allerdings nicht so weit, dass die Mittel aus der freien Rücklage auch für nicht satzungsmäßige Zwecke verwendet werden dürfen. Denn auch die nach § 62 Abs. 1 Nr. 3 und Abs. 4 AO zurückgelegten Mittel bleiben weiterhin für steuerbegünstigte satzungsmäßige Zwecke gebunden (vgl. § 55 Abs. 1 Nr. 1 AO). Daher darf z.B. eine freie Rücklage nicht aufgelöst werden, um Verluste in einem steuerpflichtigen wirtschaftlichen Geschäftsbetrieb auszugleichen (vgl. näher Rz. 6.14 ff.).

5.125

Mittel aus einer freien Rücklage können auch dazu verwendet werden, die Errichtung anderer gemeinnütziger Einrichtungen durch sog. **„Endowments"** zu fördern. Darunter versteht man die Weiterleitung von Mitteln an eine andere steuerbegünstigte Körperschaft als Ausstattungskapital. Da der Grundsatz der zeitnahen Mittelverwendung auch bei einer Mittelweitergabe nach § 58 Nr. 1 und 2 AO zu beachten ist, dürfen einer anderen Körperschaft „als Vermögen" solche Beträge zugeführt werden, die auch bei der hingebenden Körperschaft von der zeitnahen Mittelverwendungspflicht ausgenommen sind. In diesem Sinne sind vor allem die Mittel aus einer freien Rücklage als Dotationskapital geeignet. Im Rahmen des Ehrenamtsstärkungsgesetzes hat der Gesetzgeber das „Endowmentverbot" weiter gelockert. Nunmehr erlaubt es die **Ausnahmevorschrift des § 58 Nr. 3 AO**, in einem bestimmten Umfang zeitnah zu verwendende Mittel „einer anderen steuerbegünstigten Körperschaft oder einer juristischen Person des öffentlichen Rechts zur Vermögensausstattung" zuzuwenden (dazu näher Rz. 5.171).

5.126

2. Rücklage aus Überschüssen der Vermögensverwaltung (§ 62 Abs. 1 Nr. 3 Satz 1 Alt. 1 AO)

Bis zum Jahr 1985 durften gemeinnützige Körperschaften grundsätzlich nur zweckgebundene Rücklagen bilden. Da die Mittelverwendungspflicht an nominelle Größen (Zufluss an Geld) anknüpfte, fehlte jede Möglichkeit, selbst **inflationsbedingte Wertverluste in einem vorhandenen Vermögen** durch eine Rücklagenbildung auszugleichen. Insbesondere die großen deutschen Stiftungen, die sich ausschließlich

5.127

aus Vermögenserträgen finanzierten, waren von diesem Problem betroffen[1]. Nachdem sich dieses Problem während der Inflationsjahre 1972 bis 1981 erheblich verschärft hatte, wurde mit dem Steuerbereinigungsgesetz 1986 rückwirkend zum 1.1.1985 die freie Rücklage aus Überschüssen der Vermögensverwaltung (§ 58 Nr. 7 Buchst. a AO a.F.) eingeführt[2]. Die Rücklage war zunächst auf ein Viertel des Überschusses beschränkt und sollte – so die Gesetzesbegründung[3] – vor allem gemeinnützigen Stiftungen die Möglichkeit geben, durch eine laufende Admassierung von Erträgen ihre Leistungskraft auf Dauer zu erhalten. Durch das Gesetz zur weiteren steuerlichen Förderung von Stiftungen[4] ist der Thesaurierungsrahmen ausgeweitet worden. Nunmehr ist es unschädlich, wenn „eine Körperschaft höchstens ein Drittel des Überschusses aus der Vermögensverwaltung" einer freien Rücklage zuführt.

5.128   Auch wenn die freie Rücklage vor allem für Stiftungen gedacht ist, hat der Gesetzgeber die Regelung doch rechtsformneutral ausgestaltet und ihren **sachlichen Anwendungsbereich** nach der Art der Einkünfte festgelegt. Die Rücklagenbildung setzt also zunächst voraus, dass die Einrichtung einen „Überschuss aus der Vermögensverwaltung" erzielt hat, also überhaupt über ein ertragbringendes Vermögen verfügt. Unter einer Vermögensverwaltung ist im Rahmen von § 62 Abs. 1 Nr. 3 Satz 1 Alt. 1 AO eine Tätigkeit im Sinne von § 14 Satz 3 AO zu verstehen. Die gemeinnützigkeitsrechtliche Qualifikation einer Tätigkeit entscheidet mithin zugleich über die Möglichkeit zur Bildung einer Rücklage. Zur Vermögensverwaltung gehören z.B. die verzinsliche Anlage von Geld, die Verpachtung von Grundbesitz und – jedenfalls im Regelfall – das Halten von Anteilen an steuerpflichtigen Kapitalgesellschaften[5]. Die Beteiligung an einer Kapitalgesellschaft kann aber zu einem wirtschaftlichen Geschäftsbetrieb mutieren, wenn die gemeinnützige Körperschaft einen wesentlichen Einfluss auf die laufende Geschäftsführung ausübt[6]. Besondere Fragen stellen sich bei Beteiligungen an gemeinnützigen Kapitalgesellschaften. Ordnet man diese – wie es der bisherigen Ansicht der Finanzverwaltung entspricht[7] – der Vermögensverwaltung zu, müssen auch die Ausschüttungen an den gemeinnützigen Gesellschafter im Rahmen von § 58 Nr. 1 und 2 AO konsequenterweise bei der Rücklage nach § 62 Abs. 1 Nr. 3 Satz 1 Alt. 1 AO berücksichtigt werden[8]. Richtigerweise sind solche Beteiligungen wegen fehlender Einkünfteerzielungsabsicht indes der ideellen Sphäre zuzurechnen (vgl. auch Rz. 6.6), so dass nur eine Rücklagenbildung nach § 62 Abs. 1 Nr. 3 Satz 1 Alt. 2 AO zulässig ist (vgl. Rz. 4.62)[9]. Ebenso

---

1 Nachweise dazu bei *Flämig*, Die Erhaltung der Leistungskraft von gemeinnützigen Stiftungen, 1984; *Carstensen*, Vermögensverwaltung, Vermögenserhaltung und Rechnungslegung gemeinnütziger Stiftungen, 1994; *Wagner/Walz*, Zweckerfüllung gemeinnütziger Stiftungen durch zeitnahe Mittelverwendung und Vermögenserhaltung, 1997.
2 Vgl. *Jost*, DB 1986, 1593; *Schad/Eversberg*, DB 1986, 2149.
3 Vgl. BR-Drucks. 507/84, S. 1.
4 Gesetz v. 14.7.2000, BGBl. I 2000, 1034; dazu *Hüttemann*, DB 2000, 1584.
5 Vgl. dazu näher *Theuffel-Werhahn* in NK-GemnR, § 62 AO Rz. 49 ff.
6 Vgl. BFH v. 30.6.1971 – I R 57/70, BStBl. II 1971, 753; dazu näher unter Rz. 6.130 ff.
7 So AEAO Nr. 3 Satz 1 zu § 64 Abs. 1 AO.
8 Zutreffend *Kirchhain*, DStR 2017, 2317.
9 So auch *Kirchhain*, DStR 2017, 2317.

überschreitet z.B. die Überlassung von Wirtschaftsgütern den Rahmen einer steuer-freien Vermögensverwaltung, wenn die Voraussetzungen einer Betriebsaufspaltung vorliegen[1]. In diesen Fällen handelt es sich bei den Dividenden oder den Nutzungs-entgelten um „sonstige zeitnah zu verwendende Mittel", so dass sich die Rücklagen-bildung nach § 62 Abs. 1 Nr. 3 Satz 1 Alt. 2 AO bestimmt.

Für die Bemessung der Rücklage[2] ist bei mehreren selbständigen vermögensverwal-tenden Tätigkeiten auf das **Gesamtergebnis eines Jahres** abzustellen, d.h. Verluste aus einzelnen Objekten (z.B. der Vermietung von Grundbesitz) mindern die Rück-lagenmöglichkeit des betreffenden Jahres. Fraglich ist, ob ein negatives Gesamt-ergebnis eines Jahres vorzutragen ist. Dagegen spricht, dass das Gesetz auf den Überschuss „eines Jahres" abstellt und keine periodenübergreifende Verrechnung anordnet. Erzielt eine Körperschaft in einem Jahr also insgesamt einen „Unkosten-überschuss" aus Vermögensverwaltung, wird dadurch nur die Rücklagenbildung im Verlustjahr ausgeschlossen. Der Verlust wirkt sich aber nicht auf die Rücklagenbil-dung der Folgejahre aus[3]. | 5.129

Zu den Einnahmen aus Vermögensverwaltung gehören alle Einnahmen (§ 8 Abs. 1 EStG), die **durch die vermögensverwaltende Tätigkeit veranlasst** sind. Ebenso sind als Ausgaben alle Werbungskosten (§ 9 EStG) abzuziehen, die durch die Ver-mögensverwaltung veranlasst sind[4]. Keine Ausgaben sind z.B. Quellensteuern (vgl. § 12 Nr. 3 EStG), der Stifterunterhalt nach § 58 Nr. 6 AO[5] und Stückzinsen[6]. Bei gemischten Aufwendungen (Verwaltungskosten), die sowohl anderen Bereichen (ideeller Bereich, Zweckbetrieb, wirtschaftlicher Geschäftsbetrieb) als auch der Ver-mögensverwaltung zuzuordnen sind, sind die Aufwendungen im Schätzungswege aufzuteilen[7]. Zurückhaltung ist dagegen bei der Vergütung der Geschäftsführung geboten[8]. Bei der Berechnung der Rücklagenbildung nach § 62 Abs. 1 Nr. 1 Satz 1 Alt. 1 AO sind nur die zeitnah zu verwendenden Einnahmen aus der Vermögens-verwaltung zu berücksichtigen. Erlöse aus der Veräußerung von Vermögensgegen-ständen (z.B. Wertpapieren) bleiben außer Betracht, weil solche Umschichtungs-gewinne von vornherein nicht von der Pflicht zur zeitnahen Mittelverwendung er-fasst sind (vgl. Rz. 5.160 ff.). | 5.130

---

1 BFH v. 5.6.1985 – I S 2, 3/85, BFH/NV 1986, 433.
2 Zum Folgenden vgl. AEAO Nr. 9 ff. zu § 62 Abs. 1 Nr. AO.
3 Vertiefend *Theuffel-Werhahn* in NK-GemnR, § 62 AO Rz. 76 ff.
4 Zum Verständnis des Werbungskostenbegriffs im Lichte des Veranlassungsgrundsatzes vgl. nur BFH v. 18.11.1980 – VIII R 194/78, BStBl. II 1981, 510; *Krüger* in L. Schmidt, § 9 EStG Rz. 41.
5 Vgl. dazu *Theuffel-Werhahn* in NK-GemnR, § 62 AO Rz. 72 ff.
6 Stückzinsen sind negative Einnahmen, vgl. BFH v. 27.7.1999 – VIII R 36/98, BStBl. II 1999, 769.
7 Ebenso *Theuffel-Werhahn* in NK-GemnR, § 62 AO Rz. 68.
8 Nach AEAO Nr. 21 zu § 55 Abs. 1 Nr. 1 AO handelt es sich bei den Kosten der Geschäfts-führung grundsätzlich um *allgemeine* Verwaltungsausgaben. Zurückhaltend auch *Schad/ Eversberg*, DB 1986, 2151.

5.131 Der Rücklage darf jährlich höchstens ein **Drittel des Überschusses** zugeführt werden. Durch die Beschränkung soll erreicht werden, dass die Mittel einer Körperschaft überwiegend zeitnah für satzungsmäßige Zwecke eingesetzt werden. Die Rücklage nach § 62 Abs. 1 Nr. 3 AO darf ohne Einschränkung neben einer Rücklage nach § 62 Abs. 1 Nr. 1 AO gebildet werden[1]. Eine „Erforderlichkeit" der Projektrücklage ist also nicht schon deshalb zu verneinen, weil z.B. in einer freien Rücklage ausreichende Mittel vorhanden sind. Da es sich bei § 62 Abs. 1 Nr. 3 AO um eine „freie Rücklage" handelt, ist die Körperschaft grundsätzlich nicht gezwungen, die dort gebundenen Beträge für zweckverwirklichende Maßnahmen zu verwenden. Vielmehr kann sie sogar umgekehrt auch die Dotierung einer Rücklage nach § 62 Abs. 1 Nr. 1 AO einstweilen aussetzen oder sogar Beträge aus der Rücklage umschichten, um eine freie Rücklage aufzubauen[2]. Allerdings ist zu beachten, dass Vermögenserträge aus einer Zwischenanlage der nach § 62 Abs. 1 Nr. 1 AO gebundenen Mittel grundsätzlich zeitnah zu verwenden sind, also aus der Bemessungsgrundlage nach § 62 Abs. 1 Nr. 3 AO herauszurechnen sind. Dies ergibt sich aus einer teleologischen Einschränkung des § 62 Abs. 1 Nr. 3 AO, der nur der Leistungserhaltung eines vorhandenen Vermögens dient[3]. Einer Rücklagenbildung steht auch nicht entgegen, dass die Mittel eines Jahres vollständig in Rücklagen nach § 62 Abs. 1 Nr. 1 und 3 AO eingestellt werden. Allerdings sind Beträge, die in eine Rücklage zum Erwerb von Gesellschafterrechten eingestellt werden, nach § 62 Abs. 1 Nr. 4 AO auf die Rücklage nach § 62 Abs. 1 Nr. 3 AO anzurechnen. Diese Anrechnung ergibt sich daraus, dass eine Rücklage nach § 62 Abs. 1 Nr. 4 AO letztlich ebenfalls der Erhaltung der Leistungsfähigkeit (durch Kontrollbeteiligungen etc.) dient. Die Entscheidung über die Dotierung der Rücklage ist innerhalb der Mittelverwendungsfrist des § 55 Abs. 1 Nr. 5 Satz 3 AO zu treffen. Wird die Höchstgrenze des § 62 Abs. 1 Nr. 3 AO in einem Jahr nicht ausgeschöpft, kann diese unterbliebene Zuführung nach § 62 Abs. 1 Nr. 3 Satz 2 AO nunmehr in den folgenden zwei Jahren nachgeholt werden.

5.132 Die steuerbegünstigte Körperschaft ist **in der Verwendung** der nach § 62 Abs. 1 Nr. 3 AO zurückgelegten Mittel **grundsätzlich frei**. Insbesondere braucht sie die freie Rücklage während der Dauer ihres Bestehens nicht aufzulösen. Darüber hinaus ist es zulässig, die Beträge aus der Rücklage dem Vermögen der Körperschaft zuzuführen[4]. Dies würde z.B. bei einer gemeinnützigen Kapitalgesellschaft bedeuten, dass die Mittel im Rahmen einer Kapitalerhöhung aus Gesellschaftsmitteln dem Vermögen zugeschlagen werden. In diesem Fall bedarf es auch keines gesonderten Ausweises der Rücklage in der Buchführung mehr. Die Wirkungsweise des § 62 Abs. 1 Nr. 3 AO lässt sich abschließend etwa an folgendem Beispiel erläutern.

Beispiel Nr. 16: Angenommen, die S-Stiftung erzielt im Jahr 01 aus der Vermietung von Wohnungen einen Verlust von 50 000 Euro und aus dem Wertpapiervermögen einen Überschuss von 120 000 Euro. Ferner erhält sie aus einer Unternehmensbeteiligung an der G-

---

1 So jetzt auch AEAO Nr. 5 zu § 62 Abs. 1 Nr. 1 AO.
2 Ebenso *Thiel*, DB 1992, 1900 (1903).
3 Ebenso *Thiel*, DB 1992, 1900.
4 AEAO Nr. 11 zu § 62 Abs. 1 Nr. 3 AO.

GmbH eine Gewinnausschüttung von 80 000 Euro sowie aus der Veräußerung eines bisher verpachteten landwirtschaftlichen Gutes einen Veräußerungsgewinn von 200 000 Euro. Für die Bemessung der Rücklage nach § 62 Abs. 1 Nr. 3 AO bedarf es zunächst einer steuerlichen Zuordnung der einzelnen Tätigkeiten. Zum Bereich der Vermögensverwaltung im Sinne von § 14 Satz 3 AO gehören die Vermietung von Wohnungen, der Wertpapierbesitz, die Unternehmensbeteiligung (sofern im Jahr 01 kein Einfluss auf die Geschäftsführung ausgeübt wurde) sowie die Verpachtung und Veräußerung des landwirtschaftlichen Gutes. Allerdings gehören die Einnahmen aus der Veräußerung des Gutes nicht zu den Einnahmen im Sinne von § 62 Abs. 1 Nr. 3 AO, weil sie ohnehin nicht zeitnah zu verwenden sind (AEAO Nr. 29 zu § 55 Abs. 1 Nr. 5 AO). Alle anderen Einnahmen und Ausgaben sind zu saldieren. Damit ergibt sich ein Gesamtüberschuss von 150 000 Euro (./. 50 000 + 120 000 + 80 000). Davon können bis zu einem Drittel in die Rücklage eingestellt werden, also 50 000 Euro. Sollte sich der Stiftungsvorstand im Interesse einer höheren Ausschüttung in 01 dazu entschließen, lediglich 20 000 Euro in eine Rücklage nach § 62 Abs. 1 Nr. 3 AO einzustellen, kann er die unterbliebene Zuführung (also 30 000 Euro) in den Jahren 02 und 03 nachholen.

3. Rücklage aus sonstigen zeitnah zu verwendenden Mitteln (§ 62 Abs. 1 Nr. 3 Satz 1 Alt. 2 AO)

Durch das Gesetz zur weiteren steuerlichen Förderung von Stiftungen ist nicht nur die Grenze für Rücklagen aus Überschüssen der Vermögensverwaltung auf ein Drittel angehoben worden, sondern auch eine **weitere Rücklagenmöglichkeit** geschaffen worden[1]. Nach § 62 Abs. 1 Nr. 3 Satz 1 Alt. 2 AO ist es steuerlich unschädlich, wenn eine gemeinnützige Körperschaft „… darüber hinaus höchstens 10 Prozent der sonstigen nach § 55 Abs. 1 Nr. 5 zeitnah zu verwendenden Mittel" einer freien Rücklage zuführt. Diese Regelung ist – wie auch die Vorschriften über die zeitnahe Mittelverwendung (§ 55 Abs. 1 Nr. 5 AO) – erst im Vermittlungsausschuss in das Gesetz aufgenommen worden, sodass eine nähere Gesetzesbegründung fehlt. Offenbar wollte man mit der 10-Prozent-Rücklage einen Ausgleich für solche Körperschaften schaffen, die über keine nennenswerten Einkünfte aus Vermögensverwaltung verfügen und daher von der neuen Drittel-Grenze nicht profitierten[2].

5.133

Fraglich ist die **Bemessungsgrundlage** für die 10-Prozent-Rücklage. Unstreitig ist zunächst, dass solche Mittel, die nach § 62 Abs. 3 und 4 AO dem Vermögen zugeführt werden dürfen, bei der Bemessung der Rücklage außer Betracht zu bleiben haben[3]. Der in § 55 Abs. 1 Nr. 5 Satz 3 AO verwendete Begriff „Zufluss" könnte den Schluss nahelegen, „Mittel" seien alle Einnahmen eines Kalender- oder Wirtschaftsjahres. Bezogen auf einen steuerpflichtigen wirtschaftlichen Geschäftsbetrieb oder einen steuerbegünstigten Zweckbetrieb würde dies bedeuten, dass ohne Rücksicht auf die Höhe der entsprechenden Betriebsausgaben bis zu 10 Prozent der (Brutto-) Einnahmen in eine freie Rücklage eingestellt werden könnten. Auch im ideellen Bereich blieben Ausgaben für die Verwaltung etc. unberücksichtigt, obwohl dadurch entsprechende Mittel (Spenden, Mitgliedsbeiträge) gebunden werden. Eine solche Auslegung würde aber nicht nur die Verpflichtung zur zeitnahen Mittelverwendung

5.134

---

1 Vgl. Gesetz v. 14.7.2000, BGBl. I 2000, 1034; dazu *Hüttemann*, DB 2000, 1584.
2 Vgl. *Hüttemann*, DB 2000, 1584.
3 Vgl. auch AEAO Nr. 16 zu § 62 Abs. 3 AO.

erheblich einschränken, sondern widerspräche auch dem praktischen Sinn einer „Rücklagenbildung", da Rücklagen normalerweise nur gebildet werden, wenn zuvor auch ein Überschuss erzielt worden ist. Folglich müsste der Begriff der „Mittel" im Rahmen von § 62 Abs. 1 Nr. 3 AO eigentlich als „Nettogröße" verstanden werden. Dies entspricht auch der Sonderregelung für Rücklagen aus Vermögensverwaltung, die ebenfalls an einen „Überschuss" anknüpft. Auch die Formulierung „… darüber hinaus höchstens 10 Prozent der sonstigen … zeitnah zu verwendenden Mittel" könnte dafür sprechen, dass der Gesetzgeber mit den „sonstigen zeitnah zu verwendenden Mitteln" (so bereits § 58 Nr. 7 Buchst. a Alt. 2 AO a.F.) eine Nettogröße gemeint hat[1]. Dies würde bedeuten, dass sich die 10-Prozent-Rücklage nach § 62 Abs. 1 Nr. 3 Satz 1 Alt. 2 AO auf den Jahresüberschuss der Körperschaft – ausgenommen die Überschüsse einer Vermögensverwaltung – bezieht. Demgegenüber vertritt die Finanzverwaltung im Anwendungserlass eine differenzierte Betrachtungsweise. Nach ihrer Ansicht sind „sonstige Mittel" zum einen die Überschüsse bzw. Gewinne aus steuerpflichtigen wirtschaftlichen Geschäftsbetrieben und Zweckbetrieben (also eine Nettogröße) und zum anderen die Bruttoeinnahmen aus dem ideellen Bereich[2]. Aufwendungen für die Zweckverwirklichung sollen somit ebenso wenig die Bemessungsgrundlage für die Rücklagenbildung mindern wie z.B. Verwaltungskosten oder Aufwendungen für die Mitglieder- und Spendenwerbung. Für diese großzügige Auslegung dürften in erster Linie verwaltungspraktische Überlegungen gesprochen haben. Sie kann im Einzelfall dazu führen, dass zulasten der Überschüsse der Folgejahre Rücklagen gebildet werden. Ob sich aus der neuen Aussage im Anwendungserlass[3] – „nur tatsächlich vorhandene Mittel können in eine Rücklage eingestellt werden" – auf eine geänderte Beurteilung durch die Finanzverwaltung schließen lässt, ist weiterhin ungeklärt[4].

5.135 Auf Grund der unterschiedlichen Prozentgrenzen für die Rücklagenbildung müssen die **Überschüsse aus einer Vermögensverwaltung gesondert erfasst** und aus der Bemessungsgrundlage für die 10-Prozent-Rücklage herausgerechnet werden (vgl. § 62 Abs. 1 Nr. 3 Satz 1 Alt. 2 AO: „… darüber hinaus …"). Die nicht in eine Rücklage eingestellten Überschüsse aus Vermögensverwaltung dürfen also nicht noch einmal in Höhe weiterer 10 Prozent in eine Rücklage eingestellt werden, sondern die Rücklagenbildung kann – bezogen auf die Gesamtmittel der Körperschaft – immer nur höchstens ein Drittel betragen. Allerdings wird man dann auf eine gesonderte Erfassung der Überschüsse aus Vermögensverwaltung verzichten können, wenn die Körperschaft ohnehin nur bis zu 10 Prozent in die Rücklage einstellen will.

---

1 Vgl. näher *Hüttemann*, DB 2000, 1584 (1585 f.); zustimmend *Buchna/Leichinger/Seeger/Brox*, S. 255; *Fischer* in Hübschmann/Hepp/Spitaler, § 58 AO Rz. 124 (Stand 6/2003).
2 AEAO Nr. 10 zu § 62 Abs. 1 Nr. 3 AO.
3 AEAO Nr. 14 zu § 62 Abs. 2 AO.
4 Nach *Theuffel-Werhahn* in NK-GemnR, § 62 AO Rz. 98 ist die Streitfrage eher von theoretischer Bedeutung.

V. Rücklage zum Erwerb von Gesellschafterrechten (§ 62 Abs. 1 Nr. 4 AO)

Nach § 62 Abs. 1 Nr. 4 AO ist es steuerlich unschädlich, dass eine „Körperschaft   5.136
Mittel zum Erwerb von Gesellschaftsrechten zur Erhaltung der prozentualen Beteiligung an Kapitalgesellschaften ansammelt oder im Jahr des Zuflusses verwendet".
Anders als die freie Rücklage nach § 62 Abs. 1 Nr. 3 AO können zu diesem Zweck
auch die gesamten Mittel einer Körperschaft über mehrere Jahre verwendet werden.
Allerdings ist der nach § 62 Abs. 1 Nr. 4 AO in die Rücklage eingestellte Betrag auf
die nach § 62 Abs. 1 Nr. 3 AO zulässigen Beträge zur Dotierung der freien Rücklage
anzurechnen[1]. Durch die Rücklage nach § 62 Abs. 1 Nr. 4 AO soll es gemeinnützigen Einrichtungen ermöglicht werden, **ihre Gesellschafterstellung auch bei Kapitalerhöhungen gegen Einlagen durch Ausübung der Bezugsrechte zu erhalten.**
Die Regelung dürfte insbesondere unternehmensverbundenen Stiftungen zugute
kommen, die vielfach Schachtelbeteiligungen halten. Die Regelung ist auf Beteiligungen an Kapitalgesellschaften beschränkt, da der Gesetzgeber offenbar nur Beteiligungen, die im Rahmen einer Vermögensverwaltung gehalten werden, erfassen wollte.
Daraus folgt, dass die Vorschrift auf Beteiligungen an Personengesellschaften und
auf wesentliche Beteiligungen an Kapitalgesellschaften, die wegen einer Einflussnahme auf die Geschäftsführung oder einer Betriebsaufspaltung einen steuerpflichtigen
wirtschaftlichen Geschäftsbetrieb darstellen, nicht anwendbar ist, obwohl diese Unterscheidung keineswegs zwingend erscheint[2].

Die Rücklage nach § 62 Abs. 1 Nr. 4 AO ist rechtspolitisch nicht unbedenklich, weil   5.137
sie ohne zeitliche und betragsmäßige Begrenzung die dauerhafte Zuführung zeitnah
zu verwendender Mittel zum Vermögen gestattet. Sie lässt sich allenfalls mit der
Überlegung rechtfertigen, dass nur eine Wahrung der Beteiligungsproportionen
mögliche Verwässerungseffekte bei Kapitalerhöhungen sicher ausschließt (vgl. auch
§ 186 AktG) und eine verhältniswahrende Teilnahme an Kapitalerhöhungen bei Beteiligungen im Ausstattungsvermögen regelmäßig auch dem Willen des Zuwendenden entsprechen dürfte. Gleichwohl gebietet der Ausnahmecharakter der Regelung
eine **einschränkende Auslegung des § 62 Abs. 1 Nr. 4 AO**, um naheliegende Umgehungsgestaltungen durch Beteiligung an Kapitalgesellschaften und fortgesetzte
Kapitalerhöhungen zu vermeiden. Bereits aus dem Wortlaut ergibt sich, dass die
Vorschrift nicht auf den erstmaligen Erwerb einer Beteiligung anzuwenden ist, sondern nur der Erhaltung der Beteiligungsquote bei Kapitalerhöhungen dient[3]. Darüber hinaus ist es aber auch geboten, die Rücklage nach § 62 Abs. 1 Nr. 4 AO nur in
solchen Fällen zuzulassen, in denen die Kapitalerhöhung entweder gegen den Willen der gemeinnützigen Körperschaft beschlossen wurde (Minderheitsbeteiligung)
oder aus betriebswirtschaftlichen Gründen erforderlich war, um den Bestand des
Beteiligungsunternehmen zu sichern. Ohne eine solche Einschränkung könnte die
Ein-Drittel-Grenze des § 62 Abs. 1 Nr. 3 Satz 1 Alt. 1 AO bei Mehrheitsbeteiligun-

---

1 Zur Anrechnung vgl. näher AEAO Nr. 13 zu § 62 Abs. 1 Nr. 4 AO.
2 Denkbar erscheint allerdings eine analoge Anwendung von § 62 Abs. 1 Nr. 4 AO auf Beteiligungen an gewerblich geprägten Personengesellschaften, die nach dem BFH-Urteil v. 25.5.2011 – I R 60/10, BStBl. II 2011, 858 zur Vermögensverwaltung gehören.
3 Ebenso *Theuffel-Werhahn* in NK-GemnR, § 62 AO Rz. 134.

gen nur allzu leicht durch eine bewusste „Schütt-aus-hol-zurück-Politik" umgangen werden. Schon diese Überlegung spricht dafür, die Rücklage zum Erwerb von Gesellschaftsrechten auf „unfreiwillige Kapitalerhöhungen" zu beschränken[1]. Schließlich muss, damit Beträge in eine Rücklage nach § 62 Abs. 1 Nr. 4 AO eingestellt werden dürfen, die Kapitalerhöhung absehbar sein.

VI. Sonstige Rücklagen

1. Rücklagen zur Mittelerzielung

5.138 Es ist allgemein anerkannt, dass gemeinnützige Einrichtungen über die in § 62 Abs. 1 AO genannten Rücklagen hinaus auch noch weitere Rücklagen bilden dürfen. Diese betreffen allerdings nicht die Mittelverwendung, sondern die Mittelerzielung. Es geht darum, in welchem Umfang **im Rahmen der Vermögensverwaltung und der steuerpflichtigen wirtschaftlichen Geschäftsbetriebe** Überschüsse von der Pflicht zur zeitnahen Mittelverwendung ausgenommen werden, weil sie für Erhaltungsmaßnahmen oder Reinvestitionen benötigt werden. Solche Rücklagen lassen sich systematisch entweder als ungeschriebene sonstige Rücklagen außerhalb von § 62 Abs. 1 Nr. 3 AO verstehen oder man klammert diese Mittel bereits auf der Ebene der Mittelerzielung aus den nach § 55 Abs. 1 Nr. 5 AO zeitnah zu verwendenden Mitteln aus. Während die Finanzverwaltung wohl der ersten Ansicht zuneigt und von „Rücklagen" spricht[2], hat der BFH in seiner Entscheidung zur Selbstlosigkeit einer unternehmenstragenden Stiftung den letzteren Standpunkt eingenommen[3]. Nach seiner Ansicht erfasst das Gebot der zeitnahen Mittelverwendung nur solche Mittel des wirtschaftlichen Geschäftsbetriebs, die bei vernünftiger kaufmännischer Beurteilung nicht zur Sicherung des wirtschaftlichen Erfolgs des wirtschaftlichen Geschäftsbetriebs benötigt werden[4]. In praktischer Hinsicht dürften sich die unterschiedlichen Ansätze kaum auswirken. Allenfalls könnte sich ein Dissens in Bezug auf etwaige Dokumentationspflichten ergeben, weil Rücklagen nach Ansicht der Finanzverwaltung gesondert ausgewiesen werden müssen. In materieller Hinsicht hat sich die Finanzverwaltung dagegen den vom I. Senat entwickelten Abgrenzungsmaßstäben angeschlossen, sodass die unterschiedliche systematische Einordnung insoweit ohne Auswirkungen bleiben dürfte.

2. Rücklagen im Bereich der Vermögensverwaltung

5.139 Im Bereich der steuerfreien Vermögensverwaltung kommen Rücklagen nach § 62 Abs. 1 Nr. 1 AO nicht in Betracht, weil die in der Vermögensverwaltung gebundenen Mittel ausschließlich der Ertragserzielung dienen und nur die Erträge zur Verwirklichung steuerbegünstigter Zwecke eingesetzt werden. Ein Vermögensaufbau hat daher vorrangig über § 62 Abs. 1 Nr. 3 und 4 AO zu erfolgen. Nach Ansicht der

---

1 So auch *Seer* in Tipke/Kruse, § 62 AO Rz. 10; *Schauhoff* in Schauhoff, § 9 Rz. 99; a.A. *Theuffel-Werhahn* in NK-GemnR, § 62 AO Rz. 150 ff.: allenfalls Korrektur über § 42 AO.
2 Vgl. AEAO Nr. 1 zu § 62 AO.
3 BFH v. 15.7.1998 – I R 156/94, BStBl. II 2002, 162.
4 BFH v. 15.7.1998 – I R 156/94, BStBl. II 2002, 162.

Finanzverwaltung dürfen aber im Bereich der Vermögensverwaltung außerhalb des § 62 Abs. 1 Nr. 3 AO auch „Rücklagen zur Durchführung von konkreten Reparatur- oder Erhaltungsmaßnahmen an Vermögensgegenständen im Sinne des § 21 EStG gebildet werden"[1]. Wie die Begrenzung auf Gegenstände im Sinne des § 21 EStG deutlich macht, sind sonstige Rücklagen im Bereich der Vermögensverwaltung also auf Vermietungs- und Verpachtungstätigkeiten beschränkt, nicht aber z.B. bei Einkünften aus der Vermietung beweglicher Gegenstände (§ 22 Nr. 3 EStG) oder bei Einkünften aus Kapitalvermögen (§ 20 EStG) zulässig. Ferner heißt es im Anwendungserlass: „Die Maßnahmen, für deren Durchführung die Rücklage gebildet wird, müssen notwendig sein, um den ordnungsgemäßen Zustand des Vermögensgegenstandes zu erhalten oder wiederherzustellen und in einem angemessenen Zeitraum durchgeführt werden können (z.B. die Erneuerung eines undichten Daches)"[2].

3. Rücklagen im Bereich eines steuerpflichtigen wirtschaftlichen Geschäftsbetriebs

Im Bereich eines steuerpflichtigen wirtschaftlichen Geschäftsbetriebs können ebenfalls keine Rücklagen nach § 62 Abs. 1 Nr. 1 AO gebildet werden, weil Investitionen im wirtschaftlichen Geschäftsbetrieb – anders als z.B. in einem Zweckbetrieb – **keine zeitnahe Mittelverwendung** darstellen. Die Gründung und der Aufbau von wirtschaftlichen Geschäftsbetrieben sind deshalb vorrangig aus Mitteln der freien Rücklage oder aus dem sonstigen Vermögen zu finanzieren. Ferner ist für betriebliche Risiken im wirtschaftlichen Geschäftsbetrieb im Rahmen der Gewinnermittlung (also insbesondere durch die Bildung von Rückstellungen sowie über Abschreibungen) Vorsorge zu treffen. Entsprechende bilanzielle Maßnahmen mindern den zeitnah zu verwendenden Gewinn aus dem Geschäftsbetrieb und schaffen Liquiditätsreserven. 5.140

Allerdings reichen diese bilanziellen Maßnahmen häufig nicht aus, um z.B. eine notwendige Betriebserweiterung oder Erneuerungsinvestitionen zu finanzieren. Deshalb hat die Finanzverwaltung schon seit langem in **entsprechender Anwendung der Grundsätze zur körperschaftsteuerlichen Organschaft** (§ 14 Nr. 4 KStG) die Bildung sonstiger Rücklagen im wirtschaftlichen Geschäftsbetrieb zugelassen[3]. Eine solche Rücklage kann aber nur aus dem versteuerten Gewinn des wirtschaftlichen Geschäftsbetriebs dotiert werden, da auch nur dieser zeitnah zu verwenden ist. Wie sich aus der Verweisung auf § 14 Nr. 4 KStG ergibt, müssen die Rücklagen bei vernünftiger kaufmännischer Beurteilung wirtschaftlich begründet sein. Für die Bildung einer Rücklage im wirtschaftlichen Geschäftsbetrieb muss ein konkreter Anlass gegeben sein, der auch aus objektiver unternehmerischer Sicht die Bildung der Rücklage rechtfertigt (z.B. eine geplante Betriebsverlegung, Werkserneuerung oder Kapazitätsausweitung)[4]. 5.141

---

1 Vgl. AEAO Nr. 1 zu § 62 AO.
2 Vgl. AEAO Nr. 1 zu § 62 AO.
3 Vgl. dazu näher AEAO Nr. 1 zu § 62 AO.
4 So AEAO Nr. 1 zu § 62 AO.

In Übernahme der Grundsätze des BFH-Urteils vom 15.7.1998[1] geht die Finanzverwaltung inzwischen davon aus, dass auch eine **fast vollständige Zuführung** des Gewinns zu einer Rücklage im wirtschaftlichen Geschäftsbetrieb dann unschädlich für die Steuerbegünstigung ist, „wenn die Körperschaft nachweist, dass die betriebliche Mittelverwendung zur Sicherung ihrer Existenz geboten war"[2]. Damit dürften die gemeinnützigen Einrichtungen den notwendigen Spielraum für eine wirtschaftlich sinnvolle Thesaurierungspolitik im wirtschaftlichen Geschäftsbetrieb haben.

5.142–5.144 frei

F. Zuführung von Mitteln zum Vermögen

I. Entstehungsgeschichte

5.145 Nach § 62 Abs. 3 und 4 AO dürfen gemeinnützige Körperschaften bestimmte Mittel „ihrem Vermögen" zuführen. Einige dieser Regelungen waren früher im Anwendungserlass enthalten und sind erst durch das **Gesetz zur weiteren steuerlichen Förderung von Stiftungen** im Jahr 2000 als § 58 Nr. 11 AO a.F. in die AO aufgenommen worden[3]. Darüber hinaus dürfen gemeinnützige Körperschaften – wie sich aus dem Anwendungserlass ergibt[4] – aber auch Gewinne aus der Umschichtung eines vorhandenen Vermögens wiederum dem Vermögen zuführen.

II. Begriff des Vermögens im Sinne von § 62 Abs. 3 und 4 AO

5.146 Eine Anwendung des § 62 Abs. 3 und 4 AO setzt zunächst Klarheit über den Begriff des Vermögens voraus. Das Gesetz verwendet den Begriff „Vermögen" ansonsten nur in §§ 55 Abs. 1 Nr. 4 Satz 1, 61 AO im Zusammenhang mit dem Grundsatz der Vermögensbindung. Betrachtet man die Regelungen näher, so ergibt sich, dass das Gesetz den Begriff „Vermögen" jeweils mit einem anderen Bedeutungsgehalt verwendet. In §§ 55, 61 AO geht es um die Aussage, dass alle Vermögenswerte, die bei Auflösung einer Körperschaft vorhanden sind, für steuerbegünstigte Zwecke zu verwenden sind. Zum „Vermögen" im Sinne von §§ 55, 61 AO gehören also sämtliche Vermögenswerte (Mittelvortrag, Rücklagen, Vermögen). Dagegen meint der Begriff „Vermögen" in § 62 Abs. 3 und 4 AO eine Teilmenge des Gesamtvermögens einer Körperschaft: Das Vermögen einer Körperschaft im Sinne von § 62 Abs. 3 und 4 AO umfasst nur die **Vermögenswerte, die nicht den Rücklagen zuzuordnen sind** (zum Verhältnis zur freien Rücklage vgl. Rz. 5.112), aber gleichwohl nicht der Pflicht zur zeitnahen Mittelverwendung nach § 55 Abs. 1 Nr. 5 Satz 1 AO unterliegen[5]. Der Anwendungserlass spricht insoweit von einem zulässigen „Vermögen"[6], im

---

1 BFH v. 15.7.1998 – I R 156/94, BStBl. II 2002, 162.

2 AEAO Nr. 1 zu § 62 AO.

3 Gesetz v. 14.7.2000, BGBl. I 2000, 1034; dazu *Hüttemann*, DB 2000, 1584.

4 AEAO Nr. 29 zu § 55 Abs. 1 Nr. 5 AO.

5 Ebenso *von Holt* in NK-GemnR, § 55 AO Rz. 64.

6 AEAO Nr. 16 zu § 62 Abs. 3 AO.

Schrifttum wird das Vermögen im Sinne von § 62 Abs. 3 und 4 AO auch als „Ausstattungsvermögen" oder „(Dauer-)Vermögen" bezeichnet[1].

Von anderen Mitteln der Körperschaft unterscheidet sich das Vermögen nach § 62   5.147
Abs. 3 und 4 AO durch seine besondere **Zweckbestimmung**: Im Gegensatz zum
sog. nutzungsgebundenen Vermögen (§ 55 Abs. 1 Nr. 5 Satz 2 AO) wird das Vermögen im Sinne von § 62 Abs. 3 und 4 AO zur Einkommenserzielung genutzt.

Beispiel Nr. 17: Erwirbt eine gemeinnützige Körperschaft also z.B. durch Erbschaft eine Immobilie, hängt die Zuordnung zum nutzungsgebundenen oder zum (sonstigen) Vermögen davon ab, wie die Immobilie genutzt werden soll. Führt die Körperschaft z.B. die bisherige Nutzung als Mietshaus fort, um die Mieteinnahmen für satzungsmäßige Zwecke zu verwenden, handelt es sich um Vermögen. Entscheidet sich die Körperschaft hingegen, in der Immobilie die Geschäftsstelle einzurichten, handelt es sich um nutzungsgebundenes Vermögen. Handelt es sich um Wertpapiere, Aktien und festverzinsliche Anleihen, kommt es für die Zuordnung ebenfalls auf die Zweckbestimmung dieser Vermögenswerte an. Hier kommt in der Regel nur eine Nutzung als (sonstiges) Vermögen zur Erzielung zusätzlicher Erträge in Betracht, es sei denn, der Erblasser hat ausdrücklich die Verwendung dieser Vermögenswerte (besser gesagt: des Veräußerungserlöses) im zweckverwirklichenden Bereich bestimmt.

Von den Rücklagen unterscheidet sich das Vermögen vor allem dadurch, dass es   5.148
bereits seine **endgültige Zweckbestimmung** (Verstärkung der finanziellen Leistungskraft) gefunden hat. Deshalb wird das Vermögen einer Körperschaft auch in
der Rechnungslegung als Einheit ausgewiesen, während die in die Rücklagen nach
§ 62 Abs. 1 Nr. 1 bis 4 AO eingestellten Beträge bis zu ihrer endgültigen Verwendung (z.B. für Projektausgaben oder eine Aufstockung des Vermögens) in der Rechnungslegung weiterhin gesondert ausgewiesen werden müssen[2]. Schließlich ist das
Vermögen vom Mittelvortrag zu trennen, der die Mittel umfasst, die noch zeitnah
für satzungsmäßige Zwecke verwendet werden müssen.

In gemeinnützigkeitsrechtlicher Hinsicht ist zu beachten, dass unter einer Zuführung zum Vermögen im Sinne von § 62 Abs. 3 und 4 AO nur die **Zuführung zum   5.149
(sonstigen) Vermögen**, nicht aber die Verwendung als nutzungsgebundenes Vermögen zu versehen ist. In zivilrechtlicher Hinsicht meint dagegen eine Zuwendung
„zum Vermögen" nur, dass die empfangende Körperschaft den Gegenstand als solchen behalten und erhalten soll. Beides kann voneinander abweichen, wobei zuvörderst auf die zivilrechtlichen Vorgaben abzustellen ist.

Beispiel Nr. 18: Hat z.B. ein Stifter bestimmt, dass sein landwirtschaftliches Gut als Musterhof einer Umweltstiftung erhalten und genutzt werden soll, handelt es sich nicht um eine Zuwendung zum Vermögen im Sinne von § 62 Abs. 3 Nr. 2 AO, sondern um eine Anstaltsstiftung, deren Ausstattungskapital zeitnah zur Bildung „nutzungsgebundenen Vermögens" verwendet wird. Hat der Stifter darüber hinaus auch noch aus seinem Privatvermögen ein Kapital von 1 000 000 Euro gestiftet, aus dessen Erträgen der Musterhof erhalten werden soll, handelt es sich insoweit um eine Zuwendung „zum Vermögen" nach § 62 Abs. 3 Nr. 2 AO.

---

1 Vgl. z.B. *Buchna/Leichinger/Seeger/Brox*, S. 263.
2 BFH v. 20.12.1978 – I R 21/76, BStBl. II 1979, 496.

III. Zuwendungen Dritter (§ 62 Abs. 3 AO)

1. Allgemeines

5.150 Schon vor dem Inkrafttreten des Gesetzes zur weiteren steuerlichen Förderung von Stiftungen[1] war allgemein anerkannt, dass auch außerhalb der Rücklagen nach § 58 Nr. 6 und 7 AO a.f. **nicht alle Mittel einer Körperschaft dem Gebot der zeitnahen Mittelverwendung unterliegen**. Ausgenommen waren nach dem Anwendungserlass zur AO solche Vermögenswerte, die einer gemeinnützigen Körperschaft „als (Ausstattungs-)Vermögen" von dritter Seite zugewendet worden waren[2]. In den Beratungen im Vermittlungsausschuss über das Gesetz zur weiteren steuerlichen Förderung von Stiftungen hatte dann das Land Baden-Württemberg gefordert, die Ausnahmetatbestände aus Gründen der Rechtssicherheit und wegen ihrer Bedeutung für die Vermögensbildung bei Stiftungen in die AO zu übernehmen[3]. Mit der Einfügung des § 58 Nr. 11 AO a.f. (heute § 62 Abs. 3 AO) wurde diesem Vorschlag entsprochen. Aus der Tatsache, dass der Wortlaut der Regelungen weitgehend den früheren Formulierungen im Anwendungserlass entspricht, kann man schließen, dass die neuen Regelungen nur klarstellende Bedeutung haben sollen.

5.151 § 62 Abs. 3 AO enthält eine Aufzählung bestimmter Mittel, die eine Körperschaft abweichend von § 55 Abs. 1 Nr. 5 AO ihrem Vermögen zuführen darf. Die Einzeltatbestände in § 62 Abs. 3 AO lassen sich auf einen gemeinsamen Grundgedanken zurückführen. Das Gemeinnützigkeits- und Spendenrecht **respektiert die besondere Zweckbestimmung des Zuwendenden**, den zugewandten Gegenstand nicht zur Deckung laufender Aufwendungen zu verwenden, sondern auf Dauer im Vermögen zu erhalten[4]. Eine solche Zweckbestimmung wird entweder vermutet oder aus den Umständen abgeleitet (§ 62 Abs. 3 Nr. 1, 3 und 4 AO), oder ist vom Zuwendenden ausdrücklich erklärt worden (§ 62 Abs. 3 Nr. 2 AO). Die Zuführung zum Vermögen schließt insbesondere den Spendenabzug beim Zuwendenden nicht aus. Vielmehr gewährt der Gesetzgeber sogar in bestimmten Fällen von Dotationen (z.B. bei Zuwendungen in das Grundstockvermögen einer Stiftung nach § 10b Abs. 1a EStG) einen erhöhten Spendenabzugsrahmen.

2. Zuwendungen von Todes wegen

5.152 Nach § 62 Abs. 3 Nr. 1 AO dürfen „Zuwendungen von Todes wegen" dem Vermögen zugeführt werden, wenn der Erblasser „keine Verwendung für den laufenden Aufwand" der Körperschaft vorgeschrieben hat. Das Gesetz knüpft also an einen Erwerb von Todes wegen (Erbschaft, Vermächtnis, Auflage) die **Vermutung, dass der Erblasser mit einer Zuführung zum Vermögen einverstanden ist**, wenn er nichts Gegenteiliges (im Testament etc.) vorgeschrieben hat. Für diese Lösung spricht der Gedanke, dass die erworbenen Gegenstände (z.B. ein Kapitalbetrag) beim Erblasser auch zum Gebrauchsvermögen gehörten und daher keine Bedenken

---

1 Gesetz v. 14.7.2000, BGBl. I 2000, 1034.
2 Vgl. *Hüttemann*, DB 2000, 1584.
3 Vgl. BR-Drucks. 629/99, S. 2 und 11.
4 So auch *Theuffel-Werhahn* in NK-GemnR, § 62 AO Rz. 177.

bestehen, dass die Empfängerorganisation diese Zweckbestimmung im Zweifel fortführt. Allerdings ist zu beachten, dass § 62 Abs. 3 AO lediglich eine gemeinnützigkeitsrechtliche Regelung enthält, die der Körperschaft eine Zuführung zum Vermögen gestattet. Die Körperschaft kann also, wenn der Erblasser die Zuführung zum Vermögen nicht ausdrücklich bestimmt hat, die Zuwendung auch für den laufenden Aufwand der Körperschaft (bzw. zur Schaffung nutzungsgebundenen Vermögens) verwenden. Zuwendungen von Todes wegen sind für gemeinnützige Körperschaften somit ein interessantes Instrument zum Vermögensaufbau und rechtfertigen daher auch regelmäßig höhere Aufwendungen zu ihrer Einwerbung ("Erbschaftsmarketing").

3. Zuwendungen zur Vermögensausstattung

§ 62 Abs. 3 Nr. 2 AO enthält den Grundtatbestand der Regelung. Danach dürfen Zuwendungen, "bei denen der Zuwendende ausdrücklich erklärt, dass sie zur Ausstattung der Körperschaft mit Vermögen oder zur Erhöhung des Vermögens bestimmt sind", dem Vermögen zugeführt werden. Der Zuwendende kann seine Zuwendung also von der Pflicht zur zeitnahen Mittelverwendung ausnehmen. Diese Einschränkung rechtfertigt sich mit der Überlegung, dass die Empfängerkörperschaft an die **Zweckbindung bzw. Auflage** des Zuwendenden zivilrechtlich **gebunden ist**. Wie der BFH entschieden hat, steht die Zuwendung zum Ausstattungskapital auch der Gewährung des Spendenabzugs nicht entgegen, wenn das Vermögen – mangels Rückfallvorbehalt – dauerhaft für steuerbegünstigte Zwecke gebunden ist und die Erträge aus der Vermögensanlage wieder zeitnah für satzungsmäßige Zwecke eingesetzt werden müssen[1]. Ein Hauptanwendungsfall von § 62 Abs. 3 Nr. 2 AO ist daher das Grundstockvermögen einer Stiftung[2]. Gleiches gilt für Einlagen in Kapitalgesellschaften, die ebenfalls nach wohl allgemeiner Ansicht von der Pflicht zur zeitnahen Mittelverwendung ausgenommen sind[3]. Dabei spielt es keine Rolle, ob die Einlagen bei Gründung oder im Rahmen einer späteren Kapitalerhöhung geleistet werden. | 5.153

§ 62 Abs. 3 Nr. 2 AO verlangt eine **"ausdrückliche Erklärung"** des Zuwendenden. Fraglich ist, ob diese auch noch nach Vollzug der Zuwendung nachgeholt werden kann. Dagegen spricht allerdings, dass die Empfängerkörperschaft zivilrechtlich nur dann hinsichtlich der Verwendung der Zuwendung gebunden ist, wenn sie den Gegenstand unter einer Auflage oder mit einer bestimmten Zweckbestimmung erhalten hat. Die Erklärung muss also vor Wirksamkeit der Schenkungsabrede erfolgen. Im Fall des Schenkungsversprechens kommt es auf den Zeitpunkt der notariellen Beurkundung oder – bei nicht beurkundeten Versprechen – des Schenkungsvollzuges an. Im Fall der Handschenkung ist der Zeitpunkt des Vollzugs entscheidend. | 5.154

---

1 BFH v. 5.2.1992 – I R 63/91, BStBl. II 1992, 748.
2 Ebenso *Theuffel-Werhahn* in NK-GemnR, § 62 AO Rz. 180.
3 Vgl. nur *Buchna/Leichinger/Seeger/Brox*, S. 175 f.

4. Spendenaufruf zur Vermögensaufstockung

5.155 Nach § 62 Abs. 3 Nr. 3 AO dürfen auch Zuwendungen „auf Grund eines Spendenaufrufs der Körperschaft" dem Vermögen zugeführt werden, wenn aus dem Spendenaufruf ersichtlich ist, dass Beträge zur Aufstockung des Vermögens erbeten werden. Die Regelung ergänzt den Tatbestand des § 62 Abs. 3 Nr. 2 AO, da hier keine „ausdrückliche" Erklärung des Zuwendenden vorliegt, sich aber gleichwohl aus dem Inhalt des Spendenaufrufs konkludent ergibt, dass die Zuwendungen „zum Vermögen" erfolgen. Eine bestimmte Art des Spendenaufrufs ist nicht vorgeschrieben. Es kommt auch nicht darauf an, ob jeder Zuwendende den Spendenaufruf tatsächlich zur Kenntnis genommen hat. Vielmehr reicht es aus, dass die geplante Zweckbestimmung für den Zuwendenden vor Vollzug der Spende bei gehöriger Sorgfalt erkennbar war. Aus diesem Grund ist es z.B. nicht zu beanstanden, wenn spendensammelnde Organisationen auf ihren Überweisungsformularen einen entsprechenden Zusatz aufnehmen, der vom Spender durchgestrichen werden kann (z.B.: „Ich bin damit einverstanden, dass meine Zuwendung dem Vermögen der ... zugeführt wird.").

5. Sachzuwendungen zum Vermögen

5.156 Nach § 62 Abs. 3 Nr. 4 AO dürfen schließlich „Sachzuwendungen, die ihrer Natur nach zum Vermögen gehören" dem Vermögen zugeführt werden. Diese Formulierung ist für sich genommen ganz unverständlich. Erst ein Blick in den früheren Anwendungserlass zur AO und das dort genannte Beispiel eines Mietwohngrundstücks macht deutlich, was der Gesetzgeber eigentlich gemeint hat, als er einzelne Formulierungen aus dem früheren Anwendungserlass herausgerissen und in das Gesetz eingefügt hat[1]. Es geht darum, dass man in bestimmten Fällen bereits aus dem Gegenstand der Zuwendung auf den Willen des Zuwendenden schließen kann, dass der Zuwendungsgegenstand dem Vermögen zugeführt werden und nur die Erträge zeitnah für satzungsmäßige Zwecke verwendet werden sollen. Daher fallen unter § 62 Abs. 3 Nr. 4 AO alle Vermögensgegenstände, die ihrer Natur nach üblicherweise als Ertragsquelle genutzt werden, also z.B. Immobilien, Gesellschaftsbeteiligungen, Wertpapiervermögen oder Aktien[2]. Dagegen sollen nach Ansicht der Finanzverwaltung unter „Sachzuwendungen" nur solche Wirtschaftsgüter zu verstehen sein, „die ihrer Natur nach von der Körperschaft im ideellen Bereich, im Rahmen der Vermögensverwaltung oder im wirtschaftlichen Geschäftsbetrieb genutzt werden können". Diese Definition verkennt allerdings, dass es für nutzungsgebundenes Vermögen im ideellen Bereich keiner Mittelzuführung zum Vermögen nach § 62 Abs. 3 AO bedarf.

---

1 Vgl. *Hüttemann*, DB 2000, 1584.

2 Vgl. AEAO Nr. 16 zu § 62 Abs. 3 AO; *Hüttemann*, DB 2000, 1585; ebenso *Schindler*, BB 2000, 2077; zustimmend *Buchna/Leichinger/Seeger/Brox*, S. 262; *Theuffel-Werhahn* in NK-GemnR, § 62 AO Rz. 182.

6. Keine abschließende Aufzählung

Nach Ansicht der Finanzverwaltung handelt es sich bei der Aufzählung in § 62   5.157
Abs. 3 AO um eine abschließende Regelung[1]. Dieser Auslegung ist nicht zu folgen.
Dagegen spricht bereits, dass die Neuregelung gegenüber dem früheren Rechtszustand nur **klarstellende Bedeutung** haben sollte. Ferner ist zu berücksichtigen,
dass der Gesetzgeber ohne nähere Begründung in einzelnen Punkten von den Formulierungen im früheren Anwendungserlass abgewichen ist. So stellt § 62 Abs. 3
Nr. 3 AO nur auf den Spendenaufruf „der Körperschaft" ab, was zu der Frage führt,
wie bei einem Spendenaufruf eines Dritten zu entscheiden ist. Auch darüber hinaus
sind Fallgestaltungen denkbar, in denen ein entsprechender Wille des Zuwendenden, den zugewandten Gegenstand dem Vermögen zuzuführen, erkennbar geworden ist, auch wenn die Voraussetzungen des § 62 Abs. 3 AO nicht erfüllt sind. Man
denke etwa an den Fall, dass die Spender zwar keine „ausdrückliche" Erklärung
nach § 62 Abs. 3 Nr. 2 AO abgegeben haben, aber sich zumindest aus den Umständen ergibt, dass die Zuwendung auch zum Vermögensaufbau genutzt werden sollte.
Richtigerweise handelt es sich also bei der kasuistischen Aufzählung in § 62 Abs. 3
AO nur um punktuelle Anwendungsfälle des allgemeinen Grundsatzes, dass es allein Sache des Zuwendenden ist, die Art und Weise der Verwendung seiner Zuwendung bei der Empfängerkörperschaft festzuschreiben[2].

IV. Vermögenszuführungen bei neu errichteten Stiftungen nach § 62 Abs. 4 AO

Nach § 62 Abs. 4 AO ist es steuerlich unschädlich, wenn „eine Stiftung im Jahr ihrer   5.158
Errichtung und in den drei folgenden Kalenderjahren Überschüsse aus der Vermögensverwaltung und die Gewinne aus wirtschaftlichen Geschäftsbetrieben (§ 14)
ganz oder teilweise ihrem Vermögen zuführt". Diese Regelung wird vielfach als
„Ansparrücklage" bezeichnet[3], betrifft aber die Zuführung von Mitteln zum Vermögen. Daher müssen die nach § 62 Abs. 4 AO dem Vermögen zugeführten Beträge in der Buchhaltung auch nicht gesondert ausgewiesen werden.

Mit der Vorschrift des § 62 Abs. 4 AO wollte der Gesetzgeber neu gegründeten Stif-   5.159
tungen die Möglichkeit geben, in der **Gründungsphase zunächst weitere Mittel
für den Vermögensaufbau zu verwenden**, bevor die eigentliche Projektarbeit beginnt. Die Regelung ist mit dem Gesetz zur weiteren steuerlichen Förderung von
Stiftungen im Jahr 2000 eingeführt worden. Anders als in den Gesetzentwürfen von
Bündnis 90/Die Grünen und der FDP fehlt der Vorbehalt einer entsprechenden Satzungsklausel. Dies ändert aber nichts daran, dass die Stiftungsorgane in stiftungs-
zivilrechtlicher Hinsicht an die Satzungsbestimmungen gebunden sind. Für die Anwendung der Regelung kommt es nicht darauf an, „ob es sich um eine rechtsfähige

---

1 AEAO Nr. 16 zu § 62 Abs. 3 AO.
2 Vgl. auch *Hüttemann*, DB 2000, 1584 (1585); *Jachmann*, Rechtliche Rahmenbedingungen,
  S. 131 Fn. 409; *Theuffel-Werhahn* in NK-GemnR, § 62 AO Rz. 186 ff.; zustimmend *Buch-
  na/Leichinger/Seeger/Brox*, S. 261 f.; *Schauhoff* in Schauhoff, § 9 Rz. 71.
3 Vgl. etwa *Hüttemann*, DB 2000, 1584 (1586).

oder nichtrechtsfähige Stiftung handelt"[1]. Thesaurierungsfähig sind nur Überschüsse aus der Vermögensverwaltung und die Gewinne aus wirtschaftlichen Geschäftsbetrieben. Letztere umfassen – wie sich aus dem Hinweis auf § 14 AO ergibt – auch Gewinne aus steuerbegünstigten Zweckbetrieben, die ebenfalls zu den wirtschaftlichen Geschäftsbetrieben gehören (vgl. §§ 64, 65 AO). Liegen in einem Kalenderjahr positive und negative Ergebnisse aus der Vermögensverwaltung, aus den Zweckbetrieben und dem einheitlichen steuerpflichtigen wirtschaftlichen Geschäftsbetrieb vor, ist eine Zuführung zum Vermögen auf den positiven Betrag begrenzt, der nach der Verrechnung der Ergebnisse verbleibt[2]. Spenden und sonstige Zuwendungen und Zuschüsse dürfen dagegen auch weiterhin nur unter den Voraussetzungen des § 62 Ab. 3 AO dem Vermögen zugeführt werden. Die Rücklage ist auf das Jahr der Errichtung (d.h. das Jahr der Anerkennung) und die drei Folgejahre beschränkt[3].

V. Gewinne aus Vermögensumschichtungen

5.160 Über die in § 62 Abs. 3 und 4 AO geregelten Fälle hinaus ist anerkannt, dass Gewinne aus sog. Vermögensumschichtungen von der Pflicht zur zeitnahen Mittelverwendung ausgenommen sind, d.h. dem Vermögen zugeführt werden können. Nach dem Anwendungserlass unterliegt das Vermögen einer Körperschaft auch dann nicht dem Gebot der zeitnahen Mittelverwendung, „soweit es durch Umschichtungen entstanden ist (z.B. Verkauf eines zum Vermögen gehörenden Grundstücks einschließlich des den Buchwert übersteigenden Teils des Preises)"[4]. Damit erkennt die Finanzverwaltung an, dass sich die Auflage bzw. Zweckbestimmung des Zuwendenden nach § 62 Abs. 3 AO regelmäßig nicht nur auf den konkreten zugewendeten Gegenstand erstreckt, sondern **auch ein Surrogat erfassen soll**, das die Körperschaft an Stelle des veräußerten Gegenstandes erwirbt. Hat also z.B. der Stifter seine Stiftung mit einer Gesellschaftsbeteiligung ausgestattet, so ist der Erlös aus einer späteren Veräußerung dieser Beteiligung – wenn nichts anderes bestimmt ist – vollständig wieder dem Vermögen zuzuführen[5]. Entsprechende Regelungen waren früher auch in einzelnen Landesstiftungsgesetzen enthalten (vgl. z.B. Art. 10 Abs. 2 BayStiftG). Die stiftungsrechtliche Unterscheidung zwischen Ertrags- und Vermögenssphäre gilt nicht nur für Umschichtungsgewinne, sondern natürlich umgekehrt auch für Substanzverluste bei Vermögensanlagen, die die stiftungsrechtliche Pflicht zur Ertragsverwendung und die gemeinnützigkeitsrechtliche Pflicht zur zeitnahen Mittelverwendung grundsätzlich nicht berühren (siehe Rz. 5.90)[6]. In der Pra-

---

1 So AEAO Nr. 13 zu § 58 Nr. 2 bis 10 AO.
2 So AEAO Nr. 17 zu § 62 Abs. 4 AO.
3 Zur Verlängerung der Ansparphase durch das Ehrenamtsstärkungsgesetz vgl. *Hüttemann*, DB 2013, 774.
4 AEAO Nr. 29 zu § 55 Abs. 1 Nr. 5 AO.
5 Vgl. zur Abgrenzung von Ertrags- und Vermögenssphäre *Hüttemann/Rawert* in Staudinger, § 81 BGB Rz. 66; zur Behandlung von Umschichtungsgewinnen bei Stiftungen zuletzt eingehend *Neuhoff*, ZStV 2017, 239; *Erhart*, npoR 2017, 107 (110).
6 Siehe *Schauhoff*, DStR 2004, 471 (474); *Buchna/Leichinger/Seeger/Brox*, S. 139.

xis werden die Mehr- und Minderwerte aus Vermögensumschichtungen daher in einer (positiven oder negativen) „**Umschichtungsrücklage**" ausgewiesen[1].

Zwischen der gemeinnützigkeits- und stiftungsrechtlichen Vorgabe besteht allerdings insoweit ein **Unterschied**, als das Stiftungsrecht bei der Vermögenswidmung des Stifters ansetzt, die sich am Surrogat fortsetzt, während das Gemeinnützigkeitsrecht für den gesamten Bereich der Vermögensverwaltung – also auch z.B. für Umschichtungsgewinne aus lediglich vorübergehend angelegten zeitnah zu verwendenden Mitteln – die Umschichtungsgewinne aus der Pflicht zur zeitnahen Mittelverwendung ausnimmt.

Nach Ansicht der Finanzverwaltung unterliegen Umschichtungsgewinne dann der Pflicht zur zeitnahen Mittelverwendung, wenn die **Veräußerung im Rahmen eines wirtschaftlichen Geschäftsbetriebs** (§ 14 AO) erfolgt[2]. Diese Einschränkung ist immer dann von Bedeutung, wenn Vermögensgegenstände des sonstigen Vermögens für gewerbliche Zwecke genutzt werden oder die Veräußerung selbst – z.B. die Verwertung eines umfangreichen Nachlasses wegen einer Vielzahl von Einzelaktivitäten – als wirtschaftlicher Geschäftsbetrieb eingeordnet wird. Nach richtiger Ansicht kann die körperschaftsteuerliche Behandlung der Veräußerung keine Bedeutung für die Frage der Verwendung des Veräußerungserlöses haben. Nutzt z.B. eine Stiftung eine Immobilie des Ausstattungsvermögens für gewerbliche Zwecke (z.B. als Hotel), dann unterliegt zwar der Veräußerungserlös der Körperschaftsteuer. Gleichwohl ist die Stiftung nicht verpflichtet, den Veräußerungserlös zeitnah für steuerbegünstigte Zwecke zu verwenden, weil sie damit gegen das Gebot der Kapitalerhaltung verstoßen würde[3]. Nur dann, wenn der Stifter ausdrücklich den zeitnahen Verbrauch von Umschichtungsgewinnen angeordnet hat, müssen diese auch steuerlich zeitnah verwendet werden[4].

5.161

Die Sonderbehandlung von Umschichtungsgewinnen hat in der Praxis dazu geführt, dass gemeinnützige Einrichtungen, die – wie z.B. Stiftungen – ihr Ausstattungsvermögen dauerhaft real erhalten wollen, in verstärktem Maße auch **Anlageformen wählen, bei denen die Erzielung von Umschichtungsgewinnen im Vordergrund steht** und nur vergleichsweise geringe oder sogar gar keine laufenden Ausschüttungen anfallen (z.B. Anlage in Aktien, Spezialfonds etc.). Diese Entwicklung führt zu der Frage, ob in einer solchen Anlagestrategie eine unzulässige Umgehung des Gebotes der zeitnahen Mittelverwendung liegen kann, weil von vornherein die Erzielung laufender Kapitalerträge, für die die Ein-Drittel-Grenze gilt, vermieden wird. Sicherlich läge ein Verstoß gegen das Gebot der „gegenwärtigen" Verfolgung gemeinnütziger Zwecke vor, wenn eine Körperschaft ihre Vermögenswerte so anlegt, dass für die gegenwärtige Zweckverwirklichung praktisch keine laufenden Erträge mehr zur Verfügung stehen. Die vollständige oder fast vollständige

5.162

---

1 Dazu näher *Schauhoff*, DStR 2004, 471; *Orth*, DStR 2009, 1397; *Theuffel-Werhahn* in NK-GemnR, § 62 AO Rz. 225 ff.; *Klaßmann*, ZStV 2016, 186; IDW RS HFA 5 empfiehlt – offenbar zur Vermeidung des Ausweises einer „negativen" Rücklage – den Ausweis unter der Position „Umschichtungsergebnisse".

2 Vgl. OFD Düsseldorf v. 1.2.1982, KSt-Kartei NRW § 5 KStG Karte H 25.

3 Ebenso nun auch *Buchna/Leichinger/Seeger/Brox*, S. 179.

4 Vgl. auch BFH v. 7.9.2011 – I B 36/11, BFH/NV 2011, 2013.

Anlage in solchen Finanzprodukten, die keine zeitnah zu verwendenden Erträge abwerfen, ist aber bereits aus stiftungsrechtlichen Gründen unzulässig[1] und dürfte in der Praxis auch schon deshalb nicht vorkommen, weil sich Stiftungsorgane typischerweise mehr für ihre Förderprogramme und weniger für die Vermögenserhaltung interessieren. Zudem haben sich die Verhältnisse in den letzten Jahren vielfach umgekehrt, so dass Stiftungsvorstände wegen des „Niedrigzinsumfeldes" sogar verstärkt nach Erträgen suchen[2]. Die Anlage in Aktien etc. hat auch nicht den Zweck, die laufenden Ausgaben dauerhaft einzuschränken, sondern die Rendite aus der Vermögensanlage zu steigern[3]. Dies ist aber auf eine mittlere Frist nur möglich, wenn neben Festgeldanlagen und Rentenpapieren auch andere Anlageklassen in das Portfolio aufgenommen werden, die über die Erzielung von Kursgewinnen hinaus deutlich höhere Erträge ermöglichen[4].

Die Frage kann daher nur lauten, ob es aus steuerlicher Sicht gewisse Vorgaben für die Zusammensetzung eines Portfolios gibt. Insoweit ist eine Anlagepolitik, die in erster Linie auf die Erzielung von Umschichtungsgewinnen ausgerichtet ist, solange steuerlich unschädlich, als weiterhin in einem angemessenen Umfang **zeitnah zu verwendende Mittel generiert werden**. Als gemeinnützigkeitsrechtlich unbedenklich ist jedenfalls eine Anlage- und Ausschüttungspolitik anzusehen, die sich in etwa am Maßstab des § 62 Abs. 1 Nr. 3 Satz 1 Alt. 1 AO orientiert. Dazu wäre zu berechnen, wie viel zeitnah zu verwendende Erträge zur Verfügung ständen, wenn das zulässige Vermögen verzinslich angelegt und eine Rücklage in dem höchstmöglichem Umfang von einem Drittel der Zinserträge gebildet worden wäre. Schüttet die Einrichtung trotz ihrer anderen Vermögensstruktur auf eine mittlere Frist von fünf bis zehn Jahren mindestens diesen Betrag aus, ist der Grundsatz der zeitnahen Mittelverwendung gewahrt. Reichen die laufenden Einnahmen aus Festgeldern, Rentenpapieren etc. dafür nicht aus, kann (und muss) die Stiftung einen Teil der Kursgewinne zeitnah für satzungsmäßige Zwecke verwenden. Gegen eine solche Verwendung bestehen aus steuerlicher Sicht schon deshalb keine Bedenken, weil der Anwendungserlass in Nr. 28 zu § 55 Abs. 1 Nr. 5 AO nur die Möglichkeit einer Zuführung zum Vermögen vorsieht, aber keine entsprechende Verpflichtung enthält.

5.163 Die Feststellung, ob eine **Vermögensumschichtung im Sinne des Anwendungserlasses** vorliegt, ist nach der steuerlichen Zuordnung des veräußerten Gegenstandes zur „Vermögensverwaltung" zu treffen. Insoweit ist zu beachten, dass es – wenn man mit dem Anwendungserlass allein auf die steuerliche Einordnung des veräußerten Gegenstandes abstellt – nicht darauf ankommt, ob der veräußerte Gegenstand bereits zum ursprünglichen Ausstattungsvermögen der Stiftung gehörte oder im Rahmen der zwischenzeitlichen Vermögensanlage von zeitnah zu verwendenden Mitteln erworben worden ist. Wer hingegen der stiftungsrechtlichen Abgrenzung folgt, wird u.U. gezwungen sein, z.B. den Gesamtbestand an Wertpapieren entsprechend dem Anteil des „Grundstockvermögens" am Eigenkapital der Stiftung schätzungsweise aufzuteilen und einen entsprechenden Teil des Veräußerungserlöses dem

---

1 Vgl. *Hüttemann/Rawert* in Staudinger, § 81 BGB Rz. 66.
2 Für einen Überblick *Weitemeyer/Wrede*, npoR 2017, 91.
3 Instruktiv *Wallenhorst/Wallenhorst*, npoR 2017, 101; *Schriever*, npoR 2017, 111.
4 Vgl. dazu *Hüttemann/Schön*, Vermögensverwaltung und Vermögenserhaltung nach Stiftungs- und Gemeinnützigkeitsrecht, 2007; *Hüttemann*, WM 2016, 625 (673).

Vermögen zuzuführen[1]. Etwas anderes gilt nur dann, wenn die einzelnen Stücke konkret dem Vermögen zugeordnet werden können, weil es sich noch um Wertpapiere aus der Dotation des Stifters handelt.

Nicht geklärt ist die Frage, wie bei der indirekten Vermögensanlage über Beteiligungsgesellschaften und **Investmentfonds** laufende Erträge und Umschichtungsgewinne zu unterscheiden sind[2]. Hier ist zu entscheiden, ob man für Zwecke der Mittelverwendung im Sinne einer „transparenten" oder „wirtschaftlichen" Betrachtung auf die Fondsebene abstellt oder wegen der zivilrechtlichen Verselbständigung des Fonds alle Erträge aus dem Fondsanteil den laufenden Erträgen zuordnet (vgl. auch Rz. 5.24). Für eine solche „wirtschaftliche Betrachtung"[3] auf Fondsebene spricht die Überlegung, dass nur durch eine gemeinnützigkeitsrechtliche Gleichbehandlung von direkten und indirekten Vermögensanlagen falsche steuerliche Anreize zur Wahl bestimmter Anlageformen vermieden werden. Dieser Grundansatz lag auch dem alten Investmentsteuerrecht zugrunde. Allerdings ist fraglich, inwieweit das neue Investmentsteuerrecht[4] mit seiner Entscheidung für eine intransparente steuerliche Behandlung von Investmentfonds einer solchen transparenten Betrachtung entgegensteht[5].

VI. Sog. Altvermögen

Die Pflicht zur zeitnahen Mittelverwendung ist erst durch die AO 1977 eingeführt worden. Zuvor enthielt das Gesetz in § 5 Nr. 4 GemVO nur für „etwaige Gewinne" eine entsprechende Verwendungspflicht, während z.B. die zeitnahe Verwendung anderer Mittel (z.B. Spenden) nicht gesetzlich geregelt war. Die Finanzverwaltung hat dies zum Anlass genommen, das **vor dem 1.1.1977 vorhandene Vermögen** (sog. Altvermögen) von der Pflicht zur zeitnahen Mittelverwendung grundsätzlich auszunehmen[6]. Vor dem Hintergrund der deutsch-deutschen Wiedervereinigung lässt sich dieser Gedanke auch auf Vermögenswerte in Einrichtungen in den neuen Ländern zum 3.10.1990 übertragen, denn auch hier fehlte es zu DDR-Zeiten an einer steuerrechtlichen Unterscheidung zwischen zeitnah zu verwendenden Mitteln und dem (sonstigen) Vermögen[7].

5.164

G. Umstrukturierung und Mittelverwendung

I. Allgemeines

Gemeinnützige Körperschaften müssen ebenso wie erwerbswirtschaftliche Unternehmen ihre rechtlichen Strukturen immer wieder neu **an sich ändernde rechtliche und wirtschaftliche Rahmenbedingungen anpassen.**

5.165

---

1 Zutreffend *Schauhoff* in Schauhoff, § 9 Rz. 71.
2 Vgl. dazu *Schauhoff*, DStR 2004, 471; *Wallenhorst/Wallenhorst*, npoR 2017, 101.
3 So *Schauhoff* in Schauhoff, § 9 Rz. 81.
4 Dazu *Kirchhain*, Non Profit Law Yearbook, 2017/2018.
5 Vgl. dazu den Entwurf eines Anwendungsschreibens des BMF v. 11.8.2017 (n.v.), Rz. 12.6; *Kirchhain*, Non Profit Law Yearbook, 2017/2018.
6 Vgl. dazu OFD Düsseldorf v. 26.6.1980, KSt-Kartei NRW § 5 KStG Karte H 20; *Buchna/Leichinger/Seeger/Brox*, S. 175.
7 Siehe *von Holt* in NK-GemnR, § 55 AO Rz. 64.

Beispiel Nr. 19: So kann es sich z.B. wegen eines gestiegenen Marktrisikos als sinnvoll erweisen, bestimmte Mittelbeschaffungsaktivitäten in eine rechtlich selbständige Kapitalgesellschaft zu verlagern, um das Vermögen der Körperschaft vor Haftungsrisiken zu schützen. Ferner zwingt der zunehmende Kostendruck im Gesundheitswesen und im Bereich der Wohlfahrtspflege viele gemeinnützige Einrichtungen dazu, bestimmte Teilfunktionen (Reinigungsdienst, Küche etc.) aus tarifrechtlichen Gründen aus dem steuerbegünstigten Zweckbetrieb auf rechtlich selbständige Einheiten zu verlagern. Des Weiteren ist auch zu beobachten, dass gemeinnützige Einrichtungen selbst Stiftungen gründen, um durch private Zustiftungen langfristig einen Vermögensstock aufzubauen, aus dessen Erträgen zusätzliche Aktivitäten finanziert werden können. Schließlich kann eine Umstrukturierung auch dazu dienen, Beteiligungsstrukturen aufzulösen und bestimmte, bislang verselbständigte Tätigkeiten wieder in die gemeinnützige Körperschaft zu integrieren.

Bei diesen und anderen Umstrukturierungsmaßnahmen ergeben sich neben den allgemeinen gesellschafts- und steuerrechtlichen Fragen (Anwendbarkeit des Umwandlungsgesetzes, Aufdeckung stiller Reserven etc.)[1] auch **spezifisch gemeinnützigkeitsrechtliche Probleme**. Dies gilt z.B. für die Qualifikation bestimmter Tätigkeiten als wirtschaftlicher Geschäftsbetrieb oder Zweckbetrieb (vgl. dazu Rz. 6.165 ff.). Ferner kann eine Ausgründung entgeltliche Leistungsbeziehungen begründen, die ertrag- und umsatzsteuerliche Belastungen auslösen. Darüber hinaus ist zu beachten, dass § 57 Abs. 1 AO eine „unmittelbare", d.h. eigene Zweckverwirklichung verlangt, weshalb Holdingstrukturen bei gemeinnützigen Einrichtungen nur mit Einschränkungen zulässig sind (vgl. dazu Rz. 4.66). Schließlich muss bei Verschmelzungen bzw. Abspaltungen sichergestellt werden, dass die mit diesen Strukturvorgängen verbundenen Mitteltransfers auch gemeinnützigkeitsrechtlich erlaubt sind (z.B. durch rechtzeitige Anpassungen der Satzungszwecke und Vermögensbindungsklauseln bzw. im Rahmen von erlaubten Mittelweitergaben nach § 58 Nr. 1 bis 3 AO)[2].

5.166 Gegenstand der weiteren Überlegungen sollen allerdings nur die spezifischen **Fragen der gemeinnützigen Mittelverwendung** sein. Jede Umstrukturierungsmaßnahme berührt zugleich auch die Mittelverwendungsebene, weil sich die Zusammensetzung des Vermögens verändert (Erwerb von Beteiligungen, Mittelweitergabe zur Ausstattung einer anderen Körperschaft, Mitteltausch). Für die gemeinnützigkeitsrechtliche Würdigung einer Umstrukturierung sind dabei zwei Parameter zu beachten: Der steuerliche Status der beteiligten Körperschaften und die Auswirkungen der Transaktion auf die „Mittel" der beteiligten Körperschaften.

- Der **Status der beteiligten Körperschaften** (insbesondere der Körperschaft, auf die Mittel übergehen) ist deshalb wichtig, weil gemeinnützige Körperschaften ihre Mittel nur für (eigene) steuerbegünstigte satzungsmäßige Zwecke verwenden dürfen und eine Mittelweitergabe – im Grundsatz[3] – nur an eine andere steuerbegünstigte Körperschaft möglich ist (§ 58 Nr. 1 und 2 AO). Daraus folgt, dass

---

1 Dazu näher *Kirchhain* in Schauhoff, § 19; *Orth* in Non Profit Law Yearbook 2007, 251; ausführlich *Heinze/Vogelbusch* in NK-GemnR, Umwandlungsrecht unter Beteiligung gemeinnütziger Rechtsträger, Rz. 1 ff.

2 Siehe dazu die Hinweise bei *von Holt* in NK-GemnR, § 55 AO Rz. 112 ff.

3 Ein Mitteltransfer an ausländische Körperschaften im Rahmen von § 58 Nr. 1 AO bleibt im Weiteren außer Betracht.

eine Mittelweitergabe an steuerpflichtige Körperschaften im Grundsatz untersagt ist (vgl. § 55 Abs. 1 Nr. 3 AO) und der Erwerb einer Beteiligung an einer steuerpflichtigen Kapitalgesellschaft gegen Einlage nur zulässig ist, wenn die Beteiligungsquote „wertäquivalent" ist.

- Die **Auswirkungen auf die „Mittel"** sind wichtig, um entscheiden zu können, ob Mittel abfließen oder nur umgeschichtet werden und wie sich ihre gemeinnützigkeitsrechtliche Zuordnung durch die Transaktion verändert hat. So können z.B. Mittel in Höhe eines vorhandenen Vermögens auch zum Erwerb einer Beteiligung an einer steuerpflichtigen Kapitalgesellschaft eingesetzt werden, weil insoweit nur vorhandenes Vermögen umgeschichtet und anders angelegt wird. Dagegen hätte der Einsatz von zeitnah zu verwendenden Mitteln als Grundstockvermögen einer Stiftung einen Mittelabgang zur Folge, weil die hingebende Körperschaft keine Beteiligungsrechte erwirbt. Ein solcher Mitteltransfer ist aber nur im Rahmen von § 58 Nr. 1 und 2 AO zulässig und setzt darüber hinaus voraus, dass das Gebot der zeitnahen Mittelverwendung und die insoweit durch § 58 Nr. 3 AO gezogenen Grenzen beachtet werden.

Im Weiteren sollen die beiden wichtigsten Fälle einer Umstrukturierung näher betrachtet werden[1].

II. Beteiligung an steuerpflichtiger Kapitalgesellschaft

In der Praxis werden Mittelbeschaffungsaktivitäten vor allem deshalb auf steuerpflichtige Kapitalgesellschaften (z.B. eine GmbH) ausgegliedert, um eine bessere Trennung von gemeinnützigen und wirtschaftlichen Tätigkeiten zu erreichen („*Profitcenter*") und Haftungsrisiken zu segmentieren. Darüber hinaus sollte früher durch eine Ausgliederung häufig auch eine Gefährdung der Steuervergünstigung (bzw. des Vereinsstatus) durch allzu umfangreiche wirtschaftliche Tätigkeiten verhindert werden. Unabhängig davon, wie eine solche Ausgründung umwandlungsrechtlich und umwandlungsteuerrechtlich vollzogen wird, stellt sich die Frage nach den gemeinnützigkeitsrechtlichen Schranken. Unter dem Gesichtspunkt der Mittelverwendung wirft die Ausgliederung nur wenige Probleme auf, da es sich letztlich nur um eine **Vermögensumschichtung** (Aktivtausch) handelt: Die Trägerkörperschaft gibt die im wirtschaftlichen Geschäftsbetrieb gebundenen Mittel hin, um eine Beteiligung an der neuen Kapitalgesellschaft zu erwerben[2]. Ist die Trägerkörperschaft alleiniger Gesellschafter oder entspricht die Beteiligungsquote wirtschaftlich dem Wert der eingebrachten Vermögensgegenstände, dann gehen durch die Transaktion keine Mittel für satzungsfremde Zwecke verloren. Auch der Grundsatz der zeitnahen Mittelverwendung ist nicht berührt, wenn man davon ausgeht, dass die im wirtschaftlichen

5.167

---

1 Zur Mittelverwendung bei Umstrukturierungen vgl. etwa *Kirchhain* in Schauhoff, § 19; *Jost* in Dötsch/Pung/Möhlenbrock, Anh. 4 zu § 5 Abs. 1 Nr. 9 KStG (2004); *Heinze/Vogelbusch* in NK-GemnR, Umwandlungsrecht unter Beteiligung gemeinnütziger Rechtsträger, Rz. 272 ff.; *Schröder*, DStR 2001, 1415; *Schröder*, DStR 2008, 1069; *Katschinski* in Non Profit Law Yearbook 2001, 65.
2 Vgl. nur *Kirchhain* in Schauhoff, § 19 Rz. 70; *Heinze/Vogelbusch* in NK-GemnR, Umwandlungsrecht unter Beteiligung gemeinnütziger Rechtsträger, Rz. 363.

Geschäftsbetrieb eingesetzten Mittel schon bislang durch die freie Rücklage oder ein sonstiges Vermögen (§ 62 Abs. 1 Nr. 3, Abs. 3 und 4 AO) abgedeckt waren[1]. Die Ausgliederung des wirtschaftlichen Geschäftsbetriebs in eine steuerpflichtige Kapitalgesellschaft ist somit gemeinnützigkeitsrechtlich nicht anders zu behandeln als z.b. die Umschichtung eines Aktiendepots.

5.168 Soll dagegen kein wirtschaftlicher Geschäftsbetrieb, sondern ein **Teilbereich der ideellen Sphäre oder ein Zweckbetrieb** auf eine nunmehr steuerpflichtige Kapitalgesellschaft ausgelagert werden, stellen sich weitere Fragen, weil es um eine Umwidmung von Mitteln geht. Zu einer Ausgliederung von steuerfreien Tätigkeiten auf eine steuerpflichtige Kapitalgesellschaft kann es z.b. kommen, wenn Hilfstätigkeiten verselbständigt werden.

Beispiel Nr. 20: So ist z.b. der Reinigungsdienst eines Krankenhauses solange ein unselbständiger Teil des Zweckbetriebs „Krankenhaus", wie die Trägerkörperschaft selbst den Reinigungsdienst betreibt. Wird der Reinigungsdienst dagegen in einer Service-GmbH verselbständigt, fehlt es in der Regel an einer steuerbegünstigten Zielsetzung, weil die Reinigung von Krankenhäusern eine „normale" Dienstleistung darstellt[2]. Gehen in diesem Fall Mittel auf die Service-GmbH über (Bar- oder Sacheinlagen), fehlt es insoweit an einer tatsächlichen Verwendung für steuerbegünstigte Zwecke im Sinne von § 55 Abs. 1 Nr. 5 AO. Daher müssen jedenfalls die Einlagen zum Erwerb der Beteiligung durch freie Rücklagen oder sonstiges Vermögen abgedeckt sein. Fraglich ist aber, ob nutzungsgebundenes Vermögen solchen Service-GmbHs weiterhin überlassen werden kann.

5.169 In der **Finanzverwaltung** hat sich noch kein einheitlicher Standpunkt herausgebildet[3]. So wurde es als unschädlich angesehen, wenn bei Ausgliederung einer zuvor im Zweckbetriebsbereich betriebenen Küche auf eine voll steuerpflichtige GmbH die entsprechenden Räume nebst der Kücheneinrichtung der „Service-GmbH" zu angemessenen Bedingungen gegen Entgelt überlassen wurden, ohne dass diese Vermögenswerte mit freien Rücklagen oder sonstigem Vermögen abgedeckt worden sind. Eine systematische Begründung findet sich in den Verfügungen allerdings nicht. Denkbar sind insoweit zwei Ansätze[4]. Zum einen könnte man in diesen Fällen schon Zweifel haben, ob die Pflicht zur zeitnahen Mittelverwendung überhaupt infolge der Nutzungsänderung wieder auflebt. Denn in vielen Fällen wird eine „Versilberung" dieser Wirtschaftsgüter aus wirtschaftlichen oder rechtlichen Gründen nicht möglich sein, z.b. weil sich die Räume im Krankenhaus befinden und daher nur für die bisherigen Zwecke genutzt werden können (vgl. Rz. 5.58). Soweit aber eine zeitnahe Verwendung nicht möglich ist, bestehen gegen eine wirtschaft-

---

1 Soweit die Körperschaft über andere nicht zeitnah zu verwendende Mittel (z.b. langfristige Projektrücklagen oder einen Mittelvertrag) verfügt, können auch diese zur Abdeckung der Beteiligung eingesetzt werden.

2 Vgl. auch BFH v. 6.2.2013 – I R 59/11, BStBl. II 2013, 603; dazu *Hüttemann*, npoR 2013, 182.

3 Vgl. dazu OFD Koblenz v. 7.10.2003, DB 2003, 2413; abweichend aber offenbar OFD Frankfurt/M. v. 8.12.2004, DStR 2005, 600; siehe jetzt Bayerisches Landesamt für Steuern v. 2.11.2010, DStR 2010, 2518.

4 Vgl. dazu auch *Thiel/Eversberg*, DB 2007, 193; *Jost*, DB 2007, 1664; gegen *Thiel/Eversberg* aber *Rösch/Woitschell*, DB 2007, 1434.

lich sinnvolle Nutzung durch entgeltliche Überlassung keine Einwände. Zum anderen könnte man daran denken, die Service-GmbH als Hilfsperson zu qualifizieren, deren Verhalten nach § 57 Abs. 1 Satz 2 AO dem Krankenhaus wie eigenes zugerechnet wird. Vor dem Hintergrund dieser Zurechnung bestehen aber eigentlich keine Bedenken, wenn man dieser Hilfsperson die erforderlichen Betriebsmittel (zu angemessenen Bedingungen) überlässt und damit die Verwirklichung eigener Zwecke voranbringt[1]. Schließlich ist darauf hinzuweisen, dass sich diese Problematik nicht nur bei Krankenhäusern stellt, sondern ein allgemeines Phänomen betrifft. Überall, wo Teilbereiche des steuerbegünstigten Sektors auf steuerpflichtige Kapitalgesellschaften ausgegliedert werden, dürfte sich die Frage stellen, ob die bisher im gemeinnützigen Bereich genutzten Wirtschaftsgüter nicht zweckmäßigerweise den Service-GmbHs überlassen werden können, ohne dass die überlassenen Wirtschaftsgüter durch sonstiges Vermögen etc. abgedeckt werden müssen bzw. durch „Sonderausschüttungen" auszugleichen sind.

III. Ausstattung einer anderen steuerbegünstigten Körperschaft mit Vermögen

Es entspricht allgemeiner Ansicht, dass der Grundsatz der zeitnahen Mittelverwendung auch bei einer Mittelweitergabe an andere Körperschaften nach § 58 Nr. 1 und 2 AO zu beachten ist[2]. Dies bedeutete in der Vergangenheit, dass sog. „**Endowments**" – also die Ausstattung einer steuerbegünstigten Körperschaft mit Vermögen durch eine andere steuerbegünstigte Körperschaft – nur unter bestimmten Voraussetzungen erlaubt waren: In der Regel musste die Geberkörperschaft nicht zeitnah zu verwendende Mittel (z.B. aus der freien Rücklage oder dem sonstigen Vermögen) einsetzen. Der Einsatz von zeitnah zu verwendenden Mitteln war nur ausnahmsweise erlaubt, wenn die Empfängerkörperschaft die empfangenen Mittel ihrerseits wieder zeitnah für steuerbegünstigte Zwecke verwendete (z.B. zur Finanzierung nutzungsgebundenen Vermögens)[3]. Es liegt auf der Hand, dass diese Vorgaben insbesondere die Gründung von steuerbegünstigten Stiftungen durch andere steuerbegünstigte Körperschaften erheblich erschwerten. | 5.170

Der Gesetzgeber des Ehrenamtsstärkungsgesetzes[4] hat das „**Endowmentverbot**" gelockert und die Zulässigkeit einer Vermögensausstattung durch eine andere steuerbegünstigte Körperschaft in § 58 Nr. 3 AO näher geregelt. Danach dürfen | 5.171

– Überschüsse aus der Vermögensverwaltung und Gewinne aus wirtschaftlichen Geschäftsbetrieben ganz oder teilweise, sowie darüber hinaus

– höchstens 15 Prozent der sonstigen nach § 55 Abs. 1 Nr. 5 AO zeitnah zu verwendenden Mittel

---

1 Noch anders – Heranziehung von Betriebsaufspaltungsgrundsätzen – *Schick*, DB 2008, 893.
2 Vgl. AEAO Nr. 2 zu § 58 Nr. 2 AO.
3 Zur früheren Rechtslage vgl. näher 2. Aufl. 2012, § 5 Rz. 171.
4 Gesetz v. 21.3.2013, BGBl. 2013, 566.

„einer anderen steuerbegünstigten Körperschaft oder einer juristischen Person des öffentlichen Rechts zur Vermögensausstattung" zugewendet werden. Auf dieser Grundlage können gemeinnützige Körperschaften nicht nur neue steuerbegünstigte Stiftungen des privaten oder des öffentlichen Rechts („juristische Person des öffentlichen Rechts") errichten oder bestehenden Stiftungen eine Zustiftung in das Stiftungskapital machen, sondern sich auch gegen Einlageleistung (Geld- und Sacheinlagen) als Gesellschafter an einer steuerbegünstigten Kapitalgesellschaft bei Neugründung oder im Rahmen einer Kapitalerhöhung beteiligen. Vom Wortlaut des § 58 Nr. 3 AO nicht gedeckt ist hingegen ein derivativer Erwerb eines Anteils an einer steuerbegünstigten Kapitalgesellschaft, weil hier das Vermögen der Kapitalgesellschaft nicht berührt wird[1]. Diese Unterscheidung zwischen „asset deal" und „share deal" erscheint aber nicht nur wertungsmäßig zweifelhaft, sondern wirft auch die grundsätzliche Frage nach der **gemeinnützigkeitsrechtlichen Einordnung von Beteiligungen an steuerbegünstigten Kapitalgesellschaften** auf (dazu auch Rz. 6.6). Immerhin hat der Gesetzgeber mit § 58 Nr. 3 AO anerkannt, dass die Beteiligung an einer anderen steuerbegünstigten Körperschaft keine „normale" Maßnahme der Vermögensverwaltung darstellt, sondern in Verfolgung steuerbegünstigter Zwecke erfolgt[2]. Für diese Sichtweise spricht ferner, dass Beteiligungen an anderen steuerbegünstigten Kapitalgesellschaften in der Regel nicht in Erwartung einer angemessenen Eigenkapitalrendite, sondern zur Förderung der steuerbegünstigten Zwecke der gemeinnützigen Beteiligungsgesellschaft erfolgen. Dies spricht dafür, die Beteiligung an einer steuerbegünstigten Kapitalgesellschaft – entgegen der Ansicht der Finanzverwaltung[3] – nicht der Sphäre der Vermögensverwaltung, sondern der ideellen bzw. Zweckbetriebssphäre zuzuordnen[4], was nicht nur den Einsatz zeitnah zu verwendender Mittel für den Erwerb solcher Beteiligungen erlauben würde, sondern auch Auswirkungen auf die Bildung von Rücklagen aus „Ausschüttungen" hätte (dazu Rz. 5.133).

Ebenso wie bei Mittelweitergaben nach § 58 Nr. 2 AO (dazu Rz. 4.63) ist auch für Endowments zu beachten, dass § 58 Nr. 3 AO lediglich die gemeinnützigkeitsrechtliche Behandlung regelt, aber **keine vereins- oder stiftungsrechtliche Erlaubnis** für solche Mittelweitergaben statuiert. Die Organe einer Körperschaft haben also parallel auch zu prüfen, ob der Einsatz eigener Mittel für die Ausstattung einer anderen Körperschaft den eigenen satzungsmäßigen Vorgaben entspricht. Zwar spricht die von § 58 Nr. 3 AO geforderte partielle Zweckidentität im Zweifel dafür, dass eine solche Mittelweitergabe vom Vereins- bzw. Stiftungszweck gedeckt ist. Wenn aber z.B. der Stifter im Stiftungsgeschäft den Wirkungskreis der Stiftung erkennbar auf eine „eigene" operative Tätigkeit beschränkt hat, kann sich der Stiftungsvorstand nicht unter Hinweis auf § 58 Nr. 3 AO über diesen Stifterwillen einfach hinwegsetzen[5]. Auch wenn konkrete satzungsmäßige Regelungen fehlen, hat der Stiftungsvorstand (und nachlaufend im Rahmen der Rechtsaufsicht die zuständige Stiftungsbehörde) nach pflichtgemäßem

---

1 So AEAO Nr. 3 zu § 58 Nr. 3 AO.
2 Siehe dazu *Hüttemann/Schauhoff/Kirchhain*, DStR 2016, 633 (642 f.).
3 Vgl. AEAO Nr. 3 Satz 7 zu § 64 Abs. 1 AO.
4 Dafür *Hüttemann/Schauhoff/Kirchhain*, DStR 2016, 633 (642 f.); *Kirchhain*, DStR 2017, 2317.
5 Vgl. *Hüttemann*, DB 2013, 773.

Ermessen zu prüfen, in welchem Umfang ein Verzicht auf eigene operative Tätigkeiten zugunsten fortgesetzter „Endowments" dem mutmaßlichen Stifterwillen noch entspricht.

Was das Verhältnis der Satzungszwecke von Geber- und Empfängerkörperschaft 5.172
anbetrifft, verlangt das Gesetz zwar nicht, dass Geber- und Empfängerkörperschaft
vollständig identische Zwecke verfolgen. Allerdings müssen die „aus den Vermögenserträgen zu verwirklichenden steuerbegünstigten Zwecke" zu den Zwecken der
Geber- und Empfängerkörperschaft gehören. Die Finanzverwaltung geht daher zu
Recht davon aus, dass **eine „partielle" Zweckidentität genügt**[1]. Soweit die Satzungszwecke (noch) nicht übereinstimmen, können die Zwecke der Empfängerkörperschaft u.U. noch vor dem Endowment entsprechend erweitert werden. Systematisch handelt es sich bei § 58 Nr. 3 AO lediglich um eine Ausnahme vom Grundsatz
der zeitnahen Mittelverwendung auf Seiten der Empfängerkörperschaft, während
sich die Zulässigkeit der Mittelweitergabe auf Seiten der Geberkörperschaft vorrangig nach § 58 Nr. 1 und 2 AO richtet[2]. Diese Sichtweise hat zur Folge, dass nur eine
satzungsmäßig als Mittelbeschaffungskörperschaft im Sinne von § 58 Nr. 1 AO organisierte Körperschaft mehr als die Hälfte ihrer Mittel an eine andere Körperschaft
zur Vermögensausstattung nach § 58 Nr. 3 AO weitergeben darf. Der Anwendungserlass äußert sich zu dieser Frage nicht. Dies könnte auch daran liegen, dass die Finanzverwaltung für das Merkmal „teilweise" in § 58 Nr. 2 AO auf das Nettovermögen abstellen will[3]. Bei diesem Verständnis (dazu kritisch Rz. 4.61) dürften aber
die meisten Endowments noch als „teilweise" Mittelweitergabe unter § 58 Nr. 2 AO
fallen, sodass es keiner Satzungsregelung bedürfte[4]. Zu beachten ist, dass für Endowments – anders als für „normale" Mittelweitergaben nach § 58 Nr. 2 AO – die
zusätzliche Einschränkung einer partiellen Zweckidentität gilt (§ 58 Nr. 3 AO).

Nach **Ansicht der Finanzverwaltung** sind für die Ermittlung der Grenzen die Verhältnisse
des vorangegangenen Kalender- oder Wirtschaftsjahres maßgebend[5]. Diese Interpretation
soll offenbar die Berechnungsgrundlagen vereinfachen, bedeutet allerdings auch, dass im
Gründungsjahr einer Körperschaft kein Endowment möglich wäre. Eine gesetzliche Grundlage für diese Vorjahresbetrachtung ist allerdings nicht erkennbar[6]. Sie erscheint auch sachlich angesichts der dreijährigen Verwendungsfrist nicht erforderlich, weil die im Jahr 01 zugeflossenen Mittel richtigerweise auch noch im Jahr 03 für ein Endowment nach § 58 Nr. 3
AO verwendet werden dürfen. Die Finanzverwaltung ist darüber hinaus der Auffassung,
dass für künftige Endowments keine Rücklagen nach § 62 Abs. 1 Nr. 1 AO gebildet werden
können[7]. Auch diese Einschränkung findet im Gesetz keine Grundlage, weil es sich bei einem Endowment – insbesondere bei Förderkörperschaften im Sinne von § 58 Nr. 1 AO –
um die Erfüllung der „eigenen" steuerbegünstigten satzungsmäßigen Zwecke der Geberkör-

---

1 AEAO Nr. 3 zu § 58 Nr. 3 AO.
2 Ebenso *Schauhoff/Kirchhain*, FR 2013, 301 (304); a.A. *von Cube* in NK-GemnR, § 58 AO
  Rz. 95.
3 AEAO Nr. 2 zu § 58 Nr. 2 AO.
4 Eine satzungsmäßige Grundlage für Mittelweiterleitungen ablehnend *von Cube* in NK-
  GemnR, § 58 AO Rz. 95.
5 AEAO Nr. 3 zu § 58 Nr. 3 AO.
6 Kritisch auch *Graffe* in Non Profit Law Yearbook 2013/2014, 93 (97).
7 AEAO Nr. 4 zu § 62 Abs. 1 Nr. 1 AO.

perschaft handelt, sodass der Wortlaut des § 62 Abs. 1 Nr. 1 AO erfüllt ist[1]. Zudem besteht dann ein praktischer Bedarf, wenn es – wie z.b. bei der Gründung einer neuen Stiftung – eines gewissen Mindestkapitals bedarf, das kleinere Einrichtungen nur über mehrere Jahre ansparen können.

5.173　Um „Endowment-Kaskaden" zu verhindern, durch die das Gebot der zeitnahen Mittelverwendung unterlaufen werden könnte, schreibt § 58 Nr. 3 Satz 3 AO ausdrücklich vor, dass die zugewandten Mittel und deren Erträge bei der Empfängerkörperschaft **nicht für weitere Endowments verwendet werden dürfen**. Diese Einschränkung ist in der Sache nachvollziehbar, dürfte aber in der Praxis nur schwer nachzuhalten sein, weil man anderenfalls die Erträge der Empfängerkörperschaft aus dem Endowment von den Erträgen aus anderen „Töpfen" buchhalterisch trennen müsste.

Beispiel Nr. 21: Die A-Stiftung – eine Stiftung zur Förderung von wissenschaftlichen und mildtätigen Zwecken – hat im Jahr 01 einen Überschuss aus der Vermögensverwaltung von 12 000 000 Euro und im Jahr 02 einen Überschuss von 8 000 000 Euro erzielt. Im Jahr 02 beschließt der Vorstand, der B-Stiftung, deren Grundstockvermögen im Rahmen der „Finanzkrise" stark gelitten hat, aus den im Jahr 02 zugeflossenen Mitteln eine Zustiftung in Höhe von 5 000 000 Euro machen. Eine solche Zuwendung wäre – weil sie weniger als die Hälfte der laufenden Mittel umfasst – gemeinnützigkeitsrechtlich unstreitig von § 58 Nr. 2 und 3 AO gedeckt, sodass die A-Stiftung nach ihrer Satzung nicht zwingend als Mittelbeschaffungskörperschaft (§ 58 Nr. 1 AO) ausgestaltet sein müsste (vgl. Rz. 4.61). Ferner sind auch die Grenzen des § 58 Nr. 3 AO eingehalten, wobei es nach Ansicht der Finanzverwaltung auf die Erträge des Jahres 01 ankäme. Ferner bedürfte es einer „partiellen" Zweckidentität, d.h. die B-Stiftung müsste zumindest auch wissenschaftlichen oder mildtätigen Zwecken dienen und die Erträge aus der Zustiftung dafür verwenden. Sollte die B-Stiftung bisher anderen Zwecken dienen, wäre über eine Zweckerweiterung nach § 87 BGB nachzudenken. Schließlich dürfte die B-Stiftung die Erträge aus diesem Endowment nicht für weitere Endowments verwenden. Angenommen, das Grundstockvermögen der B-Stiftung beträgt vor dem Endowment 5 000 000 Euro, könnte also – vereinfacht gerechnet – in den Folgejahren nur die Hälfte der Stiftungserträge wiederum für Endowments der B-Stiftung verwendet werden.

Abschließend ist darauf hinzuweisen, dass § 58 Nr. 3 AO nur eine (weitere) Ausnahme vom Grundsatz der zeitnahen Mittelverwendung enthält, aber **keine abschließende Regelung** für die Ausstattung einer anderen Körperschaft mit Vermögen darstellt. Vielmehr stellt der Anwendungserlass ausdrücklich klar, dass auch nicht zeitnah zu verwendende Mittel (z.B. aus der freien Rücklage) oder Teile des sonstigen Vermögens im Sinne von § 62 Abs. 3 und 4 AO im Rahmen von § 58 Nr. 2 AO an eine andere steuerbegünstigte Körperschaft weitergeleitet werden können[2].

5.174　frei

1　Ebenso *Kirchhain*, DStR 2014, 289 (291).
2　AEAO Nr. 2 zu § 58 Nr. 2 AO; *Graffe* in Non Profit Law Yearbook 2013/2014, 93 (97).

H. Grundsatz der Vermögensbindung

Nach § 55 Abs. 1 Nr. 4 Satz 1 AO darf das Vermögen der Körperschaft, soweit es 5.175
die eingezahlten Kapitalanteile der Mitglieder und den gemeinen Wert der von den
Mitgliedern geleisteten Sacheinlagen übersteigt, bei Auflösung oder Aufhebung der
Körperschaft oder bei Wegfall ihres bisherigen Zwecks **„nur für steuerbegünstigte
Zwecke verwendet werden** (Grundsatz der Vermögensbindung)". Diese Voraussetzung ist nach § 55 Abs. 1 Nr. 4 Satz 2 AO auch dann erfüllt, wenn das Vermögen
einer anderen steuerbegünstigten Körperschaft oder einer Körperschaft des öffentlichen Rechts für steuerbegünstigte Zwecke übertragen werden soll (zu den satzungsmäßigen Anforderungen vgl. Rz. 4.137 ff.).

Der Grundsatz der Vermögensbindung soll gewährleisten, dass die während des Be- 5.176
stehens der Steuervergünstigung erworbenen Mittel auch im Fall einer Auflösung
der Körperschaft oder beim Ausscheiden aus der Steuerbegünstigung nur für steuerbegünstigte Zwecke verwendet werden[1]. Der Grundsatz der Vermögensbindung
betrifft also den **letzten Akt der Mittelverwendung** nach § 55 Abs. 1 Nr. 1 AO: Soweit im Fall der Auflösung oder Aufhebung der Körperschaft oder bei Wegfall des
steuerbegünstigten Zwecks noch Mittel vorhanden sind, die noch nicht für steuerbegünstigte Zwecke verbraucht worden sind, müssen auch diese Mittel nunmehr für
steuerbegünstigte Zwecke verwendet werden. Eine solche Verwendung kann entweder dadurch geschehen, dass die Mittel für die steuerbegünstigten satzungsmäßigen
Zwecke verbraucht oder nach § 58 Nr. 1 bis 3 AO an eine andere steuerbegünstigte
Körperschaft weitergegeben werden. Alternativ zu einer solchen Verwendung können die noch vorhandenen Mittel – wie § 55 Abs. 1 Nr. 4 Satz 2 AO in Ergänzung von
§ 58 Nr. 2 AO bestimmt – auch im Ganzen an eine andere steuerbegünstigte Körperschaft oder eine Körperschaft des öffentlichen Rechts weitergegeben werden. In diesem Fall geht die Mittelverwendungspflicht auf die Empfängerkörperschaft über.

Fraglich ist, was **Gegenstand der gemeinnützigen Vermögensbindung** ist. Nach 5.177
dem Wortlaut des § 55 Abs. 1 Nr. 4 AO geht es um „das Vermögen der Körperschaft". Die AO verwendet den Begriff des Vermögens in den §§ 51 ff. AO aber mit
einem unterschiedlichen Bedeutungsgehalt. So meint das Gesetz in § 62 Abs. 3 und
4 AO das „sonstige Vermögen" der Körperschaft, also diejenigen Mittel, die nicht
der Pflicht zur zeitnahen Mittelverwendung unterliegen. Dieser Vermögensbegriff
kann in § 55 Abs. 1 Nr. 4 AO nicht gelten, weil es dort um den letzten Verwendungsakt geht. Die Vermögensbindung muss also gerade auch für zeitnah zu verwendende Mittel gelten und daher geht der Begriff des Vermögens hier weiter als in
§ 62 Abs. 3 und 4 AO. Dazu gehören nicht nur die zeitnah zu verwendenden Mittel
(also auch ein Mittelvortrag), sondern auch das nutzungsgebundene Vermögen,
weil die Nutzung für satzungsmäßige steuerbegünstigte Zwecke nach Beendigung
der Liquidation oder dem Wegfall des steuerbegünstigten Zwecks nicht mehr fort-

---

1 Zum Grundsatz der Vermögensbindung vgl. zuletzt eingehend *Kirchhain*, FR 2011, 640.

geführt werden kann. Dem Grundsatz der Vermögensbindung unterliegt folglich das gesamte Vermögen der Körperschaft[1].

Ausgenommen von der Vermögensbindung sind hingegen nach § 55 Abs. 1 Nr. 2 und 4 Satz 1, Abs. 2 und 3 AO die Mittel, die den Mitgliedern (Mitglieder, Gesellschafter, Stifter) bei ihrem Ausscheiden oder bei Auflösung bzw. Aufhebung der Körperschaft zurück zu gewähren sind. Das Gesetz erwähnt in § 55 Abs. 1 Nr. 4 AO nur die Rückgewähr von „Kapitalanteilen" und „Sacheinlagen". Daraus darf aber – entgegen der im Anwendungserlass[2] vertretenen Auffassung der Finanzverwaltung[3] – nicht geschlossen werden, dass eine solche Einlagenrückgewähr auf den Fall offener Einlagen in gemeinnützigen Kapitalgesellschaften beschränkt wäre, für die dem Mitglied Gesellschaftsrechte eingeräumt worden sind. Für eine derart einschränkende Auslegung gibt es keinen überzeugenden Grund, solange gewährleistet ist, dass für solche unentgeltlichen Zuwendungen kein Spendenabzug gewährt wird. Deshalb ist § 55 Abs. 1 Nr. 2 und 4 AO auch auf verdeckte Sacheinlagen sowie auf andere unentgeltliche Zuwendungen an Vereine oder Stiftungen anzuwenden, bei denen der Zuwendende im Fall seines Ausscheidens oder bei Auflösung bzw. Aufhebung der Körperschaft einen Rückgewähranspruch hat[4]. Soweit solche Rückgewähransprüche bestehen[5], bezieht sich der Grundsatz der Vermögensbindung also letztlich auf das während des Bestehens der Körperschaft gebildete Vermögen.

5.178   Das Gesetz spricht von Vermögen, ohne näher zu definieren, ob damit konkrete Gegenstände erfasst sind (also z.B. eine Immobilie) oder nur eine wertmäßige Bindung in Höhe des Reinvermögens erzeugt wird. Eine Beantwortung der Frage fällt leichter, wenn man die **zivil- und gesellschaftsrechtlichen Vorgaben** berücksichtigt, die bei einer Auflösung zu beachten sind. Die Auflösung führt zur Liquidation, d.h. die gemeinnützige Körperschaft hat ihr Vermögen (einschließlich der stillen Reserven) in Geld umzusetzen, daraus die Schulden zu berichtigen und etwaige Einlagenrückgewähransprüche der Mitglieder (in Geld) zu erfüllen. Sind diese Schritte erfolgt, bleibt genau das „Vermögen" zurück, das in § 55 Abs. 1 Nr. 4 AO gemeint ist. Der Geldbetrag, der bei einer erwerbswirtschaftlichen Unternehmung als Liquidationserlös an die Gesellschafter zu verteilen wäre, ist bei einer steuerbegünstigten Körperschaft für satzungsmäßige Zwecke zu verwenden. Da es um die „letzte Verwendungsmaßnahme" geht, kommt insoweit entweder nur ein Mittelverbrauch für die satzungsmäßigen Zwecke bzw. eine Mittelweitergabe nach § 58 Nr. 1 bis 3 AO oder – wie es § 55 Abs. 1 Nr. 4 Satz 2 AO ausdrücklich zulässt – auch eine vollständige Übertragung des Liquidationserlöses auf eine andere Körperschaft in Betracht, soweit dies in der Satzung bestimmt ist.

5.179   Anders als im Fall der Auflösung oder Aufhebung der gemeinnützigen Körperschaft bleibt die Körperschaft bei Wegfall des steuerbegünstigten Zwecks als solche erhal-

---

1 Vgl. nur *Seer* in Tipke/Kruse, § 55 AO Rz. 23; *von Holt* in NK-GemnR, § 55 AO Rz. 51 („sämtliche wirtschaftliche Ressourcen").

2 AEAO Nr. 23 zu § 55 Abs. 1 Nr. 2 und 4 AO.

3 Zustimmend *Buchna/Leichinger/Seeger/Brox*, S. 157.

4 Ebenso *Schauhoff* in Schauhoff, § 6 Rz. 103; *Schauhoff* in FS Schaumburg, 2009, S. 102 f.; *Kirchhain*, FR 2011, 640.

5 Dazu dürfte sich eine satzungsmäßige Regelung empfehlen, vgl. *von Holt* in NK-GemnR, § 55 AO Rz. 41.

ten. Sie muss aber – wiederum quasi als letzter Verwendungsakt – ihr „Vermögen" für steuerbegünstigte Zwecke verwenden. Der Grundsatz der Vermögensbindung erstreckt sich auch in diesem Fall auf das Vermögen, das bei einer fiktiven Liquidation als Liquidationserlös übrig bleiben würde. Auch hier geht es um eine **wertmäßige Bindung**, nicht um die Pflicht zum Verbrauch konkreter Mittel. Durch die Ermittlung eines fiktiven Liquidationserlöses wird zugleich gewährleistet, dass auch stille Reserven (z.B. ein selbst geschaffener Geschäftswert oder Wertsteigerungen im Immobilienvermögen) dem Grundsatz der Vermögensbindung unterliegen[1]. Ausreichend ist es, wenn die aus der Steuerfreiheit ausgeschiedene steuerpflichtige Körperschaft einen Geldbetrag in Höhe des Liquidationserlöses für steuerbegünstigte Zwecke verbraucht bzw. nach § 58 Nr. 1 bis 3 AO an eine andere Körperschaft weiterleitet. Alternativ dazu kann auch eine Vermögensübertragung auf eine andere steuerbegünstigte Körperschaft erfolgen, wenn dies in der Satzung bestimmt ist. Dazu reicht es aus, wenn ein Geldbetrag in entsprechender Höhe entrichtet wird. Ein Übergang der Aktiva und Passiva ist dagegen nicht erforderlich. Wirtschaftlich betrachtet muss die Körperschaft, die aus der Steuerbegünstigung ausscheidet und ihre Aktiva und Passiva behalten will, ihr Vermögen also noch einmal erwerben.

Der Grundsatz der Vermögensbindung ist **rechtspolitisch in die Kritik geraten**[2]. **5.180** Zunächst liegt es auf der Hand, dass die Pflicht zur Weggabe des Vermögens viele gemeinnützige Einrichtungen von einem „Ausstieg aus der Gemeinnützigkeit" abhalten wird. Soweit einzelne Bereiche aus organisatorischen und steuerlichen Gründen in die Steuerpflicht überführt werden sollen, kommt es in der Praxis daher regelmäßig nur zu einem Teilausstieg, z.B. durch Ausgliederung von Teilfunktionen auf steuerpflichtige Kapitalgesellschaften. Ferner ist nicht zu übersehen, dass die praktische Anwendung des Vermögensbindungsgrundsatzes bei einem Wegfall des steuerbegünstigten Zwecks schwierige Bewertungsfragen aufwirft, sodass die möglichen wirtschaftlichen Belastungen durch einen Ausstieg nicht einfach zu kalkulieren sind. In der Praxis wird man auch darauf achten müssen, dass bestehende Altverbindlichkeiten „aufgedeckt" werden, die auf dem gemeinnützigen Vermögen lasten und folglich die Verwendungspflicht mindern.

Darüber hinaus ist zu fragen, ob der Grundsatz der Vermögensbindung in seiner **5.181** gegenwärtigen Form sinnvoll und notwendig ist. *Schauhoff* hat zu Recht darauf hingewiesen, dass das Gesetz bei anderen steuerbefreiten Körperschaften ein vergleichbares Prinzip nicht kennt[3]. So können ein steuerfreier Berufsverband (§ 5 Abs. 1 Nr. 5 KStG) oder der Hoheitsbetrieb einer Körperschaft des öffentlichen Rechts aus der Steuerbefreiung ausscheiden, ohne ihr Vermögen für steuerbegünstigte Zwecke (berufsständische Anliegen oder hoheitliche Aufgaben) verwenden zu müssen. Diese unterschiedliche Behandlung ist deshalb bemerkenswert, weil bei gemeinnützigen Einrichtungen die Vermögensbildung durch das Prinzip der zeitnahen Mittelverwendung erheblich eingeschränkt ist, während z.B. Berufsverbände aus steuer-

---

1 Ebenso *Kirchhain*, FR 2011, 640.
2 Zum Folgenden vgl. *Schauhoff* in DStJG 26 (2003), 133; *Schauhoff* in FS Schaumburg, 2009, S. 102; *Fischer*, Der Ausstieg aus dem Dritten Sektor, 2006.
3 *Schauhoff* in DStJG 26 (2003), 133 (150 ff.).

freien Vermögenserträgen erhebliche Rücklagen ansammeln können, die sie bei einem Wechsel in die Steuerpflicht einfach „mitnehmen". Die Steuerfreiheit der Vermögenserträge reicht also für sich genommen noch nicht aus, um den Vermögensbindungsgrundsatz zu rechtfertigen. Vielmehr ist insbesondere bei gemeinnützigen Einrichtungen davon auszugehen, dass steuerfreie Vermögenserträge zeitnah für satzungsmäßige Zwecke verwendet worden sind. Ferner ist zu berücksichtigen, dass sich viele gemeinnützige Einrichtungen vorrangig aus steuerpflichtigen Einkunftsquellen finanzieren. Soweit aber das Vermögen und die Rücklagen aus den Überschüssen der steuerpflichtigen wirtschaftlichen Geschäftsbetriebe stammen, gibt es eigentlich keinen sachlichen Grund für eine Vermögensbindung. Damit bleibt – wie *Schauhoff* herausgearbeitet hat[1] – letztlich nur der steuerliche Spendenabzug als Rechtfertigung für eine Vermögensbindung übrig (zur Nachversteuerung bei der Erbschaftsteuer vgl. Rz. 9.12). Soweit der Staat über den Steuerverzicht freiwillige Zuwendungen an gemeinnützige Einrichtungen gefördert hat, ist es richtig, die gemeinnützige Empfängereinrichtung auch bei Auflösung, Aufhebung oder Zweckänderung an der Verpflichtung zur tatsächlichen Mittelverwendung festzuhalten. Alles in allem sprechen somit gute Gründe dafür, die **Vermögensbindung de lege ferenda auf die noch nicht verwendeten Spendenbeträge zu beschränken**. Dazu gehören nicht nur zeitnah zu verwendende Spenden, sondern auch Zuwendungen nach § 62 Abs. 3 AO. Allerdings wäre eine solche Einschränkung des Vermögensbindungsgrundsatzes zwangsläufig mit erhöhten Anforderungen an die Rechnungslegung gemeinnütziger Einrichtungen verbunden, die eine Art „Spendenverwendungsrechnung" führen müssten, um bei einem Ausstieg den Gesamtbetrag der noch nicht verwendeten Spenden beziffern zu können.

5.182–5.183   frei

J. Mittelverwendungsrechnung

I. Gesetzliche Grundlage

5.184   Gemeinnützige Körperschaften unterliegen – ungeachtet der sonstigen allgemeinen zivil-, handels- und steuerrechtlichen Rechnungslegungspflichten – einer besonderen Aufzeichnungspflicht nach § 63 Abs. 3 AO. Danach hat die Körperschaft den Nachweis, dass ihre tatsächliche Geschäftsführung den Erfordernissen des Absatzes 1 entspricht, „durch **ordnungsmäßige Aufzeichnungen über ihre Einnahmen und Ausgaben zu führen**". Diese Aufzeichnungspflicht soll es vor allem den Finanzbehörden ermöglichen, die Einhaltung der gemeinnützigkeitsrechtlichen Vorgaben zu überprüfen. Die Aufzeichnungen erleichtern es aber auch den gemeinnützigen Einrichtungen, im Rahmen der ihnen obliegenden Darlegungs- und Feststellungslast nachzuweisen, dass sie im Veranlagungszeitraum die Voraussetzungen der Steuervergünstigung erfüllt haben.

---

1 *Schauhoff* in DStJG 26 (2003), 133 ff.; *Schauhoff* in FS Schaumburg, 2009, S. 103 f.

Die Aufzeichnungspflicht nach § 63 Abs. 3 AO dient den gemeinnützigen Einrich-   5.185
tungen auch dazu, die **Ordnungsmäßigkeit der Mittelverwendung** nachzuweisen.
Insoweit bedarf es in jedem Fall eines vollständigen Nachweises aller Ausgaben, sodass die von § 55 Abs. 1 Nr. 1 AO geforderte vollständige Mittelverwendung „für
satzungsmäßige Zwecke" belegt werden kann. Einer „Mittelverwendungsrechnung"
im engeren Sinne bedarf es nach Auffassung der Finanzverwaltung erst dann, wenn
eine Körperschaft ihre Mittel nicht sofort verwendet, d.h. über einen Mittelvortrag
verfügt oder Rücklagen gebildet hat. Dazu heißt es im Anwendungserlass[1]:

> „Soweit Mittel nicht schon im Jahr des Zuflusses für die steuerbegünstigten Zwecke verwen-
> det oder zulässigerweise dem Vermögen zugeführt werden, muss ihre zeitnahe Verwendung
> durch eine Nebenrechnung nachgewiesen werden (Mittelverwendungsrechnung)".

Die Mittelverwendungsrechnung ist also eine „**Nebenrechnung**", mit der nachgewie-   5.186
sen werden soll, dass eine zunächst aufgeschobene Mittelverwendung später tatsächlich erfolgt ist. Folgt man der Definition des Anwendungserlasses, sind in der Mittelverwendungsrechnung also nur solche Mittel abzubilden, die noch nicht verwendet
worden sind. Dies gilt zum einen für den Mittelvortrag, der nach § 55 Abs. 1 Nr. 5
Satz 3 AO in den beiden Jahren nach dem Zufluss zu verwenden ist. Zum anderen
sind die Beträge aufzuzeichnen und fortzuschreiben, die in die Rücklagen (§ 62
Abs. 1 AO) eingestellt worden sind. Die Bildung nutzungsgebundenen Vermögens
und die Zuführung von Mitteln zum Vermögen ist dagegen kein zwingender Bestandteil der Mittelverwendungsrechnung: Nutzungsgebundenes Vermögen im Sinne von § 55 Abs. 1 Nr. 5 Satz 2 AO repräsentiert bereits verwendete Mittel. Das sonstige Vermögen (§ 62 Abs. 3 und 4 AO) ist nicht zeitnah zu verwenden und braucht
deshalb in einer Mittelverwendungsrechnung eigentlich nicht weiter betrachtet zu
werden. Allerdings wird es sich empfehlen, in einem gesonderten Verzeichnis des
nutzungsgebundenen Vermögens zu dokumentieren, mit welchen Mitteln die betreffenden Wirtschaftsgüter finanziert worden sind. Denn nur auf diese Weise lässt sich
bei einem späteren Wegfall der Nutzung für satzungsmäßige Zwecke klären, ob die
Pflicht zur zeitnahen Mittelverwendung wieder auflebt oder ob die frei gewordenen
Mittel wieder der freien Rücklage oder dem sonstigen Vermögen zugeführt werden
können.

Der Anwendungserlass enthält **keine verbindlichen Vorgaben** über die Gliederung   5.187
einer Mittelverwendungsrechnung. Auch die Finanzverwaltung hat bisher darauf
verzichtet, ein besonderes Muster herauszugeben. Damit bleibt es den betroffenen
Einrichtungen überlassen, nach welchem Gliederungsschema sie den Nachweis
einer ordnungsmäßigen Mittelverwendung erbringen. In den letzten Jahren sind im
Schrifttum verschiedene Vorschläge für eine Mittelverwendungsrechnung entwickelt worden. Diese weisen gewisse konzeptionelle Unterschiede hinsichtlich der
Beachtung des Zufluss-/Abfluss-Prinzips auf und sind entweder als Nebenrechnung
oder als Teil einer „Einheitsrechnungslegung" gedacht[2].

---

1 AEAO Nr. 28 zu § 55 Abs. 1 Nr. 5 AO.
2 Vgl. zum Folgenden *Thiel*, DB 1992, 1900; *Buchna/Leichinger/Seeger/Brox*, S. 165 ff.; *Hop-
  pen* in Schauhoff, § 18 Rz. 54 ff.; *Ley* in StbJb 1998/1999, S. 321; *Wallenhorst/Halaczinsky*,
  Rz. B 88 ff.; *Spitaler/Schröder*, DStR 2014, 2144 ff. (2194 ff.).

II. Mittelverwendungsrechnung und allgemeine Rechnungslegung

5.188 Der Anwendungserlass versteht die Mittelverwendungsrechnung als Ausfluss von § 63 Abs. 3 AO und damit als besondere Aufzeichnungspflicht, die **neben die verschiedenen Rechnungslegungspflichten** nach Zivilrecht (§§ 27 Abs. 3, 666 BGB i.V.m. §§ 259 ff. BGB), Landesstiftungsgesetzen, Handelsrecht (vgl. §§ 238 ff. HGB) und Steuerrecht (§§ 140, 141 AO) tritt[1]. Daran ist richtig, dass sich die Einhaltung der speziellen Vorgaben des Gemeinnützigkeitsrechts aus einem gewöhnlichen Jahresabschluss (Bilanz und Gewinn- und Verlustrechnung) oder einer normalen Jahresrechnung (Einnahmen-/Ausgabenrechnung mit Vermögensübersicht) nicht erkennen lässt. So ist z.B. eine Untergliederung in bereits verwendete Mittel nach § 55 Abs. 1 Nr. 5 Satz 2 AO und andere Mittel notwendig. Ferner bedarf es z.B. für die Bestimmung der zulässigen Rücklage einer Abgrenzung der (laufenden) Einnahmen aus Vermögensverwaltung von sonstigen Einnahmen. Es liegt im Ermessen der Organe gemeinnütziger Einrichtungen, ob sie die Mittelverwendungsrechnung als Nebenrechnung aufstellen oder – soweit möglich – die steuerlichen Anforderungen in die allgemeinen Rechnungslegungswerke integrieren. Eine solche Einheitsrechnungslegung würde z.B. bedeuten, dass im handelsrechtlichen Jahresabschluss das bilanzielle Eigenkapital entsprechend den gemeinnützigkeitsrechtlichen Vorgaben untergliedert wird[2]. Die Verlautbarungen des IDW zur Rechnungslegung bei spendensammelnden Vereinen und Stiftungen des privaten Rechts[3] gehen auf diese Problematik nicht ein und werden deshalb den Bedürfnissen der Praxis nicht wirklich gerecht[4].

III. Zufluss-/Abflussprinzip oder Ertrags- und Aufwandswirksamkeit

5.189 Wie bereits im Zusammenhang mit dem Begriff der Mittel ausgeführt worden ist, zielt die Aufzeichnungspflicht nach § 63 Abs. 3 AO auf eine Geldverkehrsrechnung nach dem Zu- und Abflussprinzip. Diese Vorgabe ist aber **nicht zwingend.** Vielmehr wird es heute allgemein für möglich gehalten, dass gemeinnützige Einrichtungen, die freiwillig oder kraft gesetzlicher Verpflichtung Bücher nach HGB führen,

---

1 Zur Rechnungslegung von Stiftungen siehe näher *Hüttemann*, DB 2013, 1561.

2 Vgl. dazu *Ley* in StbJb 1998/1999, S. 321.

3 Vgl. IDW Stellungnahme zur Rechnungslegung „Rechnungslegung von Vereinen" (IDW RS HFA 14 v. 6.12.2013), IDW-FN 1/2014, 75; IDW Stellungnahme zur Rechnungslegung „Rechnungslegung von Stiftungen" (IDW RS HFA 5 v. 6.12.2013); IDW-FN 1/2014, 61 sowie die neue Stellungnahme zur Rechnungslegung „Besonderheiten der Rechnungslegung Spenden sammelnder Organisationen" (IDW RS HFA 21 v. 11.3.2010) IDW-FN 5/2010, 201.

4 Dies gilt auch für die Vorgabe des IDW, Spenden – abweichend von allgemeinen Grundsätzen – erst bei Verausgabung erfolgswirksam zu erfassen (vgl. IDW RS HFA 21 v. 11.3.2010). Ob dieser Ausweis den Besonderheiten Spenden sammelnder Organisationen tatsächlich gerecht wird (so *Schruff/Busse/Hoffmann*, WPg 2009, 812; a.A. *Spiegel/Römer*, npoR 2010, 100; *Lehmann*, DB 2010, 2513) oder in der Öffentlichkeit nur noch größere Verwirrung stiftet, sei dahingestellt. Als Ausgangspunkt für eine steuerliche Mittelverwendungsrechnung ist ein solcher Jahresabschluss jedenfalls nicht geeignet.

ihre Mittelverwendung nach bilanziellen Vorgaben darstellen[1]. Der Unterschied zu § 63 Abs. 3 AO betrifft insbesondere Forderungen aus Leistungsentgelten, die in einer Bilanz bereits mit der Realisation, in einer Einnahmen-/Ausgabenrechnung aber erst mit Zufluss des geschuldeten Geldbetrags erfolgswirksam sind. Umgekehrt könnten Mittelbindungen für künftige Projekte in einer Geldverkehrsrechnung nur mittels Rücklage nach § 62 Abs. 1 Nr. 1 AO berücksichtigt werden, während in einer bilanziellen Darstellung gewisse und ungewisse Außenverpflichtungen über die Passivierung von Verbindlichkeiten und Rückstellungen zu einer antizipierten Mittelverwendung führen. Je nachdem, für welche Darstellung man sich entscheidet, kann es zu gewissen Unterschieden in der Darstellung kommen, auch wenn sich über die Totalperiode keine Abweichungen ergeben. Es steht den Körperschaften auch frei, aus dem Jahresabschluss eine Mittelverwendungsrechnung nach dem Zu- und Abflussprinzip abzuleiten, um eine zeitliche Vorverlagerung des Mittelzugangs (und damit auch der Verwendungspflicht) zu vermeiden. Ob sich dieser Aufwand lohnt, hängt von den Umständen des Einzelfalls ab. Die weiteren Detailfragen, die zumeist bei der Ausgestaltung einer Mittelverwendungsrechnung behandelt werden (z.B. die Behandlung von Forderungen, die Berücksichtigung von Abschreibungen, Abzinsungsfragen), betreffen das Recht der Mittelverwendung und sind daher – soweit geboten – oben bereits behandelt worden.

---

[1] Statt vieler *Ley* in StbJb 1998/1999, S. 321.

3. Teil
Wirtschaftliche Betätigung

Kapitel 6
Wirtschaftliche Betätigung und steuerliche Gemeinnützigkeit

453

Literatur: *Alberti*, Sponsoring im Steuerrecht, Frankfurt/M. 2001; *Alvermann*, Ertrag-
besteuerung der Berufsverbände, FR 2006, 262; *Anzinger*, Anscheinsbeweis und tatsächliche
Vermutung im Ertragsteuerrecht, Baden-Baden 2006; *Arnold*, Gemeinnützigkeit von Vereinen und Beteiligung an Gesellschaften, DStR 2005, 581; *Bartmuß*, Wann sind medizinische
Versorgungszentren gemeinnützig?, DB 2007, 706; *Baumann/Penne-Goebel*, Die Tätigkeit
steuerbegünstigter Körperschaften im Rahmen von Selbstversorgungseinrichtungen i.S. von
§ 68 Nr. 2 AO, DB 2005, 695; *Becker*, Betriebsausgabenabzug von Sponsoringaufwendungen,
DStZ 2002, 663; *Becker*, Auftragsforschung als Zweckbetrieb nach § 68 Nr. 9 AO unter besonderer Berücksichtigung staatlicher Hochschulen DStZ 2007, 529; *Bley/Wolff*, Betriebsaufspaltung bei der Ausgliederung von Serviceleistungen von gemeinnützigen Einrichtungen, npoR
2012, 57; *Bock*, Zur Steuerpflicht von Beherbergungsbetrieben gemeinnütziger Körperschaften, FR 1961, 219; *Bock*, Die „Unvermeidbarkeit" beim Zweckbetrieb – Ein unvermeidbares
Kriterium?, ZSt 2009, 119; *Boettcher*, „Wirtschaftlicher Geschäftsbetrieb" und Gemeinnützigkeitsverordnung, StuW 1949, 617; *Boettcher*, Zur Reform der Gemeinnützigkeitsverordnung,
StuW 1951, 457; *Boxberger/Jesch*, Steuerliche Strukturierungsaspekte bei der Vermögensanlage steuerbefreiter Stiftungen in geschlossene Fonds, npoR 2011, 126; *Braun*, Die Konkurren-

tenklage im Steuerrecht – Ein Instrument zu mehr Gerechtigkeit?, DStZ 1986, 46; *Breuninger/Rückert*, Gegenstand und Besteuerung des Sozio-Sponsoring, DB 1993, 503; *Brücher-Herpel*, Lotterierecht. Lotterien, Tombolas und Co., veranstaltet durch gemeinnützige Organisationen, Stiftung&Sponsoring, Rote Seiten zu 2/2009; *Clausnitzer*, Zum steuerschädlichen Wettbewerb bei einem gemeinnützigen Zweckbetrieb, DStR 1987, 416; *Dehesselles*, Legaldefinierter Zweckbetrieb oder steuerpflichtiger wirtschaftlicher Geschäftsbetrieb? – Zum Verhältnis von § 68 zu § 65 AO, DStR 2003, 537; *Dehesselles*, Stiftung, Unternehmen und Beschäftigungsförderung, DB 2005, 72; *Eggers*, Schenkungsteuer bei Zuwendungen an Vereine, DStR 2007, 1752; *Elicker*, Die Grenzziehung zwischen Gewerbebetrieb und Vermögensverwaltung, DStJG 30 (2007), 97; *Engelsing/Muth*, Gewinntransfers an steuerbefreite Trägerkörperschaften – der neue Einkommenstatbestand am Beispiel von Berufsverbänden, DStR 2003, 917; *Englisch*, Die negative Konkurrentenklage im Unternehmenssteuerrecht, StuW 2008, 43; *Eversberg*, Der steuerpflichtige wirtschaftliche Geschäftsbetrieb – besondere Problemstellungen, Stiftung&Sponsoring, Rote Seiten zu 5/2001; *Fischer*, Auftragsforschung und geförderte Eigenforschung im Umsatzsteuerrecht, UR 1989, 270; *Fischer/van den Boeken*, Fallstricke des Betriebs eines Blockheizkraftwerks im Gemeinnützigkeitsrecht, NWB 2012, 2217; *Flierl*, Freie und öffentliche Wohlfahrtspflege, 2. Aufl., München 1992; *Franz*, Grundlagen der Besteuerung gemeinnütziger Körperschaften bei wirtschaftlicher Betätigung, Berlin 1991; *Fricke*, Ist das Erfordernis der „unmittelbaren" Zweckverwirklichung im steuerlichen Gemeinnützigkeitsrecht noch aufrechtzuerhalten?, Diss. Göttingen, 1967; *Friedrich*, Die Anlage des Stiftungsvermögens, Baden-Baden 2012; *Fritsch*, Ermäßigter Umsatzsteuersatz für Forschungsleistungen – Neues gemeinschaftsrechtliches Konfliktpotential, UVR 2005, 69; *Fritz*, Stifterwille und Stiftungsvermögen, Baden-Baden 2009; *Gosch*, Rechtsprechung zur Gewerbesteuer, StuW 1992, 350; *Hansmann*, Unfair Competition and the Unrelated Business Income Tax, Virginia Law Review 75, 1989, 605; *Heger*, Die Steuerpflicht des Krankentransports und Rettungsdienstes, DStR 2008, 807; *Heintzen/Musil*, Das Steuerrecht des Gesundheitswesens, Berlin 2007; *Hensel*, Grundsätzliches zur Frage der Besteuerung öffentlicher Betriebe, StuW 1930, 873; *Herbert*, Der wirtschaftliche Geschäftsbetrieb des gemeinnützigen Vereins, Köln 1988; *Heuer*, Der neue BMF-Erlass zur ertragsteuerlichen Behandlung des Sponsorings: Die steuerlichen Konsequenzen beim Sponsor und Gesponsorten, DStR 1998, 18; *Heuermann*, Die Grenzziehung zwischen Gewerbebetrieb und Vermögensverwaltung (im Rahmen der §§ 21, 23 EStG, § 14 AO) am Beispiel des gewerblichen Grundstückshandels, DStJG 30 (2007), 121; *Hintze*, Indizien in der Finanzrechtsprechung, Münster 2008; *von Holt*, Steuerrechtliche Streitpunkte bei der arbeitsteiligen Zusammenarbeit gemeinnütziger Träger der Wohlfahrtspflege – Zugleich Anm. zu den BFH-Urteilen vom 17.2.2010 – I R 2/08 (DB 2010 S. 1104) und vom 16.12.2009 – I R 49/08 (DB 2010 S. 653), DB 2010, 1791; *Hopt/Reuter* (Hrsg.), Stiftungsrecht in Europa, Köln 2001; *Hüttemann*, Besteuerung gemeinnütziger Körperschaften und Konkurrentenklage, in StbJb 1998/99, S. 323; *Hüttemann*, Die Besteuerung der öffentlichen Hand, Köln 2002; *Hüttemann*, Grundprinzipien des steuerlichen Gemeinnützigkeitsrechts, DStJG 26 (2003), 49; *Hüttemann*, Steuervergünstigungen wegen Gemeinnützigkeit und europäisches Beihilfenverbot, DB 2006, 914; *Hüttemann*, Liebhaberei bei Kapitalgesellschaften, in Kirchhof/Schmidt/Schön/Vogel (Hrsg.), Festschrift für Arndt Raupach zum 70. Geburtstag, Köln 2006, S. 495; *Hüttemann*, Gesetz zur weiteren Stärkung des bürgerschaftlichen Engagements und seine Auswirkungen auf das Gemeinnützigkeits- und Spendenrecht, DB 2007, 2053; *Hüttemann*, Verpächterwahlrecht bei gemeinnützigen Körperschaften?, BB 2007, 2324; *Hüttemann*, Grundfragen der partiellen Steuerpflicht, in Kohl/Kübler/Ott/Schmidt (Hrsg.), Zwischen Markt und Staat. Gedächtnisschrift für Rainer Walz, Köln 2008, S. 267; *Hüttemann*, Die Besteuerung der öffentlichen Hand, FR 2009, 309; *Hüttemann*, Steuerliche Aspekte der Corporate Social Responsibility von Unternehmen, in Spindler/Tipke/Rödder (Hrsg.), Steuerzentrierte Rechtsberatung, Festschrift für Harald Schaumburg, Köln 2009, S. 405; *Hüttemann*, Der Steuerstatus der politischen Parteien, in Tipke/Seer/Hey/Englisch (Hrsg.), Festschrift für Joachim Lang: Gestaltung der Steuerrechtsordnung, Köln 2010, S. 321; *Hüttemann,* Änderungen des Anwendungserlasses zur Abgabenordnung „Steuerbegünstigte Zwecke", DB 2012, 250; *Hüttemann,* Das Steuerrecht des Non Profit Sektors, KSzW 2014, 158; *Hüttemann,* Zur Anwendung des ermäßigten Steuersatzes auf Leistungen gemeinnütziger Beschäftigungsgesellschaften, MwStR 2014, 115; *Hüttemann,* Stiftungs- und gemeinnützigkeitsrechtliche Rahmenbedingungen der Vermögensanlage von steuerbegünstigten Stiftungen, WM 2016, 625 (Teil I), 673 (Teil II); *Hüttemann,* Anmerkungen zum neuen Anwendungserlass zur Gemeinnützigkeit, DB 2016, 1338; *Hüttemann/Kampermann,* Anmerkung zu OLG Oldenburg v. 8.11.2013 – 6 U 50/13, npoR 2014, 143; *Hüttemann/Schauhoff,* Der BFH als Wettbewerbshüter – Neue Rechtsprechung zum steuerbegünstigten Zweckbetrieb, DB 2011, 319; *Hüttemann/Schauhoff/Kirchhain,* Fördertätigkeiten gemeinnütziger Körperschaften und Konzerne, DStR 2016, 633; *Hüttemann/Schön,* Vermögensverwaltung und Vermögenserhaltung nach Stiftungs- und Gemeinnützigkeitsrecht, Köln 2007; *Irle,* Kunstsponsoring im Steuerrecht, Berlin 2001; *Jachmann,* Steuerrecht, in Igl/Jachmann/Eichenhofer (Hrsg.), Rechtliche Rahmenbedingungen bürgerschaftlichen Engagements, Opladen 2002; *Jansen,* Steuerliche Änderungen nach dem Vereinsförderungsgesetz, DStR 1990, 61; *von Kalm,* Der wirtschaftliche Geschäftsbetrieb. Ein Beitrag zur Durchführung des Lastenausgleichs bei den kirchlichen, gemeinnützigen und mildtätigen Körperschaften, Anstalten und Stiftungen, StuW 1949, 619; *Kennerknecht,* Die Stellung der öffentlichrechtlichen und privatrechtlichen Religionsgemeinschaften und der religiösen Vereinigungen und Anstalten nach dem neuen Körperschaftsteuerrecht, DStBl. 1926, 105; *Kennerknecht,* Zur Frage der Steuerpflicht gewerblicher Betriebe von kirchlichen, gemeinnützigen und mildtätigen Körperschaften und Vermögensmassen, DStBl. 1931, 783; *Kiefer,* Die Abgrenzung von Vermögensverwaltung und wirtschaftlichen Geschäftsbetrieb, Frankfurt/M. 2000; *Kirchhain,* Steuerfreiheit der Beteiligungserträge gemeinnütziger Körperschaften aus vermögensverwaltenden gewerblich geprägten Personengesellschaften, Anmerkung zu BFH Urteil v. 25.5.2011, FR 2011, 811; *Kirchhain,* Wie viel Gewinn nötig, wie viel möglich? – Leistungsbeziehungen gemeinnütziger Unternehmen und Konzerne auf dem Prüfstand – zugleich Anmerkungen zum BFH-Urteil vom 27.11.2013 – I R 17/12, DB 2014, 1173, 1831; *Kirchhain,* Zuwendung von Anteilen an gewerblich geprägten Mitunternehmerschaften an NPOs nicht mehr vollständig privilegiert? – Anmerkung zu OFD Frankfurt/M. vom 31.3.2016 und zu FinMin. Schleswig-Holstein vom 9.6.2016, DB 2016, 1605; *Kirchhain,* Gewinnausschüttungen und -abführungen gemeinnütziger Kapitalgesellschaften – die Finanzverwaltung in der Zwickmühle, DStR 2017, 2317; *Klaßmann,* Steuerrecht in Pflegeeinrichtungen, 4. Aufl., Stuttgart 2010; *Klaßmann/Siebenmorgen/Notz,* Die Besteuerung der Krankenhäuser, 4. Aufl., Düsseldorf 2011; *Knobbe-Keuk,* Die Konkurrentenklage im Steuerrecht, BB 1982, 382; *Kohlhepp,* Konkurrentenklagen im Umsatzsteuerrecht, DStR 2011, 145; *Kühner,* Die Steuerbefreiung der Berufsverbände, Münster 2008; *Lang,* Gemeinnützigkeitsabhängige Steuervergünstigungen, StuW 1987, 221; *Lang/Seer,* Die Besteuerung der Drittmittelforschung, Bonn 1992; *Leisner,* Die Umsatzbesteuerung von gemeinnützigen Integrationsprojekten gem. § 68 Nr. 3c AO durch das Jahressteuergesetz 2007, DB 2007, 1047; *Leisner-Egensperger,* Die Selbstlosigkeit im Gemeinnützigkeitsrecht, DStZ 2008, 292; *Leisner-Egensperger,* Besteuerung der Forschungstätigkeit im Hochschulbereich, FR 2010, 493; *Ley,* Fragen der handelsrechtlichen Rechnungslegung gemeinnütziger Institutionen, in StbJb 1998/99, S. 301; *van Lishaut,* Die Konkurrentenklage im Steuerrecht, Frankfurt/M. 1993; *Löding-Hasenkamp,* Deutsches Jugendherbergswerk – Abgrenzung zwischen Zweckbetrieb und wirtschaftlichem Geschäftsbetrieb sowie Gestaltungshinweise zur „27plus-Gästen", ZStV 2016, 201; *Lorenz/Steer,* Die steuerliche Behandlung wirtschaftlicher Geschäftsbetriebe bei Verfolgung steuerbegünstigter Zwecke, DB 1983, 2657; *Lutz/Kurz,* Steuerliche Behandlung von Integrationsprojekten, DStR 2012, 1260; *Luxton,* The Law of Charities, Oxford 2001; *Mack,* Zur Besteuerung gemeinnütziger Körperschaften – neuere Rechtsprechung und Verwaltungspraxis, DStR 1984, 187; *Martens,* Die Besteuerung wirtschaftlicher Aktivitäten im Amateursport, Berlin 1989; *Misera,* Drittmittelforschung – Chancen, Risiken und Praxisprobleme, 2010; *Mrozek*, Unterliegen Einkünfte der Klöster aus ihren Brauereien der Körperschaftsteuer? DStBl. 1928, 119; *Musil*, Steuerliche Fragen der Gesundheitsreform, Teil I, Tübingen 2010; *Mußfeld*, Zur Körperschaftsteuerveranlagung für 1941, DStZ 1942, 181; *Mußfeld*, Die Verordnung zur Durchführung der §§ 17 bis 19 des Steueranpassungsgesetzes, DStZ 1942, 37; *Müller-Gatermann*, Gemeinnützigkeit und Sport, FR 1995, 261; *Müller-Thuns/Jehke*, Gefährdung der Steuerbefreiung von Berufsverbänden gemäß § 5 Abs. 1 Nr. 5 KStG durch Beteiligung an Kapitalgesellschaften, DStR 2010, 905; *Niemann*, Teilhabe gemeinnütziger Körperschaften an unternehmerischer Tätigkeit. Zu den Grenzen zwischen steuerungsschädlicher Vermögensverwaltung und steuerschädlichem wirtschaftlichem Geschäftsbetrieb, Institut für Finanzen und Steuern, Heft 330, Bonn 1994; *Olbertz*, Die Rettung der Gemeinnützigkeit der Auftragsforschung durch den Entwurf eines Jahressteuergesetzes (JStG) 1997, DStZ 1996, 531; *Orth*, Gemeinnützigkeit und Wirtschaftstätigkeit, FR 1995, 253; *Orth*, Als Zweckbetriebe begünstigte Kunstausstellungen gemeinnütziger Körperschaften, DStZ 1987, 319; *Orth*, Finanzierung und Mittelverwendung gemeinnütziger Organisationen, DStJG 26 (2003), 177; *Orth*, Einkünfte von wirtschaftlichen Geschäftsbetrieben und Betrieben gewerblicher Art ohne Gewinnerzielungsabsicht, FR 2007, 326; *Orth*, Verluste gemeinnütziger Stiftungen aus Vermögensverwaltung, DStR 2009, 1397; *Pezzer*, KG-Beteiligung als wirtschaftlicher Geschäftsbetrieb einer gemeinnützigen Stiftung, FR 2001, 837; *Rabenschlag*, Zweckbetriebe als Konkurrenten gewerblicher Anbieter, DStZ 1997, 717; *Rader*, Was ist ein Zweckbetrieb im Sinne von § 65 der Abgabenordnung?, BB 1979, 1192; *Raupach*, Zivilrechtliche und steuerliche Fragen des Sponsoring, Non Profit Law Yearbook 2001 (2002), 169; *Räß*, Unter welchen Voraussetzungen sind Unternehmungen, die gemeinnützigen, mildtätigen oder kirchlichen Zwecken dienen, von der Körperschaftsteuer befreit?, DStBl. 1930, 809; *Riewald*, Die Gemeinnützigkeit im Steuerrecht, BB 1954, 385; *Roolf*, Die Beteiligungen einer gemeinnützigen Körperschaft an Personen- und Kapitalgesellschaften und der wirtschaftliche Geschäftsbetrieb, DB 1985, 1156; *Rückert*, Die ertragsteuerliche Behandlung des Sponsorings, 1999; *Schauhoff*, Verlust der Gemeinnützigkeit durch Verluste?, DStR 1998, 701; *Schauhoff*, Große Aufregung um das Sponsoring, DB 1998, 494; *Schauhoff*, Wertberichtigungen im Stiftungsvermögen, DStR 2004, 471; *Schauhoff*, Wettbewerbsschutz und steuerliche Gemeinnützigkeit, in Kohl/Kübler/Ott/Schmidt (Hrsg.), Zwischen Markt und Staat. Gedächtnisschrift für Rainer Walz, Köln 2008, S. 661; *Schauhoff/Kirchhain*, Gemeinnützigkeit im Umbruch durch Rechtsprechung – Anm. zu BFH vom 18.9.2007, I R 30/06, und zu BFH vom 19.2.2007, I R 15/07 sowie Replik zu *Heger*, DStR 2008, 807, 1713; *Schiffer/Sommer*, Mittelbeschaffung bei gemeinnützigen Körperschaften: Ein Ruf gegen die Rechtsunsicherheit durch die Geprägetheorie, BB 2008, 2432; *Schick*, Die Beteiligung einer gemeinnützigen Körperschaft an einer GmbH und der wirtschaftliche Geschäftsbetrieb, DB 1985, 1812; *Schmidt*, Verbandszweck und Rechtsfähigkeit im Vereinsrecht, Heidelberg 1984; *Schmidt/Fritz*, Änderungen des Gemeinnützigkeitssteuerrechts zu Fördervereinen, Werbebetrieben, Totalisatoren, Blutspendendiensten und Lotterien, DB 2001, 2062; *Schmidt/Fritz*, Besteuerung stiller Reserven bei wirtschaftlichen Geschäftsbetrieben gemeinnütziger Körperschaften?, DB 2002, 2509; *Scholtz*, Steuerbegünstigte Zwecke, FR 1976, 181; *Scholtz*, Wirtschaftlicher Geschäftsbetrieb, in Raupach/Uelner (Hrsg.), Ertragsbesteuerung, Festschrift für Ludwig Schmidt zum 65. Geburtstag, München 1993, S. 707; *Scholz/Garthoff*, Sponsoring von Sportvereinen jetzt steuerpflichtig?, BB 2008, 1148; *Schön*, Der Gewinnanteil des Personengesellschafters und das Einkommen der Personengesellschaft, StuW 1988, 253; *Schön*, Zum Merkmal der „Beteiligung am allgemeinen wirtschaftlichen Verkehr" i.S.v. § 15 Abs. 2 EStG, in Kirchhof/Lehner/Raupach/Rodi (Hrsg.), Staaten und Steuern. Festschrift für Klaus Vogel, München 2000, S. 661; *Schultze-Schlutius*, Zur Klärung des Begriffs „Wirtschaftlicher Geschäftsbetrieb", StuW 1938, 941; *Seeger/Brox*, Das Ende der Steuerbegünstigung für Selbstversorgungsbetriebe nach § 68 Nr. 2b AO?, DStR 2009, 2459; *Seer*, Verständigungen im Steuerverfahren, Köln 1996; *Seer*, Die steuerliche Behandlung des Forschungstransfers unter Berücksichtigung der gesetzlichen Neuregelungen ab 1.1.1997, DStR 1997, 436; *Seer/Wolsztynski*, Steuerrechtliche

Gemeinnützigkeit der öffentlichen Hand, Berlin 2002; *Steinberg*, „Unfair" Competition by Nonprofits and Tax Policy, National Tax Journal, 1991, 351; *Sinewe/Frase*, Die Praxis der steuerrechtlichen Konkurrentenklage, BB 2011, 1567; *Stemplewski*, Wirtschaftsaktivitäten des Staates und des gemeinnützigen Sektors unter besonderer Berücksichtigung der ertragsteuerlichen Behandlung, Hamburg 2017; *Strahl*, Gemeinschaftsrechtswidrigkeit der Umsatzsteuerbefreiung entgeltlicher Auftragsforschungstätigkeit staatlicher Hochschulen, UR 2002, 374; *Strahl*, Steuerrechtliche Implikationen von Kooperationen im Hochschulbereich – Rechtsformen, Modelle, Chancen, Risiken, FR 2008, 15; *Strahl*, Die Besteuerung von privaten und öffentlichen Forschungseinrichtungen und ihrer Kooperationen, Non Profit Law Yearbook 2013/2014 (2014), 63; *Suck*, Alaaf und Helau – Zur Besteuerung von Karnevalsvereinen, NWB 2013, 428; *Thiel*, Die Zuwendung von Sponsoren und Mäzenen aus schenkungsteuerrechtlicher und ertragsteuerrechtlicher Sicht, DB 1993, 2452; *Thiel*, Die Besteuerung öffentlich geförderter Forschungseinrichtungen, DB 1996, 1944; *Thiel*, Die gemeinnützige GmbH, GmbHR 1997, 10; *Thiel*, Sponsoring im Steuerrecht, DB 1998, 842; *Thiel/Eversberg*, Das Vereinsförderungsgesetz und seine Auswirkungen auf das Gemeinnützigkeits- und Spendenrecht, DB 1990, 290, 344 und 395; *Trzaskalik*, Die steuerliche Förderung des Sports, StuW 1986, 219; *Unger*, Mittelbeschaffung und Mittelverwendung gemeinnütziger Körperschaften, DStZ 2010, 141; *Walz*, Sinn und Zweck der partiellen Steuerpflicht für Erträge aus wirtschaftlichen Geschäftsbetrieben, Non Profit Law Yearbook 2001 (2002), 197; *Walz/von Hippel*, Rechtsvergleichender Generalbericht, in Walz/von Auer/von Hippel (Hrsg.), Spenden- und Gemeinnützigkeitsrecht in Europa, 2007, S. 89; *Wassermeyer*, Liebhaberei bei Kapitalgesellschaften, in Freundesgabe für Franz Josef Haas zum 70. Geburtstag, Herne 1996, S. 401; *Weisensee*, Gemeinnützigkeit der Krankenanstalten und Sanatorien, München 1950; *Weisheit*, Zur Abfärbewirkung bei Beteiligung einer gemeinnützigen Körperschaft an einer Personengesellschaft, DB 2012, 142; *Weitemeyer/Mager*, Zum Stand der Diskussion um die Geprägetheorie im Gemeinnützigkeitsrecht, Non Profit Law Yearbook 2008 (2009), 57; *Winheller*, Aktuelle Entwicklungen im Gemeinnützigkeitsrecht 2007, DStZ 2008, 281; *Wunsch*, Die Wettbewerbsklausel des § 65 Nr. 3 AO als Schutznorm zugunsten nicht begünstigter Konkurrenten gemeinnütziger Körperschaften, Frankfurt/M. 2004; *Zitzlaff*, Gemeinnützige Zwecke im Körperschaftsteuerrecht, DStZ 1947, 150; *Zitzlaff*, Die Gemeinnützigkeit im Steuerrecht, DStR 1956, 28.

A. Gemeinnützigkeitsrechtliche Grenzen wirtschaftlicher Betätigungen

I. Begriff der wirtschaftlichen Betätigung und Vier-Sphären-Modell

Wenn im Folgenden von wirtschaftlichen Betätigungen gesprochen wird, dann sollen darunter in Anlehnung an die allgemeine Definition des wirtschaftlichen Geschäftsbetriebs im Sinne von § 14 Satz 1 AO **alle selbständigen nachhaltigen Tätigkeiten** zu verstehen sein, „**durch die Einnahmen oder andere wirtschaftliche Vorteile erzielt werden**". Der Begriff der wirtschaftlichen Betätigung wird also vor allem durch das Merkmal der Entgeltlichkeit geprägt. Es geht um Tätigkeiten, „durch die" Einnahmen erzielt werden (vgl. § 14 Satz 1 AO). Nicht zu den wirtschaftlichen Betätigungen gehören folglich zum einen solche Aktivitäten, die nur der Einkommensverwendung dienen (z.B. der Verbrauch von Mitteln für steuerbegünstigte Zwecke oder die Schaffung nutzungsgebundenen Vermögens). Umgekehrt liegen keine Einnahmen aus wirtschaftlicher Betätigung vor, wenn die Körperschaft von ihren Mitgliedern oder Dritten Geld oder geldwerte Güter erhält, ohne eine Gegenleistung erbracht zu haben (echte Mitgliedsbeiträge, Zuschüsse, Spenden).

6.1

6.2 Innerhalb des Bereichs der wirtschaftlichen Betätigung lassen sich die verschiedenen Aktivitäten – je nach Zielsetzung und ihrer steuerlichen Behandlung nach §§ 14, 64, 65 ff. AO – in **drei Gruppen** unterteilen:

– Die (steuerfreie) **Vermögensverwaltung** erfüllt zwar alle Merkmale einer wirtschaftlichen Betätigung, gehört aber nach der Definition des § 14 Satz 1 AO nicht zum wirtschaftlichen Geschäftsbetrieb, weil sie ausdrücklich durch das Negativmerkmal „… die über den Rahmen einer Vermögensverwaltung hinausgeht …" aus dem wirtschaftlichen Geschäftsbetrieb ausgenommen wird. § 14 Satz 3 AO enthält eine beispielhafte Erläuterung, was unter einer Vermögensverwaltung zu verstehen ist (z.B. die verzinsliche Anlage von Kapitalvermögen). Die Vermögensverwaltung dient somit zwar der Mittelbeschaffung, gehört aber gleichwohl noch zur steuerfreien Sphäre. Dies bedeutet u.a., dass Zinserträge nicht der Körperschaftsteuer unterliegen (zum Steuerabzug bei Kapitalerträgen vgl. Rz. 7.90 ff.).

– Zu den (steuerpflichtigen) **wirtschaftlichen Geschäftsbetrieben** gehören alle wirtschaftlichen Betätigungen im Sinne von § 14 Satz 1 AO, die weder der Vermögensverwaltung zuzurechnen sind noch die Voraussetzungen eines steuerbegünstigten Zweckbetriebs erfüllen. Die Unterhaltung eines wirtschaftlichen Geschäftsbetriebs durch eine gemeinnützige Körperschaft begründet – vorbehaltlich der Gewichtigkeitsgrenze von 35 000 Euro (§ 64 Abs. 3 AO) – eine sog. partielle Steuerpflicht (vgl. z.B. § 5 Abs. 1 Nr. 9 Satz 2 KStG, d.h., die Steuerbefreiung ist insoweit ausgeschlossen. Eröffnet ein Verein also z.B. eine Vereinsgaststätte, dann unterliegt er mit etwaigen Gewinnen aus dieser Tätigkeit der Körperschaftsteuer. Wirtschaftliche Geschäftsbetriebe sind im Regelfall (zu Ausnahmen vgl. Rz. 6.4) dadurch gekennzeichnet, dass sie – ebenso wie die Vermögensverwaltung – der Mittelbeschaffung dienen.

– Die (steuerbegünstigten) **Zweckbetriebe** erfüllen zwar alle Merkmale eines wirtschaftlichen Geschäftsbetriebs im Sinne von § 14 Satz 1 AO, sind aber durch die Rückausnahme in § 64 Abs. 1 i.V.m. §§ 65 bis 68 AO aus der partiellen Steuerpflicht ausgenommen. Der Zweckbetrieb unterscheidet sich von der Vermögensverwaltung und dem wirtschaftlichen Geschäftsbetrieb dadurch, dass er nicht der Mittelbeschaffung, sondern der (direkten) Verwirklichung der satzungsmäßigen Zwecke dient. Wirtschaftliche Betätigung und steuerbegünstigte Zwecke fallen also zusammen. Das Gesetz enthält in §§ 66 bis 68 AO einen Beispielkatalog von Zweckbetrieben. Dazu gehören z.B. Krankenhäuser (§ 67 AO) und Museen (§ 68 Nr. 7 AO).

6.3 Nimmt man den ideellen Bereich und die drei Arten der wirtschaftlichen Betätigung zusammen, lassen sich alle Aktivitäten von gemeinnützigen Körperschaften im sog. „**Vier-Sphären-Modell**" abbilden, das sich im Gemeinnützigkeitsrecht als Hilfsmittel zur Zuordnung von Tätigkeiten durchgesetzt hat[1]. Die vier Sphären und die ihnen zugeordneten Einnahmen sind:

---

1 Statt vieler nur Unabhängige Sachverständigenkommission, Gutachten, S. 30; *Orth* in DStJG 26 (2003), 182; *Schauhoff* in Schauhoff, § 6 Rz. 18 f.; *Buchna/Leichinger/Seeger/Brox*, S. 279.

- **ideeller Bereich** (Mitgliedsbeiträge, Zuschüsse, Spenden, „weiches" Sponsoring),

- **Vermögensverwaltung** (Einnahmen aus der verzinslichen Anlage von Kapital und der Vermietung und Verpachtung unbeweglichen Vermögens, z.B. Zinserträge, Miet- und Pachteinnahmen, Dividenden aus Beteiligungen an Kapitalgesellschaften, Einnahmen aus der Überlassung von Namensrechten),

- **wirtschaftlicher Geschäftsbetrieb** (Gewinne aus gewerblicher Tätigkeit, z.B. aus Vereinsgaststätten, Verkauf von Fanartikeln, „hartes" Sponsoring, Gewinne aus der Beteiligung an gewerblichen Personengesellschaften),

- **Zweckbetrieb** (Überschüsse aus entgeltlichen Tätigkeiten zur Zweckverwirklichung, z.B. aus Krankenhäusern, Altenheimen, Schulen, Museen, Konzerten etc.).

II. Gründe für wirtschaftliche Betätigungen

Bevor zu den steuerlichen Grenzen und Folgen einer wirtschaftlichen Betätigung näher Stellung genommen werden kann, ist zunächst die **Vorfrage nach der Vereinbarkeit von wirtschaftlicher Betätigung und Gemeinnützigkeitsstatus** zu klären. Die Frage ist umso drängender, als gemeinnützige Einrichtungen in der Praxis häufig umfangreiche wirtschaftliche Tätigkeiten entfalten. Gemeinnützige Kapitalgesellschaften unterhalten große Krankenhäuser und Forschungseinrichtungen, gemeinnützige Vereine betätigen sich vielfältig im Umfeld ihrer satzungsmäßigen Zwecke (Vereinsgaststätten, Sponsoring, Bandenwerbung u.Ä.), gemeinnützige Stiftungen sind wichtige institutionelle Anleger am Kapitalmarkt. Fragt man nach den Gründen einer wirtschaftlichen Betätigung, so lassen sich verschiedene Motive ausmachen:

6.4

- Im Bereich der **steuerfreien Vermögensverwaltung** steht aus der Sicht der Körperschaft die Absicht im Vordergrund, ein vorhandenes Vermögen zur Ertragserzielung zu nutzen (z.B. Kapital verzinslich anzulegen oder Grundbesitz zu vermieten), um auf diese Weise zusätzliche Erträge zur Verwirklichung der satzungsmäßigen Zwecke zu erzielen. Die Körperschaft wird hier also mit steuerlicher Einkünfteerzielungsabsicht tätig.

- Eine Gewinnerzielungsabsicht ist regelmäßig auch der Grund für die Unterhaltung **steuerpflichtiger wirtschaftlicher Geschäftsbetriebe**, die keine Zweckbetriebe im Sinne von §§ 65 bis 68 AO sind. Solche Aktivitäten können der gewinnbringenden Nutzung eines vorhandenen Vermögens dienen (z.B. die Fortführung eines Unternehmens, das der Körperschaft von dritter Seite zugewendet worden ist), oder den Zweck haben, ohne größere Investitionen im Umfeld der steuerbegünstigten Tätigkeiten zusätzliche Einnahmen für die satzungsmäßigen Zwecke zu erwirtschaften (z.B. das Anzeigengeschäft der Vereinszeitschrift, der Verkauf von Speisen und Getränken bei kulturellen und sportlichen Veranstaltungen oder das Sponsoring). Die Funktion aller dieser Aktivitäten besteht darin, finanzielle Überschüsse zu erwirtschaften, mit denen satzungsmäßige Aktivitäten finanziert werden können. Die Körperschaft wird hier also mit einer Gewinnerzielungsabsicht tätig.

– Bei den **steuerbegünstigten Zweckbetrieben** steht definitionsgemäß die Absicht der Verwirklichung satzungsmäßiger Zwecke im Vordergrund (§ 65 Nr. 1 und 2 AO). Dies schließt eine Gewinnerzielungsabsicht nicht aus, begründet aber einen entscheidenden qualitativen Unterschied zu steuerpflichtigen wirtschaftlichen Geschäftsbetrieben. Während letztere „nur" durch die Beschaffung zusätzlicher Mittel einen Beitrag zur Verwirklichung der steuerbegünstigten Zwecke leisten, fallen bei den Zweckbetrieben wirtschaftliche Tätigkeit und Zweckverwirklichung zusammen.

6.5   Die vorstehende Charakterisierung von wirtschaftlichen Tätigkeiten unterliegt allerdings **gewissen Ausnahmen:**

– So werden z.B. durch die **Wettbewerbsklausel** (§ 65 Nr. 3 AO) auch solche Tätigkeiten aus dem Begriff des Zweckbetriebs ausgeklammert, die zwar der Verwirklichung der satzungsmäßigen Zwecke dienen, aber mit steuerpflichtigen Betrieben derselben oder ähnlicher Art konkurrieren[1]. Man denke z.B. an Krankenfahrten mit einem normalen Pkw oder Taxi. Ihre Durchführung dient zwar auch der Hilfe für andere, ist aber – nicht zuletzt wegen der Konkurrenz zum privaten Taxigewerbe – kein steuerbegünstigter Zweckbetrieb nach § 66 AO[2]. Wie dieses Beispiel zeigt, gibt es durchaus auch steuerpflichtige wirtschaftliche Geschäftsbetriebe, die nicht der Mittelbeschaffung dienen und die ohne Gewinnerzielungsabsicht unterhalten werden. Sie finden ihre Rechtfertigung im Rahmen des Ausschließlichkeitsgebots in den satzungsmäßigen steuerbegünstigten Zwecken der Körperschaft. Eine vergleichbare Situation ergibt sich, wenn eine Förderkörperschaft (§ 58 Nr. 1 AO) im Rahmen ihres satzungsmäßigen Förderzwecks verbilligte entgeltliche Leistungen an andere steuerbegünstigte Körperschaften erbringt[3] oder solche entgeltlichen Leistungen gegen ein nur die Selbstkosten deckendes Entgelt im Rahmen einer „steuerlich unschädlichen" Tätigkeit nach § 58 Nr. 2, 4 und 5 AO erbracht werden. Solche entgeltlichen Betätigungen erfüllen zwar regelmäßig die Voraussetzungen eines steuerpflichtigen wirtschaftlichen Geschäftsbetriebs, dienen aber gerade nicht der Gewinnerzielung, sondern der Förderung anderer steuerbegünstigter Körperschaften und rechtfertigen sich entweder durch den satzungsmäßigen Förderzweck der Körperschaft (§ 58 Nr. 1 AO) oder sind nach § 58 Nr. 2, 4 und 5 AO gemeinnützigkeitsrechtlich „unschädlich".

– Eine Einkünfteerzielungsabsicht wird regelmäßig auch bei der **Beteiligung einer gemeinnützigen Einrichtung an einer anderen gemeinnützigen Kapitalgesellschaft** fehlen. Dass die Beteiligung an einer anderen steuerbegünstigten Kapitalgesellschaft keine „normale" Maßnahme der Vermögensverwaltung darstellt, hat der Gesetzgeber auch mit der Einführung des § 58 Nr. 3 AO anerkannt (dazu Rz. 5.171). Gleichwohl sollen solche Beteiligungen – insbesondere nach Ansicht der Finanzverwaltung[4] – der vermögensverwaltenden Sphäre zuzuordnen sein,

---

1 Zu dieser Fallgruppe bereits *Hüttemann*, Wirtschaftliche Betätigung, S. 103 f.
2 Vgl. AEAO Nr. 6 zu § 66 AO.
3 Vgl. dazu näher *Hüttemann/Schauhoff/Kirchhain*, DStR 2016, 633.
4 AEAO Nr. 3 Satz 7 zu § 64 Abs. 1 AO.

obwohl sie zumeist nicht in der Absicht begründet werden, eine angemessene „Eigenkapitalrendite" zu erzielen[1]. Fehlt es aber an einer Einkünfteerzielungsabsicht, sind solche Beteiligungen dem ideellen Bereich oder ggf. sogar der Zweckbetriebssphäre zuzurechnen[2]. Diese Sichtweise hat nicht nur Auswirkungen auf die Rücklagenbildung aus „Ausschüttungen" (vgl. dazu Rz. 5.134), sondern hätte auch zur Konsequenz, dass – entgegen der Ansicht der Finanzverwaltung[3] – zeitnah zu verwendende Mittel für den derivativen Erwerb einer solchen Beteiligung eingesetzt werden dürfen[4].

In diesen Fällen erweist sich also der Schluss von der steuerlichen Behandlung nach §§ 14, 64 ff. AO auf die Motivation der Tätigkeit als voreilig, da den Regelungen über die partielle Steuerpflicht auch Wettbewerbsgesichtspunkte zugrunde liegen (vgl. dazu näher Rz. 6.61 ff.).

III. Prinzipielle Zulässigkeit wirtschaftlicher Betätigung

Nachdem Klarheit über die Hauptmotive für wirtschaftliche Tätigkeiten besteht, kann nun auch der Grundfrage nach der Vereinbarkeit von wirtschaftlicher Betätigung und Gemeinnützigkeitsstatus nachgegangen werden. Zwar wird die Zulässigkeit wirtschaftlicher Aktivitäten von gemeinnützigen Körperschaften – soweit ersichtlich – **von niemandem mehr ernsthaft bestritten**, da sie vom Gesetz in den §§ 14, 64 ff. AO ganz offensichtlich vorausgesetzt wird[5]. Über die genauen gemeinnützigkeitsrechtlichen Grenzen einer wirtschaftlichen Betätigung besteht aber – wie die Diskussion über die frühere sog. Geprägetheorie (dazu sogleich Rz. 6.8 und oben Rz. 4.95 ff.) gezeigt hat – nach wie vor keine Einigkeit. Deshalb reicht es auch nicht aus, für die Zulässigkeit von steuerpflichtigen wirtschaftlichen Geschäftsbetrieben einfach auf die Regelung des § 64 AO zu verweisen[6]. Vielmehr bedarf es konkreterer Überlegungen, um die Möglichkeiten und Grenzen von wirtschaftlichen Tätigkeiten näher zu bestimmen. Dabei kommen – wie bereits an anderer Stelle näher dargelegt worden ist[7] – mehrere Ansatzpunkte in Betracht: Der Selbstlosigkeitsgrundsatz als Verbot der vorrangigen Verfolgung eigenwirtschaftlicher Zwecke (§ 55 Abs. 1 Satz 1 AO), das Ausschließlichkeitsprinzip (§ 56 AO) und der Grundsatz der gemeinnützigen zeitnahen Mittelverwendung (§ 55 Abs. 1 Nr. 1, 5 AO).

6.6

---

1 Dazu eingehend *Kirchhain*, DStR 2017, 2317.
2 Vgl. auch *Hüttemann/Schauhoff/Kirchhain*, DStR 2016, 633 (642 f.).
3 Siehe Nr. 3 zu § 58 Nr. 3 AO.
4 Dafür *Hüttemann/Schauhoff/Kirchhain*, DStR 2016, 633 (642 f.).
5 Vgl. statt aller nur BFH v. 15.7.1998 – I R 156/94, BStBl. II 2002, 162; BFH v. 4.4.2007 – I R 76/05, BStBl. II 2007, 631; *Tipke* in Tipke/Kruse, § 55 AO Rz. 4 (Stand 10/2005).
6 So aber z.B. BFH v. 26.4.1989 – I R 209/85, BStBl. II 1989, 670; BFH v. 15.7.1998 – I R 156/94, BStBl. II 2002, 162; *Tipke* in Tipke/Kruse, § 55 AO Rz. 4 (Stand 10/2005).
7 Vgl. dazu *Hüttemann*, Wirtschaftliche Betätigung, 1991.

IV. Wirtschaftliche Betätigung und Selbstlosigkeit

6.7 Rechtsprechung[1], Finanzverwaltung[2] und ein Teil des Schrifttums[3] gingen früher davon aus, dass sich die Grenzen einer wirtschaftlichen Betätigung gemeinnütziger Körperschaften **vorrangig aus dem Grundsatz der Selbstlosigkeit** ergeben. Beispielhaft für diesen Standpunkt sind auch heute noch die Ausführungen des BFH in der Entscheidung vom 26.4.1989[4]:

> „Eine Körperschaft verfolgt eigenwirtschaftliche Zwecke in diesem Sinne, wenn ihre Tätigkeit darauf gerichtet ist, ihr Vermögen und ihre Einkünfte zu erhöhen. Allerdings ist nicht jede auf Verbesserung der Einkünfte gerichtete Tätigkeit als Verstoß gegen das Gebot der Selbstlosigkeit anzusehen. Die Körperschaft kann auf Gewinnerzielung gerichtete wirtschaftliche Geschäftsbetriebe unterhalten, ohne dadurch das Gebot der Selbstlosigkeit im Sinne des § 55 Abs. 1 AO 1977 zu verletzen (vgl. § 64 AO 1977). Die Körperschaft darf die im Rahmen eines wirtschaftlichen Geschäftsbetriebs verfolgten eigenwirtschaftlichen Zwecke jedoch nicht ‚in erster Linie' verfolgen (§ 55 Abs. 1 Satz 1 AO)."

6.8 Wie bereits an anderer Stelle näher begründet worden ist (siehe Rz. 4.95 ff.), war **diese sog. Geprägetheorie abzulehnen**[5]: Sie führte zum einen zu einer erheblichen Rechtsunsicherheit, weil es nicht gelungen war, das Verbot einer „in erster Linie" eigenwirtschaftlichen Tätigkeit in praktikable und sachlich überzeugende Kriterien zu übersetzen. Darüber hinaus war die Geprägetheorie nur geeignet, das Missverständnis hervorzurufen, Mittelbeschaffungsaktivitäten dürften nicht „in erster Linie" auf Gewinnerzielung gerichtet sein. Richtigerweise liegen die Dinge genau umgekehrt: Sollen durch eine wirtschaftliche Betätigung zusätzliche Mittel für die satzungsmäßigen Zwecke verdient werden, dann ist eine solche Tätigkeit umso eher mit der gemeinnützigen Zielsetzung vereinbar, je konsequenter sie auf eine möglichst hohe Renditeerzielung ausgerichtet ist. Die Geprägetheorie war auch deshalb verzichtbar, weil sich aus dem Ausschließlichkeitsgrundsatz und der Pflicht zur zeitnahen Mittelverwendung präzisere Vorgaben für wirtschaftliche Tätigkeiten ableiten lassen als ein vages „mehr oder weniger". Schließlich sprach gegen die Geprägetheorie, dass sich das Verbot der vorrangigen Verfolgung eigenwirtschaftlicher Zwecke in § 55 Abs. 1 Satz 1 AO – wie eine historische und systematische Analyse ergibt – nur auf

---

1 BFH v. 26.4.1989 – I R 209/85, BStBl. II 1989, 670; BFH v. 15.7.1998 – I R 156/94, BStBl. II 2002, 162.

2 AEAO Nr. 2 zu § 55 Abs. 1 Nr. 1 AO a.F.

3 Vgl. etwa *Scholtz*, FR 1976, 181 (187); *Scholtz* in Koch/Scholtz, § 55 AO Rz. 5; *Buchna/Seeger/Brox*, 10. Aufl. 2010, S. 125 ff.; *Müller-Gatermann*, FR 1995, 261; *Walz/von Hippel*, Spenden- und Gemeinnützigkeitsrecht in Europa, S. 266 ff.; *Leisner-Egensperger*, DStZ 2008, 69.

4 BFH v. 26.4.1989 – I R 209/85, BStBl. II 1989, 670.

5 Vgl. aus dem älteren Schrifttum bereits *Tipke* in Tipke/Kruse, § 55 AO Rz. 4 (Stand 10/2005); *Fischer* in Hübschmann/Hepp/Spitaler, § 55 AO Rz. 93 (Stand 4/1993); *Jachmann*, Rechtliche Rahmenbedingungen, S. 122 ff.; *Orth* in DStJG 26 (2003), 193; *Eversberg*, Stiftung&Sponsoring, Rote Seiten 5/2001, 3; *Seer/Wolsztynski*, Steuerliche Gemeinnützigkeit, 220 ff.; *Weitemeyer/Mager* in Non Profit Law Yearbook 2008, 69; *Schiffer/Sommer*, BB 2008, 2342.

eigenwirtschaftliche Zwecke der Mitglieder bezieht, d.h. über die wirtschaftliche Betätigung gemeinnütziger Einrichtungen nichts aussagt[1].

V. Wirtschaftliche Betätigung und ausschließlich gemeinnützige und gegenwartsnahe Zielsetzung

Nachdem sich der BFH im Urteil vom 4.4.2007[2] und inzwischen auch die Finanzverwaltung[3] von der Geprägetheorie gelöst haben, kommt es nicht mehr darauf an, ob eine wirtschaftliche Tätigkeit der Körperschaft „das Gepräge" gibt, sondern es ist zu prüfen, ob die konkrete wirtschaftliche Betätigung **ein geeignetes und notwendiges Mittel** zur gegenwartsnahen Verwirklichung der satzungsmäßigen Zwecke darstellt. Die wirtschaftliche Tätigkeit darf mithin – wie es der I. Senat des BFH in seiner grundlegenden Entscheidung vom 4.4.2007 ausgedrückt hat – nicht zum „Selbstzweck" werden[4]. Die Unterhaltung eines wirtschaftlichen Geschäftsbetriebs ist nach dieser Sicht unschädlich, wenn sie „um des gemeinnützigen Zwecks willen erfolgt, indem sie z.B. der Beschaffung von Mitteln zur Erfüllung der gemeinnützigen Aufgabe dient"[5]. Ist der wirtschaftliche Geschäftsbetrieb dagegen nicht dem gemeinnützigen Geschäftsbetrieb untergeordnet, sondern ein davon losgelöster Zweck oder gar der Hauptzweck der Betätigung der Körperschaft, ist die Körperschaft mangels ausschließlicher Gemeinnützigkeit insgesamt steuerpflichtig. Ob eine solche Unterordnung vorliegt, ist – so der I. Senat – „unter Berücksichtigung der gesamten Umstände des Einzelfalls zu entscheiden"[6]. Bei dieser Prüfung sind entsprechend den oben (Rz. 6.4) entwickelten Überlegungen zwei Leitgedanken maßgebend[7]:

6.9

– Im **Zweckbetriebsbereich** ergibt sich die Zulässigkeit wirtschaftlicher Tätigkeiten bereits daraus, dass entgeltliche Tätigkeit und Erfüllung satzungsmäßiger Zwecke eine Einheit bilden, weil die satzungsmäßigen Zwecke gerade „durch" den Zweckbetrieb verwirklicht werden (vgl. § 65 Nr. 1 AO) und der Zweckbetrieb für die Zweckverwirklichung notwendig ist (§ 65 Nr. 2 AO). Die Legitimation von Zweckbetriebsaktivitäten ist also unmittelbar den satzungsmäßigen Zwecken zu entnehmen. Wer z.B. die Allgemeinheit auf kulturellem Gebiet fördern will, kann dies vielfach nur gegen Entgelt erreichen, weil der Betrieb eines Museums oder eines Theaters mit hohen Aufwendungen verbunden ist, zu denen auch die Besucher einen Beitrag in Gestalt von Eintrittsgeldern leisten können. In diesen Fällen ist die Unterhaltung eines Zweckbetriebs eine geeignete und notwendige Maßnahme zur gegenwartsnahen Zweckverwirklichung. Wirtschaftliche Aktivitäten, die die Voraussetzungen der §§ 65 bis 68 AO erfüllen, sind folglich immer und ohne weitere Prüfung als gemeinnützigkeitsunschädlich anzusehen. Dies er-

---

1 Vgl. dazu näher *Hüttemann*, Wirtschaftliche Betätigung, S. 56 ff.
2 BFH v. 4.4.2007 – I R 76/05, BStBl. II 2007, 631.
3 Vgl. BMF v. 17.1.2012, BStBl. I 2012, 83: Aufhebung der früheren Nr. 2 zu § 55 AO.
4 So BFH v. 4.4.2007 – I R 76/05, BStBl. II 2007, 631; ebenso jetzt auch die Finanzverwaltung, vgl. AEAO Nr. 1 zu § 56 AO.
5 BFH v. 4.4.2007 – I R 76/05, BStBl. II 2007, 631 (634).
6 BFH v. 4.4.2007 – I R 76/05, BStBl. II 2007, 631 (634).
7 Eingehend *Hüttemann*, DB 2012, 250; *Hüttemann*, Wirtschaftliche Betätigung, S. 78 ff.

gibt sich für Tätigkeiten im Sinne von § 65 AO aus den Merkmalen des § 65 Nr. 1 und 2 AO. Bei den Zweckbetrieben nach §§ 66 bis 68 AO folgt die gemeinnützigkeitsrechtliche Zulässigkeit aus der Aufnahme dieser Tätigkeiten in den gesetzlichen Beispielskatalog, mit dem der Gesetzgeber gegenüber § 65 AO klarstellend oder konstitutiv die Steuerbegünstigung der Tätigkeit und damit zugleich auch ihre gemeinnützigkeitsrechtliche Zulässigkeit festgeschrieben hat.

– Außerhalb der steuerbegünstigten Zweckbetriebe, d.h. im **Bereich der Vermögensverwaltung und bei wirtschaftlichen Geschäftsbetrieben** bedarf die Rechtfertigung wirtschaftlicher Tätigkeiten einer anderen Begründung, die sich aus der Einkünfte- bzw. Gewinnerzielungsabsicht ergibt. Wer eine Vereinsgaststätte gründet, ein Anzeigengeschäft betreibt oder Sponsoring-Verträge abschließt, will durch diese Aktivitäten zusätzliche Einnahmen erzielen. Zwar binden solche Betätigungen auch finanzielle, sachliche und personelle Ressourcen, die für die Verwirklichung der satzungsmäßigen Zwecke nicht mehr zur Verfügung stehen. Vielfach werden solche ehrenamtlichen Ressourcen aber auch erst durch entsprechende Aktivitäten (z.B. Veranstaltungen, Basare o.Ä.) erschlossen. Gelingt es der Körperschaft zudem, einen Gewinn zu erzielen, d.h. übersteigen die Einnahmen die Ausgaben, dann kann sie mehr Mittel für satzungsmäßige Zwecke ausgeben als es ihr ohne die Mittelbeschaffungsaktivität möglich gewesen wäre. In diesem Fall ist die Unterhaltung eines wirtschaftlichen Geschäftsbetriebs also eine geeignete und notwendige Maßnahme zur Steigerung des gemeinnützigen Outputs der Körperschaft. Entscheidend ist also letztlich die Einkünfte- bzw. Gewinnerzielungsabsicht der Körperschaft: Je gewinnbringender eine Mittelbeschaffungsaktivität ist, umso eher ist sie mit dem Gemeinnützigkeitsstatus vereinbar. Dabei ist ferner auch das Gebot der Gegenwartsnähe zu berücksichtigen. Verfügt die Körperschaft schließlich über ein „Vermögen" (vgl. § 62 Abs. 3 AO), das nicht unmittelbar für steuerbegünstigte Zwecke genutzt werden kann, hat sie das Vermögen – soweit möglich – zur Erzielung von Erträgen anzulegen. Auch hier rechtfertigt sich die Vermögensverwaltung durch die Absicht, mit dem vorhandenen Vermögen zusätzliche (zeitnah zu verwendende) Mittel zu erzielen.

6.10 Was aus alledem für die Grenzen von Mittelbeschaffungsaktivitäten folgt, lässt sich an folgendem Beispiel verdeutlichen:

Beispiel Nr. 1: Verfügt eine Körperschaft z.B. über eine Immobilie, die gegenwärtig nicht für die Zweckverwirklichung (als Geschäftsstelle, Lagerraum etc.) genutzt werden kann, bestehen gegen eine entgeltliche Vermietung und Verpachtung an Dritte keine Bedenken, weil auf diese Weise zusätzliche Mittel erwirtschaftet werden können. Aus den gleichen Gründen ist es auch unbedenklich, wenn z.B. die Mitglieder eines Fördervereins regelmäßig einen Basar veranstalten, um über ehrenamtliche Mitarbeit weitere Mittel für die geförderte Einrichtung einzuwerben, oder ein Fußballverein durch die Trikotwerbung beim Spiel der Mannschaft zusätzliche Einnahmen erzielt. In allen diesen Fällen wird die gegenwärtige satzungsmäßige Tätigkeit überhaupt nicht eingeschränkt, sondern nur zusätzliche Mittel erwirtschaftet und damit mehr gemeinnützige Aktivitäten ermöglicht. In vielen Fällen setzt die Aufnahme einer wirtschaftlichen Betätigung aber erhebliche Anfangsinvestitionen voraus. Hier kommt es aus gemeinnützigkeitsrechtlicher Sicht darauf an, dass durch die wirtschaftliche Betätigung die gegenwartsnahe Verfolgung der steuerbegünstigten Zwecke nicht wesentlich eingeschränkt wird. In diesen Fällen setzt die Aufnahme der Tätigkeit voraus, dass entsprechendes Vermögen vorhanden ist, das ohnehin nicht für satzungsmäßige Zwecke verwendet werden und daher für einkünfteerzielende Tätigkeiten genutzt werden kann. Oder die Anfangsinvestitionen können durch eine Kreditaufnahme finanziert werden, weil Zinsen und Tilgung voraussichtlich aus den erwarteten Erträgen geleistet werden können.

frei   6.11–6.12

VI. Wirtschaftliche Betätigung und zeitnahe Mittelverwendung

Der Ausschließlichkeitsgrundsatz und das Gebot der gegenwartsnahen Zielsetzung   6.13
werden vor allem durch den Grundsatz der zeitnahen gemeinnützigen Mittelverwendung konkretisiert. Daher sind bei der Beurteilung von wirtschaftlichen Aktivitäten auch die Wertungen des § 55 Abs. 1 Nr. 1 und 5 AO zu beachten. Aus diesen Vorgaben werden vor allem **zwei Aussagen** abgeleitet[1]: das Verbot eines Verlustausgleichs im steuerpflichtigen wirtschaftlichen Geschäftsbetrieb, welches für Verluste aus der Vermögensverwaltung entsprechend gelten soll, sowie ein Verbot, zeitnah zu verwendende Mittel längerfristig in wirtschaftliche Geschäftsbetriebe und eine Vermögensverwaltung zu investieren. Beide Aussagen sind im Weiteren zu überprüfen.

1. Verlustausgleich im wirtschaftlichen Geschäftsbetrieb und in der Vermögensverwaltung

a) Problemstellung

Kommt es im Rahmen eines steuerpflichtigen wirtschaftlichen Geschäftsbetriebs   6.14
oder einer Vermögensverwaltung zu Verlusten, stellt sich die Frage, ob solche Verluste mit sonstigen zeitnah zu verwendenden Mitteln ausgeglichen werden dürfen. Die Antwort scheint einfach zu sein: Da ein wirtschaftlicher Geschäftsbetrieb oder eine Vermögensverwaltung zur Verwirklichung der satzungsmäßigen Zwecke unmittelbar nichts beitragen, wäre die Verwendung von Mitteln zur Verlustdeckung keine Verwendung zu satzungsmäßigen Zwecken. Fraglich könnte somit allenfalls sein, ob nicht zumindest ein **vorübergehender Verlustausgleich** zulässig ist. So hatte der BFH etwa in einem älteren Urteil aus dem Jahr 1968[2] einen Ausgleich von Verlusten im wirtschaftlichen Geschäftsbetrieb für gemeinnützigkeitsunschädlich erklärt, wenn ein solcher Ausgleich nur „gelegentlich geschieht und der Ausgleich der Verluste auf anderem Wege ernsthaft versucht wird"[3]. Diese Leitlinie hat der BFH allerdings später aufgegeben und damit die Finanzverwaltung zu einer eingehenden Verwaltungsregelung veranlasst.

---

1 Vgl. statt vieler nur *Buchna/Leichinger/Seeger/Brox*, S. 125 ff. und S. 131 ff.
2 BFH v. 2.10.1968 – I R 40/68, BStBl. II 1969, 43.
3 Ebenso noch OFD Cottbus v. 10.9.1996, DB 1996, 2004.

b) Rechtsprechung

6.15 Im Urteil vom 13.11.1996[1] hatte der I. Senat des BFH die Anforderungen an die Zulässigkeit eines Verlustausgleichs sodann **erheblich verschärft**. Darin heißt es:

„Der erkennende Senat … ist nunmehr der Auffassung, dass ein Ausgleich von Verlusten eines Nicht-Zweckbetriebes mit Mitteln des ideellen Tätigkeitsbereichs nur noch dann kein Verstoß gegen das Mittelverwendungsgebot ist, wenn die Verluste auf einer Fehlkalkulation beruhen und die Körperschaft bis zum Ende des dem Verlustentstehungsjahr folgenden Wirtschaftsjahrs … dem ideellen Tätigkeitsbereich wieder Mittel in entsprechender Höhe zuführt. Die wieder zugeführten Mittel dürfen weder aus Zweckbetrieben oder dem Bereich der steuerbegünstigten vermögensverwaltenden Tätigkeiten noch aus Beiträgen oder anderen Zuwendungen stammen, die zur Förderung der steuerbegünstigten Zwecke der Körperschaft bestimmt sind".

Würde man diese Rechtsprechung konsequent anwenden, müssten Verluste im wirtschaftlichen Geschäftsbetrieb häufig zugleich die Gemeinnützigkeit der Körperschaft gefährden, da es in vielen Fällen an „anderen Mitteln" zum Ausgleich fehlen wird. Denn die anderen Mittel könnte sich die Körperschaft praktisch nur von dritter Seite beschaffen und die Dritten, die z.B. über Zuschüsse oder Umlagen solche Mittel zur Verfügung stellen, erhielten keinen Spendenabzug. Zu beachten ist allerdings, dass sich das Urteil des BFH auf die Rechtslage in den Jahren 1982 bis 1984 bezog, nach der eine Verrechnung von Gewinnen und Verlusten mehrerer steuerpflichtiger wirtschaftlicher Geschäftsbetriebe nach § 64 Abs. 2 AO noch nicht erlaubt war.

In seinem **Beschluss vom 1.7.2009**[2] hat der I. Senat zumindest für den konkreten Streitfall an den Grundsätzen des Urteils vom 13.11.1996[3] festgehalten und im Übrigen offengelassen, „ob und gegebenenfalls in welchem Umfang" er der Kritik an der bisherigen Rechtsprechung (vgl. dazu Rz. 6.21 ff.) folgen könnte. Betrachtet man die Entscheidungsgründe näher, so erkennt man, dass der Senat seinen Standpunkt aber bereits dahin gehend korrigiert hat, dass nicht mehr auf den Ausgleich eines Verlustes als solches, sondern vorrangig darauf abgestellt wird, dass der klagende Verein den Gaststättenbetrieb unverändert fortgesetzt hat, obwohl „nach der Struktur des Gaststättenangebots mit keinen Überschüssen mehr zu rechnen war". Bemerkenswert ist ferner, dass der I. Senat nicht mehr – wie noch im Urteil vom 13.11.1996 – an einer auf den einzelnen Veranlagungszeitraum bezogenen Betrachtungsweise festhält, sondern die von der Finanzverwaltung entwickelte Gesamtbetrachtung über einen längeren Zeitraum stillschweigend gebilligt hat (Verlustausgleich im Entstehungsjahr als „Rückgabe früherer Gewinne").

c) Auffassung der Finanzverwaltung

6.16 Die Finanzverwaltung hatte auf das BFH-Urteil vom 13.11.1996 mit dem BMF-Schreiben vom 19.10.1998[4] reagiert, das in der Sache vor allem ein Nichtanwendungsschreiben war und später in den Anwendungserlass zur AO übernommen wur-

---

1 BFH v. 13.11.1996 – I R 152/93, BStBl. II 1998, 711.
2 BFH v. 1.7.2009 – I R 6/08, BFH/NV 2009, 1837.
3 BFH v. 13.11.1996 – I R 152/93, BStBl. II 1998, 711.
4 BMF v. 19.10.1998, BStBl. I 1998, 1423.

de[1]. Danach ist bei der Prüfung eines Verlustausgleichs im wirtschaftlichen Geschäftsbetrieb in folgenden Schritten vorzugehen:

– Maßgebend für die Frage, ob ein Verlust aus wirtschaftlichen Geschäftsbetrieben vorliegt, ist zunächst nur das saldierte **Ergebnis des einheitlichen steuerpflichtigen wirtschaftlichen Geschäftsbetriebs** (vgl. § 64 Abs. 2 AO)[2]. Soweit also den Verlusten in einem Geschäftsbetrieb mindestens ebenso hohe Gewinne in einem anderen Geschäftsbetrieb gegenüberstehen, stellt sich die Frage eines Verlustausgleichs nicht. Gemeinnützige Körperschaften dürfen also nach Ansicht der Finanzverwaltung Dauerverlustbetriebe unterhalten, ohne die Gemeinnützigkeit zu gefährden, wenn sie die Verluste aus Überschüssen anderer steuerpflichtiger Aktivitäten ausgleichen können.

– Darüber hinaus „ist keine Verwendung von Mitteln des ideellen Bereichs für dessen Ausgleich anzunehmen, wenn dem ideellen Bereich **in den sechs vorangegangenen Jahren Gewinne** des einheitlichen steuerpflichtigen wirtschaftlichen Geschäftsbetriebs **in mindestens gleicher Höhe zugeführt worden sind**. Insoweit ist der Verlustausgleich im Entstehungsjahr als Rückgabe früherer, durch das Gemeinnützigkeitsrecht vorgeschriebener Gewinnabführungen anzusehen"[3]. Maßgebend ist also eine periodenübergreifende Betrachtung von insgesamt sieben Jahren[4].

– Ein nach ertragsteuerlichen Grundsätzen ermittelter Verlust des einheitlichen steuerpflichtigen wirtschaftlichen Geschäftsbetriebs ist ferner unschädlich, wenn er ausschließlich durch die **Berücksichtigung von anteiligen Abschreibungen auf gemischt genutzte Wirtschaftsgüter** entstanden ist und bestimmte Voraussetzungen erfüllt sind[5]. So müssen die Wirtschaftsgüter für den ideellen Bereich angeschafft bzw. hergestellt worden sein (nutzungsgebundenes Vermögen) und nur zur Kapazitätsauslastung im wirtschaftlichen Geschäftsbetrieb genutzt werden. Der Verlust darf nicht darauf beruhen, dass die Körperschaft im wirtschaftlichen Geschäftsbetrieb marktunübliche Preise verlangt. Ferner darf der wirtschaftliche Geschäftsbetrieb keinen eigenständigen Sektor eines Gebäudes bilden (z.B. die Vereinsgaststätte). Diese Grundsätze gelten entsprechend für die Berücksichtigung anderer gemischter Aufwendungen (z.B. zeitweiser Einsatz von Personal des ideellen Bereichs im Rahmen eines wirtschaftlichen Geschäftsbetriebs). Nach dieser Regelung sind z.B. Verluste aus der Überlassung von Sportanlagen an Nichtmitglieder (Beispiel: Greenfee) regelmäßig unschädlich, weil hier zumeist erst durch die anteilige Berücksichtigung gemischter Aufwendungen ein kalkulatorischer Verlust entsteht.

---

1 Vgl. AEAO Nr. 4 bis 8 zu § 55 Abs. 1 Nr. 1 AO.
2 Vgl. AEAO Nr. 4 zu § 55 Abs. 1 Nr. 1 AO.
3 Siehe AEAO Nr. 4 zu § 55 Abs. 1 Nr. 1 AO.
4 Die „Verlustausgleichsfrist" ist trotz der Änderung von § 55 Abs. 1 Nr. 5 Satz 3 AO im neuen AEAO (BMF v. 31.1.2014, BStBl. I 2014, 290) nicht verlängert worden. Dafür spricht, dass es nicht um ein Problem der Mittelverwendung, sondern der „Mittelerzielung" geht.
5 Vgl. AEAO Nr. 5 zu § 55 Abs. 1 Nr. 1 AO.

6.17 Nur soweit nach Anwendung dieser Grundsätze **immer noch ein Verlust verbleibt**, wendet die Finanzverwaltung die Grundsätze des Urteils vom 16.11.1996 an[1]. Ein danach verbleibender Verlust ist also gemeinnützigkeitsunschädlich, wenn der Verlust

– auf einer **Fehlkalkulation beruht**. Nach Ansicht der Finanzverwaltung kann aber bei gemeinnützigen Einrichtungen unterstellt werden, dass Verluste bei Betrieben, die schon längere Zeit bestehen, immer auf einer Fehlkalkulation beruhen.

– die Körperschaft **innerhalb von zwölf Monaten** nach Ende des Wirtschaftsjahrs dem ideellen Tätigkeitsbereich wieder Mittel in entsprechender Höhe zuführt,

– die zugeführten Mittel nicht aus Zweckbetrieben, dem Bereich der Vermögensverwaltung, aus Beiträgen oder anderen Zuwendungen stammen.

6.18 Für **Anlaufverluste eines neuen wirtschaftlichen Geschäftsbetriebs** gelten nach dem Anwendungserlass besondere Regelungen: Hier soll eine Verwendung von Mitteln des ideellen Bereichs für den Ausgleich von Verlusten auch dann unschädlich für die Gemeinnützigkeit sein, wenn mit Anlaufverlusten zu rechnen war. Auch in diesem Fall muss die Körperschaft aber in der Regel innerhalb von drei Jahren nach dem Ende des Entstehungsjahres des Verlustes dem ideellen Bereich wieder Mittel, die gemeinnützigkeitsunschädlich dafür verwendet werden dürfen, zuführen[2].

6.19 Schließlich hat die Finanzverwaltung noch ein weiteres „Hintertürchen" eingebaut, falls auch die vorstehenden Grundsätze nicht ausreichen, um einen verbleibenden Verlust gemeinnützigkeitsunschädlich auszugleichen. So soll eine schädliche Verwendung von Mitteln ausnahmsweise dann nicht vorliegen, „wenn dem Betrieb die erforderlichen Mittel durch die **Aufnahme eines betrieblichen Darlehens** zugeführt werden bzw. bereits in dem Betrieb verwendete ideelle Mittel mittels eines Darlehens, das dem Betrieb zugeführt wird, innerhalb der Frist von zwölf Monaten nach dem Ende des Verlustentstehungsjahres an den ideellen Bereich der Körperschaft zurückgegeben werden. Voraussetzung für die Unschädlichkeit ist, dass Tilgung und Zinsen für das Darlehen ausschließlich aus Mitteln des steuerpflichtigen wirtschaftlichen Geschäftsbetriebs geleistet werden"[3].

6.20 Das BMF-Schreiben vom 19.10.1998 galt – ebenso wie die BFH-Entscheidung vom 13.11.1996 – zunächst nur für Verluste in einem steuerpflichtigen wirtschaftlichen Geschäftsbetrieb. Bei seiner Übernahme in den Anwendungserlass ist aber der Satz hinzugefügt worden, dass die Grundsätze über den Verlustausgleich im wirtschaftlichen Geschäftsbetrieb auch für **Verluste im Bereich der Vermögensverwaltung entsprechend gelten**[4]. Allerdings fehlen bis heute nähere Angaben darüber, wie sich der Rechtsanwender eine solche „entsprechende" Anwendung vorzustellen hat[5]. Sol-

1 Siehe AEAO Nr. 6 zu § 55 Abs. 1 Nr. 1 AO.
2 AEAO Nr. 8 zu § 55 Abs. 1 Nr. 1 AO.
3 Vgl. AEAO Nr. 7 zu § 55 Abs. 1 Nr. 1 AO.
4 Vgl. AEAO Nr. 9 zu § 55 Abs. 1 Nr. 1 AO.
5 Vgl. auch die Kritik bei *Hüttemann*, FR 2002, 1337.

che Angaben wären aber notwendig, weil z.B. die von der Finanzverwaltung aufgestellte Sechs-Jahres-Frist ganz offensichtlich auf die Verhältnisse von Gewerbebetrieben zugeschnitten ist und nicht auf langfristige vermögensverwaltende Tätigkeiten, z.B. eine Vermietung und Verpachtung von Grundbesitz passt. Ferner ist auch unklar, ob bei der Verlustermittlung nur die zugeflossenen Einnahmen und Ausgaben relevant sind oder ob – z.B. bei Kursverlusten im Stiftungsvermögen[1] – auch nicht realisierte Wertverluste einbezogen werden sollen.

d) Eigene Ansicht

Rechtsprechung und Finanzverwaltung gehen bislang von der These aus, dass jeder Verlustausgleich aus Mitteln des ideellen Bereichs gegen § 55 Abs. 1 Nr. 1 AO verstößt. Unschädlich soll – vorbehaltlich der Saldierung mehrere Geschäftsbetriebe nach § 64 Abs. 2 AO – nur ein Ausgleich mit „anderen" Mitteln von dritter Seite (z.B. Mitgliederumlagen, Zuschüsse etc.) sein, für die jedoch kein Spendenabzug in Anspruch genommen werden kann. Diese **h.M. ist abzulehnen**, da ein striktes Verlustausgleichsverbot die Unterscheidung von Mittelerzielung und Mittelverwendung vernachlässigt und an den Realitäten wirtschaftlichen Handelns vorbeigeht[2]. Man kann gemeinnützigen Körperschaften nicht auf der einen Seite unter Hinweis auf das Ausschließlichkeitsgebot (§ 56 AO) und die partielle Steuerpflicht (§§ 14, 64 AO) die Aufnahme wirtschaftlicher Betätigungen zur Mittelbeschaffung gestatten, ihnen aber gleichzeitig die Erwirtschaftung von Verlusten strikt verbieten. Denn in einer Marktwirtschaft gibt es keine „sicheren" Geschäfte, sondern jeder Gewinnchance steht notwendigerweise auch ein gewisses Verlustrisiko gegenüber. Dies gilt nicht nur für wirtschaftliche Geschäftsbetriebe, sondern auch für die Vermögensverwaltung[3].

6.21

Eine sachgerechte Lösung des Verlustthemas kann nur gefunden werden, wenn man das Problem von der tatsächlichen Verlustentstehung weg hin zu der Entscheidung der Organe über die Aufnahme und Fortführung einer wirtschaftlichen Tätigkeit verlagert. Für die gemeinnützigkeitsrechtliche Würdigung kann es nicht allein auf die spätere Entstehung und den Ausgleich eines Verlustes ankommen, sondern für die Prüfung einer Mittelfehlverwendung im Sinne von § 55 Abs. 1 Nr. 1 AO muss entscheidend sein, ob die **Investition aus der Perspektive *ex ante* wirtschaftlich vertretbar war** oder nicht[4]. Nur so wird verhindert, dass gemeinnützige Einrichtungen nur deshalb die Gemeinnützigkeit verlieren, weil sich wirtschaftliche Aktivitäten auf Grund unvorhersehbarer wirtschaftlicher Entwicklungen (z.B. konjunktureller Schwankungen, Änderung des Marktumfeldes) zu Verlustgeschäften entwickelt haben. Dies gilt umso mehr, wenn man mit der Finanzverwaltung das Ver-

6.22

---

1 Dazu *Schauhoff*, DStR 2004, 471.
2 Vgl. dazu *Hüttemann*, FR 2002, 1337; *Hüttemann* in DStJG 26 (2003), 70 ff.; siehe auch *Schauhoff*, DStR 1998, 701 ff.; *Unger*, DStZ 2010, 141; *Orth*, DStR 2009, 1397; *von Holt* in NK-GemnR, § 55 AO Rz. 85 ff.
3 Vgl. zur Vermögensanlage von Stiftungen näher *Hüttemann/Schön*, Vermögensverwaltung und Vermögenserhaltung nach Stiftungs- und Gemeinnützigkeitsrecht, 2007.
4 So auch *Buchna/Leichinger/Seeger/Brox*, S. 139; *Märtens* in Gosch, § 5 KStG Rz. 31.

lustausgleichsverbot auf den Bereich der Vermögensverwaltung ausdehnt. Es wäre absurd, wenn man einer gemeinnützigen Stiftung nur deshalb die Gemeinnützigkeit versagen würde, weil sie – wie andere institutionelle Anleger auch – zum (aus Ex-post-Perspektive) „falschen" Zeitpunkt Aktien erworben hat. Umgekehrt liegt eine Mittelfehlverwendung auch dann vor, wenn Mittel aus satzungsfremden Gründen in (ex ante) hochriskante oder verlustträchtige Anlageformen investiert werden, die später unerwartet einen hohen Gewinn abwerfen. Maßgebend kann nicht das konkrete wirtschaftliche Ergebnis sein, sondern nur die wirtschaftliche Angemessenheit der Investition: Wer als Geschäftsführer einer gemeinnützigen Einrichtung ins Spielcasino geht, um die mageren Spendenmittel „aufzubessern", begeht auch dann eine „Mittelfehlverwendung" im Sinne des § 55 Abs. 1 Nr. 1 AO, wenn er den Betrag „mit viel Glück" verdreifacht.

6.23 Wenn man mit der hier vertretenen Ansicht auf die wirtschaftliche Angemessenheit einer Investition ex ante abstellt, ist eine Verlustentstehung als solche steuerlich unschädlich. Maßgebend ist nicht der eingetretene Verlust als solcher, sondern die Verlustursache. Daraus folgt auch, dass gemeinnützige Einrichtungen verlustbringende Aktivitäten, wenn eine Besserung nicht absehbar ist, einstellen müssen. Demgegenüber vermittelt die Auffassung der Finanzverwaltung den Organen gemeinnütziger Einrichtungen völlig **falsche Anreize, weil ein Ausstieg mit Verlust unzulässig sein soll**[1]. Dies hat zur Folge, dass die Geschäftsführung, wenn bei Verlustphasen die siebenjährige Verrechnungsperiode noch nicht abgeschlossen ist, die betreffende Aktivität regelmäßig in der (trügerischen) Hoffnung auf eine Besserung der wirtschaftlichen Lage einfach fortführen wird. Damit wird das Problem aber nicht gelöst, sondern nur in die Zukunft verschoben und dem schlechten Geld noch „gutes Geld" hinterhergeworfen. Völlig unverantwortlich ist es schließlich, wenn die Finanzverwaltung als letzten Ausweg auch noch einen Verlustausgleich „auf Kredit" zulässt. Hier werden zu den bereits eingetretenen Verluste noch weitere zusätzliche Schulden aufgetürmt, nur um die Gemeinnützigkeit nicht zu gefährden. Solche Billigkeitslösungen – die offenbar in erster Linie für Fußballclubs gedacht waren – sind zwar gut gemeint, helfen den Beteiligten aber nicht wirklich weiter.

6.24 Entgegen der Ansicht des I. Senats[2] folgt ein striktes Verlustausgleichsgebot auch nicht aus dem **Mittelverwendungsgebot des § 55 Abs. 1 Nr. 1 AO**. Wie bereits dargelegt, sind Investitionen zur Mittelbeschaffung nicht der Ebene der „Mittelverwendung", sondern dem Bereich der „Mittelerzielung" zuzuordnen, solange eine Investition ex ante wirtschaftlich vernünftig ist. Das Mittelverwendungsgebot wird erst dann verletzt, wenn mit steuerbegünstigten Mitteln zweckwidrige Ausgaben finanziert werden. Dies wäre z.B. anzunehmen, wenn außerhalb des Zweckbetriebsbereichs Dauerverlustbetriebe unterhalten werden, die keine zusätzlichen Mittel für die satzungsmäßigen Zwecke erwarten lassen, sondern die satzungsmäßigen Aktivitäten nur beeinträchtigen. Einer solchen Quersubventionierung des wirtschaftlichen Bereichs steht – wie der I. Senat zu Recht festgestellt hat – das Mittelverwendungsgebot entgegen, das insoweit auch dazu dient, die Wettbewerbsneutralität des Steuerrechts

---

1 Ebenso *von Holt* in NK-GemnR, § 55 AO Rz. 87.
2 BFH v. 13.11.1996 – I R 152/93, BStBl. II 1998, 711.

zu wahren: Eine Alimentation steuerpflichtiger wirtschaftlicher Mittelbeschaffungsbetriebe mit spendenbegünstigten Mitteln etc. würde dem Sinn und Zweck der partiellen Steuerpflicht eindeutig zuwiderlaufen und wäre auch mit den Vorgaben des EU-Beihilfenrechts nicht zu vereinbaren (vgl. dazu Rz. 1.111 ff.).

Für die Frage, welche Verluste aus wirtschaftlichen Aktivitäten danach eine unzulässige Mittelfehlverwendung nach § 55 Abs. 1 Nr. 1 AO darstellen, kann als Referenzmodell auf die **von der Rechtsprechung zur steuerlichen Liebhaberei entwickelten Kriterien** zurückgegriffen werden[1]. Danach kommt es also u.a. darauf an, ob die betreffende Tätigkeit bei einer Ex-ante-Betrachtung wirtschaftlich sinnvoll ist bzw. ein wirtschaftlich brauchbares Konzept vorliegt. Ferner ist eine Ertragsprognose aufzustellen. Bei neu aufgenommenen Tätigkeiten sind gewisse Anlaufverluste unschädlich. Schließlich ist allgemein von der Körperschaft zu erwarten, dass auf anhaltende Verluste mit Änderungen des Betriebskonzepts oder Einstellung der Tätigkeit reagiert wird[2]. Gemeinnützigkeitsschädlich sind also nur solche Tätigkeiten, die ohne Gewinnerzielungsabsicht unternommen worden und auch nicht durch die satzungsmäßigen Zwecke der Körperschaft gedeckt sind. Im Gegensatz zur Ansicht der Finanzverwaltung ist aber nicht erst der Verlust als solcher schädlich, sondern bereits die Verwendung von Mitteln zur Aufnahme einer solchen satzungszweckfremden Tätigkeit. Entwickelt sich eine zunächst mit Gewinnerzielungsabsicht begonnene Tätigkeit später zu einem Verlustgeschäft, dann müssen die Organe entweder das betriebliche Konzept ändern oder die betreffende Tätigkeit alsbald einstellen, auch wenn dies zu (endgültigen) Verlusten führt. Der Ausgleich solcher Verluste mit zeitnah zu verwendenden Mitteln ist gemeinnützigkeitsrechtlich nach der hier vertretenen Ansicht unbedenklich, soweit eine Tätigkeit bei Ex-ante-Betrachtung wirtschaftlich sinnvoll war. Denn in diesem Fall handelt es sich bei den Verlusten nur um die Folge des allgemeinen Unternehmerrisikos.

6.25

Die vorstehenden Grundsätze gelten schließlich nicht nur für wirtschaftliche Geschäftsbetriebe, sondern im Grundsatz auch für steuerfreie **vermögensverwaltende Aktivitäten** (vgl. auch Rz. 6.40). Auch bei solchen Tätigkeiten ist zu fordern, dass sie bei einer Ex-ante-Betrachtung unter Risiko- und Renditegesichtspunkten wirtschaftlich sinnvoll sind[3]. Diesen Anforderungen wird nicht mehr entsprochen, wenn ein diversifiziertes Vermögensportfolio ganz überwiegend in weitgehend ungesicherte Darlehen an mittelständische Unternehmen umgeschichtet wird[4]. Ob bei vermögensverwaltenden Einkünften ohne Weiteres an die Rechtsprechungsgrundsätze zur Liebhaberei angeknüpft werden kann, erscheint deshalb fraglich, weil diese teilweise auf spezifisch einkommensteuerrechtlichen Wertungen beruhen. So ist z.B. bei einer langfristigen Vermietung und Verpachtung von Grundbesitz eine Einkünfte-

6.26

---

1 Dazu grundlegend BFH v. 25.6.1984 – GrS 4/82, BStBl. II 1984, 751; ähnlich *Schauhoff* in Schauhoff, § 7 Rz. 114; *Hüttemann/Schön*, Vermögensverwaltung und Vermögenserhaltung nach Stiftungs- und Gemeinnützigkeitsrecht, S. 58.
2 In diese Richtung auch BFH v. 1.7.2009 – I R 6/08, BFH/NV 2009, 1837.
3 Aus der neueren Rechtsprechung siehe FG Münster v. 11.12.2014 – 3 K 323/12 Erb, EFG 2015, 739.
4 Siehe den Sachverhalt von FG Münster v. 11.12.2014 – 3 K 323/12 Erb, EFG 2015, 739.

erzielungsabsicht nach der ständigen Rechtsprechung des IX. Senats des BFH mit Rücksicht auf den Normzweck des § 21 Abs. 1 Nr. 1 EStG in der Regel auch dann gegeben, wenn zunächst über einen längeren Zeitraum nur (steuerliche) Verluste ausgewiesen werden[1]. Ob diese Wertung auch dem gemeinnützigkeitsrechtlichen Gebot einer „wirtschaftlich angemessenen" Vermögensanlage gerecht wird, erscheint zweifelhaft.

6.27 **Zusammenfassend** ist also zu sagen: Entgegen der h.M. ist nicht die Verlustentstehung im steuerpflichtigen wirtschaftlichen Geschäftsbetrieb als solche gemeinnützigkeitsschädlich, sondern es kommt auf die Ursachen des Verlustes an[2]. Solange eine gemeinnützige Körperschaft mit Gewinn- bzw. Einkünfteerzielungsabsicht tätig wird, handelt es sich bei Verlusten aus solchen Tätigkeiten regelmäßig nicht um eine unzulässige Mittelfehlverwendung, sondern nur um die Realisierung des allgemeinen Unternehmerrisikos. § 55 Abs. 1 Nr. 1 AO untersagt aber nur die Alimentation von Dauerverlustaktivitäten mit steuerbegünstigten Mitteln, nicht jedoch einen Verlustausgleich als solchen. Auch wenn der I. Senat des BFH im Beschluss vom 1.7.2009[3] noch ausdrücklich offengelassen hat, ob er sich der hier vertretenen Ansicht anschließen könnte, ist doch nicht zu übersehen, dass die „harte" Sichtweise des Urteils vom 13.11.1996[4] heute wohl keinen Bestand mehr hätte. Dies zeigt sich auch daran, dass der I. Senat die konkrete Entscheidung – Verlust der Gemeinnützigkeit wegen anhaltender Verluste in einer Vereinsgaststätte – nicht auf den Verlust als solches, sondern auf die unveränderte Fortführung eines dauerdefizitären Betriebs gestützt hat. Das entspricht aber im Kern der hier entwickelten Ansicht.

6.28–6.30 frei

2. Sonderfragen

a) Steuerpflichtige Zweckverwirklichungsbetriebe

6.31 Vielfach wird vereinfachend davon ausgegangen, dass steuerpflichtige wirtschaftliche Geschäftsbetriebe ausschließlich der Gewinnerzielung dienen. Dabei wird übersehen, dass die steuerliche Unterscheidung zwischen steuerbegünstigten Zweckbetrieben und steuerpflichtigen wirtschaftlichen Geschäftsbetrieben nicht allein an die Art der Tätigkeit anknüpft (vgl. § 65 Nr. 1 AO), sondern auch **Wettbewerbsgesichtspunkte** berücksichtigt (§ 65 Nr. 3 AO). Es kann daher sein, dass ein Zweckverwirklichungsbetrieb gleichwohl als steuerpflichtige Tätigkeit qualifiziert wird, weil es am Markt genügend nicht begünstigte private Betriebe derselben oder ähnlichen Art gibt.

Beispiel Nr. 2: Eine Wohlfahrtseinrichtung führt neben Krankentransporten mit speziell hergerichteten Fahrzeugen auch Krankenfahrten in einem normalen Pkw durch. Solche Krankenfahrten sind – aus der Sicht der Wohlfahrtsorganisation – auch eine „Hilfe für andere" und dienen damit der Verwirklichung der eigenen satzungsmäßigen Zwecke (Wohlfahrts-

---

1 BFH v. 30.9.1997 – IX R 80/94, BStBl. II 1998, 771.
2 So auch *Märtens* in Gosch, § 5 KStG Rz. 31 und 207.
3 BFH v. 1.7.2009 – I R 6/08, BFH/NV 2009, 1837.
4 BFH v. 13.11.1996 – I R 152/93, BStBl. II 1998, 711.

wesen). Gleichwohl kann diese Tätigkeit nach § 65 Nr. 3 AO nicht als Zweckbetrieb angesehen werden, weil die Organisation damit in direkten Wettbewerb zu anderen Unternehmen (z.B. dem Taxigewerbe) tritt[1].

Fraglich ist, ob die Grundsätze über den Verlustausgleich auch für solche Betriebe gelten oder einer Modifikation bedürfen. So könnte man argumentieren, dass ein Verlustausgleich in solchen Fällen unschädlich sein müsse, weil die Mittel „für satzungsmäßige Zwecke" – also im Beispielsfall für die Beförderung von Kranken – verwendet werden[2]. Eine solche **Ausnahme vom Verlustausgleichsgebot ist aber nicht ohne Weiteres anzuerkennen**[3]. Denn sie würde zu dem Widerspruch führen, dass der Gesetzgeber einerseits aus Wettbewerbsgründen die Besteuerung einer Tätigkeit anordnet, gleichzeitig aber steuerbegünstigt erworbene Mittel (z.B. Spenden) für die Quersubventionierung solcher Tätigkeiten eingesetzt werden könnten. Aus der Versagung der Steuerbefreiung nach § 65 Nr. 3 AO folgt also auch ein Verlustausgleichsverbot mit steuerbegünstigten Mitteln. Zwar ist die Körperschaft nicht gezwungen, solche Tätigkeiten mit Gewinn zu betreiben. Steuerlich unbedenklich ist auch ein Verlustausgleich mit Umlagen Dritter oder mit Zuschüssen, für die kein Spendenabzug in Anspruch genommen werden darf. Es dürfen aber z.B. keine Spenden oder steuerfreien Vermögenserträge zum Ausgleich von Verlusten eingesetzt werden[4]. Allerdings erlaubt § 64 Abs. 2 AO einen gewissen Mitteltransfer aus anderen wirtschaftlichen Geschäftsbetrieben.

6.32

b) Zusammenfassung aller wirtschaftlichen Geschäftsbetriebe nach § 64 Abs. 2 AO

Durch das Vereinsförderungsgesetz[5] ist das Problem des Verlustausgleichs im wirtschaftlichen Geschäftsbetrieb wesentlich entschärft worden. Unterhält eine Körperschaft mehrere wirtschaftliche Geschäftsbetriebe, die keine Zweckbetriebe (§§ 65 bis 68 AO) sind, „werden diese als ein wirtschaftlicher Geschäftsbetrieb behandelt". Anders ausgedrückt: Mehrere steuerpflichtige wirtschaftliche Geschäftsbetriebe sind **für Zwecke der Mittelverwendung als Einheit zu behandeln**. Auf diese Weise soll erreicht werden, dass nicht schon ein einziger Verlustbetrieb die Gemeinnützigkeit gefährdet, sondern nur alle steuerpflichtigen wirtschaftlichen Geschäftsbetriebe als Ganzes ein zumindest ausgeglichenes Ergebnis erwirtschaften müssen.

6.33

Versteht man das Verlustausgleichsproblem in Anlehnung an die Liebhabereirechtsprechung als Verbot von Dauerverlustbetrieben, dann verbietet § 64 Abs. 2 AO folglich eine Segmentierung der wirtschaftlichen Betätigungen. Mehrere wirtschaftliche Geschäftsbetriebe sind also auch dann als Einheit zu behandeln, wenn es sich um ungleichartige Betriebe handelt, die selbständig nebeneinander bestehen. Diese Einschränkung ist **rechtspolitisch frag-**

---

1 Vgl. dazu AEAO Nr. 6 zu § 66 AO.
2 Vgl. *Herbert*, Der wirtschaftliche Geschäftsbetrieb des gemeinnützigen Vereins, 1988, S. 122.
3 Eingehend *Hüttemann*, Wirtschaftliche Betätigung, S. 86 ff.; a.A. *Schauhoff*, DStR 1998, 711 ff.
4 Vgl. näher *Hüttemann*, Wirtschaftliche Betätigung, S. 86 ff.
5 Gesetz v. 18.12.1989, BGBl. I 1989, 2221.

würdig, weil sie innerhalb der steuerpflichtigen wirtschaftlichen Sphäre gewisse Quersubventionierungen erlaubt. Die Reichweite der Regelung wird aber dadurch eingeschränkt, dass der Gesetzgeber des Vereinsförderungsgesetzes weder § 55 Abs. 1 Nr. 1 AO noch den Ausschließlichkeitsgrundsatz in § 56 AO eingeschränkt hat. Auch aus den Grundsätzen des BFH-Urteils vom 4.4.2007[1] folgt, dass gemeinnützigen Körperschaften die Unterhaltung strukturell verlustbringender Tätigkeiten, die nicht der Verwirklichung des steuerbegünstigten Hauptzwecks dienen, untersagt ist[2]. Denn eine solche Tätigkeit wäre nicht mehr den steuerbegünstigten Zwecken „untergeordnet".

Daraus folgt nach hier vertretener Ansicht, dass nur solche Verluste nach § 64 Abs. 2 AO ausgeglichen werden können, die **durch die Verfolgung der satzungsmäßigen steuerbegünstigten Zwecke veranlasst sind**[3]. Dies hat folgende Konsequenzen:

– Zum einen darf § 64 Abs. 2 AO nicht dahin missverstanden werden, dass er **zweckwidrige Ausgaben** erlaubt. Es wäre absurd, wenn zweckwidrige Ausgaben im ideellen Bereich (z.B. überhöhte Aufwandsentschädigungen) nach § 55 Abs. 1 Nr. 3 AO den Verlust der Gemeinnützigkeit zur Folge hätten, überhöhte Ausgaben im wirtschaftlichen Geschäftsbetrieb, soweit sie zu Verlusten führen, aber nach § 64 Abs. 2 AO unschädlich wären, solange diese Verluste durch Gewinne aus anderen wirtschaftlichen Aktivitäten ausgeglichen werden können. Zu Recht weist die Finanzverwaltung deshalb im Anwendungserlass darauf hin, dass § 55 Abs. 1 Nr. 1 Satz 2 und Nr. 3 AO auch für den steuerpflichtigen wirtschaftlichen Geschäftsbetrieb gilt[4]. Dies bedeutet, dass die Verluste einer Vereinsgaststätte nicht durch Zuwendungen an die Mitglieder (verbilligter Verkauf von Speisen und Getränken) oder durch überhöhte Vergütungen (z.B. für die Mitarbeiter) entstanden sein dürfen.

– Zum anderen ist ganz allgemein davon auszugehen, dass ein Ausgleich von **Verlusten aus satzungszweckfremden wirtschaftlichen Betätigungen** unabhängig von § 64 Abs. 2 AO die Gemeinnützigkeit ausschließt. Führt eine gemeinnützige Stiftung ein unrentables Unternehmen mit Rücksicht auf den Stifterwillen fort und gleicht die Verluste fortlaufend mit Überschüssen aus anderen Aktivitäten aus, dann liegt darin ein Verstoß gegen § 55 Abs. 1 Nr. 1 AO. Denn die Quersubventionierung eines satzungszweckfremden Dauerverlustbetriebs dient nicht den steuerbegünstigten Zwecken und wird auch nicht von § 64 Abs. 2 AO erlaubt.

– Die Bedeutung des § 64 Abs. 2 AO beschränkt sich somit auf solche Verlustaktivitäten, **die zur Verfolgung satzungsmäßiger Zwecke entfaltet werden** (§ 65 Nr. 1 AO), aber nach § 65 Nr. 3 AO wegen steuerschädlichen Wettbewerbs nicht als steuerbegünstigte Zweckbetriebe angesehen werden können[5]. § 64 Abs. 2 AO enthält also, wie auch die Anordnung der Regelung in § 64 AO erkennen lässt, eine

---

1 BFH v. 4.4.2007 – I R 76/05, BStBl. II 2007, 631.
2 Ebenso *Märtens* in Gosch, § 5 KStG Rz. 207.
3 Ohne diese Einschränkung – lediglich ein „(Dauer-)Verlust" des einheitlichen wirtschaftlichen Geschäftsbetriebs sei schädlich – *Buchna/Leichinger/Seeger/Brox*, S. 311; wohl auch AEAO Nr. 14 zu § 64 Abs. 2 AO; wie hier *von Maydell* in NK-GemnR, § 64 AO Rz. 48.
4 AEAO Nr. 13 zu § 64 Abs. 2 AO.
5 Vgl. dazu auch *Hüttemann*, Wirtschaftliche Betätigung, S. 89.

Einschränkung des Wettbewerbsgedankens insoweit, als die Verwendung versteuerter Gewinne zum Verlustausgleich in anderen wirtschaftlichen Geschäftsbetrieben zugelassen wird, soweit dadurch die ausschließlich gemeinnützige Zielsetzung nicht beeinträchtigt wird.

c) Verluste aus der gescheiterten Gründung eines Zweckbetriebs

Ein **Sonderfall** ist schließlich gegeben, wenn eine gemeinnützige Körperschaft erhebliche Mittel für die Gründung eines Katalogzweckbetriebs verwendet, die Gründung aber fehlschlägt, weil es nicht gelingt, die gesetzlichen Voraussetzungen des Zweckbetriebs zu erfüllen.   6.34

Beispiel Nr. 3: Wenn eine Stiftung ein Krankenhaus errichtet, das – entgegen der ursprünglichen Planung – die gesetzlichen Voraussetzungen des § 67 AO nicht erfüllt (die Zahl der nach Fallpauschalen behandelten Patienten bleibt unter der 40-Prozent-Grenze), dann stellt sich die Frage, ob die Anfangsverluste gemeinnützigkeitsschädlich sind. Die Besonderheit des Falles besteht darin, dass das Krankenhaus von vornherein nicht in der Absicht der Gewinnerzielung geführt worden ist, sodass die im Anwendungserlass aufgestellten Vorgaben (Ausgleich mit früheren Gewinnen) nicht erfüllt werden können.

Nach der hier vertretenen Ansicht kommt es allein darauf an, ob die Aufnahme des Krankenhausbetriebs aus der Sicht ex ante wirtschaftlich vertretbar war. Entscheidend ist also, ob nach den Verhältnissen vor Ort eine begründete Aussicht bestanden hat, die 40-Prozent-Grenze des § 67 AO zu überschreiten. In diesem Fall sind die Verluste grundsätzlich nicht gemeinnützigkeitsschädlich, weil die Steuervergünstigung keinen „Erfolg", sondern nur das ernsthafte Bemühen um einen solchen voraussetzt. Der Fall ist also nicht anders zu behandeln als die Verausgabung von Mitteln für ein – letztlich ergebnisloses – Forschungsprojekt (vgl. auch Rz. 3.4 ff.).

3. Längerfristige Investitionen in wirtschaftliche Geschäftsbetriebe und vermögensverwaltende Aktivitäten

Neben dem aus § 55 Abs. 1 Nr. 1 AO abzuleitenden Verbot von Dauerverlustbetrieben gibt es noch eine weitere Grenze wirtschaftlicher Tätigkeiten, die sich aus dem **Grundsatz der zeitnahen Mittelverwendung** ergibt. Wirtschaftliche Aktivitäten setzen regelmäßig größere Investitionen voraus. So erfordert z.B. die Eröffnung einer Vereinsgaststätte umfangreiche Anschaffungen (Küchengeräte, Mobiliar etc.) und eine Vermögensverwaltung ist nur dort denkbar, wo es auch Vermögenswerte gibt, die rentierlich angelegt werden können. Gemeinnützige Körperschaften sind jedoch zumindest im Grundsatz verpflichtet, alle ihnen zufließenden Einnahmen innerhalb der Verwendungsfrist des § 55 Abs. 1 Nr. 5 Satz 3 AO für satzungsmäßige Zwecke einzusetzen. Die Investition von Mitteln in wirtschaftliche Geschäftsbetriebe oder in eine Vermögensverwaltung ist aber keine „Verwendung für satzungsmäßige Zwecke" im Sinne von § 55 Abs. 1 Nr. 1 AO (vgl. näher Rz. 4.29). Daraus folgt, dass zeitnah zu verwendende Mittel nicht über die Mittelverwendungsfrist hinaus durch wirtschaftliche Aktivitäten gebunden sein dürfen. Aus dem Gebot der zeitnahen Mittelverwendung ergeben sich für die Finanzierung von wirtschaftlichen Aktivitäten daher **folgende Restriktionen:**   6.35

– **Zeitnah zu verwendende Mittel** dürfen grundsätzlich während der gesetzlichen Mittelverwendungsfrist im Rahmen der Vermögensverwaltung rentierlich angelegt oder im Rahmen wirtschaftlicher Geschäftsbetriebe eingesetzt werden[1]. Ihre Anlage muss aber bei einer Ex-ante-Betrachtung so beschaffen sein, dass sie bei Ablauf der Mittelverwendungsfrist voraussichtlich ungeschmälert für satzungsmäßige Zwecke zur Verfügung stehen. Bei Körperschaften, die über relativ stabile Einnahmen verfügen, können daher auch mittel- und langfristige Vermögensanlagen mit zeitnah zu verwendenden Mitteln finanziert werden, wenn die Körperschaft über einen ständigen Mittelvortrag in entsprechender Höhe verfügt. Daraus folgt zugleich, dass der häufig verwendete Satz, zeitnah zu verwendende Mittel dürften überhaupt nicht in steuerpflichtige wirtschaftliche Geschäftsbetriebe investiert werden[2], so nicht zutrifft[3], zumal bei der Mittelverwendung nicht auf konkrete Einnahmen, sondern auf Saldogrößen abgestellt wird[4]. Entscheidend ist allein, dass die Investitionen in wirtschaftlichen Geschäftsbetrieben oder Vermögensanlagen nicht zu einer unzulässigen langfristigen Vermögensbildung führen. Gegen eine vorübergehende Mittelanlage innerhalb der zweijährigen Verwendungsfrist bestehen aber keine Bedenken.

– Die vorstehenden Überlegungen gelten sinngemäß für Mittel, die **in einer vorübergehenden Rücklage nach § 62 Abs. 1 Nr. 1, 2 und 4 AO** gebunden sind. Der einzige Unterschied zu den laufenden Einnahmen besteht darin, dass die Zeitspanne für die Zwischenanlage regelmäßig länger sein wird.

– Unbedenklich ist ferner der Einsatz von solchen **Mitteln, die auf Dauer nicht zeitnah zu verwenden sind**[5]. Dazu gehören zum einen das sonstige Vermögen einer Körperschaft (vgl. § 62 Abs. 3 AO) und die in eine freie Rücklage eingestellten Mittel (§ 62 Abs. 1 Nr. 3 AO). Sie bilden die Grundlage für langfristig angelegte Mittelbeschaffungskonzepte (z.B. die Beteiligung an steuerpflichtigen Kapitalgesellschaften, Investitionen in Grundbesitz etc.).

Schließlich dürfen gemeinnützige Körperschaften auch im Bereich der Vermögensverwaltung und der wirtschaftlichen Geschäftsbetriebe **auf Kreditmittel zurückgreifen**[6]. Hier sind allerdings verschiedene Restriktionen hinsichtlich der Zins- und Tilgungsleistungen sowie einer etwaigen Kreditbesicherung zu beachten (vgl. auch Rz. 5.97).

– Was die laufenden **Zins- und Tilgungsleistungen** anbetrifft, so dürfen dafür regelmäßig keine zeitnah zu verwendenden Mittel eingesetzt werden, da die Verbindlichkeit nicht für Ausgaben zu satzungsmäßigen Zwecken eingegangen worden ist. Die Körperschaft muss den Kredit also aus den Erträgen der wirtschaftlichen Tätigkeit verzinsen und tilgen.

---

1 So auch *Buchna/Leichinger/Seeger/Brox*, S. 144; *Schauhoff* in Schauhoff, § 7 Rz. 115.
2 So tendenziell auch AEAO Nr. 4 zu § 55 Abs. 1 Nr. 1 AO.
3 Ebenso *von Holt* in NK-GemnR, § 55 AO Rz. 18.
4 Vgl. dazu BFH v. 20.3.2017 – X R 13/15, BStBl. II 2017, 1110.
5 *Buchna/Leichinger/Seeger/Brox*, S. 144.
6 Vgl. *Buchna/Leichinger/Seeger/Brox*, S. 143; OFD Hannover v. 12.7.2000, DStR 2000, 1564.

– Hinsichtlich der **Gewährung von Kreditsicherheiten** bestehen keine Bedenken, soweit das Investitionsobjekt selbst mit Hypotheken belastet wird. Erwirbt eine gemeinnützige Körperschaft also z.B. eine Immobilie auf Kredit, dann kann die Immobilie auch belastet werden. Problematischer erscheint dagegen eine Besicherung des nutzungsgebundenen Vermögens für Kredite im Bereich wirtschaftlicher Geschäftsbetriebe bzw. einer Vermögensverwaltung. Allerdings liegt in der Besicherung selbst noch keine „Fehlverwendung" für nicht satzungsmäßige Zwecke, sofern bei einer Beurteilung ex ante davon auszugehen ist, dass der Kredit aus den Erträgen der wirtschaftlichen Tätigkeit bedient und getilgt werden kann. In diesem Fall sollte, um eine unzulässige Quersubventionierung zu unterbinden, der wirtschaftliche Bereich an den ideellen Bereich eine fiktive Avalgebühr leisten, durch die ein angemessener Ausgleich für das übernommene Haftungsrisiko geleistet wird.

frei   6.36–6.37

VII. Gemeinnützigkeitsrechtliche Vorgaben für die verschiedenen Sphären

1. Vermögensverwaltende Tätigkeiten

a) Ertragbringende Nutzung von Vermögenswerten

§ 14 Satz 3 AO definiert eine vermögensverwaltende Tätigkeit mit zwei Regelbeispie-   6.38
len: Eine (steuerfreie) Vermögensverwaltung liegt danach in der Regel vor, „wenn Vermögen genutzt, z.B. Kapitalvermögen verzinslich angelegt oder unbewegliches Vermögen vermietet oder verpachtet wird". Eine vermögensverwaltende Tätigkeit im Sinne von § 14 Satz 3 AO setzt also zunächst voraus, dass **die Körperschaft über entsprechende Vermögenswerte verfügt**, die ertragbringend angelegt werden können. Die Grenzen der Vermögensverwaltung werden somit vor allem durch den Grundsatz der zeitnahen Mittelverwendung gezogen: Da das Gesetz fordert, dass die Mittel der Körperschaft innerhalb eines bestimmten Zeitraums tatsächlich für satzungsmäßige Zwecke verbraucht oder zur Anschaffung oder Herstellung nutzungsgebundener Wirtschaftsgüter eingesetzt werden, verbleibt für ertragbringende Vermögensanlagen (z.B. die verzinsliche Anlage von Kapital) nur in zwei Fällen Raum:

– Die Körperschaft nutzt die gesetzliche Mittelverwendungsfrist (§ 55 Abs. 1 Nr. 5 Satz 3 AO), um **zeitnah zu verwendende Mittel vorübergehend verzinslich anzulegen**. Eine solche Zwischenanlage liegt auch vor, wenn zeitnah zu verwendende Mittel nur vorübergehend einer Projektrücklage nach § 62 Abs. 1 Nr. 1 AO zugeführt werden. Auch hier werden vorhandene Vermögenswerte vorübergehend zur Einkünfteerzielung genutzt. Bei dieser Art von Vermögensanlage ist allerdings darauf zu achten, dass die angelegten Mittel zeitgerecht für die Verwendung zu satzungsmäßigen Zwecken zur Verfügung stehen. Dies bedeutet praktisch: Verfügt die Körperschaft über relativ konstante Einnahmequellen, kann sie in Höhe des laufenden Mittelvortrags auch längerfristige Vermögensanlagen vornehmen. Handelt es sich bei den anzulegenden Mitteln dagegen um einmalige Einnahmen, muss bei der Auswahl der Anlageformen die Mittelverwendungsfrist beachtet werden. Bei Mitteln, die in vorübergehende Rücklagen eingestellt worden sind, kommt es auf den voraussichtlichen Zeitraum bis zur geplanten Mittelverwendung an.

– Die Körperschaft verfügt auch über Mittel, die nicht der Pflicht zur zeitnahen Mittelverwendung unterliegen (§ 62 Abs. 1 Nr. 3 AO), oder über sonstiges Vermögen (§ 62 Abs. 3 und 4 AO), das nicht für die satzungsmäßigen Zwecke verwendet werden muss. Solche Vermögenswerte können **auf Dauer zur Einkünfteerzielung genutzt** werden, also z.B. verzinslich angelegt oder in andere Anlageformen (Aktien, Fonds, Immobilien etc.) investiert werden.

– Besonderheiten ergeben sich bei Mitteln, die in eine **Rücklage nach § 62 Abs. 1 Nr. 4 AO** eingestellt werden. Diese Mittel müssen zweckentsprechend so angelegt sein, dass sie im Zeitpunkt der Kapitalerhöhung zur Verfügung stehen.

6.39 Grundsätzlich können gemeinnützige Einrichtungen auch **kreditfinanzierte Investments** eingehen (vgl. Rz. 5.97). Bei der Planung von kreditfinanzierten Engagements müssen sie aber wiederum den Grundsatz der gemeinnützigen Mittelverwendung beachten. Dies bedeutet zum einen, dass die laufenden Zinsen nur aus Erträgen der Vermögensverwaltung finanziert werden dürfen. Zum anderen ist eine **Vermögensbildung durch Tilgungsleistungen** nur in dem Umfang zulässig, in dem auch Mittel in eine freie Rücklage nach § 62 Abs. 1 Nr. 3 AO eingestellt werden dürfen. Aus diesem Grund dürften kreditfinanzierte Anlagen nur in solchen Fällen in Betracht kommen, in denen die Körperschaft bereits über ein gewisses Eigenkapital verfügt, sodass sie diese Beschränkungen einhalten kann. Denkbar ist eine Kreditaufnahme auch in Verbindung mit einer vorhergehenden Rücklagenbildung nach § 62 Abs. 1 Nr. 4 AO.

b) Geschäftspolitik bei der Vermögensanlage

6.40 Gemeinnützige Körperschaften sind bei der Wahl der Vermögensanlagen weitgehend frei. Sie dürfen jede Anlageform wählen, die *ex ante* wirtschaftlich sinnvoll ist. Für die Beurteilung der wirtschaftlichen Angemessenheit einer Anlage kommt es neben der voraussichtlichen Rendite insbesondere auch auf die Risikoklasse einer Anlageform an[1]. Das Gemeinnützigkeitsrecht schreibt den Körperschaften keine bestimmte Anlageform vor[2]. Die geschäftsführenden Organe sind daher, soweit sich ihre Entscheidungen innerhalb der äußeren Grenzen eines wirtschaftlich sinnvollen Anlageverhaltens bewegen, in ihren Dispositionen frei. Diese äußeren Grenzen wer-

---

1 Vgl. zur Vermögensanlage bei gemeinnützigen Stiftungen die Monographien von *Fritz*, Stifterwille und Stiftungsvermögen 2009; *Friedrich*, Die Anlage des Stiftungsvermögens, 2012.

2 Statt vieler *Hüttemann/Schön*, Vermögensverwaltung und Vermögenserhaltung nach Stiftungs- und Gemeinnützigkeitsrecht, 2007; *Hüttemann*, WM 2016, 625; *Märtens* in Gosch, § 5 KStG Rz. 207 f.; *Schauhoff* in Schauhoff, § 7 Rz. 73; s. auch *Orth*, DStR 2009, 1397; zurückhaltender nunmehr auch *Buchna/Leichinger/Seeger/Brox*, S. 141: „(K)eine Vorgabe für die Anlagestrategie".

den durch die Gesichtspunkte Rendite und Risiko bestimmt[1]. Zwischen diesen Größen besteht typischerweise ein gewisser Zielkonflikt, weil sich eine höhere Rendite in der Regel nur mit Anlageklassen erzielen lässt, die eine geringere Sicherheit aufweisen, und umgekehrt ein Mehr an Sicherheit regelmäßig mit einem Renditeverzicht verbunden ist[2]. Zwar lässt sich dieses Spannungsverhältnis nach den Grundsätzen der Portfolio-Theorie bis zu einem gewissen Grad durch die Mischung verschiedener Anlageklassen auflösen[3]. Eine solche „Asset-Allocation" ist allerdings ihrerseits mit zusätzlichen Kosten verbunden und auch für ein „effizient" diversifiziertes Portfolio gilt, dass sich eine höhere Gesamtrendite nur unter Inkaufnahme eines größeren Risikos erzielen lässt[4].

Diesen Zusammenhängen trägt auch die **neuere Rechtsprechung der Finanzgerichte** Rechnung. So hat das FG Münster die Aberkennung der Gemeinnützigkeit einer Stiftung bestätigt, die in den Streitjahren ihre Vermögensanlagen nahezu vollständig von festverzinslichen Spareinlagen und Wertpapieren in Darlehen an Unternehmen der mittelständischen Wirtschaft umgeschichtet und in der späteren Insolvenz eines Schuldnerunternehmens die Darlehensvaluta verloren hat[5]. Zur Begründung führt das FG aus[6]: „Eine vermögensverwaltende Anlagestrategie muss dabei zwar darauf ausgerichtet sein, ausreichende Erträge zu erzielen, so dass bei abnehmendem Zinsniveau auch gegenüber sog. mündelsicheren Anlageformen wegen höherer Ertragschancen auch Anlageformen gewählt werden können und müssen, denen ein größeres Ausfallrisiko anhaftet. Die Umschichtung von Stiftungsvermögen in Anlagen, die einseitig und ganz oder teilweise nicht ausreichend besichert sind, hält der Senat aber für nicht zulässig". Hinzuweisen ist auch auf einen Beschluss des FG München, das im einstweiligen Rechtsschutz die Versagung der Gemeinnützigkeit einer unselbständigen Stiftung bestätigt hat, nachdem der Stiftungsträger offenbar nicht erklären konnte, weshalb es wirtschaftlich sinnvoll war, den einzigen ertragbringenden Vermögensgegenstand (eine vermietete Wohnung) zu veräußern und den Erlös in einen Investitionskredit mit sehr niedriger (variabler) Verzinsung anzulegen[7].

Im Schrifttum wird die Ansicht vertreten, dass gemeinnützige Einrichtungen sicherstellen müssten, dass das angelegte Vermögen dauerhaft erhalten bleibe[8]. Daher dürfe die Anlage der Mittel „nicht mit besonderen Risiken" verbunden sein. Nach dieser Auffassung soll grundsätzlich dann von einer gemeinnützigkeitsrechtlich unbedenklichen Anlage der Mittel ausgegangen werden, wenn sich die Körperschaft an die für Versicherungsunternehmen geltenden **Vorgaben und Einschränkungen des § 54a VAG** orientiere[9]. Dieser Feststellung wird man kaum widersprechen können. Sie bedeutet aber nicht, dass gemeinnützige Einrichtungen stets an die Vorgaben des VAG gebunden wären. Die Bindung gemeinnütziger Einrichtungen an das Gemeinwohl

6.41

---

1 Demgegenüber wird dem Gesichtspunkt der Liquidität – insbesondere bei Stiftungsvermögen – wegen des langen Anlagehorizonts nur eine geringere Bedeutung zukommen.
2 Dazu aus dem Schrifttum näher *Fritz*, Stifterwille und Stiftungsvermögen 2009, S. 132 ff.
3 Instruktiv *Friedrich*, Die Anlage des Stiftungsvermögens, 2012, S. 45 ff.
4 So auch *Friedrich*, Die Anlage des Stiftungsvermögens, 2012, S. 53.
5 FG Münster v. 11.12.2014 – 3 K 323/12 Erb, EFG 2015, 739.
6 FG Münster v. 11.12.2014 – 3 K 323/12 Erb, EFG 2015, 739; zustimmend *Hüttemann*, WM 2016, 677 f.; *Buchna/Leichinger/Seeger/Brox*, S. 141 f.
7 FG München v. 15.1.2016 – 7 V 2906/15, npoR 2017, 27.
8 Zum Folgenden *Buchna/Leichinger/Seeger/Brox*, S. 142 f.
9 *Buchna/Leichinger/Seeger/Brox*, S. 142.

und der Grundsatz der gemeinnützigen Mittelverwendung begründen noch keine Analogie zum VAG. Die Anforderungen des VAG sind nur für bestimmte Unternehmen gedacht und lassen sich nicht auf die Vielzahl kleiner und mittlerer Einrichtungen des gemeinnützigen Sektors übertragen. Sie können zwar eine gewisse Orientierung für eine besonders „sichere" Vermögensanlage geben, sind aber rechtlich nicht bindend. Schon aus Gründen der Verwaltungspraktikabilität und der fehlenden Expertise sollten sich die Finanzämter darauf beschränken, die Einhaltung der dargelegten äußeren Grenzen zu überprüfen. Dafür spricht auch, dass die geschäftsführenden Organe bei der Vermögensanlage auch den Vorgaben des zivilen Vereins-, Stiftungs- und Gesellschaftsrechts unterliegen[1].

6.42 Hat die Körperschaft in eine ex ante wirtschaftlich sinnvolle Vermögensanlage investiert, sind spätere **Verluste grundsätzlich gemeinnützigkeitsunschädlich**[2]. Auch hier gilt also, dass nicht erst die tatsächliche Verlustentstehung, sondern die Investition in wirtschaftlich unsinnige Anlagen gemeinnützigkeitsschädlich ist. Es wäre wertungswidersprüchlich, wenn man gemeinnützigen Einrichtungen einerseits den Erwerb von Aktien als Teil ihres Portfolios erlauben würde, andererseits aber spätere (steuerlich irrelevante) Kursverluste für gemeinnützigkeitsschädlich hielte[3]. Nichts anderes gilt z.B. für das Risiko der Vermietung einer Immobilie und andere Risiken, die mit einer Vermögensanlage typischerweise verbunden sind.

In seinem Beschluss vom 29.2.2008[4] hat der I. Senat des BFH in Hinsicht auf eine von der klagenden Stiftung gerügte **Kollision zwischen Stiftungs- und Gemeinnützigkeitsrecht** Folgendes ausgeführt: „Der Stiftungsvorstand hat das Stiftungsvermögen unter Beachtung des Stifterwillens so zu verwalten, dass der Stiftungszweck nachhaltig dauernd erfüllt werden kann (vgl. allgemein hierzu *Schön/Hüttemann*, Vermögenserhaltung und Vermögensverwaltung im Stiftungs- und Gemeinnützigkeitsrecht, 2007, S. 32 ff.)." Danach oblägen Entscheidungen über die Vermögensanlage – so der Senat weiter – grundsätzlich „dem pflichtgemäßen Ermessen des Stiftungsvorstands". Diese Passagen lassen erkennen, dass auch nach Ansicht des I. Senats die wirtschaftliche Vertretbarkeit einer Anlageentscheidungen aus der Sicht ex ante zu beurteilen ist[5]. Dies entspricht auch den Grundsätzen der bereits erwähnten Entscheidung des FG Münster[6].

c) Ertragsverwendung und Vermögensbildung

6.43 Nur die Überschüsse aus der Vermögensverwaltung unterliegen – vorbehaltlich der Rücklagenbildung nach § 62 Abs. 1 Nr. 3 AO – dem Gebot der zeitnahen Mittelver-

---

1 Eingehend *Hüttemann/Schön*, Vermögensverwaltung und Vermögenserhaltung nach Stiftungs- und Gemeinnützigkeitsrecht, 2007; zur Haftung eines Stiftungsvorstands für fehlerhafte Vermögensanlagen vgl. OLG Oldenburg v. 8.11.2013 – 6 U 50/13, npoR 2014, 134 mit Anmerkung *Hüttemann/Kampermann*, npoR 2014, 143, bestätigt durch BGH v. 20.11.2014 – ZR III 509/13, npoR 2015, 28.
2 Ebenso nun auch *Buchna/Leichinger/Seeger/Brox*, S. 143.
3 Vgl. dazu auch *Märtens* in Gosch, § 5 KStG Rz. 207a; *Schauhoff*, DStR 2004, 471; *Orth*, DStR 2009, 1397.
4 BFH v. 29.2.2008 – I B 159/07, BFH/NV 2008, 1203.
5 Ebenso *Orth*, DStR 2009, 1403.
6 FG Münster v. 11.12.2014 – 3 K 323/12 Erb, EFG 2015, 739.

wendung (§ 55 Abs. 1 Nr. 5 AO). Die Überschüsse sind im Grundsatz mittels Einnahmen-Überschussrechnung zu ermitteln. Insoweit gilt das **Nettoprinzip**, d.h. von den Einnahmen sind die durch die Vermögensverwaltung veranlassten Ausgaben (Kontogebühren, Verwaltungskosten, Abschreibungen bei Gebäuden etc.) abzuziehen. Darüber hinaus können für konkret absehbare Aufwendungen im Vermögensverwaltungsbereich (z.B. für Reparaturen an einem vermieteten Gebäude) auch zusätzliche Rücklagen gebildet werden[1].

Für Überschüsse aus der Vermögensverwaltung hat der Gesetzgeber die Pflicht zur zeitnahen Mittelverwendung eingeschränkt, um den Körperschaften gewisse Rücklagen zum Ausgleich von Inflationsverlusten zu ermöglichen (vgl. näher Rz. 5.106 ff.). Nach § 62 Abs. 1 Nr. 3 Satz 1 Alt. 1 AO können bis zu einem Drittel des „Überschusses der Einnahmen über die Unkosten aus Vermögensverwaltung" **einer freien Rücklage zugeführt** werden. Die Rücklagenbildung gilt für alle Überschüsse, die aus einer steuerfreien Vermögensverwaltung im Sinne von § 14 Satz 3 AO erzielt worden sind. Auf die konkrete wirtschaftliche Notwendigkeit eines Inflationsausgleichs kommt es nicht an. Die Rücklage darf also z.B. auch dann gebildet werden, wenn eine Körperschaft ihr Vermögen in Immobilien oder Gesellschaftsbeteiligungen angelegt hat, d.h. die Gefahr eines Kaufkraftverlustes nicht besteht. | 6.44

Über die Regelung des § 62 Abs. 1 Nr. 3 Satz 1 Alt. 1 AO hinaus kann das Vermögen einer gemeinnützigen Körperschaft **noch auf andere Weise wachsen**. Hinzuweisen ist zum einen auf die freie Rücklage aus sonstigen zeitnah zu verwendenden Mitteln (§ 62 Abs. 1 Nr. 3 Satz 1 Alt. 2 AO), die Rücklage zum Erwerb von Gesellschaftsrechten (§ 62 Abs. 1 Nr. 4 AO) sowie Zuwendungen Dritter zum Vermögen (§ 62 Abs. 3 AO). | 6.45

Im Gegensatz zu laufenden Überschüssen aus einer Vermögensverwaltung unterliegen **Gewinne aus der Veräußerung von Vermögensgegenständen des sonstigen Vermögens** nicht der Pflicht zur zeitnahen Mittelverwendung[2]. Mit dieser Einschränkung respektiert das Steuerrecht, dass nur die laufenden Erträge aus der bestimmungsgemäßen Nutzung des sonstigen Vermögens für satzungsmäßige Zwecke zu verwenden sind[3]. Dagegen sind innere Wertsteigerungen, die durch Umschichtungsgewinne realisiert werden, zur Vermögenssphäre zu rechnen und können daher als solche wieder dem Vermögen zugeführt werden. Diese Unterscheidung ergibt sich im Fall des Stiftungskapitals und sonstiger Zuwendungen Dritter aus der Widmung des Zuwendenden. Das Steuerrecht steht allerdings auch einer zeitnahen Verwendung von Umschichtungsgewinnen nicht entgegen, soweit diese zivilrechtlich zulässig ist. Schließlich ist daran zu erinnern, dass bei einer Anlagepolitik, die vor allem auf die Erzielung von Umschichtungsgewinne ausgelegt ist, die zeitnahe | 6.46

---

1 Vgl. AEAO Nr. 3 zu § 55 AO.
2 Vgl. AEAO Nr. 29 zu § 55 Abs. 1 Nr. 5 AO; allerdings gilt dies nach Ansicht der Finanzverwaltung nur dann, wenn die Veräußerung im Rahmen der steuerfreien Vermögensverwaltung erfolgt (vgl. dazu die Kritik bei Rz. 5.163).
3 Vgl. zur parallelen Abgrenzung von Vermögens- und Ertragssphäre im Stiftungsrecht *Hüttemann/Rawert* in Staudinger, § 81 BGB Rz. 66.

Verwendung eines Teils der Umschichtungsgewinne geboten sein kann, um über ausreichend liquide Mittel für die Verwirklichung der steuerbegünstigten Zwecke zu verfügen (vgl. Rz. 5.160 ff.).

2. Wirtschaftliche Geschäftsbetriebe

6.47   § 14 Satz 1 AO definiert den wirtschaftlichen Geschäftsbetrieb als „eine selbständige nachhaltige Tätigkeit, durch die Einnahmen oder andere wirtschaftliche Vorteile erzielt werden und die über den Rahmen einer Vermögensverwaltung hinausgeht". Der wirtschaftliche Geschäftsbetrieb hat mit einer Vermögensverwaltung gemein, dass er im Regelfall nur **zur Finanzierung der satzungsmäßigen Tätigkeit beiträgt**, aber – anders als der steuerbegünstigte Zweckbetrieb – nicht der Verwirklichung der Satzungszwecke dient (zu Ausnahmefällen vgl. Rz. 6.6). Die Unterhaltung solcher Mittelbeschaffungsbetriebe ist also dadurch gerechtfertigt, dass sie zusätzliche Mittel für die Verwirklichung der steuerbegünstigten Zwecke erwirtschaften und daher eine größere Gemeinwohlförderung ermöglichen (vgl. näher Rz. 6.9).

a) Gründung wirtschaftlicher Geschäftsbetriebe

6.48   Die Investition von Mitteln in die Gründung steuerpflichtiger wirtschaftlicher Geschäftsbetriebe ist keine Verwendung zu steuerbegünstigten satzungsmäßigen Zwecken im Sinne von § 55 Abs. 1 Nr. 1 AO. Daraus folgt, dass für die Gründung neuer wirtschaftlicher Geschäftsbetriebe prinzipiell die gleichen Einschränkungen gelten wie für die Aufnahme einer vermögensverwaltenden Tätigkeit[1]. Für die **Finanzierung wirtschaftlicher Geschäftsbetriebe** kommen also im Wesentlichen **drei Möglichkeiten** in Betracht:

– **Zeitnah zu verwendende Mittel** können nur im Rahmen der gesetzlichen Mittelverwendungsfrist als Zwischenanlage im wirtschaftlichen Geschäftsbetrieb eingesetzt werden. Entsprechendes gilt für **Mittel aus vorübergehenden Rücklagen nach § 62 Abs. 1 Nr. 1, 2 und 4 AO** bis zur späteren Verwendung für satzungsmäßige Zwecke bzw. für den Erwerb der Anteilsrechte. Verfügt die Körperschaft auf Grund ihrer Finanzierungsstruktur (z.B. laufende Mitgliedsbeiträge etc.) über einen relativ konstanten Mittelvortrag, können aus zeitnah zu verwendenden Mitteln sogar auch längerfristige Investitionen abgedeckt werden.

– **Mittel aus der freien Rücklage** (§ 62 Abs. 1 Nr. 3 AO) **und sonstiges Vermögen** (§ 62 Abs. 3 und 4 AO), die nicht der Pflicht zur zeitnahen Mittelverwendung unterliegen, können hingegen ohne zeitliche Befristung als Eigenkapital für eine wirtschaftliche Betätigung genutzt werden. Ferner ist an den Fall zu denken, dass die gemeinnützige Körperschaft einen wirtschaftlichen Geschäftsbetrieb durch die Zuwendung eines Dritten erhalten hat (vgl. § 62 Abs. 3 AO), den sie nunmehr als Finanzierungsquelle fortführt (z.B. das Einzelunternehmen des Stifters).

– Schließlich können neue wirtschaftliche Betätigungen auch **durch Kreditmittel (mit-)finanziert werden**. In diesem Fall ist aber wiederum darauf zu achten,

---

1 Vgl. auch BFH v. 4.4.2007 – I R 76/05, BStBl. II 2007, 631.

dass zwar der laufende Zinsaufwand aus den Erträgen der wirtschaftlichen Tätigkeit finanziert wird, etwaige Tilgungsleistungen aber eine Maßnahme der Vermögensbildung darstellen, die nur in den allgemeinen gemeinnützigkeitsrechtlichen Grenzen zulässig ist[1]. Da die Gewinne aus wirtschaftlichen Geschäftsbetrieben grundsätzlich zeitnah zu verwenden sind, ist für eine Tilgung nur insoweit Raum, als die Körperschaft über nicht zeitnah zu verwendende Mittel verfügt (z.B. eine freie Rücklage oder Zuwendungen nach § 62 Abs. 3 AO). Ferner kann im wirtschaftlichen Geschäftsbetrieb eine sonstige Rücklage für wirtschaftlich notwendige Erhaltungs- und Erweiterungsmaßnahmen gebildet werden. Ferner können ohne Nachweis der wirtschaftlichen Erforderlichkeit bis zu 10 Prozent der Gewinne des wirtschaftlichen Geschäftsbetriebs in eine freie Rücklage nach § 62 Abs. 1 Nr. 3 Alt. 2 AO eingestellt werden. In diesem Umfang ist auch eine Kredittilgung zulasten der zeitnah zu verwendenden Mittel zulässig.

Insgesamt ist festzustellen, dass der **Grundsatz der zeitnahen Mittelverwendung** in der Praxis ein gewisses Hindernis für die Aufnahme neuer, kapitalintensiver wirtschaftlicher Aktivitäten darstellen wird. Diese Beschränkung erscheint aber durchaus sinnvoll, um zu verhindern, dass zeitnah zu verwendende Mittel auf Dauer in umfangreichen wirtschaftlichen Betätigungen gebunden werden und deshalb kurz- und mittelfristig für die Verwendung zu satzungsmäßigen Zwecke nicht zur Verfügung stehen. Denn mit solchen Investments kann die gegenwärtige Verfolgung steuerbegünstigter Zwecke mitunter stärker behindert als befördert werden. Soweit gemeinnützige Einrichtungen in der Praxis kapitalintensive wirtschaftliche Geschäftsbetriebe unterhalten, wird diese Betätigung zumeist auf Altvermögen aus der Zeit vor Einführung des Gebots der zeitnahen Mittelverwendung oder auf zugewendeten Vermögenswerten (§ 62 Abs. 3 AO) beruhen. 6.49

Ungeachtet der sich aus dem Grundsatz der zeitnahen Mittelverwendung ergebenden Restriktionen bleibt gemeinnützigen Einrichtungen noch ein **erheblicher Spielraum für mögliche wirtschaftliche Betätigungen zur Mittelbeschaffung**. So gibt es z.B. im Umfeld der satzungsmäßigen Arbeit zahlreiche Marktchancen, die sich auch ohne umfangreiche Investments nutzen lassen und deren wirtschaftliche Ausnutzung auch gemeinnützigkeitsrechtlich ganz unbedenklich ist. 6.50

Beispiel Nr. 4: Viele gemeinnützige Einrichtungen finanzieren sich über das Anzeigengeschäft in der Vereinszeitschrift, die Werbung für Unternehmen am Rande von Veranstaltungen (z.B. Trikot- und Bandenwerbung), die Durchführung von geselligen Veranstaltungen und Basaren mit ehrenamtlichen Kräften oder ein Sponsoring. Hier bedarf es häufig nur geringer Aufwendungen, um zusätzliche Einnahmen zu erzielen, da das werbliche Umfeld (Stadion, öffentliche Aufführungen, Druckschriften etc.) bereits durch die Verfolgung satzungsmäßiger Zwecke vorgegeben ist. Hinzuweisen ist auch auf die Vermietung von Sportanlagen an Dritte aus Gründen der Kapazitätsauslastung (z.B. das Greenfee beim Golfspiel). In diesem Zusammenhang gehören schließlich auch der Betrieb von Vereinsgaststätten, die Einrichtung einer Besuchercafeteria (Museum, Krankenhaus) oder der Verkauf von Büchern, Andenken etc. Alle diese Fälle sind dadurch gekennzeichnet, dass durch die wirtschaftlichen Aktivitäten die Verfolgung satzungsmäßiger Zwecke nicht oder kaum behindert wird und mit einem ver-

---

1 Vgl. *Buchna/Leichinger/Seeger/Brox*, S. 143.

gleichsweise geringen Mitteleinsatz erhebliche Überschüsse erwirtschaftet werden können. Solche Aktivitäten sind, wenn *ex ante* mittel- oder langfristig mit Gewinnen gerechnet werden kann, wirtschaftlich sinnvoll und daher auch gemeinnützigkeitsrechtlich zulässig. Sofern eine Gewinnerzielungsabsicht nachweisbar ist, sind auch Anlaufverluste unschädlich.

b) Geschäftspolitik im wirtschaftlichen Bereich

6.51 Die Geschäftspolitik im wirtschaftlichen Bereich muss – wenn es sich nicht ausnahmsweise um Betriebe zur Verwirklichung von Satzungszwecken handelt[1] – durch die Gewinnerzielungsabsicht geprägt sein und darüber hinaus auch die Verwendungsverbote des § 55 Abs. 1 Nr. 1, 3 AO beachten. Die wirtschaftlichen Geschäftsbetriebe müssen also so geführt werden, dass (über die Totalperiode) **Überschüsse angestrebt werden**. Ferner dürfen die Mitglieder in ihrer Eigenschaft als Mitglieder (vgl. § 55 Abs. 1 Nr. 1 und 3 AO) keine Zuwendungen erhalten (z.B. verbilligte Abgabe von Speisen und Getränke). Zudem gilt auch im wirtschaftlichen Bereich nach § 55 Abs. 1 Nr. 3 AO ein Verbot überhöhter Entgelte (z.B. bei der Vergütung der leitenden Mitarbeiter). Die Geschäftspolitik im wirtschaftlichen Geschäftsbetrieb sollte sich daher an der Kalkulation vergleichbarer erwerbswirtschaftlicher Unternehmen orientieren (zum Fremdvergleichsmaßstab vgl. Rz. 5.67 ff.).

6.52 Erweist sich das ursprüngliche Unternehmenskonzept auf Grund längerer Verlustphasen als korrekturbedürftig, müssen die Organe entsprechend reagieren, d.h. die Geschäftspolitik muss geändert oder die Aktivität (u.U. auch mit Verlust) ganz eingestellt werden[2]. Die Gemeinnützigkeit ist unter dem Gesichtspunkt der Mittelfehlverwendung erst dann gefährdet, wenn ein Betrieb dauerhaft ohne Gewinnerzielungsabsicht fortgeführt wird (**Verbot von Dauerverlustbetrieben**). Allerdings sind insoweit die Einschränkungen zu beachten, die sich aus der von § 64 Abs. 2 AO geforderten Gesamtbetrachtung ergeben. Danach sind steuerpflichtige Zweckverwirklichungsbetriebe (§ 65 Nr. 1 AO), die wegen steuerschädlichen Wettbewerbs keine Zweckbetriebe sind, solange unschädlich, als sie ein ausgeglichenes Ergebnis aufweisen oder die Verluste aus solchen Tätigkeiten durch Gewinne aus anderen wirtschaftlichen Geschäftsbetriebe abgedeckt werden können (s. Rz. 6.33).

c) Gewinnverwendung und Betriebserweiterungen

6.53 Die Überschüsse aus steuerpflichtigen wirtschaftlichen Geschäftsbetrieben unterliegen im Grundsatz dem Gebot der zeitnahen Mittelverwendung, dürfen also nicht einfach in den Betrieben reinvestiert werden. Allerdings kennt das Gesetz mehrere Ausnahmen von diesem Grundsatz. So ist eine Rücklagenbildung im wirtschaftlichen Geschäftsbetrieb unschädlich, soweit diese Rücklagen bei **vernünftiger kaufmännischer Beurteilung wirtschaftlich begründet** sind (entsprechend § 14 Abs. 1 Nr. 4 KStG)[3]. Für die Bildung der Rücklage muss – so der Anwendungserlass – „ein konkreter Anlass gegeben sein, der auch aus objektiver Sicht die Bildung der Rück-

---

1 Vgl. dazu *Hüttemann*, Wirtschaftliche Betätigung, S. 103 f.
2 Vgl. auch BFH v. 1.7.2009 – I R 6/08, BFH/NV 2009, 1837.
3 Vgl. AEAO Nr. 3 zu § 55 Abs. 1 Nr. 1 AO.

lage rechtfertigt (z.B. eine geplante Betriebsverlegung, Werkserneuerung oder Kapazitätsausweitung)". Diese Maßstäbe sind eher großzügig bemessen, da bereits im Rahmen der Gewinnermittlung durch die Bildung von Rückstellungen etc. gewisse Möglichkeiten zur Zukunftsvorsorge bestehen[1]. Ferner dürfen die steuerlichen Maßstäbe für die Gründung von neuen Betrieben und die Erweiterung vorhandener Betriebe nicht allzu weit auseinanderfallen[2]. Nach den Grundsätzen des BFH-Urteils vom 15.7.1998[3] ist in Ausnahmefällen sogar eine fast vollständige Zuführung des Gewinns zu einer Rücklage zulässig, wenn die Körperschaft nachweist, dass „die betriebliche Mittelverwendung zur Sicherung ihrer Existenz geboten war".

Abgesehen von den Rücklagen im wirtschaftlichen Geschäftsbetrieb können für ein Wachstum der wirtschaftlichen Geschäftsbetriebe auch **Mittel der freien Rücklage** (§ 62 Abs. 1 Nr. 3 AO) **und sonstiges Vermögen** (§ 62 Abs. 3 und 4 AO) eingesetzt werden. Dabei ist allerdings zu beachten, dass aus den Gewinnen eines steuerpflichtigen wirtschaftlichen Geschäftsbetriebs selbst nur die 10-Prozent-Rücklage nach § 62 Abs. 1 Nr. 3 Satz 1 Alt. 2 AO gebildet werden kann.   6.54

Schließlich können auch wirtschaftliche Geschäftsbetriebe durch eine **Kreditaufnahme** finanziert werden (vgl. auch Rz. 6.35). Der Zinsaufwand aus der Kreditaufnahme belastet in Zukunft dann allerdings das Ergebnis aus der wirtschaftlichen Tätigkeit. Tilgungsleistungen sind jedoch nur in dem Umfang zulässig, als nach den vorstehenden Überlegungen auch Mittel zur Vermögensbildung eingesetzt werden dürfen (also z.B. aus Mitteln der freien Rücklage oder aus dem sonstigen Vermögen).   6.55

3. Steuerbegünstigte Zweckbetriebe und ideeller Bereich

a) Gründung von Zweckbetrieben und Tätigkeiten im ideellen Bereich

Steuerbegünstigte Zweckbetriebe und Tätigkeiten im ideellen Bereich sind dadurch gekennzeichnet, dass sie nicht der Mittelbeschaffung, sondern der Verwirklichung der satzungsmäßigen Zwecke dienen. Aufwendungen im Zweckbetriebsbereich und in der ideellen Sphäre sind also eine Verwendung zu steuerbegünstigten satzungsmäßigen Zwecken (§ 55 Abs. 1 Nr. 1 AO). Daraus folgt, dass die Gründung, der Betrieb und die Erweiterung von Zweckbetrieben besonderen Regeln folgen. Die Aufnahme von Tätigkeiten im ideellen Bereich und die Gründung neuer Zweckbetriebe unterliegen **keinen Beschränkungen durch den Grundsatz der zeitnahen gemeinnützigen Mittelverwendung,** da es sich um Investitionen im steuerbegünstigten Bereich zur Verwirklichung satzungsmäßiger Zwecke handelt. Gemeinnützige Körperschaften können also ihre gesamten zeitnah zu verwendenden Mittel für solche Ausgaben verwenden und auch in unbegrenztem Umfang durch Anschaffung oder Herstellung von Vermögensgegenständen, die satzungsmäßigen Zwecken dienen, nutzungsgebundenes Vermögen im Sinne von § 55 Abs. 1 Nr. 5 Satz 2 AO bilden. Für die Finanzierung von Zweckbetrieben können aber nicht nur gegenwärtig vor-   6.56

---

1 Vgl. die Kritik von *Walz* in Hopt/Reuter (Hrsg.), Stiftungsrecht in Europa 1998, S. 210.
2 Vgl. dazu auch *Hüttemann*, Wirtschaftliche Betätigung, S. 103.
3 BFH v. 15.7.1998 – I R 156/94, BStBl. II 2002, 162; dazu auch *Hofmeister* in DStJG 26 (2003), 159 ff.

handene Mittel eingesetzt, sondern auch Projektrücklagen nach § 62 Abs. 1 Nr. 1 AO und Wiederbeschaffungsrücklagen nach § 62 Abs. 1 Nr. 2 AO gebildet werden. Auch eine Fremdfinanzierung ist grundsätzlich zulässig. Im Gegensatz zur Darlehensaufnahme im Bereich der Vermögensverwaltung oder eines steuerpflichtigen wirtschaftlichen Geschäftsbetriebs dürfen für die Zins- und Tilgungsleistungen bei Krediten im Zweckbetrieb auch zeitnah zu verwendende Mittel eingesetzt werden.

b) Geschäftspolitik im Zweckbetrieb

6.57 Ein Zweckbetrieb setzt u.a. voraus, dass der wirtschaftliche Geschäftsbetrieb „in seiner Gesamtrichtung dazu dient, die steuerbegünstigten satzungsmäßigen Zwecke der Körperschaft zu verwirklichen" und die Zwecke „nur durch einen solchen Geschäftsbetrieb erreicht werden können" (§ 65 Nr. 1 und 2 AO). Auf diese Merkmale ist im Rahmen der Abgrenzung von wirtschaftlichem Geschäftsbetrieb und Zweckbetrieb zurückzukommen (vgl. näher Rz. 6.173 ff.). Im vorliegenden Zusammenhang ist nur darauf einzugehen, welche praktischen Konsequenzen sich aus diesen Vorgaben für die Geschäftspolitik im Zweckbetrieb ergeben (dazu näher Rz. 6.181 f.). Grundsätzlich muss die gesamte Geschäftsführung auf die Erfüllung der satzungsmäßigen steuerbegünstigten Zwecke ausgerichtet sein. Dies gilt nicht nur für Art und Inhalt der Lieferungen und Leistungen im Zweckbetrieb, sondern auch für die Bemessung der Leistungsentgelte, die sich an den Erfordernissen der gemeinnützigen Zwecke der Körperschaft orientieren müssen. Dies schließt eine **Gewinnerzielung nicht aus**, wenn diese beispielsweise zur Finanzierung von Betriebserweiterungen oder zur Tilgung von Krediten im Zweckbetriebsbereich erforderlich ist[1]. Dabei ist richtigerweise nicht allein auf die Erfordernisse des einzelnen Zweckbetriebs abzustellen[2], sondern – wie es auch in § 65 Nr. 1 AO heißt – auf die „steuerbegünstigten Satzungszwecke der Körperschaft". Deshalb ist auch eine Gewinnerzielung im Zweckbetrieb zur Finanzierung von Aufwendungen in der ideellen Sphäre erlaubt (ebenso wie umgekehrt auch Mittel des ideellen Bereichs im Zweckbetrieb eingesetzt werden dürfen). Ferner wird man bei Körperschaften mit mehreren steuerbegünstigten Zwecken auch eine Gewinnerzielung zur (Mit-)Finanzierung von anderen wirtschaftlich defizitären Zweckbetrieben zulassen müssen[3]. Ein nach § 65 Nr. 1 AO schädliches Gewinnstreben ist folglich erst dann anzunehmen, wenn die Erfüllung der steuerbegünstigten Satzungszwecke gegenüber der Absicht zur Erzielung von finanziellen Überschüssen völlig in den Hintergrund tritt (zum speziellen Gewinnverbot bei Betrieben der Wohlfahrtspflege vgl. näher Rz. 6.228).

---

1 Ebenso für Zweckbetriebe der Wohlfahrtspflege unter Hinweis auf das Merkmal „nicht des Erwerbs wegens" nach § 66 Abs. 2 AO BFH v. 27.11.2013 – I R 17/12, BStBl. II 2016, 68; einschränkend dazu nun AEAO Nr. 2 zu § 66 AO.

2 Missverständlich BFH v. 27.11.2013 – I R 17/12, BStBl. II 2016, 68 (im Urteilssachverhalt lag nur ein Betrieb vor).

3 Ebenso *Kirchhain*, DB 2014, 1831 (1834); einschränkend noch Voraufl.

c) Betriebserweiterungen

Eine Erweiterung des Zweckbetriebs oder der Aktivitäten im ideellen Bereich wirft 6.58
– ebenso wie die Aufnahme solcher Tätigkeiten – keine besonderen Probleme auf.
Insbesondere unterliegt die Körperschaft **keinen Restriktionen** hinsichtlich der gemeinnützigen Mittelverwendung, weil solche Betriebserweiterungen den satzungsmäßigen steuerbegünstigten Zwecken dienen. Dies gilt auch, soweit Überschüsse eines Zweckbetriebs zur Finanzierung von Erweiterungsinvestitionen in einem anderen Zweckbetrieb verwendet werden.

frei   6.59–6.60

B. Partielle Steuerpflicht

I. Gesetzlicher Ausgangspunkt

Die Einsicht, dass sich gemeinnützige Körperschaften zur Verwirklichung ihrer Zwe- 6.61
cke oder zur Beschaffung zusätzlicher Mittel wirtschaftlich am Markt betätigen dürfen, führt zu der Frage, ob die Steuervergünstigungen auch auf solche Betätigungen
erstreckt werden sollten oder ob insoweit eine Einschränkung geboten ist. Letzteres
ist der Standpunkt des geltenden Rechts. Die meisten Befreiungsregelungen in den
Einzelsteuergesetzen[1] enthalten die ausdrückliche Einschränkung, dass die Steuervergünstigung insoweit ausgeschlossen ist, als ein wirtschaftlicher Geschäftsbetrieb
unterhalten wird (vgl. z.B. § 5 Abs. 1 Nr. 9 Satz 2 KStG)[2]. Diese sog. **partielle Steuerpflicht** von gemeinnützigen Körperschaften mit den Werten, die zu einem wirtschaftlichen Geschäftsbetrieb gehören, wird in den §§ 14, 64 AO näher ausgeformt.

§ 14 AO enthält zunächst eine **allgemeine Definition** des wirtschaftlichen Ge- 6.62
schäftsbetriebs für alle Steuerarten[3]:

„Ein wirtschaftlicher Geschäftsbetrieb ist eine selbständige nachhaltige Tätigkeit, durch die
Einnahmen oder andere wirtschaftliche Vorteile erzielt werden und die über den Rahmen
einer Vermögensverwaltung hinausgeht. Die Absicht, Gewinn zu erzielen, ist nicht erforderlich. Eine Vermögensverwaltung liegt in der Regel vor, wenn Vermögen genutzt, zum Beispiel Kapitalvermögen verzinslich angelegt oder unbewegliches Vermögen vermietet oder
verpachtet wird.“

Die Vorschrift des § 64 Abs. 1 AO knüpft sodann an die Einschränkungen der Steu- 6.63
ervergünstigungen in den jeweiligen Einzelsteuergesetzen an und **konkretisiert die
partielle Steuerpflicht.** Die Vorschrift lautet:

---

1 Vgl. § 5 Abs. 1 Nr. 9 KStG; § 3 Nr. 6 GewStG; § 12 Abs. 2 Nr. 8 UStG.
2 Eine solche Beschränkung fehlte aber z.B. in § 7 Abs. 1 Nr. 1 KVStG.
3 Zur Bedeutung des § 14 AO für die verschiedenen Befreiungsnormen vgl. eingehend *Fischer* in Hübschmann/Hepp/Spitaler, § 14 AO Rz. 25 ff.; *Seer* in Tipke/Kruse, § 14 AO
Rz. 1.

„Schließt das Gesetz die Steuervergünstigung insoweit aus, als ein wirtschaftlicher Geschäftsbetrieb (§ 14) unterhalten wird, so verliert die Körperschaft die Steuervergünstigung für die dem Geschäftsbetrieb zuzuordnenden Besteuerungsgrundlagen (Einkünfte, Umsätze, Vermögen), soweit der wirtschaftliche Geschäftsbetrieb kein Zweckbetrieb (§§ 65 bis 68) ist."

6.64   Der Begriff des wirtschaftlichen Geschäftsbetriebs hat nicht nur Bedeutung für die sachliche Einschränkung der Steuerbefreiung gemeinnütziger Körperschaften, sondern findet **auch bei anderen Steuervergünstigungen Anwendung**. So setzt z.B. die Steuerbefreiung von Berufsverbänden[1] nach § 5 Abs. 1 Nr. 5 KStG voraus, dass der Zweck dieser Verbände „nicht auf einen wirtschaftlichen Geschäftsbetrieb gerichtet ist". Ferner sehen § 5 Abs. 1 Nr. 5 und 7 KStG z.B. eine partielle Steuerpflicht der wirtschaftlichen Geschäftsbetriebe von Berufsverbänden und politischen Parteien vor, wenn auch ohne eine Rückausnahme für Zweckbetriebe entsprechend § 65 AO[2].

II. Historische Entwicklung der partiellen Steuerpflicht

6.65   Der Gedanke einer Einschränkung der Steuervergünstigungen für gemeinnützige Körperschaften auf die Einkünfte aus Vermögensverwaltung und die Begründung einer partiellen Steuerpflicht für Einkünfte aus Gewerbebetrieben ist **relativ alt**[3]. Er findet sich bereits in § 6 Nr. 10 des Sächsischen Einkommensteuergesetzes von 1908[4], der – in Abänderung der bis dahin unbeschränkten subjektiven Einkommensteuerfreiheit – eine Steuerpflicht des Einkommens gemeinnütziger Körperschaften aus Grundbesitz und Gewerbebetrieb statuierte.

6.66   Der **Reichssteuergesetzgeber** verzichtete zunächst auf eine solche Beschränkung der Steuervergünstigungen im Hinblick auf das Erfordernis ausschließlicher Gemeinnützigkeit. Nachdem der RFH jedoch die Vereinbarkeit von ausschließlicher Gemeinnützigkeit und der Unterhaltung von Gewerbebetrieben zur Mittelbeschaffung festgestellt hatte[5], wurde durch die Notverordnung des Reichspräsidenten vom 1.12.1930 zunächst für die Vermögensteuer eine partielle Steuerpflicht gemeinnütziger Körperschaften mit dem Vermögen ihrer „wirtschaftlichen Geschäftsbetriebe"

---

1 Dazu eingehend *Kühner*, Die Steuerbefreiung der Berufsverbände, 2008.
2 Zur partiellen Steuerpflicht von politischen Parteien vgl. *Hüttemann* in FS Lang, 2010, S. 321.
3 Eine aus Gründen der Wettbewerbsgleichheit eingeführte partielle Steuerpflicht auf „aktive" Einkünfte gemeinnütziger Körperschaften findet sich in den meisten ausländischen Steuerrechtsordnungen. Allerdings fällt im Rechtsvergleich auf, dass eine solche Steuerbelastung z.B. in den USA deutlich später (1950) eingeführt worden ist. Den Anlass bildete die Berichterstattung über den Erwerb der *Mueller Macaroni Company* durch eine Förderkörperschaft der NYU Law School im Jahr 1948. Zur US-amerikanischen „Unrelated Business Income Tax (UBIT)" vgl. nur *Hansmann*, „Unfair Competition and the Unrelated Business Income Tax", Virginia Law Review 75, 1989, 605 ff.; *Steinberg*, „Unfair" Competition by Nonprofits and Tax Policy, National Tax Journal, 1991, 351 ff.; zur Rechtslage in Großbritannien vgl. *Luxton*, The Law of Charities, 2001, S. 729 ff.
4 Sächsisches Staatseinkommensteuergesetz i.d.F. v. 15.6.1908, GVBl. 1908, 245.
5 Vgl. RFH v. 23.4.1929 – I A a 753/28, RFHE 25, 103.

eingeführt[1]. Diese Einschränkung wurde einige Jahre später auch auf die Körperschaftsteuer und Gewerbesteuer übertragen[2].

§ 11 der Ersten Verordnung zur Durchführung des Körperschaftsteuergesetzes vom 6.2.1935[3] definierte in Abs. 1 den wirtschaftlichen Geschäftsbetrieb als eine „planmäßige wirtschaftliche Tätigkeit zur Erzielung von Einnahmen oder anderen wirtschaftlichen Vorteilen, die über eine einmalige Betätigung hinausgeht. Die Absicht, Gewinn zu erzielen, ist nicht erforderlich"[4]. Die **Gemeinnützigkeitsverordnung vom 16.12.1941**[5] enthielt in § 7 Abs. 3 sodann eine modifizierte Definition des wirtschaftlichen Geschäftsbetriebs, welche bereits weitgehend dem heutigen § 14 AO entsprach[6]. § 3 Nr. 2 GemVO 1941 verschärfte die Anforderungen an gemeinnützige Körperschaften dahin, dass diese überhaupt keinen Gewinn erstreben durften, soweit nicht eine Ausnahmebewilligung gemäß § 8 Abs. 2 und 3 GemVO erteilt worden war[7]. Gemeinnützige Körperschaften mit wirtschaftlichen Geschäftsbetrieben, die sog. unentbehrliche Hilfsbetriebe darstellten[8], waren auch mit den Werten dieser Geschäftsbetriebe steuerbegünstigt. Das Verbot von Gewinnerzielungsbetrieben widersprach jedoch der Regelung über die partielle Steuerpflicht in § 4 Abs. 1 Nr. 6 KStG, welche gerade im Hinblick auf die vom RFH für zulässig erachteten Gewinnerzielungsbetriebe eingeführt worden war. Denn der Begriff des wirtschaftlichen Geschäftsbetriebs im Sinne dieser Vorschrift hatte als Oberbegriff nicht nur Geschäftsbetriebe ohne Gewinnabsicht, sondern auch Gewerbe- und land- und forstwirtschaftliche Betriebe erfasst[9]. Das Verbot von Gewinnbetrieben und die ent-

---

1 Vgl. die Verordnung des Reichspräsidenten zur Sicherung von Wirtschaft und Finanzen v. 1.12.1930, RGBl. I 1930, 517 (576). Die Befreiung von der Körperschaftsteuer wurde – weitergehend als bei der Vermögensteuer – an die Voraussetzung geknüpft, dass die Körperschaft keinen über die bloße Vermögensverwaltung hinausgehenden wirtschaftlichen Geschäftsbetrieb unterhielt.

2 Vgl. § 4 Abs. 1 Nr. 6 KStG v. 16.10.1934, RGBl. I 1934, 1031 und § 3 Nr. 6 GewStG v. 1.12.1936, RGBl. I 1936, 979.

3 Vgl. RGBl. I 1935, 163.

4 Vgl. die inhaltsgleichen Regelungen in § 5 Abs. 1 Erste GewStDV v. 26.2.1937, RGBl. I 257 und § 7 Abs. 1 Dritte GewStDV v. 31.1.1940, RGBl. I 284.

5 Verordnung zur Durchführung der §§ 17 bis 19 StAnpG, RMBl. 299.

6 § 7 Abs. 3 GemVO 1941 lautete: „Eine selbständige, nachhaltige Betätigung, die ohne Gewinnabsicht unternommen wird, ist wirtschaftlicher Geschäftsbetrieb, wenn durch die Betätigung Einnahmen oder andere wirtschaftliche Vorteile erzielt werden und die Betätigung über den Rahmen einer Vermögensverwaltung hinausgeht."

7 § 8 Abs. 2 GemVO lautete: „Der Oberfinanzpräsident kann im Einvernehmen mit dem Gauleiter der NSDAP bewilligen, dass die Steuerpflicht, die nach Maßgabe der einzelnen Steuergesetze die Körperschaft betrifft, nur hinsichtlich des Gewerbebetriebs oder des land- und forstwirtschaftlichen Betriebs geltend gemacht wird."

8 Der sog. unentbehrliche (steuerlich unschädliche) Hilfsbetrieb (§§ 9 Abs. 4, 10 und 11 GemVO) entsprach sachlich dem Zweckbetrieb der §§ 65 ff. AO.

9 Vgl. nur *Mußfeld*, DStZ 1942, 37 (41): „Nach dem bisherigen Recht war der Begriff des wirtschaftlichen Geschäftsbetriebes der weitere Begriff, der auch den Gewerbebetrieb und den land- und forstwirtschaftlichen Betrieb umfaßte. Der Begriff des wirtschaftlichen Geschäftsbetriebes ist jetzt eingeengt." Vgl. auch *Zitzlaff*, DStZ 1947, 150 (151 f.); *von Kalm*, StuW 1949, 619 (621 f.); *Boettcher*, StuW 1949, 615 (617 f.).

sprechenden Regelungen wurden durch den Obersten Finanzhof mit Entscheidung vom 25.2.1950[1] für unwirksam erklärt[2].

6.67   § 6 Abs. 1 der **GemVO 1953**[3] stellte die frühere Rechtslage wieder her und entsprach inhaltlich dem § 64 Abs. 1 AO. Ebenfalls partiell steuerpflichtig mit den Werten ihrer wirtschaftlichen Geschäftsbetriebe sind vor allem Berufsverbände ohne öffentlich-rechtlichen Charakter (§ 5 Abs. 1 Nr. 5 KStG) und politische Parteien (§ 5 Abs. 1 Nr. 7 KStG).

III. Wettbewerbsgedanke als ratio legis der partiellen Steuerpflicht

1. Rechtsprechung des RFH als Ausgangspunkt

6.68   Die Einführung der Steuerpflicht wirtschaftlicher Geschäftsbetriebe erfolgte im Hinblick auf die ständige Rechtsprechung des RFH[4], derzufolge die Unterhaltung eines Gewerbebetriebs zur Mittelbeschaffung mit der ausschließlichen Gemeinnützigkeit vereinbar sei. Der RFH selbst hatte in der **Entscheidung vom 23.4.1929** eine entsprechende Reaktion des Gesetzgebers angeregt[5].

Zu dieser Entscheidung hatte eine **Kontroverse zwischen dem RFH und dem Reichsminister der Finanzen** geführt, deren Gegenstand die Unterhaltung von gewerblichen Betrieben zur Mittelbeschaffung durch gemeinnützige Körperschaften gewesen ist[6]. Gegen die Vereinbarkeit solcher Betriebe mit der ausschließlichen Gemeinnützigkeit verwies der Reichsminister der Finanzen[7] in Übereinstimmung mit kritischen Äußerungen im Schrifttum[8] zum einen auf die unterschiedlichen steuerlichen Folgen, zu welchen die Rechtsprechung des RFH bei der Unterhaltung eines gewerblichen Betriebs durch eine öffentlich-rechtliche und eine privatrechtliche

---

1 OFH v. 25.2.1950 – I 8/49, OFHE 54, 159.

2 Vgl. zur Entscheidung des OFH auch *Boettcher*, StuW 1951, 457, der auch § 3 Abs. 2 GemVO 1941 (Verbot jeglicher Gewinnerzielungsabsicht) in dieser weiten Fassung für ungültig hielt.

3 Verordnung zur Durchführung der §§ 17 bis 19 StAnpG (Gemeinnützigkeitsverordnung) v. 24.12.1953, BStBl. I, 6.

4 Vgl. zuerst RFH v. 2.12.1921 – Ia A 113/21, RFHE 8, 339; RFH v. 25.11.1927 – I A 439/27, RFHE 22, 204; RFH v. 23.4.1929 – I A a 753/28, RFHE 25, 103.

5 RFH v. 23.4.1929 – I A a 753/28, RFHE 25, 103, 112: „Haben sich, wie der Reichsminister der Finanzen glaubt, die Verhältnisse nach und nach so entwickelt, dass den nach § 9 Abs. 1 Nr. 7 KStG befreiten Körperschaften und Vermögensmassen in der Art des Erwerbes ihrer Mittel gewisse Beschränkungen auferlegt werden sollten, dann ist das Sache der Gesetzgebung und nicht der Rechtsprechung, derartigen praktischen Gesichtspunkten Rechnung zu tragen."

6 Der Reichsminister verwies insbesondere auf Gewerkschafts- und Volkshäuser, große Hotels oder Gast- und Speisewirtschaften, Zeitungsverlage, Buchhandlungen etc. RFH v. 23.4.1929 – I A a 753/28, RFHE 25, 103, 106; vgl. auch die vorangegangene Entscheidung des RFH v. 25.11.1927 – I A 439/27, RFHE 22, 204, welche einen bloßen Mittelbeschaffungsbetrieb – die Schankwirtschaft eines katholischen Junggesellenvereins – betraf.

7 Vgl. RFH v. 23.4.1929 – I A a 753/28, RFHE 25, 103 f. und die Stellungnahme des RFH auf S. 110 f.

8 Vgl. *Kennerknecht*, DStBl. 1926, 105; *Mrozek*, DStBl. 1928, 119; *Räß*, DStBl. 1930, 809.

Körperschaft, die beide gemeinnützigen Zwecken dienten, führte: Gewerbliche Unternehmungen öffentlich-rechtlicher Körperschaften waren gemäß § 2 Nr. 3 Buchst. c KStG 1925 steuerlich verselbständigt und körperschaftsteuerpflichtig. Der Gewerbebetrieb einer gemeinnützigen Körperschaft fiel hingegen – soweit man seine Unterhaltung mit dem Merkmal der Ausschließlichkeit für vereinbar hielt – mangels steuerlicher Verselbständigung unter die Steuerbefreiung des § 9 Abs. 1 Nr. 7 KStG. Darin sah der Reichsminister der Finanzen ein vom Gesetzgeber sicher nicht beabsichtigtes Ergebnis. Zum anderen komme es für die Frage der ausschließlichen Gemeinnützigkeit auf die Auswirkungen der gesamten Tätigkeit der Körperschaft für die Allgemeinheit an, weshalb zu berücksichtigen sei, dass gemeinnützige Körperschaften durch den steuerfreien Betrieb eines gewerblichen Unternehmens andere schutzwürdige Interessen der Allgemeinheit – die des freien Handels – verletzten[1]. Der RFH hielt diese Gesichtspunkte im Rahmen des Merkmals der Ausschließlichkeit für bedeutungslos. Die Unterhaltung eines Gewerbebetriebs berühre regelmäßig auch keine schutzwürdigen Interessen der Allgemeinheit. Ein gemeinnütziger Verein verletze solche Interessen höchstens dann, wenn er ein Geschäft eröffnet und gestützt auf seine Steuerfreiheit Preise nimmt, die sonst für den Handel nicht tragbar sind[2]. Auch sei die Auffassung des Reichsministers zu eng, wenn sie sich nur gegen die Unterhaltung von Gewerbebetrieben, nicht aber auch gegen land- und forstwirtschaftliche Betriebe richte.

2. Wettbewerbsneutralität als Leitgedanke der partiellen Steuerpflicht

Wenn der Reichssteuergesetzgeber daraufhin die partielle Steuerpflicht wirtschaftlicher Geschäftsbetriebe gemeinnütziger Körperschaften bestimmte, dann kann der Grund für diese Gesetzesänderung einzig im Wettbewerbsgedanken gesehen werden, der eine **Gleichbehandlung gemeinnütziger Körperschaften mit konkurrierenden erwerbswirtschaftlichen Unternehmen** fordert. Dies entsprach denn auch in der Folgezeit der allgemeinen Ansicht in Rechtsprechung[3] und Schrifttum[4].

6.69

---

1 Vgl. RFH v. 23.4.1929 – I A a 753/28, RFHE 25, 103 (105). Der Reichsminister verwies auf wiederholte Eingaben, die aus Kreisen der Wirtschaft gerade in letzter Zeit an das Ministerium gerichtet worden seien. Den sachlichen Anknüpfungspunkt bildete die ständige Rechtsprechung des RFH, derzufolge ein Zweck, der an sich gemeinnützig ist, dann nicht mehr als ausschließlich gemeinnützig anzuerkennen ist, wenn bei seiner Verfolgung andere schutzwürdige Interessen der Allgemeinheit oder von Personenkreisen, die als Allgemeinheit anzuerkennen sind, verletzt werden (RFH v. 15.3.1921 – I B 37/21, RFHE 5, 194 ff.; RFH v. 17.11.1925 – II A 593/25, RFHE 18, 49; RFH v. 9.12.1926 – I A 296/26, RFHE 20, 70 [71]). Der RFH hielt diese Rechtsprechung hingegen für nicht anwendbar, da es nur auf die Auswirkungen der verfolgten gemeinnützigen Zwecke, nicht aber auf die Folgen der eingesetzten Mittel zu ihrer Erreichung ankomme, RFH v. 23.4.1929 – I A a 753/28, RFHE 25, 103 (111 ff.).
2 RFH v. 23.4.1929 – I A a 753/28, RFHE 25, 103 (111).
3 Vgl. RFH v. 24.7.1937 – VIa A 1/35, RStBl. 1937, 1103; RFH v. 26.4.1938 – VIa 27/36, RFHE 44, 3.
4 Vgl. *Kennerknecht*, DStBl. 1931, 783 (786); *Schultze-Schlutius*, StuW 1938, 941 (956 ff.); *Bender/Kaemmel*, § 4 KStG Anm. 22; *Weisensee*, S. 13; *Zitzlaff*, DStZ 1947, 150 (152); *Becker/Riewald/Koch*, § 17 StAnpG Anm. 8.

6.70 Auch der **BFH**[1] **und das neuere Schrifttum**[2] sind nahezu einhellig der Ansicht, dass der Besteuerung wirtschaftlicher Geschäftsbetriebe, die nicht Zweckbetriebe sind, der Grundsatz der wettbewerbsneutralen Besteuerung zugrunde liegt. Der Gesetzgeber des Vereinsförderungsgesetzes hat ebenfalls am Gedanken der Wettbewerbsneutralität festgehalten und ihn lediglich durch die Einführung einer Gewichtigkeitsgrenze in § 64 Abs. 3 AO eingeschränkt[3].

6.71 Die Bedeutung des Wettbewerbsgedankens für die Besteuerung wirtschaftlicher Geschäftsbetriebe ist **vereinzelt kritisiert worden**[4]. Eine steuerliche Förderung, die nicht zu Wettbewerbsbeeinträchtigungen führen soll, sei ein Widerspruch in sich[5]. Würde der Rechtsanwender den Wettbewerbsgedanken zum Leitprinzip des Gemeinnützigkeitsrechts erheben, läge darin ein Widerspruch zu dessen Charakter als „steuerlichem Subventionsrecht". Ein vollkommen wettbewerbsneutrales Gemeinnützigkeitsrecht würde seine Förderungswirkung im Wesentlichen auf Nebeneffekte reduzieren[6].

6.72 Diese Einwände werden **der gesetzlichen Förderungssystematik des Gemeinnützigkeitsrechts nicht gerecht**[7]. Die als solche selbstverständliche Erkenntnis, dass Subventionen immer auf Wettbewerbsbedingungen einwirken, ist genau umgekehrt die Ursache dafür, dass das Gemeinnützigkeitsrecht Beeinträchtigungen des Wettbewerbs nur soweit erlaubt, wie sie zur Erfüllung gemeinnütziger Zwecke unvermeidbar sind (§ 65 Nr. 3 AO). Der Schwerpunkt der steuerlichen Förderung liegt demzufolge im Bereich des Spendenabzugs und dem Verzicht auf eine Besteuerung der Vermögenseinkünfte, die außerhalb der wirtschaftlichen Geschäftsbetriebe erzielt werden. Die Beschränkung der steuerlichen Förderung auf nicht wettbewerbsrelevante Bereiche ist nach der Konzeption des Gesetzes die gewollte Konsequenz der Steuerpflicht mit den Werten der wirtschaftlichen Geschäftsbetriebe.

6.73 Auch die Freistellung der Vermögenseinkünfte kann nur als gesetzlicher Anhaltspunkt **für eine möglichst wettbewerbsneutrale Ausgestaltung des Förderungssys-**

---

1 Vgl. nur BFH v. 28.10.1960 – III 134/56 U, BStBl. III 1961, 109; BFH v. 2.10.1968 – I R 40/68, BStBl. II 1969, 43 (45); BFH v. 21.8.1985 – I R 3/82, BStBl. II 1986, 92; BFH v. 13.8.1986 – II R 246/81, BStBl. II 1986, 831; BFH v. 23.11.1988 – I R 11/88, BStBl. II 1989, 391 (393); BFH v. 29.1.2009 – V R 46/06, BStBl. II 2009, 560; BFH v. 11.2.2009 – I R 73/08, BStBl. II 2009, 516; BFH v. 7.5.2014 – I R 65/12, BFH/NV 2014, 1670.

2 Vgl. etwa *Tipke* in Tipke/Kruse, § 64 AO Rz. 1 (Stand 10/2005); *Buchna/Leichinger/Seeger/Brox*, S. 19, 280; Unabhängige Sachverständigenkommission, Gutachten, S. 152, 166 ff.; *Fischer* in Hübschmann/Hepp/Spitaler, § 64 AO Rz. 9; *Isensee/Knobbe-Keuk*, Gutachten, S. 441 ff.; *Knobbe-Keuk*, BB 1982, 382 (385); *Scholtz* in Koch/Scholtz, § 64 AO Rz. 3; eingehend auch *Walz* in Non Profit Law Yearbook 2001, 197 ff.; *Musil* in Hübschmann/Hepp/Spitaler, Vor §§ 51– 68 AO Rz. 40 ff.; *Droege*, S. 214 ff.

3 Vgl. die Gesetzesbegründung zu § 64 Abs. 2 AO, BT-Drucks. 11/4176, S. 10 f.

4 Vgl. *Trzaskalik*, StuW 1986, 219 (225, 226 f.); *Herbert*, S. 28, 128 f.

5 *Trzaskalik*, StuW 1986, 219 (226).

6 *Herbert*, S. 128 f.

7 Eingehend zu dieser Kritik *Hüttemann*, Wirtschaftliche Betätigung, S. 118 ff.; *Hüttemann* in GS Walz, 2007, S. 267 ff.

tems für gemeinnützige Körperschaften interpretiert werden[1]. Die verzinsliche Anlage von Kapital oder die Verpachtung von unbeweglichem Vermögen (§ 14 Satz 3 AO) bietet typischerweise keinen Anreiz zur Weitergabe des Steuervorteils am Markt, welche – wie der RFH zutreffend herausstellte[2] – die eigentliche wettbewerbsverzerrende Maßnahme darstellt. Hierin unterscheidet sich die Vermögensverwaltung von der Unterhaltung wirtschaftlicher Geschäftsbetriebe, deren Erfolg wesentlich von der Preisgestaltung und Kostenstruktur des Unternehmens abhängt. Im Bereich der gewerblichen Tätigkeit besteht daher ein größerer ökonomischer Anreiz zur Weitergabe des Steuervorteils an dem Markt, während eine Steuervergünstigung im Bereich der Vermögensverwaltung – Verpachtung unbeweglichen Vermögens oder verzinsliche Anlage von Kapital – regelmäßig im eigenen Vermögen realisiert wird und nicht als Wettbewerbsinstrument genutzt wird (vgl. dazu im Einzelnen Rz. 6.119 f.).

Der Wettbewerbsgedanke ist als Gebot der Wettbewerbsgleichheit darüber hinaus im Gleichheitssatz des Art. 3 Abs. 1 GG und in den besonderen wirtschaftlichen Freiheitsrechten der Art. 12 und 14 GG auch **verfassungsrechtlich abgesichert**[3]. Die Wettbewerbsgleichheit hat nicht nur Bedeutung für die indirekten Steuern, sondern ist nach richtiger Ansicht auch im Bereich der Ertragsteuern anwendbar[4]. Denn durch eine Ertragsteuerbefreiung wird die Wettbewerbslage verzerrt, weil der steuerbefreite Anbieter eine höhere Nettorendite erwirtschaften kann als die steuerpflichtigen Wettbewerber. Der Steuervorteil kann entweder über niedrigere Preise oder über höhere Reinvestitionen zur Verbesserung der Wettbewerbsfähigkeit am Markt eingesetzt werden, um steuerpflichtige Anbieter zu verdrängen oder sie langfristig zu übernehmen[5]. Eine Rechtfertigung für derartige steuerliche Eingriffe in den Wettbewerb ist aber nicht erkennbar. Einziger denkbarer Anknüpfungspunkt wäre insoweit die gemeinnützige Mittelbindung (§ 55 Abs. 1 AO). Sie reicht aber als Begründung schon deshalb nicht aus, weil sie durch die Möglichkeit zur Bildung von sonstigen Rücklagen im wirtschaftlichen Bereich und die gesetzlichen Vorschriften über

6.74

---

1 Dies übersieht *Trzaskalik*, StuW 1986, 219 (226), wenn er annimmt, die Differenzierung zwischen wirtschaftlichem Geschäftsbetrieb und Vermögensverwaltung sei unter wettbewerbspolitischen Gesichtspunkten ohne jede Aussagekraft. Es ist vielmehr – wie nachfolgend noch auszuführen ist – gerade umgekehrt die Abgrenzung dieser beiden Bereiche nicht nach den allgemeinen einkommensteuerlichen Grundsätzen, sondern nach Wettbewerbsgesichtspunkten vorzunehmen. Dies zeigt auch das von *Trzaskalik* erwähnte Beispiel der Verpachtung: Diese kann nur dann als Vermögensverwaltung behandelt werden, wenn eine Weitergabe des Steuervorteils an den Pächter nach den Umständen – keine personelle Verflechtung etc. – ausgeschlossen ist.
2 Vgl. RFH v. 23.4.1929 – I A a 753/28, RFHE 25, 103.
3 Statt vieler nur *Hüttemann*, Wirtschaftliche Betätigung, S. 197 ff.; *Fischer* in Hübschmann/Hepp/Spitaler, § 64 AO Rz. 9.
4 S. *Hüttemann* in DStJG 23 (2000), 145 f.; a.A. *Kirchhof* in Isensee/Kirchhof, Handbuch des Staatsrechts, Bd. IV, § 88 Rz. 125.
5 Hingegen bezweifelt *Stemplewski*, Wirtschaftsaktivitäten des Staates und des gemeinnützigen Sektors unter besonderer Berücksichtigung der ertragsteuerlichen Behandlung, 2017, S. 221 ff. aus ökonomischer Sicht, dass eine Nichtbesteuerung von gemeinnützigen Einrichtungen zu Wettbewerbsverzerrungen führen würde.

die Rücklagenbildung im ideellen Bereich deutlichen Einschränkungen unterliegt. Der Steuerverzicht des Staates käme somit nur zu einem gewissen Teil tatsächlich den steuerbegünstigten Zwecken zugute. Dieser Fördereffekt wäre aber im Vergleich zu den möglichen wirtschaftlichen Nachteilen konkurrierender Betriebe unverhältnismäßig. Zudem ist nicht einzusehen, weshalb eine obligatorische Einkommensverwendung für steuerbegünstigte Zwecke steuerlich besser behandelt werden soll als freiwillige Zuwendungen von steuerpflichtigen Konkurrenten, die nur im Rahmen des beschränkten Spendenabzugs ertragsteuerlich berücksichtigt werden[1]. Eine steuerliche Verschonung wirtschaftlicher Geschäftsbetriebe ist somit gegenüber konkurrierenden privaten Wettbewerbern nicht zu rechtfertigen. Eine wettbewerbsneutrale Besteuerung von wirtschaftlichen Geschäftsbetrieben ist schließlich auch mit Rücksicht auf das **europäische Beihilfenverbot** geboten (vgl. dazu Rz. 1.111 ff.).

6.75 Die Kritik an der Bedeutung des Wettbewerbsgedankens im Gemeinnützigkeitsrecht erweist sich daher **insgesamt de lege lata als unberechtigt**, da sie die gesetzgeberische Grundentscheidung, das Gemeinnützigkeitsrecht möglichst wettbewerbsneutral auszugestalten, missachtet. Der Grundsatz der Wettbewerbsneutralität lässt sich auch nicht auf die partielle Steuerpflicht gemeinnütziger Körperschaften beschränken. Vielmehr zeigt gerade die Angleichung der Regelungen für andere Steuersubjekte (Körperschaften des öffentlichen Rechts[2], Berufsverbände, politische Parteien etc.) an die steuerliche Behandlung gemeinnütziger Körperschaften, dass § 14 AO i.V.m. den Befreiungsregelungen in den Einzelsteuergesetzen auf dem allgemeinen Gedanken beruht, dass Steuervergünstigungen nicht gewährt werden, soweit die steuerbegünstigten ideellen, beruflichen oder politischen Zwecke in entgeltlicher Form verwirklicht oder wirtschaftliche Tätigkeiten zur Mittelbeschaffung unternommen werden.

6.76 Die Feststellung, dass die partielle Steuerpflicht dem Schutz privater Wettbewerber dient, begründet zugleich die (ausnahmsweise) **Zulässigkeit einer steuerrechtlichen Konkurrentenklage** (dazu Rz. 6.284 ff.), mit der sich steuerpflichtige Wettbewerber gegen eine rechtswidrige Nichtbesteuerung wirtschaftlicher Geschäftsbetriebe zur Wehr setzen können, wenn sie eine tatsächliche Beeinträchtigung ihrer Wettbewerbslage substantiiert geltend machen können[3]. Der Regelung des § 5 Abs. 1 Nr. 9 Satz 2 KStG i.V.m. §§ 64 bis 68 AO kommt somit – wie der BFH in seinem grundlegenden Dialyse-Urteil vom 15.10.1997 festgestellt hat – drittschützende Wirkung zu[4].

---

1 Kritisch zu diesem Vergleich *Stemplewski*, Wirtschaftsaktivitäten des Staates und des gemeinnützigen Sektors unter besonderer Berücksichtigung der ertragsteuerlichen Behandlung, 2017, S. 111 ff.

2 Zum Wettbewerbsgedanken bei der Besteuerung der öffentlichen Hand vgl. *Hüttemann*, Besteuerung der öffentlichen Hand, S. 8 ff.

3 Zur Konkurrentenklage im Gemeinnützigkeitsrecht grundlegend *Knobbe-Keuk*, BB 1982, 385; *Braun*, DStZ 1986, 46; *van Lishaut*, Die Konkurrentenklage im Steuerrecht, 1993.

4 BFH v. 15.10.1997 – I R 10/92, BStBl. II 1998, 63; dazu näher *Hüttemann* in StbJb 1998/ 99, S. 323.

3. Fiskalische und ordnungspolitische Gründe

Über den Schutz privater Wettbewerber hinaus dient die partielle Steuerpflicht aber auch Allgemeininteressen, hat also – worauf vor allem *Walz* hingewiesen hat[1] – eine „doppelte Schutzrichtung". Fraglich ist indes, welche Allgemeininteressen konkret berührt sind. Der BFH verweist im Dialyse-Urteil auf das „Interesse der Allgemeinheit an der Erhöhung des Steueraufkommens"[2]. Diese Überlegung greift zu kurz. Zwar erhält der Staat über die Besteuerung von wirtschaftlichen Geschäftsbetrieben zusätzliche Einnahmen, sodass die Voraussetzung des Steuerbegriffs gemäß § 3 AO erfüllt sind. Die partielle Steuerpflicht dient aber vor allem der **Sicherung des Steueraufkommens**, weil eine langfristige Verdrängung steuerpflichtiger Unternehmen durch steuerbefreite Einrichtungen verhindert wird. Dieser – insbesondere im US-amerikanischen Schrifttum betonte[3] – Gesichtspunkt ergänzt den Wettbewerbsgedanken um ein Allgemeininteresse. Auch bei der Besteuerung von Betrieben gewerblicher Art geht es nicht um eine Erhöhung des Steueraufkommens, weil die Gewinne aus öffentlichen Unternehmen auch ohne Besteuerung den Steuergläubigern zufließen. Hier steht vielmehr der Gedanke einer Sicherung des Steueraufkommens im Verhältnis der verschiedenen Steuergläubiger (Bund, Länder und Gemeinden) im Vordergrund[4]. Dies gilt insbesondere auch dann, wenn ein Wettbewerb zu privaten Konkurrenzbetrieben wie im Fall von staatlichen Monopolbetrieben nicht möglich ist. Hier versagt der Wettbewerbsgedanke, da selbst ein potentieller Wettbewerb auf Grund des bestehenden Monopols nicht möglich ist. Eine Besteuerung ist gleichwohl geboten, um z.B. zu verhindern, dass eine Gemeinde durch die Monopolisierung einer wirtschaftlichen Tätigkeit zugunsten eines Eigenbetriebs das Steueraufkommen zulasten von Bund und Ländern vermindert.

6.77

Darüber hinaus werden schließlich auch noch **allgemeine ordnungspolitische Gründe** für eine partielle Besteuerung angeführt. Denn die Besteuerung von wirtschaftlichen Geschäftsbetrieben und Betrieben gewerblicher Art soll ökonomische Fehlanreize zur Ausweitung wirtschaftlicher Betätigungen von steuerbefreiten Körperschaften des privaten und des öffentlichen Rechts verhindern[5]. Dieser – wiederum im US-amerikanischen Schrifttum entwickelte Gedanke[6] – stützt sich vor allem auf folgende Überlegungen: Eine Steuerbefreiung von wirtschaftlichen Aktivitäten begünstige Investitionen in Eigenbetrieben zulasten von Kapitalgesellschaftsanteilen, deren Erträge mit einer definitiven Körperschaftsteuer belastet sind. Eine solche ein-

6.78

---

1 *Walz* in Non Profit Law Yearbook 2001, 197 ff.
2 BFH v. 15.10.1997 – I R 10/92, BStBl. II 1998, 63.
3 Vgl. dazu insbesondere *Hansmann*, Unfair Competition and the Unrelated Business Income Tax, 75 Virginia Law Review (1989), 605; weitere Nachweise bei *Walz* in Non Profit Law Yearbook 2001, 197.
4 Siehe *Hüttemann*, Besteuerung der öffentlichen Hand, S. 13 ff.
5 Dazu *Walz* in Non Profit Law Yearbook 2001, 197; auch *Stemplewski*, Wirtschaftsaktivitäten des Staates und des gemeinnützigen Sektors unter besonderer Berücksichtigung der ertragsteuerlichen Behandlung, 2017, S. 224 geht – im Anschluss an US-amerikanische Studien – davon aus, dass eine partielle Steuerpflicht die Investitionsentscheidungen beeinflusst, hält solche Verzerrungen aber für ökonomisch gerade nicht wünschenswert.
6 Vgl. die Nachweise bei *Walz* in Non Profit Law Yearbook 2001, 197.

seitige Anlagestrategie sei unter Risikogesichtspunkten ineffizient. Darüber hinaus wird die Güter- und Leistungserstellung in Non-Profit-Unternehmen im Vergleich zu Unternehmen des For-Profit-Sektors generell als weniger effizient beurteilt, weil das Management keiner Kontrolle durch den Kapitalmarkt oder gewinnorientierte Gesellschafter unterliege. Solche Effizienzunterschiede würden durch eine Steuerbefreiung eingeebnet, sodass der Leistungswettbewerb am Markt gestört werde. Mit ähnlichen Gründen – „Verringerung der Schlamperei-Spanne" – hat schon *Albert Hensel* im Jahr 1930 für eine Besteuerung öffentlicher Unternehmen plädiert[1]. Zwar lässt sich dieses Argument an sich gegen jede Steuerbefreiung gemeinnütziger oder öffentlicher Unternehmen anführen, weil das Effizienzproblem auch den Kernbereich gemeinnütziger und hoheitlicher Betätigung betrifft. Es wiegt aber umso schwerer, je stärker wirtschaftliche Betätigungen in Konkurrenz zu steuerpflichtigen Anbietern erfolgen. Insgesamt ist also festzustellen, dass die partielle Steuerpflicht nicht nur der Wettbewerbsneutralität dient und das Steueraufkommen absichert, sondern auch die gesamtgesellschaftliche Effizienz erhöht.

6.79–6.80   frei

IV. Partielle Steuerpflicht im System der Einzelsteuergesetze

1. Problemstellung

6.81   Bevor die einzelnen Merkmale des wirtschaftlichen Geschäftsbetriebs erläutert werden sollen, ist zunächst die **Funktion des § 14 AO im System der Einzelsteuergesetze** zu behandeln. Geht man allein vom Wortlaut des § 5 Abs. 1 Nr. 9 Satz 2 KStG aus („Wird ein wirtschaftlicher Geschäftsbetrieb unterhalten, ist die Steuerbefreiung insoweit ausgeschlossen"), dann dient der Begriff „wirtschaftlicher Geschäftsbetrieb" dem Gesetzgeber als sachliche Einschränkung einer persönlichen Steuerbefreiung. Die Regelungen der §§ 14, 64 ff. AO wären folglich allein dem Merkmal der subjektiven Steuerpflicht – „wer ist körperschaftsteuerpflichtig" – zuzuordnen: Die persönliche Steuerbefreiung des § 5 Abs. 1 Nr. 9 KStG betreffend gemeinnützige Einrichtungen wird insoweit eingeschränkt, als ein wirtschaftlicher Geschäftsbetrieb, der nicht Zweckbetrieb ist, unterhalten wird. Ungeachtet dieser an sich eindeutigen gesetzlichen Ausgangslage will eine ältere Ansicht dem § 14 AO auch eine Bedeutung für die sachliche Körperschaft- und Gewerbesteuerpflicht beilegen[2]. Dabei geht es um die Frage, ob der Verzicht auf das Vorliegen einer Gewinnerzielungsabsicht in § 14 Satz 2 AO zu einer Erweiterung der sachlichen Körperschaft- und Gewerbesteuerpflicht über den allgemeinen Einkommensbegriff in § 8 Abs. 1 KStG i.V.m. § 2 Abs. 1 EStG hinaus führt.

2. Partielle Körperschaftsteuerpflicht

6.82   Gemäß § 5 Abs. 1 Nr. 9 Satz 2 KStG, §§ 14 Satz 1, 64 Abs. 1 AO verliert die gemeinnützige Körperschaft für die Einkünfte, die zu dem wirtschaftlichen Geschäfts-

---

1 *Hensel*, StuW 1930, 873 (880).
2 Vgl. BFH v. 28.6.1989 – I R 86/85, BStBl. II 1990, 550 (552); ferner *Herbert*, S. 132 m.w.N.

betrieb gehören, ihre persönliche Steuerbefreiung. Die Körperschaft ist demnach in diesem Bereich körperschaftsteuerpflichtig, soweit **nach den allgemeinen Voraussetzungen eine sachliche Steuerpflicht begründet ist**. Dies setzt gemäß § 8 Abs. 1 KStG, der für die Frage des steuerbaren Einkommens auf die Vorschriften des EStG verweist, die Erzielung von Einkünften im Sinne des § 2 Abs. 1 EStG und damit in subjektiver Hinsicht das Vorliegen einer Einkünfte- bzw. Gewinnerzielungsabsicht voraus[1]. Da eine Gewinnerzielungsabsicht nach § 14 Satz 2 AO aber kein notwendiges Merkmal des wirtschaftlichen Geschäftsbetriebs ist, können gemeinnützige Körperschaften mit einem steuerpflichtigen wirtschaftlichen Geschäftsbetrieb, der ohne Gewinnerzielungsabsicht unterhalten wird, zwar persönlich, aber nicht sachlich körperschaftsteuerpflichtig sein[2]. Diese an sich zwingende Folge der gesetzlichen Systematik[3] hat sich allerdings bisher noch nicht allgemein durchsetzen können[4].

So hat der **BFH** in einer älteren Entscheidung die Ansicht vertreten, Einkünfte aus wirtschaftlichen Geschäftsbetrieben ohne Gewinnerzielungsabsicht könnten sonstige Einkünfte im Sinne von § 22 Nr. 3 EStG darstellen[5]. In einem späteren Urteil hat der BFH dann zwar ausgeführt, eine sachliche Körperschaftsteuerpflicht setze voraus, dass die Einnahmen einer der Einkunftsarten des EStG zugeordnet werden können. Gleichzeitig stellte der I. Senat aber fest, dass Einkünfte aus wirtschaftlichen Geschäftsbetrieben wegen der Fiktion in § 2 Abs. 3 GewStG den gewerblichen Einkünften zuzurechnen seien[6]. An dieser Auffassung hat der I. Senat für voll steuerpflichtige Vereine, deren Körperschaftsteuerpflicht nicht vom Vorliegen eines wirtschaftlichen Geschäftsbetriebs abhängt, in der Folgezeit aber nicht mehr festgehalten[7]. Zugleich hat er klargestellt, dass auch Einkünfte aus § 22 Nr. 3 EStG eine Einkünfteerzielungsabsicht voraussetzen[8].

6.83

---

1 Vgl. nur BFH v. 25.6.1984 – GrS 4/82, BStBl. II 1984, 751 (765 ff.); eingehend *Hüttemann* in FS Raupach, 2006, S. 495.

2 Nach Ansicht von *Walz* in Non Profit Law Yearbook 2001, 197 (207 ff.) erklärt sich § 14 Satz 2 AO aus der Überlegung, dass eine Gewinnerzielungsabsicht die „Privatnützigkeit der Einkünfte" voraussetze, was auf gemeinnützige Unternehmen nicht passe. Für das Ertragsteuerrecht, das strikt zwischen Einkommenserzielung und Einkommensverwendung unterscheidet (vgl. auch § 10 Nr. 1 KStG), ist die Zweckbestimmung der Einkünfte aber für die Besteuerung des Einkommens irrelevant. Auch gemeinnützige Einrichtungen haben deshalb, wenn sie Gewinne zur Finanzierung ihrer satzungsmäßigen Zwecke erstreben, eine „Gewinnerzielungsabsicht" im Sinne von § 15 Abs. 2 EStG; vgl. dazu auch *Hüttemann* in GS Walz, 2008, S. 267 ff.; *Hüttemann*, KSzW 2014, 158 (160 f.).

3 So auch *Lang*, StuW 1987, 221 (228).

4 Vgl. dazu *Orth*, FR 2007, 326.

5 Vgl. BFH v. 8.6.1966 – I 151/63, BStBl. II 1966, 632; BFH v. 21.8.1985 – I R 208/81, BFH/NV 1987, 397 (398); zustimmend wohl *Buchna/Leichinger/Seeger/Brox*, S. 499; zurückhaltend *Wallenhorst/Halaczinsky*, Rz. G 2c.

6 Vgl. BFH v. 28.6.1989 – I R 86/85, BStBl. II 1990, 550 (552); ebenso im Schrifttum *Herbert*, S. 52 f., 132 f.

7 Vgl. BFH v. 19.8.1998 – I R 21/98, BStBl. II 1999, 99; BFH v. 16.12.1998 – I R 36/98, BStBl. II 1999, 366; BFH v. 19.11.2003 – I R 33/02, DB 2004, 416.

8 BFH v. 19.8.1998 – I R 21/98, BStBl. II 1999, 99; BFH v. 16.12.1998 – I R 36/98, BStBl. II 1999, 366.

6.84 Der älteren Rechtsprechung des BFH ist nicht zu folgen. Vielmehr setzt eine sachliche Steuerpflicht von Gewinnen aus wirtschaftlichen Geschäftsbetrieben **immer eine Gewinn- bzw. Einkünfteerzielungsabsicht voraus**[1]. Zwar haben RFH und Finanzverwaltung in den vierziger Jahren des letzten Jahrhunderts „Einkünfte aus wirtschaftlichen Geschäftsbetrieben" ohne Einschränkung als gewerbliche Einkünfte behandelt[2]. Diese Rechtsprechung beruhte aber auf Regelungen der GemVO 1941, die bereits 1950 aufgehoben worden sind[3]. Die Ausdehnung der sachlichen Körperschaftsteuerpflicht auf Einkünfte ohne Gewinnerzielungsabsicht kann auch nicht auf § 2 Abs. 3 GewStG gestützt werden, der den wirtschaftlichen Geschäftsbetrieb (ausgenommen Land- und Forstwirtschaft) sonstiger juristischer Personen des privaten Rechts und der nichtrechtsfähigen Vereine zum Gewerbebetrieb erklärt. Denn diese Vorschrift betrifft richtigerweise nur die subjektive Gewerbesteuerpflicht. Der Hinweis auf § 2 Abs. 3 GewStG beweist demnach im Grunde nichts, sondern führt vielmehr nur zu der Frage der sachlichen Körperschaftsteuerpflicht zurück[4]. Die Gewerbebetriebsfiktion hatte deshalb nur Bedeutung für die inzwischen abgeschaffte ertragsunabhängige Gewerbekapitalsteuer, da es bei Geschäftsbetrieben mit Gewinnerzielungsabsicht neben § 2 Abs. 1 GewStG keiner rechtsformabhängigen Gewerbebetriebsfiktion bedurfte. Jedenfalls kann die Frage der sachlichen Körperschaftsteuerpflicht nicht nach § 2 Abs. 3 GewStG entschieden werden, sondern die Frage der Gewerbeertragsteuerpflicht ist – genau umgekehrt – anhand der allgemeinen einkommen- und körperschaftsteuerlichen Grundsätze zu beantworten[5].

6.85 Eine Körperschaftsteuerpflicht von Einkünften aus wirtschaftlichem Geschäftsbetrieb ohne Gewinnerzielungsabsicht lässt sich **auch nicht mit Wettbewerbsgedanken rechtfertigen**[6]. Denn der Wettbewerbsgedanke als ratio legis des § 14 AO rechtfertigt nur eine Gleichmäßigkeit der Besteuerung, nicht aber eine einseitige Verschärfung der Besteuerung für solche Körperschaften, die nach allgemeinen Grundsätzen den Steuertatbestand nicht verwirklichen[7]. Es kann nicht Aufgabe des Steuerrechts sein, vermeintliche Wettbewerbsvorteile gemeinnütziger Einrichtungen (z.B. ehrenamtliche Mitarbeit) auszugleichen, die nicht durch das Besteuerungssystem selbst begründet sind[8]. Der Wettbewerbsgedanke rechtfertigt daher die Einschränkung subjektiver Befreiungsregelungen, ersetzt aber nicht die jeweiligen Wer-

---

1 Ebenso *Bott* in Schauhoff, § 8 Rz. 42; *Fischer* in Hübschmann/Hepp/Spitaler, § 14 AO Rz. 43, 85; *Märtens* in Gosch, § 5 KStG Rz. 27; vgl. eingehend *Hüttemann*, Wirtschaftliche Betätigung, S. 122 ff.; unklar *Buchna/Leichinger/Seeger/Brox*, S. 498 f.

2 Dies übersieht insbesondere *Herbert*, S. 132.

3 Eingehend *Hüttemann*, Wirtschaftliche Betätigung, S. 124 f.

4 So auch BFH v. 16.12.1998 – I R 36/98, BStBl. II 1999, 366; dazu auch *Orth*, FR 2007, 326.

5 In den gewerbesteuerlichen „Friktionen" sieht denn auch *Herbert*, S. 133, einen wesentlichen Einwand gegen die ältere Rechtsprechung des BFH, welche die „Einkünfte aus wirtschaftlichen Geschäftsbetrieben" den sonstigen Einkünften gemäß § 22 Nr. 3 EStG zuordnete.

6 So aber ausdrücklich *Herbert*, S. 52 f.; vgl. auch *Glanegger/Güroff*, § 2 GewStG Rz. 408; *Becker/Riewald/Koch*, § 17 StAnpG Anm. 9a (2).

7 Ebenso *Märtens* in Gosch, § 5 KStG Rz. 27.

8 Vgl. auch Unabhängige Sachverständigenkommission, Gutachten, S. 165.

tungen des Einzelsteuergesetzes, nach denen die sachliche Steuerpflicht eines bestimmten Lebenssachverhalts zu beurteilen ist. Wenn das geltende Körperschaftsteuerrecht aus guten Gründen nur beabsichtigte Gewinne der Ertragsbesteuerung unterwirft[1], besteht auch keine Veranlassung, solche wirtschaftlichen Tätigkeiten zu besteuern, welche mit Rücksicht auf die Verbandszwecke der Körperschaft ohne die Absicht einer Gewinnerzielung unternommen werden[2]. Denn es ist Sache jedes einzelnen Steuerpflichtigen, darüber zu entscheiden, ob er Gewinne erstreben will oder nur kostendeckend wirtschaftet und mangels entsprechender Leistungsfähigkeit die Ertragsteuerpflicht vermeidet[3].

Zu Recht hat daher der **Österreichische Verwaltungsgerichtshof** zur Rechtslage nach der Bundesabgabenordnung – die insoweit im Wesentlichen der Gemeinnützigkeitsverordnung 1941 entspricht – festgestellt, dass eine Körperschaftsteuerpflicht gemeinnütziger Körperschaften mit dauernd ertragsunfähigen wirtschaftlichen Geschäftsbetrieben sinnwidrig und unsachlich wäre[4].

Hinzuweisen ist schließlich **noch auf zwei weitere Überlegungen**: Zum einen dürfen gemeinnützige Körperschaften – vorbehaltlich § 64 Abs. 2 AO – ohnehin keine wirtschaftlichen Geschäftsbetriebe als Dauerverlustbetriebe unterhalten, wenn sie die Steuervergünstigung nicht gefährden wollen. Zum anderen würde ein Verzicht auf die Gewinnerzielungsabsicht weitgehende Verrechnungsmöglichkeiten eröffnen, die – wie die Erfahrungen mit dem Querverbund bei der öffentlichen Hand zeigen – dem Sinn und Zweck der partiellen Steuerpflicht widersprechen.

6.86

In der **Finanzverwaltung** wird dieses Problem bisher negiert und stattdessen die Wertung des § 64 Abs. 2 AO einfach auf die körperschaftsteuerliche Gewinnermittlung übertragen. Danach sollen gemeinnützige Körperschaften nur mit dem Gesamtergebnis der Besteuerung unterliegen[5]. Diese Auslegung verkennt nicht nur den begrenzten Regelungszweck des § 64 Abs. 2 AO, der vor allem die Mittelverwendung betrifft[6], sondern ist auch nur geeignet, die partielle Besteuerung und damit den Wettbewerbsgedanken insgesamt auszuhöhlen (zur Gewinnermittlung vgl. näher Rz. 7.40 ff.). Die praktische Bedeutung dieser Frage wird allerdings dadurch eingeschränkt, dass der Gemeinnützigkeitsstatus nach der hier vertretenen Ansicht nur solche Dauerverlustbetriebe erlaubt, die den steuerbegünstigten satzungsmäßigen Zwecke dienen, ohne Zweckbetrieb nach §§ 65 ff. AO zu sein (vgl. Rz. 6.33). Unabhängig von diesem Verrechnungsproblem ist im Ergebnis aber festzuhalten, dass die sachliche Kör-

---

1 Vgl. nur BFH v. 25.6.1984 – GrS 4/82, BStBl. II 1984, 751 (765 ff.); *Lang*, S. 247 ff.
2 Vgl. *Lang*, StuW 1987, 221 (228 Fn. 130), der zu Recht im Zusammenhang mit der Entscheidung BFH v. 8.6.1966 – I 151/63, BStBl. III 1966, 632 darauf hinweist, der Rechtsprechung der 60er Jahre sei das Grundprinzip, dass nur Einkünfte aus einer Erwerbstätigkeit mit Gewinnerzielungsabsicht steuerbar sind, noch nicht geläufig gewesen.
3 So betraf die Entscheidung des BFH v. 8.6.1966 – I 151/63, BStBl. III 1966, 632 Überschüsse aus Umlagen (keine Mitgliederbeiträge), die in demselben Veranlagungszeitraum nicht vollständig verausgabt worden waren. Solche – nach heutigem Verständnis nicht steuerbaren – Sachverhalte lagen auch der Einkünftequalifikation des § 9 Abs. 3 Satz 3 GemVO 1941 zugrunde, vgl. *Mußfeld*, DStZ 1942, 185.
4 Vgl. Erkenntnis des Verwaltungsgerichtshofs v. 22.9.1987 – 86/140/0196, ÖStZ 1988, 152 (153).
5 Vgl. dazu AEAO Nr. 11 zu § 64 Abs. 2 AO.
6 Vgl. *Thiel/Eversberg*, DB 1991, 347.

perschaftsteuerpflicht gemeinnütziger Körperschaften von § 14 Satz 2 AO nicht berührt wird. Sie setzt stets steuerpflichtige Einkünfte im Sinne von § 8 Abs. 1 KStG, § 2 Abs. 1 EStG und damit eine Gewinn- bzw. Einkünfteerzielungsabsicht voraus[1].

6.87 Grundsätzlich gilt nichts anderes, wenn eine **gemeinnützige Kapitalgesellschaft** betroffen ist. Zwar geht der I. Senat des BFH in ständiger Rechtsprechung davon aus, dass Kapitalgesellschaften wegen § 8 Abs. 2 KStG nur eine betriebliche Sphäre haben können und daher alle Einkünfte ohne Rücksicht auf eine Einkünfteerzielungsabsicht körperschaftsteuerrechtlich Einkünfte aus Gewerbebetrieb sind[2]. Diese Rechtsprechung gilt bei gemeinnützigen Kapitalgesellschaften allerdings nur eingeschränkt, weil eine gGmbH nach allgemeiner Ansicht auch eine steuerfreie „ideelle Sphäre" haben kann (z.B. einen Zweckbetrieb). Sie soll aber nach h.M. anwendbar bleiben, soweit eine partielle Steuerpflicht besteht[3]. Wie an anderer Stelle eingehend dargelegt worden ist, setzt eine sachliche Körperschaftsteuerpflicht auch bei Kapitalgesellschaften Einkünfteerzielungsabsicht voraus[4]. Denn weder die handelsrechtliche Buchführungspflicht nach § 238 HGB noch der Maßgeblichkeitsgrundsatz nach § 5 Abs. 1 Satz 1 EStG können etwas an der Vorgabe des § 2 Abs. 1 EStG ändern. Dies gilt erst recht für eine gemeinnützige GmbH, wo die vom BFH kraft Rechtsform unterstellte Gewinnerzielungsabsicht ohnehin nicht passt[5]. Eine gemeinnützige Kapitalgesellschaft erzielt im Rahmen ihres wirtschaftlichen Geschäftsbetriebs also nur dann steuerpflichtige Einkünfte, wenn sie wirtschaftliche Tätigkeiten mit Gewinnerzielungsabsicht unternimmt. Im Ergebnis besteht somit – abgesehen von der Umqualifikation der steuerbaren Einkünfte in gewerbliche Einkünfte nach § 8 Abs. 2 KStG – kein Unterschied gegenüber einer Stiftung oder einem Verein[6].

3. Partielle Steuerpflicht bei anderen Einzelsteuern

a) Gewerbesteuerpflicht

6.88 Hinsichtlich der Gewerbesteuer ergibt sich die Schwierigkeit, dass das Gesetz in § 2 Abs. 3 GewStG einerseits die Tätigkeit der sonstigen juristischen Personen des privaten Rechts und der nichtrechtsfähigen Vereine, soweit sie einen wirtschaftlichen Geschäftsbetrieb (ausgenommen Land- und Forstwirtschaft) unterhalten, **„als Gewerbebetrieb" fingiert**, andererseits aber für den Gewerbeertrag in § 7 GewStG an die einkommen- bzw. körperschaftsteuerrechtliche Gewinnermittlung anknüpft. Daraus wird bisweilen geschlossen, dass bei Vereinen und Stiftungen alle „Einkünfte aus wirtschaftlichen Geschäftsbetrieben" ohne Rücksicht auf eine Gewinnerzielungs-

---

1 Für die Besteuerung von Betrieben gewerblicher Art gilt nichts anderes, vgl. *Hüttemann*, Besteuerung der öffentlichen Hand, S. 31 ff.; *Hüttemann*, DB 2007, 1603 ff.

2 BFH v. 4.12.1996 – I R 54/95, BFHE 182, 123; BFH v. 15.5.2002 – I R 92/00, BFH/NV 2002, 1538; BFH v. 22.8.2007 – I R 32/06, BStBl. II 2007, 961; BFH v. 27.11.2013 – I R 17/12, BStBl. II 2016, 68; vgl. auch *Thiel*, GmbHR 1997, 10.

3 Vgl. *Thiel*, GmbHR 1997, 10; *Wassermeyer* in FG Haas, 1996, S. 401 ff.

4 Siehe näher *Hüttemann* in FS Raupach, 2006, S. 495 ff. m.w.N. zum Meinungsstand.

5 Ebenso BFH v. 17.11.1999 – I R 4/99, BFH/NV 2000, 1502; nach BFH v. 27.11.2013 – I R 17/12, BStBl. II 2016, 68 betraf dieses Urteil aber einen „Ausnahmesachverhalt".

6 Zur Privatsphäre eines Vereins vgl. etwa BFH v. 19.11.2003 – I R 33/02, DB 2004, 416 f.

absicht der Gewerbesteuer unterliegen[1]. Für eine solche Auslegung könnte zwar sprechen, dass der I. Senat des BFH der Gewerblichkeitsfiktion für Kapitalgesellschaften ebenfalls eine Ausstrahlungswirkung auf § 7 Abs. 1 GewStG beilegt[2]. Richtigerweise ist aber zu unterscheiden: § 2 Abs. 3 GewStG hat nur Bedeutung für das Steuerobjekt, d.h. für die Frage, was überhaupt der Gewerbesteuer unterliegen kann. Insoweit erfasst der Gesetzgeber bei rechtsfähigen Vereinen und Stiftungen zwar nicht die gesamte Tätigkeit (wie bei Kapitalgesellschaften), aber doch jede erwerbswirtschaftliche Betätigung außerhalb der Vermögensverwaltung. Die Vorschrift des § 2 Abs. 3 GewStG hat aber nur Bedeutung für die Qualifikation von Einkünften als solche aus Gewerbebetrieb, berührt aber wegen § 7 GewStG nicht die Voraussetzungen steuerpflichtiger Einkünfte im Sinne des EStG bzw. KStG. „Einkünfte" aus wirtschaftlichen Geschäftsbetrieben ohne Gewinnerzielungsabsicht unterliegen folglich nicht der Gewerbe-(ertrag-)steuer[3]. Folgt man der hier vertretenen Ansicht, hat § 2 Abs. 3 GewStG nach Abschaffung der Gewerbekapitalsteuer also keine materielle Bedeutung mehr[4].

b) Grund- und Umsatzsteuerpflicht

Die Befreiung von der **Grundsteuer** wird gemäß § 3 Abs. 1 Nr. 3 Buchst. b GrStG i.V.m. Abschn. 12 Abs. 6 Nr. 2 GrStR nicht für solchen Grundbesitz gewährt, auf dem ein wirtschaftlicher Geschäftsbetrieb ausgeübt wird, der nicht Zweckbetrieb gemäß §§ 65 bis 68 AO ist. Auch hier kommt dem Begriff des wirtschaftlichen Geschäftsbetriebs die Funktion zu, die persönliche Befreiung für gemeinnützige Einrichtungen partiell rückgängig zu machen. 6.89

Eine vergleichbare Funktion hat das Merkmal des wirtschaftlichen Geschäftsbetriebs auch im Bereich der **Umsatzsteuer**, wo für Lieferungen und Leistungen gemeinnütziger Körperschaften der ermäßigte Steuersatz gemäß § 12 Abs. 2 Nr. 8 Buchst. a Satz 1 UStG gilt, während die im Rahmen eines wirtschaftlichen Geschäftsbetriebs ausgeführten Umsätze nach Satz 2 dem Regelsteuersatz unterliegen (dazu näher Rz. 7.206 f.). 6.90

4. Ergebnis

Die vorstehenden Überlegungen bestätigen also die eingangs formulierte These, dass § 14 AO keine Bedeutung für die sachliche Steuerpflicht hat, sondern nur für die 6.91

---

1 Vgl. *Blümich/Obermeier*, § 2 GewStG Rz. 733; *Glanegger/Güroff*, § 2 GewStG Rz. 408; *Wallenhorst/Halaczinsky*, Rz. J 2.

2 Vgl. BFH v. 22.8.1990 – I R 67/88, BStBl. II 1991, 250; zu Recht kritisch *Gosch*, StuW 1992, 350.

3 Ebenso FG Berlin v. 12.10.1998 – 8 K 8567/97, EFG 1998, 1031; *Bott* in Schauhoff, § 7 Rz. 384; *Fischer* in Hübschmann/Hepp/Spitaler, § 14 AO Rz. 45; a.A. *Glanegger/Güroff*, § 2 GewStG Rz. 410.

4 Für die Streichung des § 2 Abs. 3 GewStG auch *Orth*, FR 2007, 326.

sachliche Einschränkung der persönlichen Steuerbefreiungen relevant ist. In diesem Sinne kann man von einer „**negativen Sozialzwecknorm**" sprechen[1].

6.92–6.94   frei

C. Steuerpflichtiger wirtschaftlicher Geschäftsbetrieb

I. Klassenbegriff

6.95   Der Begriff des wirtschaftlichen Geschäftsbetriebs wird von der wohl h.M. als „abstrakter Begriff" und nicht als Typusbegriff verstanden. Damit ist gemeint, dass § 14 AO die den Begriff „wirtschaftlicher Geschäftsbetrieb" **konstituierenden Merkmale abschließend aufzählt**. Fehlt auch nur eines dieser Merkmale (z.B. die Nachhaltigkeit), ist ein wirtschaftlicher Geschäftsbetrieb nicht gegeben[2]. Diese Auslegung als Klassenbegriff ist allerdings umstritten, was angesichts der begrifflichen Nähe zum Gewerbebetriebsbegriff und der erforderlichen Abgrenzung zur privaten Vermögensverwaltung (§ 14 Satz 3 AO) nicht verwundert. Denn insoweit ergeben sich in methodischer Hinsicht ähnliche Fragen wie bei der Auslegung des § 15 Abs. 2 EStG[3]. Beide Positionen sind insoweit angenähert, als auch die h.M. einzelne Merkmale des § 14 AO – z.B. den Begriff der Vermögensverwaltung – „typologisch" auslegen will[4].

II. Selbständige Tätigkeit

1. Tätigkeit

6.96   Tätigkeit im Sinne des § 14 Satz 1 AO kann jedes aktive Tun, Dulden oder Unterlassen sein[5]. Wie der Vergleich mit der Definition des Betriebs gewerblicher Art von Körperschaften des öffentlichen Rechts in § 4 Abs. 1 Satz 1 KStG („Einrichtungen, die sich ... innerhalb der Gesamtbetätigung der juristischen Personen wirtschaftlich herausheben") zeigt[6], verzichtet das Gesetz in § 14 AO bewusst auf irgendeine organisatorische Verselbständigung oder besondere Gewichtigkeit. Der Begriff des wirtschaftlichen Geschäftsbetriebs in § 14 AO ist mithin **strikt tätigkeitsbezogen** auszulegen. Dies führt auch nicht zwangsläufig zu einer „Atomisierung" der Besteuerung wirtschaftlicher Tätigkeiten[7], denn in § 14 AO geht es zu-

---

1 So *Franz*, Grundlagen der Besteuerung gemeinnütziger Körperschaften, 1991, S. 131; *Fischer* in Hübschmann/Hepp/Spitaler, § 14 AO Rz. 35.

2 So noch *Tipke* in Tipke/Kruse, § 14 AO Rz. 1 (Stand 7/2004).

3 Daher verstehen die Vertreter der „Typus-Lehre" bei § 15 EStG auch § 14 AO als Typus, so insbesondere *Fischer* in Hübschmann/Hepp/Spitaler, § 14 AO Rz. 53 ff. m.w.N; zustimmend *Seer* in Tipke/Kruse, § 14 AO Rz. 3.

4 So z.B. *Tipke* in Tipke/Kruse, § 14 AO Rz. 2 (Stand 7/2004): Vermögensverwaltung als Typus-Unterbegriff des abstrakten Begriffs „wirtschaftlicher Geschäftsbetrieb".

5 *Seer* in Tipke/Kruse, § 14 AO Rz. 6; *Herbert*, S. 33 f.

6 Dazu eingehend *Hüttemann*, Besteuerung der öffentlichen Hand, S. 44 ff.

7 Diese Gefahr sieht z.B. *Orth*, FR 1995, 253 (258).

nächst nur um die Abgrenzung von steuerfreien und steuerpflichtigen Tätigkeiten. Die Frage, welche Erträge und Aufwendungen z.b. bei der körperschaftsteuerrechtlichen Gewinnermittlung verrechnet werden dürfen, weil sie aus „einem" Betrieb stammen, ist auf der Ebene des Einzelsteuergesetzes zu entscheiden. Der Rechtsfigur eines „einheitlichen wirtschaftlichen Geschäftsbetriebs" bedarf es also nicht[1].

Davon unabhängig stellt sich natürlich immer die Vorfrage, ob die steuerbegünstigte Körperschaft selbst eine Tätigkeit entfaltet oder **lediglich als Treuhänder für Dritte tätig wird**. Nach diesen Grundsätzen verneint z.b. die Finanzverwaltung einen wirtschaftlichen Geschäftsbetrieb, wenn die steuerbegünstigte Körperschaft lediglich das **Zahngold** der Spender im Namen und für Rechnung der Spender verwertet und die Spender den Verwertungserlös der Körperschaft zuwenden[2].

2. Selbständigkeit

Die Auslegung des Merkmals der Selbständigkeit ist in Rechtsprechung und Lehre nach wie vor umstritten. Der BFH und die überwiegende Lehre verstehen „Selbständigkeit" im Sinne des § 14 Satz 1 AO als **sachliche Selbständigkeit**: Eine Tätigkeit ist danach selbständig, wenn sie von dem steuerbegünstigten Wirkungskreis der Körperschaft abgrenzbar ist[3]. Demgegenüber soll nach anderer Ansicht im Schrifttum der Selbständigkeit in § 14 Satz 1 AO dieselbe inhaltliche Bedeutung als „persönliche Selbständigkeit" zukommen wie in anderen Regelungen des Einkommen- und Umsatzsteuerrechts[4]. Schließlich wird auch die Auffassung vertreten, „Selbständigkeit" in § 14 Satz 1 AO sei gleichermaßen „sachlich" wie „persönlich" auszulegen[5].

6.97

Die h.M. beruht im Wesentlichen auf der Prämisse, § 14 AO stelle den „normativen Anknüpfungspunkt" dafür dar, **welche Tätigkeiten einen einheitlichen Geschäftsbetrieb bilden**[6]. Ihr liegt die Vorstellung zugrunde, die Frage der Verrechnung von Einnahmen und Aufwendungen im Körperschaftsteuerrecht müsse einheitlich an-

6.98

---

1 Zutreffend *Fischer* in Hübschmann/Hepp/Spitaler, § 14 AO Rz. 65.
2 AEAO Nr. 11 zu § 64 Abs. 1 AO.
3 BFH v. 18.1.1984 – I R 138/79, BStBl. II 1984, 451; BFH v. 15.10.1997 – I R 2/97, BStBl. II 1998, 175 (176); BFH v. 7.5.2014 – I R 65/12, BFH/NV 2014, 1670; die Formulierung des BFH bedeutet keine sachliche Änderung gegenüber der bereits von RFH v. 25.3.1941 – I 442/40, RStBl. 1941, 421 und BFH v. 20.9.1963 – III 328/59, BStBl. III 1959, 532 verwandten Formel, die Betätigung müsse sich von der Gesamtbetätigung der Körperschaft wirtschaftlich abheben und dürfe nicht mit dieser eine Einheit bilden. Für sachliche Selbständigkeit auch FG Hessen v. 13.10.2016 – 4 K 1522/16, juris; *Buchna/Leichinger/Seeger/Brox*, S. 282; *Buciek* in Gosch, § 14 AO Rz. 26; *Märtens* in Gosch, § 5 KStG Rz. 20; *Glanegger/ Güroff*, § 2 GewStG Rz. 408; *Streck*, § 5 KStG Rz. 7; *Lorenz/Steer*, DB 1983, 2657; *Martens*, S. 113 f.; *Rader*, BB 1979, 1192; *Wallenhorst/Halaczinsky*, Rz. F 7. Für eine sachliche Selbständigkeit im Grundsatz auch *Lang*, StuW 1987, 221 (236 ff.), der jedoch abweichend von der Rechtsprechung auf den „steuerlichen Betriebsbegriff" abstellen will.
4 *Koch* in Koch/Scholtz, § 14 AO Rz. 10/2; *Seer* in Tipke/Kruse, § 14 AO Rz. 7. Vgl. auch *Fischer* in Hübschmann/Hepp/Spitaler, § 14 AO Rz. 75; *Müller-Gatermann*, FR 1995, 261.
5 FG Hessen v. 22.5.1979 – VIII 56/79, EFG 1979, 507 (508); für eine kombinierte „sachliche" und „persönliche" Selbständigkeit auch *Herbert*, S. 40 ff.
6 So vor allem *Herbert*, S. 42.

hand des Merkmals der „sachlichen Abgrenzbarkeit" entschieden werden. Dem ist zu Recht entgegengehalten worden, eine solche Abgrenzung des wirtschaftlichen Geschäftsbetriebs könne überhaupt nicht aus dem Merkmal der „selbständigen Tätigkeit" abgeleitet werden, sondern lediglich aus dem Begriff des „Betriebs"[1]. Die h.M. trägt daher die nicht unerhebliche Gefahr in sich, dass z.B. die körperschaftsteuerliche Frage des wirtschaftlichen Zusammenhangs von Einnahmen und Ausgaben unter Berufung auf ein „Gebot der einheitlichen Auslegung"[2] anhand von Maßstäben entschieden wird, welche der speziellen Teleologie der Einzelsteuergesetze möglicherweise widersprechen. Einer einheitlichen sachlichen Abgrenzung des wirtschaftlichen Geschäftsbetriebs bedarf es auf Grund der systematischen Bedeutung des § 14 Satz 1 AO aber nicht. Sein Regelungsinhalt erschöpft sich in der Aussage, dass jede einzelne Tätigkeit im Sinne dieser Vorschrift von der Steuervergünstigung ausgeschlossen und nach Maßgabe der allgemeinen Grundsätze des jeweiligen Einzelsteuergesetzes zu besteuern ist. Erst auf der Ebene des Einzelsteuergesetzes stellt sich z.B. im Rahmen der körperschaftsteuerlichen Gewinnermittlung bzw. des Vorsteuerabzugs die weitere Frage einer Zurechnung von Einnahmen und Aufwendungen, Umsätzen und Vorleistungen. Ein „sachliches" Verständnis der Selbständigkeit ist bei § 14 Satz 1 AO folglich nicht erforderlich[3]. Auch die Rechtsprechung hält letztlich an den Wertungen des jeweiligen Einzelsteuergesetzes fest, wie im Zusammenhang mit der Gewinnermittlung noch zu zeigen sein wird (vgl. näher unten Kapitel 7)[4]. Einer einheitlichen Auslegung des § 14 Satz 1 AO im einkommen- oder umsatzsteuerlichen Sinne widerspricht schließlich auch nicht der Umstand, dass Körperschaften[5] im Regelfall immer „persönlich selbständig" sind[6]. Insoweit kommt dem Merkmal der Selbständigkeit besondere Bedeutung im Zusammenhang mit den Organschaftsregelungen in den einzelnen Steuergesetzen für die Kapitalgesellschaften zu[7].

---

1 Vgl. *Seer* in Tipke/Kruse, § 14 AO Rz. 8: Es sei allerdings möglich, dem Begriff „Betrieb" Grenzen zu entnehmen, wenn es der Gesetzeszweck verlange, wobei auf die Kriterien des BFH in der Entscheidung BFH v. 18.1.1984 – I R 138/79, BStBl. II 1984, 451 zurückgegriffen werden könne. Ähnlich *Scholtz* in Koch/Scholtz, § 14 AO Rz. 10/2.

2 So aber *Herbert*, S. 27 f., 41.

3 In BFH v. 7.5.2014 – I R 65/12, BFH/NV 2014, 1670 hat der BFH offen gelassen, ob das Merkmal „sachlich" oder „persönlich" gemeint ist.

4 So kann es kaum überraschen, dass die Entscheidung des BFH v. 18.1.1984 – I R 138/79, BStBl. II 1984, 451 eine Gewerbesteuersache betraf, bei der die sachliche Selbständigkeit des Betriebs ohnehin den Wertungen des GewStG entspricht. Dem BFH ist insoweit sogar darin zuzustimmen, dass eine „persönliche Selbständigkeit" in § 14 AO den Wertungen des Gewerbesteuergesetzes nicht vorgehen darf. Dies wird aber auch von den Kritikern des BFH nicht bestritten, vgl. *Seer* in Tipke/Kruse, § 14 AO Rz. 7; *Scholtz* in Koch/Scholtz, § 14 AO Rz. 10/2.

5 Entgegen *Niemann*, Institut Finanzen und Steuern, Heft 330, S. 11 geht es nicht darum, ob „der wirtschaftliche Geschäftsbetrieb als persönlich selbständig anzusehen ist", denn nicht dieser, sondern die Körperschaft ist Adressat der Besteuerung.

6 So aber *Märtens* in Gosch, § 5 KStG Rz. 21 im Anschluss an *Buciek* in Gosch, § 14 AO Rz. 26.

7 Vgl. *Scholtz* in Koch/Scholtz, § 14 AO Rz. 10/2.

Wenn z.B. das FG Hessen[1] eine Körperschaftsteuerpflicht des Verkaufs von „Ökopunkten" durch eine Naturschutzstiftung unter Hinweis auf eine fehlende sachliche Selbständigkeit ablehnt, dann geht es im Kern darum, ob es sich bei dem Verkauf um eine Tätigkeit handelt, die sich auf Grund des **ertragsteuerlichen Veranlassungsprinzips** noch innerhalb der steuerbegünstigten Sphäre bewegt und daher nach § 5 Abs. 1 Nr. 9 Satz 1 KStG von der KStG befreit ist.

Das Merkmal der Selbständigkeit ist daher bei § 14 Satz 1 AO in demselben Sinne zu verstehen wie im Einkommen- und Umsatzsteuerrecht. Die Selbständigkeit grenzt den wirtschaftlichen Geschäftsbetrieb **von der unselbständigen Arbeit ab** und knüpft darüber hinaus an die Regelungen über die Organschaft an[2]. Die Frage, welche Tätigkeiten einen „einheitlichen Geschäftsbetrieb" bilden, ist dagegen allein im Kontext der Einzelsteuergesetze zu entscheiden.   6.99

3. Teilnahme am allgemeinen wirtschaftlichen Verkehr und Konkurrenz zu gewerblichen Anbietern

Die Rechtsprechung hatte in einer Reihe von Entscheidungen als **ungeschriebenes weiteres Merkmal** des wirtschaftlichen Geschäftsbetriebs zusätzlich die Teilnahme am wirtschaftlichen Verkehr gefordert[3]. Im Gegensatz zum Gewerbebetrieb verlangte die Rechtsprechung insoweit jedoch keine Beteiligung am allgemeinen wirtschaftlichen Verkehr, eine Tätigkeit gegenüber den Mitgliedern – am „inneren Markt"[4] – reichte vielmehr aus[5]. Das Merkmal der „Teilnahme am wirtschaftlichen Verkehr" war daher praktisch bedeutungslos[6]. In einer neueren Entscheidung hat der BFH sogar das Merkmal ausdrücklich für verzichtbar erklärt[7].   6.100

Im Schrifttum ist früher vereinzelt aus dem Merkmal „Beteiligung am wirtschaftlichen Verkehr" die Beschränkung des § 14 Satz 1 AO auf solche Tätigkeiten gefolgert worden, die **in Konkurrenz zu anderen Steuerpflichtigen** stehen[8]. Auszunehmen seien daher beispielsweise die Herausgabe einer Vereinszeitschrift, die lediglich über das interne Vereinsleben berichtet, oder die entgeltliche Abgabe von Sportzei-   6.101

1 FG Hessen v. 13.10.2016 – 4 K 1522/16, EFG 2016, 861 (Rev. BFH V R 63/16).
2 So auch *Seer* in Tipke/Kruse, § 14 AO Rz. 7; *Scholtz* in Koch/Scholtz, § 14 AO Rz. 10/2; *Fischer* in Hübschmann/Hepp/Spitaler, § 14 AO Rz. 75 f.
3 BFH v. 8.3.1967 – I 145/64, BStBl. III 1967, 373; BFH v. 2.10.1968 – I R 40/68, BStBl. II 1969, 43; BFH v. 29.8.1984 – I R 68/81, BStBl. II 1985, 120 (124); BFH v. 21.8.1985 – I R 3/82, BStBl. II 1986, 92.
4 So die Formulierung von *K. Schmidt*, Verbandszweck, S. 144 ff. zum Begriff des „wirtschaftlichen Geschäftsbetriebs" im Sinne von §§ 21, 22 BGB.
5 BFH v. 2.10.1968 – I R 40/68, BStBl. II 1969, 43 (45); vgl. auch *Schultze-Schlutius*, StuW 1938, 941 (960 f.) mit Nachweisen zu gleichlautenden Entscheidungen des RFH, der zutreffend ausführt, dass der Gedanke des Wettbewerbs auch dann praktisch werde, wenn eine Körperschaft nur für ihre Mitglieder tätig wird.
6 Allgemein zum Merkmal der „Beteiligung am allgemeinen wirtschaftlichen Verkehr" *Schön* in FS Vogel, 2000, S. 153.
7 BFH v. 27.3.2001 – I R 78/99, BStBl. II 2001, 449.
8 So *Herrmann/Heuer/Raupach*, § 5 KStG Anm. 173 (1986).

chen und Formularen durch einen Dachverband an angeschlossene Sportvereine[1]. Auch die Finanzverwaltung ist dieser Ansicht in Einzelfällen gefolgt[2].

6.102 Dieser Ansicht **kann nicht gefolgt werden**[3]. Abgesehen davon, dass die Abgabe vereinsinterner Zeitschriften regelmäßig gegen (echte) Mitgliedsbeiträge und nicht gegen Einnahmen erfolgt[4], kann für das Merkmal „Beteiligung am wirtschaftlichen Verkehr", wenn man es anerkennen würde, nicht entscheidend sein, wer Leistungspartner ist, sondern nur, ob auch ein Dritter Leistungspartner sein könnte[5]. Maßgebend ist jedoch, dass der Gesetzgeber die „Beteiligung am wirtschaftlichen Verkehr" nicht zum eigenständigen Merkmal des wirtschaftlichen Geschäftsbetriebs erhoben, sondern nur – typisierend – den Bereich der Vermögensverwaltung aus dem Geschäftsbetriebsbegriff ausgeklammert hat[6]. Dem ist die gesetzgeberische Wertung zu entnehmen, dass jede andere entgeltliche Tätigkeit außerhalb der Vermögensverwaltung – auch eine Leistung gegenüber den Mitgliedern – als potentiell wettbewerbsrelevant angesehen wird. Damit ist auch eine Besteuerung solcher Körperschaften gewährleistet, die nur gegenüber ihren Mitgliedern tätig werden[7]. Nach Ansicht des BFH spricht auch die Wettbewerbsklausel des § 65 Nr. 3 AO gegen die Annahme, dass ein wirtschaftlicher Geschäftsbetrieb im Sinne von § 14 AO das Bestehen eines konkreten oder potentiellen Wettbewerbs erfordert[8].

III. Nachhaltigkeit

6.103 Eine Tätigkeit ist nach ganz h.M. „nachhaltig" im Sinne des § 14 Satz 1 AO, wenn sie **auf Wiederholung angelegt** ist, d.h. wenn die – in der Regel – Mehrzahl von Tätigkeiten von dem Entschluss getragen sind, sie zu wiederholen und daraus eine ständige Erwerbsquelle zu machen, und sie dann auch tatsächlich wiederholt werden[9]. Nicht erforderlich ist, dass die einzelnen Handlungen auf einem einheitlichen Willensentschluss beruhen, der bereits eine Bestimmung von Ort, Zeit, Gegenstand und Umfang der Handlungen umfasst. Es genügt vielmehr, wenn bei der Tätigkeit

---

1 Für einen wirtschaftlichen Geschäftsbetrieb dagegen FG Münster v. 8.12.1966 – I b 55–58/ 65, EFG 1967, 476.

2 Vgl. FinMin Sachsen-Anhalt v. 23.8.2016 – 46-S-S 0187-2, juris, zur gemeinnützigkeitsrechtlichen Behandlung des Verkaufs von Wohlfahrtsbriefmarken (kein wirtschaftlicher Geschäftsbetrieb mangels Wettbewerbsrelevanz).

3 Ebenso BFH v. 24.6.2015 – I R 13/13, BStBl. II 2016, 971.

4 Vgl. *Herbert*, S. 36.

5 Ebenso wohl auch BFH v. 7.5.2014 – I R 65/12, BFH/NV 2014, 1670: Potentieller Wettbewerb ausreichend (Ausgabe von Presseausweisen durch einen Berufsverband).

6 Vgl. zum Zusammenhang von „Beteiligung am allgemeinen wirtschaftlichen Verkehr" und der Abgrenzung von wirtschaftlichem Geschäftsbetrieb und Vermögensverwaltung RFH v. 26.1.1932 – I A 384/30, RStBl. 1932, 401.

7 Darin sieht *Fischer* in Hübschmann/Hepp/Spitaler, § 14 AO Rz. 79 den Grund für den Verzicht auf das Merkmal.

8 BFH v. 24.6.2015 – I R 13/13, BStBl. II 2016, 971.

9 St. Rspr.: BFH v. 23.2.1961 – IV 313/59 U, BStBl. III 1961, 194; BFH v. 21.8.1985 – I R 60/ 80, BStBl. II 1986, 88 (90) mit zahlreichen Nachweisen aus Rechtsprechung und Lehre.

der allgemeine Wille besteht, gleichartige oder ähnliche Handlungen bei sich bietender Gelegenheit zu wiederholen[1].

Einer besonderen Prüfung der Nachhaltigkeit bedarf es nach zutreffender Ansicht der Rechtsprechung dann nicht, wenn unter Ausnutzung derselben Gelegenheit oder derselben Verhältnisse tatsächlich, d.h. dem äußeren Sachverhalt nach, **mehrere aufeinanderfolgende gleichartige Handlungen vorgenommen** werden[2]. Eine einmalige Tätigkeit ist dagegen nur „nachhaltig" im Sinne von § 14 Satz 1 AO, wenn sie mit dem für das Merkmal erforderlichen Willen ausgeführt wird, gleichartige Handlungen bei sich bietender Gelegenheit zu wiederholen[3].

6.104

Insgesamt ist somit festzustellen, dass das Merkmal „nachhaltig" im Rahmen des § 14 AO in gleicher Weise **wie im Einkommen-, Gewerbe- und Umsatzsteuerrecht**[4] zu verstehen ist[5].

6.105

IV. Erzielung von Einnahmen und anderen wirtschaftlichen Vorteilen

Ein wirtschaftlicher Geschäftsbetrieb ist gemäß § 14 Satz 1 AO nur gegeben, wenn durch eine selbständige und nachhaltige Tätigkeit auch „Einnahmen oder andere wirtschaftliche Vorteile erzielt werden". Die Erzielung von Einnahmen muss nicht beabsichtigt sein (§ 14 Satz 2 AO). Im Schrifttum wird die Frage, **welcher Zusammenhang zwischen der Tätigkeit und der Erzielung von Einnahmen** bestehen muss, unterschiedlich beantwortet. Während teilweise auf die einkommensteuerlichen Maßstäbe der §§ 4 Abs. 3, 8 Abs. 1 EStG zurückgegriffen wird[6], soll nach anderer Ansicht der umsatzsteuerliche Entgeltbegriff maßgebend sein[7].

6.106

Geht man mit der hier vertretenen Ansicht davon aus, dass § 14 AO nicht die sachliche Steuerpflicht betrifft, sondern nur die Einschränkung einer subjektiven Steuervergünstigung in den Einzelsteuergesetzen regelt, so handelt es sich bei diesem Streit um ein **Scheinproblem**. Denn für die Körperschaft- und Umsatzsteuerpflicht einer gemeinnützigen Körperschaft kommt es ohnehin allein darauf an, ob nach den besonderen Vorschriften des KStG oder UStG eine sachliche Steuerpflicht begründet ist, d.h. gemäß § 8 Abs. 1 i.V.m. § 2 Abs. 1 EStG Einkünfte erzielt werden (Veranlassungsprinzip) oder nach § 1 Abs. 1 UStG ein umsatzsteuerpflichtiger Leistungsaustausch (Leistung gegen Entgelt) vorliegt. Soweit dies zu bejahen ist, greift gemäß § 14 AO i.V.m. den Einzelsteuergesetzen keine Steuervergünstigung ein, sofern nicht gemäß § 14 Satz 3 AO der Steuertatbestand im Bereich der Vermögensverwaltung verwirklicht worden ist. Dagegen wäre es verfehlt, wenn man das Merk-

6.107

1 BFH v. 21.8.1985 – I R 60/80, BStBl. II 1986, 88 (92).
2 BFH v. 3.6.1954 – V 262/53 U, BStBl. III 1954, 238; BFH v. 21.8.1985 – I R 60/80, BStBl. II 1986, 88 (90).
3 BFH v. 26.4.1962 – V 293/59 U, BStBl. III 1962, 264.
4 Vgl. § 1 GewStDV; § 15 Abs. 2 Satz 1 EStG; § 2 Abs. 1 Satz 3 UStG.
5 Statt vieler *Fischer* in Hübschmann/Hepp/Spitaler, § 14 AO Rz. 80; *Seer* in Tipke/Kruse, § 14 AO Rz. 9.
6 Vgl. *Scholtz* in Koch/Scholtz, § 14 AO Rz. 7: „verursacht".
7 So *Herbert*, S. 54.

mal der Einnahmenerzielung in § 14 AO z.B. ausschließlich im Sinne eines umsatzsteuerlichen Leistungsaustauschs interpretieren würde mit der Folge, dass die sachliche Körperschaftsteuerpflicht bereits auf der Ebene der persönlichen Steuerbefreiung eingeschränkt würde[1]. Gegen eine Anknüpfung an das Umsatzsteuerrecht spricht schließlich auch, dass auf diese Weise die Vorgaben der MwStSystRL und die Rechtsprechung des EuGH zum Merkmal des Leistungsaustauschs (vgl. dazu Rz. 7.128 ff.) in die Auslegung der – rein nationalen – Vorschrift des § 14 AO hineingetragen würden.

6.108 Relevanz hat die Frage des Zusammenhangs zwischen Tätigkeit und Entgelt somit **allein für die Substanzsteuern**. Nach Abschaffung der Gewerbekapitalsteuer und der Nichtanwendung des Vermögensteuergesetzes stellt sich die Frage nur noch für die Grundsteuer (vgl. § 3 Abs. 1 Nr. 3 Buchst. b GrStG i.V.m. Abschn. 12 Abs. 6 Nr. 1 GrStR). Insoweit erscheint – nicht zuletzt aus Vereinfachungsgründen, aber auch um eine Einwirkung europäischer Vorgaben der MwStSystRL auszuschließen – zutreffend, das Merkmal der Einnahmenerzielung (§ 14 AO) nach ertragsteuerlichen Gesichtspunkten (Veranlassungszusammenhang) auszulegen[2].

6.109 „Einnahmen" sind alle Zuflüsse in Geld und Zahlungsmitteln, also auch Schecks, Gutschriften etc.[3] „Andere wirtschaftliche Vorteile" sind rechtliche oder wirtschaftliche Positionen, denen im Geschäftsverkehr ein Wert beigelegt wird[4]. Auf weitere Einzelfragen bei der Abgrenzung zwischen steuerpflichtigen und steuerfreien Einnahmen (z.B. die Behandlung von Mitgliedsbeiträgen, Zuschüssen etc.) ist entsprechend der hier vertretenen Ansicht erst im Rahmen der körperschaftsteuerlichen Gewinnermittlung bzw. den Ausführungen zur Umsatzbesteuerung von gemeinnützigen Einrichtungen zurückzukommen.

6.110 frei

V. Einzelfälle

6.111 Nach den vorstehenden Kriterien sind als steuerpflichtige wirtschaftliche Geschäftsbetriebe anzusehen:

– Abfallsammlung und -verwertung[5],

– Altmaterial-, Altkleider- und Wertstoffsammlungen[6],

---

1 So aber *Herbert*, S. 54, der – entgegen der hier vertretenen Ansicht – den Einnahmenbegriff im Rahmen des § 14 AO einheitlich im Sinne des Umsatzsteuerrechts verstehen will. Unklar *Kiefer*, Die Abgrenzung von Vermögensverwaltung und wirtschaftlichen Geschäftsbetrieb, 2000, S. 54 f.
2 Anders noch 2. Aufl. 2012 und *Hüttemann*, Wirtschaftliche Betätigung, S. 131.
3 *Seer* in Tipke/Kruse, § 14 AO Rz. 10.
4 *Herbert*, S. 56.
5 BFH v. 27.10.1993 – I R 60/91, BStBl. II 1994, 573.
6 BFH v. 26.2.1992 – I R 149/90, BStBl. II 1992, 693; BFH v. 10.6.1992 – I R 76/90, BFH/NV 1992, 839; BFH v. 21.12.1994 – I B 14/94, BFH/NV 1995, 569; FG Münster v. 16.6.1998 – 15 K 2840/96 U, EFG 1998, 1364.

- Anzeigengeschäft in einer Vereinszeitschrift[1],

- Ausgabe von Presseausweisen[2],

- Bandenwerbung in Sportstätten[3],

- Basare und Flohmärkte[4],

- Beschaffungsstellen[5],

- Besteigung von Aussichtstürmen etc. gegen Entgelt[6],

- Beteiligung an einer gewerblichen Personengesellschaft[7],

- Betrieb von Bundesligen durch einen Sport-Dachverband[8],

- Bierzeltbetrieb[9],

- Blutspendedienste[10],

- Buchführungsstellen für Mitglieder und Dritte[11],

- Cafe- und Cafeteriabetriebe[12],

- Carsharing[13],

- Dampfabgabe gegen Entgelt[14],

- Dritte-Welt-Laden[15],

- Druckerei[16],

- Eheanbahnungsinstitut[17],

---

1 BFH v. 28.11.1961 – I 34/61 U, BStBl. III 1962, 73; BFH v. 10.5.1955 – I 173/53 U, BStBl. III 1955, 177.
2 BFH v. 7.5.2014 – I R 65/12, BFH/NV 2014, 1670.
3 BFH v. 13.3.1991 – I R 8/88, BStBl. II 1992, 101.
4 FG Baden-Württemberg v. 30.1.1992 – 3 K 19/88, juris, rkr.
5 BFH v. 18.10.1990 – V R 35/85, BStBl. II 1991, 157; BFH v. 18.10.1990 – V R 76/89, BStBl. II 1991, 268; BFH v. 15.10.1997 – II R 94/94, DStRE 1997, 1014.
6 RFH v. 26.4.1938 – VIa 27/37, RStBl. 1938, 613; RFH v. 23.7.1938 – VIa 32/38, RStBl. 1938, 914.
7 BFH v. 27.3.2001 – I R 78/99, BStBl. II 2001, 449.
8 BFH v. 24.6.2015 – I R 13/13, BStBl. II 2016, 971.
9 BFH v. 9.11.1988 – I R 200/85, BFH/NV 1989, 342.
10 Vgl. § 64 Abs. 6 AO; BFH v. 18.3.2004 – V R 101/01, BStBl. II 2004, 798; FG Düsseldorf v. 8.11.2006 – 5 K 3447/04 U, EFG 2007, 305.
11 Abschn. 8 Abs. 4 Satz 19 KStR, FG Baden-Württemberg v. 10.1.2001 – 10 K 276/98, EFG 2001, 936, rkr.
12 BFH v. 24.1.1990 – I R 33/86, BStBl. II 1990, 470; FG Brandenburg v. 25.11.1998 – 2 K 825/96 G, EFG 1999, 199.
13 BFH v. 12.6.2008 – V R 33/05, BStBl. II 2009, 221.
14 FG Niedersachsen v. 4.8.1993 – VI 505/85, EFG 1994, 498, rkr.
15 FG Brandenburg v. 25.11.1998 – 2 K 825/96 G, EFG 1999, 199.
16 RFH v. 26.3.1935 – I A 28/34, RStBl. 1935, 855.
17 BFH v. 28.8.1968 – I 242/65, BStBl. II 1968, 145.

- Erholungsheim[1],

- Fahrdienste für ärztlichen Notfalldienst[2],

- Festschriftherausgabe[3],

- Festzeltbetrieb[4],

- Flugtag[5],

- Gehaltsabrechnungsstellen[6],

- gesellige Veranstaltungen,

- Gewährung von Versicherungsschutz[7],

- Industriemesse[8],

- Jugendtreffs[9],

- Kantine[10],

- Kletteranlage[11],

- Krankenhausapotheke[12],

- Krankenhauswäscherei[13],

- Museumsshop[14],

- Nachlassverwertung[15],

- Pensionsstall[16],

- Pfennigbasar[17],

- Rechtsberatung und Gewährung von Rechtsschutz[18],

---

1 BFH v. 23.11.1972 – I R 21/71, BStBl. II 1973, 251.
2 OFD Frankfurt/M. v. 17.3.1995, FR 1995, 486.
3 BFH v. 4.3.1976 – IV R 189/71, BStBl. II 1976, 472.
4 BFH v. 21.7.1999 – I R 55/98, BFH/NV 2000, 85.
5 BFH v. 21.8.1985 – I R 60/80, BStBl. II 1986, 92.
6 BFH v. 7.11.1996 – V R 34/96, BStBl. II 1997, 366.
7 BFH v. 15.10.1997 – I R 2/97, BStBl. II 1998, 175.
8 FG Hamburg v. 15.6.2006 – 2 K 10/05, EFG 2007, 218.
9 BFH v. 11.4.1990 – I R 122/87, BStBl. II 1990, 724.
10 FG Brandenburg v. 25.11.1998 – 2 K 825/96 G, EFG 1999, 199.
11 Bayerisches Landesamt für Steuern v. 6.12.2011 – S 0171.2.1 - 88/4 St31.
12 BFH v. 18.10.1990 – V R 76/89, BStBl. II 1991, 268.
13 BFH v. 18.10.1990 – V R 35/85, BStBl. II 1991, 157.
14 FG Rheinland-Pfalz v. 29.1.2009 – 6 K 1351/06, DStRE 2010, 549.
15 BFH v. 9.9.1993 – V R 24/89, BStBl. II 1994, 57.
16 BFH v. 2.10.1968 – I R 40/68, BStBl. II 1969, 43; siehe auch BFH v. 16.10.2013 – XI R 34/11, BFH/NV 2014, 460 (u.U. Zweckbetrieb); BFH v. 10.8.2016 – V R 14/15, BFH/NV 2017, 63 (kein Zweckbetrieb).
17 BFH v. 11.2.2009 – I R 73/08, BStBl. II 2009, 516.
18 FG München v. 2.6.2000 – 7 K 4322/98, EFG 2000, 1146, rkr.

- Restaurationsbetrieb[1],

- sozialwissenschaftliche Dienstleistungen als Beauftragter nach § 180 BauGB[2],

- Speise- und Getränkeverkauf[3],

- Tiervermittlung[4],

- Totalisatorbetrieb[5],

- Trikotwerbung[6],

- Überlassung einer Werbeaufschrift auf Heißluftballon[7],

- Überlassung von Telefonen im Altersheim[8],

- Verkauf von Tonträgern[9],

- Verlag und Vertrieb von Zeitschriften,

- Verwaltung von Sporthallen[10].

frei   6.112–6.114

D. Steuerfreie Vermögensverwaltung

Aus dem Begriff des wirtschaftlichen Geschäftsbetriebs wird seit jeher die Ver-   6.115
mögensverwaltung ausgeklammert[11]. § 14 Satz 1 AO definiert den wirtschaftlichen
Geschäftsbetrieb als „selbständige nachhaltige Tätigkeit, durch die Einnahmen oder
andere wirtschaftliche Vorteile erzielt werden und die über den Rahmen einer Vermögensverwaltung hinausgeht". § 14 Satz 3 AO enthält zwei Regelbeispiele für vermögensverwaltende Tätigkeiten:

„Eine Vermögensverwaltung liegt in der Regel vor, wenn Vermögen genutzt, z.B. Kapitalvermögen verzinslich angelegt oder unbewegliches Vermögen vermietet oder verpachtet wird".

Die Abgrenzung zwischen vermögensverwaltender Tätigkeit im Sinne von § 14
Satz 3 AO und einem wirtschaftlichen Geschäftsbetrieb ist von erheblicher Bedeutung, weil sie letztlich über die Steuerpflicht der betreffenden Tätigkeit entscheidet.

---

1   BFH v. 21.8.1985 – I R 60/80, BStBl. II 1986, 92.
2   FG Berlin v. 15.1.2002 – 7 K 8618/99, EFG 2002, 518, rkr.
3   Vgl. §§ 67a, 68 Nr. 7 AO.
4   FG Baden-Württemberg v. 18.4.2011 – 14 V 4072/10, juris.
5   Vgl. § 64 Abs. 6 AO; BFH v. 5.6.2003 – I R 76/01, BStBl. II 2005, 305; BFH v. 22.4.2009 –
    I R 15/07, DStR 2009, 1089.
6   BFH v. 9.12.1981 – I R 215/78, BStBl. II 1983, 27.
7   BFH v. 1.8.2002 – V R 21/01, BStBl. II 2003, 438.
8   FG Hessen v. 16.5.2008 – 4 K 2905/06, juris.
9   FG Düsseldorf v. 26.5.1993 – 5 K 446/90 U, EFG 1993, 752.
10 BFH v. 5.8.2010 – V R 54/09, BStBl. II 2011, 191.
11 Vgl. RFH v. 26.1.1932 – I A 384/30, RStBl. 1932, 400 (401 f.); zur Rechtsprechung des
    RFH vgl. *Schulze-Schlutius*, StuW 1938, 941 (978 ff.).

I. Begriff der Vermögensverwaltung (§ 14 Satz 3 AO) und seine Abgrenzung vom wirtschaftlichen Geschäftsbetrieb

1. Stand von Rechtsprechung und h.M.

6.116 Nach ganz überwiegender Auffassung sollen für die Auslegung des Begriffs „Vermögensverwaltung" in § 14 Satz 3 AO die **allgemeinen einkommensteuerrechtlichen Grundsätze zur Abgrenzung der Einkünfte** aus Gewerbebetrieb (§ 15 Abs. 2 EStG) von Einkünften aus Kapitalvermögen (§ 20 EStG) bzw. aus Vermietung und Verpachtung (§§ 21, 22 Nr. 3 EStG) anwendbar sein[1]. Für den BFH ergab sich dies vor allem aus der Tatsache, dass der wirtschaftliche Geschäftsbetrieb einen Oberbegriff darstelle, der jedenfalls durch die Erzielung von Einkünften aus Gewerbebetrieb im Sinne des § 15 EStG begründet werde[2]. So heißt es in einer aktuellen Entscheidung zu § 14 AO: „Einen wirtschaftlichen Geschäftsbetrieb begründet in der Regel, wer als steuerbefreite Körperschaft Einkünfte aus Gewerbebetrieb im Sinne des § 15 EStG erzielt"[3]. Von dieser Prämisse ausgehend soll z.B. eine mitunternehmerische Beteiligung an einer gewerblichen Personengesellschaft (§ 15 Abs. 1 Satz 1 Nr. 2 EStG) stets einen wirtschaftlichen Geschäftsbetrieb begründen[4], während die Beteiligung an einer Kapitalgesellschaft zumindest im Grundsatz der Vermögensverwaltung zugeordnet wird[5]. Ferner findet auch das sog. Rechtsinstitut der Betriebsaufspaltung im Rahmen von § 14 AO entsprechende Anwendung[6].

6.117 Betrachtet man die h.M. allerdings näher, so wird deutlich, dass die Orientierung an einkommensteuerrechtlichen Grundsätzen sowohl in der Rechtsprechung als auch im Schrifttum **nicht immer konsequent durchgehalten wird**.

Beispiel Nr. 5 (nach BFH vom 17.12.1957[7]): Ein gemeinnütziger Verein vermietete einen großen Saal und andere Nebenräume an zahlreichen Tagen (bis zu 150mal im Jahr), an denen er sie nicht benötigte, anderen Benutzern für deren Zwecke. Das Finanzamt hatte unter Berufung auf die Rechtsprechung des BFH zum Einkommensteuerrecht den „häufigen, die

---

1 Vgl. BFH v. 27.3.2001 – I R 78/99, BStBl. II 2001, 449; BFH v. 21.5.1997 – I R 164/94, BFH/NV 1997, 825; zuletzt BFH v. 18.2.2016 – V R 60/13, BStBl. II 2017, 251; *Scholtz* in Koch/Scholtz, § 14 AO Rz. 14/1; *Buchna/Leichinger/Seeger/Brox*, S. 284; *Kümpel* in Rödder/Herlinghaus/Neumann, § 5 KStG Rz. 22; *Niemann*, Institut Finanzen und Steuern, Nr. 330, S. 17; für „Konturierung in Parallelität zu dem ertragsteuerlichen Abgrenzungskriterium" *Fischer* in Hübschmann/Hepp/Spitaler, § 14 AO Rz. 87 ff.; ähnlich *Kiefer*, Die Abgrenzung von Vermögensverwaltung und wirtschaftlichem Geschäftsbetrieb, 2000, S. 75; eingehend *Herbert*, S. 73 ff.

2 Vgl. BFH v. 27.3.2001 – I R 78/99, BStBl. II 2001, 449 unter Hinweis auf BFH v. 8.11.1971 – GrS 2/71, BStBl. II 1972, 63 und BFH v. 27.6.1988 – I R 113/84, BStBl. II 1989, 134.

3 BFH v. 18.2.2016 – V R 60/13, BStBl. II 2017, 251.

4 Vgl. BFH v. 27.3.2001 – I R 78/99, BStBl. II 2001, 449; BFH v. 27.7.1988 – I R 113/84, BStBl. II 1989, 134.

5 Vgl. BFH v. 30.6.1971 – I R 57/70, BStBl. II 1971, 753; BFH v. 27.3.2001 – I R 78/99, BStBl. II 2001, 449.

6 S. BFH v. 5.6.1985 – I S 2/85, I S 3/85, BFH/NV 1986, 433; BFH v. 21.5.1997 – I R 164/94, BFH/NV 1997, 825.

7 BFH v. 17.12.1957 – I 182/55 U, BStBl. III 1958, 96.

vermieteten Räume zur Ware machenden Wechsel der Mieter" zum Anlass für die Behandlung als wirtschaftlicher Geschäftsbetrieb genommen.

Demgegenüber sah der BFH in der **Saalvermietung trotz des häufigen Mieterwechsels** noch keinen steuerpflichtigen wirtschaftlichen Geschäftsbetrieb[1]. Diese Einordnung widerspricht offensichtlich den herkömmlichen einkommensteuerrechtlichen Abgrenzungsmaßstäben, wonach eine Vermietungstätigkeit bei häufigem Mieterwechsel regelmäßig als gewerblich anzusehen ist[2].

Eine weitere Fallgruppe, in der sich die Rechtsprechung von einkommensteuerrechtlichen Kriterien gelöst hat, ist die **Beteiligung einer steuerbefreiten Körperschaft an einer Kapitalgesellschaft.**   6.118

Beispiel Nr. 6 (nach BFH vom 30.6.1971[3]): Ein Berufsverband war neben anderen Landesverbänden zu 10 Prozent am Stammkapital einer GmbH beteiligt. Gegenstand der GmbH sind insbesondere die Errichtung und der Ausbau bestimmter Einrichtungen etc. Das Finanzamt sah in der Beteiligung an der Kapitalgesellschaft einen wirtschaftlichen Geschäftsbetrieb, da zusammen mit den anderen Landesverbänden ein entscheidender Einfluss auf die GmbH ausgeübt werden könne.

Der BFH hat demgegenüber festgestellt, dass die Beteiligung eines Berufsverbandes an einer Kapitalgesellschaft (nur) dann keinen wirtschaftlichen Geschäftsbetrieb darstellt, wenn der Verband „tatsächlich keinen entscheidenden Einfluss auf die Geschäftsführung der Kapitalgesellschaft nimmt und somit durch sie nicht selbst am allgemeinen wirtschaftlichen Geschäftsverkehr teilnimmt"[4]. Diese Grenzziehung ist rein einkommensteuerrechtlich betrachtet nicht nachvollziehbar[5], weil die Beteiligung an einer Kapitalgesellschaft auch dann zu Einkünften aus Kapitalvermögen nach § 20 Abs. 1 Nr. 1 EStG führt, wenn der Gesellschafter gleichzeitig Alleingeschäftsführer ist und die laufende Geschäftsführung bestimmt. Diese Abweichung ist auch im Schrifttum nicht unbemerkt geblieben. So ist aus der Rechtsprechung des BFH zu Kapitalgesellschaftsbeteiligungen der Schluss gezogen worden, dass Kommanditbeteiligungen – abweichend von § 15 Abs. 1 Satz 1 Nr. 2 EStG – wegen der geringen Einflussmöglichkeiten des Kommanditisten der Vermögensverwaltung zuzurechnen seien[6].

Eine weitere Abweichung betrifft den Fall der **Beteiligung an einer gewerblich geprägten Personengesellschaft** (§ 15 Abs. 3 Nr. 2 EStG), sofern die Personengesellschaft selbst nur

---

1 BFH v. 17.12.1957 – I 182/55 U, BStBl. III 1958, 96.
2 Vgl. Abschn. H 137 EStR. Das BFH-Urteil daher konsequent ablehnend *Fischer* in Hübschmann/Hepp/Spitaler, § 14 AO Rz. 121.
3 BFH v. 30.6.1971 – I R 57/70, BStBl. II 1971, 753.
4 BFH v. 30.6.1971 – I R 57/70, BStBl. II 1971, 753; bestätigt von BFH v. 27.3.2001 – I R 78/99, BStBl. II 2001, 449; BFH v. 25.8.2010 – I R 97/09, BFH/NV 2011, 312.
5 Insoweit zutreffende Kritik von *Herbert*, S. 78 ff. und *Fischer* in Hübschmann/Hepp/Spitaler, § 14 AO Rz. 101: „Durchbrechung des Trennungsprinzips" ohne rechtliche Grundlage.
6 Dafür *Niemann* in Institut Finanzen und Steuern, Nr. 330, S. 37 ff.; *Scholtz* in FS L. Schmidt, 1993, S. 707 (721 ff.); *Scholtz* in Koch/Scholtz, § 14 AO Rz. 16; zustimmend *Kiefer*, Die Abgrenzung von Vermögensverwaltung und wirtschaftlichen Geschäftsbetrieb, 2000, S. 163 ff.; *Pezzer*, FR 2001, 837; *Arnold*, DStR 2005, 581.

vermögensverwaltend tätig ist[1]. Auch diese Beschränkung des § 14 AO auf „originär" gewerbliche Tätigkeiten widerspricht den einkommensteuerrechtlichen Wertungen und bedarf einer teleologischen Begründung im Kontext von § 14 AO. In der Tat hat der BFH diese Abweichung von § 15 EStG mit dem „Zweck der Besteuerung von wirtschaftlichen Geschäftsbetrieben"[2] – der Wettbewerbsneutralität – begründet und sich damit einer teleologischen Auslegung des Begriffs der Vermögensverwaltung geöffnet.

2. Eigene Auffassung

6.119   Die herrschende Auffassung **kann nicht überzeugen**, weil sie im Ausgangspunkt mehr oder weniger rein begrifflich am Wortlaut des § 14 AO ansetzt[3], ohne die besondere Teleologie der partiellen Steuerpflicht – den Wettbewerbsgedanken – in den Mittelpunkt zu stellen[4]. Dies hat zur Folge, dass die Anknüpfung an einkommensteuerrechtliche Wertungen in manchen Fällen – z.B. bei der Behandlung von Kapitalgesellschaftsanteilen[5] – durchbrochen wird, ohne dass deutlich wird, von welchen Erwägungen solche Ausnahmen getragen sind. Wie an anderer Stelle näher begründet worden ist, wird die Teleologie der Einkünfteabgrenzung im EStG der Funktion der partiellen Steuerpflicht in § 14 AO nicht gerecht[6]. Die Abgrenzung der einkommensteuerrechtlichen Einkunftsarten wird beherrscht durch den sog. Dualismus der Einkünfteermittlung im Allgemeinen und der unterschiedlichen steuerlichen Erfassung der Veräußerungseinkünfte im Betriebs- und Privatvermögen im Besonderen[7]. Insoweit lässt sich – ungeachtet zahlreicher ungelöster Streitfragen – jedenfalls konstatieren, dass ratio legis aller dieser steuerlichen Unterschiede nicht der Wettbewerbsgedanke ist. Demgegenüber geht es im Rahmen von § 14 AO darum, solche Tätigkeiten zu definieren, bei denen aus Wettbewerbsgründen eine partielle Besteuerung steuerbegünstigter Einrichtungen geboten ist, um unerwünschte Wettbewerbsverzerrungen gegenüber gewerblichen Unternehmen zu verhindern. Geht man also vom Sinn und Zweck der partiellen Steuerpflicht aus, dann kann die Steuerfreiheit der Vermögensverwaltung nur auf der gesetzgeberischen Überlegung beruhen, dass dem Wettbewerbsgedanken im Rahmen der privaten Vermögensverwaltung keine

---

1   Vgl. BFH v. 18.2.2016 – V R 60/13, BStBl. II 2017, 251; BFH v. 25.5.2011 – I R 60/10, BStBl. II 2011, 858; vgl. FG Düsseldorf v. 18.5.1984 – I 714/79, EFG 1985, 83; *Schauhoff* in Schauhoff, § 7 Rz. 67. A.A. *Fischer* in Hübschmann/Hepp/Spitaler, § 14 AO Rz. 105.

2   BFH v. 18.2.2016 – V R 60/13, BStBl. II 2017, 251.

3   Statt aller BFH v. 27.3.2001 – I R 78/99, BStBl. II 2001, 449.

4   Vgl. auch *Seer* in Tipke/Kruse, § 14 AO Rz. 11: „Die Vermögensverwaltung ist, anders als der wirtschaftliche Geschäftsbetrieb, steuerunschädlich. Grund: Im Bereich der Vermögensverwaltung spielt der Wettbewerb keine Rolle und die Vermögenseinkünfte müssen dem begünstigten Zweck zugeführt werden"; siehe auch *Franz*, Grundlagen der Besteuerung gemeinnütziger Körperschaften, 1991, S. 140: Der Wettbewerbsgedanke erweise sich als geeignete Richtschnur einer teleologischen Auslegung des Begriffs „wirtschaftlicher Geschäftsbetrieb"; ebenso im Ausgangspunkt auch *Arnold*, DStR 2005, 581 (583).

5   Statt aller BFH v. 30.6.1971 – I R 57/70, BStBl. II 1971, 753.

6   *Hüttemann*, Wirtschaftliche Betätigung, S. 148 ff.

7   Vgl. dazu nur *Hey* in Tipke/Lang, § 8 Rz. 180 ff.; *Söhn* in DStJG 30 (2007), 13.

besondere Bedeutung zukommt[1]. Der Wettbewerbsgedanke ist auch nicht nur ein „norminspirierendes Prinzip"[2], sondern ist für die Auslegung des § 14 AO fruchtbar zu machen.

Für die Frage, ob eine vergleichbare Besteuerung der Marktteilnehmer bei bestimmten wirtschaftlichen Tätigkeiten unter Wettbewerbsgesichtspunkten geboten ist, kommt es auf das **typische Wettbewerbsverhalten der Marktteilnehmer** an. Entscheidend ist, inwieweit zu erwarten steht, dass steuerbegünstigte Anbieter ihren Steuervorteil als Wettbewerbsinstrument am Markt einsetzen, z.B. unmittelbar durch eine Absenkung der Preise oder mittelbar über größere Reinvestitionen im wirtschaftlichen Bereich. So besteht im Wettbewerb gewerblicher Unternehmen untereinander ein latenter ökonomischer Anreiz zur Weitergabe des Steuervorteils an den Markt, weil die Anbieter über den Preis und das Investitionsverhalten ihre eigene Marktposition verbessern können. Hier ist eine gleichmäßige Besteuerung geboten, wenn man einen steuerlich induzierten Verdrängungswettbewerb ausschließen will. Verhält sich der steuerbegünstigte Anbieter dagegen wie sein steuerpflichtiger Konkurrent und gibt den Steuervorteil nicht an den Markt weiter, sondern realisiert den Vorteil über ein höheres Einkommen nach Steuern im eigenen Vermögen zur Finanzierung seiner sonstigen satzungsmäßigen Ausgaben, ist eine Besteuerung aus Wettbewerbsgründen nicht geboten. Ein solches Wettbewerbsverhalten ist aber typischerweise kennzeichnend für den Bereich der privaten Vermögensverwaltung und kann – entgegen anderer Ansicht[3] – erklären, weshalb der Gesetzgeber bei vermögensverwaltenden Tätigkeiten im Unterschied zu typischen gewerblichen Betätigungen auf eine Besteuerung verzichtet.

Der Bereich der privaten Vermögensverwaltung ist – nach der vom BFH geprägten Formel – dadurch gekennzeichnet, dass sich „die Betätigung noch als **Nutzung von Vermögen im Sinne einer Fruchtziehung aus zu erhaltender Substanz** darstellt und die Ausnutzung substanzieller Vermögenswerte nicht entscheidend in den Vordergrund tritt"[4]. Bei einer Tätigkeit, die sich auf die Nutzung des vorhandenen Vermögens beschränkt (vgl. auch § 14 Satz 3 AO), besteht aber typischerweise kein oder nur ein geringer Anreiz zur Weitergabe des eigenen Steuervorteils an den Markt: Zum einen gibt es keinen Anreiz, das geforderte Entgelt unter das Niveau der Mitbewerber abzusenken, solange eine an den Marktchancen orientierte Ausweitung des Vermögensstamms nicht beabsichtigt ist, weil dies nur zu einer Verrin-

6.120

6.121

---

1 So im Ansatz auch *Tipke* in Tipke/Kruse, § 14 AO Rz. 8 (Stand 7/2004); ebenso jetzt auch BFH v. 25.8.2010 – I R 97/09, BFH/NV 2011, 312; BFH v. 25.5.2011 – I R 60/10, BStBl. II 2011, 858; BFH v. 18.2.2016 – V R 60/13, BStBl. II 2017, 251.

2 So aber FG Düsseldorf v. 17.9.2013 – 6 K 2430/13 K, EFG 2013, 1958, rkr., im Anschluss an *Fischer* in Hübschmann/Hepp/Spitaler, § 14 AO Rz. 86.

3 Vgl. beispielsweise *Trzaskalik*, StuW 1986, 219 (226): „Die Differenzierung zwischen wirtschaftlichem Geschäftsbetrieb und Vermögensverwaltung ist unter Wettbewerbsgesichtspunkten ohne jede Aussagekraft".

4 Vgl. BFH v. 17.1.1973 – I R 191/72, BStBl. II 1973, 260 (261); BFH v. 8.8.1979 – I R 186/78, BStBl. II 1980, 106 (107); BFH v. 9.12.1986 – VIII R 317/82, BStBl. II 1988, 244 (245).

gerung des eigenen Einkommens führen würde[1]. Zum anderen ist zu beobachten, dass die Märkte, auf denen Kapital- und Sachnutzungen gehandelt werden (z.B. der Kapitalmarkt), zumeist eine atomistische Struktur haben, also durch eine große Zahl von Anbietern und Nachfragern bestimmt werden. Dies bedeutet aber, dass die Marktmacht der einzelnen Anbieter sehr beschränkt ist. Sie werden daher die Marktpreise als gegeben hinnehmen und sich als Mengenanpasser verhalten, sodass sich auch eine unterschiedliche Besteuerung verschiedener Anbieter am Markt tendenziell nicht oder nur wenig auswirkt. Wie sich das Wettbewerbsverhalten im gewerblichen und vermögensverwaltenden Bereich unterscheidet, lässt sich an folgendem Beispiel verdeutlichen:

Beispiel Nr. 7: Zum Ausstattungsvermögen einer gemeinnützigen Stiftung gehören neben einem Wertpapierbestand mehrere Mietwohnungen und die Beteiligung an einem gewerblichen Unternehmen (Brauerei). Wenn die Stiftung nach Anlagemöglichkeiten am Kapitalmarkt sucht, dann hat sie keinen Grund, ihr Geld mit Rücksicht auf die Steuerfreiheit der Erträge zu schlechteren Bedingungen anzulegen, um andere Investoren zu verdrängen. Sie wird auch ihre Mietwohnungen nicht günstiger vermieten, um langfristig ihre Position als Vermieterin am Wohnungsmarkt zu verbessern. Denn eine solche Ausnutzung des Steuervorteils am Markt wäre ökonomisch unsinnig, weil sie nur zu geringeren Vermögenserträgen führen würde und eine langfristige Ausweitung des eigenen Marktanteils (wenn er überhaupt zu erwarten wäre) der Vorgabe widerspräche, nur das „vorhandene" Stiftungsvermögen ertragbringend zu nutzen. Wenn sich die Steuerfreiheit der Vermögenserträge am Markt aber nicht auswirkt, dann bedarf es auch keiner Besteuerung vermögensverwaltender Tätigkeiten zum Schutz steuerpflichtiger Anbieter. Im Bereich ihrer gewerblichen Betätigung liegt eine Ausnutzung des Steuervorteils aber erheblich näher, weil die Stiftung über den Preis und die Möglichkeit zu Reinvestitionen in moderne Brauereianlagen die Position ihrer Brauerei am Markt zulasten konkurrierender Unternehmen langfristig verbessern kann. Hier ist also zu erwarten, dass die Stiftung ihren Steuervorteil am Markt einsetzt und deshalb bedarf es im Interesse der steuerpflichtigen Wettbewerber einer partiellen Besteuerung.

6.122 Die Steuerfreiheit von Vermögenserträgen lässt sich also aus der **typisierenden Überlegung** ableiten, dass im Bereich der privaten Vermögensverwaltung eine Besteuerung aus Wettbewerbsgründen nicht in gleicher Weise geboten ist wie bei unternehmerischen Betätigungen, weil mit einer Weitergabe des Steuervorteils an den Markt typischerweise nicht zu rechnen ist[2]. Daraus folgt für die Auslegung des § 14 AO, dass sich die Abgrenzung zwischen steuerpflichtigem wirtschaftlichen Geschäftsbetrieb und steuerfreier Vermögensverwaltung nicht ausschließlich an den überkommenen Maßstäben des Einkommensteuerrechts orientieren kann, sondern auch das typische Wettbewerbsverhalten berücksichtigen muss. Ausgehend von der ratio legis des § 14 AO muss es für die Steuerpflicht vor allem darauf ankommen,

---

1 Eine solche Strategie ist selbst dann nicht geboten, wenn ein Überschussangebot auftritt. Erst dann, wenn alle steuerpflichtigen Anbieter nicht mehr zu Marktpreisen anbieten können, wird der Steuervorteil relevant. Dieser eher theoretische Ausnahmefall kann aber im vorliegenden Zusammenhang vernachlässigt werden.

2 Auch der Wissenschaftliche Beirat des BMF hat in seinem Gutachten „Die abgabenrechtliche Privilegierung gemeinnütziger Zwecke auf dem Prüfstand" vom August 2006 die Steuerfreiheit der Vermögensverwaltung unter Wettbewerbsgründen für begründet gehalten.

ob bei einer bestimmten Tätigkeit mit einer Weitergabe des Steuervorteils an den Markt zu rechnen ist oder nicht. Da dieser Ansatz in tatsächlicher Hinsicht gewisse Annahmen über das (typische) Marktverhalten voraussetzt, bietet es sich an, mit gewissen Indizien zu arbeiten.

Der **I. Senat** hat – für den speziellen Fall der Betriebsaufspaltung – der hier vertre-   6.123
tenen Lösung entgegengehalten, durch die partielle Besteuerung solle der „markt-
wirtschaftliche Wettbewerb vor möglichen Beeinträchtigungen geschützt werden.
Es liege daher nicht im Sinn und Zweck des Gesetzes, in jedem Einzelfall festzustellen, ob sich die Steuerbefreiung des beherrschenden Gesellschafters konkret auf das
Marktgebaren der Betriebsgesellschaft ausgewirkt hat"[1]. Dieser Einwand überzeugt
nicht. Wenn man den Sinn der partiellen Steuerpflicht in einem „Schutz des marktwirtschaftlichen Wettbewerbs" sieht[2], dann bedarf es auch bei der Unterscheidung
zwischen steuerpflichtigen und steuerfreien Tätigkeiten einer markt- und wett-
bewerbsbezogenen Abgrenzung. Man kann also nicht allein bei rein begrifflichen
Überlegungen (z.B. „wirtschaftlicher Geschäftsbetrieb" als Oberbegriff des „Gewerbebetriebs"[3]) stehen bleiben, sondern muss auch Wettbewerbsgesichtspunkte
einbeziehen. Dass man sich insoweit bestimmter Indizien bedient, um die Rechtsanwendung im Einzelfall zu erleichtern, ist – ebenso wie bei der Abgrenzung der
Einkunftsarten im EStG – nichts Besonderes, sondern nur der Versuch, praktisch
anwendbare Maßstäbe zu entwickeln. Ebenfalls nichts Neues ist auch, dass die
durch Indizien begründeten Vermutungen hinsichtlich eines tatsächlichen Gesche-
hensablaufs grundsätzlich widerlegbar sind[4]. Schließlich lässt sich gegen die hier
vertretene Ansicht auch nicht einwenden, sie führe im Wesentlichen zu ähnlichen
Ergebnissen wie die h.M. Dass eine gewisse Parallelität zur Abgrenzung der Einkunftsarten im EStG besteht, folgt bereits aus der Legaldefinition in § 14 Satz 1 AO
und den Regelbeispielen in § 14 Satz 3 AO. Damit ist aber noch nicht entschieden,
ob man auch in den gesetzlich nicht eindeutig geregelten Fällen im Rahmen von
§ 14 AO ebenso entscheiden muss wie bei §§ 15, 20, 21 EStG.

frei   6.124–6.125

II. Gesellschaftsbeteiligungen

1. Beteiligung an einer Personengesellschaft

Nach **Ansicht der Rechtsprechung und der ganz h.M.** im Schrifttum führt die mit-   6.126
unternehmerische Beteiligung einer gemeinnützigen Körperschaft an einer gewerblichen Personengesellschaft (§ 15 Abs. 1 Satz 1 Nr. 2 EStG) stets zu einem wirt-

---

1 BFH v. 21.5.1997 – I R 164/94, BFH/NV 1997, 825; zustimmend *Fischer* in Hübschmann/
  Hepp/Spitaler, § 14 AO Rz. 61; ähnlich *Arnold*, DStR 2005, 583.
2 So nun auch BFH v. 25.8.2010 – I R 97/09, BFH/NV 2011, 312.
3 So aber BFH v. 27.3.2001 – I R 78/99, BStBl. II 2001, 449 (450).
4 Vgl. zu Anscheinsbeweis und tatsächlicher Vermutung die Monographien von *Anzinger*,
  2006 und *Hintze*, 2008.

schaftlichen Geschäftsbetrieb[1]. Dies folge – so der I. Senat – „aus dem System der Besteuerung von Mitunternehmerschaften, das die einzelnen Mitunternehmer ... als Gewerbetreibende und Steuersubjekt behandelt" und gelte insbesondere auch für Kommanditbeteiligungen und Beteiligungen an Publikumspersonengesellschaften. Beteiligungen an gewerblichen Personengesellschaften stellten deshalb auch dann keine Vermögensverwaltung dar, wenn sie „keinen Einfluss auf die Geschäftsleitung ermöglichen"[2]. Eine Vermögensverwaltung soll nach Ansicht des FG Düsseldorf[3] dagegen bei der Beteiligung an einer ausschließlich vermögensverwaltenden Personengesellschaft vorliegen. Gleiches gilt seit dem Urteil des BFH v. 25.5.2011 für Anteile an einer „gewerblich geprägten" Personengesellschaft (§ 15 Abs. 3 Nr. 2 EStG)[4]. Eine **Minderansicht im Schrifttum** will dagegen nach den gesellschaftsrechtlichen Einflussmöglichkeiten differenzieren und insbesondere Kommanditgesellschaftsbeteiligungen der steuerfreien Vermögensverwaltung zuordnen[5]. Dafür ist unter Wettbewerbsgesichtspunkten geltend gemacht worden, dass nur die Gesellschaft selbst als Trägerin des Unternehmens und nicht der Gesellschafter in Wettbewerb zu anderen Betrieben treten würde[6].

6.127 Stellt man mit der hier vertretenen Ansicht den Gedanken der Wettbewerbsneutralität in den Vordergrund, so ist zunächst der Gegenstand des Gesellschaftsunternehmens entscheidend. Bei einer **rein vermögensverwaltenden Personengesellschaft** ist schon auf Grund der Art der Tätigkeit eine Weitergabe des Steuervorteils nicht zu erwarten, weshalb auch die Beteiligung an einer solchen Gesellschaft der steuerfreien Vermögensverwaltung zuzurechnen ist[7]. Dies gilt auch dann, wenn die Gesellschaft einkommensteuerlich wegen einer gewerblichen Prägung (vgl. § 15 Abs. 3 Nr. 2 EStG) als mitunternehmerisch behandelt wird[8]. Denn für § 14 AO ist nur der

---

1 BFH v. 27.7.1988 – I R 113/84, BStBl. II 1989, 134; BFH v. 23.5.2001 – I R 78/99, BStBl. II 2001, 449; BFH v. 25.5.2011 – I R 60/10, BStBl. II 2011, 858; BFH v. 18.2.2016 – V R 60/13, BStBl. II 2017, 251; FG Düsseldorf v. 18.12.2017 – 6 K 1598/16 K, juris; *Buchna/Leichinger/Seeger/Brox*, S. 290 f.; *Fischer* in Hübschmann/Hepp/Spitaler, § 14 AO Rz. 105; *Herbert*, S. 84 f.; *Alber* in Dötsch/Pung/Möhlenbrock, § 5 KStG Rz. 208 Stichwort: Beteiligung an PersG; *Roolf*, DB 1985, 1156 (1159); *Schick*, DB 1985, 1812 (1813); *Tipke* in Tipke/Kruse, § 14 AO Rz. 8 (Stand 7/2004); *Wallenhorst/Halaczinsky*, Rz. F 42.

2 So BFH v. 23.5.2001 – I R 78/99, BStBl. II 2001, 449 (450).

3 FG Düsseldorf v. 18.5.1984 – I 714/789, EFG 1985, 83 (84).

4 BFH v. 25.5.2011 – I R 60/10, BStBl. II 2011, 858; BFH v. 18.2.2016 – V R 60/13, BStBl. II 2017, 251; ebenso AEAO Nr. 3 Satz 3 zu § 64 Abs. 1 AO; a.A. *Herbert*, S. 85 ff.; *Fischer* in Hübschmann/Hepp/Spitaler, § 14 AO Rz. 105.

5 Vgl. *Arnold*, DStR 2005, 583 f.; *Kiefer*, Die Abgrenzung von Vermögensverwaltung und wirtschaftlichem Geschäftsbetrieb, 2000, S. 176; *Niemann* in Institut Finanzen und Steuern, Nr. 330, S. 36 ff.; *Pezzer*, FR 2001, 837; *Scholtz* in FS L. Schmidt, 1993, S. 707.

6 So *Niemann* in Institut Finanzen und Steuern, Nr. 330, S. 42 f.

7 Zutreffend FG Düsseldorf v. 18.5.1984 – I 714/789, EFG 1985, 83 (84); *Buchna/Leichinger/Seeger/Brox*, S. 291.

8 So auch BFH v. 25.5.2011 – I R 60/10, BStBl. II 2011, 858; BFH v. 18.2.2016 – V R 60/13, BStBl. II 2017, 251; zur Beteiligung einer juristischen Person des öffentlichen Rechts siehe BFH v. 29.11.2017 – I R 83/15, BFH/NV 2018, 786; zu praktischen Konsequenzen für die Anlagepolitik steuerbegünstigter Stiftungen vgl. *Boxberger/Jesch*, npoR 2011, 126.

Wettbewerbsgedanke maßgebend, nicht aber die auf ganz anderen Gesichtspunkten beruhende Gewerblichkeitsfiktion vermögensverwaltender „gewerblich geprägter" Gesellschaften[1].

Die Ausklammerung von Beteiligungen an gewerblich geprägten Personengesellschaften aus § 14 AO hat allerdings zur Folge, dass bei einer Übertragung solcher Beteiligungen auf gemeinnützige Einrichtungen mangels Begründung eines steuerpflichtigen wirtschaftlichen Geschäftsbetriebs die Besteuerung der stillen Reserven nicht „sichergestellt ist"[2], so dass – zumindest nach Ansicht der Finanzverwaltung[3] – eine **Übertragung zum Buchwert nach § 6 Abs. 3 EStG** ausscheiden soll[4]. In Betracht kommt aber u.U. eine Anwendung des Buchwertprivilegs nach § 6 Abs. 1 Nr. 4 EStG (vgl. dazu auch Rz. 8.191).

Übt die **Gesellschaft eine gewerbliche Tätigkeit am Markt aus**, kommt es darauf an, ob mit einer Weitergabe des Steuervorteils des Anteilseigners an das Gesellschaftsunternehmen und damit an den Markt gerechnet werden kann. Insoweit ist zu beachten, dass die von der Gesellschaft erzielten Einkünfte unabhängig von ihrer Ausschüttung nach § 15 Abs. 1 Satz 1 Nr. 2 EStG einkommensteuerrechtlich den Gesellschaftern zugerechnet werden. Die Ertragsteuerbelastung der Gesellschaft wird also durch die Steuerlast der Gesellschafter bestimmt, die über das Steuerentnahmerecht[5] unmittelbar auf die Gesellschaft zurückwirkt[6]. Dies bedeutet aber, dass jede Steuerbefreiung auf Gesellschafterebene zugleich auch den Gesellschaftsbetrieb entlastet. Somit besteht die Gefahr einer Instrumentalisierung des Steuervorteils, der aus Wettbewerbsgründen durch eine Besteuerung aller Anteilseigner zu begegnen ist. Beteiligungen an originär gewerblich tätigen Personengesellschaften sind deshalb als zwingende Folge der geltenden transparenten Besteuerung stets als wirtschaftlicher Geschäftsbetrieb zu behandeln. Dies gilt auch für Kommanditbeteiligungen und unabhängig von den konkreten gesellschaftsrechtlichen Einflussmöglichkeiten. Ist die Personengesellschaft sowohl gewerblich als auch vermögensverwaltend tätig und lassen sich beide Tätigkeiten wirtschaftlich trennen, sollte auf der Ebene des gemeinnützigen Gesellschafters die einkommensteuerrechtliche Abfärbung nach § 15 Abs. 3 Nr. 1 EStG hinter der Wertung des § 14 AO zurücktreten[7]. Schließlich könnte man sich fragen, ob bei gemeinnützigen Gesellschaftern auch die Umqualifikation von Sondervergütungen in gewerbliche Einkünfte (§ 15 Abs. 1 Satz 1 Nr. 2 Halbs. 2 EStG) zumindest bei vermögensverwaltenden Tätigkeiten (z.B. Überlassung eines Grundstücks an die Personengesellschaft) durch die Wertung

6.128

---

1 Vgl. zu § 15 Abs. 3 Nr. 2 EStG nur *Knobbe-Keuk*, Bilanz- und Unternehmenssteuerrecht, S. 276 ff.
2 Beachte die Ergänzung in § 6 Abs. 3 Satz 1 EStG durch Gesetz v. 22.12.2016, BGBl. 2016 I, 3000.
3 Vgl. FinMin Schleswig-Holstein v. 9.6.2016 – VI 306 – S 2241 – 229, DB 2016, 1471 und OFD Frankfurt v. 27.7.2016 – S 2241 A – 129 – St 213, DB 2016, 1966.
4 Dazu mit Recht kritisch *Kirchhain*, DB 2016, 1605.
5 Zur Funktion des Steuerentnahmerechts vgl. nur *Schön*, StuW 1988, 253.
6 Dies übersieht *Arnold*, DStR 2005, 583 f.
7 Die Auswirkungen einer „Abfärbung" auf die partielle Steuerpflicht hat das Urteil des BFH v. 25.5.2011 – I R 60/10, BStBl. II 2011, 858 offengelassen. Vgl. dazu näher *Kirchhain*, FR 2011, 811; *Weisheit*, DB 2012, 142; für Anwendung des § 15 Abs. 3 Nr. 1 AO im Rahmen von § 14 AO *Kümpel* in Rödder/Herlinghaus/Neumann, § 5 KStG Rz. 27.

des § 14 AO verdrängt wird[1]. Dagegen spricht aber der Gedanke, dass bei der Überlassung von Sonderbetriebsvermögen an die gewerblich tätige Gesellschaft ein latenter Anreiz zur Weitergabe des Steuervorteils besteht.

6.129 Nach der früher h.M. wurde die Feststellung, ob die Körperschaft durch ihre (mitunternehmerische) Beteiligung an der Gesellschaft Einnahmen im steuerpflichtigen Geschäftsbetrieb oder im Bereich der Vermögensverwaltung erzielt, ausschließlich **im Rahmen der einheitlichen und gesonderten Gewinnfeststellung getroffen**[2]. Gegen einen solchen „Automatismus" sprach bereits, dass auch nach damals h.M. die Entscheidung, ob die Beteiligung an einer Personengesellschaft einen steuerpflichtigen wirtschaftlichen Geschäftsbetrieb oder einen steuerbegünstigten Zweckbetrieb (§§ 65 ff. AO) darstellt, auf der Ebene des steuerbegünstigten Gesellschafters getroffen werden sollte[3]. Zum anderen dominiert nicht das Verfahrensrecht das materielle Recht, sondern es verhält sich genau umgekehrt. Der BFH hat daher im Urteil vom 25.5.2011[4] zu Recht seine Rechtsprechung dahin geändert, dass in der gesonderten und einheitlichen Feststellung lediglich darüber entschieden wird, dass die Personengesellschaft gewerblich tätig war, die Gesellschafter als Mitunternehmer beteiligt waren und aus der Beteiligung Einkünfte aus Gewerbebetrieb erzielt haben. Ob diese gewerblichen Einkünfte beim gemeinnützigen Gesellschafter darüber hinaus einen wirtschaftlichen Geschäftsbetrieb begründen, sei hingegen außerhalb des Feststellungsverfahrens im Rahmen der Veranlagung der gemeinnützigen Körperschaft zu entscheiden[5]. Anders ausgedrückt: Aus der Gewerblichkeit der nach § 15 Abs. 1 Satz 1 Nr. 2 EStG zugerechneten Einkünfte kann bei steuerbegünstigten Gesellschaftern folglich nicht ohne Weiteres auf die Unterhaltung eines wirtschaftlichen Geschäftsbetriebs geschlossen werden. Im Fall der Beteiligung an einer gewerblich geprägten Gesellschaft, die nach heute wohl allgemeiner Ansicht (vgl. Rz. 6.127) in die Vermögensverwaltung fällt, erzielt die gemeinnützige Körperschaft folglich (steuerfreie) gewerbliche Einkünfte[6]. Nichts anderes gilt bei der Beteiligung an einer gewerblichen Personengesellschaft, wenn diese beim steuerbegünstigten Gesellschafter einen Zweckbetrieb begründet[7].

---

1 Ablehnend BFH v. 25.3.2015 – I R 52/13, BStBl. II 2016, 172 betreffend eine kommunale Kommanditbeteiligung; *Buchna/Leichinger/Seeger/Brox*, S. 290.

2 Vgl. zuerst BFH v. 27.7.1988 – I R 113/84, BStBl. II 1989, 134; BFH v. 23.3.2001 – I R 78/99, BStBl. II 2001, 449; AEAO Nr. 3 Satz 1 zu § 64 Abs. 1 AO; *Buchna/Seeger/Brox*, 10. Aufl. 2010, S. 299 f.

3 Vgl. bereits BFH v. 4.3.1976 – IV R 189/71, BStBl. II 1976, 472; ebenso AEAO Nr. 3 Satz 2 zu § 64 Abs. 1 AO.

4 BFH v. 25.5.2011 – I R 60/10, BStBl. II 2011, 858.

5 BFH v. 25.5.2011 – I R 60/10, BStBl. II 2011, 858 (860); ebenso *Buchna/Leichinger/Seeger/Brox*, S. 291.

6 So auch BFH v. 25.5.2011 – I R 60/10, BStBl. II 2011, 858; BFH v. 18.2.2016 – V R 60/13, BStBl. II 2017, 251; zu praktischen Konsequenzen für die Anlagepolitik steuerbegünstigter Stiftungen vgl. *Boxberger/Jesch*, npoR 2011, 126.

7 Vgl. bereits BFH v. 4.3.1976 – IV R 189/71, BStBl. II 1976, 472; ebenso AEAO Nr. 3 Satz 2 zu § 64 Abs. 1 AO.

2. Beteiligung an einer Kapitalgesellschaft

Nach allgemeiner Ansicht gehört die Beteiligung an einer Kapitalgesellschaft **im**   6.130
Grundsatz zur Vermögensverwaltung[1]. Dies gilt auch für eine mehrheitliche Beteiligung[2]. Allerdings soll in dem Fall, dass die steuerbegünstigte Körperschaft – allein
oder im Zusammenwirken mit anderen Anteilseignern – tatsächlich entscheidenden
Einfluss auf die laufende Geschäftsführung des Beteiligungsunternehmens nimmt,
nach h.M. ein steuerpflichtiger wirtschaftlicher Geschäftsbetrieb vorliegen[3], wenn
die Kapitalgesellschaft nicht ausschließlich vermögensverwaltend tätig[4] oder selbst
steuerbegünstigt ist[5]. Wie der BFH im Urteil vom 25.8.2010 deutlich gemacht hat,
soll es für eine solche Einflussnahme eines „aktiven Eingreifens" in die Geschäftsführung der Beteiligungsgesellschaft bedürfen, d.h. eine hundertprozentige Beteiligung begründe für sich genommen noch keine Vermutung für ein Eingreifen[6].
Dagegen soll – zumindest nach der h.M. im Schrifttum[7] – eine Einflussnahme auf
die laufende Geschäftsführung stets anzunehmen sein, wenn hinsichtlich der Geschäftsführungsorgane in der Beteiligungsgesellschaft und der steuerbegünstigten
Körperschaft Personalunion besteht[8]. Ähnliches dürfte wegen des Erfordernisses
der organisatorischen Eingliederung für den Fall einer umsatzsteuerlichen Organschaft gelten[9]. Im steuerlichen Schrifttum ist diese Einschränkung auf Kritik gesto
ßen[10]. Die h.M. rechne in gesetzlich nicht vorgesehener Weise der Körperschaft das

---

1 BFH v. 30.6.1971 – I R 57/70, BStBl. II 1971, 753; BFH v. 23.5.2001 – I R 78/99, BStBl. II
  2001, 449; BFH v. 25.8.2010 – I R 97/09, BFH/NV 2011, 312; AEAO Nr. 3 Satz 4 zu § 64
  Abs. 1 AO; *Buchna/Leichinger/Seeger/Brox*, S. 286; *Scholtz* in Koch/Scholtz, § 14 AO
  Rz. 16; *Schauhoff* in Schauhoff, § 7 Rz. 68; *Alvermann*, FR 2006, 262; *Müller-Thuns/Jehke*,
  DStR 2010, 905; *Seer* in Tipke/Kruse, § 64 AO Rz. 8; *Märtens* in Gosch, § 5 KStG Rz. 41;
  Kümpel in Rödder/Herlinghaus/Neumann, § 5 KStG Rz. 32; *Wallenhorst/Halaczinsky*,
  Rz. F 46 ff.
2 BFH v. 30.6.1971 – I R 57/70, BStBl. II 1971, 753; BFH v. 25.8.2010 – I R 97/09, BFH/NV
  2011, 312; FG Münster v. 18.5.1967 – IIb 28/64, DStZ-B 1967, 495; FG Hamburg v.
  29.1.1970 – II 162/68, EFG 1970, 517, 518; anders *Roolf*, DB 1985, 1156, 1157; *Arnold*,
  DStR 2005, 581 (583): Mehrheitsbeteiligung reiche aus.
3 BFH v. 30.6.1971 – I R 57/70, BStBl. II 1971, 753; BFH v. 25.8.2010 – I R 97/09, BFH/NV
  2011, 312; AEAO Nr. 3 Satz 5 zu § 64 Abs. 1 AO; *Buchna/Leichinger/Seeger/Brox*, S. 289;
  Märtens in Gosch, § 5 KStG Rz. 41: „planmäßige Unternehmenspolitik"; *Martens*,
  S. 123 f.; *Scholtz* in Koch/Scholtz, § 14 AO Rz. 16; *Wegehenkel*, DB 1986, 2514 (2517).
4 Zu dieser Rücknahme vgl. AEAO Nr. 3 Satz 6 zu § 64 Abs. 1 AO; *Buchna/Leichinger/
  Seeger/Brox*, S. 289.
5 Vgl. AEAO Nr. 3 Satz 7 zu § 64 Abs. 1 AO.
6 BFH v. 25.8.2010 – I R 97/09, BFH/NV 2011, 312; ebenso *Alvermann*, FR 2006, 262; *Engelsing/Muth*, DStR 2003, 917; a.A. *Arnold*, DStR 2005, 581.
7 Siehe *Buchna/Leichinger/Seeger/Brox*, S. 288; *Lex*, DB 1997, 350; *Eggers*, DStR 2007, 466.
8 Der BFH musste im Urteil BFH v. 25.8.2010 – I R 97/09, BFH/NV 2011, 312 dazu keine
  Stellung nehmen, da eine Personalunion im Ausgangsfall nicht bestand.
9 Vgl. zur Organschaft bei gemeinnützigen Körperschaften siehe *Hüttemann* in Herzig
  (Hrsg.), Organschaft, 2003, S. 399; zu den Auswirkungen einer ertragsteuerlichen Organschaft vgl. *Buchna/Leichinger/Seeger/Brox*, S. 289.
10 Vgl. zuerst *Herbert*, S. 79 ff.

Verhalten der Kapitalgesellschaft zu und verstoße gegen das in § 1 KStG verankerte Trennungsprinzip[1].

6.131 Ob der h.M. zu folgen ist, hängt nach dem hier vertretenden Ansatz vorrangig davon ab, welche **Auswirkungen eine Steuerbefreiung des Anteilseigners** auf das Wettbewerbsverhalten der Beteiligungsgesellschaft haben kann. Dazu ist zunächst festzustellen, dass der Gewinn der Beteiligungsgesellschaft ganz unabhängig von der steuerlichen Behandlung des Anteilseigners auf Gesellschaftsebene einer definitiven Körperschaft- und Gewerbesteuerbelastung unterliegt. Die Zuordnung einer Kapitalgesellschaftsbeteiligung zur Vermögensverwaltung oder zum wirtschaftlichen Geschäftsbetrieb hat also insoweit keine Auswirkungen.

Im KStG 1977 machte es allerdings auf der Ebene des Anteilseigners einen steuerlichen Unterschied, ob die Dividende steuerfrei vereinnahmt werden konnte oder ob es wegen der Zuordnung der Beteiligung zum wirtschaftlichen Geschäftsbetrieb zu einer körperschaftsteuerlichen Nachbelastung mit dem Sondersteuersatz nach § 23 Abs. 2 KStG – wenn auch unter Berücksichtigung des Körperschaftsteuer-Anrechnungsguthabens – kam. Seit dem **Wechsel zum Teileinkünfteverfahren** sind diese Besteuerungsunterschiede wegen § 8b Abs. 1 und 2 KStG jedoch praktisch entfallen. Auch wenn die Beteiligung einem steuerpflichtigen wirtschaftlichen Geschäftsbetrieb zugeordnet wird, bleibt der ausgeschüttete Gewinn bzw. ein Gewinn aus der Veräußerung der Beteiligung – von der 5-Prozent-Pauschalbesteuerung nach § 8b Abs. 5 KStG abgesehen – steuerfrei. Etwas anderes gilt aber seit 2013 für Streubesitzbeteiligungen von weniger als 10 Prozent (vgl. § 8b Abs. 4 Satz 1 KStG). Diese Einschränkung dürfte im vorliegenden Zusammenhang aber zu vernachlässigen sein, weil bei Kleinbeteiligungen kaum mit einer Weitergabe des Steuervorteils gerechnet werden kann.

6.132 An die Stelle des alten Sondersteuersatzes ist im geltenden Recht die Kapitalertragsteuer nach § 20 Abs. 1 Nr. 10 Buchst. b EStG getreten. Sie ist zu entrichten, wenn nach § 8b KStG steuerfreie Gewinnausschüttungen und Veräußerungserlöse in den steuerfreien Bereich verlagert werden. Für gemeinnützige Körperschaften spielt die Kapitalertragsteuer allerdings keine Rolle, weil § 44a Abs. 7 EStG für diese Körperschaften eine **Abstandnahme von der Kapitalertragsteuer** vorsieht. Daraus folgt, dass die Zuordnung zu einem wirtschaftlichen Geschäftsbetrieb für gemeinnützige Körperschaften zumindest körperschaftsteuerrechtlich außerhalb von § 8b Abs. 4 Satz 1 KStG nicht relevant ist. Sie bleibt aber z.B. für die Rücklagenbildung wichtig (vgl. § 62 Abs. 1 Nr. 3 AO)[2]. Gewerbesteuerrechtlich ist entscheidend, ob das Schachtelprivileg eingreift (§ 9 Nr. 2a GewStG).

Bei **anderen steuerbefreiten Körperschaften** wie z.B. Berufsverbänden und politischen Parteien (§ 5 Abs. 1 Nr. 5 und 7 KStG) sowie bei der öffentlichen Hand (§ 4 KStG) hat die Zuordnung einer Beteiligung zum wirtschaftlichen Geschäftsbetrieb nach wie vor auch ertragsteuerrechtliche Bedeutung, weil das Gesetz hier keine Abstandnahme von der Kapitalertragsteuer nach § 20 Abs. 1 Nr. 10 Buchst. b EStG vorsieht. Hier ist weiterhin eine „Weitergabe des Steuervorteils" an die steuerpflichtige Beteiligungsgesellschaft denkbar. Ferner soll

---

1 *Herbert*, S. 80; kritisch auch *Fischer* in Hübschmann/Hepp/Spitaler, § 14 AO Rz. 101.
2 Ebenso *Buchna/Leichinger/Seeger/Brox*, S. 296.

nach h.M. die Steuerbefreiung entfallen, wenn der Berufsverband durch einen wirtschaftlichen Geschäftsbetrieb „geprägt" wird[1].

Entgegen der h.M. liegt in einer „wesentlichen Einflussnahme auf die Geschäftspolitik des Beteiligungsunternehmens" für sich genommen noch kein Grund für eine Zuordnung der Beteiligung zum wirtschaftlichen Geschäftsbetrieb. Für das Verhalten der (steuerpflichtigen) Beteiligungsgesellschaft am Markt ist es belanglos, wer genau die Richtlinien der Geschäftspolitik bestimmt. Die abweichende h.M. verkennt, dass die Steuerpflicht des wirtschaftlichen Geschäftsbetriebs nicht jedes unmittelbare oder mittelbare unternehmerische Engagement steuerbegünstigter Körperschaften treffen soll, sondern nur der steuerlichen Gleichbehandlung von konkurrierenden Unternehmen am Markt dient. Dem Gebot wettbewerbsneutraler Besteuerung als solchem wird aber mit der Steuerpflicht der Beteiligungsgesellschaft hinreichend Rechnung getragen, soweit sich der Anteilseigner auf sein Dividenden- und Anteilswertinteresse beschränkt. Der zutreffende Kern der h.M. liegt folglich nicht im Einfluss auf die Geschäftsführung, sondern in der Überlegung, dass eine Steuerpflicht des Anteilseigners geboten ist, wenn es zu einer gezielten **Weitergabe des eigenen Steuervorteils an die Kapitalgesellschaft kommt**[2]. Für eine solche „Aufteilung" der Steuervergünstigung zwischen Anteilseigner und Beteiligungsunternehmen kann eine Einflussnahme auf die laufende Geschäftspolitik aber ein gewisses Indiz darstellen. Dies entspricht im Kern auch der vom EuGH zum Beihilfenverbot bei Gesellschaftsbeteiligungen entwickelten Auffassung[3]. Denn bei einer tatsächlichen Einwirkung auf die laufende Geschäftsführung verhält sich der steuerbefreite Anteilseigner nicht länger wie ein „normaler Investor", der seinen Steuervorteil für sich selbst behält, sondern es besteht die Gefahr, dass steuerbefreiter Gesellschafter und Beteiligungsgesellschaft gleichsam „gemeinsame Sache" machen. Der h.M. kann deshalb mit der Maßgabe gefolgt werden, dass der Einflussnahme auf die Geschäftsführung eine gewisse Indizwirkung für eine Weitergabe des Steuervorteils zukommt. Es ist dann Sache des steuerbefreiten Anteilseigners, diese Vermutung anhand objektiver Umstände zu widerlegen[4]. Dafür ist zu prüfen, ob der eigene Steuervorteil an die Beteiligungsgesellschaft weitergegeben worden ist (z.B. durch den nachhaltigen Verzicht auf marktübliche Ausschüttungen).

6.133

Nach diesem Maßstab dürften allerdings (Mehrheits-)Beteiligungen gemeinnütziger Einrichtungen an steuerpflichtigen Kapitalgesellschaften selbst bei tatsächlicher Einflussnahme auf die Geschäftsführung regelmäßig der Vermögensverwaltung zuzuordnen sein, da gemeinnützigen Einrichtungen die Gewährung von wirtschaftlichen Vorteilen an nicht steuerbegünstigte Tochtergesellschaften nach **§ 55 Abs. 1 Nr. 3 AO** untersagt ist. Es ist daher wahrscheinlich kein Zufall, dass die grundlegende Entscheidung des BFH vom 30.6.1971[5]

---

1 Vgl. Abschn. 16 Abs. 1 S. 6 KStR 2004; *Eggers*, DStR 2007, 461; *Alvermann*, FR 2006, 262; kritisch zur h.M. *Kühner*, Die Steuerbefreiung der Berufsverbände, 2008, S. 80 ff.

2 Insoweit zutreffend *Arnold*, DStR 2005, 583.

3 EuGH v. 10.1.2006 – Rs. C-222/04 *Cassa di Risparmio*, Slg. 2006, I-289 ff.; dazu eingehend *Hüttemann*, DB 2006, 914.

4 A.A. *Arnold*, DStR 2005, 583: Mehrheitsbeteiligung führt stets zur Annahme eines wirtschaftlichen Geschäftsbetrieb.

5 BFH v. 30.6.1971 – I R 57/70, BStBl. II 1971, 753.

und das nachfolgende Urteil vom 25.8.2010[1] nicht eine gemeinnützige Körperschaft, sondern einen steuerbefreiten Berufsverband betrafen. Dort hat die Abgrenzungsfrage nicht nur Bedeutung für die Begründung einer partiellen Steuerpflicht, sondern auch für die Steuerfreiheit des Berufsverbandes als solchen (vgl. § 5 Abs. 1 Nr. 5 KStG).

6.134 Im Ganzen ist somit festzuhalten, dass die Beteiligung einer steuerbegünstigten Körperschaft an einer Kapitalgesellschaft **regelmäßig der steuerbegünstigten Vermögensverwaltung zuzurechnen** ist. Entgegen der h.M. kann einem tatsächlichen Einfluss des steuerbegünstigten Anteilseigners auf die Geschäftspolitik des Beteiligungsunternehmens nur eine Indizwirkung im Sinne einer widerlegbaren Vermutung für die Weitergabe eines Steuervorteils und die Steuerpflicht der Beteiligung zukommen.

Die ertragsteuerliche Zuordnung einer Kapitalgesellschaftsbeteiligung zum steuerpflichtigen wirtschaftlichen Geschäftsbetrieb oder zur steuerbegünstigten Vermögensverwaltung (bzw. zur ideellen Sphäre) ist auch maßgebend für die **Steuerpflicht eines Veräußerungsgewinns**. Ist eine Beteiligung dem Bereich der steuerbegünstigten Vermögensverwaltung zuzuordnen, ist auch ein Veräußerungsgewinn im Sinne von § 17 EStG nicht steuerpflichtig[2]. Die Grundsätze über die Behandlung von Kapitalgesellschaften gelten für (typisch) stille Beteiligungen entsprechend[3].

III. Betriebsaufspaltung

6.135 Nach ganz h.M. finden im Rahmen des § 14 AO die Grundsätze der Betriebsaufspaltung **entsprechende Anwendung**[4]. Eine Betriebsaufspaltung setzt – wie der I. Senat in seinem Urteil vom 25.8.2010[5] noch einmal zusammenfassend festgestellt hat – eine „sachliche und personelle Verflechtung zwischen Besitz- und Betriebsgesellschaft" voraus[6]. Weiter heißt es dann dort: „Die personelle Verflechtung wird durch eine Mehrheitsbeteiligung des Besitzunternehmens an dem Betriebsunternehmen hergestellt, da sie den Gesellschafter in die Lage versetzt, in der Betriebsgesellschaft seinen Willen durchzusetzen. Eine Personenidentität in den Organen der Besitz- bzw. Betriebsgesellschaft ist dagegen nicht erforderlich. Auch gemeinnützige Vereine und Stiftungen können Besitzunternehmen im Sinne der Betriebsaufspaltung sein"[7]. Eine sachliche Verflechtung liegt vor, wenn das Besitzunternehmen der Betriebsgesellschaft eine wesentliche Betriebsgrundlage – insbesondere Immobilien – zur Nutzung überlässt. Als funktional wesentlich sind alle Wirtschaftsgüter anzusehen,

---

1 BFH v. 25.8.2010 – I R 97/09, BFH/NV 2011, 312.

2 Vgl. *Märtens* in Gosch, § 5 KStG Rz. 41; ebenso bereits OFD Münster v. 29.9.1982, StEK AO 1977, § 14 Nr. 10.

3 Vgl. *Buchna/Leichinger/Seeger/Brox*, S. 291; dazu auch BdF v. 18.1.1974, DStR 1974, 148.

4 Vgl. nur BFH v. 5.6.1985 – I S 2/85, I S 3/85, BFH/NV 1986, 433; BFH v. 21.5.1997 – I 164/94, BFH/NV 1997, 825; BFH v. 25.8.2010 – I R 97/09, BFH/NV 2011, 312; FG Düsseldorf v. 17.9.2013 – 6 K 2430/13, EFG 2013, 1958; AEAO Nr. 3 Satz 5 zu § 64 Abs. 1 AO; *Buchna/Leichinger/Seeger/Brox*, S. 298; *Schauhoff* in Schauhoff, § 7 Rz. 68; *Fischer* in Hübschmann/Hepp/Spitaler, § 14 AO Rz. 107; *Märtens* in Gosch, § 5 KStG Rz. 37; *Scholtz* in Koch/Scholtz, § 14 AO Rz. 17/1.

5 BFH v. 25.8.2010 – I R 97/09, BFH/NV 2011, 312.

6 Vgl. auch BFH v. 8.11.1971 – GrS 2/71, BStBl. II 1972, 63; BFH v. 19.7.1994 – VIII R 75/93, BFH/NV 1995, 597.

7 BFH v. 25.8.2010 – I R 97/09, BFH/NV 2011, 312.

die für den Betriebsablauf ein erhebliches Gewicht haben, d.h. „für die Fortführung des Betriebs notwendig sind oder dem Betrieb das Gepräge geben"[1]. Dabei ist nicht erforderlich, dass die wesentliche Betriebsgrundlage dem Betriebsunternehmen entgeltlich zur Verfügung gestellt wird. Es genügt auch eine unentgeltliche Überlassung[2]. Letzteres ist bei gemeinnützigen Körperschaften aber wegen § 55 Abs. 1 Nr. 3 AO regelmäßig nicht denkbar[3].

Im Mittelpunkt der Entscheidung vom 25.8.2010[4] stand die Frage der sachlichen Verflechtung bei Ausgliederung des Veranstaltungsgeschäfts durch eine steuerbefreite Körperschaft (hier: Berufsverband) auf eine hundertprozentige Tochtergesellschaft. Da auch die **Überlassung immaterieller Wirtschaftsgüter** eine sachliche Verflechtung begründen kann, kommt es in solchen Fällen entscheidend darauf an, ob der Tochtergesellschaft eine wesentliche Betriebsgrundlage (z.B. ein Geschäftswert, eine Marke oder ein Namensrecht) überlassen worden ist. In dem entschiedenen Fall hatte die Tochtergesellschaft aber aus „eigenem" Recht das Veranstaltungsgeschäft aufgebaut und betrieben. Auch der Umstand, dass sie ihre wirtschaftliche Tätigkeit im Zusammenhang mit den satzungsmäßigen Zwecken ihres steuerbefreiten Gesellschafters ausübte, reichte nach Ansicht des I. Senat für die Annahme einer Betriebsaufspaltung noch nicht aus.

Rechtsfolge einer Betriebsaufspaltung ist, dass ein wirtschaftlicher Geschäftsbetrieb begründet wird, d.h. die Dividenden und die Einnahmen aus der Überlassung der wesentlichen Betriebsgrundlagen sind bei der Körperschaft – vorbehaltlich § 8b Abs. 1 KStG – körperschaft- und gewerbesteuerpflichtig[5]. Die Übernahme der einkommen- und gewerbesteuerlichen Rechtsprechung und Lehre zur Betriebsaufspaltung entspricht der bisherigen Grundthese der h.M. zu § 14 AO, für die Auslegung des Begriffs „wirtschaftlicher Geschäftsbetrieb" auf die einkommensteuerrechtlichen Grundsätze zum Gewerbebetriebsbegriff zurückzugreifen.

Nach Ansicht der Finanzverwaltung sind die Grundsätze der Betriebsaufspaltung „nicht anzuwenden, wenn **sowohl das Betriebs- als auch das Besitzunternehmen steuerbegünstigt** sind"[6]. Diese Aussage ist im Zusammenhang mit der weiteren Prämisse der Finanzverwaltung zu sehen, dass die Beteiligung an einer steuerbegünstigten Kapitalgesellschaft stets – auch bei einer tatsächlichen Einflussnahme auf die Geschäftsführung – der Vermögensverwaltung zuzurechnen ist[7]. An dieser Einordnung soll sich folglich auch dann nichts ändern, wenn zusätzlich die Voraussetzungen einer Betriebsaufspaltung erfüllt sind (d.h. die Steuerbegünstigung des Betriebsunternehmens verhindert die Annahme eines steuerpflichtigen wirtschaftlichen Geschäftsbetriebs). Hiervon macht die Finanzverwaltung allerdings eine Rückausnahme „insoweit", als die überlassenen wesentlichen Betriebsgrundlagen bei dem Betriebsunternehmen in einem steuerpflichtigen wirtschaftlichen Geschäftsbetrieb eingesetzt

---

1 BFH v. 19.1.1983 – I R 57/79, BStBl. II 1983, 312; BFH v. 7.4.2010 – I R 96/08, BFHE 229, 179; BFH v. 24.8.1989 – IV R 135/86, BStBl. II 1989, 1014.

2 BFH v. 24.4.1991 – X R 84/88, BStBl. II 1991, 713.

3 Eine Ausnahme ist möglich, wo die Betriebsgesellschaft als Hilfsperson für die Körperschaft tätig wird (vgl. dazu Rz. 5.169).

4 BFH v. 25.8.2010 – I R 97/09, BFH/NV 2011, 312.

5 Nach *Bley/Wolff*, npoR 2012, 37 entfällt die Steuerpflicht, wenn die Einkünfte des Besitzunternehmens bei der Ausgliederung von Serviceleistungen weiterhin im Zweckbetrieb anfallen.

6 AEAO Nr. 3 Satz 8 zu § 64 Abs. 1 AO.

7 AEAO Nr. 3 Satz 7 zu § 64 Abs. 1 AO.

werden[1]. Von der ertragsteuerlichen Einordnung ist schließlich die (umstrittene) Frage zu unterscheiden, ob man Betriebsaufspaltungsgrundsätze heranziehen kann, um ein „unmittelbares" gemeinnütziges Handeln des Besitzunternehmens im Rahmen von § 57 AO zu begründen (dazu Rz. 4.66).

6.136 Der h.M. kann, wenn man ihre Grundauffassung teilt, nur entgegengehalten werden, dass dem sog. Rechtsinstitut der Betriebsaufspaltung die gesetzliche Grundlage fehle[2]. Vom hier vertretenen Standpunkt aus ist dagegen zu fragen, ob bei einer Überlassung wesentlicher Betriebsgrundlagen an eine beherrschte Kapitalgesellschaft **mit einer Weitergabe des steuerlichen Vorteils an die Betriebsgesellschaft gerechnet werden muss**. Dafür spricht, dass sich der Gesellschafter im Fall einer Betriebsaufspaltung nicht mehr in der Situation eines normalen Anlegers befindet, sondern ein darüber hinausgehendes besonderes Interesse am wirtschaftlichen Erfolg der Beteiligungsgesellschaft hat. Diese Aussage ist aber nur im Sinne einer widerlegbaren Vermutung zu verstehen, die die steuerbegünstigte Körperschaft widerlegen kann[3]. Für gemeinnützige Körperschaften ist wiederum zu berücksichtigen, dass eine Überlassung von Wirtschaftsgütern an die steuerpflichtige Betriebsgesellschaft gegen ein geringeres als marktübliches Entgelt als verbotene Mittelverwendung – Zuwendung eines sonstigen Vermögensvorteils – gemäß § 55 Abs. 1 Nr. 3 AO regelmäßig die Gemeinnützigkeit insgesamt gefährdet, was eine widerlegbare Vermutung für eine Vermögensverwaltung nahe legt (zur Merkmalsübertragung bei einer Betriebsaufspaltung im Rahmen der Gewerbesteuer vgl. Rz. 7.103).

IV. Betriebsverpachtung

6.137 Verpachtet eine gemeinnützige Körperschaft einen wirtschaftlichen Geschäftsbetrieb an einen Dritten, ist fraglich, ob die einkommen- und gewerbesteuerrechtlichen[4] **Grundsätze über die Betriebsverpachtung** entsprechende Anwendung finden. Dies hätte zur Folge, dass ohne Aufgabeerklärung (vgl. § 16 Abs. 3b EStG) der als fortbestehend geltende Gewerbebetrieb einen wirtschaftlichen Geschäftsbetrieb im Sinne des § 14 AO darstellen würde. Nach der h.M., die sich bei der Auslegung des § 14 AO an der einkommen- und gewerbesteuerlichen Lage orientiert, ist dies zu bejahen[5]. Die Verpachtungseinkünfte sollen zudem gemäß § 2 Abs. 3 GewStG ge-

---

1 AEAO Nr. 3 Satz 8 zu § 64 Abs. 1 AO; dabei bleibt allerdings offen, wie man sich die Rechtsfolgen einer solchen „partiellen" Betriebsaufspaltung vorzustellen hat; vgl. dazu *Kümpel* in Rödder/Herlinghaus/Neumann, § 5 KStG Rz. 424.

2 Aus diesem Grund lehnt *Herbert*, S. 92 ff. die Anwendung der Grundsätze über die Betriebsaufspaltung auch im Rahmen des § 14 AO ab.

3 Dagegen aber BFH v. 21.5.1997 – I R 164/94, BFH/NV 1997, 825.

4 Der Verpächter kann nach § 16 Abs. 3b EStG durch Aufgabeerklärung gegenüber dem Finanzamt wählen, ob er die Verpachtung als Betriebsaufgabe im Sinne des § 16 Abs. 3 EStG oder den Betrieb als fortbestehend behandelt sehen will; vgl. zur früheren Rechtslage BFH v. 13.11.1963 – GrS 1/63 S, BStBl. III 1964, 124.

5 Vgl. BFH v. 4.4.2007 – I R 55/06, BStBl. II 2007, 725; AEAO Nr. 2 Satz 5 zu § 64 Abs. 1 AO; *Märtens* in Gosch, § 5 KStG Rz. 86; *Buchna/Leichinger/Seeger/Brox*, S. 305.

werbesteuerpflichtig sein[1], während der „normale" steuerpflichtige Verpächter mit seinem „ruhenden Gewerbebetrieb" nach allgemeiner Ansicht keinen Gewerbebetrieb im Sinne des § 2 Abs. 1 GewStG unterhält[2].

Dieser h.M. ist nicht zu folgen[3]. Die Problematik des einkommensteuerlichen Wahlrechts bei der Betriebsverpachtung ist einzig eine solche der **Besteuerung des Aufgabegewinns**, also der stillen Reserven[4]. Mit der ratio legis des § 14 AO, Wettbewerbsverzerrungen durch Steuervergünstigungen an bestimmte Körperschaften zu vermeiden, hat dies nichts zu tun. Die Verpachtung eines Geschäftsbetriebs unterscheidet sich nicht von der Verpachtung unbeweglichen Vermögens, die nach ganz h.M. dem Bereich der steuerbefreiten Vermögensverwaltung zuzuordnen ist. Voraussetzung ist jedoch, dass die Pacht so bemessen ist, dass dem Pächter ein angemessener Gewinn verbleibt und die eigentliche Tätigkeit des Pächters am Markt gleichmäßig besteuert wird[5]. Dies ist aber bei gemeinnützigen Einrichtungen auf Grund des § 55 Abs. 1 Nr. 1 AO ohnehin gesetzliche Voraussetzung für den Erhalt der Gemeinnützigkeit insgesamt. Demgegenüber widerspricht es dem Sinn des § 14 AO, die Steuerpflicht der Verpachtungseinkünfte von der Ausübung des einkommensteuerrechtlichen Wahlrechts abhängig zu machen.

6.138

Darüber hinaus ist festzustellen, dass die h.M. **den Sinn des Verpächterwahlrechts verkennt**. Dieser besteht bekanntlich in einer teleologischen Reduktion des Betriebsaufgabetatbestandes (§ 16 Abs. 3 EStG)[6], d.h. dem Verpächter soll die Möglichkeit gegeben werden, die Besteuerung der stillen Reserven aufzuschieben. Bei gemeinnützigen Einrichtungen spielt dieser Gesichtspunkt aber, wenn man mit der heute vorherrschenden Ansicht die Betriebsaufgabe unter § 13 Abs. 1, 5 KStG subsumiert[7], keine Rolle, da insoweit stets das Buchwertprivileg nach § 13 Abs. 4 Satz 1 KStG eingreift[8]. Ist aber eine steuerneutrale Überführung der Wirtschaftsgüter in den steuerfreien Bereich möglich, erweist sich ein „Verpächterwahlrecht" schlicht als überflüssig[9]. Seine Anwendung hätte sogar nachteilige steuerliche Folgen, da die Pachteinnahmen weiterhin körperschaft- und (wegen der gesetzlichen Fiktion in § 2 Abs. 3 GewStG) u.U. auch noch gewerbesteuerpflichtig wären, wenn die Körperschaft nicht ausdrücklich eine Aufgabe erklärt. Dieses Ergebnis ist widersinnig, weil es der Interessenlage einer steuerbegünstigten Körperschaft offensichtlich zuwider-

6.139

---

1 BFH v. 4.4.2007 – I R 55/06, BStBl. II 2007, 725.
2 Vgl. nur *Glanegger/Güroff*, § 7 GewStG Rz. 76.
3 Vgl. zum Folgenden *Hüttemann*, BB 2007, 2324; ebenso *Bott* in Schauhoff, § 8 Rz. 162; *Seer* in Tipke/Kruse, § 14 AO Rz. 14.
4 Vgl. nur *Knobbe-Keuk*, Bilanz- und Unternehmenssteuerrecht, § 22 IV 2.
5 Vgl. AEAO Nr. 9 zu § 67a AO zur vergleichbaren Frage der Verpachtung von Werberechten: Danach ist ein angemessener Gewinn des Pächters Voraussetzung der Anerkennung eines Pachtverhältnisses und damit der Behandlung als Vermögensverwaltung.
6 Zur Rechtsentwicklung vor Einfügung des § 16 Abs. 3b EStG vgl. *Knobbe-Keuk*, Bilanz- und Unternehmenssteuerrecht, § 22 IV 2.
7 Vgl. BMF v. 1.12.2002, BStBl. I 2002, 221; dazu *Schmidt/Fritz*, DB 2002, 2509.
8 Ebenso *Märtens* in Gosch, § 5 KStG Rz. 86.
9 Dies übersehen *Schmidt/Fritz*, DB 2002, 2509 (2513).

läuft[1]. Auf Grund des § 16 Abs. 3b EStG muss in der Praxis darauf geachtet werden, dass immer ausdrücklich eine Betriebsaufgabe gegenüber dem Finanzamt erklärt wird, wenn ein „ruhender" wirtschaftlicher Geschäftsbetrieb vermieden werden soll.

6.140   frei

V. Vermietung und Verpachtung

6.141   Die **h.M. in Rechtsprechung und Literatur** greift auch für die steuerrechtliche Beurteilung einer Vermietung und Verpachtung über die Regelbeispiele in § 14 Satz 3 AO hinaus auf die allgemeinen einkommensteuerrechtlichen Grundsätze zur Abgrenzung von gewerblichen Einkünften (§ 15 EStG) und solchen aus Vermietung und Verpachtung (§ 21 EStG) zurück[2]. Danach ist z.B. die Überlassung von unbeweglichem Vermögen (Grundstücke, Gebäude, Gebäudeteile) regelmäßig der privaten Vermögensverwaltung zuzurechnen, solange keine erheblichen Sonderleistungen (z.B. Werbe-, Service- und Wartungsleistungen) erbracht werden, die üblicherweise mit der Vermietung nicht verbunden sind[3]. Für die Zuordnung zur Vermögensverwaltung spielt es auch keine Rolle, ob eigene oder fremde Vermögensgegenstände – z.B. im Rahmen einer Untervermietung – im eigenen Namen überlassen werden[4]. Keine Vermögensverwaltung, sondern ein wirtschaftlicher Geschäftsbetrieb soll in der Regel auch bei einer ständig wechselnden Vermietung von Räumen (z.B. Sälen) gegeben sein[5]. Auch die Verwaltung fremden Grundbesitzes ist ein wirtschaftlicher Geschäftsbetrieb[6]. Wie gefestigt die h.M. ist, zeigt der Beschluss vom 11.3.2008[7], in dem der I. Senat des BFH feststellt, es sei „höchstrichterlich geklärt, dass ein Verein, dessen satzungsmäßiger Zweck der Naturschutz ist, mit dem Betreiben eines Campingplatzes für seine Mitglieder einen wirtschaftlichen Geschäftsbetrieb unterhält". In den Gründen heißt es unter Hinweis auf eine frühere

---

1 A.A. *Märtens* in Gosch, § 5 KStG Rz. 86 mit dem – im Einzelfall zutreffenden – Hinweis, dass eine Fortführung des wirtschaftlichen Geschäftsbetriebs wegen der Möglichkeit der Verlustverrechnung nach § 64 Abs. 2 AO ratsam sein könne.

2 Vgl. wiederum BFH v. 21.5.1997 – I R 164/94, BFH/NV 1997, 825; BFH v. 26.2.1992 – I R 149/90, BStBl. II 1992, 693; *Buchna/Leichinger/Seeger/Brox*, S. 284 f.; *Herbert*, S. 75 ff.; *Glanegger/Güroff*, § 3 GewStG Rz. 114; vgl. auch *Fischer* in Hübschmann/Hepp/Spitaler, § 14 AO Rz. 87 ff.

3 Vgl. auch BFH v. 24.10.2017 – II R 44/15, BStBl. II 2018, 358 zum Begriff „wirtschaftlicher Geschäftsbetrieb" bei der Vermietung von Wohnungen im Rahmen der erbschaftsteuerrechtlichen Begünstigung nach § 13b Abs. 2 Satz 2 Nr. 1 Satz 2 Buchst. d ErbStG.

4 BFH v. 24.7.1996 – I R 35/94, BStBl. II 1996, 583 (585); *Märtens* in Gosch, § 5 KStG Rz. 38.

5 Vgl. zur Abgrenzung von Gewerbebetrieb und privater Vermögensverwaltung nur die Rechtsprechungsnachweise bei *Wacker in* L. Schmidt, § 15 EStG Rz. 46 ff.; ferner R 15.7 EStR; eingehend auch *Herbert*, S. 75 ff.; siehe auch *Elicker* in DStJG 30 (2007), 97 und *Heuermann* in DStJG 30 (2007), 121.

6 BFH v. 24.7.1996 – I R 35/94, BStBl. II 1996, 583 (585); *Märtens* in Gosch, § 5 KStG Rz. 38.

7 BFH v. 11.3.2008 – I B 44/07, juris.

BFH-Entscheidung[1] weiter: „In der Rechtsprechung des BFH ist geklärt, dass der Inhaber eines Campingplatzes gewerbesteuerpflichtig ist, wenn er über die Vermietung der einzelnen Plätze für das Aufstellen von Zelten und Wohnwagen hinaus wesentliche Nebenleistungen erbringt, wie die Zurverfügungstellung sanitärer Anlagen und ihre Reinigung, die Stromversorgung, Instandhaltung, Pflege und Überwachung des Platzes".

Nach der hier vertretenen Auffassung können diese einkommensteuerrechtlichen Abgrenzungsmaßstäbe **nicht unbesehen auf § 14 AO übertragen werden.** Maßgebend ist vielmehr, ob nach dem Gesamtbild der Verhältnisse, insbesondere der Geschäftsmäßigkeit der Tätigkeit, eine Weitergabe des Steuervorteils an den Markt zu erwarten ist. Der h.M. ist allerdings im Ausgangspunkt darin zu folgen, dass bei einer Vielzahl von Einzelvermietungsvorgängen im Regelfall ein wirtschaftlicher Geschäftsbetrieb gegeben sein wird. Bei einer anbietenden Tätigkeit am Markt, die gegenüber einer Vielzahl von Nachfragern in gleicher Form und größerer Zahl erbracht wird, besteht naturgemäß ein Anreiz zur Ausnutzung der Steuervergünstigung. Vermietet ein Sportverein seine Anlage stundenweise an Mitglieder und Nichtmitglieder, hängt die Auslastung der Anlage und die Höhe der Einnahmen aus der Überlassung unmittelbar von den erhobenen Entgelten ab, welche durch eine Ausnutzung einer Steuervergünstigung unter die Entgelte vergleichbarer Anbieter gesenkt werden können. Hinzu kommt, dass sich die Vermietung von Sportanlagen typischerweise in einer geschäftsmäßigen Form vollzieht und regelmäßig mit Zusatzleistungen – Stellung der Sportausrüstung, Einrichtung der vermieteten Anlage im Hinblick auf die konkrete Sportart, Werbung etc. – verbunden ist[2]. Die kurzfristige Überlassung von Vereinseinrichtungen an Mitglieder oder Dritte begründet deshalb regelmäßig einen wirtschaftlichen Geschäftsbetrieb: Dies gilt z.B. für eine stundenweise Tennisplatzvermietung[3] und die Vermietung von Sportgeräten[4]. Ein wirtschaftlicher Geschäftsbetrieb ist auch gegeben, wenn eine – an sich noch vermögensverwaltende – Überlassungstätigkeit mit einer Personalgestellung verknüpft ist und schon insoweit die Grenzen einer „normalen" Vermögensverwaltung überschreitet[5]. Das Gleiche gilt für die Überlassung von Messeständen im Rahmen der

6.142

---

1 Vgl. auch BFH v. 6.10.1982 – I R 7/79, BStBl. II 1983, 80.

2 Vgl. etwa BFH v. 9.4.1987 – V R 150/78, BStBl. II 1987, 659 (660) betreffend die Überlassung von Golfanlagen gegen Entgelt (Greenfee) als wirtschaftlicher Geschäftsbetrieb; auch BFH v. 30.3.2000 – V R 30/99, BStBl. II 2000, 705 betreffend eine Eisbahn mit Schlittschuhvermietung.

3 Ebenso BFH v. 25.10.1988 – VIII R 262/80, BStBl. II 1989, 291; BFH v. 2.3.1990 – III R 77/88, BStBl. II 1990, 750; BFH v. 10.1.1992 – III R 201/90, BStBl. II 1992, 684; zu Recht anders FG Baden-Württemberg v. 17.2.1987 – I K 402-403/83, EFG 1987, 412 (Vermietung einer Tennisanlage für eine Saison als Vermögensverwaltung); vgl. zur Vermietung von Sportstätten und Sportgeräten näher *Buchna/Leichinger/Seeger/Brox*, S. 362 ff.

4 Vgl. BFH v. 30.3.2000 – V R 30/99, BStBl. II 2000, 705 betreffend eine Eisbahn mit Schlittschuhvermietung.

5 BFH v. 6.4.2005 – I R 85/04, BStBl. II 2005, 545.

Veranstaltung von Tagungen und Kongressen[1] oder den Betrieb eines Campingplatzes[2]. Umgekehrt ist – entsprechend der Wertung des § 14 Satz 3 AO – ein wirtschaftlicher Geschäftsbetrieb zu verneinen, wenn z.B. ein Verein sein Grundstück einem Veranstalter zur Durchführung eines alljährlichen Volksfests überlässt[3]. Hier besteht kein Anreiz, den Steuervorteil weiterzugeben: Besteht keine wirtschaftliche Verflechtung zum Veranstalter, wird der Verein das übliche Entgelt, das auch ein fremder Dritter verlangen würde, fordern und den Steuervorteil bei sich selbst realisieren[4].

6.143 Die vorstehenden Ausführungen bedürfen aber einer gewissen Einschränkung, wenn steuerbegünstigte Körperschaften eine **der eigenen Nutzung untergeordnete Vermietungstätigkeit** ohne spezielle Einrichtung und in nicht geschäftsmäßiger Form ausüben. Zu Recht hat deshalb der BFH im Urteil vom 17.12.1957[5] in der Saalvermietung eines gemeinnützigen Vereins an wechselnde Mieter und an zahlreichen Tagen (bis zu 150 Tagen im Jahr) noch eine Vermögensverwaltung gesehen[6]. Denn die Vermietung beschränkte sich auf solche Zeiten, in denen die Räume nicht für Vereinszwecke genutzt werden konnten. Sein Wettbewerbsverhalten war deshalb – anders als z.B. bei der typischen Überlassung von Sportanlagen an Mitglieder und Nichtmitglieder – nicht auf die Ausweitung seiner Vermietungstätigkeit, sondern nur auf die Nutzung der vorhandenen, für eigene Zwecke nicht genutzten Kapazitäten gerichtet[7]. Unter diesen Umständen erscheint die Gewährung der Steuervergünstigung deshalb teleologisch gerechtfertigt[8]. Wie das Beispiel zeigt, rechtfertigt ein häufiger Mieterwechsel im Rahmen von § 14 Satz 3 AO folglich noch nicht stets die Annahme eines wirtschaftlichen Geschäftsbetriebs.

VI. Werbemaßnahmen und Verpachtung von Werberechten

6.144 Viele gemeinnützige Einrichtungen bemühen sich im Umfeld publikumswirksamer steuerbegünstigter Aktivitäten (z.B. Sportveranstaltungen, Theater- und Museumsbetrieb, Kongresse, Vereinsfeste) und von Publikationen (Mitglieder- und Fachzeitschriften, Jahrbücher, sonstige Druckschriften etc.) um **zusätzliche Einnahmen aus Werbung**. Beispiele sind die Trikot- und Bandenwerbung bei Sportveranstaltungen, die Vermietung von Werbeflächen bei Kongressen oder das Anzeigengeschäft in einer Vereinszeitschrift. Das Kernproblem bei der steuerrechtlichen Beurteilung solcher Tätigkeiten besteht darin, dass zwar auf den ersten Blick nur ein Recht zur Nutzung von Werbeflächen (z.B. auf Trikots oder im Anzeigenteil) übertragen wird,

---

1 Vgl. näher FG Münster v. 22.3.2017 – 9 K 518/14, EFG 2017, 1024; FG Düsseldorf v. 5.9.2017 – 6 K 2010/16 K, G, EFG 2017, 1725 (Rev. BFH V R 70/17); FG Hamburg v. 15.6.2006 – 2 K 10/05, EFG 2007, 218.

2 BFH v. 6.10.1982 – I R 7/79, BStBl. II 1983, 80.

3 RFH v. 20.12.1938 – I 295/38, RFHE 46, 1; vgl. auch BFH v. 25.4.1968 – V 120/64, BStBl. II 1969, 94.

4 Vgl. nur RFH v. 20.12.1938 – I 295/38, RFHE 46, 1: Vermögensverwaltung.

5 Vgl. BFH v. 17.12.1957 – I 182/55, BStBl. III 1958, 96.

6 Ebenso *Schauhoff* in Schauhoff, § 7 Rz. 63.

7 Für eine Differenzierung nach dem Einzelfall *Märtens* in Gosch, § 5 KStG Rz. 38.

8 A.A. aber *Fischer* in Hübschmann/Hepp/Spitaler, § 14 AO Rz. 120; zweifelnd auch *Buchna/Leichinger/Seeger/Brox*, S. 285 f.; enger auch R. 5.7 Abs. 4 S. 10 KStR.

der wirtschaftliche Wert der Werbemöglichkeit aber erst durch andere Tätigkeiten der Körperschaft geschaffen wird und die Tätigkeit deshalb regelmäßig über den Rahmen einer privaten Vermögensverwaltung hinausgeht[1]. Aus diesem Grund wird z.B. das Anzeigengeschäft in einer Vereinszeitschrift[2] oder in anderen Publikationen wie einer Festschrift[3] als steuerpflichtiger wirtschaftlicher Geschäftsbetrieb angesehen. Gleiches gilt für die Trikotwerbung[4] von Sportvereinen sowie eine Bandenwerbung, wenn der betreffende Verein selbst die Verträge mit den werbenden Unternehmen schließt[5]. Eine Vermögensverwaltung soll hingegen vorliegen, wenn der Verein das Werbegeschäft (Anzeigengeschäft, Bandenwerbung) an einen Dritten (z.B. einen Verlag oder selbständigen Werbeunternehmer) verpachtet[6]. Die Finanzverwaltung verlangt jedoch zusätzlich, dass dem Pächter ein angemessener Gewinn verbleibt[7]. Wird das Werberecht einer von der Körperschaft beherrschten Kapitalgesellschaft überlassen, wird eine Betriebsaufspaltung begründet, was wiederum nach h.M. zur Annahme eines wirtschaftlichen Geschäftsbetriebs führt[8]. Die Steuerpflicht von Werbetätigkeiten wird allerdings durch die Möglichkeit einer niedrigen Pauschalbesteuerung erheblich abgemildert (vgl. § 64 Abs. 6 AO).

Der h.M. ist **grundsätzlich darin zuzustimmen**, dass ein selbst betriebenes Werbegeschäft schon deshalb die Grenzen der privaten Vermögensverwaltung überschreitet, weil es nicht in erster Linie auf dem Einsatz von Vermögenswerten, sondern auf einer aktiven Tätigkeit der Körperschaft am Markt beruht. Denn erst durch die satzungsmäßigen Aktivitäten (sportliche Veranstaltung, Vereinszeitschrift, Publikationen) wird das werbliche Umfeld geschaffen, das die Grundlage für werbende Tätigkeiten schafft. Deshalb könnte sich eine Steuerfreiheit des Werbegeschäfts allenfalls aus § 65 AO ergeben, nicht aber aus § 14 Satz 3 AO. Dies gilt auch für eine langfristig angelegte Überlassung von Werbeflächen im Rahmen der Bandenwerbung, weil der wirtschaftliche Wert der Werbemöglichkeit erst durch die von einer hinreichenden Zahl von Zuschauern besuchten sportlichen Veranstaltungen geschaffen wird[9]. Hingegen kann eine Verpachtung des Werbegeschäfts, wenn sie ernsthaft vereinbart und durchgeführt wird, noch der steuerbefreiten Vermögensverwaltung zugerechnet werden. Der Pächter, der in Konkurrenz zu anderen Anbietern tritt, unterliegt in vollem Umfang der Steuerpflicht, weshalb bei der Vereinbarung einer

6.145

---

1 Vgl. auch BFH v. 7.11.2007 – I R 42/06, BStBl. II 2008, 949.
2 BFH v. 10.5.1955 – I 173/53 U, BStBl. III 1955, 177; BFH v. 28.11.1961 – I 34/61, BStBl. III 1962, 73. Vgl. auch Abschn. 16 Abs. 4 Satz 12 KStR.
3 BFH v. 4.3.1976 – IV R 189/71, BStBl. II 1976, 472.
4 BFH v. 9.12.1981 – I R 215/78, BStBl. II 1983, 27; vgl. auch AEAO Nr. 9 zu § 67a AO.
5 BFH v. 13.3.1991 – I R 8/88, BStBl. II 1992, 101.
6 Vgl. BFH v. 8.3.1967 – I 145/64, BStBl. II 1967, 373 betreffend die Verpachtung des Anzeigengeschäfts; differenzierend *Scholtz* in Koch/Scholtz, § 14 AO Rz. 21; weitergehend *Martens*, S. 110 ff., 120: immer Geschäftsbetrieb.
7 AEAO Nr. 9 zu § 67a AO; dazu *Buchna/Leichinger/Seeger/Brox*, S. 302.
8 BFH v. 21.5.1997 – I R 164/94, BFH/NV 1997, 825; vgl. auch den DEL-Erlass FinMin Brandenburg v. 7.3.1996, DB 1996, 1161.
9 Zutreffend BFH v. 13.3.1991 – I R 8/88, BStBl. II 1992, 101: Sportveranstaltungen als Geschäftsgrundlage der Bandenwerbung; ebenso für die Überlassung von Messeständen bei Kongressveranstaltungen FG Münster v. 22.3.2017 – 9 K 518/14, EFG 2017, 1024.

angemessenen Pacht eine Weitergabe des Steuervorteils des Verpächters an den Markt ausgeschlossen ist. Zutreffend erkennt die Finanzverwaltung den vermögensverwaltenden Charakter der Verpachtung nur unter dem Vorbehalt eines angemessenen Pachtentgelts an, die dem Pächter einen marktüblichen Gewinn belässt[1]. Die Verpachtung eines Geschäftsbetriebs ist deshalb wie auch die Ausgliederung einer wirtschaftlichen Tätigkeit auf eine Kapitalgesellschaft unter dem Vorbehalt angemessener Vertragsgestaltung als steuerbegünstigte Vermögensverwaltung anzusehen. Für die Fälle der Betriebsaufspaltung gilt das oben Gesagte (Rz. 6.135 f.).

VII. Kapitalanlagen und Veräußerungsgeschäfte

6.146 Zur steuerfreien Vermögensverwaltung gehört – wie sich bereits aus dem ersten Regelbeispiel des § 14 Satz 3 AO ergibt – auch die **verzinsliche Anlage von Kapital**. Davon zu unterscheiden ist die Frage, inwieweit ein Kapitalertrag an der Quelle einem Steuerabzug unterliegt. Diese besondere Form der „partiellen" Steuerpflicht bestimmt sich nach § 5 Abs. 2 KStG (dazu näher Rz. 7.90 ff.). Was die nähere Abgrenzung von Vermögensverwaltung und wirtschaftlichem Geschäftsbetrieb anbetrifft, so sind nach h.M. die von der Rechtsprechung im Einkommensteuerrecht entwickelten Grundsätze betreffend die Einkunftsartenabgrenzung bei §§ 15, 20 EStG maßgebend[2]. Gerade im Bereich des Wertpapierhandels wird der Begriff der privaten Vermögensverwaltung aber sehr weit ausgelegt, um die steuerliche Berücksichtigung von Spekulationsverlusten im Rahmen von § 15 Abs. 1 Nr. 1 EStG möglichst einzuschränken: Denn nach Ansicht des BFH überschreitet der An- und Verkauf von Wertpapieren erst dann die Grenze zur gewerblichen Betätigung, wenn sich der Steuerpflichtige „wie ein Händler" verhält[3]. Indizien gegen eine Gewerblichkeit sind z.B. ein Tätigwerden ausschließlich für eigene Rechnung, die Teilnahme am Kapitalmarkt über eine Depotbank, die Ausübung einer An- und Verkaufstätigkeit neben einer Hauptbeschäftigung und das Fehlen einer kaufmännischen Organisation. Danach ist auch eine professionelle Vermögensanlage durch Stiftungen regelmäßig noch der steuerfreien Vermögensverwaltung zuzurechnen[4]. Folglich begründen selbst häufige An- und Verkäufe von Aktien noch keinen wirtschaftlichen Geschäftsbetrieb[5].

6.147 Soweit der Bereich des § 14 Satz 3 AO nicht überschritten ist, sind auch **Gewinne aus der Veräußerung** von Grundstücken innerhalb der Zehn-Jahres-Frist des § 23 EStG steuerfrei[6]. Nach h.M. sollen allerdings die Grundsätze über den gewerblichen

---

1 Vgl. AEAO Nr. 9 zu § 67a AO.
2 Statt vieler *Buchna/Leichinger/Seeger/Brox*, S. 284.
3 Vgl. dazu nur BFH v. 30.7.2003 – X R 7/99, BStBl. II 2004, 408; *Buchna/Leichinger/Seeger/ Brox*, S. 284.
4 Siehe aber auch BFH v. 24.8.2011 – I R 46/10, BFH/NV 2011, 2085.
5 So ausdrücklich *Märtens* in Gosch, § 5 KStG Rz. 41a.
6 *Märtens* in Gosch, § 5 KStG Rz. 39; zu Wertpapierveräußerungen im Rahmen der früheren Sechs-Monats-Frist vgl. FG Niedersachsen v. 24.11.1988 – VI 208/87, EFG 1989, 253: kein wirtschaftlicher Geschäftsbetrieb mangels „Unternehmerinitiative").

Grundstückshandel[1] im Rahmen von § 14 AO entsprechend gelten[2]. Insoweit sind aber diejenigen Grundstücksgeschäfte auszuscheiden, die zur Verwirklichung des steuerbefreiten Zwecks erforderlich sind[3]. Gleiches gilt für Hilfsgeschäfte des steuerbegünstigten Bereichs wie z.B. die Veräußerung eines nicht mehr benötigten und bisher „nutzungsgebundenen" Gebäudes[4]. Hat bereits der Erblasser einen gewerblichen Grundstückshandel betrieben, ändert sich an dieser steuerlichen Beurteilung auch nichts dadurch, dass der Grundbesitz von Todes wegen auf eine gemeinnützige Stiftung übergeht[5].

frei   6.148

VIII. Sponsoring

1. Überblick

Die wirtschaftliche Bedeutung des Sponsorings[6] als Finanzierungsinstrument steu-   6.149
erbegünstigter Körperschaften hat in den letzten Jahren erheblich zugenommen.
Die **Finanzverwaltung** definiert „Sponsoring" im Anwendungserlass wie folgt:

„Unter Sponsoring wird üblicherweise die Gewährung von Geld oder geldwerten Vorteilen durch Unternehmen zur Förderung von Personen, Gruppen und/oder Organisationen in sportlichen, sozialen, ökologischen oder ähnlich bedeutsamen gesellschaftspolitischen Bereichen verstanden, mit der regelmäßig auch eigene unternehmensbezogene Ziele der Werbung oder Öffentlichkeitsarbeit verfolgt werden. Leistungen eines Sponsors beruhen häufig auf einer vertraglichen Vereinbarung zwischen dem Sponsor und dem Empfänger der Leistungen (Sponsoringvertrag), in dem Art und Umfang der Leistungen des Sponsors und des Empfängers geregelt sind."

Die Finanzverwaltung folgt damit dem insbesondere in der ökonomischen Literatur   6.150
entwickelten **„weiten" Sponsoringbegriff**, der neben entgeltlichen Vereinbarungen
auch bloßes Mäzenatentum im Grenzbereich zur einfachen Spende umfasst. Bei der
steuerlichen Behandlung des Sponsorings stellen sich vor allem zwei Fragen:

– Der **Sponsor** ist regelmäßig daran interessiert, die Sponsorenzahlungen als Betriebsausgaben gemäß § 4 Abs. 4 EStG voll steuerlich abziehen zu können. Die

---

1 Dazu näher BMF v. 26.3.2004, BStBl. I 2004, 437; *Wacker* in L. Schmidt, § 15 EStG Rz. 47 ff.
2 Vgl. *Märtens* in Gosch, § 5 KStG Rz. 39; *Schauhoff* in Schauhoff, § 7 Rz. 64.
3 Zutreffend *Märtens* in Gosch, § 5 KStG Rz. 39; vgl. auch FG Hessen v. 13.10.2016 – 4 K 1522/16, juris (Rev. BFH V R 63/16): Verkauf von Öko-Punkten durch eine Naturschutzstiftung kein wirtschaftlicher Geschäftsbetrieb.
4 Dazu *Märtens* in Gosch, § 5 KStG Rz. 39.
5 Vgl. BFH v. 28.10.2015 – X R 22/13, BStBl. II 2016, 95.
6 Vgl. dazu aus dem Schrifttum etwa *Alberti*, Sponsoring im Steuerrecht, 2001; *Irle*, Kunstsponsoring im Steuerrecht, 2002; *Rückert*, Die ertragsteuerliche Behandlung des Sponsorings, 1999; ferner *Breuninger/Rückert*, DB 1993, 503; *Heuer*, DStR 1998, 18; *Raupach* in Non Profit Law Yearbook 2001, 169; *Schauhoff*, DB 1998, 494; *Thiel*, DB 1993, 2452; *Thiel*, DB 1998, 842; *Becker*, DStZ 2002, 663; *Scholz/Garthoff*, BB 2008, 1148; *Hüttemann* in FS Schaumburg, 2009, S. 405.

Einordnung einer Zahlung als betrieblich veranlasster Aufwand hat also gegenüber einer Spende den Vorteil, dass die steuermindernde Wirkung nicht auf bestimmte Höchstbeträge begrenzt ist.

– Die **steuerbegünstigte Empfängerkörperschaft** ist dagegen an einer steuerfreien Vereinnahmung der Sponsorengelder interessiert. Dies setzt voraus, dass es sich bei den Sponsoringeinnahmen nicht um Einnahmen eines steuerpflichtigen wirtschaftlichen Geschäftsbetriebs gemäß § 14 AO handelt.

6.151 Für die Behandlung dieser Fragen ist zunächst von den allgemeinen steuerlichen Grundsätzen auszugehen (§ 4 Abs. 4 EStG, § 14 AO). Allerdings haben Gesetzgeber und Finanzverwaltung vor einigen Jahren gewisse **Sonderregelungen** getroffen, um – insbesondere zur Kulturförderung – Sponsoringgestaltungen steuerlich zu erleichtern: Hinzuweisen ist insoweit zunächst auf den Sponsoringerlass vom 11.2.1998, durch den vor allem die steuerliche Abziehbarkeit von Sponsoringzahlungen auf Seiten des Zahlenden erweitert worden ist[1]. Darüber hinaus sieht der Erlass vor, dass unter bestimmten Voraussetzungen von einer Ertragsbesteuerung beim Zahlungsempfänger abgesehen wird, wenn dieser eine steuerbegünstigte Einrichtung ist. Letzteres hat später Eingang in den Anwendungserlass zur AO gefunden[2]. Der Sponsoringerlass ist in der Folgezeit durch verschiedene Verfügungen zu besonderen Fallkonstellationen noch ergänzt worden[3]. Ferner hat der Gesetzgeber mit § 64 Abs. 6 Nr. 1 AO[4] die ertragsteuerlichen Folgen eines Sponsorings durch die Möglichkeit einer pauschalierten Gewinnermittlung (Gewinnsatz 15 Prozent der Einnahmen) erheblich abgemildert[5].

2. Betriebsausgabenabzug beim Sponsor

6.152 Sponsorenzahlungen sind beim Sponsor als Betriebsausgaben abzugsfähig, wenn sie durch den Betrieb veranlasst sind (vgl. § 4 Abs. 4 EStG). Eine Ausgabe ist betrieblich veranlasst, wenn – so der Große Senat des BFH – „die Aufwendungen objektiv mit dem Betrieb zusammenhängen und subjektiv dem Betrieb zu dienen bestimmt sind"[6]. Maßgebend ist die – wertende – Beurteilung des die betreffenden Aufwendungen „auslösenden Moments" sowie die Zuweisung dieses maßgeblichen Bestimmungsgrundes zur einkommensteuerrechtlich relevanten Erwerbssphäre[7] (dazu näher Rz. 8.56 ff.). Hinsichtlich der Voraussetzungen des Betriebsausgabenabzugs beim Zuwendenden stellt der **Sponsoringerlass** eher großzügige Maßstäbe auf:

---

1 Vgl. BMF v. 18.2.1998, BStBl. I 1998, 212.

2 Siehe AEAO Nr. 7 ff. zu § 64 Abs. 1 AO.

3 FinMin Bayern v. 11.2.2000, DB 2000, 548 (betreffend Raumbenennung und aktive Links); OFD Frankfurt/M. v. 13.5.1998, DB 1998, 1208; OFD München v. 28.5.2001, DStR 2001, 1800 (Fahrzeuggestellung).

4 Eingefügt mit Wirkung zum 1.1.2011 durch Art. 5 des Gesetzes zur Änderung des Investitionszulagengesetzes 1999 v. 20.12.2000, BGBl. I 2000, 1850.

5 *Schmidt/Fritz*, DB 2001, 2062.

6 BFH v. 21.11.1983 – GrS 2/82, BStBl. II 1984, 160 (163); BFH v. 4.7.1990 – GrS 2-3/88, BStBl. II 1990, 817 (823).

7 BFH v. 4.7.1990 – GrS 2-3/88, BStBl. II 1990, 817 (823).

„Aufwendungen des Sponsors sind Betriebsausgaben, wenn der Sponsor wirtschaftliche Vorteile, die insbesondere in der Sicherung oder Erhöhung seines unternehmerischen Ansehens liegen können (vgl. BFH vom 3.2.1993, BStBl. II 1993, 441, 445), für sein Unternehmen erstrebt oder für Produkte seines Unternehmens werben will. Das ist insbesondere der Fall, wenn der Empfänger die Leistungen auf Plakaten, Veranstaltungshinweisen, in Ausstellungskatalogen, auf den von ihm benutzten Fahrzeugen oder anderen Gegenständen auf das Unternehmen oder auf die Produkte des Sponsors **werbewirksam hinweist**. Die Berichterstattung in Zeitungen, Rundfunk oder Fernsehen kann einen wirtschaftlichen Vorteil, den der Sponsor für sich anstrebt, begründen, insbesondere wenn sie in seine Öffentlichkeitsarbeit eingebunden ist oder der Sponsor an Pressekonferenzen oder anderen öffentlichen Veranstaltungen des Empfängers mitwirken und eigene Erklärungen über sein Unternehmen oder seine Produkte abgeben kann. Wirtschaftliche Vorteile für das Unternehmen können auch dadurch erreicht werden, dass der Sponsor durch Verwendung des Namens, von Emblemen oder Logos des Empfängers oder in anderer Weise **öffentlichkeitswirksam auf seine Leistungen aufmerksam macht**.“

Entscheidend ist also letztlich, dass dem Sponsoring ein gewisser „**Kommunikationseffekt**“ zukommt[1]. Darin liegt zugleich der wesentliche Unterschied zur rein altruistischen Spende (vgl. dazu näher Rz. 8.57 ff.).

6.153

3. Behandlung des Sponsoring beim gemeinnützigen Empfänger

Zur steuerlichen Behandlung der Sponsorengelder beim Empfänger heißt es im **Anwendungserlass zur AO** zunächst ganz allgemein[2]:

6.154

„Die im Zusammenhang mit dem Sponsoring erhaltenen Leistungen können, wenn der Empfänger eine steuerbegünstigte Körperschaft ist, steuerfreie Einnahmen im ideellen Bereich, steuerfreie Einnahmen aus der Vermögensverwaltung oder steuerpflichtige Einnahmen eines wirtschaftlichen Geschäftsbetriebs sein. Die steuerliche Behandlung der Leistungen beim Empfänger hängt grundsätzlich nicht davon ab, wie die entsprechenden Aufwendungen beim leistenden Unternehmen behandelt werden.“

An diesen Ausführungen ist richtig, dass es **kein Korrespondenzprinzip** bei der Behandlung der Sponsorengelder auf Seiten des Sponsors und des Empfängers gibt. Vielmehr ist die steuerliche Behandlung der Zahlung auf beiden Seiten getrennt zu prüfen[3].

a) Abgrenzungsmaßstäbe

Der **Anwendungserlass** zur AO stellt für die steuerliche Behandlung der Sponsorengelder beim Empfänger folgende Abgrenzungsmerkmale auf (vgl. Nr. 8 ff. zu § 64 Abs. 1 AO):

6.155

„... Für die Abgrenzung gelten die allgemeinen Grundsätze. Danach liegt kein wirtschaftlicher Geschäftsbetrieb vor, wenn die steuerbegünstigte Körperschaft dem Sponsor nur die Nutzung ihres Namens zu Werbezwecken in der Weise gestattet, dass der Sponsor selbst zu Werbezwecken oder zur Imagepflege auf seine Leistungen an die Körperschaft hinweist. Ein

---

1 Vgl. auch *Hüttemann* in FS Schaumburg, 2009, S. 405.
2 AEAO Nr. 8 zu § 64 Abs. 1 AO.
3 Siehe nur *Buchna/Leichinger/Seeger/Brox*, S. 292.

wirtschaftlicher Geschäftsbetrieb liegt auch dann nicht vor, wenn der Empfänger der Leistungen z.B. auf Plakaten, Veranstaltungshinweisen, in Ausstellungskatalogen oder in anderer Weise auf die Unterstützung durch einen Sponsor **lediglich hinweist**. Dieser Hinweis kann unter Verwendung des Namens, Emblems oder Logos des Sponsors, jedoch ohne besondere Hervorhebung erfolgen. ... Ein wirtschaftlicher Geschäftsbetrieb liegt dagegen vor, wenn die Körperschaft an den Werbemaßnahmen mitwirkt. ... Der wirtschaftliche Geschäftsbetrieb kann kein Zweckbetrieb (§§ 65 bis 68 AO) sein."

6.156 Die eigentliche Bedeutung dieser Ausführungen liegt mithin in der Behandlung solcher Fälle, bei denen sich die Gegenleistung der Empfängerkörperschaft „lediglich" auf einen „Dankhinweis" beschränkt. In diesem Fall wäre nach allgemeinen Grundsätzen (vgl. § 14 AO) zu prüfen, ob ein steuerpflichtiger wirtschaftlicher Geschäftsbetrieb vorliegt. Dafür könnte sprechen, dass sich die Empfängerkörperschaft für den Erhalt der Zahlung gegenüber dem Sponsor zu einer bestimmten kommunikativen Tätigkeit (d.h. mindestens zur Aufnahme eines entsprechenden Dankhinweises auf Eintrittskarten etc.) verpflichtet hat. Der Anwendungserlass klammert solche Einnahmen aber – **gleichsam aus Billigkeitsgründen**[1] – aus der Ertragsteuerpflicht aus, um Sponsoringgestaltungen insbesondere im Kultur- und Sportbereich zu erleichtern.

6.157 Nach dem Sponsoringerlass gibt es **drei Möglichkeiten** hinsichtlich der steuerlichen Behandlung von Sponsorenzahlungen:

– **steuerfreie Einnahmen aus Vermögensverwaltung** (entgeltliche Überlassung des Namensrechts),

– **aus Billigkeitsgründen steuerbefreite Einnahmen** eines wirtschaftlichen Geschäftsbetriebs (bloßer Dankhinweis),

– **steuerpflichtige Einnahmen** eines wirtschaftlichen Geschäftsbetriebs „Werbung" (Mitwirkung an Werbemaßnahmen).

6.158 Die **Rechtsprechung** hatte bisher kaum Gelegenheit, sich zu diesen ertragsteuerlichen Grundsätzen zu äußern[2]. Dies liegt auch daran, dass der Sponsoringerlass nur die Körperschaftsteuer betrifft (zur Umsatzsteuer vgl. Rz. 7.142), sodass die Umsatzsteuersenate allenfalls in Hinsicht auf die Anwendung des ermäßigten Steuersatzes Veranlassung haben, hierzu Stellung zu nehmen[3]. In seinem Urteil vom 7.11.2007 hat der I. Senat allerdings eine deutliche inhaltliche Distanz erkennen lassen. Darin heißt es wörtlich:

„Der Kläger unterhielt einen einheitlichen wirtschaftlichen Geschäftsbetrieb. Soweit er der V gestattet hat, mit seinem Namen unter Hinweis auf den Beratungsvertrag zu werben, liegt zwar nach Auffassung der Verwaltung (AEAO Nr. 9 zu § 64 Abs. 1; BStBl. I 1998, 212) für

---

1 So ausdrücklich *Thiel*, DB 1998, 842.
2 Vgl. aber – aus umsatzsteuerrechtlicher Sicht – BFH v. 1.8.2002 – V R 21/01, BStBl. II 2003, 438 betreffend Heißluftballons mit Werbeaufschriften; BFH v. 7.11.2007 – I R 42/06, BStBl. II 2008, 949; BFH v. 16.4.2008 – XI R 56/06, BStBl. II 2008, 909.
3 Beispielhaft BFH v. 1.8.2002 – V R 21/01, BStBl. II 2003, 438 (440); zur Schenkungsteuer siehe BFH v. 15.3.2007 – II R 5/04, BStBl. II 2007, 472.

sich betrachtet kein wirtschaftlicher Geschäftsbetrieb vor. Selbst wenn der Senat dem folgen wollte […]."

Im steuerrechtlichen Schrifttum ist der Sponsoringerlass wohl überwiegend auf Zustimmung gestoßen[1]. Richtigerweise gibt es für eine Steuerbefreiung aus „Billigkeitsgründen" aber weder eine gesetzliche Grundlage noch einen sachlichen Grund. Vielmehr lässt sich die Steuerfreiheit solcher Sponsoringeinnahmen, die die geförderte Einrichtung im Zusammenhang mit der Verwirklichung steuerbegünstigter Zwecke ohne besondere Werbeaktivitäten erzielt, **aus § 65 AO ableiten**[2]. Dazu muss man erkennen, dass ein bloßer Dankhinweis noch keine „wirtschaftliche Tätigkeit" im Sinne von § 14 AO darstellt, weil der „bloße Dankhinweis" nur im Zusammenhang mit der geförderten steuerbegünstigten Veranstaltung einen wirtschaftlichen Wert hat. Die Durchführung der geförderten Veranstaltung dient aber „unmittelbar" der Verwirklichung steuerbegünstigter Zwecke im Sinne von § 65 AO und ist deshalb – soweit zusätzliche Entgelte von Seiten des Sponsors gezahlt werden – ein steuerbegünstigter Zweckbetrieb. Im Ergebnis ist die Zahlung eines Sponsors mithin steuerlich nicht anders zu würdigen als z.B. die Eintrittsgelder der Zuschauer und Besucher. Die steuerliche Freistellung von Sponsoringzahlungen bei bloßem „Dankhinweis" ist mithin keine Frage der Billigkeit, sondern der richtigen Auslegung des § 65 AO[3].

b) Einzelfragen

Geht man davon aus, dass die Trennlinie zwischen Steuerpflicht und Steuerfreiheit durch die Unterscheidung zwischen aktiver „Werbung" und bloßem „Dankhinweis" markiert wird, so stellt sich die Frage nach der Abgrenzung im Einzelfall. Der Anwendungserlass verzichtet insoweit auf nähere **Abgrenzungsmerkmale** und gibt nur allgemeine Hinweise: Unschädlich soll es sein, wenn der Empfänger auf die Unterstützung durch den Sponsor „lediglich hinweist" oder wenn der Hinweis unter Verwendung des Namens, Emblems oder Logos des Sponsors, jedoch ohne besondere Hervorhebung, erfolgt[4]. Zunächst war geplant, dass die Finanzverwaltung einen „praktischen Leitfaden mit Beispielen" herausgibt, der aber bis heute nicht erschienen ist. Für die Praxis dürfte wohl entscheidend sein, ob ein durchschnittlicher Betrachter z.B. den Abdruck eines Logos auf einem Veranstaltungsplakat schon als Werbung empfindet oder nicht. Dies wird vor allem davon abhängen, wie das Logo auf dem Plakat abgedruckt ist (Schriftgröße, Druckbild etc.). Eine (steuerpflichtige) aktive Werbung läge demnach vor, wenn z.B. in Tagungsbroschüren Anzeigen für Produkte des Sponsors oder statt des Logos oder des Namens des Sponsors Produktabbildungen abgedruckt werden. In beiden Fällen würde es sich nicht mehr um einen bloßen Hinweis unter Verwendung des Namens, Emblems oder Logos des Sponsors handeln, sondern um eine reguläre Produktwerbung. Anders wäre da-

6.159

---

1 Vgl. etwa *Thiel*, DB 1998, 842.

2 Zutreffend *Schauhoff*, DB 1998, 494.

3 So *Schauhoff*, DB 1998, 494 ff.; ablehnend aber *Thiel*, DB 1998, 842; *Buchna/Leichinger/Seeger/Brox*, S. 294.

4 AEAO Nr. 9 zu § 64 Abs. 1 AO.

gegen zu entscheiden, wenn sich die geförderte Körperschaft auf einen „Dankhinweis" beschränkt („Wir danken der X-AG für eine großzügige finanzielle Förderung").

6.160 Unschädlich ist stets die **bloße Überlassung des Namensrechts** an den Sponsor für Zwecke seiner Öffentlichkeitsarbeit oder Werbung (steuerfreie Vermögensverwaltung)[1]. Gestattet z.B. eine Umweltstiftung einem Textilhersteller, in Werbeanzeigen unter Verwendung des Logos der Stiftung auf das Sponsoring hinzuweisen, beschränkt sich die Leistung der Empfängerkörperschaft auf die Überlassung des Namensrechts für Zwecke der Werbung durch den Sponsor. Es handelt sich folglich um steuerfreie Einnahmen aus Vermögensverwaltung (§ 14 Satz 3 AO). Anders ist zu entscheiden, wenn sich die Duldung der Werbung gerade auf Werbehinweise im Kontext einer Vereinsveranstaltung bezieht[2]. Hier wird die Grenze der steuerfreien Vermögensverwaltung überschritten, weil erst durch die Vereinsveranstaltung eine attraktive Werbemöglichkeit geschaffen wird und nur für diese Kombination – und nicht nur die Überlassung von Werbeflächen – gezahlt wird (vgl. auch Rz. 6.142).

6.161 Die Finanzverwaltung hat zwischenzeitlich **weitere Verfügungen** zur steuerlichen Behandlung eines Sponsorings herausgegeben. Diese betreffen z.B. die ertragsteuerlichen Folgen einer Zuwendung von Fahrzeugen mit Werbehinweisen[3]. Nach Ansicht der Finanzverwaltung begründet die Zuwendung von Fahrzeugen mit Werbehinweisen an steuerbegünstigte Einrichtungen noch keinen steuerpflichtigen wirtschaftlichen Geschäftsbetrieb, solange sich der Empfänger nicht vertraglich verpflichtet, „das Fahrzeug über den zu eigenen Zwecken notwendigen Umfang hinaus einzusetzen oder es werbewirksam abzustellen"[4]. Weitere Verfügungen betreffen den Fall einer Saalbenennung sowie eines „Links" von der Homepage des Empfängers zur Werbung auf der Homepage des Sponsors[5]. Bei den Links soll eine „aktiver" (Hyper-)Link zur Annahme eines wirtschaftlichen Geschäftsbetriebs führen[6]. Ob diese Unterscheidung tatsächlich überzeugt und sich – wie es in der Verfügung heißt – mit der Übertragung der für Vereinszeitschriften geltenden Grundsätze (Werbebeilagen als wirtschaftlicher Geschäftsbetrieb) auf das „moderne Medium (Internet)" begründen lässt, erscheint zweifelhaft, da beide Sachverhalte (schon unter Kostengesichtspunkten) kaum vergleichbar sind und die steuerbegünstigte Körperschaft nur eine Internetverbindung zur Homepage des Sponsors ermöglicht, aber nicht selbst an der Werbung des Sponsors mitwirkt.

6.162 Besondere Abgrenzungsschwierigkeiten ergeben sich, wenn die verschiedenen Sponsoringaktivitäten Teil einer **Rahmenvereinbarung** sind und gegen ein Pauschalent-

---

1 Vgl. AEAO Nr. 9 zu § 64 Abs. 1 AO.

2 Großzügiger *Scholz/Garthoff*, BB 2008, 1148.

3 Vgl. OFD Frankfurt/M. v. 13.5.1998, DB 1998, 1208.

4 Zur Überlassung eines Werbemobils aus umsatzsteuerlicher Sicht auch BFH v. 16.4.2008 – XI R 56/06, BStBl. II 2009, 909.

5 FinMin Bayern v. 11.2.2000, DB 2000, 548.

6 FinMin Bayern v. 11.2.2000, DB 2000, 548; großzügiger aber FG München v. 15.5.2006 – 7 K 4052/03, EFG 2006, 1362: immer Vermögensverwaltung; aufgehoben durch BFH v. 7.11.2007 – I R 42/06, BStBl. II 2008, 949.

gelt erbracht werden. Diese – in der Praxis verbreitete Gestaltung – bildete auch den Gegenstand des BFH-Urteils vom 7.11.2007[1].

Beispiel Nr. 8 (nach BFH vom 7.11.2007): Ein gemeinnütziger Schützenverein (Dachverband) schließt mit einer Versicherung einen „Partnerschaftsvertrag". Diese verpflichtet sich, verschiedene Veranstaltungen des Vereins zu fördern sowie ihn bei der Herausgabe von Schriften, Büchern und anderen Publikationen zu unterstützen. Als Gegenleistung verpflichtet sich der Verein, die angeschlossenen Mitgliedsvereine über die Partnerschaft zu unterrichten; ferner räumt er der Versicherung das Recht ein, den Partnerschaftsvertrag für Werbezwecke zu verwerten und bei Veranstaltungen des Klägers und seiner Untergliederungen die Mitglieder über versicherungsbezogene Themen zu informieren und ihre Produkte zu bewerben sowie in der Sportschützenzeitung versicherungsbezogene Themen darzustellen und für ihre Produkte zu werben.

Anders als die Vorinstanz[2], die die Einnahmen aus dem **Rahmenvertrag** noch der Vermögensverwaltung zuordnete und sich vor allem auf die Frage kaprizierte, ob ein „aktiver Link" die Grenzen der Vermögensverwaltung überschreitet, hat der BFH zunächst festgestellt, dass der Verein mit bestimmten Maßnahmen die Grenze der steuerfreien Vermögensverwaltung überschritten hatte. Dies galt zum einen für die Anzeigenwerbung und die versicherungsbezogenen Beiträge in der Vereinszeitschrift, zum anderen für die Gelegenheit zu produktbezogener Werbung auf Vereinsveranstaltungen[3]. Wenn aber einzelne Maßnahmen des Gesamtpaketes steuerpflichtig sind, dann bedarf es einer Aufteilung, wenn verhindert werden soll, dass die steuerpflichtigen Elemente die anderen – möglicherweise steuerfreien – Maßnahmen des Gesamtpakets „infizieren". Eine solche Aufteilung hat der I. Senat „in Ermangelung eines geeigneten Aufteilungsmaßstabs" abgelehnt, und zwar im konkreten Fall wohl zu Recht, weil es in dem Vertragswerk an Anhaltspunkten für die Teilbarkeit der Leistungen fehlte. Anders ausgedrückt: Soweit steuerpflichtige und steuerfreie Elemente in einem Vertragswerk zusammengefasst werden sollen, ist – wenn die Steuerfreiheit einzelner Maßnahmen nach dem Sponsoringerlass in Anspruch genommen werden soll – eine Aufteilung des Entgelts notwendig. Dabei versteht sich von selbst, dass die Aufteilung marktgerecht erfolgen muss. Offengelassen hat der BFH die weitere Frage, ob eine Aufteilung eines einheitlichen Entgeltes im Schätzungswege dann in Betracht kommt, „wenn der Wert der Leistungen der steuerbefreiten Körperschaft die empfangenen Zahlungen offenkundig erheblich unterschreitet". Eine solche Aufteilung könnte zum einen dazu führen, dass die Empfängerkörperschaft ein Teil des Entgeltes steuerfrei vereinnahmen kann, könnte aber u.U. auch den Betriebsausgabenabzug auf Seiten des Sponsors gefährden, wenn der überhöhte Teil des Entgelts als rein „altruistische" Zuwendung qualifiziert wird.

frei   6.163–6.164

---

1 BFH v. 7.11.2007 – I R 42/06, BStBl. II 2008, 949; dazu auch *Scholz/Garthoff*, BB 2008, 1148.
2 FG München v. 15.5.2006 – 7 K 4052/03, EFG 2006, 1362.
3 Ebenso jetzt AEAO Nr. 10 zu § 64 Abs. 1 AO.

E. Steuerbegünstigter Zweckbetrieb

I. Überblick

6.165 Von der partiellen Steuerpflicht gemeinnütziger Körperschaften sind nach § 64 Abs. 1 letzter Halbs. AO wirtschaftliche Geschäftsbetriebe ausgenommen, die sog. Zweckbetriebe im Sinne der §§ 65 bis 68 AO sind. Mit dieser **Rückausnahme von der partiellen Steuerpflicht** erkennt der Gesetzgeber an, dass sich einige steuerbegünstigte Zwecke nur durch wirtschaftliche Geschäftsbetriebe verwirklichen lassen. In diesem Fall wird der Förderung der Allgemeinheit der Vorrang vor dem Wettbewerbsschutz eingeräumt.

Beispiel Nr. 9: Unterhält ein gemeinnütziger Kulturverein ein Museum, dann handelt es sich zwar – wenn Eintrittsgelder verlangt werden, um einen wirtschaftlichen Geschäftsbetrieb im Sinne von § 14 Satz 1 AO. Da die Verwirklichung kultureller Zwecke durch Museen ohne die Erhebung von Eintrittsgeldern kaum möglich ist, muss der Wettbewerbsschutz (Konkurrenz zu gewerblichen Ausstellungen etc.) in diesem Fall hinter den Allgemeininteressen zurücktreten (vgl. auch § 68 Nr. 7 AO). Wenn eine Wohlfahrtsorganisation Langzeitarbeitslose auf eine Wiedereingliederung in die Berufswelt vorbereiten oder Behinderten eine sinnvolle Arbeit verschaffen will, dann geht das nur durch Unterhaltung eines Gewerbebetriebs, in dem bestimmte Arbeiten für Dritte gegen Entgelt ausgeführt werden. Insoweit ist also ein Wettbewerb zu steuerpflichtigen Betrieben „unvermeidbar".

6.166 Die gesetzliche Definition des steuerbegünstigten Zweckbetriebs erfolgt durch eine **Kombination aus Generalklausel (§ 65 AO) und Beispielkatalog (§§ 66 bis 68 AO)**. Nach der allgemeinen Definition in § 65 AO ist ein Zweckbetrieb gegeben, wenn

„1. der wirtschaftliche Geschäftsbetrieb in seiner Gesamtrichtung dazu dient, die steuerbegünstigten satzungsmäßigen Zwecke der Körperschaft zu verwirklichen,

2. die Zwecke nur durch einen solchen Geschäftsbetrieb erreicht werden können und

3. der wirtschaftliche Geschäftsbetrieb zu nicht begünstigten Betrieben derselben oder ähnlicher Art nicht in größerem Umfang in Wettbewerb tritt, als es bei Erfüllung der steuerbegünstigten Zwecke unvermeidbar ist."

6.167 Um die Rechtsanwendung in bestimmten Fallgruppen zu erleichtern und um Rechtssicherheit zu schaffen[1], hat der Gesetzgeber die **Zweckbetriebseigenschaft bestimmter Betriebe in den §§ 66 bis 68 AO** ausdrücklich näher geregelt (Einrichtungen der Wohlfahrtspflege, Krankenhäuser, Kinder-, Jugend- und Altenheime, Museen etc.). Vor allem der Zweckbetriebskatalog in § 68 AO ist in der Praxis von großer Relevanz. Er hat – wie sich aus dem Wortlaut ergibt („Zweckbetriebe sind auch …") – nicht nur deklaratorische Bedeutung[2]. Daraus folgt für die praktische Rechtsanwendung, dass die Prüfung der Zweckbetriebseigenschaft einer Tätigkeit stets bei den §§ 66 bis 68 AO beginnen sollte, bevor man sich den allgemeinen Merkmalen des § 65 AO nähert.

---

1 Dazu zuletzt *Hüttemann/Schauhoff*, DB 2011, 319.
2 Vgl. statt vieler BFH v. 18.1.1995 – V R 139 – 142/92, BStBl. II 1995, 446.

Die Einordnung eines wirtschaftlichen Geschäftsbetriebs als sog. Zweckbetrieb ist   6.168
in mehrfacher Hinsicht von steuerlicher Bedeutung. Sie entscheidet zunächst
über die Befreiung etwaiger Gewinne von der Körperschaft- und Gewerbesteuer sowie – vorbehaltlich § 12 Abs. 2 Nr. 8 Buchst. a Satz 3 UStG – über die Anwendung
des ermäßigten Umsatzsteuersatzes auf die im Geschäftsbetrieb ausgeführten Lieferungen und Leistungen, sofern keine spezielle Befreiung nach § 4 UStG eingreift.
Darüber hinaus geht es aber auch darum, ob eine wirtschaftliche Tätigkeit der steuerbegünstigten Sphäre zuzurechnen ist, sodass z.B. Spenden und andere Mittel
dauerhaft im Geschäftsbetrieb investiert oder zum Verlustausgleich genutzt werden
dürfen. Gerade dieser Aspekt der Mittelverwendung und Quersubventionierung
spielt in der Praxis eine wesentliche Rolle[1]. Erschöpft sich die Aktivität einer gemeinnützigen Körperschaft in der Unterhaltung eines wirtschaftlichen Geschäftsbetriebs (z.B. eines Krankenhauses), ist die Frage nach der Zweckbetriebseigenschaft dieses Betriebs schließlich vielfach gleichbedeutend mit der Frage nach der
Gemeinnützigkeit der Einrichtung überhaupt.

Beispiel Nr. 10 (nach BFH vom 26.4.1989[2]): Ein Verein zur Förderung des Arbeitsschutzes
unterhielt eine Reihe von arbeitsmedizinischen Zentren, für deren Leistungen er von den
betreuten Betrieben Entgelte erhielt. In diesem Fall erschöpfte sich die Tätigkeit des Vereins in
der Unterhaltung wirtschaftlicher Geschäftsbetriebe, sodass die Gemeinnützigkeit des Vereins
zunächst davon abhing, ob man ein arbeitsmedizinisches Zentrum überhaupt als Zweckbetrieb ansieht oder – z.B. wegen der Konkurrenz mit freiberuflich tätigen Arbeitsmedizinern
– die Steuervergünstigung versagt. Sind die Zentren als steuerpflichtige wirtschaftliche Geschäftsbetriebe anzusehen[3], scheidet eine Steuervergünstigung für den Verein von vornherein
aus, da er keine weiteren steuerbegünstigten Tätigkeiten entfaltet.

Umgekehrt nimmt die Einordung eines wirtschaftlichen Geschäftsbetriebs als steuerbegünstigter Zweckbetrieb der betreffenden Tätigkeit nicht ihren erwerbswirtschaftlichen Charakter, denn – dies zeigt gerade das Rechtsinstitut des Zweckbetriebs – **Gemeinnützigkeit und Wirtschaftlichkeit schließen sich nicht aus.** Daraus folgt z.B.,
dass eine gemeinnützige Einrichtung ungeachtet ihrer übergeordneten Zielsetzung
und unabhängig von der Einordnung einer wirtschaftlichen Tätigkeit als steuerbegünstigter Zweckbetrieb auch Steuerbefreiungen in Anspruch nehmen kann, die
gerade an eine erwerbswirtschaftliche Betätigung anknüpfen[4].

II. Historische Entwicklung der Zweckbetriebsbefreiung

Die Definition des Zweckbetriebs in § 65 AO geht zurück auf die Rechtsprechung   6.169
des RFH. Durch die **Notverordnung vom 1.12.1930** wurden gemeinnützige Körperschaften partiell vermögen- und insgesamt körperschaftsteuerpflichtig, wenn sie
einen wirtschaftlichen Geschäftsbetrieb unterhielten, der über den Rahmen einer

---

1 Siehe *Hüttemann/Schauhoff*, DB 2011, 319.
2 BFH v. 26.4.1989 – I R 209/85, BStBl. II 1989, 670.
3 So etwa FinMin Niedersachsen v. 11.7.1978, StEK KStG 1977 § 1 Nr. 3.
4 Zutreffend FG Münster v. 18.1.2018 – 6 K 389/17 Kfz, EFG 2018, 555 betreffend die Befreiung von Zugmaschinen in einem landwirtschaftlichen Betrieb von der KSt-Steuer nach
  § 3 Nr. 7 Buchst. a KraftStG.

Vermögensverwaltung hinausging[1]. Der Gesetzgeber reagierte damit auf die Rechtsprechung des RFH, nach der die Unterhaltung von Mittelbeschaffungsbetrieben mit der ausschließlichen Gemeinnützigkeit vereinbar sei[2]. Er hatte jedoch bei der Anordnung der Steuerpflicht solche Fälle nicht bedacht, in denen der wirtschaftliche Geschäftsbetrieb nicht zur Gewinnerzielung, sondern ausschließlich zur Verwirklichung der eigenen Satzungszwecke unterhalten wurde, z.B. Krankenanstalten oder Armenküchen.

6.170 Der RFH nahm diese unbefriedigende Gesetzeslage zum Anlass, in der Folgezeit solche Betriebe von dem Anwendungsbereich des § 4 Abs. 1 Nr. 6 VStG i.d.F. vom 1.12.1930 auszunehmen, die nicht als Mittel zum Zweck durch die Erzielung von Überschüssen, sondern **durch den Gegenstand der Tätigkeit selbst der Erfüllung der satzungsmäßigen Zwecke dienten**[3]. Das Gericht begründete diese teleologische Reduktion mit den wettbewerbspolitischen Erwägungen, die den Gesetzgeber zur Anordnung der partiellen Steuerpflicht bewogen hatten. Danach würden solche Betätigungen nicht unter den Begriff des „wirtschaftlichen Geschäftsbetriebs" im Sinne dieser Vorschrift fallen, die „unmittelbar die Erfüllung der gemeinnützigen Aufgaben des Vereins darstellen". Denn insoweit habe das Gesetz durch die Gemeinnützigkeitserklärung selbst den Wettbewerbsgedanken ausgeschaltet wissen wollen, und es sei nicht anzunehmen, „dass der Gesetzgeber Steuerfreiheit mit der einen Hand geben wollte, mit der anderen Hand aber in demselben Augenblick genommen hat"[4].

6.171 Diese Überlegung bildete dann die Grundlage für die weitere ständige Rechtsprechung des RFH zur Einschränkung der partiellen Steuerpflicht gemeinnütziger Körperschaften im Vermögen- und Körperschaftsteuerrecht. Bei der Beurteilung der Frage, ob ein wirtschaftlicher Geschäftsbetrieb unmittelbar der Verwirklichung der steuerbegünstigten Zwecke diente, stellte der RFH den Gesichtspunkt des Wettbewerbs in den Vordergrund, weshalb „ein sehr strenger Maßstab anzulegen sei"[5]. Davon ausgehend entwickelte der RFH **folgende Kriterien** für die Annahme eines „steuerbegünstigten unentbehrlichen Hilfsbetriebs": Ein wirtschaftlicher Geschäftsbetrieb diene der Verwirklichung der steuerbegünstigten Zwecke unmittelbar, wenn der steuerbegünstigte Zweck nur durch die Führung eines wirtschaftlichen Geschäftsbetriebs erfüllt werden kann, wenn sich also Zweck und wirtschaftlicher Geschäftsbetrieb nicht voneinander trennen lassen und gleichsam eine Einheit bilden[6]. Zudem forderte der RFH, dass die gesamte Geschäftsführung des Betriebs aus-

---

1 Vgl. § 4 Abs. 1 Nr. 6 VStG und § 9 Abs. 1 Nr. 7 KStG i.d.F. der VO des Reichspräsidenten zur Sicherung von Wirtschaft und Finanzen v. 1.12.1930, RGBl. 517, 576.

2 Vgl. RFH v. 25.1.1927 – I A 439/27, RFHE 22, 204; RFH v. 23.4.1929 – I A a 753/28, RFHE 25, 103.

3 Vgl. grundlegend RFH v. 11.1.1934 – III A 351/33, RFHE 35, 147 (152).

4 RFH v. 11.1.1934 – III A 351/33, RFHE 35, 147 (152).

5 Vgl. RFH v. 24.7.1937 – VIa 1/35, RFHE 42, 64 (65).

6 St. Rspr. seit RFH v. 24.7.1937 – VIa A 1/35, RFHE 42, 64 (65); RFH v. 27.11.1937 – VIa 67/37, RFHE 42, 299 (301); RFH v. 7.2.1938 – VIa 65/37, RFHE 43, 185 (186); RFH v. 23.7.1938 – VIa 92/37, RFHE 44, 277 (278).

schließlich durch den steuerbegünstigten Zweck bestimmt war[1]. Schließlich war zu prüfen, ob der wirtschaftliche Geschäftsbetrieb mit steuerpflichtigen privaten Unternehmungen in Wettbewerb trat und zu einer Schädigung dieser Unternehmungen führen konnte[2].

Bei Anwendung dieser Grundsätze verneinte der RFH die geforderte **Einheit von Zweck und Geschäftsbetrieb** z.B. bei einem Totalisatorbetrieb eines Pferderennvereins, bejahte diese aber für die Veranstaltung der Rennen, die der Allgemeinheit gegen Eintrittsgelder zugänglich waren[3]. Auch soweit eine solche Einheit gegeben war, hielt der RFH beispielsweise für Krankenanstalten, bei denen der Wettbewerbsgedanke eine besonders große Rolle spiele, die Auffassung für berechtigt, dass diese nur dann einen steuerlich unschädlichen Geschäftsbetrieb bildeten, wenn sie in besonderem Maße der minderbemittelten Bevölkerung dienten[4]. Des Weiteren wurde Verlagsunternehmen die Steuervergünstigung versagt, wenn sie in nicht unerheblichem Maß durch die Aufnahme bezahlter Anzeigen am allgemeinen wirtschaftlichen Verkehr teilnahmen[5].

Diese Rechtsprechung ist durch § 9 Abs. 4 Nr. 3 GemVO 1941, ohne dass eine sachliche Änderung eintreten sollte, **kodifiziert**[6] und nahezu wortgleich in § 7 Abs. 1 GemVO 1953 übernommen worden. § 65 Nr. 1 bis 3 AO entspricht wiederum wörtlich § 7 Abs. 1 GemVO 1953. Ferner hatte der Gesetzgeber bereits in § 10 GemVO 1941 die Zweckbetriebseigenschaft bestimmter Betriebe aus Gründen der Praktikabilität ausdrücklich geregelt und zugleich von besonderen Voraussetzungen abhängig gemacht (z.B. der Höhe der Entgelte oder der Zusammensetzung des Empfängerkreises). Die Nachfolgeregelungen der §§ 8, 9 GemVO wurden 1977 dann zum Vorbild für die heutigen §§ 66 bis 68 AO, die seit 1977 mehrfach ergänzt und erweitert worden sind (vgl. z.B. § 67a und § 68 Nr. 9 AO)[7].

6.172

Die Entwicklungsgeschichte des Zweckbetriebs ist insbesondere für die **beihilfenrechtliche Einordnung** der Steuerbegünstigung für Zweckbetriebe von Bedeutung, weil sog. Altbeihilfen, die bereits vor dem 1.1.1958 bestanden, von der Notifikationspflicht und damit auch vom Durchführungsverbot des Art. 108 Abs. 3 AEUV ausgenommen sind. Dies betrifft – wie der BFH inzwischen entschieden hat – sowohl die Steuerbefreiung für Wohlfahrtseinrichtungen

---

1 Vgl. RFH v. 26.4.1938 – VIa 27/36, RFHE 44, 3 (5); ferner RFH v. 5.7.1938 – VIa 59/37, RFHE 44, 234.

2 RFH v. 24.9.1937 – VIa A 42/37, RFHE 42, 131 (133) betreffend eine Volksküche.

3 Vgl. RFH v. 11.1.1934 – III A 351/33, RFHE 35, 147; siehe auch BFH v. 5.6.2003 – I R 76/01, BStBl. II 2005, 305.

4 Vgl. RFH v. 24.7.1937 – VIa A 1/35, RFHE 42, 64 (65); bestätigt in RFH v. 23.10.1937 – VIa 25/36, RFHE 42, 224 (225) für Lungenheilstätten und RFH v. 23.10.1937 – VIa 70/37, RFHE 42, 226 (227) für Altersheime, Waisenhäuser und Kindergärten.

5 Vgl. RFH v. 27.11.1937 – VIa 1/37 und 2/37, RFHE 42, 303 (305 f.); RFH v. 7.2.1938 – VIa 65/37, RFHE 43, 185 (187).

6 Vgl. *Mußfeld*, DStZ 1942, 41 ff.

7 Auch rechtsvergleichend ist festzustellen, dass zweckverwirklichende Aktivitäten zumeist von der partiellen Steuerpflicht ausgenommen sind. Dies ist im US-amerikanischen Steuerrecht bereits im Tatbestand der partiellen Steuerpflicht – UBIT (Unrelated Business Income Tax) – angelegt. Gleiches gilt für Großbritannien (vgl. näher *Luxton*, The Law of Charities, 2001, Rz. 20.06 ff.), wo ebenfalls gewisse Ausnahmen von der partiellen Steuerpflicht bestehen („if the trade is exercised in the course of the actual carrying out of a primary purpose of the charity").

(§ 66 AO)[1] als auch für Krankenhäuser (§ 67 AO)[2], die in gleicher Weise bereits in §§ 8 und 10 GemV 1953 enthalten gewesen sind. Darüber hinaus kann ein Blick auf die Vorgängerregelungen in §§ 8 ff. GemVO 1953 im Einzelfall von Nutzen sein, wenn es darum geht, die heutige Generalklausel des § 65 AO „**mit Leben zu füllen**". So zählten nach § 9 Abs. 1 Nr. 6 GemVO 1953 „Einrichtungen zur Behebung der Berufsnot der Jugendlichen" zu den „steuerlich unschädlichen Geschäftsbetrieben" (heute: Zweckbetriebe). Zwar ist diese Bestimmung bei der AO-Reform 1977 – weil man sie offenbar für selbstverständlich hielt – nicht in den Zweckbetriebskatalog des § 68 AO übernommen worden. Sie spricht aber dafür, dass entsprechende Betriebe (z.B. Lehrlingswerkstätten) auch heute noch Zweckbetriebsqualität haben.

III. Einheit von Verbandszweck und Geschäftsbetrieb (§ 65 Nr. 1 und 2 AO)

1. Meinungsstand

6.173 Nach geltendem Recht ist ein Zweckbetrieb – vorbehaltlich der Wettbewerbsklausel des § 65 Nr. 3 AO und der §§ 66 bis 68 AO – nur dann gegeben, wenn der wirtschaftliche Geschäftsbetrieb „in seiner Gesamtrichtung dazu dient, die steuerbegünstigten satzungsmäßigen Zwecke der Körperschaft zu verwirklichen" (§ 65 Nr. 1 AO) und „die Zwecke nur durch einen solchen Geschäftsbetrieb erreicht werden können" (§ 65 Nr. 2 AO). Das Verhältnis von § 65 Nr. 1 und 2 AO ist **umstritten**:

– Überwiegend wird heute – dem Gesetzeswortlaut folgend – versucht, den Voraussetzungen des **§ 65 Nr. 1 und 2 AO einen eigenständigen Regelungsgehalt beizulegen**[3]. So verlangt z.B. der Anwendungserlass – wenn auch ohne direkte Bezugnahme auf § 65 Nr. 1 und 2 AO – zum einen, ein Zweckbetrieb müsse „tatsächlich und unmittelbar satzungsmäßige Zwecke der Körperschaft verwirklichen"[4]. Dazu reiche es nicht aus, dass der Betrieb der Verwirklichung begünstigter Zwecke „nur mittelbar" diene, z.B. durch Abführung seiner Erträge[5]. Zum anderen wird als „weitere Voraussetzung" eines Zweckbetriebs gefordert, dass die Zwecke der Körperschaft „nur durch ihn erreicht werden können", d.h. die Körperschaft den Geschäftsbetrieb „unbedingt und unmittelbar benötigen" müsse[6]. Entsprechende Systematisierungen der verschiedenen Bedeutungsinhalte von § 65 Nr. 1 AO („Unmittelbarkeit") und § 65 Nr. 2 AO („Erforderlichkeit") finden sich auch im Schrifttum[7].

– Im älteren Schrifttum wurden die heute in § 65 Nr. 1 und 2 AO geregelten Zweckbetriebsmerkmale vielfach noch zusammenhängend im Sinne der Recht-

---

1 Vgl. BFH v. 27.11.2013 – I R 17/12, BStBl. II 2016, 68.

2 BFH v. 31.7.2013 – I R 82/12, BStBl. II 2015, 123; BFH v. 31.7.2013 – I R 31/12, BFH/NV 2014, 185; ebenso BFH v. 18.10.2017 – V R 46/16, BFH/NV 2018, 293.

3 Vgl. AEAO Nr. 2 und 3 zu § 65 AO; aus dem Schrifttum etwa *Herbert*, S. 144; *Buchna/Leichinger/Seeger/Brox*, S. 321 f.; *Seer* in Tipke/Kruse, § 65 AO Rz. 6 ff.; *Märtens* in Gosch, § 5 KStG Rz. 240; *Kümpel* in Rödder/Herlinghaus/Neumann, § 5 KStG Rz. 441 ff.; ebenso Unabhängige Sachverständigenkommission, Gutachten, S. 168 f.

4 Vgl. AEAO Nr. 2 Satz 1 zu § 65 AO.

5 AEAO Nr. 2 Satz 3.

6 AEAO Nr. 3 Sätze 1 und 2 zu § 65 AO.

7 Siehe beispielhaft die entsprechenden Ausführungen bei *Seer* in Tipke/Kruse, § 65 AO Rz. 6 ff.; *Buchna/Leichinger/Seeger/Brox*, S. 321 ff.

sprechung des RFH (vgl. Rz. 6.171) verstanden[1]. Ein solches einheitliches Verständnis im Sinne einer „Erforderlichkeit" des wirtschaftlichen Geschäftsbetriebs findet in neuerer Zeit wieder verstärkte Zustimmung[2]. Danach müssen der satzungsmäßige gemeinnützige Zweck und der wirtschaftliche Geschäftsbetrieb eine solche Einheit bilden, dass sie sich nicht voneinander trennen lassen, weil die Verwirklichung des Satzungszwecks nur durch die Unterhaltung eines solchen Geschäftsbetriebs denkbar ist. Ferner sei § 65 Nr. 1 AO die Aussage zu entnehmen, dass die Geschäftspolitik des Zweckbetriebs „in seiner Gesamtrichtung" durch die steuerbegünstigten Zwecke bestimmt sein müsse[3].

Der **BFH** hat sich zunächst darauf beschränkt, vor allem die „Einheit von Zweck und Geschäftsbetrieb" im Sinne der Rechtsprechung des RFH zu prüfen[4]. Nur in wenigen älteren Entscheidungen wird neben der „Notwendigkeit" des wirtschaftlichen Geschäftsbetriebs auch die „Unmittelbarkeit" der Tätigkeit ausdrücklich hervorgehoben[5]. Erkennbar wird dieser Ansatz bereits in der frühen Entscheidung[6] des BFH, in der der III. Senat zu einem selbstbewirtschafteten Rittergut ausführt:

6.174

„Das Rittergut dient nach seiner Gesamtrichtung nicht dazu, die steuerbegünstigten Zwecke unmittelbar zu verwirklichen. Hierzu wäre erforderlich, dass der Stiftungszweck, nämlich Erziehung, Pflege und Unterhalt der Waisenkinder, nur durch den landwirtschaftlichen Betrieb erfüllt werden könnte, also steuerbegünstigter Zweck und wirtschaftlicher Geschäftsbetrieb nicht voneinander trennbar wären und gleichsam eine Einheit bildeten (Hinweis auf das Urteil des RFH VIa 92/37 vom 23.7.1938, Slg. Bd. 44, 277). Die Selbstbewirtschaftung ist für den Stiftungszweck nicht unentbehrliche Voraussetzung."

In der Folgezeit hat der BFH vorrangig geprüft, ob der Geschäftsbetrieb als das „**unentbehrliche und einzige Mittel zur Erreichung des steuerbegünstigten Zwecks**

---

1 Vgl. *Boettcher/Leibrecht*, § 7 GemVO Anm. 2; *Becker/Riewald/Koch*, § 17 StAnpG Anm. 10a (2).

2 So im Anschluss an *Hüttemann*, Wirtschaftliche Betätigung, S. 172 ff. etwa *Schauhoff* in Schauhoff, § 7 Rz. 84; *Fischer* in Hübschmann/Hepp/Spitaler, § 65 AO Rz. 82; *Wallenhorst/Halaczinsky*, Rz. G 45; *Droege* in NK-GemnR, § 65 AO Rz. 19 (Erforderlichkeit als „spezifische Finalität" des Zweckbetriebs).

3 Vgl. *Hüttemann*, Wirtschaftliche Betätigung, S. 175.

4 Vgl. BFH v. 10.5.1955 – I 173/53, BStBl. III 1955, 177; siehe auch BFH v. 2.10.1968 – I R 40/68, BStBl. II 1969, 43; BFH v. 9.12.1981 – I R 215/78, BStBl. II 1983, 27; BFH v. 21.8.1985 – I R 3/82, BStBl. II 1986, 92; BFH v. 9.4.1987 – V R 150/78, BStBl. II 1987, 659 (661); vgl. auch BFH v. 13.8.1986 – II R 246/81, BStBl. II 1986, 831 und BFH v. 23.11.1988 – I R 11/88, BStBl. II 1989, 391, die beide ausführen, dass eine wirtschaftliche Betätigung nur dann zur Annahme eines steuerbegünstigten Zweckbetriebs führt, wenn die steuerbegünstigten Zwecke ohne die wirtschaftliche Tätigkeit nicht erreichbar wären und deshalb potentielle Konkurrenten, die der Besteuerung unterliegen, dies aus übergeordneten Gesichtspunkten hinzunehmen haben.

5 Vgl. zur Unmittelbarkeit BFH v. 24.2.1953 – I 33/51, BStBl. III 1953, 109; BFH v. 16.3.1977 – I R 198/74, BStBl. II 1977, 493; BFH v. 26.4.1995 – I R 35/93, BStBl. II 1995, 767 stellt hingegen auf die „Gesamtrichtung" des Zweckbetriebs ab.

6 Vgl. BFH v. 20.9.1963 – III 328/59, BStBl. III 1963, 532 (533).

anzusehen ist"[1]. Sachlicher Bezugspunkt dieser Erforderlichkeitsprüfung war dabei stets die (entgeltliche) steuerbegünstigte Tätigkeit selbst[2]. Nur in wenigen Entscheidungen findet sich demgegenüber eine gesonderte Prüfung von § 65 Nr. 1 und 2 AO[3] oder wird das Kriterium der fehlenden „Trennbarkeit" von Zweck und Geschäftsbetrieb nur § 65 Nr. 2 AO zugeordnet[4].

6.175   In den letzten Jahren ist ein gewisser **Wandel in der BFH-Rechtsprechung** festzustellen. In den meisten Urteilen werden die Tatbestandsmerkmale des § 65 Nr. 1 und 2 AO nunmehr gesondert und nacheinander geprüft[5]. Indes zeigt sich bei näherer Betrachtung, dass eine klare Unterscheidung zwischen beiden Voraussetzungen nicht immer gelingt. So lehnt der V. Senat z.B. in der Entscheidung vom 30.11.2016[6] einen karnevalistischen Zweckbetrieb sowohl im Rahmen von § 65 Nr. 1 AO als auch bei § 65 Nr. 2 AO mit den – inhaltsgleichen – Erwägungen ab, dass die Darbietungen der fraglichen Kostümparty („Nacht der Nächte") nicht „durch Elemente des Karnevals in seiner traditionellen Form" bzw. nicht „im engeren Sinne karnevalistischer Art" sei. Gegen diese Beurteilung ist – wenn man die tatsächlichen Feststellungen teilt – im Ergebnis nichts zu erinnern. Sie spricht indes eher für ein zusammenfassendes Verständnis beider Merkmale, weil eine Tätigkeit, die in ihrer Gesamtrichtung nicht der Verwirklichung der steuerbegünstigten Zwecke dient, auch nicht zur Zweckverwirklichung „erforderlich" sein kann. Und auch umgekehrt dürfte ein Geschäftsbetrieb, der mit den steuerbegünstigten Zwecken eine „Einheit bildet", immer in seiner Gesamtrichtung ihrer Verwirklichung dienen und zugleich erforderlich sein. Letztlich ist – mit *Fischer*[7] – festzustellen, dass sich „Gesamtrichtung" und „Erforderlichkeit" nicht trennen lassen.

2. Erforderlichkeit des Geschäftsbetriebs entscheidend

6.176   Für eine einheitliche Auslegung der § 65 Nr. 1 und 2 AO im Sinne einer „Erforderlichkeit" sprechen zunächst historische und teleologische Erwägungen. Bereits der

---

1 Vgl. BFH v. 1.8.2002 – V R 21/01, BStBl. II 2003, 438; BFH v. 19.2.2004 – V R 39/02, BStBl. II 2004, 672; BFH v. 6.4.2005 – I R 85/04, BStBl. II 2005, 545; BFH v. 16.12.2009 – I R 49/08, BStBl. II 2011, 398.

2 Siehe etwa BFH v. 9.4.1987 – V R 150/78, BStBl. II 1987, 659 (661): „… keine unentbehrliche und zwingende Voraussetzung für die Erreichung des steuerbegünstigten Zwecks"; BFH v. 16.12.2009 – I R 49/08, BStBl. II 2011, 398 (401): „Zur Erfüllung der satzungsmäßigen Zwecke war es jedoch nicht notwendig, …"; anders nur FG Münster v. 8.12.1966 – I b 55–58/65, EFG 1967, 476 (477): „Die Einnahmeerzielung ist mithin nötig, … ."

3 So etwa BFH v. 26.4.1995 – I R 35/93, BStBl. II 1995, 767 (769).

4 Siehe BFH v. 17.2.2010 – I R 2/08, BStBl. II 2010, 1006 (1009).

5 Vgl. BFH v. 22.4.2009 – I R 15/07, BStBl. II 2011, 475; BFH v. 13.6.2012 – I R 71/11, BFH/NV 2013, 89; BFH v. 24.6.2015 – I R 13/13, BStBl. II 2016, 971; BFH v. 21.9.2016 – V R 50/15, BStBl. II 2017, 1173; BFH v. 30.11.2016 – V R 53/15, BStBl. II 2017, 1224; siehe aber BFH v. 10.8.2016 – V R 14/15, BFH/NV 2017, 63, wo lediglich die „Erforderlichkeit" nach § 65 Nr. 2 AO im Sinne einer „Trennbarkeit" von Zweck und Geschäftsbetrieb geprüft wird.

6 BFH v. 30.11.2016 – V R 53/15, BStBl. II 2017, 1224.

7 *Fischer* in Hübschmann/Hepp/Spitaler, § 65 AO Rz. 82.

RFH hat zutreffend erkannt, dass die Anordnung einer partiellen Steuerpflicht einerseits und die Gewährung von Steuervergünstigungen wegen Gemeinnützigkeit andererseits in einem gewissen Widerspruch zueinander stehen[1]. Denn soweit bestimmte steuerbegünstigte Zwecke nur durch die Führung eines wirtschaftlichen Geschäftsbetriebs, d.h. entgeltlich erfüllt werden können, würde eine uneingeschränkte partielle Steuerpflicht **letztlich die Steuervergünstigung wegen Gemeinnützigkeit aufheben.**

Beispiel Nr. 11: Die Aufnahme des Zwecks „Förderung des Gesundheitswesens" in den Katalog der gemeinnützigen Zwecke würde praktisch leerlaufen, wenn die Unterhaltung einer Krankenanstalt nach § 64 AO von der Steuervergünstigung ausgenommen wäre. Deshalb bestimmt § 67 AO, dass Krankenhäuser unter bestimmten Voraussetzungen aus der partiellen Steuerpflicht ausgeklammert werden. Die §§ 65 ff. AO betreffen somit über das Problem der steuerlichen Behandlung einer bestimmten entgeltlichen Tätigkeit hinaus vor allem die Frage, welche Zwecke überhaupt steuerbegünstigt sein sollen, soweit sie sich nur durch Unterhaltung von Geschäftsbetrieben verwirklichen lassen.

Bereits der RFH entschied diese Frage systematisch zutreffend in dem Sinne, dass die Gemeinnützigkeitserklärung vor dem allgemeinen wettbewerbspolitischen Anliegen des Gesetzgebers Vorrang habe, soweit die Unterhaltung des Geschäftsbetriebs als **notwendige Folge des Verbandszwecks** anzusehen war und der Wettbewerb nicht beeinträchtigt werden konnte. Ausgehend von dem konkreten satzungsmäßigen Zweck der Körperschaft prüfte der RFH, ob eine bestimmte Tätigkeit – ungeachtet der Einnahmeerzielung – zur Verwirklichung des Satzungszwecks unentbehrlich war. Damit waren solche Tätigkeiten, die „unmittelbar" dem gemeinnützigen Zweck dienten, d.h. den gemeinnützigen Erfolg herbeiführten, zwangsläufig miterfasst. Gleichwohl wäre es unzutreffend, in der „Unmittelbarkeit" das wesentliche Kriterium dieser Rechtsprechung zu sehen. Die Formulierung, der Zweck müsse in dem Geschäftsbetrieb „unmittelbar seine Erfüllung finden", ist vielmehr als begrifflicher Gegensatz zu den Geschäftsbetrieben zu verstehen, die der RFH als „Mittel zur Erreichung des Zwecks" bezeichnet hat[2]. Für letztlich entscheidend hielt der RFH – und darin ist ihm der BFH zu Recht gefolgt – nur, ob eine Erfüllung des Zwecks in der von den Organen festgelegten Art und Weise auch ohne den wirtschaftlichen Geschäftsbetrieb denkbar war. Denn damit waren Geschäftsbetriebe, die nur durch die Abführung der Erträge dem gemeinnützigen Zweck dienen, ohnehin präkludiert. Dass dem finanziellen Gesichtspunkt insoweit keine sachliche Bedeutung zukommen kann, war dem RFH noch selbstverständlich[3]. Denn für die steuerliche Behandlung kann es außerhalb des Spendenabzugs nicht darauf ankommen, wofür die Einkünfte verwandt werden sollen.

6.177

---

1 RFH v. 11.1.1934 – III A 351/33, RFHE 35, 147 (152).
2 Vgl. zur Terminologie nur RFH v. 23.7.1938 – VIa 92/37, RFHE 44, 277 (278).
3 Vgl. nur RFH v. 23.7.1938 – VIa 92/37, RFHE 44, 277 (278): Der RFH unterschied zwischen der erheblichen Frage, ob die Erfüllung des Zwecks auch ohne den Geschäftsbetrieb (abstrakt) denkbar war, und dem irrelevanten Umstand, ob ohne die Einnahmen aus einem Geschäftsbetrieb die Zwecke noch erfüllt werden könnten. Dies übersieht *Herbert*, S. 144.

6.178 Für eine einheitliche Auslegung von § 65 Nr. 1 und 2 AO im Sinne einer „Erforderlichkeit" sprechen noch **weitere Gründe**:

– So ist dem Wortlaut des § 65 Nr. 1 AO ein **„Unmittelbarkeitserfordernis"** nicht „unmittelbar" zu entnehmen. Es ist auch entbehrlich, weil das Kriterium der Notwendigkeit (§ 65 Nr. 2 AO) als das engere Merkmal eine „Unmittelbarkeit" mit einschließen würde. Denn das Gesetz verlangt ohnehin in § 65 Nr. 2 AO, dass die Zwecke „nur *durch* den Geschäftsbetrieb" erreicht werden können. Auch für die Ausklammerung von reinen Mittelbeschaffungsbetrieben aus der Zweckbetriebsdefinition bedarf es keiner Unterscheidung zwischen „mittelbar" und „unmittelbar" gemeinnützigen Tätigkeiten. Mittelbeschaffungsbetriebe sind niemals „unentbehrlich" für die Verwirklichung der steuerbegünstigten Zwecke. Dies ergibt sich bereits aus dem Sinn und Zweck der partiellen Steuerpflicht, die gerade solche Fälle treffen sollte, in denen sich steuerbegünstigte Körperschaften die Mittel zur Erfüllung ihrer Zwecke durch wirtschaftliche Geschäftsbetriebe beschaffen[1].

– Wenn man erkennt, dass sich aus § 65 Nr. 1 AO kein „Unmittelbarkeitserfordernis" ergibt, dann lässt sich auch die Diskussion über die **Zweckbetriebseigenschaft einer entgeltlichen Hilfspersonentätigkeit** richtig einordnen (dazu auch Rz. 4.54 ff.). Wird eine gemeinnützige Körperschaft als Hilfsperson gegen Entgelt für eine andere gemeinnützige Einrichtung tätig (eine Sozialstiftung erbringt im Auftrag eines gemeinnützigen Pflegeheims Betreuungsleistungen gegenüber den Bewohnern des Pflegeheims[2]), dann geht es nicht darum, ob die Hilfsperson ihre Zwecke „unmittelbar" verwirklicht hat. Vielmehr kommt es für die Zweckbetriebseigenschaft allein darauf an, ob die konkrete Tätigkeit in Erfüllung der *eigenen* satzungsmäßigen Zwecke der Hilfsperson erfolgt und insoweit unentbehrlich gewesen ist. Entgegen der Ansicht des BFH spielt die konkrete Ausgestaltung der Vertragsbeziehungen für die „Unentbehrlichkeit" des wirtschaftlichen Geschäftsbetriebs aber keine Rolle. Die im Urteil vom 16.12.2009 geäußerte Ansicht[3], die Einschaltung eines steuerpflichtigen Dritten (des Vermieters von Altenwohnungen) sei „entbehrlich", weil man die Betreuung auch auf der Grundlage einer direkten Vertragsbeziehung zu den betreuten Personen hätte durchführen können, ist juristisch nicht einzuordnen und zu Recht inzwischen aufgegeben worden[4].

– Schließlich ist ein zusätzliches Merkmal der Unmittelbarkeit nur geeignet, **zusätzliche Missverständnisse** bei der Rechtsanwendung auszulösen. Ein solches Missverständnis ergibt sich zunächst aus der Vorschrift des § 57 AO, die einen vom allgemeinen Sprachgebrauch abweichenden Bedeutungsinhalt der Unmittelbarkeit festlegt (vgl. auch Rz. 4.35 ff.): „Unmittelbar" im Sinne des § 57 AO be-

---

1 Vgl. nur BFH v. 21.8.1985 – I R 3/82, BStBl. II 1986, 92.

2 Vgl. dazu die Sachverhalte der Urteile BFH v. 16.12.2009 – I R 49/08, BStBl. II 2011, 398 und BFH v. 17.2.2010 – I R 2/08, BStBl. II 2010, 1006; dazu auch *Hüttemann/Schauhoff*, DB 2011, 319.

3 BFH v. 16.12.2009 – I R 49/08, BStBl. II 2011, 398, sub 4.

4 Vgl. BFH v. 27.11.2013 – I R 17/12, BStBl. II 2016, 68.

deutet nicht unvermittelt, sondern „eigenhändig", d.h. die durch die Körperschaft „selbst" bewirkte Förderung der Allgemeinheit und betrifft somit nur die für juristische Personen wichtige Frage der Zurechnung des Handelns natürlicher Hilfspersonen[1]. **Auch inhaltlich führt das Merkmal der „Unmittelbarkeit" nicht weiter**, wie der Fall zeigt, dass eine Fürsorgeanstalt die von ihren Betreuten hergestellten Erzeugnisse durch Hilfspersonen am Markt verkauft[2]. Von einer „unvermittelten" Förderung des gemeinnützigen Zwecks der „Fürsorgeerziehung" kann, solange nicht die Betreuten selbst im Verkaufsbereich tätig werden, dann eigentlich keine Rede sein. Als „eigenständige Kausalfaktoren" treten zwischen den Verkauf und die Arbeitstherapie noch die Verwendung der erzielten Einkünfte für die Anschaffung neuer Rohmaterialien[3]. Insoweit unterscheidet sich der Verkauf der Erzeugnisse nicht von bloßen Mittelbeschaffungsbetrieben. Wenn gleichwohl der Verkauf der Erzeugnisse steuerlich anders zu beurteilen ist als eine sonstige Mittelbeschaffungstätigkeit[4], dann liegt dies daran, dass sich der Verkauf der hergestellten Erzeugnisse sachlich nicht vom Herstellungsprozess trennen lässt. Denn nur über den Absatz der hergestellten Produkte wird der für eine erfolgreiche Arbeitstherapie notwendige „Marktbezug" hergestellt, der eine „marktgerechte" Qualifikation und Motivation der Beschäftigten gewährleisten kann[5]. Die tragende Erwägung für das Vorliegen des § 65 Nr. 1 und 2 AO ist daher im Fall des Warenverkaufs, dass eine Verwirklichung des steuerbegünstigten arbeitstherapeutischen Zwecks ohne den Verkauf der Erzeugnisse nicht denkbar ist. Nach alldem ist festzuhalten, dass im Rahmen des § 65 Nr. 1 und 2 AO die Prüfung einer irgendwie gearteten „Unmittelbarkeit" weder gesetzlich vorgesehen noch sachlich geboten ist. Entscheidend ist einzig, dass die Verwirklichung des konkreten satzungsmäßigen Zwecks ohne die im wirtschaftlichen Geschäftsbetrieb erbrachten Leistungen nicht denkbar ist.

Ein Zweckbetrieb ist deshalb **nicht gegeben, wenn der wirtschaftliche Geschäftsbetrieb nur einen finanziellen Beitrag zur gemeinnützigen Tätigkeit leistet** und daher – abstrakt gesehen – eine Verwirklichung auch ohne diesen Geschäftsbetrieb denkbar wäre. Ob ein Betrieb für die Verwirklichung steuerbegünstigter Zwecke „unentbehrlich" ist, muss ausgehend von den konkreten satzungsmäßigen Zwecken

6.179

---

1 Vgl. dazu eingehend *Fricke*, Ist das Erfordernis der „unmittelbaren" Zweckverwirklichung im steuerlichen Gemeinnützigkeitsrecht noch aufrechtzuerhalten, Diss. Göttingen 1957, S. 43 f., welcher zu Recht darauf hinweist, dass die „Unmittelbarkeit" (jetzt § 57 AO) nichts mit der Frage der „unmittelbaren Verwirklichung" im Rahmen der Auslegung der Zweckbetriebsdefinition gemein hat.
2 Vgl. RFH v. 4.10.1938 – VIa 43/38, RStBl. 1939, 92.
3 Anders *Herbert*, S. 147, der eine „unmittelbare Förderung" bejaht, aber damit seiner eigenen Prämisse widerspricht, eine Unmittelbarkeit liege nicht vor, soweit ein „eigenständiger Kausalfaktor" zwischen den Betrieb und den gemeinnützigen Erfolg trete.
4 Vgl. dazu aus der Rechtsprechung BFH v. 26.4.1995 – I R 35/93, BStBl. II 1995, 767 und BFH v. 13.6.2012 – I R 71/11, BFH/NV 2013, 89.
5 Zu Beschäftigungsgesellschaften vgl. auch *Hüttemann*, MwStR 2014, 115.

der Körperschaft geprüft werden[1] und ist daher häufig eine Frage des Einzelfalls[2]. Ein wirtschaftlicher Geschäftsbetrieb ist nur dann „unentbehrlich", wenn die fragliche Tätigkeit zur Erfüllung der satzungsmäßigen steuerbegünstigten Zwecke der Körperschaft erforderlich ist[3].

Beispiel Nr. 12 (nach FG Saarland vom 18.3.1987[4]): Aus diesem Grund scheidet z.B. die Annahme eines Zweckbetriebs aus, wenn ein Pferderennverein zur Errichtung einer Rennbahnanlage ein Vereinsgelände in der Weise auffüllen lässt, dass er Bauunternehmern gegen Entgelt gestattet, ihren Bauschutt auf dem Gelände abzuladen[5]. Zwar ist die Geländeverfüllung als solche eine notwendige Voraussetzung zur Verwirklichung des Satzungszwecks, nicht aber die Eröffnung eines Deponiebetriebs bei Gelegenheit der Errichtung der Rennbahnanlage[6].

Beispiel Nr. 13 (nach BFH vom 9.4.1987[7]): Aus den gleichen Erwägungen hat der BFH zu Recht die „Notwendigkeit" des Geschäftsbetriebs verneint, wenn ein gemeinnütziger Golfclub seine Anlage clubfremden Spielern gegen ein Entgelt zur Verfügung stellt[8]. Denn zur Verwirklichung der Satzungszwecke eines Golfclubs (sportliche Betätigung der Mitglieder) ist die Überlassung der Anlage an andere Spieler nicht notwendig, da sie nicht zu den steuerbegünstigten Satzungszwecken gehört[9].

Beispiel Nr. 14 (nach BFH vom 16.10.2013[10] und BFH vom 10.8.2016[11]): Wenn ein Verein zur Förderung des Reitsports eine „Pferdepension" unterhält, dann bedarf es näherer Feststellungen, ob die Pensionspferdehaltung eine vom „eigentlichen Vereinszweck losgelöste Tätigkeit eigener Art" darstellt oder ein „unentbehrliches" Mittel zur Erreichung der steuerbegünstigten Zwecke ist[12]. Insoweit wird man es noch nicht für ausreichend halten, dass die Pferdepension für die Mitglieder von Nutzen ist oder „günstige Rahmenbedingungen" z.B. für die Veranstaltung von Turnieren schafft, sondern letztlich kommt es entscheidend darauf an, welche Art von Tätigkeiten man (noch) als eine Förderung des Reitsports ansieht[13].

---

1 Zutreffend *Droege* in NK-GemnR, § 65 Rz. 18; ebenso im Grundsatz auch BFH v. 24.6.2015 – I R 13/13, BStBl. II 2016, 971; BFH v. 30.11.2016 – V R 53/15, BStBl. II 2017, 1224.

2 Vgl. aus der Rechtsprechung etwa FG Rheinland-Pfalz v. 27.5.2010 – 6 K 1104/09, EFG 2010, 1552: Karnevalssitzung nur dann Zweckbetrieb, wenn der Vereinszweck in der Förderung des Karnevals liegt; nach FG Baden-Württemberg v. 18.4.2011 – 14 V 4072/10, juris, soll die entgeltliche Vermittlung von Tieren durch einen Tierschutzverein ohne eigenes Tierheim nicht zur Zweckverwirklichung „erforderlich sein".

3 Vgl. dazu die Übersicht bei *Fischer* in Hübschmann/Hepp/Spitaler, § 65 AO Rz. 104.

4 FG Saarland v. 18.3.1987 – 1 K 204/85, EFG 1987, 374.

5 A.A. FG Saarland v. 18.3.1987 – 1 K 204/85, EFG 1987, 374, rkr., das abweichend von der hier vertretenen Ansicht einen Zweckbetrieb bejahte.

6 Mit gleichem Ergebnis auch *Herbert*, S. 146, der den Zweckbetrieb mangels „Unmittelbarkeit" verneint.

7 BFH v. 9.4.1987 – V R 150/78, BStBl. II 1987, 659.

8 Vgl. BFH v. 9.4.1987 – V R 150/78, BStBl. II 1987, 659.

9 So auch *Fischer* in Hübschmann/Hepp/Spitaler, § 65 AO Rz. 106.

10 BFH v. 16.10.2013 – XI R 34/11, BFH/NV 2014, 460.

11 BFH v. 10.8.2016 – V R 14/15, BFH/NV 2017, 63.

12 Vgl. auch BFH v. 19.2.2004 – V R 39/02, BStBl. II 2004, 672.

13 Zutreffend *Fischer* in Hübschmann/Hepp/Spitaler, § 65 AO Rz. 103.

Ohne Bedeutung im Rahmen des § 65 Nr. 1 und 2 AO ist, ob die eigene Tätigkeit der Körperschaft **auf steuerpflichtige gewerbliche Unternehmen übertragen werden könnte** und daher nicht „notwendig" ist[1]. § 65 Nr. 1 und 2 AO betreffen ihrem Wortsinn nach die Verwirklichung der Satzungszwecke durch ein Handeln der Körperschaft selbst und nicht die Verwirklichung einer gemeinnützigen Zielsetzung innerhalb des Gemeinwesens überhaupt[2]. Das Argument, die entgeltliche Verwirklichung einer bestimmten gemeinnützigen Zielsetzung durch eine Körperschaft dürfe steuerlich nicht begünstigt werden, weil es tatsächlich oder potentiell eine hinreichende Zahl gleichartiger gewerblicher Unternehmen auf dem Markt gebe, die als Auftragnehmer der steuerbegünstigten Körperschaft tätig werden könnten, ist systematisch dem Wettbewerbsgedanken – d.h. § 65 Nr. 3 AO – zuzuordnen[3].

6.180

3. Ausrichtung der Geschäftspolitik auf den steuerbegünstigten Zweck

Die Abkehr von der Vorstellung, es komme auf eine „Unmittelbarkeit" an, vermag auch den Bezug des § 65 Nr. 1 AO zur Rechtsprechung des RFH herzustellen, die zusätzlich zur „Notwendigkeit" des Geschäftsbetriebs forderte, dass die gesamte Geschäftsführung ausschließlich durch den steuerbegünstigten Zweck bestimmt sein müsse[4]. Die Formulierung des § 65 Nr. 1 AO, der Geschäftsbetrieb müsse „in seiner Gesamtrichtung" dazu dienen, die satzungsmäßigen Zwecke zu verwirklichen, überträgt folglich die allgemeinen Grundsätze über die tatsächliche Geschäftsführung (vgl. § 63 Abs. 1 AO) auf die Geschäftspolitik im Zweckbetrieb[5]. Dies bedeutet, dass alle wesentlichen Entscheidungen („Gesamtrichtung") auf die Verwirklichung der steuerbegünstigten Zwecke der Körperschaft „gerichtet" sein müssen. Diese **spezifische Finalität des Geschäftsbetriebs**[6] betrifft – wie bereits in der Rechtsprechung des RFH hervorgehoben worden ist[7] – vor allem zwei Ebenen: Zum einen geht es um die Preisgestaltung (Rz. 6.182), zum anderen um die Auswahl der Güter und Leistungen, die im Zweckbetrieb gegen ein Entgelt angeboten werden (Rz. 6.183).

6.181

Ein Zweckbetrieb ist – anders als ein Mittelbeschaffungsbetrieb – nicht auf die Erwirtschaftung von möglichst hohen Überschüssen, sondern auf die Verwirklichung der steuerbegünstigten satzungsmäßigen Zwecke „gerichtet" (§ 65 Nr. 1 AO). Überträgt man diese Vorgabe auf die Preisgestaltung, dann müssen sich die im Zweckbetriebsbereich erhobenen Entgelte – wie inzwischen auch der BFH im Urteil vom

6.182

---

1 Anders *Seer* in Tipke/Kruse, § 65 AO Rz. 9.

2 Diesen Unterschied zwischen § 65 Nr. 1 und 2 AO und § 65 Nr. 3 AO verkennt *Clausnitzer*, DStR 1987, 416, bei seiner Kritik an der Entscheidung BFH v. 13.8.1986 – II R 246/81, BStBl. II 1986, 831.

3 So auch BFH v. 13.8.1986 – II R 246/81, BStBl. II 1986, 831; *Herbert*, S. 152 f.

4 Vgl. RFH v. 26.4.1938 – VIa 27/36, RFHE 44, 3, 5; RFH v. 5.7.1938 – VIa 59/37, RFHE 44, 234, 235.

5 Ebenso z.B. *Fischer* in Hübschmann/Hepp/Spitaler, § 65 AO Rz. 94 ff.; *Schauhoff* in Schauhoff, § 7 Rz. 85.

6 Treffend *Droege* in NK-GemnR, § 65 AO Rz. 19.

7 So ausdrücklich bereits RFH v. 26.4.1938 – VIa 27/36, RFHE 44, 3 (5).

21.9.2016[1] im Anschluss an *Schauhoff*[2] festgestellt hat – letztlich am **Prinzip der Kostendeckung** orientieren. Dies ergibt sich zum einen daraus, dass es der Erhebung von Entgelten nur bedarf, wenn die Verwirklichung der steuerbegünstigten Zwecke mit Kosten verbunden ist. Zum anderen spricht für eine zurückhaltende Preisgestaltung im Zweckbetrieb, dass niedrigere Entgelte die Zweckbetriebsleistungen für die Abnehmer leichter zugänglich machen und damit das Gemeinwohl gefördert wird. Aus diesem Grund bieten manche Einrichtungen bestimmte gemeinnützige Leistungen auch bewusst zu nicht kostendeckenden Preisen an, wenn sie die Verluste z.B. aus Spenden oder Mitgliedsbeiträgen ausgleichen können. Ferner kann der Umfang der zu deckenden Kosten auch durch besondere Umstände – wie z.B. den Einsatz ehrenamtlicher Kräfte – gemindert sein.

6.183 Eine am Kostendeckungsprinzip orientierte Wirtschaftsführung **schließt eine Gewinnerzielung im Zweckbetrieb allerdings nicht aus.** Zum einen sind bei der Bemessung der Leistungsentgelte nicht nur die gegenwärtigen Kosten der Leistungserstellung, sondern auch künftige geplante Erhaltungs- und Modernisierungsmaßnahmen zu berücksichtigen. Nichts anderes gilt für Betriebserweiterungen, soweit diese aus Leistungsentgelten finanziert werden sollen. Zum anderen setzt eine nachhaltig erfolgreiche Betriebsführung eine angemessene Zukunfts- und Risikovorsorge voraus, die neben einem Inflationsausgleich auch z.B. die Bildung von Rücklagen umfasst. Auch der Gesetzgeber ist – wie die Zweckbetriebsbefreiung bei der Körperschaft- und Gewerbesteuer zeigt – ganz offensichtlich davon ausgegangen, dass steuerbegünstigte Zweckbetriebe ertragsteuerlich relevante Einkünfte erzielen dürfen[3]. Im Ganzen ist daher festzustellen, dass im steuerbegünstigten Zweckbetrieb auch Gewinne angestrebt werden dürfen, die zur Deckung der mit der Verwirklichung der steuerbegünstigten satzungsmäßigen Zwecke verbundenen Aufwendungen erforderlich sind. Fraglich ist allerdings, ob es für die Entgeltpolitik in einem Zweckbetrieb nur auf den konkreten Finanzbedarf des jeweiligen wirtschaftlichen Geschäftsbetriebs oder auf den Finanzbedarf der Einrichtung als solcher ankommt. Da gemeinnützigen Einrichtungen die „Ausschüttung" von Gewinnen untersagt ist, geht es im Kern um die Frage, ob in einem Zweckbetrieb nachhaltige Überschüsse angestrebt werden dürfen, um mit den Gewinnen z.B. den Aufbau anderer Zweckbetriebe oder Verluste aus sonstigen satzungsmäßigen Tätigkeiten zu finanzieren (**„Quersubventionierung"**).

Im BFH-Urteil vom 27.11.2013[4] hat der I. Senat des BFH aus dem Wortlaut des § 66 Abs. 2 AO („nicht des Erwerbs wegen") gefolgert, dass eine schädliche Erwerbsorientierung im Bereich der Wohlfahrtspflege vorliegt, wenn Gewinne angestrebt werden, „die den konkreten Finanzierungsbedarf des jeweiligen wirtschaftlichen Geschäftsbetriebs übersteigen"[5]. Die Fi-

---

1 BFH v. 21.9.2016 – V R 50/15, BStBl. II 2017, 1173.
2 *Schauhoff* in Schauhoff, § 7 Rz. 85.
3 Demgegenüber hält *Seer* in Tipke/Kruse, § 65 AO Rz. 5; *Seer* in DStJG 26 (2003), 37 f. die Zweckbetriebsbefreiung für überflüssig, weil es sich um Einkünfte ohne Gewinnerzielungsabsicht handele.
4 BFH v. 27.11.2013 – I R 17/12, BStBl. II 2016, 68.
5 Der I. Senat hat als Beleg für seine Aussage auf Rz. 4.101 der Voraufl. verwiesen. Dieses Zitat ist in doppelter Hinsicht unzutreffend, weil Rz. 4.101 nicht die Voraussetzungen der

nanzverwaltung hat diese Rechtsprechung (zur Kritik an der Auslegung des § 66 Abs. 2 AO vgl. näher Rz. 6.229) im Anwendungserlass sehr zurückhaltend umgesetzt und dabei – zu Recht – berücksichtigt, dass eine isolierte Anknüpfung an den einzelnen Geschäftsbetrieb keinen Sinn ergibt. Nach dem BMF-Schreiben vom 6.12.2017[1] soll es für Prüfung eines schädlichen Gewinnstrebens auf den Finanzbedarf in der „wohlfahrtspflegerischen Gesamtsphäre" ankommen, die neben Betrieben im Sinne des § 66 AO auch noch Krankenhäuser und andere Tätigkeiten umfasst, die zugleich die Voraussetzungen des § 66 AO erfüllen[2]. Darüber hinaus sieht der Anwendungserlass weitere Einschränkungen vor. So sind z.B. Gewinne auf Grund staatlicher regulierter Gewinne kein Indiz für eine schädliche Gewinnabsicht (in der Tat können solche staatlich verordneten „Zwangsüberschüsse" die Steuerbegünstigung nicht gefährden). Ferner soll der „konkrete Finanzierungsbedarf" auch eine zulässige Rücklagenbildung nach § 62 Abs. 1 Nr. 1 und 2 AO umfassen (und damit auch die geplante Bildung von Projektrücklagen für künftige Betriebserweiterungen). Nimmt man alle diese Einschränkungen zusammen, dürfte die Feststellung eines „schädlichen Gewinnstrebens" in der Praxis nur in wenigen Ausnahmefällen vorkommen[3]. Berücksichtigt man zudem den mit einer flächendeckenden Prüfung dieser Voraussetzungen verbundenen zusätzlichen bürokratischen Aufwand (im steuerbegünstigten Zweckbetrieb besteht keine steuerliche Buchführungspflicht), wäre es möglicherweise sinnvoller gewesen, dem BFH zunächst Gelegenheit zu geben, seinen Standpunkt zu überdenken.

Die Diskussion um die praktische Umsetzung des BFH-Urteils vom 27.11.2013[4] hat deutlich gemacht, dass es sich bei der Quersubventionierung im Zweckbetriebsbereich **um eine komplexe Fragestellung handelt**, die sich nicht mit wenigen generellen Aussagen lösen lässt. Solange der Gesetzgeber keine konkreten Vorgaben für die Entgeltbemessung und die Anwendung des Kostendeckungsprinzips bei Zweckbetrieben macht[5], sollten sich auch die Rechtsanwender mit vorschnellen Schlussfolgerungen zurückhalten. Ganz allgemein bleibt Folgendes festzustellen: Wie auch der I. Senat des BFH[6] – wenn auch im Kontext von § 66 Abs. 2 AO – anerkannt hat, sind Gewinne unschädlich, die aus betrieblichen Gründen – z.B. zum „Inflationsausgleich und zur Finanzierung von betrieblichen Erhaltungs- und Modernisierungsmaßnahmen" – geboten sind. Gleiches gilt – wie die Finanzverwaltung ergänzt hat[7] – für Überschüsse, die zur Finanzierung von zulässigen Rücklagen (z.B. Betriebserweiterungen) angestrebt werden. Ferner sollte unstreitig sein, dass es – entgegen der missverständlichen Aussage im BFH-Urteil vom 27.11.2013[8] – nicht allein auf den Finanzierungsbedarf des „jeweiligen Geschäftsbetriebs" ankommen

---

Wohlfahrtspflege, sondern allgemein die Geschäftspolitik im Zweckbetrieb behandelte und zudem dort vom „Finanzierungsbedarf der Einrichtung" die Rede war.

1 BMF v. 6.12.2017, BStBl. I 2017, 1603.
2 Vgl. näher AEAO Nr. 2 zu § 66 AO.
3 So bereits *Hüttemann*, DB 2016, 1338.
4 BFH v. 27.11.2013 – I R 17/12, BStBl. II 2016, 68.
5 § 9 Abs. 1 Nr. 8 bis 11 GemVO knüpfte die Zweckbetriebseigenschaft von „kulturellen, sportlichen und geselligen Veranstaltungen" noch ausdrücklich an die Voraussetzung, dass die „Entgelte die Unkosten der Veranstaltungen höchstens decken oder nur wenig überschreiten."
6 BFH v. 27.11.2013 – I R 17/12, BStBl. II 2016, 68.
7 Vgl. näher AEAO Nr. 2 zu § 66 AO.
8 BFH v. 27.11.2013 – I R 17/12, BStBl. II 2016, 68.

kann[1], sondern jedenfalls bei „gleichartigen" Zweckbetrieben und ideellen Tätigkeiten, die der Verwirklichung des gleichen steuerbegünstigten Zwecks dienen, eine Gesamtbetrachtung geboten ist. Auch gegen eine vorübergehende „zweckübergreifende" Quersubventionierung im Zweckbetriebsbereich wird man im Einzelfall nichts einwenden können[2], zumal das Gemeinnützigkeitsrecht auch sonst Körperschaften mit mehreren Zwecken keine „Trennungsrechnung" vorschreibt. Damit bleibt die Frage übrig, ob auch eine längere oder dauerhafte „zweckübergreifende" Quersubventionierung von § 65 Nr. 1 AO gedeckt ist: Darf z.B. ein Trägerverein zur Förderung von Bildung und Wissenschaft, der neben einer Fachhochschule (Bildung) auch noch ein Forschungseinrichtung (Wissenschaft) unterhält, von den Studierenden so hohe Studiengebühren verlangen, dass aus den erzielten Überschüssen auf Dauer die Verluste der defizitären Forschungseinrichtung getragen werden? Geht man vom Wortlaut des § 65 Nr. 1 AO aus, so ist für die Prüfung der Gesamtrichtung des Zweckbetriebs auf „die steuerbegünstigten satzungsmäßigen Zwecke der Körperschaft" (Plural) abzustellen. Dies könnte dafür sprechen, dass man bei der Bemessung der Studiengebühren den gesamten Finanzierungsbedarf des Trägervereins (also einschließlich der Forschungseinrichtung) einbeziehen darf, auch wenn die Hochschule und die Forschungseinrichtung verschiedenen steuerbegünstigten Zwecken dienen. Bei dieser Betrachtung bliebe aber unberücksichtigt, dass der Geschäftsbetrieb „Fachhochschule" – je nach dem Ausmaß der angestrebten Gewinnerzielung – „in seiner Gesamtrichtung" nicht mehr nur der Zweckverwirklichung, sondern auch und möglicherweise sogar vorrangig der Mittelbeschaffung dient, die im Rahmen von § 65 Nr. 1 AO gerade nicht begünstigt sein soll. Darüber hinaus erscheint es zweifelhaft, ob eine entgeltliche Bildungstätigkeit, die in erster Linie der Finanzierung ganz anderer steuerbegünstigter „Geschäftsbereiche" dient, den Leistungsempfängern noch einen hinreichenden Nutzen vermittelt und eine Steuerbegünstigung verdient. Indes ist auch hier vor vorschnellen Urteilen zu warnen, denn – wie auch die Diskussion zur Wohlfahrtspflege (§ 66 AO) gezeigt hat – dürfte sich der historisch gewachsene Zweckkatalog mit seinen zufälligen Abgrenzungen und vielfältigen Überschneidungen kaum als verbindlicher Anknüpfungspunkt für eine strenge „Trennungsrechnung" im Zweckbetriebsbereich eignen. Daraus folgt: Ein „schädliches" Gewinnstreben im Zweckbetriebsbereich ist nur in solchen Fällen denkbar, wenn in einem Zweckbetrieb dauerhaft erhebliche Überschüsse angestrebt werden, um damit ganz andere steuerbegünstigte Aktivitäten zu finanzieren, die in keinem sachlichen Zusammenhang mit der Zweckbetriebsaktivität stehen.

6.184 Aus der Formulierung „in seiner Gesamtrichtung" ergibt sich für die inhaltliche Ausrichtung des Geschäftsbetriebs, dass nicht schon jede geringfügige nicht steuerbegünstigte oder satzungsfremde Tätigkeit die Annahme eines Zweckbetriebs ausschließt. Vielmehr bedarf es einer Art **Gesamtbetrachtung**, ob der Geschäftsbetrieb als Ganzes noch der Verwirklichung der steuerbegünstigten satzungsmäßigen Zwe-

---

1 Im Sachverhalt des BFH-Urteils v. 27.11.2013 – I R 17/12, BStBl. II 2016, 68 verfügte die Körperschaft nur über einen einzigen wirtschaftlichen Geschäftsbetrieb.

2 So auch *Schauhoff* in Schauhoff, § 7 Rz. 85.

cke dient[1]. Voraussetzung für eine solche Gesamtwürdigung ist allerdings eine zutreffende Abgrenzung des „einheitlichen Geschäftsbetriebs". Denn soweit sich verschiedene Tätigkeiten sachlich trennen lassen, handelt es sich u.U. um zwei verschiedene wirtschaftliche Geschäftsbetriebe, die eigenständig zu würdigen sind. Diese Frage stellt sich insbesondere dort, wo gleichartige Leistungen an verschiedene Personengruppen erbracht werden und nur die Leistung gegenüber einer Gruppe steuerbegünstigt ist. Hier hatte die Rechtsprechung[2] bisher einen Anteil von bis zu 10 Prozent nicht begünstigter Leistungen noch für unschädlich gehalten (vgl. dazu auch Rz. 6.280).

Beispiel Nr. 15 (nach BFH vom 18.1.1995[3] und BFH vom 10.8.2016[4]): Ein Verein verwirklicht seinen steuerbegünstigten Zweck „Förderung der Jugendpflege" durch den Betrieb von Jugendherbergen. Von den in den Streitjahren in den Jugendherbergen getätigten Übernachtungen entfiel ein gewisser Anteil auf alleinreisende Erwachsene im Alter von mindestens 27 Jahren. Das Finanzamt beurteilte diese Übernachtungen als steuerpflichtigen wirtschaftlichen Geschäftsbetrieb und besteuerte sie deshalb mit dem Regelsteuersatz. Diese Beurteilung war nach dem BFH-Urteil vom 18.1.1995 nur zutreffend, wenn die Unterbringung der alleinreisenden Erwachsenen einen eigenständigen Geschäftsbetrieb darstellte, was voraussetzte, dass die Leistungen zu gesonderten Bedingungen (z.B. Art der Unterbringung und Höhe des Entgelts) ausgeführt wurden. Anderenfalls war die Unterbringung von alleinreisenden Erwachsenen im Rahmen eines einheitlichen Zweckbetriebs nur dann unschädlich, wenn sie von untergeordneter Bedeutung waren (weniger als 10 Prozent gemessen an der Zeitdauer der Vermietung)[5]. Von dieser Rechtsprechung[6] hat sich der V. Senat des BFH inzwischen aus unionsrechtlichen Gründen für Zwecke des ermäßigten Steuersatzes verabschiedet. Nach dem BFH-Urteil vom 10.8.2016[7] handelt es sich schon mit Rücksicht auf die unterschiedliche Altersstruktur der Übernachtungsgäste stets um trennbare Aktivitäten, so dass die Unterbringung der alleinreisenden Erwachsenen stets einen gesonderten wirtschaftlichen Geschäftsbetrieb darstellt. Die Finanzverwaltung hat sich dieser Beurteilung für § 68 Nr. 1 AO inzwischen auch für ertragsteuerliche Zwecke angeschlossen[8].

Eine Gesamtbetrachtung ist insbesondere erforderlich, wo es nicht um ihrer Art nach oder nach dem Kreis der Leistungsempfänger trennbare Aktivitäten, sondern um ein **einheitliches betriebliches Geschehen** handelt, dass nur einheitlich beurteilt werden kann[9].

---

1 Ebenso *Droege* in NK-GemnR, § 65 AO Rz. 16; ähnlich *Fischer* in Hübschmann/Hepp/Spitaler, § 65 AO Rz. 94 (Gesamtwürdigung); ähnlich *Seer* in Tipke/Kruse, § 65 AO Rz. 6 (Gesamtbild der Verhältnisse).
2 BFH v. 18.1.1995 – V R 139 – 142/92, BStBl. II 1995, 446.
3 BFH v. 18.1.1995 – V R 139 – 142/92, BStBl. II 1995, 446.
4 BFH v. 10.8.2016 – V R 11/15, BStBl. II 2018, 113.
5 BFH v. 18.1.1995 – V R 139 – 142/92, BStBl. II 1995, 446; vgl. auch BFH v. 10.1.1992 – III R 201/90, BStBl. II 1992, 684; BFH v. 19.5.2005 – V R 32/03, BStBl. II 2005, 900.
6 Zu den Gestaltungsmöglichkeiten, die diese Rechtsprechung eröffnete, vgl. nur *Lüding-Hasenkamp*, ZStV 2016, 201.
7 BFH v. 10.8.2016 – V R 11/15, BStBl. II 2018, 113.
8 Vgl. AEAO Nr. 3 zu § 68 Nr. 1 AO und BMF v. 18.1.2018, BStBl. I 2018, 204.
9 Im Ausgangssachverhalt des BFH-Urteils v. 24.6.2015 – I R 13/13, BStBl. II 2016, 971 diente der wirtschaftliche Geschäftsbetrieb des Sportdachverbands – zumindest nach Ansicht des I. Senats – deshalb nicht in seiner Gesamtrichtung der Verwirklichung steuerbegünstigter Zwecke, weil er (auch) dem bezahlten Sport diente.

Beispiel Nr. 16 (nach BFH vom 30.11.2016[1]): Ein Verein zur Förderung des Karnevals veranstaltet neben „klassischen Karnevalssitzungen" am Karnevalssamstag eine von ihm selbst als „Kostümparty" bezeichnete Veranstaltung (**„Nacht der Nächte"**) mit ca. 1 200 ausnahmslos kostümierten Gästen und bei der neben Musikbeiträgen typischer Karnevalsinterpreten und karnevalistischen Tanzdarbietungen u.a. der Aufzug des Dreigestirns, Gardetänze und Ordensverleihungen auf dem Programm stehen. Gleichwohl versagt das Finanzamt die Anerkennung als Zweckbetrieb, weil es bei der Veranstaltung nicht um eine typische Karnevalssitzung und die „Pflege traditionellen Brauchtums" handele. Das FG Köln folgt dem als Vorinstanz – und dem rheinischen Brauchtum örtlich „nahestehendes" Gericht – nicht und bejahte die Zweckbetriebseigenschaft mit der Begründung, dass gesellige Veranstaltungen, die durch Kostümierung der Teilnehmer, Karnevalsmusik, Karnevalstänze und ausgelassenes Feiern geprägt seien, jedenfalls zum Wesen der rheinischen Karnevalstradition gehörten[2].

Der V. Senat des BFH sah dies jedoch anders und beurteilte – mit einer im Vergleich zur Vorinstanz recht knappen Begründung – die „Nacht der Nächte" als steuerpflichtigen wirtschaftlichen Geschäftsbetrieb, weil – so die zentrale Erwägung – die „Darbietung von Stimmungsmusik und Stimmungsbeiträgen ohne Bezug zum traditionellen Karneval" bei der im Streitjahr durchgeführten Veranstaltung „einen wesentlichen Anteil" gehabt hätten. Die Entscheidung ist einerseits ein gutes Beispiel dafür, dass **einheitliche Betriebe nur einer „Gesamtwürdigung" zugänglich sind**. Sie macht andererseits aber auch die praktischen Schwierigkeiten deutlich, die die Finanzgerichte mit der Auslegung des Zweckkatalogs (was ist z.B. „traditioneller Karneval"?) haben.

Weiteres Anschauungsmaterial für die **Abgrenzungsschwierigkeiten**, die das Merkmal „in seiner Gesamtrichtung" aufwirft, bietet das BFH-Urteil vom 22.4.2009[3] betreffend die Veranstaltung von Trabrennen durch einen Traberzuchtverein. Während derartige Rennsportveranstaltungen – anders als der reine Totalisatorbetrieb[4] – in der Vergangenheit noch als Zweckbetrieb beurteilt worden waren, ist der I. Senat des BFH nunmehr unter Hinweis auf die „gewandelten gegenwärtigen Verhältnisse" der Ansicht, dass der Rennbetrieb nicht allein durch den züchterischen Zweck, sondern in mindestens gleicher Weise auch durch den (kommerziellen) sportlichen Charakter der Rennen geprägt sei. Maßgebend sei der „objektive Charakter", nicht aber die „subjektiv mit dem Betrieb verfolgten Ziele". Gegen die Argumentation des I. Senats ist *in abstracto* an sich nichts zu erinnern. Allerdings fällt auf, dass derselbe Senat die Zweckbetriebseigenschaft von Trabrennen in derselben Rechtssache (!) sechs Jahre zuvor noch anders beurteilt hatte[5]. Gegenüber dem ersten Rechtszug haben sich also weniger die „objektiven" Verhältnisse gewandelt, sondern eher die „subjektiven" Ansichten der Senatsmehrheit[6]. Nicht recht verständlich ist auch, dass der I. Senat trotz seines grundlegend geänderten Ausgangspunktes den Fall „durch entschieden" hat. Geht man davon aus, dass der Verein infolge der geänderten Beurteilung des Rennbetriebs seine Gemeinnützigkeit im Ganzen verlieren dürfte, hätte eigentlich auch eine geänderte Gewinnermittlung unter Einschluss aller Erträge und Aufwendungen durchgeführt werden müssen, sodass

---

1 BFH v. 30.11.2016 – V R 53/15, BStBl. II 2017, 1224.

2 FG Köln v. 20.8.2015 – 10 K 3553/13, EFG 2015, 1781.

3 BFH v. 22.4.2009 – I R 15/07, BStBl. II 2011, 475; zur Anwendung des Urteils vgl. BMF v. 4.5.2011, BStBl. I 2011, 539; vgl. auch BFH v. 19.12.2007 – I R 15/07, BStBl. II 2009, 262.

4 Dazu zuletzt BFH v. 5.6.2003 – I R 76/01, BStBl. II 2005, 305.

5 Vgl. BFH v. 5.6.2003 – I R 76/01, BStBl. II 2005, 305.

6 Vgl. auch die Kritik bei *Schauhoff/Kirchhain*, DStR 2008, 1713; dem BFH zustimmend *Seer* in Tipke/Kruse, § 65 AO Rz. 7.

wohl eine neuerliche Zurückverweisung an das FG geboten war. Wie man hört, hat der klagende Verein den Prozessausgang nicht überlebt[1].

4. Zwischenergebnis

Zusammenfassend lässt sich feststellen, dass § 65 Nr. 1 und 2 AO sachlich übereinstimmend mit der Rechtsprechung des RFH auszulegen ist. Der gemeinnützige Zweck und der wirtschaftliche Geschäftsbetrieb müssen demnach eine solche Einheit bilden, dass sie sich nicht voneinander trennen lassen, weil die Verwirklichung des konkreten Satzungszwecks nur durch die Unterhaltung eines solchen Geschäftsbetriebs denkbar ist. Des Weiteren muss die Geschäftspolitik im Geschäftsbetrieb, d.h. die Preisgestaltung und die Art der erbrachten Leistungen, in ihrer Gesamtrichtung durch die steuerbegünstigten satzungsmäßigen Zwecke der Körperschaft bestimmt sein.   6.185

frei   6.186–6.187

IV. Wettbewerbsklausel (§ 65 Nr. 3 AO)

1. Allgemeines

Über die Notwendigkeit des wirtschaftlichen Geschäftsbetriebs und seine Ausrichtung der Geschäftspolitik auf die gemeinnützige Zielsetzung hinaus verlangt § 65 Nr. 3 AO, dass der Geschäftsbetrieb zu nicht begünstigten Betrieben derselben oder ähnlicher Art nicht in größerem Umfang in Wettbewerb tritt, als es bei Erfüllung der steuerbegünstigten Zwecke unvermeidbar ist. Der Gesetzgeber hat damit dem **Wettbewerbsgedanken** ausdrücklich eine einschränkende Bedeutung für die Gewährung von Steuervergünstigungen im Bereich entgeltlicher Zweckverfolgung zugemessen. Während § 65 Nr. 1 und 2 AO nur die Unentbehrlichkeit der entgeltlichen Zweckverfolgung im Hinblick auf den konkret verfolgten Satzungszweck regelt, ist im Rahmen des § 65 Nr. 3 AO zu entscheiden, ob die unentbehrliche entgeltliche Verfolgung eines bestimmten Ziels im Allgemeininteresse liegt und daher Wettbewerbsinteressen zurücktreten müssen. Die systematische Bedeutung des § 65 Nr. 3 AO ist somit durchaus vergleichbar mit der Definition der steuerbegünstigten Zwecke in den §§ 52 bis 54 AO. Denn § 65 Nr. 3 AO regelt abschließend die steuerliche Begünstigung solcher Zwecke, die nur durch einen wirtschaftlichen Geschäftsbetrieb verwirklicht werden können.   6.188

2. Wettbewerb zu nicht begünstigten Betrieben

Eine Anwendung der Wettbewerbsklausel setzt zunächst einen „Wettbewerb" zu nicht begünstigten Betrieben derselben oder ähnlicher Art voraus. Mangels näherer Definition ist der Begriff „Wettbewerb" entsprechend den Erkenntnissen der **ökonomischen Wettbewerbstheorie** auszulegen, wie sie insbesondere auch im Kartell-   6.189

---

1 Die gegen die Entscheidung eingelegte Verfassungsbeschwerde hat das BVerfG nicht zur Entscheidung angenommen, vgl. BVerfG v. 26.1.2011 – 1 BvR 2924/09, n.v.

recht Anwendung finden[1]. Da § 65 Nr. 3 AO nicht jeden Wettbewerb schlechthin, sondern nur einen „vermeidbaren" Wettbewerb für vergünstigungsschädlich erklärt, wäre es verfehlt, aus teleologischen Erwägungen einen eigenständigen – von der Wettbewerbstheorie abweichenden – „steuerlichen" Wettbewerbsbegriff entwickeln zu wollen[2]. Solche Wertungen sind vielmehr bei der Prüfung der „Unvermeidbarkeit" zu berücksichtigen. Ein Wettbewerb im Sinne von § 65 Nr. 3 AO ist deshalb gegeben, wenn der wirtschaftliche Geschäftsbetrieb und die nicht begünstigten Betriebe dem gleichen Kundenkreis gleichartige Güter anbieten[3]. Ein solcher Wettbewerb kann auch zwischen Betrieben auf verschiedenen Wirtschaftsstufen bestehen. Ferner ist ein Wettbewerbsverhältnis auch dort zu bejahen, wo enge Substitute zu den vom gewerblichen Unternehmen angebotenen Leistungen erbracht werden (sachlich relevanter Markt bzw. Bedarfsmarktkonzept)[4].

6.190 Der Begriff des Wettbewerbs im Sinne von § 65 Nr. 3 AO umfasst zunächst eine **tatsächliche örtliche Konkurrenz**, d.h. jedes konkrete Wettbewerbsverhältnis zwischen dem wirtschaftlichen Geschäftsbetrieb und steuerpflichtigen Betrieben derselben oder ähnlicher Art[5]. Darüber hinaus ist **auch eine potentielle Konkurrenz als** Wettbewerb im Sinne dieser Vorschrift anzusehen[6]. Für die Einbeziehung des potentiellen Wettbewerbs spricht, dass auch der steuerlich unverfälschte Marktzutritt von § 65 Nr. 3 AO geschützt wird. Gerade Steuervergünstigungen können aber potentielle Wettbewerber vom relevanten Markt fernhalten und oligopolistische und

---

1 Vgl. BFH v. 30.3.2000 – V R 30/99, BStBl. II 2000, 705; *Hüttemann*, Wirtschaftliche Betätigung, S. 180 f. (die Bezugnahme auf das UWG wird nicht mehr aufrechterhalten); eingehend *Wunsch*, Die Wettbewerbsklausel des § 65 Nr. 3 AO als Schutznorm zugunsten nicht begünstigter Konkurrenten gemeinnütziger Körperschaften, 2004; *Walz* in Non Profit Law Yearbook 2001, 214 ff.

2 So aber *Herbert*, S. 154.

3 So BFH v. 30.3.2000 – V R 30/99, BStBl. II 2000, 705 im Anschluss an *Hüttemann*, Wirtschaftliche Betätigung, S. 180 f.; ebenso *Fischer* in Hübschmann/Hepp/Spitaler, § 65 AO Rz. 28; *Walz* in Non Profit Law Yearbook 2001, 214 ff.

4 Vgl. *Walz* in Non Profit Law Yearbook 2001, 214 ff.; *Hüttemann*, Wirtschaftliche Betätigung, S. 180 f.; näher *Wunsch*, Die Wettbewerbsklausel des § 65 Nr. 3 AO als Schutznorm zugunsten nicht begünstigter Konkurrenten gemeinnütziger Körperschaften, 2004; siehe auch *Schauhoff* in GS Walz, 2007, S. 661.

5 Dies wird in der Rechtsprechung nicht näher behandelt, sondern vorausgesetzt. Vgl. aus dem Schrifttum nur *Rader*, BB 1979, 1192; *Seer* in Tipke/Kruse, § 65 AO Rz. 11.

6 Vgl. zuletzt BFH v. 30.10.2016 – V R 53/15, BStBl. II 2017, 1224 (1226); BFH v. 30.3.2000 – V R 30/99, BStBl. II 2000, 705 (708); BFH v. 15.10.1997 – I R 10/92, BStBl. II 1998, 63; BFH v. 27.10.1993 – I R 60/91, BStBl. II 1994, 573; BFH v. 15.10.1993 – X R 115/91, BStBl. II 1994, 314; BFH v. 13.8.1986 – II R 246/81, BStBl. II 1986, 831 (832); BMF v. 27.11.2000, BStBl. I 2000, 1548; *Buchna/Leichinger/Seeger/Brox*, S. 326; *Hüttemann*, Wirtschaftliche Betätigung, S. 180 f.; für „potentielle Konkurrenz" auch Unabhängige Sachverständigenkommission, Gutachten, S. 172 f. sowie *Isensee/Knobbe-Keuk*, S. 472; *Rader*, BB 1979, 1192; *Scholtz* in Koch/Scholtz, § 65 AO Rz. 9; *Seer* in Tipke/Kruse, § 65 AO Rz. 11; *Droege* in NK-GemnR, § 65 AO Rz. 21; *Fischer* in Hübschmann/Hepp/Spitaler, § 65 AO Rz. 114; *Walz* in Non Profit Law Yearbook 2001, 214 ff.; *Wunsch*, Die Wettbewerbsklausel des § 65 Nr. 3 AO als Schutznorm zugunsten nicht begünstigter Konkurrenten gemeinnütziger Körperschaften, 2004; anders *Herbert*, S. 155.

monopolistische Marktstrukturen begründen. Würde man allein auf die tatsächliche Konkurrenzlage abstellen, hätte dies zur Folge, dass die Finanzbehörde jedes Jahr und nach jeder Firmenneugründung erneut prüfen müsste, ob die Steuervergünstigung für den wirtschaftlichen Geschäftsbetrieb aufrechterhalten werden kann[1]. Eine Einbeziehung potentieller Wettbewerber liegt insoweit auch im Interesse der gemeinnützigen Einrichtungen, die möglichst frühzeitig Klarheit über den Erhalt der Steuerbegünstigung erhalten wollen.

Umstritten ist allerdings, wann ein potentieller Wettbewerb vorliegt. Richtigerweise kommt es darauf an, ob ein „anderer – nicht steuerbegünstigter – Anbieter die gegebene Nachfrage überhaupt in ähnlicher Weise wie die gemeinnützige Körperschaft befriedigen könnte"[2]. Entscheidend ist also, ob die Körperschaft am wirtschaftlichen Verkehr auf einem Gebiet teilnimmt, auf dem auch ein Steuerpflichtiger ohne Gewährung einer Steuervergünstigung des Erwerbs wegen – d.h. also mit Gewinnerzielungsabsicht – tätig werden könnte[3]. Da ein Wettbewerb nur dort möglich ist, wo mehrere Anbieter dem gleichen Kundenkreis gleichartige Güter anbieten, kommt es stets auf die **Verhältnisse am (räumlich) relevanten Markt an**[4]. Dies kann das ganze Bundesgebiet sein, u.U. aber nur ein regionaler Teilmarkt, wenn die Austauschmöglichkeiten aus der Sicht der Nachfrager räumlich beschränkt sind[5].

6.191

Beispiel Nr. 17 (nach BFH vom 30.3.2000[6]**):** Ein Eislauf- und Rollschuhverein betreibt eine Kunsteisbahn, deren Benutzung er nicht nur seinen Mitgliedern, sondern auch Dritten gegen Entgelt überlässt. Das Finanzamt sieht in der Überlassung an Nichtmitglieder einen steuerpflichtigen wirtschaftlichen Geschäftsbetrieb. Dagegen wendet sich der Verein mit dem Argument, es würde sich kein privater Betreiber für eine Kunsteisbahn finden, da diese nur durch öffentliche Subventionen und ehrenamtliche Kräfte betrieben werden könne. Das Finanzamt verweist demgegenüber auf die Tatsache, dass sich in X eine private Eisbahn befinde.

Der **BFH** hat für die Zweckbetriebseigenschaft der Kunsteisbahn zutreffend darauf abgestellt, ob ein Dritter die Nachfrage der konkreten Benutzer (z.B. Kinder und Jugendlicher) *vor Ort* hätte in ähnlicher Weise befriedigen können[7]. Der Hinweis auf gewerbliche Kunsteisbahnen in einer weit entfernten Großstadt indiziere dagegen noch keinen (potentiellen) Wettbewerb. An dieser Auffassung hat der V. Senat des BFH in weiteren Urteilen festgehalten[8]. Er hat auch in der Instanzrechtsprechung

6.192

---

1 So auch *Rader*, BB 1979, 1192; *Rabenschlag*, DStZ 1997, 717.
2 So BFH v. 30.3.2000 – V R 30/99, BStBl. II 2000, 705 (708).
3 Vgl. schon *Rader*, BB 1979, 1192; ebenso *Hüttemann*, Wirtschaftliche Betätigung, S. 180 f.
4 Ebenso *Schauhoff* in Schauhoff, § 6 Rz. 88.
5 So auch *Walz* in Non Profit Law Yearbook 2001, 214 ff.; *Wunsch*, Die Wettbewerbsklausel des § 65 Nr. 3 AO als Schutznorm zugunsten nicht begünstigter Konkurrenten gemeinnütziger Körperschaften, 2004.
6 BFH v. 30.3.2000 – V R 30/99, BStBl. II 2000, 705.
7 BFH v. 30.3.2000 – V R 30/99, BStBl. II 2000, 705; ebenso BFH v. 19.2.2004 – V R 39/02, BStBl. II 2004, 672.
8 BFH v. 19.2.2004 – V R 39/02, BStBl. II 2004, 672; BFH v. 18.3.2004 – V R 101/01, BStBl. II 2004, 798.

Zustimmung erfahren[1]. Die Finanzverwaltung wendet diese Urteile nicht an. Im **BMF-Schreiben vom 27.11.2000** verlangt sie gewissermaßen eine „abstrakt generelle" Beurteilung ohne Rücksicht auf die tatsächliche Wettbewerbssituation[2]. Diese Auffassung verkennt nicht nur den Sinngehalt des § 65 Nr. 3 AO, sondern offenbart ein grundsätzliches wettbewerbstheoretisches Missverständnis: Von einem „potentiellen" Wettbewerb kann nur dort die Rede sein, wo ein Marktzutritt, d.h. eine tatsächliche Konkurrenz vor Ort zumindest tatsächlich *möglich* wäre[3]. Dies lässt sich nicht abstrakt-generell, sondern immer nur örtlich-konkret beurteilen. Deshalb ist auch auf regionale Unterschiede Rücksicht zu nehmen („räumlich relevanter Markt"). Daraus folgt, dass bestimmte Aktivitäten, die im städtischen Umfeld auch von privatgewerblichen Unternehmen angeboten werden, „auf dem Land" noch als Zweckbetriebsaktivitäten anzusehen sind. Dabei ist – je nach dem Kreis der Abnehmer (z.B. Kinder, Jugendliche) – auch die Höhe der Eintrittspreise von Bedeutung[4]. Nicht das BFH-Urteil vom 30.3.2000 ist also – wie es zu Unrecht im BMF-Schreiben vom 27.11.2000 heißt – „in sich widersprüchlich", sondern die Finanzverwaltung sollte endlich ein Einsehen haben und ihren Widerstand gegen die logisch konsistente ständige Rechtsprechung des V. Senats aufgeben.

In diesem Zusammenhang spielt es auch keine Rolle, dass sich der EuGH zu Art. 4 Abs. 5 der 6. MwSt-RL (größere Wettbewerbsverzerrungen durch die öffentliche Hand) für eine von den tatsächlichen Verhältnissen vor Ort losgelöste Beurteilung ausgesprochen hat[5]. Denn diese Auslegung beruht auf spezifisch **gemeinschaftsrechtlichen Erwägungen** (Neutralität und Rechtssicherheit des gemeinsamen Mehrwertsteuersystems), die für die Auslegung von § 65 Nr. 3 AO – der eine rein nationale Vorschrift darstellt – gerade nicht verbindlich sind[6]. Den vorstehenden Grundsätzen hat sich der V. Senat im Urteil v. 18.8.2011[7] ausdrücklich angeschlossen, allerdings im konkreten Fall – der wiederum eine Eislaufhalle betraf – einen schädlichen (potentiellen) Wettbewerb mit wenigen knappen Sätzen bejaht, obwohl die Vorinstanz[8] sehr ausführlich dargelegt hatte, dass sich das Projekt für einen privaten Investor nicht rechnete (aus diesem Grund hatte auch eine vom Staat getragene gGmbH das Projekt verwirklicht).

---

1 Eingehend zur Frage des potentiellen Wettbewerbs FG Bremen v. 12.11.2008 – 2 K 28/08 (1), EFG 2010, 527.
2 BMF v. 27.11.2000, BStBl. I 2000, 1548; ebenso AEAO Nr. 4 zu § 65 AO.
3 Vgl. auch *Hüttemann*, FR 2002, 1337; ebenso *Seer* in Tipke/Kruse, § 65 AO Rz. 11; *Droege* in NK-GemnR, § 65 AO Rz. 21.
4 Zutreffend BFH v. 30.3.2000 – V R 30/99, BStBl. II 2000, 705; BFH v. 19.2.2004 – V R 39/02, BStBl. II 2004, 672.
5 EuGH v. 16.9.2008 – C-288/07 Isle of Wright, Slg. 2008, I-7203; dazu auch *Hüttemann*, FR 2009, 309; zum Erfordernis eines nicht rein theoretischen Wettbewerbs siehe auch EuGH v. 19.1.2017 – Rs. C-344/15 *National Roads Authority*, ECLI:EU:C:2017, 28.
6 Zutreffend FG Bremen v. 12.11.2008 – 2 K 28/08 (1), EFG 2010, 527 (aufgehoben durch BFH v. 18.8.2011 – V R 64/09, HFR 2012, 784); anders wohl *Fischer* in Hübschmann/Hepp/Spitaler, § 65 AO Rz. 114.
7 BFH v. 18.8.2011 – V R 64/09, HFR 2012, 784.
8 FG Bremen v. 12.11.2008 – 2 K 28/08 (1), EFG 2010, 527.

Die Fälle, in denen ein Zweckbetrieb mangels Wettbewerb bejaht worden ist, sind – auch wegen der Einbeziehung des potentiellen Wettbewerbs – eher selten[1]. **Beispiele** aus der (zumeist älteren) Rechtsprechung und Verwaltungspraxis sind die Veranstaltung von Pferderennen durch einen Pferderennverein[2], der Verkauf von Erzeugnissen, die nur durch eine autorisierte gemeinnützige Einrichtung herausgegeben und vertrieben werden dürfen[3], Dienstleistungen, die Kraft gesetzlicher Regelung gemeinnützigen Einrichtungen vorbehalten sind[4], die Unterhaltung zoologischer Gärten[5] sowie Kantinen von Behindertenwerkstätten[6]. Nach dem ausdrücklichen Wortlaut des § 65 Nr. 3 AO ist ein (auch nur potentieller) Wettbewerb zu anderen steuerbegünstigten Betrieben gemeinnütziger Körperschaften oder zu steuerbefreiten Hoheitsbetrieben von Körperschaften des öffentlichen Rechts unschädlich. Hier bedarf es keiner partiellen Steuerpflicht, weil die konkurrierenden Betriebe ebenfalls steuerfrei sind, d.h. eine Steuerbefreiung die Wettbewerbslage nicht verzerren kann.

6.193

frei

6.194–6.195

3. Unvermeidbarkeit des Wettbewerbs

a) Stand von Rechtsprechung und Praxis

§ 65 Nr. 3 AO enthält nach seinem Wortlaut kein absolutes Wettbewerbsverbot, sondern schließt die Steuervergünstigung nur im Fall eines **vermeidbaren Wettbewerbs** aus. Die Frage, wann ein Wettbewerb zwischen wirtschaftlichen Geschäftsbetrieben und nicht begünstigten Betrieben derselben oder ähnlicher Art „unvermeidbar" ist, ist in Rechtsprechung und Schrifttum umstritten.

6.196

Der **RFH** hat in seiner Rechtsprechung zum sog. steuerlich unschädlichen Hilfsbetrieb den Wettbewerbsgedanken in den Vordergrund gestellt (vgl. Rz. 6.169 ff.). Neben der Unentbehrlichkeit des Geschäftsbetriebs forderte der RFH als weitere Voraussetzung eines steuerbegünstigten Hilfsbetriebs, dass die Körperschaft mit dem Geschäftsbetrieb nicht vorrangig am allgemeinen wirtschaftlichen Verkehr teilnahm, sondern in erster Linie minderbemittelten Bevölkerungskreisen diente. Entscheidend war, ob der geförderte Personenkreis auch solche Personen umfasste, welche sich die von der gemeinnützigen Körperschaft angebote-

---

1 Im Urteilsfall des BFH-Urteils v. 24.6.2015 – I R 13/13, BStBl. II 2016, 971 fehlte es zwar an einem Wettbewerbsverhältnis, aber der Geschäftsbetrieb diente in seiner Gesamtrichtung – zumindest nach Ansicht des I. Senats – keinen steuerbegünstigten Zwecke, weil er (auch) dem bezahlten Sport diente.
2 Vgl. bereits RFH v. 11.1.1934 – III A 351/33, RFHE 35, 147; BFH v. 24.2.1953 – I 33/51, BStBl. III 1953, 109; a.A. – kein Zweckbetrieb mangels Verwirklichung steuerbegünstigter Zwecke – BFH v. 22.4.2009 – I R 15/07, BStBl. II 2011, 539.
3 Vgl. FG Münster v. 8.12.1966 – I b 55–58/65, EFG 1967, 476: Herstellung von Prüfmarken und Formularen; s. aber auch BFH v. 7.5.2014 – I R 65/12, BFH/NV 2014, 1670.
4 Vgl. BFH v. 23.7.2009 – V R 93/07, BFH/NV 2009, 2073.
5 Vgl. OFD Köln v. 19.7.1982, StEK AO 1977 § 65 Nr. 10. Zu Recht ausgenommen sind die Einnahmen aus dem Verkauf von Ansichtskarten etc.
6 Vgl. OFD Düsseldorf v. 13.6.1978, StEK AO 1977 § 68 Nr. 4.

nen Waren und Leistungen auch bei nicht begünstigten Betrieben zu verkehrsüblichen Entgelten hätten beschaffen können[1].

6.197 Der **BFH** hat die Wettbewerbsklausel in Anlehnung an die Rechtsprechung des RFH ebenfalls restriktiv, d.h. unter Betonung des Wettbewerbsgedankens, ausgelegt. In der Erholungsheim-Entscheidung[2] führte der BFH dazu aus, der Gesichtspunkt des Wettbewerbs sei als solcher ein geeignetes Kriterium, um mit seiner Hilfe abzuwägen, ob sich die wirtschaftliche Tätigkeit einer gemeinnützigen Körperschaft in vertretbaren Grenzen halte und deshalb ihrer steuerlichen Begünstigung nicht im Wege stehe. Sodann stellte der Senat fest:

> „Bei Kurheimen, Pensionsbetrieben und Gästehäusern spielt der wirtschaftliche Wettbewerb aber eine so erhebliche Rolle, dass von einer steuerlichen Begünstigung einzelner derartiger Betriebe ernsthaft nur dann die Rede sein kann, wenn auf diesem Gebiet tätige Körperschaften mit der Gestaltung der Preise und mit ihrem gesamten Geschäftsbetrieb ganz überwiegend der gesundheitlichen Förderung bedürftiger oder gar minderbemittelter Personen durch Ermöglichung eines Kuraufenthalts zu niedrigsten Preisen dienen.“

6.198 Das Merkmal der Unvermeidbarkeit ist nach Ansicht des BFH folglich nicht erfüllt, wenn andere nicht begünstigte Betriebe ähnliche Waren und Leistungen zu vergleichbaren Preisen anbieten und die eigene entgeltliche Leistungserstellung durch die gemeinnützige Körperschaft daher – unter dem Gesichtspunkt des Allgemeininteresses – „vermeidbar" ist[3]. In seiner neueren Rechtsprechung fordert der BFH demgegenüber stets eine **Abwägung zwischen dem Interesse der Allgemeinheit an einem nicht durch steuerrechtliche Begünstigungen beeinträchtigten Wettbewerb und dem Interesse der Allgemeinheit an der Förderung des steuerbegünstigten Zwecks**[4]. Bei dieser Abwägung komme den Erwägungen eine vorrangige Bedeutung zu, die im Katalog der Zweckbetriebe (§§ 66 bis 68 AO) Niederschlag gefunden haben[5]. Ein unschädlicher Wettbewerb sei daher z.B. dann anzunehmen, wenn sich die Leistungen an einen Personenkreis richten, „der das Waren- oder Dienstleistungsangebot der steuerpflichtigen Unternehmen überwiegend nicht in Anspruch

---

1 Vgl. RFH v. 24.7.1937 – VIa A 1/35, RFHE 42, 64 (65); RFH v. 24.9.1937 – VIa A 42/37, RFHE 42, 131 (133).

2 BFH v. 28.10.1960 – III 134/56 U, BStBl. III 1961, 109 (111).

3 Vgl. auch BFH v. 13.8.1986 – II R 246/81, BStBl. II 1986, 831, betreffend die Produktion kirchlicher Filme durch die privatrechtlich organisierte Produktionsgesellschaft einer steuerbegünstigten Körperschaft. Der BFH verneinte einen Zweckbetrieb mit der Erwägung, dass die Herstellung von Fernsehfilmen kirchlichen Inhalts nicht nur durch die klagende Produktionsgesellschaft selbst, sondern bei entsprechender Auftragserteilung auch durch jede andere Filmgesellschaft hätte erfolgen und die eigene Filmproduktion somit hätte vermieden werden können; ähnlich BFH v. 23.11.1988 – I R 11/88, BStBl. II 1989, 391 (393).

4 BFH v. 15.12.1993 – X R 115/91, BStBl. II 1994, 314; BFH v. 27.10.1993 – I R 60/91, BStBl. II 1994, 573; BFH v. 26.4.1995 – I R 35/93, BStBl. II 1995, 767; BFH v. 17.2.2010 – I R 2/08, BStBl. II 2010, 1006.

5 Eingehend BFH v. 15.12.1993 – X R 115/91, BStBl. II 1994, 314.

nimmt"[1]. Bei anderen Tätigkeiten – z.B. den Behinderteneinrichtungen – sei der Gedanke ausschlaggebend, dass der Betrieb ein notwendiges Mittel zur Erreichung des Zwecks darstelle[2]. Die Begünstigung kultureller Einrichtungen beruhe schließlich darauf, dass das Kulturleben auf eine Vielfalt des Angebots angewiesen sei[3].

Die Rechtsprechung des RFH und BFH ist im **älteren Schrifttum** bisweilen heftig kritisiert worden[4]: Die Wettbewerbsklausel solle nur solche Betriebe treffen, die steuerpflichtigen Unternehmen einen regelrechten Konkurrenzkampf bereiten, was gemeinnützigen Körperschaften durch die Grundsätze der Ausschließlichkeit und Unmittelbarkeit von vornherein verwehrt sei. Steuerschädlich sei daher nur ein volkswirtschaftlich schädlicher Wettbewerb, weshalb die Gemeinnützigkeit der Rücksicht auf den Wettbewerb vorgehe, wenn die Körperschaft ihren Geschäftsbetrieb auf das für ihre Zwecke unmittelbar Notwendige beschränke[5]. Seit den **grundlegenden Arbeiten von *Riewald*** überwiegt aber im Schrifttum die Ansicht, dass im einzelnen Fall abgewogen werden müsse, ob der Umstand, dass eine selbstlose Förderung der Allgemeinheit durch die gemeinnützige Körperschaft vorliege, schwerer wiege als die Tatsache, dass durch die steuerliche Begünstigung andere Personen in ihrer Wettbewerbsfähigkeit beeinträchtigt werden[6]. Zu ähnlichen Ergebnissen gelangt auch der Teil des Schrifttums, der ausgehend vom Begriff der „Unvermeidbarkeit" darauf abstellt, ob das Angebot nicht begünstigter Betriebe derselben oder ähnlicher Art die Nachfrage befriedigt[7]. Insbesondere im älteren Schrifttum findet sich – im Anschluss an einzelne Verfügungen der Finanzverwaltung und die frühere Regelung in § 68 Nr. 7 Buchst. b AO a.F. – auch noch die Ansicht, dass eine kostendeckende Preisgestaltung ein Indiz für die Unvermeidbarkeit sein könne[8].

6.199

---

1 So BFH v. 15.12.1993 – X R 115/91, BStBl. II 1994, 314 (316) unter Hinweis auf *Hüttemann*, Wirtschaftliche Betätigung, S. 186 ff.; ebenso BFH v. 17.2.2010 – I R 2/08, BStBl. II 2010, 1006.

2 BFH v. 15.12.1993 – X R 115/91, BStBl. II 1994, 314; vgl. auch BFH v. 26.4.1995 – I R 35/93, BStBl. II 1995, 767 (769).

3 BFH v. 15.12.1993 – X R 115/91, BStBl. II 1994, 314 (316).

4 Vgl. *Zitzlaff*, StuW 1947, 150 (153); *Zitzlaff*, DStR 1956, 28; *Boettcher/Leibrecht*, § 7 GemVO Anm. 2 a.E.

5 So *Zitzlaff*, DStR 1956, 28; *Boettcher/Leibrecht*, § 7 GemVO Anm. 2 a.E.

6 *Riewald*, BB 1954, 385 (387); *Becker/Riewald/Koch*, § 17 StAnpG Anm. 10b (2); *Bock*, FR 1961, 219; *Fischer* in Hübschmann/Hepp/Spitaler, § 65 AO Rz. 28; *Droege* in NK-GemnR, § 65 AO Rz. 22; *Scholtz* in Koch/Scholtz, § 65 AO Rz. 9; *Schauhoff* in Schauhoff, § 6 Rz. 88; für eine Abwägung nach verfassungsrechtlichen Maßstäben der „Geeignetheit, Erforderlichkeit und Zumutbarkeit" *Seer* in Tipke/Kruse, § 65 AO Rz. 12.

7 *Rader*, BB 1979, 1192 (1195), der eine Abwägung unter Hinweis auf den Gesetzeswortlaut ablehnt; ihm folgend *Herbert*, S. 155 f.; *Mack*, DStR 1984, 187 (190).

8 Vgl. OFD Koblenz v. 27.4.1965, DStZ-E 1965, 202; dem folgend *Herbert*, S. 156; *Klein*, § 65 AO Anm. 3; im Hinblick auf den Gesichtspunkt der Kostendeckung auch *Schwarz/Frotscher*, § 65 AO Rz. 2; a.A. *Rader*, BB 1979, 1192 (1195); *Scholtz* in Koch/Scholtz, § 65 AO Rz. 9; *Herbert*, S. 156; *Buchna/Leichinger/Seeger/Brox*, S. 327.

b) Eigene Ansicht

6.200 Die neuere Rechtsprechung des BFH, die eine Abwägung zwischen den Interessen der Wettbewerber und dem Allgemeininteresse fordert, verdient **grundsätzlich Zustimmung**[1]. Wie sich bereits aus der Gesetzessystematik ergibt, ist eine „Unvermeidbarkeit" des Wettbewerbs nicht schon dann gegeben, wenn der Geschäftsbetrieb als solcher die Voraussetzungen des § 65 Nr. 1 und 2 AO erfüllt. Hätte es der Gesetzgeber für die Gewährung von Steuervergünstigungen als hinreichend angesehen, dass die steuerbegünstigte Körperschaft sich entsprechend ihrem Satzungszweck in dem zur Zweckverwirklichung erforderlichen Umfang entgeltlich betätigt, wäre § 65 Nr. 3 AO entbehrlich gewesen. Die Aufnahme der Wettbewerbsklausel in § 65 AO spricht also gegen die Annahme, dass der Gemeinnützigkeit nach dem gesetzgeberischen Willen ein grundsätzlicher Vorrang vor den Interessen des Wettbewerbs zukommen soll[2]. Auch der RFH, dessen Rechtsprechung § 65 AO inhaltlich nachgebildet ist, forderte über die „Unentbehrlichkeit" des Geschäftsbetriebs hinaus, dass dieser nicht geeignet war, andere steuerpflichtige Unternehmen im Wettbewerb zu beeinträchtigen[3].

6.201 § 65 Nr. 3 AO regelt somit abschließend den **Zielkonflikt zwischen der Wettbewerbsneutralität der Besteuerung und der Förderung gemeinnütziger Körperschaften**. Es geht um die Frage, welche entgeltlichen und zur Verwirklichung steuerbegünstigter Zwecke an sich notwendigen Tätigkeiten steuerlich deshalb nicht gefördert werden, weil der so bewirkten Förderung der Allgemeinheit nicht unerhebliche Wohlfahrtsverluste in Form von Marktzutrittsschranken und Wettbewerbsbeeinträchtigungen bei nicht begünstigten Betrieben derselben oder ähnlicher Art gegenüberstehen würden. Die Grundaussage des § 65 Nr. 3 AO ist folglich darin zu sehen, dass für bestimmte entgeltliche zweckverwirklichende Aktivitäten gemeinnütziger Körperschaften kein die steuerliche Förderung legitimierendes Allgemeininteresse besteht, weil diese Tätigkeiten im Hinblick auf das tatsächliche oder potentielle Güterangebot nicht begünstigter Betriebe zur Deckung der Nachfrage gesamtgesellschaftlich „vermeidbar" sind, auch wenn sie auf der Ebene der einzelnen Körperschaft die unabdingbare Voraussetzung für die Verwirklichung des konkreten Satzungszwecks darstellen.

6.202 Zur Konkretisierung der „Vermeidbarkeit" des Wettbewerbs bedarf es im Rahmen des § 65 Nr. 3 AO einer **Abwägung**, ob der Umstand einer selbstlosen Förderung schwerer wiegt als die Wettbewerbsbeeinträchtigungen steuerpflichtiger Anbieter[4]. Dazu ist ausgehend von der vorhandenen Marktstruktur abzuschätzen, ob der steuerbegünstigte Marktzutritt gemeinnütziger Anbieter voraussichtlich zu einer Verdrängung steuerpflichtiger Anbieter oder zu einer Ausweitung des Güterangebots

---

1 Vgl. bereits *Hüttemann*, Wirtschaftliche Betätigung, S. 181 ff.
2 Der Hinweis von *Zitzlaff*, DStR 1956, 28 und *Boettcher/Leibrecht*, § 7 GemVO Anm. 2 a.E. auf die Gesetzgebungsgeschichte überzeugt daher nicht.
3 Vgl. nur RFH v. 24.7.1937 – VIa A 1/35, RFHE 42, 64 (65).
4 Grundlegend *Riewald*, BB 1954, 385 (387); ebenso *Hüttemann*, Wirtschaftliche Betätigung, S. 187 f.

insgesamt führen wird. Letzteres ist etwa anzunehmen, wenn die gemeinnützige Körperschaft ihre Waren und Leistungen nach deren Beschaffenheit und Preisgestaltung **überwiegend einem Kundenkreis anbietet, der seinen Bedarf zu Marktpreisen steuerpflichtiger Anbieter bislang nicht ausreichend decken kann.** Um Verdrängungseffekte einzuschränken, ist darauf zu achten, dass diejenigen Kunden, welche bislang zum Kundenkreis gewerblicher Unternehmen zählten und nunmehr auch durch den gemeinnützigen Anbieter versorgt werden könnten, den steuerpflichtigen Anbietern überwiegend erhalten bleiben. Eine Ausweitung des Marktvolumens ohne größere Verdrängungseffekte ist insbesondere in dem Fall anzunehmen, in dem ein relevanter Markt zwischen steuerpflichtigen und steuerbegünstigten Anbietern dergestalt aufgeteilt wird, dass zwar nicht jeder Wettbewerb ausgeschlossen ist, beide Gruppen von Anbietern sich aber schwerpunktmäßig einem verschiedenen Kundenkreis zuwenden: Die gemeinnützige Körperschaft erschließt bestimmte Waren und Leistungen einem von den steuerpflichtigen Anbietern bislang nicht versorgten Personenkreis, während den steuerpflichtigen Betrieben ihre bisherigen Nachfrager durch eine Beschränkung des Leistungsangebots der gemeinnützigen Anbieter auf einen bestimmten Personenkreis weitgehend erhalten bleiben. „Unvermeidbar" ist dann der aus überwiegenden Gemeinwohlgründen von den steuerpflichtigen Anbietern hinzunehmende Restwettbewerb, der trotz zumutbarer Vorkehrungen der gemeinnützigen Anbieter aus der Marktaufteilung erwächst.

Dieser Gedanke ist in ähnlicher Form bereits durch den RFH formuliert worden[1] und bildet seit Anfang der 90er Jahre den Ausgangspunkt der neueren Rechtsprechung des BFH[2]. Zu Recht verweist der BFH in diesem Zusammenhang auch auf die gesetzgeberischen Erwägungen, die ihren Niederschlag im **gesetzlichen Katalog der Zweckbetriebe** gefunden haben (§§ 66 bis 68 AO)[3]:

6.203

– So lässt sich §§ 66, 68 Nr. 1 Buchst. a und b AO die allgemeine Wertung entnehmen, dass ein Zweckbetrieb u.a. dann vorliegt, wenn der Geschäftsbetrieb seine Leistungen gegenüber einem Personenkreis erbringt, der **überwiegend nicht aus den Kunden vorhandener oder potentieller steuerpflichtiger Anbieter besteht**: wirtschaftlich bedürftige Bevölkerungskreise (§ 66 AO), ältere Menschen (§ 68 Nr. 1 Buchst. a AO) sowie Kinder, Schüler und Studenten (§ 68 Nr. 1 Buchst. b AO). Dass solche Betriebe in einem gewissen Umfang auch von anderen als den genannten Personengruppen in Anspruch genommen werden und daher auch steuerpflichtigen Anbietern Nachfrager entziehen, ist als „unvermeidbarer" Wettbewerb aus übergeordneten Allgemeinwohlgründen hinzunehmen. Insoweit ent-

---

1 Vgl. RFH v. 24.7.1937 – VIa A 1/35, RFHE 42, 64 (65): „Für Krankenanstalten, bei denen der Wettbewerbsgedanke eine besonders große Rolle spielt, ist die Auffassung berechtigt, dass derartige Einrichtungen dann einen steuerlich unschädlichen Geschäftsbetrieb bilden, wenn sie in besonderem Maße der minderbemittelten Bevölkerung dienen." Vgl. ferner RFH v. 24.9.1937 – VIa A 42/37, RFHE 42, 131 (132 f.) (Armenküche); RFH v. 23.10.1937 – VIa 25/36, RFHE 42, 224 (225) (Lungenheilstätte) und RFH v. 23.10.1937 – VIa 70/37, RFHE 42, 226 (227) (Altersheime, Waisenhäuser und Kindergärten).
2 Zuletzt BFH v. 17.2.2010 – I R 2/08, BStBl. II 2010, 1006.
3 Vgl. näher BFH v. 15.12.1993 – X R 115/91, BStBl. II 1994, 314 (316).

halten §§ 66 Abs. 3, 68 Nr. 1 Buchst. a AO, wonach solche Einrichtungen nur bis zu einem Drittel ihrer Leistungen an nicht bedürftige Personen erbringen dürfen, zugleich eine gesetzliche Konkretisierung eines unschädlichen Restwettbewerbs. Auch die Regelung des § 67 AO betreffend die Zweckbetriebseigenschaft von Krankenhäusern beruht auf sozialpolitischen Erwägungen.

– Aus der Begünstigung der Behindertenwerkstätten (§ 68 Nr. 3 AO), Einrichtungen der Blindenfürsorge (§ 68 Nr. 4 AO) und Fürsorgeerziehung (§ 68 Nr. 5 AO) lässt sich entnehmen, dass der Wettbewerbsgedanke zurücktreten muss, wenn eine Einrichtung ein **notwendiges Mittel zur Erreichung eines ideellen Zwecks** ist, den die Wettbewerber nicht verfolgen[1]. Daher ist auch der Verkauf von Erzeugnissen (vgl. dazu § 68 Nr. 3 AO) eine „unvermeidbare" Folge der Unterhaltung dieser Betriebe, solange Wettbewerbsbeeinträchtigungen durch zumutbare Vorkehrungen soweit möglich – z.B. durch den Verkauf zu marktüblichen Preisen – reduziert werden[2].

– Die Steuerbegünstigung kultureller Einrichtungen (§ 68 Nr. 7 AO) beruht hingegen auf der Erwägung, dass – wie es der BFH ausgedrückt hat – „**das Kulturleben auf eine Vielfalt des Angebots angewiesen ist**"[3]. Anders ausgedrückt: Nach Ansicht des Gesetzgebers besteht hier also ein strukturelles Angebotsdefizit privatwirtschaftlicher Anbieter, weshalb eine steuerliche Verschonung gemeinnütziger Kultureinrichtungen zur Bereicherung des Kulturlebens als gerechtfertigt angesehen wird. Ähnliches gilt für den **Bildungsbereich**, wie die Begünstigung von Volkshochschulen und anderen Bildungseinrichtungen zeigt (§ 68 Nr. 8 AO).

– Die **anderen Befreiungsregelungen** taugen dagegen nicht zur Konkretisierung der „Unvermeidbarkeit" im Sinne von § 65 Nr. 3 AO, weil es sich entweder um bloße Mittelbeschaffungstätigkeiten handelt (vgl. § 68 Nr. 6 AO) oder der Gesetzgeber mit der Zweckbetriebsregelung bewusst von § 65 AO hat abweichen wollen (vgl. z.B. die Begünstigung sportlicher Veranstaltungen nach § 67a AO oder die Behandlung der Auftragsforschung nach § 68 Nr. 9 AO).

6.204 Fehlt es dagegen an einer gewissen „Marktaufteilung", d.h. wird der gemeinnützige Anbieter überwiegend auf demselben Markt tätig wie die nicht begünstigten privaten Betriebe, dann ist ein Wettbewerb regelmäßig vermeidbar. Für die Gewährung der Steuervergünstigung kommt es mithin entscheidend darauf an, **ob und wodurch sich das Leistungsangebot des gemeinnützigen Anbieters von dem der gewerblichen Konkurrenz unterscheidet**. Insoweit bedarf es konkreter tatsächlicher Feststellungen, wie z.B. folgende BFH-Entscheidung verdeutlicht.

Beispiel Nr. 18 (nach BFH vom 13.8.1986[4]): Die Klägerin hatte u.a. für öffentlich-rechtliche Rundfunkanstalten Fernsehfilme „unterhaltenden, belehrenden und informierenden

---

1 So BFH v. 15.12.1993 – X R 115/91, BStBl. II 1994, 314 (316); ebenso BFH v. 26.4.1995 – I R 35/93, BStBl. II 1995, 767; BFH v. 17.2.2010 – I R 2/08, BStBl. II 2010, 1006; siehe auch FG Thüringen v. 29.9.2011 – 2 K 29/09, StE 2011, 727, Rev. eingelegt (Az. BFH I R 71/11).

2 Vgl. bereits RFH v. 4.10.1938 – VIa 43/38, RStBl. 1939, 92.

3 BFH v. 15.12.1993 – X R 115/91, BStBl. II 1994, 314 (316).

4 BFH v. 13.8.1986 – II 246/81, BStBl. II 1986, 831.

Inhalts" hergestellt. Ihren pauschalen Einwand, nur sie könne „nach den bestehenden Verhältnissen" solche Filme herstellen, ließ der BFH angesichts der Vielzahl von Produktionsgesellschaften zu Recht nicht gelten[1]. Die Entscheidung sollte aber andererseits nicht dahin missverstanden werden, dass bereits die Möglichkeit einer „Auftragsproduktion" durch gewerbliche Unternehmen stets die Zweckbetriebseigenschaft entfallen ließe. Grundsätzlich steht es einer gemeinnützigen Einrichtung frei, ob sie selbst einen Betrieb unterhält oder ein privatwirtschaftliches Unternehmen mit der Erledigung einer Aufgabe beauftragt[2]. Für die Zweckbetriebsbefreiung kommt es allein darauf an, dass der Betrieb der Verwirklichung „eigener" Zwecke der Trägerkörperschaft dient und ein Wettbewerb zu nicht begünstigten Betrieben „unvermeidbar" ist, z.B. weil sich das Leistungsangebot inhaltlich von dem gewerblicher Anbieter unterscheidet und an einen speziellen Empfängerkreis richtet.

Schließlich stellt eine **kostendeckende Preisgestaltung** noch kein hinreichendes Merkmal für die Vermeidbarkeit des Wettbewerbs im Sinne von § 65 Nr. 3 AO dar[3]. Zwar kommt eine kostendeckende Wirtschaftsführung unmittelbar dem Kundenkreis des Geschäftsbetriebs zugute, weil die Leistung auf Grund des niedrigeren Entgelts für die Leistungsempfänger leichter zugänglich wird. Diesem höheren Konsumentennutzen stehen aber regelmäßig umso größere Wettbewerbsbeeinträchtigungen und Marktzutrittsschranken gegenüber, wenn bestimmte Wettbewerbsvorteile gemeinnütziger Körperschaften – z.B. eine ehrenamtliche Mitarbeit – zusätzlich steuerlich prämiert werden. Eine kostendeckende Preisgestaltung kann deshalb überhaupt nur dort relevant werden, wo es gerade um eine möglichst preisgünstige Versorgung bestimmter Bevölkerungsgruppen mit bestimmten Gütern und Dienstleistungen geht, die unter Marktbedingungen zu diesen Preisen nicht angeboten werden können[4]. Bei solchen Einrichtungen – z.B. im Bereich der Wohlfahrtspflege – wird aber eine Gewinnerzielungsabsicht regelmäßig ausscheiden, sodass der Gesichtspunkt der Kostendeckung letztlich auch hier ohne zusätzlichen Erkenntniswert ist.

6.205

Nach allgemeinen Grundsätzen liegt die **Darlegungs- und Beweislast** hinsichtlich der Voraussetzungen des § 65 AO – nicht anders als bei den §§ 66 ff. AO – bei der gemeinnützigen Körperschaft[5]. Sie hat die Umstände vorzutragen, aus denen sich z.B. ergibt, dass der wirtschaftliche Geschäftsbetrieb zu steuerpflichtigen Betrieben derselben Art nicht in einem „vermeidbaren" Wettbewerb steht. Insoweit dürfen aber – bei allem Verständnis für die Interessen der gewerblichen Konkurrenz – die Anforderungen an die durch § 65 Nr. 3 AO gebotene Interessenabwägung nicht überzogen werden. Diese Grenze dürfte jedoch überschritten sein, wenn der I. Senat eine „einzelfallbezogene" Abwägung fordert und für den Fall eines überwiegend von Langzeitarbeitslosen betriebenen Mahlzeitendienstes den Nachweis verlangt, dass sich der Geschäftsbetrieb „auch in seinem Umfang auf den zur Erreichung dieses Zwecks erforderlichen Umfang beschränkt"[6]. Denn die insoweit angesprochenen Parameter (z.B. das

---

1 Vgl. BFH v. 13.8.1986 – II 246/81, BStBl. II 1986, 831.
2 Anders *Seer* in Tipke/Kruse, § 65 AO Rz. 9, der hier bereits die „Erforderlichkeit" verneint.
3 Ebenso BFH v. 27.10.1993 – I R 60/91, BStBl. II 1994, 573 (576); BFH v. 17.2.2010 – I R 2/08, BStBl. II 2010, 1006; *Fischer* in Hübschmann/Hepp/Spitaler, § 65 AO Rz. 113; *Scholtz* in Koch/Scholtz, § 65 AO Rz. 9.
4 Vgl. BFH v. 28.10.1960 – III 134/56 U, BStBl. III 1961, 109; BFH v. 27.10.1993 – I R 60/91, BStBl. II 1994, 573 (576).
5 Vgl. dazu zuletzt BFH v. 21.9.2016 – V R 50/15, BStBl. II 2017, 1173.
6 BFH v. 13.6.2012 – I R 71/11, BFH/NV 2013, 89.

zahlenmäßige Verhältnis von Maßnahmeteilnehmern und Fachkräften, die Zahl der verkauften Essen und eine Erweiterung der Küche zur Übernahme weiterer Aufträge) lassen sich nur sehr schwer in Bezug auf die allgemeine Interessenabwägung konkretisieren. Darüber hinaus ist zu beachten, dass ein Zweckbetrieb – ungeachtet seiner „sozialen" Ausrichtung – am Markt agieren und deshalb auch auf bestimmte Marktgegebenheiten (z.B. eine wechselnde Nachfrage) reagieren muss. Bei der Prüfung der „Unvermeidbarkeit" dürfen mithin keine zu strengen (und vor allem keine wirklichkeitsfremden) Maßstäbe angelegt werden.

V. Einzelfälle

6.206 Der Zweckbetriebsdefinition des § 65 AO kommt in der Praxis eine zentrale Bedeutung für die Steuervergünstigung zu, da sie immer dann relevant wird, wenn ein Geschäftsbetrieb nicht offensichtlich unter einen Katalogtatbestand fällt (§§ 66 bis 68 AO). Das Fallmaterial aus **Rechtsprechung und Finanzverwaltung** ist dementsprechend groß[1]. Im Weiteren soll beispielhaft auf einige besonders wichtige Problembereiche hingewiesen werden:

6.207 Gerade in den Zeiten hoher Arbeitslosigkeit der 80er und 90er Jahre stellte sich vermehrt die Frage, ob **Beschäftigungsgesellschaften** als Zweckbetriebe anerkannt werden können. Der BFH hat insoweit – zu Recht – eine restriktive Haltung eingenommen[2]. Die Eröffnung einer Beschäftigungsmöglichkeit als solcher ist noch keine gemeinnützige Zielsetzung und begründet daher noch keinen Zweckbetrieb. Anders ist dagegen der Fall zu beurteilen, dass Körperschaften schwer vermittelbare und zuvor längere Zeit arbeitslose Personen (insbesondere Suchtkranke, Arbeitsentwöhnte oder Behinderte) arbeitstherapeutisch beschäftigen und berufs- und sozialpädagogisch betreuen, um dadurch deren Eingliederung in den normalen Arbeitsprozess zu fördern (arbeitstherapeutische Beschäftigungsgesellschaften)[3]. Diese Rechtsprechung kann sich nicht nur auf die Wertung des § 68 Nr. 1, 3 AO stützen, sondern verhindert auch übermäßige Wettbewerbsverzerrungen, die eintreten würden, wenn jede Arbeitsbeschaffungsmaßnahme steuerlich begünstigt würde[4]. Der BFH hat diese Grundsätze in seiner Entscheidung zum Mahlzeitendienst vom 13.6.2013[5] zwar im Wesentlichen bestätigt, allerdings der Vorinstanz **umfangreiche Feststellungen zur Prüfung der „Unvermeidbarkeit"** aufgegeben. Wörtlich heißt es dort:

„Das FG wird deshalb im zweiten Rechtsgang zunächst zu überprüfen haben, ob – was dem Senat naheliegend erscheint – in den Streitjahren zwischen der Klägerin und anderen Anbietern (Essenslieferanten) ein tatsächlicher oder zumindest ein potentieller Wettbewerb bestanden hat. Sollte dies zu bejahen sein, so wird die Vorinstanz ferner Feststellungen dazu zu

---

1 Vgl. auch die Übersichten bei *Fischer* in Hübschmann/Hepp/Spitaler, § 65 AO Rz. 121 ff.; *Wallenhorst/Halaczinsky*, Rz. G 134; *Buchna/Leichinger/Seeger/Brox*, S. 327 ff.

2 BFH v. 26.4.1995 – I R 35/93, BStBl. II 1995, 767; BFH v. 13.6.2012 – I R 71/11, BFH/NV 2013, 89; vgl. auch BMF v. 11.3.1992, BStBl. I 1992, 241; OFD Frankfurt/M. v. 18.7.1997, DB 1997, 2055.

3 BFH v. 17.2.2010 – I R 2/08, BStBl. II 2010, 1006; BFH v. 13.6.2012 – I R 71/11, BFH/NV 2013, 89.

4 Grundsätzlich anders aber *Dehesselles*, DB 2005, 72.

5 BFH v. 13.6.2012 – I R 71/11, BFH/NV 2013, 89.

treffen haben, ob der Umfang des Mahlzeitendienstes der Klägerin (einschließlich der bisher vom Finanzamt als steuerbefreit anerkannten Teilbereiche) den für die Erreichung ihres gemeinnützigen Zwecks erforderlichen Umfang überschritten hatte. Maßgeblich hierfür ist demnach das Verhältnis zwischen der Anzahl der im Essensdienst der Klägerin beschäftigten Maßnahmeteilnehmer (nach Feststellung des FG fünf bis acht Personen) sowie der Art ihrer Tätigkeit einerseits und die für ihre Wiedereingliederung in den normalen Arbeitsprozess erforderliche (notwendige) Marktteilnahme des Mahlzeitendienstes andererseits. Hierbei wird das FG auch die Anzahl der in der Küche täglich zubereiteten Essen und die hieraus von der Klägerin tatsächlich erzielten Umsätze und Gewinne zu gewichten haben. Zudem wird das FG den Umstand zu würdigen haben, dass nach dem Vortrag des Finanzamts in der Revisionsinstanz die Klägerin ihre zunächst ausgelastete Küche aufgrund des Auftrags des Jugendsozialwerks umgebaut hat und hierdurch – so das Finanzamt weiter – der Gesamtumsatz über das erforderliche Maß hinaus (Lieferung von 100 bis 150 Essen täglich) erheblich gesteigert worden sei."

Die Beschränkung des Leistungsangebots auf eine besonders hilfebedürftige Zielgruppe ist auch z.B. im Bereich von **Erholungs- und Reiseangeboten** erforderlich. So hat es der BFH[1] in der Erholungsheim-Entscheidung nicht ausreichen lassen, dass Erwachsenen „auf christlicher Grundlage" eine günstige Erholungsmöglichkeit geboten wird. Vielmehr bedürfe es einer überwiegenden Beschränkung auf „bedürftige oder gar minderbemittelte Personen". Diese restriktive Haltung hat der BFH in jüngster Zeit bekräftigt.   6.208

Beispiel Nr. 19 (nach BFH vom 21.9.2016[2]): Betreibt eine gemeinnützige Einrichtung zur „Förderung der Jugend- und Altenhilfe, der Bildung von Jugendlichen und Erwachsenen und der Förderung der Familienerholung und –bildung" eine Familienferienstätte (Familienhotel), die einerseits insbesondere auf Familien ausgerichtet ist und andererseits auch einen Integrationsansatz verfolgt und daher auch über spezielle Behindertenzimmer verfügt, dann sind für die Einordnung als Zweckbetrieb vorrangig die besonderen Regelungen in §§ 66 und 68 AO zu prüfen. Können deren Voraussetzungen (z.B. das Erreichen der Zwei-Drittel-Grenze bei § 66 AO oder die Voraussetzungen eines Integrationsbetriebs nach § 68 Nr. 3 AO) nicht nachgewiesen werden (z.B. weil die Hotelgäste bei der Ausfüllung der entsprechenden Nachweise nicht mitmachen), ist zwar subsidiär auch eine Prüfung des § 65 AO möglich. Die Anwendung dieser Regelung scheitert aber regelmäßig bereits daran, dass ein „Hotelbetrieb" in seiner Gesamtrichtung nicht der Verwirklichung der steuerbegünstigten satzungsmäßigen Zwecke dient, weil das Angebot von Erholungsmöglichkeiten für „Normalfamilien" ohne Begrenzung auf bestimmte besonders förderungswürdige Zielgruppen noch keine steuerbegünstigte Zielsetzung darstellt. Für die – auch vom V. Senat ausdrücklich als förderungswürdig bezeichnete – besondere Integrationsleistung der Ferienstätte fehlt indes eine besondere „passende" Zweckbetriebsbefreiung.

Überwiegt – wie z.B. bei Pilgerreisen – nach dem vorgesehenen Reiseprogramm das Ziel der Glaubensvermittlung und -stärkung, kommt dagegen eine Steuerbegünstigung in Betracht[3]. Im **Bereich von Jugendreisen** spricht vor allem die Wertung des § 68 Nr. 1 Buchst. b AO für eine Begünstigung[4]. Ferner dürfte hier wegen der

---

1 BFH v. 28.10.1960 – III 134/56 U, BStBl. III 1961, 109.
2 BFH v. 21.9.2016 – V R 50/15, BStBl. II 2017, 1173.
3 FinSen Berlin v. 29.12.1992, DB 1993, 511: Allerdings sei ein „strenger Maßstab" anzulegen.
4 BMF v. 18.2.1981, StEK AO 1977 § 65 Nr. 6.

pädagogischen Betreuung die Konkurrenzlage zu privatwirtschaftlichen Angeboten weniger ausgeprägt sein[1]. Allerdings setzt dies voraus, dass sich die Jugendreisen – z.B. durch das Programm, die Betreuung der Jugendlichen und eine besondere pädagogische Zielsetzung – inhaltlich tatsächlich vom Angebot kommerzieller Wettbewerber unterscheiden[2]. Auch eine Kunsteisbahn kann u.U. ein steuerbegünstigter Zweckbetrieb sein[3].

6.209 Keine Zweckbetriebe sind nach Ansicht des BFH dagegen sog. **Kommunikationszentren** in Form von offenen Cafés oder Teestuben **in Jugendzentren**[4]. Der BFH verneint hier sowohl die „Erforderlichkeit" des Betriebs als auch die Unvermeidbarkeit des Wettbewerbs. Dahinter steht offenbar das nachvollziehbare Bemühen, nicht begünstigte Gastronomiebetriebe vor Wettbewerbsverzerrungen zu schützen[5]. Diese Wertung erscheint für „offene" Cafés zutreffend, da der Verkauf von Essen und Getränken dort regelmäßig nicht so sehr in die pädagogische Arbeit eingebunden ist, dass er für die Verwirklichung der steuerbegünstigten Zwecke unerlässlich ist. Dies kann aber im Einzelfall auch anders sein, so z.B. bei Jugendtreffs auf dem Lande, wo es möglicherweise schon an einem (auch potentiellen) Wettbewerb fehlt und die Wertung des § 68 Nr. 8 AO entsprechend angewendet werden kann. Soweit ein Bistro als Integrationsprojekt betrieben werden soll, sind vorrangig die speziellen Voraussetzungen des § 68 Nr. 3 AO zu beachten[6].

6.210 Die Frage der Zweckbetriebseigenschaft stellt sich auch häufig bei **Einrichtungen des öffentlichen Gesundheitswesens**, sofern für diese nicht ohnehin die speziellen Regelungen der §§ 66 bis 68 AO eingreifen. So werden z.B. als Zweckbetriebe nach § 65 AO behandelt Organtransporte gemeinnütziger Organisationen[7], die Krankentransporte von Flugrettungsdiensten[8], nicht aber – wegen des Wettbewerbs gegenüber dem Taxigewerbe – Fahrdienste für den ärztlichen Notfalldienst[9] sowie Krankenfahrten, die nicht durch Spezialfahrzeuge durchgeführt werden müssen[10]. Leistungen von Betreuungsvereinen werden regelmäßig im Rahmen von Zweckbetrieben erbracht[11]. Keine Zweckbetriebe sind aus Gründen des Wettbewerbsschutzes Krankenhausapotheken und -wäschereien, die auch Leistungen gegenüber anderen

---

1 *Hüttemann*, Wirtschaftliche Betätigung, S. 190 Fn. 80.
2 Dazu FG Köln v. 19.1.2017 – 13 K 1160/13, juris (Rev. BFH V R 10/17).
3 Vgl. BFH v. 30.3.2000 – V R 39/99, BStBl. II 2000, 705; vgl. aber auch AEAO Nr. 4 zu § 65 AO.
4 BFH v. 11.4.1990 – I R 122/87, BStBl. II 1990, 724; FinMin Brandenburg v. 22.7.1993, StEK AO 1977 § 64 Nr. 24.
5 Vgl. auch BFH v. 19.7.2010 – I B 203/09, BFH/NV 2011, 1.
6 Dazu FG Berlin-Brandenburg v. 7.11.2016 – 5 K 5372/14, juris (Rev. BFH XI R 2/17).
7 OFD Köln v. 28.2.1986, StEK AO 1977 § 65 Nr. 24.
8 Vgl. FinMin Baden-Württemberg v. 12.12.1988, DStR 1989, 255; kritisch *Fischer* in Hübschmann/Hepp/Spitaler, § 65 AO Rz. 47.
9 OFD Frankfurt/M. v. 17.3.1995, FR 1995, 486.
10 FinMin Rheinland-Pfalz v. 21.4.1987, DB 1987, 1513.
11 BMF v. 21.9.2000, BStBl. I 2000, 1251; vgl. aber auch BFH v. 16.12.2009 – I R 49/08, BStBl. II 2011, 398; siehe auch *Hüttemann/Schauhoff*, DB 2011, 319.

Krankenhäusern erbringen[1]. Gleiches gilt für ein auf eine GmbH ausgegliedertes Krankenhauslabor, das auch Laborleistungen gegenüber anderen Krankenhäusern erbringt[2].

Die Zweckbetriebseigenschaft von **Abfallentsorgungseinrichtungen**[3] und **Müllheizkraftwerken**[4] hat die Rechtsprechung wegen des Wettbewerbs zu privaten Entsorgungsbetrieben versagt, da – wie auch der Blick auf die §§ 66 bis 68 AO zeige – „übergeordnete Gemeinwohlgesichtspunkte" im Sinne eines vorrangigen Allgemeininteresses nicht erkennbar seien. Diese restriktive Rechtsprechung verdient schon deshalb Zustimmung, weil die neueren Abfallgesetze gerade den Marktzutritt privater Anbieter befördern sollen. Nicht einsichtig ist allerdings, weshalb der BFH die Hausmüllentsorgung der öffentlichen Hand als steuerfreien Hoheitsbetrieb qualifiziert hat[5].   6.211

Im **Bereich des Sports** ist § 65 AO dann relevant, wenn die Voraussetzungen des § 67a AO nicht eingreifen, weil es an einer „sportlichen Veranstaltung" fehlt. Dies gilt z.B. für die Überlassung von Sportgeräten an Mitglieder oder Nichtmitglieder, bei der die Grenze der steuerfreien Vermögensverwaltung überschritten ist, oder das Einzeltraining. Geht man davon aus, dass der Vereinszweck auf die sportliche Betätigung der Mitglieder gerichtet ist, kommt es zu einer unterschiedlichen Behandlung je nach Abnehmerkreis: Während die Überlassung von Sportgeräten an Mitglieder oder ein Einzeltraining für Vereinsmitglieder regelmäßig noch die Voraussetzungen des Zweckbetriebs erfüllen wird[6], handelt es sich bei der Überlassung an Nichtmitglieder um einen steuerpflichtigen wirtschaftlichen Geschäftsbetrieb[7]. Nichts anderes soll z.B. für den Verkauf von Angelkarten durch Anglervereine gelten[8]. Besondere Fragen stellen sich bei Dachsportverbänden, die entgeltliche Leistungen gegenüber den angeschlossenen Mitgliedsvereinen erbringen. Der BFH hat hier einen Zweckbetrieb nach § 65 AO mangels Verwirklichung steuerbegünstigter Zwecke insoweit verneint, als die betreffenden Leistungen auch dem „bezahlten Sport" dienen, der für sich genommen – ungeachtet § 58 Nr. 9 AO – nicht unter den gemeinnützigkeitsrechtlichen Sportbegriff fällt[9].   6.212

---

1 BFH v. 18.10.1990 – V R 76/89, BStBl. II 1991, 157.
2 BFH v. 6.2.2013 – I R 59/11, BStBl. II 2013, 603.
3 BFH v. 15.12.1993 – X R 115/91, BStBl. II 1994, 314.
4 BFH v. 27.10.1993 – I R 60/91, BStBl. II 1994, 573.
5 Vgl. BFH v. 23.10.1996 – I R 1/94, I R 2/94, BStBl. II 1997, 139; ausführliche Kritik bei *Hüttemann*, Besteuerung der öffentlichen Hand, S. 87 ff.
6 Vgl. dazu auch *Buchna/Leichinger/Seeger/Brox*, S. 359 ff.
7 BFH v. 9.4.1987 – V R 150/78, BStBl. II 1987, 659.
8 BMF v. 25.9.1991, DB 1991, 2518.
9 BFH v. 24.6.2015 – I R 13/13, BStBl. II 2016, 971.

6.213 **Weitere Beispiele für Zweckbetriebe**[1] nach § 65 AO sind

- Adoptionsvermittlung[2],

- Altkleidersammlung, wenn die Kleidung zu mindestens zwei Drittel bedürftigen Empfängern zugute kommt[3],

- Aufnahme und Verkauf von Tieren durch Tierheime[4],

- Erteilung von Unterricht, z.B. durch Volkshochschulen, Jugendmusikschulen[5],

- Verbraucherberatung[6],

- Fachkongresse durch wissenschaftliche Gesellschaften[7],

- Gartenschau[8],

- Herausgabe von Druckschriften, z.B. durch einen Verein zur „Förderung des Friedens", wenn der Zweck des Vereins nur durch solche Publikationen erreicht werden kann und sich die Thematik der Schriften im Rahmen der satzungsmäßigen Zwecke hält[9],

- Ingenieurschule[10],

- Karnevalssitzungen und -umzüge, die ein Karnevalsverein zur Förderung der Brauchtumspflege veranstaltet[11],

- Kirchentag[12],

- Mitwirkung bei Blutspendeterminen[13],

- Schülerbetreuung[14],

---

1 Vgl. auch die ausführliche Übersichten über Anwendungsfälle bei *Fischer* in Hübschmann/Hepp/Spitaler, § 65 AO Rz. 121 ff. sowie *Buchna/Leichinger/Seeger/Brox*, S. 327 ff.
2 BMF v. 15.5.2000, StEK AO 1977 § 52 Nr. 136.
3 BMF v. 25.9.1995, StEK AO 1977 § 14 Nr. 52.
4 OFD Frankfurt/M. v. 9.8.2005, DB 2005, 1880; dazu gehört nach FG Baden-Württemberg v. 18.4.2011 – 14 V 4072/10, juris, aber nicht die entgeltliche Vermittlung von Tieren.
5 BFH v. 19.1.1990 – III R 22/88, BFH/NV 1990, 673; FinMin Rheinland-Pfalz v. 2.7.1981, StEK AO 1977 § 52 Nr. 16.
6 FG Hamburg v. 15.11.2017 – 1 K 2/16, juris.
7 FinMin Bayern v. 13.4.2000, DB 2000, 954.
8 OFD Frankfurt/M. v. 15.5.2002, StEK AO 1977 § 52 Nr. 148.
9 BFH v. 23.11.1988 – I R 11/88, BStBl. II 1989, 391.
10 RFH v. 10.9.1940 – III 286/39, RStBl. 1940, 905.
11 *Buchna/Leichinger/Seeger/Brox*, S. 329; vgl. aber auch BFH v. 30.11.2016 – V R 53/15, BStBl. II 2017, 1224; FG Rheinland-Pfalz v. 27.5.2010 – 6 K 1104/09, EFG 2010, 1552; vgl. näher *Suck*, NWB 2013, 428.
12 OFD Münster v. 1.7.1982, StEK UStG § 2 Abs. 1 Nr. 8.
13 FG Düsseldorf v. 8.11.2006 – 5 K 3447/04 U, EFG 2007, 305.
14 OFD Düsseldorf v. 11.11.1996, DB 1996, 2364; siehe auch AEAO Nr. 5 zu § 66 AO.

- Schülerfirmen mit einem Umsatz in den Grenzen des § 64 Abs. 3 AO[1],

- Verkauf von Kondomen und Einwegspritzen ausschließlich an Risikogruppen[2],

- Verkauf von Tonträgern durch eine als gemeinnützig anerkannte Chorgemeinschaft[3],

- Vortrags- und Seminarveranstaltungen zur Verwirklichung steuerbegünstigter Zweck, z.B. im Rahmen eines ökologischen Musterhofs[4],

- Zoologischer Garten[5].

Keine Zweckbetriebe sind dagegen

- Anzeigengeschäft in einer Vereinszeitschrift[6] oder einem Jahrbuch[7],

- Eheanbahnungsinstitut[8],

- Flugtag[9],

- Hotelbetrieb[10],

- Pensionspferdehaltung eines Reitsportvereins[11],

- Restauration, z.B. auf einem Vereinsfest[12], bei Sportveranstaltungen[13], in einem Bierzelt[14],

- Sammlung von Altkleidern und Altmaterial zur Veräußerung[15],

- Überlassung von Telefonen in Altersheimen[16],

- Vereinsgaststätte[17],

---

1 OFD Koblenz v. 20.10.2003, DB 2003, 2572.
2 OFD Hannover v. 18.8.1998, StEK AO 1977 § 64 Nr. 40.
3 FG Düsseldorf v. 26.5.1993 – 5 K 446/90 U, EFG 1993, 752.
4 BFH v. 23.10.1991 – I R 19/91, BStBl. II 1992, 62.
5 OFD Köln v. 19.7.1982, StEK AO 1977 § 65 Nr. 10 (ausgenommen ist der Verkauf von Ansichtskarten und Tierfutter an die Besucher).
6 BFH v. 28.11.1961 – I 34/61, BStBl. III 1962, 73.
7 BFH v. 10.5.1955 – I 173/53, BStBl. III 1955, 177.
8 BFH v. 28.8.1968 – I 242/65, BStBl. II 1969, 145.
9 BFH v. 21.8.1985 – I R 3/82, BStBl. II 1986, 92.
10 BFH v. 21.9.2016 – V R 50/15, BStBl. II 2017, 1173; BFH v. 23.2.1999 – XI B 128/98, BFH/NV 1999, 1089.
11 FG Niedersachsen v. 24.4.2008 – 16 K 334/07, n.v.
12 BFH v. 21.8.1985 – I R 3/82, BStBl. II 1986, 92.
13 Vgl. § 67a Abs. 1 Satz 2 AO.
14 BFH v. 9.11.1988 – I R 200/85, BFH/NV 1989, 342.
15 BFH v. 26.2.1992 – I R 149/90, BStBl. II 1992, 693; BFH v. 10.6.1992 – I R 76/90, BFH/NV 1992, 839; BFH v. 21.12.1994 – I B 14/94, BFH/NV 1995, 569; OFD Frankfurt/M. v. 14.11.2001, DB 2002, 351.
16 FG Hessen v. 16.5.2008 – 4 K 2905/06, juris.
17 BFH v. 1.7.2009 – I R 6/08, BFH/NV 2009, 1837; BFH v. 19.6.1974 – I R 14/72, BStBl. II 1974, 664; RFH v. 23.7.1938 – VI a 92/37, RFHE 44, 277, 278, RStBl. 1938, 913.

– Verkauf von Karnevalsorden[1],

– Wasserversorgung bei Kleingartenverein[2],

– Zell- und Gewebebank[3].

6.214–6.215   frei

VI. Gesetzlich bestimmte Zweckbetriebe (§§ 66 bis 68 AO)

1. Überblick

6.216   Die §§ 66 bis 68 AO enthalten eine nicht abschließende Aufzählung von wirtschaftlichen Geschäftsbetrieben, die kraft Gesetzes als Zweckbetriebe anzusehen sind. Der Beispielskatalog hat eine lange Tradition. Bereits die GemVO 1941 enthielt in § 10 eine entsprechende Regelung. Der Katalog dient vor allem der **Vereinfachung der Rechtsanwendung**, weil für wichtige Bereiche sektorspezifische Abgrenzungsmaßstäbe formuliert werden und die Generalnorm des § 65 AO entlastet wird. Zugleich lassen sich den §§ 66 bis 68 AO spezielle Wertungen entnehmen, wann der Gesetzgeber der Verwirklichung steuerbegünstigter Zwecke den Vorrang vor Wettbewerbsinteressen eingeräumt hat[4]. Diese Wertungen strahlen insbesondere auf die Auslegung der Generalklausel in § 65 Nr. 3 AO aus[5].

Angesichts der – wohl unvermeidlichen – Rechtsunsicherheiten bei der Anwendung der Generalklausel des § 65 AO stellt sich rechtspolitisch zunehmend die Frage, ob der Gesetzgeber den Zweckbetriebskatalog vermehrt nutzen sollte, um **bereichsspezifische Abgrenzungsmaßstäbe für bestimmte Zweckbetriebe** zu normieren. Für diesen Ansatz spricht vor allem, dass das Rechtsinstitut des steuerbegünstigten Zweckbetriebs seine steuerliche Anreizfunktion nur erfüllen kann, wenn gemeinnützige Einrichtungen bei mittel- und langfristigen Investitionsentscheidungen über die notwendige Rechtssicherheit verfügen. Ferner können bereichsspezifische Regelungen genutzt werden, um den Zweckbetriebsbegriff – z.B. nach dem Vorbild von § 67 AO oder § 68 Nr. 3 AO – besser mit bestimmten außersteuerlichen Wertungen abzustimmen.

2. Systematische Einordnung

6.217   Der gesetzliche Zweckbetriebskatalog ist – gemessen am Maßstab der Generalnorm des § 65 AO – **teils deklaratorischer und teils konstitutiver Natur**[6]. So finden sich Geschäftsbetriebe, die – wie z.B. Alteneinrichtungen nach § 68 Nr. 1 Buchst. a AO oder Behindertenwerkstätten nach § 68 Nr. 3 AO – wohl auch nach dem Maßstab des § 65 AO steuerbegünstigt wären. Im Vordergrund stehen aber solche Regelungen, durch die die Vorgaben des § 65 AO in der einen oder anderen Richtung kon-

---

1 FG Köln v. 18.4.2012 – 13 K 1075/08, EFG 2012, 1693.

2 FinMin NRW v. 31.3.1993, StEK AO 1977 § 65 Nr. 41 (nur bei fehlender Versorgung durch Wasserwerk).

3 OFD Frankfurt/M. v. 18.9.2006, DB 2006, 2318 (zweifelhaft).

4 Vgl. dazu auch *Hüttemann/Schauhoff*, DB 2011, 319.

5 Vgl. dazu BFH v. 15.12.1993 – X R 115/91, BStBl. II 1994, 314.

6 Statt vieler *Musil* in Hübschmann/Hepp/Spitaler, § 68 AO Rz. 11; *Seer* in Tipke/Kruse, § 68 AO Rz. 1; vgl. auch *Dehesselles*, DStR 2003, 537.

kretisiert und modifiziert werden. Man denke z.B. an die vereinfachende Anknüpfung der Zweckbetriebseigenschaft von Krankenhäusern an die Höhe der Pflegesätze oder die Ausdehnung der Steuervergünstigung von Selbstversorgungsbetrieben auf bestimmte Fremdumsätze. Schließlich finden sich in § 68 AO auch reine Mittelbeschaffungsaktivitäten, die nach § 65 AO von vornherein nicht begünstigungsfähig wären, wie z.B. die Steuerbegünstigung von Lotterien und Ausspielungen (§ 68 Nr. 6 AO).

Nach heute wohl allgemeiner Ansicht sind die §§ 66 bis 68 AO gegenüber § 65 AO als **vorrangige Vorschriften** zu verstehen[1]. Daher setzt die steuerliche Begünstigung eines Betriebs als Zweckbetrieb nach §§ 66 ff. AO nicht voraus, dass der Betrieb zugleich alle Voraussetzungen des § 65 AO erfüllt. Dies folgt für die §§ 66 bis 67a AO schon daraus, dass das Gesetz für die dort genannten Einrichtungen besondere Voraussetzungen bestimmt[2]. Aber auch für § 68 AO gilt spätestens seit der Neuformulierung des Eingangssatzes durch das Vereinsförderungsgesetz vom 18.12.1989 nichts anderes[3]. Wie sich aus der Formulierung „Zweckbetriebe sind auch" ergibt, hat die Aufzählung in § 68 AO rechtsbegründenden Charakter[4]. Für die Rechtsanwendung in der Praxis folgt daraus, dass zunächst die §§ 66 bis 68 AO zu prüfen sind. Erfüllt ein Geschäftsbetrieb nicht die spezifischen Voraussetzungen der §§ 66 bis 68 AO, so kann zwar uneingeschränkt auf die Generalnorm zurückgegriffen werden[5]. Geht man aber davon aus, dass die in den §§ 66 bis 68 AO enthaltenen Wertungen auch für die Auslegung des § 65 AO maßgebend sind, wird die Steuervergünstigung in vielen Fällen zu versagen sein. Daher ist z.B. ein Krankenhaus, dessen Pflegesätze die Grenze des § 67 AO überschreiten, regelmäßig als wirtschaftlicher Geschäftsbetrieb anzusehen, wenn es nicht auf Grund anderer Gesichtspunkte (z.B. wegen seiner Lage in einem Entwicklungshilfegebiet) begünstigt ist. Gleiches soll nach Ansicht der Finanzverwaltung z.B. für die Begünstigung einer Auftragsforschung nach § 68 Nr. 9 AO gelten[6].

6.218

3. Enge Auslegung

Soweit die §§ 66 bis 68 AO Ausnahmen von § 65 AO enthalten, ist aus systematischer Sicht eine enge – oder präziser formuliert: „genaue" – Auslegung dieser Abweichung geboten[7]. So hat der I. Senat für den Bereich der Behindertenwerkstätten (§ 68 Nr. 3 AO a.F.) festgestellt, dass nicht „jede Tätigkeit einer Einrichtung, die

6.219

---

1 BFH v. 4.6.2003 – I R 25/02, BStBl. II 2004, 660; BFH v. 18.1.1995 – V R 139–142/92, BStBl. II 1995, 446; BFH v. 4.5.1994 – XI R 109/90, BStBl. II 1994, 886; aus dem Schrifttum nur *Musil* in Hübschmann/Hepp/Spitaler, § 68 AO Rz. 11; *Seer* in Tipke/Kruse, § 68 AO Rz. 1.

2 Vgl. auch AEAO zu § 66 AO Rz. 1; *Musil* in Hübschmann/Hepp/Spitaler, § 68 AO Rz. 13.

3 BFH v. 4.6.2003 – I R 25/02, BStBl. II 2004, 660.

4 Vgl. auch BT-Drucks. 11/4176, S. 12.

5 Vgl. zuletzt BFH v. 21.9.2016 – V R 50/15, BStBl. II 2017, 1173.

6 Vgl. BMF v. 22.9.1999, BStBl. I 1999, 944; einschränkend aber AEAO Nr. 15 zu § 68 Nr. 9 AO; offengelassen in BFH v. 4.4.2007 – I R 76/05, BStBl. II 2007, 631.

7 Für eine restriktive Anwendung der Abweichungen von § 65 AO aus dem Schrifttum z.B. auch *Musil* in Hübschmann/Hepp/Spitaler, § 68 AO Rz. 13; *Droege* in NK-GemnR, § 65

ihrem Wortlaut nach unter die Regelung des § 68 Nr. 3 AO fällt, uneingeschränkt begünstigt" sein könne[1]. Vielmehr soll die Begünstigung voraussetzen, dass die Einrichtung sich „in ihrer Gesamtrichtung noch als Zweckbetrieb darstellt". Dazu müsse die Einrichtung „erkennbar darauf abzielen, die satzungsmäßigen Zwecke der Körperschaft zu verwirklichen"[2]. Die weitergehende Auffassung der Vorinstanz, die auch die Wettbewerbsklausel des § 65 Nr. 3 AO im Rahmen des § 68 Nr. 3 AO für anwendbar gehalten hatte, wies der I. Senat allerdings zu Recht zurück[3].

6.220   Diese einschränkende Interpretation des Zweckbetriebskatalogs verdient grundsätzlich Zustimmung[4]. Für sie spricht nicht nur das allgemeine systematische Argument, wonach Ausnahmeregelungen nicht über ihren Wortlaut hinaus auszulegen sind. Soweit sich aus den §§ 66 ff. AO keine ausdrückliche Ausnahme von § 65 AO ergibt, bleiben die allgemeinen Vorgaben des § 65 AO anwendbar. Insoweit bedarf es also einer **differenzierten Betrachtung:**

– Für einen Rückgriff auf § 65 AO bleibt kein Raum, wenn eine Regelung – wie z.B. § 68 Nr. 6 AO für Lotterien – praktisch alle Voraussetzungen des § 65 Nr. 1 bis 3 AO durchbricht, also **in jeder Hinsicht Ausnahmecharakter** hat.

– Beschränkt sich die Ausnahmeregelung aber darauf, nur die **Wettbewerbsklausel zu konkretisieren oder zu modifizieren** (z.B. bei Altenheimen oder Behindertenwerkstätten), dann besteht kein Grund, vom Erfordernis des § 65 Nr. 1 AO abzusehen[5]: Der Betrieb muss also zumindest nach seiner Gesamtrichtung auf die Erfüllung steuerbegünstigter Zwecke ausgerichtet sein, um unter die Begünstigung zu fallen. Einer Prüfung der „Erforderlichkeit" bedarf es dagegen regelmäßig nicht, weil der Gesetzgeber durch die Aufnahme einer Einrichtung in den Zweckbetriebskatalog die Notwendigkeit solcher Geschäftsbetriebe grundsätzlich anerkannt hat.

6.221   Aus dem Gesagten folgt zunächst, dass **beispielsweise** eine „kulturelle Veranstaltung" im Sinne von § 68 Nr. 7 AO nur bei solchen Körperschaft angenommen werden kann, zu deren Satzungszwecken auch die Förderung der Kultur gehört[6]. Ferner folgt aus der Anwendung von § 65 Nr. 1 AO, dass die Geschäftspolitik im Zweckbetrieb auf die Verwirklichung steuerbegünstigter Zwecke gerichtet sein muss. Daher liegt z.B. eine kulturelle Veranstaltung (§ 68 Nr. 7 AO) nicht schon immer dann vor, wenn überhaupt „Kultur gegen Entgelt" stattfindet. Zwar hat der Gesetzgeber in § 68 Nr. 7 AO dem Allgemeininteresse an einem breiten kulturellen Angebot den Vorrang

---

AO Rz. 14; *Hüttemann*, Wirtschaftliche Betätigung, S. 189 Fn. 76; anders wohl *Scholtz* in Koch/Scholtz, § 68 AO Rz. 1.

1 BFH v. 4.6.2003 – I R 25/02, BStBl. II 2004, 660 (661).
2 BFH v. 4.6.2003 – I R 25/02, BStBl. II 2004, 660 (661).
3 FG Schleswig-Holstein v. 27.2.2002 – II 374/98, EFG 2002, 739.
4 Noch enger hingegen *Dehesselles*, DStR 2003, 537, der jeden Rückgriff auf § 65 AO im Rahmen von § 68 AO ablehnt.
5 BFH v. 3.6.2003 – I R 25/02, BStBl. II 2004, 660; für einen generellen Vorrang des § 68 AO aber *Alber* in Dötsch/Pung/Möhlenbrock, § 5 Abs. 1 Nr. 9 KStG Rz. 250.
6 Ebenso *Alber* in Dötsch/Pung/Möhlenbrock, § 5 Abs. 1 Nr. 9 KStG Rz. 277.

vor dem Wettbewerbsschutz eingeräumt. Diese Wertung beruht aber erkennbar auf der Annahme, dass es sich um Veranstaltungen handelt, die in erster Linie dazu dienen, kulturelle Zwecke zu verwirklichen. Eine Veranstaltung, die in erster Linie der Erzielung möglichst hoher Überschüsse für andere Zwecke dient (z.B. ein „Benefizkonzert"), ist deshalb nicht begünstigt. Nichts anderes gilt z.B. für eine Verkaufsausstellung in einem Museum, durch die in erster Linie Provisionen verdient werden sollen[1]. Solche Veranstaltungen sind nicht anders zu behandeln als eine Beköstigung von Teilnehmern oder ein „Museumsshop" (steuerpflichtiger wirtschaftlicher Geschäftsbetrieb). Bildet die Einnahmeerzielung dagegen nur einen Nebenzweck, bleibt die Steuervergünstigung erhalten.

Die Zweckbetriebe nach §§ 66 bis 68 AO stehen – soweit sie Ausnahmen von der Wettbewerbsklausel des § 65 Nr. 3 AO enthalten – zugleich im Mittelpunkt der Diskussion über die Vereinbarkeit des geltenden Gemeinnützigkeitsrechts mit dem **EU-Beihilfenverbot** (siehe näher Rz. 1.111 ff.). Denn es handelt sich bei diesen Geschäftsbetrieben stets um „unternehmerische" Aktivitäten, die in den Anwendungsbereich des Art. 107 AEUV fallen[2]. Die Vereinbarkeit der Steuervergünstigung für Zweckbetriebe mit dem Beihilfenverbot ist insbesondere an den Maßstäben des Art. 107 Abs. 2 und 3 AEUV zu messen. Da es sich allerdings überwiegend um Altbeihilfen handelt[3], kann nur die EU-Kommission etwaige Verstöße geltend machen.   6.222

frei   6.223–6.224

VII. Einrichtungen der Wohlfahrtspflege (§ 66 AO)

1. Überblick und Rechtsentwicklung

§ 66 Abs. 1 und 3 AO regeln die Voraussetzungen, unter denen **eine „Einrichtung der Wohlfahrtspflege"** ein steuerbegünstigter Zweckbetrieb ist. Des Weiteren enthält § 66 Abs. 2 AO eine Legaldefinition der Wohlfahrtspflege. Die Zweckbetriebsbefreiung steht im Zusammenhang mit §§ 52 Nr. 8, 53 AO. Nach § 52 Abs. 2 Nr. 8 AO gehören zu den gemeinnützigen Zwecken auch die „Zwecke der amtlich anerkannten Verbände der freien Wohlfahrtspflege". Einrichtungen der Wohlfahrtspflege dienen zudem vielfach auch mildtätigen Zwecken im Sinne von § 53 AO. Soweit solche Zwecke in Einrichtungen gegen Entgelt ausgeübt werden, soll § 66 AO sicherstellen, dass die Steuerbefreiung unter bestimmten Voraussetzungen erhalten bleibt. Im Unterschied zu § 52 Abs. 2 Nr. 8 AO setzt die Zweckbetriebsbefreiung in § 66 AO allerdings nicht die Zugehörigkeit der Einrichtung zu einem amtlich anerkannten Wohlfahrtsverband voraus.   6.225

Die Steuerbegünstigung von Einrichtungen der Wohlfahrtspflege hat eine **lange Tradition.** Bereits in § 11 Nr. 1 KStDV 1926 fand sich eine Regelung zur Gemeinnützigkeit solcher Einrichtungen. Nach Einführung der partiellen Steuerpflicht enthielten sowohl die GemVO

---

1 Ebenso *Musil* in Hübschmann/Hepp/Spitaler, § 68 AO Rz. 14.
2 Vgl. auch EuGH v. 10.1.2006 – Rs. C-222/04 *Cassa di Risparmio*, Slg. 2006, I-289.
3 Vgl. zuletzt BFH v. 27.11.2013 – I R 27/12, BStBl. II 2016, 68; BFH v. 31.7.2013 – I R 82/12, BStBl. II 2015, 123; BFH v. 31.7.2013 – I R 31/12, BFH/NV 2014, 185.

1941 als auch die GemVO 1953 eine besondere Zweckbetriebsregelung, die dem Gesetzgeber der AO 1977 als Vorbild gedient hat (§ 8 Abs. 2 GemVO 1953).

6.226   Die Vorschrift des § 66 AO ist nur für solche Steuervergünstigungen von Bedeutung, die an die Zweckbetriebseigenschaft anknüpfen. Dazu gehört neben der Befreiung von Körperschaft- und Gewerbesteuer insbesondere auch die Anwendung des ermäßigten Umsatzsteuersatzes (§ 12 Abs. 2 Nr. 8 UStG). Für Zwecke der Umsatzsteuer ist allerdings zu beachten, dass § 4 Nr. 18 UStG eine spezielle **Umsatzsteuerbefreiung** für Leistungen der amtlich anerkannten Verbände der freien Wohlfahrtspflege und die ihnen angeschlossenen Mitglieder enthält, die ihrerseits u.a. eine Steuerbegünstigung nach den §§ 51 ff. AO voraussetzt (vgl. Rz. 7.168 ff.).

2. Einzelfragen

6.227   Der **Begriff der Wohlfahrtspflege** ist in § 66 Abs. 2 AO definiert als

„planmäßige, zum Wohle der Allgemeinheit und nicht des Erwerbes wegen ausgeübte Sorge für notleidende oder gefährdete Mitmenschen. Die Sorge kann sich auf das gesundheitliche, sittliche, erzieherische oder wirtschaftliche Wohl erstrecken und Vorbeugung oder Abhilfe bezwecken."

Der Begriff ist enger als der alte Begriff des „Wohlfahrtswesens" in § 52 Abs. 2 Nr. 2 AO a.F., da er nur die „private Wohlfahrtspflege" umfasst[1]. Das entscheidende Kriterium ist die **Unterstützung von hilfebedürftigen Menschen**. Zu den Aufgaben der Wohlfahrtspflege[2] gehören u.a. die Hilfe für Kinder und Jugendliche (z.B. Kinderheime und -gärten, Erziehungsheime), Hilfe für Mütter, Eheleute und Familien (z.B. Familienberatung und Müttergenesung), Altenhilfe (Mahlzeitendienst, Altenheime, Altentagesstätten), Behindertenhilfe (Sonderschulen, Behindertenheime), Krankenhilfe (Kurheime, Krankenhäuser), Hilfen für Sozialbehinderte (Betreuung von Straffälligen und Nichtsesshaften), Hilfen für Arbeitslose (z.B. Weiterbildungsangebote), Hilfen für ausländische Menschen und Asylsuchende (Hilfe bei Behördengängen etc.), Rettungsdienst[3], Bahnhofs- und Seemannsmission. Ob darüber hinaus auch der Bereich der Aus-, Fort- und Weiterbildung zur Wohlfahrtspflege gerechnet werden kann[4], erscheint mangels einer Notlage oder Gefährdung zweifelhaft[5].

6.228   **Planmäßig** ist eine Hilfe dann, wenn sie organisiert und auf Dauer angelegt ist („guter Wille allein reicht nicht aus"). Die Hilfe muss darüber hinaus **„zum Wohle der Allgemeinheit und nicht des Erwerbes wegen"** ausgeübt werden. Die Auslegung dieses Merkmals, das eine Besonderheit der Zweckbetriebsbefreiung nach § 66 Abs. 2 AO darstellt und bei anderen Zweckbetrieben nicht vorkommt, ist seit längerem um-

---

1   OFD Magdeburg v. 2.2.1994, DStZ/E 1994, 193.
2   Vgl. die Zusammenstellung der Aufgabenbereiche bei *Musil* in Hübschmann/Hepp/Spitaler, § 66 AO Rz. 19 unter Bezugnahme auf das Selbstverständnis der Bundesarbeitsgemeinschaft der Freien Wohlfahrtspflege; siehe auch *Flierl*, Freie und öffentliche Wohlfahrtspflege, 1992, S. 10 f.
3   BFH v. 27.11.2013 – I R 17/12, BStBl. II 2016, 68.
4   Dazu *Flierl*, Freie und öffentliche Wohlfahrtspflege, 1992, S. 10 f.
5   Ablehnend *Buchna/Leichinger/Seeger/Brox*, S. 333.

stritten. In seinem Beschluss vom 18.9.2007[1] hat der I. Senat zum Merkmal „des Erwerbs wegen" ausgeführt:

„Maßgeblich für die Frage, ob die Sorge für notleidende oder gefährdete Mitmenschen um des Erwerbes wegen ausgeübt wird, ist vielmehr allein, ob die Bedingungen, unter denen sie ausgeübt wird, objektiv geeignet sind, Gewinne zu erzielen. Davon ist regelmäßig auszugehen, wenn – wie hier nach dem Vortrag der Klägerin der Fall – die gleichen Leistungen zu denselben Bedingungen von nicht steuerbefreiten Anbietern erbracht werden und deren Tätigkeit als Gewerbebetrieb einzuordnen ist."

Dieses Verständnis des § 66 AO war sicherlich **zu eng** und ist im Schrifttum ganz überwiegend auf Ablehnung gestoßen[2].

So war bereits unklar, auf welcher tatsächlichen Grundlage eine derartige „Vergleichbarkeitsprüfung" erfolgen soll. Es liegt auf der Hand, dass gerade in städtischen Ballungsräumen der Rettungs- und Krankentransportdienst auch für gewerbliche Anbieter interessant sein kann. Im ländlichen Raum sehen die Dinge sicherlich anders aus. Aus systematischer Sicht sprach gegen die These des I. Senats, dass die Sonderregelung des § 66 AO, wenn man sie mit einem ungeschriebenen „Wettbewerbsvorbehalt" versieht, gegenüber der Generalklausel des § 65 AO weitgehend funktionslos wurde. Denn der vom I. Senat unterstellte Vorrang gewerblicher Anbieter entsprach der Abwägungsklausel des § 65 Nr. 3 AO, die aber in § 66 AO gerade fehlt. Darin liegt auch kein „Redaktionsversehen" des Gesetzgebers, denn entsprechende Vorschläge zur Einschränkung des § 66 AO sind bereits in der Vergangenheit gemacht worden[3], aber vom Gesetzgeber nicht aufgegriffen worden. Daraus wird man schließen können, dass der Gesetzgeber Betrieben der Wohlfahrtspflege die Steuervergünstigung ohne weitere Voraussetzungen hat einräumen wollen, wenn die „Zwei-Drittel-Klausel" erfüllt ist. Diese gesetzgeberische Entscheidung hat der Rechtsanwender – vorbehaltlich eines Verstoßes gegen Art. 3 Abs. 1 GG[4] – zu respektieren[5].

Der I. Senat des **BFH hat seine Auffassung mit Urteil vom 27.11.2013[6] korrigiert.** Darin heißt es nun in Hinsicht auf die vorstehende Kritik:

„Der Senat hält die Kritik insofern für berechtigt, als nicht schon die bloße Eignung eines Wohlfahrtsbetriebs zur Gewinnerzielung ein die Zweckbetriebseigenschaft nach § 66 AO ausschließendes Handeln ‚des Erwerbs wegen' indiziert. Denn zum einen deutet der Ausdruck ‚wegen' auf eine subjektive, individuelle Zweckbestimmung hin und zum anderen kann die Erzielung von Gewinnen in gewissem Umfang – z.B. zum Inflationsausgleich oder zur Finanzierung von betrieblichen Erhaltungs- und Modernisierungsmaßnahmen – geboten sein, ohne in Konflikt mit dem Zweck der steuerlichen Begünstigung zu stehen."

---

1 BFH v. 18.9.2007 – I R 30/06, BStBl. II 2009, 126; siehe aber auch das Nichtanwendungsschreiben v. 20.1.2009, BStBl. I 2009, 339; AEAO Nr. 6 zu § 66 AO.

2 Vgl. die Kritik bei *Schauhoff/Kirchhain*, DStR 2008, 807: „Gemeinnützigkeit im Umbruch durch Rechtsprechung"; ablehnend auch *Musil* in Hübschmann/Hepp/Spitaler, § 66 AO Rz. 21; *Droege* in NK-GemnR, § 66 AO Rz. 9; *Seer* in Tipke/Kruse, § 66 AO Rz. 2; a.A. *Heger*, DStR 2008, 807 f.

3 So haben bereits *Isensee/Knobbe-Keuk* in ihrem Minderheitsvotum einen „Subsidiaritätsvorbehalt" vorgeschlagen, vgl. Gutachten, S. 460 ff.

4 Der I. Senat hat offenbar einen solchen Verstoß bei einer weiten Auslegung des § 66 AO für möglich gehalten. Vgl. dazu *Heger*, DStR 2008, 807.

5 Vgl. auch *Hüttemann/Schauhoff*, DB 2011, 319.

6 BFH v. 27.11.2013 – I R 17/12, BStBl. II 2016, 68.

6.229 Vor diesem Hintergrund hat der I. Senat daher seine frühere Aussage **dahingehend eingeschränkt**[1],

„dass eine den Zweckbetrieb nach § 66 AO ausschließende Erwerbsorientierung dann gegeben ist, wenn damit **Gewinne angestrebt werden, die den konkreten Finanzierungsbedarf des jeweiligen wirtschaftlichen Geschäftsbetriebs übersteigen** ..., die Wohlfahrtspflege mithin nur als Vorwand dient, um das eigene Vermögen zu mehren."

Auch diese neue Abgrenzungsformel hat allerdings in der Praxis mehr neue Fragen aufgeworfen als alte gelöst (vgl. auch Rz. 6.182 f.). Denn schon bald wurde deutlich, dass nicht nur eine auf den einzelnen Wohlfahrtsbetrieb bezogene Prüfung der wirtschaftlichen Realität der meisten Einrichtungen nicht gerecht wird, sondern sich auch die Feststellung des „konkreten Finanzierungsbedarfs" schwierig gestaltet. Die **Finanzverwaltung** hat sich zwar nach längerer Überlegung für die Anwendung des BFH-Urteils entschieden, das „Gewinnverbot im Wohlfahrtsbereich" aber nur mit gewissen Einschränkungen – z.B. einer Saldierung aller Betriebe nach § 66 Abs. 2 AO – in den Anwendungserlass übernommen[2]. Nachdem auch diese Vorgaben in der Praxis auf erheblichen Widerstand gestoßen sind, hat **die Finanzverwaltung die Vorgaben im Anwendungserlass noch weiter entschärft**[3]. Die wesentlichen Aussagen in Nr. 2 Sätze 4 ff. des Anwendungserlasses zu § 66 AO sind:

– Werden in drei aufeinanderfolgenden Veranlagungszeiträumen jeweils Gewinne erwirtschaftet, die den konkreten Finanzbedarf der „wohlfahrtspflegerischen Gesamtsphäre" der Körperschaft übersteigen, liegt darin nur ein (widerlegliches) Indiz für ein schädliches Gewinnstreben.

– Unbeabsichtigte Gewinne (z.B. auf Grund von Marktschwankungen) oder Gewinne auf Grund von staatlich regulierten Preisen sind unschädlich.

– Der konkrete Finanzierungsbedarf umfasst auch Erträge, die für den Betrieb und die Fortführung der Einrichtungen notwendig sind und beinhaltet auch eine zulässige Rücklagenbildung nach § 62 Abs. 1 Nr. 1 und 2 AO (also auch künftige Erweiterungsinvestitionen).

– Die „wohlfahrtspflegerische Gesamtsphäre" umfasst neben Wohlfahrtsbetrieben nach § 66 AO auch Krankenhäuser (§ 67 AO) sowie Zweckbetriebe, soweit diese auch die Voraussetzungen des § 66 AO erfüllen, und ideelle Tätigkeiten, die bei Erhebung von Entgelten Wohlfahrtsbetriebe nach § 66 AO wären.

Auch wenn diese „Entschärfung" sicher zu begrüßen ist, weil sie den wirtschaftlichen Realitäten besser Rechnung trägt, bleibt doch die Frage, ob der mit einer flächendeckenden Prüfung von Wohlfahrtsbetrieben anhand dieser Maßstäbe verbundene **bürokratische Aufwand in der Sache wirklich gerechtfertigt ist**. Vor allem muss man sich fragen, ob ein auf einzelne Zweckbetriebe bezogenes „Gewinnverbot" überhaupt sinnvoll ist. Betrachtet man den Wortlaut des § 66 Abs. 2 AO, erweist sich die

---

1 BFH v. 27.11.2013 – I R 17/12, BStBl. II 2016, 68; die Bezugnahme des I. Senats auf Rz. 4.101 der Vorauflage ist allerdings in doppelter Hinsicht unrichtig, da sich diese Passage zum einen nicht auf § 66 Abs. 2 AO bezog und dort zum anderen vom Finanzbedarf der „Einrichtung" die Rede war.

2 Vgl. dazu BMF v. 26.1.2016, BStBl. I 2016, 155 und dazu *Kirchhain*, DStR 2016, 505; *Hüttemann*, DB 2016, 1338.

3 Siehe BMF v. 6.12.2017, BStBl. I 2017, 1603.

Auslegung des I. Senats ohnehin nicht als zwingend, denn das Merkmal „nicht des Erwerbs wegen" ließe sich auch so verstehen, dass nur Wohlfahrtsbetriebe von „Non-Profit-Organisationen" gemeint sind, die einem Gewinnausschüttungsverbot unterliegen[1]. Angesichts der praktischen Bedeutung des Themas sollte der Gesetzgeber eine entsprechende Änderung des Wortlauts in Erwägung ziehen.

Eine Einrichtung der Wohlfahrtspflege ist nur dann ein Zweckbetrieb, wenn sie **„in besonderem Maße" den in § 53 AO genannten Personen dient**. Diese Voraussetzung wird in § 66 Abs. 3 AO dahin konkretisiert, dass „mindestens zwei Drittel ihrer Leistungen" den in § 53 genannten Personen zugute kommen. Daraus folgt zunächst, dass die Leistungen der Einrichtung zu mehr als zwei Drittel den hilfebedürftigen Menschen selbst („unmittelbar") zugute kommen. Eine bloße Unterstützung anderer Einrichtungen (z.B. durch einen Zentraleinkauf für mehrere Altenheime) ist demnach noch keine Wohlfahrtspflege im Sinne von § 66 AO. Diese Einschränkung bedeutet, dass eine betriebswirtschaftlich sinnvolle Ausgliederung von Teilfunktionen auf Gemeinschaftseinrichtungen regelmäßig zum Verlust der Steuervergünstigung führt, weil die „Fremdumsätze" über der Ein-Drittel-Grenze liegen werden. Deshalb ist z.B. in der Vergangenheit zentralen Krankenhauswäschereien[2], Krankenhausapotheken[3], Beschaffungs-[4] und Gehaltsabrechnungsstellen[5] die Zweckbetriebseigenschaft versagt worden[6]. 6.230

Entscheidend ist zudem, dass mindestens **zwei Drittel** der Leistungen den hilfebedürftigen Menschen (§ 53 AO) zugutekommen. Das Zwei-Drittel-Kriterium bedeutet eine Erleichterung gegenüber § 65 Nr. 1 AO, wonach an sich ein Zweckbetrieb „in seiner Gesamtrichtung" der Verfolgung steuerbegünstigter Zwecke dienen muss, sodass nur ein geringfügiger Anteil satzungsfremder Tätigkeiten als „unschädlich" anzusehen ist (vgl. Rz. 6.183). Grundsätzlich ist es Sache der betroffenen Einrichtungen, die Einhaltung der Zwei-Drittel-Grenze – z.B. durch Abfragen mittels eines kurzen Standardformulars – nachzuweisen[7]. Maßgebend ist dabei nicht die Zahl der Leistungsempfänger, sondern vorrangig der Wert der erbrachten Leistungen[8]. Hinsichtlich der Kriterien der Bedürftigkeit gelten die bei § 53 AO dargelegten Grundsätze. Bei Personen, die das 75. Lebensjahr vollendet haben, kann nach Ansicht der Finanzverwaltung eine körperliche Hilfebedürftigkeit vermutet werden[9]. 6.231

---

1 Dies entspräche dem Verständnis des Gerichtshofs von „Einrichtungen ohne Gewinnstreben" nach Art. 132 Abs. 1 Buchst. l und m MwStSystRL, vgl. nur EuGH v. 21.3.2002 – Rs. C-174/00 *Kennemer Golf & Country Club*, Slg. 2002, I-3293.
2 Vgl. BFH v. 18.10.1990 – V R 35/85, BStBl. II 1991, 157.
3 S. BFH v. 18.10.1990 – V R 76/89, BStBl. II 1991, 268.
4 BFH v. 15.10.1997 – II R 94/94, BFH/NV 1998, 150.
5 Dazu OFD Münster v. 5.1.1998, StEK AO § 64 Nr. 36.
6 Zur Gemeinnützigkeit einer Labor-GmbH vgl. BFH v. 6.2.2013 – I R 59/11, BStBl. II 2013, 603.
7 Siehe aus der Rechtsprechung näher BFH v. 21.9.2016 – V R 50/15, BStBl. II 2017, 1173 (1175) mit weiteren Hinweisen zu Mitwirkungspflichten und Beweismaßreduktion.
8 Vgl. AEAO Nr. 3 Satz 7 zu § 66 AO; *Musil* in Hübschmann/Hepp/Spitaler, § 66 AO Rz. 25.
9 AEAO Nr. 4 zu § 53 AO.

Auch wenn § 66 Abs. 2 AO keinen direkten Verweis auf § 53 Nr. 2 Sätze 6 bis 8 AO enthält, so besteht doch Einigkeit darüber, dass die **Verfahrenserleichterungen** beim Nachweis der wirtschaftlichen Hilfebedürftigkeit (z.B. durch einen Bescheid nach § 53 Nr. 2 Satz 8 AO) auch für Wohlfahrtsbetriebe gelten[1].

6.232 Nach der früheren Ansicht des I. Senats setzte ein „zugute kommen" im Sinne des § 66 AO voraus, dass die Leistungen **im Rahmen einer direkten Vertragsbeziehung** zu den begünstigten Personen erbracht werden.

Im Ausgangsfall des **BFH-Urteils vom 16.12.2009**[2] hatte sich der klagende Verein im Rahmen eines sog. Betreibervertrags mit einem (steuerpflichtigen) Vermieter zur Erbringung von Betreuungsleistungen gegenüber den Mietern verpflichtet. Der I. Senat verneinte die Voraussetzungen eines Zweckbetriebs nach § 66 AO, weil der Kläger seine Leistungen nicht gegenüber den in § 53 AO genannten Personen, sondern gegenüber dem Vermieter erbracht habe, der selbst nicht unter den Anwendungsbereich des § 66 AO falle. Da der Kläger lediglich als Erfüllungsgehilfe in die Leistungsbeziehungen des Vermieters zu den Mietern eingeschaltet worden sei, dienten seine Leistungen nach Ansicht des I. Senats nicht unmittelbar dem in § 53 AO genannten Personenkreis. An diesem Standpunkt hat der BFH in der Entscheidung vom 17.2.2010 festgehalten[3]. Auch hier waren die Betreuungsleistungen nicht auf der Grundlage einer direkten Vertragsbeziehung mit den betreuten Jugendlichen erbraucht worden, sondern die klagende gGmbH war als Auftragnehmerin ihrer Gesellschafter tätig geworden.

Die Rechtsprechung des I. Senats **überzeugte nicht**[4] und ist daher inzwischen aufgegeben worden[5]. § 66 AO bietet für ein derartiges „vertragsrechtliches" Verständnis keine Grundlage. Vielmehr reicht es für das Merkmal des „zugute kommen" aus, dass die betreffenden Leistungen den begünstigten Personen tatsächlich „zugute gekommen" sind. Das Gemeinnützigkeitsrecht ist Steuersubventionsrecht. Auch § 66 AO begünstigt nicht den Abschluss von Vertragsbeziehungen, sondern die tatsächliche Hilfe für Menschen. Deshalb kann die Anwendung der Steuervergünstigung auch nicht davon abhängen, ob den Empfängern – im Rahmen eines berechtigenden Vertrages zugunsten Dritter – zusätzlich ein eigener Erfüllungsanspruch eingeräumt wird. Offenbar ging es dem I. Senat auch bei dieser einschränkenden Auslegung des § 66 AO letztlich nur darum, im Interesse des Wettbewerbsschutzes die Grenzlinie zwischen § 65 und § 66 AO zugunsten des Wettbewerbsvorbehalts in § 65 Nr. 3 AO zu verschieben. Eine solche „Grenzverschiebung" ist aber letztlich Sache des Gesetzgebers. Zu Recht hat der I. Senat seine Auffassung im Urteil vom 27.11.2013[6] zum Merkmal „nicht des Erwerbs wegen" dahin eingeschränkt,

---

1 AEAO Nr. 7 zu § 66 AO.
2 BFH v. 16.12.2009 – I R 49/08, BStBl. II 2011, 398.
3 BFH v. 17.2.2010 – I R 2/08, BStBl. II 2010, 1006.
4 Zum Folgenden auch *Hüttemann/Schauhoff*, DB 2011, 319; siehe auch *von Holt*, DB 2010, 1791; anders zu § 4 Nr. 18 UStG nun auch BFH v. 8.6.2011 – XI R 22/09, BFH/NV 2011, 1804.
5 BFH v. 27.11.2013 – I R 17/12, BStBl. II 2016, 68.
6 BFH v. 27.11.2013 – I R 17/12, BStBl. II 2016, 68.

„dass eine den Zweckbetrieb nach § 66 AO ausschließende Erwerbsorientierung (nur) dann gegeben ist, wenn damit Gewinne angestrebt werden, die den konkreten Finanzierungsbedarf des jeweiligen wirtschaftlichen Geschäftsbetriebs übersteigen [...], die Wohlfahrtspflege mithin nur als Vorwand dient, um das eigene Vermögen zu mehren"[1].

Die Finanzverwaltung hat diese Grundsätze inzwischen in den Anwendungserlass übernommen[2]. Dies hat auch Auswirkungen auf **Personalgestellungen an Wohlfahrtseinrichtungen**, die nach dem Anwendungserlass nun ebenfalls unter bestimmten Voraussetzungen in die Steuerbefreiung nach § 66 AO einbezogen sind[3].

3. Beispiele

Eine Einrichtung der Wohlfahrtspflege liegt regelmäßig vor bei häuslichen Pflegeleistungen durch eine steuerbegünstigte Körperschaft im Rahmen des SGB VII, SGB XI, BSHG oder BVersG[4]. Einrichtungen der Wohlfahrtspflege sind auch Mensa- und Cafeteria-Betriebe der Studentenwerke, soweit sie Studenten mit Speisen und Getränken versorgen[5]. Der – an sich nicht begünstigte – Verkauf von alkoholischen Getränken, Tabakwaren und sonstigen Handelswaren steht der Steuervergünstigung nach Ansicht der Finanzverwaltung solange nicht entgegen, wie er nicht mehr als 5 Prozent des Gesamtumsatzes ausmacht[6]. Zweckbetrieb nach § 66 AO ist auch die Grundversorgung von Schülerinnen und Schülern mit Speisen und Getränken[7]. Tagesaufenthalts- bzw. Begegnungsstätten für alte Menschen in Seniorenheimen – nicht aber eine allgemein zugängliche Cafeteria – fallen ebenfalls unter die Zweckbetriebsbefreiung des § 66 AO. Gleiches gilt für Krankenfahrten, für die während der Fahrt eine fachliche Betreuung bzw. der Einsatz besonderer Einrichtungen eines Krankentransport- oder Rettungswagens erforderlich ist oder möglicherweise notwendig wird[8]. Auch die in § 68 Nr. 1 Buchst. a und b AO speziell geregelten Einrichtungen sind begrifflich als Einrichtungen der Wohlfahrtspflege anzusehen[9]. Zu den nach § 66 AO begünstigten Einrichtungen können auch sog. medizinische Versorgungszentren nach § 95 SGB V gehören[10]. Für Krankenhäuser sieht das Gesetz in § 67 AO eine Sonderregelung vor.

6.233

---

1 BFH v. 27.11.2013 – I R 17/12, BStBl. II 2016, 68.
2 AEAO Nr. 3 Sätze 2 und 3 zu § 66 AO.
3 AEAO Nr. 3 Sätze 8 ff. zu § 66 AO und dazu näher *Kirchhain*, DStR 2016, 505.
4 Siehe AEAO Nr. 4 zu § 66 AO; vgl. auch *Klaßmann*, Steuerrecht in Pflegeeinrichtungen, 4. Aufl. 2010.
5 BFH v. 11.5.1988 – V R 76/83, BStBl. II 1988, 908; AEAO Nr. 5 zu § 66 AO.
6 AEAO Nr. 5 zu § 66 AO.
7 AEAO Nr. 5 zu § 66 AO.
8 AEAO Nr. 6 zu § 66 AO; vgl. BFH v. 27.11.2013 – I R 17/12, BStBl. II 2016, 68; aber BFH v. 18.9.2007 – I R 30/06, BStBl. II 2009, 126; BMF v. 20.1.2009, BStBl. I 2009, 339.
9 Zur „wohlfahrtspflegerischen Gesamtsphäre" vgl. AEAO Nr. 3 zu § 66 AO.
10 Vgl. OFD Frankfurt/M. v. 26.9.1996, DB 2006, 2261; siehe auch *Bartmuß*, DB 2007, 706.

VIII. Krankenhäuser (§ 67 AO)

1. Überblick und Rechtsentwicklung

6.234 § 67 AO enthält eine **besondere Zweckbetriebsregelung für Krankenhäuser**, die den anderen Regelungen (§§ 65, 66 AO) vorgeht[1]. Eine Sonderregelung für Krankenhäuser war bereits in § 11 GemVO 1941 enthalten. § 10 GemVO machte die Steuerbegünstigung davon abhängig, dass die „Krankenanstalt in besonderem Maße der minderbemittelten Bevölkerung dient". Diese Voraussetzung war u.a. dann erfüllt, wenn die Pflegesätze eine bestimmte Höhe nicht überschritten bzw. mindestens 40 Prozent der Verpflegungstage auf Kranke der Sozialversicherung etc. entfielen. § 67 AO ist durch das JStG 2007 neu gefasst worden.

6.235 Das geltende Recht macht die Zweckbetriebseigenschaft eines Krankenhauses allein davon abhängig, ob mindestens 40 Prozent der jährlichen Pflegetage auf Patienten entfallen, bei denen **nur Entgelte für allgemeinen Krankenhausleistungen nach dem Krankenhausentgeltgesetz bzw. der Bundespflegesatzverordnung** berechnet werden. Die Regelung des § 67 AO hat nicht nur Bedeutung für die gemeinnützigkeitsabhängigen Steuervergünstigungen, sondern ist auch Tatbestandsmerkmal für andere Befreiungsregelungen, z.B. in § 3 Nr. 20 GewStG, § 4 Nr. 16 UStG, § 116 BewG und § 4 Nr. 6 GrStG[2].

2. Einzelfragen

6.236 Was unter einem **Krankenhaus im Sinne von § 67 AO** zu verstehen ist, bestimmt sich nach § 2 Nr. 1 KHG und § 2 Nr. 1 BPflV. Darunter fallen „Einrichtungen, in denen durch ärztliche und pflegerische Hilfeleistung Krankheiten, Leiden oder Körperschäden festgestellt, geheilt oder gelindert werden sollen oder Geburtshilfe geleistet wird und in denen die zu versorgenden Personen untergebracht und verpflegt werden können"[3]. Nicht mehr erforderlich ist, dass das Krankenhaus eine Konzession hat[4]. Hochschulkrankenhäuser sind stets Krankenhäuser im Sinne von § 2 Nr. 1 KHG. Der Betrieb gewerblicher Art „Hochschulklinikum" ist daher – wenn die weiteren Voraussetzungen der Steuerbegünstigung vorliegen (dazu Rz. 2.76 ff.) – ein Zweckbetrieb im Sinne des § 67 AO[5].

6.237 Die Zweckbetriebsbefreiung setzt nicht voraus, dass die Trägerkörperschaft ausschließlich ein Krankenhaus betreibt. Eine Einrichtung kann daher auch **teilweise**

---

1 Zur Zweckbetriebseigenschaft von Krankenhäusern vgl. näher *Heintzen/Musil*, Das Steuerrecht des Gesundheitswesens, 2007, Rz. 124 ff.; *Klaßmann/Notz/Schmidbauer*, Die Besteuerung der Krankenhäuser und anderer humanmedizinischer Leistungserbringer, 5. Aufl. 2017; *Musil*, Steuerliche Fragen der Gesundheitsreform, Teil I, 2010.

2 Zur Vereinbarkeit der 40-Prozent-Grenze mit unionsrechtlichen Vorgaben vgl. EuGH v. 8.6.2006 – Rs. C-106/05 *L. u. P. GmbH*, Slg. 2006, I-5123.

3 Vgl. BFH v. 18.10.1990 – V R 35/85, BStBl. II 1991, 157; OFD Niedersachsen v. 25.9.2012, npoR 2012, 213; siehe auch *Klaßmann/Notz/Schmidbauer*, Die Besteuerung der Krankenhäuser, 5. Aufl. 2017, S. 18.

4 *Buchna/Leichinger/Seeger/Brox*, S. 340.

5 Dazu näher BFH v. 18.10.2017 – V R 46/16, BFH/NV 2018, 293.

als Krankenhaus im Sinne von § 67 AO angesehen werden, wenn der Krankenhausteil räumlich oder zumindest funktional als Einheit von den anderen Bereichen abgrenzbar ist[1]. Nach Ansicht der Finanzverwaltung reicht allerdings eine rein buchmäßige Trennung nicht aus. Vielmehr bedarf der Krankenhausteil einer gewissen Selbständigkeit und organisatorischer Geschlossenheit, wenngleich an die Trennung keine „überzogenen Anforderungen zu stellen seien"[2]. Eine solche Aufteilung ist z.B. auch dann vorzunehmen, wenn Reha-Einrichtungen, Sanatorien und Kuranstalten z.B. auch Urlaubsgäste (sog. Ergänzungsbelegungen) aufnehmen. In diesem Fall handelt es sich bei der Betreuung der Urlaubsgäste um einen steuerpflichtigen wirtschaftlichen Geschäftsbetrieb. Erfolgt die Unterbringung nicht nur vorübergehend zur besseren Kapazitätsauslastung, sondern werden bestimmte Teile des Krankenhauses auf diese Weise dauerhaft umgewidmet, kann darin u.U. eine steuerschädliche Mittelverwendung liegen (vgl. näher Rz. 5.58). Ein gesonderter wirtschaftlicher Geschäftsbetrieb liegt auch dann vor, wenn andere wirtschaftliche Tätigkeiten ausgeübt werden, die einen anderen Gegenstand haben als die Patientenbetreuung[3].

Beispiele für gesonderte wirtschaftliche Geschäftsbetriebe sind eine Telefonüberlassung und Fernsehgerätevermietung an Patienten[4], die Unterhaltung einer öffentlich zugänglichen Besuchercafeteria[5], Leistungen für Dritte (Chefärzte, Belegärzte, Gemeinschaftspraxis oder andere Kliniken), z.B. in Gestalt einer Personal- oder Geräteüberlassung[6], Lieferung von Arzneimitteln durch die Krankenhausapotheke[7], Serviceleistungen einer Zentralwäscherei[8], EDV-Leistungen, Laborleistungen, sowie die Vermietung von Parkplätzen an Besucher[9].

Für die Frage, welche mit den ärztlichen und pflegerischen Leistungen an die Patienten als Benutzer des Krankenhauses zusammenhängenden Leistungen dem Zweckbetrieb Krankenhaus zuzurechnen sind, kommt es nach Ansicht des BFH ausgehend vom Zweck des § 67 AO darauf an, **welche Leistungen typischerweise von einem Krankenhaus gegenüber seinen Patienten erbracht werden**[10]. Maßgebend sei insoweit, dass das Krankenhaus zur Sicherstellung seines Versorgungsauftrags von Gesetzes wegen zu diesen Leistungen befugt sei und der Sozialversicherungsträger als Kostenträger für seine Versicherten deshalb grundsätzlich zahlen müsse[11]. Nach diesen Grundsätzen ist die Abgabe von Zytostatika durch die Krankenhausapotheke an ambulant behandelte Patienten des Krankenhauses zur unmittelbaren Verabrei-

---

1 Vgl. *Buchna/Leichinger/Seeger/Brox*, S. 341; OFD Hannover v. 14.7.1998, DStR 1998, 1357.

2 OFD Hannover v. 14.7.1998, DStR 1998, 1357.

3 Dazu näher die Übersicht bei *Buchna/Leichinger/Seeger/Brox*, S. 346 ff.; OFD Niedersachsen v. 25.9.2012, npoR 2012, 213; OFD Frankfurt v. 19.8.2013 – S 0186 A-6-St-53, juris; OFD Frankfurt v. 20.7.2016 – S 0186 A – 6 – St 53, npoR 2017, 31.

4 Vgl. FinMin NRW v. 9.3.2005, DB 2005, 582; vgl. auch FG Hessen v. 16.5.2008 – 4 K 2905/06, juris.

5 *Buchna/Leichinger/Seeger/Brox*, S. 349; siehe auch AEAO Nr. 2 zu § 68 Nr. 1 AO.

6 FinMin NRW v. 9.3.2005, DB 2005, 582.

7 BFH v. 18.10.1990 – V R 76/89, BStBl. II 1991, 268.

8 BFH v. 18.10.1990 – V R 35/85, BStBl. II 1991, 157.

9 *Buchna/Leichinger/Seeger/Brox*, S. 352.

10 Vgl. BFH v. 31.7.2013 – I R 82/12, BStBl. II 2015, 123; BFH v. 31.7.2013 – I R 31/12, BFH/NV 2013, 185; BFH v. 18.10.2017 – V R 46/16, BFH/NV 2018, 293.

11 BFH v. 31.7.2013 – I R 82/12, BStBl. II 2015, 123 (125).

chung im Krankenhaus dem Zweckbetrieb Krankenhaus zuzurechnen. Dies gilt auch dann, wenn die Ermächtigung zur Durchführung ambulanter Behandlungen nicht dem Krankenhaus im Wege einer sog. Institutsermächtigung, sondern dem Chefarzt des Krankenhauses erteilt wird, der die Behandlungen als Dienstaufgabe durchführt[1]. Diese Grundsätze hat der BFH inzwischen auch auf die Abgabe von Faktorpräparaten zur Heimselbstbehandlung durch ein Universitätsklinikum übertragen[2].

6.238   Ein Krankenhaus, das unter das KHEntG bzw. die BPflV fällt, ist ein Zweckbetrieb, wenn mindestens **40 Prozent der jährlichen Pflegetage** auf Patienten entfallen, bei denen nur Entgelte für allgemeine Krankenhausleistungen (§ 7 KHEntG, § 10 BPflV) berechnet werden[3]. Nicht hierunter fallen sog. Wahlleistungen (Belegung eines Ein- oder Zweibettzimmers oder Chefarztbehandlung), die gesondert abgerechnet werden und daher im Rahmen der 40-Prozent-Grenze „schädlich" sind. Bei der Berechnung der Jahrespflegetage ist die Erbringung medizinischer Wahlleistungen (z.B. erweiterte Labordiagnostik) nicht zu berücksichtigen[4]. Dagegen kann die „übliche Überlassung von Telefonen und Fernsehgeräten" nach Ansicht der Finanzverwaltung bei der Prüfung der 40-Prozent-Grenze außer Betracht bleiben[5]. Bei der Anwendung des § 67 AO auf (reine) Belegkrankenhäuser gilt ebenfalls die 40-Prozent-Grenze[6]. Fällt ein Krankenhaus nicht unter das KHEntG bzw. die BPflV, muss die Einhaltung der 40-Prozent-Grenze durch eine Vergleichsrechnung nachgewiesen werden (§ 67 Abs. 2 AO)[7].

6.239–6.240   frei

IX. Sportliche Veranstaltungen (§ 67a AO)

1. Überblick und Rechtsentwicklung

6.241   Mit der Steuerbefreiung für sportliche Veranstaltungen in § 67a AO wollte der Gesetzgeber insbesondere **kleinen Vereinen die Einhaltung der steuerlichen Rahmenbedingungen erleichtern**[8]. Die Besteuerung des gemeinnützigen Vereinssports ist seit jeher durch Sonderregelungen gekennzeichnet („Im Verein ist Sport am schönsten").

---

1 Dazu näher BFH v. 31.7.2013 – I R 82/12, BStBl. II 2015, 123; BFH v. 31.7.2013 – I R 31/12, BFH/NV 2013, 185.

2 BFH v. 18.10.2017 – V R 46/16, BFH/NV 2018, 293; vgl. auch FG Münster v. 17.8.2017 – 10 K 2165/15 K, juris (Rev. BFH V R 39/17).

3 Dazu näher BFH v. 26.8.2010 – V R 5/08, BStBl. II 2011, 296.

4 Siehe BFH v. 26.8.2010 – V R 5/08, BStBl. II 2011, 296.

5 FinMin NRW v. 9.3.2005, DB 2005, 582; vgl. auch BFH v. 26.8.2010 – V R 5/08, BStBl. II 2011, 296.

6 Vgl. näher BFH v. 25.11.1993 – V R 64/89, BStBl. II 1994, 212.

7 Dazu näher BFH v. 26.8.2010 – V R 5/08, BStBl. II 2011, 296; *Klaßmann/Notz/Schmidbauer*, Die Besteuerung der Krankenhäuser, 5. Aufl. 2011, S. 23 f.

8 Vgl. BT-Drucks. 11/4176, S. 8 ff.

§ 9 Nr. 10 GemVO 1953, § 68 Nr. 7 Buchst. b AO 1977 machten die Steuerbegünstigung der sportlichen Veranstaltungen noch davon abhängig, dass nur kostendeckende Entgelte erhoben wurden. 1986 wurde dann die zumeist kritisierte[1] Vorläufernorm der heutigen Regelung in § 67a AO eingefügt und die Besteuerung davon abhängig gemacht, ob „bezahlte Sportler" an der Veranstaltung mitwirken. Diese Regelung ist durch das **Vereinsförderungsgesetz vom 18.12.1990** mit Wirkung zum 1.1.1990 nochmals geändert worden[2]. Dabei wurde aus Vereinfachungsgründen eine umsatzbezogene Zweckbetriebsgrenze von 60 000 DM (später 30 678 Euro) eingefügt (§ 67a Abs. 1 Satz 1 AO). Um zu verhindern, dass sich die Zweckbetriebsgrenze im Einzelfall auch nachteilig auswirkt (z.B. in Hinsicht auf eine Verlustverrechnung), ist sie als Option ausgestaltet worden (§ 67a Abs. 2 AO). Dies hat allerdings dazu geführt, dass der ursprünglich gewollte Vereinfachungseffekt in der Praxis nicht erreicht wird, weil stets die Vorteilhaftigkeit der Option geprüft werden muss. Die 1986 eingeführten Grundsätze über die Besteuerung von sportlichen Veranstaltungen als Zweck- bzw. wirtschaftlicher Geschäftsbetrieb wurden in § 67a Abs. 3 AO übernommen. Ab Veranlagungszeitraum 2007 wurde die Zweckbetriebsgrenze auf 35 000 Euro angehoben. Seit dem Ehrenamtsstärkungsgesetz beträgt sie 45 000 Euro. Insgesamt kann auch die Neuregelung nicht befriedigen[3]. Dies zeigen auch die umfangreichen Hinweise im Anwendungserlass zur AO[4].

Was das **Verhältnis von § 67a AO zu § 65 AO** anbetrifft, so enthält § 67a AO zwar eine Sonderregelung für sportliche Veranstaltungen von Sportvereinen, die gewisse Ausnahmen von § 65 AO trifft. Die Regelung schließt aber die Anwendung der Generalnorm des § 65 AO nicht aus. Fällt also eine Tätigkeit eines Sportvereins – z.B. die kurzfristige Vermietung von Sportgeräten – nicht unter § 67a AO, kann gleichwohl ein Zweckbetrieb nach § 65 AO vorliegen[5]. Zu welchen Abgrenzungsschwierigkeiten ein auf den ersten Blick trivialer Sachverhalt wie der Betrieb eines öffentlichen Schwimmbades führen kann, machen die Ausführungen im Anwendungserlass zur Tätigkeit eines gemeinnützigen Schwimmvereins deutlich, wo zwischen „Schulschwimmen" (Vermietung des Schwimmbads an einen Schulträger als Vermögensverwaltung), „Vereinsschwimmen" (Zweckbetrieb nach § 67a AO) und dem „Jedermannschwimmen" (Zweckbetrieb nach § 65 AO) unterschieden wird[6]. | 6.242

2. Persönlicher Anwendungsbereich

Die Regelung des § 67a AO gilt nur für „**Sportvereine**". Darunter sollen alle Körperschaften zu verstehen sein, die Sport im Sinne von § 52 Abs. 2 Satz 1 Nr. 21 AO fördern und betreiben[7]. Diese Anknüpfung an § 52 Abs.2 Satz 1 Nr. 21 AO liegt nahe, könnte sich aber – wenn weitere Denksportarten wie das Turnierbridge über die Öffnungsklausel in die Gemeinnützigkeit einbezogen werden (dazu Rz. 3.150 ff.) | 6.243

---

1 Vgl. dazu auch die Kritik der Unabhängigen Sachverständigenkommission, Gutachten, S. 182 ff.
2 Vgl. näher *Thiel/Eversberg*, DB 1990, 348; *Jansen*, DStR 1990, 61.
3 Eingehende verfassungsrechtliche Würdigung bei *Musil* in Hübschmann/Hepp/Spitaler, § 67a AO Rz. 5.
4 Die Ausführungen im AEAO zu § 67a AO umfassen 40 Teilziffern!
5 Vgl. BFH v. 30.3.2000 – V R 39/99, BStBl. II 2000, 705; BFH v. 24.6.2015 – I R 13/13, BStBl. II 2016, 971.
6 Vgl. näher AEAO Nr. 13 zu § 67a AO.
7 AEAO Nr. 2 zu § 67a AO; *Buchna/Leichinger/Seeger/Brox*, S. 359.

– wertungsmäßig als zu eng erweisen. „Sportvereine" im Sinne von § 52 Abs. 2 Satz 1 Nr. 21 AO können auch Sportdachverbände sein, wenn sie „sportliche Veranstaltungen" im Sinne des § 67a AO durchführen. Die Ermöglichung der ordnungsgemäßen und einheitlichen Durchführung von Bundesliga-Wettkämpfen durch die Mitgliedsvereine gehört nach Ansicht des BFH aber nicht dazu[1]. Nicht unter § 67a AO (kein „Menschensport") fallen z.B. „Hundesportvereine" oder „Pferderennvereine", die andere gemeinnützige Zwecke (Freizeitgestaltung bzw. Pferdezucht) verfolgen[2].

3. Begriff der sportlichen Veranstaltung

6.244 Der Begriff der sportlichen Veranstaltung kommt nicht nur in § 67 AO vor, sondern ist auch für die Umsatzsteuerbefreiung nach § 4 Nr. 22 Buchst. b UStG relevant. Der BFH legt den Begriff in beiden Normen einheitlich aus[3] und geht dabei von einem relativ weiten Verständnis aus: Er zählt dazu alle Veranstaltungen, **„bei denen aktive Sportler Sport treiben"**[4]. Auf den Anlass der sportlichen Betätigung kommt es nicht an. Allerdings muss der Sportverein eine eigene Organisationsleistung hinsichtlich der sportlichen Betätigung erbringen. Eine bloße Zurverfügungstellung von Sportanlagen – auch z.B. für sog. Sponsorenturniere[5] – reicht nicht aus. Eine sportliche Veranstaltung liegt also auch dann vor, wenn ein Sportverein im Rahmen einer anderen (nicht steuerbegünstigten) Veranstaltung eine sportliche Betätigung gegen ein Entgelt darbietet (z.B. ein bezahlter Schauauftritt eines Tanzsportvereins bei einem Firmenjubiläum). Entscheidend ist also nicht, „wo", sondern „dass" getanzt und damit Sport getrieben wird. Auch auf die Anwesenheit von Publikum kommt es nicht an.

Allerdings ist zu beachten, dass die neuere Rechtsprechung bei anderen gesetzlich angeordneten Zweckbetrieben verlangt, dass die jeweilige Betätigung **in ihrer Gesamtrichtung** dazu dient, die steuerbegünstigten Ziele zu verwirklichen[6]. Daraus ist im Kontext des § 67a AO abzuleiten, dass Schauauftritte etc. nur dann als sportliche Veranstaltungen anzusehen sind, wenn diese Auftritte auch dem Training und der Vorbereitung auf Leistungswettbewerbe und Turniere dienen, d.h. die Erzielung zusätzlicher Einnahmen nicht das einzige Motiv darstellt. Eine solche einschränkende Auslegung ist auch keine Besonderheit des § 67a AO, sondern gleichermaßen z.B. im Rahmen von § 68 AO geboten (s. Rz. 6.181 ff.).

Zu **sportlichen Veranstaltungen** im Sinne von § 67a AO gehören z.B. Wettkampfveranstaltungen, Meisterschaftsspiele, Turniere, Volksläufe und Trimmveranstaltungen[7]. Gleiches gilt für Fitness-Studios eines gemeinnützigen Sportvereins[8] und

---

1 BFH v. 24.6.2015 – I R 13/13, BStBl. II 2016, 971.

2 *Buchna/Leichinger/Seeger/Brox*, S. 359.

3 Dazu nur BFH v. 25.7.1996 – V R 7/95, BStBl. II 1997, 154.

4 Vgl. BFH v. 4.5.1994 – XI R 109/90, BStBl. II 1994, 886 (887); BFH v. 25.7.1996 – V R 7/95, BStBl. II 1997, 154 (155); BFH v. 9.8.2007 – V R 27/04, BFH/NV 2007, 2213; BFH v. 3.4.2008 – V R 74/07, BFH/NV 2008, 1631; BFH v. 24.6.2015 – I R 13/13, BStBl. II 2016, 971.

5 Dazu OFD Hannover v. 20.5.2009, juris; OFD Hannover v. 20.1.2010, DStR 2010, 758.

6 Vgl. BFH v. 3.6.2003 – I R 25/02, BStBl. II 2004, 660.

7 Vgl. z.B. *Buchna/Leichinger/Seeger/Brox*, S. 359 ff.; *Wallenhorst/Halaczinsky*, Rz. G 104.

8 Vgl. OFD Frankfurt/M. v. 5.5.2008, KSt-Kartei HE § 5 KStG Karte H 195.

Schießübungen unter Aufsicht[1]. Auch die Erteilung von Sportgruppenunterricht für Mitglieder und Nichtmitglieder zur Aus- und Fortbildung der sportlichen Fähigkeiten ist nach h.M. eine sportliche Veranstaltung[2]. Wegen des Vorrangs des § 67a AO gegenüber § 65 Nr. 3 AO spielt es dabei keine Rolle, dass außerhalb von Sportvereinen auch private Anbieter entsprechende Angebote bereithalten. Allerdings gilt dies nur für den Fall von normalen Sportkursen und Sportlehrgängen. Trainiert ein Verein durch einen hierfür bestellten Trainer einzelne Mitglieder, handelt es sich mangels eines organisierten Ablaufs nicht mehr um eine „Veranstaltung", sondern um eine Dienstleistung, die nicht von § 67a AO erfasst wird[3]. Das Einzeltraining für Vereinsmitglieder kann aber ein Zweckbetrieb nach § 65 AO sein[4]. Für die steuerliche Behandlung von Sportreisen stellt die Finanzverwaltung zu Recht darauf ab, ob die sportliche Betätigung wesentlicher und notwendiger Bestandteil der Reise ist (z.B. Wettkampfreise) oder die Erholung der Teilnehmer im Vordergrund steht[5]. **Keine sportlichen Veranstaltungen** im Sinne von § 67a AO sind die Vermietung von Sportstätten und Betriebsvorrichtungen, z.B. von Turnhallen[6], Schießplätzen[7], Tennis- und Golfplätzen[8], die Übertragung von Werbeflächen und Werbung, der Verkauf von Speisen und Getränken (§ 67a Abs. 1 Satz 2 AO), Werbung (§ 67a Abs. 1 Satz 2 AO), sowie die Unterhaltung von Club-Häusern, Vereinsgaststätten. Auch die bloße Nutzungsüberlassung von Sportgeräten (z.B. Flugzeugen[9] oder Trainingsgeräten[10]) ist keine sportliche Veranstaltung, da sie eine sportliche Betätigung lediglich vorbereitet[11]. Insoweit ist wiederum zwischen einer Überlassung an Mitglieder (Zweckbetrieb nach § 65 AO) bzw. Nichtmitglieder (wirtschaftliche Geschäftsbetrieb) zu unterscheiden[12]. Auch entgeltliche Tätigkeiten eines Dachsportverbandes zur Ermöglichung der ordnungsgemäßen und einheitlichen Durchführung von Bundesliga-Wettkämpfen durch die Mitgliedsvereine stellen nach Ansicht des BFH keine sportliche Veranstaltung dar[13]. Keine „sportliche Veranstaltung" ist schließlich die Verwaltung von Sporthallen im Auftrag einer Stadt[14].

---

1 Vgl. FG München v. 10.4.2014 – 14 K 1495/12, EFG 2014, 1436.
2 *Musil* in Hübschmann/Hepp/Spitaler, § 67a AO Rz. 14; *Buchna/Leichinger/Seeger/Brox*, S. 361.
3 BFH v. 25.7.1996 – V R 7/95, BStBl. II 1997, 154; ausdrücklich offengelassen in BFH v. 27.4.2006 – V R 53/04, BStBl. II 2007, 16; BFH v. 2.3.2011 – XI R 21/09, BFH/NV 2011, 1456; siehe auch *Musil* in Hübschmann/Hepp/Spitaler, § 67a AO Rz. 16.
4 So *Buchna/Leichinger/Seeger/Brox*, S. 361.
5 AEAO Nr. 4 zu § 67a AO.
6 BFH v. 17.12.2008 – XI R 23/08, BStBl. II 2010, 208.
7 BFH v. 20.11.2008 – V B 264/07, BFH/NV 2009, 430.
8 BFH v. 11.10.2007 – V R 69/06, BFH/NV 2008, 322; BFH v. 3.4.2008 – V R 74/07, BFH/ NV 2008, 1631.
9 BFH v. 9.8.2007 – V R 27/04, BFH/NV 2007, 2213.
10 Vgl. BFH v. 20.3.2014 – V R 4/13, BFH/NV 2014, 1470.
11 Vgl. dazu BFH v. 25.7.1996 – V R 7/95, BStBl. II 1997, 154; BFH v. 30.3.2000 – V R 30/ 99, BStBl. II 2000, 705.
12 AEAO Nr. 14 zu § 67a AO.
13 BFH v. 24.6.2015 – I R 13/13, BStBl. II 2016, 971
14 BFH v. 5.8.2010 – V R 54/09, BFH/NV 2011, 95.

Die Vielzahl neuerer – und zudem allesamt nicht im Bundessteuerblatt veröffentlichter – Urteile ist nicht irgendwelchen Auslegungsschwierigkeiten beim Begriff der „sportlichen Veranstaltung" geschuldet, sondern beruht einzig darauf, dass sich die Kläger – je nach Interessenlage – für die **Umsatzsteuerbefreiung** auch unmittelbar auf Art. 132 Abs. 1 Buchst. m MwStSystRL berufen haben. Da die Finanzverwaltung aber auch sechzehn Jahre (!) nach der Entscheidung des EuGH in der Rechtssache *Kennemer Golf*[1] immer noch nicht weiß, wie sie künftig mit Mitgliedsbeiträgen umgehen möchte, werden alle BFH-Urteile zu diesem Fragenkomplex weiterhin „totgeschwiegen" (dazu auch Rz. 7.137 ff.).

4. Zweckbetriebsgrenze (§ 67a Abs. 1 Satz 1 AO)

6.245 Die sportlichen Veranstaltungen eines Sportvereins sind ein Zweckbetrieb, wenn die Einnahmen einschließlich der Umsatzsteuer aus allen sportlichen Veranstaltungen eines Kalenderjahres den Betrag von 45 000 Euro nicht übersteigen. Diese Rechtsfolge tritt immer ein, solange der Verein nicht nach § 67a Abs. 2 AO auf die Anwendung der Zweckbetriebsgrenze verzichtet. Grundsätzlich kann also der Sportverein entscheiden, ob er von der Besteuerung nach § 67a Abs. 1 Satz 1 AO Gebrauch machen will oder nicht. Die Ausübung der Option nach Absatz 2 kann bis zur Unanfechtbarkeit des Körperschaftsteuerbescheides widerrufen werden und bindet den Verein für fünf Veranlagungszeiträume.

6.246 Macht der Verein von dem Wahlrecht Gebrauch und verzichtet er auf die Anwendung der Zweckbetriebsgrenze nach § 67a Abs. 1 Satz 1 AO, dann sind **alle sportlichen Veranstaltungen nach § 67a Abs. 3 AO zu beurteilen**. Es wird dann jede einzelne sportliche Veranstaltung getrennt behandelt und – je nach Mitwirkung von bezahlten Sportlern – als Zweckbetrieb oder als steuerpflichtiger wirtschaftlicher Geschäftsbetrieb eingeordnet. Entscheidend für die gemeinnützigkeitsrechtliche Zuordnung von sportlichen Veranstaltungen als Zweckbetrieb oder wirtschaftlicher Geschäftsbetrieb ist also in § 67a Abs. 3 AO ausschließlich der Gesichtspunkt, ob ein „bezahlter Sportler" an der Veranstaltung teilnimmt.

6.247 **Bezahlter Sportler** kann entweder ein Sportler des Vereins (§ 67a Abs. 3 Nr. 1 AO) oder ein anderer Sportler (§ 67a Abs. 3 Nr. 2 AO) sein. „Bezahlter" Sportler im Sinne von § 67a AO ist ein Sportler, der für seine sportliche Betätigung oder für die Benutzung seiner Person, seines Namens, seines Bildes oder seiner sportlichen Betätigung zu Werbezwecken von dem Verein oder einem Dritten über eine Aufwandsentschädigung hinaus Vergütungen oder andere Vorteile erhält (§ 67 Abs. 3 Satz 1 Nr. 1 und 2 AO)[2]. Nach Ansicht der Finanzverwaltung sind Zahlungen an einen Sportler des Vereins bis zu insgesamt 400 Euro je Monat im Jahresdurchschnitt ohne Einzelnachweis als „Aufwandsentschädigung" anzusehen[3]. Bei höheren Aufwandsentschädigungen sind die gesamten Aufwendungen im Einzelnen nachzuweisen. Dabei muss

---

1 EuGH v. 21.3.2002 – Rs. C-174/00 *Kennemer Golf & Country Club*, Slg. 2002, I-3293, 3298.

2 Dazu näher *Alber* in NK-GemnR, § 67a AO Rz. 56 ff.; *Buchna/Leichinger/Seeger/Brox*, S. 369 ff.

3 Diese Grenze ist durch das BMF-Schreiben v. 31.1.2014, BStBl. I 2014, 290 nicht angehoben worden.

es sich um Aufwendungen persönlicher oder sachlicher Art handeln, die dem Grunde nach Werbungskosten oder Betriebsausgaben sein können[1].

5. Vor- und Nachteile des Optionsrechts

§ 67a Abs. 2 AO gibt dem Verein die Möglichkeit, zwischen der Veranlagung nach Absatz 1 Satz 1 und der nach Absatz 3 zu wählen. Die Ausübung der Option hat – je nach den tatsächlichen Verhältnissen – **unterschiedliche positive und negative Wirkungen**:

    6.248

- **Liegen die Einnahmen unter 45 000 Euro**, so liegt nach § 67a Abs. 1 Satz 1 AO ein Zweckbetrieb vor. Die Option bewirkt in diesem Fall, dass Veranstaltungen mit bezahlten Spielern nunmehr steuerpflichtige wirtschaftliche Geschäftsbetriebe sind, während sich für die anderen Veranstaltungen keine Änderung ergibt. Für solche Vereine, die nur Veranstaltungen ohne bezahlte Sportler durchgeführt haben, führt die Option also zu keiner anderen Rechtslage.

- Betragen die **Einnahmen mehr als 45 000 Euro** und wird nicht optiert, sind alle sportlichen Veranstaltungen ein steuerpflichtiger wirtschaftlicher Geschäftsbetrieb (Umkehrschluss aus § 67a Abs. 1 Satz 1 AO). Durch Option wird dagegen erreicht, dass die Zweckbetriebseigenschaft für solche Veranstaltungen, an denen kein bezahlter Sportler teilgenommen hat, erhalten bleibt. Hier ist die Option also dann wirkungslos, wenn der Verein nur Veranstaltungen mit bezahlten Spielern durchgeführt hat, die auch bei Anwendung des § 67a Abs. 3 AO als steuerpflichtige wirtschaftliche Geschäftsbetriebe behandelt werden.

Zusammenfassend ist festzustellen, dass die Option nur dann zu einer Änderung der Besteuerung führt, wenn die Einnahmen unter 45 000 Euro liegen und zumindest auch Veranstaltungen mit bezahlten Sportlern vorliegen oder die Einnahmen mehr als 45 000 Euro betragen und keine bezahlten Sportler mitgewirkt haben.

Von der Problematik, ob die Ausübung der Option zu einer Änderung der Besteuerung führt, ist die Frage zu trennen, ob eine Änderung mit **Vor- oder Nachteilen** verbunden ist. Dies kann nur unter Berücksichtigung des Einzelfalls entschieden werden, da sowohl die Einordnung als steuerpflichtiger Geschäftsbetrieb als auch die Einordnung als Zweckbetrieb jeweils mit steuerlichen Vor- und Nachteilen verbunden ist. Bei der Abwägung sind neben ertrag- und umsatzsteuerlichen Gesichtspunkten vor allem die Auswirkungen zu beachten, die sich – je nach Gewinn- oder Verlustsituation – aus der steuerlichen Behandlung der sportlichen Veranstaltung für die ertragsteuerliche Ergebnissaldierung und den Verlustausgleich nach § 64 Abs. 2 AO ergeben. Schließlich ist zu berücksichtigen, dass die Option für mindestens fünf Jahre Bindungswirkung hat. Ändern sich die Verhältnisse, dann kann eine zunächst vorteilhaft erscheinende Option in den Folgejahren zu Nachteilen führen.

    6.249

Wenn man bedenkt, dass die Entscheidung „für" oder „gegen" einen Zweckbetrieb nach § 67a AO auch von der Höhe der Zweckbetriebsgrenze abhängt, dann hat der

---

1 Siehe AEAO Nr. 32 zu § 67a Abs. 3 AO.

Gesetzgeber mit der Anhebung der Zweckbetriebsgrenze durch das Ehrenamtsstärkungsgesetz die „**Karten neu gemischt**", sodass eigentlich alle Sportvereine die Möglichkeit erhalten müssten, neu über die Wahlrechtsausübung zu entscheiden.

6.250–6.251 frei

X. Sonstige Zweckbetriebe (§ 68 AO)

6.252 Neben den Sonderregelungen in §§ 66 bis 67a enthält § 68 AO eine **Aufzählung weiterer Geschäftsbetriebe**, die auch Zweckbetriebe „sind". Eine entsprechende Regelung fand sich bereits in § 10 GemVO 1941 bzw. § 9 GemVO 1953. Der Katalog des § 68 AO hat teils deklaratorische Bedeutung (vgl. z.B. § 68 Nr. 1 Buchst. a AO) und kann insoweit bei der Interpretation des § 65 Nr. 3 AO als Auslegungshilfe herangezogen werden[1]. Überwiegend handelt es sich aber um Ausnahmen, die rechtsbegründenden Charakter haben (vgl. etwa § 68 Nr. 6 AO), und der Generalnorm des § 65 AO vorgehen[2]. Soweit es um solche Ausnahmen geht, sind die Katalogtatbestände restriktiv[3] – also nicht über ihren Wortlaut hinaus – auszulegen (vgl. Rz. 6.219).

1. Alten-, Pflege- und Erholungsheime, Mahlzeitendienste (§ 68 Nr. 1 Buchst. a AO)

6.253 Nach § 68 Nr. 1 Buchst. a AO sind Alten-, Altenwohn- und Pflegeheime[4], Erholungsheime und Mahlzeitendienste steuerbegünstigte Zweckbetriebe, wenn sie in besonderem Maße den in § 53 AO genannten Personen dienen. Eine entsprechende – **klarstellende** – Befreiungsregelung war bereits in § 9 Nr. 1 GemVO 1953 enthalten.

6.254 Für den Begriff der **Alten-, Altenwohn- und Pflegeheime** kann auf die Regelung des § 1 HeimG zurückgegriffen werden[5]. Gemeinsames Merkmal dieser Einrichtungen ist, dass sie alte Menschen und pflegebedürftige oder behinderte Volljährige (für Kinder und Jugendliche vgl. § 68 Nr. 1 Buchst. b AO) nicht nur vorübergehend aufnehmen und betreuen, ohne dass die Voraussetzungen eines Krankenhauses vorliegen (dann § 67 AO). Mangels längerfristiger Aufnahme sind Einrichtungen zur Kurzzeitpflege keine Pflegeheime[6]. Solche Einrichtungen können aber nach § 66 AO begünstigt sein[7]. Eine Einrichtung dient in besonderem Maße den in § 53 AO genannten Personen, wenn die Voraussetzung des § 66 Abs. 3 AO erfüllt sind (siehe Rz. 6.230). Insoweit kommt es also auf die körperliche bzw. wirtschaftliche Hilfebedürftigkeit an. Die Begünstigung umfasst nur solche Tätigkeiten, die für den Betrieb einer der

---

1 BFH v. 15.12.1993 – X R 115/91, BStBl. II 1994, 314.
2 Vgl. BFH v. 4.6.2003 – I R 25/02, BStBl. II 2004, 660.
3 Vgl. *Musil* in Hübschmann/Hepp/Spitaler, § 68 AO Rz. 13; *Bertels* in NK-GemnR, § 68 AO Rz. 14.
4 Vgl. dazu eingehend *Klaßmann*, Steuerrecht in Pflegeeinrichtungen, 4. Aufl. 2010.
5 AEAO Nr. 2 zu § 68 Nr. 1 AO; ebenso zu § 4 Nr. 16 UStG a.F. BFH v. 1.12.1994 – V R 116/92, BStBl. II 1995, 220.
6 BFH v. 1.12.1994 – V R 116/92, BStBl. II 1995, 220.
7 So auch AEAO Nr. 2 zu § 68 Nr. 1 AO.

genannten Einrichtungen notwendig sind. Daher ist z.B. eine (allgemein zugängliche) Cafeteria in einem Altenheim nicht begünstigt[1]. Gleiches gilt für die Überlassung von Telefonen[2].

Neben den genannten Einrichtungen umfasst § 68 Nr. 1 Buchst. a AO auch **Erholungsheime**[3] (z.B. Müttererholungsheime) **und Mahlzeitendienste**[4] (Essen auf Rädern), sofern deren Leistungen wiederum in besonderem Maße den in § 53 AO genannten Personen zugute kommen.   6.255

2. Kindergärten, Kinder-, Jugend-, Studentenheime, Schullandheime, Jugendherbergen (§ 68 Nr. 1 Buchst. b AO)

Durch § 68 Nr. 1 Buchst b AO sind bestimmte **Einrichtungen zur Förderung von Schülern, Jugendlichen und Studenten** ausdrücklich als Zweckbetriebe anerkannt. Auch diese Regelung kennt Vorläuferregelungen (vgl. § 9 Nr. 1 GemVO 1953) und ist gemessen an der Generalnorm des § 65 AO deklaratorischer Natur. Im Unterschied zu den in § 68 Nr. 1 Buchst a AO genannten Einrichtungen ist eine Prüfung der Voraussetzungen des § 53 AO entbehrlich, da der Gesetzgeber mit Rücksicht auf die besondere Zielgruppe von einem vorrangigen Allgemeininteresse ausgeht. Allerdings sind die allgemeinen Einschränkungen des § 52 AO (Förderung der Allgemeinheit) und des § 55 Abs. 1 AO (Verbot kollektiven Eigennutzes) zu beachten. Ein Kindergarten, der nur den Angehörigen einer bestimmten Familie offensteht, oder ein Betriebskindergarten fällt daher nicht unter die Begünstigung[5]. Die Steuerbegünstigung umfasst mangels einer ausdrücklichen Einschränkung auch die notwendige Versorgung mit Speisen und Getränken (z.B. im Rahmen eines Kinderheims oder einer Jugendherberge)[6]. Soweit eine der in § 68 Nr. 1 Buchst. b AO genannten Einrichtungen auch Leistungen an andere Personengruppen erbringt (z.B. Übernachtungs- und Verpflegungsleistungen an allein reisende Erwachsene), handelt es sich um einen eigenständigen wirtschaftlichen Geschäftsbetrieb[7]. Fehlt es an einer Abgrenzbarkeit, weil die nicht begünstigten Leistungen zu den gleichen Bedingungen erbracht werden, ist die Steuervergünstigung nach Ansicht der Rechtsprechung zu versagen, wenn die nicht begünstigten Leistungen nicht nur von ganz untergeordneter Bedeutung (d.h. weniger als 10 Prozent der Gesamtleistungen) sind[8].   6.256

---

1 BFH v. 24.1.1990 – I R 33/86, BStBl. II 1990, 470.
2 FG Hessen v. 16.5.2008 – 4 K 2905/06, n.v.
3 Zur Zweckbetriebseigenschaft eines Familienhotels vgl. BFH v. 21.9.2016 – V R 50/15, BStBl. II 2017, 1173.
4 Dazu BFH v. 13.6.2012 – I R 71/11, BFH/NV 2013, 89.
5 Zutreffend *Buchna/Leichinger/Seeger/Brox*, S. 386.
6 Ebenso *Buchna/Leichinger/Seeger/Brox*, S. 386; a.A. wohl *Musil* in Hübschmann/Hepp/Spitaler, § 68 AO Rz. 18.
7 Vgl. BFH v. 10.8.2016 – V R 11/15, BStBl. II 2018, 113; BMF v. 18.1.2018, BStBl. I 2018, 204.
8 BFH v. 18.1.1995 – V R 139–142/92, BStBl. II 1995, 446; vgl. auch OFD Frankfurt v. 29.3.2012 – S 0187 A-20-St 53.

3. Selbstversorgungsbetriebe (§ 68 Nr. 2 AO)

6.257 Die Steuerbegünstigung von Selbstversorgungsbetrieben betrifft weniger die Einrichtungen als solche, sondern die **steuerliche Behandlung von Leistungen an Außenstehende**. Beschränkt sich eine Selbstversorgungseinrichtung auf die Versorgung der Angehörigen der Trägerkörperschaft (ein Kinderheim betreibt z.B. eine eigene Küche zur Versorgung der Kinder mit Speisen und Getränken), fehlt es schon mangels einer Leistung gegen Entgelt bzw. einer Teilnahme am wirtschaftlichen Verkehr an einem wirtschaftlichen Geschäftsbetrieb im Sinne von § 14 AO, sodass sich die Frage des Zweckbetriebs nicht stellt. Soweit bestimmte Leistungen des Selbstversorgungsbetriebs gegen Entgelt an Angehörige der Trägerkörperschaft erbracht werden (die Küche der Jugendherberge versorgt die jugendlichen Gäste mit Essen und Getränken), ergibt sich die Steuerbegünstigung dieser Leistung bereits aus der Steuerbegünstigung der Trägereinrichtung (im Fall der Jugendherberge also § 68 Nr. 1 Buchst. b AO). § 68 Nr. 2 AO greift folglich erst dann ein, wenn ein Selbstversorgungsbetrieb neben der Versorgung der Trägerkörperschaft auch entgeltliche Leistungen an „Außenstehende" erbringt (die Krankenhausküche liefert z.B. Essen an eine benachbarte Schule). Solche Leistungen sind ein Zweckbetrieb, wenn die Leistungen nicht mehr als 20 Prozent des Wertes der gesamten Lieferungen und Leistungen der Einrichtungen betragen[1].

§ 68 Nr. 2 AO enthält eine Abweichung von § 65 Nr. 1 und 2 AO, da die Fremdumsätze für die Verwirklichung steuerbegünstigter Zwecke nicht notwendig sind, sondern in erster Linie **zur besseren Kapazitätsauslastung und Erzielung zusätzlicher Deckungsbeiträge erbracht werden**. Durch die Zweckbetriebsfiktion soll der Betrieb von Selbstversorgungseinrichtungen erleichtert und die Besteuerung vereinfacht werden, weil innerhalb der 20-Prozent-Grenze eine gesonderte Gewinnermittlung unterbleiben kann.

Diesen **Vereinfachungseffekt** hat der V. Senat mit Urteil vom 29.1.2009[2] ohne Not aufgegeben. Nach seiner Ansicht soll die Steuerbefreiung nach § 68 Nr. 2 Buchst. b AO ihrem Sinn und Zweck nach nur Einrichtungen umfassen,

„die ihrer Art nach nicht regelmäßig ausgelastet sind und deshalb gelegentlich auch Leistungen an Dritte erbringen, nicht aber solche, die personell für die dauerhafte Erbringung an Dritte ausgestattet sind".

Diese Rechtsansicht ist auf nahezu allgemeine Ablehnung gestoßen[3]. Ihr ist schon deshalb nicht zu folgen, weil sie schlicht „unpraktikabel" ist und die Finanzverwaltung mit **sinnlosen betriebswirtschaftlichen Prüfungen des „Auslastungsgrades"** von Selbstversorgungseinrichtungen belastet[4]. Darüber hinaus lässt die Entscheidung jede Auseinandersetzung mit der Entstehungsgeschichte der Norm vermissen[5]. Denn der Gesetzgeber der AO 1977 hatte ganz bewusst auf die in § 9 Ziff. 2 und

---

1 Dazu näher *Baumann/Penne-Goebel*, DB 2005, 695.
2 BFH v. 29.1.2009 – V R 46/06, BStBl. II 2009, 560.
3 Ablehnend auch *Musil* in Hübschmann/Hepp/Spitaler, § 68 AO Rz. 23; *Seer* in Tipke/Kruse, § 68 AO Rz. 5; *Bertels* in NK-GemnR, § 68 AO Rz. 37.
4 Siehe die Kritik bei *Seeger/Brox*, DStR 2009, 2459 sowie bei *Buchna/Leichinger/Seeger/Brox*, S. 403 f.
5 Vgl. auch *Hüttemann/Schauhoff*, DB 2011, 319; *Hüttemann*, DB 2012, 250.

Abs. 3 GemVO noch enthaltene weitere sachliche Einschränkung verzichtet, dass die Lieferungen und Leistungen „durch die Verhältnisse bedingt sind oder sich daraus üblicherweise ergeben". Man wollte also aus Gründen der Rechtssicherheit und Verwaltungsvereinfachung und die Besteuerung der Selbstversorgungseinrichtungen ausschließlich vom Überschreiten der 20-Prozent-Grenze abhängig machen. Über diese Wertung des historischen Gesetzgebers hat sich der V. Senat ohne (überzeugende) Begründung hinweggesetzt. Leider will die Finanzverwaltung diese Entscheidung mit einer Übergangsregelung anwenden[1].

Unter den **Begriff der Selbstversorgungseinrichtung** fallen zum einen landwirt-   6.258
schaftliche Betriebe und Gärtnereien, die der Selbstversorgung der Körperschaft dienen und „dadurch die sachgemäße Ernährung und ausreichende Versorgung von Anstaltsangehörigen sichern," sowie andere Einrichtungen wie z.B. Tischlereien und Schlossereien. Aus den gesetzlichen Regelbeispielen wird allgemein geschlossen, dass nur Dienstleistungs- und Handwerksbetriebe begünstigt sind, nicht aber Handelsbetriebe. Eine Krankenhausapotheke ist daher kein „Selbstversorgungsbetrieb" im Sinne von § 68 Nr. 2 AO[2]. Anders ist dagegen im Fall einer Krankenhauswäscherei zu entscheiden[3]. Dagegen sollen Einrichtungen zur Selbstversorgung mit „reinen Verwaltungsdienstleistungen" (z.B. Buchführung, Personalverwaltung etc.) nach Ansicht des V. Senats des BFH[4] mangels Ähnlichkeit zu den gesetzlichen erwähnten Handwerksbetrieben nicht unter § 68 Nr. 2 Buchst. b AO fallen. Diese Grenzziehung ist nicht selbstverständlich, denn der Umstand, dass der Gesetzgeber – historisch bedingt – vor allem an Handwerksbetriebe gedacht hat, begründet noch nicht, warum die „Ähnlichkeit" in erster Linie durch die Handwerksordnung bestimmt sein soll. Letztlich sind auch Handwerksbetriebe nichts anderes als „Dienstleistungsbetriebe", sodass die Steuerbefreiung durchaus auch auf Verwaltungsleistungen anwendbar ist.

Versorgungsbetrieb im Sinne von § 68 Nr. 2 AO kann z.B. auch ein Heizkraftwerk sein, das benachbarte Unternehmen mit Fernwärme versorgt[5]. Entscheidend ist aber immer, dass der Betrieb an die Trägerkörperschaft selbst bzw. ihre Angehörigen Wärme liefert[6]. Daher liegt keine Selbstversorgungseinrichtung vor, wenn eine Kantine die Arbeitnehmer eines Gesellschafters des Trägers versorgt[7].

4. Behindertenwerkstätten, Einrichtungen für Beschäftigungs- und Arbeitstherapie, Integrationsbetriebe (§ 68 Nr. 3 AO)

§ 68 Nr. 3 AO enthält eine Aufzählung von Einrichtungen, die im weiteren Sinne der   6.259
Beschäftigung, Qualifizierung und Integration von Behinderten dienen. Bereits die GemVO 1953 enthielt in § 9 Nr. 3 eine Vorläuferregelung. Die Regelung des § 68

---

1 Vgl. BMF v. 12.4.2011, BStBl. I 2011, 538; AEAO Nr. 4 zu § 68 Nr. 2 AO.
2 BFH v. 18.10.1990 – V R 76/89, BStBl. II 1991, 268.
3 BFH v. 18.10.1990 – V R 35/85, BStBl. II 1991, 157.
4 BFH v. 29.1.2009 – V R 46/06, BStBl. II 2009, 560.
5 OFD Frankfurt v. 1.10.2013 – S 0187A-18-St53.
6 Vgl. näher *Fischer/van den Boeken*, NWB 2012, 2217.
7 Vgl. FG Brandenburg v. 25.11.1998 – 2 K 825/96 G, EFG 1999, 199.

Nr. 3 AO hat im Wesentlichen deklaratorische Bedeutung und soll – insbesondere durch die zum 1.1.2003 eingeführte Anlehnung an die Regelungen des Sozialrechts[1] – die allgemeine Zweckbetriebsdefinition des § 65 AO für Behinderteneinrichtungen näher konkretisieren. Das Gesetz unterscheidet drei Tatbestände:

– „Werkstätten für behinderte Menschen" (§ 68 Nr. 3 Buchst. a AO),

– Einrichtungen für Beschäftigungs- und Arbeitstherapie (§ 68 Nr. 3 Buchst. b AO) sowie

– Inklusionsbetriebe im Sinne des § 215 Abs. 1 SGB IX (§ 68 Nr. 3 Buchst. c AO).

6.260 Anders als § 68 Nr. 2 AO betreffend Selbstversorgungseinrichtungen enthält § 68 Nr. 3 AO **keine Beschränkung hinsichtlich der Leistungen an Dritte**. Dies erklärt sich daraus, dass solche Außenumsätze bei den Einrichtungen der Behindertenhilfe zur Verwirklichung des steuerbegünstigten Zwecks einfach notwendig sind[2]. Soweit dadurch ein Wettbewerb zu nicht begünstigten Betrieben entsteht, ist dieser auf Grund der Sonderregelung steuerlich irrelevant bzw. – bei vergleichbaren Einrichtungen außerhalb von § 68 Nr. 3 AO – im Sinne von § 65 Nr. 3 AO „unvermeidbar"[3]. Auch ein Verkaufsgeschäft, in dem ausschließlich selbst hergestellte Produkte und Erzeugnisse angeboten werden, ist aus diesem Grund ein (notwendiger) Teil des Zweckbetriebs, da die hergestellten Erzeugnisse am Markt verkauft werden müssen, wenn man eine sinnvolle Beschäftigungsmöglichkeit anstrebt. Dagegen ist der Verkauf zugekaufter Ware ein selbständiger wirtschaftlicher Geschäftsbetrieb, der jedoch die Zweckbetriebseigenschaft des sonstigen Verkaufsgeschäfts unberührt lässt[4]. Zugekauft sind nicht nur Handelswaren, sondern auch Waren, die für den Verkauf lediglich aufbereitet wurden. Dies war nach bisheriger Ansicht der Finanzverwaltung der Fall, wenn die Wertschöpfung durch die Werkstatt weniger als 10 Prozent des Nettowerts der zugekauften Ware beträgt[5]. Begünstigt ist ferner auch eine Kantine zur Versorgung der Behinderten und ihrer Betreuer[6].

6.261 Die Zweckbetriebseigenschaft von **Behindertenwerkstätten (§ 68 Nr. 3 Buchst. a AO)** hängt davon ab, ob der Betrieb nach § 136 SGB IX förderungsfähig ist[7] und Arbeitsplätze für solche Behinderten bietet, die wegen ihrer Behinderung nicht auf dem allgemeinen Arbeitsmarkt tätig sein können. In Betracht kommen z.B. handwerkliche, landwirtschaftliche und gärtnerische Betriebe, aber auch eine Cafeteria[8].

---

1 Zur Neuregelung vgl. OFD Düsseldorf und Münster v. 14.6.2004, DB 2004, 1397.
2 Vgl. auch BFH v. 15.12.1993 – X R 115/91, BStBl. II 1994, 314; BFH v. 26.4.1995 – I R 35/93, BStBl. II 1995, 767; BFH v. 13.6.2012 – I R 71/11, BFH/NV 2013, 89; siehe auch *Hüttemann*, MwStR 2014, 115.
3 BFH v. 26.4.1995 – I R 35/93, BStBl. II 1995, 767.
4 AEAO Nr. 5 zu § 68 Nr. 3 AO; vgl. auch OFD Hannover v. 1.8.2006, DB 2006, 1871.
5 So OFD Hannover v. 1.8.2006, DB 2006, 1871; anders jetzt AEAO Nr. 5 zu § 68 Nr. 3 AO.
6 AEAO Nr. 5 zu § 68 Nr. 3 AO.
7 Zur Relevanz der sozialrechtlichen Kriterien vgl. AEAO Nr. 5 zu § 68 Nr. 3 AO.
8 Vgl. FG Schleswig-Holstein v. 11.12.1998 – IV 954/97, EFG 1999, 858.

Zweckbetriebe sind auch **Einrichtungen für Beschäftigungs- und Arbeitstherapie** **(§ 68 Nr. 3 Buchst. b AO)**. Die gesetzliche Definition solcher Einrichtungen war früher im Anwendungserlass erhalten und ist 2004 in die AO übernommen worden[1].

6.262

Der Begriff der **Inklusionsbetriebe** im Sinne des § 215 Abs. 1 SGB IX ist mit Wirkung zum 1.1.2018[2] an die Stelle der bisherigen **Integrationsprojekte**[3] im Sinne des § 132 SGB IX a.F. getreten (§ 68 Nr. 3 Buchst. c AO). Inklusionsbetriebe sind „rechtlich und wirtschaftlich selbständige Unternehmen oder unternehmensinterne oder von öffentlichen Arbeitgebern im Sinne des § 154 Abs. 2 SGB IX geführte Betriebe oder Abteilungen zur Beschäftigung schwerbehinderter Menschen auf dem allgemeinen Arbeitsmarkt, deren Teilhabe an einer sonstigen Beschäftigung auf dem allgemeinen Arbeitsmarkt auf Grund von Art oder Schwere der Behinderung oder wegen sonstiger Umstände voraussichtlich trotz Ausschöpfens aller Fördermöglichkeiten und des Einsatzes von Integrationsfachdiensten auf besondere Schwierigkeiten stößt"[4]. § 215 Abs. 2 SGB IX enthält eine Aufzählung von Regelbeispielen der in Inklusionsbetrieben beschäftigen „schwerbehinderten Menschen". Inklusionsbetriebe bieten den schwerbehinderten Menschen insbesondere Beschäftigung, Maßnahmen der betrieblichen Gesundheitsförderung und arbeitsbegleitende Betreuung an (§ 216 SGB IX). Im Unterschied zu den sozialrechtlichen Vorgaben in § 215 Abs. 3 SGB IX (mindestens 30 Prozent) setzt die steuerliche Begünstigung von Inklusionsbetrieben eine Beschäftigungsquote von mindestens 40 Prozent voraus[5]. Da auch für Inklusionsbetriebe kein förmliches Anerkennungsverfahren vorgesehen ist, wird man für die steuerliche Einordnung als Inklusionsprojekt weiterhin auf den Leistungsbescheid abzustellen haben[6].

6.263

Die Einbeziehung von Integrationsprojekten in den Kreis der steuerbegünstigten Zweckbetriebe hat – wie seinerzeit von den Sozialpolitikern erhofft – in der Vergangenheit zur **verstärkten Gründung entsprechender Einrichtungen** geführt, die u.U. auch gezielt mit der Steuerbegünstigung am Markt warben[7]. Die Finanzverwaltung sah sich daher zu einer einschränkenden Auslegung der Regelung veranlasst[8]. Darüber hinaus hat der Gesetzgeber im JStG 2007 die Anwendung des ermäßigten Umsatzsteuersatzes durch eine allgemeine Rege-

---

1 Dazu näher AEAO Nr. 8 zu § 68 Nr. 3 AO.
2 Vgl. Art. 19 Abs. 12 des Gesetzes zur Stärkung der Teilhabe und Selbstbestimmung von Menschen mit Behinderungen (Bundesteilhabegesetz) v. 23.12.2016, BStBl. I 2016, 3234.
3 Dazu *Leisner*, DB 2007, 1047; *Lutz/Kurz*, DStR 2012, 1260.
4 So § 215 Abs. 1 SGB IX; die Ausführungen in AEAO Nr. 6 zu § 68 Nr. 3 AO sind noch nicht an die geänderten Bestimmungen angepasst worden.
5 Dazu näher – kein Integrationsbetrieb „im Aufbau" – FG Niedersachsen v. 14.6.2012 – 5 K 117/11, EFG 2012, 2074.
6 Zur bisherigen Rechtslage bei Integrationsbetrieben ohne förmliche Anerkennung vgl. AEAO Nr. 6 zu § 68 Nr. 3 AO: Leistungsbescheid des Integrationsamtes über erbrachte Leistungen nach § 134 SGB IX als Voraussetzung für die Anwendung des § 68 Nr. 3 Buchst. c AO; ebenso FG Berlin-Brandenburg v. 7.11.2016 – 5 K 5372/14, juris (Rev. BFH XI R 2/17).
7 Instruktiv FG Baden-Württemberg v. 19.10.2009 – 9 K 411/06, EFG 2010, 532.
8 Vgl. dazu BMF v. 2.3.2006, BStBl. I 2006, 242; OFD Frankfurt v. 7.8.2012 – S 0184 A-17-St53.

lung einzuschränken versucht (dazu Rz. 7.207). Steuersystematisch wäre eine zielgenauere Einschränkung des § 68 Nr. 3 AO besser gewesen[1].

5. Einrichtungen der Blindenfürsorge, der Fürsorge für Körperbehinderte, der Fürsorgeerziehung und der freiwilligen Erziehungshilfe (§ 68 Nr. 4 und 5 AO)

6.264   Nach § 68 Nr. 4 AO sind Zweckbetriebe auch Einrichtungen, die zur Durchführung der Blindenfürsorge und zur Durchführung der Fürsorge für Körperbehinderte unterhalten werden (z.B. Werkstätten)[2]. Gleiches gilt nach § 68 Nr. 5 AO für Einrichtungen über Tag und Nacht (Heimerziehung) und sonstige betreute Wohnformen[3]. Die Steuerbegünstigung bezieht sich bei diesen Einrichtungen gerade auf den Verkauf der erzeugten Produkte, hergestellten Waren oder angebotenen Dienstleistungen an Dritte. Im Unterschied zu § 68 Nr. 2 AO unterliegen diese Drittumsätze keinen Beschränkungen[4].

6. Lotterien und Ausspielungen (§ 68 Nr. 6 AO)

6.265   Lotterien[5] und Ausspielungen sind **reine Mittelbeschaffungsaktivitäten**, die keines der allgemeinen Kriterien des § 65 AO erfüllen. Schon die Sachverständigenkommission hat daher keinen sachlichen Grund gesehen, solche Geschäftsbetriebe von der partiellen Steuerpflicht auszunehmen[6]. In der Tat ist es wenig einsichtig, dass Basare, Flohmärkte und Benefizveranstaltungen der vollen Besteuerung unterworfen werden, nicht aber auch Lotterien und Ausspielungen. Der Gesetzgeber hat trotz dieser Kritik – offenbar aus Gründen des Bestandsschutzes – an der Zweckbetriebsregelung festgehalten. Auch die früher geltende Beschränkung auf zwei begünstigte Lotterien pro Jahr ist – mit Blick auf die großen Fernsehlotterien[7] – zum 1.1.2000 aufgegeben worden. Da nach geltendem Recht eine Einschränkung fehlt, ist auch eine umfangreiche Lotterietätigkeit unschädlich, solange eine „unmittelbare und ausschließliche" Verwendung des Reinertrages zur Förderung mildtätiger, kirchlicher oder gemeinnütziger Zwecke erfolgt[8]. Nach Ansicht der Finanzverwaltung ist die jährliche Organisation einer Tombola durch eine Mittelbeschaffungskörperschaft im Rahmen der

---

1 Dagegen hat der V. Senat (BFH v. 23.2.2012 – V R 59/09, BStBl. II 2012, 544) auf das Ausschließlichkeitsgebot zurückgegriffen, um einen „Altfall" zu erledigen. Vgl. dazu auch Rz. 4.17.

2 AEAO Nr. 9 zu § 68 Nr. 4 AO.

3 Der Wortlaut des § 68 Nr. 5 AO ist durch das Jahressteuergesetz 2013 v. 26.6.2013, BGBl. I 2013, 1809 an die Begrifflichkeiten des §§ 34, 48a SGB VIII angepasst worden. In § 68 Nr. 5 AO a.F. war noch von „Einrichtungen der Fürsorgeerziehung und der freiwilligen Erziehungshilfe" die Rede.

4 *Buchna/Leichinger/Seeger/Brox*, S. 409.

5 Zum Lotterierecht vgl. *Brücher-Herpel*, Stiftung&Sponsoring, Rote Seiten 2/2009.

6 Unabhängige Sachverständigenkommission, Gutachten, S. 181.

7 Dazu näher *Klümpen-Neusel* in NK-GemnR, § 68 AO Rz. 70 ff.

8 Vgl. auch *Buchna/Leichinger/Seeger/Brox*, S. 398: Lotterien dürften auch „ein beträchtliches Ausmaß annehmen".

Gesamtbetrachtung (gemeint ist offenbar § 56 AO[1]) selbst dann als steuerbegünstigter Zweckbetrieb nach § 68 Nr. 6 AO zu beurteilen, wenn die Körperschaft die Mittel überwiegend aus der Ausrichtung der Tombola erzielt[2].

Die Steuerbegünstigung nach § 68 Nr. 6 AO hat nicht nur zur Folge, dass Überschüsse aus der Lotterie ertragsteuerfrei vereinnahmt werden können. Eine weitere Konsequenz der Zweckbetriebsfiktion besteht auch darin, dass **Geld- und Sachpreise**, die der Körperschaft von dritter Seite zur Durchführung der Lotterie zugewendet werden, steuerlich abzugsfähige Spenden darstellen[3].

Zweckbetriebe nach § 68 Nr. 6 AO sind allerdings nur solche Lotterien und Ausspielungen, die **von den zuständigen Behörden – ggf. auch pauschal[4] – genehmigt** sind oder nach den jeweiligen landesrechtlichen Bestimmungen wegen des geringen Umfangs der Tombola oder Lotterieveranstaltung pauschal als genehmigt gelten. Die sachlichen Voraussetzungen und die Zuständigkeit für die Genehmigung bestimmen sich nach den lotterierechtlichen Verordnungen der Länder[5]. Regelmäßig sind nur „öffentliche" Lotterien und Ausspielungen genehmigungspflichtig (und damit auch genehmigungsfähig), so dass Veranstaltungen im Freundeskreis etc. nicht unter § 68 Nr. 6 AO fallen[6]. Führt eine steuerbegünstigte Körperschaft eine Lotterieveranstaltung durch, die nach dem Rennwett- und Lotteriegesetz nicht genehmigungsfähig ist, z.B. eine Tombola anlässlich einer geselligen Veranstaltung, handelt es sich insoweit nicht um einen Zweckbetrieb nach § 68 Nr. 6 AO[7]. Dies hat dann auch Rückwirkungen auf den Spendenabzug für „gestiftete" Geld- und Sachpreise[8].

6.266

7. Kulturelle Einrichtungen und Veranstaltungen (§ 68 Nr. 7 AO)

Nach § 68 Nr. 7 AO sind „**kulturelle Einrichtungen, wie Museen, Theater, und kulturelle Veranstaltungen, wie Konzerte, Kunstausstellungen**" Zweckbetriebe. Nicht dazu gehört der Verkauf von Speisen und Getränken. Die Regelung des § 68 Nr. 7 AO ist nur auf solche Körperschaften anzuwenden, deren Satzungszweck (auch) die Förderung der Kultur ist[9]. Sie war früher an die Voraussetzung geknüpft, dass nur kostendeckende Entgelte erhoben werden (vgl. § 68 Nr. 7 Buchst. b AO a.F., § 9 Nr. 9 GemVO 1953).

6.267

---

1 Der frühere Hinweis auf die Geprägetheorie ist im AEAO 2012 gestrichen worden.
2 AEAO Nr. 10 zu § 68 Nr. 6 AO.
3 Vgl. näher *Buchna/Leichinger/Seeger/Brox*, S. 399.
4 Vgl. AEAO Nr. 10 zu § 68 Nr. 6 AO; ferner Bayerisches Landesamt für Steuern v. 14.2.2011, KSt-Kartei Bayern § 5 Abs. 1 Nr. 9 KStG, Karte 17.1.
5 AEAO Nr. 10 zu § 68 Nr. 6 AO; Abdruck bei *Klümpen-Neusel* in NK-GemnR, § 68 AO Rz. 86 ff.
6 *Buchna/Leichinger/Seeger/Brox*, S. 398 f.
7 AEAO Nr. 11 zu § 68 Nr. 6 AO.
8 Siehe näher *Buchna/Leichinger/Seeger/Brox*, S. 399.
9 Vgl. AEAO Nr. 13 zu § 68 Nr. 7 AO.

6.268 Im Rahmen von § 68 Nr. 7 AO ist zwischen der **kulturellen „Einrichtung"** und der **kulturellen „Veranstaltung"** zu unterscheiden[1]. Der Begriff der „Einrichtung" ist sachbezogen zu verstehen und umfasst insbesondere Museen, Theater, Sammlungen und Bibliotheken. Demgegenüber ist der Begriff der „Veranstaltung" – entsprechend der Auslegung in § 67a AO – tätigkeitsbezogen gemeint. Eine kulturelle Veranstaltung liegt vor, wenn sich jemand „kulturell" betätigt: Theateraufführungen, Kunstausstellungen, Konzerte, Happenings. Auf eine bestimmte „künstlerische Höhe" kommt es nicht an. Daher können – wie der BFH beiläufig festgestellt hat – selbst „Darbietungen der Volksmusik-, Gesangs-, Volkstanz- und Schuhplattlergruppen" kulturelle Veranstaltungen sein[2]. Zudem kann in entsprechender Anwendung der Rechtsprechung des BFH zu sportlichen Veranstaltungen[3] eine kulturelle Veranstaltung auch dann vorliegen, wenn eine künstlerische Darbietung im Rahmen einer anderen, nicht begünstigten Veranstaltung erfolgt[4]. Insoweit ist allerdings zu differenzieren: Eine gesellige Veranstaltung (z.B. ein Vereinsfest) wird noch nicht dadurch zur kulturellen Veranstaltung, dass während der Bewirtung auch Musikgruppen, Chöre oder Tanzgruppen auftreten[5]. Andererseits kann aus der Sicht der Künstler, die gegen Entgelt auf solchen Veranstaltungen auftreten, eine kulturelle Veranstaltung vorliegen. § 68 Nr. 7 AO ist daher z.B. anwendbar, wenn ein Männerchor gegen Entgelt beim „Tag der offenen Tür" eines Industrieunternehmens auftritt. Allerdings ist einschränkend zu fordern, dass ein solcher Auftritt in seiner Gesamtrichtung noch dazu dienen muss, kulturelle Zwecke zu fördern und nicht in erster Linie den Zweck haben darf, zusätzliche Mittel zu beschaffen[6].

6.269 Nicht zu den kulturellen Einrichtungen und Veranstaltungen im Sinne von § 68 Nr. 7 AO gehört der **Verkauf von Speisen und Getränken** (Museums-Café, Restauration in den Pausen einer Aufführung etc.). Ist das Entgelt für die Bewirtung im Eintrittspreis der kulturellen Veranstaltung inbegriffen, ist der Preis aufzuteilen. Im Unterschied zu § 67a AO ist die **Werbung** in § 68 Nr. 7 AO nicht besonders erwähnt. Sie zählt aber nicht zu den kulturellen Veranstaltungen und begründet einen eigenen steuerpflichtigen wirtschaftlichen Geschäftsbetrieb[7]. Daher sind z.B. Überschüsse aus einem Anzeigengeschäft, das ein Kunstverein in den Ausstellungskatalogen unterhält, nicht begünstigt. Denn das Anzeigengeschäft ist ein selbständiger wirtschaftlicher Geschäftsbetrieb, sodass Einnahmen und Ausgaben aus dem Verkauf der Kataloge und der Anzeigenwerbung getrennt zu erfassen sind. Gleiches gilt

---

1 Zu diesen Begriffen vgl. FG Rheinland-Pfalz v. 29.1.2009 – 6 K 1351/06, DStRE 2010, 549; eingehend auch *Klümpen-Neusel* in NK-GemnR, § 68 AO Rz. 106 ff.
2 BFH v. 21.8.1985 – I R 3/82, BStBl. II 1986, 92.
3 BFH v. 4.5.1994 – XI R 109/90, BStBl. II 1994, 886.
4 AEAO Nr. 13 zu § 68 Nr. 7 AO.
5 Vgl. BFH v. 21.8.1985 – I R 3/82, BStBl. II 1986, 92, 93.
6 Vgl. *Hüttemann*, Wirtschaftliche Betätigung, S. 189 Fn. 76.
7 Vgl. nur AEAO Nr. 14 zu § 68 Nr. 7 AO.

für einen „Museums-Shop"[1]. Zweifelhaft ist, ob der Verkauf von Exponaten (noch) „unbekannter", aber „aufstrebender" Künstler als Kunstförderung begünstigt ist[2].

8. Volkshochschulen und andere Einrichtungen belehrender Art (§ 68 Nr. 8 AO)

Die Zweckbetriebsbefreiung von Volkshochschulen und vergleichbaren Einrichtungen ist erst durch die AO 1977 eingeführt worden. Die Vorschrift ist insoweit deklaratorischer Natur, als sie die Vortrags- und Lehrtätigkeit solcher Einrichtungen betrifft. Denn bei derartigen Bildungsveranstaltungen handelt es sich um Tätigkeiten, die bereits nach der Generalnorm des § 65 AO regelmäßig als Zweckbetrieb anzusehen wären[3]. Zwar nimmt der Wettbewerb durch private Bildungseinrichtungen ständig zu. Angesichts der herausragenden Bedeutung, die der Aus- und Weiterbildung in einer modernen Wissensgesellschaft zukommt, wird man aber dem Allgemeininteresse an einem **möglichst vielfältigen Bildungsangebot** den Vorrang vor Wettbewerbsinteressen einräumen müssen. § 68 Nr. 8 AO erleichtert indes die Anerkennung von Vortrags- und Lehrveranstaltungen als steuerbegünstigter Zweckbetrieb, weil die Vorschrift der allgemeinen Regelung in § 65 AO als spezielle Norm vorgeht[4].

6.270

Beispiel Nr. 20 (nach BFH vom 21.6.2017[5]): Ein gemeinnütziger Verein, der nach seiner Satzung die Nutzung freier Software im Sinne der „Open Source Definition", die Möglichkeit der freien Kommunikation und die Bereitstellung von Informationen in Datennetzen fördert (Förderung der Volksbildung), veranstaltet in der Regel einmal jährlich einen sog. „E-Day" und einen Kongress „E-Congress". Dabei handelt es sich um Veranstaltungen für die „E-Community", zu der Anwender und Programmierer gehören. Die Konferenzen bestehen aus Vorträgen, Diskussionen sowie gemeinsamer Programmierung im Zusammenhang mit dem CMS „E"; in der Lounge finden Ausstellungen statt. Um die Gebühren für die Teilnehmer der Veranstaltung möglichst niedrig zu halten, wurde ein Sponsoring-Programm aufgesetzt. Der „E-Day" ist national auf die Bundesrepublik Deutschland beschränkt, während die Veranstaltung „E-Congress" international ausgerichtet ist. Das Finanzamt war der Ansicht, dass der Verein mit dem „E-Day"-Veranstaltungen und dem dazugehörigen Sponsoring einen wirtschaftlichen Geschäftsbetrieb begründet habe und als Messe-, Ausstellungs- und Kongressveranstalter zu behandeln sei. Dieser rechtlichen Würdigung hat der BFH – im Gegensatz zur Vorinstanz[6] – widersprochen: Auf der Grundlage der tatrichterlichen Feststellungen sei davon auszugehen, dass der Kläger mit seinen Kongressen „Veranstaltungen belehrender Art im Sinne von § 68 Nr. 8 AO durchgeführt hat, an die im Übrigen keine besonderen inhaltlichen Anforderungen zu stellen sind". Nach Ansicht des BFH genügt es, „dass bei den streitbefangenen Veranstaltungen überwiegend Vorträge gehalten werden, die naturgemäß belehrenden Cha-

---

1 Vgl. FG Rheinland-Pfalz v. 29.1.2009 – 6 K 1351/06, DStRE 2010, 549.

2 Dafür *Orth*, DStZ 1987, 319; zustimmend *Klümpen-Neusel* in NK-GemnR, § 68 AO Rz. 113.

3 Zur im Verhältnis zu § 65 AO deklaratorischen Bedeutung der Vorschrift in Hinsicht auf Veranstaltungen wissenschaftlicher und belehrender Art nur BT-Drucks. 8/2827, S. 79.

4 Dazu BFH v. 24.9.2014 – V R 11/14, BFH/NV 2015, 388; BFH v. 21.6.2017 – V R 34/16, BStBl. II 2018, 55.

5 BFH v. 21.6.2017 – V R 34/16, BStBl. II 2018, 55.

6 FG Köln v. 7.4.2016 – 10 K 2601/13, EFG 2016, 1236.

rakter haben". Die Durchführung der Kongresse stehe auch im Einklang mit den in der Satzung des Klägers ausdrücklich genannten Maßnahmen zur Verwirklichung der Satzungszwecke (u.a. „Fortbildung von Mitgliedern und interessierten Nichtmitgliedern")[1].

Konstitutive Bedeutung kommt § 68 Nr. 8 AO allerdings insoweit zu, als die Regelung auch die **Beköstigung und Beherbergung von Veranstaltungsteilnehmern** umfasst[2]. In diesem Punkt weicht § 68 Nr. 8 AO von anderen Tatbeständen in den §§ 66 bis 68 AO ab, bei denen der Verkauf von Speisen und Getränken ausdrücklich nicht begünstigt ist. Für den Gesetzgeber hat offenbar die – zutreffende – Erwägung den Ausschlag gegeben, dass eine Verpflegung und Beherbergung der Teilnehmer „vor Ort" für die erfolgreiche Durchführung der Bildungsveranstaltungen vielfach notwendig oder doch zumindest sehr förderlich ist.

Nach Ansicht des V. Senats des BFH ist die gemeinnützigkeitsrechtliche Einbeziehung von Beköstigungs- und Beherbergungsleistungen im Rahmen von § 12 Abs. 2 Nr. 8 Buchst. a Satz 3 UStG für die **Anwendung des ermäßigten Steuersatzes** ohne Bedeutung, weil insoweit eine tätigkeitsbezogene Betrachtung geboten sei[3]. Auf dieser Grundlage gelangte der V. Senat zu dem Ergebnis, dass der „Zweckbetrieb Beherbergung und Verpflegung" eines gemeinnützigen Vereins in erster Linie der Erzielung zusätzlicher Einnahmen diente und die betreffenden Leistungen somit mit dem Regelsteuersatz zu besteuern waren (zur Kritik an dieser Entscheidung vgl. Rz. 7.207).

9. Wissenschafts- und Forschungseinrichtungen (§ 68 Nr. 9 AO)

a) Vorgeschichte

6.271   Die Zweckbetriebsregelung für Wissenschafts- und Forschungseinrichtungen in § 68 Nr. 9 AO ist durch das JStG 1997 eingefügt worden[4]. Auslöser war ein 1995 ergangenes **Urteil des V. Senats des BFH**[5], wonach die Übernahme von Projektträgerschaften und Leistungen im Rahmen der Auftragsforschung (auch für ein Bundesministerium) als steuerpflichtige wirtschaftliche Geschäftsbetriebe anzusehen sind. Mit dieser – reichlich knapp begründeten – Entscheidung war der V. Senat von der langjährigen Praxis der Finanzverwaltung abgewichen, die die steuerliche Behandlung von Forschungstätigkeiten vorrangig davon abhängig machte, ob sich der Auftraggeber gewisse Exklusivrechte an den Forschungsergebnissen gesichert hatte[6]. Demgegenüber war der BFH der Ansicht, dass jede Auftragsforschung schon deshalb keine Förderung der Allgemeinheit darstelle, weil sie „im Auftrag" einer einzelnen Person, z.B.

---

1 BFH v. 21.6.2017 – V R 34/16, BStBl. II 2018, 55.
2 Nach FG Münster v. 16.6.1987 – V 3976/83, juris, soll die Beköstigung des Seminarleiters oder des Dozenten nicht umfasst sein.
3 BFH v. 8.3.2012 – V R 14/11, BStBl. II 2012, 630.
4 Vgl. dazu aus dem Schrifttum *Lang/Seer*, Die Besteuerung der Drittmittelforschung, 1992; *Fischer*, UR 1989, 287; *Olbertz*, DStZ 1996, 531; *Seer*, DStR 1997, 436; *Thiel*, DB 1996, 1944; *Leisner-Egensperger*, FR 2010, 493; *Strahl* in Non Profit Law Yearbook 2013/2014, 63; monographisch *Stalleiken*, Drittmittelforschung im Einkommen- und Körperschaftsteuerrecht, 2010; *Misera*, Drittmittelforschung – Chancen, Risiken und Praxisprobleme, 2010.
5 BFH v. 30.11.1995 – V R 29/91, BStBl. II 1997, 189.
6 Vgl. dazu näher *Thiel*, DB 1996, 1944.

eines Unternehmens, erfolgt[1]. Insbesondere die von der öffentlichen Hand geförderten **Großforschungseinrichtungen** waren daraufhin der Ansicht, dass die vom BFH geforderte Steuerpflicht der Auftragsforschung und die damit verbundene Trennung von Auftrags- und Grundlagenforschung in der Praxis zu übermäßigen Schwierigkeiten führen würde und setzten bei der Politik eine Erweiterung des § 68 AO durch[2]. Auf Seiten des Bundes und der Länder dürfte dabei auch eine Rolle gespielt haben, dass die partielle Steuerpflicht der Auftragsforschung aus der Sicht der öffentlichen Auftraggeber zu „Mehrkosten" geführt hätte (insbesondere durch die Anwendung des Regelsteuersatzes bei der Umsatzsteuer), weil staatliche Auftraggeber regelmäßig nicht vorsteuerabzugsberechtigt sind. Aus demselben Grund wurde zeitgleich für die staatlichen Hochschulen sogar eine richtlinienwidrige Umsatzsteuerbefreiung in § 4 Nr. 21a UStG eingeführt, die aber schon bald wieder aufgehoben werden musste, nachdem der EuGH mit Urteil vom 20.6.2002[3] eine Vertragsverletzung der Bundesrepublik Deutschland festgestellt hatte.

Nach wie vor nicht abschließend geklärt ist, ob die Gewährung des ermäßigten Steuersatzes nach § 68 Nr. 9 AO i.V.m. § 12 Abs. 2 Nr. 8 Buchst. a UStG gegen Nr. 15 Anhang III zu Art. 98 Abs. 2 MwStSystRL[4] verstößt, weil eine Auftragsforschung nicht „wohltätigen Zwecken" im Sinne des MwStSystRL dient[5]. Insoweit ist allerdings zu beachten, dass ein möglicher Richtlinienverstoß die nationalen Gerichte lediglich innerhalb der Wortlautgrenze berechtigt, im Rahmen der **richtlinienkonformen Auslegung** die betreffende Vorschrift einschränkend auszulegen[6]. Eine grundsätzliche Versagung des ermäßigten Steuersatzes kommt hingegen wegen der eindeutigen Verweisung in § 12 Abs. 2 Nr. 2 Buchst. a UStG auf die §§ 51 ff. AO nicht in Betracht[7]. Auf dieser Grundlage hat der BFH vor kurzem entschieden, dass für Zwecke der Anwendung des ermäßigten Steuersatzes z.B. der Begriff der Vermögensverwaltung in § 68 Nr. 9 AO im Sinne der MwStSystRL auszulegen ist[8]. In dieser „verkehrten Welt" sind dann Beteiligungserträge – unabhängig vom Vorliegen einer ertragsteuerlichen Betriebsaufspaltung – stets „gute" Einnahmen aus Vermögensverwaltung, während Einnahmen aus Vermietung und Verpachtung immer „schlechte" Einnahmen darstellen, und zwar unabhängig davon, ob sie aus der Vermietung oder Verpachtung von unbeweglichem oder beweglichem Vermögen herrühren. Die vom V. Senat ausdrücklich offen gelassene Frage, ob diese – für die Prozessbeteiligten wahrscheinlich – überraschende Auslegung auch im Rahmen der Körperschaftsteuer gilt, ist natürlich zu verneinen.

---

1 Vgl. BFH v. 30.11.1995 – V R 29/91, BStBl. II 1997, 189.
2 Vgl. auch BT-Drucks. 13/4839, S. 88: „Das Urteil führt, wenn nicht durch eine Zweckbetriebsfiktion abgeholfen wird, bei den gemeinnützigen Forschungseinrichtungen zu großen Problemen."
3 EuGH v. 20.6.2002 – Rs. C-287/00 Kommission/Deutschland, Slg. 2002, I-5811; dazu *Strahl*, UR 2002, 374.
4 Dazu näher *Hüttemann*, MwStR 2014, 115.
5 Vgl. FG Münster v. 10.4.2014 – 5 K 2409/10 U, EFG 2014, 1521; BFH v. 8.3.2012 – V R 14/11, BStBl. II 2012, 630; *Fritsch*, UVR 2005, 69; vgl. auch den Bericht des Bundesrechnungshofs v. 28.6.2010, BR-Drucks. 390/10, S. 26 f.
6 So auch BFH v. 8.3.2012 – V R 14/11, BStBl. II 2012, 630.
7 So im Ergebnis auch BFH v. 10.5.2017 – V R 43/14, V R 7/15, HFR 2017, 856.
8 BFH v. 10.5.2017 – V R 43/14, V R 7/15, HFR 2017, 856.

b) Finanzierungskriterium

6.272 Der **Grundgedanke des § 68 Nr. 9 AO** besteht darin, dass die Zweckbetriebseigenschaft einer Auftragsforschung nicht mehr von den konkreten Auftragsbedingungen abhängig gemacht wird, sondern von der Finanzierung der Trägerkörperschaft. Für die steuerliche Behandlung der Auftragsforschung ist nur noch entscheidend, ob sich der Träger der Wissenschafts- oder Forschungseinrichtung überwiegend aus Zuwendungen der öffentlichen Hand oder Dritter oder aus der Vermögensverwaltung finanziert. Misst man die Regelung am Maßstab des § 65 AO, so handelt es sich um eine konstitutive Regelung, da die Finanzierung einer Einrichtung keinen inhaltlichen Bezug zur Zweckbetriebsproblematik aufweist. Man kann allenfalls feststellen, dass bei überwiegender institutioneller öffentlicher Förderung das „Allgemeininteresse" an einer steuerlichen Verschonung der Einrichtung überwiegt[1]. Gegen ein solches auf die Trägerkörperschaft bezogene Finanzierungskriterium spricht allerdings, dass es sich z.B. durch Ausgliederung von Forschungstätigkeiten gestalten lässt, indem etwa eine „echte" Auftragsforschung in eine rechtlich selbständige Tochtergesellschaft ausgelagert wird[2]. Zudem wird auch die Unterscheidung zwischen „Zuwendungen" und anderen Einnahmen nicht immer einfach zu treffen sein, wie z.B. die vergleichbare Problematik der Abgrenzung echter und unechter Zuschüsse im Umsatzsteuerrecht[3] zeigt.

6.273 Auf den ersten Blick erscheint § 68 Nr. 9 AO als eine begünstigende Regelung, weil abweichend von § 65 AO eine Auftragsforschung unter bestimmten Voraussetzungen noch dem Zweckbetrieb zugeordnet wird. Erfüllt der Träger der Forschungseinrichtung aber das Finanzierungskriterium nicht, d.h. finanziert er sich überwiegend aus „schädlichen" Einnahmen, dann ist fraglich, ob die Gemeinnützigkeit insgesamt zu versagen ist oder nur eine partielle Steuerpflicht im Bereich der Auftragsforschung eintritt. Bei **Anwendung allgemeiner Grundsätze** wäre entscheidend, ob sich die Auftrags- von der Grundlagenforschung (und anderen steuerbegünstigten Tätigkeiten) trennen lässt oder ob ein einheitlicher (steuerpflichtiger) wirtschaftlicher Geschäftsbetrieb vorliegt[4].

Die **Finanzverwaltung** ist früher allerdings davon ausgegangen, dass bei einer Forschungseinrichtung, die die Voraussetzungen des § 68 Nr. 9 AO nicht erfüllt, die gesamte Forschungstätigkeit ein steuerpflichtiger wirtschaftlicher Geschäftsbetrieb sei und die Einrichtung in erster Linie eigenwirtschaftliche Zwecke verfolge (§ 55 Abs. 1 Satz 1 AO)[5]. Dieser Ansicht ist nicht zu folgen, da sie hinter den Erkenntnisstand des BFH-Urteils vom 30.11.1995[6] zurückfällt. Denn nach Auffassung des BFH ist ein einheitlicher wirtschaftlicher Geschäftsbetrieb nur dort gegeben, wo sich Auftrags- und Grundlagenforschung nach den tatsächlichen Verhältnissen nicht trennen lassen. Die gegenteilige Ansicht der Finanzverwaltung

---

1 Vgl. BT-Drucks. 13/4839, S. 88.
2 Vgl. dazu FinMin Bayern v. 13.4.2000, DB 2000, 954: Ausgliederung der Auftragsforschung auf eine steuerpflichtige GmbH ist kein Gestaltungsmissbrauch nach § 42 AO.
3 Vgl. dazu näher UStAE Nr. 10.2 zu § 10 UStG und Rz. 7.131 ff.
4 So auch BFH v. 30.11.1995 – V R 29/91, BStBl. II 1997, 189; ebenso BFH v. 4.4.2007 – I R 76/05, BStBl. II 2007, 631.
5 BMF v. 22.9.1999, BStBl. I 1999, 944.
6 BFH v. 30.11.1995 – V R 29/91, BStBl. II 1997, 189.

verstieß schließlich auch gegen das – nach Einführung des § 68 Nr. 9 AO – ergangene Urteil des I. Senats zur Geprägetheorie vom 15.7.1998. Der I. Senat hat nämlich entschieden, dass eine Körperschaft auch dann noch selbstlos tätig sein kann, wenn sie sich nahezu ausschließlich durch einen wirtschaftlichen Geschäftsbetrieb finanziert[1]. Weshalb diese Rechtsprechung für Forschungseinrichtungen durch § 68 Nr. 9 AO unanwendbar geworden sein soll, lässt sich dem Gesetz nicht entnehmen. Auch der Gesetzeszweck – Vereinfachung der Rechtsanwendung und Verbesserung der steuerlichen Rahmenbedingungen für die Forschung – rechtfertigt keine beliebige Verschärfung der Besteuerung. § 68 Nr. 9 AO stellt somit keine abschließende Sonderregelung für Forschungs- und Wissenschaftseinrichtungen dar[2]. Liegen die Voraussetzungen des § 68 Nr. 9 AO nicht vor, bleibt es vielmehr bei den allgemeinen Grundsätzen[3]. Auch die Finanzverwaltung hat ihren Standpunkt inzwischen relativiert[4].

c) Einzelfragen

Das BMF hat ein **Verwaltungsschreiben zur Anwendung des § 68 Nr. 9 AO** herausgegeben, in dem zu einigen vorrangigen Einzelfragen Stellung genommen wird. Nach Ansicht der Finanzverwaltung gilt § 68 Nr. 9 AO nur für Körperschaften, zu deren satzungsmäßigen Zwecken die Förderung der Wissenschaft und Forschung gehört und bei denen die Forschungstätigkeit bei der tatsächlichen Geschäftsführung die Förderung anderer steuerbegünstigter Zwecke überwiegt. Fehlt es an dieser Voraussetzung, beurteilt sich die Zweckbetriebseigenschaft einer Forschungstätigkeit allein nach § 65 AO. Als „Träger" einer Forschungseinrichtung im Sinne von § 68 Nr. 9 AO ist die Körperschaft (z.B. Verein, GmbH) anzusehen, die die Einrichtung betreibt. Bei Betrieben gewerblicher Art soll dieser selbst (und nicht z.B. die Trägeruniversität) der maßgebliche Träger sein[5]. Ein Durchgriff auf die Mitglieder oder Gesellschafter findet nicht statt[6].

6.274

Für die Feststellung, woraus sich der Träger überwiegend finanziert, bedarf es einer **Gegenüberstellung der Einnahmen**, d.h. der Zuwendungen an den Träger von dritter Seite zuzüglich der Einnahmen aus der Vermögensverwaltung einerseits und der übrigen Einnahmen des Trägers andererseits. Zuwendungen im Sinne von § 68 Nr. 9 AO sind nach Ansicht der Finanzverwaltung nur „unentgeltliche Leistungen". Dazu sollen z.B. die Projektförderung von Bund, Ländern und EU, Spenden und echte Mitgliedsbeiträge gehören. Wie inzwischen auch der BFH entschieden hat, ist der Begriff der „Zuwendungen" in Anlehnung an das Umsatzsteuerrecht zu verstehen, d.h. es sind nur solche Einnahmen gemeint, bei denen ein Leistungsaustausch

6.275

---

1 BFH v. 15.7.1998 – I R 156/94, BStBl. II 2002, 162.
2 So aber BMF v. 22.9.1999, BStBl. I 1999, 944.
3 Ebenso jetzt auch BFH v. 4.4.2007 – I R 76/05, BStBl. II 2007, 631; dazu *Becker/Volkmann*, DStZ 2007, 529; *Alber* in Dötsch/Pung/Möhlenbrock, § 5 Abs. 1 Nr. 9 KStG Rz. 286.
4 Vgl. AEAO Nr. 15 zu § 68 Nr. 9 AO.
5 So FG Münster v. 10.4.2014 – 5 K 2409/10 U, EFG 2014, 1521; FG Münster v. 13.3.2018 – 5 K 3156/16 U, EFG 2018, 1315 (Rev. BFH V R 16/18); vgl. auch *Bertels* in NK-GemnR, § 68 AO Rz. 132.
6 Zu Kooperationen im Hochschulbereich *Strahl*, FR 2008, 15; ferner FG Münster v. 7.12.2010 – 15 K 3110/06 U, EFG 2011, 342, rkr.

im umsatzsteuerrechtlichen Sinne fehlt[1]. Sofern die Körperschaft noch andere Zweckbetriebe außerhalb der Forschung unterhält (Beispiel: Krankenhaus, Akademie, wissenschaftliche Kongresse[2], Forschungsbibliothek), so sind Überschüsse aus diesen Zweckbetrieben bei der Gegenüberstellung nicht zu berücksichtigen („neutrale Einnahmen"). Um jährlich wechselnde Besteuerungsergebnisse zu verhindern, will die Finanzverwaltung schließlich stets einen Drei-Jahres-Zeitraum zugrunde legen. Da diese Auffassung in § 68 Nr. 9 AO keine Rechtsgrundlage hat, kann sie nach zutreffender Ansicht nicht zum Nachteil des Steuerpflichtigen angewendet werden[3].

Nach § 68 Nr. 9 Satz 3 AO gehören **nicht zum Zweckbetrieb** „Tätigkeiten, die sich auf die Anwendung gesicherter wissenschaftlicher Erkenntnisse beschränken, die Übernahme von Projektträgerschaften sowie wirtschaftliche Tätigkeiten ohne Forschungsbezug". Diese Tätigkeiten bilden stets einen steuerpflichtigen wirtschaftlichen Geschäftsbetrieb, d.h. Einnahmen aus solchen Tätigkeiten sind bei der Prüfung des Finanzierungskriteriums den Zuwendungen und Einnahmen aus der Vermögensverwaltung gegenüberzustellen. Was die Abgrenzung zwischen „innovativer" Forschung und der Anwendung „gesicherter Erkenntnisse" angeht, kommt es nicht auf die Unterscheidung zwischen „anwendungsbezogener" Forschung und Grundlagenforschung an. Auch die praktische Erprobung von Forschungsergebnissen und neuen Methoden kann selbst begünstigte Forschung im Sinne des § 68 Nr. 9 AO sein, wenn sie „Pilotcharakter" hat.

6.276 Angesichts der Tatsache, dass die Einnahmen aus Vermögensverwaltung zu den „guten" Einnahmen gehören, bietet sich aus Sicht der betroffenen Einrichtungen eine **Ausgliederung von wirtschaftlichen Geschäftsbetrieben** an, um die Finanzierungsstruktur in Hinsicht auf § 68 Nr. 9 AO zu verbessern. So ist es z.B. denkbar, die Auftragsforschung so zwischen der Forschungseinrichtung und ihrer steuerpflichtigen Tochter-GmbH aufzuteilen, dass das Finanzierungskriterium noch erfüllt wird. Die Finanzverwaltung hält solche Gestaltungen „nicht generell" für missbräuchlich im Sinne von § 42 AO[4]. Allerdings müssen die Trägereinrichtungen die allgemeinen gemeinnützigkeitsrechtlichen Vorgaben für eine solche Ausgliederung beachten (Mittelumschichtung, Angemessenheit des Leistungsaustauschs, angemessene Gewinnerwartungen aus der GmbH-Beteiligung). Ferner geht die Finanzverwaltung ohne nähere Begründung davon aus, dass sämtliche Leistungsentgelte der Tochtergesellschaft (z.B. für die Benutzung von Personal, Geräten etc.) ebenso als „schädliche" Einnahmen aus einem wirtschaftlichen Geschäftsbetrieb zu qualifizieren seien wie etwaige Gewinnausschüttungen. Dabei soll es auch keine Rolle spielen, ob eine Betriebsaufspaltung oder eine Einflussnahme auf die Geschäftsführung der Tochtergesellschaft vorliegt[5]. Eine gesetzliche Grundlage für diese – von den allgemeinen Grundsätzen abweichende – Beurteilung ist nicht erkennbar. Sofern man § 42 AO

---

1 Vgl. BFH v. 4.4.2007 – I R 76/05, BStBl. II 2007, 631; *Alber* in Dötsch/Pung/Möhlenbrock, § 5 Abs. 1 Nr. 9 KStG Rz. 283; für Zuschüsse auch *Thiel*, DB 1996, 1944 (1948).
2 Vgl. FinMin Bayern v. 13.4.2000, DB 2000, 954.
3 So FG Köln v. 22.6.2005 – 13 K 3420/04, EFG 2005, 1492; offengelassen in BFH v. 4.4.2007 – I R 76/05, BStBl. II 2007, 631.
4 FinMin Bayern v. 13.4.2000, DB 2000, 954.
5 FinMin Bayern v. 13.4.2000, DB 2000, 954.

für nicht anwendbar hält, müssen für eine Tochter-GmbH einer Forschungseinrichtung die gleichen Grundsätze gelten wie für andere Ausgliederungen auch.

frei   6.277–6.278

XI. Sonderfragen bei Zweckbetrieben

1. Abgrenzung der Zweckbetriebssphäre

Unterhält eine gemeinnützige Körperschaft einen steuerbegünstigten Zweckbetrieb,   6.279
stellt sich vielfach die Frage der **sachlichen Abgrenzung der Zweckbetriebssphäre**
von anderen, mit dem Zweckbetrieb wirtschaftlich oder organisatorisch zusammenhängenden, aber selbst nicht steuerbegünstigten wirtschaftlichen Tätigkeiten. Einer
solchen Unterscheidung bedarf es bei voll steuerpflichtigen Körperschaften regelmäßig nicht, weil dort – nach Ansicht des BFH abhängig von der Rechtsform[1] – die
Ergebnisse aller bzw. aller mit Gewinnerzielungsabsicht unternommenen wirtschaftlichen Tätigkeiten ertragsteuerlich zusammengefasst werden[2].

Beispiel Nr. 21: Betreibt eine nicht steuerbegünstigte GmbH ein Museum, gehören die
Sammlung, der Museumsshop, die Cafeteria und das angeschlossene Parkhaus zu einem Gewerbebetrieb „Museum" (§ 8 Abs. 2 KStG), so dass die Ergebnisse der einzelnen Tätigkeiten
für ertragsteuerliche Zwecke saldiert werden. Würde der Trägerverein allerdings in die Gemeinnützigkeit wechseln (vgl. § 52 Abs. 2 Satz 1 Nr. 5 AO), käme es zu einer steuerlichen
Separierung der verschiedenen Betätigungen: Das Museum wäre künftig ein steuerbegünstigter Zweckbetrieb (§ 68 Nr. 7 AO), während die anderen Tätigkeiten steuerpflichtige wirtschaftliche Geschäftsbetriebe darstellen würden (§§ 14, 68 Nr. 7 Halbs. 2 AO). Eine Konsequenz dieser Separierung wäre auch, dass Verluste aus dem Museum nicht länger mit
Gewinnen aus dem steuerpflichtigen Bereich verrechnet werden könnten (dazu Rz. 7.49).

Beispiel Nr. 22: Überlässt ein steuerbegünstigter Sportverein seine Anlagen oder Geräte an
Vereinsmitglieder, liegt zwar kein Zweckbetrieb nach § 67a AO vor, weil es mangels „aktiver
sportlicher" Tätigkeit an einer sportlichen Veranstaltung fehlt. Die Überlassung an Vereinsmitglieder erfüllt aber regelmäßig die Voraussetzungen eines Zweckbetriebs nach § 65 AO,
weil sie der Verwirklichung der satzungsmäßigen Zwecke (sportliche Betätigung der Mitglieder) dient und dazu auch unentbehrlich ist. Anders liegen die Dinge aber bei der Überlassung an Nichtmitglieder, die für eine „eigene"[3] sportliche Betätigung der Vereinsmitglieder
nicht im Sinne von § 65 Nr. 1 und 2 AO erforderlich ist[4], und daher keinen Zweckbetrieb
darstellt (vgl. Rz. 6.244). Allerdings stellt sich dann die Folgefrage, ob die Überlassung von

---

1 Vgl. BFH 15.1.2015 – I R 48/13, BStBl. II 2015, 713.

2 Im Rahmen der Umsatzsteuer wäre hingegen zwischen der wirtschaftlichen und nicht
wirtschaftlichen Sphäre abzugrenzen und innerhalb der wirtschaftlichen Sphäre zudem
noch zwischen steuerpflichtigen und steuerbefreiten Umsätzen zu unterscheiden.

3 Einer Unterscheidung zwischen einer Überlassung von Sportanlagen an Mitglieder und
Nichtmitglieder bedarf es dann nicht, wenn der Satzungszweck der Körperschaft nicht auf
die sportliche Betätigung der Mitglieder beschränkt ist (vgl. *Jost* in Dötsch/Jost/Pung/Witt,
§ 5 Abs. 1 Nr. 9 KStG Rz. 269a [Stand 2004]).

4 Vgl. dazu BFH v. 9.4.1987 – V R 150/78, BStBl. II 1987, 659; BFH v. 2.3.1990 – III R 77/
88, BStBl. II 1990, 750; BFH v. 2.3.1990 – III R 89/87, BStBl. II 1990, 1012; BFH v.
10.1.1992 – III R 201/90, BStBl. II 1992, 684; großzügiger möglicherweise BFH v.
16.10.2013 – XI R 34/11, BFH/NV 2014, 460.

Sportgeräten an Mitglieder und Nichtmitglieder einen „einheitlichen" Geschäftsbetrieb darstellt, wenn die Geräte an beide Gruppen zu den gleichen Bedingungen überlassen werden. Die Annahme eines „einheitlichen" Geschäftsbetriebs hätte dann u.U. zur Folge, dass es sich um einen insgesamt steuerpflichtigen wirtschaftlichen Geschäftsbetrieb handelt. Etwas anderes wäre nur anzunehmen, wenn der Anteil der Nichtmitglieder so geringfügig ist, dass der „Überlassungsbetrieb" zumindest noch „in seiner Gesamtrichtung" (§ 65 Nr. 1 AO) der Verwirklichung der satzungsmäßigen Zwecke dient und daher im Ganzen als Zweckbetrieb behandelt werden kann.

Die Beispiele zeigen, dass eine Separierung von steuerbegünstigten und steuerpflichtigen Tätigkeiten im Einzelfall sowohl Vor- als auch Nachteile haben kann, weil sie sich einerseits auf die ertragsteuerliche Saldierung von Gewinnen und Verlusten auswirkt, andererseits aber auch auf den sachlichen Umfang der Steuerbefreiung als Zweckbetrieb ausstrahlt. Diese Einsicht führt zu der grundsätzlichen Frage, **nach welchen Grundsätzen steuerbegünstigte und steuerpflichtige wirtschaftliche Tätigkeiten voneinander abzugrenzen sind**: Wann sind mehrere wirtschaftliche Tätigkeiten als unselbständige Teile eines einheitlichen Geschäftsbetriebs anzusehen, der entweder ein steuerbegünstigter Zweckbetrieb oder ein steuerpflichtiger wirtschaftlicher Geschäftsbetrieb ist, und wann liegen zwei getrennt zu beurteilende Geschäftsbetriebe – ein Zweckbetrieb und ein gesonderter wirtschaftlicher Geschäftsbetrieb – vor?

6.280 Die **Rechtsprechung** hatte sich in der Vergangenheit vor allem im Zusammenhang mit der Überlassung von Sportanlagen und Sportgeräten mit dieser Problematik auseinandergesetzt. Dabei hat insbesondere der III. Senat des BFH auf die konkreten Bedingungen abgestellt, zu denen die Nutzungsüberlassung an Mitglieder bzw. Nichtmitglieder erfolgt. Hat der Verein seine Sportanlagen zum gleichen Entgelt sowohl an die Mitglieder als auch die Nichtmitglieder stundenweise vermietet, so bleibe kein Raum für die Annahme eines von der übrigen Vermietungstätigkeit gesonderten Zweckbetriebs[1]. Diesem Ansatz hatte sich der V. Senat grundsätzlich angeschlossen und im Zusammenhang mit der steuerlichen Beurteilung einer Unterbringung und Verpflegung von allein reisenden Erwachsenen durch Jugendherbergen noch weitere mögliche Unterscheidungskriterien benannt (z.B. die Art der Reservierung, die Beherbergungsentgelte, die Größe und Ausstattung der Zimmer, die Verpflegung, der Service und die Beteiligung der Herbergsgäste an der Gemeinschaftsarbeit)[2]. Ebenso hatte er sich auch zur steuerlichen Behandlung der Auftragsforschung von Wissenschaftseinrichtungen[3] (zur Rechtslage ab 1.1.1997 vgl. Rz. 6.271 ff.) und zur Vermietung von Räumen durch ein Studentenwerk an Nichtstudierende geäußert[4]. Inzwischen hat sich der **V. Senat** von dieser Rechtsprechung – wenn auch nur für Zwecke des ermäßigten Steuersatzes nach § 12 Abs. 2 Nr. 8 Buchst. a UStG und unter Hinweis auf das Unionsrecht – für den Fall der Unterbrin-

---

1 BFH v. 2.3.1990 – III R 77/88, BStBl. II 1990, 750; BFH v. 2.3.1990 – III 201/90, BStBl. II 1990, 1012; BFH v. 10.1.1992 – III R 201/90, BStBl. II 1992, 684.
2 BFH v. 18.1.1994 – V R 139–142/92, BStBl. II 1995, 446 (449).
3 BFH v. 30.11.1995 – V R 29/91, BStBl. II 1997, 189.
4 BFH v. 19.5.2005 – V R 32/03, BStBl. II 2005, 900.

gung von allein reisenden Erwachsenen in Jugendherbergen nach § 68 Nr. 1 Buchst. a AO distanziert[1]. In der Entscheidung heißt es dazu:

„Unter Berücksichtigung der unionsrechtlichen Vorgaben ergibt sich die erforderliche „**Trennung der Aktivitäten**" ... bereits aus der Altersstruktur der Übernachtungsgäste. Während die Leistungen an Jugendliche im Sinne von § 4 Nr. 23 Satz 2 UStG und ihre Begleitpersonen als der sozialen Sicherheit dienend anzusehen sind, trifft dies auf allein reisende Erwachsene nicht zu. Leistungen an diesen Personenkreis werden in einem selbständigen wirtschaftlichen Geschäftsbetrieb erbracht, der nicht Zweckbetrieb ist und dessen Umsätze der Besteuerung nach dem Regelsteuersatz unterliegen."

Die **Finanzverwaltung** hat dieses Urteil – ohne Beschränkung auf die Umsatzsteuer, aber mit einer Übergangsfrist zum 1.1.2018[2] – in den Anwendungserlass zu § 68 Nr. 1 AO übernommen. Was daraus für die Anwendung der bisherigen Rechtsprechungsgrundsätze im Übrigen (also z.B. im Anwendungsbereich des § 65 Nr. 1 AO) folgt, ist offen. Insoweit ist darauf hinzuweisen, dass der überwiegende Teil des Schrifttums der bisherigen Rechtsprechung zugestimmt hat[3].

Dem BFH ist darin zuzustimmen, dass aus umsatzsteuerrechtlicher – und insbesondere unionsrechtlicher – Sicht eine „tätigkeitsbezogene" Unterscheidung zwischen der Unterbringung von Jugendlichen und allein reisenden Erwachsenen naheliegt (dazu auch Rz. 7.207). Aber auch aus ertragsteuerlicher Sicht ist zu fragen, ob an den bisherigen Grundsätzen festzuhalten ist. Für die bisherige Rechtsprechung spricht, dass die steuerliche Abgrenzung der Zweckbetriebssphäre nicht im Belieben der jeweiligen Einrichtung (z.B. durch organisatorische Vorkehrungen) stehen darf, sondern durch **tatsächliche Umstände gerechtfertigt** sein muss[4]. Deshalb kommt eine getrennte steuerliche Beurteilung nur dann in Betracht, wenn sich hinreichende tatsächliche Gesichtspunkte finden lassen, die eine Abgrenzung objektiv rechtfertigen. Dafür ist maßgebend, dass sich die jeweiligen Tätigkeiten in objektiver Hinsicht unterscheiden lassen. Eine Abgrenzung fällt umso leichter, je stärker sich die betreffenden Tätigkeiten nach Art und Inhalt unterscheiden und – gemessen an den §§ 65 ff. AO – verschiedenen Zielen dienen. Unproblematisch ist deshalb zunächst die gesonderte **Erfassung reiner Mittelbeschaffungsaktivitäten** als steuerpflichtige wirtschaftliche Geschäftsbetriebe, die nur anlässlich einer zweckverwirklichenden Tätigkeit unternommen werden.

6.281

Beispiele hierfür sind z.B. der Verkauf von Speisen und Getränken im Rahmen von sportlichen oder kulturellen Veranstaltungen (vgl. § 68 Nr. 7 Halbs. 2 AO), eine Werbung bei steuerbegünstigten Veranstaltungen (§ 67a Abs. 1 Satz 2 AO), die Unterhaltung einer allgemein zugänglichen Cafeteria in einer steuerbegünstigten Einrichtung (z.B. einem Alten-

---

1 BFH v. 10.8.2016 – V R 11/15, BStBl. II 2018, 113.
2 Vgl. BMF v. 18.1.2018, BStBl. I 2018, 204.
3 Vgl. nur *Buchna/Leichinger/Seeger/Brox*, S. 363; *Schauhoff* in Schauhoff, § 7 Rz. 84; Voraufl. Rz. 6.281; ablehnend aber *Fischer* in Hübschmann/Hepp/Spitaler, § 64 AO Rz. 44 f.
4 Zu den Gestaltungsspielräumen, die die alte Rechtsprechung eröffnete, vgl. nur *Lüding-Hasenkamp*, ZStV 2016, 201.

heim[1] oder einem Jugendzentrum[2]) oder das Anzeigengeschäft bei steuerbegünstigten Publikationen (z.B. einer Vereinszeitschrift)[3].

6.282 Abweichend von der bisherigen Rechtsprechung ist eine getrennte gemeinnützigkeitsrechtliche Beurteilung aber auch in solchen Fällen geboten, in denen dieselbe Leistung zu denselben Bedingungen (Entgelt, Qualität, Nebenleistungen) gegenüber verschiedenen Personen erbracht wird und nur ein Teil dieser Personen zum steuerbegünstigten Personenkreis (z.B. hilfebedürftige Personen oder Jugendliche) gehört. Denn in diesen Fällen ergibt sich ein **teleologischer Abgrenzungsmaßstab aus dem gesetzlichen Förderzweck**[4], der – wie der Sachverhalt des BFH-Urteils vom 10.8.2016[5] deutlich macht – regelmäßig auch einen objektiven Abgrenzungsmaßstab vorgibt (hier: Altersstruktur der Übernachtungsgäste). Demgegenüber besteht bei Anwendung der bisherigen Rechtsprechungsgrundsätze die Gefahr, dass mit der – voreiligen – Annahme eines „einheitlichen" wirtschaftlichen Geschäftsbetriebs die mit den §§ 65 ff. AO bezweckte Steuervergünstigung entweder über Gebühr ausgedehnt oder eingeschränkt wird. Dem lässt sich auch nicht entgegenhalten, dass die bisherige Rechtsprechung bei geringfügiger „Beimischung" von steuerpflichtigen Aktivitäten in einem Zweckbetrieb zur Vereinfachung der Besteuerung beigetragen hat. Da die maßgeblichen Kriterien für die Trennbarkeit von Leistungen (z.B. die Höhe des Entgelts oder das Angebot von Nebenleistungen) allesamt „gestaltungsabhängig" waren, lag es letztlich im Belieben der betreffenden Einrichtung, ob sie eine an sich steuerpflichtige Tätigkeit in einem untergeordneten Umfang von bis zu 10 Prozent dem Zweckbetrieb zugeordnet hat. Vor diesem Hintergrund ist eine – notfalls schätzungsweise – Aufteilung auch in der Sache angemessener[6].

Bemerkenswert ist, dass die bisherige Rechtsprechung anfänglich dazu diente, um mögliche Härten im Bereich des **Investitionszulagenrechts** bei der Errichtung von Sporthallen durch Tennisvereine zu verhindern. Da eine Investitionszulage eine „ausschließliche oder fast ausschließliche" betriebliche Nutzung voraussetzte[7], ermöglichte die Annahme eines einheitlichen steuerpflichtigen Geschäftsbetriebs „Hallenvermietung" durch den III. Senat dem Verein die Gewährung einer Zulage, soweit der Anteil der Vereinsmitglieder mit einem sicheren Zugriff auf die Halle unter 10 Prozent der Nutzer lag[8].

6.283 Besondere Fragen stellen sich schließlich, wenn das Gesetz bei bestimmten Zweckbetriebsdefinitionen ausdrücklich eine „betriebsbezogene" Gesamtbetrachtung mit bestimmten Grenzwerten anordnet. Diese Fälle sind dadurch gekennzeichnet, dass an einen bestimmten Lebenssachverhalt angeknüpft wird. Hinzuweisen ist etwa an

---

1 Vgl. BFH v. 24.1.1990 – I R 33/86, BStBl. II 1990, 470.

2 BFH v. 11.4.1990 – I R 122/87, BStBl. II 1990, 724.

3 Vgl. BFH v. 28.11.1961 – I 34/61, BStBl. III 1962, 73.

4 Zutreffend *Fischer* in Hübschmann/Hepp/Spitaler, § 64 AO Rz. 44.

5 BFH v. 10.8.2016 – V R 11/15, BStBl. II 2018, 113.

6 Ebenso *Fischer* in Hübschmann/Hepp/Spitaler, § 64 AO Rz. 46; vgl. auch BFH v. 24.6.2015 – I R 13/13, BStBl. II 2016, 971: schätzweise Aufteilung eines Zweckbetriebs, „soweit" bezahlte Sportler an Wettkämpfen mitwirken.

7 BFH v. 7.3.1980 – III R 92/78, BStBl. II 1980, 412.

8 Vgl. BFH v. 2.3.1990 – III R 77/88, BStBl. II 1990, 750; BFH v. 10.1.1992 – III R 201/90, BStBl. II 1992, 684.

die **Zweckbetriebsbefreiung für Krankenhäuser**, bei denen die Steuerbegünstigung davon abhängt, ob die 40-Prozent-Grenze eingehalten wird (dazu näher Rz. 6.234 ff.). Diese Gesamtbetrachtung nach der Zahl der Patienten, bei denen nur Entgelte für allgemeine Krankenhausleistungen berechnet werden, betrifft allerdings nur „Krankenhausleistungen", von denen – nach Maßgabe des Versorgungsauftrags und der Art der Leistung – andere steuerpflichtige wirtschaftliche Geschäftsbetriebe zu unterscheiden sind. Ein anderes Beispiel ist die Steuerbegünstigung der Wohlfahrtspflege, die in § 66 Abs. 2 AO allgemein umschrieben ist und deren Steuerbegünstigung von der Einhaltung der „Zwei-Drittel-Grenze" abhängt. Auch hier ist eine Gesamtbetrachtung ausdrücklich vorgesehen, so dass bis zu einem Drittel Leistungen an nicht Hilfebedürftige ebenfalls begünstigt sein können. Gleiches gilt schließlich für Zweckbetriebe nach § 68 Nr. 1 Buchst. a AO.

2. Zweckbetrieb und Konkurrentenklage

Die Regelungen betreffend die partielle Steuerpflicht beruhen, wie bereits oben (Rz. 6.69 ff.) eingehend dargelegt worden ist, vor allem auf dem Gedanken der Wettbewerbsneutralität der Besteuerung. Besonders deutlich tritt der Wettbewerbsgedanke bei der Regelung des Zweckbetriebs hervor. Denn nach § 65 Nr. 3 AO hängt die Steuerbegünstigung davon ab, dass der Betrieb zu nicht begünstigten Betrieben derselben oder ähnlicher Art nicht in größerem Umfang in Wettbewerb tritt, als es bei Erfüllung der steuerbegünstigten Zwecke unvermeidbar ist. Wendet die zuständige Finanzbehörde diese Regelung nicht richtig an und kommt es dadurch zu einer rechtswidrigen Nichtbesteuerung oder unzureichenden Besteuerung der gemeinnützigen Einrichtung, stellt sich die weitergehende Frage nach den Rechtsschutzmöglichkeiten eines nicht begünstigten Konkurrenten: Kann er eine rechtswidrige steuerliche Begünstigung seines gemeinnützigen Wettbewerbers mit einer sog. Konkurrentenklage angreifen[1]? Diese Frage hat der I. Senat des BFH im Jahr 1997 grundsätzlich bejaht[2] und diese Rechtsprechung zehn Jahre später noch einmal bestätigt[3]. Denn die partielle Steuerpflicht diene – wie der BFH damals feststellte – nicht allein dem Interesse der Allgemeinheit, sondern auch – wie insbesondere § 65 Nr. 3 AO zeige – „dem Schutz der mit Nichtzweckbetrieben konkurrierenden und steuerlich nicht begünstigten Betriebe." Somit leitet der BFH aus den Regelungen über die partielle Steuerpflicht ein **subjektives Recht des nicht begünstigten Wettbewerbers** gegen die Finanzbehörden auf rechtmäßige Besteuerung der gemeinnützigen Körperschaft ab, das er als einfachgesetzliche Ausprägung des durch Art. 2 Abs. 1 GG garantierten Rechts auf Teilnahme am freien Wettbewerb versteht. Keine drittschützende Wirkung hat der BFH dagegen den allgemeinen Vo-

6.284

---

1 Dazu grundlegend *Knobbe-Keuk*, BB 1982, 385 ff.; *Braun*, DStZ 1986, 46; *van Lishaut*, Die Konkurrentenklage im Steuerrecht, 1993; *Seer*, Verständigungen im Steuerverfahren, 1996, 273 ff.; *Englisch*, StuW 2008, 43; *Kohlhepp*, DStR 2011, 146; *Sinewe/Frase*, BB 2011, 1567.
2 BFH v. 15.10.1997 – I R 10/92, BStBl. II 1998, 63; dazu näher *Hüttemann* in StbJb 1998/ 1999, S. 323 ff.
3 Vgl. BFH v. 18.9.2007 – I R 30/06, BStBl. II 2009, 126; dazu auch *Winheller/Klein*, DStZ 2008, 377; BFH v. 26.1.2012 – VII R 4/11, BStBl. II 2012, 541.

raussetzungen der steuerlichen Gemeinnützigkeit (§§ 51 bis 63 AO) beigelegt. Eine Konkurrentenklage kann mithin z.B. nicht darauf gestützt werden, dass die Satzung einer gemeinnützigen Einrichtung nicht den gesetzlichen Anforderungen genügt.

6.285   Der BFH hat auch zu den **prozessualen Anforderungen** an eine Konkurrentenklage Stellung genommen: Die zulässige Klageart für eine Konkurrentenklage ist die Anfechtungsklage, soweit es um die Besteuerungszeiträume geht, für die bereits (fehlerhafte begünstigende) Steuerbescheide erlassen worden sind. Für die noch offenen Veranlagungszeiträume ist dagegen nur die Feststellungsklage statthaft[1]. Die Klagebefugnis ergibt sich, wie bereits dargelegt, aus der Möglichkeit einer Verletzung einer drittschützenden Norm (insbesondere § 65 Nr. 3 AO). Der Konkurrentenklage steht auch nicht das Steuergeheimnis entgegen. Vielmehr ist eine Offenlegung der für die Durchführung des Klageverfahrens notwendigen Tatsachen nach § 30 Abs. 4 Nr. 1 AO gerechtfertigt[2]. Hinsichtlich der Klagebefugnis hat der BFH allerdings sehr strenge Maßstäbe an den Klägervortrag gestellt: Nach Ansicht des I. Senats muss der Kläger „substantiiert" geltend machen, „die rechtswidrige Nichtbesteuerung oder zu geringe Besteuerung des mit ihm in Wettbewerb stehenden Steuerpflichtigen beeinträchtige das Recht des Klägers auf Teilnahmen an einem steuerrechtlich nicht zu seinem Nachteil verfälschten Wettbewerb"[3]. Der Kläger muss also nicht nur ein Konkurrenzverhältnis schlüssig darlegen, sondern auch die Wettbewerbsrelevanz der Nichtbesteuerung (die in Hinsicht auf die Umsatzsteuer z.B. fehlt, wenn die Leistungen beider Anbieter nach § 4 UStG steuerbefreit sind). Dazu bedarf es nach Ansicht des BFH detaillierter Angaben zum Wettbewerbsverhältnis (gleicher Kundenkreis, gleichartiges Güterangebot) und zu den Auswirkungen einer Nichtbesteuerung auf das Wettbewerbsverhalten (z.B. Verdrängungseffekte durch günstigere Preise). Im Urteilsfall verneinte der BFH die Schlüssigkeit des Klägervortrags, insbesondere eine Existenzbedrohung des klagenden Dialysearztes durch die benachbarten Dialysezentren des (gemeinnützigen) Kuratoriums für Heimdialyse e.V.[4] Richtigerweise handelt es sich insoweit aber um eine Frage der Begründetheit, und zwar der Abwägung nach § 65 Nr. 3 AO[5]. Zur Vorbereitung einer Konkurrentenklage besteht auch ein Auskunftsanspruch gegen das zuständige Finanzamt[6].

6.286   Im Ergebnis bleibt festzuhalten, dass der BFH privaten Wettbewerbern mit der steuerrechtlichen Konkurrentenklage eine **individuelle Rechtsschutzmöglichkeit** gegen eine rechtswidrige Nichtbesteuerung wirtschaftlicher Geschäftsbetriebe gemeinnütziger Anbieter eröffnet hat. Entsprechendes gilt – wie EuGH und der VII. Senat des BFH inzwischen entschieden haben – auch im Verhältnis zu Betrie-

---

1 BFH v. 15.10.1997 – I R 10/92, BStBl. II 1998, 63.
2 BFH v. 15.10.1997 – I R 10/92, BStBl. II 1998, 63; ebenso bereits *Knobbe-Keuk*, BB 1982, 385 (389); *van Lishaut*, Die Konkurrentenklage im Steuerrecht, 1993, S. 37 f.
3 BFH v. 15.10.1997 – I R 10/92, BStBl. II 1998, 63.
4 BFH v. 15.10.1997 – I R 10/92, BStBl. II 1998, 63.
5 Vgl. auch *Hüttemann* in StbJb 1998/1999, S. 325 (328 f.).
6 Vgl. dazu BFH v. 26.1.2012 – VII R 4/11, BStBl. II 2012, 541.

ben gewerblicher Art von juristischen Personen des öffentlichen Rechts[1]. Allerdings dürfte die praktische Bedeutung der Konkurrentenklage in der Besteuerungspraxis eher gering bleiben, solange die Rechtsprechung an die Schlüssigkeit des Klägervortrags so hohe Anforderungen stellt. Immerhin hat die Möglichkeit einer Konkurrentenklage dazu beigetragen, dass die Finanzbehörden dem Wettbewerbsgedanken bei der Besteuerung gemeinnütziger Einrichtungen von vornherein größere Aufmerksamkeit schenken[2].

---

1 EuGH v. 8.6.2006 – Rs. C-430/04 *Feuerbestattungsverein Halle e.V.*, Slg. 2006, I-4999; BFH v. 5.10.2006 – VII R 24/03, BStBl. II 2007, 243; dazu *Widmann*, UR 2006, 462; siehe auch FG Köln v. 28.1.2016 – 1 K 2368/10, juris (Rev. BFH VII R 20/16).

2 Vgl. auch AEAO Nr. 4.7 zu § 30 AO.

Kapitel 7
Besteuerung gemeinnütziger Körperschaften

Literatur: *Achatz*, Umsatzsteuer und Gemeinnützigkeit, DStJG 26 (2003), 279; *Becker/ Kretzschmann*, Umsatz- und ertragssteuerrechtliche Folgen aus der EuGH-Rechtsprechung „Kennemer Golf & Country Club", DStR 2008, 1985; *Berg/Schnabelrauch*, Heiligt der Zweck die Mittel? – Die Anwendung des ermäßigten Umsatzsteuersatzes auf Leistungen von Integrationsbetrieben im Widerstreit mit nationalem und europäischem Recht, UR 2017, 213; *Berg/Schnabelrauch*, Die ermäßigte Umsatzbesteuerung von Inklusionsbetrieben im Widerstreit mit dem Gebot der Wettbewerbsneutralität, UR 2018, 225; *Birk*, Liebhaberei im Ertragsteuerrecht, BB 2009, 860; *Boor*, Grundlegende Entscheidungen des EuGH zur Gruppenbesteuerung im Mehrwertsteuerrecht, UR 2013, 276; *Bott*, Betriebe gewerblicher Art und Kapitalertragsteuer, DStZ 2009, 710; *Bott*, Partielle Steuerpflicht und Kapitalertragsteuer, DStZ 2016, 480; *Brill*, Der Verlust der Gemeinnützigkeit aufgrund von Verstößen gegen die Rechtsordnung und aufgrund des Verzichts, Hamburg 2006; *Crezelius*, Verhältnis der Erbschaftsteuer zur Einkommen- und Körperschaftsteuer, DStJG 22 (1999), 73; *Crezelius*, Erbschaft als Betriebseinnahme, ZEV 2006, 421; *Crezelius*, Anmerkung zu BFH v. 6.12.2016 – I R 50/16, ZEV 2017, 172; *De la Feria*, VAT Exemptions, Consequences and Design Alternatives, Amsterdam 2013; *Dickopp/von der Boeken*, Umsatzsteuerbefreiung von Betreuungsleistungen durch einen Betreuungsverein, UR 2009, 335; *Dorau/Heidler*, Die umsatzsteuerliche Behandlung der Abgabe von Speisen insbesondere durch gemeinnützige Einrichtungen, DStR 2008, 702; *Dudde*, Die Umsatzsteuerbesteuerung gemeinnütziger Sportvereine, 2010; *Drüen*, Über konsistente Rechtsfortbildung – Rechtsmethodische und verfassungsrechtliche Vorgaben am Beispiel des richterrechtlichen Instituts der Betriebsaufspaltung, GmbHR 2005, 69; *Engl*, Angebliche „Klarstellungen" bei der Änderung von Steuergesetzen. Oder: Gelten heute Gesetze von morgen bereits gestern?, in Hommelhoff/Zätsch/Erle (Hrsg.), Gesellschaftsrecht. Rechnungslegung. Steuerrecht. Festschrift für Welf Müller zum 65. Geburtstag, München 2001, S. 279; *Englisch*, Unionsrecht und Organschaft, UR 2016, 822; *Erdbrügger*, Umsatzsteuerliche Behandlung von Zytostatika-Lieferungen nach der neuesten Rechtsprechung des EuGH weiter offen, MwStR 2014, 292; *Erdbrügger*, EuGH verlangt Ausweitung der Umsatzsteuerbefreiung für Kostenteilungsgemeinschaften – Welche Anforderungen sind bei der Umsetzung zu beachten?, DStR 2018, 9; *Erdbrügger*, Berufsverbände als vorsteuerabzugsberechtigte Unternehmer – Zugleich Anmerkung zum Urteil des FG Berlin-Brandenburg v. 13.9.2017 – 2 K 2164/15, DStR 2018, 59; *Esmeier*, Die Bedeutung des § 13 KStG beim Beginn und Erlöschen der Körperschaftsteuerbefreiung, Aachen 2006; *Fellner*, Sport und Gemeinnützigkeit in der Umsatzsteuer – unter besonderer Berücksichtigung des Unionsrechts, Wien 2014; *Fischer*, Ausstieg aus dem Dritten Sektor, Köln 2005; *Förster*, Immer Ärger mit den Nachweisen – Verfahrensprobleme bei grenzüberschreitenden Spenden, DStR 2013, 1516; *Fritsch*, Ermäßigter Umsatzsteuersatz für Forschungsleistungen – Neues gemeinschaftsrechtliches Konfliktpotential, UVR 2005, 69; *Fritz*, Aufnahme, Strukturwandel und Beendigung wirtschaftlicher Tätigkeiten von gemeinnützigen Körperschaften, Baden-Baden 2003; *Fritz*, Endlich Klarheit? Der neue Sponsoringerlass zur Umsatzsteuer, Stiftung&Sponsoring 2013, 32; *Friz*, Das Verhältnis der Erbschaft- und Schenkungsteuer zur Einkommensteuer, 2014; *Fuhrmann/Strahl*, Steuerbefreiung für heilberufliche Leistungen nach § 4 Nr. 14 UStG, DStR 2009, 2078; *Grünwald*, Die umsatzsteuerrechtliche Organschaft im NPO Bereich – Chancen und Risiken, npoR 2012, 53; *Hamm*, Vorgesellschaften im Steuerrecht, 2013; *Heber*, Spenden und Sponsoring im Mehrwertsteuerrecht, Non Profit Law Yearbook 2016/2017 (2017), 187; *Hoffmann*, Umsatzsteuerrechtliche Behandlung des Sponsorings aus der Sicht des Zuwendungsempfängers, DStR 2012, 2339; *Hommel*, Keine Aktivierung selbst geschaffener immaterieller Wirtschaftsgüter in der Anfangsbilanz, BB 2000, 2516; *Hummel*, Missbrauch der umsatzsteuerlichen Organschaft bei Kooperationen im Gesundheitswesen, MwStR 2013, 294; *Hüttemann*, Besteuerung gemeinnütziger Körperschaften und Konkurrentenklage, in StbJb 1998/99, S. 323; *Hüttemann*, Organschaft und Gemeinnützigkeit, in Herzig (Hrsg.), Organschaft, Stuttgart 2003, S. 399; *Hüttemann*, Der Beginn der subjektiven Körperschaftsteuerpflicht, in Gocke/Gosch/Lang (Hrsg.), Festschrift für Franz Wassermeyer, Köln 2005, S. 27; *Hüttemann*, Liebhaberei bei Kapitalgesellschaften, in Kirchhof/Schmidt/Schön/Vogel (Hrsg.), Festschrift für Arndt Raupach zum 70. Geburtstag, Köln 2006, S. 495; *Hüttemann*, Anwendung des Abstandsgebots nach § 4 Nr. 18 Buchst. c UStG bei staatlich regulierten Entgelten, UR 2006, 441; *Hüttemann*, Verpächterwahlrecht bei gemeinnützigen Körperschaften?, BB 2007, 2324; *Hüttemann*, Zur körperschaftsteuerrechtlichen Behandlung dauerdefizitärer Unternehmen der öffentlichen Hand, DB 2007, 1603; *Hüttemann*, Grundfragen der partiellen Steuerpflicht, in Kohl/Kübler/Ott/Schmidt (Hrsg.), Zwischen Markt und Staat. Gedächtnisschrift für Rainer *Walz*, Köln 2008, S. 267; *Hüttemann*, Das Buchwertprivileg bei Sachspenden nach § 6 Abs. 1 Nr. 4 Satz 5 EStG, DB 2008, 1590; *Hüttemann*, Die Besteuerung der öffentlichen Hand, FR 2009, 308; *Hüttemann*, Rechtsfragen des „neuen" Querverbundes – Anmerkung zum BMF-Schreiben v. 12.11.2009, DB 2009, 2629; *Hüttemann*, Rechtsfragen des grenzüberschreitenden Spendenabzugs, IStR 2010, 118; *Hüttemann*, Die Vorstiftung – ein zivil- und steuerrechtliches Phantom, in Wachter (Hrsg.), Vertragsgestaltung im Zivil- und Steuerrecht. Festschrift für Sebastian Spiegelberger zum 70. Geburtstag, Bonn 2010, S. 1292; *Hüttemann*, Ausstellung von Zuwendungsbestätigungen und Anerkennung als gemeinnützige Körperschaft, FR 2012, 241; *Hüttemann*, Bessere Rahmenbedingungen für den Dritten Sektor, DB 2012, 2592; *Hüttemann*, Zur Rechnungslegung von Stiftungen – Anmerkungen zu IDW ERS HFA 5, DB 2013, 1561; *Hüttemann*, Umsatzsteuerbefreiungen für Leistungen des therapeutischen Reitens, UVR 2014, 14; *Hüttemann*, Der geänderte Anwendungserlass zur Gemeinnützigkeit, DB 2014, 442; *Hüttemann*, Umsatzsteuerbefreiung der Studentenwerke nach Art. 132 Abs. 1 Buchst. i MwStSystRL, UR 2014, 45; *Hüttemann*, Zur Anwendung des ermäßigten Steuersatzes auf Leistungen gemeinnütziger Beschäftigungsgesellschaften, MwStR 2014, 115; *Hüttemann*, Die Neuregelung der Umsatzbesteuerung der öffentlichen Hand – alles wird gut?, UR 2017, 129; *Hüttemann*, Juristische Personen im Steuerrecht, JÖR Bd. 65 NF (2017), 147; *Hüttemann*, Zur Umsatzsteuerpflicht der Gestellung von Ordensangehörigen nach nationalem Steuerrecht und Unionsrecht, UR 2018, 577; *Hüttemann/Becker*, Steuerbefreiung der Abgabe von Zytostatika durch Krankenhäuser – zugleich Anmerkung zur EuGH-Rechtssache Klinikum Dortmund gGmbH, UR 2014, 637–646; *Hüttemann/Schauhoff*, Der BFH als Wettbewerbshüter – Neue Rechtsprechung zum steuerbegünstigten Zweckbetrieb, DB 2011, 319; *Hüttemann/Schauhoff*, Umsatzsteuerbefreiung für soziale Dienstleistungen – was erlaubt das europäische Mehrwertsteuerrecht?, MwStR 2013, 426; *Ismer/Kaul/Reiß/Rath*, Analyse und Bewertung der Strukturen von Regel- und ermäßigten Sätzen bei der Umsatzbesteuerung unter sozial-, wirtschafts-, steuer- und haushaltspolitischen Gesichtspunkten, DStR 2010, 1970; *Ismer/Keyser*, Richtlinienkonforme Besteuerung der öffentlichen Hand, UR 2010, 480; *Jachmann*, Steuerrecht, in Igl/Jachmann/Eichenhofer (Hrsg.), Rechtliche Rahmenbedingungen bürgerschaftlichen Engagements, 2002; *Jacobs*, Ein Tanz um die Umsatzsteuer, UR 2007, 45; *Jacobs*, Umsatzsteuer und Gemeinnützigkeit, Hamburg 2009; *Jost*, Ausgewählte Aspekte der gemeinnützigen GmbH, in Poll (Hrsg.), Bilanzierung und Besteuerung der Unternehmen. Das Handels- und Steuerrecht auf dem Weg ins 21. Jahrhundert. Festschrift für Herbert Brönner zum 70. Geburtstag, Stuttgart 2000, S. 179; *Kaufmann/Schmitz-Herscheidt*, Aktuelle Umsatzsteuerliche Fragen gemeinnütziger Einrichtungen, Stiftung&Sponsoring, Rote Seiten zu 1/2009; *Kaufmann/Schmitz-Herscheidt*, Zuwendungen aus öffentlichen Kassen ggf. Zuschüsse, BB 2009, 938; *Kirchhain*, Ermäßigter Umsatzsteuersatz nur auf originär gemeinnützige Leistungen? Wider die These eines eigenständigen umsatzsteuerrechtlichen Zweckbetriebsbegriffs – zugleich Anmerkung zu BFH, Urteil vom 8.3.2012 – V R 14/11, npoR 2012, 123; *Kirchhain*, Zum maßgeblichen Zeitpunkt für die gemeinnützigkeitsrechtliche Beurteilung einer Mittel(fehl)verwendung – Dargestellt am Beispiel der Gewährung und Besicherung von Darlehen, npoR 2012, 2313; *Kirchhain*, Wie viel Gewinn nötig, wie viel möglich? – Leistungsbeziehungen gemeinnütziger Unternehmen und Konzerne auf dem Prüfstand – zugleich Anmerkung zum BFH-Urteil vom 27.11.2013 – I R 17/12, DB 2014, 1831; *Kirchhain*, Neue Verwaltungsrichtlinien für NPOs – Der neue Anwendungserlass zur Abgabenordnung im Lichte des Ehrenamtsstärkungsgesetzes, DStR 2014, 289; *Klaßmann/Notz/Schmidbauer*, Die Besteuerung der Krankenhäuser und anderer humanmedizinischer Leistungserbringer, 5. Aufl. 2017; *Klein*, Umsatzsteuerliche Behandlung von Mitgliedsbeiträgen – Jüngste Rechtsprechung des BFH zum Thema „umsatzsteuerliche Beurteilung des Verhältnisses zwischen einem Verein und seinen Mitgliedern" auf dem Prüfstand, DStR 2008, 1016; *Knobbe-Keuk*, Die Konkurrentenklage im Steuerrecht, BB 1982, 382; *Knobbe-Keuk*, Gerichtliche Kontrolle von Ermächtigungen des Rats zu Sondermaßnahmen der Mitgliedstaaten nach der 6. USt.-Richtlinie, DB 1993, 403; *Kraeusel*, Richtlinienkonforme Besteuerung der öffentlichen Hand, UR 2010, 480; *Kraus*, Veränderung beim Kapitalertragsteuerabzug für gemeinnützige Organisationen, npoR 2018, 97; *Krieger*, Unechte Umsatzsteuerbefreiungen im Unionsrecht, Köln 2017; *Küffner*, Anmerkung zu EuGH v. 21.9.2017 – C-616/15, UR 2017, 792; *Küffner/Streit*, Einbeziehung eines Nichtsteuerpflichtigen in eine Organschaft, UR 2013, 401; *Küffner/Streit*, Auf den Inhalt der Pflegeleistung kommt es an oder: Was vom Begriff der „Einrichtung mit sozialem Charakter" noch übrig bleibt, zugleich Anmerkung zum Beschluss des BFH vom 21.8.2013, BFH V R 20/12, MwStR 2014, 10; *Küffner/Rust*, Reform der Umsatzbesteuerung der öffentlichen Hand, DStR 2016, 1633; *Kümpel*, Die Besteuerung steuerpflichtiger wirtschaftlicher Geschäftsbetriebe, DStR 1999, 1505; *Kümpel*, Leistungsbeziehungen zwischen vorhandenen gemeinnützigen Körperschaften, FR 2014, 51; *Kümpel*, Duplik zu „Leistungsbeziehungen zwischen verbundenen gemeinnützigen Körperschaften", FR 2014, 513; *Lang/Seer*, Der Betriebsausgabenabzug im Rahmen eines wirtschaftlichen Geschäftsbetriebes gemeinnütziger Körperschaften, FR 1994, 521; *Lenz*, Mitgliedsbeiträge privatrechtlicher Vereinigungen im Umsatzsteuerrecht, 2012; *Leonard*, Taugt die Organschaft noch als Gestaltungsinstrument bei steuerfreien Umsätzen?, DStR 2010, 721; *Ley*, E-Bilanz – Handlungsbedarf gemeinnütziger Körperschaften, npoR 2013, 47; *Lippross*, Umsatzsteuerliche Folgen der Auslagerung kirchlicher Aufgaben auf eine kirchlich finanzierte Vereinigung, DStR 2009, 781; *Lippross*, Zuschüsse im Umsatzsteuerrecht, DStZ 2013, 433; *van Lishaut*, Die Konkurrentenklage im Steuerrecht, Frankfurt/M. 1993; *Mahlow*, Zur betrieblichen Einkünfteerzielung im Körperschaftsteuerrecht, DB 2001, 1450; *Martin*, Umsatzsteuer der gemeinnützigen Sportvereine, UStR 2008, 34; *Märkle*, Der Verein im Zivil- und Steuerrecht, Stuttgart 1999; *Mellinghoff*, Das Verhältnis der Erbschaftsteuer zur Einkommen- und Körperschaftsteuer. Zur Vermeidung steuerlicher Mehrfachbelastungen, DStJG 22 (1999), 127; *Michel*, Unionsrechtswidrige Steuersatzermäßigungen, DB 2012, 2007; *Möhlenkamp*, Auswirkungen des EuGH-Urteils Kennemer Golf & Country Club auf Mitgliedsbeiträge von Berufsverbänden, UR 2003, 173; *Musil*, Steuerliche Fragen der Gesundheitsreform, Teil I, Tübingen 2010; *Mückl*, Sponsoring und Schenkungsteuer, Marburg

2007; *Niemann*, Teilhabe gemeinnütziger Körperschaften an unternehmerischer Tätigkeit. Zu den Grenzen zwischen steuerungsschädlicher Vermögensverwaltung und steuerschädlichem wirtschaftlichem Geschäftsbetrieb, Institut für Finanzen und Steuern, Heft 330, Bonn 1994; *Nieskens*, Steuerpflichtige Mitgliedsbeiträge bei Sportvereinen, UR 2002, 345; *Nieskens*, Umsatzsteuer 2009 – Änderungen in der Umsatzsteuer durch das Steuerbürokratieabbaugesetz und das Jahressteuergesetz 2009, UR 2009, 253; *Nieskens*, Immer Ärger mit der Bildung, UR 2013, 175; *Noack*, Umsatzsteuer auf Fördermittel, DStR 2013, 343; *Oppenländer*, Verdeckte Gewinnausschüttung, Köln 2004; *Orth*, Outsourcing durch gemeinnützige Einrichtungen, Stiftung&Sponsoring, Rote Seiten zu 5/1999; *Orth*, Einkünfte von wirtschaftlichen Geschäftsbetrieben und Betrieben gewerblicher Art ohne Gewinnerzielungsabsicht, FR 2007, 326; *Orth*, Einbringung eines wirtschaftlichen Geschäftsbetriebs oder eines Betriebs gewerblicher Art in eine Kapitalgesellschaft nach dem UmwStG idF des SEStEG, DB 2007, 419; *Orth*, Umstrukturierung gemeinnütziger Einrichtungen, Non Profit Law Yearbook 2007 (2008), 251; *Orth*, Zur Gewerbesteuerbefreiung von Kooperationen gemeinnütziger Körperschaften, DStR 2012, 116; *Pauly*, Betriebsausgaben im wirtschaftlichen Geschäftsbetrieb gemeinnütziger Körperschaften, DB 1994, 1160; *Pezzer*, Körperschaftsteuerpflichtige Einkünfte jenseits der sieben Einkunftsarten?, StuW 1998, 76; *Pötters*, Umsatzsteuer im Gesundheitswesen, 2016; *Pull*, Die Sphärentheorie im Mehrwertsteuerrecht, 2014; *Reiß*, Gemeinnützige Organisation, Leistungen im Gemeinwohlinteresse und harmonisierte Umsatzsteuer, Non Profit Law Yearbook 2005 (2006), 47; *Riegler/Riegler*, Aktuelle Entwicklungen bei der Umsatzbesteuerung der Schulverpflegung, ZKF 2013, 97, 121; *Rosenthal*, Der Grundsatz der steuerlichen Neutralität unter besonderer Berücksichtigung der Steuerfreiheit von Betreuungsumsätzen, DStR 2012, 443; *Rosenthal*, Der Grundsatz der steuerlichen Neutralität in der aktuellen Entscheidung des EuGH vom 15.11.2012, DStR 2013, 443; *Ruppe*, „Unechte" Umsatzsteuerbefreiungen, in *Lang* (Hrsg.), Die Steuerrechtsordnung in der Diskussion. Festschrift für Klaus Tipke zum 70. Geburtstag, Köln 1995, S. 457; *Schauhoff*, Die Bedeutung des § 13 KStG für gemeinnützige Körperschaften, DStR 1996, 366; *Schauhoff*, Begründung und Verlust des Gemeinnützigkeitsstatus, DStJG 26 (2003), 133; *Schauhoff*, Schenkungsteuer auf Sponsorenzahlungen an die Profimannschaft? – Zur Abgrenzung von Ertragsteuern, Umsatzsteuer und Schenkungsteuer bei Sponsorenzahlungen an gemeinnütziges Körperschaften, DStR 2004, 1465; *Schauhoff/Kirchhain*, Steuer- und zivilrechtliche Neuerungen für gemeinnützige Körperschaften und deren Förderer, FR 2013, 301; *Schauhoff/Kirchhain*, Werkstätten für behinderte Menschen und Integrationsprojekte - Ermäßigter Umsatzsteuersatz auf dem Prüfstand, sinnvolle Beschäftigungsmöglichkeiten in Gefahr, DStR 2015, 2102; *Schauhoff/Kirchhain*, Zur Anwendung des ermäßigten Umsatzsteuersatzes bei gemeinnützigen Integrationsprojekten, UR 2017, 729; *Schauhoff/Kirchhain*, Nochmals: Zur Anwendung des ermäßigten Umsatzsteuersatzes bei gemeinnützigen Inklusionsbetrieben, UR 2018, 504; *Schaumburg/Rödder*, Unternehmenssteuerreform 2001, Gesetze, Materialien, Ergänzungen, 2000; *Schmidt/Fritz*, Änderungen des Gemeinnützigkeitssteuerrechts zu Fördervereinen, Werbebetrieben, Totalisatoren, Blutspendendiensten und Lotterien, DB 2001, 2062; *Schmidt/Fritz*, Besteuerung stiller Reserven bei wirtschaftlichen Geschäftsbetrieben gemeinnütziger Körperschaften?, DB 2002, 2509; *Schmitz/Erdbrügger/Liegmann*, Reform der Umsatzbesteuerung des öffentlichen und gemeinnützigen Sektors, DStR 2011, 1157; *Schmitz/Möser*, Einfluss von Zuwendungen auf den Vorsteuerabzug – zugleich Anmerkungen zu dem Urteil des FG München vom 18.9.2013, MwStR 2014, 503; *Schön*, Personengesellschaften und Bruchteilsgemeinschaften im Umsatzsteuerrecht, DStJG 13 (1990), 81; *Schön*, Die Auslegung europäischer Steuerrechts, Köln 1993; *Schön*, Die verdeckte Gewinnausschüttung – eine Bestandsaufnahme, in Jakobs/Picker/Wilhelm (Hrsg.), Festgabe für Werner Flume zum 90. Geburtstag, Berlin 1998, S. 265; *Schöngart*, Umsatzsteuerbefreiung für Bildungsleistungen an privaten Schulen, UR 2016, 540; *Schotenroehr*, Kooperation von Zweckbetrieben gemeinnütziger Körperschaften in Form der Gesellschaft bürgerlichen Rechts - Relevanz der BFH-Entscheidung vom 25.5.2011?, DStR 2012, 14; *Schulte/Buttgereit*, Fiktive Ertragsbesteuerung von Leistungsbeziehungen zwischen verbundenen gemeinnützigen Körperschaften (Replik zu *Kümpel*, FR 2014, 51), FR 2014, 509; *Seeger/Milde*, Leistungsaustausch zwischen gemeinnützigen Körperschaften, NWB 2014, 2612; *Seer*, Entnahme zum Buchwert bei unentgeltlicher Übertragung von Wirtschaftsgütern auf eine gemeinnützige GmbH oder Stiftung. Zur Reichweite des sog. Buchwertprivilegs des § 6 Abs. 1 Nr. 4 S. 5 EStG, GmbHR 2008, 785; *Spiegel/Heidler*, Das *Seeling*-Modell bei Nonprofit-Organisationen – Auswirkungen des EuGH-Urteils vom 12.2.2009, „VNLTO", DStR 2009, 1507; *Spiegel/Heidler*, Umsatzsteuerliche Organschaft bei juristischen Personen des öffentlichen Rechts, DStR 2010, 1062; *Staschewski/Drüen*, Reform der Umsatzsteuerbefreiungen im Heilbereich – Gemeinschaftsrechtliche Vorgaben und ihre Umsetzung durch das Jahressteuergesetz 2009, UR 2009, 361; *Sterzinger*, Ermäßigter Steuersatz für Integrationsprojekte und Werkstätten für behinderte Menschen, UR 2014, 381; *Sterzinger*, Besteuerung von Kostenteilungszusammenschlüssen, UR 2017, 773; *Strahl*, Gemeinschaftsrechtswidrigkeit der Umsatzsteuerbefreiung entgeltlicher Auftragsforschungstätigkeit staatlicher Hochschulen, UR 2002, 374; *Theobald*, Arbeitsteilige Zusammenarbeit gemeinnütziger und gewerblicher Körperschaften: Auswirkungen auf die Anwendung von § 4 Nr. 18 UStG, DStR 2011, 946; *Thiel*, Betriebsausgaben im wirtschaftlichen Geschäftsbetrieb gemeinnütziger Körperschaften, DB 1993, 1208; *Thiel/Eversberg*, Das Vereinsförderungsgesetz und seine Auswirkungen auf das Gemeinnützigkeits- und Spendenrecht, DB 1990, 290, 344, 395; *Thole*, Die Stiftung in Gründung, 2009; *Tyarks*, Körperschaftsteuerrechtliche Zweckvermögen des privaten Rechts und ihre Behandlung im Umsatzsteuerrecht, 2010; *Wachter*, Stiftungsgründung und Grunderwerbsteuer, DStR 2012, 1900; *Wachter*, Das Erbschaft- und Schenkungsteuerrecht erneut auf dem Prüfstand des BVerfG, DStR 2012, 2301; *Wäger*, Organschaft im Umsatzsteuerrecht, in Spindler/Tipke/Rödder (Hrsg.), Steuerzentrierte Rechtsberatung. Festschrift für Harald *Schaumburg*, Köln 2009, S. 1189; *Wäger*, Umfang und Grenzen des Vorsteuerabzugs, DStR 2011, 433; *Wäger*, Vorsteueraufteilung: Renaissance des Umsatzschlüssels?, DB 2014, 1397; *Wäger*, Sportvereine in der Umsatzsteuer: steuerbare, steuerfreie und steuerermäßigte Umsätze, DStR 2014, 1517; *Wäger*, Organschaft, UR 2016, 173; *Wäger*, Steuerbegünstigte Zweckverfolgung im Umsatzsteuerrecht, in Lüdicke/Mellinghoff/Rödder, Festschrift für Dietmar *Gosch*, München 2016, S. 427; *Wagner*, Umsatzsteuer 2002, UR 2002, 158; *Walz*, Sinn und Zweck der partiellen Steuerpflicht für Erträge aus wirtschaftlichen Geschäftsbetrieben, Non Profit Law Yearbook 2001 (2002), 197; *Wassermeyer*, Liebhaberei bei Kapitalgesellschaften, in Crezelius/Raupach/Schmidt/Uelner (Hrsg.), Steuerrecht und Gesellschaftsrecht als Gestaltungsaufgabe. Freundesgabe für Franz Josef Haas zum 70. Geburtstag, Herne 1996, S. 401; *Wassermeyer*, Die Zurechnung von Einkünften, DStJG 30 (2007), 257; *Wassermeyer*, Liebhaberei und Spendenabzug bei der Einkommensermittlung im Körperschaftsteuerrecht, DB 2011, 1828; *Weber*, Die Umsatzsteuerbefreiung von Subunternehmerleistungen im Gemeinwohlbereich, UVR 2018, 105; *Weber-Grellet*, Das Gestüt im Körperschaftsteuerrecht – Zur Privatsphäre der Körperschaft, DStR 1994, 12; *Weber-Grellet*, Liebhaberei im Ertragsteuerrecht, DStR 1998, 873; *Widmann*, Mitgliedsbeitrag im Sportverein als Gegenleistung für Vereinsleistung unabhängig von dessen tatsächlicher Inanspruchnahme, UR 2002, 325; *Widmann*, Berufung eines privaten Unternehmers auf größere Wettbewerbsverzerrung durch Behandlung einer juristischen Person öffentlichen Rechts als Nichtsteuerpflichtige für im Rahmen öffentlicher Gewalt ausgeübte Tätigkeit, UR 2006, 462; *Widmann*, Quo usque tandem? – Die Umsatzbesteuerung der Vereinsbeiträge muss endlich unionsrechtskonform geregelt werden, DStZ 2014, 595; *Widmann*, Die durch das Gesetz zur Anpassung des nationalen Steuerrechts an den Beitritt Kroatiens zur EU und zur Änderung weiterer steuerlicher Vorschriften angeordneten umsatzsteuerlichen Änderungen, MwStR 2014, 495; *Wiesch*, Die umsatzsteuerliche Behandlung der öffentlichen Hand, Köln 2016.

A. Gemeinnützigkeit und Steuerverfahren

I. Allgemeines

7.1 Die steuerliche Gemeinnützigkeit im weiteren Sinne, also die ausschließliche und unmittelbare Verfolgung steuerbegünstigter Zwecke, wie sie allgemein in den §§ 51 ff. AO geregelt ist, bildet den **gesetzlichen Anknüpfungspunkt für die Gewährung zahlreicher Steuervergünstigungen** in den Einzelsteuergesetzen (vgl. den Überblick in Rz. 1.25 ff.). Diese betreffen entweder die Ebene der persönlichen Steuerpflicht, d.h. nehmen gemeinnützige Körperschaften von der Besteuerung ganz oder teilweise aus (vgl. § 5 Abs. 1 Nr. 9 KStG), oder gewähren andere Vergünstigungen (vgl. z.B. § 12 Abs. 2 Nr. 8 Buchst. a UStG betreffend die Anwendung des ermäßigten Umsatzsteuersatzes). Da die meisten Steuergesetze an die Ergebnisse einer wirtschaftlichen Tätigkeit anknüpfen (Einkommen, Gewerbeertrag, entgeltliche Lieferungen und Leistungen u.a.), ist die Besteuerung gemeinnütziger Körperschaften vorrangig eine Frage der Besteuerung „wirtschaftlicher Tätigkeiten".

Der Bereich der wirtschaftlichen Betätigung steht auch deshalb im Mittelpunkt der Besteuerung, weil die meisten Steuervergünstigungen wegen Gemeinnützigkeit insoweit ausgeschlossen sind, **als ein wirtschaftlicher Geschäftsbetrieb unterhalten wird** (vgl. § 5 Abs. 1 Nr. 9 Satz 2 KStG). Aus dem Nebeneinander von Steuerbegünstigung und partieller Steuerpflicht ergeben sich gewisse Besonderheiten bei der Besteuerung gemeinnütziger Einrichtungen, die im Weiteren bezogen auf das Steuerverfahren und die einzelnen Steuerarten näher dargestellt werden.

Die folgenden Ausführungen betreffen vor allem die Bereiche der Vermögensverwaltung, der wirtschaftlichen Geschäftsbetriebe und der Zweckbetriebe, also die **wirtschaftlichen Aktivitäten** im weiteren Sinne (zum „Vier-Sphären-Modell" vgl. Rz. 6.3). Allerdings bestehen insoweit erhebliche Unterschiede zwischen den einzelnen Steuerarten:

– So ist z.B. ein steuerbegünstigter Zweckbetrieb im Rahmen der **Körperschaft- und Gewerbesteuer** irrelevant, weil er gemäß § 5 Abs. 1 Nr. 9 KStG, § 3 Nr. 6 GewStG i.V.m. §§ 14, 64, 65 AO der steuerfreien Sphäre der Körperschaft zugerechnet wird. Für Einkünfte aus einer Vermögensverwaltung besteht lediglich eine beschränkte Körperschaftsteuerpflicht (§ 5 Abs. 2 Nr. 1 KStG), die aber mit dem Abzug von Kapitalertragsteuer abgegolten ist (§ 32 KStG) und für gemeinnützige Körperschaften durch eine Abstandnahme vom Steuerabzug (§ 44a EStG) neutralisiert wird.

– **Umsatzsteuerrechtlich** gehören Zweckbetrieb und Vermögensverwaltung wiederum zum unternehmerischen Bereich (§ 2 Abs. 1 UStG), da die Gemeinnützigkeit im Rahmen der Umsatzsteuer nicht zu einer Steuerbefreiung, sondern allenfalls zu einer Anwendung des ermäßigten Steuersatzes führt (§ 12 Abs. 2 Nr. 8 Buchst. a UStG).

– Im Rahmen der **Grundsteuer** kommt es auf die Benutzung des Grundbesitzes an (§ 3 Abs. 1 Nr. 3 Buchst. b GrStG).

– Bei der **Grunderwerbsteuer** bestehen schließlich überhaupt keine Sonderregelungen für gemeinnützige Einrichtungen.

624

Bevor zur Behandlung gemeinnütziger Einrichtungen bei den einzelnen Steuerarten näher Stellung genommen werden kann, ist allerdings zunächst die **Vorfrage** zu klären, auf welche Weise die Voraussetzungen der Steuervergünstigungen (also die §§ 51 ff. AO) im steuerlichen Veranlagungsverfahren geprüft und festgestellt werden. Es geht also um die Frage, ob die Prüfung der „Gemeinnützigkeit" einer Einrichtung den Gegenstand eines gesonderten Verwaltungsverfahrens bildet oder ob jede Finanzbehörde, die für eine bestimmte Steuer zuständig ist, gleichsam „auf eigene Faust" die Gemeinnützigkeitsvoraussetzungen inzidenter zu ermitteln hat.

II. Plädoyer für ein besonderes Anerkennungsverfahren

Im allgemeinen Sprachgebrauch wird häufig davon gesprochen, dass eine Körperschaft vom Finanzamt „als gemeinnützig anerkannt sei". Diese Formulierung ist missverständlich, denn es gibt **kein besonderes „Anerkennungsverfahren"** für gemeinnützige Einrichtungen, in dem gesondert und verbindlich für alle Steuerarten über den Status als steuerbegünstigte Körperschaft im Sinne der §§ 51 ff. AO für einen bestimmten Veranlagungszeitraum entschieden wird. Vielmehr stellt sich die Rechtslage seit dem Gesetz zur Stärkung des Ehrenamtes[1] wie folgt dar (zur früheren Rechtslage vgl. Voraufl. § 7 Rz. 2 ff.):

7.2

– Die Einhaltung der **satzungsmäßigen Voraussetzungen** nach den §§ 51, 59 ff. AO wird gemäß § 60a AO „gesondert festgestellt". Diese gesonderte Feststellung kann auf Antrag der Körperschaft auch schon bei Errichtung der Körperschaft erfolgen und bildet die formelle Voraussetzung für die Ausstellung von Zuwendungsbestätigungen (§ 63 Abs. 5 AO), solange kein Freistellungsbescheid erteilt wurde. Die gesonderte Feststellung nach § 60a AO ist als Grundlagenbescheid (§ 171 Abs. 10 AO) nicht nur für die Besteuerung der Körperschaft bindend, sondern auch für die nachfolgende Besteuerung der Spender maßgebend (zur gesonderten Feststellung nach § 60a AO vgl. näher Rz. 7.6 ff.).

– Ob auch die **tatsächliche Geschäftsführung** der Körperschaft während eines bestimmten Veranlagungszeitraums den Anforderungen des § 63 AO entsprochen hat, kann naturgemäß immer erst im Nachhinein für die Vergangenheit festgestellt werden. Die Prüfung der „tatsächlichen Gemeinnützigkeit" bildet einen unselbständigen Teil des jeweiligen Veranlagungsverfahrens, in dem zugleich über die materielle Gemeinnützigkeit der Körperschaft entschieden wird. Anders als für die satzungsmäßigen Voraussetzungen gibt es für die Vereinbarkeit der tatsächlichen Geschäftsführung mit den §§ 51 ff. AO kein besonderes „Anerkennungsverfahren" mit Bindungswirkung, so dass z.B. die Feststellungen des KSt-Finanzamtes für die Umsatzbesteuerung der Körperschaft nicht bindend sind (vgl. zum Veranlagungsverfahren näher Rz. 7.11).

Beispiel Nr. 1: Gründen mehrere Eltern einer Grundschule einen Förderverein (§ 58 Nr. 1 AO) in der Rechtsform eines e.V. und soll dieser Verein gemeinnützig sein („Förderung der Bildung und Erziehung"), dann müssen die Beteiligten schon bei der Gründung, insbesondere bei der Formulierung der Satzung, die Anforderungen der §§ 51 ff. AO (insbesondere des

---

1 Gesetz v. 21.3.2013, BGBl. I 2013, 566.

§ 60 AO) beachten. Deshalb empfiehlt sich nicht nur eine rechtzeitige Abstimmung mit dem zuständigen Finanzamt, sondern auch bereits ein Antrag nach § 60a Abs. 2 Nr. 1 AO, damit die Beteiligten Rechtssicherheit in Hinsicht auf die satzungsmäßigen Voraussetzungen haben und der Verein schon bald nach Eintragung Zuwendungsbestätigungen ausstellen darf (§ 63 Abs. 5 Nr. 2 AO). Ob der Verein nach § 5 Abs. 1 Nr. 9 KStG von der Körperschaftsteuer befreit ist, entscheidet das Finanzamt allerdings erst im Rahmen der ersten Veranlagung auf der Grundlage der vom Vorstand eingereichten Steuererklärung. Diese Feststellung ist – anders als die satzungsmäßige Gemeinnützigkeit – nicht Gegenstand einer gesonderten Feststellung mit Bindungswirkung, sondern bildet lediglich einen nicht selbständig anfechtbaren Teil des Steuerbescheides.

7.3 Mit der Einführung der gesonderten Feststellung der satzungsmäßigen Voraussetzungen hat der Gesetzgeber einen wichtigen Schritt auf dem Weg zu einem gesonderten Anerkennungsverfahren für gemeinnützige Körperschaften gemacht. Das Fehlen eines solchen eigenständigen Anerkennungsverfahrens wird zu Recht als unbefriedigend empfunden[1]. Bereits die **Unabhängige Sachverständigenkommission** hatte einstimmig die Einführung eines besonderen Anerkennungsbescheides gefordert, der als Grundlagenbescheid nach § 179 AO für die Veranlagung der Körperschaft im Rahmen der Einzelsteuern und den Spendenabzug beim Spender bindend gewesen wäre[2]. Dieser Anerkennungsbescheid müsste, da die tatsächlichen Voraussetzungen der Gemeinnützigkeit (§ 63 Abs. 1 AO) immer erst im Nachhinein festgestellt werden können, regelmäßig unter dem Vorbehalt der Nachprüfung erteilt werden. Nach Ansicht der Kommission sollte dieser Bescheid nur auf Antrag erteilt und nach amtlich vorgeschriebenem Vordruck unter Beifügung der Satzung beantragt werden. Darüber hinaus sollte die Körperschaft verpflichtet sein, den späteren Wegfall von Umständen, die zur Anerkennung als gemeinnützig geführt haben, dem Finanzamt unverzüglich mitzuteilen.

Ein besonderes **Anerkennungsverfahren, das über die satzungsmäßigen Voraussetzungen hinaus auch die tatsächliche Gemeinnützigkeit mit einschließt,** hätte im Vergleich zum geltenden Recht den Vorzug, dass die laufenden Veranlagungen für die Einzelsteuern (Körperschaftsteuer, Umsatzsteuer, Erbschaftsteuer) von spezifisch gemeinnützigkeitsrechtlichen Fragen entlastet werden könnten[3]. Anders als im gegenwärtigen Recht müsste nicht in jedem Steuerverfahren auch noch die tatsächliche Gemeinnützigkeit der Einrichtung im Veranlagungszeitraum inzidenter ermittelt werden, sondern die Veranlagungsfinanzämter könnten sich auf die Feststellung der körperschaft-, umsatz- und erbschaftsteuerlich relevanten Besteuerungsgrundlagen konzentrieren. Ferner würde ein eigenständiges Anerkennungsverfahren die Einbeziehung ausländischer Einrichtungen ohne inländische Einkünfte in das deutsche Gemeinnützigkeitssystem erleichtern[4]. Dies gilt insbesondere für den Spendenabzug über die Grenze, der eine Gleichwertigkeitsprüfung der Empfängereinrichtung erfordert[5], die bei wenigen Spezialfinanzämtern gebündelt werden könnte, was zu einer erheblichen Entlastung der – bisher zuständigen – Wohnsitzfinanzämter der Spender führen würde. Schließlich

---

1 Vgl. *Jachmann*, Rechtliche Rahmenbedingungen, S. 232; *Schauhoff* in DStJG 26 (2003), 133; ebenso *Seer* in Tipke/Kruse, § 60a AO Rz. 2.

2 *Isensee/Knobbe-Keuk*, Gutachten, S. 266, 317.

3 Vgl. de lege ferenda auch *Hüttemann* in Gutachten G zum 72. DJT, 2018, G 82 f.

4 Vgl. dazu *Hüttemann*, IStR 2010, 118.

5 Vgl. BMF v. 16.5.2011, BStBl. I 2011, 559.

wäre ein gesondertes Anerkennungsverfahren auch dort von Vorteil, wo außersteuerliche Regelungen an den Gemeinnützigkeitsstatus anknüpfen (vgl. Rz. 1.47)[1].

Ein besonderes Anerkennungsverfahren für gemeinnützige Körperschaften hätte allerdings auch zur Folge, dass man die bisherige Besteuerungspraxis der Finanzämter auf **zwei Ebenen und Zuständigkeiten** aufteilen müsste. Kommt es z.B. zu einem rückwirkenden Entzug der Gemeinnützigkeit, müssten auch die Veranlagungen zur Körperschaft- und Umsatzsteuer geändert werden (§ 175 Abs. 1 Satz 1 Nr. 1 AO). Insoweit käme es auch in einem solchen System zu „Doppelprüfungen", weil neben den laufenden Veranlagungen auch die tatsächliche Gemeinnützigkeit der Einrichtung in einem bestimmten Turnus überprüft werden müsste, bevor der Anerkennungsbescheid auch insoweit bestandskräftig werden kann. Darin liegt aber kein grundsätzlicher Einwand gegen eine verfahrensmäßige Trennung von Gemeinnützigkeitsprüfung und laufender Veranlagung, da eine klare Abschichtung beider Bereiche auch Vorteile hätte. Aus der Sicht der Finanzverwaltung könnte eine Konzentration des Gemeinnützigkeitsrechts auf wenige Spezialfinanzämter zudem die Effektivität der Steuerverfahren erhöhen und durch den Einsatz besonders geschulter Mitarbeiter ggf. auch den Verwaltungsaufwand reduzieren[2]. Eine eher „technische" Frage ist, wie man die satzungsmäßigen und tatsächlichen Voraussetzungen der Gemeinnützigkeit in einem Anerkennungsverfahren miteinander verknüpfen sollte. Klar ist, dass eine abschließende Entscheidung über den Gemeinnützigkeitsstatus immer erst im Nachhinein getroffen werden kann. Insoweit bedürfte es weiterer Überlegungen, ob – wie von der Unabhängigen Sachverständigenkommission vorgeschlagen – der Anerkennungsbescheid auf der Grundlage der satzungsmäßigen Voraussetzungen unter dem „Vorbehalt der Nachprüfung" (§ 164 AO) zu erlassen ist oder – wenn er vor der abschließenden Prüfung der laufenden Geschäftsführung erteilt wird – mit einem Vorläufigkeitsvermerk (§ 165 AO) zu versehen ist, weil im Zeitpunkt der Anerkennung noch ungewiss ist, ob die tatsächliche Geschäftsführung den gesetzlichen Voraussetzungen entspricht. Eine sinnvolle Alternative könnte darin bestehen, dass der Gesetzgeber die „**Sanktionen" für tatsächliche Verstöße** gegen die §§ 51 ff. AO zum Gegenstand einer eigenständigen Regelung macht. So könnte bestimmt werden, dass der Anerkennungsbescheid „mit Wirkung für die Vergangenheit nur aufgehoben werden kann, wenn die tatsächliche Geschäftsführung der Körperschaft in dem betreffenden Zeitraum in erheblichem Umfang nicht den Voraussetzungen der §§ 51 ff. AO entsprochen hat". Für eine gesonderte Regelung spricht vor allem, dass auf diese Weise („kann") die schon aus Gründen der Verhältnismäßigkeit und des Vertrauensschutzes gebotene Flexibilität bei der Reaktion der Finanzämter auf – leichtere oder schwerere – tatsächliche Verstöße gegen Gemeinnützigkeitsvorschriften gewährleistet werden könnte. Darüber hinaus sollten als „mildere Sanktionen" gegenüber einer rückwirkenden Versagung der Steuervergünstigung auch die an anderer Stelle (vgl. Rz. 4.168 f.) bereits vorgeschlagenen Strafzahlungen gesetzlich verankert werden. Auf diese Weise würde auch ver-

7.4

---

1 Zur Rückforderung eines öffentlichen Zuschusses wegen Aberkennung der Gemeinnützigkeit vgl. OVG Sachsen-Anhalt v. 19.5.2015 – 3 L 207/13, juris; OVG Berlin-Brandenburg v. 3.3.2016 – OVG 3 B 5.15, juris.
2 Dazu *Hüttemann* in Gutachten G zum 72. DJT, 2018, G 82 f.

hindert, dass „leichtere" Verstöße über eine rückwirkende Versagung der Gemeinnützigkeit zu – gemessen am Verstoß – völlig unverhältnismäßigen Steuerbelastungen führen[1].

III. Gesonderte Feststellung der satzungsmäßigen Voraussetzungen

1. Rechtsentwicklung

7.5 Bis 2013 wurde über die Gemeinnützigkeit einer Körperschaft ausschließlich im
Veranlagungsverfahren verbindlich entschieden. Dies hatte zur Folge, dass gemeinnützige Körperschaften selbst in Hinsicht auf die satzungsmäßigen Voraussetzungen der Gemeinnützigkeit (§§ 59, 60 AO) – abgesehen vom Rechtsinstitut der verbindlichen Auskunft – keinen Vertrauensschutz genossen. Diese Situation war deshalb unbefriedigend, weil die Satzungen der gemeinnützigen Körperschaften den
Finanzämtern regelmäßig schon bei Gründung vorgelegt wurden, um eine sog. „**vorläufige Bescheinigung**" zu erhalten, die nach der finanzamtlichen Praxis die Grundlage für einen Vertrauensschutz der Spender in die Steuerbefreiung der Empfängerkörperschaft darstellte[2]. Seit 2004 gewährte die Finanzverwaltung steuerbegünstigten
Einrichtungen zumindest in Hinsicht auf die satzungsmäßigen Voraussetzungen der
Gemeinnützigkeit nach Treu und Glauben einen Vertrauensschutz, wenn die Satzung im Rahmen der Erteilung einer Vorläufigkeitsbescheinigung oder einer früheren Veranlagung von dem zuständigen Finanzamt nicht beanstandet worden war[3].
Mit dieser Konstruktion versuchte man den Nachteil auszugleichen, dass die „vorläufige Bescheinigung" nach Ansicht des I. Senats des BFH mangels Regelungsgehalt
keinen Steuerverwaltungsakt im Sinne von § 118 AO, sondern nur eine das Finanzamt nicht bindende Rechtsauskunft über die Steuerbefreiung für Zwecke des Spendenabzugs darstellen sollte[4]. Diese Rechtsprechung hatte nicht nur Rechtsschutz-
lücken zur Folge (gegen die Versagung einer solchen Bescheinigung konnte sich die
Körperschaft nur im vorläufigen Rechtsschutz mit einem Antrag auf einstweilige
Anordnung nach § 114 FGO wehren)[5]. Sie war auch unvereinbar mit der neueren
Rechtsprechung des X. Senats betreffend die Berechtigung einer Körperschaft zur
Ausstellung von Zuwendungsbestätigungen[6]. Angesichts dieser Entwicklung und
vor dem Hintergrund der langjährigen rechtspolitischen Forderung nach einer größeren Rechtssicherheit bei der Anerkennung gemeinnütziger Körperschaften[7] hat-
ten die Regierungsfraktionen beschlossen, im Rahmen des Ehrenamtsstärkungs-

---

1 Vgl. *Hüttemann* in Gutachten G zum 72. DJT, 2018, G 85 f.
2 Vgl. dazu näher *Hüttemann*, FR 2012, 241.
3 BMF v. 17.11.2004, BStBl. I 2004, 1059, AEAO Nr. 8 zu § 59 AO.
4 Vgl. nur BFH v. 20.5.1992 – I R 138/90, BFH/NV 1993, 150; BFH v. 23.9.1998 – I B 82/98,
BStBl. II 2000, 320; a.A. *Seer* in Tipke/Kruse, § 60a AO Rz. 1; *Söhn* in Hübschmann/Hepp/
Spitaler, § 118 AO Rz. 483.
5 Siehe BFH v. 23.9.1998 – I B 82/98, BStBl. II 2000, 320.
6 Vgl. BFH v. 19.7.2011 – X R 32/10, BFH/NV 2012, 179; kritisch dazu *Hüttemann*, FR
2012, 241,
7 Vgl. auch 2. Aufl. 2012, § 7 Rz. 2 ff.

gesetzes[1] – gegen den Widerstand der Bundesländer[2] – die bisherige Verwaltungspraxis auf eine eindeutige gesetzliche Grundlage zu stellen und eine gesonderte Feststellung der satzungsmäßigen Voraussetzungen einzuführen[3].

2. Gesonderte Feststellung als Grundlagenbescheid

Nach § 60a AO wird „die Einhaltung der satzungsmäßigen Voraussetzungen nach den §§ 51, 59, 60 und 61 AO" gesondert festgestellt. Inhalt der Feststellung ist also nicht der Gemeinnützigkeitsstatus als solcher, sondern lediglich die satzungsmäßige Gemeinnützigkeit. Geprüft wird also nur, ob die Satzung der Körperschaft den gesetzlichen Anforderungen entspricht, d.h. insbesondere die „in der Anlage 1 bezeichneten Festlegungen" enthält (dazu näher Rz. 4.122 ff.). Ferner wird man davon ausgehen müssen, dass auch die steuerbegünstigten Zwecke, die die Körperschaft nach ihrer Satzung fördert, mit der gesonderten Feststellung verbindlich festgestellt werden, auch wenn diese im amtlichen Vordruck erst an anderer Stelle und nach der Rechtsbehelfsbelehrung (unter „E. Hinweise zur Steuerbegünstigung") genannt werden[4]. In der Sache sollte Einigkeit bestehen, dass steuerbegünstigte Körperschaften – insbesondere für Zwecke von Mittelweitergaben nach § 58 Nr. 1 AO (dazu Rz. 3.188) – ein mehr als berechtigtes Interesse an einer verbindlichen Feststellung ihrer Satzungszwecke haben[5]. Die gesonderte Feststellung ist **Grundlagenbescheid** im Sinne von § 171 Abs. 10 AO. Sie entfaltet nach § 60a Abs. 1 Satz 2 AO bindende Wirkung in Hinsicht auf die nachfolgende Veranlagung der Körperschaft zu den Einzelsteuern, also z.B. für die Freistellung von der Körperschaftsteuer nach § 5 Abs. 1 Nr. 9 KStG oder für die Abstandnahme vom Kapitalertragsteuerabzug nach § 44a EStG[6]. Darüber hinaus soll sie auch für die persönliche Veranlagung „der Steuerpflichtigen, die Zuwendungen in Form von Spenden und Mitgliedsbeiträgen an die Körperschaft erbringen", bindend sein.

Diese Formulierung ist allerdings zu eng, weil z.B. für die **steuerlichen Freibeträge** nach § 3 Nr. 26 und 26a EStG eigentlich nichts anderes gelten kann[7]. Denn es macht aus der Sicht eines „Förderers" keinen großen Unterschied, ob er einen finanziellen Beitrag leistet (Spende) oder selbst „Hand anlegt" (nebenberufliche Tätigkeit). Aus dem gleichen Grund ist § 60a Abs. 1 Satz 2 AO auch entsprechend auf Mittelweitergaben nach § 58 Nr. 1 ff. AO anzuwenden.

Die gesonderte Feststellung **entlastet also das Veranlagungsverfahren** der Körperschaft bzw. des Spenders, weil die satzungsmäßige Gemeinnützigkeit im Besteuerungsverfahren der Körperschaft bzw. des Spenders nicht mehr geprüft werden

7.6

---

1 Vgl. den Gesetzentwurf der Fraktionen von CDU/CSU und FDP für ein Gemeinnützigkeitsentbürokratisierungsgesetz, BT-Drucks. 17/11316.

2 Dazu BR-Drucks. 663/1/12, S. 5: „Das bisherige Verfahren hat sich in der Sache bewährt, so dass ein Änderungsbedarf nicht ersichtlich ist".

3 Zur Gesetzesinitiative siehe *Hüttemann*, DB 2012, 2592.

4 Bejahend *Buchna/Leichinger/Seeger/Brox*, S. 237; zweifelnd *Hakert* in NK-GemnR, § 60a AO Rz. 21 unter Hinweis auf FG Berlin v. 23.3.2004 – 7 K 7175/02, juris.

5 Ebenso mit eingehender Begründung *Hakert* in NK-GemnR, § 60a AO Rz. 23 ff.

6 Vgl. BMF v. 5.7.2013, BStBl. I 2013, 881; *Buchna/Leichinger/Seeger/Brox*, S. 237.

7 Ebenso *Hakert* in NK-GemnR, § 60a AO Rz. 18.

muss. Insoweit geht die verfahrensrechtliche Wirkung der gesonderten Feststellung über die frühere „vorläufige Bescheinigung" hinaus[1]. Zudem bleibt das Finanzamt – selbst wenn es im Rahmen der Veranlagung erkennt, dass die satzungsmäßigen Voraussetzungen nicht (mehr) vorliegen – solange an die gesonderte Veranlagung gebunden, bis diese – u.U. auch rückwirkend – nach § 60a Abs. 4 AO aufgehoben wird. Deshalb ist es missverständlich, wenn es im Anwendungserlass einfach heißt, „das Verfahren nach § 60a AO löst die so genannte vorläufige Bescheinigung ab"[2]. Eine weitere Rechtsänderung betrifft die Befugnis zur Ausstellung von Zuwendungsbestätigungen. Sie wird nunmehr nach § 63 Abs. 5 Nr. 2 AO im Zeitraum zwischen Errichtung der Körperschaft und der erstmaligen Erteilung eines Freistellungsbescheids an die gesonderte Feststellung geknüpft. Zu Recht geht die Finanzverwaltung im Anwendungserlass davon aus, dass eine gesonderte Feststellung nicht unter dem Vorbehalt der Nachprüfung (§ 164 AO) erfolgen darf. Dafür spricht, dass es bei einem „Buchnachweis" wie der Satzung[3] keinen Grund für eine „Nachprüfung" gibt, weil alle relevanten Tatsachen dem Finanzamt bekannt sind.

Das neue Feststellungsverfahren gilt seit dem 29.3.2013. Die Finanzverwaltung hat im geänderten Anwendungserlass zur AO in Nr. 4 zu § 59 AO klargestellt, dass **die in der Vergangenheit erteilten vorläufigen Bescheinigungen** (natürlich) weiterhin bis zur ersten gesonderten Feststellung nach § 60a AO ihre Gültigkeit behalten und insbesondere einen Vertrauensschutz hinsichtlich der satzungsmäßigen Voraussetzungen begründen[4].

3. Zuständigkeit und Zeitpunkt der Feststellung

7.7 Für die gesonderte Feststellung ist das Finanzamt zuständig, in dessen Bezirk sich die Geschäftsleitung der Körperschaft befindet (§ 20 Abs. 1 AO)[5]. Nach Ansicht der Finanzverwaltung ist die gesonderte Feststellung ein „**Annexverfahren zur Körperschaftsteuerveranlagung**"[6]. Damit wird begründet, dass eine Feststellung nach § 60a AO für solche ausländischen Körperschaften ausgeschlossen sein soll, die weder unbeschränkt (§ 1 KStG) noch beschränkt (§ 2 KStG) steuerpflichtig sind[7].

Dieser Auffassung ist schon deshalb nicht zu folgen, weil die Feststellung auch Bindungswirkung in Hinsicht auf die Besteuerung von Spendern entfaltet und der grenzüberschreitende Spendenabzug nach § 10b Abs. 1 Satz 2 Nr. 3 EStG gerade keine inländische Steuerpflicht der Körperschaft voraussetzt. Richtigerweise sollten daher auch **Einrichtungen aus EU/EWR-Staaten** Anspruch auf eine gesonderte Feststellung nach § 60a AO[8] haben, wobei ggf. eine Zu-

---

1 Vgl. nur *Hakert* in NK-GemnR, § 60a AO Rz. 28 f.

2 Vgl. AEAO Nr. 1 zu § 60a AO.

3 Vgl. nur BFH v. 13.8.1998 – I R 16/96, BStBl. II 1997, 794.

4 Vgl. auch *Buchna/Leichinger/Seeger/Brox*, S. 236.

5 *Seer* in Tipke/Kruse, § 60a AO Rz. 7.

6 AEAO Nr. 3 zu § 60a Abs. 1 AO.

7 AEAO Nr. 3 zu § 60a Abs. 1 AO.

8 Ebenso *Förster*, DStR 2013, 1556; *Schauhoff/Kirchhain*, FR 2013, 301 (304); *Seer* in Tipke/Kruse, § 60a AO Rz. 7; *Hüttemann*, DB 2014, 442; BFH v. 17.9.2013 – I R 16/12, BStBl. II 2014, 440 hat die Frage offengelassen.

ständigkeit nach § 20 Abs. 3 AO begründet werden kann[1]. De lege ferenda würde sich eine Spezialzuständigkeit des Bundeszentralamts für Steuern empfehlen[2].

Die gesonderte Feststellung erfolgt entweder **auf Antrag der Körperschaft** oder **von Amts wegen bei der Veranlagung zur Körperschaftsteuer**, wenn bisher noch keine Feststellung erfolgt ist. Die erste Alternative dürfte in der Praxis den Regelfall darstellen, weil eine Körperschaft erst nach einer gesonderten Feststellung nach § 63 Abs. 5 Nr. 2 AO zur Ausstellung von Zuwendungsbestätigungen berechtigt ist. Ein weiterer Anwendungsfall für eine (erneute) Feststellung auf Antrag sind spätere Satzungsänderungen. Die Voraussetzungen für die Feststellung nach § 60a AO liegen auch dann vor, wenn die Körperschaft bereits vor dem 1.1.2009 bestand und daher eine Anpassung an die Mustersatzung (Anlage 1 zu § 60 AO) bisher nicht vornehmen musste (Art. 97 § 1f EGAO)[3].

Für **Körperschaften in Gründung**[4] enthält der Anwendungserlass eine wichtige Klarstellung: Die gesonderte Feststellung kann auch vor Registereintragung bzw. Anerkennung oder Genehmigung erfolgen, sofern bereits eine Körperschaftsteuerpflicht besteht[5]. Mit dieser Aussage werden allerdings nur Vorgesellschaften und Vorvereine leben können, deren Körperschaftsteuerpflicht nach Eintragung (vgl. § 1 Abs. 1 Nr. 1 und 4 KStG) nach h.M. auf das Gründungsstadium insoweit „zurückwirkt"[6], als wirtschaftliche Tätigkeiten entfaltet werden. Scheitert später die Eintragung, ist die gesonderte Feststellung nach § 60a Abs. 4 AO aufzuheben[7]. Für rechtsfähige Stiftungen bedeutet diese Aussage aber, dass eine verbindliche Feststellung nach § 60a AO frühestens mit ihrer Anerkennung als rechtsfähig durch die Stiftungsbehörde nach § 80 BGB erfolgen kann, weil – wenn man mit den Finanzgerichten die Existenz einer sog. Vorstiftung zu Recht ablehnt[8] (dazu näher Rz. 2.63) – die Körperschaftsteuerpflicht nach § 1 Abs. 1 Nr. 4 KStG erst mit der stiftungsbehördlichen Anerkennung beginnt, so dass eine gesonderte Feststellung vor Anerkennung nicht (mehr) möglich ist[9].

Im Unterschied zur vorläufigen Bescheinigung wird die im Errichtungsstadium erlassene gesonderte Feststellung nicht durch einen späteren Freistellungs- oder Körperschaftsteuerbescheid ersetzt. Sie behält vielmehr neben der nachfolgenden Veranlagung ihren eigenständigen Gehalt[10]. Deshalb ist die gesonderte Feststellung von Amts wegen bei der Veranlagung der Körperschaft zu erlassen, wenn bis dahin noch

---

1 Ablehnend *Buchna/Leichinger/Seeger/Brox*, S. 237.
2 Ebenso *Hakert* in NK-GemnR, § 60a AO Rz. 82.
3 AEAO Nr. 2 zu § 60a Abs. 1 AO.
4 Dazu eingehend *Hakert* in NK-GemnR, § 60a AO Rz. 45 ff.
5 AEAO Nr. 4 zu § 60a.
6 Vgl. zuletzt BFH-Urteil v. 18.3.2010 – IV R 88/06, BStBl. II 2010, 991; eingehend zur Körperschaftsteuerpflicht im Gründungsstadium *Hüttemann* in FS Wassermeyer, 2005, S. 27; *Hamm*, Vorgesellschaften im Steuerrecht, 2013, S. 7 ff.
7 Dazu näher *Hakert* in NK-GemnR, § 60a AO Rz. 68 f.; alternativ könnte auch daran gedacht werden, die gesonderte Feststellung in der Gründungsphase mit einem Vorläufigkeitsvermerk (§ 165 AO) zu versehen.
8 Vgl. BFH v. 11.2.2015 – X R 36/11, BStBl. II 2015, 545; zur Problematik der Vorstiftung *Thole*, Stiftung in Gründung, 2009; *Hüttemann* in FS Spiegelberger, 2010, S. 1292.
9 So auch *Hüttemann*, DB 2014, 442, 446; *Kirchhain*, DStR 2014, 289, 291; *Hakert* in NK-GemnR, § 60a AO Rz. 50; siehe auch *Buchna/Leichinger/Seeger/Brox*, S. 236 und die Nachweise zur abweichenden früheren Verwaltungspraxis bei „Vorstiftungen" auf S. 49 f.
10 Vgl. auch *Hakert* in NK-GemnR, § 60a AO Rz. 5.

keine Feststellung erfolgt ist. Die einmal erlassene gesonderte Feststellung nach § 60a AO wirkt also als „**Dauerverwaltungsakt**" so lange, bis sie ihre Bindungswirkung nach § 60a Abs. 3 bis 5 AO verliert[1].

Nach Ansicht der Finanzverwaltung soll eine Feststellung nach § 60a AO abzulehnen sein, wenn „im Zeitpunkt der Entscheidung [...] bereits Erkenntnisse" vorliegen, „dass die tatsächliche Geschäftsführung den Anforderungen des § 51 AO nicht entsprechen wird"[2]. Dieser „**Missbrauchsvorbehalt**" – der sich offenbar vor allem gegen potentiell „extremistische" Vereinigungen richtet – ist zwar in der Sache verständlich, entspricht aber nicht der gesetzlichen Regelung, die für die gesonderte Feststellung ausschließlich auf den Inhalt der Satzung abstellt[3]. Man darf daher bezweifeln, ob diese Vermischung von satzungsmäßigen und tatsächlichen Gesichtspunkten vor den Finanzgerichten Bestand haben wird[4]. Geht man vom geltenden Recht aus, ist für eine Versagung der Feststellung trotz einer „formal" korrekten Satzung nur dann Raum, wenn die tatsächliche Geschäftsführung im Gründungsstadium den Schluss zulässt, dass die Satzung nur vorgeschoben und nicht ernsthaft gewollt ist (§ 117 BGB)[5]. Dagegen reicht es nicht aus, dass es schon im Gründungsstadium zu einzelnen gemeinnützigkeitsrechtlich relevanten Verstößen gegen die Satzung gekommen ist und deshalb zu erwarten ist, dass die Steuerbegünstigung bei der späteren Veranlagung versagt werden wird. In solchen Fällen ist aber ggf. eine vorgezogene Steuerfestsetzung durchzuführen, in der die Steuerbefreiung nach § 5 Abs. 1 Nr. 9 KStG wegen fehlender tatsächlicher Gemeinnützigkeit versagt wird.

4. Dauer der Bindungswirkung, Aufhebung und Korrektur der Feststellung

7.8   Nach § 60a Abs. 3 AO **entfällt die Bindungswirkung von Rechts wegen** ab dem Zeitpunkt, „in dem die Rechtsvorschriften, auf denen die Feststellung beruht, aufgehoben werden". Erfasst ist nur eine Aufhebung gesetzlicher Vorschriften (also z.B. der Mustersatzung in Anlage 1 zu § 60 AO), nicht aber Änderungen von Verwaltungsvorschriften wie dem Anwendungserlass zur AO[6]. Richtigerweise sollte die Bindungswirkung für den Veranlagungszeitraum, in dem die gesetzliche Änderung eintritt, aber noch bestehen bleiben[7].

---

1 Zutreffend *Seer* in Tipke/Kruse, § 60a AO Rz. 3.

2 AEAO Nr. 2 zu § 60a Abs. 1 AO.

3 Ebenso *Leisner-Egensperger* in Hübschmann/Hepp/Spitaler, § 60a AO Rz. 10 ff.; FG Baden-Württemberg v. 5.3.2018 – 10 K 3622/16, juris.

4 Mit Recht kritisch auch *Hakert* in NK-GemnR, § 60a AO Rz. 13 f.

5 Insoweit kann auf die Parallelproblematik der (verdeckten) Vorratsgründung bei Kapitalgesellschaften verwiesen werden, wo die Nichtigkeit der Satzung auf § 117 BGB gestützt wird, vgl. nur *Bayer* in Lutter/Hommelhoff, 19. Aufl. 2016, § 3 GmbHG Rz. 80; *Cziupka* in Scholz, 12. Aufl. 2018, § 3 GmbHG Rz. 19; im Ergebnis ebenso BGH v. 16.3.1992 – II ZB 17/91, BGHZ 117, 323 (344).

6 Ebenso *Seer* in Tipke/Kruse, § 60a Rz. 8; *Hakert* in NK-GemnR, § 60a AO Rz. 56; anders wohl *Leisner-Egensperger* in Hübschmann/Hepp/Spitaler, § 60a AO Rz. 34 f.

7 Für einen solchen Vertrauensschutz entsprechend AEAO Nr. 4 Abs. 1 zu § 59 AO *Schauhoff/Kirchhain*, FR 2013, 301 (306); ebenso *Seer* in Tipke/Kruse, § 60a AO Rz. 8; *Hakert* in NK-GemnR, § 60a AO Rz. 58.

Eine automatische Beendigung der Bindungswirkung ist zwar in der Sache verständlich, weil eine Vereinbarkeit der Satzung mit den gesetzlichen Vorgaben immer nur auf der Grundlage einer bestimmten Rechtslage erfolgen kann („*clausula rebus sic stantibus*"). Gleichwohl kann ein Wegfall der rechtlichen Wirkung der Feststellung im Einzelfall zu unangemessenen Ergebnissen führen. Deshalb wird man bei künftigen gemeinnützigkeitsrelevanten Gesetzesänderungen darauf dringen müssen, dass der Gesetzgeber gerade wegen § 60a AO **angemessene Übergangsvorschriften** vorsieht, damit die Körperschaften ihre Satzungen an die neue Rechtslage anpassen können[1].

Nach § 60a Abs. 4 AO ist der Feststellungsbescheid bei einer **nachträglichen Änderung der für die Feststellung erheblichen Verhältnisse** „mit Wirkung vom Zeitpunkt der Änderung der Verhältnisse" (d.h. unter Umständen auch rückwirkend) aufzuheben oder zu ändern. Diese Regelung erfasst nur ursprünglich fehlerfreie Feststellungen, während der Fall einer von Anfang an fehlerhaften Feststellung in § 60a Abs. 5 AO geregelt ist. Zu den für § 60a Abs. 4 AO relevanten „erheblichen Verhältnissen" gehört insbesondere die Satzung der Körperschaft, die den sachlichen Bezugspunkt der Feststellung bildet[2]. Wird sie später so geändert, dass die gesetzlichen Vorgaben nicht mehr erfüllt sind, ist die Feststellung „aufzuheben oder zu ändern". Gemeinnützigkeitsrechtlich unerhebliche Satzungsänderungen (z.B. die Einführung eines weiteren Organs) führen hingegen nicht zu einer neuen Feststellung[3].

Schon die Gefahr einer Aufhebung der gesonderten Feststellung sollte für die gemeinnützigen Körperschaften Grund genug sein, **jede Satzungsänderung zunächst mit dem zuständigen Finanzamt abzustimmen** und nach der wirksamen Satzungsänderung (Eintragung) eine neue Feststellung zu beantragen[4]. Wie sich aus dem Wortlaut der Regelung ergibt („ist … aufzuheben"), verfügt das Finanzamt bei seiner Entscheidung eigentlich nicht über ein Ermessen. Allerdings eröffnet das Merkmal „erheblich" auf der Tatbestandsseite einen gewissen Wertungsspielraum, um auch unter Verhältnismäßigkeitsgesichtspunkten zumindest bei geringfügigen Satzungsmängeln von einer (rückwirkenden) Aufhebung der Feststellung abzusehen.

§ 60a Abs. 5 AO bildet die **gesetzliche Grundlage des Vertrauensschutzes** gemeinnütziger Körperschaften in Hinsicht auf eine gesonderte Feststellung. Denn „materielle Fehler im Feststellungsbescheid" können (nur) mit Wirkung ab dem Kalenderjahr beseitigt werden, das auf die Bekanntgabe der Aufhebung der Feststellung folgt. Anders ausgedrückt: Sollte das Finanzamt zu Unrecht die satzungsmäßige Gemeinnützigkeit festgestellt haben, können daraus für die Vergangenheit keine nachteiligen Rechtsfolgen gezogen werden. Zwar erläutert das Gesetz den Begriff „materielle Fehler" nicht näher, darunter fallen aber alle Fälle, in denen die Feststellung nach § 60a AO nicht hätte erfolgen dürfen, weil die Voraussetzungen der §§ 51, 59, 60, 61 AO bereits im Zeitpunkt des Erlasses des Feststellungsbescheids nicht vorgelegen haben. Dies ist z.B. anzunehmen, wenn das Finanzamt eine ausreichende Vermögensbindung bejaht, obwohl eine entsprechende Satzungsbestimmung fehlt[5]. Da die tatsächliche Geschäftsführung für die Feststellung der satzungsmäßigen Gemein-

---

1 Zustimmend *Hakert* in NK-GemnR, § 60a AO Rz. 58.
2 AEAO Nr. 7 zu § 60a Abs. 4 AO.
3 Dazu eingehend *Hakert* in NK-GemnR, § 60a AO Rz. 62 ff.
4 Ebenso *Hakert* in NK-GemnR, § 60a AO Rz. 67.
5 So etwa *Seer* in Tipke/Kruse, § 60a AO Rz. 11.

nützigkeit bedeutungslos ist, kann die Feststellung nach § 60a Abs. 5 AO nicht korrigiert werden, wenn später bekannt wird, dass die Organe der Körperschaft tatsächlich andere Zwecke verfolgt haben[1]. Etwas anderes gilt nur für den bereits erwähnten Sonderfall einer nicht ernsthaft gewollten Satzung (§ 117 BGB). Die Korrektur der Feststellung ist – wie sich auch aus dem Wort „können" ergibt – eine Ermessensentscheidung, so dass genügend Spielraum für die Gewährung von Vertrauensschutz besteht. Der Verweis auf § 176 AO ist eigentlich überflüssig, weil die §§ 172 ff. AO bereits nach § 181 Abs. 1 Satz 1 AO für Feststellungsbescheide entsprechend gelten. § 60a Abs. 5 Satz 2 Halbs. 2 AO beschränkt die Wirkung des § 176 AO aber auf die Vergangenheit und das Kalenderjahr, in dem die Entscheidung ergangen ist.

Beispiel Nr. 2: Hat ein Verein zur Förderung der Völkerverständigung (V) eine Feststellung nach § 60a AO antragsgemäß erhalten und streicht der Gesetzgeber später den Zweck „Förderung der internationalen Gesinnung …" (§ 52 Abs. 2 Nr. 13 AO) aus dem Katalog des § 52 Abs. 2 AO, dann erlischt auch die Feststellung nach § 60a Abs. 3 AO automatisch mit Inkrafttreten der Gesetzesänderung, wenn den betroffenen Einrichtungen keine Übergangsfrist zur Anpassung der Satzungszwecke eingeräumt worden ist. Beschließt die Mitgliederversammlung des V hingegen aus eigenem Antrieb eine Änderung der Satzungszwecke (Entwicklungshilfe statt Völkerverständigung), bedarf es einer Änderung der Feststellung nach § 60a Abs. 4 AO. Maßgebend ist insoweit der Zeitpunkt des zivilrechtlichen Inkrafttretens der Satzungsänderung[2]. Beschließt die Mitgliederversammlung des V nur eine längere Amtszeit der Vorstandsmitglieder oder eine Änderung des Aufnahmeverfahrens für die Vereinsmitglieder, bedarf es überhaupt keiner Änderung der gesonderten Feststellung. Hätte die Feststellung von Anfang an nicht erfolgen dürfen, weil die satzungsmäßige Vermögensbindungsklausel den Anforderungen der Mustersatzung nicht entsprochen hat, und wird dieser Fehler im Jahr 02 entdeckt und den Organen des V im Jahr 03 bekanntgegeben, kann die Feststellung nur mit Wirkung ab dem 1.1. des Jahres 04 aufgehoben werden[3]. Entscheidet der BFH im Jahr 03, dass eine Vermögensbindungsklausel, wie sie in der Satzung des V verwendet worden ist, den Anforderungen des § 61 AO nicht entspricht, kann die Feststellung frühestens mit Wirkung ab dem 1.1. des Jahres 04 aufgehoben werden.

5. Verhältnis zum Veranlagungsverfahren und Rechtsschutz

7.9 Die gesonderte Feststellung nach § 60a Abs. 1 AO betrifft nur die satzungsmäßige Gemeinnützigkeit und entfaltet auch nur insoweit nach § 182 Abs. 1 Satz 1 AO Bindungswirkung. Ob die Geschäftsführung der Körperschaft auch in tatsächlicher Hinsicht den Anforderungen der §§ 51 ff. AO entsprochen hat, wird von den Finanzämtern erst im Veranlagungsverfahren für die jeweilige Einzelsteuer geprüft[4]. Die abschließende Entscheidung über den Gemeinnützigkeitsstatus bleibt somit auch nach neuem Recht dem Veranlagungsverfahren vorbehalten (dazu näher Rz. 7.10 ff.).

---

1 Ebenso *Seer* in Tipke/Kruse, § 60a AO Rz. 11 (kein Fehler „im" Feststellungsbescheid).
2 AEAO Nr. 7 zu § 60a Abs. 4 AO.
3 Vgl. auch AEAO Nr. 8 zu § 60a Abs. 5 AO.
4 Vgl. auch FG Köln v. 30.5.2012 – 10 K 3264/11, EFG 2012, 1813.

Auch wenn die tatsächliche Geschäftsführung keinen Bestandteil der Feststellung der satzungsmäßigen Gemeinnützigkeit nach § 60a AO bildet, so gibt es doch gewisse **Wechselwirkungen** (dazu auch Rz. 4.145). Wenn z.b. die Satzung einer Körperschaft unter der Überschrift „Art der Verwirklichung der Satzungszwecke" ausdrücklich bestimmte Tätigkeitsfelder konkret benennt, dann folgt aus der gesonderten Feststellung, dass die Aufnahme dieser Tätigkeiten die Gemeinnützigkeit der Körperschaften nicht in Frage stellen kann, weil die Feststellung nach § 60a AO insoweit eine Bindungswirkung erzeugt. Dies gilt natürlich nicht, wenn abweichend von der Satzung zweckfremde Aktivitäten entfaltet werden.

Für welchen Zeitpunkt oder Zeitraum die satzungsmäßige Gemeinnützigkeit vorliegen muss, hängt vom **jeweiligen Einzelsteuergesetz** ab. Insoweit ist zu unterscheiden:

– Bei der Körperschaft- und Gewerbesteuer muss die satzungsmäßige Gemeinnützigkeit während des ganzen Veranlagungs- bzw. Bemessungszeitraums vorliegen (§ 60 Abs. 2 AO),

– bei der Umsatz-, Grund- und Erbschaftsteuer kommt es auf den steuerlich relevanten Zeitpunkt an (vgl. § 13 UStG, § 9 Abs. 2 GrStG und § 9 ErbStG).

Hinsichtlich des **Rechtsschutzes** ist zu unterscheiden: Wird eine gesonderte Feststellung versagt, kann die Körperschaft gegen die ablehnende Entscheidung Einspruch (§ 347 AO) einlegen und Verpflichtungsklage (§ 40 FGO) erheben. Im Bereich des vorläufigen Rechtsschutzes kommt ein Antrag auf einstweilige Anordnung (§ 114 FGO) in Betracht. Wird eine gesonderte Feststellung später nach § 60a Abs. 4 AO aufgehoben, steht der Körperschaft der Einspruch (§ 347 AO) und gegen die Einspruchsentscheidung die Anfechtungsklage (§ 40 AO) offen (beides ohne aufschiebende Wirkung, so dass u.U. die Aussetzung der Vollziehung nach § 361 AO bzw. § 69 FGO beantragt werden muss). Im Ganzen ist festzustellen, dass sich durch die Einführung der gesonderten Feststellung die Rechtsschutzmöglichkeiten zugunsten der steuerbegünstigten Körperschaften verbessert haben.

IV. Prüfung der Gemeinnützigkeit im Veranlagungsverfahren

Über die Gemeinnützigkeit wird im geltenden Recht ausschließlich im Veranlagungsverfahren **für die jeweiligen Einzelsteuern und den betreffenden Veranlagungszeitraum durch Steuerbescheid (§ 155 AO)** inzidenter entschieden[1]. Kommt das Finanzamt bei der erstmaligen Veranlagung zur Körperschaftsteuer zu dem Ergebnis, dass die Körperschaft die Voraussetzungen des § 5 Abs. 1 Nr. 9 KStG erfüllt, so erlässt es – wenn eine partielle Steuerpflicht nicht besteht – einen Körperschaftsteuerfreistellungsbescheid für den betreffenden Veranlagungszeitraum. Ist die Körperschaft zwar gemeinnützig, unterhält sie aber einen oder mehrere steuerpflichtige wirtschaftliche Geschäftsbetriebe und kommt es deshalb zur Festsetzung von Körperschaftsteuer, so wird die Körperschaft in der Anlage zum Steuerbescheid „im Üb-

7.10

---

1 Vgl. BFH v. 13.12.1978 – I R 77/76, BStBl. II 1979, 481; BFH v. 7.5.1986 – I B 58/85, BStBl. II 1986, 677; BFH v. 10.1.1992 – III R 201/90, BStBl. II 1992, 684; BFH v. 13.11.1996 – I R 152/93, BStBl. II 1998, 711 (715); BFH v. 11.3.1999 – V R 57/96, BStBl. II 1999, 331; AEAO Nr. 2 zu § 51 Abs. 1 AO, Nr. 3 zu § 59 AO.

rigen" von der Körperschaftsteuer nach § 5 Abs. 1 Nr. 9 KStG freigestellt. Verneint das Finanzamt schließlich die Steuerbefreiung, so muss es auch dann einen Körperschaftsteuerbescheid erlassen, wenn die festzusetzende Steuer aus anderen Gründen (z.B. mangels eines steuerpflichtigen Einkommens) 0 Euro beträgt. Für eine spätere „Aberkennung" der Gemeinnützigkeit gilt Entsprechendes. Sie kann also nicht außerhalb des Veranlagungs- bzw. Steuerfestsetzungsverfahren durch bloßen „Widerruf" erfolgen[1], sondern nur durch die Ersetzung eines früheren Steuerbescheides durch einen „normalen" Steuerbescheid unter den Voraussetzungen der §§ 172 ff. AO. Aus der Tatsache, dass die Gemeinnützigkeit erst im Veranlagungsverfahren geprüft wird, folgt zugleich, dass eine verbindliche Feststellung der steuerlichen Voraussetzungen der Gemeinnützigkeit **immer erst im Nachhinein** erfolgt.

7.11   Gemeinnützige Körperschaften unterliegen der allgemeinen Pflicht zur Abgabe von Steuererklärungen nach den §§ 149 ff. AO. Das zuständige Finanzamt kann jedoch von der jährlichen Anforderung zur Abgabe von Steuererklärungen absehen. Nach dem früheren Anwendungserlass „**sollte" die Steuerbefreiung spätestens alle drei Jahre überprüft werden**[2]. Die Prüfung beschränkt sich – wenn bereits eine gesonderte Feststellung nach § 60a AO erfolgt ist – auf die tatsächliche Geschäftsführung der Körperschaft. Hierzu hat die gemeinnützige Körperschaft mit der Steuererklärung (für das jeweils letzte Jahr des Drei-Jahres-Turnus) die erforderlichen Nachweise zur tatsächlichen Geschäftsführung einzureichen (vgl. auch § 63 Abs. 3 AO). Die Finanzverwaltung hat hierzu besondere Erklärungsvordrucke herausgegeben, die sich auf Angaben zur Körperschaft- und Gewerbesteuer beziehen[3]. Ergibt die Prüfung, dass die Voraussetzungen der Gemeinnützigkeit vorliegen, erteilt das Finanzamt in der Regel einen Freistellungsbescheid für sämtliche drei Jahre. Unterhält eine gemeinnützige Körperschaft einen oder mehrere wirtschaftliche Geschäftsbetriebe, die wegen der partiellen Steuerpflicht (Einnahmen über 35 000 Euro) zu einer Körperschaftsteuerfestsetzung führen, so muss die Körperschaft u.U. zusätzliche jährliche Körperschaftsteuererklärungen abgeben. Der Freistellungsbescheid hinsichtlich der Körperschaft- und Gewerbesteuer ist zwar in einem Vordruck zusammengefasst. Materiell-rechtlich handelt es sich aber um selbständige Steuerbescheide nach § 155 Abs. 1 AO[4]. Der Freistellungsbescheid ist auch kein Grundlagenbescheid im Sinne von § 171 AO für andere Steuerarten. Daher ist z.B. über die Anwendung des ermäßigten Umsatzsteuersatzes nach § 12 Abs. 2 Nr. 8 Buchst. a UStG im Rahmen der Veranlagung zur Umsatzsteuer zu entscheiden[5]. Insoweit hat die gemeinnützige Körperschaft, wenn sie entsprechende steuerpflichtige Umsätze

---

1 BFH v. 13.11.1996 – I R 152/93, BStBl. II 1998, 711 (715).
2 So noch AEAO Nr. 7 zu § 59 AO a.F. Im neuen Anwendungserlass fehlt eine entsprechende Vorgabe, was darauf hindeuten könnte, dass künftig vermehrt jährliche Prüfungen stattfinden. Dagegen aber *Buchna/Leichinger/Seeger/Brox*, S. 483 f. unter Hinweis auf die Verfügung der OFD Münster v. 5.12.2008 – S 2729-49-St 13-33 und den Wortlaut der Gem 1-Erklärung.
3 Anlage Gem: Steuerbefreiung von Körperschaften, die gemeinnützigen, mildtätigen oder kirchlichen Zwecken dienen.
4 *Buchna/Leichinger/Seeger/Brox*, S. 484.
5 BFH v. 11.3.1999 – V R 57–58/96, BStBl. II 1999, 331.

ausführt, zusätzlich nach den allgemeinen Vorschriften auch Umsatzsteuervoranmeldungen und Umsatzsteuererklärungen abzugeben (vgl. Rz. 7.222).

Im Rahmen der Anlage Gem[1] haben die gemeinnützigen Körperschaften **verschiedene Angaben** zu machen, u.a. zur Körperschaft, zur Höhe der Gesamteinnahmen und ihrer Zuordnung zu steuerpflichtigen wirtschaftlichen Geschäftsbetrieben und Zweckbetrieben, zum Besteuerungswahlrecht nach § 64 Abs. 6 AO, zum Nachweis der wirtschaftlichen Hilfebedürftigkeit bei mildtätigen Körperschaften und Einrichtungen der Wohlfahrtspflege, zu den Voraussetzungen von Krankenhauszweckbetrieben sowie zur Rücklagenbildung bzw. Vermögenszuführung. Darüber hinaus müssen die Körperschaften noch verschiedene Unterlagen einreichen, nämlich eine möglichst weitgehend aufgegliederte Gegenüberstellung der Einnahmen und Ausgaben und eine Aufstellung über das Vermögen am 31.12. des letzten Kalenderjahres bzw. den Jahresabschluss (Bilanz und Gewinn- und Verlustrechnung), sowie den Geschäfts- oder Tätigkeitsbericht. Ab dem Veranlagungszeitraum 2011 sind Körperschaftsteuererklärungen (und damit auch die Gem 1-Erklärung bzw. Anlage Gem) gemäß § 31 Abs. 1a KStG nach amtlich vorgeschriebenem Datensatz durch **Datenfernübermittlung zu übermitteln**. Eine Abgabe in Papierform ist nur noch in sog. Härtefällen (§ 150 Abs. 8 AO) möglich (zur elektronischen Übermittlung von Bilanzen und GuV sowie der EÜR s. Rz. 7.40).

Der Freistellungsbescheid unterliegt als Steuerbescheid (§ 155 Abs. 1 Satz 3 AO) den **allgemeinen Vorschriften über die Korrektur von Steuerbescheiden.** Freistellungsbescheide können daher unter den Voraussetzungen der §§ 129, 164, 165, 172 ff. AO berichtigt bzw. geändert werden. Insoweit können sich aber auf Grund der Gemeinnützigkeit besondere Fragen ergeben. So bedarf z.B. die Korrekturvorschrift des § 173 AO betreffend die Aufhebung oder Änderung von Steuerbescheiden wegen neuer Tatsachen und Beweismittel einer sinngemäßen Anwendung, wenn es allein um die Anerkennung einer Körperschaft als gemeinnützig geht. Man denke zunächst an den Fall, dass eine Aufhebung des Freistellungsbescheids nach § 173 Abs. 1 Nr. 1 AO mangels eines steuerpflichtigen Einkommens der Körperschaft nicht „zu einer höheren Steuer" führen kann, sondern gleichfalls zu einer Steuerfestsetzung von 0 Euro führen würde. Wie der I. Senat des BFH[2] zutreffend entschieden hat, steht dieser Umstand aber einer zumindest sinngemäßen Anwendung des § 173 Abs. 1 Nr. 1 AO nicht entgegen, weil sich die Versagung der Gemeinnützigkeit zulasten der betroffenen Körperschaft auswirkt (Spendenabzugsberechtigung nach § 63 Abs. 5 Nr. 1 AO) und deshalb wie die Festsetzung einer höheren Steuer zu behandeln ist. Geht man davon aus, dass sich die Versagung der Gemeinnützigkeit mit Rücksicht auf ihre weiteren Konsequenzen stets „zulasten" der Körperschaft auswirkt, ist § 173 Abs. 1 Nr. 1 AO – wie der I. Senat ausgeführt hat[3] – sogar dann anzuwenden, wenn die Aufhebung des früheren Bescheids und die Versagung der Gemeinnützigkeit zu einer niedrigeren Steuer führt, weil z.B. Verluste aus einem Zweckbetrieb nunmehr mit Gewinnen aus wirtschaftlichen Geschäftsbetrieben verrechnet werden können. Umgekehrt ist nach § 173 Abs. 1 Nr. 2 AO ein Freistellungsbescheid auch dann zu erlassen, wenn die Gemeinnützigkeit zunächst versagt worden ist.

7.12

---

1 Die Anlage Gem ersetzt seit dem VZ 2017 die früheren Anlagen Gem 1 und Gem 1A (für Sportvereine).
2 BFH v. 13.11.1996 – I R 152/96, BStBl. II 1998, 711 (714).
3 BFH v. 13.11.1996 – I R 152/96, BStBl. II 1998, 711 (714).

V. Rechtsschutzfragen

7.13 Gemeinnützige Körperschaften können sich gegen Entscheidungen der Finanzämter in steuerlichen Angelegenheiten nach den allgemeinen Vorschriften zur Wehr setzen. Gegen einen Freistellungsbescheid[1] oder einen Steuerbescheid wegen partieller Steuerpflicht ist der Einspruch und im gerichtlichen Verfahren die Klage beim Finanzgericht statthaft. Insbesondere kann **auch ein auf 0 Euro lautender Körperschaftsteuerbescheid**, in dem das Finanzamt die Befreiung wegen Verfolgung steuerbegünstigter Zwecke abgelehnt hat, nach ständiger Rechtsprechung mit Einspruch und Klage angegriffen werden, weil die Versagung der Gemeinnützigkeit die Körperschaft für sich genommen bereits beschwert[2]. Dies hat der V. Senat im Urteil vom 22.6.2016[3] noch einmal ausdrücklich bekräftigt. In den Entscheidungsgründen heißt es dazu:

„Zur Darlegung einer Rechtsverletzung i.S. des § 40 Abs. 2 FGO durch einen auf 0 Euro lautenden Körperschaftsteuerbescheid reicht es aus, dass der Kläger geltend macht, in dem Bescheid werde zu Unrecht seine Körperschaftsteuerpflicht bejaht, weil er gemäß § 5 Abs. 1 Nr. 9 KStG von der Körperschaftsteuer befreit sei. … Das Interesse einer Körperschaft an einer gerichtlichen Klärung der Frage, ob sie gemeinnützigen Zwecken dient, ist nicht auf die Berechtigung zur Ausstellung von Zuwendungsbestätigungen i.S. des § 50 der Einkommensteuer-Durchführungsverordnung beschränkt. Da über die Steuerbefreiung nach § 5 Abs. 1 Nr. 9 KStG erst im Körperschaftsteuerveranlagungsverfahren entschieden wird, muss für den die Steuerbefreiung wegen Gemeinnützigkeit beanspruchenden Steuerpflichtigen die Möglichkeit bestehen, einen auf 0 Euro lautenden Körperschaftsteuerbescheid gerichtlich auf seine Rechtmäßigkeit hin überprüfen zu lassen … Die Klägerin weist außerdem zutreffend darauf hin, dass sie durch die Ablehnung eines Freistellungsbescheids beschwert sei, weil ihr damit der Nachweis für außersteuerliche Zwecke verweigert werde, dass die im BgA, medizinische Auftragsforschung verwendeten Mittel in einem Zweckbetrieb für gemeinnützige Zwecke verwendet worden sind."

Diese Rechtsprechung verdient Zustimmung, zumal die Anerkennung einer Körperschaft als „gemeinnützig" über das Besteuerungsverfahren hinaus **auch in vielen anderen Bereichen von Bedeutung** ist (vgl. Rz. 1.47). In diesem Zusammenhang kommt ggf. auch die Gewährung von Prozesskostenhilfe in Betracht[4]. Gegen die Versagung einer gesonderten Feststellung nach § 60a AO kann sich die Körperschaft mit Einspruch und Klage wehren sowie im einstweiligen Rechtsschutz mit einer Regelungsanordnung nach § 114 FGO vorgehen, wenn sie die Voraussetzungen der Steuervergünstigung und die existenzbedrohende Wirkung der Versagung darlegt und

---

1 Allerdings müsste eine Körperschaft, die vom Finanzamt wider Willen als gemeinnützig behandelt worden ist, durch den Freistellungsbescheid auch steuerlich „beschwert sein" (z.B. wegen der Versagung eines Verlustabzugs).

2 BFH v. 13.7.1994 – I R 5/93, BStBl. II 1995, 134; BFH v. 13.11.1996 – I R 152/93, BStBl. II 1998, 711, 715; BFH v. 27.11.2013 – I R 17/12, BStBl. II 2016, 68; FG Sachsen v. 19.3.2013 – 3 K 1143/09, EFG 2014, 584.

3 BFH v. 22.6.2016 – V R 49/15, BFH/NV 2016, 1754.

4 BFH v. 21.7.1999 – I S 6/98, BFH/NV 2000, 65.

glaubhaft macht[1] (zur Aufhebung einer gesonderten Feststellung vgl. Rz. 7.9). Daneben kann auch Feststellungsklage in Hinsicht auf die Befugnis zur Ausstellung von Zuwendungsbestätigungen wegen Verfolgung eines bestimmten Zwecks erhoben werden[2], wenn z.b. der Inhalt einer gesonderten Feststellung streitig ist. Ein Vorstandsmitglied ist allerdings mangels Beschwer nicht selbst berechtigt, gegen den Widerruf der Gemeinnützigkeit Rechtsmittel einzulegen[3].

VI. Verzicht auf die Gemeinnützigkeit?

Im Gemeinnützigkeitsrecht wird verschiedentlich die Frage diskutiert, ob es auch einen Verzicht auf die Gemeinnützigkeit gibt[4] oder zumindest de lege ferenda geben sollte[5]. Richtigerweise sind beide Fragen zu verneinen: Erstens kann eine Körperschaft, die die steuerlichen Voraussetzungen der §§ 51 ff. AO erfüllt, nicht durch Erklärung gegenüber dem Finanzamt auf die Gewährung der Steuervergünstigung „verzichten". Die Gemeinnützigkeit ist vielmehr **von Amts wegen zu ermitteln** und bedarf keines Antrags der Körperschaft. Zweitens sollte es auch de lege ferenda keinen Verzicht auf die Gemeinnützigkeit geben, weil es seiner nicht bedarf. Denn die Körperschaft kann jederzeit durch Änderung der Satzung aus der Gemeinnützigkeit „aussteigen"[6], sofern sie bereit ist, den (nicht geringen) Preis eines solchen Ausstiegs aus der Gemeinnützigkeit (Weggabe des Vermögens infolge der Vermögensbindung oder zehnjährige Nachversteuerung) zu bezahlen. Eine solche Satzungsänderung ist zwar kein Verzicht im technischen Sinne, kommt der Wirkung eines Verzichtes aber gleich. Wenn de lege ferenda über Änderungen des geltenden Rechts nachgedacht wird, sollte also weniger die Möglichkeit eines Verzichts, sondern die zeitgemäße Fortschreibung der steuerlichen Vermögensbindung im Vordergrund stehen[7].

frei   7.15

7.14

---

1 BFH v. 23.9.1998 – I B 82/98, BStBl. II 2000, 320 mit Aussagen zur Höhe des Streitwerts; dazu auch FG Münster v. 6.1.2012 – 9 K 2649/10K, EFG 2012, 1190 (künftige jährliche Spendeneinnahmen).
2 BFH v. 23.9.1999 – XI R 66/98, BStBl. II 2000, 533.
3 BFH v. 3.2.2014 – I S 23/13 (PKH), BFH/NV 2014, 859.
4 Offengelassen in BFH v. 28.11.1961 – I 34/61 U, BStBl. III 1962, 73; ablehnend AEAO Nr. 3 zu § 59 AO; ausführlich *Brill*, Der Verlust der Gemeinnützigkeit, 2006, S. 356 ff.
5 Dafür *Schauhoff* in DStJG 26 (2003), 139 ff.
6 Vgl. dazu auch *Fischer*, Ausstieg aus dem Dritten Sektor, 2005.
7 Vgl. dazu die Vorschläge bei *Schauhoff* in DStJG 26 (2003), 139 ff.

B. Körperschaftsteuer

I. Überblick

7.16 Die Körperschaftsteuer ist die Einkommensteuer der juristischen Personen und wirtschaftlich selbständigen Zweckvermögen[1]. Erzielt eine gemeinnützige Einrichtung (Verein, Stiftung, Kapitalgesellschaft) Einnahmen, ist stets an eine Körperschaftsteuerpflicht zu denken. Dabei ist – entsprechend den allgemeinen steuerrechtlichen Grundsätzen – zunächst die persönliche Steuerpflicht zu prüfen (§§ 1 ff. KStG). Gemeinnützige Einrichtungen unterliegen insoweit **nur einer partiellen Körperschaftsteuerpflicht** (§ 5 Abs. 1 Nr. 9, Abs. 2 KStG), die an das Vorliegen eines wirtschaftlichen Geschäftsbetriebs und die Überschreitung der Besteuerungsgrenze des § 64 Abs. 3 AO anknüpft. Daneben kennt das KStG in § 5 Abs. 2 Nr. 1 und 3 noch weitere Fälle einer partiellen Steuerpflicht.

7.17 Besteht Klarheit über die sachlichen Grenzen der persönlichen Steuerpflicht, so ist im **zweiten Schritt das körperschaftsteuerpflichtige Einkommen zu ermitteln** (§§ 7 ff. KStG). Dafür ist – innerhalb des durch § 5 Abs. 1 Nr. 9 KStG abgesteckten Rahmens – nach den allgemeinen Vorschriften (§ 8 Abs. 1 KStG i.V.m. §§ 2 ff. EStG) zu prüfen, ob eine sachliche Steuerpflicht besteht. Bei gemeinnützigen Einrichtungen sind insoweit einige Sonderfragen zu klären (Erforderlichkeit einer Gewinnerzielungsabsicht, Einkommensermittlung und Ergebnissaldierung bei mehreren wirtschaftlichen Geschäftsbetrieben, Abgrenzung der betrieblichen Sphäre vom steuerfreien ideellen Bereich, Steuerfolgen des Beginns und Endes der Steuerbefreiung). Auf das so und nach den besonderen Einkommensermittlungsvorschriften des KStG (§§ 8 ff. KStG) ermittelte Einkommen ist dann nach Abzug von Freibeträgen (§ 24 KStG) der allgemeine Körperschaftsteuertarif von 15 Prozent zzgl. Solidaritätszuschlag anzuwenden.

II. Persönliche Steuerpflicht

1. Allgemeines

7.18 Die persönliche Steuerpflicht gemeinnütziger Einrichtungen ergibt sich aus den **allgemeinen Vorschriften des KStG**. Die Steuersubjekte der Körperschaftsteuer sind in § 1 Abs. 1 Nr. 1 bis 6 KStG abschließend aufgezählt[2]. Diese Aufzählung bestimmt nach § 51 Abs. 1 AO zugleich den Kreis der Steuersubjekte, die Adressat der Steuervergünstigungen wegen Gemeinnützigkeit sein können (dazu Rz. 2.1 ff.). Für die Abgrenzung zwischen unbeschränkter und beschränkter Steuerpflicht gelten die §§ 1, 2 KStG. Seit der *Stauffer*-Entscheidung des EuGH und der Einfügung des § 5 Abs. 2 Nr. 2 KStG können sich auch beschränkt steuerpflichtige Körperschaften aus anderen EU/EWR-Staaten auf die Befreiung nach § 5 Abs. 1 Nr. 9 KStG berufen, wenn

---

1 Zum Steuergegenstand der Körperschaftsteuer vgl. allgemein *Hey* in Herrmann/Heuer/Raupach, Einführung KStG Rz. 1 ff.; zu juristischen Personen im Steuerrecht eingehend *Hüttemann*, JöR Bd. 65 NF (2017), 147.

2 Dazu – unter besonderer Berücksichtigung gemeinnützigkeitsrechtlicher Aspekte – *Martini* in NK-GemnR, § 1 KStG Rz. 19 ff.

sie die Voraussetzungen der §§ 51 ff. AO erfüllen (s. Rz. 1.122 ff.). Das Gleiche gilt für ausländische Organisationen, die durch DBA inländischen steuerbefreiten Einrichtungen gleichgestellt sind[1].

2. Steuersubjekt

Für gemeinnützige Körperschaften, Personenvereinigungen und Vermögensmassen des privaten Rechts ist unbestritten, dass **das Steuersubjekt die Körperschaft selbst ist** (Verein, Stiftung, Kapitalgesellschaft), nicht aber der einzelne steuerpflichtige wirtschaftliche Geschäftsbetrieb[2]. Daraus folgt z.B., dass gemeinnützige Körperschaften nur mit dem Gesamtergebnis aus allen wirtschaftlichen Betätigungen der Körperschaftsteuer unterliegen. Unterhält eine Körperschaft mehrere wirtschaftliche Geschäftsbetriebe, sind also die Ergebnisse aller steuerpflichtigen wirtschaftlichen Geschäftsbetriebe für Zwecke der Einkommensermittlung zu saldieren. Ferner fehlt es an einer steuerlichen Verselbständigung des wirtschaftlichen Geschäftsbetriebs im Verhältnis zur Körperschaft, so dass z.B. Vereinbarungen zwischen Körperschaft und wirtschaftlichem Geschäftsbetrieb steuerlich unbeachtlich und auch Mittelabführungen des wirtschaftlichen Geschäftsbetriebs an die eigene Körperschaft nicht als „Spenden" nach § 9 Abs. 1 Nr. 2 KStG begünstigt sind[3]. In dieser und anderer Hinsicht unterscheidet sich die partielle Steuerpflicht gemeinnütziger privatrechtlicher Einrichtungen wesentlich von der Körperschaftsbesteuerung von Körperschaften des öffentlichen Rechts, die – zumindest nach bislang h.M. – zwar ebenfalls Steuersubjekt sind, bei denen aber jeder einzelne Betrieb gewerblicher Art isoliert besteuert[4] und im Verhältnis zur Trägerkörperschaft steuerlich wie eine „virtuelle Kapitalgesellschaft" behandelt wird[5].

Diese **unterschiedliche Behandlung von partiell steuerpflichtigen Körperschaften des privaten und des öffentlichen Rechts** war – wie an anderer Stelle näher dargelegt worden ist[6] – weder gesetzlich geboten noch systematisch stimmig. Sie hat erhebliche Besteuerungsunterschiede zur Folge, die mit dem einheitlichen Grundgedanken der partiellen Steuerpflicht von wirtschaftlichen Geschäftsbetrieben und Betrieben gewerblicher Art – der Wettbewerbsneutralität – nicht zu vereinbaren sind. So führt die steuerliche Verselbständigung von Betrieben gewerblicher Art u.a. dazu, dass im Verhältnis zwischen Betrieb gewerblicher Art und Trägerkörperschaft die Grundsätze über verdeckte Gewinnausschüttungen eingreifen, während im Verhältnis von wirtschaftlichem Geschäftsbetrieb und gemeinnütziger Einrichtung nach Entnahme-/Einlagegrundsätzen zu verfahren ist. Weitere Besteuerungsunterschiede betreffen die Saldierung der Ergebnisse aus mehreren selbständigen Betrieben, die Abzugsfähigkeit von „Spenden" an die Trägerkörperschaft und die Anwendung der Gewichtigkeitsgrenze von 35 000 Euro, die bei gemeinnützigen Einrichtungen nur einmal je Körperschaft gewährt

---

1 Vgl. etwa Art. 27 DBA USA; dazu näher *Martini* in NK-GemnR, Anhang zu § 5 KStG.

2 Vgl. statt vieler BFH v. 27.3.2001 – I R 78/99, BStBl. II 2001, 449; *Märtens* in Gosch, § 5 KStG Rz. 18, 67; *Martini* in NK-GemnR, § 1 KStG Rz. 4.

3 BFH v. 13.3.1991 – I R 117/88, BStBl. II 1991, 645; BFH v. 27.3.2001 – I R 78/99, BStBl. II 2001, 449.

4 BFH v. 13.3.1974 – I R 7/71, BStBl. II 1974, 391.

5 BFH v. 9.7.2003 – I R 48/02, BStBl. II 2004, 425.

6 Vgl. *Hüttemann*, Besteuerung der öffentlichen Hand, passim; *Hüttemann*, DB 2007, 1603; *Hüttemann* in GS Walz, 2008, S. 267.

wird. Alle diese Besonderheiten sind jedoch durch die gesetzliche Verankerung des Querverbundes in §§ 4 Abs. 6, 8 Abs. 1 Satz 2, 8 Abs. 7 bis 9 KStG weiter „zementiert" worden[1].

7.20 Funktionale und regionale **Untergliederungen** von gemeinnützigen Körperschaften und Personenvereinigungen sind nur dann eigenständige Steuersubjekte, wenn sie eigene Rechtspersönlichkeit besitzen oder zumindest als steuerlich selbständige nichtrechtsfähige Vereine (vgl. § 1 Abs. 1 Nr. 5 KStG) anzusehen sind (dazu näher Rz. 2.42 ff., 2.90). Das Zellteilungsverbot des § 51 Abs. 1 Satz 3 AO, durch das mittels einer „Fiktion" eine missbräuchliche mehrfache Anwendung der Gewichtigkeitsgrenze von 35 000 Euro verhindert werden sollte[2], gilt nur für „funktionale" Untergliederungen und hat in der Praxis – soweit ersichtlich – bisher keine Bedeutung erlangt.

3. § 5 Abs. 1 Nr. 9 KStG als persönliche Steuerbefreiung

7.21 Nach § 5 Abs. 1 Nr. 9 KStG sind gemeinnützige Einrichtungen von der Körperschaftsteuer befreit. Diese Steuerbefreiung wird durch § 5 Abs. 1 Nr. 9 Satz 2 KStG lediglich sachlich dahin gehend eingeschränkt, dass die Steuerbefreiung insoweit ausgeschlossen wird, als ein steuerpflichtiger wirtschaftlicher Geschäftsbetrieb unterhalten wird. Bei der Befreiung in § 5 Abs. 1 Nr. 9 KStG handelt es sich – wie es in der Überschrift zur Vorläuferregelung in § 4 KStG 1968 noch klarstellend hieß – um eine **„persönliche Steuerbefreiung"**[3]. Deshalb war auch ein Gewinn aus einer Veräußerung einbringungsgeborener Anteile durch eine gemeinnützige Einrichtung nach § 21 Abs. 3 Nr. 2 UmwStG a.F. steuerpflichtig[4].

Die Diktion der Rechtsprechung war in der Vergangenheit zwar nicht immer eindeutig[5]. Die Einordnung als persönliche Steuerbefreiung ergibt sich jedoch daraus, dass die Steuerbefreiungen nach § 5 KStG die persönliche Steuerpflicht (das Steuersubjekt) betreffen und es sich bei der partiellen Steuerpflicht (vgl. z.B. § 5 Abs. 1 Nr. 9 Satz 2 KStG) lediglich um eine **beschränkte Rückausnahme von der Steuerbefreiung** handelt. Unterhält eine gemeinnützige Körperschaft aber keinen wirtschaftlichen Geschäftsbetrieb, unterliegt sie insgesamt nicht der Körperschaftsteuer, ist also „persönlich befreit". Es ist deshalb unrichtig, wenn im Schrifttum vereinzelt von einer „sachlichen" Steuerbefreiung gesprochen worden ist, bei der § 21 Abs. 3 Nr. 2 UmwStG nicht anwendbar sei[6]. Vielmehr ist die partielle Steuerpflicht nur eine sachliche Einschränkung einer persönlichen Befreiung[7]. Gegen die Annahme einer

---

1 Vgl. dazu auch *Hüttemann*, FR 2009, 308.

2 Dazu nun eingehend *Martini* in NK-GemnR, § 51 AO Rz. 41 ff.

3 Vgl. auch BFH v. 7.8.2002 – I R 84/01, DStRE 2003, 171; BFH v. 29.2.2008 – I B 159/07, BFH/NV 2008, 1203; ebenso die ganz h.M., vgl. etwa *Widmann* in Widmann/Mayer, § 21 UmwStG Rz. 307; *Knobbe-Keuk*, Bilanz- und Unternehmenssteuerrecht, § 15 I; *Martini* in NK-GemnR, § 5 KStG Rz. 1; wohl auch *Märtens* in Gosch, § 5 KStG Rz. 2; unrichtig *Kümpel* in Rödder/Herlinghaus/Neumann, § 5 KStG Rz. 3: „sachliche Steuerbefreiungen".

4 BFH v. 7.8.2002 – I R 84/01, DStRE 2003, 171; BFH v. 25.7.2012 – I R 88/10, BStBl. II 2013, 94.

5 Dies räumt auch BFH v. 7.8.2002 – I R 84/01, DStRE 2003, 171 ein.

6 So aber z.B. *Engl* in FS Müller, 2001, 279 (284 ff.); *Schmitt* in Schmitt/Hörtnagl/Stratz, § 21 UmwStG Rz. 175.

7 Vgl. *Walz* in Non Profit Law Yearbook 2001, 194 (201); ebenso bereits *Hüttemann*, Wirtschaftliche Betätigung, S. 132.

„sachlichen" Steuerbefreiung spricht auch die systematische Stellung der Regelung im Teil über die „Steuerpflicht", d.h. das Steuersubjekt. Wäre es dem Gesetzgeber nur darum gegangen, bestimmte Einkommensteile bei der Gewinnermittlung herauszunehmen, hätte eine Regelung in den §§ 7 ff. KStG nähergelegen.

Die systematische Einordnung des § 5 Abs. 1 Nr. 9 KStG als persönliche Steuerbefreiung hat auch nach der Änderung des § 21 Abs. 3 Nr. 2 UmwStG praktische Bedeutung. Wenn man erkennt, dass § 5 Abs. 1 Nr. 9 Satz 2 KStG nur den sachlichen Umfang der persönlichen Steuerbefreiung regelt, dann ergibt sich daraus zugleich, dass der Vorschrift des § 14 AO **keine Bedeutung für die sachliche Steuerpflicht** (§§ 7 ff. KStG) zukommt. Daher sind auch die einzelnen Merkmale des wirtschaftlichen Geschäftsbetriebs, wie etwa der Verzicht auf eine Gewinnerzielungsabsicht, für das Steuerobjekt, d.h. das körperschaftsteuerpflichtige Einkommen, ohne Bedeutung (zur Funktion der partiellen Steuerpflicht im System der Einzelsteuergesetze vgl. bereits Rz. 6.81 ff.). Dieses Anlegungsergebnis wird seit 2009 auch durch einen Umkehrschluss aus § 8 Abs. 1 Satz 2 KStG bestätigt. Darauf wird im Zusammenhang mit der Einkünfteerzielung zurückzukommen sein (vgl. Rz. 7.34).

7.22

4. Partielle Körperschaftsteuerpflicht als Einschränkung der Steuerbefreiung

Die persönliche Steuerbefreiung nach § 5 Abs. 1 Nr. 9 KStG unterliegt **drei Einschränkungen**. In diesen Fällen besteht folglich – in gewissen sachlichen Grenzen – eine persönliche Steuerpflicht:

7.23

– Nach § 5 Abs. 1 Nr. 9 Satz 2 KStG ist die Befreiung von der Körperschaftsteuer insoweit ausgeschlossen, als ein **wirtschaftlicher Geschäftsbetrieb** unterhalten wird; dies gilt nach Satz 3 nicht für selbstbewirtschaftete Forstbetriebe (vgl. Rz. 7.29). Hinsichtlich des Begriffs des wirtschaftlichen Geschäftsbetriebs kann auf die Ausführungen zu §§ 14, 64, 65 ff. AO verwiesen werden (vgl. Rz. 6.95 ff.). Die Körperschaftsbesteuerung im Rahmen der wirtschaftlichen Geschäftsbetriebe bildet das Kernstück der nachfolgenden Ausführungen. Dazu gehören auch die Steuerfolgen beim Beginn und Ende der Steuerbefreiung nach § 13 KStG sowie bei Umwandlungen.

– Die Körperschaftsteuerbefreiung nach § 5 Abs. 1 Nr. 9 KStG gilt ferner nicht für inländische **Einkünfte, die dem Steuerabzug vollständig oder teilweise unterliegen** (§ 5 Abs. 2 Nr. 1 KStG). Diese Einkünfte werden nicht im Rahmen der Veranlagung erfasst, sondern die auf sie entfallende Körperschaftsteuer ist nach § 32 Abs. 1 Nr. 1 KStG durch den Steuerabzug (Kapitalertragsteuer) abgegolten. Für gemeinnützige Einrichtungen sieht § 44a EStG aber eine Abstandnahme vom Steuerabzug vor, so dass diese partielle Steuerpflicht nach § 5 Abs. 2 Nr. 1 KStG für sie praktisch keine Rolle spielt (dazu näher Rz. 7.90 ff.).

– Schließlich ist die Befreiung von der Körperschaftsteuer nach § 5 Abs. 1 Nr. 9 KStG dahin eingeschränkt, dass nach den Vorschriften des alten KStG für eine Übergangszeit nach § 38 Abs. 2, 5 und 6 KStG – allerdings unter Beachtung der Optionsmöglichkeit zur Weitergeltung des alten Rechts nach § 34 Abs. 14 KStG – noch eine **Körperschaftsteuererhöhung festzusetzen** ist (§ 5 Abs. 2 Nr. 3

KStG). Hinsichtlich dieses Sonderproblems[1] wird auf das körperschaftsteuerliche Spezialschrifttum verwiesen[2].

7.24–7.25 frei

5. Besteuerungsgrenze (§ 64 Abs. 3 AO)

a) Allgemeines

7.26 Um die Besteuerung gemeinnütziger Einrichtungen im Rahmen der Körperschaft- und Gewerbesteuer zu vereinfachen, hat der Gesetzgeber des Vereinsförderungsgesetzes vom 18.12.1989 in § 64 Abs. 3 AO eine sog. **Besteuerungsgrenze** eingeführt[3]:

„Übersteigen die Einnahmen einschließlich Umsatzsteuer aus wirtschaftlichen Geschäftsbetrieben, die keine Zweckbetriebe sind, insgesamt nicht 35 000 Euro im Jahr, so unterliegen die diesen Geschäftsbetrieben zuzuordnenden Besteuerungsgrundlagen nicht der Körperschaftsteuer und der Gewerbesteuer."

Die Besteuerungsgrenze ist ausdrücklich auf die Körperschaft- und Gewerbesteuer beschränkt und stellt daher – trotz ihrer Anordnung in § 64 AO – **kein allgemeines Merkmal eines wirtschaftlichen Geschäftsbetriebs** dar. Sie soll kleinen gemeinnützigen Einrichtungen eine Gewinnermittlung für Zwecke der Körperschaft- und Gewerbesteuer ersparen, dient also Vereinfachungszwecken[4]. Die Grenze geht auf eine Anregung der Unabhängigen Sachverständigenkommission zurück[5] und ist der Besteuerungsgrenze von (früher) 30 678 Euro nachgebildet, die von der Finanzverwaltung (wenn auch ohne Billigung der Rechtsprechung) bei der Besteuerung von Betrieben gewerblicher Art von Körperschaften des öffentlichen Rechts angewendet wird[6]. Einer entsprechenden Regelung bei der Umsatzsteuer steht die MwStSystRL entgegen[7]. Daher hat man es für umsatzsteuerliche Zwecke bei der allgemeinen Kleinunternehmerregelung des § 19 UStG belassen. Auch eine gemeinnützige Körperschaft, deren Einnahmen weniger als 35 000 Euro betragen, hat also Umsatzsteuer einzubehalten und abzuführen, sofern sie nicht von der Befreiung nach § 19

---

1 Siehe dazu BFH v. 10.12.2014 – I R 76/12, BStBl. II 2016, 237; BFH v. 10.12.2014 – I R 65/13, BStBl. II 2016, 414; siehe auch FG Schleswig-Holstein v. 31.1.2013 – 1 K 123/10, EFG 2013, 548; FG Düsseldorf v. 18.3.2014 – 6 K 2087/11 F, EFG 2014, 1506; FG München v. 5.5.2014 – 7 K 2/12, EFG 2014, 1504.

2 Dazu näher *Bott* in Schauhoff, § 8 Rz. 360 ff. m.w.N.; *Lange* in Rödder/Herlinghaus/Neumann, § 34 KStG Rz. 39 ff. und § 38 KStG Rz. 3 ff.

3 Vgl. dazu *Thiel/Eversberg*, DB 1990, 344.

4 BT-Drucks. 11/4176, S. 11.

5 Unabhängige Sachverständigenkommission, Gutachten, S. 213 ff.

6 Vgl. R 4.1 Abs. 5 KStR; zur Kritik an den Umsatzgrenzen vgl. näher *Hüttemann*, Besteuerung der öffentlichen Hand, S. 48 ff. m.w.N. zur abweichenden Rechtsprechung.

7 Dies hält die Finanzverwaltung allerdings nicht davon ab, bei juristischen Personen des öffentlichen Rechts – und sogar für jeden einzelnen Betrieb gewerblicher Art! – eine solche Gewichtigkeitsgrenze zu gewähren (siehe Abschn. 2.11 Abs. 4 Satz 3 UStAE). Vgl. zur Richtlinienwidrigkeit dieser Verwaltungspraxis BFH v. 15.4.2010 – V R 10/09, BStBl. II 2017, 863.

UStG Gebrauch macht, weil der Umsatz einschließlich Umsatzsteuer im vorangegangenen Kalenderjahr 17 500 Euro nicht überstiegen hat (vgl. Rz. 7.220).

b) Voraussetzungen

Auf den ersten Blick scheint die praktische Anwendung der Besteuerungsgrenze relativ einfach zu sein, da es nach § 64 Abs. 3 AO allein darauf ankommt, ob die Summe der Einnahmen (einschließlich Umsatzsteuer) aus steuerpflichtigen wirtschaftlichen Geschäftsbetrieben im Kalenderjahr den Betrag von 35 000 Euro nicht überschreitet. Ein wirklicher Vereinfachungseffekt dürfte aber nur bei solchen Körperschaften eintreten, deren jährliche Einnahmen deutlich unter der Besteuerungsgrenze liegen, so dass sich genauere Feststellungen erübrigen. In allen anderen Fällen ist die **Anwendung der Besteuerungsgrenze** nicht weniger aufwendig als eine steuerliche Gewinnermittlung, zumal es einer solchen ohnehin bedarf, um die Höhe der Gesamteinnahmen richtig zu bestimmen. Mit welchen Folgeproblemen die Besteuerungsgrenze in der Praxis verbunden ist, belegt auch die Tatsache, dass sich allein zehn Nummern des Anwendungserlasses mit § 64 Abs. 3 AO befassen. Im Einzelnen:

7.27

– Die Feststellung, ob die Einnahmen unter der Besteuerungsgrenze liegen, ist **für jedes einzelne Jahr gesondert zu treffen**, eine Durchschnittsbetrachtung über mehrere Jahre ist nicht vorgesehen. Bei Körperschaften mit abweichendem Wirtschaftsjahr kommt es auf die in dem Wirtschaftsjahr erzielten Einnahmen an[1].

– Die Höhe der Einnahmen aus den steuerpflichtigen wirtschaftlichen Geschäftsbetrieben bestimmt sich mangels besonderer Regelung in § 64 AO nach den **allgemeinen Grundsätzen der steuerlichen Gewinnermittlung**. Ermittelt eine Körperschaft ihren Gewinn durch Betriebsvermögensvergleich (§ 4 Abs. 1 oder § 5 EStG), kommt es nicht auf den Zufluss an, so dass auch Forderungszugänge als Einnahmen zu erfassen sind. Bei anderen steuerbegünstigten Körperschaften, die ihren Gewinn nach § 4 Abs. 3 EStG durch Einnahmen-Überschuss-Rechnung ermitteln, ist auf die im Kalenderjahr zugeflossenen Einnahmen abzustellen (§ 11 EStG)[2]. Mangels Zugangs bzw. Zuflusses sind unabhängig von der Gewinnermittlungsart stille Reserven, die im Rahmen einer Betriebsaufgabe oder nach § 13 Abs. 5 KStG aufgedeckt werden, keine Einnahmen im Sinne von § 64 Abs. 3 AO[3].

– Die Finanzverwaltung verwendet im Rahmen von § 64 Abs. 3 AO einen besonderen **Begriff der Einnahmen**. Um den gemeinnützigen Körperschaften eine gewisse Planungssicherheit zu ermöglichen, sollen nur „**leistungsbezogene Einnahmen aus dem laufenden Geschäft**" einbezogen werden. Keine Einnahmen im Sinne des § 64 Abs. 3 AO sind etwa Erlöse aus der Veräußerung von Wirtschaftsgütern des Anlagevermögens eines wirtschaftlichen Geschäftsbetriebs, Betriebskostenzuschüsse, Investitionszulagen, Zufluss von Darlehen, Entnahmen (§ 4 Abs. 1 EStG), erstattete Betriebsausgaben (z.B. Erstattung von Umsatzsteuer)

---

1 AEAO Nr. 21 zu § 64 Abs. 3 AO.
2 AEAO Nr. 14 zu § 64 Abs. 3 AO.
3 Zutreffend *Buchna/Leichinger/Seeger/Brox*, S. 313.

oder Versicherungsleistungen[1]. Andererseits kommt es für die Anwendung von § 64 Abs. 3 AO nicht darauf an, ob die Einnahmen steuerfrei sind. Daher sind, wenn z.B. eine Beteiligung an einer Kapitalgesellschaft in einem wirtschaftlichen Geschäftsbetrieb gehalten werden, auch nach § 8b Abs. 1 KStG steuerfreie Dividenden zu berücksichtigen[2].

– Besondere Fragen stellen sich schließlich bei **Gesellschaftsbeteiligungen**, die in einem wirtschaftlichen Geschäftsbetrieb gehalten werden. Bei Beteiligungen an gewerblichen Personengesellschaften, die immer wirtschaftlicher Geschäftsbetrieb sind, sollen im Rahmen der Besteuerungsgrenze die anteiligen (Brutto-)Einnahmen aus der Beteiligung – nicht aber der Gewinnanteil – erfasst werden[3]. Diese anteilige Zurechnung der (Brutto-)Einnahmen der Gesellschaft zur gemeinnützigen Körperschaft erscheint nicht zwingend, wenn man berücksichtigt, dass zivilrechtlich der gemeinnützigen Körperschaft auf Grund von Entnahmebeschränkungen etc. häufig keine Einnahmen zufließen werden. Andererseits spricht die sachliche Nähe zu den allgemeinen Gewinnermittlungsregelungen (§ 15 Abs. 1 Satz 1 Nr. 2 EStG) für eine „transparente" Lösung.

c) Rechtsfolge bei Unterschreiten der Grenze

7.28 Wird die Besteuerungsgrenze in einem Kalenderjahr unterschritten, „unterliegen die diesen Geschäftsbetrieben zuzuordnenden Besteuerungsgrundlagen nicht der Körperschaftsteuer und der Gewerbesteuer". Dies hat aus Sicht der betroffenen Einrichtungen vor allem den Vorteil, dass eine detaillierte Gewinnermittlung unterbleiben kann. Ferner **bleiben Gewinne und Verluste aus den Jahren, in denen die Besteuerungsgrenze nicht überschritten wird, beim Verlustabzug (§ 10d EStG) außer Ansatz**[4]. Weitere Rechtsfolgen ergeben sich aber nicht: Im Unterschied zu § 67a Abs. 1 AO gelten die wirtschaftlichen Geschäftsbetriebe bei Unterschreiten der Besteuerungsgrenze nicht als Zweckbetrieb[5]. Auch eine Schlussbesteuerung nach § 13 Abs. 5 KStG findet nicht statt[6]. Schließlich bleiben auch die allgemeinen Grundsätze über den Ausgleich von Verlusten aus wirtschaftlichen Geschäftsbetrieben anwendbar[7]. Die Finanzverwaltung kommt den Vereinen allerdings insoweit entgegen, als auf eine Untersuchung dieser Frage verzichtet werden kann, wenn „bei überschlägiger Prüfung der Aufzeichnungen erkennbar ist", dass im wirtschaftlichen Geschäftsbetrieb keine Verluste entstanden sind[8].

---

1 AEAO Nr. 15, 16 zu § 64 Abs. 3 AO.

2 AEAO Nr. 17 zu § 64 Abs. 3 AO; dazu auch *Buchna/Leichinger/Seeger/Brox*, S. 313.

3 BFH v. 27.3.2001 – I R 78/99, BStBl. II 2001, 449, 451; AEAO Nr. 17 zu § 64 Abs. 3 AO.

4 BFH v. 4.4.2007 – I R 55/06, BStBl. II 2007, 725; AEAO Nr. 23 zu § 64 Abs. 3 AO.

5 Vgl. auch BFH v. 4.4.2007 – I R 55/06, BStBl. II 2007, 725; BFH v. 1.7.2009 – I R 6/08, BFH/NV 2009, 1837.

6 AEAO Nr. 20 zu § 64 Abs. 3 AO.

7 Siehe BFH v. 1.7.2009 – I R 6/08, BFH/NV 2009, 1837.

8 AEAO Nr. 22 zu § 64 Abs. 3 AO.

6. Selbstbewirtschaftete Forstbetriebe

Nach § 5 Abs. 1 Nr. 9 Satz 3 KStG werden selbstbewirtschaftete Forstbetriebe aus der partiellen Steuerpflicht ausgeklammert. Die Steuerfreiheit der Forstbetriebe ist durch das Vereinsförderungsgesetz[1] eingeführt worden. Damit sollte der vor dem KStG 1977 bestehende Rechtszustand wiederhergestellt werden (vgl. § 6 Abs. 3 GemVO). Die frühere Rechtslage ging auf die **Rechtsprechung des RFH** zurück, der im Fall der Selbstbewirtschaftung von Forstbesitz einen wirtschaftlichen Geschäftsbetrieb mit der Begründung verneint hatte, dass eine Verpachtung von Forstbesitz wegen der natürlichen Bedingungen der Forstwirtschaft (lange Aufwuchszeiten) wirtschaftlich nicht in Betracht komme. Wenn eine Stiftung ihre Forstbetriebe selbst bewirtschafte, so tue sie dies regelmäßig notgedrungen[2]. Die Sachverständigenkommission hatte sich ebenfalls für eine entsprechende Begünstigung ausgesprochen, zumal sie unter Wettbewerbsgesichtspunkten unbedenklich sei[3]. Schließlich sollte mit der Befreiung eine steuerliche Gleichbehandlung von privat-gemeinnützigen und öffentlich-rechtlichen Forstbetrieben erreicht werden, die steuerbefreit sind, weil sie nicht die Merkmale eines Betriebs gewerblicher Art (§ 4 KStG) erfüllen[4]. Die Befreiung gilt nur für Forstbetriebe[5]. Bilden land- und forstwirtschaftlich genutzte Flächen eine wirtschaftliche Einheit, liegt ein einheitlicher wirtschaftlicher Geschäftsbetrieb vor[6].

7.29

frei

7.30

III. Sachliche Körperschaftsteuerpflicht gemeinnütziger Körperschaften im Rahmen der wirtschaftlichen Geschäftsbetriebe

1. Einkommen

Die Körperschaftsteuer ist eine Jahressteuer. Steuerobjekt ist das zu versteuernde Einkommen. Darunter ist das Einkommen im Sinne von § 8 Abs. 1 KStG, vermindert um die Freibeträge der §§ 24, 25 KStG, zu verstehen (§ 7 Abs. 2 KStG). Diese Grundsätze gelten auch für gemeinnützige Einrichtungen, soweit sie nach § 5 Abs. 1 Nr. 9 Satz 2 KStG partiell steuerpflichtig sind, d.h. einen wirtschaftlichen Geschäftsbetrieb unterhalten, der kein selbstbewirtschafteter Forstbetrieb im Sinne von § 5 Abs. 1 Nr. 9 Satz 3 KStG ist, und die Einnahmen im Kalenderjahr die Besteuerungsgrenze des § 64 Abs. 3 AO überschreiten.

7.31

2. Einkunftsarten

Was als Einkommen gilt und wie das Einkommen zu ermitteln ist, bestimmt sich **nach den Vorschriften des EStG**, soweit das KStG in den §§ 8 ff. keine vorrangigen

7.32

---

1 Gesetz v. 18.12.1989, BGBl. I 1989, 2221.
2 Vgl. RFH v. 29.11.1933 – I A 157/33, RStBl. 1934, 377.
3 Unabhängige Sachverständigenkommission, Gutachten, S. 192 f.
4 Vgl. *Kulosa* in Herrmann/Heuer/Raupach, § 5 KStG Rz. 230.
5 Zu gleichheitsrechtlichen Bedenken vgl. *Märtens* in Gosch, § 5 KStG Rz. 52.
6 BFH v. 16.3.1977 – I R 198/74, BStBl. II 1977, 493.

Regelungen enthält (§ 8 Abs. 1 Satz 1 KStG). Aus § 8 Abs. 1 Satz 1 KStG ergibt sich zunächst, dass eine sachliche Körperschaftsteuerpflicht die Erzielung von Einkünften im Sinne des § 2 EStG voraussetzt. Mit Blick auf § 8 Abs. 2 KStG ist insoweit zu unterscheiden:

– Gemeinnützige Körperschaften **im Sinne von § 1 Abs. 1 Nr. 4 und 5 KStG** (z.B. rechtsfähige oder nichtrechtsfähige Vereine und Stiftungen) können im Rahmen ihrer wirtschaftlichen Geschäftsbetriebe (theoretisch) Einkünfte aus allen sieben Einkunftsarten erzielen[1]. Im Regelfall wird es sich allerdings um Einkünfte aus Gewerbebetrieb handeln. Dies folgt aus der begrifflichen Nähe des wirtschaftlichen Geschäftsbetriebs zum Begriff des Gewerbebetriebs (§ 15 Abs. 2 EStG). In Betracht kommen ferner Einkünfte aus Land- und Forstwirtschaft (§ 13 EStG), wenn auch wegen der Sonderregelung des § 5 Abs. 1 Nr. 9 Satz 3 KStG nur bei überwiegender landwirtschaftlicher Flächennutzung, sowie sonstige Einkünfte (§ 22 Nr. 3 EStG), sofern diese nicht (wie z.B. bei gelegentlicher Vermietung beweglicher Gegenstände) noch dem Bereich der privaten Vermögensverwaltung zuzuordnen sind. Einkünfte aus anderen Einkunftsarten (z.B. aus freiberuflicher Tätigkeit) werden nur in Ausnahmefällen vorkommen (z.B. bei einer Rechtsnachfolge auf Grund von § 24 Nr. 2 EStG)[2] oder scheiden aus anderen Gründen aus. Für Einkünfte aus Vermietung und Verpachtung besteht keine Steuerpflicht, wenn die Grenze der privaten Vermögensverwaltung nicht überschritten wird (§ 14 Satz 3 AO). Für Kapitaleinkünfte besteht eine besondere partielle Steuerpflicht, die durch den Steuerabzug abgegolten ist (§§ 5 Abs. 2 Nr. 1, 32 KStG).

– Bei **gemeinnützigen Körperschaften** im Sinne von **§ 1 Abs. 1 Nr. 1 bis 3 KStG** (insbesondere gemeinnützige Kapitalgesellschaften) sind nach § 8 Abs. 2 KStG alle Einkünfte als Einkünfte aus Gewerbebetrieb zu behandeln[3]. Fraglich ist allerdings, ob damit zugleich die gesamte Tätigkeit der Kapitalgesellschaft körperschaftsteuerlich erfasst wird oder ob die äußere Grenze des § 2 Abs. 1 EStG eingehalten werden muss. Dies hängt davon ab, ob eine sachliche Körperschaftsteuerpflicht immer das Vorliegen einer Gewinnerzielungsabsicht voraussetzt (vgl. dazu Rz. 7.33 ff.).

– Zweifelhaft ist die Rechtslage bei **steuerbegünstigten Betrieben gewerblicher Art.** Sie sind zwar von der Sonderregelung des § 8 Abs. 2 KStG nicht erfasst, aber nach § 8 Abs. 1 Satz 2 KStG ist eine Gewinnerzielungsabsicht nicht erforderlich.

---

1 Ebenso *Buchna/Leichinger/Seeger/Brox*, S. 498; *Bott* in Schauhoff, § 8 Rz. 70; *Martini* in NK-GemnR, § 8 KStG Rz. 14; *Alber* in Dötsch/Pung/Möhlenbrock, § 5 Abs. 1 Nr. 9 KStG Rz. 209 ff.; vgl. auch *Orth*, FR 2007, 326; a.A. *Mahlow*, DB 2001, 1450, der – zu Unrecht – aus der abweichenden Rechtsprechung zu Betrieben gewerblicher Art (vgl. BFH v. 1.8.1979 – I R 106/76, BStBl. II 1979, 716) den Schluss zieht, dass auch die Einkünfte von gemeinnützigen Körperschaften im Rahmen ihrer wirtschaftlichen Geschäftsbetriebe stets gewerblich seien.

2 Vgl. dazu BFH v. 30.11.1989 – I R 19/87, BStBl. II 1990, 246; zu eng daher *Märtens* in Gosch, § 5 KStG Rz. 51: keine Einkünfte aus freiberuflicher Arbeit; denkbar sind auch Einkünfte aus einer sonstigen selbständigen Tätigkeit wie z.B. einer Testamentsvollstreckung.

3 Vgl. nur *Martini* in NK-GemnR, § 8 KStG Rz. 12.

Allerdings sollen Betriebe gewerblicher Art nach Ansicht des BFH für Zwecke der Gewinnermittlung „wie Kapitalgesellschaften" behandelt werden[1]. Daraus hat der BFH in einer älteren Entscheidung geschlossen, dass Einkünfte aus Betrieben gewerblicher Art stets nur gewerblicher Natur sein könnten[2]. Dem war – jedenfalls bis zur Einführung von § 8 Abs. 1 Satz 2 KStG – nicht zu folgen[3]. Für das geltende Recht könnte man aus dem Begriff der „Gewinnerzielungsabsicht" ableiten, dass der Gesetzgeber bei Betrieben gewerblicher Art von „Gewinneinkünften" ausgegangen ist[4].

3. Gewinnerzielungsabsicht und außerbetriebliche Sphäre

Die Feststellung, dass eine sachliche Körperschaftsteuerpflicht nur unter der Voraussetzung begründet ist, dass steuerbare Einkünfte im Sinne von § 2 EStG erzielt werden, bedarf vor allem in **zweifacher Hinsicht der Präzisierung**. Zum einen stellt sich die Frage, ob der Umfang der sachlichen Steuerpflicht bei gemeinnützigen Einrichtungen durch die Definition des wirtschaftlichen Geschäftsbetriebs in § 14 AO insoweit erweitert wird, dass abweichend von den allgemeinen Grundsätzen eine Gewinn- bzw. Einkünfteerzielungsabsicht entbehrlich ist. Zum anderen ist zu fragen, welche Bedeutung in dieser Hinsicht der Regelung des § 8 Abs. 2 KStG für buchführungspflichtige Körperschaften, insbesondere gemeinnützige Kapitalgesellschaften, zukommt.   7.33

Auf eine dritte Besonderheit betreffend Betriebe gewerblicher Art sei an dieser Stelle nur kurz hingewiesen. Seit dem JStG 2009 bestimmt § 8 Abs. 1 Satz 2 KStG, dass – abweichend von den allgemeinen Grundsätzen des Einkommensteuerrechts (§ 2 Abs. 1 EStG i.V.m. § 8 Abs. 1 Satz 1 KStG) – bei **Betrieben gewerblicher Art** eine Gewinnerzielungsabsicht nicht erforderlich ist. Mit dieser Sonderregelung soll erreicht werden, dass auch Verluste aus dauerdefizitären Tätigkeiten im Rahmen des Querverbundes (§§ 4 Abs. 6, 8 Abs. 7 bis 9 KStG) mit positiven Ergebnissen verrechnet werden können[5].

Zum ersten Punkt ist festzustellen, dass § 14 AO nach zutreffender Ansicht **keine Bedeutung für die sachliche Körperschaftsteuerpflicht hat**. Wie (Rz. 6.82 ff.) bereits dargelegt, hat § 14 AO nur die Funktion, die persönliche Steuerbefreiung in sachlicher Hinsicht einzuschränken. Die Regelung steht im Zusammenhang mit § 5 Abs. 1 Nr. 9 KStG und bezieht sich folglich nur auf die persönliche Steuerpflicht. Schon aus systematischen Gründen kann sie daher keine Bedeutung für den Umfang der sachlichen Steuerpflicht (§§ 7 ff. KStG) haben[6]. Der abweichenden älteren   7.34

---

1 Zuletzt BFH v. 9.7.2003 – I R 48/02, BStBl. II 2004, 425; eingehende Kritik an der Gleichstellungsthese bei *Hüttemann*, DB 2007, 1603.

2 Vgl. BFH v. 1.8.1979 – I R 106/76, BStBl. II 1979, 716; BFH v. 30.11.1989 – I R 19/87, BStBl. II 1990, 246; zustimmend *Paetsch* in Rödder/Herlinghaus/Neumann, § 4 KStG Rz. 44; *Märtens* in Gosch, § 5 KStG Rz. 53.

3 Vgl. näher *Hüttemann*, Die Besteuerung der öffentlichen Hand, 2002, S. 138 f.

4 Die Gesetzesbegründung enthält dazu aber keine Hinweise, vgl. BT Drucks. 16/10189, S. 69.

5 Vgl. dazu nur *Hüttemann*, FR 2009, 308; *Hüttemann*, DB 2009, 2629.

6 Ebenso *Bott* in Schauhoff, § 8 Rz. 42; *Fischer* in Hübschmann/Hepp/Spitaler, § 14 AO Rz. 43, 85; *Märtens* in Gosch, § 5 KStG Rz. 27; *Hüttemann*, Wirtschaftliche Betätigung,

Rechtsprechung des BFH, wonach Einkünfte aus wirtschaftlichen Geschäftsbetrieben ohne Gewinnerzielungsabsicht als sonstige Einkünfte (§ 22 Nr. 3 EStG) steuerpflichtig seien[1], ist deshalb zu widersprechen. Auch der BFH hat sich in jüngeren Entscheidungen betreffend voll steuerpflichtige Körperschaften davon distanziert[2]. Aus den dargelegten Gründen ist deshalb davon auszugehen, dass auch bei gemeinnützigen Körperschaften eine sachliche Körperschaftsteuerpflicht nur dort gegeben ist, wo auch eine Gewinn- bzw. Einkünfteerzielungsabsicht vorliegt[3]. Dies bedeutet, dass eine Tätigkeit, die nur gegen Entgelte ausgeführt wird, die die Selbstkosten decken, zwar einen wirtschaftlichen Geschäftsbetrieb im Sinne von § 14 AO und damit eine persönliche Steuerpflicht begründet, nicht jedoch eine sachliche Steuerpflicht nach § 8 Abs. 1 KStG i.V.m. § 2 EStG[4].

Die **praktische Bedeutung dieser Frage** scheint auf den ersten Blick gering zu sein, weil steuerpflichtige wirtschaftliche Geschäftsbetriebe regelmäßig der Mittelbeschaffung dienen und deshalb mit Gewinnerzielungsabsicht unterhalten werden. Umgekehrt dürfte die Mehrzahl gewinnloser Tätigkeiten dem Zweckbetriebsbereich zuzuordnen sein, in dem ohnehin keine partielle Steuerpflicht besteht. Es bleiben aber solche Geschäftsbetriebe übrig, in denen eine gemeinnützige Körperschaft eine zweckverwirklichende Tätigkeit im Interesse der satzungsmäßigen Zwecke gegen ein kostendeckendes Entgelt unternimmt, durch die sie aber in vermeidbaren Wettbewerb zu nicht begünstigten Betrieben tritt (vgl. § 65 Nr. 3 AO). Bei solchen „Liebhaberei"-Tätigkeiten gegenüber Dritten, die der Verwirklichung satzungsmäßiger Zwecke dienen und lediglich aus Wettbewerbsgründen besteuert werden, wird aber eine Gewinnerzielungsabsicht fehlen, so dass eine sachliche Steuerpflicht nicht begründet ist[5].

7.35 Für **gemeinnützige Kapitalgesellschaften** ergibt sich im Ergebnis nach hier vertretener Ansicht nichts anderes. Zwar ist der BFH in ständiger Rechtsprechung der Ansicht, dass eine Kapitalgesellschaft keine außerbetriebliche Sphäre haben könne und bei ihr sämtliche Tätigkeiten ohne Rücksicht auf eine tatsächlich vorliegende Gewinnerzielungsabsicht als gewerblich zu behandeln seien[6]. Dieser Rechtsprechung ist aber nicht zu folgen, weil sie zu einer nicht gerechtfertigten Ungleichbehandlung von buchführungspflichtigen und nicht buchführungspflichtigen Körperschaften führt und auch durch Wortlaut, Systematik und Entstehungsgeschichte des § 8 Abs. 1 und 2 KStG nicht geboten ist. Zwar ergibt sich aus § 8 Abs. 2 KStG

S. 122 ff.; unklar *Buchna/Leichinger/Seeger/Brox*, S. 498 f.; zweifelnd *Orth*, FR 2007, 326 (330).

1 Vgl. BFH v. 8.6.1966 – I 151/63, BStBl. III 1966, 632.

2 Zuletzt BFH v. 15.1.2015 – I R 48/13, BStBl. II 2015, 713; siehe auch BFH v. 16.12.1998 – I R 36/98, BStBl. II 1999, 366; BFH v. 16.12.1998 – I R 137/97, BFH/NV 1999, 1250.

3 So auch *Martini* in NK-GemnR, § 5 KStG Rz. 14 f.; *Märtens* in Gosch, § 5 KStG Rz. 27.

4 Ebenso – im Grundsatz – auch *Kümpel*, FR 2014, 51; *Kümpel*, FR 2014, 513 (514); *Schulte/Buttgereit*, FR 2014, 509 (511).

5 Zur Gewinnerzielungsabsicht eines berufsorientierten Netzwerkes in der Rechtsform eines e.V. vgl. FG München v. 19.7.2010 – 7 K 472/08, EFG 2010, 1921.

6 Vgl. BFH v. 4.12.1996 – I R 54/95, BFHE 182, 123; BFH v. 15.5.2002 – I R 92/00, BFH/NV 2002, 1538; BFH v. 22.8.2007 – I R 32/06, BStBl. II 2007, 961; BFH v. 27.11.2013 – I R 17/12, BStBl. II 2016, 68; BFH v. 15.1.2015 – I R 48/13, BStBl. II 2015, 713; zustimmend *Wassermeyer* in FS Haas, 1996, S. 401; *Wassermeyer*, DB 2011, 1828; *Kümpel*, FR 2014, 51; *Märtens* in Gosch, § 5 KStG Rz. 27; *Martini* in NK-GemnR, § 5 KStG Rz. 12.

eine Einkünfteumqualifikation. Die Annahme gewerblicher Einkünfte ändert aber nichts daran, dass eine Körperschaftsteuerpflicht stets eine Gewinnerzielungsabsicht voraussetzt[1]. Auch bei gemeinnützigen Kapitalgesellschaften kann es deshalb Tätigkeiten geben, die zwar die Merkmale eines wirtschaftlichen Geschäftsbetriebs erfüllen, aber gleichwohl nicht sachlich steuerpflichtig sind, weil die Totalgewinnprognose negativ ist. Anders ausgedrückt: Ebenso wie eine voll steuerpflichtige Kapitalgesellschaft – entgegen der Ansicht des I. Senats des BFH[2] – eine außerbetriebliche Sphäre haben kann, ist auch im Rahmen der partiellen Steuerpflicht grundsätzlich eine Liebhabereisphäre möglich. Allerdings dürfte es sich um eher seltene Fälle handeln, da gewinnlose Tätigkeiten zumeist nur im Zweckbetriebsbereich stattfinden werden (und dürfen). Schließlich folgt aus der Möglichkeit einer außerbetrieblichen Sphäre, dass – entgegen der Ansicht der Rechtsprechung – nicht sämtliche Aufwendungen einer buchführungspflichtigen Körperschaft von vornherein betrieblich veranlasst sind. Daher bedarf es nach der hier vertretenen Ansicht bei gemeinnützigen Kapitalgesellschaften auch im betrieblichen Bereich stets einer Abgrenzung nach Veranlassungsgesichtspunkten.

In seiner Entscheidung vom 15.1.2015 hat der BFH die Annahme einer „außerbetrieblichen Sphäre" bei einem nicht von der Körperschaftsteuer befreiten Idealverein zusätzlich auch auf die zivilrechtliche Überlegung gestützt, dass die Eintragungsfähigkeit eines Idealvereins nach § 21 BGB eine „ideellen Bereich" voraussetze[3]. Diese Überlegung ist nach den **Kita-Beschlüssen des BGH** vom 16.5.2017[4] schon wieder überholt, denn der typische „Kita-Verein" hat nur einen steuerbegünstigten wirtschaftlichen Geschäftsbetrieb (vgl. dazu Rz. 2.35). In der Sache bedarf es dieses Rückgriffs auf das Zivilrecht nicht: Ebenso wenig wie eine GmbH – entgegen der Rechtsprechung des BFH – rechtsformabhängig auf „For Profit" festgelegt ist, sollte man „Non Profit" mit dem Fehlen einer entgeltlichen Tätigkeit am Markt gleichsetzen. Für Zwecke des Körperschaftsteuerrechts sollte allein entscheidend sein, ob die Körperschaft steuerbare Einkünfte im Sinne der §§ 2 ff. EStG erzielt.

Im Ganzen ergibt sich somit in Hinsicht auf die **außerbetriebliche Sphäre gemeinnütziger Körperschaften** folgendes Bild: Im Gegensatz zu voll steuerpflichtigen Körperschaften unterliegen gemeinnützige Körperschaften nur einer partiellen Steuerpflicht, d.h. der ideelle Bereich, eine Vermögensverwaltung und die Zweckbetriebe sind der „steuerfreien Sphäre" zuzuordnen, in der – ohne Rücksicht auf eine Einkünfteerzielungsabsicht – eine Steuerpflicht schon auf Grund der Befreiung in § 5 Abs. 1 Nr. 9 Satz 1 KStG nicht besteht. Die „steuerfreie Sphäre" umfasst ferner selbstbewirtschaftete Forstbetriebe im Sinne von § 5 Abs. 1 Nr. 9 Satz 3 KStG. Insoweit fehlt es schon an einer persönlichen Steuerpflicht, so dass sich die Frage nach einer „außerbetrieblichen Sphäre" im üblichen Sinne gar nicht stellt[5]. Von einer außerbetrieblichen Sphäre sollte nur insoweit gesprochen werden, als gemeinnützige Körperschaften im Rahmen ihrer partiellen Steuerpflicht Tätigkeiten aus-

7.36

---

1 Eingehend *Hüttemann* in FS Raupach, 2006, S. 495 ff. m.w.N.; vgl. auch *Pezzer*, StuW 1998, 76; *Weber-Grellet*, DStR 1998, 873; *Birk*, BB 2009, 860.

2 BFH v. 4.12.1996 – I R 54/95, BFHE 182, 123.

3 BFH v. 15.1.2015 – I R 48/13, BStBl. II 2015, 713.

4 BGH v. 16.5.2017 – II ZB 7/16, NJW 2017, 1943.

5 A.A. *Thiel*, GmbHR 1997, 10.

üben, die zwar die Merkmale eines wirtschaftlichen Geschäftsbetriebs (§ 14 AO) erfüllen, aber mangels Gewinn- bzw. Einkünfteerzielungsabsicht (§ 8 KStG i.V.m. § 2
Abs. 1 EStG) körperschaftsteuerrechtlich irrelevant sind.

7.37 Die Unterscheidung zwischen „steuerfreier" und „außerbetrieblicher" Sphäre ist
deshalb sinnvoll, weil es sich um **unterschiedliche Sachfragen** handelt. Die Abgrenzung zwischen steuerfreier und steuerpflichtiger Sphäre betrifft die persönliche
Steuerbefreiung (§ 5 Abs. 1 Nr. 9 KStG) und bestimmt sich vorrangig nach den
§§ 14, 64, 65 ff. AO. Dagegen hängt die Zuordnung von Tätigkeiten zur außerbetriebliche Sphäre davon ab, ob innerhalb des persönlich steuerpflichtigen Bereichs (§ 14 AO) Tätigkeiten ohne Gewinn- bzw. Einkünftererzielungsabsicht unterhalten werden. Die begriffliche Differenzierung trägt zugleich der Besonderheit
gemeinnütziger Einrichtungen gegenüber voll steuerpflichtigen Körperschaften
Rechnung: Ein voll steuerpflichtiger Verein hat mangels persönlicher Steuerbefreiung keine „steuerfreie" Sphäre, kann aber eine „außerbetriebliche" Sphäre haben, in
der z.B. bestimmte Leistungen an die Mitglieder gegen ein kostendeckendes Entgelt
erbracht werden. Sofern ein solcher Verein durch Satzungsänderung in die Gemeinnützigkeit wechselt, gehören bestimmte Tätigkeitsbereiche, die bisher zur betrieblichen bzw. außerbetrieblichen Sphäre rechneten, fortan zur steuerfreien Sphäre (z.B.
die Vermögensverwaltung und die Zweckbetriebe). In der außerbetrieblichen Sphäre verbleiben nur noch solche Tätigkeiten, die zwar wirtschaftlicher Geschäftsbetrieb sind, aber gleichwohl nicht körperschaftsteuerpflichtig sind. Dies ergibt sich
daraus, dass die Feststellung der persönlichen Steuerpflicht gegenüber der Frage der
sachlichen Steuerpflicht vorrangig ist.

7.38 frei

IV. Einkommensermittlung

1. Gewinn- und Einkünfteermittlung

7.39 Für die Gewinn- bzw. Einkünfteermittlung bei gemeinnützigen Körperschaften gelten die allgemeinen Grundsätze (vgl. § 8 Abs. 1 KStG i.V.m. §§ 2 ff. EStG). Geht
man davon aus, dass gemeinnützige Körperschaften in der Regel betriebliche Einkünfte erzielen werden (§§ 13, 15 EStG), kommt – je nach Einkunftsart, Größe des
Betriebs und handelsrechtlicher Buchführungspflicht – eine Gewinnermittlung
durch einfachen oder qualifizierten **Betriebsvermögensvergleich** (§ 4 Abs. 1 EStG
bzw. §§ 4 Abs. 1, 5 Abs. 1 EStG) sowie durch **Einnahmen-Überschuss-Rechnung**
(§ 4 Abs. 3 EStG) in Betracht. Hinsichtlich der steuerlichen Buchführungsgrenzen
nach § 141 AO geht die Finanzverwaltung wegen § 64 Abs. 2 AO davon aus, dass es
auf die Werte des „Gesamtbetriebs" (also des einheitlichen wirtschaftlichen Geschäftsbetriebs) ankommt[1]. Diese Auffassung übersieht allerdings, dass § 64 Abs. 2
AO nur Bedeutung für den sachlichen Umfang der persönlichen Steuerbefreiung hat,

---

1 Vgl. AEAO Nr. 12 zu § 64 Abs. 2 AO.

die sachliche Steuerpflicht nach § 8 Abs. 1 KStG aber nicht berührt[1]. Für die Gewinnermittlung gelten daher die allgemeinen Grundsätze der AO. Nach dem Gesetzeswortlaut des § 141 AO kommt es aber auf die Verhältnisse des „einzelnen Betriebs" an[2]. Sachlich und organisatorisch selbständige Betriebe sind daher gesondert zu beurteilen.

Für **Zweckbetriebe** besteht regelmäßig keine (steuerliche) Gewinnermittlungspflicht[3]. Soweit ein Zweckbetrieb kostendeckend bzw. mit Dauerverlusten betrieben wird, fehlt es bereits an einer Gewinnerzielungsabsicht, die Voraussetzung für die Erzielung steuerbarer Einkünfte ist. Zum anderen besteht, wenn ein wirtschaftlicher Geschäftsbetrieb nach §§ 65 ff. AO steuerbegünstigt ist, kein sachliches Erfordernis für eine Gewinnermittlung für Zwecke der Körperschaft- und Gewerbesteuer (zu Zweckbetrieben der Wohlfahrtspflege vgl. Rz. 6.228). Für die Aufzeichnungspflichten im Rahmen der Umsatzsteuer gelten für Zweckbetriebe natürlich andere Grundsätze.

2. Elektronische Übermittlung von Bilanz und Gewinn- und Verlustrechnung (E-Bilanz)

Auch gemeinnützige Körperschaften können der Pflicht zur elektronischen Übermittlung von Bilanzen sowie Gewinn- und Verlustrechnungen nach § 5b EStG („E-Bilanz") unterliegen[4]. Allerdings hat die Finanzverwaltung bereits mit BMF-Schreiben vom 28.9.2011[5] zur Vermeidung unbilliger Härten steuerbefreiten Körperschaften eine **Übergangsfrist** gewährt: Danach wird es nicht beanstandet, wenn steuerbefreite Körperschaften „erstmals für Wirtschaftsjahre, die nach dem 31.12.2014 beginnen" ihre Bilanz und GuV elektronisch übermitteln. Bei einem kalenderjahrgleichen Wirtschaftsjahr war also erstmals in 2016 für 2015 eine E-Bilanz einzureichen[6].

7.40

Allerdings war lange Zeit nicht klar, unter **welchen Voraussetzungen und für welchen Bereich** steuerbefreite Körperschaften nach § 5b EStG zur elektronischen Übermittlung von Bilanzen und GuV verpflichtet sind. Zwar versteht es sich von selbst, dass auf persönlich und vollumfänglich von der Körperschaftsteuer befreite Körperschaften (also z.B. einen gemeinnützigen Verein mit einem steuerpflichtigen wirtschaftlichen Geschäftsbetrieb, dessen Einnahmen 35 000 Euro nicht übersteigen) § 5b EStG schon mangels einer Körperschaftsteuerpflicht keine Anwendung findet[7]. Umstritten war allerdings, ob sich die Pflicht zur Abgabe einer E-Bilanz bei partiell steuerpflichtigen Körperschaften (z.B. einer gemeinnützigen Stiftung mit einem steuerpflichtigen wirtschaftlichen Geschäftsbetrieb mit Einnahmen über der Gewichtigkeitsgrenze des § 64 Abs. 3 AO) auf den steuerpflichtigen Bereich beschränkt. Im BMF-Schreiben vom 28.9.2011 war noch allgemein davon die Rede, dass eine Pflicht nach § 5b EStG besteht, wenn „von der Körperschaft eine Bilanz sowie eine Gewinn- und Verlustrechnung aufzustellen ist"[8]. Dies hätte u.U. bedeutet, dass die Pflicht zur elektro-

---

1 So auch *Thiel/Eversberg*, DB 1990, 346 f.; im Grundsatz auch *Buchna/Leichinger/Seeger/ Brox*, S. 500 f.; *Bott* in Schauhoff, § 8 Rz. 243.

2 Vgl. auch *Bott* in Schauhoff, § 8 Rz. 243.

3 Vgl. dazu näher OFD Rostock v. 26.2.2003, DStR 2003, 936.

4 Vgl. dazu *Ley*, npoR 2013, 47.

5 BMF-Schreiben v. 28.9.2011, BStBl. I 2011, 855 Rz. 7.

6 Ebenso *Ley*, npoR 2013, 48.

7 So jetzt auch BMF-Schreiben v. 19.12.2013, npoR 2014, 78.

8 BMF-Schreiben v. 28.9.2011, BStBl. 2011, 855 Rz. 5.

nischen Übermittlung von Bilanzen und GuV sachlich weiter reicht als die (partielle) Steuerpflicht, was mit dem Sinn und Zweck des § 5b EStG als Gewinnermittlungsvorschrift nicht zu vereinbaren ist.

Mit dem BMF-Schreiben vom 19.12.2013[1] hat die Finanzverwaltung klargestellt, dass bei partiell steuerpflichtigen gemeinnützigen Körperschaften **stets verpflichtend „nur ein Datensatz für den steuerpflichtigen Teilbereich zu übermitteln ist"**, und zwar

– entweder als „Gesamtbilanz"-Lösung mit Übermittlung von Bilanz und GuV für den partiell steuerpflichtigen Teilbereich nach Taxonomie-Schema,

– oder als formlose Gewinnermittlung für den partiell steuerpflichtigen Teilbereich, wobei lediglich der steuerliche Gewinn als Einzelbetrag übermittelt wird.

Unklar bleibt allerdings, woraus die Finanzverwaltung ableitet, dass **die Aufstellung einer „(Gesamt-)Bilanz sowie einer (Gesamt-)GuV" zwingend zu einer Übermittlungspflicht** nach § 5b EStG führt. In diesem Zusammenhang fällt eine Diskrepanz zu dem BMF-Schreiben betreffend Körperschaften des öffentlichen Rechts vom 3.1.2013[2] auf. Darin wurde die Pflicht zur elektronischen Übermittlung von Bilanzen und GuV davon abhängig gemacht, dass für den einzelnen Betrieb gewerblicher Art eine gesetzliche Buchführungspflicht besteht oder freiwillig ein – den handelsrechtlichen Vorschriften vergleichbarer – Jahresabschluss aufgestellt wird. Überträgt man diesen Ausgangspunkt auf steuerbefreite Körperschaften des privaten Rechts, wäre eine E-Bilanz-Pflicht nur dort zu bejahen, wo auch eine Buchführungspflicht gerade für den Bereich der steuerpflichtigen wirtschaftlichen Geschäftsbetriebe besteht (z.B. bei einer Stiftung, die wegen der Unterhaltung eines in kaufmännischer Weise eingerichteten Gewerbebetriebs nach §§ 238, 241a HGB im Bereich dieses Betriebs buchführungspflichtig ist)[3]. Außerhalb dieser Fälle kann sich eine steuerliche Buchführungspflicht im Bereich des wirtschaftlichen Geschäftsbetriebs nur aus § 141 AO ergeben, wenn der (einzelne) wirtschaftliche Geschäftsbetrieb erstens die Buchführungsgrenzen des § 141 AO überschreitet und die Körperschaft zweitens von der Finanzverwaltung auf die steuerliche Buchführungspflicht hingewiesen worden ist. Hingegen würde eine auf die Körperschaft als solche bezogene Buchführungspflicht (z.B. eine umfängliche Rechnungslegungspflicht nach §§ 238 ff. HGB bei gemeinnützigen Kapitalgesellschaften) nicht für eine Übermittlungspflicht nach § 5b EStG ausreichen, weil der sachliche Anwendungsbereich von Buchführungspflicht und (partieller) Steuerpflicht auseinanderfallen[4]. Inzwischen hat die Finanzverwaltung aktualisierte Taxonomien (5.3, 5.4, 6.0, 6.1) veröffentlicht, die auch steuerbegünstigte Körperschaften betreffen[5].

---

1 BMF-Schreiben v. 19.12.2013, npoR 2014, 78.
2 BMF-Schreiben v. 3.1.2013, BStBl. I 2013, 59.
3 Zur Rechnungslegungspflicht von Stiftungen bei Unterhaltung eines kaufmännischen Gewerbebetriebs vgl. näher *Hüttemann*, DB 2013, 1561.
4 So auch *Ley*, npoR 2013, 49.
5 BMF v. 13.6.2014, BStBl. I 2014, 886; BMF v. 25.6.2015, BStBl. I 2015, 541; BMF v. 24.5.2016, BStBl. I 2016, 500; BMF v. 16.5.2017, BStBl. I 2017, 776.

3. Pauschale Gewinnermittlung (§ 64 Abs. 5 und 6 AO)

Nach § 64 Abs. 5 und 6 AO stehen gemeinnützigen Körperschaften bestimmte **Gewinnermittlungswahlrechte bei der Körperschaft- und Gewerbesteuer** zu. Beide Regelungen betreffen also nicht die Einschränkung der persönlichen Steuerbefreiung, sondern die Ebene der Gewinnermittlung und hätten daher auch im KStG und GewStG angeordnet werden können (vgl. auch § 8 Abs. 1 Satz 3 KStG betreffend das Werbegeschäft der Rundfunkanstalten). Sie gehen den allgemeinen Vorschriften zur Einkommensermittlung (§ 8 Abs. 1 KStG, § 7 GewStG) vor, sofern die Körperschaft von dem Wahlrecht Gebrauch macht.

7.41

Das **Gewinnermittlungswahlrecht für Überschüsse aus der Verwertung von Altmaterial (§ 64 Abs. 5 AO)** dient in erster Linie Vereinfachungszwecken. Durch die Gewinnschätzung in Höhe des „branchenüblichen Reingewinns" sollen den gemeinnützigen Körperschaften unnötige Gestaltungen erspart werden, die bei Anwendung allgemeiner Gewinnermittlungsgrundsätze erforderlich wären, um zu verhindern, dass wirtschaftliche Vorteile aus dem Einsatz ehrenamtlicher Helfer etc. teilweise „wegbesteuert" werden. Denn es stünde den Körperschaften frei, ihren Helfern ein Entgelt für die Mitarbeit bei der Altmaterialsammlung und -verwertung zu zahlen[1], das diese der Körperschaft zurückspenden würden (Aufwandsspende)[2]. Dieser Umweg wird dadurch vermieden, dass der Gewinn aus Altmaterialverwertung in Höhe des branchenüblichen Reingewinns (d.h. nach Abzug der üblichen Lohnaufwendungen) wahlweise geschätzt werden kann. Der Reingewinn wird von der Finanzverwaltung bei der Verwertung von Altpapier mit 5 Prozent und bei Verwertung von anderem Altmaterial mit 20 Prozent der Einnahmen angesetzt[3]. Die Regelung ist auf eine Altmaterialverwertung „außerhalb einer ständig dafür vorgehaltenen Verkaufsstelle" beschränkt, um eine zu weitgehende Begünstigung zu verhindern. Sie ist als Ausnahmeregelung eng auszulegen und gilt folglich nicht für den Einzelverkauf gebrauchter Sachen (Gebrauchtwagenhandel), Basare („Pfennig-Basar"[4]) und ähnliche Einrichtungen (z.B. einen Second-Hand-Shop)[5]. § 64 Abs. 5 AO erfasst somit nur die Verwertung von Altmaterial, das wie bei Altkleidern, Altpapier und Schrott nur noch einen Altmaterialwert und keinen Gebrauchtwert hat[6]. Diese Voraussetzung ist bei Edelmetallen (z.B. Zahngold) nicht erfüllt[7]. Das Gewinnermittlungswahlrecht ist nach seinem Sinn und Zweck auch dann nicht anwendbar, wenn die Sammlung über einen Dienstleister erfolgt, der ein Entgelt erhält[8]. Unschädlich

7.42

---

1 Zum Abzug von Aushilfslöhnen, wenn die Mitglieder auf die Lohnzahlung verzichten, vgl. BFH v. 5.12.1990 – I R 5/88, BStBl. II 1991, 308 und BMF-Schreiben v. 6.8.1992, juris.
2 Vgl. auch BT-Drucks. 11/4176, S. 15 f.; siehe auch BFH v. 11.2.2009 – I R 73/08, BStBl. II 2009, 516.
3 AEAO Nr. 28 zu § 64 Abs. 5 AO.
4 Dazu BFH v. 11.2.2009 – I R 73/08, BStBl. II 2009, 516.
5 Vgl. AEAO Nr. 26 zu § 64 Abs. 5 AO.
6 BFH v. 11.2.2009 – I R 73/08, BStBl. II 2009, 516.
7 BFH v. 11.5.2016 – V B 119/15, BFH/NV 2016, 1252; ebenso nun AEAO Nr. 26 zu § 64 Abs. 5 AO; insoweit anders noch FG Thüringen v. 26.2.2015 – 1 K 375/11, juris.
8 BFH v. 11.5.2016 – V B 119/15, BFH/NV 2016, 1252.

ist dagegen die Durchführung regelmäßiger Sammlungen oder die Aufstellung von Containern[1].

7.43 Mit dem **Gewinnermittlungswahlrecht nach § 64 Abs. 6 AO**[2] wollte der Gesetzgeber – wie sich aus der Gesetzesbegründung ergibt[3] – eine vom Sinn und Zweck der partiellen Steuerpflicht nicht gebotene Überbesteuerung gemeinnütziger Einrichtungen verhindern[4]. Die Regelung richtet sich gegen die (verfehlte) frühere Rechtsprechung des I. Senats zu gemischt veranlassten Aufwendungen bei gemeinnützigen Einrichtungen[5] und ist praktisch eine Nichtanwendungsvorschrift (s. auch Rz. 7.50 ff.).

Der BFH hat diese Rechtsprechung zwar inzwischen **ausdrücklich aufgegeben**[6], so dass man auch daran denken könnte, § 64 Abs. 6 AO wieder zu streichen. Diese Entscheidung wird man aber allein dem Gesetzgeber zubilligen müssen, so dass die Verwaltung und die Gerichte die Regelung einstweilen weiter anzuwenden haben[7]. Außerdem ist eine Pauschalierung in solchen Fällen weiterhin sinnvoll, in denen die ideellen und gewerblichen Beweggründe untrennbar miteinander verwoben sind, so dass eine schätzungsweise Aufteilung nicht möglich ist und die durch den Kongress selbst entstandenen Kosten weiterhin nicht als Betriebsausgaben im Rahmen des wirtschaftlichen Geschäftsbetriebs „Standflächenüberlassung" abziehbar wären[8]. Ohne Anwendung des § 64 Abs. 6 AO würde somit weiter eine Überbesteuerung der gemeinnützigen Körperschaften (hier des Klägers) drohen, die den jeweiligen Kongress als Zweckbetrieb veranstalten.

§ 64 Abs. 6 AO betrifft wirtschaftliche Geschäftsbetriebe, durch die **Marktchancen genutzt werden, die sich aus der steuerbegünstigten Tätigkeit ergeben**. Man denke etwa z.B. an die Trikotwerbung eines Sportvereins, die nur im Rahmen einer sportlichen Veranstaltung möglich ist, weil erst durch die sportliche Veranstaltung eine ausreichende Öffentlichkeit angezogen wird. Hier stellt sich die Frage, in welchem Umfang auch Aufwendungen für den (gemeinnützigen) Spielbetrieb (z.B. Trainerkosten) zumindest anteilig im Rahmen des steuerpflichtigen wirtschaftlichen Geschäftsbetriebs Werbung steuermindernd berücksichtigt werden können. Der I. Senat hatte eine solche Aufteilung in der Vergangenheit für den Regelfall ausgeschlossen[9]. Diese Rechtsprechung negierte somit eine tatsächliche betriebliche (Mit-)Veranlassung und konnte deshalb zu einer tendenziellen Überbesteuerung führen, die durch den Sinn und Zweck der partiellen Steuerpflicht nicht geboten war. Solchen Nachteilen sollte durch die Pauschalierungsmöglichkeit des § 64

---

1 Vgl. *Buchna/Leichinger/Seeger/Brox*, S. 317.
2 Vgl. näher *Schmidt/Fritz*, DB 2001, 2062.
3 BT-Drucks. 14/4626, S. 3 f. (7 f.).
4 Die Vorschrift gilt nicht für Vereine, denen die Gemeinnützigkeit versagt worden ist, vgl. FG Hessen v. 26.4.2012 – 4 K 2789/11, EFG 2012, 1776.
5 Vgl. BFH v. 27.3.1991 – I R 31/89, BStBl. II 1992, 103; BFH v. 21.9.1995 – I B 85/94, BFH/NV 1996, 268; BFH v. 21.7.1999 – I R 55/98, BFH/NV 2000, 85 (86).
6 BFH v. 15.1.2015 – I R 48/13, BStBl. II 2015, 713.
7 Ebenso FG Münster v. 22.3.2017 – 9 K 518/14 K, EFG 2017, 1024 (Rev. BFH V R 69/17); in der Parallelentscheidung des FG Düsseldorf v. 5.9.2017 – 6 K 2010/16 K, G, EFG 2017, 1725 wird dieses Problem nicht angesprochen.
8 Zutreffend FG Münster v. 22.3.2017 – 9 K 518/14 K, EFG 2017, 1024.
9 Vgl. BFH v. 27.3.1991 – I R 31/89, BStBl. II 1992, 103.

Abs. 6 AO entgegengewirkt werden. Das Gewinnermittlungswahlrecht ist auf ganz bestimmte Geschäftsbetriebe beschränkt worden. Es gilt für

– **Werbung**, die im Zusammenhang mit steuerbegünstigten Tätigkeiten einschließlich Zweckbetrieben stattfindet, wie z.B. ein (steuerpflichtiges) Sponsoring, nicht aber etwa eine Werbung im Rahmen einer steuerpflichtigen sportlichen Veranstaltung nach § 67a AO[1],

– **Totalisatorbetriebe**[2],

– die **zweite Fraktionierungsstufe der Blutspendendienste.**

Umstritten ist, ob auch die **entgeltliche Überlassung von Ausstellungsflächen** am Rande eines von einer steuerbegünstigten Körperschaft durchgeführten Kongresses unter den Begriff der „Werbung" im Sinne von § 64 Abs. 6 AO fällt. Dies ist in der Rechtsprechung mit dem Argument verneint worden, dass nur eine Werbung der gemeinnützigen Körperschaft für ein Unternehmen (wie z.B. die Trikot- und Bandenwerbung bei Sportveranstaltungen), nicht aber die Werbung von Unternehmen für sich selbst anlässlich einer gemeinnützigen Kongressveranstaltung unter die Vorschrift falle[3]. Dem lässt sich indes entgegenhalten, dass es eigentlich keinen Unterschied machen kann, ob die Körperschaft selbst im räumlichen Umfeld einer Veranstaltung für einen Dritten wirbt oder diesem Dritten gestattet, selbst für sich zu werben. Auch unter teleologischen Gesichtspunkten sollte es ausreichen, dass die Überlassung der Ausstellungsflächen und die Durchführung der Veranstaltung unter Veranlassungsgesichtspunkten hinreichend eng miteinander verknüpft sind[4].

§ 64 Abs. 6 AO gilt nur für steuerbegünstigte Körperschaften. Eine **voll steuerpflichtige Körperschaft**, die die Steuerbegünstigung verliert, kann das Gewinnermittlungswahlrecht folglich nicht in Anspruch nehmen, selbst wenn sich in Hinsicht auf die Abgrenzung zwischen betrieblicher und außerbetrieblicher Sphäre vergleichbare Abgrenzungsfragen stellen[5].

Die nach dem Wortlaut des § 64 Abs. 6 AO abschließende Aufzählung der begünstigten Geschäftsbetriebe ist unter Gleichheitsgesichtspunkten bedenklich, weil auch andere Sachverhalte denkbar sind, in denen sich die bisherige Rechtsprechung des I. Senats zu gemischt veranlassten Aufwendungen nachteilig auswirken konnte (vgl. auch die Parallelregelung für das Werbegeschäft der öffentlich-rechtlichen Rundfunkanstalten in § 8 Abs. 1 Satz 3 KStG[6]). Im Einzelfall kann deshalb auch eine analoge Anwendung zu erwägen sein. Der Gewinnsatz beträgt 15 Prozent der Einnah-   **7.44**

---

1 Vgl. auch AEAO Nr. 30, 31 zu § 64 Abs. 6 AO.
2 Näher AEAO Nr. 32 zu § 64 Abs. 6 AO; siehe auch BFH v. 22.4.2009 – I R 15/07, BFH/ NV 2009, 1166: Veranstaltung von Trabrennen und Totalisator als ein einheitlicher Geschäftsbetrieb mit der Folge, dass § 64 Abs. 6 AO keine Anwendung finden soll (zweifelhaft).
3 So FG Hamburg v. 15.6.2006 – 2 K 10/05, EFG 2007, 218; zustimmend etwa *Fischer* in Hübschmann/Hepp/Spitaler, § 64 AO Rz. 116.
4 Vgl. FG Münster v. 22.3.2017 – 9 K 518/14 K, EFG 2017, 1024; ähnlich FG Düsseldorf v. 5.9.2017 – 6 K 2010/16 K, G, EFG 2017, 1725 (Rev. BFH V R 70/17).
5 BFH v. 15.1.2015 – I R 48/13, BStBl. II 2015, 713.
6 Dazu *Hüttemann* in GS Trzaskalik, 2005, S. 377.

men. Bemessungsgrundlage sind die Einnahmen ohne Umsatzsteuer (Gegenschluss aus § 64 Abs. 3 AO)[1]. Macht eine Körperschaft im Rahmen der Gewinnermittlung von den Wahlrechten nach § 64 Abs. 5 und 6 AO Gebrauch, so bleibt sie gleichwohl zur zeitnahen Verwendung des tatsächlichen Ergebnisses verpflichtet. § 64 Abs. 5 und 6 AO enthalten also keine Einschränkung des Gebots der zeitnahen Mittelverwendung (vgl. näher Rz. 5.101 ff.).

4. Ergebnissaldierung

7.45 Unterhält eine gemeinnützige Körperschaft mehrere wirtschaftliche Geschäftsbetriebe, so werden diese nach **§ 64 Abs. 2 AO als ein wirtschaftlicher Geschäftsbetrieb behandelt**. Aus dieser Regelung schließt die Finanzverwaltung, dass eine Mehrzahl von steuerpflichtigen wirtschaftlichen Tätigkeiten auch für Zwecke der Einkommensermittlung als „ein Betrieb" behandelt werden muss[2]. Diese Annahme ist teils überflüssig, teils unrichtig. Zunächst versteht es sich von selbst, dass eine gemeinnützige Körperschaft nur mit dem Gesamtergebnis aus allen steuerpflichtigen Tätigkeiten der Körperschaftsteuer unterliegt. Die Ergebnisse der einzelnen Betriebe sind also zu saldieren, d.h. Verluste aus einem Betrieb sind mit Gewinnen aus anderen Betrieben zu verrechnen. Zur Begründung einer solchen Ergebnisverrechnung bedarf es aber keines Rückgriffs auf § 64 Abs. 2 AO. Die Finanzverwaltung ging in der Vergangenheit offenbar noch darüber hinaus. Denn eine Gewinn- und Verlustverrechnung sollte selbst dann zulässig sein, wenn die Körperschaft „mit dem verlustbringenden wirtschaftlichen Geschäftsbetrieb mangels Gewinnerzielungsabsicht sonstige Einkünfte im Sinne des § 22 EStG erzielt (was bei sportlichen Veranstaltungen häufig vorkommt), während der gewinnbringende wirtschaftliche Geschäftsbetrieb zu Einkünften aus Gewerbebetrieb gemäß § 15 EStG führt"[3].

7.46 Diese Auffassung ist – was die Verrechnung von Verlusten aus einer Tätigkeit nach § 22 Nr. 3 EStG anbetrifft – heute durch die Verlustverrechnungsbeschränkung nach § 22 Nr. 3 Sätze 4 und 5 EStG überholt. Sie findet aber auch darüber hinaus im Gesetz keine Grundlage und führt zu **widersinnigen Besteuerungsergebnissen**. Sie würde nämlich darauf hinauslaufen, dass gemeinnützige Körperschaften die Steuerpflicht ihrer Gewinnbetriebe durch Unterhaltung dauerdefizitärer Betriebe vermeiden könnten. Ein solches Ergebnis steht aber nicht nur in Widerspruch zu Sinn und Zweck der partiellen Steuerpflicht, sondern folgt auch nicht aus § 64 Abs. 2 AO. Diese Norm hat nämlich – wie ein Blick in die Gesetzesmaterialien zeigt – nur den Zweck, einen gewissen Verlustausgleich für Zwecke der gemeinnützigen Mittelverwendung zu erlauben[4]. Es handelt sich also nicht um eine Einkommensermittlungsvorschrift. Sie lässt den Umfang der sachlichen Körperschaftsteuerpflicht (§ 8 Abs. 1 KStG) unberührt. Folglich ist auch das steuerliche Ergebnis für jeden einzelnen Betrieb gesondert zu ermitteln. Daraus ergibt sich zugleich, dass nur solche Verluste ertragsteuerlich relevant sind, die aus Tätigkeiten herrühren,

---

1 Siehe auch AEAO Nr. 36 zu § 64 Abs. 5 und 6 AO.
2 AEAO Nr. 12 zu § 64 Abs. 2 AO.
3 So OFD Frankfurt/M. v. 12.2.1998, DB 1998, 651.
4 Vgl. *Thiel/Eversberg*, DB 1990, 346 f.

die mit Gewinnerzielungsabsicht unternommen worden sind. Verluste aus dauerdefizitären Tätigkeiten sind hingegen der außerbetrieblichen Sphäre zuzuordnen und daher ertragsteuerlich irrelevant. Sie können die Besteuerung anderer gewinnbringender Betriebe derselben Körperschaft also nicht verhindern. Schließlich ist daran zu erinnern, dass die Unterhaltung eines Dauerverlustbetriebs ohne sachlichen Bezug zu den steuerbegünstigten Zwecken die Gemeinnützigkeit gefährden kann (vgl. Rz. 6.33 ff.).

frei   7.47

V. Abgrenzung der betrieblichen Sphäre

1. Abgrenzung nach Veranlassungsgesichtspunkten

Für Zwecke der körperschaftsteuerrechtlichen Einkommensermittlung bedarf es einer Abgrenzung der betrieblichen Sphäre gemeinnütziger Körperschaften von ihrer steuerfreien bzw. außerbetrieblichen Sphäre. Das KStG verweist für die Einkommensermittlung in § 8 Abs. 1 KStG auf die Vorschriften des EStG betreffend das Einkommen (§ 2 Abs. 1 EStG). Maßgebend ist danach – wie sich insbesondere aus der Regelung über den Betriebsausgabenabzug in § 4 Abs. 4 EStG ergibt – die betriebliche Veranlassung einer Einnahme bzw. einer Ausgabe. Die steuerliche Gewinn- bzw. Einkünfteermittlung wird also durch das sog. Veranlassungsprinzip beherrscht[1]. Maßgebend ist, welche Erträge und Aufwendungen bzw. Einnahmen und Ausgaben **durch die einkünfteerzielende Tätigkeit veranlasst sind**[2]. Die Veranlassung entscheidet bei der Gewinnermittlung durch Bestandsvergleich zudem über die steuerliche Zuordnung der Wirtschaftsgüter zum (notwendigen bzw. gewillkürten) Betriebsvermögen und Privatvermögen. Insoweit ergeben sich bei der Gewinnermittlung von gemeinnützigen Körperschaften keine Besonderheiten[3], so dass im Grundsatz auf Rechtsprechung, Verwaltungsauffassung und Literatur zum allgemeinen Einkommen- und Bilanzsteuerrecht verwiesen werden kann[4].   7.48

Gemeinnützige Einrichtungen können bei der Gewinnermittlung im steuerpflichtigen wirtschaftlichen Geschäftsbetrieb grundsätzlich nur **tatsächliche Aufwendungen** als Betriebsausgaben abziehen[5]. Deshalb scheidet z.B. ein Abzug „fiktiver" Löhne aus, wenn Mitglieder oder Dritte unentgeltlich bei der Organisation einer Benefizveranstaltung „helfen"[6]. Die damit verbundene Gefahr einer „Überbesteuerung" gemeinnütziger Einrichtungen wird teil-

---

1 Dazu näher *Lang/Seer*, FR 1994, 521.
2 Zum Veranlassungsprinzip nach Verlust der Gemeinnützigkeit FG Hessen v. 26.4.2012 – 4 K 2789/11, EFG 2012, 1776.
3 Anders *Alber* in Dötsch/Pung/Möhlenbrock, § 5 Abs. 1 Nr. 9 Rz. 211: Gewillkürtes Vermögen verstoße bei gemeinnützigen Körperschaften gegen § 55 Abs. 1 Nr. 5 AO. Diese Ansicht unterscheidet nicht hinreichend zwischen der Ebene der Gewinnermittlung und der Mittelverwendung.
4 Für einen Überblick vgl. dazu die Nachweise bei *Loschelder* in L. Schmidt, § 4 EStG Rz. 27 ff.
5 Vgl. RFH v. 31.5.1938 – VI a 22/36, RStBl. 1938, 735; BFH v. 21.8.1985 – I R 60/80, BStBl. II 1986, 88 (91).
6 BFH v. 21.8.1985 – I R 60/80, BStBl. II 1986, 88 (91).

weise durch die Möglichkeit zur pauschalen Gewinnermittlung (§ 64 Abs. 5 und 6 AO) gemildert (dazu Rz. 7.41 ff.). Besonderheiten gelten bei der Gewinnermittlung für die wirtschaftlichen Geschäftsbetriebe geistlicher Orden und ähnlicher Vereinigungen. Hier scheidet zwar ein Abzug „fiktiver Löhne" für die in diesen Betrieben tätigen Ordensangehörigen aus. Abzugsfähig sind jedoch die dem Orden bzw. der Vereinigung entstandenen Aufwendungen für den Unterhalt der in seinen wirtschaftlichen Geschäftsbetrieben arbeitenden Ordensangehörigen oder Mitglieder[1].

7.49 Was die Abgrenzung der betrieblichen Sphäre von der steuerfreien bzw. außerbetrieblichen Sphäre anbetrifft, so treten zum allgemeinen Veranlassungsprinzip insbesondere **folgende Regelungen** hinzu:

– Zum einen ergibt sich aus **§ 3c Abs. 1 EStG**, der über die Verweisung des § 8 Abs. 1 KStG auch für die Gewinnermittlung bei Körperschaften gilt, dass Ausgaben, „soweit sie mit steuerfreien Einnahmen in unmittelbarem wirtschaftlichen Zusammenhang stehen, nicht als Betriebsausgaben oder Werbungskosten abgezogen werden" dürfen. Diese Vorschrift hat bei gemeinnützigen Körperschaften Bedeutung für die Berücksichtigung von Aufwendungen, die in unmittelbarem wirtschaftlichen Zusammenhang mit Einnahmen der steuerfreien Sphäre stehen[2]. Daraus folgt z.B., dass Aufwendungen, die unmittelbar durch die steuerfreie Vermögensverwaltung oder einen steuerbegünstigten Zweckbetrieb veranlasst sind, bei der Gewinnermittlung im steuerpflichtigen betrieblichen Bereich nicht abgezogen werden dürfen. Hingegen bedarf es der Regelung des § 3c EStG nicht, wenn Ausgaben mit nicht steuerpflichtigen Einnahmen der außerbetrieblichen Sphäre wie z.B. Mitgliedsbeiträgen (vgl. auch § 8 Abs. 5 KStG) und echten Zuschüssen zusammenhängen.

– Neben § 3c Abs. 1 EStG ist ferner auf **§ 10 Nr. 1 KStG** hinzuweisen. Nach dieser Vorschrift sind nichtabziehbar die „Aufwendungen für die Erfüllung von Zwecken des Steuerpflichtigen, die durch Stiftungsgeschäft, Satzung oder sonstige Verfassung vorgeschrieben sind." Im Unterschied zu § 3c Abs. 1 EStG ergibt sich die Nichtabziehbarkeit hier nicht aus dem Zusammenhang mit steuerfreien Einnahmen, sondern aus der ertragsteuerlichen Unbeachtlichkeit einer Einkommensverwendung. Durch § 10 Nr. 1 KStG will der Gesetzgeber – ähnlich § 12 EStG – verhindern, dass Ausgaben, die der Sache nach „private" Einkommensverwendung darstellen, bei der Ermittlung des Einkommens abgezogen werden können[3]. Dies bedeutet umgekehrt, dass § 10 Nr. 1 KStG kein Abzugsverbot für Aufwendungen enthält, die der Erzielung von Einkünften dienen[4]. Deshalb greift das Ab-

---

1 Siehe BFH v. 17.12.1997 – I R 58/97, BStBl. II 1998, 357; zur Höhe der Aufwendungen vgl. Bayerisches Landesamt für Steuern v. 4.2.2010 – S 27061.1-10 St 31 und OFD Frankfurt a. M. v. 4.11.2015 – S 0171 A-42 – St 53, juris.

2 Vgl. *Hüttemann*, Wirtschaftliche Betätigung, S. 143 ff.; *Bott* in Schauhoff, § 8 Rz. 92.

3 BFH v. 24.3.1993 – I R 27/92, BStBl. II 1993, 637; BFH v. 15.7.1987 – I R 280/81, BStBl. II 1988, 75; BFH v. 12.10.2011 – I R 102/10, BStBl. II 2014, 484; *Märtens* in Gosch, § 10 KStG Rz. 15.

4 BFH v. 17.10.1997 – I R 58/97, BStBl. II 1998, 357; BFH v. 5.6.2003 – I R 76/01, BStBl. II 2005, 305 (307).

zugsverbot auch bei gemischt veranlassten Aufwendungen nicht ein[1]. Zu den satzungsmäßigen Aufwendungen im Sinne von § 10 Nr. 1 KStG gehören z.b. Verluste, die einem Verein dadurch entstehen, dass er seinen Mitgliedern satzungsgemäß Räume zu unter den Selbstkosten liegenden Mieten überlässt[2]. Auch Verluste im Zweckbetriebsbereich können – ungeachtet ihrer Nichtabziehbarkeit nach § 3c Abs. 1 EStG – unter § 10 Nr. 1 KStG fallen[3]. Spenden sind zwar der Sache nach auch eine Einkommensverwendung. § 9 Abs. 1 KStG bleibt aber nach § 10 Nr. 1 Satz 2 KStG „unberührt"[4] (zum Spendenabzug bei der Körperschaftsteuer vgl. Rz. 8.180 ff.).

– In engem Zusammenhang mit der Abgrenzung der betrieblichen Sphäre steht auch die Regelung über **Entnahmen und Einlagen** (§ 4 Abs. 1 Sätze 1, 2 und 8 EStG), die immer eingreift, wenn Vermögensverlagerungen zwischen der betrieblichen Sphäre einerseits und der steuerfreien bzw. außerbetrieblichen Sphäre andererseits stattfinden[5]. Denn insoweit ergibt sich – vergleichbar der Situation bei Privatpersonen – die Notwendigkeit der Sphärenabgrenzung in Hinsicht auf nicht betrieblich veranlasste Vermögensminderungen und Vermögensmehrungen, für die § 4 Abs. 1 Satz 1 EStG eine allgemeine Grundlage bildet. Da diese Vermögensverlagerungen ausschließlich auf der Ebene der Körperschaft stattfinden, sind auch die Regelungen über sog. verdeckte Gewinnausschüttungen und verdeckte Einlagen (§ 8 Abs. 3 Satz 2 KStG, § 6 Abs. 1 Nr. 5 EStG) nicht vorrangig. Sie betreffen nur solche Vermögensmehrungen bzw. Vermögensminderungen, die durch das Rechtsverhältnis zu den Mitgliedern veranlasst sind[6].

2. Insbesondere: Gemischt veranlasste Aufwendungen

a) Grundlagen

Das KStG enthält keine besonderen Vorschriften über die steuerliche Berücksichtigung gemischt veranlasster Aufwendungen. Die einkommensteuerrechtliche Regelung des § 12 Nr. 1 Satz 2 EStG gilt im Anwendungsbereich des KStG nicht[7]. Auch das Abzugsverbot des § 10 Nr. 1 KStG greift bei gemischt veranlassten Aufwendungen nicht ein, da diese auch betrieblich veranlasst sind[8]. Somit sind die Grenzen der Abzugsfähigkeit gemischt veranlasster Aufwendungen bei gemeinnützigen Organisationen aus den allgemeinen Vorschriften des EStG abzuleiten. Insoweit ist – was die Abgrenzung zwischen betrieblicher und außerbetrieblicher Sphäre anbelangt –

7.50

---

1 BFH v. 15.7.1987 – I R 280/81, BStBl. II 1988, 75; BFH v. 5.6.2003 – I R 76/01, BStBl. II 2005, 305.
2 BFH v. 2.5.1974 – I R 225/72, BStBl. II 1974, 549.
3 Vgl. RFH v. 27.6.1939 – I 5/39, RStBl. 1939, 1150.
4 BFH v. 12.10.2011 – I R 102/10, BFH/NV 2012, 517.
5 Dazu näher *Bott* in Schauhoff, § 8 Rz. 138, 157; *Märtens* in Gosch, § 5 KStG Rz. 79.
6 Vgl. BFH v. 19.8.1998 – I R 21/98, BStBl. II 1999, 99.
7 BFH v. 16.12.1981 – I R 140/81, BStBl. II 1982, 465 (467).
8 BFH v. 15.7.1987 – I R 280/81, BStBl. II 1988, 75 (76).

auf das Veranlassungsprinzip und § 4 Abs. 4 EStG zurückzugreifen[1]. Soweit es um Aufwendungen geht, die zugleich durch eine steuerbegünstigte wirtschaftliche Tätigkeit veranlasst sind, kann zusätzlich die **Vorschrift des § 3c Abs. 1 EStG herangezogen werden**[2]. Danach ist der Abzug insoweit ausgeschlossen, als ein Zusammenhang mit steuerfreien Einnahmen besteht. Die Vorschrift enthält aber nicht nur ein Abzugsverbot, sondern zugleich auch ein Aufteilungsgebot. Insoweit verwirklicht sie das objektive Nettoprinzip, das den Abzug aller Aufwendungen fordert, soweit sie als Betriebsausgaben die objektive Leistungsfähigkeit des Steuerpflichtigen mindern[3].

Beispiel Nr. 3 (nach BFH vom 27.3.1991[4]): Ein Sportverein nahm mit seiner Mannschaft am Spielbetrieb der Bundesliga (nicht Fußballbundesliga) teil. Der Spielbetrieb stellte einen steuerbegünstigten Zweckbetrieb dar (heute § 67a AO). Zugleich erzielte der Verein aus der Werbung bei den Spielen seiner Bundesligamannschaft (Banden- und Trikotwerbung) erhebliche Einnahmen. Der Verein wollte 35 Prozent der Aufwendungen für die Bundesligamannschaft (Aufwendungen für Übungsleiter, Trainer, Schiedsrichter, Fahrtkosten und Spesen, Sporthallenmiete, Aufräum- und Putzarbeiten, Abgaben an Verbände und Sportausstattungen) der Werbetätigkeit zuordnen. Das zuständige Finanzamt war – entsprechend einem bundeseinheitlichen Erlass[5] – dagegen der Ansicht, dass höchstens 25 Prozent der Aufwendungen des Spielbetriebs als Betriebsausgaben des wirtschaftlichen Geschäftsbetriebs „Werbung" anzusehen seien. Zwischen den Beteiligten war unstreitig, dass die Werbekunden nicht bereit waren, „für irgendeine Werbung" hohe Zahlungen zu leisten. Vielmehr forderten sie, dass für sie bei den Spielen der Bundesligamannschaft geworben wurde. Die Aufwendungen für den Spielbetrieb waren daher „auch" durch die Werbetätigkeit veranlasst, so dass eigentlich eine Aufteilung geboten war.

b) Frühere restriktive Rechtsprechung

7.51 Der BFH hatte in seiner bisherigen Rechtsprechung jedoch **eher restriktive Maßstäbe** für den Betriebsausgabenabzug bei gemischt veranlassten Aufwendungen von gemeinnützigen Körperschaften formuliert[6]. Nach Ansicht des BFH war es für die steuerliche Zuordnung gemischt veranlasster Aufwendungen von Bedeutung, dass eine Körperschaft, die die „teilweise Befreiung von der Körperschaftsteuer erlangen und bewahren will, nicht in erster Linie eigenwirtschaftliche Zwecke – z.B. gewerbliche Zwecke oder sonstige Erwerbszwecke – verfolgen darf (s. § 55 Abs. 1 Satz 1 AO 1977)"[7]. Daraus folgerte der BFH, „dass primärer Anlass für das Entstehen einer so-

---

1 Vgl. für einen nicht steuerbegünstigten Verein BFH v. 15.1.2015 – I R 48/13, BStBl. II 2015, 713 (715).

2 Allgemeine Ansicht, vgl. nur *Lang/Seer*, FR 1994, 521 ff.; *Thiel*, DB 1993, 1208 ff.; *Bott* in Schauhoff, § 8 Rz. 274; *Hüttemann*, Besteuerung der öffentlichen Hand, S. 142 ff.; entgegen der Annahme von *Thiel*, DB 1993, 1208 ff. ergibt sich auch nichts anderes aus meinen Ausführungen (Wirtschaftliche Betätigung, S. 142 ff.), wo ebenfalls für eine Aufteilung „in geeigneter Weise" nach § 3c EStG plädiert wird.

3 Näher *Lang/Seer*, FR 1994, 521 (523 f., 531).

4 BFH v. 27.3.1991 – I R 31/89, BStBl. II 1992, 103.

5 Vgl. BMF v. 29.5.1979, StEK § 65 Nr. 3.

6 Vgl. BFH v. 27.3.1991 – I R 31/89, BStBl. II 1992, 103; BFH v. 21.9.1995 – I B 85/94, BFH/NV 1996, 268; BFH v. 21.7.1999 – I R 55/98, BFH/NV 2000, 85 (86).

7 BFH v. 27.3.1991 – I R 31/89, BStBl. II 1992, 103 (104).

wohl mit steuerbefreiten als auch mit steuerpflichtigen Tätigkeiten zusammenhängenden Ausgabe die nicht erwerbswirtschaftliche, steuerbefreite Tätigkeit ist". Dieser sei allein maßgebend, „wenn die Ausgabe auch ohne den steuerpflichtigen wirtschaftlichen Geschäftsbetrieb entstanden wäre". Nur wenn die Ausgabe ohne den steuerpflichtigen Geschäftsbetrieb geringer gewesen wäre, sei sie nach einem „objektiven und sachgerechten Maßstab aufzuteilen"[1]. Mit dieser Rechtsprechung war der BFH von früheren Urteilen abgewichen, in denen er noch eine Aufteilung gemischt veranlasster Kosten im Wege „griffsweiser Schätzung" zugelassen hatte[2].

c) Kritik der früheren Rechtsprechung

Die BFH-Grundsätze zur Abzugsfähigkeit gemischt veranlasster Aufwendungen bei steuerbegünstigten Körperschaften sind **im steuerrechtlichen Schrifttum zu Recht überwiegend auf Ablehnung gestoßen**[3]. Denn der BFH verkannte den Inhalt des Selbstlosigkeitsgebots in § 55 Abs. 1 Satz 1 AO, das nur das subjektive Element der Gemeinnützigkeit (Verbot kollektiven Eigennutzes) enthält (dazu Rz. 4.69 ff.), aber nichts für die steuerliche Veranlassung von Aufwendungen im steuerpflichtigen wirtschaftlichen Geschäftsbetrieb hergibt. Zudem ist festzustellen, dass die „Gewichtungstheorie" in einem gewissen Widerspruch zu neueren Urteilen des BFH zu § 55 AO stand, wonach eine Körperschaft nicht schon dann in erster Linie eigenwirtschaftliche Zwecke verfolgt, wenn die unternehmerischen Aktivitäten die gemeinnützigen überwiegen[4]. Das vom I. Senat des BFH statuierte Abzugsverbot bei gemischt veranlassten Aufwendungen verstieß zudem gegen das **objektive Nettoprinzip**, weil es die betriebliche (Mit-)Veranlassung solcher Aufwendungen negierte und damit zu einer Überbesteuerung gemeinnütziger Einrichtungen führen konnte. Ferner ist daran zu erinnern, dass der Große Senat in seinem Beschluss vom 21.9.2009[5] zu gemischt veranlassten Reiseaufwendungen das bisher aus § 12 Nr. 1 EStG abgeleitete Aufteilungs- und Abzugsverbot aufgegeben hat[6]. In diesem Beschluss heißt es:

7.52

„Das Gebot der Steuergerechtigkeit (Besteuerung nach der wirtschaftlichen Leistungsfähigkeit) vermag also ein generelles Aufteilungs- und Abzugsverbot, das auch einen zweifelsfrei nachgewiesenen beruflichen Kostenanteil nicht zum Abzug als Betriebsausgaben oder Werbungskosten zulässt, nicht zu rechtfertigen; vielmehr gebietet das Leistungsfähigkeitsprinzip die Berücksichtigung des beruflichen Anteils durch Aufteilung, notfalls durch Schätzung."

---

1 BFH v. 27.3.1991 – I R 31/89, BStBl. II 1992, 103 (104).

2 Vgl. etwa BFH v. 28.11.1961 – I 34/61 U, BStBl. III 1962, 73.

3 Eingehende Kritik bei *Hüttemann*, Besteuerung der öffentlichen Hand, S. 142 ff.; *Lang/Seer*, FR 1994, 521; *Thiel*, DB 1993, 1208; *Bott* in Schauhoff, § 7 Rz. 274 f.; *Alber* in Dötsch/Pung/Möhlenbrock, § 5 Abs. 1 Nr. 9 KStG Rz. 214 ff.; differenzierend *Fischer* in Hübschmann/Hepp/Spitaler, § 64 AO Rz. 44 ff. (quantitative Relation zwischen steuerfreier und steuerpflichtiger Tätigkeit erforderlich); *Walz* in Non Profit Law Yearbook 2001, 197, 213; dem BFH zustimmend *Pauly*, DB 1994, 1160.

4 Vgl. BFH v. 15.7.1998 – I R 156/94, BStBl. II 2002, 162.

5 BFH v. 21.9.2009 – GrS 1/06, BStBl. II 2010, 672.

6 Dazu näher *Kanzler* in StbJb 2010/2011, S. 43 ff. und *Drüen* in StbJb 2010/2011, S. 65 ff.

Darüber hinaus ist ein Abzugsverbot bei gemischt veranlassten Aufwendungen auch nicht **durch den Sinn und Zweck der partiellen Besteuerung gemeinnütziger Einrichtungen geboten**. Die partielle Steuerpflicht dient vor allem der Herstellung steuerlicher Wettbewerbsgleichheit. Diesem Ziel ist nicht nur auf der Ebene der subjektiven Steuerpflicht (§ 5 Abs. 1 Nr. 9 Satz 2 KStG), sondern auch bei der steuerlichen Gewinnermittlung Rechnung zu tragen[1]. Zwar muss einerseits verhindert werden, dass die partielle Steuerpflicht durch eine zu großzügige Berücksichtigung von Aufwendungen des steuerfreien Bereichs ausgehöhlt wird. Der Grundsatz der Wettbewerbsneutralität rechtfertigt andererseits aber keine Überbesteuerung wirtschaftlicher Geschäftsbetriebe. Diese ist aber zu erwarten, wenn man unter Hinweis auf die partielle Steuerfreiheit gemeinnütziger Einrichtungen gemischt veranlasste Aufwendungen einem strikten Abzugsverbot unterwerfen würde. Es ist bemerkenswert, dass selbst der Gesetzgeber der Rechtsprechung des I. Senats nicht gefolgt ist und das Abzugsverbot durch Einführung eines Gewinnpauschalierungswahlrechts in § 64 Abs. 6 AO für bestimmte Tätigkeiten außer Kraft gesetzt hat, um – wie es in der Gesetzesbegründung heißt – „eine vom Sinn und Zweck der partiellen Steuerpflicht nicht gebotene Überbesteuerung gemeinnütziger Einrichtungen zu verhindern"[2].

Die Rechtsprechung des I. Senats des BFH lässt sich auch nicht mit der **ordnungspolitischen Erwägung** verteidigen, durch das Aufteilungsverbot solle die Möglichkeit steuerbefreiter Einrichtungen beschränkt werden, ihre Verbundvorteile zulasten anderer Marktteilnehmer, die die gleichen Leistung ebenso gut und ebenso effizient erbringen können, auszunutzen[3]. Dem Gemeinnützigkeitsrecht ist ein solcher „Vorrang" privater Anbieter fremd; vielmehr zielen die geltenden Vorschriften nur auf eine annähernde Gleichbehandlung von steuerbegünstigten Einrichtungen und konkurrierenden Betrieben. Daraus folgt, dass auch bei der Gewinnermittlung gemeinnütziger Einrichtungen keine anderen Maßstäbe anzulegen sind als sonst auch. Ein Abzugsverbot ergibt sich schließlich auch nicht daraus, dass gemeinnützige Einrichtungen im wirtschaftlichen Bereich Wirtschaftsgüter einsetzen, die sie mit gemeinnützigkeitsrechtlich gebundenen Mitteln (Spenden, Mitgliedsbeiträge, öffentliche Zuschüsse) finanziert haben[4]. Auf die Finanzierung kommt es im Rahmen der Gewinnermittlung nicht an: Soweit Wirtschaftsgüter des ideellen oder Zweckbetriebsbereichs zugleich für Mittelbeschaffungszwecke genutzt werden, gebietet das Nettoprinzip eine Berücksichtigung der anteiligen Abschreibung etc. selbst dann, wenn dadurch das steuerliche Ergebnis der Tätigkeit negativ wird. Das Steuerrecht gebietet nicht nur den Abzug von „Grenzkosten", sondern der gesamten Aufwendungen, die mit einer einkünfteerzielenden Tätigkeit verbunden sind.

d) Auffassung der Finanzverwaltung

7.53 Bemerkenswert ist, dass selbst die Finanzverwaltung der Rechtsprechung des I. Senats nur mit Einschränkungen gefolgt war. Zwar verweist der Anwendungserlass – auch heute noch – auf die Grundsätze des BFH-Urteils vom 27.3.1991[5]. Sodann

---

1 *Hüttemann*, Besteuerung der öffentlichen Hand, S. 144; *Lang/Seer*, FR 1994, 521 (524); *Thiel*, DB 1993, 1210.

2 Vgl. BT-Drucks. 14/4626, S. 3 f., 7 f.

3 So *Walz* in Non Profit Law Yearbook 2001, 197 (214).

4 So aber *Pauly*, DB 1994, 1161; in diese Richtung auch *Fischer* in Hübschmann/Hepp/Spitaler, § 64 AO Rz. 46: „zutreffender Kern des BFH-Urteils".

5 AEAO Nr. 5 zu § 64 Abs. 1 AO.

folgt aber eine Vielzahl von Ausnahmen, in denen Aufwendungen „unabhängig von ihrer primären Veranlassung" anteilig berücksichtigt werden können, „wenn ein objektiver Maßstab für die Aufteilung der Aufwendungen (z.B. nach zeitlichen Gesichtspunkten) auf den ideellen Bereich einschließlich der Zweckbetriebe und den steuerpflichtigen wirtschaftlichen Geschäftsbetrieb besteht"[1].

Als **Beispiele** nennt der Anwendungserlass die Gewinnermittlung für den steuerpflichtigen wirtschaftlichen Geschäftsbetrieb „Greenfee" von steuerbegünstigten Golfvereinen (Aufteilung im Verhältnis der Nutzung der Golfanlage durch Mitglieder und vereinsfremde Spieler) oder die Aufwendungen gemeinnütziger Musikvereine, die bei eigenen steuerpflichtigen Festveranstaltungen auftreten (Aufteilung der Aufwendungen für Notenmaterial, Uniformen und Verstärkeranlagen im Verhältnis der Stunden, die einschließlich der Proben auf den steuerbegünstigten und auf den steuerpflichtigen Bereich entfallen)[2].

Schließlich können auch die **Personal- und Sachkosten für die allgemeine Verwaltung** grundsätzlich im wirtschaftlichen Geschäftsbetrieb abgezogen werden, soweit sie bei einer Aufteilung nach objektiven Maßstäben teilweise darauf entfallen. Bei Kosten für die Errichtung und Unterhaltung von Vereinsheimen soll es allerdings nach Ansicht der Finanzverwaltung „in der Regel" keinen objektiven Aufteilungsmaßstab geben[3].

e) Änderung der Rechtsprechung

Inzwischen ist die erwartete Rechtsprechungsänderung eingetreten und der BFH hat mit Urteil vom 15.1.2015[4] festgestellt, dass er an der geschilderten Rechtsprechung – insbesondere unter dem Eindruck des Beschlusses des Großen Senats vom 21.9.2009 – **nicht uneingeschränkt festhält"**. Vielmehr sei die Rechtsprechung dahin zu modifizieren, dass

7.54

„eine anteilige – ggf. auch schätzungsweise – Berücksichtigung einer gewerblichen Mitveranlassung möglich ist, wenn und soweit objektivierbare zeitliche oder quantitative Abgrenzungskriterien vorhanden sind. Sind die ideellen und gewerblichen Beweggründe für die Aufwendungen mangels objektivierbarer Abgrenzungskriterien untrennbar ineinander verwoben, muss es demgegenüber zur Vermeidung willkürlicher Schätzungen bei der Berücksichtigung nur des primären Veranlassungszusammenhangs verbleiben"[5].

In der Sache hat sich der BFH damit **praktisch dem Standpunkt der Finanzverwaltung[6] und des Schrifttums angenähert.** Zugleich macht die Entscheidung allerdings ein Grundproblem deutlich, dass sich auch durch diese Rechtsprechungskorrektur nicht lösen lässt: Fehlen „objektivierbare Abgrenzungsmaßstäbe", bleibt es dabei, dass gemischt veranlasste Aufwendungen nicht – auch nicht anteilig – abziehbar sind.

---

1 So AEAO Nr. 6 zu § 64 Abs. 1 AO.
2 AEAO Nr. 6 zu § 64 Abs. 1 AO.
3 AEAO Nr. 6 zu § 64 Abs. 1 AO.
4 BFH v. 15.1.2015 – I R 48/13, BStBl. II 2015, 713 (715).
5 BFH v. 15.1.2015 – I R 48/13, BStBl. II 2015, 713 (716).
6 Der BFH verweist ausdrücklich auf AEAO Nr. 6 zu § 64 Abs. 1 AO.

Im Urteilsfall ging es allerdings nicht um eine steuerbegünstigte Körperschaft, sondern um einen Sportverein, der auf Grund von tatsächlichen Verstößen gegen die §§ 51 ff. AO **seinen Gemeinnützigkeitsstatus verloren hatte**. Gleichwohl stellte sich auch hier – nach Verlust der Gemeinnützigkeit – die Frage, in welchem Umfang der Verein Aufwendungen aus dem – nach den Feststellungen der Vorinstanz ohne Gewinnerzielungsabsicht unternommenen – Spielbetrieb („außerbetriebliche Sphäre") mit den steuerpflichtigen Einnahmen aus dem Gewerbebetrieb „Werbung" verrechnen durfte. Zu widersprechen ist dem BFH allerdings darin, dass sich aus dem Status als Idealverein eine „strukturelle Nachrangigkeit der wirtschaftlichen Betätigung" gegenüber dem (steuerfreien) Idealbereich ergebe. Für eine solche Wertung besteht nach den Kita-Beschlüssen des BGH vom 16.5.2017[1] keine Grundlage mehr, weil ein gemeinnütziger Idealverein auch dann nach § 21 BGB in das Vereinsregister eingetragen werden kann, wenn er sich ausschließlich in Erfüllung seiner satzungsmäßigen Zwecke wirtschaftlich betätigt (vgl. Rz. 2.35).

3. Steuerfreie Einnahmen

a) Veranlassungsprinzip

7.55 Nicht nur auf der Aufwands-, sondern auch auf der Einnahmenseite ist nach Veranlassungsgesichtspunkten zu entscheiden, welche Einnahmen (bzw. Erträge) durch die steuerpflichtige betriebliche Tätigkeit veranlasst sind. Legt man die von der Rechtsprechung entwickelte allgemeine Definition der Betriebseinnahmen zugrunde, so sind Betriebseinnahmen „Zugänge von Wirtschaftsgütern in der Form von Geld oder Geldeswert, **die durch den Betrieb veranlasst sind**"[2]. Je nach Veranlassungszusammenhang sind Einnahmen entweder dem steuerpflichtigen betrieblichen Bereich der Körperschaft zuzuordnen (z.B. Betriebseinnahmen aus gewerblicher oder land- und forstwirtschaftlicher Tätigkeit) oder fallen in den steuerfreien Bereich. Eine Steuerfreiheit kann sich entweder daraus ergeben, dass eine Steuerbarkeit nach § 8 Abs. 1 KStG i.V.m. § 2 Abs. 1 EStG fehlt (nicht steuerbare Einnahmen) oder dass die an sich steuerbaren Einnahmen nach § 5 Abs. 1 Nr. 9 Satz 1 KStG steuerbefreit sind.

b) Nichtsteuerbare Einnahmen

7.56 Für die Nichtsteuerbarkeit von Einnahmen ist entscheidend, dass die Voraussetzungen einer sachlichen Steuerpflicht nach § 8 Abs. 1 KStG i.V.m. § 2 Abs. 1 EStG nicht vorliegen. Die Einnahmen dürfen also in **keinem Zusammenhang mit einer steuerbaren einkünfteerzielenden Tätigkeit** (§ 2 Abs. 1 EStG) stehen, d.h. sie sind der außerbetrieblichen Sphäre der Körperschaft zuzuordnen. Als solche kommen insbesondere Spenden und Erbschaften, Mitgliedsbeiträge sowie Zuschüsse in Betracht.

7.57 Bei **Spenden und Erbschaften** ergibt sich die fehlende Steuerbarkeit regelmäßig daraus, dass sie einer gemeinnützigen Körperschaft im ideellen Bereich zugehen, d.h. in keinem Zusammenhang mit einer einkünfteerzielenden Tätigkeit stehen. Aller-

---

1 BGH v. 16.5.2017 – II ZB 7/16, NJW 2017, 1943.
2 BFH v. 22.7.1998 – III R 175/85, BStBl. II 1988, 995; *Loschelder* in L. Schmidt, § 4 EStG Rz. 420.

dings ist fraglich, ob die Unentgeltlichkeit der Zuwendung (Schenkung bzw. Zuwendung von Todes wegen) generell ausreicht, um eine Körperschaftsteuerpflicht auf Seiten des Empfängers auszuschließen, selbst wenn die Spende z.B. für den wirtschaftlichen Bereich (Zweckbetrieb o.Ä.) bestimmt ist. Stellt man nur auf das Veranlassungsprinzip ab, können auch rein unentgeltliche Zuwendungen Betriebseinnahmen sein (vgl. auch § 6 Abs. 4 EStG), wenn sie „durch" einen wirtschaftlichen Geschäftsbetrieb oder einen Zweckbetrieb veranlasst sind[1]. Dies hätte allerdings zur Folge, dass solche Zuwendungen – wenn die Zweckbetriebsbefreiung nicht eingreift – nicht nur mit Erbschaft- und Schenkungsteuer, sondern auch noch zusätzlich mit Körperschaftsteuer belastet würden, was kaum befriedigen kann, zumal die Erbschaftsteuer unter § 10 Nr. 2 KStG fällt und im KStG eine dem § 35b EStG entsprechende Milderung fehlt[2]. Die Rechtsprechung hat bisher eine solche Doppelbesteuerung grundsätzlich für möglich gehalten[3].

Beispiel Nr. 4 (nach BFH vom 14.3.2006[4]): Eine Gesellschaft bürgerlichen Rechts, die ein Altenheim betreibt, wird von einer verstorbenen Heimbewohnerin zu einem Drittel zur Erbin eingesetzt. Die Erblasserin bestimmte, dass die Erbschaft für den Einbau eines Aufzugs verwendet werden soll. Der BFH hat in dieser Zuwendung von Todes wegen eine steuerpflichtige „Betriebseinnahme" gesehen, so dass die Zuwendung nicht nur mit Erbschaftsteuer (in der höchsten Steuerklasse), sondern auch noch mit Einkommensteuer belastet wird. Diese Rechtsprechung ist für gemeinnützige Einrichtungen nur dann von Bedeutung, wenn die Zuwendung in einen steuerpflichtigen wirtschaftlichen Geschäftsbetrieb fällt (ein Fußballverein wird z.B. von einem Mäzen zum Erben eingesetzt mit der Auflage, aus der Erbschaft einen neuen Reisebus für seine Lizenzspielermannschaft zu erwerben). Im Regelfall der Zuwendung in einen steuerbegünstigten Zweckbetrieb löst die Zuwendung wegen der Steuerbefreiung (§ 5 Abs. 1 Nr. 9, § 3 Nr. 6 GewStG) weder Körperschaft- und Gewerbesteuer noch Erbschaft- und Schenkungsteuer aus (vgl. § 13 Nr. 16 Buchst. b ErbStG).

Wer allein auf Veranlassungsgesichtspunkte abstellt, wird dieser Rechtsprechung kaum widersprechen können. Gleichwohl begegnet diese Auffassung in Hinsicht auf das **systematische Verhältnis von Einkommen- und Erbschaftsteuer** grundsätzlichen Bedenken[5]. Denn die Erbschaft- und Schenkungsteuer hat ihrer Grundidee nach nur eine Ergänzungsfunktion zur Einkommensteuer[6]. Sie soll solche Mehrungen an finanzieller Leistungsfähigkeit erfassen, die dem Steuerpflichtigen außerhalb

7.58

---

1 Vgl. auch BFH v. 26.2.1992 – I R 149/90, BStBl. II 1992, 693.

2 Zur Nichtanwendung der Vorläufernorm von § 35b EStG (§ 35 EStG a.F.) auf KSt-Subjekte vgl. BFH v. 14.9.1994 – I R 78/94, BStBl. II 1995, 207.

3 Vgl. dazu Nachweise in BFH v. 14.3.2006 – VIII R 60/03, BStBl. II 2006, 650; vgl. auch FG Köln v. 27.11.2003 – 9 K 3304/02, 9 K 6334/02, EFG 2004, 664 betreffend Sponsoringzahlungen; bestätigt durch BFH v. 15.3.2007 – II R 5/04, BStBl. II 2007, 472; dazu *Eggers*, DStR 2007, 1752; siehe auch FG Nürnberg v. 29.7.2010 – 4 K 392/2009, EFG 2011, 361; zuletzt eingehend BFH v. 6.12.2016 – I R 50/16, BStBl. II 2017, 324.

4 BFH v. 14.3.2006 – VIII R 60/03, BStBl. II 2006, 650.

5 Kritisch auch *Crezelius*, ZEV 2006, 421; *Schauhoff*, DStR 2004, 1465; vgl. auch *Mückl*, Sponsoring und Erbschaftsteuer, 2007, passim.

6 Vgl. dazu *Seer* in Tipke/Lang, § 15 Rz. 2, 73; *Crezelius* in DStJG 22 (1999), 73 (114); *Mellinghoff* in DStJG 22 (1999), 127 (136 ff.); monographisch *Friz*, Das Verhältnis der Erbschaft- und Schenkungsteuer zur Einkommensteuer, 2014.

einer Tätigkeit „am Markt" zugehen. So gesehen, ist eine Doppelbelastung ein und desselben Vorgangs mit Körperschaft- und Erbschaftsteuer vom Gesetz eigentlich nicht gewollt und sollte daher – weil besondere Konkurrenzregeln fehlen – durch eine einschränkende Auslegung des Veranlassungszusammenhangs möglichst vermieden werden[1]. Dies spricht dafür, bei Spenden und Erbschaften stets eine betriebliche Veranlassung zu verneinen und sie als private Zuwendungen körperschaftsteuerrechtlich den nicht steuerbaren Einnahmen zuzuordnen.

Inzwischen hat der BFH **die bisherige Rechtsprechung noch einmal ausdrücklich bestätigt**. Der Leitsatz des BFH-Urteils vom 6.12.2016[2] betreffend die Erbschaft einer GmbH lautet:

„Die für den Betrieb einer Pflegeheim-GmbH bestimmte Erbschaft unterliegt ungeachtet ihrer erbschaftsteuerrechtlichen Belastung der Körperschaftsteuer".

Der I. Senat des BFH begründet dies vor allem damit, dass eine Kapitalgesellschaft nach ständiger Rechtsprechung des BFH ertragsteuerlich nicht über eine außerbetriebliche Sphäre verfüge, so dass die ihr zuzurechnenden Wirtschaftsgüter ausnahmslos als Betriebsvermögen zu qualifizieren seien und der Bereich ihrer gewerblichen Gewinnerzielung sämtliche Einkünfte umfasse, gleichviel in welcher Form und Art sie ihr zufließen. In der Tat ist ausgehend von dieser Prämisse eine Doppelbelastung mit Körperschaft- und Erbschaftsteuer unvermeidbar, die zudem nicht durch § 35b EStG gemindert wird, weil diese Vorschrift auf Körperschaften keine Anwendung findet. Eine Neutralisation über die Annahme einer Einlage hat der BFH abgelehnt, weil die Erbeinsetzung ausschließlich durch die gewerbliche Betätigung der GmbH veranlasst gewesen sei[3].

Umgekehrt unterliegen **entgeltliche Vorgänge** stets nur der Körperschaftsteuer. Dies gilt auch für Einnahmen aus Sponsoring, und zwar unabhängig davon, ob diese nach den Grundsätzen des Anwendungserlasses dem steuerfreien oder steuerpflichtigen Bereich zugerechnet werden[4]. Steuerbare Einnahmen sind schließlich auch dort anzunehmen, wo eine wirtschaftliche Tätigkeit „für eine gute Sache" unternommen wird. Deshalb ist z.B. die Einlagetheorie bei Altmaterialsammlungen, Altkleidersammlungen oder Second-Hand-Shops nicht anwendbar, da die gemeinnützige Körperschaft mit der Sammlung, Abholung und Abnahme von Altmaterial eine übliche Leistung am Markt erbringt. Diese Wertung wird auch durch § 64 Abs. 5 AO bestätigt[5]. Nichts anderes gilt z.B. für Einnahmen aus Basaren und Flohmärkten, wo die gezahlten Entgelte vor allem „einem guten Zweck" dienen sollen. Die Zweckbestimmung des Erlöses ändert also nichts an der Steuerbarkeit. Anders ist dagegen nur dann zu entscheiden, wenn gemeinnützige Einrichtungen ohne eine besondere Tätigkeit am Markt Geld- oder Sachspenden erhalten, die sie in einem vorhandenen wirtschaftlichen Geschäftsbetrieb „zu Geld machen" oder als Wirt-

---

1 Vgl. *Mellinghoff* in DStJG 22 (1999), 127 (149 f.); ebenso *Schauhoff*, DStR 2004, 1465 ff.
2 BFH v. 6.12.2016 – I R 50/16, BStBl. II 2017, 324.
3 BFH v. 6.12.2016 – I R 50/16, BStBl. II 2017, 324; anders – für eine Erbeinsetzung durch einen Gesellschafter – BFH v. 24.3.1993 – I R 131/90, BStBl. II 1993, 799.
4 Ebenso *Schauhoff*, DStR 2004, 1465 ff.; a.A. FG Köln v. 27.11.2003 – 9 K 3304/02, 9 K 6334/02, EFG 2004, 664; bestätigt durch BFH v. 15.3.2007 – II R 5/04, BStBl. II 2007, 472.
5 So auch BFH v. 26.2.1992 – I R 149/90, BStBl. II 1992, 693; OFD Frankfurt/M. v. 14.11.2001, DB 2002, 351; *Hüttemann*, Wirtschaftliche Betätigung, S. 146.

schaftsgut nutzen. Hier passt die Einlagetheorie mit der Folge, dass der zugewendete Wert sowohl bei der Körperschaft- als auch bei der Erbschaft- und Schenkungsteuer (vgl. § 13 Abs. 1 Nr. 16 Buchst. b ErbStG) steuerfrei bleibt[1]. Bei gemeinnützigen Kapitalgesellschaften kann schließlich der Sonderfall eintreten, dass ein Gesellschafter seiner Gesellschaft etwas zuwendet oder sie zum Erben einsetzt. In diesem Fall ist – anders als bei einer Erbeinsetzung durch einen Dritten[2] – an eine Einlage zu denken[3].

Für **Mitgliedsbeiträge** enthält § 8 Abs. 5 KStG eine spezielle Gewinnermittlungs-   **7.59**
vorschrift[4]. Danach bleiben bei Personenvereinigungen „Beiträge, die auf Grund der Satzung von den Mitgliedern lediglich in ihrer Eigenschaft als Mitglieder erhoben werden, außer Ansatz". Personenvereinigungen im Sinne dieser Vorschrift sind rechtsfähige und nichtrechtsfähige Vereine, Versicherungsvereine auf Gegenseitigkeit und Erwerbs- und Wirtschaftsgenossenschaften. Bei Kapitalgesellschaften gehen die Regelungen über Einlagen nach richtiger Ansicht vor[5]. Stiftungen und Betriebe gewerblicher Art haben keine „Mitglieder" und folglich auch keine Mitgliedsbeiträge[6]. Für den Begriff des „Mitgliedsbeitrags" kommt es im Einzelfall vor allem darauf an, ob die Beiträge von den Mitgliedern „lediglich in ihrer Eigenschaft als Mitglieder" erhoben werden oder ob sich hinter der Zahlung ein (verdecktes) Leistungsentgelt verbirgt[7].

Bislang haben Rechtsprechung und Praxis diese Abgrenzung im Körperschaftsteuerrecht vielfach nach den gleichen Kriterien wie auch im **Umsatzsteuerrecht** vorgenommen. Entscheidend für die Annahme steuerbarer „unechter" Mitgliedsbeiträge war danach, ob die Beiträge ein Entgelt für Sonderleistungen des Vereins an einzelne Mitglieder darstellen[8]. Dies war insbesondere dann anzunehmen, wenn die Beitragshöhe von der tatsächlichen Inanspruchnahme der Leistungen abhängt[9]. Die bisherige einheitliche Beurteilung von Mitgliedsbeiträgen bei der Körperschaft- und Umsatzsteuer ist aber spätestens seit dem Urteil des EuGH in Sachen *Kennemer Golf & Country Club*[10] in Frage gestellt, in dem der Gerichtshof für die harmonisierte Mehrwertsteuer andere Abgrenzungsmaßstäbe formuliert hat. Danach soll es für die Annahme eines Leistungsaustauschs ausreichen, dass der Verein seinen

---

1 Ähnlich *Buchna/Leichinger/Seeger/Brox*, S. 473.
2 Dazu BFH v. 6.12.2016 – I R 50/16, BStBl. II 2017, 324; dazu kritisch *Crezelius*, ZEV 2017, 172.
3 Vgl. BFH v. 24.3.1993 – I R 131/90, BStBl. II 1993, 799.
4 Dazu ausführlich *Klempa* in NK-GemnR, § 8 KStG Rz. 118 ff.
5 Vgl. *Kümpel* in Rödder/Herlinghaus/Neumann, § 8 KStG Rz. 1791.
6 Vgl. etwa *Roser* in Gosch, § 8 KStG Rz. 1500; *Klempa* in NK-GemnR, § 8 KStG Rz. 123.
7 Zur Abgrenzung vgl. die Überblicke bei *Kümpel* in Rödder/Herlinghaus/Neumann, § 8 KStG Rz. 1797 ff. und *Klempa* in NK-GemnR, § 8 KStG Rz. 138 ff.
8 Vgl. BFH v. 9.5.1974 – V R 128/71, BStBl. II 1974, 530; BFH v. 4.7.1985 – V R 107/76, BStBl. II 1986, 153; Abschn. 4 UStR (Umsatzsteuer); BFH v. 17.5.1952 – I D 1/52, BStBl. III 1952, 228; BFH v. 28.6.1989 – I R 86/85, BStBl. II 1990, 550; BFH v. 15.10.1997 – I R 2/97, BStBl. II 1998, 175; Abschn. 42 KStR (Körperschaftsteuer).
9 So etwa Abschn. 42 KStR.
10 Vgl. EuGH v. 21.3.2002 – Rs. 174/00 *Kennemer Golf & Country Club*, Slg. 2002, I-3293; dazu etwa *Möhlenkamp*, UR 2003, 173 ff.; ähnlich bereits *Schön* in DStJG 13 (1990), 81 (113 ff.).

Mitgliedern gegen Zahlung des Mitgliedsbeitrags dauerhaft Sportanlagen und damit verbundene Vorteile zur Verfügung stellt. Nach dieser Auffassung sind z.B. auch Beiträge zu Sportvereinen – abweichend von der bisherigen h.M. in Deutschland – regelmäßig als steuerbare Leistungsentgelte zu qualifizieren[1].

Wegen der **eigenständigen Befreiungsregelung im KStG** ist allerdings zweifelhaft, ob die vom EuGH auf der Grundlage der MwStSystRL entwickelten Grundsätze über das Umsatzsteuerrecht hinaus auch für die Körperschaftsteuer anwendbar sind[2]. Immerhin hat der BFH in einem neueren Urteil die Abzugsfähigkeit von Spenden an Sportvereine u.a. unter Hinweis auf das EuGH-Urteil in Sachen *Kennemer Golf & Country Club* versagt[3]. Schließlich ist an eine Aufteilung des Mitgliederbeitrags in einen (nicht steuerpflichtigen) Teil nach § 8 Abs. 5 KStG und einen steuerpflichtigen Teil zu denken[4].

7.60   Schwierige Abgrenzungsfragen ergeben sich schließlich auch in Hinsicht auf die Steuerbarkeit von **Zuschüssen**. Nach bisheriger Ansicht sollen dabei die im Umsatzsteuerrecht entwickelten Grundsätze zur Unterscheidung zwischen echten und unechten Zuschüssen entsprechend gelten[5] (zur Umsatzsteuer vgl. Rz. 7.131 ff.). Dieser Ansatz begegnet aber – wegen der unterschiedlichen Sachgesetzlichkeiten von Körperschaft- und Umsatzsteuer – ähnlichen Bedenken wie im Bereich der Mitgliedsbeiträge.

c) Steuerbefreite Einnahmen

7.61   Zu den steuerbefreiten Einnahmen sind solche Vermögenszugänge zu rechnen, die zwar durch eine einkünfteerzielende Tätigkeit veranlasst sind und daher nach § 8 Abs. 1 KStG i.V.m. § 2 Abs. 1 EStG an sich steuerbar sind, die aber im steuerfreien Bereich der Körperschaft (§ 5 Abs. 1 Nr. 9 Satz 1 KStG) anfallen. Dazu gehören die Einnahmen aus einer Vermögensverwaltung (§ 14 Satz 3 AO), aus einem selbstbewirtschafteten Forstbetrieb (§ 5 Abs. 1 Nr. 9 Satz 3 KStG) und aus Zweckbetrieben (§§ 65 bis 68 AO).

4. Einlagen und Entnahmen

7.62   Über eine Abgrenzung der betrieblichen Sphäre hinaus bedarf es für eine sachgerechte Ermittlung des betrieblichen Gewinns auch einer **Korrektur außerbetrieblich veranlasster Vermögensminderungen/-mehrungen**. Bei gemeinnützigen partiell steuerpflichtigen Einrichtungen ist insoweit zu unterscheiden: Soweit es um Vermögensverlagerungen zwischen der betrieblichen Sphäre einerseits und der steuerfreien bzw. außerbetrieblichen Sphäre andererseits geht, sind die allgemeinen

---

1   So jetzt auch BFH v. 9.8.2007 – V R 27/04, BFH/NV 2007, 2213.

2   Zweifelnd auch *Kümpel* in Rödder/Herlinghaus/Neumann, § 8 KStG Rz. 1798.

3   BFH v. 2.8.2006 – XI R 6/03, BStBl. II 2007, 8.

4   Vgl. R 8.11 und 8.12 KStR; siehe ferner auch FG München v. 19.7.2010 – 7 K 472/08, EFG 2010, 1921.

5   *Bott* in Schauhoff, § 8 Rz. 126; *Wallenhorst/Halaczinsky*, Rz. G. 40 ff.

Regelungen über Einlagen und Entnahmen anzuwenden (§ 4 Abs. 1 Satz 1 EStG)[1]. Eine steuerneutrale Überführung eines Wirtschaftsguts nach § 6 Abs. 1 Nr. 4 Satz 4 EStG (Buchwertprivileg) ist allerdings nicht möglich (vgl. auch Rz. 8.188 ff.). Eine verdeckte Gewinnausschüttung (§ 8 Abs. 3 Satz 2 KStG) bzw. eine verdeckte Einlage kommt in diesem Fall nicht in Betracht, weil sich das Vermögen der Körperschaft selbst nicht verändert, sondern nur die Zuordnung einzelner Erträge/Aufwendungen zu den verschiedenen Sphären derselben Körperschaft[2].

Beispiel Nr. 5: Wird z.B. ein Wirtschaftsgut aus dem ideellen Bereich in den wirtschaftlichen Geschäftsbetrieb überführt (z.B. ein Sportverein nutzt eine geerbte Immobilie fortan als Vereinsgaststätte), so ist die damit zusammenhängende Betriebsvermögensmehrung nach § 4 Abs. 1 Satz 8 EStG durch einen Abzug in Höhe des Teilwertes zu korrigieren. Umgekehrt sind außerbetrieblich veranlasste Wertminderungen zugunsten des steuerfreien Bereichs durch Hinzurechnung von Entnahmen zu neutralisieren (§ 4 Abs. 1 Satz 2 EStG). Entsprechendes gilt z.B. auch bei einer nur vorübergehenden Nutzung von Wirtschaftsgütern im jeweils anderen Bereich. Werden z.B. Arbeitskräfte eines Mittelbeschaffungsbetriebs (Cafeteria) vorübergehend im Zweckbetriebsbereich (Museum) eingesetzt, sind die anteiligen Lohnaufwendungen durch Nutzungsentnahmen zu korrigieren. Umgekehrt sind die laufenden Kosten eines Pkw (Abschreibung, Reparatur, Benzin etc.) des ideellen Bereichs, der in einem geringen Umfang auch zur Mittelbeschaffung genutzt wird, durch eine Aufwands- oder Kostenkorrektureinlage bei der Gewinnermittlung im steuerpflichtigen wirtschaftlichen Geschäftsbetrieb zu berücksichtigen[3].

Im Gegensatz dazu sollen nach h.M. bei der Überführung von Wirtschaftsgütern zwischen mehreren **Betrieben gewerblicher Art** derselben Körperschaft des öffentlichen Rechts bzw. bei Vermögensverlagerungen zwischen einem Betrieb gewerblicher Art und seiner Trägerkörperschaft stets verdeckte Gewinnausschüttungen bzw. verdeckte Einlagen anzunehmen sein[4].

Im Unterschied zur Rechtslage bei anderen partiell steuerpflichtigen Körperschaften löst eine Entnahme aus dem wirtschaftlichen Geschäftsbetrieb bei gemeinnützigen Einrichtungen keine weiteren Steuerfolgen nach § 20 Abs. 1 Nr. 10 Buchst. b EStG (**Kapitalertragsteuer** in Höhe von 15 Prozent) aus, weil die nach § 5 Abs. 1 Nr. 9 KStG von der Körperschaftsteuer befreiten Einrichtungen hiervon ausgenommen sind (§§ 44a Abs. 7 Nr. 1, 43 Abs. 1 Satz 1 Nr. 7c EStG). 7.63

5. Verdeckte Gewinnausschüttungen und verdeckte Einlagen

Sind Vermögensminderungen oder Vermögensmehrungen im betrieblichen Bereich durch das Rechtsverhältnis zu den Mitgliedern bzw. Gesellschaftern veranlasst, ist die **Gewinnkorrektur mittels verdeckter Gewinnausschüttung bzw. verdeckter Einlage** vorzunehmen (§ 8 Abs. 3 Sätze 2 und 3 KStG, § 4 Abs. 1 Satz 7 EStG). Im 7.64

---

1 Vgl. *Märtens* in Gosch, § 5 KStG Rz. 65, 79 ff.; *Bott* in Schauhoff, § 8 Rz. 138, 157.
2 Zutreffend *Bott* in Schauhoff, § 8 Rz. 100.
3 Vgl. näher *Bott* in Schauhoff, § 8 Rz. 97 f.; *Buchna/Leichinger/Seeger/Brox*, S. 503 f.; *Fischer* in Hübschmann/Hepp/Spitaler, § 64 AO Rz. 52; *Lang/Seer*, FR 1994, 521 (532 ff.); *Märtens* in Gosch, § 5 KStG Rz. 79 f.
4 Vgl. BFH v. 9.7.2003 – I R 48/02, BStBl. II 2004, 425; R 8.2 Abs. 1 KStR.

Unterschied zu Entnahmen/Einlagen geht es dabei um Sachverhalte, durch die das Vermögen der Körperschaft als Ganzes zugunsten bzw. zulasten der hinter dieser stehenden Personen (Gesellschafter, Mitglieder) verändert wird. Die Annahme einer verdeckten Gewinnausschüttung (vGA) setzt nach neuerer Rechtsprechung des BFH voraus, dass die betreffende Maßnahme zumindest geeignet ist, beim Mitglied oder Gesellschafter einen Vorteil nach § 20 Abs. 1 Nr. 1 Satz 2 EStG auszulösen[1]. Verdeckte Gewinnausschüttungen sind nicht auf Kapitalgesellschaften beschränkt, sondern können auch z.B. bei einem Verein[2] oder einem (rechtlich selbständigen) Betrieb gewerblicher Art (z.B. einer Sparkasse)[3] vorkommen. Schulfall einer vGA bei gemeinnützigen Vereinen ist die verbilligte Abgabe von Speisen und Getränken an Mitglieder in einer Vereinsgaststätte[4]. Hier ist offensichtlich, dass die Zuwendung von Vorteilen an die Vereinsmitglieder das steuerliche Ergebnis der Vereinsgaststätte nicht mindern darf. Umstritten ist, ob auch Zuwendungen an den Stifter und seine Familie eine vGA darstellen können. Dagegen spricht, dass Stiftungen keine Mitglieder haben[5]. Ferner enthält das Gesetz in § 10 Nr. 1 KStG einen Sondertatbestand, der sicherstellt, dass solche Ausgaben das Einkommen nicht mindern[6]. Dieser Ansicht hat sich inzwischen auch der BFH angeschlossen[7].

7.65 Die Problematik der **vGA sollte bei gemeinnützigen Einrichtungen keine Rolle spielen**, weil verdeckte Zuwendungen an Mitglieder und Gesellschafter bereits nach § 55 Abs. 1 Nr. 1 Satz 2 und Nr. 3 AO verboten sind. Eine vGA kann daher zum Verlust der Gemeinnützigkeit führen[8]. Dies gilt allerdings nur für Zuwendungen an nicht gemeinnützige Mitglieder und Gesellschafter. Zwischen gemeinnützigen Einrichtungen – also z.B. im Verhältnis von gemeinnütziger Muttergesellschaft zur gemeinnützigen Tochtergesellschaft – sind vGA in den Grenzen des § 58 Nr. 2 AO zulässig[9]. Es ist daher gemeinnützigkeitsrechtlich unschädlich, wenn ein gemeinnütziger Dachverband seinen ebenfalls gemeinnützigen Mitgliedern einen Vorteil in Gestalt eines Preisnachlasses bei Leistungen des wirtschaftlichen Geschäftsbetriebs zuwendet. Gleiches gilt bei der verbilligten Überlassung von Personal und Räumen (§ 58 Nr. 4 und 5 AO) Hier ist allerdings zu beachten, dass die Ausnahmeregelungen in § 58 Nr. 2, 4 und 5 AO nur die Ebene der Mittelverwendung betreffen, im Übrigen aber die Gewinnermittlung im steuerpflichtigen wirtschaftlichen Geschäftsbetrieb

---

1 BFH v. 7.8.2002 – I R 2/02, BStBl. II 2004, 131.
2 BFH v. 13.11.1991 – I R 45/90, BStBl. II 1992, 429 (Versicherungsverein aG); FG Köln v. 14.1.2010 – 13 K 3157/05, EFG 2010, 1066.
3 BFH v. 9.8.1989 – I R 4/84, BStBl. II 1990, 237 (Sparkasse); BFH v. 19.10.2005 – I R 40/04, BFH/NV 2006, 822.
4 Vgl. zu weiteren Beispielsfällen *Buchna/Leichinger/Seeger/Brox*, S. 504 f.
5 Vgl. *Wassermeyer* in DStJG 30 (2007), 265; a.A. aber BMF v. 27.6.2006, DStR 2006, 1227; *Bott* in Schauhoff, § 8 Rz. 100.
6 Dazu eingehend *Märtens* in Gosch, § 10 KStG Rz. 15 ff.
7 BFH v. 12.10.2011 – I R 102/10, BStBl. II 2014, 484.
8 Vgl. BFH v. 27.11.2013 – I R 17/12, BStBl. II 2016, 68; BFH v. 12.10.2010 – I R 59/09, BFH/NV 2011, 329; siehe auch FG Hamburg v. 19.6.2008 – 5 K 165/06, nv.
9 Zu Mittelweitergaben an die öffentliche Hand vgl. BFH v. 27.11.2013 – I R 17/12, BStBl. II 2016, 68.

nicht beeinflussen können. Deshalb stehen sie ertragsteuerlich der Annahme einer vGA nicht entgegen, sofern die Leistung zu einem im Fremdvergleich unangemessenen Entgelt[1] gegenüber einem Mitglied, einem Gesellschafter oder einer nahestehenden Person erbracht wird[2]. Erfolgt die verbilligte Abgabe von Leistungen hingegen gegenüber anderen, nicht mitgliedschaftlich oder gesellschaftsrechtlich verbundenen gemeinnützigen Einrichtungen, kommt eine vGA nicht in Betracht. Hier ist allenfalls zu prüfen, ob Verluste aus der Abgabe von Leistungen unter Selbstkosten als satzungsmäßige Aufwendungen nach § 10 Nr. 1 KStG vom Abzug ausgeschlossen werden[3].

Fraglich ist schließlich, ob in der **Unterhaltung von gewinnlosen oder verlustbringenden wirtschaftlichen Geschäftsbetrieben** eine vGA liegen kann. Der BFH ist bekanntlich der Ansicht, dass verlustbringende Tätigkeiten einer Kapitalgesellschaft, die diese im Interesse ihres Gesellschafters unternimmt (z.B. der Betrieb einer Segelyacht), entsprechend den einkommensteuerrechtlichen Liebhabereigrundsätzen zur Annahme einer vGA in Höhe des Verlustes zuzüglich eines angemessenen Gewinnaufschlags führen können[4]. Dies folgt nach Ansicht des BFH daraus, dass Kapitalgesellschaften keine außerbetriebliche Sphäre haben können[5]. Wie an anderer Stelle näher dargelegt worden ist, ist dieser These nicht zu folgen[6]. Vielmehr gelten auch bei der Besteuerung von Kapitalgesellschaften die im Einkommensteuerrecht entwickelten Grundsätze über Liebhabereibetriebe entsprechend. Die Annahme einer vGA kommt daher nur dort in Betracht, wo überhaupt eine verlustbringende Tätigkeit mit Gewinnerzielungsabsicht unternommen wird. Allerdings ist einer Kapitalgesellschaft die Gewinnabsicht ihrer Gesellschafter für steuerliche Zwecke zuzurechnen. Der ganzen Problematik dürfte bei gemeinnützigen Kapitalgesellschaften keine größere Bedeutung zukommen: Zum einen sind steuerpflichtige wirtschaftliche Tätigkeiten, die nur Verluste erwirtschaften, schon deshalb in der Praxis selten, weil sie – außerhalb der Verfolgung der satzungsmäßigen steuerbegünstigten Zwecke – die Gemeinnützigkeit im Ganzen gefährden (§ 56 AO; vgl. Rz. 6.21 ff.). Werden solche Verlust-

7.66

---

1 Dazu näher *Kirchhain*, DStR 2014, 1831.

2 Ebenso *Kirchhain*, DStR 2014, 1831; entgegen *Kümpel*, FR 2014, 51 bedarf es folglich nicht zwingend eines Gewinnaufschlages, wenn ein Leistungsentgelt dem Fremdvergleich standhält.

3 *Buchna/Leichinger/Seeger/Brox*, S. 507; vgl. auch BFH v. 6.12.1960 – I 175/59, HFR 1961, 206.

4 BFH v. 4.12.1996 – I R 54/95, BFHE 182, 123; BFH v. 15.5.2002 – I R 92/00, DB 2002, 2082; BFH v. 17.11.2004 – I R 56/03, GmbHR 2005, 637; BFH v. 27.11.2013 – I R 17/12, BStBl. II 2016, 68; ebenso *Wassermeyer* in FS Haas, 1996, S. 401 ff.; *Gosch* in Gosch, § 8 KStG Rz. 955; *Oppenländer*, Verdeckte Gewinnausschüttung, 2004, S. 62 ff., 94 ff.; eingehend zu Leistungen zwischen verbundenen gemeinnützigen Körperschaften *Kümpel*, FR 2014, 51 mit Replik von *Schulte/Buttgereit*, FR 2014, 509 und Duplik von *Kümpel*, FR 2014, 513.

5 BFH v. 4.12.1996 – I R 54/95, BFHE 182, 123; BFH v. 22.8.2007 – I R 32/06, BStBl. II 2007, 961.

6 Vgl. näher *Hüttemann* in FS Raupach, 2006, S. 495 ff.; *Pezzer*, StuW 1998, 76; siehe auch *Schön* in FG Flume, 1998, S. 265 ff.; *Weber-Grellet*, DStR 1994, 12; *Weber-Grellet*, DStR 1998, 873; *Birk*, BB 2009, 860.

betriebe aber zur Verwirklichung satzungsmäßiger Zwecke unterhalten, fehlt es an einer Verlusterzielung gerade „im Interesse des Gesellschafters". Rein altruistische Tätigkeiten im Interesse der Allgemeinheit (vgl. auch § 52 Abs. 1 AO) können aber – wie der I. Senat früher selbst festgestellt hat – schon mangels Vorteilsgeneigtheit die Annahme einer vGA nicht tragen[1]. Allerdings hat sich der I. Senat inzwischen von diesem Urteil distanziert[2].

7.67 Bei anderen, **nicht buchführungspflichtigen Körperschaften** (Vereine, Stiftungen etc.) liegt auch nach Ansicht des BFH in einem Gewinnverzicht zugunsten der Mitglieder noch keine vGA. Denn deren Tätigkeit müsse nicht – anders als die einer Kapitalgesellschaft – auf Gewinnerzielung gerichtet sein[3]. Die Unterhaltung eines gewinnlosen wirtschaftlichen Geschäftsbetriebs durch einen Verein im Interesse der Mitglieder löst also noch keine vGA aus. Bei gemeinnützigen Vereinen etc. dürften solche Fälle wiederum kaum vorkommen, da die Zuwendung von Vorteilen an nicht gemeinnützige Mitglieder die Gemeinnützigkeit gefährdet (§ 55 Abs. 1 Nr. 1 Satz 2, Nr. 3 AO). Zudem sind gewinnlose wirtschaftliche Geschäftsbetriebe nur dann mit dem Ausschließlichkeitsgebot vereinbar, wenn sie der Verwirklichung der satzungsmäßigen Zwecke dienen.

Wenn aber ein **gemeinnütziger Verein**, der als „Holding-Körperschaft" an mehreren gemeinnützigen Kapitalgesellschaften beteiligt ist, bestimmte Dienstleistungen (z.B. Buchhaltung) gegenüber seinen ebenfalls gemeinnützigen Tochtergesellschaften lediglich gegen ein kostendeckendes Entgelt erbringt, kann die Gewinnerzielungsabsicht in diesem wirtschaftlichen Geschäftsbetrieb nicht mittels einer vGA „künstlich" erzeugt werden. Zwar ist § 58 Nr. 2 AO auf der Ebene der Gewinnermittlung nicht anwendbar. Jeder Verein (und wegen § 58 Nr. 2 AO auch ein gemeinnütziger Verein) darf aber Tätigkeiten ohne Gewinnerzielungsabsicht unterhalten, die mangels sachlicher Steuerpflicht auch dann nicht mit Körperschaftsteuer belastet werden dürfen, wenn die Voraussetzungen eines wirtschaftlichen Geschäftsbetriebs erfüllt sind[4].

6. Spendenabzug

7.68 Nach § 9 Abs. 1 Nr. 2 KStG sind Ausgaben zur Förderung mildtätiger, kirchlicher, religiöser, wissenschaftlicher und der als besonders förderungswürdig anerkannten gemeinnützigen Zwecke in bestimmten Grenzen abziehbare Aufwendungen, die bei der Gewinnermittlung steuermindernd berücksichtigt werden können. Der **körperschaftsteuerrechtliche Spendenabzug** (dazu auch Rz. 8.180 ff.) gilt auch für Zuwendungen aus einem steuerpflichtigen wirtschaftlichen Geschäftsbetrieb, allerdings nur mit der Einschränkung, dass Empfänger der Zuwendung eine andere steuerbegünstigte Körperschaft ist. Denn soweit „Zuwendungen" aus Mitteln des wirtschaftlichen Geschäftsbetriebs in den steuerbefreiten Bereich der eigenen Trägerkörperschaft geleistet werden, handelt es sich – da der wirtschaftliche Geschäftsbetrieb

---

1 BFH v. 17.11.1999 – I R 4/99, BFH/NV 2000, 1502; *Streck* in FS Wassermeyer, 2005, S. 103 (108 ff.).

2 Vgl. BFH v. 27.11.2013 – I R 17/12, BStBl. II 2016, 68; „Sonderkonstellation".

3 Vgl. BFH v. 19.8.1998 – I R 21/98, BStBl. II 1999, 99; vgl. auch BFH v. 11.10.1989 – I R 208/85, BStBl. II 1990, 88.

4 Vgl. dazu auch *Kirchhain*, DStR 2014, 1831; a.A. wohl *Kümpel*, FR 2014, 51.

kein eigenes Steuersubjekt darstellt – nicht um Spenden, sondern um einen Akt der Gewinnverwendung[1]. Gleiches gilt für das Buchwertprivileg des § 6 Abs. 1 Nr. 4 Satz 4 EStG (dazu Rz. 8.188 ff.)[2]. An diesem Rechtszustand sollte auch de lege ferenda festgehalten werden[3], zumal gemeinnützige Einrichtungen von Gesetzes wegen dazu verpflichtet sind, Überschüsse des wirtschaftlichen Geschäftsbetriebs für satzungs-mäßige steuerbegünstigte Zwecke zu verwenden. Für eine steuerliche Honorierung besteht daher kein Anlass[4].

VI. Sonderfragen

1. Betriebseröffnung

Die Aufnahme einer steuerpflichtigen wirtschaftlichen Tätigkeit führt nicht nur zur Begründung einer partiellen Steuerpflicht, sondern wirft auch ertragsteuerliche Fragen auf[5]. Wie immer bei einer Betriebseröffnung muss über eine Bewertung der dem Betrieb zugeordneten Wirtschaftsgüter mit dem steuerlichen Teilwert (§ 6 Abs. 1 Nr. 6 und Abs. 5 EStG) gewährleistet werden, dass steuerfrei gebildete Reserven nicht im Fall einer späteren Veräußerung der Besteuerung unterworfen werden (**Einlage**). Die subsidiäre Regelung des § 13 KStG findet in diesem Fall nach zutref-fender h.M. keine Anwendung[6]. Andere Wirtschaftsgüter, die aus Anlass der Be-triebseröffnung angeschafft oder hergestellt werden, sind mit den Anschaffungs- oder Herstellungskosten anzusetzen. Das Gleiche gilt in dem Fall, dass die Körper-schaft den Betrieb als Ganzes entgeltlich von einem Dritten erworben hat. Im Fall eines unentgeltlichen Betriebsübergangs sind dagegen die Buchwerte des Rechtsvor-gängers fortzuführen (§ 8 Abs. 1 KStG i.V.m. § 6 Abs. 3 EStG), um eine Steuerver-strickung der stillen Reserven zu ermöglichen.

7.69

2. Wechsel von der Steuerfreiheit in die (partielle) Steuerpflicht

Einer Anwendung des § 13 Abs. 2 und 5 KStG bedarf es hingegen, wenn die **Steuer-befreiung** für einen bereits bestehenden wirtschaftlichen Geschäftsbetrieb – z.B. durch Änderungen der Geschäftspolitik – **für die Zukunft wegfällt**. Man denke

7.70

---

1 BFH v. 27.3.2001 – I R 78/99, BStBl. II 2001, 449; BFH v. 13.3.1991 – I R 117/88, BStBl. II 1991, 645; BFH v. 3.12.1963 – I 121/62 U, BStBl. III 1964, 81; vgl. *Bott* in Schauhoff, § 8 Rz. 213; *Märtens* in Gosch, § 9 KStG Rz. 29.
2 Dazu *Hüttemann*, DB 2008, 1590; *Seer*, GmbHR 2008, 785.
3 A.A. *Jachmann*, Rechtliche Rahmenbedingungen, S. 225 f.
4 Vgl. *Hüttemann*, Wirtschaftliche Betätigung, S. 199.
5 Vgl. auch *Bott* in Schauhoff, § 8 Rz. 138 ff.; *Märtens* in Gosch, § 5 KStG Rz. 62; eingehend *Esmeier*, Die Bedeutung des § 13 KStG beim Beginn und Erlöschen der Körperschaftsteu-erbefreiung, S. 166 ff.
6 Vgl. *Bott* in Schauhoff, § 8 Rz. 138; *Märtens* in Gosch, § 5 KStG Rz. 62; *Brinkmann* in Dötsch/Pung/Möhlenbrock, § 13 KStG Rz. 70; *Streck*, § 13 KStG Rz. 11; a.A. *Fritz*, Auf-nahme, Strukturwandel und Beendigung wirtschaftlicher Tätigkeiten von gemeinnützigen Körperschaften, 2003, S. 94 f.; für einen Vorrang des § 13 KStG unter Hinweis auf § 13 Abs. 4 Satz 2 KStG auch *Esmeier*, Die Bedeutung des § 13 KStG beim Beginn und Erlö-schen der Körperschaftsteuerbefreiung, S. 169.

etwa an den Fall, dass ein Geschäftsbetrieb, der bisher die Voraussetzungen eines steuerbegünstigten Zweckbetriebs erfüllte, zum steuerpflichtigen wirtschaftlichen Geschäftsbetrieb wird (z.B. ein Krankenhaus unterschreitet die 40-Prozent-Grenze des § 67 AO). In diesem Fall liegt aus ertragsteuerlicher Sicht weder eine Betriebseröffnung (der bisherige Betrieb wird nur in veränderter Form weitergeführt) noch eine Einlage vor (es fehlt an einer Einlagehandlung), so dass es einer besonderen gesetzlichen Regelung bedarf, um eine nachträgliche Steuerverstrickung der steuerfrei gebildeten stillen Reserven zu verhindern[1]. Dies ist die Aufgabe des § 13 Abs. 2 und 5 KStG, der für einen Wechsel in die (partielle) Steuerpflicht die Aufstellung einer Anfangsbilanz vorschreibt, in der die bisher dem Zweckbetrieb zugeordneten Wirtschaftsgüter nach § 13 Abs. 3 Satz 1 KStG mit den Teilwerten anzusetzen sind. Kein Fall des § 13 Abs. 2 und 5 KStG ist das Überschreiten der Besteuerungsgrenze des § 64 Abs. 3 AO, da sich der Charakter der wirtschaftlichen Tätigkeit nicht verändert und die stillen Reserven auch bei Unterschreiten der Besteuerungsgrenze steuerlich verhaftet bleiben[2].

7.71 Bei der Anwendung des § 13 Abs. 2, 3 und 5 KStG stellen sich verschiedene **Einzelfragen**. So ist zweifelhaft, ob die Regelung auch bei Körperschaften zur Anwendung kommt, die ihren Gewinn aus dem wirtschaftlichen Geschäftsbetrieb nicht durch Betriebsvermögensvergleich, sondern durch Einnahmen-Überschuss-Rechnung nach § 4 Abs. 3 EStG ermitteln[3]. Dies wird überwiegend mit dem Hinweis verneint, dass es im Anwendungsbereich der Einnahmen-Überschuss-Rechnung nicht der Aufstellung einer Bilanz nach § 13 Abs. 3 KStG bedarf[4]. Die praktische Bedeutung der Frage ist gering, weil der Körperschaft immer die Möglichkeit offensteht, zum Bestandsvergleich überzugehen[5]. Nach § 13 Abs. 4 Satz 2 KStG sind Wirtschaftsgüter, die bereits bei einem früheren Beginn der Steuerbefreiung nach § 13 Abs. 4 Satz 1 KStG zum Buchwert aus dem steuerpflichtigen in den steuerbefreiten Bereich überführt worden sind, bei einem späteren Wechsel in die Steuerpflicht ebenfalls mit dem Buchwert anzusetzen. Umstritten ist allerdings, ob dies auch für solche Wirtschaftsgüter gilt, die erst während der Zeit der Steuerfreiheit angeschafft oder hergestellt worden sind[6]. Für eine einschränkende Auslegung des § 13 Abs. 4 Satz 2 KStG spricht vor allem, dass der Sinn und Zweck der Ausnahmeregelung – missbräuchliche Inanspruchnahme des Buchwertprivilegs – für die während der Steuerfreiheit angeschafften und hergestellten Wirtschaftsgüter nicht zutrifft.

---

1 Zur ratio legis des § 13 KStG vgl. eingehend *Esmeier*, Die Bedeutung des § 13 KStG beim Beginn und Erlöschen der Körperschaftsteuerbefreiung, S. 166 ff.

2 Vgl. AEAO Nr. 21 zu § 64 Abs. 3 AO.

3 Vgl. dazu eingehend *Esmeier*, Die Bedeutung des § 13 KStG beim Beginn und Erlöschen der Körperschaftsteuerbefreiung, S. 16 ff.

4 Statt vieler *Brinkmann* in Dötsch/Pung/Möhlenbrock, § 13 KStG Rz. 70; a.A. *Kläschen*, § 13 KStG Rz. 27; für analoge Anwendung *Märkle*, S. 324. Dagegen will *Esmeier*, Die Bedeutung des § 13 KStG beim Beginn und Erlöschen der Körperschaftsteuerbefreiung, S. 20 ff. die allgemeine Einlageregelung in diesen Fällen analog anwenden.

5 Vgl. *Bott* in Schauhoff, § 8 Rz. 141.

6 Dafür z.B. *Streck*, § 13 KStG Rz. 9; ablehnend etwa *Brinkmann* in Dötsch/Pung/Möhlenbrock, § 13 KStG Rz. 70; *Kläschen*, § 13 KStG Rz. 39.

Schließlich stellt sich die Frage, ob **in der Anfangsbilanz ein originärer Geschäftswert angesetzt** werden darf. Der BFH hat das unter Hinweis auf § 5 Abs. 2 EStG abgelehnt und dieses Ergebnis u.a. mit der Einordnung des § 13 KStG als besonderer Bewertungsvorschrift begründet[1]. Dem ist nicht zu folgen[2]. Zunächst lässt sich die vom BFH behauptete Einordnung des § 13 KStG als bloße Bewertungsvorschrift weder aus dem Gesetzeswortlaut noch aus der Entstehungsgeschichte ableiten. Angesichts dieses Befundes können nur teleologische Erwägungen maßgebend sein. Insoweit gebieten aber Sinn und Zweck des § 13 KStG genau umgekehrt eine Nichtanwendung des § 5 Abs. 2 EStG, weil nur so verhindert wird, dass stille Reserven aus der Zeit der Steuerfreiheit der Besteuerung unterworfen werden[3].

7.72

3. Betriebsveräußerung und -aufgabe

Wird eine wirtschaftliche Tätigkeit durch Veräußerung oder Aufgabe des Betriebs beendet, so stellt sich die Frage, ob der Veräußerungs- bzw. Aufgabegewinn nach § 8 Abs. 1 KStG i.V.m. § 16 Abs. 1 EStG zu versteuern ist oder ob die Regelung des § 13 Abs. 1 KStG vorrangig anzuwenden ist. Die Frage ist deshalb von Bedeutung, weil die Anwendung des § 13 KStG zu abweichenden Besteuerungsfolgen führt: Denn die gemeinnützige Körperschaft kann im Rahmen des § 13 KStG vom **Buchwertprivileg des § 13 Abs. 4 Satz 1 KStG** Gebrauch machen, so dass eine Schlussbesteuerung in diesen Fällen unterbleibt. Auch außerhalb des Buchwertprivilegs gibt es gewisse Unterschiede, z.B. hinsichtlich des Wertansatzes (Teilwertansatz bei § 13 KStG statt Ansatzes des gemeinen Wertes bei einer Betriebsaufgabe) sowie in Hinsicht auf eine Gewerbesteuerpflicht eines Entstrickungsgewinns nach § 13 KStG. Ob die Regelung des § 13 KStG den allgemeinen Gewinnrealisierungstatbeständen vorgeht, ist allerdings umstritten:

7.73

– Im Fall der **Veräußerung** eines wirtschaftlichen Geschäftsbetriebs geht die ganz überwiegende Ansicht von einem Vorrang des § 16 Abs. 1 EStG aus[4]. Dies wird zu Recht mit dem subsidiären Charakter des § 13 KStG begründet, den der Gesetzgeber nur eingeführt habe, um eine Schlussbesteuerung in solchen Fällen zu gewährleisten, in denen nicht bereits die allgemeinen Gewinnermittlungsregelun-

---

1 BFH v. 9.8.2000 – I R 69/98, BStBl. II 2001, 71.
2 Vgl. auch *Hommel*, BB 2000, 2516 f.; zutreffende Kritik bei *Esmeier*, Die Bedeutung des § 13 KStG beim Beginn und Erlöschen der Körperschaftsteuerbefreiung, S. 145 ff.
3 Ebenso *Esmeier*, Die Bedeutung des § 13 KStG beim Beginn und Erlöschen der Körperschaftsteuerbefreiung, S. 20 ff.; *Hommel*, BB 2000, 2516 f.; a.A. *Kirchhain* in Rödder/Herlinghaus/Neumann, § 13 KStG Rz. 43: Unzulässige zeitliche Vorverlagerung von Gewinnen in die steuerbefreite Phase.
4 Vgl. BFH v. 16.11.2011 – I R 31/10, BFH/NV 2012, 786; *Brinkmann* in Dötsch/Pung/Möhlenbrock, § 13 KStG Rz. 88; *Schauhoff*, DStR 1996, 366 (369 f.); *Schmidt/Fritz*, DB 2002, 2509; *Bott* in Schauhoff, § 8 Rz. 156; *Kümpel*, DStR 1999, 1510; *Streck*, § 13 KStG Rz. 11; *Märtens* in Gosch, § 5 KStG Rz. 63; *Kirchhain* in Rödder/Herlinghaus/Neumann, § 13 KStG Rz. 90; *Esmeier*, Die Bedeutung des § 13 KStG beim Beginn und Erlöschen der Körperschaftsteuerbefreiung, S. 108 ff.; a.A. *Niemann* in Institut Finanzen und Steuern, Nr. 332, S. 24; *Frotscher*, § 13 KStG Rz. 44.

gen eingreifen[1]. Soweit dem entgegengehalten wird, eine Besteuerung des Veräußerungsgewinns führe zu Wertungswidersprüchen, wenn man – wie z.B. die
Finanzverwaltung – bei einer Betriebsaufgabe von einem Vorrang des § 13 KStG
ausgehe, so wird dabei übersehen, dass es sich um unterschiedliche Sachverhalte
handelt. § 16 Abs. 3 EStG ist ein sog. Ersatzrealisationstatbestand und steht insoweit funktionell § 13 KStG nahe. Dagegen ergibt sich die Steuerpflicht des Veräußerungsgewinns gemäß § 16 Abs. 1 EStG bereits aus allgemeinen Gewinnreali-
sationsgrundsätzen, da es sich um einen (den letzten) Umsatzakt handelt. Im Ergebnis ist daher mit der h.M. davon auszugehen, dass ein Veräußerungsgewinn de
lege lata[2] der normalen Besteuerung nach § 8 Abs. 1 i.V.m. § 16 Abs. 1 EStG unterliegt. Werden im Rahmen einer (Teil-)Betriebsveräußerung einzelne Wirtschaftsgüter zurückbehalten, liegt insoweit eine Entnahme vor, die über den Teilwertansatz zur Besteuerung der stillen Reserven führt. Eine Entnahme zum Buchwert
nach § 6 Abs. 1 Nr. 4 Satz 4 EStG kommt grundsätzlich nicht in Betracht, weil dies
eine Zuwendung an eine andere Körperschaft voraussetzen würde[3].

– Wird der wirtschaftliche Geschäftsbetrieb durch Einstellung der wirtschaftlichen
Tätigkeit beendet, liegt steuerlich gesehen eine **Betriebsaufgabe** vor. In diesem
Fall sind die Auffassungen zum Konkurrenzverhältnis zwischen § 13 KStG und
§ 16 Abs. 3 EStG geteilt: Während eine neuere Ansicht im Schrifttum § 13 KStG
als vorrangige Regelung versteht[4], wollen andere an der Anwendung des § 16
Abs. 3 EStG festhalten[5]. Dies war früher auch die Ansicht der Finanzverwaltung[6],
die sich aber im BMF-Schreiben vom 1.2.2002 der neueren Ansicht angeschlossen
hat und nunmehr bei spendenbegünstigten Körperschaften das Buchwertprivileg
auch im Fall der Betriebsaufgabe gewährt[7]. Dies soll allerdings nicht gelten, „soweit Wirtschaftsgüter vor der Überführung in den steuerbefreiten Bereich bzw. in
engem zeitlichen Zusammenhang danach veräußert werden"[8]. Die Finanzverwaltung stellt mithin entscheidend auf eine nicht nur vorübergehende Verwendung
der Wirtschaftsgüter im spendenbegünstigten Bereich ab. Zwar sprechen die Entstehungsgeschichte des § 13 KStG und der Vergleich mit § 6 Abs. 1 Nr. 4 Satz 5

---

1 So etwa *Bott* in Schauhoff, § 8 Rz. 156; *Schauhoff*, DStR 1996, 366 (369 f.).
2 Zur Frage, ob § 13 KStG de lege ferenda auch auf Betriebsveräußerungen erstreckt werden
  sollte, vgl. *Esmeier*, Die Bedeutung des § 13 KStG beim Beginn und Erlöschen der Körperschaftsteuerbefreiung, S. 117 ff.
3 *Bott* in Schauhoff, § 8 Rz. 157; *Kümpel*, DStR 1999, 1505 (1511).
4 So vor allem *Schauhoff*, DStR 1996, 366 (368); *Thiel*, GmbHR 1997, 10 (14 ff.); *Niemann*
  in Institut Finanzen und Steuern, Nr. 332, S. 26 f.; *Schmidt/Fritz*, DB 2002, 2509 (2512);
  Fritz, Aufnahme, Strukturwandel und Beendigung wirtschaftlicher Tätigkeiten von gemeinnützigen Körperschaften, 2003, S. 100 f.; *Kirchhain* in Rödder/Herlinghaus/Neu-
  mann, § 13 KStG Rz. 94; eingehend *Esmeier*, Die Bedeutung des § 13 KStG beim Beginn
  und Erlöschen der Körperschaftsteuerbefreiung, S. 84 ff.
5 *Bott* in Schauhoff, § 8 Rz. 159; *Brinkmann* in Dötsch/Pung/Möhlenbrock, § 13 KStG
  Rz. 92; *Streck*, § 13 KStG Rz. 11.
6 Vgl. Abschn. 47 Abs. 12 KStR 1995.
7 BMF v. 1.2.2002, BStBl. I 2002, 221; kritisch zur Ansicht der Finanzverwaltung *Brinkmann*
  in Dötsch/Pung/Möhlenbrock, § 13 KStG Rz. 93a („fehlt jegliche Rechtsgrundlage").
8 BMF v. 1.2.2002, BStBl. I 2002, 221.

EStG eher für die Anwendung des § 16 Abs. 3 EStG[1]. Eine Nichtanwendung des § 13 Abs. 4 Satz 1 KStG in den Fällen der Betriebsaufgabe würde jedoch – wie *Schauhoff* gezeigt hat[2] – zu Wertungswidersprüchen führen. Denn es ist ausgehend vom Sinn und Zweck der partiellen Steuerpflicht nicht zu begründen, weshalb die völlige Einstellung einer wettbewerbsrelevanten Tätigkeit schlechter behandelt werden soll als eine Fortführung des Betriebs in den durch §§ 65 Nr. 3, 66 ff. AO gezogenen Grenzen[3]. Allerdings bleibt ein gewisser Wertungswiderspruch zur Entnahme von Einzelwirtschaftsgütern zur Verwendung im spendenbegünstigten Bereich, weil § 6 Abs. 1 Nr. 4 Satz 4 EStG nicht eingreift[4]. Soweit die Finanzverwaltung in der Praxis die Einhaltung gewisser „Mindestbehaltefristen" fordert, dürfte es sich nicht um eine Besonderheit der Betriebsaufgabe handeln, sondern um einen allgemeinen Vorbehalt bei der Anwendung des § 13 Abs. 4 Satz 1 KStG, wie er sich aus § 42 AO ergibt. Ferner ist zu beachten, dass das Buchwertprivileg nach heute allgemeiner Ansicht auch dann eingreift, wenn Wirtschaftsgüter künftig nicht im ideellen Bereich oder im Zweckbetriebsbereich, sondern im Rahmen einer Vermögensverwaltung genutzt werden[5]. Denn auch in diesem Fall dient ein Wirtschaftsgut, wie der BFH zum Spendenabzug anerkannt hat, der Förderung steuerbegünstigter Zwecke[6]. Ein Fall der Betriebsaufgabe liegt schließlich nach Ansicht der Finanzverwaltung auch dann vor, wenn z.B. die Voraussetzungen einer Betriebsaufspaltung wegfallen oder die Beteiligung an einer Kapitalgesellschaft wegen Beendigung eines entscheidenden Einflusses auf die laufende Geschäftsführung wieder in die Vermögensverwaltung zurückfällt[7].

4. Wechsel von der (partiellen) Steuerpflicht in die Steuerfreiheit

§ 13 Abs. 1 und 5 KStG ist unstreitig anzuwenden, wenn ein steuerpflichtiger wirtschaftlicher Geschäftsbetrieb nunmehr die Voraussetzungen eines steuerbegünstigten Zweckbetriebs erfüllt und daher aus der Steuerpflicht ausscheidet (z.B. bei Überschreiten der 40-Prozent-Grenze durch ein bislang steuerpflichtiges Krankenhaus). In diesem Fall soll durch den Teilwertansatz nach § 13 Abs. 3 Satz 1 KStG gewährleistet werden, dass die während des Bestehens der Steuerpflicht gebildeten stillen Reserven einer Schlussbesteuerung unterworfen werden. Bei gemeinnützigen Körperschaften greift jedoch wiederum das Buchwertprivileg des § 13 Abs. 4 Satz 1 KStG ein[8].

7.74

---

1 Insoweit zutreffend *Bott* in Schauhoff, § 8 Rz. 159, 160.
2 *Schauhoff*, DStR 1996, 366 (369).
3 Ebenso *Esmeier*, Die Bedeutung des § 13 KStG beim Beginn und Erlöschen der Körperschaftsteuerbefreiung, S. 98 f.
4 So auch *Brinkmann* in Dötsch/Pung/Möhlenbrock, § 13 KStG Rz. 93a.
5 Statt vieler nur *Bott* in Schauhoff, § 8 Rz. 165.
6 Zum „finalen Spendenbegriff" vgl. BFH v. 5.2.1992 – I R 63/91, BStBl. II 1992, 748.
7 Vgl. nur *Buchna/Leichinger/Seeger/Brox*, S. 546.
8 Dazu näher *Kirchhain* in Rödder/Herlinghaus/Neumann, § 13 KStG Rz. 62 ff.

5. Verpachtung eines wirtschaftlichen Geschäftsbetriebs

7.75 Wird der steuerpflichtige wirtschaftliche Geschäftsbetrieb nicht aufgegeben, sondern als Ganzes an einen Dritten verpachtet, sollen auch körperschaftsteuerrechtlich die allgemeinen Grundsätze über die Betriebsverpachtung[1] Anwendung finden[2]. Danach wäre zu unterscheiden: Im Falle einer Aufgabeerklärung käme es im Anwendungsbereich des § 13 Abs. 4 Satz 1 KStG zu einer steuerneutralen Überführung der Wirtschaftsgüter in die steuerfreie Sphäre. Unterbleibt eine Erklärung, würde der wirtschaftliche Geschäftsbetrieb als fortbestehend behandelt mit der Folge, dass die Pachteinnahmen steuerpflichtig wären. Dieser Auffassung ist nicht zu folgen, weil sie den Sinngehalt des Verpächterwahlrechts verkennt[3] (Rz. 6.21 ff.). Dieser besteht bekanntlich in einer teleologischen Reduktion des Betriebsaufgabetatbestandes[4], d.h. dem Verpächter soll die Möglichkeit gegeben werden, die Besteuerung der stillen Reserven aufzuschieben. Bei gemeinnützigen Einrichtungen spielt dieser Gesichtspunkt aber, wenn man mit der neueren Ansicht die Betriebsaufgabe unter § 13 Abs. 1, 5 KStG subsumiert, keine Rolle, weil das – zwingende[5] – Buchwertprivileg nach § 13 Abs. 4 Satz 1 KStG eingreift. Denn soweit eine steuerneutrale Überführung der Wirtschaftsgüter in den steuerfreien Bereich möglich ist, erweist sich ein „Verpächterwahlrecht" schlicht als überflüssig. Seine Anwendung würde sogar dazu führen, dass die Pachteinnahmen weiterhin körperschaft- und (wegen der gesetzlichen Fiktion in § 2 Abs. 3 GewStG) auch noch gewerbesteuerpflichtig wären, wenn die Körperschaft nicht ausdrücklich eine Aufgabe erklärt. Dieses Ergebnis kann nur als widersinnig angesehen werden, weil es der Interessenlage einer spendenbegünstigten Körperschaft, auf die das Buchwertprivileg anwendbar ist, offensichtlich zuwiderläuft[6]. Inzwischen ist aber § 16 Abs. 3b EStG zu beachten.

6. Einbringung in eine Kapitalgesellschaft und Veräußerung von Anteilen

7.76 Für die Einbringung eines wirtschaftlichen Geschäftsbetriebs in eine Kapitalgesellschaft und eine spätere Veräußerung der Anteile gelten die – zuletzt durch das SEStEG[7] grundlegend geänderten – Regelungen des UmwStG[8]. Grundsätzlich kann auch ein **wirtschaftlicher Geschäftsbetrieb Gegenstand einer steuerneutralen**

---

1 Danach kann der Verpächter wählen, ob er die Verpachtung als Betriebsaufgabe im Sinne des § 16 Abs. 3 EStG oder den Betrieb als fortbestehend behandelt sehen will, vgl. bereits BFH v. 13.11.1963 – GrS 1/63, BStBl. III 1964, 124.

2 Vgl. BFH v. 4.4.2007 – I R 55/06, BStBl. II 2007, 725; *Märtens* in Gosch, § 5 KStG Rz. 86; *Schmidt/Fritz*, DB 2002, 2510 (2513); zweifelnd *Bott* in Schauhoff, § 8 Rz. 162.

3 Vgl. *Hüttemann*, BB 2007, 2324.

4 *Knobbe-Keuk*, Bilanz- und Unternehmenssteuerrecht, S. 794.

5 Darauf weist *Kirchhain* in Rödder/Herlinghaus/Neumann, § 13 KStG Rz. 100 zu Recht hin.

6 Ebenso *Bott* in Schauhoff, § 8 Rz. 162; *Kirchhain* in Rödder/Herlinghaus/Neumann, § 13 KStG Rz. 100.

7 Gesetz v. 7.12.2006, BGBl. I 2006, 2782.

8 Zum Folgenden eingehend *Orth*, DB 2007, 419 ff.; *Orth* in Non Profit Law Yearbook 2007, 251 ff.

Einbringung im Sinne des § 20 UmwStG sein[1]. Voraussetzung ist aber, dass alle wesentlichen Betriebsgrundlagen des wirtschaftlichen Geschäftsbetriebs auf die Tochtergesellschaft übertragen werden[2]. Denkbar ist ferner auch die Einbringung eines Teilbetriebs. Letzteres hätte zur Folge, dass die erhaltenen Anteile Betriebsvermögen des einbringenden wirtschaftlichen Geschäftsbetriebs werden. Eine steuerneutrale Einbringung nach § 20 UmwStG setzt ferner voraus, dass alle wesentlichen Betriebsgrundlagen mit übergehen, der Einbringende für die Einbringung neue Anteile der Gesellschaft erhält und die übernehmende Kapitalgesellschaft einen entsprechenden Antrag stellt[3].

Auch **steuerbegünstigte Zweckbetriebe** können nach h.M. Gegenstand einer Einbringung nach § 20 UmwStG sein[4]. Soweit sie – wie im Regelfall – in eine steuerbegünstigte Kapitalgesellschaft eingebracht werden, ist aber die Voraussetzung des § 20 Abs. 2 Satz 2 Nr. 1 UmwStG (Sicherstellung der Besteuerung bei der aufnehmenden Gesellschaft) nicht erfüllt. Deshalb ist unter der Geltung des SEStEG wohl von einem zwingenden Ansatz des gemeinen Wertes auszugehen, auch wenn der Einbringungsgewinn steuerfrei ist[5].

Die übernehmende Kapitalgesellschaft hat das eingebrachte Betriebsvermögen grundsätzlich mit **dem gemeinen Wert anzusetzen** (früher: Teilwert). Darüber hinaus besteht nach § 20 Abs. 2 Satz 2 UmwStG die Möglichkeit, das übernommene Betriebsvermögen mit seinem Buchwert oder einem Zwischenwert anzusetzen, wenn drei Voraussetzungen kumulativ erfüllt sind: Das übernommene Betriebsvermögen muss bei der übernehmenden Körperschaft der Besteuerung unterliegen (§ 20 Abs. 2 Satz 2 Nr. 1 UmwStG). Die Passivposten des eingebrachten Betriebsvermögens (ohne das Eigenkapital) übersteigen nicht die Aktivposten (§ 20 Abs. 2 Satz 2 Nr. 2 UmwStG). Das Recht der Bundesrepublik Deutschland hinsichtlich der Besteuerung des Gewinns aus der Veräußerung des eingebrachten Betriebsvermögens wird bei der übernehmenden Gesellschaft nicht ausgeschlossen oder beschränkt (§ 20 Abs. 2 Satz 2 Nr. 3 UmwStG).

7.77

Die erste Voraussetzung (§ 20 Abs. 2 Satz 2 Nr. 1 UmwStG) ist auch dann erfüllt, wenn die **übernehmende Kapitalgesellschaft selbst gemeinnützig** ist, das eingebrachte Betriebsvermögen aber in einem wirtschaftlichen Geschäftsbetrieb gehalten wird (§ 5 Abs. 1 Nr. 9 Satz 2 KStG). Daran ändert auch der Umstand nichts, dass es z.B. auf Grund von § 13 Abs. 4 KStG bei einem Strukturwandel zu einer steuerneutralen Überführung der Wirtschaftsgüter in einen Zweckbetrieb kommen kann. Darüber hinaus sollte die Wertung des § 13 Abs. 4 KStG bei der Einbringung in eine spendenbegünstigte Kapitalgesellschaft zu einer teleologischen Reduktion des § 20 Abs. 2 Satz 2 UmwStG führen[6].

---

1 Vgl. BFH v. 7.8.2002 – I R 84/01, BFH/NV 2003, 277 zum alten Recht.

2 Vgl. näher *Kirchhain* in Schauhoff, § 19 Rz. 73.

3 Zu § 20 UmwStG vgl. näher *Herlinghaus* in Rödder/Herlinghaus/van Lishaut, § 20 UmwStG Rz. 1 ff.

4 Vgl. *Herlinghaus* in Rödder/Herlinghaus/van Lishaut, § 20 UmwStG Rz. 31; a.A. *Orth*, DB 2007, 419 (421); *Märtens* in Gosch, § 5 KStG Rz. 87.

5 *Herlinghaus* in Rödder/Herlinghaus/van Lishaut, § 20 UmwStG Rz. 160b; *Patt* in Dötsch/Pung/Möhlenbrock, § 20 UmwStG Rz. 29.

6 So auch *Orth*, DB 2007, 419 (422) unter Hinweis auf *Widmann* in Widmann/Mayer, § 20 UmwStG Rz. 417 (Stand 1995); ebenso *Kirchhain* in Schauhoff, § 19 Rz. 74.

7.78 Nach § 20 Abs. 3 Satz 1 UmwStG gilt der Wert, mit dem die übernehmende Kapitalgesellschaft das eingebrachte Betriebsvermögen ansetzt, für die einbringende Körperschaft als Veräußerungspreis und als Anschaffungskosten der erhaltenen Anteile. Daraus folgt, dass in Höhe des Unterschiedsbetrags zwischen diesem „Veräußerungspreis" und dem Buchwert des eingebrachten Betriebsvermögens ein einbringungsbedingter „**Veräußerungsgewinn**" entsteht (§ 20 Abs. 4 UmwStG). Ein solcher Veräußerungsgewinn entsteht immer, wenn das eingebrachte Betriebsvermögen nicht mit dem Buchwert, sondern mit seinem gemeinen Wert oder einem Zwischenwert angesetzt wird. Dieser Veräußerungsgewinn unterliegt bei gemeinnützigen Körperschaften der Körperschaftsteuer (§ 16 Abs. 1 Nr. 1 EStG), bei Körperschaften im Sinne des § 1 Abs. 1 Nr. 4 und 5 KStG aber nicht der Gewerbesteuer[1] (vgl. auch Rz. 7.104). Die Steuerbefreiung nach § 8b Abs. 2 und 3 KStG gilt nur, wenn zum übertragenen Vermögen Anteile gehören[2]. Darüber hinaus löst der Einbringungsvorgang Kapitalertragsteuer nach § 20 Abs. 1 Nr. 10b EStG aus[3], für gemeinnützige Einrichtungen gilt aber § 44a Abs. 7 EStG.

7.79 Kommt es später zu einer **Veräußerung der erhaltenen Anteile** durch die einbringende gemeinnützige Körperschaft, so löst dies nach der Neufassung des UmwStG[4] nur dann Steuerfolgen aus, wenn die Einbringung unter dem gemeinen Wert erfolgt ist und die Veräußerung innerhalb von sieben Jahren nach der Einbringung erfolgt. Dazu bestimmt § 22 Abs. 4 UmwStG:

„Ist der Veräußerer von Anteilen nach Absatz 1

1. …

2. von der Körperschaftsteuer befreit, gilt in den Fällen des Absatzes 1 der Gewinn aus der Veräußerung der erhaltenen Anteile als in einem wirtschaftlichen Geschäftsbetrieb dieser Körperschaft entstanden."

Durch die Regelung des § 22 Abs. 4 UmwStG wollte der Gesetzgeber offenbar sicherstellen, dass ein **Gewinn aus der Veräußerung der erhaltenen Anteile** (d.h. der vom Einbringungsgewinn I nach § 22 Abs. 1 UmwStG zu unterscheidende Veräußerungsgewinn) über einen Zeitraum von sieben Jahren nach der Einbringung auch dann steuerpflichtig bleibt, wenn die Anteile in der steuerfreien Vermögensverwaltung gehalten werden[5]. Daraus ergeben sich, wenn das Betriebsvermögen unter dem gemeinen Wert eingebracht und die Anteile innerhalb von sieben Jahren nach der Einbringung veräußert worden sind, folgende Konsequenzen[6]:

– Die Veräußerung gilt als ein rückwirkendes Ereignis nach § 175 Abs. 1 Satz 1 Nr. 2 AO und führt zur rückwirkenden **Versteuerung eines Einbringungsge-**

---

1 Vgl. *Orth*, DB 2007, 419 (422) unter Hinweis auf Abschn. 40 Abs. 2 GewStR 1990 (heute R 7.1 Abs. 4 GewStR).

2 Vgl. *Kirchhain* in Schauhoff, § 19 Rz. 75.

3 Dazu näher *Orth*, DB 2007, 419 (422 f.).

4 Zur früheren Rechtslage vgl. etwa *Bott* in Schauhoff, § 7 Rz. 370 ff.; *Schauhoff* in Schauhoff, § 19 Rz. 28.

5 Vgl. näher *Stangl* in Rödder/Herlinghaus/van Lishaut, § 22 UmwStG Rz 194.

6 Im Fall der Einbringung von Anteilen gilt § 22 Abs. 2 UmwStG (Einbringungsgewinn II).

winns I[1]. Dieser unterliegt zwar der Körperschaftsteuer, nicht aber der Gewerbesteuer (s. Rz. 7.78). Die Befreiung des § 8b Abs. 2 und 3 KStG greift nur ein, wenn Anteile zum eingebrachten Betriebsvermögen gehören. Für die Ermittlung des Einbringungsgewinns I sind zunächst von dem gemeinen Wert im Einbringungszeitpunkt die Kosten der Vermögensübertragung und der Wert, mit dem die übernehmende Gesellschaft das eingebrachte Betriebsvermögen angesetzt hat, abzuziehen. Dieser sog. Unterschiedsbetrag ist dann um 1/7 für jedes seit dem Einbringungszeitpunkt abgelaufene Zeitjahr zu kürzen. Der Einbringungsgewinn I unterliegt – da die Fiktion des § 22 Abs. 4 UmwStG nicht auf § 20 Abs. 1 Nr. 10b EStG verweist – nicht der Kapitalertragsteuer[2].

– Die übernehmende Kapitalgesellschaft kann einen versteuerten Einbringungsgewinn I nach § 22 Abs. 1 UmwStG im Wirtschaftsjahr der Veräußerung der Anteile als **Erhöhungsbetrag des Betriebsvermögens** ansetzen, soweit die einbringende gemeinnützige Körperschaft die auf den Einbringungsgewinn entfallende Steuer entrichtet und dies durch Vorlage einer Bescheinigung des zuständigen Finanzamts nachgewiesen hat (§ 23 Abs. 2 Satz 1 Halbs. 1 und Abs. 3 Satz 2 UmwStG). Dadurch erhöht sich das steuerliche Einlagenkonto (§ 27 KStG).

– Neben dem Einbringungsgewinn I kommt es zusätzlich im Jahr der Veräußerung zur **Versteuerung eines Anteilsveräußerungsgewinns** auf Grund des Sondertatbestands des § 22 Abs. 4 UmwStG. Dieser umfasst – anders als der Einbringungsgewinn I – auch solche stillen Reserven, die erst nach der Einbringung bis zur Veräußerung gebildet worden sind, sofern der Veräußerungspreis über dem gemeinen Wert des eingebrachten Vermögens im Einbringungszeitpunkt liegt[3]. Der Anteilsveräußerungsgewinn ist um den Einbringungsgewinn I gemindert, da der Einbringungsgewinn als nachträgliche Anschaffungskosten der erhaltenen Anteile gilt. Für den Anteilsveräußerungsgewinn gilt die Befreiung nach § 8b Abs. 2 und 3 KStG, d.h. er unterliegt nur zu 5 Prozent der Besteuerung. Der Anteilsveräußerungsgewinn unterliegt nicht der Gewerbesteuer[4], löst aber zusätzlich Kapitalertragsteuer aus (§ 20 Abs. 1 Nr. 10 Buchst. b Satz 1 Abs. 1 und Satz 2 Halbs. 2 sowie Satz 4 EStG)[5]. Für gemeinnützige Körperschaften gilt aber wiederum § 44a Abs. 7 EStG.

7. Beteiligungen an Kapitalgesellschaften im wirtschaftlichen Geschäftsbetrieb

Werden Anteile an Kapitalgesellschaften im wirtschaftlichen Geschäftsbetrieb gehalten, so sind auch bei gemeinnützigen Körperschaften die besonderen Regelungen des § 8b KStG anzuwenden. Eine Zuordnung der Beteiligung zum wirtschaftlichen

7.80

---

1 Vgl. *Märtens* in Gosch, § 5 KStG Rz. 88.
2 Überzeugend *Orth*, DB 2007, 419 (426); *Bott* in Ernst&Young, § 4 KStG Rz. 463.6; a.A. *Brinkmann* in Dötsch/Pung/Möhlenbrock, § 22 UmwStG Rz. 59a.
3 Vgl. *Kirchhain* in Schauhoff, § 19 Rz. 77; *Orth* in Non Profit Law Yearbook 2007, 251 (266).
4 Siehe *Orth*, DB 2007, 419 (427).
5 BMF v. 11.11.2011, BStBl. I 2011, 1314 Rz. 22.35.

Geschäftsbetrieb ist die **Ausnahme**, da Kapitalgesellschaftsbeteiligungen im Regelfall dem steuerfreien Bereich der Vermögensverwaltung zuzurechnen sind (§ 14 Satz 3 AO)[1]. Eine ausnahmsweise Zuordnung zum wirtschaftlichen Geschäftsbetrieb kann verschiedene Ursachen haben: So ist denkbar, dass die Beteiligung an der Kapitalgesellschaft zum Betriebsvermögen eines wirtschaftlichen Geschäftsbetriebs gehört. Ferner kann sich der betriebliche Charakter der Beteiligung aus den Grundsätzen zur Betriebsaufspaltung ergeben. Schließlich ist daran zu erinnern, dass nach der h.M. eine entscheidende Einflussnahme auf die Geschäftsführung dazu führen kann, dass die Kapitalgesellschaftsbeteiligung als wirtschaftlicher Geschäftsbetrieb gilt, d.h. dem (persönlich) steuerpflichtigen Bereich der Körperschaft zuzuordnen ist (vgl. dazu Rz. 6.130 ff.).

7.81 Sind die Anteile an einer Kapitalgesellschaft einem steuerpflichtigen wirtschaftlichen Geschäftsbetrieb zuzurechnen, so gilt nicht § 5 Abs. 2 Nr. 1 KStG, sondern die **Körperschaftsteuer wird im Veranlagungsverfahren erhoben**[2]. Dabei sind auf die Dividendeneinkünfte die Vorschriften des § 8b Abs. 1 und 5 KStG anzuwenden, d.h. eine Dividende ist – vorbehaltlich der 2013 eingeführten Ausnahme für Streubesitzdividenden nach § 8b Abs. 4 Satz 1 KStG[3] – zu 95 Prozent von der Körperschaftsteuer befreit. Auf diese Weise wird der Tatsache Rechnung getragen, dass die Dividenden bereits bei der ausschüttenden Kapitalgesellschaft mit Körperschaftsteuer belastet worden sind. Eine von der ausschüttenden Kapitalgesellschaft einbehaltene Kapitalertragsteuer wird auf die Körperschaftsteuer angerechnet bzw. – im Fall von Anrechnungsüberhängen – ggf. erstattet (§ 31 KStG i.V.m. § 36 Abs. 2 Nr. 2 Satz 1 EStG)[4]. Im Hinblick auf den Freibetrag nach § 24 KStG kommt insoweit auch die Erteilung einer besonderen NV-Bescheinigung (sog. NV-3-Bescheinigung) in Betracht, die eine Abstandnahme von der Kapitalertragsteuer ermöglicht[5]. Im Fall der Veräußerung von Anteilen an Kapitalgesellschaften, die im wirtschaftlichen Geschäftsbetrieb gehalten werden, ist – vorbehaltlich von § 8b Abs. 4 Satz 1 KStG – die Befreiung des Anteilsveräußerungsgewinns in Höhe von 95 Prozent zu beachten (§ 8b Abs. 2 und 3 KStG).

8. Kapitalerträge im wirtschaftlichen Geschäftsbetrieb

7.82 Neben Dividenden aus Kapitalgesellschaftsbeteiligungen können auch Kapitalerträge im Rahmen eines steuerpflichtigen wirtschaftlichen Geschäftsbetriebs zufließen. Auch hier gilt nicht die besondere partielle Steuerpflicht nach § 5 Abs. 2 Nr. 1 KStG, sondern die Körperschaftsteuer auf die Kapitalerträge wird im Rahmen der Veranlagung erhoben. Dies bedeutet insbesondere, dass eine Abstandnahme vom Steuerabzug nach § 44a EStG nicht möglich ist. Vielmehr wird eine einbehaltene Kapitalertragsteuer im Rahmen der Veranlagung zur Körperschaftsteuer angerechnet und ggf. erstattet (§ 31 Abs. 1 KStG i.V.m. § 36 Abs. 2 Nr. 2 Satz 1 EStG). Alternativ

---

1 Vgl. zuletzt BFH v. 25.8.2010 – I R 97/09, BFH/NV 2011, 312.
2 Dazu näher *Bott* in Schauhoff, § 8 Rz. 354 ff.; *Buchna/Leichinger/Seeger/Brox*, S. 495 ff.
3 Vgl. Gesetz v. 21.3.2013, BGBl. I 2013, 561.
4 Vgl. *Bott* in Schauhoff, § 8 Rz. 355; *Buchna/Leichinger/Seeger/Brox*, S. 495 f.
5 BMF v. 5.11.2002, BStBl. I 2002, 1346 Rz. 31; *Bott* in Schauhoff, § 8 Rz. 355.

kommt auch hier im Hinblick auf den Freibetrag nach § 24 KStG die Erteilung einer besonderen NV-Bescheinigung (sog. NV-3-Bescheinigung) in Betracht, die eine Abstandnahme vom Steuerabzug ermöglicht[1].

frei   7.83– 7.84

VII. Freibetrag, Körperschaftsteuertarif und Solidaritätszuschlag

Von dem Einkommen einer gemeinnützigen Körperschaft, das sie im Rahmen ihrer   7.85
wirtschaftlichen Geschäftsbetriebe erzielt hat (vgl. § 8 Abs. 1 KStG), ist zunächst der **Freibetrag nach § 24 KStG** in Höhe von 5 000 Euro (höchstens jedoch in Höhe des Einkommens) abzuziehen. Kapitalgesellschaften sind von der Anwendung des Freibetrags ausgeschlossen (vgl. § 24 Satz 2 Nr. 1 KStG). Diese rechtsformbezogene Einschränkung stammt noch aus der Zeit des Anrechnungsverfahrens, sie ist aber inzwischen funktionslos und gehört deshalb abgeschafft[2]. Der Freibetrag selbst dient heute vor allem Vereinfachungszwecken sowie einer Abmilderung des proportionalen Körperschaftsteuertarifs bei kleinen Körperschaften.

Das Ergebnis ist das zu versteuernde Einkommen, das rechtsformunabhängig dem   7.86
allgemeinen Körperschaftsteuersatz von 15 Prozent unterliegt. Auch gemeinnützige Einrichtungen haben somit von der mehrfachen Absenkung des Körperschaftsteuersatzes in den letzten zehn Jahren erheblich profitiert. Dies zeigt insbesondere ein Vergleich mit dem früheren Sondersteuersatz für nicht in das Anrechnungsverfahren einbezogene Körperschaften (§ 23 Abs. 2 KStG a.F.) von zuletzt 42 v.H. (Veranlagungszeitraum 1998). Im Unterschied zu anderen steuerbefreiten Körperschaften (z.B. Berufsverbänden) unterliegt das Einkommen gemeinnütziger Einrichtungen aus wirtschaftlichen Geschäftsbetrieben auch keiner Nachbelastung mit Kapitalertragsteuer (§ 20 Abs. 1 Nr. 10 Buchst. b EStG). Denn die Abstandnahme vom Steuerabzug nach § 44a Abs. 7 EStG gilt auch für diesen Tatbestand.

Schließlich ist zu berücksichtigen, dass nach dem SolZG als Ergänzungsabgabe zur   7.87
Einkommen- und Körperschaftsteuer immer noch der **Solidaritätszuschlag** erhoben wird, der gegenwärtig 5,5 Prozent beträgt.

frei   7.88– 7.89

VIII. Steuerabzugspflichtige Einkünfte (§ 5 Abs. 2 Nr. 1 KStG)

1. Überblick

Neben der partiellen Steuerpflicht im Rahmen eines wirtschaftlichen Geschäfts-   7.90
betriebs (§ 5 Abs. 1 Nr. 9 Satz 2 KStG) unterliegen gemeinnützige Körperschaften noch der **besonderen partiellen Steuerpflicht nach § 5 Abs. 2 Nr. 1 KStG.** Diese

---

1 Vgl. BMF v. 5.11.2002, BStBl. I 2002, 1346 Rz. 30 f.; vgl. auch *Bott* in Schauhoff, § 8 Rz. 355.
2 Ebenso *Roser* in Gosch, § 24 KStG Rz. 7; *Dremel* in Rödder/Herlinghaus/Neumann, § 24 KStG Rz. 2.

betrifft „inländische Einkünfte, die dem Steuerabzug vollständig oder teilweise unterliegen". Nach § 32 Abs. 1 Nr. 1 KStG ist die Körperschaftsteuer für Einkünfte, die dem Steuerabzug unterliegen, durch den Steuerabzug abgegolten. Es findet also insoweit keine Veranlagung zur Körperschaftsteuer statt. Diese beschränkt sich vielmehr auf das Einkommen, das eine gemeinnützige Körperschaft im Rahmen ihrer wirtschaftlichen Geschäftsbetriebe erzielt hat. Die Regelung des § 5 Abs. 2 Nr. 1 KStG betrifft nur Kapitalerträge, die der Körperschaft in ihrem steuerfreien Bereich (Vermögensverwaltung, Zweckbetrieb) zugeflossen sind. Dazu gehören z.b. Zinserträge aus Kapitalanlagen sowie Dividenden aus Beteiligungen an Kapitalgesellschaften, die nicht zu einem wirtschaftlichen Geschäftsbetrieb gehören.

Auch die Gewinne aus einem steuerpflichtigen wirtschaftlichen Geschäftsbetrieb unterliegen einer besonderen Kapitalertragsteuer (§ 43 Abs. 1 Satz 1 Nr. 7c EStG), sofern sie nicht den Rücklagen zugeführt werden. Diese **Nachbelastung** bezieht sich zwar auf Gewinne aus wirtschaftlichen Geschäftsbetrieben, fällt aber in den Anwendungsbereich des § 5 Abs. 2 Nr. 1 KStG. Sie spielt für gemeinnützige Körperschaften wegen § 44a Abs. 7 EStG keine Rolle.

7.91   Auf Grund der Sonderregelungen in § 44a EStG (dazu Rz. 7.94) führt die besondere partielle Steuerpflicht nach § 5 Abs. 2 Nr. 1 KStG bei gemeinnützigen Körperschaften – anders als z.B. bei Berufsverbänden oder politischen Parteien – **zu keiner zusätzlichen definitiven Belastung mit Kapitalertragsteuer.** Denn das geltende Recht sieht eine Abstandnahme vom Kapitalertragsteuerabzug vor (§ 44a EStG). Die Entlastung von der Kapitalertragsteuer ist allerdings in beiden Fällen an bestimmte formale Voraussetzungen geknüpft, die gemeinnützige Einrichtungen beachten müssen (Erteilung und Vorlage von sog. NV-Bescheinigungen)[1].

2. Steuerabzugspflichtige Einkünfte

7.92   Unter die besondere partielle Steuerpflicht nach § 5 Abs. 2 Nr. 1 KStG fallen grundsätzlich alle inländischen Kapitalerträge, die **nach § 43 EStG dem Steuerabzug unterliegen.** Dazu gehören:

– **Beteiligungserträge,** z.B. Dividenden oder Einnahmen aus Beteiligungen als (typisch) stiller Gesellschafter (vgl. § 43 Abs. 1 Satz 1 Nr. 1 bis 3, 6 EStG) sowie **Zins- und Kapitalerträge** (vgl. § 43 Abs. 1 Satz 1 Nr. 7, 8 EStG). Seit dem 1.1.2009 beträgt der Steuersatz einheitlich 25 Prozent des Kapitalertrags.

– der nicht den Rücklagen zugeführte **Gewinn und verdeckte Gewinnausschüttungen eines steuerpflichtigen wirtschaftlichen Geschäftsbetriebs** einer gemeinnützigen Einrichtung (§ 43 Abs. 1 Satz 1 Nr. 7c EStG). Die Kapitalertragsteuer beträgt hier ab dem 1.1.2009 15 Prozent des Kapitalertrags.

7.93   Während der Steuerabzug bei Kapitalerträgen schon länger besteht, handelt es sich bei der besonderen **Kapitalertragsteuer auf den nicht den Rücklagen zugeführten**

---

1 Zum Folgenden vgl. näher BMF v. 9.12.2012, BStBl. I 2012, 953; BMF v. 5.7.2013, BStBl. I 2013, 881.

Gewinn eines steuerpflichtigen wirtschaftlichen Geschäftsbetriebs um eine Folge der Einführung des sog. Teileinkünfteverfahrens (früher: Halbeinkünfteverfahren)[1].

Nach dem Grundgedanken des geltenden Körperschaftsteuerrechts soll der im Betrieb investierte Gewinn durch einen im Vergleich zum Einkommensteuerspitzensatz „niedrigeren" Körperschaftsteuersatz begünstigt werden. Werden Gewinne aus dem betrieblichen Bereich entnommen, kommt es bei einkommensteuerpflichtigen Gesellschaftern durch die Anwendung des Teileinkünfteverfahrens (vgl. § 3 Nr. 40 EStG) zu einer **„angemessenen" Nachbelastung der Dividende**. Bei steuerbefreiten Körperschaften ergibt sich allerdings die Schwierigkeit, dass Dividendenerträge im steuerfreien Bereich vereinnahmt werden.

Um auch bei solchen Gesellschaftern eine „entsprechende" Nachbelastung sicherzustellen, hat sich der Gesetzgeber zur **Einführung einer besonderen Kapitalertragsteuer** in Höhe von 15 Prozent entschlossen, die systematisch bei § 5 Abs. 2 Nr. 1 KStG ansetzt. Durch § 43 Abs. 1 Satz 1 Nr. 7c EStG wird ein Kapitalertrag gesetzlich fingiert, da es sich zivilrechtlich weder um Zinsen noch um Gewinnausschüttungen handelt. Insbesondere kann aus dieser Fiktion nicht auf eine steuerliche Verselbständigung des wirtschaftlichen Geschäftsbetriebs gegenüber seiner Trägerkörperschaft geschlossen werden[2]. Die besondere Kapitalertragsteuer auf den Gewinn des wirtschaftlichen Geschäftsbetriebs tritt an die Stelle der Nachbelastung, die sich im alten Recht durch die Anwendung des besonderen Körperschaftsteuersatzes für nicht in das Anrechnungsverfahren einbezogene Körperschaften ergab. Angesichts der zahlreichen praktischen Schwierigkeiten, die mit der Anwendung des neuen Kapitalertragsteuertatbestandes verbunden sind (z.B. Unterschiede nach Art der Gewinnermittlung, Führung eines Einlagenkontos nach § 27 KStG, Definition der Rücklagenbildung, buchhalterische Überprüfung)[3], wäre es sicher besser gewesen, wenn man generell für Nichtkapitalgesellschaften an einem Sondersteuersatz oberhalb des Regelsteuersatzes festgehalten hätte[4]. Gemeinnützige Körperschaften sind von all diesen Problemen aber nicht betroffen, da für sie eine Abstandnahme vom Steuerabzug nach § 44a Abs. 7 EStG vorgesehen ist.

3. Abstandnahme vom Kapitalertragsteuerabzug

Die Abstandnahme vom Kapitalertragsteuerabzug ist in § 44a EStG geregelt. Sie hat gegenüber – der 2013 abgeschafften – Erstattung den Vorzug, dass ein Steuerabzug **von vornherein unterbleibt** und der Kapitalertrag der gemeinnützigen Körperschaft ungemildert zufließt. Für inländische (zur Gemeinschaftswidrigkeit dieser Einschränkung vgl. Rz. 1.138) steuerbefreite Körperschaften sieht das Gesetz besondere Regelungen (§ 44a Abs. 4 und 7 EStG) vor, weil sie – anders als natürliche Personen – keine Freistellung nach § 44a Abs. 1 bis 3 EStG erreichen können und bei Kapital-

7.94

---

1 Vgl. dazu *Schauhoff* in Schaumburg/Rödder, Unternehmenssteuerreform 2001, S. 293 ff.; *Bott* in Schauhoff, § 8 Rz. 317 f.

2 Ebenso *Bott* in Schauhoff, § 8 Rz. 119; vgl. dazu auch *Hüttemann* in GS Walz, 2008, S. 267; a.A. – bezogen auf Betriebe gewerblicher Art – *Gosch* in Gosch, § 8 KStG Rz. 633.

3 Für einen aktuellen Überblick über diesen Problemkreis vgl. nur *Bott*, DStZ 2016, 480.

4 Dies gilt insbesondere für Betriebe gewerblicher Art von Körperschaften des öffentlichen Rechts, vgl. *Hüttemann*, Besteuerung der öffentlichen Hand, S. 157; vgl. auch *Bott*, DStZ 2009, 710; *Hüttemann*, FR 2009, 308.

erträgen, die außerhalb eines wirtschaftlichen Geschäftsbetriebs zufließen, mangels Veranlagung (vgl. § 32 Abs. 1 KStG) auch eine Anrechnung bzw. Erstattung der Kapitalertragsteuer im Veranlagungsverfahren nicht möglich ist. In den letzten Jahren ist der Anwendungsbereich des § 44a EStG gerade für gemeinnützige Einrichtungen durch die Einfügung des Absatzes 7 erheblich ausgeweitet worden. Zugleich sind die früheren Erstattungsregelungen in §§ 44b Abs. 1 bis 4, 44c und 45b EStG aufgehoben worden. Gegenwärtig ist in folgenden Fällen eine Abstandnahme für gemeinnützige Körperschaften vorgesehen:

- Kapitalerträge im Sinne von § 43 Abs. 1 Satz 1 Nr. 4, 6, 7 und 8 bis 12 sowie Satz 2 EStG (vgl. § 44a Abs. 4 Satz 1 Nr. 1 EStG), also insbesondere **Zinserträge**,

- Kapitalerträge im Sinne von § 43 Abs. 1 Satz 1 Nr. 7c EStG (vgl. § 44a Abs. 7 Satz 1 Nr. 1 EStG), d.h. der nicht den Rücklagen zugeführte **Gewinn aus wirtschaftlichen Geschäftsbetrieben**,

- **Kapitalerträge** im Sinne von 43 Abs. 1 Satz 1 Nr. 1, 2 und 3 EStG (vgl. § 44a Abs. 7 Satz 1 Nr. 1 EStG), die frühere Beschränkung auf bestimmte Beteiligungserträge ist durch das Amtshilferichtlinie-Umsetzungsgesetz 2013[1] aufgehoben worden. Damit bedarf es auch für Kapitalerträge aus sammelverwahrten Aktien keiner Erstattung nach § 45b EStG a.F. mehr.

Die Abstandnahme setzt nach § 44a Abs. 7 Satz 2 EStG voraus, dass die gemeinnützige Körperschaft durch eine Bescheinigung des zuständigen Finanzamtes nachweist, dass sie eine Körperschaft im Sinne des § 44a Abs. 7 EStG ist (sog. **NV-2-Bescheinigung**)[2]. Es wird jedoch nicht beanstandet, wenn dem Schuldner der Kapitalerträge oder der auszahlenden Stelle statt der Bescheinigung eine amtlich beglaubigte Kopie des zuletzt erteilten Freistellungsbescheids überlassen wird, der für einen nicht länger als fünf Jahre zurückliegenden Veranlagungszeitraum des Zuflusses der Kapitalerträge erteilt worden ist. Alternativ kann auch eine amtlich beglaubigte Kopie des Feststellungsbescheids nach § 60a AO überlassen werden, dessen Erteilung nicht länger als drei Kalenderjahre zurückliegt[3]. Endet diese Drei-Jahres-Frist unterjährig, kann eine Abstandnahme vom Steuerabzug nur für das Kalenderjahr erfolgen, in dem die zuvor genannten Voraussetzungen ganzjährig erfüllt waren. Wird ein Feststellungsbescheid nach § 60a AO unterjährig erteilt, kann sie mit Wirkung ab dem 1.1. des betreffenden Kalenderjahres angewendet werden[4].

Die Abstandnahme nach § 44a EStG führte in der Vergangenheit bei **nichtrechtsfähigen Stiftungen** zu praktischen Schwierigkeiten, weil hier die Einnahmen dem (häufig nicht steuerbefreiten) Treuhänder zufließen. Um dieses Problem zu lösen, ist § 44a Abs. 6 EStG durch

---

1 Gesetz v. 26.6.2013, BGBl. I 2013, 1809.
2 Zum Verzicht auf die Vorlage einer Bescheinigung an den „Schuldner" wirtschaftlicher Geschäftsbetrieb einer von der Körperschaftsteuer befreiten Körperschaft vgl. BMF v. 21.7.2016, BStBl. I 2016, 685.
3 BMF v. 5.7.2013, BStBl. I 2013, 881.
4 BMF v. 5.7.2013, BStBl. I 2013, 881.

das Steuervereinfachungsgesetz 2011[1] entsprechend ergänzt worden. Nachdem das Steuervereinfachungsgesetz zunächst im Bundesrat gestoppt worden war, hatte das BMF sogar im Vorgriff auf die inzwischen beschlossene Gesetzesänderung die Abstandnahme vom Kapitalertragsteuerabzug bei unselbständigen Stiftungen durch BMF-Schreiben angeordnet[2]. Inzwischen hat die Finanzverwaltung auch für die gebündelte Vermögensanlage für rechtlich unselbständige Stiftungen der Kommunen eine weitere Erleichterung vorgesehen[3].

Aktuell haben gemeinnützige Einrichtungen bestimmte **Einschränkungen beim Kapitalertragsteuerabzug** zu beachten[4]. Diese betreffen zum einen Erträge rund um den Dividendenstichtag im Sinne des § 36a EStG, die auch bei steuerbefreiten Einrichtungen zur Verhinderung von Umgehungen nach § 36a Abs. 4 EStG nicht mehr steuerfrei bleiben, wenn die Dividendeneinkünfte insgesamt 20 000 Euro im Jahr übersteigen. Zum anderen sieht das BMF-Schreiben vom 19.12.2017[5] vor, dass die Abstandnahme vom Kapitalertragsteuerabzug bei sammelverwahrten Aktien bankseitig auf 20 000 Euro pro Jahr begrenzt wird. Diese Einschränkung trifft vor allem neu gegründete gemeinnützige Einrichtungen, die lediglich über einen Feststellungsbescheid nach § 60a AO verfügen.

IX. Verfahren

Im Veranlagungsverfahren zur Körperschaftsteuer gelten für gemeinnützige Körperschaften grundsätzlich die allgemeinen Vorschriften. Besonderheiten ergeben sich nur insoweit, als bei Unterschreiten der **Besteuerungsgrenze** des § 64 Abs. 3 AO von einer Veranlagung zur Körperschaftsteuer abgesehen wird. Überschreiten die Einnahmen einschließlich Umsatzsteuer die Grenze des § 64 Abs. 3 AO, muss auch eine gemeinnützige Körperschaft (neben der bisher nur alle drei Jahre verlangten Gem 1-Erklärung bzw. Anlage Gem) jährliche Körperschaftsteuererklärungen abgeben.   7.95

frei   7.96–7.99

C. Gewerbesteuer

I. Steuerbefreiung

Gemeinnützige Einrichtungen sind nach § 3 Nr. 6 EStG **von der Gewerbesteuer befreit**. Die Befreiung ist aber nach § 3 Nr. 6 Satz 2 GewStG insoweit ausgeschlossen, als ein wirtschaftlicher Geschäftsbetrieb – ausgenommen Land- und Forstwirtschaft – unterhalten wird. Es besteht also – ebenso wie bei der Körperschaftsteuer (vgl. § 5 Abs. 1 Nr. 9 KStG) – nur eine partielle Gewerbesteuerpflicht im Rahmen eines wirtschaftlichen Geschäftsbetriebs. Dagegen bleibt die Gewerbesteuerbefreiung im Bereich der Vermögensverwaltung und des Zweckbetriebs erhalten. Im Ganzen   7.100

---

1 Gesetz v. 1.11.2011, BGBl. I 2011, 2131; zu dieser nachträglich eingefügten Regelung vgl. auch BT-Drucks. 17/6105 und 17/6146.
2 BMF v. 16.8.2011, BStBl. I 2011, 787.
3 Vgl. BMF v. 20.4.2016, BStBl. I 2016, 475.
4 Zum Folgenden vgl. *Kraus*, npoR 2018, 97.
5 BMF v. 17.12.2017, BStBl. I 2018, 52.

handelt es sich also um eine – sachlich beschränkte – persönliche Steuerbefreiung[1]. Hinsichtlich der Voraussetzungen und Grenzen der partiellen Steuerpflicht sowie des **Begriffs des wirtschaftlichen Geschäftsbetriebs** kann auf die Ausführungen zu § 14 AO verwiesen werden (vgl. Rz. 6.95 ff.). Ferner gilt im Rahmen der Gewerbesteuer auch die Besteuerungsgrenze des § 64 Abs. 3 AO. Abweichend von der Körperschaftsteuer sind bei der Gewerbesteuer nicht nur Forstbetriebe, sondern auch landwirtschaftliche Betriebe aus der partiellen Steuerpflicht ausdrücklich ausgenommen (§ 3 Nr. 6 Satz 2 GewStG).

7.101   Neben der persönlichen Befreiung für gemeinnützige Einrichtungen enthält § 3 GewStG noch **weitere persönliche Befreiungen sowie sachliche Befreiungstatbestände für bestimmte Gewerbebetriebe**. Im vorliegenden Kontext ist vor allem auf § 3 Nr. 20 GewStG hinzuweisen, der als Spezialvorschrift gegenüber der Befreiung nach § 3 Nr. 6 GewStG vorrangig anzuwenden ist[2]. Danach sind – unter bestimmten Voraussetzungen (vgl. dazu § 3 Nr. 20 Buchst. a bis d GewStG) – von der Gewerbesteuer befreit

„Krankenhäuser, Altenheime, Altenwohnheime, Pflegeheime, Einrichtungen zur vorübergehenden Aufnahme pflegebedürftiger Personen und Einrichtungen zur ambulanten Pflege kranker und pflegebedürftiger Personen".

7.102   Die Steuerbefreiung nach § 3 Nr. 20 GewStG schließt – weil es sich nur um eine **sachliche Steuerbefreiung** handelt – die Fähigkeit, Organträger zu sein, nicht aus. Allerdings umfasst die Steuerbefreiung nicht den Gewerbeertrag einer Organgesellschaft, die selbst nicht die Voraussetzungen des § 3 Nr. 20 GewStG erfüllt[3]. Die Gewerbesteuerbefreiung des § 3 Nr. 20 Buchst. c und d GewStG umfasst nur Tätigkeiten, die für den Betrieb einer der dort aufgeführten Altenheime, Altenwohnheime und Pflegeeinrichtungen notwendig sind[4]. Ausgenommen sind daher Überschüsse aus Tätigkeiten, die – wie z.B. die Gestellung von Pflegepersonal an andere Einrichtungen[5] – bei einer von der Körperschaftsteuer befreiten Körperschaft als steuerpflichtige wirtschaftliche Geschäftsbetriebe zu behandeln sind[6]. Aus den gleichen Erwägungen erfasst auch die Befreiung für Krankenhäuser (§ 3 Nr. 20 Buchst. b GewStG) nur Einnahmen und Ausgaben, die mit den ärztlichen und pflegerischen Leistungen an die Patienten des Krankenhauses zusammenhängen. Eine wirtschaftliche Betätigung mit anderem Gegenstand ist demgegenüber nicht von der Befreiung umfasst[7]. Eine wei-

---

1 Vgl. *Sarrazin* in Lenski/Steinberg, § 3 GewStG Rz. 8; *Güroff* in Glanegger/Güroff, § 3 GewStG Rz. 20; siehe auch BFH v. 7.8.2002 – I R 84/01, BFH/NV 2003, 277.
2 Dazu nur *Güroff* in Glanegger/Güroff, § 3 GewStG Rz. 427.
3 BFH v. 10.3.2010 – I R 41/09, BStBl. II 2011, 181.
4 Zur Gewerbesteuerbefreiung für teilstationäre Rehabilitationszentren vgl. FG Niedersachsen v. 12.11.2012 – 7 K 10204/09, DStRE 2013, 1497.
5 FG Schleswig-Holstein v. 18.6.2012 – 5 K 40111/10, EFG 2013, 641.
6 BFH v. 22.6.2011 – I R 43/10, BFH/NV 2011, 1792.
7 BFH v. 22.6.2011 – I R 59/10, BFH/NV 2012, 61; ebenso FG Nürnberg v. 25.6.2013 – 1 K 860/12, EFG 2014, 60.

tere „gemeinnützigkeitsrelevante" Befreiung findet sich in § 3 Nr. 13 GewStG („private Schulen")[1].

Im Rahmen einer **Betriebsaufspaltung** stellt sich bei Gewerbesteuerbefreiungen die Frage, ob die Befreiung des Betriebsunternehmens (z.B. einer Krankenhaus-GmbH nach § 3 Nr. 20 GewStG) auf das Besitzunternehmen „durchschlägt". Zwar spricht gegen eine solche „Merkmalsübertragung" auf den ersten Blick, dass nach ständiger Rechtsprechung zur Betriebsaufspaltung das Besitz- und Betriebsunternehmen „selbständige" Unternehmen bleiben, so dass auch die Tätigkeiten beider Unternehmen eigenständig zu würdigen sind. Auf der anderen Seite wird das richterrechtliche Rechtsinstitut der Betriebsaufspaltung und die Annahme eines Gewerbebetriebs des Besitzunternehmens gerade damit begründet, dass beide Unternehmen von einem „einheitlichen geschäftlichen Betätigungswillen" getragen werden und das Gewerbesteueraufkommen gegen eine künstliche Aufspaltung eines einheitlichen Betriebs in ein Besitz- und ein Betriebsunternehmen gesichert werden soll[2]. Dieser letzte Gesichtspunkt greift aber nicht ein, wenn das „Einheitsunternehmen" wegen einer Befreiung ohnehin nicht gewerbesteuerpflichtig wäre[3]. Zwar ist eine Merkmalsübertragung nicht bei allen Befreiungen gerechtfertigt, sondern bedarf jeweils einer konkreten teleologischen Begründung[4]. Bei der sachlichen Steuerbefreiung nach § 3 Nr. 20 GewStG gebietet aber der Sozialzweck der Befreiung nach ganz h.M., dass sie im Falle einer Betriebsaufspaltung auch auf das Besitzunternehmen angewendet wird[5]. Gleiches wird man aber auch bei anderen Befreiungen – z.B. § 3 Nr. 13 GewStG – annehmen müssen[6].

Eine solche kraft „Merkmalsübertragung" vermittelte Gewerbesteuerbefreiung des Besitzunternehmens ist im Rahmen von § 3 Nr. 20 GewStG regelmäßig auch deshalb unproblematisch, weil diese – tätigkeitsbezogene und rechtsformunabhängige[7] – Befreiung nicht von weiteren persönlichen Voraussetzungen abhängt. Demgegenüber ist die **persönliche Befreiung nach § 3 Nr. 6 GewStG** an bestimmte „organisationsbezogene" Voraussetzungen geknüpft, so dass eine „Merkmalsübertragung" hier nur in Betracht kommt, wenn auch das Besitzunternehmen eine Körperschaft ist und die satzungsmäßigen Anforderungen der §§ 59, 60 AO erfüllt[8]. Darin liegt ein Unterschied zu anderen Befreiungen (§ 3 Nr. 20 GewStG), wo die Steuer-

7.103

---

1 Dazu FG Münster v. 31.8.2015 – 9 K 2097/14 G, EFG 2016, 48.

2 Vgl. dazu nur *Wacker* in L. Schmidt, § 15 EStG Rz. 800 ff.; siehe aber auch die grundsätzliche Kritik an der Rechtsentwicklung von *Knobbe-Keuk*, Bilanz- und Unternehmenssteuerrecht, § 22 X.

3 Vgl. nur BFH v. 20.8.2015 – IV R 26/13, BStBl. II 2016, 408; ebenso bereits BFH v. 29.3.2006 – X R 59/00, BStBl. II 2006, 661; aus dem Schrifttum *Seer*, BB 2002, 1833; *Drüen*, GmbHR 2005, 69.

4 Zu Recht ablehnend für die erweiterte Kürzung BFH v. 22.6.2016 – X R 54/14, BStBl. II 2017, 529.

5 Zuletzt BFH v. 20.8.2015 – IV R 26/13, BStBl. II 2016, 408; BFH v. 29.3.2006 – X R 59/00, BStBl. II 2006, 661; zustimmend *Sarrazin* in Lenski/Steinberg, § 3 GewStG Rz. 11; kritisch aber *Wacker* in L. Schmidt, § 15 EStG Rz. 871.

6 Dazu FG Thüringen v. 15.6.2016 – 3 K 719/15, EFG 2017, 412 (Rev. BFH X R 42/16).

7 So jetzt ausdrücklich BFH v. 20.8.2015 – IV R 26/13, BStBl. II 2016, 408.

8 Dies übersieht das Urteil des BFH v. 19.10.2006 – IV R 22/02, BFH/NV 2007, 149, weshalb die Entscheidung auch nicht im BStBl. abgedruckt worden ist.

freiheit durch „Merkmalsübertragung" nach richtiger Ansicht selbst dann erhalten bleibt, wenn das Besitzunternehmen eine gewerblich geprägte Personengesellschaft ist, weil die Prägung nach § 15 Abs. 3 Nr. 2 EStG gegenüber einer durch die Betriebsaufspaltung vermittelten eigenen „gewerblichen" Tätigkeit des Besitzunternehmens subsidiär ist[1].

II. Sachliche Steuerpflicht

7.104 Die Befreiungsregelung des § 3 Nr. 6 GewStG regelt nur den Umfang der persönlichen Steuerpflicht. Davon ist die Frage nach dem Steuergegenstand zu unterscheiden. Insoweit gilt § 2 GewStG, der über den Grundtatbestand in § 2 Abs. 1 GewStG hinaus einige **rechtsformabhängige Besonderheiten** enthält, die auch für gemeinnützige Einrichtungen von Bedeutung sind. Im Einzelnen ist zu unterscheiden:

– Der Gewerbesteuer unterliegt zunächst jeder **stehende Gewerbebetrieb** (vgl. § 15 Abs. 2 EStG), soweit er im Inland betrieben wird (§ 2 Abs. 1 Satz 1 GewStG).

– Nach § 2 Abs. 2 Satz 1 GewStG gilt als Gewerbebetrieb „stets und in vollem Umfang die **Tätigkeit der Kapitalgesellschaften** (insbesondere Europäische Gesellschaften, Aktiengesellschaften, Kommanditgesellschaften auf Aktien, Gesellschaften mit beschränkter Haftung) …"

– Als Gewerbebetrieb gilt auch die Tätigkeit der **sonstigen juristischen Personen des privaten Rechts und der nichtrechtsfähigen Vereine**, soweit sie einen wirtschaftlichen Geschäftsbetrieb (ausgenommen Land- und Forstwirtschaft) unterhalten (§ 2 Abs. 3 GewStG).

7.105 Für gemeinnützige Körperschaften, die ohnehin nur im Rahmen des § 14 AO der Gewerbesteuer unterliegen, reduziert sich die **praktische Bedeutung dieser Fiktionen** vor allem auf die Frage, ob man auf Grund von § 2 Abs. 2 und 3 GewStG auch wirtschaftliche Betätigungen ohne Gewinnerzielungsabsicht der Gewerbesteuer unterwirft. Denn Kapitaleinkünfte, Einkünfte aus Vermietung und Verpachtung sowie aus Land- und Forstwirtschaft fallen nach § 3 Nr. 6 GewStG stets im steuerfreien Bereich an, so dass für die Fiktion gewerblicher Einkünfte nur bei sonstigen Einkünften nach § 22 EStG noch ein (kleiner) Raum bleibt. Wie bereits (Rz. 6.88) dargelegt worden ist, hat die Fiktion des § 2 Abs. 3 GewStG nach Abschaffung der Gewerbekapitalsteuer ihre eigentliche Bedeutung verloren[2]. Nach zutreffender Ansicht setzt daher eine Gewerbesteuerpflicht bei den in § 2 Abs. 3 GewStG genannten Körperschaften stets einen Gewerbebetrieb im Sinne des § 15 Abs. 2 EStG voraus[3].

Eine andere Frage betrifft den **Beginn und das Ende der Gewerbesteuerpflicht**. Insoweit ist zu unterscheiden: Während im Rahmen der rechtsformbezogenen Fiktion des § 2 Abs. 2 Satz 1 GewStG jede Tätigkeit der Kapitalgesellschaft (ggf. einschließlich der Vorgesellschaft)

---

1 BFH v. 20.8.2015 – IV R 26/13, BStBl. II 2016, 408.
2 Für Abschaffung auch *Orth*, FR 2007, 326.
3 So auch FG Berlin v. 12.10.1998 – 8 K 8567/97, EFG 1998, 1031; *Bott* in Schauhoff, § 8 Rz. 384; *Fischer* in Hübschmann/Hepp/Spitaler, § 14 AO Rz. 45, § 64 AO Rz. 18; *Hüttemann*, Wirtschaftliche Betätigung, S. 131; a.A. *Buchna/Leichinger/Seeger/Brox*, S. 531; *Wallenhorst/Halaczinsky*, Rz. J 2.; *Güroff* in Glanegger/Güroff, § 2 GewStG Rz. 409.

erfasst ist[1], beginnt die Steuerpflicht nach § 2 Abs. 3 GewStG erst mit der Aufnahme der tatsächlichen Tätigkeit und erlischt mit ihrer Einstellung[2]. Daraus ergibt sich, dass z.B. bei einem gemeinnützigen Verein der Gewinn aus der Veräußerung oder Aufgabe eines Geschäftsbetriebs (§ 16 Abs. 1 und 3 EStG) nicht der Gewerbesteuer unterliegt (vgl. auch § 7 Satz 2 GewStG).

Ein gewerbesteuerrechtliches Sonderproblem entsteht, wenn **zwei gemeinnützige Körperschaften** einen Zweckbetrieb über eine gewerbliche Personengesellschaft betreiben. Hier läuft die Steuerbefreiung nach § 3 Nr. 6 GewStG leer, weil die Personengesellschaft im Gewerbesteuerrecht selbst Steuerschuldnerin ist (§ 5 Abs. 1 Satz 3 GewStG), eine Personengesellschaft aber nach § 5 Abs. 1 Nr. 9 KStG nicht gemeinnützig sein kann. Ein vergleichbares Problem gibt es auch bei der Anwendung des ermäßigen Umsatzsteuersatzes. Dort existiert aber mit § 12 Abs. 2 Nr. 8 Buchst. b UStG eine spezielle Vorschrift, die die Steuerermäßigung nach § 12 Abs. 2 Nr. 8 Buchst. a UStG auf einen Zusammenschluss von gemeinnützigen Körperschaften „verlängert"[3]. Eine solche Regelung wäre auch für das Gewerbesteuerrecht zu empfehlen.

Die **Bemessungsgrundlage** der Gewerbesteuer ist der Gewerbeertrag, d.h. der nach den Vorschriften des EStG und KStG zu ermittelnde Gewinn aus dem Gewerbebetrieb, vermehrt und vermindert um die in den §§ 8 und 9 GewStG bezeichneten Beträge (zur Berücksichtigung von Spenden bei der Gewerbesteuer vgl. Rz. 8.183 ff.). Hinsichtlich der Ermittlung des Gewerbeertrags ergeben sich für Gewerbebetriebe von gemeinnützigen Einrichtungen keine Besonderheiten. Der Gewerbeertrag ist um den Freibetrag nach § 11 Abs. 1 Nr. 2 GewStG (5 000 Euro) zu kürzen. Auf den nach Abzug des Freibetrags verbleibenden Gewerbeertrag ist die Steuermesszahl von 3,5 Prozent anzuwenden (§ 11 Abs. 2 GewStG). So ergibt sich der Steuermessbetrag, auf den die Gemeinde ihren jeweiligen Hebesatz anwendet.

7.106

D. Umsatzsteuer

I. Einführung

1. Bedeutung für gemeinnützige Körperschaften

Gemeinnützige Organisationen, die sich wirtschaftlich betätigen, unterliegen nicht nur der Körperschaft- und Gewerbesteuer, sondern sind in der Regel auch umsatzsteuerpflichtig. Die Umsatzsteuer dürfte für die meisten gemeinnützigen Einrichtungen sogar die **wichtigste Einzelsteuer** darstellen, deren Belastungs- und Entlastungswirkungen bei der Gestaltung und Durchführung wirtschaftlicher Aktivitäten stets berücksichtigt werden müssen[4]. Für diese große praktische Relevanz des Umsatzsteuerrechts gibt es mehrere Gründe:

7.107

---

1 Dazu zuletzt BFH v. 24.1.2017 – I R 81/15, BStBl. II 2017, 1071.
2 Vgl. nur *Güroff* in Glanegger/Güroff, § 2 GewStG Rz. 434, 436.
3 Vgl. zu diesem Problemkreis auch *Orth*, DStR 2012, 116; *Schotenroehr*, DStR 2012, 14.
4 Zur Umsatzbesteuerung gemeinnütziger Einrichtungen vgl. die Überblicksdarstellungen bei *Achatz* in DStJG 26 (2003), 279 ff.; *Buchna/Leichinger/Seeger/Brox*, S. 532 ff.; *Rasche* in

– Zunächst kommt es für die Umsatzsteuer als Verbrauchsteuer **nicht darauf an, ob der Unternehmer mit einer Tätigkeit Gewinne erzielen will** oder nicht. Im Unterschied zur Körperschaft- und Gewerbesteuer fällt deshalb Umsatzsteuer auch bei solchen Tätigkeiten an, die ohne Gewinnerzielungsabsicht gegen ein kostendeckendes oder noch niedrigeres Entgelt erbracht werden.

– Ferner kennt das Umsatzsteuerrecht **keine persönliche Steuerbefreiung von gemeinnützigen Einrichtungen.** Gemeinnützige Körperschaften unterliegen daher – vorbehaltlich besonderer sachlicher Befreiungen nach § 4 UStG – auch im „steuerbegünstigten" Bereich der Vermögensverwaltung und der Zweckbetriebe grundsätzlich der Umsatzbesteuerung.

– Zudem gilt die **Besteuerungsgrenze des § 64 Abs. 3 AO nicht bei der Umsatzsteuer,** d.h. oberhalb der sog. Kleinunternehmergrenze des § 19 UStG in Höhe von 17 500 Euro kommt es – wenn bei entgeltlichen Lieferungen und Leistungen keine sachliche Steuerbefreiung nach § 4 UStG eingreift – zwingend zu einer Umsatzsteuerpflicht.

– Darüber hinaus besteht die einzige gemeinnützigkeitsabhängige Steuervergünstigung bei der Umsatzsteuer darin, dass für Umsätze außerhalb eines wirtschaftlichen Geschäftsbetriebs ein **ermäßigter Steuersatz von 7 Prozent** gilt (§ 12 Abs. 2 Nr. 8 Buchst. a UStG), gleichzeitig aber der Vorsteuerabzug erhalten bleibt.

– § 4 UStG sieht zwar verschiedene **gemeinwohlbezogene sachliche Steuerbefreiungen** vor, die vielfach auch gemeinnützige Einrichtungen betreffen (Krankenhäuser, Einrichtungen der Wohlfahrtspflege, kulturelle Einrichtungen, Bildungseinrichtungen, Jugendherbergen etc.). Diese Steuerbefreiungen sind aber an besondere Voraussetzungen geknüpft, die es jeweils einzuhalten gilt. Ferner haben alle diese Befreiungen aus Sicht der befreiten Unternehmer den Nachteil, dass sie mit einem Verlust des Vorsteuerabzuges verknüpft sind (vgl. § 15 Abs. 2 Nr. 1 UStG), so dass die Befreiung u.U. sogar zu wirtschaftlichen Nachteilen führen kann.

– Schließlich geht es bei der Umsatzsteuerpflicht nicht nur um die Belastung von Lieferungen und Leistungen mit Umsatzsteuer, sondern auch um die **Möglichkeit des Vorsteuerabzugs.** Insbesondere bei größeren Investitionen im unternehmerischen Bereich kann die Vorsteuervergütung zu erheblichen Liquiditätsvorteilen führen. Da die meisten gemeinnützigen Einrichtungen aber nicht nur eine unternehmerische Sphäre haben, ergeben sich zusätzliche Abgrenzungsprobleme bei der Zuordnung von Vorsteuerbeträgen. Ähnliche Fragen stellen sich auch dann, wenn gemeinnützige Einrichtungen neben steuerpflichtigen Umsätzen auch steuerfreie Umsätze ausführen.

7.108   Angesichts dieser Ausgangslage verwundert es nicht, dass in der Praxis viele Streitfälle bei gemeinnützigen Einrichtungen die Umsatzsteuer betreffen. Darüber hinaus

Schauhoff, § 11; *Reiß* in Non Profit Law Yearbook 2005, 47 ff.; *Wallenhorst/Halaczinsky,* Rz. L 1 ff.; umfassend *Weitemeyer/Schauhoff/Achatz* (Hrsg.), Umsatzsteuerrecht für den Nonprofitsektor, 2018.

ist zu beobachten, dass sich in manchen Bereichen die umsatzsteuerliche Beurteilung – vor allem auf Grund der besonderen Vorgaben der MwStSystRL – zunehmend **von der Körperschaft- und Gewerbesteuer emanzipiert.** Beispiele sind das Urteil des EuGH zur umsatzsteuerlichen Behandlung von Mitgliedsbeiträgen[1], die Einschränkung des ermäßigten Umsatzsteuersatzes für Zweckbetriebe im JStG 2007[2] und die Nichtanwendung des ermäßigten Steuersatzes im Bereich der Vermögensverwaltung in der Rechtsprechung des BFH[3]. Für die praktische Rechtsanwendung ist schließlich zu beachten, dass die Körperschaft- und Gewerbesteuer einerseits und die Umsatzsteuer andererseits in der Finanzverwaltung von verschiedenen Dienststellen verwaltet werden und auch bei den Finanzgerichten und beim BFH Spezialsenate für die Pflege des Umsatzsteuerrechts zuständig sind[4].

2. Umsatzsteuer und Unionsrecht

Aus juristischer Perspektive unterscheidet sich die Anwendung und Auslegung des UStG noch in anderer Hinsicht deutlich von der Anwendung des KStG oder GewStG. Nach Art. 113 AEUV sind die Rechtsvorschriften über die Umsatzsteuern innerhalb der EU zu harmonisieren, soweit dies für das Funktionieren des Binnenmarktes notwendig ist. Diese Harmonisierung ist durch verschiedene Mehrwertsteuer-Richtlinien, insbesondere durch die mehrfach geänderte **6. Richtlinie zum gemeinsamen Mehrwertsteuersystem**[5] erfolgt. Die 6. MwStRL enthielt detaillierte Vorgaben zum Steuergegenstand, zu Befreiungen, zur Bemessungsgrundlage und zum Vorsteuerabzug und ist mit dem UStG 1980 ins nationale Recht umgesetzt worden. An ihre Stelle ist inzwischen die weitgehend inhaltsgleiche Richtlinie über das gemeinsame Mehrwertsteuersystem vom 28.11.2006 – Mehrwertsteuersystemrichtlinie (MwStSystRL) – getreten[6]. Der deutsche Gesetzgeber ist mithin bei der Ausgestaltung des nationalen Umsatzsteuerrechts nicht mehr frei, sondern an die Vorgaben des EU-Rechts gebunden. Daraus ergeben sich einige wesentliche Konsequenzen, die auch für die Anwendung des UStG in der steuerlichen Praxis gemeinnütziger Einrichtungen von erheblicher Bedeutung sind[7]:

7.109

– Was den **rechtspolitischen Handlungsspielraum** anbetrifft, so sind dem deutschen Gesetzgeber durch die MwStSystRL weitgehend die Hände gebunden, wenn es um Änderungen der umsatzsteuerlichen Rahmenbedingungen steuerbegünstigter Einrichtungen geht. Dies haben z.B. die Erfahrungen mit der Umsatzsteuerbefreiung für die Auftragsforschung staatlicher Hochschulen (§ 4 Nr. 21a

---

1 EuGH v. 21.3.2002 – Rs. 174/00 *Kennemer Golf & Country Club*, Slg. 2002, I-3293.
2 Vgl. § 12 Abs. 2 Nr. 8 Buchst. a Satz 3 KStG; ferner BMF v. 9.2.2007, BStBl. I 2007, 218.
3 Dazu BFH v. 20.3.2014 – V R 4/13, BFH/NV 2014, 1470.
4 Allerdings ist seit 2016 der V. Senat des BFH zusätzlich auch für das Gemeinnützigkeitsrecht zuständig.
5 MwStSystRL v. 17.5.1977, 77/388/EWG, ABl. EG 1977, Nr. L 145, S. 1.
6 Richtlinie 2006/112/EG v. 28.11.2006, ABl. EU 2006, Nr. L 347, S. 1.
7 Zum Folgenden vgl. etwa *Schön*, Zur Auslegung des europäischen Gemeinschaftsrechts, 1993; *Birkenfeld*, Mehrwertsteuer der EU, S. 18 ff.; *Englisch* in Tipke/Lang, § 4 Rz. 30 ff.; *Stadie*, Umsatzsteuerrecht, Rz. 1.49 ff.; *Kofler* in Schaumburg/Englisch (Hrsg.), Europäisches Steuerrecht, Rz. 13.1 ff.

UStG a.F.) gezeigt[1]. Aus dem gleichen Grund sah sich der deutsche Gesetzgeber auch gehindert, die im Sponsoringerlass für die Körperschaftsteuer angeordnete Steuerfreiheit bestimmter Leistungen einfach auf die Umsatzsteuer auszudehnen[2]. Wer weitere umsatzsteuerliche Erleichterungen für gemeinnützige Einrichtungen fordert (z.B. eine Ausdehnung des ermäßigten Umsatzsteuersatzes oder eine Steuerbefreiung für Spenden aus dem Betriebsvermögen), müsste also zunächst die europäischen Vorgaben ändern.

– Lange Zeit arbeitete die EU-Kommission an einem Vorschlag für eine **Reform des harmonisierten Mehrwertsteuer-Rechts in Hinsicht auf die Steuerbefreiungen und Steuersatzermäßigungen.** Die bisherigen Überlegungen zielten – zur Vermeidung von Wettbewerbsverzerrungen und zur Senkung der Administrationskosten – auf eine Streichung von Ausnahmetatbeständen zugunsten einer allgemeinen Steuersatzsenkung[3]. Ob ein solcher Vorschlag auch auf der politischen Ebene durchsetzbar gewesen wäre, erschien angesichts der drohenden Mehrbelastung für die Empfänger von bisher steuerbefreiten Leistungen eher zweifelhaft. Am 18.1.2018 hat die EU-Kommission mit Rücksicht auf die Umstellung auf das Bestimmungslandprinzip nunmehr einen Vorschlag zur Änderung der MwStSyst-RL in Hinsicht auf die ermäßigten Steuersätze vorgelegt, mit dem den Mitgliedsstaaten – genau umgekehrt – ein viel größerer Spielraum bei der Gestaltung der Steuersätze eingeräumt werden soll[4].

– Wie allen anderen EU-Richtlinien kommt auch der MwStSystRL unter bestimmten Voraussetzungen eine **unmittelbare Wirkung** im Verhältnis zwischen Bürger und Mitgliedstaat zu. Dies bedeutet vor allem, dass sich gemeinnützige Einrichtungen gegenüber dem Finanzamt und den Finanzgerichten auf die Vorgaben der MwStSystRL berufen können, soweit das nationale Recht zu ihren Ungunsten von der Richtlinie abweicht, eine richtlinienkonforme Auslegung wegen der Wortlautgrenze nicht möglich ist und die Bestimmung der Richtlinie unbedingt und hinreichend genau ist. Diese Möglichkeit hat insbesondere Bedeutung für diejenigen unionsrechtlichen Steuerbefreiungen nach Art. 132 Abs. 1 MwStSystRL, die Deutschland nicht oder nicht zutreffend umgesetzt hat.

– Bestehen Zweifel über die **Auslegung einer Richtlinienbestimmung,** so entscheidet der EuGH auf Vorlage eines nationalen Gerichts nach Art. 267 AEUV. Der strikte Anwendungsvorrang des Unionsrechts und die Auslegungskompetenz des EuGH haben in den letzten Jahren dazu geführt, dass die Weiterentwicklung des Umsatzsteuerrechts weitestgehend in den Händen des EuGH liegt. Dies gilt im Besonderen für die Befreiungsvorschriften in Art. 132 Abs. 1 MwSt-

---

1 Vgl. EuGH v. 20.6.2002 – Rs. C-287/00 *Komm./Deutschland*, Slg. 2002, I-5811; dazu *Strahl*, UR 2002, 374.

2 Siehe aber jetzt BMF v. 13.11.2012, BStBl. I 2012, 1169, mit dem versucht wird, die Wertungen des Sponsoringerlasses auf das Umsatzsteuerrecht zu übertragen.

3 Siehe die Mitteilung der Kommission v. 6.2.2011 KOM (2011) 851 endg.; zu Reformoptionen vgl. den Tagungsband von de la Feria, VAT-Exemptions – Consequences and Design Alternatives, 2013.

4 KOM (2018) 20 endg.

SystRL, deren Regelungsgehalt der EuGH in zahlreichen Urteilen konkretisiert hat (näher Rz. 7.148 ff.).

– Die unmittelbare Wirkung der MwStSystRL gilt natürlich **nur zugunsten des Steuerbürgers**. Der Staat, der eine Richtlinie fehlerhaft umsetzt, kann sich gegenüber seinem Bürger, der sich auf das nationale Umsetzungsgesetz verlassen hat, nicht auf die Richtlinie berufen. Ein Beispiel aus neuerer Zeit ist die Rechtsprechung des EuGH zur Steuerbarkeit von Mitgliedsbeiträgen eines Sportvereins, die erheblich von der bisherigen Auffassung der Finanzverwaltung (regelmäßig nicht steuerbare Mitgliedsbeiträge) abweicht. Solange der Umsatzsteueranwendungserlass nicht an die EuGH-Rechtsprechung angepasst worden ist, kann folglich kein Finanzamt unter Hinweis auf den Vorrang des Unionsrechts gegenüber einem Sportverein nachteilige Konsequenzen aus der EuGH-Entscheidung ziehen[1].

Insgesamt ist festzustellen, dass sich auch gemeinnützige Einrichtungen und ihre steuerlichen Berater eingehend mit den Vorgaben der MwStSystRL befassen müssen, um **steuerliche Nachteile im Einzelfall** abzuwehren. Dies gilt im Besonderen für die Befreiungsregelungen in § 4 UStG, die der deutsche Gesetzgeber des UStG 1980 vielfach ohne große Änderungen aus dem UStG 1967 übernommen[2] und auch in der Folgezeit nicht oder nicht vollständig an die Vorgaben der MwStSystRL angepasst hat[3].

3. Grundzüge des geltenden Umsatzsteuerrechts

Die Umsatzsteuer ist **die allgemeine Verbrauchsteuer**. Sie zielt auf eine Belastung der Einkommensverwendung[4]. Auch der EuGH betont den Charakter der europäisch harmonisierten Mehrwertsteuer als einer Verbrauchsteuer[5]. Allerdings wird der Verbraucher bzw. Leistungsempfänger aus Praktikabilitätsgründen in der Regel nicht direkt belastet, sondern die Umsatzbesteuerung setzt vorrangig bei den Unter-

7.110

---

1 Vgl. auch BFH v. 9.8.2007 – V R 27/04, BFH/NV 2007, 2213.
2 Vgl. dazu auch *Jacobs*, S. 67 ff.; für die Befreiungsregelung des § 4 Nr. 18 Buchst. c UStG vgl. *Hüttemann*, UR 2006, 458 ff.
3 Vgl. zuletzt EuGH v. 21.9.2017 – Rs. C-616/15 *Komm./Deutschland*, ECLI:EU:C:2017:721 betreffend die Steuerbefreiung für Kooperationsleistungen nach Art. 132 Abs. 1 Buchst. f MwStSystRL.
4 Vgl. schon Begründung zum UStG 1919, abgedruckt bei *Popitz*, UStG, 3. Aufl. 1928, S. 187 f.: „Denn dass die Umsatzsteuer, wenn sie auch im äußeren Gewande einer Verkehrsteuer erscheint, eine Belastung des allgemeinen Verbrauchs bedeutet, ist zweifellos." Siehe auch Art. 1 Abs. 2 MwStSystRL: „Das gemeinsame Mehrwertsteuersystem beruht auf dem Grundsatz, dass auf Gegenstände und Dienstleistungen, ungeachtet der Zahl der Umsätze, die auf den vor der Besteuerungsstufe liegenden Produktions- und Vertriebsstufen bewirkt wurden, eine allgemeine zum Preis der Gegenstände und Dienstleistungen genau proportionale Verbrauchssteuer anzuwenden ist." Die Einordnung der Umsatzsteuer als Verbrauchsteuer hat sich auch in Rechtsprechung und Schrifttum durchgesetzt, vgl. statt aller nur *Englisch* in Tipke/Lang, § 17 Rz. 10 mit eingehenden Nachweisen in Fn. 31; *Reiß* in DStJG 32 (2009), 9 ff.
5 Vgl. nur EuGH v. 29.2.1996 – Rs. C-215/94 *Mohr*, Slg. 1996, I-959.

nehmern an, die Lieferungen und Leistungen gegen Entgelt ausführen. Die Unternehmer können – so die steuerpolitische Idealvorstellung – die Umsatzsteuer über den Preis auf die Abnehmer überwälzen. Soweit sie selbst durch Umsatzsteuer auf Vorleistungen belastet sind, werden sie durch die **Möglichkeit des Vorsteuerabzugs** entlastet[1]. Auf diese Weise wird zum einen gewährleistet, dass auf jeder Wertschöpfungsstufe nur der „Mehrwert" mit Umsatzsteuer belastet wird (sog. Allphasen-Netto-Umsatzsteuer mit Vorsteuerabzug)[2]. Der Vorsteuerabzug stellt zum anderen trotz der steuertechnischen Anknüpfung an den Unternehmer sicher, dass letztlich nur der Verbraucher, d.h. die private Einkommensverwendung, mit Umsatzsteuer belastet wird. Auf Grund der Überwälzung der Steuer auf den Verbraucher (Steuerträger) gehört die Umsatzsteuer zu den **indirekten Steuern**. Von der materiell-rechtlichen Einordnung der Umsatzsteuer als Verbrauchsteuer ist schließlich ihre verfahrensrechtliche Einordnung durch die AO zu unterscheiden, wo die Umsatzsteuer – sieht man von der Einfuhrumsatzsteuer (§ 21 Abs. 1 UStG) ab – zu den Verkehrsteuern gehört[3].

7.111 Steuerobjekt der UStG sind Umsätze. Dazu gehören insbesondere **entgeltliche Vorgänge**, d.h. Lieferungen und Leistungen, die ein Unternehmer im Inland gegen Entgelt im Rahmen seines Unternehmens ausführt (§ 1 Abs. 1 Nr. 1 UStG). Um eine vollständige Besteuerung des privaten Konsums sicherzustellen, erfasst das Gesetz unter dem Begriff des Umsatzes zudem auch einen Verbrauch des Unternehmers in Gestalt bestimmter unentgeltlicher Leistungen und Entnahmen (§ 3 Abs. 1b, Abs. 9a UStG). Ferner sind auch steuerbar die Einfuhr von Gegenständen (§ 1 Abs. 1 Nr. 4 UStG) sowie der innergemeinschaftliche Erwerb (§ 1 Abs. 1 Nr. 5 UStG).

7.112 Von der Frage der Steuerbarkeit eines Umsatzes ist die Frage der **Steuerpflicht** zu unterscheiden. Auch wenn ein Vorgang der Umsatzsteuer unterliegt, d.h. nach § 1 Abs. 1 Nr. 1 UStG ein steuerbarer Umsatz ist, setzt eine Steuerpflicht voraus, dass keine Steuerbefreiung eingreift. Dazu ist insbesondere zu prüfen, ob ein bestimmter Umsatz nach § 4 UStG von der Steuer befreit ist. **Bemessungsgrundlage** bei steuerpflichtigen Umsätzen ist das Entgelt (§ 10 Abs. 1 Satz 1 UStG), d.h. alles das, was der Leistungsempfänger aufwendet, um die Leistung zu erhalten, jedoch abzüglich der Umsatzsteuer. Das geltende UStG kennt **zwei Steuersätze**, den Regelsteuersatz von 19 Prozent und den ermäßigten Steuersatz von 7 Prozent (§ 12 UStG).

7.113 Ein zentrales Element der geltenden Allphasen-Netto-Umsatzsteuer bildet ferner das Recht zum **Vorsteuerabzug** (§ 15 UStG). Dies bedeutet, dass der Unternehmer die gesetzlich geschuldete Steuer für Lieferungen und sonstige Leistungen, die von einem anderen Unternehmer für sein Unternehmen ausgeführt worden sind, abziehen kann, wenn er eine ordnungsgemäße Rechnung (§§ 14, 14a UStG) besitzt. Der Vorsteuerabzug ist bei Leistungen, die der Unternehmer zur Ausführung steuerfrei-

---

1 Zur Systematik der Umsatzbesteuerung vgl. auch *Hüttemann* in Weitemeyer/Schauhoff/Achatz, Umsatzsteuerrecht für den Nonprofitsektor, Rz. 4.1 ff.

2 Zur Umsatzsteuer als „Mehrwertsteuer" mit Vorsteuerabzug etwa *Englisch* in Tipke/Lang, § 17 Rz. 15 f.

3 Vgl. nur BFH v. 16.10.1986 – V B 64/86, BStBl. II 1987, 95.

er oder nicht steuerbarer Umsätze verwendet, ausgeschlossen (§ 15 Abs. 2 Nr. 1 UStG). Führt ein Unternehmer sowohl steuerpflichtige als auch steuerfreie Umsätze aus, bedarf es einer Zuordnung der Vorsteuern zu den Ausgangsumsätzen. Ändern sich die Verhältnisse – insbesondere bei der Nutzung von Anlagevermögen – so ist eine nachträgliche Korrektur vorzunehmen. Dies gilt nach § 15a UStG allerdings nur, soweit ein für unternehmerische Zwecke erworbener Gegenstand nunmehr in größerem Umfang in der nichtunternehmerischen oder steuerfreien Sphäre genutzt wird (d.h. es findet keine Einlagenentsteuerung statt).

4. Überblick über die weitere Darstellung

Im Mittelpunkt der weiteren Ausführungen stehen die Vorschriften des UStG, **die von besonderer praktischer Bedeutung für gemeinnützige Einrichtungen sind**[1]. Dabei soll zunächst auf die Unternehmereigenschaft gemeinnütziger Körperschaften eingegangen werden (Rz. 7.117 ff.). Daran schließen sich Ausführungen zur näheren Abgrenzung des Steuerobjekts (Lieferungen und Leistungen gegen Entgelt) gegenüber nicht steuerbaren Einnahmen an (Rz. 7.127 ff.). Breiten Raum nehmen auch die einschlägigen Befreiungsregelungen in § 4 UStG ein (Rz. 7.148 ff.). Sodann werden Fragen im Zusammenhang mit dem ermäßigten Umsatzsteuersatz behandelt (Rz. 7.205 ff.). Einen weiteren Schwerpunkt bildet der Vorsteuerabzug, insbesondere die Zuordnung von Vorsteuerbeträgen zur unternehmerischen, nichtunternehmerischen und die steuerbefreiten Sphäre (Rz. 7.209 ff.). Einige Hinweise zum Verfahren stehen am Ende der Darstellung.   7.114

frei   7.115–7.116

II. Unternehmereigenschaft

1. Allgemeines

Das UStG erfasst, wenn man von der Einfuhrumsatzsteuer absieht, nur die Umsätze von Unternehmern (§ 1 Abs. 1 Nr. 1 UStG). Der Unternehmer ist zugleich **im Regelfall auch Steuerschuldner und Steuersubjekt** der Umsatzsteuer (vgl. § 13a Abs. 1 Nr. 1 UStG)[2]. Auch ein Vorsteuerabzug setzt die Unternehmereigenschaft voraus (§ 15 UStG). Da die Umsatzsteuer eine indirekte Steuer ist, die auf Überwälzung angelegt ist, hat der Unternehmer allerdings nur die Funktion des Steuereinnehmers. Wirtschaftlich belastet werden soll am Ende dagegen der (private) Verbraucher als Steuerträger.   7.117

2. Voraussetzungen der Unternehmereigenschaft

§ 2 Abs. 1 UStG enthält eine **Legaldefinition der Unternehmereigenschaft**. Danach ist Unternehmer, „wer eine gewerbliche oder berufliche Tätigkeit selbständig ausübt". Gewerblich oder beruflich ist „jede nachhaltige Tätigkeit zur Erzielung von   7.118

---

1 Dazu nun eingehend *Weitemeyer/Schauhoff/Achatz*, Umsatzsteuerrecht für den Nonprofitsektor, 2018.
2 Zur Funktion des Unternehmerbegriffs vgl. etwa *Stadie*, Umsatzsteuerrecht, Rz. 5.1. ff.

Einnahmen, auch wenn die Absicht, Gewinn zu erzielen, fehlt oder eine Personenvereinigung nur gegenüber ihren Mitgliedern tätig wird". Im Einzelnen gilt:

– Die Unternehmereigenschaft setzt zunächst **Steuerrechtsfähigkeit** voraus. Eine zivilrechtliche Rechtsfähigkeit ist dagegen nicht erforderlich[1]. Daher können auch nichtrechtsfähige Untergliederungen gemeinnütziger Personenvereinigungen (nichtrechtsfähige Vereine[2]) oder auch rechtlich unselbständige Sondervermögen Unternehmer sein[3]. Andererseits kennt das UStG keine Unternehmereigenschaft kraft Rechtsform, so dass z.B. auch bei Kapitalgesellschaften stets die Voraussetzungen des § 2 Abs. 1 UStG zu prüfen sind.

Für juristische Personen des öffentlichen Rechts enthält § 2b UStG eine Sonderregelung, mit der die Unternehmereigenschaft gegenüber § 2 Abs. 1 UStG eingeschränkt wird[4]. Bis zum Ablauf einer Übergangszeit bis zum 31.12.2020 kann auf Antrag der Körperschaft weiterhin § 2 Abs. 3 UStG a.F. angewandt werden, so dass sich die Unternehmereigenschaft auf den Bereich der Betriebe gewerblicher Art im Sinne von § 4 KStG beschränkt (§ 27 Abs. 22 UStG)[5].

– Das Merkmal der **Selbständigkeit** dient bei natürlichen Personen der Abgrenzung von Unternehmern gegenüber Lohn- und Gehaltsempfängern[6]. Bei gemeinnützigen Körperschaften kann eine Selbständigkeit nur unter den Voraussetzungen des § 2 Abs. 2 Nr. 2 UStG (**Organschaft**) entfallen (vgl. Rz. 7.121 ff.).

– Entscheidend für eine gewerbliche oder berufliche Tätigkeit ist ein **nachhaltiges Tätigwerden im Leistungsaustausch.** Eine gewerbliche oder berufliche Tätigkeit wird nachhaltig ausgeübt, wenn sie auf Dauer zur Erzielung von Einnahmen angelegt ist. Ob dies der Fall ist, richtet sich **nach dem Gesamtbild der Verhältnisse**[7]. Indizien für eine Nachhaltigkeit sollen z.B. eine mehrjährige Tätigkeit, planmäßiges Handeln, Wiederholungsabsicht oder die Ausführung mehr als nur eines Umsatzes sein. Aus europarechtlicher Sicht ist zu ergänzen, dass Art. 9 Abs. 1 MwStSystRL eine „wirtschaftliche Tätigkeit" fordert und als wirtschaftliche Tätigkeit alle Tätigkeiten der dort aufgezählten Berufe und der diesen „gleichgestellten Be-

---

1 Vgl. BFH v. 21.4.1994 – V R 105/91, BStBl. II 1994, 671.
2 Dazu BMF v. 22.5.1989, DB 1989, 1166.
3 Zur Umsatzbesteuerung von Zweckvermögen vgl. *Tyarks,* Körperschaftsteuerrechtliche Zweckvermögen des privaten Rechts und ihre Behandlung im Umsatzsteuerrecht, 2010.
4 Dazu aus dem Schrifttum nur *Küffner/Rust,* DStR 2016, 1633; *Hüttemann,* UR 2017, 129; monographisch *Wiesch,* Die Umsatzsteuerliche Behandlung der öffentlichen Hand, 2016.
5 Der BFH hat § 2 Abs. 3 UStG a.F. allerdings „richtlinienkonform" weiter ausgelegt, vgl. BFH v. 17.3.2010 – XI R 17/08, BStBl. II 2017, 828; BFH v. 15.4.2010 – V R 10/09, BStBl. II 2017, 863; zustimmend *Kraeusel,* UR 2010, 480; *Ismer/Keyser,* UR 2011, 81; zu Recht kritisch – „rechtsmethodische Verrenkung" entgegen Wortlaut und Normzweck – aber *Englisch* in Tipke/Lang, § 17 Rz. 53.
6 Zur Selbständigkeit einer bei einer gemeinnützigen Einrichtung beschäftigten Heilpädagogin vgl. BFH v. 21.6.2017 – V R 29/16, BFH/NV 2017, 1465; zu ausländischen Pflegekräften vgl. BFH v. 11.11.2015 – V R 3/15, BFH/NV 2016, 795.
7 Vgl. BFH v. 18.7.1991 – V R 86/87, BStBl. II 1991, 776; BFH v. 13.11.2003 – V R 59/02, BStBl. II 2004, 472; Abschn. 2.3 Abs. 5 Satz 2 UStAE; kritisch *Stadie,* Umsatzsteuerrecht, Rz. 5.55.

rufe" erfassen will. Die Nachhaltigkeit dient deshalb nicht der Einschränkung des Kriteriums „gewerblich und berufliche Tätigkeit", sondern der Einbeziehung vergleichbar nachhaltiger Tätigkeiten[1]. Einigkeit besteht darüber, dass typische private Verwertungshandlungen (z.B. der Verkauf von Briefmarken durch einen privaten Briefmarkensammler) keine unternehmerische Tätigkeit sind, weil es an einem **Verhalten „wie ein Händler"** fehlt[2]. Anders ist dagegen zu entscheiden, wenn z.B. ein gemeinnütziger Verein wiederholt die ihm durch Schenkung oder Erbfall zugewandten Gegenstände (Grundstücke, Wertpapiere, Hausrat, Fahrzeuge etc.) veräußert[3]. Insoweit kommt es neben der Zahl der Verkaufsfälle auch auf den Einsatz einer vorhandenen Betriebsorganisation an[4].

An einer wirtschaftlichen Tätigkeit fehlt es z.B. auch beim bloßen **Erwerb und Halten von Unternehmensbeteiligungen**, da die Dividenden kein Entgelt für das Innehaben der Beteiligung darstellen[5]. Etwas anderes soll nach der Rechtsprechung des EuGH dann gelten, wenn eine sog. geschäftsleitende Holding administrative, finanzielle, kaufmännische oder technische Dienstleistungen gegenüber der Beteiligungsgesellschaft erbringt[6]. BFH und BMF sind dieser Rechtsprechung inzwischen gefolgt[7].

– Eine gewerbliche oder berufliche Tätigkeit setzt – anders als ein Gewerbebetrieb nach § 15 Abs. 2 EStG – **keine Gewinnerzielungsabsicht** voraus. Auch eine lediglich kostendeckende Tätigkeit, wie sie z.B. gemeinnützige Einrichtungen häufig im Rahmen eines steuerbegünstigten Zweckbetriebs ausüben, ist daher der unternehmerischen Sphäre zuzurechnen[8]. Darüber hinaus schließt die h.M. aus § 2 Abs. 1 Satz 3 UStG, dass die einkommensteuerrechtlichen Grundsätze über Liebhaberei im Rahmen von § 2 Abs. 1 UStG nicht anwendbar seien[9]. Ferner stellt § 2 Abs. 1 Satz 3 UStG klar, dass eine Personenvereinigung sich auch dann

---

1 So auch *Stadie*, Umsatzsteuerrecht, Rz. 5.56; dazu auch *Englisch* in Tipke/Lang, § 17 Rz. 42: „nachhaltig" im Sinne einer „aktiven" Teilnahme am Wirtschaftsverkehr; zur Unternehmereigenschaft eines Unternehmers bei Aufnahme einer anderen gelegentlichen Tätigkeit vgl. EuGH v. 13.6.2013 – Rs. C-62/12 *Kostov*, ECLI:EU:C:2013: 391.

2 Vgl. etwa BFH v. 29.6.1987 – X R 23/82, BStBl. II 1987, 744; siehe zuletzt BFH v. 27.1.2011 – V R 21/09, BStBl. II 2011, 524.

3 BFH v. 9.9.1993 – V R 24/89, BStBl. II 1994, 57; vgl. auch BFH v. 26.4.2011 – V R 2/11, BFH/NV 2012, 514.

4 Vgl. dazu BFH v. 12.8.2015 – XI R 43/13, BStBl. II 2015, 919 (Verkauf auf „eBay"); siehe auch *Englisch* in Tipke/Lang, § 17 Rz. 43: „Geschäftsmäßig organisierter Marktauftritt".

5 Vgl. dazu EuGH v. 20.6.1991 – Rs. C-60/90 *Polysar*, Slg. 1991, I-3111.

6 EuGH v. 27.9.2001 – Rs. C-16/00 *Cibo Participations*, Slg. 2001, I-6663; EuGH v. 14.11.2000 – Rs. C-142/99 *Floridienne & Berginvest*, Slg. 2000, I-9567; EuGH v. 29.4.2004 – Rs. C-77/01 *EDM*, Slg. 2004, I-4295; EuGH v. 29.10.2009 – Rs. C-29/08 *SKF*, Slg. 2009, I-10413; EuGH v. 6.9.2012 – Rs. C-496/11 *Portugal Telecom*, ECLI:EU:C:2012:557.

7 Vgl. BFH v. 9.2.2012 – V R 40/10, BStBl. II 2012, 844; BFH v. 11.12.2013 – XI R 17/11, BStBl. II 2014, 417; vgl. auch Abschn. 2.3. Abs. 2 und 3 UStAE.

8 Vgl. aber EuGH v. 6.10.2009 – Rs. C-267/08 *SPÖ-Landesorganisation Kärnten*, ECLI:EU: C:2009, 619: Außenwerbung einer politischen Partei mangels nachhaltiger Einnahmen keine „wirtschaftliche Tätigkeit".

9 BFH v. 23.1.1992 – V R 66/85, UR 1992, 202; BMF v. 14.7.2000, BStBl. I 2001, 804; *Englisch* in Tipke/Lang, § 17 Rz. 44; a.A. *Stadie*, Umsatzsteuerrecht, Rz. 5.87 ff.

gewerblich oder beruflich betätigt, wenn sie „**nur gegenüber ihren Mitgliedern tätig** wird".

In den letzten Jahren hat der Gerichtshof bei juristischen Personen des öffentlichen Rechts vereinzelt eine „wirtschaftliche" Tätigkeit verneint, wenn diese eine Dienstleistung erbringen, deren Kosten nur zu einem sehr geringen Teil (z.B. weniger als 3 Prozent) über Beiträge und ganz überwiegend mit öffentlichen Mitteln finanziert werden[1]. Indes ist mit Rücksicht auf nachfolgende Entscheidungen zweifelhaft, ob sich diese Rechtsprechung auch auf defizitäre Tätigkeiten privater Einrichtungen übertragen lässt[2].

7.119 Die **Unternehmereigenschaft beginnt** bereits mit dem ersten nach außen erkennbaren, auf eine Unternehmertätigkeit gerichteten Tätigwerden (also z.B. Vorbereitungs- und Gründungshandlungen)[3]. In diesem Fall entfällt die Unternehmereigenschaft – außer in den Fällen von Betrug und Missbrauch – nicht rückwirkend, wenn es später nicht oder nicht nachhaltig zur Ausführung entgeltlicher Leistungen kommt. Daher können Vorsteuerbeträge, die den beabsichtigten Umsätzen zuzuordnen sind, auch nicht zurückgefordert werden[4]. Etwas anderes gilt nur, soweit noch verwendungsfähige Gegenstände aus der erfolglosen Gründung für außerunternehmerische Zwecke weitergenutzt werden (steuerbare Entnahme)[5]. Die Unternehmereigenschaft **endet** mit dem letzten Tätigwerden, d.h. wenn der Unternehmer alle Rechtsbeziehungen abgewickelt hat, die mit dem Betrieb in Zusammenhang stehen[6].

3. Unternehmereigenschaft und Vier-Sphären-Modell

7.120 Wendet man die vorstehenden Grundsätze auf gemeinnützige Körperschaften an, so lassen sich ausgehend vom „Vier-Sphären-Modell" (vgl. Rz. 6.3) und der begrifflichen Nähe des § 14 AO zu § 2 Abs. 1 UStG einige **allgemeine Aussagen** zur Unternehmereigenschaft treffen[7]:

– Im **ideellen Bereich**, in dem es an einer „selbständigen und nachhaltigen Tätigkeit zur Erzielung von Einnahmen" fehlt, ist auch eine Unternehmereigenschaft regelmäßig nicht denkbar. Hier wird es an einem Tätigwerden im Leistungsaustausch fehlen, so dass der ideelle Bereich zur nichtunternehmerischen Sphäre der Körperschaft gehört. Denn die Einnahmen, die der Körperschaft in diesem Be-

---

1 EuGH v. 12.6.2016 – Rs. C-520/14 *Gemeente Borsele*, ECLI:EU:C:2016:334; ebenso BFH v. 15.12.2016 – V R 44/15, BFH/NV 2017, 707.

2 EuGH v. 2.6.2016 – Rs. C-263/15 *Lajver Kft.*, ECLI:EU:C:2016:392; siehe auch EuGH v. 6.10.2009 – Rs. C-267/08 *SPÖ-Landesorganisation Kärnten*, ECLI:EU:C:2009:619; ablehnend auch *Heber*, Non Profit Law Yearbook 2016/2017, 198 ff.

3 Zur Umsatzbesteuerung bei Erbfällen vgl. OFD Karlsruhe v. 12.12.2013, UR 2014, 240.

4 Vgl. grundlegend EuGH v. 29.2.1996 – Rs. C-110/94 *INZO*, Slg. 1996, I-857; EuGH v. 8.6.2000 – Rs. C 396/98 *Schloßstraße*, Slg. 2000, I-4279; BFH v. 22.2.2001 – V R 77/96, BStBl. II 2003, 426; Abschn. 2.6. Abs. 1 UStAE; vgl. auch *Stadie*, Umsatzsteuerrecht, Rz. 5.139.

5 *Englisch* in Tipke/Lang, § 17 Rz. 49.

6 Vgl. BFH v. 21.4.1993 – XI R 50/90, BStBl. II 1993, 696; BFH v. 9.12.1993 – V R 108/91, BStBl. II 1994, 483; Abschn. 2.6. Abs. 6 UStAE.

7 Vgl. auch *Buchna/Leichinger/Seeger/Brox*, S. 561 ff.; *Bertels* in NK-GemnR, § 2 Rz. 89 ff.; *Rasche* in Schauhoff, § 12 Rz. 13 ff.; *Jacobs*, S. 29 ff.

reich zugehen, stellen in der Regel keine Entgelte im Sinne des UStG dar (Beispiel: echte Mitgliedsbeiträge, Einnahmen aus gelegentlichen Hilfsgeschäften und Veräußerungen, z.B. dem Verkauf von gebrauchten Kraftfahrzeugen etc.)[1]. Allerdings kann die umsatzsteuerrechtliche Beurteilung im Einzelfall von der körperschaftsteuerrechtlichen Würdigung und der Auslegung des § 14 AO abweichen. Hinzuweisen ist z.B. auf die Rechtsprechung des EuGH zu Mitgliedsbeiträgen[2].

– Im Bereich der **Vermögensverwaltung** ist umsatzsteuerlich zu unterscheiden: Erzielt die Körperschaft durch die Vermietung oder Verpachtung von Vermögensgegenständen Einnahmen, so handelt sie insoweit – wenn die Tätigkeit nachhaltig ist – unternehmerisch im Sinne des § 2 Abs. 1 UStG. Auch das UStG geht – wie ein Umkehrschluss aus § 4 Nr. 12 Buchst. a UStG ergibt – davon aus, dass die Vermietung und Verpachtung von Grundstücken eine unternehmerische Tätigkeit sein kann. Anders ist dagegen für den Fall der Anlage von Kapitalvermögen zu entscheiden. Hier fehlt es regelmäßig an einer unternehmerischen Betätigung im Sinne des § 2 Abs. 1 UStG. In diesem Bereich gehört die Vermögensverwaltung im umsatzsteuerrechtlichen Sinne also zur nichtunternehmerischen Sphäre[3].

– Im Bereich ihrer **steuerpflichtigen wirtschaftlichen Geschäftsbetriebe und der steuerbegünstigten Zweckbetriebe** sind gemeinnützige Einrichtungen grundsätzlich unternehmerisch im Sinne des § 2 Abs. 1 UStG tätig. Dies folgt bereits aus der begrifflichen Nähe des § 14 Sätze 1 und 2 AO zu § 2 Abs. 1 UStG. Ferner wird eine wirtschaftliche Tätigkeit nicht durch eine gleichzeitig verfolgte ideelle Tätigkeit verdrängt[4]. Die Unterscheidung zwischen steuerpflichtigen wirtschaftlichen Geschäftsbetrieben und steuerbegünstigten Zweckbetrieben ist, soweit es um die Unternehmereigenschaft geht, ohne Bedeutung. Sie spielt aber – vorbehaltlich der Sonderregelung in § 12 Abs. 2 Nr. 8 Buchst. a Satz 3 UStG – eine Rolle für den anzuwendenden Steuersatz (dazu Rz. 7.205 ff.).

4. Umsatzsteuerliche Organschaft

Nach § 2 Abs. 2 Nr. 2 Satz 1 UStG wird die gewerbliche oder berufliche Tätigkeit nicht selbständig ausgeübt, „wenn eine juristische Person nach dem Gesamtbild der tatsächlichen Verhältnisse finanziell, wirtschaftlich und organisatorisch in das Unternehmen des Organträgers eingegliedert ist (Organschaft)". Die fehlende Selbständigkeit der Organgesellschaft hat zur Folge, dass **Zwischenumsätze innerhalb des Organkreises nicht der Umsatzsteuer unterliegen**[5]. Im geltenden Umsatzsteuerrecht ist das Rechtsinstitut der Organschaft überwiegend entbehrlich, da eine Umsatzsteuerpflicht auf Lieferungen und Leistungen zwischen verbundenen Unternehmen die Leistungsempfänger wegen des Vorsteuerabzugs nicht wirtschaftlich belas-

7.121

---

1 Vgl. dazu auch Abschn. 2.10. UStAE.
2 EuGH v. 21.3.2002 – Rs. C-174/00 *Kennemer Golf & Country Club*, Slg. 2002, I-3293.
3 Vgl. dazu BFH v. 10.5.2017 – V R 43/14, V R 7/15, HFR 2017, 856.
4 Siehe BFH v. 22.4.2015 – XI R 10/14, BStBl. II 2015, 862 (864).
5 Zur Organschaft im Umsatzsteuerrecht vgl. zuletzt *Wäger* in FS Schaumburg, 2009, S. 1189.

tet. Eine Organschaft führt also – anders als vor 1968 im System der Allphasen-Brutto-Umsatzsteuer – nur zu einer Vereinfachung der Besteuerung, aber regelmäßig nicht mehr zu einer echten Steuerersparnis[1]. Etwas anderes gilt allerdings in solchen Fällen, in denen ausnahmsweise nach § 15 Abs. 2 Nr. 1 UStG kein Vorsteuerabzug besteht, weil das empfangende Unternehmen selbst nur umsatzsteuerbefreite Umsätze ausführt[2]. Dieser Fall kann – wie ein Blick auf die zahlreichen Befreiungen in § 4 Nr. 14 ff. UStG zeigt – gerade auch bei Leistungen innerhalb gemeinnützigen Konzernstrukturen eintreten[3].

Beispiel Nr. 6: Um Kosten zu sparen, will ein gemeinnütziges Krankenhaus bestimmte Servicebereiche (Küche, Reinigungsdienst) auf eine selbständige Service-GmbH ausgliedern. Eine solche Ausgliederung aus einem steuerbegünstigten Zweckbetrieb wirft nicht nur gemeinnützigkeitsrechtliche Fragen hinsichtlich der Mittelverwendung auf (Finanzierung der Beteiligung an einer steuerpflichtigen GmbH, Überlassung von Wirtschaftsgütern), sondern ist auch aus umsatzsteuerlicher Sicht nicht unproblematisch. Denn durch die rechtliche Verselbständigung der Service-Tätigkeiten kommt es zu einem umsatzsteuerpflichtigen Leistungsaustausch zwischen dem Krankenhaus und der Service-GmbH. Wegen seiner Umsatzsteuerbefreiung (§ 4 Nr. 14 UStG) kann das Krankenhaus aber die auf die Leistungen gezahlte Umsatzsteuer nicht als Vorsteuer abziehen. Damit droht eine definitive Belastung der Serviceleistungen mit Umsatzsteuer in Höhe von 19 Prozent, die sich aber vermeiden lässt, wenn zwischen der umsatzsteuerbefreiten Einrichtung (Krankenhaus) und ihrer steuerpflichtigen Tochtergesellschaft eine umsatzsteuerliche Organschaft hergestellt wird.

7.122 Umsatzsteuerliche Organschaften sind grundsätzlich auch **zwischen steuerbegünstigten Körperschaften möglich**[4]. Zu beachten ist allerdings, dass – nach bisheriger nationaler Rechtslage[5] – der Organträger ein Unternehmen im Sinne von § 2 Abs. 1 UStG sein muss. Dafür reicht es aus, dass der Organträger entgeltliche Leistungen gegenüber der Organgesellschaft erbringt[6]. Hingegen genügt die bloße Beteiligung an der Organgesellschaft ohne eigene unternehmerische Tätigkeit nicht[7]. Anders als im Ertragsteuerrecht steht die Steuerbegünstigung der Organträgereigenschaft nicht entgegen, weil sie nur für den Steuersatz von Bedeutung ist. Als Organgesellschaft

---

1 Vgl. *Stadie*, Umsatzsteuerrecht, Rz. 5.208 f.

2 Zur Funktion der Organschaft im europäischen Mehrwertsteuerrecht vgl. die Schlussanträge des GA *Jääskinen* v. 27.11.2012 in der Rs. C-480/10 *Komm./Schweden*.

3 Vgl. auch *Buchna/Leichinger/Seeger/Brox*, S. 550 ff.; *Bertels* in NK-GemnR, § 2 UStG Rz. 20 ff.

4 Vgl. dazu *Hüttemann* in Herzig (Hrsg.), Organschaft, S. 405 ff.

5 Zur abweichenden Auslegung des Art. 11 MwStSystRL durch den EuGH – Einbeziehung von Nichtunternehmern in eine Mehrwertsteuergruppe – vgl. EuGH v. 9.4.2013 – Rs. C-85/11 *Komm./Irland*, MwStR 2013, 238: dazu *Küffner/Streit*, MwStR 2013, 401; *Boor*, UR 2013, 729; siehe auch EuGH v. 16.7.2015 – Rs. C-108/14 und C-109/14 *Larentia + Minerva* und *Marenave*, ECLI:EU:C:2015:496; anders zum nationalen Recht – mangels unmittelbarer Anwendbarkeit des Art. 11 MwStSystRL – BFH v. 12.10.2016 – XI R 30/14, BStBl. II 2017, 597; BFH v. 10.8.2016 – XI R 41/14, BStBl. II 2017, 590; ebenso bereits BMF v. 5.5.2014, BStBl. I 2014, 820.

6 BFH v. 12.10.2016 – XI R 30/14, BStBl. II 2017, 597; BFH v. 22.10.2009 – V R 14/08, BStBl. II 2011, 988; BFH v. 9.10.2002 – V R 64/99, BStBl. II 2003, 375; Abschn. 2.8. Abs. 2 Satz 2 UStAE.

7 Vgl. BFH v. 9.10.2002 – V R 64/99, BStBl. II 2003, 375.

kommt auch eine steuerbegünstigte Kapitalgesellschaft in Betracht. Dagegen ist bei Vereinen und Stiftungen mangels kapitalistischer Struktur keine finanzielle Eingliederung möglich.

Nach dem Wortlaut des § 2 Abs. 2 Nr. 2 UStG können **Personengesellschaften** (z.B. eine GmbH & Co. KG) keine Organgesellschaften sein („juristische Personen"). Ob diese rechtsformbezogene Unterscheidung mit den Vorgaben in Art. 11 MwStSystRL vereinbar ist, musste spätestens seit den ersten Urteilen des EuGH zur Mehrwertsteuergruppe[1] bezweifelt werden. Der XI. Senat hatte deshalb diese Problematik und weitere Fragen zur Organschaft dem EuGH vorgelegt[2]. Der Gerichtshof hat daraufhin festgestellt, dass ein Ausschluss von Unternehmern ohne Rechtspersönlichkeit grundsätzlich richtlinienwidrig ist, es sei denn der Ausschluss diene der Bekämpfung missbräuchlicher Praktiken nach Art. 11 Abs. 2 MwStSystRL[3]. Zugleich hat der Gerichtshof entschieden, dass eine unmittelbare Berufung auf die Richtlinienbestimmung ausscheide, weil dieses Mitgliedstaatenwahlrecht in Hinsicht auf die einzelnen Voraussetzungen einer Präzisierung auf nationaler Ebene bedürfe[4]. Die Umsatzsteuersenate des BFH haben diese Vorgaben im Rahmen einer „richtlinienkonformen Auslegung" des § 2 Abs. 2 Nr. 2 UStG auf unterschiedliche Weise umgesetzt[5]: Nach Ansicht des V. Senats kann eine Personengesellschaft nur dann Organgesellschaft sein, wenn an ihr neben dem Organträger nur Personen beteiligt sind, „die nach § 2 Abs. 2 Nr. 2 UStG in das Unternehmen des Organträgers finanziell eingegliedert sind"[6]. Hingegen hält der XI. Senat auch eine Organschaft zu einer „kapitalistischen" GmbH & Co. KG für möglich[7]. Die Finanzverwaltung hat sich der – engeren – Auslegung des V. Senats angeschlossen und damit für die Praxis einstweilen Klarheit geschaffen[8]. Richtigerweise wäre es Sache des Gesetzgebers, § 2 Abs. 2 Nr. 2 UStG im Lichte der EuGH-Rechtsprechung zu überarbeiten[9]. Dabei könnte – z.B. durch Einführung eines Feststellungsverfahrens – auch dem berechtigten Anliegen der Praxis nach mehr Rechtssicherheit entsprochen werden[10].

Eine umsatzsteuerliche Organschaft setzt voraus, dass die Organgesellschaft nach dem Gesamtbild der tatsächlichen Verhältnisse „**finanziell, wirtschaftlich und organisatorisch in das Unternehmen des Organträgers eingegliedert ist**"[11]. Für eine finanzielle Eingliederung reicht eine – unmittelbare oder mittelbare – Mehrheit der Stimmrechte aus[12]. Wirtschaftlich ist ein Organ eingegliedert, wenn es im Rahmen **7.123**

---

1 EuGH v. 9.4.2013 – Rs. C-85/11 *Komm./Irland*, MwStR 2013, 238; EuGH v. 25.4.2013 – Rs. C-480/10 *Komm./Schweden*, MwStR 2013, 276.

2 BFH v. 11.12.2013 – XI R 17/11, BStBl. II 2014, 417; BFH v. 11.12.2013 – XI R 38/12, BStBl. II 2014, 428.

3 EuGH v. 16.7.2015 – Rs. C-108/14 und C-109/14 *Larentia + Minerva* und *Marenave*, ECLI:EU:C:2015:496.

4 EuGH v. 16.7.2015 – Rs. C-108/14 und C-109/14 *Larentia + Minerva* und *Marenave*, ECLI:EU:C:2015:496.

5 Vgl. den Überblick bei *Korn* in Bunjes, § 2 UStG Rz. 112 ff.

6 BFH v. 2.12.2015 – V R 25/13, BStBl. II 2017, 547.

7 BFH v. 19.1.2016 – XI R 38/12, BStBl. II 2017, 567.

8 Vgl. BMF v. 26.5.2017, BStBl. I 2017, 790 mit Hinweisen zu Übergangsregelungen.

9 Statt vieler nur *Englisch*, UR 2016, 822; *Korn* in Bunjes, § 2 UStG Rz. 112d.

10 Dazu etwa *Wäger*, UR 2016, 173.

11 Zu den Eingliederungsvoraussetzungen näher Abschn. 2.8. UStAE.

12 Vgl. BFH v. 1.12.2010 – XI R 43/08, BStBl. II 2011, 600; BFH v. 22.4.2010 – V R 9/09, BStBl. II 2011, 597.

des Gesamtunternehmens fördernd und ergänzend tätig ist[1]. Nach der Rechtsprechung des BFH kommt es für die wirtschaftliche Eingliederung auf Art und Umfang der zwischen den Unternehmensbereichen von Organträger und Organgesellschaft bestehenden Verflechtungen an (keine nur „unwesentliche" Bedeutung)[2]. Diese Einschränkung ist insbesondere dann zu beachten, wenn die Unternehmereigenschaft des Organträgers gerade auf Leistungen gegenüber der Organgesellschaft beruht[3]. Allerdings dürften die auf eine Service-GmbH ausgegliederten Tätigkeiten (z.B. der Reinigungsdienst eines Krankenhauses) insoweit stets „wesentlich" sein, weil ohne diese Tätigkeiten der Krankenhausbetrieb nicht fortgeführt werden kann[4]. Für die organisatorische Eingliederung kommt es darauf an, dass die Anordnungen des Organträgers in der Organgesellschaft laufend ausgeführt werden. Dies setzt – vorbehaltlich eines Beherrschungsvertrags[5] – nach der neueren Rechtsprechung des BFH in aller Regel die personelle Verflechtung der Geschäftsführungen des Organträgers und der Organgesellschaft voraus[6]. Nach Ansicht der Finanzverwaltung soll eine organisatorische Eingliederung allerdings – wie es im Umsatzsteueranwendungserlass heißt[7] – in „Ausnahmefällen ... auch ohne personelle Verflechtung in den Leitungsgremien des Organträgers und der Organgesellschaft vorliegen." Schließlich ist zu beachten, dass die Organschaft mit der Eröffnung des Insolvenzverfahrens über das Vermögen der Organgesellschaft oder des Organträgers endet[8]. Gleiches kann – je nach Umfang seiner Befugnisse – auch bei Bestellung eines vorläufigen Insolvenzverwalters gelten[9].

7.124 Das Gemeinnützigkeitsrecht steht einer Eingliederung nicht entgegen. Dies gilt nicht nur für den Fall, dass eine steuerpflichtige oder steuerbegünstigte Organgesellschaft in einen steuerbegünstigten Organträger eingegliedert wird. Auch eine Eingliederung einer steuerbegünstigten Kapitalgesellschaft in einen steuerpflichtigen Organträger ist grundsätzlich denkbar, wenn die Voraussetzungen des § 55 AO beachtet werden[10]. Die Begründung einer umsatzsteuerlichen Organschaft kann allerdings **ertrag- und gemeinnützigkeitsrechtliche Rückwirkungen** haben. So kann

---

1 Vgl. etwa BFH v. 20.8.2009 – V R 30/06, BStBl. II 2010, 863.
2 BFH v. 20.8.2009 – V R 30/06, BStBl. II 2010, 863.
3 Vgl. den Hinweis in Abschn. 2.8. Abs. 2 Satz 3 UStAE.
4 Vgl. FG Niedersachsen v. 22.8.2013 – 16 K 317/12, juris; *Buchna/Leichinger/Seeger/Brox*, S. 556 f; *Bertels* in NK-GemnR, § 2 UStG Rz. 36 ff; *Grünwald*, npoR 2012, 53; *Hummel*, MwStR 2013, 294; zweifelnd *Leonard*, DStR 2010, 721.
5 Dazu BFH v. 10.5.2017 – V R 7/16, BStBl. II 2017, 1261.
6 Vgl. BFH v. 3.4.2008 – V R 76/05, BStBl. II 2008, 905; BFH v. 7.7.2011 – V R 53/10, BStBl. II 2013, 218; BFH v. 8.8.2013 – V R 18/13, BStBl. II 2017, 543; BFH v. 2.12.2015 – V R 15/14, BStBl. II 2017, 553; BFH v. 12.10.2016 – XI R 30/14, BStBl. II 2017, 597; eingehend zur organisatorischen Eingliederung bereits *Wäger* in FS Schaumburg, 2009, S. 1189.
7 Siehe dazu Abschn. 2.8. Abs. 10 UStAE.
8 Vgl. BFH v. 15.12.2016 – V R 14/16, BStBl. II 2017, 600; Abschn. 2.8. Abs. 12 UStAE.
9 Dazu BFH v. 8.8.2013 – V R 18/13, BStBl. II 2017, 543; BFH v. 3.7.2014 – V R 32/13, BStBl. II 2017, 666; BFH v. 24.8.2016 – V R 36/15, BStBl. II 2017, 595.
10 Vgl. *Hüttemann* in Herzig (Hrsg.), Organschaft, S. 405 ff. mit Hinweisen zur Parallelproblematik bei Organschaften im Bereich der gemeinnützigen Wohnungsunternehmen.

im Fall der Organschaft zu einer steuerpflichtigen Organgesellschaft die Herstellung einer organisatorischen Eingliederung über Doppelmandate dazu führen, dass die Beteiligung an der Organgesellschaft von der Finanzverwaltung nunmehr wegen einer (vermuteten) tatsächlichen Einflussnahme auf die laufende Geschäftsführung (vgl. Rz. 6.130 ff.) als steuerpflichtiger wirtschaftlicher Geschäftsbetrieb qualifiziert wird[1]. Ferner kann durch das Merkmal der wirtschaftlichen Eingliederung eine Zuordnung der Beteiligung zu einem wirtschaftlichen Geschäftsbetrieb erforderlich werden[2], was allerdings nach Aufgabe der sog. Geprägetheorie (vgl. Rz. 6.7 f.) keine nachteiligen Rückwirkungen zur Folge hat.

frei   7.125–7.126

III. Steuergegenstand

Der Steuergegenstand der Umsatzsteuer ist in § 1 Abs. 1 UStG geregelt. Danach un-   7.127
terliegen folgende Umsätze der Umsatzsteuer:

– **Lieferungen und sonstige Leistungen**, die ein Unternehmer im Inland gegen Entgelt im Rahmen seines Unternehmens ausführt (§ 1 Abs. 1 Nr. 1 UStG). Der **entgeltliche Leistungsaustausch**, an dem als Leistender ein Unternehmer beteiligt ist, bildet den Grundtatbestand der Umsatzsteuer, der durch die Einbeziehung von unentgeltlichen Wertabgaben (vgl. § 3 Abs. 1b und 9a UStG) ergänzt wird.

– **Einfuhr von Gegenständen** im Inland nach § 1 Abs. 1 Nr. 4 UStG (Einfuhrumsatzsteuer),

– **innergemeinschaftlicher Erwerb** im Inland gegen Entgelt (§ 1 Abs. 1 Nr. 5 UStG).

1. Entgeltliche Leistungen

a) Allgemeines

Der Tatbestand des § 1 Abs. 1 Nr. 1 UStG setzt zunächst voraus, dass ein Unterneh-   7.128
mer im Rahmen seines Unternehmens (§ 2 Abs. 1 UStG) im Inland eine Leistung erbringt. Leistungsempfänger können Unternehmer und Nichtunternehmer (Verbraucher) sein. Der Begriff der Leistung im Sinne des § 1 Abs. 1 Nr. 1 UStG ist als **Oberbegriff der Lieferung und sonstigen Leistung weit zu verstehen**: Ausreichend ist jedes Tun, Dulden oder Unterlassen, das Gegenstand eines Rechtsverhältnisses sein kann. Ausgehend vom Belastungsgrund der Umsatzsteuer als Verbrauchsteuer muss die Leistung dem Leistungsempfänger aber einen individuellen Vorteil verschaffen, d.h. ein verbrauchsfähiges Konsumgut darstellen[3]. Nicht ausreichend ist dagegen ein Vorteil für die Allgemeinheit ohne identifizierbaren Leistungsempfänger wie z.B. die

---

1 Vgl. *Jost* in FS Brönner, 2000, S. 202; *Orth*, Stiftung&Sponsoring, Rote Seiten 5/1999, 15.
2 Siehe BFH v. 20.8.2009 – V R 30/06, BStBl. II 2010, 863; ferner BMF v. 26.1.2007, BStBl. I 2007, 211; dazu auch *Spiegel/Heidler*, DStR 2010, 1062.
3 Statt vieler *Englisch* in Tipke/Lang, § 17 Rz. 87.

Einstellung einer bestimmten Tätigkeit im öffentlichen Interesse[1]. Entsprechend dem Zweck der Umsatzsteuer stellt die Bezahlung der Leistung keine Leistung, sondern nur das Entgelt für eine Leistung dar[2]. Das UStG unterscheidet zwischen Lieferungen und Leistungen. Diese Differenzierung ist für verschiedene Folgefragen (z.B. für den Leistungsort) von Bedeutung (vgl. §§ 3, 3a ff. UStG)[3].

7.129 Ein Leistungsaustausch setzt ferner voraus, dass Leistungen **gegen Entgelt ausgeführt werden**. Dies erfordert nach der ständigen Rechtsprechung des EuGH[4],

– dass ein **unmittelbarer Zusammenhang** zwischen den erbrachten Leistungen und einer tatsächlich vom Steuerpflichtigen empfangenen Gegenleistung besteht,

– ferner muss zwischen dem Leistenden und dem Leistungsempfänger ein **Rechtsverhältnis bestehen**, in dessen Rahmen gegenseitige Leistungen ausgetauscht werden[5],

– die vom Leistenden empfangene Vergütung muss den **tatsächlichen Gegenwert** für die dem Leistungsempfänger erbrachte Dienstleistung bilden.

Diese Vorgaben legt auch der BFH in seiner neueren Rechtsprechung zugrunde[6].

7.130 Den **Regelfall eines Leistungsaustauschs** bildet der gegenseitige Vertrag („do ut des"). Das Merkmal des „unmittelbaren Zusammenhangs" erweitert den Begriff des Leistungsaustauschs aber um andere Fälle, z.B. den Aufwendungsersatz des Geschäftsführers (§§ 662, 670 BGB)[7]. Ein solches Rechtsverhältnis kann auch durch schlüssiges Verhalten zustande kommen[8]. Bei der Abgrenzung im Einzelfall betont der BFH die Sicht des Leistenden: Dieser müsse seine Leistung „erkennbar um der Gegenleistung willen erbringen", die Leistung müsse auf die Erlangung der Gegenleistung gerichtet sein[9]. Bei **gemeinnützigen Einrichtungen** bereitet die Abgrenzung zwischen steuerbaren entgeltlichen und nicht steuerbaren unentgeltlichen

---

1 Vgl. EuGH v. 29.2.1996 – Rs. C-215/94 *Mohr*, Slg. 2006, I-959; EuGH v. 18.12.1997 – Rs. C-384/95 *Landboden Agrardienste*, Slg. 1997, I-7387; BFH v. 30.1.1997 – V R 133/93, BStBl. II 1997, 335; BFH v. 9.11.2006 – V R 9/04, BStBl. II 2007, 285; BFH v. 18.12.2008 – V R 38/06, BStBl. II 2009, 749; BFH v. 14.1.2016 – V R 63/14, BStBl. II 2016, 360; *Englisch* in Tipke/Lang, § 17 Rz. 88.

2 So auch Abschn. 1.1. Abs. 3 UStAE.

3 Dazu näher *Englisch* in Tipke/Lang, § 17 Rz. 86, 95 ff., 103 ff.

4 Vgl. etwa EuGH v. 3.3.1994 – Rs. C-16/93 *Tolsma*, ECLI:EU:C:1994:80; EuGH v. 29.2.1996 – Rs. C-215/94 *Mohr*, Slg. 2006, I-959; EuGH v. 12.5.2016 – Rs. C-520/14 *Gemeente Borsele*, ECLI:EU:C:2016:334; EuGH v. 2.6.2016 – Rs. C-263/15 *Lajver*, ECLI:EU:C:2016:392.

5 Kritisch zum Merkmal des „Rechtsverhältnisses" aus verbrauchsteuerlicher Sicht *Stadie*, Umsatzsteuerrecht, Rz. 3.4 und *Englisch* in Tipke/Lang, § 17 Rz. 87.

6 Vgl. zuletzt BFH v. 30.8.2017 – XI R 37/14, BFH/NV 2017, 1689; siehe auch BFH v. 30.1.1997 – V R 133/93, BStBl. II 1997, 335; BFH v. 10.7.1997 – V R 94/96, BStBl. II 1997, 707; BFH v. 13.11.1997 – V R 11/97, BStBl. II 1998, 169.

7 Vgl. BFH v. 18.3.2004 – V R 101/01, BStBl. II 2004, 798 (Unterstützung einer Blutspende-gGmbH durch eine Wohlfahrtseinrichtung gegen „Spenderpauschale").

8 BFH v. 18.3.2004 – V R 101/01, BStBl. II 2004, 798.

9 BFH v. 13.11.1997 – V R 11/97, BStBl. II 1998, 169.

Leistungen[1] in der Praxis vor allem in folgenden Bereichen Schwierigkeiten: finanzielle Zuschüsse der öffentlichen Hand oder Dritter, Mitgliedsbeiträge bei Vereinen, Spenden und Sponsoringeinnahmen. Diese Problemfelder sollen deshalb im Weiteren näher betrachtet werden.

b) Zuschüsse

Zahlreiche gemeinnützige Einrichtungen erhalten im ideellen Bereich und im Bereich ihrer Zweckbetriebe Zuschüsse der öffentlichen Hand oder anderer Förderinstitutionen, um ihre satzungsmäßigen Aufgaben zu finanzieren. In diesen Fällen gilt es stets zu prüfen, ob es sich um sog. „**echte Zuschüsse**" handelt, die außerhalb eines umsatzsteuerlichen Leistungsaustauschs zufließen, oder ob die Zahlungen als sog. „**unechte Zuschüsse**" der Umsatzbesteuerung unterliegen[2]. Die Frage ist von hoher praktischer Bedeutung, weil sie letztlich darüber entscheidet, ob die Subvention in vollem Umfang für satzungsmäßige Zwecke vereinnahmt werden kann („brutto gleich netto") oder wegen der Belastung mit Umsatzsteuer entsprechend niedriger ausfällt[3]. Sie kann zudem auch für andere Rechtsfragen – z.B. die Finanzierungsquote bei § 68 Nr. 9 AO – von Bedeutung sein[4]. Einigkeit besteht zunächst darüber, dass die Bezeichnung der Zahlung als „Zuschuss, Zuwendung, Beihilfe, Prämie, Ausgleichsbetrag u.Ä." für die umsatzsteuerrechtliche Beurteilung letztlich ohne Bedeutung ist[5]. Solche Zahlungen können entweder

– Entgelt für eine Leistung an den Zuschussgeber (Zahlenden),

– (zusätzliches) Entgelt eines Dritten oder

– echter (nicht steuerbarer) Zuschuss sein[6].

Für die **Abgrenzung im Einzelfall**, ob die Leistung des Unternehmers derart mit der Zahlung (Zuschuss) verknüpft ist, dass sie sich auf die Erlangung einer Gegenleistung (Zahlung) richtet, ist nach der Rechtsprechung des BFH auf die Vereinbarungen des Leistenden mit dem Zahlenden abzustellen[7]. Nach der früheren

7.131

7.132

---

1 Zum Leistungsaustausch bei der Herausgabe einer Schriftenreihe gegen Einräumung des Rechts zur Einwerbung von Werbekunden durch eine gemeinnützige Stiftung vgl. BFH v. 10.7.2012 – XI R 31/10, BFH/NV 2013, 95.

2 Vgl. dazu Abschn. 10.2. UStAE; siehe auch *Reiß* in Non Profit Law Yearbook 2005, 59 ff.; *Wallenhorst/Halaczinsky*, Rz. L 87 ff.

3 Zumindest bei staatlichen oder staatlich finanzierten Fördereinrichtungen wirkt eine zusätzliche Umsatzsteuerbelastung mangels Vorsteuerabzug definitiv.

4 Vgl. BFH v. 4.4.2007 – I R 76/05, BStBl. II 2007, 631.

5 So BFH v. 10.8.2016 – XI R 41/14, BStBl. II 2017, 590 mit Hinweis auf BFH v. 29.3.2007 – V B 208/05, BFH/NV 2007, 1542 („Spende").

6 Vgl. Abschn. 10.2. Abs. 1 UStAE; *Buchna/Leichinger/Seeger/Brox*, S. 538 ff.

7 Zuletzt BFH v. 22.4.2015 – XI R 10/14, BStBl. II 2015, 862; BFH v. 10.8.2016 – XI R 41/14, BStBl. II 2017, 590; siehe nur BFH v. 28.12.2010 – XI B 109/09, BFH/NV 2011, 858, BFH v. 6.5.2014 – XI B 4/14, BFH/NV 2014, 1406 und BFH v. 12.4.2016 – V B 3/15, BFH/NV 2016, 1184: Abgrenzung sei „höchstrichterlich geklärt"; Abschn. 10.2 Abs. 2 Satz 1 UStAE; aus dem Schrifttum etwa *Noack*, DStR 2013, 343; *Lippross*, DStZ 2013, 433.

Rechtsprechung des BFH kam es für die Steuerbarkeit von Zuschüssen vor allem auf die Zielsetzung der Zahlung an: Zahlungen, mit denen lediglich eine aus strukturpolitischen, volkswirtschaftlichen oder allgemeinpolitischen Gründen erwünschte Tätigkeit des Zahlungsempfängers gefördert werden sollte, waren danach kein Entgelt für eine steuerbare Leistung[1]. Demgegenüber stellte der EuGH den Erhalt einer „Leistung" in den Vordergrund und hat die Beurteilung von Zuschüssen vorrangig davon abhängig gemacht, ob dem Zuschussgeber bzw. einem Dritten ein individualisierbarer wirtschaftlicher Vorteil zugewendet wird, woran es bei Zuschüssen im Allgemeininteresse (z.B. einer Stilllegungsprämie an Milchbauern) zumeist fehlen wird[2]. Beide Auffassungen werden trotz unterschiedlicher Ansätze zumeist zu gleichen Ergebnissen führen[3]. Die heute in der Rechtsprechung verwandten **Abgrenzungsformeln** fassen die Urteile des XI. Senats vom 22.4.2015 und vom 10.8.2016 wie folgt zusammen[4]:

„Bei Leistungen, zu deren Ausführung sich die Vertragsparteien in einem gegenseitigen Vertrag verpflichtet haben, liegt der erforderliche Leistungsaustausch grundsätzlich vor. [...] Keine Leistung gegen Entgelt liegt vor, wenn der ‚Zuschuss' lediglich der Förderung des Zahlungsempfängers im allgemeinen Interesse dienen und nicht Gegenwert für eine steuerbare Leistung des Zahlungsempfängers an den Geldgeber sein soll."

Ergänzend weist der BFH auch darauf hin, dass es für die Annahme eines Leistungsaustauschs ohne Bedeutung ist, ob der (gemeinnützige) Unternehmer mit der Leistung auch einen seiner Satzungszwecke verwirklicht, da die wirtschaftliche Tätigkeit „nicht durch eine gleichzeitig verfolgte ideelle Betätigung verdrängt" werde[5]. Unerheblich ist auch, ob das Entgelt dem Wert der Leistung entspricht[6]. Richtigerweise kommt es allerdings für die Frage, ob ein „gegenseitiger Vertrag" nicht allein darauf an, dass die Beteiligten eine vertragliche Vereinbarung geschlossen habe, sondern es müssen auch tatsächlich synallagmatische Pflichten vereinbart sein[7].

7.133　Die Rechtsprechung zur Steuerbarkeit von Zuschüssen ist heute kaum noch zu überblicken[8]. Im Weiteren soll daher nur auf einige beispielhafte Entscheidungen hingewiesen werden. So hat die Rechtsprechung z.B. einen **entgeltlichen Leistungsaustausch bejaht**, wenn eine Wohlfahrtseinrichtung durch ihre ehrenamtlichen Kräfte die Tätigkeit einer Blutspendedienst-gGmbH unterstützt und von dieser für

---

1　BFH v. 30.1.1997 – V R 133/93, BStBl. II 1997, 335; BFH v. 9.11.2006 – V R 9/04, BStBl. II 2007, 285; BFH v. 18.12.2008 – V R 38/06, BStBl. II 2009, 749.

2　Vgl. EuGH v. 29.2.1996 – Rs. C-215/94 *Mohr*, Slg. 1996, I-959; EuGH v. 18.12.1997 – Rs. C-384/95 *Landboden-Agrardienste*, Slg. 1997, I-7387.

3　Eingehende Analyse der EuGH-Rechtsprechung bei *Dobratz*, Leistung und Entgelt im Europäischen Umsatzsteuerrecht, 2005.

4　BFH v. 22.4.2015 – XI R 10/14, BStBl. II 2015, 862; BFH v. 10.8.2016 – XI R 41/14, BStBl. II 2017, 590.

5　BFH v. 22.4.2015 – XI R 10/14, BStBl. II 2015, 862 (864).

6　BFH v. 22.4.2015 – XI R 10/14, BStBl. II 2015, 862 (864).

7　Vgl. zu dieser Einschränkung BFH v. 16.9.2015 – XI R 27/13, BFH/NV 2016, 252 Rz. 26 am Ende.

8　Siehe etwa die umfangreichen Nachweise in BFH v. 22.4.2015 – XI R 10/14, BStBl. II 2015, 862 und BFH v. 10.8.2016 – XI R 41/14, BStBl. II 2017, 590.

die Unterstützungsleistungen pro Spender eine Pauschale erhält[1]. Denn in diesem Fall werde der GmbH ein wirtschaftlicher Vorteil zugewendet (Leistung), für den ein Entgelt gezahlt werde. Ein Leistungsaustausch kann auch vorliegen, wenn ein zur Vorbereitung eines Stadtjubiläums gegründeter Verein durch städtische Zuwendungen finanziert wird[2]. Ferner hat der BFH einen steuerbaren Leistungsaustausch für den Fall bejaht, dass ein Verein gegenüber einem Mitglied – einer Religionsgemeinschaft in der Rechtsform einer Körperschaft des öffentlichen Rechts – journalistische Medienarbeit (z.B. Herstellung, Erwerb, Verbreitung und Vertrieb von Rundfunkprogrammen) erbringt und hierfür einen als „Finanzzuweisung" bezeichneten Jahresbetrag erhält[3]. Ebenso wurde die Übernahme verschiedener, bislang durch die öffentliche Hand betriebener Einrichtungen (Tierpark, Schwimmbad und Sportplatz) durch einen privaten Unternehmer beurteilt[4]. Auch im Fall der Fortführung eines Schwimmbades durch einen privaten Betreiber unter Gewährung von Betriebskostenzuschüssen durch die öffentliche Hand wurde ein Leistungsaustausch bejaht[5]. Ein Leistungsaustausch soll auch vorliegen, wenn einem beliehenen Unternehmer (Tierkörperbeseitigung) ein Zuschuss für „ungedeckten Betriebsaufwand" gewährt wird[6]. Gleiches gilt für die Übernahme von Projektträgerschaften gegen Kostenersatz durch die öffentliche Hand oder bei einer Auftragsforschung für Unternehmen, wenn die geförderten Forschungsprojekte im Interesse des Zuschussgebers liegen oder der Zuschussgeber sich ein exklusives Verwertungsrecht an den Forschungsergebnissen vorbehalten hat[7]. Ein Leistungsentgelt liegt auch vor, wenn ein Verein im Auftrag der Stadt die Verwaltung von Sporthallen übernimmt und hierfür von der Stadt jährlich einen festen Betrag als „Aufwendungsersatz" erhält[8]. Führt ein Verein u.a. für Langzeitarbeitslose Arbeitsförderungs-, Qualifizierungs- und Weiterbildungsmaßnahmen durch, die durch Zahlungen eines Landkreises, eines Bundeslandes bzw. der Bundesagentur für Arbeit finanziert werden, kann es sich ebenfalls um umsatzsteuerbare Leistungen des Vereins handeln[9]. Auch ein Unternehmer, der die einem kommunalen Zweckverband nach Landesrecht obliegende Pflicht zur Versorgung der Bevölkerung mit Trinkwasser übernimmt und dafür einen vertraglichen

---

1 BFH v. 18.3.2004 – V R 101/01, BStBl. II 2004, 798.

2 Vgl. BFH v. 18.12.2008 – V R 38/06, BStBl. II 2009, 749; abweichend für einen städtischen Betriebskostenzuschuss an einen Fremdenverkehrsverein FG Köln v. 21.11.2012 – 4 K 526/11, EFG 2013, 888.

3 BFH v. 27.11.2008 – V R 8/07, BStBl. II 2009, 397; dazu *Kaufmann/Schmitz-Herscheidt*, BB 2009, 938; kritisch *Lippross*, DStR 2009, 762; einschränkend FG Düsseldorf v. 9.12.2013 – 5 K 2789/11 U, EFG 2014, 676.

4 BFH v. 18.6.2009 – V R 4/08, BStBl. II 2010, 310.

5 BFH v. 19.11.2009 – V R 29/08, BFH/NV 2010, 701.

6 BFH v. 2.9.2010 – V R 23/09, BFH/NV 2011, 458; anders für einen städtischen Zuschuss an ein Tierheim FG Sachsen v. 25.1.2012 – 8 K 1937/06, juris.

7 Vgl. auch BFH v. 30.11.1995 – V R 29/91, BStBl. II 1997, 189.

8 BFH v. 5.8.2010 – V R 54/09, BFH/NV 2011, 169.

9 BFH v. 22.4.2015 – XI R 10/14, BStBl. II 2015, 862, 864; siehe auch BFH v. 16.9.2015 – XI R 27/13, BFH/NV 2016, 252.

Anspruch gegen den Zweckverband auf Weiterleitung von Fördermitteln erlangt, die dieser erhält, erbringt grundsätzlich eine steuerbare Leistung gegen Entgelt[1].

Für die praktische Arbeit ist vor allem auf die Ausführungen in Abschn. 10.2. Abs. 8 bis 10 des Umsatzsteuer-Anwendungserlasses betreffend **„Zuwendungen aus öffentlichen Kassen"** hinzuweisen. Darin heißt es: „Werden Zuwendungen aus öffentlichen Kassen ausschließlich auf der Grundlage des Haushaltsrechts in Verbindung mit den dazu erlassenen Allgemeinen Nebenbestimmungen vergeben, liegen in der Regel echte Zuschüsse vor". Denn die in den Allgemeinen Nebenbestimmungen normierten Auflagen für den Zuwendungsempfänger reichen grundsätzlich für die Annahme eines Leistungsaustauschverhältnisses nicht aus[2]. Ein Leistungsaustausch könne hingegen vorliegen, wenn die Bewilligung der Zuwendungen über die Allgemeinen Nebenbestimmungen hinaus mit besonderen Nebenbestimmungen verknüpft wird. Entsprechendes gelte für vertraglich geregelte Vereinbarungen, da bei Leistungen, zu denen sich Vertragsparteien in einem gegenseitigen Vertrag verpflichten, grundsätzlich ein Leistungsaustausch vorliege[3]. Schließlich enthält der Anwendungserlass noch eine Aufzählung von ministeriellen Nebenstimmungen, bei deren Anwendung die bewilligten Zuwendungen grundsätzlich als nicht der Umsatzsteuer unterliegende Zuschüsse zu behandeln sind[4]. Ob diese Maßstäbe auch vor Gericht Bestand hätten, erscheint angesichts der eher restriktiven Rechtsprechung nicht sicher. Von gerichtlichen Auseinandersetzungen ist daher im Zweifel abzuraten.

7.134 Geht man davon aus, dass gemeinnützige Einrichtungen entsprechend ihrer satzungsmäßigen Verpflichtung häufig gegenüber einem Ausschnitt aus der Allgemeinheit (z.B. Mitglieder oder sonstiger begünstigter Personenkreis) tätig werden, können Zuschüsse grundsätzlich auch ein **Entgelt von dritter Seite** darstellen. Nach § 10 Abs. 1 Satz 3 UStG gehört zum Entgelt auch, was ein anderer als der Leistungsempfänger dem Unternehmer für die Leistung gewährt. Die Prüfung eines Entgelts von dritter Seite kommt nur dann in Betracht, wenn ein unmittelbarer Leistungsaustausch zwischen Zuschussgeber und Leistendem nicht vorliegt. Auch insoweit stellt sich aber wiederum die Frage, wie ein solches Entgelt von dritter Seite von einem (insgesamt) nicht steuerbaren Zuschuss abzugrenzen ist. Dazu hat der BFH früher vor allem darauf abgestellt, ob der Zuschuss im Interesse des Leistungsempfängers gewährt wird, um diesem einen verbilligten Leistungsbezug zu ermöglichen (dann Entgelt), oder ob er im Interesse des Zuwendungsempfängers gewährt wird, um diesen zu fördern (dann nicht steuerbarer Zuschuss)[5]. Inzwischen hat der BFH seine Auffassung an die neuere Rechtsprechung des EuGH angenähert[6]. Heute geht er davon aus, dass Zahlungen der öffentlichen Hand an einen Unternehmer, der Leistungen an Dritte erbringt, dann (unabhängig von der Bezeichnung als „Zuschuss") zum Entgelt für diese Umsätze gehören, wenn

---

1 BFH v. 10.8.2016 – XI R 41/14, BStBl. II 2017, 590; vgl. bereits BFH v. 6.5.2014 – XI B 4/14, BFH/NV 2014, 1406.

2 Abschn. 10.2. Abs. 9 Sätze 2 und 3 UStAE.

3 Abschn. 10.2. Abs. 9 Sätze 4 und 5 EStAE.

4 Vgl. Abschn. 10.2. Abs. 10 UStAE.

5 Vgl. BFH v. 8.3.1990 – V R 67/89, BStBl. II 1990, 708.

6 Nach Ansicht von *Reiß* in Non Profit Law Yearbook 2005, 60 f. muss sich erst noch zeigen, ob die BFH-Rechtsprechung mit den Abgrenzungsmaßstäben des EuGH deckungsgleich sei.

– der Zuschuss dem Leistungsempfänger zugute kommt,

– der Zuschuss gerade für die Erbringung der Leistung gezahlt wird,

– mit der Verpflichtung der den Zuschuss gewährenden Stelle zur Zuschusszahlung das Recht des Zahlungsempfängers (Unternehmers) auf Auszahlung des Zuschusses einhergeht, wenn er einen steuerbaren Umsatz bewirkt hat[1].

Nicht erforderlich ist hingegen, dass der Leistungsempfänger einen **Rechtsanspruch** **auf die Zahlung** hat; vielmehr reicht es nach dieser Ansicht aus, dass sie in seinem Interesse liegt[2]. Der **EuGH** hat für die Frage, wann ein Zuschuss gerade für die Erbringung der Leistung gewährt wird, ausgehend von Art. 11 Teil A Abs. 1 Buchst. a der 6. MwStRL darauf abgestellt, ob die Subvention dem Leistungsempfänger zugute kommt. Nicht ausreichend sei es, dass sich die Subvention allgemein auf die Preise des subventionierten Steuerpflichtigen auswirke. Vielmehr fordert der EuGH, dass sich die Subvention konkret auf den zu entrichtenden Preis auswirkt, so dass sich dieser entsprechend der Subvention ermäßigt[3]. Auf dieser Grundlage hat der EuGH z.B. entschieden, dass Subventionszahlungen, die eine Verwaltungsagentur an ein Netzunternehmen auf Antrag der Kunden dieses Netzunternehmens leistete, Gegenleistungen für die Energieberatungen der Netzunternehmen an die Kunden und Teil der Besteuerungsgrundlage dieser Umsätze waren[4]. Dagegen sah der EuGH in der Gewährung einer Beihilfe an Verarbeitungsbetriebe für den Weiterverkauf von angekauftem, ungetrocknetem Futter keine steuerbare Subvention. Denn die Beihilfe führe nicht zu einer Preisermäßigung für die Abnehmer, sondern ermögliche nur den Verkauf zum Weltmarktpreis, der von den Abnehmern höchstens gezahlt werde[5]. Die Annahme eines Entgelts von dritter Seite scheiterte hier also an einer Preisverbilligung, d.h. an einem unmittelbaren Zusammenhang zwischen Subvention und Preis. Im Kern zielt die Abgrenzung des EuGH darauf ab, dass eine Steuerbarkeit nur dort besteht, wo sich durch die Subvention der ansonsten vom Abnehmer zu zahlende Preis ermäßigt[6].

7.135

Diese Grundsätze gelten auch für **Zuschüsse an gemeinnützige Einrichtungen.** Auch hier ist zunächst zu prüfen, ob die Einrichtung, die den Zuschuss erhalten hat, überhaupt Leistungen gegenüber Dritten im Leistungsaustausch erbringt[7]. So kommt

7.136

---

1 BFH v. 10.8.2016 – XI R 41/14, BStBl. II 2017, 590 (594); BFH v. 22.4.2015 – XI R 10/14, BStBl. II 2015, 862 (865); BFH v. 20.3.2014 – V R 4/13, BFH/NV 2014, 1470; BFH v. 9.10.2003 – V R 51/02, BStBl. II 2004, 322; vgl. auch EuGH v. 22.11.2001 – Rs. C-184/00 *Office des produits wallons*, Slg. 2001, I-9115.

2 BFH v. 9.10.2003 – V R 51/02, BStBl. II 2004, 322. Vgl. auch Abschn. 10.2. Abs. 3 Satz 4 UStAE.

3 EuGH v. 22.11.2001 – Rs. C-184/00 *Office des produits wallons*, Slg. 2001, I-9115.

4 EuGH v. 13.6.2002 – Rs. C-353/00 *Keeping Newcastle Warm*, Slg. 2002, I-5419.

5 EuGH v. 15.7.2004 – Rs. C-144/02 *Komm./Deutschland*, Slg. 2004, I-6985; EuGH v. 15.7.2004 – Rs. C-463/02 *Komm./Schweden*, Slg. 2004, I-7335; EuGH v. 15.7.2004 – Rs. C-381/01 *Komm./Italien*, Slg. 2004, I-6845; EuGH v. 15.7.2004 – Rs. C-495/01 *Komm./Finnland*, Slg. 2004, I-6889.

6 Vgl. *Reiß* in Non Profit Law Yearbook 2005, 61 f.

7 Vgl. auch BFH v. 18.3.2010 – V R 12/09, BFH/NV 2010, 1500.

z.B. ein Entgelt von dritter Seite nicht in Betracht, wenn ein Verein einen Zuschuss der öffentlichen Hand erhält, um seine satzungsmäßigen Aufgaben zu erfüllen und die Mitgliedsbeiträge mangels individualisierbarer Vorteile der Mitglieder nicht steuerbar sind. Aber auch dort, wo ein Leistungsaustausch zu bejahen ist, muss stets geprüft werden, ob die gemeinnützige Einrichtung einen Anspruch auf Auszahlung des Zuschusses hat, wenn sie den steuerbaren Umsatz bewirkt hat. Diese Voraussetzung ist z.B. bei (freiwilligen) Zuschüssen von gemeinnützigen Fördereinrichtungen an andere gemeinnützige Organisationen (§ 58 Nr. 1 und 2 AO) regelmäßig nicht erfüllt[1]. Bei Zuschüssen der öffentlichen Hand kommt die Annahme eines Entgelts von dritter Seite vor allem dort in Betracht, wo die subventionierte Tätigkeit der gemeinnützigen Einrichtung auch zu den (Pflicht-)Aufgaben des Zuschussgebers gehört. So sind z.B. Zuwendungen des Landes an einen gemeinnützigen Verein für Kurzberatungen von Unternehmen als Entgelt von dritter Seite beurteilt worden[2]. Aber auch soweit ein Interesse des Zuschussgebers an der gemeinnützigen Tätigkeit besteht, ist stets der unmittelbare Zusammenhang zwischen Subvention und Preis zu prüfen. Finanzierungsbeiträge, die allgemein darauf abzielen, den Empfänger in die Lage zu versetzen, umsatzsteuerliche Leistungen auszuführen, sind daher nicht als Entgelt für einen verbrauchsfähigen Nutzen zu qualifizieren[3]. Schließlich ist gerade bei gemeinnützigen Einrichtungen zu prüfen, ob die Subvention – entsprechend der Rechtsprechung des EuGH[4] – zu einer Ermäßigung des Preises geführt hat. Dies wird bei zahlreichen steuerbegünstigten Tätigkeiten deshalb zu verneinen sein, weil die Abnehmer ohne die Subvention zum „Marktpreis" überhaupt keine Leistungen nachgefragt hätten[5]. Ein Entgelt von dritter Seite scheidet deshalb z.B. immer dann aus, wenn Leistungen an bedürftige Personenkreise erbracht werden, die sich mangels eigener wirtschaftlicher Leistungskraft entsprechende Leistungen zu Marktbedingungen nicht hätten leisten können. In diesem Fall liegt folglich auch dann kein Entgelt vor, wenn die gemeinnützige Einrichtung einen Anspruch auf Auszahlung des Zuschusses hat, sofern sie entsprechende Umsätze bewirkt. Nach Ansicht des V. Senats sollen auch Subventionen der öffentlichen Hand für Sportvereine, die steuerbare Leistungen gegenüber ihren Mitgliedern erbringen, ein Drittentgelt darstellen können, wenn der Verein im Hinblick auf die Subventionen die Mitgliedsbeiträge nicht kostendeckend kalkuliert[6]. Diese Aussage erscheint allerdings zu weitgehend, weil die Subvention im Regelfall nicht auf die Mitglieder, sondern die Schaffung einer Infrastruktur abzielt.

---

1 Ebenso *Reiß* in Non Profit Law Yearbook 2005, 61 f.

2 FG Sachsen v. 21.1.2004 – 7 K – 2347/02, juris, rkr.; vgl. auch BMF v. 27.4.2000, UR 2000, 298; zu Fördermitteln im Bereich der Landschaftspflege, die den Grundstückseigentümern zugute kommen vgl. FG Sachsen v. 21.2.2014 – 6 K 982/09, MwStR 2014, 409.

3 Vgl. auch *Achatz* in DStJG 26 (2003), 290 f.

4 EuGH v. 15.7.2004 – Rs. C-144/02 *Komm./Deutschland*, Slg. 2004, I-6985; EuGH v. 15.7.2004 – Rs. C-463/02 *Komm./Schweden*, Slg. 2004, I-7335; EuGH v. 15.7.2004 – Rs. C-381/01 *Komm./Italien*, Slg. 2004, I-6845; EuGH v. 15.7.2004 – Rs. C-495/01 *Komm./Finnland*, Slg. 2004, I-6889.

5 Zutreffend *Reiß* in Non Profit Law Yearbook 2005, 61 f.

6 So BFH v. 20.3.2014 – V R 4/13, BFH/NV 2014, 1470; dazu auch *Wäger*, DStR 2014, 1517.

c) Mitgliedsbeiträge

Sofern gemeinnützige Vereine gegenüber ihren Mitgliedern gegen ein gesondertes 7.137
Entgelt eine Leistung erbringen, sind sie – wie sich auch aus § 2 Abs.
1 Satz 3 UStG ergibt – unternehmerisch im Leistungsaustausch tätig[1]. Fraglich ist aber, ob auch die Mitgliedsbeiträge bei solchen gemeinnützigen Vereinen, die auch oder sogar überwiegend gegenüber ihren Mitgliedern tätig werden, ein verdecktes **steuerbares Entgelt enthalten (sog. unechter Mitgliedsbeitrag) oder ob stets nicht steuerbare Leistungen vorliegen.** Besondere praktische Bedeutung kommt dieser Problematik vor allem bei gemeinnützigen Sportvereinen zu, die ihren Mitgliedern im Rahmen der Mitgliedschaft die Nutzung der Vereinseinrichtungen ermöglichen[2]. Nach früher h.M. war entscheidend, ob Gesamtbelange oder Sonderbelange verfolgt werden. In Abschn. 1.4. Abs. 1 und 2 UStAE heißt es dazu unter Hinweis auf die bisherige Rechtsprechung des BFH[3]:

„Soweit eine Vereinigung zur Erfüllung ihrer den Gesamtbelangen sämtlicher Mitglieder dienenden satzungsgemäßen Gemeinschaftszwecke tätig wird und dafür echte Mitgliedsbeiträge erhebt, die dazu bestimmt sind, ihr die Erfüllung dieser Aufgaben zu ermöglichen, fehlt es an einem Leistungsaustausch mit dem einzelnen Mitglied. Erbringt die Vereinigung dagegen Leistungen, die den Sonderbelangen der einzelnen Mitglieder dienen, und erhebt sie dafür Beiträge entsprechend der tatsächlichen oder vermuteten Inanspruchnahme ihrer Tätigkeit, so liegt ein Leistungsaustausch vor. […] Voraussetzung für die Annahme echter Mitgliedsbeiträge ist, dass die Beiträge gleich hoch sind oder nach einem für alle Mitglieder verbindlichen Bemessungsmaßstab gleichmäßig errechnet werden. Die Gleichheit ist auch dann gewahrt, wenn die Beiträge nach einer für alle Mitglieder einheitlichen Staffel erhoben werden oder die Höhe der Beiträge nach persönlichen Merkmalen der Mitglieder, z.B. nach Lebensalter, Stand, Vermögen, Einkommen, Umsatz, abgestuft wird."

Nach dieser – bereits in der Vergangenheit im Schrifttum vielfach kritisierten[4] – Auffassung war eine Steuerbarkeit der Mitgliedsbeiträge somit immer schon dann zu verneinen, wenn die Beiträge nach einheitlichen Beitragsrichtlinien und ohne Rücksicht auf die tatsächliche oder vermutete Inanspruchnahme der Vereinsleistungen erhoben wurden. Im Ergebnis wurden daher **Mitgliedsbeiträge von gemeinnützigen Sportvereinen** praktisch stets als nicht steuerbar angesehen. Anders entschied die Finanzverwaltung nur bei nicht steuerbegünstigten Vereinen, z.B. bei Lohnsteuerhilfevereinen[5].

---

1 Vgl. auch BFH v. 12.6.2008 – V R 33/05, BStBl. II 2009, 221 („Car-Sharing"); ferner BFH v. 29.10.2008 – XI R 59/07, BFH/NV 2009, 324; BFH v. 18.6.2009 – V R 77/07, DB 2009, 2192.

2 Eingehend zur Steuerbarkeit von Mitgliedsbeiträgen *Lenz*, Mitgliedsbeiträge privatrechtlicher Vereinigungen im Umsatzsteuerrecht, 2012.

3 Vgl. BFH v. 4.7.1985 – V R 107/76, BStBl. II 1986, 153; BFH v. 8.9.1994 – V R 46/92, BStBl. II 1994, 957; BFH v. 7.11.1996 – V R 34/96, BStBl. II 1997, 366.

4 Vgl. *Reiß*, StuW 1987, 351 ff.; vgl. auch *Schön* in DStJG 13 (1990), 81 (113 ff.); *Söhn*, StuW 1975, 164; *Husmann* in Rau/Dürrwächer, § 1 UStG Rz. 305 ff.

5 Vgl. Abschn. 1.4 Abs. 3 Satz 1 UStAE.

7.138 Diese Besteuerungspraxis ist nach dem Urteil des **EuGH in der Rechtssache *Kennemer Golf & Country Club*[1]** nicht mehr zu halten. Denn nach Ansicht des EuGH ist eine Leistung des Vereins – unabhängig von der Verfolgung von Gesamt- oder Sonderbelangen – bereits darin zu sehen, dass den Mitgliedern dauerhaft Sportanlagen und damit verbundene Vorteile zur Verfügung gestellt werden. Dieser Leistung stehe der vom Mitglied geschuldete Beitrag als Gegenwert gegenüber. Ein unmittelbarer Zusammenhang zwischen der Leistung des Vereins und den Mitgliedsbeiträgen werde insbesondere nicht dadurch ausgeschlossen, dass nicht alle Mitglieder des Vereins die Sportanlagen in gleichem Umfang tatsächlich nutzten. Der EuGH sieht in dem Mitgliedsbeitrag also ein pauschales Entgelt für die satzungsmäßig gewährte Möglichkeit zur Nutzung der Vereinseinrichtungen.

7.139 Folgt man dieser Auffassung, so kommt es für die Steuerbarkeit von Mitgliedsbeiträgen nicht mehr auf die Unterscheidung zwischen Gesamtbelangen und Sonderbelangen bzw. die Bemessung der Beiträge an, sondern es ist allein entscheidend, ob die Mitgliedschaft im Verein – z.B. wegen eines satzungsmäßig begründeten Anspruchs des Mitglieds auf Nutzung von Vereinseinrichtungen – **mit individuellen verbrauchsfähigen Vorteilen für die Mitglieder** verbunden ist[2]. Dies dürfte bei Sportvereinen regelmäßig der Fall sein, kann aber auch bei anderen gemeinnützigen Vereinen – z.B. im Kultur- und Freizeitbereich (§ 52 Abs. 2 Nr. 4 AO) – anzunehmen sein. Soweit Leistungen gegenüber den Mitgliedern erbracht werden, ist auch die Regelung über die Mindestbemessungsgrundlage anzuwenden, sofern die erhobenen Mitgliedsbeiträge die Aufwendungen für die Leistungserstellung nicht decken[3]. Ferner soll bei öffentlichen Zuschüssen und nicht kostendeckend kalkulierten Beiträgen sogar die Annahme eines Drittentgelts in Betracht kommen[4]. Wird eine gemeinnützige Einrichtung dagegen ausschließlich im Allgemeininteresse tätig, ohne dass den Mitgliedern oder Dritten individuelle Vorteile gewährt werden, kommt ein Leistungsaustausch schon mangels „Leistung" nicht in Betracht. So hat auch der EuGH festgestellt, dass ein Verein, der beitragsfinanziert die „allgemeinen Interessen" seiner Mitglieder (z.B. gegenüber der Politik oder in der Öffentlichkeit) wahrnimmt, noch keine wirtschaftliche Tätigkeit entfaltet[5]. Daran dürfte auch der Umstand nichts ändern, dass das einzelne Mitglied ein persönliches Interesse an der Erfüllung der satzungsmäßigen Zwecke hat oder sich von der Mitgliedschaft eine persönliche Ansehenssteigerung verspricht, solange der Verein nicht selbst die

---

1 EuGH v. 21.3.2002 – Rs. C-174/00 *Kennemer Golf & Country Club*, Slg. 2002, I-3293; dazu *Widmann*, UR 2002, 325; *Wagner*, UR 2002, 158; *Nieskens*, UR 2002, 345; *Möhlenkamp*, UR 2003, 173; *Martin*, UR 2008, 34.
2 Dazu näher *Lenz*, S. 79 ff.; *Dudde*, S. 309 ff.
3 Vgl. *Reiß* in Non Profit Law Yearbook 2005, 62 f.
4 BFH v. 20.3.2014 – V R 4/13, BFH/NV 2014, 1470.
5 EuGH v. 12.2.2009 – Rs. C-515/07 *VNLTO*, Slg. 2009, I-839; ebenso BFH v. 22.12.2011 – XI B 21/11, BFH/NV 2012, 813; BFH v. 24.9.2014 – V R 54/13, BFH/NV 2015, 364; erheblich weitergehend – Öffentlichkeitsarbeit und Verbesserung der Rahmenbedingungen einer Wirtschaftsbranche seien eine Leistung an die Mitglieder – nun FG Berlin-Brandenburg v. 13.9.2017 – 2 K 2164/15, EFG 2018, 63 (Rev. BFH V R 45/17); dazu *Erdbrügger*, DStR 2018, 59.

Vermarktung der „guten Taten" bewirkt[1]. Auch der BFH geht bisher davon aus, dass eine Leistungsbeziehung zwischen einem Verein und seinen Mitgliedern noch nicht dadurch entsteht, dass die Verfolgung der Vereinsziele – hier: „Anstoß innovativer Projekte am Wissenschafts- und Technologiestandort X im Bereich der Luft- und Raumfahrt sowie der Satellitennavigation" – mittelbar auch den wirtschaftlichen Interessen der Mitglieder – hier: Unternehmen aus dem Bereich der Luft- und Raumfahrt – dient[2]. Eine beitragsfinanzierte „Vernetzung von Unternehmen, Forschung, Verwaltung und Politik" begründe daher noch keine wirtschaftliche Tätigkeit gegenüber den Mitgliedern[3]. Nach diesen Maßstäben dürften auch Mitgliedsbeiträge zu Verbänden im Kernbereich altruistischen Handelns (Mildtätigkeit, Förderung von Wissenschaft, Bildung, Umwelt, Gesundheitswesen, Wohlfahrtspflege, Völkerverständigung etc.) weiterhin nicht steuerbar sein. Erbringt der Verein schließlich Dritten gegenüber individuelle Leistungen, können die Beiträge ausnahmsweise aber ein Entgelt von dritter Seite sein, wenn die oben dargestellten Voraussetzungen vorliegen. Schließlich ist zu beachten, dass sich der EuGH nur zur Steuerbarkeit der Mitgliedsbeiträge geäußert hat. Davon ist die Frage einer Steuerpflicht zu trennen. Sie muss nicht zwingend eintreten, da die MwStSystRL für bestimmte Mitgliedsbeiträge – insbesondere auch im Bereich des Sports und der Körperertüchtigung (vgl. Rz. 7.184) – Steuerbefreiungen vorsieht.

Die **Finanzverwaltung** hat sich – 16 Jahre (!) nach dem EuGH-Urteil – noch nicht zu einer Aussage darüber durchringen können, wie Mitgliedsbeiträge künftig zu behandeln sind[4]. Auch eine 2003 eingesetzte Bund-Länder-Arbeitsgruppe hat – soweit bekannt – keine (politisch opportunen) Ergebnisse vorgelegt. Im Kern geht es u.a. um die Frage, wie die in der MwStSystRL vorgesehenen Befreiungen in das nationale Recht umgesetzt werden und welche Übergangsregelungen für solche Vereine gelten sollen, deren Beiträge mangels entsprechender Befreiungsregelung künftig der Besteuerung zu unterwerfen wären (z.B. Berufsverbände)[5]. Da das EuGH-Urteil bisher im Bundessteuerblatt nicht veröffentlicht worden ist, haben die Finanzämter bis auf weiteres die bisherigen Grundsätze anzuwenden. Auch der geltende Umsatzsteueranwendungserlass weiß nichts vom EuGH-Urteil vom 21.3.2002.

7.140

Die Untätigkeit der Finanzverwaltung hat manche Berater von Sportvereinen veranlasst, darüber nachzudenken, ob in der Zwischenzeit bei größeren Investitionen der Vorsteuerabzug genutzt werden kann, indem man sich unmittelbar auf das EuGH-Urteil beruft[6]. Der BFH hat die Steuerbarkeit von Mitgliedsbeiträgen auf der Grundlage der EuGH-Rechtsprechung

---

1 Zutreffend *Reiß* in Non Profit Law Yearbook 2005, 57 f.
2 BFH v. 24.9.2014 – V R 54/13, BFH/NV 2015, 364.
3 BFH v. 24.9.2014 – V R 54/13, BFH/NV 2015, 364; anders aber FG Berlin-Brandenburg v. 13.9.2017 – 2 K 2164/15, EFG 2018, 63 (Rev. BFH V R 45/17).
4 Mit Recht kritisch *Widmann*, DStZ 2014, 595.
5 Vgl. dazu *Möhlenkamp*, UR 2003, 173 ff.; *Lenz*, S. 199 ff.; vgl. zur Umsatzsteuerbarkeit von Mitgliedsbeiträgen zu einem Berufsverband nun FG Berlin-Brandenburg v. 13.9.2017 – 2 K 2164/15, EFG 2018, 63 (Rev. BFH V R 45/17).
6 Vgl. BFH v. 9.8.2007 – V R 27/04, DB 2007, 2238; siehe auch *Martin*, UR 2008, 34; *Becker/Kretzschmann*, DStR 2008, 1985; *Klein*, DStR 2008, 1016.

inzwischen ausdrücklich bestätigt[1]. Zwar sind die Mitgliedsbeiträge – zumindest bei Sportvereinen – nach Art. 132 Abs. 1 Buchst. m MwStSystRL eigentlich zwingend von der Umsatzsteuer zu befreien. Da der deutsche Gesetzgeber diese Vorgabe aber nicht in nationales Recht umgesetzt hat, greift die Befreiung nur ein, wenn sich der Sportverein darauf beruft[2]. Damit ergeben sich interessante steuerliche „Optionsmöglichkeiten"[3].

d) Spenden

7.141 Eine steuerlich abziehbare Spende setzt „Ausgaben zur Förderung" steuerbegünstigter Zwecke voraus (vgl. § 10b Abs. 1 Satz 1 EStG). Zu den Merkmalen einer Spende gehört deshalb, dass sie unentgeltlich erfolgt. Ein Spendenabzug scheidet folglich aus, wenn die Zuwendung mittelbar und ursächlich mit einem von einem Dritten gewährten Vorteil zusammenhängt[4] (vgl. Rz. 8.44 ff.). Aus umsatzsteuerrechtlicher Sicht werden Spenden mithin **außerhalb eines Leistungsaustauschs** geleistet, weil es an einer Leistung der empfangenden Einrichtung an den Spender fehlt[5]. Spenden sind aber auch keine Entgelte von dritter Seite, da sie stets freiwillig geleistet werden, d.h. die Empfängerorganisation keinen Anspruch auf die Leistung einer Spende hat, wenn sie bestimmte Umsätze bewirkt[6]. Im Ergebnis ist daher festzustellen, dass sich die Einordnung einer Zahlung als Spende und als Leistungsentgelt gegenseitig ausschließen[7].

e) Sponsoring

7.142 Im Gegensatz zur steuerlich abzugsfähigen Spende (§ 10b Abs. 1 Satz 1 EStG) erbringt die gemeinnützige Einrichtung im Rahmen eines Sponsorings regelmäßig eine **kommunikative Gegenleistung**, um die Zahlung des Sponsors zu erhalten[8] (s. auch Rz. 6.149 ff.). Sponsoring ist daher regelmäßig kein unentgeltliches Rechtsgeschäft, sondern ein gegenseitiger Vertrag, durch den sich beide Seiten – zumeist im Rahmen einer schriftlichen Vereinbarung – zu bestimmten Leistungen verpflichten.

---

1 Vgl. BFH v. 9.8.2007 – V R 27/04, DB 2007, 2238; BFH v. 11.10.2007 – V R 69/06, BFH/NV 2008, 322; BFH v. 20.3.2014 – V R 4/13, BFH/NV 2014, 1470; BFH v. 21.6.2018 – V R 20/17, DB 2018, 1771.

2 Statt vieler nur BFH v. 11.10.2007 – V R 69/06, BFH/NV 2008, 322.

3 Siehe auch *Lenz*, S. 183 ff.; die Möglichkeit einer Ausnutzung des Steuersatzgefälles im Bereich der Vermögensverwaltung hat der V. Senat allerdings soeben den Vereinen mit Urteil vom 20.3.2014 – V R 4/13, BFH/NV 2014, 1470 „aus der Hand geschlagen". Zur Überlassung von Sportanlagen vgl. FG Düsseldorf v. 8.7.2016 – 1 K 1397/13 U, MwStR 2016, 918.

4 *Buchna/Leichinger/Seeger/Brox*, S. 421.

5 Dazu eingehend *Heber* in Non Profit Law Yearbook 2016/2017, 54.

6 Vgl. *Reiß* in Non Profit Law Yearbook 2005, 61.

7 Siehe auch EuGH v. 3.3.1994 – Rs. C-16/93 *Tolsma*, Slg. 1994, I-743; FG Hessen v. 12.9.2005 – 6 K 3097/00, EFG 2006, 141, rkr.

8 Zum Sponsoring aus umsatzsteuerrechtlicher Sicht vgl. *Reiß* in Non Profit Law Yearbook 2005, 61; *Rasche* in Schauhoff, § 12 Rz. 29 ff.; *Röthel/Konold*, DStR 2009, 15; *Buchna/Leichinger/Seeger/Brox*, S. 661 f.; ausführlich *Heber* in Weitemeyer/Schauhoff/Achatz, Umsatzsteuerrecht für den Nonprofitsektor, 2018.

– Die Feststellung eines umsatzsteuerrechtlichen Leistungsaustauschs bereitet folglich immer dann keine besonderen Schwierigkeiten, wenn sich die gesponserte Einrichtung **zu konkreten Werbemaßnahmen verpflichtet** oder solche Leistungen auch ohne ausdrückliche Vereinbarung für eine Gegenleistung ausführt (z.B. Trikotwerbung, aktive Werbung, Anzeigen etc.). So erbringt z.B. ein gemeinnütziger Luftsportverein, dem Unternehmer „unentgeltlich" Freiballone mit Firmenaufschriften zur Verfügung stellen, die er zu Sport- und Aktionsluftfahrten einzusetzen hat, mit diesen Luftfahrten steuerbare Werbeumsätze[1]. Das Gleiche gilt auch für Fahrzeuge mit Werbeaufschriften, die Wohlfahrtseinrichtungen von gewerblichen Unternehmern überlassen werden, um sie im Rahmen der **satzungsmäßigen Zweckverfolgung (z.B. Behindertentransport) zu nutzen**[2].

– Eine Leistung gegen Entgelt ist auch dann zu bejahen, wenn die gemeinnützige Einrichtung dem Sponsor das **ausdrückliche Recht einräumt, die Sponsoringmaßnahme im Rahmen eigener Werbung zu vermarkten**[3]. Auch hier liegt ein Leistungsaustausch vor, weil die Einrichtung ihr Logo etc. dem Sponsor zur Verfügung stellt (Leistung im wirtschaftlichen Sinn) und dafür ein Entgelt gezahlt wird.

– Damit bleibt nur der Fall übrig, in dem sich die Tätigkeit der gemeinnützigen Einrichtung – wie es im Anwendungserlass heißt[4] – darauf beschränkt „auf Plakaten, Veranstaltungshinweisen, in Ausstellungskatalogen oder in anderer Weise auf die Unterstützung durch einen Sponsor lediglich hinzuweisen". Ein solcher Dankhinweis soll, „auch wenn er unter Verwendung des Namens, Emblems, oder Logos des Sponsors, jedoch ohne besondere Hervorhebung, geschieht", gemeinnützigkeitsrechtlich noch keinen wirtschaftlichen Geschäftsbetrieb begründen. Diese Beurteilung ist für die umsatzsteuerrechtliche Beurteilung für sich genommen aber nicht verbindlich, weil der sog. Sponsoringerlass nur für die Körperschaft- und Gewerbesteuer gilt. Im Rahmen der Umsatzbesteuerung kann es allein darauf ankommen, ob der **„bloße Dankhinweis" eine Leistung im wirtschaftlichen Sinne darstellt** und die Zahlung in einem unmittelbaren Zusammenhang mit dieser Leistung steht. Dazu vertritt die Finanzverwaltung nunmehr für die Umsatzsteuer die Ansicht, dass dem Sponsor durch die bloße Nennung seines Namens vom Zuwendungsempfänger „weder ein verbrauchsfähiger Vorteil gewährt" werde noch dieser ihm Kosten erspare, die er anderenfalls hätte aufwenden müssen[5]. Damit soll offenbar – abweichend von anderslautenden früheren Verfügungen[6] – die umsatzsteuerrechtliche Behandlung von „Dankhinweisen" der ertragsteuerlichen Praxis angeglichen werden. Ob diese ab dem 1.1.2013 anzuwen-

---

1 BFH v. 1.8.2002 – V R 21/01, BStBl. II 2003, 438.
2 Vgl. BFH v. 16.4.2008 – XI R 56/06, BStBl. II 2008, 909 mit Hinweisen zur Ermittlung des Entgeltes bei solchen „tauschähnlichen" Umsätzen; siehe auch OFD Karlsruhe v. 5.3.2001, DStR 2001, 853; OFD München v. 28.5.2001, DStR 2001, 1800.
3 So jetzt BMF v. 25.7.2014, BStBl. I 2014, 1144.
4 Vgl. AEAO Nr. 9 zu § 64 AO.
5 BMF v. 13.11.2012, BStBl. I 2012, 1169.
6 Siehe etwa OFD Erfurt v. 15.1.2004, UVR 2004, 142; OFD Frankfurt v. 18.3.2009, UVR 2009, 360.

dende Rechtsansicht vor den Gerichten Bestand hat, erscheint nicht zweifelsfrei[1]. Zwar geht es bei der Frage der Steuerbarkeit des Sponsoring in der Tat darum, ob der Sponsor einen „verbrauchsfähigen Vorteil" erhält. Berücksichtigt man aber, dass der Sponsor – im Unterschied zum „normalen" Spender – mit seiner Zuwendung auch „Ziele der Werbung oder der Öffentlichkeitsarbeit verfolgt" (anderenfalls könnte er diese Zahlung auch nicht als Betriebsausgabe abziehen) und regelmäßig erhebliche Beträge auf der Grundlage umfangreicher schriftlicher Vereinbarungen aufwendet, dann erscheint es fraglich, ob man die Annahme eines „identifizierbaren verbrauchsfähigen Vorteils" wirklich davon abhängig machen kann, ob der Sponsor „mit" oder „ohne" Hervorhebung genannt wird. Überhaupt kann man sich fragen, ob die „Gleichschaltung" von Umsatz- und Körperschaftsteuer den betroffenen Einrichtungen viel Freude machen wird[2]: Zum einen führt die Nichtsteuerbarkeit zum Verlust des Vorsteuerabzugs, zum anderen fehlen bis heute verbindliche Hinweise dazu, wie sich eine „hervorgehobene" Namensnennung vom schlichten Dankhinweis (dazu auch Rz. 6.159) und der Einräumung eines Rechts zur Vermarktung der Sponsoringmaßnahme[3] unterscheidet. Den Betroffenen ist jedenfalls anzuraten, künftig in Sponsoringvereinbarungen eine **Umsatzsteuerklausel** aufzunehmen, um sich im Verhältnis zum Sponsor gegen nachteilige Steuerfolgen bei einer abweichenden Beurteilung der Vereinbarung in Betriebsprüfungen abzusichern.

– Die Frage des **anzuwendenden Steuersatzes** hängt nach § 12 Abs. 2 Nr. 8 Buchst. a UStG von der gemeinnützigkeitsrechtlichen Zuordnung zum wirtschaftlichen Geschäftsbetrieb ab. Insoweit kommt dem Sponsoringerlass auch umsatzsteuerlich eine Bedeutung zu, wenn man ihn im Bereich der Vermögensverwaltung – entgegen dem BFH-Urteil v. 20.3.2014[4] – für anwendbar hält (vgl. dazu auch Rz. 7.205 f.).

2. Unentgeltliche Wertabgaben

7.143 Um eine vollständige Belastung der privaten Einkommensverwendung zu gewährleisten, werden nach § 3 Abs. 1b, Abs. 9a UStG bestimmte unentgeltliche Wertabgaben aus dem unternehmerischen Bereich für unternehmensfremde Zwecke (insbesondere Entnahmen) **einer entgeltliche Lieferung bzw. sonstigen Leistung gleichgestellt**[5]. Die Besteuerung knüpft hier – ganz entsprechend dem Verbrauchsteuercharakter der Umsatzsteuer – nicht an Verkehrsakte (Rechtsgeschäfte), sondern an tatsächliche Vorgänge an (so jedenfalls bei den Gegenstands- und Leistungsentnahmen). Durch die Belastung von unentgeltlichen Wertabgaben wird der Tatsache Rechnung getragen, dass beim Erwerb der betreffenden Gegenstände ein Vor-

---

1 Zweifelnd auch *Heber* in Non Profit Law Yearbook 2016/2017, 203 f.
2 Vgl. auch *Hoffmann*, DStR 2012, 2339; *Fritz*, Stiftung&Sponsoring 2013, 32.
3 Dazu BMF v. 25.7.2014, BStBl. I 2014, 1144.
4 BFH v. 20.3.2014 – V R 4/13, BFH/NV 2014, 1470.
5 Die Regelung ist an die Stelle der früheren Eigenverbrauchsbesteuerung getreten, vgl. dazu näher *Englisch* in Tipke/Lang, § 17 Rz. 152 ff.

steuerabzug möglich war[1]. Voraussetzung für eine unentgeltliche Wertabgabe ist daher stets die (ausschließliche oder teilweise) Zuordnung des betreffenden Gegenstands zum unternehmerischen Bereich. Insoweit ist auf die Ausführungen zum Vorsteuerabzug und zur Zuordnung von Gegenständen zu verweisen (vgl. Rz. 7.209 ff.).

Das Institut der unentgeltlichen Wertabgabe ist auch bei **Sachspenden** an gemeinnützige Einrichtungen relevant, wenn z.B. ein Unternehmer Gegenstände aus seinem Betriebsvermögen einer gemeinnützigen Einrichtung zu steuerbegünstigten Zwecken überlässt[2]. Anders als im Einkommensteuerrecht, wo über das Buchwertprivileg (vgl. Rz. 8.188 ff.) eine Versteuerung der stillen Reserven verhindert wird, gibt es im Umsatzsteuerrecht keine Steuerbefreiung für derartige Zuwendungen. Allerdings erhöht die Umsatzsteuer den Spendenwert, der im Rahmen des § 10b EStG geltend gemacht werden kann[3]. Für die **Abgabe von Lebensmitteln an die sog. Tafeln** haben sich Bund und Länder inzwischen auf eine Billigkeitsregelung verständigt[4]. Bei begrenzt haltbaren Lebensmitteln soll der Wert nach Ladenschluss regelmäßig null Euro betragen. Damit fällt keine Umsatzsteuer an.

Wie alle anderen Unternehmer, können auch **gemeinnützige Einrichtungen** den Tatbestand der unentgeltlichen Wertabgabe verwirklichen, wenn sie eine unternehmerische Sphäre haben[5]:

7.144

– Eine unentgeltliche Wertabgabe liegt zunächst vor, wenn Gegenstände des unternehmerischen Bereichs (insbesondere wirtschaftlicher Geschäftsbetrieb, Zweckbetrieb), für die ein Vorsteuerabzug beansprucht worden ist, **für Zwecke des ideellen Bereichs der Körperschaft entnommen oder verwendet werden**[6]. Dies ist z.B. der Fall, wenn ein gemeinnütziger Sportverein den bisher ausschließlich für die Lizenzspielermannschaft (unternehmerischer Bereich) genutzten Omnibus künftig der Jugendabteilung (nichtunternehmerischer Bereich) überlässt. Die gemeinnützigkeitsrechtliche Zuordnung des Gegenstandes zur steuerbegünstigten Sphäre (Vermögensverwaltung, Zweckbetrieb) bzw. steuerpflichtigen Sphäre (wirtschaftlicher Geschäftsbetrieb) spielt für die Annahme einer unentgeltlichen Wertabgabe als solcher keine Rolle. Sie hat nur Bedeutung für den anzuwendenden Steuersatz (dazu Rz. 7.205 f.).

– Darüber hinaus ist eine unentgeltliche Wertabgabe auch anzunehmen, wenn Gegenstände des unternehmerischen Bereichs **für nichtunternehmerische ("unternehmensfremde") Zwecke außerhalb der Körperschaft selbst eingesetzt werden**. Beispiele hierfür sind z.B. die unentgeltliche Zuwendung oder Überlassung

---

1 Zur Funktion der Besteuerung von unentgeltlichen Wertabgaben nur *Englisch* in Tipke/Lang, § 17 Rz. 153 f.

2 Vgl. dazu die Gesetzesbegründung zu § 3 Abs. 1b Nr. 3 UStG, BT-Drucks. 14/23, S. 196.

3 Vgl. R 10b.1 Abs. 1 Satz 5 EStR; eingehend auch *Buchna/Leichinger/Seeger/Brox*, S. 435 f.

4 Vgl. Pressemitteilung des Finanzministeriums Nordrhein-Westfalen v. 18.10.2012.

5 Vgl. Absch. 2.10. Abs. 4 UStAE; vgl. dazu auch *Heber* in Weitemeyer/Schauhoff/Achatz, Umsatzsteuerrecht für den Nonprofitsektor, 2018.

6 Fraglich ist, ob sich aus der einschränkenden Interpretation des Begriffs „für unternehmensfremde Zwecke" im EuGH-Urteil v. 12.2.2009 – Rs. C-515/07 *VNLTO*, Slg. 2009, I-839 etwas anderes ergibt. Dagegen aber z.B. *Englisch* in Tipke/Lang, § 17 Rz. 159.

von Gegenständen des unternehmerischen Bereichs an Arbeitnehmer oder an Mitglieder[1] der Körperschaft oder an andere gemeinnützige Einrichtungen.

– In diesem Zusammenhang ist darauf hinzuweisen, dass nach der neueren Rechtsprechung des BFH **kein Recht zum Vorsteuerabzug** für solche Leistungen besteht, die ausschließlich unentgeltlichen Wertabgaben – z.B. an die Arbeitnehmer – dienen sollen[2]. Diese Einschränkung des Vorsteuerabzugs beruht auf der Überlegung, dass die Besteuerung von unentgeltlichen Wertabgaben lediglich einen früheren Vorsteuerabzug neutralisieren soll, so dass sich eine Versagung des Vorsteuerabzugs zumindest dort anbietet, wo die Eingangsleistungen nur für solche Zwecke bestimmt sind.

7.145–7.147 frei

IV. Steuerbefreiungen

1. Allgemeines

7.148   § 1 Abs. 1 Nr. 1 bis 5 UStG regelt nur die Steuerbarkeit bestimmter Umsätze. Davon ist die Frage der Steuerpflicht zu unterscheiden: Steuerbare Umsätze sind steuerpflichtig, wenn sie nicht durch eine andere Regelung des UStG (oder auf Grund einer unmittelbar anwendbaren Vorschrift der MwStSystRL) von der Umsatzsteuer befreit sind. Insoweit ist vor allem auf den umfangreichen Befreiungskatalog in § 4 UStG hinzuweisen, durch den eine größere Anzahl von an sich nach § 1 Abs. 1 Nr. 1 bis 5 UStG steuerbaren Umsätzen ausdrücklich von der Umsatzsteuer ausgenommen wird. Die **Unterscheidung zwischen nicht steuerbaren und steuerbefreiten Umsätzen** ist in mehrfacher Hinsicht relevant: Sie hat zunächst Bedeutung für den Vorsteuerabzug, der für Vorleistungen zur Ausführung der meisten steuerbefreiten Umsätze ausgeschlossen ist (§ 15 Abs. 2 Nr. 1 UStG)[3], während es bei nicht steuerbaren Umsätzen auf die Zuordnung der Vorleistungen zum Unternehmen ankommt (§ 15 Abs. 1 UStG). Ferner ist bei bestimmten steuerbefreiten Umsätzen eine Option zur Umsatzsteuer möglich (vgl. § 9 UStG), was bei nicht steuerbaren Umsätzen nicht vorgesehen ist. Weitere Unterschiede bestehen bei Aufzeichnungs- und Erklärungspflichten. Schließlich ist die Lieferung von Gegenständen, die steuerfreien Tätigkeiten gedient haben und bei denen wegen § 15 Abs. 2 Nr. 1 UStG ein Vorsteuerabzug ausgeschlossen war, nach § 4 Nr. 28 UStG steuerbefreit, um eine Doppelbelastung mit Umsatzsteuer zu vermeiden[4].

7.149   In systematischer Hinsicht handelt es sich bei den Befreiungen in § 4 UStG fast ausnahmslos um **objektive Befreiungen**, d.h. die Befreiung knüpft in erster Linie an

---

1 In diesem Fall liegt regelmäßig zugleich ein Verstoß gegen § 55 Abs. 1 Nr. 1 Satz 2, Nr. 3 AO vor.

2 BFH v. 21.1.2014 – XI R 4/12, BFH/NV 2014, 992; BFH v. 9.12.2010 – V R 17/10, BStBl. II 2012, 53.

3 Zum Konkurrenzverhältnis mehrerer Steuerbefreiungen für den Vorsteuerabzug vgl. BFH v. 22.8.2013 – V R 30/12, BStBl. II 2014, 133.

4 Vgl. zur Unionsrechtskonformität BFH v. 21.9.2016 – V R 43/15, BStBl. II 2017, 1203.

die Art der Leistung an[1]. Eine Ausnahme davon bildet § 4 Nr. 19 UStG, der die „Umsätze der Blinden" von der Umsatzsteuer entlastet, d.h. die Steuerfreiheit allein von einer persönlichen Eigenschaft des Unternehmers abhängig macht. Die anderen Befreiungen beziehen sich auf bestimmte Arten von Umsätzen, die der Richtliniengeber aus übergeordneten Erwägungen von der Umsatzsteuer ausgenommen hat (vgl. auch die Überschrift vor Art. 132 ff. MwStSystRL: „Steuerbefreiungen für bestimmte, dem Gemeinwohl dienende Tätigkeiten"). Soweit Leistungen betroffen sind, wie sie häufig auch von gemeinnützigen Einrichtungen erbracht werden (vgl. § 4 Nrn. 14, 15b, 16, 18, 20, 22, 24, 25, 27 Buchst. a UStG), sollen die Abnehmer bestimmter Leistungen aus sozial-, kultur-, bildungs- oder jugendpolitischen Erwägungen entlastet werden. Auch wenn die Steuerentlastung hier – ebenso wie die Steuerbelastung – steuertechnisch an bestimmte Umsätze von Unternehmern anknüpft, zielen die Befreiungen also nicht auf eine Begünstigung der Unternehmer, sondern ausschließlich auf eine Entlastung der Verbraucher. Beispielhaft hat der EuGH im Urteil vom 26.5.2005[2] zu den Zielen der Umsatzsteuerbefreiungen für soziale Dienstleistungen festgestellt:

„Was erstens die Ziele angeht, die mit den in Artikel 13 Teil A Absatz 1 Buchstaben g und h der Sechsten Richtlinie vorgesehenen Steuerbefreiungen verfolgt werden, so geht aus dieser Bestimmung hervor, dass diese Befreiungen dadurch, dass sie für bestimmte im sozialen Sektor erbrachte Leistungen, die dem Gemeinwohl dienen, eine günstigere Mehrwertsteuerbehandlung gewähren, darauf abzielen, die Kosten dieser Leistungen zu senken und dadurch diese Leistungen dem Einzelnen, der sie in Anspruch nehmen könnte, zugänglicher zu machen."

Der Unionsgesetzgeber geht dabei von der typisierenden Erwägung aus, dass die betreffenden Unternehmer die Steuerentlastung über den Preis **an ihre Abnehmer weitergeben** werden, ebenso wie auch eine Umsatzsteuerlast auf die Verbraucher überwälzt wird. Um eine Weitergabe des Steuervorteils zu gewährleisten, macht die Richtlinie die Steuerfreiheit teilweise von weiteren Voraussetzungen abhängig (z.B. der Person des Unternehmers) oder gibt den Mitgliedstaaten das Recht, die Steuerbefreiung an besondere Kriterien (z.B. die Höhe der Entgelte) zu knüpfen.

Anders als im Bereich der Ertragsteuern bedürfen die ökonomischen Wirkungen einer Steuerbefreiung im geltenden System einer Allphasen-Netto-Umsatzsteuer mit Vorsteuerabzug besonderer Untersuchung. Auf den ersten Blick könnte man meinen, dass die Steuerbefreiungen des § 4 UStG stets den Verbraucher in Höhe der ersparten Umsatzsteuer entlasten. Bei dieser Annahme bliebe aber unberücksichtigt, dass die meisten Steuerbefreiungen sog. **unechte Steuerbefreiungen mit Versagung des Vorsteuerabzugs** sind, deren Entlastungswirkung ganz unbestimmt ist[3]. Denn der Verlust des Vorsteuerabzugs hat zur Folge, dass eine begünstigte Einrichtung nicht von der Umsatzsteuer entlastet wird, die auf den zur Ausführung der befreiten Umsätze bezogenen Vorleistungen lastet. Die finanzielle Entlastung hängt also letztlich davon ab, wie viel Wertschöpfung auf der Stufe des steuerbefreiten

7.150

---

1 Statt vieler *Englisch* in Tipke/Lang, § 17 Rz. 195.
2 EuGH v. 26.5.2005 – Rs. C-498/03 *Kingscrest Associates Ltd.*, Slg. 2005, I- 4427.
3 Vgl. auch *Jacobs*, S. 48 ff.

Unternehmers stattfindet und wie viel mit Umsatzsteuer belastete Vorleistungen in die steuerbefreite Leistungen eingehen. Aus diesem Grund werden unechte Steuerbefreiungen seit langem kritisiert, weil sie zu Ungleichbehandlungen auf Verbraucherebene und Wettbewerbsverzerrungen zwischen gemeinnützigen Anbietern führen können[1]. Für das geltende Recht hilft diese Kritik allerdings kaum weiter, solange die MwStSystRL ausdrücklich nur unechte Befreiungen ohne Optionsmöglichkeit vorsieht. Wollte man die Verbraucher tatsächlich vollständig von der Umsatzsteuer entlasten, müssten alle Befreiungen in § 4 UStG als sog. echte Befreiungen mit Vorsteuerabzug ausgestaltet werden. Eine solche Änderung der Richtlinie war lange Zeit – insbesondere aus fiskalischen und wettbewerbspolitischen Gründen – nicht in Sicht[2]. Inzwischen hat die EU-Kommission allerdings einen weitreichenden Vorschlag für mehr nationale Spielräume bei der Einführung von ermäßigen Steuersätzen und einer Steuerbefreiung mit dem Recht auf Vorsteuerabzug vorgelegt[3]. Solange diese Vorschläge nicht umgesetzt sind, ist es aus der Sicht der betroffen Einrichtungen mitunter günstiger, dass ihre Leistungen nicht „unecht" steuerbefreit, sondern nur nach § 12 Abs. 2 Nr. 8 Buchst. a UStG ermäßigt besteuert werden, da bei Anwendung des ermäßigten Steuersatzes der Vorsteuerabzug (in voller Höhe) erhalten bleibt, so dass zumindest eine vollständige Entlastung von Vorsteuern gesichert ist.

7.151 Für die Anwendung und Auslegung des Befreiungskatalogs in § 4 UStG ist darauf hinzuweisen, dass die geltenden deutschen Regelungen keineswegs in jeder Hinsicht **den Vorgaben der MwStSystRL** entsprechen. Der EuGH hatte inzwischen mehrfach Gelegenheit, zur Auslegung der Befreiungsvorschriften in Art. 132 ff. MwStSystRL (früher Art. 13 Teil A der 6. MwStRL) Stellung zu nehmen. Danach enthalten die Befreiungsregelungen autonome Begriffe des Gemeinschaftsrechts, die grundsätzlich eng auszulegen sind[4]. Bei ihrer Auslegung sind die mit der Befreiung verfolgten Ziele sowie die Erfordernisse des Grundsatzes der steuerlichen Neutralität zu beachten, auf dem das gemeinsame Mehrwertsteuersystem beruht[5].

7.152 Der EuGH hat sich in seiner Rechtsprechung auch wiederholt zur **Gemeinschaftsrechtswidrigkeit der geltenden deutschen Befreiungsregelungen** in § 4 UStG geäußert. So hat der EuGH entschieden, dass unter den Richtlinienbegriff der „Einrichtung" im Sinne von Art. 132 Abs. 1 MwStSystRL nicht nur juristische Personen,

---

1 Zur Kritik bei *Ruppe* in FS Tipke, 1995, S. 457; *Achatz* in DStJG 26 (2003), 303 ff.; in seinen Schlussanträgen in der Rs. C-498/03 *Kingscrest Associates Ltd.* spricht GA *Colomer* insoweit von der „Erbsünde der Mehrwertsteuer auf Gemeinschaftsebene"; für eine ausführliche rechtliche und ökonomische Analyse und zu rechtspolitischen Alternativen vgl. die Untersuchung von *Krieger*, Unechte Umsatzsteuerbefreiungen im Unionsrecht, 2017.

2 Frühere Reformüberlegungen der Kommission zielten eher auf eine Abschaffung von Steuerbefreiungen, vgl. Kommission v. 6.2.2011, KOM (2011) 851 endg.

3 Vgl. dazu den Richtlinienvorschlag der EU-Kommission v. 18.1.2018, KOM (2018) 20 endg.

4 Vgl. EuGH v. 21.2.2013 – Rs. C-18/12 *Zamberk*, UR 2013, 338; EuGH v. 26.5.2005 – Rs. C-498/03 *Kingscrest Associates Ltd.*, Slg. 2005, I-4427; EuGH v. 10.9.2002 – Rs. C-141/00 *Kügler*, Slg. 2002, I-6833.

5 EuGH v. 26.5.2005 – Rs. C-498/03 *Kingscrest Associates Ltd.*, Slg. 2005, I-4427.

sondern auch natürliche Personen fallen können, da lediglich eine abgegrenzte Einheit erforderlich sei[1]. Daraus folgt für das deutsche Recht, dass nach § 4 Nr. 20 UStG nicht nur die Umsätze von Musikgruppen, sondern auch von Solisten begünstigt sind[2]. Aus dem gleichen Grund war aber auch die frühere Beschränkung des § 4 Nr. 14 UStG a.F. auf natürliche Personen mit den Qualifikationsmerkmalen der ärztlichen oder arztähnlichen Berufe gemeinschaftswidrig[3]. Die Befreiungsregelung steht deshalb auch gemeinnützigen Einrichtungen in der Rechtsform einer gGmbH offen, soweit diese ärztliche oder arztähnliche Leistungen erbringen.

Ferner hat der EuGH entschieden, dass sich Steuerpflichtige **unmittelbar auf die Befreiungen** nach Art. 132 Abs. 1 MwStSystRL vor dem nationalen Gericht **berufen können**, wenn die unionsrechtliche Befreiungsvorschrift unbedingt und hinreichend klar ist und der nationale Gesetzgeber die Steuerbefreiung nicht richtig oder unvollständig umgesetzt hat. Dies trifft insbesondere für die für gemeinnützige Einrichtungen wichtige Befreiung in Art. 132 Abs. 1 Buchst. g der MwStSystRL („eng mit der Sozialfürsorge und der sozialen Sicherheit verbundene Dienstleistungen")[4] zu, ist vom Gerichtshof aber auch für die meisten anderen Steuerbefreiungen bejaht worden[5]. Lediglich für die Befreiung nach Art. 132 Abs. 1 Buchst. n MwStSystRL („bestimmte kulturelle Dienstleistungen") hat der EuGH bisher – wohl mit Rücksicht auf die nationalen Unterschiede im Bereich der Kultur – entschieden, dass dieser Befreiung keine unmittelbare Wirkung zukommt, sondern den Mitgliedstaaten die Entscheidung überlässt, welche kulturellen Tätigkeiten sie von der Steuer befreien[6]. Ob Gleiches – abweichend von der bisherigen Rechtsprechung des BFH[7] – auch für „in engem Zusammenhang mit Sport und Körperertüchtigung stehende Dienstleistungen" im Sinne von Art. 132 Abs. 1 Buchst. m MwStSystRL gilt, ist Ge-

7.153

---

1 Vgl. EuGH v. 7.9.1999 – Rs. C-216/97 *Gregg*, Slg. 1999, I-4947; EuGH v. 3.4.2003 – Rs. C-144/00 *Hoffmann*, Slg. 2003, I-2921; anders noch EuGH v. 11.8.1995 – Rs. C-453/93 *Bulthuis-Griffioen*, Slg. 1995, I-2341; ausführlich zum Begriff der „Einrichtung" *Hüttemann/Schauhoff* in Weitemeyer/Schauhoff/Achatz, Umsatzsteuerrecht für den Nonprofitsektor, 2018.

2 Vgl. dazu EuGH v. 3.4.2003 – Rs. C-144/00 *Hoffmann*, Slg. 2003, I-2921; vgl. auch BGH v. 18.6.2003 – 5 StR 169/00, UR 2003, 545.

3 Vgl. EuGH v. 10.9.2002 – Rs. C-141/00 *Kügler*, Slg. 2002, I-6833; ebenso EuGH v. 6.11.2003 – Rs. C-45/01 *Christoph-Dornier-Stiftung*, Slg. 2003, I-12911; ebenso – wegen Art. 3 Abs. 1 GG – auch BVerfG v. 10.11.1999 – 2 BvR 2861/93, BVerfGE 101, 151; vgl. jetzt auch BFH v. 1.4.2004 – V R 54/98, BStBl. II 2004, 681.

4 EuGH v. 10.9.2002 – Rs. C-141/00 *Kügler*, Slg. 2002, I-6833.

5 Vgl. EuGH v. 6.11.2003 – Rs. C-45/01 *Christoph-Dornier-Stiftung*, Slg. 2003, I-12911 für die Befreiung nach Art. 13 Teil A Abs. 1 Buchst. b und c der 6. MwStRL; EuGH v. 28.11.2013 – Rs. C-319/12 MDDP, ECLI:EU:C:2013:778 für die Befreiung nach Art. 132 Abs. 1 Buchst. i MwStSystRL; vgl. zur unmittelbaren Berufung auf Richtlinienbestimmungen auch *Hüttemann* in Weitemeyer/Schauhoff/Achatz, Umsatzsteuerrecht für den Nonprofitsektor, 2018.

6 EuGH v. 15.2.2017 – Rs. C-592/15 *British Film Institute*, ECLI:EU:C:2017:117.

7 BFH v. 3.4.2008 – V R 74/07, BFH/NV 2008, 1631; BFH v. 2.3.2011 – XI R 21/09, BFH/NV 2011, 1456; BFH v. 16.10.2013 – XI R 34/11, BFH/NV 2014, 460.

genstand einer aktuellen EuGH-Vorlage des V. Senats des BFH[1]. Zwar sind auch hier nur „bestimmte" Dienstleistungen befreit, allerdings ist der Befreiungstatbestand für sportliche Dienstleistungen sowohl in sachlicher wie persönlicher Hinsicht präziser gefasst.

7.154 Darüber hinaus gibt die MwStSystRL den Mitgliedstaaten die Möglichkeit, die Gewährung der Steuerbefreiung bei privaten Einrichtungen im Einzelfall vom **Vorliegen bestimmter zusätzlicher Voraussetzungen** abhängig zu machen (vgl. Art. 133 MwStSystRL)[2]. Zu diesen Merkmalen, deren Einhaltung der nationale Gesetzgeber alternativ oder kumulativ fordern kann, gehören z.B. ein Gewinnausschüttungsverbot, eine überwiegende Leistungserbringung durch ehrenamtliche Kräfte, die Anwendung genehmigter Preise oder die Vermeidung von Wettbewerb zu nicht begünstigten gewerblichen Unternehmen. Der deutsche Gesetzgeber hat von dieser Möglichkeit bei den einzelnen Befreiungen in ganz unterschiedlichem Umfang Gebrauch gemacht (zur Entgeltklausel vgl. Rz. 7.173). Schließlich sind die meisten unionalen Steuerbefreiungen in bestimmten Fällen nach Art. 134 MwStSystRL ausgeschlossen. So darf eine Tätigkeit nicht im Wesentlichen dazu bestimmt sein, der „Einrichtung zusätzliche Einnahmen durch Umsätze zu verschaffen, die in unmittelbarem Wettbewerb mit Umsätzen von der Mehrwertsteuer unterliegenden gewerblichen Unternehmen bewirkt werden". Diese Ausnahme ist allerdings – wie der BFH bereits mehrfach festgestellt hat[3] – im „Kernbereich" einer Befreiung nicht anwendbar.

7.155 Insgesamt ist festzustellen, dass sich eine genaue Überprüfung der nationalen Befreiungsregelungen anhand der Vorgaben der Richtlinie schon deshalb lohnt, weil der deutsche Gesetzgeber bei der Umsetzung der 6. MwStRL durch das UStG 1980 vielfach die alten Befreiungsregelungen aus dem UStG 1967 ohne jede Änderung übernommen hat[4]. Angesichts der zunehmenden Zahl von EuGH-Entscheidungen aus diesem Bereich wäre eine **Überarbeitung und Anpassung** der deutschen Regelungen an die Richtlinie geboten. Allerdings hat die EU-Kommission erst vor kurzem einen neuen Vorschlag für eine Reform der MwStSystRL im Bereich der ermäßigen Steuersätze und der Steuerbefreiungen vorgelegt[5], der den deutschen Gesetzgeber zu einem weiteren Abwarten veranlassen könnte. Der Versuch der Bun-

---

1 BFH v. 21.6.2018 – V R 20/17, juris.
2 Dazu näher *Schauhoff* in Weitemeyer/Schauhoff/Achatz, Umsatzsteuerrecht für den Nonprofitsektor, 2018.
3 BFH v. 10.8.2016 – V R 14/15, BFH/NV 2017, 63; BFH v. 16.10.2013 – XI R 34/11, BFH/NV 2014, 460.
4 Zutreffend BFH v. 28.5.2013 – XI R 35/11, BStBl. II 2013, 879 (881): „Die Richtlinienbestimmung wurde wie auch andere in Art. 13 der Richtlinie 77/338/EWG aufgeführte Steuerbefreiungen vom nationalen Gesetzgeber bisher lediglich dadurch ‚umgesetzt', dass er die schon bei Inkrafttreten der Richtlinie 77/388/EWG vorhandenen, teilweise bereits im UStG 1951 enthaltenen Steuerbefreiungstatbestände im Wesentlichen unverändert weitergeführt hat".
5 Siehe den Vorschlag der EU-Kommission für eine Änderung der MwStSystRL v. 18.1.2018, KOM (2018) 20 endg.; zu abweichenden früheren Überlegungen vgl. die Mitteilung der Kommission v. 6.2.2011 KOM (2011) 851 endg.; zur wissenschaftlichen Reform-

desregierung, im Rahmen des – im Bundesrat abgelehnten – JStG 2013[1] die Steuerbefreiungen für Wohlfahrtseinrichtungen und Bildungsleistungen an die europäischen Vorgaben anzupassen, ist an verschiedenen Widerständen gescheitert[2].

frei   7.156

2. Grundstücksvermietungen

Nach § 4 Nr. 12 Buchst. a UStG ist die „Vermietung und Verpachtung von Grund-   7.157
stücken" von der Umsatzsteuer befreit. Die Befreiung beruht auf Art. 135 Abs. 1
Buchst. l, Abs. 2 MwStSystRL. Deshalb sind die Tatbestandsvoraussetzungen (z.B.
„Grundstück") im Zweifel nicht nach nationalem Zivilrecht[3], sondern unionsrechtsautonom auszulegen[4]. Der EuGH versteht unter einer Vermietung von Grundstücken im Sinne des Art. 135 Abs. 1 Buchst. l MwStSystRL, „dass der Vermieter eines
Grundstücks dem Mieter gegen Zahlung des Mietzinses für eine vereinbarte Dauer
das Recht überträgt, seine Sache in Besitz zu nehmen und andere von ihr auszuschließen"[5]. Auf die Steuerbefreiung kann nach § 9 UStG verzichtet werden. Ausgenommen sind nach § 4 Nr. 12 Satz 2 UStG die Vermietung von Wohn- und
Schlafräumen, die ein Unternehmer zur kurzfristigen Beherbergung von Fremden
bereithält, die Vermietung von Parkplätzen, die kurzfristige Vermietung auf Campingplätzen und die Vermietung von Betriebsvorrichtungen, auch wenn sie wesentliche Bestandteile eines Grundstücks sind[6]. Nicht begünstigt sind ferner sog. Verträge besonderer Art, bei denen die Grundstücksvermietung gegenüber anderen Leistungen zurücktritt und das Vertragsverhältnis ein einheitliches, unteilbares Ganze
darstellt[7]. Dazu gehört z.B. der Fall, dass ein Golfclub vereinsfremden Spielern seine
Anlage gegen Entgelt (sog. Greenfee) zur Verfügung stellt[8], allerdings greift hier die
Befreiung nach Art. 132 Abs. 1 Buchst. m MwStSystRL ein[9]. Gleiches gilt auch für
die entgeltliche Überlassung von Sportanlagen, die – entgegen früherer Praxis[10] –
nicht in eine steuerfreie Grundstücksvermietung und eine steuerpflichtige Vermietung von Betriebsvorrichtungen zerlegt werden kann, sondern eine einheitliche

---

diskussion vgl. den Tagungsband von *de la Feria*, VAT-Exemptions – Consequences and
Design Alternatives, 2013.
1 Siehe BT-Drucks. 17/11220, S. 47 ff.
2 Vgl. dazu *Hüttemann/Schauhoff*, MwStR 2013, 426; *Nieskens*, UR 2013, 175.
3 So noch BFH v. 15.12.1966 – V 252/63, BStBl. III 1967, 209.
4 Siehe BFH v. 8.11.2012 – V R 15/12, BStBl. II 2013, 455.
5 Vgl. nur EuGH v. 16.12.2010 – Rs. C-270/09 *Mac Donald Resorts Ltd.*, Slg. 2010, I-13179;
EuGH v. 8.5.2003 – Rs. C-269/00 *Wolfgang Seeling*, BStBl. II 2004, 378; EuGH v.
9.10.2001 – Rs. C-409/98 *Mirror Group*, Slg. 2001, I-7175.
6 Zur Abgrenzung im Einzelnen vgl. Abschn. 14.12.2 ff. UStAE.
7 Zur getrennten Beurteilung von Vermietungs- und Pflegeleistungen vgl. BFH v. 4.5.2011
– XI R 35/10, BStBl. II 2011, 836.
8 Vgl. BFH v. 9.4.1987 – V R 150/78, BStBl. II 1987, 659.
9 Zum Greenfee EuGH v. 19.12.2013 – Rs. C-495/12 *Bridport and West Dorset Golf Club
Ltd.*, UR 2014, 192.
10 Vgl. die Nachweise in BFH v. 21.10.1999 – V R 97/98, BFH/NV 2000, 288.

steuerpflichtige Leistung darstellt[1]. Nur soweit eine Steuerbefreiung nicht eingreift, bleibt zu prüfen, ob auf solche Leistungen der ermäßigte Steuersatz Anwendung findet, weil sie – wie die Überlassung von Sportanlagen an Mitglieder – in einem steuerbegünstigten Zweckbetrieb ausgeführt werden[2]. Nicht unter die Steuerbefreiung nach § 4 Nr. 12 Buchst. a UStG fällt – mangels eines Mietverhältnisses – eine unentgeltliche Wertabgabe infolge der Verwendung eines dem Unternehmen zugeordneten Gebäudes für den privaten Bedarf[3]. Die sich daraus ergebenden Gestaltungsmöglichkeiten (sog. „Seeling-Modell")[4] sind aber durch Art. 168a MwStSystRL und die zum 1.1.2011 eingefügte Regelung des § 15 Abs. 1b UStG für die Zukunft beseitigt worden.

Mangels einer „Vermietung" im Sinne der MwStSystRL fällt auch die entgeltliche Zurverfügungstellung von Grundstücken als sog. **Ausgleichsflächen im Rahmen des Bundesnaturschutzgesetzes** nicht unter die Steuerbefreiung nach § 4 Nr. 12 UStG[5]. Erzielt z.B. eine Naturschutzstiftung aus der Überlassung von Flächen ihres Stiftungsvermögens als Ausgleichsflächen Einnahmen, handelt es sich also umsatzsteuerrechtlich um einen steuerbaren und steuerpflichtigen Umsatz. Damit ist aber noch nichts darüber gesagt, wie dieser gemeinnützigkeitsrechtlich zu würdigen wäre. Insoweit spricht vieles für die Annahme, dass die Überlassung entweder dem Bereich der Vermögensverwaltung im Sinne von § 14 Satz 3 AO zuzuordnen ist (insoweit lassen sich das in § 14 Satz 3 AO genannte Regelbeispiel – langfristige Überlassung von Grundbesitz – und der Wettbewerbsgedanke gegen die Annahme eines steuerpflichtigen wirtschaftlichen Geschäftsbetriebs anführen). Anderenfalls wäre – weil es sich letztlich bei der Überlassung von Ausgleichsflächen um eine Maßnahme des Landschaftsschutzes handelt – ein Zweckbetrieb im Sinne von § 65 AO anzunehmen[6]. Dies bedeutet umsatzsteuerrechtlich, dass die Entgelte aus der Überlassung lediglich mit dem ermäßigten Steuersatz belastet werden (§ 12 Abs. 2 Nr. 8 Buchst. a UStG).

3. Heilbehandlungen und Krankenhausbehandlungen

7.158   Nach § 4 Nr. 14 Buchst. a UStG sind „Heilbehandlungen im Bereich der Humanmedizin, die im Rahmen der Ausübung der Tätigkeit als Arzt, Zahnarzt, Heilpraktiker, Physiotherapeut, Hebamme oder einer ähnlichen heilberuflichen Tätigkeit durchgeführt werden" von der Umsatzsteuer befreit. Gleiches gilt nach § 4 Nr. 14 Buchst. b UStG für „Krankenhausbehandlungen und ärztliche Heilbehandlungen einschließlich der Diagnostik, Befunderhebung, Vorsorge, Rehabilitation, Geburtshilfe, und Hospizleistungen sowie damit eng verbundene Umsätze" von Einrichtungen des öffentlichen Rechts und anderen in § 4 Nr. 14 Buchst. b Satz 2 Doppelbuchst. aa bis hh UStG aufgezählten Einrichtungen (z.B. Krankenhäusern im Sinne von § 108 SGB V). Die Befreiungsvorschrift beruht auf Art. 132 Abs. 1

---

1 EuGH v. 18.1.2001 – Rs. C-150/99 *Stockholm Lindöpark*, Slg. 2001, I-493; BFH v. 31.5.2001 – V R 97/98, BStBl. II 2001, 658; BFH v. 11.10.2007 – V R 69/06, BFH/NV 2008, 322.

2 Vgl. dazu AEAO Nr. 12 zu § 67a AO.

3 EuGH v. 8.5.2003 – Rs. C-269/00 *Wolfgang Seeling*, BStBl. II 2004, 378.

4 Vgl. dazu etwa das Beispiel bei *Buchna/Leichinger/Seeger/Brox*, S. 651 f.

5 BFH v. 8.11.2012 – V R 15/10, BStBl. II 2013, 455.

6 Noch anders FG Hessen v. 13.10.2016 4 K 1522/16, EFG 2017, 861: keine selbständige Tätigkeit (Rev. BFH V R 63/16).

Buchst. b und c MwStSystRL und ist in enger Anlehnung an die gemeinschafts-rechtlichen Vorgaben **mit Wirkung zum 1.1.2009 neu gefasst worden**[1]. Sie ist – ebenso wie die Vorgängerregelung[2] – richtlinienkonform auszulegen.

Die **Vorschrift** ist nicht nur sprachlich dem Wortlaut des Art. 132 Abs. 1 Buchst. b und c MwStSystRL angepasst worden. Im Unterschied zum bisherigen Recht sind auch die Befrei-ungstatbestände für ärztliche Tätigkeiten (§ 4 Nr. 14 UStG a.F.) und Krankenhausbehand-lungen (§ 4 Nr. 16 UStG a.F.) in § 4 Nr. 14 UStG zusammengefasst worden[3]. Ferner ist die Verweisung auf § 67 AO (40-Prozent-Grenze) als Voraussetzung der Steuerbefreiung eines privatrechtlichen Krankenhauses (vgl. § 4 Nr. 16 Buchst. b UStG a.F.) aufgegeben worden[4]. Nunmehr kommt es für die Steuerbefreiung eines privaten Krankenhauses entscheidend auf die Zulassung eines Krankenhauses nach § 108 SGB V an[5].

Wie der EuGH festgestellt hat, besteht das gemeinsame Ziel dieser Befreiungen da-rin, „die Kosten der Heilbehandlung zu senken und diese Behandlungen dem Ein-zelnen zugänglicher zu machen"[6]. Die befreiten Leistungen müssen dem **Schutz der Gesundheit des Betroffenen dienen**[7]. Dementsprechend sind z.B. Gutachten, die der Feststellung der Vaterschaft, der Gewährung einer Invaliditätspension oder ei-nes Kriegsrentenanspruchs, der Haftung wegen eines ärztlichen Kunstfehlers oder zur Anfertigung eines Rentengutachtens dienen, keine steuerbefreiten Heilmaßnah-men[8]. Das Gleiche gilt für Tumormeldungen eines Arztes für ein Krebsregister[9]. Auch Schönheitsoperationen sind, wenn sie rein kosmetischen Zwecken dienen, nicht begünstigt[10]. Anders ist zu entscheiden, wenn die medizinische Maßnahme dazu dient, die negativen Folgen einer Vorbehandlung zu beseitigen[11]. Darüber ist – zum Schutz des Vertrauensverhältnisses zwischen Patient und Arzt – durch Sachver-ständigengutachten auf der Grundlage anonymisierter Patientenunterlagen zu ent-scheiden[12]. Hingegen kann die weitere Lagerung von eingefrorenen Eizellen eine

7.159

---

1 Dazu *Staschewski/Drüen*, UR 2009, 361.
2 Siehe nur BFH v. 26.8.2010 – V R 5/08, BStBl. II 2011, 296.
3 Zu Einzelfragen der Steuerbefreiung vgl. auch *Buchna/Leichinger/Seeger/Brox*, S. 591 ff.; *Ahrens* in NK-GemnR, § 4 UStG Rz. 148 ff.; eingehend auch *Klaßmann/Notz/Schmid-bauer*, S. 221 ff.; *Pötters*, Umsatzsteuer im Gesundheitswesen, 2016.
4 Zum Umfang schädlicher „Wahlleistungen" bei § 4 Nr. 16 Buchst. b UStG a.F. vgl. BFH v. 26.8.2010 – V R 5/08, BStBl. II 2011, 296. Zur Anwendung des § 4 Nr. 16 Buchst. b UStG a.F. auf eine Organgesellschaft vgl. FG Köln v. 22.5.2013 – 8 K 3374/10, EFG 2013, 1439 (keine Gesamtbetrachtung des Organkreises); zur Vereinbarkeit mit Gemein-schaftsrecht vgl. FG Baden-Württemberg v. 28.11.2012 – 14 K 2883/10, EFG 2013, 558.
5 Vgl. näher *Fuhrmann/Strahl*, DStR 2009, 2078.
6 EuGH v. 6.11.2003 – Rs. C-45/01 *Christoph-Dornier-Stiftung*, Slg. 2003, I-12911.
7 EuGH v. 14.9.2000 – Rs. C-384/98 *D*, Slg. 2000, I-6795; EuGH v. 20.11.2003 – Rs. C-212/ 01 *Margarete Unterpertinger*, Slg. 2003, I-13859; EuGH v. 20.11.2003 – Rs. C-307/01 *Pe-ter d'Ambrumenil*, Slg. 2003, I-13989.
8 Vgl. dazu statt aller nur BFH v. 8.10.2008 – V R 32/07, BStBl. II 2009, 429 m.w.N.
9 BFH v. 9.9.2015 – XI R 31/13, BFH/NV 2016, 249.
10 Dazu EuGH v. 21.3.2013 – Rs. C-91/12 *PFC Clinic*, UR 2013, 335; BFH v. 19.6.2013 – V S 20/13, BFH/NV 2013, 1643; BFH v. 26.9.2007 – V B 8/06, BStBl. II 2008, 405.
11 BFH v. 19.3.2015 – V R 60/14, BStBl. II 2015, 946 („Bleaching").
12 BFH v. 4.12.2014 – V R 16/12, BFH/NV 2015, 645; BFH v. 4.12.2014 – V R 33/12, BFH/ NV 2015, 648.

Heilbehandlung darstellen, wenn sie einem therapeutischen Zweck dient[1]. Abweichend vom früheren Recht[2] ist die Steuerbefreiung nach § 4 Nr. 14 Buchst. a UStG heute „rechtsformneutral" ausgestaltet, d.h. es kommt für die Steuerbefreiung nicht darauf an, in welcher Rechtsform der Unternehmer die Leistung erbringt[3]. Neben dem Kriterium der Heilbehandlung muss für die Anwendung des § 4 Nr. 14 Buchst. a UStG auch eine entsprechende Befähigung des Unternehmers vorliegen, die sich aus der Ausübung eines Katalogberufes oder einer ähnlichen heilberuflichen Tätigkeit ergibt. Für die Frage, ob eine ähnliche heilberufliche Tätigkeit vorliegt, ist entscheidendes Kriterium die Qualifikation des Behandelnden[4]. Für die berufliche Qualifikation kommt es nach der Rechtsprechung nicht allein auf die Person des Unternehmers an, sondern eine Heilbehandlung kann auch mit Hilfe von Arbeitnehmern, die die erforderliche Qualifikation aufweisen, erbracht werden[5]. So hat es der BFH etwa ausreichen lassen, dass eine zu therapeutischen Zwecken durchgeführte Reittherapie von angestellten Physiotherapeuten erbracht wurde[6]. Ein Indiz dafür, dass die Leistungen durch fachlich geeignetes Personal erbracht werden, soll nach der Rechtsprechung des BFH auch die Übernahme der Behandlungskosten durch die Träger der Sozialversicherung darstellen[7].

7.160 Krankenhausbehandlungen und ärztliche Heilbehandlungen nach § 4 Nr. 14 Buchst. b UStG zeichnen sich dadurch aus, dass sie in **Einrichtungen mit sozialer Zweckbestimmung** erbracht werden. Begünstigte Leistungserbringer können Einrichtungen des öffentlichen Rechts (§ 4 Nr. 14 Buchst. b Satz 1 UStG) oder Einrichtungen des privaten Rechts sein, die nach § 4 Nr. 14 Buchst. b Satz 2 UStG mit Einrichtungen des öffentlichen Rechts in sozialer Hinsicht, insbesondere hinsichtlich der Bedingungen, vergleichbar sind. Der Begriff der „Einrichtung" umfasst dabei auch natürliche Personen. Zu den Einrichtungen des privaten Rechts sind auch privatrechtliche Gesellschaften zu rechnen, deren Anteile nur von juristischen Personen des öffentlichen Rechts gehalten werden. Die Vergleichbarkeit eines privatrechtlichen Krankenhauses mit einer Einrichtung des öffentlichen Rechts bestimmt sich nunmehr vorrangig nach der Zulassung als Krankenhaus nach § 108 SGB V. Diese Vorschrift umfasst anerkannte Hochschulklinika, Plankrankenhäuser und Krankenhäuser, die einen Versorgungsvertrag mit den Landesverbänden der Kran-

---

1 BFH v. 29.7.2015 – XI R 23/13, BStBl. II 2017, 733.

2 Zum Verstoß der früheren Beschränkung der Steuerbefreiung für ärztliche Leistungen auf natürliche Personen gegen Gemeinschafts- und Verfassungsrecht vgl. nur EuGH v. 10.9.2002 – Rs. C-141/00 *Kügler*, Slg. 2002, I-6833; BVerfG v. 10.11.1999 – 2 BvR 2861/93, BVerfGE 101, 151 („Schwarzwaldklinik").

3 Vgl. BFH v. 26.9.2007 – V R 54/05, BStBl. II 2008, 262; Abschn. 4.14.7. UStAE.

4 Zuletzt BFH v. 8.3.2012 – V R 30/09, BStBl. II 2012, 623; BFH v. 8.8.2013 – V R 8/12, BFH/NV 2014, 119; EuGH v. 27.4.2006 – Rs. C-443/04 *Solleveld*, Slg. 2006, I-3617.

5 Vgl. BFH v. 1.4.2004 – V R 54/98, BStBl. II 2004, 681.

6 BFH v. 30.1.2008 – XI R 53/06, BStBl. II 2008, 647; eingehend zur Steuerbefreiung für Leistungen des heiltherapeutischen Reitens *Hüttemann*, UVR 2014, 14.

7 BFH v. 8.3.2012 – V R 30/09, BStBl. II 2012, 623; BFH v. 11.11.2004 – V R 34/02, BStBl. II 2005, 316; Abschn. 4.14.4. Abs. 8 UStAE.

kenkassen und Verbänden der Ersatzkassen abgeschlossen haben[1]. Inzwischen hat der BFH allerdings entschieden, dass der in §§ 108, 109 SGB V vorgesehene Bedarfsvorbehalt unionsrechtswidrig ist, so dass sich private Krankenhausbetreiber unmittelbar auf Art. 132 Abs. 1 Buchst. b MwStSystRL berufen können[2]. Ferner werden in § 4 Nr. 14 Buchst. b Satz 2 Doppelbuchst. bb bis hh UStG weitere Einrichtungen (z.B. medizinische Versorgungszentren nach § 95 Abs. 1 SGB V) in die Begünstigung einbezogen. Gegen die trägerbezogene Anknüpfung der Steuerbefreiung sind unter dem Gesichtspunkt des Neutralitätsgrundsatzes gemeinschaftsrechtliche Bedenken erhoben worden[3].

Was das **Verhältnis der Befreiungen zueinander** angeht, so sollen Leistungen eines Arztes aus dem Betrieb eines Krankenhauses oder einer anderen Einrichtung im Sinne des § 4 Nr. 14 Buchst. b UStG auch hinsichtlich der ärztlichen Leistung nur dann befreit sein, wenn die in § 4 Nr. 14 Buchst. b UStG bezeichneten Voraussetzungen erfüllt sind[4]. Damit käme es für die Frage, welche Befreiungsregelung eingreift, entscheidend auf den Ort der Leistung an[5]. Diese Unterscheidung ist zwar in der Richtlinie angelegt[6]. Gleichwohl ist wenig einsichtig, weshalb selbst dann, wenn ein Krankenhaus die Voraussetzungen nach § 4 Nr. 14 Buchst. b UStG erfüllt, auf gesondert abgerechnete ärztliche Leistungen die Befreiung nach § 4 Nr. 14 Buchst. a UStG nicht anwendbar sein soll[7]. Das Verhältnis der beiden Steuerbefreiungen ist auch Gegenstand einer aktuellen BFH-Vorlage zum EuGH[8].

Die Befreiungsregelung für Krankenhausbehandlungen nach § 4 Nr. 14 Buchst. b UStG erfasst – unabhängig von der Trägerschaft – alle mit dem Betrieb der genannten Einrichtungen **„eng verbundenen Umsätze"**. Diese Formulierung beruht auf Art. 132 Abs. 1 Buchst. b der MwStSystRL („… sowie die mit ihnen eng verbundenen Umsätze …"). Sie kommt auch bei anderen Befreiungsregelungen des Art. 132 Abs. 1 MwStSystRL vor (z.B. in Buchst. i). Der EuGH hat dieses Tatbestandsmerkmal zu Recht einschränkend ausgelegt. Zum einen muss es sich um „Nebenleistungen" zur begünstigten Hauptleistung handeln, also z.B. um Nebenleistungen zu einer begünstigten Krankenhausbehandlung. Zum anderen reicht es nicht aus, dass die Nebenleistung als „nützlich" für die Erbringung der Hauptleistung anzusehen ist, sondern erforderlich ist, dass die Nebenleistung zur Erreichung des mit der Steuervergüns-

7.161

---

1 Vgl. Abschn. 4.14.5. Abs. 3 UStAE; nach dem Bundesratsbeschluss v. 29.12.2008 soll eine Schlechterstellung von Krankenhäusern, die bisher über die 40-Prozent-Grenze befreit waren, durch Billigkeitsmaßnahmen vermieden werden, vgl. BR-Drucks. 896/08 (Beschluss).

2 BFH v. 23.10.2014 – V R 20/14, BStBl. II 2016, 785; vgl. dazu BMF v. 6.10.2016, BStBl. I 2016, 1076.

3 Vgl. *Musil*, Steuerliche Fragen der Gesundheitsreform, 2010, S. 57; kritisch auch *Staschewski/Drüen*, UR 2009, 361.

4 So BFH v. 18.3.2004 – V R 53/00, BStBl. II 2004, 677 und Abschn. 4.14.2. Abs. 2 UStAE.

5 Zu infektionshygienischen Leistungen vgl. BFH v. 5.11.2014 – XI R 11/13, BFH/NV 2015, 297; zu Laborleistungen BFH v. 24.8.2017 – V R 25/16, BFH/NV 2017, 1687.

6 Ebenso *Musil*, Steuerliche Fragen der Gesundheitsreform, 2010, S. 55.

7 So *Stadie*, UStG, § 4 Nr. 14 (ab 2009) Rz. 32; ebenso zum alten Recht BFH v. 15.3.2007 – V R 55/03, BStBl. II 2008, 31.

8 BFH v. 11.10.2017 – XI R 23/15, BStBl. II 2018, 109.

tigung angestrebten Ziels „unerlässlich" bzw. „unverzichtbar" ist[1]. Diese Voraussetzung soll nach Ansicht des BFH z.B. bei einer Personalgestellung durch ein Krankenhaus an eine Arztpraxis erfüllt sein, wenn das Krankenhaus medizinische Großgeräte der Arztpraxis nutzen darf und diese Geräte für den Betrieb des Krankenhauses unerlässlich sind[2]. Ebenso kann die Überlassung von Operationsräumen an einen Operateur durch einen an den Operationen mitwirkenden Anästhesisten ein „eng verbundener Umsatz" sein[3]. Auch die Verabreichung von Zytostatika im Rahmen einer ambulant in einem Krankenhaus durchgeführten ärztlichen Heilbehandlung, die dort individuell für den einzelnen Patienten in einer Apotheke dieses Krankenhauses hergestellt werden, ist als ein mit der ärztlichen Heilbehandlung eng verbundener Umsatz steuerfrei[4]. Dagegen ist z.B. die Zurverfügungstellung von Telefonen oder die Vermietung von Fernsehgeräten an die Krankenhauspatienten durch ein Krankenhaus kein „eng verbundener Umsatz" mehr, weil diese zwar für die Genesung nützlich, aber nicht unverzichtbar ist[5]. In ähnlicher Weise haben BFH und Finanzverwaltung auch andere Tätigkeiten aus der Steuerbefreiung ausgeklammert. Nicht begünstigt sind danach z.B. die Abgabe von Speisen und Getränken an Besucher[6] und Leistungen einer Zentralwäscherei, die auch die Wäsche anderer Krankenhäuser reinigt bzw. als Einrichtung mehrerer Krankenhäuser für diese tätig wird[7].

4. Eingliederungsleistungen und Leistungen zur Arbeitsförderung

7.162 Durch das Kroatien-Steueranpassungsgesetz v. 25.5.2014 ist der Befreiungskatalog um eine **neue Nr. 15b** erweitert worden[8]. Danach sind Eingliederungsleistungen nach SGB II, Leistungen der aktiven Arbeitsförderung nach SGB III und „vergleichbare Leistungen", die von Einrichtungen des öffentlichen Rechts oder anderen Einrichtungen mit sozialem Charakter (vgl. § 4 Nr. 15b Satz 2 Buchst. a bis c UStG) erbracht werden, von der Umsatzsteuer befreit. Nach der Gesetzesbegründung ist die unionsrechtliche Grundlage für diese neue Befreiungsregelung Art. 132 Abs. 1 Buchst. g MwStSystRL („eng mit der Sozialfürsorge und der sozialen Sicherheit verbundene Dienstleistungen")[9]. In der Vergangenheit hatte es Unsicherheiten gegeben, ob entsprechende Leistungen bereits nach nationalem Recht als Bildungsleistung im Sinne von § 4 Nr. 21 Buchst. a UStG befreit waren[10] oder ob sich eine Steu-

---

1 Vgl. dazu EuGH v. 20.6.2002 – Rs. C-287/00 *Komm./Deutschland*, Slg. 2002, I-5811; EuGH v. 1.12.2005 – Rs. C-394/04 und C-395/04 *Ygeia AE*, Slg. 2005, I-10373.

2 Vgl. dazu BFH v. 25.1.2006 – V R 46/04, BStBl. II 2006, 481; vgl. auch BFH v. 18.1.2005 – V R 35/02, BStBl. II 2005, 507 zur Personalgestellung.

3 BFH v. 18.3.2015 – XI R 15/11, BStBl. II 2015, 1058.

4 BFH v. 24.9.2014 – V R 19/11, BStBl. II 2016, 781; dazu auch BMF v. 28.9.2016, BStBl. I 2016, 1043; enger noch EuGH v. 13.3.2014 – Rs. C-366/12 *Klinikum Dortmund gGmbH*, ECLI:EU:C:2104:143; dazu *Erdbrügger*, MwStR 2014, 292; *Hüttemann/Becker*, UR 2014, 636.

5 EuGH v. 1.12.2005 – Rs. C-394/04 und C-395/04 *Ygeia AE*, Slg. 2005, I-10373.

6 Vgl. Abschn. 4.14.6. Abs. 3 Nr. 1 UStAE; vgl. dazu auch *Dorau/Heidler*, DStR 2008, 702.

7 BFH v. 18.10.1990 – V R 35/85, BStBl. II 1991, 157.

8 Dazu auch *Widmann*, UR 2014, 495.

9 BT-Drucks. 18/1529, S. 77.

10 Vgl. BMF v. 1.12.2010, BStBl. I 2010, 1375.

erbefreiung zumindest aus einer unmittelbaren Anwendung der MwStSystRL ableiten ließ[1]. Mit der neuen Steuerbefreiungsvorschrift sind diese Zweifel beseitigt worden.

Inzwischen ist in der Rechtsprechung des BFH geklärt, dass sich eine **private Arbeitsvermittlerin** für die von ihr erbrachten Arbeitsvermittlungsleistungen, die sie an Arbeitssuchende mit einem Vermittlungsschein nach § 421g SGB III erbracht und die ihr Honorar deshalb unmittelbar von der Bundesagentur für Arbeit erhalten hat, unmittelbar auf die in Art. 13 Teil A Abs. 1 Buchst. g der 6. MwStRL enthaltene Steuerbefreiung berufen kann[2].

5. Betreuungs- und Pflegeleistungen

Nach § 4 Nr. 16 UStG sind „die mit dem Betrieb von Einrichtungen zur Betreuung oder Pflege körperlich, geistig oder seelisch hilfsbedürftiger Personen eng verbundenen Leistungen"[3] von der Umsatzsteuer befreit. Die Befreiungsregelung beruht auf Art. 132 Abs. 1 Buchst. g MwStSystRL[4] und ist **zum 1.1.2009 neu gefasst worden**.   7.163

Die Neuregelung war nicht nur eine Folge der Änderung des § 4 Nr. 14 UStG (dazu Rz. 7.158 ff.), sondern sollte auch den Kreis der steuerbefreiten Einrichtungen neu festlegen. Dies ist im Bereich der privatrechtlich organisierten Einrichtungen vorrangig unter **Bezugnahme auf sozialrechtliche Vorgaben** geschehen. Ob diese Regelungstechnik im Hinblick auf die Schnelllebigkeit des Sozialrechts geglückt ist, wird sich zeigen müssen[5]. Immerhin musste die Vorschrift bereits an sozialrechtliche Änderungen angepasst werden[6].

Die Steuerbefreiung erfasst sowohl Betreuungs- als auch Pflegeleistungen **für hilfsbedürftige Personen**. Hilfsbedürftig sind alle Personen, die auf Grund ihres körperlichen, geistigen oder seelischen Zustands der Betreuung oder Pflege bedürfen[7]. Die Leistungen können ambulant oder stationär erbracht werden. Werden die Leistungen stationär erbracht, kommt es nicht darauf an, ob die Personen vorübergehend oder dauerhaft aufgenommen werden[8]. Nach Ansicht der Finanzverwaltung ist es für die Steuerbefreiung unschädlich, wenn in stationären Einrichtungen Pflege- und Betreuungsleistungen in geringem Umfang (nicht mehr als 10 Prozent der Fälle) auch an nicht hilfsbedürftige Personen erbracht werden[9]. Die Einrichtung hat durch entsprechende Belege und Aufzeichnungen nachzuweisen, dass die Leistungen an hilfsbedürftige Personen erbracht werden[10].

---

1 So bereits FG Berlin-Brandenburg v. 21.4.2010 – 2 K 998/05, EFG 2010, 2037.
2 BFH v. 29.7.2015 – XI R 35/13, BStBl. II 2016, 797; vgl. auch BMF v. 19.9.2016, BStBl. I 2016, 1042 zu Vermittlungsleistungen nach § 45 SGB III.
3 Zum Begriff der „eng verbundenen Leistungen" vgl. Rz. 7.161.
4 Zur unionsrechtlichen Steuerbefreiung von Pflegeleistungen vgl. nur EuGH v. 26.5.2005 – Rs. C-498/03 *Kingscrest Associates Ltd.*, Slg. 2005, I-4427.
5 Deutliche Kritik bei *Nieskens*, UR 2009, 253: „schlicht untauglich".
6 Vgl. etwa Gesetz v. 26.6.2013, BGBl. I 2013, 1809.
7 Abschn. 4.16.1. Abs. 4 Satz 2 UStAE; zur Hilfsbedürftigkeit der Leistungsempfänger bei von einem Altenwohnheim erbrachten Leistungen vgl. BFH v. 19.3.2013 – XI R 45/10, BFH/NV 2013, 1348.
8 Abschn. 4.16.1. Abs. 6 UStAE.
9 Vgl. näher Abschn. 4.16.1. Abs. 5 UStAE.
10 Dazu Abschn. 4.6.2. UStAE.

7.164 Neben dem Merkmal der „Betreuung oder Pflege hilfsbedürftiger Personen" wird der Umfang der Steuerbefreiung vor allem durch den Kreis der begünstigten Einrichtungen bestimmt. Der Begriff der „**Einrichtung**" ist dabei nach Maßgabe der EuGH-Rechtsprechung weit zu verstehen und umfasst nicht nur juristische Personen, sondern auch natürliche Personen und private Einrichtungen mit Gewinnerzielungsabsicht wie z.B. Personengesellschaften[1]. § 4 Nr. 16 Satz 1 Buchst. a bis l UStG enthält eine abschließende Aufzählung der begünstigten Einrichtungen. Diese umfasst[2]:

– **Einrichtungen des öffentlichen Rechts** (§ 4 Nr. 16 Satz 1 Buchst. a UStG) sind ohne weitere Voraussetzungen begünstigt. Die Unterscheidung zwischen Einrichtungen des öffentlichen Rechts und anerkannten privatrechtlichen Einrichtungen ist durch Art. 132 Abs. 1 Buchst. g MwStSystRL vorgegeben. Als Einrichtungen des öffentlichen Rechts sind z.B. Alten- und Pflegeheime (nicht aber Altenwohnheime[3]) begünstigt, die von Gebietskörperschaften oder Religionsgemeinschaften in der Rechtsform einer Körperschaft des öffentlichen Rechts betrieben werden. Wird eine Körperschaft des öffentlichen Rechts in Privatrechtsform tätig (z.B. über eine gGmbH), ist § 4 Nr. 16 Satz 1 Buchst. a UStG nicht anwendbar.

– Leistungen von anderen – **privatrechtlich organisierten** – **Einrichtungen** sind nur befreit, wenn sie unter einen der in § 4 Nr. 16 Satz 1 Buchst. b bis k UStG unter Verweis auf das Sozialrecht geregelten besonderen Tatbestände fallen. Dazu gehören[4]: Haushaltshilfeleistungen (§ 4 Nr. 16 Satz 1 Buchst. b, d und i UStG), Leistungen der häuslichen Krankenpflege (§ 4 Nr. 16 Satz 1 Buchst. c und d UStG), Leistungen der Integrationsfachdienste (§ 4 Nr. 16 Satz 1 Buchst. e UStG), Leistungen der Werkstätten für behinderte Menschen (§ 4 Nr. 16 Satz 1 Buchst. f UStG), niedrigschwellige Betreuungsangebote (§ 4 Nr. 16 Satz 1 Buchst. g UStG), (teil-)stationäre Sozialhilfeleistungen (§ 4 Nr. 16 Satz 1 Buchst. h UStG)[5], interdisziplinäre Frühförderstellen (§ 4 Nr. 16 Satz 1 Buchst. j UStG) sowie rechtliche Betreuungsleistungen (§ 4 Nr. 16 Satz 1 Buchst. k UStG)[6]. In allen

---

1 EuGH v. 7.9.1999 – Rs. C-216/97 *Gregg*, Slg. 1999, I-4947; EuGH v. 26.5.2005 – Rs. C-498/03 *Kingscrest Associates*, Slg. 2005, I-4427; dazu zum Begriff der Einrichtung näher *Hüttemann/Schauhoff* in Weitemeyer/Schauhoff/Achatz, Umsatzsteuerrecht für den Nonprofitsektor, 2018.

2 Vgl. die Übersichten in Abschn. 4.16.4. und 4.16.5. UStAE; vgl. näher *Buchna/Leichinger/Seeger/Brox*, S. 604 ff.; *Ahrens* in NK-GemnR, § 4 UStG Rz. 291 ff.

3 Vgl. Abschn. 4.16.4. Abs. 5 UStAE: steuerfreie Vermietungsleistung nach § 4 Nr. 12 UStG; zur getrennten Behandlung von Vermietungs- und Pflegeleistungen vgl. BFH v. 4.5.2011 – XI R 35/10, BStBl. II 2011, 836.

4 Zu Einzelfragen vgl. etwa *Ahrens* in NK-GemnR, § 4 UStG Rz. 313 ff.

5 Zur unionsrechtlichen Zulässigkeit einer Anknüpfung an eine Vereinbarung nach § 75 SGB XII vgl. BFH v. 9.3.2017 – V R 39/16, BFH/NV 2017, 1141; siehe auch BFH v. 21.6.2017 – V R 29/16, juris.

6 Eingefügt durch Gesetz v. 26.6.2013, BGBl. I 2013, 1809; zur Steuerbefreiung nach früherem Recht vgl. BFH v. 25.4.2013 – V R 7/11, BStBl. II 2013, 976; BFH v. 16.10.2013 – XI R 19/11, BFH/NV 2014, 74; zu Übergangsfragen siehe BMF v. 22.11.2013, BGBl. I 2013, 1590.

diesen Fällen ergibt sich die nach Art. 132 Abs. 1 Buchst. g MwStSystRL erforderlich staatliche Anerkennung als „Einrichtung mit sozialem Charakter" aus den jeweils in Bezug genommenen sozialrechtlichen Bestimmungen.

Darüber hinaus enthält § 4 Nr. 16 Satz 1 Buchst. l UStG noch einen **Auffangtatbestand für Einrichtungen, die nicht nach Sozialrecht anerkannt sind.** Hier wird die Steuerbefreiung allein davon abhängig gemacht, dass die Betreuungs- oder Pflegekosten in mindestens 25 Prozent der Fälle von den gesetzlichen Trägern der Sozialversicherung getragen werden. Unter diesen Tatbestand fallen z.B. Altenheime, soweit sie weder von Körperschaften des öffentlichen Rechts betrieben werden (§ 4 Nr. 16 Satz 1 Buchst. a UStG), noch über einen Versorgungsvertrag nach § 72 SGB XI verfügen (§ 4 Nr. 16 Satz 1 Buchst. c UStG)[1]. Gleiches gilt für technische Pflegehilfsleistungen wie z.B. ein Hausnotrufsystem[2]. Die 25-Prozent-Grenze (vor 2013 galt eine 40-Prozent-Grenze) ist nach der Rechtsprechung des EuGH und des BFH mit den unionsrechtlichen Vorgaben grundsätzlich vereinbar, denn – wie der EuGH in der Rs. *Zimmermann* entschieden hat[3] – die Kostentragung durch die Sozialversicherung ist ein geeigneter Gesichtspunkt zur Feststellung des „sozialen Charakters" einer Einrichtung[4]. Diese Kostentragung durch die Pflegekasse kann sich beim Betrieb eines Hausnotrufsystems auch aus der Zuerkennung einer Pflegestufe ergeben[5]. Die geltende Rechtslage ist allerdings insoweit unionsrechtlich zu beanstanden, als vergleichbare Einrichtungen nach § 4 Nr. 18 UStG ohne eine solche Grenze befreit sein können. Um diesen Verstoß gegen das Neutralitätsprinzip zu vermeiden, hat der BFH dieses Konkurrenzproblem in seiner neueren Rechtsprechung dahin gehend aufgelöst, dass § 4 Nr. 16 UStG im Wege richtlinienkonformer Auslegung gegenüber § 4 Nr. 18 UStG (dazu Rz. 7.168 ff.) vorrangig anzuwenden ist[6]. Die Subsidiarität des § 4 Nr. 18 UStG sollte der Gesetzgeber alsbald gesetzlich regeln[7].

Die Steuerbefreiung nach § 4 Nr. 16 UStG umfasst nicht nur die eigentlichen Betreuungs- und Pflegeleistungen, sondern auch – ebenso wie Art 132 Abs. 1 Buchst. g MwStSystRL – die damit **„eng verbundenen Umsätze"**. Nach der Rechtsprechung des EuGH sind z.B. Leistungen der Grundpflege und der hauswirtschaftlichen Versorgung, die körperlich oder wirtschaftlich hilfsbedürftigen Personen von ambulanten Pflegediensten erbracht werden, als „eng mit der Sozialfürsorge und der sozialen Sicherheit verbundene Dienstleistungen" im Sinne der Richtlinienbestimmung anzusehen[8]. Ganz allgemein versteht der EuGH unter „eng verbundenen Umsätzen"

7.165

---

1 Vgl. Abschn. 4.16.4 Abs. 2 UStAE.

2 BFH v. 3.8.2017 – V R 52/16, BFH/NV 2018, 165.

3 EuGH v. 15.11.2012 – Rs. C-174/11 *Zimmermann*, ECLI:EU:C:2012:716.

4 BFH v. 28.6.2017 – XI R 23/24, BFH/NV 2017, 1561; BFH v. 18.3.2015 – XI R 8/13, BStBl. II 2016, 788; BFH v. 18.3.2015 – XI R 15/11, BStBl. II 2015, 1058.

5 BFH v. 3.8.2017 – V R 52/16, BFH/NV 2018, 165.

6 BFH v. 8.8.2013 – V R 13/12, BFH/NV 2014, 123; eine solche Einschränkung fehlt im UStAE.

7 Vgl. dazu *Hüttemann/Schauhoff*, MwStR 2013, 426.

8 Vgl. EuGH v. 10.9.2002 – Rs. C-141/00 *Kügler*, Slg. 2002, I-6833; EuGH v. 15.11.2012 – Rs. C-174/11 *Zimmermann*, ECLI:EU:C:2012:716.

Nebenleistungen, die das Mittel darstellen, um andere steuerbefreite (Haupt-)Leistungen „unter optimalen Bedingungen in Anspruch zu nehmen"[1]. Nach Ansicht der Finanzverwaltung[2] sind z.B. die stationäre oder teilstationäre Aufnahme von hilfsbedürftigen Personen, deren Betreuung oder Pflege einschließlich der Lieferungen der zur Betreuung oder Pflege erforderlichen Medikamente und Hilfsmittel wie z.B. Verbrauchsmaterial „eng verbundene Umsätze". Auch die Gestellung von Personal durch Einrichtungen nach § 4 Nr. 16 Satz 1 UStG an andere Einrichtungen dieser Art soll erfasst sein[3]. Kein eng verbundener Umsatz ist hingegen die Abgabe von Speisen und Getränken an Besucher, die Telefongestellung an hilfsbedürftige Personen[4] oder die Unterbringung und Verpflegung von Begleitpersonen[5].

7.166 Liegen die Voraussetzungen des § 4 Nr. 16 UStG – bzw. seiner Vorläuferregelung – nicht vor, steht einer Einrichtung immer noch die **unmittelbare Berufung auf Art. 132 Abs. 1 Buchst. g MwStSystRL** – bzw. Art. 13 Teil A Abs. 1 Buchst. g der 6 EG-RL – offen. Diese Bestimmung findet nach ihrem Wortlaut auf Dienstleistungen und Lieferungen von Gegenständen Anwendung, die zum einen von „Einrichtungen des öffentlichen Rechts oder anderen von dem betreffenden Mitgliedstaat als Einrichtungen mit sozialem Charakter anerkannte Einrichtungen" erbracht werden, und die zum anderen „eng mit der Sozialfürsorge und der sozialen Sicherheit verbunden" sind[6]. Entgegen einer vereinzelten Ansicht[7] ist die Anerkennung als Einrichtung mit sozialem Charakter eine unverzichtbare Voraussetzung der Steuerbefreiung[8]. Darunter fallen z.B. Leistungen der Grundpflege und der hauswirtschaftlichen Versorgung[9], aber auch – auf Grund der ausdrücklichen Erwähnung der „Altenheime" in Art. 132 Abs. 1 Buchst. g MwStSystRL – die Zurverfügungstellung von geeigneten Wohnungen für Senioren[10]. Angesichts der Möglichkeit einer unmittelbaren Berufung auf die Richtlinienbestimmung enthalten die neueren Entscheidungen der Finanzgerichte zumeist auch Ausführungen zum unionsrechtlichen Befreiungstatbestand[11]. In diesem Zusammenhang hat der BFH z.B. festgestellt, dass es für die Anerkennung als „Einrichtung mit sozialem Charakter" ausreicht, wenn eine

---

1 Vgl. EuGH v. 1.12.2005 – Rs. C-394/04 und C-395/04 *Ygeia AE*, Slg. 2005, I-10373.

2 Dazu Abschn. 4.16.6. UStAE.

3 Anders EuGH v. 12.3.2015 – Rs. C-594/13 *Go Fair*, ECLI:EU:C:2015:164; BFH v. 14.1.2016 – V R 65/14, BFH/NV 2016, 792: Personalgestellung kein „eng verbundener Umsatz".

4 Vgl. EuGH v. 1.12.2005 – Rs. C-394/04 und C-395/04 *Ygeia AE*, Slg. 2005, I-10373.

5 Siehe auch BFH v. 16.12.2015 – XI R 52/13, BFH/NV 2016, 700.

6 Vgl. EuGH v. 26.5.2005 – Rs. C-498/03 *Kingscrest Associates*, ECLI:EU:C:2005:322; EuGH v. 15.11.2012 – Rs. C-174/11 *Zimmermann*, ECLI:EU:C:2012:716.

7 So *Küffner/Streit*, MwStR 2014, 10 unter Hinweis auf die Einleitung des Relativsatzes („einschließlich derjenigen …"); in diese Richtung auch BFH v. 18.8.2015 – V R 13/14, BFH/NV 2015, 1784.

8 So auch EuGH v. 21.1.2016 – Rs. C-335/14 *Le Jardins de Jouvence*, ECLI:EU:C:2016:36 und z.B. BFH v. 18.2.2016 – V R 46/14, BFH/NV 2016, 1120; BFH v. 6.4.2016 – V R 55/14, BFH/NV 2016, 1126.

9 Dazu EuGH v. 15.11.2012 – Rs. C-174/11 *Zimmermann*, ECLI:EU:C:2012:716.

10 Vgl. näher EuGH v. 21.1.2016 – Rs. C-335/14 *Le Jardins de Jouvence*, ECLI:EU:C:2016:36.

11 Beispielhaft BFH v. 7.12.2016 – XI R 5/15, BFH/NV 2017, 863.

Pflegekraft die Möglichkeit hat, Verträge nach § 77 Abs. 1 Satz 1 SGB XI mit Pflege-
kassen abzuschließen[1]. Nach dieser Rechtsprechung genügt auch eine mittelbare
oder „durchgeleitete" Kostentragung durch Einrichtungen der sozialen Sicherheit,
um einen Unternehmer als eine Einrichtung mit sozialem Charakter anzuerkennen[2].

frei   7.167

6. Einrichtungen der Wohlfahrtspflege

a) Allgemeines

§ 4 Nr. 18 UStG enthält eine für den Dritten Sektor besonders wichtige Umsatzsteu-   7.168
erbefreiung. Danach sind von der Umsatzsteuer befreit

„die Leistungen der amtlich anerkannten Verbände der freien Wohlfahrtspflege und der der
freien Wohlfahrtspflege dienenden Körperschaften, Personenvereinigungen und Vermögensmassen, die einem Wohlfahrtsverband als Mitglied angeschlossen sind, wenn

a) diese Unternehmer ausschließlich und unmittelbar gemeinnützigen, mildtätigen oder
   kirchlichen Zwecken dienen,

b) die Leistungen unmittelbar dem nach der Satzung, Stiftung oder sonstigen Verfassung begünstigten Personenkreis zugute kommen und

c) die Entgelte für die in Betracht kommenden Leistungen hinter den durchschnittlich für
   gleichartige Leistungen von Erwerbsunternehmen verlangten Entgelten zurückbleiben.

Steuerfrei sind auch die Beherbergung, Beköstigung und die üblichen Naturalleistungen, die
diese Unternehmer den Personen, die bei den Leistungen nach Satz 1 tätig sind, als Vergütung für die geleisteten Dienste gewähren".

Die Befreiungsregelung beruht auf Art. 132 Abs. 1 Buchst. g MwStSystRL. Der
EuGH sieht das Ziel der Befreiung darin, durch eine günstigere Mehrwertsteuerbehandlung die **Kosten bestimmter im sozialen Sektor erbrachter Leistungen zu
senken** und dadurch diese Leistungen dem Einzelnen, der sie in Anspruch nehmen
könnte, zugänglicher zu machen[3]. Bei der Bestimmung des Kreises der begünstigten
Einrichtungen „mit sozialem Charakter" haben die nationalen Behörden einen gewissen Ermessensspielraum[4], müssen aber den Neutralitätsgrundsatz beachten[5].

Der EuGH hat in der Rs. *Zimmermann* entschieden, dass das nationale Recht im Rahmen
der Steuerbefreiung des § 4 Nr. 16 Buchst. e UStG keine sachlich unterschiedlichen Bedingungen für Einrichtungen mit Gewinnerzielungsabsicht einerseits und für die unter § 4
Nr. 18 UStG fallenden juristischen Personen ohne Gewinnerzielungsabsicht andererseits
vorsehen darf[6]. Der BFH hat daraufhin zur Vermeidung eines Verstoßes gegen den Grund-

---

1 BFH v. 18.8.2015 – V R 13/14, BFH/NV 2015, 1784; vgl. zur Befreiung von Subunternehmern eingehend *Weber*, UVR 2018, 105.

2 Zuletzt BFH v. 6.4.2016 – V R 55/14, BFH/NV 2016, 1126.

3 EuGH v. 26.5.2005 – Rs. C-498/03 *Kingscrest Associates Ltd.*, Slg. 2005, I-4427.

4 EuGH v. 15.11.2012 – Rs. C-174/11 *Zimmermann*, ECLI:EU:C:2012:716; *Hüttemann/
  Schauhoff*, MwStR 2013, 426; EuGH v. 10.9.2002 – Rs. C-141/00 *Kügler*, Slg. 2002, I-6833.

5 Zum Neutralitätsgrundsatz vgl. *Hüttemann* in Weitemeyer/Schauhoff/Achatz, Umsatzsteuerrecht für den Nonprofitsektor, 2018.

6 EuGH v. 15.11.2012 – Rs. C-174/11 *Zimmermann*, ECLI:EU:C:2012:716.

satz der Neutralität **§ 4 Nr. 18 UStG teleologisch dahingehend eingeschränkt**, dass eine andere nationale Regelung des § 4 UStG, die eine steuerbefreite Leistung genau bezeichnet (wie z.B. § 4 Nr. 14 und Nr. 16 UStG), der Steuerbefreiung in § 4 Nr. 18 UStG als lex specialis vorgeht[1].

b) Begünstigte Einrichtungen

7.169 Der deutsche Gesetzgeber hat die Umsatzsteuerbefreiung für soziale Dienstleistungen in persönlicher Hinsicht auf die Leistungen der „**amtlich anerkannten Verbände der freien Wohlfahrtspflege**" beschränkt. Dazu gehören (vgl. § 23 UStDV):

1. Evangelisches Werk für Diakonie und Entwicklung e.V.;

2. Deutscher Caritasverband e.V.;

3. Deutscher Paritätischer Wohlfahrtsverband – Gesamtverband e.V.;

4. Deutsches Rotes Kreuz e.V.;

5. Arbeiterwohlfahrt Bundesverband e.V.;

6. Zentralwohlfahrtsstelle der Juden in Deutschland e.V.;

7. Deutscher Blinden- und Sehbehindertenverband e.V.;

8. Bund der Kriegsblinden Deutschlands e.V.;

9. Verband Deutscher Wohltätigkeitsstiftungen e.V.;

10. Bundesarbeitsgemeinschaft Selbsthilfe von Menschen mit Behinderung und chronischer Erkrankungen und ihren Angehörigen e.V.

11. Sozialverband VdK Deutschland e.V.

12. Arbeiter-Samariter-Bund Deutschland e.V.

Als Mitgliedschaft in einem amtlich anerkannten Wohlfahrtsverband im Sinne des § 4 Nr. 18 UStG ist nicht nur die unmittelbare, sondern auch eine mittelbare Mitgliedschaft anzusehen[2].

7.170 Über die Zugehörigkeit zu einem amtlich anerkannten Verband der freien Wohlfahrtspflege hinaus verlangt das Gesetz zusätzlich, dass die begünstigten Unternehmer „**ausschließlich und unmittelbar gemeinnützigen, mildtätigen oder kirchlichen Zwecken dienen**". Damit knüpft das deutsche Recht in personaler Hinsicht an den Gemeinnützigkeitsstatus der Einrichtung an.

7.171 Fraglich ist, ob die deutlichen Einschränkungen des Anwendungsbereichs (Mitgliedschaft in einem amtlich anerkannten Wohlfahrtsverband und Gemeinnützigkeitsstatus) mit den **Vorgaben der MwStSystRL vereinbar** sind[3]. Wie bereits oben dargelegt, gewährt Art. 133 MwStSystRL den Mitgliedstaaten ein Wahlrecht, die Anwendung der Befreiung von der Erfüllung einzelner oder mehrerer Voraussetzungen abhängig

---

1 BFH v. 8.8.2013 – V R 13/12, BFH/NV 2014, 123.

2 Abschn. 4.18.1. Abs. 4 UStAE.

3 Dazu *Hüttemann/Schauhoff*, MwStR 2013, 426; zur Unionsrechtswidrigkeit von § 4 Nr. 18 UStG siehe etwa *Ahrens* in NK-GemnR, § 4 Rz. 435 ff.

zu machen. Dazu gehört u.a. auch ein Gewinnausschüttungsverbot[1]. Ferner verfügen die Mitgliedstaaten bei der Entscheidung, welche privatrechtlichen Einrichtungen sie als „Einrichtungen mit sozialem Charakter" anerkennen, über einen gewissen Ermessensspielraum[2]. Vor diesem Hintergrund wird zwar die bisherige Anknüpfung an die Mitgliedschaft in einem „anerkannten" Wohlfahrtsverband im Sinne von § 23 UStDV schon mangels eines freien Zugangs zu solchen Verbänden nicht zu halten sein. Dagegen wäre die Anknüpfung an den nationalen Gemeinnützigkeitsstatus eine zulässige Option. Damit würde einerseits inzidenter vom Mitgliedstaatenwahlrecht des Art. 133 Buchst. a MwStSystRL Gebrauch gemacht (Gewinnausschüttungsverbot). Zum anderen sind gemeinnützige Körperschaften in besonderer Weise dem Gemeinwohl verpflichtet, so dass mit diesem Ansatz der mitgliedstaatliche Spielraum bei der Definition des „sozialen Charakters" einer Einrichtung ermessensgerecht ausgefüllt würde[3].

c) Unmittelbare Leistungen

Nach § 4 Nr. 18 Buchst. b UStG sind nur solche Leistungen begünstigt, die „unmittelbar" dem satzungsmäßig begünstigten Personenkreis zugute kommen. Daraus hat der BFH z.B. abgeleitet, dass Arzneimittellieferungen[4] oder Leistungen einer zentralen Krankenhauswäscherei[5] an andere Einrichtungen von der Steuervergünstigung ebenso ausgeschlossen sind wie die Überlassung von Telefonanlagen[6]. Das „Unmittelbarkeitskriterium" findet in der Richtlinienbestimmung aber keine „unmittelbare" Entsprechung, weil dort nur von „eng mit der Sozialfürsorge und der sozialen Sicherheit verbundenen Dienstleistungen" die Rede ist[7]. Diese **Divergenz zwischen nationalem Recht und Richtlinie** ist erst durch die Entscheidung des BFH vom 23.7.2009[8] „entdeckt" worden[9]. Sie eröffnet die Möglichkeit einer „unmittelbaren" Berufung auf den unionsrechtlichen Befreiungstatbestand für solche Tätigkeiten, die – wie z.B. Verwaltungsleistungen in Erfüllung eines nach § 5a Abs. 2 ZDG geschlossenen Vertrages – zwar nicht unmittelbar dem begünstigten Personenkreis (Zivildienstleistende) zugute kommen, aber im Sinne der EuGH-Rechtsprechung mit der Sozialfürsorge und der sozialen Sicherheit „eng verbundene Dienstleistungen" darstellen[10]. Dagegen soll es sich bei Fahrdiensten im Rahmen des ärztlichen Notdienstes und bei einem Menüservice nicht um „eng verbundene Leistungen"

7.172

---

1 Vgl. dazu *Jacobs*, S. 74 ff.
2 Zuletzt EuGH v. 15.11.2012 – Rs. C-174/11 *Zimmermann*, , ECLI:EU:C:2012:716.
3 Näher *Hüttemann/Schauhoff*, MwStR 2013, 426; a.A. *Rosenthal*, DStR 2013, 443.
4 BFH v. 18.10.1990 – V 76/89, BStBl. II 1991, 268.
5 BFH v. 18.10.1990 – V R 35/85, BStBl. II 1991, 157.
6 BFH v. 7.11.1996 – V R 34/96, BStBl. II 1997, 366.
7 Dazu etwa EuGH v. 9.2.2006 – Rs. C-415/04 *Stichting Kinderopvang Enschede*, Slg. 2006, I-1385.
8 BFH v. 23.7.2009 – V R 93/07, BFH/NV 2009, 2073.
9 Siehe auch BFH v. 8.8.2013 – V R 13/12, BFH/NV 2014, 123.
10 Zur arbeitsteiligen Zusammenarbeit und ihren Auswirkungen auf die Anwendung des § 4 Nr. 18 UStG vgl. *Theobald*, DStR 2011, 946.

handeln[1]. Festzuhalten bleibt, dass die Grenzlinie zwischen Steuerfreiheit und Steuerpflicht künftig nicht mehr durch die „Unmittelbarkeit", sondern die (sachliche) „enge Verbundenheit" gezogen werden wird.

Mit seinem Urteil vom 8.6.2011 zur Anwendung der Umsatzsteuerbefreiung auf Leistungen im Rahmen des „betreuten Wohnens" hat der XI. Senat noch einmal bestätigt, dass das **Kriterium der Unmittelbarkeit in § 4 Nr. 18 UStG ohne gemeinschaftsrechtliche Grundlage ist**[2]. Ferner distanziert sich der Senat von der – inzwischen aufgegebenen[3] – Rechtsprechung des I. Senats zu § 66 AO, wonach es entscheidend darauf ankommen soll, ob der betreute Mieter einen vertraglichen Anspruch gegen die Wohlfahrtseinrichtung hat[4]. Für die Steuerbefreiung kommt es somit auf die Zweckbetriebsvoraussetzungen des § 66 AO nicht an[5]. Deshalb hat auch die Zwei-Drittel-Grenze der §§ 66 Abs. 3, 53 AO nur Bedeutung für den anzuwendenden Steuersatz[6]. Zu Recht beurteilt der XI. Senat das gegenüber Senioren im Rahmen des „betreuten Wohnens" erbrachte Leistungsbündel als eine nach Art. 132 Abs. 1 Buchst. g MwStSystRL steuerbefreite einheitliche Leistung[7]. Ebenso hat der V. Senat die Leistungen eines ärztlichen Notfalldienstes gewürdigt[8].

d) Entgeltsklausel

7.173   Als weitere Voraussetzung der Steuerbefreiung ist schließlich die Entgeltsklausel des § 4 Nr. 18 Buchst. c UStG zu beachten[9]. Danach ist ein **Preisvergleich zwischen den Leistungen der Wohlfahrtseinrichtung und anderer gewerblicher Unternehmer** erforderlich. Diese ist aber nicht möglich, wenn es kein Angebot gleichartiger Leistungen durch Erwerbsunternehmen gibt[10].

Das Gesetz enthält keine Aussage dazu, in welchem Umfang die Entgelte hinter denen vergleichbarer Erwerbsunternehmen zurückbleiben müssen. Wegen der wirtschaftlichen Belastung durch den Verlust des Vorsteuerabzugs kann auch nicht mehr – wie vor 1968 – gefordert werden, dass die Entgelte zumindest in Höhe der ersparten Umsatzsteuer niedriger sind. Auch für die Forderung nach einer „wesentlichen" Abweichung gibt es keine Grundlage[11].

Die Anwendung des Abstandsgebots bereitet insbesondere dann Schwierigkeiten, wenn es auf Grund einer **staatlichen Preisregulierung** keine freie Preissetzung gibt, sondern alle Anbieter nur zum staatlich festgesetzten Höchst- oder Festpreis leisten dürfen. Ein Beispiel sind die Vereinsbetreuer, deren Entgelte gesetzlich festgelegt

---

1 So jetzt BFH v. 1.12.2010 – XI R 46/08, BFH/NV 2011, 712; für die Annahme einer einheitlichen Leistung aber BFH v. 8.8.2013 – V R 13/12, BFH/NV 2014, 123.
2 BFH v. 8.6.2011 – XI R 22/09, BFH/NV 2011, 1804.
3 BFH v. 27.11.2013 – I R 17/12, BStBl. II 2016, 68.
4 Vgl. dazu *Hüttemann/Schauhoff*, DB 2011, 319.
5 So auch BFH v. 15.9.2011 – V R 16/11, UR 2012, 112; BFH v 8.8.2013 – V R 13/12, BFH/NV 2013, 2506.
6 Vgl. auch OFD Münster v. 4.9.2012, DB 2012, 2134.
7 BFH v. 8.6.2011 – XI R 22/09, BFH/NV 2011, 1804.
8 BFH v. 8.8.2013 – V R 13/12, BFH/NV 2013, 2506.
9 Dazu eingehend *Hüttemann*, UR 2006, 441 ff.
10 Vgl. BFH v. 8.8.2013 – V R 13/12, BFH/NV 2013, 2506; *Ahrens* in NK-GemnR, § 4 UStG Rz. 471.
11 Zu diesem Problemkreis vgl. näher *Ahrens* in NK-GemnR, § 4 UStG Rz. 471 ff.

sind. Die Finanzverwaltung wollte die Steuerbefreiung in solchen Fällen grundsätzlich versagen, weil das Abstandsgebot nicht eingehalten sei[1]. Dem war aus zwei Gründen zu widersprechen: Zum einen ist das Abstandsgebot bei staatlich regulierten Entgelten dann nicht anwendbar, wenn – wie es der Regel entsprechen dürfte – die staatliche Regulierung bereits dazu dient, eine Senkung der Kosten für den Abnehmer (bzw. die Sozialversicherungsträger) sicherzustellen. Zum anderen ist zu beachten, dass der deutsche Gesetzgeber die Vorgaben der Richtlinie nicht richtig umgesetzt hat. Zwar sieht Art. 133 Buchst. c MwStSystRL die Möglichkeit vor, die Steuerbefreiung von der Höhe der verlangten Entgelte abhängig zu machen. Ein Entgeltsvergleich ist aber dort nur für den Fall vorgesehen, dass keine „Preise angewendet werden, die von den zuständigen Behörden genehmigt sind". Mit anderen Worten: Die Richtlinie schließt ein Abstandsgebot bei „genehmigten Preisen" ausdrücklich aus. Da gesetzlich vorgeschriebene Entgelte unter den Begriff der „genehmigten" Preise fallen, ist das Abstandsgebot folglich in diesen Fällen nicht anwendbar[2]. Dieser Auffassung hat sich der XI. Senat des BFH angeschlossen[3]. Auch die Finanzverwaltung hat ihren Widerstand aufgegeben[4].

e) Sachzuwendungen

Aus Vereinfachungsgründen schließt § 4 Nr. 18 UStG auch Sachzuwendungen an Mitarbeiter der Einrichtung von der Umsatzsteuer aus. Insoweit bestehen erhebliche Zweifel, ob diese Erweiterung der Befreiung – als eine Art Nebenleistung – von den Vorgaben des Art. 132 Abs. 1 Buchst. g MwStSystRL („eng mit der Sozialfürsorge ... verbundene Dienstleistungen ...") gedeckt ist[5], zumal entsprechende Tatbestände bei anderen Befreiungen (z.B. für Krankenhäuser) fehlen.

7.174

f) Berufung auf Unionsrecht

Da der deutsche Gesetzgeber die Befreiung nach Art. 132 Abs. 1 Buchst. g MwStSystRL – wie andere Befreiungen auch – „lediglich dadurch umgesetzt" hat, dass das UStG die bereits bei Inkrafttreten der Richtlinie vorhandenen Steuerbefreiungstatbestände im Wesentlichen unverändert weitergeführt hat[6], können sich Steuerpflichtige unmittelbar auf diese unionsrechtliche Befreiungsvorschrift berufen, weil diese „inhaltlich unbedingt und hinreichend genau ist"[7]. Dazu reicht es allerdings nicht aus, dass die betreffende Einrichtung **„eng mit der Sozialfürsorge oder der**

7.175

---

1 BMF v. 21.9.2000, BStBl. I 2000, 1251.

2 Näher *Hüttemann*, UR 2006, 441 ff.

3 BFH v. 17.2.2009 – XI R 67/06, BFH/NV 2009, 869; ebenso BFH v. 25.4.2013 – V R 7/11, BStBl. II 2013, 976; dazu *Dickopp/von der Boeken*, UR 2009, 335.

4 Vgl. BMF v. 22.11.2013, BStBl. I 2013, 1590.

5 Vgl. auch *Rasche* in Schauhoff, § 12 Rz. 52, der zudem zu Recht den erhofften Vereinfachungseffekt bezweifelt.

6 So BFH v. 16.10.2013 – XI R 19/11, BFH/NV 2014, 90.

7 Grundlegend EuGH v. 10.9.2002 – Rs. C-141/00 *Kügler*, Slg. 2002, I-6833; vgl. auch BFH v. 16.10.2013 – XI R 19/11, BFH/NV 2014, 90; BFH v. 7.12.2016 – XI R 5/15, BFH/NV 2017, 863.

sozialen Sicherheit verbundene Dienstleistungen" – also z.B. Leistungen der Grundpflege und hauswirtschaftlichen Versorgung[1] oder der Kinderbetreuung[2] – erbringt, sondern es bedarf immer auch der **Anerkennung als „Einrichtung mit sozialem Charakter"**[3]. Diese bestimmt sich nach den Regelungen des nationalen Rechts und kann sich bei gemeinnützigen Einrichtungen z.B. aus der Mitgliedschaft in einem der amtlich anerkannten Verbände der freien Wohlfahrtspflege ergeben[4]. Fehlt es – wie bei natürlichen Personen oder gewerblichen Anbietern – an der Gemeinnützigkeit und damit auch an einer Mitgliedschaft im Sinne von § 4 Nr. 18 UStG, bedarf die Anwendung der Steuerbefreiung in persönlicher Hinsicht einer anderen Begründung. Nach der Rechtsprechung des BFH kann sich die Anerkennung eines Unternehmens als Einrichtung mit sozialem Charakter aus der **Übernahme der Kosten für seine Leistungen durch Krankenkassen oder andere Einrichtungen der sozialen Sicherheit** ergeben.[5] Gleiches gilt, wenn der Leistende die begünstigten Leistungen auf Grund vertraglicher Vereinbarungen mit Trägern der Sozialversicherung erbracht hat.[6] Dabei ist nach der Rechtsprechung keine vollständige Übernahme der Kosten erforderlich. Vielmehr kommt es darauf an, dass es sich der Art nach um Leistungen handelt, für die die Kosten von den Sozialversicherungen übernehmbar sind.[7] Nach der neueren Rechtsprechung des BFH reicht zudem auch eine mittelbare oder „durchgeleitete" Kostentragung durch Einrichtungen der sozialen Sicherheit aus, um die Anerkennung eines Unternehmers als Einrichtung mit sozialem Charakter zu begründen[8].

7.176   frei

7. Kulturelle Einrichtungen

7.177   Im Anschluss an Art. 132 Abs. 1 Buchst. n MwStSystRL sieht § 4 Nr. 20 Buchst. a UStG eine Befreiung der Leistungen **bestimmter kultureller Einrichtungen** vor[9]. Da die Richtlinie keinen abschließenden Katalog der befreiten kulturellen Leistungen enthält, haben die Mitgliedstaaten bei der Festlegung der „bestimmten" steuerbefreiten Leistungen ein Ermessen, weshalb eine direkte Berufung auf diese Richt-

---

1 Vgl. dazu EuGH v. 10.9.2002 – Rs. C-141/00 *Kügler*, Slg. 2002, I-6833.
2 EuGH v. 9.2.2006 – Rs. C-415/04 *Stichting Kinderupvang Enschede*, Slg. 2006, I-1385.
3 EuGH v. 21.1.2016 – Rs. C-335/14 *Le Jardins de Jouvence*, ECLI:EU:C:2016:36; zuletzt BFH v. 6.4.2016 – V R 55/14, BFH/NV 2016, 1126; BFH v. 7.12.2016 – XI R 5/15, BFH/ NV 2017, 863; a.A. *Küffner/Streit*, MwStR 2014, 10.
4 BFH v. 8.6.2011 – XI R 22/09, BFH/NV 2001, 1804.
5 Vgl. BFH v. 1.12.2010 – XI R 46/08, BFH/NV 2011, 712 mit weiteren Nachweisen.
6 Vgl. BFH v. 26.1.2012 – V R 52/10, BFH/NV 2012, 817; BFH v. 8.11.2007 – V R 2/06, BStBl. II 2008, 634.
7 Vgl. BFH v. 26.1.2012 – V R 52/10, BFH/NV 2012, 817; BFH v. 1.12.2010 – XI R 46/08, BFH/NV 2011, 712; BFH v. 22.4.2004 – V R 1/98, BStBl. II 2004, 849.
8 Siehe BFH v. 18.8.2015 – V R 13/14, BFH/NV 2015, 1784; BFH v. 6.4.2016 – V R 55/14, BFH/NV 2016, 1126; zur Befreiung von Subunternehmern vgl. *Weber*, UVR 2018, 105.
9 Vgl. zur Steuerbefreiung für Einrichtungen der Jugendhilfe eingehend *Kirchhain* in Weitemeyer/Schauhoff/Achatz, Umsatzsteuerrecht für den Nonprofitsektor, 2018.

linienbestimmung – wie der EuGH in der Rs. *British Film Institute* bestätigt hat[1] – ausscheidet[2]. Befreit sind zum einen Theater, Orchester, Kammermusikensembles, Chöre, Museen[3], botanische Gärten, zoologische Gärten, Tierparks, Archive, Büchereien sowie Denkmäler der Bau- und Gartenbaukunst des Bundes, der Länder, der Gemeinden oder der Gemeindeverbände. Umsätze gleichartiger Einrichtungen anderer Unternehmer sind ebenfalls befreit, wenn die zuständige Landesbehörde bescheinigt, dass sie die gleichen kulturellen Aufgaben erfüllen wie die entsprechenden Einrichtungen der öffentlichen Hand. Museen im Sinne dieser Vorschrift sind wissenschaftliche Sammlungen und Kunstsammlungen. Selbständigen Bühnenregisseuren, die an öffentlichen Theatern eine Inszenierung übernehmen, hatte der BFH mangels Erwähnung in § 4 Nr. 20 UStG eine Steuerbefreiung versagt[4]. Daraufhin ist der Wortlaut des § 4 Nr. 20 UStG durch das Amtshilferichtlinie-Umsetzungsgesetz[5] entsprechend erweitert worden. Auch hier setzt die Befreiung allerdings eine Bescheinigung der zuständigen Landesbehörde voraus, dass die Leistungen den betreffenden Einrichtungen „unmittelbar dienen". § 4 Nr. 20 Buchst. b UStG erstreckt die Befreiung auch auf die Veranstaltung von Theatervorführungen und Konzerten durch andere Unternehmer, wenn die Darbietungen von den unter Buchstabe a bezeichneten Theatern, Orchestern, Kammermusikensembles oder Chören erbracht werden[6]. Nicht befreit ist dagegen eine bloße Personalgestellung durch ein Theater an ein anderes Theater[7] oder die Lesung durch einen Schriftsteller[8]. Insoweit ist zu beachten, dass Art. 132 Abs. 1 Buchst. n MwStSystRL keine Steuerbefreiung für „eng verbundene Umsätze" enthält. Ferner hat der EuGH entschieden, dass der Begriff der „anderen … anerkannten Einrichtungen" in Art. 132 Abs. 1 Buchst. n MwStSystRL auch Solisten erfasst, so dass auch deren Konzerte von der Umsatzsteuer befreit sind[9].

Da die Befreiung nach § 4 Nr. 20 UStG zum Verlust des Vorsteuerabzugs führt, versuchen manche privaten Träger von kulturellen Einrichtungen die Steuerbefreiung dadurch zu vermeiden, dass **sie keine Bescheinigung bei der zuständigen Behörde beantragen**. Dies hat in der Vergangenheit zu der Frage geführt, ob nur der private Unternehmer oder auch die Finanzbehörde eine Bescheinigung der Landesbehörde einholen kann. Insoweit ist zunächst abzugrenzen, wer genau was zu bescheinigen hat: Wie der BFH zutreffend festgestellt hat, obliegt es allein den Finanzbehörden

7.178

---

1 EuGH v. 15.2.2017 – Rs. C-592/15 *British Film Institute*, ECLI:EU:C:2017:117.
2 Ebenso bereits BFH v. 4.5.2011 – XI R 44/08, BStBl. II 2014, 200; *Jacobs*, UR 2007, 45.
3 Zum Begriff des Museums in § 4 Nr. 20 Buchst. a UStG vgl. eingehend FG Mecklenburg-Vorpommern v. 30.7.2012 – 2 V 15/12, juris; zu einer Ausstellung von Eisskulpturen – keine dauerhafte Sammlung – FG Mecklenburg-Vorpommern v. 18.5.2017 – 2 K 220/13, juris.
4 Vgl. BFH v. 4.5.2011 – XI R 44/08, BStBl. II 2014, 200.
5 Gesetz v. 26.6.2013, BGBl. I 2013, 1809.
6 Zu Abgrenzungsfragen vgl. OFD Frankfurt v. 14.2.2014, MwStR 2014, 249.
7 BFH v. 4.5.2011 – XI R 44/08, BStBl. II 2014, 200.
8 BFH v. 25.2.2015 – XI R 35/12, BStBl. II 2015, 677.
9 EuGH v. 3.4.2003 – Rs. C-144/00 *Hoffmann*, Slg. 2003, I-2971; BFH v. 18.2.2010 – V R 28/08, BStBl. II 2010, 876.

zu entscheiden, ob es sich um eine „gleichartige" Einrichtung handelt. So hat der BFH z.B. dem Betreiber eines privaten „Delphinatoriums" die Steuerbefreiung mit dem Hinweis versagt, dass es sich mangels einer Vielzahl von Tieren oder Tierarten weder um einen zoologischen Garten noch um einen Tierpark im Sinne des § 4 Nr. 20 UStG handele[1]. Dagegen entscheidet allein die Landesbehörde darüber, ob die private Einrichtung „die gleichen kulturellen Aufgaben" erfüllt, also in Hinsicht auf Programmgestaltung, Zielsetzung und Wirkungskreis einen vergleichbaren Beitrag zur öffentlichen Kultur leistet wie staatliche Einrichtungen[2]. Insoweit spielt es keine Rolle, ob eine Einrichtung „professionell" bzw. auf einem „hohen Niveau" arbeitet, so dass auch Laieneinrichtungen begünstigt sein können[3]. Allerdings muss die zuständige Landesbehörde z.B. beachten, dass Museen im Sinne dieser Vorschrift „wissenschaftliche Sammlungen und Kunstsammlungen" sind[4]. Darüber hinaus ist – mit dem BFH – davon auszugehen, dass eine Bescheinigung auch von Amts wegen durch das zuständige Finanzamt eingeholt werden kann[5]. Dies kann der betroffene Unternehmer auch nicht im Verwaltungsrechtsweg verhindern[6]. Für diese Auslegung der Finanzverwaltung spricht, dass die Befreiung nach der MwSt-SystRL nicht mit einem Optionsrecht ausgestaltet ist. Zwar würde es dem Ziel der Befreiungsregelung – finanzielle Entlastung der Abnehmer kultureller Leistungen – nicht widersprechen, wenn immer dann auf eine Steuerbefreiung verzichtet wird, wenn der Verlust des Vorsteuerabzugs schwerer wiegt als die Befreiung der Umsätze. Für eine solche einschränkende Auslegung bietet die Richtlinienbestimmung aber keine Grundlage. Folglich ist festzuhalten, dass die Befreiung nicht vom Willen oder vom Antrag des Unternehmers abhängig ist.

Die Bescheinigung der zuständigen Landesbehörde ist eine materiell-rechtliche Voraussetzung der Steuerbefreiung und stellt einen Verwaltungsakt dar[7]. Die Wirkung der Bescheinigung bezieht sich auf den in ihr bezeichneten Gegenstand und den Zeitraum, auch wenn letzterer vor der Bekanntgabe der Bescheinigung liegt[8]. Bei der Bescheinigung handelt es sich um einen **Grundlagenbescheid** im Sinne von § 171 Abs. 10 AO, der grundsätzlich Grundlage für die Änderung eines bestandskräftigen Steuerbescheides nach § 175 Abs. 1 Nr. 2 AO sein kann[9]. Allerdings setzt § 4 Nr. 20 Buchst. a Satz 3 UStG einer Ablaufhemmung nach § 171 Abs. 10 AO durch den mit dem JStG 2010 eingefügten Verweis auf die Vorschriften über die Feststellungsverjährung in § 181 Abs. 1 und 5 AO zeitliche Grenzen[10]. Entsprechendes gilt nach Ansicht des BFH bei einer Bescheinigung nach § 4 Nr. 20 Buchst. a UStG

---

1 BFH v. 20.4.1988 – X R 20/82, BStBl. II 1988, 796.
2 Vgl. zum Inhalt der Bescheinigung statt vieler *Verweyen* in Hartmann/Metzenmacher, § 4 Nr. 20 UStG Rz. 70.
3 Vgl. BVerwG v. 31.7.2008 – 9 B 80/07, UR 2009, 25.
4 So BVerwG v. 9.7.2014 – 9 B 63/13, juris.
5 Vgl. BFH v. 24.9.1998 – V R 3/98, BStBl. II 1999, 147; siehe auch Abschn. 4.20.5. UStAE.
6 BVerwG v. 4.5.2006 – 10 C 10/05, DStR 2006, 1476.
7 Vgl. BFH v. 24.9.1998 – V R 3/98, BStBl. II 1999, 147.
8 BFH v. 21.2.2013 – V R 27/11, BStBl. II 2013, 529; BFH v. 18.2.2010 – V R 28/08, BStBl. II 2010, 876.
9 Vgl. BFH v. 21.2.2013 – V R 27/11, BStBl. II 2013, 529; BFH v. 20.8.2009 – V R 25/08, BStBl. II 2010, 15.
10 Vgl. auch BMF v. 20.8.2012, BStBl. I 2012, 877.

auch für Zeiträume vor dieser Gesetzesänderung[1], weil es sich um Grundlagenbescheide einer „ressortfremden Behörde" handele. In der Tat dürfte eine zeitliche Beschränkung einer möglichen „rückwirkenden" Steuerbefreiung im Interesse aller Beteiligten liegen.

Nach Art. 132 Abs. 1 Buchst. n der MwStSystRL sind neben bestimmten kulturellen Dienstleistungen auch die „eng damit verbundenen Lieferungen von Gegenständen" befreit. BFH und Finanzverwaltung gehen deshalb zu Recht davon aus, dass die Befreiung auch **bestimmte Nebenleistungen** umfasst. Dazu gehören z.B. bei einem Theater die Aufbewahrung der Garderobe, der Verkauf von Programmen und die Vermietung von Operngläsern[2]. Nicht befreit ist jedoch die Abgabe von Speisen und Getränken bei Theatervorstellungen. Zwar hatte der X. Senat in einer Entscheidung aus dem Jahr 1988 insoweit noch einen großzügigeren Standpunkt eingenommen und die Abgabe von Speisen, Getränken und Süßwaren „in unmittelbarem zeitlichen und örtlichen Zusammenhang mit einer typischen Theaterleistung zum Verzehr an Ort und Stelle" noch als steuerfreie Nebenleistung beurteilt[3]. Der V. Senat ist dieser Rechtsprechung aber unter Hinweis auf die Vorgaben der MwSt-SystRL nicht gefolgt, da die Abgabe von Speisen und Getränken „im Wesentlichen dazu bestimmt sei, der Einrichtung zusätzliche Einnahmen zu verschaffen" (vgl. Art. 134 Buchst. b MwStSystRL)[4]. Dabei dürfte auch eine Rolle gespielt haben, dass im Urteilsfall (Kabarett) die Einnahmen aus der Restauration die anderen Einnahmen aus dem Theaterprogramm deutlich überstiegen[5].

7.179

frei

7.180–7.181

8. Ersatz- und Ergänzungsschulen

Nach § 4 Nr. 21 Buchst. a UStG sind die

7.182

„unmittelbar dem Schul- und Bildungszweck dienenden Leistungen privater Schulen und anderer allgemeinbildender oder berufsbildender Einrichtungen"

von der Umsatzsteuer befreit, wenn es sich um staatlich genehmigte oder erlaubte Ersatzschulen im Sinne von Art. 7 Abs. 4 GG handelt (Doppelbuchst. aa) oder wenn die zuständige Landesbehörde bescheinigt, dass die Einrichtung auf einen Beruf oder eine vor einer juristischen Person des öffentlichen Rechts abzulegende Prüfung ordnungsgemäß vorbereitet (Doppelbuchst. bb)[6]. Zusätzliche Voraussetzungen (z.B. eine Gemeinnützigkeit des Trägers) sind nicht erforderlich[7]. Die Bescheinigung der Landesbehörde ist ein Grundlagenbescheid, der Grundlage für die Ände-

---

1 Eingehend BFH v. 21.2.2013 – V R 27/11, BStBl. II 2013, 529.
2 Abschn. 4.20.1. Abs. 3 Satz 3 UStAE.
3 BFH v. 18.5.1988 – X R 11/82, BStBl. II 1988, 799.
4 BFH v. 14.5.1998 – V R 85/97, BStBl. II 1999, 145; BFH v. 21.4.1995 – V R 6/03, BStBl. II 2005, 899; BFH v. 18.8.2005 – V R 20/03, BStBl. II 2005, 910; BFH v. 7.12.2009 – XI B 52/09, BFH/NV 2010, 482.
5 BFH v. 14.5.1998 – V R 85/97, BStBl. II 1999, 145.
6 Zu den Anforderungen an die erforderliche Eignung von Lehrkräften eines Nachhilfeinstituts vgl. BVerwG v. 27.4.2017 – 9 C 5/16 und C 6/16, juris.
7 Für einen Überblick vgl. *Schöngart*, UR 2016, 540.

rung eines bestandskräftigen Steuerbescheids nach § 175 Abs. 1 Nr. 2 AO sein kann[1]. Im Übrigen gilt das zu § 4 Nr. 20 Buchst. a UStG Gesagte (Rz. 7.178) entsprechend. Die Befreiung beruht auf Art. 132 Abs. 1 Buchst. i MwStSystRL. Die Richtlinienvorschrift bildet auch für den BFH den vorrangigen Bezugspunkt für die Bestimmung des sachlichen Anwendungsbereich der Steuerbefreiung, wobei die Umsatzsteuersenate einer unmittelbaren Berufung auf Art. 132 Abs. 1 Buchst. i MwStSystRL den Vorzug vor einer richtlinienkonformen Auslegung einräumen[2]. Auf dieser Grundlage beschränkt sich der begünstigte „Schul- und Hochschulunterricht" nicht nur auf „Unterricht, der zu einer Abschlussprüfung zur Erlangung einer Qualifikation führt oder eine Ausbildung im Hinsicht auf die Ausübung einer Berufstätigkeit vermittelt, sondern er schließt andere Tätigkeiten ein, bei denen die Unterweisung in Schulen und Hochschulen erteilt wird, um die Kenntnisse und Fähigkeiten der Schüler oder Studenten zu entwickeln, sofern diese Tätigkeiten nicht den Charakter bloßer Freizeitgestaltung haben"[3]. Einer Bescheinigung nach § 4 Nr. 21 Buchst. a Doppelbuchst. bb UStG kommt dabei auch eine gewisse Indizwirkung zu, dass Leistungen, die tatsächlich dem Anforderungsprofil der Bescheinigung entsprechen, nicht den Charakter einer bloßen Freizeitgestaltung haben[4]. Nach diesen Maßstäben können z.B. auch ein Fahrsicherheitstraining[5] und Kurse über „Sofortmaßnahmen am Unfallort" steuerbefreit sein[6]. Ob Fahrschulunterricht zum Erwerb der Fahrerlaubnisklassen B und C1 zum steuerfreien „Schul- und Hochschulunterricht" gehört, bildet den Gegenstand einer aktuellen EuGH-Vorlage des BFH[7]. Die Steuerbefreiung erfasst u.a. auch Maßnahmen zur Aktivierung und beruflichen Eingliederung nach dem SGB III[8] (nunmehr § 4 Nr. 15b UStG) sowie Integrationskurse nach § 43 des Aufenthaltsgesetzes[9]. Selbst eine Schule für „WingTsun" (Kampfsport) kann nach Ansicht des BFH steuerbefreit sein, wenn eine entsprechende Unterweisung auch an Schulen oder Hochschulen erfolge, da es auf das Ziel der die Einrichtung besuchenden Personen nicht ankomme[10]. Die Abgrenzung zur nicht befreiten „Freizeitgestaltung" kann im Einzelfall – z.B. bei Tanzkursen – Schwierigkeiten bereiten, zumindest wenn diese ein gewisses Anspruchsniveau aufweisen[11]. Die richtlinienkonforme erweiterte Auslegung des § 4 Nr. 21

---

1 Vgl. BFH v. 20.8.2009 – V R 25/08, BStBl. II 2010, 15.

2 BFH v. 28.5.2013 – XI R 35/11, BStBl. II 2013, 879; BFH v. 10.1.2008 – V R 52/06, BFH/NV 2008, 725; BFH v. 24.1.2008 – V R 3/05, BStBl. II 2012, 267.

3 So BFH v. 24.1.2008 – V R 3/05, BStBl. II 2012, 267 unter Hinweis auf EuGH v. 14.6.2007 – Rs. C-445/05 *Werner Haderer*, Slg. 2007, I-4841.

4 BFH v. 24.1.2008 – V R 3/05, BStBl. II 2012, 267.

5 BFH v. 10.7.2012 – V B 33/12, BFH/NV 2012, 1676.

6 BFH v. 10.1.2008 – V R 52/06, BFH/NV 2008, 725.

7 BFH v. 16.3.2017 – V R 38/16, BStBl. II 2017, 1017.

8 Dazu BMF v. 1.12.2010, BStBl. I 2010, 1375; zum Bescheinigungsverfahren siehe BMF v. 6.7.2011, BStBl. I 2011, 738; vgl. auch FG Berlin-Brandenburg v. 21.4.2010 – 2 K 998/05, EFG 2010, 2037.

9 BMF v. 3.3.2011, BStBl. I 2011, 233.

10 So BFH v. 28.5.2013 – XI R 35/11, BStBl. II 2013, 879; vgl. auch FG Düsseldorf v. 13.11.2013 – 5 K 2434/09U, EFG 2014, 686 (Yoga-Schule).

11 Vgl. dazu FG Berlin-Brandenburg v. 8.11.2017 – 5 K 5108/15, EFG 2018, 691 zu „Tango Argentino" (Rev. BFH V R 66/17).

Buchst. a Doppelbuchst. bb UStG wirkt sich auch auf den Anspruch der Steuerpflichtigen auf Erteilung einer Bescheinigung aus. So hat das BVerwG unter Hinweis auf das unionsrechtliche Effektivitätsgebot auch einen Anspruch auf Erteilung einer Bescheinigung nach § 4 Nr. 21 Buchst. aa Doppelbuchst. bb UStG für sog. „Potentialchecks" bejaht, mit dem berufsübergreifend einsetzbare Kompetenzen und Neigungen von Schülern festgestellt werden sollen[1].

Ergänzend zur Befreiung der Ersatz- und Ergänzungsschulen enthält § 4 Nr. 21 Buchst. b UStG eine Befreiung für die „unmittelbar dem Schul- und Bildungszweck dienenden **Unterrichtsleistungen selbständiger Lehrer**". Dieser Befreiungstatbestand soll offenbar verhindern, dass steuerbefreite Schulen umsatzsteuerliche Nachteile aus der Beschäftigung selbständiger Lehrkräfte haben[2]. In den Fällen des § 4 Nr. 21 Buchst. b Doppelbuchst. bb UStG setzt die Befreiung voraus, dass die Bildungseinrichtung über eine Bescheinigung nach § 4 Nr. 21 Buchst. a Doppelbuchst. bb UStG verfügt. Ob der – 1999 eingefügte[3] – Tatbestand des § 4 Nr. 21 Buchst. b UStG mit den Vorgaben MwStSystRL vereinbar ist, erscheint nicht zweifelsfrei, weil nach Art. 132 Abs. 1 Buchst. j MwStSystRL nur der von „Privatlehrern erteilte Schul- und Hochschulunterricht" – also der direkt gegenüber Schülern und Studenten erteilte Unterricht – steuerbefreit ist[4].

Darüber hinaus kommt natürlich auch eine **unmittelbare Berufung** auf die Befreiung nach Art. 132 Abs. 1 Buchst. j MwStSystRL in Betracht, wenn eine Einzelperson („Privatlehrer") entsprechende Unterrichtsleistungen erbringt[5]. Dies kann auch gegenüber einer Einrichtung erfolgen, wenn diese die Lehrleistung für ihre Mitarbeiter „einkauft" (also die Leistung nicht ihrerseits dafür verwendet, Bildungsleistungen gegenüber Schülern zu erbringen). Da der Begriff „Schul- und Hochschulunterricht" im Sinne von Art. 132 Abs. 1 Buchst. j MwStSystRL auch die Aus- und Fortbildung umfasst, sind auch entsprechende Unterrichtseinheiten außerhalb eines in einen bestimmten Lehr- oder Studienplan eingebetteten Unterrichts (hier: Supervisionsleistungen) erfasst[6]. Danach können der von einer privaten Schwimmschule erteilte Schwimmunterricht[7], ein Schülercoaching[8], der Besucherdienst des Deutschen Bundestages[9] und die Erteilung von Musikunterricht im Rahmen eines Franchising-Systems[10] begünstigt sein. Dagegen sind Leistungen eines Rechtsanwalts gegenüber Nichterwerbstätigen im Rahmen eines „Lotsendienstes für Gründungswillige" nicht umsatzsteuerfrei[11].

---

1 BVerwG v. 12.6.2013 – 9 C 4/12, BVerwGE 147, 1.
2 Vgl. *Stadie*, § 4 UStG Nr. 21 Rz. 11.
3 Vgl. dazu BMF v. 31.5.1999, BStBl. I 1999, 579. Zur früheren Rechtslage BFH v. 27.8.1998 – V R 73/97, BStBl. II 1999, 377.
4 Dazu zuletzt EuGH v. 28.1.2010 – Rs. C-473/08 *Ingenieurbüro Eulitz GbR*, DStR 2010, 218. Vgl. auch EuGH v. 14.6.2007 – Rs. C-445/05 *Werner Haderer*, Slg. 2007, I-4841; BFH v. 27.9.2007 – V R 75/03, BStBl. II 2008, 323; BFH v. 14.7.2008 – V R 58/05, BFH/NV 2008, 1418.
5 Dazu näher BFH v. 20.3.2014 – V R 3/13, BFH/NV 2014, 1175.
6 So jetzt BFH v. 20.3.2014 – V R 3/13, BFH/NV 2014, 1175.
7 BFH v. 5.6.2014 – V R 19/13, BFH/NV 2014, 1687.
8 FG München v. 6.12.2012 – 14 V 3038/12, juris.
9 BFH v. 10.8.2016 – V R 38/15, BFH/NV 2016, 1864.
10 FG Berlin-Brandenburg v. 26.3.2013 – 7 V 7361/12, EFG 2013, 1074.
11 BFH v. 29.3.2017 – XI R 6/16, BFH/NV 2017, 1145.

9. Vorträge, Kurse und andere Veranstaltungen

7.183 Nach § 4 Nr. 22 Buchst. a UStG sind von der Umsatzsteuer befreit

„Vorträge, Kurse und andere Veranstaltungen wissenschaftlicher oder belehrender Art, die von juristischen Personen des öffentlichen Rechts, von Verwaltungs- und Wirtschaftsakademien, von Volkshochschulen oder von Einrichtungen, die gemeinnützigen Zwecken oder dem Zweck eines Berufsverbandes dienen, durchgeführt werden, wenn die Einnahmen überwiegend zur Deckung der Kosten verwendet werden".

Die Befreiung beruht auf Art. 132 Abs. 1 Buchst. i MwStSystRL[1]. Mit der **Beschränkung auf bestimmte Einrichtungen** wollte der Gesetzgeber offenbar vom Mitgliedstaatenwahlrecht nach Art. 133 Abs. 2 Buchst. a MwStSystRL Gebrauch machen (Beschränkung auf Einrichtungen ohne Gewinnstreben). Für die Vortragtätigkeit natürlicher Personen fehlt eine nationale Befreiungsvorschrift. Sie können sich aber – sofern sie selbst gegenüber Schülern etc. als „Privatlehrer" Schul- oder Hochschulunterricht erteilen – unmittelbar auf die gemeinschaftsrechtliche Befreiung in Art. 132 Abs. 1 Buchst. j MwStSystRL berufen[2]. Sind sie dagegen freiberuflich für eine Bildungseinrichtung tätig, greift u.U. § 4 Nr. 21 Buchst. b UStG ein (dazu Rz. 7.182). Der Kreis der nach § 4 Nr. 22 Buchst. a UStG steuerbefreiten Unterrichtstätigkeiten bestimmt sich zwar vorrangig nach dem Wortlaut der nationalen Regelung. Diese ist aber richtlinienkonform auszulegen[3]. Nach Ansicht des BFH sind deshalb nicht alle Kurse zur Erlernung von Fähigkeiten oder Fertigkeiten „wissenschaftlicher oder belehrender Art", sondern nur solche Kurse, **„die als Erziehung von Kindern und Jugendlichen, als Schul- und Hochschulunterricht, als Ausbildung, Fortbildung oder berufliche Umschulung zu qualifizieren sind"**[4]. Daraus hat der BFH geschlossen, dass Tanzkurse, die ein gemeinnütziger Verein im Rahmen einer „Tanzwerkstatt" anbietet, regelmäßig nicht befreit sind, weil sie nicht Aus- und Fortbildungszwecken, sondern der Freizeitgestaltung der Teilnehmer dienten: Tanzschüler – so der BFH – betrieben das Tanzen regelmäßig als reine Freizeitbeschäftigung[5]. Darüber hinaus hat der V. Senat auch gewisse Zweifel anklingen lassen, ob der im Rahmen eines Zweckbetriebs ausgeübte Sportunterricht (z.B. Schwimm-, Tennis-, Reit-, Segel- und Skiunterricht) – wie dies bisher der Ansicht der Finanzverwaltung entspricht[6] – weiterhin nach § 4 Nr. 22 Buchst. a UStG zu befreien ist[7]. Nach Ansicht des BFH kommt aber eine unmittelbare Berufung auf Art. 132 Abs. 1 Buchst. m MwStSystRL in Betracht. Nach diesen Grundsätzen ist z.B. der durch angestellte Golflehrer gegenüber seinen Mitgliedern erbrachte Golfunterricht eines gemeinnüt-

---

1 BFH v. 27.4.2006 – V R 53/04, BStBl. II 2007, 16.

2 Vgl. BFH v. 20.3.2014 – V R 3/13, BFH/NV 2014, 1160; BFH v. 27.9.2007 – V R 75/03, BStBl. II 2008, 323.

3 So auch BFH v. 27.4.2006 – V R 53/04, BStBl. II 2007, 16.

4 Vgl. BFH v. 27.4.2006 – V R 53/04, BStBl. II 2007, 16; zu Beherbergung und Verpflegung vgl. einschränkend FG Münster v. 15.3.2011 – 15 K 3840/08 U, UR 2011, 787.

5 Vgl. BFH v. 27.4.2006 – V R 53/04, BStBl. II 2007, 16; kritisch dazu *Jacobs*, UR 2007, 45.

6 Vgl. Abschn. 4.22.1. Abs. 4 UStAE.

7 BFH v. 27.4.2006 – V R 53/04, BStBl. II 2007, 16; auch BFH v. 2.3.2011 – XI R 21/09, BFH/NV 2011, 1456 hat die Frage offengelassen.

zigen Golfvereins steuerbefreit[1]. Ob das Erfordernis der „überwiegenden Kosten-deckung" auf Art 133 Buchst. a MwStSystRL gestützt werden kann („Einrichtungen ohne Gewinnstreben"), erscheint zweifelhaft[2]. Es ist erfüllt, wenn die Einnahmen zu mehr als 50 Prozent zur Deckung der Kosten aufgewendet werden.

10. Kulturelle und sportliche Veranstaltungen

Nach § 4 Nr. 22 Buchst. b UStG sind von der Umsatzsteuer befreit

7.184

„andere kulturelle und sportliche Veranstaltungen, die von den in Buchstabe a genannten Unternehmern durchgeführt werden, soweit das Entgelt in Teilnehmergebühren besteht".

Die Befreiung beruht – soweit es um kulturelle Veranstaltungen geht – auf Art. 132 Abs. 1 Buchst. n („bestimmte kulturelle Dienstleistungen …") MwStSystRL, die Be-freiung für sportliche Veranstaltungen ist durch Art. 132 Abs. 1 Buchst. m („be-stimmte in engem Zusammenhang mit Sport … stehende Dienstleistungen")[3] MwStSystRL gedeckt[4].

Als kulturelle Veranstaltungen kommen nach Ansicht der Finanzverwaltung z.B. Musikwett-bewerbe und Trachtenfeste in Betracht[5]. Der Begriff der **„sportlichen Veranstaltung"** wird in § 4 Nr. 22 Buchst. b UStG und § 67 AO deckungsgleich verwendet (vgl. dazu Rz. 6.244). Fehlt es deshalb – wie z.B. bei der Überlassung von Sportgeräten – an einer „sportlichen Ver-anstaltung", kommt aber immer noch eine unmittelbare Berufung auf Art. 132 Abs. 1 Buchst. m MwStSystRL in Betracht[6]. Dies gilt z.B. für den Golfeinzelunterricht eines gemein-nützigen Golfvereins gegenüber seinen Mitgliedern[7], für die Überlassung von Kegelbahnen durch einen gemeinnützigen Kegelverein[8] sowie für die Überlassung von Tennisplätzen durch einen gemeinnützigen Tennisverein[9]. Hingegen soll die Steuerbefreiung bei Pferde-pensionsleistungen nach Ansicht des BFH an Art. 134 Buchst. b MwStSystRL scheitern, weil diese nicht zum Kernbereich des Reitsports gehören[10].

Inzwischen hatte auch der **EuGH** Gelegenheit, sich im Zusammenhang mit dem Eintrittsgeld, das ein Golfclub von Nichtmitgliedern für die Benutzung des Golf-platzes erhebt („**Greenfee**"), eingehender zur Befreiung nach Art. 132 Abs. 1 Buchst. m und den Einschränkungen in Art. 134 MwStSystRL zu äußern[11]. Zu Recht weist der Gerichtshof darauf hin, dass die Befreiung für sportliche Dienstleis-

1 BFH v. 2.3.2011 – XI R 21/09, BFH/NV 2011, 1456.
2 Dazu näher *Jacobs*, S. 120 f.
3 Dazu EuGH v. 16.10.2008 – Rs. C-253/07 *Canterbury Hockey Club*, Slg. 2008, I-7821; ein-gehend *Dudde*, S. 448 ff.
4 Vgl. dazu auch *Jacobs*, S. 131, 146.
5 Abschn. 4.22.1. UStAE.
6 BFH v. 3.4.2008 – V R 74/07, BFH/NV 2008, 1631; BFH v. 5.8.2010 – V R 54/09, BFH/NV 2011, 169; BFH v. 20.3.2014 – V R 4/13, BFH/NV 2014, 1470; eingehend zur unions-rechtlichen Befreiung für Sportvereine *Fellner*, S. 26 ff.
7 BFH v. 2.3.2011 – XI R 21/09, BFH/NV 2011, 1456.
8 FG Bremen v. 10.8.2016 – 2 K 4/15 (1), juris.
9 FG Bremen v. 10.8.2016 – 2 K 5/15 (1), juris.
10 BFH v. 10.8.2016 – V R 14/15, BFH/NV 2017, 63.
11 EuGH v. 19.12.2013 – Rs. C-495/12 *Bridport and West Dorset Golf Club Ltd.*, UR 2014, 192.

tungen nach Buchst. m – im Unterschied z.B. zur Befreiung nach Buchst. l – nicht nur Leistungen „an ihre Mitglieder" erfasst. Unter diesen Umständen dürfe aber auch nicht über Art. 134 Buchst. b MwStSystRL („Erzielung zusätzlicher Einnahmen") eine Unterscheidung zwischen Mitgliedern und Nichtmitgliedern herbeigeführt werden. Auch Art. 133 Buchst. d MwStSystRL erlaube es den Mitgliedstaaten nicht, für mitgliedschaftlich verfasste Einrichtungen eine entsprechende Einschränkung (Steuerpflicht der Leistungen an Nichtmitglieder) vorzusehen. Damit bestätigt der Gerichtshof die schon bisher vom BFH vertretene Ansicht, dass die Steuerbefreiung nach Art. 132 Abs.1 Buchst. m MwStSystRL weiter reicht als die durch den (nicht richtlinienkonformen) Begriff der „sportlichen Veranstaltung" eingeschränkte Befreiung in § 4 Nr. 22 Buchst. b UStG[1]. Allerdings setzt eine – im Einzelfall gegenüber der Anwendung des ermäßigten Steuersatzes möglicherweise ungünstigere – Befreiung nach Unionsrecht voraus, dass sich die Einrichtung auf die MwStSystRL beruft[2].

Der Begriff „in engem Zusammenhang mit Sport und Körperertüchtigung stehende Dienstleistungen" darf nicht zu eng verstanden werden. Wie der EuGH in der Rs. *Zamberk* entschieden hat, ist der **sachliche Anwendungsbereich des Art. 132 Abs. 1 Buchst. m MwStSystRL** nicht auf „organisierte, planmäßige oder mit dem Ziel der Teilnahme an Sportwettkämpfen ausgeübte sportliche Betätigungen beschränkt", sondern zielt darauf ab, Sport und Körperertüchtigung „durch breite Schichten der Bevölkerung zu fördern"[3]. Allerdings verlangt auch der unionsrechtliche Sportbegriff des Art. 132 Abs. 1 Buchst. m MwStSystRL eine „nicht unbedeutende körperliche Komponente", weshalb z.B. Teilnehmergebühren für „Duplicate-Bridge-Turniere" nach Unionsrecht nicht befreit sind[4].

Der BFH ist bisher davon ausgegangen, dass sich „Einrichtungen ohne Gewinnstreben" unmittelbar gegenüber den Finanzämtern und Gerichten eines Mitgliedstaats auf die Befreiung nach Art. 132 Abs. 1 Buchst. m MwStSystRL berufen können[5]. Ob diese Rechtsprechung vor dem Hintergrund des EuGH-Urteils in der Rs. *British Film Institute*[6] noch aufrechtzuerhalten ist, bildet den Gegenstand einer **aktuellen EuGH-Vorlage**[7] des V. Senats. Darin möchte der BFH – sollte eine unmittelbare Berufung weiterhin zulässig sein – auch wissen, ob der Begriff der „Einrichtung ohne Gewinnstreben" ein autonom unionsrechtlich auszulegender Begriff ist und ob eine „Einrichtung ohne Gewinnstreben" über satzungsmäßige Regelungen für den Fall ihrer Auflösung verfügen muss, nach denen sie ihr dann vorhandenes Vermögen auf eine andere Einrichtung ohne Gewinnstreben zur Förderung von Sport und Körperertüchtigung zu übertragen hat[8]. Anlass dieser Vorlage ist eine Entscheidung des FG München, das einem nicht gemeinnützigen Golfverein im Bereich der Umsätze aus

---

1 Vgl. BFH v. 2.3.2011 – XI R 21/09, BFH/NV 2011, 1456; näher zur Steuerfreiheit von Umsätzen bei gemeinnützigen Sportvereinen *Wäger*, DStR 2014, 1517.
2 Daran fehlte es im Ausgangsfall des BFH-Urteils v. 2.3.2011 – XI R 21/09, BFH/NV 2011, 1456.
3 EuGH v. 21.2.2013 – Rs. C-18/12 *Zamberk*, UR 2013, 338.
4 EuGH v. 26.10.2017 – Rs. C-90/16 *The English Bridge Union*, ECLI:EU:C:2017:814.
5 BFH v. 3.4.2008 – V R 74/07, BFH/NV 2008, 1631; BFH v. 2.3.2011 – XI R 21/09, BFH/NV 2011, 1456; BFH v. 16.10.2013 – XI R 34/11, BFH/NV 2014, 460.
6 EuGH v. 15.2.2017 – Rs. C-592/15 *British Film Institute*, ECLI:EU:C:2017:117.
7 BFH v. 21.6.2018 – V R 20/17, DB 2018, 1771.
8 BFH v. 21.6.2018 – V R 20/17, DB 2018, 1771.

Greenfee, Ballautomat, Startgelder, Caddys und Verkauf von Golfschlägern die unmittelbare Berufung auf die Steuerbefreiung gestattete[1].

Die BFH-Vorlage zielt letztlich auf die Frage nach einem **„unionsrechtlichen" NPO-Begriff**
ab, wie ihn der EuGH durch seine Auslegung des Begriffs der „Einrichtungen ohne Gewinnstreben" in der Rs. *Kennemer Golf & Country Club* (keine „systematische Gewinnerzielungsabsicht") bereits vorgezeichnet hat[2]. In der Sache weist sie gewisse Ähnlichkeiten zu der
durch den Kita-Beschluss des BGH[3] ausgelösten Diskussion über die Wesenselemente eines
„Idealvereins" auf (vgl. Rz. 2.35 ff.). Wenn man erkennt, dass der Begriff des „Idealvereins" –
ebenso wie der einer „Non-Profit-Organisation" – letztlich durch die Verfolgung ideeller
Zwecke und damit durch ein satzungsmäßiges Gewinnausschüttungsverbot bestimmt wird,
dann geht es um die Frage, ob ein solches Gewinnausschüttungsverbot nicht nur während
des Bestehens der Einrichtung gelten muss, sondern auch in die Liquidationsphase „verlängert" werden muss, so dass den Mitgliedern kein Recht auf Teilhabe am Liquidationserlös
zustehen darf[4].

11. Beherbergung und Beköstigung von Jugendlichen

Nach § 4 Nr. 23 UStG ist – ausnahmsweise – steuerbefreit auch die   7.185

„Gewährung von Beherbergung, Beköstigung und der üblichen Naturalleistungen durch Personen und Einrichtungen, wenn sie überwiegend Jugendliche für Erziehungs-, Ausbildungs-
oder Fortbildungszwecke oder für Zwecke der Säuglingspflege bei sich aufnehmen, soweit
die Leistungen an die Jugendlichen oder an die bei ihrer Erziehung, Ausbildung, Fortbildung
oder Pflege tätigen Personen ausgeführt werden".

Die Altersgrenze für Jugendliche liegt bei 27 Jahren (§ 4 Nr. 23 Satz 2 UStG). Ferner sind auch Leistungen an Personen, die bei den Leistungen an die Jugendlichen
tätig sind, begünstigt. Die Befreiungsregelung des § 4 Nr. 23 UStG beruht auf
Art. 132 Abs. 1 Buchst. h (**„eng mit der Kinder- und Jugendbetreuung verbundene Dienstleistungen ...**") und i („Erziehung ... und damit eng verbundene Dienstleistungen") MwStSystRL. Allerdings weicht § 4 Nr. 23 Satz 1 UStG insoweit von
der Richtlinienbestimmung ab, als die Befreiung davon abhängt, dass die Einrichtungen überwiegend Jugendliche[5] für Erziehungszwecke etc. bei sich aufnehmen.
Daraus hat der BFH geschlossen, dass der Unternehmer, der die Steuerfreiheit nach
§ 4 Nr. 23 UStG in Anspruch nehmen will, die aus der Aufnahme zu Erziehungszwecken etc. folgenden Betreuungs- und Pflegeleistungen selbst erbringen müsse[6].
Dies bedeutet, dass z.B. die Unterbringung von Studenten durch ein Studentenwerk
von der Befreiung nicht erfasst wird, weil die Ausbildung der Studenten der Hochschule obliegt[7]. Gleiches gilt für die Verpflegung von Lehrern und Schülern einer

---

1 FG München v. 29.3.2017 – 3 K 855/15, EFG 2017, 1030.
2 EuGH v. 21.3.2002 – Rs. C-174/00 *Kennemer Golf & Country Club*, Slg. 2002, I-3293.
3 BGH v. 16.5.2017 – II ZB 7/16, NJW 2017, 1943.
4 Vgl. dazu *Hüttemann*, JZ 2017, 897; *Leuschner*, NJW 2017, 1919.
5 Die Beschränkung auf „Jugendliche" findet in der MwStSystRL keine Grundlage. Vgl.
  dazu *Jacobs*, S. 126 f.
6 BFH v. 28.9.2000 – V R 26/99, BStBl. II 2001, 691.
7 BFH v. 19.5.2005 – V R 32/03, BStBl. II 2005, 900; siehe auch BFH v. 28.9.2006 – V R 57/
  05, UR 2007, 108.

Ganztagsschule durch einen privaten Förderverein[1], soweit dieser nicht auch zusätzlich noch Erziehungsaufgaben wie z.B. die Hausaufgabenbetreuung übernimmt[2], sowie die Durchführung von Kanutouren für Schulklassen, wenn die Gesamtverantwortung bei den Lehrern verbleibt[3]. Ferner muss die Aufnahme zu Erziehungszwecken für eine gewisse Dauer erfolgen[4]. Allerdings hält der BFH in solchen Fällen eine unmittelbare Berufung auf Art. 132 Abs. 1 Buchst. i MwStSystRL für möglich: Bei der Vermietungsleistung an Bedienstete und Verpflegungsleistungen an Studenten handele es sich um mit dem Hochschulunterricht „eng verbundene Dienstleistungen"[5].

Die Finanzverwaltung hat gegen diese Rechtsprechung unter Hinweis auf das später ergangene Urteil des EuGH in der Rs. *Horizon College*[6] ein **Nichtanwendungsschreiben** erlassen[7]. Nach Ansicht der Finanzverwaltung setzt auch eine Steuerbefreiung der eng verbundenen Umsätze voraus, dass die betreffende Einrichtung ebenfalls mit „Hochschulunterricht" betraut ist. Dieser Interpretation des Urteils *Horizon College* ist nicht zu folgen[8]. Zum einen ist es für die Steuerbefreiung unschädlich, dass Haupt- und Nebenleistung von verschiedenen Personen erbracht werden[9]. Zum anderen ergibt sich aus dem Wortlaut, der Systematik und dem Sinn und Zweck des Art. 132 Abs. 1 Buchst. h MwStSystRL, dass es für die Befreiung der „eng verbundenen Leistungen" ausreicht, dass die Einrichtungen des öffentlichen Rechts, die solche Nebenleistungen zum Hochschulunterricht erbringen, mit „eng verbundenen Dienstleistungen und Lieferung von Gegenständen" betraut sind, wie dies in Deutschland bei den Studentenwerken der Fall ist[10].

7.186–7.188   frei

12. Jugendherbergswesen

7.189   § 4 Nr. 24 UStG befreit die Leistungen des **Deutschen Jugendherbergswerkes**

„einschließlich der diesem Verband angeschlossenen Untergliederungen, Einrichtungen und Jugendherbergen, soweit die Leistungen den Satzungszwecken unmittelbar dienen oder Personen, die bei diesen Leistungen tätig sind, Beherbergung, Beköstigung und die üblichen Naturalleistungen als Vergütung für die geleisteten Dienste gewährt werden. Das Gleiche gilt

---

1 BFH v. 30.7.2008 – V R 66/06, BStBl. II 2010, 507; BFH v. 12.2.2009 – V R 47/07, DStRE 2009, 871; dazu *Dorau*, DStR 2009, 1570.

2 Siehe dazu die für die Praxis hilfreichen Hinweise der OFD Münster v. 7.1.2011, DStR 2011, 232; siehe auch *Riegler/Riegler*, ZKF 2013, 97 (121).

3 BFH v. 12.5.2009 – V R 35/07, BStBl. II 2009, 1032.

4 Vgl. BFH v. 30.7.2008 – V R 66/06, BStBl. II 2010, 507.

5 BFH v. 19.5.2005 – V R 32/03, BStBl. II 2005, 900; BFH v. 28.9.2006 – V R 57/05, UR 2007, 108.

6 EuGH v. 14.6.2007 – Rs. C-434/05 *Horizon College*, Slg. 2007, I-4793.

7 BMF v. 27.9.2007, BStBl. I 2007, 768.

8 Dazu eingehend *Hüttemann*, UR 2014, 45.

9 Vgl. dazu auch die Schlussanträge von *GA Sharpston* v. 26.9.2013 – Rs. C-366/12 *Klinikum Dortmund gGmbH*; *Hüttemann/Becker*, UR 2014, 636.

10 Zur fehlenden „Anerkennung" einer Studierendenmensa mangels gesetzlicher Aufgabenübertragung bzw. Kostentragung vgl. BFH v. 18.2.2016 – V R 46/14, BFH/NV 2016, 1120.

für die Leistungen anderer Vereinigungen, die gleiche Aufgaben unter denselben Bedingungen erfüllen".

Die Befreiungsregelung kann auf Art. 132 Abs. 1 Buchst. h MwStSystRL zurückgeführt werden („eng mit der Kinder- und Jugendbetreuung verbundenen Dienstleistungen ..."). Die Leistungen dienen nach Ansicht der Finanzverwaltung Satzungszwecken, wenn sie an Jugendliche (nicht älter als 27 Jahre), Personen in Aus- und Fortbildung, Leiter und Betreuer von Jugendgruppen oder Gruppen von Auszubildenden bzw. wandernde Familien mit Kindern erbracht werden. Soweit Leistungen in geringem Umfang (nicht mehr als 2 Prozent) an andere Personen erbracht werden, soll die Inanspruchnahme der Steuervergünstigung nicht zu beanstanden sein[1]. Zu den „anderen Vereinigungen" zählen Organisationen, die nach der Satzung und tatsächlichen Durchführung überwiegend Jugendlichen dienen[2]. Gewerblich tätige Betreiber von Jugendbegegnungsstätten sind daher – schon mangels satzungsmäßiger Gemeinnützigkeit – nicht erfasst[3].

13. Jugendhilfe

Eine Befreiung für bestimmte Leistungen der öffentlichen und freien **Jugendhilfe** enthält die durch das JStG 2008[4] neu gefasste Regelung des § 4 Nr. 25 UStG[5]. Die Steuerbefreiung der Träger der freien Jugendhilfe hängt davon ab, dass sie eine „andere Einrichtung mit sozialem Charakter" sind. Dies bestimmt sich gemäß § 4 Nr. 25 Satz 2 UStG danach, ob sie von der zuständigen Jugendbehörde als Träger der freien Jugendhilfe anerkannt sind, eine Erlaubnis nach SGB VIII besitzen (bzw. ihrer nicht bedürfen) oder die Voraussetzungen für eine Förderung durch die Träger der öffentlichen Jugendhilfe erfüllen. Die Befreiung beruht auf Art. 132 Abs. 1 Buchst. h MwStSystRL[6]. Vor Inkrafttreten des § 4 Nr. 25 UStG konnten sich natürliche Personen, die die Voraussetzungen des § 4 Nr. 25 UStG a.F. nicht erfüllten, unmittelbar auf Art. 132 Abs. 1 Buchst. g und h MwStSystRL berufen, wenn sie indirekt – z.B. durch eine Übernahme der Kosten für ihre Leistungen durch Krankenkassen oder andere Einrichtungen der sozialen Sicherheit – als „Einrichtung mit sozialem Charakter" anerkannt worden waren[7]. Nach Inkrafttreten der Neuregelung ist vorrangig eine richtlinienkonforme Auslegung des § 4 Nr. 25 UStG („andere Einrichtung mit sozialem Charakter") zu prüfen. So hat der BFH z.B. entschieden, dass eine Vergütung durch Träger der öffentlichen Jugendhilfe nicht nur im Falle einer unmittelbaren, sondern auch bei einer nur mittelbaren (durchgeleiteten) Kostentragung vorliegt[8].

7.190

---

1 Vgl. Abschn. 4.24.1. Abs. 3 UStAE.
2 Dazu näher Abschn. 4.24. Abs. 5 UStAE.
3 So auch BFH v. 21.9.2016 – XI R 2/15, BFH/NV 2017, 168.
4 Gesetz v. 20.12.2007, BGBl. I 2007, 3150.
5 Vgl. zur Steuerbefreiung für Einrichtungen der Jugendhilfe eingehend *Meinert* in Weitemeyer/Schauhoff/Achatz, Umsatzsteuerrecht für den Nonprofitsektor, 2018.
6 Dazu näher *Jacobs*, S. 102 ff.
7 Vgl. BFH v. 6.4.2016 – V R 55/14, BFH/NV 2016, 1126; BFH v. 12.12.2013 – XI B 88/13, BFH/NV 2014, 550; BFH v. 8.11.2007 – V R 2/06, BStBl. II 2008, 634.
8 BFH v. 22.6.2016 – V R 46/15, BFH/NV 2016, 1530.

14. Ehrenamtliche Tätigkeit

7.191 In gemeinnützigen Einrichtungen sind die meisten Organmitglieder und Mitarbeiter „ehrenamtlich" tätig. Deshalb ist für diese Einrichtungen die Regelung des § 4 Nr. 26 UStG von Bedeutung, die **die ehrenamtliche Mitarbeit von der Umsatzsteuer befreit**, wenn sie für juristische Personen des öffentlichen Rechts ausgeübt wird oder wenn das Entgelt für diese Tätigkeit nur in Auslagenersatz und einer angemessenen Entschädigung für Zeitversäumnis besteht. Für die Regelung findet sich in Art. 132 Abs. 1 MwStSystRL keine Grundlage. Sie kann allenfalls auf eine Protokollerklärung zu Art. 4 der 6. MwStRL gestützt werden[1].

7.192 Die Finanzverwaltung versteht in Anlehnung an die Rechtsprechung des BFH unter einer „**ehrenamtlichen Tätigkeit**" im Sinne von § 4 Nr. 26 UStG „die Mitwirkung natürlicher Personen bei der Erfüllung öffentlicher Aufgaben, die auf Grund behördlicher Bestellung außerhalb eines haupt- oder nebenamtlichen Dienstverhältnisses stattfindet und für die lediglich eine Entschädigung besonderer Art gezahlt wird"[2]. Hierzu sollen neben den in einem anderen Gesetz als dem UStG ausdrücklich genannten Tätigkeiten[3] auch solche zählen, die man „im allgemeinen Sprachgebrauch" als ehrenamtlich bezeichnet[4]. Eine „ehrenamtliche" Aufgabenwahrnehmung muss nicht im zivilrechtlichen Sinne „unentgeltlich" sein. So kann nach dem ausdrücklichen Wortlaut des § 4 Nr. 26 UStG eine ehrenamtliche Tätigkeit auch dann vorliegen, wenn einem Organ – abweichend von §§ 27 Abs. 3, 670, 662 BGB – eine angemessene Entschädigung für Zeitversäumnis gezahlt wird[5]. Darüber hinaus fordert der BFH in seiner neueren Rechtsprechung, dass die Tätigkeit vom „materiellen Begriff der Ehrenamtlichkeit" erfasst sei[6]. Dieser setze das Fehlen eines eigennützigen Erwerbsstrebens, die fehlende Hauptberuflichkeit und den Einsatz für eine fremdnützig bestimmte Einrichtung voraus[7]. Ob diese Voraussetzungen vorliegen, lässt sich nur unter Berücksichtigung der konkreten Umstände des Einzelfalls

---

1 Zweifelnd BFH v. 17.12.2015 – V R 45/14, BStBl. II 2017, 658; BFH v. 19.4.2012 – V R 31/11, BFH/NV 2012, 1831; BFH v. 20.8.2009 – V R 32/08, BStBl. II 2010, 88; *Oelmaier* in Sölch/Ringleb, § 4 Nr. 26 UStG Rz. 4; bejahend *Kulmsee* in Reiß/Kraeusel/Langer, § 4 Nr. 26 UStG Rz. 11.

2 So Abschn. 4.26.1. Abs. 1 Satz 7 UStAE; vgl. eingehend bereits BFH v. 16.12.1987 – X R 7/82, BStBl. II 1988, 384 unter Bezugnahme auf BT-Drucks. 7/910, S. 93 betreffend die §§ 81 ff. VwVfG.

3 Nach BFH v. 17.12.2015 – V R 45/14, BStBl. II 2017, 658 ist der Gesetzesbegriff bei § 4 Nr. 26 UStG enger als der des § 4 AO, so dass Satzungen von juristischen Personen des öffentlichen Rechts (z.B. Sparkasse) nicht ausreichen.

4 BFH v. 17.12.2015 – V R 45/14, BStBl. II 2017, 658; BFH v. 20.8.2009 – V R 32/08, BStBl. II 2010, 88; BFH v. 27.7.1972 – V R 33/72, BStBl. II 1972, 844.

5 Siehe dazu BFH v. 16.12.1987 – X R 7/82, BStBl. II 1988, 384 unter Bezugnahme auf BT-Drucks. 7/910, S. 93 betreffend die §§ 81 ff. VwVfG.

6 Vgl. BFH v. 19.4.2012 – V R 31/11, BFH/NV 2012, 1831; BFH v. 20.8.2009 – V R 32/08, BStBl. II 2010, 88; BFH v. 14.5.2008 – XI R 70/07, BStBl. II 2008, 912; BFH v. 16.4.2008 – XI R 68/07, BFH/NV 2008, 1368; siehe auch bereits BFH v. 4.5.1994 – XI R 86/92, BStBl. II 1994, 773.

7 So BFH v. 20.8.2009 – V R 32/08, BStBl. II 2010, 88.

beantworten[1]. Nach dieser Rechtsprechung sind z.B. „ehrenamtliche" Tätigkeiten als Aufsichtsrat oder Vorstand in einer Sparkassenorganisation nicht begünstigt[2].

Als ehrenamtliche Tätigkeiten **sind in der Vergangenheit**[3] **anerkannt worden** die Gutachtertätigkeit für eine Landesbrandkasse[4], die Mitwirkung im Aufsichtsrat einer öffentlich-rechtlichen Rundfunk- oder Fernsehanstalt[5], im Aufsichtsrat einer Genossenschaft[6], im Vorstand eines Kreisbauernverbandes[7] oder im Aufsichtsrat einer kommunalen Eigengesellschaft[8]. Nicht zur ehrenamtlichen Tätigkeit soll dagegen die außerdienstliche Vortragstätigkeit eines Hochschullehrers gehören (keine behördliche Bestellung)[9], ferner auch nicht die Unterrichtstätigkeit von selbständigen Handwerksmeistern an Berufsschulen, da sie Teil der hauptberuflichen Tätigkeit sein soll[10]. Nicht begünstigt sind – zumindest nach der neueren Rechtsprechung – Leistungen eines (praktisch hauptamtlich tätigen) Vereinsvorstands[11], die rechtsberatende Tätigkeit eines Rechtsanwalts bei einer sog. Arbeitnehmerkammer (schädliche Tätigkeit im Hauptberuf)[12] sowie die Tätigkeit im Aufsichtsrat einer Volksbank[13] oder als Vorstand eines Sparkassenverbandes[14] (keine fremdnützig bestimmte Einrichtung). An der Ehrenamtlichkeit soll es auch fehlen, wenn eine große Zahl von Nachlasspflegschaften geführt wird, so dass die Tätigkeit als Nachlasspfleger „berufsmäßig" ausgeübt wird[15].

Für die Anwendung des § 4 Nr. 26 UStG ist weiter **nach der Einrichtung zu unterscheiden**, für die eine ehrenamtliche Tätigkeit ausgeübt wird: 7.193

– Wird die Tätigkeit für den **nichtunternehmerischen Bereich einer juristischen Personen des öffentlichen Rechts** ausgeübt, hängt die Steuerbefreiung nicht von der Höhe der gezahlten Entschädigung ab, d.h. es bedarf keiner Angemessenheitsprüfung. Diese Regelung dürfte auf der Überlegung beruhen, dass die öffentliche Hand außerhalb ihrer wirtschaftlichen Tätigkeit schon aus Haushaltsgründen stets nur „angemessen" entschädigt.

– Bei allen **anderen ehrenamtlichen Tätigkeiten** (also für private Einrichtungen oder für den unternehmerischen Bereich von juristischen Personen des öffentlichen Rechts) setzt die Steuerbefreiung voraus, dass das Entgelt „nur in Aus-

---

1 So BFH v. 25.1.2011 – V B 144/09, BFH/NV 2011, 863 (keine grundsätzliche Bedeutung).
2 Vgl. BFH v. 20.8.2009 – V R 32/08, BStBl. II 2010, 88 und BFH v. 17.12.2015 – V R 45/14, BStBl. II 2017, 658 mit Hinweisen zur erstmaligen Anwendung dieser geänderten Rechtsprechung nach § 176 Abs. 1 Nr. 3 AO.
3 Siehe jetzt OFD Magdeburg v. 12.8.2010, UR 2010, 958.
4 BFH v. 16.12.1987 – X R 7/82, BStBl. II 1988, 384 unter Bezugnahme auf BT-Drucks. 7/910, S. 93 betreffend die §§ 81 ff. VwVfG.
5 OFD Erfurt v. 14.7.1994, StEK UStG § 4 Nr. 26 Nr. 6.
6 BFH v. 27.7.1972 – V R 33/72, BStBl. II 1972, 844.
7 Vgl. BFH v. 25.1.2011 – V B 144/09, BFH/NV 2011, 863.
8 BFH v. 4.5.1994 – XI R 86/92, BStBl. II 1994, 773.
9 FG Nürnberg v. 24.1.1989 – II 191/82, EFG 1989, 541, rkr.
10 So jedenfalls OFD Koblenz v. 2.7.1984, StEK UStG § 4 Nr. 26 Nr. 4.
11 BFH v. 14.5.2008 – XI R 70/07, BStBl. II 2008, 912 (Gesamtvergütung im Jahr ca. 180 000 DM).
12 BFH v. 16.4.2008 – XI R 68/07, BFH/NV 2008, 1368.
13 BFH v. 20.8.2009 – V R 32/08, BStBl. II 2010, 88.
14 BFH v. 17.12.2015 – V R 45/14, BStBl. II 2017, 658.
15 BFH v. 19.4.2012 – V R 31/11, BFH/NV 2012, 1831.

lagenersatz und einer angemessenen Entschädigung für Zeitversäumnis besteht". Die Prüfung der Angemessenheit ist eine Einzelfallfrage. Nach Ansicht der Finanzverwaltung ist eine Entschädigung in Höhe von bis zu 50 Euro je Tätigkeitsstunde regelmäßig als angemessen anzusehen, sofern die Vergütung für die gesamten ehrenamtlichen Tätigkeiten den Betrag von 17 500 Euro im Jahr nicht übersteigt[1]. Bei pauschalen Vergütungen ist der tatsächliche Zeitaufwand glaubhaft zu machen, wenn der Gesamtbetrag der Entschädigungen den Freibetrag nach § 3 Nr. 26 EStG übersteigt[2].

7.194   frei

15. Personalgestellung

7.195   § 4 Nr. 27 UStG sieht eine besondere Steuerbefreiung für bestimmte Maßnahmen der **Personalgestellung durch religiöse oder weltanschauliche Einrichtungen**[3] und für land- und forstwirtschaftliche Arbeitskräfte vor. § 4 Nr. 27 Buchst. a UStG beruht unmittelbar auf Art. 132 Abs. 1 Buchst. k MwStSystRL. Der deutsche Gesetzgeber hatte die unionsrechtliche Befreiung früher nur unvollständig umgesetzt, denn nach dem Wortlaut des § 4 Nr. 27 Buchst. a UStG a.F. war nur die Überlassung von „Mitgliedern und Angehörigen", nicht aber eine Personalüberlassung befreit[4]. Art. 132 Abs. 1 Buchst. k MwStSystRL befreit aber allgemein die „Gestellung von Personal durch religiöse und weltanschauliche Einrichtungen für die unter den Buchstaben b, g, h und i genannten Tätigkeiten und für Zwecke geistlichen Beistands", so dass sich die entsprechenden Einrichtungen bei der Arbeitnehmerüberlassung unmittelbar auf die unionsrechtliche Befreiung berufen konnten[5]. Deshalb ist die Befreiung durch das Kroatien-Steueranpassungsgesetz entsprechend erweitert worden[6].

Der Umsatzsteueranwendungserlass ist noch nicht an die Änderung angepasst worden, sondern verlangt weiterhin, dass die Personalgestellung „für gemeinnützige, mildtätige, kirchliche oder schulische Zwecke" erfolgt[7]. Bereits unter der alten Rechtslage ist daraus der Schluss gezogen worden, dass die Stellung von **Personal für Verwaltungsaufgaben** nicht begünstigt sein soll[8]. Richtigerweise kommt es aber nach dem Sinn und Zweck der Befreiung nicht auf den konkreten Einsatzort, sondern darauf an, ob die Personalgestellung in die Kosten für eine der in § 4 Nr. 27 Buchst. a UStG genannten steuerbefreiten Tätigkeiten eingeht

---

1 Vgl. näher Abschn. 4.26.1. Abs. 4 und 5 UStAE.
2 Dazu BMF v. 27.3.2013, BStBl. I 2013, 452 (mit Übergangsfrist); zuvor BMF v. 2.1.2012, BStBl. I 2012, 59.
3 Dazu – zu eng – FG Sachsen-Anhalt v. 16.2.2005 – 2 K 507/04, DStRE 2006, 282; das unter V R 30/05 geführte Revisionsverfahren wurde nach einem positiven Gerichtsbescheid des V. Senats (kirchliches Krankenhaus als „religiöse" Einrichtung) von der Finanzverwaltung „erledigt".
4 Vgl. Abschn. 4.27.1. Abs. 1 UStAE.
5 Zutreffend FG Rheinland-Pfalz v. 27.11.2008 – 6 K 2348/07, EFG 2009, 441.
6 Gesetz v. 25.7.2014, BGBl. I 2014, 1266; dazu näher *Widmann*, MwStR 2014, 495 (501).
7 Abschn. 4.27.1 UStAE.
8 FinMin Schleswig-Holstein v. 28.11.2013, MwStR 2014, 106.

und daher zu befreien ist, um eine zusätzliche definitive Belastung mit Umsatzsteuer zu vermeiden[1].

Die Befreiung der **Überlassung von Arbeitskräften im Bereich der Land- und Forstwirtschaft** (§ 4 Nr. 27 Buchst. b UStG) bezieht sich auf die Tätigkeit von Selbsthilfeeinrichtungen (Betriebshilfe und Dorfhelferinnendienste)[2]. Sie lässt sich (noch) als „eng mit der Sozialfürsorge verbundener" Umsatz im Sinne von Art. 132 Abs. 1 Buchst. g MwStSystRL verstehen.

16. Weitere unionsrechtliche Befreiungen

§ 4 UStG enthält keine vollständige Umsetzung der gemeinwohlorientierten Steuerbefreiungen nach Art. 132 Abs. 1 MwStSystRL. Neben den bereits behandelten Abweichungen gibt es noch weitere Befreiungen, die der deutsche Gesetzgeber überhaupt nicht umgesetzt hat und die für gemeinnützige Einrichtungen im Einzelfall von Bedeutung sein können, weil sie sich unmittelbar auf diese Richtlinienbestimmungen berufen können:

7.196

– Nach **Art. 132 Abs. 1 Buchst. f MwStSystRL** befreien die Mitgliedstaaten von der Steuer „Dienstleistungen, die selbstständige Zusammenschlüsse von Personen, die eine Tätigkeit ausüben, die von der Steuer befreit ist oder für die sie nicht Steuerpflichtige sind, an ihre Mitglieder für unmittelbare Zwecke der Ausübung dieser Tätigkeit erbringen, soweit diese Zusammenschlüsse von ihren Mitgliedern lediglich die genaue Erstattung des jeweiligen Anteils an den gemeinsamen Kosten fordern, vorausgesetzt, dass diese Befreiung nicht zu einer Wettbewerbsverzerrung führt". Diese Befreiung[3] ist bisher im UStG nur für einen Sonderfall, nämlich im Rahmen von § 4 Nr. 14 Buchst. d UStG für ärztliche Praxis- und Apparategemeinschaften umgesetzt worden. Damit hat Deutschland – wie der EuGH nun festgestellt hat[4] – gegen die Verpflichtungen aus der MwStSystRL verstoßen. Es ist davon auszugehen, dass der Befreiungskatalog des § 4 UStG demnächst um diese Befreiung für solche **Kooperationsleistungen** ergänzt wird. Bereits bestehende Zusammenschlüsse können sich in allen noch offenen Veranlagungen auch unmittelbar auf Art. 132 Abs. 1 Buchst. f MwStSystRL berufen. Man denke etwa an einen Zusammenschluss von gemeinnützigen Bildungsträgern, der bestimmte gemeinsame Funktionen (z.B. die Bereitstellung von technischem Support) gegenüber den Mitgliedseinrichtungen gegen Kostenerstattung vornimmt.

– Nach **Art. 132 Abs. 1 Buchst. l MwStSystRL** sind „Dienstleistungen und eng damit verbundene Lieferungen von Gegenständen, die Einrichtungen ohne Gewinn-

---

1 So im Grundsatz auch FG Rheinland-Pfalz v. 27.11.2008 – 6 K 2348/07, EFG 2009, 441; dazu eingehend *Hüttemann*, UR 2018, 1577.
2 Vgl. Abschn. 4.27.2. Abs. 1 UStAE.
3 Dazu bereits EuGH v. 20.11.2003 – Rs. C-8/01 *Taksatorringen*, ECLI:EU:C:2003:621.
4 EuGH v. 21.9.2017 – Rs. C-616/15 *Komm./Deutschland*, ECLI:EU:C:2017:721; dazu näher aus dem Schrifttum *Küffner*, UR 2017, 792; *Sterzinger*, UR 2017, 773; *Erdbrügger*, DStR 2018, 9.

streben, welche politische, gewerkschaftliche, religiöse, patriotische, weltanschauliche, philanthropische oder staatsbürgerliche Ziele verfolgen, an ihre Mitglieder in deren gemeinsamen Interesse gegen einen satzungsgemäß festgelegten Beitrag erbringen, vorausgesetzt, dass diese Befreiung nicht zu einer Wettbewerbsverzerrung führt", von der Steuer befreit. Diese Befreiung hat Deutschland bisher nicht umgesetzt, weil – abweichend vom EuGH-Urteil in der Rs. *Kennemer Golf & Country Club*[1] – eine **beitragsfinanzierte Tätigkeit gegenüber den Mitgliedern** nach bisheriger Verwaltungsauffassung nicht steuerbar ist[2].

– Nach **Art. 132 Abs. 1 Buchst. o MwStSystRL** sind darüber hinaus auch „Dienstleistungen und Lieferungen von Gegenständen bei Veranstaltungen durch Einrichtungen, deren Umsätze nach den Buchstaben b, g, h, i, l, m und n befreit sind, wenn die Veranstaltungen dazu bestimmt sind, den Einrichtungen eine finanzielle Unterstützung zu bringen und ausschließlich zu ihrem Nutzen durchgeführt werden, vorausgesetzt, dass diese Befreiung nicht zu einer Wettbewerbszerrung führt", von der Steuer zu befreien. Nach dieser Vorschrift müssten z.B. **Einnahmen aus Mittelbeschaffungsaktivitäten** wie z.B. Basaren, Benefizveranstaltungen etc. von der Umsatzsteuer ausgenommen werden, vorausgesetzt, eine Wettbewerbsverzerrung ist wegen Art und Umfangs der Veranstaltung oder wegen des Teilnehmerkreises (z.B. Beschränkung auf Mitglieder) ausgeschlossen[3]. Die Praxis scheint von dieser Möglichkeit bisher keinen Gebrauch zu machen.

7.197   frei

V. Steuervergütung

7.198   Gemeinnützige Einrichtungen erbringen vielfach auch grenzüberschreitende Hilfsleistungen. Soweit diese Hilfstätigkeit – wie es dem Regelfall entsprechen dürfte – dem nichtunternehmerischen Bereich zuzuordnen ist, müsste die gemeinnützige Körperschaft die auf den Hilfsgütern lastende Umsatzsteuer endgültig tragen, weil es sich insoweit um eine „private Einkommensverwendung" handelt. § 4a UStG sieht allerdings **aus Vereinfachungsgründen** unter bestimmten Voraussetzungen die Möglichkeit einer Steuervergütung vor, wenn die Gegenstände zu humanitären, karitativen oder erzieherischen Zwecken in das Drittlandsgebiet gelangt sind. Auf diese Weise soll eine Gleichstellung zu dem Fall erreicht werden, dass die gemeinnützige Einrichtung die Hilfsgüter über einen Unternehmer als steuerfreie Ausfuhrlieferung in das Drittland versenden lässt[4]. Zudem gibt § 4a UStG den gemeinnützigen Einrichtungen die Möglichkeit, die für das Drittland bestimmten Güter zunächst im Inland zu erwerben und einzulagern, ohne eine steuerliche Mehrbelastung zu riskieren. Grundlage für die Steuervergütung nach § 4a UStG ist vor allem Art. 146 Abs. 1 Buchst. c und Abs. 2 MwStSystRL[5].

---

1 EuGH v. 21.3.2002 – Rs. C-174/00 *Kennemer Golf & Country Club*, Slg. 2002, I-3293.
2 Vgl. Abschn. 1.4. UStAE.
3 Vgl. dazu auch *Dudde*, S. 474 ff.; *Fellner*, S. 115 ff.
4 Vgl. auch *Achatz* in DStJG 26 (2003), 296.
5 Dazu näher *Jacobs*, S. 161 ff.

Begünstigt sind nur bestimmte im Ausland verfolgte Zwecke, deren Terminologie 7.199
("humanitär, karitativ und erzieherisch") von der Diktion der §§ 52 ff. AO abweichen. Vor diesem Hintergrund ist es zu begrüßen, dass die Finanzverwaltung davon
ausgeht, dass die **steuerbegünstigten Zwecke** im Sinne der §§ 52 bis 54 AO auch
den in § 4a Abs. 1 Satz 1 Nr. 5 UStG bezeichneten Verwendungszwecken entsprechen[1]. Somit bedarf es keiner näheren Begründung, warum z.B. die Förderung der
Entwicklungshilfe ein humanitäres bzw. karitatives Anliegen darstellt. Die Vergütung wird nur gewährt, wenn der Eingangsumsatz bei der vergütungsberechtigten
Körperschaft steuerpflichtig gewesen und die Umsatzsteuer gesondert ausgewiesen
sowie gezahlt worden ist. Ferner darf der Erwerb nicht im Rahmen eines steuerpflichtigen wirtschaftlichen Geschäftsbetriebs erfolgt sein (dann besteht regelmäßig
die Möglichkeit des Vorsteuerabzugs). Schließlich haben die Körperschaften die
Voraussetzungen der Steuervergütung buchmäßig nachzuweisen und nach amtlich
vorgeschriebenem Vordruck mit Selbstberechnung zu beantragen[2].

VI. Bemessungsgrundlage

Nach § 10 Abs. 1 UStG wird der Umsatz bei Lieferungen und sonstigen Leistungen 7.200
(§ 1 Abs. 1 Nr. 1 Satz 1 UStG) nach dem Entgelt bemessen. Entgelt ist nach § 10
Abs. 1 Satz 2 UStG **„alles, was der Leistungsempfänger aufwendet, um die Leistung zu erhalten, jedoch abzüglich der Umsatzsteuer"**. Das Entgelt entspricht also
nicht der Gegenleistung, sondern ist eine bloße Rechengröße[3]. Das vom Leistungsempfänger entrichtete Bruttoentgelt ist folglich, wenn nicht ohnehin die Umsatzsteuer in der Rechnung offen ausgewiesen ist, in die Bemessungsgrundlage und die
Umsatzsteuer aufzuteilen. Entscheidend sind – vorbehaltlich der Mindestbemessungsgrundlage nach § 10 Abs. 5 UStG – nur die tatsächlichen Aufwendungen des
Leistungsempfängers, nicht der marktübliche Wert. Bei Tausch oder tauschähnlichen Umsätzen im Sinne des § 3 Abs. 12 UStG gilt nach § 10 Abs. 2 Satz 2 UStG
als Bemessungsgrundlage der Wert jedes Umsatzes als Entgelt für den anderen Umsatz[4]. Zum Entgelt gehört nach § 10 Abs. 1 Satz 3 UStG auch, was ein anderer als
der Leistungsempfänger dem Unternehmer „für" die Leistung gewährt (sog. Entgelt
von dritter Seite). Insoweit bedarf es einer Abgrenzung zu nicht steuerbaren „echten" Zuschüssen[5] (dazu Rz. 7.131 ff.).

Bei **unentgeltlichen Wertabgaben** (vgl. § 3 Abs. 1b, Abs. 9a UStG) fehlt es an ei- 7.201
nem Verkehrsakt und somit auch an einem Entgelt. Daher bestimmt § 10 Abs. 4
Nr. 1 UStG, dass sich der Umsatz bei Entnahmen (§ 3 Abs. 1b UStG) nach dem
Einkaufspreis zuzüglich der Nebenkosten für den Gegenstand (hilfsweise nach den

---

1 Vgl. Abschn. 4a.2. Abs. 6 UStAE.
2 Zu weiteren Einzelheiten vgl. Abschn. 4a.1. bis 5. UStAE.
3 Zur Unterscheidung von Entgelt als bloßer Rechengröße und der Gegenleistung etwa *Stadie*, Umsatzsteuerrecht, Rz. 11.3.
4 Vgl. auch BFH v. 16.4.2008 – XI R 56/06, BStBl. II 2008, 909 betreffend die Behandlung
der „unentgeltlichen" Überlassung eines Kfz mit Werbeaufdrucken.
5 Dazu näher Abschn. 10.2. UStAE.

Selbstkosten), jeweils zum Zeitpunkt des Umsatzes[1], bemisst. Maßgebend sind die Wiederbeschaffungskosten ohne Umsatzsteuer[2]. Bei der Verwendung von Gegenständen für nichtunternehmerische Zwecke (§ 3 Abs. 9a UStG) kommt es dagegen auf die bei der Ausführung dieser Umsätze entstandenen Ausgaben an, soweit sie zum vollen oder teilweisen Vorsteuerabzug berechtigt haben (vgl. § 10 Abs. 4 Nr. 2 UStG).

7.202   Nach § 10 Abs. 5 UStG gilt in bestimmten Fällen nicht das Entgelt, sondern die Bemessungsgrundlage des § 10 Abs. 4 UStG als sog. „**Mindestbemessungsgrundlage**". Auf diese Weise soll verhindert werden, dass aus nichtunternehmerischen Gründen verbilligte Leistungen grundsätzlich anders behandelt werden als voll unentgeltliche Wertabgaben. Das Gesetz enthält eine abschließende Aufzählung von Fällen, in denen die Mindestbemessungsgrundlage eingreift. Dazu gehören auch Leistungen von „Körperschaften und Personenvereinigungen im Sinne des § 1 Abs. 1 Nr. 1 bis 5 des Körperschaftsteuergesetzes ... an ihre Anteilseigner, Gesellschafter, Mitglieder, Teilhaber oder diesen nahe stehende Personen". Die Mindestbemessungsgrundlage ist somit auch bei steuerbegünstigten Einrichtungen, insbesondere Vereinen grundsätzlich anwendbar. Allerdings verzichtet die Finanzverwaltung mit Rücksicht auf § 55 Abs. 1 Nr. 1 AO aus Vereinfachungsgründen bei gemeinnützigen Vereinen auf eine nähere Kostenermittlung[3]. Diese braucht erst dann vorgenommen zu werden, wenn die Entgelte offensichtlich nicht kostendeckend sind, d.h. zum Ausweis von Verlusten führen (z.B. durch die unentgeltliche Abgabe von Speisen und Getränken an Vereinsmitglieder in einer Vereinsgaststätte eines Sportvereins). Schließlich ist zu beachten, dass die Mindestbemessungsgrundlage nur eingreift, wenn das Unterschreiten der Bemessungsgrundlage des § 10 Abs. 4 UStG auf außerunternehmerischen Gründen beruht. Liegt das verlangte Entgelt zwar unter den Kosten der Leistung, ist es aber marktüblich, so ist § 10 Abs. 5 UStG nicht anwendbar[4]. Diesen Vorbehalt hat der Gesetzgeber durch das Kroatien-Steueranpassungsgesetz gesetzlich verankert[5].

7.203–7.204   frei

---

[1] Da die Besteuerung der Entnahme nur den früheren Vorsteuerabzug korrigieren soll, ist die Maßgeblichkeit des Entnahmezeitpunkts inkonsequent, vgl. die Kritik bei *Stadie*, Umsatzsteuerrecht, Rz. 11.45.

[2] Vgl. Abschn. 10.6. Satz 2 UStAE.

[3] Vgl. Abschn. 10.7. Abs. 1 Satz 5 Beispiel 2 Buchst. a UStAE.

[4] Vgl. EuGH v. 29.5.1997 – Rs. C-63/96 *Skripalle*, Slg. 1997, I-2847; BFH v. 8.10.1997 – XI R 8/86, BStBl. II 1997, 840; BFH v. 7.10.2010 – V R 4/10, BStBl. II 2016, 181; vgl. bereits *Knobbe-Keuk*, DB 1993, 403 ff.

[5] Gesetz v. 25.7.2014, BGBl. I 2014, 1266.

VII. Steuersatz

1. Allgemeines

Das geltende UStG kennt **zwei Steuersätze:**

7.205

– Der Regelsteuersatz von 19 Prozent der Bemessungsgrundlage findet grundsätzlich auf alle steuerpflichtigen Umsätze Anwendung (§ 12 Abs. 1 UStG).

– Für bestimmte in § 12 Abs. 2 UStG angeführte Umsätze ermäßigt sich der Steuersatz auf 7 Prozent (sog. ermäßigter Steuersatz).

Der ermäßigte Steuersatz beruht auf Art. 98 Abs. 1 und 2 MwStSystRL i.V.m. Nr. 15 Anhang III[1]. Danach können die Mitgliedstaaten neben dem Normalsatz einen oder zwei ermäßigte Steuersätze anwenden, die nicht niedriger als 5 Prozent sein dürfen und nur auf die in Anhang III genannten Kategorien anwendbar sind. Wie sich aus dem Wortlaut von Art. 98 Abs. 1 MwStSystRL ergibt („können"), ist der ermäßigte Steuersatz – anders als die Steuerbefreiungen nach Art. 132 Abs. 1 MwStSystRL – nicht zwingend, sondern stellt nur ein **Mitgliedstaatenwahlrecht** dar. Die Mitgliedstaaten sind daher grundsätzlich frei, ob sie für die betreffenden Leistungen einen ermäßigten Steuersatz einführen oder nicht. Wie der EuGH mehrfach entschieden hat[2], sind die Mitgliedstaaten – bei Beachtung des Grundsatzes der Neutralität – auch zu einer **selektiven Umsetzung** der Steuersatzermäßigung innerhalb einer bestimmten Kategorie berechtigt[3]. Ein Mitgliedstaat kann also, wenn er auf eine Kategorie von Umsätzen im Sinne von Anhang III dieser Richtlinie einen ermäßigten Mehrwertsteuersatz anwenden will, die Anwendung dieses ermäßigten Mehrwertsteuersatzes auf „konkrete und spezifische Aspekte dieser Kategorie von Dienstleistungen" beschränken. Aus alledem folgt, dass der deutsche Gesetzgeber die in § 12 Abs. 2 UStG vorgesehenen Steuersatzermäßigungen auch ganz oder teilweise abschaffen könnte.

In der Tat spricht sich das 2010 im Auftrag des BMF erstellte Forschungsgutachten „Analyse und Bewertung der Strukturen von Regel- und ermäßigten Sätzen bei der Umsatzbesteuerung" gegen die Fortführung der Steuersatzermäßigungen aus und empfiehlt u.a. auch die Abschaffung des § 12 Abs. 2 Nr. 8 UStG[4]. Die Politik hat diese und ähnliche **rechtspolitische Forderungen**[5] aber bisher nicht aufgegriffen. Der nationale Gesetzgeber hat sich auch deshalb zurückgehalten, weil die EU-Kommission vor einigen Jahren einen Vorschlag zur Über-

---

1 Vgl. zum ermäßigten Steuersatz für gemeinnützige Einrichtungen näher *Hummel* in Weitemeyer/Schauhoff/Achatz, Umsatzsteuerrecht für den Nonprofitsektor, 2018.

2 Vgl. EuGH-Urteil v. 8.5.2003 – C-384/01 *Komm./Frankreich*, Slg. 2001, I-4395 Rz. 27; EuGH-Urteil v. 3.4.2008 – C-442/05 *Zweckverband zur Trinkwasserversorgung und Abwasserbeseitigung Torgau-Westelbien*, Slg. 2008, I-1817 Rz. 41; EuGH-Urteil v. 6.5.2010 – C-94/09 *Komm./Frankreich*, Slg. 2010, I-4261 Rz. 25 ff.

3 Siehe auch BFH v. 8.3.2012 – V R 14/11, BStBl. II 2012, 630.

4 Vgl. *Ismer/Kaul/Reiß/Rath*, DStR 2010, 1970.

5 Siehe auch die vom Präsidenten des Bundesrechnungshofs herausgegebene Studie „Chancen zur Sicherung des Umsatzsteueraufkommens" von 2013.

arbeitung der MwStSystRL angekündigt hatte[1]. Dieser ist inzwischen vorgelegt worden, sieht aber – anders als ursprünglich geplant – nicht die Einschränkung, sondern eine erhebliche Ausweitung der nationalen Spielräume für ermäßigte Steuersätze – und alternativ von Steuerbefreiungen mit dem Recht zum Vorsteuerabzug – vor[2]. Auch wenn gegenwärtig nicht abzusehen ist, ob dieser Vorschlag auf EU-Ebene tatsächlich umgesetzt wird, dürfte damit auch auf nationaler Ebene eine Abschaffung des ermäßigen Steuersatzes politisch kaum noch durchsetzbar sein. Den Kritikern des ermäßigten Steuersatzes ist zwar zuzugeben, dass die Abgrenzung zwischen begünstigten und nicht begünstigten Leistungen in der Praxis mit erheblichen Abgrenzungsproblemen verbunden sein kann. Ob solche Vereinfachungsgründe aber tatsächlich ein hinreichendes Argument für eine (deutliche) steuerliche Mehrbelastung der bisher begünstigten Umsätze darstellen, darf bezweifelt werden, zumal sich der gerne versprochene „zielgenauere" Ausgleich für die betroffenen Bevölkerungsgruppen über die Einkommensteuer nicht minder schwierig gestaltet und die Chancen für eine „aufkommensneutrale" Umsatzsteuertarifreform mit einer gleichzeitigen spürbaren Senkung des Regelsteuersatzes deutlich mindert.

2. Ermäßigter Steuersatz auf Leistungen gemeinnütziger Einrichtungen

7.206 Nach § 12 Abs. 2 Nr. 8 UStG ermäßigt sich die Umsatzsteuer auf 7 Prozent für

„a) die Leistungen der Körperschaften, die ausschließlich und unmittelbar gemeinnützige, mildtätige oder kirchliche Zwecke verfolgen (§§ 51 bis 68 der Abgabenordnung). Das gilt nicht für Leistungen, die im Rahmen eines wirtschaftlichen Geschäftsbetriebs ausgeführt werden. Für Leistungen, die im Rahmen eines Zweckbetriebs ausgeführt werden, gilt Satz 1 nur, wenn der Zweckbetrieb nicht in erster Linie der Erzielung zusätzlicher Einnahmen durch die Ausführung von Umsätzen dient, die in unmittelbarem Wettbewerb mit dem allgemeinen Steuersatz unterliegenden Leistungen anderer Unternehmer ausgeführt werden, oder wenn die Körperschaft mit diesen Leistungen ihrer in den §§ 66 bis 68 der Abgabenordnung bezeichneten Zweckbetriebe ihre steuerbegünstigten Zwecke selbst verwirklicht,

b) die Leistungen der nichtrechtsfähigen Personenvereinigungen und Gemeinschaften der in Buchstabe a Satz 1 bezeichneten Körperschaften, wenn diese Leistungen, falls die Körperschaften sie anteilig selbst ausführten, insgesamt nach Buchstabe a ermäßigt besteuert würden."

Die Anwendung des ermäßigten Umsatzsteuersatzes auf Leistungen gemeinnütziger Einrichtungen beruht auf **Anhang III MwStSystRL**, der ein (abschließendes) Verzeichnis der Gegenstände und Dienstleistungen enthält, auf die ermäßigte Mehrwertsteuersätze angewandt werden können. Nach Kategorie 15 Anhang III können die Mitgliedstaaten einen ermäßigten Steuersatz anwenden auf

„15. Lieferung von Gegenständen und Erbringung von Dienstleistungen durch von den Mitgliedstaaten anerkannte gemeinnützige Einrichtungen für wohltätige Zwecke und im Bereich der sozialen Sicherheit, soweit sie nicht gemäß den Artikeln 132, 135 und 136 von der Steuer befreit sind."

---

1 Siehe die Mitteilung der Kommission v. 6.2.2011 KOM (2011) 851 endg.; zu Reformoptionen vgl. den Tagungsband von *de la Feria*, VAT-Exemptions – Consequences and Design Alternatives, 2013.

2 Vgl. den Richtlinienvorschlag der EU-Kommission v. 18.1.2018, KOM (2018) 20 endg.; dazu *Becker*, MwStR 2018, 153.

Wie sich insbesondere aus den anderen Sprachfassungen ergibt[1], müssen für die Steuerermäßigung **zwei Voraussetzungen kumulativ** vorliegen. Deshalb können – wie der Gerichtshof festgestellt hat[2] – die Mitgliedstaaten nicht auf alle gemeinnützigen Leistungen einen ermäßigten Steuersatz anwenden, sondern nur „auf diejenigen, die von Einrichtungen erbracht werden, die sowohl gemeinnützig als auch für wohltätige Zwecke im Bereich der sozialen Sicherheit tätig sind". Geht man mit dem EuGH davon aus, dass die Begriffe der „Einrichtung" in Nr. 15 Anhang III und der „Einrichtung mit sozialem Charakter" nach Art. 132 Abs. 1 Buchst. g MwStSystRL einheitlich auszulegen sind[3], hat der deutsche Gesetzgeber mit der Beschränkung auf gemeinnützige Einrichtungen im Sinne der §§ 51 ff. AO die unionsrechtliche Vorgabe nur teilweise umgesetzt. Diese selektive Umsetzung bewegt sich aber im Rahmen des den Mitgliedstaaten eingeräumten Ermessens[4]. Damit kommt es für die Frage, ob § 12 Abs. 2 Nr. 8 Buchst. a UStG richtlinienkonform ist, vor allem darauf an, wie man das zweite Tatbestandsmerkmal – Leistungen „für wohltätige Zwecke und im Bereich der sozialen Sicherheit" – versteht.[5] Der Gerichtshof hatte bisher noch keine Gelegenheit, sich zum Begriff **„für wohltätige Zwecke und im Bereich der sozialen Sicherheit"** zu äußern. Da die Richtlinie diese Voraussetzung nicht definiert, die Begriffe keine gewöhnliche Bedeutung haben und gewisse Unterschiede zwischen den Sprachfassungen der Richtlinie festzustellen sind, ist derzeit ungeklärt, ob mit „wohltätigen Zwecken" nur soziale Zwecke i.e.S. gemeint sind[6] oder ob – ausgehend von einem weiten unionsrechtlichen Verständnis – praktisch alle gemeinnützigen bzw. gemeinwohldienlichen Tätigkeiten einbezogen sind. Vor diesem Hintergrund lässt sich derzeit auch nicht abschließend feststellen, ob die Anwendung der Steuerermäßigung nach § 12 Abs. 2 Nr. 8 Buchst. a UStG auf alle steuerbegünstigten Zwecke unionsrechtskonform ist oder die Grenzen des Mitgliedstaatenwahlrechts überschreitet[7]. Mögliche Verstöße werden vor allem im Bereich der Auftragsforschung[8] und der Vermögensverwaltung[9] gesehen. Auch der BFH geht offenbar davon aus, dass § 12 Abs. 2 Nr. 8 Buchst. a UStG nicht richtlinienkonform ist, wendet aber – zu Recht – die Vorschrift mit Blick auf den eindeutigen Wortlaut zumindest im Grundsatz weiterhin an[10]. Festzuhalten bleibt allerdings, dass die unionsrechtlichen Zweifel lediglich gewisse Randbereiche der steuerbegünstigten Zwecke betreffen. Im Kernbereich altruistischen bzw. „sozialen" Handelns – z.B. im Be-

---

1 Dazu näher *Hüttemann*, MwStR 2014, 115.
2 EuGH v. 17.6.2010 – Rs. C-492/08 *Komm./Frankreich*, Slg. 2010, I-5471.
3 EuGH v. 17.6.2010 – Rs. C-492/08 *Komm./Frankreich*, Slg. 2010, I-5471.
4 EuGH v. 17.6.2010 – Rs. C-492/08 *Komm./Frankreich*, Slg. 2010, I-5471.
5 Siehe dazu Schlussanträge von GA *Jääskinen* v. 11.2.2010, Rs. C-492/08 *Komm./Frankreich*.
6 In diese Richtung Schlussanträge von GA *Jääskinen* v. 11.2.2010, Rs. C-492/08 *Komm./Frankreich*.
7 Zweifelnd *Achatz* in DStJG 26 (2003), 302 f.; *Reiß* in Non Profit Law Yearbook 2005, 66 f.; siehe auch BFH v. 30.3.2000 – V R 30/99, BStBl. II 2000, 705.
8 Dazu *Fritsch*, UVR 2005, 69.
9 BFH v. 20.3.2014 – V R 4/13, BFH/NV 2014, 1470; *Reiß* in Non Profit Law Yearbook 2005, 66 f.
10 BFH v. 8.3.2012 – V R 14/11, BStBl. II 2012, 630.

reich der Wohlfahrtspflege – ist der ermäßigte Steuersatz also „unionsrechtsfest". Nichts anderes gilt für Leistungen, die von Beschäftigungsgesellschaften oder Integrationsprojekten gegenüber Dritten ausgeführt werden, um Langzeitarbeitslosen oder Behinderten eine sinnvolle Beschäftigung zu eröffnen. Denn – wie GA *Jääski-nen* ausgeführt hat – kommt es für die Frage, ob eine Leistung „für wohltätige Zwecke" ausgeführt wird, auf „den Zusammenhang an, in dem die Dienstleistungen … erbracht werden." Dieser „soziale Zusammenhang" ist aber bei Beschäftigungsgesellschaften[1] und Integrationsprojekten bzw. Inklusionsbetrieben[2] offensichtlich gegeben[3].

7.207   Der ermäßigte Steuersatz gilt nur für diejenigen Lieferungen und Leistungen, die im steuerbegünstigten Bereich ausgeführt werden, also insbesondere die Leistungen der steuerbegünstigten Zweckbetriebe im Sinne der §§ 65 bis 68 AO (vgl. dazu Rz. 6.165 ff.)[4] und – zumindest bisher (vgl. unten) – auch für Leistungen im Bereich einer steuerbegünstigten Vermögensverwaltung im Sinne des § 14 Satz 3 AO (dazu Rz. 6.115 ff.).

Der Anwendungsbereich des § 12 Abs. 2 Nr. 8 Buchst. a UStG ist allerdings durch das **JStG 2007** für Leistungen im Rahmen eines Zweckbetriebs eingeschränkt worden. Mit der Neuregelung wollte der Gesetzgeber vermeintliche „Missbräuche" der Zweckbetriebsbegünstigung (insbesondere in den Fällen des § 68 Nr. 3 Buchst. c AO) verhindern. Wie immer bei Missbrauchsverhinderungsregelungen werden durch die Einschränkung auch Unbeteiligte gefährdet (hier: Lotterien nach § 68 Nr. 6 AO)[5], während die Ursache für die vermeintlichen „Missbräuche" (der Wortlaut des § 68 Nr. 3 Buchst. c AO) unverändert geblieben ist. Bemerkenswert ist auch, dass die von der Finanzverwaltung aufgedeckten „Missbräuche" offenbar vor allem Beschaffungsgeschäfte der öffentlichen Verwaltung (!) betrafen, bei der die Steuersatzfrage – anders als bei gewerblichen Unternehmen – eine praktische Rolle spielt.

Nach § 12 Abs. 2 Nr. 8 Buchst. a UStG gilt der ermäßigte Steuersatz für Zweckbetriebsleistungen nur,

– „wenn der Zweckbetrieb **nicht in erster Linie der Erzielung zusätzlicher Einnahmen** durch die Ausführung von Umsätzen dient, die in unmittelbarem Wettbewerb mit dem allgemeinen Steuersatz unterliegenden Leistungen anderer Unternehmer ausgeführt werden", oder

– „wenn die Körperschaft mit diesen Leistungen ihrer in den §§ 66 bis 68 der Abgabenordnung bezeichneten Zweckbetriebe **ihre steuerbegünstigten satzungsmäßigen Zwecke selbst verwirklicht**".

---

1 Dazu eingehend *Hüttemann*, MwStR 2014, 115.

2 Vgl. *Schauhoff/Kirchhain*, DStR 2015, 2102; *Schauhoff/Kirchhain*, UR 2017, 729; *Schauhoff/Kirchhain*, UR 2018, 504.

3 A.A. – auf der Grundlage eines fehlerhaften Verständnisses des Neutralitätsgebots – *Berg/Schnabelrauch*, UR 2017, 213; *Berg/Schnabelrauch*, UR 2018, 225.

4 Dazu näher Abschn. 12.9. Abs. 4 UStAE; nach FG Niedersachsen v. 14.6.2012 – 5 K 117/11, EFG 2012, 2074 muss die Zweckbetriebseigenschaft (hier: 40-Prozent-Quote bei § 68 Nr. 3 Buchst. c AO) im Zeitpunkt der Entstehung der Steuer erfüllt sein (keine Anlaufphase).

5 Vgl. aber FG Rheinland-Pfalz v. 23.3.2012 – 6 K 1868/10, EFG 2012, 1202; OFD Frankfurt/M. v. 20.3.2009, UR 2009, 539.

Die Finanzverwaltung hat in Abschn. 12.9. Abs. 8 bis 15 UStAE **umfangreiche An-wendungshinweise** zu § 12 Abs. 2 Nr. 8 Buchst. a Satz 3 UStG veröffentlicht[1]. Da-nach ist – vereinfacht – zwischen folgenden Sachverhalten zu unterscheiden:

– Bei nach § 65 AO **anerkannten Zweckbetrieben** ist der ermäßigte Steuersatz un-eingeschränkt anwendbar (hier gewährleistet bereits die Wettbewerbsklausel, dass „nicht in erster Linie zusätzliche Einnahmen" erzielt werden sollen)[2]. Glei-ches gilt für Zweckbetriebe nach §§ 66, 68 Nr. 1 Buchst. a und Nr. 2 AO[3].

– Ferner gilt der ermäßigte Steuersatz für **satzungsmäßig erbrachte Leistungen** bestimmter Katalogzweckbetriebe, weil mit ihrer Ausführung selbst die steuer-begünstigten Zwecke der Körperschaft unmittelbar verwirklicht werden: Dazu zählen Krankenhäuser, Sportvereine, Kindergärten, Einrichtungen der Beschäfti-gungs- und Arbeitstherapie sowie der Blindenfürsorge, kulturelle Einrichtungen, Volkshochschulen und Wissenschafts- und Forschungseinrichtungen[4].

– Für die **verbleibenden Zweckbetriebe** (also Werkstätten für behinderte Men-schen nach § 68 Nr. 3 Buchst. a AO und Inklusionsbetriebe[5] nach § 68 Nr. 3 Buchst. c AO) hat die Finanzverwaltung bestimmte Kriterien aufgestellt, wann der Zweckbetrieb (gemeint ist der Verkauf von Erzeugnissen an Dritte) „nicht in erster Linie der Erzielung von zusätzlichen Einnahmen durch die Ausführung von Umsätzen dient"[6]. So musste z.B. bei Behindertenwerkstätten die Wert-schöpfungsquote mindestens 10 Prozent des Nettowerts der zugekauften Waren betragen[7]. Sonstige Leistungen ohne Be- und Verarbeitung waren damit prak-tisch ausgenommen[8]. Nach der geänderten Auffassung der Finanzverwaltung können auch die Umsätze von Handelsbetrieben, die nach § 142 SGB IX an-erkannt sind, zum Zweckbetrieb gehören[9]. Allerdings gelten nunmehr für die Anwendung des ermäßigten Steuersatzes bei Behindertenwerkstätten die glei-chen Kriterien, die schon bisher für Zweckbetriebe nach § 68 Nr. 3 Buchst. c AO gegolten haben. Für solche Inklusionsbetriebe (früher: Integrationsprojekte) zählt der UStAE verschiedene Gesichtspunkte auf, die nach Ansicht der Finanzverwal-tung für eine vorrangige Erzielung von zusätzlichen Einnahmen sprechen sol-len[10]. So soll z.B. das Fehlen „einer nach Art und Umfang der erbrachten Leistun-

---

1 Vgl. auch BMF v. 9.2.2007, BStBl. I 2007, 218.
2 Ebenso FG Hamburg v. 15.11.2017 – 1 K 2/16, juris; zweifelnd aber *Wäger*, DStR 2014, 1517.
3 Abschn. 12.9. Abs. 9 UStAE.
4 Abschn. 12.9. Abs. 10 UStAE.
5 § 68 Nr. 3 Buchst. c AO (früher: Integrationsprojekte) ist durch Gesetz v. 23.12.2016, BGBl. I 2016, 3234 an die geänderten sozialrechtlichen Bestimmungen angepasst worden.
6 Siehe auch *Sterzinger*, UR 2014, 381.
7 Abschn. 12.9. Abs. 12 UStAE a.F.
8 Dieser Auffassung lag – so auch BMF v. 25.4.2016, BStBl. I 2016, 484 – ein „überholtes Bild einer Werkstatt zugrunde".
9 BMF v. 25.4.2016, BStBl. I 2016, 484.
10 Dazu näher *Schauhoff/Kirchhain*, DStR 2015, 2102; *Schauhoff/Kirchhain*, UR 2017, 729. Zum Ausschluss bestimmter Umsätze aus der Steuerbegünstigung vgl. FG Niedersachsen v. 30.5.2013 – 16 K 180/12, juris.

gen erforderlichen Geschäftseinrichtung" und die „Nutzung des ermäßigten Steuersatzes als Werbemittel" oder eine „überwiegende" Beschäftigung der besonders betroffenen schwerbehinderten Menschen „in Hilfsfunktionen" Indizien dafür sein, dass die Einrichtung in erster Linie der Erzielung zusätzlicher Einnahmen durch Steuervorteile dient. Da die meisten Kriterien recht allgemein gehalten sind (wann werden behinderte Menschen „überwiegend in Hilfsfunktionen" beschäftigt?) bergen sie in der Praxis ein erhebliches Konfliktpotential. Immerhin gibt es eine Art „Bagatellgrenze" von 17 500 Euro im Jahr je behinderten Beschäftigten[1].

Im Ergebnis ist festzustellen, dass § 12 Abs. 2 Nr. 8 Buchst. a Satz 3 UStG ein **Beispiel für schlechten Gesetzgebungsstil** ist[2]: Zunächst wird den Abgeordneten von Seiten des Ministeriums eine einschränkende Vorschrift als bloß „klarstellende" Regelung vorgestellt. Um den gesetzgeberischen Handlungsbedarf zu belegen, behauptet ein Vertreter des Bundesrechnungshofs – ohne konkrete Nachweise – mögliche „Missbräuche" im „dreistelligen Millionenbereich" (dabei bleibt unerwähnt, dass es in erster Linie um Beschaffungsgeschäfte der öffentlichen Hand selbst geht). Nachdem im weiteren Gesetzgebungsverfahren deutlich wird, dass die Neuregelung – wie eine „Schrotflinte" – auch zahlreiche unbeteiligte Einrichtungen treffen wird, bemüht man sich im Finanzausschuss um eine „einschränkende" Formulierung, die am Ende so umständlich gerät, dass erst in einem viele Seiten umfassenden BMF-Schreiben[3] das eigentlich Gewollte „klargestellt" wird. Wie überflüssig die ganze Regelung ist, zeigt auch die Tatsache, dass der BFH konkrete missbräuchliche Gestaltungen (betreffend Streitjahre vor Inkrafttreten des § 12 Abs. 2 Nr. 8 Buchst. a Satz 3 UStG) mit den allgemeinen gemeinnützigkeitsrechtlichen Regelungen „erschlagen" hat[4]. Eigentlich wäre es deshalb an der Zeit, § 12 Abs. 2 Nr. 8 Buchst. a Satz 3 UStG wieder zu streichen, denn es sollte außer Frage stehen, dass viele Behindertenwerkstätten und Inklusionsbetriebe auf die mit dem ermäßigten Steuersatz verbundenen steuerlichen Vorteile angewiesen sind, um trotz bestehender Produktivitäts- und Kostennachteile am „freien" Markt bestehen zu können. Daher sollte die Regelung – bis zu ihrer Streichung – entsprechend ihrem Zweck, missbräuchliche Gestaltungen zu bekämpfen, stark einschränkend ausgelegt werden.

Zu welchen Weiterungen solche Regelungen führen, zeigt das BFH-Urteil v. 8.3.2012. Darin hat der V. Senat – ausgehend vom unionsrechtlichen Grundsatz der „engen" Auslegung von Ausnahmetatbeständen – die Einschränkung des § 12 Abs. 2 Nr. 8 Buchst. a Satz 3 UStG „weit" ausgelegt und auf der Basis eines (eigenständigen) tätigkeitsbezogenen umsatzsteuerrechtlichen Zweckbetriebsbegriffs die **Beköstigung und Beherbergung von Lehrgangsteilnehmern** – abweichend von der eindeutigen gesetzgeberischen Wertung des § 68 Nr. 8 AO – aus dem Anwendungsbereich des ermäßigten Steuersatzes ausgeklammert[5]. Das Urteil ist

---

1 Abschn. 12.9. Abs. 13 UStAE

2 Vgl. auch *Hüttemann*, MwStR 2014, 115 (116).

3 BMF v. 9.2.2007, BStBl. I 2007, 218.

4 BFH v. 23.2.2012 – V R 59/09, BStBl. II 2012, 544.

5 BFH v. 8.3.2012 – V R 14/11, BStBl. II 2012, 630.

im Schrifttum auf berechtigte Kritik gestoßen[1], weil es den Anwendungsbereich des ermäßigten Steuersatzes nach nationalem Recht ohne Grund und abweichend von den Vorstellungen der Gesetzesverfasser weitgehend vom Zweckbetriebsbegriff der §§ 65 ff. AO abkoppelt. Damit wird die Grenze der richtlinienkonformen Auslegung überschritten[2]. Ungeachtet dieser Kritik hat der BFH in den letzten Jahren die Anwendung des ermäßigten Steuersatzes bei Zweckbetrieben weiter eingeschränkt. Hinzuweisen ist z.B. auf die Entscheidung zu allein reisenden Erwachsenen in Jugendherbergen[3] (dazu auch Rz. 6.185 und 6.281 f.) und Pferdepensionsleistungen[4], in denen der V. Senat die Versagung des ermäßigten Steuersatzes vor allem auf unionsrechtliche Erwägungen gestützt hat.

Nunmehr ist der V. Senat noch einen Schritt weitergegangen und hat – beginnend mit dem Urteil v. 20.3.2014[5] - **vermögensverwaltende Tätigkeiten ganz aus dem Anwendungsbereich des ermäßigten Steuersatzes „herausdefiniert".** Wiederum wird unter Hinweis auf das unionsrechtliche Gebot einer „engen" Auslegung von Ausnahmetatbeständen der Begriff des wirtschaftlichen Geschäftsbetriebs im Sinne von § 12 Abs. 2 Nr. 8 Buchst. a Satz 2 UStG zu Lasten der Steuerpflichtigen spezifisch umsatzsteuerrechtlich erweiternd ausgelegt. Der Begriff der Vermögensverwaltung in § 14 Satz 1 AO sei im Kontext des UStG auf „vermögensverwaltende Tätigkeiten" im Sinne der MwStSystRL zu beziehen, was aber im Ergebnis bedeutet, dass er praktisch nur noch nicht wirtschaftliche Tätigkeiten (z.B. die Beteiligung an einer Gesellschaft) umfasse[6]. Mit dieser Auslegung hat der V. Senat endgültig die Wortlautgrenze überschritten und den eindeutigen Willen des nationalen Gesetzgebers missachtet. Denn es unterliegt wohl keinem ernsthaften Zweifel, dass der deutsche Gesetzgeber den allgemeinen Rechtsbegriff des „wirtschaftlichen Geschäftsbetriebs" in § 12 Abs. 2 Nr. 8 Satz 2 UStG in einem rein nationalen Sinne verstanden wissen will, so dass vermögensverwaltende Tätigkeiten – wie in § 14 Satz 1 und 3 AO eindeutig angeordnet ist – nicht dazugehören. Nichts anderes gilt im Kontext von Zweckbetriebsregelungen wie z.B. § 68 Nr. 9 AO, die nach Wortlaut und Systematik eindeutig auf § 14 AO Bezug nehmen[7]. Auch wenn man diese nationale Rechtslage für unionsrechtlich zweifelhaft hält, ist es doch allein Sache des Gesetzgebers, dies zu Lasten der Steuerpflichtigen zu ändern.

---

1 Vgl. *Kirchhain*, npoR 2012, 123; zustimmend hingegen *Michel*, DB 2012, 2007 (Mitglied des V. Senats).

2 Die Finanzverwaltung wendet das Urteil gleichwohl an, vgl. BMF v. 29.4.2014, BStBl. I 2014, 814.

3 BFH v. 10.8.2016 – V R 11/15, BStBl. II 2018, 113.

4 BFH v. 10.8.2016 – V R 14/15, BFH/NV 2017, 63.

5 BFH v. 20.3.2014 – V R 4/13, BFH/NV 2014, 1470.

6 So auch BFH v. 10.5.2017 – V R 43/14, V R 7/15, HFR 2017, 856, wo der Begriff der Vermögensverwaltung im Kontext von § 68 Nr. 9 AO abweichend von § 14 Satz 3 AO ausgelegt wird.

7 Anders aber BFH v. 10.5.2017 – V R 43/14, V R 7/15, HFR 2017, 856, wo die klagende Einrichtung sicherlich am Ende überrascht gewesen sein dürfte, dass der V. Senat die Einnahmen aus einer ertragsteuerlichen Betriebsaufspaltung der „Vermögensverwaltung" und die Einnahmen aus einer Vermietung dem schädlichen „wirtschaftlichen Bereich" zugeordnet hat; so aber bereits *Wäger* in FS Gosch, 2016, S. 427.

7.208 § 12 Abs. 2 Nr. 8 Buchst. b UStG erweitert den Anwendungsbereich des ermäßigten Steuersatzes auf die Leistungen „**der nichtrechtsfähigen Personenvereinigungen** und Gemeinschaften der in Buchstabe a Satz 1 bezeichneten Körperschaften, wenn diese Leistungen, falls die Körperschaften sie anteilig selbst ausführten, insgesamt nach Buchstabe a ermäßigt besteuert würden". Die Leistungen müssen also nur durch Zweckbetriebe (oder im Rahmen einer Vermögensverwaltung) erbracht werden, so dass sich im Fall der Unterhaltung eines wirtschaftlichen Geschäftsbetriebs dessen Ausgliederung auf eine gesonderte Personengesellschaft empfiehlt[1].

VIII. Vorsteuerabzug

1. Allgemeines

7.209 Der Vorsteuerabzug bildet das Herzstück der Allphasen-Netto-Umsatzsteuer[2]. Da die Umsatzsteuer ausschließlich auf die Belastung des privaten Konsums zielt, müssen Unternehmer, die mit Umsatzsteuer belastete Lieferungen und Leistungen für ihr Unternehmen beziehen, von der Umsatzsteuer entlastet werden. Diese „Belastungsneutralität" der Umsatzsteuer stellt eine Ausprägung des Neutralitätsgrundsatzes dar[3] und ist unionsrechtlich in Art. 167 ff. MwStSystRL geregelt. Im nationalen Recht gewährt § 15 Abs. 1 UStG unter bestimmten Voraussetzungen das Recht zum Vorsteuerabzug. Dieser setzt nach § 15 Abs. 1 Nr. 1 UStG voraus[4]:

– Empfang einer **Lieferung oder sonstigen Leistung** (bzw. Einfuhr eines Gegenstandes oder innergemeinschaftlicher Erwerb),

– die Lieferung oder sonstige Leistung muss **von einem Unternehmer** ausgeführt worden sein,

– die Leistung muss **für das Unternehmen des Empfängers** ausgeführt worden sein. Nach § 15 Abs. 1 Satz 2 KStG gilt eine Lieferung oder sonstige Leistung, die der Unternehmer zu weniger als 10 Prozent für sein Unternehmen nutzt, nicht als für das Unternehmen ausgeführt,

– der Empfänger ist im Besitz **einer nach den §§ 14, 14a UStG ausgestellten Rechnung**, in der die Angaben vollständig und richtig sind[5],

– die ausgewiesene Steuer muss **gesetzlich geschuldet** sein.

---

1 Vgl. auch Abschn. 12.10. Satz 3 UStAE.

2 Vgl. nur *Englisch* in Tipke/Lang, § 17 Rz. 307; siehe auch *Wäger*, DStR 2011, 433; nach EuGH v. 6.9.2012 – Rs. C-496/11 *Portugal Telecom*, ECLI:EU:C:2012:557 ist der Vorsteuerabzug „integraler Bestandteil des Mechanismus der Mehrwertsteuer".

3 Vgl. etwa EuGH v. 15.11.2012 – Rs. C-174/11 *Zimmermann*, ECLI:EU:C:2012:716; BFH v. 31.3.2017 – XI R 40/14, BFH/NV 2017, 1396; *Heidner* in Bunjes, § 15 UStG Rz. 4 ff.; zur Unterscheidung von Belastungs- und Wettbewerbsneutralität vgl. *Hüttemann* in Weitemeyer/Schauhoff/Achatz, Umsatzsteuerrecht für den Nonprofitsektor, 2018, Rz. 4.6 ff.

4 Vgl. *Englisch* in Tipke/Lang, § 17 Rz. 309 ff.; Abschn. 15.2. UStAE.

5 Zur Rechtsprechungsänderung des BFH in Hinsicht auf die Rückwirkung einer Rechnungsberichtigung vgl. BFH v. 20.10.2016 – V R 26/15, BFH/NV 2017, 252.

Ferner ist auf § 15 Abs. 2 Nr. 1 UStG hinzuweisen. Danach ist – vorbehaltlich der in **7.210** § 15 Abs. 3 Nr. 1 UStG geregelten Ausnahmen – vom Vorsteuerabzug ausgeschlossen die Steuer für Lieferungen und sonstige Leistungen (bzw. Einfuhr oder innergemeinschaftlicher Erwerb), die der **Unternehmer zur Ausführung steuerfreier Umsätze** verwendet. Daraus folgt, dass eine gemeinnützige Einrichtung, die steuerfreie Umsätze ausführt (z.B. eine Einrichtung der Wohlfahrtspflege nach § 4 Nr. 18 UStG), den Vorsteuerabzug für Eingangsleistungen in diesem Bereich verliert. Der Ausschluss des Vorsteuerabzugs bei steuerbefreiten Umsätzen ist – wie bereits dargelegt (vgl. Rz. 7.150) – steuersystematisch nicht unbedingt überzeugend[1], aber durch Art. 168 MwStSystRL unionsrechtlich vorgegeben. Er kann dazu führen, dass die an sich gewollte Entlastung des Verbrauchers tatsächlich verfehlt wird, weil die steuerbefreite Leistung praktisch vollständig auf mit Umsatzsteuer belasteten Eingangsleistungen der gemeinnützigen Einrichtung beruht.

2. Zuordnung der Eingangsleistungen

a) Überblick

Nach Art. 168 MwStSystRL ist der Steuerpflichtige zum Vorsteuerabzug berechtigt, **7.211** „soweit die Gegenstände und Dienstleistungen für die Zwecke seiner besteuerten Umsätze verwendet werden". Was dies im Hinblick auf den weiter erforderlichen **direkten und unmittelbaren Zusammenhang zwischen Eingangs- und Ausgangsumsatz** bedeutet, hat der BFH – im Anschluss an die jüngere Rechtsprechung des EuGH[2] – in mehreren Urteilen zusammengefasst[3]. In der Entscheidung vom 3.3.2011[4] heißt es dazu allgemein:

„Besteht der direkte und unmittelbare Zusammenhang zu einem einzelnen Ausgangsumsatz seiner wirtschaftlichen Tätigkeit, der steuerpflichtig ist …, kann der Unternehmer den Vorsteuerabzug in Anspruch nehmen. Die für den Leistungsbezug getätigten Aufwendungen gehören dann zu den Kostenelementen dieses Ausgangsumsatzes.

Bei einem direkten und unmittelbaren Zusammenhang zu einem Ausgangsumsatz, der mangels wirtschaftlicher Tätigkeit nicht dem Anwendungsbereich der Steuer unterliegt oder … steuerfrei ist, besteht keine Berechtigung zum Vorsteuerabzug. Dies gilt auch, wenn der Unternehmer eine Leistung für einen z.B. steuerfreien Ausgangsumsatz bezieht, um mittelbar seine zum Vorsteuerabzug berechtigende wirtschaftliche Gesamttätigkeit zu stärken, da der von ihm verfolgte endgültige Zweck unerheblich ist.

Fehlt ein direkter und unmittelbarer Zusammenhang zwischen einem bestimmten Eingangsumsatz und einem oder mehreren Ausgangsumsätzen, kann der Unternehmer zum Vorsteu-

---

1 Dazu statt vieler *Achatz* in DStJG 26 (2003), 304 f.; für eine umfassende rechtliche und ökonomische Analyse vgl. *Krieger*, Unechte Steuerbefreiungen im Unionsrecht, 2017.
2 Siehe vor allem EuGH v. 13.3.2008 – Rs. C-437/06 *Securenta*, Slg. 2008, I-1597; EuGH v. 12.2.2009 – Rs. C-515/07 *VLNTO*, Slg. 2009, I-839; EuGH v. 29.10.2009 – Rs. C-29/08 *SKF*, Slg. 2009, I-10413; EuGH v. 6.9.2012 – Rs. C-496/11 *Portugal Telecom* , ECLI:EU: C:2012:557.
3 Vgl. BFH v. 9.12.2010 – V R 17/10, BStBl. II 2012, 53; BFH v. 12.1.2011 – XI R 9/08, BStBl. II 2012, 58; BFH v. 13.1.2011 – V R 12/08, BStBl. II 2012, 61; BFH v. 27.1.2011 – V R 38/09, BStBl. II 2012, 69; BFH v. 3.3.2011 – V R 23/10, BStBl. II 2012, 74.
4 BFH v. 3.3.2011 – V R 23/10, BStBl. II 2012, 74.

erabzug berechtigt sein, wenn die Kosten für die Eingangsleistung zu seinen allgemeinen Aufwendungen gehören und – als solche – Bestandteile des Preises der von ihm erbrachten Leistungen sind. Derartige Kosten hängen direkt und unmittelbar mit seiner wirtschaftlichen Gesamttätigkeit zusammen und berechtigen nach Maßgabe dieser Gesamttätigkeit zum Vorsteuerabzug.

Beabsichtigt der Unternehmer eine von ihm bezogene Leistung zugleich für seine wirtschaftliche und seine nichtwirtschaftliche Tätigkeit zu verwenden, kann er den Vorsteuerabzug grundsätzlich nur insoweit in Anspruch nehmen, als die Aufwendungen hierfür seiner wirtschaftlichen Tätigkeit zuzurechnen sind. Beabsichtigt der Unternehmer daher eine teilweise Verwendung für eine nichtwirtschaftliche Tätigkeit, ist er insoweit nicht zum Vorsteuerabzug berechtigt ...

Anders ist es nur, wenn es sich bei der nichtwirtschaftlichen Tätigkeit um den Sonderfall einer Privatentnahme im Sinne von Art. 5 Abs. 6 und Art. 6 Abs. 2 der Richtlinie 77/388/EWG handelt. Der Unternehmer kann bei einer gemischt wirtschaftlichen und privaten Verwendung den Gegenstand voll dem Unternehmen zuordnen und dann aufgrund der Unternehmenszuordnung in vollem Umfang zum Vorsteuerabzug berechtigt sein, hat dann aber eine Entnahme nach den vorstehenden Bestimmungen zu versteuern. ... Privatentnahmen in diesem Sinn sind daher nur Entnahmen für den privaten Bedarf des Unternehmers als natürlicher Person und – unabhängig von der Rechtsform des Unternehmens – für den privaten Bedarf seines Personals, nicht dagegen eine Verwendung für z.B. ideelle Zwecke eines Vereins oder den Hoheitsbereich einer juristischen Person des öffentlichen Rechts."

Die **Finanzverwaltung** hat sich der neueren Rechtsprechung des BFH in mehreren umfangreichen BMF-Schreiben[1] angeschlossen und den UStAE entsprechend angepasst. Der wesentliche Unterschied gegenüber der früheren Praxis besteht darin, dass entsprechend den Grundsätzen des EuGH-Urteils in der Rs. *VLNTO* bei juristischen Personen (insbesondere Vereinen) nicht länger nur zwischen der unternehmerischen (wirtschaftlichen) und der nichtunternehmerischen ("ideellen") Tätigkeit unterschieden wird, sondern künftig drei Sphären zu unterscheiden sind[2].

Der **EuGH-Entscheidung vom 12.2.2009** lag folgender Sachverhalt zugrunde: Ein niederländischer Verein zur Förderung des Agrarsektors (*VLNTO*) nahm nicht nur beitragsfinanziert die allgemeinen Interessen seiner Mitglieder wahr, sondern erbrachte auch gegen gesondertes Entgelt individuelle Leistungen gegenüber seinen Mitgliedern. Der Verein begehrte für Gegenstände und Dienstleistungen, die sowohl für die Leistungen gegenüber den Mitgliedern als auch für die allgemeine Interessenwahrnehmung verwendet wurden, den vollen Vorsteuerabzug. Das zuständige Gericht legte die Rechtssache unter Hinweis auf die Rechtsprechung des Gerichtshofs, wonach ein Steuerpflichtiger bei gemischt genutzten Investitionsgütern ein Zuordnungswahlrecht hat, dem EuGH vor. Dieser versagte indes ein Zuordnungswahlrecht, weil dieses nur im Anwendungsbereich des Art. 6 Abs. 2 Buchst. a der 6. MwStRL ("für unternehmensfremde Zwecke") bestehe. Im Unterschied zu einer privaten Nutzung einer Immobilie durch eine natürliche Person, die "begriffsmäßig ein dem Unternehmen des Steuerpflichtigen völlig fremder Zweck" sei, gehe es – so der EuGH – "im vorliegenden Fall um die nicht besteuerten Umsätze der *VNLTO*, die in der Wahrnehmung

---

1 BMF v. 2.1.2012, BStBl. I 2012, 60; BMF v. 2.1.2014, BStBl. I 2014, 119; speziell zu gemischt genutzten Fahrzeugen BMF v. 5.6.2014, BStBl. I 2014, 896.
2 Eingehend dazu *Pull*, Die Sphärentheorie im Mehrwertsteuerrecht, 2014.

der allgemeinen Interessen ihrer Mitglieder bestehen und **nicht als unternehmensfremd betrachtet werden können, da sie den Hauptzweck dieser Vereinigung darstellen**"[1].

Über eine einschränkende Auslegung des Begriffs „für unternehmensfremde Zwecke" in Art. 26 Buchst. a MwStSystRL (Art. 6 Abs. 2 der 6. MwStRL) hat der Gerichtshof somit juristischen Personen und Personenvereinigungen, die im Rahmen ihrer Satzungszwecke sowohl wirtschaftliche als auch nichtwirtschaftliche Tätigkeiten ausführen, ein **Zuordnungswahlrecht bei gemischt wirtschaftlich und nichtwirtschaftlich genutzten Gegenständen versagt**. Solche Eingangsleistungen müssen vielmehr zwingend aufgeteilt werden (Aufteilungsgebot). Die Entscheidung ist im umsatzsteuerrechtlichen Schrifttum überwiegend kritisch aufgenommen worden[2]. Sie bedeutet in der Sache eine Einschränkung des in den Art. 167 ff. MwStSystRL nicht vorgesehenen, aber vom EuGH im Wege der richterlichen Rechtsfortbildung kreierten Zuordnungswahlrechts. Dieses ist aber seinerseits eine umstrittene „Behelfskonstruktion"[3], mit der der Gerichtshof die Folgerungen seiner viel kritisierten Rechtsprechung zum Verbot einer nachträglichen „Einlagenentsteuerung"[4] abgemildert hat, und die bereits durch die Einführung des Art. 168a MwStSystRL zur Abschaffung des „Seeling-Modells" eine wesentliche Einschränkung erfahren hat. Diese Kritik ändert aber nichts daran, dass die nationalen Gerichte und Behörden bis zu einer Änderung der Rechtsprechung (oder der MwStSystRL) an die Grundsätze des *VLNTO*-Urteils gebunden sind. So versagt der BFH juristischen Personen des privaten und öffentlichen Rechts bei einer gemischten Nutzung eines Gegenstandes für wirtschaftliche und nicht wirtschaftliche Zwecke ein Zuordnungswahlrecht[5].

b) Unterscheidung der verschiedenen Sphären

Für Fragen des Vorsteuerabzugs bedarf es in einem ersten Schritt einer Aufteilung der Tätigkeitsbereiche gemeinnütziger Einrichtungen in die drei verschiedenen umsatzsteuerrechtlichen Sphären[6]: 7.212

- Zur **unternehmerischen** (wirtschaftlichen) Sphäre gehören alle wirtschaftlichen Tätigkeiten zur Erbringung entgeltlicher Leistungen, die dem Grunde nach steuerbar sind. Die Zuordnung zur unternehmerischen Sphäre ist zunächst unabhängig davon, ob die Leistung mangels einer Steuerbefreiung steuerpflichtig ist oder ob eine Befreiungsregelung eingreift. Zur unternehmerischen Sphäre gehören also – in der gemeinnützigkeitsrechtlichen Terminologie – vor allem die steuer-

---

1 EuGH v. 12.2.2009 – Rs. C-515/07 *VLNTO*, Slg. 2009, I-839.
2 Vgl. etwa *Spiegel/Heidler*, DStR 2009, 1507; *Heidner* in Bunjes, § 15 UStG Rz. 121 („Akt juristischer Hochseilakrobatik"); eingehende Nachweise zum Schrifttum bei *Pull*, Die Sphärentheorie im Mehrwertsteuerrecht, 2014, S. 2 ff.
3 So *Englisch* in Tipke/Lang, § 17 Rz. 337.
4 Dazu grundlegend EuGH v. 11.7.1991 – Rs. C-97/90 *Lennartz*, Slg. 1991, I-3795.
5 Vgl. für einen Verein BFH v. 29.6.2010 – V B 160/08, BFH/NV 2010, 1876; zu juristischen Personen des öffentlichen Rechts zuletzt BFH v. 3.8.2017 – V R 62/16, BFH/NV 2018, 301 mit weiteren Nachweisen.
6 Vgl. dazu auch das Schaubild im BMF-Schreiben v. 2.1.2012, BStBl. I 2012, 60 (64).

pflichtigen wirtschaftlichen Geschäftsbetriebe und die Zweckbetriebe, ferner auch die steuerbaren Teile der Vermögensverwaltung (z.B. Grundstücksvermietung). Entscheidend ist, ob steuerbare Umsätze – also entgeltliche Leistungen im Sinne des § 1 Abs. 1 Nr. 1 UStG – ausgeführt worden sind[1]. Soweit Eingangsleistungen im unternehmerischen Bereich verwendet werden sollen, besteht grundsätzlich ein **Recht zum Vorsteuerabzug**, es sei denn, die Ausgangsleistungen sind nach § 4 UStG (oder nach Unionsrecht) von der Steuer befreit und der Vorsteuerabzug insoweit nach § 15 Abs. 2 Nr. 1 UStG ausgeschlossen. Soweit eine Körperschaft im unternehmerischen Bereich auch steuerbefreite Umsätze ausführt, muss die **unternehmerische Sphäre** also weiter in eine steuerpflichtige und eine steuerbefreite Sphäre unterteilt werden.

– Von der unternehmerischen Sphäre ist der nichtunternehmerische Bereich zu trennen. Dazu gehören zum einen die **nichtwirtschaftlichen Tätigkeiten** (die Finanzverwaltung spricht insoweit von „nichtwirtschaftlichen Tätigkeiten im engeren Sinne"[2]). Damit sind solche Tätigkeiten gemeint, die mangels einer steuerbaren „Leistung gegen Entgelt" nicht in den Anwendungsbereich der Umsatzsteuer fallen. Hierzu gehören – in der gemeinnützigkeitsrechtlichen Terminologie[3] – der durch (echte) Mitgliedsbeiträge, Spenden und Zuschüsse finanzierte „ideelle" Bereich und die nicht steuerbaren Tätigkeiten im Bereich der privaten Vermögensverwaltung (z.B. die Beteiligung an einer Gesellschaft). Für Eingangsleistungen, die in diesem Bereich verwendet werden sollen, ist ein Vorsteuerabzug zwingend ausgeschlossen, weil der Unternehmer diese Leistung nicht „für sein Unternehmen" (§ 15 Abs. 1 Satz 2 UStG) verwenden möchte. Nach den Grundsätzen des *VLNTO*-Urteils[4] kann ein Vorsteuerabzug hier auch nicht kraft Zuordnung eines Gegenstands erreicht werden[5].

– Zum nichtunternehmerischen Bereich gehören zum anderen die **unternehmensfremden Tätigkeiten**. Unternehmensfremde Tätigkeiten sind Entnahmen für den „privaten Bedarf des Unternehmers als natürliche Person, für den privaten Bedarf seines Personals oder für private Zwecke des Gesellschafters"[6]. Bei gemeinnützigen Körperschaften wird diese „dritte" Sphäre nur in wenigen Fällen vorkommen, wenn z.B. ein Verein einen Pkw einem Mitarbeiter zur Nutzung für private Zwecke überlässt[7]. Dagegen dürften unentgeltliche Zuwendungen an die (nicht gemeinnützigen) Mitglieder regelmäßig bereits nach § 55 Abs. 1 Nr. 1 Satz 2

---

1 Zu staatlich „bezuschussten" Maßnahmen der Arbeitsmarktförderung etwa BFH v. 22.4.2015 – XI R 10/14, BStBl. II 2015, 862.

2 Vgl. Abschn. 2.3. Abs. 1a UStAE.

3 Für die Frage, ob auch eine nicht wirtschaftliche Tätigkeit ausgeübt wird, kommt es allein auf die umsatzsteuerrechtliche Einordnung und nicht darauf an, ob steuerbegünstigte Zwecke im Sinne der §§ 51 ff. AO verfolgt werden, vgl. BFH v. 24.9.2014 – V R 54/13, BFH/NV 2016, 364.

4 EuGH v. 12.2.2009 – Rs. C-515/07 *VLNTO*, Slg. 2009, I-839.

5 Vgl. zum Vorsteuerabzug einer juristischen Person des öffentlichen Rechts bei gemischter Nutzung zuletzt BFH v. 3.8.2017 – V R 62/16, BFH/NV 2018, 301.

6 Vgl. Abschn. 2.3. Abs. 1a UStAE.

7 Dazu nun BMF v. 5.6.2014, BStBl. I 2014, 896.

AO untersagt sein. Soweit Eingangsleistungen **ausschließlich für Leistungen zu unternehmensfremden Zwecken** verwendet werden (ein Vereins-Pkw wird ausschließlich zu dem Zweck erworben, ihn einem Mitarbeiter zur privaten Nutzung zu überlassen), **scheidet ein Recht zum Vorsteuerabzug aus** (es kommt auch nicht zu einer Wertabgabenbesteuerung)[1]. Soweit ein Gegenstand sowohl zu unternehmerischen als auch zu unternehmensfremden Zwecken genutzt wird, haben gemeinnützige Körperschaften auch nach der *VLNTO*-Entscheidung noch ein Zuordnungswahlrecht (dazu sogleich Rz. 7.213).

Maßgebend dafür, ob ein Recht zum Vorsteuerabzug besteht, ist also die Zuordnung der Eingangsleistung zu einer der vorstehenden Sphären. Entscheidend ist, für welche Ausgangsumsätze die Körperschaft die Leistungen zu verwenden beabsichtigt (vgl. Rz. 7.211). Dabei kommt es vorrangig auf den „**direkten und unmittelbaren Zusammenhang**" zwischen Eingangs- und Ausgangsleistung an, nur mittelbar verfolgte Zwecke sind unerheblich[2].

– Ein solcher „direkter und unmittelbarer Zusammenhang" ist z.B. gegeben, wenn ein Sportverein für seine Vereinsgaststätte (unternehmerischer Bereich) eine neue Kücheneinrichtung erwirbt. In diesem Fall besteht also auch ein Recht zum Vorsteuerabzug[3]. Würde hingegen die Küche eines Krankenhauses neu ausgestattet, ist zwar ebenfalls ein „direkter und unmittelbarer Zusammenhang" zu steuerbaren Ausgangsumsätzen gegeben, wegen der Steuerbefreiung der Ausgangsumsätze (§ 4 Nr. 14 Buchst. b UStG) wäre aber nach § 15 Abs. 2 Nr. 1 UStG ein Vorsteuerabzug ausgeschlossen.

Grundsätzlich ist es Sache der betroffenen Einrichtung, im Rahmen ihrer **steuerlichen Mitwirkungspflichten** die Umstände vorzutragen, aus denen sich ein „direkter und unmittelbarer Zusammenhang" mit Ausgangsumsätzen ergibt. In diesem Zusammenhang ist auch auf das EuGH-Urteil in der Rs. *Sveda*[4] hinzuweisen. Danach stellt eine durch einen staatlichen Zuschuss finanzierte kostenfreie Verwendung eines Gegenstandes (hier: ein „Freizeit- und Entdeckungsweg zur baltischen Mythologie") nicht den direkten und unmittelbaren Zusammenhang zur wirtschaftlichen Gesamttätigkeit in Frage, wenn der Steuerpflichtige beabsichtigt, den Gegenstand für eine wirtschaftliche Tätigkeit (hier: Verkauf von Souvenirs, Verpflegung und Getränke) zu nutzen.

– Fehlt ein „direkter und unmittelbarer Zusammenhang", kann sich ein Recht zum Vorsteuerabzug auch noch daraus ergeben, dass die **Kosten für die Eingangsleistung zu seinen allgemeinen Aufwendungen gehören** und – als solche – Bestandteile des Preises der erbrachten Leistungen sind. Derartige Kosten (z.B. allgemeine Geschäftskosten) hängen direkt und unmittelbar mit der wirtschaftli-

---

1 Vgl. Abschn. 15.2b. Abs. 2 und 15 UStAE; BFH-Urteil v. 9.12.2010 – V R 17/10, BStBl. II 2012, 53.

2 Siehe Abschn. 15.2b. Abs. 2 UStAE; BFH v. 13.1.2011 – V R 12/08, BStBl. II 2012, 61.

3 Zum direkten und unmittelbaren Zusammenhang zwischen den Druckkosten einer Vereinszeitschrift und dem Werbegeschäft vgl. FG München v. 21.4.2010 – 3 K 2780/07, EFG 2010, 1737 (vollständiger Abzug wegen Gewinnerzielung aus Anzeigengeschäft); anders FG Köln v. 29.1.2015 – 6 K 3255/13, EFG 2015, 863 (anteiliger Abzug im Verhältnis der Seitenzahl von Anzeigen- und Informationsteil).

4 EuGH v. 22.10.2015 – Rs. C-126/14, ECLI:EU:C:2015:712.

chen Gesamttätigkeit zusammen und berechtigen nach Maßgabe dieser Gesamttätigkeit zum Vorsteuerabzug. Ein derartiger Zusammenhang ist etwa in Bezug auf die Kosten für die Einrichtung des Vorstandsbüros einer Stiftung zu bejahen, die keinen ideellen Bereich unterhält, sondern deren Tätigkeit sich in einem Zweckbetrieb erschöpft. Soweit die Ausgangsumsätze der Stiftung allerdings (wie z.B. bei einer Krankenhaus-Stiftung) in vollem Umfang steuerbefreit sind, besteht auch in Hinsicht auf solche allgemeinen Geschäftskosten kein Recht zum Vorsteuerabzug (§ 15 Abs. 2 Nr. 1 UStG).

Bei gemeinnützigen Einrichtungen, die sich in einem erheblichen Umfang aus **staatlichen Zuwendungen** finanzieren, scheidet eine solche „kostenbezogene" Zuordnung regelmäßig aus, da die mit solchen Zuwendungen finanzierten Aufwendungen nicht noch einmal den Leistungsempfängern in Rechnung gestellt werden[1]. Vielmehr geht die neuere Rechtsprechung davon aus, dass die Zuschüsse den Umfang der nicht steuerbaren Sphäre widerspiegeln und deshalb im Rahmen einer schätzweisen Aufteilung entsprechend § 15 Abs. 4 UStG zu berücksichtigen sind (dazu Rz. 7.214)[2].

Soweit bezogene Gegenstände nach diesen Grundsätzen einer bestimmten Sphäre in vollem Umfang zuzuordnen sind, stellt sich noch die Frage nach den umsatzsteuerrechtlichen Konsequenzen, wenn sich die **Verwendung später wieder ändert**. Insoweit ist zu unterscheiden:

– Wird ein Gegenstand **zunächst vollständig im unternehmerischen Bereich zur Ausführung steuerpflichtiger Umsätze verwendet** und später im nichtunternehmerischen Bereich (also für nichtwirtschaftliche Zwecke im engeren Sinne oder für unternehmensfremde Zwecke) genutzt bzw. in diesen überführt, soll die nichtunternehmerische Verwendung bzw. Überführung in den nichtunternehmerischen Bereich als unentgeltliche Wertabgabe der Umsatzbesteuerung unterliegen (vgl. § 3 Abs. 1b, Abs. 9a Nr. 1 UStG)[3].

– Wird ein Gegenstand **zunächst vollständig im unternehmerischen Bereich zur Ausführung steuerpflichtiger Umsätze verwendet** und später (innerhalb der Berichtigungszeiträume des § 15a UStG) zur Ausführung steuerfreier Umsätze genutzt, kommt es zu einer Berichtigung des Vorsteuerabzugs nach § 15a UStG[4].

– Wird ein Gegenstand **zunächst vollständig im nichtunternehmerischen Bereich verwendet** und später im unternehmerischen Bereich eingesetzt, ist ein nachträglicher Vorsteuerabzug („Einlagenentsteuerung") nach der Rechtsprechung des EuGH ausgeschlossen[5]. Da es für die Zuordnung allerdings vorrangig auf die Verwendungsabsicht ankommt, kann der Vorsteuerabzug noch „gerettet"

1 Vgl. dazu FG München v. 5.11.2008 – 3 K 3427/03, EFG 2009, 787.
2 Vgl. BFH v. 24.9.2014 – V R 54/13, BFH/NV 2016, 364; auch BFH v. 29.6.2010 – V B 160/08, BFH/NV 2010, 1876.
3 Abschn. 3.4. Abs. 2 Satz 4 UStAE; fraglich ist aber, ob bei einer Verwendung in der „ideellen" Sphäre nach den Grundsätzen des *VLNTO*-Urteils v. 12.2.2009 – Rs. C-S 15/07, Slg. 2009, I-839 überhaupt eine unentgeltliche Wertabgabe vorliegen kann.
4 Zur Vorsteuerkorrektur bei nachträglicher Berufung auf eine unionsrechtliche Steuerbefreiung vgl. BFH v. 14.9.2016 – V B 30/16, BFH/NV 2017, 68.
5 Dazu grundlegend EuGH v. 11.7.1991 – Rs. C-97/90 *Lennartz*, Slg. 1991, I-3795.

werden, wenn ein Gegenstand lediglich vorübergehend im nichtunternehmerischen Bereich genutzt wird, aber dauerhaft für den unternehmerischen Bereich
bestimmt ist[1]. Dabei ist u.a. auch das Verhältnis der vorübergehenden nichtunternehmerischen Nutzung zur Gesamtnutzungsdauer des Gegenstandes von
Bedeutung[2]. Allerdings sind in diesen Fällen an den Nachweis der späteren Verwendungsabsicht erhöhte Anforderungen zu stellen[3].

c) Sonderfragen bei gemischter Verwendung

Werden Eingangsleistungen nicht ausschließlich für eine bestimmte Sphäre verwen- 7.213
det (also sowohl für steuerpflichtige als auch für steuerfreie Umsätze oder sowohl
für unternehmerische als auch für nichtunternehmerische Zwecke), stellt sich die
Frage nach der **Aufteilung der Vorsteuern**[4].

Unproblematisch ist der Fall der **Lieferung vertretbarer Sachen sowie des Bezugs sonstiger
Leistungen. Hier** ist die darauf entfallende Vorsteuer entsprechend dem Verwendungszweck
in einen abziehbaren und einen nicht abziehbaren Anteil aufzuteilen.

Beabsichtigt die Körperschaft, einen **einheitlichen Gegenstand sowohl für unternehmerische als auch nichtunternehmerische Zwecke** zu verwenden (teilunter-
nehmerische Verwendung), ist – wenn der Gegenstand mindestens zu 10 Prozent
für unternehmerische Zwecke genutzt wird (§ 15 Abs. 1 Satz 2 UStG)[5] – weiter zu
unterscheiden[6]:

– Soll der Gegenstand sowohl für **unternehmerische als auch für nichtwirtschaftliche Zwecke im engeren Sinne** („ideelle Sphäre") verwendet werden, besteht
  nach den Grundsätzen des *VNLTO*-Urteils ein zwingendes Aufteilungsgebot[7].
  Die Finanzverwaltung lässt es aber aus Billigkeitsgründen zu, dass der Gegenstand
  in vollem Umfang dem nichtunternehmerischen Zweck zugeordnet wird[8]. Kommt
  es allerdings später zu einer Änderung der Verhältnisse, soll eine erhöhte Nutzung
  für nichtwirtschaftliche Zwecke zu einer Besteuerung als unentgeltliche Wertabgabe führen[9], während die Finanzverwaltung bei einer erhöhten unternehmerischen
  Nutzung „aus Billigkeitsgründen" eine Berichtigung nach § 15a UStG gewährt,
  wenn die Bagatellgrenzen des § 44 UStDV überschritten sind[10].

---

1 Vgl. BMF-Schreiben v. 2.1.2014, BStBl. I 2014, 119.
2 EuGH v. 19.7.2012 – Rs. C-334/10 *X*, Slg. 2012, I-10205.
3 Vgl. auch das Beispiel in Abschn. 15.2c. Abs. 13 UStAE.
4 Vgl. Abschn. 15.2c. Abs. 2 UStAE.
5 Zur Unionsrechtswidrigkeit dieser Einschränkung bei Verwendung für nichtwirtschaftliche Tätigkeiten vor dem 1.1.2016 vgl. EuGH v. 15.9.2016 – Rs. C-400/15 *Landkreis Pots-
   dam Mittelmark*, ECLI:EU:C:2016:687; BFH v. 16.11.2016 – XI R 15/13, BStBl. II 2018,
   237.
6 Abschn. 15.2b. Abs. 2 UStAE.
7 EuGH v. 12.2.2009 – Rs. C-515/07 *VLNTO*, Slg. 2009, I-839.
8 Abschn. 15.2c. Abs. 2 Nr. 2 Buchst. a UStAE.
9 Abschn. 3.4. Abs. 2 Satz 4 UStAE; insoweit ist wiederum zweifelhaft, ob eine Wertabgabenbesteuerung nach den Grundsätzen des *VNLTO*-Urteils zulässig ist.
10 Abschn. 15a.1. Abs. 7 UStAE.

– Soll der Gegenstand hingegen **sowohl für unternehmerische als auch für unternehmensfremde Zwecke** (z.B. für Zwecke des Personals) verwendet werden, hat die Körperschaft ein Zuordnungswahlrecht. Sie kann den Gegenstand auch vollständig der unternehmerischen Sphäre zuordnen mit der Folge, dass es im Umfang der späteren Verwendung für unternehmensfremde Zwecke zu einer Wertabgabenbesteuerung kommt[1]. Die vollständige Zuordnung zum unternehmerischen Bereich hat den Vorteil, dass sie einen vollständigen Vorsteuerabzug gewährleistet, weil bei einer nur teilweisen Zuordnung im Fall der späteren Erhöhung der unternehmerischen Nutzung eine Berichtigung nach § 15a UStG versagt wird[2]. Bei einer gemischten Verwendung für steuerpflichtige und steuerfreie Umsätze kommt es ebenfalls zu einer Aufteilung. Ändern sich die Verhältnisse, ist der Vorsteuerabzug nach § 15a UStG zu berichtigen.

– Besondere Grundsätze gelten nach § 15 Abs. 1b UStG für **teilunternehmerisch genutzte Grundstücke**. Hier hat der Gesetzgeber bereits mit Wirkung zum 1.1.2011 das „Seeling-Modell" für alle Steuerpflichtigen abgeschafft, so dass ein Recht zum Vorsteuerabzug nur in dem Umfang besteht, in dem das Grundstück für unternehmerische Zwecke genutzt wird. Bei einer späteren Änderung der Verhältnisse erfolgt eine Berichtigung nach § 15a Abs. 6a UStG.

d) Aufteilungsmaßstab

7.214 Soweit ein „direkter und unmittelbarer Zusammenhang" zwischen einer Eingangsleistung und einer bestimmten Sphäre fehlt, und Eingangsleistungen zugleich für verschiedene Sphären verwendet werden, ohne dass ein Zuordnungswahlrecht besteht, bedarf es einer **Aufteilung der Vorsteuern**. Das Gesetz enthält – was den Aufteilungsmaßstab angeht – nur für den Fall einer gemischten Verwendung für steuerpflichtige und steuerbefreite Umsätze eine nähere Regelung. § 15 Abs. 4 UStG lautet:

„Verwendet der Unternehmer einen für sein Unternehmen gelieferten, eingeführten oder innergemeinschaftlich erworbenen Gegenstand oder eine von ihm in Anspruch genommene sonstige Leistung nur zum Teil zur Ausführung von Umsätzen, die den Vorsteuerabzug ausschließen, so ist der Teil der jeweiligen Vorsteuerbeträge nicht abziehbar, der den zum Ausschluss vom Vorsteuerabzug führenden Umsätzen wirtschaftlich zuzurechnen ist. Der Unternehmer kann die nicht abziehbaren Teilbeträge im Wege einer sachgerechten Schätzung ermitteln. Eine Ermittlung des nicht abziehbaren Teils der Vorsteuerbeträge nach dem Verhältnis der Umsätze, die den Vorsteuerabzug ausschließen, zu den Umsätzen, die zum Vorsteuerabzug berechtigen, ist nur zulässig, wenn keine andere wirtschaftliche Zurechnung möglich ist. In den Fällen des Absatzes 1b gelten die Sätze 1 bis 3 entsprechend."

Die Ermittlung der abziehbaren Vorsteuer kann – wenn keine andere Methode zur Verfügung steht – auch im Rahmen einer Schätzung anhand eines **Umsatzschlüssels** erfolgen. Danach ist der Teil der aufzuteilenden Vorsteuern abzugsfähig, der dem Anteil der steuerpflichtigen Umsätze an den Gesamtumsätzen des Unternehmens entspricht. Für den Fall einer gemischt unternehmerischen und nichtunternehmerischen Verwendung fehlt eine entsprechende Regelung in der MwStSystRL,

---

1 Abschn. 15.2c. Abs. 2 UStAE.
2 BMF-Schreiben v. 2.1.2012, BStBl. I 2012, 60.

so dass eine **Regelungslücke** besteht, die nach allgemeiner Ansicht in analoger Anwendung des § 15 Abs. 4 UStG zu schließen ist[1].

Fraglich ist, ob im Rahmen einer Schätzung nach § 15 Abs. 4 UStG **echte Zuschüsse und Spenden**, bei denen kein Leistungsaustausch zugrunde liegt, unberücksichtigt zu lassen sind[2]. In diesem Zusammenhang ist daran zu erinnern, dass Deutschland von der in Art. 174 Abs. 1 Satz 2 MwStSystRL vorgesehenen Möglichkeit zur Einbeziehung von „Subventionen" in den Nenner des „Pro-rata-Satzes" nach Art. 174 Abs. 1 MwStSystRL keinen Gebrauch gemacht hat. Richtigerweise ist zu unterscheiden: Soweit es um die Aufteilung bei teils steuerpflichtigen und teils steuerbefreiten Umsätzen im Rahmen einer unmittelbaren Anwendung von § 15 Abs. 4 UStG geht, sind Zuschüsse etc. außer Betracht zu lassen[3]. Hingegen ist Art. 174 Abs. 1 Satz 2 MwStSystRL bei einer gemischt Verwendung für wirtschaftliche und nicht wirtschaftliche Zwecke nicht anwendbar[4]. Auch der BFH geht davon aus, dass „den steuerpflichtigen Umsätzen bei der Quotenbildung für Zwecke der Schätzung die Gesamtumsätze gegenüber gestellt werden" und die „Einbeziehung der Zuschüsse und Mitgliedsbeiträge in den Gesamtumsatz zulässig" sei, weil sie den Umfang der nicht steuerbaren Tätigkeit widerspiegeln[5]. Da eine Aufteilung der Vorsteuerbeträge im Schätzungswege entsprechend § 15 Abs. 4 UStG aber nur dann vorzunehmen ist, wenn eine direkte Zuordnung nicht möglich ist, sind die betroffenen Einrichtungen im Rahmen ihrer Mitwirkungspflicht gehalten, tatsächliche Gesichtspunkte zu benennen, aus denen sich ein „direkter und unmittelbarer Zusammenhang" der Eingangsleistungen mit der wirtschaftlichen Tätigkeit ergibt. In diesem Zusammenhang ist wiederum auf das EuGH-Urteil in der Rs. *Sveda*[6] hinzuweisen.

In allen Fällen der Vorsteueraufteilung ist der abziehbare Teil der Vorsteuern „**nach sachgerechter Schätzung**" zu ermitteln. Ob ein bestimmter Schätzungsmaßstab im Einzelfall sachgerecht ist, kann immer nur unter Berücksichtigung der konkreten Verhältnisse entschieden werden. Insoweit ist auf die einschlägige Rechtsprechung des EuGH und des BFH sowie auf die Ausführungen im UStAE zu § 15 Abs. 4 UStG zu verweisen[7]. Aus neuerer Zeit ist insbesondere auf die BFH-Urteile zur Anwendung eines objektbezogenen Flächenschlüssels bei gemischt genutzten Gebäuden hinzuweisen, mit denen der V. Senat die Grundsätze des EuGH-Urteils in der Rs. *BLC Baumarkt* umzusetzen versuchte[8]. Diese Rechtsprechung hatte wiederum

---

1 Vgl. BFH v. 22.4.2015 – XI R 10/14, BStBl. II 2015, 862; BFH v. 3.3.2011 – V R 23/10, BStBl. II 2012, 74; FG Köln v. 29.1.2015 – 6 K 3255/13, EFG 2015, 863; FG München v. 24.4.2013 – 3 K 734/10, EFG 2013, 1532; Abschn. 15.2b. Abs. 8 UStAE; aus dem Schrifttum nur *Englisch* in Tipke/Lang, § 17 Rz. 339; *Pull*, Die Sphärentheorie im Mehrwertsteuerrecht, 2014, S. 221 ff.

2 Dafür FG Sachsen v. 13.12.2012 – 6 K 1010/10, juris; FG Schleswig-Holstein v. 7.9.2006 – 4 K 223/04, EFG 2006, 1867; jeweils für eine schätzungsweise Aufteilung der Vorsteuern bei steuerpflichtigen und steuerbefreiten Umsätzen.

3 Ebenso FG Sachsen v. 13.12.2012 – 6 K 1010/10, juris; FG Schleswig-Holstein v. 7.9.2006 – 4 K 223/04, EFG 2006, 1867

4 So auch FG München v. 24.4.2013 – 3 K 734/10, EFG 2013, 1532 unter Hinweis auf EuGH v. 6.9.2012 – Rs. C-496/11 *Portugal Telecom*, ECLI:EU:C:2012:557.

5 BFH v. 24.9.2014 – V R 54/13, BFH/NV 2016, 364.

6 EuGH v. 16.7.2015 – Rs. C-108/14 und C-109/14 *Larentia + Minerva* und *Marenave*, ECLI:EU:C:2015:496; EuGH v. 22.10.2015 – Rs. C-126/14, ECL:EU:C:2015:712.

7 Vgl. Abschn. 15.16. und 15.17. UStAE.

8 EuGH v. 8.11.2012 – Rs. C-511/10, UR 2012, 968; BFH v. 7.5.2014 – V R 1/10, BFH/NV 2014, 1177; BFH v. 22.8.2013 – V R 19/09, BFH/NV 2014, 278.

den XI. Senat zu einer erneuten umfangreichen Vorlage veranlasst, über die der EuGH inzwischen entschieden hat[1]. Der XI. Senat hat aus der EuGH-Entscheidung folgende Schlüsse gezogen[2]:

„1. Bei der Herstellung eines gemischt genutzten Gebäudes kann für den Vorsteuerabzug – im Gegensatz zu den Eingangsleistungen für den Nutzung, Erhaltung und Unterhaltung – nicht darauf abgestellt werden, welche Aufwendungen in bestimmte Teile des Gebäudes eingehen; vielmehr kommt es insoweit auf die prozentualen Verwendungsverhältnisse des gesamten Gebäudes an.

2. Bei der Herstellung eines solchen Gebäudes ermöglicht der objektbezogene Flächenschlüssel regelmäßig eine sachgerechtere und ‚präzisere‘ berechnung des Rechts auf Vorsteuerabzug als der gesamtumsatzbezogene oder der objektbezogene Umsatzschlüssel."

Darüber hinaus hatte der XI. Senat dem EuGH auch einige Fragen zum Vorsteuerabzug bei **teilunternehmerisch tätigen Holding-Gesellschaften** vorgelegt[3], deren Beantwortung auch Rückwirkungen auf gemeinnützige Einrichtungen mit wirtschaftlichen und nichtwirtschaftlichen Tätigkeiten haben könnte. In seinem Urteil vom 16.7.2015 in den Rs. *Larentia + Minerva* und *Marinave* hat sich der Gerichtshof allerdings sehr zurückhaltend zur Vorsteueraufteilung geäußert[4].

Zum einen betont der EuGH erneut[5], dass – wegen der Nichtanwendbarkeit der Art. 173 MwStSystRL (früher: Art. 17 Abs. 5 der 6. MwStRL) – „die Festlegung der Methoden und Kriterien zur Aufteilung der Vorsteuerbeträge zwischen wirtschaftlichen und nichtwirtschaftlichen Tätigkeiten" im **Ermessen der Mitgliedstaaten** stehe. In diesem Rahmen dürfen sie „ggf. einen Investitionsschlüssel, einen Umsatzschlüssel oder jeden anderen geeigneten Schlüssel verwenden und sind nicht verpflichtet, sich auf eine einzige dieser Methoden zu beschränken". Es sei daher Sache der nationalen Behörden, unter gerichtlicher Kontrolle die Kriterien für eine Aufteilung zwischen wirtschaftlichen und nichtwirtschaftlichen Tätigkeiten festzulegen, „**die objektiv widerspiegelt, welcher Teil der Eingangsleistungen jeder dieser beiden Tätigkeiten tatsächlich zuzurechnen ist**"[6].

Die Finanzverwaltung gewährt seit langem bei „Vereinen, Forschungsbetrieben und ähnlichen Einrichtungen" aus **Vereinfachungsgründen gewisse Erleichterungen beim Vorsteuerabzug**. Nach Abschn. 2.10. Abs. 6 UStAE können Vorsteuern, die teilweise dem unternehmerischen und teilweise dem nichtunternehmerischen Bereich zuzuordnen sind, nach dem Verhältnis der Einnahmen aus dem unternehmerischen Bereich (z.B. aus wirtschaftlichen Geschäftsbetrieben und nicht steuerbefreiten Zweckbetrieben) zu den Einnahmen aus dem nichtunternehmerischen Bereich (echte Mitgliedsbeiträge, Spenden und Zuschüsse) aufgeteilt werden. Ein solches ver-

---

1 EuGH v. 9.6.2016 – Rs. C-322/14 *Wolfgang und Dr. Wilfried Rey Grundstücksgemeinschaft GbR*, ECLI:EU:C:2016:417.

2 BFH v. 10.8.2016 – XI R 31/09, BFH/NV 2016, 1654.

3 BFH v. 11.12.2013 – XI R 38/12, BStBl. II 2014, 428; BFH v. 11.12.2013 – XI R 17/11, BStBl. II 2014, 417.

4 EuGH v. 16.7.2015 – Rs. C-108/14 und C-109/14 *Larentia + Minerva* und *Marenave*, ECLI:EU:C:2015:496.

5 Siehe bereits EuGH v. 13.3.2008 – Rs. C-437/06 *Securenta*, Slg. 2008, I-1597; EuGH v. 6.9.2012 – Rs. C-496/11 *Portugal Telecom*, ECLI:EU:C:2012:557.

6 EuGH v. 16.7.2015 – Rs. C-108/14 und C-109/14 *Larentia + Minerva* und *Marenave*, ECLI:EU:C:2015:496.

einfachtes Aufteilungsverfahren darf aber nicht zu einem offensichtlich unzutreffenden Ergebnis führen. Es steht zudem unter dem Vorbehalt des jederzeitigen Widerrufs seitens der Finanzverwaltung (für die Zukunft) und bindet die Einrichtung mindestens für fünf Kalenderjahre. Das Finanzamt kann im Einzelfall auch ein anderes Aufteilungsverfahren zulassen (z.B. eine zeitbezogene Aufteilung der Vorsteuern entsprechend der tatsächlichen Nutzung)[1]. Darüber hinaus finden sich im UStAE auch verschiedene Beispiele zur Vorsteueraufteilung.

Insgesamt ist in der **neueren Rechtsprechung** eine gewisse Tendenz der Finanzgerichte festzustellen, den Vorsteuerabzug bei gemeinnützigen Einrichtungen unter Hinweis auf das Vorhandensein einer „ideellen Sphäre" restriktiv zu handhaben[2]. Gelingt es den Einrichtungen nicht, hinreichende tatsächliche Gesichtspunkte für eine direkte Zuordnung der Eingangsleistungen zur wirtschaftlichen Tätigkeit vorzutragen, wird einfach – wenn andere Maßstäbe fehlen – eine schätzungsweise Aufteilung nach einem „Einnahmenschlüssel" vorgenommen, d.h. das Verhältnis der erzielten Umsätze zu den Gesamteinnahmen zugrunde gelegt[3]. Diese Vorgehensweise dürfte aber immer nur eine „Notlösung" darstellen, weil das Verhältnis der Einnahmen regelmäßig nicht die „wirtschaftliche Zurechnung" zutreffend abbilden wird[4]. Aus den gleichen Gründen erscheint es zweifelhaft, wenn man unter Hinweis auf das Ausschließlichkeitsgebot des § 56 AO bei gemeinnützigen Einrichtungen einfach davon ausgeht, dass der nichtunternehmerische Bereich den „Hauptzweck" der Tätigkeit darstellt[5]. Eine solche pauschale Gewichtung übersieht nicht nur, dass sich die Tätigkeit einer gemeinnützigen Körperschaft auch in einer unternehmerischen Tätigkeit (Zweckbetrieb) erschöpfen kann. Ferner geht es bei der entsprechenden Anwendung des § 15 Abs. 4 UStG allein um eine „wirtschaftliche Zurechnung" von Eingangsleistungen und nicht um eine Gewichtung von Tätigkeiten. Deshalb muss auch bei der Auswahl der Schätzungsmethode im Einzelfall nach anderen – „sachgerechteren" – Maßstäben gesucht werden[6]. So ist z.B. bei einem Musikverein, der Uniformen anschafft, die von den Vereinsmitgliedern für unternehmerische (entgeltliche Auftritte bei Dritten) und für nichtunternehmerische Tätigkeiten (unentgeltliche Auftritte im Verein) verwendet werden, an eine Aufteilung nach Zeitanteilen zu denken[7].

3. Vorsteuerpauschalierung

Gemeinnützige Körperschaften haben nach § 23a UStG die Möglichkeit, anstelle einer Einzelermittlung die abziehbaren Vorsteuerbeträge auch mit einem **Durchschnittssatz** von 7 Prozent des steuerpflichtigen Umsatzes ohne Einfuhren und in-

7.215

---

1 BFH v. 3.3.2011 – V R 23/10, BStBl. II 2012, 74.
2 Vgl. BFH v. 24.9.2014 – V R 54/13, BFH/NV 2016, 364; BFH v. 29.6.2010 – V B 160/08, BFH/NV 2010, 1876; BFH v. 14.4.2008 – XI B 171/07, BFH/NV 2012, 818; FG Köln v. 29.1.2015 – 6 K 3255/13, EFG 2015, 863; FG München v. 18.9.2013 – 3 K 2796/11, juris; FG München v. 24.4.2013 – 3 K 734/10, EFG 2013, 1532; FG Köln v. 11.6.2010 – 15 K 1571/07, EFG 2010, 2035; FG München v. 5.11.2008 – 3 K 3427/03, EFG 2009, 787.
3 So etwa BFH v. 24.9.2014 – V R 54/13, BFH/NV 2016, 364; FG München v. 18.9.2013 – 3 K 2796/11, juris; FG München v. 24.4.2013 – 3 K 734/10, EFG 2013, 1532; kritisch dazu *Schmitz/Möser*, MwStR 2014, 503.
4 *Pull*, S. 228 ff.
5 So etwa FG München v. 24.4.2013 – 3 K 734/10, EFG 2013, 1532; im Ergebnis bestätigt durch BFH v. 24.9.2014 – V R 54/13, BFH/NV 2016, 364.
6 So auch *Schmitz/Möser*, MwStR 2014, 503.
7 FinMin Baden-Württemberg v. 8.12.1998 – S 2729/17.

nergemeinschaftliche Erwerbe anzusetzen. In diesem Fall ist aber ein weiterer Vorsteuerabzug ausgeschlossen. Das Wahlrecht ist durch das Vereinsförderungsgesetz 1990 eingeführt worden. Es setzt voraus, dass keine Buchführungspflicht nach § 141 AO besteht, der Vorjahresumsatz nicht über 35 000 Euro gelegen hat und ein entsprechender Antrag bis zum 10. Tag nach Ablauf des ersten Voranmeldungszeitraums des betreffenden Kalenderjahrs gestellt wird. Die gemeinnützige Einrichtung ist an die Ausübung des Wahlrechts fünf Kalenderjahre gebunden.

4. Berichtigung des Vorsteuerabzugs

7.216 Der Vorsteuerabzug beurteilt sich grundsätzlich nach den Verhältnissen im Zeitpunkt des Leistungsbezugs. Kommt es später zu einer **Änderung der Verhältnisse**, so ist unter den Voraussetzungen des § 15a UStG eine Berichtigung des Vorsteuerabzugs vorzunehmen. Eine Änderung der Verhältnisse liegt vor, wenn sich auf Grund einer geänderten Verwendung des Wirtschaftsgutes im Berichtigungszeitraum ein höherer oder niedrigerer Vorsteuerabzug ergäbe, als er ursprünglich zulässig war. Allerdings ist zu beachten, dass § 15a UStG nach ganz h.M. einen dem Grunde nach bestehenden Vorsteuerabzug voraussetzt[1]. Die Vorschrift betrifft folglich nicht den Fall einer Einlage eines zunächst „privat", d.h. für den nichtunternehmerischen Bereich angeschafften und verwendeten Gegenstandes. Vielmehr knüpft § 15a UStG an die in § 15 Abs. 2 bis 4 UStG getroffene Unterscheidung zwischen abziehbaren und nicht abziehbaren Vorsteuern an. Soweit sich insoweit die Verhältnisse ändern (ein zunächst zur Ausführung steuerpflichtiger Umsätze angeschafftes Wirtschaftsgut wird später zur Ausführung steuerfreier Umsätze eingesetzt), kommt es zu einer Berichtigung nach § 15a UStG. Gleiches gilt für die Fälle des Wechsels in die Kleinunternehmerregelung (§ 19 UStG) sowie für einen Übergang zur Durchschnittsbesteuerung nach § 23a UStG (vgl. § 15a Abs. 7 UStG).

Beispiel Nr. 7: Eine gemeinnützige Einrichtung hat ein Gebäude erworben, um darin eine feste Verkaufsstelle für Gegenstände zu betreiben, die dem Verein durch Erbschaften etc. zufallen. Nach drei Jahren wird die Verkaufsstelle geschlossen und das Gebäude als Museum zur Ausführung steuerbefreiter kultureller Umsätze genutzt. Hier ist die im Jahr der Anschaffung geltend gemachte Vorsteuer nach § 15a Abs. 1 UStG zu berichtigen. Eine Berichtigung ist auch vorzunehmen, wenn eine gemeinnützige Einrichtung mit geringen Umsätzen zunächst nach § 19 Abs. 2 UStG für eine Anwendung der allgemeinen Besteuerung optiert hatte und später zur Nichtbesteuerung nach § 19 Abs. 1 UStG übergeht.

7.217 § 15a UStG unterscheidet hinsichtlich des **Berichtigungszeitraums** zwischen Wirtschaftsgütern des Anlagevermögens (§ 15a Abs. 1 UStG) und des Umlaufvermögens (§ 15a Abs. 2 UStG). Bei Wirtschaftsgütern des Anlagevermögens gilt ein fünfjähriger bzw. bei Grundstücken, Grundstücksrechten und Bauten auf fremdem Grund und Boden ein zehnjähriger Berichtigungszeitraum. Bei Wirtschaftsgütern des Umlaufvermögens beschränkt sich die Berichtigung auf den Besteuerungszeitraum, in dem das Wirtschaftsgut verwendet wird. Sofern die auf die Anschaffungs- oder

---

1 Vgl. dazu EuGH v. 11.7.1991 – Rs. C-97/90 *Lennartz*, Slg. 1991, I-3795; Abschn. 15a.1. Abs. 6 UStAE.

Herstellungskosten entfallende Vorsteuer 1 000 Euro nicht übersteigt, entfällt nach § 44 Abs. 1 UStDV die Vorsteuerberichtigung.

frei   7.218–7.219

IX. Kleinunternehmerregelung

Die Besteuerungsfreigrenze des § 64 Abs. 3 AO gilt nur für die Körperschaft- und   7.220
Gewerbesteuer. Gemeinnützige Einrichtungen unterliegen somit auch dann der
Umsatzsteuer, wenn ihre Umsätze weniger als 35 000 Euro betragen. Wie alle anderen Unternehmer auch, können sie aber von der sog. Kleinunternehmerregelung
Gebrauch machen (§ 19 UStG). Übersteigen die Umsätze zuzüglich der darauf ent-
fallenden Umsatzsteuer im vorangegangenen Kalenderjahr 17 500 Euro und im laufenden Kalenderjahr voraussichtlich 50 000 Euro nicht, wird für das laufende Kalenderjahr eine Umsatzsteuer nicht erhoben. Wurde die umsatzsteuerpflichtige Tätigkeit nicht während des gesamten Jahres ausgeübt, ist der tatsächliche Gesamtumsatz in einen Kalenderjahresumsatz umzurechnen (vgl. § 19 Abs. 3 Satz 3 UStG).
Bei einer Neugründung oder beim Erwerb eines wirtschaftlichen Geschäftsbetriebs
kommt es allein darauf an, ob der voraussichtliche Gesamtumsatz dieses Jahres die
Grenze von 17 500 Euro überschreitet[1].

Beispiel Nr. 8: Wenn ein gemeinnütziger Verein im September des Jahres 01 eine Verkaufsstelle einrichtet und im letzten Quartal daraus Einnahmen in Höhe von 3 000 Euro erzielt,
dann ist die Kleinunternehmergrenze im Jahr 01 noch nicht überschritten, weil der voraussichtliche Gesamtumsatz nur 12 000 Euro beträgt (4 × 3 000). Gleiches gilt für das Jahr 02,
selbst wenn der Verein im Jahr 02 einen Gesamtumsatz von 25 000 Euro erzielt, weil es
dann allein auf den Umsatz des Vorjahres ankommt. Im Jahr 03 besteht eine Umsatzsteuerpflicht ohne Rücksicht auf die voraussichtliche Höhe der Einnahmen, weil im Jahr 02 die
17 500 Euro-Grenze überschritten worden ist.

Überschreitet eine Einrichtung die Umsatzgrenze des § 19 UStG nicht, kann sie al-   7.221
lerdings durch Erklärung gegenüber dem Finanzamt **für die Mehrwertsteuer optie-
ren** (§ 19 Abs. 2 UStG). Dazu reicht es aus, dass in der Steuererklärung für das
betreffende Jahr die Steuer nach den allgemeinen Vorschriften des UStG berechnet
wird. Die Erklärung bindet für mindestens fünf Kalenderjahre.

X. Verfahren

Hinsichtlich der Aufzeichnungs- und Erklärungspflichten gelten für gemeinnützige   7.222
Einrichtungen die **allgemeinen Vorschriften**. Es gilt das Prinzip der Steueranmel-
dung, d.h. der Steuerpflichtige hat die zu entrichtende Steuer selbst zu berechnen
und zu den vorgeschriebenen Zeitpunkten an das Finanzamt abzuführen. Für die
Beachtung der steuerlichen Pflichten sind die gesetzlichen Vertreter der gemeinnützigen Einrichtung verantwortlich, d.h. bei einem gemeinnützigen Verein die Mitglieder des Vorstands (§ 34 AO).

frei   7.223–7.229

---

1 BFH v. 22.11.1984 – V R 170/83, BStBl. II 1985, 142; Abschn. 19.1. Abs. 4 Satz 2 UStAE.

E. Weitere Einzelsteuern

I. Grundsteuer

1. Allgemeines

7.230 Die Grundsteuer ist eine Realsteuer. Sie belastet im Sinne einer „**Sollertragsteuer**" den aus dem Grundbesitz fließenden Ertrag ohne Beachtung der persönlichen Lebensverhältnisse des Eigentümers[1]. Ihr Aufkommen steht den Gemeinden zu (Art. 106 Abs. 6 GG). Steuerobjekt ist der inländisch belegene Grundbesitz (vgl. § 2 GrStG). Die Bemessungsgrundlage bildet der vom Lagefinanzamt festgestellte sog. Einheitswert[2], auf den eine bestimmte Steuermesszahl (zwischen 3,5 und 6 Prozent) anzuwenden ist (Grundsteuermessbetrag). Durch Anwendung des von den Gemeinden festzulegenden Hebesatzes (Grundsteuer A und B) auf den Steuermessbetrag ergibt sich die Höhe der geschuldeten Grundsteuer. Steuerschuldner ist der Eigentümer (§ 10 GrStG). Die Grundsteuer ist eine Jahressteuer.

2. Befreiung für steuerbegünstigte Einrichtungen

a) Gesetzliche Regelung

7.231 Nach **§ 3 Abs. 1 Satz 1 Nr. 3 Buchst. b GrStG** ist Grundbesitz, der „von einer inländischen Körperschaft, Personenvereinigung oder Vermögensmasse, die nach der Satzung, dem Stiftungsgeschäft oder der sonstigen Verfassung und nach ihrer tatsächlichen Geschäftsführung ausschließlich und unmittelbar gemeinnützigen oder mildtätigen Zwecken dient, für gemeinnützige oder mildtätige Zwecke benutzt wird", von der Grundsteuer befreit. Eine entsprechende Befreiung für den Grundbesitz von inländischen Körperschaften des öffentlichen Rechts findet sich in § 3 Abs. 1 Satz 1 Nr. 3 Buchst. a GrStG[3].

b) Steuerbegünstigte Körperschaften

7.232 In persönlicher Hinsicht setzt die Befreiung nach § 3 Abs. 1 Satz 1 Nr. 3 Buchst. b GrStG voraus, dass eine Körperschaft **die Voraussetzungen der §§ 51 ff. AO** erfüllt. Nach bisheriger Auffassung gilt die Befreiung nur für inländische Körperschaften[4]. Diese Auslegung ist nach den Grundsätzen der EuGH-Entscheidung in der Rechtssache *Stauffer* überholt[5]. Solange das deutsche Gemeinnützigkeitsrecht auch im Ausland tätige inländische Körperschaften begünstigt, muss die Befreiung nach dem Grundsatz der Inländergleichbehandlung auch ausländischen Einrichtungen gewährt werden, soweit diese die Voraussetzungen der §§ 51 ff. AO erfüllen

---

1 Zur steuersystematischen Einordnung und Kritik der Grundsteuer vgl. nur *Seer* in Tipke/Lang, § 16 Rz. 10 ff.

2 Zu verfassungsrechtlichen Bedenken gegen die Einheitsbewertung vgl. BFH v. 30.6.2010 – II R 60/08, BStBl. II 2011, 48; BFH v. 30.6.2010 – II R 60/08, BStBl. II 2010, 897.

3 Vgl. zur Beschränkung der Grundsteuerbefreiung auf korporierte Religionsgesellschaften und jüdische Kultusgemeinden BFH v. 30.6.2010 – II R 12/09, BStBl. II 2011, 48.

4 BFH v. 18.4.1975 – III B 24/74, BStBl. II 1975, 595.

5 EuGH v. 14.9.2006 – Rs. C-386/04 *Stauffer*, Slg. 2006, I-8203.

und deren inländischer Grundbesitz unmittelbar für steuerbegünstigte Zwecke genutzt wird.

Ob eine Körperschaft als steuerbegünstigt anzusehen ist, entscheidet das **zuständige** **Lagefinanzamt**. Eine rechtliche Bindung an die Entscheidung für andere Steuerarten, insbesondere die Körperschaftsteuer, besteht nicht. Allerdings soll das Lagefinanzamt im Regelfall die bei der Körperschaftsteuer getroffene Entscheidung übernehmen[1].   7.233

c) Benutzung des Grundstücks zu begünstigten Zwecken

Die Befreiung von der Grundsteuer setzt nach § 3 Abs. 1 Satz 1 Nr. 3 Buchst. b GrStG des Weiteren voraus, dass der Grundbesitz „für gemeinnützige oder mildtätige Zwecke benutzt wird". Ergänzend dazu bestimmt § 7 GrStG, dass die Befreiung nur eintritt, „wenn der Steuergegenstand **für den steuerbegünstigten Zweck** **unmittelbar benutzt wird**. Unmittelbare Benutzung liegt vor, sobald der Steuergegenstand für den steuerbegünstigten Zweck hergerichtet wird". Was ein steuerbegünstigter Zweck ist, bestimmt sich nach den §§ 52 ff. AO.   7.234

Der **Begriff der „unmittelbaren Benutzung"** setzt nicht voraus, dass der Grundbesitz für eigene steuerbegünstigte Zwecke genutzt wird (vgl. § 3 Abs. 1 Satz 2 GrStG). Überlässt also eine gemeinnützige Einrichtung einer anderen ebenfalls gemeinnützigen Einrichtung Räume gegen Entgelt, die von der anderen Einrichtung für deren steuerbegünstigte Zwecke genutzt werden, bleibt die Steuerbefreiung erhalten[2]. Eine unmittelbare Nutzung für steuerbegünstigte Zwecke ist zunächst gegeben, wenn Grundbesitz im Rahmen eines steuerbegünstigten Zweckbetriebs gehalten wird. Hier ergibt sich die unmittelbare Nutzung bereits aus der Definition der §§ 65 ff. AO. Das Gleiche gilt für Grundbesitz, der in der ideellen Sphäre für die steuerbegünstigten Zwecke genutzt wird. Dabei ist zu beachten, dass der Begriff der „unmittelbaren" Benutzung nicht zu eng ausgelegt werden darf. Es würde nämlich dem Sinn und Zweck der Steuerbefreiung widersprechen, wenn man unentbehrliche Hilfsmaßnahmen und Hilfsmittel von der Befreiung ausnehmen würde. Daher ist auch Grundbesitz, der zwar nicht unmittelbar der Zweckverwirklichung dient, aber zur Verwirklichung der Zwecke unentbehrlich ist, von der Grundsteuer zu befreien. Beispiele sind der Parkplatz eines Krankenhauses für die Mitarbeiter und die Besucher oder das Grundstück, auf dem die Geschäftsstelle einer gemeinnützigen Einrichtung gelegen ist[3]. An einer unmittelbaren Benutzung für steuerbegünstigte Zwecke fehlt es hingegen insbesondere bei Grundbesitz, auf dem ein steuerpflichtiger wirtschaftlicher Geschäftsbetrieb unterhalten wird[4] oder der einem Dritten zur Nutzung für nicht steuerbegünstigte Zwecke überlassen wird. Ferner ist die Überlassung von Wohnungen nach § 5 Abs. 2 GrStG stets steuerpflichtig[5]. Eine solche   7.235

---

1 Abschn. 12 Abs. 2 GrStR.
2 Vgl. *Troll*, § 3 GrStG Rz. 43.
3 Vgl. näher *Troll*, § 7 GrStG Rz. 2.
4 Vgl. Abschn. 12 Abs. 6 Nr. 2 GrStR.
5 Vgl. BFH v. 21.4.1999 – II R 5/97, BStBl. II 1999, 496.

„Wohnung" ist nach Ansicht des BFH in einem Studentenwohnheim in Gestalt eines Appartementhauses gegeben, „wenn eine Wohneinheit aus einem Wohn-Schlafraum mit einer vollständig eingerichteten Küchenkombination oder zumindest einer Kochgelegenheit mit den für eine Kleinkücheneinrichtung üblichen Anschlüssen, einem Bad/WC und einem Flur besteht und eine Gesamtwohnfläche von mindestens 20 m² hat"[1]. Bei gemischter Nutzung hat eine Aufteilung nach dem Verhältnis der Nutzflächen zu erfolgen (§ 8 Abs. 1 GrStG).

7.236 frei

II. Rennwett- und Lotteriesteuer

7.237 Steuerobjekt der Rennwett- und Lotteriesteuer ist das Wetten am Totalisator und beim Buchmacher anlässlich öffentlicher Pferderennen und im Inland veranstalteter öffentlicher Lotterien. Nach § 18 Nr. 2 RennwLottG sind von der Besteuerung ausgenommen die von den zuständigen Behörden genehmigten Lotterien oder Ausspielungen zu ausschließlich gemeinnützigen, mildtätigen oder kirchlichen Zwecken, bei denen der Gesamtpreis der Lose einer Lotterie oder Ausspielung den Wert von 40 000 Euro nicht übersteigt. Im Unterschied zu § 68 Nr. 6 AO ist es nicht erforderlich, dass der Veranstalter selbst ausschließlich begünstigte Zwecke verfolgt. Entscheidend ist allein, dass die Lotterie oder Ausspielung ausschließlich zu begünstigten Zwecken erfolgt und der Erlös unmittelbar diesen Zwecken zugute kommt[2]. Die Befreiungsregelung soll darüber hinaus nur anwendbar sein, wenn mindestens ein Viertel der Einsatzsumme für die steuerbegünstigten Zwecke verbleibt[3].

III. Grunderwerbsteuer

7.238 Die Grunderwerbsteuer ist – ungeachtet ihrer verbrauchsteuermäßigen Belastungswirkung – eine **Rechtsverkehrssteuer auf Grundstücksumsätze**[4]. Ihr Steueraufkommen steht den Ländern zu (Art. 106 Abs. 2 Nr. 4 GG). Steuerobjekt ist der Erwerb eines Grundstücks oder grundstücksgleichen Rechts, der auf einem tatbestandlichen Erwerbsvorgang (vgl. § 1 GrEStG) beruht. Bemessungsgrundlage ist der Wert der Gegenleistung (§ 8 Abs. 1 GrEStG)[5]. Der Steuersatz beträgt je nach Bundesland zwischen 3,5 und 6,5 Prozent. Steuerschuldner sind der bisherige Eigentümer und der Erwerber als Gesamtschuldner. Zu den nach § 1 GrEStG steuerpflichtigen Erwerben gehören ein Kaufvertrag und andere Rechtsgeschäfte (Tausch,

---

1 BFH v. 4.12.2014 – II R 20/14, BStBl. II 2015, 610.
2 Dies ist nicht der Fall bei einem „Rubbellos-Adventskalender", vgl. FG Rheinland-Pfalz v. 17.9.2009 – 4 K 1976/06, EFG 2009, 2051.
3 Vgl. BFH v. 7.7.1954 – II 156/53 U, BStBl. III 1954, 244.
4 Zur systematischen Einordnung näher *Fischer* in Boruttau, § 1 GrEStG Rz. 101 ff.; *Englisch* in Tipke/Lang, § 18 Rz. 4.
5 Zur Vereinbarung eines Kaufpreises von 1 Euro beim Erwerb einer sanierungsbedürftigen Immobilie durch eine gemeinnützige Stiftung vgl. BFH v. 7.7.1954 – II 156/53 U, BStBl. III 1954, 244; FG Hamburg v. 29.12.2008 – 3 K 128/08, EFG 2009, 956.

Schenkung etc.), die einen Anspruch auf Übereignung begründen[1], aber auch der Übergang des Eigentums, wenn kein den Anspruch auf Übereignung begründendes Rechtsgeschäft vorausgegangen ist (z.B. auf Grund von Unternehmensumstrukturierungen nach dem Umwandlungsgesetz).

Das geltende Grunderwerbsteuergesetz enthält in den §§ 3, 4 **keine speziellen Be-**   7.239
freiungen für gemeinnützige Körperschaften[2]. So gilt der Befreiungstatbestand des § 4 Nr. 1 GrEStG nur für Grundstücksübertragungen, wenn sowohl der Veräußerer als auch der Erwerber juristische Personen des öffentlichen Rechts sind. Die Grundstücksübertragung von einer gemeinnützigen GmbH auf einen Landkreis ist daher nicht begünstigt[3]. Allerdings sind nach § 3 Nr. 2 GrEStG von der Besteuerung ausgenommen „der Grundstückserwerb von Todes wegen und Grundstücksschenkungen unter Lebenden im Sinne des Erbschaft- und Schenkungsteuergesetzes". Durch diese Befreiung soll eine Doppelbelastung mit Grunderwerb- und Schenkungsteuer vermieden werden. Sie ist auch bei der Zuwendung von Grundstücken an gemeinnützige Einrichtungen anwendbar und ermöglicht dort wegen der Steuerbefreiung nach § 13 Nr. 16 Buchst. b ErbStG einen insgesamt steuerfreien Erwerb. Dies gilt aber nur dann, wenn der Erwerb tatsächlich rein unentgeltlich erfolgt. Die „schenkweise" Übertragung einer belasteten Immobilie unter Übernahme der Schulden löst somit eine Grunderwerbsteuerpflicht aus[4]. Ferner ist zu beachten, dass die Steuerbefreiung des § 3 Nr. 2 GrEStG einen Erwerb von Todes wegen bzw. eine Schenkung – also eine freigebige Zuwendung – im Sinne des ErbStG voraussetzt. Daran fehlt es nach der ständigen Rechtsprechung des II. Senats des BFH[5] bei **unentgeltlichen Vermögensübertragungen durch Träger der öffentlichen Gewalt**, weil diese regelmäßig „in Wahrnehmung der ihnen obliegenden Aufgaben handeln". Mit anderen Worten: Der Staat hat nichts zu verschenken. Etwas anderes soll nur gelten, wenn eine übertragende juristische Person des öffentlichen Rechts den Rahmen ihrer Aufgaben „eindeutig überschreitet"[6]. Daraus folgt, dass z.B. die unentgeltliche Übertragung eines Grundstücks seitens einer Kommune auf eine bereits bestehende privatrechtliche Stiftung der Grunderwerbsteuer unterliegt. Etwas anderes gilt bei Grundstücksübertragungen durch Kirchen bzw. deren Untergliederungen, weil diese nicht dem staatlichen Haushaltsrecht unterliegen und ihre Angelegenheiten selbst verwalten (vgl. auch Art. 140 GG i.V.m. Art. 137 Abs. 3 Satz 1 WRV)[7]. Vermögensübertra-

---

1 Dazu gehört auch ein Stiftungsgeschäft, das mit Anerkennung durch die zuständige Behörde einen Anspruch auf Übereignung nach § 82 BGB begründet, ebenso FG Schleswig-Holstein v. 8.3.2012 – 3 K 118/11, EFG 2012, 1184; a.A. *Wachter*, DStR 2012, 1900. Das BFH-Urteil v. 27.11.2013 – II R 11/12, npoR 2014, 38 mit Anm. *Hüttemann* hat die Frage offen gelassen.
2 Zur Verfassungsmäßigkeit vgl. FG Hamburg v. 31.8.2012 – 3 V 129/12, EFG 2013, 140.
3 BFH v. 9.11.2016 – II R 12/15, BStBl. II 2017, 211.
4 Vgl. *Schauhoff*, Stiftung&Sponsoring 4/2001, 18.
5 Vgl. BFH v. 1.12.2004 – II R 46/02, BStBl. II 2005, 311; BFH v. 29.3.2006 – II R 15/04, BStBl. II 2006, 557; BFH v. 29.3.2006 – II R 68/04, BStBl. II 2006, 632; BFH v. 27.11.2013 – II 11/12, BFH/NV 2014, 579.
6 Siehe nur BFH v. 1.12.2004 – II R 46/02, BStBl. II 2005, 311.
7 BFH v. 17.5.2006 – II R 46/04, BStBl. II 2006, 720.

gungen zwischen juristischen Personen des öffentlichen Rechts sind schließlich unter den Voraussetzungen des § 4 Nr. 1 GrEStG befreit.

Fraglich ist, ob auch die **Erstausstattung einer privatrechtlichen Stiftung** durch einen Verwaltungsträger der Grunderwerbsteuer unterliegt. Immerhin „gilt" nach § 7 Abs. 1 Nr. 8 GrEStG der „Übergang von Vermögen auf Grund eines Stiftungsgeschäfts unter Lebenden" als Schenkung unter Lebenden. Indes sollen nach Ansicht des BFH trotz dieser bloßen Fiktion die Voraussetzungen der Steuerbarkeit bei § 7 Abs. 1 Nr. 8 ErbStG „dieselben wie bei § 7 Abs. 1 Nr. 1 ErbStG" sein[1]. Zur Begründung genügt dem II. Senat ein schlichter Verweis auf zwei frühere Entscheidungen, die diese Aussage aber lediglich wiederholen, ohne dass man eine inhaltliche Begründung erfährt. Auch die Finanzverwaltung geht inzwischen davon aus, dass die Dotation einer Stiftung mit Grundvermögen durch die öffentliche Hand nicht von Grunderwerbsteuer befreit ist[2].

---

1 BFH v. 27.11.2013 – II R 11/12, BFH/NV 2014, 579.
2 FinMin Bayern v. 11.12.2013, DB 2014, 92.

4. Teil
Steuerbegünstigte Zuwendungen und andere Leistungen

Kapitel 8
Steuerlicher Spendenabzug

Literatur: *Alberti*, Sponsoring im Steuerrecht, Frankfurt/M. 2001; *Autenrieth*, Die Vorstiftung im Rechtskleid der unselbständigen Stiftung, in Dauner-Lieb u.a. (Hrsg.), Festschrift für M. Binz zum 65. Geburtstag, München 2014, S. 14; *Autenrieth*, Werdende Stiftung vor staatlicher Anerkennung ist steuerlich wie eine unselbständige Stiftung zu behandeln, GmbHR 2016, 745; *Becker*, Betriebsausgabenabzug von Sponsoringaufwendungen, DStZ 2002, 663; *Bergmann*, Erweiterte Sonderausgabenabzugsfähigkeit für Dotationen an Stiftungen, Baden-Baden 2004; *Bodden*, Aktuelle Brennpunkte der Thesaurierungsbesteuerung nach § 34a EStG, FR 2014, 920; *Brunner*, Kein Spendenabzug nach § 10b EStG beim Erben, DStR 1994, 782; *Crezelius/Rawert*, Das Gesetz zur weiteren steuerlichen Förderung von Stiftungen, ZEV 2000, 421; *Cutbill/Paines/Hallam* (Hrsg.), International Charitable Giving, Oxford 2013; *Deumeland*, Spende an den Papst steuermindernd nach § 9 KStG!, IStR 2014, 405; *Drasdo*, Die steuerliche Beurteilung von Geld- und Sachspenden zugunsten der caritativen Hilfsorganisationen als Ausgaben i.S.d. § 10b EStG, DStR 1987, 330; *Emser*, Änderungen der Voraussetzungen für eine steuerliche Anerkennung sog „Aufwandsspenden" durch das BMF-Schreiben v. 25.11.2014, DStR 2015, 1960; *Erhart*, Das Stiftungsvermögen in der Stiftungsbilanz, npoR 2017, 107; *Fischer*, Gemeinnutz und Eigennutz am Beispiel der steuerlichen Sportförderung, in Kirchhof/Jakob/Beermann (Hrsg.), Festschrift für Klaus Offerhaus zum 65. Geburtstag, München 1999, S. 597; *Fischer*, Reform des Gemeinnützigkeits- und Spendenrechts, NWB F 2, 9439; *Fleischer*, Unternehmensspenden und Leitungsermessen des Vorstands im Aktienrecht, AG 2001, 171; *Förster*, Grenzüberschreitende Gemeinnützigkeit – Spenden schwer gemacht?, BB 2011, 663; *Förster*, Immer Ärger mit den Nachweisen – Verfahrensprobleme bei grenzüberschreitenden Spenden, DStR 2013, 1516; *Flues*, Die Zustiftung im Zivilrecht, im Steuerrecht und in der Rechnungslegung unter Berücksichtigung der Rechtslage in Österreich und der Schweiz, 2015; *Gerlach*, Vertrauensschutz und Haftung im Spendenrecht, Frankfurt/M. 2005; *Geserich*, Das Spendenrecht, DStJG 26 (2003), 245; *Geserich*, Auslandsspenden leicht gemacht? – Das neue BMF-Schreiben v. 16.5.2011 zur Anwendung des EuGH-Urteils v. 27.1.2009 in der Rechtssache „Persche", NWB 2011, 2188; *Gierlich*, Vertrauensschutz und Haftung bei Spenden, FR 1991, 518; *Gollan*, Spenden als verdeckte Gewinnausschüttungen, Non Profit Law Yearbook 2008 (2009), 103; *Gosch*, Spenden als verdeckte Gewinnausschüttungen, StBp 2000, 125; *Haag*, Nachversteuerung gemäß § 34a EStG bei unentgeltliche Unternehmensnachfolge durch juristische Personen, BB 2012, 1966; *Herfurth*, Zuwendungen von Todes wegen an eine gemeinnützige Körperschaft – Erbschaftsteuerbegünstigung versus Sonderausgabenabzug?, in Wachter (Hrsg.), Vertragsgestaltung im Zivil- und Steuerrecht. Festschrift für Sebastian Spiegelberger zum 70. Geburtstag, Bonn 2009, S. 1285; *Herlinghaus*, Einkommensermittlung und Einkommenszurechnung, in Herzig (Hrsg.), Organschaft, 2003, S. 119; *Heuer*, Der neue BMF-Erlass zur ertragsteuerlichen Behandlung des Sponsorings: Die steuerlichen Konsequenzen beim Sponsor und Gesponsorten, DStR 1998, 18; *Hoffmann-Steudtner/Staats*, Entwurf eines Gesetzes zur Entbürokratisierung des Gemeinnützigkeitsrechts (GemEntBG) – eine Analyse, ZStV 2013, 19; *Hörmann*, Spende oder Sponsoring, npoR 2016, 153; *Hügel*, Zum Investitionszulagengesetz, Inf 1969, 385; *Hushahn*, Des Pudels Kern der Verbrauchsstiftung und die Gretchenfrage ihres Vermögensstocks – zur zivil- und spendenrechtlichen Behandlung der Verbrauchsstiftung, npoR 2011, 73; *Hüttemann*, Das Gesetz zur weiteren steuerlichen Förderung von Stiftungen, DB 2000, 1584; *Hüttemann*, Thesen zur Reform des Spendenrechts, in Bertelsmann-Stiftung/Maecenata-Institut (Hrsg.), Expertenkommission zur Reform des Stiftungs- und Gemeinnützigkeitsrechts, Gütersloh 2000, S. 178; *Hüttemann*, Die Neuregelung des Spendenrechts, NJW 2000, 638; *Hüttemann*, Verfassungsrechtliche Grenzen der rechtsformbezogenen Privilegierung von Stiftungen im Spenden- und Gemeinnützigkeitsrecht, Non Profit Law Yearbook 2001 (2002), 145; *Hüttemann*, Neuere Entwicklungen des Spendenrechts, Stiftung&Sponsoring, Rote Seiten zu 1/2002; *Hüttemann*, Liebhaberei bei Kapitalgesellschaften, in Kirchhof/Schmidt/Schön/Vogel (Hrsg.). Festschrift für Arndt Raupach zum 70. Geburtstag, Köln 2006, S. 495; *Hüttemann*, „Hilfen für Helfer" – Zum Entwurf eines Gesetzes zur weiteren Stärkung des bürgerschaftlichen Engagements, DB 2007, 127; *Hüttemann*, Gesetz zur weiteren Stärkung des bürgerschaftlichen Engagements und seine Auswirkungen auf das Gemeinnützigkeits- und Spendenrecht, DB 2007, 2053; *Hüttemann*, Das Buchwertprivileg bei Sachspenden nach § 6 Abs. 1 Nr. 4 Satz 5 EStG, DB 2008, 1590; *Hüttemann*, Steuerliche Behandlung von Spenden in den Vermögensstock einer Stiftung (Anm. zur Verfügung der OFD Frankfurt/M. v. 13.6.2008 – S 2223 A - 155 - St 216, DB 2008, 2002), DB 2008, 2164; *Hüttemann*, Bilanz- und steuerrechtliche Aspekte der sozialen Verantwortung von Unternehmen, AG 2009, 774; *Hüttemann*, Die Vorstiftung – ein zivil- und steuerrechtliches Phantom, in Wachter (Hrsg.), Vertragsgestaltung im Zivil- und Steuerrecht. Festschrift für Sebastian Spiegelberger zum 70. Geburtstag, Bonn 2009, S. 1292; *Hüttemann*, Steuerliche Aspekte der Corporate Social Responsibility von Unternehmen, in Spindler/Tipke/Rödder (Hrsg.), Steuerzentrierte Rechtsberatung. Festschrift für Harald Schaumburg, Köln 2009, S. 405; *Hüttemann*, Stiftungsgeschäft und Vermögensausstattung, in Saenger/Bayer/Koch/Körber (Hrsg.), Festschrift für Olaf Werner, Baden-Baden 2009, S. 85; *Hüttemann*, Rechtsfragen des grenzüberschreitenden Spendenabzugs, IStR 2010, 118; *Hüttemann*, Anwendung des EuGH-Urteils Persche, Kurzkommentar zum BMF-Schreiben vom 6.4.2010, DB 2010, M 20; *Hüttemann*, Bessere Rahmenbedingungen für den Dritten Sektor – zum Entwurf eines Gesetzes zur Entbürokratisierung des Gemeinnützigkeitsrechts, DB 2012, 2594; *Hüttemann*, Ausstellung von Zuwendungsbestätigungen und Anerkennung als gemeinnützige Körperschaft – Kritik des BFH-Urteils v. 19.7.2011 – X R 32/10, FR 2012, 241; *Hüttemann*, Das Gesetz zur Stärkung des Ehrenamts, DB 2013, 774; *Hüttemann*, Zur Rechnungslegung von Stiftungen – Anmerkungen zu IDW ERS HFA 5, DB 2013, 1561; *Hüttemann*, Anmerkung zu BFH v. 17.9.2013 – I R 16/12, ISR 2014, 133; *Hüttemann*, Der geänderte Anwendungserlass zur Gemeinnützigkeit, DB 2014, 442; *Hüttemann*, Anmerkung zu BFH v. 21.1.2015 – X R 36/11, npoR 2015, 209; *Hüttemann/Herzog*, Steuerfragen bei gemeinnützigen nichtrechtsfähigen Stiftungen, DB 2004, 1001; *Hüttemann/Jacobs*, Zurückbehaltungsrecht bei unterlassener oder fehlerhafter Rechnungsausstellung, MDR 2007, 1229; *Hüttemann/Rawert*, Die notleidende Stiftung, ZIP 2013, 2136; *Irle*, Kunstsponsoring im Steuerrecht, Berlin 2001; *Jachmann*, Steuerrecht, in Igl/Jachmann/Eichenhofer (Hrsg.), Rechtliche Rahmenbedingungen bürgerschaftlichen Engagements, Opladen 2002; *Jansen*, Steuerliche Änderungen nach dem Vereinsförderungsgesetz, DStR 1990, 61; *Janssen*, Verdeckte Gewinnausschüttung und Spendenabzug, DStZ 2010, 170; *Kessler*, Die steuerliche Behandlung der zeitlich begrenzten Abordnung von Arbeitskräften an Dritte bei Kostenübernahme, BB 1991, 1869; *Kirchhain*, Immer wieder Ärger mit Auslandsspenden – BFH, Urteil vom 17.9.2013 – I R 16/12, IWB 2014, 421; *Kirchhain*, Zuwendung von Anteilen an gewerblich geprägten Mitunternehmerschaften an NPOs nicht mehr vollständig privilegiert? – Anmerkung zu OFD Frankfurt/M. vom 31.3.2016 und zu FinMin. Schleswig-Holstein vom 9.6.2016, DB 2016, 1605; *Kröger*, „Ehe-Schutz" und Stiftungs-Steuerrecht, DStR 2001, 426; *Kümpel*, Die Besteuerung steuerpflichtiger wirtschaftlicher Geschäftsbetriebe, DStR 1999, 1505; *Lex*, Steuerliche Änderungen für Stiftungen und Spender durch das Gesetz zur Änderung der steuerlichen Rahmenbedingungen für Stiftungen, DStR 2000, 1939; *Lippert/Flegel*, Transfusionsgesetz, Berlin 2002; *Luxton*, The Law of Charities, Oxford 2001; *Maetz*, Nachversteuerung i.S.d. § 34a EStG bei Stiftungserrichtung?, FR 2013, 652; *Maier*, Steueroptimierte Zuwendungen an gemeinnützige Stiftungen – zugleich Besprechung des BFH-Urteils vom 3.8.2005, DStR 2006, 505; *Mehren*, Anmerkung zu BFH v. 25.1.2017 – II R 26/16, npoR 2017, 165; *Meyn*, Stiftung und Vermögensverzehr – Zivil- und spendenrechtliche Auswirkungen des Ehrenamtsstärkungsgesetzes für Verbrauchsstiftung & Co., Stiftung&Sponsoring, Rote Seiten zu 3/2013; *Muscheler*, Das Wesen der Zustiftung, WM 2008, 1669; *Mülbert*, Soziale Verantwortung von Unternehmen im Gesellschaftsrecht, AG 2009, 766; *Müller/Spanke*, Auswirkungen der Abgeltungssteuer auf die Errichtung gemeinnütziger Stiftungen, BB 2010, 2342; *Nickel/Robertz*, Zur Verdoppelung der Höchstbeträge der Grenzen der §§ 10b Abs. 1 Satz 3, 10b Abs. 1a EStG bei zusammen veranlagten Ehegatten, FR 2006, 66; *Nissen*, Maßnahmen zur Strukturpolitik, zur Förderung des Kapitalexports, der Ausbildung und Vermögensbildung im Steueränderungsgesetz 1969, DStR 1969, 428; *Olbing*, Die Berücksichtigung von Einkommen der Organgesellschaft bei dem Höchstbetrag für den Spendenabzug beim Organträger, in Binnewies/Spatscheck (Hrsg.), Festschrift für Michael Streck, Köln 2011, S. 121; *Oppel*, Unterliegen unselbständige Stiftungen der Erbersatzsteuer?, ZEV 2017, 22; *Orth*, Stiftungssteuerrecht: Änderungen durch die Unternehmenssteuerreform 2008 und die Reform des Spendenrechts, WPg 2007, 969; *Orth*, Zum Ausweis von Zuwendungen in das Vermögen einer gemeinnützigen Stiftung, npoR 2016, 189; *Raupach*, Zivilrechtliche und steuerliche Fragen des Sponsoring, Non Profit Law Yearbook 2001 (2002), 169; *Rausch/Meirich*, Spenden durch Verzicht auf einen vertraglichen Anspruch, DStR 2017, 2769; *Rawert*, Zivilrechtsfragen des Spendens, Non Profit Law Yearbook 2005 (2006), 165; *Rawert*, Kapitalerhöhung zu guten Zwecken – Die Zustiftung in der Gestaltungspraxis, DNotZ 2008, 5; *Rawert*, Die Stiftung auf Zeit – insbesondere die Verbrauchsstiftung – in der zivilrechtlichen Gestaltungspraxis, npoR 2014, 1; *Reimer/Waldhoff*, Mitgliedervergünstigungen bei gemeinnützigen Kapitalgesellschaften, FR 2002, 318; *Reuter*, Die Zustiftung im Recht der unselbständigen Stiftung, npoR 2009, 55; *Reuter*, Änderungen des Vereins- und Stiftungsrechts durch das Ehrenamtsstärkungsgesetz, npoR 2013, 41; *Richter*, Spenden eines Steuervorteils, Steuer und Studium 2014, 290; *Richter/Eichler*, Änderungen des Spendenrechts aufgrund des Gesetzes zur weiteren Stärkung des bürgerschaftlichen Engagements, FR 2007, 1037; *Roth*, Unternehmenssteuerreform 2008: Widerspruch zum Spendenabzug des Gesetzes zur weiteren Stärkung des bürgerschaftlichen Engagements, FR 2008, 209; *Rückert*, Die ertragsteuerliche Behandlung des Sponsorings, Frankfurt/M. 1999; *Säcker*, Gesetzliche und satzungsmäßige Grenzen für Spenden und Sponsoringmaßnahmen in der Kapitalgesellschaft, BB 2009, 282; *Schauhoff*, Große Aufregung um das Sponsoring, DB 1998, 494; *Schauhoff*, Übertragung von Immobilienvermögen auf eine gemeinnützige Stiftung, Stiftung&Sponsoring 4/2001, 18; *Schauhoff/Kirchhain*, Das Gesetz zur weiteren Stärkung des bürgerschaftlichen Engagements, DStR 2007, 1985; *Schauhoff/Kirchhain*, Steuer- und zivilrechtliche Neuerungen für gemeinnützige Körperschaften und deren Förderer, FR 2013, 301; *Schienke-Ohletz/Selzer*, Abgeltungsteuer und einkommensteuerrechtlicher Spendenabzug, DStR 2008, 136; *Schiffer/Pruns*, Die Verbrauchsstiftung im Steuerrecht, NWB 2011, 3858; *Schiffer/Pruns*, Höchstrichterlicher Abschied von der Vorstellung einer Vorstiftung, BB 2015, 156; *Schiffer/Pruns*, Vor ihrer staatlichen Anerkennung ist die rechtsfähige Stiftung ein Nichts!, GmbHR 2016, 742; *Schindler*, Auswirkungen des Gesetzes zur weiteren steuerlichen Förderung von Stiftungen, BB 2000, 2077; *K. Schmidt*, Unternehmen als Stifter und Spender – Überlegungen aus der Perspektive des Gesellschaftsrechts, Non Profit Law Yearbook 2001 (2002), 107; *Schleder*, Sachspenden im Steuerrecht, DB 1988, 1132; *Schreyögg*, Ökonomische Fragen der sozialen Verantwortung von Unternehmen, AG 2009, 758; *Seer*, Entnahme zum Buchwert bei unentgeltlicher Übertragung von Wirtschaftsgütern auf eine gemeinnützige GmbH oder Stiftung – Zur Reichweite des sog. Buchwertprivilegs des § 6 Abs. 1 Nr. 4 S. 5 EStG, GmbHR 2008, 785; *Segna*, Die Verbrauchsstiftung – ein Fremdkörper im Stiftungsrecht, JZ 2013, 126; *Sievert/Stolze*, Spendenabzug bei Organschaft, StuB 2006, 616; *Spickhoff*, Medizinrecht, München 2010; *Stalleiken*, Drittmittelforschung im Ertragssteuerrecht, FR 2010, 781 u. 929; *Thiel*, Die

Zuwendung von Sponsoren und Mäzenen aus schenkungsteuerrechtlicher und ertragsteuerrechtlicher Sicht, DB 1993, 2452; *Thiel*, Sponsoring im Steuerrecht, DB 1998, 842; *Thiel/Eversberg*, Das Vereinsförderungsgesetz und seine Auswirkungen auf das Gemeinnützigkeits- und Spendenrecht, DB 1990, 290, 344, 395; *Thiel/Eversberg*, Gesetz zur steuerlichen Förderung von Kunst, Kultur und Stiftung sowie zur Änderung steuerlicher Vorschriften, DB 1991, 118; *Tiedtke/Szczesny*, Zur steuerlichen Abzugsfähigkeit von Zuwendungen an einem Golfclub. Zugleich Besprechung des BFH, Urt. v. 2.8.2006 – XI R 6/03, FR 2007, 765; *Ullrich*, Gesellschaftsrecht und steuerliche Gemeinnützigkeit, Köln 2011; *Urban*, Aktive Kulturförderung als Gemeinnützigkeit zweiter Klasse, DStZ 2018, 22; *Wachter*, Kein Spendenabzug bei Zuwendungen an eine Vorstiftung, DStR 2009, 2469; *Wagner*, Wider die These der verdeckten Gewinnausschüttung von Unternehmensspenden an gemeinnützige Stiftungen, DStR 2011, 1594; *Wallenhorst*, Die Erhöhung des Spendenvolumens durch Zuwendungen in den Vermögensstock bei fiduziarischen Verbrauchsstiftungen, DStR 2002, 984; *Wallenhorst*, Jenseits des Sponsoring, DStR 2012, 2212; *Wassermeyer*, Liebhaberei und Spendenabzug bei der Einkommensermittlung im Körperschaftsteuerrecht, DB 2011, 1828; *Weitemeyer*, Tief verwurzelte Selbstlosigkeit – Die Grundlagen des Altruismus und die Rolle des Rechts, Non Profit Law Yearbook 2007 (2008), 59; *Weitemeyer*, Spenden als verdeckte Gewinnausschüttung?, in Martinek/Rawert/Weitemeyer (Hrsg.), Festschrift für Dieter Reuter zum 70. Geburtstag, Berlin 2010, S. 1201; *Weitemeyer/Bornemann*, Problemstellungen gemeinnütziger Tätigkeit mit Auslandsbezug, FR 2016, 437; *Zimmermann*, Spenden als verdeckte Gewinnausschüttungen, Münster 2012.

A. Grundlagen

I. Überblick

8.1 Die direkten Steuervergünstigungen wegen Gemeinnützigkeit bei der Körperschaft-, Gewerbe- und Umsatzsteuer (z.B. die Steuerbefreiung der Vermögenserträge nach § 5 Abs. 1 Nr. 9 Satz 1 KStG oder der ermäßigte Umsatzsteuersatz gemäß § 12 Abs. 2 Nr. 8 Buchst. a UStG) kommen nur den gemeinnützigen Einrichtungen selbst zugute. Sie vermitteln aber dem einzelnen Bürger oder anderen Institutionen (d.h. natürlichen oder juristischen Personen) keine steuerlichen Anreize für gemeinnütziges Handeln, insbesondere zur finanziellen Unterstützung der steuerbegünstigten gemeinnützigen Organisationen. Diese Lücke schließt das Institut des Spendenabzugs, dem im geltenden organisationsbezogenen Förderkonzept eine wichtige **komplementäre Funktion** zukommt. Durch den steuerlichen Spendenabzug sollen die Steuerpflichtigen angeregt werden, die gemeinwohlfördernde Tätigkeit gemeinnütziger Einrichtungen durch materielle Zuwendungen (Hingabe von Geld oder Sachen) zu unterstützen (zur steuersystematischen Einordnung und Rechtfertigung des Spendenabzugs vgl. Rz. 1.65 ff.). Dies geschieht dadurch, dass solche Zuwendungen im Rahmen der ertragsabhängigen Steuern innerhalb bestimmter Höchstgrenzen von der steuerlichen Bemessungsgrundlage abgezogen werden dürfen. Die steuerbegünstigte Spende führt also beim Zuwendenden zu einem finanziellen Vorteil in Höhe der ersparten Steuer[1] (zu steuerlichen Anreizen für ehrenamtliche Nebentätigkeiten vgl. Rz. 9.18 ff.).

---

1 Zum Spenden (auch) dieses Steuervorteils vgl. *Richter*, Steuer und Studium 2014, 290.

Die gesetzliche **Regelung des geltenden Spendenrechts** lässt sich wie folgt skizzie- 8.2
ren: Das EStG, GewStG und das KStG enthalten jeweils gesonderte Abzugstatbestände. Diese bestimmen

– die **Art der begünstigten Zuwendung** (Spenden und Mitgliedsbeiträge),

– die **begünstigten Zwecke** (alle steuerbegünstigten Zwecke im Sinne der §§ 52 bis
54 AO),

– die **Zuwendungsempfänger** (juristische Personen des öffentlichen Rechts, öffentliche Dienststellen und steuerbegünstigte Körperschaften) sowie

– die **Höchstgrenzen**, bis zu denen solche Zuwendungen von der jeweiligen Bemessungsgrundlage abgezogen werden können (bei der Einkommensteuer beträgt sie z.B. gegenwärtig 20 Prozent des Gesamtbetrags der Einkünfte oder vier
Promille der Summe der gesamten Umsätze und der im Kalenderjahr aufgewendeten Löhne und Gehälter).

Bei der Einkommensteuer ist die Abzugsfähigkeit von Spenden **steuersystematisch** 8.3
auf der Ebene des Sonderausgabenabzugs geregelt (§ 10b EStG), bei der Gewerbesteuer im Rahmen der Hinzurechnungen und Kürzungen (§§ 8 Nr. 9, 9 Nr. 5
GewStG). Für die Körperschaftsteuer ergibt sich die Abzugsfähigkeit von Spenden
aus § 9 Abs. 1 Nr. 2 KStG (abziehbare Aufwendungen).

Was den Kreis der spendenbegünstigten Zwecke anbetrifft, so ist durch die Reform 8.4
des Jahres 2007 die **frühere Unterscheidung zwischen steuerbegünstigten und
spendenbegünstigten Zwecken entfallen**[1]. Nach geltendem Recht sind folglich alle
nach den §§ 52 bis 54 AO als steuerbegünstigt anerkannten Zwecke zugleich auch
spendenbegünstigt. Aus diesem Grund verweisen die Abzugsregelungen in EStG,
GewStG und KStG heute nur noch auf die §§ 52 bis 54 AO, ohne dass es einer weiteren Unterscheidung bedarf (vgl. zum alten Recht § 48 Abs. 2 EStDV a.F. und die
frühere Anlage 1 zu § 48 Abs. 2 EStDV a.F.). Die Vereinheitlichung der steuer- und
spendenbegünstigten Zwecke bedeutet eine erhebliche Vereinfachung.

In **formeller Hinsicht** setzt der Spendenabzug beim Zuwendenden nach § 50 Abs. 1 8.5
EStDV im Regelfall der Zuwendung an eine inländische Einrichtung die Vorlage einer Zuwendungsbestätigung voraus, die bestimmte, gesetzlich vorgeschriebene Angaben enthalten muss und von der Empfängerkörperschaft ausgestellt wird. Für Zuwendungen zur Hilfe in Katastrophenfällen und für Zuwendungen bis zu einer Höhe
von 200 Euro gilt ein vereinfachter Nachweis (§ 50 Abs. 4 EStDV).

Um den steuerlichen Abzug auf Seiten des Zuwendenden zu erleichtern, gewährt 8.6
das Gesetz diesem unter bestimmten Voraussetzungen einen gewissen **Vertrauensschutz** (z.B. in Hinsicht auf die Gemeinnützigkeit der Empfängereinrichtung). Diesem Vertrauensschutz steht eine Haftung auf Seiten der Empfängereinrichtung für

---

1 Vgl. dazu *Hüttemann*, DB 2007, 2053; *Schauhoff/Kirchhain*, DStR 2007, 1985; *Richter/
Eichler*, FR 2007, 1037; Überblicke über die neuere Rechtsentwicklung bei *Brandl* in Blümich, § 10b EStG Rz. 2; *Kulosa* in Herrmann/Heuer/Raupach, § 10b EStG Rz. 3.

fehlerhafte Zuwendungsbestätigungen bzw. Mittelfehlverwendungen gegenüber (vgl. etwa § 10b Abs. 4 EStG).

8.7–8.8   frei

II. Zuwendungsempfänger

1. Überblick

8.9   Seit der Neuregelung des Spendenrechts im Jahr 2007 werden die Zuwendungsempfänger nicht mehr in der EStDV[1], sondern **unmittelbar in den gesetzlichen Abzugsregelungen genannt.** Grundsätzlich sind im Rahmen der Einkommen-, Gewerbe- und Körperschaftsteuer nur abziehbar Zuwendungen an

– eine juristische Person des öffentlichen Rechts oder an eine öffentliche Dienststelle, die in einem EU/EWR-Staat belegen ist, oder

– eine nach § 5 Abs. 1 Nr. 9 KStG steuerbefreite Körperschaft, Personenvereinigung oder Vermögensmasse, oder

– eine Körperschaft, Personenvereinigung oder Vermögensmasse in einem EU/EWR-Staat, die nach § 5 Abs. 1 Nr. 9 KStG i.V.m. § 5 Abs. 2 Nr. 2 KStG steuerbefreit wäre, wenn sie inländische Einkünfte erzielen würde.

2. Juristische Personen des öffentlichen Rechts oder öffentliche Dienststellen

a) Allgemeines

8.10   Der Gesetzgeber hat den Spendenabzug seit jeher nicht auf Zuwendungen an steuerbegünstigte Körperschaften beschränkt, sondern auch **Zuwendungen an die öffentliche Hand** für steuerbegünstigte Zwecke in den Abzugstatbestand einbezogen.

Diese spendenrechtliche Gleichstellung von Körperschaften des öffentlichen Rechts und öffentlichen Dienststellen mit gemeinnützigen Einrichtungen ist nicht selbstverständlich. So ist z.B. in den **Beratungen der Sachverständigenkommission zur Prüfung des Gemeinnützigkeits- und Spendenrechts** vorgeschlagen worden, Zuwendungen an staatliche Stellen vom Spendenabzug auszuschließen[2]. Zur Begründung wurde u.a. darauf verwiesen, dass die Einwerbung von Spenden durch staatliche Einrichtungen Konflikte mit dem Haushaltsrecht schaffe. Staatliche Rechtsträger seien deshalb bei der Einwerbung von Spenden auf den Weg über einen privatrechtlichen Förderverein zu verweisen.

Der Gesetzgeber ist dieser Kritik nicht gefolgt, sondern hat an der **Gleichbehandlung von staatlicher und privater Gemeinwohlförderung** im Spendenrecht festgehalten. Dafür spricht vor allem, dass es aus der Sicht des Zuwendenden keinen Unterschied macht, ob seine Spende von einer staatlichen oder einer privaten Stelle für gemeinwohlfördernde Zwecke eingesetzt wird. So dürfte es z.B. einem Spender nicht zu vermitteln sein, weshalb seine Zuwendung an eine gemeinnützige Privatuniversität steuerlich besser behandelt wird als eine entsprechende Spende an eine

---

1 Zum alten Recht vgl. § 49 EStDV a.F.

2 Vgl. *Isensee/Knobbe-Keuk*, Gutachten, S. 490.

staatliche Universität. Ein völliger Ausschluss staatlicher Einrichtungen vom Spendenabzug würde also zu bedenklichen Wertungswidersprüchen führen. Was hingegen die Gefahr von Interessenkollisionen anbetrifft, so wird das Vertrauen der Öffentlichkeit in die Unabhängigkeit der staatlichen Verwaltung in der Tat nicht dadurch gesteigert, dass solche Einrichtungen um steuerbegünstigte Zuwendungen werben können. Deshalb erscheint – zumindest de lege ferenda – für den Bereich der staatlichen Verwaltung eine Art „Durchlaufspendenverfahren" über private Fördervereine überlegenswert[1]. Für Körperschaften des öffentlichen Rechts außerhalb der staatlichen Verwaltung – insbesondere für kirchliche Einrichtungen – sollte es dagegen bei der gegenwärtigen Regelung bleiben.

b) Juristische Personen des öffentlichen Rechts

Zuwendungsempfänger sind nach § 10b Abs. 1 Satz 2 Nr. 1 EStG, § 9 Abs. 1 Nr. 5 Satz 2 Buchst. a GewStG, § 9 Abs. 1 Nr. 2 Satz 2 Buchst. a KStG zum einen (inländische)[2] juristische Personen des öffentlichen Rechts. Dazu gehören: **8.11**

- Rechtsfähige **Körperschaften des öffentlichen Rechts**, also insbesondere Gebietskörperschaften (Bund, Länder und Gemeinden, Gemeindeverbände, Landkreise u.a.), Nichtgebietskörperschaften (z.B. Industrie- und Handelskammern, Landwirtschafts- und Rechtsanwaltskammern, Träger der Kranken-, Unfall- und Rentenversicherung, öffentliche Genossenschaften), (inländische)[3] Religionsgemeinschaften, denen nach Landesrecht die Rechtsform einer Körperschaft des öffentlichen Rechts verliehen worden ist (z.B. die Römisch-Katholische und die Evangelische Kirche)[4]. Staatliche Universitäten werden mitunter als Körperschaften des öffentlichen Rechts und nicht als öffentliche Dienststellen eingeordnet[5]. Richtigerweise wird man aber danach unterscheiden müssen, ob die Universitäten nach Landesrecht – wie z.B. nach § 2 Abs. 1 Satz 1 Hochschulgesetz NW n.F. – mit eigener Rechtspersönlichkeit ausgestattet sind[6]. Soweit dies nicht der Fall ist, sind staatliche Universitäten im Einklang mit der Finanzverwaltung und der wohl h.M. im Schrifttum den öffentlichen Dienststellen zuzuordnen[7].

---

1 Vgl. *Hüttemann* in Bertelsmann-Stiftung/Maecenata (Hrsg.), Expertenkommission zur Reform des Stiftungs- und Gemeinnützigkeitsrechts, Materialien, S. 176.

2 Vgl. Köln v. 15.1.2014 – 13 K 3735/10, EFG 2014, 667.

3 Siehe FG Köln v. 15.1.2014 – 13 K 3735/10, EFG 2014, 667: Die „Römisch-Katholische Weltkirche" und das Bistum Rom sind keine (inländische) Körperschaften des öffentlichen Rechts.

4 Zu kulturellen Spenden an eine Kirchengemeinde vgl. BFH v. 15.12.1999 – XI R 93/97, BStBl. II 2000, 608 (keine „Abfärbung" kirchlicher Zwecke).

5 So etwa *Geserich* in Kirchhof/Söhn/Mellinghoff, § 10b EStG Rz. B 418; *Heinicke* in L. Schmidt, § 10b EStG Rz. 28.

6 Ebenso *Stalleiken*, Drittmittelforschung im Einkommen- und Körperschaftsteuerrecht, 2010, S. 56.

7 Vgl. § 48 Abs. 2 Nr. 1 EStDV a.F.; so – ohne Differenzierung – auch *Buchna/Seeger/Brox*, 10. Aufl. 2010, S. 422; *Brandl* in Blümich, § 10b EStG Rz. 36; *Kulosa* in Herrmann/Heuer/Raupach, § 10b EStG 50.

– Rechtsfähige **Stiftungen des öffentlichen Rechts** (z.B. die Stiftung preußischer Kulturbesitz, die Stiftung „Erinnerung, Verantwortung und Zukunft" oder staatliche Universitäten, wenn sie – wie z.B. auch die niedersächsischen Stiftungshochschulen – als rechtsfähige Stiftungen des öffentlichen Rechts verfasst sind),

– Rechtsfähige **Anstalten des öffentlichen Rechts** (z.B. die Deutsche Bundesbank oder die Öffentlich-rechtlichen Rundfunkanstalten).

Fehlt einer Anstalt – z.B. einer staatlichen Schule – die Rechtsfähigkeit, so ist im nächsten Schritt zu prüfen, ob sie eine öffentliche Dienststelle darstellt.

c) Öffentliche Dienststelle

8.12 Der Begriff der öffentlichen Dienststelle meint nichts anderes als **Behörden**[1], d.h. nichtrechtsfähige innerstaatliche Einrichtungen, die staatliche oder staatswichtige Aufgaben wahrnehmen[2]. Beispiele sind staatliche Universitäten (s. auch Rz. 8.11), Schulen, Museen, Forschungsinstitute etc., sofern eine eigene Rechtspersönlichkeit fehlt.

d) Insbesondere: Betriebe gewerblicher Art

8.13 Die Einzelsteuergesetze unterscheiden hinsichtlich der Abzugsfähigkeit von Zuwendungen an öffentlich-rechtliche Einrichtungen nicht danach, **ob diese in den steuerbefreiten hoheitlichen Bereich oder in einen steuerpflichtigen Betrieb gewerblicher Art erfolgen** (vgl. § 4 Abs. 1 KStG). Entscheidend ist allein, dass die Mittel tatsächlich für steuerbegünstigte Zwecke verwendet werden.

Der BFH hatte allerdings bereits in einer Entscheidung aus dem Jahr 1962 die Ansicht vertreten, dass ein Betrieb gewerblicher Art, wenn er nicht als steuerbegünstigter Zweckbetrieb anerkannt war, auch kein tauglicher Zuwendungsempfänger sei, weil es an einer Verwendung zu steuerbegünstigten Zwecken fehle[3]. Diese Rechtsprechung wurde von der Finanzverwaltung aber zunächst nicht angewandt. Erst nach der **Änderung des § 58 Nr. 1 AO** im Jahr 2000 änderte sie ihre Rechtsauffassung und wollte einen Spendenabzug bei Zuwendungen in einen Betrieb gewerblicher Art künftig davon abhängig machen, dass dieser – insbesondere durch eine entsprechende Satzung (§ 59 AO) – selbst steuerbegünstigt ist[4]. Da sich allerdings auf Grund des Widerstands einzelner Bundesländer eine neuerliche Änderung des § 58 Nr. 1 AO bereits abzeichnete, verzichtete die Finanzverwaltung zunächst darauf, ihre geänderte Auffassung auch praktisch umzusetzen, so dass letztlich für die Veranlagungszeiträume 2001 bis 2004 alles beim Alten blieb. Nach der erneuten Änderung des § 58 Nr. 1 AO durch das Gesetz zur Änderung der Abgabenordnung und weiterer Gesetze vom 21.7.2004[5] ist die Finanzverwaltung zu ihrer früheren Auffassung zurückgekehrt.

Danach sind – rückwirkend zum 1.1.2001 – auch Zuwendungen, „die unmittelbar an eine Körperschaft des öffentlichen Rechts geleistet werden, **auch dann steuerlich**

---

1 So auch *Geserich* in Kirchhof/Söhn/Mellinghoff, § 10b EStG Rz. B 430.
2 Vgl. *Heinicke* in L. Schmidt, § 10b EStG Rz. 28.
3 BFH v. 5.6.1962 – I 31/61 S, BStBl. III 1962, 355.
4 Vgl. OFD Nürnberg v. 17.4.2002, DB 2002, 1081.
5 BGBl. I 2004, 1753.

anzuerkennen, wenn sie in einem nicht gemeinnützigen Betrieb gewerblicher Art zu steuerbegünstigten Zwecken verwendet werden"[1]. Für die Auffassung der Finanzverwaltung spricht, dass sie eine Ungleichbehandlung von Direktspenden in den Betrieb gewerblicher Art und „Durchlaufspenden" an den Betrieb gewerblicher Art über einen privaten Förderverein verhindert: Da ein privatrechtlicher Förderverein nach der Änderung des § 58 Nr. 1 AO berechtigt wäre, Spenden für einen nicht gemeinnützigen Betrieb gewerblicher Art (z.B. ein städtisches Theater) einzuwerben, ist nicht recht einzusehen, weshalb eine entsprechende Zuwendung an die Stadt mit der Auflage, sie für das Theater zu verwenden, nicht abziehbar sein soll.

Weit weniger einsichtig ist allerdings, weshalb die Finanzverwaltung den Gesetzgeber überhaupt zunächst zu einer überschießenden Änderung des § 58 Nr. 1 AO animiert hat, die sodann nicht angewendet wurde und vier Jahre später wieder zurückgenommen worden ist. Durch diesen Aktionismus sind vielen „rechtstreuen" Kommunen unnötige Rechtsbefolgungskosten entstanden, weil sie mit Blick auf die Änderung des § 58 Nr. 1 AO zunächst viele Betriebe gewerblicher Art durch entsprechende Satzungen in steuerbegünstigte Zweckbetriebe überführt haben, was sich später nicht nur als unnötig, sondern auch als nachteilig herausstellte.

e) Juristische Personen des öffentlichen Rechts und öffentliche Dienststellen aus EU/EWR-Staaten

Durch das Gesetz zur Umsetzung steuerlicher EU-Vorgaben vom 8.4.2010[2] hat der Gesetzgeber – unter dem Eindruck der **EuGH-Urteile in den Rechtssachen *Jundt*[3] und *Persche*[4]** – den früheren Inlandsbezug des Spendenabzugs aufgegeben und auch juristische Personen des öffentlichen Rechts und öffentliche Dienststellen, die in einem EU/EWR-Staat „belegen" sind, in den Kreis der spendenbegünstigten Einrichtungen aufgenommen. Bei der Frage, ob eine ausländische Einrichtung eine „juristische Person des öffentlichen Rechts" ist, handelt es sich um eine Tatsachenfrage, die nach Maßgabe des ausländischen Staats- und Verwaltungsrechts zu beantworten ist[5].

8.14

Eine „**Spende an den Papst**" ist – unabhängig davon, ob man sie als Spende an den Bischof von Rom oder an den Vatikan qualifiziert – zumindest keine Spende an eine juristische Person des öffentlichen Rechts aus einem EU/EWR-Staat, weil der Vatikan nicht zum EU/EWR-Gebiet gehört[6]. Darüber hinaus fehlt es auch an den weiteren Voraussetzungen (Abkommen über Amtshilfe und Beitreibung von Steuerforderungen)[7].

---

1 So FinMin NRW v. 11.10.2004, ZFK 2005, 12.
2 BGBl. I 2010, 386.
3 EuGH v. 18.12.2007 – Rs. C-281/06 *Jundt*, Slg. 2007, I-12231.
4 EuGH v. 27.1.2009 – Rs. C-318/07 *Persche*, Slg. 2009, I-359.
5 BFH v. 22.3.2018 – X R 5/16, juris.
6 So FG Köln v. 15.1.2014 – 13 K 3735/10, EFG 2014, 667; zustimmend *Kulosa* in Herrmann/Heuer/Raupach, § 10b EStG Rz. 47.
7 Für Abziehbarkeit – allerdings ohne überzeugende Begründung – *Deumeland*, IStR 2014, 405.

3. Körperschaften, Personenvereinigungen oder Vermögensmassen des privaten Rechts

a) Allgemeines

8.15 Spenden an die öffentliche Hand machen nur einen kleinen Teil des Spendenaufkommens aus. Der ganz überwiegende Teil privater Zuwendungen zur Förderung steuerbegünstigter Zwecke kommt Körperschaften, Personenvereinigung oder Vermögensmassen **des privaten Rechts** zugute.

Grundvoraussetzung für einen Spendenabzug ist zunächst die steuerrechtliche **Existenz einer Körperschaft**, Personenvereinigung oder Vermögensmasse im Sinne von § 1 Abs. 1 KStG im Zeitpunkt der Zuwendung (zum Beginn der Körperschaftsteuerpflicht vgl. Rz. 2.23, 2.39 und 2.63). Fehlt es – wie z.B. bei der Errichtung einer rechtsfähigen Stiftung unter Lebenden[1] vor der staatlichen Anerkennung – an einem zivilrechtlichen Rechtsträger, geht die Zuwendung auch steuerrechtlich ins Leere[2]. Dies hat der BFH mit Urteil vom 11.2.2015 bestätigt[3]. Als Gestaltungsalternative bietet sich u.U. die Errichtung einer nichtrechtsfähigen Stiftung an[4], die ggf. später in eine rechtsfähige Stiftung „umgewandelt" wird (dazu Rz. 2.63). Bei Zuwendungen an eine von Todes wegen[5] zu errichtende rechtsfähige Stiftung vor Anerkennung hilft zwar die zivilrechtliche Rückwirkung nach § 84 BGB, allerdings stellt sich hier das Problem, ob sich die zivilrechtliche Rückwirkung auch auf die formellen Voraussetzungen der Gemeinnützigkeit auswirkt (dazu Rz. 2.64 f.).

Nach der Einführung des grenzüberschreitenden Spendenabzugs durch das Gesetz zur Umsetzung steuerlicher EU-Vorgaben vom 8.4.2010[6] sind in Abhängigkeit davon, ob inländische Einkünfte erzielt werden, **zwei Kategorien von privatrechtlichen Empfängerkörperschaften** zu unterscheiden.

b) Nach § 5 Abs. 1 Nr. 9 KStG steuerbefreite unbeschränkt oder beschränkt steuerpflichtige Körperschaften

8.16 Nach § 10b Abs. 1 Satz 2 Nr. 2 EStG, § 9 Nr. 5 Satz 2 Buchst. b GewStG, § 9 Abs. 1 Nr. 2 Satz 2 Buchst. b KStG sind Zuwendungen abziehbar, die „an eine nach § 5 Abs. 1 Nr. 9 des Körperschaftsteuergesetzes steuerbefreite Körperschaft, Personenvereinigung oder Vermögensmasse" geleistet werden. Da sich die Frage der Steuerbefreiung nach § 5 Abs. 1 Nr. 9 KStG aber nur dort stellt, wo auch eine inländische Steuerpflicht besteht, sind von diesem Tatbestand nur solche privatrechtlichen Körperschaften erfasst, die „inländische Einkünfte" erzielen. Dabei sind wiederum zwei Fallgestaltungen zu unterscheiden:

---

1 Dazu statt aller nur *Hüttemann* in FS Spiegelberger, 2009, S. 1292.
2 Vgl. zur „Vorstiftung als zivilrechtlichem Phantom" *Hüttemann* in FS Spiegelberger, 2009, S. 1292; *Thole*, Die Stiftung in Gründen, 2009, 156; a.A. *Autenrieth* in FS Binz, 2014, S. 14.
3 Vgl. BFH v. 11.2.2015 – X R 36/11, BStBl. II 2015, 545; dazu *Hüttemann*, npoR 2015, 209; *Schiffer/Pruns*, BB 2015, 156; ablehnend *Autenrieth*, GmbHR 2016, 745 mit Erwiderung *Schiffer/Pruns*, GmbHR 2016, 742.
4 So auch *Kirchhain* in Rödder/Herlinghaus/Neumann, § 9 KStG Rz. 207.
5 Dazu auch *Kirchhain* in Rödder/Herlinghaus/Neumann, § 9 KStG Rz. 207.
6 BGBl. I 2010, 386.

- Der Regelfall des Spendenabzugs sind Zuwendungen an **unbeschränkt steuerpflichtige Körperschaften, Personenvereinigungen und Vermögensmassen**, die
nach § 5 Abs. 1 Nr. 9 KStG steuerbefreit sind. Darunter fallen alle Körperschaften
im Sinne des § 1 Abs. 1 Nr. 1 bis 5 KStG (gemeinnützige Vereine, Stiftungen und
Kapitalgesellschaften), die nach § 1 Abs. 1 KStG unbeschränkt körperschaftsteuerpflichtig sind, weil sie ihre Geschäftsleitung oder ihren Sitz im Inland haben. Dazu
gehören vor allem nach inländischem Recht errichtete Körperschaften, aber auch
nach ausländischem Recht gegründete Körperschaften, wenn sie ihre Geschäftsleitung (§ 10 AO) im Inland haben und die Voraussetzungen der §§ 51 ff. AO erfüllen.

- Ferner können „nach § 5 Abs. 1 Nr. 9 KStG steuerbefreit" sein auch solche Körperschaften, Personenvereinigungen und Vermögensmassen aus EU/EWR-Staa-
ten, die weder ihre Geschäftsleitung noch ihren Sitz im Inland haben, aber mit
ihren inländischen Einkünften nach § 2 Nr. 1 KStG **beschränkt steuerpflichtig**
sind. Diese Körperschaften sind erst in Umsetzung der *Persche*-Entscheidung des
EuGH vom 14.9.2006[1] mit der Änderung des § 5 Abs. 2 Nr. 2 KStG durch das JStG
2009[2] in den Kreis der steuer- und spendenbegünstigten Körperschaften einbezogen worden. Insoweit bedurfte es keines eigenen Tatbestandes in § 10b EStG, § 9
Nr. 5 GewStG, § 9 Abs. 1 Nr. 2 KStG, sondern ihre Spendenbegünstigung ergibt
sich bereits auf Grund der Verweisung auf die „Steuerbefreiung nach § 5 Abs. 1
Nr. 9 KStG", nachdem diese Steuerbefreiung durch die Änderung des § 5 Abs. 2
Nr. 2 KStG auch für beschränkt steuerpflichtige Körperschaften aus EU/EWR-
Staaten geöffnet worden ist.

c) Vergleichbare Körperschaften, Personenvereinigungen oder Vermögensmassen aus EU/EWR-Staaten ohne inländische Einkünfte

Durch das Gesetz zur Umsetzung steuerlicher EU-Vorgaben vom 8.4.2010[3] ist der   8.17
Kreis der spendenbegünstigten Körperschaften nochmals erweitert worden. Danach
sind auch Zuwendungen an eine Körperschaft, Personenvereinigung oder Vermögensmasse begünstigt, die in einem EU/EWR-Staat belegen ist, sofern diese Körperschaft nach „§ 5 Abs. 1 Nr. 9 KStG i.V.m. § 5 Abs. 2 Nr. 2 KStG **steuerbefreit
wäre, wenn sie inländische Einkünfte erzielen würde**". Dieser „doppelte Konjunktiv" ist erforderlich, weil die Spendenbegünstigung nach deutschem Recht an die
Steuerbefreiung nach § 5 Abs. 1 Nr. 9 KStG anknüpft, diese Körperschaften aber
gerade keine inländischen Einkünfte erzielen, so dass sich die Frage der KSt-Befreiung nicht stellt. Aus diesem Grund bedurfte ihre Einbeziehung in das Spendenrecht
auch eines eigenen Tatbestandes (§ 10b Abs. 1 Satz 2 Nr. 3 EStG, § 9 Nr. 5 Satz 2
Buchst. c GewStG, § 9 Abs. 1 Nr. 2 Satz 2 Buchst. c KStG). Ihre Spendenbegünstigung setzt also voraus, dass sie auch ohne inländische Einkünfte die Voraussetzungen der Steuerbefreiung nach § 5 Abs. 1 Nr. 9 KStG, wie sie in den §§ 51 ff. AO

---

1 EuGH v. 14.9.2006 – Rs. C-386/04 *Stauffer*, Slg. 2006, I-8203.
2 Gesetz v. 19.12.2008, BGBl. I 2008, 2794.
3 BGBl. I 2010, 386.

bestimmt sind, erfüllen könnten. Ferner müssen Amtshilfe und Steuerbeitreibung gewährleistet sein (zum strukturellen Inlandsbezug vgl. Rz. 3.8 ff.).

4. Anerkennung als spendenbegünstigte Körperschaft

a) Allgemeines

8.18 Verschiedentlich ist – sogar in einer Entscheidung des BFH[1] – von der „Anerkennung der Organisation als gemeinnützig" die Rede. Diese Formulierung ist missverständlich, weil es vor Einführung der gesonderten Feststellung nach § 60a AO kein besonderes Anerkennungsverfahren für steuerbegünstigte Körperschaften gab (zur Rechtsentwicklung vgl. Rz. 7.5 ff.)[2]. Seit dem Ehrenamtsstärkungsgesetz hat die gesonderte Feststellung nach § 60a AO in Hinsicht auf die satzungsmäßigen Voraussetzungen die Funktion eines Grundlagenbescheids (vgl. dazu Rz. 7.6). Diese Bindungswirkung betrifft zum einen die Besteuerung der Körperschaft selbst und zum anderen den Spendenabzug beim Zuwendenden (§ 60a Abs. 1 Satz 2 AO). Bei Körperschaften im Sinne von § 10b Abs. 1 Satz 2 Nr. 2 EStG ist die gesonderte Feststellung, solange noch keine Anlage zum Körperschaftsteuerbescheid oder ein Freistellungsbescheid vorliegt, zugleich auch Voraussetzung für die Berechtigung zur Ausstellung von Zuwendungsbestätigungen (§ 63 Abs. 5 Nr. 2 AO). Dies hat – je nach Art des Zuwendungsempfängers – unterschiedliche Auswirkungen auf den Spendenabzug.

b) Körperschaften des öffentlichen Rechts und öffentliche Dienststellen

8.19 Juristische Personen des öffentlichen Rechts oder öffentliche Dienststellen sind nach geltendem Recht ohne Weiteres zur Entgegennahme abzugsfähiger Zuwendungen berechtigt (§ 10b Abs. 1 Satz 2 Nr. 1 EStG, § 9 Nr. 5 Satz 2 Buchst. a GewStG, § 9 Abs. 1 Nr. 2 Satz 2 Buchst. a KStG). Die Spendenbegünstigung knüpft allein an den Status als „Körperschaft des öffentlichen Rechts" bzw. „öffentliche Dienststelle" an. Für Zwecke des Spendenabzugs bedarf es (anders als für die Inanspruchnahme der direkten Steuerbefreiungen im Bereich eines Betriebs gewerblicher Art) insbesondere keiner Satzung nach den §§ 59, 60 AO, so dass auch die Berechtigung zur Ausstellung von Zuwendungsbestätigungen bei (inländischen) Körperschaften des öffentlichen Rechts und öffentlichen Dienststellen keine gesonderte Feststellung der satzungsmäßigen Gemeinnützigkeit nach § 60a AO voraussetzt (§ 63 Abs. 5 AO gilt insoweit nicht). Bei Körperschaften und Dienststellen, die in einem EU/EWR-Staat belegen sind, setzt die Spendenbegünstigung allerdings zusätzlich voraus, dass durch die Staaten Amtshilfe und Unterstützung bei der Beitreibung geleistet werden (vgl. etwa § 10b Abs. 1 Satz 3 EStG). Ob eine bestimmte Einrichtung nach diesen Vorgaben als „juristische Person des öffentlichen Rechts" oder als „öffentliche Dienststelle" zum Empfang von Spenden berechtigt ist[3], hat aus-

---

1 Vgl. etwa BFH v. 12.9.1990 – I R 65/86, BStBl. II 1991, 258.

2 Zutreffend BFH v. 13.11.1996 – I R 152/93, BStBl. II 1998, 711 (715).

3 Insoweit bedarf es eines „Typenvergleichs" nach dem jeweiligen ausländischen Staats- und Verwaltungsrecht, vgl. auch *Kulosa* in Herrmann/Heuer/Raupach, § 10b EStG Rz. 50.

schließlich das Veranlagungsfinanzamt des Spenders festzustellen. Es hat auch die weiteren Voraussetzungen des Spendenabzugs (Vorliegen einer Zuwendungsbestätigung, Verwendung der Zuwendung zu einem steuerbegünstigten Zweck etc.) zu prüfen.

c) Nach § 5 Abs. 1 Nr. 9 KStG steuerbefreite Körperschaften, Personenvereinigungen und Vermögensmassen des privaten Rechts

Bei Körperschaften, Personenvereinigungen und Vermögensmassen des privaten Rechts, die inländische Einkünfte erzielen, setzt die Spendenbegünstigung nach § 10b Abs. 1 Satz 2 Nr. 2 EStG, § 9 Nr. 5 Satz 2 Buchst. b GewStG. § 9 Abs. 1 Nr. 2 Satz 2 Buchst. b KStG voraus, dass es sich um eine „nach § 5 Abs. 1 Nr. 9 KStG steuerbefreite Körperschaft" handelt. Eine „Steuerbefreiung" kann es aber nur dort geben, wo auch eine (unbeschränkte oder beschränkte) inländische Steuerpflicht besteht, d.h. inländische Einkünfte erzielt werden. In diesem Fall bildet die **Steuerbefreiung der Empfängerkörperschaft somit eine materielle Voraussetzung des Spendenabzugs beim Zuwendenden**. Allerdings hat die gesonderte Feststellung der satzungsmäßigen Voraussetzungen nach § 60a AO auch Bindungswirkung für die Veranlagung des Spenders. Dies bedeutet, dass das Veranlagungsfinanzamt des Spenders an diesen Grundlagenbescheid gebunden ist (§ 60a Abs. 1 Satz 2 AO). Fraglich ist aber, wie in Hinsicht auf die tatsächlichen Voraussetzungen der Gemeinnützigkeit zu verfahren ist. Da die „tatsächliche" Gemeinnützigkeit einer Körperschaft nicht gesondert festgestellt wird, müsste das für den Spender zuständige Veranlagungsfinanzamt an sich im Rahmen der Veranlagung des Spenders eigenständig prüfen, ob die Empfängerkörperschaft eine „nach § 5 Abs. 1 Nr. 9 KStG steuerbefreite Körperschaft" ist. Derartige „Parallelprüfungen" würden aber nicht nur zusätzlichen Verwaltungsaufwand bedeuten, sondern könnten u.U. auch zu unterschiedlichen Beurteilungen durch verschiedene Veranlagungsfinanzämter führen. Rechtsprechung, Finanzverwaltung und Schrifttum sind deshalb in der Vergangenheit davon ausgegangen, dass das Veranlagungsfinanzamt des Spenders an die körperschaftsteuerrechtliche Beurteilung hinsichtlich der Steuerbefreiung durch das für die Empfängerkörperschaft zuständige Finanzamt gebunden ist[1]. Der VI. Senat des BFH hat diese „**Bindungswirkung**" im Urteil vom 15.6.1973 wie folgt begründet:

8.20

„Dass diese Verweisung in § 48 Abs. 3 Nr. 2 EStDV die Bedeutung einer Bindung an die körperschaftsteuerrechtliche Behandlung haben muss, ergibt sich daraus, dass anderenfalls – bei Überprüfung der Voraussetzungen für die Körperschaftsteuerbefreiung des Empfängers im Veranlagungsverfahren des Spenders – Spenden an denselben Empfänger einkommensteuerlich unter Umständen unterschiedlich behandelt werden könnten. Dies widerspräche dem Grundsatz der Gleichmäßigkeit der Besteuerung. Der Bindung an die körperschaftsteuerrechtliche Beurteilung steht nicht entgegen, dass diese für jeden Veranlagungszeitraum erneut geprüft werden muss. Maßgeblich für den Abzug beim Spender ist also, dass der Emp-

---

1 Vgl. BFH v. 15.6.1973 – VI R 35/70, BStBl. II 1973, 850; BFH v. 18.7.1980 – VI R 167/77, BStBl. II 1981, 52; BFH v. 12.9.1990 – I R 65/86, BStBl. II 1991, 258; BFH v. 11.6.1997 – X R 242/93, BStBl. II 1997, 612; *Kulosa* in Herrmann/Heuer/Raupach, § 10b EStG Rz. 51; *Heinicke* in L. Schmidt, § 10b EStG Rz. 37; *Brandl* in Blümich, § 10b EStG Rz. 37; *Geserich* in Kirchhof/Söhn/Mellinghoff, § 10b EStG Rz. B 331.

fänger für den Veranlagungszeitraum, in dem die Zuwendung steuerlich begünstigt werden soll, von der Körperschaftsteuer tatsächlich befreit ist."

8.21 Gegen einen solchen Vorrang der körperschaftsteuerrechtlichen Beurteilung ist auf den ersten Blick – gerade aus Sicht der Spender – nichts einzuwenden, zumal er auch zu einer verwaltungsökonomisch sinnvollen „Arbeitsteilung" zwischen dem für die Körperschaft zuständigen Betriebsfinanzamt und dem Wohnsitzfinanzamt des Spenders führt. Dies ändert aber nichts daran, dass **für eine strikte verfahrensrechtliche Bindung des Veranlagungsfinanzamts des Spenders in Bezug auf die „tatsächliche" Gemeinnützigkeit eine konkrete gesetzliche Grundlage fehlt**. Vor diesem Hintergrund ist zweifelhaft, ob der schlichte Hinweis des BFH auf die „Gleichmäßigkeit der Besteuerung" und Gründe der Verwaltungsvereinfachung eine verfahrensrechtliche Bindung an die körperschaftsteuerrechtliche Beurteilung begründen können[1].

In diesem Zusammenhang ist daran zu erinnern, dass der BFH eine solche **Bindungswirkung des Körperschaftsteuer-Freistellungsbescheides für andere Steuerarten** – z.B. die Gewährung einer Investitionszulage oder die Anwendung des ermäßigen Steuersatzes bei der Umsatzsteuer – mehrfach abgelehnt hat[2]. Vor diesem Hintergrund ist nicht recht einzusehen, warum in Hinsicht auf den Spendenabzug etwas anderes gelten soll. Zwar verlangen § 10b EStG, § 9 Nr. 5 GewStG und § 9 Abs. 1 Nr. 2 KStG eine Zuwendung an eine „nach § 5 Abs. 1 Nr. 9 KStG steuerbefreite Körperschaft". Damit wird aber nicht die konkrete Entscheidung des zuständigen Finanzamtes in Bezug genommen[3], sondern aus den gesetzlichen Vorgaben ist lediglich abzuleiten, dass die Körperschaft im Zeitpunkt der Zuwendung die materiellen Voraussetzungen der §§ 51 ff. AO erfüllen muss.

Der richtige Kern der Rechtsprechung des BFH ist folglich nur darin zu sehen, dass der Erlass eines Freistellungsbescheids für den betreffenden Veranlagungszeitraum durch das zuständige Betriebsfinanzamt zugleich eine (starke) **Indizwirkung** in Bezug auf das Merkmal „nach § 5 Abs. 1 Nr. 9 KStG steuerbefreite Körperschaft" begründet, die auch dem Spender im Verhältnis zu seinem Wohnsitzfinanzamt zugute kommt. Anders ausgedrückt: Das Wohnsitzfinanzamt des Spenders kann den Spendenabzug wegen Zweifeln an der Steuerbefreiung der Empfängerkörperschaft nur dann versagen, wenn es – auch nach Rücksprache mit dem zuständigen Betriebsfinanzamt – tatsächlich über „bessere Informationen" hinsichtlich der tatsächlichen Voraussetzungen verfügt, was nur in Ausnahmefällen der Fall sein dürfte.

8.22 Fraglich ist, welche **konkreten Folgen** sich aus der von der h.M. befürworteten Bindung des Spendenabzugs an die körperschaftsteuerrechtliche Beurteilung ergeben. Nach Ansicht der Rechtsprechung soll die Versagung der Gemeinnützigkeit durch das Betriebsfinanzamt im Veranlagungsverfahren des Spenders offenbar eine „neue

---

1 Eine Bindungswirkung ablehnend noch BFH v. 11.7.1956 – I 188/55 U, BStBl. III 1956, 309.

2 Vgl. BFH v. 10.1.1992 – III R 201/90, BStBl. II 1992, 684 (Investitionszulage); BFH v. 30.11.1995 – V R 29/91, BStBl. II 1997, 189; BFH v. 11.3.1999 – V R 57, 58/96, BStBl. II 1999, 331 (Umsatzsteuer).

3 Es heißt eben nicht: „an eine vom zuständigen Finanzamt durch Freistellungsbescheid als nach § 5 Abs. 1 Nr. 9 KStG steuerbefreit anerkannte Körperschaft".

Tatsache" im Sinne von § 173 Abs. 1 Nr. 1 AO darstellen, die eine Änderung der bestandskräftigen Veranlagung des Spenders rechtfertigt[1]. Indes ist nicht erkennbar, woraus sich ein solcher Automatismus ergeben soll. Richtigerweise ist auch nicht die Versagung der Gemeinnützigkeit durch das Betriebsfinanzamt, sondern nur der Lebenssachverhalt, aus dem sich der Rechtsverstoß gegen die §§ 51 ff. AO seitens der Empfängerkörperschaft ergibt, eine „Tatsache" im Sinne von § 173 AO, dessen Bekanntwerden zu einer Änderung der Veranlagung des Spenders führen kann. Vom Standpunkt der h.M. wäre es ohnehin folgerichtiger, wegen der Bindung des Wohnsitzfinanzamtes an die Feststellungen des Betriebsfinanzamtes an eine rückwirkende Änderung nach § 175 Abs. 1 Satz 1 Nr. 2 AO zu denken[2]. Hingegen ergeben sich die verfahrensrechtlichen Konsequenzen einer (**rückwirkenden) Aufhebung der gesonderten Feststellung nach § 60a AO** für die Veranlagung des Spenders stets aus § 175 Abs. 1 Satz 1 Nr. 1 AO (Grundlagenbescheid).

Von der Problematik einer Bindung des Wohnsitzfinanzamtes des Spenders an die Körperschaftsteuer-Veranlagung der Empfängerkörperschaft ist die weitere Frage zu trennen, ob steuerbegünstigte Körperschaften erst nach einer gesonderten Feststellung nach § 60a AO bzw. Erlass eines Freistellungs- bzw. Steuerbescheids **zur Ausstellung von Zuwendungsbestätigungen berechtigt** sind[3]. Diese Frage ist nunmehr eindeutig in § 63 Abs. 5 AO geregelt (dazu Rz. 8.104).

d) Körperschaften, Personenvereinigungen und Vermögensmassen aus EU/EWR-Staaten ohne inländische Einkünfte

Mangels inländischer Einkünfte kann bei grenzüberschreitenden Spenden nach § 10b Abs. 1 Satz 2 Nr. 3 EStG, § 9 Nr. 5 Satz 2 Buchst. c GewStG und § 9 Abs. 1 Nr. 2 Satz 2 Buchst. c KStG nicht auf die körperschaftsteuerrechtliche Beurteilung durch ein inländisches Veranlagungsfinanzamt zurückgegriffen werden[4]. Solange der Gesetzgeber darauf verzichtet, die gesetzlich notwendige Gleichwertigkeitsprüfung – „... steuerbefreit wäre, wenn sie inländische Einkünfte erzielen würde" – für alle ausländischen Einrichtungen bei einem oder mehreren Spezialfinanzämtern zu konzentrieren[5], sind allein die Wohnsitzfinanzämter der jeweiligen Spender zuständig. Schon der Bundesrat hat im Rahmen der Beratungen über das Gesetz zur Umsetzung steuerlicher EU-Vorgaben zu Recht deutliche Kritik an diesem Ansatz ge-

8.23

---

1 BFH v. 11.6.1997 – X R 242/93, BStBl. II 1997, 612; FG Köln v. 14.7.2010 – 10 K 975/07, EFG 2010, 1993.

2 Siehe auch *Kulosa* in Herrmann/Heuer/Raupach, § 10b EStG Rz. 51 (eine Änderung nach § 175 Abs. 1 Satz 1 Nr. 2 AO sei „denkbar"); für eine Änderung nach § 175 Abs. 1 Satz 1 Nr. 1 AO offenbar *Brandl* in Blümich, § 10b EStG Rz. 37 („wirken wie Grundlagenbescheide").

3 So zur früheren vorläufigen Bescheinigung ohne überzeugende Begründung BFH v. 19.7.2011 – X R 32/10, BFH/NV 2012, 179; vgl. dazu kritisch *Hüttemann*, FR 2012, 241.

4 Dazu *Hüttemann*, IStR 2010, 118; vgl. auch *Geserich* in Kirchhof/Söhn/Mellinghoff, § 10b EStG Rz. B 309; *Geserich*, DStR 2009, 1173.

5 Dafür *Hüttemann/Helios*, DB 2009, 701 (706); *Hüttemann*, IStR 2010, 118, 123; *Förster*, BB 2011, 663 (668); *Geserich*, NWB 2011, 2188; *Kulosa* in Herrmann/Heuer/Raupach, § 10b EStG Rz. 53.

übt[1]. Doch der Bundesregierung ging es ohnehin weniger um eine sinnvolle und praktikable Lösung, als um die schnelle Umsetzung des *Persche*-Urteils, um neuen Ärger mit der EU-Kommission zu vermeiden. Das angekündigte[2] BMF-Schreiben zu den verfahrensrechtlichen Folgefragen ist inzwischen erlassen worden[3]. Danach stellt sich die Situation einstweilen wie folgt dar (vgl. auch Rz. 1.134 ff.):

„Den Nachweis, dass der ausländische Zuwendungsempfänger die deutschen gemeinnützigkeitsrechtlichen Vorgaben erfüllt, hat der inländische Spender gegenüber dem für ihn zuständigen Finanzamt durch Vorlage geeigneter Belege – dies wären insbesondere Satzung, Tätigkeitsbericht, Aufstellung der Einnahmen und Ausgaben, Kassenbericht, Vermögensübersicht mit Nachweisen über die Bildung und Entwicklung der Rücklagen, Aufzeichnung über die Vereinnahmung von Zuwendungen und deren zweckgerechte Verwendung, Vorstandsprotokolle – zu erbringen (§ 90 Abs. 2 AO). Bescheinigungen über Zuwendungen von nicht im Inland steuerpflichtigen Organisationen reichen als alleiniger Nachweis nicht aus.“

Man darf gespannt sein, wie die **Wohnsitzfinanzämter der Spender** – insbesondere bei „kleineren“ Zuwendungen – mit diesen recht allgemeinen Vorgaben umgehen. Auch die Rechtsprechung des BFH und der Finanzgerichte zur „Gleichwertigkeit“ ist bisher wenig ermutigend, weil die Abzugsfähigkeit grenzüberschreitender Spenden regelmäßig daran scheitert, dass in der Satzung der Empfängerorganisation bestimmte Elemente (z.B. die Vermögensbindungsklausel) fehlen[4] oder der Spender keine ausreichenden Belege in Hinsicht auf die tatsächliche Geschäftsführung vorlegen kann[5]. Solange man sich innerhalb Europas nicht zu einer begrenzten wechselseitigen Anerkennung des Gemeinnützigkeitsstatus durchringt, kann allen Beteiligten – und insbesondere den steuerlichen Beratern (Haftungsrisiko) – nur von Direktspenden über die Grenze[6] dringend abgeraten werden. Größere ausländische Einrichtungen (auch solche aus Drittstaaten) werden – schon um ihren Spendern Zeit und Ärger zu ersparen – weiterhin den „sicheren“ Weg wählen und die Spenden über zwischengeschaltete inländische Förderkörperschaften nach § 58 Nr. 1 AO ins Ausland „durchleiten“[7].

Der Gesetzgeber hat im Ehrenamtsstärkungsgesetz davon abgesehen, den grenzüberschreitenden Spendenabzug durch eine ausdrückliche Einbeziehung von gemeinnützigen Einrichtungen aus EU/EWR-Staaten in das **Verfahren nach § 60a AO** zu erleichtern. Jedenfalls fehlt es an einer entsprechenden Zuständigkeitsregel. Nach Ansicht der Finanzverwaltung ist das Feststellungsverfahren nach § 60a AO ein „Annexverfahren zur Körperschaftsteuerveranlagung“ und steht daher nur unbeschränkt oder beschränkt steuerpflichtigen Einrichtun-

---

1 Vgl. BR-Drucks. 17/813.

2 BMF v. 6.4.2010, BStBl. I 2010, 386.

3 BMF v. 16.5.2011, BStBl. I 2011, 559.

4 Vgl. BFH v. 17.9.2013 – I R 16/12, BStBl. II 2014, 440; dazu *Hüttemann*, ISR 2014, 133; ebenso auch FG Münster v. 8.3.2012 – 2 K 2608/09 E, EFG 2012, 1539.

5 BFH v. 21.1.2015 – X R 7/13, BStBl. II 2015, 588; ebenso FG Berlin-Brandenburg v. 3.9.2015 – 1 K 1004/14, juris.

6 Zu grenzüberschreitenden Spenden vgl. auch *Cutbill/Paines/Hallam*, International Charitable Giving, 2013.

7 Zu dieser Gestaltungsalternative siehe *Kulosa* in Herrmann/Heuer/Raupach, § 10b EStG Rz. 53; *Schienke-Ohletz*, BB 2018, 221 (226); vgl. auch Bayerisches Landesamt für Steuern v. 11.9.2012 – SO 170.1.1-3/2 St 31, juris; OFD Frankfurt v. 5.9.2013, IStR 2014, 80.

gen zur Verfügung[1]. Diese Ungleichbehandlung ist eine – jedenfalls unverhältnismäßige – unionsrechtswidrige Diskriminierung, weil damit den ausländischen Einrichtungen mangels gesetzlicher Grundlage[2] zugleich ein Vertrauensschutz zugunsten ihrer Spender nach § 10b Abs. 4 EStG versagt wird (vgl. Rz. 1.138).

frei   8.24

5. Durchlaufspenden

Von der Frage des tauglichen Spendenempfängers ist die Problematik der „Durch-   8.25
laufspende" zu unterscheiden. Insbesondere Zuwendungen an die öffentliche Hand
erfolgen mitunter zu dem Zweck, dass die Zuwendung an eine privatrechtliche Körperschaft – z.B. einen örtlichen Sportverein – weitergeleitet werden soll. Bis zur
Änderung des Spendenrechts zum 1.1.2000 waren bestimmte steuerlich abzugsfähige Zuwendungen (insbesondere Zuwendungen an Sportvereine) überhaupt nur
in Form solcher Durchlaufspenden möglich[3]. Nach geltendem Recht müssen Körperschaften des öffentlichen Rechts nicht mehr für Zwecke des Spendendurchlauf-
verfahrens eingeschaltet werden, sie können aber weiterhin zu diesem Zwecke
Spenden (nicht aber Mitgliedsbeiträge) entgegennehmen[4]. Letzteres setzt aber eine
entsprechende Bereitschaft der öffentlichen Einrichtung voraus, als Durchlaufstelle
zu fungieren, was angesichts des damit verbundenen Haftungsrisikos[5] keineswegs
selbstverständlich sein wird. Insbesondere muss die Durchlaufstelle prüfen, ob die
Körperschaft, an die die Spende weitergeleitet werden soll, im betreffenden Veranlagungszeitraum die Voraussetzungen der §§ 51 ff. AO erfüllt[6]. Im Rahmen des
Durchlaufverfahrens darf nur die Durchlaufstelle eine Zuwendungsbestätigung ausstellen.

Vom Durchlaufspendenverfahren, das öffentlich-rechtlichen Körperschaften und Dienststellen vorbehalten ist, ist das **sog. Listenverfahren** zu unterscheiden[7]. Hier beauftragt eine gemeinnützige Einrichtung einen Dritten (z.B. einen Dachverband), Zuwendungen entgegen-
zunehmen und Zuwendungsbestätigungen im Namen der gemeinnützigen Einrichtungen
auszustellen[8]. Gleiches gilt für Spenden in Katastrophenfällen, die von privaten Dritten treu-
händerisch für eine bestimmte gemeinnützige Einrichtung eingeworben werden. Auch hier
kann die gemeinnützige Empfängerorganisation Zuwendungsbestätigungen ausstellen, wenn
die entsprechenden Voraussetzungen beachtet werden[9]. Diese Möglichkeit ist durch das Steu-

1 Kritisch dazu *Förster*, DStR 2013, 1516; *Schauhoff/Kirchhain*, FR 2013, 301; *Hüttemann*,
  DB 2014, 442.
2 Für eine rechtsanaloge Anwendung von § 10b Abs. 4 EStG aber *Brandl* in Blümich, § 10b
  EStG Rz. 140.
3 Vgl. dazu etwa BFH v. 5.4.2006 – I R 20/05, BStBl. II 2007, 450.
4 Vgl. R 10b 1 Abs. 2 EStR; dazu näher *Buchna/Leichinger/Seeger/Brox*, S. 416 f.; *Thiel*, DB
  2000, 392.
5 Dazu etwa BFH v. 24.4.2002 – XI R 123/96, BStBl. II 2003, 128.
6 Zur Unterrichtung der Gemeinden über die Gemeinnützigkeit vgl. OFD Düsseldorf und
  OFD Münster v. 5.10.2005, DB 2005, 2270.
7 Vgl. etwa OFD München v. 19.7.2000, DStR 2000, 1349 betreffend die Landessportbünde;
  ferner *Buchna/Leichinger/Seeger/Brox*, S. 417 f.
8 Vgl. auch FG Niedersachsen v. 16.6.2009 – 15 K 30331/06, DStRE 2010, 592.
9 Vgl. dazu zuletzt BMF v. 16.5.2011, BStBl. I 2011, 560.

ervereinfachungsgesetz 2011 in § 50 Abs. 2a EStDV a.F. verankert worden[1] und heute in § 50 Abs. 4 Satz 1 Nr. 1 Buchst. b und Abs. 5 EStDV geregelt[2].

6. „Crowdfunding"

8.26 Inzwischen werden auch verstärkt **Internetplattformen („Crowdfunding-Portale") für die anlassbezogene Akquisition von Spenden** eingesetzt. Dabei wird in der Regel ein festes Sammlungsziel vorgegeben. Nur bei Erreichen des Sammlungsziels in der vorgegebenen Höhe und Zeit leitet das Crowdfunding-Portal die eingesammelten Mittel an die Projektveranstalter weiter, ansonsten erhalten die zuwendenden Personen ihre Einzahlung ggf. auch zurück. Die verstärkte Nutzung solcher Finanzierungsinstrumente in der Praxis hat die Finanzverwaltung veranlasst, sich zur spendenrechtlichen Beurteilung solcher Zahlungen näher zu äußern[3]. Dabei wird zunächst noch einmal klargestellt, dass ein Spendenabzug nur dort in Betracht kommt, wo – anders als beim „klassischen" Crowdfunding – die Unterstützer für ihren Beitrag keine Gegenleistung erhalten. Im Übrigen hängt die spendenrechtliche Beurteilung entscheidend von den Eigenschaften der Beteiligten und den rechtlichen Vereinbarungen ab[4]:

– Wird das **Crowdfunding-Portal als Treuhänder** für eine steuerbegünstigte Körperschaft als Projektveranstalter tätig, ist der Projektveranstalter zur Ausstellung von Zuwendungsbestätigungen befugt, wenn die Unterstützer keine Gegenleistung (allenfalls ein symbolisches „Dankeschön") erhalten, das finanzierte Projekt der Verwirklichung der steuerbegünstigten satzungsmäßigen Zwecke des Projektveranstalters dient und die zweifelsfreie Zuordnung der Spenden zum jeweiligen Zuwendenden möglich ist. Ein vereinfachter Nachweis nach § 50 Abs. 4 Satz 1 Nr. 2 EStDV ist in diesen Fällen der treuhänderischen Spendeneinwerbung allerdings ausgeschlossen.

– Ist das **Crowdfunding-Portal eine Förderkörperschaft** im Sinne von § 58 Nr. 1 AO, das die eingesammelten Mittel für eigene Rechnung vereinnahmt und in Verwirklichung seiner eigenen Förderzwecke einer anderen steuerbegünstigten Körperschaft weiterleitet (z.B. dem Projektveranstalter), ist das Crowdfunding-Portal selbst zur Ausstellung von Zuwendungsbestätigungen berechtigt.

– Ist das **Crowdfunding-Portal selbst Projektveranstalter und zugleich eine steuerbegünstigter Körperschaft**, ist es – selbstverständlich – selbst zur Ausstellung von Zuwendungsbestätigungen berechtigt.

– Im Falle eines „**Crowdlending**" (das eingesammelte Geld wird von der Crowd als Darlehen zu einem vereinbarten Zins an den Projektveranstalter ausgereicht) scheidet ein Spendenabzug nach allgemeinen Grundsätzen aus.

---

1 Gesetz v. 1.11.2011, BGBl. I 2011, 2131.
2 § 50 EStDV ist durch das Gesetz zur Modernisierung des Besteuerungsverfahrens v. 18.7.2016, BGBl. I 2016, 1679 neu gefasst worden.
3 Vgl. BMF v. 15.12.2017, BStBl. I 2018, 246.
4 Zum Folgenden BMF v. 15.12.2017, BStBl. I 2018, 246.

III. Spendenbegünstigte Zwecke

Mit der **Reform des Gemeinnützigkeits- und Spendenrechts im Jahr 2007** ist die 8.27
langjährige Unterscheidung zwischen steuer- und spendenbegünstigten Zwecken
entfallen[1]. Mithin sind nunmehr alle nach den §§ 52 bis 54 AO als steuerbegünstigt
anerkannten Zwecke auch spendenbegünstigt. Dies bedeutet, dass eine Körperschaft,
die z.B. als gemeinnützig anerkannt ist, für alle ihre satzungsmäßigen Zwecke spendenbegünstigte Zuwendungen entgegennehmen kann. Die früher mitunter erforderliche „Spartenrechnung", bei der innerhalb einer Einrichtung zwischen spendenbegünstigten und nicht spendenbegünstigten Mitteln unterschieden werden musste,
gehört damit der Vergangenheit an. Diese Änderung ist nachhaltig zu begrüßen und
trägt auch wesentlich zur Verwaltungsvereinfachung bei.

Inzwischen hat sich die Finanzverwaltung zu der Frage geäußert, ob die Vereinheitlichung
der Spendenzwecke auch für „**Altrücklagen**" gilt, die vor dem 1.1.2007 aus unterschiedlich
hoch spendenbegünstigten Zuwendungen gebildet worden sind und bisher getrennt nach-
gehalten werden mussten. Dies ist seit 2012 nicht mehr der Fall[2].

frei   8.28

B. Spenden

I. Zuwendung

1. Begriff der Zuwendung

Der Spendenabzug ist nach der gesetzlichen Regelung in § 10b Abs. 1 Satz 1 EStG, 8.29
§ 9 Abs. 1 Nr. 5 Satz 1 GewStG, § 9 Abs. 1 Nr. 2 Satz 1 KStG auf „Zuwendungen
(Spenden und Mitgliedsbeiträge) zur Förderung steuerbegünstigter Zwecke im Sinne der §§ 52 bis 54 der Abgabenordnung" beschränkt. Der Begriff der „Zuwendung" ist also der **gesetzliche Oberbegriff** für Spenden und Mitgliedsbeiträge.
Während eine Spende durch Unentgeltlichkeit und Freiwilligkeit gekennzeichnet ist
und zivilrechtlich regelmäßig als Schenkung einzuordnen ist[3], wird die rechtliche
Pflicht zur Leistung von Mitgliedsbeiträgen durch den – freiwilligen – Beitritt zu
einem Verband begründet. Die Unterscheidung zwischen Spenden und Mitgliedsbeiträgen hat im Kontext des Spendenrechts Bedeutung für die Abzugsfähigkeit,
weil Mitgliedsbeiträge an Körperschaften, die bestimmte Zwecke (z.B. den Sport)
fördern, nicht abziehbar sind (§ 10b Abs. 1 Satz 8 EStG).

Der Begriff der Zuwendung ist mit der Reform des Jahres 2007 zugleich an die Stelle 8.30
des früheren Begriffs der „Ausgabe" getreten, ohne dass damit eine sachliche Änderung beabsichtigt war. Es ist deshalb davon auszugehen, dass die bisherige Rechtsprechung zum Begriff der „Ausgabe" auch weiterhin anwendbar ist. Unter einer Zuwendung (Ausgabe) sind **Wertabgaben zu verstehen, die aus dem geldwerten Ver-**

---

1 Vgl. dazu *Hüttemann*, DB 2007, 2053.
2 Vgl. FinMin Schleswig-Holstein v. 1.6.2012 – VI 309 - S 0170 - 162, juris.
3 Zu Zivilrechtsfragen des Spendens vgl. *Rawert* in Non Profit Law Yearbook 2005, 165.

mögen des Spenders zur Förderung des begünstigten Zwecks abfließen[1]. Der Begriff der Zuwendung umfasst nicht nur Geldzuwendungen, sondern – wie sich aus § 10b Abs. 3 Satz 1 EStG ergibt – auch die Zuwendung von Wirtschaftsgütern, d.h. Sachspenden[2].

2. Sachspenden

8.31 Das Gesetz unterscheidet zwischen Geld- und Sachspenden, weil sich bei Sachspenden eine Reihe von Sonderfragen stellt. So bedarf es bei Sachzuwendungen zunächst einer **Bewertungsvorschrift**, d.h. die Ausgabe ist in Geld zu beziffern. Die maßgebenden Bewertungsregeln finden sich in § 10b Abs. 3 Sätze 2 bis 4 EStG. Dabei sind drei Fälle zu unterscheiden:

– Ist das Wirtschaftsgut **unmittelbar vor seiner Zuwendung einem Betriebsvermögen entnommen** worden, so darf das Wirtschaftsgut höchstens mit dem Entnahmewert zuzüglich Umsatzsteuer angesetzt werden (§ 10b Abs. 3 Satz 2 EStG). Dieser ist – je nachdem, ob der Zuwendende vom Buchwertprivileg des § 6 Abs. 1 Nr. 4 Satz 4 EStG Gebrauch gemacht hat (dazu Rz. 8.188 ff.) – entweder der Buch- oder der Teilwert.

– Bei **steuerverstrickten Wirtschaftsgütern des Privatvermögens**, deren Veräußerung im Zeitpunkt der Zuwendung einen Besteuerungstatbestand erfüllen würde (z.B. ein im Privatvermögen gehaltenes Grundstück vor Ablauf der zehnjährigen Spekulationsfrist, eine Kapitalgesellschaftsbeteiligung im Sinne von § 17 Abs. 1 EStG oder Wirtschaftsgüter im Sinne des § 20 Abs. Abs. 2 EStG[3]), dürfen nur die fortgeführten Anschaffungs- und Herstellungskosten angesetzt werden. Ein höherer Wert darf nur angesetzt werden, „soweit eine Gewinnrealisation stattgefunden hat" (§ 10b Abs. 3 Satz 4 EStG)[4].

– In **allen übrigen Fällen** darf bei der Ermittlung der Zuwendungshöhe der gemeine Wert angesetzt werden (§ 10b Abs. 3 Satz 3 EStG). Der gemeine Wert wird durch den Preis bestimmt, der im gewöhnlichen Geschäftsverkehr nach der Beschaffenheit des Wirtschaftsgutes bei einer Veräußerung zu erzielen wäre. Dabei sind alle Umstände, die den Preis beeinflussen, zu berücksichtigen. Ungewöhnliche oder persönliche Verhältnisse sind nicht zu berücksichtigen (§ 9 Abs. 2 BewG).

---

1 So BFH v. 20.2.1991 – X R 191/87, BStBl. II 1991, 690; vgl. auch BFH v. 23.5.1989 – X R 17/85, BStBl. II 1989, 879; BFH v. 24.9.1985 – IX R 8/81, BStBl. II 1986, 726; statt vieler nur *Geserich* in Kirchhof/Söhn/Mellinghoff, § 10b EStG Rz. B 2 ff.; *Heinicke* in L. Schmidt, § 10b EStG Rz. 2.

2 Dazu etwa BFH v. 23.5.1989 – X R 17/85, BStBl. II 1989, 879.

3 Zu Recht weist *Kulosa* in Herrmann/Heuer/Raupach, § 10b EStG Rz. 128 darauf hin, dass es auch im Fall des § 22 UmwStG zu einer (nachträglichen) Besteuerung der vorangegangenen Einbringung kommt.

4 Nach *Kulosa* in Herrmann/Heuer/Raupach, § 10b EStG Rz. 128 ist hingegen stets der „gemeine" Wert maßgebend, wenn dieser unterhalb der fortgeführten Anschaffungs- und Herstellungskosten liegt.

Die **Einschränkungen für Wirtschaftsgüter des Privatvermögens** (§ 10b Abs. 3 Sätze 3 und 4 EStG) sind erst durch das JStG 2009[1] eingefügt worden und sollen „ungerechtfertigte Steuervorteile"[2] verhindern, die sich daraus ergeben könnten, dass die unentgeltliche Übertragung auf eine gemeinnützige Körperschaft mangels Entgelt keine Veräußerung im Sinne von §§ 17, 23 EStG darstellt, gleichzeitig aber der gemeine Wert (einschließlich der steuerverstrickten stillen Reserven) steuermindernd als Sachspende angesetzt werden kann. Die Verknüpfung von Spendenwert mit der Gewinnrealisation ist der Rechtslage bei Entnahmen aus einem Betriebsvermögen nachgebildet (§ 10b Abs. 3 Satz 2 EStG). Unklar ist, welche Fälle mit dem Vorbehalt „soweit eine Gewinnrealisation stattgefunden hat" gemeint sind, da es eine „Entnahme" im Privatvermögen nicht gibt. Zu denken wäre allenfalls an eine verdeckte Einlage in eine gemeinnützige Kapitalgesellschaft (§ 17 Abs. 1 Satz 2 KStG), wenn man eine solche ungeachtet des Gewinnausschüttungsverbots in § 55 Abs. 1 Nr. 1 AO überhaupt für möglich hält[3]. Darüber hinaus ist anzumerken, dass der Gesetzgeber den Grundsatz „Ansatz mit dem gemeinen Wert nur nach Gewinnrealisation" nicht konsequent umgesetzt hat. Denn in den Fällen einer Zuwendung von Betrieben, Teilbetrieben und Mitunternehmeranteilen (zu Ausnahmen bei Anteilen an gewerblich geprägten Personengesellschaften vgl. Rz. 8.192) zum Buchwert (§ 6 Abs. 3 EStG) kann weiterhin mangels gesetzlicher Regelung der gemeine Wert als Spendenwert angesetzt werden[4].

Bisher nicht höchstrichterlich geklärt ist die Frage, ob es – bei Übertragungen bis zum 5.7.2017[5] – beim unentgeltlichen Übergang eines Einzelunternehmens oder Mitunternehmeranteils auf eine gGmbH (oder Stiftung) zu einer **Nachversteuerung** kommt, wenn für die im Einzelunternehmen oder Mitunternehmeranteil nicht entnommenen Gewinne die Steuerermäßigung soll nach § 34a EStG gewährt wurde[6]. Nach Ansicht der Finanzverwaltung sollte in diesen Fällen eine Nachversteuerung nach § 34a Abs. 6 Nr. 2 EStG vorzunehmen sein und der nachversteuerungspflichtige Betrag nicht nach § 34a Abs. 7 EStG auf die Kapitalgesellschaft übergehen[7]. Sie begründet dies mit dem Wechsel im Besteuerungssystem von der Einkommen- zur Körperschaftsteuer. In der Tat erscheint die Anwendung der Tarifvorschrift des § 34a EStG im Kontext der Körperschaftsteuer schwer denkbar. Allerdings ist gerade die Frage, zu wessen Lasten das (offensichtliche) Versäumnis des Gesetzgebers zur Erfassung dieses Sachverhalts im (abschließenden) Katalog des § 34a Abs. 6 Nr. 1 bis 4 EStG

1 BGBl. I 2008, 2794.
2 Vgl. BR-Drucks. 545/08; s. auch *Buchna/Leichinger/Seeger/Brox*, S. 432.
3 Dazu *Hüttemann*, DB 2008, 1590; a.A. *Buchna/Leichinger/Seeger/Brox*, S. 433: verdeckte Einlage bzw. Gewinnrealisation nach § 6 Abs. 6 EStG bei Überführung aus dem Betriebsvermögen.
4 A.A. *Buchna/Leichinger/Seeger/Brox*, S. 438, nach deren Ansicht in der Zuwendungsbestätigung „in Anlehnung an § 6 Abs. 1 Nr. 4 Satz 5 i.V.m. § 10b Abs. 3 EStG der Buchwert des übertragenen Betriebsvermögens auszuweisen" sein soll. Indes scheidet eine „Anlehnung" an eine gesetzliche Spezialregelung jedenfalls dann aus, wenn der Gesetzgeber – wie im JStG 2009 geschehen – die Problematik des Buchwertansatzes anders geregelt hat.
5 Beachte die Änderung des § 34a EStG durch das Gesetz v. 27.6.2017, BGBl. I 2017, 2074.
6 Bejahend *Haag*, BB 2012, 1966; *Bodden*, FR 2014, 920; verneinend *Maetz*, FR 2013, 652.
7 OFD Frankfurt v. 19.11.2013, DB 2014, 571.

aufzulösen ist[1]. Das FG Münster hat inzwischen – m.E. zu Recht – eine Nachversteuerung mit eingehender Begründung abgelehnt[2].

8.32 Die Bewertung von Sachzuwendungen kann sich im Einzelfall – insbesondere bei Immobilien, Unternehmensbeteiligungen oder Kunstwerken – als schwierig herausstellen[3]. Dieser **Bewertungsunsicherheit** ist bei der Ausstellung von Zuwendungsbestätigungen Rechnung zu tragen. Für Sachzuwendungen sind deshalb besondere Bestätigungen vorgesehen (dazu näher Rz. 8.106). Schließlich ist bei Sachzuwendungen aus dem Betriebsvermögen allgemein zu beachten, dass die Hingabe von Wirtschaftsgütern für steuerbegünstigte Zwecke (anders als die bloße Hingabe von Geld) zusätzliche Steuerfolgen beim Zuwendenden auslösen kann, z.B. eine ertragsteuerliche Aufdeckung stiller Reserven (zum Buchwertprivileg vgl. Rz. 8.188 ff.) bzw. eine umsatzsteuerpflichtige Wertabgabe (vgl. Rz. 7.143 ff.).

Gegenstand einer Sachspende nach § 10b Abs. 3 Satz 1 EStG können auch gebrauchte Gegenstände sein, sofern sie noch einen Marktwert haben[4]. Allerdings ist auch hier – z.B. bei der Bewertung von Büchern oder Sammlungsstücken – besondere Sorgfalt auf die Bewertung zu verwenden[5]. Insbesondere werden pauschale Wertschätzungen bei Sachgesamtheiten (z.B. Bibliotheken) von der Finanzverwaltung nicht einfach anerkannt[6]. Wird ein geleaster Gegenstand einer gemeinnützigen Einrichtung unentgeltlich überlassen, kann darin eine Spende des Leasing-Gegenstandes (Übertragung des wirtschaftlichen Eigentums) oder eine Spende der Leasing-Raten liegen[7]. Nach Ansicht der Finanzverwaltung sind kostenlose „Blutspenden" keine begünstigten Sachspenden, da ein Vermögensopfer nicht vorliege, sondern es sich lediglich um den Verzicht auf die kommerzielle Verwendung des eigenen Blutes handeln soll[8]. Auf der anderen Seite ist nicht zu übersehen, dass entnommenes Blut im Eigentum des ehemaligen Trägers steht, der darüber frei verfügen kann, und dass einer Blutkonserve auch ein wirtschaftlicher Wert zukommt[9]. Gleichwohl spricht für die h.M., dass im Vordergrund der Blutspende keine „vermögensmäßige" Bereicherung der Empfängerorganisation steht, sondern die Hilfe für andere Menschen. Aus diesem Grund ist der Spendervertrag auch zivilrechtlich richtigerweise keine echte Schenkung, sondern ein Vertrag *sui generis*[10]. Überlässt ein Steuerpflichtiger für den Fall seines Todes seinen Körper einer medizinischen Fakultät der Universität für wissenschaftliche Zwecke, handelt es sich nicht um eine steuerlich relevante (Sach-)Spende[11]. Dies folgt im Übrigen auch schon daraus, dass die Zuwendung nicht zu Lebzeiten erfolgt (zur Abzugsfähigkeit einer Zuwendungen von Todes wegen vgl. Rz. 8.39).

---

1 *Wacker* in L. Schmidt, § 34a EStG Rz. 85 hält eine Nachversteuerung in diesen Fällen für „zweifelhaft".

2 FG Münster v. 27.1.2017 – 4 K 56/16 F, EFG 2017, 477 (Rev. BFH IV R 5/17).

3 Vgl. dazu näher BFH v. 23.5.1989 – X R 17/85, BStBl. II 1989, 879.

4 Zu getragener Kleidung vgl. BFH v. 23.5.1989 – X R 17/85, BStBl. II 1989, 879.

5 Dazu auch *Kulosa* in Herrmann/Heuer/Raupach, § 10b EStG Rz. 127.

6 Siehe OFD Frankfurt v. 6.11.2003 – S 2223 A - 22 - St II 2.06, DB 2003, 2624.

7 Siehe dazu näher BFH v. 8.8.1990 – X R 149/88, BStBl. II 1991, 70.

8 Vgl. dazu OFD Frankfurt/M. v. 15.12.1994, FR 1995, 287; zustimmend *Geserich* in Kirchhof/Söhn/Mellinghoff, § 10b EStG Rz. D 115; *Heinicke* in L. Schmidt, § 10b EStG Rz. 7; *Brandl* in Blümich, § 10b EStG Rz. 120; *Buchna/Leichinger/Seeger/Brox*, S. 474.

9 Für Abziehbarkeit daher *Drasdo*, DStR 1987, 330.

10 Vgl. *Deutsch* in Spickhoff, Medizinrecht, 2010, § 2 TransfusionsG Rz. 3; a.A. *Lippert/Flegel*, TransfusionsG § 2 Rz. 5.

11 So auch FG Saarland v. 18.12.2008 – 2 K 2400/06, EFG 2009, 743.

3. Aufwandsspenden

Spendenbegünstigte Ausgaben sind nach § 10b Abs. 3 Sätze 5 und 6 EStG, § 9 Nr. 5   8.33
Satz 12 GewStG, § 9 Abs. 2 Sätze 4 und 5 KStG auch dann gegeben, wenn der Steuerpflichtige Aufwendungen zugunsten einer spendenempfangsberechtigten Körperschaft tätigt, ein Anspruch auf die Erstattung der Aufwendungen durch Vertrag oder Satzung eingeräumt worden ist und der Steuerpflichtige auf die Erstattung verzichtet (sog. **Aufwandsspende**). Der Anspruch darf nicht unter der Bedingung des Verzichts eingeräumt worden sein. Das Erfordernis eines vertraglichen oder satzungsmäßigen Ersatzanspruchs schließt den Spendenabzug insbesondere in solchen Fällen aus, in denen der Steuerpflichtige – z.B. als Geschäftsführer ohne Auftrag – Aufwendungen zugunsten einer gemeinnützigen Körperschaft tätigt, d.h. nur einen gesetzlichen Aufwendungsersatzanspruch hat (§§ 670, 677 BGB)[1].

Aufwandsspenden werden gemeinhin als **Fall einer (abgekürzten) Geldspende** angesehen (in Höhe des Nennwertes des Erstattungsanspruchs)[2]. Diese Sichtweise ist keineswegs zwingend, denn letztlich bemisst sich der Wert des Vermögensopfers aus der Sicht des Zuwendenden nach dem gemeinen Wert der Ersatzforderung. Für das Spendenrecht sollte man daher den Forderungsverzicht in Anlehnung an das Kapitalaufbringungsrecht als Sachzuwendung behandeln[3]: Ist der Ersatzanspruch nicht vollwertig (z.B. weil die Empfängerkörperschaft überschuldet ist), darf ein Spendenabzug nur in Höhe des tatsächlichen Wertes der Forderung gewährt werden. Dieses Ergebnis würde erreicht, wenn man die Aufwandsspende als Sachspende behandelt und über die Bewertungsregel des § 10b Abs. 3 Satz 3 EStG die Werthaltigkeit der Ersatzforderung feststellt (und in der Zuwendungsbestätigung entsprechend ausweist). Rechtsprechung und Finanzverwaltung kommen letztlich dadurch zu einem ähnlichen Ergebnis, dass sie – allerdings ohne Begründung – zusätzlich verlangen, dass der Anspruch im Zeitpunkt des Verzichts noch werthaltig ist, wovon allerdings regelmäßig auszugehen sein soll, wenn der Verein im Zeitpunkt der Einräumung des Anspruchs über genügende Mittel zur Erfüllung verfügte[4]. Ferner muss in der Zuwendungsbestätigung ein entsprechender Hinweis erfolgen, dass es sich um einen Aufwandsverzicht handelt.

Das Institut der Aufwandsspende ist in der Vereinspraxis weit verbreitet und deshalb auch Gegenstand **zahlreicher Verfügungen der Finanzverwaltung**. Im vorliegenden Zusammenhang ist vor allem auf folgende Gesichtspunkte hinzuweisen[5]:   8.34

---

1 Demgegenüber hatte der BFH in seiner früheren Rechtsprechung einen Aufwendungsersatzanspruch grundsätzlich für entbehrlich gehalten, vgl. BFH v. 24.9.1985 – IX R 8/81, BStBl. II 1986, 726; BFH v. 29.11.1989 – X 154/88, BStBl. II 1990, 570; vgl. auch zum Nachweis solcher Aufwandsspenden BFH v. 17.2.1993 – X R 119/90, BFH/NV 1994, 154.

2 FG München v. 7.7.2009 – 6 K 3583/07, EFG 2009, 1823; BMF v. 25.11.2014, BStBl. I 2014, 1584; BMF v. 7.6.1999, BStBl. I 1999, 591; OFD Frankfurt/M. v. 21.2.2002, DB 2002, 818; zustimmend statt vieler *Kulosa* in Herrmann/Heuer/Raupach, § 10b EStG Rz. 137; *Buchna/Leichinger/Seeger/Brox*, S. 426.

3 Zustimmend *Kirchhain* in Rödder/Herlinghaus/Neumann, § 9 KStG Rz. 198.

4 Vgl. BFH v. 9.5.2007 – XI R 23/06, BFH/NV 2007, 2251; FG München v. 7.7.2009 – 6 K 3583/07, EFG 2009, 1823; BMF v. 25.11.2014, BStBl. I 2014, 1584; BMF v. 7.6.1999, BStBl. I 1999, 591.

5 Zum Folgenden vgl. BMF v. 24.8.2016, BStBl. I 2016, 994; BMF v. 25.11.2014, BStBl. I 2014, 1584; BMF v. 7.6.1999, BStBl. I 1999, 591; sowie die Übersichten bei *Kulosa* in Herrmann/Heuer/Raupach, § 10b EStG Rz. 133 ff. und *Brandl* in Blümich, § 10b EStG Rz. 130 ff.; *Emser*, DStR 2015, 1960.

– Nach Ansicht der Finanzverwaltung muss der **Aufwendungsersatzanspruch** durch Vertrag, Satzung oder rechtsgültigen Vorstandsbeschluss eingeräumt worden sein, bevor die zum Aufwand führende Tätigkeit begonnen worden ist[1]. Ein Vorstandsbeschluss setzt eine entsprechende Ermächtigung in der Satzung voraus. Eine nachträgliche Begründung soll nicht ausreichen. Gesetzliche Aufwandsersatzansprüche (z.B. eines ehrenamtlichen Vereinsvorstands nach § 27 Abs. 3 i.V.m. § 670 BGB) sind nach Ansicht der Finanzverwaltung keine „durch Satzung" eingeräumten Ansprüche im Sinne des § 10b Abs. 3 Satz 5 EStG. Im Ganzen ist somit auf vorherige, schriftlich getroffene Regelungen zu achten (z.B. auch in Gestalt einer auf einer Satzungsermächtigung beruhenden Reisekostenordnung)[2].

– Eine Aufwandsspende setzt nach Ansicht der Finanzverwaltung zusätzlich voraus, dass der (vertragliche oder satzungsmäßige) Ersatzanspruch **„ernsthaft" eingeräumt** wird und nicht von vornherein unter der Bedingung eines Verzichts steht[3]. Wesentliche Indizien für die Ernsthaftigkeit von Ansprüchen sollen die zeitliche Nähe der Verzichtserklärung zur Fälligkeit des Anspruchs und die wirtschaftliche Leistungsfähigkeit des Zuwendungsempfängers sein. Nach Ansicht der Finanzverwaltung ist ein Verzicht „noch zeitnah", wenn bei einmaligen Ansprüchen innerhalb von drei Monaten ein Verzicht erklärt wird. Bei Ansprüchen aus einer regelmäßigen Tätigkeit – damit sind Tätigkeiten gemeint, die „gewöhnlich monatlich ausgeübt werden"[4] – soll es ausreichen, wenn der Verzicht innerhalb eines Jahres nach Fälligkeit des Anspruchs erklärt wird. Wird auf einen Anspruch verzichtet, muss dieser auch im Zeitpunkt des Verzichts tatsächlich werthaltig sein. Allerdings soll dies regelmäßig anzunehmen sein, sofern der Verein im Zeitpunkt der Einräumung des Anspruchs wirtschaftlich in der Lage ist, die eingegangene Verpflichtung zu erfüllen[5].

– Weitere Voraussetzung des Abzugs soll eine **endgültige wirtschaftliche Belastung** des Zuwendenden sein. Ferner muss sich der Ersatzanspruch auf Aufwendungen beziehen, die zur Erfüllung der satzungsmäßigen Zwecke des Zuwendungsempfängers erforderlich waren[6].

– Soweit der Spender seinen eigenen Pkw für Fahrten im Auftrag der begünstigten Einrichtungen zur Verfügung stellt, soll nur ein Aufwendungsersatz von 0,30 Euro als angemessen anzuerkennen sein[7]. Ferner dürfen nur **Kosten für Fahrten** erstattet werden, die zur Erfüllung der satzungsmäßigen Zwecke der Körperschaft erforderlich waren. Die Körperschaft muss daher im Einzelnen durch Unterlagen die zutreffende Höhe des Erstattungsanspruchs, über den sie eine Zuwendungsbestä-

---

1 BMF v. 25.11.2014, BStBl. I 2014, 1584.
2 Ebenso BFH v. 9.5.2007 – XI R 23/06, BFH/NV 2007, 2251.
3 BMF v. 25.11.2014, BStBl. I 2014, 1584.
4 So BMF v. 24.8.2016, BStBl. I 2016, 994.
5 Zu dieser Vermutung näher BMF v. 25.11.2014, BStBl. I 2014, 1584.
6 Siehe dazu BMF v. 25.11.2014, BStBl. I 2014, 1584.
7 OFD Frankfurt/M. v. 21.2.2002, DB 2002, 818; siehe auch BFH v. 3.12.1996 – I R 67/95, BStBl. II 1997, 474.

tigung erteilt, belegen können[1]. Für die Erstattung von Aufwendungen im Durchlaufspendenverfahren gelten zusätzliche Besonderheiten[2].

4. Verzicht auf andere Ansprüche

Eine Spende kann auch in der Weise erfolgen, dass der Steuerpflichtige auf sonstige **8.35** bestehende **vertragliche oder gesetzliche Ansprüche** (die keine Aufwendungsersatzansprüche sind) **gegen die Empfängerkörperschaft verzichtet (Rückspende)**[3]. Erbringt z.B. ein Handwerker eine entgeltliche Bauleistung und verzichtet er nach Rechnungsstellung auf die Werklohnforderung, so berechtigt dieser Verzicht unter bestimmten Voraussetzungen zum Spendenabzug. Dazu ist auch hier nach Ansicht der Finanzverwaltung erforderlich, dass der Anspruch „ernsthaft eingeräumt" und nicht „unter der Bedingung des Verzichts" steht[4]. Ferner setzt ein Spendenabzug voraus, dass die Forderung gegenüber der Körperschaft auch werthaltig ist.

In der Praxis ist bisweilen zu beobachten, dass das Institut der **Aufwandsspende als „Steuersparmodell" missverstanden** wird. Wenn es etwa heißt, ein bekannter Künstler habe „gegen Spendenquittung" an einer Benefizveranstaltung mitgewirkt, dann wird der Eindruck erweckt, als habe der Künstler durch den Verzicht auf ein Honorar einen steuerlichen Vorteil erhalten. Dem ist mitnichten so. Denn „verzichten" kann man nur auf etwas, das man zuvor erwirtschaftet hat. Anders ausgedrückt: Alle Honorare etc., die im Wege der Aufwandsspende „zurückgespendet" werden sollen, müssen auch ordnungsgemäß versteuert werden, so dass der Spendenabzug im besten Fall nur zur Vermeidung einer Steuerlast führt, aber nicht mit weitergehenden Vorteilen verbunden ist. Ein echter „Steuerspareffekt" ergibt sich nur in dem Fall, dass das Entgelt, auf das verzichtet wird, unter eine Steuerbefreiung fällt. Schulfall ist die Aufwandsspende im Zusammenhang mit einer steuerfreien Aufwandsentschädigung nach § 3 Nr. 26 EStG oder einer steuerfreien Organvergütung nach § 3 Nr. 26a EStG. Hier kommt es zu einer tatsächlichen Minderung der Steuerlast auf die sonstigen Einkünfte und damit zu einer echten Steuerentlastung[5].

5. Keine Nutzungen und Leistungen

Nicht spendenbegünstigt sind nach § 10b Abs. 3 Satz 1 EStG – mangels einer Zu- **8.36** wendung aus dem Vermögen des Steuerpflichtigen[6] – **Nutzungen und Leistungen**. Das geltende Recht kennt insbesondere keine „Zeitspende". Wer nur seine Arbeitskraft oder sein Wirtschaftsgut (z.B. eine Immobilie oder ein Kfz) unentgeltlich einer gemeinnützigen Einrichtung zur Verfügung stellt, kann keine Steuerentlastung er-

---

1 OFD Frankfurt/M. v. 21.2.2002, DB 2002, 818.
2 Vgl. dazu OFD Frankfurt/M. v. 21.2.2002, DB 2002, 818.
3 Zu „Rückspenden" ausführlich *Rausch/Meirich*, DStR 2017, 2769; siehe auch *Geserich* in Kirchhof/Söhn/Mellinghoff, § 10b EStG Rz. D 60 ff.; *Buchna/Leichinger/Seeger/Brox*, S. 427.
4 Vgl. BMF v. 25.11.2014, BStBl. I 2014, 1584.
5 Vgl. auch *Buchna/Leichinger/Seeger/Brox*, S. 426 f.
6 Vgl. auch OFD Frankfurt/M. v. 21.2.2002, DB 2002, 818.

halten[1]. Das Gleiche gilt für den Fall eines unverzinslichen Darlehens. Wer für solche Nutzungen und Leistungen einen Steuervorteil erhalten will, ist also auf den Weg der Aufwandsspende zu verweisen, d.h. er muss zunächst einen wirksamen Dienst- oder Arbeitsvertrag bzw. einen Miet- oder Darlehensvertrag schließen und kann dann später auf die Entgeltforderung verzichten.

Der Ausschluss von Zeitspenden ist **rechtspolitisch umstritten**[2]. So hat z.B. *Jachmann* in ihrem Gutachten für die Enquetekommission „Zukunft des bürgerschaftliches Engagements" die Einführung einer Zeitspende in Höhe von 8 Euro pro Zeitstunde für unentgeltliche Arbeitsleistungen im Dienst oder im Auftrag einer gemeinnützigen Körperschaft vorgeschlagen[3]. Die Enquetekommission ist diesem Vorschlag – u.a. wegen der damit verbundenen Komplizierung des Spendenrechts und der Gefahr von Missbräuchen – nicht gefolgt[4]. Auch das BMF hat sich wegen der Missbrauchsanfälligkeit (Gefälligkeitsbescheinigungen etc.) gegen eine solche Regelung ausgesprochen, zumal die Gewährung eines Spendenabzugs ohne tatsächliche Aufwendungen einen Fremdkörper im Einkommensteuerrecht dargestellt hätte[5]. Der Entwurf eines Gesetzes zur Stärkung des bürgerschaftlichen Engagements[6] sah als Ersatz für die Zeitspende eine Steuerermäßigung in Höhe von 300 Euro pro Jahr für die unentgeltliche Mitarbeit in mildtätigen Organisationen vor, sofern monatlich mindestens 20 Stunden erbracht werden. Auch dieser Vorschlag konnte sich nicht durchsetzen. In der Tat spricht gegen eine Steuervergünstigung für unentgeltliche Arbeitsleistungen, dass ihre Anreizwirkung ungewiss ist, unerwünschte Mitnahmeeffekte ausgelöst werden und die gesetzliche Festlegung eines „Gemeinnützigkeits-(Mindest-)Lohns" dem Grundgedanken ehrenamtlichen Engagements eher zuwiderläuft[7].

6. Endgültige wirtschaftliche Belastung

8.37 Die steuermindernde Berücksichtigung einer Ausgabe zur Förderung steuerbegünstigter Zwecke setzt eine endgültige wirtschaftliche Belastung **des Zuwendenden** voraus[8]. An einer solchen fehlt es z.B. in Hinsicht auf die Darlehensvaluta bei der Hingabe eines Darlehens an eine gemeinnützige Einrichtung[9]. Dagegen wird der Spendenabzug nicht dadurch ausgeschlossen, dass der Zuwendende unter gewissen Umständen (Nichtvollziehung einer Auflage) einen zivilrechtlichen Rückforderungsanspruch hat (vgl. dazu § 527 BGB)[10]. Denn ein solcher Anspruch ist vom Verhalten des Zuwendenden unabhängig. Kommt es später zu einer Rückforderung der Spende, liegt darin ein rückwirkendes Ereignis nach § 175 Abs. 1 Nr. 2 AO, so dass die

---

1 Nichts anderes gilt im Fall des sog. Secondments, d.h. der Überlassung von Arbeitnehmern an gemeinnützige Einrichtungen durch Unternehmen. Vgl. dazu *Kessler*, BB 1991, 1869.

2 Für eine Berücksichtigung „altruistischer Arbeit" als abzugsfähige Spende aus neuerer Zeit etwa *Schäfers*, DStZ 2002, 287 ff.

3 *Jachmann*, Rechtliche Rahmenbedingungen, S. 278.

4 Bericht der Enquetekommission, S. 632.

5 Vgl. Nachweise bei *Jachmann*, Rechtliche Rahmenbedingungen, S. 278.

6 Dazu *Hüttemann*, DB 2007, 127.

7 Ablehnend auch *Weitemeyer* in Non Profit Law Yearbook 2007, 59 f.

8 Vgl. BFH v. 20.2.1991 – X R 191/87, BStBl. II 1991, 690; BMF v. 25.11.2014, BStBl. I 2014, 1584.

9 *Kulosa* in Herrmann/Heuer/Raupach, § 10b EStG Rz. 25.

10 Zu Zivilrechtsfragen des Spendens vgl. *Rawert* in Non Profit Law Yearbook 2005, 165.

Veranlagung im Zuwendungsjahr zu ändern ist[1]. § 10b Abs. 4b EStG ist auf Zuwendungen im Sinne von § 10b EStG nicht anwendbar[2]. An einer endgültigen wirtschaftlichen Belastung fehlt es schließlich auch dann, wenn im Fall der Zusammenveranlagung die Zuwendung des einen Ehegatten dem anderen Ehegatten zugute kommt[3].

Wenn die Patienten ihrem Zahnarzt Zahngold aus Altzähnen überlassen, das dieser durch einen Dritten der Scheideanstalt zuführt, damit der Gegenwert gemeinnützigen Organisationen zugewendet wird, scheidet jedenfalls eine Zuwendung für diese „**Zahngoldspende**" zugunsten des Zahnarztes oder des Dritten mangels wirtschaftlicher Belastung aus[4].

Mangels einer endgültigen wirtschaftlichen Belastung sind auch „Spenden", die eine gemeinnützige Einrichtung aus **Mitteln ihres steuerpflichtigen wirtschaftlichen Geschäftsbetriebs an ihren steuerbegünstigten Bereich** leistet, de lege lata nicht steuerlich anzuerkennen[5]. Da der wirtschaftliche Geschäftsbetrieb weder rechtlich noch steuerlich verselbständigt ist, fehlt es bezogen auf die gemeinnützige Körperschaft als Ganzes an einem Vermögensopfer. Vielmehr werden nur Mittel zwischen den verschiedenen Sphären verschoben und für „eigene" Zwecke verwendet, d.h. es handelt sich um einen (privatnützigen) Akt der Einkommensverwendung. Dies gilt ungeachtet der Tatsache, dass die Körperschaft ausschließlich gemeinnützige Zwecke verfolgt. Insbesondere geht es nicht an, die Erfüllung einer gesetzlichen Verpflichtung zur zeitnahen Mittelverwendung zusätzlich in den Grenzen des § 9 Abs. 1 Nr. 2 KStG zu begünstigen[6]. 8.38

7. Eigene Aufwendungen

Grundsätzlich kann ein Steuerpflichtiger nur „eigene" Aufwendungen als Sonderausgaben geltend machen, durch die er **selbst wirtschaftlich belastet** ist[7]. Indes lassen sich diese Grundsätze nur eingeschränkt auf Spenden übertragen, weil es hier – anders als z.B. bei Versicherungs- und Mitgliedsbeiträgen – regelmäßig an einer Verpflichtung fehlen wird (anders aber bei der Dotationspflicht des Stifters auf Grund eines wirksamen Stiftungsgeschäfts). Wer eine Spende tätigt, kann daher entweder selbst als Spender auftreten oder auch einer anderen Person (z.B. einem 8.39

---

1 Vgl. BFH v. 19.3.1976 – VI 72/73, BStBl. II 1976, 338; BFH v. 18.7.1980 – VI R 167/77, BStBl. II 1981, 52; *Heinicke* in L. Schmidt, § 10b EStG Rz. 46.

2 *Kulosa* in Herrmann/Heuer/Raupach, § 10b EStG Rz. 25.

3 BMF v. 25.11.2014, BStBl. I 2014, 1584; Vgl. dazu den Sachverhalt des Urteils BFH v. 20.2.1991 – X R 191/87, BStBl. II 1991, 690: Spende des Ehegatten an den Landschaftsverband für Denkmalschutzarbeiten an der zusammen mit der Ehefrau bewohnten denkmalgeschützten Burg.

4 Vgl. OFD Magdeburg v. 20.8.2013 – S 2223 – 182 – St 217, DStR 2014, 703.

5 Im Ergebnis auch BFH v. 27.3.2001 – I R 78/99, BStBl. II 2001, 449; *Märtens* in Gosch, § 9 KStG Rz. 34; *Kirchhain* in Rödder/Herlinghaus/Neumann, § 9 KStG Rz. 201.

6 Dies spricht auch gegen den Vorschlag von *Jachmann* (Rechtliche Rahmenbedingungen, S. 225 ff.), den Transfer von Mitteln aus dem wirtschaftlichen Geschäftsbetrieb in die ideelle Sphäre in den Grenzen des Spendenabzugs zu begünstigen; vgl. auch Unabhängige Sachverständigenkommission, Gutachten, S. 169 f.

7 Vgl. nur *Heinicke* in L. Schmidt, § 10 EStG Rz. 15 ff.; *Kulosa* in Herrmann/Heuer/Raupach, § 10b EStG Rz. 13.

Angehörigen) den Spendenabzug nach § 10b EStG ermöglichen, wenn die Spende im Namen dieser Person geleistet wird[1] (zur Spende auf Grund einer Schenkung unter Auflage vgl. Rz. 8.53). Zahlt hingegen ein Dritter den Mitgliedsbeitrag für ein Vereinsmitglied, kann immer nur das Mitglied den Beitrag nach § 10b EStG steuerlich geltend machen. Ein Spendenabzug wird auch nicht dadurch ausgeschlossen, dass dem Zuwendenden der gespendete Geldbetrag von Dritten zuvor geschenkt worden ist[2]. Zahlungen Dritter an die Empfängerkörperschaft sind dem Zuwendenden zuzurechnen, wenn mit ihnen **lediglich der Zahlungsweg abgekürzt wird**. Man denke etwa an den Fall, dass ein Arbeitnehmer den Arbeitgeber anweist, einen Teil des Arbeitslohns an eine gemeinnützige Einrichtung zu überweisen (Lohnverwendungsabrede)[3]. In diesem Fall hat der Arbeitgeber auf den Spendenbetrag Lohnsteuer einzubehalten und abzuführen, während der Spendenabzug dem Arbeitnehmer zusteht[4]. Die Finanzverwaltung lässt in Katastrophenfällen auch eine vereinfachte Behandlung zu: Danach ist der vom Arbeitgeber einbehaltene und für gemeinnützige Zwecke abgeführte Betrag nicht der Lohnsteuer zu unterwerfen. Gleichzeitig entfällt auch der Spendenabzug für den Arbeitnehmer[5]. Gleiches gilt, wenn ein Arbeitnehmer zugunsten seines steuerbegünstigten Arbeitsgebers auf Lohn verzichtet[6]. Ein Spendenabzug scheidet auch aus, wenn jemand als Kandidat an einer Fernsehsendung teilnimmt und von vornherein vereinbart ist, dass das Preisgeld an eine vom Kandidaten bestimmte Einrichtung gehen soll. In diesem Fall hat der Kandidat zu keinem Zeitpunkt die wirtschaftliche Verfügungsgewalt über das Preisgeld erlangt, so dass es an einer „eigenen" Aufwendung fehlt[7]. Gleiches gilt für eine im Rahmen eines arbeitsgerichtlichen Vergleichs vereinbarte „Spende" des Arbeitgebers an eine gemeinnützige Einrichtung, wenn das Gericht den Empfänger festlegt. Auch der Arbeitgeber hat mangels Freiwilligkeit kein Recht zum Spendenabzug[8].

8.40 Fraglich ist, ob auch **Zuwendungen von Todes wegen** nach § 10b Abs. 1 Satz 1 EStG steuerlich abziehbar sind. Insoweit ist zu unterscheiden: Bei der Erfüllung von

---

1 Zutreffend *Kulosa* in Herrmann/Heuer/Raupach, § 10b EStG Rz. 13.

2 Zu „Geburtstagsspenden" siehe *Kulosa* in Herrmann/Heuer/Raupach, § 10b EStG Rz. 13; *Brandl* in Blümich, § 10b EStG Rz, 20, der allerdings an der „Uneigennützigkeit" zweifelt, wenn Spenden auf Wunsch des Gastgebers geleistet werden.

3 Zur Abgrenzung von einem unbedingten Gehaltsverzicht vgl. BFH v. 30.7.1993 – VI R 87/92, BStBl. II 1993, 884; BFH v. 25.11.1993 – VI R 115/92, BStBl. II 1994, 424; *Geserich* in Kirchhof/Söhn/Mellinghoff, § 10b EStG Rz. B 439.

4 Zur Übernahme von Mitgliedsbeiträgen für einen Golfclub durch den Arbeitgeber vgl. FG Niedersachsen v. 25.6.2009 – 11 K 72/08, DStRE 2011, 154.

5 Vgl. dazu beispielhaft BMF v. 1.10.2002, DB 2002, 2134 (Jahrhundertflut an der Oder); BMF v. 14.1.2005, BStBl. I 2005, 52 (Hilfe für Tsunami-Opfer); BMF v. 21.6.2013, BStBl. l 2013, 769 (Hochwasser in Deutschland); BMF v. 19.5.2015, BStBl. I 2015 (Erdbeben in Nepal); BMF v. 24.5.2016, BStBl. I 2016, 498 (Erdbeben in Ecuador).

6 *Kulosa* in Herrmann/Heuer/Raupach, § 10b EStG Rz. 25.

7 Vgl. BMF v. 29.3.2006, BStBl. I 2006, 342; ebenso FG Köln v. 12.12.2006 – 9 K 4243/06, EFG 2007, 758; FG Hamburg v. 14.11.2008 – 3 K 250/06, DStRE 2008, 992; *Kulosa* in Herrmann/Heuer/Raupach, § 10b EStG Rz. 25.

8 Vgl. BFH v. 23.9.1998 – XI R 18/98, BStBl. II 1999, 98.

Vermächtnissen oder Auflagen von Todes wegen durch den Erben scheidet ein Abzug beim Erblasser offensichtlich aus, weil dieser von der Leistung des Erben nicht mehr wirtschaftlich betroffen ist. In der Person des Erben fehlt es indes an der Freiwilligkeit der Leistung, da der Erbe kraft Erbrechts zur Leistung verpflichtet ist (dazu näher Rz. 8.53). Davon ist der Fall einer Schenkung auf den Todesfall (§ 2301 BGB) oder die Einsetzung einer **Stiftung als Erben von Todes wegen** (§§ 83, 84 BGB) zu unterscheiden[1]. Hier erfolgt der Mittelabfluss unabhängig von einer Entscheidung des Erben allein auf Grund der Verfügung des Erblassers. Allerdings fehlt es an einer „eigenen" wirtschaftlichen Belastung des Erblassers als Grundvoraussetzung eines Sonderausgabenabzugs. Denn die allein aus erbrechtlichen Gründen angeordnete Rückwirkung der Stiftungserrichtung nach § 84 BGB[2] ändert nichts daran, dass der Mittelabfluss den Erblasser nicht mehr wirtschaftlich betrifft (vgl. auch § 11 Abs. 2 EStG), so dass es an einer „eigenen Aufwendung" des Erblassers fehlt[3].

Bei **nichtrechtsfähigen Stiftungen** besteht die Ausgabe des Stifters in der Zuwendung an den Stiftungsträger (Treuhänder). Insoweit kann auch der Treuhänder selbst einer von ihm verwalteten nichtrechtsfähigen Stiftung eine Zuwendung machen, obwohl sie von ihm kein zivilrechtliches Eigentum erwerben kann. Denn durch eine entsprechende Treuhandabrede kann der Treuhänder aus seinem Vermögen das wirtschaftliche Eigentum nach § 39 Abs. 2 Nr. 1 Satz 2 AO der Stiftung zuordnen[4]. Allerdings wird man in diesen Fällen erhöhte Anforderungen an den Nachweis der Zuwendung stellen müssen[5].

8. Zeitliche Zuordnung

Hinsichtlich der zeitlichen Zuordnung von Spenden gilt das **Abflussprinzip**, d.h.,   8.41
Zuwendungen sind in dem Veranlagungszeitraum zu berücksichtigen, in dem sie tatsächlich geleistet worden sind (§ 11 Abs. 2 EStG)[6]. Eine begrenzte Ausnahme gilt nach § 11 Abs. 2 Satz 2 EStG i.V.m. § 11 Abs. 1 Satz 2 EStG für regelmäßig wiederkehrende Ausgaben (z.B. Mitgliedsbeiträge), die kurze Zeit (bis zu 10 Tagen) vor oder nach dem Jahreswechsel abgeflossen sind[7]. Bei Sachspenden ist die Übertragung des wirtschaftlichen Eigentums entscheidend[8]. Dagegen begründet die Eingehung einer Verbindlichkeit – auch kraft gemeinschaftlichen Testaments[9] – noch keine Ausgabe, sondern hier liegt eine nach § 10b Abs. 1 Satz 1 EStG abziehbare

---

1 Vgl. dazu BFH v. 16.2.2011 – X R 46/09, BStBl. II 2011, 685; *Herfurth* in FS Spiegelberger, 2009, S. 1285.

2 Zur Funktion des „Städel"-Paragraphen vgl. näher *Hüttemann/Rawert* in Staudinger, § 84 BGB Rz. 1.

3 Ebenso BFH v. 16.2.2011 – X R 46/09, BStBl. II 2011, 685; *Kulosa* in Herrmann/Heuer/Raupach, § 10b EStG Rz. 25; a.A. *Herfurth* in FS Spiegelberger, 2009, S. 1285.

4 Vgl. BFH v. 6.3.2013 – X B 93/11, BFH/NV 2013, 903.

5 Dazu BFH v. 6.3.2013 – X B 93/11, BFH/NV 2013, 903 (keine Beiladung der Stiftung im Verfahren betreffend den Spendenabzug des Spenders).

6 BFH v. 6.8.2003 – XI B 7/03, BFH/NV 2004, 176; *Kulosa* in Herrmann/Heuer/Raupach, § 10b EStG Rz. 25.

7 Dazu *Krüger* in L. Schmidt, § 11 EStG Rz. 26.

8 Vgl. nur *Kulosa* in Herrmann/Heuer/Raupach, § 10b EStG Rz. 25, 121.

9 Dazu BFH v. 16.2.2011 – X R 46/09, BStBl. II 2011, 685.

Zuwendung erst im Zeitpunkt der Erfüllung der Verbindlichkeit vor[1]. Allerdings lässt das Gesetz bei Einkommen- und Gewerbesteuer einen unbegrenzten Zuwendungsvortrag zu (§ 10b Abs. 1 Satz 9 EStG, § 9 Nr. 5 Satz 2 GewStG). Dies ändert aber nichts daran, dass eine Zuwendung nur dann berücksichtigt werden kann, wenn durch Vorlage der Zuwendungsbestätigung vor Eintritt der Bestandskraft der Veranlagung für das Jahr der Zuwendung geltend gemacht worden ist (zur Anwendung der §§ 173, 175 AO bei nachträglicher Geltendmachung einer Spende nach Eintritt der Bestandskraft vgl. näher Rz. 8.100 ff.).

8.42   frei

II. Zur Förderung steuerbegünstigter Zwecke

1. Allgemeines

8.43   Eine Ausgabe ist nur dann eine steuerbegünstigte Zuwendung, wenn sie „zur Förderung steuerbegünstigter Zwecke im Sinne der §§ 52 bis 54 der Abgabenordnung" geleistet worden ist. Die erkennbare Ausrichtung der Förderungsleistung auf einen steuerbegünstigten Zweck ist – wie es der BFH[2] ausgedrückt hat – „das entscheidende Kriterium für den Spendenabzug". Deshalb reiche es für die Abzugsfähigkeit einer Ausgabe nicht aus, dass der Empfängerkörperschaft ein Vorteil gewährt werde, sondern die Zuwendung müsse „um der Sache willen" geleistet werden[3]. Erforderlich ist demnach eine deutlich überwiegende und im Vordergrund stehende Spendenmotivation[4]. Die Rechtsprechung hat das Merkmal „zur Förderung …" **durch verschiedene Subkriterien konkretisiert**: So muss eine Spende unentgeltlich im Sinne von fremdnützig sowie freiwillig geleistet werden. Ferner dient die Motivation des Zuwendenden zugleich als Abgrenzungskriterium gegenüber Betriebsausgaben und Werbungskosten. Bei Zuwendungen von Kapitalgesellschaften bedarf der Tatbestand der Spende schließlich der Abgrenzung gegenüber verdeckten Gewinnausschüttungen (§ 8 Abs. 3 Satz 2, § 9 Abs. 1 Nr. 2 KStG).

2. Unentgeltlichkeit und Fremdnützigkeit

a) Erwartung eines besonderen Vorteils schädlich

8.44   Nach ständiger Rechtsprechung kommen nur solche Aufwendungen als Spenden in Betracht, die der Steuerpflichtige unentgeltlich im Sinne von fremdnützig geleistet hat[5]. Nach Ansicht des BFH ist Unentgeltlichkeit gegeben, wenn die Spende um der Sache willen „**ohne die Erwartung eines besonderen Vorteils gegeben wird**", d.h.

---

1   Vgl. auch *Kulosa* in Herrmann/Heuer/Raupach, § 10b EStG Rz. 25 f.
2   Vgl. BFH v. 19.12.1990 – X R 40/86, BStBl. II 1991, 234.
3   Vgl. BFH v. 19.12.1990 – X R 40/86, BStBl. II 1991, 234 unter Hinweis auf BVerfG v. 24.6.1958 – 2 BvF 1/57, BVerfGE 8, 51, 66.
4   So BFH v. 2.8.2006 – XI R 6/03, BStBl. II 2007, 8; BFH v. 25.11.1987 – I R 126/85, BStBl. II 1988, 220.
5   BFH v. 2.8.2006 – XI R 6/03, BStBl. II 2007, 8.

die Spendenmotivation im Vordergrund steht[1]. Ein Spendenabzug soll daher nicht erst dann ausgeschlossen sein, wenn die Ausgaben zur Erlangung einer Gegenleistung des Empfängers erbracht werden, sondern bereits, wenn die Zuwendungen an den Empfänger unmittelbar und ursächlich mit einem von einem Dritten gewährten Vorteil zusammenhängen, ohne dass der Vorteil unmittelbar wirtschaftlicher Natur sein muss[2]. In neueren Entscheidungen spricht der BFH deshalb auch von einer „uneigennützigen" Unterstützung steuerbegünstigter Zwecke[3]. Die Beurteilung der „Fremdnützigkeit" der Zuwendung im Einzelfall gehört dem Bereich der Tatsachenwürdigung an[4].

Die Rechtsprechung des BFH ist im Schrifttum ganz überwiegend auf Zustimmung gestoßen[5]. Ergänzend ist darauf hingewiesen worden, dass eine steuermindernde Berücksichtigung von Spenden als Steuersurrogat nur dort gerechtfertigt sei, wo die Spende „nicht die Gegenleistung für eine besondere Leistung" darstelle (vgl. § 3 Abs. 1 AO)[6]. Daran ist richtig, dass für eine steuerliche Förderung kein Anlass besteht, wenn eine Zuwendung in erster Linie dazu dient, **dem Zuwendenden einen individuellen (materiellen oder immateriellen) Vorteil zu verschaffen**. Dies spricht zugleich für ein weites Verständnis der „Gegenleistung." Dem BFH ist deshalb auch darin zu folgen, dass ein Spendenabzug nicht nur dann ausscheidet, wenn eine Ausgabe im bürgerlich-rechtlichen Sinne das Entgelt für eine bestimmte Gegenleistung darstellt (zu teilentgeltlichen Leistungen Rz. 8.51). Auch wer z.B. in Erfüllung einer Auflage nach § 153a Abs. 1 Nr. 2 StPO eine Zahlung leistet, handelt nicht „zur Förderung steuerbegünstigter Zwecke", sondern erstrebt einen strafverfahrensrechtlichen Vorteil (Einstellung des Verfahrens)[7]. Ein Spendenabzug scheidet auch dann aus, wenn Zuwendungen in Erwartung anderer Vorteile – z.B. der Erteilung einer Baugenehmigung – gewährt werden[8] oder wenn im Zusammenhang mit einem

8.45

---

1 So BFH v. 22.3.2018 – X R 5/16, BFH/NV 2018, 877; BFH v. 9.12.2014 – X R 4/11, BFH/NV 2015, 853; BFH v. 2.8.2006 – XI R 6/03, BStBl. II 2007, 8; BFH v. 19.12.1990 – X R 40/86, BStBl. II 1991, 234.

2 BFH v. 19.12.1990 – X R 40/86, BStBl. II 1991, 234; vgl. auch BFH v. 22.9.1993 – X R 107/91, BStBl. II 1993, 874; BFH v. 21.10.2008 – X R 44/05, BFH/NV 2009, 375; FG Berlin-Brandenburg v. 19.11.2013 – 9 K 9151/13, DStRE 2014, 840.

3 BFH v. 9.12.2014 – X R 4/11, BFH/NV 2015, 853; BFH v. 2.8.2006 – XI R 6/03, BStBl. II 2007, 8; kritisch FG Düsseldorf v. 2.6.2009 – 16 V 896/09 A (E, AO), EFG 2009, 1931.

4 BFH v. 9.12.2014 – X R 4/11, BFH/NV 2015, 853; BFH v. 22.3.2018 – X R 5/16, BFH/NV 2018, 877.

5 Vgl. etwa *Seer* in DStJG 26 (2003), 32; *Buchna/Leichinger/Seeger/Brox*, S. 422; *Geserich* in Kirchhof/Söhn/Mellinghoff, § 10b EStG Rz. 30 ff.; *Heinicke* in L. Schmidt, § 10b EStG Rz. 15; *Kulosa* in Herrmann/Heuer/Raupach, § 10b EStG Rz. 21; gegen das Erfordernis der „Uneigennützigkeit" aber *Brandt* in Herrmann/Heuer/Raupach, § 10b EStG Rz. 32 (Stand 1998).

6 *Seer* in DStJG 26 (2003), 32.

7 Ebenso BFH v. 19.12.1990 – X R 40/86, BStBl. II 1991, 234; *Kulosa* in Herrmann/Heuer/Raupach, § 10b EStG Rz. 21.

8 Vgl. dazu BFH v. 13.7.1994 – I R 5/93, BStBl. II 1995, 134; FG Düsseldorf v. 9.6.1999 – 2 K 7411/96 E, DStRE 2000, 630, rkr.

Grundstückskaufvertrag als Ausgleich für einen – im Fremdvergleich – unangemessen niedrigen Kaufpreis eine „Spende" geleistet wird[1].

Bei **Zustiftungen** an eine Stiftung setzt der Spendenabzug voraus, dass der zugewendete Vermögenswert endgültig im gemeinnützigen Bereich verbleibt, d.h. eine Rückgewährpflicht der Stiftung bei Auflösung ausgeschlossen ist[2]. Zweifelhaft ist, unter welchen Voraussetzungen ein Gesellschafter einer steuerbegünstigten Kapitalgesellschaft für **Bar- oder Sacheinlagen**, die er im Rahmen der Gründung oder einer späteren Kapitalerhöhung in das Gesellschaftsvermögen leistet, einen Spendenabzug in Anspruch nehmen kann[3]. Auch hier erhält der Gesellschafter zwar eine „Gegenleistung" in Gestalt von Gesellschafterrechten aus den übernommenen GmbH-Anteilen oder Aktien, die eigentlich einen Spendenabzug ausschließen müsste[4]. Wenn allerdings ein Anspruch auf Rückgewähr der Einlage und auf Teilhabe am Liquidationserlös in der Satzung ausgeschlossen ist, könnte man sich auf den Standpunkt stellen, dass dieser „Gegenleistung" kein wirtschaftlicher Wert zukommt. Allerdings bliebe dabei unberücksichtigt, dass ein Gesellschafter in der Regel die Beteiligung jederzeit verkaufen kann[5] und dabei u.U. sogar einen Erlös erzielen kann, der die frühere Einlage übersteigt, z.B. wenn stille Reserven vorhanden sind und die Beteiligung an eine gemeinnützige Körperschaft veräußert wird (s. dazu auch Rz. 2.18). Vor diesem Hintergrund wäre zu überlegen, ob der Spendenabzug davon abhängig gemacht werden sollte, dass gesellschaftsvertraglich nur eine erbrechtliche oder unentgeltliche Übertragung der Beteiligung zugelassen ist (z.B. über eine Vinkulierung des GmbH-Anteils).

8.46 Allerdings darf das Merkmal der „Uneigennützigkeit" **auch nicht zu eng verstanden werden.** Auch der BFH verlangt nur, dass die „Spendenmotivation im Vordergrund" stehen müsse[6]. Damit wird anerkannt, dass sich viele Spender von der Zuwendung auch gewisse persönliche Vorteile erhoffen, z.B. ein „gutes Gefühl", eine Mehrung des eigenen gesellschaftlichen Ansehens (z.B. auf Grund der Namensnennung der Spender) oder einen näheren persönlichen Kontakt zu den Verantwortlichen der geförderten Einrichtung. Es liegt auf der Hand, dass solche Gesichtspunkte den Spendenabzug schon deshalb nicht ausschließen können, weil sich ihre konkrete Bedeutung für die Motivation des Zuwendenden objektiv kaum feststellen lässt. Vor diesem Hintergrund ist es zumindest missverständlich, wenn der BFH in einer neueren Entscheidung verlangt, die Zuwendung müsse „ausschließlich fremdnützig" sein[7]. Vielmehr sollte der Spendenabzug nur dann versagt werden, wenn die Erlangung eines besonderen Vorteils und nicht die Spendenmotivation im Vordergrund steht[8]. Aus diesem Grund ist es auch als unschädlich anzusehen, wenn gemeinnützige Einrichtungen im Rahmen ihres Spendenmarketings Spendern als Dank gewisse Leistungen gewähren (z.B. die kostenlose Überlassung von Publikationen), um auf

---

1 BFH v. 9.12.2014 – X R 4/11, BFH/NV 2015, 853.
2 Vgl. auch BFH v. 5.2.1992 – I R 63/91, BStBl. II 1992, 748.
3 Dazu *Ullrich*, S. 306 f.
4 Zum Ausschluss des Spendenabzugs bei der Zeichnung einer „normalen" Kommanditeinlage BFH v. 27.3.2003 – I R 41/03, BStBl. II 2005, 443.
5 Darauf weist auch BFH v. 27.3.2003 – I R 41/03, BStBl. II 2005, 443 hin.
6 BFH v. 25.11.1987 – I R 126/85, BStBl. II 1988, 220.
7 BFH v. 2.8.2006 – XI R 6/03, BStBl. II 2007, 8.
8 Noch großzügiger *Brandt* in Herrmann/Heuer/Raupach, § 10b EStG Rz. 32 (Stand 1998): nur Leistungsaustausch schädlich.

diese Weise eine längerfristige Bindung des Spenders an die Einrichtung zu sichern[1]. Solche Zuwendungen stehen dem Spendenabzug jedenfalls solange nicht entgegen, als sie nach ihrem Umfang und Wert eine überwiegend altruistische Motivation nicht ausschließen[2]. Derartige Zuwendungen verstoßen auch nicht gegen das Begünstigungsverbot (vgl. § 55 Abs. 1 Nr. 1 und 3 AO).

In seinem Urteil vom 22.3.2018[3] hat es der X. Senat als unschädlich für den Spendenabzug angesehen, dass der Klägerin für ihre Geldspende an eine rumänische Kirchengemeinde zur Errichtung eines Kirchengebäudes in folgender Weise gedankt wurde: „Der Name der Klägerin wurde in den Fuß des Altars eingraviert. Darüber hinaus wird die Klägerin bei jeder Messe, die in der Kirche abgehalten wird, im Rahmen der Fürbitten namentlich erwähnt. Zudem wurde die Klägerin von P zur Weihe der Kirche nach deren Fertigstellung eingeladen. Über dieses Ereignis erschien in der örtlichen Presse ein Artikel, in dem das Engagement der Klägerin als Spenderin aus der Bundesrepublik Deutschland (Deutschland) namentlich erwähnt wurde. Darüber hinaus wurde ihr im Zusammenhang mit dem Weihefest der Kirche eine Urkunde verliehen, die den Dank der Gemeinde für den ermöglichten Wiederaufbau zum Ausdruck bringt. Eine weitere Dankesurkunde wurde der Klägerin im November 2013 vom Bischof von C übergeben".

b) Mitgliedsspenden an Sportvereine und Schulvereine

Besondere praktische Bedeutung erlangt das Merkmal der Unentgeltlichkeit bei **Spenden von Mitgliedern an den eigenen gemeinnützigen Verein,** wenn dieser in erster Linie gegenüber seinen Mitgliedern tätig wird. So hat der BFH in einer neueren Entscheidung den Abzug von sog. „Aufnahmespenden" bei einem **Golfverein** mit der Begründung versagt, es handele sich nicht um uneigennützige Zuwendungen[4]. Solche Zahlungen ständen vielmehr in einem unmittelbaren zeitlichen und wirtschaftlichen Zusammenhang mit der durch den Beitritt eröffneten Möglichkeit, die Vereinseinrichtungen (Golfanlagen) zu nutzen. Dafür sei es auch unerheblich, ob andere Vereinsmitglieder ebenfalls Spenden geleistet hätten oder ob das Mitglied die Anlagen tatsächlich genutzt hat[5]. Diese Rechtsprechung betrifft weniger die Frage, ob es bei „erwarteten" Beitritts- oder Mitgliedsspenden an einer Freiwilligkeit fehlt, die man ohnehin nur schwer überprüfen kann, sondern stellt – vergleichbar der umsatzsteuerrechtlichen Bewertung von Mitgliedsbeiträgen als „Entgelte"[6] – auf die mit der Mitgliedschaft verbundene pauschale Nutzungsmöglichkeit der Vereins-

8.47

---

1 Vgl. auch BMF v. 15.12.2017, BStBl. 2018, 246: Die Unterstützer eines „Spenden-Crowdfunding" dürften „allenfalls ein rein symbolisches ‚Dankeschön' (z.B. Übermittlung eines Rechenschaftsbereichs über die die Durchführung des finanzierten Projekts) erhalten".
2 Enger noch BFH v. 13.6.1969 – VI R 12/67, BStBl. II 1969, 701: Unschädlich seien nur Plaketten, Abzeichen oder Broschüren „ohne Marktwert".
3 BFH v. 22.3.2018 – X R 5/16, BFH/NV 2018, 877.
4 BFH v. 2.8.2006 – XI R 6/03, BStBl. II 2007, 8; ablehnend *Tiedtke/Szczesny*, FR 2007, 765.
5 BFH v. 2.8.2006 – XI R 6/03, BStBl. II 2007, 8.
6 Vgl. EuGH v. 21.3.2002 – Rs. C-174/00 *Kennemer Golf & Country Club*, Slg. 2002, I-3293.

anlagen ab[1]. Bei diesem Ansatz müssen allerdings Mitgliedsbeiträge im Rahmen einer reinen „Fördermitgliedschaft" ausgeklammert werden[2].

8.48 Mit einer ähnlichen Begründung hat der BFH zuvor auch den Abzug von Zuwendungen versagt, die Eltern an eine von ihren Kindern besuchte **Privatschule** geleistet hatten[3]. Dabei hat der BFH folgende Grundsätze über die Abziehbarkeit von Spenden an Schulträger aufgestellt: Grundsätzlich könnten Eltern, deren Kinder die Schule eines gemeinnützigen Schulvereins besuchten, nicht zur Deckung der Schulkosten steuerwirksam spenden, da die zur Deckung der Schulkosten von den Eltern aufzubringenden Beträge (Elternbeiträge) Entgelt für die Leistungen des Schulträgers seien, auch wenn sie in Schulgeld, Vereinsbeitrag und Bauumlage aufgeteilt werden[4]. Setze der Schulträger das Schulgeld so niedrig an, dass der normale Betrieb der Schule nur durch die Zuwendungen der Eltern an einen Förderverein aufrechterhalten werden könne, die dieser an den Schulträger satzungsgemäß abzuführen habe, dann handele es sich bei solchen Zuwendungen um ein (verdecktes) Leistungsentgelt, nicht aber um Spenden. Auch eine Aufteilung sei unzulässig. Im Ergebnis will der BFH daher nur solche Leistungen der Eltern als abziehbare Spenden behandeln, die über den „Betrag hinausgehen, der erforderlich ist, um die Kosten des normalen Schulbetriebs zu decken". In seiner Entscheidung hat der BFH die Kosten des „normalen Schulbetriebs" noch weiter spezifiziert (laufende Sach- und personelle Kosten, nutzungsbezogene Aufwendungen, Kosten für übliche Schulveranstaltungen)[5]. Es steht zu erwarten, dass der BFH diese Grundsätze auch auf andere mitgliedernützige Vereine anwenden würde (z.B. die Freizeitvereine im Sinne des § 52 Abs. 2 Nr. 23 AO).

8.49 Die restriktive Rechtsprechung des BFH zu Mitgliedsspenden zielt im Kern darauf ab, eine Umgehung der (beschränkten) Abziehbarkeit von Schulkosten (vgl. § 10 Abs. 1 Nr. 9 EStG) bzw. der Nichtabziehbarkeit von Mitgliedsbeiträgen an Sportvereine (§ 10b Abs. 1 Satz 8 Nr. 1 EStG) zu verhindern. Es liegt auf der Hand, dass z.B. die steuerliche Abziehbarkeit der Elternbeiträge nicht davon abhängen kann, ob sie „formal" als Schulentgelt an den Schulträger oder als „Spende" über den Förderverein geleistet werden. Ebenso kann das Abzugsverbot für Mitgliedsbeiträge an Sportvereine nicht dadurch umgangen werden, dass ein Verein auf die Erhebung von Mitgliedsbeiträgen verzichtet und sich ausschließlich aus „Mitgliedsspenden" finanziert. Auf der anderen Seite besteht allerdings die **Gefahr, dass durch ein zu enges Verständnis der Unentgeltlichkeit die Abziehbarkeit von Mitgliedsspenden praktisch ganz abgeschafft wird**, was mit der Wertung des § 10b Abs. 1 Satz 8 Nr. 1 EStG nicht zu vereinbaren wäre: Wenn der Gesetzgeber ganz bewusst nur Mitgliedsbeiträge, nicht aber auch Spenden der Mitglieder an ihren Verein vom Abzug ausschließt,

---

1 BFH v. 2.8.2006 – XI R 6/03, BStBl. II 2007, 8; siehe auch *Fischer* in FS Offerhaus, 1999, S. 597.

2 Zutreffend *Brandl* in Blümich, § 10b EStG Rz. 19.

3 BFH v. 12.8.1999 – XI R 65/98, BStBl. II 2000, 65.

4 So BFH v. 12.8.1999 – XI R 65/98, BStBl. II 2000, 65 unter Hinweis auf BFH v. 25.8.1987 – IX R 24/85, BStBl. II 1987, 850.

5 Dazu näher BFH v. 12.8.1999 – XI R 65/98, BStBl. II 2000, 65.

so ist der Rechtsanwender an diese Vorgabe auch dann gebunden, wenn er sie rechts-politisch für falsch hält. Solange der Gesetzgeber auch solche Zwecke als steuer-begünstigte Förderung der Allgemeinheit anerkennt, die typischerweise in mitglie-dernützigen Vereinsstrukturen verwirklicht werden, dürfen die Gerichte nicht unter Hinweis auf eine fehlende „Uneigennützigkeit" den Spendenabzug bei Mitglieds-spenden allgemein versagen.

Nach alledem kann es bei der Behandlung von Mitgliedsspenden nur darum gehen, solche Zahlungen vom Abzug auszuschließen, die zwar als „Spenden" deklariert werden, aber letztlich **verdeckte Leistungsentgelte bzw. Mitgliedsbeiträge** darstel-len. Dagegen wäre es mit der Wertung des § 10b Abs. 1 Satz 8 EStG nicht vereinbar, wenn man jede Mitgliedsspende nur deshalb für „eigennützig" und nicht abziehbar halten würde, weil sie bei mitgliedernützigen Vereinigungen zwangsläufig auch dem spendenden Mitglied selbst mittelbar zugute kommt. Auch der BFH geht bis-her davon aus, dass Mitglieder ihrem Verein steuerlich abziehbare Spenden zukom-men lassen können. Sein Lösungsansatz läuft auf eine Art „Drittvergleich" hinaus: Für die Frage, ob in einer Zuwendung ein verdecktes Leistungsentgelt oder ein ver-deckter Mitgliedsbeitrag liegt, soll es nach seiner Rechtsprechung darauf ankom-men, ob der Verein die Zahlung zur Deckung der Kosten des „Normalbetriebs" be-nötigt. Dies bedeutet, dass die finanzielle Grundausstattung des Vereins nicht über Mitgliedsspenden finanziert werden darf.

8.50

Offen bleibt dabei allerdings, was den „**Normalbetrieb**" einer Privatschule oder eines Golf-vereins ausmacht. Bei Privatschulen könnte man darauf abstellen, welcher Schulbetrieb nach den geltenden staatlichen Vorgaben erforderlich ist, um die Anerkennung als Ersatz- bzw. Ergänzungsschule (vgl. Art. 7 Abs. 4 GG) zu erhalten. Will der Schulträger dagegen „mehr" anbieten (z.B. ein besseres Betreuungsangebot gewährleisten oder Zusatzangebote machen), sollte eine Finanzierung über Elternspenden möglich sein. Auch bei Sportvereinen wäre maßgebend, ob die Spenden zur Deckung des laufenden Finanzbedarfs für den „Normal-betrieb" benötigt werden oder der Finanzierung von Zusatzangeboten dienen. Die Entschei-dung des BFH betraf dagegen eine Sonderkonstellation. Hier ging es um sog. „Eintrittsspen-den", wie sie insbesondere bei Golfvereinen von Neumitgliedern erwartet werden. Für diesen Fall erscheint die Würdigung des Senats, die Eintrittsspende sei für den Erwerb der Mitgliedschaft als solcher gewährt worden, vertretbar. Sie hätte damit den Charakter eines Mitgliedsbeitrags und würde schon deshalb unter das Abzugsverbot fallen.

c) Teilentgeltliche Leistungen

Ein beliebtes Finanzierungsinstrument gemeinnütziger Einrichtungen sind **Benefiz-und Verkaufsveranstaltungen**, in denen Waren oder Leistungen für einen „guten Zweck" zu einem über dem Marktpreis liegenden Entgelt veräußert werden. Ein an-deres Beispiel für teilweise unentgeltliche Leistungen sind die Wohlfahrtsmarken, bei denen der Erwerber über das aufgedruckte Porto hinaus einen bestimmten Zu-schlag für wohltätige Zwecke bezahlt. Es entspricht bisher wohl allgemeiner An-sicht, dass solche teilentgeltlichen Leistungen nicht einfach im Nachhinein in einen entgeltlichen und einen – als Spende abziehbaren – unentgeltlichen Teil aufgeteilt

8.51

werden können[1]. Der BFH hat dies im Fall der Wohlfahrtsbriefmarken damit begründet, dass die Briefmarken nur zu einem einheitlichen Preis, „der aus dem Frankaturwert und dem als Spende gedachten Betrag besteht", verkäuflich seien. Deshalb seien die Gesamtaufwendungen des Käufers das Entgelt, das er erbringen muss, wenn er die Wohlfahrtsbriefmarke erwerben will[2]. Für die Praxis folgt daraus, dass ein Spendenabzug – von vereinzelten seitens der Finanzverwaltung zugelassenen Ausnahmen abgesehen[3] – nur dadurch erreicht werden kann, dass die Leistungen von Anfang an auch rechtlich geteilt werden. Werden z.B. bei einer Benefizveranstaltung für die Bewirtung bestimmte Unkostenbeiträge erhoben und daneben während der Veranstaltung Spenden eingeworben, so sind letztere steuerlich anzuerkennen[4].

Fraglich ist, ob die restriktive Haltung der Finanzverwaltung zur Abzugsfähigkeit teilentgeltlicher Leistungen nach dem **Beschluss des Großen Senats zu gemischt veranlassten Aufwendungen vom 21.9.2009**[5] auf Dauer Bestand haben kann. Denn darin führt der Große Senat zum Aufteilungs- und Abzugsverbot des § 12 EStG aus:

„Das Gebot der Steuergerechtigkeit (Besteuerung nach der wirtschaftlichen Leistungsfähigkeit) vermag also ein generelles Aufteilungs- und Abzugsverbot, das auch einen zweifelsfrei nachgewiesenen beruflichen Kostenanteil nicht zum Abzug als Betriebsausgaben oder Werbungskosten zulässt, nicht zu rechtfertigen; vielmehr gebietet das Leistungsfähigkeitsprinzip die Berücksichtigung des beruflichen Anteils durch Aufteilung, notfalls durch Schätzung."

Diese Aussage gilt aber nicht nur für die einkommensteuerrechtliche Regelung des § 12 Nr. 1 EStG, sondern hat auch Bedeutung für die einkommensteuerrechtliche Berücksichtigung von Spenden. Deshalb ist es vorstellbar, dass künftig auch eine **schätzweise Aufteilung (§ 162 AO) von teilentgeltlichen Zuwendungen** in einen (als Spende) abziehbaren und einen nicht als Spende abziehbaren Teil zugelassen wird[6]. Damit bedürfte es zumindest in solchen Fällen keiner rechtlichen Trennung der beiden Leistungselemente mehr, in denen eine schätzweise Aufteilung nach den objektiven Wertverhältnisse leicht möglich ist.

3. Freiwilligkeit

8.52 Neben der Unentgeltlichkeit setzt eine überwiegende Spendenmotivation nach allgemeiner Ansicht zusätzlich voraus, dass die **Zuwendung freiwillig geleistet wor-**

---

1 Vgl. BFH v. 2.8.2006 – XI R 6/03, BStBl. II 2007, 8; *Buchna/Leichinger/Seeger/Brox*, S. 474; *Brandl* in Blümich, § 10b EStG Rz. 18; *Geserich* in Kirchhof/Söhn/Mellinghoff, § 10b EStG Rz. B 42.

2 BFH v. 13.6.1969 – VI R 12/67, BStBl. II 1969, 701; anders – für Aufteilung – *Brandl* in Blümich, § 10b EStG Rz. 18 und *Kulosa* in Herrmann/Heuer/Raupach, § 10b EStG, allerdings scheitert der Spendenabzug an der fehlenden Zuwendungsbestätigung; vgl. auch BFH v. 29.1.1971 – VI R 159/68, BStBl. II 1971, 799 zum Erwerb von Wohlfahrtslosen.

3 Nach OFD Magdeburg v. 18.3.2004 können 75 Prozent der Erlöse aus UNICEF-Grußkarten als Spende behandelt werden (zitiert nach FG Münster v. 13.12.2010 – 14 K 1789/08 E, EFG 2011, 610).

4 Siehe die Hinweise bei *Buchna/Leichinger/Seeger/Brox*, S. 477 f.

5 BFH v. 21.9.2009 – GrS 1/06, BStBl. II 2010, 672.

6 Ebenso *Drüen* in StbJb 2010/2011, S. 65, 73; eingehend *Kulosa* in Herrmann/Heuer/Raupach, § 10b EStG Rz. 21; a.A. aber – wenn auch ohne Begründung – *Brandl* in Blümich, § 10b EStG Rz. 18.

den ist[1]. Die Freiwilligkeit wird allerdings noch nicht dadurch ausgeschlossen, dass die Leistung auf Grund einer bestehenden Rechtspflicht erfolgt. Entscheidend ist vielmehr, ob die Rechtspflicht aus eigen- oder fremdnützigen Motiven eingegangen wurde[2]. Die Ausstattung einer Stiftung mit Vermögen und die Leistung von Mitgliedsbeiträgen an einen Verein sind folglich steuerlich abziehbare Spenden, wenn die Gründung der Stiftung und der Beitritt zum Verein freiwillig und zur Förderung steuerbegünstigter Zwecke erfolgt sind[3]. Unschädlich ist auch, wenn sich z.B. ein Gewerkschaftsmitglied zur Abführung von Teilen einer Aufsichtsratsvergütung verpflichtet[4]. An einer Freiwilligkeit fehlt es hingegen bei satzungsmäßig vorgeschriebenen Zuwendungen[5], bei gesetzlichen Zwangsabgaben wie z.B. einer Feuerwehrabgabe[6], oder bei Zahlungen auf Grund einer Bewährungsauflage (vgl. heute § 56b Abs. 2 Satz 1 Nr. 2 StGB)[7]. Dagegen erfolgt die Zahlung einer Auflage nach § 153a StPO theoretisch „freiwillig". Ihre Abziehbarkeit scheitert aber jedenfalls an der fehlenden Uneigennützigkeit der Zahlung[8] (dazu Rz. 8.44 ff.).

Fraglich ist, ob eine Spende auch dann noch „freiwillig" erfolgt, wenn sie in Erfüllung einer **in einem Schenkungsvertrag rechtsverbindlich vereinbarten Auflage** geschieht. Dies ist in der Vergangenheit mit der Überlegung bejaht worden, dass der Schenkungsvertrag der Gestaltungsfreiheit der Vertragsparteien unterfalle und vom Beschenkten freiwillig abgeschlossen werde. Insoweit bestehe auch ein Unterschied zu testamentarischen Vermächtnissen, die „einseitig" vom Erblasser auferlegt würden[9]. Richtigerweise wird man aber, wenn man nicht auf die wegen des Anspruchs des Schenkers (vgl. § 525 BGB) „unfreiwillige" Erfüllung der Auflage, sondern auf den Zeitpunkt der Eingehung des Schenkungsvertrages abstellt, berücksichtigen müssen, dass die Spendenverpflichtung aus Sicht des Beschenkten nicht „uneigennützig" begründet wurde[10]. Denn auch wenn es sich bei einer Schenkung unter Auflage nicht um ein „entgeltliches" Rechtsgeschäft handelt, so steht doch außer Frage, dass die Erfüllung der Auflage vor allem dazu dienen wird, die restliche Schenkung zu behalten, was einen wirt-

---

1 Statt vieler nur BFH v. 2.8.2006 – XI R 6/03, BStBl. II 2007, 8. *Heinicke* in L. Schmidt, § 10b EStG Rz. 20; *Geserich* in Kirchhof/Söhn/Mellinghoff, § 10b EStG Rz. B 50 ff.; *Kulosa* in Herrmann/Heuer/Raupach, § 10b EStG Rz. 22; *Schauhoff* in Schauhoff, § 10 Rz. 27.

2 Zutreffend *Geserich* in Kirchhof/Söhn/Mellinghoff, § 10b EStG Rz. B 50 ff.

3 Vgl. nur BFH v. 5.2.1992 – I R 63/91, BStBl. II 1992, 748; *Geserich* in Kirchhof/Söhn/Mellinghoff, § 10b EStG Rz. B 51 f.; *Heinicke* in L. Schmidt, § 10b EStG Rz. 20; *Kulosa* in Herrmann/Heuer/Raupach, § 10b EStG Rz. 22.

4 Vgl. FG Berlin-Brandenburg v. 2.4.2009 – 10 K 1190/06 B, EFG 2009, 1286; siehe zu weiteren Fallgestaltungen *Kulosa* in Herrmann/Heuer/Raupach, § 10b EStG Rz. 22.

5 Vgl. BFH v. 12.10.2011 – I R 102/10, BStBl. II 2014, 484; zu Leistungen steuerbegünstigter Körperschaften siehe *Kirchhain* in Rödder/Herlinghaus/Neumann, § 9 KStG Rz. 220.

6 Vgl. BFH v. 12.12.1973 – VI R 23/71, BStBl. II 1974, 300.

7 BFH v. 8.4.1964 – VI 83/63 U, BStBl. III 1964, 333.

8 Vgl. BFH v. 19.12.1990 – X R 40/86, BStBl. II 1991, 234.

9 So – im summarischen Verfahren – FG Düsseldorf v. 2.6.2009 – 16 V 896/09 A (E, AO), EFG 2009, 1931.

10 Zutreffend FG Düsseldorf v. 26.1.2017 – 9 K 2395/15 E, EFG 2017, 460 (Rev. BFH X R 6/17); ebenso *Brandl* in Blümich, § 10b EStG Rz. 17; auch *Kulosa* in Herrmann/Heuer/Raupach, § 10b EStG Rz. 13 hält auf der Grundlage der BFH-Rechtsprechung zu Vermächtnissen einen Spendenabzug in diesen Fällen für „zweifelhaft".

schaftlichen Vorteil des Spenders im Sinne der Rechtsprechung begründet[1]. Diese Grundsätze wird man auch auf Erbverträge übertragen müssen, in denen sich ein Vertragsteil als Teil der wechselseitigen Verpflichtungen verbindlich zu einer Spende an eine gemeinnützige Einrichtung verpflichtet.

8.53 Nach Ansicht der Rechtsprechung ist eine Freiwilligkeit auch zu verneinen, wenn ein Erbe eine **Vermächtnisschuld zugunsten einer gemeinnützigen Einrichtung** erfüllt[2]. Der BFH begründet dies damit, dass dem Erben die freiwillige Entscheidung des Erblassers, ein gemeinnütziges Vermächtnis anzuordnen, steuerlich nicht zugerechnet werden könne. Zugleich soll aber auch eine steuermindernde Berücksichtigung beim Erblasser ausscheiden, da die Zahlung des Erben nach dem Ende der persönlichen Steuerpflicht des Erblassers erfolge[3]. Diese Ausführungen sind auf Kritik gestoßen[4]. Für die Rechtsprechung des BFH spricht allerdings, dass bei der testamentarischen Anordnung eines Vermächtnisses oder einer Auflage[5] und deren Erfüllung nach dem Tod die freiwillige Entscheidung über die gemeinnützige Zuwendung und das Vermögensopfer zwei unterschiedliche Steuerpflichtige betreffen[6]. Darüber hinaus ist daran zu erinnern, dass auch ein vom Erblasser nicht ausgeschöpfter Spendenvortrag nicht auf den Erben übergeht[7]. Davon ist der Fall zu unterscheiden, dass eine Stiftung von Todes wegen als Erbe eingesetzt wird. Hier fehlt es zwar nicht an der Freiwilligkeit, aber – ungeachtet von § 84 BGB – an einem Mittelabfluss zu Lebzeiten des Erblassers[8] (siehe auch Rz. 8.40).

8.54 Im Zusammenhang mit Spenden von Mitgliedern an ihren Verein wird schließlich die Frage diskutiert, ob ein „**moralischer Druck**" die Freiwilligkeit der Zuwendung ausschließt. Die praktischen Fälle betrafen sog. Aufnahmespenden bei Golfclubs, die regelmäßig von Neumitgliedern „erwartet" werden. Der BFH hat dazu – soweit es um die Prüfung einer Förderung der Allgemeinheit ging – einen eher großzügigen Standpunkt eingenommen. Danach steht ein „in welcher Form auch immer ausgeübter – moralischer Druck" der Freiwilligkeit einer Zuwendung nicht entgegen[9]. Dies gelte jedenfalls, solange festgestellt wird, dass keinem Bewerber die Mitgliedschaft vorenthalten oder wieder entzogen wurde, weil die Spende nicht oder nicht in der erwarteten Höhe geleistet wurde[10]. Demgegenüber geht die Finanzverwaltung – gegen den BFH – davon aus, dass ein Spendenabzug schon dann wegen einer „faktischen Verpflichtung" ausscheidet, wenn mehr als 75 Prozent der neu eingetretenen Mitglieder neben der Aufnahmegebühr eine gleich oder ähnlich hohe Sonderzahlung

---

1 So auch FG Düsseldorf v. 26.1.2017 – 9 K 2395/15 E, EFG 2017, 460 (Rev. BFH X R 6/17); anders noch FG Düsseldorf v. 2.6.2009 – 16 V 896/09 A (E, AO), EFG 2009, 1931.
2 BFH v. 22.9.1993 – X R 107/91, BStBl. II 1993, 874.
3 BFH v. 23.10.1996 – X R 75/94, BStBl. II 1997, 239.
4 Vgl. FG Hamburg v. 6.4.1994 – I 132/91, EFG 1994, 965.
5 Dazu *Brunner*, DStR 1994, 782.
6 Vgl. auch *Kulosa* in Herrmann/Heuer/Raupach, § 10b EStG Rz. 13.
7 BFH v. 21.10.2008 – X R 44/05, BFH/NV 2009, 375.
8 Vgl. BFH v. 16.2.2011 – X R 46/09, BStBl. II 2011, 685; *Kulosa* in Herrmann/Heuer/Raupach, § 10b EStG Rz. 13; a.A. *Herfurth* in FS Spiegelberger, 2009, S. 1285.
9 BFH v. 13.12.1978 – I R 164/77, BStBl. II 1979, 488.
10 BFH v. 13.8.1997 – I R 19/96, BStBl. II 1997, 794.

leistet[1]. Sie versteht die 75-Prozent-Grenze als widerlegbare Vermutung für das Vorliegen von Pflichtzahlungen. Der Finanzverwaltung ist zuzugeben, dass die bloße Etikettierung einer Zahlung als „Spende" noch keinen Abzug begründen kann. Andererseits kann man aus der Spenderstatistik noch nicht auf die Freiwilligkeit/Unfreiwilligkeit einer Zuwendung schließen, da es nicht auf den Erfolg der Spendeneinwerbung, sondern auf die individuelle Entscheidung des einzelnen Mitglieds ankommt. Die praktische Bedeutung des Abgrenzungsproblems beschränkt sich ohnehin auf solche Vereine, bei denen Mitgliedsbeiträge nicht abziehbar sind (§ 10b Abs. 1 Satz 2 EStG) bzw. wegen der Höhe der Mitgliedsbeiträge die Förderung der Allgemeinheit zweifelhaft ist.

frei   8.55

4. Abgrenzung zu Werbungskosten

Wie sich aus der Systematik des Einkommensteuerrechts und aus § 10 Abs. 1 EStG   8.56
ergibt, können nur solche Ausgaben als Spenden abgezogen werden, die begrifflich **„weder Betriebsausgaben noch Werbungskosten sind"**. Folglich ist – bevor ein Abzug nach § 10b EStG in Betracht gezogen wird – zunächst zu prüfen, ob eine Ausgabe – z.B. eine öffentlichkeitswirksame Zuwendung an eine gemeinnützige Einrichtung oder der Mitgliedsbeitrag zu einer Vereinigung – zu den beruflich veranlassten Ausgaben gehört und deshalb vorrangig als Betriebsausgabe bzw. Werbungskosten zu berücksichtigen ist[2]. Im Kontext der Überschusseinkünfte (z.B. bei Arbeitnehmern) sind dazu die Voraussetzungen des § 9 EStG zu prüfen. Nach ganz h.M. sind Werbungskosten über den Wortlaut des § 9 Abs. 1 Satz 1 EStG hinaus nicht nur Aufwendungen „zur Erwerbung, Sicherung und Erhaltung" von Einnahmen, sondern überhaupt alle **Aufwendungen, die durch den Beruf veranlasst sind**[3]. Damit ist der Begriff der Werbungskosten deckungsgleich mit dem Begriff der Betriebsausgaben in § 4 Abs. 4 EStG zu verstehen. Für die Einordnung einer Ausgabe als Werbungskosten kommt es mithin entscheidend darauf an, ob objektiv ein Zusammenhang mit dem Beruf besteht und subjektiv die Aufwendungen zur Förderung des Berufs gemacht werden[4].

Die Abgrenzung zwischen Spenden und Werbungskosten ist vor allem bei der steuerlichen Berücksichtigung von **Mitgliedsbeiträgen** relevant. Nach § 9 Abs. 1 Nr. 3 EStG sind Beiträge zu **„Berufsständen" und sonstigen Berufsverbänden**[5] (vgl. § 5 Abs. 1 Nr. 5 KStG) zu den Werbungskosten zu rechnen. Darunter fallen z.B. Mitgliedsbeiträge, Aufnahmegelder und Umlagen an Gewerkschaften[6], Richter- und Beamtenbund, Anwalts-, Steuerberater-, Wirt-

---

1 Vgl. AEAO Nr. 1.3.1. zu § 52 AO.
2 Siehe nur *Kulosa* in Herrmann/Heuer/Raupach, § 10b EStG Rz. 10.
3 Statt vieler BFH v. 28.11.1977 – GrS 2-3/77, BStBl. II 1978, 105; BFH v. 28.11.1980 – VI R 193/77, BStBl. II 1980, 368.
4 BFH v. 28.11.1980 – VI R 193/77, BStBl. II 1981, 368.
5 Zum Begriff des Berufsverbands vgl. BFH v. 20.8.1973 – I R 234/71, BStBl. II 1974, 60; BFH v. 28.6.1989 – I R 86/85, BStBl. II 1990, 550.
6 Vgl. zu anderen Aufwendungen eines Arbeitnehmers im Zusammenhang mit seiner ehrenamtlichen Tätigkeit für die für ihn zuständige Gewerkschaft BFH v. 28.11.1980 – VI R

schaftsprüfer- oder Ärztekammern, aber auch Mitgliedsbeiträge an die entsprechenden Verbände der Freiberufler wie die Anwaltsvereine oder das IDW. Die Regelung des § 9 Abs. 1 Nr. 3 EStG ist deklaratorisch, weil sich der berufliche Veranlassungszusammenhang in diesen Fällen schon daraus ergibt, dass ein Berufsverband gerade die berufsspezifischen Belange seiner Mitglieder vertritt[1]. Ein Konkurrenzproblem zu § 10b Abs. 1 Satz 1 EStG kann hier schon deshalb nicht eintreten, weil die Empfängerorganisationen mangels Selbstlosigkeit nicht gemeinnützig sind. Dies ist anders bei **wissenschaftlichen Vereinigungen**, in denen sich in erster Linie Absolventen eines bestimmten Studiums (z.B. Juristen oder Ingenieure) zusammenfinden, um den fachlichen Austausch zu fördern. Solche Verbände – z.B. der Deutsche Juristentag e.V. (DJT), die Deutsche Steuerjuristische Gesellschaft e.V. (DStJG) oder der Verband Deutscher Ingenieure e.V. (VDI)[2] – sind als gemeinnützige Körperschaften anerkannt, weil sie – anders als ein klassischer Berufsverband – „nicht in erster Linie" (vgl. § 55 Abs. 1 Nr. 1 AO) die beruflichen Zwecke ihrer Mitglieder fördern. Aus der Gemeinnützigkeit des Vereins kann allerdings nicht geschlossen werden, dass die Mitgliedsbeiträge nur im Rahmen von § 10b Abs. 1 Satz 1 EStG als Spenden abziehbar sind. Vielmehr ist im Einzelfall auch eine Berücksichtigung als Werbungskosten denkbar. Praktische Bedeutung kann die Abgrenzung wegen der Höchstgrenzen beim Spendenabzug bzw. in Hinsicht auf die Werbungskostenpauschale in § 9a Satz 1 Nr. 1 Buchst. a EStG gewinnen.

Für die Frage, ob die Zahlung des Mitgliedsbeitrags in der Erwerbs- oder der Einkommensverwendungssphäre stattfindet, kommt es nach der Rechtsprechung in erster Linie auf die Motivation des Zuwendenden (Interesse an fachwissenschaftlichem Diskurs vs. Förderung des eigenen beruflichen Fortkommens) an, wie sie aus den äußeren Umständen erkennbar wird[3]. Insoweit **verbieten sich schematische Lösungen**. Zumindest bei solchen Mitgliedern, die kraft ihrer herausgehobenen beruflichen Stellung nicht nur Mitglied der Vereinigung sind, sondern auch sichtbare Organfunktionen wahrnehmen, spricht im Regelfall mehr für eine berufliche Veranlassung der Mitgliedschaft[4]. Umgekehrt können z.B. Ruheständler den Mitgliedsbeitrag immer als Spende geltend machen[5]. Mitgliedsbeiträge zu Vereinigungen, die weder Berufsverband noch gemeinnützig sind (noch als politische Partei anzusehen sind), gehören zu den steuerlich nicht abzugsfähigen Ausgaben der privaten Lebenssphäre[6].

193/77, BStBl. II 1980, 368; zur Berücksichtigung der Zuwendung eines Aufsichtsratsmitglieds an eine (gewerkschaftsnahe) Stiftung vgl. FG Berlin-Brandenburg v. 2.4.2009 – 10 K 1190/06 B, EFG 2009, 1286.

1 S. auch BFH v. 28.11.1980 – VI R 193/77, BStBl. II 1980, 368; *Bergkemper* in Herrmann/ Heuer/Raupach, § 9 EStG Rz. 431.

2 Nach OFD Frankfurt/M. v. 13.10.1960, NWB F. 1 S. 208 sollen die Mitgliedsbeiträge als Spenden zur Förderung wissenschaftlicher Zwecke abziehbar sein.

3 Vgl. BFH v. 9.8.1989 – I R 4/84, BStBl. II 1990, 237. Das Urteil betraf zwar den Betriebsausgabenabzug bei einer Sparkasse. Wegen der Parallelität von Werbungskosten- und Betriebsausgabenabzug gilt diese Rechtsprechung aber auch im Rahmen der Überschusseinkünfte.

4 Weiter gehend *von Bornhaupt* in Kirchhof/Söhn/Mellinghoff, § 9 EStG Rz. E 35: DStJG für Steuerjuristen als Berufsverband.

5 Vgl. zum eingeschränkten Werbungskostenabzug FG Hamburg v. 19.7.2012 – 3 K 33/11, juris.

6 Vgl. dazu BFH v. 21.3.2013 – VI R 31/10, BStBl. II 2013, 700 (Mitgliedschaft in einem Golfclub); BFH v. 2.10.1992 – VI R 11/90, BStBl. II 1993, 52 („Wirtschaftsjunioren Deutschlands").

5. Abgrenzung zu Betriebsausgaben

a) Allgemeines

Auch im unternehmerischen Bereich gilt es zwischen Spenden und Betriebsausgaben zu unterscheiden. Dabei kommt es wiederum entscheidend auf die **Motivation des Zuwendenden** an[1]. Hinzuweisen ist insoweit auf die Ausführungen des I. Senats im sog. Sparkassen-Urteil aus dem Jahr 1989. Im Urteilsfall hatte eine Sparkasse ihrem Gewährträger eine Zuwendung zur Verschönerung eines Marktplatzes (Aufstellen einer Plastik) gemacht. Darin stellt der I. Senat fest[2]:

8.57

„Entscheidend für die Abgrenzung der (sonstigen) Betriebsausgaben von den Spenden ist die Motivation des Ausgebenden. ... Maßgebend ist hierfür nicht allein die subjektive Einstellung des Ausgebenden bzw. seiner Organe. ... Entscheidend sind vielmehr die Motive, wie sie durch die äußeren Umstände erkennbar werden. Auf der Grundlage der Feststellungen des Finanzgerichts ergibt sich, dass bei der Klägerin die Spendenmotivation im Vordergrund stand. ... Auf der Plastik wurde später lediglich ein Hinweis auf sie als „Stifter" angebracht. Dem auch der Klägerin bekannten Zweck der Plastik (Verschönerung des Marktplatzes) würde es widersprechen, einen Teil der Oberfläche der Plastik als Werbefläche anzusehen."

Die Unterscheidung zwischen Betriebsausgaben und altruistischen „Spenden" hat aber nicht nur – wegen der Höchstgrenzen beim Spendenabzug – praktische steuerliche Relevanz, sondern wirft auch **schwierige gesellschafts- und bilanzrechtliche Fragen** auf. Denn die gesellschaftsrechtliche Kompetenz der Geschäftsleitung (Vorstand oder Geschäftsführung) für Unternehmensspenden ist – im Gegensatz zu betrieblich veranlassten Aufwendungen – nach allgemeiner Ansicht begrenzt und in ihren genauen Grenzen bis heute nicht eindeutig geklärt[3]. Auch für den Ausweis entsprechender Aufwendungen in der Gewinn- und Verlustrechnung (vgl. § 275 HGB) kommt es darauf an, ob sich diese Aufwendungen einem bestimmten betrieblichen Funktionsbereich (Herstellung, Verwaltung, Vertrieb) zuordnen lassen oder – wie Unternehmensspenden – in der Auffangposition der „sonstigen betrieblichen Aufwendungen" aufgehen[4].

b) Corporate Social Responsibility

Die steuerliche Abgrenzung zwischen Betriebsausgaben und Spenden ist auch deshalb schwieriger geworden, weil die Grenzen zwischen *„For Profit"* und *„Non Profit"* unklarer werden. Dies zeigt die zunehmende **Debatte über die soziale Verantwortung von Unternehmen**, die schon seit längerem unter dem Stichwort *„Corporate Social Responsibility"* geführt wird[5].

8.58

---

1 Vgl. BFH v. 25.11.1987 – I R 126/85, BStBl. II 1988, 220; BFH v. 9.8.1989 – I R 4/84, BStBl. II 1990, 237.

2 BFH v. 9.8.1989 – I R 4/84, BStBl. II 1990, 237.

3 Vgl. dazu *Fleischer*, AG 2001, 175; *K. Schmidt* in Non Profit Law Yearbook 2001, 107; *Mülbert*, AG 2009, 766; sehr restriktiv *Säcker*, BB 2009, 282.

4 Dazu näher *Hüttemann*, AG 2009, 774.

5 Vgl. dazu aus ökonomischer Sicht *Schreyögg*, AG 2009, 758; siehe auch die Sonderhefte ZfB Special Issue 3/2008 sowie ZfbF-Sonderheft 58/08.

Hinzuweisen ist etwa auf das Grünbuch der EU-Kommission vom 18.7.2001[1], die „nationale CSR-Strategie" der Bundesregierung vom 6.10.2010, die „neue EU-Strategie (2011 – 2014)" für die soziale Verantwortung von Unternehmen vom 25.10.2011[2], die CSR-Richtlinie vom 22.10.2014[3] und ihre Umsetzung durch das CSR-Richtlinie-Umsetzungsgesetz vom 11.4.2017[4]. Blickt man genauer hin, so geht es um **bestimmte unternehmerische Aktivitäten auf verschiedenen Handlungsfeldern** (z.B. Umwelt-, Arbeitnehmer- und Sozialbelange), die in der Zukunft – insbesondere durch spezielle Berichterstattungspflichten im Lagebericht – verstärkt angeregt werden sollen. Im vorliegenden Kontext ist nur zu überlegen, wie die aus solchen Maßnahmen resultierenden Aufwendungen steuerrechtlich zu würdigen sind[5]. Dabei bietet es sich an, zwischen innerbetrieblichen („internen") Maßnahmen und solchen „externen" Maßnahmen zu unterscheiden, die in erster Linie die Beziehungen des Unternehmens zu Anteilseignern, Arbeitnehmern, Kunden, Behörden und dem lokalen Umfeld betreffen.

So lassen sich **interne CSR-Maßnahmen** (z.B. betriebliche Angebote für lebenslanges Lernen, sog. Diversity-Management, besserer Arbeitsschutz, schonender Umgang mit den natürlichen Ressourcen etc.) regelmäßig der Erwerbssphäre zuordnen, weil der Betrieb das „auslösende Moment" darstellt. Diese Aufwendungen stellen somit Betriebsausgaben dar. Insoweit spielt es auch keine Rolle, ob die Aufwendungen notwendig, angemessen, üblich oder zweckmäßig sind. Der betriebliche Zusammenhang wird also nicht dadurch gelockert, dass ein Unternehmer „freiwillig" höhere als die gesetzlich geforderten Umweltstandards einhält oder dem „Shareholder-Value-Denken" abschwört.

8.59 Bei **externen CSR-Maßnahmen** (z.B. Schaffung zusätzlicher Ausbildungsplätze, Partnerschaften mit Kommunen, verantwortliche Zusammenarbeit mit Geschäftspartnern, Einsatz für Menschenrechte und globalen Umweltschutz, Sponsoring und Spenden) bedarf die steuerrechtliche Zuordnung hingegen einer genaueren Veranlassungsprüfung. Insoweit lassen sich – stark vereinfacht – drei Arten von Veranlassungszusammenhängen unterscheiden:

– Bei der **Zusammenarbeit mit Geschäftspartnern,** früheren Arbeitnehmern, Zulieferern und Verbrauchern steht die Geschäftsbeziehung und damit regelmäßig die betriebliche Veranlassung im Vordergrund. Deshalb ist es nur folgerichtig, wenn z.B. Zahlungen der Pharmaindustrie an die gesetzlichen Krankenversicherungsträger[6], humanitäre Hilfszahlungen an ehemalige Zwangsarbeiter[7] oder Hilfsleistungen an Geschäftspartner in Katastrophengebieten[8] selbst dann als Be-

---

1 KOM (2001) 366 endg.

2 KOM (2011) 681 endg.

3 Richtlinie 2014/95/EU.

4 Gesetz v. 11.4.2017, BGBl. I 2017, 802.

5 Dazu bereits näher *Hüttemann* in FS Schaumburg, 2009, S. 405; *Hüttemann*, AG 2009, 774.

6 Vgl. BT-Drucks. 14/8685, S. 2.

7 Zur steuerlichen Behandlung von Zuwendungen aus dem Privatvermögen natürlicher Personen an die Stiftung „Erinnerung, Verantwortung und Zukunft" vgl. BMF v. 5.9.2001, BStBl. I 2001, 863; zum Betriebsausgabenabzug vgl. OFD München v. 4.2.2000, DB 2000, 398.

8 BMF v. 14.1.2005, BStBl. I 2005, 52; BMF v. 4.2.2010, BStBl. I 2010, 179.

triebsausgaben angesehen werden, wenn ihre betriebswirtschaftliche „Nützlichkeit" zweifelhaft erscheinen mag.

– Bei **sozialen Investitionen im lokalen Umfeld** ist hingegen ein betrieblicher Zusammenhang nicht ohne Weiteres feststellbar. Hier muss im Einzelfall nach äußerlich erkennbaren Umständen beurteilt werden, ob ein solches Engagement der „Privatsphäre" zuzuordnen ist oder ob es – wenn auch nur mittelbar – durch den Betrieb veranlasst ist. So kann z.B. die **finanzielle Unterstützung einer staatlichen oder privaten Bildungseinrichtung** (Hochschulen, Berufsschulen, Lehrlingswerkstätten) unterschiedlich veranlasst sein. Wer als erfolgreicher Unternehmer „seiner" Universität etwas zurückgeben möchte, bewegt sich regelmäßig noch im Bereich der Privatsphäre (Einkommensverwendung). Anders liegen die Dinge dort, wo ein Unternehmen gezielt in seinem regionalen Umfeld Bildungseinrichtungen unterstützt, um einer Abwanderung qualifizierter Schulabgänger in benachbarte Ballungszentren entgegenzusteuern und das Angebot an qualifiziertem Nachwuchs vor Ort zu verbessern. In diesem Fall wäre das auslösende Moment der Förderung betrieblicher Natur. Es geht dem Unternehmen darum, unter einer größeren Zahl von qualifizierten Arbeitskräften in der Region auswählen zu können. Ein solcher „Auswahlvorteil" ist – wie der BFH in anderem Zusammenhang anerkannt hat – steuerlich durchaus beachtenswert[1]. Mit ähnlichen Überlegungen lässt sich z.B. auch eine **finanzielle Beteiligung von Unternehmen an örtlichen Infrastrukturprojekten** (z.B. Erschließungsmaßnahmen oder der Bau von Land- und Wasserstraßen) dem betrieblichen Bereich zuordnen, und zwar selbst dann, wenn es sich um eine „stille" Hilfe handelt, die von den fördernden Unternehmen nicht im Rahmen der Öffentlichkeitsarbeit herausgestellt wird[2]. Wie der Blick auf Rechtsprechung und Finanzverwaltung zeigt, ist die steuerliche Praxis in dieser Hinsicht bisher eher zurückhaltend. So hat die Finanzverwaltung die Zahlungen für den „Lückenschluss der A 31" vorrangig auf den Sponsoringerlass gestützt (Erhöhung des unternehmerischen Ansehens)[3]. Dieser Begründungsansatz erscheint nicht zwingend, weil die Unternehmen schon auf Grund ihrer räumlichen Nähe zum Verkehrsprojekt ein auch steuerlich beachtliches eigenes betriebliches Interesse an der Fertigstellung der Autobahn hatten. Auch im Urteilsfall der BFH-Entscheidung vom 19.10.2005[4] ergab sich das betriebliche Interesse der Sparkasse an einer Beteiligung an der **Wirtschaftsförderungsgesellschaft** bereits daraus, dass die Sparkasse als führendes Kreditinstitut vor Ort ein wirtschaftliches Interesse an der Ansiedlung neuer Unternehmen hatte.

– Ein **dritter Bereich** betrifft solche CSR-Maßnahmen, bei denen ein direkter Zusammenhang mit dem betrieblichen Bereich nicht mehr erkennbar ist (z.B. der Einsatz für den globalen Natur- und Umweltschutz oder Menschenrechte in Afrika) und sich ein Zusammenhang mit dem Betrieb nur noch dadurch herstel-

---

1 Vgl. BFH v. 25.1.1984 – I R 7/80, BStBl. II 1984, 344; BFH v. 3.2.1993 – I R 37/91, BStBl. II 1993, 441 (445).
2 Ebenso *Becker* in Herrmann/Heuer/Raupach, § 4 KStG Anm. 974.
3 So www.osnabrueck.ihk24.de/servicemarken/a31-lueckenschluss/.
4 BFH v. 19.10.2005 – I R 40/04, BFH/NV 2006, 822.

len lässt, dass das Unternehmen dieses Engagement als **Mittel der betrieblichen Kommunikation** versteht. Anders ausgedrückt: Die finanzielle Förderung einer Universität, die Unterstützung einer Menschenrechtsorganisation durch *Corporate Volunteering* (d.h. die zeitweise kostenlose Überlassung von Arbeitnehmern)[1], die Veranstaltung von Kampagnen und Konferenzen zu allgemeinen, unternehmensfremden gesellschaftspolitischen Themen können also dann „betrieblich" veranlasst sein, wenn das fördernde Unternehmen sein finanzielles Engagement für Gemeinschaftsbelange gegenüber Geschäftspartnern, Arbeitnehmern und (potenziellen) Kunden öffentlichkeitswirksam herausstellt, um dadurch sein Ansehen als *Good Corporate Citizen* zu sichern oder zu mehren („Tue Gutes und rede darüber"). Dies ist der Kerngedanke des Sponsorings (dazu sogleich Rz. 8.60 ff.), wie er von der Finanzverwaltung durch den Sponsoringerlass vom 18.2.1998 grundsätzlich anerkannt worden ist[2].

c) Sponsoring

8.60 Dem Sponsoringerlass vom 18.2.1998 liegt ein **weites Verständnis von Sponsoring** zugrunde. Darin heißt es:

„Unter Sponsoring wird üblicherweise die Gewährung von Geld oder geldwerten Vorteilen durch Unternehmen zur Förderung von Personen, Gruppen und/oder Organisationen in sportlichen, kulturellen, kirchlichen, wissenschaftlichen, sozialen, ökologischen oder ähnlich bedeutsamen gesellschaftspolitischen Bereichen verstanden, mit der regelmäßig auch eigene unternehmensbezogene Ziele der Werbung oder Öffentlichkeitsarbeit verfolgt werden. Leistungen eines Sponsors beruhen häufig auf einer vertraglichen Vereinbarung zwischen dem Sponsor und dem Empfänger der Leistungen (Sponsoring-Vertrag), in dem Art und Umfang der Leistungen des Sponsors und des Empfängers geregelt sind."

Des Weiteren enthält das Schreiben **allgemeine Leitlinien** über die steuerliche Behandlung von Sponsoringzahlungen beim Sponsor. Durch den Erlass werden die Anforderungen an den Nachweis der betrieblichen Veranlassung von Sponsoringaufwendungen gegenüber der Rechtsprechung relativiert. So heißt es dort:

„Aufwendungen des Sponsors sind Betriebsausgaben, wenn der Sponsor wirtschaftliche Vorteile, die insbesondere in der Sicherung und Erhöhung seines unternehmerischen Ansehens liegen können, für sein Unternehmen erstrebt oder für Produkte seines Unternehmens werben will. Das ist insbesondere der Fall, wenn der Empfänger der Leistungen auf Plakaten, Veranstaltungshinweisen, in Ausstellungskatalogen, auf den von ihm benutzten Fahrzeugen oder anderen Gegenständen auf das Unternehmen oder auf die Produkte des Sponsors werbewirksam hinweist. Die Berichterstattung in Zeitungen, Rundfunk oder Fernsehen kann einen wirtschaftlichen Vorteil, den der Sponsor für sich anstrebt, begründen, insbesondere wenn sie in seine Öffentlichkeitsarbeit eingebunden ist oder der Sponsor an Pressekonferenzen oder anderen öffentlichen Veranstaltungen des Empfängers mitwirken und eigene Erklä-

---

1 Dazu näher *Kessler*, BB 1991, 1869.
2 BMF v. 18.2.1998, BStBl. I 1998, 212; aus dem umfangreichen Schrifttum vgl. etwa die Monographien von *Alberti*, Sponsoring im Steuerrecht, 2001; *Rückert*, Die ertragsteuerliche Behandlung des Sponsorings, 1999; *Irle*, Kunstsponsoring im Steuerrecht, 2002; ferner *Heuer*, DStR 1998, 18; *Thiel*, DB 1998, 842; *Schauhoff*, DB 1998, 494; *Becker*, DStZ 2002, 663; *Raupach* in Non Profit Law Yearbook 2001, 169.

rungen über sein Unternehmen oder seine Produkte abgeben kann. Wirtschaftliche Vorteile für das Unternehmen des Sponsors können auch dadurch erreicht werden, dass der Sponsor durch Verwendung des Namens, von Emblemen oder Logos des Empfängers oder in anderer Weise öffentlichkeitswirksam auf seine Leistungen aufmerksam macht."

Das steuerrechtliche **Schrifttum** hat sich diesen Abgrenzungskriterien wohl allgemein angeschlossen[1]. Zum Teil wird vorgeschlagen, auf die Merkmale „werbewirksam" oder „öffentlichkeitswirksam" zu verzichten und nur negativ zu bestimmen, dass der „bloße Hinweis auf den Sponsor" noch keine betriebliche Veranlassung begründet[2].

Der Sponsoring-Erlass enthält noch **zwei weitere wichtige Aussagen**: Zum einen soll es für den Betriebsausgabenabzug unschädlich sein, „wenn die Geld- oder Sachleistungen des Sponsors und die erstrebten Werbeziele nicht gleichwertig sind". Erst bei einem „krassen Missverhältnis" greife § 4 Abs. 5 Satz 1 Nr. 7 EStG. Zum anderen sollen Leistungen des Sponsors im Rahmen des Sponsoring-Vertrags keine Geschenke im Sinne des § 4 Abs. 5 Satz 1 Nr. 1 EStG sein[3]. Allerdings betreffen diese Passagen nur die Förderung einer anderen Organisation, so dass z.B. § 4 Abs. 5 Nr. 4 EStG bei eigenen Veranstaltungen eines Unternehmers für karitative Zwecke anwendbar bleibt (vgl. Rz. 8.63)[4].

Im Kern geht es bei der **Abgrenzung zwischen Spende und Betriebsausgabe** auf Seiten des Zuwendenden um die Unterscheidung zwischen betrieblich veranlassten Aufwendungen und solchen Zuwendungen, die ganz überwiegend altruistischen, also fremdnützigen Charakter haben[5]. Während diese Unterscheidung dort keine Schwierigkeiten bereitet, wo sich die Empfängerorganisation zu einer konkreten werblichen Gegenleistung verpflichtet hat (z.B. Trikotwerbung, Überlassung von Werbeflächen auf Sportgeräten etc.), bedarf die Motivation des Zuwendenden beim sog. „mäzenatischen Sponsoring" einer näheren Prüfung. Geht man davon aus, dass für die betriebliche Veranlassung einer Zahlung ein allgemeiner Zusammenhang mit dem Betrieb durch Schaffung günstiger Rahmenbedingungen genügt[6], dann sind Sponsoringaufwendungen Betriebsausgaben, wenn sie aus der Sicht des Zuwendenden in erster Linie der Sicherung oder Erhöhung des unternehmerischen Ansehens dienen sollen[7]. 8.61

Das eigentliche Problem besteht allerdings weniger in der abstrakten Beschreibung der wirtschaftlichen Vorteile, die ein Unternehmen im Rahmen seiner Sponsoring- 8.62

---

1 Vgl. etwa die Monographien von *Alberti*, Sponsoring im Steuerrecht, 2001; *Irle*, Kunstsponsoring im Steuerrecht, 2002; *Rückert*, Die ertragsteuerliche Behandlung des Sponsorings, 1999; *Becker*, DStZ 2002, 663; *Heuer*, DStR 1998, 18; *Schauhoff*, DB 1998, 494; *Thiel*, DB 1998, 842 ff.

2 So etwa *Alberti*, Sponsoring im Steuerrecht, 2001, S. 96 ff.

3 BMF v. 18.2.1998, BStBl. I 1998, 212.

4 Vgl. BFH v. 16.12.2015 – IV R 24/13, BStBl. II 2017, 224.

5 Vgl. BFH v. 4.3.1986 – VIII 188/84, BStBl. II 1986, 373; BFH v. 9.8.1989 – I R 4/84, BStBl. II 1990, 237; *Hüttemann*, FS Schaumburg, 2009, S. 405; siehe auch *Hörmann*, npoR 2016, 153.

6 So etwa BFH v. 4.3.1986 – VIII 188/84, BStBl. II 1986, 373, 375.

7 Vgl. BFH v. 2.2.2011 – IV B 110/09, BFH/NV 2011, 792; BFH v. 3.2.1993 – I R 37/91, BStBl. II 1993, 441, 445.

aktivitäten anstrebt, sondern in der Erkennbarkeit solcher Motive anhand der von der Rechtsprechung geforderten „**äußeren Beweiszeichen**"[1]. Insoweit ist – darin liegt der richtige Kern des Sparkassen-Urteils des BFH – der bloße Hinweis auf den Sponsor (z.B. im Jahresbericht oder auf Grund eines kleinen Namensschildes auf der gestifteten Skulptur) nicht ausreichend, weil solche Hinweise auch bei normalen Spenden durchaus nicht unüblich sind. Vielmehr bedarf es einer weitergehenden kommunikativen Nutzung der Fördermaßnahme, z.B. durch „werbewirksame" Hinweise auf den Sponsor (z.B. auf Eintrittskarten oder Programmheften), einer Berichterstattung über die Fördermaßnahme in den Medien, einer Mitwirkung des Sponsors an Pressekonferenzen oder der geförderten öffentlichen Veranstaltung[2]. Denkbar ist schließlich auch, dass nicht die geförderte Einrichtung auf den Sponsor werbewirksam hinweist, sondern der Sponsor selbst die Fördermaßnahme in seiner Unternehmenskommunikation herausstellt (z.B. durch Hinweise auf Produkten, im Internetauftritt oder durch Pressekonferenzen). Für eine betriebliche Veranlassung spricht ferner die Entwicklung einer Sponsoringstrategie und ihre Einbindung in die Öffentlichkeitsarbeit des Unternehmens, eine Wirkungskontrolle früherer Sponsoringmaßnahmen sowie der Abschluss schriftlicher Vereinbarungen mit den geförderten Einrichtungen, in denen die wechselseitigen Rechte und Pflichten fixiert werden. Fehlt es an den vorstehenden Beweisanzeichen für eine vorrangige betriebliche Veranlassung, wie z.B. bei einmaligen Zuwendungen an gemeinnützige Einrichtungen ohne Erwartung besonderer kommunikativer Vorteile, sind solche Zahlungen als steuerbegünstigte Spenden zu qualifizieren. Als Beispielsfall kann wiederum der Sachverhalt des Sparkassen-Urteils dienen, wo sich der Hinweis auf den „Stifter" in einem Schild mit dem Namen der Sparkasse auf der Rückseite der Skulptur beschränkte[3]. Letztlich geht es aber immer um eine Einzelfallwürdigung, die dem FG als Tatsacheninstanz obliegt[4].

Abschließend ist noch einmal darauf hinzuweisen, dass zwischen der steuerlichen Abziehbarkeit einer Sponsoringzahlung beim Leistenden und der Steuerpflicht der Zahlung beim Empfänger kein zwingender Zusammenhang besteht (**kein Korrespondenzprinzip**). Vielmehr sind beide Fragen gesondert zu prüfen, auch wenn die „aktive" kommunikative Gegenleistung der geförderten Organisation regelmäßig sowohl ein Indiz für die betriebliche Veranlassung der Zahlung beim Sponsor als auch für die Steuerpflicht der Zahlung beim Empfänger (wirtschaftlicher Geschäftsbetrieb) darstellen wird (zur Behandlung bei der Empfängerorganisation vgl. Rz. 6.149 ff.).

8.63 Die Grundsätze des Sponsoringerlasses betreffen nur solche Werbemaßnahmen, die steuerlich als „Sponsoring" einzuordnen sind[5]. Dabei kommt es entscheidend darauf an, dass der Sponsor mit der Zuwendung **eine Tätigkeit oder Veranstaltung einer**

---

1 Dazu BFH v. 9.8.1989 – I R 4/84, BStBl. II 1990, 237.
2 Vgl. auch FG Rheinland-Pfalz v. 19.5.2016 – 4 K 1218/14, EFG 2017, 1876: Förderung von Rennfahrern durch eine Arztpraxis ohne werbewirksame Hinweise auf Kleidung oder Fahrzeug der geförderten Sportler (Rev. BFH III R 23/17).
3 BFH v. 9.8.1989 – I R 4/84, BStBl. II 1990, 237.
4 Dazu auch BFH v. 2.2.2011 – IV B 110/09, BFH/NV 2011, 792.
5 Zu Steuerfragen „Jenseits des Sponsoring" vgl. *Wallenhorst*, DStR 2012, 2212.

gemeinnützigen oder öffentlich-rechtlichen Organisation fördert und nicht selbst als Veranstalter auftritt. Diese Unterscheidung ist deshalb von Bedeutung, weil nach § 4 Abs. 5 Satz 1 Nr. 4 EStG für bestimmte Repräsentationsaufwendungen ein Betriebsausgabenabzugsverbot besteht. Danach dürfen Aufwendungen für Jagd und Fischerei, für Segeljachten oder Motorjachten sowie für ähnliche Zwecke und für die hiermit zusammenhängenden Bewirtungen den Gewinn nicht mindern. Das Abzugsverbot gilt für betrieblich veranlasste Aufwendungen, die eine Berührung zur Lebensführung und zur wirtschaftlichen und gesellschaftlichen Stellung der durch sie begünstigten Geschäftsfreunde des Steuerpflichtigen aufweisen (z.B. auch Aufwendungen für Golfturniere)[1]. Dieses Abzugsverbot kommt aber nicht zur Anwendung, wenn der Sponsor lediglich eine sportliche Veranstaltung eines anderen (auch z.B. eines Sportvereins) unterstützt, weil die betreffenden Aufwendungen dann dem Veranstalter zuzurechnen sind. Vor diesem Hintergrund sind auch die (großzügigen) Erlasse der Finanzverwaltung zu verstehen, die im Vorfeld der Fußball-Weltmeisterschaft 2006 zur steuerlichen Behandlung von Sponsoring-Paketen und VIP-Logen erlassen worden sind[2]. Diese Grundsätze gelten aber nicht für Aufwendungen, die einem Unternehmer im Rahmen von eigenen Veranstaltungen (z.B. eines firmeneigenen Golfturniers[3], einer Schiffsreise[4] oder einer Abendveranstaltung zur Einwerbung von Spenden für wohltätige Zwecke[5]) entstehen. Hier scheitert der Betriebsausgabenabzug regelmäßig an § 4 Abs. 5 Satz 1 Nr. 4 EStG.

Im **Urteil vom 16.12.2015**[6] hat der IV. Senat noch einmal bekräftigt, dass das Abzugsverbot des § 4 Abs. 5 Satz 1 Nr. 4 EStG auch dann zur Anwendung kommt, wenn eine Veranstaltung dem Zweck dient, Spenden für die Finanzierung einer Wohltätigkeitsveranstaltung zu generieren. In den Entscheidungsgründen heißt es zur Bedeutung des Sponsoring-Erlasses[7]:

„Anders als die Klägerin meint, kommt auch ein Betriebsausgabenabzug unter Berufung auf das BMF-Schreiben in BStBl I 1998, 212 (sog. Sponsoringerlass) nicht in Betracht. Zum einen handelt es sich um eine sog. norminterpretierende Verwaltungsanweisung, an die die Rechtsprechung schon dem Grunde nach nicht gebunden ist … . Zum anderen unterfällt die Veranstaltung der Golfturniere, anders als das FG meint, nicht dem Anwendungsbereich der Verwaltungsanweisung. Maßgeblicher Gegenstand des Sponsoringserlasses ist die Aufteilung von Aufwendungen, die von den Unternehmen zur Förderung von Personen, Gruppen und/oder Organisationen in sportlichen, kulturellen, kirchlichen, wissenschaftlichen, sozialen, ökologischen oder ähnlich bedeutsamen gesellschaftspolitischen Bereichen getätigt werden. … Davon nicht umfasst ist die Frage, ob die dem Grunde nach als Betriebsausgaben einzustufenden Aufwendungen unter ein vollständiges oder teilweises Abzugsverbot i.S. des § 4 Abs. 5 Satz 1 Nrn. 1 ff. EStG fallen. Dieses gesetzlich angeordnete Abzugsverbot für be-

---

1 BFH v. 2.8.2012 – IV R 25/09, BStBl. II 2012, 824; BFH v. 29.12.2008 – X B 123/08, BFH/NV 2009, 752.
2 BMF v. 22.8.2005, BStBl. I 2005, 845 und BMF v. 11.7.2006, BStBl. I 2006, 447.
3 BFH v. 29.12.2008 – X B 123/08, BFH/NV 2009, 752.
4 BFH v. 2.8.2012 – IV R 25/09, BStBl. II 2012, 824.
5 BFH v. 16.12.2015 – IV R 24/13, BStBl. II 2017, 224.
6 BFH v. 16.12.2015 – IV R 24/13, BStBl, II 2017, 223.
7 BFH v. 16.12.2015 – IV R 24/13, BStBl, II 2017, 223 (227 f.); zustimmend FG Rheinland-Pfalz v. 19.5.2016 – 4 K 1218/14, EFG 2017, 1876.

stimmte Aufwendungen könnte auch im Wege einer anderslautenden Verwaltungsanweisung nicht umgangen werden."

8.64 frei

6. Keine verdeckten Gewinnausschüttungen

8.65 Bei Körperschaften, insbesondere Kapitalgesellschaften und Betrieben gewerblicher Art, steht der Spendenabzug nach dem Wortlaut des § 9 Abs. 1 Nr. 2 KStG **unter dem Vorbehalt des § 8 Abs. 3 Satz 2 KStG** („… vorbehaltlich des § 8 Abs. 3 …"). Die steuerliche Absetzbarkeit einer Zuwendung als Spende der Körperschaft setzt also voraus, dass es sich bei den Aufwendungen nicht um eine offene[1] oder verdeckte Gewinnausschüttung (vGA) handelt[2]. Steuersystematisch unterscheiden sich Spenden und vGA durch ihre unterschiedliche Veranlassung. Während Spenden – nach hier vertretener Ansicht (vgl. auch Rz. 7.33 ff.) – als freiwillige Einkommensverwendung der außerbetrieblichen Sphäre einer Körperschaft zuzurechnen ist und nur auf Grund der besonderen Gewinnermittlungsvorschrift des § 9 Abs. 1 Nr. 2 KStG steuerlich abzugsfähig ist[3], sind vGA durch das Rechtsverhältnis zum Gesellschafter veranlasst[4]. Bei der Abgrenzung kommt es folglich darauf an, welcher Sphäre die Zuwendung steuerlich zuzurechnen ist, was also das „auslösende Moment" gewesen ist. Dazu ist ausgehend vom Fremdvergleich zu prüfen, ob die Körperschaft bei Anwendung der Sorgfalt eines ordentlichen und gewissenhaften Geschäftsleiters die Spende nicht gegeben hätte. Aus § 9 Abs. 1 Nr. 2 KStG lässt sich insoweit die gesetzgeberische Wertung entnehmen, dass auch ein „ordentlicher und gewissenhafter" Geschäftsleiter steuerlich abziehbare Spenden tätigen darf. Das Steuerrecht bekennt sich also in § 9 Abs. 1 Nr. 2 KStG zur *corporate citizenship* einer Körperschaft.

8.66 Was die Abgrenzung im Einzelnen anbetrifft, so hat sich die Rechtsprechung in der Vergangenheit vor allem mit **Spenden von Sparkassen an ihre Gewährträger** beschäftigen müssen. Da das Rechtsverhältnis des Gewährträgers zur Sparkasse steuerrechtlich wie das Verhältnis eines Gesellschafters zu seiner Kapitalgesellschaft behandelt wird, war hier zu prüfen, wann Spenden an den Gewährträger als vGA anzusehen sind. Der BFH entscheidet insoweit nach dem „**Gießkannenprinzip**": Eine

---

1 Vgl. zu Sparkassen BFH v. 1.2.1989 – I R 98/84, BStBl. II 1989, 471; BFH v. 8.4.1992 – I R 126/90, BStBl. II 1992, 849.

2 Zur Abgrenzung von Spenden und VGA eingehend *Zimmermann*, Spenden als verdeckte Gewinnausschüttung, 2011; zur abweichenden Rechtslage in Österreich vgl. öVwGH v. 28.4.2008 – 2001/14/0166, GeS 2005, 128 mit kritischer Anm. *von Plansky*.

3 Wer – entgegen der hier vertretenen Ansicht (vgl. *Hüttemann* in FS Raupach, 2006, S. 495 ff.) – bei Kapitalgesellschaften eine außerbetriebliche Sphäre verneint (so BFH v. 4.12.1996 – I R 54/95, BFHE 182, 123; BFH v. 15.1.2015 – I R 48/13, BStBl. II 2015, 713), muss § 9 Abs. 1 Nr. 2 KStG als Abzugsbeschränkung für betrieblich veranlasste Aufwendungen interpretieren, da ohne eine entsprechende Regelung Spenden unbegrenzt abgezogen werden könnten. Vgl. *Märtens* in Gosch, § 9 KStG Rz. 7.

4 Für eine Definition der verdeckten Gewinnausschüttungen vgl. nur BFH v. 24.3.1999 – I R 20/98, BStBl. II 2001, 612.

vGA ist danach regelmäßig zu bejahen, wenn die an den Gewährträger geleisteten Spenden den durchschnittlichen Spendenbetrag übersteigen, der an fremde Dritte innerhalb der letzten drei Jahre geleistet wurde[1]. Zur Begründung verweist der BFH auf die Schwierigkeit, dass eine Abgrenzung anhand der sonst üblichen Angemessenheitsprüfung von Leistung und Gegenleistung bei Spenden nicht möglich sei. Die Finanzverwaltung ist dem gefolgt. Im Schrifttum überwiegt dagegen die Kritik[2]. So weist etwa *Pezzer* darauf hin, es gebe keinen empirischen oder sonstigen Maßstab, „wann Altruismus als unordentlich zu gelten habe"[3]. Deshalb wird vorgeschlagen, das Gießkannenprinzip durch eine Einzelfallprüfung der Spendenmotivation zu ersetzen. Der Kritik ist darin zuzustimmen, dass der Fremdspendenvergleich nach dem Gießkannenprinzip zu wenig überzeugenden Lösungen führt. Verzichtet z.B. eine Sparkasse ganz auf Fremdspenden, ist auch eine – nach den Umständen überwiegend altruistisch motivierte – Zuwendung an den eigenen Gewährträger von vornherein nicht abziehbar. Dieses Ergebnis widerspricht aber der Wertung des § 9 Abs. 1 Nr. 2 KStG. Deshalb sollte der BFH die Bedeutung des Fremdspendenvergleiches relativieren. Der Umstand, dass Spenden an andere Einrichtungen ganz fehlen oder einen vergleichsweise geringen Umfang haben, darf keine unwiderlegbare Vermutung für eine gesellschaftliche Veranlassung sein, sondern nur einen Gesichtspunkt neben anderen darstellen[4]. Es muss der Körperschaft also möglich sein, eine überwiegende Spendenmotivation auch dann darzulegen, wenn Fremdspenden in gleichem Umfang fehlen. Entgegen der Ansicht des BFH spricht z.B. ein allgemeiner Spendenaufruf von dritter Seite eher gegen die Annahme einer vGA[5].

Der BFH hat in den letzten Jahren zweimal Gelegenheit gehabt, sich konkret zur Bedeutung des § 8 Abs. 3 Satz 2 KStG beim *Corporate Giving*, also bei **Spenden privater Kapitalgesellschaften** zu äußern[6]. Nach Ansicht des I. Senats ist der in § 9 Abs. 1 Nr. 2 KStG enthaltene Vorbehalt des § 8 Abs. 3 Satz 2 KStG ernst zu nehmen. Insbesondere hat der Senat die im Schrifttum vertretene These zurückgewiesen, dass bei Zuwendungen an gemeinnützige Einrichtungen, die – anders als in den Sparkassen-Fällen – nicht zum Gesellschafterkreis gehören, eine verdeckte Ge-

8.67

---

1 Ständige Rechtsprechung, vgl. zuletzt BFH v. 8.4.1992 – I R 126/90, BStBl. II 1992, 849; BFH v. 9.8.1989 – I R 4/84, BStBl. II 1990, 237; BFH v. 12.10.1978 – I R 149/75, BStBl. II 1979, 126; vgl. auch FG Münster v. 19.1.2007 – 9 K 3856/04 K, F, EFG 2007, 1470.
2 Für einen Überblick vgl. *Kirchhain* in Rödder/Herlinghaus/Neumann, § 9 KStG Rz. 262 f.; *Rückert*, S. 149 f.
3 *Pezzer*, StuW 1990, 259 (262).
4 So auch noch BFH v. 19.6.1974 – I R 94/71, BStBl. II 1974, 586: Fremdspenden als „wichtiger Anhaltspunkt".
5 A.A. BFH v. 12.10.1978 – I R 149/75, BStBl. II 1979, 126.
6 Vgl. BFH v. 19.12.2007 – I R 83/06, BFH/NV 2008, 988; BFH v. 10.6.2008 – I B 19/08, BFH/NV 2008, 1704; dazu *Gollan* in Non Profit Law Yearbook 2008, 103; *Weitemeyer* in FS Reuter, 2009, S. 1201; *Janssen*, DStZ 2010, 170; *Hüttemann* in FS Schaumburg, 2009, S. 405; *Wassermeyer*, DB 2011, 1828; *Wagner*, DStR 2011, 1594; *Zimmermann*, Spenden als verdeckte Gewinnausschüttungen, 2011; *Kirchhain* in Rödder/Herlinghaus/Neumann, § 9 KStG Rz. 262 f.

winnausschüttung generell ausgeschlossen sei[1]. Er begründet dies vor allem damit, dass der Vorrang des § 8 Abs. 3 Satz 2 KStG gegenüber § 9 Abs. 1 Nr. 2 KStG bei dieser Auslegung weitgehend „ausgehöhlt" würde. Auf der anderen Seite räumt der BFH ein, dass „Spenden typischerweise aus einer ideellen Nähe des Spenders zum Empfänger heraus geleistet" werden. Daher würde „praktische Anwendungsbereich des § 9 Abs. 1 Nr. 2 KStG allzu sehr eingeschränkt, wenn allein aus der Identifikation des Gesellschafters mit den Zielen des Begünstigten eine Veranlassung der Spende durch das Gesellschaftsverhältnis und in der Folge das Vorliegen einer verdeckten Gewinnausschüttung abgeleitet würde"[2]. In der Tat besteht die Crux des Problems genau darin, dass insbesondere bei mittelständischen Gesellschaften nicht die Geschäftsleitung, sondern die Gesellschafter über das „Ob" und „Wie" altruistischer Aktivitäten entscheiden. Anders gewendet: Es gibt praktisch keine Unternehmensspende, die nicht „durch das Gesellschaftsverhältnis" veranlasst ist. Denn keine gemeinnützige Einrichtung wird von einer Kapitalgesellschaft eine größere Zuwendung erhalten, ohne dass zwischen der Empfängereinrichtung und dem (Haupt-) Gesellschafter ein gewisses ideelles „Näheverhältnis" besteht. Darüber hinaus stößt in diesen Fällen auch die vom I. Senat entwickelte Dogmatik der verdeckten Gewinnausschüttung an ihre Grenzen. Denn die vom BFH immer wieder betonte „Vorteilsgeneigtheit"[3] einer Zuwendung bleibt bei Zuwendungen an gemeinnützige Einrichtungen auf Grund der Mittelbindung eine pure Fiktion. Würde der I. Senat dieses Kriterium wirklich ernst nehmen, bliebe für die Annahme einer vGA bei Spenden nur noch dort Raum, wo der Gesellschafter durch die Spende seiner Gesellschaft nachweislich eine eigene Spende erspart.

Vor diesem Hintergrund wäre es *de lege ferenda* nur konsequent, wenn der Gesetzgeber – entsprechend der Rechtslage in Österreich – den Vorbehalt des § 8 Abs. 3 Satz 2 KStG in § 9 Abs. 1 Nr. 2 KStG **ganz streichen würde**[4]. Wer dies trotz „nationaler Engagement-Strategien" für zu weitgehend hält, weil er eine „künstliche" Erweiterung des Spendenrahmens durch Einschaltung einer Kapitalgesellschaft befürchtet, könnte diesen Schritt mit einer Einschränkung der Höchstgrenze in § 9 Abs. 1 Nr. 2 KStG verbinden. Schließlich ist auch daran zu erinnern, dass die steuerliche Abzugsfähigkeit von Unternehmensspenden bei Kapitalgesellschaften nicht selbstverständlich ist. Wie die vom BVerfG im Beschluss vom 9.4.1992[5] statuierte Beschränkung des Parteispendenabzugs auf natürliche Personen zeigt, wäre es durchaus vorstellbar, die steuerliche Förderung des Altruismus konsequent auf „Individuen" mit eigenen Präferenzen zu beschränken.

8.68 Bis zu einer Änderung des § 9 Abs. 1 Nr. 2 KStG wird sich die Praxis allerdings weiterhin mit der Abgrenzung von verdeckten Gewinnausschüttungen und Spenden herumschlagen müssen[6]. Der BFH hat es abgelehnt, hierzu konkretere Vorgaben zu machen. Nach seiner Ansicht sind die **„Rechtsfragen zur Abgrenzung**

---

1 So *Woitschell* in Ernst&Young, § 9 KStG Rz. 35; ebenso *Janssen*, DStZ 2001, 161.
2 So BFH v. 19.12.2007 – I R 83/06, BFH/NV 2008, 988 unter Hinweis auf *Gosch*, StBp 2000, 125.
3 Vgl. dazu BFH v. 7.8.2002 – I R 2/02, BStBl. II 2004, 131.
4 Ebenso *Kirchhain* in Rödder/Herlinghaus/Neumann, § 9 KStG Rz. 263.
5 BVerfG v. 9.4.1992 – 2 BvE 2/89, BVerfGE 85, 264.
6 Vgl. auch BFH v. 12.10.2011 – I R 102/10, BStBl. II 2014, 484, zur Abgrenzung von Spenden und satzungsmäßigen Aufwendungen.

zwischen **Spendenabzug und verdeckter Gewinnausschüttung hinreichend geklärt**"[1]. Dass dem nicht so ist, zeigt nicht zuletzt die anhaltende Diskussion im Schrifttum[2]. Selbst in Kreisen der Finanzverwaltung ist die Rechtsprechung auf Unverständnis gestoßen[3]. Auch ein näherer Blick auf die vom I. Senat unbeanstandet gelassenen tatrichterlichen Würdigungen in den Ausgangsentscheidungen macht deutlich, dass eine allgemeine Grenzziehung praktisch nicht möglich ist. So hatte das FG Hamburg in seinem Urteil vom 12.12.2007 ein Näheverhältnis zu der vom Gesellschafter errichteten Stiftung schon auf Grund des Namens der Stiftung (!) und der Stiftungsorganisation (Besetzung des Vorstands mit dem Stifter und seiner Familie, Vorbehalt nach § 58 Nr. 5 AO a.F.) bejaht[4]. Im Fall des FG Köln vom 23.8.2006 ging es um erhebliche Zuwendungen an eine Religionsgemeinschaft, der auch der Gesellschafter angehörte. Ferner hat das FG die Tatsache für schädlich gehalten, dass die Spenden auch im Verlustjahr nicht reduziert wurden. In diesem Zusammenhang ist allerdings daran zu erinnern, dass § 9 Abs. 1 Nr. 2 KStG ausdrücklich auch eine umsatz- und lohnabhängige Höchstgrenze enthält, die genau zu dem Zweck eingefügt wurde, damit auch in Verlustjahren ein Spendenabzug möglich ist. Auf die ausführlichen Feststellungen des FG Bremen[5] ist der I. Senat im Revisionsverfahren nicht näher eingegangen, weil der Spendenabzug über die Grenze bereits an der „Gleichwertigkeitsprüfung" scheiterte[6].

frei   8.69

C. Mitgliedsbeiträge

I. Gleichbehandlung von Spenden und Mitgliedsbeiträgen

Das geltende Steuerrecht geht im Grundsatz davon aus, dass Spenden und Mitgliedsbeiträge für Zwecke des Spendenabzugs gleich zu behandeln sind. Dies ergibt sich zum einen daraus, dass der **Oberbegriff der Zuwendung sowohl Spenden als auch Mitgliedsbeiträge umfasst**. Zum anderen lässt sich die materielle Gleichstellung auch daran erkennen, dass das Gesetz nur den Abzug von Mitgliedsbeiträgen an ganz bestimmte Körperschaften als Ausnahme von der Regel ausschließt (vgl. § 10b Abs. 1 Sätze 7 und 8 Nr. 1 bis 4 EStG).   8.70

Für den Abzug von Mitgliedsbeiträgen gelten im Grundsatz die oben für Spenden erläuterten Voraussetzungen. Mitgliedsbeiträge sind folglich nur dann steuerlich abziehbar, wenn es sich um **freiwillige, unentgeltliche Ausgaben zur Förderung**   8.71

---

1 So BFH v. 10.6.2008 – I B 19/08, BFH/NV 2008, 1704; ebenso BFH v. 12.3.2014 – I B 167/13, BFH/NV 2014, 1092.
2 S. nur *Weitemeyer* in FS Reuter, 2009, S. 1201; *Kirchhain* in Rödder/Herlinghaus/Neumann, § 9 KStG Rz. 263.
3 Vgl. *Woitschel* in Ernst&Young, § 9 KStG Rz. 35; auffallend zurückhaltend auch *Buchna/Leichinger/Seeger/Brox*, S. 427 f.
4 FG Hamburg v. 12.12.2007 – 6 K 131/06, 6 K 132/06, EFG 2008, 634.
5 FG Bremen v. 8.6.2011 – 1 K 63/10, DStRE 2012, 1321.
6 BFH v. 17.9.2013 – I R 16/12, DB 2014, 575.

steuerbegünstigter Zwecke handelt. Die rechtliche Verpflichtung zur Leistung von Mitgliedsbeiträgen auf Grund der Mitgliedschaft schließt die steuerliche Abziehbarkeit nicht aus, solange die Mitgliedschaft freiwillig und uneigennützig begründet worden ist[1]. Soweit der Mitgliedsbeitrag ein verdecktes Entgelt für Leistungen der Körperschaft darstellt (z.B. ein Schulentgelt bei Schulträgervereinen), ist der Abzug also ganz oder zumindest teilweise zu versagen[2] (vgl. Rz. 8.47 ff.). Hinsichtlich des Merkmals der „Uneigennützigkeit" ist ferner zu beachten, dass der Gesetzgeber mit dem Abzugsverbot für Mitgliedsbeiträge an bestimmte Körperschaften eine vorrangige gesetzgeberische Entscheidung dazu getroffen hat, wann eigene Vorteile des Mitglieds aus der Zweckverfolgung der Körperschaft eine steuermindernde Berücksichtigung von Mitgliedsbeiträgen ausschließen. Diese Regelung schließt es aus, bei anderen als den dort genannten steuerbegünstigten Zwecken den Abzug von Mitgliedsbeiträgen schon deshalb abzulehnen, weil die Mitgliedschaft bei typisierender Betrachtung als eigennützig anzusehen ist. Darüber hinaus ist zu beachten, dass die Steuerbegünstigung der Empfängerkörperschaft eine selbstlose Förderung voraussetzt. Soweit also die Verfolgung gewerblicher oder anderer eigenwirtschaftlicher Zwecke der Mitglieder im Vordergrund steht, ist die Steuerbegünstigung insgesamt zu versagen.

II. Keine Abziehbarkeit bei „Freizeitzwecken"

1. Allgemeines

8.72 Bei bestimmten steuerbegünstigten Zwecken hat der Gesetzgeber den Abzug der Mitgliedsbeiträge ausdrücklich ausgeschlossen (vgl. § 10b Abs. 1 Satz 8 EStG, § 9 Abs. 1 Nr. 2 Satz 8 KStG, § 9 Nr. 5 Satz 11 GewStG). Das Abzugsverbot beruht auf der typisierenden Überlegung, dass bei den genannten Zwecken die Mitgliedschaft in erster Linie der eigenen Freizeitgestaltung dient und daher eine **überwiegende uneigennützige Spendenmotivation fehlt**[3]. Es hat eine lange Tradition: Früher ergab sich die Nichtabziehbarkeit bestimmter Mitgliedsbeiträge als Nebenwirkung des sog. Durchlaufspendenverfahrens. Seit 2000 war sie in § 48 Abs. 4 EStDV a.F. geregelt. Im Rahmen der letzten Reform ist die Nichtabziehbarkeit bestimmter Mitgliedsbeiträge normativ in den gesetzlichen Abzugsregelungen verankert worden[4].

8.73 **Steuersystematisch** vermag die geltende Regelung nur eingeschränkt zu überzeugen[5]. Zunächst erscheint ein vollständiges Abzugsverbot bei einzelnen Zwecken als wenig zielgenau. Es trifft z.B. auch das passive (ältere) Mitglied, das über seinen Mitgliedsbeitrag den Jugendsport fördern möchte. Darüber hinaus führt das Abzugsverbot bei kulturellen Zwecken zu kaum lösbaren Abgrenzungsschwierigkeiten

---

1 Statt vieler BFH v. 25.11.1987 – I R 126/85, BStBl. II 1988, 220; *Kulosa* in Herrmann/Heuer/Raupach, § 10b EStG Rz. 22.
2 BFH v. 12.8.1999 – XI R 65/98, BStBl. II 2000, 65.
3 Vgl. BR-Drucks. 418/99, S. 11; siehe auch *Hüttemann*, NJW 2000, 638 (639).
4 Zur Rechtsentwicklung bei kulturellen Zwecken vgl. *Urban*, DStZ 2018, 22.
5 Vgl. auch *Hüttemann*, DB 2007, 2053; zum Typisierungsproblem auch *Urban*, DStZ 2018, 22 (27).

(dazu näher Rz. 8.75 f.). Zudem steht das Abzugsverbot in einem gewissen Spannungsverhältnis zu der gesetzgeberischen Entscheidung, auch sog. Freizeitzwecke (Sport, Kultur, bestimmte Freizeitbetätigungen) in § 52 AO als steuerbegünstigte Zielsetzungen anzuerkennen. Schließlich erweist sich das Abzugsverbot als halbherzig, weil Spenden der Mitglieder an „ihre" Körperschaft weiterhin abziehbar sind. Im Ganzen ist die Regelung Ausdruck eines politischen Kompromisses: Da man sich nicht darauf verständigen konnte, alle mitgliedernützigen Freizeitbetätigungen aus der Gemeinnützigkeit auszuklammern[1], wollte man zumindest über den Ausschluss der Mitgliedsbeiträge eine gewisse Abstufung schaffen.

2. Sachliche Reichweite des Abzugsverbotes

Nach § 10b Abs. 1 Satz 8 EStG, § 9 Abs. 1 Nr. 8 Satz 2 KStG, § 9 Nr. 5 Satz 11 GewStG sind nicht abziehbar Mitgliedsbeiträge an Körperschaften, die   **8.74**

- den **Sport** (§ 52 Abs. 2 Satz 1 Nr. 21 AO),

- **kulturelle Betätigungen**, „die in erster Linie der Freizeitgestaltung dienen",

- die **Heimatpflege und Heimatkunde** (§ 52 Abs. 2 Satz 1 Nr. 22 AO) oder

- Zwecke im Sinne des § 52 Abs. 2 Satz 1 Nr. 23 AO (**privilegierte Freizeitzwecke**)

fördern.

Nicht geklärt ist, wie die Abzugsverbote bei Zwecken anzuwenden sind, die über die **Öffnungsklausel** des § 52 Abs. 2 Sätze 2 und 3 AO für gemeinnützig erklärt worden sind. So kann man sich z.B. fragen, ob nicht auch Mitgliedsbeiträge zu Körperschaften, die das u.U. wegen der Vergleichbarkeit mit Schach (§ 52 Abs. 2 Satz 1 Nr. 21 AO) für gemeinnützig erklärte „Turnierbridge"[2] fördern, vom Abzug auszuschließen sind, weil es sich letztlich um eine Betätigung handelt, die dem Sport bzw. Schach (§ 52 Abs. 2 Satz 1 Nr. 21 Sätze 1 und 2 AO) „ähnlich" sind.

Während das Abzugsverbot bei den in § 52 Abs. 2 Satz 1 Nr. 21 bis 23 AO genannten Zwecken auf der durch § 52 Abs. 2 Satz 1 AO vorgegebenen tatbestandlichen Abgrenzung aufbaut, ist bei Körperschaften, die sich kulturell betätigen, im Rahmen des Spendenabzugs eine zusätzliche Unterscheidung zu treffen. Für die Abzugsfähigkeit soll es entscheidend darauf ankommen, ob die geförderten Betätigungen **„in erster Linie der Freizeitgestaltung dienen"**. Diese Abgrenzung ist erstmals mit der Spendenreform im Jahr 1999 eingeführt worden und hat der Praxis in der Folgezeit nicht geringe Schwierigkeiten bereitet. Denn es blieb offen, wie im Einzelfall festzustellen ist, ob ein Verein „in erster Linie der Freizeitgestaltung" (seiner Mitglieder) dient.   **8.75**

Die **Finanzverwaltung** fordert eine „typisierende Betrachtung" und hat seit 2000 versucht, dazu gewisse Leitlinien zu entwickeln[3]. So soll es nicht auf die „künstlerische Gestaltungshöhe" ankommen, d.h. der künstlerische Schwierigkeitsgrad der   **8.76**

---

1 Dafür etwa Unabhängige Sachverständigenkommission, Gutachten, S. 276.
2 BFH v. 9.2.2017 – V R 70/14, BStBl. II 2017, 1106.
3 Vgl. dazu OFD Nürnberg v. 6.7.2000, DB 2000, 2096.

aufgeführten Musikstücke ist ebenso wenig relevant wie die Zuordnung zur „E-Musik" oder „U-Musik". Bei Musikschulvereinen soll der Spendenabzug davon abhängen, ob die Mitgliedschaft nicht Voraussetzung für die Inanspruchnahme von Leistungen ist und die Mitglieder auch nicht durch geringere Gebühren bevorzugt werden[1]. Irrelevant ist auch die Zahl öffentlicher Auftritte kulturell tätiger Vereine (z.B. Chöre etc.). Vielmehr soll vorrangig darauf abzustellen sein, ob sich die Mitglieder selbst kulturell betätigen und somit ihre Freizeit gestalten[2].

8.77 Im Rahmen der Reform des Jahres 2007 hat der Gesetzgeber am Kriterium der „Freizeitgestaltung" unverändert festgehalten und sich in der Gesetzesbegründung die Auffassung der Finanzverwaltung zu eigen gemacht: Entscheidend soll danach sein, ob die Körperschaft die **aktiv ausgeführten eigenen kulturellen Betätigungen der Mitglieder** (z.B. im Laientheater, Laienchor, Laienorchester)" fördert[3].

8.78 Für die Finanzverwaltung war die „eigene aktive" Betätigung der Mitglieder allerdings nur ein Kriterium gewesen. Sie hatte das Abzugsverbot auch auf **sog. Kulturfördervereine** ausdehnen wollen. So erstreckte das BMF-Schreiben vom 19.1.2006[4] das Abzugsverbot auch auf Einrichtungen, die ihren Mitgliedern geldwerte Vorteile gewähren, die in erster Linie der Freizeitgestaltung der Mitglieder dienen (wie z.B. die Beschaffung von verbilligten oder unentgeltlichen Eintrittskarten für Mitglieder zu öffentlichen Veranstaltungen). Es liegt auf der Hand, dass dieser Erlass in der „Kulturszene" auf wenig Gegenliebe gestoßen war. Er wurde deshalb – wenige Tage vor seinem Inkrafttreten – vom BMF wieder zurückgenommen[5]. Der Reformgesetzgeber von 2007 hat sich sodann in der Gesetzesbegründung ausdrücklich dafür ausgesprochen, dass „Körperschaften zur Förderung kultureller Einrichtungen" vom Abzugsverbot nicht erfasst seien. Dies gelte auch dann, wenn die geförderte Einrichtung ihren Mitgliedern gewisse Vergünstigungen gewähre (z.B. Jahresgaben, verbilligter Eintritt, Sonderveranstaltungen nur für Mitglieder). Mitgliedsbeiträge an solche Einrichtungen seien daher künftig abziehbar[6]. Im JStG 2009[7] hat der Gesetzgeber – zur nochmaligen Verdeutlichung seines ausdrücklichen Willens – § 10b Abs. 1 EStG und die anderen Abzugstatbestände um eine **besondere** – rückwirkende – **Spendenbegünstigung für Mitgliedsbeiträge von Kulturfördervereinen** ergänzt (heute § 10b Abs. 1 Satz 7 EStG). Danach ist die Spendenbegünstigung auch dann gegeben, „wenn den Mitgliedern Vergünstigungen gewährt werden".

Aus rechtssystematischer Sicht ist anzumerken, dass eine **Sonderregelung für den Kulturbereich wenig sinnvoll erscheint**. Vielmehr stellt sich für alle steuerbegünstigten Zwecke die grundsätzliche Frage, ab wann materielle oder immaterielle Vorteile für die Mitglieder den Spendenabzug ausschließen. Man denke z.B. an eine wissenschaftliche Einrichtung, die ihren Mitgliedern ein Jahrbuch unentgeltlich überlässt oder den Tagungsbeitrag für ihre

---

1 OFD Nürnberg v. 6.7.2000, DB 2000, 2096.
2 Vgl. OFD Frankfurt/M. v. 23.7.2001, DB 2001, 1856.
3 Mit Recht kritisch zu dieser Typisierung („klischeehaft") *Urban*, DStZ 2018, 22 (27).
4 BMF v. 19.1.2006, BStBl. I 2006, 216.
5 BMF v. 13.12.2006, BStBl. I 2007, 75.
6 BT-Drucks. 16/5926.
7 BGBl. I 2008, 2794.

Mitglieder niedriger festsetzt. Ebenso wie bei § 55 Abs. 1 Nr. 3 AO ist in solchen Fällen zunächst sorgfältig zu prüfen, ob überhaupt eine „Vorteilsgewährung" vorliegt[1] (siehe auch Rz. 5.61 ff.). In vielen Fällen sollen durch solche Maßnahmen zusätzliche Anreize zum Beitritt zur gemeinnützigen Einrichtung geschaffen werden. Liegt aber die Vorteilsgewährung in erster Linie im Interesse des steuerbegünstigten Zwecks und soll seine Verwirklichung durch die Einwerbung zusätzlicher Mitglieder vorangetrieben werden, handelt es sich weder um eine schädliche Mittelverwendung noch kann die Abziehbarkeit der Mitgliedsbeiträge infrage gestellt werden. Schließlich ist zu beachten, dass auch nach der Rechtsprechung keine „ausschließliche" Fremdnützigkeit verlangt wird, sondern für die Unentgeltlichkeit einer Zuwendung eine überwiegende Spendenmotivation ausreicht[2].

Das Abzugsverbot des § 10b Abs. 1 Satz 8 EStG soll nach Ansicht der Finanzverwaltung auch auf die **Mittelverwendung** ausstrahlen. So wird es als unzulässig angesehen, dass ein Verein, dessen Mitgliedsbeiträge abziehbar sind, Mittel an einen anderen Verein nach § 58 Nr. 2 AO weitergibt, dessen Mitgliedsbeiträge steuerlich nicht abziehbar sind[3]. In der Tat kann man in einer solchen Mittelweitergabe eine „Umgehung" des Abzugsverbots sehen, wenn – und dies sollte entscheidend sein – die weitergeleiteten Mittel tatsächlich aus Mitgliedsbeiträgen finanziert werden.   8.79

frei   8.80

D. Verwendung für steuerbegünstigte Zwecke

I. Finaler Spendenbegriff

Eine wesentliche Voraussetzung für die Abzugsfähigkeit einer Zuwendung ist ihre besondere Zweckrichtung. Erforderlich ist eine Zuwendung „**zur Förderung steuerbegünstigter Zwecke im Sinne der §§ 52 bis 54 AO**". Entscheidend ist zunächst die Zweckbestimmung des Zuwendenden, wie sie sich z.B. aus den Vereinbarungen oder Umständen ergibt. Verzichtet der Zuwendende auf besondere zivilrechtlich bindende Vorgaben oder Auflagen[4], so ist bei Spenden und Mitgliedsbeiträgen für gemeinnützige Einrichtungen ohne Weiteres davon auszugehen, dass sie „zur Förderung steuerbegünstigter Zwecke" gemacht worden sind. Trifft der Zuwendende aber eine nähere Bestimmung über die Art und Weise, in der die Empfängereinrichtung die Zuwendung verwenden soll, muss diese Bestimmung den steuerlichen Anforderungen genügen[5]. Neben der Widmung des Zuwendenden setzt ein Spendenabzug darüber hinaus voraus, dass die Zuwendung von der Empfängerorganisa-   8.81

---

1 Vgl. dazu auch *Reimer/Waldhoff*, FR 2002, 318.

2 Vgl. BFH v. 2.8.2006 – XI R 6/03, BStBl. II 2007, 8.

3 OFD Frankfurt v. 27.5.2014, StEd 2014, 459.

4 Zu Zivilrechtsfragen des Spendens vgl. *Rawert* in Non Profit Law Yearbook 2005, 165.

5 Dies kann z.B. bei personenbezogenen Spenden der Fall sein, wenn es sich um eine verdeckte Begünstigung einer bestimmten natürlichen Person handelt, vgl. FG Niedersachsen v. 16.6.2009 – 15 K 30331/06, DStRE 2010, 592; zu Recht differenzierend *Kulosa* in Herrmann/Heuer/Raupach, § 10b EStG Rz. 31: Bestimmung einer konkreten Empfängerperson ist bei mildtätigen Zwecken regelmäßig unschädlich (z.B. „Patenschaften" für Kinder in der Dritten Welt).

tion tatsächlich für steuerbegünstigte Zwecke verwendet worden ist. Aus der Sicht des Zuwendenden ist die tatsächliche Verwendung der Zuwendung allerdings solange unerheblich, wie er hinsichtlich der späteren Verwendung gutgläubig ist. Denn seit 1990 besteht für gutgläubige Spender ein Vertrauensschutz, der nicht nur den Gemeinnützigkeitsstatus der Empfängereinrichtung, sondern auch die Verwendung für steuerbegünstigte Zwecke umfasst. Eine Fehlverwendung durch die geförderte Einrichtung schließt eine steuermindernde Berücksichtigung der Spende beim Zuwendenden also nicht aus, wenn dieser im guten Glauben war (vgl. § 10b Abs. 4 EStG; dazu näher Rz. 8.113 ff.).

II. Verwendung im steuerbegünstigten Bereich

8.82 Eine „Verwendung für steuerbegünstigte Zwecke" ist – wie der BFH in einem älteren Urteil zum Spendenabzug festgestellt hat[1] – dann gegeben, wenn die Zuwendung „**tatsächlich für die steuerbegünstigten Zwecke**" verwendet wird. In einer Entscheidung des I. Senats zum Spendenabzug bei der Körperschaftsteuer heißt es, „der Begriff der Verwendung setzt einen unmittelbaren Einsatz der zugewendeten Geld- oder Sachwerte für steuerbegünstigte Zwecke voraus"[2]. Diese Definition ist allerdings im Rahmen des Spendenabzugs missverständlich. Denn der vom BFH geforderte „unmittelbare Einsatz" für steuerbegünstigte Zwecke ist nach Ansicht des I. Senats auch dann gegeben, wenn die Zuwendung bei der Empfängereinrichtung auf Dauer dem gemeinnützig gebundenen Vermögen zugeführt wird und somit nur „mittelbar", d.h. über die Verwendung der Erträge steuerbegünstigten Zwecken dient[3]. Dieses Auslegungsergebnis wird inzwischen durch § 10b Abs. 1a EStG bestätigt, der für Zuwendungen in den Vermögensstock einer Stiftung sogar einen zusätzlichen Abzugsbetrag vorsieht. Hinzuweisen ist ferner auf § 62 Abs. 3 AO, der Zuwendungen in das Vermögen einer gemeinnützigen Körperschaft von der Pflicht zur zeitnahen Mittelverwendung ausnimmt. Ein Spendenabzug setzt mithin nicht voraus, dass der Zuwendende eine zeitnahe Verwendung für steuerbegünstigte Zwecke vorgesehen hat. Vielmehr ist die Voraussetzung „zur Förderung steuerbegünstigter Zwecke" auch dort erfüllt, wo eine Zuwendung auf Dauer in das Vermögen geleistet wird. An einer dauerhaften Widmung für steuerbegünstigte Zwecke fehlt es indes, wenn sich der Zuwendende den Rückfall der Zuwendung in sein Vermögen vorbehält. Ist also z.B. nach dem Stiftungsgeschäft das einer gemeinnützigen Stiftung zugewandte Stiftungskapital bei Auflösung oder Aufhebung der Stiftung oder bei Wegfall ihres bisherigen Zwecks auf den Stifter zurückzuübertragen, scheidet ein Spendenabzug aus[4]. Das Gleiche gilt für Einlagen bei einer gemeinnützigen Kapitalgesellschaft, wenn die Einlagen in der Liquidation an die Gesellschafter zurückzugewähren sind[5].

---

1 BFH v. 19.3.1976 – VI R 72/73, BStBl. II 1976, 338 (340).

2 So BFH v. 5.2.1992 – I R 63/91, BStBl. II 1992, 748 (749).

3 Vgl. BFH v. 5.2.1992 – I R 63/91, BStBl. II 1992, 748 (749).

4 Vgl. BFH v. 5.2.1992 – I R 63/91, BStBl. II 1992, 748 (749).

5 Vgl. dazu auch *Buchna/Leichinger/Seeger/Brox*, S. 158, 433; *Schauhoff* in Schauhoff, § 6 Rz. 103.

Das Merkmal „zur Förderung steuerbegünstigter Zwecke" fordert eine **finale Ver-** 8.83
wendung der Zuwendung zu steuerbegünstigten Zwecken (sog. finaler Spenden-
begriff)[1]. Diese Voraussetzung ist zunächst erfüllt, wenn eine Zuwendung entweder
zeitnah im ideellen Bereich oder im Bereich der Zweckbetriebe verwendet wird. Eine
Verwendung kann sowohl darin bestehen, dass die Spenden für steuerbegünstigte
Zwecke verbraucht werden (z.B. zur Finanzierung von Aufwendungen im Zweckverwirklichungsbereich). Denkbar ist auch die Verwendung von Sachspenden als Wirtschaftsgüter im ideellen Bereich oder im Zweckbetrieb (z.B. in einer steuerbegünstigten Lotterie nach § 68 Nr. 6 AO). Eine zeitnahe Verwendung für steuerbegünstigte
Zwecke ist auch dann gegeben, wenn mit Spendenmitteln nutzungsgebundenes Vermögen angeschafft oder hergestellt wird (vgl. § 55 Abs. 1 Nr. 5 AO). Schließlich ist zu
beachten, dass auch Aufwendungen für nicht „unmittelbar" gemeinnützige Betätigungen (z.B. für die Geschäftsstelle, für eine Spenden- und Mitgliederwerbung, für
die Steuer- und Rechtsberatung etc.) selbstverständlich aus Spendenmitteln abgedeckt werden können, wenn die Aufwendungen wirtschaftlich angemessen sind[2].
Dem Zuwendenden steht es frei, durch eine entsprechende Auflage auch eine bestimmte Verwendung innerhalb des Wirkungsbereichs der Körperschaft vorzu-
schreiben (z.B. „... für die Beratungsstelle Innenstadt" oder „... für medizinische
Forschung auf dem Gebiet der Demenzerkrankungen"). Die empfangende Einrichtung ist dann, wenn sie die Zuwendung mit der Auflage annimmt, nach Zivilrecht
an diese Vorgaben gebunden (§§ 525 ff. BGB)[3]. Für den steuerlichen Spendenabzug
kommt es allerdings nur darauf an, ob der spezielle Verwendungszweck noch als
steuerbegünstigt anzusehen ist.

Eine Verwendung für steuerbegünstigte Zwecke liegt auch dann vor, wenn eine Zu- 8.84
wendung zulässigerweise **auf Dauer dem gemeinnützig gebundenen Vermögen**
der Körperschaft zugeführt wird. Ob eine Zuwendung dem Vermögen zugeführt
werden darf, entscheidet zuvörderst der Zuwendende selbst (vgl. § 62 Abs. 3 AO).
Letzteres entspricht der Regel bei der Ausstattung einer Stiftung mit Vermögen, soweit kein Verbrauchsvorbehalt vorgesehen ist. Fehlen besondere Vorgaben des Zuwendenden, fallen Spenden als „Mittel" unter die allgemeine Regelung des § 55
Abs. 1 Nr. 1 und 5 AO, d.h. sie sind grundsätzlich zeitnah für steuerbegünstigte
Zwecke zu verwenden und dürfen nur im Rahmen von § 62 Abs. 1 und 4 AO vorübergehend oder auf Dauer dem Vermögen der Körperschaft zugeführt werden
(Rücklagenbildung).

III. Verwendung im wirtschaftlichen Geschäftsbetrieb

Besondere Fragen treten auf, wenn eine Zuwendung nach dem Willen des Zuwen- 8.85
denden bzw. tatsächlich **im Rahmen eines wirtschaftlichen Geschäftsbetriebs** eingesetzt wird. Im Anwendungserlass zur AO heißt es dazu allgemein[4]:

---

1 Vgl. BFH v. 5.2.1992 – I R 63/91, BStBl. II 1992, 748 (749).
2 Siehe BFH v. 23.9.1998 – I B 82/98, BStBl. II 2000, 320.
3 Zu Zivilrechtsfragen des Spendens vgl. *Rawert* in Non Profit Law Yearbook 2005, 165.
4 AEAO Nr. 4 zu § 55 Abs. 1 Nr. 1 AO.

„Es ist grundsätzlich nicht zulässig, Mittel des ideellen Bereichs (insbesondere Mitgliedsbeiträge, Spenden, Zuschüsse, Rücklagen), Gewinne aus Zweckbetrieben, Erträge aus der Vermögensverwaltung und das entsprechende Vermögen für einen steuerpflichtigen wirtschaftlichen Geschäftsbetriebs zu verwenden, z.B. zum Ausgleich eines Verlustes."

Dieser Satz wird vielfach dahin gehend verkürzt, dass es bei Spenden in einen wirtschaftlichen Geschäftsbetrieb an einer Verwendung zu steuerbegünstigten Zwecken fehle und ein Spendenabzug folglich ausscheiden müsse[1]. Diese Aussage bedarf indes der näheren **Präzisierung**[2]. Zunächst ist allgemein festzustellen, dass die tatsächliche Verwendung einer Zuwendung nur bei Sachspenden ohne Weiteres festgestellt werden kann, während Geldspenden den allgemeinen Finanzbestand der Körperschaft erhöhen. Eine einzelne Geldzuwendung kann daher nicht einfach einem bestimmten „Topf" zugeordnet werden, sondern es kann nur anhand der Rechnungslegung ermittelt werden, ob im Umfang der zugeflossenen Spendenmittel auch entsprechende Mittel für steuerbegünstigte Zwecke verwendet worden sind[3]. Was den Einsatz von Spenden im wirtschaftlichen Geschäftsbetrieb anbetrifft, so gibt es richtigerweise keine besonderen spendenrechtlichen Grundsätze, sondern es gelten die allgemeinen Prinzipien, die im Zusammenhang mit der gemeinnützigen Mittelverwendung (§ 55 Abs. 1 Nr. 1 und 5 AO) bereits herausgearbeitet worden sind (vgl. dazu Rz. 6.13 ff.). Dabei sind verschiedene Fallkonstellationen zu unterscheiden:

8.86 Der Spendenabzug wird zunächst nicht dadurch ausgeschlossen, dass eine Zuwendung in das Vermögen einer Körperschaft (z.B. in den Vermögensstock einer Stiftung) als **Betriebsvermögen in einem steuerpflichtigen wirtschaftlichen Geschäftsbetrieb genutzt wird** (finaler Spendenbegriff). Man denke etwa an den Fall, dass ein Unternehmer sein Einzelunternehmen einer Stiftung als Ausstattungskapital überträgt[4] oder einem Museumsverein ein Grundstück übertragen wird, auf dem der Verein einen gebührenpflichtigen Besucherparkplatz und einen Museumsshop (wirtschaftliche Geschäftsbetriebe) errichtet. Die vorstehenden Grundsätze sollten nicht nur für Immobilien, sondern auch für bewegliche Wirtschaftsgüter gelten, z.B. bei der Zuwendung eines Kfz, das im Rahmen eines wirtschaftlichen Geschäftsbetriebs genutzt wird. Denn durch die Nutzung im wirtschaftlichen Geschäftsbetrieb erwirtschaftet die Körperschaft zusätzliche Erträge. In ertragsteuerlicher Hinsicht sind diese Fälle wie folgt zu behandeln. Im Fall der (unentgeltlichen) Übertragung eines Gewerbebetriebs ist die Empfängereinrichtung an die Buchwerte des Rechtsvorgängers gebunden (§ 6 Abs. 3 EStG). Fraglich ist hingegen, wie bei Einzelwirtschaftsgütern zu verfahren ist. Nach der hier vertretenen Ansicht ist davon auszugehen, dass die Gegenstände der Empfängerkörperschaft in der Regel zunächst als Ein-

---

1 So etwa *Kulosa* in Herrmann/Heuer/Raupach, § 10b EStG Rz. 51, 121; *Geserich* in Kirchhof/Söhn/Mellinghoff, § 10b EStG Rz, B 56, B 67; *Schleder*, DB 1988, 1132.

2 Vgl. dazu auch *Buchna/Leichinger/Seeger/Brox*, S. 472 f.; *Schauhoff* in Schauhoff, § 11 Rz. 32; *Kirchhain* in Rödder/Herlinghaus/Neumann, § 9 KStG Rz. 230 ff.; *Thiel*, DB 1993, 2452.

3 Vgl. dazu zuletzt BFH v. 20.3.2017 – X R 13/15, BStBl. II 2017, 1110.

4 Vgl. auch *Buchna/Leichinger/Seeger/Brox*, S. 472 f.; *Thiel*, DB 1993, 2452 (2455).

nahme der außerbetrieblichen Sphäre zufließen und dann zum Teilwert in den wirtschaftlichen Geschäftsbetrieb eingelegt werden[1] (vgl. auch Rz. 7.57 f.).

Werden Sachspenden, die im zweckverwirklichenden Bereich nicht verwendet werden können, **in einem steuerpflichtigen wirtschaftlichen Geschäftsbetrieb verwertet**, sollte ebenfalls der Spendenabzug gewährt werden[2]. Spendet z.B. ein Verlag einem Museumsverein eine größere Zahl von antiquarischen Büchern, die dieser im Museumsshop verkauft, um zusätzliche Mittel für die Sanierung des Museums zu beschaffen, handelt es sich um eine steuerlich abzugsfähige Zuwendung. Allein der Umstand, dass die Bücher über den Verkauf im Geschäftsbetrieb „zu Geld gemacht werden", kann den Spendenabzug nicht ausschließen. Allerdings ist darauf zu achten, dass die Bücher als Einnahmen des ideellen Bereichs mit dem Teilwert in den wirtschaftlichen Geschäftsbetrieb eingelegt werden[3]. Das Gleiche gilt, wenn Vermögensgegenstände zur Nutzung in einem wirtschaftlichen Geschäftsbetrieb zugewendet werden.

8.87

Ein Spendenabzug ist ferner zu gewähren, wenn Geld- oder Sachzuwendungen innerhalb der gesetzlichen Mittelverwendungspflicht des § 55 Abs. 1 Nr. 5 AO **vorübergehend als Eigenkapital in einem wirtschaftlichen Geschäftsbetrieb genutzt werden**. Unzulässig ist dagegen eine dauerhafte Zuführung von zeitnah zu verwendenden Spendenmittel in einen wirtschaftlichen Geschäftsbetrieb. Fließen einer Körperschaft jährlich Spendenmittel in mindestens gleichbleibender Höhe zu, kann die Körperschaft sogar das Ausstattungskapital eines steuerpflichtigen wirtschaftlichen Geschäftsbetriebs aus Spendenmitteln finanzieren. Denn bei dem Eigenkapital handelt es sich um den Mittelvortrag, der durch die jährlich aufs Neue zufließenden Spenden gespeist wird.

8.88

Nach Ansicht der Finanzverwaltung scheidet ein Spendenabzug immer aus, soweit eine Spende zum **Ausgleich von Verlusten in einem steuerpflichtigen wirtschaftlichen Geschäftsbetrieb** genutzt wird[4]. Allerdings ist zu beachten, dass nach Ansicht der Finanzverwaltung noch nicht jeder vorübergehende Verlust schädlich ist, so dass die Problematik des Verlustausgleichs nur bestimmte Fälle betrifft[5]. Nach der hier vertretenen Ansicht ist – wie für § 55 Abs. 1 Nr. 1 und 5 AO – ausschließlich auf eine Sicht ex ante abzustellen: Der Einsatz von Spenden zur Finanzierung einer ex ante wirtschaftlich sinnlosen Investition ist stets unzulässig. Gleiches gilt für die Abdeckung von Verlusten aus strukturell dauerdefizitären wirtschaftlichen Betätigungen, z.B. einer bewusst nicht kostendeckenden Tätigkeit, die keinen steuerbegünstigten Zweckbetrieb im Sinne des §§ 65 ff. AO darstellt. Ist dagegen ein aus der Perspektive ex ante betriebswirtschaftlich sinnvoll erscheinendes Geschäfts-

8.89

---

1 Vgl. aber BFH v. 14.3.2006 – VIII R 60/03, BStBl. II 2006, 650.
2 Ebenso *Buchna/Leichinger/Seeger/Brox*, S. 472; *Schauhoff* in Schauhoff, § 11 Rz. 32; wohl auch *Brandl* in Blümich, § 10b EStG Rz. 120; a.A. aber FG Düsseldorf v. 5.2.1997 – 13 K 2126/93 E, EFG 1997, 473; *Kulosa* in Herrmann/Heuer/Raupach, § 10b EStG Rz. 121.
3 Zutreffend *Buchna/Leichinger/Seeger/Brox*, S. 472 f.
4 Vgl. AEAO Nr. 4 zu § 55 Abs. 1 Nr. 1 AO; *Buchna/Leichinger/Seeger/Brox*, S. 474.
5 Vgl. näher AEAO Nr. 4 bis 8 zu § 55 AO.

modell später nicht erfolgreich und entstehen Verluste, so ist die Verlustentstehung und der Ausgleich der Verluste mit Spendenmitteln nach der hier vertretenen Ansicht steuerlich unschädlich (vgl. näher Rz. 6.21 ff.). Auf diese Weise wird der Tatsache Rechnung getragen, dass es im wirklichen Leben keine risikolosen wirtschaftlichen Betätigungen gibt.

8.90 Schließlich kommt ein steuerlicher Spendenabzug nicht in Betracht, wenn die Zuwendungen in den Geschäftsbetrieb nicht **die Merkmale einer Spende erfüllen**. So hat z.B. der BFH sog. „Kleiderspenden" im Rahmen einer Altkleidersammlung zu Recht nicht als Spenden im Sinne des § 10b EStG, sondern als Einnahmen eines steuerpflichtigen wirtschaftlichen Geschäftsbetriebs angesehen[1]. Zwar werden die „Spender" hier auch aus altruistischen Motiven tätig. Mit der Abholung und Entsorgung des Altmaterials erbringt die sammelnde Einrichtung gegenüber den „Spendern" aber zugleich eine vorteilhafte Dienstleistung, weshalb ein Spendenabzug mangels Uneigennützigkeit der Ausgabe ausscheidet[2].

8.91–8.93 frei

IV. Verwendung von Spenden im Ausland

8.94 Nach § 51 Abs. 2 AO können steuerbegünstigte Zwecke **grundsätzlich auch im Ausland** (auch außerhalb von EU/EWR-Staaten) verwirklicht werden (zum sog. strukturellen Inlandsbezug vgl. näher Rz. 3.9 ff.). Folglich ist auch eine Verwendung von Spenden im Ausland zulässig, soweit das Gesetz die Steuervergünstigung nicht – wie bei den Zwecken nach § 52 Abs. 2 Nr. 8, 9 und 24 AO – ausdrücklich auf Maßnahmen im Inland beschränkt. Nach der Öffnung des Spendenrechts für grenzüberschreitende Zuwendungen an Einrichtungen in anderen EU/EWR-Staaten, die die Voraussetzungen der §§ 51 ff. AO erfüllen, stellt sich das Problem der Mittelverwendung im Ausland in folgenden Konstellationen[3]:

- Eine in Deutschland unbeschränkt oder beschränkt steuerpflichtige Körperschaft, die nach § 5 Abs. 1 Nr. 9 KStG steuerbefreit ist, verwirklicht ihre Zwecke im Ausland „unmittelbar" durch eigene Mitarbeiter (§ 57 Abs. 1 Satz 1 AO).

- Eine in Deutschland unbeschränkt oder beschränkt steuerpflichtige Körperschaft, die nach § 5 Abs. 1 Nr. 9 KStG steuerbefreit ist, verwirklicht ihre Zwecke im Ausland „unmittelbar" durch ausländische Hilfspersonen (§ 57 Abs. 1 Satz 2 AO).

- Eine in Deutschland unbeschränkt oder beschränkt steuerpflichtige Körperschaft, die nach § 5 Abs. 1 Nr. 9 KStG steuerbefreit ist, beschafft im Inland Mittel für eine im Ausland ansässige Einrichtung und leitet die Mittel an diese weiter (§ 58 Nr. 1 AO). Nach dem Gesetzeswortlaut unzulässig ist hingegen eine Mittelweiterleitung an eine in Deutschland weder unbeschränkt noch beschränkt steuer-

---

1 BFH v. 26.2.1992 – I R 149/90, BStBl. II 1992, 693.
2 Zutreffend *Schauhoff* in Schauhoff, § 11 Rz. 32.
3 Vgl. OFD Frankfurt/M. v. 5.9.2013, IStR 2014, 80; OFD München v. 23.11.2001, DStR 2002, 806.

pflichtige ausländische Einrichtung nach § 58 Nr. 2 AO[1] (zu unionsrechtlichen Bedenken vgl. Rz. 1.138).

– Eine in Deutschland weder unbeschränkt noch beschränkt steuerpflichtige Körperschaft aus einem EU/EWR-Staat, die aber nach § 5 Abs. 1 Nr. 9 KStG steuerbefreit „wäre", wenn sie inländische Einkünfte erzielen „würde", erhält aus Deutschland eine Direktzuwendung für steuerbegünstigte Zwecke, die im Ausland verwirklicht werden sollen (vgl. „Persche"[2]).

In allen oben dargestellten Fällen besteht die Besonderheit, dass die Mittelverwendung außerhalb des Geltungsbereichs deutscher Gesetze und außerhalb der Eingriffsbefugnisse der deutschen Finanzbehörden stattfindet. Damit ist § 90 Abs. 2 AO zu beachten, d.h. es besteht eine **erhöhte Mitwirkungspflicht** im Steuerverfahren: 8.95

„Ist ein Sachverhalt zu ermitteln und steuerrechtlich zu beurteilen, der sich auf Vorgänge außerhalb des Geltungsbereichs dieses Gesetzes bezieht, so haben die Beteiligten diesen Sachverhalt aufzuklären und die erforderlichen Beweismittel zu beschaffen. Sie haben dabei alle für sie bestehenden rechtlichen und tatsächlichen Möglichkeiten auszuschöpfen."

Die Finanzverwaltung hat – schon lange vor dem Persche-Urteil des EuGH – die insoweit zu beachtenden Anforderungen an den **Nachweis einer Mittelverwendung im Ausland** in verschiedenen Verfügungen konkretisiert[3]. Darin heißt es:

„Die inländischen Finanzbehörden müssen die zweckentsprechende Verwendung der Zuwendungen prüfen können. Die Verwirklichung steuerbegünstigter Zwecke im Ausland ist deshalb von der steuerbegünstigten Körperschaft durch ordnungsgemäße Aufzeichnungen nach § 63 Abs. 3 AO zu belegen.

Als **geeignete Nachweise** für eine satzungsmäßige Mittelverwendung im Ausland können folgende – ggf. ins Deutsche übersetzte – Unterlagen dienen:

– im Zusammenhang mit der Mittelverwendung abgeschlossene Verträge und entsprechende Vorgänge,

– Belege über den Abfluss der Mittel in das Ausland und Bestätigungen des Zahlungsempfängers über den Erhalt der Mittel,

– ausführliche Tätigkeitsbeschreibungen der im Ausland entfalteten Aktivitäten,

– Material über die getätigten Projekte, z.B. Prospekte, Presseveröffentlichungen,

– Gutachten eines Wirtschaftsprüfers u. Ä. bei großen oder andauernden Projekten,

– Zuwendungsbescheide ausländischer Behörden, wenn die Maßnahmen dort durch Zuschüsse u.Ä. gefördert werden und

– Betätigungen einer deutschen Auslandsvertretung, dass die behaupteten Projekte durchgeführt werden.

---

1 Ebenso OFD Frankfurt/M. v. 5.9.2013, IStR 2014, 80.
2 EuGH v. 27.1.2009 – Rs. C-318/07 Persche, Slg. 2009, I-359; siehe auch BFH v. 27.5.2009 – X R 46/05, BStBl. II 2010, 260; BMF v. 6.4.2010, BStBl. I 2010, 386; dazu Hüttemann, DB 2010, Nr. 21 M 20; BMF v. 16.5.2011, BStBl. I 2011, 559.
3 Vgl. OFD München v. 23.11.2001, DStR 2002, 806; vgl. auch OFD Hannover v. 9.10.2002, DStZ 2002, 50; OFD Frankfurt/M. v. 5.9.2013, IStR 2014, 80.

Nach Lage und Bedeutung des Falles ist **unter Berücksichtigung der Verhältnismäßigkeit** zu entscheiden, welche Nachweise gefordert werden. Dabei ist zu berücksichtigen, dass die Körperschaften bei Auslandssachverhalten eine erhöhte Mitwirkungs- und Beweisvorsorgepflicht haben (§ 90 Abs. 2 AO). Sie können sich insbesondere nicht darauf berufen, dass sie die Mittelverwendung nicht aufklären oder Beweismittel nicht beschaffen können, wenn sie bei der Gestaltung der Verhältnisse die Möglichkeit dazu gehabt hätten oder vor Zuwendung der Mittel mit der ausländischen Körperschaft entsprechende Nachweispflichten hätten vereinbaren können."

8.96 Wegen der **neuen Herausforderungen**, denen sich die Wohnsitzfinanzämter nach der Öffnung des Spendenabzugs für grenzüberschreitende Zuwendungen stellen müssen (dazu auch Rz. 1.135), hatte das BMF schon am 6.4.2010[1] erklärt, „die Modalitäten der Nachweiserbringung für die Berechtigung zum Spendenabzug in einem BMF-Schreiben zu regeln". In dem betreffenden BMF-Schreiben vom 16.5.2011[2] heißt es dazu:

„Den Nachweis, dass der ausländische Zuwendungsempfänger die deutschen gemeinnützigkeitsrechtlichen Vorgaben erfüllt, hat der inländische Spender gegenüber dem für ihn zuständigen Finanzamt durch Vorlage geeigneter Belege – dies wären insbesondere Satzung, Tätigkeitsbericht, Aufstellung der Einnahmen und Ausgaben, Kassenbericht, Vermögensübersicht mit Nachweisen über die Bildung und Entwicklung der Rücklagen, Aufzeichnung über die Vereinnahmung von Zuwendungen und deren zweckgerechte Verwendung, Vorstandsprotokolle – zu erbringen (§ 90 Abs. 2 AO). Bescheinigungen über Zuwendungen von nicht im Inland steuerpflichtigen Organisationen reichen als alleiniger Nachweis nicht aus."

Wie die neuere finanzgerichtliche Rechtsprechung zu grenzüberschreitenden Spenden (vgl. dazu Rz. 1.135) zeigt, sind die praktischen Hürden für Direktspenden an gemeinnützige Einrichtungen in EU/EWR-Staaten in der Praxis kaum zu überwinden[3]. Damit bleibt als gestalterischer „Ausweg" nur die Einschaltung einer inländischen Förderkörperschaft übrig, die die Spende an die ausländische Einrichtung (auch in Drittstaaten) weiterleitet. Doch auch in diesem Fall ist darauf zu achten, dass die Förderkörperschaft den gesteigerten Nachweiserfordernissen (§ 90 Abs. 2 AO) in Hinsicht auf eine gemeinnützige Mittelverwendung im Ausland Rechnung trägt.

8.97–8.99 frei

E. Nachweis der Zuwendung

I. Zuwendungsbestätigung

8.100 Nach § 50 Abs. 1 EStDV dürfen Zuwendungen im Sinne des § 10b EStG nur abgezogen werden,

---

1 Dazu *Hüttemann*, DB 2010, Nr. 21 M 20 f.
2 BMF v. 16.5.2011, BStBl. I 2011, 559.
3 Vgl. aus dem Schrifttum nur die Nachweise bei *Kulosa* in Herrmann/Heuer/Raupach, § 10b EStG Rz. 53; *Schienke-Ohletz*, BB 2018, 221; *Weitemeyer/Bornemann*, FR 2016, 437; *Kirchhain*, IWB 2014, 421.

„wenn **der Zuwendende eine Zuwendungsbestätigung,** die der Zuwendungsempfänger unter Berücksichtigung des § 63 Absatz 5 der Abgabenordnung nach amtlich vorgeschriebenem Vordruck ausgestellt hat, **oder die in den Absätzen 4 bis 6 bezeichneten Unterlagen erhalten hat.** Dies gilt nicht für Zuwendungen an nicht im Inland ansässige Zuwendungsempfänger nach § 10b Absatz 1 Satz 2 Nummer 1 und 3 des Gesetzes."

§ 50 EStDV ist durch das **Gesetz zur Modernisierung des Besteuerungsverfahrens** mit Wirkung zum 1.1.2017 neu gefasst worden[1]. Hintergrund dieser Änderung ist die – begrüßenswerte – Entscheidung des Gesetzgebers, die Belegvorlagepflichten zu reduzieren[2]. Während die Abzugsfähigkeit bisher den „Nachweis" der Zuwendung durch Vorlage einer Zuwendungsbestätigung im Rahmen der Steuererklärung voraussetzte, reicht es ab dem Veranlagungszeitraum 2017 aus, dass der Zuwendende eine Zuwendungsbestätigung – oder beim vereinfachten Nachweis Einzahlungsbelege bzw. Buchungsbestätigungen – „erhalten hat", diese befristet aufbewahrt und ggf. auf Verlangen des Finanzamtes vorlegt. Im Rahmen der Neufassung sind die bisherigen Absätze 1a, 2, 3 und 4 in die Absätze 2 sowie 4 bis 7 überführt worden. Die Absätze 3 und 8 enthalten neue Regelungen. In der weiteren Darstellung wird – wenn nichts anderes gesagt wird – die neue Rechtslage zugrunde gelegt.

Die **Ermächtigungsgrundlage** für § 50 EStDV findet sich in § 51 Abs. 1 Nr. 2 Buchst. c EStG („Nachweis von Zuwendungen im Sinne von § 10b einschließlich erleichterter Nachweisanforderungen"). Die Vorschrift soll nach allgemeiner Ansicht für den Abzug von Zuwendungen im Rahmen der Körperschaft- und Gewerbesteuer entsprechend gelten. Dieser Zusammenhang[3] lässt sich – mangels einer eindeutigen gesetzlichen Grundlage – für die Körperschaftsteuer nur auf die allgemeine Verweisung des § 8 Abs. 1 KStG (Einkommensermittlung)[4] und bei der Gewerbesteuer auf die Bezugnahme auf § 10b Abs. 4 Satz 1 EStG („Bestätigung") in § 9 Nr. 5 GewStG stützen[5].

Nach der ständigen Rechtsprechung des BFH[6] und der heute wohl allgemeinen Ansicht im Schrifttum[7] handelt es sich bei der Zuwendungsbestätigung nicht nur um

8.101

---

1 Gesetz v. 18.7.2016, BGBl. I 2016, 1679.

2 Siehe dazu auch *Brandl* in Blümich, § 10b EStG Rz. 43 ff.

3 Vgl. Abschn. 47 KStR.

4 BFH v. 12.9.1990 – I R 65/86, BStBl. II 1991, 258; *Kirchhain* in Rödder/Herlinghaus/Neumann, § 9 KStG Rz. 130.

5 So *Güroff* in Glanegger/Güroff, § 9 Nr. 5 GewStG Rz. 9 unter Hinweis auf § 9 Nr. 5 Satz 12 GewStG.

6 Vgl. – teilweise noch aus der Zeit vor Einführung des § 50 EStDV – BFH v. 19.3.1976 – VI R 72/73, BStBl. II 1976, 338; BFH v. 25.8.1987 – IX R 24/85, BStBl. II 1987, 850; BFH v. 23.5.1989 – X R 17/85, BStBl. II 1989, 879; BFH v. 5.2.1992 – I R 63/91, BStBl. II 1992, 748; BFH v. 17.2.1993 – X R 119/90, BFH/NV 1994, 154; BFH v. 6.3.2003 – XI R 13/02, BStBl. II 2003, 554; BFH v. 19.7.2011 – X R 32/10, BFH/NV 2012, 179; BFH v. 10.5.2016 – X R 34/13, BFH/NV 2017, 23.

7 Vgl. *Kulosa* in Herrmann/Heuer/Raupach, § 10b EStG Rz. 80; *Brandl* in Blümich, § 10b EStG Rz. 46; *Märtens* in Gosch, § 9 KStG Rz. 44; *Geserich* in Kirchhof/Söhn/Mellinghoff, § 10b EStG Rz. B 350 ff.; *Kirchhain* in Rödder/Herlinghaus/Neumann, § 9 KStG Rz. 240; *Kirchhof* in Kirchhof, § 10b EStG Rz. 25; *Buchna/Leichinger/Seeger/Brox*, S. 467; *Schauhoff* in Schauhoff, § 11 Rz. 41; ebenso nun auch *Heinicke* in L. Schmidt, § 10b EStG Rz. 35 („materiell-rechtliche Voraussetzung").

ein bloßes Mittel zur Glaubhaftmachung, sondern um **„eine unverzichtbare materiell-rechtliche Voraussetzung für den Sonderausgabenabzug von Zuwendungen"**[1]. Allein der Zweck der Bestätigung, die Verwendung der Zuwendung zu steuerbegünstigten Zwecken nachzuweisen, nehme dieser – wie der XI. Senat des BFH zu § 48 Abs. 3 EStDV a.F. festgestellt hat – noch nicht den Charakter eines „materiell-rechtlichen Tatbestandsmerkmals"[2]. Heute lässt der Wortlaut des § 50 Abs. 1 EStDV keinen Zweifel daran zu, dass die Ausstellung einer Zuwendungsbestätigung eine unverzichtbare Voraussetzung für den Sonderausgabenabzug darstelle, so dass die Zuwendungsbestätigung insoweit auch eine „materiell-rechtliche" Bedeutung hat. Daraus folgt insbesondere, dass ein Spendenabzug für solche Zuwendungen ausscheidet, für die der Zuwendende keine (ordnungsmäßige) Zuwendungsbestätigung erhalten hat (z.B. bei Spenden im Rahmen von Straßensammlungen oder gottesdienstlichen Kollekten). Insbesondere kann die fehlende Zuwendungsbestätigung nicht dadurch ersetzt werden, dass der Zuwendende die Spende auf andere Weise – z.B. durch Zeugenbeweis – nachweist[3].

Der BFH hat aus der „materiell-rechtlichen" Bedeutung der Zuwendungsbestätigung früher auch geschlossen, dass die Erteilung einer Spendenbestätigung – so der XI. Senat im Jahr 2003[4] – ein **„rückwirkendes Ereignis"** darstellt, so dass die Veranlagung des Spenders nach § 175 Abs. 1 Satz 1 Nr. 2 AO zu ändern sei, wenn eine Zuwendungsbestätigung erteilt wird, nachdem die Veranlagung bereits bestandskräftig geworden ist. Nachdem der Gesetzgeber allerdings – aus Furcht vor Einnahmeausfällen infolge der *Manninen*-Entscheidung des EuGH[5] – in § 175 Abs. 2 Satz 2 AO bestimmt hat, dass „die nachträgliche Erteilung oder Vorlage einer Bescheinigung oder Bestätigung" nicht als rückwirkendes Ereignis „gilt", ist diese Rechtsprechung nicht mehr anwendbar[6]. Unions- und verfassungsrechtliche Bedenken gegen die Einschränkung des § 175 Abs. 2 Satz 2 AO hat der BFH zurückgewiesen[7].

8.102 Zuwendungsbestätigungen – oder die für den vereinfachten Nachweis ausreichenden Unterlagen – sind nach der Neufassung des § 50 Abs. 1 und 8 EStDV im Regelfall lediglich aufzubewahren und der Finanzbehörde nur noch „auf Verlangen" vorzulegen. Im Falle eines Verlangens können sie – wie bereits zur alten Rechtslage anerkannt war – **grundsätzlich bis zur letzten mündlichen Verhandlung in der Tat-**

---

1 So BFH v. 19.7.2011 – X R 32/10, BFH/NV 2012, 179; zuletzt BFH v. 10.5.2016 – X R 34/13, BFH/NV 2017, 23; BFH v. 12.12.2017 – X R 46/16, BFH/NV 2018, 717.

2 So BFH v. 6.3.2003 – XI R 13/02, BStBl. II 2003, 554 in Auseinandersetzung mit der Gegenansicht von *Heinicke* in L. Schmidt, § 10b EStG Rz. 35 (18. Aufl.).

3 Vgl. BFH v. 13.4.2010 – VIII R 26/80, BFH/NV 2010, 2035: Vorlage einer nicht ordnungsmäßigen „Sammelbescheinigung".

4 BFH v. 6.3.2003 – XI R 13/02, BStBl. II 2003, 554.

5 Vgl. EuGH v. 7.9.2004 – Rs. C-319/02 *Manninen*, Slg. 2004, I-7499. Der Bericht des Finanzausschusses schweigt zu den diesen Hintergründen der Ergänzung des § 175 AO, vgl. BT-Drucks. 15/4050, S. 61, wo stattdessen von einer „sachgerechten Balance zwischen den rechtsstaatlichen Prinzipien von Rechtssicherheit und Rechtsfrieden" (!) die Rede ist.

6 Vgl. bereits BFH v. 26.9.2005 – XI B 50/05, BFH/NV 2006, 236; BFH v. 10.5.2016 – X R 34/13, BFH/NV 2017, 23.

7 Dazu BFH v. 10.5.2016 – X R 34/13, BFH/NV 2017, 23.

sacheninstanz nachgereicht werden[1]. Im Übrigen ist zu unterscheiden: Wird die Zuwendungsbestätigung vor Eintritt der Bestandskraft erteilt, aber – trotz Verlangens des Finanzamtes – erst nach Eintritt der Bestandskraft vorgelegt, ist eine Änderung des Steuerbescheids nach § 173 Abs. 1 Nr. 2 AO ausgeschlossen, wenn den Steuerpflichtigen ein grobes Verschulden an der verspäteten Vorlage trifft. Dies dürfte etwa anzunehmen sein, wenn eine Spende in der Steuererklärung bewusst nicht geltend gemacht wird, weil die Belege nicht greifbar sind[2]. Wird die Zuwendungsbestätigung überhaupt erst nach Eintritt der Bestandskraft ausgestellt, scheidet eine Änderung der Veranlagung des Spenders unabhängig von einem Verschulden mangels Rechtsgrundlage aus, da § 173 Abs. 1 Nr. 2 AO nach allgemeiner Ansicht auf nachträglich entstandene Tatsachen oder Beweismittel keine Anwendung findet[3]. Einer Anwendung des § 175 Abs. 1 Satz 1 Nr. 2 AO steht – wie bereits ausgeführt (Rz. 8.101) – § 175 Abs. 2 Satz 2 AO entgegen[4]. Anders liegen die Dinge nur dann, wenn der Einkommensteuerbescheid hinsichtlich des Spendenabzugs unter dem Vorbehalt der Nachprüfung (§ 164 AO) steht oder vorläufig ergangen ist (§ 165 AO). Schließlich ist auch an eine „passive" Geltendmachung im Rahmen von § 177 AO zu denken.

Vor diesem verfahrensrechtlichen Hintergrund sollten sich Spender stets um eine **zeitnahe Ausstellung von Zuwendungsbestätigungen** kümmern. Richtigerweise wird man – auch wenn eine dem § 14 Abs. 2 UStG vergleichbare Regelung[5] fehlt, die die Empfängerkörperschaft ausdrücklich zur Ausstellung einer Zuwendungsbestätigung verpflichtet – bereits kraft allgemeinen Zivilrechts bei Spenden in Höhe von mehr als 200 Euro eine vertragliche (Nebenleistungs-)Pflicht der Empfängerkörperschaft zur Bestätigung einer Zuwendung mittels Zuwendungsbestätigung bejahen müssen. Daraus folgt, dass der Spender den Steuerschaden aus einer schuldhaft verspätet oder fehlerhaft ausgestellten Zuwendungsbestätigung bei der Empfängerkörperschaft liquidieren kann. Auf der anderen Seite trifft den Spender ein Mitverschulden (§ 254 BGB), wenn er den Eintritt der Bestandskraft – z.B. durch einen Einspruch – nicht verhindert hat, obwohl eine Zuwendungsbestätigung noch nicht ausgestellt worden ist. In jedem Fall sollten Zuwendungen, auch wenn der Steuerpflichtige eine Zuwendungsbestätigung noch nicht erhalten hat, in der Steuererklärung für das Jahr der Zuwendung mit dem Hinweis geltend gemacht werden, dass eine Zuwendungsbestätigung zwar angefordert, aber noch nicht erteilt worden ist, um das Finanzamt zu einer in diesem Punkt vorläufigen oder unter dem Vorbehalt der Nachprüfung ergehenden Veranlagung zu veranlassen[6].

Unabhängig von der Einordnung der Zuwendungsbestätigung als materiell-rechtliches Tatbestandsmerkmal ist allgemein anerkannt, dass auch bei Erhalt einer Zuwendungsbestätigung ein Spendenabzug nur zu gewähren ist, **wenn die tatsächlichen und rechtlichen Voraussetzungen des § 10b EStG i.V.m. §§ 51 ff. AO vor-**   **8.103**

---

1 Vgl. BFH v. 25.8.1987 – IX R 24/85, BStBl. II 1987, 850; BFH v. 17.2.1993 – X R 119/90, BFH/NV 1994, 154; BFH v. 19.7.2011 – X R 32/10, BFH/NV 2012, 179; *Brandl* in Blümich, § 10b EStG Rz. 46; *Kulosa* in Herrmann/Heuer/Raupach, § 10b EStG Rz. 80.
2 Vgl. FG Düsseldorf v. 4.9.2001 – 3 K 8898/98 E, F, DStRE 2003, 97.
3 So ausdrücklich für eine nach Eintritt der Bestandskraft ausgestellte Spendenbescheinigung BFH v. 10.5.2016 – X R 34/13, BFH/NV 2017, 23.
4 Vgl. BFH v. 10.5.2016 – X R 34/13, BFH/NV 2017, 23.
5 Dazu *Hüttemann/Jacobs*, MDR 2007, 1229.
6 Siehe dazu auch FG Düsseldorf v. 4.9.2001 – 3 K 8898/98 E, F, DStRE 2003, 97.

liegen. Anders ausgedrückt: Für das für die Veranlagung des Zuwendenden zuständige Finanzamt begründet die Zuwendungsbestätigung nach der Rechtsprechung des BFH nur eine „Beweiserleichterung ohne Bindungswirkung"[1]. Dieses ist deshalb berechtigt und bei entsprechenden Anhaltspunkten auch verpflichtet, die Voraussetzungen des § 10b EStG – z.B. das Vorliegen einer unentgeltlichen und freiwilligen Zuwendung zur Förderung steuerbegünstigter Zwecke – im Veranlagungsverfahren zu überprüfen.

Dies gilt – nach hier vertretener Ansicht – auch für die **Steuerbegünstigung der Empfängerkörperschaft und die Berechtigung zur Ausstellung einer Zuwendungsbestätigung**, da außerhalb der gesondert festgestellten satzungsmäßigen Voraussetzungen (§ 60a AO) – d.h. in Hinsicht auf die tatsächliche Geschäftsführung – eine Rechtsgrundlage für eine Bindung des Veranlagungsfinanzamtes an die körperschaftsteuerrechtliche Beurteilung durch das Betriebsfinanzamt fehlt[2] (vgl. zur abweichenden h.M. Rz. 8.22 ff.). Das schließt natürlich nicht aus, dass das Wohnsitzfinanzamt insoweit beim zuständigen Betriebsfinanzamt Rücksprache hält.

Zu den **vom Wohnsitzfinanzamt im Rahmen der Veranlagung des Spenders zu prüfenden Voraussetzungen** gehören z.B. die Unentgeltlichkeit und Uneigennützigkeit einer Zuwendung[3], die Berechtigung der Körperschaft zur Ausstellung von Zuwendungsbestätigungen (vgl. § 63 Abs. 5 AO)[4] und die Höhe der Zuwendung (insbesondere die Richtigkeit der Angaben in derZuwendungsbestätigung über den Wert einer Sachspende)[5]. Auch die tatsächliche Verwendung der Zuwendung für steuerbegünstigte Zwecke durch den Zuwendungsempfänger kann vom Wohnsitzfinanzamt des Spenders überprüft werden[6]. Stellt dieses fest, dass die Voraussetzungen des Sonderausgabenzugs von Anfang an nicht vorgelegen haben, z.B. weil die Zuwendung nicht freiwillig erfolgte, so ist der Abzug zu versagen. Werden die entsprechenden Tatsachen dem Finanzamt erst nach Bestandskraft des Steuerbescheides bekannt, ist die Veranlagung nach § 173 AO zu ändern[7]. Hingegen ist die Veranlagung nach § 175 Abs. 1 Nr. 2 AO zu ändern, wenn die Zuwendung von der Empfängerkörperschaft später fehlverwendet oder an den Spender zurückgezahlt wird, weil die Fehlverwendung ein rückwirkendes Ereignis nach § 175 Abs. 1 Nr. 2 AO darstellt[8]. Gleiches müsste auf der Grundlage der von der h.M. vertretenen Bindungswirkung der Körperschaftsteuerveranlagung (vgl. Rz. 8.22 ff.) gelten, wenn der zunächst ergangene Freistellungsbescheid nachträglich aufgehoben wird, so dass die Berechti-

---

1 BFH v. 23.5.1989 – X R 17/85, BStBl. II 1989, 879.

2 Anders BFH v. 19.7.2011 – X R 32/10, BFH/NV 2012, 179 und die h.M. im Schrifttum, vgl. etwa *Kulosa* in Herrmann/Heuer/Raupach, § 10b EStG Rz. 51.

3 Siehe dazu etwa BFH v. 2.8.2006 – XI R 6/03, BStBl. II 2007, 8; BFH v. 9.12.2014 – X R 4/11, BFH/NV 2015, 853.

4 BFH v. 19.7.2011 – X R 32/10, BFH/NV 2012, 179; siehe auch FG Baden-Württemberg v. 24.2.2014 – 10 K 3811/12, juris.

5 Vgl. dazu BFH v. 23.5.1989 – X R 17/85, BStBl. II 1989, 879 betreffend den Wert einer Spende von gebrauchter Kleidung.

6 Vgl. BFH v. 19.3.1976 – R VI 72/73, BStBl. II 1976, 338.

7 Vgl. BFH v. 11.6.1997 – X R 242/93, BStBl. II 1997, 612; BFH v. 2.8.2006 – XI R 6/03, BStBl. II 2007, 8; BFH v. 12.12.2017 – X R 46/16, BFH/NV 2018, 717.

8 Vgl. BFH v. 19.3.1976 – VI R 72/73, BStBl. II 1976, 338; BFH v. 18.7.1980 – VI R 167/77, BStBl. II 1981, 52.

gung zur Ausstellung einer Zuwendungsbestätigung (§ 63 Abs. 5 AO) rückwirkend entfällt[1]. Seit 1990 gewährt § 10b Abs. 4 Satz 1 EStG allerdings gutgläubigen Spendern grundsätzlich Vertrauensschutz hinsichtlich der Richtigkeit der Zuwendungsbestätigung und einer zweckentsprechenden Verwendung (dazu näher Rz. 8.113 ff.).

II. Befugnis zur Ausstellung

Zuwendungsbestätigungen sind nach § 50 Abs. 1 EStDV vom Empfänger auszustellen. Die Berechtigung zur Ausstellung von Zuwendungsbestätigung war früher nicht gesetzlich geregelt. 8.104

Nach Ansicht des X. Senats war eine Körperschaft im Sinne von § 10b Abs. 1 Satz 2 Nr. 2 EStG – also „eine nach § 5 Abs. 1 Nr. 9 KStG steuerbefreite Körperschaft, Personenvereinigung oder Vermögensmasse" – vor Inkrafttreten des Ehrenamtsstärkungsgesetzes[2] nur dann zur Ausstellung einer Zuwendungsbestätigung berechtigt, wenn sie nach dem im Zeitpunkt der Ausstellung der Zuwendungsbestätigung „**aktuellen Stand des Körperschaftsteuer-Veranlagungsverfahrens**" die Voraussetzungen der Steuerbefreiung nach § 5 Abs. 1 Nr. 9 KStG erfüllte[3]. Damit war offenbar gemeint, dass die Befugnis zur Ausstellung von Zuwendungsbestätigungen entweder eine vorläufige Bescheinigung oder einen aktuellen Freistellungsbescheid voraussetzte.

Durch das Ehrenamtsstärkungsgesetz[4] ist die Befugnis zur Ausstellung von Zuwendungsbestätigungen **gesetzlich geregelt** worden. Nach § 63 Abs. 5 Satz 1 AO dürfen „Körperschaften im Sinne des § 10b Abs. 1 Satz 2 Nr. 2 EStG Zuwendungsbestätigungen im Sinne des § 50 Abs. 1 EStDV nur ausstellen, wenn

1. das Datum der Anlage zum Körperschaftsteuerbescheid oder des Freistellungsbescheids nicht länger als fünf Jahre zurückliegt oder

2. die Feststellung der Satzungsmäßigkeit nach § 60a Abs. 1 nicht länger als drei Kalenderjahre zurückliegt und bisher kein Freistellungsbescheid oder keine Anlage zum Körperschaftsteuerbescheid erteilt wurde."

Die Frist ist taggenau zu berechnen (§ 63 Abs. 5 Satz 2 AO). Mit dieser Regelung ist die **Rechtsprechung des X. Senats**[5] auf eine gesetzliche Grundlage gestellt worden. Zuwendungsbestätigungen, die von einer Körperschaft ausgestellt werden, die im Zeitpunkt der Ausstellung nach diesen Kriterien nicht zur Ausstellung befugt ist, sind folglich nicht „ordnungsgemäß". Damit liegt eine wirksame Zuwendungsbestätigung im Sinne des § 50 Abs. 1 EStDV nicht vor, so dass ein Abzug beim Zuwendenden nur noch im Rahmen des Vertrauensschutzes nach § 10b Abs. 4 Satz 1 EStG möglich ist (was u.U. zu einer Spendenhaftung der ausstellenden Körperschaft führt). Werden Spenden in einem Zeitraum entgegengenommen, in dem keine Befugnis zur Ausstellung von Zuwendungsbestätigungen bestanden hat, wird aber

---

1 So auch *Kulosa* in Herrmann/Heuer/Raupach, § 10b EStG Rz. 80.
2 Gesetz v. 21.3.2013, BGBl. I 2013, 566.
3 BFH v. 19.7.2011 – X R 32/10, BFH/NV 2012, 179; zur Kritik an dieser Entscheidung vgl. 2. Aufl. 2012 § 8 Rz. 104 und *Hüttemann*, FR 2012, 241.
4 Dazu *Hüttemann*, DB 2013, 774.
5 BFH v. 19.7.2011 – X R 32/10, BFH/NV 2012, 179.

später für den Zeitraum der Zuwendung ein Freistellungsbescheid erteilt, wird die unberechtigt ausgestellte Zuwendungsbestätigung zwar nicht „rückwirkend" geheilt. Es darf aber nachträglich eine Zuwendungsbestätigung für das Jahr der Zuwendung ausgestellt werden[1].

Keine Bedeutung hat § 63 Abs. 5 AO für **Körperschaften des öffentlichen Rechts** (§ 10b Abs. 1 Satz 2 Nr. 1 EStG), weil diese ohne Weiteres zum Empfang von Spenden berechtigt sind, sowie für **Einrichtungen aus EU/EWR-Staaten** (§ 10b Abs. 1 Satz 2 Nr. 3 EStG), weil es hier mangels inländischer Körperschaftsteuerpflicht und (zentralisierter) Anerkennung weder eine gesonderte Feststellung nach § 60a AO noch einen Freistellungsbescheid geben kann, was aus europarechtlichen Gründen bedenklich ist (vgl. dazu Rz. 1.138).

III. Inhalt und Form

8.105 Zuwendungsbestätigungen werden in der Regel **vom Zuwendungsempfänger selbst ausgestellt**. Sie sind nach amtlichem Muster herzustellen und jeweils mit Angabe von Ort und Datum von einer vertretungsberechtigten Person zu unterzeichnen (zur elektronischen Zuwendungsbestätigung vgl. Rz. 8.108). Möglich ist es auch, eine andere Person oder Einrichtung zu beauftragen, die Zuwendungsbestätigung auszustellen und zu unterschreiben[2] (zur elektronischen Übermittlung vgl. Rz. 8.107).

Auf die eigenhändige Unterschrift kann verzichtet werden, wenn die Bestätigung im **maschinellen Verfahren** ausgestellt wird und dies dem zuständigen Finanzamt angezeigt worden ist[3]. Mit der Anzeige ist zu bestätigen, dass die Zuwendungsbestätigung dem amtlichen Vordruck entspricht, auf der Zuwendungsbestätigung zusätzlich die Angaben über die Genehmigung durch das Finanzamt mit Datum und Aktenzeichen aufgedruckt sind und eine rechtsverbindliche Unterschrift beim Druckvorgang als Faksimile eingeblendet oder beim Druckvorgang in eingescannter Form verwendet wird. Die Formulare für die Zuwendungsbestätigungen müssen vom Zuwendungsempfänger unter Verschluss gehalten werden und das Verfahren gegen unbefugte Eingriffe gesichert sein. Ferner müssen das Buchen der Zahlungen und die Erstellung der Zuwendungsbestätigungen verbunden sein und die Summen abgestimmt werden können. Schließlich müssen Aufbau und Ablauf des bei der Zuwendungsbestätigung angewandten maschinellen Verfahrens und deren Ergebnisse für die Finanzbehörden innerhalb angemessener Zeit prüfbar sein (§ 145 AO). Dies setzt eine Dokumentation voraus, die den Anforderungen der Grundsätze ordnungsmäßiger DV-gestützter Buchführungssysteme genügt.

8.106 Zuwendungsbestätigungen sind **nach amtlich vorgeschriebenen Vordrucken auszustellen**. Diese hat das BMF erstmals mit Schreiben vom 18.11.1999[4] herausgegeben und später durch Vordrucke für Zuwendungen an Stiftungen ergänzt[5]. Wegen der spendenrechtlichen Änderungen durch das Gesetz zur weiteren Stärkung des bürgerschaftlichen Engagements vom 10.10.2007 galten ab dem 1.1.2007 neue Mus-

---

1 Vgl. BFH v. 19.7.2011 – X R 32/10, BFH/NV 2012, 179; BFH v. 12.12.2017 – X R 46/16, BFH/NV 2018, 717; *Kulosa* in Herrmann/Heuer/Raupach, § 10b EStG Rz. 80.
2 Vgl. OFD München v. 19.7.2000, DStR 2000, 1349.
3 Zum Folgenden vgl. R 10b.1 Abs. 4 EStR.
4 BStBl. I 1999, 979.
5 BMF v. 7.12.2000, BStBl. I 2000, 1557.

ter[1]. Diese Muster sind durch die nachfolgenden BMF-Schreiben vom 30.8.2012[2] und vom 7.11.2013[3] ersetzt worden[4]. Im Schreiben vom 2.6.2000[5] hatte das BMF erstmals eingehend zur Verwendung der amtlichen Muster Stellung genommen. Dieses Schreiben ist durch das leicht geänderte BMF-Schreiben vom 17.6.2011[6] aufgehoben worden. Danach haben die Zuwendungsempfänger Folgendes zu beachten:

– Die von der Finanzverwaltung veröffentlichten Vordrucke sind **verbindliche Muster**. Grundsätzlich müssen die Zuwendungsempfänger die Zuwendungsbestätigungen nach diesem Muster selbst herstellen, wobei nur die Angaben übernommen werden müssen, die im Einzelfall einschlägig sind.

– Die „**Wortwahl und die Reihenfolge der vorgeschriebenen Textpassagen**" in den vorgenannten Mustern sind beizubehalten. Umformulierungen sind – vorbehaltlich besonders bestimmter Ausnahmen (z.B. bei Sammelbestätigungen) – unzulässig.

– Eine **optische Hervorhebung von einzelnen Textpassagen** „durch Einrahmungen und vorangestellte Ankreuzkästchen" ist zulässig. Es bestehen nach Ansicht des BMF auch keine Bedenken, „den Namen des Zuwendenden und dessen Adresse untereinander anzuordnen", um dies ggf. gleichzeitig als Anschriftenfeld zu nutzen. Die Bestätigungen dürfen – wie das Muster – eine DIN-A4-Seite nicht überschreiten. Folgerichtig hat die Finanzverwaltung keine Bedenken, wenn Zuwendungsbestätigungen z.B. im DIN-A5-Format erstellt werden, soweit die inhaltliche Gestaltung dem amtlich vorgeschriebenen Muster entspricht[7].

– Auf den Zuwendungsbestätigungen **dürfen weder Danksagungen an den Zuwendenden noch Werbung für die Ziele der begünstigten Einrichtung angebracht werden**. Entsprechende Texte sind aber auf der Rückseite zulässig. Allerdings enthält das BMF-Schreiben keine Aussage dazu, ob auf der Vorderseite zumindest ein entsprechender Hinweis („bitte umdrehen" o.Ä.) angebracht werden darf.

– **Verfolgt der Zuwendungsempfänger mehrere Zwecke**, bestehen keine Bedenken, wenn dieser auf seinem Mustervordruck alle ihn betreffenden steuerbegünstigten Zwecke nennt. Aus steuerlichen Gründen bedarf es seit 2007 auch keiner Kenntlichmachung mehr, für welchen konkreten steuerbegünstigten Zweck gespendet bzw. die Spende verwendet wurde.

– Hat ein Zuwendungsempfänger von ein und derselben Person in einem Veranlagungszeitraum mehrere Geldzuwendungen (Mitgliedsbeitrag, Geldspende) erhalten, so kann unter bestimmten Voraussetzungen **eine sog. Sammelbestätigung** ausgestellt werden. Dabei ist das Wort „Sammelbestätigung" zu verwenden, die

---

1 Dazu BMF v. 13.12.2007, BStBl. I 2008, 4.
2 BMF v. 30.8.2012, BStBl. I 2012, 884.
3 BMF v. 7.11.2013, BStBl. I 2013, 1333.
4 Zur Übergangsfrist vgl. BMF v. 26.3.2014, BStBl. I 2014, 791.
5 BMF v. 2.6.2000, BStBl. I 2000, 592.
6 BMF v. 17.6.2011, BStBl. I 2011, 623.
7 Vgl. OFD Frankfurt/M. v. 8.2.2001, DB 2001, 2119.

Gesamtsumme und der maßgebliche Zeitraum anzugeben sowie eine Anlage mit Datum, Betrag und Art der einzelnen Zuwendung (Mitgliedsbeitrag, Geldspende) auf der Rückseite beizufügen. Ferner ist eine besondere Bestätigung aufzunehmen, dass über die in der Gesamtsumme enthaltenen Zuwendungen „keine weiteren Bestätigungen, weder formelle Zuwendungsbestätigungen noch Beitragsquittungen o.Ä., ausgestellt wurden und werden". Schließlich ist zu jeder einzelnen in der Sammelbestätigung enthaltenen Geldspende anzugeben, ob es sich um eine Aufwandsspende handelt oder nicht.

- Der **zugewendete Betrag ist sowohl in Ziffern als auch in Buchstaben zu benennen.** Nicht erforderlich ist dagegen, dass der Betrag in einem Wort ausgeschrieben wird, vielmehr reicht die Buchstabenbenennung der jeweiligen Ziffern aus (Beispiel: „eins-zwei-vier-sechs" für eine Zuwendung über 1 246 Euro). In letzterem Fall sind allerdings die Leerräume vor der Nennung der ersten Ziffer und hinter der letzten Ziffer in geeigneter Weise (z.B. durch „X") zu entwerten.

- Bei **Sachspenden** sind in die Zuwendungsbestätigung genaue Angaben über den zugewendeten Gegenstand auszunehmen (Alter, Zustand, historischer Kaufpreis etc.). Bei Sachspenden aus dem Betriebsvermögen, die mit dem Entnahmewert (Teilwert, Buchwert) angesetzt werden, braucht der Zuwendungsempfänger keine zusätzlichen Unterlagen in die Buchführung zu übernehmen. Dagegen hat der Zuwendungsempfänger bei Sachspenden aus dem Privatvermögen anzugeben, welche Unterlagen er zur Ermittlung des nach § 10b Abs. 3 EStG maßgebenden Wertes (gemeiner Wert, fortgeführte Anschaffungs- oder Herstellungskosten) herangezogen hat (Wertgutachten, historischer Kaufpreis abzüglich Abschreibungen).

- Nach dem Betrag der Zuwendung ist immer anzugeben, ob es sich hierbei um den **Verzicht auf die Erstattung von Aufwendungen** handelt.

- Bei Geldspenden ist im Rahmen der Bestätigung ausdrücklich zu vermerken, „dass es sich nicht um einen **Mitgliedsbeitrag** handelt, dessen Abzug nach § 10b Abs. 1 des Einkommensteuergesetzes ausgeschlossen ist".

- Bei **Durchlaufspenden**, die über juristische Personen des öffentlichen Rechts von diesen an andere juristische Personen des öffentlichen Rechts weitergeleitet werden, hat der „Erstempfänger" die in den amtlichen Vordrucken enthaltene Bestätigung wie folgt zu fassen:

  „Die Zuwendung wird entsprechend den Angaben des Zuwendenden an die … [Name des Letztempfängers verbunden mit einem Hinweis auf deren öffentlich-rechtliche Organisationsform] weitergeleitet."

  Die übrigen Angaben sind zu streichen.

- Die auf den verbindlichen Mustern vorgesehenen **Hinweise zu den haftungsrechtlichen Folgen** der Ausstellung einer unrichtigen Zuwendungsbestätigung und **zu der steuerlichen Anerkennung der Zuwendungsbestätigung** (Datum des Freistellungsbescheids bzw. der vorläufigen Bescheinigung) sind auf die einzeln erstellten Zuwendungsbestätigungen zu übernehmen.

Abschließend ist festzustellen, dass die formalen Anforderungen der Finanzverwaltung an Inhalt und Form der Bestätigungen immer noch überzogen erscheinen und zum Teil der gesetzlichen Grundlage entbehren[1]. So ist z.B. der „Warnhinweis" bezüglich einer Spendenhaftung sicher nicht vom Sinn und Zweck der Zuwendungsbestätigung als „Nachweis" gedeckt[2]. Es wäre daher wünschenswert, wenn die formalen Anforderungen an Zuwendungsbestätigungen auf das unbedingt erforderliche Maß reduziert würden.

Inzwischen hat das BMF mit Schreiben vom 6.2.2017[3] steuerbegünstigten Körperschaften die Möglichkeit eröffnet, **maschinell erstellte Zuwendungsbestätigungen auf elektronischem Weg an die Zuwendenden zu übermitteln.** Dem Schreiben ist eine bemerkenswerte „Präambel" vorangestellt. Darin heißt es:

8.107

„Steuerrecht und Steuervollzug stehen im Wandel der gesellschaftlichen und wirtschaftlichen Rahmenbedingungen. Die fortschreitende Technisierung und Digitalisierung aller Lebensbereiche erfordert auch eine Modernisierung der Abläufe des bestehenden Spendennachweisverfahrens."

In der Sache gilt Folgendes:

„Zuwendungsempfänger, die dem zuständigen Finanzamt die Nutzung eines Verfahrens zur maschinellen Erstellung von Zuwendungsbestätigungen gemäß R 10b.1 Abs. 4 EStR angezeigt haben, können die maschinell erstellten Zuwendungsbestätigungen auf elektronischem Weg in Form schreibgeschützter Dokumente an die Zuwendenden übermitteln. Für die Abzugsberechtigung ist es dann unerheblich, dass der Zuwendungsempfänger den Ausdruck des entsprechenden Dokuments nicht selbst übernimmt, sondern dem Zuwendenden überlässt."

IV. Elektronische Zuwendungsbestätigung

Bereits durch das „Steuerbürokratieabbaugesetz" (!) vom 13.11.2008[4] war ein neuer Absatz 1a in § 50 EStDV a.F. eingefügt worden, der eine „elektronische Zuwendungsbestätigung" ermöglichen sollte. Danach konnte der Spender die gemeinnützige Organisation bevollmächtigen, die „Zuwendungsbestätigung der Finanzbehörde nach amtlich vorgeschriebenen Datensatz durch Datenfernübertragung nach Maßgabe der Steuerdaten-Übermittlungsverordnung zu übermitteln". Dazu muss allerdings der Spender der begünstigten Organisation seine Identifikationsnummer (§ 139b AO) mitteilen. Der Datensatz war dann bis zum 28. Februar des Folgejahres an die Finanzbehörde zu übermitteln. Gemäß § 87a Abs. 1 AO setzte die Übermittlung elektronischer Dokumente aber voraus, dass der Empfänger (also die Finanzverwaltung) das Format des erforderlichen Datensatz bekannt gibt und einen Zugang für die elektronische Übermittlung eröffnet. Dies ist – soweit ersichtlich[5] – bisher trotz Übernahme des § 50 Abs. 1a EStDV a.F. in § 50 Abs. 2 EStDV immer noch nicht geschehen, so dass dieser „Bürokratieabbau" noch etwas auf sich warten

8.108

---

1 Vgl. auch *Hüttemann*, Stiftung&Sponsoring, Rote Seiten 1/2002, 5.
2 *Schauhoff* in Schauhoff, § 11 Rz. 49.
3 BMF v. 6.2.2017, BStBl. I 2017, 287.
4 BGBl. I 2008, 2850.
5 Vgl. auch *Kulosa* in Herrmann/Heuer/Raupach, § 10b EStG Rz. 83.

lässt. Ohnehin ist fraglich, ob dieses Verfahren bei den Spendern auf große Gegenliebe stoßen wird, weil es mit der Mitteilung der Identifikationsnummer verbunden ist[1].

V. Aufzeichnungs- und Aufbewahrungspflichten

8.109 Nach § 50 Abs. 7 EStDV hat die Empfängerkörperschaft die **Vereinnahmung der Zuwendung und ihre zweckentsprechende Verwendung ordnungsgemäß aufzuzeichnen und ein Doppel der Zuwendungsbestätigung aufzubewahren.** Die Aufzeichnungspflicht gilt nicht beim vereinfachten Nachweis nach § 50 Abs. 4 bis 6 EStDV[2].

Die – § 63 Abs. 3 AO ergänzende – Aufzeichnungs- und Aufbewahrungspflicht nach § 50 Abs. 7 EStDV ist auf **steuerbegünstigte Körperschaften des privaten Rechts** beschränkt, d.h. öffentliche Dienststellen sind von diesem zusätzlichen Verwaltungsaufwand entlastet. Diese Ungleichbehandlung lässt sich wohl nur damit erklären, dass der Staat seinen Beamten (und den Beamten ausländischer Behörden) mehr vertraut als den eigenen Bürgern.

Bei Sachzuwendungen und beim Verzicht auf die Erstattung von Aufwand müssen sich aus den Aufzeichnungen auch die **Grundlagen für den vom Empfänger bestätigten Wert der Zuwendung** ergeben. Zulässig ist, das Doppel in elektronischer Form zu speichern[3]. In diesem Fall gelten die Grundsätze ordnungsmäßiger DV-gestützter Buchführungssysteme entsprechend. Für die Aufbewahrung der Zuwendungsbestätigungen gelten die allgemeinen steuerlichen Aufbewahrungsfristen des § 147 Abs. 3 AO.

VI. Vereinfachter Nachweis

8.110 Um die Geltendmachung von Zuwendungen weiter zu erleichtern, genügt nach § 50 Abs. 4 EStDV in bestimmten Fällen ein **vereinfachter Nachweis** in Form eines **Bareinzahlungsbelegs oder einer Buchungsbestätigung eines Kreditinstituts.** Die früher in § 50 Abs. 2 EStDV a.F. enthaltene Vereinfachung soll nach Ansicht des Gesetzgebers verdeutlichen, „dass die Nachweisanforderungen so einfach und unkompliziert wie möglich sein sollen"[4]. Richtigerweise gehört zur Vereinfachung auch ein Verzicht auf die Aufbewahrungspflicht nach § 50 Abs. 7 EStDV)[5]. Fraglich ist allerdings, ob die Vereinfachung auch dazu führt, dass kein Vertrauensschutz nach § 10b Abs. 4 EStG besteht (dazu Rz. 8.114).

Die Regelung betrifft **zwei Fallgruppen:**

– Bei **Zuwendungen zur Hilfe in Katastrophenfällen** reicht ein vereinfachter Nachweis, wenn die Zuwendung **zur Hilfe in Katastrophenfällen** innerhalb ei-

---

1 Zweifelnd für Gelegenheits- und Kleinspender *Brandl* in Blümich, § 10b EStG Rz. 48.

2 So auch *Brandl* in Blümich, § 10b EStG Rz. 49.

3 BMF v. 7.11.2013, BStBl. I 2013, 1333.

4 So die Begründung zum Steuervereinfachungsgesetz 2011 v. 4.2.2011, BR-Drucks. 54/11, S. 68 f.

5 So auch *Brandl* in Blümich, § 10b EStG Rz. 49.

nes Zeitraums, den die obersten Finanzbehörden der Länder im Benehmen mit dem BMF bestimmen[1], **auf ein für den Katastrophenfall eingerichtetes Sonderkonto** einer inländischen juristischen Person des öffentlichen Rechts, einer inländischen öffentlichen Dienststelle oder eines inländischen amtlich anerkannten Verbandes der freien Wohlfahrtspflege einschließlich seiner Mitgliedsorganisationen **eingezahlt worden ist** (§ 50 Abs. 4 Satz 1 Nr. 1 Buchst. a EStDV). Gleiches gilt **bis zur Einrichtung eines Sonderkontos** bei Einzahlungen auf ein anderes Konto der genannten Zuwendungsempfänger; wird die **Zuwendung über ein als Treuhandkonto geführtes Konto eines Dritten** auf eines der genannten Sonderkonten eingezahlt, genügt der vereinfachte Nachweis zusammen mit einer Kopie des Bareinzahlungsbelegs oder der Buchungsbestätigungen des Kreditinstituts des Inhabers des Treuhandkontos (§ 50 Abs. 4 Satz 1 Nr. 1 Buchst. b EStDV).

– Ferner reicht ein vereinfachter Nachweis aus, **wenn die Zuwendung 200 Euro nicht übersteigt** und der Empfänger eine inländische juristische Person des öffentlichen Rechts oder eine inländische öffentliche Dienststelle ist (§ 50 Abs. 4 Satz 1 Nr. 2 Buchst. a EStDV), oder der Empfänger eine steuerbegünstigte privatrechtliche Körperschaft ist, wenn der steuerbegünstigte Zweck, für den die Zuwendung verwendet wird, und die Angaben über die Freistellung des Empfängers von der Körperschaftsteuer auf einem von ihm hergestellten Beleg aufgedruckt sind und darauf angegeben ist, ob es sich bei der Zuwendung um eine Spende oder einen Mitgliedsbeitrag handelt (§ 50 Abs. 4 Satz 1 Nr. 1 Buchst. b EStDV).

Nach § 50 Abs. 4 Satz 2 EStDV müssen aus der **Buchungsbestätigung** der Name und die Kontonummer oder ein sonstiges Identifizierungsmerkmal des Auftraggebers und des Empfängers, der Betrag, der Buchungstag sowie die tatsächliche Durchführung der Zahlung ersichtlich sein. Daher reicht die Vorlage eines Überweisungsauftrags nicht aus, sondern es muss zusätzlich durch Vorlage eines Kontoauszugs die Durchführung der Überweisung nachgewiesen werden. Die Gutschrift auf dem Konto des Empfängers muss der Zuwendende allerdings nicht nachweisen. Bei Zuwendungen an steuerbegünstigte Körperschaften hat der Zuwendende zusätzlich den vom Zahlungsempfänger hergestellten Beleg (mit Angaben zum steuerbegünstigten Zweck, der KSt-Freistellung des Empfängers und zur Einordnung als Spende oder Mitgliedsbeitrag) vorzulegen (§ 50 Abs. 4 Satz 3 EStDV)[2].

frei   8.111–8.112

---

1 Vgl. zuletzt etwa BMF v. 21.6.2013, BStBl. I 2013, 769 (Hochwasser in Deutschland); BMF v. 28.11.2013, BStBl. I 2013, 1503 (Taifun „Haiyan" auf den Philippinen); BMF v. 17.6.2014, BStBl. I 2014, 889 (Hochwasser auf dem Balkan); BMF v. 24.5.2016, BStBl. I 2016, 16, 498 (Erdbeben in Ecuador); BMF v. 28.6.2016, BStBl. I 2016, 641 (Unwetter in Deutschland).
2 Zur Abwicklung von Spenden über PayPal vgl. FinMin Schleswig-Hostein v. 6.6.2013 – VI 305-S 2223-670, juris.

F. Vertrauensschutz

I. Problemstellung

8.113 Wer eine gemeinnützige Zuwendung macht, kann regelmäßig nur schwer beurteilen, ob der Zuwendungsempfänger nicht nur nach seiner Satzung, sondern auch auf Grund seiner Geschäftsführung als steuerbegünstigt anzusehen ist und ob die Zuwendung tatsächlich für steuerbegünstigte Zwecke verwendet wird. Er muss sich deshalb auf den Inhalt der Zuwendungsbestätigung verlassen. Stellt sich später heraus, dass die Voraussetzungen, an die das Gesetz in § 10b EStG den Sonderausgabenabzug von Zuwendungen knüpft, nicht vorgelegen haben, z.B. weil die Körperschaft gar nicht steuerbefreit gewesen oder die Spende fehlverwendet worden ist, könnte und müsste das Wohnsitzfinanzamt des Spenders den Spendenabzug versagen und – wenn die Veranlagung bereits bestandskräftig ist – den Steuerbescheid nach §§ 173, 175 AO ändern. Diese Rechtslage, wie sie vor 1990 bestanden hat[1], war vor allem von der **Unabhängigen Sachverständigenkommission zur Prüfung des Gemeinnützigkeits- und Spendenrechts** kritisiert worden[2]. Sie hatte deshalb einen Vertrauensschutz für Spender vorgeschlagen, den der Gesetzgeber mit dem Vereinsförderungsgesetz zum 1.1.1990 eingeführt hat (vgl. § 10b Abs. 4 EStG, § 9 Abs. 3 KStG, § 9 Nr. 5 Satz 12 GewStG)[3]. Zugleich hat der Gesetzgeber aber auch die weitere Anregung der Sachverständigenkommission aufgegriffen, die Körperschaft für einen möglichen Steuerausfall durch falsche Spendenbescheinigungen oder durch Fehlverwendungen haften zu lassen[4].

II. Regelungsgehalt

8.114 Nach § 10b Abs. 4 Satz 1 EStG – ebenso § 9 Abs. 3 KStG, § 9 Nr. 5 Satz 12 GewStG – darf der Steuerpflichtige

„auf die Richtigkeit der Bestätigung über Spenden und Mitgliedsbeiträge vertrauen, es sei denn, dass er die Bestätigung durch unlautere Mittel oder falsche Angaben erwirkt hat oder dass ihm die Unrichtigkeit der Bestätigung bekannt oder infolge grober Fahrlässigkeit nicht bekannt war."

Vertrauensschutz für den Steuerpflichtigen bedeutet, dass die Finanzverwaltung bei Gutgläubigkeit des Zuwendenden gehindert ist, den Sonderausgabenabzug zu versagen, wenn sich später entweder die Unrichtigkeit der Bestätigung oder eine Fehlverwendung herausstellt. Das Gesetz knüpft die Gewährung eines Vertrauensschutzes an **zwei Voraussetzungen**: Zum einen muss die Zuwendungsbestätigung „unrichtig" gewesen sein. Zum anderen muss der Zuwendende hinsichtlich der Richtigkeit der Bestätigung gutgläubig gewesen sein.

---

1 Dazu näher *Geserich* in Kirchhof/Söhn/Mellinghoff, § 10b EStG Rz. E 30 ff.
2 Gutachten, S. 264 f.
3 Vgl. dazu die Monographie von *Gerlach*, Vertrauensschutz und Haftung im Spendenrecht, 2005.
4 Gutachten, S. 264 f.

Fraglich ist, ob ein Vertrauensschutz auch in den Fällen **des vereinfachten Zuwendungs-nachweises** zu gewähren ist[1]. Nach dem Wortlaut der Vorschrift wird nur das Vertrauen auf die Richtigkeit „der Bestätigung" geschützt, so dass man daran denken könnte, die Regelung in den Fällen des § 50 Abs. 4 EStDV nicht anzuwenden. Auf der anderen Seite ist zu bedenken, dass der vereinfachte Nachweis nach § 50 Abs. 4 Satz 1 EStDV „statt der Zuwendungs-bestätigung genügt", was systematisch für einen Vertrauensschutz spricht. In teleologischer Hinsicht ist allerdings zu beachten, dass ein Vertrauensschutz nur insoweit bestehen kann, als auch entsprechende sachliche Anknüpfungspunkte bestehen[2]. Dies sind vor allem die Angaben auf dem Zahlungsbeleg nach § 50 Abs. 4 Satz 1 Nr. 2 Buchst. b EStG[3]. Darüber hinaus erscheint es widersprüchlich, den Vertrauensschutz in solchen Fällen zu versagen, in denen die Finanzverwaltung – wie z.B. bei Zuwendungen zur Hilfe in Katastrophenfällen – selbst auf die Ausstellung von Zuwendungsbestätigungen verzichtet[4]. Für eine Einbeziehung von Zuwendungen an ausländische Einrichtungen ist hingegen mit Rücksicht auf die ausdrückliche Regelung in § 50 Abs. 1 Satz 2 EStDV kein Raum[5].

III. Umfang des Vertrauensschutzes

Die sachliche Reichweite des Vertrauensschutzes hängt davon ab, wann eine unrichtige Bestätigung vorliegt. Nach der Rechtsprechung des BFH ist eine Zuwendungsbestätigung unrichtig, wenn ihr **Inhalt der objektiven Sach- oder Rechtslage nicht entspricht**[6]. Die Unrichtigkeit muss sich auf solche Angaben beziehen, die für den Sonderausgabenabzug wesentlich sind. Dazu gehören nicht nur die Höhe des zugewendeten Betrags, der beabsichtigte Verwendungszweck und der steuerbegünstigte Status der spendenempfangenden Körperschaft (auch wenn die Zuwendungsbestätigung insoweit nur auf eine gesonderte Feststellung oder den letzten Freistellungsbescheid verweist)[7], sondern auch die rechtliche Qualifizierung einer Zuwendung als Spende[8]. Der Vertrauensschutz greift also auch dann ein, wenn eine Zahlung mangels Unentgeltlichkeit keine Zuwendung im Sinne von § 10b EStG darstellt[9].

8.115

---

1 Dazu bereits *Gerlach*, Vertrauensschutz und Haftung im Spendenrecht, 2005, S. 81 f.; *Gierlich*, FR 1991, 518 (519).

2 Für eine generelle Gewährung von Vertrauensschutz *Kirchhof* in Kirchhof, § 10b EStG Rz. 66; *Kirchhain* in Rödder/Herlinghaus/Neumann, § 9 KStG Rz. 288; *Gierlich*, FR 1991, 518 (519).

3 Siehe dazu näher *Kulosa* in Herrmann/Heuer/Raupach, § 10b EStG Rz. 141; *Brandl* in Blümich, § 10b EStG Rz. 142; ebenso bereits *Gerlach*, Vertrauensschutz und Haftung im Spendenrecht, 2005, S. 82.

4 Zutreffend *Gerlach*, Vertrauensschutz und Haftung im Spendenrecht, 2005, S. 83.

5 Anders – für rechtsanaloge Anwendung aus europarechtlichen Gründen – *Brandl* in Blümich, § 10b EStG Rz. 140.

6 BFH v. 12.8.1999 – XI R 65/98, BStBl. II 2000, 65; *Kulosa* in Herrmann/Heuer/Raupach, § 10b EStG Rz. 141; *Brandl* in Blümich, § 10b EStG Rz. 145.

7 Vgl. dazu etwa *Geserich* in Kirchhof/Söhn/Mellinghoff, § 10b EStG Rz. E17; *Gerlach*, S. 79 f.

8 BFH v. 12.8.1999 – XI R 65/98, BStBl. II 2000, 65; BFH v. 26.4.2002 – XI R 30/01, BFH/NV 2002, 1029; BFH v. 2.8.2006 – XI R 6/03, BStBl. II 2007, 8; BFH v. 20.9.2016 – X R 36/15, BFH/NV 2017, 593.

9 So BFH v. 12.8.1999 – XI R 65/98, BStBl. II 2000, 65.

Der Vertrauensschutz des Spenders in Hinsicht auf den Gemeinnützigkeitsstatus gründet sich auf die in der Zuwendungsbestätigung in Bezug genommene **gesonderte Feststellung nach § 60a AO** bzw. auf den in Bezug genommenen letzten Freistellungsbescheid. Fehlt es an einer solchen Grundlage, kann es natürlich mangels staatlicher Mitwirkung auch keinen Vertrauensschutz des Spenders geben. Dies gilt etwa für grenzüberschreitende Zuwendungen an Einrichtungen aus dem EU/EWR-Ausland, solange diesen mangels inländischer Steuerpflicht von der Finanzverwaltung eine gesonderte Feststellung verwehrt wird[1].

8.116 Ein Vertrauensschutz besteht dagegen nicht, wenn die Bescheinigung zwar inhaltlich unrichtig ist, der in ihr **ausgewiesene Sachverhalt aber ohnehin keinen Spendenabzug rechtfertigt**. Denn in einem solchen Fall ist die Richtigkeit der Bescheinigung, auf die der Empfänger ggf. vertraut hat, für dessen Besteuerung letztlich unerheblich. Bescheinigt also z.B. eine Gemeinde in 1996, dass sie eine im Jahr 1995 empfangene Durchlaufspende an den Empfängerverein weitergeleitet hat, der aber erst ab 1996 die Vorgaben der §§ 51 ff. AO erfüllt hat, dann ist für einen Vertrauensschutz kein Raum, weil es für den Spendenabzug auf die Gemeinnützigkeit des Empfängervereins im Zeitpunkt der Zuwendung an die Gemeinde ankommt[2].

8.117–8.118 frei

IV. Subjektive Voraussetzungen

8.119 § 10b Abs. 4 Satz 1 EStG (bzw. § 9 Abs. 3 Satz 1 KStG, § 9 Nr. 5 Satz 12 GewStG) knüpft die Gewährung von Vertrauensschutz an bestimmte subjektive Voraussetzungen. Keinen Vertrauensschutz genießt zum einen, wer die (unrichtige) Bestätigung **durch unlautere Mittel oder falsche Angaben erwirkt** hat. Dies setzt voraus, dass das Verhalten des Zuwendenden für die Erteilung der unrichtigen Zuwendungsbestätigung ursächlich gewesen sein muss[3]. Unlautere Mittel sind arglistige Täuschung, Drohung oder Bestechung (vgl. § 130 Abs. 2 Nr. 2 AO). Falsche Angaben sind Angaben, die objektiv unrichtig oder unvollständig sind. Ein Vertrauensschutz ist folglich z.B. zu versagen, wenn der Zuwendende dem Empfänger einer Sachspende ein gefälschtes Wertgutachten vorlegt, das dann die Grundlage für eine (überhöhte) Bewertung der Zuwendung bildet.

8.120 Ein Vertrauensschutz scheidet zum anderen aus, wenn dem Zuwendenden **die Unrichtigkeit der Bestätigung bekannt oder infolge grober Fahrlässigkeit nicht bekannt war**. Ob ein Steuerpflichtiger die Unrichtigkeit der Bestätigung gekannt oder grob fahrlässig nicht gekannt hat, entscheidet sich nach individuellen Maßstäben[4]. Dafür genügt es nicht, dass er die tatsächlichen Umstände kennt, die zur Rechtswidrigkeit geführt haben, er muss vielmehr – so der BFH – „das – wenn auch laienhaf-

---

1 S. AEAO Nr. 3 zu § 60a; abweichend *Brandl* in Blümich, § 10b EStG Rz. 140.
2 BFH v. 5.4.2006 – I R 20/05, BStBl. II 2007, 450.
3 *Heinicke* in L. Schmidt, § 10b EStG Rz. 49.
4 Vgl. etwa FG Berlin-Brandenburg v. 19.11.2013 – 9 K 9151/13, DStRE 2014, 840.

te[1] – Bewusstsein von der Rechtswidrigkeit der Bestätigung selbst gehabt haben"[2]. Grob fahrlässig handelt, wer die nach seinen persönlichen Kenntnissen und Fähigkeiten gebotene und zuzumutende Sorgfalt in ungewöhnlichem Maße und in nicht entschuldbarer Weise verletzt. Dabei ist ein individueller Maßstab anzulegen[3]. Nach Ansicht des BFH soll der maßgebliche Zeitpunkt in diesem Zusammenhang die Einreichung der Steuererklärung sein[4]. Deshalb hat der BFH z.B. einen Vertrauensschutz bei sog. Aufnahmespenden in einen Golfclub versagt, weil dem Zuwendenden die Umstände, die den Entgeltscharakter der Zahlung begründeten, im Einzelnen zum Zeitpunkt seines Clubbeitritts bekannt gewesen seien[5]. Die Auffassung übersieht jedoch, dass der Vertrauensschutz durch den Erhalt der Bestätigung ausgelöst wird, was dafür spricht, auf diesen Zeitpunkt abzustellen[6]. Bei sich aufdrängenden Zweifeln hinsichtlich der Richtigkeit soll der Spender sogar verpflichtet sein, sich bei qualifizierten Auskunftspersonen zu erkundigen[7].

V. Rechtsfolge

Liegen die Voraussetzungen des § 10b Abs. 4 Satz 1 EStG, § 9 Abs. 3 Satz 1 KStG, § 9 Nr. 5 Satz 8 GewStG vor, „darf der Steuerpflichtige auf die Richtigkeit der Bestätigung ... vertrauen". Rechtsfolge des Vertrauensschutzes ist, dass der Sonderausgabenabzug **nicht versagt und der Steuerbescheid auch nicht nach §§ 173, 175 AO geändert werden kann**. Nach zutreffender h.M. erlischt der Steueranspruch gegen den Zuwendenden nicht, sondern das Finanzamt ist nur gehindert, den weiterhin bestehenden Steueranspruch geltend zu machen[8].   8.121

frei   8.122–8.124

G. Spendenhaftung

I. Allgemeines

Um Steuerausfälle auf Grund des Vertrauensschutzes zu vermeiden, hat der Gesetzgeber den Vertrauensschutz zugunsten des Zuwendenden mit einer Haftung der   8.125

---

1 Dies entspricht der sog. „Parallelwertung in der Laiensphäre", vgl. dazu nur BGH v. 28.10.1952 – 1 StR 450/52, BGHSt 3, 248 (255).

2 So BFH v. 2.8.2006 – XI R 6/03, BStBl. II 2007, 8; FG Baden-Württemberg v. 24.2.2014 – 10 K 3811/12, juris.

3 FG Baden-Württemberg v. 24.2.2014 – 10 K 3811/12, juris.

4 BFH v. 2.8.2006 – XI R 6/03, BStBl. II 2007, 8; BFH v. 26.4.2002 – XI R 30/01, BFH/NV 2002, 1029; BFH v. 12.8.1999 – XI R 65/98, BStBl. II 2000, 65.

5 BFH v. 2.8.2006 – XI R 6/03, BStBl. II 2007, 8.

6 Zutreffend *Brandl* in Blümich, § 10b EStG Rz. 141; differenzierend – unter Hinweis auf OFD Frankfurt v. 15.12.2003, DB 2004, 772: Wegfall des Vertrauensschutzes bei Widerruf der fehlerhaften Zuwendungsbestätigung vor der Abgabe der Steuererklärung – *Kulosa* in Herrmann/Heuer/Raupach, § 10b EStG Rz. 144.

7 So FG Münster v. 13.12.2010 – 14 K 1789/08 E, 14 K 1792/08 E, EFG 2011, 610.

8 Dazu etwa *Geserich* in Kirchhof/Söhn/Mellinghoff, § 10b EStG Rz. E 26; *Gerlach*, S. 85 f.

empfangenden Körperschaft bzw. der verantwortlichen Personen verbunden. Auch diese Spendenhaftung geht auf eine **Anregung der Unabhängigen Sachverständigenkommission** zurück[1], die die Verfasser des Vereinsförderungsgesetzes ohne große Änderung aufgegriffen und durch § 10b Abs. 4 Sätze 2 bis 5 EStG, § 9 Abs. 3 Sätze 2 und 3 KStG, § 9 Nr. 5 Sätze 13 bis 17 GewStG umgesetzt haben. Das Gesetz unterscheidet zwei Haftungstatbestände, die Ausstellerhaftung und die Veranlasserhaftung.

II. Ausstellerhaftung

1. Tatbestand

8.126 Nach § 10b Abs. 4 Satz 2 Alt. 1 EStG haftet für die entgangene Steuer, „wer vorsätzlich oder grob fahrlässig eine unrichtige Bestätigung ausstellt". Der Tatbestand der Ausstellerhaftung setzt das Vorliegen einer unrichtigen Bestätigung voraus, deren Inhalt nicht der objektiven Sach- und Rechtslage entspricht[2]. Dieser Fall kann auch eintreten, wenn einer bisher als gemeinnützig „anerkannten" Körperschaft die Freistellung im Veranlagungsverfahren später (rückwirkend) versagt wird, so dass sich die Zuwendungsbestätigung im Nachhinein als unrichtig darstellt[3].

2. Verschulden

8.127 Über dieses objektive Moment hinaus ist die Ausstellerhaftung grundsätzlich an ein **Verschulden des Ausstellenden** geknüpft. Ein solches Verschulden ist beispielsweise zu bejahen, wenn der Amtsträger einer Durchlaufstelle eine unrichtige Zuwendungsbestätigung ausfertigt, ohne sich die Steuerbegünstigung des Letztempfängers nachweisen zu lassen[4]. Ein Verschulden eines steuerlichen Beraters ist der Körperschaft zuzurechnen[5]. Gleiches gilt für das Handeln eines Mitarbeiters der die Zuwendungsbestätigung ausstellenden Gebietskörperschaft[6]. Maßgebend für die Prüfung des Verschuldens ist allein der Zeitpunkt der Ausstellung der Zuwendungsbestätigung. Deshalb kann offenbleiben, ob z.B. eine spätere Fehlverwendung die Zuwendungsbestätigung „nachträglich unrichtig" werden lässt[7]. Dagegen spricht bereits, dass die Zuwendungsbestätigung immer nur eine Angabe über die geplante Verwendung enthält. Im Ergebnis besteht jedenfalls Einigkeit, dass eine Ausstellerhaftung wegen einer späteren Fehlverwendung nur dann in Betracht kommt, wenn die Fehlverwendung bereits im Zeitpunkt der Ausstellung geplant oder zumindest

---

1 Vgl. Gutachten, S. 265, 273.

2 BFH v. 12.8.1999 – XI R 65/98, BStBl. II 2000, 65; vgl. etwa FG Berlin-Brandenburg v. 4.3.2014 – 6 K 9244/11, EFG 2014, 989: Ausstellung fehlerhafter Zuwendungsbestätigungen für Aufwandsspenden.

3 Vgl. dazu BFH v. 3.12.2001 – XI B 84/01, BFH/NV 2002, 482.

4 Vgl. BFH v. 24.4.2002 – XI R 123/96, BStBl. II 2003, 128.

5 FG Berlin-Brandenburg v. 4.3.2014 – 6 K 9244/11, EFG 2014, 989.

6 FG Niedersachsen v. 15.1.2015 – 4 K 85/13, EFG 2015, 904.

7 So etwa *Geserich* in Kirchhof/Söhn/Mellinghoff, § 10b EStG Rz. E 41, 49.

vorhersehbar war[1]. Aus dem gleichen Grund kann auch eine spätere Versagung der Gemeinnützigkeit nur dann eine Ausstellerhaftung begründen, wenn die Beteiligten um die fehlende Gemeinnützigkeit wussten oder in vorwerfbarer Weise hätten wissen müssen.

3. Haftungsschuldner

Im Rahmen der Ausstellerhaftung haftet, „wer" unrichtige Zuwendungsbestätigungen ausstellt. Dies ist nicht die Person, die die Zuwendungsbestätigung tatsächlich selbst ausgefertigt und unterschrieben hat (z.B. der Kassenwart), sondern Haftungsschuldner ist **regelmäßig allein die Körperschaft**, die auch in der Zuwendungsbestätigung als Aussteller benannt wird[2]. Bei Durchlaufspenden trifft die Haftung folglich die Gemeinde, deren Amtsträger die Bestätigung ausgestellt hat[3]. Für eine (auch nur gesamtschuldnerische) Mithaftung der handelnden natürlichen Person ist hingegen kein Raum, weil ihr Verhalten nach allgemeinen Grundsätzen der Empfängerkörperschaft zugerechnet wird[4]. Ferner ist zu berücksichtigen, dass natürliche Personen nicht steuerbegünstigt sind und daher keine Zuwendungsbestätigungen im Sinne von § 10b Abs. 4 EStG ausstellen können. Eine Ausnahme gilt nur für den Fall, dass das Handeln einer natürlichen Person der in der Bestätigung bezeichneten Körperschaft nicht zugerechnet werden kann (z.B. bei der Ausstellung von Zuwendungsbestätigungen für eine nicht existierende Körperschaft oder beim Handeln eines Funktionsträgers außerhalb seines Zuständigkeitsbereichs)[5].

8.128

III. Veranlasserhaftung

1. Tatbestand

Nach § 10b Abs. 4 Satz 2 Alt. 2 EStG haftet für die entgangene Steuer auch, „wer veranlasst, dass Zuwendungen nicht zu den in der Bestätigung angegebenen steuerbegünstigten Zwecken verwendet werden". Die Haftung setzt zunächst eine **Fehlverwendung** voraus. Sie besteht auch nur in Höhe des fehlverwendeten Spendenbetrags. Bei der Feststellung einer „Fehlverwendung" kommt es nicht auf das Schicksal des einzelnen zugewendeten Geldscheins oder der einzelnen Gutschrift auf dem Bankkonto an, sondern es gilt – wie allgemein bei der Mittelverwendung (Rz. 5.20) – eine Saldobetrachtung[6]. Eine Fehlverwendung ist insbesondere gegeben, wenn Spenden-

8.129

---

1 Vgl. dazu näher *Gerlach*, Vertrauensschutz und Haftung im Spendenrecht, 2005, S. 104 ff.; ebenso im Ergebnis *Geserich* in Kirchhof/Söhn/Mellinghoff, § 10b EStG Rz. E 49.
2 BFH v. 24.4.2002 – XI R 123/96, BStBl. II 2003, 128; FG Berlin-Brandenburg v. 4.3.2014 – 6 K 9244/11, EFG 2014, 989; FG Niedersachsen v. 15.1.2015 – 4 K 85/13, EFG 2015, 904; vgl. auch OFD Frankfurt/M. v. 15.12.2003, DB 2004, 772; *Brandl* in Blümich, § 10b EStG Rz. 147; siehe auch *Gerlach*, Vertrauensschutz und Haftung im Spendenrecht, 2005, S. 111 ff.
3 BFH v. 24.4.2002 – XI R 123/96, BStBl. II 2003, 128.
4 *Gerlach*, Vertrauensschutz und Haftung im Spendenrecht, 2005, S. 113 f.
5 Siehe dazu näher *Geserich* in Kirchhof/Söhn/Mellinghoff, § 10b EStG Rz. E 45 f.; *Brandl* in Blümich, § 10b EStG Rz. 147.
6 Dazu BFH v. 20.3.2017 – X R 13/15, BStBl. II 2017, 1110.

mittel für nicht gemeinnützige Zwecke verausgabt worden sind (z.B. Unterschlagung für private Zwecke oder nach § 55 Abs. 1 Nr. 1 Satz 3 AO verbotene Zuwendungen an politische Parteien)[1]. Das Gleiche gilt, soweit aus Spenden wirtschaftlich unangemessene Ausgaben (vgl. dazu Rz. 5.32 f.) bestritten werden (z.B. überhöhte Aufwendungen für Mitglieder- oder Spendenwerbung)[2].

Fraglich ist, ob eine Fehlverwendung auch darin liegen kann, dass **Mittel einer steuerlich unzulässigen Rücklage zugeführt oder in anderer Weise nicht zeitnah verwendet werden**. Der BFH hat dies in einem älteren Beschluss für den Fall der Bildung einer (unzulässigen) Rücklage zum Erwerb eines wirtschaftlichen Geschäftsbetriebs im Rahmen einer summarischen Prüfung bejaht[3]. Im Urteil vom 20.3.2017 hat der XI. Senat hingegen die Frage, ob eine nicht zeitnahe Verwendung von Spendenmitteln – ungeachtet § 63 Abs. 4 AO – „sogleich die Spendenhaftung auslösen" kann, ausdrücklich offengelassen[4]. Richtigerweise kommt eine Spendenhaftung in diesen Fällen nur ausnahmsweise in Betracht, weil Verstöße nach § 63 Abs. 4 AO geheilt werden können[5]. Eine solche Heilung muss auch im Rahmen der Spendenhaftung Berücksichtigung finden. Deshalb ist eine Spendenhaftung nur denkbar, wenn eine Körperschaft vorsätzlich gegen die Pflicht zur zeitnahen Mittelverwendung verstoßen hat oder sich nachhaltig weigert, einer Aufforderung des Finanzamtes zur zeitnahen Mittelverwendung nachzukommen[6].

Eine **Verwendung von Spendenmitteln in einem wirtschaftlichen Geschäftsbetrieb** ist nicht stets als Fehlverwendung anzusehen[7]. Vielmehr bedarf es stets einer genaueren Prüfung, ob eine unzulässige Mittelverwendung vorliegt (so z.B. bei Investitionen in dauerdefizitäre steuerpflichtige Betriebe; vgl. dazu Rz. 6.21 ff.). Auch eine zeitnahe Mittelverwendung im ideellen Bereich kann im Einzelfall eine „Fehlverwendung" darstellen. Dies ist – wegen der zusätzlichen Abzugsbeträge des § 10b Abs. 1a EStG – anzunehmen, wenn eine Stiftung Dotationen in das Stiftungsvermögen entgegen der Vorgabe des Zuwendungen zeitnah verwendet[8]. Anders ist bei der behördlich genehmigten Umwandlung einer „notleidenden" Stiftung in eine Verbrauchsstiftung zu entscheiden[9].

8.130 Umstritten ist, ob eine Fehlverwendung auch dann vorliegt, wenn Spendenmittel **für einen anderen steuerbegünstigten Zweck** als den angegebenen Zweck verwendet werden. Dies ist jedenfalls dann zu verneinen, wenn der Zuwendungsempfänger nach seiner Satzung mehrere steuerbegünstigte Zwecke verfolgt und die Spende für einen anderen satzungsmäßigen steuerbegünstigten Zweck verwendet wird. Denn in diesem Fall ist ein „Steuerausfall" nicht zu befürchten, so dass die Norm teleolo-

---

1 Statt vieler *Heinicke* in L. Schmidt, § 10b EStG Rz. 54; *Kulosa* in Herrmann/Heuer/Raupach, § 10b EStG Rz. 149.

2 Vgl. dazu BFH v. 23.9.1998 – I B 82/98, BStBl. II 2000, 320; *Schauhoff*, DStR 2002, 1694.

3 Vgl. BFH v. 23.2.1999 – XI B 128/98, BFH/NV 1999, 1055; zustimmend z.B. *Geserich* in Kirchhof/Söhn/Mellinghoff, § 10b EStG Rz. E 51.

4 BFH v. 20.3.2017 – X R 13/15, BStBl. II 2017, 1110.

5 Zutreffend *Gerlach*, Vertrauensschutz und Haftung im Spendenrecht, 2005, S. 142 ff.; vgl. auch *Hüttemann*, npoR 2016, 122; *Meyn* in NK-GemnR, § 10b EStG Rz. 63.

6 Ebenso *Schauhoff* in Schauhoff, § 10 Rz. 28.

7 So aber *Geserich* in Kirchhof/Söhn/Mellinghoff, § 10b EStG Rz. E 51.

8 Richtig *Gerlach*, Vertrauensschutz und Haftung im Spendenrecht, 2005, S. 144 f.

9 Dazu *Hüttemann/Rawert*, ZIP 2013, 2136 (2146).

gisch zu reduzieren ist[1]. Schwieriger ist der Fall zu beurteilen, dass der Zweck, für den die Spende abweichend von der Bestätigung verwendet worden ist, zwar steuerbegünstigt ist, aber nicht zu den satzungsmäßigen Zwecken der Körperschaft gehört. Hier soll nach h.M. eine Spendenhaftung eingreifen[2]. Es stellt sich aber die Frage, ob ein rein „formaler" Verstoß gegen §§ 59, 63 Abs. 1 AO eine derart weitreichende Sanktion rechtfertigt, wenn die Mittel nachweislich steuerbegünstigt verwendet worden sind[3].

Fraglich ist schließlich, ob eine „Fehlverwendung" selbst dann anzunehmen ist, wenn die Zuwendung zwar tatsächlich für den auf der Bestätigung angegebenen Zweck verwendet worden ist, die **Empfängerkörperschaft im fraglichen Zeitraum aber nicht als gemeinnützig anzusehen ist**. Man denke etwa an einen Sportverein, der nachträglich wegen überhöhter Aufnahmegebühren nicht (mehr) als gemeinnützig anerkannt wird, der aber die erhaltenen Spenden vollständig und zeitnah für sportliche Zwecke verwendet hat. Hier kommt es darauf an, ob eine Verwendung zu „steuerbegünstigten Zwecken" voraussetzt, dass die Empfängerkörperschaft auch als gemeinnützig anerkannt wird[4]. Diese Frage betrifft auch das Verhältnis von Aussteller- und Veranlasserhaftung. Der BFH hat dazu festgestellt, dass eine Fehlverwendung nicht gegeben ist, wenn eine Körperschaft Spenden zwar zu dem in der Bestätigung genannten Zweck verwendet, selbst aber nicht als gemeinnützig anerkannt ist[5]. Dieser Standpunkt verdient Zustimmung, weil eine kumulative Anwendung von Aussteller- und Veranlasserhaftung im Fall der Aberkennung der Gemeinnützigkeit – wie der BFH richtig erkannt hat[6] – zur Aushöhlung des – bis 2013 nur bei der Ausstellerhaftung geltenden – Verschuldenserfordernisses geführt hätte. Eine Körperschaft, die die Voraussetzungen der Gemeinnützigkeit nicht erfüllt, aber trotzdem (unrichtige) Zuwendungsbestätigungen ausstellt, verwirklicht zwar den Tatbestand der Ausstellerhaftung, wenn ein Verschulden im Zeitpunkt der Ausstellung festgestellt werden kann (z.B. weil die Organe um die fehlende Gemeinnützigkeit wissen). Eine Fehlverwendung scheidet dagegen aus, solange die Zuwendungen tatsächlich zu dem in der Bestätigung genannten steuerbegünstigten Zweck verwendet werden.

8.131

---

1 Ebenso *Gerlach*, Vertrauensschutz und Haftung im Spendenrecht, 2005, S. 148. A.A. FG Hessen v. 14.1.1998 – 4 K 2594/94, EFG 1998, 757, rkr.; *Geserich* in Kirchhof/Söhn/Mellinghoff, § 10b EStG Rz. E 51; *Heinicke* in L. Schmidt, § 10b EStG Rz. 54; *Teufel*, FR 1993, 772 (773); *Wallenhorst*, DB 1991, 1410 (1411).

2 FG Köln v. 27.1.1998 – 6 V 6194/97, EFG 1998, 756.

3 Zu Recht zurückhaltend *Gerlach*, Vertrauensschutz und Haftung im Spendenrecht, 2005, S. 148 ff.; *Brandl* in Blümich, § 10b EStG Rz. 154, der zu Recht darauf hinweist, dass die Formulierung des § 10b Abs. 4 Satz 2 EStG noch aus der Zeit der unterschiedlich hoch begünstigten Spendenzwecke stamme.

4 Dazu eingehend *Gerlach*, Vertrauensschutz und Haftung im Spendenrecht, 2005, S. 124 ff.

5 BFH v. 10.9.2003 – XI R 58/01, BStBl. II 2004, 352; BFH v. 28.4.2004 – XI R 39/03, BFH/NV 2005, 516; BFH v. 3.2.2014 – I S 23/13 (PKH), BFH/NV 2014, 859; zustimmend *Brandl* in Blümich, § 10b EStG Rz. 154; *Kulosa* in Herrmann/Heuer/Raupach, § 10b EStG Rz. 149.

6 BFH v. 10.9.2003 – XI R 58/01, BStBl. II 2004, 352; ebenso *Gerlach*, Vertrauensschutz und Haftung im Spendenrecht, 2005, S. 134.

2. Verschuldenshaftung

8.132 Die Veranlasserhaftung bei der Einkommen- und Körperschaftsteuer ist seit dem Ehrenamtsstärkungsgesetz[1] eine verschuldensabhängige Haftung („Wer vorsätzlich oder grob fahrlässig eine unrichtige Bestätigung ausstellt oder veranlasst, dass ... verwendet werden ..."). Damit ist eine langjährige Forderung des Dritten Sektors umgesetzt worden[2]. In der Tat war nicht einzusehen, weshalb die Veranlasserhaftung eine bloße Gefährdungshaftung darstellen sollte, während die Ausstellerhaftung durch ein Verschuldenserfordernis gemildert wurde. Die Rechtslage bei der Gewerbe- und Körperschaftsteuer ist entsprechend angepasst worden.

Die begünstigende Änderung ist **zum 1.1.2013 in Kraft getreten**[3]. Allerdings ist umstritten, ob auf den Zeitpunkt der Fehlverwendung[4] oder den Erlass eines Haftungsbescheides abzustellen ist[5]. Der BFH hat die Frage zuletzt offen gelassen[6].

3. Haftungsschuldner und Auswahlermessen

8.133 Auch im Rahmen der Veranlasserhaftung stellt sich die Frage, **wer als Haftungsschuldner in Betracht** kommt.

Die Frage wurde in der Vergangenheit unterschiedlich beantwortet. Während im Schrifttum sowohl eine alleinige Haftung der Körperschaft[7] als auch eine Alleinhaftung der handelnden natürlichen Person[8] vertreten worden ist, gehen BFH und h.M. heute von einer (gesamtschuldnerischen) Haftung beider aus[9]. Historische und teleologische Gründe sprachen für die erstgenannte Ansicht, die allein die Empfängerkörperschaft haften ließ. So war im Gesetzgebungsverfahren „regelmäßig der Spendenempfänger" als Veranlasser angesehen worden[10]. Ferner musste auch im Rahmen der Veranlasserhaftung die Überlegung maßgebend sein, dass ein Handeln der Organe und Mitarbeiter vorrangig der Körperschaft selbst zuzurechnen ist, die regelmäßig auch den wirtschaftlichen Vorteil aus einer Fehlverwendung zieht.

Mit dem JStG 2009[11] hat der Gesetzgeber zwar an der gesamtschuldnerischen Haftung festgehalten, aber eine **Subsidiarität der Veranlasserhaftung** von natürlichen

---

1 Gesetz v. 21.3.2013, BGBl. I 2013, 566.
2 Vgl. 2. Aufl. 2012 § 8 Rz. 132.
3 Vgl. nur *Kulosa* in Herrmann/Heuer/Raupach, § 10b EStG Rz. 149 mit eingehender Begründung; *Brandl* in Blümich, § 10b EStG Rz. 149; *Schauhoff/Kirchhain*, FR 2013, 301 (310 f.); anders – Anwendung ab dem 1.1.2012 – *Hechtner/Sielaff*, DStR 2013, 1313.
4 So *Brandl* in Blümich, § 10b EStG Rz. 149.
5 Dafür *Schauhoff/Kirchhain*, FR 2013, 301 (310 f.).
6 Vgl. BFH v. 20.3.2017 – X R 13/15, BStBl. II 2017, 1110.
7 So etwa *Buchna* (9. Aufl.), S. 425; *Brandt* in Herrmann/Heuer/Raupach, § 10b EStG Rz. 85 (2008); *Gerlach*, Vertrauensschutz und Haftung im Spendenrecht, 2005, S. 156 ff.; *Schauhoff* in Schauhoff, § 11 Rz. 130.
8 Vgl. etwa *Jansen*, DStR 1990, 61 (66).
9 BFH v. 23.2.1999 – XI B 128/98, BFH/NV 1999, 1055; *Geserich* in Kirchhof/Söhn/Mellinghoff, § 10b EStG Rz. E 55 f.; *Kulosa* in Herrmann/Heuer/Raupach, § 10b EStG Rz. 150; *Brandl* in Blümich, § 10b EStG Rz. 148; *Heinicke* in L. Schmidt, § 10b EStG Rz. 52; *Thiel/Eversberg*, DB 1990, 395 (399).
10 BT-Drucks. 11/4176, S. 17.
11 Gesetz v. 18.12.2009, BGBl. I 2008, 2794.

Personen gesetzlich festgeschrieben[1]. Nach § 10b Abs. 4 Satz 4 EStG ist bei der Veranlasserhaftung „vorrangig der Zuwendungsempfänger" in Anspruch zu nehmen. Die in diesen Fällen für den Zuwendungsempfänger handelnden natürlichen Personen sind nur in Anspruch zu nehmen, wenn die entgangene Steuer nicht nach § 47 AO erloschen ist und Vollstreckungsmaßnahmen gegen den Zuwendungsempfänger nicht erfolgreich sind. Im Ganzen bleibt also für die (zumeist ehrenamtlich tätigen) Personen ein nicht unerhebliches „Restrisiko".

IV. Umfang der Haftung

Nach dem Gesetz wird grundsätzlich „für die entgangene Steuer" gehaftet. Dies scheint eine konkrete Berechnung des Steuerausfalls notwendig zu machen. Allerdings sehen die Haftungsnormen auch vor, dass die entgangene Steuer pauschalierend mit einem bestimmten Prozentsatz des zugewendeten Betrags anzusetzen ist[2]. Die Pauschalierung dient der Verwaltungsvereinfachung und soll umfangreiche Einzelfallermittlungen verhindern[3]. Auf der anderen Seite **korrespondiert die Haftung aber mit der Gewährung des Vertrauensschutzes**[4]. Deshalb muss dem Haftungsschuldner der Nachweis offenstehen, dass eine Zuwendung trotz vorliegender Zuwendungsbestätigungen wegen Bösgläubigkeit des Zuwendenden nicht abgezogen werden kann[5] oder ein Steuerausfall aus anderen Gründen (z.B. mangels Aushändigung einer unrichtigen Bestätigung an den Spender oder wegen unterlassener Geltendmachung der Spende) in dem betreffenden Haftungsfall tatsächlich nicht eingetreten ist[6].

8.134

Die entgangene Steuer ist mit einem **bestimmten Prozentsatz des zugewendeten Betrags** festzusetzen. Dieser Haftungssatz beträgt bei der Einkommen- und Körperschaftsteuer gegenwärtig 30 Prozent, bei der Gewerbesteuer 15 Prozent. Weshalb die Haftungsquote bei der (progressiven) Einkommensteuer deutlich unter dem Spitzensteuersatz liegt, bei der (proportionalen) Körperschaftsteuer dagegen das Doppelte des Regelsteuersatzes beträgt, dürfte auch das BMF nicht erklären können.

8.135

---

1 Zur Ermessensausübung vgl. näher *Brandl* in Blümich, § 10b EStG Rz. 155.
2 Dazu auch BFH v. 20.3.2017 – X R 13/15, BStBl. II 2017, 1110.
3 Vgl. *Buchna/Leichinger/Seeger/Brox*, S. 463.
4 Zum Zusammenhang von Haftung und Vertrauensschutz ausführlich *Gerlach*, Vertrauensschutz und Haftung im Spendenrecht, 2005, S. 176 ff.; *Kulosa* in Herrmann/Heuer/Raupach, § 10b EStG Rz. 147; *Schauhoff* in Schauhoff, § 11 Rz. 132.
5 Vgl. *Geserich* in Kirchhof/Söhn/Mellinghoff, § 10b EStG Rz. E 73; *Gerlach*, Vertrauensschutz und Haftung im Spendenrecht, 2005, S. 178; *Heinicke* in L. Schmidt, § 10b EStG Rz. 56; *Kulosa* in Herrmann/Heuer/Raupach, § 10b EStG Rz. 147; *Schauhoff* in Schauhoff, § 11 Rz. 132; *Buchna/Leichinger/Seeger/Brox*, S. 463; wohl auch *Brandl* in Blümich, § 10b EStG Rz. 150; offen gelassen in FG Niedersachsen v. 15.1.2015 – 14 K 85/13, EFG 2015, 904.
6 Vgl. OFD Frankfurt v. 17.3.2014, DStR 2014, 1445; *Buchna/Leichinger/Seeger/Brox*, S. 463; *Heinicke* in L. Schmidt, § 10b EStG Rz. 56; *Schauhoff* in Schauhoff, § 11 Rz. 132; *Meyn* in NK-GemnR § 10b EStG Rz. 63; wohl auch *Brandl* in Blümich, § 10b EStG Rz. 150.

Zumindest der Haftungssatz bei der Körperschaftsteuer ist evident unverhältnis-mäßig[1].

V. Inanspruchnahme

8.136 Die Spendenhaftung ist ein Haftungtatbestand eigener Art. Denn eine Festsetzung des Steueranspruchs gegen den Steuerschuldner (Zuwendenden) ist gerade durch den Vertrauensschutz ausgeschlossen. Wegen der normalen Festsetzungsfrist von vier Jahren (§ 191 Abs. 3 Satz 1 AO) konnte es in der Vergangenheit dazu kommen, dass die Festsetzungsfrist bereits abgelaufen war, wenn im Rahmen einer Betriebsprüfung eine Spendenfehlverwendung festgestellt wurde. Um dies zu verhindern, hat der Gesetzgeber mit dem JStG 2009 eine **Ablaufhemmung** eingeführt. Nach § 10b Abs. 4 Satz 5 EStG läuft die Festsetzungsfrist nicht ab, „solange die Festsetzungsfrist für von dem Empfänger der Zuwendung geschuldete Körperschaftsteuer für den Veranlagungszeitraum nicht abgelaufen ist", in dem die unrichtige Bestätigung ausgestellt oder die Fehlverwendung stattgefunden hat. § 191 Abs. 5 AO ist nicht anzuwenden.

8.137 Zuständig für den Erlass von Haftungsbescheiden ist das **Betriebsfinanzamt des Zuwendungsempfängers**. Die Spendenhaftung wird durch Haftungsbescheid nach § 191 AO geltend gemacht[2]. Von der nach § 191 AO zu treffenden Entscheidung, ob bzw. gegen wen ein Haftungsbescheid ergehen soll (Entschließungs- und Auswahlermessen), ist die Prüfung der tatbestandlichen Voraussetzungen der Spendenhaftung zu unterscheiden, bei der es sich nicht um eine Ermessensentscheidung im Sinne des § 5 AO, sondern um eine vom Finanzgericht in vollem Umfang zu überprüfende, rechtlich gebundene Entscheidung handelt, die nicht den Beschränkungen des § 102 FGO unterliegt[3].

8.138–8.140 frei

H. Spendenabzug bei der Einkommensteuer

I. Überblick

8.141 § 10b EStG regelt die Rechtsfolge steuerbegünstigter Zuwendungen natürlicher Personen im Einkommensteuerrecht. Danach können „Zuwendungen (Spenden und Mitgliedsbeiträge) zur Förderung steuerbegünstigter Zwecke im Sinne der §§ 52 bis 54 der Abgabenordnung …" in einem bestimmten Umfang **als Sonderausgaben** abgezogen werden. Der Spendenabzug setzt keine unbeschränkte Einkommensteuerpflicht voraus, da eine entsprechende Einschränkung in § 50 EStG fehlt[4].

---

1 Ohne Problembewusstsein aber FG Berlin-Brandenburg v. 4.3.2014 – 6 K 9244/11, EFG 2014, 989.

2 Dazu näher *Gerlach*, Vertrauensschutz und Haftung im Spendenrecht, 2005, S. 186 ff.

3 Vgl. BFH v. 20.3.2017 – X R 13/15, BStBl. II 2017, 1110, 1119.

4 Vgl. nur *Loschelder* in L. Schmidt, § 50 EStG Rz. 16; *Kulosa* in Herrmann/Heuer/Raupach, § 10b EStG Rz. 9.

Steuersystematisch handelt es sich bei § 10b EStG um eine **Rechtsfolgenverwei-** 8.142
sung, da Spenden als freiwillige private Aufwendungen mangels Zwangsläufigkeit[1]
nicht unter den allgemeinen Sonderausgabenbegriff fallen[2]. Die Erweiterung des
Sonderausgabenbegriffs durch § 10b EStG wird überwiegend als Lenkungsnorm
verstanden (zur systematischen Einordnung des Spendenabzugs vgl. Rz. 1.65 ff.).
Durch die Zuordnung des Spendenabzugs zum Sonderausgabenabzug handelt es
sich bei § 10b EStG um eine Einkommensermittlungsvorschrift, die den sachlichen
Umfang der Einkommensteuerpflicht konkretisiert. Ein „Verzicht" auf den Sonderausgabenabzug bei bereits nachgewiesenen Zuwendungen ist grundsätzlich nicht
möglich[3]. Allerdings steht es dem Steuerpflichtigen frei, entsprechende Zuwendungsbestätigungen nicht vorzulegen.

Das geltende Einkommensteuerrecht kennt keinen unbeschränkten Abzug von ge- 8.143
meinnützigen Zuwendungen, sondern bestimmt in § 10b EStG **verschiedene Ab-**
zugsgrenzen, die nebeneinander anzuwenden sind:

- Zuwendungen (Spenden und Mitgliedsbeiträge) können zunächst **bis zu**
  20 Prozent des Gesamtbetrags der Einkünfte abgezogen werden (§ 10b Abs. 1
  Satz 1 Nr. 1 EStG).

- Alternativ besteht auch die Möglichkeit, Zuwendungen bis zu **vier Promille der**
  Summe der gesamten Umsätze und der im Kalenderjahr aufgewendeten Löh-
  ne und Gehälter abzuziehen (§ 10b Abs. 1 Satz 1 Nr. 2 EStG).

- Für abziehbare Zuwendungen, die diese Höchstbeträge überschreiten oder im
  Veranlagungszeitraum der Zuwendung nicht berücksichtigt werden können, be-
  steht ein **zeitlich unbeschränkter Spendenvortrag** (§ 10b Abs. 1 Sätze 9 und 10
  EStG).

- **Spenden in den Vermögensstock einer Stiftung** können auf Antrag des Steuerpflichtigen im Veranlagungszeitraum der Zuwendung und in den folgenden
  neun Veranlagungszeiträumen bis zu einem Gesamtbetrag von 1 Million Euro
  zusätzlich zu den anderen Höchstbeträgen abgezogen werden. Der Abzugsbetrag
  bezieht sich auf den gesamten Zehn-Jahres-Zeitraum und kann der Höhe nach
  innerhalb dieses Zeitraums nur einmal in Anspruch genommen werden (§ 10b
  Abs. 1a EStG).

Im Ganzen ist festzustellen, dass der **Spendenabzug durch die Reform von 2007** 8.144
erheblich vereinfacht und verbessert worden ist[4]. Die Vereinheitlichung und Anhebung der früheren Abzugsgrenzen von 5 bzw. 10 Prozent auf 20 Prozent stellt
einen wesentlichen rechtspolitischen Fortschritt dar, weil sie die Übersichtlichkeit
des Spendenrechts erhöhen und Spendern größere Freiräume für altruistische Zuwendungen gewähren. Auch der besondere Spendenabzug für Zuwendungen an
Stiftungen ist mit dem Wegfall des rechtssystematisch bedenklichen 20 450 Euro-

---

1 Dazu nur *Söhn* in Kirchhof/Söhn/Mellinghoff, § 10 EStG Rz. B 11.
2 Vgl. statt vieler *Geserich* in Kirchhof/Söhn/Mellinghoff, § 10b EStG Rz. A 5.
3 Vgl. *Geserich* in Kirchhof/Söhn/Mellinghoff, § 10b EStG Rz. A 368.
4 Vgl. dazu auch *Hüttemann*, DB 2007, 127; *Hüttemann*, DB 2007, 2053.

Betrags[1] vereinfacht und durch die erhebliche Anhebung des früheren Gründungshöchstbetrags und seine Fortentwicklung zu einem Dotationshöchstbetrag deutlich wirksamer geworden. Zu begrüßen ist auch der Wegfall der zeitlichen Begrenzung des Spendenvortrags. Eine gewisse Verschlechterung stellte hingegen die Streichung des einjährigen Spendenrücktrags dar. Gleiches gilt – zumindest aus spendenrechtlicher Sicht – für die Einführung der Abgeltungsteuer, da im Rahmen der Pauschalbesteuerung von Kapitalerträgen ein Spendenabzug nicht mehr vorgesehen ist (dazu näher Rz. 8.172).

8.145–8.146   frei

II. Allgemeine Höchstgrenze

8.147   Nach § 10b Abs. 1 Satz 1 Nr. 1 EStG dürfen Zuwendungen für steuerbegünstigte Zwecke **bis zu 20 Prozent des Gesamtbetrags der Einkünfte** als Sonderausgaben abgezogen werden. Der Gesamtbetrag der Einkünfte meint die um den Altersentlastungsfreibetrag, den Entlastungsbetrag für Alleinerziehende und den Freibetrag für Land- und Forstwirte geminderte Summe der Einkünfte (vgl. § 2 Abs. 3 EStG). Bei **zusammenveranlagten Ehegatten** (siehe auch Rz. 8.168) gilt die allgemeine Höchstgrenze für den Gesamtbetrag der Einkünfte, der sich nach der Zusammenrechnung der Einkünfte der Ehegatten ergibt (§ 26b EStG). Zugleich folgt aus der „Einheit des Einkommens", dass Spenden nur dann abziehbar sind, wenn sie wirtschaftlich nicht dem anderen Ehegatten zugute gekommen sind[2].

Spenden einer Personengesellschaft stellen, weil es an einer betrieblichen Veranlassung fehlt (vgl. § 10 Abs. 1 EStG), einkommensteuerrechtlich anteilige Entnahmen der Gesellschafter dar und sind bei diesen nach § 10b EStG abzugsfähig[3]. Daraus hat die Rechtsprechung früher gefolgert, dass über ihre Abziehbarkeit nicht im Verfahren der einheitlichen Feststellung des Gewinns der Personengesellschaft, sondern allein bei der Veranlagung der Gesellschafter zu entscheiden sei[4]. Diese Rechtsprechung ist durch die Änderung des § 180 Abs. 1 Nr. 2 Buchst. a AO (mit den Einkünften „in Zusammenhang stehende andere Besteuerungsgrundlagen") überholt, weil damit auch Spenden erfasst werden sollten[5]. Folglich sind die Anteile der Gesellschafter am Spendenabzug einheitlich und gesondert festzustellen, auch wenn der Sonderausgabenabzug erst auf der Ebene der persönlichen Veranlagung der Gesellschafter stattfindet[6].

---

1 Zur verfassungsrechtlichen Kritik vgl. näher *Hüttemann* in Non Profit Law Yearbook 2001, 145; anders FG Hamburg v. 4.9.2006 – 2 K 109/05, EFG 2007, 199, das den 20 450 Euro-Betrag für unbedenklich hält.

2 BFH v. 20.2.1991 – X R 191/87, BStBl. II 1991, 690.

3 Vgl. BFH v. 8.8.1990 – X R 149/88, BStBl. II 1991, 70; BFH v. 31.10.1991 – X R 126/90, BFH/NV 1992, 353; *Knobbe-Keuk*, Bilanz- und Unternehmensteuerrecht, § 10 I 1e; *Wacker* in L. Schmidt, § 15 EStG Rz. 432.

4 BFH v. 8.8.1990 – X R 149/88, BStBl. II 1991, 70

5 Vgl. BR-Drucks. 612/93; siehe auch *Söhn* in Hübschmann/Hepp/Spitaler, § 180 AO Rz. 155.

6 So *Kulosa* in Herrmann/Heuer/Raupach, § 10b EStG Rz. 13; a.A. *Brandl* in Blümich, § 10b EStG Rz. 10.

In **Organschaftsfällen** ist bei der Berechnung des beim Organträger (natürliche 8.148 Person) abziehbaren Höchstbetrages das ihm zuzurechnende Einkommen der Organgesellschaft grundsätzlich außer Betracht zu lassen[1]. Dafür spricht zwar weniger, dass anderenfalls die Gefahr einer „Verdoppelung" des Spendenabzugsvolumens bestünde[2], denn der Gesellschafter könnte außerhalb einer Organschaft den nach Spendenabzug verbleibenden Gewinn der Organgesellschaft auch über eine Ausschüttung (in den Grenzen des § 3 Nr. 40 Buchst. d EStG) „noch einmal" für seinen eigenen Spendenabzug nutzen[3]. Ausschlaggebend ist eher die „technische" Überlegung, dass die organschaftliche Zurechnung nichts daran ändert, dass Organträger und Organgesellschaft zivil- und ertragsteuerlich eigenständige Steuersubjekte bleiben, deren Einkommen separat zu ermitteln ist. Ferner fehlt in § 15 KStG eine Regelung, die eine Anwendung des § 9 Abs. 1 Nr. 2 KStG auf der Ebene der Organgesellschaft ausschließt[4]. Bei natürlichen Personen als Organträger kommt die Überlegung hinzu, dass die Einkommenszurechnung außerhalb des Gesamtbetrags der Einkünfte stattfindet, so dass das Einkommen der Organgesellschaft schon deshalb nicht in die Bemessungsgrundlage des Spendenabzugs eingehen kann[5].

III. Alternativgrenze

Nach § 10b Abs. 1 Satz 1 Nr. 2 EStG können Zuwendungen alternativ auch bis zu 8.149 **vier Promille „der Summe der gesamten Umsätze und der im Kalenderjahr aufgewendeten Löhne und Gehälter"** abgezogen werden. Die einkünfteunabhängige Alternativgrenze soll Unternehmern auch bei schlechter Ertragslage ausreichende Abzugsmöglichkeiten vermitteln und selbst bei schwankenden Einkünften ein stetiges gemeinnütziges Engagement ermöglichen[6]. Sie ist zum 1.1.2007 – entsprechend der Verdoppelung der allgemeinen Höchstgrenze auf 20 Prozent des Gesamtbetrags der Einkünfte – von zwei auf vier Promille angehoben worden, um einen Rückgang des Zuwendungsaufkommens in konjunkturell schwachen Jahren zu verhindern[7].

Mit dem Begriff **„Summe der gesamten Umsätze"** knüpft das Gesetz nicht nur hin- 8.150 sichtlich des Begriffs „Umsatz", sondern auch hinsichtlich der Bemessung des Umsatzes an das Umsatzsteuerrecht an. Zur Summe der gesamten Umsätze gehören nicht nur die steuerpflichtigen, sondern auch die steuerfreien Umsätze[8]. Maßgebend ist die Summe der Umsätze eines Kalenderjahres.

---

1 BFH v. 23.1.2002 – XI R 95/97, BStBl. II 2003, 9; FG Düsseldorf v. 26.6.2012 – 6 K 3767/ 10 F, EFG 2012, 1876; zustimmend *Heinicke* in L. Schmidt, § 10b EStG Rz. 60; *Geserich* in Kirchhof/Söhn/Mellinghoff, § 10b EStG Rz. B 372; *Kulosa* in Herrmann/Heuer/Raupach, § 10b EStG Rz. 40.
2 So aber BFH v. 23.1.2002 – XI R 95/97, BStBl. II 2003, 9.
3 Vgl. auch die Kritik von *Olbing* in FS Streck, 2011, S. 121 ff.
4 Siehe nur *Herlinghaus* in Herzig (Hrsg.), Organschaft, 2003, S. 133 (137).
5 Ebenso BFH v. 23.1.2002 – XI R 95/97, BStBl. II 2003, 9.
6 Vgl. *Geserich* in Kirchhof/Söhn/Mellinghoff, § 10b EStG Rz. B 382.
7 Bericht des Finanzausschusses BT-Drucks. 16/5985.
8 Vgl. näher BFH v. 4.12.1996 – I R 151/93, BStBl. II 1997, 327; *Kulosa* in Herrmann/Heuer/Raupach, § 10b EStG Rz. 41.

8.151 Der Begriff „Summe der im Kalenderjahr aufgewendeten Löhne und Gehälter" ist in Anlehnung an **§ 275 Abs. 2 Nr. 6 Buchst. a HGB** („Löhne und Gehälter") auszulegen[1]. Er umfasst sämtliche Personalaufwendungen des Unternehmens für seine Arbeitnehmer sowie für die Vorstände und Geschäftsführer, ganz gleich für welche Arbeit, in welcher Form und unter welcher Bezeichnung sie geleistet worden sind („Personalaufwand")[2]. Unerheblich ist, ob es sich bei den Aufwendungen um Löhne und Gehälter im steuerlichen Sinne (vgl. § 19 EStG) handelt. Insbesondere sind auch Lohn- und Gehaltsrückstellungen einzubeziehen („… aufgewendeten").

8.152 Bei **Personengesellschaften** sind die Berechnungsgrundlagen (Umsätze bzw. Löhne und Gehälter) nach dem Gewinnverteilungsschlüssel auf die Gesellschafter zu verteilen und ggf. um weitere außerhalb der Gesellschaft erzielte Umsätze etc. zu ergänzen[3].

8.153 In **Organschaften** kommt es für die Berechnung der Alternativgrenze beim Organträger und bei der Organgesellschaft wiederum auf die eigenen Umsätze und Personalaufwendungen an[4].

IV. Unbegrenzter Spendenvortrag

8.154 Die Beschränkung des Spendenabzugs auf bestimmte Höchstbeträge im Zuwendungsjahr kann insbesondere bei größeren Zuwendungen dazu führen, dass nur ein Teil der abziehbaren Zuwendungen steuerlich berücksichtigt wird, weil nicht ausgenutzte Sonderausgaben nach allgemeinen steuerlichen Grundsätzen nicht vor- oder rücktragsfähig sind. Um mögliche Härten – z.B. bei Stiftungserrichtungen – abzumildern, war mit dem sog. Kultur- und Stiftungsförderungsgesetz von 1990 ein auf Großspenden für bestimmte Zwecke begrenzter Spendenrück- und -vortrag eingeführt worden. Diese Großspendenregelung ist durch das **Gesetz zur weiteren Förderung des bürgerschaftlichen Engagements** in einen unbegrenzten Spendenvortrag für alle nicht berücksichtigten Zuwendungen umgestaltet worden. Nach § 10b Abs. 1 Satz 9 EStG sind nunmehr alle abziehbaren Zuwendungen, die die Höchstbeträge nach Satz 1 überschreiten oder im Veranlagungszeitraum der Zuwendung nicht berücksichtigt werden können, im Rahmen der Höchstbeträge in den folgenden Veranlagungszeiträumen als Sonderausgaben abzuziehen. § 10d EStG gilt entsprechend (§ 10b Abs. 1 Satz 10 EStG). Der einjährige Spendenrücktrag ist hingegen 2007 weggefallen. Diese Änderung geht auf eine Empfehlung der Bund-Länder-Arbeitsgruppe Spendenrecht zurück.

8.155 Das Gesetz unterscheidet **zwei Fälle**, in denen eine unbegrenzte Vortragsmöglichkeit besteht.

---

1 *Geserich* in Kirchhof/Söhn/Mellinghoff, § 10b EStG Rz. B 387; *Kulosa* in Herrmann/Heuer/Raupach, § 10b EStG Rz. 41; *Brandl* in Blümich, § 10b EStG Rz. 56.

2 Statt vieler *Hüttemann/Meyer* in Staub, § 275 HGB Rz. 24.

3 Vgl. R 10b.3 Abs. 1 Satz 2 EStR.

4 Vgl. Abschn. 47 Abs. 5 Satz 4 KStR; vgl. auch BFH v. 23.1.2002 – XI R 95/97, BStBl. II 2003, 9; FG Düsseldorf v. 18.3.1991 – 6 K 117/86, EFG 1991, 750 (aus anderen Gründen aufgehoben durch BFH v. 5.2.1992 – I R 63/91, BStBl. II 1992, 748).

– Ein Spendenvortrag ist zum einen möglich, wenn die abziehbaren Zuwendungen **„die Höchstbeträge nach Satz 1 überschreiten“**. Zur alten Großspendenregelung war insoweit umstritten, ob beide Höchstbeträge überschritten sein mussten oder ob es ausreichend war, dass die Großspende eine der beiden früher geltenden Abzugsgrenzen (z.B. 5 Prozent des Gesamtbetrags der Einkünfte) überstieg[1]. Der BFH[2] hat mit Hinweis auf den Wortlaut und den Ausnahmecharakter der Norm eine kumulative Prüfung gefordert. Diese Rechtsprechung war umstritten, weil sie in Einzelfällen zu gravierenden Härten führen konnte, wenn in ertragsschwachen Jahren eine Großspende erfolgte und der Spendenrücktrag in ein Gewinnjahr nur deshalb versagt blieb, weil die alte Zwei-Promille-Grenze im Jahr der Zuwendung nicht überschritten war[3]. Dieses Problem ist mit dem Wegfall des Spendenrücktrags und der Erweiterung des Spendenvortrags um steuerlich nicht berücksichtigte Zuwendungen entschärft worden. Deshalb ist davon auszugehen, dass der BFH erst recht an seiner bisherigen Rechtsprechung festhalten wird.

– Ein Vortrag ist zum anderen möglich, wenn die abziehbaren Zuwendungen „**im Veranlagungszeitraum der Zuwendung nicht berücksichtigt werden können**". Wann eine Zuwendung steuerlich „berücksichtigt" wird, hängt von der Reihenfolge ab, nach der die verschiedenen Arten von Sonderausgaben abgezogen werden. Dazu ist mit dem JStG 2008 rückwirkend zum 1.1.2007 eine gesetzliche Regelung in § 10b Abs. 1 Satz 9 Alt. 2 EStG eingefügt worden. Danach setzt ein Spendenvortrag voraus, dass die Zuwendungen den um die Beträge nach § 10 Abs. 3 und 4, § 10c (Vorsorgeaufwendungen) und § 10d EStG (Verlustvortrag) verminderten Gesamtbetrag der Einkünfte übersteigen.

Aus dem **Verweis auf § 10d EStG** folgt, dass – wie schon bisher – verbleibende Spendenüberhänge mittels Feststellungsbescheid gesondert festzustellen sind. Der vortragsfähige Teil der Zuwendungen erhöht die in den nachfolgenden Veranlagungszeiträumen abzugsfähigen Zuwendungen und ist gemeinsam mit diesen nach Maßgabe der gesetzlichen Höchstbeträge abziehbar bzw. erneut vortragsfähig[4]. Eine zeitliche Begrenzung des Zuwendungsvortrags ist nicht vorgesehen.

8.156

Vor der Grundsatzentscheidung des Großen Senats des BFH vom 17.12.2007[5] zur Vererblichkeit eines vom Erblasser nicht ausgenutzten Verlustabzugs war im Schrifttum umstritten, ob ein vom Erblasser nicht ausgenutzter Spendenvortrag auf den Erben übergehen kann[6]. Nachdem der BFH nach einigem Hin und Her die Vererblichkeit des Verlustabzugs kassiert hat, hat der X. Senat denn auch erwartungsgemäß mit Urteil vom 21.10.2008[7] festgestellt, **dass ein vom Erblasser nicht ausgenutzter Spendenvortrag verfällt**. Nach seiner Ansicht

---

1 Vgl. dazu näher *Geserich* in Kirchhof/Söhn/Mellinghoff, § 10b EStG Rz. B 644 ff.
2 BFH v. 4.5.2004 – XI R 34/03, BStBl. II 2004, 736.
3 Vgl. auch FG Düsseldorf v. 16.8.1999 – 12 V 4031/99 A (E), EFG 1999, 1219, rkr.
4 Vgl. *Kulosa* in Herrmann/Heuer/Raupach, § 10b EStG Rz. 66.
5 BFH v. 17.12.2007 – GrS 2/04, BStBl. II 2008, 608; zu Übergangsfragen vgl. BMF v. 24.7.2008, BStBl. I 2008, 809.
6 Vgl. dazu 2. Aufl. 2012 § 8 Rz. 156.
7 BFH v. 21.10.2008 – X R 44/05, BFH/NV 2009, 375.

kommt auch ein Billigkeitserlass bei hohen Spenden betagter Steuerpflichtiger nicht in Betracht[1].

8.157 Sieht man vom Erbfall ab, so **wirken sich folglich alle spendenbegünstigten Zuwendungen auch einkommensteuerlich** aus, wenn ausreichende Einkünfte in den folgenden Veranlagungszeiträumen erzielt werden. Allerdings wird der Vorteil eines zeitlich unbegrenzten Sonderausgabenabzugs durch den (gegenwärtig allerdings stark gedämpften) Zinseffekt gemindert, da eine zukünftige Verrechnungsmöglichkeit einen geringeren Barwert hat als ein Sofortabzug.

8.158–8.159   frei

V. Spenden an Stiftungen

1. Rechtsentwicklung

8.160 Schon im Rahmen der **Beratungen der Unabhängigen Sachverständigenkommission** in den 80er Jahren ist zutreffend darauf hingewiesen worden, dass die Begrenzung des Sonderausgabenabzugs für Spenden auf bestimmte jährliche Abzugsbeträge solche Steuerpflichtigen benachteiligt, die zur Errichtung einer Stiftung einmalig einen außergewöhnlich hohen Betrag als Stiftungskapital zuwenden[2]. Als Lösung war bereits damals ein auf zehn Jahre begrenzter Vor- und Rücktrag für Spenden an Stiftungen ins Gespräch gebracht worden[3]. Diese Anregung führte dann 1990 zur Einführung der sog. Großspendenregelung durch das Kultur- und Stiftungsförderungsgesetz[4]. Die Verteilungsmöglichkeit erwies sich aber gerade für Stiftungserrichtungen als unzureichend, da die jährlichen Abzugsgrenzen selbst nicht erweitert wurden. Erst durch das **Gesetz zur weiteren steuerlichen Förderung von Stiftungen** vom 14.7.2000 sind die steuerlichen Abzugsmöglichkeiten für Spenden an Stiftungen durch die Einführung rechtsformspezifischer Abzugsmöglichkeiten erheblich verbessert worden[5]. Zum einen wurde ein zusätzlicher Abzugsbetrag von 20 450 Euro (bis 2002: 50 000 DM) für Spenden an steuerbegünstigte Stiftungen eingeführt. Zum anderen konnten Spenden in den Vermögensstock einer neu gegründeten Stiftung auf Antrag über die allgemeinen Abzugsgrenzen hinaus bis zu einem Betrag von 307 000 Euro (bis 2002: 600 000 DM) über zehn Jahre verteilt abgezogen werden.

8.161 Mit dem **Gesetz zur weiteren Stärkung des bürgerschaftlichen Engagements** vom 10.10.2007 sind die Abzugsmöglichkeiten für Spenden an steuerbegünstigte Stiftungen neu geordnet und nochmals erheblich ausgeweitet worden[6]. Zwar ist der allgemeine Abzugsbetrag für Spenden an Stiftungen in Höhe von 20 450 Euro weg-

---

1 BFH v. 26.10.2011 – X B 12/11, juris.

2 Vgl. *Isensee/Knobbe-Keuk*, Gutachten, S. 490 f.

3 *Isensee/Knobbe-Keuk*, Gutachten, S. 490 f.

4 Vgl. dazu *Thiel/Eversberg*, DB 1991, 118.

5 Vgl. dazu *Crezelius/Rawert*, ZEV 2000, 421; *Hüttemann*, DB 2000, 1584.

6 Vgl. dazu *Hüttemann*, DB 2007, 127; *Hüttemann*, DB 2007, 2053; *Schauhoff/Kirchhain*, DStR 2007, 1895.

gefallen, um die Abzugsmöglichkeiten zu vereinheitlichen und auf die Kapitalausstattung von Stiftungen zu konzentrieren. Hingegen ist der bisherige Gründungshöchstbetrag von 307 000 Euro auf Zustiftungen in den Vermögensstock einer bereits bestehenden Stiftung erweitert und auf 1 Million Euro angehoben worden. Durch das **Ehrenamtsstärkungsgesetz**[1] ist der Abzugsbetrag für zusammen veranlagte Ehegatten ausdrücklich[2] verdoppelt und der Begriff des „Vermögensstocks" in Abgrenzung zu Verbrauchsstiftungen präzisiert worden. § 10b Abs. 1a EStG hat nun folgenden Inhalt:

„Spenden zur Förderung steuerbegünstigter Zwecke im Sinne der §§ 52 bis 54 der Abgabenordnung in das zu erhaltende Vermögen (Vermögensstock) einer Stiftung, welche die Voraussetzungen des Absatzes 1 Satz 2 bis 6 erfüllt, können auf Antrag des Steuerpflichtigen im Veranlagungszeitraum der Zuwendung und in den folgenden neun Veranlagungszeiträumen bis zu einem Gesamtbetrag von 1 Million Euro, bei Ehegatten, die nach den §§ 26, 26b zusammen veranlagt werden, bis zu einem Gesamtbetrag von 2 Millionen Euro, zusätzlich zu den Höchstbeträgen nach Absatz 1 Satz 1 abgezogen werden. Nicht abzugsfähig nach Satz 1 sind Spenden in das verbrauchbare Vermögen. Der besondere Abzugsbetrag nach Satz 1 bezieht sich auf den gesamten Zehnjahreszeitraum und kann der Höhe nach innerhalb dieses Zeitraums nur einmal in Anspruch genommen werden. § 10d Abs. 4 EStG gilt entsprechend."

2. Spenden an Stiftungen

§ 10b Abs. 1a EStG enthält einen **rechtsformabhängigen Abzugstatbestand**[3]. Begünstigt sind ausschließlich Spenden in den Vermögensstock einer „Stiftung", die die „Voraussetzungen des Absatzes 1 Satz 2 bis 6 erfüllt". Für die Anwendung des neuen Stiftungshöchstbetrags kann auf die zu den alten Stiftungshöchstbeträgen entwickelte Auslegung zurückgegriffen werden. Unstreitig ist deshalb zunächst, dass rechtsfähige Stiftungen des öffentlichen und des privaten Rechts (vgl. zu letzteren §§ 80 ff. BGB) begünstigt sind[4]. Ebenso klar ist, dass Spenden an Körperschaften wie z.B. eine Stiftungs-GmbH oder einen Stiftungs-Verein nicht unter § 10b Abs. 1a EStG fallen, weil es ausschließlich auf die Rechtsform und nicht auf die Bezeichnung der Einrichtung ankommt[5].

Zuwendungen an rechtsfähige Stiftungen unter Lebenden können einkommensteuerrechtlich erst nach rechtlicher Entstehung der Stiftung durch behördliche Anerkennung berück-

8.162

---

1 Gesetz v. 21.3.2013, BGBl. I 2013, 566.
2 Zur Rechtslage in 2000 bis 2006 – damals stand jedem Ehegatte der Höchstbetrag gesondert zu – vgl. BFH v. 3.8.2005 – XI R 76/03, BStBl. II 2006, 121.
3 Vgl. BFH v. 15.9.2010 – X R 11/08, BFH/NV 2011, 769; näher *Hüttemann* in Non Profit Law Yearbook 2001, 145 ff.
4 Statt aller nur *Heinicke* in L. Schmidt, § 10b EStG Rz. 28; *Kirchhof* in Kirchhof, § 10b EStG Rz. 40; *Kulosa* in Herrmann/Heuer/Raupach, § 10b EStG Rz. 82; *Buchna/Leichinger/Seeger/Brox*, S. 449; siehe auch *Hüttemann*, DB 2000, 1584 (1587); *Hüttemann*, DB 2007, 2053.
5 Vgl. BFH v. 15.9.2010 – X R 11/08, BFH/NV 2011, 769; *Lex*, DStR 2000, 1939; *Wallenhorst*, DStR 2002, 984; *Buchna/Leichinger/Seeger/Brox*, S. 449; *Hüttemann*, DB 2000, 1584, 1587.

sichtigt werden[1]. Dies erklärt sich daraus, dass es nach zutreffender Ansicht keine Vorstiftung gibt, die Empfänger einer Zuwendung im Gründungsstadium vor Anerkennung sein kann[2]. Dadurch unterscheidet sich die Stiftung von mitgliederbezogenen Verbänden, die – wie z.B. Kapitalgesellschaften und Vereine – bereits vor Eintragung in das Handels- bzw. Vereinsregister als „Vorgesellschaft" bzw. „Vorverein" körperschaftsteuerpflichtig und damit – bei Vorliegen der übrigen Voraussetzungen der §§ 51 ff. AO – auch spendenempfangsberechtigt sind (dazu Rz. 2.23, 2.38 und 2.63). Denkbar ist allerdings die „Zwischenschaltung" einer nichtrechtsfähigen Stiftung[3].

8.163   Bei Einführung des § 10b Abs. 1a EStG war zunächst darüber gestritten worden, ob unter den Begriff „Stiftung" auch **nichtrechtsfähige Stiftungen** fallen. Die Finanzverwaltung[4] und der ganz überwiegende Teil des Schrifttums[5] haben dies von Anfang an bejaht. Dagegen wollte die Gegenansicht den Begriff „Stiftung" auf rechtsfähige Stiftungen beschränken, da nur bei solchen Stiftungen wegen des Fehlens von Mitgliedern und der staatlichen Aufsicht „eine verlässliche Bindung der Spenden ausschließlich für gemeinnützige Zwecke" gegeben sei[6]. Die Verfasser des Gesetzes zur Stärkung des bürgerschaftlichen Engagements haben sich zu dieser Frage nicht geäußert. Wie inzwischen der BFH bestätigt hat, ist auch für das neue Recht davon auszugehen, dass nicht nur rechtsfähige, sondern auch nichtrechtsfähige Stiftungen begünstigt sind[7]. Im Urteil vom 15.1.2015 betreffend den erhöhten Spendenabzug nach § 10b Abs. 1a EStG heißt es dazu[8]:

„Zutreffend weist das FG daraufhin, dass § 5 Abs. 1 Nr. 9 KStG nicht zwischen einer rechtsfähigen und einer nicht rechtsfähigen Stiftung unterscheidet. Somit sind auch Spenden an nicht rechtsfähige Stiftungen als Sonderausgaben abziehbar. Dies setzt allerdings das Bestehen einer nicht rechtsfähigen Stiftung voraus."

Für diese Auslegung spricht zunächst der Wortlaut des Gesetzes. Denn auch nichtrechtsfähige Stiftungen können „nach § 5 Abs. 1 Nr. 9 steuerbefreite Stiftungen" und eigenes Steuersubjekt sein[9]. Ferner ist zu berücksichtigen, dass der Begriff „Stiftung" auch in anderen steuerlichen Zusammenhängen (vgl. § 58 Nr. 6 und § 62

---

1 Vgl. BFH v. 11.2.2015 – X R 36/11, BStBl. II 2015, 545.

2 Dazu näher *Hüttemann/Rawert* in Staudinger, § 80 Rz. 47 ff.; *Thole*, Die Stiftung in Gründung, 2009.

3 Dazu BFH v. 11.2.2015 – X R 36/11, BStBl. II 2015, 545; *Kirchhain* in Rödder/Herlinghaus/Neumann, § 9 KStG Rz. 209.

4 Vgl. BMF v. 21.3.2000 – IV C 6 - S 0171 - 54/00.

5 *Schindler*, BB 2000, 2077 f.; *Hofmeister* in Blümich, § 10b EStG Rz. 54a; *Heinicke* in L. Schmidt, § 10b EStG Rz. 28; *Starke* in Herrmann/Heuer/Raupach, Steuerreform 1999/2000/2002, § 10b EStG Rz. 10; *Schauhoff* in Schauhoff, § 11 Rz. 94; *Hüttemann*, DB 2000, 1584 (1587).

6 Monographisch *Bergmann*, Erweiterte Sonderausgabenabzugsfähigkeit für Dotationen an Stiftungen, 2004; vgl. *Crezelius/Rawert*, ZEV 2000, 421; *Geserich* in DStJG 26 (2003), 245 (262 f.); *Geserich* in Kirchhof/Söhn/Mellinghoff, § 10b EStG Rz. Ba 16, Ba 33.

7 Ebenso etwa *Heinicke* in L. Schmidt, § 10b EStG Rz. 28; *Kulosa* in Herrmann/Heuer/Raupach, § 10b EStG Rz. 82; *Brandl* in Blümich, § 10b EStG Rz. 101; *Kirchhof* in Kirchhof, § 10b EStG Rz. 41; *Buchna/Leichinger/Seeger/Brox*, S. 449; *Hüttemann*, DB 2007, 2053.

8 BFH v. 11.2.2015 – X R 36/11, BStBl. II 2015, 545.

9 Dazu näher *Hüttemann/Herzog*, DB 2004, 1001.

Abs. 4 AO, § 29 Abs. 1 Nr. 4 ErbStG) gleichermaßen als **Oberbegriff für rechts-fähige und nichtrechtsfähige Stiftungen** verstanden worden ist[1].

Gegen die Einbeziehung von nichtrechtsfähigen Stiftungen im Rahmen von § 10b Abs. 1a EStG spricht auch nicht, dass der II. Senat des BFH im Rahmen der Erbschaftsteuer – wie zuletzt bei der **Anwendung der Erbersatzsteuer** nach § 1 Abs. 1 Nr. 4 ErbStG – zwischen rechtsfähigen und nichtrechtsfähigen Stiftungen unterscheidet[2]. Denn insoweit ist – worauf der BFH zutreffend hinweist – insbesondere zu beachten, dass nicht rechtsfähige Stiftungen bei der Körperschaftsteuer nach § 1 Abs. 1 Nr. 5 KStG ein eigenes Steuersubjekt darstellen, während im Rahmen der Erbschaftsteuer unentgeltliche Vermögensübertragungen auf nicht-rechtsfähige Stiftungen entsprechend der Zivilrechtslage als Übertragungen auf den Treuhän-der anzusehen sind (zu Zweckschenkungen vgl. auch § 8 ErbStG). Zugleich ist zu beachten, dass auch im Kontext des Erbschaftsteuerrechts rechtsfähige und nichtrechtsfähige Stiftungen in bestimmten Zusammenhängen gleich zu behandeln sind. Dies gilt z.B. für § 29 Abs. 1 Nr. 4 ErbStG (dazu Rz. 9.15), da es nach dem Sinn und Zweck der Regelung (die Weitergabe des ererbten Vermögens lässt die Bereicherung des Erben entfallen) keinen Unterschied macht, ob der Erbe sich des Vermögens an eine rechtsfähige oder eine nichtrechtsfähige Stiftung ent-äußert[3].

Eine Beschränkung des Abzugstatbestandes nach § 10b Abs. 1a EStG auf rechtsfähi-ge Stiftungen ist auch nicht aus **verfassungsrechtlichen Gründen** geboten[4]. Zwar bedürfen rechtsformabhängige Privilegierungen im Lichte der Schwarzwaldklinik-Entscheidung des BVerfG[5] der Rechtfertigung durch einen sachlichen Grund. An-ders ausgedrückt: Der steuerliche Entlastungszweck muss einen Bezug zur Rechts-form der begünstigten Einrichtungen aufweisen. Für die Frage, ob § 10b Abs. 1a EStG verfassungskonform auf rechtsfähige Stiftungen zu beschränken ist, kommt es also darauf an, welchen Rechtsformbezug man für maßgebend hält.

8.164

Das Fehlen von Mitgliedern rechtfertigt noch keine Ausklammerung nichtrechtsfähiger Stif-tungen, da alle Stiftungsformen „mitgliederlos" sind. Auch die Dauerhaftigkeit des Stiftungs-zwecks ist ein ungeeignetes Unterscheidungsmerkmal, zumal (rechtsfähige und nichtrechts-fähige) Stiftungen keineswegs immer „auf Dauer" angelegt sein müssen. Ein Ausschluss der nichtrechtsfähigen Stiftungen lässt sich mithin nur dann rechtfertigen, wenn man allein auf die **staatliche Stiftungsaufsicht** abstellt, die bei nichtrechtsfähigen Stiftungen bekanntlich fehlt[6]. Diese Sichtweise verkennt indes, dass die Stiftungsaufsicht nur ein (schwacher) staatli-cher Ersatz für eine fehlende wirksame Kontrolle durch eigeninteressierte Mitglieder dar-stellt[7] und daher für sich genommen kaum eine Bevorzugung von Stiftungsdotationen ge-genüber Zuwendungen an Vereine und Kapitalgesellschaften rechtfertigt. Zudem fällt die Stiftungsaufsicht im Vergleich zur laufenden Kontrolle gemeinnütziger Einrichtungen durch die Finanzämter aus steuerlicher Sicht praktisch nicht ins Gewicht.

---

1 Vgl. näher *Hüttemann* in Non Profit Law Yearbook 2001, 145, 148 ff.
2 BFH v. 25.1.2017 – II R 26/16, BStBl. II 2018, 199; dazu auch *Mehren*, npoR 2017, 165; *Oppel*, ZEV 2017, 22.
3 Dazu auch *Mehren*, npoR 2017, 165.
4 Zum Folgenden eingehend *Hüttemann* in Non Profit Law Yearbook 2001, 145.
5 BVerfG v. 10.11.1999 – 2 BvR 2861/93, BVerfGE 101, 151; ebenso BFH v. 15.9.2010 – X R 11/08, BFH/NV 2011, 769.
6 So aber z.B. *Crezelius/Rawert*, ZEV 2000, 421.
7 Vgl. *Hüttemann* in Non Profit Law Yearbook 2001, 145.

Damit bleibt als einzig tragfähige rechtsformspezifische Besonderheit die **Notwendigkeit einer Vermögensausstattung**. Die Leistungskraft einer Stiftung bestimmt sich nach der Größe ihres Vermögens, da Stiftungen – anders als körperschaftlich organisierte Rechtsträger (Verein, Gesellschaft) – nicht über Einlagen, Beiträge oder Nachschüsse auf die Leistungskraft von Mitgliedern zurückgreifen können. Zudem werden Stiftungsdotationen im geltenden Spendenrecht durch die jährlichen Höchstbeträge benachteiligt, weil der (Zu-)Stifter typischerweise einen größeren Betrag auf einmal (ein „Vermögen") zuwendet. Diese Besonderheiten gelten für alle Stiftungen und sind unabhängig davon, ob die Stiftung Rechtsfähigkeit besitzt oder nicht. Deshalb ist es auch nicht als gleichheitswidrig anzusehen, wenn der Gesetzgeber auch Spenden an nichtrechtsfähige Stiftungen zusätzlich fördert, um den Kapitalaufbau in gemeinnützigen Stiftungen zu erleichtern[1]. Zwar finanzieren sich auch die „Stiftungskörperschaften" (Stiftungs-GmbH bzw. Stiftungs-Verein) häufig in erster Linie aus Vermögenserträgen. Dabei handelt es sich aber um atypische Rechtsformvermischungen, die der Gesetzgeber – schon aus Gründen der Verwaltungspraktikabilität – nicht in die Begünstigung einbeziehen muss.

Seit dem Gesetz zur Umsetzung steuerlicher EU-Vorgaben vom 8.4.2010[2] gilt der besondere Spendenabzug für Vermögensstockspenden auch für Zuwendungen an Stiftungen, die in einem Mitgliedstaat der EU/EWR belegen sind. Diese Ausdehnung entspricht den Grundsätzen des *Persche*-Urteils des EuGH, wirft allerdings zusätzliche **Qualifikationsprobleme** auf. Denn es ist nun zu prüfen, welche ausländischen Rechtsgebilde (z.B. ein englischer *Charitable Trust*[3]) als „Stiftung" anzusehen ist[4]. Wie aber der Streit über die Einbeziehung nichtrechtsfähiger Stiftungen in den Fördertatbestand zeigt, konnte bisher schon rein national keine Einigkeit darüber erzielt werden, welche Strukturmerkmale einer „Stiftung" den besonderen Abzugstatbestand rechtfertigen. Diese Unsicherheit belastet auch den nunmehr erforderlichen „Typenvergleich".

3. Spenden in das zu erhaltende Vermögen (Vermögensstock)

8.165 Nach § 10b Abs. 1a EStG sind nicht alle Spenden an Stiftungen begünstigt, sondern nur Spenden „in das zu erhaltende Vermögen (Vermögensstock)". Der Begriff „Vermögensstock" ist ein **rein steuerlicher Begriff**[5] und erstmals 2000 mit dem sog. Gründungshöchstbetrag (§ 10b Abs. 1a EStG a.F.) eingeführt worden. Er ist im Stiftungszivilrecht unbekannt. Stiftungsrechtlich hat der Begriff des „Vermögens" je nach Sachzusammenhang eine unterschiedliche Bedeutung. So kann er entweder – wie in § 88 BGB – sämtliche Aktiva und Passiva einer Stiftung bezeichnen (Vermögen im weiteren Sinne), oder sich – wie z.B. in § 81 Abs. 1 Nr. 4 BGB – nur auf diejenigen Vermögenswerte beziehen, die dem Bestandserhaltungsgebot unterliegen[6]. Soweit letzteres der Stiftung vom Stifter „gewidmet" (vgl. § 81 Abs. 1 Satz 2

---

1 So jetzt auch BFH v. 15.9.2010 – X R 11/08, BFH/NV 2011, 769.

2 BGBl. I 2010, 386.

3 Dazu näher *Luxton*, The Law of Charities, 2001, S. 256 ff.

4 Ebenso *Brandl* in Blümich, § 10b EStG Rz. 82.

5 Zustimmend *Brandl* in Blümich, § 10b EStG Rz. 83.

6 Dies entspricht der Position „Stiftungskapital" nach IDW RS HFA 5; vgl. *Hüttemann*, DB 2013, 1561 (1569).

BGB) worden ist, spricht man von „Grundstockvermögen"[1]. Dieses kann durch Zu-stiftungen des Stifters oder Dritter nachträglich erhöht werden[2]. Aus der Entste-hungsgeschichte der Vorgängerregelung lässt sich schließen, dass mit dem Begriff „Vermögensstock" das Vermögen gemeint war, das nicht der zeitnahen Mittelver-wendungspflicht unterliegt, sondern nach dem Willen des Zuwendenden zur Aus-stattung der Körperschaft mit Vermögen bestimmt gewesen ist (vgl. auch § 62 Abs. 3 AO). Insoweit ist auf die Stellungnahme des Bundesrates zum Gesetz zur weiteren Stärkung des bürgerschaftlichen Engagements hinzuweisen, in der es heißt[3]:

> „Die von der Bundesregierung vorgeschlagene Erhöhung des Höchstbetrages für die Kapital-stockausstattung von Stiftungen ist grundsätzlich zu begrüßen, erscheint aber nicht ausrei-chend. Vor dem Hintergrund, dass viele Stiftungen in der Regel nur bis zur gesetzlichen Höchstgrenze mit Kapital ausgestattet werden und die Mittel innerhalb der Stiftungen auf Dauer gebunden sind, mit der Folge, dass nur die Erträge gemeinnützigen Zwecken zuflie-ßen, ist eine deutliche Anhebung des Höchstbetrags geboten.Die Anhebung auf eine Million Euro verbessert die Kapitalausstattung von Stiftungen spürbar; sie werden dadurch in die Lage versetzt, ihren der Allgemeinheit zugute kommenden Zwecken in einem erhöhten Maße nachzukommen."

Im **Ehrenamtsstärkungsgesetz**[4] ist der Anwendungsbereich des erhöhten Spenden-abzugs noch in zweifacher Hinsicht präzisiert worden[5]. Zum einen macht der erläu-ternde Zusatz „in das zu erhaltende Vermögen" den inneren Zusammenhang zwi-schen stiftungsrechtlicher Kapitalerhaltung[6] und spendenrechtlicher Privilegierung deutlich. Zum anderen wird die Beschränkung auf Zuwendungen in das zu erhal-tende Vermögen – negativ – durch den ausdrücklichen Ausschluss von Spenden in das „verbrauchbare Vermögen" in Satz 2 verstärkt. Damit bestätigt der Gesetzgeber die schon bisher von der Finanzverwaltung[7] und dem wohl überwiegenden Schrift-tum[8] vertretene Ansicht, dass Zustiftungen zu sog. **Verbrauchsstiftungen** nicht

---

1 Vgl. dazu *Hüttemann/Rawert* in Staudinger, § 81 BGB Rz. 59 ff.
2 Vgl. zum Begriff der Zustiftung näher *Hüttemann/Rawert* in Staudinger, Vorbem 366 ff. zu §§ 80 BGB ff.; *Rawert*, DNotZ 2008, 5; monographisch *Flues*, Die Zustiftung im Zivil-recht, im Steuerrecht und in der Rechnungslegung unter Berücksichtigung der Rechtslage in Österreich und der Schweiz, 2015.
3 Vgl. BR-Drucks. 117/07 (Beschluss), S. 6.
4 Gesetz v. 21.3.2013, BGBl. I 2013, 566.
5 Siehe auch *Schauhoff/Kirchhain*, FR 2013, 301; *Hoffmann-Steudner/Staats*, ZStV 2013, 19; *Hüttemann*, DB 2013, 774.
6 Zur Kapitalerhaltung im Stiftungsrecht vgl. nur *Hüttemann* in Hüttemann/Richter/Weite-meyer, Landesstiftungsrecht, Rz. 14.20 ff.; *Hüttemann/Rawert* in Staudinger, § 86 BGB Rz. 29 ff.
7 OFD Frankfurt/M. v. 13.6.2008, DB 2008, 2002; vgl. auch die bereits seit dem BMF-Schrei-ben v. 30.8.2012, BStBl. I 2012, 884 verlangten Angaben betreffend die Zuordnung einer Zuwendung zum Stiftungsstockvermögen in den amtlichen Mustern für Zuwendungs-bestätigungen.
8 *Geserich* in Kirchhof/Söhn/Mellinghoff, § 10b EStG Rz. 67; *Heinicke* in L. Schmidt, § 10b EStG Rz. 71; 2. Aufl. 2012 § 8 Rz. 165; a.A. *Schauhoff* in Schauhoff, § 11 Rz. 94; *Wallen-horst*, DStR 2002, 984.

nach § 10b Abs. 1a EStG begünstigt sind[1]. In der Gesetzesbegründung heißt es dazu ergänzend, die Voraussetzungen für den besonderen Spendenabzug seien bei Spenden in das verbrauchbare Vermögen nicht erfüllt, „da dieses Vermögen endgültig verbraucht werden kann oder soll und daher nicht der dauerhaften Erwirtschaftung von Erträgen dient"[2]. Dass der Gesetzgeber des Ehrenamtsstärkungsgesetzes den Ausschluss von Zuwendungen an Verbrauchsstiftungen ausdrücklich geregelt hat, dürfte sich daraus erklären, dass im gleichen Gesetz auch die stiftungsrechtliche Zulässigkeit von Verbrauchsstiftungen durch eine Änderung der §§ 80, 81 BGB klargestellt worden ist[3]. Der Hinweis in der Gesetzesbegründung auf die „dauerhafte Erwirtschaftung von Erträgen" darf allerdings nicht dahin missverstanden werden, dass nur Zuwendungen in den „Kapitalstock" privilegiert sind. Zuwendungen in das – gemeinnützigkeitsrechtlich gesprochen – „nutzungsgebundene" Vermögen sind gleichermaßen begünstigt, weil es wirtschaftlich keinen Unterschied macht, ob der Stifter einen Kapitalstock zur Ertragserzielung oder nutzungsgebundenes Vermögen zur unmittelbaren Zweckverwirklichung zuwendet. Entscheidend ist allein, dass die zugewendeten Vermögenswerte – z.B. Immobilien – dauerhaft im Vermögen der Stiftung erhalten werden sollen.

8.166 Geht man von diesen Vorgaben aus, dann lässt sich der Begriff „in den Vermögensstock" einer Stiftung wie folgt präzisieren: Begünstigt sind nur solche Spenden, die vom Stifter oder einem Dritten in das Stiftungsvermögen geleistet werden, das auf Dauer dem Bestandserhaltungsgebot unterliegt und vom sonstigen Vermögen der Stiftung getrennt zu erhalten ist[4]. Entscheidend ist – wie das BMF im Schreiben vom 15.9.2014 zutreffend feststellt – „die Zweckbestimmung zur dauerhaften Ausstattung bzw. Erhöhung des Stiftungsvermögens"[5]. Ob eine Spende in das Stiftungsvermögen geleistet wird, richtet sich nach dem Willen des Zuwendenden:

– Soweit es um **Leistungen des Stifters** geht, hängt die Zuordnung zum Stiftungsvermögen davon ab, ob der Stifter das auf die Stiftung übertragene Vermögen vollständig dem zu erhaltenden Vermögen zugeordnet hat oder nicht[6]. Dies bestimmt sich ausschließlich nach der Vermögenswidmung im Stiftungsgeschäft

---

1 Ebenso nun BMF v. 15.9.2014, BStBl. I 2014, 1278; *Kulosa* in Herrmann/Heuer/Raupach, § 10b EStG Rz. 101; *Brandl* in Blümich, § 10b EStG Rz. 83.

2 BT-Drucks. 17/11316, S. 21.

3 Zu Verbrauchsstiftungen siehe *Segna*, JZ 2014, 126; *Rawert*, npoR 2014, 1; eingehend *Hüttemann/Rawert* in Staudinger, § 80 BGB Rz. 32 ff.; § 81 BGB Rz. 69 ff.; kritisch *Reuter*, npoR 2013, 41.

4 Ebenso schon zum früheren Recht (§ 10b Abs. 1a EStG a.F.) *Crezelius/Rawert*, ZEV 2000, 421 (426); *Geserich* in Kirchhof/Söhn/Mellinghoff, § 10b EStG Rz. Ba 67; *Heinicke* in L. Schmidt, § 10b EStG Rz. 71; *Hüttemann*, DB 2000, 1584 (1590); *Kirchhof* in Kirchhof, § 10b EStG Rz. 62; a.A. – auch Zuwendungen zum Verbrauch sind begünstigt – *Schauhoff* in Schauhoff, § 11 Rz. 94; *Schauhoff/Kirchhain*, DStR 2007, 1985; *Hushahn*, npoR 2011, 73; *Starke* in Herrmann/Heuer/Raupach, Steuerreform 1999/2000/2002, § 10b EStG Rz. R 12; *Wallenhorst*, DStR 2002, 984.

5 BMF v. 15.9.2014, BStBl. I 2014, 1278.

6 Ebenso BMF v. 15.9.2014, BStBl.I 2014, 1278; vgl. auch *Kulosa* in Herrmann/Heuer/Raupach, § 10b EStG Rz. 101; *Brandl* in Blümich, § 10b EStG Rz. 83.

(§ 81 Abs. 1 Satz 2 BGB) bzw. der Stiftungssatzung, die Angaben über „das (Stiftungs-)Vermögen" enthalten muss (vgl. § 81 Abs. 1 Nr. 4 BGB). Dem bilanziellen Ausweis der Spende beim „Stiftungskapital"[1] kommt dagegen nur eine gewisse Indizwirkung zu, da es auf die materiell-rechtliche Zuordnung ankommt[2]. Stattet der Stifter seine Stiftung zusätzlich zum Grundstockvermögen mit weiteren Mitteln aus, die zum sofortigen Verbrauch bestimmt sind, kann der Stiftungshöchstbetrag insoweit nicht gewährt werden, weil solche Spenden die dauerhafte Kapitalausstattung nicht erhöhen (zu Verbrauchsklauseln vgl. Rz. 8.167).

– Für **spätere Leistungen des Stifters oder eines Dritten** gilt grundsätzlich das Gleiche[3]. Auch hier kommt es entscheidend darauf an, ob die Spende nach dem Willen des Zuwendenden das Grundstockvermögen der Stiftung erhöhen soll, d.h. den Charakter einer „Zustiftung"[4] hat. Soll die Stiftung die Spende zeitnah verbrauchen, fehlt es an einer Leistung „in das zu erhaltende Vermögen (Vermögensstock)". In diesem Zusammenhang ist stiftungsrechtlich zu beachten, dass Zustiftungen Dritter nur zulässig sind, wenn sie dem (ausdrücklichen oder mutmaßlichen) Willen des Stifters entsprechen[5]. Hat der Stifter in der Satzung spätere Zustiftungen ausgeschlossen, ist dies auch bei der steuerlichen Würdigung zu beachten, so dass Spenden „in den Vermögensstock" ausgeschlossen sind.

Wenn man erkennt, dass es für den erhöhten Spendenabzug nach § 10b Abs. 1a EStG entscheidend auf den Willen des Zuwendenden ankommt, dann sollte in der Praxis besonderer Wert darauf gelegt werden, dass sich die „dauerhafte Vermögenswidmung" möglichst **eindeutig aus dem Stiftungsgeschäft, der Stiftungssatzung oder der Schenkung ergibt**[6]. Darüber hinaus bestehen keine Einwände, die in § 62 Abs. 3 AO enthaltenen Auslegungsregeln ergänzend heranzuziehen. Soweit also bei einer Stiftung (z.B. einer Bürgerstiftung) Zustiftungen uneingeschränkt zulässig sind, kann daher etwa entsprechend § 62 Abs. 3 Nr. 3 AO bei „Sachzuwendungen, die ihrer Natur nach zum Vermögen gehören" (Beispiel: Immobilie) eine Zuwendung „in den Vermögensstock" unterstellt werden.

Entsprechend dem erklärten Ziel der Neuregelung, auch künftig nur die „dauerhafte Erwirtschaftung von Erträgen" zu fördern[7], schließt § 10b Abs. 1a EStG „**Spenden in das verbrauchbare Vermögen**" vom erhöhten Sonderausgabenabzug aus.   8.167

---

1 Zur Rechnungslegung bei Stiftungen vgl. *Hüttemann*, DB 2013, 1561; zum bilanziellen Ausweis von Zuwendungen vgl. eingehend *Orth*, npoR 2016, 189; zum Eigenkapitalausweis auch *Erhart*, npoR 2017, 107.

2 Zustimmend *Brandl* in Blümich, § 10b EStG Rz. 83a.

3 BMF v. 15.9.2014, BStBl. I 2014, 1278.

4 Zur Zustiftung als „Kapitalerhöhung zu gemeinnützigen Zwecken" vgl. grundlegend *Rawert*, DNotZ 2008, 5; *Hüttemann/Rawert* in Staudinger, Vorbem 366 ff. zu §§ 80 ff. BGB; *Muscheler*, WM 2008, 1669; *Reuter*, npoR 2009, 55; monographisch *Flues*, Die Zustiftung im Zivilrecht, im Steuerrecht und in der Rechnungslegung unter Berücksichtigung der Rechtslage in Österreich und der Schweiz, 2015.

5 Statt aller *Hüttemann/Rawert* in Staudinger, Vorbem 373 ff. zu §§ 80 ff. BGB.

6 Zustimmend *Brandl* in Blümich, § 10b EStG Rz. 83a.

7 Dazu BT-Drucks. 17/11316, S. 21.

Damit sind vor allem Zuwendungen in das Vermögen einer Verbrauchsstiftung angesprochen[1]. § 80 Abs. 2 Satz 2 BGB bestimmt zur zeitbefristeten Verbrauchsstiftung[2]:

„Bei einer Stiftung, die für eine bestimmte Zeit errichtet und deren Vermögen für die Zweckverfolgung verbraucht werden soll (Verbrauchsstiftung), erscheint die Dauer der Erfüllung des Stiftungszwecks gesichert, wenn die Stiftung für einen im Stiftungsgeschäft festgelegten Zeitraum bestehen soll, der mindestens 10 Jahre umfasst."

In den Fällen einer solchen zeitbefristeten Verbrauchsstiftung fehlt es an einer „dauerhaften" Erhaltung der Zuwendung im Vermögen, so dass die spendenrechtliche Privilegierung des § 10b Abs. 1a EStG zu versagen ist[3]. Das BMF-Schreiben vom 15.9.2014[4] äußert sich auch zu dem Fall, dass das Vermögen einer Stiftung sich in einen Teil, der zu erhalten ist, und einen Teil, der verbraucht werden kann, gliedert. Bei solchen **„partiellen" Verbrauchsstiftungen** gelten folgende Grundsätze[5]:

„Die Spenden in den Teil des Vermögens, der zu erhalten ist und nicht für den Verbrauch bestimmt ist, sind nach § 10b Abs. 1a EStG abziehbar. Die Spenden in den Teil des Vermögens, der verbraucht werden kann, sind dagegen nach § 10b Abs. 1 EStG abziehbar. Der Spender muss daher gegenüber der Stiftung deutlich machen, für welchen Teil des Vermögens seine Zuwendung erfolgt."

Dies bedeutet praktisch, dass der Stiftungsvorstand einer „partiellen" Verbrauchsstiftung für **jede Zuwendung gesondert prüfen** muss, für welchen Teil des Vermögens die Zuwendung bestimmt ist und ob für eine Zuwendung eine Zuwendungsbestätigung nach § 10b Abs. 1a EStG oder „nur" nach § 10b Abs. 1 EStG ausgestellt werden darf.

Stattet ein Stifter seine Stiftung z.B. mit einem Vermögen von 4 Millionen Euro aus und bestimmt, dass seine Dotation zur Hälfte in das dauerhaft zu erhaltende Vermögen geleistet werden soll, sind für diese Leistung folglich **zwei Zuwendungsbestätigungen** auszustellen: Eine Bestätigung nach § 10b Abs. 1a EStG über eine Vermögensstockspende in Höhe von 2 Millionen Euro und eine Zuwendungsbestätigung nach § 10b Abs. 1 EStG über weitere 2 Millionen Euro. Wird die Stiftung hingegen von zwei „Mitstiftern" errichtet, von denen der eine nur in das verbrauchbare Vermögen stiftet, während der andere nur in „das zu erhaltende Vermögen" leistet, erhält der Mitstifter, der nur in den Teil des Vermögens leistet, der verbraucht werden kann, folglich keine Bestätigung über eine Vermögensstockspende nach § 10b Abs. 1a EStG, sondern nur eine Zuwendungsbestätigung nach § 10b Abs. 1 EStG.

---

1 So auch BMF v. 15.9.2014, BStBl. I 2014, 1278.
2 Zum Lebensfähigkeitsvorbehalt bei zeitbefristeten Verbrauchsstiftungen vgl. auch *Hüttemann/Rawert* in Staudinger, § 80 BGB Rz. 32 ff.
3 Ebenso *Kulosa* in Herrmann/Heuer/Raupach, § 10b EStG Rz. 101; *Heinicke* in L. Schmidt, § 10b EStG Rz. 71; *Brandl* in Blümich, § 10b EStG Rz. 83a; *Schauhoff/Kirchhain*, FR 2013, 301 (309); *Meyn* in NK-GemnR, § 10b EStG Rz. 42. Zu Abgrenzungsfragen bei der Verbrauchsstiftung vgl. auch *Meyn*, Stiftung&Sponsoring, Rote Seiten 3/2013.
4 BMF v. 15.9.2014, BStBl. I 2014, 1278.
5 BMF v. 15.9.2014, BStBl. I 2014, 1278; zustimmend *Brandl* in Blümich, § 10b EStG Rz. 83a; ebenso bereits *Schauhoff/Kirchhain*, FR 2013, 301 (309); *Hüttemann*, DB 2012, 2592 (2595).

Fraglich ist auch, ob auch **Verbrauchsklauseln in Stiftungssatzungen** schädlich sind, die unter bestimmten Voraussetzungen einen vorübergehenden Verbrauch des Vermögens erlauben. Dazu heißt es nun im BMF-Schreiben vom 15.12.2014[1]:

> „Enthält die Satzung der Stiftung eine Klausel, nach der das zu erhaltende Vermögen in Ausnahmefällen vorübergehend zur Verwirklichung der steuerbegünstigten Zwecke verwendet werden kann, aber der Betrag dem zu erhaltenden Vermögen unverzüglich wieder zugeführt werden muss, liegt kein verbrauchbares Vermögen vor. Das gilt auch dann, wenn die Stiftungsaufsicht den Verbrauch des Vermögens unter der Bedingung des unverzüglichen Wiederaufholens genehmigt."

Dieser Auffassung ist zu folgen, denn sie kann sich auf die Gesetzesbegründung stützen, nach der nur solche Verbrauchsklauseln schädlich sein sollen, die einen endgültigen Verbrauch des Vermögens erlauben[2]. Hat der Stifter z.B. angeordnet, dass der Vorstand beschließen kann, dass ein Teil des Stiftungsvermögens (z.B. bis zu 10 Prozent) in den ersten fünf Jahren vorübergehend verbraucht wird, der verbrauchte Teil aber in den nächsten fünf Jahren aus den dann erzielten Erträgen wieder aufzufüllen ist, bleibt das Ziel der Privilegierung – „dauerhafte Erwirtschaftung von Erträgen" – eigentlich gewahrt. Aus dem gleichen Grund ist dem BMF-Schreiben auch darin zu folgen, dass auch **landesgesetzliche Verbrauchsvorbehalte**, die in bestimmten Ausnahmefällen (Ertraglosigkeit etc.) vorübergehend einen teilweisen Verbrauch des Vermögens zur Finanzierung der laufenden Stiftungsarbeit zulassen, unschädlich sind.

Schließlich – dies sollte selbstverständlich sein – wird eine Stiftung nicht schon zu einer „Verbrauchsstiftung", wenn der Stifter keine „reale" Vermögenserhaltung bestimmt[3]. Auch im Kontext von § 10b Abs. 1a EStG reicht mithin eine lediglich **„nominale" Kapitalerhaltung**.

Das BMF-Schreiben vom 15.9.2014[4] äußert sich schließlich auch zu **Verbrauchsklauseln im Fall der Auflösung der Stiftung**. Solche Satzungsbestimmungen sollen unschädlich sein, da – so offenbar die Überlegung – der Eintritt der Auflösungsgründe im Zeitpunkt der Errichtung ungewiss und regelmäßig auch unwahrscheinlich ist, weil anderenfalls die Lebensfähigkeit der Stiftung (§ 80 Abs. 2 BGB) fraglich wäre.

Ungeklärt ist, ob diese Ausführungen auch für Zuwendungen in das (zu erhaltende) **Vermögen einer Stiftung auf Zeit** gelten. Hier ist zum einen an solche Stiftungen zu denken, deren Lebensdauer durch ihren lediglich vorübergehenden Zweck (z.B. für die Opfer einer Katastrophe) begrenzt wird. Nach h.M. im Stiftungsrecht kann eine Stiftung aber auch durch den Stifter selbst zeitlich befristet werden[5]. Wenn man erkennt, dass es entscheidend darauf ankommt, ob die Zuwendung dauerhaft im Vermögen erhalten bleibt, müssen zumindest solche Zuwendungen in den Vermögensstock einer Stiftung auf Zeit begünstigt sein, wenn

---

1 BMF v. 15.9.2014, BStBl. I 2014, 1278.
2 Vgl. BT-Drucks. 17/11316, S. 21 und dazu näher *Hüttemann*, DB 2012, 2594 f.
3 Vgl. *Hüttemann*, DB 2012, 2592; zustimmend *Brandl* in Blümich, § 10b EStG Rz. 83a; zur Kapitalerhaltung im Stiftungsrecht vgl. nur *Hüttemann* in Hüttemann/Richter/Weitemeyer, Landesstiftungsrecht, Rz. 14.20 ff.
4 BMF v. 15.9.2014, BStBl. I 2014, 1278.
5 Vgl. *Hüttemann/Rawert* in Staudinger, § 81 BGB Rz. 55 ff. mit Nachweisen zur Gegenansicht.

in der Stiftungssatzung bestimmt ist, dass das Stiftungsvermögen nach Aufhebung der Stiftung als zu erhaltendes Vermögen auf eine andere Stiftung zu übertragen ist.

4. Ehegatten

8.168 Seit dem Ehrenamtsstärkungsgesetz[1] enthält das Gesetz eine ausdrückliche Regelung, dass sich der Stiftungshöchstbetrag **bei der Zusammenveranlagung von Ehegatten (und eingetragenen Lebenspartnern[2]) verdoppelt**. Bei den prozentual bemessenen Höchstbeträgen nach § 10b Abs. 1 EStG stellt sich diese Frage nicht, weil sich mit der Zusammenrechnung der Einkommen auch der Abzugsrahmen vergrößert.

Im Rahmen des § 10b Abs. 1a EStG a.F. hätte die Anwendung des § 26b EStG dazu geführt, dass der Stiftungshöchstbetrag nur einmal gewährt worden wäre, was eine steuerliche Schlechterstellung von Ehegatten gegenüber nicht verheirateten Partnern zur Folge gehabt hätte, die mit dem Diskriminierungsverbot von Ehe- und Familie in Art. 6 Abs. 1 GG nicht vereinbar gewesen wäre[3]. Zu Recht hatte daher der BFH zu § 10b Abs. 1 Satz 3 EStG a.F. entschieden, dass sich der Abzugsbetrag zwar nicht verdoppelt, aber die Ehegatten im Rahmen der Zusammenveranlagung **jeder für sich den Abzugsbetrag in Anspruch nehmen dürfen**[4]. Dabei sollte es auch keine Rolle spielen, aus wessen Vermögen die Spende gemacht worden ist. Allerdings hatte die Finanzverwaltung diese Grundsätze bisher nur eingeschränkt übernommen[5]. Sie galten für § 10b Abs. 1a EStG entsprechend[6].

Die **Verdoppelung des Abzugsbetrags** macht es nunmehr möglich, dass ein Ehegatte (oder Lebenspartner) als Alleinstifter „seine" Stiftung mit 2 000 000 Euro aus seinem Vermögen dotieren kann und die Eheleute (oder Lebenspartner) trotzdem im Rahmen der Zusammenveranlagung den erhöhten Abzugsbetrag vollständig in Anspruch nehmen können.

Nach dem BMF-Schreiben vom 15.9.2014[7] kommt es für Zwecke des einkommensteuerrechtlichen Spendenabzugs nicht darauf an, dass die Stiftungsstockspende von beiden wirtschaftlich getragen wurde. Eine solche Voraussetzung wäre in der Tat mit dem Leitbild der Zusammenveranlagung nicht zu vereinbaren. Wird innerhalb des 10-Jahres-Zeitraums zur Einzelveranlagung gewechselt, dann ist nach zutreffender Ansicht der Finanzverwaltung der verbleibende Spendenvortrag aufzuteilen. Im Rahmen der Aufteilung ist maßgebend, wer die Spende wirtschaftlich getragen hat: Die bisher abgezogenen Beträge werden dabei dem Ehegatten zugeordnet, der die Spende wirtschaftlich getragen hat. Überstieg die Spende den

---

1 Gesetz v. 21.3.2013, BGBl. I 2013, 566.

2 Vgl. § 2 Abs. 8 EStG.

3 Vgl. *Geserich* in Kirchhof/Söhn/Mellinghoff, § 10b EStG Rz. Ba 61; *Kröger*, DStR 2001, 426.

4 BFH v. 3.5.2005 – XI R 76/03, BStBl. II 2006, 121; dazu *Nickel/Robertz*, FR 2006, 66; *Maier*, DStR 2006, 505.

5 So verlangte etwa das Bayerische Landesamt für Steuern v. 19.6.2006, DB 2006, 1528, dass „jeder Ehegatte eine maßgebliche Zuwendung gemacht hat". Leistete ein Ehegatte für den anderen, konnte dies u.U. schenkungsteuerliche Konsequenzen haben.

6 Statt vieler *Buchna/Seeger/Brox*, 10. Aufl. 2010, S. 473 f.

7 BMF v. 15.9.2014, BStBl. I 2014, 1278.

Höchstbetrag für Einzelveranlagte von 1 Million Euro, ist der davon noch verbleibende Anteil nach § 10b Abs. 1 EStG abzuziehen[1].

Das BMF-Schreiben vom 15.9.2014 äußert sich nur zur „Anwendung des § 10b Abs. 1a EStG". Daher bleibt aus dem Blickwinkel der Schenkungsteuer zu beachten, dass die **Erfüllung der stiftungsrechtlichen Vermögensausstattungspflicht des anderen Ehegatten** (§ 267 BGB) eine „freigebige" Zuwendung im Sinne von § 7 ErbStG darstellt (und bei Überschreitung der Freibeträge eine Steuerpflicht auslöst). Insoweit kommt es also – unabhängig von § 10b Abs. 1a EStG und einer Zusammenveranlagung – entscheidend auf den Inhalt des Stiftungsgeschäfts an: Wenn beide Ehegatten als Stifter je 1 000 000 Euro als Stiftungsvermögen versprechen, muss die Dotation auch jeweils aus ihrem „eigenen" Vermögen erfolgen, damit eine Schenkungsteuerpflicht vermieden wird.

Da für die Rechtsstellung als Stifter nach herrschender Meinung auch **eine „symbolische" Vermögenszuwendung ausreichen soll** („1 Euro")[2], kann der vermögende Ehegatte dem anderen wohl auch eine steuerbegünstigte Stiftung „schenken", ohne dass eine Schenkungsteuerpflicht ausgelöst wird: Dazu errichtet der eine Ehegatte in einem ersten Schritt durch Stiftungsgeschäft mit einer „kleinen" Vermögenszusage aus dem eigenen Vermögen eine Stiftung, deren Lebensfähigkeit durch die gegenüber der Stiftungsbehörde verbindlich erklärte Bereitschaft des anderen Ehegatten zu einer entsprechend hohen Zustiftung sichergestellt wird. Nach Anerkennung der Stiftung leisten dann beide Ehegatten ihre Zuwendungen in den Vermögensstock: der eine Ehegatte als Stifter und der andere als Zustifter in das Vermögen der Stiftung des Ehegatten. Da der „Stifter-Ehegatte" bei einer gemeinnützigen Stiftung keine persönlichen Vorteile zu erwarten hat (§ 55 Abs. 1 Nr. 1 Satz 2 AO), liegt in dieser Zustiftung keine „freigebige" Zuwendung an den Ehegatten, sondern lediglich eine Zuwendung an eine gemeinnützige Stiftung[3].

5. Abzug über zehn Jahre

Spenden in den Vermögensstock können auf Antrag des Steuerpflichtigen im Veranlagungszeitraum der Zuwendung und in den folgenden neun Veranlagungszeiträumen **bis zu einem Gesamtbetrag von 1 Million Euro „zusätzlich zu den Höchstbeträgen nach Absatz 1 Satz 1" abgezogen** werden. Der Abzugsbetrag kann der Höhe nach innerhalb dieses Zehn-Jahres-Zeitraums nur einmal in Anspruch genommen werden.

8.169

Umstritten ist, wie zu verfahren ist, wenn mehrere Spenden innerhalb eines Zehnjahreszeitraum in den Vermögensstock einer Stiftung geleistet werden. Während solche Spenden nach einer Auffassung zusammenzurechnen sind[4], soll nach Ansicht der Finanzverwaltung und der h.M. im Schrifttum mit jeder Spende ein eigenständiger Zehnjahreszeitraum zu laufen beginnen, gleichwohl aber innerhalb eines Zehnjahreszeitraums jeweils nicht mehr als 1 Mil-

---

1 BMF v. 15.9.2014, BStBl. I 2014, 1278.
2 Zum Meinungsstand vgl. näher *Hüttemann/Rawert* in Staudinger, § 81 BGB Rz. 18 ff. Richtigerweise – vgl. *Hüttemann* in FS Werner, 2009, S. 85 ff. – bedarf es beim Stiftungsgeschäft unter Lebenden überhaupt keiner Vermögenszusage des Stifters.
3 Die vorstehenden Überlegungen gelten also nicht für eine privatnützige Stiftung, die z.B. den vermögenslosen Ehegatten finanziell unterstützen soll.
4 So FG Düsseldorf v. 7.12.2015 – 13 V 2026/15 A (F), EFG 2016, 578; *Brandl* in Blümich, § 10b EStG Rz. 85.

lion abgezogen werden können[1]. Für die Lösung der Finanzverwaltung spricht ihre – vom Gesetzgeber wohl gewollte – begünstigende Wirkung für den Steuerpflichtigen, allerdings macht sie die gesonderte Feststellung der verbleibenden Abzugsbeträge deutlich schwieriger[2].

Aus der Sicht des Steuerpflichtigen ist zu beachten, dass der Stiftungshöchstbetrag **auf Antrag des Zuwendenden zusätzlich zu den allgemeinen Höchstbeträgen gewährt wird**[3]. Dem Steuerpflichtigen steht also ein Wahlrecht zu, ob er eine Spende in einen Vermögensstock nach § 10b EStG oder nach § 10b Abs. 1a EStG geltend macht, und ob und wie er die Zuwendung anteilig auf beide Vorschriften verteilen will[4]. Stiftungsspenden können also auch im Rahmen der allgemeinen Grenzen abgezogen werden. Wie der Höchstbetrag auf das Jahr der Zuwendung und die folgenden neun Jahre verteilt wird, entscheidet allein der Zuwendende nach Maßgabe seiner steuerlichen Verhältnisse.

Im Rahmen von **Organschaften mit einer natürlichen Person als Organträger** stellt sich wiederum die Frage, ob der Organträger das Einkommen der Organgesellschaft für Zwecke des erhöhten Spendenabzugs nutzen kann (vgl. dazu bereits Rz. 8.148). Im Rahmen der relativen Höchstgrenzen spielt das Einkommen der Organgesellschaft für Zwecke des Spendenabzugs auf der Ebene des Organträgers keine Rolle[5]. Fraglich ist aber, ob auch ein Spendenabzug nach § 10b Abs. 1a EStG ausgeschlossen ist, wenn aus dem Vermögen der Organgesellschaft eine Vermögensstockspende geleistet wird, der Organträger aber – abgesehen von der Zurechnung des Einkommens der Organgesellschaft – über keine originären Einkünfte verfügt. Die Finanzverwaltung lässt in diesem Fall eine Berücksichtigung der Spende auf der Ebene des Organträgers zu, weil – so offenbar der entscheidende Gedanke – in diesen Fällen wegen des festen absoluten Abzugsbetrags eine „Verdoppelung" wie bei den relativen Höchstgrenzen ausgeschlossen ist[6]. Hintergrund ist der Umstand, dass es im Rahmen der Körperschaftsteuer keine Sonderregelung für Vermögensstockspenden gibt. Es kommt dann zu einem negativen Einkommen im Sinne des § 2 Abs. 4 EStG, das auf der nächsten Ebene mit dem zugerechneten Einkommen des Organträgers zu verrechnen ist. Allerdings ist zweifelhaft, ob dieser pragmatische Ansatz vor den Gerichten Bestand hätte, weil er die steuerrechtliche Selbständigkeit der Organgesellschaft und des Organträgers verletzt[7].

8.170 Nach Ansicht der Finanzverwaltung[8] muss der Steuerpflichtige in seiner Einkommensteuererklärung für das Jahr der Zuwendung entscheiden, in welcher Höhe die Zuwendung als Vermögensstockspende behandelt werden soll. Soweit eine Zuwen-

---

1 BMF v. 18.12.2008, BStBl. I 2009, 16; *Meyn* in NK-GemnR, § 10b EStG Rz. 76; *Kulosa* in Herrmann/Heuer/Raupach, § 10b EStG Rz. 102 („vertretbar"); zweifelnd *Heinicke* in L. Schmidt, § 10b EStG Rz. 72.

2 Zutreffend *Kulosa* in Herrmann/Heuer/Raupach, § 10b EStG Rz. 102.

3 Dazu *Hüttemann*, DB 2008, 2164 gegen OFD Frankfurt/M. v. 13.6.2008, DB 2008, 2002.

4 Vgl. nur FG Düsseldorf v. 7.12.2015 – 13 V 2026/15 A (F), EFG 2016, 578; der im Urteil mit „a.A. *Hüttemann*" zitierte Beitrag in DB 2008, 2164 bezog sich nicht auf das BMF-Schreiben v. 18.12.2008, BStBl. I 2009, 16, sondern auf eine abweichende frühere Verwaltungsauffassung.

5 Vgl. BFH v. 23.1.2002 – XI R 95/97, BStBl. II 2003, 9.

6 So OFD Hannover v. 4.4.2003, DStR 2003, 1526; OFD Frankfurt v. 23.5.2003, DStR 2003, 1298.

7 Ablehnend auch *Kulosa* in Herrmann/Heuer/Raupach, § 10b EStG Rz. 40.

8 Siehe BMF v. 18.12.2008, BStBl. I 2009, 16.

dung als Vermögensstockspende behandelt werden soll, muss der Steuerpflichtige (jährlich) noch darüber befinden, welcher Teil der Spende im jeweiligen Veranlagungszeitraum abgezogen werden soll. Ein verbleibendes Abzugsvolumen ist in sinngemäßer Anwendung von § 10d Abs. 4 EStG durch Feststellungsbescheid gesondert festzustellen. Innerhalb des Zehn-Jahres-Zeitraums soll ein Wechsel zwischen § 10b Abs. 1a EStG und § 10b Abs. 1 EStG nicht zulässig sein[1]. Ein solches **bindendes Zuordnungswahlrecht** ist dem Gesetz („zusätzlich") eigentlich nicht zu entnehmen[2]. Es soll offenbar die Handhabung vereinfachen, schafft aber auch die Option, Stiftungsstockspenden ganz aus dem allgemeinen Spendenabzug auszuklammern. Wichtig ist, dass – entgegen ersten abweichenden Auslegungsversuchen der Finanzverwaltung[3] – heute geklärt ist, dass Stiftungsstockspenden, die innerhalb des Zehn-Jahres-Zeitraums nicht abgezogen werden können, nicht „verfallen", sondern dann in den allgemeinen Spendenvortrag eingehen und das Einkommen im Rahmen der allgemeinen Höchstgrenzen mindern[4] (zum Spendenabzug beim Zusammentreffen der alten und neuen Abzugsmöglichkeiten in Hinsicht auf noch nicht verrechnete Stiftungsstockspenden aus den Jahren 2001 bis 2006 und zu anderen Übergangsfragen vgl. Voraufl. § 8 Rz. 170, 171).

frei   8.171

VI. Spendenabzug und Abgeltungsteuer

Für Bezieher von Kapitaleinkünften sind die zusätzlichen Anreize der Spenden-   8.172
reform 2007 durch die **Einführung der Abgeltungsteuer zum 1.1.2009 nicht unerheblich gemindert worden**[5]. Denn die Bemessungsgrundlage der pauschalen Abgeltungsteuer in Höhe von 25 Prozent (zzgl. Solidaritätszuschlag und ggf. Kirchensteuer) wird durch Spenden (und andere Sonderausgaben) nicht berührt. Anders ausgedrückt: Eine Berücksichtigung von Spenden ist im Rahmen der pauschal versteuerten Kapitalerträge nicht mehr vorgesehen, sondern kann nur über eine Günstigerprüfung nach § 32d Abs. 6 EStG oder einen Antrag nach § 32d Abs. 2 Nr. 3 EStG erreicht werden.

Nach § 32d Abs. 6 Satz 1 EStG kann der Steuerpflichtige eine Veranlagung zum   8.173
persönlichen Steuertarif (einschließlich der Berücksichtigung von Sonderausgaben etc.) beantragen, wenn dies „zu einer niedrigeren Einkommensteuer führt (**Günstigerprüfung**)". Dieser Fall wird aber nur dann eintreten, wenn erhebliche Stiftungsdotationen nach § 10b Abs. 1a EStG geleistet werden, die im Rahmen der 1 000 000 Euro-Grenze „geballt" in einem Veranlagungszeitraum geltend gemacht

---

1 So ausdrücklich BMF v. 18.12.2008, BStBl. I 2009, 16 (17).
2 Vgl. *Hüttemann*, DB 2008, 2164.
3 Vgl. OFD Frankfurt/M. v. 13.6.2008, DB 2008, 2002; dagegen *Hüttemann*, DB 2008, 2164.
4 So auch BMF v. 18.12.2008, BStBl. I 2009, 16 (17).
5 Vgl. dazu *Schauhoff/Kirchhain*, DStR 2007, 1985; *Schauhoff* in Schauhoff, § 11 Rz. 3; *Richter/Eichler*, FR 2007, 1037; *Orth*, WPg 2007, 969; *Schienke-Ohletz/Selzer*, DStR 2008, 136; *Roth*, FR 2008, 209; *Müller/Spanke*, BB 2010, 2342; *Buchna/Leichinger/Seeger/Brox*, S. 445 ff.

werden können[1]. Dagegen ergibt eine Günstigerprüfung bei Spitzenverdienern regelmäßig keinen Sinn, solange nur „normale" Spenden im Rahmen der allgemeinen einkommensabhängigen Höchstgrenze von 20 Prozent des Gesamtbetrags der Einkünfte abgezogen werden sollen, weil die auf diese Weise erreichte Steuerersparnis den Nachteil aus der Anwendung des progressiven Steuersatzes nicht übersteigen dürfte. Ähnliche Effekte wie bei der Günstigerprüfung lassen sich auch durch das **Antragsrecht des § 32d Abs. 2 Nr. 3 EStG** erreichen[2].

8.174 Durch das Steuervereinfachungsgesetz[3] ist der frühere § 2 Abs. 5b EStG aus „Vereinfachungsgründen" aufgehoben worden. Danach waren **auf Antrag des Steuerpflichtigen** die Kapitalerträge nach § 32d Abs. 1 und § 43 Abs. 5 EStG bei der Berechnung der Bemessungsgrundlage für den Spendenabzug mit einzubeziehen. Ein solcher Antrag war dann sinnvoll, wenn der Steuerpflichtige noch andere normal besteuerte Einkünfte (z.B. aus Arbeitseinkommen oder Gewerbebetrieb) erzielte, die durch den Spendenabzug gemindert werden konnten („Schattenwirkung")[4].

8.175–8.179 frei

J. Spendenabzug bei der Körperschaftsteuer

8.180 Der Spendenabzug im Rahmen der Körperschaftsteuer ist in § 9 Abs. 1 Nr. 2, Abs. 2 und 3 KStG geregelt. Die Regelung entspricht – mit Ausnahme des bei der Körperschaftsteuer fehlenden Zuwendungsvortrags und des zusätzlichen Abzugsbetrags für Vermögensstockspenden – **weitgehend der Regelung in § 10b EStG**, so dass auch insoweit auf die Ausführungen zur Einkommensteuer verwiesen werden kann.

8.181 Steuersystematisch handelt es sich bei § 9 Abs. 1 Nr. 2 KStG um einen **besonderen Abzugstatbestand** („Abziehbare Aufwendungen sind auch ..."). Als spezielle Einkommensermittlungsvorschrift ergänzt die Regelung § 8 Abs. 1 KStG. Ihre steuersystematische Einordnung hängt davon ab, ob man bei allen Körperschaften – auch bei solchen im Sinne von § 8 Abs. 2 KStG – eine außerbetriebliche Sphäre für möglich hält[5]. Bejaht man dies, dann handelt es sich bei § 9 Abs. 1 Nr. 2 KStG um eine Erweiterung des § 4 Abs. 4 EStG, da durch die Regelung Aufwendungen für abziehbar erklärt werden, die nicht betrieblich veranlasst sind und deshalb an sich der steuerlich irrelevanten außerbetrieblichen Sphäre zuzuordnen wären[6]. Geht man

---

1 Vgl. eingehend *Roth*, FR 2008, 209 (216) mit Berechnungsbeispielen.

2 Vgl. *Schienke-Ohletz/Selzer*, DStR 2008, 136; *Buchna/Leichinger/Seeger/Brox*, S. 445 f.

3 Gesetz v. 1.11.2011, BGBl. I 2011, 2131.

4 Dazu näher *Müller/Spanke*, BB 2010, 2342.

5 Ebenso *Märtens* in Gosch, § 9 KStG Rz. 7; *Kirchhain* in Rödder/Herlinghaus/Neumann, § 9 KStG Rz. 266 f.; zur außerbetrieblichen Sphäre von Kapitalgesellschaften vgl. *Hüttemann* in FS Raupach, 2006, S. 495 einerseits und *Wassermeyer*, DB 2011, 1828 andererseits.

6 So für eine Stiftung auch FG Düsseldorf v. 26.6.2012 – 6 K 3767/10F, EFG 2012, 1876.

hingegen mit dem I. Senat des BFH davon aus, dass bei Körperschaftsteuersubjekten im Sinne von § 8 Abs. 2 KStG alle Aufwendungen betrieblicher Natur sind, weil diese Körperschaften keine außerbetriebliche Sphäre haben[1], enthält § 9 Abs. 1 Nr. 2 KStG ein partielles Abzugsverbot, weil ohne diese Regelung Spenden in unbegrenztem Umfang (vorbehaltlich § 8 Abs. 3 Satz 2 KStG) abgezogen werden könnten (zum vGA-Vorbehalt vgl. näher Rz. 8.65 ff.). Nach diesem Verständnis müsste man § 9 Abs. 1 Nr. 2 KStG konsequenterweise als Gewinnermittlungsvorschrift verstehen, d.h. die abziehbaren Spenden mindern bereits den Gewinn aus Gewerbebetrieb (vgl. auch § 8 Nr. 9 GewStG)[2].

Im Vergleich zur Regelung des § 10b EStG ist vor allem auf folgende **Besonderheiten** des körperschaftsteuerrechtlichen Spendenabzugs hinzuweisen: 8.182

- Nach § 9 Abs. 1 Nr. 2 KStG sind abziehbare Spenden „abziehbare Aufwendungen". Soweit sie im Kalenderjahr der Zuwendung das Einkommen nicht gemindert haben (weil dieses schon aus anderen Gründen negativ war), **erhöhen sie folglich den Verlustvortrag**[3]. Eines besonderen Spendenvortrags wie nach § 10b Abs. 1 Satz 9 EStG bedarf es im Rahmen der Körperschaftsteuer somit nicht.

- Bei der Spendenhaftung beträgt der **Haftungssatz** 30 Prozent. Dies ist – anders als bei der Einkommensteuer – grob unverhältnismäßig, weil der Regelsteuersatz bei der Körperschaftsteuer nur noch 15 Prozent beträgt[4].

- „Spenden" **aus Mitteln des steuerpflichtigen wirtschaftlichen Geschäftsbetriebs** an den steuerfreien Bereich sind grundsätzlich nicht nach § 9 Abs. 1 Nr. 2 KStG begünstigt, weil es an einer endgültigen wirtschaftlichen Belastung und einem eigenen Vermögensopfer der Körperschaft fehlt[5]. Anders entscheidet die h.M. dagegen für Spenden eines Betriebs gewerblicher Art an die eigene Trägerkörperschaft[6].

- Noch nicht abschließend geklärt[7] ist, ob für den **Spendenabzug eines Organträgers in der Rechtsform einer Kapitalgesellschaft** die gleichen Grundsätze gelten, die der BFH für einen Organträger in der Rechtsform einer natürlichen Person aufgestellt hat[8]. Danach wären auch hier die spendenrechtlichen Höchstgrenzen

---

1 Vgl. BFH v. 22.8.2007 – I R 32/06, BStBl. II 2007, 961.
2 Vgl. *Wassermeyer*, DB 2011, 1828; abweichend aber Abschn. 29 Rz. 42 KStR 2004; zu diesem Problem auch *Zimmermann*, Spende als verdeckte Gewinnausschüttung, 2011, S. 17 ff.
3 Siehe auch BFH v. 21.10.1981 – I R 149/77, BStBl. II 1982, 177.
4 Ohne Problembewusstsein FG Berlin-Brandenburg v. 4.3.2014 – 6 K 9244/11, EFG 2014, 989.
5 BFH v. 27.3.2001 – I R 78/99, BStBl. II 2001, 449; *Kirchhain* in Rödder/Herlinghaus/Neumann, § 9 KStG Rz. 201.
6 Vgl. dazu *Hüttemann*, Besteuerung der öffentlichen Hand, S. 153.
7 Die Revision gegen das Urteil des FG Düsseldorf v. 26.6.2012 – 6 K 3767/10 F, EFG 2012, 1876 ist vom BFH aus verfahrensrechtlichen Gründen zurückgewiesen worden, vgl. BFH v. 23.10.2013 – I R 55/12, BFH/NV 2014, 903.
8 Vgl. BFH v. 23.1.2002 – XI R 95/97, BStBl. II 2013, 9.

nach § 9 Abs. 1 Nr. 2 KStG jeweils getrennt für Organgesellschaft und Organträger zu ermitteln[1]. Ob sich eine andere Sicht damit begründen lässt, dass § 9 Abs. 1 Nr. 2 KStG als Bemessungsgrundlage des Spendenabzugs auf das „Einkommen" und nicht – wie § 10b Abs. 1 EStG – den Gesamtbetrag der Einkünfte abstellt[2], erscheint deshalb zweifelhaft, weil auch § 15 KStG für den Spendenabzug keine übergreifende Betrachtung anordnet, so dass bei der Berücksichtigung von Spenden das Einkommen der Organgesellschaft und des Organträgers getrennt zu behandeln ist[3].

K. Spendenabzug bei der Gewerbesteuer

8.183 Gemeinnützige Zuwendungen werden auch im Rahmen der Gewerbesteuer steuermindernd berücksichtigt, wenn sie „aus Mitteln des Gewerbebetriebs geleistet werden". Rechtsgrundlage für den gewerbesteuerlichen Spendenabzug ist die **Kürzungsvorschrift des § 9 Nr. 5 GewStG**, die inhaltlich weitgehend der Regelung des § 10b EStG entspricht. Dies gilt insbesondere für den Begriff der Zuwendung und die Höchstbeträge. So sind Zuwendungen für steuerbegünstigte Zwecke im Rahmen der Gewerbesteuer bis zu 20 Prozent des um die Hinzurechnung nach § 8 Nr. 9 GewStG erhöhten Gewinns aus Gewerbebetriebs oder vier Promille der Summe der gesamten Umsätze und im Kalenderjahr aufgewendeten Löhne und Gehälter abziehbar. Darüber hinaus gibt es einen unbeschränkten Spendenvortrag und einen Stiftungshöchstbetrag von 1 Million Euro für Spenden in den Vermögensstock einer steuerbegünstigten Stiftung. Ferner sind – entsprechend § 10b Abs. 1 Satz 8 EStG – bestimmte Mitgliedsbeiträge vom Abzug ausgeschlossen und es gibt einen Haftungstatbestand entsprechend § 10b Abs. 4 EStG. Auch das Buchwertprivileg des § 6 Abs. 1 Nr. 4 EStG wirkt sich unmittelbar auf die gewerbesteuerliche Bemessungsgrundlage aus. Insoweit kann auf die Ausführungen zur Einkommensteuer verwiesen werden.

Die **Unabhängige Sachverständigenkommission** hatte sich in ihrem Gutachten für die Streichung des Spendenabzugs bei der Gewerbesteuer ausgesprochen[4]. Der Abzug von privat veranlassten Zuwendungen sei „ein Fremdkörper" innerhalb der Gewerbesteuer. Ferner sei dies ein kleiner Beitrag zur Vereinfachung des Gewerbesteuerrechts. Es kann offenbleiben, ob diesen Erwägungen bereits damals nicht zu folgen war. Im Kontext des geltenden Unternehmenssteuerrechts würde eine Abschaffung des Spendenabzugs wegen der pauschalen Gewerbesteueranrechnung bei Personenunternehmen (§ 35 EStG) vor allem Kapitalgesellschaften treffen, bei denen die Gewerbesteuer mitunter eine größere Belastungswirkung als die Körperschaftsteuer hat.

8.184 Allerdings bestehen auch gewisse **Unterschiede** zur einkommensteuerrechtlichen Regelung:

---

1 So FG Düsseldorf v. 26.6.2012 – 6 K 3767/10 F, EFG 2012, 1876; ebenso im Schrifttum etwa *Märtens* in Gosch, § 9 KStG Rz. 40; *Kirchhain* in Rödder/Herlinghaus/Neumann, § 9 KStG Rz. 274; *Olgemüller* in Streck, § 9 KStG Rz. 23.

2 So *Olbing* in FS Streck, 2011, S. 121 ff.

3 Ebenso FG Düsseldorf v. 26.6.2012 – 6 K 3767/10 F, EFG 2012, 1876.

4 *Isensee/Knobbe-Keuk*, Gutachten, S. 262 ff.

– Um eine steuerliche Gleichbehandlung von Personenunternehmen und gewerbesteuerpflichtigen Körperschaften zu erreichen, werden bei Körperschaften die Zuwendungen, die nach § 9 Abs. 1 Nr. 2 KStG den Gewinn gemindert haben, dem Gewerbeertrag zunächst nach **§ 8 Nr. 9 GewStG** wieder hinzugerechnet, bevor dann § 9 Nr. 5 GewStG eingreift.

– Ferner setzt eine Kürzung nach § 9 Nr. 5 GewStG voraus, dass die Zuwendungen **aus den Mitteln des Gewerbebetriebs geleistet** worden sind. Auf diese Weise wird der Tatsache Rechnung getragen, dass Gegenstand der Gewerbesteuer der Gewerbebetrieb ist.

– Schließlich gibt es noch einige **Besonderheiten bei der Spendenhaftung**. So beträgt der Haftungssatz nur 15 Prozent der Zuwendung. Zudem besteht eine besondere Rechtsgrundlage für die Festsetzung des Haftungsbetrags durch das Betriebsfinanzamt.

L. Spenden und Umsatzsteuer

Zuwendungen für steuerbegünstigte Zwecke können über den Spendenabzug bei der Einkommen-, der Körperschaft- und der Gewerbesteuer hinaus auch steuerliche Konsequenzen im Bereich der Umsatzsteuer haben. Zwar fehlt es bei einer spendenfinanzierten Tätigkeit an einem Leistungsaustausch, so dass die Entgegennahme von Spenden bei der Empfängerkörperschaft keine Umsatzsteuerpflicht auslösen wird[1]. Auf der Seite des Spenders ist aber zu beachten, dass **Sachspenden aus einem Betriebsvermögen** nach § 3 Abs. 1b UStG einer Lieferung gegen Entgelt gleichgestellt sind. Die Bemessungsgrundlage für solche Entnahmen ist in § 10 Abs. 4 Nr. 1 UStG enthalten. Maßgebend ist insoweit der Wiederbeschaffungswert (Einkaufspreis zuzüglich Nebenkosten für den Gegenstand). Unabhängig davon, ob für eine Sachspende das Buchwertprivileg des § 6 Abs. 1 Nr. 4 Satz 4 EStG in Anspruch genommen wird, löst diese also eine Umsatzsteuerbelastung aus. Allerdings erhöht die Umsatzsteuer das Vermögensopfer. Deshalb ist – wie der Gesetzgeber im Rahmen des Ehrenamtsstärkungsgesetzes[2] in § 10b Abs. 3 Satz 2 EStG klargestellt hat – die Umsatzsteuer dem Entnahmewert (Buch- oder Teilwert) hinzuzurechnen[3].

Für die **Abgabe von Lebensmitteln durch Unternehmer an sog. Tafeln** haben sich Bund und Länder allerdings auf eine Billigkeitsregelung verständigt, um eine Belastung von Lebensmittelspenden mit Umsatzsteuer auszuschließen[4]. Bei begrenzt haltbaren Lebensmitteln (Ablauf des Mindesthaltbarkeitsdatums; Verkaufsfähigkeit als Frischware) soll der Wert

8.185

---

1 Vgl. dazu auch FG Hessen v. 12.9.2005 – 6 K 3097/00, EFG 2006, 141.

2 Gesetz v. 21.3.2013, BGBl. I 2013, 566.

3 So schon bisher R 10b.1 Abs. 1 Satz 5 EStR; dazu näher *Buchna/Leichinger/Seeger/Brox*, S. 435 f.

4 Vgl. Pressemitteilung des FinMin Nordrhein-Westfalen v. 18.10.2012.

nach Ladenschluss regelmäßig null Euro betragen[1]. Damit fällt keine Umsatzsteuer an. Natürlich darf in diesen Fällen nicht gleichzeitig eine Spendenquittung ausgestellt werden.

8.186–8.187   frei

M. Buchwertprivileg bei Sachspenden

I. Allgemeines

8.188   Wendet ein Steuerpflichtiger ein Wirtschaftsgut aus dem Betriebsvermögen einer gemeinnützigen Einrichtung als Sachspende zu, kommt es – anders als bei der unentgeltlichen Übertragung eines Betriebs, Teilbetriebs oder Mitunternehmeranteils nach § 6 Abs. 3 EStG (vgl. Rz. 8.31) – nach allgemeinen einkommensteuerrechtlichen Grundsätzen **zur Besteuerung der stillen Reserven**, weil das Wirtschaftsgut für „betriebsfremde Zwecke" entnommen wird (§§ 4 Abs. 1 Satz 2, 6 Abs. 1 Nr. 4 Satz 1 EStG). Zwar wird die Entnahmebesteuerung durch die Möglichkeit des einkommensteuerrechtlichen Spendenabzugs gemildert. Da der Spendenabzug aber nach § 10b Abs. 1 EStG auf bestimmte jährliche Höchstgrenzen beschränkt ist, kann die steuerliche Belastung durch die Entnahmebesteuerung im Jahr der Zuwendung wesentlich höher ausfallen als die Steuerentlastung durch den Spendenabzug. Um solche Effekte auszuschließen, enthält das EStG ein sog. **Buchwertprivileg für Sachspenden aus einem Betriebsvermögen** (§ 6 Abs. 1 Nr. 4 Satz 4 und 5 EStG)[2]. Das Buchwertprivileg wurde erstmals durch das Steueränderungsgesetz 1969 mit Wirkung ab dem Veranlagungszeitraum 1969 eingeführt und war zunächst auf Zuwendungen für wissenschaftliche Zwecke und für Zwecke der Erziehung, Volks- und Berufsbildung beschränkt[3]. In der Folgezeit wurde es mehrfach erweitert[4]. Seit der Ausdehnung des Spendenabzugs auf alle steuerbegünstigten Zwecke im Jahr 2007 gilt das Buchwertprivileg gleichermaßen für Sachzuwendungen zu gemeinnützigen, mildtätigen und kirchlichen Zwecke (§§ 52 bis 54 AO)[5].

II. Sinn und Zweck der Regelung

8.189   Das Buchwertprivileg nach § 6 Abs. 1 Nr. 4 Satz 4 und 5 EStG hat eine Ergänzungsfunktion zum Spendenabzug nach § 10b EStG[6] und dient der Förderung der Spendenbereitschaft[7]. In der **Gesetzesbegründung von 1969** heißt es dazu[8]:

---

1 Vgl. OFD Niedersachsen v. 22.12.2015, DStR 2016, 814; *Brandl* in Blümich, § 10b EStG Rz. 122.

2 Die nachfolgenden Ausführungen beruhen auf *Hüttemann*, DB 2008, 1590; vgl. auch *Seer*, GmbHR 2008, 785.

3 Vgl. dazu *Hügel*, Inf 1969, 385; *Nissen*, DStR 1969, 429 (434).

4 Zur Entwicklung der Vorschrift vgl. *Stobbe* in Herrmann/Heuer/Raupach, § 6 EStG Rz. 1204; *Seer*, GmbHR 2008, 786 ff.

5 Dazu *Hüttemann*, DB 2007, 2053.

6 Zutreffend *Seer*, GmbHR 2008, 788.

7 Allgemeine Ansicht, vgl. nur *Werndl* in Kirchhof/Söhn/Mellinghoff, § 6 EStG Rz. E 48.

8 BT-Drucks. V/3890, S. 20.

„Nach § 6 Abs. 1 Ziff. 4 EStG unterliegt bei der Entnahme von Wirtschaftsgütern aus einem Betriebsvermögen die Differenz zwischen dem Buchwert und dem Teilwert in jedem Fall und ohne Rücksicht auf den Zweck der Entnahme der Einkommensbesteuerung. Von Kreisen der Wirtschaft und vom Stifterverband für die Deutsche Wissenschaft ist wiederholt angeregt worden, auf die Besteuerung der stillen Reserven dann zu verzichten, wenn die entnommenen Wirtschaftsgüter im Anschluss an die Entnahme einer gemeinnützigen Körperschaft zur Verwendung für wissenschaftliche Zwecke zugewendet werden. Die Bundesregierung hat diesen Anregungen mit der vorgeschlagenen Ergänzung des § 6 Abs. 1 Ziff. 4 EStG Rechnung getragen. Durch den Verzicht auf die Besteuerung der stillen Reserven bei Sachzuwendungen für wissenschaftliche Zwecke soll die Spendenbereitschaft gefördert und damit dazu beigetragen werden, die wirtschaftliche Grundlage der gemeinnützigen wissenschaftlichen Institutionen zu erweitern. In Anbetracht der zunehmenden Anforderungen, die der technische Fortschritt an alle Bereiche des Bildungswesens stellt, hält es die Bundesregierung für erforderlich, die zusätzliche Fördermaßnahme auf Zuwendungen für Zwecke der Erziehung, Volks- und Berufsbildung auszudehnen.“

III. Steuerliche Wirkung des Buchwertprivilegs

Die **Entlastungswirkung** des Buchwertprivilegs hängt von der Höhe des persönlichen Steuersatzes des Zuwendenden einerseits und den allgemeinen Höchstgrenzen beim Spendenabzug andererseits ab, die wiederum durch den Gesamtbetrag der Einkünfte des Zuwendenden und die Rechtsform der Empfängerkörperschaft beeinflusst werden.

8.190

Beispiel Nr. 1: U betreibt ein einzelkaufmännisches Unternehmen und möchte einer gemeinnützigen wissenschaftlichen Einrichtung ein bebautes Grundstück (Buchwert 100 000 Euro, Teilwert und gemeiner Wert 500 000 Euro) zuwenden. Der Gesamtbetrag der Einkünfte des U im Jahr der Zuwendung beträgt 200 000 Euro. Ohne das Buchwertprivileg müsste U die stillen Reserven in Höhe von 400 000 Euro versteuern (entnahmebedingte Steuerlast einschließlich Solidaritätszuschlag und Kirchensteuer bei einer Steuerquote von 50 Prozent ca. 200 000 Euro), könnte die Zuwendung aber nur in Höhe von 40 000 Euro (20 Prozent von 200 000 Euro) als Spende steuermindernd geltend machen (Steuerminderung bei einer Steuerquote von 50 Prozent ca. 20 000 Euro). Die Spende des Grundstücks würde also im Jahr der Zuwendung eine zusätzliche Steuerbelastung von ca. 180 000 Euro auslösen (200 000 Euro abzüglich 20 000 Euro), da die entnahmebedingte Steuerlast das Zehnfache der Entlastung durch den Spendenabzug beträgt. Zwar könnte U, wenn er weiterhin entsprechende Einkünfte erzielt, die Zuwendung wegen des seit 2007 geltenden unbeschränkten Spendenvortrags in den Folgejahren jeweils im Rahmen der jährlichen Höchstgrenzen abziehen. Durch das Buchwertprivileg wird dagegen erreicht, dass die Spende des Grundstücks im Jahr der Zuwendung keine zusätzliche Steuerzahlung auslöst. Dieser Effekt ist regelmäßig wichtiger als die durch die Bewertungsvorschrift des § 10b Abs. 3 Satz 3 EStG bewirkte Minderung des künftigen Spendenabzugsvolumens.

IV. Unentgeltliche Überlassung eines Wirtschaftsguts

1. Überlassung eines Wirtschaftsguts

Das Buchwertprivileg setzt voraus, dass ein Wirtschaftsgut einer gemeinnützigen Einrichtung oder einer juristischen Person des öffentlichen Rechts zur Verwendung für steuerbegünstigte Zwecke „unentgeltlich überlassen" wird. Das Merkmal der „unentgeltlichen Überlassung" ist unscharf. Denn im zivilrechtlichen Kontext wür-

8.191

de man unter einer unentgeltlichen Überlassung eine Leihe verstehen (unentgeltliche Gebrauchsüberlassung). Eine solche Überlassung ist aber gerade nicht gemeint, wie sich eindeutig aus § 6 Abs. 1 Nr. 4 Satz 5 EStG ergibt („… gelten nicht für die Entnahme von Nutzungen und Leistungen"). Eine bloße Nutzungsüberlassung ist also nicht begünstigt[1]. Der Begriff der Überlassung ist daher im Sinne einer Übertragung zu verstehen. Begünstigt ist somit die **unentgeltliche Übertragung von Wirtschaftsgütern auf eine spendenbegünstigte Einrichtung**. Für diese Auslegung spricht auch die Gesetzesbegründung, in der davon die Rede ist, dass die „Wirtschaftsgüter zur Verwendung für wissenschaftliche Zwecke zugewendet werden"[2]. Auch § 10b Abs. 3 Satz 1 EStG spricht nicht von der Überlassung von Wirtschaftsgütern, sondern von einer „Zuwendung von Wirtschaftsgütern".

Aus dem Merkmal der „Überlassung" an eine spendenbegünstigte Einrichtung ergibt sich zugleich, dass die Entnahme eines Wirtschaftsguts aus einem wirtschaftlichen Geschäftsbetrieb einer gemeinnützigen Körperschaft nur dann begünstigt ist, wenn das Wirtschaftsgut **einer anderen gemeinnützigen Einrichtung** zugewendet wird. Verbleibt es dagegen bei der Trägerkörperschaft und wird fortan im steuerfreien Bereich genutzt, greift das Buchwertprivileg nicht ein, weil es an einer „Überlassung" an eine (andere) Körperschaft, also an einem Rechtsträgerwechsel und einer begünstigungswürdigen Entreicherung des Zuwendenden fehlt[3]. Für diese Auslegung spricht, dass in solchen Fällen auch ein Spendenabzug versagt wird[4]. Da ein Betrieb gewerblicher Art wegen der sog. „Verselbständigungstheorie" des BFH[5] an seine Trägerkörperschaft steuerlich abzugsfähige Spenden leisten kann[6], dürfte – wenn man dieser Ansicht folgt – wohl auch das Buchwertprivileg bei der Überlassung eines Wirtschaftsguts durch einen Betrieb gewerblicher Art an seine Trägerkörperschaft anwendbar sein[7].

8.192 Das Buchwertprivileg wird üblicherweise auf Sachspenden bezogen[8]. Auch in der Gesetzesbegründung ist von „Sachzuwendungen" die Rede. § 6 Abs. 1 Nr. 4 Satz 4 EStG spricht dagegen von Wirtschaftsgütern und bezieht sich folglich nicht nur auf Sachen im Sinne der §§ 90 ff. BGB, sondern **entsprechend dem bilanzrechtlichen Sprachgebrauch** auch auf Rechte und sonstige wirtschaftliche Vorteile, die unter den steuerlichen Begriff des Wirtschaftsgutes fallen[9]. Gegenstand einer begünstigten Sachzuwendung können daher nicht nur bewegliche oder unbewegliche Wirtschaftsgüter sein (z.B. unfertige oder fertige Erzeugnisse, Maschinen, Pkw, Grundstücke und Immobilien), sondern auch z.B. Forderungen und Lizenzen.

---

1 Ebenso *Stobbe* in Herrmann/Heuer/Raupach, § 6 EStG Rz. 1205.

2 BT-Drucks. V/3890, S. 20.

3 Vgl. *Heger* in Gosch, § 5 KStG Rz. 81; *Kümpel*, DStR 1999, 1505 (1511); *Bott* in Schauhoff, § 8 Rz. 157.

4 BFH v. 27.3.2001 – I R 78/99, BStBl. II 2001, 449; für einen Spendenabzug de lege ferenda aber *Jachmann* in Igl (Hrsg.), Rechtliche Rahmenbedingungen, S. 226 f.

5 Dazu BFH v. 9.7.2003 – I R 48/02, BStBl. II 2004, 425; dazu kritisch *Hüttemann*, Besteuerung der öffentlichen Hand, 2002, S. 130 ff.

6 Vgl. *Heger* in Gosch, § 4 KStG Rz. 132.

7 A. A. aber etwa *Kulosa* in L. Schmidt, § 6 EStG Rz. 427.

8 Vgl. bereits *Nissen*, DStR 1969, 434 „Vergünstigung für Sachspenden".

9 Zum Begriff des Wirtschaftsgutes vgl. etwa BFH v. 26.8.1992 – I R 24/91, BStBl. II 1992, 977.

Bei **Gesellschaftsbeteiligungen** ist zu differenzieren: Anteile an Kapitalgesellschaften sind auch einkommensteuerrechtlich Wirtschaftsgüter, so dass das Buchwertprivileg uneingeschränkt zur Anwendung kommt. Bei der Übertragung von Mitunternehmeranteilen ist zu beachten, dass diese nach h.M. im Rahmen des Einkommensteuerrechts keine Wirtschaftsgüter sind[1]. Dies hat zur Folge, dass die Übertragung von Mitunternehmeranteilen einkommensteuerrechtlich als Übertragung von Anteilen an den Wirtschaftsgütern des Gesamthandsvermögens anzusehen ist. Scheitert mithin eine steuerneutrale Übertragung zum Buchwert nach § 6 Abs. 3 EStG, z.B. weil es sich um Anteile an gewerblich geprägten Mitunternehmerschaften handelt, die bei der Empfängerkörperschaft nicht zur Begründung eines steuerpflichtigen wirtschaftlichen Geschäftsbetriebs führen (vgl. Rz. 6.126 ff.), kommt eine Anwendung des § 6 Abs. 1 Nr. 4 Satz 4 EStG in Hinsicht auf die anteiligen Wirtschaftsgüter des Gesamthandsvermögens in Betracht[2]. Allerdings wird es hier zumeist an der Unentgeltlichkeit fehlen, weil Verbindlichkeiten mit übergehen (dazu Rz. 8.193).

2. Unentgeltlichkeit

Die Überlassung muss „unentgeltlich" erfolgen. Der Zuwendende darf also für die Übertragung **keine Gegenleistung im Sinne eines Entgelts** erhalten. Demgegenüber fordert § 10b Abs. 1 EStG für den Spendenabzug eine „Zuwendung zur Förderung steuerbegünstigter Zwecke" und damit eine uneigennützige Motivation des Zuwendenden[3]. Trotz des unterschiedlichen Wortlauts besteht aber kein sachlicher Unterschied, da „Unentgeltlichkeit" und „Uneigennützigkeit" letztlich das Gleiche meinen (vgl. Rz. 8.44). Soll z.B. der Zuwendende vorrangig an den wissenschaftlichen Ergebnissen partizipieren, die die Empfängereinrichtung mit dem übertragenen Wirtschaftsgut erarbeitet, dann fehlt es nicht nur an der für den Spendenabzug erforderlichen Spendenmotivation, sondern auch an einer „unentgeltlichen" Übertragung im Sinne von § 6 Abs. 1 Nr. 4 Satz 5 EStG[4].

8.193

Eine „unentgeltliche" Übertragung liegt auch nicht vor, wenn die Körperschaft Verbindlichkeiten übernimmt. Dies ist auch der Fall, wenn z.B. Mitunternehmeranteile übertragen werden und – was den Regelfall darstellen wird – das Gesamthandsvermögen auch Verbindlichkeiten enthält[5]. Allerdings ist unklar, ob damit die Anwendung des Buchwertprivilegs in vollem Umfang ausscheidet oder – nach einer Art „Trennungstheorie" – zumindest in Höhe des entgeltlich übertragenen Teils eine Aufdeckung der stillen Reserven geboten ist[6].

---

1 Vgl. BFH v. 20.11.2014 – IV R 1/11, BStBl. II 2017, 34; *Wacker* in L. Schmidt, § 15 EStG Rz. 690 („Beteiligung an einer Personengesellschaft").
2 Vgl. FinMin Schleswig-Holstein v. 9.6.2016 – VI 306 - S 2241 - 229, DB 2016, 1471 und OFD Frankfurt v. 27.7.2016 – S 2241 A - 129 - St 213, DB 2016, 1966; dazu auch *Kirchhain*, DB 2016, 1605.
3 Vgl. BFH v. 2.8.2006 – XI R 6/03, BStBl. II 2007, 8.
4 So das Beispiel bei *Werndl* in Kirchhof/Söhn/Mellinghoff, § 6 EStG Rz. E 50.
5 FinMin Schleswig-Holstein v. 9.6.2016 – VI 306 - S 2241 - 229, DB 2016, 1471 und OFD Frankfurt v. 27.7.2016 – S 2241 A - 129 - St 213, DB 2016, 1966: „Umfasst der Mitunternehmeranteil auch Verbindlichkeiten, liegt eine unentgeltliche Überlassung nicht vor."
6 Dazu *Kirchhain*, DB 2016, 1605.

3. Überlassung zu Lebzeiten und von Todes wegen

8.194 Im Unterschied zum Spendenabzug, der nach ständiger Rechtsprechung nur bei lebzeitigen Zuwendungen eingreifen soll, kann **auch eine von Todes wegen angeordnete Überlassung** von Wirtschaftsgütern nach § 6 Abs. 1 Nr. 4 Satz 4 EStG begünstigt sein. Denn das Buchwertprivileg verlangt anders als der Spendenabzug keine freiwillige Ausgabe des Steuerpflichtigen, sondern knüpft allein an den Entnahmevorgang an. Deshalb hat der BFH zu Recht die Anwendung des § 6 Abs. 1 Nr. 4 Satz 4 EStG auf eine letztwillige Zuwendung aus einem Betriebsvermögen an eine gemeinnützige Stiftung bejaht[1], obwohl ein Spendenabzug mangels lebzeitiger Ausgaben des Erblassers ausschied.

4. Unmittelbare Überlassung nach Entnahme

8.195 Das Buchwertprivileg greift nur ein, wenn das Wirtschaftsgut „unmittelbar nach seiner Entnahme" einer gemeinnützigen Körperschaft oder einer juristischen Person des öffentlichen Rechts für steuerbegünstigte Zwecke überlassen wird. Mit diesem „zeitlichen Element"[2] will der Gesetzgeber offenbar solche Entnahmevorgänge von der Begünstigung ausschließen, die nicht von Anfang an aus altruistischen Motiven, sondern zunächst aus anderen (privaten) Gründen erfolgt sind. In solchen Fällen kann also eine nach §§ 4 Abs. 1 Satz 2, 6 Abs. 1 Nr. 4 Satz 1 EStG begründete Entnahmebesteuerung nicht „rückwirkend" dadurch beseitigt werden, dass das entnommene Wirtschaftsgut später auf Grund eines neuen Entschlusses einer gemeinnützigen Einrichtung zugewendet wird.

Eine solche Beschränkung des Buchwertprivilegs auf rein spendenmotivierte Entnahmevorgänge ist zwar aus fiskalischer Sicht vertretbar, **rechtspolitisch unter Anreizgesichtspunkten aber keineswegs zwingend**, wie z.B. ein Blick auf die rückwirkende Erbschaftsteuerbefreiung nach § 29 Abs. 1 Nr. 4 ErbStG zeigt, die gerade solche Vermögensübertragungen begünstigt, die erst einige Zeit nach dem Erbfall zur Vermeidung einer bereits entstandenen Erbschaftsteuer vorgenommen werden. De lege lata wird man allerdings davon ausgehen müssen, dass eine private Nutzung zwischen Entnahme und Zuwendung bei § 6 Abs. 1 Nr. 4 Satz 5 EStG förderungsschädlich ist[3].

5. Überlassung an begünstigte Körperschaft

8.196 Das Buchwertprivileg setzt ferner voraus, dass das Wirtschaftsgut einer steuerbegünstigten Einrichtung überlassen wird. Das Gesetz definiert den Kreis der begünstigten Empfängerkörperschaften übereinstimmend mit § 10b Abs. 1 EStG. Begünstigt sind nur Zuwendungen an privatrechtliche Körperschaften, die nach § 5 Abs. 1 Nr. 9 KStG wegen ausschließlicher und unmittelbarer Verfolgung steuerbegünstigter Zwecke von der Körperschaftsteuer befreit sind, sowie Zuwendungen an Körperschaften des öffentlichen Rechts. Warum Übertragungen auf vergleichbare Einrichtungen in EU/EWR-Staaten nicht vom Buchwertprivileg erfasst sind,

---

1 BFH v. 5.2.2002 – VIII R 53/99, BStBl. II 2003, 237.

2 So *Werndl* in Kirchhof/Söhn/Mellinghoff, § 6 EStG Rz. E 50.

3 Ebenso *Werndl* in Kirchhof/Söhn/Mellinghoff, § 6 EStG Rz. E 50; *Stobbe* in Herrmann/Heuer/Raupach, § 6 EStG Rz. 1205.

ist nach der Öffnung des Spendenrechts für grenzüberschreitende Spenden nicht zu erklären und unionsrechtswidrig (vgl. Rz. 1.137).

6. Zur Verwendung für steuerbegünstigte Zwecke

Fraglich ist, wann ein Wirtschaftsgut „zur Verwendung für steuerbegünstigte Zwecke" überlassen wird. Ausgehend vom Wortlaut („Überlassung zur Verwendung für steuerbegünstigte Zwecke") könnte man daran denken, das Buchwertprivileg nur dann anzuwenden, wenn das Wirtschaftsgut bei der Empfängerkörperschaft „unmittelbar" für steuerbegünstigte Zwecke eingesetzt werden soll. Gegen eine solche einschränkende Interpretation spricht bereits, dass der Begriff der „Überlassung" in § 6 Abs. 1 Nr. 4 Satz 4 EStG – wie oben (Rz. 8.191) dargelegt – gerade keine (dauerhafte) „Nutzungsüberlassung" meint, sondern **nur eine unentgeltliche Übertragung des Wirtschaftsguts auf die Empfängerkörperschaft**. Als Eigentümerin des Wirtschaftsgutes steht es der Empfängerkörperschaft aber grundsätzlich im Rahmen ihrer satzungsmäßigen Zweckbindung frei, auf welche Weise sie das Wirtschaftsgut für steuerbegünstigte Zwecke „verwenden" möchte.

Eine „Verwendung für steuerbegünstigte Zwecke" liegt nach allgemeinem Sprachgebrauch auch dann vor, wenn der übertragene Gegenstand nicht unmittelbar für steuerbegünstigte Zwecke eingesetzt, sondern z.B. im Rahmen der Vermögensverwaltung zur Erzielung zusätzlicher Einnahmen genutzt wird (Vermietung der übertragenen Immobilie) oder an Dritte veräußert wird, um den Veräußerungserlös zeitnah zu verwenden oder im Rahmen des § 62 Abs. 3 AO zulässigerweise dem Vermögen zuzuführen. Insbesondere bei der Übertragung von Grundstücken und Kapitalgesellschaftsbeteiligungen dürfte **eine alsbaldige Veräußerung vielfach die sinnvollste „Verwendungsform" sein**, um den wirtschaftlichen Wert des Wirtschaftsgutes für steuerbegünstigte Zwecke einsetzen zu können. Schließlich ist zu berücksichtigen, dass der Gesetzgeber in § 6 Abs. 1 Nr. 4 Satz 5 EStG eine bestimmte Verwendungsform gesetzlich nicht festgeschrieben hat[1].

8.197

Für ein weites Verständnis des Begriffs „Verwendung für steuerbegünstigte Zwecke" spricht auch ein **Vergleich des Buchwertprivilegs mit dem steuerlichen Spendenabzug**. Zwar scheint die Formulierung des § 6 Abs. 1 Nr. 4 Satz 5 EStG („zur Verwendung für steuerbegünstigte Zwecke …") auf den ersten Blick enger zu sein als der steuerliche Tatbestand einer Spende in § 10b Abs. 1 Satz 1 EStG („…zur Förderung steuerbegünstigter Zwecke …"). Indes besteht zwischen dem Buchwertprivileg und der Spende insoweit kein Unterschied. Denn eine Ausgabe „zur Förderung steuerbegünstigter Zwecke" nach § 10b Abs. 1 Satz 1 EStG setzt nach ständiger Rechtsprechung des BFH voraus, dass eine Zuwendung „tatsächlich für die steuerbegünstigten Zwecke" verwendet wird[2]. Eine derartige „tatsächliche Verwendung" für steuerbegünstigte Zwecke ist nach Ansicht des I. Senats aber z.B. auch dann gegeben, wenn die Zuwendung bei der Empfängereinrichtung (z.B. einer Stiftung) dem gemeinnützig gebundenen Vermögen zugeführt wird und daher nur „mittelbar", d.h. über die

8.198

---

1 Dies zeigt auch der Vergleich mit dem früheren Buchwertprivileg in § 6 Abs. 1 Nr. 4 Satz 3 EStG i.d.F. des StandOG v. 13.9.1993, vgl. dazu *Hüttemann*, DB 2008, 1590.
2 Vgl. BFH v. 19.3.1976 – VI R 72/73, BStBl. II 1976, 338; BFH v. 5.2.1992 – I R 63/91, BStBl. II 1992, 748.

Verwendung der Vermögenserträge steuerbegünstigten Zwecken dient (sog. finaler Spendenbegriff)[1]. Wenn es aber im Rahmen von § 10b Abs. 1 Satz 1 EStG allein auf die – wie es der BFH ausdrückt[2] – „finale Verwendung" der Zuwendung ankommt, dann ist nicht zu erkennen, weshalb bei § 6 Abs. 1 Nr. 4 Satz 4 EStG andere Maßstäbe gelten sollen. Das Buchwertprivileg ist mithin nicht von der „unmittelbaren" Nutzung des Wirtschaftsgutes durch die Empfängerkörperschaft abhängig, sondern entscheidend ist allein, dass die steuerfrei übertragenen stillen Reserven bei Auflösung der Körperschaft nicht an den Zuwendenden zurückgewährt werden[3].

8.199 Der zum Spendenrecht entwickelte „finale Spendenbegriff" deckt sich schließlich auch mit dem **Sinn und Zweck des Buchwertprivilegs**. Dazu heißt es in der Gesetzesbegründung von 1969[4]:

> „Durch den Verzicht auf die Besteuerung der stillen Reserven bei Sachzuwendungen für wissenschaftliche Zwecke soll die Spendenbereitschaft gefördert und dazu beigetragen werden, die wirtschaftliche Grundlage der gemeinnützigen wissenschaftlichen Institutionen zu erweitern."

Die „wirtschaftliche Grundlage" der gemeinnützigen Einrichtungen wird aber nicht nur dann gestärkt, wenn ein Wirtschaftsgut von der Empfängereinrichtung „unmittelbar" für steuerbegünstigte Zwecke genutzt wird. Vielmehr ist es ebenso gut möglich, dass die Empfängereinrichtung mit dem Wirtschaftsgut zusätzliche laufende Erträge erwirtschaftet oder durch die Veräußerung einen hohen Veräußerungserlös erzielt, den sie für steuerbegünstigte Zwecke einsetzt. Gerade unter „wirtschaftlichen" Gesichtspunkten dürfte für die Empfängereinrichtung eine sofortige Veräußerung des empfangenen Wirtschaftsguts (z.B. einer Immobilie) häufig die beste Alternative sein, weil eine unmittelbare Nutzung des Gegenstandes vielfach schon aus tatsächlichen Gründen ausscheidet und eine Nutzung als Vermögensanlage wirtschaftlich nicht attraktiv erscheint. Nimmt man also das gesetzgeberische Ziel – Förderung der Spendenbereitschaft und Verbesserung der Kapitalausstattung gemeinnütziger Einrichtungen – ernst, dann umfasst der Begriff der „Verwendung für steuerbegünstigte Zwecke" **jeden wirtschaftlich sinnvollen Einsatz des empfangenen Wirtschaftsguts für steuerbegünstigte Zwecke**[5].

Aus der Feststellung, dass eine „Verwendung zu steuerbegünstigten Zwecken" auch dann vorliegt, wenn die Empfängerkörperschaft den empfangenen Gegenstand veräußert und den Erlös zeitnah für satzungsmäßige Zwecke verwendet oder zulässigerweise dem Vermögen zuführt, ergibt sich zugleich, dass das Buchwertprivileg auch dann eingreift, wenn das Wirtschaftsgut sofort nach der Übertragung von der Empfängerkörperschaft im Rahmen der

---

1 BFH v. 5.2.1992 – I R 63/91, BStBl. II 1992, 748 (749); ähnlich BFH v. 23.5.1989 – X R 17/85, BStBl. II 1989, 879; enger FG Düsseldorf v. 5.2.1997 – 13 K 2126/93 E, EFG 1997, 473.

2 BFH v. 5.2.1992 – I R 63/91, BStBl. II 1992, 748.

3 Sofern der Zuwendende – wie im Regelfall – auch in Höhe des Buchwertes den Spendenabzug geltend machen möchte, muss nach den Grundsätzen des Urteils BFH v. 5.2.1992 – I R 63/91, BStBl. II 1992, 748 eine Rückgewähr des Gegenstandes bzw. seines Wertes bei der Einbringung insgesamt ausgeschlossen sein.

4 BT-Drucks. V/3890, S. 20.

5 Ebenso *Seer*, GmbHR 2008, 785, 790: Beschränkung auf „unmittelbare" Verwendung sei teleologisch inkonsequent.

steuerfreien Vermögensverwaltung (§ 14 AO) veräußert wird. Darin liegt auch **keine „miss-bräuchliche Gestaltung" im Sinne von § 42 AO**[1].

7. Sachzuwendung in einen wirtschaftlichen Geschäftsbetrieb

Ein Sonderproblem ergibt sich, wenn **das überlassene Wirtschaftsgut bei der Empfängerkörperschaft im Rahmen eines steuerpflichtigen wirtschaftlichen Geschäftsbetriebs direkt verwendet werden soll.** Hierzu findet sich im Schrifttum die Ansicht, dass es dann an einer „Verwendung zu steuerbegünstigten Zwecken" fehle[2]. Richtigerweise kann aber nicht entscheidend sein, in welcher Sphäre (ideeller Bereich oder wirtschaftlicher Geschäftsbetrieb) das Wirtschaftsgut genutzt wird. Dies zeigt auch die Tatsache, dass selbst bei der Übertragung eines Gewerbebetriebs, der bei der Empfängerkörperschaft einen neuen wirtschaftlichen Geschäftsbetrieb begründet, der Spendenabzug gewährt wird[3]. Vor diesem Hintergrund ist nicht zu erkennen, weshalb z.B. die Anwendung des Buchwertprivilegs bei der Zuwendung einer Immobilie davon abhängen soll, ob die Empfängerkörperschaft darin einen Zweckbetrieb einrichtet oder einen steuerpflichtigen wirtschaftlichen Geschäftsbetrieb. Dieses Ergebnis lässt sich konstruktiv erreichen, wenn man davon ausgeht, dass das Wirtschaftsgut immer zunächst in der außerbetrieblichen Sphäre zufließt und dann zum Teilwert in den bestehenden wirtschaftlichen Geschäftsbetrieb eingelegt wird (vgl. Rz. 8.86). | 8.200

V. Rechtsfolgen des Buchwertprivilegs

1. Wahlrecht zwischen Ansatz des Buch- oder Teilwertes

Aus der gesetzlichen Formulierung, dass die Entnahme mit dem Buchwert „angesetzt werden kann", ergibt sich, dass der Steuerpflichtige grundsätzlich ein **Wahlrecht** hat, welchen Entnahmewert er ansetzt. Er ist also nicht zum Buchwertansatz gezwungen, sondern kann die Entnahme auch mit dem Teilwert ansetzen. Dies kann z.B. vorteilhaft sein, wenn ein laufender Verlust ausgeglichen und der Spendenabzug in Höhe des Teilwertes in Anspruch genommen werden soll. Der Ansatz eines Zwischenwertes ist dagegen nicht statthaft[4]. | 8.201

2. Bewertung der Sachspende

Die Entscheidung des Steuerpflichtigen hinsichtlich des Wertansatzes ist auch maßgebend für die Bewertung der Sachzuwendung im Rahmen des Spendenabzugs. Denn nach § 10b Abs. 3 Satz 3 EStG ist bei Wirtschaftsgütern, die unmittelbar vor der Zuwendung einem Betriebsvermögen entnommen worden sind, der Entnahmewert zuzüglich der bei der Entnahme angefallenen Umsatzsteuer anzusetzen, d.h. wahlweise der Teilwert oder der Buchwert. Auf diese Weise will der Gesetzgeber | 8.202

---

1 Dazu näher *Hüttemann*, DB 2008, 1590; *Seer*, GmbHR 2008, 785 (790 f.).
2 So *Kulosa* in Herrmann/Heuer/Raupach, § 10b EStG Rz. 51; *Buchna/Leichinger/Seeger/Brox*, S. 437 einerseits und – differenzierend – S. 472 ff.
3 Dazu etwa *Thiel*, DB 1993, 125 (128).
4 Vgl. *Stobbe* in Herrmann/Heuer/Raupach, § 6 EStG Rz. 1205.

eine **doppelte Begünstigung verhindern**, die sich ergeben würde, wenn das Buchwertprivileg in Anspruch genommen wird und gleichzeitig im Rahmen des Spendenabzugs der gemeine Wert der Sachspende maßgebend wäre.

3. Behandlung bei der Empfängerkörperschaft

8.203 Die Anwendung des Buchwertprivilegs hat auch Auswirkungen auf die Vermögensbindung bei der Empfängerkörperschaft. Grundsätzlich dürfen Mitglieder nach § 55 Abs. 1 Nr. 2 AO bei ihrem Ausscheiden oder bei Auflösung der Körperschaft nicht mehr als ihre eingezahlten Kapitalanteile und den gemeinen Wert ihrer geleisteten Sacheinlagen zurückerhalten. Umgekehrt darf nach § 55 Abs. 1 Nr. 4 AO bei Auflösung oder Aufhebung das Vermögen der Körperschaft, soweit es die eingezahlten Kapitalanteile der Mitglieder und den gemeinen Wert der von den Mitgliedern geleisteten (offenen) Sacheinlagen übersteigt, nur für steuerbegünstigte Zwecke verwendet werden (Grundsatz der Vermögensbindung). Diese Vorgaben gelten nach § 55 Abs. 3 Halbs. 2 AO bei einer Inanspruchnahme des Buchwertprivilegs mit der Maßgabe, dass „an die Stelle des gemeinen Werts der Buchwert der Entnahme tritt". Auf diese Weise wird gewährleistet, dass die im Rahmen einer offenen Sacheinlage steuerfrei übertragenen stillen Reserven auf Dauer für steuerbegünstigte Zwecke gebunden sind. Auch diese Regelung, zeigt, dass es dem Gesetzgeber nur um eine **„wertmäßige" Bindung der stillen Reserven** geht.

Kapitel 9
Sonstige Steuervergünstigungen

Literatur: *Baumann Lorant*, Stiftungen fördern Künstler: Steuern auf Preisen, Werkbeiträ-
gen und ähnlichen Leistungen, Bd. 69 (2014), Revue fiscale 2014, 252; *Betz/Stiegler*, Zur Steuerpflicht von Stipendien aus Drittstaaten, IStR 2016, 850; *Doralt*, Nobelpreis steuerfrei?,
öRdW 2004, 691; *Ernst/Schill*, Die Behandlung von Stipendien im Einkommensteuerrecht,
DStR 2008, 1461; *Förster*, Betriebliche Verlosungen – mit dem Fiskus als Teilhaber?, DStR
2009, 249; *Grambow*, Mindestlohn für Vereine und Stiftungen, ZStV 2015, 81; *Grotherr/Har-*

deck, Zur Steuerpflicht von Preisgeldern für Wissenschaftspreise, StuW 2014, 3; *Halaczinsky*, Unentgeltliche Zuwendung von Vereinen, ErbStB 2004, 91; *Halaczinsky*, Erwerbe durch und von Stiftungen, ZErb 2015, 193; *Hey*, Erbschaftsteuer: Europa und der Rest der Welt, DStR 2011, 1149; *Hüttemann*, Gesetz zur weiteren Stärkung des bürgerschaftlichen Engagements und seine Auswirkungen auf das Gemeinnützigkeits- und Spendenrecht, DB 2007, 2053; *Hüttemann*, Die Treuhandstiftung im Steuerrecht, in Deutsches Stiftungszentrum (Hrsg.), Die Treuhandstiftung – ein Traditionsmodell mit Zukunft, Essen 2012, S. 48; *Hüttemann*, Das Gesetz zur Stärkung des Ehrenamts, DB 2013, 774; *Hüttemann*, Der Steuerstatus der politischen Parteien, in Tipke/Seer/Hey/Englisch (Hrsg.), Festschrift für Joachim Lang: Gestaltung der Steuerrechtsordnung, Köln 2010, S. 321; *Jachmann*, Steuerrecht, in Igl/Jachmann/Eichenhofer (Hrsg.), Rechtliche Rahmenbedingungen bürgerschaftlichen Engagements, Opladen 2002; *Jochum*, Privilegierung der Einnahmen aus nebenberuflicher Tätigkeit im Bereich der wissenschaftlichen Ausbildung und Prüfung, NJW 2002, 1983; *Kampermann*, Organvergütungen bei gemeinnützigen Körperschaften, 2018; *Kaube*, Ausgezeichnet – Über Preisungen, Non Profit Law Yearbook 2009 (2010), 1; *Kirchhain*, Die gemeinnützige Familienstiftung, Frankfurt/M. 2006; *Kirchhain/Lorenz*, Erbschaftsteuer- und bewertungsrechtliche Behandlung von Anteilen an gemeinnützigen Kapitalgesellschaften, DStR 2014, 1941; *Kollhosser*, Die schuldrechtliche Einordnung einer Spende an eine selbständige Stiftung – Schenkung oder fiduziarische Treuhand?, ZEV 2004, 117; *Krey*, Besteuerung sonstiger Leistungen, Münster 2014; *Krumm*, Zur Einkommensteuerbarkeit von Forschungspreisgeldern, FR 2015, 369; *Mannek*, Anteile an gemeinnützigen Kapitalgesellschaften bei der Erbschaft-/Schenkungsteuer, NWB 2013, 3449; *Marx*, Das Markteinkommenskonzept zur Qualifikation in Grenzbereichen der Einkommensteuer: Zur Steuerbarkeit von Preisgeldern, Projektprämien und Auszeichnungen, DStZ 2014, 282; *Mückl*, Sponsoring und Schenkungsteuer, Marburg 2007; *Obermair*, Abzug von Ausgaben bei steuerfreien Einnahmen als Übungsleiter, DStR 2016, 1584; *von Oertzen/Schienke-Ohletz*, Verbrauchsstiftungen als begünstigte Empfänger i.S. des § 29 Abs. 1 Nr. 4 ErbStG, ZEV 2015, 239; *Rawert*, Charitable Correctness – Das OLG Dresden zu Spenden- und Pflichtteilsergänzung, NJW 2002, 3151; *Rawert*, Zivilrechtsfragen des Spendens, Non Profit Law Yearbook 2005 (2006), 165; *Sandberg/Graf Strachwitz*, Was ist Ehrenamt? – Ein Problemaufriss anhand einer empirischen Studie, ZStV 2015, 210; *Schauhoff*, Gemeinnützige Stiftung und Versorgung des Stifters und seiner Nachkommen, DB 1996, 1693; *Schauhoff*, Schenkungsteuer auf Sponsorenzahlungen an die Profimannschaft?, DStR 2004, 1465; *Schauhoff/Kirchhain*, Steuer- und zivilrechtliche Neuerungen für gemeinnützige Körperschaften und deren Förderer – Zum Gesetz zur Stärkung des Ehrenamtes, FR 2013, 301; *Schienke-Ohletz*, Internationales Gemeinnützigkeits- und Spendenrecht unerwünscht?, BB 2018, 221; *Scholtz*, Das Gesetz zur Änderung der Abgabenordnung und des Einkommensteuergesetzes – Vereinsbesteuerungsgesetz –, DStZ 1980, 403; *Scholtz*, Die steuerfreie Aufwandsentschädigung nach § 3 Nr. 26 EStG, DStR 1981, 613; *Seer*, Gemeinwohlzwecke und steuerliche Entlastung, DStJG 26 (2003), 11; *Settels*, Destinatsleistungen und andere satzungsmäßige Zuwendungen als Schenkungen, Baden-Baden 2016; *Söffing/Thoma*, Steuerliche Konsequenzen der Einsetzung einer gemeinnützigen Stiftung als Vorerbin – Anm. zum Erlass des Bayerischen Staatsministeriums der Finanzen vom 12.11.2003, BB 2004, 855; *Streiter*, Die Rechtsnatur von Stipendien, WissR 2005, 2; *Tegelkamp/Krüger*, Ein Sieg für das Ehrenamt? – Kritische Betrachtung des BFH-Urteils v. 17.10.2012 – VIII R 57/09 (FR 2013, 517), FR 2013, 490; *Theisen/Raßhofer*, Die Erzielung nichtsteuerbarer Einnahmen – systematisiert am Beispiel von Preis- und Fördergeldern, in Mellinghoff/Schön/Viskorf (Hrsg.), Steuerrecht im Rechtsstaat. Festschrift für Wolfgang Spindler, Köln 2011, S. 819; *Thiel*, Die Zuwendung von Sponsoren und Mäzenen aus schenkungsteuerrechtlicher und ertragsteuerrechtlicher Sicht, DB 1993, 2452; *Thiel/Eversberg*, Gesetz zur steuerlichen Förderung von Kunst, Kultur und Stiftung sowie zur Änderung steuerlicher Vorschriften, DB 1991, 118; *Weitemeyer*, Die Steuerpflicht von Preisgeldern und Auszeichnungen, Non Profit Law Yearbook 2009 (2010), 7; *Wystrcil*, Die Besteuerung von Destinatärsleistungen privatnütziger Stiftungen, 2014.

A. Erbschaft- und Schenkungsteuer

I. Überblick

Der Erbschaft- und Schenkungsteuer unterliegen Erwerbe von Todes wegen (z.B. durch Erbeinsetzung oder Vermächtnisse) sowie Schenkungen unter Lebenden. Gerade steuerbegünstigte Körperschaften sind potentiell von dieser **Bereicherungssteuer** betroffen, da sie sich vielfach in größerem Umfang aus Spenden (Schenkungen) und Zuwendungen von Todes wegen (Erbschaften) finanzieren. Die Bedeutung der Erbschaft- und Schenkungsteuer wird noch dadurch erhöht, dass Zuwendungen an eine gemeinnützige Einrichtung, soweit eine Steuerbefreiung nicht eingreift, regelmäßig der Steuerklasse III unterfallen würden. Vor diesem Hintergrund liegt es nahe, dass das ErbStG eine Reihe von Steuerbefreiungen enthält, durch die Zuwendungen an gemeinnützige Einrichtungen privilegiert werden. Eine solche Befreiung entspricht insbesondere bei Spenden dem Gebot der Folgerichtigkeit. Es wäre befremdlich, wenn der Staat einerseits Spenden an gemeinnützige Einrichtungen steuerlich durch einen Sonderausgabenabzug befördern, andererseits aber einen wesentlichen Teil der Zuwendung über die Erbschaft- und Schenkungsteuer abschöpfen würde[1]. Aus diesem Grund stehen die Befreiungen bei der Erbschaft- und Schenkungsteuer, auch wenn sie der Empfängerkörperschaft selbst zugute kommen, in einem gewissen komplementären Zusammenhang mit der Begünstigung von lebzeitigen Zuwendungen (Spenden) im Ertragsteuerrecht (dazu Rz. 8.1 ff.).

9.1

Die Anwendung dieser Befreiungsregelungen setzt zunächst die Feststellung voraus, dass überhaupt ein **steuerpflichtiger Erwerb** vorliegt. Im Zusammenhang mit steuerbegünstigten Körperschaften ist vor allem auf folgende steuerpflichtige Vorgänge hinzuweisen. Der Erbschaft- und Schenkungsteuer unterliegen insbesondere:

9.2

- **Erwerbe von Todes wegen** (also z.B. die Erbeinsetzung einer gemeinnützigen Einrichtung, ein Erwerb durch Vermächtnis, vgl. § 3 Abs. 1 Nr. 1 ErbStG), ferner auch der Übergang von Vermögen auf eine vom Erblasser angeordnete (rechtsfähige) Stiftung (§ 3 Abs. 2 Nr. 1 ErbStG).

- **Schenkungen unter Lebenden** (also z.B. Spenden und Zustiftungen an gemeinnützige Einrichtungen, vgl. § 7 Abs. 1 Nr. 1 ErbStG, aber auch Mitgliedsbeiträge, vgl. auch § 18 ErbStG[2]), der Übergang von Vermögen auf eine (rechtsfähige) Stiftung auf Grund eines Stiftungsgeschäfts unter Lebenden (§ 7 Abs. 1 Nr. 8 ErbStG)[3].

- **Zweckzuwendungen von Todes wegen oder unter Lebenden** (z.B. die Errichtung einer nichtrechtsfähigen Stiftung oder eines Zweckvermögens zu steuerbegünstigten Zwecken) unterliegen nach §§ 1 Abs. 1 Nr. 3, 8 ErbStG der Erbschaftsteuer[4].

---

1 Vgl. auch *Seer* in DStJG 26 (2003), 11 (34).
2 S. auch BFH v. 15.3.2007 – II R 5/04, BStBl. II 2007, 472.
3 Zur Steuerpflicht bei Übertragung von Vermögen einer rechtsfähigen Stiftung auf eine von ihr gegründete Stiftung vgl. BFH v. 13.4.2011 – II R 45/09, BStBl. II 2011, 732.
4 Zu Treuhandstiftungen vgl. *Hüttemann* in DSZ (Hrsg.), Die Treuhandstiftung – ein Traditionsmodell mit Zukunft, S. 48 ff.; an einer Zweckzuwendung fehlt es bei Errichtung ei-

– Eine **Erbersatzsteuer** (§ 1 Abs. 1 Nr. 4 ErbStG) scheitert bei steuerbegünstigten Stiftungen bereits daran, dass diese nicht „wesentlich im Interesse einer Familie errichtet" sein kann und Zuwendungen im Rahmen des § 58 Nr. 6 AO die Steuerbegünstigung nach § 13 Abs. 1 Nr. 16 Buchst. b ErbStG nicht ausschließen[1].

9.3 Darüber hinaus ist allgemein zu berücksichtigten, dass die durch eine entsprechende Auflage des Zuwendenden begründete **Pflicht des Zuwendungsempfängers (Stiftung, Verein etc.) zur satzungsgemäßen (zeitnahen) Verwendung** der zugewendeten Mittel eine „Bereicherung" im Sinne des ErbStG – ebenso wie im Bürgerlichen Recht[2] – nicht ausschließt. Zu Recht hat der BFH festgestellt, dass die mit der Zuwendung an eine Stiftung verbundene Auflage, die Zuwendung für eigene satzungsmäßige Zwecke der Stiftung zu verwenden, dieser selbst zugute kommt und deshalb deren Bereicherung nicht mindert[3].

9.4 Besondere Fragen stellen sich bei der erbschaftsteuerlichen Behandlung von **Sponsoringzuwendungen**. Sponsoring unterscheidet sich von bloßem Mäzenatentum (Spende) dadurch, dass sich die geförderte Einrichtung gegenüber dem Sponsor zu einer kommunikativen Gegenleistung verpflichtet (vgl. Rz. 8.57 ff.). Soweit aber der Leistung des Zuwendenden eine Gegenleistung des Zuwendungsempfängers gegenübersteht, scheidet eine Schenkungsteuerpflicht mangels freigebiger Zuwendung aus. Nach Ansicht der Finanzverwaltung soll es für die ertragsteuerliche Abzugsfähigkeit von Sponsoringaufwendungen als Betriebsausgaben auch nicht darauf ankommen, ob Leistung und Gegenleistung völlig ausgeglichen sind. Vielmehr ist die Abzugsfähigkeit erst bei einem krassen Missverhältnis zu versagen[4]. Diese Maßstäbe sollen aber nach Ansicht der Rechtsprechung für die schenkungsteuerliche Beurteilung von Sponsoringaufwendungen nicht gelten. Vielmehr wird dort eine Aufteilung von Sponsoringaufwendungen in einen entgeltlichen und unentgeltlichen Teil befürwortet. Soweit die Zuwendung über den wirtschaftlichen Wert der Gegenleistung hinausgeht, wäre somit eine Schenkungsteuerpflicht begründet[5]. Dieser Auffassung ist nicht zu folgen[6]. Die Aufteilung einer einheitlichen Sponsoringaufwendung führt nicht nur zu erheblichen Bewertungsschwierigkeiten, sondern sie hätte bei dem sog. „harten" Sponsoring u.U. eine systematisch verfehlte Doppelbelastung

---

ner rechtsfähigen Stiftung von Todes wegen im Zeitraum bis zur Anerkennung der Stiftung, vgl. dazu BFH v. 25.10.1995 – II R 20/92, BStBl. II 1996, 99.

1 Dazu nur *von Oertzen* in von Oertzen/Loose, § 1 ErbStG Rz. 59, 71.

2 Dazu nur BGH v. 10.12.2003 – IV ZR 249/02, BGHZ 157, 178; vgl. dazu *Kollhosser*, ZEV 2004, 117; anders noch OLG Dresden v. 2.5.2002 – 7 U 2905/01, NJW 2002, 3181 mit ablehnender Anm. *Rawert*, NJW 2002, 3151; eingehend zu Zivilrechtsfragen des Spendens *Rawert* in Non Profit Law Yearbook 2005, 165.

3 Vgl. BFH v. 16.1.2002 – II R 82/99, BStBl. II 2002, 303; ebenso schon RFH v. 12.5.1931 – IeA 164/30, RStBl. 1931, 539; vgl. aus dem Schrifttum nur *Meincke/Hannes/Holtz*, § 8 ErbStG Rz. 8; *Schienke-Ohletz* in von Oertzen/Loose, § 8 ErbStG Rz. 7.

4 So der Sponsoringerlass des BMF v. 18.2.1998, BStBl. I 1998, 212 Rz. 5.

5 So FG Köln v. 27.11.2003 – 9 K 3304/02, 9 K 6334/02, EFG 2004, 664. Insoweit bestätigt durch BFH v. 15.3.2007 – II R 5/04, BStBl. II 2007, 472.

6 Vgl. die berechtigte Kritik von *Schauhoff*, DStR 2004, 1465; s. auch *Mückl*, Sponsoring und Schenkungsteuer, 2007.

der Sponsoringzahlung mit Erbschaft- und Körperschaftsteuer zur Folge (vgl. dazu auch Rz. 8.57 ff.).

Schließlich ist zu beachten, dass auch **Zuwendungen gemeinnütziger Einrichtungen an Dritte** u.U. erbschaftsteuerliche Konsequenzen haben können. Dafür muss man erkennen, dass bei mitgliedschaftlich organisierten Körperschaften (z.B. Verein) satzungsmäßig vorgesehene Zuwendungen grundsätzlich „freiwilligen" Charakter haben. Eine freigebige Zuwendung ist erst recht anzunehmen bei Zuwendungen an Dritte, die ohne Satzungsbestimmung vom Vorstand beschlossen werden. Fraglich ist jedoch, ob diese Beurteilung auch auf steuerbegünstigte Körperschaften zutrifft, die kraft Gesetzes (§ 55 Abs. 1 Nr. 1 und 5 AO) zur zeitnahen Verfolgung ihrer steuerbegünstigten satzungsmäßigen Zwecke verpflichtet sind und in Verfolgung dieser Zwecke Zuwendungen machen (z.B. im Rahmen der Mildtätigkeit)[1]. Bei (steuerbegünstigten oder steuerpflichtigen) Stiftungen sollen satzungsmäßige Leistungen an Dritte dagegen schenkungsteuerlich von vornherein keine freigebigen Zuwendungen darstellen, weil sie zur Erfüllung des Stiftungszwecks und nicht um der Bereicherung des Bedachten willen geleistet werden[2]. Zivilrechtlich ist die Einordnung von Destinatsleistungen umstritten[3]. Verneint man eine Schenkungsteuerpflicht für satzungsmäßige Leistungen, kann sich eine Schenkungsteuerpflicht also nur dort ergeben, wo der Vorstand ohne eine satzungsmäßige Grundlage entsprechende Zuwendungen beschließt[4]. Schließlich können auch Vermögensübertragungen bei Auflösung gemeinnütziger Einrichtungen erbschaftsteuerliche Fragen haben. Soweit das Vermögen aber entsprechend der Vermögensbindung auf andere steuerbegünstigte Einrichtungen übertragen wird, ist regelmäßig eine Steuerfreiheit nach § 13 Abs. 1 Nr. 16 Buchst. b ErbStG gegeben.

9.5

Besondere Fragen stellen sich bei der Vererbung oder unentgeltlichen Übertragung von Anteilen an einer steuerbegünstigten Kapitalgesellschaft an nicht steuerbegünstigte Anteilseigner. Hier kommt es mangels Steuerbefreiung des Erwerbs nach § 13 Abs. 1 Nr. 16 Buchst. b ErbStG zu einer „Normalbesteuerung". Allerdings ist – gerade nach Abschaffung des Stuttgarter Verfahrens – fraglich, **wie sich die gemeinnützigkeitsrechtlichen Bindungen des Anteilseigners nach § 55 Abs. 1 Nr. 1 und 2 AO auf die Wertermittlung auswirken** (vgl. auch § 9 Abs. 2 Satz 3 BewG). Hierzu vertritt die Finanzverwaltung nunmehr die Ansicht, dass die „sich aus den gemeinnützigkeitsrechtlichen Bindungen für den Erwerber der Anteile ergebenden Beschränkungen" im Rahmen der Bewertung „nach § 10 Abs. 1 Satz 1 ErbStG als auflösend

9.6

---

1 Dazu *Halaczinsky*, ErbStB 2004, 91.
2 Vgl. dazu RFH v. 8.3.1922 – VI A 49/21, StuW 1922, Nr. 640; *Meincke/Hannes/Holtz*, § 7 ErbStG Rz. 96; *Schauhoff*, DB 1996, 1693 (1695); *Schiffer* in Schiffer, § 8 Rz. 34 f.; *Halaczinsky*, ZErb 2015, 193; eingehend *Wystrcil*, Die Besteuerung von Destinatärsleistungen privatnütziger Stiftungen, 2014.
3 Eine Schenkung bereits dem Grunde nach ablehnend BGH v. 7.10.2009 – Xa ZR 8/08, NJW 2010, 234; a.A. *Hüttemann/Rawert* in Staudinger, § 85 BGB Rz. 42 ff.; *Settels*, Destinatsleistungen und andere satzungsmäßige Zuwendungen als Schenkungen, 2016.
4 Dazu etwa *Kirchhain*, Gemeinnützige Familienstiftung, 2006, S. 315.

bedingte Last zu berücksichtigen" sind[1]. Im Ergebnis hat der Erwerber folglich nur den Betrag zu versteuern, den er (z.B. durch eine Einlagenrückgewähr bei Ausscheiden) auch tatsächlich realisieren kann, ohne die Gemeinnützigkeit der Kapitalgesellschaft zu gefährden (dies entspricht dem Wert nach § 55 Abs. 1 Nr. 1 Satz 2 und Nr. 2 AO)[2]. Daraus folgt zugleich, dass die Steuerfestsetzung zu berichtigen ist, wenn der Erwerber später tatsächlich mehr erhält (z.B. infolge einer Veräußerung an einen gemeinnützigen Erwerber[3]). Auch wenn die Lösung über die „auflösend bedingte Last" etwas konstruiert erscheint (und zu relativ langen Überwachungsfristen führt), sollte man für die gefundene Lösung Verständnis haben, weil gerade gGmbH in der Vergangenheit offenbar auch als Vehikel für missbräuchliche Gestaltungen genutzt worden sind. Immerhin könnte der Gesetzgeber solche Schwierigkeiten auch dadurch lösen, dass er die Gemeinnützigkeit einer Kapitalgesellschaft einfach davon abhängig macht, dass sämtliche Anteilseigner ihrerseits steuerbegünstigte Körperschaften im Sinne von § 1 Abs. 1 KStG sind. Auf diese Weise würden auch Zweifelsfragen beim Spendenabzug obsolet (dazu Rz. 8.45).

9.7   frei

II. Sachliche Steuerbefreiungen

1. Überblick

9.8   Für gemeinnützige Körperschaften sind vor allem folgende **drei Befreiungsregelungen** relevant:

– Nach § 13 Abs. 1 Nr. 16 Buchst. b ErbStG bleiben steuerfrei

  „**Zuwendungen an inländische Körperschaften, Personenvereinigungen und Vermögensmassen**, die nach der Satzung, dem Stiftungsgeschäft oder der sonstigen Verfassung und nach ihrer tatsächlichen Geschäftsführung ausschließlich und unmittelbar kirchlichen, gemeinnützigen oder mildtätigen Zwecken im Sinne der §§ 52 bis 54 der Abgabenordnung dienen. Die Befreiung fällt mit Wirkung für die Vergangenheit weg, wenn die Voraussetzungen für die Anerkennung der Körperschaft, Personenvereinigung oder Vermögensmasse als kirchliche, gemeinnützige oder mildtätige Institution innerhalb von zehn Jahren nach der Zuwendung entfallen und das Vermögen nicht begünstigten Zwecken zugeführt wird."

– Steuerfrei bleiben nach dem durch das Steueränderungsgesetz 2015[4] neu gefassten und in Satz 2 durch das Steuerumgehungsbekämpfungsgesetz 2017[5] geänderten § 13 Abs. 1 Nr. 16 Buchst. c ErbStG auch

  „**Zuwendungen an ausländische Religionsgemeinschaften, Körperschaften, Personenvereinigungen und Vermögensmassen** der in den Buchstaben a und b bezeichneten Art,

---

1 Vgl. den bundeseinheitlich abgestimmten Erlass der Finanzbehörde Hamburg v. 9.10.2013, BStBl. I 2013, 1362.

2 Zu Einzelfragen siehe näher *Mannek*, NWB 2013, 3449; *Kirchhain/Lorenz*, DStR 2014, 1941.

3 Dazu Rz. 2.18.

4 Gesetz v. 2.11.2015, BGBl. I 2015, 1834.

5 Gesetz v. 23.6.2017, BGBl. I 2017, 1682.

die nach § 5 Absatz 1 Nummer 9 des Körperschaftsteuergesetzes steuerbefreit wären, wenn sie inländische Einkünfte erzielen würden, und wenn durch die Staaten, in denen die Zuwendungsempfänger belegen sind, Amtshilfe und Unterstützung bei der Beitreibung geleistet werden. ... Werden die steuerbegünstigten Zwecke des Zuwendungsempfängers im Sinne des Satzes 1 nur im Ausland verwirklicht, ist für die Steuerbefreiung Voraussetzung, dass natürliche Personen, die ihren Wohnsitz oder ihren gewöhnlichen Aufenthalt im Geltungsbereich dieses Gesetzes haben, gefördert werden oder dass die Tätigkeit dieses Zuwendungsempfängers neben der Verwirklichung der steuerbegünstigten Zwecke auch zum Ansehen der Bundesrepublik Deutschland beitragen kann. Buchstabe b Satz 2 gilt entsprechend."

– Hinzuweisen ist schließlich auf § 13 Abs. 1 Nr. 17 ErbStG. Danach bleiben steuerfrei

„Zuwendungen, die **ausschließlich kirchlichen, gemeinnützigen oder mildtätigen Zwecken gewidmet sind**, sofern die Verwendung zu dem bestimmten Zweck gesichert ist."

Weitere Befreiungsregelungen im Umfeld der Gemeinnützigkeit bestehen für Erwerbe des Bundes, eines Landes oder einer inländischen Gemeinde (§ 13 Abs. 1 Nr. 15 ErbStG) sowie für die Erwerbe von inländischen Religionsgemeinschaften des öffentlichen Rechts und an inländische jüdische Kultusgemeinden (§ 13 Abs. 1 Nr. 16 Buchst. a ErbStG). Zuwendungen an politische Parteien und Organisationen sind nach § 13 Abs. 1 Nr. 18 ErbStG befreit[1].

Für (nicht steuerbegünstigte) Vereine ist auf die besondere **Befreiung für Mitgliedsbeiträge** bis zur Höhe von 300 Euro je Mitglied und Jahr nach § 18 ErbStG hinzuweisen. Ob Mitgliedsbeiträge überhaupt eine steuerbare freigebige Zuwendung darstellen, hängt – entsprechend dem zu § 8 Abs. 5 KStG Gesagten (Rz. 7.59) – vor allem davon ab, ob der Mitgliedsbeitrag Entgeltcharakter hat. Fehlt es daran, weil der Verein nicht lediglich der Förderung seiner Mitglieder dient, unterliegen die Beiträge beim Verein dem Grunde nach der Schenkungsteuer, sind aber bis zur Höhe von 300 Euro je Mitglied im Kalenderjahr nach § 18 ErbStG befreit. Diese subsidiäre Befreiung wird relevant, wenn Beiträge nicht bereits nach anderen Vorschriften (wie bei gemeinnützigen Vereinen u.a.) steuerbefreit sind.

2. Zuwendungen an inländische gemeinnützige Einrichtungen

a) Voraussetzungen

Die Steuerbefreiung nach § 13 Abs. 1 Nr. 16 Buchst. b ErbStG setzt eine Zuwendung an eine **inländische gemeinnützige Körperschaft im Sinne der §§ 51 ff. AO** voraus. Die Beschränkung auf „inländische" Körperschaften wird man dahin zu verstehen haben, dass die Körperschaft nach § 1 Abs. 1 KStG (unbeschränkt) körperschaftsteuerpflichtig sein muss[2].

9.9

Zuwendungen an ausländische Einrichtungen aus EU/EWR-Staaten können aber nach § 13 Abs. 1 Nr. 16 Buchst. c ErbStG begünstigt sein. Mit dieser Vorschrift hat Deutschland – auf Drängen der EU-Kommission[3] – nunmehr die Vorgaben des EuGH-Urteils in der Rs. *Missionswerk Werner Heukelbach e.V.*[4] umgesetzt (dazu Rz. 9.13). Soweit Deutschland in der

---

1 Dazu näher *Hüttemann* in FS Lang, 2010, S. 321.
2 Vgl. BFH v. 3.8.1983 – II R 20/80, BStBl. II 1984, 9.
3 Zum Vertragsverletzungsverfahren BT-Drucks. 18/6094, 87 f.
4 EuGH v. 10.2.2011 – Rs. C-25/10 *Missionswerk Werner Heukelbach e.V.*, Slg. 2011, I-497.

Vergangenheit die Steuerbefreiung für Zuwendungen an ausländische Einrichtungen bei fehlender Gegenseitigkeit (vgl. § 13 Abs. 1 Nr. 16 Buchst. c ErbStG a.F.) versagt hat, lag darin ein Verstoß gegen die Kapitalverkehrsfreiheit[1].

Ferner ist erforderlich, dass die Empfängereinrichtung **im Zeitpunkt der Zuwendung** nach der Satzung, dem Stiftungsgeschäft oder der sonstigen Verfassung und nach ihrer tatsächlichen Geschäftsführung ausschließlich und unmittelbar kirchlichen, gemeinnützigen oder mildtätigen Zwecken dient (satzungsmäßige und tatsächliche Gemeinnützigkeit)[2]. Dies bestimmt sich nach den §§ 51 ff. AO. Entspricht z.B. die Satzung im Zeitpunkt der Zuwendung nicht den Anforderungen der §§ 59, 60 AO oder steht die tatsächliche Geschäftsführung nicht in Einklang mit den §§ 55 bis 63 AO, dann scheidet eine Steuerbefreiung der Zuwendung aus[3]. Nach § 60a AO ist das Erbschaftsteuerfinanzamt an die gesonderte Feststellung gebunden, soweit es um die satzungsmäßigen Voraussetzungen der Gemeinnützigkeit geht. In Hinsicht auf die tatsächlichen Voraussetzungen soll nach Ansicht der Finanzverwaltung die Entscheidung über die Körperschaftsteuerbefreiung zu übernehmen sein[4]. Eine Rechtsgrundlage für eine solche Bindungswirkung ist aber nicht erkennbar (vgl. Rz. 7.10 f.). Die Steuerbefreiung einer Stiftungserrichtung wird – anders als im Rahmen von § 29 Abs. 1 Nr. 4 ErbStG – auch nicht dadurch in Frage gestellt, dass die Satzung Unterstützungsleistungen an den Stifter und seine Familie erlaubt (§ 58 Nr. 6 AO)[5]. Bei Stiftungserrichtungen von Todes wegen[6] ist dafür Sorge zu tragen, dass die testamentarischen Verfügungen mit den Anforderungen des Gemeinnützigkeitsrechts abgestimmt sind, weil die zivilrechtliche Rückwirkung nach bisheriger Ansicht nicht die satzungsmäßigen Grundlagen erfasst (dazu Rz. 2.64 f.). Um entsprechende Risiken zu mindern, dürfte es sich empfehlen, die Errichtung der gemeinnützigen Stiftung durch einen Testamentsvollstrecker vornehmen zu lassen und diesem einen hinreichenden Gestaltungsspielraum hinsichtlich der näheren Satzungsgestaltung etc. einzuräumen (vgl. auch § 83 Satz 2 BGB).

b) Wirtschaftlicher Geschäftsbetrieb

9.10 Die Steuerbefreiung setzt voraus, dass die Körperschaft „ausschließlich" kirchlichen, gemeinnützigen oder mildtätigen Zwecken dient. Im Unterschied zu anderen Befreiungsregelungen, wo bereits aus der Anordnung einer partiellen Steuerpflicht geschlossen werden kann, dass die Unterhaltung eines wirtschaftlichen Geschäftsbetriebs für die Steuerbefreiung unschädlich ist (vgl. etwa § 5 Abs. 1 Nr. 9 KStG), fehlt eine entsprechende Einschränkung bei § 13 Abs. 1 Nr. 16 Buchst. b ErbStG. Deshalb wird hier die Frage erörtert, ob **Zuwendungen an eine gemeinnützige Einrichtung, die einen wirtschaftlichen Geschäftsbetrieb unterhält, stets steuer-**

---

1 Vgl. dazu *Jülicher* in Troll/Gebel/Jülicher/Gottschalk, § 13 ErbStG Rz. 187a; *Hey*, DStR 2011, 1149.
2 Vgl. BFH v. 15.3.2007 – II R 5/04, BStBl. II 2007, 472.
3 Siehe etwa BFH v. 15.3.2007 – II R 5/04, BStBl. II 2007, 472.
4 R E 13.8. Abs. 1 Satz 3.
5 Zur Einsetzung einer gemeinnützigen Stiftung als Vorerbin vgl. FinMin Bayern v. 12.11.2003, ZEV 2004, 65; dazu kritisch *Söffing/Thoma*, BB 2004, 855.
6 Dazu BFH v. 25.10.1995 – II R 20/92, BStBl. II 1996, 99.

pflichtig sind[1]. Für eine solche einschränkende Auslegung der Steuerbefreiung könnte eine Entscheidung des BFH aus dem Jahr 1991 betreffend die inzwischen aufgehobene Befreiungsregelung des § 7 Abs. 1 Nr. 1 KVStG sprechen[2]. Darin hatte der I. Senat in der Tat die Auffassung vertreten, dass eine ausschließliche Gemeinnützigkeit nicht vorliegt, wenn eine gemeinnützige Einrichtung einen wirtschaftlichen Geschäftsbetrieb (oder einen steuerbegünstigten Zweckbetrieb) unterhält. Dieser Entscheidung ist aber nicht zu folgen, da sie grundlegende Zusammenhänge verkennt[3] und deshalb zu Recht heute allgemein abgelehnt wird[4], auch wenn sie der BFH in einer neueren Entscheidung noch einmal zitiert hat[5]. Die Unterhaltung eines wirtschaftlichen Geschäftsbetriebs verstößt als solches noch nicht gegen § 56 AO (vgl. eingehend Rz. 6.9 f.) und schließt daher auch nicht die Steuerbefreiung nach § 13 Abs. 1 Nr. 16 Buchst. b ErbStG aus. Dies entspricht auch der Auffassung der Finanzverwaltung. Dazu heißt es in R E 13.8 ErbStR[6]:

„Die Steuerbefreiung für eine Zuwendung gemäß § 13 Abs. 1 Nr. 16 Buchst. b ErbStG wird nicht dadurch ausgeschlossen, dass die begünstigte Körperschaft einen Zweckbetrieb unterhält. Das gilt auch für Zuwendungen, die zur Verwendung in einem Zweckbetrieb bestimmt sind. Unterhält sie einen **steuerpflichtigen wirtschaftlichen Geschäftsbetrieb**, ist dies ebenfalls für die Steuerfreiheit einer Zuwendung unschädlich, solange die Körperschaft nicht in erster Linie eigenwirtschaftliche Zwecke verfolgt. Bei Zuwendungen, die einem steuerpflichtigen wirtschaftlichen Geschäftsbetrieb der Körperschaft zugute kommen, ist die Steuerbefreiung stets ausgeschlossen. Wird einer begünstigten Körperschaft ein wirtschaftlicher Geschäftsbetrieb zugewendet, bleiben die Voraussetzungen für die Steuerbefreiung für diese und weitere Zuwendungen an die Körperschaft grundsätzlich erhalten. Führt die Körperschaft den Betrieb fort, ist Voraussetzung, dass der wirtschaftliche Geschäftsbetrieb verpflichtet ist, seine Überschüsse an den ideellen Bereich abzugeben, und diese Verpflichtung auch tatsächlich erfüllt."

Auch diese Auffassung ist aber zu einschränkend[7]. Denn zum einen würde sie die Schenkungsteuerfreiheit für solche Zuwendungen ausschließen, die in einem steuerpflichtigen wirtschaftlichen Geschäftsbetrieb zu Geld gemacht, d.h. wirtschaftlich verwertet werden. Nach der hier vertretenen Ansicht sollten solche Zuwendungen – wie bereits im Zusammenhang mit der Spendenbegünstigung ausgeführt (s. Rz. 8.85 ff.) – ebenfalls begünstigt sein. Ausgeschlossen wären dann nur noch Zuwendungen, die nach der Bestimmung des Zuwendenden nicht steuerbegünstigten Zwecken zugute kommen (also z.B. Spenden zur Abdeckung von Verlusten aus

9.11

---

1 Vgl. dazu *Buchna/Leichinger/Seeger/Brox*, S. 720; *Thiel*, DB 1993, 2452.

2 BFH v. 10.4.1991 – I R 77/87, BStBl. II 1992, 41.

3 Vgl. vor allem *Thiel*, DB 1993, 2452; auch die Finanzverwaltung ist dem BFH nicht gefolgt, vgl. FinMin Nordrhein-Westfalen v. 18.5.1992, DB 1992, 1378 und v. 17.1.1995, DB 1995, 553; siehe auch FG Nürnberg v. 30.9.1997 – IV 4/95, EFG 1998, 121.

4 Vgl. nur *Buchna/Leichinger/Seeger/Brox*, S. 720; *Meincke/Hannes/Holtz*, § 13 ErbStG Rz. 72; *Schienke/Ohletz* in von Oertzen/Loose, § 13 ErbStG Rz. 93.

5 Siehe BFH v. 23.2.2012 – V R 59/09, BStBl. II 2012, 544 (547). Das Zitat betrifft aber lediglich die – im Grundsatz zutreffende – Feststellung, dass die Steuerbegünstigung bei Verstoß gegen den Ausschließlichkeitsgrundsatz zu versagen ist.

6 Zustimmend etwa FG Köln v. 27.11.2003 – 9 K 3304/02, 9 K 6334/02, EFG 2004, 664.

7 Ebenso *Buchna/Leichinger/Seeger/Brox*, S. 720.

dauerdefizitären wirtschaftlichen Geschäftsbetrieben oder zur Finanzierung satzungsfremder Ausgaben). Zum anderen ist – was die „Abgabe von Überschüssen an den ideellen Bereich" anbetrifft – daran zu erinnern, dass es im Gemeinnützigkeitsrecht allgemeine Grundsätze für die Mittelverwendung gibt, die auch im Bereich der Erbschaft- und Schenkungsteuer gelten müssen. Die Steuerbefreiung wird also nicht dadurch ausgeschlossen, dass Mittel im wirtschaftlichen Geschäftsbetrieb wegen einer für den gemeinnützigen Anteilseigner nicht disponiblen Thesaurierungsbeschränkung oder wegen der zulässigen Bildung einer Rücklage gebunden sind[1].

c) Nachversteuerung

9.12 § 13 Abs. 1 Nr. 16 Buchst. b Satz 2 ErbStG enthält eine besondere Nachversteuerungsregelung. Danach **fällt die Befreiung mit Wirkung für die Vergangenheit weg**, wenn die Voraussetzungen für die Anerkennung als gemeinnützige Körperschaft innerhalb von zehn Jahren nach der Zuwendung entfallen und das Vermögen nicht begünstigten Zwecken zugeführt wird. Ein Verlust der Gemeinnützigkeit kann deshalb – z.B. bei Organisationen, die Großspenden erhalten haben – auch erbschaftsteuerliche Konsequenzen haben. Rechtsgrundlage für eine Nachversteuerung ist § 175 Abs. 1 Nr. 2 AO. Allerdings ist zu beachten, dass eine Nachversteuerung nur dann in Betracht kommt, wenn die Zuwendungen im Zeitpunkt des Verlustes der Gemeinnützigkeit noch im Vermögen vorhanden sind (also noch nicht für steuerbegünstigte Zwecke verbraucht sind). Da steuerbegünstigte Körperschaften zur zeitnahen Mittelverwendung verpflichtet sind, dürfte dies eher den Ausnahmefall darstellen. Darüber hinaus ist zu beachten, dass es einer Nachversteuerung wegen § 13 Abs. 1 Nr. 17 ErbStG nicht bedarf, wenn die künftige steuerbegünstigte Verwendung gesichert ist. Aus diesem Grund führt eine Auflösung der Körperschaft wegen der Vermögensbindung (§ 61 AO) regelmäßig nicht zu einer Nachversteuerung[2]. Gleiches gilt auch bei einem nur vorübergehenden Verlust der Gemeinnützigkeit, wenn das Vermögen bei der Körperschaft verbleibt. Soweit diese ausnahmsweise doch einmal eingreift, ist schließlich der Freibetrag für Einzelzuwendungen in Höhe von 1 100 Euro zu beachten (§ 16 Abs. 2 ErbStG).

3. Zuwendungen an ausländische gemeinnützige Einrichtungen

9.13 Seit 1992 enthielt das ErbStG in § 13 Abs. 1 Nr. 16 Buchst. c eine besondere Befreiungsregelung für Zuwendungen an ausländische Religionsgemeinschaften bzw. gemeinnützige Institutionen. Diese war allerdings an die **Gegenseitigkeit** geknüpft, d.h. die Befreiung setzte voraus, dass der ausländische Staat für Zuwendungen an entsprechende deutsche Rechtsträger ebenfalls eine Steuerbefreiung gewährte und das BMF dies durch förmlichen Austausch entsprechender Erklärungen mit dem ausländischen Staat feststellte[3]. Eine Gegenseitigkeit war im Verhältnis zu einigen

---

1 Vgl. *Schienke-Ohletz* in von Oertzen/Loose, § 13 ErbStG Rz. 93.
2 So auch *Schienke-Ohletz* in von Oertzen/Loose, § 13 ErbStG Rz. 95.
3 Vgl. die Staatenübersicht bei *Schienke-Ohletz* in von Oertzen/Loose, § 13 ErbStG Rz. 96.

Staaten (USA, Frankreich und Schweden) auch auf Grund von Doppelbesteuerungsabkommen möglich (vgl. Rz. 2.109).

Lag eine Gegenseitigkeit vor, setzte die Befreiung zusätzlich voraus, dass die ausländische Einrichtung eine Einrichtung „der in den Buchstaben a und b bezeichneten Art" war. Bei ausländischen gemeinnützigen Einrichtungen war folglich zu prüfen, ob sie in Deutschland nach den Vorschriften der §§ 52 bis 54 AO hätten anerkannt werden können, wenn sie ihren Sitz in Deutschland gehabt hätten[1]. Diese Befreiungsvorschrift, die nach den Grundsätzen des EuGH-Urteils in der Rs. *Missionswerk Heukelbach e.V.*[2] in bestimmten Fällen unionsrechtswidrig war (vgl. Rz. 1.35), ist zum 6.11.2015 außer Kraft getreten.

Durch das Steueränderungsgesetz ist § 13 Abs. 1 Nr. 16 Buchst. c ErbStG neu gefasst worden. Die Neuregelung gilt für alle Zuwendungen seit dem 5.11.2015[3]. Ihre Einführung diente der Abwendung eines Vertragsverletzungsverfahrens, dass die EU-Kommission gegen Deutschland eingeleitet hatte[4]. Nunmehr ist eine Befreiung von Zuwendungen an ausländische Einrichtungen von folgenden Voraussetzungen abhängig[5]:

– Begünstigt sind neben Religionsgemeinschaften im Sinne von § 13 Abs. 1 Nr. 16 Buchst. a ErbStG solche „Körperschaften, Personenvereinigungen und Vermögenmassen" im Sinne von § 13 Abs. 1 Nr. 16 Buchst. b ErbStG, die nach § 5 Abs. 1 Nr. 9 KStG i.V.m. § 5 Abs. 2 Nr. 2 2. Halbs. KStG **„steuerbefreit wären, wenn sie inländische Einkünfte erzielen würden"** (zu diesem „doppelten Konjunktiv" bereits Rz. 1.35)[6]. Dies setzt nicht nur voraus, dass die Satzung der ausländischen Einrichtung den steuerlichen Anforderungen der §§ 59, 60 AO im Wesentlichen entspricht, sondern auch die Mittelverwendung den Anforderungen der §§ 55 ff. AO genügt.

– Ferner ist erforderlich, dass durch die Staaten, in denen die Zuwendungsempfänger belegen sind, **„Amtshilfe und Unterstützung bei der Beitreibung geleistet werden"**.

– Bei einer Zweckverwirklichung im Ausland (was den Regelfall darstellen dürfte), muss zusätzlich ein **„struktureller Inlandsbezug"** vorliegen (dazu Rz. 3.9 ff.).

Schließlich enthält § 13 Abs. 1 Nr. 16 Buchst. c ErbStG auch eine Verweisung auf den „Nachsteuertatbestand" in § 13 Abs. 1 Nr. 16 Buchst. b ErbStG, d.h. die Steuerbefreiung entfällt rückwirkend, wenn die Voraussetzung für die Anerkennung des ausländischen Zuwendungsempfängers innerhalb von zehn Jahren nach der Zuwendung entfällt und das Vermögen nicht steuerbegünstigten Zwecken zugeführt wird.

---

1 Siehe *Schienke-Ohletz* in von Oertzen/Loose, § 13 ErbStG Rz. 96.
2 EuGH v. 10.2.2011 – Rs. C-25/10 *Missionswerk Werner Heukelbach e.V.*, Slg. 2011, I-497.
3 § 37 Abs. 10 ErbStG.
4 Vgl. dazu BT-Drucks. 18/6094, 87 f.
5 Zu diesen Anforderungen *Schienke-Ohletz* in von Oertzen/Loose, § 13 ErbStG Rz. 98 ff.; *Schienke-Ohletz*, BB 2018, 221 (225).
6 Dazu auch *Schienke-Ohletz*, BB 2018, 221 (225).

Verglichen mit dem früheren Rechtsstand erweist sich die Neuregelung als zwiespältig: Soweit nach dem alten Recht eine „Gegenseitigkeit" gegeben war, führt die neue Befreiung zu einer **Verschlechterung** (und bei Verstoß gegen völkerrechtliche Vereinbarungen zu einem „Treaty Override"[1]). In anderen Fällen kann sich die Neuregelung hingegen als vorteilhaft erweisen, wenn eine ausländische Einrichtung ausnahmsweise die – strengen – Anforderungen des „doppelten Konjunktivs" erfüllen sollte.

Ebenso wie bereits unter der Geltung des alten Befreiungstatbestandes nach § 13 Abs. 1 Nr. 16 Buchst. c ErbStG bleibt auch zum neuen Recht zu beachten, dass hilfsweise auch noch **§ 13 Abs. 1 Nr. 17 ErbStG** anwendbar ist, der im Einzelfall die Steuerbefreiung „retten kann". Schließlich ist auch daran zu denken, eine Zuwendung über eine Mittelbeschaffungskörperschaft nach § 58 Nr. 1 AO in das Ausland zu leisten.

4. Zuwendungen zu gemeinnützigen Zwecken

9.14 Neben den Befreiungsregelungen für Zuwendungen an gemeinnützige Einrichtungen enthält § 13 Abs. 1 Nr. 17 ErbStG schließlich auch noch einen **ergänzenden Befreiungstatbestand für Zweckzuwendungen** im Sinne von § 8 ErbStG. Er erfasst solche Sachverhalte, in denen jemand Zuwendungen erhält, „die ausschließlich kirchlichen, gemeinnützigen oder mildtätigen Zwecken gewidmet sind, sofern die Verwendung zu dem bestimmten Zweck gesichert ist". Die Regelung des § 13 Abs. 1 Nr. 17 ErbStG ist nicht auf Zuwendungen beschränkt, die im Inland für steuerbegünstigte Zwecke zu verwenden sind, sondern erfasst auch Zuwendungen ins Ausland. Anders als in § 13 Abs. 1 Nr. 16 Buchst. c ErbStG a.F. ist auch eine Gegenseitigkeit nicht Voraussetzung[2]. Die Vorschrift bleibt auch nach der Geltung des neuen § 13 Abs. 1 Nr. 16 Buchst. c ErbStG anwendbar, wenn z.B. die ausländische Einrichtung nicht den Anforderungen des deutschen Gemeinnützigkeitsrechts entspricht[3]. Allerdings bedarf es einer entsprechenden Auflage des Zuwendenden, die Zuwendung für kirchliche, gemeinnützige oder mildtätige Zwecke zu verwenden. Fehlt eine ausdrückliche Bestimmung, bleibt zu prüfen, ob ein entsprechender Wille nach den Gesamtumständen im Auslegungswege festzustellen ist[4]. Der Begriff der kirchlichen, gemeinnützigen und mildtätigen Zwecke bestimmt sich nach den §§ 52 bis 54 AO. Die Verwendung zu steuerbegünstigten Zwecken muss des Weiteren „gesichert" erscheinen. Dies ist z.B. bei Zuwendungen an einen Geistlichen oder an eine (ausländische) Stiftung zu bejahen[5]. Eine Zuwendung zu gemeinnützigen Zwecken liegt auch dann vor, wenn – wie bei der Errichtung einer (ausländischen) Stiftung – nicht die Verwendung des Vermögensstammes selbst zu den begünstig-

---

1 Dazu *Jülicher* in Troll/Gebel/Jülicher/Gottschalk, § 13 ErbStG Rz. 214.
2 Vgl. BFH v. 16.1.2002 – II R 82/99, BStBl. II 2002, 303.
3 *Schienke-Ohletz* in von Oertzen/Loose, § 13 ErbStG Rz. 103; *Schienke-Ohletz*, BB 2018, 221 (226).
4 Dazu *Meincke/Hannes/Holtz*, § 13 ErbStG Rz. 77 f.; siehe auch BFH v. 3.8.1983 – II R 20/80, BStBl. II 1984, 9.
5 Vgl. BFH v. 16.1.2002 – II R 82/99, BStBl. II 2002, 303.

ten Zwecken angeordnet ist, sondern nur eine Verwendung der Erträgnisse aus dem Vermögensstamm[1].

III. Erlöschen der Steuer bei Weitergabe der Zuwendung an öffentliche oder gemeinnützige Einrichtungen

Die Steuerbefreiungen nach § 13 Abs. 1 Nr. 16, 17 ErbStG setzen eine Zuwendung   9.15
an gemeinnützige Einrichtungen bzw. zu gemeinnützigen Zwecken voraus. Hat z.B.
der Erblasser auf eine entsprechende Auflage verzichtet, löst der Übergang des Vermögens auf den Erben nach den allgemeinen Vorschriften selbst dann eine Erbschaftsteuer aus, wenn der Erbe aus eigenem Willen das ererbte Vermögen auf eine
gemeinnützige Einrichtung überträgt. Um insbesondere Erben zu ermutigen, gemeinnützige Einrichtungen durch Zuwendungen aus Erbschaften zu fördern, hat
der Gesetzgeber durch das **Kultur- und Stiftungsförderungsgesetz** vom 13.12.1990
in § 29 Abs. 1 Nr. 4 ErbStG die Möglichkeit geschaffen, eine bereits entstandene
Erbschaft- und Schenkungsteuer dadurch rückwirkend zum Erlöschen zu bringen,
dass das ererbte oder durch Schenkung unter Lebenden erworbene Vermögen innerhalb von 24 Monaten an eine öffentliche oder gemeinnützige Einrichtung weitergegeben wird[2]. Die Frist beginnt mit der Entstehung der Steuer. Begünstigt sind
auch Vermögensübertragungen auf nichtrechtsfähige Stiftungen[3], nicht aber auf
ausländische Stiftungen (zur Unionsrechtswidrigkeit dieser Einschränkung vgl.
Rz. 1.137). Die zunächst vorgesehene Beschränkung auf wissenschaftliche und kulturelle Zwecke ist seit 2000 weggefallen. Seitdem sind alle steuerbegünstigten Zwecke mit Ausnahme der Zwecke nach § 52 Abs. 2 Satz 1 Nr. 23 AO erfasst. Schließlich ist zu beachten, dass Vermögensübertragungen auf Stiftungen, die Leistungen
im Sinne des § 58 Nr. 6 AO an den Erwerber oder seine nächsten Angehörigen zu
erbringen haben, nicht begünstigt sind. Ferner setzt eine Anwendung der Vorschrift
voraus, dass für die Vermögensübertragung nicht gleichzeitig ein Spendenabzug in
Anspruch genommen wird (Verbot der Doppelbegünstigung). Hinsichtlich weiterer
Einzelfragen wird auf die erbschaftsteuerrechtliche Literatur verwiesen[4].

frei   9.16–9.17

B. Steuerfreibeträge für nebenberufliche Tätigkeiten

I. Grundlagen

Nach § **3 Nr. 26a EStG** sind Einnahmen aus nebenberuflichen Tätigkeiten im   9.18
Dienst oder Auftrag einer inländischen Körperschaft des öffentlichen Rechts oder

---

1 BFH v. 16.1.2002 – II R 82/99, BStBl. II 2002, 303.
2 Zum Ziel der Begünstigung vgl. näher BT-Drucks. 11/7833.
3 Vgl. OFD München v. 7.3.2003, ZEV 2003, 240; *Meincke/Hannes/Holtz*, § 29 ErbStG
  Rz. 18; *Reich* in von Oertzen/Loose, § 29 ErbStG Rz. 47; vgl. auch *von Oertzen/Schienke-
  Ohletz*, ZEV 2015, 239: auch Verbrauchsstiftungen.
4 Vgl. etwa *Jülicher* in Troll/Gebel/Jülicher/Gottschalk, § 29 ErbStG Rz. 100 ff.; *Meincke/
  Hannes/Holtz*, § 29 ErbStG Rz. 15 ff.; *Reich* in von Oertzen/Loose, § 29 ErbStG Rz. 38 ff.

einer unter § 5 Abs. 1 Nr. 9 KStG fallenden Einrichtung zur Förderung steuer-
begünstigter Zwecke (§§ 52 bis 54 AO) bis zur Höhe von 720 Euro im Jahr von der
Einkommensteuer befreit. Für bestimmte nebenberufliche Tätigkeiten (u.a. als
Übungsleiter, Ausbilder, Erzieher, Betreuer o.Ä., künstlerische Tätigkeiten oder ne-
benberufliche Pflege alter, kranker oder behinderter Menschen) sieht § **3 Nr. 26**
EStG sogar einen Freibetrag in Höhe von 2 400 Euro im Jahr vor.

9.19 Der sog. **Übungsleiterfreibetrag** (§ 3 Nr. 26 EStG) wurde durch das sog. Vereinsbesteuerungsgesetz vom 25.6.1980 eingeführt[1]. In der Regierungsbegründung ist die
Steuerbefreiung wie folgt gerechtfertigt worden[2]:

„Die Vorschrift hat zum Ziel, Bürger, die im gemeinnützigen, mildtätigen oder kirchlichen
Bereich nebenberuflich tätig sind, von steuerlichen Verpflichtungen freizustellen, soweit sie
für diese Tätigkeiten im Wesentlichen nur eine Aufwandsentschädigung erhalten. Zu diesem
Zweck stellt die Vorschrift die unwiderlegliche Vermutung auf, dass die Einnahmen bis
zur Höhe von insgesamt 2 400 DM im Jahr Aufwandsentschädigungen sind, und befreit
diese Aufwandsentschädigungen von der Einkommensteuer. … Höhere Aufwendungen als
2 400 DM im Jahr können wie üblich geltend gemacht werden, wenn sie in vollem Umfang
nachgewiesen werden. Es handelt sich demnach um eine Steuerbefreiung mit einer ähnlichen Wirkung wie eine Betriebsausgaben-/Werbungskostenpauschale …“.

9.20 Die Steuerbefreiung war zunächst auf „Übungsleiter, Ausbilder, Erzieher oder vergleichbare nebenberuflichen Tätigkeiten" beschränkt, wurde aber später auf pflegerische (1989) und künstlerische Tätigkeiten (1990) ausgedehnt. Durch das Steuerbereinigungsgesetz vom 16.12.1999 erhielt § 3 Nr. 26 EStG im Wesentlichen seine
bis heute geltende Fassung (Freibetrag statt steuerfreie Aufwandsentschädigung)
und wurde auf 3 600 DM (später: 1 848 Euro) angehoben. Durch das **Gesetz zur**
weiteren Stärkung des bürgerschaftlichen Engagements[3] ist der Übungsleiterfreibetrag zum 1.1.2007 nochmals leicht auf 2 100 Euro erhöht worden. Gleichzeitig
wurde ein weiterer Freibetrag für alle nebenberuflichen Tätigkeiten im Dienst von
öffentlichen oder gemeinnützigen Einrichtungen in Höhe von 500 Euro eingeführt
(§ 3 Nr. 26a EStG)[4].

Im Rahmen des JStG 2010[5] ist eine weitere Steuerbefreiung in § 3 Nr. 26b EStG eingefügt
worden. Danach sind steuerbefreit „**Aufwandsentschädigungen nach § 1835a** des Bürgerlichen Gesetzbuchs, soweit sie zusammen mit den steuerfreien Einnahmen im Sinne der
Nummer 26 den Freibetrag nach Nummer 26 Satz 1 nicht überschreiten". Im Unterschied
zu den Tatbeständen in § 3 Nr. 26 und 26a EStG verweist die Befreiung nach § 3 Nr. 26b
EStG direkt auf die Vergütungsregelung im BGB und enthält auch keinen sonstigen Gemein-
nützigkeitsbezug. Deshalb soll auf diese Regelung im Weiteren nicht näher eingegangen werden[6].

---

1 BGBl. I 1980, 731.
2 Vgl. BT-Drucks. 8/3688, S. 16.
3 BGBl. I 2007, 2332.
4 Vgl. *Hüttemann*, DB 2007, 2053.
5 Gesetz v. 8.12.2010, BGBl. I 2010, 1768.
6 Zu Einzelfragen vgl. *Levedag* in L. Schmidt, § 3 EStG Rz. 98; *Jachmann-Michel* in NK-
GemnR, § 3 EStG Rz. 147 ff.; *Tegelkamp/Krüger*, FR 2013, 490.

Im Rahmen des **Ehrenamtsstärkungsgesetzes**[1] sind die Freibeträge deutlich von 2 000 auf 2 400 Euro (§ 3 Nr. 26 EStG) und von 500 auf 720 Euro (§ 3 Nr. 26a EStG) angehoben worden. Die auf den ersten Blick überraschende unterschiedlich hohe Anhebung[2] ist schlicht politisch gewollt (und beruht bei § 3 Nr. 26a EStG auf pragmatischen Erwägungen: 60 Euro im Monat). Inzwischen hat sich die Finanzverwaltung in einem umfangreichen Anwendungsschreiben zu Anwendungsfragen der Neuregelung geäußert[3].

Bei den Befreiungsregelungen in § 3 Nr. 26 und 26a EStG handelt es sich um **Sozialzwecknormen zur Förderung gemeinnütziger Tätigkeiten**[4]. Sie sollen nicht nur die einzelnen Bürger als unmittelbare Leistungsempfänger begünstigen, sondern in gleicher Weise mittelbar – durch Förderung des ehrenamtlichen Engagements der Bürger – auch den im Gesetz genannten Körperschaften zugute kommen. Denn diese sind zur Verwirklichung ihrer gemeinnützigen Zwecke vielfach auf nebenberufliche Mitarbeiter angewiesen[5].   9.21

Durch § 3 Nr. 26, 26a EStG werden Einnahmen, die regelmäßig nach den Vorschriften des EStG einkommensteuerpflichtig wären (vgl. §§ 18, 19 EStG), steuerfrei gestellt[6]. Einer Anwendung der Steuerbefreiungen bedarf es also nicht, wenn aus einer nebenberuflichen Tätigkeit **überhaupt keine steuerpflichtigen Einnahmen** erzielt werden[7]. Denn sollte die Tätigkeit als Liebhaberei anzusehen sein, wären die daraus stammenden Einnahmen nicht steuerbar und die damit zusammenhängenden Aufwendungen steuerlich unbeachtlich[8]. Dies ist insbesondere denkbar, wenn die Einnahmen (Entschädigungen, Aufwandspauschalen, Tagessätze etc.) lediglich dazu dienen, in pauschalierender Weise die tatsächlichen Selbstkosten zu decken[9]. So sind z.B. Zahlungen an Amateurfußballspieler erst dann steuerpflichtig, wenn sie nicht nur ganz unwesentlich höher sind als die den Spielern tatsächlich entstandenen Aufwendungen[10]. Hingegen setzt eine Steuerbarkeit nicht voraus, dass die Entgelte in etwa dem entsprechen, was einem nicht ehrenamtlich tätig werdenden Helfer gezahlt wird[11].   9.22

---

1 Gesetz v. 21.3.2013, BGBl. I 2013, 566.
2 Die Erhöhung beträgt bei § 3 Nr. 26 EStG ca. 14 Prozent, bei § 3 Nr. 26a EStG hingegen ca. 44 Prozent.
3 Vgl. BMF v. 21.11.2014 – BStBl. I 2014, 1581.
4 Vgl. BFH v. 11.5.2005 – VI R 25/04, BStBl. II 2005, 791 zu § 3 Nr. 26 EStG.
5 Vgl. BFH v. 30.3.1990 – VI R 188/87, BStBl. II 1990, 854.
6 Zur Berücksichtigung der Steuerbefreiung bei der Berechnung des Elterngeldes vgl. LSG Niedersachsen-Bremen v. 21.11.2012 – L 2 EG 7/12, FamRZ 2013, 1256.
7 Siehe BFH v. 20.12.2017 – III R 23/15, DB 2018, 867.
8 Siehe BFH v. 20.12.2017 – III R 23/15, DB 2018, 867; BFH v. 7.12.2005 – I R 34/05, BFH/NV 2006, 1068.
9 Vgl. BFH v. 20.12.2017 – III R 23/15, DB 2018, 867; BFH v. 4.8.1994 – VI R 94/93, BStBl. II 1994, 944; BFH v. 25.6.1984 – GrS 4/82, BStBl. II 1984, 751; aus dem Schrifttum vgl. näher *Jachmann*, Rechtliche Rahmenbedingungen, S. 143 ff.
10 BFH v. 23.10.1992 – VI R 59/91, BStBl. II 1993, 303.
11 BFH v. 4.8.1994 – VI R 94/93, BStBl. II 1994, 944.

9.23 Der Übungsleiterfreibetrag ist seit jeher – nicht zuletzt wegen der kasuistischen Abgrenzung der begünstigten Tätigkeiten – **rechtspolitisch umstritten** gewesen. Schon während des Gesetzgebungsverfahrens war Kritik an seiner Einführung geäußert worden[1]. Später hat die Unabhängige Sachverständigenkommission zur Prüfung des Gemeinnützigkeits- und Spendenrechts sogar „wegen der Schwierigkeiten, die sich aus einer sachgerechten Bemessung der Vergünstigung ergeben", die Streichung der Befreiung vorgeschlagen[2]. Die Politik ist dem nicht gefolgt, sondern hat – genau umgekehrt – die Begünstigung bis heute immer mehr ausgebaut. Verschiedentlich geäußerten verfassungsrechtlichen Bedenken gegen die Regelung wegen der Beschränkung des begünstigten Personenkreises[3] hat sich der BFH nicht angeschlossen[4]. Für die Vereinbarkeit mit Art. 3 Abs. 1 GG spricht vor allem, dass dem Gesetzgeber bei einer Vorschrift mit Subventionscharakter ein weiter Gestaltungsspielraum bei der Frage zuzubilligen ist, welche Arten von Tätigkeiten (pädagogisch, karitativ o.Ä.) er steuerlich fördern möchte. Dabei darf der Gesetzgeber sicher auch berücksichtigen, dass der „nebenberuflichen" Tätigkeit gegen Zahlung einer Aufwandsentschädigung in einigen Bereichen des Dritten Sektors (insbesondere im Sport) eine erhebliche Bedeutung zukommt[5]. Vor diesem Hintergrund wäre es sinnvoll, wenn der unscharfe Begriff der „ehrenamtlichen Tätigkeit"[6] – bei einer Entschädigung für Zeitversäumnis – noch besser von rein „unentgeltlichen Tätigkeiten" (vgl. § 27 Abs. 3 Satz 2 BGB) abgegrenzt würde[7] (zu Organvergütungen bei Vereinen und Stiftungen vgl. Rz. 2.38 und 2.69). Dringender gesetzgeberischer Klarstellungsbedarf bei der Behandlung „ehrenamtlicher" Tätigkeiten besteht auch im Sozialversicherungsrecht[8]. Schließlich müssen Vergütungen für „Ehrenamtler" mit den arbeitsrechtrechtlichen Vorgaben des Mindestlohngesetzes abgestimmt werden[9].

---

1 Vgl. dazu *Scholtz*, DStZ 1980, 403; *Scholtz*, DStR 1981, 613.
2 Gutachten, S. 220.
3 Vgl. *Bergkemper* in Herrmann/Heuer/Raupach, § 3 Nr. 26 EStG Rz. 2.
4 BFH v. 1.6.2004 – XI B 117/02, BFH/NV 2004, 1405; BFH v. 4.8.1994 – VI R 94/93, BStBl. II 1994, 944.
5 Instruktiv ZiviZ-Survey 2012, Sonderauswertung, Der gemeinnützige Sport zwischen Kontinuität und Wandel, S. 31: Während 36 Prozent aller Sportvereine Vergütungen in Höhe der Übungsleiterpauschale leisten, erfolgt dies ansonsten im Mittel nur bei 11 Prozent aller gemeinnützigen NPO.
6 Für rechtstatsächliche Hinweise zur Frage „Was ist Ehrenamt?" siehe *Sandberg/Strachwitz*, ZStV 2015, 210.
7 Vgl. monographisch *Kampermann*, Organvergütungen in gemeinnützigen Körperschaften, 2018; im insolvenzrechtlichen Kontext vgl. BGH v. 6.4.2017 – IX ZB 40/16, NZI 2017, 461.
8 Vgl. den deutlichen Appell des 12. Senats des BSG an den Gesetzgeber in BSG v. 16.8.2017 – B 12 KR 14/16 R, npoR 2018, 35.
9 Vgl. für einen Überblick *Grambow*, ZStV 2015, 81.

II. Freibetrag für nebenberufliche gemeinnützige Tätigkeiten (§ 3 Nr. 26a EStG)

1. Nebenberufliche Tätigkeit

Das Merkmal der „nebenberuflichen" Tätigkeit ist von zentraler Bedeutung für die Anwendung der Steuerbefreiungen in § 3 Nr. 26, 26a EStG. Fraglich ist allerdings, was unter einer nebenberuflichen Tätigkeit zu verstehen ist.   9.24

Beispiel Nr. 1: Wenn ein Medizinstudent neben seinem Studium acht Stunden pro Woche für eine Wohlfahrtsorganisation als Dozent in Erste-Hilfe-Kursen tätig ist, dann könnte gegen eine „Nebenberuflichkeit" eingewandt werden, dass der Student keinem (entgeltlichen) Hauptberuf nachgeht. Ähnliche Einwände sind denkbar, wenn jemand zwar nur einer zeitlich untergeordneten Tätigkeit nachgeht (z.B. durchschnittlich zehn Wochenstunden unterrichtet), aber aus dieser Tätigkeit seinen Lebensunterhalt finanziert.

Nach der ständigen Rechtsprechung des BFH zu § 3 Nr. 26 EStG – die für die neue Regelung des § 3 Nr. 26a EStG entsprechend gilt – kommt es für die Abgrenzung zwischen haupt- und nebenberuflichen Tätigkeiten entscheidend auf den Zeitaufwand an. Eine Tätigkeit ist danach nebenberuflich, „**wenn sie nicht mehr als ein Drittel der Arbeitszeit eines vergleichbaren Vollzeiterwerbs in Anspruch nimmt**"[1]. Der BFH begründet dies vor allem mit dem Wortlaut der Regelung („nebenberufliche Tätigkeiten") und dem Zweck der Vorschrift, das ehrenamtliche Engagement durch nebenberufliche Mitarbeit zu fördern. Unerheblich ist dagegen, ob die Tätigkeit dem Bestreiten des Lebensunterhalts dient oder wie sich das Verhältnis von Haupt- und Nebenberuf in der Person des Steuerpflichtigen konkret darstellt. Denn diese Merkmale seien – so der BFH weiter – nicht als einheitlicher Maßstab für alle Steuerpflichtigen geeignet[2]. Maßgebend ist also der Zeitaufwand im Vergleich zu einer vergleichbaren, als Hauptberuf ausgeübten Tätigkeit. Da auch eine Halbtagsarbeit noch als „Hauptberuf" anzusehen sei, hält der BFH eine „Ein-Drittel-Grenze" für sachgerecht. In der Folgezeit hat der BFH nähere Maßstäbe zur Feststellung einer „Nebenberuflichkeit" aufgestellt. Danach gilt: 9.25

– Die Anwendung der Steuerbefreiung setzt **nicht voraus, dass zusätzlich zu der nebenberuflichen Tätigkeit auch eine hauptberufliche entgeltliche Tätigkeit ausgeübt wird**[3]. Es können deshalb auch solche Personen nebenberuflich tätig sein, die im steuerrechtlichen Sinne keinen Hauptberuf ausüben, z.B. Hausfrauen, Vermieter, Studenten, Rentner oder Arbeitslose[4].

1 BFH v. 30.3.1990 – VI R 188/87, BStBl. II 1990, 854; ebenso BMF v. 21.11.2014, BStBl. I 2014, 1581.
2 BFH v. 30.3.1990 – VI R 188/87, BStBl. II 1990, 854.
3 Vgl. BFH v. 30.3.1990 – VI R 188/87, BStBl. II 1990, 854; BMF v. 21.11.2014, BStBl. I 2014, 1581; *Levedag* in L. Schmidt, § 3 EStG Rz. 91; *Buchna/Leichinger/Seeger/Brox*, S. 712.
4 So BMF v. 21.11.2014, BStBl. I 2014, 1581.

– Werden **mehrere verschiedene nebenberufliche Tätigkeiten** ausgeübt, so sind diese für Zwecke der Steuerbefreiung getrennt zu betrachten[1]. Allerdings kann die Steuerbefreiung auch in diesem Fall nur einmal pro Jahr bis zur Höhe von 720 Euro gewährt werden[2].

– Werden **mehrere gleichartige nebenberufliche Tätigkeiten** ausgeübt, so sind sie zusammen zu würdigen, wenn sie sich nach der Verkehrsanschauung als Ausübung eines einheitlichen Hauptberufs darstellen[3]. Ist jedoch eine der gleichartigen Tätigkeiten für sich allein betrachtet schon ein Vollzeiterwerb, so kann jede weitere Tätigkeit nebenberuflich sein[4].

Der Umstand**, dass neben einer nebenberuflichen Tätigkeit eine gleichartige Haupttätigkeit ausgeübt wird,** schließt die Gewährung der Steuervergünstigung nicht aus. Anders ist dagegen zu entscheiden, wenn sich die nebenberufliche Tätigkeit als Bestandteil der Haupttätigkeit darstellt[5]. Dies ist nach Ansicht der Finanzverwaltung auch bei formaler Trennung von haupt- und nebenberuflicher selbständiger oder nichtselbständiger Tätigkeit für denselben Arbeitgeber anzunehmen, wenn beide Tätigkeiten gleichartig sind und die Nebentätigkeit unter ähnlichen organisatorischen Bedingungen wie die Haupttätigkeit ausgeübt wird[6]. Der BFH verlangt hingegen einen „unmittelbaren Zusammenhang" zwischen beiden Tätigkeiten. Ein solcher sei (nur) anzunehmen, „wenn beide Tätigkeiten gleichartig sind, der Steuerpflichtige bei der Nebentätigkeit eine ihm aus seinem Dienstverhältnis – faktisch oder rechtlich – obliegende Nebenpflicht erfüllt oder auch in der zusätzlichen Tätigkeit der Weisung und Kontrolle des Dienstherrn unterliegt"[7]. Letztlich wird man für die Beurteilung des „unmittelbaren Zusammenhangs" auf die **Verhältnisse des Einzelfalls** abstellen müssen[8].

Beispiele: Auf der Grundlage dieser Abgrenzungsmaßstäbe hat der VIII. Senat z.B. die – verpflichtende – Erstellung von Lehrbriefen durch einen Dozenten und stellvertretenden Direktor einer Schule als Teil der hauptberuflichen Tätigkeit beurteilt[9]. Auch bei Rettungssanitätern hat die Rechtsprechung in jüngster Zeit eine parallele „nebenberufliche" Tätigkeit verneint, wenn die „ehrenamtlichen Schichten" unter denselben organisatorischen Bedin-

---

1 BFH v. 30.3.1990 – VI R 188/87, BStBl. II 1990, 854; BMF v. 21.11.2014, BStBl. I 2014, 1581.

2 Vgl. BFH v. 23.6.1988 – IV R 21/86, BStBl. II 1988, 890; BFH v. 30.3.1990 – VI R 188/87, BStBl. II 1990, 854.

3 Ebenso BMF v. 21.11.2014, BStBl. I 2014, 1581.

4 BFH v. 30.3.1990 – VI R 188/87, BStBl. II 1990, 854; FG Düsseldorf v. 29.2.2012 – 7 K 4364/10 L, EFG 2012, 1313.

5 BFH v. 29.1.1987 – IV R 189/85, BStBl. II 1987, 783.

6 BMF v. 21.11.2014, BStBl. I 2014, 1581.

7 BFH v. 13.12.2016 – VIII R 43/14, BFH/NV 2017, 569; BFH v. 11.12.2017 – VI B 75/17, BFH/NV 2018, 337; zur Unterscheidung von Haupt- und Nebentätigkeit siehe auch BFH v. 22.11.1996 – VI R 59/96, BStBl. II 1997, 254.

8 So auch *Jachmann-Michel* in NK-GemnR, § 3 EStG Rz. 81 mit Rechtsprechungsübersicht in Rz. 84.

9 Vgl. näher BFH v. 13.12.2016 – VIII R 43/14, BFH/NV 2017, 569.

gungen stattfinden wie die Haupttätigkeit[1]. Eine hinreichende inhaltliche und organisatorische Trennung wurde auch bei einer Lehrtätigkeit von Ärzten in der eigenen Praxis bei der Betreuung von angehenden Ärzten (Arzt im Praktikum) verneint[2]. Anders ist hingegen die Lehrtätigkeit eines Krankenhausarztes an einer dem Krankenhaus angeschlossenen Pflegeschule zu beurteilen[3]. Eine Nebenberuflichkeit ist auch gegeben, wenn hauptberufliche Mitarbeiter einer Offenen Ganztagseinrichtung im Rahmen einer gesonderten Vereinbarung zusätzliche Aufgaben (Projekte am Nachmittag) übernehmen, die individuelle Fertigkeiten voraussetzen, die für die hauptberufliche Tätigkeit nicht erforderlich sind[4]. Gleiches hat die Rechtsprechung für die Lehrtätigkeit eines Ministerialbeamten an einer Fachhochschule[5] oder die Prüfungstätigkeit eines Hochschullehrers am Landesjustizprüfungsamt angenommen[6]. Fraglich ist, ob nach diesen Maßstäben auch die Vortragtätigkeit eines Hochschullehrers als „nebenberuflich" anzusehen ist oder ob sie als Ausfluss der hauptberuflichen Fähigkeiten und Expertise in einem hinreichenden Zusammenhang mit seiner Professorentätigkeit steht[7]. Jedenfalls dürfte es auf Grund der Gleichartigkeit der Tätigkeiten nicht möglich sein, einzelne Vorträge isoliert zu betrachten und dann allein aus zeitlichen Gesichtspunkten als „nebenberuflich" zu klassifizieren[8].

2. Tätigkeit zur Förderung steuerbegünstigter Zwecke

Die Steuerbefreiung nach § 3 Nr. 26a EStG ist – anders als der Übungsleiterfreibetrag nach § 3 Nr. 26 EStG – **nicht an eine bestimmte Tätigkeit geknüpft**. Allerdings ist Voraussetzung, dass die Tätigkeit „zur Förderung gemeinnütziger, mildtätiger und kirchlicher Zwecke (§§ 52 bis 54 AO)" erfolgt. Dabei besteht Einigkeit, dass entgegen dem Wortlaut die Verfolgung eines steuerbegünstigten Zwecks ausreicht (statt „und" ist „oder" zu lesen)[9]. Fraglich ist aber, ob alle nebenberuflichen Tätigkeiten für eine steuerbegünstigte Einrichtung gemeint sind.

9.26

Beispiel Nr. 2: Eine Förderung steuerbegünstigter Zwecke ist sicherlich unstreitig, wenn etwa ein Vereinsmitglied als Sanitätshelfer bei einer Großveranstaltung tätig wird. Übernimmt hingegen ein Mitglied gegen Entgelt die Kassen- und Buchführung, so könnte man gegen eine Steuerbefreiung einwenden, dass es sich „nur" um eine Verwaltungstätigkeit handele, durch die nicht „unmittelbar" steuerbegünstigte Zwecke verwirklicht werden. Gleiches würde etwa für Vereinsvorstände etc. gelten.

Der Wortlaut des § 3 Nr. 26a EStG verlangt indes nur eine **Finalität der Tätigkeit** „zur Förderung steuerbegünstigter Zwecke", d.h. die nebenberufliche Tätigkeit muss

9.27

---

1 FG Nürnberg v. 8.6.2017 – 4 K 334/16, juris; bestätigt durch BFH v. 11.12.2017 – VI B 75/17, juris; zur Tätigkeit von Sozialpädagogen vgl. FG Sachsen-Anhalt v. 16.4.2002 – 4 K 10500/99, EFG 2002, 958.
2 FG Schleswig-Holstein v. 7.3.2018 – 2 K 174/17, juris.
3 BFH v. 26.3.1992 – IV R 34/91, BStBl. II 1993, 20.
4 So FG Düsseldorf v. 29.2.2012 – 7 K 4364/10 L, DStRE 2012, 1361.
5 BFH v. 4.10.1984 – IV R 131/82, BStBl. II 1985, 51.
6 BFH v. 29.1.1987 – IV R 189/85, BStBl. II 1987, 783.
7 Deshalb eine Nebenberuflichkeit verneinend FG Köln v. 19.10.2017 – 15 K 2006/16, juris.
8 FG Köln v. 19.10.2017 – 15 K 2006/16, juris.
9 Vgl. *Bergkemper* in Herrmann/Heuer/Raupach, § 3 Nr. 26 EStG Rz. 7; *Jachmann-Michel* in NK-GemnR, § 3 EStG Rz. 107.

der Verfolgung der satzungsmäßigen Zwecke dienen[1]. Ebenso wie im Bereich der gemeinnützigen Mittelverwendung kommt es deshalb nicht darauf an, ob eine Tätigkeit „unmittelbar" oder „nur" mittelbar zur Zweckverwirklichung beiträgt[2]. Für eine solche weite Auslegung spricht auch, dass die – erst während der Beratungen im Finanzausschuss eingefügte – Regelung „allen ehrenamtlich Tätigen" zugute kommen und deren Aufwand pauschal abgelten soll[3]. Es kommt also nicht auf die Art der Tätigkeit an. Begünstigt sind z.B. die Tätigkeiten „der Mitglieder des Vorstands, des Kassierers, der Bürokräfte, des Reinigungspersonals, des Platzwartes, des Aufsichtspersonals oder des Schiedsrichters im Amateurbereich"[4].

Nach Ansicht der Finanzverwaltung sollen die Tätigkeiten der „**Amateursportler**" hingegen nicht begünstigt sein[5]. Zwar kann man dies damit begründen, dass „bezahlter Sport" nicht unter § 52 Abs. 2 Satz 1 Nr. 7 AO fällt und steuerbegünstigt ist[6]. Indes bleibt dabei unberücksichtigt, dass die Förderung des bezahlten Sports nach § 58 Nr. 8 AO „unschädlich" ist und unter bestimmten Bedingungen sogar im Rahmen eines steuerbegünstigten Zweckbetriebs nach § 67a AO stattfinden kann. Offenbar möchte man aber weitere Abgrenzungsprobleme in diesem „Grenzbereich" von vornherein verhindern.

Nach Ansicht der Finanzverwaltung sollen **Tätigkeiten in einem steuerpflichtigen wirtschaftlichen Geschäftsbetrieb und bei der Verwaltung des Vermögens** nicht begünstigt sein[7]. Diese Einschränkungen lassen sich aus dem Wortlaut des § 3 Nr. 26a EStG nicht ableiten. Zwar kann man noch verstehen, dass aus Wettbewerbsgründen ehrenamtliche Tätigkeiten im steuerpflichtigen wirtschaftlichen Geschäftsbetrieb nicht begünstigt werden sollen, weil auch Spenden „in den" wirtschaftlichen Geschäftsbetrieb nicht begünstigt sind. Die Versagung des Freibetrags für vermögensverwaltende Tätigkeiten ist aber gerade in der Parallelbetrachtung zum Spendenabzug ganz unverständlich. Ausgeschlossen sind in jedem Fall Tätigkeiten, die satzungsfremden Zwecken dienen oder als wirtschaftlich unangemessen anzusehen sind.

Abschließend ist daran zu erinnern, dass Zahlungen nach § 3 Nr. 26a EStG – wie alle anderen Zahlungen gemeinnütziger Einrichtungen auch – den Anforderungen des § 55 Abs. 1 Nr. 1 und 3 AO entsprechen müssen[8]. Dies bedeutet insbesondere, dass Zahlungen an Organmitglieder den **zivilrechtlichen Anforderungen** genügen müssen (dazu näher Rz. 2.38).

3. Begünstigte Einrichtungen

9.28   Die nebenberufliche Tätigkeit muss „im Dienst oder Auftrag einer juristischen Person des öffentlichen Rechts", die in einem Mitgliedstaat der EU/EWR belegen ist

---

1 Vgl. dazu auch Bayerisches Landesamt für Steuern v. 8.7.2011, DB 2011, 1832; BMF-Schreiben v. 25.11.2008, BStBl. I 2008, 985.

2 Ebenso *Levedag* in L. Schmidt, § 3 EStG Rz. 96.

3 Vgl. BT-Drucks. 16/5985.

4 So BMF v. 21.11.2014, BStBl. I 2014, 1581.

5 BMF v. 21.11.2014, BStBl. I 2014, 1581.

6 Siehe auch BFH v. 24.6.2015 – I R 13/13, BStBl. II 2016, 971.

7 BMF v. 21.11.2014, BStBl. I 2014, 1581; ebenso bereits BMF v. 25.11.2008, BStBl. I 2008, 985.

8 Ausdrücklich BMF v. 21.11.2014, BStBl. I 2014, 1581.

oder einer „unter § 5 Abs. 1 Nr. 9 des Körperschaftsteuergesetzes fallenden Einrichtung" erfolgen. Die steuerliche Qualifikation der Tätigkeit als selbständig oder unselbständig ist unerheblich. Sie kann folglich als Arbeitnehmer, Freiberufler oder Gewerbetreibender ausgeübt werden[1].

Nicht einzusehen ist, weshalb die Steuerbefreiung – in Umsetzung der *Jundt*-Entscheidung des EuGH vom 18.12.2007[2] – zwar auf ausländische juristische Personen des öffentlichen Rechts aus anderen EU/EWR-Staaten ausgedehnt worden ist, eine grenzüberschreitende Nebentätigkeit für eine privatrechtliche gemeinnützige Organisation in einem anderen EU/EWR-Staat aber weiterhin nicht begünstigt ist (vgl. auch Rz. 1.137). Nach den Grundsätzen des EuGH-Urteils vom 21.9.2016[3] in der Rs. *Radgen* wird man § 3 Nr. 26a EStG auch bei einer nebenberuflichen Tätigkeit in der Schweiz auf Grund der Bestimmungen des Freizügigkeitsabkommens zwischen der EU und der Schweiz anzuwenden haben.

4. Umfang der Steuerbefreiung

Einnahmen aus nebenberuflichen Tätigkeiten sind nach § 3 Nr. 26a Satz 1 EStG bis zur Höhe von 720 Euro steuerfrei. Es handelt sich um einen **Jahresfreibetrag**, d.h. es ist unerheblich, ob die Tätigkeit nur in einem Teil des Jahres ausgeübt wird. Der Freibetrag gilt auch, wenn mehrere begünstigte nebenberufliche Tätigkeiten ausgeübt werden[4]. Der Freibetrag gilt für alle im Jahr bezogenen Einnahmen aus begünstigten nebenberuflichen Tätigkeiten, also auch bei Nachzahlungen aus anderen Jahren[5]. Bei Ehegatten wird der Freibetrag personenbezogen gewährt[6]. Der Arbeitnehmerpauschbetrag nach § 9a Satz 1 Nr. 1 Buchst. a EStG ist nicht auf den nach § 3 Nr. 26a EStG steuerfreien Betrag anzurechnen[7]. Ferner ist bei der Prüfung, ob die Freigrenze nach § 22 Nr. 3 EStG überschritten ist, der Freibetrag nach § 3 Nr. 26a EStG zu berücksichtigen[8].

§ 3 Nr. 26a Satz 2 EStG enthält eine Subsidiaritätsklausel. Sie schließt die Anwendung der Steuerbefreiung aus, wenn für die „Einnahmen aus der Tätigkeit – ganz oder teilweise – eine Steuerbefreiung nach § 3 Nr. 12, 26 oder 26b EStG gewährt wird". Auf diese Weise soll eine **Doppelbegünstigung verhindert** werden[9]. Der Vorbehalt bezieht sich aber jeweils nur auf dieselbe Tätigkeit[10].

9.29

9.30

9.31

---

1 Vgl. *Bergkemper* in Herrmann/Heuer/Raupach, § 3 Nr. 26 EStG Rz. 6.
2 EuGH v. 18.12.2007 – Rs. C-281/06 *Jundt*, Slg. 2007, I-12231.
3 EuGH v. 21.9.2016 – Rs. C-478/15 *Radgen*, ECLI:EU:C:2016:705.
4 BMF v. 21.11.2014, BStBl. I 2014, 1581.
5 BFH v. 15.2.1990 – IV R 87/89, BStBl. II 1990, 686.
6 Vgl. BMF v. 21.11.2014, BStBl. I 2014, 1581; *Jachmann-Michel* in NK-GemnR, § 3 EStG Rz. 118.
7 BMF v. 21.11.2014, BStBl. I 2014, 1581; vgl. auch R 3.26 Abs. 9 Satz 2 LStR.
8 BMF v. 21.11.2014, BStBl. I 2014, 1581.
9 Vgl. dazu auch BFH v. 31.1.2017 – IX R 10/16, BFH/NV 2017, 680.
10 Dazu *Jachmann-Michel* in NK-GemnR, § 3 EStG Rz. 138; *Bergkemper* in Herrmann/Heuer/Raupach, § 3 Nr. 26a EStG Rz. 1.

9.32 Überschreiten die Einnahmen für die begünstigte nebenberufliche Tätigkeit den steuerfreien Betrag von 720 Euro, so dürfen nach § 3 Nr. 26a Satz 3 EStG – ebenso § 3 Nr. 26 Satz 2 EStG – die mit den nebenberuflichen Tätigkeiten in **unmittelbarem wirtschaftlichen Zusammenhang stehenden Ausgaben** „abweichend von § 3c EStG" nur insoweit als Werbungskosten oder Betriebsausgaben abgezogen werden, als sie den Betrag der steuerfreien Einnahmen übersteigen[1]. Es kommt also nicht zu einer prozentualen Aufteilung der Ausgaben entsprechend dem Verhältnis der steuerfreien zu den steuerpflichtigen Einnahmen.

Beispiel Nr. 3: Bezieht der Vereinsvorstand von seinem gemeinnützigen Betreuungsverein eine Aufwandsentschädigung von 2 500 Euro und hat er beruflich veranlasste Werbungskosten von 850 Euro, so betragen seine steuerpflichtigen Einkünfte aus der Betreuungstätigkeit 1 650 Euro (2 500 – 720 = 1 780 abzüglich 850 – 720 = 130 Euro).

Umstritten – weil in § 3 Nr. 26a Satz 3 EStG bzw. § 3 Nr. 26 Satz 2 EStG nicht ausdrücklich geregelt – ist die Frage, wie Satz 3 anzuwenden ist und in welchem Umfang Werbungskosten oder Betriebsausgaben abziehbar sind, wenn die Einnahmen den Freibetrag nicht erreichen, aber die Werbungskosten oder Betriebsausgaben höher als die Einnahmen sind[2]. Fraglich ist auch, wie zu verfahren ist, wenn eine nebenberufliche Tätigkeit ledglich zu Ausgaben führt, weil im Veranlagungszeitraum überhaupt keine Einnahmen zufließen.

Beispiel Nr. 4 (nach BFH v. 20.12.2017[3]): Eine Übungsleiterin bezieht im Jahr von einem Sportverein Einnahmen in Höhe von 1 200 Euro und hat Ausgaben im wirtschaftlichen Zusammenhang mit dieser Tätigkeit in Höhe von 4 062 Euro. In ihrer Einkommensteuererklärung macht sie – nach Berücksichtigung des Freibetrages von 2 400 Euro aus § 3 Nr. 26 EStG – einen Verlust von 1 962 Euro aus Übungsleitertätigkeit geltend (Abwandlung: Sie erzielt im betreffenden Jahr überhaupt keine Einnahmen und macht deshalb einen Verlust in Höhe von 4 062 Euro aus Übungsleitertätigkeit geltend). Das FA will in beiden Fällen den Verlust nicht berücksichtigen, da nach § 3 Nr. 26 Satz 2 EStG die mit steuerfreien Einnahmen aus Übungsleitertätigkeit in Zusammenhang stehenden Aufwendungen nur dann abziehbar seien, wenn die Einnahmen den Freibetrag „überschreiten".

Richtigerweise ist § 3 Nr. 26 Satz 2 EStG in diesen Fällen überhaupt nicht anwendbar, weil die steuerfreien Einnahmen den Freibetrag nicht überschreiten, so dass sich die steuerliche Berücksichtigung des Verlustes **nach den allgemeinen Grundsätzen** richtet[4]. Insoweit ist zunächst – als Vorfrage – zu klären, ob eine „defizitäre" nebenberufliche Tätigkeit überhaupt einkommensteuerrechtlich relevant ist, was voraussetzt, dass sie mit Einkünfteerzielungsabsicht unternommen wird[5]. Ist dies zu bejahen, richtet sich der Abzug von Aufwendungen im zweiten Schritt nach § 3c Abs. 1 EStG[6]. Dabei kommt es entscheidend auf die Auslegung des Wortes „soweit"

---

1 Vgl. nur FG Berlin-Brandenburg v. 5.12.2007 – 7 K 3121/05 B, EFG 2008, 1535; *Levedag* in L. Schmidt, § 3 EStG Rz. 94.

2 Überblick bei *Levedag* in L. Schmidt, § 3 EStG Rz. 94.

3 BFH v. 20.12.2017 – III R 23/15, DB 2018, 867.

4 Vgl. BFH v. 20.12.2017 – III R 23/15, DB 2018, 867; ebenso *Levedag* in L. Schmidt, § 3 EStG Rz. 94.

5 Ebenso BFH v. 20.12.2017 – III R 23/15, DB 2018, 867.

6 BFH v. 20.12.2017 – III R 23/15, DB 2018, 867.

in § 3c Abs. 1 EStG an. Dieses gebietet nicht nur bei gemischt veranlassten Aufwendungen eine Aufteilung der Aufwendungen, sondern beschränkt nach ganz herrschender Ansicht die Nichtabziehbarkeit der Aufwendungen auf die Höhe der steuerfreien Einnahmen[1]. Auf diese Weise wird zum einen gewährleistet, dass bei steuerfreien Einnahmen kein doppelter steuerlicher Vorteil eintritt, weil Einnahmen steuerbefreit und die damit zusammenhängen Aufwendungen gleichzeitig abzugsfähig sind. Zum anderen verhindert diese Auslegung, dass sich die mit § 3 Nr. 26 und Nr. 26a EStG bezweckte Steuerbegünstigung nachteilig auswirkt und der Steuervorteil in einen Steuernachteil umschlägt[2]. Werden in einem Jahr überhaupt keine Einnahmen aus einer begünstigten Tätigkeit erzielt, sind – eine Einkünfteerzielungsabsicht vorausgesetzt – die Aufwendungen ebenfalls vollständig abziehbar[3].

III. Übungsleiterfreibetrag

1. Allgemeines

Der sog. Übungsleiterfreibetrag nach § 3 Nr. 26 EStG unterscheidet sich vom Freibetrag nach § 3 Nr. 26a EStG durch die Höhe (2 400 Euro statt 720 Euro) sowie dadurch, dass nur ganz bestimmte nebenberufliche Tätigkeiten begünstigt sind. Hinsichtlich des Merkmals der **nebenberuflichen Tätigkeit** kann auf die oben gemachten Ausführungen zur Nebenberuflichkeit verwiesen werden (vgl. Rz. 9.24). Der Übungsleiterfreibetrag gilt nur für drei Gruppen von Tätigkeiten und erfordert mithin eine kasuistische Abgrenzung[4]:

9.33

– Tätigkeiten als Übungsleiter, Ausbilder, Erzieher, Betreuer und vergleichbare Tätigkeiten,

– künstlerische Tätigkeiten,

– pflegerische Tätigkeiten.

---

1 Vgl. BFH v. 20.12.2017 – III R 23/15, DB 2018, 867 mit eingehenden Nachweisen zum Meinungsstand.

2 BFH v. 20.12.2017 – III R 23/15, DB 2018, 867; ebenso bereits BFH v. 6.7.2005 – XI R 61/04, BStBl. II 2006, 163; FG Berlin-Brandenburg v. 5.12.2007 – 7 K 3121/05 B, EFG 2008, 1535; FG Rheinland-Pfalz v. 25.5.2011 – 2 K 1996/10, EFG 2011, 1596, rkr.; FG Mecklenburg-Vorpommern v. 16.6.2015 – 3 K 368/14, juris (Rev. BFH VIII R 17/16); *Levedag* in L. Schmidt, § 3 EStG Rz. 94; *Jachmann-Michel* in NK-GemnR, § 3 EStG Rz. 113; a.A. FG Thüringen v. 30.9.2015 – 3 K 480/14, EFG 2015, 2163; *Obermair*, DStR 2016, 1584, der – zu Unrecht – eine Parallele zu Aufwendungen zieht, die außerhalb der Einkünftetatbestände des EStG anfallen.

3 BFH v. 6.7.2005 – XI R 61/04, BStBl. II 2006, 163; *Levedag* in L. Schmidt, § 3 EStG Rz. 94; *Desens* in Herrmann/Heuer/Raupach, § 3c EStG Rz. 22; *Jachmann-Michel* in NK-GemnR, § 3 EStG Rz. 113 und die Übersichten bei *Buchna/Leichinger/Seeger/Brox*, S. 714 f.

4 Vgl. das umfangreiche „ABC der steuerbegünstigten Tätigkeiten" bei *Jachmann-Michel* in NK-GemnR, § 3 EStG Rz. 100.

2. Übungsleiter, Ausbilder, Erzieher, Betreuer oder vergleichbare Tätigkeit

9.34 Gemeinsamer Nenner der ersten Gruppe von Tätigkeiten ist die **pädagogische Ausrichtung**[1]. Ausbilder, Übungsleiter, Erzieher und Betreuer haben gemein, dass sie auf einen anderen Menschen durch persönlichen Kontakt Einfluss nehmen, um auf diese Weise geistige und leibliche Fähigkeiten zu entwickeln und zu fördern[2]. Erfasst sind vor allem Lehr- und Vortragstätigkeiten im Rahmen der allgemeinen Bildung und Ausbildung, z.B. im Rahmen eines Lehrauftrags an einer Universität[3]. Deshalb muss auch eine vergleichbare Tätigkeit im Schwerpunkt pädagogisch geprägt sein bzw. eine pädagogische Ausrichtung haben[4]. Typisches Beispiel für eine vergleichbare Tätigkeit ist die Tätigkeit als Prüfer in den die Ausbildung abschließenden Examen[5] oder die Tätigkeit als Korrekturassistent[6]. Nicht ausreichend ist es hingegen, dass die Tätigkeit unter sozialen Aspekten wünschenswert ist. Mangels persönlichen Kontakts ist deshalb z.B. das Verfassen und Vortragen eines Rundfunkbeitrags durch einen Hochschullehrer nicht begünstigt[7]. Gleiches gilt für Erstellung von Lehrbriefen durch einen Dozenten[8], die Tätigkeit als Sanitätshelfer[9], eine Mitwirkung im Verwaltungsausschuss eines Rechtsanwaltsversorgungswerkes[10], die Tätigkeit als Turnierrichter im Amateurpferdesport[11], eine Tätigkeit als ehrenamtliche Richterin oder Richter[12] oder eine Tätigkeit als Versicherungsberaterin der Deutschen Rentenversicherung[13]. Auch Betreuer im Sinne des Betreuungsrechts fallen nicht unter die Begünstigung[14]. Dagegen kann der Leiter der Außenstelle einer Volkshochschule Ausbilder im Sinne von § 3 Nr. 26 EStG sein, wenn er eigenständig in den Unterricht anderer Lehrkräfte eingreift, indem er die Unterrichtsveranstaltungen mitgestaltet[15].

---

1 BFH v. 30.3.1990 – VI R 188/87, BStBl. II 1990, 854; BFH v. 17.10.1991 – IV R 106/90, BStBl. II 1992, 176.
2 BFH v. 17.10.1991 – IV R 106/90, BStBl. II 1992, 176; vgl. auch BFH v. 23.1.1986 – IV R 24/84, BStBl. II 1986, 398.
3 BFH v. 1.3.2006 – XI R 43/02, BStBl. II 2006, 685; vgl. näher zu nebenberuflichen Tätigkeiten im Bereich der wissenschaftlichen Ausbildung und Prüfung *Jochum*, NJW 2002, 1983.
4 Vgl. nur *Jachmann-Michel* in NK-GemnR, § 3 EStG Rz. 93.
5 BFH v. 29.1.1987 – IV R 189/85, BStBl. II 1987, 783; BFH v. 23.6.1988 – IV R 21/86, BStBl. II 1988, 890.
6 FG Berlin v. 12.10.2004 – 5 K 5316/03, EFG 2005, 340, rkr.
7 BFH v. 17.10 1991 – IV R 106/90, BStBl. II 1992, 176.
8 BFH v. 13.12.2016 – VIII R 43/14, BFH/NV 2017, 569.
9 BFH v. 30.3.1990 – VI R 188/87, BStBl. II 1990, 854.
10 FG Schleswig-Holstein v. 3.3.2011 – 3 K 180/09, EFG 2011, 2129.
11 FG Nürnberg v. 15.4.2015 – 5 K 1723/12, EFG 2015, 1425.
12 BFH v. 31.1.2017 – IX R 10/16, BFH/NV 2017, 680.
13 FG Berlin-Brandenburg v. 19.9.2013 – 7 V 7231/13, EFG 2014, 18.
14 BT-Drucks. 14/2070, S. 37.
15 BFH v. 23.1.1986 – IV R 24/84, BStBl. II 1986, 398.

3. Künstlerische Tätigkeit

Für den Begriff der künstlerischen Tätigkeit kann auf die Rechtsprechung zu § 18   9.35
Abs. 1 Nr. 1 EStG zurückgegriffen werden[1]. Nach ständiger Rechtsprechung des
BFH übt ein Steuerpflichtiger eine künstlerische Tätigkeit aus, „wenn er eine eigen-
schöpferische Leistung vollbringt, in der seine individuelle Anschauungsweise und
Gestaltungskraft zum Ausdruck kommt, und die über eine hinreichende Beherrschung der Technik hinaus grundsätzlich auch eine künstlerische Gestaltungshöhe
erreicht"[2]. Daraus folgert der BFH, dass eine künstlerische Tätigkeit im Sinne des
§ 3 Nr. 26 EStG auch dann vorliegen kann, wenn sie die eigentliche künstlerische
(Haupt-)Tätigkeit unterstützt und ergänzt, sofern sie Teil des gesamten künstlerischen Geschehens ist. Auch der Komparse kann daher – anders als z.B. ein Bühnen-
arbeiter – eine künstlerische Tätigkeit ausüben[3]. Im Rahmen des § 3 Nr. 26 EStG
muss also das künstlerische Niveau nicht zwingend professioneller Gestaltungshöhe
entsprechen[4].

4. Pflegerische Tätigkeit

Zu den begünstigten Tätigkeiten gehört schließlich die **Pflege alter, kranker und**   9.36
behinderter Menschen. Das Gesetz definiert den Begriff „alt" nicht durch eine feste
Altersgrenze. Deshalb ist darauf abzustellen, ob eine altersbedingte Pflegebedürftigkeit vorliegt[5]. In den beiden anderen Fällen kommt es darauf an, ob die Pflegebedürftigkeit krankheits- bzw. behinderungsbedingt ist. Unter den weit auszulegenden
Begriff der Pflege im Sinne von § 3 Nr. 26 EStG[6] fällt z.B. die häusliche Betreuung
durch ambulante Pflegedienste[7] einschließlich Unterstützungsleistungen bei der
Grund- und Behandlungspflege sowie Hilfe bei häuslichen Verrichtungen[8], die Tätigkeit als Rettungssanitäter[9], die Tätigkeit als Fahrer einer Einrichtung der teilstationären Tagespflege[10] und Tätigkeiten von Helfern der Bahnhofsmission[11]. Auch die
an Helfer im sog. Hintergrunddienst des Hausnotrufs gezahlten Vergütungen unterliegen vollumfänglich der Steuerbefreiungsvorschrift des § 3 Nr. 26 EStG[12]. Hingegen

---

1 BFH v. 18.4.2007 – XI R 21/06, DB 2007, 1676.
2 BFH v. 23.9.1998 – XI R 71/97, BFH/NV 1999, 460; BFH v. 4.11.2004 – IV R 63/02,
   BStBl. II 2005, 362.
3 Ebenso schon *Thiel/Eversberg*, DB 1991, 118.
4 BFH v. 18.4.2007 – XI R 21/06, DB 2007, 1676.
5 *Bergkemper* in Herrmann/Heuer/Raupach, § 3 Nr. 26 EStG Rz. 5; *von Beckerath* in Kirchhof, § 3 EStG Rz. 76.
6 Dazu FG Köln v. 25.2.2015 – 3 K 1350/12, EFG 2015, 1507; FG Hamburg v. 23.3.2006 –
   II 317/04, juris; *Bergkemper* in Herrmann/Heuer/Raupach, § 3 Nr. 26 EStG Rz. 5b.
7 FG Hamburg v. 23.6.2006 – II 317/04, juris.
8 *Buchna/Leichinger/Seeger/Brox*, S. 714.
9 R 3.26 Abs. 1 Satz 4 LStR; *Buchna/Leichinger/Seeger/Brox*, S. 714.
10 FG Baden-Württemberg v. 8.3.2018 – 3 K 388/16, juris.
11 *Buchna/Leichinger/Seeger/Brox*, S. 714.
12 So FG Köln v. 25.2.2015 – 3 K 1350/12, EFG 2015, 1507.

fehlt es an einer „Pflegeleistung" bei der Tätigkeit in der Geschäftsführung einer steuerbegünstigten Stiftung, deren Zweck es ist, Bedürftige zu unterstützen[1].

5. Tätigkeit zur Förderung steuerbegünstigter Zwecke

9.37 Das Gesetz verlangt über eine der genannten nebenberuflichen Tätigkeiten hinaus auch, dass die Tätigkeit **zur Förderung kirchlicher, gemeinnütziger und (zu lesen: „oder") mildtätiger Zwecke geleistet** wird. Nach Ansicht der Finanzverwaltung wird diese Förderung vermutet, wenn eine Tätigkeit im Dienst oder Auftrag einer als gemeinnützig anerkannten Einrichtung erbracht wird[2]. In diese Richtung weist auch die Rechtsprechung des BFH. So ist es nach Ansicht des BFH unerheblich, wenn eine Tätigkeit (hier: Unterricht in einer Pflegeschule eines Krankenhauses) nur einem abgeschlossenen Kreis zugute kommt, sofern der mit ihr verfolgte Zweck in irgendeiner Weise auch nur mittelbar der Allgemeinheit dient[3].

6. Begünstigte Körperschaften

9.38 Die Steuerbefreiung nach § 3 Nr. 26 EStG setzt – ebenso wie bei § 3 Nr. 26a EStG – voraus, dass die Tätigkeit „im Dienst oder Auftrag" einer juristischen Person des öffentlichen Rechts, die in einem Mitgliedstaat der EU/EWR belegen ist, oder einer unter § 5 Abs. 1 Nr. 9 KStG fallenden privatrechtlichen Körperschaft ausgeübt wird. Der Ausschluss von ausländischen privatrechtlichen gemeinnützigen Körperschaften ohne inländische Einkünfte ist unionsrechtswidrig (vgl. Rz. 1.137). Einnahmen aus einer privaten Pflegetätigkeit im Dienst einer pflegebedürftigen Person oder eines steuerpflichtigen Pflegedienstes sind nicht befreit.

Der EuGH hat mit Urteil vom 21.9.2016[4] in der Rs. *Radgen* entschieden, dass die **Bestimmungen des Freizügigkeitsabkommens zwischen der EU und der Schweiz** über die Gleichbehandlung der Arbeitnehmer einer Regelung wie § 3 Nr. 26 EStG entgegenstehen, „die einem gebietsansässigen unbeschränkt einkommensteuerpflichtigen Staatsangehörigen, der von seinem Recht auf Freizügigkeit für eine nebenberufliche Lehrtätigkeit als Arbeitnehmer im Dienst einer in der Schweiz ansässigen juristischen Person des öffentlichen Rechts Gebrauch gemacht hat, keine Steuerbefreiung für die Einnahmen aus dieser Arbeitnehmertätigkeit gewährt, während eine solche Befreiung gewährt worden wäre, wenn die genannte Tätigkeit im Dienst einer juristischen Person des öffentlichen Rechts mit Sitz in diesem Mitgliedstaat, in einem anderen Mitgliedstaat der Union oder in einem anderen Staat, auf den das EWR-Abkommen Anwendung findet, ausgeübt worden wäre". Dem ist nichts hinzuzufügen.

7. Umfang der Steuerbefreiung

9.39 Der Übungsleiterfreibetrag beträgt 2 400 Euro. Hinsichtlich des Umfangs der Steuerbefreiung und des Abzugs von Betriebsausgaben und Werbungskosten kann auf die Ausführungen zu § 3 Nr. 26a EStG verwiesen werden (vgl. Rz. 9.30 ff.).

---

1 BFH v. 1.6.2004 – XI B 117/02, BFH/NV 2004, 1405.
2 R 3.26 Abs. 5 LStR.
3 BFH v. 26.3.1992 – IV R 34/91, BStBl. II 1993, 20.
4 EuGH v. 21.9.2016 – Rs. C-478/15 *Radgen*, ECLI:EU:C:2016:705.

C. Steuerfreiheit von Stipendien

I. Allgemeines

§ 3 Nr. 44 EStG enthält eine sachliche Steuerbefreiung für bestimmte **Stipendien.** Dazu zählen nach Satz 1 zunächst Stipendien, die unmittelbar aus öffentlichen Mitteln oder von zwischenstaatlichen oder überstaatlichen Einrichtungen, denen die Bundesrepublik Deutschland als Mitglied angehört, zur **Förderung der Forschung oder zur Förderung der wissenschaftlichen oder künstlerischen Ausbildung oder Fortbildung** gewährt werden. Satz 2 erweitert diese Steuerbefreiung auf Stipendien, die zu den in Satz 1 bezeichneten Zwecken

9.40

„von einer Einrichtung, die von einer Körperschaft des öffentlichen Rechts errichtet ist oder verwaltet wird, oder von einer Körperschaft, Personenvereinigung oder Vermögensmasse im Sinne des § 5 Abs. 1 Nr. 9 des Körperschaftsteuergesetzes gegeben werden".

§ 3 Nr. 44 Satz 3 EStG knüpft die Steuerbefreiung dieser Stipendien an **zwei weitere Voraussetzungen:**

– Die Stipendien übersteigen einen für die Erfüllung der Forschungsaufgabe oder für die Bestreitung des Lebensunterhalts und die Deckung des Ausbildungsbedarfs erforderlichen Betrag nicht und werden nach bestimmten Richtlinien vergeben (§ 3 Nr. 44 Satz 3 Buchst. a EStG).

– Der Empfänger ist im Zusammenhang mit dem Stipendium nicht zu einer bestimmten wissenschaftlichen oder künstlerischen Gegenleistung oder zu einer bestimmten Arbeitnehmertätigkeit verpflichtet (§ 3 Nr. 44 Satz 3 Buchst. b EStG).

Die früher in § 3 Nr. 44 Buchst. c EStG a.F. enthaltene zeitliche Beschränkung (der Abschluss der Berufsausbildung darf nicht länger als zehn Jahre zurückliegen) wurde 2007 aufgehoben[1].

Die **steuersystematische Einordnung der Steuerbefreiung** nach § 3 Nr. 44 EStG hängt davon ab, wie man die Steuerpflicht solcher Zahlungen nach den allgemeinen Vorschriften zu beurteilen hat. Anders ausgedrückt: Die Steuerbefreiung hat konstitutive Bedeutung, soweit Stipendienzahlungen anderenfalls steuerpflichtige Einkünfte im Sinne des § 2 Abs. 1 EStG darstellen würden. Insoweit ist zu unterscheiden (vgl. auch Rz. 9.54 ff. zur Steuerpflicht von Preisen und Auszeichnungen)[2]:

9.41

– Ist das auslösende Moment für die Gewährung des Stipendiums eine **einkünfteerzielende Tätigkeit im Sinne der §§ 18, 19 EStG,** handelt es sich dem Grunde nach um steuerpflichtige Einnahmen[3]. Andererseits wären ohne die Befreiung nach § 3 Nr. 44 EStG auch alle berufsbezogenen Aufwendungen, die durch das Stipendium abgedeckt werden, als Betriebsausgaben bzw. Werbungskosten ab-

---

1 Gesetz v. 28.5.2007, BGBl. I 2007, 914.

2 Vgl. auch *von Beckerath* in Kirchhof/Söhn/Mellinghoff, § 3 Nr. 44 EStG Rz. B 44/8 und 9; *Bergkemper* in Herrmann/Heuer/Raupach, § 3 Nr. 44 EStG Anm. 1.

3 Vgl. dazu auch BFH v. 4.5.1972 – IV 13/64, BStBl. II 1972, 566; zuletzt BFH v. 15.9.2010 – X R 33/08, BStBl. II 2011, 637; FG Münster v. 16.5.2013 – 2 K 3208/11 E, EFG 2014, 19.

ziehbar. Insoweit ist auch zu beachten, dass nach der neueren Rechtsprechung des BFH zur beruflichen Veranlassung von Ausbildungsaufwendungen eine Promotion (z.B. bei wissenschaftlichen Mitarbeitern) vielfach der Berufssphäre zuzuordnen ist[1]. Bei der Besteuerung selbständig tätiger Wissenschaftler nach § 18 EStG („Privatgelehrter") wäre schließlich zu prüfen, ob die für eine Steuerpflicht erforderliche Gewinnerzielungsabsicht vorliegt[2]. Schließlich können auch die Vergabebedingungen näheren Aufschluss über die Anknüpfung an eine Einkünfteerzielung geben[3].

– **Außerhalb einer steuerrelevanten Tätigkeit** – insbesondere bei Ausbildungsstipendien – kommt allein § 22 Nr. 1 EStG („wiederkehrende Bezüge") in Betracht. Insoweit ist aber zu beachten, dass dieser Tatbestand nicht schon allein durch die äußere Form der Stipendienzahlung (laufende Zahlungen) erfüllt wird, sondern auch materiell geprüft werden muss, ob es sich bei dem Stipendium um erwirtschaftete Einnahmen handelt[4].

9.42 Im Ergebnis ist festzuhalten, dass § 3 Nr. 44 EStG überwiegend deklaratorischen Charakter hat. Insoweit hat die Regelung eine **Vereinfachungsfunktion**. Soweit ihr eine konstitutive Bedeutung zukommt, weil das Stipendium beruflich veranlasst ist, zielt die Regelung gleichermaßen auf eine steuerliche **Entlastung des Stipendienempfängers** als auch auf eine finanzielle **Entlastung des Stipendiengebers** (der anderenfalls zur Gewährleistung der gleichen „Nettoförderung" einen um die Steuerlast höheren Förderbetrag auszahlen müsste).

II. Begriff des Stipendiums

9.43 Das Gesetz enthält keine Definition, was genau unter einem „Stipendium" zu verstehen ist. Geht man üblichen Sprachgebrauch aus[5], so handelt es sich um eine **finanzielle Zuwendung**, mit der bestimmte Zwecke (Forschung bzw. wissenschaftliche oder künstlerische Aus- und Weiterbildung) des Stipendiaten unterstützt werden sollen[6]. Stipendien werden in der Regel wiederkehrend (z.B. monatlich) ausgezahlt, mangels einer gesetzlichen Einschränkung ist die Zahlungsart aber kein notwendiges Begriffselement, sodass auch einmalige Zuwendungen (u.a. auch Prei-

---

1 Siehe BFH v. 4.11.2003 – VI R 96/01, BStBl. II 2004, 891; vgl. auch BMF v. 22.9.2010, BStBl. I 2010, 721.

2 Insoweit zweifelhaft BFH v. 4.5.1972 – IV 13/64, BStBl. II 1972, 566 betreffend die Steuerpflicht eines Druckkostenzuschusses an einen Privatdozenten, wo die Gewinnerzielungsabsicht nicht geprüft wird.

3 Vgl. dazu FG München v. 30.5.2016 – 15 K 474/16, EFG 2016, 1513: „Meisterbonus" nach erfolgreich abgelegter Prüfung kann keiner Einkunftsart zugeordnet werden („lediglich äußerer Zusammenhang"); vgl. auch BayLfSt v. 6.7.2016, DStR 2016, 2404.

4 Zutreffend *von Beckerath* in Kirchhof/Söhn/Mellinghoff, § 3 Nr. 44 EStG Rz. B 44/9 unter Hinweis auf *Fischer* in Kirchhof/Söhn/Mellinghoff, § 22 EStG Rz. A 35.

5 Zur lateinischen Ableitung aus „stips" und „pendere" vgl. *von Beckerath* in Kirchhof/Söhn/Mellinghoff, § 3 Nr. 44 EStG Rz. B 44/40.

6 Ähnlich *Streiter*, WissR 2005, 2, 4.

se) unter § 3 Nr. 44 EStG fallen können[1]. Die zivilrechtliche Qualifikation von Stipendien (Schenkung unter Auflage, Vertrag *sui generis*) ist wenig geklärt[2]. Sie hat z.B. Bedeutung für die Verbindlichkeit einer Stipendienzusage (vgl. § 518 Abs. 2 BGB). Bis zur Neufassung der Vorschrift im Jahr 1964 betraf § 3 Nr. 44 EStG sogar nur die „Beihilfen der Deutschen Forschungsgemeinschaft"[3]. Damit weist § 3 Nr. 44 EStG eine sachliche Nähe zu der Befreiungsvorschrift in § 3 Nr. 11 EStG auf („Erziehungs- und Ausbildungsbeihilfen").

III. Person des Stipendiengebers

Die Steuerfreiheit setzt voraus, dass die Stipendien von bestimmten Stellen gezahlt werden. Die Gesetzesverfasser waren offenbar der Ansicht, dass nur bei diesen Herkunftsquellen – d.h. bei staatlichen und gemeinnützigen Geldgebern – **eine sachgerechte Auswahl gewährleistet und mithin eine Steuerbefreiung gerechtfertigt ist**[4]. Begünstigt sind zunächst Stipendien, die „unmittelbar aus öffentlichen Mitteln" geleistet werden. Insoweit kommt es entscheidend darauf an, dass die Mittel aus einem öffentlichen Haushalt stammen (z.B. Stipendien nach den Graduiertenförderungsgesetzen der Länder bzw. Stipendien einer staatlichen Akademie). Erfasst sind ferner Gelder, die von einer zwischen- und überstaatlichen Einrichtung, der die Bundesrepublik angehört, geleistet werden.

9.44

Neben **Stipendien aus „öffentlichen Mitteln"** sind nach § 3 Nr. 44 Satz 2 EStG auch finanzielle Unterstützungen befreit, die von **bestimmten privatrechtlichen Stipendiengebern** geleistet werden. Die begrenzte Gleichbehandlung von staatlichen und privaten Einrichtungen findet ihre Entsprechung im Spendenrecht bzw. bei § 3 Nr. 26 und 26a EStG. Insoweit sind zwei Kategorien zu unterscheiden[5]:

9.45

– Begünstigt sind zum einen **privatrechtliche Körperschaften, die von einer Körperschaft des öffentlichen Rechts errichtet oder verwaltet werden** (§ 3 Nr. 44 Satz 2 Alt. 1 EStG). Diese Alternative ist nur relevant, wenn die von der Körperschaft errichtete privatrechtliche Körperschaft ausnahmsweise nicht selbst steuerbegünstigt ist (sonst gilt § 3 Nr. 44 Satz 2 Alt. 2 EStG).

– Ferner sind Stipendien befreit, die von einer **„Körperschaft, Personenvereinigung oder Vermögensmasse im Sinne des § 5 Abs. 1 Nr. 9 KStG"** gegeben werden (§ 3 Nr. 44 Satz 2 Alt. 2 EStG). Entscheidend ist, ob der Stipendiengeber im Zeitpunkt der Hingabe des Stipendiums (gemeint ist wohl der Abfluss der Zahlungen) die Voraussetzungen der §§ 51 ff. AO materiell erfüllt. Nach Ansicht der Finanzverwaltung soll die Prüfung, ob die gesetzlichen Voraussetzungen des § 3

---

1 Einschränkend *von Beckerath* in Kirchhof/Söhn/Mellinghoff, § 3 Nr. 44 EStG Rz. B 44/40: laufende Erbringung oder Bezug zu den Aufwendungen.
2 Dazu *Streiter*, WissR 2005, 2, 16 ff. (Schenkung unter Auflage).
3 Zur Entstehungsgeschichte vgl. BFH v. 20.3.2003 – IV R 15/01, BStBl. II 2004, 190.
4 So *von Beckerath* in Kirchhof/Söhn/Mellinghoff, § 3 Nr. 44 EStG Rz. B 44/49.
5 Aus dem Schrifttum siehe auch *Ernst/Schill*, DStR 2008, 1461; *Betz/Stiegler*, IStR 2016, 850.

Nr. 44 EStG vorliegen, das Finanzamt vornehmen, das für die Veranlagung des Stipendiengebers zuständig ist (bzw. zuständig wäre)[1].

Eine solche **Bindung des Wohnsitzfinanzamtes** des Stipendienempfängers an die steuerliche Beurteilung durch das Betriebsfinanzamt des Stipendiengebers ist sicherlich sinnvoll, um divergierende Entscheidungen bei den einzelnen Stipendienempfängern zu verhindern. Ferner wird man der Erteilung eines Freistellungsbescheides durch das Betriebsfinanzamt schon auf Grund dessen größerer Sachnähe eine gewisse Vermutungswirkung beilegen können. Indes ist eine rechtliche Grundlage für eine strikte Bindungswirkung nicht zu erkennen, da ein „Anerkennungsverfahren" mit Grundlagenbescheid für gemeinnützige Körperschaften fehlt[2]. Die Rechtslage ist – da eine Bindungswirkung der gesonderten Feststellung nach § 60a AO für Stipendien fehlt – sogar noch misslicher als im Spendenrecht (vgl. dazu Rz. 8.22 ff.).

Beispiele: Zu den privatrechtlichen und gemeinnützigen Stipendiengebern gehören zum einen die aus öffentlichen Mitteln finanzierten Wissenschaftsorganisationen wie die Deutsche Forschungsgemeinschaft e.V.[3], die Max-Planck-Gesellschaft e.V., der Deutsche Akademische Austauschdienst e.V., die Alexander von Humboldt-Stiftung e.V.[4], ferner die vom BMBF anerkannten Begabtenförderungswerke wie die Studienstiftung des deutschen Volkes e.V., die Konrad-Adenauer-Stiftung e.V., die Friedrich-Ebert-Stiftung e.V. oder das Cusanuswerk e.V. Darüber hinaus gibt es eine große Zahl privater Stipendiengeber, die sich aus privaten Mitteln finanzieren wie z.B. der Stifterverband für die Deutsche Wissenschaft e.V. oder große private Wissenschaftsstiftungen wie z.B. die Volkswagen-Stiftung, die Zeit-Stiftung Ebelin und Gert Bucerius und die Fritz-Thyssen-Stiftung.

Wie der BFH mit Urteil vom 15.9.2010[5] zutreffend entschieden hat, ist § 3 Nr. 44 Satz 2 EStG **unionsrechtskonform dahin auszulegen**, dass auch Stipendien einer in der EU/EWR ansässigen Körperschaft, Personenvereinigung oder Vermögensmasse befreit sind, soweit die Körperschaft, würde sie inländische Einkünfte erzielen, nach § 5 Abs. 1 Nr. 9 KStG von der Körperschaftsteuer befreit wäre. Hinsichtlich des Inhalts einer solchen Gleichwertigkeitsprüfung ist auf das zu § 10b EStG Ausgeführte zu verweisen (Rz. 8.17, 8.23).

Bisher nicht geklärt ist, ob mit Rücksicht auf die auch im Verhältnis zu **Drittstaaten** anwendbare Kapitalverkehrsfreiheit auch Stipendien aus nicht EU/EWR-Staaten nach § 3 Nr. 44 EStG begünstigt sein können[6].

---

1 R. 3.44 EStR.

2 Ebenso *von Beckerath* in Kirchhof/Söhn/Mellinghoff, § 3 Nr. 44 EStG Rz. B 44/95.

3 Vgl. auch OFD Frankfurt/M. v. 13.9.2007, StEK EStG § 18 Nr. 284.

4 Vgl. OFD Münster v. 17.9.1973, DB 1973, 2020.

5 BFH v. 15.9.2010 – X R 33/08, BStBl. II 2011, 637.

6 Eine Anwendung von § 3 Nr. 44 EStG ablehnend für ein kanadisches Post-Doc-Stipendium FG Thüringen v. 25.2.2015 – 3 K 715/13, EFG 2015, 1717; für eine Steuerfreiheit von Stipendien aus Drittstaaten *Betz/Stiegler*, IStR 2016, 850.

IV. Art der Gewährung

Nach dem früheren Wortlaut des § 3 Nr. 44 EStG mussten die nach Satz 1 **aus öffentlichen Mitteln stammenden Stipendien „unmittelbar"** gewährt werden. Gleiches galt für den Fall eines Stipendiums aus einer zwischen- oder überstaatlichen Einrichtung. Dies bedeutete, dass z.B. Zahlungen, die zunächst an eine privatrechtliche Stelle flossen und erst von dieser an den Stipendiaten weitergeleitet wurden (z.B. Leistungen, die ein Forscher aus staatlich bewilligten Beihilfen seinen Mitarbeitern gewährt), nicht begünstigt waren.

9.46

Für Stipendien, die von einer gemeinnützigen Körperschaft gewährt wurden, fehlte eine entsprechende Einschränkung. Da die **unterschiedliche Behandlung von staatlichen und gemeinnützigen Stipendiengebern** teleologisch nicht „unmittelbar" einleuchtete (immerhin hatte es der Stipendiengeber in beiden Fällen in der Hand, über entsprechende Auflagen eine zweckgerechte Verwendung sicherzustellen), war im Schrifttum eine analoge Anwendung des „Unmittelbarkeitskriteriums" im Rahmen von Satz 2 vorgeschlagen worden[1]. Der BFH hat die Frage bisher offengelassen[2], hält aber eine „unmittelbare" Gewährung auch dann für gegeben, wenn Forschungsgelder über ein an der Universität des Stipendienempfängers eingerichtetes „Drittmittelkonto" zufließen[3]. Durch das **Steuervereinfachungsgesetz** ist das Merkmal „unmittelbar" in § 3 Nr. 44 EStG aufgehoben worden[4]. Durch die Änderung sollen in erster Linie „verwaltungspraktische Schwierigkeiten" vermieden werden[5].

V. Begünstigter Förderzweck

Die Steuerfreiheit der Stipendien ist nicht nur von der Person des Stipendiengebers, sondern auch **vom Förderzweck abhängig**. Begünstigt sind nur Unterstützungsleistungen, die „zur Förderung der Forschung oder wissenschaftlichen oder künstlerischen Aus- oder Fortbildung" gewährt werden. Dabei kann es aber nicht allein auf die rein subjektive Zweckbestimmung des Stipendiengebers ankommen. Vielmehr muss ein Stipendium nach Art und Umfangs im Grundsatz auch **„objektiv" geeignet** sein, dieses Ziel zu erreichen[6]. Dabei kommt es aber auf die Verhältnisse „ex ante" an. Ob der Zweck tatsächlich erreicht wird, spielt natürlich keine Rolle.

9.47

Für die Begriffe **„Forschung", „Kunst"** und **„Wissenschaft"** ist auf die entsprechenden Ausführungen zu § 52 Abs. 2 Satz 1 Nr. 1 und 5 AO zu verweisen (vgl. Rz. 3.83 ff., 3.95 ff.). Für die Abgrenzung zwischen **„Aus- und Fortbildung"** sollen die Grundsätze gelten, die die Rechtsprechung im Zusammenhang mit der Unterscheidung von (privat veranlassten) Ausbildungsaufwendungen und (beruflich veranlassten) Werbungskosten entwickelt hat[7]. Die einzelnen Begriffsmerkmale haben vor allem Bedeutung in Hinsicht auf die Abgrenzung zwischen § 3 Nr. 11 und § 3 Nr. 44 EStG: Im Rahmen von § 3 Nr. 44 EStG sind auch Stipen-

---

1 So *von Beckerath* in Kirchhof/Söhn/Mellinghoff, § 3 Nr. 44 EStG Rz. B 44/67; a.A. *Bergkemper* in Herrmann/Heuer/Raupach, § 3 Nr. 44 EStG Rz. 2.

2 Siehe aber – für ein Unmittelbarkeitserfordernis – FG Münster v. 16.5.2013 – 2 K 3208/11 E, EFG 2014, 19.

3 Vgl. BFH v. 15.9.2010 – X R 33/08, BStBl. II 2011, 637.

4 Gesetz v. 1.11.2011, BGBl. I 2011, 2131.

5 Vgl. die Begründung im Regierungsentwurf v. 21.3.2011, BT-Drucks. 17/5125, S. 35.

6 Ebenso *von Beckerath* in Kirchhof/Söhn/Mellinghoff, § 3 Nr. 44 EStG Rz. B 44/67; a.A. *Bergkemper* in Herrmann/Heuer/Raupach, § 3 Nr. 44 EStG Rz. 2.

7 So BFH v. 4.5.1972 – IV 13/64, BStBl. II 1972, 566.

dien zur „Fortbildung" begünstigt. Auf der anderen Seite reicht § 3 Nr. 11 EStG weiter, weil dort alle Leistungen zur Förderung von Erziehung und Ausbildung begünstigt sind und nicht – wie in § 3 Nr. 44 EStG – nur solche zur „wissenschaftlichen oder künstlerischen Ausbildung". Richtigerweise wäre es an der Zeit, das unabgestimmte Nebeneinander von § 3 Nr. 11 und § 3 Nr. 44 EStG zu beenden und beide Tatbestände aus Gründen der Vereinfachung in einer einzigen Norm zusammenzufassen.

VI. Weitere Voraussetzungen der Steuerfreiheit

1. Überblick

9.48 § 3 Nr. 44 Satz 3 EStG normiert **zusätzliche Voraussetzungen für die Steuerfreiheit eines Stipendiums**. Diese betreffen nur Stipendien im Sinne des Satzes 2, also solche, die von gemeinnützigen Körperschaften gewährt werden. Offenbar hat der Gesetzgeber bei „privaten" Stipendiengebern – anders als bei aus öffentlichen Mitteln geleisteten Zahlungen – weitere Einschränkungen für geboten gehalten. Dabei geht es zum einen um die Zweckbindung der Leistung (Satz 3 Buchst. a Alt. 1), zum anderen um die Vergabe nach Richtlinien (Satz 3 Buchst. a Alt. 2). Drittens darf die Stipendienvergabe nicht an irgendwelche Gegenleistungen geknüpft sein (Satz 3 Buchst. b). Das vierte Kriterium – die zeitliche Nähe zum Abschluss der Berufsausbildung (§ 3 Nr. 44 Satz 3 Buchst. c EStG a.F.) – hat der Gesetzgeber durch das JStG 2007 aufgehoben.

2. Zweckbindung

9.49 Nach § 3 Nr. 44 Satz 3 Buchst. a Alt. 1 EStG setzt die Steuerbefreiung eines **Stipendiums aus „privaten Mitteln"** voraus, dass das Stipendium den „zur Erfüllung der Forschungsaufgabe oder für die Bestreitung des Lebensunterhalts und die Deckung des Ausbildungsbedarfs erforderlichen Betrag nicht übersteigt". Das Verhältnis der drei Verwendungszwecke zueinander war lange Zeit umstritten[1]. Wie der BFH im Urteil vom 20.3.2003[2] in Abweichung von der bisherigen Praxis der Finanzverwaltung entschieden hat, umfasst die Steuerfreiheit eines Forschungsstipendiums nicht nur die zur Erfüllung der konkreten Forschungsaufgabe erforderlichen sachlichen Mittel, sondern **auch die zur Bestreitung des Lebensunterhalts dienenden Zuwendungen**. Bei dieser Auslegung hat sich der BFH auch von einem Vergleich des Wortlauts in § 3 Nr. 44 mit dem in § 3 Nr. 11 EStG leiten lassen, wo nur eine „unmittelbare" Förderung der Wissenschaft begünstigt ist. Im konkreten Fall hatte eine Germanistin ein Stipendium erhalten, das neben einer Sachmittelpauschale auch zur Bestreitung des Lebensunterhalts dienen sollte. Während das Finanzamt nur die Sachmittelpauschale als nach § 3 Nr. 44 Satz 3 Alt. 1 EStG steuerfrei behandelte, bejahte der IV. Senat auch die Steuerfreiheit der übrigen Zahlungen. Für die Auffassung des BFH spricht nicht nur der Vergleich mit § 3 Nr. 11 EStG, sondern auch die vom IV. Senat zu Recht angestellte Überlegung, dass eine andere Auslegung zu einer ungerechtfertigten Benachteiligung von Geisteswissenschaftlern führen würde. Denn Stipendien in geisteswissenschaftlichen Fächern zielen – mangels eines

---

1 Vgl. dazu *von Beckerath* in Kirchhof/Söhn/Mellinghoff, § 3 Nr. 44 EStG Rz. B 44/78.
2 BFH v. 20.3.2003 – IV R 15/01, BStBl. II 2004, 190.

größeren Sachmittelaufwands – typischerweise auf die Abdeckung der Lebenshaltungskosten. Die Finanzverwaltung hat sich inzwischen der Ansicht des BFH angeschlossen[1].

Die Ausdehnung der Steuerfreiheit von Forschungsstipendien auf Lebenshaltungskosten führt allerdings zu der praktischen Schwierigkeit, **wie der zur Bestreitung des Lebensunterhalts erforderliche Geldbetrag im Einzelnen zu bemessen ist.** Der BFH musste zu dieser Frage lange nicht Stellung nehmen[2]. In Rechtsprechung und Schrifttum sind insoweit verschiedene Lösungsansätze vorgeschlagen worden: Rückgriff auf die zivilrechtlichen Bestimmungen über den Unterhalt (vgl. § 1610 Abs. 2 BGB)[3] oder Orientierung an den Fördersätzen nach dem BAFöG[4] oder dem SGB III, wobei zu berücksichtigen wäre, dass viele Stipendiaten keine Studierenden mehr sind und deshalb einen „Mehrbedarf" haben. Die Vorstellung, dass z.B. ein lediger 45-jähriger Privatdozent mit einem Betrag von 1 000 Euro monatlich auskommen müsste, erscheint jedenfalls reichlich lebensfremd. Wenig aussagekräftig ist auch die Entscheidung des FG Baden-Württemberg vom 1.6.2005[5], das ein „aus einem mittleren Bruttoeinkommen der Besoldungsgruppe C 2 abgeleitetes" DFG-Stipendium (Grundbetrag von 6 700 DM monatlich zzgl. eines monatlichen Sachkostenzuschusses von 200 DM) für steuerpflichtig gehalten hat. Denn im Urteilsfall bestand die Besonderheit, dass der Zahlbetrag vom Stipendiengeber gerade in der Annahme einer Einkommensteuerpflicht bemessen worden war und schon deshalb hinsichtlich des zur Abdeckung der Steuerlast gedachten Teils offensichtlich „überhöht" war[6]. Inzwischen hat der BFH Gelegenheit gehabt, sich näher zur zulässigen Höhe eines Stipendiums zur Deckung des Lebensunterhalts nach § 3 Nr. 44 Satz 3 Alt. 1 EStG zu äußern.

Beispiel Nr. 5 (nach BFH vom 24.2.2015[7]): Die Klägerin war als wissenschaftliche Mitarbeiterin an der Juristischen Fakultät einer Universität tätig und habilitierte sich dort. Auf ihre Bewerbung hin gewährte eine Stiftung ihr ein „als Beitrag zur angemessenen Lebensführung" gewährtes Aufenthaltsstipendium in Höhe von 2 700 Euro im Monat. Zusätzlich erhielt die Stipendiatin kostenlos eine möblierte und ausgestattete Wohnung mit einem eingerichteten Büroarbeitsplatz zur Verfügung gestellt. Darüber hinaus wurden Reise- und Umzugskosten und die Kosten der Telefonanschlüsse übernommen und eine monatliche Dienstreisen-Pauschale von 100 Euro gewährt. Nach Ansicht der Vorinstanz – des FG Hamburg[8] – wäre im

9.50

---

1 Vgl. etwa OFD Frankfurt/M. v. 13.9.2007, StEK EStG § 18 Nr. 284.
2 Im Ausgangssachverhalt des Urteils des BFH v. 20.3.2003 – IV R 15/01, BStBl. II 2004, 190 lag der Stipendienbetrag bei ca. 22 900 DM, sodass schon bei Ansatz von BAFöG-Sätzen mit Rücksicht auf den Grundfreibetrag die Steuerfreiheit nach § 3 Nr. 44 EStG zu bejahen war (vgl. dazu auch FG Berlin v. 12.12.2000 – 5 K 5192/99, EFG 2001, 483).
3 Dafür von *Beckerath* in Kirchhof/Söhn/Mellinghoff, § 3 Nr. 44 EStG Rz. B 44/79.
4 In diese Richtung FG Berlin v. 12.12.2000 – 5 K 5192/99, EFG 2001, 483.
5 FG Baden-Württemberg v. 1.6.2005 – 3 V 36/04, EFG 2005, 1333.
6 Ebenso OFD Frankfurt/M. v. 13.9.2007, StEK EStG § 18 Nr. 284 betreffend Heisenberg-Programm der DFG; vgl. dort aber auch die weiteren Aussagen – z.B. zur Steuerfreiheit der im Rahmen des Hochschulsonderprogramms II gewährten Stipendien zur Abdeckung des Lebensunterhalts von bis zu 30 670 Euro jährlich (zzgl. Sachbeihilfen).
7 BFH v. 24.5.2015 – VIII R 43/12, BStBl. II 2015, 691.
8 FG Hamburg v. 5.9.2012 – 6 K 39/12, EFG 2013, 104.

Streitfall für den Lebensbedarf insgesamt (Wohnung, Nahrung, Kleidung, Versicherungsschutz, Altersvorsorge, evtl. grundlegende kulturelle Bedürfnisse) **allenfalls ein Betrag von
etwa 2 000 Euro monatlich** erforderlich gewesen. Zur Begründung verwies das FG auf den
Gesetzeswortlaut („zur Bestreitung des Lebensunterhalts erforderlich") und verglich das Stipendium zudem mit anderen Stipendien für hochqualifizierte Wissenschaftler (z.B. den Stipendien der Deutschen Forschungsgemeinschaft – Grundbetrag für Lebensalter 35 bis
38 Jahre: 1 467 Euro – sowie dem Förderprogramm „Junges Kolleg" der Nordrhein-Westfäli-
schen Akademie der Wissenschaften – Grundbetrag jährlich 10 000 Euro zzgl. eines evtl. einmalig in vier Jahren gewährten Zuschusses von 12 000 Euro).

Der BFH ist dem FG Hamburg nicht gefolgt. Zwar stützt sich auch der VIII. Senat
des BFH im Ausgangspunkt auf den Willen des Gesetzgebers, dass „**Stipendien nur
in der Höhe steuerfrei bleiben, die zur Erreichung des mit dem Stipendium verfolgten Zwecks erforderlich sind**"[1]. Der Senat verweist allerdings auf die bisherige
Rechtsprechung des BFH, der in der Vergangenheit eine Begrenzung auf den für
den Lebensunterhalt erforderlichen Betrag für Stipendien in Höhe von 35 000 US \$[2]
bzw. 22 900 DM[3] bejaht habe. Sodann heißt es in den Entscheidungsgründen:

„Im Ausgangspunkt ist das FG allerdings zu Recht davon ausgegangen, dass mangels konkreter Regelungen in § 3 Nr. 44 EStG die erforderlichen Aufwendungen für den Lebensunterhalt eines Stipendiaten **nach der allgemeinen Verkehrsauffassung zu bestimmen**
sind. ... Dabei ist unter Lebensbedarf die Gesamtheit der Mittel zu verstehen, die benötigt
werden, um dem Einzelnen ein menschenwürdiges Leben zu einem sozialen Umfeld zu
sichern. ...Ebenso hat das FG zu Recht die Leistungen nach dem Bundesausbildungsför-
derungsgesetz (BaföG) nicht als Höchstgrenze für die Anerkennung von Stipendien als steuerfreie Zuwendungen i.S. des § 3 Nr. 44 EStG angesehen. ... Zu Unrecht hat das FG indessen
die festgestellte Differenz zwischen dem zur Deckung des Lebensbedarfs vom Kolleg monatlich gezahlten Betracht von 2 700 Euro einerseits und dem im Streitjahr 2009 geltenden
BAföG-Höchstsatz von 643 Euro ... zum Anlass genommen, einen über 2 000 Euro hinausgehenden Beitrag des Kollegs zu den Lebenshaltungskosten als nicht mehr erforderlich i.S.
des § 3 Nr. 44 Satz 3 Buchst. a EStG anzusehen. ... Auszugehen ist nämlich – mit dem FG –
von der Notwendigkeit, bei der Bestimmung des ‚erforderlichen Lebensunterhalts' das Alter
der Stipendiaten, ihre akademische Vorbildung sowie deren nach der Verkehrsauffassung erforderliche typische Lebenshaltungskosten in ihrer konkreten sozialen Situation zu berücksichtigen. Auf dieser Grundlage **kann das vor Inanspruchnahme des Stipendiums verein-
nahmte und im Bewilligungszeitraum des Stipendiums zeitweilig ausfallende Entgelt ein
gewichtiges Indiz dafür begründen**, dass das Stipendium, welches betragsmäßig über den
Betrag der vorher bezogenen Einnahmen nicht wesentlich hinausgeht, lediglich den „erforderlichen Lebensbedarf" der Stipendiaten i.S. des § 3 Nr. 44 Satz 3 Buchst. a EStG abdeckt.
Dies gilt zumindest dann, wenn die Bemessung des Unterhalts zur Förderung des gemeinnützigen Stiftungszwecks (hier ‚Förderung herausragender Forschung durch Einladung her-
vorragend qualifizierter Wissenschaftlerinnen und Wissenschaftler') ohne Begründung eines
Arbeits- oder Dienstverhältnisses ... im Wesentlichen auf den Ausgleich für den zeitweiligen
Ausfall der vor Bewilligung des Stipendiums bezogenen Einnahmen ausgerichtet ist"[4].

---

1 Dazu BT-Drucks. IV/2400, S. 62; BFH v. 20.3.2003 – IV R 15/01, BStBl. II 2004, 190.
2 BFH v. 15.9.2010 – X R 33/08, BStBl. II 2011, 637.
3 BFH v. 20.3.2003 – IV R 15/01, BStBl. II 2004, 190.
4 BFH v. 24.5.2015 – VIII R 43/12, BStBl. II 2015, 691; zustimmend *Jachmann-Michel* in
  NK-GemnR, § 3 EStG Rz. 185; *Levedag* in L. Schmidt, § 3 EStG Rz. 156.

Dem vom BFH entwickelten „**persönlichen Fremdvergleich**" mit den früheren Bezügen aus einem Arbeits- oder Dienstverhältnis ist grundsätzlich zu folgen, denn die bisherige (Netto-)Besoldung kann in der Tat ein gewichtiges Indiz für den nach der Verkehrsauffassung erforderlichen Lebensbedarf eines Stipendiaten darstellen. Ein Stipendium, das für einen solchen Einnahmeausfall keinen angemessenen Ausgleich bietet, dürfte – gerade für herausragend qualifizierte – Bewerber kaum attraktiv sein und daher seinen Zweck auch nicht erfüllen können. Wie die Entscheidung verdeutlicht, hängt die zulässige „Obergrenze" folglich immer von den **Verhältnissen des Einzelfalls** ab, so dass sich allgemeine Aussagen über die noch zulässige absolute Höhe eines Stipendiums nach § 3 Nr. 44 Satz 3 Buchst. a Alt. 1 EStG ebenso verbieten wie eine schematische Anknüpfung an BaföG-Standards oder bestimmte Vergütungsordnungen.

Gleichzeitig macht das BFH-Urteil aber auch deutlich, dass **die gegenwärtige Regelung in Hinsicht auf die Rechtsfolge einer Überschreitung der noch „erforderlichen" Stipendienhöhe unbefriedigend ist**: Gerade weil rechtssichere Maßstäbe dafür, welcher Stipendienbetrag im Einzelfall noch als „erforderlich" anzusehen ist, fehlen, erscheint die Rechtsfolge einer Überschreitung – Steuerpflicht des gesamten Stipendiums – überzogen. De lege ferenda wäre daher zu überlegen, ob es nicht besser wäre, wenn lediglich der überhöhte Teil des Stipendiums steuerpflichtig wäre oder der Gesetzgeber für Stipendien nach § 3 Nr. 44 Satz 3 Buchst. a Alt. 1 EStG einfach bestimmte – z.B. vom Alter und Familienstand des Stipendiaten abhängige – feste Steuerfreibeträge vorsieht.

3. Vergabe nach Richtlinien

Die Steuerfreiheit des Stipendiums setzt bei einer Vergabe durch eine Einrichtung nach Satz 2 über die Erforderlichkeit der Stipendienhöhe hinaus voraus, dass das Stipendium „**nach den von dem Geber erlassenen Richtlinien vergeben werden**". Die Bindung an die vom Geber erlassenen Richtlinien soll – ebenso wie die anderen Voraussetzungen der Steuerfreiheit – eine „missbräuchliche Anwendung" verhindern und eine „einheitliche Handhabung" der Stipendienvergabe gewährleisten[1]. „Richtlinien" im Sinne des § 3 Nr. 44 Satz 3 Alt. 2 EStG sind vom Stipendiengeber festgelegte allgemeine Grundsätze. Das Gesetz gibt keine inhaltlichen Maßstäbe vor, denn es geht dem Gesetzgeber nicht um bestimmte Vorgaben, sondern um eine gleichmäßige Vergabe durch Selbstbindung des Stipendiengebers[2]. Daraus folgt, dass die Steuerfreiheit nicht eingreift, wenn

9.51

– **es keine vom Stipendiengeber erlassenen Richtlinien gibt**[3]. Zwar ist nicht ausgeschlossen, dass bereits in der Satzung der Körperschaft entsprechende Vorgaben enthalten sind. Diese dürften im Regelfall aber nicht hinreichend konkret

---

1 Vgl. BT-Drucks. IV/2400, S. 62.
2 Vgl. etwa FG Münster v. 16.5.2013 – 2 K 3208/11 E, EFG 2014, 19; FG Rheinland-Pfalz v. 9.12.2014 – 3 K 2197/11, EFG 2015, 358; *Bergkemper* in Herrmann/Heuer/Raupach, § 3 Nr. 44 EStG Rz. 2.
3 Ebenso FG Münster v. 16.5.2013 – 2 K 3208/11 E, EFG 2014, 19; FG Rheinland-Pfalz v. 9.12.2014 – 3 K 2197/11, EFG 2015, 358.

im Sinne einer „Richtlinie" formuliert sein, um eine Überprüfung des Entscheidungsverfahrens und der Vergabeentscheidung zu ermöglichen[1].

– der Stipendiengeber zwar Richtlinien erlassen hat, **diese aber nicht beachtet werden**[2]. Dies betrifft nicht nur die Einhaltung der Vergabekriterien, sondern auch die Höhe des Stipendiums[3].

4. Uneigennützigkeit

9.52 Schließlich setzt eine Steuerbefreiung nach § 3 Nr. 44 Satz 3 Buchst. b EStG eine „uneigennützige" Vergabe voraus[4], d.h. der Empfänger darf im Zusammenhang mit dem Stipendium „nicht zu einer bestimmten wissenschaftlichen oder künstlerischen Gegenleistung oder einer bestimmten Arbeitnehmertätigkeit verpflichtet" sein. Diese Einschränkung ist eigentlich selbstverständlich. Sie offenbart allerdings ein grundsätzliches Misstrauen gegenüber „privaten" Förderern. Die Gesetzesverfasser hatten offenbar die Befürchtung, dass ohne eine solche Einschränkung **verdeckte Arbeitsverhältnisse** als „Stipendien" deklariert würden, um in den Genuss der Steuerfreiheit zu kommen[5]. Geringfügige Gegenleistungen sind natürlich unschädlich. Dazu wird man z.B. die Verpflichtung zur Überlassung einer gewissen Zahl von Pflichtexemplaren der geförderten Forschungsarbeit[6] oder die Verpflichtung zur aktiven Mitarbeit in „Forschungsforen und kollegialen Arbeitskreisen"[7] oder eine Residenzpflicht[8] noch nicht rechnen können.

VII. Rechtsfolgen der Steuerbefreiung

9.53 Die sachliche Steuerbefreiung nach § 3 Nr. 44 EStG begründet einerseits die Steuerfreiheit der Einnahmen aus dem Stipendium. Andererseits hat die Steuerbefreiung nach § 3c Abs. 1 EStG zur Folge, dass alle mit den steuerfreien Einnahmen „in unmittelbarem wirtschaftlichen Zusammenhang" stehenden Aufwendungen **nicht mehr als Betriebsausgaben oder Werbungskosten abziehbar** sind[9]. Die Bedeutung dieser Einschränkung ist in den letzten Jahren gewachsen, seitdem auch Promotionskosten und die Kosten für ein Zweitstudium steuerrechtlich als (vorweggenommene)

---

1 Dazu näher FG Rheinland-Pfalz v. 9.12.2014 – 3 K 2197/11, EFG 2015, 358.

2 Vgl. dazu FG Münster v. 16.5.2013 – 2 K 3208/11 E, EFG 2014, 19.

3 Siehe FG Münster v. 16.5.2013 – 2 K 3208/11 E, EFG 2014, 19: Vergabe eines Stipendiums in Höhe von 1 500 Euro monatlich, obwohl die Richtlinien eine Begrenzung auf 1 000 Euro im Monat vorsehen.

4 So treffend *von Beckerath* in Kirchhof/Söhn/Mellinghoff, § 3 Nr. 44 EStG Rz. B 44/84.

5 Vgl. in diesem Zusammenhang auch EuGH v. 17.7.2008 – Rs. C-94/07 *Raccanelli*, Slg. 2008, I-5939 zur Arbeitnehmereigenschaft eines Max-Planck-„Forschungsstipendiaten".

6 Vgl. *von Beckerath* in Kirchhof/Söhn/Mellinghoff, § 3 Nr. 44 EStG Rz. B 44/84; *Bergkemper* in Herrmann/Heuer/Raupach, § 3 Nr. 44 EStG Rz. 2.

7 FG Hamburg v. 5.9.2012 – 6 K 39/12, EFG 2013, 104.

8 FG Hamburg v. 5.9.2012 – 6 K 39/12, EFG 2013, 104.

9 Vgl. dazu BFH v. 9.11.1976 – VI R 139/74, BStBl. II 1977, 207 betreffend Mehraufwendungen im Zusammenhang mit einem – vom DAAD geförderten – Forschungsaufenthalt an der ENA in Paris.

Werbungskosten behandelt werden[1]. Dies hat vor allem Bedeutung für Sachbeihilfen, die zur Abdeckung eines bestimmten Forschungsaufwands gezahlt werden.

D. Exkurs: Steuerpflicht von Preisen und Auszeichnungen

I. Allgemeines

Gerade in Wissenschaft, Kunst und Kultur stellt die Verleihung von Preisen und Auszeichnungen eine **immer beliebtere Form der gemeinnützigen Zweckverwirklichung** dar[2]. Dies mag auch damit zusammenhängen, dass die Auslobung von Preisen gemeinnützigkeitsrechtlich als „unmittelbare" Zweckverwirklichung im Sinne von § 57 Abs. 1 Satz 1 AO gilt (es werden finanzielle und ideelle Anreize zu herausragenden wissenschaftlichen oder künstlerischen Leistungen gesetzt). Darüber hinaus handelt es sich um eine vergleichsweise preisgünstige Maßnahme zur Verwirklichung steuerbegünstigter Zwecke. Aus steuerrechtlicher Sicht stellt sich indes nicht nur für die Preisträger, sondern auch für die Förderer bei der Bemessung der Preisgelder die Frage nach der Steuerpflicht solcher Preise und Auszeichnungen[3]. In der Praxis ist bisweilen die Vorstellung verbreitet, dass Preisgelder – so ähnlich wie Lotteriegewinne[4] – nicht steuerpflichtig seien. Wie im Weiteren zu zeigen sein wird, geht die Tendenz der Rechtsprechung des BFH genau in die entgegengesetzte Richtung[5].

9.54

Wie bei allen Einnahmen ist allerdings zunächst zu klären, **wem ein Preisgeld einkommensteuerrechtlich zuzurechnen ist**. Wer z.B. als herausragender Wissenschaftler von der Deutschen Forschungsgemeinschaft e.V. (DFG) mit dem „Gottfried Wilhelm Leibniz-Preis" ausgezeichnet wird, muss sich über die Versteuerung des Preisgeldes in Höhe von bis zu 2 500 000 Euro schon deshalb keine Gedanken machen, weil das Preisgeld nach den Verwendungsrichtlinien der DFG einer besonderen Zweckbindung unterliegt. Es darf nämlich nur für Zwecke verwendet werden, „die unmittelbar der wissenschaftlichen Forschung der Preisträgerin bzw. des Preisträgers und den damit im Zusammenhang stehenden Forschungsprojekten dienen". Da das Preisgeld folglich für „private" Konsumzwecke des Forschers nicht zur Verfügung steht (und zudem im Regelfall auf ein Konto der Universität gezahlt wird), fehlt es an einer steuerpflichtigen Einnahme des ausgezeichneten Forschers im Rahmen sei-

---

1 Vgl. BFH v. 4.11.2003 – VI R 28/03, BFH/NV 2004, 928 (steuerfreies Promotionsstipendium); zur Anrechnung bei den Studienkosten für ein Zweitstudium vgl. FG Köln v. 20.5.2016 – 12 K 562/13, juris (Rev. BFH VI R 29/16); zur Anrechnung eines Stipendiums im Rahmen eines Auslandssemesters nach Abschluss des Erststudiums FG Münster v. 24.1.2018 – 7 K 1007/17 E,F, DStZ 2018, 176.

2 Vgl. nur *Kaube* in Non Profit Law Yearbook 2009, 1.

3 Zur Steuerpflicht von Preisen und Auszeichnungen vgl. eingehend *Weitemeyer* in Non Profit Law Yearbook 2009, 7; *Grotherr/Hardeck*, StuW 2014, 3; *Marx*, DStZ 2014, 282; *Theisen/Raßhofer* in FS Spindler, 2011, S. 819; *Krumm*, FR 2015, 639; für rechtsvergleichende Hinweis zum Schweizerischen Steuerrecht vgl. *Baumann Lorant*, Revue fiscale 2014, 252.

4 Dazu zuletzt BFH v. 16.9.2015 – X R 43/12, BStBl. II 2016, 48; eingehend zur Steuerpflicht von privaten Spielgewinnen auch *Krey*, Besteuerung sonstiger Leistungen, 2011, S. 211 ff.

5 Vgl. zuletzt BFH v. 23.4.2009 – VI R 39/08, BStBl. II 2009, 668.

ner Einkünfte aus § 19 EStG[1]. Bei der (staatlichen) Universität hingegen fällt der Preis regelmäßig im steuerfreien hoheitlichen Bereich (Forschung und Lehre) an, so dass auch hier keine Körperschaftsteuerpflicht eintritt. Anders ausgedrückt: Nur für „frei konsumierbare" Preise wie z.B. die Nobelpreise oder den „Zukunftspreis für Technik und Innovation" bedarf die Frage nach der Einkommensteuerpflicht der näheren Prüfung[2].

II. Einkommensteuerpflicht beim Empfänger

1. Stand von Rechtsprechung und Finanzverwaltung

9.55 Die einkommensteuerrechtliche Behandlung eines Preisgeldes beim Empfänger hängt schlicht davon ab, **ob die Einnahme der steuerrelevanten beruflichen Erwerbssphäre zuzurechnen oder rein „privat" veranlasst ist.** Rechtsprechung und Finanzverwaltung unterscheiden danach, ob die Einnahme aus der Sicht des Empfängers in erster Linie ein „Entgelt" für betriebliche oder berufliche Leistungen darstellt oder ob der Preis vorrangig für das Lebenswerk oder das Gesamtschaffen verliehen wird[3].

Beispiel Nr. 6 (nach BFH vom 9.5.1985[4]): Wenn ein freiberuflich tätiger Journalist für einen von ihm verfassten Beitrag in einer Tages- oder Wochenzeitung mit dem Theodor-Wolff-Preis ausgezeichnet wird, dann ist das Preisgeld nur dann steuerpflichtig, wenn die Einnahme betrieblich veranlasst war. Diese Voraussetzung hat der IV. Senat in dem konkreten Fall unter Hinweis auf die Ausschreibungsbedingungen und die Ziele der Ehrung – abweichend von der Vorinstanz – im Ergebnis verneint, weil „allgemein Arbeiten ausgezeichnet" worden seien, die „von einer – an der Persönlichkeit des Publizisten *Theodor Wolff* orientierten – Grundhaltung getragen sind".

Diesen Ausgangspunkt hat der VI. Senat des BFH in seiner **Entscheidung vom 23.4.2009**[5] noch einmal bekräftigt. Im Leitsatz des Urteils heißt es:

„Der einem Arbeitnehmer von einem Dritten verliehene Nachwuchsförderpreis führt zu Arbeitslohn, wenn die Preisverleihung nicht vor allem eine Ehrung der Persönlichkeit des Preisträgers darstellt, sondern wirtschaftlich den Charakter eines leistungsbezogenen Entgelts hat."

Teilt man diesen Ausgangspunkt[6], dann hängt – wie der VI. Senat in dieser Entscheidung zutreffend festgestellt hat – die Steuerpflicht in erster Linie von der **tatrichterlichen Würdigung** der Umstände des Einzelfalls, insbesondere der Ausschreibungsbedingungen ab. Im konkreten Fall („Nachwuchsförderpreis eines genossenschaftlichen Prüfungsverbandes in Höhe von 10 000 DM") sprach – insoweit ist dem VI. Senat zu folgen – in der Tat alles für eine berufliche Veranlassung der Auszeichnung: Der Preisträger war gerade für seine Arbeitsleistungen als „Marktleiter" eines Lebensmitteleinzelhandelsgeschäfts ausgezeichnet worden. Ferner deute-

---

1 Ebenso *Krumm*, FR 2015, 639.
2 Richtig *Krumm*, FR 2015, 639.
3 So BFH v. 9.5.1985 – IV R 184/82, BStBl. II 1985, 427; vgl. auch BMF v. 5.9.1996, BStBl. I 1996, 1150; Nr. 4 aufgehoben durch BMF v. 23.12.2003, BStBl. I 2003, 76.
4 BFH v. 9.5.1985 – IV R 184/82, BStBl. II 1985, 427.
5 BFH v. 23.4.2009 – VI R 39/08, BStBl. II 2009, 668.
6 Zu Recht kritisch etwa *Krumm*, FR 2015, 642 f.

ten auch die Bezeichnung als „Nachwuchsförderpreis" und das jugendliche Alter des Geehrten darauf hin, dass es bei diesem konkreten Preis nicht um die Würdigung eines „Lebenswerkes" gehen sollte.

2. Stellungnahme

Der Rechtsprechung des BFH zur einkommensteuerrechtlichen Behandlung von Preisen ist im Ausgangspunkt darin zuzustimmen, dass es für die Steuerpflicht wesentlich auf die Zuordnung des Preisgeldes zur steuerlichen Berufs- bzw. Privatsphäre ankommt. Insoweit ist allein entscheidend, ob zwischen der Zahlung des Preisgeldes und der betrieblichen bzw. beruflichen Tätigkeit ein „objektiver Zusammenhang" besteht. Betrachtet man das Leiturteil des BFH vom 9.5.1985 zum Theodor-Wolff-Preis unter dieser Prämisse, dann kann die **Würdigung des IV. Senats aber nicht überzeugen**[1]. Sie vernachlässigt nämlich die Tatsache, dass das „auslösende Moment" der Auszeichnung ein berufliches Verhalten gewesen ist, denn der Preisträger wurde für einen Beitrag ausgezeichnet, den er im Rahmen seiner freiberuflichen Tätigkeit verfasst hatte. Dieser Zusammenhang war auch nicht zufälliger Natur, sondern mit der Auszeichnung sollte gerade ein vorbildliches „*berufliches*" Verhalten (nämlich ein „kritischer Journalismus") gewürdigt werden, nicht aber nur eine private Haltung. Vor diesem Hintergrund ist nicht recht einzusehen, weshalb diese Ehrung der steuerlichen Privatsphäre zuzurechnen sein soll, während z.B. derselbe Senat des BFH nur wenige Jahre zuvor das Preisgeld aus einem Architektenwettbewerb – zu Recht – den Einnahmen aus freiberuflicher Tätigkeit zugerechnet hatte[2]. Nach den vorstehenden Maßstäben sind vielmehr alle Preise steuerpflichtig, die eine berufliche Leistung bzw. ein berufliches Lebenswerk auszeichnen.

Aus den gleichen Gründen kann auch die – bisher wohl allgemein vertretene – These nicht überzeugen, der von der schwedischen Nobelstiftung (bzw. der Schwedischen Reichsbank[3]) verliehene Nobelpreis sei grundsätzlich der steuerfreien Privatsphäre zuzurechnen, weil er in erster Linie dazu bestimmt sei, das Lebenswerk oder Gesamtschaffen des Empfängers zu würdigen bzw. eine Vorbildfunktion herauszustellen[4]. Dabei bleibt indes unberücksichtigt, dass **der Nobelpreis regelmäßig nicht für das Gesamtschaffen oder die Persönlichkeit, sondern für eine konkrete wissenschaftliche oder künstlerische Leistung verliehen wird**, die der Geehrte während seiner beruflichen Tätigkeit als (angestellter) Forscher oder (freischaffender) Künstler erbracht hat. Aber selbst dort, wo die Auszeichnung ausnahmsweise ein berufliches Gesamtschaffen würdigen soll, wird der objektive Zusammenhang mit der Berufssphäre nicht aufgehoben. Erhält z.B. eine freiberufliche Autorin für ihr schriftstellerisches Lebenswerk den Literaturnobelpreis, so stellt sich diese Einnahme gleichwohl als Frucht ihrer (gesamten) beruflichen Tätigkeit als Schriftstellerin (§ 18 EStG) dar und ist des-

9.56

---

1 Ebenso Anm. FR 1985, 541; zweifelnd auch *Heinicke* in L. Schmidt, § 4 EStG Rz. 460 Stichwort „Preise"; dem BFH folgend *Weitemeyer* in Non Profit Law Yearbook 2009, 11.
2 Vgl. BFH v. 16.1.1975 – IV R 75/74, BStBl. II 1975, 558.
3 Sie verleiht den erst 1969 eingeführten Alfred-Nobel-Gedächtnispreis für Wirtschaftswissenschaften.
4 Vgl. etwa BMF v. 5.9.1996, BStBl. I 1996, 1150; zustimmend etwa *Heinicke* in L. Schmidt, § 4 EStG Rz. 460 Stichwort „Preise"; *Weitemeyer* in Non Profit Law Yearbook 2009, 11.

halb der Einkommensteuer zu unterwerfen[1], ebenso wie Altersrenten eine Einnahme aus dem „Gesamtschaffen" eines Arbeitnehmers darstellen.

9.57 Eine Steuerfreiheit von Preisen und Auszeichnungen kommt somit nur dort in Betracht, wo **überhaupt kein steuerlich relevanter Zusammenhang mit einer Einkunftsart** gegeben ist. Dies ist lediglich bei Auszeichnungen zu bejahen, die in erster Linie ein „privates" Verhalten prämieren, das außerhalb der Berufssphäre liegt (z.B. ein besonderes politisches oder bürgerschaftliches Engagement oder besondere Leistungen im Rahmen der Erstausbildung). Gleiches gilt für eine Würdigung der (bisherigen) „Lebensleistung" einer Person. Entgegen der wohl h.M. muss es sich bei dieser „Lebensleistung" in erster Linie um persönliche Verdienste außerhalb der eigentlichen – steuerrechtlich relevanten – Berufstätigkeit handeln, was bei der Mehrzahl der in der Praxis verliehenen Auszeichnungen nicht der Fall sein wird. Denn im Regelfall zielen die bekannten und hoch dotierten Preise nicht auf die Ehrung einer „Privatperson", sondern auf eine Würdigung beruflicher Verdienste (als Wissenschaftler, Schriftsteller, Politiker o.Ä.) ab.

In diesem Zusammenhang ist – worauf zuletzt *Krumm*[2] hingewiesen hat – zu beachten, dass nach der neueren Rechtsprechung des BFH auch die **Aufwendungen für ein Zweitstudium und eine Promotion regelmäßig als (vorweggenommene) Werbungskosten oder Betriebsausgaben der Erwerbssphäre zuzurechnen** sind. Diese Grundentscheidung kann nicht ohne Auswirkungen auf die steuerliche Behandlung von Preisen bleiben. Daraus folgt, dass z.B. Promotionspreise – zumindest in am Arbeitsmarkt nachgefragten Studiengängen (z.B. Medizin und Jura) – auch dann als steuerpflichtige Einnahmen behandelt werden müssen, wenn die Promotion nicht eine Frucht eines Arbeitsverhältnisses gewesen ist (z.B. als wissenschaftliche Mitarbeiter/in). Diese Beurteilung ergibt sich schlicht daraus, dass die Abzugsfähigkeit von Promotionsaufwendungen (z.B. Druckkosten) nicht nach anderen Maßstäben beurteilt werden kann als die Steuerpflicht von „Promotionseinnahmen" (Preisgeld)[3]. Zwar schreibt niemand eine Doktorarbeit, „um" sich ein Preisgeld zu verdienen. Dies ändert aber nichts an der im Regelfall zu bejahenden „beruflichen" Veranlassung der Promotion.

3. Folgerungen

9.58 Betrachtet man die bisherige Praxis von Rechtsprechung und Finanzverwaltung, so ist ohnehin festzustellen, dass – sieht man von der verfehlten Entscheidung des IV. Senats zum Theodor-Wolff-Preis einmal ab – **in der Regel die Steuerpflicht von Preisen zu Recht bejaht worden** ist. Dies gilt für einen Ausstellungspreis für kunstgewerbliche Erzeugnisse[4], das Preisgeld für eine herausragend bestandene

---

1 Ebenso *Doralt*, öRdW 2004, 691; *Krumm*, FR 2015, 639 (643); *Wacker* in L. Schmidt, § 18 EStG Rz. 174.

2 *Krumm*, FR 2015, 639.

3 Ebenso *Krumm*, FR 2015, 644; a.A. wohl *Weitemeyer* in Non Profit Law Yearbook 2009, 17.

4 BFH v. 1.10.1964 – IV 183/62 U, BStBl. II 1964, 629.

Meisterprüfung[1], Architektur- und Wettbewerbspreise[2], Filmpreise[3], den Habilitationspreis für eine im Beruf geschriebene Arbeit[4], Sachpreise als „Schönheitskönigin"[5], Preise aus betrieblichen Verlosungen[6], ein EXIST-Gründerstipendium[7], ein Preisgeld im Rahmen eines Ideenwettbewerbs eines Bundesministeriums[8], ein „Lehrpreis"[9] sowie einen Projektentwicklungspreis[10]. Entgegen der Ansicht des BMF[11] kann auch der vom Bundespräsidenten verliehene „Zukunftspreis für Technik und Innovation" nicht generell für steuerbefreit erklärt werden, sondern es bedarf im Einzelfall der Prüfung, ob die prämierte Leistung der Privat- oder Berufssphäre des Geehrten zuzurechnen ist. Auch ein Preisgeld, das ein angestellter Wissenschaftler für eine im dienstlichen Kontext erstellte wissenschaftliche Arbeit erhält, ist im Regelfall „beruflich" veranlasst[12].

Soweit ein Preisgeld nach den oben entwickelten Grundsätzen steuerpflichtig ist, bleibt noch im Einzelfall zu prüfen, ob die **Befreiung des § 3 Nr. 44 EStG eingreift**. Dies wird allerdings nur dort in Betracht kommen, wo der Preis – wie dies etwa bei Nachwuchsförderpreisen an junge Wissenschaftler der Fall sein dürfte – als eine Art Stipendium gedacht ist, d.h. künftige Aufwendungen des Preisträgers aus seiner Forschungstätigkeit abdecken soll. Ferner müssen auch die anderen Voraussetzungen – z.B. eine Vergabe nach Richtlinien – erfüllt sein. Ist eine Steuerpflicht zu bejahen, stellt sich – bei Arbeitnehmern – noch die weitere Frage, ob es sich beim Preisgeld um Arbeitslohn von dritter Seite handelt, für den der Arbeitgeber Lohnsteuer einbehalten und abzuführen hat. Dies entscheidet sich nach § 38 Abs. 1 Satz 3 und 4 Satz 3 EStG. Danach ist eine Lohnsteuerpflicht zu bejahen, wenn der „Arbeitgeber weiß und erkennen kann, dass derartige Vergütungen erbracht werden".

9.59

---

1 BFH v. 14.3.1989 – I R 83/85, BStBl. II 1989, 650.

2 BFH v. 16.1.1975 – IV R 75/74, BStBl. II 1975, 558; vgl. auch FG Münster v. 16.9.2009 – 10 K 4647/07, EFG 2010, 27.

3 BMF v. 5.9.1996, BStBl. I 1996, 1150; Nr. 4 aufgehoben durch BMF v. 23.12.2003, BStBl. I 2003, 76.

4 FG Schleswig-Holstein v. 15.3.2000 – I 210/95, EFG 2000, 787.

5 FG Rheinland-Pfalz v. 19.7.1995 – 1 K 2199/93, EFG 1996, 52.

6 Demgegenüber will der BFH (vgl. BFH v. 2.9.2008 – X R 25/07, BFHE 223, 35) danach unterscheiden, ob der Arbeitnehmer für den Loserwerb ein eigenes Entgelt („1 Euro") aufgewendet hat. Diese Rechtsprechung des X. Senats ist zwar im Ausgangspunkt zutreffend (vgl. zur Unterbrechung des betrieblichen Zusammenhangs durch die private Einkommensverwendung *Förster*, DStR 2009, 249). Gleichwohl ist die Abgrenzung in casu („1 Euro") schwer nachvollziehbar (ablehnend auch *Weitemeyer* in Non Profit Law Yearbook 2009, 10; zutreffend *Förster*, DStR 2009, 249: „symbolischer" Lospreis reicht nicht), zumal die Differenzierung die Beteiligten geradezu zu „Umgehungsgestaltungen" einlädt. Vor diesem Hintergrund überrascht es nicht, dass die Finanzverwaltung das Urteil nicht im Bundessteuerblatt veröffentlicht hat.

7 BFH v. 1.10.2012 – III B 128/11, BFH/NV 2013, 29.

8 FG Köln v. 12.6.2013 – 4 K 759/10, EFG 2013, 1405.

9 FG Hamburg v. 25.2.2014 – 3 K 126/13, juris.

10 FG Berlin v. 17.3.2000 – 6 K 6422/97, EFG 2000, 936.

11 FinMin Saarland v. 3.12.2002, DStR 2003, 157.

12 A.A. FG Nürnberg v. 25.2.2014 – 1 K 1718/12, EFG 2014, 1187.

Wer die vorstehenden Ergebnisse – also eine weitgehende Steuerpflicht für Preisgelder – für „leistungsfeindlich" oder „ungerecht" hält, mag darüber nachdenken, ob der Gesetzgeber in den Katalog des § 3 EStG – vergleichbar der Befreiungsregelung für „Trinkgelder" (vgl. § 3 Nr. 51 EStG) – eine **besondere Befreiungsnorm für „Preisgelder"** einfügen sollte. Man wird allerdings bezweifeln müssen, ob eine solche Änderung (wie hoch soll z.B. ein „Steuerfreibetrag für wissenschaftliche Exzellenz" sein?) tatsächlich zu mehr Steuergerechtigkeit führt. Die Erfahrungen mit derartigen Steuerbefreiungen im Ausland lassen vermuten, dass eine solche Regelung die ohnehin schon inflationäre Preiskultur[1] nur noch weiter (und zwar diesmal steuerlich) befördern würde.

III. Andere Steuern

9.60 Neben der Einkommensteuer ist schließlich zu überlegen, ob und unter welchen Voraussetzungen Preisgelder auch bei anderen Steuerarten relevant werden können. Zu denken ist vor allem an die **Schenkungsteuer**. Hier ist zu unterscheiden. Bei unentgeltlichen Zuwendungen aus dem Vermögen einer Stiftung und Zuschüssen aus öffentlichen Kassen fehlt es bereits an der nach § 7 Abs. 1 Nr. 1 ErbStG erforderlichen Freigebigkeit[2]. Bei Preisgeldern anderer (privater) Einrichtungen gibt es offenbar eine großzügige Praxis der Finanzverwaltung, die sich mit der Überlegung rechtfertigen lässt, dass es den preisverleihenden (gemeinnützigen) Organisationen – wie sich auch die Preisträger klarmachen sollten – nicht in erster Linie um die „Bereicherung" des Geehrten, sondern um den Ansporn für andere (potentielle) Preisträger und die öffentliche Aufmerksamkeit für ein bestimmtes Thema geht[3].

---

1 Dazu immer noch lesenswert *Kaube* in Non Profit Law Yearbook 2009, 1.
2 Zu Stiftungszuwendungen vgl. RFH v. 8.3.1922 – VI A 49/21, StuW 1922, 640; eingehend *Meincke/Hannes/Holtz*, § 7 ErbStG Rz. 96.
3 Ferner kommt auch eine Steuerfreiheit nach § 163 AO (Billigkeit) in Betracht vgl. *Meincke/Hannes/Holtz*, § 13 ErbStG Rz. 85.

Entscheidungsregister

I. Verzeichnis der Rechtsprechung

1. EuGH

Datum	Az.	Fundstelle	Werkreferenz
2017			
19. 1.	Rs. C-344/15 – National Roads Authority	ECLI:EU:C:2017, 28	**6** 192
15. 2.	Rs. C-592/15 – British Film Institute	ECLI:EU:C:2017:117	**7** 153, 177, 184
27. 6.	Rs. C-74/16 – Congregacion de Escuelas Pias Provincia Betania	ECLI:EU:C:2017:496	**1** 112, 113, 114
21. 9.	Rs. C-616/15 – Komm./Deutschland	ECLI:EU:C:2017:721	**7** 109, 196
26.10.	Rs. C-90/16 – English Bridge Union	ECLI:EU:C:2017:814	**3** 120, 121; **7** 184
2016			
21. 1.	Rs. C-335/14 – Le Jardins de Jouvence	ECLI:EU:C:2016:36	**7** 166, 175
2. 6.	Rs. C-263/15 – Lajver Kft.	ECLI:EU:C:2016:392	**7** 118, 129
9. 6.	Rs. C-322/14 – Wolfgang und Dr. Wilfried Rey Grundstücksgemeinschaft GbR	ECLI:EU:C:2016:417	**7** 214
12. 6.	Rs. C-520/14 – Gemeente Borsele	ECLI:EU:C:2016:334	**7** 118, 129
15. 9.	Rs. C-400/15 – Landkreis Potsdam Mittelmark	ECLI:EU:C:2016:687	**7** 213
21. 9.	Rs. C-478/15 – Radgen	ECLI:EU:C:2016:705	**1** 124, 132; **2** 106; **9** 29, 38
2015			
12. 3.	Rs. C-594/13 – Go Fair	ECLI:EU:C:2015:164	**7** 165
16. 7.	Rs. C-108/14 und C-109/14 – Larentia + Minerva und Marenave	ECLI:EU:C:2015:496	**7** 122, 211, 214
22.10.	Rs. C-126/14	ECLI:EU:C:2015:712	**7** 212, 214
2014			
13. 3.	Rs. C-366/12 – Klinikum Dortmund gGmbH	ECLI:EU:C: 2014:143 = DStR 2014, 587	**7** 161, 185
18.12.	Rs. C-87/13 – X	IStR 2015, 70	**1** 137
18.12.	Rs. C-133/13 – Q	IStR 2015, 104	**1** 137

Datum	Az.	Fundstelle	Werkreferenz
2013			
21. 2.	Rs. C-18/12 – Město Žamberk	UR 2013, 388	**7** 151, 184
21. 3.	Rs. C-91/12 – PFC Clinic	UR 2013, 335	**7** 159
9. 4.	Rs. C-85/11 – Komm./Irland	MwStR 2013, 238	**7** 122
25. 4.	Rs. C-480/10 – Komm./Schweden	MwStR 2013, 401	**7** 122
12. 9.	Rs. T-347/09 – Deutschland/Komm.	npoR 2013, 248	**1** 113
28.11.	Rs. C-319/12 – MDDP	ECLI:EU:C:2013:778	**7** 153
19.12.	Rs. C-495/12 – Bridport and West Dorset Golf Club	UR 2014, 192	**7** 157, 184
2012			
19. 7.	Rs. C-334/10 – X	Slg. 2012, I 10205	**7** 212
6. 9.	Rs. C-496/11 – Portugal Telecom	UR 2012, 762	**7** 118, 209, 211, 214
8.11.	Rs. C-511/10 – BLC Baumarkt	UR 2012, 968	**7** 214
15.11.	Rs. C-174/11 – Zimmermann	UR 2013, 35	**1** 63; **7** 164, 165, 168, 171, 209
2011			
10. 2.	Rs. C-25/10 – Missionswerk Werner Heukelbach e.V.	Slg. 2011, I-497	**1** 124, 134; **2** 98, 105; **9** 9, 13
16. 6.	Rs. C-10/10 – Komm./Österreich	Slg. 2011, I-5389	**1** 124, 133, 134; **2** 98
8. 9.	Rs. C-78/08 bis 80/03 – Paint Graphos	EuZW 2011, 878	**1** 116
2010			
28. 1.	Rs. C-473/08 – Ingenieur-büro Eulitz GbR	DStR 2010, 281	**7** 182
6. 5.	Rs. C-94/09 – Komm./Frankreich	Slg. 2010, I-4261	**7** 205
17. 6.	Rs. C-492/08 – Komm./Frankreich	Slg. 2010, I-5471	**7** 206
16.12.	Rs. C-270/09 – MacDonald Resorts	Slg. 2010, I-13179	**7** 157
2009			
27. 1.	Rs. C-318/07 – Persche	Slg. 2009, I-359	**1** 124, 128, 129, 131, 133, 136; **2** 98; **3** 12; **8** 14, 94
12. 2.	Rs. C-515/07 – VNLTO	Slg. 2009, I-839	**7** 139, 144, 211, 212, 213
6.10.	Rs. C-267/08 – SPÖ-Lan-desorganisation Kärnten	UR 2009, 760	**7** 118
29.10.	Rs. C-29/08 – SKF	Slg. 2009, I-10413	**7** 118, 211

Datum	Az.	Fundstelle	Werkreferenz
2008			
13. 3.	Rs. C-437/06 – Securenta	Slg. 2008. I-1597	7 211, 214
3. 4.	Rs. C-442/05 – Zweckverband zur Trinkwasserversorgung und Abwasserbeseitigung Torgau-Westelbien	Slg. 2008. I-1817	7 205
1. 7.	Rs. C-49/07 – MOTOE	Slg. 2008, I-486	**1** 112
17. 7.	Rs. C-94/07 – Raccanelli	Slg. 2008, I-5939	**9** 52
16. 9.	Rs. C-288/07 – Isle of Wright	Slg. 2008, I-7203	**6** 192
16.10.	Rs. C-253/07 – Canterbury Hockey Club	Slg. 2008, I-7821	7 184
2007			
14. 6.	Rs. C-434/05 – Horizon College	Slg. 2007, I-4793	7 185
14. 6.	Rs. C-445/05 – Werner Haderer	Slg. 2007, I-4841	7 182
18.12.	Rs. C-101/05 – A	Slg. 2007, I-11531	**1** 135; **2** 106
18.12.	Rs. C-281/06 – Jundt	Slg. 2007, I-12231	**1** 124, 129, 132, 133, 134; **2** 98, 95; **8** 14; **9** 29
2006			
10. 1.	Rs. C-222/04 – Cassa di Risparmio di Firenze SpA	Slg. 2006, I-289	**1** 111, 112, 113, 115; **6** 133, 222
9. 2.	Rs. C-415/04 – Stichting Kinderopvang Enschede	Slg. 2006, I-1385	7 172, 175
23. 2.	Rs. C-513/03 – van Hilten-van der Heijden	Slg. 2006, I-1957	**1** 128
27. 4.	Rs. C-443/04 – Solleveld	Slg. 2006, I-3617	7 159
8. 6.	Rs. C-106/05 – L. u. P. GmbH	Slg. 2006, I-5123	**6** 235
8. 6.	Rs. C-430/04 – Feuerbestattungsverein Halle e.V.	Slg. 2006, I-4999	**6** 285
14. 9.	Rs. C-386/04 – Stauffer	Slg. 2006, I-8803	**1** 123, 126, 131, 133; **2** 98, 103; **7** 232; **8** 16
2005			
10. 3.	Rs. C-39/04 – Laboratoires Fournier	Slg. 2005, I-2057	**1** 133
3. 5.	Rs. C-172/03 – Heiser	Slg. 2005, I-01627	**1** 114
26. 5.	Rs. C-498/03 – Kingscrest Associates Ltd	Slg. 2005, I-4427	**1** 62; **7** 149, 150, 151, 163, 164, 165, 166, 168
1.12.	Rs. C-394/04 und C-395/04 – Ygeia AE	Slg. 2005, I-10373	7 161, 164
15.12.	Rs. C-66/02 – Italienische Republik/Komm.	Slg. 2005, I-10901	**1** 114, 115, 117

Datum	Az.	Fundstelle	Werkreferenz
2004			
29. 4.	Rs. C-77/01 – EDM	Slg. 2004, I-4295	**7** 118
15. 7.	Rs. C-144/02 – Komm./Deutschland	Slg. 2004, I-6985	**7** 135, 136
15. 7.	Rs. C-381/01 – Komm./Italien	Slg. 2004, I-6845	**7** 135, 136
15. 7.	Rs. C-463/02 – Komm./Schweden	Slg. 2004, I-7335	**7** 135, 136
15. 7.	Rs. C-495/01 – Komm./Finnland	Slg. 2004, I-6889	**7** 135, 136
7. 9.	Rs. C-319/02 – Manninen	Slg. 2004, I-7499	**8** 101
2003			
3. 4.	Rs. C-144/00 – Hoffmann	Slg. 2003, I-2921	**6** 229; **7** 152, 177
8. 5.	Rs. C-269/00 – Seeling	Slg. 2003, I-4395	**7** 157, 205, 212
24. 7.	Rs. C-280/00 – Altmark Trans	Slg. 2003, I-7747	**1** 114, 116
6.11.	Rs. C-45/01 – Christoph-Dornier-Stiftung	Slg. 2003, I-12911	**7** 152, 153, 159
20.11.	Rs. C-8/01 – Taksatorringen	ECLI:EU:C:2003:621	**7** 196
20.11.	Rs. C-212/01 – Margarete Unterpertinger	Slg. 2003, I-13859	**7** 159
20.11.	Rs. C-307/01 – Peter d' Ambrumenil	Slg. 2003, I-13989	**7** 159
2002			
21. 3.	Rs. C-174/00 – Kennemer Golf & Country Club	Slg. 2002, I-3293	**1** 113; **6** 244; **7** 59, 108, 120, 138, 184, 196; **8** 47
13. 6.	Rs. C-353/00 – Keeping Newcastle Warm	Slg. 2002, I-5419	**7** 135
20. 6.	Rs. C-287/00 – Komm./Deutschland	Slg. 2002, I-5811	**6** 271; **7** 109, 161
10. 9.	Rs. C-141/00 – Kügler	Slg. 2002, I-6833	**1** 63; **7** 151, 152, 153, 159, 164, 168, 175
2001			
18. 1.	Rs. C-150/99 – Stockholm Lindöpark	Slg. 2001, I-493	**7** 157
27. 9.	Rs. C-16/00 – Cibo Parteipations	Slg. 2001, I-6663	**7** 118
9.10.	Rs. C-409/98 – Mirror Group	Slg. 2001, I-7175	**7** 157
25.10.	Rs. C-475/99 – Ambulanz Glöckner	Slg. 2001, I-8089	**1** 112
22.11.	Rs. C-184/00 – Office des produits wallons	Slg. 2001, I-9115	**7** 134, 135
22.11.	Rs. C-53/00 – Ferring	Slg. 2001, I-9067	**1** 116

Datum	Az.	Fundstelle	Werkreferenz
2000			
8. 6.	Rs. C-396/98 – Schloßstraße	Slg. 2000, I-4279	7 119
14. 9.	Rs. C-384/98 – D	Slg. 2000, I-6795	7 159
14.11.	Rs. C-142/99 – Floridienne & Berginvest	Slg. 2000, I-9567	7 118
1999			
7. 9.	Rs. C-216/97 – Gregg	Slg. 1999, I-4947	7 152, 164
1997			
29. 5.	Rs. C-63/96 – Skripalle	Slg. 1997, I-2847	7 202
18.12.	Rs. C-384/95 – Landboden Agrardienste	Slg. 1997, I-7387	7 128, 132
1996			
29. 2.	Rs. C-110/94 – INZO	Slg. 1996, I-857	7 110, 119, 128, 132
29. 2.	Rs. C-215/94 – Mohr	Slg. 2006, I-959	7 110, 128, 129, 132
1995			
11. 8.	Rs. C-453/93 – Bulthuis-Griffioen	Slg. 1995, I-2341	7 152
1994			
3. 3.	Rs. C-16/93 – Tolsma	Slg. 1994, I-743	7 129, 141
9. 8.	Rs. C-44/93	Slg. 1994, I-3829	1 121
1992			
28. 1.	Rs. C-204/90 – Bachmann	Slg. 1992, I-249	1 133
1991			
23. 4.	Rs. C-41/90 – Höfner	Slg. 1991, I-1979	1 112
20. 6.	Rs. C-60/90 – Polysar	Slg. 1991, I-3111	7 118
11. 7.	Rs. C-97/90 – Lennartz	Slg. 1991, I-3795	7 211, 212, 214, 215, 216

2. Schlussanträge EuGH-GA

Datum	Az.	Fundstelle	Werkreferenz
2013			
26. 9.	Rs. C-366/12 – Klinikum Dortmund		7 185
2011			
8. 3.	Rs. C-10/10 – Komm./ Republik Österreich		1 137
2010			
11. 2.	Rs. C-492/08	Slg. 2010, I-5473	7 206

2a. EuG

Datum	Az.	Fundstelle	Werkreferenz
2016			
12. 5.	T 693/14	ECLI:EU:T:2016:92	**1** 120
9. 6.	T-162/13 – Magic Mountain Kletter- hallen GmbH/Kommission	ECLI:EU:T:2016:341 = DÖV 2016, 733	**1** 113, 120

3. BVerfG

Datum	Az.	Fundstelle	Werkreferenz
2011			
26. 1.	1 BvR 2924/09	n.v.	**6** 184
2008			
17. 4.	2 BvL 4/05	BVerfGE 121, 108	**3** 145
2006			
21. 6.	2 BvL 2/99	BVerfGE 116, 164	**2** 94
2000			
19.12.	2 BvR 1500/97	BVerfGE 102, 370	**3** 89, 178
1999			
10.11.	2 BvR 2861/93	BVerfGE 101, 151	**1** 96; **7** 152, 159; **8** 164
1998			
30. 9.	2 BvR 1818/91	BVerfGE 99, 69	**3** 145
1995			
10. 1.	1 BvR 718, 719, 722, 723/89	BVerfGE 92, 1	**3** 74
1992			
9. 4.	2 BvE 2/89	BVerfGE 85, 264	**1** 91; **8** 67
1991			
27. 6.	2 BvR 1493/89	BVerfGE 85, 239	**5** 81
1986			
14. 7.	2 BvE 2/84, 2 BvR 442/84	BVerfGE 73, 40	**1** 91
1978			
1. 3.	1 BvR 333/75	BVerfGE 47, 327	**3** 83
1971			
24. 2.	1 BvR 435/68	BVerfGE 30, 173	**3** 95
1958			
24. 6.	2 BvF 1/57	BVerfGE 8, 51	**8** 43

4. Finanzgerichtliche Entscheidungen

a) RFH

Datum	Az.	Fundstelle	Werkreferenz
1943			
16. 4.	III 84/42	RStBl. 1943, 658	**2** 85
1942			
7. 3.	VIa 92/41	RStBl. 1942, 349	**3** 162, 164
16. 5.	VIa 70/41	RStBl. 1942, 853	**4** 49, 54
1941			
22. 3.	VIa 18/41	RStBl. 1941, 437	**5** 118
25. 3.	I 442/40	RStBl. 1941, 421	**6** 97
20. 5.	I 480/40	RStBl. 1941, 506	**4** 82
1940			
20. 1.	VIa 96/39	RStBl. 1940, 190	**3** 159, 160
10. 9.	III 286/39	RStBl. 1940, 905	**6** 213
1939			
27. 6.	I 5/39	RStBl. 1939, 1150	**7** 49
27. 8.	I 131/38	RStBl. 1939, 910	**3** 179
1938			
20. 1.	VIa 10/38	RStBl. 1938, 1164	**3** 179
7. 2.	VIa 65/37	RFHE 43, 185	**6** 170, 171
26. 2.	VIa 5/38	RStBl. 1938, 322	**3** 164
26. 4.	VIa 27/36	RFHE 43, 3	**6** 69, 170, 181
26. 4.	VIa 27/37	RStBl. 1938, 613	**6** 111
31. 5.	VIa 22/36	RStBl. 1938, 735	**7** 48
5. 7.	VIa 59/37	RFHE 44, 234	**6** 170, 181
23. 7.	VIa 32/38	RStBl. 1938, 914	**6** 111
23. 7.	VIa 92/37	RFHE 44, 277	**6** 170, 177, 213
6. 9.	VIa 7/38	RStBl. 1938, 1189	**3** 179
4.10.	VIa 43/38	RStBl. 1939, 92	**6** 178, 203
29.11.	VIa 45/38	RStBl. 1939, 63	**4** 49
20.12.	I 295/38	RStBl. 1938, 688	**3** 123; **6** 142
1937			
24. 7.	VIa A 1/35	RFHE 42, 64	**6** 69, 170, 171, 196, 200, 203
24. 9.	VIa A 28/37	RStBl. 1937, 1104	**4** 20
24. 9.	VIa A 33/37	RStBl. 1937, 1105	**4** 129
24. 9.	VIa A 42/37	RFHE 42, 131	**6** 170, 196, 203
23.10.	VIa 25/36	RFHE 42, 224	**6** 171, 203
23.10.	VIa 70/37	RFHE 42, 226	**6** 171, 203
27.11.	VIa 1/37 und 2/37	RFHE 42, 303	**6** 171
27.11.	VIa 67/37	RFHE 42, 299	**6** 170
18.12.	VIa 76/37	RStBl. 1938, 284	**2** 85
1936			
7. 4.	I A 227/35	RStBl. 1936, 442	**2** 85
17.11.	I A 213/35	RStBl. 1936, 1206	**3** 62

Datum	Az.	Fundstelle	Werkreferenz
1935			
26. 3.	I A 28/34	RStBl. 1935, 855	**6** 111
1934			
11. 1.	III A 351/33	RFHE 35, 147	**6** 170, 171, 176, 193
10. 7.	I A 42/34	RStBl. 1935, 324	**3** 23
1933			
12. 1.	III A 399/32	RStBl. 1933, 193	**4** 20
27. 9.	I A 97/32	StRK Nr. 7 zu § 4 Abs. 1 Nr. 6 KStG	**3** 58
29.11.	I A 157/33	RStBl. 1934, 377	**7** 29
1932			
26. 1.	I A 384/30	RStBl. 1932, 400	**6** 102, 115
27. 4.	III A 96/32	RStBl. 1932, 572	**3** 123, 175
27. 4.	III A 929/31	RStBl. 1932, 970	**1** 92
11. 7.	V A 239/32	RStBl. 1932, 281	**1** 92
1931			
12. 5.	IeA 164/30	RStBl. 1931, 539	**9** 3
28. 5.	I A 148/31	RStBl. 1931, 553	**3** 42, 45, 123, 175
1930			
17. 7.	III A 6/30	RStBl. 1930, 702	**3** 59; **4** 77
16.10.	III A 70/29	RStBl. 1931, 858	**4** 82
31.10.	III A 176/30	RFHE 25, 285	**4** 71
1929			
8. 1.	I Aa 801/28	RStBl. 1929, 143	**4** 20
23. 4.	I Aa 753/28	RFHE 25, 103	**6** 66, 68, 73, 169
3. 6.	I Aa 664/28	RStBl. 1929, 493	**4** 78, 85
26. 7.	I Aa 238/29	RFHE 25, 284	**4** 78
26. 7.	I Aa 440/29	RStBl. 1929, 519	**4** 20
20.10.	III A 37/28	RStBl. 1930, 140	**4** 82
5.11.	I Aa 547/29	RStBl. 1929, 670	**3** 23
19.12.	III A 2/28	RStBl. 1930, 52	**3** 23
1927			
25.11.	I A 439/27	RFHE 22, 204	**4** 49; **6** 68, 169
1926			
9.12.	I A 296/26	RFHE 20, 70	**6** 68
1925			
17.11.	II A 593/25	RFHE 18, 49	**6** 68
1923			
9. 7.	VA 117/23	RFHE 12, 308	**4** 8
1922			
8. 3.	VI A 49/21	StuW 1922, Nr. 640	**9** 5, 60

Datum	Az.	Fundstelle	Werkreferenz
1921			
14. 1.	II B 35/20	RFHE 4, 120	**4** 7
15. 3.	I B 37/21	RFHE 5, 194	**1** 89; **3** 61; **6** 68
2.12.	Ia A 113/21	RFHE 8, 339	**6** 68
1920			
3.12.	II B 22/20	RFHE 4, 120	**4** 77

b) OFH

Datum	Az.	Fundstelle	Werkreferenz
1950			
25. 2.	18/49	OFHE 54, 449	**1** 17; **6** 66
1946			
12. 2.	I 1/46 S	FR 1946, 6	**3** 179

c) BFH

Datum	Az.	Fundstelle	Werkreferenz
2018			
7. 2.	V B 119/17	BFH/NV 2018, 544	**4** 131, 139
14. 3.	V R 36/16	BStBl. II 2018, 422	**3** 13, 14
22. 3.	X R 5/16	BFH/NV 2018, 877	**1** 135, 136; **3** 11, 177; **8** 14, 44, 46
21. 6.	V R 20/17	DB 2018, 1771	**7** 140, 153, 184
2017			
24. 1.	I R 81/15	BStBl. II 2017, 1071	**7** 103
25. 1.	II R 26/16	BStBl. II 2018, 199	**8** 163
31. 1.	IX R 10/16	BFH/NV 2017, 680	**9** 31, 34
9. 2.	V R 69/14	BStBl. II 2017, 1221	**3** 120, 121, 124
9. 2.	V R 70/14	BStBl. II 2017, 1106	**3** 28, 124, 150, 151, 152; **8** 74
23. 2.	V R 51/15	BFH/NV 2017, 882	**3** 7, 96; **4** 82, 160; **5** 62
9. 3.	V R 39/16	BFH/NV 2017, 1141	**7** 164
16. 3.	V R 38/16	BStBl. II 2017, 1017	**7** 182
20. 3.	X R 13/15	BStBl. II 2017, 1110	**3** 20, 51, 52, 53, 54, 103; **5** 5, 16, 18, 20, 30, 75, 87; **6** 35; **8** 87, 129, 132, 134, 137
20. 3.	X R 55/14	BStBl. II 2017, 1122	**3** 145
29. 3.	XI R 6/16	BFH/NV 2017, 1145	**7** 182
31. 3.	XI R 40/14	BFH/NV 2017, 1396	**7** 209
10. 5.	V R 7/16	BStBl. II 2017, 1261	**7** 123
10. 5.	V R 43/14, V R 7/15	HFR 2017, 856	**6** 271; **7** 120, 207
17. 5.	V R 52/15	BStBl. II 2018, 218	**3** 13, 23, 37, 71
21. 6.	V R 29/16	BFH/NV 2017, 1465	**7** 118, 164

Datum	Az.	Fundstelle	Werkreferenz
21. 6.	V R 34/16	BStBl. II 2018, 55	**3** 62, 102; **6** 270
28. 6.	XI R 23/24	BFH/NV 2017, 1561	**7** 164
3. 8.	V R 52/16	BFH/NV 2018, 165	**7** 164
3. 8.	V R 62/16	BFH/NV 2018, 301	**7** 211, 212
24. 8.	V R 25/16	BFH/NV 2017, 1687	**7** 160
30. 8.	XI R 37/14	BFH/NV 2017, 1689	**7** 129
11.10.	XI R 23/15	BStBl. II 2018, 109	**7** 160
18.10.	V R 46/16	BFH/NV 2018, 293	**1** 7, 121; **2** 77; **6** 172, 236, 237
24.10.	II R 44/15	BStBl. II 2018, 358	**6** 141
15.11.	I R 39/15	BFH/NV 2018, 611	**1** 135; **2** 104; **4** 135
29.11.	I R 83/15	BFH/NV 2018, 786	**6** 127
11.12.	VI B 75/17	BFH/NV 2018, 337	**9** 25
12.12.	X R 46/16	BFH/NV 2018, 717	**8** 101, 103, 104
2016			
14. 1.	V R 65/14	BFH/NV 2016, 792	**7** 165
19. 1.	XI R 38/12	BStBl. II 2017, 567	**7** 122, 214
18. 2.	V R 46/14	BFH/NV 2016, 1120	**7** 166, 185
18. 2.	V R 60/13	BStBl. II 2017, 251	**6** 116, 118, 119, 126, 127, 129
6. 4.	V R 55/14	BFH/NV 2016, 1126	**7** 166, 175, 190
12. 4.	V B 3/15	BFH/NV 2016, 1184	**7** 132
10. 5.	X R 34/13	BFH/NV 2017, 23	**8** 101, 102
11. 5.	V B 119/15	BFH/NV 2016, 1252	**7** 42
24. 5.	V B 123/15	BFH/NV 2016, 1253	**3** 96
22. 6.	V R 46/15	BFH/NV 2016, 1530	**7** 190
22. 6.	V R 49/15	BFH/NV 2016, 1754	**7** 13
22. 6.	X R 54/14	BStBl. II 2017, 529	**7** 103
10. 8.	V R 11/15	BStBl. II 2018, 113	**6** 184, 256, 280, 282; **7** 207
10. 8.	V R 14/15	BFH/NV 2017, 63	**6** 111, 175, 179; **7** 154, 184, 207
10. 8.	V R 38/15	BFH/NV 2016, 1864	**7** 182
10. 8.	XI R 31/09	BFH/NV 2016, 1654	**7** 214
10. 8.	XI R 41/14	BStBl. II 2017, 590	**7** 122, 131, 132, 133, 134
24. 8.	V R 36/15	BStBl. II 2017, 595	**7** 123
14. 9.	V B 30/16	BFH/NV 2017, 68	**7** 212
20. 9.	X R 36/15	BFH/NV 2017, 593	**8** 115
21. 9.	V R 43/15	BStBl. II 2017, 1203	**7** 148
21. 9.	V R 50/15	BStBl. II 2017, 1173	**6** 175, 182, 205, 208, 213, 218, 231, 255
21. 9.	XI R 2/15	BFH/NV 2017, 168	**7** 189
12.10.	XI R 30/14	BStBl. II 2017, 597	**7** 122, 123
20.10.	V R 26/15	BFH/NV 2017, 252	**7** 209
25.10.	I R 54/14	BStBl. II 2017, 1216	**1** 126, 134, 135, 136, 139; **2** 102; **4** 141
9.11.	II R 12/15	BStBl. II 2017, 211	**7** 239
16.11.	XI R 15/13	BStBl. II 2018, 237	**7** 213
30.11.	V R 53/15	BStBl. II 2017, 1224	**6** 175, 179, 184, 190, 213

Datum	Az.	Fundstelle	Werkreferenz
6.12.	I R 50/16	BStBl. II 2017, 324	**7** 57, 58
7.12.	XI R 5/15	BFH/NV 2017, 863	**7** 166, 175
13.12.	VIII R 43/14	BFH/NV 2017, 569	**9** 25, 34
15.12.	V R 14/16	BStBl. II 2017, 600	**7** 123
15.12.	V R 44/15	BFH/NV 2017, 707	**7** 118
2015			
15. 1.	I R 48/13	BStBl. II 2015, 713	**3** 71, 73; **4** 160, 164; **6** 279; **7** 34, 35, 43, 50, 54; **8** 65
21. 1.	X R 7/13	BStBl. II 2015, 588	**1** 135, 139; **2** 105; **8** 23
21. 1.	X R 31/13	BStBl. II 2015, 540	**4** 26
11. 2.	X R 36/11	BStBl. II 2015, 545	**2** 63; **4** 128; **7** 7; **8** 15, 162, 163
25. 2.	XI R 35/12	BStBl. II 2015, 677	**7** 177
18. 3.	XI R 8/13	BStBl. II 2016, 788	**7** 164
18. 3.	XI R 15/11	BStBl. II 2015, 1058	**7** 161, 164
19. 3.	V R 60/14	BStBl. II 2015, 946	**7** 159
22. 4.	XI R 10/14	BStBl. II 2015, 862	**7** 120, 132, 133, 134, 212, 214
24. 5.	VIII R 43/12	BStBl. II 2015, 691	**9** 50
24. 6.	I R 13/13	BStBl. II 2016, 971	**3** 125; **6** 102, 111, 177, 179, 184, 193, 212, 242, 243, 244, 282; **9** 27
29. 7.	XI R 23/13	BStBl. II 2017, 733	**7** 159
29. 7.	XI R 35/13	BStBl. II 2016, 797	**7** 162
18. 8.	V R 13/14	BFH/NV 2015, 1784	**7** 166, 175
20. 8.	IV R 26/13	BStBl. II 2016, 408	**4** 66; **7** 103
9. 9.	XI R 31/13	BFH/NV 2016, 249	**7** 159
16. 9.	X R 43/12	BStBl. II 2016, 48	**9** 54
16. 9.	XI R 27/13	BFH/NV 2016, 252	**7** 132
28.10.	X R 22/13	BStBl. II 2016, 95	**6** 147
11.11.	V R 3/15	BFH/NV 2016, 795	**7** 118
2.12.	V R 15/14	BStBl. II 2017, 553	**7** 123
2.12.	V R 25/13	BStBl. II 2017, 547	**7** 122
16.12.	IV R 24/13	BStBl. II 2017, 224	**8** 60, 64
16.12.	XI R 52/13	BFH/NV 2016, 700	**7** 165
17.12.	V R 45/14	BStBl. II 2017, 658	**7** 191, 192
2014			
21. 1.	XI R 4/12	BFH/NV 2014, 992	**7** 144
3. 2.	I S 23/13	BFH/NV 2014, 859	**7** 13; **8** 131
12. 3.	I B 167/13	BFH/NV 2014, 1092	**8** 68
20. 3.	V R 3/13	BFH/NV 2014, 1175	**7** 182, 183
20. 3.	V R 4/13	BFH/NV 2014, 1470	**1** 64, **6** 244; **7** 108, 134, 136, 139, 140, 142, 185, 206, 207; **7** 140
6. 5.	XI B 4/14	BFH/NV 2014, 1406	**7** 132, 133
7. 5.	V R 1/10	BFH/NV 2014, 1177	**7** 214
7. 5.	I R 65/12	BFH/NV 2014, 1670	**6** 70, 97, 98, 102, 111, 193

Datum	Az.	Fundstelle	Werkreferenz
14. 5.	VII B 117/13	BFH/NV 2014, 1379	**1** 25
5. 6.	XI R 31/09	BFH/NV 2014, 1334	**7** 214
5. 6.	V R 19/13	BFH/NV 2014, 1687	**7** 182
25. 6.	I R 41/12	BFH/NV 2015, 235	**3** 188; **4** 160
3. 7.	V R 32/13	BStBl. II 2017, 666	**7** 123
15. 7.	X R 41/12	BFH/NV 2014, 1945	**4** 26
24. 9.	V R 11/14	BFH/NV 2015, 388	**6** 270
24. 9.	V R 19/11	BStBl. II 2016, 781	**7** 161
24. 9.	V R 54/13	BFH/NV 2016, 364	**7** 139, 212, 214
23.10.	V R 20/14	BStBl. II 2016, 785	**7** 160
5.11.	XI R 11/13	BFH/NV 2015, 297	**7** 160
20.11.	IV R 1/11	BStBl. II 2017, 34	**8** 192
4.12.	II R 20/14	BStBl. II 2015, 610	**7** 235
4.12.	V R 16/12	BFH/NV 2015, 645	**7** 159
4.12.	V R 33/12	BFH/NV 2015, 648	**7** 159
9.12.	X R 4/11	BFH/NV 2015, 853	**8** 44, 45, 103
10.12.	I R 65/13	BStBl. II 2016, 414	**7** 23
10.12.	I R 76/12	BStBl. II 2016, 237	**7** 23
2013			
6. 2.	I R 59/11	BStBl. II 2013, 603	**3** 92, 163; **4** 40, 55, 57, 66; **5** 168; **6** 210, 230
21. 2.	V R 27/11	BStBl. II 2013, 529	**7** 178
6. 3.	X B 93/11	BFH/NV 2013, 903	**8** 40
19. 3.	XI R 45/10	BFH/NV 2013, 1348	**7** 163
21. 3.	VI R 31/10	BStBl. II 2013, 700	**8** 56
25. 4.	V R 7/11	BStBl. II 2013, 976	**7** 164, 173
28. 5.	XI R 35/11	BStBl. II 2013, 879	**7** 155
19. 6.	V S 20/13	BFH/NV 2013, 1643	**7** 159
31. 7.	I R 31/12	BFH/NV 2014, 185	**1** 121; **6** 172, 222, 237
31. 7.	I R 82/12	BStBl. II 2015, 123	**1** 121; **6** 172, 237
8. 8.	V R 13/12	BFH/NV 2014, 123	**7** 164, 168, 172, 173
8. 8.	V R 18/13	BStBl. II 2017, 543	**7** 123
22. 8.	V R 19/09	BFH/NV 2014, 278	**7** 214
22. 8.	V R 30/12	BStBl. II 2014, 133	**7** 148
17. 9.	I R 16/12	BStBl. II 2014, 440	**1** 134, 135, 139; **2** 105; **4** 125; **7** 7; **8** 23, 68
16.10.	XI R 19/11	BFH/NV 2014, 74	**7** 164, 175
16.10.	XI R 34/11	BFH/NV 2014, 460	**6** 111, 179, 279; **7** 153, 154, 184
23.10.	I R 55/12	BFH/NV 2014, 903	**8** 182
29.10.	VII R 25/11	BFH/NV 2013, 1342	**1** 25
27.11.	I R 17/12	BStBl. II 2016, 68	**1** 59, 123; **2** 77; **4** 61, 83; **5** 63, 64; **7** 65, 66
27.11.	II R 15/04	npoR 2014, 38	**7** 238
27.11.	II R 11/12	BFH/NV 2014, 579	**7** 239
11.12.	XI R 17/11	BStBl. II 2014, 417	**7** 118, 122, 214
11.12.	XI R 38/12	BStBl. II 2014, 428	**7** 214
12.12.	XI B 88/13	BFH/NV 2014, 550	**7** 189

Datum	Az.	Fundstelle	Werkreferenz
2012			
26. 1.	VII R 4/11	BStBl. II 2012, 541	**6** 284, 285; **7** 175
9. 2.	V R 40/10	BStBl. II 2012, 844	**7** 118
23. 2.	V R 59/09	BStBl. II 2012, 544	**4** 17; **6** 263; **7** 207; **9** 10
8. 3.	V R 14/11	BStBl. II 2012, 630	**1** 64; **6** 270, 271; **7** 205, 206, 207
13. 3.	I R 46/11	BFH/NV 2012, 1181	**1** 6
11. 4.	I R 11/11	BStBl. II 2013, 146	**3** 13, 14, 23
19. 4.	V R 31/11	BFH/NV 1012, 1831	**7** 191, 192
12. 6.	I B 160/11	BFH/NV 2012, 1478	**3** 110
13. 6.	I R 71/11	BFH/NV 2013, 89	**1** 90; **3** 64; **4** 37; **6** 175, 178, 203, 205, 207, 255, 260
10. 7.	XI R 31/10	BFH/NV 2013, 95	**7** 130
10. 7.	V B 33/12	BFH/NV 2012, 1676	**7** 182
12. 7.	I R 106/10	BStBl. II 2012, 837	**2** 77
2. 8.	IV R 25/09	BStBl. II 2012, 824	**8** 63
8. 8.	V R 8/12	BFH/NV 2014, 119	**7** 159
1.10.	III B 128/11	BFH/NV 2013, 29	**9** 58
8.11.	V R 15/12	BStBl. II 2013, 455	**7** 157
2011			
12. 1.	I R 91/09	BFH/NV 2011, 1111	**4** 138, 139
12. 1.	XI R 9/08	BStBl. II 2012, 58	**7** 211
13. 1.	V R 12/08	BStBl. II 2012, 61	**7** 211, 212
25. 1.	V B 144/09	BFH/NV 2011, 863	**7** 192
27. 1.	V R 38/09	BStBl. II 2012, 69	**7** 211
27. 1.	V R 21/09	BStBl II 2011, 524	**7** 118
2. 2.	IV B 110/09	BFH/NV 2011, 792	**8** 61, 62
9. 2.	I R 19/10	BFH/NV 2011, 1113	**3** 52, 53, 54; **4** 160
16. 2.	X R 46/09	BStBl. II 2011, 685	**2** 65; **8** 40, 41, 53
2. 3.	XI R 21/09	BFH/NV 2011, 1456	**6** 244; **7** 153, 183, 184
3. 3.	V R 23/10	BStBl. II 2012, 74	**7** 211, 214
13. 4.	II R 45/09	BStBl. II 2011, 732	**9** 2
26. 4.	V R 2/11	BFH/NV 2012, 514	**7** 118
4. 5.	XI R 35/10	BStBl. II 2011, 836	**7** 157, 164
4. 5.	XI R 44/08	BStBl. II 2014, 200	**7** 175, 177
25. 5.	I R 60/10	BStBl. II 2011, 858	**2** 95; **5** 136; **6** 118, 119, 126, 128, 129
8. 6.	XI R 22/09	BFH/NV 2011, 1804	**6** 231; **7** 172, 175
22. 6.	I R 43/10	BFH/NV 2011, 1792	**7** 101
22. 6.	I R 59/10	BFH/NV 2012, 61	**7** 101
7. 7.	V R 53/10	BStBl. II 2013, 218	**7** 123
19. 7.	X R 32/10	BFH/NV 2012, 179	**7** 5; **8** 101, 102, 103, 104; **9** 22
5. 8.	I B 25/11	BFH/NV 2011, 2009	**5** 67
18. 8.	V R 64/09	HFR 2012, 784	**6** 192
24. 8.	I R 46/10	BFH/NV 2011, 2085	**6** 146
7. 9.	I B 36/11	BFH/NV 2011, 2013	**5** 19, 162

Datum	Az.	Fundstelle	Werkreferenz
15. 9.	V R 16/11	UR 2012, 112	**7** 172
12.10.	I R 102/10	BStBl. II 2014, 484	**7** 49, 64; **8** 52, 68
26.10.	X B 12/11	juris	**8** 156
4.11.	XI R 35/10	BStBl. II 2011, 836	**7** 157
16.11.	I R 31/10	BFH/NV 2012, 786	**2** 66; **7** 73
22.12.	XI B 21/11	BFH/NV 2012, 813	**7** 139
2010			
17. 2.	I R 2/08	BStBl. II 2010, 1006	**4** 57; **6** 174, 178, 198, 203, 204, 207, 232
18. 2.	V R 28/08	BStBl. II 2010, 876	**7** 177, 178
10. 3.	I R 41/09	BStBl. II 2011, 181	**7** 101
17. 3.	XI R 17/08	BFH/NV 2010, 2359	**2** 76; **7** 118
18. 3.	IV R 88/06	BStBl. II 2010, 991	**2** 23; **7** 7
18. 3.	V R 12/09	BFH/NV 2010, 1500	**7** 136
7. 4.	I R 96/08	BFHE 229, 179	**6** 135
13. 4.	VIII R 26/80	BFH/NV 2010, 2035	**8** 101
15. 4.	V R 10/09	BStBl. II 2017, 863	**2** 76; **7** 26, 118
22. 4.	V R 9/09	BStBl. II 2011, 597	**7** 123
29. 6.	V B 160/08	BFH/NV 2010, 1876	**7** 211, 212, 214
30. 6.	II R 12/09	BStBl. II 2011, 48	**3** 13, 89, 177, 178; **7** 230, 231
30. 6.	II R 60/08	BStBl. II 2010, 897	**7** 230
14. 7.	X R 62/08	BStBl. II 2014, 320	**4** 26
19. 7.	I B 203/09	BFH/NV 2011, 1	**6** 209
22. 7.	V R 19/09	BStBl. II 2010, 1090	**7** 211
5. 8.	V R 54/09	BFH/NV 2011, 169	**6** 111, 244; **7** 133, 184
25. 8.	I R 95/09	BFH/NV 2011, 311	**1** 6; **6** 135
25. 8.	I R 97/09	BFH/NV 2011, 312	**1** 113; **6** 118, 119, 123, 130, 133, 135; **7** 80
26. 8.	V R 5/08	BStBl. II 2011, 296	**6** 238; **7** 158
28. 8.	V R 20/06	BStBl. II 2010, 863	**7** 123
2. 9.	V R 23/09	BFH/NV 2011, 458	**7** 133
15. 9.	X R 11/08	BFH/NV 2011, 769	**1** 97; **2** 70; **8** 162, 164
15. 9.	X R 33/08	BStBl. II 2011, 637	**1** 124; **9** 41, 45, 46, 50
7.10.	V R 4/10	BStBl. II 2016, 181	**7** 202
12.10.	I R 59/09	BStBl. II 2012, 226	**2** 19; **4** 149; **7** 65
12.10.	I B 70/10	BFH/NV 2011, 301	**5** 69
3.11.	I R 98/09	BStBl. II 2011, 417	**4** 26
12.11.	I R 59/09	BFH/NV 2011, 329	**5** 61
1.12.	XI R 43/08	BStBl. II 2011, 600	**7** 123
1.12.	XI R 46/08	BFH/NV 2011, 712	**7** 172, 175
9.12.	V R 17/10	BStBl. II 2012, 53	**7** 144, 211, 212
28.12.	XI B 109/09	BFH/NV 2011, 858	**7** 132
2009			
29. 1.	V R 46/06	BStBl. II 2009, 560	**6** 70, 257, 258
11. 2.	I R 73/08	BStBl. II 2009, 516	**6** 70, 111; **7** 42
12. 2.	V R 47/07	DStRE 2009, 871	**7** 185
17. 2.	XI R 67/06	BFH/NV 2009, 869	**7** 173

Datum	Az.	Fundstelle	Werkreferenz
3. 3.	I B 154/08	juris	**4** 138
22. 4.	I R 15/07	BStBl. II 2011, 475	**2** 109; **3** 135; **5** 189; **6** 111, 175, 184, 193; **7** 43
23. 4.	VI R 39/08	BStBl. II 2009, 668	**9** 54, 55
12. 5.	V R 35/07	BStBl. II 2009, 1032	**7** 185
27. 5.	X R 46/05	BStBl. II 2010, 260	**8** 94
18. 6.	V R 4/08	BStBl. II 2010, 310	**7** 133
18. 6.	V R 77/07	DB 2009, 2192	**7** 137
1. 7.	I R 6/08	BFH/NV 2009, 1837	**4** 160; **5** 47; **6** 15, 27, 52, 213; **7** 28
23. 7.	V R 20/08	BStBl. II 2010, 719	**4** 138
23. 7.	V R 93/07	BFH/NV 2009, 2073	**6** 193; **7** 172
20. 8.	V R 25/08	BStBl. II 2010, 15	**7** 178, 182
20. 8.	V R 30/06	BStBl. II 2010, 863	**7** 123, 124
20. 8.	V R 32/08	BStBl. II 2010, 88	**7** 191, 192
3. 9.	IV R 38/07	BStBl. II 2010, 60	**2** 23
21. 9.	GrS 1/06	BStBl. II 2010, 672	**7** 52; **8** 51
6.10.	I R 55/08	BStBl. II 2010, 335	**3** 66, 115; **4** 82
22.10.	V R 14/08	BStBl. II 2011, 988	**7** 122
19.11.	V R 29/08	BFH/NV 2010, 701	**7** 133
7.12.	XI B 52/09	BFH/NV 2010, 482	**7** 179
16.12.	I R 49/08	BStBl. II 2011, 398	**5** 189; **6** 174, 178, 210, 232
2008			
10. 1.	V R 52/06	BFH/NV 2008, 725	**7** 182
24. 1.	V R 3/05	BStBl. II 2012, 267	**7** 182
30. 1.	XI R 53/06	BStBl. II 2004, 647	**7** 159
29. 2.	I B 159/07	BFH/NV 2008, 1203	**6** 42; **7** 21
11. 3.	I B 44/07	juris	**6** 141
3. 4.	V R 74/07	BFH/NV 2008, 1631	**6** 244; **7** 153, 184
3. 4.	V R 76/05	BStBl. II 2008, 905	**7** 123
14. 4.	XI B 171/07	BFH/NV 2008, 1215	**7** 211, 214
16. 4.	XI R 56/06	BStBl. II 2008, 909	**6** 158, 161; **7** 142, 200
16. 4.	XI R 68/07	BFH/NV 2008, 1368	**7** 192
14. 5.	XI R 70/07	BStBl. II 2008, 912	**7** 192
10. 6.	I B 19/08	BFH/NV 2008, 1704	**8** 67, 68
12. 6.	V R 33/05	BStBl. II 2009, 221	**3** 59; **6** 111; **7** 137
14. 7.	V R 58/05	BFH/NV 2008, 1418	**7** 182
30. 7.	V R 66/06	BStBl. II 2010, 507	**7** 185
2. 9.	X R 25/07	BFHE 223, 35	**9** 58
8.10.	V R 32/07	BStBl. II 2009, 429	**7** 159
8.10.	XI R 58/07	BStBl. II 2009, 394	**7** 212
21.10.	X R 44/05	BFH/NV 2009, 375	**8** 44, 53, 156
29.10.	XI R 59/07	BFH/NV 2009, 324	**7** 137
20.11.	V B 264/07	BFH/NV 2009, 430	**6** 244
27.11.	V R 8/07	BStBl. II 2009, 397	**7** 133
17.12.	XI R 23/08	BStBl. II 2010, 208	**6** 244

Datum	Az.	Fundstelle	Werkreferenz
18.12.	V R 38/06	BStBl. II 2009, 749	**7** 128, 132, 133
29.12.	X B 123/08	BFH/NV 2009, 752	**8** 63
2007			
31. 1.	I B 110/06	BFH/NV 2007, 1069	**2** 85
7. 3.	I R 90/04	BStBl. II 2007, 628	**3** 83, 92; **4** 39, 54, 55, 83
15. 3.	II R 5/04	BStBl. II 2007, 472	**6** 158; **7** 57, 58; **9** 2, 4, 9
15. 3.	V R 55/03	BStBl. II 2008, 31	**7** 160, 1
29. 3.	V B 208/05	BFH/NV 2007, 1542	**7** 121
4. 4.	I R 55/06	BStBl. II 2007, 725	**6** 137; **7** 28, 75
4. 4.	I R 76/05	BStBl. II 2007, 631	**4** 92, 100; **6** 6, 8, 33, 48, 218, 273, 275; **7** 131,
18. 4.	XI R 21/06	BStBl. II 2007, 702	**9** 35
9. 5.	XI R 23/06	BFH/NV 2007, 2251	**8** 33, 34
9. 5.	XI R 56/05	BStBl. II 2010, 260	**1** 124, 133
16. 5.	I R 14/06	BStBl. II 2007, 808	**2** 26, 27; **3** 7; **4** 116; **5** 100
9. 8.	V R 27/04	BFH/NV 2007, 2213	**1** 113; **6** 244; **7** 59, 109, 140
22. 8.	I R 32/06	BStBl. II 2007, 961	**6** 87; **7** 35, 66; **8** 181
18. 9.	I R 30/06	BStBl. II 2009, 126	**1** 95; **3** 105, 166; **6** 228, 232, 284
26. 9.	V B 8/06	BStBl. II 2008, 405	**7** 159
26. 9.	V R 54/05	BStBl. II 2008, 262	**7** 159
27. 9.	V R 75/03	BStBl. II 2008, 323	**7** 182, 183
11.10.	V R 69/06	BFH/NV 2008, 322	**6** 244; **7** 140, 157
7.11.	I R 42/06	BStBl. II 2008, 949	**6** 144, 158, 161, 162
8.11.	V R 2/06	BStBl. II 2008, 634	**7** 175, 189
17.12.	GrS 2/04	BStBl. II 2008, 608	**8** 156
19.12.	I R 15/07	BStBl. II 2009, 262	**6** 183
19.12.	I R 83/06	BFH/NV 2008, 988	**8** 67
2006			
25. 1.	V R 46/04	BStBl. II 2006, 481	**7** 161
1. 3.	XI R 43/02	BStBl. II 2006, 685	**1** 124, 129; **9** 34
14. 3.	VIII R 60/03	BStBl. II 2006, 650	**7** 57; **8** 86
29. 3.	II R 15/04	BStBl. II 2006, 557	**7** 239
29. 3.	II R 68/04	BStBl. II 2006, 632	**7** 239
29. 3.	X R 59/00	BStBl. II 2006, 661	**4** 66; **7** 100, 102
5. 4.	I R 20/05	BStBl. II 2007, 450	**4** 129; **8** 25, 116
27. 4.	V R 53/04	BStBl. II 2007, 16	**6** 244; **7** 183
17. 5.	II R 46/04	BStBl. II 2006, 720	**7** 239
5. 6.	VII R 24/03	BStBl. II 2007, 243	**2** 62
13. 6.	I R 58/05	BStBl. II 2006, 928	**4** 169
2. 8.	XI R 6/03	BStBl. II 2007, 8	**1** 113; **3** 126; **7** 59; **8** 43, 44, 46, 47, 51, 52, 78, 103, 115, 120, 193
28. 9.	V R 57/05	UR 2007, 108	**7** 185
5.10.	VII R 24/03	BStBl. II 2007, 243	**6** 286
19.10.	IV R 22/02	BFH/NV 2007, 149	**4** 66; **7** 100, 101

Datum	Az.	Fundstelle	Werkreferenz
9.11.	V R 9/04	BStBl. II 2007, 285	**7** 128, 132
20.12.	I R 94/02	BStBl. II 2010, 331	**1** 135; **2** 68; **3** 8; **4** 125
2005			
18. 1.	V R 35/02	BStBl. II 2005, 507	**7** 161
25. 1.	I R 52/03	BStBl. II 2005, 514	**4** 140
6. 4.	I R 85/04	BStBl. II 2005, 545	**6** 142, 174
21. 4.	V R 6/03	BStBl. II 2005, 899	**7** 179
27. 4.	I R 90/04	BStBl. II 2006, 198	**4** 83
3. 5.	XI R 76/03	BStBl. II 2006, 121	**8** 168
11. 5.	VI R 25/04	BStBl. II 2005, 791	**9** 21
19. 5.	V R 32/03	BStBl. II 2005, 900	**6** 183, 280, 282; **7** 185
31. 5.	I R 105/04	BFH/NV 2005, 1741	**3** 23, 71
6. 7.	XI R 61/04	BStBl. II 2006, 163	**9** 32
3. 8.	XI R 76/03	BStBl. II 2006, 121	**8** 161, 168
18. 8.	V R 20/03	BStBl. II 2005, 910	**7** 179
26. 9.	XI B 50/05	BFH/NV 2006, 236	**8** 101
19.10.	I R 40/04	BFH/NV 2006, 822	**7** 64; **8** 59
7.12.	I R 34/05	BFH/NV 2006, 1068	**9** 22
2004			
19. 2.	V R 39/02	BStBl. II 2004, 672	**6** 174, 179, 192
18. 3.	V R 101/01	BStBl. II 2004, 798	**6** 111, 192; **7** 130, 133
18. 3.	V R 53/00	BStBl. II 2004, 677	**7** 160
1. 4.	V R 54/98	BStBl. II 2004, 681	**7** 152, 159
22. 4.	V R 1/98	BStBl. II 2004, 849	**7** 175
28. 4.	XI R 39/03	BFH/NV 2005, 516	**8** 131
4. 5.	XI R 34/03	BStBl. II 2004, 736	**8** 155
1. 6.	XI B 117/02	BFH/NV 2004, 1405	**9** 23, 36
14. 7.	I R 94/02	BStBl. II 2005, 721	**1** 126; **3** 8
4.11.	IV R 63/02	BStBl. II 2005, 362	**9** 35
11.11.	V R 34/02	BStBl. II 2005, 316	**7** 159
17.11.	I R 56/03	GmbHR 2005, 637	**7** 66
1.12.	II R 46/02	BStBl. II 2005, 311	**7** 239
8.12.	I B 95/04	BFH/NV 2005, 160	**4** 160; **5** 67, 68
2003			
16. 1.	V R 92/01	BStBl. II 2003, 732	**3** 115
29. 1.	I R 106/00	FR 2003, 678	**2** 51, 58, 62
26. 2.	I R 49/01	BStBl. II 2003, 723	**1** 6; **3** 68
6. 3.	XI R 13/02	BStBl. II 2003, 554	**8** 101
13. 3.	VII R 46/02	BStBl. II 2003, 556	**4** 157, 159
20. 3.	IV R 15/01	BStBl. II 2004, 190	**9** 43, 49, 50
27. 3.	I R 41/03	BStBl. II 2005, 443	**8** 45
4. 6.	I R 25/02	BStBl. II 2004, 660	**6** 218, 219, 220, 244, 252
5. 6.	I R 76/01	BStBl. II 2005, 305	**6** 111, 171, 183; **7** 49
9. 7.	I R 48/02	BStBl. II 2004, 425	**7** 19, 32, 62; **8** 191
23. 7.	I R 29/02	BStBl. II 2003, 930	**3** 5, 6, 35; **4** 10, 15, 36, 115, 117, 118, 153; **5** 31
23. 7.	I R 41/03	BStBl. II 2005, 443	**3** 42, 43
30. 7.	X R 7/99	BStBl. II 2004, 408	**6** 146

Datum	Az.	Fundstelle	Werkreferenz
6. 8.	XI B 7/03	BFH/NV 2004, 176	**8** 41
10. 9.	XI R 58/01	BStBl. II 2004, 352	**8** 131
17. 9.	I R 85/92	BStBl. II 2005, 149	**2** 64; **4** 128, 141, 142
9.10.	V R 51/02	BStBl. II 2004, 322	**7** 134, 135
4.11.	VI R 28/03	BFH/NV 2004, 928	**9** 53
4.11.	VI R 96/01	BStBl. II 2004, 891	**9** 41
13.11.	V R 59/02	BStBl. II 2004, 472	**7** 118
19.11.	I R 33/02	DB 2004, 416	**6** 83, 87
2002			
16. 1.	II R 82/99	BStBl. II 2002, 303	**1** 59; **9** 3, 14
23. 1.	XI R 95/97	BStBl. II 2003, 9	**8** 148, 153, 169, 182
5. 2.	VIII R 53/99	BStBl. II 2003, 237	**8** 194
24. 4.	XI R 123/96	BStBl. II 2003, 128	**8** 25, 127, 128
26. 4.	XI R 30/01	BFH/NV 2002, 1029	**8** 115, 120
15. 5.	I R 92/00	BFH/NV 2002, 1538	**6** 87; **7** 35, 66
12. 6.	XI R 28/01	BFH/NV 2003, 18	**2** 39
1. 8.	V R 21/01	BStBl. II 2003, 438	**3** 123; **6** 111, 158, 174; **7** 142
7. 8.	I R 2/02	BStBl. II 2004, 131	**7** 64; **8** 67
7. 8.	I R 84/01	BFH/NV 2003, 277	**7** 21, 76, 100
4. 9.	I R 42/01	BFH/NV 2003, 511	**2** 80
9.10.	V R 64/99	BStBl. II 2003, 375	**7** 122
18.12.	I R 15/02	BStBl. II 2003, 384	**4** 131
18.12.	I R 60/01	BFH/NV 2003, 1025	**5** 49
2001			
24. 1.	I R 33/00	BFH/NV 2001, 1300	**2** 39
22. 2.	V R 77/96	BStBl. II 2003, 426	**7** 119
27. 3.	I R 78/99	BStBl. II 2001, 449	**1** 113; **6** 100, 111, 116, 118, 119, 123, 126, 129, 130; **7** 19, 27, 68; **8** 38, 182, 191
25. 4.	I R 22/00	BStBl. II 2001, 518	**4** 129
23. 5.	I R 78/99	BStBl. II 2001, 449	**6** 126, 130
31. 5.	V R 97/98	BStBl. II 2001, 658	**7** 157
11. 6.	I B 30/01	BFH/NV 2001, 1223	**4** 134
8. 8.	I B 40/01	BFH/NV 2001, 1536	**5** 63
27. 9.	V R 17/99	BStBl. II 2002, 169	**3** 71, 73; **4** 134, 155, 157, 160
3.12.	XI B 84/01	BFH/NV 2002, 482	**8** 126
2000			
17. 2.	I R 108/98	BFH/NV 2000, 1071	**3** 120, 121, 123
30. 3.	V R 30/99	BStBl. II 2000, 705	**3** 123; **6** 142, 189, 190, 191, 192, 208, 242, 244; **7** 206
17. 7.	I R 108, 109/98	BFH/NV 2000, 1071	**3** 124
9. 8.	I R 69/98	BStBl. II 2001, 71	**7** 72
3. 9.	I B 75/98	BFH/NV 2000, 301	**4** 135
28. 9.	V R 26/99	BStBl. II 2001, 691	**7** 185

Datum	Az.	Fundstelle	Werkreferenz
1999			
23. 2.	XI B 128/98	BFH/NV 1999, 1055	**5** 30; **8** 129, 133
23. 2.	XI B 130/98	BFH/NV 1999, 1089	**6** 213
11. 3.	V R 57-58/96	BStBl. II 1999, 331	**3** 58; **4** 9, 131, 134; **7** 10, 11; **8** 21
24. 3.	I R 20/98	BStBl. II 2001, 612	**8** 65
21. 4.	II R 5/97	BStBl. II 1999, 496	**7** 235
21. 7.	I R 2/98	BFH/NV 2000, 297	**4** 135
21. 7.	I R 55/98	BFH/NV 2000, 85	**6** 111; **7** 43, 51
21. 7.	1 S 6/98	BFH/NV 2000, 65	**7** 13
27. 7.	VIII R 36/98	BStBl. II 1999, 769	**5** 131
12. 8.	XI R 65/98	BStBl. II 2000, 65	**8** 48, 71, 115, 120, 126
23. 9.	XI R 63/98	BStBl. II 2000, 200	**3** 51, 52, 53, 102, 143, 144; **5** 43
23. 9.	XI R 66/98	BStBl. II 2000, 533	**3** 88, 90; **7** 13
21.10.	I R 14/98	BStBl. II 2000, 325	**3** 67
21.10.	V R 97/98	BFH/NV 2000, 288	**7** 157
17.11.	I R 4/99	BFH/NV 2000, 1502	**6** 87; **7** 66
15.12.	XI R 93/97	BStBl. II 2000, 608	**8** 11
1998			
21. 1.	II R 16/95	BStBl. II 1998, 758	**4** 9, 21
14. 5.	V R 85/97	BStBl. II 1999, 145	**7** 179
15. 7.	I R 156/94	BStBl. II 2002, 162	**4** 10, 61, 92; **5** 10, 16, 18, 22, 138, 141; **6** 6, 7, 53, 273; **7** 52
13. 8.	I R 16/96	BStBl. II 1997, 794	**7** 6
19. 8.	I R 2 1/98	BStBl. II 1999, 99	**6** 83; **7** 49, 67
27. 8.	V R 73/97	BStBl. II 1999, 377	**7** 182
23. 9.	I B 82/98	BStBl. II 2000, 320	**4** 10, 11, 160; **5** 32, 40, 41, 43, 49; **7** 13; **8** 83, 129
23. 9.	XI R 18/98	BStBl. II 1999, 98	**8** 39
23. 9.	XI R 71/97	BFH/NV 1999, 460	**9** 35
24. 9.	V R 3/98	BStBl. II 1999, 147	**7** 178
10.11.	I R 95/97	BFH/NV 1998, 739	**4** 135
16.12.	I R 137/97	BFH/NV 1999, 1250	**7** 34
16.12.	I R 36/98	BStBl. II 1999, 366	**1** 5; **6** 83, 87; **7** 34
1997			
30. 1.	V R 133/93	BStBl. II 1997, 335	**7** 128, 129, 132
11. 2.	I R 161/94	BFH/NV 1997, 625	**2** 80, 81
30. 4.	I B 21/96	BFH/NV 1997, 732	**4** 125
21. 5.	I R 164/94	BFH/NV 1997, 825	**6** 116, 123, 135, 136, 141, 144
21. 5.	I R 38/96	BFH/NV 1997, 904	**1** 90; **3** 68; **4** 78
11. 6.	X R 242/93	BStBl. II 1997, 612	**8** 20, 22, 103
10. 7.	V R 94/96	BStBl. II 1997, 707	**7** 129
12. 8.	I B 134/96	BFH/NV 1998, 146	**4** 135, 137, 140

Datum	Az.	Fundstelle	Werkreferenz
13. 8.	I R 19/96	BStBl. II 1997, 794	**1** 135; **3** 39, 42, 43; **4** 123, 133, 134, 135; **8** 54
30. 9.	IX R 80/94	BStBl. II 1998, 771	**6** 26
8.10.	XI R 8/86	BStBl. II 1997, 840	**7** 202
15.10.	I R 10/92	BStBl. II 1998, 63	**1** 95; **6** 76, 77, 190, 284, 285
15.10.	I R 2/97	BStBl. II 1998, 175	**6** 97, 111; **7** 59
15.10.	II R 94/94	BFH/NV 1998, 150	**4** 55; **6** 111, 229
17.10.	I R 58/97	BStBl. II 1998, 357	**7** 49
29.10.	I R 13/97	BStBl. II 1998, 9	**3** 17, 28, 29, 120, 122
13.11.	V R 11/97	BStBl. II 1998, 169	**7** 129, 130
17.12.	I R 58/97	BStBl. II 1998, 357	**7** 48, 49
1996			
24. 7.	I R 35/94	BStBl. II 1996, 583	**3** 162, 164, 165, 173, 174, 178, 179; **4** 105, 107; **6** 141
25. 7.	V R 7/95	BStBl. II 1997, 154	**6** 244
23.10.	I R 1/94, I R 2/94	BStBl. II 1997, 139	**6** 211
23.10.	X R 75/94	BStBl. II 1997, 239	**8** 53
7.11.	V R 34/96	BStBl. II 1997, 366	**6** 111; **7** 137, 172
13.11.	I R 152/93	BStBl. II 1998, 711	**3** 42, 43; **5** 73; **6** 15, 24, 27; **7** 10, 12, 13; **8** 18
22.11.	VI R 59/96	BStBl. II 1997, 254	**9** 25
26.11.	VIII R 58/93	BStBl. II 1997, 390	**4** 55
3.12.	I R 67/95	BStBl. II 1997, 474	**3** 71; **5** 63; **8** 34
4.12.	I R 151/93	BStBl. II 1997, 327	**8** 150
4.12.	I R 54/95	BFHE 182, 123	**6** 87; **7** 35, 66; **8** 65
18.12.	I R 16/96	BStBl. II 1997, 361	**2** 40
1995			
18. 1.	V R 139 – 142/92	BStBl. II 1995, 446	**6** 167, 183, 218, 256, 280, 282
21. 4.	V R 6/03	BStBl. II 2005, 899	**7** 179
26. 4.	I R 35/93	BStBl. II 1995, 767	**1** 90; **3** 63, 64; **4** 37, 46, 48; **6** 174, 178, 198, 203, 207, 260
21. 9.	I B 85/94	BFH/NV 1996, 268	**7** 43, 5
25.10.	II R 20/92	BStBl. II 1996, 99	**2** 64; **9** 2, 9
30.11.	V R 29/91	BStBl. II 1997, 189	**3** 85; **4** 55, 59, 64; **6** 271, 273, 280; **7** 133; **8** 21
1994			
21. 4.	V R 105/91	BStBl. II 1994, 671	**7** 118
4. 5.	XI R 109/90	BStBl. II 1994, 886	**6** 218, 244, 268
4. 5.	XI R 86/92	BStBl. II 1994, 773	**7** 192
13. 7.	I R 5/93	BStBl. II 1995, 134	**3** 71, 72; **4** 160; **7** 13; **8** 45
19. 7.	VIII R 75/93	BFH/NV 1995, 597	**6** 135
4. 8.	VI R 94/93	BStBl. II 1994, 944	**9** 22, 23

Datum	Az.	Fundstelle	Werkreferenz
8. 9.	V R 46/92	BStBl. II 1994, 957	**7** 137
14. 9.	I R 153/93	BStBl. II 1995, 499	**3** 132, 141; **4** 131
14. 9.	I R 78/94	BStBl. II 1995, 207	**7** 57
1.12.	V R 116/92	BStBl. II 1995, 220	**6** 254
21.12.	I B 14/94	BFH/NV 1995, 569	**6** 111, 213
1993			
3. 2.	I R 37/91	BStBl. II 1993, 441	**8** 59, 61
17. 2.	X R 119/90	BFH/NV 1994, 154	**8** 33, 101, 102
24. 3.	I R 131/90	BStBl. II 1993, 799	**7** 58
24. 3.	I R 27/92	BStBl. II 1993, 637	**2** 58; **7** 49
21. 4.	XI R 50/90	BStBl. II 1993, 696	**7** 119
30. 7.	VI R 87/92	BStBl. II 1993, 884	**8** 39
9. 9.	V R 24/89	BStBl. II 1994, 57	**6** 111; **7** 118
22. 9.	X R 107/91	BStBl. II 1993, 874	**8** 44, 53
15.10.	X R 115/91	BStBl. II 1994, 314	**6** 190
27.10.	I R 60/91	BStBl. II 1994, 573	**1** 95; **6** 111, 190, 198, 205, 211
11.11.	XI R 51/90	BStBl. II 1994, 582	**7** 214
25.11.	V R 64/89	BStBl. II 1994, 212	**6** 238
25.11.	VI R 115/92	BStBl. II 1994, 424	**8** 39
9.12.	V R 108/91	BStBl. II 1994, 483	**7** 119
15.12.	II R 44/89	BFH/NV 1994, 768	**4** 135
15.12.	X R 115/91	BStBl. II 1994, 314	**4** 83; **6** 198, 203, 211, 216, 252, 260
1992			
10. 1.	III R 201/90	BStBl. II 1992, 684	**6** 142, 184, 279, 280, 282; **7** 10; **8** 21
23. 1.	V R 66/85	BFHE 167, 221	**7** 118
5. 2.	I R 63/91	BStBl. II 1992, 748	**5** 29, 66, 153; **7** 73; **8** 45, 52, 82, 83, 101, 153, 198
26. 2.	I R 149/90	BStBl. II 1992, 693	**6** 111, 141, 213; **7** 57, 58; **8** 90
26. 2.	I R 47/89	BFH/NV 1992, 695	**3** 91; **4** 123, 134, 135
26. 3.	IV R 34/91	BStBl. II 1993, 20	**9** 25, 37
8. 4.	I R 126/90	BStBl. II 1992, 849	**8** 65, 66
20. 5.	I R 138/90	BFH/NV 1993, 150	**7** 5
10. 6.	I R 76/90	BFH/NV 1992, 839	**6** 111, 213
5. 8.	X R 165/88	BStBl. II 1992, 1048	**3** 30, 35, 36; **4** 135
26. 8.	I R 24/91	BStBl. II 1992, 977	**8** 192
2.10.	VI R 11/90	BStBl. II 1993, 52	**8** 56
14.10.	I R 17/92	BStBl. II 1993, 352	**2** 23
23.10.	VI R 59/91	BStBl. II 1993, 303	**9** 22
1991			
20. 2.	X R 191/87	BStBl. II 1991, 690	**3** 98; **8** 30, 37, 147
13. 3.	I R 117/88	BStBl. II 1991, 645	**7** 19, 68
13. 3.	I R 8/88	BStBl. II 1992, 101	**6** 111, 144, 145
27. 3.	I R 31/89	BStBl. II 1992, 103	**5** 101; **7** 43, 50, 51
10. 4.	I R 77/87	BStBl. II 1992, 41	**9** 10

Datum	Az.	Fundstelle	Werkreferenz
24. 4.	X R 84/88	BStBl. II 1991, 713	**6** 135
18. 7.	V R 86/87	BStBl. II 1991, 776	**7** 118
16.10.	I B 16/91	BFH/NV 1992, 505	**3** 13, 71, 72, 91, 177
17.10.	IV R 106/90	BStBl. II 1992, 176	**9** 34
23.10.	I R 19/91	BStBl. II 1992, 62	**3** 100; **4** 10, 46, 61, 98; **5** 16, 17, 22, 43, 63; **6** 213
31.10.	X R 126/90	BFH/NV 1992, 353	**8** 147
13.11.	I R 45/90	BStBl. II 1992, 429	**7** 64
4.12.	I R 74/89	BStBl. II 1992, 432	**1** 7
1990			
19. 1.	III R 22/88	BFH/NV 1990, 673	**6** 213
24. 1.	I R 33/86	BStBl. II 1990, 470	**6** 111, 254, 281
15. 2.	IV R 87/89	BStBl. II 1990, 686	**9** 30
2. 3.	III R 77/88	BStBl. II 1990, 750	**6** 142, 279, 280, 282
2. 3.	III R 89/87	BStBl. II 1990, 1012	**6** 279, 280
8. 3.	V R 67/89	BStBl. II 1990, 708	**7** 134
14. 3.	I B 79/89	BFH/NV 1991, 485	**3** 53
30. 3.	VI R 188/87	BStBl. II 1990, 854	**9** 21, 25, 34
11. 4.	I R 122/87	BStBl. II 1990, 724	**6** 111, 209, 281
17. 5.	IV R 14/87	BStBl. II 1990, 1018	**3** 99
4. 7.	GrS 2-3/88	BStBl. II 1990, 817	**5** 20; **6** 152
8. 8.	X R 149/88	BStBl. II 1991, 70	**1** 47, **8** 32
22. 8.	I R 67/88	BStBl. II 1991, 250	**6** 88
12. 9.	I R 65/86	BStBl. II 1991, 258	**8** 18, 20
18.10.	V R 35/85	BStBl. II 1991, 157	**6** 111, 161, 229, 236, 237, 258; **7** 161, 172
18.10.	V R 76/89	BStBl. II 1991, 268	**6** 111, 210, 229, 237, 258; **7** 161, 172
28.11.	I R 38/86	BFH/NV 1992, 90	**3** 135
5.12.	I R 5/88	BStBl. II 1991, 308	**7** 42
19.12.	X R 40/86	BStBl. II 1991, 234	**8** 43, 44, 45, 52
1989			
1. 2.	I R 98/94	BStBl. II 1989, 471	**8** 65
14. 3.	I R 83/85	BStBl. II 1989, 650	**9** 58
19. 4.	I R 3/88	BStBl. II 1989, 545	**4** 135
26. 4.	I R 209/85	BStBl. II 1989, 670	**3** 92, 162; **4** 72, 87, 91, 99, 105, 160; **5** 37, 97, 98; **6** 6, 7, 168
23. 5.	X R 17/85	BStBl. II 1989, 879	**8** 30, 32, 101, 103, 198
28. 6.	I R 86/85	BStBl. II 1990, 550	**6** 81, 83; **7** 59; **8** 56
2. 8.	I R 72/87	BFH/NV 1990, 146	**3** 25, 27, 95
9. 8.	I R 4/84	BStBl. II 1990, 237	**7** 64; **8** 56, 57, 61, 62, 66
24. 8.	IV R 135/86	BStBl. II 1989, 1014	**6** 135
13. 9.	I R 19/85	BStBl. II 1990, 28	**3** 184; **4** 92, 117, 118, 160; **5** 78, 116, 120, 124
11.10.	I R 208/85	BStBl. II 1990, 88	**7** 67
29.11.	X 154/88	BStBl. II 1990, 570	**8** 33

Datum	Az.	Fundstelle	Werkreferenz
30.11.	I R 19/87	BStBl. II 1990, 246	**7** 32
13.12.	I R 174/86	BStBl. II 1990, 90	**2** 23
1988			
20. 4.	X R 20/82	BStBl. II 1988, 796	**7** 178
11. 5.	V R 76/83	BStBl. II 1988, 908	**6** 232
18. 5.	X R 11/82	BStBl. II 1988, 799	**7** 179
7. 6.	VIII R 76/85	BStBl. II 1989, 97	**1** 6
23. 6.	IV R 21/86	BStBl. II 1988, 890	**3** 36, 99; **9** 25, 34
20. 7.	I R 244/83	BFH/NV 1989, 479	**2** 15; **3** 62; **4** 107
27. 7.	I R 113/84	BStBl. II 1989, 134	**4** 42; **6** 116, 126, 129
25.10.	VIII R 262/80	BStBl. II 1989, 291	**6** 142
9.11.	I R 200/85	BFH/NV 1989, 342	**6** 111, 213
23.11.	I R 11/88	BStBl. II 1989, 391	**3** 19, 25, 52, 53, 86, 109; **4** 37; **6** 70, 174, 198, 213
1987			
29. 1.	IV R 189/85	BStBl. II 1987, 783	**9** 25, 34
9. 4.	V R 150/78	BStBl. II 1987, 659	**6** 142, 174, 179, 212, 279; **7** 157
29. 6.	X R 23/82	BStBl. II 1987, 744	**7** 118
15. 7.	I R 280/81	BStBl. II 1988, 75	**7** 49, 50
25. 8.	IX R 24/85	BStBl. II 1987, 850	**8** 48, 101, 102
25.11.	I R 126/85	BStBl. II 1988, 220	**8** 43, 46, 57, 71
16.12.	X R 7/82	BStBl. II 1988, 384	**7** 192
1986			
23. 1.	IV R 24/84	BStBl. II 1986, 398	**9** 34
4. 3.	VIII 188/84	BStBl. II 1986, 373	**8** 61
23. 4.	I R 234/08	n.v.	**3** 68
7. 5.	I B 58/85	BStBl. II 1986, 677	**7** 10
9. 7.	I R 14/82	BFH/NV 1987, 632	**3** 91; **4** 135
13. 8.	II R 246/81	BStBl. II 1986, 831	**3** 179; **6** 70, 174, 180, 190, 198, 204
16.10.	V B 64/86	BStBl. II 1987, 95	**7** 110
12.11.	I R 204/85	BFH/NV 1987, 705	**3** 120, 123
9.12.	VIII R 317/82	BStBl. II 1988, 244	**6** 121
1985			
9. 5.	IV R 184/82	BStBl. II 1985, 427	**9** 55
5. 6.	I S 2, 3/85	BFH/NV 1986, 433	**5** 128; **6** 116, 135
4. 7.	V R 107/76	BStBl. II 1986, 153	**7** 59, 137
21. 8.	I R 3/82	BStBl. II 1986, 92	**3** 127; **6** 70, 100, 111, 174, 178, 213, 268
21. 8.	I R 60/80	BStBl. II 1986, 88	**6** 103, 104, 111; **7** 48
21. 8.	I R 208/81	BFH/NV 1987, 397	**6** 83
24. 9.	IX R 8/81	BStBl. II 1986, 726	**8** 30, 33
1984			
18. 1.	I R 138/79	BStBl. II 1984, 451	**6** 97, 98
25. 1.	I R 7/80	BStBl. II 1984, 344	**8** 59

Datum	Az.	Fundstelle	Werkreferenz
25. 6.	GrS 4/82	BStBl. II 1984, 751	**1** 5, 57; **2** 93; **6** 25, 82, 85; **9** 22
29. 8.	I R 203/81	BStBl. II 1984, 844	**3** 51, 52, 53, 103; **4** 136
29. 8.	I R 215/81	BStBl. II 1985, 106	**3** 71, 73, 74; **4** 156, 160; **5** 43
29. 8.	I R 68/81	BStBl. II 1985, 120	**6** 100
4.10.	IV R 131/82	BStBl. II 1985, 51	**9** 25
31.10.	I R 21/81	BStBl. II 1985, 162	**1** 7; **2** 81, 82; **4** 127
22.11.	V R 170/83	BStBl. II 1985, 142	**7** 220
1983			
19. 1.	I R 57/79	BStBl. II 1983, 312	**6** 135
3. 8.	II R 20/80	BStBl. II 1984, 9	**9** 9, 14
21.11.	GrS 2/82	BStBl. II 1984, 160	**6** 152
1982			
20. 1.	I R 256/78	BStBl. II 1982, 336	**3** 38, 42, 123
6.10.	I R 7/79	BStBl. II 1983, 80	**6** 141, 142
1981			
25. 2.	II R 110/77	BStBl. II 1981, 478	**4** 35
30. 9.	III R 2/80	BStBl. II 1982, 148	**3** 56, 57, 121, 123
21.10.	I R 149/77	BStBl. II 1982, 177	**8** 182
9.12.	I R 215/78	BStBl. II 1983, 27	**6** 111, 144, 174
16.12.	I R 140/81	BStBl. II 1982, 465	**7** 50
1980			
7. 3.	III R 92/78	BStBl. II 1980, 412	**6** 282
18. 7.	VI R 167/77	BStBl. II 1981, 52	**8** 20, 37, 103
18.11.	VIII R 194/78	BStBl. II 1981, 510	**5** 130
28.11.	VI R 193/77	BStBl. II 1980, 368	**8** 56
1979			
1. 8.	I R 106/76	BStBl. II 1979, 716	**7** 32
8. 8.	I R 186/78	BStBl. II 1980, 106	**6** 121
1978			
12.10.	I R 149/75	BStBl. II 1979, 126	**8** 66
13.12.	I R 2/77	BStBl. II 1979, 495	**3** 25, 120
13.12.	I R 36/76	BStBl. II 1979, 492	**3** 36, 101
13.12.	I R 39/78	BStBl. II 1979, 482	**3** 5, 20, 21, 23, 33, 34, 56, 62, 71, 125, **4** 81, 105, 134, 153
13.12.	I R 64/77	BStBl. II 1979, 488	**3** 36, 39, 42, 123; **8** 54
13.12.	I R 77/76	BStBl. II 1979, 481	**7** 10
13.12.	I R 122/76	BStBl. II 1979, 491	**3** 62
20.12.	I R 21/76	BStBl. II 1979, 496	**4** 6, 10; **5** 107, 148
1977			
16. 3.	I R 198/74	BStBl. II 1977, 493	**6** 174; **7** 29
28.11.	GrS 2-3/77	BStBl. II 1978, 105	**8** 56

Datum	Az.	Fundstelle	Werkreferenz
1976			
4. 3.	IV R 189/71	BStBl. II 1976, 472	**2** 95; **4** 42; **6** 111, 129, 144
10. 3.	II R 163/70	BStBl. II 1976, 469	**3** 99
19. 3.	VI R 72/73	BStBl. II 1976, 338	**5** 29; **8** 37, 82, 101, 103, 198
30. 3.	VIII R 137/75	BStBl. II 1976, 464	**3** 83
24. 6.	IV R 101/75	BStBl. II 1976, 562	**4** 153
9.11.	VI R 139/74	BStBl. II 1977, 207	**9** 53
1975			
16. 1.	IV R 75/74	BStBl. II 1975, 558	**9** 56, 58
18. 4.	III B 24/74	BStBl. II 1975, 595	**7** 232
1974			
13. 3.	I R 7/71	BStBl. II 1974, 391	**2** 80; **7** 19
2. 5.	I R 225/72	BStBl. II 1974, 549	**7** 49
8. 5.	II R 157/66	BStBl. II 1974, 663	**3** 87
9. 5.	V R 128/71	BStBl. II 1974, 530	**7** 59
19. 6.	I R 14/72	BStBl. II 1974, 664	**3** 62; **6** 213
19. 6.	I R 94/71	BStBl. II 1974, 586	**8** 66
2. 8.	VI R 148/71	BStBl. II 1975, 139	**3** 169
21. 8.	I R 81/73	BStBl. II 1975, 121	**4** 37, 38
21.11.	II R 107/68	BStBl. II 1975, 389	**3** 93, 102
11.12.	I R 104/73	BStBl. II 1975, 458	**3** 7; **4** 114, 116, 118
1973			
17. 1.	I R 191/72	BStBl. II 1973, 260	**6** 121
26. 1.	III R 40/72	BStBl. II 1973, 430	**3** 37
31. 1.	II R 51, 58, 62/69	BStBl. II 1973, 690	**3** 63, 66; **4** 37, 55
15. 6.	VI R 35/70	BStBl. II 1973, 850	**3** 91; **8** 20
20. 8.	I R 234/71	BStBl. II 1974, 60	**8** 56
12.12.	VI R 23/71	BStBl. II 1974, 300	**8** 52
1972			
4. 5.	IV 13/64	BStBl. II 1972, 566	**9** 41, 48
5. 7.	II R 133/68	BStBl. II 1972, 911	**3** 63
27. 7.	V R 33/72	BStBl. II 1972, 844	**7** 192
22.11.	I R 21/71	BStBl. II 1973, 251	**1** 87, 90; **3** 55; **6** 111
1971			
29. 1.	VI R 159/68	BStBl. II 1971, 799	**8** 51
30. 6.	I R 57/70	BStBl. II 1971, 753	**1** 113; **4** 50; **5** 128; **6** 116, 118, 119, 130, 133
22.10.	III R 81/70	BStBl. II 1972, 197	**3** 57
8.11.	GrS 2/71	BStBl. II 1972, 63	**6** 116, 135
1970			
5.11.	V R 71/67	BStBl. II 1971, 220	**4** 153
1969			
13. 6.	VI R 12/67	BStBl. II 1969, 701	**8** 46, 51
20.11.	I B 34/69	BStBl. II 1970, 133	**3** 57

Datum	Az.	Fundstelle	Werkreferenz
1968			
25. 4.	V 120/64	BStBl. II 1969, 94	**6** 142
28. 8.	I 242/65	BStBl. II 1969, 145	**3** 62; **6** 111, 213
2.10.	I R 40/68	BStBl. II 1969, 43	**6** 14, 70, 100, 111, 174
1967			
8. 3.	I 145/64	BStBl. III 1967, 373	**6** 100, 144
1966			
8. 6.	I 151/63	BStBl. II 1966, 632	**6** 83, 85; **7** 34
11.11.	VI R 45/66	BStBl. III 1967, 116	**3** 8
15.12.	V 252/63	BStBl. III 1967, 209	**7** 157
1965			
21.12.	V 24/62 U	BStBl. III 1966, 182	**3** 99
1964			
29. 1.	I 192/62	HFR 1964, 218	**4** 9
8. 4.	VI 83/63 U	BStBl. III 1964, 333	**8** 52
1.10.	IV 183/62 U	BStBl. II 1964, 629	**9** 58
1963			
20. 9.	III 328/59	BStBl. III 1959, 532	**6** 97, 174
31.10.	I 122/62 U	BStBl. III 1964, 83	**3** 57
31.10.	I 320/61 U	BStBl. III 1964, 20	**3** 58; **4** 9
13.11.	GrS 1/63	BStBl. III 1964, 124	**6** 137; **7** 75
3.12.	I 121/62 U	BStBl. III 1964, 81	**7** 68
1962			
26. 4.	V 293/59 U	BStBl. III 1962, 264	**6** 104
5. 6.	I 31/61 S	BStBl. III 1962, 355	**2** 78; **8** 13
1961			
23. 2.	IV 313/59 U	BStBl. III 1961, 194	**6** 103
28.11.	134/61 U	BStBl. III 1962, 73	**6** 111, 144, 213, 281; **7** 11, 51
1960			
28.10.	III 134/56 U	BStBl. III 1961, 109	**1** 5, 90; **3** 55, 174; **6** 70, 197, 205, 208
6.12.	I 175/59	HFR 1961, 206	**7** 65
1957			
31.10.	III 158/57 U	BStBl. III 1958, 170	**4** 46, 50, 54
17.12.	I 182/55 U	BStBl. III 1958, 96	**4** 64; **6** 117, 143
1956			
20. 3.	I 317/55 U	BStBl. III 1956, 166	**2** 80
13. 4.	III 242/55 U	BStBl. III 1956, 171	**5** 64
11. 7.	I 188/55 U	BStBl. III 1956, 309	**8** 21
1955			
10. 5.	I 173/53 U	BStBl. III 1955, 177	**6** 111, 144, 174, 213
2.12.	III 99/50 U	BStBl. III 1956, 22	**3** 36, 159, 166, 178

Datum	Az.	Fundstelle	Werkreferenz
1954			
3. 6.	V 262/53 U	BStBl. III 1954, 238	**6** 104
7. 7.	II 156/53 U	BStBl. III 1954, 244	**7** 237, 238
16.11.	I 114/53 U	BStBl. III 1955, 12	**4** 82
1953			
24. 2.	I 33/51	BStBl. III 1953, 109	**6** 174, 193
1952			
21. 3.	III 271/51 S	BStBl. III 1952, 112	**4** 82
6. 5.	I 8/52 U	BStBl. III 1952, 172	**2** 23
17. 5.	I D 1/52	BStBl. III 1952, 228	**7** 59
22. 8.	III 256/51 U	BStBl. III 1952, 270	**4** 72, 76, 77
1951			
6. 6.	III 69/51 U	BStBl. III 1951, 148	**3** 91; **4** 143

d) Finanzgerichte

Datum	Az.	Fundstelle	Werkreferenz
Baden-Württemberg			
2018			
5. 3.	10 K 3622/16	juris	**7** 7
8. 3.	3 K 388/16	juris	**9** 36
2016			
7. 6.	6 K 2803/15	EFG 2017, 1	**3** 58
2015			
23. 4.	3 K 1766/13	juris	**1** 135; **2** 104, 106
2014			
24. 2.	10 K 3811/12	juris	**8** 103, 120
27. 2.	3 K 2428/12	EFG 2014, 892	**7** 235
11. 8.	6 K 1449/12	EFG 2015, 1851	**3** 14; **5** 44
2012			
28.11.	14 K 2883/10	EFG 2013, 558	**7** 158
2011			
18. 4.	14 V 4072/10	juris	**6** 111, 179, 213
3. 8.	I K 338/09	StEd 2011, 710, rkr.	**7** 189, 191
2009			
19.10.	9 K 411/06	EFG 2010, 532	**6** 263
2005			
1. 6.	3 V 36/04	EFG 2005, 1333	**9** 50
2002			
20. 8.	2 K 1046/01	EFG 2002, 1355	**3** 43
2001			
10. 1.	10 K 276/98	EFG 2001, 936	**6** 111

Datum	Az.	Fundstelle	Werkreferenz
1997 31. 7.	3 K 268/93	EFG 1997, 1341	**4** 60
1992 30. 1.	3 K 19/88	juris	**6** 111
1988 4. 2.	X K 196/85	HG 1988, 270	**3** 91
1987 17. 2.	I K 402-403/83	EFG 1987, 412	**6** 142
Berlin			
2006 4. 9.	8 K 8390/02	EFG 2007, 291	**3** 85
2004 12.10.	5 K 5316/03	EFG 2005, 340	**9** 34
2002 15. 1.	7 K 8618/99	EFG 2002, 518	**6** 111
2000 17. 5. 12.12.	6 K 6422/97 5 K 5192/99	EFG 2000, 936 EFG 2001, 483	**9** 58 **9** 50
1998 12.10.	8 K 8567/97	EFG 1998, 1031	**6** 88; **7** 104
1997 24. 2.	8435/96	EFG 1997, 1006	**3** 71; **4** 160
1995 4. 8.	III 318/94	EFG 1995, 1066	**1** 128
1977 19.10.	VI 197/77	EFG 1978, 278	**3** 89
Berlin-Brandenburg			
2017 13. 9. 8.11.	2 K 2164/15 5 K 5108/15	EFG 2018, 63 EFG 2018, 691	**7** 139, 140 **7** 182
2016 7.11.	5 K 5372/14	juris	**6** 209, 262
2015 3. 9.	1 K 1004/14	juris	**1** 135; **8** 23
2014 4. 3. 24. 7.	6 K 9244/11 4 K 12276/11	EFG 2014, 989 EFG 2014, 2168	**8** 126, 127, 128, 135, 182 **1** 135

Datum	Az.	Fundstelle	Werkreferenz
2013			
26. 3.	7 V 7361/12	EFG 2013, 1074	**7** 182
19. 9.	7 V 7231/13	EFG 2014, 18	**9** 34
19.11.	9 K 9151/13	DStRE 2014, 840	**8** 44, 120
2010			
21. 4.	2 K 998/05	EFG 2010, 2037	**7** 182
2009			
2. 4.	10 K 1190/06 B	EFG 2009, 1286	**8** 52, 56
2008			
14.10.	6 K 2204/04	juris	**4** 153
2007			
5.12.	7 K 3121/05 B	EFG 2008, 1535	**9** 32
Brandenburg			
1998			
25.11.	2 K 825/96 G	EFG 1999, 199	**6** 111, 258
Bremen			
2016			
10. 8.	2 K 4/15 (1)	juris	**7** 184
10. 8.	2 K 5/15 (1)	juris	**7** 184
2011			
8. 6.	1 K 63/10	DStRE 2012, 1321	**1** 135; **3** 177; **8** 68
2008			
12.11.	2 K 28/08 (1)	EFG 2010, 527	**4** 64; **6** 192, 193
1998			
29.10.	497162K 1	EFG 1999, 526	**3** 109
1982			
9. 7.	I 37/81 K	EFG 1983, 194	**3** 37
Düsseldorf			
2017			
26. 1.	9 K 2395/15 E	EFG 2017, 460	**8** 52
5. 9.	6 K 2010/16 K, G	EFG 2017, 1725	**6** 142; **7** 43
18.12.	6 K 1598/16 K	juris	**6** 126
2016			
8. 7.	1 K 1397/13 U	MwStR 2016, 918	**7** 140
30.11.	4 K 3856/14 VE	juris	**1** 25
2015			
7.12.	13 V 2026/15 A (F)	EFG 2016, 578	**8** 169
2014			
18. 3.	6 K 2087/11 F	EFG 2014, 1506	**7** 23

Datum	Az.	Fundstelle	Werkreferenz
2013			
14. 1.	11 K 2439/10 E	EFG 2013, 678	**1** 135
17. 9.	6 K 2430/13	EFG 2013, 1958	**6** 135
13.11.	5 K 2434/09 U	EFG 2014, 686	**7** 182
9.12.	5 K 2789/11 U	EFG 2014, 676	**7** 133
2012			
29. 2.	7 K 4364/10 L	DStRE 2012, 1361	**9** 25
26. 6.	6 K 3767/10 F	EFG 2012, 1876	**8** 148, 181, 182
10. 7.	6 K 218/10 K	EFG 2012, 2060	**6** 111
2009			
2. 6.	16 V 896/09 A (E, AO)	EFG 2009, 1931	**8** 44, 52
2006			
8.11.	5 K 3447/04 U	EFG 2007, 305	**6** 111, 213
2001			
4. 9.	3 K 8898/98 E, F	DStRE 2003, 97	**8** 102
1999			
9. 6.	2 K 7411/96 E	DStRE 2000, 630	**8** 45
16. 8.	12 V 4031/99 A (E)	EFG 1999, 1219	**8** 155
1997			
5. 2.	13 K 2126/93 E	EFG 1997, 473	**8** 87, 198
1993			
26. 5.	5 K 446/90 U	EFG 1993, 752	**6** 111, 213
1991			
18. 3.	6 K 117/86	EFG 1991, 750	**8** 153
1984			
18. 5.	I 714/79	EFG 1985, 83	**6** 118, 126, 127
Hamburg			
2017			
15.11.	1 K 2/16	juris	**6** 213; **7** 207
2015			
25. 2.	5 K 135/12	npoR 2016, 114	**5** 20, 87
2014			
25. 2.	3 K 126/13	juris	**9** 58
26. 3.	4 K 74/13	juris	**1** 25
2013			
5. 2.	3 K 74/12	EFG 2013, 956	**3** 177
2012			
31. 1.	5 K 122/11	EFG 2014, 786	**2** 34
19. 7.	3 K 33/11	juris	**1** 9; **8** 56
31. 8.	3 V 129/12	EFG 2013, 140	**1** 25; **7** 239
5. 9.	6 K 39/12	EFG 2013, 104	**9** 50, 52

Datum	Az.	Fundstelle	Werkreferenz
2008			
19. 6.	5 K 165/06	juris	4 160; 5 63; 7 65
14.11.	3 K 250/06	DStRE 2008, 992	8 39
29.12.	3 K 128/08	EFG 2009, 956	7 238
2007			
13. 4.	5 V 152/06	EFG 2007, 1543	4 148, 164
29. 8.	5 K 145/05	EFG 2008, 100	3 86; 4 160
12.12.	6 K 131/06, 6 K 132/06	EFG 2008, 634	8 68
2006			
23. 3.	II 317/04	juris	9 36
15. 6.	2 K 10/05	EFG 2007, 218	6 111, 142; 7 43
4. 9.	2 K 109/05	EFG 2007, 199	8 144
2004			
7. 4.	VII 16/01	EFG 2005, 158	3 71
2001			
17.12.	II 657/99	EFG 2002, 545	3 43
1997			
8.12.	II 98/95	EFG 1998, 916	2 85; 3 40, 71, 72, 101; 4 42
1994			
6. 4.	I 132/91	EFG 1994, 965	8 53
1988			
8. 7.	II 287 /85	EFG 1989, 32	4 135
1970			
29. 1.	II 162/68	EFG 1970, 517	6 130
Hessen			
2017			
28. 7.	4 K 917/16	npoR 2018, 19	4 9, 129, 135
2016			
13.10.	4 K 1522/16	EFG 2016, 861	6 97, 98, 147; 7 157
10.11.	4 K 179/16	juris	3 53
2015			
16. 4.	4 K 1685/14	juris	4 128
2012			
26. 4.	4 K 2239/09	DStRE 2013, 434	3 188
26. 4.	4 K 2789/11	EFG 2012, 1776	7 43, 48
2010			
23. 6.	4 K 501/09	StE 2010, 566	3 123
2009			
19. 1.	4 K 2574/07	juris	4 139

Datum	Az.	Fundstelle	Werkreferenz
2008			
16. 5.	4 K 2905/06	juris	**6** 111, 213, 237, 254
16. 6.	4 K 3773/05	EFG 2009, 1356	**4** 139
2005			
12. 9.	6 K 3097/00	EFG 2006, 141	**7** 141; **8** 185
1998			
14. 1.	4 K 2594/94	EFG 1998, 757	**8** 130
1996			
29.10.	4 K 1842/94	EFG 1997, 514	**3** 30
1979			
22. 5.	VIII 56/79	EFG 1979, 507	**6** 97
Köln			
2017			
19. 1.	13 K 1160/13	juris	**3** 167, 168, 174; **6** 208
19.10.	15 K 2006/16	juris	**9** 25
2016			
20. 1.	9 K 3177/11	EFG 2016, 653	**3** 12
20. 1.	9 K 3177/14	juris	**1** 135, 136
28. 1.	1 K 2368/10	juris	**6** 286
7. 4.	10 K 2601/13	EFG 2016, 1236	**6** 270
20. 5.	12 K 562/13	juris	**9** 53
2015			
29. 1.	6 K 3255/13	EFG 2015, 863	**7** 212, 214
25. 2.	3 K 1350/12	EFG 2015, 1507	**9** 36
20. 8.	10 K 3553/13	EFG 2015, 1781	**6** 184
2014			
15. 1.	13 K 3735/10	EFG 2014, 667	**1** 135; **2** 106; **3** 177; **8** 11, 14
2013			
22. 5.	8 K 3374/10	EFG 2013, 1439	**7** 158
12. 6.	4 K 759/10	EFG 2013, 1405	**9** 58
17.10.	13 K 3949/09	EFG 2014, 484	**3** 150
2012			
18. 4.	13 K 1075/08	EFG 2012, 1693	**6** 213
20. 4.	4 K 3627/09	juris	**7**
30. 5.	10 K 3264/11	EFG 2012, 1813	**7** 9
21.11.	4 K 526/11	EFG 2013, 888	**7** 133
2010			
14. 1.	13 K 3157/05	EFG 2010, 1066	**7** 64
9. 3.	13 K 3181/05	EFG 2010, 1345	**2** 80
11. 6.	15 K 1571/07	EFG 2010, 2035	**7** 214
14. 7.	10 K 975/07	EFG 2010, 1993	**8** 22

Datum	Az.	Fundstelle	Werkreferenz
2006			
12.12.	9 K 4243/06	EFG 2007, 758	**8** 39
2005			
22. 6.	13 K 3420/04	EFG 2005, 1492	**6** 275
2003			
27.11.	9 K 3304/02, 9 K 6334/02	EFG 2004, 664	**7** 57, 58; **9** 4, 10
1999			
24. 2.	13 K 242/90	EFG 1999, 746	**4** 157
12. 5.	1 K 1996/97	EFG 1999, 834	**2** 54
1998			
27. 1.	6 V 6194/97	EFG 1998, 756	**8** 130
19. 5.	13 K 521/93	EFG 1998, 1665	**3** 53
Mecklenburg-Vorpommern			
2017			
18. 5.	2 K 220/13	juris	**7** 177
2016			
21.12.	3 K 272/13	npoR 2017, 265	**4** 160; **5** 67, 68, 69
2015			
16. 6.	3 K 368/14	juris	**9** 32
2012			
30. 7.	2 V 15/12	juris	**7** 177
1999			
28. 8.	2 K 363/97	DStRE 2000, 88	**3** 115
München			
2017			
29. 3.	3 K 855/15	EFG 2017, 1030	**7** 184
2016			
15. 1.	7 V 2906/15	npoR 2017, 27	**4** 13, 160; **5** 47; **6** 40
30. 5.	15 K 474/16	EFG 2016, 1513	**9** 41
25. 7.	7 K 2859/14	npoR 2017, 118	**3** 62, 100; **5** 43
2014			
10. 4.	14 K 1495/12	EFG 2014, 1436	**6** 244
5. 5.	7 K 2/12	EFG 2014, 1504	**7** 23
2013			
24. 4.	3 K 734/10	EFG 2013, 1532	**7** 214
18. 9.	3 K 2796/11	EFG 2014, 598	**7** 214
6.12.	14 V 3038/12	juris	**7** 182
2010			
21. 4.	3 K 2780/07	EFG 2010, 1737	**7** 212
19. 7.	7 K 472/08	EFG 2010, 1921	**3** 37; **7** 34, 59

Datum	Az.	Fundstelle	Werkreferenz
2009			
7. 7.	6 K 3583/07	EFG 2009, 1823	**8** 33
2008			
5.11.	3 K 3427/03	EFG 2009, 787	**7** 212, 214
2006			
15. 5.	7 K 4052/03	EFG 2006, 1362	**6** 161, 162
2002			
30.10.	7 K 1384/00	EFG 2003, 481	**1** 126
2001			
7. 5.	7 K 815/98	EFG 2001, 1178	**5** 49
2000			
2. 6.	7 K 4322/98	EFG 2000, 1146	**6** 111
1996			
29. 2.	15 K 4332/93	EFG 1996, 938	**4** 135
1984			
18. 1.	III 312/79 U	EFG 1984, 420	**7** 211
Münster			
2018			
18. 1.	6 K 389/17 Kfz	EFG 2018, 555	**6** 168
24. 1.	7 K 1007/17 E,F	DStZ 2018, 176	**9** 53
19. 2.	13 K 3313/15 F	EFG 2018, 897	**3** 62; **4** 37
13. 3.	5 K 3156/16 U	EFG 2018, 1315	**6** 274
2017			
27. 1.	4 K 56/16 F	EFG 2017, 477	**8** 31
22. 3.	9 K 518/14	EFG 2017, 1024	**6** 142, 145; **7** 43
17. 8.	10 K 2165/15 K	juris	**6** 237
13.10.	13 K 641/14 K	juris	**2** 64
2015			
31. 8.	9 K 2097/14 G	EFG 2016, 48	**7** 101
2014			
18. 3.	15 K 4236/11 U	EFG 2014, 1047	**7** 160
10. 4.	5 K 2409/10 U	EFG 2014, 1521	**6** 271, 274
11.12.	3 K 323/12 Erb	EFG 2015, 739	**4** 13, 160; **5** 47; **6** 26, 41, 42
2013			
16. 5.	2 K 3208/11 E	EFG 2014, 19	**9** 41, 46, 51
2012			
6. 1.	9 K 2649/10 K	EFG 2012, 1190	**7** 13
8. 3.	2 K 2608/09 E	EFG 2012, 1539	**1** 135; **8** 23

Datum	Az.	Fundstelle	Werkreferenz
2011			
15. 3.	15 K 3840/08 U	UR 2011, 787	**7** 183, 207
30. 6.	9 K 2649/10	EFG 2012, 492	**3** 71; **4** 160
2010			
7.12.	15 K 3110/06 U	EFG 2011, 842	**2** 82; **6** 274
7.12.	15 K 3614/07 U	DStR 2011, 172	**6** 285
13.12.	14 K 1789/08 E, 14 K 1792/08 E	EFG 2011, 610	**8** 51, 120
2009			
16.10.	10 K 4647/07	EFG 2010, 27	**9** 58
2007			
19. 1.	9 K 3856/04	EFG 2007, 1470	**8** 66
2005			
11. 3.	9 K 1567/00 K	EFG 2005, 1003	**4** 160; **5** 63
1998			
16. 6.	15 K 2840/96 U	EFG 1998, 1364	**6** 111
1995			
9. 5.	15 K 915/94 U	EFG 1995, 788	**4** 165
1994			
25. 5.	15 K 5247/87 U	EFG 1994, 810	**3** 91
1987			
16. 6.	V 3976/83	juris	**6** 270
1967			
18. 5.	IIb 28/64	DStZ-B 1967, 495	**6** 130
1966			
8.12.	Ib 55-58/65	EFG 1967, 476	**6** 101, 174, 193
Niedersachsen			
2016			
4. 8.	6 K 418/15	juris	**3** 122
2015			
15. 1.	4 K 85/13	EFG 2015, 904	**8** 127, 128, 134
2013			
30. 5.	16 K 180/12	juris	**7** 207
2012			
14. 6.	5 K 117/11	EFG 2012, 2074	**6** 263; **7** 207
12.11.	7 K 10204/09	DStRE 2013, 1497	**7** 101
2010			
8. 4.	6 K 139/09	juris	**1** 133; **3** 185, 195; **4** 48
3. 6.	5 K 78/09	EFG 2011, 1842	**7** 183

Datum	Az.	Fundstelle	Werkreferenz
2009			
16. 6.	15 K 30331/06	DStRE 2010, 592	**8** 25, 81
25. 6.	11 K 72/08	DStRE 2011, 154	**8** 39
2008			
24. 4.	16 K 334/07	n.v.	**6** 213
2005			
15. 9.	6 K 609/00	EFG 2006, 1195	**2** 26
1999			
8. 7.	V 362/97	EFG 1999, 1256	**4** 55
1998			
8. 9.	VI 366/94	EFG 1998, 1667	**3** 122
1997			
18. 2.	VI 54/91, VI 37/92	EFG 1997, 1340	**3** 25, 57
19. 8.	VI 137/92	EFG 1998, 596	**4** 139
1993			
4. 8.	VI 505/85	EFG 1994, 498	**6** 111
1990			
22.11.	VI 605/86	EFG 1991, 362	**4** 129
1988			
24.11.	VI 208/87	EFG 1989, 253	**6** 147
1980			
24. 9.	VI 551/78	EFG 1981, 202	**3** 68
1974			
23. 7.	VI Kö 10/74	EFG 1974, 588	**3** 92
Nürnberg			
2017			
8. 6.	4 K 334/16	juris	**9** 25
2015			
15. 4.	5 K 1723/12	EFG 2015, 1425	**9** 34
2014			
25. 2.	1 K 1718/12	EFG 2014, 1187	**9** 58
2013			
25. 6.	1 K 860/12	EFG 2014, 60	**7** 101
2010			
29. 7.	4 K 392/2009	EFG 2011, 361	**7** 57
2007			
24. 4.	I 175/2005	DStRE 2008, 523	**4** 139
2000			
29. 8.	I 78/1999	EFG 2000, 1351	**3** 91

Datum	Az.	Fundstelle	Werkreferenz
1998 24. 3.	I 260/94	EFG 1998, 975	**4** 135
1997 30. 9.	IV 4/95	EFG 1998, 121	**9** 10
1989 24. 1.	II 191/82	EFG 1989, 541	**7** 192
1986 17. 3.	I 264/83	EFG 1986, 621	**3** 29
Rheinland-Pfalz			
2016 19. 5.	4 K 1218/14	EFG 2017, 1876	**8** 62, 64
2014 19. 2. 7. 8. 9.12.	1 K 2423/11 6 K 1387/11 3 K 2197/11	juris juris EFG 2015, 358	**3** 122 **7** 185 **9** 51
2012 23. 3.	6 K 1868/10	EFG 2012, 1202	**7** 207
2011 25. 5.	2 K 1996/10	EFG 2011, 1596	**9** 32
2010 27. 5.	6 K 1104/09	EFG 2010, 1552	**6** 179, 213
2009 29. 1. 24. 4. 17. 9.	6 K 1351/06 4 K 2597/08 4 K 1976/06	DStRE 2010, 549 EFG 2009, 1338 EFG 2009, 2051	**3** 185; **6** 111, 268, 269 **1** 40 **7** 237
2008 27.11.	6 K 2348/07	EFG 2009, 441	**7** 195
1995 19. 7.	1 K 2199/93	EFG 1996, 52	**9** 58
1993 11.10.	5 K 1341/92	EFG 1994, 594	**4** 135
Saarland			
2008 18.12.	2 K 2400/06	EFG 2009, 743	**8** 32
1996 2.10.	1 K 85/95	EFG 1997, 38	**4** 152
1987 18. 3.	1 K 204/85	EFG 1987, 374	**6** 179
1981 21. 8.	I 74-75/78	EFG 1982, 214	**4** 82

Datum	Az.	Fundstelle	Werkreferenz
Sachsen			
2013			
25. 1.	8 K 1937/06	juris	7 133
19. 3.	3 K 1143/09	EFG 2014, 584	**2** 24; **3** 84; **7** 13
2012			
13.12.	6 K 1010/10	juris	7 214
2011			
11. 1.	2 K 1429/10	EFG 2011, 1675	**3** 13
2004			
21. 1.	7 K 2347/02	juris	7 136
Sachsen-Anhalt			
2012			
17.10.	3 K 1574/07	juris	**5** 63
2005			
16. 2.	2 K 507/04	DStRE 2006, 282	7 195
2002			
16. 4.	4 K 10500/99	EFG 2002, 958	**9** 25
Schleswig-Holstein			
2018			
7. 3.	2 K 174/17	juris	**9** 25
2013			
31. 1.	1 K 123/10	EFG 2013, 548	7 23
2012			
8. 3.	3 K 118/11	EFG 2012, 1184	7 238
18. 6.	5 K 40111/10	EFG 2013, 641	7 101
2010			
1.10.	1 K 29/08	EFG 2011, 269	**8** 65, 68
2009			
4. 6.	1 K 156/04.	EFG 2009, 1486	**2** 63; **8** 15
2006			
7. 9.	4 K 223/04	EFG 2006, 1867	7 214
2002			
27. 2.	II 374/98	EFG 2002, 739	**6** 219
2000			
15. 3.	I 210/95	EFG 2000, 787	**9** 58
1998			
11.12.	IV 954/97	EFG 1999, 858	**6** 261

Datum	Az.	Fundstelle	Werkreferenz
1996			
22. 3.	I 535/92	EFG 1996, 940	**3** 17, 24, 83, 84, 91, 95, 96, 99, 152
1992			
21.10.	IV 530/92	EFG 1993, 347	**3** 167
Thüringen			
2016			
15. 6.	3 K 719/15	EFG 2017, 412	**7** 103
2015			
25. 2.	3 K 715/13	EFG 2015, 1717	**9** 45
26. 2.	1 K 375/11	juris	**7** 42
23. 4.	1 K 743/12	juris	**1** 6
30. 9.	3 K 480/14	EFG 2015, 2163	**9** 32
2011			
29. 9.	2 K 29/09	StE 2011, 727	**6** 203, 207

e) Österreichischer Verwaltungsgerichtshof in Steuersachen

Datum	Az.	Fundstelle	Werkreferenz
2008			
28. 4.	2001/14/0166	GeS 2005, 128	**8** 65
1987			
22. 9.	86/140/0196	ÖStZ 1988, 152, 153	**6** 85

5. Andere Gerichte

a) RG

Datum	Az.	Fundstelle	Werkreferenz
1940			
4. 6.	II 171/39	RGZ 164, 129	**3** 3

b) BGH

Datum	Az.	Fundstelle	Werkreferenz
2017			
6. 4.	IX ZB 40/16	NZI 2017, 461	**9** 23
16. 5.	II ZB 7/16	NJW 2017, 1943	**2** 32, 35, 36; **7** 35, 54, 184
2015			
22. 1.	III ZR 434/13	ZIP 2015, 923	**2** 59
2014			
20.11.	III ZR 509/13	npoR 2015, 28	**6** 41

Datum	Az.	Fundstelle	Werkreferenz
2013 19. 6.	V ZB 130/12	MDR 2013, 1135	**1** 47; **3** 1
2009 12. 3. 7.10.	III ZR 142/08 Xa ZR 8/08	ZEV 2009, 410 NJW 2010, 234	**2** 58 **5** 121; **9** 5
2007 3.12.	II ZR 22/07	WM 2008, 736	**2** 38
2003 27. 2. 18. 6. 10.12.	I ZR 25/01 5 StR 169/00 IV ZR 249/02	WRP 2003, 640 UR 2003, 545 BGHZ 157, 178	**2** 16 **7** 152 **1** 59; **9** 3
2002 28. 2. 14. 5.	IX ZR 153/00 XI ZR 50/01	NJW-RR 2002, 1130 BGHZ 151, 34	**2** 14 **2** 14
2001 29. 1.	II ZR 331/00	BGHZ 146, 341	**2** 93; **4** 42
2000 14.11.	XI ZR 248/99	BGHZ 146, 37	**2** 14
1997 2. 6.	II ZR 81/96	NJW 1997, 2592	**2** 17
1992 16. 3.	II ZB 17/91	BGHZ 117, 323	**7** 7
1987 14.12.	II ZR 53/87	NJW-RR 1988, 745	**2** 38
1985 11.11.	II ZB 5/85	BGHZ 96, 245	**3** 3
1984 19. 3.	II ZR 168/83	BGHZ 90, 331	**2** 42
1982 29. 9.	I ZR 88/80	BGHZ 85, 84	**2** 35, 36
1954 21. 4.	VI ZR 55/53	BGHZ 13, 111	**4** 48
1952 28.10.	1 StR 450/52	BGHSt 3, 248	**8** 120

c) BayObLG

Datum	Az.	Fundstelle	Werkreferenz
2000 25. 1.	3 Z RB 319/00	NJW-RR 2001, 1260	**3** 3

Datum	Az.	Fundstelle	Werkreferenz
1972 25.10.	BReg 2 Z 56/72	NJW 1973, 249	**2** 10

d) Oberlandesgerichte

Datum	Az.	Fundstelle	Werkreferenz
Bamberg			
1981 8. 7.	3 U 53/81	NJW 1982, 895	**2** 42
Berlin (KG)			
2016 16. 2.	22 W 71/15	npoR 2016, 158	**2** 34, 35
2012 3.12.	8 U 116/12	ZStV 2013, 107	**5** 121
2011 18. 1. 21. 2. 7. 3.	25 W 14/10 25 W 32/10 25 W 95/11	DNotZ 2011, 632 DNotZ 2011, 634 DStR 2012, 1195	**2** 34 **2** 34 **2** 34
Brandenburg			
2015 23. 6.	7 W 23/15	npoR 2015, 199	**2** 34
2014 13. 3.	5 W 140/13	juris	**1** 47
Celle			
2016 10. 3.	16 U 60/15	npoR 2016, 166	**2** 58
2012 23. 8.	1 Ws 248/12	OLGSt StGB § 266 Nr. 15	**5** 49
Dresden			
2002 2. 5.	7 U 2905/01	NJW 2002, 3181	**9** 3
Frankfurt/M.			
2017 24. 1.	20 W 290/14	juris	**2** 36
2000 20.11.	20 W 192/00	NJW-RR 2002, 176	**2** 10

Datum	Az.	Fundstelle	Werkreferenz
Karlsruhe			
2012			
17. 1.	14 Wx 21/11	npoR 2012, 197	**2** 42
2011			
30. 8.	14 Wx 51/11	Rpfleger 2012, 213	**2** 34
Köln			
2016			
24. 5.	2 Wx 78/16	juris	**2** 36
München			
2006			
13.12.	31 Wx 84/06	GmbHR 2007, 267	**2** 16
Naumburg			
2000			
21. 3.	9 U 63/99	OLGReport Naumburg 2001, 60	**2** 14
Nürnberg			
2015			
17.11.	12 W 2249/15	NZG 2016, 155	**3** 3
Oldenburg			
2013			
8.11.	6 U 50/13	npoR 2014, 134	**6** 41
Rostock			
2016			
6. 4.	1 U 21/14	juris	**2** 17; **5** 67
Schleswig-Holstein			
2012			
18. 9.	2 W 152/11	ZStV 2013, 142	**2** 34
Stuttgart			
2014			
3.12.	8 W 447/14	npoR 2015, 27	**2** 34
1964			
12. 2.	8 W 229/63	NJW 1964, 2085	**2** 10
Zweibrücken			
2013			
3. 9.	3 W 34/13	ZStV 2014, 97	**2** 34

e) Landgerichte

Datum	Az.	Fundstelle	Werkreferenz
Düsseldorf			
2013			
30. 4.	33 O 126/12	ZIP 2013, 1626	**2** 13

f) BVerwG

Datum	Az.	Fundstelle	Werkreferenz
2017			
27. 4.	9 C 5/16 und C 6/16	juris	**7** 182
27. 9.	6 C 34/16	HFR 2018, 242	**1** 47
2014			
9. 7.	9 B 63/13	juris	**7** 178
2013			
12. 6.	9 C 4/12	BVerwGE 147, 1	**7** 182
2008			
31. 7.	9 B 80/07	UR 2009, 25	**7** 178
2006			
4. 5.	10 C 10/05	DStR 2006, 1476	**7** 178

g) Oberverwaltungsgerichte

Datum	Az.	Fundstelle	Werkreferenz
Berlin-Brandenburg			
2016			
3. 3.	OVG 3 B 5.15	juris	**7** 3
Lüneburg			
1967			
15. 6.	VII A 24/67	DGStZ 1968, 9	**3** 123
Münster			
2016			
31. 5.	16 A 172/13	npoR 2016, 257	**2** 58
2006			
14.12.	9 A 2477/04	NWVBl. 2007, 232	**3** 179
Sachsen-Anhalt			
2015			
19. 5.	3 L 207/13	juris	**1** 47; **7** 3

Datum	Az.	Fundstelle	Werkreferenz
Schleswig-Holstein			
2012			
6. 2.	4 KN 2/13	juris	**1** 25

h) Verwaltungsgerichte

Datum	Az.	Fundstelle	Werkreferenz
Berlin			
2012			
21. 2.	20 K 369.08	npoR 2012, 155	**1** 113
Düsseldorf			
2013			
28. 5.	22 K 2532/11	juris	**2** 13

i) Bundessozialgericht

Datum	Az.	Fundstelle	Werkreferenz
2017			
16. 8.	B 12 KR 14/16 R	npoR 2018, 35	**9** 23
2012			
15. 5.	B 2 U 4/11 R	BSGE 111, 24	**1** 47

j) Landessozialgerichte

Datum	Az.	Fundstelle	Werkreferenz
Niedersachsen-Bremen			
2012			
21.11.	L 2 EG 7/12	FamRZ 2013, 1256	**9** 22

II. Verzeichnis der Verwaltungsanweisungen

1. BMF

Datum	Az.	Fundstelle	Werkreferenz
2018			
18. 1.		BStBl. I 2018, 204	**6** 184, 256, 280
2017			
6. 2.		BStBl. I 2017, 287	**8** 107
16. 5.		BStBl. I 2017, 776	**7** 40
26. 5.		BStBl. I 2017, 790	**7** 122
6.12.		BStBl. I 2017, 1603	**6** 183, 229

Datum	Az.	Fundstelle	Werkreferenz
15.12.		BStBl. I 2018, 246	**8** 26, 46
17.12.		BStBl. I 2018, 52	**7** 94
2016			
26. 1.		BStBl. I 2016, 155	**1** 20; **4** 57; **6** 229
9. 2.		BStBl. I 2016, 223	**3** 106
20. 4.		BStBl. I 2016, 475	**7** 94
25. 4.		BStBl. I 2016, 484	**7** 207
23. 5.		BStBl. I 2016, 490	**5** 40
24. 5.		BStBl. I 2016, 498	**8** 110
24. 5.		BStBl. I 2016, 500	**7** 40
28. 6.		BStBl. I 2016, 641	**8** 110
21. 7.		BStBl. I 2016, 685	**7** 94
24. 8.		BStBl. I 2016, 994	**8** 34
19. 9.		BStBl. I 2016, 1042	**7** 162
28. 9.		BStBl. I 2016, 1043	**7** 161
6.10.		BStBl. I 2016, 1076	**7** 160
2015			
25. 6.		BStBl. I 2015, 541	**7** 40
22. 9.		BStBl. I 2015, 745	**3** 106
2014			
2. 1.		BStBl. I 2014, 119	**7** 211, 212
31. 1.		BStBl. I 2014, 290	**6** 247
26. 3.		BStBl. I 2014, 791	**8** 106
29. 4.		BStBl. I 2014, 814	**7** 207
5. 5.		BStBl. I 2014, 820	**7** 122
5. 6.		BStBl. I 2014, 896	**7** 211, 212
13. 6.		BStBl. I 2014, 886	**7** 40
17. 6.		BStBl. I 2014, 889	**8** 110
25. 7.		BStBl. I 2014, 1144	**7** 142
1. 8.		BStBl. I 2014, 1067	**4** 24
15. 9.		BStBl. I 2014, 1278	**8** 165, 166, 167, 168
15. 9.		BStBl. I 2014, 1278	**8** 166
20.11.		BStBl. I 2014, 1613	**3** 106
21.11.		BStBl. I 2014, 1581	**9** 20, 25, 27, 30
25.11.		BStBl. I 2014, 1584	**8** 33, 34, 35, 37
2013			
3. 1.		BStBl. I 2013, 59	**7** 40
27. 3.		BStBl. I 2013, 452	**7** 193
21. 6.		BStBl. I 2013, 769	**8** 110
5. 7.		BStBl. I 2013, 881	**7** 6, 91, 94
7.11.		BStBl. I 2013, 1333	**8** 106, 109
22.11.		BStBl. I 2013, 1590	**7** 164, 173
28.11.		BStBl. I 2013, 1503	**8** 110
19.12.		npoR 2014, 78	**7** 40

Datum	Az.	Fundstelle	Werkreferenz
2012			
2. 1.		BStBl. I 2012, 59	**7** 193, 211, 212, 213
17. 1.		BStBl. I 2012, 183	**4** 93, 100; **6** 8
20. 8.		BStBl. I 2012, 877	**7** 178
30. 8.		BStBl. I 2012, 884	**8** 106, 165
13.11.		BStBl. I 2012, 1169	**7** 109, 142
1.12.		BStBl. I 2012, 1375	**7** 182
9.12.		BStBl. I 2012, 953	**7** 91
2011			
3. 3.		BStBl. I 2011, 233	**7** 182
12. 4.		BStBl. I 2011, 538	**6** 258
4. 5.		BStBl. I 2011, 539	**6** 183
16. 5.		BStBl. I 2011, 559	**1** 134; **2** 95; **7** 3; **8** 23, 25, 94, 96
17. 6.		BStBl. I 2011, 623	**8** 106
6. 7.		BStBl. I 2011, 738	**7** 182
16. 8.		BStBl. I 2011, 787	**7** 94
16. 8.		BStBl. I 2013, 881	**7** 94
28. 9.		BStBl. I 2011, 855 Rz. 7	**7** 40
11.11.		BStBl. I 2011, 1314 Rz. 22.35	**7** 79
2010			
4. 2.		BStBl. I 2010, 179	**8** 59
6. 4.		BStBl. I 2010, 386	**1** 134; **2** 95; **8** 23, 94
7. 7.		BStBl. I 2010, 630	**4** 138
22. 9.		BStBl. I 2010, 721	**9** 41
1.12.		BStBl. I 2010, 1375	**7** 182
2009			
20. 1.		BStBl. I 2009, 339	**3** 105, 166; **6** 228, 232
9. 3.		BStBl. I 2009, 445	**2** 38
22. 4.		DB 2009, 987	**2** 38
20. 7.		BStBl. I 2009, 774	**7** 162
14.10.		BStBl. I 2009, 1318	**2** 38; **5** 63
28.12.		npoR 2010, 28	**2** 38
2008			
21. 4.		BStBl. I 2008, 582	**1** 18; **3** 43, 182
17. 7.		BStBl. I 2008, 694	**1** 18; **4** 56
24. 7.		BStBl. I 2008, 809	**8** 156
25.11.		BStBl. I 2008, 895	**2** 38; **9** 27
18.12.		BStBl. I 2009, 16	**8** 169, 170
2007			
26. 1.		BStBl. I 2007, 211	**7** 124
9. 2.		BStBl. I 2007, 218	**7** 108, 207
27. 9.		BStBl. I 2007, 768	**7** 185
13.12.		BStBl. I 2008, 4	**8** 106
17.12.		BStBl. I 2008, 23	**7** 163

Datum	Az.	Fundstelle	Werkreferenz
2006			
19. 1.		BStBl. I 2006, 216	8 78
2. 3.		BStBl. I 2006, 242	6 263
29. 3.		BStBl. I 2006, 342	8 39
27. 6.		DStR 2006, 1227	7 64
11. 7.		BStBl. I 2006	8 63
13.12.		BStBl. I 2007, 75	8 78
2005			
14. 1.		BStBl. I 2005, 52	8 39, 59
19. 5.		BStBl. I 2005, 786	3 43
22. 8.		BStBl. I 2005, 845	8 63
20. 9.		BStBl. I 2005, 902	1 135; 3 8
2004			
26. 3.		BStBl. I 2004, 437	6 147
17.11.		BStBl. I 2004, 1059	4 125, 144; 7 5
2003			
15. 9.		BStBl. I 2003, 446	3 102, 146
15.10.		BStBl. I 2003, 483	5 50
23.12.		BStBl. I 2003, 76	9 55, 58
2002			
1. 2.		BStBl. I 2002, 221	6 139; 7 73
1.10.		DB 2002, 2134	8 39
5.11.		BStBl. I 2002, 1346	7 81, 82
17.12.		BStBl. I 2003, 107	4 54
2001			
5. 9.		BStBl. I 2001, 863	8 59
2000			
4. 2.	IV C 6 - S 0171 - 4/00	juris	3 99
21. 3.	IV C 6 - S 0171 - 54/00	juris	2 70; 8 163
27. 4.		UR 2000, 298	7 136
15. 5.		StEK AO 1977 § 52 Nr. 136	6 213
2. 6.		BStBl. I 2000, 592	8 106
14. 7.		BStBl. I 2001, 804	7 118
21. 9.		BStBl. I 2000, 1251	6 210; 7 173
27.11.		BStBl. I 2000, 1548	6 190, 1 92
7.12.		BStBl. I 2000, 1557	8 106
1999			
31. 5.		BStBl. I 1999, 579	7 182
7. 6.		BStBl. I 1999, 591	8 33
22. 9.		BStBl. I 1999, 944	3 84, 85; 6 218, 273

Datum	Az.	Fundstelle	Werkreferenz
1998			
18. 2.		BStBl. I 1998, 212	**6** 151; **8** 59, 60; **9** 4
19.10.		BStBl. I 1998, 1423	**6** 16
20.10.		BStBl. I 1998, 1424	**3** 43
6.11.		BStBl. I 1998, 1446	**4** 22
1996			
4. 1.		BStBl. I 1996, 54	**3** 68
5. 9.		BStBl. I 1996, 1150	**9** 55, 56, 58
1995			
19. 9.		StEK § 52 Nr. 85	**3** 123
25. 9.		StEK AO 1977 § 14 Nr. 52	**6** 213
26.10.		StEK § 52 Nr. 88	**3** 106
22.12.		BStBl. I 1996, 51	**3** 43
1992			
11. 3.		BStBl. I 1993, 214	**3** 63, 64; **6** 207
6. 8.	IV B 7 - S 2729 - 10/92	juris	**7** 42
1991			
7. 8.		BStBl. I 1991, 792	**3** 43
25. 9.		DB 1991, 2518	**3** 103, 123; **6** 212
1990			
20. 3.		BStBl. I 1990, 179	**3** 104
27.12.		BStBl. I 1991, 81	**4** 83
1989			
22. 5.		DB 1989, 1166	**2** 44; **7** 118
31. 7.	IV B 4 - S 0170 - 143/87	juris	**4** 96
19.12.		StEK § 65 Nr. 31	**3** 106
1988			
18.10.		BStBl. I 1988, 443	**2** 43, 44
1981			
18. 2.		StEK AO 1977 § 65 Nr. 6	**6** 208
1980			
11.12.		BStBl. I 1980, 786	**3** 43
1979			
29. 5.		StEK § 65 Nr. 3	**7** 50
1978			
25. 9.		BStBl. I 1978, 383	**6** 282
1974			
18. 1.		DStR 1974, 148	**6** 134

2. Finanzministerien der Länder

Datum	Az.	Fundstelle	Werkreferenz
Baden-Württemberg			
1998			
8.12.	S 2729/17	juris	**7** 214
1988			
12.12.		DStR 1989, 255	**6** 210
Bayern			
2013			
11.12.		DB 2014, 92	**7** 239
2003			
12.11.		ZEV 2004, 65	**9** 9
2000			
11. 2.		DB 2000, 548	**6** 151, 161
13. 4.		DB 2000, 954	**6** 213, 272, 275, 276
1997			
5. 3.		DB 1997, 652	**3** 26, 62
25. 6.		DB 1997, 1746	**3** 188; **4** 130
Berlin (FinSen)			
1992			
29.12.		DB 1993, 511	**6** 208
Brandenburg			
1996			
7. 3.		DB 1996, 1161	**6** 144
1993			
22. 7.		StEK AO 1977 § 64 Nr. 24	**6** 209
Hamburg			
2013			
9.10.		BStBl. I 2013, 1362	**2** 22; **9** 6
Hessen			
1997			
27. 6.		KSt-Kartei Hessen § 5 KStG Karte H 64	**3** 64
Niedersachsen			
2000			
28. 3.		DStR 2000, 1093	**3** 138; **4** 131
1995			
14.11.		DB 1996, 356	**3** 71

Datum	Az.	Fundstelle	Werkreferenz
1994			
25. 1.		FR 1994, 206	**3** 163
1978			
8. 3.		FR 1978, 272	**3** 84
11. 7.		StEK KStG 1977 § 1 Nr. 3	**6** 168
Nordrhein-Westfalen			
2012			
18.10.		Pressemitteilung	**8** 185
2005			
9. 3.		DB 2005, 582	**6** 237, 238
2004			
11.10.		ZKF 2005, 12	**2** 78; **8** 13
2000			
30.11.	S 2223 – 1040 – V B 2	n.v.	**2** 63
1997			
10. 1.		StEK § 52 Nr. 98	**3** 123
1995			
17. 1.		DB 1995, 553	**9** 10
1994			
21.11.		FR 1995, 293	**3** 135
1993			
31. 3.		StEK AO 1977 § 65 Nr. 41	**6** 213
1992			
18. 5.		DB 1992, 1378	**9** 10
1990			
18. 9.		DB 1990, 2096	**2** 44; **4** 127
1972			
8.12.		DB 1973, 30	**3** 121, 123
Rheinland-Pfalz			
1987			
21. 4.		DB 1987, 1513	**6** 210
1981			
2. 7.		StEK AO 1977 § 52 Nr. 16	**6** 213
Saarland			
2002			
3.12.		DStR 2003, 157	**9** 58

Datum	Az.	Fundstelle	Werkreferenz
Sachsen			
1998			
16. 7.		DStR 1998, 1306	3 127
Sachsen-Anhalt			
2016			
23. 8.	46 – S – S 0187 - 2	juris	6 101
Schleswig-Holstein			
2016			
9. 6.	VI 306-S 2241-299	DB 2016, 1471	6 127; 8 192, 193
2013			
6. 6.	VI 305-S 2223-670	juris	8 110
28.11.		MwStR 2014, 106	7 195
2012			
1. 6.	VI 309-S 0170-162	juris	8 27
Thüringen			
1996			
25. 4.		DStR 1996, 921	3 87
1993			
23. 6.		StEK § 52 Nr. 73	3 144

3. Oberfinanzdirektionen inkl. Bayerisches Landesamt für Steuern

Datum	Az.	Fundstelle	Werkreferenz
Bayerisches Landesamt für Steuern			
2012			
11. 9.		KSt-Kartei BY § 5 Abs. 1 Nr. 9 KStG Karte 1.18	8 23
2011			
14. 2.		KSt-Kartei BY § 5 Abs. 1, Nr. 9 KStG Karte 17.1	6 266
8. 7.		DB 2011, 1832	9 27
2010			
4. 2.	S 2706.1.1-10 St 31	juris	7 48
2.11.		DStR 2010, 2518	5 58, 169
2009			
31. 3.		DB 2009, 934	2 11
2006			
19. 6.		DB 2006, 1528	8 168
2005			
26. 5.		DB 2006, 1285	7 91

Datum	Az.	Fundstelle	Werkreferenz
Cottbus			
1996			
10. 9.		DB 1996, 2004	**6** 14
1991			
26. 6.		DB 1991, 1601	**3** 63
Düsseldorf			
2005			
5.10.		DB 2005, 2270	**8** 25
2003			
3. 2.	S 2729 ASt 132	juris	**3** 89
1996			
11.11.		DB 1996, 2364	**3** 102; **6** 213
1982			
1. 2.		KSt-Kartei NRW § 5 Karte H 25	**5** 161
1. 7.		DB 1982, 1596	**3** 179
1980			
26. 6.		KSt-Kartei NRW § 5 Karte H 20	**5** 121, 164
1978			
13. 6.		StEK AO 1977 § 68 Nr. 4	**6** 193
Düsseldorf und Münster			
2004			
14. 6.		DB 2004, 1397	**6** 259
Erfurt			
2004			
15. 1.		UVR 2004, 142	**7** 142
1994			
4. 7.		DB 1994, 1956	**3** 71, 91
14. 7.		StEK UStG § 4 Nr. 26 Nr. 6	**7** 192
Frankfurt/M.			
2017			
28. 2.	S 0174 A 33 St 53	juris	**4** 139
2016			
20. 7.	S 0186 A – 6 – St 53	npoR 2017, 31	**6** 237
27. 7.	S 2241 A - 129 - St 213	DB 2016, 1966	**6** 127; **8** 192, 193
2015			
4.11.	S 0171 A-42 – St 53	juris	**7** 48

Datum	Az.	Fundstelle	Werkreferenz
2014			
14. 2.		MwStR 2014, 249	7 177
17. 3.		DStR 2014, 1445	8 134
27. 5.	S 0177 A-6-St 53	StEd 2014, 459	8 79
2013			
29. 3.		KSt-Kartei HE	6 256
		§ 5 KStG Karte H 212	
19. 8.		ofix HE KStG/5/181	6 237
5. 9.		IStR 2014, 80	3 195; 8 23, 94, 95
1.10.		ofix HE KStG/5/229	6 258
19.11.		DB 2014, 571	8 31
2012			
7. 8.	S 0184 A-17-St53	NWB DokID	6 263
		ZAAAE-18129	
2011			
30. 8.		npoR 2011, 145	2 60
2009			
18. 3.		UVR 2009, 360	7 142
20. 3.		UR 2009, 539	7 207
2. 4.		npoR 2009, 23	3 92
2008			
5. 5.		KSt-Kartei HE	6 244
		§ 5 KStG Karte H 195	
13. 6.		DB 2008, 2002	8 165, 170
2007			
13. 9.		StEK EStG § 18 Nr. 284	9 45, 50, 51
2006			
20. 7.		StEK § 52 Nr. 164	3 92
18. 9.		DB 2006, 2318	6 213
26. 9.		DB 2006, 2261	6 232
2005			
9. 8.		DB 2005, 1880	6 213
2004			
8.12.		DStR 2005, 600	4 53; 5 169
2003			
23. 5.		DStR 2003, 1298	8 169
6. 8.		DB 2003, 2255	4 168
14.10.		DB 2003, 2678	1 12
6.11.	S 2223 A - 22 – St II 2.06	DB 2003, 2624	8 32
15.12.		DB 2004, 772	8 120, 128
2002			
21. 2.		DB 2002, 818	8 36
15. 5.		StEK AO 1977	3 103; 6 213
		§ 52 Nr. 148	

Datum	Az.	Fundstelle	Werkreferenz
2001			
8. 2.		DB 2001, 2119	**8** 106
23. 7.		DB 2001, 1856	**8** 76
14.11.		DB 2002, 351	**6** 213; **7** 58
2000			
29. 5.		DB 2000, 1371	**3** 60
1999			
6. 1.		DB 1999, 460	**3** 26, 93, 102
12. 1.		DB 1999, 460	**3** 138
1998			
12. 2.		DB 1998, 651	**7** 45
13. 5.		DB 1998, 1208	**6** 151, 161
1997			
2. 7.		DB 1997, 1745	**4** 51
18. 7.		DB 1997, 2055	**3** 63, 65; **6** 207
29. 7.		DB 1997, 1692	**3** 125
1996			
11.12.		DB 1997, 205	**3** 62
11.12.		KSt-Kartei Hessen § 5 Karte H 103	**3** 8
1995			
17. 3.		FR 1995, 486	**6** 111, 210
7. 9.		StEK § 52 Nr. 83	**3** 135
27. 9.		FR 1995, 873	**3** 100
27.10.		DB 1995, 2500	**3** 69; **4** 78, 82
1994			
28. 7.		FR 1994, 688	**3** 111
15.12.		FR 1995, 287	**8** 32
15.12.		FR 1995, 287	**3** 102
1993			
5. 1.		KSt-Kartei § 5 Karte H 69	**4** 158
4. 2.		FR 1993, 342	**1** 12
4. 3.		DStR 1993, 1144	**4** 168
30. 3.		DB 1993, 1116	**3** 105
31. 3.		DB 1993, 1217	**4** 42
1992			
3. 6.		DStR 1992, 1245	**3** 104
1983			
18. 7.		DB 1983, 2156	**3** 69
1981			
9. 7.		DB 1983, 2156	**3** 69, 123

Datum	Az.	Fundstelle	Werkreferenz
1960			
13.10.		NWB F. 1 S. 208	8 56
Hannover			
2010			
20. 1.		DStR 2010, 758	6 244
2009			
20. 5.	S 2145-80-StO 224	juris	6 244
2006			
1. 8.		DB 2006, 1871	6 260
2003			
4. 4.		DStR 2003, 1526	8 169
2002			
11. 3.		DB 2002, 661	3 100
9.10.		DStZ 2002, 50	8 95
2001			
15. 6.		BB 2001, 1724	3 104
2000			
12. 1.		DB 2000, 252	3 119
12. 7.		DStR 2000, 1564	6 35
1998			
1. 4.		DB 1998, 1062	3 58
14. 7.		DStR 1998, 1357	6 237
18. 8.		StEK AO 1977 § 64 Nr. 40	6 213
1997			
3.11.		DB 1997, 2407	3 26, 100
1994			
25. 7.		StEK § 52 Nr. 78	3 123
Karlsruhe			
2013			
12.12.		UR 2014, 240	7 119
2001			
5. 3.		DStR 2001, 853	7 142
Kiel			
1978			
23. 3.		StEK § 52 Nr. 7	3 87

Datum	Az.	Fundstelle	Werkreferenz
Koblenz			
2010			
11. 1.		KSt-Kartei RP § 5 KStG Karte H 122	**3** 150, 151
2003			
7.10.		DB 2003, 2413	**4** 53; **5** 169
20.10.		DB 2003, 2572	**3** 65; **6** 213
2002			
26. 4.		DB 2002, 1585	**4** 93, 96
1999			
28. 1.		KSt-Kartei § 5 K H 70 n.v.	**3** 36
1984			
2. 7.		StEK UStG § 4 Nr. 26 Nr. 4	**7** 192
1965			
27. 4.		DStZ-E 1965, 202	**6** 199
Köln			
1998			
16. 3.		DStR 1998, 974	**4** 139
1991			
9.12.		DB 1992, 68	**3** 112, 113
1986			
28. 2.		StEK AO 1977 § 65 Nr. 24	**6** 210
1984			
23. 2.		StEK § 52 Nr. 28	**3** 98
1982			
19. 7.		StEK AO 1977 § 65 Nr. 10	**6** 193, 213
Magdeburg			
2013			
20. 8.	S 2223 – 182 – St 217	DStR 2014, 703	**8** 37
2010			
9. 3.	G 1412-1O-St 216	juris	**7** 101
12. 8.		UR 2010, 958	**7** 192
2004			
18. 3.	S 2223-115-St 217 V	n.v.; zitiert nach FG Münster, EFG 2011, 610	**8** 51
1994			
2. 2.		DStZ/E 1994, 193	**6** 227

Datum	Az.	Fundstelle	Werkreferenz
München			
2003			
7. 3.		ZEV 2003, 240	**2** 60; **9** 15
2001			
28. 5.		DStR 2001, 1800	**6** 151; **7** 142
23.11.		DStR 2002, 806	**3** 8; **8** 95
2000			
4. 2.		DB 2000, 398	**8** 59
19. 7.		DStR 2000, 1349	**8** 25, 105
Münster			
2012			
4. 9.		DB 2012, 2134	**7** 172
2011			
7. 1.		DStR 2011, 222	**3** 102, 174; **7** 185
28. 4.		DB 2011, 1305	**7** 173
2008			
5.12.	S 2729-49-St 13-33	n.v.	**7** 11
2005			
5.10.		DB 2005, 2270	**8** 25
1998			
5. 1.		StEK AO § 64 Nr. 36	**6** 229
1996			
6. 2.		DB 1996, 656	**3** 62, 100
1994			
24. 6.		DB 1994, 1755	**3** 56, 59, 60
1990			
16. 5.		StEK AO 1977 § 52 Nr. 57	**3** 85
1982			
1. 7.		StEK UStG § 2 Abs. 1 Nr. 8	**6** 213
29. 9.		StEK AO 1977, § 14 Nr. 10	**6** 134
1973			
17. 9.		DB 1973, 2020	**9** 45
Niedersachsen			
2015			
22.12.		DStR 2016, 814	**8** 185
2013			
15. 1.	S 2706-182-St 241	juris	**2** 77

Datum	Az.	Fundstelle	Werkreferenz
2012 25. 9.		npoR 2012, 213	**6** 236, 237
2011 7. 1.		DStR 2011, 222	**7** 185
Nürnberg			
2002 17. 4.		DB 2002, 1081	**2** 78; **8** 13
2000 6. 7.		DB 2000, 2096	**8** 76
1999 22. 4.		DB 1999, 986	**3** 122
1996 20.12.		StEK § 10b Nr. 233	**3** 84
Rheinland			
2008 5.12.		KSt-Kartei NW § 5 KStG Karte H II 2	**4** 160
Rheinland und Münster			
2005 15. 8.	S 2729 A - St 132 [D]	n.v.	**4** 56
Rostock			
2003 26. 2.		DStR 2003, 936	**1** 57; **7** 40
2001 10. 5.		StED 2001, 431	**3** 115
1993 5. 5.		StEK AO § 51 Nr. 20	**3** 68

Stichwortregister

Die fetten Zahlen verweisen auf die Kapitel, die mageren auf die Randzahlen.